图书在版编目（CIP）数据

山西经济年鉴.2012/《山西经济年鉴》编辑委员会编.—太原：山西经济出版社，2012.12
ISBN 978—7—80767—616—4

Ⅰ.①山…　Ⅱ.①山…　Ⅲ.①地区经济—山西省—2012—年鉴　Ⅳ.①F127.25—54

中国版本图书馆CIP数据核字（2012）第292076号

山西经济年鉴·2012

编　　者：《山西经济年鉴》编辑委员会
责任编辑：李慧平
助理责编：姚　岚
装帧设计：太原方正新锐广告设计有限公司

出 版 者：山西出版传媒集团·山西经济出版社
社　　址：太原市建设南路21号
邮　　编：030012
电　　话：0351—4922133（发行中心）
　　　　　0351—4922085（综合办）
E — mail：sxjjfx@163.com
　　　　　jingjshb@sxskcb.com
网　　址：www.sxjjcb.com

经 销 者：山西出版传媒集团·山西经济出版社
承 印 者：利丰雅高印刷（深圳）有限公司

开　　本：787mm×1092mm　1/16
印　　张：47
字　　数：1105千字
版　　次：2012年10月第1版
印　　次：2012年12月深圳第1次印刷
书　　号：ISBN 978—7—80767—616—4
定　　价：200.00元

山西经济年鉴

YEARBOOK OF SHANXI ECONOMY

2012

山西出版传媒集团

山西经济出版社

编 辑 说 明

1. 本年鉴是由山西省人民政府组织编纂的一部反映山西经济发展实绩的资料性工具书，由山西省人民政府办公厅主管。

2. 本年鉴于1985年创刊，现在出版的是第28辑。

3. 本年鉴2012年卷的内容分为28个部分：(1)特载，(2)山西概况，(3)固定资产投资，(4)经济法制，(5)宏观管理，(6)农业，(7)工业，(8)交通、邮电，(9)建筑业，(10)测绘、地质、防震减灾，(11)贸易，(12)出入境检验检疫、海关，(13)旅游业，(14)财政、税收，(15)金融业，(16)保险业，(17)证券、期货，(18)科学事业，(19)教育事业，(20)文化、新闻、广播、出版事业，(21)卫生、体育，(22)人民生活，(23)县域经济发展概况，(24)转型跨越发展专文，(25)国民经济统计资料，(26)地方经济法规、规章，(27)山西经济大事记，(28)光荣榜。

4. 本年鉴采用分类编辑法，以部类(如工业)为单元，由分目(如煤炭工业、冶金工业等)和条目组成。条目是辑录资料和介绍情况的主要形式，条目标题用黑体字加【　】表示。较长的条目根据内容需要加楷体字插题，以备读者检索。

5. 作者署名均在文内条目之后，如遇同一作者撰写数个条目，则只在最后一个条目后署名。

6. 本年鉴辑录的文章，分别由山西省人民政府各有关部门，各市、县人民政府，工贸企业及有关单位指定专人撰写，并经山西经济年鉴编辑委员会编辑审定。

7. 本年鉴辑录的统计资料，由山西省统计局整理提供。除注明使用2000年不变价格外，其余均为当年价格。特载部分由于文稿数字为年度快报数，与书中其他相关数据可能不尽一致。

8.“山西经济大事记”记录了2011年《山西日报》发表的经济消息和山西省人民政府各有关部门、各市、县人民政府和工贸企业提供的经济情况。

《山西经济年鉴》编辑委员会

山西经济年鉴社

2011年度 山西经济十大新闻

SHANXI JINGJI SHIDA XINWEN

★率先转型跨越发展　全面建设小康社会——省第十次党代表大会描绘新山西蓝图

2011年10月27日至31日，中国共产党山西省第十次代表大会在太原隆重举行。大会提出今后五年全省工作的指导思想主要是：中国特色社会主义理论和科学发展观是我们的基本遵循，转型跨越、再造一个新山西是总体战略，转型综改试验区具有龙头地位，以煤为基、多元发展是发展的基本取向，解放思想、改革开放、创新创业是先导和动力，工业新型化、农业现代化、市域城镇化、城乡生态化是工作重点，建设国家新型能源和工业基地，建设全国重要的现代制造业基地、中西部现代物流中心和生产性服务业大省，建设中部地区经济强省和文化强省是奋斗目标。全面小康实现程度五年走到全国平均水平，率先走出资源型地区转型跨越发展新路是全省工作大局。

★以煤为基多元发展　抓住机遇先行先试——转型跨越焕发三晋大地青春活力

2011年，全省各地按照转型跨越发展目标，以煤为基多元发展，科学谋划大上项目，大力推进工业新型化、农业现代化、市域城镇化和城乡生态化，三晋大地正在焕发着青春活力。

作为山西转型跨越的龙头，我省全面部署了转型综改试验区工作。7月28日，转型综改试验总体方案已报送国家审批，我省确定了“一市两县”、“一市两园”和“一县一企”试点工作。潞安集团煤基多联产循环经济项目、五台山景区提升工程、太榆科技创新成果、环保物联网等成为重大转型标杆项目，焦煤、同煤、太钢、太重等11个大型国有企业确立为先行试点企业。各市、县围绕产业转型、生态修复、城乡统筹、社会管理四大目标，提出了“5335”转型标杆项目。

★实施积极财政政策　组织收入措施得力——全省财政收入突破2000亿元

2011年，全省各级财税部门继续实施积极财政政策，加强财政收入组织工作，为我省财政收入保持平稳较快增长奠定了坚实基础。全省财政总收入2260.54亿元，同比增长24.9%；其中，一般预算收入1213.43亿元，同比增长25.1%。

★上游下游产业协同　优势互补共促发展——省属国有企业借整合之势做大做强

2011年，我省按照产业链上下游企业协同发展、业务相近企业抱团发展的思路，大力度推进省属国有企业整合重组，监管的企业数量从34户减少到21户，“1+1>2”的效应逐渐显现。

山西焦煤、晋城煤业、同煤、太钢、潞安集团、阳煤集团等6户省属企业资产总额都已经突破1000亿元，其中，山西焦煤已成为我国第一、全球第二和山西省最大的优质炼焦煤生产企业，国内品种最全、质量最优、销量最大的炼焦煤“龙头”供应商；同煤集团已形成煤炭为主，电力、化工、冶金、机械制造等多业并举的特大型综合能源集团；太钢是集铁矿山采掘和钢铁生产、加工、配送、贸易为一体的特大型钢铁联合企业，也是目前全球最大、工艺技术装备水平最高、品种规格最全的不锈钢企业。到2011年10月底，省属企业资产总额首次突破万亿元大关，达到10368.9亿元，同比增长14.9%。主要指标在全国省级监管企业中排名第五，其中，营业收入、增加值排名第二。

★握手山西凝聚力量　转型中部奋力崛起——第六届中国中部投资贸易博览会在并举行

2011年9月26日，以“转型跨越、中部崛起”为主题的第六届中国中部投资贸易博览会在太原隆重举行。中博会期间，中部六省签订合同、战略性框架协议、意向引资项目计2547个。其中，外资项目642个，投资总额566.27亿美元，引进外资371.77亿美元；内资项目1905个，投资总额26334.38亿元，引进资金23391.41亿元。对外投资项目36个，投资总额6.15亿美元。外经合作项目19个，合同额7867万美元。对外贸易16.5亿美元，国内贸易成交101.5亿元。旅游签约项目27个，投资总额121.9亿元。

2011年度 SHANXI JINGJI SHIDA XINWEN
山西经济十大新闻

★积极落实用地指标　严格考核强化质量——城镇保障性住房建设完成年初目标任务

2011年,保障性住房建设作为全省"一号民生工程",已列为省委、省政府向全省人民承诺办好的实事和省级重点工程。到2011年9月底,全省城镇保障性住房完成年初的目标任务,成为全国15个开工率超过100%的省份之一。截至2011年11月底,我省保障性住房已开工建设44.54万套,开工率为114.1%;完成投资414.54亿元,完成投资率为144.1%。

★文化强省再添新军　主打特色谋求多赢——五大文化产业集团挂牌亮相

2011年4月25日,山西广电信息网络集团、山西演艺集团、山西日报传媒集团、山西广播电视传媒集团、山西影视集团正式挂牌成立。

近年来,我省以科学发展观统领文化建设,不断推动文化体制改革,文化事业和文化产业发展呈现良好态势。特别是文化产业的发展,在全省地区生产总值中的比重已达到3.1%。五大文化企业集团成立后,加上先期转企的山西出版传媒集团,我省基本形成六大文化企业集团为龙头的文化产业新格局。

★改善农村交通环境　提升农民幸福指数——我省启动农村新的"五个全覆盖"工程

2011年6月24日,我省召开启动新的"五个全覆盖"工程动员大会。会议提出,在2011~2012年两年内,实现全省农村街巷硬化全覆盖、农村便民连锁商店全覆盖、农村文化体育场所全覆盖、中等职业教育免费全覆盖和农村社会养老保险全覆盖。

具体目标是:投资230亿元,对13.68万千米农村街巷进行硬化。建设10354个行政村便民连锁店。为21239个行政村配备农家书屋,为5354个行政村建设体育健身场所,为4383个村配送价值5000元的文化活动器材。2011年秋季开学先免除职业高中(含职业中专)学生学费,2012年秋季免除普通中专、技工学校学生学费。将115个农业县全部纳入新型农村社会养老保险试点,确保全省每一位60周岁以上农村老人都能享受到这项政策。

2011年度 山西经济十大新闻

SHANXI JINGJI SHIDA XINWEN

★走出国门开拓市场 "中国信保"鼎力相助——外贸企业扬帆出海有了"护航员"

2011年1月15日，省政府下发《关于进一步做好出口信用保险工作，促进全省对外贸易转型发展的若干意见》。乘此东风，2010年入驻我省的中国信保山西分公司，充分发挥国家唯一经营政策性出口信用保险业务的独特优势，在国际经济形势复杂多变的不利条件下，为我省扩大出口和外贸经济转型跨越发展积极保驾护航。2011年，该分公司累计支持我省对外贸易与投资8.5亿美元，是公司成立之前2009年的5.7倍，累计达到13亿美元；为企业提供保单融资便利近12亿元。

★淘汰落后扶优扶强 产业集中优化结构——钢铁焦炭水泥行业兼并重组开新局

2011年，我省为了加快行业优化、提高产业集中度，省经信委制定了钢铁、水泥行业重组整合实施方案，着力推动钢铁、水泥行业兼并重组。

太钢对美锦钢铁实现托管经营，对襄汾县星原集团实施"渐进式股权"重组。由立恒集团牵头对曲沃县钢铁企业重组整合。吕梁中阳钢铁和海威钢铁组建成立吕梁钢铁集团。

冀东、华润、山水、金隅、中联等5户省外大型水泥企业集团已兼并省内19户水泥企业，涉及产能4050万吨。

《山西省焦化行业兼并重组指导意见》已经省政府常务会议研究通过，到2011年年底，全省独立焦化企业将保留到150户左右，淘汰落后产能2000万吨；到2015年年底，全省独立焦化企业将保留到60户左右，淘汰落后产能4000万吨。目前，已有38户企业兼并重组了83户焦化企业，涉及产能5150万吨。

目　　录

经济法制

宏观管理

工　业

交通·邮电

建筑业

测绘·地质·防震减灾

贸易

旅 游 业

财政·税收

金 融 业

保险业

证券·期货

科学事业

教育事业

文化·新闻·广播·出版事业

卫生·体育

人民生活

县域经济发展概况

转型跨越发展专文

2011年国民经济统计资料

地方经济法规·规章

·法　　规·

·规　　章·

山西经济大事记

光 荣 榜

山西经济年鉴

YEARBOOK OF SHANXI ECONOMY

1

特载

TEZAI

政府工作报告

——2012年1月11日在山西省第十一届人民代表大会第六次会议上

山西省省长 王 君

各位代表：

现在，我代表省人民政府向大会作工作报告，请予审议，并请省政协委员和其他列席会议的人员提出意见。

一、2011年工作回顾

2011年是"十二五"开局之年。一年来，在党中央、国务院的坚强领导下，我们认真贯彻落实党的十七大、十七届五中、六中全会和胡锦涛总书记"七一"重要讲话精神，深入贯彻落实科学发展观，坚持主题、围绕主线，着力推动转型跨越，经济社会发展和各项工作都取得了新的成绩。

(一)经济继续保持平稳较快发展。认真贯彻落实中央宏观调控政策和各项决策部署，立足扩大内需，继续加大投资力度，全社会固定资产投资在2009年完成5034亿元、2010年完成6353亿元的基础上，去年又完成7300亿元、增长28%(按老口径统计为8000亿元)。其中，铁路建设完成投资580亿元，排全国第1位；高速公路建设完成投资582亿元，排全国第3位；保障性住房建设完成投资415亿元，开工率位居全国前列。投资结构不断优化，其中，非煤产业投资增长40%，新兴产业投资增长57%，非国有投资增长50%。这不仅有力地拉动了经济的增长，而且为今后长远发展打下了基础。持续扩大消费，继续实施"家电下乡"、家电以旧换新和"农机下乡"等政策措施，新建和改造农村便民店6200个，建成大型农产品批发市场40多个，推进"农超对接"，发展电子商务等新型业态，深入开展食品药品安全专项治理和打击制售假冒伪劣商品等专项行动，有效地促进了消费增长，全年社会消费品零售总额达到3750亿元，增长17%。积极发展对外贸易，稳定拓展外需，全省进出口总额完成147亿美元，超历史最高水平。与此同时，继续实行减免相关费用、协调银行贷款、给予财政借款、保障电煤供应等帮扶措施，促进了各类企业健康发展，煤销、太钢、焦煤、潞安、阳煤、晋煤、同煤等7户企业销售收入均超过千亿元，省属国有大企业成为推动全省经济增长的重要力量。

2011年，全省经济在2010年高位运行的基础上，继续保持了较快的增长。预计全省生产总值达到1.1万亿元，增长13%左右；财政总收入、一般预算收入分别完成2261亿元、1213亿元，均增长25%；城乡居民收入分别达到17680元、5500元，增长13%、15%左右。经济总量突破万亿元大关，财政总收入突破2000亿元大关，在建设中部地区经济强省的道路上又迈出了坚实的一步！

(二)基础设施建设取得历史性突破。以交通、水利、电力等为重点，大力推进基础设施建设，大西客运专线、中南部出海大通道等铁路建设加快推进，全省铁路营运总里程达到3750公里；新增高速公路1003公里、通车总里程超过4000公里，新改造国省干线527公里、农村公路2972公里；运城、大同机场改扩建和吕梁、临汾、五台山机场新建工程进展顺利，一个四通八达、便捷高效的现代交通运输体系基本形成。35项应急水源工程全部建成，引黄北干工程如期实现引水到大同、朔州的目标，"两纵十横、六河连通"的大水网工程全面启动，规划五年投资1000亿元的水利建设高潮正在兴起；新增电力装机800万千瓦，总装机达到5300万千瓦；煤炭交易中心、大剧院、科技馆、博物馆、美术馆等省城十大建筑全部竣工，成为太原新的地标；城镇化进程不断加快，"一核一圈三群"建设取得新的进展，全省城乡面貌发生了新的变化。

（三）转型发展势头强劲、发展方式转变迈出新的步伐。大力推进传统产业整合重组和技术改造。曾经一度被全国高度关注的煤炭资源整合煤矿兼并重组圆满结束，山西人民多少年想办的一件大事终于办成了，我们彻底告别了小煤窑时代，进入了现代化大矿时期。整合重组效果进一步显现，煤炭产量和外运量分别达到8.6亿吨、5.8亿吨，再创历史新高；煤炭价格稳中有升，煤炭行业效益稳步提高，上缴税费占财政总收入的比重达到43%；煤炭产业可持续发展能力进一步增强，为推动转型跨越发展奠定了坚实的基础。同时，全面启动非煤矿山、焦化、钢铁和水泥等行业的整合重组，加大用高新技术和先进适用技术改造提升传统产业，产业竞争力明显增强。

加快培育壮大新兴产业。大力发展先进装备制造业、现代煤化工、新型材料工业、特色食品工业，四大行业增加值均增长20%以上。大运二期5万辆重卡、焦煤60万吨焦炉煤气制烯烃、太钢不锈钢精密带钢、杏花村一期10万吨白酒等重大项目加快推进或部分投产。积极发展新能源、节能环保、信息等产业，新增风电装机100万千瓦，太原富士康年产2200万支第4代苹果手机生产线建成，晋城科技园一期5500台机器人下线。投资226亿元的潞安180万吨煤基多联产项目、投资26亿元的晋中吉利10万辆新能源汽车项目、投资170多亿元的大同协鑫多晶硅及光伏产业项目、投资近50亿元的阳泉百度云计算10万台服务器数据处理项目等一大批标志性转型项目开始布局。加快发展文化旅游产业，云冈石窟环境综合治理全面完成，五台山景区提升工程加快推进，印象平遥大型实景演出项目进展顺利，全省旅游总收入达到1343亿元，增长23.9%。

积极推进节能减排和生态建设。加快淘汰落后产能，全年共淘汰小钢铁814万吨、小焦炭506万吨、小火电44万千瓦、小水泥1315万吨、小电石31万吨。在全国率先实施燃煤电厂烟气脱硝，启动省排污权交易中心，推进太化、煤气化等企业搬迁改造，大力发展循环经济，启动实施绿色生态工程，深入推进造林绿化工程，预计全省万元生产总值综合能耗下降3.5%，万元工业增加值用水量下降5%，二氧化硫、化学需氧量、氮氧化物、氨氮、烟尘、粉尘等主要污染物减排完成全年目标任务，11个重点城市空气质量进一步改善，在前3年每年完成400多万亩营造林的基础上，去年又完成453万亩，森林覆盖率明显提高。

（四）农业农村好形势得到进一步巩固和发展。不断加大投入力度，全年"三农"投入达到650亿元，增长20%。实施灌区建设补贴、高标准农田建设等"双十强农惠农工程"，推进大型灌区改造、山区"一村一井"和粮食高产创建等农田水利建设，改造中低产田210万亩，农田实灌面积达到1800万亩，农业综合生产能力稳步提高，全年粮食产量达到119.3亿公斤，再创历史新高。加快发展现代农业，扎实推进运城、晋中、大同三大现代农业示范区建设，重点扶持42个"一县一业"示范县和2000个"一村一品"专业村，大力实施农产品加工龙头企业"513"工程，农产品加工业销售收入达到629亿元，增长23%。启动实施100个新农村集中连片建设工程，又完成了2000个重点推进村建设任务。加大扶贫开发力度，开展领导干部下乡住村包村增收活动，又有20万贫困人口脱贫。大力发展县域经济，在22个县(市)开展了扩权强县试点，县域发展的活力进一步增强。通过这些措施，农民收入大幅增加，增速超过城镇居民收入的增速。

（五）安全生产形势持续明显好转。深刻汲取一度时期重特大事故多发频发的教训，全面确立抓好经济发展是政绩、抓好安全生产也是政绩的理念，深入开展以煤矿为重点、覆盖各行业领域的安全生产专项整治；严格执行安全生产规章制度，实行安全生产挂牌责任制，全面落实企业和政府"两个主体"责任，严肃对待事故、严格责任追究；扎实推进安全生产标准化建设，全面提高从业人员素质和现场管理水平，进一步夯实安全生产基层基础，安全生产形势持续明显好转。全省各类安全生产事故死亡人数在2009年比2008年减少1018人、2010年比2009年减少505人的基础上，去年又减少281人，特别是没有发生特别重大事故，煤矿百万吨死亡率下降到0.086，居于国内领先水平，为推动转型跨越发展创造了良好的安全环境，也大大改变了山西的对外形象！

（六）社会事业全面发展、民生进一步改善。不断加大发展社会事业和改善民生的力度，全年资金投入超过1000亿元，增长26%。大力发展教育事业，建设公办标准化幼儿园200所，提高中小学校生均公用经费100元，免除职业高中、职业中专学生学费，开工建设投资百亿元、占地近万亩的高校新区，招聘2150名特岗教师到农村任教。积极发展文化体育事业，建成省图书馆、体育中心等重大标志性设施，扎实推进文化信息资源共享、乡镇文化综合服务和农村电影放映等惠民工程，公共文化服务质量和水平进一步提高；全民健身活动蔚然成风，竞技体育取得优异成绩。深入推进医药卫生体制改革，国家要求的五项重点改革任务全部完成，覆盖城乡的基本医疗保障制度基本建立；所有政府办的基层医疗卫生机构和村卫生室实行了基本药物制度，药物价格下降30%以上；投资近20亿元的山西大医院投入运营，投资25亿元新建改造了一批基层医疗卫生机构；基本公共卫生服务均等化水平明显提高；公立医院改革试点稳步推进，群众"看病难、看病贵"的问题得到缓解。不断强化科技、人才支撑，组织实施了7个科技重大专项和22个科技示范工程，研究制定了引进国内高层次人才办法、转型跨越发展突出贡献人才奖励办法。与此同时，深入开展国防教育和双拥工作，做好人口计生、妇女儿童工作，加强民族、宗教、外事、侨务、对台工作，推进政策咨询、参事、史志、人防、气象、地震、测绘、文物、档案工作，发展老龄、残疾人、慈善救助和红十字会事业，都取得了新的成绩。

特别是下大气力狠抓民生工作。进一步稳定和扩大就业。全年新增城镇就业岗位50万个，超出年初计划10万人，转移农村劳动力40万人，高校毕业生就业率达到89%。全面加强社会保障。城镇社会保险综合覆盖率达到90%。企业退休人员基本养老金每人每月平均提高190元，7万未参保集体企业退休人员全部纳入城镇职工基本养老保险范围；启动城镇居民社会养老保险试点，覆盖率达到82%；新型农村社会养老保险覆盖率达到84%。城镇医疗保险参保率达到96%，新农合参保率达到98.5%，城镇居民医保和新农合补助标准每人又提高了80元。13.2万国企"老工伤"人员和工亡职工家属纳入工伤保险范围。242万城乡低保和农村五保供养对象实现应保尽保，城乡低保标准又每人每月分别提高25元、22元。为保障农民冬季取暖用煤，我们决定从去年起，由省内国有煤炭企业为低收入农户每户每年免费供应1吨煤，688万户家庭从中受益。加快推进保障性住房建设。全年共开工建设44万套，超额完成国家下达的任务，一大批住房困难群众住上了宽敞明亮的新房。与此同时，综合运用限购、提高首付比例等措施调控房地产市场，呈现出投资增加、销售面积基本稳定、销售价格下降的势头。综合施策稳定物价。大力发展粮食和农副产品生产，对生猪养殖大县每县奖补100万元，对每头能繁母猪在国家补贴60元的基础上，我省又补贴40元；投入1.2亿元支持设施蔬菜生产，畅通鲜活农产品"绿色通道"，加强市场监管，我省CPI涨幅低于全国平均水平0.2个百分点。建立了社会救助和保障标准与物价上涨挂钩的联动机制，在全国率先实行单月CPI涨幅超过5%或食品价格涨幅超过10%，即向低收入群体、大中专贫困学生、高校学生食堂发放临时价格补贴的措施，从2010年11月起，已连续补贴12个月，发放补贴资金12亿元，较好地保障了困难群众的基本生活。加快推进农村新的"五个全覆盖"工程。带着对农民兄弟的深厚感情，狠抓农村社会事业发展和民生改善，在巩固提升已完成的村通水泥(油)路、中小学校舍安全改造、村卫生室、安全饮水、村通广播电视等"五个全覆盖"的基础上，又投入300亿元，启动实施了街巷硬化、便民连锁商店、文化体育场所、中等职业教育免费、新型农村社会养老保险等新的"五个全覆盖"工程，全部超额完成年度目标任务。被农民兄弟誉为"幸福全覆盖"的这"十个全覆盖"，使全省农村面貌发生了巨大变化！

加强和创新社会管理。认真贯彻中央关于加强和创新社会管理的部署和要求，积极推进社会管理理念、制度、体制、机制、方法创新，进一步健全重大工程项目建设和重大政策制定的社会稳定风险评估机制，加强社会治安综合治理和信访工作，强化对重点领域和薄弱环节的管理，保证了全省社会的和谐稳定。同时，继续推进公路治超工作，走在全国前列。

(七)改革开放不断深化。全面推进各项改革，行政审批制度改革深入推进，取消、下放和调整行政审批事项252项，取消行政事业性收费112项；事业单位分类改革清理规范工作基本结束；集体林权制度改革主体任务基本完成；国有企业改革不断深化，省属国有企业由原来的34家重组为21家；文化体制改革加快推进，省广电网络等五大文化产业集团组建运营，488家经营性文化单位完成转企改制任务；扎实推进转型综改试验区建设，成立了省市县三级领导组及工作机构，编制完成了总体方案和各市、各部门、试点县行动方案，启动开展了县(市)、园区和企业不同层面的试点工作，筛选实施了一批重大转型标杆项目；积极探索创新产业、财税、土地、金融、科技和行政管理等体制机制，进一步增强了发展的动力和活力。

加大对外开放力度，先后举办了央企恳谈会、民企恳谈会、沪浙苏招商推介会和农博会等一系列招商引资活动，全年到位资金3620亿元，在2010年的基础上翻了一番。尤其是精心组织、成功举办了第六届中博会，45个国家和地区的1.6万名嘉宾、2300多个代表团参会，我省签约项目引资总额达到2.4万亿元。中博会的成功举办，进一步宣传了山西，展示了山西，凝聚了人气，鼓舞了斗志，提升了我省的对外形象。

与此同时，积极推进对口援疆工作，全年完成投资2亿元，18个新建项目全部完成；累计投入21.6亿元，支援茂县恢复重建，圆满完成了中央交办的援建任务。

(八)民主法制和精神文明建设进一步加强。自觉接受人大和政协的监督，积极支持各民主党派、工商联、无党派人士参政议政。全年共办理人大代表建议和政协提案1332件，向省人大常委会提请审议地方性法规草案9件。扎实推进"法治山西"建设，"六五"普法全面启动。不断完善基层民主制度，第九届村委会换届选举工作基本完成。以煤焦领域反腐败专项斗争为重点，全面落实党风廉政建设责任制，取得新的成效。审计和监察工作进一步加强。哲学社会科学、新闻出版、广播影视和文学艺术繁荣发展。深化群众性精神文明创建活动，公民思想道德素质和社会文明程度有了新的提升。

在这里，我向大会郑重报告，2011年不论是主要指标，还是主要工作，都圆满地完成了预定目标任务，实现了"十二五"良好开局，开创了山西科学发展新的局面！

各位代表，2011年我省经济社会发展面临的环境十分复杂，改革转型的任务艰巨而繁重，能取得这样的成绩实属不易。这是党中央、国务院坚强领导、亲切关怀的结果，是中共山西省委统揽全局、科学决策的结果，是省人大、省政协支持配合、有效监督的结果，是全省广大干部群众同心同德、团结奋斗的结果，是社会各界鼎力支持、无私奉献的结果，倾注了各位人大代表的心血和汗水。在此，我代表省人民政府，向全省人民，向驻晋部队广大指战员、武警官兵和中央驻晋单位，向各民主党派、人民团体和所有关心支持山西发展的海内外朋友们，向尽心履职的各位人大代表，表示崇高的敬意和诚挚的感谢！

在肯定成绩的同时，我们也要清醒地看到，我省经济社会发展还存在不少困难和问题，主要是：产业结构不够合理，发展方式比较粗放，城乡、区域发展还不够协调，节能减排任务和安全生产压力较大，农民增收任务艰巨，社会事业发展和民生改善与人民群众的期望还有差距，改革开放有待深化，政府职能还需进一步转变，等等。对此，我们将采取切实有效措施，认真加以解决。

各位代表，转型跨越发展的生动实践，使我们深切地感受到，做好各项工作必须始终坚持以科学发展观为统领，认真贯彻落实中央的方针政策和决策部署，将科学发展主题和加快转变经济发展方式主线贯穿经济社会发展各个领域、各个方面；必须始终坚持把中央的要求与山西的实际相结合，创造性地开展工作，不断增强工作的前瞻性、针对性和实效性；必须始终坚持解放思想、改革创新，着力破解制约科学发展的体制机制障碍，增强发展的动力和活力；必须始终坚持求真务实、真抓实干的作风，锲而不舍、扎实工作，确保各项决策部署落到实处；必须始终坚持以人为本、执政为民，一切想着群众，一切依靠群众，一切为了群众。我们相信，只要在今后的工作实践中坚持和发扬这些宝贵经验，就一定能够战胜前进道路上的一切艰难险阻，在推动转型跨越发展、再造一个新山西的征程中不断取得新的胜利！

二、2012 年工作安排

2012 年是党的"十八大"胜利召开之年，是全面贯彻落实省第十次党代会精神的重要一年。做好今年的工作，具有十分重要的意义。

今年面临的外部经济形势严峻复杂，欧债危机日趋恶化，发达国家经济增长乏力，世界经济复苏进程艰难曲折；我国部分企业生产经营困难，推动物价上涨的因素仍然较多，经济增长下行压力较大；国际市场需求萎缩、国内经济增速放缓，必然减少对我省能源原材料产品的市场需求，加之我省新兴产业还处于起步阶段，长期积累的结构性、体制性矛盾尚未从根本上得到解决，保持经济平稳较快发展的难度较大。在看到困难的同时，我们更应看到，我国仍处于重要战略机遇期，经济平稳较快发展的大趋势没有改变；中央继续实施积极的财政政策和稳健的货币政策，宏观政策环境机遇大于挑战；我省近年来经济实力显著增强，基础设施建设明显改善，煤炭资源整合煤矿兼并重组圆满结束，安全生产形势进一步好转，转型综改试验区建设全面推开，发展基础更加坚实，尤其是省第十次党代会极大地激发了广大干部群众干事创业的热情，这些都为我们做好今年工作提供了有利条件。我们要趋利避害、扬长避短，坚定信心、扎实工作，努力把今年的工作做得更好。

做好今年的政府工作，要全面贯彻落实党的"十七大"和十七届三中、四中、五中、六中全会精神及中央经济工作会议精神，认真贯彻落实省第十次党代会精神，以邓小平理论和"三个代表"重要思想为指导，深入贯彻落实科学发展观，坚持科学发展主题、加快转变经济发展方式主线和稳中求进工作总基调，把握扩大内需的基本要求，以转型跨越发展、再造一个新山西为总体战略，以转型综改试验区建设为总抓手，大力推进工业新型化、农业现代化、市域城镇化、城乡生态化，在循环经济和新兴产业发展上有新突破，在转型综改试验区建设上有新进展，在保障和改善民生上有新举措，在社会管理创新上有新成效，保持全省经济平稳较快发展、物价总水平基本稳定和社会和谐稳定，以优异成绩迎接党的"十八大"胜利召开。

2012 年我省经济社会发展的主要预期指标是：地区生产总值增长 12%左右，固定资产投资增长 22%，社会消费品零售总额增长 16%，进出口总额增长 10%，财政总收入和一般预算收入均增长 15%，城镇居民人均可支配收入、农民人均纯收入分别增长 10%和 10%以上，城镇新增就业岗位 40 万个，城镇登记失业率控制在 4.2%以内，居民消费价格总水平涨幅控制在 4%左右。这些指标是指导性的，可以根据形势变化适当调整。

约束性指标是：万元生产总值综合能耗下降 3.5%，万元生产总值二氧化碳排放量下降 3.7%，二氧化硫、化学需氧量、氨氮排放量分别下降 2%、1.3%、1%，氮氧化物排放量实现零增长，烟尘、粉尘排放量均下降 3%，万元工业增加值用水量下降 3.5%。这些约束性指标是硬任务、硬指标，必须完成。

实现上述目标，要在全面做好各项工作的同时，重点抓好以下工作：

（一）全面贯彻落实中央宏观调控政策，促进经济平稳较快发展。进一步加大投资力度。在优化结构、提高质量和效益的前提下，紧紧扭住省市县重点工程这一抓手，统筹抓好在建续建新建项目建设，抓好重大转型项目建设，抓好重要民生工程建设。加大基础设施建设投资。全力推进 23 条在建高速公路项目建设，确保到今年年底新增通车里程 1000 公里，全省通车总里程达到 5000 公里；加快推进大西客运专线、中南部出海大通道等铁路项目建设；扎实推进吕梁、临汾、五台山机场建设和运城、大同机场改扩建工程；大力实施大水网工程，全面贯通黄河、汾河、桑干河、滹沱河、漳河、沁河六大河流，到"十二五"末使全省供水总量由现在的 60 多亿立方米增加到 90 多亿立方米，彻底解决全省人民吃水难、用水难的问题。抓好产业开发投资。加大技术改造和新兴产业投资，加快推进煤基多联产、煤制烯烃、煤制天然气等现代煤化工项目，高速列车轮轴、煤机成套设备等先进制造业项目，硅钢冷连轧、铝镁合金深加工等新型材料工业项目，以及新能源、节能环保等领域的项目建设。严格限制"两高一资"产业投资。增加社会事业发展和民生改善投资。继续加大科技、教育、文化、卫生、体育等社会事业投资，加大保障性住房、社会保障、就业等方面投入，加快高校新区、农村新的"五个全覆盖"等工程建设，抓好城市扩容提质、市政基础设施建设、公共服务设施建设等方面的投资。同时，投资要继续向"三农"、生态环保、资源节约等领域倾斜。围绕上述领域，在积极争取中央资金、加大地方财政投资的同时，努力增加信贷规模，不断扩大市场融资，鼓励引导社会投资，大力开展招商引资，多渠道筹集建设资金。

进一步扩大消费需求。积极推进收入分配制度改革，着力提高低收入者收入，扩大中等收入群体；继续落实已有的促进消费政策措施，并适时制定出台新的政策措施；深入实施万村千乡市场工程，加快推进农超对接，发展电子商务，积极扩大旅游、健身、文化、养老、家政等服务性消费，加强食品药品质量监管，打击商业欺诈、制假售假、商标侵权等行为，维护消费者权益，让群众安心、放心消费。

进一步稳定拓展外需。深入实施科技兴贸、以质取胜和市场多元化战略，全面落实出口退税政策，强化出口信贷支持，健全出口信用风险保障机制，加快推进太原等综合保税区和外贸转型升级示范基地建设，大力发展加工贸易和服务贸易，努力扩大不锈钢、重型机械、玻璃器皿等优势产品出口；鼓励增加对先进技术装备、关键设备的进口，促进对外贸易稳定增长。

(二)加快调整经济结构和转变经济发展方式，进一步提高经济发展的质量和效益。大力推进三次产业协调发展。在巩固加强第一产业的同时，突出抓好工业结构的调整和服务业的发展。着力改造提升传统产业。巩固提升煤炭资源整合煤矿兼并重组成果，进一步规范煤炭行业建设、生产、经营、安全秩序，加快保留矿井技改步伐，建设高标准现代化矿井，大力发展与煤炭紧密相关的煤机械、煤物流、煤环保、煤安全等产业，更好地发挥煤炭工业对全省经济社会发展的支撑和带动作用。推进焦化行业在关小上大、促进上下游联合的基础上发展大型焦化园区，实现由分散生产向集约生产转变，由“以焦为主”向“焦化并举”转变；推动钢铁、水泥、有色金属行业兼并重组，提高产业集中度和集约化水平。坚持用高新技术和先进适用技术改造提升传统产业，大力发展循环经济，发展煤焦化、煤气化、煤液化、煤电铝、煤电材，提高资源就地转化率、原材料深加工率和传统产业循环率。大力发展新兴产业。加快发展具有比较优势、带动能力强的先进装备制造业、现代煤化工、新型材料工业和特色食品工业，积极发展科技含量高、成长潜力大的新能源、节能环保、生物、物联网、新一代信息技术等高新技术产业，加快推进潞安180万吨煤基多联产、同煤40亿立方米煤制天然气、焦煤60万吨烯烃、晋城富士康精密制造、杏花村酒业工业园等项目，推进大同协鑫多晶硅及光伏产业、晋中吉利新能源汽车、阳泉百度云计算等项目，努力提高新兴产业占比率。加快发展服务业。实行对鼓励类服务业用电、用水、用气、用热与工业同价的政策，加大金融、税收和用地对服务业的支持力度，鼓励社会资本进入服务业领域，促进服务业发展提速、比重提高、水平提升。统筹发展各类服务业，既要发展信息、商务等生产服务业，又要发展家政、养老等生活服务业；既要发展商贸、餐饮等传统服务业，又要发展金融、会展等现代服务业。特别是要以五台山、云冈石窟、平遥古城等为龙头，加大重点景区开发提升力度，完善配套设施，打造精品线路，开发特色产品，壮大旅游企业，促进旅游与文化融合发展；推进三晋综合物流港等现代物流枢纽、大型物流园区建设，启动运营中国(太原)煤炭交易中心，加快现代物流业的发展。

大力推进“大中小微”各类企业协同发展。支持大企业做强做优，重点实施好“双千亿”、“双五百亿”、“双百亿”工程，力争有更多的企业进入全国百强、进军世界500强。促进中型企业快速成长，支持企业拓宽融资渠道，加大对企业开发新产品、开拓新市场的支持力度，培育一批销售收入超亿元的“小巨人”企业。加大信贷支持力度，落实税收优惠政策，加强创业辅导等公共服务，扶持小型微型企业健康发展。

大力推进国有经济与民营经济共同发展。继续推进国有企业兼并重组。认真落实鼓励引导民间投资健康发展的政策措施，鼓励民间资本参与铁路、公路、水利等基础设施和市政公用设施建设，投资新兴产业，发展社会事业，并在资金、技术、土地、人才等要素配置方面给予支持，使国有经济与民营经济共同发展。

各位代表，转型之路虽然不平坦，但前景十分广

省委书记袁纯清、省长王君带领省观摩检查组在长治市观摩

阔。只要我们坚持以煤为基、多元发展，痛下决心调结构，矢志不移转方式，我省的产业结构就一定能够发生脱胎换骨的变化，千里煤海的山西将会崛起一座座现代化的产业新城！

（三）扎实做好“三农”工作，不断开创农业农村发展新局面。进一步加大强农惠农富农政策支持力度。今年省本级财政新增“三农”投入21亿元，继续实行我省近年来出台的农业灌溉水价补贴等“五项补贴政策”，设施蔬菜大县奖补等“八项惠农政策”，规模健康养殖等“七项强农工程”，高标准农田建设、农机推广普及等“双十强农惠农工程”，同时，再研究出台一批新的政策措施。切实加强农田水利建设。开工建设塞上灌区、雁同灌区等大型灌区，加快推进山区“一村一井”工程，做好土地整理开发工作，改造中低产田和盐碱地，提高粮食和农业综合生产能力。加快发展特色现代农业。继续抓好三大现代农业示范区、雁门关生态畜牧经济区和10个现代农业示范县建设，积极推进“一村一品”、“一县一业”，建设一批特色农业产业基地，继续实施农产品加工龙头企业“513”工程，实行“公司＋专业合作社＋基地＋农户”等产业化经营模式，加快推进农业科技创新和推广应用，促进农业结构调整和农业发展方式转变。深入推进新农村建设。抓好新确定的3000个重点村、100个集中连片区建设；加大培训力度，加快农村富余劳动力转移步伐；深化农村改革，积极稳妥推进土地流转，鼓励发展适度规模经营；完善农业社会化服务体系，提高农民专业合作社发展水平。加大扶贫开发力度。按照新十年扶贫《纲要》的要求，抓住国家把太行、吕梁山区列入11个连片特困地区的政策机遇，把集中连片特殊困难地区作为主战场，大力实施板块推进战略，切实抓好特色优势产业发展、基础设施建设、生态环境保护和劳动力素质提高等工作，继续实施移民搬迁、整村推进等重点扶贫工程，深入开展领导干部下乡住村包村增收活动，动员全社会的力量打好新一轮扶贫开发攻坚战，早日实现扶贫对象“两不愁、三保障”，即不愁吃、不愁穿，教育、医疗、住房有保障。发展壮大县域经济。加强县域基础设施建设，布局和建设一批强县富民的好项目、大项目，加快县域社会事业发展，壮大县域综合实力。

各位代表，农民收入翻番是“十二五”期间的一项重要任务。我们要紧紧围绕这一目标，毫不放松地抓好“三农”工作，实现农业特、农民富、农村美，让农民兄弟过上更加幸福美好的生活！

（四）加快推进城镇化，促进城乡一体化发展。城镇化是统筹城乡发展、扩大内需、促进经济增长的重要途径。要统筹规划、合理布局，完善功能、以大带小，加快城镇化进程，形成城镇化与工业化、城镇化与新农村建设良性互动的发展格局。

加快推进“一核一圈三群”建设。全力支持太原率先发展，充分发挥太原在全省发展中的龙头带动作用。以太原、晋中共建区和太榆科技创新城建设为抓手，加快太原、晋中同城化步伐。推广上党城镇群建设的经验，推进城镇组群发展。深入实施“大县城”战略和百镇建设工程，形成大中小城市和小城镇协调发展格局。努力提升城市综合承载能力。坚持高起点规划、高标准建设、高水平管理，大力推进城市扩容提质，统筹旧城改造和新城开发，加强城镇基础设施建设和社会事业发展，积极创新城市管理，提高城市管理水平。着力破除农民融入城市的体制机制障碍。推进户籍制度改革，放宽中小城市落户条件，健全公共服务体系。着力解决好农民工特别是新生代农民工融入城镇的问题，逐步将城镇社会保障、医疗卫生、文化教育和保障性住房等覆盖到农民工，使在城镇有稳定职业和住所的农民工有序转为城镇居民。

（五）切实抓好节能减排工作，促进生态环境明显改善。强力推进减排治污。大力实施绿色生态工程，严格控制重点区域和主要流域的污染排放，加大工业源、农业源、生活源污染治理，大力开展城乡清洁活动，抓好城市污水处理厂建设运营和垃圾无害化处理，在重点城市开展细颗粒物（PM2.5）监测。全力推进节能降耗。加大淘汰落后产能力度，抑制高耗能、高排放行业过快增长；优化能源结构，积极开发风能、太阳能、生物质能等可再生能源；全面推进工业、交通、建筑和公共机构节能，抓好重点行业和企业节能工作；优化工艺流程，降低能耗物耗水平。大力推进生态建设。以建设生态省为目标，继续抓好造林绿化工程，确保完成营造林400万亩以上。加强水土流失治理，加大汾河流域生态环境治理修复力度。加快推进太原西山地区生态环境综合整治，今年采暖期前太化、煤气化要全部停产，做到早日搬迁。着力健全长效机制。全面落实节能评估审查制度和环境评价制度，强化能耗限额标准管理，推行合同能源管理，积极开展能效对标活动，推进节能量、排污权、碳排放权交易，继续落实差别电价、征收排污费和鼓励节能环保产品消费等政策，推进节能减排工作走上制度化、规范化的轨道。

各位代表，尽快改变生态环境状况，建设资源节约型、环境友好型社会，是全省人民的热切期盼。我们要加倍努力，继续抓好这一件关系人民群众切身利益的大事。以省城太原为重点，改造城中村、拔掉黑烟囱、停用小锅炉、搬走污染源、治理臭水河，让三晋大地天更蓝、地更绿、水更清、空气更清新、环境更宜人！

（六）深入实施文化强省战略，推动文化大发展大繁荣。推进社会主义核心价值体系建设。坚持马克思主义指导地位，用中国特色社会主义理论武装头脑、教育干部群众。大力弘扬太行精神、吕梁精神、右玉精神等山西人民创造的宝贵精神，锻造锤炼传承优良传统、体现时代风貌的“山西精神”。树立和践行社会主义荣辱观，深入开展社会公德、职业道德、家庭美德和个人品德教育，拓展群众性精神文明创建活动，提高全社会文明水平。健全公共文化服务体系。大力发展公益性文化事业，抓好山西大剧院、省图书馆等重大文化设施管理运营和山西广电中心等重点工程建设，抓好市县图书馆、科技馆、文化馆、博物馆、电影院和体育场馆等建设，抓好万村千乡文化设施建设。加快推进“三网”融合，按期完成全省有线电视网络整合工作。继续实施文化惠民工程，不断满足人民基本文化需求。加大自然遗产地、重点文物、历史文化名城名镇名村的保护力度。加强非物质文化遗产的保护和传承。加快发展文化产业。落实文化产业振兴规划，用好文化产业扶持政策，推进文化产业重点工程，促进文化与旅游、科技、体育等深度融合，推动文化产业尽快成为我省新的支柱产业。深化文化体制改革。巩固国有经营性文化单位转企改制成果，限时完成非时政类报刊出版单位和新闻网站转企改制任务，稳步推进公益性文化单位内部改革，加强文化管理，进一步激发文化发展的内在活力。

各位代表，三晋文化源远流长，底蕴深厚，发展潜力巨大。我们要像挖掘地下资源一样挖掘文化资源，像抓经济建设一样抓文化建设，大力发展文化事业，切实抓好文化产业，打造一批具有国际影响力的文化品牌，创作更多叫得响、传得开、留得住的精品力作，推动文化大发展大繁荣，早日实现文化强省的目标！

(七)着力保障和改善民生，让人民群众共享改革发展成果。稳定和扩大就业。实施更加积极的就业政策，鼓励发展劳动密集型产业，多渠道开发就业岗位，全面做好各类人员的就业工作，重点做好高校毕业生、农村转移劳动力、城镇就业困难群体的就业工作。深入开展创业创建活动，完善创业政策和服务体系，扶持更多有创业意愿和创业能力的人自主创业，以创业带动就业。

完善社会保障体系。全面落实社会保障政策，进一步扩大社会保险覆盖面，提高统筹层次和保障水平。大力推进城镇居民社会养老保险和新农保工作，确保实现城乡居民养老保险全覆盖，使人人享有养老保险；巩固城镇医疗保险和新农合参保率，将政府补助标准在去年的基础上，每人再提高 40 元；要关心低收入群体的生活，城乡低保标准分别再提高 30 元、22 元；农村集中供养、分散供养的“五保”对象省级补助标准分别提高 500 元、100 元。积极发展社会福利和慈善事业，为集中供养孤儿、散居孤儿每人每月补助 1000 元、600 元，决不让一个孤儿流落街头。

加快保障性住房建设。建设各类保障性住房 33.2 万套，重点推进公共租赁住房和廉租住房建设。创新资金、用地保障机制，加强质量监督管理，制定完善保障性住房建设、分配、管理、退出等制度和办法，让更多的低收入群众住上价廉舒适的新房。同时，继续严格执行房地产调控政策，促进房地产市场健康发展。

着力稳定物价总水平。全面落实稳定物价的各项政策措施，落实好“米袋子”、“菜篮子”负责制，做好粮、油、肉、菜的生产和储备工作，加强鲜活农产品流通体系建设，畅通运输“绿色通道”，加强物价监测和市场监管，进一步完善社会救助和保障标准与物价上涨挂钩的联动机制，决不能让物价上涨影响低收入群众的基本生活。

全面完成农村新的“五个全覆盖”任务。加快推进农村街巷硬化、便民连锁商店、文化体育活动场所、中等职业教育免费、新型农村社会养老保险等新的“五个全覆盖”工程，如期兑现向全省人民的郑重承诺；有条件的市县要结合本地实际，筹划实施更多的惠民工程。

各位代表，为人民群众谋求福祉是我们义不容辞的责任。我们要怀着对人民群众的真心真情、深厚感情，多办实事、多办好事，努力提高人民群众生活水平，让全省人民生活得更加美满、更加幸福！

(八)大力发展社会事业、全面加强和创新社会管理，努力保持社会和谐稳定。坚持优先发展教育。认真贯彻落实中长期教育改革发展规划纲要，今年全省教育支出再增加 100 亿元，教育支出占一般预算支出的比例达到 16%。积极发展学前教育，再建设 200 所公办标准化幼儿园；加快推进义务教育学校标准化建设，提高家庭经济困难寄宿生生活费补助，小学生、初中生每人每天分别达到 4 元、5 元；在集中连片贫困县实施义务教育学生营养改善试点，每人每天补助 3 元；加快普及高中阶段教育，毛入学率达到 88% 以上；大力发展职业教育，全面实现中等职业教育免费全覆盖；加大高等教育投入，将生均经费由 9000 元提高到 12000 元，加快高校新区建设，确保今年秋季 8 所高校基本建成；积极发展继续教育、特殊教育，促进各级各类教育全面协调发展。

做好科技和人才工作。加大科技投入，完善科技创新体系，推进大学科技园、太榆科技创新城、工业研究院建设，在现代煤化工、装备制造、新材料、生态修复等领域实施科技重大专项。进一步促进产学研结合，加快科技成果向现实生产力转化。深入实施人才强省战略，全面落实中长期人才发展规划，统筹推进各类人才队伍建设，落实引进国内外高层次人才办法和转型跨越发展突出贡献人才奖励办法，培养、引进各类实用人才、专业人才、拔尖人才、创新人才和领军人物，为转型跨越发展提供智力支持和人才保证。

加快发展医药卫生事业。全面深化医药卫生体制改革，健全完善基本医疗保障制度和基本药物制度，加强城乡基层医疗卫生服务体系建设，稳步推进基本公共卫生服务均等化，加快推进以县级医院为重点的公立医院改革，扎实推进县域医药卫生一体化综合改革，加强全科医生培养和乡村医生队伍建设。扶持中医药事业发展。继续对贫困残疾人实施康复救助。同时，要广泛开展全民健身活动，提高全民健康水平。

加大社会管理创新力度。坚持民生优先、服务为先、基层在先的原则，加强社会管理整体规划设计，抓好社会管理创新项目建设，提高社会管理科学化水平。完善信访工作和矛盾调处机制，正确对待群众合理诉求，切实解决好征地拆迁、劳资纠纷等事关人民群众切身利益的问题。加强对流动人口、特殊人群、新经济组织和新社会组织、信息网络等重点领域的管理。健全突发事件应急体系，抓好突发事件应急工作，加强防灾减灾工作和公路“三超”治理。进一步完善社会治安防控体系，深入推进平安创建活动，加强国家安全工作，维护社会和谐稳定，发挥好首都护城河的作用。落实党的民族宗教政策，做好外事、侨务、对台等工作。发展人民防空事业，支持国防和军队建设，做好双拥和优抚安置工作。加强人口计生、妇女儿童、老龄、残疾人和红十字会等工作。

(九)加大安全生产工作力度，推动安全生产形势稳定好转。发展是第一要务，稳定是第一责任，安全是第一保障。要继续坚持近年来行之有效的好经验、好做法，进一步做好安全生产各项工作，巩固和发展来之不易的安全生产大好形势。

强化安全理念，健全管理体制。牢固树立抓好经济发展是政绩、抓好安全生产也是政绩的理念，时刻紧绷安全生产这根弦，警钟长鸣、常抓不懈。要把"生命至上、安全第一"的要求落实到建设、生产、经营、管理的全过程和各个环节。完善安全生产的领导格局、监管体制、责任体系，形成分工明确、责任到人、齐抓共管的工作局面。

抓好专项整治，建立长效机制。巩固扩大三年多来安全生产专项整治成果，认真组织开展"回头看"活动，进一步加强安全隐患排查治理，切实做好以煤矿为重点，覆盖非煤矿山、尾矿库、危险化学品、民用爆炸物品、道路交通、特种设备、建筑施工、消防、水库、学校等各行业各领域的安全生产工作。在认真落实我省 10 项大的安全生产制度和 12 个行业 118 条安全生产规定的同时，进一步完善安全生产的制度和规程，形成保障安全生产的长效机制。

强化主体责任，夯实基层基础。严格落实政府的安全监管主体责任和企业的安全生产主体责任，实行安全生产挂牌责任制，做到职责分工明确、监管不留死角、责任落实到人。不断强化安全生产基层基础工作，抓好安全质量标准化建设，强化专业技术人才培养和职工安全技能培训，先培训后上岗，变招工为招生，突出抓好劳动用工管理和企业现场管理，从根本上提高安全生产保障水平。

加强工作考核，严格责任追究。把安全生产作为考核各级各部门和企业的重要内容，严格实行"一票否决制"。要定期对市(县)长、安全助理、煤矿"六大员"、非煤矿山"五大员"、安全监管"五人小组"的履职情况进行考核，对不能正常履职的要及时调整。要严肃对待事故，严格责任追究，保证各项安全生产措施落到实处。

各位代表，安全生产对山西来讲始终具有极端重要性。三年多的实践充分证明，我省的广大干部群众完全有智慧、有能力抓好安全生产这一人命关天的大事！只要我们认真履责、恪尽职守、勤勉工作，就一定能够实现安全生产形势的明显好转、稳定好转、根本好转！

(十)进一步深化改革开放，加快推进转型综改试验区建设。继续深化各项改革。全面完成事业单位分类工作，继续推进事业单位人事、收入分配等配套改革；深入推进集体林权制度改革，完善公益林补偿等政策；继续抓好国有企业和集体企业改革，对长期亏损、资不抵债的企业依法实施破产；扎实推进扩权强县试点，进一步扩大县域发展的自主权；积极推进煤炭资源税改革，逐步完善资源性产品价格形成机制；大力推进金融体制改革，发展资本市场，创新 BOT(建设—经营—转让)、BT(建设—转让)、TOT(转让—经营—转让)等融资模式，尤其要高度重视并着力解决好农村融资问题，加大金融对"三农"的支持力度。

继续扩大对外开放。进一步优化发展环境，提升服务质量，加大招商引资力度，吸引更多的国内外大企业、大集团来晋投资兴业、安家落户。加强区域合作和对外交流。积极开展"项目落地年"活动，切实抓好中博会等签约项目的落地工作，提高项目落地率。精心筹备和办好世界太阳能十项全能竞赛、第四届中国(太原)国际能源产业博览会等重大展会。

全面推进转型综改试验区建设。配合总体方案的实施，尽快出台实施意见，加快推进"一市两县""一市两园"和"一县一企"等试点工作，大力推进一批重大转型标杆项目建设，重点在产业升级、生态修复、城乡统筹、民生改善等方面先行先试；积极推进体制机制创新，力争在项目审批、用地保障、资金筹措等方面取得新的进展。要充分利用好转型综改试验区这个大品牌、大平台、大载体，并以此为总抓手，带动全省改革开放的进一步深化，增强转型跨越发展的动力和活力。

(十一)积极推进民主法制建设，促进社会公平正义。发展社会主义民主政治。认真执行人大及其常委会的决议、决定，依法向人大及其常委会报告工作，自觉接受监督，积极支持人民政协履行政治协商、民主监督、参政议政职能，认真办理人大代表建议和政协提案。支持各民主党派、工商联、无党派人

省长王君在岢岚县调研

士以及工会、共青团、妇联等开展工作。完善基层民主管理制度，提升基层自治组织的管理能力和水平。深入推进政务公开、村务公开、厂务公开，保障人民群众的知情权、参与权、表达权、监督权。

*加强社会主义法制建设。*加强和改进政府法制工作，支持人民法院、检察院依法独立公正行使职权，做好法律服务和法律援助工作，维护社会公平正义。加强法制宣传教育，深入推进“六五”普法工作，在全社会形成自觉学法遵法守法用法的良好氛围。

（十二）坚持以人为本、执政为民理念，切实加强政府自身建设。*转变政府职能，提高行政效能。*大力推进服务型政府建设，在加强和改善经济调节、市场监管的同时，更加注重社会管理和公共服务。深入推进行政审批制度改革，以投资、社会事业、非行政许可等领域为重点，进一步清理、减少和调整行政审批事项。认真落实首问负责制、限时办结制、服务承诺制、责任追究制，全面提高行政效能，为各类市场主体创造公平的发展环境，为人民群众提供良好的公共服务。

*规范政府行为，推进依法行政。*各级政府要严格依照法定权限和程序行使权力、履行职责。完善重大事项公众参与、专家咨询论证和政府集体决策相结合的制度，促进科学民主决策。严格规范行政执法，强化行政执法监督，加强行政监察和审计监督，提高政府的公信力和执行力。大力推进政务公开，完善政府新闻发布制度和信息公开制度，加强电子政务建设，让权力在阳光下运行。

*深入学习调研，改进工作作风。*广大公务员尤其是领导干部要进一步加强学习，提升综合素质和履职能力；要深入调查研究，拿出更多的时间和精力到基层去、到生产一线去、到群众中去，掌握实情、解决问题、推动工作；要大力弘扬求真务实、真抓实干的作风，力戒形式主义、官僚主义；要加强绩效管理，强化督促考核，确保各项工作部署落到实处、收到实效。

*加强廉政建设，树立公仆形象。*全面落实政府系统党风廉政建设责任制，建立健全惩治和预防腐败体系，继续深入开展煤焦领域反腐败工作，认真开展重点领域渎职侵权问题专项整治，严肃查处各类违法违纪案件。巩固正风肃纪创优环境活动成果，加强政风行风建设。坚持勤俭办事，反对铺张浪费，严格控制楼堂馆所建设和“三公”经费支出，减少会议、庆典和论坛。全体公职人员要模范遵守廉洁自律的各项规定，坚决杜绝以权谋私、吃拿卡要，做到为民、务实、清廉。

各位代表，2011年的辛勤耕耘收获了“十二五”的良好开局，2012年的光荣使命承载着党和人民的殷切期望。让我们紧密团结在以胡锦涛同志为总书记的党中央周围，在省委的正确领导下，开拓进取、扎实工作，不断开创转型跨越发展新局面，以优异的成绩迎接党的“十八大”胜利召开！

关于2011年国民经济和社会发展计划执行情况与2012年国民经济和社会发展计划草案的报告

——2012年1月11日在山西省第十一届人民代表大会第六次会议上

山西省发展和改革委员会主任　李宝卿

各位代表：

受省人民政府委托，我向大会报告2011年国民经济和社会发展计划执行情况，以及2012年国民经济和社会发展计划草案，请予审议，并请省政协委员和其他列席人员提出意见。

一、2011年全省国民经济和社会发展计划执行情况

2011年是我省巩固和扩大应对国际金融危机显著成果、保持经济平稳较快发展取得重要成绩的一年。在省委、省人大、省政府、省政协的坚强领导和监督支持下，全省上下认真贯彻省委九届十一次全会、省第十次党代会、全省经济工作会议、省“两会”以及全省领导干部大会精神，以科学发展为主题，以加快转变经济发展方式为主线，以转型综改试验区建设为统揽，着力推动转型跨越，继续加强改善宏观调控，扎实推进经济社会各项工作，全省经济平稳健康较快发展、社会事业全面进步，圆满完成全年目标任务，实现了“十二五”良好开局，山西综合实力迈上新台阶，加快转型跨越发展和全面建设小康社会迈出了坚实的步伐。

全年预计，地区生产总值突破万亿元大关，完成11000亿元，增长13%左右，增幅高出年度计划1个百分点。全社会固定资产投资完成7300亿元，增长28%，增幅高出年度计划6个百分点。如按老口径测算可达到8000亿元，超额完成年度计划7700亿元的总量目标。社会消费品零售总额完成3750亿元，增长17%，增幅高出年度计划1个百分点。外贸进出口总额完成147亿美元，增长16.9%，增幅高出年度计划1.9个百分点。财政总收入完成2261亿元，增长25%；一般预算收入完成1213亿元，增长25%，增幅均高出年度计划10个百分点。城镇居民人均可支配收入17680元，增长13%，增幅高出年度计划3个百分点。农民人均纯收入5500元，增长15%左右，增幅高出年度计划5个百分点。城镇新增就业岗位50万个，超额10万个完成年度计划；城镇登记失业率控制在3.5%以内，好于“控制在4.2%以内”的年度目标。居民消费价格总水平（CPI）涨幅5.3%左右，低于全国平均水平0.2个百分点。万

元地区生产总值综合能耗下降3.5%，万元工业增加值用水量下降5%，二氧化硫、化学需氧量、氮氧化物、氨氮、烟尘、工业粉尘等主要污染物减排全部完成全年目标任务。

（一）围绕先行先试，转型综改试验区建设顺利起步。转型综改试验区获批后，省委、省政府及时对转型综改试验工作进行了全面动员和周密部署。组建了工作领导组和办公室，并设立了重大事项议事小组、重大政策沟通协调研究小组、重大新闻宣传小组。一年来，根据省委、省政府的要求，省发改委牵头组织各有关部门，加强调研学习、政策研究、汇报沟通、推进落实，各项工作取得了积极进展。

*高质量编报总体方案。*按照国家批复要求和省委、省政府的部署，省发改委迅速行动，牵头组织30多个部门和单位编制总体方案。借鉴国内其他八个试验区的做法，吸收国际上资源型地区转型的成功经验，领会国家战略意图，及时与国家部委对接，深入开展典型市县调研，组织进行专项研究，广泛征求各方意见，系统梳理政策诉求，经过十几易其稿，编制了《山西省国家资源型经济转型综合配套改革试验总体方案》，省政府于7月28日正式上报国家发改委。10月中旬根据国家发改委和相关部委所提意见进行了进一步修改完善。目前正与国家部委就事关我省重大利益的有关意见作进一步衔接沟通，积极争取支持。

*积极开展先行试点工作。*按照统筹规划、分步实施、全面推进、重点突破的原则，开展“一市两县”、“一市两园”和“一县一企”先行试点工作；按照影响大、带动强、见效快、示范性明显的原则，筛选了潞安集团百万吨级煤基多联产循环经济项目、五台山风景名胜区改造提升工程、太榆科技创新城等作为重大转型标杆项目；确定了焦煤、太钢等省属11个大型国有企业作为先行试点企业；省直各部门、各市、各试点县（市、区）正在积极编制近期行动方案。围绕产业转型、生态修复、城乡统筹、民生改善四大领域，积极探索破解阻碍转型发展的体制机制。

（二）全力扩内需稳增长，经济保持平稳较快发展。*全力发挥投资拉动作用。*一是“四位一体”工作全面推进。各级各部门扎实推进重点项目储备、签约、落地、建设“四位一体”工作。加强项目储备。省发改委多次召开会议研究部署，举行专题培训，组织省直有关部门、各市发改委和各大企业集团加大项目尤其是非煤产业项目、重点转型项目、重大标杆项目的开发储备力度，对入库项目实行动态调整。目前全省储备项目超过1.9万个，总投资超过10万亿元，超额完成储备任务。加大招商引资力度。进一步扩大与兄弟省（市、区）的经济战略合作，加强与央企、世界500强企业的投资项目合作，先后举办央企恳谈会、民企恳谈会、沪浙苏招商推介会和农博会等一系列招商引资活动，取得巨大成绩。尤其是成功举办第六届中博会，全省共签15个战略合作框架协议、1198个项目、引资总额达2.4万亿元。加快推动签约项目落地。建立并启动省市县三级联网招商引资项目管理系统，对签约项目情况进行跟踪、统计、通报。加大前期服务，完善项目审批“绿色通道”，有效促进了项目前期工作和落地开工。全年到位资金3620亿元，在上年的基础上翻了一番。加大重点工程推进力度，全年预计省级重点工程完成投资2750亿元，约占全社会固定资产投资的38%，对全省投资增长发挥了突出带动作用。二是加大引导民间投资力度。出台实施了山西省《关于鼓励和引导民间投资健康发展的实施意见》，为民间投资注入了新的活力。预计全省非国有投资增长50%，同比提高20个百分点。全省1亿元以上备案项目超过600项，总投资超过4500亿元，投资额是上年备案项目的2倍以上。三是努力扩大资本市场融资。研究起草了《关于支持资本市场发展的若干措施》，提出了促进我省资本市场发展的一揽子优惠政策，继续优化资本市场发展环境。全年全省资本市场实现融资665亿元，增长65.8%，为融资目标的2.2倍。四是高效执行政府投资计划。全省发展改革系统进一步转变工作作风，强化服务理念，强化部门协调，会同有关部门开辟项目审批、手续办理、计划下达、资金拨付“绿色通道”，在省财政、国土、环保等有关部门通力配合下，省级政府105.96亿元投资计划（其中，重大水利工程建设基金6亿元，引黄专项9.18亿元，财政预算内资金4.2亿元，煤炭可持续发展基金86.58亿元）已基本下达完毕。

*全力加强基础设施建设。*铁路建设完成投资580亿元，排全国第1位。中南部铁路通道、大同—西安铁路客运专线、太原—兴县铁路、准格尔—朔州铁路、太原铁路枢纽西南环线等10余项在建部省合资铁路进展顺利。高速公路投资582亿元，排全国第3位。全年新增忻保、天大、同源、灵山等高速公路1003公里，总里程超过4000公里。阳左、神河等在建高速公路等项目进展顺利。机场建设投资9亿元，运城和大同机场改扩建、新建吕梁机场进展顺利，五台山和临汾机场前期工作有序推进。水利建设投资135亿元，35项应急水源工程全部建成，引黄北干工程如期实现引水到大同、朔州的目标；大水网工程启动实施，规划中的晋中东山调水工程已全面开工建设，中部引黄、辛安泉引水、小浪底调水等工程前期工作顺利推进，全省供水结构初步优化。电力建设投资400亿元，新增电力装机容量800万千瓦，总装机容量达到5300万千瓦。省城十大公益建筑全部竣工，发展环境明显优化，发展后劲显著增强。

*努力促进消费扩大和外贸增长。*实施“家电下乡”、家电以旧换新、“农机下乡”、农副产品生产流通用水用电价格优惠、鲜活农产品运输“绿色通道”等一系列促进消费的政策措施，积极开展鲜活农产品“农超对接”工作，继续释放消费需求潜力。建设改造了一批冷链系统和生鲜农产品配送中心、标准化菜市场、农村便民连锁店、农产品批发市场，进一步改善了消费环境。加快城乡贸易网络建设，拓展文化、旅游、体育健身等新型消费，有效促进了市场繁荣和消费增长。积极采取措施稳定和拓展外需市场，推进

国家级专业出口基地建设，优化外贸进出口商品结构，扩大对外投资规模，有力地促进了全省进出口稳定增长，全年贸易进出口总额完成147亿美元，超过金融危机前水平，创历史新高。

*加强经济形势分析和运行调节。*定期召开联席会议分析经济形势，及时向省政府常务会、省委常委会汇报经济工作，采取了一系列调控措施，促进了经济平稳较快发展。进一步加强对煤炭、电力、铁路等经济先行指标的监测，及时、准确掌握全省经济运行态势，制定针对性措施，有力保障了煤电油气运等生产要素的供给。

（三）全面加强“三农”工作，实现粮食增产农民增收。*认真落实中央和我省各项强农惠农政策。*争取中央投资34.15亿元，省煤炭可持续发展基金投入22.46亿元，支持农业发展、农村基础设施和农村民生工程。灌区节水改造、西山沿黄提灌、农田水利等工程顺利推进，农田实灌面积达到1800万亩，粮食综合生产能力明显提高，全年粮食总产量119.3亿公斤，比上年增长9.9%，再创历史新高。加快三大现代农业示范区建设，新实施了63个示范园项目，对全省现代农业发展发挥了引领作用。大力实施农产品加工龙头企业“513”工程，重点扶持了92户农产品加工龙头企业，农产品加工销售收入达到629亿元，比上年增长23%。以“一村一品”、“一县一业”为抓手，扎实推进设施蔬菜、规模养殖、水果双增工程建设，农业生产经营性收入大幅增加。完成了2000个新农村重点推进村建设，启动实施了100个新农村集中连片建设工程。培训新转移农村劳动力32.4万人。加大扶贫开发力度，积极支持以工代赈易地扶贫搬迁和生态扶贫等项目建设，又完成20万人的脱贫任务。

（四）全力推进经济结构调整，产业水平进一步提升。*着力推进传统产业改造升级。*争取中央投资3.55亿元，省煤炭可持续发展基金投入3.89亿元，重点支持了煤炭、电力、冶金等传统产业升级改造。一是积极推进资源整合兼并重组。煤炭资源整合煤矿兼并重组圆满完成，所有过渡矿井全部关闭，现代化矿井技术改造步伐明显加快，煤炭工业发生质的变化。全年预计原煤产量8.6亿吨，再创历史新高。煤炭行业效益稳步提高，上缴税费占财政总收入的比重达到43%。煤炭百万吨死亡率下降到0.086，居国内领先水平。制定出台《山西焦化行业兼并重组指导意见》，通过关小上大、同业重整、上下联合等方式对焦化行业进行重组。独立焦化企业由223户减少到157户。非煤矿山由793处整合为591处。太钢对美锦钢铁实现托管经营、对星原集团实施股权重组。水泥企业兼并工作有序开展。二是加大传统产业改造提升力度。冶金行业：加大对冶金项目建设支持力度，太钢冶金除尘灰资源化工程成功出铁，同德铝业有限公司100万吨氧化铝等重点项目开工建设。电力行业：重点支持了燃煤电厂烟气脱硝工程设施建设，同时积极支持大型坑口电厂、煤矸石发电和城市热电联产项目建设。全省30万千瓦以上火电机组装机容量占全省总装机容量的70%，煤矸石综合利用发电装机容量达到504.5万千瓦。各类企业健康发展，煤销、太钢、焦煤、晋煤、同煤、潞安、阳煤等7户企业资产总计超过千亿元、销售收入超过千亿元，成为推动全省经济持续稳定增长的重要力量。

*着力推动新兴和接替产业发展壮大。*制定出台山西省《关于加快培育和发展战略性新兴产业的意见》，按照《意见》提出的试点项目、龙头企业、示范园区、产业布局、深化合作等五条路径协调推进新兴产业发展。争取中央投资8.8亿元，省煤炭可持续发展基金投入10.86亿元，支持了一批重点项目建设。现代煤化工：山西瑞恒化工40万吨聚氯乙烯项目、阳煤丰喜年产8万吨环己酮等30个项目建成投产或部分投产，潞安集团长治180万吨/年煤基多联产循环经济项目全面启动，中海油大同公司年产40亿立方米煤制天然气项目前期进展顺利。高端装备制造：太重风力发电设备增速器技改项目、山西巨安电子矿用顶板状态检测与分析智能化系统等项目建成投产，太重新建高速列车轮轴国产化、大运汽车二期年产5万辆重卡生产线项目主体已完工。新能源汽车：吉利年产10万辆新能源汽车项目破土动工，中航山西兰田专用车项目前期工作加快推进。新材料：潞安集团光伏产业一体化工程、电子二所太阳能电池硅片及成套装备产业化等50个项目正在陆续投产，大同协和2.5万吨多晶硅及光伏产业循环经济项目国家已委托中咨公司评估。食品医药：集中力量支持了一批特色突出、优势明显的重大项目。紫林食醋、六味斋、亚宝药业、国药集团威奇达药业、振东制药等一批项目陆续建成投产。新能源：全年新增新能源机组装机容量100万千瓦，累计达到417万千瓦。太阳能发电实现“零”的突破。煤层气：煤层气抽采量达到53亿立方米，增长26.2%；新建省级干线管道超过600公里；天然气利用量达到16亿立方米，增长45%。全年全省先进装备制造业、现代煤化工、新型材料工业、特色食品工业增加值平均增长20%以上。

*大力促进循环经济发展。*在省级煤炭可持续发展基金安排中，67%的资金投在符合能源资源综合循环利用的循环经济类项目上。山西循环经济总体规划确定的100个试点项目75%以上已建成投产。新选定47家试点企业和5家试点园区。编制完成的《山西省循环经济促进条例》省人大常委会初审通过。争取国家将太原、长治、晋城、运城四个市列为国家级循环经济标准化试点市。编制完成并公布了工业企业循环经济评价导则、钢铁和焦化行业循环经济评价实施指南，建立了循环经济目标管理考核评价机制。

*着力推动服务业发展。*争取中央投资3.74亿元，省煤炭可持续发展基金投入8.8亿元，重点支持了服务业项目建设。加快重大物流项目前期工作，铁路枢纽太原地区货运（物流）中心项目预可研已批复，煤销集团、山煤国际、能交投集团等煤炭物流规划已通过评审，中国太原煤炭交易中心按期建成。组织实施历史文化名城名镇名村保护、文物保护、广播电视台站、县级图书馆文化馆、乡镇文化站等基层文化设施

建设。争取国家将高君宇故居等六个国家级景区纳入《全国红色旅游二期名录》。集中扶持了五台山、云冈石窟等旅游景区基础设施项目建设。旅游服务业继续保持较快增长，全年旅游总收入预计完成1343亿元，增长23.9%。

（五）积极推进城镇化建设，城镇承载能力进一步提高。成立了城镇化推进工作领导组，制定出台了《关于加快推进城镇化的意见》。各级各部门围绕城镇化发展目标加快推进各项工作，编制完成“一核一圈三群”规划和137项城乡规划，制定出台了山西省城市扩容提质专项治理方案、“双百”城镇建设实施方案、考核指标体系等配套文件和技术标准，有效促进了扩容提质工作开展。围绕旧城改造、新城建设，统筹推进规划、土地、产业布局、基础设施建设和生态治理，重点支持各市县实施了城市道路、集中供热、供水、供气、污水垃圾处理等一大批市政工程。全省新增供热面积5000万平方米，新增城镇供水管网980公里，新增供水能力29.2万吨/日，新增污水处理能力8.55万吨/日，新增垃圾处理能力2435吨/日，城市功能进一步提升，承载能力进一步提高。

（六）强化政策落实和项目推进，节能减排环境治理取得新成效。*扎实推进节能降耗工作。*编制了《山西省“十二五”节能减排综合性工作方案》、《山西省能源消费总量管理办法》，分解下达各市节能减排目标。制定了《山西省固定资产投资项目节能评估和审查实施细则》，对全省固定资产投资项目开展了节能评估审查。实施了既有居住建筑供热计量及节能改造工作，支持了重点工业企业节能改造和淘汰落后。深入推进全民节能行动，圆满完成800万支高效节能产品推广应用任务。加快淘汰落后产能，全年淘汰小钢铁814万吨、小焦炭506万吨、小火电44万千瓦、小水泥1315万吨、小电石31万吨，全部完成年度任务。

*加大污染治理力度。*争取中央投资21.87亿元，省煤炭可持续发展基金投入15.4亿元，加快推进全省城镇垃圾处理、集中供热、供气等工程建设。在上年全省实现县级污水处理厂全覆盖的基础上，继续推进污水处理厂提升改造及配套管网建设。在全省汾河、丹河等五大流域开展了流域环境综合整治工程。对高耗能企业继续实施差别电价和惩罚性电价政策，公布了环境污染末位淘汰企业及设施名单，修订了《排污许可证管理办法》，省排污权交易中心正式揭牌运营，在全国率先确立了在线平台执法，查办了一批严重违法排污企业。11个重点城市空气质量进一步改善，97个地表水监测断面中水质优良断面比例继续上升。

*加大生态建设推进力度。*争取中央投资12.4亿元，省煤炭可持续发展基金投入6.3亿元，组织实施太原西山地区综合整治、十市生态环境综合治理、造林绿化、森林资源保护、林业产业开发等工程项目，全年完成造林任务453万亩。流域和区域生态环境明显改善，河道水质有所提高、过水量增加，湿地面积增多，地下水位止降回升，成效已初步显现。制定出台《山西省应对气候变化办法》，组织实施温室气体观测站点建设，提高了我省应对气候变化的能力。

（七）加大保障改善民生力度，社会事业全面进步。*加大就业扶持。*支持乡镇就业和社会保障服务项目建设。组织实施大学生引领计划，从创业指导、创业培训、企业孵化等方面提供服务，全年高校毕业生就业率达到89%。开展农村劳动力转移就业示范基地创建活动，促进劳务对接，完成农民工转移就业40万人。完善就业援助长效机制，帮助3.9万就业困难人员实现稳定就业。加强社会保障。城镇养老、医疗、工伤和失业保险大幅提高，城镇社会保险综合覆盖率达到90%，城镇居民社会养老保险、新型农村社会养老保险覆盖率分别达到82%、84%；城镇医疗保险参保率达到96%，新农合参保率达到98.5%；242万城乡低保和农村“五保”供养对象实现应保尽保。加快保障性住房建设。积极争取中央投资，省市县三级财政全力配套，支持保障性住房建设。全年新开工保障性住房44万套，超额完成国家下达任务。同时，房地产调控取得积极成效，呈现出投资增加、销售面积基本稳定、销售价格下降的态势。有效遏制物价上涨势头。全年居民消费价格总水平涨幅比全国平均水平低0.2个百分点。创造性地建立了社会救助和保障标准与物价上涨挂钩的联动机制，在全国率先实行单月CPI涨幅超过5%或食品价格涨幅超过10%，即向低收入群体发放临时价格补贴的措施，已发放补贴12亿元。加大困难群体救助。重点支持养老服务、残疾人综合服务设施、县乡计划生育服务站建设。大幅度提高城乡居民最低生活保障标准、社会散居孤儿、福利机构孤儿养育标准，对符合低保条件的重度残疾和特困残疾人予以救助。启动实施了低收入农户“一户一吨”煤补助政策，688万户家庭从中受益。加快发展教育事业。争取中央投资5.7亿元，省煤炭可持续发展基金投入2.76亿元，重点支持中小学校舍安全、学前教育、义务教育、职业教育、特殊教育、高等教育等一大批教学设施和基础能力建设项目，进一步改善办学条件。高校新校区建设项目全部批复，十所高校全部进场施工。强化医疗卫生事业。争取中央投资4.95亿元，省煤炭可持续发展基金投入2.76亿元，重点支持县级医院、中心乡镇卫生院、精神卫生服务机构、县级卫生监督机构、县级急救中心、全科医生培养基地，以及山西医科大学第二医院等13个省直医院项目建设，进一步提升了医疗卫生服务水平，有效缓解了人民群众就医难问题。快速推进农村新的“五个全覆盖”工程。在巩固提升已完成的农村“五个全覆盖”工程基础上，再投入300亿元启动实施农村新的“五个全覆盖”工程，超额完成年度任务。街巷硬化覆盖率69.4%；便民连锁店覆盖率94.1%；农村文化体育场所中农家书屋覆盖率75%，农民体育健身设施覆盖率95%，村级文化活动场所覆盖率100%；中等职业教育免费覆盖率51%；新型农村社会养老保险覆盖率84.4%。安全生产形势稳定好转。全面落实“两个主体”责任，严格执行各项制度规定，认真开展专项检查和整治，全省各类安全生产事故死亡人数在前两年大幅下降的基础上又减少281人，没有发生特别重大事故。援疆援茂成效突出。对口援疆资金2亿元全部到位，18项工程全部竣工；干部和人才援疆双向挂职、培训、交流工作有序开展，11个市结队支援工作进展顺利。对口援建四川茂县任务胜利结束，累计投入21.62亿元支援茂县恢复重建，圆满完成了中央交办的援建任务。

(八) 突出重点领域和关键环节，改革开放取得新进展。继续推进重点领域改革。扎实推进医药卫生体制改革，国家五项重点任务全部完成，覆盖城乡的基本医疗保障制度基本建立；所有政府办基层医疗卫生机构和行政村卫生室全部实施了国家基本药物制度，基本药物价格平均下降30%以上。继续推进侯马和阳泉城乡发展一体化综合配套改革，编制了《推进侯马城乡一体化综合配套试验区建设实施方案》，提出了侯马市和侯马经济开发区“市区合一”行政管理体制的建议；阳泉市以统筹城乡、率先转型为突破口，城乡一体化改革逐步深入。继续推进投资体制改革，研究建立了山西省重大项目社会稳定风险评估机制。深化财税制度改革，完善支出标准体系，提高了预算编制的科学性、准确性。集体林权制度改革主体任务基本完成，累计完成林地确权7700万亩，占到应确权面积的97%。深入推进文化体制改革，五大文化产业集团组建运营，488家经营性文化单位完成转企改制任务，文化产业和文化事业加快发展。资源税、土地利用管理制度等其他领域改革也取得积极进展。

积极拓展对外交流与合作。外商投资项目规模进一步扩大，质量和产业层次明显提升，服务业引资项目和金额不断增加，促进了全省产业结构的优化和升级。借用国外低息优惠贷款规模稳定增长，山西煤层气开发利用示范项目、河川流域治理、农业综合开发、小城镇开发示范等项目已全面启动。境外投资在投资地区和领域方面取得新突破，指导和推进了太重集团在德国、澳大利亚并购及明迈特集团等一批民营企业在美国、非洲的境外投资，投资涉及资源、农业、研发等领域。全面组织推进与德国北威州、美国西弗吉尼亚州经济、社会等领域的合作，在研修生培训、机械制造、盐碱地治理、温室气体减排等领域取得新进展。省主要领导率团出访，全面深化了省州战略合作关系，推进了经济社会技术全方位交流与合作。与世界银行、亚洲开发银行建立了长期稳定的战略合作关系，积极推广应用国际金融组织先进的项目管理模式和理念，组织开展了双方能源合作论坛以及能源、农业、小城镇等多领域的技术援助和项目培训。

(九) 强化“十二五”规划实施，充分发挥引领作用。开展规划《纲要》宣传培训工作，举办“十二五”规划纲要和转型综改试验培训班，编印《转型跨越发展学习读本》，在山西卫视新闻频道开辟转型跨越专栏。积极推进各类专项规划衔接论证工作，已编制完成71个专项规划，过半数已通过专家评审。加强对大型企业“十二五”规划编制工作指导，确保国有大型企业发展战略充分体现省委、省政府战略要求。认真贯彻国家调整重点开发区面积的要求，加强与国家和市县对接，编制完成《山西省主体功能区规划》。

(十) 争取国家政策、资金和项目支持继续取得新成效。全力争取中央投资。及时了解中央投资政策信息，组织各市、各相关部门积极申报项目，千方百计向国家发改委汇报争取支持。全年争取中央投资97.5亿元，再创历史新高。积极争取布局重大项目。争取国家正式批复长邯高速长治至黎城段改扩建工程，平定至阳曲高速公路纳入国家公路网；运三铁路纳入国家蒙西至华中地区煤运通道项目，大张铁路列入国家《“十二五”综合交通运输体系发展规划》。争取国家批复了平朔矿区等9个总体规划；核准同煤集团东周窑煤矿等7个煤炭项目，总规模3900万吨；同意晋煤郑庄煤矿等4个煤矿项目开展前期工作，总规模3500万吨。核准了华能左权电厂等电力项目；同意17个火电项目开展前期工作，装机容量1010万千瓦。核准同德铝业年产100万吨氧化铝项目。批准65个清洁发展机制项目。积极争取国家核准企业债券。全年争取国家核准我省发行企业债券103.5亿元，首次突破百亿元大关，是前四年的总和，债券发行总量跃居全国第5位，有力地支持了我省煤炭、电力、保障性住房和城市基础设施等重点领域建设。

2011年，全省上下围绕转型跨越发展战略，全力推进各项重点工作，经济社会发展取得显著成绩，但面临的一些突出矛盾和问题不容忽视。从发展条件看，能源、资源、环境、劳动就业等压力依然突出，民生和社会保障等薄弱环节欠账依然很大。从产业结构看，三次产业不平衡，一产弱、二产重、三产小的问题仍然比较突出。全省上下务必保持清醒认识，强化忧患意识，增强责任感、紧迫感和使命感，切实把思想和行动统一到中央和省委、省政府的决策部署上，统一到转型跨越发展战略上，把握机遇，迎接挑战，全力以赴推进经济社会平稳较快发展。

二、2012年全省经济社会发展总体安排和主要任务

2012年是喜迎党的“十八大”胜利召开之年，也是我省实施“十二五”规划、加快转型跨越发展的关键之年，做好经济社会发展工作，对于落实好中央和省委、省政府的各项决策部署，实现经济社会平稳较快发展，进一步推动科学发展和促进社会和谐至关重要。

总体分析，2012年国内外经济形势十分复杂、十分严峻。我省经济发展面临的外部环境不容乐观。从国际看，由于受欧债危机冲击，国际经济环境进一步恶化，经济下行风险进一步加大。加之主要大国面临政府选举，进一步加剧了国际协调与合作的困难。从国内看，经济增长速度放缓，节能减排形势严峻，资源、环境压力突出。企业生产成本增加，特别是中小企业融

资难度加大、资金成本高问题明显。受国际大环境影响,出口、投资需求面临很大的下行压力。从我省看,东部沿海一些省份经济增速走低,将减少对我省能源原材料产品的市场需求,其滞后影响将通过产业链传导至我省,加之新兴产业尚处于起步阶段,传统产业面临资源环境约束、要素成本上升等不利因素,今年我省经济发展将面临外需和内需不足的双重压力。

在分析诸多不利因素的同时,也要看到我省经济发展还有很多有利条件。我国仍处于重要战略机遇期,今年国家将按照分类指导、有扶有控的原则,继续加大对重点领域、薄弱环节、在建续建重点工程和重大民生工程的投入;转型综改试验区建设为我省提供了难得的发展机遇;省市县三级政府出台了一系列保增长、调结构、促转型的政策措施,为经济持续稳定增长奠定了基础;全省基础设施大幅度改善,承东启西的区位优势进一步显现,承接东部地区产业转移的基础条件更加成熟,为进一步加大招商引资力度和签约项目的落地创造了有利条件,投资将继续发挥拉动经济增长的关键性作用。

做好2012年经济和社会发展各项工作,必须认真汲取应对2008年国际金融危机的成功经验,既要看到有利的条件,又要看到不利的因素,既要有应对困难的充分准备,又要对未来发展充满信心,只要全省上下团结一心,紧紧围绕转型跨越发展战略,迎难而上,奋发努力,就一定能够确保经济社会继续保持平稳较快发展。

全省经济社会发展和改革工作的总体要求是:全面贯彻党中央、国务院各项决策部署,深入贯彻省第十次党代会、省委十届二次全会暨全省经济工作会议精神,以科学发展为主题,以加快转变经济发展方式为主线,以"稳中求进"为总基调,以转型跨越发展、再造一个新山西为总体战略,以转型综改试验区建设为总抓手,以大企业、大项目、大园区为载体,充分发挥投资带动作用,着力推动先行先试,大力推进工业新型化、农业现代化、市域城镇化、城乡生态化,努力走出资源型地区转型跨越发展新路,实现经济平稳较快发展和社会事业全面进步。

综合分析国内外经济发展环境条件,结合全省经济社会发展的必要和可能,2012年全省国民经济和社会发展主要目标是:

预期性指标:地区生产总值增长12%左右,全社会固定资产投资增长22%,社会消费品零售总额增长16%,外贸进出口总额增长10%,财政总收入、一般预算收入均增长15%,城镇居民人均可支配收入、农民人均纯收入分别增长10%和10%以上,城镇新增就业岗位40万个,城镇登记失业率控制在4.2%以内,居民消费价格总水平涨幅控制在4%左右。

约束性指标:万元地区生产总值综合能耗下降3.5%,万元地区生产总值二氧化碳排放量下降3.7%,二氧化硫、化学需氧量、氨氮排放量分别下降2%、1.3%、1%,氮氧化物排放量实现零增长,烟尘、工业粉尘排放量均下降3%,万元工业增加值用水量下降3.5%。

为顺利实现上述目标,全省发展改革部门将按照省委、省政府的统一部署,坚持稳中求进的工作总基调,会同各级各部门创造性地做好以下工作:

(一)抓住关键环节,加快推进转型综改试验区建设。一是积极与国家发改委等有关部委对接、沟通,争取《总体方案》早日获批。二是启动《总体方案》各项配套实施方案、实施办法编制工作。研究制定并推动《关于促进和保障国家资源型经济转型综合配套改革试验工作的决定》出台,为我省转型综改工作提供必要的法律保障。三是扎实推进先行试点工作。加快批复行动方案;积极推进"一市两县"、"一市两园"、"一县一企"和大型国有企业先行试点工作。四是全力推动重大转型标杆项目实施。严格遴选标准,完善支持政策,加大扶持力度。实现动态调整,阶梯式推进。五是积极探索体制改革和机制创新。重点围绕深化煤炭工业可持续发展政策试点、资源性产品价格、产业均衡发展、循环经济发展、土地管理、人才支撑、创新金融等方面开展工作。六是构建紧密的省部合作机制。争取国家各部委在我省先行布局各类政策试点。积极沟通对接,争取由国家发改委牵头协调有关部委,研究落实需要国家支持的政策措施。七是健全两查一考长效机制。加强对各市、各先行试点县转型综改试验工作的检查、督查和考核。研究建立风险控制机制,有效预防和化解改革风险。

(二)继续扩大投资消费需求,促进经济平稳较快增长。充分发挥投资带动作用。一是进一步优化项目储备结构。针对各市各部门储备项目结构不合理、产业雷同、单一,深加工项目、新兴产业项目、高新技术项目和前期启动项目少等问题,继续滚动选择项目,优化储备结构,并加快前期进度。二是进一步创新招商引资方式。充分利用各类招商平台,宣传政策、发布项目;加强与国内外大型企业集团、兄弟省(市、区)的联系对接,落实各类签约协议,寻求合作共赢机会,谋划合作共赢项目。三是抓好"项目落地年"各项工作推进。结合"流程再造",进一步简化审批程序,提高行政效率,创优发展环境;加大前期投入,落实项目开工前期条件,确保有源源不断的重大项目陆续开工建设。四是进一步拓宽融资渠道。抓住转型综改机遇,积极争取中央地方债券试点。落实鼓励和激发民间投资各项政策措施,推动民营、中小微型企业发展。扩大资本市场直接融资,高度重视"三板"市场。积极争取公司债券发行规模。加快构建与资源型经济转型相适应的资本市场。

继续大力推进重大基础设施建设。铁路项目安排投资600亿元。继续加快大西客专、中南部铁路等十余项在建铁路项目建设;加快推进和邢铁路、蒙西至华中铁路运三段前期工作;加快在建合资铁路沿线地方铁路、铁路专用线及战略装车点项目实施,构建网络化铁路运输体系。公路项目安排投资550亿元。高速公路以续建项目为主,确保建成1000公里,总里程突破5000公里;继续抓好国省干线公路、农村公路、县乡公路改造工程实施;确保农村街巷硬化实现"全覆盖"。机场项目安排投资6亿元。继续协调推进临汾机场和五台山机场前期工作，争取开工建设。加快吕梁机场建设进度，争取早日建成通航。加快大同机场改扩建工程建设进度，确保年内完工。水利项目安排投资200亿元。重点实施引黄北干扫尾项目与全线供水运营。加快实施大水网规划，推进东山供水、中部引黄、辛安泉引水、小浪底调水、雁同灌区、塞上灌区、黄河古贤水库等工程实施。

继续加大产业转型和结构调整项目投资。大力推进科技创新，利用高新技术改造提升传统产业，培育和壮大战略性新兴产业，大力发展现代物流、文化旅游等服务业，全年重点产业转型项目投资超过2000亿元。

继续加强社会事业和改善民生类项目投资。重点抓好保障性住房建设。推动大学城建设进入集中投入期。继续抓好基层医疗卫生服务体系、职业教育、特殊教育、社会保障、社会福利、体育健身等民生工程建设。全年重点民生项目投资超过1400亿元。

促进消费需求持续增长。一是着力提高消费能力。通过就业扩大、工资增长、社保扩面和待遇水平提高，有效拉动城乡居民收入增长。二是着力扩大消费需求。继续抓好“菜篮子”和“米袋子”工程、农副产品批发市场、“万村千乡”、“农超对接”、“标准化菜市场改造”等促消费重点工程建设，有效拓展城乡居民生活消费品流通渠道。三是着力改善消费环境。建立流通可追溯、去向可查证、责任可追究的产品质量安全追溯体系，实施“保供稳价”示范工程，实现生活必需品供应和价格稳定。四是着力增强消费预期。不断完善城乡社保体系，提高社会保险待遇。通过增加收入、扩大需求、改善环境、增强信心，使消费成为拉动经济增长的重要支撑。

（三）加强产业创新，全力推进经济结构优化升级。

加快传统产业升级改造步伐。通过总量控制、淘汰落后、技术改造、兼并重组、优化布局，改造提升传统产业。煤炭行业：巩固提升煤炭资源整合煤矿兼并重组成果，运用先进适用技术和装备高标准建设整合改造矿井，加快推进现代化矿井建设。积极培育大型煤炭企业集团，提高产业集中度。充分利用煤炭作为生产原料的巨大潜力，大力发展现代节水型煤化工，延长产业链，提高煤炭资源综合利用水平。电力行业：继续推进大容量、高参数和低热值燃料大型坑口燃煤发电、低热值煤发电和城市热电联产等高效清洁低碳项目建设。冶金行业：积极推进企业联合重组，重点推进太钢、首钢、海鑫等大企业对省内中小钢铁企业实施整合，打造大型钢铁生产基地。以不锈钢材、铝材、铜材等产品为重点，加强相关产业的多元化经营，积极推进产业链延伸，全面提升冶金行业竞争力。焦化行业：在继续清理整顿、淘汰落后的基础上，支持焦化工业园区建设，推动骨干企业兼并重组和产权融合，加快山西由“以焦为主”向“焦化并举”转变。通过推进传统产业兼并重组、升级改造，着力推进“双千亿”、“双五百亿”、“双百亿”工程，打造主营业务突出、规模效益明显、核心竞争力强的大企业、大集团。

加快新兴产业发展壮大。通过创新、引进和实施品牌战略，做大做强新兴产业，培育新的经济增长点。精选一批市场容量大、技术含量高、对经济发展具有重大带动作用的产业化项目，予以重点扶持。现代煤化工：大力发展煤制油、煤制天然气、煤制烯烃等新型煤化工产业，重点推进潞安180万吨煤基多联产循环经济项目和同煤40亿立方米煤制天然气项目建设。高端装备制造：重点支持煤矿机械成套设备、重型汽车整车及零部件和铁路装备制造业发展，加快推进晋城富士康精密制造、金鼎煤机等项目实施。新材料：以资源优势为基础，发展化工新材料、高性能结构材料、新型功能材料等，加快产业链群发展，努力推动“材料加工”向“加工材料”转变。新一代信息技术：继续推动下一代互联网和移动互联网发展，促进物联网、云计算等健康、有序推进，促进信息技术在各行业领域的应用和创新。食品医药工业：立足我省特色资源优势，集中力量建设一批特色突出、优势明显、能形成企业核心竞争力和联动效应的重大项目。新能源：以风能、太阳能、水能、生物质能和煤炭清洁高效利用为重点，加快新能源开发利用产业化。新能源汽车：重点推进晋中吉利新能源汽车项目建成投产。四气产业：继续加强与央企合作，加快煤层气勘探开发步伐；加快推进省级管网建设，基本建成东部和西部两条干线，构建“三纵十一横”管网布局；加快城市管网建设及加气站建设，继续拓宽民用、工业等利用领域。

加快提升自主创新能力。大力提升现有工程研究中心、工程实验室对高新技术产业发展支撑能力，组织具有较强研究开发和综合实力的企业、高校和科研机构新建一批省部共建工程研究中心、工程实验室。配合国家高新技术产业化重大专项，在我省重点发展的高新技术产业领域内组织实施一批高新技术重大研发和产业化科技攻关项目，加快培育形成新的增长点。

着力推动服务业加快发展。强化服务业对转型跨越发展的产业支撑作用。完善进一步推进服务业加快发展的支持政策。突出抓好现代物流业、文化旅游业、金融业、房地产业的发展，大力推动信息服务业、研发设计、节能环保、电子商务等专业化服务业发展。继续完善提升中国太原煤炭交易中心运营功能，抓紧开工建设太原地区货运物流中心、山西方略保税物流中心功能延伸项目以及煤运集团、山煤国际、能交投集团等一批重大物流项目，推进太原武宿综合保税区的审批设立工作。大力支持旅游重点基础设施建设，推动要素建设、营销创新、服务提升和产业发展，全面提升旅游综合竞争力。

大力促进循环经济发展。出台《山西省循环经济促进条例》，对《山西省循环经济发展规划》进行再设计、再提升、再规划，编制《山西省关于进一步加快推进循环经济发展的意见》，加快完善相关制度和政策措施；抓紧循环经济试点单位实施方案的编制，抓好重大转型标杆示范项目的推进，尽快形成以园区带动企业、辐射区域的“小循环—中循环—大循环”互动格局，进一步提升资源就地转化率和传统产业循环率。

（四）切实抓好“三农”工作，增强县域经济发展活力。一是落实扶持政策。要深入贯彻落实国家和我省一系列强农惠农富农政策，把扶持“三农”发展的政策全面兑现到位。二是夯实农业基础。按照山西大水网规划，在继续大力推进晋中东山供水工程建设的同时，抓紧启动实施中部引黄等骨干工程；加大农田水利工程建设力度，加快推进大中型灌区改造、西山沿黄提灌、农田水利重点县及山区“一村一井”工程建设；围绕提高耕地综合生产能力，做好土地整理工作，加快推进新增粮食产能、旱作农业、中低产田和盐碱地改造。三是突出特色农业。重点推进三大现代农业示范区和雁门关生态畜牧经济区建设，抓好10个现代农业示范县建设，加快发展“一村一品”、“一县一业”，抓紧谋划实施一批特色农产品产业化项目，进一步做大做强现代特色农业。四是提升产业化水平。深入实施农产品加工“513”工程，上马一批技改和新建项目，打造一批带动能力强、品牌影响大的骨干企业，不断提升产业化水平。五是发展县域经济。因地制宜、统筹推进，加快建设和布局一批强县富民的好项目、大项目，壮大县域经济实力；加大县域基础设施建设力度，加快发展社会事业，改善县域发展的环境和条件；深入推进扩权强县试点，进一步扩大县域经济发展的自主权，增强县域经济发展的活力和动力。六是完善服务体系。加快农业经营体制体系、农业区域合作体系建设，增强产业发展能力，为现代特色农业发展提供科技服务支撑。

（五）加快推进城镇化建设，拓展发展空间。按照“突出重点、整体提升、协调推进”的原则，进一步加大城镇化推进力度，继续推进城乡规划编制、城市扩容提质和百镇建设等重点工作。以太原都市圈为重点，围绕“一核一圈三群”城镇群规划，编制完成综合交通、产业园区、旅游发展、生态环境保护和水网等专项规划，启动组群内部城镇之间的快速连接道路、大型生态绿地和区域供水等设施建设。加大生活垃圾处理、污水管网配套、集中供热等工程建设，实施一批城中村和旧城区改造项目，在设市城市和县城开展市容环境专项治理，加快推进城镇扩容提质步伐。积极实施大县城战略，推进扩容增量，提高承载能力，吸引产业向大县城集中。以百镇建设为重点，重点支持和集中开展工贸园区、绿色宜居示范区等工程建设，建设特色宜居小城镇。尽快制定实施土地、户籍管理、社会保障等方面的相关配套政策，把在城镇稳定就业和居住的农民工有序转变为城镇居民。

（六）强化节能减排和生态建设，促进绿色低碳发展。实施严格的节能减排措施。加快出台我省合理控制能源消费总量的工作方案，分解总量控制目标并纳入责任制评价考核范围；严格实行节能评估审查和环境影响评价；健全节能减排预警调控机制，定期发布预警公告，实施联控联防；健全相关政策法规和制度，构建长效机制；大力推进重点节能工程；认真贯彻落实国务院《“十二五”控制温室气体排放工作方案》，确保完成控制温室气体排放目标任务。

加强生态环境治理。继续推进汾河流域生态环境治理修复与保护近期提升工程、太原西山地区综合整治和十市生态环境综合治理工程建设，全力抓好五台山风景名胜区改造提升等转型重大标杆项目建设，努力改善区域生态环境。加强林业生态建设，积极推进荒山造林、身边增绿和园林示范城镇工程实施，加快城乡绿化步伐，全年完成营造林任务400万亩以上。继续推进城镇污水、垃圾处理设施建设，抓好重点流域水污染防治和工业污染治理等工程实施。2012年城市污水处理率、生活垃圾无害化处理率预计分别达到79%和50%，工业固体废物综合利用率预计达到62%。

（七）突出保障和改善民生，促进社会事业加快发展。认真做好就业和社会保障工作。继续推进基层就业服务设施、创业服务设施和公共培训基地建设。在全省实现新农保和城镇居民社会养老保险全覆盖，支持公益性养老机构、残疾人综合服务、基层托养和计划生育服务站设施建设，积极推动社会保障服务中心建设，提高社会保障公共服务能力。扎实推进保障性安居工程建设。认真落实好国务院关于保障性安居工程建设和管理的意见，建立健全保障性安居工程投资、建设、营运、分配和管理机制。强化保障性安居工程建设各环节的监督检查，确保33.2万套保障性住房按时开工、按时竣工，保质保量圆满完成国家下达任务。促进教育、文化事业发展。大力发展学前教育，加快建设公办标准化幼儿园。推动义务教育均衡发展，继续实施义务教育学校标准化建设和农村薄弱学校改造计划。着力改善和提高职业教育办学条件。全力推进高校新校区建设，有效缓解高校发展空间不足问题。实施重点文化惠民工程，加快推进市县公共图书馆、文化馆、美术馆和乡镇文化站等工程建设。加强各类文化遗产和自然遗产保护。推进重大文化产业项目，发展壮大传统文化产业，积极培育新兴文化业态。统筹推进社会事业全面发展。更加注重经济与社会协调发展，努力促进科教、文化、体育、政法、村级组织、广播电视、新闻出版、文物保护、邮政、社会福利、救灾救助、人防、档案、气象、地震、宗教、外事等各项社会事业全面发展。继续加大扶贫开发支持力度。贯彻中央扶贫开发工作会议和新十年农村扶贫开发《纲要》精神，加大扶贫开发投入，重点支持集中连片特困地区和直接关系贫困人群基本生产生活的工程项目建设，着力巩固和发展专项扶贫、行业扶贫和社会扶贫大格局。实施农村新的“五个全覆盖”工程。统筹落实各项工作任务，确保两年覆盖任务圆满完成。同时，2012年要全部完成空白乡镇邮政局（所）补建任务，提高普遍服务能力。促进安全生产形势稳定好转。严格落实安全生产各项规定，狠抓“两个主体”责任落实，努力减少一般事故，坚决遏制和杜绝重特大事故。继续抓好对口援疆各项工作。按照规划任务，再启动实施一批援建项目。

（八）继续深化改革，推进重点领域关键环节取得新突破。以推进资源型经济转型综合配套改革为统揽，继续着力推进相关改革。一是继续深化医药卫生体制机制改革。进一步健全全民基本医保制度；强化基层医疗卫生服务体系建设，全面完成既定的县级医院和城乡基层医疗卫生机构建设任务；完善基本药物制度，巩固完善基层医疗卫生机构运行新机制；深化药品流通领域改革；推进以县级医院为重点的公立医院改革，扶持社会资本进入医疗领域。二是积极推进阳泉、侯马城乡发展一体化综合配套改革。侯马市要力争在行政管理、经济社会、区域合作、城乡生态等方面体制机制改革上取得新突破;阳泉市要在推进城乡规划、产业互动、均衡发展、改善民生、就业和社会保障、生态环保、城乡管理制度一体化等方面取得重大进展。三是进一步深化投资体制改革。通过流程再造,实现并联审批、一站式审批,进一步简化程序、提高效率。四是全面深化文化体制改革,努力完成经营性文化单位转企改制,积极推动转制单位建立现代企业制度,培育合格的文化市场主体,构建覆盖全省的公共文化服务体系。同时,扎实推进扩权强县试点,深入推进行政审批制度改革,积极稳妥推进事业单位分类改革,逐步完善资源性产品价格形成机制,继续推进集体林权制度改革,统筹协调推进其他领域改革。

(九)继续扩大对外合作交流,提升开放型经济水平。一是扩大外商直接投资规模,提高利用外资的质量和水平,引导外资投向高端制造、高新技术、现代服务业、新能源和节能环保等领域。二是策划我省转型跨越发展重点项目申请国外贷款,积极推进列入备选规划的国外贷款项目前期工作。三是积极实施"走出去"战略。稳妥有序推进国际资源战略型境外投资。鼓励省内企业进入跨国公司全球产业链体系;协调晋非经贸合作区建设;支持太钢、太重和有实力的非公有制企业到境外投资;鼓励优势企业承揽国际上附加值高、影响力大的交通、能源、通信等基础设施项目,增强带动成套设备与大型装备出口的能力。四是全面启动省驻德国北威州联络处各项工作,加快互设金融等中介服务机构、技术转让与培训等方面的深入合作;加快与亚洲、美洲国家在煤化工、矿产资源等领域的战略合作步伐。

(十)密切跟踪研究经济形势,提高经济运行调控能力。密切关注国内外宏观经济走势,及时采取针对性强的调控措施,增强经济工作的前瞻性。认真落实中央各项宏观调控政策和措施,进一步完善保障市场供应、搞活流通等方面的价格调控政策,加强市场监管,确保物价总水平基本稳定。巩固和扩大房地产市场调控成果,继续严格执行抑制投机、投资性需求的政策措施,鼓励支持中小户型、中低价位的普通商品房建设,促进房地产健康发展。加强煤电油气运协调,保障重点行业、重点企业、重点项目需求,保障重点物资运输及广大人民群众生活需要。此外,继续做好国民经济动员工作,加快促进军民融合式发展。

三、2012年省级政府投资计划安排建议

2012年省级政府用于建设的资金约为109.42亿元。其中:重大水利工程建设基金6亿元,引黄专项基金8.6亿元,省财政预算内资金4.2亿元,省煤炭可持续发展基金90.62亿元。重大水利工程建设基金主要用于大水网工程、西山沿黄提灌等工程建设;引黄专项资金主要用于引黄工程配套的供水工程、灌区工程建设。财政预算内资金主要用于太原机场改扩建、支线机场建设、省直机关住房补贴、偿还孝柳铁路亚行贷款、归还汾河二库借用引黄水资源补偿费、突发事件、重大灾害应急处置、政府投资项目前期费等。

省煤炭可持续发展基金总盘子中,2.57亿元用于前期准备,88.05亿元按照国家规定的5:3:2比例安排,分别用于跨区域生态环境治理、转型转产和重点接替产业、解决采煤引起的社会问题。

(一)项目选择和投资安排的原则。第一,紧紧围绕转型跨越发展战略,按照省委、省政府对转型综改试验区建设的部署和要求,集中安排资金用于影响大、带动性强、见效快的转型标杆项目建设。第二,集中财力办大事,80%的资金用于重点领域和重大项目建设。第三,坚持"保续建、保重点、保配套、保急需"的原则。优先安排在建及扫尾工程、中央投资项目配套资金及事关民生急需解决的事项。第四,坚持资金跟着项目走,项目跟着原则走,不搞切块安排。对生态环境治理和社会事业项目,主要以直接投资和投资补助方式投入;对经营性转产项目主要采用特别流转金方式投入。第五,所有项目必须符合产业政策和投资方向,首先进入省级"十二五"项目储备库,从项目库中筛选确定。

(二)投资安排的重点。第一,突出"四化"引领,围绕提升"五率"和加快实现"五个转变",全力推进结构调整,加快经济转型和经济发展方式转变。重点投向循环经济、节能减排、淘汰落后、传统产业提升、"7+2"战略性新型产业发展等领域。第二,加大对"三农"的投入力度。重点投向农田整治、特色农业、水利、林业、生态扶贫、新农村物流、为农服务业、农村教育卫生、广播电视等领域。第三,加快生态环境治理步伐。重点推进汾河流域提升工程、太原西山地区综合整治、十市生态环境综合治理、五台山风景名胜区改造提升等重大工程,发挥示范和带动作用。第四,统筹城乡发展,加快城镇化步伐和社会主义新农村建设。重点支持交通、水利、市政基础设施、农村基础设施等项目建设。第五,着力解决与采煤相关的社会问题。以努力构建和谐社会为目标,重点投向与人民群众生活紧密相关的保障性住房、教育、基层医疗卫生体系、文化体育、社会保障及其他社会公益领域。

(三)省煤炭可持续发展基金具体安排。在总盘子中,优先安排重大转型标杆示范项目15亿元,该项资金全部体现在有关行业领域中。分领域具体安排如下:

1. 跨区域生态环境治理41.15亿元。(1)生态保护20.06亿元。具体安排为:重点河流治理、节水改造等水利工程9.2亿元,造林绿化工程、天然林保护及国家林业工程配套等6.6亿元,农田整治及其农村生态治理等1.7亿元,采煤沉陷及工矿棚户区改造等1.35亿元,生态扶贫开发1.02亿元,应对气候变化0.2亿元。

(2)环境综合治理9.07亿元。具体安排为:集中供热、供气等大气污染治理2.49亿元、污水处理及管网项目建设等水污染治理1.87亿元、固体污染物治理1.99亿元、其他环境综合治理2.72亿元。主要用于城市集中供热、燃气输配、污水处理及回用、垃圾处理、矸石山治理、河道城区段综合治理、城区绿化等。

(3)节能和淘汰落后4.89亿元。具体安排为:工业领域节能2.7亿元、社会领域节能1.19亿元、淘汰落后1亿元。主要用于燃煤工业锅炉改造、余热余压利用、电机系统节能改造、可再生能源开发、绿色照明、建筑节能、机关节能及淘汰高耗能、高污染行业落后产能的技术扶持、适度补偿等。

(4)循环经济4.13亿元。主要用于试点企业、试点园区、重点县(区)资源综合循环利用,实现资源和能量合理流转与配置的示范性循环经济项目等。

(5)重大项目动态调控资金3亿元。用于省委、省政府确定的重大项目建设。

2. 转型转产和重点接替产业27.71亿元。(1)新兴产业发展11.99亿元。具体安排为:技术改造专项1.5亿元、煤化工1.41亿元、装备制造2.07亿元、医药及农副产品深加工0.75亿元、新型材料工业1.09亿元、高新技术产业化0.91亿元、光伏发电等新能源0.41亿元、特色农业3.8亿元、国民经济动员0.05亿元。主要用于支持战略性新兴产业项目。精细化工、煤机、铁路机械、重机、煤化机械及基础机械、制药项目及乳制品、食醋、粮食、油脂、棉麻加工项目。优势农产品生产基地、农业产业化龙头企业、农业科技成果转化及中小企业孵化工程。产学研联合的自主创新体系建设、行业领域研发创新平台、重大技术瓶颈突破及产业链延伸等。

(2)传统产业提升2.51亿元。具体安排为:煤矿改造国家投资项目配套1.4亿元,产业升级1.11亿元。主要用于煤矿改造及煤矿瓦斯治理示范矿井建设中央投资配套,以及冶金等传统产业升级改造、产业链延伸。

(3)服务业11.21亿元。具体安排为:交通服务业(含铁路贴息)3.39亿元、公共设施服务业0.5亿元、旅游服务业2.62亿元、流通服务业2.23亿元、信息技术服务业项目1.27亿元、农村新型服务业0.3亿元、文化服务业0.3亿元、就业保障和体育健身服务业0.6亿元。服务业投资主要投向旅游和物流基础设施、现代物流重点示范项目、电子政务、社区信息化、重点信息化产品生产、重点运煤通道、为农服务体系、就业和社会保障、文化体育产业等。

(4)重大项目动态调控资金2亿元。用于省委、省政府确定的重大项目建设。

3. 社会事业19.19亿元。(1)分离企业办社会8.1亿元。

(2)教育基础设施建设2.76亿元。主要用于高等院校和职业教育基础设施、全省高校和中小学校舍安全改造等基础教育设施。

(3)卫生基础设施建设1.76亿元。主要用于省级医院等基础设施、县乡村三级医疗机构网、农村医疗卫生服务体系建设等。

(4)其他社会事业发展6.57亿元。主要用于科技、文化、广电、体育、劳动技校、人口与计划生育、残疾人服务、文物保护、纪检、民政、政法、武警、消防、部队、质检、测绘、地震等能力建设及其他。

各位代表,过去一年全省经济社会发展取得了显著成绩,实现了"十二五"良好开局。新的一年全省推进转型跨越和综改试验区建设任务艰巨。让我们在省委、省人大、省政府、省政协的正确领导和监督支持下,深入贯彻落实科学发展观,齐心协力,开拓创新,依法行政,提高效率,为全面开创转型综改试验区建设新局面,圆满完成全年经济社会发展目标,实现经济社会平稳较快发展作出新的贡献!

关于2011年全省和省本级预算执行情况及2012年全省和省本级预算草案的报告

——2012年1月11日在山西省第十一届人民代表大会第六次会议上

山西省财政厅厅长 **郑建国**

各位代表：

受省人民政府委托，我向大会提出2011年全省和省本级预算执行情况与2012年全省和省本级预算草案的报告，请予审议，并请省政协委员和其他列席会议的人员提出意见。

一、2011年全省和省本级预算执行情况

2011年是“十二五”开局之年，也是我省转型综改试验区建设迈出坚实步伐、全省经济社会发展取得显著成绩的一年。一年来，在省委、省政府的坚强领导下，全省上下坚持以科学发展观为统领，全面贯彻落实中央和我省各项决策部署，积极作为，务实奋进，各项工作取得新的成绩，全省“十二五”经济社会发展实现良好开局。在此基础上，全省和省本级预算执行情况良好，财政改革与发展取得新进展。

（一）全省和省本级预算变动情况。2011年，全省和省本级预算经省十一届人大五次会议审查批准后，各市县人民代表大会相继批准了本级预算，省政府于2011年8月汇总各市县的预算报送省十一届人大常委会备案。在预算执行中，根据财政部追加转移支付及各级预算调整情况，全省和省本级预算作了相应变动。2011年全省一般预算收入为1092.93亿元，与备案预算一致；因中央转移支付补助增加476.1亿元，各级用当年超收及上年净结余安排支出101.02亿元，全省一般预算支出由2151.67亿元变动为2728.79亿元。省本级一般预算收入为275.77亿元，与备案预算一致；因中央转移支付补助增加476.1亿元，用上年净结余安排支出9.95亿元，当年专项收入超收安排支出34.06亿元，增加各市县转移支付补助相应减少省级支出371.47亿元，省本级一般预算支出由606.54亿元变动为755.18亿元。

（二）全省和省本级预算执行情况。2011年，全省一般预算收入完成1213.2亿元，为预算的111%，增收243.54亿元，增长25.1%；一般预算支出执行2368.89亿元，为变动预算的86.8%，增支437.52亿元，增长22.7%。省本级一般预算收入完成321.93亿元，为预算的116.7%，增收63.79亿元，增长24.7%；一般预算支出执行632.89亿元，为变动预算的83.8%，增支94.2亿元，增长17.5%。初

步汇总2011年全省和省本级预算执行情况，全省可实现当年收支基本平衡，省本级略有结余，部分市县可消化一部分赤字。

2011年，全省政府性基金收入完成723.47亿元，为预算的120.7%，增长14.7%；基金支出执行684.33亿元，为预算的64.9%，增长16%。省本级政府性基金收入完成283.78亿元，为预算的99.9%，增长8.7%；支出执行225.92亿元，为预算的58%，增长5.6%。

上述预算执行数字在全省决算汇总后，还会有些变化，具体结果待各级决算编制完毕后再向省人大常委会报告。

回顾过去一年，全省各级财政部门认真贯彻落实省委、省政府决策部署，积极发挥财政职能作用，全力服务我省改革发展大局，全省财政收入任务超额完成，财政重点支出得到有力保障，各项财政改革进一步深化，财政管理效益明显提升，为我省经济社会发展作出了积极贡献。这是省委、省政府正确领导、亲切关怀的结果，是省人大、省政协依法监督、民主监督的结果，更是全省人民团结奋斗、共同努力的结果，全省各级财税部门为此也做了大量卓有成效的工作。

1. 完善财税体制机制，推进转型综改试验区建设。紧紧围绕我省转型综改试验区建设总体部署，积极完善财税政策体系。研究提出了转型综改试验区财税体制改革机制创新实施意见，制定并开始实施具体行动方案。向财政部提出29条有利于我省资源综合利用的税收政策建议，并在国家税收政策中得到了充分体现。建立了省级国有资本经营预算制度，健全了政府复式预算体系。完善了财政奖补办法，支持建立健全淘汰落后产能、合同能源管理、排污权交易试点等生态环境产权制度。健全促进县域经济发展财政体制机制，财政转移支付力度进一步加大，对市县均衡性转移支付资金增长20.2%，对县级基本财力保障奖补资金增长53.2%；省对县级财政奖励政策进一步完善，安排资金7.26亿元，对财政总收入3亿元以下的县给予增值税和所得税增量返还优惠，对一般预算收入中税收增收的县给予奖励；推进城镇化建设，下达资金1.47亿元，支持21个重点示范镇开展“百镇工程建设”。综合应用增资扩股、专项扶持、费用补贴、上市奖励等政策措施，推动地方金融企业发展壮大，支持构建与转型综改相适应的资本市场。省财政拨付资金24亿元，推动了国有企业兼并重组、改制搞活、关闭破产和分离办社会职能；调整帮扶中小企业发展财政政策，下达资金3亿元，鼓励、支持和引导非公有制经济发展。鼎力支持第六届中博会等一系列招商引资推介活动成功举办。科学确定征收标准，加强管理与监督，全年征收煤炭可持续发展基金185亿元，大力支持跨区域生态治理、资源型城市转型和重点接替产业发展等方面的项目建设；新增省本级产业发展资金5亿元，总规模达到8.5亿元，一大批传统产业转型升级、新兴产业发展壮大项目得到扶持。

2. 加大财政调控力度，促进经济又好又快发展。多措并举稳定物价。对生猪生产大县、产粮大县、产油大县实施财政奖补，对农产品生产和流通过程中用水、用电、用气、用热等实行支持性价格政策，支持构建农产品运输“绿色通道”，降低了农产品生产成本和流通费用。及时启动社会救助和保障标准与物价上涨挂钩联动机制，从2010年11月起，向低收入群体、大中专贫困学生、高校学生食堂连续12个月发放临时价格补贴12亿元。累计下达粮食风险基金、油价补贴资金、粮油储备补贴资金、棉花储备补贴资金、价格调节补助资金共计14.4亿元，对保证有效供给、稳定市场物价起到了积极作用。

调整优化投资结构。下达政府投资414亿元，优先保证重点在建、续建项目和重大民生项目资金需求，大西客运专线、中南部出海大通道等铁路建设、机场、高速公路、引黄北干线、山西“大水网”等一大批重点工程建设得到有力推进，省城十大公益建筑全部建成；51亿元地方政府债券资金主要用于保障性住房等民生项目建设。

落实结构性减税政策。严格执行提高个人所得税工薪所得减除费用标准及调整税率结构政策，降低中低收入者税负，加强对高收入的调节。按上限确定增值税、营业税起征点，对部分小型微利企业实行所得税优惠政策，取消一批涉企行政事业性收费，减轻了企业税费负担；通过保费补贴等方式，支持我省担保机构提升担保能力，积极缓解中小企业融资难贷款难问题。

积极扩大居民消费。深化收入分配制度改革，农民补贴收入增加，公务员津补贴政策进一步规范，事业单位绩效工资改革深入推进，企业退休人员基本养老金增加，城乡居民最低生活保障标准和最低工资标准进一步提高。促进居民即期消费，支持商贸流通企业发展和消费环境改善的财税政策落实到位，家电、汽摩下乡和家电、汽车以旧换新各项补贴足额拨付。

大力支持发展对外经贸。统筹使用外经贸发展资金2.2亿元，通过财政贴息、资金补助等方式，支持我省企业开拓国际市场、开展对外经济技术合作，优化对外贸易结构，提高对外贸易质量和水平。

着力推动科技创新和节能减排。整合资金8000万元，支持实施科技重大专项计划，对新能源、循环经济、装备制造业等七大领域的关键技术研发给予财政支持。完善促进企业技术创新的财税政策措施，加快战略性新兴产业和现代服务业发展。设立新材料和节能环保两项创业投资基金，总规模达5亿元，采取市场化的方式支持相关产业发展。支持推广高效节能技术和产品，支持实施电力需求侧管理，支持焦化、火电等重点行业和领域淘汰落后产能，扶持风力发电、生物质能等新能源建设项目24个。支持污水处理和水污染防治及林业等生态环境保护工程项目建设。积极争取国际金融组织和外国政府贷（赠）款，大力推进煤层气与清洁能源开发利用。继续加大财政生态转移支付力度，对县级生态转移支付补助达1亿元，增长29.9%。

3. *落实强农惠农政策，支持农业增产、农民增收、农村改革。*2011年，财政支农投入力度进一步加大，全省农林水事务支出执行241.79亿元，增长19.9%。

推动农业增产增效。在全面落实国家和我省已出台的一系列强农惠农政策的基础上，筹集资金40亿元，支持新出台“双十”强农惠农工程。省级财政预算安排水利事业专项资金近22亿元，较上年增长1.09倍，应急水源工程、病险水库除险加固和中小河流治理有序推进，中央小型农田水利重点县建设、小型水源灌溉工程建设和中型灌区节水配套改造稳步实施。扎实开展农业保险保费补贴工作，支持农作物病虫害防控和防汛抗旱救灾，努力降低农业风险；支持土地复垦开发和基本农田保护，全年改造中低产田210万亩，建设高标准农田15万亩、玉米丰产方地膜覆盖和秸秆还田700万亩，农田实灌面积达到1800万亩，农业综合生产能力稳步提高，全年粮食产量达到119.3亿公斤，再创历史新高。以“一村一品、一县一业”为抓手，重点扶持42个示范县和2000个专业村；继续支持农业科技创新、现代农业示范区建设和农产品加工龙头企业“513”工程，对159个农业产业化经营项目给予扶持，促进提高现代农业发展水平。

促进农民稳步增收。认真落实惠农补贴政策，下达各类补贴资金36亿元，对玉米、小麦、水稻、棉花四种作物实行良种补贴全覆盖，对大型农机具以旧换新、小麦地膜覆盖、农田深松整地等给予财政补贴，将小麦补贴标准提高到每亩65元，玉米及杂粮补贴标准提高到每亩43元，全面落实种植业保险保费补贴政策，农民转移性收入进一步增加；加大农村劳动力培训力度，全省转移农村劳动力40万人，努力增加农村劳动力工资性收入；扶持62个养殖大县和雁门关生态畜牧区发展规模养殖，支持发展设施蔬菜，促进农民增加经营性收入；加大农村扶贫工作力度，新增安排17个贫困县实施片区扶贫开发，在660个贫困村开展整村推进扶贫，产业扶贫、教育扶贫和科技扶贫成效显著。完成了2000个重点推进村建设任务。支持做好干部下乡住村、领导干部包村增收工作，积极帮助农民拓宽增收致富门路，又有20万贫困人口脱贫。

深化农村综合改革。村级组织运转经费得到保障。高校毕业生到村任职政策得到落实。筹集资金26亿元，全面完成了农村义务教育化债工作。村级公益事业建设“一事一议”财政奖补政策全面实施，财政补助比例提高到村民筹资投劳总额的50%。首批24个全国农村环境连片整治示范项目进展顺利。在巩固提升已完成的农村“五个全覆盖”工程的基础上，又投入300亿元启动实施为期两年的农村新的“五个全覆盖”工程，2011年目标任务全部超额完成。

4. *着力保障和改善民生，支持和谐社会建设。*财政支出继续向民生倾斜，全省用于教育、医疗卫生、社会保障和就业、住房保障、文化体育与传媒、城乡社区事务等直接与民生相关的支出达1183亿元，增长30.2%，增支274亿元，分别占全省一般预算支出总量的50%和增量的62%，有力地推进各项社会事业发展。

推动教育优先发展。全省教育支出执行423.34亿元，增长28.8%。农村中小学公用经费生均标准提高100元，达到小学500元、初中700元；农村家庭经济困难学生寄宿补助标准提高250元，达到小学1000元、初中1250元；对农村中小学生冬季取暖给予每人每年50元的财政补助，支持改造农村义务教育薄弱学校，招聘2150名特岗教师到农村任教，支持解决进城务工人员随迁子女接受义务教育问题。免除职业高中、职业中专学生学费，中等职业教育实训基地以及国家和省级示范性高职院校建设得到加强。高校生均拨款标准提高到每人每年9000元，高校重点学科和特色学科建设进一步加快，大中专院校家庭经济困难学生各项资助政策全部落实到位，积极引导和支持开展高校化债工作。

推进医药卫生体制改革。全省医疗卫生支出执行159.52亿元，增长40.1%。新型农村合作医疗和城镇居民基本医疗保险财政补助标准由每人每年120元提高到200元，妥善解决关闭破产国有企业退休人员和省属特困企业职工基本医疗保险问题，城镇医疗保险参保率达到96%，新农合参保率达到98.5%。人均基本公共卫生经费由15元提高到25元。对实施基本药物制度的村卫生室给予每人每年5元的财政补助。国家重大公共卫生服务项目顺利实施，10类基本公共卫生服务全面开展。基层医疗卫生机构综合改革深入推进，公立医院体制机制改革不断深化，基层医疗卫生服务体系进一步健全。财政投入11亿元，支持山西大医院建成投入运营。支持扩大就业和完善社会保障体系。全省社会保障和就业支出执行321.86亿元，增长17.3%。社会保险补贴、公益性岗位补贴、职业技能培训等就业扶持政策落实到位。对小额担保贷款给予财政贴息，以创业带动就业。全年新增城镇就业岗位50万个。城镇社会保险综合覆盖率达到90%。企业退休人员基本养老金月均提高190元，达到1676元，7万未参保集体企业退休人员全部纳入城镇职工基本养老保险范围；支持97个试点县开展新型农村养老保险和城镇居民养老保险工作，142万多名农村老年人、6万多名城镇老年人基本生活得到保障，新型农村社会养老保险覆盖率达到84%，城镇居民养老保险覆盖率达到82%；支持提高城乡居民最低生活保障标准，又每人每月分别提高25元、22元。拨付资金6.26亿元，再次为城乡低保对象、农村“五保”对象、优抚对象等发放元旦春节期间生活补贴。城乡社会救助力度进一步加大，社会福利和慈善事业得到较快发展。

加快实施保障性安居工程。全省住房保障支出执行85.2亿元，增长59.8%。支持廉租住房、公共租赁住房建设，推进工矿和城市棚户区及农村危房改造，全年开工建设各类保障性住房44万套，超额完成国家下达的任务。认真落实各项税费优惠政策，鼓励引导社会资金参与保障性住房建设。

推动文化事业发展。全省文化体育与传媒支出执行49.39亿元，增长58.1%。博物馆、纪念馆等公益性文化设施免费开放。农家书屋工程、农村公益电影放映工程、村通广播电视工程、非“两区”县农村体育健身工程以及农村基层文化站建设惠及人民群众。重点文化遗产保护和文化精品创作加强。扶持六大文化集团等省属重点文化企业做大做强。

维护社会安全稳定。政法经费保障体制改革稳步实施，基层政法部门建设得到加强；支持健全安全生产体制机制，有力保障安全生产目标考核奖励资金，加快推进安全生产标准化建设，促进提升产品质量和食品药品安全监管水平。

*5. 全面推进科学化精细化管理，进一步提升理财效益和水平。*加快建设法治财政。财政“六五”普法规划全面展开。新修订的《山西省会计管理条例》颁布实施。税制改革地方配套政策全部出台。行政审批制度改革稳步推进，财政监督进一步强化。对基础设施、能源交通、节能环保等领域以及医疗院所、教育机构等行政事业单位开展会计信息质量检查。煤炭基金稽查重点由收入向支出转变。“小金库”治理成效进一步巩固。公务用车专项治理即将完成。在全国率先组织注册会计师对医院、高校等非营利组织的财务报表进行审计。支持会计师事务所兼并重组，推动会计师事务所做大做强。

提升预算管理水平。细化预算编制，增强预算编制的完整性。依法组织财政收入，促进各项收入应收尽收。严格控制“三公”经费，严格控制一般性支出，加强财政投资评审，健全决策管理制度，提高财政资金使用效益。加强预算执行管理，完善预算执行动态监控机制，实行预算执行督查通报考核制度，90%的省级财政资金通过零余额账户支付，预算执行进度明显加快，预算执行的均衡性和有效性不断增强。会计集中核算向国库集中支付转轨步伐不断加快，非税收入收缴管理改革进一步深化，省级近500个预算单位实施了公务卡制度改革，政府采购规模突破130亿元。强化预算绩效管理，绩效考核结果应用逐步扩大。稳步推进预算公开，自觉接受人大、审计部门以及社会的监督。

加快推进“两基”建设。乡镇财政基础设施建设逐步加强。财政基础信息数据库进一步完善。支出定额标准体系和项目库建设得到加强。清理规范融资平台，全口径债务监管和动态监控机制逐步完善。金财工程应用支撑平台在全省推广实施。

在看到成绩的同时，我们也清醒地看到财政运行和财政工作中存在的问题：经济增长下行压力和物价上涨压力并存，财政增收面临较大压力；推进转型跨越发展对财政保障期望不断攀高，支出压力空前加大，收支矛盾更加突出；财政管理仍需加强，支出结构有待优化，资金使用效益有待进一步提高；地方政府性债务规模较大，财政潜在风险不容忽视等等。这些问题事关全省经济社会发展大局，需要高度重视，采取有效措施，认真加以解决。

二、2012年全省和省本级预算草案

2012年是全面落实省第十次党代会精神、加快转型跨越发展的重要一年，是实施“十二五”规划承上启下的关键一年，是喜迎党的“十八大”胜利召开之年。安排和完成好今年的财政预算，对于进一步巩固宏观调控成果，推进全省转型跨越发展具有十分重要的意义。按照国务院关于2012年预算编制的通知精神，综合考虑我省今年财政经济发展的各种因素，2012年全省财政预算安排总的指导思想是：全面贯彻党的“十七大”和十七届三中、四中、五中、六中全会以及省第十次党代会精神，以邓小平理论和“三个代表”重要思想为指导，深入贯彻落实科学发展观，牢牢把握主题主线，坚持稳中求进总基调，突出转型跨越总目标，继续落实积极的财政政策，加强财政调控稳增长促转型，优化支出结构保重点保民生，推进科学理财提效能增效益，健全完善公共财政职能，促进经济平稳较快发展、物价总水平基本稳定和社会和谐稳定，以优异成绩迎接党的“十八大”胜利召开！

贯彻上述指导思想，2012年全省和省本级预算草案如下：

全省一般预算收入1395亿元，比上年完成数增长15%；全省一般预算支出2217.18亿元，比2011年向省人大常委会备案预算同口径增长23.8%（剔除中央专项转移支付提前下达数后同口径比较，下同）。全省一般预算支出的主要项目安排情况是：一般公共服务211.64亿元，增长20.1%；公共安全124.02亿元，增长21.8%；教育432.05亿元，增长30.9%；科学技术29.11亿元，增长25.9%；文化体育与传媒38.15亿元，增长25.6%；社会保障和就业369.5亿元，增长24.9%；医疗卫生139.08亿元，增长24.7%；节能环保87.37亿元，增长24.4%；城乡社区事务114亿元，增长21%；农林水事务195.76亿元，增长24.9%；交通运输121.11亿元，增长13.5%；资源勘探电力信息等事务28.54亿元，增长22.8%；国土资源气象等事务94.02亿元，增长15.9%；住房保障支出25.3亿元，增长24.4%；预备费27.35亿元，增长20.2%；国债还本付息支出34.9亿元，增长298.6%（主要是2009年地方政府债券到期还本），其他支出102.49亿元，增长2.8%。上述全省预算草案为省代编预算，待市县人代会开过之后，省财政将汇总各级人民代表大会批准的预算，再加上上年结转支出，一并报省十一届人大常委会备案。

省本级一般预算收入344.96亿元，比上年完成数同口径增长17.8%。省本级一般预算支出560.71亿元（其中：当年财力安排支出381.8亿元，中央提前下达转移支付安排支出178.91亿元），比2011年向省人大常委会备案预算同口径增长12%。省本级主要支出项目安排情况是：一般公共服务50.7亿元，增长13.8%；公共安全23.72亿元，增长10.4%；教育60.9亿元，同口径增长54.5%；科学技术6.72亿元，同口

径增长38.3%;文化体育与传媒10.64亿元,同口径增长27.2%;社会保障和就业91.01亿元,同口径增长14.4%;医疗卫生15.57亿元,同口径增长16.1%;节能环保29.82亿元,同口径增长26.9%;农林水事务85.62亿元,同口径增长28.9%;国土资源气象等事务20.42亿元,增长1%;粮油物资储备事务支出11.07亿元,增长24.4%;预备费4.5亿元,增长12.5%。

2012年全省政府性基金收入安排710.26亿元,其中,煤炭可持续发展基金收入190亿元。基金支出709.26亿元。省本级政府性基金收入277.69亿元,其中,煤炭可持续发展基金收入121亿元。基金支出285.69亿元。2012年除一般预算和政府性基金预算外,省本级还编制了国有资本经营预算。2012年省本级国有资本经营预算收入安排4.58亿元,其中,利润收入3.24亿元,股利股息收入1.34亿元;支出安排4.58亿元,主要用于省属国有企业破产清算和厂办大集体改革等国有企业改革支出。

为实现我省"十二五"时期财政总收入翻一番、再造一个新山西的目标,2012年全省财政收入计划安排增长15%,虽与上年收入计划安排增幅持平,但这是在2011年增长25%的高基数上安排的,而且远高于2012年全国财政收入计划的增幅,应该说是比较积极的。在编制上述预算草案时,着重考虑了以下几项主要因素:一是我省正处于加快发展、向好发展的黄金时期,煤炭资源整合煤矿兼并重组成效显著,转型综改试验区建设全面推开,有利于进一步拉动全省经济增长。同时,财政收入增幅应与全省地区生产总值预期增长指标相适应。二是国际国内经济形势中不确定性因素依然较多。国际市场需求萎缩,国内经济增速放缓,必然影响我省传统产业的发展空间,且我省新兴产业还处于起步阶段,加之上年收支增长基数较高,实现财政收入预期目标仍很艰巨。三是充分考虑了提高个人所得税工薪所得减除费用标准翘尾、提高增值税和营业税起征点,以及延长并扩大小型微利企业所得税优惠政策适用范围等政策性因素。四是继续实施积极的财政政策,进一步加快我省全面建设小康社会进程,以保障和改善民生为优先方向全面推进社会建设等,将大幅度增加财政支出需求。应该说,这样安排2012年财政预算是实事求是、积极稳妥的,既体现了稳中求进的总基调,也符合我省转型跨越发展的总要求。

三、依法理财,科学管理,努力完成好2012年财政预算任务

(一)认真落实积极的财政政策,保持经济平稳较快发展。着力优化政府投资结构。在保持投资合理规模的基础上,进一步优化投资结构,注重提高投资质量和效益,紧紧扭住重点工程这一抓手,统筹抓好在建、续建和新建项目建设,重点保障基础设施建设、产业开发、社会事业发展和民生改善等方面的投资需求。

积极扩大消费需求。深化收入分配制度改革,充分发挥财政调节收入分配的职能作用,努力增加中低收入者收入,提高居民消费能力;适时制定出台新的促进消费政策,有效扩大消费;支持实施"万村千乡市场工程"和"新网工程",推进农超对接;大力促进旅游、健身、文化、养老、家政等服务性消费,拓展消费空间。

严格落实结构性减税政策。落实提高增值税、营业税起征点政策,继续执行小型微利企业减半征收企业所得税政策并扩大范围,免征金融机构对小型微型企业贷款印花税,对农村金融机构继续执行营业税优惠政策,对小微企业免征管理类、登记类和证照类等22项行政事业性收费。

着力稳定物价总水平。积极支持粮食、肉类和蔬菜等农产品生产,加大对粮油、棉花等重要物资储备的补贴力度,提高农产品供给保障能力;落实减轻物流企业税收负担相关政策,对蔬菜批发零售免征增值税,降低农副产品流通成本;健全社会救助和保障标准与物价上涨挂钩的联动机制。

(二)推进转型综改试验区建设,支持经济结构战略性调整和发展方式转变。围绕"四个先行先试",支持转型综改试验区建设。一是在重大转型项目上先行先试。充分发挥产业发展资金作用,对资源就地转化项目、循环经济项目以及符合科学发展的项目给予优先扶持待遇。二是在政策创新上先行先试。在财税政策领域开展有益探索,加强与国家部委的沟通协调,抓紧做好争取中央新增财政转移支付等工作;出台相关政策,鼓励各级各部门在转型综改试验区建设方面的好做法和新尝试。三是在板块突破上先行先试。大力推进"一市两县"、"一市两园"、"一县一企"转型综改试点,支持扩权强县,争当转型综改试验排头兵;进一步完善相关财税政策,大力支持太原市加快率先发展。四是在破解难题上先行先试。发挥财政引导带动作用,吸引信贷资金、民间资本投资转型项目、新兴产业和社会事业,对进入鼓励领域的金融及民间投资机构给予财政奖励,引导生产要素在产业间、城乡间、地域间合理流动,促进我省增强发展的协调性。

推进产业结构优化,提升经济发展质量。一是着力改造提升传统产业。巩固提升煤炭资源整合煤矿兼并重组成果,大力发展与煤炭紧密相关的煤机械、煤物流、煤环保、煤安全等产业;推进焦化行业关小上大,支持发展大型焦化园区;推动钢铁、水泥、有色金属行业兼并重组。支持发展循环经济。二是大力发展新兴产业。支持具有比较优势、带动能力强的先进装备制造业、现代煤化工、新型材料工业和特色食品工业加快发展,推进风能、太阳能和生物质能等可再生能源开发利用,扶持科技含量高、成长潜力大的新能源、节能环保、生物、物联网和新一代信息技术等高新技术产业。三是大力发展服务业。完善支持服务业发展的财税扶持政策,引导社会资本进入服务业领域,统筹推进各类服务业加快发展。四是支持科技创新。加大财政科技投入,着力培育一批对转型发展有引领作用的科技重大专项;充分发挥创业风险投资基金、科技创新资金和中小企业投资基金的吸引带动作用,支持构建多元化的科技创新投融资体系。

支持节能降耗减排，促进生态环境改善。加强合同能源管理，支持重点节能工程建设，继续落实差别电价、征收排污费和鼓励节能环保产品消费等政策，推进节能减排工作走上制度化、规范化轨道。支持生态环境建设，进一步健全生态环境补偿机制，加大汾河流域生态环境治理修复力度，推进太原西山地区生态环境综合整治；支持实施造林绿化工程，确保完成营造林400万亩以上；支持推进“四气合一”。

帮扶企业加快发展，增强实体经济活力。深化国有企业改革，国有资本收益重点用于支付省属国有企业改革成本和产业发展，推进国有企业破产改制、分离办社会和厂办大集体改革。支持实施“双千亿”、“双五百亿”和“双百亿”工程，促进大企业做强做优。统筹使用各类中小企业发展专项资金，认真落实各类财税优惠政策，支持中小企业加快发展；支持中小企业信用担保机构增强担保能力，缓解中小企业融资难问题。

支持扩大对外开放，促进对外交流合作。统筹运用各项外贸资金，进一步扩大出口信用在一般贸易中的覆盖范围，促进我省外贸进出口结构优化升级；围绕招商引资完善财税政策，创新财政扶持方式，支持以资源换项目、换技术、换人才；积极实施税收增量返还等政策，扶持经济开发区、高新技术开发区等工业园区建设，吸引更多的资金、技术、项目、人才落户我省。支持办好第四届中国(太原)国际能源产业博览会。

(三)加大强农惠农工作力度，促进城乡统筹发展。 2012年，省本级预算安排农林水事务支出85.62亿元，同口径增长28.9%。进一步完善惠农政策体系，在认真落实中央和我省现有各项惠农补贴政策的基础上，支持再出台一批新的政策措施，提高农民种粮积极性。支持加强农田水利建设，健全水利投入稳定增长机制，支持大水网建设，推进山老区“一村一井”工程；推进农业综合开发和农村土地整治，加快中低产田改造和高标准农田建设，提高农业综合生产能力。大力发展现代农业，深入推进三大现代农业示范区、雁门关生态畜牧经济区和10个现代农业示范县建设，支持建设“一村一品”专业村和“一县一业”基地县，深入推进“513”工程；完善农业社会化服务体系，支持农业科技创新和推广应用。推动农村社会事业加快发展，积极筹措资金，确保全面完成农村新的“五个全覆盖”任务，支持新确定的3000个重点村和100个集中连片区建设；深化农村综合改革，积极稳妥地推进清理化解垫交税费等公益性乡村债务试点。深入推进村级公益事业建设一事一议财政奖补，进一步增强村级组织运转经费保障能力。着力做好扶贫开发工作，创新财政扶贫开发机制，加大扶贫开发投入，扩大对贫困地区一般性转移支付和专项转移支付规模，财政专项扶贫资金新增部分主要用于支持连片特困地区实施扶贫攻坚。支持实施移民搬迁、整村推进等重点扶贫工程，着力推进国家确定的连片特困地区21个县开发建设，深入开展领导干部下乡住村包村增收活动，加快我省扶贫开发攻坚步伐。

(四)强化公共服务保障职能，大力保障和改善民生。 支持教育优先发展。认真贯彻落实国家和我省中长期教育改革发展规划纲要，进一步优化教育支出结构，加大财政教育投入，全省教育支出再增加100亿元，教育支出占一般预算支出的比例达到16%。促进学前教育发展，支持幼儿园校舍改建和幼师培训。巩固完善农村义务教育保障机制，推进农村义务教育薄弱学校改造，落实农村义务教育学生营养改善政策，支持解决进城务工人员随迁子女接受义务教育问题。支持普及高中阶段教育，推动普通高中优质特色发展。大力发展职业教育，全面实现中等职业教育免费全覆盖。加大高等教育投入，将高等学校生均拨款标准由9000元提高到12000元，支持加快高校新区建设，扶持优势学科发展。提高义务教育阶段家庭经济困难寄宿生生活费补助，进一步健全家庭经济困难学生资助政策体系。支持发展特殊教育和继续教育。

继续完善社会保障体系。进一步扩大社会保险覆盖面，稳步提高社会保险统筹层次和保障水平，推广社会保障“一卡通”。实现新型农村社会养老保险和城镇居民社会养老保险制度全覆盖。继续提高企业退休人员基本养老金水平，城乡低保标准今年分别再提高30元、22元，农村集中供养和分散供养的“五保”供养对象省级补助标准分别提高500元、100元，适时调整优抚对象等人员抚恤和生活补助标准。进一步完善孤儿、残疾人、流浪乞讨人员社会救助体系，为全省集中供养孤儿、散居孤儿每人每月补助1000元、600元，支持发展社会福利和慈善事业。

推进医疗卫生事业改革发展。支持完善基本医疗保障制度，将新型农村合作医疗和城镇居民基本医疗保险的财政补助标准提高到年人均240元。巩固医药卫生体制改革成果，全面推进基层医疗卫生机构综合改革，加快以县级医院为重点的公立医院改革试点，加强基层医疗卫生人才培养。完善基本药物集中招标采购和医药费用支付制度。健全城乡基本公共卫生服务经费保障机制，支持实施基本公共卫生服务项目和重大传染病防治，加大城乡医疗救助投入力度。

支持稳定和扩大就业。支持实施更加积极的就业政策，完善特定就业、职业培训、公共就业服务、公益性岗位、社会保险补贴等政策措施，大幅增加小额担保贷款财政贴息，促进多渠道开发就业岗位，重点做好高校毕业生、农村转移劳动力、城镇就业困难群体的就业工作。

推进保障性住房建设。进一步加大资金筹集力度，继续落实好相关税费减免优惠政策，重点推进公共租赁住房和廉租住房建设，确保今年开工建设各类保障性住房33.2万套。创新财政支持方式，通过投资补助、贷款贴息、资本金注入等方式，吸引银行贷款、社会资金参与保障性住房建设。

支持实施文化强省战略。完善财政文化投入稳定增长机制，公共财政对文化建设投入的增长幅度高于财政经常性收入增长幅度，增加政府非税收入用于文化的投入。支持深化文化体制改革，推进非时政类报刊出版单位和新闻网站转企改制，引深公益性文化单位内部改革。促进公共文化服务体系建设，支持山西大剧院、省图书馆等重大文化设施管理运营，深入实施文化信息资源共享、农家书屋等文化惠民工程，支持公共文化服务设施和爱国主义教育示范基地免费开放。加快文化产业发展，发挥文化产业发展专项资金扶持带动作用，着力推进文化产业重点工程建设，支持做大做强省属重点文化企业。

(五)着力深化改革强化管理，提升科学化精细化理财水平。加强财政法制建设。认真做好新修订的《山西省会计管理条例》的实施及宣传工作。严格财政执法，继续推进财政行政审批制度改革。强化财政执法监督和法制宣传教育，深入实施财政部门“六五”普法规划。

深化财政“两基”建设。完善部门基础信息数据库，逐步实现对本级行政事业单位各类数据的动态管理。健全项目支出定额标准体系，加强项目库建设和项目预算滚动管理。健全企业内部控制规范体系，推进事业单位会计准则制度改革。进一步加强基层财政建设。规范融资平台公司债务管理。

强化财政预算管理。规范预算编制程序，细化预算编制内容，进一步提高预算年初到位率。建立健全预算编制与预算执行、结余结转资金管理和行政事业单位资产管理有机结合的管理机制。加强对预算执行的动态监控，完善以收定支和据实结算项目支出方式，避免年终集中列支，提高预算执行的均衡性。积极推进全过程财政预算绩效管理试点，重点加强教育、医疗卫生、社会保障等民生领域财政支出的绩效管理，促进完善相关财政资金的分配和管理制度。

引深各项财政改革。完善省以下财政体制和省对市县财政转移支付制度，健全县级基本财力保障机制。深化预算管理制度改革，将部门预算制度改革实施范围覆盖到县级，将国库集中收付制度改革覆盖到各级政府及所属预算单位。推进政府采购预算编制细化工作，严格政府采购需求标准管理，规范政府采购行为。加强财政管理信息化建设。公开经人大审查批准的财政预决算，扩大部门预决算公开范围，做好“三公经费”、行政经费公开工作。

严格财政监督管理。建立财政监督机构与预算管理机构之间的工作协调机制和信息共享制度，提升财政监督合力。继续开展重大财税政策实施情况专项检查，保障政策有效落实。建立财政监督成果与预算管理挂钩机制，完善财政监督信息披露和公告制度。进一步加强对企业、行政事业单位会计信息质量和会计师事务所执业质量的监督检查，强化财政金融监管。

继续狠抓增收节支。依法加强税收征管，坚决制止和纠正越权减免税收，严厉打击偷骗税违法活动。强化非税收入管理。严格控制公务购车、公务接待、因公出国(境)等经费支出。严格控制各种论坛、研讨会、庆典等活动，进一步控制差旅、会议等一般性支出。继续从严控制楼堂馆所建设，严禁超面积、超标准建设和装修。积极推动机关节能减排，建设节约型机关，努力降低行政成本。

各位代表，做好 2012 年的财政经济工作，任务艰巨，责任重大。让我们在省委、省政府的正确领导下，在省人大的监督支持下，深入贯彻落实科学发展观，解放思想，坚定信心，开拓奋进，扎实工作，确保 2012 年预算任务的圆满完成，为推动我省加快转型跨越发展、全面建设小康社会作出积极的贡献，以优异的成绩迎接党的“十八大”胜利召开！

2

山西概况

SHANXI GAIKUANG

山西概况

自然地理

【山西地势概貌】 地理位置。山西省是中国的一个内陆省份。位于黄河中游东岸，华北平原西面的黄土高原上。省境四周山环水绕，与邻省(区)的自然境界分明。东以太行山与河北省为邻；西、南隔黄河与陕西省、河南省相望；北以外长城为界与内蒙古自治区毗连。全省疆域轮廓呈东北斜向西南的平行四边形，南北间距较长，最南端在芮城县南张村南，北纬34°34′；最北端在天镇县远头村北，北纬40°44′。纵长约682千米。东西间距较短，最东端在广灵县南坑村东，东经114°33′；最西端在永济市长旺村西，东经110°14′。宽约385千米。全省总面积为15.67万平方千米，占全国总面积的1.6%。

地貌特点。山西省是典型的为黄土广泛覆盖的山地高原，地势东北高西南低，高原内部起伏不平，河谷纵横，地貌类型复杂多样，有山地、丘陵、台地、平原，山多川少，山地、丘陵面积为12.55万平方千米，占全省总面积的80.1%，平川、河谷面积仅3.12万平方千米，占19.9%。全省大部分地区海拔在1500米以上，最高点为五台山主峰北台顶(叶斗峰)，海拔3061.1米，有"华北屋脊"之称；最低点为垣曲县亳清河入黄河处的河滩，海拔仅180米。与东部海拔几十米的华北大平原相对照，山西地貌呈现整体隆起的地势，在高原中部，分列着一列雁行排列的断陷盆地。中部断陷盆地把山西高原斜截为二，东西两侧为山地和高原，使山西的地貌截面轮廓很像一个"凹"字形。

总的来看，山西地貌有以下几个特点：1. 山西是典型的黄土覆盖的山地高原，山地多、平原少。

2. 山西地貌以高峻的中山地貌为骨架，山脉脉络清晰，延伸方向多为东北—西南展布。

3. 山西地貌单元与地质构造吻合，北斜成山，南斜成谷。

4. 山西黄土地貌类型繁多，黄土堆积地貌有黄土塬、黄土阶地等，黄土侵蚀地貌有黄土梁、黄土峁、黄土峡谷、黄土墙等，黄土重力地貌有黄土滑坡、崩塌、陷穴等。

5. 山西地貌分区明显，中部为一系列彼此相隔的断陷盆地，东西两侧为隆起的山地、高原。

地貌分区。山西地貌按其明显的特征从东到西可分为3个区域：1. 东部山地区。东部山地区北起阳高县，南至芮城县，从北到南由贯穿省境东部和东南部的六棱山、恒山、五台山、系舟山、太行山、太岳山、中条山等山脉组成，山势大体呈东北—西南走向，海拔一般在1500米以上。该区山地在形成过程中因受构造断裂作用，与其东侧的华北平原、西侧的山西中部各盆地的界线十分清楚。山地北部，在六棱山、恒山、五台山之间，为浑河、滹沱河上游谷地。山地南部，在系舟山、太行山、太岳山、中条山之间，由于沁河、丹河、浊漳河等河流的侵蚀和堆积，形成黄土丘陵和长治、武乡—襄垣、黎城、高平、晋城、阳城等山间小盆地，一般称为"晋东南高原"或"沁潞高原"，是东部山地区的主要农业区。

2. 中部断陷盆地区。中部断陷盆地区，北起天镇县，南至永济市，纵贯省境中部，自东北至西南由一系列彼此分割的断陷盆地组成，依次为大同盆地、忻定盆地、太原盆地、临汾盆地、运城盆地。其中大同盆地、太原盆地和临汾盆地的面积均在5000平方千米以上。各盆地都以断层与山地相接，盆地之间有分水岭隔开；大同盆地与忻定盆地之间相隔宁武山(属恒山山系)，忻定盆地与太原盆地之间相隔石岭关(属系舟山系)，太原盆地与临汾盆地之间相隔韩侯岭(属太岳山系)，临汾盆地与运城盆地之间则以峨嵋台地相隔。盆地内部海拔的高低，由北向南地势逐渐降低，呈阶梯状，北端的大同盆地海拔在1000米以上，南端的运城盆地海拔在400米左右。盆地内广泛分布黄土和洪积冲积物，地势平坦，尤以中南部盆地区，土壤肥沃，气候适宜，灌溉便利，农业发达，城市密集，人口稠密，是山西经济最发达的地区。

3. 西部高原区。晋西高原区，又称西山地区，北起左云县，南至乡宁县，地处长城以南，黄河以东，吕梁山以西，由贯穿省境西部的一系列山地、高原组成，为我国黄土高原的主体部分之一。区内以吕梁山为主干，自北向南分布有采凉山、七峰山、洪涛山、黑驼山、管涔山、云中山、芦芽山、关帝山、紫荆山、龙门山等一系列东北—西南走向的山脉，海拔多在1500米以上。这些山脉东侧以断层与中部各盆地相接，山势雄伟，高出盆地700～1500米，山坡陡直，是山西的主要宜林区；西侧坡度则较平缓，形成了北高南低，由东向西倾斜的高原，地面普遍覆盖着较厚的黄土，称为"晋西高原"，高原境内河流大都短促，流水对地表侵蚀切割，水土流失严重，一遇暴雨，急流冲刷，致使地形破碎，千沟万壑，农业生产条件恶劣，是山西经济比较落后的地区。

【山西的主要山脉】 山西省境内多山，从北到南，主要山脉有：

恒山山脉。主山恒山是中国的名山之一，为五岳中之"北岳"。它是桑干河与滹沱河上游的分水岭，又是大同盆地和忻定盆地的界山。山脉呈北东走向延伸，西南端与省境西部的云中山、管涔山相邻，东北连接六棱山伸入河北省。在山西境内长约250千米，宽约20千米，海拔在2000米以上，山体两侧均有断层，北坡陡，断崖陡壁如削，内长城依山蜿蜒而筑，雄伟壮观，雁门关、阳方口、茹越口、平型关等著名关隘，自古就是兵家必争的战略要地。南坡倾斜稍缓，逐步过渡到繁峙、代县滹沱河谷地。属于该山脉的共有67座山。

五台山脉。主山五台山是驰名中外的中国佛教四大名山之一。位于五台县、繁峙县、代县之间，因由5个平台状的山峰组成而得名。北邻滹沱河谷地，西南与系舟山相接，东与太行山合为一体。山脉呈北东走向延伸，长约130千米。主峰北台叶斗峰，海拔3061.1米，是山西省第一高峰，也是华北地区的最高山峰。五台山四周群山层叠，北麓坡度陡峭，南麓倾斜徐缓，间有许多山间断陷盆地。属于该山脉的共有56座山。

太行山脉。主山太行山是山西东部山地区的主干，北接五台山，南抵晋城南端，在省境内长约350千米，宽约40～50千米，海拔一般在1500～1800米，最高地段海拔在2000米以上。山脊东侧，断崖壁立，西侧坡度缓斜，多是低山丘陵。太行山是山西、河北、河南3省间的界山，又是华北平原与黄土高原的天然分界线，属于该山脉的共有232座山。

太岳山脉。主山太岳山又称霍山，位于太行山西侧，北起介休市绵山，南至绛县的横岭关与中条山相连，长约200千米，是汾河与沁河的分水岭。西翼以霍山大断层与太原盆地、临汾盆地相接，山势陡峻，主峰霍山海拔2348米。太岳山森林茂密，是省内主要林区之一。属于该山脉的共有105座山。

中条山脉。主山中条山位于省境内西南部，东北起自绛县横岭关，向西南延伸至黄河岸边，长约150千米，宽约10～20千米，海拔1200～2000米。山势东段较为宽阔，山顶平坦，以舜王坪为最高，海拔2321米；西段较窄，山势挺拔，兀立在运城盆地和黄河谷地之间，以雪苍山为最高，海拔1825米。山体北坡陡峻，南坡缓斜，为典型的地垒状山地。属于该山脉的共有45座山。

吕梁山脉。吕梁山脉位于省境西部高原山区，自北而南包括管涔山、芦芽山、云中山、关帝山、紫荆山、龙门山，绵延400千米，宽约30～100千米。北段山势高峻，海拔2000～2500米，山脉分为东西两列，东为云中山，西为管涔山和芦芽山，两山之间为静乐盆地。中段关帝山，是吕梁山最高山段，群峰汇集，主峰关帝山海拔2830米。南段山势较低，海拔1500米左右。吕梁山北中段山高林密，是山西的主要林区和夏季牧场。吕梁山末端的龙门山，近东西走向，被黄河穿切，形成落差10余米的黄河壶口瀑布和峡谷。属于该山脉的共有316座山。

【山西的主要河流】 山西河流源于东西高原山地，分属黄河、海河两大水系。向西向南流的属黄河水系，向东流的属海河水系。全省共有大小河流1000余条，其中，我国第二大河流黄河，沿山西境界流程968千米。境内流域面积大于10000平方千米的河流有5条(不包括黄河)，小于10000平方千米大于1000平方千米的河流有48条，小于1000平方千米大于100平方千米的河流有397条。汾河是山西境内第一大河，干流全长694千米。山西属于黄河水系的较大河流有汾河、沁河、丹河、涑水河、三川河等142条，属于海河水系的较大河流有桑干河、滹沱河、浊漳河、清漳河等81条。黄河流域在山西境内的面积有9.71万平方千米，占全省总面积的62%；海河流域在山西的流域面积5.91万平方千米，占全省总面积的37.7%。主要特点是河流较多，但以季节性河流为主，水量变化的季节性差异大。以径流量和开发条件比较，清漳河、沁河、滹沱河、浊漳河的条件较为优越，水能蕴藏量占到全省的80%～90%。山西省的主要水资源量由地表水资源和地下水资源组成，水资源的主要补给来源是当地降水。由于降水量分布不均及水文下垫面条件的差异，在地域上水资源分布极不均匀，总的趋势是由东南向西北递减。山西是全国水资源贫乏省份之一。1956～2000年系列全省多年平均水资源总量123.8亿立方米，其中，河川径流量为86.77亿立方米，地下天然水资源量(即降水入渗补给量)84.04亿立方米，河川基流量(重复量)为47.01亿立方米。全省水资源可利用量为83.8亿立方米，为全国的67.7%，且多分布于盆地边缘及省境四周，人均占有量为全国的17%，亩均占有水量只有全国的11%。

黄河。黄河在山西省西部和南部边境。西面的一段流经晋、陕峡谷，纵贯南北，水流急湍，南达风陵渡后，折向东流。黄河流经省境地段，水量为全省河流水量的3倍，由于河床低，水流急，航运、灌溉比较困难，但水力资源丰富，可供开发利用。除在保德已建成天桥水电站外，还建设了规模宏大的偏关万家寨引黄入晋枢纽工程。

汾河。汾河是山西第一大河，也是黄河第二大支流，发源于宁武县管涔山的雷鸣寺，全长695千米，纵贯省内中部，流经太原、临汾盆地，至河津市禹门口入黄河。流域面积3.95万平方千米，是山西省主要的农业地带。主要支流有岚河、潇河、文峪河、昌源河、洪安涧河、浍河等。

沁河。沁河是山西第二大河，发源于沁源县西北的太岳山二郎庙沟，流经沁源、安泽、沁水、阳城等县，然后穿过太行山流向河南省境注入黄河，全长456千米。在山西省境内流长363千米，流域面积1.86万平方千米。主要支流有丹河、阳城河、端氏河等。沁河是山西省境内水量丰富、水质最清的河流。

涑水河。涑水河在山西南部，发源于绛县横岭关，流经绛县、闻喜、夏县、运城、临猗、永济汇入黄河，全长193千米，流域面积5565平方千米。由于流域内气温高，降水少，蒸发量大，河水经常断流干涸，下游河床已垦为农田。在涑水河南侧，有700平方千米的闭流区，分布着盐池、硝池、鸭子池、汤里滩、伍姓湖等湖群，水面有170平方千米，盛产食盐、芒硝、白钠镁矾等矿产。

桑干河。桑干河在省境东北部，发源于宁武县管涔山的天池，上源叫恢河，至朔州市与源子河汇合后称桑干河，流经大同盆地，至阳高县出省境，在河北省境内注入海河的支流永定河。在山西省境内流长252千米，流域面积1.55万平方千米。主要支流有黄水河、浑河、御河等。

滹沱河。滹沱河在省境东部，发源于繁峙泰戏山，流经五台山的北麓和西麓，贯穿忻定盆地折向东流，穿过太行山进入河北省，注入海河的支流子牙河。在山西省境内流长330千米，流域面积4282平方千米，较大支流有阳武河、云中河、牧马河、永兴河、清水河等。

漳河。漳河在山西省境内分为清漳河和浊漳河两支。清漳河又分东源与西源，东源发源于昔阳县境，西源发源于和顺县境，在左权县境汇合后，经黎城县流入河北省，全河长146千米，流域面积4159平方千米。浊漳河有南、北、西三源，南源发源于长子县境，北源发源于榆社县境，西源发源于沁源县境，三源于襄垣县境汇合，流经长治盆地，在平顺下马塔以东进入河南省，全河长237千米，流域面积1.17万平方千米。清漳河和浊漳河在河北省涉县交漳镇合流后称为漳河，它是河北省与河南省的界河，在河北省境内注入海河的支流卫河。

【山西气候雨量】 四季气候。山西地处中纬度地带的内陆，在气候类型上属于温带大陆性季风气候。由于太阳辐射、季风环流和地理因素影响，山西气候具有四季分明、雨热同步、光照充足、南北气候差异显著、冬夏气温悬殊、昼夜温差大的特点。山西省各地年平均气温介于4.2℃～14.2℃之间，总体分布趋势为由北向南升高，由盆地向高山降低；全省各地年降水量介于358～621毫米之间，季节分布不均，夏季6～8月降水相对集中，约占全年降水量的60%，且省内降水分布受地形影响较大。1. 春季。春季气温受北方寒冷干燥气团控制减弱，太阳辐射增强，大地回暖很快，但时冷时暖，东西山区和北部地区常有急剧降温，出现早霜冻。由于暖湿气团尚未深入，春季多风少雨，因此常发生干旱。

2. 夏季。夏季受东南气流控制，暖湿空气进入省境，气温较高，7月最热，全省平均气温20℃～27℃，极端最高温出现在南部运城，达42.7℃。全年降水多集中在夏季，7、8、9月的降水量占全年的60%，且多为大雨、暴雨，易引起山洪暴发等自然灾害。

3. 秋季。秋季由于受北方冷空气控制，降温迅速，晴天较多，气候凉爽，平均气温逐月降低5℃～7℃。由于秋季正处于气流交替时期，冷气团南下，将暖气团抬升，降水亦多，占年降水量的20%～30%，常出现秋涝灾害。

4. 冬季。冬季气候寒冷，1月最冷，平均气温介于−2℃～−16℃之间，极端最低温度出现在五台山山顶，曾达−44.8℃。冬季在寒冷干燥气团控制下，多刮西北风，降雨(雪)最少，仅占年降水量的2%～3%。

区域气候。山西气候按地理纬度和地形高低条件，分为6个气候区。1. 晋北温带寒冷半干旱气候区。包括内长城以北，除灵丘、广灵外的大同、朔州两市所辖地区，忻州市西北的岢岚、五寨、偏关、神池、宁武等地，年平均气温在7℃以下，积温2000℃～3200℃，无霜期100～130天，年降水量380～460毫米。

2. 暖温带冷湿半湿润气候区。包括恒山、五台山、系舟山、芦芽山、吕梁山等山区，及其周围的低山、丘陵、河谷和盆地。年平均气温4℃～8℃，积温1600℃～3000℃，无霜期80～140天，年降水量450～700毫米。

3. 暖温带冷温重半干旱气候区。包括忻定、太原、阳泉、寿阳等盆地。年平均气温8℃～10.5℃，积温3100℃～3600℃，无霜期145～165天，年降水量400～490毫米。

4. 暖温带冷温轻半干旱气候区。包括黄河沿岸，从晋西北的保德、河曲到晋西南的吉县、乡宁，以及吕梁山以西的黄土高原区。年平均气温6.5℃～9℃，积温2600℃～3700℃，无霜期145～185天，年降水量400～500毫米。

5. 暖温带冷温半湿润气候区。包括和顺、榆社以南，太岳山以东的晋东南地区。年平均气温8℃～10℃，积温2600℃～3300℃，无霜期120～160天，年降水量550～670毫米。

6. 暖温带温和重半干旱气候区。包括临汾盆地和除中条山东段山区以外的运城市。年平均气温12℃～14℃，积温3900℃～4600℃，无霜期185～205天，年降水量480～570毫米。

雨量分布。山西的降水，由于受地形的影响较大，除少数山区外，大部分地区年降水量为400～600毫米，由东南向西北递减，总的趋势是山地多于盆地，迎风坡多于背风坡。晋东南的太行山区和中条山区、五台山区和吕梁山区是山西3个多雨区，年降水量普遍在600毫米以上，以五台山区降水最多，年降水量800毫米。这是由于山区迎风坡对夏季暖湿气流的抬升所致，降水量随山地高度的增加而增加。大同盆地、忻定盆地、吕梁山以西的黄土丘陵区则是山西的3个少雨区，年降水量一般在400～450毫米。这是由于受高山迭降的影响，阻止暖湿气流深入内地，所以成为少雨区。

山西全省降水有两个特征：一是由于季风环流的交替，降水的季节分布很不均匀，夏季受来自太平洋和印度洋暖湿气流的影响，故夏季降水高度集中，强度较大，约占年降水量60%以上；冬季和春季雨雪稀少，12

月至2月的降水量仅占年降水量的2%～4%，3月至5月的降水量占12%～25%。二是降水的年际变化很大，有的年份少雨，有的年份多雨，形成这种情况主要是季风环流逐年进退有早有迟，影响有强有弱所致。以太原为例，平均年降水量为459.5毫米，少水年只有216毫米，多水年多达749毫米，两者相差2.5倍。

（李仁贵）

经 济 地 理

【山西矿产资源】 山西省矿产资源极为丰富，已发现的地下矿种达120多种，其中，探明储量的有70种。目前，山西查明煤炭资源储量达2673.79亿吨，约占全国查明煤炭资源储量的20%。煤层气、铝土矿、珍珠岩、镓、沸石、金红石（含钛矿）、镁盐、芒硝、钾长石、钛铁、石灰石、长石、石膏、钴、铜等矿藏的储量居全国各省（市、区）的前列。

【山西植物资源】 山西植物资源丰富，目前已知的维管植物有2700多种，其中，木本植物有463种。山西植被从南到北可分为：南部和东南部是以落叶阔叶林和次生落叶灌丛为主的夏绿阔叶林或针叶阔叶混交林分布区，也是植被类型最多、种类最丰富的地区；中部是以针叶林及中生的落叶灌丛为主、夏绿阔叶林为次分布区，是森林分布面积较大的地区；北部和西北部是温带灌草丛和半干旱草原分布区，森林植被较少，优势植物是长芒草、旱生蒿类和柠条、沙棘等。山西野生植物资源丰富，国家一级保护植物有南方红豆杉，国家二级保护植物有连香树、翅果油树、水曲柳、核桃楸、紫椴等。野生药用植物有1000多种，广泛分布在丘陵山地，比较著名的有党参、黄芪、甘草、连翘等。山西省森林覆盖率18.03%。

【山西动物资源】 山西野生动物以陆栖类为主，已知的有439种（含历史记录种类）。属于国家重点保护的珍稀动物有71种，其中，一级保护动物有17种：褐马鸡、金雕、朱鹮、白鹳、黑鹳、玉带海雕、白尾海雕、虎头海雕、丹顶鹤、大鸨、胡兀鹫、遗鸥、虎、金钱豹、梅花鹿、原麝、林麝。二级保护动物有54种，包括鸟类42种，两栖类1种，兽类11种。属于省级重点保护的有苍鹭、星头啄木鸟等27种。属于有益的，有重要经济、科学研究价值的野生动物315种。

【山西旅游资源】 山西是中华文明发祥地之一，是旅游资源富集省份。“华夏古文明，山西好风光”是对山西旅游的高度概括。山西省现存有国家级重点文物保护单位271处，占全国的11.5%，位居第一，其中，大同云冈石窟、平遥古城、五台山为世界文化遗产。全国保存完好的宋、金以前的地面古建筑物70%以上在山西境内，享有“中国古代建筑艺术博物馆”的美誉。四大佛教圣地之一的五台山，寺庙群集千年之萃。建于北魏的恒山悬空寺悬于悬崖峭壁之上，以惊险奇特著称。太原的晋祠是形式多样的古建筑荟萃的游览胜地。平遥古城是全国现存三座古城之一，被列为世界文化遗产名录。芮城永乐宫是典型的元代道观建筑群，宫内壁画是我国绘画艺术的珍品。解州关帝庙是全国规模最大的武庙。云冈石窟是全国三大佛教石窟之一，气势雄伟。因拍摄《大红灯笼高高挂》而闻名的祁县乔家大院，加上祁县渠家大院、灵石王家大院、太谷三多堂等，共同组成山西晋中的大院民俗文化。

山西名山大川遍布，自然风光资源丰富优美。北岳恒山是五岳之一，国家级风景名胜区。绵山气候宜人，自古就是避暑胜地。黄河壶口瀑布是仅次于黄果树瀑布的全国第二大瀑布，国家级风景名胜区。庞泉沟、芦芽山、历山、莽河等自然保护区，风景秀丽，景致各异。

山西是老革命根据地，革命活动遗址和革命文物遍布全省。著名的有八路军总部旧址、黎城黄崖洞八路军兵工厂、文水刘胡兰纪念馆等。

【山西省土地利用空间布局】 按照《山西省土地利用总体规划（2006～2020年）》，到2020年山西省域土地利用空间布局为：

农业、林业、牧业生产用地布局。1. 农业生产用地布局及主要方向。建设以六大盆地区为主体、以其他农业地区为重要组成的粮食生产发展格局。重点建设以临汾、运城盆地为主体的晋南优质强筋小麦、优质棉花主产区，以雁同、忻定、晋中、晋东南盆地丘陵区为主的优质玉米主产区，以东西两山为主的优质杂粮生产区。

2. 林业生产用地布局及主要方向。建设以东西两山为生态屏障，以太行山、吕梁山、中条山、太岳山等山地为骨架，以“三北”防护林体系、太行山绿化、平原绿化为重点，以自然保护区、森林公园、风景名胜区、饮用水源和泉域保护区等组成的林业发展格局。重点建设五大林业生产体系：建设和完善以九大森林管理局范围为主的商品林与生态防护林并重的生产基地，在黄河流域以治理水土流失为主的生态防护林体系，在晋北建设以防沙治沙为主的林草生态防护林体系，在东西部土石山区营造以涵养水源为主的生态防护林体系，在六大盆地和通道沿线营造以保护农田、改善城乡环境为主的景观防护林和苗木商品生产体系。

3. 牧业生产用地布局及主要方向。北部盆地重点发展优质奶牛业，中南部盆地重点发展生猪和蛋鸡、肉鸡及肉牛生产，东西两山重点发展肉牛、肉羊和绒山羊养殖生产。重点建设雁门关生态畜牧经济区。

城乡居民点用地布局。1. 城镇用地空间布局。强化省域中心城市功能，将以太原为中心的城市群建设成为我国中西部重要的城市密集区。以南北纵贯的同蒲大运沿线串珠状分布的城市为主脉，以两翼地带拓展的东西向交通线和基础设施为支脉，共同组合成“叶脉型”的城镇体系布局框架体系。全省的城镇用地布局以“一圈、一带、两轴、多点”为发展重点。支持以太原为中心的经济圈建设用地，同时考虑大运经济带、太焦轴带、太旧—太汾柳轴带及其他发展轴线，适当安排城镇发展建设用地。

2. 农村居民点用地布局。以新农村建设为契机，合理调整农村居民点用地规模与布局。重点加强集镇和中心村建设，积极改造城中村和城边村。对于位置偏远且生产生活条件差的村庄，以及位于采矿沉陷区需治理搬迁的村庄，要积极做好村庄迁建规划。加强城乡居民点用地空间管制，实行建设用地扩展边界控制。

工矿生产用地布局。建设新型能源和工业基地是我省的一项长期战略任务，要按照战略部署，统筹煤炭工业和非煤产业发展、煤炭开发与生态环境协调发展，合理布局和安排工矿生产建设用地。全省的工业用地要进一步向工业园区集中。大运经济带要重点发展资源经济转型和循环经济产业。煤炭产业要重点支持晋北、晋中、晋东"三大"煤炭基地建设。电力工业用地重点支持大型坑口电站、煤矸石电厂、热电联产等项目建设，以及晋北、晋东、晋东南"三大"外送电力基地的项目建设，积极支持风电和太阳能发电等新能源项目建设。

交通发展建设用地布局。全省的交通发展建设及用地布局，将围绕"四大网络"(铁路、高速公路、一般干线公路、乡村公路)建设，以"煤运通道、高速公路、快速铁路客运系统"为重点。1. 公路建设用地布局。全省公路建设用地主要支持以高速公路为运输主通道、一般干线公路为集散通道(次骨架和连接层)、农村公路为出入道路(基础)的综合公路网体系建设。根据《山西省高速公路网调整规划》，全省高速公路网布局规划为"3纵11横11环"，即由3条纵线、11条横线和11条环线及连接线组成，形成纵贯南北、承东启西、覆盖全省、通达四邻的高速公路网络。

2. 铁路发展建设用地布局。全省铁路建设用地主要支持的是围绕新型能源和工业基地建设，加强快速铁路客运系统及晋煤外运通道的建设，具体考虑全省从北而南形成的三大铁路运输通道和十字形快速铁路客运系统，还要完善与国铁配套的地方铁路、铁路专用线及大型煤炭集运站建设。

水利发展建设用地布局。全省水利发展总体布局为"西引黄河，东抓拦蓄，腹部盆地突出水资源节约和保护，两翼边山全方位实施生态恢复与建设"，要以实现水资源的优化配置和可持续发展为目标，扎实抓好以应急水源工程为重点的全省兴水战略，保障水利建设的顺利开展。规划期间，共安排水利建设用地指标1.34万公顷，拟规划建设一批包括水库、水电站及引/供水工程的国家和地方重点水利建设项目。

【山西省土地利用区域划分】 按照《山西省土地利用总体规划(2006～2020年)》，到2020年山西省土地利用区域划分为：

晋北区域。本区域范围包括大同市和朔州市的17个县(区)，土地总面积为2.47万平方千米。在本区域内又分为3个二级区，即朔同盆地平原区——包括大同市城区、矿区、南郊区、大同、应县、朔州市朔城区、山阴、怀仁等县(区)，晋西北山地丘陵区——包括左云、右玉、平鲁、新荣等县(区)，晋东北山地丘陵区——包括阳高、天镇、广灵、灵丘、浑源等县。

本区域土地利用管理重点及调控措施为：在改造提升煤电产业的同时，加强资源型经济转型，发展高新技术产业、旅游业、高载能工业和环保产业。重点保障煤电基地和运煤通道建设用地及引黄北干等重要水利设施用地。加强工矿废弃地复垦、污染防治和采煤塌陷区治理。新增建设用地要充分利用荒沟、荒坡、荒滩等未利用地资源和工矿废弃地。引导农业结构调整，支持商品粮基地建设，增加大宗农产品生产能力。大力发展畜牧产业及畜牧产品加工，重点建设雁门关生态畜牧经济区。支持盐碱地的改良和未利用地开发，加强风沙治理和生态建设。

中部区域。本区域范围包括太原、忻州、阳泉、吕梁和晋中等5个市的53个县(市、区)，土地总面积为7.41万平方千米。在本区域内又分为5个二级区，即晋中盆地区——包括太原市的6个城区及阳曲、清徐、榆次、太谷、祁县、平遥、介休、文水、汾阳、孝义、交城、灵石等县(市、区)，忻定原盆地区——包括忻府区、原平市、定襄县等3个县(市、区)，晋西山地区——包括方山、古交、岚县、静乐、娄烦、宁武、岢岚等7个县(市)，晋西黄土丘陵区——包括兴县、临县、离石区、柳林、中阳、偏关、河曲、保德、神池、五寨、石楼、交口等县(区)，太行山山地丘陵区——包括盂县、寿阳、阳泉郊区、昔阳、平定、代县、繁峙、五台、榆社、左权、和顺等县(区)。

本区域土地利用管理重点及调控措施为：采取积极的城镇发展战略，建设以太原—榆次为核心，包括介(休)孝(义)汾(阳)、阳泉、忻(州)定(襄)原(平)在内的太原经济圈。适应城镇化和工业化加快进程，适当提高区域建设用地比重，积极培育人口及经济集聚能力。重点保障晋中煤电基地和石太铁路客运专线、同蒲铁路客运专线、太中银铁路、汾平高速等交通基础设施建设用地。在介孝汾、离柳等地建立煤炭能源重化工产业循环经济示范区。开发区建设要以节约集约用地为重点，提高项目用地投资强度、土地产出效益等用地标准和准入门槛，引导发展技术和知识含量高的制造业和现代服务业。加强区内基本农田保护，积极实施农田基本建设整理工程，促进稳产高产商品粮油基地建设。要加强晋西黄土丘陵区、太行山山地丘陵区的水土保持和生态屏障建设，加强汾河治理和环境保护。

晋南区域。本区域范围包括运城市和临汾市的30个县(市、区)，土地总面积为3.45万平方千米。在本区域内又分为3个二级区，即晋南盆地区——包括尧都区、洪洞、襄汾、新绛、侯马、曲沃、翼城、永济、临猗、盐湖区、夏县、闻喜、绛县、霍州、万荣、河津、稷山等17个县(市、区)，太岳中条山区——包括芮城、平陆、垣曲、古县、安泽、浮山等6个县，晋西南黄土丘陵山地区——包括乡宁、吉县、大宁、隰县、蒲县、永和、汾西等7个县。

本区域土地利用管理重点及调控措施为：加强临汾、运城、侯马等3个中心城市的建设，适当增加城镇建设用地。改造与提高焦化、煤炭、化学工业，扶持轻型工业和高新技术产业发展。加强区内基本农田保护,重点发展优质小麦、棉花,支持商品粮、棉基地建设,增加大宗农产品生产能力。加强区内汾河流域的综合治理和晋西南黄土丘陵山地区的水土流失治理,搞好东西两山的生态屏障建设。

晋东南区域。本区域范围包括长治市和晋城市的19个县(市、区),土地总面积为1.63万平方千米。在本区域内又分为3个二级区,即晋东南川谷盆地区——包括潞城、襄垣、屯留、长治城区、长治郊区、长治、长子、晋城城区、高平、泽州、阳城等11个县(市、区),太行山南部山区——包括武乡、沁县、平顺、壶关、黎城、陵川等6个县,晋东南西部山区——包括沁源、沁水等2个县。

本区域土地利用管理重点及调控措施为:着力完善中心城市功能,建立煤化工产业循环经济示范区。适当增加建设用地供给,积极培育人口及经济集聚能力。加强废弃煤矿、乡镇企业用地整理,开发未利用地,为工业化、城市化提供新的发展空间。合理安排建设用地,加大对基础设施建设的支持力度,促进公路、铁路、航运等交通网的完善和枢纽建设,提高区域的整体发展能力。重点加强太行山区生态建设、中部川谷盆地区环境治理和耕地资源保护。

【山西省林业生态建设总体布局】 按照《山西省生态功能区划》,全省划分为5个生态区、15个生态亚区、44个生态功能区。与这些生态功能区域相衔接,结合各地自然条件和树木生长特性,山西省林业生态建设的总体布局是:以汾河两岸为中轴线,以太行山和吕梁山为重点,集中建设四大生态屏障,发展五大产业集群,推进城乡全面绿化。

四大生态屏障。四大生态屏障是指晋北晋西北防风固沙林区、吕梁山黄土高原水土保持林区、太行山土石山水源涵养林区、中南部盆地防护经济林区。1. 晋北晋西北防风固沙林区。在晋北晋西北建设以防风治沙为主要功能的乔灌草防护林体系,建设范围包括大同县、大同新荣区、大同城区、大同矿区、左云县、阳高县、天镇县、大同南郊区、浑源县、灵丘县、广灵县、右玉县、朔州平鲁区、朔城区、应县、山阴县、怀仁县、河曲县、保德县、偏关县、神池县、五寨县、岢岚县、宁武县、静乐县、繁峙县、代县等27个县(区)。通过大力植树造林,特别是大规模发展沙棘、柠条等灌木林,形成乔灌草相结合的绿色屏障,使晋北晋西北的风沙基本得到遏制。

2. 吕梁山黄土高原水土保持林区。在吕梁山脉及周边地区建设以治理水土流失、降低土壤侵蚀模式为主要功能的防护林体系,建设范围包括原平市、忻州忻府区、兴县、临县、岚县、孝义市、石楼县、柳林县、方山县、中阳县、交口县、交城县、汾阳市、吕梁离石区、娄烦县、古交市、太原晋源区、太原尖草坪区、太原万柏林区、隰县、永和县、大宁县、吉县、乡宁县、蒲县、汾西县、新绛县、稷山县、河津市、万荣县等30个县(市、区)。通过实施退耕还林、天然林资源保护、"三北"防护林建设等国家重点林业工程,有效改善黄河东岸严重的水土流失状况,努力形成固土凝水、降温保湿、植被良好、林茂粮丰的可喜局面。

3. 太行山土石山水源涵养林区。在太行山区域建设以涵养水源为主要功能的防护林体系,建设范围包括五台县、阳曲县、太原迎泽区、太原杏花岭区、榆社县、和顺县、左权县、寿阳县、昔阳县、灵石县、平定县、盂县、阳泉城区、阳泉矿区、阳泉郊区、平顺县、黎城县、壶关县、武乡县、沁源县、沁县、霍州市、安泽县、翼城县、古县、浮山县、陵川县、沁水县、阳城县、垣曲县、平陆县、芮城县等32个县(市、区)。通过大力造林、封山育林、积极护林,有效涵养太行土石山区珍贵的水资源,从根本上逐步改善山西十年九旱、长期缺水的自然状况。

4. 中南部盆地防护经济林区。在山西中南部盆地建设防护经济林区,建设范围包括定襄县、清徐县、太原小店区、介休市、平遥县、祁县、太谷县、晋中榆次区、文水县、屯留县、长治县、潞城市、长子县、襄垣县、长治郊区、长治城区、高平市、泽州县、晋城城区、侯马市、襄汾县、曲沃县、临汾尧都区、洪洞县、运城盐湖区、临猗县、永济市、闻喜县、夏县、绛县等30个县(市、区)。通过大力营造干鲜果经济林,既获取经济效益,又发挥生态功能,收到大地增绿、林业增效、农民增收的良好效果。

五大产业集群。全省发展五大林业产业集群,主要是:干鲜果经济林建设,速生丰产用材林建设,林木种苗花卉产业,森林旅游产业,林下资源开发和灌木林产业。

推进城乡全面绿化。继续坚持"山上治本、身边增绿"的发展理念,以国家六大重点林业工程为骨架,以省十大造林绿化工程为重点,全力推进通道绿化、交通沿线荒山绿化、村镇绿化、环城绿化、厂矿区绿化、城市绿化、河流流域行洪河道两侧的滩涂绿化、城郊森林公园建设、生态庄园建设、碳汇造林等重点区域绿化,努力实现城乡绿化一体化。

(李仁贵)

行政区划

【山西行政区划的历史变迁】 山西省是我国文化发祥地之一。相传尧都平阳,舜都蒲坂,禹都安邑,都建在今山西境内南部地区。西周时为唐国,后改为晋国,山西省简称晋即由此而来。战国时分属于赵、魏、韩。秦置代、雁门、太原、河东、上党5郡。西汉时置并州,辖代、雁门、太原、上党4郡,朔方辖西河郡,司隶部辖河东郡。东汉时并州辖定襄、雁门、太原、西河、上党5郡,司隶部辖河东郡,幽州辖代郡。三国时魏置并州辖雁门、新兴、西河、太原、东平、上党6郡,司州辖河东、平阳2郡,幽州辖代郡,冀州辖灵丘县,此外,天镇、山阴、平鲁西北属拓跋鲜卑,五寨、临县以西属羌。西晋时并州辖雁门、新兴、上党3郡及太原、东平、西河3

国，司州辖河东、平阳2郡，幽州辖代郡，山阴以北仍属拓跋鲜卑，五寨、临县以西属羌。北魏置朔、恒、汾、肆、并5州，霍县、高平以南属司州。隋代改州为郡，置马邑、雁门、娄烦、离石、太原、龙泉、西河、临汾、文水、河东、绛、长平、上党13郡。唐代置河东道，辖太原府及云、蔚、朔、代、岚、忻、石、隰、汾、晋、慈、绛、蒲、辽、沁、潞、泽17州。五代后唐置太原、河中2府及云、蔚、应、寰、朔、代、岚、忻、石、隰、汾、晋、慈、绛、辽、沁、潞、泽19州。后晋置太原、河中2府及代、岚、宪、忻、石、隰、汾、晋、慈、绛、辽、沁、潞、泽14州，云蔚、应、寰、朔、代5州属契丹。后汉行政区划未变。北宋时置河东路，辖太原、隆德2府，代、忻、宪、岚、石、隰、汾、慈、晋、绛、辽、泽12州及火山、保德、岢岚、宁化、晋宁、平定、威胜7军，永兴路辖解州及河中府。大同府及朔、应、蔚3州属辽的西京道。金于山西置河东南路，河东北路，雁门关北属西京路。河东南路辖河中、平阳2府及隰、耿、绛、解、泽、潞、沁、辽8州，河东北路辖太原府及澳、保德、岢岚、岚、宁化、管、忻、代、石、汾、平定11州。西京路辖大同府及武、朔、应、蔚4州。元代置河东山西道，隶中书省，领大同、冀宁、晋宁3路，大同路辖应、朔、武、浑源4州及大同、白登等5县，冀宁路辖兴、岚、管、坚、代、崞、忻、台、临、石、汾、盂、平定12州及阳曲、文水等10县，晋宁路辖河中府及隰、吉、霍、绛、解、辽、沁、潞、泽9州及临汾等12县。明代置山西布政使司，辖大同、太原、平阳、潞安4府，汾、辽、沁、泽4州，共95县。清代山西省，辖朔平、大同、宁武、太原、汾州、平阳、潞安、泽州、蒲州9府，保德、代、忻、平定、辽、隰、霍、沁、绛、解10州及归化、绥远、萨拉齐、托克托、和林格尔等6厅，共辖108县。6厅及朔平、大同2府的北部系今长城以北的土默特、呼和浩特、集宁、丰镇等地区，民国二年（1913年）划归绥远、察哈尔两特别区。民国三年（1914年）山西省设雁门、冀宁、河东3道。雁门道辖晋北的26县，冀宁道辖晋中及晋东南的44县，河东道辖晋南的35县。1930年废道，县由省直辖。

1937年抗日战争爆发后，中国共产党在山西境内建立了晋冀鲁豫、晋绥、晋察冀3个边区抗日民主政府，其在山西境内辖区面积约占全省总面积的70%以上。解放战争初期，山西解放区各县分属太行、太岳、晋察冀、晋绥4个行政公署，行署下设专区，分别领导各县。

1945年8月抗日战争胜利后，阎锡山政府迁回太原，抢占了铁路沿线主要城市，按每个行政督察区辖5～7个县的原则，把全省划为18个区。1949年4月，随着太原的解放，全省复归统一，阎锡山政府的行政区划遂告结束。

【新中国成立以来山西行政区划的变化】 新中国建立以来，为适应社会主义建设发展的需要，山西省行政区划曾有过多次的调整。1949年10月，将雁北地区划归察哈尔省，山西省共设忻县、兴县、榆次、汾阳、临汾、运城、长治7个专区、92个县及太原市、阳泉工矿区、长治城关区和运城镇。1951年撤销汾阳专区。1952年撤销兴县专区。1952年11月察哈尔省撤销后，原雁北专区13个县及大同市划回山西省，全省共辖雁北、忻县、榆次、临汾、运城、长治6个专区及太原、阳泉、长治、大同4个市和运城镇，103个县。1958年，全省公社化后，行政区划进行了较大的合并，将6个专区并为晋北、晋中、晋南、晋东南4个专区，103个县合并为41个县，设太原市1个省辖市和大同、阳泉、长治、榆次、侯马5个专辖市。

20世纪60年代初期，全省行政区划又几经调整，原来合并的县先后分设，到1965年，全省设雁北、忻县、晋中、晋南、晋东南5个专区，太原、大同、阳泉3个省辖市，长治市为专辖市，县数为96个。1970年专区改为地区，同年撤销晋南专区，设立临汾、运城2个地区。

1971年，晋中地区分为晋中和吕梁2个地区，恢复侯马、临汾、榆次3市及古县、方山、娄烦3县，新设置柳林、交口2县，全省县数为101个。

1983年，对全省部分市、县区划及名称作了调整变动。全省划分为7个地区、4个省辖地级市、6个省辖县级市、96个县。

1985年，撤销晋东南地区，将其所属各县分别划归长治市和晋城市，晋城市升格为省辖地级市，全省设6个地区、5个地级市、5个县级市和96个县。

1989年设朔州市（地级市）和古交市（县级市）。

1990年霍县撤县建霍州市（县级市）。

1992年原平、孝义撤县建市（县级市）。

1993年撤销雁北地区，将其所辖县分别划归大同市和朔州市。同年，介休、高平县撤县建市（县级市）。

1994年潞城、永济、河津县撤县建市（县级市）。

1996年离石、汾阳撤县建市（县级市），晋城市郊区撤区建立泽州县。

1997年太原市城区行政区划重新调整，将原北城区、南城区、河西区、北郊区、南郊区等5城区调整为：杏花岭区、迎泽区、万柏林区、尖草坪区、小店区、晋源区等6个城区。

1999年撤销晋中地区，成立晋中市（地级市），原榆次市改为榆次区。

2000年撤销忻州地区、运城地区、临汾地区，成立忻州市、运城市、临汾市（地级市），原县级忻州市、运城市、临汾市改为忻府区、盐湖区、尧都区。

2003年撤销吕梁地区，成立吕梁市（地级市），原离石市（县级）改设为离石区。

【2011年乡镇以上行政区划】 截至2011年年底，山西省共设太原、大同、阳泉、长治、晋城、朔州、忻州、晋中、临汾、运城、吕梁等11个地级市，11个县级市，85个县，23个市辖区。现有1196个乡镇，其中564个镇、632个乡。2011年全省乡镇以上行政区划如下：

太原市

迎泽区

柳巷街道　文庙街道　庙前街道　迎泽街道
桥东街道　老军营街道　郝庄镇

杏花岭区

巨轮街道　三桥街道　鼓楼街道

杏花岭街道　坝陵桥街道　大东关街道
职工新街街道　敦化坊街道　涧河街道
杨家峪街道　中涧河乡　小返乡

万柏林区
千峰街道　下元街道　和平街道　兴华街道
万柏林街道　杜儿坪街道　白家庄街道　南寒街道
东社街道　化客头街道　神堂沟街道　西铭街道
长风西街街道　小井峪街道　王封乡

小店区
坞城街道　营盘街道　北营街道　平阳路街道
黄陵街道　小店街道　北格镇　西温庄乡
刘家堡乡

尖草坪区
尖草坪街道　光社街道　上兰街道　南寒街道
迎新街道　古城街道　汇丰街道　柴村街道
新城街道　向阳镇　阳曲镇　马头水乡
柏板乡　西墕乡

晋源区
义井街道　罗城街道　晋源街道　金胜镇　晋祠镇
姚村镇

清徐县
清源镇　徐沟镇　东于镇　孟封镇　马峪乡
柳杜乡　西谷乡　王答乡　集义乡

阳曲县
黄寨镇　大盂镇　东黄水镇　泥屯镇　高村乡
侯村乡　凌井店乡　西凌井乡　北小店乡　杨兴乡

娄烦县
娄烦镇　静游镇　杜交曲镇　庙湾乡　马家庄乡
盖家庄乡　米峪镇乡　天池店乡

古交市
东曲街道　西曲街道　桃园街道　屯兰街道　河口镇
镇城底镇　马兰镇　阁上乡　嘉乐泉乡　梭峪乡
岔口乡　常安乡　邢家社乡　原相乡

大同市

城　区
南关街道　北关街道　东街街道
西街街道　南街街道　北街街道
新建南路街道　新建北路街道　大庆路街道
新华街街道　西花园街道　老平旺街道
向阳里街道　振华南街街道

矿　区
新胜街道　新平旺街道　煤峪口街道
永定庄街道　同家梁街道　四老沟街道
忻州窑街道　白洞街街道　雁崖街道
挖金湾街道　晋华宫街道　马脊梁街道
大斗沟街道　王村街道　姜家湾街道
新泉路街道　民胜街道　口泉街道
马口街道　燕子山街道　杏儿沟街道
青磁窑街道　平泉路街道　四台沟街道
和瑞街道　和顺街道

南郊区
古店镇　高山镇　云冈镇　口泉乡　新旺乡
水泊寺乡　马军营乡　西韩岭乡　平旺乡　鸦儿崖乡

新荣区
新荣镇　破鲁堡乡　郭家窑乡　花园屯乡　西村乡
上深涧乡　堡子湾乡

左云县
云兴镇　鹊儿山镇　店湾镇　管家堡乡　张家场乡
三屯乡　马道头乡　小京庄乡　水窑乡

大同县
西坪镇　倍加造镇　周士庄镇　吉家庄乡　峰峪乡
杜庄乡　党留庄乡　瓜园乡　聚乐乡　许堡乡

天镇县
玉泉镇　谷前堡镇　米薪关镇　逯家湾镇
新平堡镇　三十里铺乡　南河堡乡　贾家屯乡
赵家沟乡　南高崖乡　张西河乡

浑源县
永安镇　西坊城镇　蔡村镇　沙圪坨镇　王庄堡镇
大磁窑镇　东坊城乡　裴村乡　驼峰乡　西留村乡
下韩村乡　南榆林乡　吴城乡　黄花滩乡　大仁庄乡
千佛岭乡　官儿乡　青磁窑乡

广灵县
壶泉镇　南村镇　一斗泉乡　蕉山乡　加斗乡
宜兴乡　作疃乡　梁庄乡　望狐乡

灵丘县
武灵镇　东河南镇　上寨镇　落水河乡　史庄乡
赵北乡　石家田乡　柳科乡　白崖台乡　红石塄乡
下关乡　独峪乡

阳高县
龙泉镇　罗文皂镇　大白登镇　王官屯镇　古城镇
东小村镇　友宰镇　长城乡　北徐屯乡
狮子屯乡　下深井乡　马家皂乡　鳌石乡

阳泉市

城　区
上站街道　下站街道　北大街街道　南山路街道
义井街道　坡底街道

矿　区

平潭街街道　桥头街道　蔡洼街道　赛鱼街道
沙坪街道　贵石沟街道

郊　区

荫营镇　河底镇　义井镇　平坦镇　西南舁乡
杨家庄乡　李家庄乡　旧街乡

盂　县

秀水镇　孙家庄镇　路家村镇　南娄镇　牛村镇
苌池镇　上社镇　西烟镇　仙人乡　北下庄乡
下社乡　梁家寨乡　西潘乡　东梁乡

平定县

冠山镇　冶西镇　锁簧镇　张庄镇　东回镇
柏井镇　娘子关镇　巨城镇　石门口乡　岔口乡

长治市

城　区

东街街道　西街街道　英雄南路街道　英雄中路街道
紫金街道　常青街道　太行西街街道　太行东街街道
五马街道　延安南路街道

郊　区

长北街道　故县街道　老顶山镇　堠北庄镇
大辛庄镇　马厂镇　黄碾镇　西白兔乡

潞城市

潞华街道　成家川街道　店上镇　微子镇
翟店镇　辛安泉镇　合室乡　黄牛蹄乡
史迴乡

长治县

韩店镇　苏店镇　荫城镇　西火镇　八义镇
贾掌镇　郝家庄乡　西池乡　北呈乡　东和乡
南宋乡

襄垣县

古韩镇　王桥镇　侯堡镇　夏店镇　虒亭镇　西营镇
王村镇　下良镇　善福乡　北底乡　上马乡

屯留县

麟绛镇　上村镇　渔泽镇　余吾镇　吾元镇
张店镇　丰宜镇　李高乡　路村乡　河神庙乡
西贾乡

平顺县

青羊镇　龙溪镇　石城镇　苗庄镇　杏城镇
西沟乡　东寺头乡　虹梯关乡　阳高乡　北耽车乡
中五井乡　北社乡

黎城县

东阳关镇　上遥镇　西井镇　黄崖洞镇　黎侯镇
西仵乡　停河铺乡　程家山乡　洪井乡

壶关县

龙泉镇　百尺镇　店上镇　晋庄镇　树掌镇
集店乡　黄山乡　东井岭乡　石坡乡　五龙山乡
鹅屋乡　桥上乡

长子县

丹朱镇　鲍店镇　石哲镇　大堡头镇　慈林镇
色头镇　南漳镇　岚水乡　碾张乡　常张乡
南陈乡　宋村乡

武乡县

丰州镇　洪水镇　蟠龙镇　监漳镇　故城镇　墨镫乡
韩北乡　大有乡　贾豁乡　故县乡　上司乡　石北乡
涌泉乡　分水岭乡

沁　县

定昌镇　郭村镇　故县镇　新店镇　漳源镇　册村镇
段柳乡　松村乡　次村乡　牛寺乡　南里乡　南泉乡
杨安乡

沁源县

沁河镇　郭道镇　灵空山镇　王和镇　李元镇
中峪乡　法中乡　交口乡　聪子峪乡　韩洪乡
官滩乡　景凤乡　赤石桥乡　王陶乡

晋城市

城　区

东街街道　西街街道　南街街道　北街街道
矿区街道　钟家庄街道　西上庄街道　北石店镇

泽州县

南村镇　下村镇　大东沟镇　周村镇　犁川镇
晋庙铺镇　金村镇　高都镇　巴公镇　大阳镇
山河镇　大箕镇　柳树口镇　北义城镇
川底乡　李寨乡　南岭乡

高平市

北城街道　东城街道　南城街道　米山镇　三甲镇
陈区镇　北诗镇　河西镇　马村镇　野川镇
寺庄镇　神农镇　建宁乡　石末乡　原村乡
永禄乡

陵川县

崇文镇　礼义镇　附城镇　西河底镇　平城镇
杨村镇　潞城镇　夺火乡　马圪当乡　古郊乡
六泉乡　秦家庄乡

阳城县

凤城镇　北留镇　润城镇　町店镇　芹池镇　次营镇
横河镇　河北镇　蟒河镇　东冶镇　白桑乡　寺头乡
西河乡　演礼乡　固隆乡　董封乡　驾岭乡

沁水县

龙港镇 中村镇 郑庄镇 端氏镇 嘉峰镇
郑村镇 柿庄镇 樊村河乡 土沃乡 张村乡
苏庄乡 胡底乡 固县乡 十里乡

朔州市

朔城区

北城街道 南城街道 神头街道 北旺庄街道
神头镇 利民镇 下团堡乡 小平易乡
滋润乡 福善庄乡 南榆林乡 贾庄乡
沙塄河乡 窑子头乡 张蔡庄乡

平鲁区

井坪镇 凤凰城镇 白堂乡 陶村乡 下水头乡
双碾乡 阻虎乡 高石庄乡 西水界乡 下面高乡
榆岭乡 下木角乡 向阳堡乡

山阴县

玉井镇 北周庄镇 古城镇 吴马营乡
马营乡 下喇叭乡 合盛堡乡 岱岳镇
安荣乡 薛圐圙乡 后所乡 张家庄乡
马营庄乡

应 县

金城镇 南河种镇 下社镇 镇子梁乡 义井乡
臧寨乡 大黄巍乡 杏寨乡 下马峪乡 南泉乡
大临河乡 白马石乡

怀仁县

云中镇 吴家窑镇 金沙滩镇 毛家皂镇
何家堡乡 亲和乡 新家园乡 海北头乡
马辛庄乡 河头乡

右玉县

新城镇 右卫镇 威远镇 元堡子镇
牛心堡乡 白头里乡 高家堡乡 丁家窑乡
杨千河乡 李达窑乡

忻州市

忻府区

南城街道 长征街道 新建路街道 播明镇
奇村镇 三交镇 庄磨镇 豆罗镇
董村镇 曹张乡 高城乡 秦城乡
解原乡 合索乡 阳坡乡 兰村乡
紫岩乡 西张乡 东楼乡 北义井乡

原平市

北城街道 南城街道 轩煤矿街道 东社镇
苏龙口镇 崞阳镇 大牛店镇 阎庄镇
长梁沟镇 轩岗镇 新原乡 南白乡
子干乡 中阳乡 沿沟乡 大林乡
西镇乡 解村乡 王家庄乡 楼板寨乡
段家堡乡

定襄县

晋昌镇 河边镇 宏道镇 杨芳乡 南王乡
蒋村乡 神山乡 季庄乡 受禄乡

五台县

台城镇 台怀镇 耿镇镇 豆村镇 白家庄镇
东冶镇 沟南乡 东雷乡 高洪口乡 门限石乡
陈家庄乡 建安乡 神西乡 蒋坊乡 灵境乡
阳白乡 茹村乡 石咀乡 金岗库乡

代 县

上馆镇 阳明堡镇 峨口镇 聂营镇 枣林镇
滩上镇 新高乡 峪口乡 上磨坊乡 胡峪乡
雁门关乡

繁峙县

繁城镇 砂河镇 大营镇 下茹越乡 杏园乡
光裕堡乡 集义庄乡 东山乡 金山铺乡 柏家庄乡
横涧乡 神堂堡乡 岩头乡

宁武县

凤凰镇 阳方口镇 东寨镇 石家庄镇 薛家洼乡
榆庄乡 涔山乡 化北屯乡 西马坊乡 新堡乡
圪塄乡 迭台寺乡 怀道乡 东马坊乡

静乐县

鹅城镇 杜家村镇 康家会镇 丰润镇 堂尔上乡
中庄乡 双路乡 段家寨乡 辛村乡 王村乡
娑婆乡 神峪沟乡 娘子神乡 赤泥洼乡

神池县

龙泉镇 义井镇 八角镇 东湖乡 太平庄乡
虎北乡 贺职乡 长畛乡 烈堡乡 大严备乡

五寨县

砚城镇 小河头镇 三岔镇 前所乡 李家坪乡
孙家坪乡 梁家坪乡 胡会乡 新寨乡 韩家楼乡
东秀庄乡 杏岭子乡

岢岚县

岚漪镇 三井镇 神堂坪乡 高家会乡
李家沟乡 水峪贯乡 西豹峪乡 温泉乡
阳坪乡 大涧乡 宋家沟乡 王家岔乡

偏关县

新关镇 天峰坪镇 老营镇 万家寨镇
窑头乡 楼沟乡 尚峪乡 南堡子乡
水泉乡 陈家营乡

河曲县

文笔镇 楼子营镇 刘家塔镇 巡镇镇 鹿固乡
前川乡 单寨乡 土沟乡 旧县乡 沙坪乡
社梁乡 沙泉乡 赵家沟乡

保德县
东关镇 义门镇 桥头镇 杨家湾镇
腰庄乡 韩家川乡 林遮峪乡 冯家川乡
土崖塔乡 孙家沟乡 窑洼乡 窑圪台乡
南河沟乡

晋中市
榆次区
北关街道 锦纶街道 新华街道 西南街道
路西街道 经纬街道 安宁街道 新建街道
晋华街道 乌金山镇 东阳镇 什贴镇
长凝镇 北田镇 修文镇 郭家堡乡
张庆乡 庄子乡 东赵乡

介休市
北关街道 西关街道 东南街道 西南街道
北坛街道 义安镇 张兰镇 连福镇
洪山镇 义棠镇 龙凤镇 绵山镇
城关乡 宋古乡 三佳乡

榆社县
箕城镇 云簇镇 郝北镇 社城镇 河峪乡
北寨乡 西马乡 岚峪乡 讲堂乡

左权县
辽阳镇 桐峪镇 麻田镇 芹泉镇 拐儿镇
石匣乡 粟城乡 羊角乡 寒王乡 龙泉乡

和顺县
义兴镇 李阳镇 松烟镇 青城镇 横岭镇
喂马乡 平松乡 牛川乡 马坊乡 阳光占乡

昔阳县
乐平镇 皋落镇 冶头镇 沾尚镇 大寨镇
李家庄乡 界都乡 三都乡 赵壁乡 孔氏乡
阎庄乡 西寨乡

寿阳县
朝阳镇 南燕竹镇 宗艾镇 平头镇 松塔镇
西洛镇 尹灵芝镇 平舒乡 解愁乡 温家庄乡
景尚乡 羊头崖乡 上湖乡 马首乡

太谷县
明星镇 胡村镇 范村镇 侯城乡 北洸乡
水秀乡 阳邑乡 小白乡 任村乡

祁　县
昭余镇 东观镇 古县镇 贾令镇 城赵镇
来远镇 峪口乡 西六支乡

平遥县
古城街道 城东街道 城南街道 古陶镇 段村镇
东泉镇 洪善镇 宁固镇 南政乡 中都乡
岳壁乡 卜宜乡 孟山乡 朱坑乡 襄垣乡
杜家庄乡 香乐乡

灵石县
翠峰镇 静升镇 两渡镇 夏门镇 南关镇 段纯镇
马和乡 英武乡 王禹乡 坛镇乡 梁家墕乡
交口乡

吕梁市
离石区
凤山街道 城北街道 滨河街道 莲花池街道
吴城镇 田家会街道 西属巴街道 交口街道
信义镇 红眼川乡 枣林乡 坪头乡

孝义市
新义街道 中阳楼街道 振兴街道 崇文街道
兑镇镇 阳泉曲镇 下堡镇 西辛庄镇
高阳镇 梧桐镇 柱濮镇 大孝堡乡
下栅乡 驿马乡 南阳乡 杜村乡

汾阳市
文峰街道 太和桥街道 贾家庄镇 杏花村镇
冀村镇 肖家庄镇 演武镇 三泉镇
石庄镇 杨家庄镇 峪道河镇 西河乡
阳城乡 栗家庄乡

文水县
凤城镇 开栅镇 南庄镇 南安镇 刘胡兰镇
下曲镇 孝义镇 南武乡 西城乡 北张乡
马西乡 西槽头乡

交城县
天宁镇 夏家营镇 西营镇 水峪贯镇 西社镇
庞泉沟镇 洪相乡 岭底乡 东坡底乡 会立乡

兴　县
蔚汾镇 魏家滩镇 瓦塘镇 康宁镇
高家村镇 罗峪口镇 蔡家会镇 交楼申乡
恶虎滩乡 东会乡 固贤乡 奥家湾乡
蔡家崖乡 贺家会乡 孟家坪乡 赵家坪乡
圪垯上乡

临　县
临泉镇 白文镇 城庄镇 兔坂镇
克虎寨镇 三交镇 湍水头镇 林家坪镇
招贤镇 碛口镇 刘家会镇 丛罗峪镇
曲峪镇 木瓜坪乡 安业乡 玉坪乡
青凉寺乡 石白头乡 雷家碛乡 第八堡乡
大禹乡 车赶乡 安家庄乡

柳林县
柳林镇 穆村镇 薛村镇 庄上镇 留誉镇
下三交镇 成家庄镇 孟门镇 李家湾乡 贾家垣乡

陈家湾乡　金家庄乡　石西乡　高家沟乡　西王家沟乡

石楼县

灵泉镇　罗村镇　义牒镇　小蒜镇　龙交乡
和合乡　前山乡　曹家垣乡　裴沟乡

交口县

水头镇　康城镇　双池镇　桃红坡镇　石口乡
回龙乡　温泉乡

方山县

圪洞镇　马坊镇　峪口镇　大武镇　北武当镇
积翠乡　麻地会乡

中阳县

宁乡镇　金罗镇　枝柯镇　武家庄镇　暖泉镇
下枣林乡　车鸣峪乡

岚　县

东村镇　岚城镇　普明镇　界河口镇　土峪乡
上明乡　王狮乡　梁家庄乡　顺会乡　河口乡
社科乡　大蛇头乡

临汾市

尧都区

解放路街道　鼓楼西街道　水塔街道　南街街道
乡贤街道　辛寺街道　路东街道　滨河街道
车站街道　汾河街道　屯里镇　乔李镇
大阳镇　县底镇　刘村镇　金殿镇
吴村镇　土门镇　魏村镇　尧庙镇
段店乡　贾得乡　贺家庄乡　一平垣乡
枕头乡　河底乡

侯马市

路东街道　路西街道　浍滨街道　上马街道
张村街道　新田乡　高村乡　凤城乡

霍州市

鼓楼街道　北环路街道　南环路街道　开元街道
退沙街道　白龙镇　辛置镇　大张镇
李曹镇　陶唐峪乡　三教乡　师庄乡

曲沃县

乐昌镇　史村镇　曲村镇　高显镇　里村镇　北董乡
杨谈乡

翼城县

唐兴镇　南梁镇　里砦镇　隆化镇　桥上镇　西阎镇
中卫乡　南唐乡　王庄乡　浇底乡

襄汾县

新城镇　赵康镇　汾城镇　南贾镇　古城镇
襄陵镇　邓庄镇　陶寺乡　永固乡　景毛乡

西贾乡　南辛店乡　大邓乡

洪洞县

大槐树镇　甘亭镇　曲亭镇　苏堡镇　广胜寺镇
明姜镇　赵城镇　万安镇　刘家垣镇　淹底乡
兴唐寺乡　堤村乡　辛村乡　龙马乡　山头乡
左木乡

古　县

岳阳镇　北平镇　古阳镇　旧县镇　石壁乡　永乐乡
南垣乡

浮山县

天坛镇　响水河镇　张庄乡　东张乡　槐埝乡
北王乡　北韩乡　米家垣乡　寨圪塔乡

吉　县

吉昌镇　屯里镇　壶口镇　车城乡　文城乡
东城乡　柏山寺乡　中垛乡

乡宁县

昌宁镇　光华镇　台头镇　管头镇　西坡镇
双鹤乡　关王庙乡　尉庄乡　西交口乡　枣岭乡

蒲　县

蒲城镇　薛关镇　黑龙关镇　克城镇　山中乡
古县乡　红道乡　乔家湾乡　太林乡

大宁县

昕水镇　曲峨镇　三多乡　太德乡　徐家垛乡
太古乡

永和县

芝河镇　桑壁镇　阁底乡　南庄乡　打石腰乡
坡头乡　交口乡

汾西县

永安镇　对竹镇　勍香镇　和平镇　僧念镇　佃坪乡
团柏乡　邢家要乡

隰　县

龙泉镇　午城镇　黄土镇　阳头升乡　寨子乡
陡坡乡　下李乡　城南乡

安泽县

府城镇　和川镇　唐城镇　冀氏镇　马壁乡　杜村乡
良马乡

运城市

盐湖区

中城街道　东城街道　西城街道　南城街道
北城街道　安邑街道　大渠街道　姚孟街道
龙居镇　陶村镇　东郭镇　三路里镇

北相镇　泓芝驿镇　解州镇　席张乡
金井乡　冯村乡　王范乡　上郭乡　上王乡

永济市
城西街道　城北街道　城东街道　虞乡镇　卿头镇
开张镇　栲栳镇　蒲州镇　韩阳镇　张营镇

河津市
城区街道　清涧街道　樊村镇　小梁乡　柴家乡
赵家庄乡　僧楼镇　下化乡　阳村乡

临猗县
猗氏镇　嵋阳镇　临晋镇　七级镇　东张镇　孙吉镇
三管镇　牛杜镇　楚侯乡　庙上乡　角杯乡　北辛乡
耽子镇　北景乡

芮城县
古魏镇　风陵渡镇　陌南镇　西陌镇　永乐镇
大王镇　阳城镇　东垆乡　南磑乡　学张乡

万荣县
解店镇　通化镇　汉薛镇　荣河镇　万泉乡
里望乡　西村乡　南张乡　高村乡　皇甫乡
贾村乡　王显乡　光华乡　裴庄乡

新绛县
龙兴镇　三泉镇　泽掌镇　北张镇　古交镇　万安镇
阳王镇　泉掌镇　横桥乡

稷山县
稷峰镇　西社镇　化峪镇　翟店镇　清河镇　蔡村乡
太阳乡

闻喜县
桐城镇　郭家庄镇　畖底镇　薛店镇　东镇镇
礼元镇　河底镇　神柏乡　阳隅乡　侯村乡
裴社乡　后宫乡　石门乡

夏　县
瑶峰镇　庙前镇　裴介镇　水头镇　埝掌镇
泗交镇　尉郭乡　禹王乡　胡张乡　南大里乡
祁家河乡

绛　县
古绛镇　横水镇　陈村镇　卫庄镇　磨里镇　南樊镇
安峪镇　大交镇　郝庄乡　冷口乡

平陆县
圣人涧镇　常乐镇　张店镇　张村镇　曹川镇
三门镇　洪池乡　杜马乡　部官乡　坡底乡

垣曲县
新城镇　历山镇　古城镇　王茅镇　毛家湾镇
蒲掌乡　英言乡　解峪乡　华峰乡　长直乡　皋落乡

（畅万祥）

2011年国民经济运行概况

【经济实力实现新突破】 地区生产总值11237.55亿元，经济总量破万亿。2011年，全省地区生产总值11237.55亿元，突破万亿大关，比2010年增长13%，快于全国平均水平3.8个百分点。其中，第一产业增加值641.42亿元，增长6.1%；第二产业增加值6635.26亿元，增长16.5%；第三产业增加值3960.87亿元，增长8.7%。

粮食总产量达119.3亿千克，创历史新高。2011年，全省粮食总产量119.3亿千克，比2010年增加10.8亿千克，增长9.9%，创历史最高水平。其中，夏粮总产量24.2亿千克，增长3.4%；秋粮总产量95.1亿千克，增长11.7%。全年粮食播种面积328.8万公顷，比2010年增加4.9万公顷；其中，高产作物玉米播种面积164.7万公顷，占粮食总播种面积的比重超过50%。

原煤产量过8亿吨，达到历史最高水平。2011年，全省原煤产量8.72亿吨，比2010年增长17.7%。煤炭工业对工业经济贡献率为63.2%，拉动工业经济增长11.3个百分点。

其他主要工业产品产量大幅增长。钢材3371.2万吨，增长17.6%；水泥、发电量、焦炭等主要工业产品产量均保持较快增长，其中，水泥4101.5万吨，增长11.7%；发电量2344亿千瓦时，增长9%；焦炭9048万吨，增长6.4%。

在煤炭、冶金、装备制造等产业有力带动下，全年全省规模以上工业实现增加值5944.7亿元，增长17.9%，快于全国平均水平4个百分点。

财政总收入突破2000亿元，一般预算收入过千亿。全省财政总收入2260.5亿元，比2010年增长24.9%；一般预算收入1213.4亿元，增长25.1%。

固定资产投资快速增长。2011年，全社会固定资产投资完成7373.1亿元，比2010年增长27.3%。其中，第一、二、三产业投资分别完成271.2亿元、3348.6亿元、3753.3亿元，比2010年分别增长24.8%、37.6%、19.5%。全年全省房地产开发完成投资790.2亿元，比2010年增长33.4%。

消费继续保持较快增长。2011年，全省社会消费品零售总额3903.4亿元，增长17.6%，快于全国平均水平0.5个百分点。其中，限额以上企业零售额完成1560亿元，增长29.6%。分行业看，批发业205.8亿元，比2010年增长13.2%；零售业3202亿元，增长18.5%；住宿业52.5亿元，增长20.5%；餐饮业313.4亿元，增长11.9%。

全省旅游总收入1342.6亿元，比2010年增长

23.9%。其中，国内旅游收入1305.1亿元，增长24%；旅游外汇收入5.67亿美元，增长22.1%。

对外贸易创历史最高水平。2011年，全省进出口总额147.6亿美元，比2010年增长17.4%。其中，进口93.3亿美元，增长18.6%；出口54.3亿美元，增长15.3%。一般贸易进出口109.4亿美元，增长8.4%；加工贸易进出口29.1亿美元，增长50.4%。

金融贷款过万亿，存款突破2万亿。截至2011年年末，全省金融机构本外币贷款余额11265.6亿元，比年初增长15.8%。其中，反映资金灵活度的短期贷款比年初新增516亿元，对未来经济发展环境判断的中长期贷款比年初新增953.3亿元。全省金融机构本外币年末存款余额21003.2亿元，比年初增长12.7%；其中，人民币存款余额20920.4亿元。

实际利用外资增长较快。2011年，随着全省转型跨越发展战略部署的推进，投资环境进一步优化，对外资的吸引力进一步增强。全省新批外资企业62个，投资总额29.2亿美元，是2010年的2.2倍；实际利用外资20.7亿美元，增长37.3%。

【结构调整收获新成效】 工业新型化进一步加快。2011年，全省工业新型化步伐进一步加快，装备制造、建材、食品等新兴产业均保持较快增长，新兴产业正在成为拉动工业经济增长的重要力量。2011年，全省装备制造业完成增加值321.2亿元，增长22.2%，高出全省规模以上工业增速4.3个百分点，对工业经济增长贡献率达到6.9%，成为仅次于煤炭、冶金行业拉动全省工业经济增长的第三大动力；建材、食品工业完成增加值108.8亿元、176.1亿元，分别增长20.1%、23.6%，两行业合计对工业经济贡献率为5.9%，超过焦炭(3.3%)、电力(3.7%)两大传统行业对工业增长的贡献。

投资结构进一步优化。2011年，全省在转型跨越发展中加快推进工业新型化进程，投资内部结构发生明显转变。在全省固定资产投资中，工业投资完成3338.9亿元，比2010年增长37.9%，增幅比2010年加快16个百分点。其中，新兴产业投资占比率提高，全省新兴产业完成投资914亿元，增长49.9%，增幅提高30.9个百分点，占全省工业投资的27.4%，提高2.2个百分点；高耗能行业投资比重下降，全省高耗能工业完成投资1159.6亿元，增长20%，占全省工业投资的34.7%，比2010年下降5.2个百分点；非煤产业投资贡献率提高，全省工业非煤产业投资完成2097.3亿元，比2010年增长35.2%，增幅提高25.5个百分点，对全省工业投资增长的贡献率59.5%，比2010年提高28.5个百分点，拉动工业投资增长22.5个百分点，提高15.7个百分点。

需求结构升级步伐逐步加快。随着城市化进程的加快，城乡消费结构开始发生变化，乡村居民城镇消费趋势明显，直接带动了城镇消费市场。2011年，全省城镇市场消费品零售额完成3188.5亿元，比2010年增长19%，分别快于乡村和全省平均水平7个、1.4个百分点。在限额以上企业商品零售类值中，与日常生活相关的生活必需品销售保持平稳，其中，粮油、食品、饮料、烟酒类增长27.1%，服装、鞋帽、针纺织品类增长30%；与消费升级相关的商品保持旺销，其中，建筑及装潢材料类增长62.3%，金银珠宝类增长51.9%，家具类增长41.7%，石油及制品类增长37.8%。

【发展质量实现新提升】 运行质量稳步提高。2011年1～12月，反映全省工业经济盈利能力的总资产贡献率为12.8%，比2010年提高1.3个百分点；反映资金利用效率的流动资产周转率为1.8次/年，加快0.09次/年；反映经营风险的资产负债率(逆指标)为66.5%，比2010年下降0.4个百分点；反映投入产出效果的成本费用利润率为7.9%，比2010年提高0.4个百分点；反映产销衔接水平的产品销售率为96.1%，比2010年提高0.2个百分点。

工业效益大幅提升。2011年1～12月，全省规模以上工业主营业务收入15024.2亿元，比2010年增长36%，快于全国平均水平7.8个百分点；利润总额1092.6亿元，增长42.7%，快于全国平均水平18.1个百分点；利税总额2054亿元，增长35.2%。

节能减排成效显著。2011年，全省不断加大淘汰落后产能工作力度，持续加强重点领域、区域、行业污染综合整治。全省万元生产总值综合能耗下降3.5%，化学需氧量、二氧化硫、氮氧化物等主要污染物减排完成全年目标任务。

【民生保障再上新水平】 财政支出进一步向民生倾斜。2011年，全省财政一般预算支出2363.8亿元，比2010年增长22.4%。全省保民生促和谐，财政支出进一步向民生倾斜，用于教育、医疗卫生、社会保障和就业、保障性住房、文化体育和传媒、城乡社区事务等直接与民生相关的支出1183亿元，增支274亿元，分别占全省一般预算支出总量的50%和增量的62%。

农民增收成效喜人。2011年，全省农村居民人均纯收入5601.4元，增长18.3%，比2010年加快6.7个百分点，快于全国0.4个百分点；城镇居民家庭人均可支配收入18123.9元，增长15.8%，比2010年加快4个百分点，快于全国1.7个百分点；农村快于城镇2.5个百分点。

价格水平出现回落。在“稳物价、保民生”等一系列价格调控措施积极作用下，加之翘尾因素的弱化，全省居民消费价格出现回落。2011年，全省居民消费价格累计上涨5.2%，较前三季度回落0.2个百分点，低于全国平均水平0.2个百分点；其中，12月份当月同比上涨4.2%，与11月份持平。八大类消费品价格均保持上涨，其中，食品类价格上涨12%，依然是价格上涨的主要推手，其他7类价格上涨幅度较小。

就业形势基本稳定。全省劳动力需求稳步扩大，就业形势积极向好。2011年，城镇新增就业岗位50万个，新增农村劳动力转移就业40万人，高校毕业生、农民工和城镇就业困难人员的就业问题得到较好解决。

(董晓玲)

山西经济年鉴

YEARBOOK OF SHANXI ECONOMY

3

固定资产投资

GUDING ZICHAN TOUZI

固定资产投资

综　述

【全社会固定资产投资完成情况】

全社会当年投资。2011年，全社会固定资产投资完成7373.1亿元，比2010年增长27.3%。其中，房地产开发投资完成790.2亿元，增长33.4%；农户投资完成235.4亿元，增长8%。

按构成分。2011年，在全社会投资中，全省建筑安装工程投资完成4953.5亿元，比2010年增长29.7%；设备工器具购置投资完成1491.5亿元，增长31.3%；其他费用投资完成928.1亿元，增长11.4%。

按经济类型分。2011年，在全社会投资中，全省国有固定资产投资3863.4亿元，比2010年增长16.1%，增幅比2010年回落8.3个百分点。全省非国有固定资产投资3509.6亿元，增长42.5%，增幅比2010年提高13.7个百分点；其中，外商及港澳台投资完成94.2亿元(按控股情况分)，比2010年增长48.9%，增幅比2010年提高46.2个百分点。

按隶属关系分。2011年，全省全社会固定资产投资中，中央项目完成投资826.9亿元，比2010年增长20.7%，增幅比2010年下降55.4个百分点。中央项目投资在全社会投资的比重由2010年的11.8%下降到11.2%。地方项目投资完成6546.1亿元，增长28.2%，增幅比2010年上升6.4个百分点。地方项目投资在全社会投资的比重由2010年的88.2%上升为88.8%。

按三次产业分。2011年，在全省全社会投资中，第一产业投资完成271.2亿元，比2010年增长24.8%，增幅比2010年下降2.6个百分点；占全省全社会投资的比重为3.7%，比2010年下降0.1个百分点。第二产业投资完成3348.6亿元，比2010年增长37.6%，增幅比2010年上升16.1个百分点；占全省全社会投资的比重为45.4%，比2010年上升3.4个百分点。第三产业投资完成3753.3亿元，比2010年增长19.5%，增幅比2010年下降10.5个百分点；占全省全社会投资的比重为50.9%，比2010年下降3.3个百分点。

按资金来源分。2011年，在全省全社会投资中，国家预算内资金投资完成389.4亿元，比2010年下降8.5%，增幅比2010年下降35.7个百分点；占全省全社会投资的比重为5.3%，比2010年下降2.3个百分点。国内贷款投资完成918.3亿元，比2010年下降8.4%，增幅比2010年下降27个百分点；占全省全社会投资的比重为12.5%，比2010年下降3.9个百分点。利用外资投资完成20.1亿元，比2010年下降54.6%，增幅比2010年下降144.5个百分点；占全省全社会投资的比重为0.3%，比2010年下降0.4个百分点。自筹资金投资完成4967.6亿元，比2010年增长35.4%，增幅比2010年上升1.9个百分点；占全省全社会投资的比重为67.4%，比2010年上升8.3个百分点。其他资金投资完成786.7亿元，比2010年下降0.6%，增幅比2010年下降55.1个百分点；占全省全社会投资的比重为10.7%，比2010年回落2.2个百分点。

按国民经济行业分。2011年，在全省全社会投资中，农林牧渔业投资完成271.2亿元，比2010年增长24.8%，增幅比2010年回落2.6个百分点；占全省全社会投资的比重为3.7%，比2010年回落0.1个百分点。

工业投资完成3338.9亿元，比2010年增长37.9%，增幅比2010年上升16个百分点；占全省全社会投资的比重为45.3%，比2010年上升3.5个百分点。其中，采矿业投资完成1425.9亿元，比2010年增长47.2%，增幅比2010年回落8.3个百分点；占全省全社会投资的比重为19.3%，比2010年上升2.6个百分点。制造业投资完成1365.4亿元，比2010年增长43.8%，增幅比2010年上升31.8个百分点；占全省全社会投资的比重为18.5%，比2010年上升2.1个百分点。电力、燃气及水的生产和供应业投资完成547.6亿元，比2010年增长8.8%，增幅比2010年上升12.6个百分点；占全省全社会投资的比重为7.4%，比2010年回落1.3个百分点。

建筑业投资完成9.6亿元，比2010年下降17.6%，增幅比2010年上升5.9个百分点；占全省全社会投资的比重为0.1%，比2010年回落0.1个百分点。

临汾市在建的一级客运站效果图

投资完成52亿元，比2010年增长6.2%，增幅比2010年回落47.9个百分点；占全省全社会投资的比重为0.7%，比2010年回落0.1个百分点。

文化、体育和娱乐业投资完成77.7亿元，比2010年增长29.4%，增幅比2010年回落11.4个百分点；占全省全社会投资的比重为1.1%，比2010年回升0.1个百分点。

公共管理和社会组织业投资完成16.2亿元，比2010年下降33%，增幅比2010年回落42.3个百分点；占全省全社会投资的比重为0.2%，比2009年回落0.2个百分点。

交通运输、仓储和邮政业投资完成1235.8亿元，比2010年增长9.9%，增幅比2010年回落40.8个百分点；占全省全社会投资的比重为16.8%，比2010年回落2.7个百分点。

信息传输、计算机服务和软件业投资完成26亿元，比2010年下降20.6%，增幅比2010年上升32个百分点；占全省全社会投资的比重为0.4%，比2010年回落0.2个百分点。

批发和零售业投资完成148.2亿元，比2010年增长102.8%，增幅比2010年上升102.5个百分点；占全省全社会投资的比重为2%，比2010年上升0.7个百分点。

住宿和餐饮业投资完成51.7亿元，比2010年上升44.5%，增幅比2010年回升54.4个百分点；占全省全社会投资的比重为0.7%，比2010年回升0.1个百分点。

金融业投资完成1.7亿元，比2010年下降26.2%，增幅比2010年回落65.3个百分点；占全省全社会投资的比重为0.02%，比2010年回落0.02个百分点。

房地产业投资完成1478.7亿元，比2010年增长36.8%，增幅比2010年回升18.7个百分点；占全省全社会投资的比重为20.1%，比2010年回升1.4个百分点。

租赁和商务服务业的投资15.8亿元，比2010年回落52.5%，增幅比2010年回落191.6个百分点；占全省全社会投资的比重为0.2%，比2010年回落0.4个百分点。

科学研究、技术服务和地质勘查业投资完成24.2亿元，比2010年增长5.4%，增幅比2010年回落187.7个百分点；占全省全社会投资的比重为0.3%，比2010年回落0.1个百分点。

水利、环境和公共设施管理业投资完成490.3亿元，比2010年增长15.2%，增幅比2010年上升10.9个百分点；占全省全社会投资的比重为6.6%，比2010年回落0.7个百分点。

居民服务和其他服务业投资完成9.6亿元，比2010年增长33.1%，增幅比2010年回落9.8个百分点；占全省全社会投资的比重为0.1%，与2010年持平。

教育业投资完成125.5亿元，比2010年下降25.6%，增幅比2010年回落160.3个百分点；占全省全社会投资的比重为1.7%，比2010年回落1.2个百分点。

卫生、社会保障和社会福利业

【投资结构继续优化，转型跨越成效显现】 投资规模快速扩张，力推全省经济迈上新台阶。2011年，全省全社会固定资产投资增速比2010年加快1.1个百分点，高于同期全省经济增长速度14.3个百分点，高于消费需求增长速度9.7个百分点。月均投资规模明显扩大，全年全省月均投资完成额达614.4亿元，比2010年提高131.9亿元。项目建设进度明显加快，投资效益凸现。全年全省共建成投产交付使用投资项目6494个，项目建成投产率65.3%，比2010年提高3.3个百分点；全社会新增固定资产交付使用率57.6%，比2010年提高2.6个百分点。投资率明显提高，全年全省全社会固定资产投资占地区生产总值的比重由2010年的63.7%上升到66.4%，提高2.7个百分点。

重大项目数量明显增加，大项目带动战略成效显著。全省在建5亿元以上投资项目577个，比2010年增加122个；亿元以上投资项目2083个，比2010年增加576个，其中，新开工项目874个，增加313个项目。亿元以上项目完成投资4468.2亿元，比2010年增长32%，占全省固定资产投资的60.6%，提高1.8个百分点。

第二产业投资增势强劲，投资比重明显上升。从三次产业情况看，2011年，全省全社会固定资产投资中，第一、二、三产业投资分别完成271.2亿元、3348.6亿元和3753.3亿元，比2010年分别增长24.8%、37.6%、19.5%，二产投资增速明显加快，增幅比2010年加快16.1个百分点。三次产业投资比例由2010年的3.8∶42∶54.2转变为3.7∶45.4∶50.9，第二产业投资比重明显上升。

民间投资活力增强，非国有投资比重提高。从控股情况看，2011年，全省全社会固定资产投资中，国有投资完成3863.4亿元，比2010年增长16.1%，增幅回落8.3个百分点；非国有投资完成3509.6亿元，比2010年增长42.5%，增幅提高13.7个百分点，比全省全社会投资高15.2个百分点。其中，民间投资活力增强，比2010年增长42.2%。全省国有、非国有投资比例由2010年的57.5∶42.5转变为52.4∶47.6，非国有投资比重大幅提升。

内资企业投资增长加快，外商及港澳台商企业投资力度加大。从登记注册类型情况看，2011年，全省全社会固定资产投资中，内资企业完成投资6999.9亿元，比2010年增长28.3%，增幅比2010年提高1.3个百分点；外商及港澳台商企业完成投资124亿元（按登记注册类型分），同比增长20%，增幅比2010年提高20.2个百分点；个体经营及农户投资249.2亿元，比2010年增长8.4%，增幅比2010年回落13.7个百分点。全省内资企业、外商及港澳台商企业、个体经营及农户投资比例由2010年的94.2∶1.8∶4转变为94.9∶1.7∶3.4，内资企业投资比重明显提高。

工业转型步伐加快，非煤产业和新兴产业投资快速增长。2011年，全省全社会工业投资完成3338.9亿元，比2010年增长37.9%，增幅比2010年加快16个百分点。

非煤产业贡献率提升。2011年，全省全社会工业投资中，非煤产业投资完成2097.3亿元，比2010年增长35.2%，增速比2010年加快25.5个百分点，对全省工业投资增长的贡献率59.5%，比2010年提高28.5个百分点，拉动工业投资增长22.5个百分点；煤炭工业投资完成1240.2亿元，比2010年增长42.6%，增幅比2010年回落8.4个百分点，对全省工业投资增长的贡献率40.5%，比2010年下降28.5个百分点，拉动工业投资增长15.3个百分点。

新兴产业占比率提升。2011年，全省全社会工业投资中，新兴产业完成投资914亿元，比2010年增长49.9%，增幅提高30.9个百分点，比四大传统产业投资高16.3个百分点，新兴产业投资占全省工业投资的27.4%，占比率提高2.2个百分点。新兴产业中食品、化学、机械工业投资呈现高增长，分别增长62.6%、56.2%、75.1%，而建材工业投资增长缓慢，仅比2010年增长10.2%。四大传统产业完成投资2081.6亿元，比2010年增长33.6%，增幅提高11个百分点，占全省工业投资的62.4%，比2010年下降1.9个百分点；传统产业中煤炭和冶金工业投资增长较快，比2010年分别增长42.6%、40.5%，炼焦和电力工业投资增长放缓，比2010年分别增长18.8%、10.3%。

节能减排率提升。2011年，全省全社会工业投资中，非高耗能工业完成投资2178.7亿元，比2010年增长49.7%，增幅比全省工业投资高11.8个百分点，比2010年提高5.9个百分点；非高耗能工业投资占全省工业投资的65.3%，比2010年提高5.2个百分点，拉动全省工业投资增长29.9个百分点，提高7.1个百分点。高耗能工业完成投资1159.6亿元，比2010年增长20%，占全省工业投资的34.7%，下降5.2个百分点。

市域经济快速发展，市域投资全面提速。2011年，全省11个市完成固定资产投资6645.6亿元，比2010年增长31.7%，增幅提高8.9个百分点，比全省平均水平高3.6个百分点；11个市完成投资占全省固定资产投资的93.1%，比2010年提高2.6个百分点，对全省固定资产投资的贡献率102.3%，拉动全省固定资产投资增长28.7个百分点，比2010年提高7.3个百分点。全省11个市固定资产投资增速由高到低分别为吕梁37.5%、大同36.2%、长治36%、忻州35.1%、临汾35.1%、朔州33.3%、晋中30.2%、阳泉30.2%、晋城29.5%、运城26.5%、太原25.1%，分别提高13.4个、12.8个、9.6个、14.8个、8.5个、9.3个、5.2个、7.1个、7.3个、2.6个、8.3个百分点。

【强化重点领域投资，转型跨越发展内生动力增强】“三农”建设投入力度明显加大。2011年，全省全社会固定资产投资中，“三农”建设投

右玉小五台风力发电场

资完成767.1亿元,比2010年增长31.8%,增幅提高11.8个百分点,比全省全社会固定资产投资高4.5个百分点,占全社会固定资产投资的10.4%,比2010年提高0.4个百分点,对全省全社会固定资产投资的贡献率11.7%,拉动全省全社会固定资产投资增长3.2个百分点。

制造业发展步伐迅猛。2011年,全省制造业完成投资1362.6亿元,比2010年增长43.5%,增幅加快31.5个百分点,高于全省工业投资5.6个百分点;占全省工业投资的40.8%,比2010年提高1.6个百分点,对全省全社会固定资产投资的贡献率45.1%,比2010年提高22个百分点,拉动全省全社会固定资产投资增长17.1个百分点,比2010年提高12个百分点。

基础设施投资实现新突破。2011年,全省以交通运输业、邮政业、电信和其他信息传输服务业、水利业、环境管理业和公共设施管理业为主的基础设施投资规模高达1689.5亿元,比2010年增长10.2%,占全社会固定资产投资的22.9%。其中,公路、铁路等交通运输业投资1180.2亿元,比2010年增长8.9%,所占比重69.9%;邮政业、电信和其他信息传输服务业投资22.6亿元,比2010年下降3.6%,所占比重1.3%;水利业投资64.9亿元,比2010年下降3%,所占比重3.8%;以生态环境综合治理为重点的环境管理业投资44.1亿元,比2010年增长16.8%,所占比重2.6%;以城市建设为主的公共设施管理业投资377.7亿元,比2010年增长17.7%,所占比重22.4%。

科技贡献率快速提升。2011年,全省高技术产业完成投资78.9亿元,比2010年增长53.2%,增幅比全省固定资产投资高25.1个百分点,高技术产业投资占全省固定资产投资的1.1%,比2010年提高0.2个百分点。

文化旅游产业加快发展。2011年,山西省图书馆、山西大剧院、山西体育中心等大型标志性文化设施全面完工,重点开发建设了五台山、石膏山、藏山、大同东城墙环城公园等一批有影响的旅游景区,进一步提升了山西文化旅游的品牌形象。2011年,在全省固定资产投资中,文化产业投资项目共521个,比2010年增加103个,完成投资185.8亿元,比2010年增长23.2%,占全省固定资产投资的2.6%。其中,旅游文化服务业投资项目282个,比2010年增加70个,完成投资99.8亿元,比2010年增长33%,占全省文化产业投资的53.7%,比2010年提高3.9个百分点。

保障房建设带动房地产开发投资较快增长。2011年,随着山西省保障性安居工程的逐步开工建设,房地产开发投资增速加快,全省房地产开发投资完成790.2亿元,比2010年增长33.4%,增幅比2010年提高9.3个百分点,比同期全国平均水平高5.5个百分点。其中,房地产开发企业承建的保障性住房项目完成投资191.4亿元,比2010年增长67%,对房地产开发投资的贡献率38.8%,拉动全省房地产开发投资增长13个百分点。

【影响投资增长和运行质量的因素不容忽视】 到位资金增速回落且低于投资增速。2011年,在稳健的货币政策作用下,全省固定资产投资的资金状况发生变化,呈现出到位资金增长速度明显回落,低于投资增速的态势,而同期投资各项应付款增速高于投资增速,显然与投资的较快增长形成鲜明的反差,表明资金供应有趋紧的迹象,这种趋势不利于投资的持续增长。

2011年,全省全社会固定资产投资到位资金7082亿元,比2010年增长19.2%,增幅比2010年回落13.7个百分点,低于同期投资增速8.1个百分点;投资各项应付款1243.6亿元,比2010年增长29.3%,高于同期投资增速2个百分点。从各类到位资金情况看,除自筹资金比较充足外,其他各类资金难以乐观。2011年,全省固定资产投资自筹资金占到位资金的70.3%,比2010年增长35.6%,反映出自主投资能力进一步增强;国家预算内资金、国内贷款资金、利用外资资金、其他资金分别占到位资金的5.5%、13%、0.3%、10.9%,比2010年分别下降8.5%、8.4%、54.6%、2.5%。国内贷款资金呈下降态势,与山西省中长期贷款增速回落的走势基本一致。

未完工程投资增速缓慢且低于投资增速。2011年,山西省在建项目计划总投资增速回落,其中,未完工程项目减少,投资增长缓慢,增速回落且低于投资增速,直接影响后期固定资产投资的规模及增长速度。2011年,全省固定资产投资项目计划总投资21203.5亿元,比2010年增长24.8%,增幅回落9.5个百分点,其中,未完工程投资规模7702.6亿元,增长15.8%,增幅比2010年回落17.8个百分点。2011年,全省在建项目9941个,投产项目6494个,项目建成投产率65.3%,比2010年提高3.3个百分点。

跨省市直报项目完成投资呈现下降态势。2011年,山西省跨省市项目投资拉动全省投资增长的作用明显减弱,全年完成跨省市项目投资492亿元,比2010年下降6.8%,回落87.2个百分点,回落幅度较大,对全省固定资产投资的贡献率为-2.3%。2011年,全省在建跨省市项目未完工程投资844.5亿元,由此看,新的一年若没有新的跨省市大项目带动,跨省市项目投资难以呈现增长态势,将会继续影响全省投资的较快增长。

以改建和技术改造为主的内涵效益型投资增长缓慢。内涵效益型投资是企业通过科技创新提高产品质量、增加产品产量、实现产品更新换代、推进企业节约能源、降低消耗、提高经济效益和自主创新能力的重要手段。2011年,在全省固定资产投资中,以改建和技术改造为主的内涵效益型投资完成1257.3亿元,比2010年增长8.2%,增幅回落11.5个百分点,比同期全国平均水平低13个百分点,占全省固定资产投资的17.6%,比2010年下降3.3个百分点。

注:从2011年起,城镇固定资产投资数据发布口径改为固定资产投资(不含农户),固定资产投资(不含农户)等于原口径的城镇固定资产投资加上农村企事业组织项目投资,除房地产投资、农村个人投资外,固定资产投资统计起点由50万元提高到500万元,增长速度按

可比口径计算。

房地产开发

【2011年全省房地产开发企业基本情况】 房地产开发企业的基本状况。2011年,全省房地产开发经营企业2156家,比2010年增加166家。其中,内资企业2135家,增加167家;港澳台企业15家,减少1家;外资企业6家,与2010年持平。年末从业人数4.6万人,比2010年增加0.3万人。从企业的资质等级看,一级企业9家,与2010年持平,占比0.4%;二级企业121家,增加8家,占比5.6%;三级企业345家,减少14家,占比16%;四级企业960家,增加58家,占比44.5%;四级以下的企业721家,增加114家,占比33.4%。

【房地产开发企业投资规模】 2011年,全省房地产业开发项目计划总投资3195.8亿元,比2010年增长29.9%。房地产开发投资完成790.2亿元,增长33.4%。

按构成分,建筑工程投资555.5亿元,增长39.5%;安装工程投资81亿元,增长66.5%;设备工器具购置5.5亿元,增长16.5%;其他费用148.2亿元,增长5.3%。

按用途分,住宅投资完成615.3亿元,增长34.5%,占全省房地产开发投资的比重由2010年的77.2%提高到77.9%。其中,90平方米及以下住房投资完成166.5亿元,增长47.2%,占住宅投资的比重由24.7%提高到27.1%。办公楼投资17.3亿元,增长38.4%,占全省房地产开发投资的比重由2.7%下降到2.2%。商业营业用房投资73.6亿元,增长21.8%,占全省房地产开发投资的比重由13.2%下降到9.3%。

按注册类型分,国有企业投资完成91.1亿元,增长58.6%,占全省房地产开发投资的比重由9.7%提高到11.5%;民营企业投资679.2亿元,增长29.7%,所占比重由88.4%下降到85.9%;港澳台投资企业投资5.3亿元,增长3.9%,所占比重由0.9%下降到0.7%;外商投资企业投资14.6亿元,增长1.5倍,所占比重由1%提高到1.8%。

【房地产开发企业资金来源情况】 2011年,房地产开发企业到位资金850.3亿元,比2010年增长6.8%;加上上年结余资金共计1123.7亿元,比2010年增长16.4%,是当年投资完成额的1.4倍。在当年到位资金中,国内贷款68.8亿元,下降22.1%,占当年到位资金的比重由2010年的11.1%下降到8.1%。其中,银行贷款50.4亿元,下降29.1%,占比由8.9%下降到5.9%;自筹资金385.9亿元,增长32.3%,占比由36.6%提高到45.4%,其中,企业自有资金187.3亿元,增长13.1%,占比由20.8%提高到22%;其他资金395.6亿元,下降4.9%,占比由52.3%下降到46.5%,其中,定金和预收款277.2亿元,增长2.6%,占比由33.9%下降到32.6%。

【房屋施工、竣工及造价情况】 2011年,全省房屋施工面积9308万平方米,比2010年增长22.5%。其中,住宅施工面积7714.3万平方米,增长23.3%;办公楼施工面积166万平方米,下降8.4%;商业营业用房施工面积827.4万平方米,增长7.5%;其他类房屋施工面积600.2万平方米,增长52.1%。

2011年,全省房屋新开工面积2849.4万平方米,比2010年增长2.4%。其中,住宅新开工面积2429.5万平方米,增长7%;办公楼新开工面积29.5万平方米,下降49.2%;商业营业用房新开工面积199.8万平方米,下降31.1%;其他类房屋新开工面积190.6万平方米,增长16.4%。

2011年,全省房屋竣工面积2110.4万平方米,比2010年增长75.3%。其中,住宅竣工面积1888.2万平方米,增长90.5%;办公楼竣工面积23.7万平方米,增长13.9%;商业营业用房竣工面积109.9万平方米,下降19.7%;其他类房屋竣工面积88.7万平方米,增长61.9%。

2011年,全省房屋竣工价值391.9亿元,比2010年增长88.3%;平均每平方米造价1857元,增加128元/平方米,增长7.4%。其中,住宅竣工价值345.9亿元,增长105.2%;平均每平方米造价1832元,增加132元/平方米,增长7.8%。办公楼竣工价值6.1亿元,增长1.4%;每平方米平均造价2595元,减少317元/平方米,下降10.9%。商业营业用房竣工总价值25.1亿元,下降0.8%;平均每平方米造价2288元,增加437元/平方米,增长23.6%。其他房屋竣工价值14.7亿元,增长79.3%;平均每平方米造价1654元,增加163元/平方米,增长10.9%。

【商品房销售情况】 2011年,全省商品房销售面积1284.8万平方米,比2010年增长8.8%。其中,现房销售面积489.8万平方米,增长42%;期房销售面积794.9万平方米,下降4.9%。商品住宅销售面积1170.9万平方米,增长9.4%。其中,现房销售面积441.1万平方米,增长50.3%;期房销售面积729.8万平方米,下降6.1%。在商品住宅销售中,90平方米及以下住房销售面积189.8万平方米,下降1.4%;别墅和高档公寓销售面积1.6万平方米,下降20%。办公楼销售面积14.3万平方米,增长32.4%。其中,现房销售面积5.6万平方米,增长33.3%;期房销售面积8.7万平方米,增长31.8%。商业营业用房销售面积82.1万平方米,下降2.6%。其中,现房销售面积33.9万平方米,下降6.8%;期房销售面积48.2万平方米,增长0.5%。其他商品房销售面积17.5万平方米,增长17.4%。其中,现房销售面积9.3万平方米,下降16.2%;期房销售面积8.2万平方米,增长115.8%。

2011年,全省商品房销售额441亿元,比2010年增长7.1%。其中,现房销售额140.5亿元,增长62.9%;期房销售额300.5亿元,下降7.7%。商品住宅销售额378.4亿元,增长5.9%。其中,现房销售额117.6亿元,增长76.6%;期房销售额260.8亿元,下降10.3%。在商品住宅销售中,90平方米及以下住房销售额60.5亿元,增长7.5%;

别墅和高档公寓销售额0.5亿元，下降16.7%。办公楼销售额10.1亿元，增长71.2%。其中，现房销售额3.5亿元，增长29.6%；期房销售额6.6亿元，增长106.3%。商业营业用房销售额47.5亿元，增长4.4%。其中，现房销售额17.2亿元，增长16.1%；期房销售额30.3亿元，下降1.2%。其他商品房销售额5亿元，增长72.3%。其中，现房销售额2.2亿元，增长4.8%；期房销售额2.8亿元，增长2.5倍。

2011年，全省房地产开发各类商品房平均销售价格3433元/平方米，比2010年下降1.6%。商品住宅平均销售价格3231元/平方米，下降3.2%。在住宅销售价格中，90平方米及以下住房平均销售价格3185元/平方米，增长9%；别墅和高档公寓平均销售价格3250元/平方米，增长9.8%。办公楼平均销售价格7092元/平方米，增长29.2%。商业营业用房平均销售价格5787元/平方米，增长7.2%。其他商品房平均销售价格2862元/平方米，增长47%(注：商品房平均销售价格只是参考价格，并不能代表房地产市场交易价格)。

2011年年底，全省商品房待售面积684.9万平方米，比2010年增长30%。其中，待售1至3年(含1年)的房屋面积262.3万平方米，增长5.4%；待售3年以上(含3年)房屋面积17.7万平方米，增长96.8%。商品住宅待售面积559.3万平方米，增长33.9%。其中，90平方米及以下住房待售面积86.4万平方米，增长34.3%；别墅和高档公寓待售面积4.8万平方米，下降41.9%。办公楼待售面积10.7万平方米，增长28.9%；商业营业用房待售面积80.8万平方米，增长5.2%；其他商品房待售面积34万平方米，增长40.5%。

【房地产企业经营效益】 2011年，全省房地产企业资产总计2874.8亿元，比2010年增长47.9%；所有者权益423.7亿元，增长25.5%；实收资本合计397.7亿元，增长29%；负债总计2451亿元，增长52.6%；主营业务收入354.9亿元，增长24%；主营业务成本276.3亿元，增长20.4%；主营业务税金及附加27.3亿元，增长29.8%；利润总额3.4亿元，下降2.4%。

(邸慧东)

山西经济年鉴

YEARBOOK OF SHANXI ECONOMY

4 经济法制

JINGJI FAZHI

经济法制

经济法规

【2011年政府法制建设综述】 政府立法工作。2011年，省政府向省第十一届人民代表大会常务委员会提交了《山西省地方志工作条例（草案）》、《山西省村民委员会选举办法（修订草案）》、《山西省水路交通管理条例（草案）》、《山西省节约能源条例（修订草案）》、《山西省农民专业合作社条例（草案）》、《山西省地质灾害防治条例（修订草案）》、《山西省会计管理条例（修订草案）》、《山西省循环经济促进条例（草案）》和《山西省突发事件应对条例（草案）》9件地方性法规草案，完成省人大常委会年度立法工作计划确定的由省政府提交法规草案的工作任务。省人民政府制定并通过《山西省人民政府关于废止部分规章的决定》（山西省人民政府令第230号）、《山西省人民政府关于修改部分规章的决定》（山西省人民政府令第231号）、《山西省人民政府关于公布现行有效规章目录的决定》（山西省人民政府令第232号）和《山西省公共机构节能办法》（山西省人民政府令第233号）4件省政府规章，坚持“立、改、废并举”的立法原则，维护了法制统一原则。同时，省政府法制办公室还完成对拟上省政府常务会议审议的《山西省外企就业服务管理规定（草案）》、《山西省企业工资集体协商办法（草案）》、《山西省实施〈残疾人就业条例〉办法（草案）》、《山西省政府信息公开规定（草案）》、《山西省导游人员管理办法（草案）》、《山西省食品生产加工小作坊和食品摊贩监督管理办法（草案）》、《山西省水资源费稽查办法（草案）》等规章草案的审查工作。

依法行政工作。为贯彻落实《国务院关于加强法治政府建设的意见》，省政府法制办公室完成起草、征求意见、修改《山西省人民政府关于加强法治政府建设的实施意见（草案）》工作，报省政府常务会议审议。组织开展全省省级依法行政示范县、示范单位创建活动，召开全省省级依法行政示范县示范单位命名表彰电视电话会议，对省政府首批命名的17个依法行政示范县和54个依法行政示范单位进行授牌。组织开展“依法行政宣传月”和“依法行政山西行”活动。举办“加强法治政府建设、服务转型跨越发展”主题座谈会。组织开展“全面推进依法行政、加强法治政府建设”督促检查工作，对11个市政府和40多个省市级主要执法部门的全年依法行政情况进行抽查检查和督促指导。

行政执法监督工作。一是组织开展对全省环保和公安消防两个系统推行和落实行政执法责任制工作情况的抽查检查活动。深入到市县基层环保、公安消防部门，以听汇报、查资料、看案卷、询问执法人员、提出指导意见和建议的方式，指导、推动全省行政执法责任制工作深入开展。二是组织开展行政执法案卷观摩、评查活动。在晋城市召开全省行政执法案卷评查观摩交流会，全省的政府法制工作骨干对执法案卷进行现场评查，总结交流各地各部门开展案卷评查工作取得的成效与经验。三是组织全省工商、地税、公安和水利部门按系统开展行政执法案卷的详细评查活动。

行政复议工作。2011年，省政府法制办公室以完善行政复议工作制度、强化对下级政府及政府部门行政复议工作的监督和指导为重点，制定并出台了《山西省重大行政复议决定备案规定》，创办了《行政复议工作动态》信息交流平台。运用信息科技技术和网络信息平台拓宽行政复议的申请渠道，完善网上受理行政复议案件的程序。改进和创新行政复议办案方法，采取行政复议调解、和解、听证、实地调查取证等方式办理行政复议案件，使案件办案质量进一步提高。充分发挥行政复议的层级监督职能和“过滤网”、“稳压器”的作用，切实维护人民群众的合法权益和行政机关依法行政的正当权益，积极引导行政管理相对人依法反映诉求，促进社会和谐与稳定。全年共办理行政复议案件67件，基本上做到了“案结事了，定纷止争”。同时，省政府法制办公室与省高级法院建立了联席会议制度，及时沟通总结行政诉讼工作中出现的新情况新问题，为进一步提高行政诉讼工作效率和工作质量创新了思路和方法。

规范性文件审查和备案工作。省政府法制办公室依法严格履行规范性文件审查职能，全年共审查规范性文件275件。其中，前置审查省直部门代省人民政府起草的规范性文件和省直各部门起草的规范性文件85件，其他涉法性规范性文件116件，审查各市人民政府备案的规范性文件74件。

依法参加行政诉讼活动。省政府法制办公室受省政府委托，代省政府参加行政诉讼活动。2011年，共处理和参加了分别由最高人民法院、省高级人民法院、市中级人民法院受理的13起行政诉讼案件的诉讼活动，其中，包括石家庄一公司起诉山西省大同市新荣区政府迟延履行山西省高级人民法院调解书确定的付款义务需支付滞纳金的诉讼案，山西省煤销集团公司与某私营企业煤炭资源整合补偿争议案，山西大运集团公司与安徽江淮汽车公司因商标侵权纠纷案和山西通豫煤层气输配有限公司增加注册资金股东纠纷案等。

政府法律顾问、法制理论研究、法制干部培训和政府法制宣传工作。2011年，省政府法律顾问在参与政府重大决策、法规规章和规范性文件草案审查、行政复议案件审理和行政诉讼案件应诉等方面做了大量具体工作，为省政府领导决策提出了许多具有建设性的意见和建议，促进了政府决策的科学化、民主化和法制化。召开了省政府第二届法律顾问受聘仪式会议，并以综改试验区先行先试与法治的关系为主题进行了座谈讨论。坚持理论研究与解决实际问题相结合，省政府法制办公室班子成员结合分管工作带头深入基层开展专题调研，撰写了《创新政府法制工作加快推进依法行政为实现转型跨越发展做出更大贡献》、《大力发展循环经济推动山西转型跨越发展》等文章。制定了《2011年政府法制理论研究课题计划》，并完成了计划确定的《循环经济地方立法问题研究》、《山西转型跨越发展中的节约能源立法研究》、《山西省万家寨引黄工程供水区域关井压采政策措施研究》、《突发事件应对法律问题研究》、《山西省国家资源型经济转型综合配套改革试验区建设立法研究》等10个理论课题研究任务。以行政执法人员资格管理为抓手，采取分级分部门负责和按行业系统组织培训的办法，对3000多名政府法制干部和行政执法人员进行综合业务培训和专业法律培训。以《山西日报》、《政府法制》杂志、政府法制信息网、政府法制工作简报等新闻媒体为平台，宣传政府法制建设、依法行政、行政执法监督、行政复议等工作与信息，全年发表各类理论文章和信息50多篇。

【山西省地方性经济法规建设】 2011年，经省第十一届人民代表大会常务委员会第二十三次会议、第二十四次会议和第二十六次会议审议通过的新制定的地方性法规5件，包括《山西省地方志工作条例》、《山西省抗旱条例》、《山西省水路交通管理条例》、《山西省农民专业合作社条例》、《山西省农产品质量安全条例》；经省第十一届人民代表大会常务委员会第二十二次会议、第二十四次会议、第二十五次会议、第二十六次会议审议通过的修订的地方性法规12件，包括《山西省建筑工程质量和建筑安全生产管理条例》、《山西省村民委员会选举办法》、《山西省节约能源条例》、《山西省会计管理条例》、《山西省地质灾害防治条例》、《山西省农作物种子条例》、《山西省重点工业污染监督条例》、《山西省合同监督管理条例》、《山西省道路运输条例》、《山西省林木种子条例》、《山西省反不正当竞争条例》、《山西省高速公路管理条例》。经省第十一届人民代表大会常务委员会第二十一次会议、第二十二次会议、第二十三次会议、第二十四次会议和第二十六次会议批准的太原市地方性法规8件，包括《太原市矿山地质环境恢复保证金管理办法》、《太原市农民专业合作社条例》、《太原市城市房地产交易管理条例》、《太原市财政投资评审管理条例》、《太原市人民防空工程管理条例》、《太原市消防条例》、《太原市城乡档案管理条例》、《太原市价格调节基金管理条例》。经省第十一届人民代表大会常务委员会第二十一次会议、第二十五次会议和第二十六次会议批准的大同市地方性法规4件，包括《大同市养犬管理规定》(修订)、《大同市城乡规划条例》、《大同市物业管理条例》、《大同市煤矿安全生产监督管理条例》。

《山西省抗旱条例》的制定。《山西省抗旱条例》由山西省第十一届人民代表大会常务委员会第二十三次会议于2011年5月27日通过，自2011年7月1日起施行。

省人民政府根据中共山西省委批准的省第十一届人民代表大会常务委员会2010年立法计划，委托省水利厅起草《山西省抗旱条例(草案)》。省水利厅成立了起草领导组，具体起草工作由山西省人民政府防汛抗旱指挥部办公室与水利部发展研究中心联合成立的《条例(草案)》立法研究起草课题组承担。经过立法调研、起草条例草案、对立法中涉及的重要问题进行讨论论证和多次修改等工作，于2010年4月形成了报省人民政府法制办公室审查的《山西省抗旱条例(草案)》送审稿。省人民政府法制办公室经过依法初步审查、书面征求11个设区的市人民政府和省经信委、民政厅、财政厅、住建厅、交通运输厅、农业厅、商务厅、编制办公室、气象局、电力公司等省直部门和单位的意见、召开专家立法论证会、到基层进行实地调研、就重大问题召开立法协调会和对条例草案进行多次修改完善工作，形成报省人民政府常务会议讨论和审议的《山西省抗旱条例(草案)》修改稿。2010年10月20日在省人民政府第71次常务会议上对《山西省抗旱条例(草案)》修改稿进行讨论，通过后形成《山西省抗旱条例(草案)》，并以省人民政府名义于2010年10月20日向省第十一届人民代表大会常务委员会提交了《山西省人民政府关于提请审议〈山西省抗旱条例(草案)〉的议案》(晋政函〔2010〕113号)。

省人民政府提请省第十一届人民代表大会常务委员会审议的《山西省抗旱条例(草案)》分为"总则"、"旱灾预防"、"抗旱减灾"、"灾后恢复"、"法律责任"和"附则"，共6章49条。

省第十一届人民代表大会常务委员会经过第二十次和第二十三次会议审议，在对省人民政府提交的《山西省抗旱条例(草案)》内容作了修改的基础上，删除了10条内容、合并了2章内容，将相关的8条内容合并为4条内容，将2条内容分解为4条内容，增加了1条内容后，在第二十三次会议上表决通过。

经省第十一届人民代表大会常务委员会第二十三次会议审议通过并向社会公布的《山西省抗旱条例》分为“总则”、“旱灾预防”、“抗旱减灾和灾后恢复”、“法律责任”和“附则”,共5章38条。

《山西省水路交通管理条例》的制定。《山西省水路交通管理条例》由山西省第十一届人民代表大会常务委员会第二十四次会议于2011年7月28日通过,自2011年10月1日起施行。

省人民政府根据中共山西省委批准的省第十一届人大及其常委会2011年立法计划,委托山西省交通厅起草《山西省水路交通管理条例(草案)》。省交通厅做了大量的省内外调研、学习、召开座谈会和论证会、听取基层意见、征求有关部门意见、修改和补充完善草案等前提性和基础性工作,于2010年4月形成报省人民政府法制办公室审查的《山西省水路交通管理条例(草案)》送审稿。省人民政府法制办公室经过初步审查,先后两次以书面形式征求11个设区的市人民政府及省发展改革、教育、公安、财政、住房城乡建设、水利、农业、工商、安监、旅游等部门的意见和建议,同时到运城、晋城等市进行实地调研,召开了13次座谈会和论证会,对所提意见和建议进行了充分的吸收和采纳,在对草案送审稿进行多次修改和补充完善后,形成报省人民政府常务会议讨论的《山西省水路交通管理条例(草案)》修改稿。2011年5月3日,省人民政府第83次常务会议对《山西省水路交通管理条例(草案)》修改稿进行了讨论,通过后形成了《山西省水路交通管理条例(草案)》,并以省人民政府名义于2011年5月5日向省第十一届人民代表大会常务委员会提交了《山西省人民政府关于提请审议〈山西省水路交通管理条例(草案)〉的议案》(晋政函〔2011〕55号)。

省人民政府提请省第十一届人民代表大会常务委员会审议的《山西省水路交通管理条例(草案)》分为“总则”、“水路运输”、“船舶与船员”、“港口”、“渡口与航道”、“应急与安全”、“法律责任”和“附则”,共7章53条。

省第十一届人民代表大会常务委员会经过第二十三次和第二十四次会议审议,在对省人民政府提交的《山西省水路交通管理条例(草案)》内容作了认真研究和修改了关于水路交通保障、执法主体、水路客运许可、浮动设施、水上摩托艇等规定条款的基础上,删除了14条上位法已经明确规定和缺乏上位法依据的内容,增加了2条关于浮动设施登记和检验方面的规定内容后,在第二十四次会议上表决通过。

经省第十一届人民代表大会常务委员会第二十四次会议审议通过并向社会公布的《山西省水路交通管理条例》分为“总则”、“水路运输”、“船舶、浮动设施与船员”、“港口、渡口与航道”、“应急与安全”、“法律责任”和“附则”,共7章41条。

《山西省农民专业合作社条例》的制定。《山西省农民专业合作社条例》由山西省第十一届人民代表大会常务委员会第二十五次会议于2011年9月23日通过,自2011年12月1日起施行。

省人民政府根据中共山西省委批准的省第十一届人大及其常委会2011年立法计划,委托山西省农业厅起草《山西省农民专业合作社条例(草案)》。省农业厅成立了以厅长为组长的立法起草小组,起草小组经过省内外调研、起草草案初稿、针对具体问题召开专门讨论会、征求11个设区市的农委和省直有关部门意见、对草案初稿进行多次修改后,形成报省人民政府法制办公室审查的《山西省农民专业合作社条例(草案)》送审稿。省人民政府法制办公室在对《山西省农民专业合作社条例(草案)》送审稿进行依法初步审查和修改后,经过书面征求11个设区市的市政府和省直有关部门意见、赴市县实地调研、召开座谈会和立法论证会、多次修改等工作,形成报省人民政府常务会议讨论的《山西省农民专业合作社条例(草案)》修改稿。2011年6月17日,在省人民政府第87次常务会议上对《山西省农民专业合作社条例(草案)》修改稿进行了讨论,通过后形成了《山西省农民专业合作社条例(草案)》,并以省人民政府名义于2011年6月20日向省第十一届人民代表大会常务委员会提交了《山西省人民政府关于提请审议〈山西省农民专业合作社条例(草案)〉的议案》(晋政函〔2011〕87号)。

省人民政府提请省第十一届人民代表大会常务委员会审议的《山西省农民专业合作社条例(草案)》分为“总则”、“设立与运行”、“扶持与服务”、“法律责任”和“附则”,共5章39条。

省第十一届人民代表大会常务委员会经过第二十四次和第二十五次会议的审议,对省人民政府提交的《山西省农民专业合作社条例(草案)》在认真研究和修改了关于农民专业合作社的主管部门表述、关于农民专业合作社中农民成员的比例计算、关于合作社备案规定、关于税收优惠政策、关于金融支持和服务等条款内容的基础上,删除了7条上位法已经明确作出规定并能够解决山西地方问题的内容,合并了2条内容,增加了1条关于“鼓励农民专业合作社统一采购和供应农业生产资料,统一加工、运输、贮藏,统一技术指导和培训,统一提供信息,统一销售价格或者出售成员产品,降低成本,提高市场竞争力”的内容后,在第二十五次会议上表决通过。

经省第十一届人民代表大会常务委员会第二十五次会议审议通过并向社会公布的《山西省农民专业合作社条例》分为“总则”、“设立与运行”、“扶持与服务”、“法律责任”和“附则”,共5章32条。

《山西省农产品质量安全条例》的制定。《山西省农产品质量安全条例》由山西省第十一届人民代表大会常务委员会第二十六次会议于2011年12月1日通过,自2012年3月1日起施行。

省人民政府根据中共山西省委批准的山西省人大常委会2010年立法计划,委托省农业厅起草《山西省农产品质量安全条例(草案)》。省农业厅专门成立了《山西省农产品质量安全条例(草案)》起草领导组和起草小组,根据省人大常委会的立法计划,积极开展省内外调研、起草草案、征求意见、修改等一系列立法工作,于2010年3月形成报省人民政府法制办公室审查的《山西省农产品质量安全条例(草案)》送审稿。省人民政府法制办公室经过依法审查、征求11个设区的市政府和省直部门及有关机构或者组织的意见、实地调研、召开座谈会和论证会、协调不同意见和多次修改等一系列工作后,形成报省人民政府常务会议的《山西省农产品质量安全条例(草案)》修改稿。2010年5月10日,在省人民政府第63次常务会议上对《山西省农产品质量安全条例(草案)》修改稿进行了讨论,通过后形成了提请省人大常委会审议的《山西省农产品质量安全条例(草案)》,并以省人民政府名义于2010年5月8日向山西省第十一届人民代表大会常务委员会提交了《山西省人民政府关于提请审议〈山西省农产品质量安全条例(草案)〉的议案》(晋政函〔2010〕56号)。

省人民政府提请山西省第十一届人民代表大会常务委员会审议的《山西省农产品质量安全条例(草案)》分为"总则"、"农产品产地"、"农业投入品"、"农产品生产"、"农产品经营"、"农产品包装和标识"、"监督检查"、"法律责任"和"附则",共9章59条。

山西省第十一届人民代表大会常务委员会经过第十六次和第二十六次常委会会议对省人民政府提交的《山西省农产品质量安全条例(草案)》的审议,在经过认真研究和征求意见、调研、协调的基础上,删除了"农产品经营"这一章内容和上位法已经明确规定及没有上位法依据的16条内容,合并10条为4条内容,分解2条为4条内容,增加了9条内容。

经过山西省第十一届人民代表大会常务委员会第二十六次常委会会议通过并向社会公布的《山西省农产品质量安全条例》分为"总则"、"农产品产地"、"农业投入品"、"农产品生产"、"农产品包装和标识"、"监督检查"、"法律责任"和"附则",共8章48条。

《山西省建筑工程质量和建筑安全生产管理条例》的全面修订。全面修订的《山西省建筑工程质量和建筑安全生产管理条例》由山西省第十一届人民代表大会常务委员会第二十二次常委会会议于2011年3月30日通过,自2011年7月1日起施行。

由山西省第九届人民代表大会常务委员会第十三次常委会会议于1999年11月30日通过并向社会公布的《山西省建筑工程质量和建筑安全生产管理条例》,其实施以后对山西的建筑工程质量管理和建筑安全生产监管工作起到了积极的推动和促进作用,但是经济社会的快速发展和先进科学技术在建设工程领域的广泛应用而出现了许多新情况新问题,需要进一步明确和健全管理制度与管理原则等;其规定的相关制度、行为规范和管理措施等与后来由国务院公布并实施的《建设工程质量管理条例》和《建设工程安全生产管理条例》两件行政法规中设定的制度、规范的行为及规定的管理措施等存在不衔接不协调的问题。因此,无论是从实际情况出发还是从维护法制统一原则高度,都需要对其进行全面的修订。山西省第十一届人民代表大会常务委员会将《山西省建筑工程质量和建筑安全生产管理条例》的全面修订列入2010年立法计划正式项目,并经中共山西省委批准。省人民政府根据中共山西省委批准的"山西省十一届人大及其常委会2010年立法计划",委托省住房和城乡建设厅起草《山西省建筑工程质量和建筑安全生产管理条例(修订草案)》。省住房和城乡建设厅组织力量,集中时间和精力,积极开展搜集资料、学习法律法规、起草修订草案、调查研究、借鉴省外立法成果、征求意见、修改等一系列立法工作,形成报省人民政府法制办公室审查的《山西省建筑工程质量和安全生产管理条例(修订草案)》送审稿。省人民政府法制办公室经过依法审查、书面征求11个设区的市政府和省直部门意见、实地调研、召开座谈会论证会和协调会、多次讨论修改等一系列立法工作,形成报省人民政府常务会议讨论的《山西省建筑工程质量和安全生产管理条例(修订草案)》修改稿。省人民政府于2010年6月18日在第66次常务会议上对《山西省建筑工程质量和安全生产管理条例(修订草案)》修改稿进行了讨论,通过后形成了提请省人大常委会审议的《山西省建筑工程质量和安全生产管理条例(修订草案)》,并以省人民政府名义于2010年6月30日向山西省第十一届人民代表大会常务委员会提交了《山西省人民政府关于提请审议〈山西省建筑工程质量和安全生产管理条例(修订草案)〉的议案》(晋政函〔2010〕72号)。

省人民政府提请山西省第十一届人民代表大会常务委员会审议的《山西省建筑工程质量和安全生产管理条例(修订草案)》分为"总则"、"建设单位质量和安全责任"、"勘察、设计、工程监理及其他单位的质量和安全责任"、"施工单位的质量和安全责任"、"监督检查"、"生产安全事故的应急救援和报告"、"法律责任"和"附则",共8章77条。

山西省第十一届人民代表大会常务委员会经过第十七次和第二十二次常委会会议的讨论和审议,在认真研究、征求意见、召开专门会议讨论和多次修改的基础上,主要对省人民政府提交的《山西省建筑工程质量和安全生产管理条例(修订草案)》在法规名称和监管主体、建筑工程安全生产风险抵押金、安全生产评价和法律责任等条款内容作了修改,法规名称由"山西省建筑工程质量和安全生产管理条例"修改为"山西省建筑工程质量和建筑安全生产管理条例"。删除了重复上位法规定、没有上位法依据和不符合上位法立法精神的29条内容,并从立法技术角度考虑增加了2条内容。

经山西省第十一届人民代表大会常务委员会第二十二次常委会会议于2011年3月30日通过,并向社会公布的全面修订的《山西省建筑工程质量和建筑安全生产管理条例》分为"总则"、"建设单位的责任"、"勘察、设计、工程监理及其他单位的责任"、"施工单位的责任"、"监督检查"、"法律责任"和"附则",共7章49条。

《山西省节约能源条例》的全面修订。全面修订的《山西省节约能源条例》由山西省第十一届人民代表大会常务委员会于2011年9月23日在第二十五次会议上通过,自2011年12月1日起施行。

2000年5月28日由山西省第九届人民代表大会常务委员会第十六次会议通过，自2000年7月1日起施行的《山西省节约能源条例》，对山西的节约能源、提高能源使用效率、促进经济社会可持续发展方面起到了重要的作用。但是，随着2007年10月28日《中华人民共和国节约能源法》的修订通过，以及山西进一步理顺节能工作管理体制、解决节能工作中存在实际问题和适应转型发展形势的需要，该条例无论从维护法制统一原则高度还是从解决山西节能实际工作中的具体问题和矛盾出发，都应当进行全面的修订。山西省人大常委会将全面修订《山西省节约能源条例》列入2011年立法计划正式项目，并经中共山西省委批准。省人民政府根据中共山西省委批准的省人大常委会2011年立法计划，委托山西省经济和信息化委员会起草《山西省节约能源条例(修订草案)》。山西省经济和信息化委员会高度重视，成立了专门的《山西省节约能源条例》修订起草组，经过学习有关法律、法规和相关政策、省内外调研、起草修订草案、征求意见、修改修订草案等一系列立法工作，形成报省人民政府法制办公室审查的《山西省节约能源条例(修订草案)》送审稿。省人民政府法制办公室经过依法审查、书面征求11个设区的市政府和省直部门意见、调研、召开座谈会和论证会、就重要问题进行协调、多次修改等一系列立法工作，形成报省人民政府常务会议讨论的《山西省节约能源条例(修订草案)》修改稿。省人民政府于2011年7月5日在第8次常务会议上对《山西省节约能源条例(修订草案)》修改稿进行了讨论，通过后形成了《山西省节约能源条例(修订草案)》，并以省人民政府名义于2011年7月7日向山西省第十一届人民代表大会常务委员会提交了《山西省人民政府关于提请审议〈山西省节约能源条例(修订草案)〉的议案》(晋政函〔2011〕99号)。

省人民政府提请山西省第十一届人民代表大会常务委员会审议的《山西省节约能源条例(修订草案)》分为“总则”、“节能管理”、“合理使用和节约能源”、“节能技术进步和激励措施”、“法律责任”和“附则”，共6章65条。

山西省第十一届人民代表大会常务委员会经过第二十四次和第二十五次常委会会议的审议，在认真研究和征求意见、调研、论证、协调、修改等立法工作基础上，对省人民政府提交的《山西省节约能源条例(修订草案)》删除了移植国家上位法及其法律责任的10条内容，将有关的11条内容合并为5条内容，分列1条内容为2条内容，增加了“省质检部门制定节能的地方标准，省节能主管部门建立节能信息平台、公布节能标准和企业应当执行节能标准”的内容。

经山西省第十一届人民代表大会常务委员会第二十五次常委会会议审议通过并向社会公布全面修订的《山西省节约能源条例》，分为“总则”、“节能管理”、“合理使用和节约能源”、“节能技术进步和激励措施”、“法律责任”和“附则”，共6章52条。

*《山西省会计管理条例》的全面修订。*全面修订的《山西省会计管理条例》由山西省第十一届人民代表大会常务委员会于2011年12月1日在第二十六次会议上通过，自2012年1月1日起施行。

1998年11月30日经山西省第九届人民代表大会常务委员会第6次会议通过，自1999年1月1日起施行的《山西省会计管理条例》，对山西的会计管理工作和经济社会发展起到了积极的推动和促进作用。但是，第九届全国人民代表大会常务委员会于1999年10月31日在第二十二次会议上通过了全面修订的《中华人民共和国会计法》，此后财政部陆续出台了许多新的会计工作管理制度、会计准则和会计人员继续教育制度等，以及会计工作和会计制度改革的新发展，使得《山西省会计管理条例》与上位法存在不衔接、不一致，也与会计管理实际工作出现的新情况、新发展、新问题不相适应，全面修订《山西省会计管理条例》就成为迫切需要。省人大常委会于2008年将全面修订《山西省会计管理条例》列入五年立法规划，于2010年列入立法计划预备项目，2011年列入立法计划正式项目，并经中共山西省委批准。省人民政府根据中共山西省委批准的省人大常委会2011年立法计划，委托省财政厅起草《山西省会计管理条例(修订草案)》。省财政厅高度重视，成立了修订草案起草领导组和专家起草小组，经过制定立法起草工作计划、搜集资料、学习有关法律、法规、起草修订草案初稿、调查研究、征求意见、召开座谈会和多次修改修订草案初稿等一系列立法工作，于2010年年底形成报省人民政府法制办公室审查的《山西省会计管理条例(修订草案)》送审稿。省人民政府经过依法审查、书面征求11个设区的市政府和省直部门意见、调研、召开论证会和协调会、多次修改等一系列立法工作，形成报省人民政府常务会议讨论的《山西省会计管理条例(修订草案)》修改稿。省人民政府于2011年9月6日在第95次常务会议上对《山西省会计管理条例(修订草案)》修改稿进行了讨论，通过后形成了提请省人大常委会审议的《山西省会计管理条例(修订草案)》，并以省人民政府名义于2011年9月7日向山西省第十一届人民代表大会常务委员会提交了《山西省人民政府关于提请审议〈山西省会计管理条例(修订草案)〉的议案》(晋政函〔2011〕131号)。

省人民政府向山西省第十一届人民代表大会常务委员会提交的《山西省会计管理条例(修订草案)》分为“总则”、“会计机构和会计人员”、“会计核算”、“会计监督”、“法律责任”和“附则”，共6章42条。

山西省第十一届人民代表大会常务委员会经过第二十五次和第二十六次常委会会议的审议，在认真研究和征求意见、调研、论证、多次修改的基础上，主要对省人民政府提交的《山西省会计管理条例(修订草案)》作了删除3条没有上位法依据的处罚内容，分列1条内容为2条内容，将有关12条内容合并为5条内容，增加2条关于会计主管部门职责和个体工商户的会计管理内容的修改。

经山西省第十一届人民代表大会常务委员会第二十六次常委会会议通过并向社会公布全面修订的《山西省会计管理条例》，分为“总则”、“会计机构和会计人员”、“会计核算”、“会计监督”、“法律责任”和“附则”，共6章35条。

《山西省地质灾害防治条例》的全面修订。全面修订的《山西省地质灾害防治条例》于2011年12月1日由山西省第十一届人民代表大会常务委员会在第二十六次会议上表决通过，自2012年3月1日起施行。

2000年9月27日由山西省第九届人民代表大会常务委员会第18次会议表决通过、自2001年1月1日起施行的《山西省地质灾害防治条例》，是山西省的自主性地方立法，对加强和规范全省地质灾害防治工作、维护人民生命财产安全、减轻地质灾害造成的损失等发挥了重要的推动作用。但是，随着科学技术和国家法制建设的发展，人们对地质灾害现象的认识更加深刻，对地质灾害预防和治理的知识更加全面，国家用立法的形式进一步加快了地质灾害防治的法制建设步伐，2003年11月19日国务院第29次常务会议通过并以国务院令第394号公布了《地质灾害防治条例》，2007年8月30日由第十届全国人民代表大会常务委员会第29次会议通过并以中华人民共和国主席令第69号公布了《中华人民共和国突发事件应对法》，2010年6月30日国务院第117次常务会议通过并以国务院令第577号公布了《自然灾害救助条例》，依法加强地质灾害防治管理工作走上了健康发展的轨道。无论从贯彻实施法律、行政法规和维护法制统一原则的层面讲，还是从进一步加强山西地质灾害防治实际工作出发，都应当对2000年9月27日由山西省第九届人民代表大会常务委员会第18次会议通过并公布施行的《山西省地质灾害防治条例》进行全面修订。省人大常委会将全面修订《山西省地质灾害防治条例》列入2011年立法计划正式项目，并经中共山西省委批准。省人民政府根据中共山西省委批准的省人大常委会2011年立法计划，委托省国土资源厅起草《山西省地质灾害防治条例(修订草案)》。省国土资源厅成立了法规修订草案起草领导组，制定了法规修订草案起草工作计划，经过搜集资料、对照法律行政法规梳理、提出修订意见、起草修订草案初稿、征求意见、省内外调研、召开座谈会和论证会、集中讨论修改等一系列立法工作，形成报省人民政府法制办公室审查的《山西省地质灾害防治条例(修订草案)》送审稿。省人民政府法制办公室经过依法审查、书面征求11个设区的市政府和省直部门意见、调研、召开论证会和协调会、多次修改等一系列立法工作，形成报省人民政府常务会议讨论的《山西省地质灾害防治条例(修订草案)》修改稿。省人民政府于2011年9月6日在第95次常务会议上对《山西省地质灾害防治条例(修订草案)》修改稿进行了讨论，通过后形成了提请省人大常委会审议的《山西省地质灾害防治条例(修订草案)》，并以省人民政府名义于2011年9月7日向山西省第十一届人民代表大会常务委员会提交了《山西省人民政府关于提请审议〈山西省地质灾害防治条例(修订草案)〉的议案》(晋政函〔2011〕132号)。

省人民政府提请山西省第十一届人民代表大会常务委员会审议的《山西省地质灾害防治条例(修订草案)》分为“总则”、“地质灾害防治规划”、“地质灾害预防”、“地质灾害应急”、“地质灾害治理”、“地质灾害避让搬迁”、“法律责任”和“附则”，共8章46条。

山西省第十一届人民代表大会常务委员会经过第二十五次和第二十六次常委会会议审议，在认真研究和征求意见、调研、论证、多次修改的基础上，主要对省人民政府提交的《山西省地质灾害防治条例(修订草案)》中抄搬上位法的条款作了删除，对上位法规定较原则性的内容进行了细化和补充，将山西地质灾害防治工作中取得的成功经验和具体做法用地方立法的形式固定下来。

经山西省第十一届人民代表大会常务委员会第二十六次常委会会议通过并向社会公布全面修订的《山西省地质灾害防治条例》，分为“总则”、“地质灾害防治规划”、“地质灾害预防”、“地质灾害应急”、“地质灾害治理”、“地质灾害避让搬迁”、“法律责任”和“附则”，共8章34条。

《山西省农作物种子条例》、《山西省重点工业污染监督条例》、《山西省合同监督管理条例》、《山西省道路运输条例》、《山西省林木种子条例》、《山西省反不正当竞争条例》和《山西省高速公路管理条例》的修订。为贯彻实施《中华人民共和国行政强制法》，根据全国人大常委会法工委《关于做好地方性法规中有关行政强制执行规定清理工作的通知》要求，省人大常委会高度重视，精心组织，周密部署，成立了专项清理地方性法规工作领导组，制定了《省人大及其常委会专项清理地方性法规中有关行政强制执行规定的工作方案》，会同省政府有关部门，对现行有效的170件地方性法规逐一进行认真对照检查和梳理，并提出相应的处理意见，通过领导组办公会议研究后，会同财经委、农工委、教科文卫工委、城建环保工委及省交通厅、工商局、农业厅、林业厅、环保厅等部门，对清理出的《山西省农作物种子条例》、《山西省重点工业污染监督条例》、《山西省合同监督管理条例》、《山西省道路运输条例》、《山西省林木种子条例》、《山西省反不正当竞争条例》和《山西省高速公路管理条例》7件地方性法规进行了认真深入的研究、审查和修改后，形成报法制委员会的《山西省人民代表大会常务委员会关于修改部分地方性法规的决定(草案)》。法制委员会对《山西省人民代表大会常务委员会关于修改部分地方性法规的决定(草案)》审议和修改后，形成报省人大常委会主任会议的《山西省人民代表大会常务委员会关于修改部分地方性法规的决定(草案)》。省人大常委会主任会议对《山西省人民代表大会常务委员会关于修改部分地方性法规的决定(草案)》进行研究和修改后，将《山西省人民代表大会常务委员会关于修改部分地方性法规的决定(草案)》提交山西省第十一届人民代表大会常务委员会第二十六次会议审议。2011年12月1日，山西省第十一届人民代表大会常务委员会在第二十六次会议上对省人大常委会主任会议提交的《山西省人民代表大会常务委员会关于修改部分地方性法规的决定(草案)》进行审议，通过后形成《山西省人民代表大会常务委员会关于修改部分地方性法规的决定》。

《山西省人民代表大会常务委员会关于修改部分地方性法规的决定》对《山西省农作物种子条例》的第二十二条、《山西省重点工业污染监督条例》的第三十二条第一、二款和第三十八条、《山西省道路运输条例》的第六十九条、《山西省林木种子条例》的第二十五条中涉及行政强制的内容进行了修改，删除了《山西省合同监督管理条例》的第十六条第一款第(三)项、《山西省反不正当竞争条例》的第二十条、《山西省高速公路管理条例》的第四十四条第二款关于行政强制的内容。

【山西省人民政府经济规章建设】 2011年，省人民政府制定并通过《山西省人民政府关于废止部分规章的决定》(山西省人民政府令第230号)、《山西省人民政府关于修改部分规章的决定》(山西省人民政府令第231号)、《山西省人民政府关于公布现行有效规章目录的决定》(山西省人民政府令第232号)和《山西省公共机构节能办法》(山西省人民政府令第233号)4件省政府规章。

《山西省公共机构节能办法》的制定。《山西省公共机构节能办法》于2011年7月5日经省人民政府第88次常务会议讨论通过，省长于2011年7月7日签发山西省人民政府令第233号予以公布，自2011年9月1日起施行。

为认真贯彻落实《中华人民共和国节约能源法》和2008年8月1日国务院令第531号公布的《公共机构节能条例》，推动和规范山西公共机构节能，提高公共机构能源利用效率，发挥公共机构在全社会节能中的表率作用，省人民政府委托山西省人民政府机关事务管理局起草《山西省公共机构节能办法(草案)》。山西省人民政府机关事务管理局根据省人民政府立法工作安排，组织人员成立办法草案起草组，认真学习节能法律、法规，经过起草办法草案初稿、征求意见、召开座谈会和讨论会、调研、多次修改等一系列立法工作，形成报省人民政府法制办公室审查的《山西省公共机构节能办法(草案)》送审稿。省人民政府法制办公室经过依法审查、书面征求11个设区的市政府和省直部门意见、调研、召开论证会和协调会、多次修改等一系列立法工作，形成报省人民政府常务会议讨论的《山西省公共机构节能办法(草案)》修改稿。《山西省公共机构节能办法(草案)》修改稿主要明确规定了公共机构节能的管理体制、公共机构节能目标责任制和考核评价制度、公共机构节能经费保障、公共机构节能的具体措施、公共机构节能监督等内容。省人民政府于2011年7月5日在第88次常务会议上对《山西省公共机构节能办法(草案)》修改稿进行了讨论，通过后形成《山西省公共机构节能办法》，省长签发了山西省人民政府令第233号向社会公布。

经省人民政府常务会议讨论通过并向社会公布的《山西省公共机构节能办法》，分为“总则”、“节能规划和管理”、“节能措施”、“节能监督”、“法律责任”和“附则”，共6章51条。

关于部分省政府经济规章的修订。2011年1月28日，省长签发山西省人民政府令第231号公布了《山西省人民政府关于修改部分规章的决定》，对《山西省森林和野生动物类型自然保护区管理细则》(山西省人民政府令第18号)、《山西省实施〈城市节约用水管理规定〉办法》(山西省人民政府令第22号)、《山西省实施〈电力设施保护条例〉办法》(山西省人民政府令第30号)、《山西省国有企业富余职工安置实施办法》(山西省人民政府令第47号)、《山西省城市市容和环境卫生管理实施办法》(山西省人民政府令第53号)、《山西省村庄和集镇规划建设管理实施办法》(山西省人民政府令第56号)、《山西省矿产资源补偿费征收管理实施办法》(山西省人民政府令第58号)、《山西省行政事业性收费票据管理规定》(山西省人民政府令第61号)、《山西省制止价格欺诈和牟取暴利的暂行规定》(山西省人民政府令第68号)、《山西省城市绿化实施办法》(山西省人民政府令第80号)、《山西省森林病虫害防治实施办法》(山西省人民政府令第88号)、《山西省契税实施办法》(山西省人民政府令第133号)、《山西省邮票和集邮票品管理办法》(山西省人民政府令第138号)、《山西省测量标志管理规定》(山西省人民政府令第140号)、《山西省肥料管理办法》(山西省人民政府令第142号)、《山西省城市临时建设和临时用地规划管理办法》(山西省人民政府令第144号)、《山西省建设工程造价管理办法》(山西省人民政府令第161号)、《山西省公路车辆通行费收取办法》(山西省人民政府令第177号)、《山西省非法违法煤矿行政处罚规定》(山西省人民政府令第183号)、《山西省企业负担监督办法》(山西省人民政府令第201号)、《山西省水上交通安全管理办法》(山西省人民政府令第205号)、《山西省煤炭销售票使用管理办法》(山西省人民政府令第212号)、《山西省道路货物运输源头治理超限超载暂行办法》(山西省人民政府令第223号)和《山西省治理车辆非法超限超载工作责任追究办法》(山西省人民政府令第224号)24件经济规章中的部分条款，结合贯彻实施《中华人民共和国行政强制法》进行了修改和删除。《山西省人民政府关于修改部分规章的决定》自公布之日起施行。

关于部分经济规章的废止。2011年1月28日，省长签发了山西省人民政府令第230号公布了《山西省人民政府关于废止部分规章的决定》，其中，包括《山西省广播电视设施细则》(山西省人民政府令第5号)、《山西省环境污染防治设施管理办法》(山西省人民政府令第19号)、《山西省城镇国有土地使用权出让和转让实施办法》(山西省人民政府令第42号)、《山西省通信线路设施建设与保护规定》(山西省人民政府令第50号)、《山西省放射性同位素与射线装置放射防护管理办法》(山西省人民政府令第51号)、《山西省农用土地资源开发利用管理办法》(山西省人民政府令第54号)、《山西省污染防治专项基金使用管理暂行办法》(山西省人民政府令第70号)、《山西省水利工程水费核定计收和管理办法》(山西省人民政府令第76)、《山西省包装装潢印刷业管理暂行办法》(山西省人民政府令第125号)、《山西省乡镇煤矿安全生产规定》(山西省人民政府令第151号)、《山西省安全生产监督管理办法》(山西省人民政府令第172号)和《山西省公路养路费征收管理规定》(山西省人民政府令第215号)12件经济规章。山西省人民政府关于废止部分规章的决定》自公布之日起施行。

(任刚军)

经济司法

【充分发挥审判职能,积极服务转型跨越发展】 2011年,全省法院共受理各类案件21.4万件,审(执)结19.7万件,分别比2010年上升6.8%和8.3%,其中,省法院审执结各类重大案件3342件,上升7.9%。

依法惩治刑事犯罪,推进平安三晋建设。2011年,全省法院共受理一审刑事案件22056件,审结21237件,比2010年分别上升9.9%和10.6%。针对刑事犯罪依然多发的势头,适时开展严打整治等专项审判,始终保持对黑恶势力、“两抢一盗”、故意杀人、涉枪涉爆、制售有毒有害食品、重大安全责任事故等危害国家安全、危害人民群众生命财产安全、破坏市场经济秩序等犯罪行为的高压态势,依法从重从快惩处了一批危害一方的严重刑事犯罪分子。在判决有罪的26308人中,被处5年以上有期徒刑、无期徒刑和死刑的3926人。

不断推进反腐败工作的深入开展。积极参与煤焦领域反腐专项斗争,依法打击贪污、贿赂、渎职犯罪,严惩职务犯罪,共审结1087案,判决有罪1484人。为教育挽救罪犯,维护国家长治久安,在坚持严格依法的前提下,继续贯彻宽严相济刑事政策,对一般刑事犯罪,特别是初犯、偶犯、未成年犯中罪行轻微的,适度从宽处理,共有9048名符合法律规定的被告人适用了缓刑或非监禁刑,769人被依法免予刑事处罚,48人依法宣告无罪,对正在服刑且改造效果良好的罪犯依法予以减刑、假释。

积极化解民商纠纷,促进经济社会和谐发展。2011年,全省法院共审结一审民商事案件10.4万件,比2010年上升4.9%,诉讼标的金额156.67亿元,比2010年上升57.1%。围绕转型发展,认真审理各类关乎经济发展的民商事案件,其中审结买卖、借贷、租赁、保险等合同纠纷26532件,依法惩处非法集资、违约失信等行为,积极营造良好的投资、创业、发展环境;审结企业破产改制、公司清算案件164件,专利、商标、著作权等案件277件。围绕保护民生,认真审理婚姻家庭、邻里关系、教育医疗、交通事故、劳动争议等案件53262件。审理房屋买卖租赁、征地拆迁、土地使用权转让等纠纷案件626件。围绕新农村建设,化解涉农矛盾纠纷,依法审结农产品买卖、农民工追索工资、农村土地承包、农村集体组织收益分配等案件661件。

妥善解决行政争议,保障社会管理秩序。2011年,全省法院共受理一审行政案件1622件,审结1533件,比2010年分别下降24.2%和24.9%。坚持依法履行司法审查职能,注重行政相对人合法权益的保护,共判决撤销、变更具体行政行为215件,确认具体行政行为违法或无效8件,责令履行法定职责427件,占全部行政案件的41.9%;依法支持行政机关履行社会职责,判决维持具体行政行为306件,确认具体行政行为合法或有效24件,占全部行政案件的21.3%;依法办结工商管理、环境保护、卫生监督、公安交通等非诉行政执行案件2351件,促进了社会管理创新。建立行政诉讼与行政复议联席会议制度,全面推进行政审判白皮书,积极向有关部门提出依法行政意见建议。进一步落实行政案件协调机制,行政案件和解撤诉率33.3%。认真做好国家赔偿工作,坚持公开听证,规范审理程序,审结国家赔偿案件27件,赔偿金额40.1万元。

大力推进执行工作,维护当事人合法权益。全省法院2011年受理各类执行案件39208件,比2010年上升2.7%。一是突出重点,依法妥善执行涉及转变经济发展方式、优化产业结构、重大工程项目建设、新农村和城镇化建设等方面的案件,千方百计盘活涉诉资产,为转型跨越发展创造条件。二是开辟“绿色通道”,优先执行、专项清理拖欠农民工工资和工程款、损害赔偿、劳动争议等涉及特困群体案件,切实解民难,排民忧。三是开展委托执行案件清理和反规避执行活动,采取公开被执行人失信记录、强制申报财产、限制高消费等措施,促使被执行人履行义务。对拒不履行义务的被执行人实行拘留,对构成犯罪的依法给予刑事处罚,对规避执行的案件予以强制执行。全年共执结各类案件32950件,实际执行到位率78.6%,执结标的额69.6亿元。

【不断提高审判质效,深入推进“三项重点工作”】 审判和审判管理工作更加规范化。围绕“铁案、精品案、和谐案”目标要求,进一步强化对下监督指导,制定了《人民法院量刑指导意见》和《关于对十五种常见罪名有期徒刑以下案件全面实行量刑规范化的通知》,全年共审结各类二审案件16376件,再审案件804件,审限内结案率99.4%,比2010年上升0.01%;一审服判息诉率86.9%,上升0.1%;裁判自动履行率81.4%,上升2.7%。

矛盾纠纷调处机制更加多元化。坚持把“调解优先、调判结合”原则延伸到刑事、民事、行政、执行工作全领域,贯穿于诉前、立案、审判、执行、信访全过程,民商事案件一审调解撤诉率63.6%,刑事自诉案件调撤率和执行案件和解率比2010年分别上升5.6%和2.2%。通过人民调解、行政调解和司法调解“三位一体”的调解体系构建,诉前解决矛盾纠纷24500余件,全省法院收案总量明显低于全国法院平均水平。

延伸司法功能,参与社会管理。全省法院在依法审理各类案件、调节社会关系、稳定社会秩序的同时,注重延伸司法功能,积极参与社会综合治理,适时提出司法建议,为有关部门依法决策、科学行政提供了参考。大力推进涉未成年人刑事、民事、行政案件综合审判试点工作,全省98个法院设立了独立建制的少年审判庭或专门合议庭。实行“圆桌审判”、社会调查、心理矫治、轻罪前科消灭、禁止令等制度，突显对未成年人罪犯的教育、感化、挽救。

（胡　波）

经济检察

【充分发挥检察职能作用，积极服务山西经济转型跨越发展】 *积极保障和营造良好发展环境。*2011年，全省检察机关严肃查办利用经济监管权、行政审批权、行政执法权谋取私利、破坏投资环境的职务犯罪202件258人，监督行政执法机关移送涉嫌犯罪案件251件299人，批准逮捕此类犯罪531件792人，提起公诉607件1059人。

*积极服务和保障新农村建设。*严厉打击侵害农民权益、危害农业发展、影响农村稳定的犯罪活动。深入开展查办涉农领域职务犯罪专项工作，查办发生在土地征用、扶贫救灾、基础设施建设等环节的职务犯罪224件261人。

*积极服务和保障重大项目建设与重大工作。*深入开展工程建设领域突出问题专项治理、国土资源领域腐败问题专项治理和商业贿赂专项治理，查办上述领域职务犯罪137件162人。与有关单位密切配合，在全省116个重点工程开展职务犯罪专项预防，与“中博会”组委会共同开展创建“廉洁中博”活动，批准逮捕此类犯罪4件4人，起诉4件4人。

【坚持执法为民宗旨，着力服务和保障民生】 *严厉打击“地沟油”、“毒奶粉”等危害食品安全的犯罪。*2011年，全省检察机关批准逮捕此类犯罪73件125人，提起公诉80件180人，查办相关职务犯罪8件12人。深入开展查办危害民生民利渎职侵权犯罪专项工作，查办发生在安全生产、社会保障、医药卫生等民生领域的渎职侵权犯罪197件221人。依法打击破坏生态环境资源的犯罪，批准逮捕此类犯罪98件161人，提起公诉240件403人。

*加强对特殊群体和困难群众的司法保护。*积极参与学校、幼儿园及周边治安秩序专项治理，保障师生人身财产安全。严厉打击拐卖妇女儿童等犯罪活动，批准逮捕此类犯罪59件111人，提起公诉79件149人。加强弱势群体司法保护工作，对拖欠农民工工资、侵害残疾人权益等案件，支持起诉1649件。制定实施《检察机关刑事被害人救助实施细则》，对211名刑事被害人进行了救助。

*扎实做好涉检信访工作。*深入推进文明接待室创建活动，健全12309举报电话机制，进一步完善涉检信访接待制度，办理群众信访8031件次，依法妥善处理群众涉法诉求。加强刑事申诉案件办理工作，立案复查469件，纠正42件。全省实现了重大敏感时期涉检进京“零上访”目标。

【全力维护社会和谐稳定，促进社会管理创新】 *积极参与严打整治斗争。*2011年，全省检察机关批准逮捕各类刑事犯罪14633件22107人，提起公诉21340件32710人。突出打击严重暴力犯罪和多发性侵财犯罪，批准逮捕此类犯罪9504件14035人，提起公诉12100件18064人。进一步深化打黑除恶专项斗争，起诉黑社会性质组织犯罪嫌疑人50人。

*完善贯彻宽严相济刑事政策的工作机制。*制定实施《加强逮捕必要性审查的意见》，依法决定不逮捕3442人，比2010年上升3.5%。严格审查起诉标准，依法决定不起诉1353人。完善办理未成年人刑事案件配套工作体系，积极推行未成年人犯罪案件社会调查、回访帮教等制度，批准逮捕未成年犯罪嫌疑人1316人，比2010年下降11%。

*注重结合办案化解矛盾。*制定实施《加强检察机关执法办案风险评估预警工作的意见》，加大检调对接力度，办理当事人达成和解的轻微刑事案件408件，办理民商事和解息诉案件1017件。认真贯彻中央、省委关于加强和创新社会管理的重大部署，配合有关部门加强对治安重点地区、重点人群的社会管理，及时提出检察建议。

【加大查办和预防职务犯罪力度，促进惩治和预防腐败体系建设】 *依法严肃查办贪污贿赂等职务犯罪。*2011年，全省检察机关共查办各类职务犯罪1220件1609人，追缴赃款赃物1.8亿元。立案侦查贪污贿赂犯罪801件1114人，其中，大案565件，县处级以上领导干部要案67人（含厅级干部3人）。加大查办行贿犯罪力度，立案侦查行贿犯罪54件78人。积极参与煤焦领域反腐败斗争，查办该领域职务犯罪110件190人。

*大力加强反渎职侵权工作。*2011年，全省检察机关立案侦查渎职侵权犯罪419件495人，其中，大案117件，县处级以上领导干部要案8人。成功举办了惩治和预防渎职侵权犯罪展览山西巡展活动，全省11个展区共有3900多个单位、16万余人参观展览，广大干部群众深受教育。

*不断深化预防职务犯罪工作。*深入贯彻落实《山西省预防职务犯罪工作条例》，召开省预防职务犯罪工作领导小组第二次会议，明确年度预防工作的思路和重点。对近年来发生的职务犯罪案件进行专题研究，提出预防对策建议，供省委决策参考。与省委党校联合制定《在党员领导干部教育培训中加强预防职务犯罪法制教育的实施意见》，全省建立预防职务犯罪教育基地510个，对党员干部开展预防教育3947次。行贿犯罪档案查询实现全省、全国互联互查，受理查询8240次。

【全面强化对诉讼活动的法律监督，努力维护执法司法公正】 *加强刑事立案和侦查活动监督。*完善与公安机关的刑事案件信息通报制度，加强立案监督，对应当立案而未立案的案件，监督立案1062件，比2010年上升16.2%；对不应当立案而立案的案件，监督撤案671件，上升100%。加强对刑事拘留后未提请审查逮捕和另案处理案件的监督，对应当逮捕而未提请逮捕的，追加逮捕979人，上升50.8%；对应当起诉而未移送起诉的，追加起诉892

人，上升32.1%。强化对违法采取侦查措施、刑讯逼供、暴力取证等问题的监督，纠正侦查活动违法2734件次。

加强刑事审判监督。重点加强对有罪判无罪、量刑畸轻畸重以及审判人员徇私枉法等问题的监督，对认为确有错误的刑事判决、裁定提出抗诉237件，原审改变率78.4%，比2010年上升14.7个百分点。积极推进量刑建议工作，促进自由裁量权规范行使。全面开展职务犯罪案件一审判决两级检察院同步审查工作，强化职务犯罪案件审判监督。加强死刑二审案件诉讼监督，完善办案工作机制，确保死刑案件办理质量。

加强刑罚执行和监管活动监督。完善刑罚变更执行同步监督机制，纠正减刑、假释、暂予监外执行不当309人。深入开展清理久押不决案件专项工作，清理98案211人，纠正超期羁押32人。扎实开展监狱监管活动、看守所械具和禁闭使用情况等专项检察活动，纠正刑罚执行和监管活动违法2119人次，查办监管人员职务犯罪21件33人。

加强民事行政检察工作。制定实施《加强和改进民事行政检察工作意见》，积极构建省市县三级检察院联动办案机制。对认为确有错误的民事行政裁判提出抗诉230件，再审改变率80.8%。提出再审检察建议350件，法院采纳160件，比2010年上升12.7%。加强对国有资产和公共利益的司法保护，制定实施《办理民事督促起诉案件规则》，办理此类案件1272件。同时，对认为裁判正确的申诉案件，耐心做好服判息诉工作，维护司法权威。

【大力推进检察队伍建设，提升履行职责的能力素质】 加强思想政治建设和检察文化建设。全省检察机关有9个先进集体、6名先进个人受到最高人民检察院和国家有关部门的表彰，135个检察院被评为文明和谐单位。

深入推进队伍专业化建设。以落实《检察机关执法工作基本规范》为重点，深入开展大规模教育培训，省检察院举办各类培训班24期，培训3321人次。加强司法考试培训，全省有133名检察人员通过国家司法考试。完善检校合作机制，继续开展高校教授与检察业务专家双向挂职锻炼工作，举办"硕士研究生检察班"，努力提高队伍专业化水平。

狠抓纪律作风和自身反腐倡廉建设。省检察院制定实施《内设机构和院属事业单位绩效考核办法》。认真执行《廉政准则》和《廉洁从检规定》，完善和落实党风廉政建设责任制，突出抓好公务用车专项治理。加大对下级检察院领导班子监督力度，上级院派员列席下级院领导班子民主生活会185人次，省检察院对1个市级检察院进行了巡视。坚持从严治检，严肃查处检察人员违纪违法案件6件8人。

坚持不懈地抓基层打基础。按照省委和最高人民检察院的统一部署，认真做好铁路运输检察院体制管理改革和移交工作。全省统一招录公务员320名。加强科技装备建设，全面铺开专线网基础设施改造工作，开通4个派出检察院的三级网络和157个派驻检察室的四级网络。

（尹桂珍）

山西经济年鉴

YEARBOOK OF SHANXI ECONOMY

5

宏观管理

HONGGUAN GUANLI

宏观经济管理

【鼓励和引导民间投资健康发展的政策】 进一步拓展民间投资的领域和范围。1. 积极鼓励民间资本进入基础设施建设领域。(1)鼓励民间资本参与交通运输设施建设。鼓励民间资本以独资、控股、参股等方式投资省内收费公路建设。探索建立山西省铁路产业投资基金,积极推进铁路投资主体多元化。鼓励民间资本参股既有线路扩能改造、客运专线、地方铁路专用线、晋煤外运通道、城际轨道交通以及集运站等场站建设。加快民航投资制度改革,拓宽民间资本进入民航领域的渠道和途径,鼓励民间资本进入以太原武宿国际机场为核心的区域枢纽机场、支线及通勤机场、通用航空机场等基础设施建设。

(2)鼓励民间资本参与水利工程建设。探索建立特许经营平台,鼓励民间资本投资应急水源工程、城乡饮水工程、水资源综合利用工程、以汾河为重点的流域生态修复与保护工程。围绕“两纵十横”大水网建设,吸引民间资本投资黄河提水利用、地表水拦蓄、盆地调水节水、跨流域调水和区域供水连通等重大水利枢纽工程。

(3)鼓励民间资本参与电力建设。支持民间资本以独资、控股或参股形式投资电源点建设、热电联产工程以及特高压输变电站、配电网和外送通道建设。进一步放开电力市场,加快推进电价改革,加快实施竞价上网,推行项目业主招标。积极推动输配电分开改革,完善电力监管制度。

(4)鼓励民间资本参与燃气开发建设。在坚持国有大型能源企业为主导的前提下,支持民间资本以参股方式进入煤层气抽采、焦炉煤气转化天然气、煤制天然气领域。支持民间资本与国有大型能源企业合作,参股建设煤层气、天然气、焦炉煤气、煤制天然气干线、支线管网和城市燃气输配管网、储气调峰设施,全面推进“气化山西”建设步伐。

(5)鼓励民间资本参与信息化基础设施建设。鼓励民间资本以参股方式进入基础电信运营市场,放宽民营企业进入移动通信、数字电视、无线宽带接入和无线专网的条件,为具备条件的民营企业发放相关基础电信运营资质。支持民间资本开展增值电信业务,适当降低省内第二类增值电信业务经营许可门槛。加强对信息化领域垄断和不正当竞争行为的监管。

(6)鼓励民间资本参与土地整治和矿产资源勘探开发。引导民间资本参与土地整理、采煤沉陷区和废弃工矿企业用地复垦、闲置土地资源开发利用工程建设。建立全省土地整治信息公开平台,及时公告相关政策法规和项目信息,为民间资本提供政策支撑和服务。建立公开、公平、公正的矿业权市场,完善服务功能,规范交易秩序,引导民间资本通过招标拍卖挂牌等方式,合理、有序地进入矿产资源开发领域。

(7)鼓励民间资本参与市政公用事业建设。进一步深化市政公用事业体制改革,大力推行市政公用事业的投资、运营主体招标制度。围绕“一圈一核三群”城镇体系建设,通过建立健全特许经营制度,支持民间资本进入城市供水、供气、供热、污水和垃圾处理、城市园林绿化等领域。鼓励民间资本通过受让产权或经营权,积极参与市政公用企事业单位改组改制。建立规范的政府监管和财政补贴机制,加快推进市政公用产品价格和收费制度改革,鼓励和引导民间资本参与市政公用设施运营和维护。

2. 大力支持民间资本融入现代产业体系。(1)支持民间资本进入节能环保领域。按照“净化山西”要求,落实国家、省有关节能环保的鼓励政策,支持民间资本利用高新技术和先进适用技术改造提升煤炭、焦化、冶金等资源型产业,提高能效水平,实现清洁生产和废物“零排放”。引导民间资本加快资源循环利用关键共性技术研发和产业化示范,积极推广应用先进环保技术装备及产品,提高节能减排、资源综合利用和再制造产业化水平。鼓励引导民间资本参与以先进技术为支撑的废旧商品回收利用体系建设,推进市场化节能环保服务体系建设。

(2)支持民间资本进入高端装备制造领域。鼓励民间资本通过控股、参股、联营等方式参与装备制造业企业重组整合。引导民间资本进入煤炭机械、汽车工业、铁路装备、重型机械、新能源和节能环保装备等领域。鼓励民间资本瞄准产业发展制高点，联合上下游企业和研发机构，加大装备制造数字化、柔性化及系统集成技术研发和推广力度。

(3)支持民间资本进入新能源、新材料和生物产业领域。鼓励和引导民间资本发展煤基化工材料、高性能结构材料、新能源材料以及碳纤维、陶瓷、磁体、纳米、半导体照明等新型功能材料。引导民间资本进入生物医药、生物育种、生物用品和生物制造领域，加强生物技术药物、新型疫苗和诊断试剂、化学药物、现代中药等创新药物品种开发，加快先进医疗设备、医用材料等生物医学工程产品的研发和产业化。鼓励民间资本参与风能、太阳能、生物质能等新能源开发利用。

(4)支持民间资本进入现代农业、林业领域。以大同、晋中、运城三大现代农业示范区建设为重点，鼓励和支持民间资本投资专业化和综合性产业示范园建设，投资优势农产品原料生产基地和标准化规模养殖场(区)建设，参与高产稳产农田建设、旱平地培肥、沟坝地整治与培肥、河川地补灌与培肥、坡耕地综合治理、盐碱地综合治理。引导民间资本参与全省林业建设工程，大力发展生态庄园经济，参与农田林网建设和立体农林业经营。鼓励民间资本兼并重组农业、林业产业化企业，大力发展集农业、林业产业技术推广、研发和商贸流通于一体的农科和林科公司、商贸公司，推进农林业专业化、规模化、产业化发展。探索民间资本参与农村土地整治、促进新农村建设的新途径。支持民间资本通过市场方式参与农村土地整理、复垦项目建设，参与田、林、路、渠、乡村道路、农田水利以及供排水和垃圾回收等基础设施项目的投资建设。

(5)支持民间资本进入金融服务领域。进一步放宽对金融机构的股比限制，支持民间资本以入股方式参与商业银行的增资扩股和农村信用社、城市信用社的改制工作。鼓励民间资本发起或参与设立村镇银行、贷款公司、农村资金互助社等金融机构，放宽村镇银行或社区银行中法人银行最低出资比例的限制。落实中小企业贷款税前全额拨备损失准备金政策，简化中小金融机构呆账核销审核程序。适当放宽小额贷款公司单一投资者持股比例限制，对小额贷款公司的涉农业务实行与村镇银行同等的财政补贴政策。加快制订民营资本进入担保行业的鼓励措施，支持民间资本发起设立信用担保公司。建立中小企业担保补偿基金，完善信用担保公司的风险补偿机制和风险分担机制。鼓励民间资本以参股和债权等方式投资地方政府融资平台。鼓励民间资本发起设立金融中介服务机构，参与证券、保险等金融机构的改组改制。

(6)支持民间资本进入商贸物流领域。鼓励民间资本进入商品批发零售和餐饮住宿行业，支持民营批发、零售企业做大做强，重点发展连锁化、品牌化、规范化的大中型商场、超市、购物中心、批发和零售市场以及饭店、酒店、宾馆等。引导民间资本投资第三方物流服务领域，为民营物流企业承接传统制造业、商贸业的物流业务外包创造条件。支持中小型民营商贸流通企业协作发展共同配送。帮扶民间资本建设物流信息网络平台，整合物流资源，实现物流信息共享。鼓励民间资本投资连锁经营、电子商务等新型流通业态。

(7)支持民间资本进入国防科技工业领域。加快编制山西省国防科技工业允许民间投资目录，引导民间资本参与国防科技工业重大项目建设，建立民间资本进入国防科技领域的“绿色通道”。鼓励民营企业采取多种方式参与军民两用高技术开发和产业化。支持民营企业有序参与军工企业改组改制，按有关规定投资国防基础和军工配套科研项目，承担军品科研生产任务。

3. 努力引导民间资本进入民生社会事业领域。(1)引导民间资本参与发展医疗事业。进一步深化医药卫生体制改革，积极探索多元办医途径，支持民间资本兴办各类医院、社区卫生服务机构、疗养院、康复院、门诊部、诊所、村镇卫生所(室)等医疗机构，推进公共卫生服务和基本医疗服务体系的逐步完善。鼓励民营医疗机构通过收购、兼并、托管等形式，参与公立医院改制重组。大力改善民间资本兴办医疗机构执业环境，将符合国家有关规定，具备一定资质条件的民营医疗机构纳入城镇职工基本医疗保险、城镇居民医疗保险和新型农村合作医疗的定点医疗机构范围。积极购买民营医疗机构提供的服务。切实落实民营医疗机构税收减免、贷款、土地供应等优惠政策。促进民营医疗机构医务人员有序合理流动。优化民营医疗机构学术环境，吸纳民营医疗机构参与我省相关行业协会、学术组织。鼓励医疗人才资源向民营医疗机构合理流动，确保民营医疗机构在人才引进、职称评定、科研课题等方面与公立医院享受平等待遇。进一步加强对民营医疗机构医疗质量、医疗行为、收费标准监管，促进民营医疗机构健康发展。

(2)引导民间资本参与发展教育和社会培训事业。进一步放宽民间资本出资办学条件，支持民间资本以独资、股份、合作等多种形式兴办高等学校、中小学校、幼儿园、职业教育等各类教育和社会培训机构。支持民间资本到贫困地区和教育资源短缺地区办学。落实对民办学校的财政资助政策，加大承担义务教育的经费补助力度。建立教师合理流动和人事代理制度，鼓励公办学校教师到民办学校任教，增强民办教育的师资力量。研究制订和完善促进民办教育发展的财政、金融、产权和社保等政策，探索建立民办学校退出机制。

(3)引导民间资本参与发展社会福利事业。通过民办公助、政府补贴、购买服务、用地保障、税费减免、信贷支持等多种方式，鼓励民间资本投资建设专业化的服务设施，兴建社会福利院、老年公寓、老年护理院、托老所、敬老院、老年服务中心、康复中心等各类社会福利机构，逐步形成政府与社会力量多元化投资主体兴办社会福利的格局。经民政部门审批的民办非营利性的社会福利机构，在服务准入、监督管理、政策扶持等方面，与公办福利机构同等享受国家有关优惠政策。

(4)引导民间资本参与政策性住房建设。对投资城市新区开发、棚户区和旧城改造的民营企业，加大在规划、土地、拆迁、项目审批等方面的支持力度，优先配套建设基础设施。鼓励民间资本参股政府保障性住房建设投资公司，引导民间资本直接投资建设经济适用住房和公共租赁住房、棚户区改造等政策性住房。

(5)引导民间资本参与发展文化、旅游和体育产业。支持民间资本从事广告、印刷、演艺、娱乐、文化创意、文化会展、影视制作、网络文化、动漫游戏、出版物发行、文化产品数字制作与相关服务等活动。鼓励民间资本投资兴建各类艺术馆、博物馆、图书馆、文化馆、电影院和社区文化活动中心等文化设施。积极探索旅游资源开发权、经营权分离转让的方式，鼓励引导民间资本投资旅游地产、旅游度假区、旅游装备制造业等新领域，合理开发旅游资源，全面参与旅游基础设施及配套设施建设。吸收民间资本共同成立体育产业发展创投基金或扶持资金，鼓励民间资本投资生产体育用品、建设各类体育场馆及健身设施、运作体育赛事和活动，以及经营体育运动项目俱乐部等中介、健身、培训服务业。加强民营文化产业品牌建设，鼓励民营文化企业申报国家级、省级文化产业示范基地。

进一步增强民营企业可持续发展能力。1. 鼓励和引导民营企业实施重组联合。(1)支持民营企业重组联合。全面实施中小企业成长工程，加快培育一批规模大、实力强、效益好的高成长性民营企业。支持有发展优势的民营企业通过联合重组等方式做大做强主业，鼓励和引导民营企业开展跨地区、跨行业兼并重组，加快发展一批特色突出、市场竞争力强的民营企业集团化公司。

(2)引导民间企业参与国企改革。鼓励和引导民营企业通过参股、控股、收购等多种方式，参与国有企业改制重组。对于市场化发育程度高的行业和领域，通过企业改制、资产重组和关闭破产等方式，加快国有资本部分和全部退出。对于具有发展优势的资源性行业，要合理降低国有控股企业中的国有资本比例。

2. 鼓励和引导民营企业加强自主创新。(1)支持民营企业加大研发投入。落实民营企业增加研发投入的激励政策，支持有研发实力的民营企业领衔实施产学研合作项目，承担国家和省重点领域重大产业技术研发项目。鼓励和支持民营企业参与高新技术园区、特色产业基地、科技企业孵化器等自主创新载体建设。资助民营企业建立工程技术研究中心、技术开发中心以及购买先进研发设备，增加技术储备，搞好技术人才培训。鼓励、引导民营企业投资循环经济、绿色经济，积极开展节能、环保、新能源、新材料等新兴产业的技术研发。通过加速固定资产折旧等方式鼓励民营企业进行技术改造，淘汰落后产能，加快技术升级。

(2)促进民营企业科技成果转化。加快实施促进科技成果转化的激励政策，积极培育发展技术市场，完善科技成果登记制度。加快技术交易、企业孵化、投融资等科技服务机构建设和机制创新，为民营企业自主创新提供公共技术服务平台。引导民营企业兴办技术中介、咨询、经纪、信息、知识产权和技术评估、风险(创业)投资、产权交易等中介服务机构，推动高技术服务领域的有序竞争。

(3)实施民营企业品牌发展战略。引导民营企业以市场为中心，根据市场需求调整企业产品结构，应用新技术、新工艺、新设备、新材料开发适销对路的新产品，实现产品更新换代。开发新产品发生的研究开发费用可按规定享受加计扣除优惠政策。鼓励民营企业争创名牌产品，提高产品质量和服务水平。增强外向型民营企业的品牌意识和观念，加大对自创国内、国际品牌支持和产权保护力度。

3. 鼓励和引导民营企业参与国际竞争。(1)加快民营企业“走出去”步伐。鼓励和支持发展基础较好的民营企业，通过独资、合资、联营、并购等方式，建立海外生产基地和营销网络。积极推动民营企业到境外从事贸易分销、金融服务、信息咨询、物流航运、文化旅游等服务业。支持民营企业在境外科技资源密集的地区投资设立研发中心和研发型企业。引导民营企业与国外企业联合，通过国际通行方式开展对外承包工程，提高外向型民营经济的综合实力和竞争力。

(2)创新民营企业对外投资管理与服务。建立以促进、服务和保障为主的境外投资项目管理模式，加强商务、外事、财政、外汇、金融、海关、质监、检验检疫等部门的协调配合，对民营企业与其他所有制企业实行同等待遇。依托能源产业博览会、中部六省投资贸易博览会等重要的展会平台，积极组织外向型民营企业参加相关商务活动，拓宽对外投资和交流合作渠道。充分发挥出口信用保险作用，协助民营企业建立风险保障机制。通过多种形式宣传鼓励和引导民间投资的指导信息和相关优惠政策，为外向型民营企业发展提供良好的公共信息服务。

进一步优化民营经济发展环境。1. 落实已有优惠政策和激励措施。(1)落实财政扶持政策。地方各级人民政府财政性建设资金一律向民间投资开放。政府投资应采取贴息、参股、补助等多种形式，对进入鼓励领域的民间投资予以支持。支持民营企业的产品和服务进入政府采购目录。对政府鼓励的民间投资、煤焦资本转产项目，自投产之日起3年内，项目税收解缴地方留成部分，由受益财政对应安排扶持企业；第4～5年，项目税收解缴地方留成部分，由受益财政按50%安排扶持企业。

(2)实行统一的税费政策。积极落实现有涉及民间投资的各项税费优惠政策。对煤焦资本转型进入鼓励类投资领域的项目，属国家、省收取的行政事业性收费，均按最低标准执行。分行业、分专题梳理编制“现行税收优惠政策读本”，为民营企业快速便捷地查找分行业、分税种、分专题的多项税收优惠政策提供服务。进一步规范税费征收行为，加大投诉查处力度，坚决制止不合理收费，切实减轻民间投资者负担。

(3)提高用地保障水平。地方各级人民政府在制订和实施土地利用总体规划和年度计划时，要统筹考虑民营企业投资项目用地需求，合理安排用地指标。对于重大转型项目，可依法通过土地置换、盘活存量土地、内涵挖潜、积极引导使用未利用地和废弃地等方式,保障项目用地。对列入国家、省鼓励类投资领域且投资规模和投资强度较大的转产项目,要优先供地。对不以盈利为目的的教育、文化、科技、卫生、环保、体育、养老等社会公益项目和微利型社会事业项目,可采取行政划拨的方式提供用地。工业园区对申请入园的民营企业项目实行试用、租赁厂房等措施,解决生产经营场所问题。

(4)合理配置排污总量。对于淘汰落后产能、关闭污染企业所腾出的排污总量,优先供给鼓励类领域的民间投资项目。对于民营企业淘汰落后产能、改造提升工艺装备所核减的排污总量,经环保部门核实,可优先用于本企业鼓励类领域的新建项目。

(5)加强民营企业产业园区和中小企业创业基地建设。把转型发展园区和中小企业创业基地作为民营经济发展的重要载体。要逐步提高产业园区内民营企业所占比重。在民营经济发展基础较好的地区增设若干个以民营经济为主体的转型产业园区。

2.强化金融服务和融资保障。(1)提升对民营企业的金融服务。支持各类金融机构开展面向民营企业的金融产品和服务创新,为民营企业提供便利的融资服务。探索建立中小企业贷款风险补偿资金。支持金融机构开办融资租赁、公司理财和账户托管等业务,提高对民营企业特别是中小企业的贷款比重。支持金融机构改进信贷服务,在建立健全相应的风险防范制度的基础上,适当降低贷款门槛,下放贷款权限,创新信贷品种。完善中小企业信用体系,健全中小企业商业信用担保体系,构建中小企业与银行之间融资中介服务平台。

(2)发展以民间资本为主体的投资基金。制订专项优惠政策,优化发展环境,鼓励民间资本发起设立产业投资基金、创业投资基金、私募股权投资基金等多种形式的投资基金,开展创业投资、股权投资和企业并购融资,支持山西省产业结构优化升级。

(3)加快民营企业上市融资步伐。积极支持民营企业通过资本市场融资,对成功上市的民营企业给予一次性奖励。支持民营中小企业发行集合债券融资。建立股权交易市场,鼓励民营企业开展股权融资、债权融资。

3.建立健全投资项目服务体系。(1)完善投资信息发布和统计功能。整合各部门招商引资信息,建立统一的投资信息发布平台,向全社会实时发布产业政策、投资政策、发展规划等重要信息。定期召开项目推介会,为降低民营企业投资的盲目性和风险度提供服务。完善统计指标体系,切实加强民间投资的统计、监测、分析和发布工作,全面、及时、准确地反映民间投资发展状况。

(2)建立重大项目领导干部联系制度。对民间资本投资的重大项目,可由各级人民政府主要领导或班子成员包项服务,帮助解决项目建设和生产运营中遇到的各类难题。

(3)优化项目审批服务。各级、各部门要在网上公开办事程序,在政务大厅设立咨询窗口,为民间投资者提供政策咨询服务。对产业素质高、投资额度大、吸纳就业多、市场前景好的民间投资项目,要实行"一对一"跟踪服务。

(4)严格项目审批效能督办。全面落实首办负责制和限时办结制,推行"一站式"、"一网式"服务。加强对民营企业投资投诉督办力度,对影响和破坏山西投资形象的人与事进行严肃处理。

【鼓励软件产业和集成电路产业发展的政策】 充分发挥财税优惠政策作用,加快产业发展。1.积极鼓励国内外企业和个人在山西省开发生产软件产品。对增值税一般纳税人销售其自行开发生产的软件产品,按17%的法定税率征收增值税,对其实际税负超过3%的部分实行即征即退政策,所退税款由企业用于研究开发软件产品和扩大再生产,不作为企业所得税应税收入,不予征收企业所得税。

2.对符合条件的软件企业和集成电路设计企业从事软件开发与测试,信息系统集成、咨询和运营维护,集成电路设计等业务,免征营业税,并简化相关程序。具体办法按国家财政部、税务总局等部门规定执行。

3.对集成电路线宽小于0.8微米(含)的集成电路生产企业,经认定后,自获利年度起,实行企业所得税"两免三减半"的政策,即自获利年度起,第一年至第二年免征企业所得税,第三年至第五年按照25%的法定税率减半征收企业所得税。

4.对集成电路线宽小于0.25微米或投资额超过80亿元的集成电路生产企业,经认定后,减按15%的税率征收企业所得税,其中,经营期在15年以上的,实行企业所得税"五免五减半"的政策,即自获利年度起,第一年至第五年免征企业所得税,第六年至第十年按照25%的法定税率减半征收企业所得税。

5.对国家批准的集成电路重大项目,因集中采购产生短期内难以抵扣的增值税进项税额占用资金问题,采取专项措施予以妥善解决。具体办法按财政部等有关部门规定执行。

6.在省内新创办的集成电路设计企业和符合条件的软件生产企业,经认定后,自获利年度起,享受企业所得税"两免三减半"优惠政策。经认定的集成电路设计企业和符合条件的软件企业的进口料件,符合现行法律、法规规定的,可享受保税政策。

7.国家规划布局内的集成电路设计企业和重点软件企业符合相关条件的,当年未享受免税优惠的减按10%的税率征收企业所得税。具体办法按国家发改委和有关部门规定执行。

8.对符合条件的集成电路封装、测试、关键专用材料企业以及集成电路专用设备相关企业给予企业所得税优惠。具体办法按国家财政部、税务总局等有关部门规定执行。

9.对集成电路企业实施的所得税优惠政策,根据产业技术进步情况实行动态调整。享受企业所得税"两免三减半"、"五免五减半"优惠政策的符合条件的集成电路和软件企业,在2017年12月31日前自获利年度起计算优惠期,并享受至期满为止。企业所得税优惠政策与企业所得税其他优惠政策存在交叉的，由企业选择一项最优惠政策执行，不叠加享受。

加大政府扶持力度，拓宽投融资渠道。1. 大力支持重要软件和集成电路项目建设。对符合条件的软件开发、集成电路企业项目建设，优先申报国家产业政策的项目支持，各级政府给予相应的投资配套。各级政府要加大对软件产业的支持，扶持重点软件技术和产品的研究开发、技术成果转化以及产品产业化开发，对软件企业和软件开发人员给予奖励。

2. 充分利用高新技术产业开发区和经济技术开发区的有利条件，积极支持软件产业的基础设施建设和国家级、省市级软件园区的创建，健全完善软件园区整体服务功能，引导软件企业向产业园区集聚，共享公共服务资源，增强企业抵御风险能力。

3. 将本省具有自主知识产权的优秀软件产品、行业解决方案纳入政府采购的推荐目录，在同等条件下优先采购，并给予一定补贴。

4. 完善投融资体系。积极落实国家鼓励软件和集成电路发展的投融资政策，努力建立多渠道、多层次、多元化的投融资体系，完善投资退出机制。充分发挥政府投资的引导和撬动作用，进一步拓宽产业投融资渠道，发展多种融资方式。

大力支持关键技术和重点产品研发及产业化。1. 大力支持软件和集成电路重大关键技术的研发，努力实现关键技术的引进、消化、吸收、创新，紧紧围绕山西省战略性新型产业发展目标，争取在某些行业应用或产业领域形成突破。

2. 加快具有自主知识产权技术的产业化和推广应用。重点研发面向云计算、物联网应用的新兴网络应用软件，支持嵌入式软件、信息安全产品和服务、数字内容加工处理服务等技术自主创新和产品研发及产业化，积极参与关键应用系统的研发以及重要技术标准的制订。

扶持软件和服务外包，鼓励出口创汇。培育面向山西省国民经济发展和社会进步、提升传统产业特别是支柱主导产业核心竞争力的软件企业、系统集成商与信息技术服务企业，培育具有自主知识产权、自主品牌、高增值服务能力的服务外包企业。鼓励软件及服务外包企业加强对外交流合作，积极开拓国内外市场，鼓励和支持自主软件技术和产品出口。

加强知识产权保护，提高自主创新能力。1. 完善自主创新体系。鼓励骨干软件企业建立技术研发机构，构建以企业为主体、产学研用相结合的技术创新平台和支撑体系，支持以骨干企业为龙头建立技术、标准、产业和应用联盟，提高科研成果转化能力。

2. 推进产业融合创新。鼓励在互联网、物联网等环境下的业务创新和模式创新，大力发展软件网络化服务、软件外包服务、电子商务、网络增值服务等新兴服务业态。加快培育信息系统咨询、规划、监理、测评等高端服务业。

3. 加大标准化工作力度。引导和支持省内企业积极参与国家基础软件、应用软件、信息技术服务等领域产品和服务自主标准的制订，加强对新技术服务模式相关标准的跟踪研究，促进自主知识产权与标准相结合，完善有利于应用推广的标准化机制，对参与国家标准制订的企业给予大力支持。

优化市场环境，促进产业良性发展。积极培育和拓展信息技术服务市场，重点发展信息系统咨询设计、建设施工、运营维护和监理、测评等信息技术服务，以及企业为推进工业化与信息化融合进程的企业诊断，信息技术与行业技术结合、生产数字化与管理智能化、一体化集成等方面的咨询中介服务等。

贯彻落实各项优惠政策。凡在山西省设立的符合条件的软件企业和集成电路企业，不分所有制性质，均可享受本政策。

（李仁贵）

【顺利启动转型综改试验区建设工作】 *高质量编报总体方案*。按照国家批复要求和省委、省政府的部署，省发改委牵头组织30多个部门和单位编制总体方案。借鉴国内其他八个试验区的做法，吸收国际上资源型地区转型的成功经验，领会国家战略意图，及时与国家部委对接，深入开展典型市县调研，组织进行专项研究，广泛征求各方意见，系统梳理政策诉求，经过十几易其稿，编制了《山西省国家资源型经济转型综合配套改革试验总体方案》，省政府于2011年7月28日正式上报国家发改委。

积极开展先行试点工作。按照统筹规划、分步实施、全面推进、重点突破的原则，开展"一市两县"、"一市两园"和"一县一企"先行试点工作。按照影响大、带动强、见效快、示范性明显的原则，筛选了潞安集团百万吨级煤基多联产循环经济项目、五台山风景名胜区改造提升工程、太榆科技创新城等重大转型标杆项目。确定了焦煤、太钢等省属11个大型国有企业先行试点企业。省直各部门、各市、各试点县（市、区）编制了近期行动方案。围绕产业转型、生态修复、城乡统筹、民生改善四大领域，积极探索破解阻碍转型发展的体制机制。

【立足扩大内需，全力促进投资较快增长】 *加强项目储备*。加大项目尤其是非煤产业项目、重点转型项目、重大标杆项目的开发储备力度，2011年全省储备项目超过1.9万个，总投资超过10万亿元。

加大引导民间投资力度。出台山西省《关于鼓励和引导民间投资健康发展的实施意见》，为民间投资注入了新的活力。全省非国有固定资产投资增长42.5%，比2010年提高13.7个百分点。

努力扩大资本市场融资。研究起草《关于支持资本市场发展的若干措施》，提出促进山西省资本市场发展的一揽子优惠政策。2011年全省资本市场实现融资665亿元，增长65.8%，为融资目标的2.2倍。

【转型发展迈出新步伐】 *加快传统产业改造升级*。一是煤炭资源整合煤矿兼并重组圆满完成。所有过渡矿井全部关闭，现代化矿井技术改造步伐明显加快，煤炭工业发生质的变化。2011年原煤产量8.72亿吨，比2010年增长17.7%。煤炭行业效益稳步提高，上缴税费占财政总收入的43%。煤矿百万吨死亡率下降到0.085，居国内领先水平。

二是非煤矿山、焦化、钢铁和水泥等行业的整合重组全面启动。制定出台《山西焦化行业兼并重组指导意见》，通过关小上大、同业重整、上下联合等方式对焦化行业进行重组。独立焦化企业由223户减少到157户。非煤矿山由793处整合为591处。太钢对美锦钢铁实现托管经营、对星原集团实施股权重组。水泥企业兼并工作有序开展。

三是冶金、电力行业改造提升加快。太钢冶金除尘灰资源化工程成功出铁，同德铝业有限公司100万吨氧化铝等重点项目开工建设。加大大型坑口电厂、煤矸石发电和城市热电联产项目建设，全省30万千瓦以上火电机组装机容量占全省总装机容量的70%，煤矸石综合利用发电装机容量达到504.5万千瓦。煤销、太钢、焦煤、晋煤、同煤、潞安、阳煤等7户企业资产总计超过千亿元、销售收入超过千亿元，成为推动全省经济持续稳定增长的重要力量。

*加强新兴和接替产业培育壮大。*制定出台《山西省关于加快培育和发展战略性新兴产业的意见》，按照《意见》提出的试点项目、龙头企业、示范园区、产业布局、深化合作等五条路径，协调推进新兴产业发展。

现代煤化工。山西瑞恒化工40万吨聚氯乙烯项目、阳煤丰喜年产8万吨环己酮等30个项目建成投产或部分投产，潞安集团长治180万吨/年煤基多联产循环经济项目全面启动，中海油大同公司年产40亿立方米煤制天然气项目前期进展顺利。

高端装备制造。太重风力发电设备增速器技改项目、山西巨安电子矿用顶板状态检测与分析智能化系统等项目建成投产，太重新建高速列车轮轴国产化、大运汽车二期年产5万辆重卡生产线项目主体已完工。

新能源汽车。吉利年产10万辆新能源汽车项目破土动工，中航山西兰田专用车项目前期工作加快推进。

新材料。潞安集团光伏产业一体化工程、电子二所太阳能电池硅片及成套装备产业化等50个项目陆续投产，大同协和2.5万吨多晶硅及光伏产业循环经济项目国家已委托中咨公司评估。

食品医药。集中力量支持一批特色突出、优势明显的重大项目。紫林食醋、六味斋、亚宝药业、国药集团威奇达药业、振东制药等一批项目陆续建成投产。

新能源。全年新增新能源机组装机容量100万千瓦，累计达到417万千瓦。

煤层气。全力推进煤层气开发利用。沁南采气量已达12亿立方米。沁北的寿阳煤层气区块、和顺煤层气区块两区块正在进行前期勘探。柳林—三交区块已完成探明储量，长治—和顺—太原输气管道已核准正在建设，主体工程已完工。临县—临汾、离石—交口段正在抓紧建设，洪洞—安泽—长子管道项目申请报告已通过专家评审，主体工程已完工。煤矿瓦斯低温分离液化示范项目正在加紧建设。焦炉气甲烷化项目正在开展前期工作。

全省煤层气抽采量达53亿立方米，增长26.2%。新建省级干线管道超过600千米。天然气利用量16亿立方米，增长45%。

全省先进装备制造业、现代煤化工、新型材料工业、特色食品工业增加值均增长20%以上。

*着力推动服务业加快发展。*重大物流项目顺利推进，铁路枢纽太原地区货运（物流）中心项目预可研已批复，煤销集团、山煤国际、能交投集团等煤炭物流规划已通过评审，中国太原煤炭交易中心按期建成。组织实施历史文化名城名镇名村保护、文物保护、广播电视台站、县级图书馆文化馆、乡镇文化站等基层文化设施建设。争取国家将高君宇故居等6个国家级景区纳入《全国红色旅游二期名录》。集中扶持五台山、云冈石窟等旅游景区基础设施项目建设。旅游服务业继续保持较快增长，2011年旅游总收入1342.6亿元，比2010年增长23.9%。

*积极推进节能减排和生态建设。*一是扎实推进节能降耗工作。编制《山西省"十二五"节能减排综合性工作方案》、《山西省能源消费总量管理办法》，分解下达各市节能减排目标。制定《山西省固定资产投资项目节能评估和审查实施细则》，对全省固定资产投资项目全部进行节能评估审查。实施既有居住建筑供热计量及节能改造工作，支持重点工业企业节能改造和淘汰落后。深入推进全民节能行动，完成800万支高效节能产品推广应用任务。加快淘汰落后产能，全年淘汰小钢铁814万吨、小焦炭506万吨、小火电44万千瓦、小水泥1315万吨、小电石31万吨，全部完成年度任务。

二是加大污染治理力度。加快推进全省城镇垃圾处理、集中供热、供气等工程建设。在2010年全省实现县级污水处理厂全覆盖的基础上，继续推进污水处理厂提升改造及配套管网建设。在全省汾河、丹河等五大流域开展流域环境综合整治工程。对燃煤电厂实施烟气脱硝工程，对高耗能企业继续实施差别电价和惩罚性电价政策，公布环境污染末位淘汰企业及设施名单，修订《排污许可证管理办法》，省排污权交易中心正式揭牌运营，在全国率先确立了在线平台执法，查办了一批严重违法排污企业。11个重点城市空气质量进一步改善，97个地表水监测断面中水质优良断面比例继续上升。

三是大力促进循环经济发展。山西循环经济总体规划确定的100个试点项目75%以上已建成投产。新选定47家试点企业和5家试点园区。编制完成的《山西省循环经济促进条例》省人大常委会初审通过。争取国家将太原、长治、晋城、运城4个市列为国家级循环经济标准化试点市。编制完成并公布了工业企业循环经济评价导则、钢铁和焦化行业循环经济评价实施指南，建立了循环经济目标管理考核评价机制。

四是加大生态建设力度。组织实施太原西山地区综合整治、10个市生态环境综合治理、造林绿化、森林资源保护、林业产业开发等工程项目，全年完成造林任务30.3万公顷，森林覆盖率明显提高。流域和区域生态环境明显改善，河道水质有所提高、过水量增加，湿地面积增多，地下水位止降回升，成效已初步显现。制定出台《山西省应对气候变化办法》，组织实施温室气体观测站点建设，提高了山西省应对气候变化的能力。

【农业农村好形势进一步巩固和发展】 认真落实中央和山西省各项强农惠农政策。全年“三农”投入650亿元，增长20%，支持了农业发展、农村基础设施和农村民生工程，粮食综合生产能力明显提高。全年农田实灌面积120万公顷，全年粮食总产量119.3亿千克，增长9.9%，再创历史新高。加快三大现代农业示范区建设，新实施63个示范园项目，对全省现代农业发展发挥了引领作用。大力实施农产品加工龙头企业“513”工程，重点扶持92户农产品加工龙头企业，农产品加工销售收入629亿元，增长23%。以“一村一品”、“一县一业”为抓手，扎实推进设施蔬菜、规模养殖、水果双增工程建设，农业生产经营性收入大幅增加。完成2000个新农村重点推进村建设，启动实施100个新农村集中连片建设工程。培训新转移农村劳动力32.4万人。加大扶贫开发力度，又完成20万人的脱贫任务。大力发展县域经济，在22个县(市)开展了扩权强县试点，县域发展活力进一步增强。

【不断加大发展社会事业和改善民生的力度】 加大就业扶持力度。组织实施大学生引领计划，从创业指导、创业培训、企业孵化等方面提供服务，全年新增城镇就业岗位50万个，超出年初计划10万人，全年高校毕业生就业率89%。开展农村劳动力转移就业示范基地创建活动，促进劳务对接，完成农民工转移就业40万人。完善就业援助长效机制，帮助3.9万就业困难人员实现稳定就业。

加快保障性住房建设。2011年新开工保障性住房44万套，超额完成国家下达任务。同时，房地产调控取得积极成效，呈现出投资增加、销售面积基本稳定、销售价格下降的态势。

加快发展教育事业。重点支持中小学校舍安全、学前教育、义务教育、职业教育、特殊教育、高等教育

长治县率先在全省实现农村新型农保全覆盖

等一大批教学设施和基础能力建设项目，进一步改善了办学条件。高校新校区建设项目全部批复，10所高校全部进场施工。

强化医疗卫生事业。重点支持县级医院、中心乡镇卫生院、精神卫生服务机构、县级卫生监督机构、县级急救中心、全科医生培养基地以及山西医科大学第二医院等13个省直医院项目建设，进一步提升了医疗卫生服务水平，缓解了人民群众就医难问题。

快速推进农村新的“五个全覆盖”工程。2011年，在巩固提升已完成的农村“五个全覆盖”工程基础上，再投入300亿元启动实施农村新的“五个全覆盖”工程，其中，街巷硬化覆盖率69.4%。便民连锁店覆盖率94.1%。农村文化体育场所中农家书屋覆盖率75%，农民体育健身设施覆盖率95%，村级文化活动场所覆盖率100%。中等职业教育免费覆盖率51%。新型农村社会养老保险覆盖率84.4%。

【改革开放不断深化】 谋划重点领域和关键环节的改革。行政审批制度改革深入推进，取消、下放和调整行政审批事项252项，取消行政事业性收费112项。事业单位分类改革清理规范工作基本结束。集体林权制度改革主体任务基本完成。国有企业改革不断深化，省属国有企业由原来的34家重组为21家。文化体制改革加快推进，省广电网络等五大文化产业集团组建运营，488家经营性文化单位完成转企改制任务。扎实推进转型综改试验区建设，成立了省市县三级领导组及工作机构，编制完成总体方案和各市、各部门、试点县行动方案，启动开展县(市)、园区和企业不同层面的试点工作，筛选实施了一批重大转型标杆项目。

积极拓展对外交流与合作。外商投资项目规模进一步扩大，质量和产业层次明显提升，促进了全省产业结构的优化和升级。借用国外低息优惠贷款规模稳定增长，山西煤层气开发利用示范项目、河川流域治理等项目全面启动。境外投资在投资地区和领域方面取得新突破，指导和推进了太重集团在德国、澳大利亚并购及明迈特集团等一批民营企业在美国、非洲的境外投资，投资涉及资源、农业、研发等领域。全面组织推进与德国北威州、美国西弗吉尼亚州经济、社会等领域的合作。省主要领导率团出访，全面深化了省州战略合作关系，推进了

经济社会技术全方位交流与合作。与世界银行、亚洲开发银行建立了长期稳定的战略合作关系，积极推广应用国际金融组织先进的项目管理模式和理念，组织开展双方能源合作论坛以及能源、农业、小城镇等多领域的技术援助项目培训。

全力争取国家支持。积极争取中央投资。及时了解中央投资政策信息，组织各市、各相关部门积极申报项目，千方百计向国家发改委汇报争取支持。2011年争取中央投资97.5亿元，再创历史新高。

积极争取布局重大项目。争取国家正式批复长邯高速长治至黎城段改扩建工程，平定至阳曲高速公路纳入国家公路网。运三铁路纳入国家蒙西至华中地区煤运通道项目，大张铁路列入国家《“十二五”综合交通运输体系发展规划》。争取国家批复了平朔矿区等9个总体规划；核准同煤集团东周窑煤矿等7个煤炭项目，总规模3900万吨；同意晋煤郑庄煤矿等4个煤矿项目开展前期工作，总规模3500万吨。核准华能左权电厂等电力项目；同意17个火电项目开展前期工作，装机容量1010万千瓦。核准同德铝业年产100万吨氧化铝项目。批准65个清洁发展机制项目。

积极争取国家核准企业债券。2011年争取国家核准山西省发行企业债券103.5亿元，首次突破百亿元大关，是前四年的总和，债券发行总量跃居全国第5位，有力地支持了山西省煤炭、电力、保障性住房和城市基础设施等重点领域建设。

（冯翠竹）

积极推进晋陕豫黄河“金三角”区域协调发展。开展编制《晋陕豫黄河“金三角”山西区域协调发展规划》、《晋陕豫黄河“金三角”地区区域合作规划》和《晋陕豫黄河“金三角”地区建设国家承接产业转移示范区规划》。《晋陕豫黄河“金三角”山西区域协调发展规划》和《晋陕豫黄河“金三角”地区区域合作规划》已完成初稿。进一步做好全省“十二五”专项规划《晋陕豫黄河“金三角”山西区域协调发展规划》，将晋陕豫黄河“金三角”设立为国家区域协调发展综合试验区。

（潘俊香）

【采煤沉陷区地质灾害治理取得丰硕成果】 加快地质灾害治理。同煤集团晋华宫矿采煤沉陷区地质灾害治理项目，是山西省采煤沉陷区治理居民搬迁后可进一步实现灾害治理、生态恢复双重效益的综合治理项目，对下一步全省地质灾害治理具有一定的推广意义，是一项富有创新示范意义的工程。对山西省煤炭行业地质灾害治理具有鲜明的样板和示范作用。

国有重点煤矿采煤沉陷区治理取得新进展。2011年，国有重点煤矿采煤沉陷区治理全面进入工程扫尾阶段，也是攻坚阶段。全省9个矿区克服困难，基本按年度计划推进。小区建设共新开工面积188.2万平方米，开工率为年计划的100%，累计完成投资15亿元，可搬迁安置受灾群众22335户。维修加固工程也取得了新的进展。霍州矿区申请国家下达投资655万元、省级配套资金246万元、企业配套736万元，以上资金全部到位。其他矿区建设投资按计划落实，9个矿区完成投资11亿元。

中央下放煤矿棚户区改造按计划推进，全面完成年度任务。2011年，中央下放煤矿棚户区改造6个矿区按年度计划顺利实施，小区建设共新开工282.5万平方米，为年计划的100%，累计完成投资25亿元，可搬迁安置棚户区职工26857户。全省6个矿区棚户区改造配套基础设施计划投资5亿元，其中，国家投资2.5亿，省级配套7500万元，企业配套1.75亿元，以上投资已全部到位。全省6个中央下放煤矿棚户区改造完成投资20亿元。

国有工矿棚户区改造正式启动，开始进入实施阶段。2011年是山西省国有工矿棚户区改造实施的第一年，立项单位18个，共计规模2.6万户，其中，4500户为在建工程，已基本完成住宅楼主体工程。所上报项目已基本具备开工条件，正在紧张做工程实施的准备工作。国家下达山西省国有工矿棚户区改造资金4.42亿元。为加快该项工程的建设，山西省发改委对基本符合条件且已具备基础设施开工条件的项目先期下达部分资金支持其开工，已下达投资1.5亿元，保证了基本具备条件的项目开工实施。

（潘俊香）

孝义采煤沉陷区治理项目

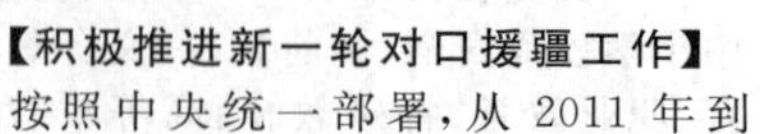

【积极推进新一轮对口援疆工作】 按照中央统一部署，从2011年到

2020年，山西省具体承担援建昌吉回族自治州阜康市和农六师五家渠市的任务。结合对口支援地区的实际情况，山西省提出“坚持规划为先，坚持民生优先，坚持发展为要，坚持稳定为基，坚持友谊为重，确保援建工作有力、有序、有效进行”的基本思路和“五年内经济发展明显加快，群众生活明显改善”的援助目标。

新一轮对口援疆工作开展以来，山西省组织制定了《山西省对口支援新疆综合规划》以及干部和人才、民生和社会事业、科技和产业、教育、促进就业、农业、旅游等7个专项规划。按照规划，“十二五”期间，山西省将投资11.66亿元援建79个项目，涉及棚户区改造、抗震安居房、保障性住房、蔬菜大棚、教育、卫生、基层组织建设和干部人才培训等多个方面。

截至2011年年底，山西省2010年实施的2个试点项目和2011年实施的16个项目(含兵团)已全部完工，全年完成投资2亿元，项目开工率100%、完工率100%。焦煤、同煤、潞安、晋煤、太钢、太重等大型企业集团推动产业援疆，部分签约项目已开工建设。

【支援茂县恢复重建工作圆满完成】茂县隶属四川省阿坝藏族羌族自治州，是我国羌族核心聚居地。“5·12”汶川特大地震给茂县造成巨大破坏，交通、电力、通讯、教育、卫生等公共设施均遭受毁灭性破坏，10余万受灾群众家园被毁，辖区内因灾死亡4016人、受伤8183人、失踪104人，直接经济损失222亿元，灾情在全国10个极重灾区县(市)中位列第六。

在党中央作出“一省帮一重灾县(市)”的决策部署后，山西举全省之力，迅速展开了对口支援茂县灾后恢复重建工作。根据当地人口以羌族为主的特点，结合援建工作实际，山西省确立了“统分结合、共同参与、双向控制”的援建模式。从2008年援建工作开始到2011年圆满完成援建任务，累计投入援建资金21.62亿元，派出援建队伍1.2万人次，完成了学校、医院、农村住房、城乡公路、广播电视、城镇居民住房和工业经济园区等10大类226个项目，取得丰硕成果：

一是在农村、城镇居民住房方面，重建了茂县149个村的受灾农房14348户，新建城镇廉租房1050套、安居房1105套、安置房730套，实现了“家家有住房”的目标。

二是在卫生、教育基础设施方面，新建茂县人民医院、茂县中医院、5所中心卫生院、1所中学、6所小学、1所幼儿园、1所中职学校，教育设施得到显著提升，实现了茂县百姓“小病不出乡、大病不出县”的愿望。

三是在交通基础设施方面，新建黑虎路、渭永路、安乡路3条通乡公路和县城9条道路，提高了茂县交通基础设施规模和等级，极大地方便了当地群众的生产、生活。

四是在农村基础设施方面，新建茂县149个村和3个乡镇的综合文化服务中心，充实完善了村民图书室、村民活动中心、广播室等各类活动场所，改善了茂县农民文化生活环境。

五是在广播电视方面，重建茂县广播电视综合大楼及22个乡镇广播电视覆盖工程，确保茂县人民群众以多种方式收听收看广播电视节目，丰富了茂县人民群众的精神生活。

六是在文化场馆方面，新建中国羌族博物馆，成为全国最大的传承、展示羌民族悠久历史文化的博物馆，为羌文化抢救、保护起到积极的促进作用。

七是在工业经济园区方面，建设山西·茂县工业经济园区内的道路、河堤、桥梁、给水、污水处理工程等项目，变“输血”为“造血”，全面带动茂县第三产业的发展。

(李仁贵)

国有资产监督管理

【国有企业改革发展取得新成果】*省属企业资产总额和营业收入双双突破万亿元大关。*2011年，山西省国有企业资产总额1.25万亿元，实现营业收入1.08万亿元；省属企业资产总额1.09万亿元，所有者权益3405亿元；实现营业收入1.04万亿元，实现利税961亿元，实现利润335亿元；完成增加值2076亿元，国有资产保值增值率110%。省属企业各项主要经济指标在全国地方国资系统排名中位列前五，营业收入仅次于上海，排名全国第二位。山西优势企业成长迅猛，山西煤销、太钢集团、焦煤集团、同煤集团、晋煤集团、潞安集团、阳煤集团资产总额、营业收入双双突破1000亿元。“双千亿”企业在资源配置、功能叠加、能力放大等方面跃上了更高的平台。山煤集团、国际电力、经贸控股集团、经济建设投资集团、山投集团、太重集团、国际能源、国新能源、建工集团、汾酒集团、能源交通投资集团、中条山有色金属集团等省属企业也保持了快速增长速度。各市还涌现出兰花、凯嘉、离柳集团等一批规模较大、增长较快、效益较好的优势企业，为全省经济社会发展作出了积极贡献。

*省属企业投资总量高速增长。*2011年，共完成投资1600亿元，比全省固定资产投资增速高出23个百分点，掀起了转型跨越的新高潮。省属企业的产业结构不断优化，山西焦煤等5户煤炭企业加速推进以煤为基、多元发展战略，全年非煤收入3312亿元，非煤收入比重达到59%，晋煤集团、阳煤集团、潞安集团非煤收入比重超过70%。

*招商引资创历史新高，转型跨越的支撑力显著提升。*2011年省属企业签约项目182个，总投资7792.6亿元，引资1389.5亿元，其中，实体转型项目占96%，初步走出一条上下游合作、产业链对接，变传统能源、原材料供应为经济合作共生共赢的新路子。

*安全生产创历史最高水平。*2011年，省属煤炭企业发生死亡事故17起，死亡22人，是省政府下达指标的32.8%，煤矿百万吨死亡率0.049，是全省平均水平的1/2左右、全国平均水平的1/10左右，居于世界先进水平，其中，潞安集团杜绝了重大事故，实现了零死亡目标。同时，化工、建筑、钢铁等非煤企业安全生产保障能力不断提升，安全状况持续改善。

【国有资产监督管理工作呈现十大亮点】 1. 省属企业资产总额和营业收入实现"双超万亿","双千亿"企业达到7个,省属企业综合实力迈上新台阶。

2. 充分利用赴江浙沪招商引资和第六届中博会两个平台,组织省属企业签约项目182个,96%为实体转型项目;引资1389亿元,额度是2010年的5.6倍。省属企业转型跨越的支撑力显著提升。

3. 编制并组织实施省属企业"十二五"发展规划,人才队伍建设规划,着力推进三大企业方阵战略和人才强企战略,努力实现产业转型升级的新突破。

4. 加快煤炭资源整合和企业联合重组,大集团建设迈出新步伐。

5. 修订完善企业领导人员经营业绩考核指标体系,计分办法和安全生产否决指标,全面启动国有资本收益收缴工作,监管服务方式和水平有了新的创新和提升。

6. 坚持矛盾纠纷排查和信访稳定形势分析,加大督促落实工作力度,妥善处置多起影响较大的群体性事件,和谐企业建设进一步加强。

7. 首次面向全国公开招聘省属企业副总经理,首次在国资委机关公开选拔处级干部,推动机关和省属企业干部双向交流锻炼机制的建立。

8. 圆满完成省第十次党代会代表推荐和选举工作,深入推进和组织开展省属企业"创先争优"暨纪念建党90周年系列活动,党建工作取得新成效。

9."五型"机关建设深入开展,履职水平进一步提高,服务意识明显增强,积极进取,团结向上,风清气正的氛围更加浓厚。

10. 党风廉政建设和监督检查工作力度进一步加大,省直机关所属企业脱钩改革全面启动,"国企改革和发展论坛"成功举办,省属企业关闭破产工作基本完成。

【积极调整产业结构,着力推动转型跨越发展】 全面实施"十二五"规划,重点项目建设实现新突破。2011年,省属企业"十二五"整体规划、产业规划和专项规划全部编制完成。省国资委推动一批重点支撑项目进入全省"十二五"规划盘子,着力实施"双千亿、双五百亿、双百亿"三大企业方阵推进战略,建立重点项目协调推进机制,挑选60个在建、30个前期准备的重点项目跟踪服务、协调推进。一批具有标志性、引领性、示范性的重大项目取得突破性进展。太钢集团宽幅光亮板生产线、袁家村铁矿,焦煤集团60万吨/年烯烃和晋兴、古交、庞庞塔循环经济园区,同煤集团24万吨/年聚甲醛、100万吨/年氧化铝,晋煤集团百万吨油一期、金匠煤机制造园区,阳煤集团太原化工新材料园区、二期70万吨/年氧化铝,太重集团大型铸锻件国产化项目开工建设。潞安集团工业硅和多晶硅项目成功投产,太阳能电池项目产能稳步扩大,硅产业链初步建成,21万吨/年煤基合成油示范项目达产达效,180万吨/年煤基合成油产业化项目前期工作有序推进。国际电力集团2个大型并网太阳能发电项目、国际能源集团6台300兆瓦机组投入运营。

以循环经济模式提升传统产业。煤炭企业大型高产高效矿井建设步伐加快,同煤集团3个千万吨级矿井试生产,潞安集团整合了周边260万吨/年的焦化产能。煤电一体化产业链加快形成,同煤集团坚持新建与并购并举,火电与新能源发电并进,电力装机规模迅速扩大。冶金企业加快产业升级和结构调整,太钢集团启动了一批总投资300亿元以上的结构调整技改项目,中条山有色金属集团50万吨综合捕集回收技术改造工程开工建设。建工集团坚持多措并举、多元发展,大型业务、省外业务、非房建业务大幅度增长。晋煤集团、国新能源等省属企业主导的"气化山西"工程加快推进,全省气化人口覆盖率17%,位列全国第四位。太化集团合成氨生产线停产关闭,新厂区建设有条不紊展开,太原煤气化公司煤气厂已经拆除,为净化太原发挥了积极作用。

省属企业影响力和竞争力不断增强。2011年,省属企业在煤炭、化工、冶金、煤层气、装备制造等主导行业的影响力和竞争力不断增强。山西焦煤、同煤集团、阳煤集团、潞安集团、晋煤集团、山西煤销集团、山煤集团七大煤炭集团原煤产量4.6亿吨,占全省的52.8%。太钢集团不锈钢产量突破300万吨,连续三年雄踞全球之首。晋煤集团地面煤层气抽采量12亿立方米、利用量8亿立方米,分别占全国的60%和52%。太重集团国际订货量比2010年增长45%,海外市场不断扩大。汾酒集团发挥品牌效应,打造"国礼"精品,不断扩大市场,提高经济效益,"汾酒"品牌价值更加彰显。煤化工产品产量稳定增长,市场占有率和话语权持续提升。

加快实施企业联合重组。2011年,省属企业数量优化调整为21户。山西经贸控股集团、山西国控集团等重组企业着力创新组织架构和管控模式,实施专业化整合,发挥协同效应,形成新的竞争优势,增强了企业承载力和执行力。在市场化、开放性重组方面,太重集团收购了德国CEC公司55%股权,并购澳洲威利朗沃国际集团。潞安集团防爆公司与西门子公司达成组建合资公司意向。太钢集团联合央企收购巴西矿冶15%股权,渐进式重组美锦钢铁和星原集团的工作取得新突破。在加强央地合作上,组建成立国药集团山西有限公司。此外,多家省属企业与华润、中电投等央企的合作也取得了重大进展。

加快煤炭资源整合。省属7户煤炭企业建立资源整合长效机制,已关闭矿井620座,复工复产矿井298座,复工复产率77%,完成年度计划的110%。太原市、晋城市市属企业的部分资源整合矿井也已开工建设。资源整合的深入推进,标志全省全面挺进现代化大矿时代,夯实了煤炭的基础产业和主体能源地位,为转型跨越打下了坚实的安全和物质基础。

省属企业加快进入资本市场。省国资委积极推进山西天然气首发上市、阳煤化工借壳上市,同时参照央企改革的思路,积极推动晋煤集团、焦煤集团整体上市,扎实推进包括土地评估、采矿权作价、债转股、非经营性资产剥离等各项工作。国际电力集团通过通宝能源完成配电业务资产整体上市,同煤集团加快重组漳泽电力,潞安环能在2011年度普氏全球能源企业排行榜中荣获三项大奖，省属企业运用资本市场提升发展能力的水平进一步提高。省属企业创新融资手段，拓宽融资渠道，破解资金难题，保障重点项目建设。通过深化银企合作，银行授信额度持续扩大；通过灵活调整负债结构，节约融资成本；通过担保和发行债券，全年融资 328.49 亿元。能源交通投资集团采取股权收益权转让等措施，确保铁路建设投融资全面完成。阳煤集团筹资 140 亿元，保证跨越发展资金需求。山煤国际完成 55 亿元的非公开定向增发，资金结构得以优化。同煤集团将燕子山矿资产注入上市公司，融资 22 亿元。国际电力集团加强对持有的上市公司股份管理，稳健操作，扩大收益。

深化国有企业改革。国有企业改制破产不断深入。省国资委牵头启动省直机关所属企业脱钩改革。省市国有企业推进劣势企业有序退出，4 户省属企业进入破产法律程序，15 户企业解决了关闭破产补助费用 6.76 亿元，破产费用的核拨企业户数、资金总额是 2010 年的 3 倍。着手解决国有企业职教幼教退休教师待遇和省属企业分离办社会遗留问题，开展移交改制省属煤炭企业广电网络、林场和厂办大集体改革的前期准备工作。国控集团克服重重困难，稳步推进困难企业破产工作。长治、临汾、吕梁、阳泉等市结合地方实际，重点推进困难企业破产改制工作，取得积极成效。大同市结合政府拆迁，完成困难企业破产终结 121 户。

省属企业创新能力不断增强。科技创新方面，太钢集团在全球独家成功试生产出第三代汽车用钢，获国家专利 50 余项。太重集团 3 兆瓦风电整机、500 吨全路面起重机等产品完成设计，高速列车轮、轴完成试制。山煤集团时速 380 千米高铁轮对试制成功并批量生产。晋煤集团 3 个项目、潞安集团 2 个项目被评为国家科技进步二等奖。潞安集团与中科院、上海交大联合研发低碳能源转化和光伏技术取得阶段性成果。省属企业加大节能环保投入，加强技术改造，优化生产流程，实现了绿色发展。太钢集团建成国内首套冶金除尘灰资源化装置，与美国哈斯科公司合作建设国内首个钢渣肥料制造项目。省属煤炭企业万元产值综合能耗和吨煤生产综合能耗持续大幅降低。管理创新方面，阳煤集团推行基数增长制、投资回报制和授权经营制，支撑企业的市场化转型。山煤集团全面启动干部职位、薪酬和绩效体系三项改革。国际能源集团组织日韩专家团帮助改进管理、会诊难题，技术指标和经济效益明显提升。汾酒集团以预算体系控制财务风险，以责任考核推动能力提升。经贸控股集团加强重大投资、重要合同的法律风险评估，有效防范了企业法律风险。潞安集团推行平衡计分卡和精益管理，促进企业内涵发展，企业发展质量和效益不断提高。

国资监管水平实现新提升。省国资委制定了《重点项目及投资考核办法》，并将投资完成情况纳入企业领导人员经营业绩考核。为督促企业加快转变发展方式，加大利润总额的考核权重，将经济增加值作为辅助指标纳入考核，增加技术投入比率、不良资产比率等 5 个效益类指标，增加“重大工作任务目标”，设立单项特别奖，增加对进入世界 500 强企业的奖励。省政府出台了《关于试行国有资本经营预算的意见》和《国有资本收益收取管理暂行办法》，国有资本收益收缴工作全面启动，省属企业全部纳入申报范围。进一步加大监督检查力度，17 户省属企业聘任了总法律顾问。加强对企业现金流的监控和风险提示，督促企业强化内部管控。完成监事会换届改派工作，全年完成 10 份监督检查报告和 1 份专项报告，下发 6 份整改意见书、警示函和关注函，对 15 户企业主要负责人进行了经济责任审计。全面启动工资总额预算管理。进一步规范产权工作程序和制度，通过信息化手段对产权交易过程进行动态监督。加大薪酬检查稽核力度，完成薪酬稽核综合报告和 31 份专项报告。初步建立了国有企业省地合作、央地合作、区域合作机制。加强对市县国资监管工作的监督指导，基本实现了全省各级监管企业财务快报的及时汇总。

（刘忠兵）

安全生产监督

【全省安全生产形势连续三年持续明显好转】 各类事故总起数和死亡总人数“双下降”。全省各类安全生产事故总死亡人数在连续两年共减少 1523 人的基础上，2011 年全省共发生各类安全生产事故 11044 起，死亡 2516 人，事故起数下降 4.7%；死亡人数减少 281 人，下降 10.1%。

较大以上事故起数和死亡人数“双下降”。2011 年，全省共发生一次死亡 3 人以上事故 52 起，死亡 220 人，下降 29.7%；死亡人数减少 103 人，下降 31.9%。

煤矿事故起数和死亡人数“双下降”。2011 年，全省各类煤矿发生伤亡事故 54 起，死亡 74 人，同比事故起数减少 10 起，下降 15.6%；死亡人数减少 70 人，下降 48.7%。特别是煤矿百万吨死亡率下降到 0.085，仅占全国平均水平的 1/6，居于国内领先水平。

道路交通事故起数和死亡人数“双下降”。2011 年，全省发生道路交通事故 6240 起，死亡 2308 人，同比事故起数减少 718 起，下降 10.3%；死亡人数减少 141 人，下降 5.8%。

非煤矿山事故起数和死亡人数“双下降”。2011 年，全省非煤矿山发生事故 2 起，死亡 2 人，同比事故起数减少 9 起，下降 81.8%；死亡人数减少 10 人，下降 83.3%。

危险化学品和烟花爆竹事故起数和死亡人数“双下降”。2011 年，全省未发生危险化学品和烟花爆竹事故，事故起数和死亡人数同比减少 2 起、2 人。

建筑施工事故起数和死亡人数“双下降”。2011 年，全省发生建筑施工事故 15 起，死亡 30 人，同比事故起数减少 10 起，下降 40%；死亡人数减少 11 人，下降 26.8%。

冶金机械等 8 个行业事故起数和死亡人数“双下降”。2011 年，冶金机械等 8 个行业发生事故 9 起，死亡 17 人，事故起数下降 55%，死亡人数下降45.2%。

全年未发生一次死亡30人以上特别重大事故，实现了历史性的突破，树立了山西省安全生产史上新的里程碑。

安全生产指标控制情况良好，反映全省安全发展状况的主要相对指标明显下降，全省亿元地区生产总值事故死亡率、工矿商贸10万从业人员事故死亡率、煤矿百万吨死亡率、道路交通万车死亡率分别下降56.8%、80.4%、79.9%、39.4%。各类事故死亡总人数占国家下达控制指标的89.9%，比控制目标少281人。

【安全生产监督管理的主要措施】

高度重视，强化对安全生产工作的领导。2011年，省政府召开的第一个会议是安全生产会议，一号文件对全年安全生产工作进行了安排部署；省委、省政府把安全指标作为最硬的指标，在全省的综合目标大考核中，安全生产单独考核、分值最高；省长亲自担任省安委会主任，调整和充实了省安委会组成人员，各市县也照此模式调整了同级安委会。

完善目标责任体系，强化政府监管。在对2010年安全生产目标责任完成情况严格考核的基础上，修改完善2011年度目标责任考核奖励办法。完善各级政府领导“一岗双责”安全责任体系，省政府同每个市政府、每个分管副省长分别同分管部门签订安全目标责任书，各级政府和各部门对安全生产控制指标和工作任务层层分解，把全省27万多个企业的监管责任落实到监管部门、分管领导和具体监管人员身上。继续发挥1194个安全监管小组的监管作用，强化安全监管检查包保责任制，安全生产包保责任进一步落实。严格安全准入，强化源头管理，省安监局共发放各类安全许可2303项，其中，颁发非煤矿山安全生产许可证188个，危险化学品和烟花爆竹安全生产和经营许可证2097个，中介机构安全资格认证16家。

严格安全管理，强化企业主体责任。把贯彻落实国务院23号文件和省政府118条规定作为企业安全生产工作的主线，制定出台煤矿、金属与非金属地下矿山企业领导带班下井制度细则等一系列规定，强化企业现场安全管理；加强班组建设，在全省煤矿推行“白国周班组管理法”，企业管理水平不断提高。积极督促企业设立安全生产管理机构，配齐配强安全生产管理人员，全省煤矿都配齐了“六大员”，金属、非金属地下矿山配齐了“五大员”，其他行业企业配齐了“三大员”等相应的安全管理人员和专业技术人员，进一步推动了企业负责人安全生产技术管理负责制的落实。在重点行业企业继续推行法定代表人安全承诺制，11万户企业法定代表人签订了承诺书，就应当履行的安全生产义务、当地政府对企业安全生产工作的要求、企业违约自愿接受的处罚等内容公开向政府、社会和职工进行承诺，接受社会群众监督，发挥了明显效果。

深化专项整治，进一步规范安全生产秩序。在前两年专项整治关闭取缔34836家无证无照一类企业的基础上，2011年又关闭取缔3335家一类企业，停产整顿6917家存在重大隐患的二类企业。7月底，在全省组织开展了安全生产百日大检查，排查企业16万家，排查一般隐患23万多项，累计落实隐患治理资金6.1亿元，查处非法违法行为44万多条，停产整顿生产经营单位1231家，关闭取缔945家，罚款3115万元。

推行挂牌责任制，安全责任落实到人。为贯彻落实省政府第91次常务会议精神，按照省政府《关于在煤矿尾矿库危险化学品生产企业实行安全生产挂牌责任制的通知》要求，各市、各有关部门制定下发了挂牌责任制实施方案和统一挂牌标识等文件，进一步明确了企业、政府和监管部门挂牌人员及其工作职责，细化了挂牌的范围和内容。在煤矿、尾矿库和危险化学品行业推行挂牌责任制，按照分级属地原则，对全省2482家企业进行挂牌，并对企业、政府和部门挂牌责任人在《山西日报》进行公告（其中，煤矿1053个，尾矿库472座，危险化学品企业957家）。把每个重点企业的安全责任明确到各市县政府、主管部门和企业领导头上，并在显要位置按照统一标识挂牌公示。

狠抓标准化和安全乡村创建工作，夯实基层基础。推进安全标准化建设，全省煤矿达标290家，非煤矿山达标771家，危险化学品企业达标1580家，烟花爆竹企业达标102家，冶金等工贸企业达标140家。开展安全乡村创建活动，全省81%的乡村达到安全乡村监管体系建设基本标准。强化安全培训教育，培训企业负责人、安全管理人员、特种作业人员等三类人员19万人次，农民工等各类从业人员38万人次。组织全省安全生产领导干部培训班，王君省长、李小鹏常务副省长出席并作了重要讲话。

加强安全生产宣传教育，营造舆论氛围。组织开展丰富多彩的第十个安全生产月活动，面向全国征集安全书画作品并举办了安全文化书画展。拍摄了煤矿、非煤矿山和尾矿库等5部安全生产事故案例警示教育片。定期发布安全生产信息。长治市“创建本质安全型城市”获得国家安监总局“安全生产工作创新一等奖”。太钢集团线材厂等8家企业被国家安监总局授予首批全国安全文化建设示范企业称号。

严肃事故查处，严格责任追究。按照“四不放过”原则，认真查处各类事故。2011年，全省各级安全生产监管监察部门共查处各类事故139起，依法批复结案134起，给予行政处分464人，追究刑事责任85人。

（成　龙）

【全面落实企业和政府安全生产主体责任】　全省各类企业以开展安全标准化达标活动为载体，加强以岗位达标、专业达标和企业达标为内容的安全生产标准化建设，在安全生产目标责任落实、组织机构建设、安全投入、教育培训、安全管理、隐患排查和治理、重大危险源监控、职业健康监管、绩效评定等方面开展对标达标活动，全面履行安全生产主体职责。全省各类企业推行法定代表人安全生产承诺制，明确企业领导班子成员以及企业各个层级、各类人员、各个岗位的安全生产责任，充分发挥煤矿“六大员”、非煤矿山“五大员”以及企业安全管理人员在企业安全生产中的领导作用。认真贯彻执行安全生产法律、法规，健全完善并严格落实事故隐患排查治理、企业领导干部现场轮流带班、重大危险源监控等制度。加快企业安全生产关键技术和装备的换代升级，煤矿和非煤矿山建立完善监测监控、人员定位、紧急避险、压风自救、供水施救和通信联络系统等安全避险“六大系统”。严格现场管理，强化工作纪律。严格按规定提取和使用安全生产费用，严格执行安全设施“三同时”和安全许可制度。依法组织从业人员参加安全生产教育培训，严格执行上岗资格制度，依法与从业人员签订劳动合同。

地方各级人民政府及其有关部门主要负责人认真履行安全生产第一责任人职责，加大安全生产监督管理力度。进一步加强安全生产目标管理，强化安全生产属地监管，监督企业安全生产责任落实，不断完善安全生产控制考核指标体系，严格安全目标考核，严格实行安全生产“一票否决”。继续落实安全监管责任制。严格安全生产行政许可标准，公开条件程序，严把安全准入关。严格安全设施“三同时”监管，从源头上抓好安全生产工作。继续加强协调配合，健全完善联合执法机制，严厉打击各种非法行为。严格依法加强对各类生产经营单位安全生产情况监督检查，严厉制裁各种安全生产违法行为，认真落实行政执法责任制。

【深入开展以煤矿为重点、覆盖各行业领域的安全生产专项整治】 煤矿安全生产专项整治方面，完善和发挥“三大监控系统”功能，严禁“三超”，严防盲目组织生产；建设矿井强化管理，严格落实建设、设计、施工、监理和监管等各方安全责任，加快建设规模化、集约化、机械化、信息化的现代化矿井。整合重组矿井严防擅自非法生产。已经关闭的严防死灰复燃。认真落实各项规章制度，确保每班有矿领导带班并与工人同时下井、同时升井。强化瓦斯防治工作，继续开展以抽采达标、建立突出矿井两个“四位一体”综合防治措施为中心的瓦斯专项整治专家会诊，推进煤矿瓦斯治理体系示范工程，严防瓦斯积聚、瓦斯超限作业行为。加强煤矿防治水管理，强化水文地质勘查工作，认真落实探放水规定、防治水设施配备、水害应急预案等相关制度。全面开展煤矿安全评估工作，进行科学分类，采取针对性措施加强监管。

非煤矿山和尾矿库安全生产专项整治方面，结合矿产资源整合，认真开展地下矿山防透水、防火灾、防坠灌、防中毒窒息、防冒顶片帮、防采空区塌陷等六个重点环节的整治管理和露天矿山违规开采、排土场违规建设等重大隐患的治理。在100万立方米以上尾矿库推行安装在线监测系统，确保尾矿库运行安全。继续做好尾矿库的闭库治理工作。

危险化学品安全生产专项整治方面，强化生产、储存、经营、运输、使用安全监管。继续推动涉及危险工艺的化工企业自动化、连锁化技术改造步伐。

道路交通安全生产专项整治方面，深化“平安畅通县区”和“畅通工程”创建，继续实施道路安全保障工程，杜绝客车超员、货车超载及农用车载客、超速行驶、疲劳驾驶、酒后驾驶等违法行为。加强对事故多发路段、危险路段的治理，保障雨雪雾等恶劣天气状况下道路交通安全。

消防和公共场所安全生产专项整治方面，结合全国统一开展的“大排查、大整治、大宣传、大培训、大练兵”活动，继续加强“防火墙”工程和社会单位“四个能力”建设，大力整治“三合一”场所，认真治理火灾隐患。公众聚集场所健全各项安全措施，完善意外情况处置预案，严防踩踏等事故发生。

建筑施工、特种设备、冶金机械、民爆物品和烟花爆竹等其他行业领域也积极采取有效措施，扎实做好安全生产工作。

（李仁贵）

审　计

【审计工作取得新成果】 2011年，全省各级审计机关共审计和审计调查单位5278个，查出违纪违规问题金额290.46亿元，损失浪费金额8.13亿元，损益不实金额96.51亿元，为各级财政增加收入111.27亿元。核减投资（结算）额10.85亿元，审计后挽回（避免）损失2.9亿元，移交司法、纪检监察机关及主管部门查处案件328件，涉及169人，涉及金额9.88亿元。审计建议得到各级政府和有关部门采纳4697条，得到各级领导批示采纳2149篇次。其中，省审计厅提交的59篇审计报告、信息得到省委、省政府领导同志批示119次。促进被审计单位制定整改措施530项，建立健全规章制度144项。

【2011年审计工作概况】 预算执行审计。2011年，安排对省财政厅、地税局、发改委等14个部门2010年预算执行和其他财政收支情况的审计，发现省本级财政预算执行和财政管理方面存在的预算编报不实、财政收入核算不实、未按规定征收缴纳预算收入、隐瞒转移截留预算收入等18个方面的问题，涉及金额139.06亿元。同时，对这14个部门管理使用的煤炭可持续发展基金、矿产资源补偿费、循环经济、企业技改等13项重点专项资金开展了审计和审计调查，延伸审计和审计调查单位577个，跟踪检查专项资金的筹集、管理、使用和绩效状况，查出违规问题金额120.08亿元，损失浪费问题金额876万元，管理不规范金额79.88亿元。通过审计已上缴财政4.36亿元，553项审计建议得到采纳。7月27日，郝志远厅长受省人民政府委托，向省十一届人大常委会第24次会议作《关于2010年省本级预算执行和其他财政收支的审计工作报告》。报告在反映问题的同时，提出了进一步规范预算管理，提高预算执行效率；依法加强征管，堵塞漏洞，实现税费收入应收尽收；提高政府投资项目的透明度，加强对项目执行全过程的监督；加强对行政事业单位国有资产和兴办经济实体等投资行为的监督管理；规范政府债务和融资平台管理，防范财政风险等5个方面的意见和建议。省十一届人大常委会第24次会议，对审计工作报告给予高度评

价，认为审计工作报告提出的建议有高度、针对性强、措施得力。要求省人民政府采取有效措施整改审计发现的问题，提高财政资金使用效益。截至2011年10月底，被审计单位已补征补缴预算内外收入123.8亿元，下达应拨未拨的财政资金1.01亿元，促进配套资金到位2.16亿元，归还原渠道资金或调整账务3486.5万元，并制定了36项相关的管理制度和办法。

财政决算。2011年，省审计厅安排对太原、吕梁、临汾、晋中、阳泉5个市2009年、2010年财政决算审计，其中，3个市将财政决算审计和市长任期经济责任审计相结合，做到一次审计两项结果，提高了财政资金审计的宏观性、完整性和时效性，优化了审计成果的运用。审计过程中，以上级收入的收缴情况、上级转移支付资金的转拨使用情况、重点专项资金收支管理和使用情况、财政改革措施实施情况为重点，查出违规金额72.28亿元，管理不规范金额32.89亿元，损失浪费金额6233.9万元。可增加财政收入58.35亿元，直接收缴入库2.87亿元，提出改进财政收支管理、提高资金使用效益等方面的审计建议15项。

地方政府性债务审计。此项工作是审计署按照温家宝总理的指示在全国范围开展的一项具有重中之重意义的工作。在任务重、时间紧的情况下，省市两级审计机关雷厉风行，科学组织，精心部署，周密安排，组织2000多名审计人员，采取“上审下”的组织方式，对10个市和119个县（市、区）政府及其所属部门机构、经费补助事业单位、公用事业单位和融资平台公司政府性债务情况进行了全面审计。核实政府性债务38768笔，涉及债务单位2558个，通过审计摸清了政府性债务的底数，在客观评价政府性债务筹集使用成效的同时，揭示和反映了政府性债务管理等方面存在的问题，提出建立健全债务管理制度、规范举债行为、强化政府性债务偿还监管机制、降低政府债务风险等5个方面的审计建议。根据审计署安排，还开展全省基层医疗卫生机构债务审计和公办普通高中债务审计调查。

政府投资建设项目跟踪审计。2011年，省审计厅继续开展山西省对口支援茂县灾后恢复重建项目和省城八大建筑、部分高速公路等21项在建和竣工决算项目审计重点工程跟踪审计。组织全省各级审计机关开展中小学校舍安全工程竣工决算审计。按照审计署统一安排，开展山西省对口支援新疆五家渠市、阜康市18个项目的跟踪审计。审计和审计调查单位1052个，审计发现违规改变资金用途，超计划、超标准、超规模，少计少缴税费等违规问题金额14.62亿元，损失浪费913万元，核减投资（工程款）额10.85亿元，已收缴财政1.07亿元。出具审计报告和报送审计调查报告1055篇，提出审计建议1239项。

根据中央关于深入开展工程建设领域突出问题专项治理工作的部署和审计署的具体安排，2011年组织省市县三级审计机关162名审计人员，对6780个政府投资项目实施审计、审计调查或联合检查，发现1635个项目存在不同程度的违法违规行为，占审计项目总数的24.1%；查出违法违纪金额68.17亿元，占审计资金总额的10.1%。通过审计，核减工程价款16.42亿元，相当于相关项目总投资金额的8.1%。挽回损失、节省工程投资7.96亿元，提出审计意见和建议561项，促进有关部门建立健全规章制度122项。

企业审计和金融审计。2011年，省审计厅开展对山西国信集团、山西焦煤集团、阳泉煤业集团、晋煤集团、工信部驻山西通信管理局（审计署授权）2010年资产负债损益情况及煤炭资源整合资金支付情况审计，通过审计发现违规问题金额38.3亿元，其中，未按规定征收缴纳财政收入2.3亿元。损失浪费金额6.01亿元，损益不实12.6亿元。已上缴财政4840万元，归还原资金渠道6.18亿元，挽回或避免损失2.13亿元。根据审计署授权，组织省、市、县审计机关237名审计人员，对中国邮政储蓄银行山西省分行及其分支机构2010年度资产负债损益情况进行审计。重点关注管理体制、运行机制存在的薄弱环节与系统性风险，发现违规问题金额2.85亿元，管理不规范问题金额7937万元。

外资和民生项目资金审计。2011年，省审计厅开展对12个在建国外贷援款项目的公证审计和绩效审计。审计和审计调查单位96个，抽查范围达到外资审计项目的84%，揭示了项目管理、效益等方面存在的问题。组织省、市、县三级审计机关开展对8类养老保险资金、150所医院财务收支、115个县农村新型合作医疗基金、全省基层医疗卫生基础设施建设情况审计。通过审计，基本摸清了底数，揭示了保费漏缴或拖延、未实现保值增值，医院乱收费侵害患者利益，合作医疗机构医药费补偿总水平偏低，基层医疗卫生机构建设项目管理不规范等问题，促进有关方面积极整改，一些突出问题得到解决，促进了惠民政策的贯彻落实。

经济责任审计。截至2011年年底，全省各级审计机关共审计领导干部1092人，其中，省审计厅开展了对44名党政领导干部和国有企业、事业单位领导人员的任期经济责任审计。对加强干部监督管理和党风廉政建设，推进依法行政，促进科学发展发挥了积极作用。

（宁红伟）

工商行政管理

【立足职能职责，狠抓工作落实，年度目标任务圆满完成】 推进公平竞争，各类市场主体保持快速发展态势，私营企业突破18万户。为推进各类市场主体的快发展、大发展，在认真执行省政府“保进创业带动就业”等5个27条实施意见的基础上，进一步制定扶持政策、创优发展环境。一是全力促进山西省转型综改试验区建设，开展“系统内献计献策、系统外问计问策”活动。国家工商总局出台《关于支持山西国家资源型经济转型综合配套改革试验区建设的意见》，从多方面给予先行先试的政策支持。二是制定4条措施，以省政府名义出台实施，为煤矿企业整合重组后的登记注册，简化手续，提供便利。全力服务文化体制改革，完成省委、省政府下达的五类文化企业改制任务。三是全面推行“网上审批、网上年检”办法，年检期间实行“九个严禁”，方便群众，规范行为。四是通过打造股权出资、动产抵押、商标出资、信用贷款等投融资平台，共为中小企业贷款融资1089.68亿元。这些措施，有力地促进了非公经济的持续快速发展。截至2011年年底，全省私营企业达到18.3万户，较2010年增长15.5%；个体工商户达到88.8万户，增长5.4%；全省农民专业经济合作组织达到41008户，增长29.5%，总量继续位居全国前列。外资企业及分支机构、常驻代表达到3849户。加上60524户内资企业，全省市场主体总量达到117.7万户。

推进“品牌兴省”战略，成功举办第五届山西品牌节。11件商标被国家工商总局认定为中国驰名商标，为历年最多。2011年8月26日至30日，作为中博会的热身和前奏，以“品牌战略与转型发展”为主题的第五届山西品牌节在新落成的煤炭交易中心成功举办。16.8万人次参观，11位省领导现场指导。山西品牌的集体亮相，给人们留下了山西有好企业、好产品、好品牌的深刻印象，给人们留下了山西转型发展有基础、有潜力、有希望的强烈感受。通过连续成功举办五届山西品牌节，有力地营造了“品牌兴省、品牌兴企、品牌兴农”的浓厚氛围。2011年，商标注册申请量1万余件，全省商标注册申请总量突破5万件；新认定山西省著名商标148件、重新认定山西省著名商标122件，全省有效著名商标总量达到906件；国家工商总局认定山西省中国驰名商标11件，总量达到61件(国家工商总局认定50件，司法认定11件)，初步形成了具有山西产业特色的品牌群体，成为带动转型跨越发展的排头兵。

推进信用建设。归集发布信用信息1400万条，国家工商总局在山西省召开经验交流会。在基本建成企业信用信息体系的基础上，“信用山西”建设取得新进展。一是信用制度建设进一步推进。编制了《山西省社会信用体系建设“十二五”规划》，已通过省发改委组织的专家论证。制定了《山西省信用征信管理办法》和《山西省中介机构管理办法》，已向省政府法制办进行了申报。二是信用信息征集系统进一步完善。完成“信用山西”网站的改版升级，归集整合186万户市场主体的信用信息，累计达到1443万条。三是业务系统应用和企业分类监管力度进一步加大。“网上登记、网上年检、网上办案”目标基本实现。录入各类信用信息382万条，锁定解锁企业信息60.9万户次，数据完整率和准确率分别达到95%和98%以上。四是信用体系建设成果得到进一步开发应用。邮政储蓄银行等金融机构依托企业信用信息及信用分类监管情况，无抵押、无担保、凭信用为中小企业发放信用贷款38.75亿元。完成省纪检委交办的两项重大任务，工程建设领域整顿方面，发布项目信息30万条，发布从业人员信用信息39万条；清理整顿涉煤涉焦中介组织方面，建立了全省8000余户中介组织信用信息数据库。2011年8月，国家工商总局在山西省召开了全国工商系统企业信用分类监管经验交流会，山西省的经验和做法在全国产生广泛影响。

加大执法力度，创新监管机制，辖区内流通环节食品市场安全稳定。一是狠抓食品安全专项整治。推进责任落实，分别对市场监管者和食品经营者提出“五严格、五做到”的要求。在食品安全宣传周活动中，对食品经营者普遍进行了相关法律、法规知识的集中培训。推进监管创新，实现了食品流通许可证电子打印和网上审批，推行食品批发企业“一票通”电子台账，创建“食品安全示范店”15285户。集中整治、深入开展食品添加剂、地沟油等八大专项执法行动，查处假冒伪劣食品案件784件。二是开展查处取缔无照经营专项执行大行动。发出责令改正通知书19737份，引导办照11891户，取缔无照5883户，立案查处3512起。三是严厉打击侵犯知识产权和制售假冒伪劣商品专项行动。查处案件2032件。被评为全国“扫黄打非”先进集体。四是查处不正当竞争案件755件、限制竞争案件37件。五是治理商业贿赂，查处案件198件。六是加大广告市场整顿力度，查处案件1397件。七是严厉打击传销。广泛开展防止传销进校园宣传活动。查处传销案件34起，捣毁传销窝点479个。八是开展格式合同专项执法行动。查处案件1604件。九是治理超限超载。受到省治超领导组表彰，省局治超办被省总工会授予“工人先锋号”称号。开展“诚信市场”创建活动，推进网络市场监管工作。

高度关注民生，创新社会管理。2011年，全系统共受理消费者咨询、申诉、投诉、举报25万余件。一是推进12315“五进”规范化建设和“一会两站”建设。全省各级工商机关和消费者协会共受理消费者咨询22.9万人次，申诉10187件，投诉11234件，举报3776件，做到了有询必应、有诉必接、有案必查，化解了消费纠纷，促进了社会和谐。二是加大消费引导力度。广泛开展“3·15”宣传活动。全系统共发布消费警示提示584次。三是深入开展“家电下乡”等专项维权执法行动。查处消费侵权案件12383件。

【坚持以人为本，大力提升素质，全省工商系统班子队伍建设取得显著成效】 一是以提升能力素质为抓手，推进班子建设。深入推进“学习型领导班子、学习型党组织、学习型机关、学习型干部”建设。加大对各市局班子综合绩效考核力度。严格执行党政领导干部选拔任用条例和省委的有关规定，分5次调整配备了50名正副处级干部。二是以构建具有工商特点的惩防体系为重点，推进党风廉政建设。严格落实党风廉政建设责任。深入推进具有工商机关特点的惩治和预防腐败体系建设。进一步加强政风行风建设。全系统连续7年被省政府评为“政风行风评议先进部门”。三是以“三晋先锋在行动”为主题，推进“创先争优”活动。以争创人民“满意工商局”、“满意工商所”、“满意工商执法人员”为目标，广泛开展“为民服务、创先争优”活动。在第十二届全国职工职业道德建设评选表彰活动中，太原市工商局小店分局荣获“全国职工职业道德建设标兵单位”称号，中华全国总工会授予“全国五一劳动奖状”。组织开展“文明和谐行业”创建、军民共建、“青年文明号”创建等精神文明建设活动，全系统连续6年获得“文明和谐行业”称号，省局机关连续6年获得“省级文明和谐单位”称号，全系统创建国家级文明先进单位3个，省级文明和谐单位40个，占到全省各级工商机关总量的1/3。四是以建设法治工商为目标，推进依法行政。加强立法工作，在农产品质量监管、小作坊和小摊贩食品安全监管等地方立法工作中，保障了工商部门职责权限的合理性和合法性，从根本上防范监管风险。强化法制监督，各级法制机构核审案件26532件，各级案件评审委员会集体评审大要案件2245件。全面推行行政指导，将柔性指导与刚性管理相结合，规范企业行为，促进社会和谐。省工商局及大同、晋中市工商局被省政府命名为首批“省级依法行政示范单位”，全系统27个单位荣获“省级依法治理示范单位”称号。

（官　频　薛宝元）

国土资源管理

【构建国土资源管理十项新机制】 一是贯彻落实省委、省政府转型跨越发展战略部署和省部《创新矿业用地管理合作协议》，出台《创新国土资源管理工作服务全省转型跨越发展的指导意见》、《创新国土资源管理机制推进转型综改试验区建设的意见》，实施露天采矿用地机制、矿业存量土地整合利用机制、城乡建设用地增减挂钩机制、土地征转分离机制、二次开发利用存量土地机制、建设用地效率考核机制、土地规划定期评估和适时修改机制、地质找矿激励机制、矿产资源配置机制（资源换项目）、涉矿工程项目资源回收利用机制等十项新机制。增减挂钩、露天采矿用地改革和矿业存量土地整合利用三项机制取得阶段性成果，确定了20个城乡建设用地增减挂钩试点县（市、区），下达周转指标667公顷；中煤平朔公司露天采矿用地改革试点、朔州市平鲁区和朔城区矿业存量建设用地整合利用试点方案已经国土资源部批准，进入实施阶段，两个试点可解决中煤平朔公司露天采矿所需的4000多公顷用地，可使朔州市整合利用矿业存量建设用地182公顷，用于整合煤矿升级改造。二是举办全省转型跨越发展用地需求专题研讨班，向11个市和70个县（市、区）政府国土资源工作分管领导宣传十项新机制和相关政策要求，全省各地推广落实新机制的热情普遍高涨。三是会同省发改委、省统计局出台《山西省单位GDP和固定资产投资规模增长的新增建设用地消耗考核办法》，从2012年起对各市、县规模以上工业企业节约集约用地情况进行考核。深入开展清理批而未用土地行动，盘活存量土地400多公顷。

【国土资源管理工作在创新中前进】 *着力保障发展，高效服务，为重点项目提供有力保障。*积极争取国家新增建设用地计划指标。在2011年年初下达8833公顷基础上，年中争取追加2813公顷，年底奖励647公顷，安排重点工程占用国家计划指标3287公顷，全年使用新增用地计划指标1.6万公顷，为历年之最。有力保障重点项目用地。协调解决了高速公路、铁路、高校新区、杏花村汾酒园区、大同多晶硅项目、侯马方略保税园区、山西煤运公司等一大批重点项目和企业的土地、资源问题。安排高速公路用地5387公顷、高校新区660公顷、杏花村汾酒园区353公顷。全力支持保障性住房建设用地。专门安排用地计划指标667公顷，引导城市和国有工矿棚户区、农村危房实行原址改造，鼓励有条件的企事业单位依法利用自有土地和资金建设保障性住房，为全省44万套保障性住房供地1933公顷，做到应保尽保。加强供地监管，全省供应土地2.1万公顷，比2010年增长81%。征收土地出让金381.7亿元。

*着力强化责任，改田造地，坚守全省405万公顷耕地红线。*继续强化耕地保护目标责任考核。省、市、县、乡四级政府层层签订耕地保护目标责任书，严格落实耕地保护责任，顺利通过国家六部委耕地保护工作检查验收。大力实施土地开发整理。全年验收耕地占补平衡项目737个、验收土地开发整理项目12个，两项共新增耕地1.2万公顷。省级安排资金16.9亿元，新立土地开发整理项目56个，项目总规模2.6万公顷，完成后可新增耕地2000公顷。

*着力资源整合，优化布局，矿政管理水平进一步提升。*煤炭企业兼并重组后续五项工作继续推进。已完成兼并重组煤矿储量核实报告867份，占应换证煤矿的96%；开发利用方案完成825个，占应换证煤矿的91%；矿山地质环境保护与治理恢复方案完成153个，占应换证煤矿的17%；土地复垦方案完成424个，占应换证煤矿的47%；已缴纳价款的矿山434座，占应换证煤矿的48%。完成全省第一轮非煤资源整合保留矿山换证工作。10个市非煤资源进一步整合实施方案已通过省非煤资源整合领导组审核，进入实施阶段。全省共保留非煤矿山4777座，整合矿山压缩比例达55.8%，进一步优化了矿山布局，提高了矿产资源勘查开发规模化、集约化水平。强化价款征收，2011年全省征缴矿产资源补偿费和“两权”价款99.16亿元。

*着力找矿突破，增加储备，重要矿产新增了一批资源储量。*矿业权价款项目新增煤炭资源量196.67亿吨，铁矿资源量1.28亿吨，铝土矿资源量0.19亿吨，铜矿资源量6323吨，白云岩矿资源量5.35亿吨。危机矿山接替资源找矿项目取得新突破。灵丘县支家地铅锌银矿项目新获得银金属量2253.7吨、铅＋锌金属量64万吨；中条山有色公司胡家峪铜矿项目新提交铜金属量14万吨。矿产资源潜力评价工作全面完成，煤、铁、铝土矿新增了一批预测资源量，为下一步地质找矿圈定了靶区。从矿业权价款中安排资金5.9亿元，批准立项2011年度地质勘查项目80个。

*着力防灾减灾，保障民生，地质环境管理成效显著。*配合省人大修订了《山西省地质灾害防治条例》。

进一步完善了地质环境管理机构，形成地质环境保护处、地质灾害防治处、地质环境监测中心、地质灾害应急指挥中心和地质遗迹保护中心五个机构共同管理地质环境工作的新格局。认真落实《国务院关于加强地质灾害防治工作的决定》，加强汛期地质灾害防范，强化日常巡查和预警，有效防范了重大地质灾害发生。2011年9月，夏县成功预报了一起山体滑坡、黄土崩塌地质灾害，先后组织480人安全撤离避险。安排地质灾害防治资金1亿元，组织实施了14个地质灾害治理项目。国土资源部和省财政投资2000万元，在全省干旱地区打井21眼，解决了43万人的吃水问题。

*着力卫片执法，严查重处，遏制国土资源违法势头。*2010年，卫片执法检查打了一个翻身仗，全省违法用地面积比为13%、违法占用耕地比为6.1%，11个市违法占用耕地比例均未超过15%，实现了“零问责”目标。严厉打击违法占地行为。全省土地违法立案1332件，涉及土地面积2411.1公顷（耕地889.2公顷），拆除违法建筑面积2.2万平方米，收回土地92.8公顷，收缴罚没款1.09亿元。严厉打击私挖滥采行为。建立健全政府牵头、部门联动的打击非法采矿联席会议制度，专项行动与重点监控、日常巡查排查相结合，及时发现，严查重处，有效遏制了私挖滥采行为。

*着力夯实基础，规范管理，国土资源管理基础更加扎实。*地籍管理取得明显成效。高标准完成年度土地变更调查，完成全省土地登记规范化和土地权属争议调处检查工作，完成第二次土地调查市级土地接边工作，稳步推进农村集体土地登记发证工作。新一轮土地规划修编基本完成。省、市级土地利用总体规划全部审批通过。县级土地规划大纲全部评审通过，规划成果编制完成，即将上报省政府批复。通过“立、改、废”，出台了一批地方性法规、政府规章和规范性文件。大规模的制度建设，有效解决了“9·8”事故之后国土资源系统干部不愿做事、不敢做事的问题，用制度保障了干部充分履职。

（李俊斌）

物价管理

【综合施策，保稳定保民生】 2011年，山西省居民消费价格总指数上涨5.2%，低于全国平均水平0.2个百分点，排全国各省（区、市）第22位。全年各月居民消费价格总指数在高位运行，6月份达到最高，涨幅6.2%，下半年逐步有所回落。

*建立社会救助和保障标准与物价上涨挂钩的联动机制。*2011年，在深入调查研究的基础上，根据国家发改委等五部委的指导意见，建立山西省社会救助和保障标准与物价上涨挂钩的联动机制。山西省联动机制突出的特点概括地讲是“两保”、“一扩大”。一是设置两条“保障线”，即居民消费价格指数单月涨幅超过5%时启动联动机制，或食品价格指数涨幅单月超过10%时启动联动机制。二是扩大保障范围，将大中专院校家庭经济困难学生和农村寄宿制学生纳入保障范围。这个机制既考虑了启动条件的一般性，同时又考虑到与群众利益关系紧密的食品价格指数，做到应保尽保，适时启动。

*先行先试，积极稳妥推进资源价格改革。*一是在全国率先开展燃煤电厂脱硝加价试点工作。在国电太原第一热电厂等四家电厂开展燃煤电厂脱硝试点工作，率先在全国实施每千瓦时0.6分脱硝电价补贴。二是在全国率先开展排污权交易试点工作。按照“排污权交易价格不得低于交易基准价”的原则，规定排污权交易基准价实行政府指导价，采取“一次性补偿”的办法。排污权交易基准价暂定为二氧化硫16000元/吨，化学需氧量28000元/吨。

【综合施治，稳定价格工作成效明显】 *加强市场监测，提高预警能力。*进一步加强市场价格监测工作，提高对经济运行和市场变化的监测、预测和预警能力，密切监测重要商品价格动态。重要时段及时启动应急监测制度，对重要商品价格情况实行一日一报，全天候24小时值班制度，发现价格异常波动及时上报并采取相应的措施。特别是对监测元旦、春节期间以蔬菜为主的农产品价格大幅度上涨、3月份抢购食盐的风潮以及4月份以来的生猪价格大幅上涨等情况，及时预警预报，为宏观调控和价格决策提供依据。

*充分发挥价格调节基金作用，为稳定消费、平抑物价、保障民生作出重要贡献。*一是运用价格调节基金发放低收入群众价格补贴。为保障低收入群体生活水平不因物价上涨而降低，自2010年11月至2011年10月，连续12个月发放临时价格补贴，总额超过12亿元，400多万群众受益，力度之大，前所未有。

二是运用价格调节基金扶持生产、保障供给。在支持山西省副食品生产基地建设方面，价格调节基金发挥了四两拨千斤的作用。和顺县政府以及物价等相关部门运用价格调节基金培育扶持蔬菜生产基地，设施蔬菜建设面积达到219.7公顷，稳定物价的效果十分明显。2011年春节销售蔬菜23.7吨，均以比市场价格低15%～20%的价格供应当地市场，有效地平抑了蔬菜市场价格。由于市场繁荣、价格合理，不但保障了本地冬季蔬菜供应充足，而且由原来的从外地长途调运蔬菜转变为蔬菜输出地，邢台、邯郸等相邻地区的蔬菜经营者到和顺批发购买蔬菜。沁县明确提出把发展蔬菜产业作为调整农业结构，促进农民增收的战略性产业。在省级价格调节基金重点支持下，2011年新增设施蔬菜面积143.3公顷，占该县新增设施蔬菜种植面积的80%左右。忻州市动用价格调节基金1000万元重点扶持50个养殖、种植企业项目，对保障市场供应，稳定市场价格、安定人民生活起到积极的作用。临汾市密切关注市场动态，面对4月份生猪价格大幅上涨的情况，及时运用价调基金435万元，扶持生猪生产、销售环节，平抑了市场猪肉价格。

*完善政策措施，降低流通成本。*完善价格政策，促进蔬菜生产流通。加强农副产品市场明码标价工作，对蔬菜生产、流通过程中用水、用电、用气、用热实行支持性价格政

策。支持蔬菜预冷、冷藏设施、冷链物流项目建设。支持蔬菜"农超对接",减少流通费用,降低蔬菜损耗。清理整顿农贸市场收费,规范摊位费标准和收取形式。将政府投资建设的农产品市场以及具有区域垄断经营性质的市场摊位费列入定价目录,实行政府指导价或政府定价管理。省城太原为切实解决蔬菜买难卖难问题,着力打造零环节、短运距、低损耗、少费用的城市蔬菜零售网络。2011 年 10 月 19 日,在太航社区举办了车载蔬菜销售尝试活动,很受市民欢迎。

继续落实鲜活农产品运输"绿色通道"政策。2011 年,全省绿色通道通行车辆 168 万辆,减免车辆通行费 3.72 亿元。

开展收费公路专项清理工作,切实解决收费公路超期收费、违规设站(点)等突出问题。以撤销太榆一级公路许西收费站为例,一年可减轻通行费负担 1500 万元。

*加大价格监管力度,规范市场价格秩序。*认真开展重大节日市场价格检查、市场价格巡查和专项价格检查。2011 年,全省共查出价格违法案件 2714 件,查处价格违法金额 1.89 亿元,实施经济制裁 1.69 亿元。全省共受理各种投诉举报 20111 件,办结 20050 件,办结率 99.7%。

【积极争取国家政策支持,促进山西经济协调发展】 *争取国家政策支持,充分运用电价空间,服务经济转型发展。*2010 年 10 月 8 日,财政部下发《关于停止征收电源基地建设基金等有关事项的通知》,取消山西省电源基地建设基金。该基金的停止征收必然导致山西省电力企业亏损加剧。为维护山西的利益,通过大量细致的工作,争取国家发改委政策支持。在保持电价总水平不变、不新增加用户电费负担的前提下,将基金并入销售电价,用于疏导省内突出的电价矛盾。按 2010 年电网省内售电量 1078 亿千瓦时测算,为省内争取电价空间总额约 10.6 亿元,为山西省发电企业直接增收 9 亿元。

*争取国家政策支持,积极疏导电价矛盾。*由于历史原因,山西省上网电价偏低。对此,山西省物价局积极向国家发改委汇报情况,争取国家政策支持,疏导电价矛盾。2011 年,国家发改委两次调整上网电价,山西省火电企业上网电价调价额高于全国平均水平,两次调价额每千瓦时分别高出全国平均调价额 1.99 分、0.35 分,合计 2.34 分。山西省火电企业分别多增加收入 27 亿元、4.8 亿元,合计多增收 31.8 亿元,为全省销售电价企业直接增收 83.7 亿元。

*积极开拓煤炭价格稽查工作新领域。*山西省煤炭稽查涉及的两项收费中,水资源补偿费于 2010 年年底停止征收,煤炭稽查管理费已列入国家发改委、财政部拟停止征收范围。山西省积极争取政策支持,取得初步成效。国家发改委、财政部同意山西省继续保留煤炭稽查管理费。争取增加水资源费稽查项目。山西省物价局已经与山西省财政厅、山西省政府法制办就水资源费稽查工作达成初步意见,相关具体工作有序进行。

【多措并举规范价费秩序】 *全面清理违规收费行为,整顿规范市场秩序。*2011 年,从处理山西煤运违规收取入、过境费问题入手,在全省范围认真清理规范各类收费,做了大量的工作。太原市把收费清理工作与开展的"优化环境综合整治年"活动结合起来,实行分管领导负责制,全面清理整顿本行政区域内的乱收费。大同市市长先后 4 次听取清理规范收费工作的专题汇报,对清理规范工作及时提出指导性意见。晋中市实行包县、包行业督查责任制和严格的问责制。临汾市采取明察、暗访和引导社会监督举报三种方式,对全市现有的各种收费进行了清理。

通过清理规范,全省共清理 171 项收费项目,停止不合理涉煤收费 3 项,取消一批不合理收费。同时,对违规收费案件依法进行了处理。

*完善价格政策,减轻社会负担。*一是继续延续对焦炭行业的收费减免措施。涉及全省 135 家重点焦化企业,减免 7.8 亿元。二是取消了疫情处理费、卫生质量检验费、税务登记证工本费、音像制品防伪标识费等 31 项涉企行政事业收费,减轻社会负担 2460 万元。三是规范中小学服务性收费和代收费管理,促进教育事业健康发展。四是进一步规范经营服务收费。规范二手车交易、资产评估收费、工程监理费、机动车安全检验服务费、司法鉴定服务收费标准。降低部分施工图审查收费、资产评估收费、房屋交易手续费、部分建议项目环境影响咨询费、部分招标项目代理服务费、取消和停止一般纳税人"增值税防伪税控系统"上机培训费、停止收取水质化验费等项收费。

*落实商品住房价格调控,防止住房价格过快上涨。*2011 年,制定印发《商品房销售明码标价规定》实施细则,要求商品房开发经营企业在销售商品房时按照规定要求,公开标示商品房价格及相关收费项目,并做到"一套一标价"。统一明确商品房明码标价的内容、形式以及违反明码标价规定的处罚依据等。各市严格落实备案制度,晋中、运城市积极创新,与住建局建立商品房销售价格备案预售许可证发放联动机制,对商品房实行销售价格备案和"一房一标价"明码实价。

*规范医药价格行为,切实减轻群众负担。*2011 年,山西省分两批降低部分主要抗微生物类、循环系统类药品和激素、内分泌、神经系统类药品最高零售价格,分别涉及 162 个品种、82 个品种,共计 2200 个剂型规格,降幅分别为 21%、14%。每年可减轻群众负担近 7 亿元。

公布实施山西省医疗机构 2011 年度药品集中网上竞价采购临时零售价格,共核定 14180 个品种、规格的药品价格,平均降幅约 13%。

会同有关部门制定《山西省基层医疗卫生机构补偿办法》。明确补偿渠道,规范绩效考核补助,并落实了补偿责任。

合理调整医疗服务价格,优化医疗服务比价关系。降低磁共振扫描等 15 项医疗服务项目价格,平均降幅约 10%。积极开展按病种收费试点工作,推进公立医院医疗服务收费方式改革,制定单病种收费标准,在 2011 年 12 月 29 日全国医药价格管理工作座谈会上,山西省的工作受到国家发改委的表扬。

加强旅游门票、酒店价格管理，为“中博会”顺利举办提供良好价格环境。统一整合云冈石窟、乔家大院等景点门票价格，实行一票制价格管理。整顿规范全省森林公园门票价格。省物价局牵头，太原、晋中及相关市县物价部门参与，优化中博会期间酒店业价格环境，对相关接待酒店客房价格采取临时价格干预措施，保障了中博会期间价格秩序。

【夯实价格工作基础，提高价格工作水平】 政风行风建设工作成效明显。深入开展纪律整顿作风集中教育整顿月活动。省物价局继续被评为“文明和谐单位标兵”，太原市物价局被评为山西省文明单位，太原、晋中、运城、长治等市被评为文明和谐单位标兵。

价格法制工作取得新进展。顺利完成“五五”普法规划任务并制定了“六五”普法规划，做好《山西省涉案财物价格鉴证管理条例》和《政府制定价格成本监审实施细则》立法准备工作。2011 年 12 月 1 日，省人大常委会第 26 次会议审议并批准了《太原市价格调节基金管理条例》，实行价调基金管理立法法制化管理。

成本调查和监审工作取得长足进步。在全国农产品调查工作考核中，山西省位列全国第 5 名，有 8 个成本调查机构被评为全国先进集体。开展供水、供热、教育收费、经济适用房等行业监审，保证了政府定价的合理性和科学性。

价格诚信工作取得新突破。晋中市将价格诚信建设作为“诚信晋中”的重要内容，全市城乡明码实价率 90%以上。朔州市深入推动基层价格诚信工作，以“进社区、进企业、进农家、进医院、进景区、进商场”为主要内容的服务活动取得良好成效。临汾市对价格诚信单位分行业制定量化指标，把价格诚信活动与规范市场经济秩序工作有机地结合起来，收到良好的社会效果。

价格认证工作领域扩大。价格认证形成了涉案财物价格鉴定、涉税财物价格认定和涉纪财物价格认定三大主打业务。全省共办理涉案物品价格鉴定案件 18162 件，鉴定金额 6.24 亿元；认证案件 484 件，认证金额 82.52 亿元。

价格研究工作有序开展。《市场价格行为监管面临的新形势新要求》课题得到国家发改委的肯定和表扬。《山西省节能减排资源价格及财政政策研究》课题任务大纲通过世界银行专家审核。《五种水价比价关系研究》和《煤炭价格形成机制研究》顺利推进。

价格信息、宣传工作有声有色。省物价局及太原、大同、临汾、晋中、长治、晋城、忻州等市被国家发展改革委表彰为全国价格宣传工作先进单位。2011 年 12 月 12 日，在全国经济工作会议召开前夕，中央电视台新闻联播栏目以“访民生，管经济—价调机制：为低收入者筑起防波堤”为题，报道山西省运用价调基金稳物价保民生工作。

全省各地创造性地开展物价工作。太原、吕梁、阳泉加强网络建设，打造 12358 价格举报管理平台，形成举报件网上转办、网上反馈、网上审批和网上流转的管理模式。运城市大力整治农产品流通环节价格秩序。通过协调，市区内 5 个大型超市销售的肉蛋菜全部实现“农超对接”，并与相关部门协调对销售农产品的车辆只纠违章不罚款、只供服务不收费。晋城、长治等市积极探索物业收费管理创新方法。晋城市对物业收费实行“菜单式”管理。长治市推进物业收费公开化，大大减少了物业纠纷。大同、临汾、忻州、朔州等地加强价费监管，优化发展环境，得到人民群众的好评。

（祁治荣　马润卯）

质量技术监督

【2011 年的质量技术监督工作】 食品安全监管。在食品安全监管中，严格生产许可，提高乳制品生产企业准入门槛和产业集中度。制定出台《食品生产加工企业监督检查管理办法》、《食品生产企业监督检查通则》等规范性文件。按照“四个必须”、“五不放过”原则，严查各种违法生产行为。

特种设备安全监管。2011 年，全面掌握了辖区内的特种设备底数。按照“四个一律”和“六个务必”的要求，严厉打非治违；通过“企业自查、县区普查、地市抽查、省级督查”的立体交叉方式，严查严除各类隐患。

开展“除隐患保安全”百日安全行动。2011 年，组织了乳制品、肉制品等重点食品和煤气发生炉、压力容器、锅炉等重点特种设备的 10 余项专项整治。在食品专项整治中，共出动执法检查人员 2.5 万余人次，监督检查食品生产加工企业 5593 家次、小作坊 1682 家次、食品添加剂生产企业 76 家次，立案查处 108 起。在特种设备专项整治中，发现并消除各类安全隐患 2568 项，查获非法生产使用的土特种设备 1012 台。

创新监管制度。省质监局在全国首创组建的食品安全“四支队伍”，被全国首届食品安全法治高峰论坛评为全国质检系统仅有的三个制度创新优秀事例之一。晋中市质监局实行“六化”措施，落实企业主体责任，忻州市质监局的“三种文书”，长治市质监局的“划片定岗”、警示约谈，吕梁市质监局的“六定三公示”，太原高新区质监局的食品安全例会等措施，都收到良好效果。深入开展食品安全宣传周活动，省质监局两次组织 200 余家食品生产加工企业向社会作出公开承诺，向山西省食品生产加工企业发出公开信，督促企业严格履行主体责任，全面接受社会监督。制定了《质量违法行为有奖举报办法》。在特种设备安全方面，建立健全全省统一的企业安全承诺制、安全约谈制、安全例会制等 10 余项规章制度。2011 年，省质监局召开了 4 次安全例会，全省质监系统约谈企业负责人 3570 人次，培训作业人员 45388 人次，组织应急演练 267 次，签订承诺书 1.1 万份。

深入开展“质量兴企”活动。2011 年，山西省新增 A 级以上质量信誉企业 394 家。全面开展宏观质量状况分析，省质监局及长治、晋城、晋中、太原、大同分别编制完成山西省及当地质量状况分析报告，推选

2011年山西省名牌产品71个，晋城、阳泉、长治等地对名牌产品生产企业进行表彰奖励，晋中、太原、长治等地建立了政府质量奖奖励制度，晋中市政府举办了政府质量奖颁奖盛典。大力开展“全国知名品牌示范区”创建活动，积极帮助汾阳白酒集中产区、祁县玻璃器皿产业集中发展区和大同云冈旅游开发区申报创建。省质监局质量处被国家质检总局和人力资源和社会保障部联合表彰为“全国质检系统先进集体”，省质监局荣获山西省淘汰落后产能工作先进集体一等功。

大力加强认证认可监管。2011年，大力加强3C(中国强制性产品认证)产品认证监管，对130个3C产品生产企业进行了重点抽查，开展玩具市场执法检查和跟踪服务，对流通领域的32个企业65批次800多种插头插座组织了专项检查。临汾、太原、晋城市质监局按照“五定、四查、三监管”模式，狠抓3C企业的监督检查，得到国家认监委的充分肯定。不断加强管理体系认证监管，组织完成对130家获证组织的监督检查。强化实验室资质认定监管，组织开展乳制品中三聚氰胺等5个参数的能力验证，对130家获证实验室进行了专项监督检查。晋中、长治市质监局对能力验证和专项检查存在问题的实验室进行通报和约谈，促进了实验室整改提高。循环经济认证试点工作稳步推进。积极开展有机产品认证示范区建设，在大同市质监局和广灵县质监局的大力推动下，广灵县成功入选全国首批11家“国家有机产品认证示范创建县”。

精心部署打假专项战役。组织开展食品、农资、建材、电线电缆、汽车轮胎、纸巾纸、黑心棉、二甲醚等一系列打假专项战役，以及家电下乡专项检查和区域性产品质量问题集中整治，山西省的农资打假工作得到国家质检总局的通报表扬，省质监局稽查分局被国家质检总局授予“双打”先进集体称号。2011年，全省质监系统共出动执法人员12.7万人次，查处制假售假违法案件4134起，涉案货值5800余万元，其中，立案查处案件600余起(包括大案要案和典型案件50起，移送公安机关处理8起)，端掉黑窝点105个。组织开展重点食品和“中博会”接待酒店宾馆的相关产品以及儿童用品和节日热销产品质量专项监督抽查，共抽查41类5680批次产品，合格率为91.5%；对11868个企业的12075批次产(商)品进行了定期监督检查，合格率为96%。山西省产品质量总体水平稳中有升。

舆情应对及时果断。2011年，山西省先后发生了网络虚假视频损害“六味斋”声誉和不实报道“山西陈醋95%为勾兑，多添加防腐剂”两起食品安全舆情事件。事件发生后，山西省质监局协调相关部门迅速应对，第一时间澄清事实，避免了事态扩大，维护了企业声誉和山西省形象。

专题部署基础能力建设。2011年，大力加强技术机构建设，取得较大突破。国家煤矿安全计量器具质检中心筹建任务基本完成，晋城煤层气、晋中纺织机械和祁县玻璃器皿3个国家中心获批筹建。为解决省级技术机构实验室面积严重不足的突出问题，省质监局组织省级技术机构赴中部五省学习考察，并积极协调，拟筹建的3万平方米省级综合检验检测中心已获山西省政府立项，拟在太原经济技术开发区建设的质监综合检测园区，用地已初步落实，省质检所等7个技术机构由所改院，拓宽了发展空间。

立足科技兴检。在国家质检总局组织的结题验收和成果鉴定中，省质监局技术机构承担的课题有1个达到国际先进水平，6个达到国内领先水平。省质监局首次设立了20万元科研奖励基金，对2008年以来的14个优秀科研项目进行了奖励。

【稳步实施标准化战略】 主动向103个省直单位致函，共征集涵盖重点工业、现代农业、服务业以及社会管理领域的地方标准需求47项。2011年批准发布省地方标准45项，其中，《工业企业循环经济评价导则》等3项循环经济领域地方标准，填补了国内空白。太原、长治、晋城、运城国家循环经济标准化试点城市建设第一阶段任务完成，在国家标准化管理委员会和国家发展和改革委员会组织的考核考评中，得到专家组的高度评价。第七批16个国家级农业标准化示范区建设全面启动、扎实推进，高平生猪养殖标准化示范区被国家标准化管理委员会评为优秀示范区。晋中旅游服务标准化示范市项目有效实施、扎实开展。太原民营经济开发区物流服务标准化等3个国家试点任务完成。条码、代码工作稳步发展，应用领域不断拓展，获得社会广泛认可。

【着重加强能源计量工作】 2011年，立足于满足山西省经济社会发展和节能减排需要，重点建设了30余项社会公用计量标准。大力加强能源计量工作，组织开展重点用能单位能源计量专项监督检查，探索建立能源计量考核评价体系，省质监局荣获山西省节能降耗工作先进集体一等功。太原市质监局组织93家重点耗能企业与太钢开展对标活动，促进了太原市能源计量工作开展。完成山西省治超用330台衡器的周期检定，临汾、运城市质监局出台相关规定，规范大衡器检定，太原市质监局被表彰为山西省治超工作“工人先锋号”。深入开展以诚信计量进市场、健康计量进医院、光明计量进镜店、服务计量进社区为主要内容的关注民生、计量惠民“四进”专项行动，民生计量环境不断改善。阳泉市质监局出台《诚信计量示范单位创建基本要求》地方标准。组织“计量助推山西转型跨越”主题宣传，新华网山西频道分12个板块予以集中转载，收到显著社会效果。

(郝建玉　李慧军)

人力资源与社会保障

【着力推进创业带动就业，统筹城乡就业成效显著】 以创业型城市创建活动为抓手，全力推动创业带动就业。3个国家级和20个省级创业型城市(县)创建活动蓬勃开展，从放宽市场准入限制，完善税费优惠政策，加大创业资金补贴力度，完善小额担保贷款政策，健全创业培训体系等方面优化创业环境，形成全民创业的良好氛围。出台了创业孵化基地建设指导意见和省级创业资金使用办法，着力解决创业瓶颈问题。建设创业孵化基地37个，入住创业实体4275个，为创业者提供低租金、零收费和“一站式”服务，其中，省级基地6个。开展创业培训3.1万人，补贴资金1816万元，发放小额担保贷款1.94亿元，减免税费1562万元，帮助2.9万人成功创业，带动就业8.3万人。树立自主创业先进典型300个，有效激发了全社会的创业活力。开展全省家庭服务企业“千户百强”创建活动，20户家服企业受到国家表彰。

以大规模职业技能培训为抓手，全面提升劳动者就业能力。把农村“两后生”全部纳入免学费职业培训范围。大力开展订单培训、定向培训、定岗培训，通过提高劳动技能促进就业。补贴培训资金8568万元，城镇失业人员再就业培训15.8万人，农村劳动力技能培训15.1万人，新成长劳动力培训6万人。针对富士康集团新项目用工，开展定向培训，输送员工3万人。100余所技工院校的4万余名毕业生，就业率95%以上。

以就业政策落实和公共服务为抓手，突出抓好重点群体就业。把高校毕业生就业放在首位，实施大学生创业引领计划，从创业指导、创业培训、税收减免、企业孵化等方面提供系列服务。通过创业引领、就业见习、基层项目安置、机关事业单位招录等措施，5.8万余名大学生实现就业，高校毕业生就业率89%。在24个县开展农村劳动力转移就业示范县创建活动，着力促进农村劳动力转移就业，送岗下乡进村，促进劳务对接，完成农村劳动力转移就业40万人。坚持做好困难人员就业工作，完善就业援助长效机制，帮助5万就业困难人员就业。强化市场就业服务功能，举办各类招聘会2412场，提供岗位信息86.1万个，登记求职78.5万人次，达成就业意向39.5万人次。

【加快城乡社保覆盖步伐，社会保障制度更趋完善】 加快城乡社保扩面步伐。落实新的“五个全覆盖”工程，加大新农保试点申报力度，积极向国家部委争取指标，新增国家试点县55个，新农保扩大到97个，覆盖84%的农业县，超过省政府下达的80%的目标任务。同步在97个县开展城镇居民社会养老保险试点，覆盖81%的县。领取两项基础养老金人员达到240万余人。积极解决历史遗留问题，将7万名未参保集体企业退休人员纳入城镇企业职工基本养老保险，将16万名“老工伤”人员和工亡职工供养亲属纳入工伤保险统筹管理。

大幅提高各项社会保险待遇。在养老保险方面，企业退休人员基本养老金待遇月人均增资190元，增幅12.8%，达到1676元，列中部地区第一位；在医疗、生育保险方面，居民医保筹资补贴标准200元以上，城镇职工、城镇居民医保最高支付限额分别提高29%和104%，达到28万元和14万元以上，政策范围内报销比例分别达到83%和73%，大额医疗费用补助资金支付比例达到90%，男性职工未就业配偶也享受到生育保险待遇。在工伤保险方面，因公伤残职工伤残津贴、生活护理费以及工亡职工供养亲属抚恤金标准增幅达12%；在失业保险方面，失业保险金平均标准增长85元，平均支付水平达610元，并根据物价上涨指数，向全省领取失业保险金人员人均发放临时价格补贴500余元。

强力推进社会保障“一卡通”建设。采取全省大集中建设模式，实现了部、省、市三级联网，建成全省统一的社会保障卡管理应用平台和医疗保险异地结算平台，制发卡520万张并开始应用，为2012年基本实

襄汾县城乡养老保险首发仪式

现参保人员“人人持卡”打下坚实基础。服务民生的标志性工程建设走在全国前列。

2011年，全省各项社会保险参保3630万人次，其中，养老保险新增参保人员607余万人，总数突破1700万人，医疗保险参保人数突破1000万人。

【多措并举提高职工工资，城乡居民收入大幅增长】 着力深化收入分配制度改革，增加城乡居民收入。2011年，全省城镇单位在岗职工平均工资39903元，比2010年增长19%。全省城镇居民人均可支配收入18123.9元，增长15.8%。

强化企业工资收入分配调控。印发了《企业工资集体协商办法》，进一步规范企业工资集体协商行为。建立了企业工资支付月报制度，强化工资支付动态监控。提高最低工资标准，全省四类地区平均增幅为15.4%。制定颁布2011年企业工资指导线，发布劳动力市场工资指导价位。

扎实开展最低工资执行情况大检查。以平均工资低于当地社会平均工资的行业和农民工、灵活就业人员比较集中的劳动密集型企业为重点，开展为期3个月的执法检查，为7395名未达最低工资标准的职工补发工资115.6万元，最低工资标准基本得到落实。

在事业单位全面推行绩效工资。义务教育学校、公共卫生和基层医疗卫生单位绩效工资制度全面落实，收入水平与当地公务员持平。其他事业单位绩效工资启动实施，人均月增资540元，增幅达21%，绩效工资制度整体入轨。

【贯彻人才规划纲要，人才队伍建设成效显著】 创优人才发展环境。加大人才投入，完善引进和培养并举、生活补贴和项目资助并重、待遇和贡献挂钩的人才发展政策措施，研究制定《山西省引进国内高层次人才暂行办法》，《山西省转型跨越发展突出贡献人才奖励办法（试行）》，已报省政府审定。出台《建立博士后创新实践基地的意见》、《技能大师工作室建设项目实施办法》等10余项人才政策，为人才发展营造了良好的政策环境。

加快高层次人才队伍建设。新增高级专业技术人员6000余人。建立院士工作站27个，入站工作院士31名。“百人计划”五年任务三年完成，引进海外高层次人才106人。建立省级海外高层次人才创新创业基地16个，入驻海外人才500余名。举办“2011海外高层次人才山西项目洽谈会”，签订合作协议15个。留学回国人员科技创新资助51项329万元，博士后科研资助9项50万元。引进外国专家123人次，解决技术难题85项。重点引进工业、农业引智项目各10个，建立1个国家级、8个省级引智示范基地，8名外国专家获“友谊奖”。组织3000余名专业技术人员对口服务基层。高层次人才流出流入比为1∶6.8，初步形成了高端人才集聚效应。

加强高技能人才培养。新增高技能人才5.4万人。建立1个国家级技能大师工作室，7所高级技校被纳入国家职业教育改革发展示范学校和中等职业教育基础能力建设项目。开展职业技能大赛系列活动和技工学校技能大赛，70余个工种近56万人参赛，有力提升了职业技能。

【全面加强公职人员管理，人事制度改革有序推进】 积极创新公务员管理机制。建立省直机关新录用应届高校毕业生公务员到基层锻炼机制，组织211人下基层锻炼。坚持凡进必考，全省考录公务员1970人，其中，省级机关录用具有2年以上基层工作经历人员93.2%。以提升依法行政能力和政策业务水平为重点，扎实开展“四类培训”。全省各级行政机关培训公务员21.1万人次，其中，初任培训率100%。深入组织开展做人民满意公务员活动，隆重召开全省第三届“模范公务员集体”、“模范公务员”表彰大会，59个集体和85名个人受到表彰。

深化事业单位人事制度改革。新进人员公开招聘制度有效落实，各级各类事业单位公开招聘9363人。岗位设置方案核准率92%以上，顺利入轨运行。聘用合同签订率93%。

积极推进军转安置改革。推行量化赋分和考试考核相结合的安置办法，接收安置军转干部677名，安置到党政群机关的比例达85%。开展企业军转干部工作百县大调研活动，落实各项解困措施，全省企业军转干部总体保持稳定，省军转办荣获全国双拥模范单位称号。

【积极创建和谐劳动关系，社会管理得到切实加强】 强化劳动保障监察“两网化”管理。落实监管责任制，劳动保障主动监察面达到41%，检查11.6万户企业，督促补签劳动合同45万份，补缴社会保险费4亿元，为20.7万名劳动者追发工资5.9亿元，劳动监察投诉举报案件结案率99%，突发事件结案率100%。

积极开展和谐劳动关系创建活动。完成省委重点调研课题《劳资纠纷现状及防范化解对策》，修订印发《山西省劳动用工备案办法》，开展劳动合同签订专项行动，全省企业劳动合同签订率98%以上，相对稳定就业农民工劳动合同签订率92%，建有工会的企业集体合同签订率80%，全省劳动用工备案率80%，初步实现了对用人单位签订、解除或者终止劳动合同的动态监管。14个单位（园区）被评为“全国模范劳动关系和谐企业（园区）”，264户企业被评为“山西省第二届模范劳动关系和谐企业”。

全力维护农民工合法权益。从源头上研究农民工权益保护问题，起草了《山西省农民工权益保障规定（草案）》，在小型微型企业、劳动密集型企业和使用农民工较多的企业开展劳动合同签订专项行动，在90个县（市、区）建立了工资保证金制度，累存2.76亿元。积极解决农民工工资拖欠问题，做到个人欠薪1天解决，集体欠薪1周解决。不断强化劳动人事争议仲裁和信访工作，全系统受理案件4932件，结案率93.4%，大量矛盾化解在基层。全系统接待来信来访21057件次，下降32%；集体上访量635件次，下降24%，信访案件有效处置率97%。

（刘大宇）

【继续深入实施引才“百人计划”】 2009年，山西省开始实施“百人计划”。制定了用5年到10年时间，为山西省6个重点领域引进100名左右海外高层次人才的“百人计划”,并决定建设10个左右海外高层次人才创新创业基地。每年从省财政拨出5000万元专项资金,集中用于引进更多高层次人才。

2011年8月,随着第四批50名海外高层次人才的审议通过,山西省“百人计划”引才名单已达107名,用不到3年时间完成了原定5年至10年的引才任务。被引进的海外高层次人才每人将获得省财政资助的100万元生活补助费,并将作为山西特聘专家列入省委联系的高级专家之列。

【建立健全社会救助和保障标准与物价上涨挂钩联动机制】 联动机制的保障对象。优抚人员、城乡低保对象、农村“五保”供养对象、领取失业保险金人员和农村寄宿制学校学生。

各市不得缩小保障对象范围,可根据实际情况适当扩大补贴范围。

大、中专院校和技工学校家庭经济困难学生伙食补助标准由省教育厅会同省财政厅、省人力资源社会保障厅另行制定。

启动条件。按照国家及省的有关规定及标准,符合下列条件之一的,应及时启动联动机制,发放价格临时补贴。①国务院出台重大平抑市场价格相应政策。②全省月同比食品价格涨幅超过10%。③全省居民消费价格总指数月同比涨幅超过5%。

补贴启动时间为:符合启动条件的月份次月月底前。补贴发放时间为:联动机制启动后20个工作日内发放到位。

补贴标准。以《山西省人民政府关于稳定消费价格总水平保障群众基本生活的紧急通知》(晋政发电〔2010〕10号)规定的补贴标准为基准标准。具体补助标准根据居民消费价格上涨程度,在基准标准的基础上适当增补。对领取失业保险金人员的补贴标准,由省人力资源社会保障厅会同省财政厅另行制定。

资金保障。城市低保对象、农村低保对象、农村“五保”供养对象、优抚对象和农村寄宿制学生补助所需资金,按现行财政规定分级按比例分担。领取失业保险金人员补助所需资金由失业保险基金支付。

启动程序。国家统计局山西调查总队每月15日前,向省物价局提供上月全省以及各市居民消费价格总指数、分类指数;指数涨幅达到启动条件时,由省物价局向省人民政府市场价格调控工作联席会议领导组上报启动方案,经领导组组长审定后报省人民政府发布。

【开展城镇居民社会养老保险试点工作】 自2011年7月1日起,城镇居民社会养老保险试点工作启动。山西省开展城镇居民养老保险试点县共97个,其中,包括阳曲县等国家试点县85个,省试点县12个,占全省119个县(市、区)的81%。可覆盖全省约240万城镇无业居民。2012年基本实现全覆盖。

参保范围。年满16周岁(不含在校学生)、不符合职工基本养老保险参保条件的城镇非从业居民,可以在户籍地自愿参加城镇居民养老保险。

基金筹集。城镇居民养老保险基金主要由个人缴费和政府补贴构成。1. 个人缴费。参加城镇居民养老保险的城镇居民应当按规定缴纳养老保险费。目前,山西省年缴费标准设为100元、200元、300元、400元、500元、600元、700元、800元、900元、1000元10个档次,今后将依据经济发展和城镇居民人均可支配收入增长等情况适时调整缴费档次。参保人自主选择档次缴费,多缴多得。

2. 政府补贴。政府补贴分基础养老金补贴(出口补)和缴费补贴(入口补)两部分。(1)基础养老金补贴(出口补)。政府对符合待遇领取条件的参保人全额支付城镇居民养老保险基础养老金。国家级试点的基础养老金由中央财政全额补贴,省级试点的基础养老金由省级财政全额补贴。实现全覆盖后,调整待遇资金由中央财政和省级财政补贴。

(2)缴费补贴(入口补)。市、县(市、区)人民政府应对参保人员缴费给予补贴。最低补贴标准为:缴100元补30元、缴200元补35元、缴300元补40元、缴400元补45元、缴500元及其以上补50元。对城镇重度残疾人、低保户等缴费困难群体,原则上由当地政府为其代缴最低标准的养老保险费。上述缴费补贴和政府代缴费用,由市、县两级财政共同承担。有条件的市、县(市、区)可以提高补贴标准,具体办法由市、县(市、区)人民政府研究确定。政府对参保人的缴费补贴,不能冲抵个人缴费。市、县(市、区)人民政府可制定长缴多得的鼓励政策,积极引导中青年城镇居民普遍参保。

3. 鼓励其他经济组织、社会组织和个人为参保人缴费提供资助。

建立个人账户。县(市、区)城镇居民社会养老保险经办机构为每个参保人员建立终身记录的养老保险个人账户。个人缴费、地方人民政府对参保人的缴费补贴及其他来源的缴费资助,全部分项目记入个人账户。个人账户储存额目前每年参考中国人民银行公布的金融机构人民币一年期存款利率计息。

养老金待遇及调整。养老金待遇由基础养老金和个人账户养老金构成,支付终身。

国家及省试点的基础养老金标准为每人每月55元。有条件的县(市、区)人民政府可以根据实际情况提高基础养老金标准,对于长期缴费的城镇居民,可适当加发基础养老金,提高和加发部分的资金由县(市、区)人民政府支出。

个人账户养老金的月计发标准为个人账户储存额除以139(与现行职工基本养老保险及新农保个人账户养老金计发系数相同)。参保人员死亡,个人账户中的资金余额,除政府补贴外,可以依法继承;政府补贴余额用于继续支付其他参保人的养老金。

根据经济发展、物价变动等情况和国家的安排,山西省将适时调整城镇居民养老保险基础养老金的最低标准。

养老金待遇领取条件。参加城镇居民养老保险的城镇居民,年满60周岁,可按月领取养老金。

城镇居民养老保险制度实施时,已年满60周岁、未享受职工基本养老保险待遇以及国家规定的其

山西省失业保险金和医疗补助金标准

单位：元

类别	月失业保险金标准	月医疗补助金标准	适用区域
一类	700	70	太原市迎泽区、尖草坪区、杏花岭区、万柏林区、晋源区、小店区、古交市，大同市城区、矿区、南郊区，阳泉市城区、矿区、郊区，长治市城区，晋城市城区、泽州县，朔州市朔城区，晋中介休市，吕梁孝义市，运城河津市
二类	640	64	太原市清徐县，大同市新荣区，长治市郊区、潞城市、襄垣县，晋城高平市，朔州市平鲁区、怀仁县、山阴县，忻州市忻府区、原平市，吕梁市离石区、汾阳市，晋中市榆次区，临汾市尧都区、侯马市、霍州市，运城市盐湖区、永济市
三类	580	58	太原市阳曲县，大同市左云县、浑源县、大同县，阳泉市盂县、平定县，长治市长治县、屯留县、沁源县，晋城市阳城县、沁水县、陵川县，朔州市应县，忻州市定襄县、代县、宁武县，吕梁市交口县、交城县、柳林县，晋中市灵石县、左权县、和顺县、昔阳县、寿阳县、太谷县、祁县、平遥县，临汾市翼城县、襄汾县、洪洞县、古县、汾西县、吉县、乡宁县、蒲县、隰县、曲沃县，运城市临猗县、稷山县、绛县、新绛县、芮城县
四类	520	52	太原市娄烦县，大同市阳高县、广灵县、天镇县、灵丘县，长治市平顺县、沁县、武乡县、壶关县、长子县、黎城县，朔州市右玉县，忻州市繁峙县、神池县、五寨县、河曲县、保德县、偏关县、岢岚县、静乐县、五台县，吕梁市兴县、方山县、岚县、临县、中阳县、石楼县、文水县，晋中市榆社县，临汾市大宁县、永和县、安泽县、浮山县，运城市闻喜县、平陆县、垣曲县、夏县、万荣县

他养老待遇的，不用缴费，可按月领取基础养老金；距领取年龄不足15年的，应按年缴费，也允许补缴（补缴部分不享受政府补贴），累计缴费不超过15年；距领取年龄超过15年的，应按年缴费，累计缴费不少于15年。

要引导城镇居民积极参保、长期缴费，长缴多得；引导城镇居民养老保险待遇领取人员的子女按规定参保缴费（参加城镇职工或居民养老保险均可）。

基金管理。建立健全城镇居民养老保险基金财务会计制度。城镇居民养老保险基金纳入社会保障基金财政专户，实行收支两条线管理，单独记账、核算，按有关规定实现保值增值。试点阶段，城镇居民养老保险基金暂实行县级管理，待城镇居民养老保险制度实现全省全覆盖时再实行省级管理。

基金监督。各级人力资源社会保障部门要切实履行城镇居民养老保险基金的监管职责，制定完善城镇居民养老保险各项业务管理规章制度，规范业务程序，建立健全内控制度和基金稽核制度，对基金的筹集、上解、划拨、发放进行监控和定期检查，并定期披露城镇居民养老保险基金筹集和支付信息，做到公开透明，加强社会监督。财政、监察、审计部门按各自职责实施监督，严禁挤占挪用，确保基金安全。城镇居民养老保险经办机构和居委会每年在社区范围内对城镇居民的待遇领取资格进行公示，接受群众监督，杜绝虚报冒领。

经办管理服务。县（市、区）城镇居民养老保险经办机构要认真记录城镇居民参保缴费和领取待遇情况，建立参保档案，长期妥善保存；建立全省统一的城镇居民养老保险信息管理系统，与职工基本养老保险、新农保信息管理系统整合，纳入社会保障信息管理系统（“金保工程”）建设，并与其他公民信息管理系统实现信息资源共享；要大力推行社会保障卡，方便参保人持卡缴费、领取待遇和查询本人参保信息。

加强经办能力建设，提高工作效率。试点地区要按照精简效能的原则，整合现有社会保险经办管理资源，确保必要的人员编制，人员工资和工作经费应纳入同级财政预算，不得从城镇居民养老保险基金中开支。根据城镇居民养老保险经办服务的特殊性及工作需要，县（市、区）人民政府要在街道办事处一级明确承担城镇居民养老保险经办服务的机构，要有固定的办公场所，配备必要的人员和设施，建立与服务人群和业务量挂钩的经费保障机制，原则上按每位服务对象每年补助3元的标准，纳入本级财政年度预算，用于通过购买服务的方式解决基层经办人员不足和必要的经费开支等问题。

相关制度衔接。有条件的地方，城镇居民养老保险应与新农保合并实施。其他地方应积极创造条件将两项制度合并实施。参加城镇居民养老保险人员因户籍变更需跨县（市、区）转移养老保险关系的，个人账户资金可随人全部转移。

城镇居民养老保险与职工基本养老保险等其他养老保险制度的衔接办法，城镇居民养老保险制度与城镇居民最低生活保障、社会优抚等其他制度的配套衔接工作，按国家有关规定执行。

【城镇居民社会养老保险试点县名单】 国家试点县85个：太原市阳曲县、娄烦县、小店区、万柏林区、杏花岭区、迎泽区、尖草坪区、晋源区、古交市、清徐县，大同市浑源县、阳高县、新荣区、灵丘县、广灵县、天镇县，朔州市朔城区、应县、怀仁县、山阴县、平鲁区，阳泉市盂县、平定县，长治市平顺县、沁县、黎城县、壶关县、沁源县、武乡县、长治县、长子县、襄垣县，晋城市陵川县、高平市、沁水县，忻州市代县、原平市、五台县、偏关县、宁武县、岢岚县、五寨县、静乐县、河曲县、保德县，晋中市祁县、介休市、昔阳县、榆次区、左权县、和顺县、榆社县、灵石县、太谷县、寿阳县，临汾市翼城县、洪洞县、永和县、隰县、浮山县、尧都区、襄汾县、霍州市、吉县、蒲县，运城市稷山县、闻喜县、临猗县、芮城县、垣曲县、万荣县、平陆县、盐湖区，吕梁市中阳县、交口县、汾阳市、离石区、兴县、临县、方山县、文水县、交城县、石楼县、柳林县、岚县。

省试点县12个：大同市左云县、大同县，阳泉市郊区，长治市屯留县、潞城市，晋城市阳城县、泽州县，临汾市古县、曲沃县，运城市新绛县、河津市，吕梁市孝义市。

【国有企业老工伤人员等纳入工伤保险统筹管理】 根据国务院第140次常务会议对做好国有企业老工伤人员等纳入工伤保险统筹管理的决定和人力资源社会保障部、财政部等部委的统一部署，2011年年底前基本实现各类企业老工作人员全部纳入工伤保险统筹管理。

基本原则和目标任务。本着尊重历史、实事求是、多方筹集、落实资金、完善手续、平稳衔接、分期分批、全面解决的原则，各统筹地区(单位)2011年4月30日前，将国有企业(包括已实施关闭破产企业)有伤残等级的老工伤人员和工亡职工供养亲属全部纳入工伤保险统筹管理；同时统筹解决好国有企业其他老工伤人员和集体企业、原国有集体改制企业老工伤人员纳入工伤保险统筹管理问题，确保2011年11月底前基本实现上述各类企业老工伤人员全部纳入工伤保险统筹管理。

人员范围和待遇支付项目。1.将参保企业在参保前的一级至四级伤残等级的工伤人员各项工伤保险待遇、五级至十级伤残等级的工伤人员旧伤复发医疗费和安装配置辅助器具费以及工亡职工供养亲属抚恤金等工伤保险待遇仍由用人单位支

山西省最低工资标准

单位：元

类别	全日制用工		非全日制用工	适用区域
	月标准	小时标准	小时标准	
一类	980	5.63	10.80	太原市迎泽区、尖草坪区、杏花岭区、万柏林区、晋源区、小店区、古交市，大同市城区、矿区、南郊区，阳泉市城区、矿区、郊区，长治市城区，晋城市城区、泽州县，朔州市朔城区，晋中介休市，吕梁孝义市，运城河津市
二类	900	5.17	9.90	太原市清徐县，大同市新荣区，长治市郊区、潞城市、襄垣县，晋城市高平市，朔州市平鲁区、怀仁县、山阴县，忻州市忻府区、原平市，吕梁市离石区、汾阳市，晋中市榆次区，临汾市尧都区、侯马市、霍州市，运城市盐湖区、永济市
三类	820	4.71	9.00	太原市阳曲县，大同市左云县、浑源县、大同县，阳泉市盂县、平定县，长治市长治县、屯留县、沁源县，晋城市阳城县、沁水县、陵川县，朔州市应县，忻州市定襄县、代县、宁武县，吕梁市交口县、交城县、柳林县，晋中市灵石县、左权县、和顺县、昔阳县、寿阳县、太谷县、祁县、平遥县，临汾市翼城县、襄汾县、洪洞县、古县、汾西县、吉县、乡宁县、蒲县、隰县、曲沃县，运城市临猗县、稷山县、绛县、新绛县、芮城县
四类	740	4.25	8.10	太原市娄烦县，大同市阳高县、广灵县、天镇县、灵丘县，长治市平顺县、沁县、武乡县、壶关县、长子县、黎城县，朔州市右玉县，忻州市繁峙县、神池县、五寨县、河曲县、保德县、偏关县、岢岚县、静乐县、五台县，吕梁市兴县、方山县、岚县、临县、中阳县、石楼县、文水县，晋中市榆社县，临汾市大宁县、永和县、安泽县、浮山县，运城市闻喜县、平陆县、垣曲县、夏县、万荣县

付的，纳入工伤保险基金支付范围。

2. 将国有、集体关闭破产企业一级至六级伤残等级的工伤人员伤残津贴、生活护理费、旧伤复发医疗费、安装配置辅助器具费等待遇和工亡职工供养亲属抚恤金，纳入工伤保险统筹管理。

3. 已经按照城镇企业职工基本养老保险政策规定，享受基本养老保险待遇的退休工伤人员，继续按原渠道领取基本养老金，以后的工伤医疗费、安装配置辅助器具费、生活护理费纳入工伤保险统筹管理。

4. 尚未参加工伤保险的企业参加工伤保险后，同步将其参保前的老工伤人员待遇纳入工伤保险统筹管理。

对原已按照规定通过一次性支付补偿金等办法终结工伤待遇关系的各类企业工伤人员，不再作为老工伤人员纳入工伤保险统筹管理。

资金筹集和分配。1. 资金筹集。各统筹地区要通过工伤保险基金调剂、企业趸缴部分费用（或分年度按企业职工工资总额的一定比例缴费）、政府补助等多渠道筹集企业老工伤人员纳入工伤保险统筹管理所需资金。(1)对已参保的企业，应将其老工伤人员直接纳入工伤保险统筹管理，所需资金通过工伤保险基金调剂解决；工伤保险基金没有结余或结余较少的企业除按规定正常缴费外，再按一定标准一次性趸缴部分费用或筹集资金。

(2)对尚未参保的企业，要依照《工伤保险条例》督促其参保，可在其参保的同时一并将其老工伤人员全部纳入工伤保险统筹管理；对老工伤人员多、费用支出高的企业，可规定企业除按规定参保缴费外，再按一定标准一次性趸缴部分费用或分年度按企业职工工资总额的一定比例筹集资金。

(3)企业已实施关闭破产的，老工伤人员纳入工伤保险统筹管理所需资金，主要通过工伤保险基金调剂解决，同级财政给予适当补助。除中央财政一次性补助外，省级财政对解决老工伤问题任务重、统筹负担有资金缺口的市每年给予适当补助。

对通过扩大工伤保险覆盖面、工伤保险基金调剂、企业趸缴部分费用后仍难以满足老工伤人员纳入统筹资金需求的，统筹地区人民政府应安排一定的补助资金，确保老工伤人员纳入统筹管理后工伤保险基金的平稳运行。具体筹集资金办法由统筹地区人民政府根据统筹基金收支、结余及老工伤人员待遇支出等情况确定。

对省单独管理的省属国有重点煤矿企业尚未纳入统筹管理的老工伤人员旧伤复发医疗费等待遇项目，纳入工伤保险统筹管理所需资金，分年度按不超过企业职工工资总额的1%筹集老工伤纳入费用（在按规定正常缴费的同时）；已关闭破产的省属国有重点煤矿企业老工伤人员纳入工伤保险统筹管理所需资金，除中央财政一次性补助、工伤保险基金结余调剂后的缺口部分，由省级财政予以补助。

为确保企业老工伤人员纳入工伤保险统筹管理后工伤保险基金的平稳运行，各统筹地区企业老工伤人员纳入工伤保险统筹管理五年后，资金有缺口的，由各统筹地区人民政府统筹研究解决；省单独管理的省属国有重点煤矿企业老工伤人员纳入工伤保险统筹管理五年后，资金有缺口，由省人民政府统筹解决。

2. 资金分配办法。中央财政补助资金按照各统筹地区上报的"未纳入统筹的国有、集体关闭破产企业1～6级老工伤伤残职工和工亡职工供养亲属人数"等情况分配。省级财政补助资金根据各统筹地区解决老工伤问题的任务和负担困难程度等情况分配。

【调整山西省失业保险金标准】 根据《失业保险条例》（国务院令第258号）的有关规定及我省调整后的最低工资标准，省政府决定从2011年4月1日起，全省城镇失业人员失业保险金，在现行标准基础上依次调整为每人每月一类700元，二类640元，三类580元，四类520元。

医疗补助金按本人领取失业保险金的10%按月发放。

【调整山西省最低工资标准】 依据《山西省最低工资规定》（省政府令第218号）和《最低工资规定》（劳动保障部令第21号）精神，省政府决定从2011年4月1日起对现行最低工资标准进行调整。

提高最低工资标准。将现行月最低工资标准由一类850元、二类780元、三类710元、四类640元，依次调整为980元、900元、820元、740元。

同时，相应提高小时最低工资标准。调整后，全日制小时最低工资标准依次为一类5.63元、二类5.17元、三类4.71元、四类4.25元；非全日制用工小时最低工资标准依次为一类10.8元、二类9.9元、三类9元、四类8.1元。

提高煤矿井下从业人员最低工资标准。将现行的井下采掘人员、井下辅助人员月最低工资标准由1600元、1400元，分别调整为1800元、1600元。同时，相应提高井下采掘人员和辅助人员的小时最低工资标准，分别为10.35元、9.2元。

根据全省各地的经济发展和工资收入变动情况调整。介休市、河津市、孝义市、襄垣县、山阴县、沁源县、柳林县等7个县（市）的最低工资标准上调一个类别，黎城县、文水县2个县下调一个类别，其余县（市、区）类别不变。

最低工资标准是剔除下列各项后，用人单位支付给劳动者的货币性工资。①加班加点工资；②中班、夜班、高温、低温、井下、有毒有害、行车等特殊工作环境、条件下的津贴；③法律、法规和国家规定的劳动者福利待遇等。

【为低收入农户供应冬季取暖用煤】 为解决全省低收入农户〔2010年度农户人均纯收入低于省统计局公布的2010年全省农村人均纯收入2倍(4736×2)水平的农户〕群众冬季取暖问题，省政府决定从2011年起到2015年年底，向全省符合条件的农户每户每年免费供应1吨冬季取暖用煤。688万户家庭从中受益。

（李仁贵）

食品药品监督

【全面提升食品药品安全保障水平】

集中整治突出问题。2011年，抓住进货渠道不规范、餐厨条件不达标、餐饮具消毒不严格、人员体检不落实以及滥用食品添加剂等突出问题，集中开展学校和幼儿园食堂、建筑工地食堂、食品添加剂和调味料、旅游景点和农家乐等专项整治。责令整改2972家，立案查处违法违规案件1061起，罚没款464万元，取缔61家，公开曝光省城32家问题较为突出的大型饭店、16家滥用食品添加剂的火锅店、20家隐患较多的学校食堂。保健食品采取公开曝光、区域禁售、强行下架等措施，重点整治非法添加、虚假宣传等问题。

建立和落实管理规范。2011年，制定出台餐饮安全监督公示制度、添加剂专项管理制度，着力从制度层面规范餐饮服务单位的经营行为。在检查打分的基础上，公示监督信息，用笑脸、平脸、哭脸直观反映饭店的餐饮安全保障状况，方便消费者选择和监督。在餐饮单位强力推行食品添加剂“五专”管理（专人管理、专店购买、专柜储存、专门登记、专门称量工具），严格监督落实索票索证制度、餐厨废弃物处理登记制度，推动餐饮企业硬件设施、安全管理有了改观。

扎实开展示范工程建设。创建了稷山等5个省级药品安全示范县和8个省级餐饮安全示范县、迎泽宾馆等50个省级餐饮安全示范店，政府重视、监管加强、企业主动、公众参与、社会监督的氛围逐步形成。

加强餐饮安全风险检测。山西省食品药品监督管理局集中3个月时间，组织开展全省餐饮环节食品重点品种监督抽验，共抽验餐饮单位706家，抽验食醋、鸡肉、牛肉、羊肉、水产加工食品、凉拌菜、熟肉制品、盒饭、餐饮具等共22个品种2870个批次，检验项目175项，超过任务指标46%，增强了监管的针对性和科学性。

【药品、医疗器械监管专项整治取得阶段性成果】 实施全过程监管、全品种抽验，确保基本药物质量安全可靠。对全省96家基本药物生产企业的1171个品种、规格进行了质量标准执行情况监督检查，对参与基本药物招标的88家生产企业和40家配送企业全部实施了电子监管，先后开展了4次全覆盖监督检查，对存在问题的8家企业下达了责令整改通知书，对2家违规企业进行了严厉查处。对省内外1333家基本药物投标企业进行严格审核，完成基本药物全品种抽验6095批次，保证了基本药物质量安全可靠。

加强源头治理，确保高风险品种不出问题。2011年，山西省食品药品监督管理局以血液制品、中药注射剂、疫苗、含麻制剂为重点，集中开展7个专项检查，跟踪检查高风险药品生产企业20家，检查疫苗批发企业9家，麻醉药品和第一类精神药品批发企业12家，对全省120家医疗器械生产企业、60家高风险医疗器械经营企业进行了专项检查，完成医疗器械质量抽验416批次，进一步提高了安全风险防控水平。

对违法违规行为露头就打，苗头性、倾向性问题得到有效整治。组织开展了非药品冒充药品、通过寄递等渠道销售假劣药品、利用互联网等媒体发布虚假广告等专项治理，责令整改75家，停业整顿45家，取缔窝点38家，对20个违法广告药品实行了全省禁售下架。全省共查办案件5406起，罚没款1681.5万元，分别比2010年增长33.8%和75%。

【努力创新监管方式】 全国第一家制定实施保健食品管理办法。当前，保健食品市场主要存在两个问题。一是违法添加药品和未经国家批准的添加剂。二是违法宣传，夸大功能，虚编疗效，误导消费者。国家法律、法规对如何监管没有具体规定，监管缺乏法律依据。在调研论证的基础上，山西省食品药品监管局探索制定《保健食品违法添加行为处理办法》和《违法宣传处理办法》，并依据两个《办法》，对监督发现非法添加和违法宣传的19个保健食品，采取了曝光和全省封存下架、禁止销售的行政强制措施。《中国医药报》、《山西日报》、《山西经济日报》、新华网、人民网等15家主流媒体报道了该局的做法。

查处药品大要案件创建局以来最高水平。山西省食品药品监管局采取带动加推动的方法，要求省市两级下沉一线，带头查办大要案件。与山西省公安厅联合制定《打击制售假劣食品药品违法犯罪活动工作制度》，建立了行政执法和刑事司法衔接机制。2011年，仅查办百万元以上案件4起，实施行业驱逐3人，向公安机关移送涉刑案件19起，批捕8人。

中博会餐饮安全保障被评为先进单位。山西省食品药品监管局把重大保障工作作为检验能力、检验作风的机遇，在中博会保障中，借鉴世博会保障的经验，探索和创新方法，对179家接待酒店餐饮保障采取全程监督、动态监管、驻店保障，做到每日安全检查要点清、每日住房人数清、每日用餐安全状况清，实现了中博会餐饮安全零投诉、无事故。被省委、省政府授予“中博会保障优秀单位”称号，8名个人立功受奖。

促进医药产业转型发展的做法在全国会议上作了经验介绍。制定出台促进山西医药产业转型跨越发展的30条意见，在全国率先启动实施新修订《药品生产质量管理规范》，积极鼓励引导医药企业联合、兼并、重组，提高产业集中度。已有国药集团、华润医药集团、九洲通医药集团等国内大集团落户山西，国药山西、亚宝集团、振东制药等一批企业通过兼并重组、资源整合，核心竞争力明显提升，发挥了龙头带动作用。全省医药工业和流通销售收入分别达到150亿元，增长幅度超过20%。山西省食品药品监管局推进产业发展的举措得到国家局的充分肯定，在2011年12月21日全国食品药品监管工作会上作了典型发言。

【实施食品药品监管体制改革】 全省市县监管力量得到新加强。在县级监管机构已经与卫生部门合署办公的情况下，山西省食品药品监督管理局经过充分调研论证、沟通协调，赢得理解和支持。省编委于2011年2月28日下发了《关于调整设置县级食品药品监督管理机构的通知》（晋编字〔2011〕7号），为县级机构增加了一个限额，明确县级食品药品监管机构作为政府工作部门单独设置。全省9个市新增了餐保化监督机构和药品不良反应监测机构，稷山、临县、代县等一批县市成立了食品药品稽查大队。全省市县新增加机构46个，新增加编制576名。10个市局还统一了制式执法服装，执法权威和系统形象得到提升。

建立省市县各有侧重优势互补的新机制。山西省食品药品监督管理局把握新体制下食品药品监管内在规律和运行特点，建立省局重点抓风险管理、市局抓重点企业管理、县局重点抓日常监管新机制。省局抓住苗头性、倾向性问题，组织9次综合形势分析和风险研判，及时采取应对措施，有效防范重大事故发生；组织各市局集中开展专项检查11项，有效解决安全突出问题；县局强化日常监管和巡回检查，促进了市场规范。

探索层级监督指导的新方法。为保障分级管理后政令畅通和全省监管一盘棋，山西省食品药品监督管理局实施了《重大事项督查制度》，对国家和省委、省政府安排部署的重要事项，对影响食品药品安全的突出问题，采取抽查和暗访等方式，开展督导检查18次。对发现的问题，以严肃的《督查函件》形式责令相关部门限期查办，限期整改，限时上报，收到了良好效果。

（高　翔）

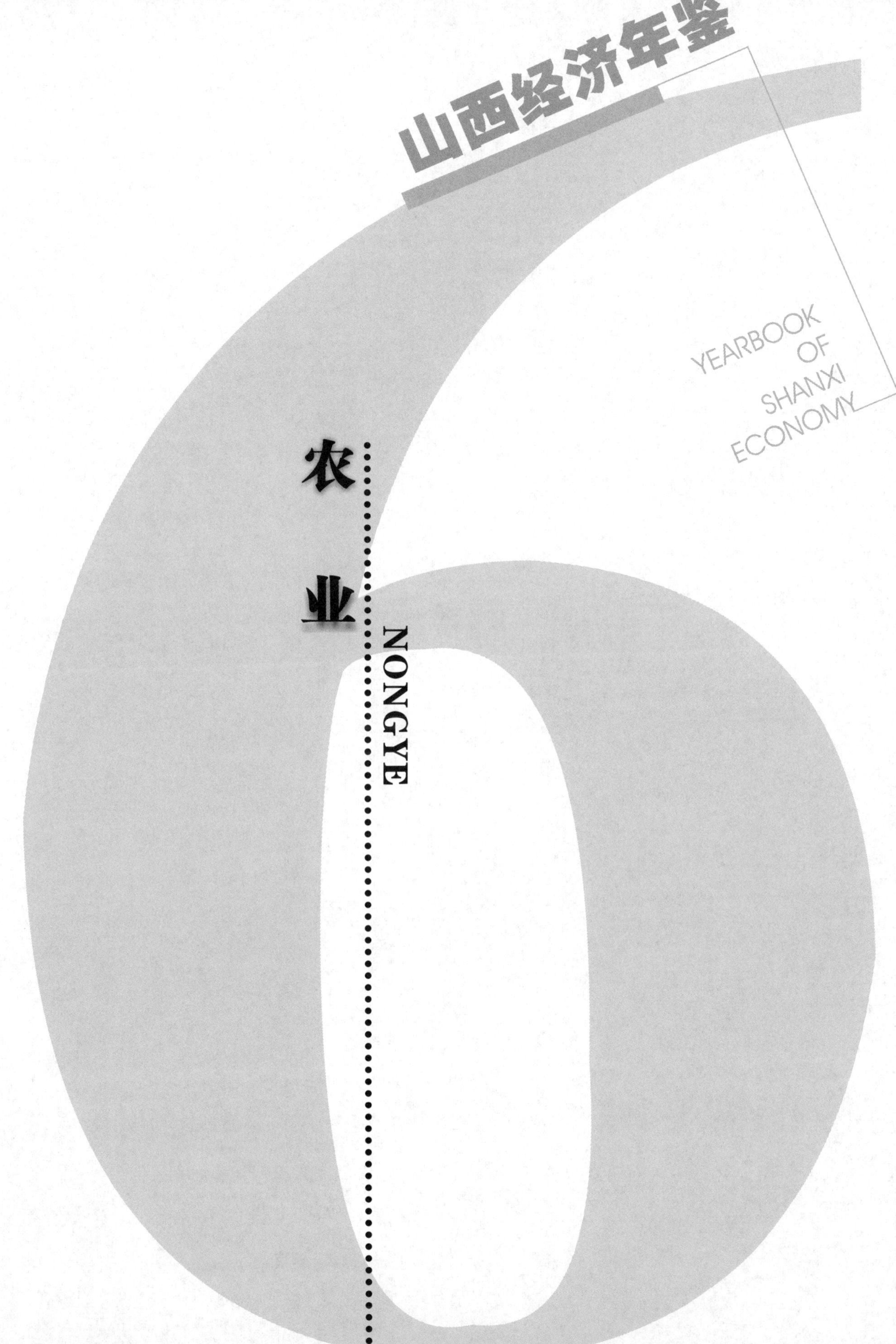

山西经济年鉴
YEARBOOK
OF
SHANXI
ECONOMY
农业
NONGYE

农业

综述

【农业和农村经济实现“十二五”良好开局】 粮食产量再创历史新高。2011年,全省粮食总产量119.3亿千克,再创历史新高。全省11个市全部增产,运城市增产最多,增加3.4亿千克;大同市增幅最大,增长28%;永济市、原平市、朔城区3个产粮大县受到国务院表彰奖励。其他主要农产品产量全面增长,蔬菜、水果、肉、蛋、奶总产量分别达到981.9万吨、555.3万吨、71.4万吨、71.1万吨和74.6万吨,分别较2010年增长8%、35.9%、-1.4%、0.6%和1.9%。

农民收入持续快速增长。2011年,全省农民人均纯收入5601.4元,比2010年增长18.3%,增幅为1997年以来最高,并超过城镇居民收入增幅。其中,人均工资性收入2684.9元,增长27.3%,占到人均纯收入的47.9%。全省11个市增幅均超过15%,吕梁市增幅最大,增长21.9%;太原市增加额最高,增加1277元。阳泉市加大城镇化力度促进农村劳动力转移增收,为全省创造了经验。

农业结构调整迈出实质性步伐。强势推进“一村一品”、“一县一业”,制定出台实施意见,集中力量扶持2000个专业村和42个基地县,全系统1000多名干部住村3个月开展调研帮扶,对专业村主要干部进行集中培训,狠抓规划、项目、政策落实工作。扎实推进大同、晋中、运城三大现代农业示范区和10个现代农业示范县建设,累计开工项目519个,完成投资83.7亿元。太谷县、大同南郊区、盐湖区被列为国家现代农业示范区。深入推进农产品加工“513”工程,组织银企对接落实信贷资金80亿元,省级梯次企业实施技改扩建项目87个,完成投资74.3亿元。2011年,全省农产品加工业销售收入629亿元,比2010年增长23.3%。扎实推进百万棚设施蔬菜建设工程、千园万场规模健康养殖工程、水果双增工程,新增设施蔬菜1.4万公顷,新建规模健康养殖小区和养殖场645个,新发展果园2.1万公顷,改造老果园2.8万公顷。长治市以标准化为突破口深化农业结构调整,成为全国第一个农业综合标准化示范市。大同市加大招商引资力度大上项目、上大项目,农业产业化项目建设走在全省前列。

农业基础设施和服务体系建设进一步加强。2011年,扎实推进中低产田改造和大同盆地盐碱地改造工程,改造中低产田14.1万公顷,改造盐碱地0.9万公顷。积极创新农业科技推广机制,完善“三长”联席会议制度,启动建设9个现代农业产业技术体系,加强基层农技推广体系改革与建设,大力开展专家包县、技术员包村,农业科技支撑能力有了新的提高。加大动植物疫病防控、农产品质量安全体系建设力度,出台《山西省农产品质量安全条例》,组织开展蔬菜农药残留超标、“瘦肉精”、生鲜乳质量安全、兽药饲料质量安全和假劣农资等5项专项整治,全年没有发生重大动物疫情和农产品质量安全事件。农业市场信息、农业综合执法等服务体系建设也取得了新进展。太原市通过严格准入管理和质量追溯,强化农产品质量安全监管;晋城市以开展规范化管理创建活动为抓手,全面提高动物疫病防控水平;晋中市在全省率先完成基层农技推广体系改革与建设任务;临汾市多措并举推进农业综合执法工作,这些工作成为全省工作的新亮点。

农业经营形式不断创新。以土地流转为突破口积极发展多种形式的适度规模经营,全省土地流转面积39.5万公顷,合同签订率80%以上。颁布实施《山西省农民专业合作社条例》,全省新增农民专业合作社9350个,发展数量继续位居全国前列。特别是通过开展“358”示范社建设行动,合作社发展的质量和水平有了新的提高,全省合作社联社、资金互助合作社和土地股份合作社达到1764个。积极探索构建“龙头企业+合作社+基地+农户”的产业化经营模式和利益联结机制,农业产业化经营机制进一步完善。加强农村“三资”管理,完成全省2.8万个村的干部任期和离任经济责任审计,为第九届村委会换届选举打下了基础。晋中市着力打造“一村一品一社”现代农业发展模式,在全省率先实现了农民专业合作社村级全覆盖目标。

农业对外交流合作取得突破性进展。通过组织参加国内外各类展销会、博览会，加强同京津等地和国内外知名企业合作，在经济发达城市建立山西特色农产品展示直销中心，大力发展以芦笋、红芸豆、水果等为重点的优势农产品出口基地，进一步扩大了山西省特色农产品的知名度和销售渠道。2011年，山西省苹果实现了对澳大利亚、美国、加拿大的技术解禁，成功进入发达国家高端市场。第二届中国（山西）特色农产品交易博览会成功举办，成为山西农业对外交流合作的重要平台，共签约贸易项目3209个，签约额332亿元；签约投资项目159个，签约额398.6亿元，较第一届农博会均有30%～50%的增长。特别是引进了一批大企业、大集团，促成中农、首农、新希望、雨润、新发地等知名企业投资十几亿、几十亿的项目签约。以第二届农博会为标志，山西省农业对外开放工作站在了新的发展起点上。

*强农惠农富农政策力度不断加大。*2011年，在认真落实中央和山西省已有强农惠农富农政策的同时，山西省出台了高标准农田建设补贴、玉米丰产方建设补贴、设施蔬菜贷款贴息补助、规模健康养殖补贴等新的10项惠农政策，整合新增资金12亿元，对调动农民生产积极性，促进农业发展起到了重要的导向和杠杆作用。各级农业投入也有较大幅度增长。除各种补贴外，争取中央和省级安排的各类财政支农资金18.9亿元，比2010年增长10%；农业基本建设资金6.6亿元，增长11.3%。长治市本级财政支农投入1.9亿元，增加1.2亿元，投入额和增加额均为全省最高。朔州各区县财政支农投入平均达到3764.5万元，居全省第一。

*新农村建设扎实推进。*2011年，按照大县城、小城镇、中心村的总体布局，新选择确定2000个重点推进村进行建设，村级规划编制和“四化四改”任务圆满完成。启动实施新农村集中连片建设工程，着力推进片区产业规模发展，基础设施互通互连，公益设施配套完善，全省新农村建设工作进入“示范带动、连片建设、整体推进”的新阶段。积极探索以工补农、以煤补农机制，协调和组织机关、企事业单位实行对口帮扶，全省工矿商贸企业帮建新农村9000多个，累计投入资金50多亿元，共为帮建村建设基础设施和产业发展项目3万多个。加强以沼气为主的农村可再生能源建设，落实沼气建设农户10万户，全省户用沼气达到70万户。狠抓新农村规划编制和干部培训，市级规划编制基本完成，对全省8000多名新农村建设基层干部开展了专题培训。

除此之外，农业部门自身建设也得到了加强，特别是全系统集中时间、集中力量，对近10年未验收的基建项目实行严格的责任制，限期完成验收。截至2011年年底，督促验收已竣工项目1485个，涉及资金22.97亿元，分别占应验收项目总数的95.4%和89.5%。

（周智深）

【大力发展县域经济，开展扩权强县试点】 *扩权强县试点工作的主要目标。*通过扩权强县试点，逐步探索创新省、市、县三级行政管理体制，加强县（市）级政府的经济调节、市场监管、社会管理和公共服务职能，增强县域经济社会发展的活力，培育壮大一批经济实力强、发展速度快、社会管理好的县（市）。综合考虑经济实力、发展潜力、区位优势以及各市试点县（市）大体平衡等因素，选择22个县（市）作为第一批扩权强县改革试点。

*扩权强县试点工作的主要内容。*1. 关于计划报送。试点县（市）的国民经济和社会发展年度计划、中长期规划、专项规划以及各业务部门的专业计划，由试点县（市）政府及有关部门直接向省有关部门上报，同时抄报所在市有关部门。省有关部门对试点县（市）的有关指标直接进行平衡。

2. 关于财政管理。试点县（市）全部纳入“省直管县”财政管理体制改革试点范围，在财政体制、转移支付、财政预决算、资金调度、财政结算、债务管理等方面，由省财政直接管理到县（市）。各市不得自行调整市对试点县（市）的财政体制，确需调整的要经省财政厅报省政府同意。对试点县（市）一般预算收入中税收收入比上年增长部分，省、市财政按上缴省、市级收入增加额的50%奖励给试点县（市）作为发展资金。

3. 关于项目申报。除国家和省有明确要求外，试点县（市）投资主管部门享有市投资主管部门核准或审批权限；需报送国家和省投资主管部门核准或审批的项目，由试点县（市）投资主管部门直接向省投资主管部门申报，并抄报所在市投资主管部门。需申请国家和省资金的企业投资项目，一律由试点县（市）有关部门直接向省有关部门报送项目资金申请报告并抄报所在市有关部门。

4. 关于统计数据发布。加强试点县（市）经济社会发展统计监测，在发布各市的统计资料时，同时发布试点县（市）的主要统计数据，各试点县（市）经济、社会发展的所有统计数据仍统计在所在市。

5. 关于证照发放。除法律、法规和规章明确规定由市一级核发的证照外，原由市核发的其他证照，由试点县（市）直接审查核发；需经市审核、报省直有关部门核发的证照，由试点县（市）审核后直接报省直有关部门审查核发，报市备案。

6. 关于税管权限调整。试点县（市）地税部门受理纳税人的营业税、资源税等减免税审批事项，生产性外商投资企业享受企业所得税“两免三减”税收优惠的年度确认，外商投资的先进技术企业所得税优惠延长减免的审批，外商投资企业的外商税后利润再投资退税的审批，购国产设备优惠政策等，均比照所在市的税收管理权限办理。

7. 关于土地利用。土地利用年度计划由试点县（市）有关部门直接向省有关部门申请核准。需省政府审批的各项建设用地，由试点县（市）政府直接报省政府。在试点县（市）区域内的省重点建设项目用地，经试点县（市）有关部门初步预审后，由项目法人直接报省有关部门预审、审核、审批。

8. 关于环评审核。对于试点县（市）淘汰落后产能、关闭污染企业所腾出的排污总量，优先供给本县（市）新建固定资产项目，不再由市一级统一平衡。应办理建设项目环境影响登记表的项目，由项目所在试点县（市）直接办理。

9. 关于机构编制核定和干部选拔任用。试点县（市）设立、撤并机构直接报省编办，在市编办备案。加强对试点县（市）干部的重点管理，注重选拔综合素质好，有利于推动扩权强县建设的优秀干部到试点县(市)任职，并加大治庸治懒和治散治软力度，做到严格要求、严格管理。对试点县(市)党政正职纳入省委统一管理。对经济社会发展水平进入全国或中部地区前列，或在全省排名进位较多的，试点县(市)党政领导干部尤其是党政正职，按照有关规定予以优先提拔或重用。

第一批扩权强县试点县(市)名单。第一批扩权强县试点县(市)共22个：清徐县、古交市、灵丘县、阳高县、山阴县、怀仁县、原平市、保德县、孝义市、柳林县、介休市、灵石县、盂县、平定县、襄垣县、长治县、高平市、阳城县、洪洞县、侯马市、河津市、永济市。

（李仁贵）

【加大扶贫开发力度，开展领导干部下乡住村包村增收活动】 目标任务。到“十二五”末，实现包扶村农民人均纯收入翻番。立足包扶村实际，着眼农民增收需要，坚持“一村一品”、“一县一业”的产业发展思路，结合行业特点，发挥部门优势，重点帮助包扶贫困村配套完善基础设施，开发优势产业资源，发展特色农业和设施农业，促进农村社会化服务和市场体系建设，抓好农民科技培训和转移就业，加强基层组织建设，通过多种方式帮助包扶村开拓生产增收门路，夯实产业发展基础，提高贫困群众脱贫致富能力，为“十二五”末，实现包扶村农民人均纯收入翻番提供坚实保障。

范围对象。1. 包村范围：省级四大班子领导，纳入省年度目标责任制考核的92个省直厅局主要负责同志，市、县两级党政领导班子成员和人大、政协主要负责人，市直机关主要负责人，乡镇党政主要负责人。

2. 包村对象：省级四大班子领导，纳入省年度目标责任制考核的92个省直厅局主要负责同志，原则上在57个扶贫开发工作重点县农民人均纯收入2500元左右的贫困村中选择包扶对象，每人包扶1个行政村。有扶贫开发工作任务的市、县两级党政领导班子成员和人大、政协主要负责人，市直机关主要负责人，乡镇党政主要负责人，在各自区域内选择包扶贫困村；没有扶贫开发任务的，包扶本地区最困难的村或收入水平低的村。

【加快推进全省农村公共事业新的“五个全覆盖”工程】 农村街巷硬化全覆盖工程。两年内实施完成目前全省未实现街巷硬化的1.9万余行政村及新农村建设重点推进村中未完成的街巷硬化建设。工程涉及主街道8.4万千米、巷道4.4万千米，通户道9100千米，共计13.7万千米。2011年计划实施12800个非重点新农村建设推进村的街巷硬化，使街巷硬化行政村覆盖率达到50%。2012年实现全覆盖。

农村便民连锁商店全覆盖工程。两年全覆盖工程总任务是建设10354个行政村(含2010年前已建成但未享受财政补贴的1927个)便民连锁店(其中，供销社完成7498个、商务厅完成2856个)。2011年建设任务为5469个村(店)，2012年完成剩余村覆盖任务。

农村文化体育场所全覆盖工程。①农家书屋全覆盖工程。2010年年底，全省尚未建农家书屋的行政村有21239个，2011年计划建设14092个，覆盖率达到75%。2012年建设剩余村农家书屋，实现行政村农家书屋全覆盖。②农民体育健身设施全覆盖工程。截至2010年年底，尚有5354个行政村没有篮球场。2011年计划建成4080个行政村的体育健身场所，并在此基础上力争扩大任务量。2012年完成剩余行政村建设任务。③村级文化活动场所全覆盖工程。全省已实现行政村村级组织活动场所全覆盖。依托村级组织活动场所为全省每个行政村配送价值5000元的文化活动器材。截至2010年年底，全省尚有4383个村未完成配送任务。2011年完成2214个村配送任务。2012年完成剩余村配送任务，实现全省全覆盖。

中等职业教育免费全覆盖工程。2011年秋季学期先对职业高中(含职业中专)全部在校生、“送教下乡”学生实行免学费。2012年秋季扩大到普通中专学校和技工学校全部在校生免学费。

普通中专、职业中专学校（班）按照每生每年2100元的学费标准补助。职业高中按照每生每年1200元学费标准补助。普通技工学校按照每生每年学费2500元、高级技工班按照每生每年2800元学费标准补助。“送教下乡”学生按照每生每年600元学费标准补助。

新型农村社会养老保险全覆盖工程。目前，山西省有国家、省新农保试点县42个(未包括太原和晋城自行试点县8个)。2011年试点县增加51个，试点县达到93个，覆盖率超过80%。2012年完成剩余县覆盖任务。

【制定发展“一村一品”、“一县一业”规划】 大力发展“一村一品”专业村。按照“千村示范、万村推进”的思路目标，2011年开始，在逐级申报、审核的基础上，从产业基础较好的行政村中，每年选择2000个专业村重点培育。“一村一品”包括杂粮、蔬菜、干鲜果、畜牧、农产品加工、中药材、蚕桑、民间工艺、观光农业、农村服务业等涉农产业或产品，着重在扩大产业规模、推进标准化生产、加强市场营销和品牌建设、提高农民组织化程度等方面进行扶持。力争到“十二五”末，专业村60%以上的农户从事主导产业或产品生产经营活动，农户从事主导产业或产品经营活动的收入占农民人均收入的比重达到70%以上。全省“一村一品”专业村达到10000个，占到行政村总数的1/3以上。

扎实建设“一县一业”基地县。以发展“一村一品”为基础，从基础条件较好、产业集中度较高的优势农产品大县选择建设36个“一县一业”基地县，以后根据建设情况逐年增加。“一县一业”主要包括杂粮、马铃薯、蔬菜、苹果、梨、红枣、核桃、生猪、奶牛、肉牛、羊、禽业等优势产业，着重在扩大产业规模、提高产业集中度、培育壮大龙头企业、延伸产业链条、打造区域品牌，推进服务体系建设等方面进行扶持。力争到

"十二五"末，全省"一县一业"基地县达到60个，基地县主导产业产值占农业总产值的比重达到60%以上。

按照五大板块布局，建设产业带和产业区。在"一村一品"、"一县一业"发展的基础上，依托自然优势和资源禀赋，按照雁门关、太行山、吕梁山、晋中盆地和晋南盆地五大特色农业板块的布局，以基地县为基础，规划建设一批优势农产品产业带和产业区，形成跨区域、大规模、集群式、板块化推进的格局。杂粮、马铃薯重点发展雁门关、太行山、吕梁山三大产业带。以扩大种植面积、提高单产水平、提高加工转化率和市场占有率为重点，力争"十二五"末，三大杂粮产业带种植面积、产量分别达到800万亩(53.3万公顷)和110万吨，占到全省的55%和60%以上，杂粮加工转化率达到70%以上；马铃薯种植面积、产量分别达到375万亩(25万公顷)和337万吨，均占到全省的90%以上。蔬菜重点发展大同盆地、忻定盆地、晋中盆地、上党盆地、晋南盆地五大产业区。以实施百万棚设施蔬菜建设工程为重点，形成若干个以千亩村、万亩乡、十万亩县为片区的设施蔬菜生产基地。力争"十二五"末，五大蔬菜产业区蔬菜面积、产量分别达到580万亩(38.6万公顷)和1850万吨，占到全省的89%和92%以上。水果重点发展晋中盆地、晋南边山丘陵区、吕梁山南麓丘陵区三大水果产业带。以实施水果双增工程为重点，扩大苹果、梨等果树面积，加大中低产果园改造力度，力争"十二五"末，三大水果产业带优果率达到60%以上，加工转化率达到35%以上。晋南边山丘陵区、吕梁山南麓丘陵区苹果面积、产量分别达到214万亩(14.3万公顷)和287万吨，占到全省的70%和80%以上；晋中盆地梨面积、产量分别达到26万亩(1.7万公顷)和29万吨，占到全省的40%和55%以上。干果重点发展太行山、吕梁山两大干果产业带。以实施干果经济林建设工程为重点，扩大红枣、核桃种植面积，提质增效。"十二五"期间，全省新发展干果经济林500万亩(33.3万公顷)以上，其中核桃、红枣300万亩(20万公顷)，经济林优质果率达到90%以上。力争到"十二五"末，基本实现全省农民人均1亩干果经济林。畜牧业重点发展以晋北奶牛、晋中肉牛、晋西北肉羊、晋东南生猪、晋南禽业为主的五大畜牧产业区。以实施千园万场规模健康养殖工程为重点，大力发展规模化、集约化、标准化养殖小区和养殖场，力争"十二五"末，晋北奶牛存栏达到46万头，奶产量达到124万吨，分别占到全省的80%和83%以上；晋中肉牛出栏达到45万头，牛肉产量7.8万吨，分别占到全省的50%和56%以上；晋西北肉羊出栏达到550万只，羊肉产量达到8.3万吨，均占到全省的50%以上；晋东南生猪出栏825万头，猪肉产量62万吨，分别占到全省的55%和57%以上；晋南蛋鸡存栏达到3600万只，蛋产量达到45万吨，分别占全省的30%和32%，肉鸡出栏达到4000万只，鸡肉产量达到6.2万吨，分别占到全省的40%和41%以上。

落实推进"一村一品"、"一县一业"具体措施。1. 创新经营形式。按照"一村一品一社"的思路，把农民专业合作社作为"一村一品"的基本组织形式，在加快发展的同时，着力在提高质量、拓宽领域、完善机制上下工夫，同时，积极引导发展土地股份合作社、农村资金互助社和跨区域联合社。力争"十二五"末，全省农民专业合作社发展超过40000个，实现每个专业村都有合作社，每个基地县都有联合社。以"一村一品"、"一县一业"和产业板块发展为基础，优化龙头企业布局，着力推进农产品加工"513"工程，打造具有区域特色的农产品产业链，使龙头企业与专业村、基地县和产业板块实现有效对接，构建"龙头企业＋专业合作社＋基地＋农户"、"龙头企业＋商标(地理标志)＋农户"的产业化经营模式和利益联结机制。进一步健全土地流转市场，引导土地承包经营权有序流转，为"一村一品"规模化发展创造条件。

2. 强化基础设施和科技支撑。围绕"一村一品"、"一县一业"发展，大力加强农业田水利建设和中低产田改造，农田建设项目资金要向专业村和基地县倾斜。加大农业科技投入力度，发挥科技的支撑和引领作用。加快建立完善蔬菜、干鲜果、杂粮、马铃薯、猪、鸡、牛、羊特种养殖等现代农业产业技术体系，以项目为载体，组建专家团队，加大农业重大关键技术的研发攻关，着力在重点领域和关键环节取得突破。鼓励科研院所、大专院校和涉农企业积极参与新技术、新品种、新工艺的研发、引进和推广。力争到"十二五"末，培养100名农业科技领军人才，研发一批有自主知识产权的科研成果。健全乡镇或区域性农业技术推广、动植物疫病防控、农产品质量监管等农业社会化服务体系。大力培养农业技术推广人才和农村实用人才，充实加强基层农技推广队伍，切实增强公益性农技推广机构的服务能力。要围绕"一村一品""一县一业"发展，积极开展农业科技进村入户"五个一"活动，即围绕一个主导产业，制订一个发展规划，确定一位首席专家，组建一支推广队伍，培养一批科技示范户，实施农业技术推广示范行动，促进科技成果转化。力争到"十二五"末，培养农业技术推广人才3万人、农村实用人才37万人、科技示范户12万户，先进实用技术入户率达到95%以上，农业科技成果转化率达到60%以上。

3. 加强市场营销和品牌建设。进一步推动产地、销地农产品市场建设。按照科学规划、合理布局的原则，扶持建设3～5个现代农业物流中心、建设改造一批30个蔬菜、水果和畜产品批发市场。实行农超对接，畅通农产品流通渠道。支持大型连锁超市与龙头企业、农民专业合作社直接对接，发展订单生产。支持龙头企业、合作社直接领办连锁配送、专卖、超市等现代流通企业。加强流通队伍建设，组建省市农产品流通协会，大力发展壮大农村经纪人队伍。整合打造特色农产品品牌，支持专业村、基地县开展"三品一标"基地认定和产品认证，鼓励具有地域特色和文化传统的产品申报注册商标和名牌产品。支持龙头企业争创中国驰名商标和名牌产品。开展多种形式的展示展销活动，提高产品的知名度，扩大品牌的影响力。力争到“十二五”末，专业村、基地县“三品一标”产地认定面积达到50%以上，整合打造中国驰名商标和国家名牌产品30个。

4.加大政策扶持的力度、加大财政扶持力度。各级政府以及涉农部门要以以“一村一品”“一县一业”为平台，加大资金、项目整合力度，集中财力，重点扶持特色优势产业发展。在整合现有农业产业专项扶持资金的基础上，政府统筹安排志项资金，采取以奖代补、先建后补、贴息补助等方式对专业村和基地县给予重点扶持。各市县政府也要整合统筹安排资金，加大对专业村、基地县扶持力度。切实加大金融扶持力度，把“一县一业”作为信贷支农的重点，建立政府扶持、多方参与、市场运作的农村信贷担保机制，降低门槛，简化手续，扩大信贷规模。加大社会融资力度，充分发挥政府支农政策的引导和调控作用，采取有效措施引导社会资本投资开发农业主导产业和特色产品，特别是要鼓励引导资源型企业围绕“一村一品”、“一县一业”投资发展特色农业。

【实施双十强农惠农工程】 十大强农工程。①加强农业基础设施建设。②加大水利建设投入，抓好病险水库除险加固、中小河流治理、大中型灌区改造，加快西山引黄及抗旱水源工程建设，年内完成1800万亩（120万公顷）农田灌溉、200万亩（13.3万公顷）中低产田改造、15万亩（1万公顷）高标准农田和10万亩（6667公顷）盐碱地改造任务，不断提高农业综合生产能力。③大力发展现代农业。④加快推进运城、晋中、大同三大现代农业示范区和雁门关生态畜牧经济区建设，深入实施农产品加工龙头企业“513”工程，启动实施“一村一品、一县一业”推进工程。⑤深化农村改革，促进土地流转，发展提升农民专业合作社，抓好科普惠农，加快农技农机推广，健全公共服务体系。⑥落实“菜篮子”市长负责制，抓好百万亩设施蔬菜建设，加强与蔬菜大省的合作，稳定蔬菜等农产品生产供应。⑦加快推进新农村建设。⑧继续抓好2000个新农村重点推进村建设，实施100个新农村集中连片建设工程，提升新农村建设水平。⑨加大扶贫开发力度，再实现20万贫困人口脱贫。⑩壮大县域经济。编制好县域经济发展规划，明确发展路径，选准主导产业，强化政策保障，以农业现代化为基础、工业化为支撑、城镇化为载体，推动县域经济快速健康发展。

十项强农惠农补贴政策。（1）对大中型灌区的10000千米灌区末级渠系建设实施补贴。每千米补贴2万元。（2）对农村饮水水价实施补贴。井深400米或扬程200米以上的农村饮水工程每供1立方水补贴1元。（3）对13万亩（8667公顷）高标准农田建设实施补贴。每亩补贴1200元。（4）对300万亩（20万公顷）玉米丰产方建设实施补贴。每亩补贴30元。（5）对农户、农民专业合作社、蔬菜专业生产企业发展设施蔬菜给予贷款贴息补助。新建日光温室当年新增贷款按每亩最高不超过5万元的贷款给予贴息。（6）对林农、林业合作社开展林改造林实施补贴。乔木林每亩补贴200元，灌木林每亩补贴120元，木本粮油经济林每亩补贴160元，水果、木本药材等其他经济林每亩补贴100元，迹地人工更新每亩补贴100元。（7）对农机作业和大型老旧农机以旧换新实施补贴。农机深松整地作业和玉米机收秸秆还田技术集成作业每亩补贴30元，柠条机械化平茬作业每亩补贴65元；大型老旧农机以旧换新，按新机具价格的5%～10%补贴。（8）对牛羊规模健康养殖实施补贴。新建标准化肉牛养殖小区每个补贴50万元。新建标准化肉羊养殖小区每个补贴30万元。（9）对农业科技推广示范实施补贴。粮食作物每亩补贴15元，果树每亩补贴25元，设施蔬菜每亩补贴100元，羊、牛、猪每只（头）补贴5元。（10）对贫困地区移民搬迁实施补贴。每移1人补贴5000元。

【制定加快无公害农产品、绿色食品、有机农产品发展规划】 发展目标。一是安全水平得到稳步提升。到2015年，全省有效使用标志的无公害农产品、绿色食品、有机农产品抽检合格率达到国家规定标准。二是监管能力得到明显增强。进一步建立健全省市县乡四级“三品”机构，实现各级都有机构、有人员、有经费、有手段开展“三品”工作。三是长效机制得到逐步建立。努力形成政府统一领导，农业、质监、工商部门依法监管，其他有关部门分工负责的“三品”工作体制。建立健全政府投入为主、社会资金积极参与的投入机制。建立健全产地管理、产品标识管理、质量监测、质量安全预警预报、信息发布及产地准出和市场准入制度。

到“十二五”期末，努力实现“三品”产地认定及原料生产基地创建面积覆盖全省总耕地面积的50%以上；“三品”认证数量实现年15%的递增，全省力争新增“三品”产品760个。重点规划建设省级“三品”示范基地8至10个，建设面积50万亩（3.3万公顷）；规划建设市级“三品”示范基地100个，建设面积200万亩（13.3万公顷）。

发展重点。“十二五”期间，要努力扩大“三品”的总量规模，着力提升“三品”的比重和市场份额，全面提高农产品质量安全水平。要大力推进“三品”标准化生产示范基地建设，通过“三品”专用生产资料的统一生产、统一配送和统一推广应用，将安全优质农产品标准化示范基地创建作为“三品”产业发展的基础和工作切入点，以此推进整个产业的良性发展。

发展方向。坚持可持续发展的思路，把握好各自的发展重点和发展规律。无公害农产品认证作为市场准入的基本条件，要坚持以政府推动为主导，在加快产地认定和强化产品认证的基础上，依法实施标志管理，逐步推进从阶段性认证向强制性要求转变，全面实现农产品的无公害生产和消费安全；绿色食品作为安全优质精品品牌，要强化标志管理与质量认证管理并举、政府推动与市场引导并行，以满足高层次消费需求为目标，带动农产品市场竞争力全面提升；有机农产品是扩大农产品出口的有效手段，要坚持以满足国际市场和我国多层次消费需求为导向，按照我国和国际相关标准，立足省情，发挥农业资源和区域特色优势，因地制宜地发展。

主要措施。1. 加大政策扶持力度。地方各级人民政府及农业、财政等相关部门要积极创造条件，设立“三品”发展专项资金，用于支持“三品”产业发展。要创新机制，将“三品”发展与农业扶贫、综合开发、现代农业、新农村建设和示范园区创建等工作有机结合起来。新建和在建的各类农产品生产性投资项目，要以标准化生产和发展“三品”作为项目实施的重要目标和验收的基本条件。鼓励有条件的地方，将获得“三品”认证的企业和农户纳入财政支持和奖励范围，由所在地的市、县级财政适当给予奖励和补助。

2. 统筹规划，分类指导，加快发展。要根据我省资源优势、农产品特色和质量安全状况，有目的、有计划、有重点地加快发展“三品”。县级以上人民政府应将“三品”工作纳入国民经济和社会发展规划，列入政府工作考核范围，制定切实可行的措施和办法，积极推进“三品”快速发展。发展无公害农产品，就是要通过产地认定解决生产过程的质量控制及管理问题，通过抓好大宗农产品生产基地认定、产品认证解决农产品消费安全和市场准入问题；发展绿色食品，就是要通过充分发挥品牌优势、提升产业素质和增强农产品市场竞争力，突出抓好重点产品、重点产业和重点地区的开发和认证；发展有机农产品，就是按照有机农业生产方式，根据农业资源优势和国内外市场需求选择性地发展。

3. 积极推进“三品”标准化示范基地建设。以发展特色、集约、生态、低碳、绿色农业为目标，立足雁门关生态经济畜牧区、中南部无公害果菜产业区和东西两山干果杂粮区三大优势产业区（带），发挥资源优势，充分利用财政、发展改革、扶贫等部门的各类资金，创建一批实施绿色农业高新技术研发、示范推广应用和标准化生产并兼备现代绿色农业成果、集成功能的、具有区域特色的现代绿色农业示范区和“三品”生产标准化示范基地。一是要加强基地的生态环境建设。通过增加绿色植被，减少水土流失，防治工业污染，为“三品”生产创造良好的生态环境。二是要实行科学规范化管理。通过严格执行种植、养殖生产操作规程，建立健全档案制度和全程质量控制体系，确保产品符合“三品”质量安全标准。三是要加强“三品”加工企业质量管理制度建设，提高企业的质量管理水平。四是要加快“三品”生产技术推广。通过积极选用高科技品种、加大“三品”专用生产资料的推广应用、积极推行全程质量控制措施，保障农产品质量与安全。五是要通过加快“三品”标准化示范基地建设带动周边农业生产，以促进当地经济发展。

4. 强化“三品”监管，建立市场准入制度及追溯体系。要依据《中华人民共和国商标法》、《中华人民共和国产品质量法》、《中华人民共和国农产品质量安全法》等相关法律、法规，加强对“三品”质量安全的监督管理。一是加强法律、法规的学习和贯彻落实，规范“三品”生产与市场行为，监督、引导企业严格执行“三品”加工规程。二是建立“三品”监测制度，开展对“三品”产地环境、农业投入品和质量安全状况的监测。三是实施“三品”产地准出、市场准入制度。推广速测技术，创建专销网点，加快完善认证产品、企业和基地追溯制度。四是开展经常性的市场打假和“三品”质量抽检工作。对不符合质量标准的产品，由县级以上农业或工商、质监部门责令停止使用标志，通报认证机构暂停或撤销认证证书，确保农产品质量安全。

5. 积极培育“三品”市场。一是鼓励和扶持科技含量高、竞争力强的企业开展相关科研攻关。对从事“三品”科研开发、生产经营的企业给予一定优惠政策，鼓励和扶持农民专业合作经济组织建设，引导支持企业注册农产品商标，争创驰名商标和山西省著名商标，引导支持企业实施“走出去”战略，注册国际商标。培育“三品”名牌产品，提高市场占有率。二是引导企业运用现代营销手段，探索各种营销模式，尽快建立“三品”市场营销网络。通过选择组织“三品”生产企业与大型商场、超市直接对接，建立“三品”专卖店、专柜，以市场促销售，以销售促生产，推动产品流通。三是在“三品”基地和市场之间建立绿色通道。对从事“三品”生产、加工、运输、销售的企业、组织和个人在道路交通、市场经营等方面给予优惠，为“三品”发展创造良好的外部环境。

（李仁贵）

种 植 业

【开展2011年全省粮食稳定增产行动】 目标任务。全省粮食播种面积稳定在2010年水平，种植结构进一步调整，玉米、马铃薯等高产作物面积稳步增加，力争夏粮丰收，秋粮增产，确保全年粮食产量达到105亿千克以上，力争再创历史新高。

确保夏粮获得丰收。继续加强小麦田间管理，实行分类指导，推进科学抗旱，把旱灾的影响降低到最低限度，确保夏粮获得丰收。加强病虫害监测预警，及时发布病虫害信息，抓好重大病虫害防控，大力推进专业化统防统治。提早做好预防干热风的准备，大面积推广“一喷三防”等关键技术，促进小麦安全成熟，提高单产水平。组织好跨区机收小麦作业，确保粮食颗粒归仓。

确保秋粮稳中有增。稳定增加播种面积，扩大玉米、马铃薯等高产作物种植，确保秋粮产量稳中有增。扩大耐密型玉米品种、脱毒马铃薯、杂交谷子的种植面积，加快推广玉米增密、地膜覆盖、节水灌溉、化学除草、深松深耕等关键技术，努力提高单产水平。加强病虫害测报和防治，及早做好防范早霜的准备，千方百计减轻灾害损失。

重点措施。1. 稳定粮食播种面积。落实最严格的耕地保护制度，加强基本农田保护，稳定耕地数量，提高耕地质量。推进耕作制度改革，扩大南部复播区玉米种植面积，提高复种指数。落实《山西省人民政府办公厅关于做好农村土地承包经营权流转工作引导发展适度规模经营的意见》(晋政办发〔2010〕32号),坚持依法自愿有偿的原则,引导耕地向农业龙头企业、农民专业合作社和种粮大户流转,提高种粮规模化、专业化水平。在劳务输出较多的地区,要通过代耕、代种等方式帮助缺乏劳动力的农户种足种满,杜绝耕地撂荒。广泛宣传强农惠农政策和支持粮食生产发展的措施,引导农民扩大玉米、马铃薯等种植,确保高产作物面积增加,确保全年粮食播种面积稳定在上年水平。

2. 强化基础设施建设。加快农田水利项目建设。大力发展节水灌溉,通过项目带动、节水设备购置补贴、贷款贴息等方式,鼓励和引导农民因地制宜使用喷灌、滴灌、微灌等高效节水灌溉技术。实施《山西省新增10亿千克粮食生产能力建设规划(2010～2020年)》,加强产粮大县田间工程、农技服务体系、良种繁育体系、防灾减灾工程等建设。以土地整治、农业综合开发为重点,加快建设旱涝保收高标准农田。继续实施中低产田改造工程,完成200万亩(13.3万公顷)中低产田和大同盆地10万亩(6667公顷)盐碱地改造任务。落实大中型灌区末级渠系建设补助政策,实现渠系配套。实施旱作农业工程,大面积推广地膜覆盖、保护性耕作等旱作农业技术。深入开展测土配方施肥,力争实现粮食作物全覆盖,有条件的实施整乡整县推进。继续实施土壤有机质提升工程,培肥地力。

3. 推进粮食高产创建。以提高粮食单产为目标,实行工程措施与农艺措施相结合,优良品种与栽培技术相配套,大力推进粮食高产创建工程,力争在全省建设粮食万亩高产示范片150个,重点抓好1个县、10个乡(镇)的整建制高产创建试点工作,辐射带动全省粮食生产水平的提高。扩大农机作业面积,力争粮食高产示范片实现耕种收全程机械化作业。通过实施旱作农业、现代农业等项目,建设集中连片的玉米丰产方500万亩(33.3万公顷),其中,地膜覆盖300万亩(20万公顷)。抓好60万亩(4万公顷)秋播小麦地膜覆盖工作,及早落实地块、地膜和机械,搞好培训,提高质量,充分发挥地膜覆盖在旱地小麦中的增产作用。以“一村一品、一县一业”为契机,加快推进小杂粮特色专业村、基地县建设,提高单产,优化品质,培育品牌,拓宽销路,做大做强小杂粮产业。

4. 搞好农业技术服务。以推广增产增效和防灾减灾技术为重点,实施科技进村入户工程,提高技术入户率和到位率。组织现代农业技术产业体系专家,结合我省实际,筛选一批增产提质、节本增效的优良品种和实用技术,发挥各项技术的综合增产潜力。实施农业科技推广示范行动,搞好新品种、新技术示范与技术集成。大力推进农科教结合,在关键农时季节,组织农业科研、教学、推广等方面的专家和基层农技人员深入田间地头,蹲点包片,开展技术指导。加强农机与农艺相结合,大力推广普及农机新技术、新机具,提高农机作业水平。创新技术培训方式,组织农民参观农作物新品种展示田、科技示范田、高产创建示范片等,让农民看得见、摸得着,切实增强培训效果。创新技术推广方式,鼓励技术人员开展多种形式的技术承包。完善技术的物化补贴办法,加快实用技术推广。积极发挥“12316”农科服务热线作用,帮助农民解决生产中的实际问题。

5. 加强农资市场监管。抓好农业生产资料的生产、调运和储备,保障种子、化肥、农药、柴油等物资供应。创新农资供应方式,引导农民专业合作社、种粮大户等统一组织货源,统一供种供肥,降低种粮成本。大力发展现代种业,开展种子执法年活动,强化种子质量检测,确保种子质量安全。严格品种审定和农药、肥料产品登记,推行品种退出机制,加快农作物品种更新换代。农业、质监、工商等部门要加强农资市场监管,组织开展以种子、肥料、农药为重点的农资打假专项治理行动,依法打击坑农害农及价格违法行为,维护农民利益,确保农民用上优质的、放心的农资。

6. 做好防灾减灾工作。制定完善防灾减灾预案,提早做好抗灾救灾的资金、物资和技术准备,充分发挥防汛抗旱专业服务队伍和群众服务组织的作用。抓住有利时机,组织开展人工增雨作业。加强干旱、洪涝、冻害、病虫害等灾害监测,及时发布预警信息,适时启动应急响应。强化抗灾政策支持,完善抗旱浇水、弱苗施肥、水价及抗旱机具补贴办法,提高抗灾减灾成效。大力推进科学抗灾,因地制宜,分类指导,落实抗灾增产技术,及时搞好种子等生产资料的调剂供应,特别是要搞好小杂粮种子贮备,应对可能发生的干旱。大力开展病虫害专业化统防统治,有效减轻病虫危害。

7. 调动各方面发展粮食生产的积极性。①调动各地人民政府抓粮的积极性。一是完善考核机制。强化对粮食生产目标责任制的考核,对完成目标任务、历年贡献大、2011年增产多的市及20个产粮大县进行表彰。对生产、出售商品粮多和发挥示范带动作用的种粮大户,要在农田基础设施投入、技术物化补贴等方面给予扶持。二是完善产粮大县奖励政策。建立奖励范围“能进能出”、奖励资金“能增能减”的动态奖励制度,将财政支持与粮食播种面积、总产量、商品量等挂钩,利用中央及省安排的专项资金对30个产粮大县进行奖励。②调动农民种粮的积极性。认真落实中央、省出台的各项惠农补贴政策,完善补贴办法,加大补贴力度,确保补贴资金及时足额到位。提高农资综合补贴标准,小麦每亩增加4元,玉米及杂粮每亩增加3元。完善农资综合补贴与农资价格上涨挂钩的动态调整机制,新增部分要重点支持种粮大户。落实良种补贴政策,实现小麦、玉米、水稻全覆盖,继续完善小麦良种繁育、马铃薯种薯繁育补贴方式,加快农作物优良品种的推广。完善抗灾减灾、增产增效等关键技术的物化补贴办法,充分发挥补贴资金的作用。落实农机具补贴政策,加大对农民购买农机具和大型农机以旧换新的补贴力度。落实小型农田水利重点县建设补助、村级一事一议财政奖补和以工代赈投资等政策,调动农民参与小型农田水利建设的积极性。落实好近年来省政府出台的一系列强农惠农政策措施,特别是2011年新出台的十项强农惠农补贴政策。③调动农技人员科技兴粮的积极性。继续实施基层农技推广体系改革与建设示范县项目,力争2011年内完成在全省普遍建立健全乡(镇)或区域性农业技术推广、动植物疫病防控、农产品质量监管等公共服务机构的任务。

【统筹推进新一轮"菜篮子"工程建设】 2011年1月,山西省人民政府办公厅印发了《关于推进新一轮"菜篮子"工程建设的实施意见》(晋政办发〔2011〕4号)。

主要目标。重点抓好肉、蛋、奶、鱼、菜、果等产品生产。通过5年左右的努力,农区"菜篮子"生产基地建设得到加强,区域集中度和加工转化率明显提高。产区和销区的利益联结机制基本建立。流通条件进一步改善,现代流通体系基本形成。"菜篮子"产品基本实现可追溯,质量安全水平显著提高。供应保障、应急调控、质量监管能力明显增强。

政策措施。1.加强"菜篮子"生产基地建设。(1)建设一批高效园艺生产基地。围绕优势产区,突出园艺产品生产基地和标准化园区建设。蔬菜产业重点抓好"设施蔬菜百万棚行动计划",支持晋南、上党、晋中、忻定和大同五大盆70个县(市、区)蔬菜基地建设,推进设施蔬菜区域化布局、板块式建设、标准化生产和产业化开发。水果生产重点抓好标准化果园和出口基地建设,支持具有水果发展优势的40个县(市、区)生产基地建设。今后5年,新增设施蔬菜面积100万亩(6.7万公顷)。创建200个蔬菜标准化园区,设施蔬菜集约化育苗推广面积150万亩(10万公顷)。建设标准化果园260万亩(17.3万公顷),老果园改造间伐300万亩(20万公顷),创建出口果园10万亩(6666.7公顷),新建果园340万亩(22.7万公顷)。

(2)建设一批规模化畜禽健康养殖场(小区)。实施畜牧业升级计划,全面启动省级畜禽标准化规模健康养殖场(区)创建和认定工作。支持规模化生猪、奶牛、肉牛、肉羊和家禽养殖场(区)建设,重点抓好标准化规模养殖。今后5年,按照"千园万场规模养殖工程"支持建设1万个标准化小区和规模化养殖场,重点支持建设3000个"菜篮子"养殖场。在优势畜牧经济板块内,每年建设和改造年出栏百头以上肉牛场100个,年存栏百头以上的奶牛场100个,年出栏千只以上的肉羊场100个,年出栏5000头以上育肥猪场100个,年存栏10万只以上的蛋鸡场100个,年出栏20万只以上的肉鸡场100个。加强养殖场(小区)水、电、路等基础设施和畜禽养殖废弃物处理以及动物防疫体系建设与改造。对达到山西省畜禽养殖场(小区)备案规模标准的养殖场(小区)进行生产设施建设补助。

(3)建设一批水产健康养殖示范场。加快对现有老化规模养殖场标准化改造步伐,发展水产健康养殖示范场,支持养殖场的水、电、路等基础设施和配套机械设备、环境保护设施、水生动物防疫设施、循环水利用和水质在线监测系统等建设。用5年左右时间,创建100个省级水产健康养殖示范场,30个部级水产健康养殖示范场,对1万亩(666.7公顷)老旧池塘进行标准化改造,恢复和新建1万亩(666.7公顷)池塘,发展5000亩(333.3公顷)休闲生态渔业。推进无公害水产品产地建设,新增无公害水产产地50家以上,新认证无公害水产品80个以上。继续开展水生生物增殖放流活动。

(4)建设一批"菜篮子"产品良种繁育中心。在主产区建设一批园艺产品集约化育苗场、畜禽水产原良种场和遗传资源保种场。加强良种繁育中心(场)的水、电、路和良种繁育设施、实验检验用房建设,配备必要的技术设备。建设140个年育苗300万株以上的蔬菜集约化育苗中心;4个果树良种苗木繁育中心,年生产果树良种苗木300万株;2个国家级水产原良种场和4个省级水产良种场;改扩建畜禽和园艺作物原良种场50个。

2.加强"菜篮子"产品加工和现代物流体系建设。(1)建设和改造一批"菜篮子"产品加工厂。结合省政府农产品加工"513"工程建设,按照区域布局和生产规模,在集中产区配套建设、改扩建一批"菜篮子"产品加工企业。重点支持和培育"菜篮子"产品加工升级梯次企业。鼓励加工企业建立生产基地,开发新产品。用5年左右时间,达到生猪屠宰加工800万头,肉牛屠宰加工50万头,肉鸡屠宰加工2亿只,原奶加工转化120万吨,蔬菜及食用菌加工能力150万吨。

(2)建设和改造一批农产品批发市场。围绕"菜篮子"产品规模化生产基地统筹规划,全面推进区域性骨干批发市场升级改造,完成全省主要乡镇农产品批发市场和集贸市场基础设施建设。继续实施《2009～2011年山西省农村流通体系发展建设规划》,推进"双三十"农产品市场工程建设,重点培育30个大型农产品批发市场和30个大型农产品流通企业。支持规模化生产基地产地批发市场建设,改善产地批发市场场地、道路、交易厅(棚)、水电、信息服务、质量检测、采后处理等基础设施条件。配套建设冷藏保鲜和流通加工设施,实现采后快速预冷、商品化加工处理和上市旺季入库冷藏保鲜。支持大中城市销地农产品批发市场信息发布、质量检测、电子统一结算、冷藏保鲜、加工配送和垃圾处理等设施建设,全面推进销地农产品批发市场在基础设施、管理、技术等方面的升级改造。

(3)强化产销衔接。建立农产品现代物流体系。支持大中城市根据消费需求与优势产区协作,建设"菜篮子"产品保障基地;优势产区要充分利用当地资源,建设服务全国和区域的"菜篮子"规模化基地,与各大城市建立长期稳定、互利合作的产销关系。支持各类名优"菜篮子"产品在各大城市举办推介促销活动。扶持农产品流通组织建设,积极推进大型连锁超市和农产品流通企业与农民合作组织的"农超对接"、"场厂挂钩"、"场地挂钩",建设"菜篮子"产品直接采购基地。支持"菜篮子"产品集散地和交通枢纽地建设中继性冷藏物流中心,与冷藏配送中心形成对接,构建农产品冷链物流体系。支持出口"菜篮子"产品基地建设。

(4)建立和完善信息网络平台。支持建立"菜篮子"产品产销信息服务平台，建成包括省级数据中心、市级监管机构、县级监管机构和农产品产销采集点四个层次的信息采集和预警体系。开发建设网上信息上报系统、综合监管系统、产品查询系统，形成集生产、监管、查询、预警于一体的综合性信息服务预警平台，定期收集发布“菜篮子”产品生产、供求、质量、价格等信息。积极推进远程交易、集中配售等新兴交易及经营方式。

3. 加强“菜篮子”产品的质量安全建设。(1)推进标准化生产。以蔬菜、水果、肉牛、肉羊、奶牛、生猪、肉鸡、蛋鸡、水产品等九种产品为重点，引用国家、行业“菜篮子”产品质量安全标准，制定生产技术要求和操作规程，强化培训，加快推广应用，指导建立生产档案。大规模开展标准化创建活动，带动园艺产品、畜禽及水产养殖标准化生产。力争“菜篮子”产品标准化生产覆盖率达到60%以上。加大品牌培育和认证力度，积极发展无公害农产品、绿色食品、有机农产品，防治农业面源污染，注重保护农业生态环境。

(2)建立健全检验检测体系。按照“充实提高升级、重点加强市级、全面覆盖县级、推行基地自检”的原则，力争用5年左右时间，完善省级农产品、畜产品和水产品三个检验监测中心的升级改造，完成推进11个市级农(水)产品检测中心建设，加快70个“菜篮子”产品主产县农产品质量安全质检站建设，扶持30个农产品批发市场建设农产品质量安全检测室，扶持“菜篮子”生产基地、标准化规模畜禽(水产)养殖场(小区)检测室建设。完善省界公路动物防疫监督检查站，建立水生动物防疫体系。

(3)建立全程质量追溯体系。建立鲜活农产品生产档案、农业投入品、质量安全认证、分级包装标识、产地证明等信息采集和处理系统。基本建立起主要产品有包装标识和身份证明的全程质量追溯体系。力争到2013年，全省主要产地水果、适宜包装的蔬菜实行分级包装标识，畜禽规模养殖场(小区)备案率达100%，猪、牛、羊耳标佩戴率达到100%。

(4)建立质量安全风险预警信息平台。加强“菜篮子”产品质量安全监测预警和风险分析，建立省级“菜篮子”产品质量安全信息管理平台。建立11个市级、70个县级及重点生产养殖基地、固定批发市场的信息采集网络。畅通农产品质量安全投诉举报渠道，积极应对“菜篮子”质量安全突发事件。

4. 完善调控保障体系。(1)进一步强化“菜篮子”市长负责制。全省各主要城市要根据当地实际，合理规划“菜篮子”产品生产用地保有数量、“菜篮子”重点产品自给率和产品质量安全合格率等指标，并作为市长负责制的内容；将“菜篮子”产品产量和质量、市场价格基本稳定、产销衔接顺畅、突发事件处置及时、风险控制迅速有力、“菜篮子”工程建设投资保障、农业生态环境保护等纳入各地“菜篮子”工程建设考核指标体系。抓紧制订郊区“菜篮子”建设发展规划。实行菜地最低保有量制度。实行更为严格的占补平衡和补偿机制，征占菜地的补偿标准要严格按当地征地统一年产值标准和片区综合地价执行。提高大城市菜地开发建设基金收取标准，用地单位缴纳的新菜地开发建设基金必须全部用于建设新菜地和发展蔬菜生产。城市人民政府要抓紧制订和完善本地区蔬菜市场供应的应急预案，根据消费需求和季节变化，建立蔬菜储备制度，确保重要的耐贮存蔬菜品种5～7天消费量的动态库存。

(2)科学规划生产布局。地方各级人民政府要根据《山西省优势农产品区域布局规划》(2008～2015年)，制定“菜篮子”建设发展规划。在制定新一轮城市总体规划、经济社会发展规划、农业发展规划、土地利用规划时，要把“菜篮子”基地建设、市场建设以及相关配套设施建设纳入规划之中，列入政府重点民生建设工程。要高起点、高标准建设菜篮子生产、流通、加工、质量监管等基础设施，保证批发市场和菜市场建设用地，实现农业现代化与城镇化、工业化相协调。

(3)多渠道筹集建设资金。地方各级人民政府要将“菜篮子”建设纳入国民经济和社会发展规划，建立稳定的资金来源渠道，把本级“菜篮子”所需专项资金列入年度财政预算，并随着国民经济和地方财政收入增长而逐年增加。省级从煤炭可持续发展基金等渠道安排“菜篮子”建设专项资金。要建立政府投资引导、农民和企业投资为主体的多元投入机制，吸引社会资金参与“菜篮子”产品生产、流通等基础设施建设。建立政府资金与银行信贷资金联动机制，政府投资应有一定比例采取贴息、担保等方式，引导和协调农业发展银行、农业银行、农村信用社等各类金融机构对“菜篮子”工程的支持，提高“菜篮子”工程建设的融资能力。

(4)进一步完善扶持政策。在继续实施畜禽良种补贴政策的基础上，扩大品种补贴范围，提高补贴标准。设立专项资金，对蔬菜生产和生猪养殖大县实行奖补。省财政每年安排2000万元，对设施蔬菜种植面积达到一定规模、当年新增3000亩(200公顷)以上的前20个县进行奖补。对“菜篮子”产品初加工和流通企业，简化增值税抵扣手续，取消不合理行政事业性收费。对“菜篮子”产品出口，按照国家现行有关规定享受优惠政策。继续落实整车合法装载鲜活农产品车辆免收公路通行费政策，确保鲜活农产品“绿色通道”畅通。支持环保节能和放心食品绿色市场建设，支持大型农产品批发市场与连锁超市供应链对接工作。提高“菜篮子”产品生产用地征占补偿水平，加强城市郊区现有菜田和养殖区域保护。完善重大动物疫病扑杀补贴政策，健全重大动物疫病防控和农产品质量安全监管工作经费保障机制。支持农村集体经济组织根据规划使用本集体土地从事农产品批发市场建设。对农产品批发市场用地符合土地利用规划的，应纳入年度土地利用计划，优先保证供应，落实批发市场用地按工业用地对待政策。落实国家对批发市场和规模化畜禽水产养殖用地、用水、用电的价格政策。优先安排“菜篮子”土地开发整理项目及基本农田整理项目。科技攻关计划、星火计划投资以及农机先进装备和技术投资等要向“菜篮子”工程项目倾斜。加大对“菜篮子”产品实施标准化生产和认证的支持力度。扶持发展“菜篮子”产品专业合作组织，提高“菜篮子”产品生产与流通组织化程度。

(5)建立健全风险应对机制。建立“菜篮子”产品生产和供应平衡调节机制，用信息引导生产，避免总量供求失衡和价格大幅波动。出现局部供求失衡时，支持批发市场、龙头企业跨区域调运并促进生产恢复。各地应根据本地生产消费特点，完善地方“菜篮子”产品储备制度和收储投放机制，统筹产销平衡，维护市场稳定。针对洪涝等灾害给蔬菜生产和畜禽水产养殖造成的损失，支持菜地大棚、畜禽圈舍、池塘网箱等灾毁设施修复重建工作。实行种苗补贴，帮助迅速恢复生产。参照粮油等农作物政策性保险的做法，扩大重要“菜篮子”产品保险在大中城市郊区和主产区的覆盖面，在有条件的地方实现全覆盖。研究利用期货市场套期保值、对冲风险的功能化解“菜篮子”的发展风险，稳妥推进“菜篮子”产品开展期货交易。

(李仁贵)

【种植业增产增收】 *粮食生产再次突破历史最高纪录。*全省种植业生产保持了快速增长的势头。粮食总产量刷新纪录。2011年，全省粮食总产量119.3亿千克，比2010年增加10.8亿千克，增长9.9%。这是山西省粮食生产首次突破110亿千克，是多年来增幅最大的一年。全省粮食平均亩产242千克，比2010年增长8.5%。夏粮、秋粮两季均增产，尤以秋粮增幅较大；全省11个市全面增产，多数创历史最高纪录。

*经济作物全面增产。*全省蔬菜产量增长8%，新增设施蔬菜面积1.4万公顷。全省果园面积净增5333公顷，水果产量增长35.9%，果品出口量15.8万吨。棉花单产水平有较大提高，产量增长20%左右。油料产量大体持平。食用菌、甜菜、蚕桑、中药材产量都比2010年有不同程度的增长。

*种植业内部结构和生产布局进一步优化。*粮食作物中，以小麦为主的夏粮面积减少，秋粮面积增加，其中玉米、马铃薯等高产作物增加较多。经济作物中，蔬菜、水果、食用菌、甜菜、中药材增加，蚕桑生产保持稳定，受市场价格走低和种植效益低的影响，棉花、油料面积分别减少5.8%、6.5%。总体来看，各种作物进一步向优势区域发展，产业集中度提高，板块化格局逐步形成，“一县一业”、“一村一品”发展取得初步成效。

*种植业实现增产增收。*粮食产量大幅度增加，经济作物总体增产，多数农产品市场价格较好，使农民种植业收入有了较快增长，粮食、蔬菜、水果收入创历史最高水平。据测算，全省农民人均种植业纯收入1477.8元，比2010年增加101.1元，增长7.3%。

*设施蔬菜发展势头强劲。*2011年，全省设施蔬菜面积10万公顷，当年新增1.4万公顷，其中，日光温室增加7093公顷，大棚增加4367公顷，节水莲菜增加953公顷，食用菌增加1453公顷。

*惠农政策力度进一步加大。*2011年，全年落实粮食直补、农资综合补贴和良种补贴资金26.3亿元，比2010年增加2.2亿元。其中，粮食直补2.8亿元，农资综合补贴19.5亿元，较往年提前半个月。补贴标准有所提高，其中，小麦每亩提高4元，达到65元；玉米及杂粮每亩提高3元，达到43元。安排小麦、马铃薯良种补贴资金2000万元。继续执行新发展设施蔬菜大县奖补政策和日光温室贷款贴息政策，1～10月落实省级贷款贴息资金1777.9万元。安排小麦、马铃薯繁育补贴资金2655万元，安排3600万元对4万公顷秋播小麦地膜覆盖田给予补贴。争取中央和省级抗旱资金1.9亿元，实现小麦抗旱浇水全覆盖。玉米丰产方建设被列为山西省新十大强农惠农政策项目，对20万公顷地膜覆盖玉米给予补贴。在落实中央财政对产粮大县奖励政策的同时，继续安排4500万元，对15个省级产粮大县进行奖补。首次对产粮大县奖补资金分配方式实行动态管理。政策性农业保险逐步展开，全省参保小麦、玉米66.7多万公顷，有效抵御了种植业生产风险。

*深入推进粮棉高产创建活动。*2011年，农业部给山西省安排粮棉高产创建示范片146个，并在定襄、长子等11个县开展整县整乡整建制推进高产创建试点工作。为进一步推进粮棉高产创建工作，2011年省财政还安排资金1970万元。省农业厅、财政厅联合下发实施方案，并于5月16日召开高产创建工作会议，对具体工作进行安排部署。9月至10月，对全省玉米、棉花等高产片进行测产验收。农业部《种植业快报》(高产创建专刊089号)专门介绍了山西省开展高产创建的经验和做法。

*加大玉米丰产方建设力度。*为应对春季干旱，2011年山西省利用中央财政安排的旱作农业项目、生产资料综合补贴资金9000万元，对20万公顷春播玉米地膜覆盖给予补贴，每亩补贴30元。2011年秋季，利用中央财政安排的现代农业资金6000万元，实施秸秆还田与旋耕、机深耕技术13.3万公顷，每亩补助30元。

【现代农业工程进展顺利】 *中低产田改造和大同盆地盐碱地改造工程进展顺利。*2011年，共实施中低产田改造面积14万公顷(不包括大同盆地盐碱地)，其中，坡耕地综合治理5.3万公顷，旱平地培肥5.4万公顷，沟坝地整治与培肥1.6万公顷，沟川地补灌与培肥1.3万公顷，盐碱地改造0.5万公顷。实施大同盆地盐碱地改造0.9万公顷，其中，实施轻度盐碱地改良0.4万公顷，中度盐碱地改造2667公顷，重度盐碱地综合治理1867公顷，极重度盐碱地开发改造333公顷。工程田平均亩增粮53.7千克、亩增收115.1元、亩节本11.7元、亩增纯收益126.8元；工程田总增粮1.12亿千克、蔬菜2454.6万千克、经济作物106.5万千克，总增纯收益2.89亿元。工程建设中，全省各级共建成不同规模的示范区383个，培育工程建设示范农户9575个，建立不同类型的示范观察点1915个，涌现出大同、朔州市政府组织实施盐碱地改造，乡宁、寿阳坡耕地改造，尧都、原平高标准农田建设，稷山、永济秸秆还田培肥土壤，山阴县朱来有、定襄县宋建忠、柳林县邢利斌等个人投资改造盐碱地、治理坡耕地等一批先进典型，为工程建设树立了样板，为整体推进积累了成功经验。

20万公顷地膜覆盖玉米增产效果明显。对20万公顷玉米丰产方实施补贴是山西省2011年新十项强农惠农补贴政策之一。山西省利用中央财政安排的旱作农业科技推广项目资金、生产资料综合补贴增量资金9000万元，在36个县(市、区)推广地膜覆盖20万公顷，每亩补贴30元。项目共涉及9个市、36个县、377个乡、2777个村和1个农场，惠及67.1万农户。尽管2011年春季山西省受低温干旱影响，玉米播种期普遍推迟，但由于地膜增温保墒作用明显，项目区玉米获得丰收，项目取得明显成效。据统计，全省共落实玉米地膜覆盖面积20.3万公顷，总增产玉米2.4亿千克，增收4.5亿元。主要有以下几个特点：一是政府高度重视。各地高度重视项目实施，成立由县政府分管领导为组长的项目领导组，县农业、财政部门制定具体实施方案。部分县政府与项目实施乡镇签订责任状，把地膜覆盖技术推广纳入县政府对乡镇的目标考核。同时加大对项目的支持力度，全省市、县财政用于地膜覆盖技术推广资金达到700多万元。朔州市在完成省级安排的4.7万公顷地膜覆盖任务的基础上，市级财政又安排540万元，实施1.8万公顷地膜覆盖，每亩补助20元。二是创新覆盖模式。项目实施区域范围由2010年的21个县增加到36个县，地膜覆盖面积由10万公顷扩大到20万公顷，翻了一番。2011年还加大了渗水地膜、全膜双垄沟播等新型地膜产品和新技术的推广应用。在五寨、山阴等县推广渗水地膜2442公顷，在交口、阳曲等县示范全膜双垄沟播技术73公顷，增产效果显著。三是规范项目操作。2011年，项目县普遍采取集中采购发放地膜的方式。各县对地膜实行政府集中采购，签订规范的合同，确定地膜规格、数量。地膜发放过程中，组织项目区农户填写详细规范的供膜清册，并进行了登记、公示和造册。规范化操作过程确保项目真正落到实处，使农民得到了实惠，为项目的顺利实施提供了保障。四是增产效果明显。近几年，山西省受到春季低温、干旱等灾害影响，给玉米生产造成很大困难。推广地膜覆盖技术，有效解决了春季低温干旱、播种困难等问题，拓展了玉米种植区域，提高了玉米单产水平。地膜覆盖玉米比不覆盖田增产80多千克，亩产增收150多元，增产增收效果明显，对2011年山西省粮食产量再创历史新高作出了贡献。

【粮油新技术集成试验示范效果显著】 小麦地膜覆盖、宽幅精播。2011年，在闻喜、洪洞、泽州等县开展地膜覆盖、宽幅精播试验、示范266.7公顷地膜覆盖小麦，平均亩产增幅均在30%以上。闻喜县郭家庄宋店村刘发财3.5亩水地宽幅精播小麦，平均亩产669.1千克，创造了该县当年小麦最高单产纪录。2011年，全省小麦地膜覆盖4万公顷，小麦地膜覆盖集成技术开始大面积推广。全省上下克服多年缺少技术力量、物资机具不配套、秋季阴雨连绵导致播期推迟、播期紧张的困难，完成覆盖任务。

杂交谷子生产。2011年，在忻州、吕梁、晋中、大同等地建立了2个667公顷示范片，3个333.3公顷示范片，5个67公顷示范片，示范带动全省1.3万余公顷杂交谷子的生产。偏关县种植的约0.6万公顷杂交谷子平均亩产350千克以上，地膜覆盖杂交谷子示范片平均亩产450千克以上。定襄、兴县的万亩杂交谷子高产创建示范片平均亩产370千克以上。2011年8月30日，国家和山西省谷子产业体系有关专家对山西省杂交谷子生产技术集成模式进行现场考察，对该项技术给予充分肯定。

荒漠地种植燕麦。通过种植燕麦对荒漠地进行开发治理，可以有效地利用荒漠地的耕地后备资源特质，促进全省粮食总产提高和荒漠地地区农民收入。2011年，在浑源、代县、右玉、原平4个县(市)共试验示范67公顷，浑源县示范片平均亩产85千克，代县示范片平均亩产74.5千克，右玉示范片平均亩产83千克，原平示范片平均亩产90千克。原平市农技中心创新种植模式，采用荒漠地玉米套种燕麦，取得明显的经济效益，得到农民的认可。

冬油菜北移。2011年，在全省开展6.7公顷陇油6号、陇油7号、陇油8号、陇油9号、天油8号、天油7号等抗寒新品种技术集成试验，涉及5个市10个县。其中，代县、晋源区、祁县试验点冬油菜顺利越冬，为进一步开展试验提供了宝贵的经验。

其他新品种、新技术试验、示范。在左云、兴县、泽州安排巴斯夫植物健康剂试验。试验表明，巴斯夫植物健康剂能有效提高大豆的千粒重、籽粒品质和商品性。在泽州、曲沃、绛县安排乐乐逗试验，试验表明，喷施乐乐逗营养型1500倍液的豆田，亩产大豆163千克，比对照增产9千克，增幅5.8%。在泽州、曲沃县、绛县安排圣丰大豆新品种试验，在参试的3个品种中，"鲁黄1号"平均亩产172.6千克，"徐豆14"平均亩产158.4千克，"圣豆9号"平均亩产160.8千克。各项试验均已按要求向全国农技中心报送了试验报告。另外，还开展了中黄35大豆、夏播大豆、常陆秋荞麦、那氏齐齐发等新品种、新技术的试验、示范，增产增收效果也非常明显。

马铃薯脱毒种薯繁育，带动马铃薯产业发展。2011年，依托脱毒种薯繁育补贴项目，加强生产基地建设，加速脱毒种薯推广，培育形成左云、岚县、娄烦、五寨等4个马铃薯"一县一业"示范县，促进农民持续增收。全省马铃薯面积恢复到24万公顷左右，平均单产提高到900千克。一是完成中央财政下达山西省的500万元建设3333公顷一级种薯繁育基地任务。争取省财政资金1500万元，实施山西省马铃薯脱毒种薯繁育补贴项目，建设脱毒种薯繁育基地4280公顷。二是全面验收2010年马铃薯良种繁育补贴项目，完成对项目涉及的7个市的项目验收工作，验收报告显示，2010年全省原原种、原种、一级种薯繁育全部超计划完成。同时，开展了马铃薯高产创建示范工作，在7个县示范面积4791公顷，经测产，示范片平均亩产2120.8千克，最高达到3900千克。三是组织召开全省马铃薯生产暨脱毒种薯推广现场会，掀起全省马铃薯产业发展的新高潮。

积极开展新品种展示示范工作。2011年，结合山西省生态区域特点，建设盐湖区良种场、绛县良种场等17个新品种展示示范园，大面积展示示范近年来通过审定的各类农作物种子，组织多层次的现场观摩，筛选了并单5号、大丰26、晋单52号、烟农19、临丰3号等一批各地最适宜品种。同时，全面开展玉米主导品种示范筛选行动，认真进行比对试验，依据结果，制定不同生态区品种区划，明确不同生态区主导品种。通过新品种展示示范园建设和开展玉米主导品种示范筛选行动，不断完善了新品种展示示范体系，搭建了新品种展示示范推广平台，为主导品种筛选推荐提供了科学依据，让广大农民直观感受了解优良新品种，从根本上解决了种子市场品种众多、农民选种无所适从的问题。

*蔬菜标准园建设取得显著成效。*2011年，全省开展了21个部级蔬菜标准园和10个省级标准园创建，部省级标准园创建达到31个。在项目带动下，全省涌现出一批千亩标准园，如新绛县来福蔬菜生产专业合作社，集中连片40公顷，辐射带动200余公顷。榆次、高平等市也都涌现大规模、高标准、高质量的千亩标准园创建园区。标准园通过统一的操作技术规程，采用绿色生态防控病害技术，生产资料统购统供、种苗统育统供、病虫害统防统治、产品商品化处理、品牌化销售、所售产品符合食品安全国家标准等手段，明显提高了生产水平。2011年农业部标准园产品农残监测结果，蔬菜合格率为99.9%。

*集约化育苗工程建设。*2011年，新建的20个集约化育苗场，年供优质瓜菜苗4500万株左右，提供蔬菜栽培用苗1000公顷左右，全省集约化育苗率达到15%。加强育苗场管理，明确每个育苗场的名称、主要育苗作物、品种及所在的县、乡、村和地块。每个集约化育苗场占地在3公顷以上，配套自动装填系统、自动嫁接系统、育苗盘等设备，年育优质瓜菜苗300万株左右，提供蔬菜栽培用苗66.7公顷左右。完成全国农技推广中心2007～2011年《蔬菜集约化育苗试验示范项目》的试验、示范任务，5年累积建立示范点138个次，示范面积1748.7公顷，累积推广面积2.8万公顷，均超额完成任务。

【加强种子、土壤、肥料管理】 *深入开展种子执法年活动。*按照农业部统一部署，2011年，山西省继续开展种子执法年活动。3月25日，召开全省种子执法年活动启动仪式暨假劣种子销毁现场会，现场销毁假冒玉米、瓜菜种子7600多千克，这在山西省尚属首次。活动中，突出抓好企业清理、市场整顿两个环节：一是严格准入条件，进一步净化市场主体。全省注销种子生产经营许可证26个，限期整改种子企业8家。二是以大型种子交易市场和基层种子经营者为重点，上下联动开展种子市场大检查，规范种子生产经营正常秩序。2011年，全省各级种子管理部门共出动种子执法人员6800余人次，检查种子企业445个次，检查种子经营门店6508个次，查处未审先推、套牌经营、假冒伪劣种子31.2万千克，为农民挽回经济损失4200多万元。

*加强品种管理和新品种保护。*认真组织品种试验。2011年，严格区域试验管理，组织了17种作物30个区组108个试验点的国家区域试验和全省33种作物700余个品种600个试验点的区域试验和生产试验，实行统一编码试验，开展转基因成分和DNA（脱氧核糖核酸）真实性检测，进一步规范了品种申报、试验管理、试验操作、报告审核等程序。严格品种审定管理。加强标准样品征集与保存，征集了参加省级试验的8种主要农作物205个品种的样品并进行了留存。控制品种审定数量，对完成试验程序符合审定标准的29种作物90个品种进行审定。坚持品种退出制度，制定完善《山西省主要农作物审定品种退出办法》。2011年，山西省分两批共退出玉米、小麦等8种作物418个品种。

*加强种子质量监督检验。*组织开展全省玉米种子质量专项抽查、春季种子市场抽查、秋季小麦种子质量监督抽查等活动，抽检272家企业387个样品。

*加大田间种植鉴定力度。*连续两年承担农业部全国春季种子市场抽查玉米种子真实性和品种纯度田间小区种植鉴定任务，在长治国家区试站安排种植鉴定593个样品，比2010年增长60%，这是农业部在全国安排的唯一一个玉米种子鉴定点，组织管理工作得到农业部领导和鉴定专家的高度评价。同时，组织完成山西省玉米、小麦种子种植鉴定工作，鉴定样品308个。

*稳步推进检验体系建设。*一是健全种子检验体系。省种子检验中心通过农业部种子质量分子检测扩项评审，填补了山西省在该检测领域的空白，走在全国同行业的前列。临汾市种子质量检验中心和屯玉、尧山、继农3家种子企业通过省级种子检验机构评审。二是完善种子质量标准体系。参与《瓜菜作物种子绿叶菜类》等4个国家标准、《农作物种子检验规程》和新版《检验员考核学习读本》的修订工作，组织拍摄《农作物种子检验实用技术技术》系列光盘，第一部分《分样与扦样技术》专题片正式全国发行，得到农业部领导的充分肯定。三是积极组织种子检验新标准新知识宣贯活动。聘请省内外知名专家，突出前沿知识和标准规范，累计培训检验（人）员600余人次，全面提升了种子检验队伍素质。

*推进旱作节水农业工程。*2011年，以开展农田节水示范活动为抓手，以国家旱作农业示范基地建设为依托，以灌区节水和旱区蓄水为主攻方向，建设旱作节水工程田14万公顷，显著提高了水资源的利用率。一是认真组织开展农田节水示范活动。在全省建立了以旱井旱窖集雨补灌技术、秸秆覆盖蓄水保墒培肥技术、少耕穴灌聚肥节水技术、水肥一体化及膜下滴灌技术等模式为重点的高标准农田节水示范区20个，集成推广少耕穴灌聚肥节水技术1.9万公顷、日光温室水肥一体化技术2267公顷，膜下滴灌技术2067公顷、“W”膜盖集雨补灌技术0.8万公顷，秸秆覆盖蓄水保墒培肥技术7.9万公顷，涌现出曲沃史村、榆次石羊坂日光温室水肥一体化，大同、阳高少耕穴灌聚肥节水等先进典型。二是认真组织实施旱作节水农业项目。2011年，在原平、定襄国家级示范县（市）完成膜下滴灌面

积373公顷，累计节水96万吨，节肥20.8吨，共节支增收670.1万元。在芮城等10个县实施旱作节水农业示范面积6800公顷。三是加强农田土壤墒情监测工作。共采集墒情监测数据8300多个，省级发布墒情简报17期，各市、县累计发布墒情信息63期，及时服务于农业生产。四是认真组织实施基本口粮田建设项目。在偏关等37个县的退耕还林区实施基本口粮田建设1.9万公顷，为旱区粮食安全和农民致富创造了条件。

*深入开展测土配方施肥行动。*2011年，全省115个县(市、区)、108个项目实施单位开展了测土配方施肥工作，实现了测土配方施肥工作全覆盖。在玉米、小麦、棉花、果树、蔬菜、小杂粮等作物上推广测土配方施肥面积292万公顷，其中，配方肥施用面积128万公顷，免费为620多万户农民提供了测土配方施肥技术服务。共采集测试土壤样品7.3万个，采集测试植株样品600个，设立3414试验1080个、配方校正试验1940个，初步建立了全省主要作物施肥指标体系，推荐区域施肥配方308个；建设不同规模示范区127个、整建制推进乡81个、整建制推进村5754个；发放测土配方施肥建议卡433万份，施肥意见上墙村1.4万个。据统计，应用测土配方施肥技术，亩增产5.2%～15.6%，亩均增粮14.8千克，亩均节肥0.14千克(纯养分)，亩均节本增效31.7元，肥料利用率提高3～5个百分点。以3个部级示范县和13个省级示范县为重点，积极探索整村整乡整县推进测土配方施肥的有效模式和工作机制，收到显著成效。2011年2月，中央政治局委员、国务院副总理回良玉在尧都区小麦测土配方施肥洪堡示范区视察指导工作时，对山西的测土配方施肥技术推广给予肯定。2011年5月农业部召开的整建制推进测土配方施肥工作会议上，山西作了典型交流发言。

通过整建制推进活动的开展，涌现出永济、尧都、忻府等示范县(市)，定襄杨芳、洪洞曲亭、稷山稷峰等整建制推进乡(镇)，大同的谢疃、曲沃的上官等整建制推进村的典型，为整建制推进测土配方施肥工作树立了样板。

*实施土壤有机质提升项目。*提升土壤有机质含量是确保地力常新，提高耕地产出能力、保障国家粮食安全的重要举措。在2011年项目实施过程中，结合山西省实际，将实施区域由一年一熟的春玉米区调到一年两熟、地力消耗较大的夏玉米区，在永济、稷山、盐湖、夏县、襄汾、尧都、洪洞等7个县(市、区)实施夏玉米秸秆快速腐熟还田技术4.6万公顷，设立试验点5个、示范观察点35个，采集化验土样70余个。项目实施过程中，严格按照农业部的要求，对秸秆腐熟剂进行公开招标采购，确保秸秆腐熟剂的质量，做到技术培训到位、物资供应到位、面积落实到位。结合有机质提升项目的实施，狠抓秸秆还田技术的推广。2011年，全省秸秆还田面积158万公顷，为提高耕地质量，确保粮食安全奠定了地力基础。

*加强肥料登记和监督管理。*加强肥料企业登记。全年共受理了34个企业的65个产品，登记发证的34个企业，61个肥料产品，完成新型肥料试验6个。注册外省肥料企业425个，2421个肥料产品。扎实开展肥料市场专项治理工作。全省各级农业部门共检查肥料经营单位1830个，占全省经营单位的65%；检查生产企业113个，占全省生产企业的54%；检查市场10个，占全省市场的50%；检查市、县75个，占全省的65%；抽检配方肥定点企业及有机质提升项目企业20个，肥料样品30个，合格样品26个，合格率达87%。查处外省肥料未经山西省注册备案的产品78个，查处假冒伪劣肥料1760吨，为农民挽回经济损失123.2万元。

【大力开展防灾减灾工作】 *及时投入抗旱资金。*2011年，中央共安排山西省小麦抗旱救灾4批资金1.73亿元，其中，用于小麦抗旱浇水8900万元，用于小麦弱苗施肥8400万元。省财政在中央下达资金的基础上，又安排1810.6万元，对其余12.1万公顷小麦进行浇水补助，实现小麦抗旱浇水全覆盖。山西省农业厅根据全年灾情发生，大力推进科学抗灾减灾。一是及时发布指导意见和技术方案。二是组织各级农业部门的农业专家和技术人员深入一线，了解和评估灾害对农业生产造成的危害和损失，指导农民因地、因苗、因灾开展灾后追肥、中耕，补种生育期短的粮食作物、蔬菜等。三是积极协调种子、化肥等生产资料，确保农民群众改种、补种需求，最大限度减少灾害损失。四是配合保险公司推进政策性农业保险，全省玉米、小麦保险面积达到66.7万公顷左右。

*调研指导全省防治农作物病虫害。*2011年，山西省农作物病虫害总体为中等、局部偏重发生，发生程度略重于2010年。全省病虫草鼠发生面积1227万公顷次，比2010年增加800万公顷次。其中，全省小麦病虫中等发生，面积200.5万公顷次，较2010年增加1.8万公顷次；玉米病虫偏重发生，面积355万公顷次，较2010年增加83.9万公顷；马铃薯病虫偏重发生，面积38.9万公顷次，较2010年增加10.6万公顷；蔬菜病虫中等发生，面积96万公顷次，较2010年增加3.8万公顷次；棉花病虫中等发生，面积54万公顷次，较2010年增加5.2万公顷；果树病虫偏轻发生，面积134.5万公顷次，比2010年减少9.5万公顷次，为近年来发生面积最小的年份。各种农作物草害发生面积250万公顷次。农田鼠害发生面积13万公顷，发生舍鼠农舍数285万户。大发生的病虫有东亚飞蝗、粟叶甲、玉米大斑病、马铃薯晚疫病、棉花铃病，偏重发生的病虫有小麦红蜘蛛、双斑莹叶甲、玉米蓟马、二点委夜蛾、棉铃虫、棉盲蝽、烟粉虱、黄瓜霜霉病、灰霉病、蔬菜病毒病、苹果腐烂病、苹果褐斑病、果树蚜虫、金龟子等。

与常年相比，2011年山西省农作物病虫发生有以下几个显著特点：①喜湿性病害大面积暴发。受夏秋季大范围降水的影响，玉米大斑病和马铃薯晚疫病全省大流行。②喜旱性虫害发生轻于常年。特别是多年偏重发生的麦穗蚜、玉米红蜘蛛、棉蚜、果树叶螨等发生程度明显轻于近年。一些喜湿性虫害偏重发生，程度重于常年。全省玉米螟发生面积86.5万公顷次，较2010年增加26.9万公顷次，发生面积明显大于常年。以棉铃虫为主的夜蛾科幼虫偏重发生，全省灯下诱蛾量比常年高2.5倍以上，南部玉米产区和中部东山区偏重发生。③局部灾害性病虫发生加重。随着山西省“一村一品”战略的实施，规模化、集约化区域种植模式的形成，局部灾害性病虫发生严重，重发频率增加。2011年山西省南部东亚飞蝗区夏蝗偏重发生，发生面积2.7万公顷，达防治指标面积1.9万公顷。其中，永济市伍姓湖内涝蝗区和蒲州河泛蝗区及周边麦田发生群居型蝗蝻3733公顷，一般密度为500～1000头/平方米，最高密度为1500头/平方米，是山西省1998年以来发生最重的一年。以粟叶甲和粟灰螟为主的谷子虫害在忻州、晋中、吕梁、长治等谷子主产区大面积发生，全省发生面积18万公顷，一般田块被害株率均在50%左右，百株有虫少则80头，多者300～400头。玉米蓟马是2011年运城、临汾春玉米苗期的主要害虫。蔬菜产区的青椒疫病、黄瓜霜霉病在局部发生较重，给农业生产造成了较大的损失。④新病虫危害损失严重。2011年农业部领导和全国体系专家先后3次赴山西省对新发生的3个病虫进行指导和调查。一是发生在山西省南部运城、临汾、晋城、长治4个市复播玉米田的二点委夜蛾偏重发生，全省发生面积21.6万公顷，给山西省复播玉米的安全生产带来严重威胁。二是2011年首次在山西省忻州市五台县发现玉米矮化病，发病面积23公顷左右，为害损失在20%～30%之间。三是2011年在吕梁山区和临汾西山以及太原等地马铃薯田发生不明叶部病害，全省发生面积超过2万公顷。

2011年全省防控农作物病虫害1073万公顷次，占发生面积的87.5%，其中，重大病虫防控面积达发生面积的92%，重大病虫应急防控面积达防控面积的35.2%左右。全年挽回经济损失51.25亿元。

加强重大病虫应急防控。2011年，面对东亚飞蝗、二点委夜蛾、黑绒金龟子、粟叶甲等病虫的突发、暴发，山西省各地充分发挥植保专业防治组织在病虫防治中的主力军作用，投入农药77.7吨，应急防治蝗虫8.8万公顷次，其中，应急防控夏飞蝗1.8万公顷次，防治效果达到89%，实现东亚飞蝗“不起飞，不危害”的防控目标。

加强绿色防控示范区建设。2011年，山西省的绿色防控工作取得长足进展。6月初，全国农作物病虫绿色防控现场观摩与交流会在山西召开，展示了山西省在农作物病虫绿色防控中取得的成绩，受到与会者的一致好评和赞誉。2011年，山西省承担了全国农技中心5个国家级绿色防控示范区建设工作，分别在榆次、临猗、芮城、忻府、永济等县(市)。建立了蔬菜、果树、小麦、玉米和蝗虫绿色防控示范区。按照“植保602”重点工程建设目标，全面启动了“10个高标准病虫绿色防控示范区”建设工作。各市、县也结合本地实际，加强示范区建设。2011年，全省共建立绿色防控示范区249个，较2010年增加24个；防控示范面积18.2万公顷，增加4.5万公顷；辐射带动面积86.6万公顷，增加11.9万公顷。各示范区以“减少农药使用，降低防控成本，确保农产品质量安全”为主导，结合实际确立了示范目标和主推技术，集成、优化以生物防治、生态控制、物理防治、理化诱控和化学调控等技术措施为主的全程绿色防控技术体系，努力创新推广模式，辐射带动绿色防控技术的推广应用。在示范展示成熟技术的基础上，太原、临猗、祁县、盐湖、榆次、忻府等示范区开展了一系列病虫害防控新技术试验，其中，承担农技中心试验7项。示范区内各项试验示范工作的圆满完成，增强了山西省病虫防治技术储备，带动了全省病虫绿色防控工作的开展。

大力建设专业化统防统治队伍。截至2011年年底，山西省农作物病虫专业化统防统治面积160万公顷次，占全省病虫草鼠防控面积的26%以上，防治效果在85%以上。山西省共建有植保专业化防治服务组织1145个，注册的服务组织占总服务组织的65%以上。专业化防治队人数1.5万人。拥有背负式机动喷雾器近1.4万台，烟雾机324台，大型植保机械115台，日防控作业能力在4万公顷以上。

(张软斌　武少东)

扶贫开发

【实现全省“十二五”扶贫开发良好开局】 根据全省贫困村住户抽样监测结果，2011年，57个贫困县农民人均纯收入3874.5元，比2010年增长24%，其中，35个国家扶贫开发工作重点县农民人均纯收入3129元，比2010年增长23.7%，增幅分别高出全省平均水平5.7个和5.4个百分点。

片区扶贫开发。2011年，采取县为单位片区开发和确定重点板块推进相结合的方式，大力实施“一县一业”板块推进战略。2010年启动实施的15个片区开发项目工程建设任务基本完成，2011年新启动实施的17个片区开发项目工程建设总进度达到56.4%，超额完成年度目标任务，加上已经完成和正在实施的9个国家连片开发试点项目，全省片区开发项目达到41个。

干部下乡住村和领导干部包村增收活动。2011年，紧紧围绕帮助低收入村实现农民收入翻番，以发展“一村一品”为核心任务，深入推进全省干部下乡住村和领导干部包村增收活动，组织全省6426名领导干部每人包扶一个贫困村，12.1万名干部深入2.1万个村开展下乡住村活动。2011年各级各部门投入帮扶资金26.6亿元，帮助驻点村新上项目1.9万个，解决实际问题6.6万个。

机关定点扶贫工作。将机关单位定点扶贫和干部下乡住村领导干部包村增收活动紧密结合起来，采取包乡包片帮扶办法，实行目标责任量化管理，着力促进定点扶贫重点向产业开发转变。各级农村工作队2011年投入帮扶资金18.93亿元，新上帮扶项目5663个，其中，省级农村工作队投入帮扶资金11.42亿元，新上帮扶项目378个，为贫困地区农民群众生产增收提供了有力支持。

易地扶贫搬迁。充分利用统筹

城乡发展的有利条件，加大力度推进易地扶贫搬迁步伐，将易地扶贫搬迁范围扩大到户籍人口300人以内、实际居住不达一半的偏远山区贫困村，人均补助标准从4200元提高到5000元。同时，还安排专项资金，提高补助标准，加大扶持力度，对"十五"期间易地扶贫搬迁遗留的特困群众实行重点帮扶。按照"一年建成、两年入住、三年扫尾"的任务进度要求，2010年安排4万人易地扶贫搬迁任务的滚动入住率达到78.7%，2011年安排5万人易地扶贫搬迁任务的主体工程完工率达到77.3%，两项指标均超出70%的年度目标要求。

整村推进工作。按照省级财政扶贫资金村均投入两年达到100万元，加上市县配套、部门整合和群众自筹，村均总投入达到300万元，确保贫困村产业开发、基础设施和社会事业得到显著改善的总体目标，采取"一次规划、集中投入、两年实施"办法，扶持660个贫困村实施以"一村一品"为核心，培育特色优势产业、改善生产生活条件、增强自我发展能力为主要内容的整村推进规划。2011年项目全部开工建设，其中，列入年度目标考核任务并先期下达资金计划的200个村工程建设总进度达到94%，超额完成50%的年度目标任务。

扶贫调研活动。紧紧围绕贯彻落实中央扶贫开发工作会议精神，围绕全省"十二五"农民收入翻番和加快转型跨越发展的重大决策，结合干部下乡住村和领导干部包村增收活动，采取领导干部领题、骨干力量参与的办法，组织开展全省扶贫开发大调研活动，形成调研报告30余篇，为实施扶贫开发政策全覆盖、组织连片特困地区扶贫攻坚、加快推进易地扶贫搬迁、动员社会力量参与扶贫开发等重大政策措施的出台提供了许多有价值的决策建议，并有两篇调研报告在国务院扶贫办组织的评选活动中获得优秀奖。

扶贫资金管理。在全省组织开展扶贫工作"瞄准对象年"活动，把瞄准对象分类扶持作为安排扶贫资金项目的首要原则，把贫困人口增收情况作为考核扶贫实绩的硬性指标，确保贫困人口得到切实有效的扶持。完善出台片区开发、整村推进等扶贫重点项目资金管理办法，严格执行项目公示、资金报账、工程验收和绩效保证金制度，定期对扶贫资金使用和扶贫项目执行情况进行检查监督、跟踪问效，确保资金安全运行和项目发挥效益。在国家财政扶贫资金绩效考评工作中，山西省达到B级，并获得1300万元财政扶贫资金奖励。

【多措并举实现扶贫机制多元化】 探索创新产业扶贫机制，多措并举带动和促进贫困农户生产增收。评审认定145家省级扶贫龙头企业并给予重点扶持，基本实现扶贫龙头企业对57个贫困县全覆盖。调整完善贷款贴息政策，为19家国家级扶贫龙头企业的4.07亿元贷款下达贴息资金1196.5万元，为81家省级扶贫龙头企业的10.45亿元贷款下达贴息资金2920万元。建立扶贫龙头企业带动贫困农户倒逼机制，在劳动用工、基地建设和原料采购等方面提出明确要求，完不成任务不予贴息。启动扶持扶贫专业合作社试点工作，着力培育带动贫困地区产业开发的新生力量，对6个国家连片开发试点县的18家扶贫专业合作社下达扶持资金415万元。启动扶持贫困地区农业企业(合作社)开展无公害、绿色和有机农产品认证试点工作，对16个企业(合作社)32个产品安排扶持资金100万元。通过培育特色优势农业品牌，提高产业开发效益。

瞄准贫困地区农村贫困家庭初、高中毕业"两后生"和有转移需求的劳动力，提高补助标准，严格补助条件，重点开展能够掌握"一技之长"的中长期职业技能培训。2011年完成转移培训5.1万人，占到年度目标任务的101.5%。以提高农业科技素质和生产经营能力为目标，瞄准各级扶贫系统干部和贫困地区在乡务农劳动力，有针对性地开展扶贫政策理论培训、产业开发实用技术培训和农业科技示范推广等活动，2011年完成科技培训7.7万人次。

加大教育扶贫投入，启动实施"万人助学"教育扶贫工程。2011年，新资助考入大学贫困生1000名，中专技校贫困生3105名，普通高中贫困生4000名。全年教育扶贫规模达到12520人，资助费用及时全额落实到受助贫困生。

扎实推进亚行贷款山西河川流域农业综合开发项目建设。2011年，完成项目建设总投资3.32亿元，开展项目管理和工程实施技术培训8.3万人次，组织省级工程验收2.8亿元，完成项目提款报账1.04亿元，实现了工程进度、实施质量、验收报账、能力建设和项目管理"五个推进"。

不断拓宽社会扶贫合作领域，广泛动员社会力量参与扶贫。2011年，积极争取新加坡慈援组织资金55万元，在闻喜县桃沟村实施人畜饮水灌溉项目。积极争取中国扶贫开发协会提供创业资金3000万元，组织330名贫困地区大学生村官赴京培训，启动实施大学生村官成长工程。与中国扶贫基金会合作开展母婴平安工程和爱心包裹捐赠活动，为壶关县千名妇女、万名学生分别提供价值50万元的分娩补助和价值100万元的爱心包裹。

（杜姗姗）

畜牧业

【2011年畜牧业生产形势可喜】 畜牧业生产。2011年，全省生猪出栏672.1万头、牛出栏31.4万头、羊出栏401.7万只，年末牛存栏121.2万头、猪存栏446.1万头、羊存栏778.7万只。肉、蛋、奶总产量分别达到71.4万吨、71.1万吨、74.6万吨，分别比2010年增长－1.4%、0.6%和1.9%。

重大动物疫情形势总体平稳。2011年没有发生区域性重大动物疫情。高致病性禽流感、牲畜口蹄疫、高致病性猪蓝耳病得到有效控制，流行强度明显减弱，保持了连续3年零发生的好成绩。其他动物疫病也得到有效控制，疫情大幅下降。

畜禽养殖效益大幅增长。主要畜产品产量增加，价格普遍上涨。据测算，年出栏1头生猪可盈利405元，蛋鸡31元，奶牛2020元，肉牛

1475元，肉羊276元，养殖效益大幅提高。2011年农民人均畜牧业纯收入554元，是增速最快的一年，是养殖效益最好的一年。

畜产品质量安全保持较高水平。2011年，生鲜乳三聚氰胺检测合格率100%，饲料质量安全检验合格率97.6%，兽药产品监督抽检合格率93.2%。非法使用三聚氰胺的事件得到有效控制，非法使用"瘦肉精"的案件得到有力打击和遏制。

【2011年畜牧业发展的主要特点】

突出抓好畜牧业发展方式转变，加快现代畜牧业建设。一是产业化经营水平明显提升。各地通过出台优惠政策，改善发展环境，提高服务质量，吸引了一批辐射面广、带动力强、产业化水平高的国内外龙头企业入驻山西省，成为带动农户发展畜牧产业的主体。二是规模化养殖水平明显提升。各地通过争取国家投资、利用银行贷款和吸引社会资金等多种方式，积极筹措资金兴建了一批标准化养殖小区、规模化养殖场和畜禽养殖园区。三是标准化生产水平明显提升。坚持硬件、软件两手抓，在大力推进畜禽设施现代化建设的同时，积极推进畜禽标准化生产。

突出抓好重大动物疫病防控，促进畜牧业持续健康发展。一是强化综合防控措施落实。认真组织春季防疫和秋冬防疫两次大规模行动，狠抓动物免疫、检疫、消毒、监测等各项措施的落实，全省牲畜口蹄疫、高致病性禽流感、高致病性猪蓝耳病、猪瘟、新城疫应免密度均达到100%，免疫抗体合格率均达到农业部要求的免疫合格标准。二是强化制度落实。深入开展重大动物疫病防控规范化管理活动，全面落实养殖小区和规模养殖场、兽医系统实验室、疫苗管理等防疫制度。明确和落实各级畜牧兽医部门的工作任务和职责，将各项动物防疫工作分类量化，制定考核评价指标，层层分解，落实到单位、个人。三是强化监督执法。在全省组织开展"执法能力提升年"活动，加强对动物卫生证章标志、动物防疫条件、执法档案、省界公路动物卫生监督检查站和流通环节的执法监管，严格实施产地检疫和屠宰检疫，规模养殖场(户)产地检疫率、屠宰动物受检率和检出病死畜禽无害化率均达到100%。四是强化体系建设。加快新型兽医制度建设，建立山西省执业兽医注册与备案管理制度，开展动物卫生监督执法人员官方兽医身份确认工作，完成2011年执业兽医资格考试任务。

突出抓好"瘦肉精"和生鲜乳专项整治，保障畜产品质量安全。一是全力开展专项整治行动。针对生产中存在的各种非法添加、非法使用等行为，在全省组织了生鲜乳、"瘦肉精"和饲料兽药专项整治行动，对饲料、养殖、流通、加工等重点环节逐场、逐户、逐个企业进行全面排查。二是严厉打击各种违法行为。从保护产品质量安全、维护产业发展秩序的大局出发，各级畜牧兽医部门对"瘦肉精"、生鲜乳和饲料兽药等始终保持高压态势，坚决打击各种违法违规行为，依法惩处犯罪嫌疑人4人，注销不合格饲料企业9个，取缔无证兽药经营单位24个。三是进一步健全工作制度。全省各地按照"政府负总责、企业负主体责任、部门负监管责任"和属地管理的责任要求，市、县、乡、村、户按行政、技术两条线层层签订监管责任书，实行分片包干责任制，落实监管责任人。四是切实加强检测监管工作。在全省推广试剂条快速检测"瘦肉精"方法，对生猪养殖环节、出省生猪、屠宰场待宰生猪严格进行"瘦肉精"检测，全年完成畜产品质量安全例行监测1652批次，生鲜乳质量安全检测6815批次，饲料质量安全检测658批次，合格率均在99%以上。

突出抓好重大工程项目的推进，提高畜牧项目监管水平。一是狠抓重大产业政策落实。针对生猪和奶牛良种补贴、母猪补贴等普惠性政策涉及面广、投资分散、群众关注度高的特点，认真落实事前公告、事中监督、事后公示制度，积极探索"一卡通"补贴发放办法，提高项目实施的透明度，保障群众的知情权和受益权。针对封山禁牧圈养补贴、落实养殖用地等政策难度大的实际情况，主动加强与政府领导、相关职能部门的沟通，建立会议协调、多方共建、群众申诉机制。二是扎实推进在建工程项目验收工作。2011年是省农业厅确定的在建项目推进攻坚年。各级畜牧兽医部门层层签订责任状，成立专门工作机构，积极与项目建设单位对接，深入基层做好项目指导和督查工作。在全系统的共同努力下，对2009年以前未验收的350多个畜牧兽医项目进行验收，较好地完成在建项目的推进工作。三是进一步完善重大工程项目管理办法。为确保重点工程项目的规范实施，各地积极探索建立从项目申报、审定、监管、实施、使用到验收一整套项目管理办法。组织制定了京津风沙源治理、退耕还林发展后续产业、雁门关生态畜牧经济区建设、封山禁牧发展规模健康养殖等重大工程项目管理办法，明确了项目责任人、组织实施主体、竣工验收办法、财务管理规定等事项，基本做到各项工作有据可查、有文可依、有规可循，保障项目的规范实施。

突出抓好实用技术推广应用，增加畜牧业生产效益。一是新品种培育工作取得新突破。省畜牧局与山西农大、岢岚畜牧兽医局等单位历经30年培育而成的"晋岚绒山羊"新品种通过国家畜禽资源委员会审定，实现了山西省畜禽育种工作的历史性突破。二是种畜禽场建设实现新提高。利用生猪大县奖励、种畜禽场生产补助等资金，积极扶持一批起点高、规模大、管理好的种畜禽场，加快改建步伐，全省种畜禽场数量突破300个，种畜禽场制种质量和技术推广能力明显提高。三是品种改良和技术推广取得新进展。在全省推广肉牛冻精改良、生猪三元杂交、高产奶牛繁育、优质蛋鸡生产、牛羊舍饲养殖、动物防疫卫生、玉米青贮和秸秆养畜、草原鼠虫害防治等技术，全年改良羊500多万只，推广优种猪600多万头、优种蛋鸡260万只，科技在畜牧业中的作用日益突出。

【2011年畜牧业工作的具体措施】

着力抓好"一村一品"、"一县一业"，全面提升区域规模经济发展水平。按照"示范引导、择优扶持、科学实施"的原则，在全省选择了一批工作基础好、积极性高、示范性强的村作为畜牧业“一村一品“示范村，每个示范村达到有一个主导养殖畜种、一个产品品牌、一个专业合作社、一个带头人的“四个一”标准。加大技术指导，加强资金扶持，为全省大范围推进“一村一品”工作积累了经验。加快培育县域主导产业，在全省选择了一批主导产业规模靠前、生产基地较为集中、龙头企业基础较好的畜牧业大县，作为“一县一业”示范县，促使其尽快扩大产业规模、增强龙头企业带动能力、加强产品市场营销，提升主导产业发展水平，确保示范县建设取得成效。

*着力抓好“千园万场”规模健康养殖工程，加快畜牧业生产方式转变。*积极筹措工程建设资金，继续加大京津风沙源治理、巩固退耕还林、汾河流域草治理、标准化示范创建、封山禁牧、雁门关生态畜牧经济区建设等重点工程的统筹力度，集中项目资金用于标准化养殖小区和规模化养殖场建设，各市县积极引导群众投资发展畜牧业，多渠道吸引煤炭、焦化、房地产企业的资金投入发展规模养殖。同时，抓好项目的落实工作，各个工程在确定标准化养殖小区和规模化养殖场时，细化养殖场场址选择、圈舍建设、设施配备、良种和饲料选用等方面的标准和规范，统筹解决好养殖小区建设用地、公益性基础设施、畜牧兽医配套服务体系建设等有关问题，及时开展项目落实情况的监督检查，坚决取缔不合格的建设项目，确保项目建设落到实处。大力推行标准化生产，围绕标准化规模养殖，大力推广先进实用的养殖生产、管理、防疫等综合配套技术。认真落实畜禽养殖场和小区的备案工作，督促养殖场户建立规范的养殖档案，开展无公害标准化认证工作，落实畜产品质量追溯制度，实现饲养、生产、经营全程追溯和监管。

*着力抓好口蹄疫、禽流感、猪瘟等重大疫情防控工作，确保防控工作措施落实到位。*毫不松懈地做好重大动物疫病防控工作，强化对禽流感、口蹄疫、猪蓝耳病等重大动物疫病的强制免疫，抓好春秋两季集中免疫和日常补免，抓好散养户、边远山区和新补栏畜禽、高产期蛋鸡的免疫工作，做到免疫全覆盖。认真落实检疫、监测、流行病学调查等综合防控措施，继续做好突发疫情应急准备，坚决果断处置突发疫情，发生一起，处置一起，确保不扩散、不蔓延。认真落实防疫责任制，实行防疫责任制挂牌制度，按乡、按村、按场落实到人头，对因不履行职责、不落实防疫措施导致发生疫情的人员和部门，依法追究责任。加快以官方兽医和执业兽医为主体的新型兽医制度建设，做好乡村兽医的培训与登记，继续搞好执业兽医资格考试工作，逐步建立起规范的兽医管理体制。

*着力抓好饲料、兽药、生鲜乳的监管监测，确保畜产品质量安全。*进一步规范饲料生产企业行政许可，加强饲料生产企业资质审查，研究提高饲料生产经营准入门槛，开展跨地区监督检查，坚决取缔不合法生产经营企业。严格兽药生产经营管理，整顿兽药市场秩序，健全兽药GSP(《药品经营质量管理规范》)管理规范制度，严格兽药市场准入，加强兽药生产过程监管，加强兽药行政审批后续监管和执法监管，依法建立强制退出制度，稳步提升兽药质量安全水平。

*着力抓好畜禽良种繁育体系建设，加快畜牧业良种化进程。*一是加快现代种畜禽供应体系建设。扶持代次高、规模大、运行好的种畜禽场加大建设和改造力度，支持龙头企业加快繁育推广优良品种，提高畜禽良种供应能力。二是加快畜禽资源保护体系建设。做好地方良种资源的保护和开发利用工作，重点搞好晋南牛、马身猪和广灵驴等地方良种资源保护和开发。三是加快良种技术推广体系建设。加强基层改良站点建设，2011年重点在畜禽养殖大县布局建设一批改良点，配备改良人员和设备，提高改良服务能力。

*着力抓好草地确权和人工种草，大力推进草地建设与保护。*全力推进草地确权工作，加快推进草地承包确权划界工作，确保承包地块、面积、合同、证书“四到户”，继续加快人工种草。认真实施好退耕还林还草、草地生态补偿、京津风沙源治理、汾河流域草地生态治理等重大工程，大力推广种植苜蓿、红豆草等多年生牧草和饲用玉米、饲用甜菜等饲料作物，大力推广划区轮牧、舍饲养殖，实现草地生态建设与畜牧业发展双赢，加强草地保护。认真落实和执行《草原法》、《山西省草原火灾应急预案》，建立草原防火、草原虫灾应急机制，加快推广虫害、鼠害防治技术，加强草地基础设施建设，提高装备水平，增强防控能力，减少灾害损失。进一步加大草地执法力度，严厉打击乱占乱开、乱采乱挖草地的违法行为，有效保护草地资源。

（兰志杰）

农垦事业

【概述】 山西农垦系统现有企业29个，分布在全省9个市、26个县（区）境内，其中，省属企业8个，市属企业10个，县属企业11个。垦区总人口24190人，土地总面积22717公顷，其中，耕地6657公顷。到2011年年底，以农牧业为主的企业25个，工业企业1个，商业企业3个。全省垦区总资产7.22亿元，总负债6.49亿元，所有者权益7274万元，资产负债率为89.9%。

2011年，全省农垦企业生产总值3.57亿元，比2010年减少5.2%。其中，第一产业产值1.04亿元，减少14.8%；第二产业产值1.33亿元，增长0.9%；第三产业产值1.2亿元，减少1.6%。人均纯收入5852元，增长21.2%。

【2011年的主要工作】 *农场现代农业建设初显成效。*积极制定农垦系统“一场一品”示范工程规划，突出发展具有农场优势的特色产业，打造现代农业示范园区。忻定农牧场列入全国100个农垦现代农业示范区。启动现代农业万亩玉米丰产方、万亩设施蔬菜示范区规划。山阴农牧场按照农业部标准设计的千头奶牛示范区已通过招标。朔州红旗牧场争取政府及社会资金，在昔日的荒滩上建起12座日光花卉温室。长治果树场千亩蔬菜花卉农业

观光示范园成为当地的新亮点。大同奶牛场投资2600万元新建的13.3公顷标准化日光温室已完工，城郊型农业高科技观光示范园已建雏形。

强农惠农政策得到有效落实。2011年，一系列支农惠农政策及项目陆续进场。国有农场义务教育202.2万元的债务全部化解。全省农垦系统524万元的税费改革资金全部下达各场。省直农场纳入公益事业建设"一事一议"财政奖补范围，共补贴资金27万元。特困企业享受到13.5万元的基本医疗保险补助。农场公路建设纳入全省规划。农场电网改造升级3.3亿元的投资列入发改委规划。总投资1500万元的忻定农牧场333公顷土地纳入省国土厅土地整理项目范围。农机补贴政策覆盖全系统。现代农机化示范区建设项目也在忻定农牧场实施。争取国家扶贫开发项目资金400万元，蔬菜标准园建设项目50万元，玉米丰产方地膜覆盖项目30万元和机深耕30万元，农业科技推广项目70万元，中低产田改造项目164万元，标准化养殖项目35万元。

重点工作取得突破性进展。一是2100户的垦区危房改造工程建设项目全面开工。2011年，在山阴农牧场、忻定农牧场、方山肉牛场、唐城肉牛场和金沙滩农牧场5个农场实施危房改造项目，改造危房2100户，总投资3150万元，该项目于10月中旬全部开工建设。二是23个农垦国有农场卫生院基础设施建设项目，总投资657万元，全部竣工验收。三是组织实施2010年农业部农垦局下达的扶贫项目，完成投资335万元。四是土地确权工作有新进展。截至2011年年底，垦区已确权土地面积为1.7万公顷，比2010年增加3793公顷。五是组织实施全国第五批学生奶奶源示范基地创建工作，学生饮用奶计划推广工作深入推进，日供奶量有所增长。六是招商引资工作有新突破。忻定农牧场拟与苏州博汇生物工程有限公司合作，新建"智能化、零排放，年产国际质量标准200万头生猪、肉品加工、生物制品、生物有机复合肥一条龙清洁生产线"项目。山阴农牧场与黑龙江完达山乳业集团、北京首农集团达成合作意向，将山阴农牧场发展成为两个集团的优质奶源生产基地。朔州红旗牧场投资60亿元的同煤浙能麻家梁矿井项目已经国家发改委核准，各项工程正在加紧建设。垦区森林防火工作受到山西省人民政府森林防火指挥部的表彰。

农场管理机制有所创新。2011年，省农垦局在充分调研、多方了解的基础上，建立了农场主要经济指标、重点工作目标百分考核制，起草制定《山西省农业厅省属农垦企业管理办法》，把农场的管理纳入到有序、有章、有纪律的轨道，较好地处理了监管与服务、监管与企业自主经营的关系。

深入开展创先争优活动。在"创先争优活动"中，制定了农垦局"创先争优、文明和谐单位创建活动"方案，组织开展了"四个创建、四个争先"活动(即创建学习型单位、争当创新模范，创建凝聚型单位、争当团结友爱模范，创建爱岗敬业型单位、争当服务群众模范，创建廉政型单位、争当遵纪守法模范)，确保创先争优活动扎实有效推进。同时，以创建学习型为载体，针对性地确定学习内容，创新学习方法，确保学习取得实际成效，全面提高机关队伍的综合素质。以创建和谐单位单位为目标，完善制度，创新机制，重塑形象，大力营造健康向上的和谐氛围。

(许云麒)

林　业

【林业建设提质增效，扎实推进】

造林绿化取得新成绩。2011年，完成造林30.3万公顷(人工造林21.5万公顷，飞播造林2668公顷，封山育林8.4万公顷)，其中，国家林业重点工程完成造林18.5万公顷，以干果富民工程、通道沿线和环城绿化工程等为重点的省级工程完成造林4.9万公顷，国家补贴制造林完成4.6万公顷，市县造林完成2.3万公顷。完成育苗5.4万公顷，当年新育苗2.5万公顷。完成四旁植树1.08亿株，义务植树5158万株，通道绿化604.1万株，村庄绿化628.3万株。

林业投融资达历史最高水平。2011年，山西省林业投融资共计73.69亿元，比2010年增长7.9%，为全省林业转型跨越发展提供强有力的资金保障。

国家林业重点工程质量高、效益好。天然林资源保护工程。2011年完成造林48673公顷，人工造林13340公顷，封山育林新封35333公顷。一是逐级落实工程建设目标。省政府与各市人民政府签订天然林资源保护二期工程建设目标责任书，落实了天保二期工程建设领导责任。二是全面落实森林管护责任。坚持以森林管护站建设为核心，以提高科技含量为突破，严格落实森林管护责任制，全面推行GPS定点巡护。三是全面完成公益林建设任务。

退耕还林工程。2011年完成荒山荒地造林任务45291公顷，其中，人工造林36621公顷，无林地和疏林地新封8670公顷。自工程实施以来，累计粮食补助资金80.53亿元，其中，当年粮食补助资金5.74亿元。累计生活费兑现金额15.68亿元。其中，当年生活费兑现金额1.4亿元，当年粮款兑现涉及户数88.5万户。山西省林业部门坚持巩固成果与稳步推进并举，退耕还林与改善民生兼顾，调整工程布局，突出建设重点，完善补助政策，创新管理机制，确保工程质量，提高建设成效，进一步巩固退耕还林成果。

京津风沙源治理工程。2011年完成造林2.5万公顷，其中，人工造林完成8733公顷，飞播及直播造林2668公顷，无林地和疏林地封山育林1.3万公顷。在高标准完成林业治理任务的同时，对历年实施工程进行补植补造、提高完善。立足科技兴林，克服沙区恶劣自然环境条件下造林难度大的困难，确立了"防沙治沙、科技先行"的发展理念，建立科学造林模式，深入推广科学整地、覆盖林业、根宝或生根粉蘸根造林、灌溉林业、盐碱地改良造林技术等治沙综合示范技术，提高了防沙治沙效果。

"三北"防护林等重点防护林体系工程。包括"三北"防护林和太行山绿化工程，2011年完成造林6.6万公顷。①“三北”防护林工程。按照“生态省建设”的发展战略，突出工程管理和精品工程建设两大重点，突出晋、陕峡谷重点区域造林，工程质量进一步提升。全年完成造林47890公顷，其中，人工造林完成31224公顷，封山育林完成16666公顷。②太行山绿化工程。以全省造林绿化阳泉现场会和国家农发办年度验收为契机，全力推进太行山绿化三期工程，突出沁河流域造林，实施精品工程战略取得可喜成果。2011年完成造林18000公顷，其中，人工造林7868公顷，封山育林10132公顷。

野生动植物保护及自然保护区建设工程。坚持依法保护、科学管理、合理利用、持续发展，扎实推进野生动植物资源保护，加强珍稀濒危物种拯救，加快自然保护区建设和管理，促进野生动植物保护与自然保护区事业持续发展。全省自然保护区45处，其中，国家级5处、省级40处。保护区总面积111万公顷，占全省总面积的7.1%。

森林资源保护持续深入。全省发生森林火灾40起，受害面积3397公顷，剔除自然因素，人为因素引发的森林火灾受害率0.04‰。林业有害生物发生面积24万公顷，防治面积18万公顷，防治率0.75%。严厉打击破坏森林资源和野生动植物的犯罪行为，查处案件1880起。

林业产业发展基础得到加强。按照生态建设产业化、产业发展生态化思路，加大林业产业发展力度，取得明显成效。全省新发展干果经济林8万公顷，总面积69万公顷。新开工建设森林公园44处，其中，省级18处，县级26处。新建湿地公园5处。参加2011年西安世界园艺博览会，荣获博览会金奖。2011年全省林业总产值255.3亿元。

【林业管理创新取得新突破】 坚持高位推动，营造浓厚建设氛围。省委、省政府领导高度重视林业工作，2011年4月7日，省委书记袁纯清、省长王君等四大班子领导带头参加义务植树活动。2011年8月30～31日，省政府在阳泉召开全省造林绿化现场会，明确提出加大造林力度、建设绿化山西、努力开创生态兴省新局面的要求，命名左云、沁水、盂县等10个“林业生态县”，有力推动了造林绿化工作。省政府继续把集体林权制度改革作为全省6项重大改革之一，加快集体林权制度改革的步伐。针对不同季节的森林防火形势，省政府先后5次召开森林防火电视电话会议或者手机会议，对森林防火工作进行了认真安排部署。

注重规划引导，统筹资源加以推进。2011年，山西省林业厅结合全国林业“十二五”发展规划，认真修改全省林业“十二五”规划。全省造林绿化阳泉现场会议后，按照山西省提出的抓好“四大工程”、建设“四大屏障”、发展“五大产业”、实现“三增”目标的要求，进一步修订了全省林业改革发展规划布局，明确建设重点。朔州市提出森林覆盖率每年增加1.5个百分点，到2015年达到24%以上的目标。大同市提出要加快发展仁用杏、核桃、文冠果等干果经济林，力争到2015年农民人均林业收入1000元以上的目标。吕梁市提出围绕黑茶山、关帝山等森林集中区，着力建设3个生态先导区，推进城乡生态化建设。运城市提出通过全方位造林绿化、发展林业产业，到2015年森林覆盖率35%，农民人均林业收入2000元的目标。通过修订完善林业发展规划，进一步为全省林业改革发展绘就了蓝图，做到了科学布局，有序推进。

加大政策扶持，优化发展的软环境。2011年，省政府安排专项资金2000万元，补贴林改后的农民和林业专业合作社造林。各地纷纷出台政策加大资金投入。太原市人大常委会通过《加快林业发展的决定》，市政府出台《关于加快西山城郊森林公园建设的实施意见》等政策措施，大力推行企业认养造林，规定凡认养的国有宜林地，80%的必须绿化，20%的可以按程序开发。晋中市将造林绿化经费纳入各级财政年度预算，市级财政不低于年度一般预算收入的1%，县级不低于3%，并随着财政收入的增长相应增加投入的比例。晋城市出台《重点生态公益林保护管理办法》和《干果经济林带建设扶持办法(试行)》，对国有的市级重点公益林按每年每亩5元的标准进行补偿，集体和个人所有的市级重点公益林按每年每亩10元的标准进行补偿，干果经济林每亩补助300元。长治市采取“投、提、筹”等方式，市、县两级财政投入7.3亿元，从煤炭企业的矿山环境恢复治理保证金中提取30%用于林业建设，全市林业资金投入超过10亿元。柳林县创新“一矿一企绿化一山一沟”机制，吨煤收取2元造林绿化费和1元的核桃林建设基金，鼓励资源型企业参与生态建设。

强化督查服务，狠抓工作深入落实。2011年，省林业厅实行干部下乡定点联系服务基层工作机制，指导服务基层开展林业工作。先后4次通报造林绿化进展情况，约谈造林进度慢的市级林业部门主要负责人。春秋两季4次督查指导造林绿化和年度目标责任制执行情况。针对集体林权制度改革工作，推行“一卡式管理、一站式服务”，在阳泉市和寿阳县开展林权IC(集成电路)卡试点。建立了1600多个林业合作社，服务农户近10万户。组织林改领导组成员单位对11个市的主体改革进行全面督查。针对护林防火工作，先后16次下发加强森林防火工作的通知，全面推行森林防火重点治理县管理制度和事先问责制度，强化森林消防专业队建设，组织成员单位负责人深入各地进行督查。特别是在清明节等防火特险期，组织驻村包县干部赴市、县协助开展森林防火工作。针对发展林业产业出现的技术问题，组织科技人员深入基层搞培训、送技术，先后为基层解决技术难题200多个，培训基层技术人员2000余人次。进一步加大林业扶贫开发力度，积极帮扶农民致富，省林业厅被国务院扶贫开发领导组评为先进单位。

(张桂香)

【启动实施绿色生态工程】 “十一五”期间，山西省组织实施了“蓝天碧水工程”，各项环保指标和任务全部完成，环境质量有了明显改善和提升。为深入贯彻落实省委、省政府转型跨越发展的战略目标和“四化山西”(绿化山西、气化山西、净化山西、健康山西)建设要求,加快城乡生态化建设和资源节约型、环境友好型社会建设步伐,推动山西省经济社会绿色发展、和谐发展和可持续发展,实现生态环境质量的整体提升,省政府决定在全省11个重点城市和66个县(市)启动实施“绿色、生态”工程,全面推进山西省环境保护进程。

实施目标。全面完成国家和省污染物约束性减排任务,全省主要污染物排放总量得到有效控制,环境质量得以明显提升和改善。到2015年,重点城市和85%以上的县(市)环境空气质量稳定达到国家环境空气质量二级标准,主要河流水体水质明显好转;城乡生态建设和绿化水平明显提高,生态环境得到有效保护与恢复,环境保护模范城市、园林城市(县城)和生态市(县)创建取得突出进展,初步实现生态文明、环境优美、和谐宜居的城乡生态化目标。

主要任务。1. 以治污降耗为重点,实施“减排工程”。贯彻落实《山西省减少污染物排放条例》,继续推进并不断深化主要污染物总量减排,结合转型发展要求,提高钢铁、水泥、焦炭、传统煤化工、电石等行业准入门槛,对现有企业实施生产技术及工艺、设备改造,使各行业污染治理技术装备及污染物排放达到国内相对领先的水平。全面完成二氧化硫、氮氧化物、化学需氧量、氨氮、烟尘、工业粉尘排放总量“十二五”约束性减排任务。

2. 以提升环境空气质量为重点,实施“净空工程”。强化城市环境综合整治,集中治理燃煤污染、机动车排气污染和加油站油气污染、城中村大气污染、城市扬尘污染,大力普及使用清洁能源,推动城镇大气环境质量的全面改善。

3. 以改善水环境质量为重点,实施“净水工程”。强化重点流域水污染防治,加大城市市区水域综合整治,彻底消除城市黑臭水体,全面改善流域水环境水质。

4. 以改善城乡环境为重点,实施“清洁工程”。加强城市垃圾分类收集、储运和无害化处理及回收利用设施建设,促进垃圾源头减量,提高垃圾资源化利用水平,进一步净化城乡环境。

5. 以生态修复和建设为重点,实施“提质工程”。全力实施城乡生态环境修复与治理,推进重要生态功能区和重点资源开发区建设,加强生态系统恢复和矿山生态恢复工作,加快实施生态工程建设,初步形成具有我省特色的、突出展现我省绿色生态文化、点线面紧密相连的环保生态网,构建结构有序、功能完善、效益最佳、环境优美的良性循环生态系统,全面提升生态环境质量。

6. 以建设“两型社会”为重点,实施“创建工程”。全力推进环保模范城市、园林城市等绿色创建活动,努力构建资源节约型和环境友好型社会,全面提升城镇整体能力和宜居度,为建设和谐社会、小康社会打下坚实基础。

实施范围。1. 纳入山西省“一核一圈三群”城镇建设及经济发展区的11个重点城市和68个县(市、区):(1)太原都市区的9个县(区),即太原市迎泽区、杏花岭区、万柏林区、尖草坪区、小店区、晋源区、清徐县、阳曲县,晋中市榆次区。

(2)太原都市圈(不包括太原都市区的县、区)的21个县(市、区),即古交市,太谷县、祁县、平遥县、介休市、寿阳县,阳泉市城区、郊区、矿区、平定县、盂县,忻州市忻府区、定襄县、原平市,吕梁市离石区、文水县、交城县、孝义市、汾阳市、柳林县、中阳县。

(3)晋北城镇群的10个县(区),即大同市城区、矿区、南郊区、新荣区、大同县,朔州市朔城区、平鲁区、怀仁县、应县、山阴县。

(4)晋东南城镇群的12个县(市、区),即长治市城区、郊区、长治县、襄垣县、屯留县、壶关县、长子县、潞城市,晋城市城区、泽州县、高平市、阳城县。

(5)晋南城镇群的16个县(市),即临汾市尧都区、曲沃县、翼城县、襄汾县、洪洞县、侯马市、霍州市,运城市盐湖区、稷山县、新绛县、河津市、临猗县、闻喜县、绛县、夏县、永济市。

2.“一核一圈三群”城镇建设及经济发展区以外的、主要河流源头及汾河流域和高速公路沿线需要实施区域流域或生态环境重点保护的21个县,即太原市娄烦县,大同市左云县、浑源县、灵丘县,忻州市宁武县、繁峙县、静乐县、河曲县、代县、五台县、保德县,晋中市榆社县、灵石县,吕梁市交口县、岚县,长治市沁源县、黎城县,晋城市陵川县、沁水县,运城市芮城县、万荣县。

以上区域涵盖全省11个重点城市的23个市辖区、11个县级市和55个县,共89个县级行政区域。

考核指标。1. 污染减排约束性指标。①国家约束性减排指标:全面完成国家下达的二氧化硫、氮氧化物、化学需氧量、氨氮4项主要污染物总量减排任务。②我省约束性减排指标:全面完成省政府下达的烟尘、工业粉尘2项主要污染物总量减排任务。

2. 环境空气质量指标。设区城市建成区环境空气质量稳定达到国家环境空气质量二级标准。工程实施区域内85%以上的县级城市及县城建成区环境空气质量稳定达到国家环境空气质量二级标准。

3. 地表水环境质量指标。全省主要河流地表水监测断面劣五类水质比例控制在30%以下。

4. 城镇生活污水处理指标。城市(包括设区城市和县级城市,下同)建成区生活污水处理率达到85%,县城生活污水处理率达到70%。

5. 城镇生活污水回用指标。设区城市建成区生活污水回用率达到40%,县级市建成区生活污水回用率达到20%,县城生活污水回用率达到10%。

6. 城镇生活垃圾无害化处理指标。城市建成区生活垃圾无害化处理率达到80%,县城生活垃圾无害化处理率达到70%。

7. 工业固体废物处置利用指标。工程实施区域内所有市、县(市)工业固体废物处置利用率达到100%,综合利用率达到65%。

8. 城乡绿化指标。城市建成区绿化覆盖率达到40%,县城建成区绿化覆盖率达到35%。

9. 城市烟尘控制指标。太原市建成区高污染燃料禁烧区覆盖率达到90%,其他设区城市建成区高污染燃料禁烧区覆盖率达到80%，县级城市建成区和县城高污染燃料禁烧区覆盖率达到30%。

10. 城镇集中供热指标。城市建成区集中供热普及率达到85%，县城集中供热普及率达到70%。

11. 城镇气化率指标。城市建成区燃气普及率达到92%，县城燃气普及率达到80%。

12. 机动车环保管理指标。工程实施区域内所有市、县(市)在用机动车环保年检率达到应年检车辆的90%。

13. 创建工作指标。①环保模范城创建指标：工程实施区域内1/3以上的市、县(市、区)创建成省级环保模范城市(县城、城区)。②绿色创建指标：每个县城至少建设1个生态文化综合性公园。力争在20～30个乡镇实现污水集中处理、垃圾无害化集中处置设施全覆盖。

保障措施。1. 加强领导，完善组织保障体系。建立完善"政府负责、环保部门统一监督管理、有关部门分工把关"的环境保护协调机制、联防联控体系和联席会议制度。实施定期调度和预警通报制度。加强"绿色、生态"工程基础数据的收集、整理、汇总和统计快报工作。完善考核奖惩机制。继续实行"每年一小考、三年一中考、五年一大考"的考核制度，并将"绿色、生态"工程实施和年度指标完成情况作为省委、省政府年度目标责任考核的重要内容，将考核结果作为市、县(市)政府及有关部门评先评优和干部选拔使用的依据。对年度考核优秀、提前或超额完成"绿色、生态"工程任务、环境质量明显改善的市、县(市)给予表彰奖励；对工作进展慢的地方，实施"区域限批"、"企业限批"；对在"绿色、生态"工程年度考核工作中连续排名倒数的市县政府主要领导实行行政问责，取消评优评先资格，实行环保一票否决。

2. 强化制度，健全法律标准保障体系。(1)认真贯彻落实《中华人民共和国环境影响评价法》和《规划环境影响评价条例》，积极推进规划环评和区域环评。着重抓好经济快速增长区、基础性与战略性产业主要分布区、节能减排和环境质量改善重点区、全局性生态服务功能区等重点区域和对生态环境有较大影响的重点行业的规划环评，重点抓好各类经济开发区、产业园区以及重点流域、重点城市、重点资源能源开发区域的区域环评。将主体功能区划和生态功能区划作为规划布局的重要依据，将规划环评、区域环评作为有关建设项目环境影响评价审批的前置条件，禁止建设未进行规划环评、区域环评或与规划环评、区域环评定位不一致的建设项目。

(2)煤炭、焦化、电力、冶金、煤化工和水泥等重点产业发展规划要把协调产业布局与重要生态环境敏感区的关系作为着力点，产业布局和项目选址必须符合城市总体规划、土地利用总体规划、环境保护规划和生态功能区划等要求，在城市城区及其近郊禁止新建、扩建钢铁、有色、焦化、水泥、化工等重污染企业。

旅游景区景点及旅游道路的开发建设应编制旅游规划，并依法进行环境影响评价，执行环境保护"三同时"制度。进行景区开发建设须经环保与旅游部门审核批准，并不得对原有生态环境造成破坏。旅游景区景点及周边区域不得新建、改建、扩建不符合国家产业政策的项目、增加污染物排放总量的项目、破坏自然生态和景观环境的项目、向饮用水水源地保护区排放污水的项目。

(3)建立完善山西省地方性污染物排放标准体系，将环境质量改善目标和对企业工艺装备水平提升改造的要求通过强制性的地方污染物排放标准予以落实，努力使环境标准与环保目标相衔接。对于没有环境容量的区域或流域，污染物排放标准执行相应环境功能质量标准。

(4)全面加强取排水许可管理工作，严格实行水资源论证制度、水环境影响评价制度和水土保持方案制度。新建、改建、扩建项目取用水要依法编制水资源论证报告，并报水行政主管部门审批，办理取水许可审批手续。岩溶泉域内新建、改建和扩建项目要依法编制水环境影响评价报告，并报水行政主管部门和环境保护行政主管部门审查批准。严格落实新水土保持法，新建、改建、扩建项目要依法编制水保方案，并报水行政主管部门审批。否则项目不予审批立项，不能开工建设。

3. 大力推进，深化经济政策保障体系。(1)建立有效的投入和管理机制，加大资金投入。坚持"谁污染谁治理，谁破坏谁恢复"的方针，多渠道筹集治理资金，落实"以奖促治"、"以奖代补"政策。各地政府要有效整合环保、节能减排、城乡建设、水利建设、淘汰落后产能、新农村建设等方面的资金，加大对"绿色、生态"工程的投入力度，特别是对脱硫脱硝、污水处理与回用、流域综合治理、城中村环境综合整治、机动车污染控制、农村环境连片综合整治、生态建设、绿色创建等"绿色、生态"工程重点建设项目和省属重点大型国有企业节能减排、生态保护、污水深度处理、资源循环利用等项目要予以重点扶持，增加资金投入。同时，采取鼓励和优惠措施，吸引国内外企业、金融机构和民间资本投向"绿色、生态"工程。"绿色、生态"工程实施区域内的各市、县(市)全社会环保投资要占到地区生产总值的3%以上，以确保"绿色、生态"工程取得实效。

(2)因地制宜，用好政策。对"绿色、生态"工程重点项目建设用地、用电、设备折旧等实行扶持政策。完善有利于"绿色、生态"工程的环境经济政策。深入落实高耗能、高污染行业差别电价政策。落实清洁生产企业、循环经济企业、节能环保型企业绿色信贷措施。落实工业固废综合利用产品生产及使用企业税收优惠与信贷扶持政策。开展环境污染责任保险试点工作。

(3)全面推行排污权有偿使用和排污交易制度。以国家二氧化硫排污交易试点省为契机，加快推行二氧化硫排污权交易，并逐步拓展排污交易范围，对二氧化硫、氮氧化物、化学需氧量、氨氮、烟尘、工业粉尘等6项污染物指标实施全覆盖交易，实现总量控制前提下的环境资源合理调配。"十二五"期间，所有新建、改建、扩建项目所需新增排污量一律通过排污权交易有偿取得。

(4)完善生态补偿机制。进一步落实地表水跨界断面水质考核生态补偿政策，完善我省流域生态补偿标准体系，建立流域上下游地区生态保护共建共享机制，实行市级断面水环境共保共治，以经济手段促进水质改善。在有条件的地区开展大气环境质量生态补偿试点。

(5)完善矿产资源开发矿山地质环境恢复治理保证金制度。深化煤炭工业生态环境恢复治理补偿机制，建立矿山生态环境评估和绩效考核制度及指标体系，全面推行资源开发地质环境恢复治理保证金制度，切实构筑起“事前防范，过程控制，事后处置”的三大生态防线，全面提升全省矿山生态环境恢复治理的整体水平，推进矿区生态环境质量的根本改善。

4. 严格执法，强化环境监管保障体系。(1)严格建设项目环境准入。对不符合环保法律法规、产业政策的项目，未取得环境影响评价的固定资产投资项目，选址、布局不合理的项目，对饮用水源等环境敏感地区产生重大不利影响、群众反映强烈的项目，排污总量已超过控制指标、生态破坏严重或者尚未完成生态恢复任务地区的新增污染项目，投资主管部门一律不予审批、核准和备案，金融机构不予贷款，相关部门不得发放规划、施工、生产等许可证，项目单位不得开工建设。对建设项目环境保护及水土保持“三同时”措施不落实的，一律不得投入试生产；对违规在建的项目，责令停止建设，金融机构一律停止发放并追回已发贷款；对违规建成的项目，责令停止生产，金融机构一律不得发放流动资金贷款，并采取停水、停电等断然措施。

(2)进一步健全落后产能退出机制。对未按规定期限关停、取缔、淘汰的企业或设备，有关部门要采取停电、停水、停气、停运、停贷，吊销排污许可证、生产许可证、安全生产许可证，不予审批和核准新的投资项目，不予批准新增用地，不予审批建设项目环境影响评价文件等措施，依法予以强制关停、淘汰，并加强后督查，防止已关停企业或设施的死灰复燃。

(3)强化持证排污。全面推行排污许可证制度，禁止无证或超总量排污。严格执行入河排污口审批制度，任何新建、改建入河排污口要向当地水行政主管部门办理审批手续。

对超过污染物总量控制指标、环境污染和生态破坏严重的地区，暂停审批新增污染物排放总量的建设项目。对不正常运转治理设施、超标排污、不遵守排污许可证规定、造成重大环境污染事故，在自然保护区内违法开发建设和开展旅游或者违规采矿造成生态破坏等违法行为，依法予以严厉查处。

(4)强化限期治理制度。对不能稳定达标或超总量的排污单位实行限期治理，治理期间应予限产、限排，并不得建设增加污染物排放总量的项目；逾期未完成治理任务的，责令其停产整治。严格实施水功能区评价和达标考核制度以及水域纳污能力限排制度。

(5)进一步提高环境监测能力建设。“绿色、生态”工程实施区域内所有市、县(市)环境监测站要在其原有能力建设、仪器装备水平基础上，根据监测工作需要，按照填平补齐原则，配齐基本监测设备、监测人员及业务用房，保障能力建设经费，以达到国家标准化建设要求，实现环境空气质量预报。有条件的地表水河流建设水质自动站，集中式饮用水源地实现自动监测并与省环境监测中心站联网共享数据。

5. 加强农业部门环境监测能力建设。提高农村土壤污染、基本农田环境质量和农作物农药残留污染等方面的监测水平。同时，在每个县(市)建设一个农村环境空气质量自动监测站。

加大重点区域流域环境质量监测监管力度。在各重点旅游景区建设环境空气质量自动监测站点，实行环境空气质量动态监测和日报制度；在主要河流国考省界断面建设水质自动监测监控站，市界、县界断面安装水质自动监测装置，完善地表水跨界断面水质监测机制，实现跨界断面水质全天候监测监控；设区城市按城市声环境功能区划设立城市道路噪声自动监测点，设置环境质量电子公示牌；在重点旅游景区和国考省界断面设立环境管理站，由市级以上环保部门派驻专职环境管理人员，强化对重点景区和主要河流出省断面生态环境质量的管理与监督。

6. 强力攻坚，推进科技支撑体系。充分发挥科技在“绿色、生态”工程中的支撑作用，强化环保科技基础平台建设，充分运用物联网、信息化、自动化等高新技术为“绿色、生态”工程重点建设项目提供技术支撑与保障。

加大“绿色、生态”工程重大科技攻关项目研发力度。在科技三项经费中拿出一定比例的资金，重点支持高等院校、环境保护科研机构、环境监测部门和环保公司等在节能减排、环境监测、污染源自动监控、生态保护、资源循环利用、饮水安全等领域开展科技攻关，重点扶持污水深度处理与回用、燃煤设施脱硫脱硝、工业粉尘高效除尘、污泥无害化处理处置、固废综合利用、村镇污水一体化处理、农业面源污染防治、洁净煤、汽车尾气净化等“绿色、生态”工程重点治理技术的研发与引进。建立与科研机构技术协作机制，充分引进国内外前端成熟的技术及装备成果，促进环保技术成果转化。

适时公布“绿色、生态”工程重大科技推广项目名录(清单)，抓好“绿色、生态”工程科技示范项目建设，加快高新技术在“绿色、生态”工程中的应用。

【五项重点构架省级造林绿化工程新布局】 近年来，随着山西省“身边增绿”工程的不断推进，省级造林绿化工程从2005年启动之初的6项增加到2011年的20多项，造林绿化呈现出遍地开花、处处增绿的强劲态势，但也因项目多、布局散，影响到规模效益的发挥。为此，按照突出重点、合理布局、有机衔接、规模发展的原则，着手推进省级造林绿化工程的整合问题。2011年，省级造林绿化重点工程被确定为5项：一是20万亩(1.3万公顷)通道沿线绿化工程。按照“通道沿线建林带、两侧荒山建屏障、平原地区建林网”的原则，将主要干线两侧各1000米范围或第一山脊线以内的荒山荒坡、平原全部纳入工程建设范围。二是100万亩(6.7万公顷)核桃、红枣、柿子、花椒、仁用杏等干果经济林富民工程。三是20万亩(1.3万公顷)环城绿化工程。重点在太原和10个地级市周边建设环城林带和森林公园,特别是加大对太原市东西两山宜林荒山荒坡的绿化力度,提高省城生态水平。四是20万亩(1.3万公顷)矿区绿化工程。用足用活吨煤10元生态环境恢复治理保证金政策,督促煤矿企业搞好本矿区周边荒山造林、塌陷及废旧矿复垦造林绿化。如本矿区无造林条件,将由当地政府提供宜林地开展异地造林。五是引导各地与国家和省级造林绿化工程结合,建设25万亩(1.7万公顷)市县造林工程。

【加强集体林权制度改革中林权争议调处】 *权属证件认定*。20世纪80年代初林业"三定"时期是山西省稳定山林权属的重要历史界限和政策界限,期间颁发的林地林木权属证件原则上予以维护。如遇到"三定"初期与后期发放的林权证属同一林地而林权权利人不一致的情况,除后期发放的证件为纠正错误外,应以首发证件为准。

林权范围认定。原核发的林权证四至较大,其范围内又有多个不同权利人的林地,如各自的林权林地面积清楚的,在林权证填写的四至内,重新落实不同林权权利人的林地四至;如林权权利人原林权证填报的面积与实际面积出入较大,在确认四至后重新核实面积,并分别颁发林权证。

"四荒"拍卖造成林权问题的处理。20世纪90年代拍卖"四荒"时,未经林地权利人同意,把国有和集体林地使用权拍卖给单位和个人的,属于有林地、疏林地、灌木林地、未成林造林地的,应退还原林权单位;属于宜林荒山,未造林的退回原林地所有单位,已造林的其林木所有权归造林者所有,林地所有权归原林地权利人,林地使用期由双方协商,至少应保证造林者享有一个轮伐期的使用期限,但不得超过法定期限。

户口迁移造成林权问题的处理。户口迁到其他农村的,如果落户村未再分给自留山和家庭承包林地,原自留山和家庭承包林地仍可继续经营,否则交回原集体;户口迁到小城镇的,可根据本人意愿,保留其已承包林地的经营权,也允许依法流转。

移民并村造成林权问题的处理。经政府批准,整村搬迁形成的"空壳村",林地所有权仍归原村集体所有;移民搬迁到一个村或几个村的村庄,林地所有权按人口比例归属移民搬迁后的村庄,原村民的自留山、责任山、家庭承包林地、拍卖山林等不再变动;自主搬迁的零散迁移户,按照前款处理。

租赁或划拨林地造林问题的处理。国有林场租赁集体林地,符合法律、政策规定的要予以维护,手续不完善的要完善,双方有异议的协商解决。划拨给国有煤矿或其他国有单位的国有宜林荒山荒地和灌木林地,林地林木所有权归国有。集体所有的宜林荒山荒地、灌木林地、河滩地,交由煤矿造林或实行煤矿与集体合作造林的,林地所有权不变,林地使用权和林木所有权按协议比例划分。

【集体林权制度改革主体任务基本完成】 改革开放以来,山西省集体林业得到较快发展,为改善生态、提供林副产品和促进农村经济发展作出了重要贡献。但集体林产权不明晰、经营主体不落实、经营机制不灵活、利益分配不合理,在一定程度上制约了林业发展。为进一步调动广大农民发展林业的积极性,解放和发展林业生产力,发展现代林业,增加农民收入,加快山川秀美新山西建设步伐,2008年省委、省政府出台了《关于开展集体林权制度改革的意见》,计划用5年左右的时间基本完成集体林权制度改革任务。2008年在晋城市和清徐县、左云县、朔州市平鲁区、五寨县、方山县、灵石县、祁县、阳泉市郊区、沁源县、隰县、垣曲县开展集体林权制度改革试点工作,2010年在全省全面推开集体林权制度改革。自2008年启动试点以来,集体林权制度改革扎实推进。截至2011年年底,累计完成林地确权面积512.9万公顷,产权明晰率96.5%。其中,均山到户373万公顷,家庭承包率72.7%;发放林权证45.2万本,涉及林地105.6万公顷,92个县的产权明晰率达到95%以上。

(李仁贵)

水利事业

【2011年水利事业发展概况】 水利事业成绩显著。2011年,山西省完成水利投资148亿元,其中,市、县和群众自筹37.52亿元。全省已建成水库749座,其中,大型水库8座,中型水库67座。现有大中型水库库容47.12亿立方米。新增有效灌溉面积6.3万公顷,新增节水灌溉面积7.6万公顷,实际灌溉面积121.2万公顷。小型水利设施累计达到14228处。小型水利灌溉面积9.9万公顷。累计除涝面积8.9万公顷。667公顷以上灌区110处,667公顷以上机电灌站68处,防渗长度61951千米。累计堤防长度4465.9千米。水利工程总供水量52.48亿立方米,其中,向农业供水39.84亿立方米,工业供水6.31亿立方米,城镇供水2.05亿立方米,乡村生活供水3.65亿立方米,生态环境供水0.15亿立方米,其他供水0.48亿立方米。此外,水电供水22.76亿立方米。当年地下水开采量33.48亿立方米,水土流失累计治理面积556.1万公顷,新增水土流失累计治理面积25.6万公顷。当年改善和提高农村饮水安全标准人口151.5万人。农村人畜饮水工程年供水量5亿立方米,农村自来水人口1785.6万人。全省小水电2011年发电量2.9亿千瓦小时。

贯彻落实中央1号文件和中央水利工作会议。2011年,中央1号文件出台后,山西省高度重视。1月10日,省委常委会对水利工作提出明确要求。3月23日,省政府常务会议研究山西加快水利改革发展的实施意见,并通过《山西大水网规划》。4月8日,省委、省政府专门召开贯彻落实中央1号文件精神、启动山西大水网建设动员大会。5月9日,省委、省政府出台《关于加快水利改革发展的实施意见》(晋发〔2011〕21号文件)。在此基础上,省政府将实施意见任务分解为82项,

明确由36个委、办、厅、局负责落实。7月6日，王君省长主持召开省政府专题会议，进一步研究部署加快推进大水网工程建设。

中央水利工作会议之后，7月12日，省政府第89次常务会议专题学习贯彻中央水利工作会议精神，研究部署山西贯彻落实意见。7月15日，省委常委会议再次传达学习中央水利工作会议精神，研究山西贯彻落实意见，部署山西省加快水利改革发展工作。省水利厅先后3次召开专题会议，传达贯彻落实会议精神，对山西省《关于加快水利改革发展的实施意见》重点工作进行责任分解和任务落实。特别是针对“十二五”期间重点实施的大水网工程，成立了6个工作组分别抓好落实。在全力抓好大水网工程开工的同时，山西省水利厅按照中央水利工作会议精神要求，坚持“把最优秀的干部派到工程一线”、“鼓励年轻干部到工程一线建功立业”，从厅机关和50多个厅直单位，通过公开推荐，选调了100名干部到工程一线工作。同时，还从清华、河海等高校选招100名水利专业本科以上的毕业生充实到大水网工程一线，确保各大骨干工程对水利专业人才的需求。

水利改革。山西水务投资集团有限公司组建3年来，充分发挥政府与市场对接的桥梁和纽带作用，为全省水利工程建设提供了有力的奖金保障。2011年取得银行授信38.71亿元(包括大水网建设东山供水工程取得授信16亿元)，吸引社会资金投资1.35亿元。

水利科技硕果累累。向水利部申报公益性行业科研专项经费项目4项，基本同意2项。申报2012年“948”项目4项。向省财政厅申报2011年支农科技成果转化项目4项、农业技术推广项目2项。向省科技厅报送重大专项30项、申报科技攻关计划6项、软科学计划2项、基础条件平台建设项目1项、星火计划项目1项。由中国水科院和省水资所承担的《山西省水生态系统保护与修复关键技术研究及示范》项目通过省科技厅第一轮评审。启动了《山西省特大干旱年应急水源规划》项目申报省科技进步奖的前期准备工作。

渔业生产和经济运行态势良好。2011年，全省水产品总产量3.6万吨，较2010年增长12.5%；渔业经济总产值6亿元，增长10%；渔民人均纯收入5400元，增长6.7%。

向农业部择优推荐了5家养殖单位为农业部第六批水产健康养殖示范场创建单位，遴选了39家养殖单位为2011年省级水产健康养殖示范场创建单位。经考核验收，有4家部级示范场创建单位被农业部授予“农业部水产健康养殖示范场”称号。

经严格筛选、认真审核，共有26家渔业单位开展了2011年省级休闲观赏渔业示范园区创建活动，有6家渔业单位被确定为水库渔业示范创建单位。

对全省现有集中连片且养殖规模达到3.3公顷以上的老旧池塘进行标准化改造，选择有条件的地区，恢复新建一批池塘，共改造老旧池塘177.3公顷，恢复和新建池塘156.7公顷。

2011年新认定无公害水产品产地21个，认定面积391公顷，比2010年增长40％；认证无公害水产品26个，认证产量1508.9吨，较2010年增长23.8%。

2011年累计放流鲤、鲫、鲢、鳙等各类苗种1110万尾。

2011年开展了3批产地水产品质量安全监督抽查和4批市场水产品质量安全例行监测。抽检水产品330个，总体合格率96.1%。

严厉查处不合格水产品，销毁和无害化处理不合格水产品1681尾、611千克，涉及金额1万余元。产地水产品阳性样品执法查处率100%。

【水政工作逐步走上正轨】 *加快立法进程，地方水法规体系逐步健全*。2011年3月，在山西省第十一届人大常委会第二十三次常务会议上，《山西省抗旱条例》全票通过并颁布实施。11月，向省人大、省政府报送了《山西省节约用水条例》等3项地方性法规及一项政府规章。2011年年初制订了“六五”普法规划及年度普法计划，3月22日世界水日、中国水周宣传活动中举行了“六五”普法启动仪式，利用12·4法制宣传日开展水法规宣传活动。提出《关于实施水务一体化改革的意见建议》，安排城乡水务一体化投资为200万元、12个项目，主要用于县城的供水管网改造、扩大和供水管网的监测与水质化验设备的购置。

规范水行政许可，水行政执法得到加强。山西省水利厅对审批项目重新梳理，有行政执法主体及机构6个，行政执法依据34件，行政执法行为100项。精简行政许可1项，下放行政许可5项。按照水利部的要求，制定下发《全省水资源专项执法检查工作方案》，开展以整顿取水市场为重点的执法活动，对私自转供水、买卖水和拒交水资源费等问题进行查处，对拒交和拖欠水资源费的大户进行处罚。配合水利部、黄委、海委相继协调处理了河曲县违规修建堤防侵占黄河河道、保德堤防工程侵占黄河河道、临县第八堡村侵占黄河河道等省际及涉及流域管理范围的水事纠纷。

【水资源管理工作日益趋严】 建立“三条红线”控制指标体系。①组织编制全省主要河流水量分配和地下水(包括19个岩溶泉域)用水总量控制指标分解工作方案和技术大纲。黄河流域水量分配工作完成，海河流域水量分配工作正在进行，全部工作计划2012年年底完成。配合海委开展清漳河水量分配工作。②编制完成《“十二五”节水型社会建设规划》，组织开展《山西省用水定额》修订工作。推动晋城市、阳泉市和侯马市节水型社会建设试点工作，配合水利部对阳泉市节水型社会建设规划报告进行审查，并报省政府批复。积极推动开展太原市节水型社会建设工作。③按照水利部安排，组织完成21世纪前10年山西省(黄河流域、海河流域)地表水功能区水资源质量变化调查评价报告，分别上报水利部和流域机构。同环保部门协调共同提出了全省主要水功能区水质目标，组织开展全省主要河流水功能区水域纳污能力工作，提出限排总量意见。④编制了《山西省水资源管理系统实施方案》，并通过水利部审查。积极推进全省工业取用水监控系统和水资源管理系统建设，提高水资源管理能力。建立全省主要河流控制断面水量监控和水功能区水质监测评价体系，开展全省河流水功能区水质评价工作，实行水功能区年度评价考核制度。⑤实行宏观总量控制和微观定额管理制度，加强取水许可审批和监督管理，严格凿井审批制度，制定超采区凿井管理办法。组织审查和批复建设项目水资源论证21项，泉域水环境影响评价及煤矿对水环境影响评价报告28份，批复取水许可申请14项，新发、换发取水许可证36份。

地下水和岩溶泉域保护。①省政府于2011年4月1日正式批复《山西省水生态系统保护与修复规划》。2011年6月，水利部批准山西省作为全国水生态系统保护与修复试点省份。山西省全面启动开展主要河流地表水、地下水和岩溶水的水生态保护和修复工作，开展兰村泉复流可行性及修复方案研讨，启动晋祠、兰村等岩溶泉水复流前期准备工作，实施娘子关、神头等岩溶泉域综合整治工程。组织开展汾河水生态监测监控系统建设。②对岩溶泉域保护区范围分泉源、水量、水质重点区域重新进行划定。组织开展全省岩溶水开发现状调查和岩溶水水量指标分配，对岩溶水开发利用执行严格总量控制，实现岩溶水资源的可持续利用和战略资源作用。③组织开展地下水超采区复核，划定地下水超采区以及禁采区和限采区范围，编制地下水超采区治理实施方案，推动地下水超采区治理工作，逐步压缩地下水开采量，努力实现地下水采补平衡和地下水位止降返升。

水资源费征收。自2011年1月1日起，全省采矿企业采矿排水水资源费委托地税系统代征，并对2009年、2010年欠缴的水资源费开展清欠工作。截至2011年年底，全省共征收水资源费约9.6亿元。此外，为规范水资源费征收使用管理，提高水资源费征收使用管理能力和信息化水平，组织开展山西省水资源费征收使用管理信息系统软件编制工作。

【水利规划工作进一步加快】 编制完成《山西大水网规划》、《山西省水利发展“十二五”规划》、《山西省海河流域小型水库更新建设规划（2011～2015年）》、《山西省黄河流域小型水库更新建设规划（2011～2015年）》、《山西省小(2)型病险水库除险加固规划报告》、《山西省“十二五”大中型水库建设规划》。完成《山西省中小河流治理专项规划》、《山西省山洪地质灾害防治规划》、《山西省易灾地区生态环境综合治理规划》等三项专项规划的实施方案。

审查完成398项，其中，可研45项，初步设计288项，设计变更3项，实施方案61项，调整概算1项。

【水利工程建设投资进一步加大】

应急水源工程及大水网建设。截至2011年年底，8项在建应急水源主体工程全部完工，加上2008年至2010年累计完工的27项，省委、省政府2008年确定的35项应急水源工程全部完工，部分工程已发挥初期效益。大水网东水供水工程输水线路完成15.2千米，其中，隧洞开挖4.1千米，PCCP管道铺设11.1千米。

病险水库除险加固。山西省列入《全国重点小型病险水库除险加固规划》的144座小型水库中，已完成安全鉴定144座，进行安全核查144座。列入《全国重点小(2)型病险水库除险加固规划》的130座小型水库中，已完成大坝安全鉴定130座，进行安全核查130座；项目初设全部完成，已审查105项，占到81%；一般小型水库110座中，有91座已完成大坝安全鉴定，安全核查82座，占到75%；有2座已批复初步设计。全年共有59座水库除险加固主体工程完工或全面完工，完工率41%，其中，全面完工项目32座。主体还未完工的85座水库除险加固工程正在全力推进中。忻州市神山、双乳山2座工程主体工程按计划完工。

中小河流治理。《全国重点地区中小河流近期治理建设规划（2009～2015年）》中，列入山西省中小河流治理试点项目13个，其中，海河流域试点项目5个，黄河流域8个。2009～2010年安排投资计划的6个中小河流试点项目，除平遥县惠济河治理工程因涉及征地拆迁等问题进展偏慢，完工率95%外，其他5项工程均全部完工，准备竣工验收。6个工程累计完成治理河长57.1千米，新建堤防72.7千米，河道清淤清障31.9千米。2011年安排投资计划的7个中小河流试点项目中，4个项目主体全部完成，长治市浊漳西源沁县段、蟠洪河武乡县段治理工程和晋中市昌源河祁县段治理工程进展缓慢。

实施方案内2011～2012年24个项目中，2011年下达投资计划有3个项目，分别为临汾市隰县城川河治理工程、大同市唐河灵丘段治理工程、南洋河天镇段治理工程。隰县城川河治理工程已全部完工，正在准备竣工验收；南洋河天镇段治理工程完成工程量占总体工程的90%。

【水利工程管理科学规范】 *综合管理*。2011年8月，对全省在建应急水源和大水网工程进行了一次原材料质量大检查，共抽检原材料62组，合格率98.4%。2011年，全省水利工程单元工程优良率74.5%，比2010年提升3.4个百分点；其中，应急水源工程单元工程综合优良率83.2%，提升4.7个百分点。

2011年，共受理162家企业信用备案，139家企业已正式备案（施工类82家，设备类38家，招标代理类15家，监理类4家），23家企业按照规定要求提交了备案资料（施工类6家，设备类16家，监理类1家），27家企业完成年检。

水库管理。①2011年5月，省水利厅下发《关于认真落实水库安全管理责任制的通知》，逐座落实全省中小型水库水库的地方政府、水行政主管部门和水库管理单位责任人。②重新开展一次规范化水库大坝登记，重新发放注册登记证书。③汾河二库、长治后湾水库、临汾市浍河水库、七一水库、涝河水库、曲亭水库等6座大中型水库先后提高了汛限水位，年可增加蓄水库容上亿立方米。完成陈家湾等6座水库的汛限水位研究。④2011年又安排了26座水库安装监控设施，实现了全省蓄水的54座大中型水库全部

与厅数字中心联网对接。⑤结合水利风景区建设，后湾水库、阳坡水库、桑干河册田水库等10座水库组织完成综合整治的前期规划工作。

河道管理。对全省自2008年以来开工建设的涉河交通项目进行全面清理、整顿。2011年共审查省管河道涉河建筑项目22项，对符合要求的14个项目进行了批复。省管河道中汾河、沁河、滹沱河河道采砂规划已编制完成，运城市、晋城、吕梁、忻州4个市已基本完成河道采砂规划的编制及审批工作。

【防汛抗旱工作夜以继日】 汛情。①雨情水情。2011年，全省年降水量600毫米，比多年均值偏多近两成。年初125天无有效降水，小麦主产区遭遇大旱，受旱面积一度达到200万公顷。入汛后，又旱涝急转，局部暴雨频发。整个汛期的降雨量高达413毫米，其中，超过50毫米的暴雨多达400余点次，是2010年的两倍之多。全省有多条河流出现不同量级的洪水，造成局地洪涝灾害。垣曲西阳河洪峰流量达500立方米每秒，汾河、沁河、漳河等主要河流多次发生300～400立方米每秒左右洪水，多条边山峪口暴发山洪。②汛情灾情。汛期汛情、险情频发。全省共有10个市、58个县、312个乡镇、127万人受灾，农作物受灾面积24万公顷，减产粮食2.8亿千克，死亡牲畜5000头(只)，倒塌房屋5.4万间，转移3万人，直接经济损失24.4亿元。其中，水利直接经济损失1.04亿元。

防汛。(1)组织保障。各级党委、政府和部门领导高度重视防汛工作，特别是在应对4次强降雨过程中，省、市、县领导及时深入一线，指挥调度，水利部门采取有效措施紧急处置险情和转移安置人员。

(2)应急准备。防汛隐患从乡村等基层部门的排查到省级部门的督促检查，隐患处理率90%以上，对不能立即处理的问题均落实了度汛措施和责任人。各市县积极组织物资储备和防汛演练，储备和代储7600万元的防汛物资。举行演练169次，参加演练人数3.7万人。

(3)落实防汛责任制。按照防汛责任分级、分部门负责的原则，省级防汛重点，由省防指联合监察厅通报责任人名单，并在《山西日报》公示，接受社会监督。各市县层层落实责任制，明确责任人，对所有水库、重点河段落实了行政责任人、技术责任人和抢险责任人。防汛责任制贯穿于汛前准备、抗洪抢险和汛后救灾重建工作的全过程，保证了备汛、守坝、巡堤、报汛、抢险、撤避组织和群众安置各环节有序进行。

(4)预警预报及时科学。2011年的4次强降雨过程中，省、市、县各级防汛、气象、水文部门及时发布防汛预警信息，采取有效措施，科学调度洪水，相关部门全面做好“防、撤、抢”各项工作，有力地应对了各次强降雨过程可能发生的汛情险情。

(5)防洪基础建设加强。2011年，全省用于防洪基础工程建设的投资约20亿元，其中，完成小型病险水库除险加固58座，完成中小河流治理6条，新建和修复堤防1000多千米，工程防御体系的薄弱环节不断得到改善。汛期各类水库有效拦蓄洪水近5亿立方米，削峰缓洪，极大地缓解了水库下游河道的防洪压力，同时也提高了雨洪资源的利用率。

旱情灾情。2011年，山西省经历了50年一遇的特大干旱。受冬春降水偏少的影响，发生了较为严重的春旱，2～3月干旱高峰期，全省受旱面积113.3万公顷，同时造成84.9万人、16万头大畜临时性吃水困难。4月份后，全省气温持续偏高，旱情蔓延迅速，再加上降雨分布不均，气温偏高的影响，全省受旱面积由6月下旬的44.9万公顷猛增到8月初的160.6万公顷，严重受旱面积50.4万公顷。同时造成85.6万人、18.9万头大畜临时性吃水困难，全省有一半以上的县发生重旱。8月中下旬，全省出现几次较大的降水过程，旱情较大缓解，只有大同市和部分市、县受旱。10中旬至11月基本无降雨，旱情发展呈加剧趋势。山西省全年农作物受灾面积44.3万公顷，成灾面积26.3万公顷。因旱造成57.9万人、12.9万头大畜临时性吃水困难。

抗旱。面对特大干旱，山西省及时启动应急三级响应，组织全省抗旱服务队开展保春浇、保春播“南征北战”行动，紧急从全省调动30支抗旱服务队，由南向北支援各地抗旱保麦春浇。千方百计组织灌区、井片、泵站多开机，多引水，实行电价补贴促灌溉，为全省粮食增产发挥了作用。

建立县、乡、村三级抗旱服务网络体系。各级抗旱服务组织拥有各类拉运水车390辆，各种抗旱提水灌溉设备1.1万台套，施工、维修设备4200多台套。应急送水能力1366.2吨/次，每小时抗旱提水能力30多万立方米。2011年，为全省113支县级抗旱服务队新增459辆拉运水车、175台套打井洗井设备、10815台套移动灌溉设备、2994台套移动灌溉节水设备、175万米输水管道、174台套简易净水设备，县级抗旱服务队的抗旱减灾能力得到增强。全省抗旱服务组织平均每年可为山西省抗旱扩浇近6.7万公顷次。通过维修损毁水利设施，每年可恢复改善水浇地面积5.3万公顷次，临时缓解70多万人的饮水困难。以抗旱服务队为主的管理供水工程99处，涉及89.6万人、11.5万头大畜的吃水。

【农村水利工作日益加强】 农业灌溉。围绕增加农民收入和保障粮食安全这一目标，山西省将增加农田实灌面积作为“硬指标”，加快推进大中型灌区节水改造和泵站更新改造、小农水重点县、西山沿黄提黄、灌区末级渠系配套等工程建设，全面落实灌溉电价水价补贴政策。从2008年开始，每年新增6.7万公顷实灌面积，2011年达到120.7万公顷的历史最高水平，较“十五”末净增40.7万公顷。农业灌溉用水量达到38亿立方米，引黄灌溉用水量由2005年的1.2亿立方米增加到8亿立方米。

城乡节水。结合国家级小型水利重点县建设，优先在水资源调度、配置条件好的地区实施省级节水型社会试点建设。结合大同、晋中、运城3个农业示范市建设，优先在水资源短缺地区、生态脆弱地区和粮食主产区集中连片实施高标准的节水园区。结合兴水战略、大水网工程以及大中型灌区节水改造，优先在黄河水、地表水覆盖区域大规模建设低压管灌和渠道防渗节水工程。清徐县、盐湖区、洪洞县等省级节水型社会试点县均按照单价控制方式完成用水计量及信息化建设招标工作，工程建设顺利进行。全年新增节水灌溉面积2700公顷，改善面积5300公顷。

【水土保持工作成效明显】 综合治理。通过重点实施水保淤地坝、坡改梯、京津风沙源治理等工程建设，2011年全省共计新建水保淤地坝281座，完成水土流失治理面积25.6万公顷，坡改梯工程6933公顷，水土流失累计治理度达到51%。

2011年，全省共完成水土流失治理面积25.6万公顷，实施生态修复面积32.6万公顷，建设淤地坝281座。实施国家重点水土保持项目7个，分别是：国家水土保持重点建设工程、国家水土流失重点治理工程、坡耕地水土流失综合治理工程、首都水资源可持续利用规划水土保持项目、京津风沙源治理工程水土保持项目、国家农业综合开发水土保持项目和巩固退耕还林成果水利项目。实施省重点水土保持项目5个，分别是：坝滩联合整治工程、沟坝地治理项目、水保大户资金扶持项目、省水土保持生态项目和红色小流域建设项目。

红色小流域建设。山西省率先提出建设红色小流域、促进老区新发展的思路，拟用十年时间在水土流失严重、人民生活贫困的革命老区建设100条红色小流域。编制完成《山西省红色小流域建设规划》，完成首批10条红色小流域的选定和实施方案的编制。

水土保持监督管理。省、市、县三级审批开发建设项目水土保持方案507个，核定水土保持责任范围13.5万公顷，对2亿多立方米弃土弃渣设计了水保防治措施。12个省级批复的生产建设项目水土保持设施通过验收，涉及煤矿、电力、水利、输气管线等行业。35个首批监督管理能力建设县完成各建设阶段既定目标，通过海委和水利部验收。

监测、普查和规划。完成全国水土保持监测网络和信息系统建设二期工程山西省36个监测点的工程建设，完成水利部监测中心在山西省4个动态监测点水土流失监测工作，完成土壤侵蚀普查、水保措施普查、气象数据收集上报等阶段性工作，开展水土保持三级区划分工作。

【城乡供水价格调整】 农村饮水安全。2011年，在实现农村饮水安全全覆盖的基础上，山西省以“巩固提高、强化管理”为重点，建成2843处工程，进一步改善和提高了150.8万农村人口的饮水安全标准，自来水入户率由2010年的75%提高到81%。依托县级抗旱服务队组建的111个县级饮水工程管理服务中心全部挂牌成立。

农村饮水水价补贴。合理确定农村饮水水价补贴方案，对全省扬程超过200米和水价较高的农村饮水工程实施农村饮水水价补贴。全省扬程200米以上工程的平均水价由3.23元/立方米降至2.88元/立方米，平均水价降低11%。

【建立农村水电信息管理系统】 水电农村电气化县建设。“十一五”电气化项目——晋城市河北水电站、沁水县曲堤水电站和平顺县阳高村水电站建设任务基本完成，并试运行发电。陵川县东双脑水电站、古郊输变电项目和泽城西安水电站（一期）工程进展顺利，前两个项目争取2013年验收。“十二五”水电新农村电气化项目平顺县赤壁水电站技改项目初设已批复，泽州县三姑泉二级水电站新建工程可研报告已批复，正在编制初步设计。

小水电代燃料项目建设。在建的小水电代燃料项目中，平顺县湾里和沁水县佛圪嘴两个项目电源工程基本完成，并试运行发电。定襄县南庄生态Ⅱ站、陵川夺火、左权县苏公、灵丘县上沿河4个项目正在稳步推进。交城县旮旯小水电代燃料项目可研报告批复，并上报实施方案，初步设计已经省水利厅审查，正在修改。灵丘北泉小水电代燃料项目可研报告已批复。

农村水电配套电网升级工程。2011年对全省9个水电自供区配套电网改造项目进行了全面摸底调查，并组织编制了水电自供区农村电网改造升级三年实施规划和“十二五”水电自供区无电地区电力建设规划。

建立山西省农村水电信息管理系统。组织编制完成“山西省农村水电信息管理系统”，构成省—市—县—水电站四级水电信息链，包括水能资源、水电现状、水电工程及水电规划四个子模块。系统从设计到开发完全采用SOA（面向服务架构）技术，整体架构遵循SUN公司的J2EE（一套全然不同于传统应用开发的技术架构，包含许多组件，主要可简化且规范应用系统的开发与部署，进而提高可移植性、安全与再用价值）规范，实际开发中大量采用了JAVA（一种可以撰写跨平台应用软件的面向对象的程序设计语言）技术，构建了一个统一、开放、安全、高效的内部信息共享网络平台。

（王秀芳）

【35项应急水源工程全部建成】 山西省煤长水短、十年九旱，地表水利用不足、地下水超采严重、工程性缺水问题突出，是山西省“十一五”初期面临的主要水问题。为寻求解决水资源短缺的治本之策，省委、省政府从2007年起实施兴水战略，启动包括35项应急水源工程在内的六大兴水工程。在有条件的河流上新建一批水库工程，将地表水有效拦蓄起来，在保障全省经济社会发展用水需求的同时，进而置换、补充和涵养地下水，有效补给生态水，改变不合理用水结构。特别是2008年以来，山西省紧紧抓住国家扩大内需、拉动经济的政策机遇，总投资140亿元，开工建设了35项应急水源工程。2011年年底，全面完成35项应急水源工程主体工程建设任务。加上已除险加固的百座病险水库，全省地表水供水能力显著增长，全省水库蓄水量达到20亿立方米，是“十五”期间平均蓄水量的3倍，是历史最高年份10亿立方米的2倍。加上引黄水，基本满足了全省经济社会发展用水需求。受益于“兴水战略”，山西省已实现了农村饮水安全全覆盖。

2010年及以前完成27项应急水源工程：大同市唐河水电站、孤山水库、文瀛湖水库防渗改造工程，朔州市海子湾水库、东石湖水库，忻州市坪上应急引水工程、西岁兴水库续建工程、河曲引黄灌溉工程，晋中市泽城西安水电站（二期）工程、双峰水库续建工程，吕梁市柏叶口水库、横泉水库、千年水库，阳泉市龙华口水电站，晋城市张峰水库、东焦河水电站、磨河供水改扩建工程、湾则水电站、围滩水电站、西冶水电站，临汾市引沁入汾和川取水输水工程、五马水库、西梁水库，运城市夹马口灌区北扩工程、北赵引黄灌溉工程、温峪引水工程、石门引水工程。

2011年完成8项应急水源工程：松塔水电站、禹门口东扩工程、八泉峡水库、石膏山水库、恋思水库、西里水电站、清峪水库、汾河下游防洪工程。

【大水网建设全面启动】 “十二五”开局之年，山西省在全国率先提出建设“两纵十横、六河连通”的大水网构想。2011年3月23日，王君省长主持省政府常务会议，审议通过山西大水网建设规划；3月28日，省委书记袁纯清、省长王君与水利部部长陈雷会谈，并签署合作备忘录；4月8日，大水网建设全面启动。

山西80%以上的国土面积是山区和丘陵，而总面积20%的平川区集中了83%的地区生产总值和72%的人口。由于蓄水工程多位居山区，用水户多在城市、平川和盆地，水资源分布与工农业生产、城市发展布局不相匹配的问题十分严重。此外，根据“十二五”时期山西主要经济指标翻番的要求，即使采取严厉的节水措施，全省总需水量仍将达到85亿立方米，需要新增25亿立方米左右的供水能力。在此背景下，实施新一轮的大规模水利建设迫在眉睫。

基于对水问题的深刻认识，省委、省政府决定启动实施山西大水网建设。其总体框架是：以纵贯山西南北的黄河北干流和汾河两条天然河道为主线（两纵），以十大骨干供水体系（十横）为骨架，通过河库连通工程建设，将黄河、汾河等六大河流及各河流上的大中型水库相连通，形成“两纵十横、六河连通，纵贯南北、横跨东西，多源互补、保障供应，丰枯调剂、结构合理，稳定可靠、配置高效”的供水网络，实现水资源开发利用由“水瓶颈”向“水支撑”的转变。

“两纵”是指纵贯南北的黄河北干流线和汾河—涑水河线。第一纵是黄河北干流线，北起偏关县老牛湾，南至运城市风陵渡，全长763千米，构成大水网的一条天然纵向水道，作为向境内供水的主要水源地。第二纵是汾河—涑水河线，以汾河为主干，通过万家寨引黄南干线将黄河与汾河连通，通过黄河古贤水利枢纽将汾河与涑水河连通，形成近千公里纵贯我省南北的又一条水道。

“十横”是指横跨东西的太原市和朔同盆地、忻定盆地、运城涑水河等十大供水体系。一是以万家寨引黄南干线、北干线工程为重点，建设太原市和朔同盆地供水体系，保障太原、大同、朔州用水；二是以坪上应急引水工程、万家寨引黄南干线滹沱河连通工程为重点，建设忻定盆地供水体系，保障忻州用水；三是以柏叶口水库、中线吕梁引黄工程为重点，下连文峪河水库、黄河碛口水利枢纽，建设吕梁山区供水体系，保障吕梁用水；四是以东山调水工程、松塔水电站、泽城西安水电站为重点，建设晋中盆地供水体系，保障晋中用水；五是以龙华口水电站、娘子关提水工程为重点，建设阳泉供水体系，保障阳泉用水；六是以吴家庄水库、漳泽水库、辛安泉引水工程为重点，建设长治盆地供水体系，保障长治用水；七是以张峰水库、东焦河水电站、西冶水电站、围滩水电站为重点，建设晋城沁丹河供水体系，保障晋城用水；八是以引沁入汾和川引水枢纽为重点，连接五马、曲亭、涝河、巨河等四座水库，建设临汾盆地供水体系，保障临汾用水；九是以禹门口提黄工程为重点，连接黄河古贤水利枢纽，建设汾河下游谷地供水体系，保障运城的万荣、新绛、稷山、河津和临汾南部用水；十是以浪店引黄工程、小浪底引黄工程为重点，建设运城涑水河供水体系，保障运城用水。

同时，要通过相关调水工程的建设，实现黄河干流和山西境内汾河、桑干河等六大主要河流的连通。

山西大水网供水区总面积11.5万平方千米，占全省总面积的73.4%，覆盖全省六大盆地、11个地级市、119个县（市、区）中的91个县（市、区），受益人口2848万人，占全省总人口的79.3%，区域地区生产总值占全省的91%。到2015年骨干水网基本建成后，全省包括引黄水在内的地表水供水量达到61亿立方米，其中，当地地表水供水量37亿立方米，提引黄河水24亿立方米；地下水供水量将由目前的35亿立方米压减到25亿立方米，全省年总供水量将达到86亿立方米。

【启动实施“一村一井”工程】 2011年，山西省在山老区实施了“一村一井”工程。该工程将在山区打井2700眼，投入资金13.5亿元。按照统筹兼顾、因地制宜、轻重缓急、节水先行和建管并重的原则，结合山西省水资源开发利用情况，省水利厅提出先期在地下水开采程度较低的天桥泉域实施“一村一井”工程，并编制完成《晋西北山区“一村一井”工程规划》，工程范围涉及忻州市的河曲、保德、偏关、神池、五寨、岢岚6个县和吕梁市的兴县、石楼2个县。按照《规划》，“十二五”期间，将在上述8个县没有灌溉设施且具备打井条件的村庄实施“一村一井”工程，并配套提水设施、输水管网和田面灌溉设施，发展设施农业，促进农民增收。规划打井1734眼，发展灌溉面积2.4万公顷，解决59.6万人的农业灌溉用水需求。规划总投资10.45亿元。

（李仁贵）

农机事业

【山西省农业机械装备水平明显提高】 农机装备水平显著提高。2011年，山西省农机总动力2927.3万千瓦，比2010年增长4.2%；农业机械原值193.93亿元，增长12.2%。新增大中型拖拉机1.6万台，保有量达到8.9万台；新增玉米收获机2614台，保有量达到6510台；新增马铃薯收获机1624台，保有量达到

4133台。大中型拖拉机及玉米、马铃薯收获机械的大量增加，有效地优化了农机结构，强化了粮食综合生产能力。

全省农机化作业水平稳步提升。2011年，全省机耕、机播、机收水平分别达到69.3%、59.4%、33.6%。主要作物机械化综合水平达到55.2%，比2010年提高4.1个百分点。完成玉米机收面积45.9万公顷，比2010年增长85.5%，玉米机收水平达到26.5%；完成马铃薯机收面积8.9万公顷，增长75.9%，马铃薯机收水平达到32%；保护性耕作面积56.7万公顷，增长21.6%；机械深松面积35.3万公顷，增长82%；精少量播种面积103.5万公顷，增长10.6%。

农机作业服务领域进一步拓展。2011年，全省畜牧机械发展到7.7万台，设施农业温室发展到5亿平方米，田园管理机械发展到3.9万台，农副产品产后处理及初加工机械发展到47.5万台。农机服务有力地推动了农业生产和农村经济向深度和广度发展。

农机服务组织蓬勃发展。2011年，全省农机专业合作社新增298个，达到1272个，入社人数1.8万人；农机大户新增1126个，达到3416个；新建和提升农机服务"S"店22个。农机专业合作社建设工作走在全国前列。

农机化经营效益大幅增长。2011年，全省农机化经营总收入107.4亿元，比2010年增长9.9%；农机化经营纯收入53亿元，增长1.5%。

农机安全生产形势持续向好。全省农机安全生产事故起数、伤亡人数均低于省政府对农机安全生产的总体控制考核指标，农机安全生产形势继续保持稳定。

【2011年农机部门的主要工作】 *认真落实农机购置补贴政策*。2011年，全省落实农机购置补贴资金6.5亿元，其中，落实中央财政资金5.8亿元，省财政投入4000万元，市、县配套3000万元，带动11.3万户农民投入19.2亿元购买各类农机具12.5万台件。带动全省农机经销企业销售额30余亿元。在完善农机购置补贴机制方面，结合全省实际，实行了"三先三后"操作办法，即：对大中型动力机械先上户后累加，对玉米薯类关键生产环节机具先作业后累加，对于安装类机械先验收后补贴。同时，在实践中开始实行将补贴资金切块下达到各市，由各市从当地实际出发再分解到县，与玉米薯类等重要作业机械捆绑调控等办法。省、市、县三级农机部门普遍与纪检监察、财政等部门共同成立了农机购置补贴领导机械和监督检查办事机构，向购机农民推行"信合卡"结算方式，对在补贴工作中出现问题和苗头的企业和市、县采取约谈、停网、暂停资金拨付等措施给予警示。这些措施的实行和探索，使农机购置补贴制度建设、机制建设更加完善，为全面完成农机购置补贴任务提供了强有力的保障和坚实的工作基础。

精心组织重要农时季节机械化生产。针对全省部分地区遭遇严重旱情，提前启动水泵、喷灌机械以及25马力以下小四轮拖拉机等抗旱机具补贴工作，共补贴农民购买抗旱机具3.6万台件，并全部投入抗旱保春耕春播，为全年粮食生产再创新高奠定了基础。"三夏"期间，全省共组建跨区机收服务队192个，成立跨区机收接待服务站87个，投入各类农业机械40万台件，完成小麦机收面积65.7万公顷，机收率92%，作业进度较往年提前3天。完成机械复播玉米、豆类面积36.3万公顷，机播率90%。在"三秋"农机作业中，采取累加补贴玉米、薯类收获机械，实施玉米机收秸秆还田作业补贴和贫困县马铃薯机械化收获扶贫作业补贴，以及组织南北60个县"结对子、签合同"玉米跨区机收作业等措施，玉米、薯类机收作业面积大幅增长。

加快推进农业机械化重点工程建设。2011年，全省共投入1.65亿元实施保护性耕作和机械化深松，较2010年翻了近一番。全省新增保护性耕作面积9.7万公顷，累计实施面积73.3万公顷；完成农机深松整地面积35.3万公顷，是2010年的3倍多。在资金投入、发展速度、发展规模和发展质量方面继续保持全国领先地位。

加快农机化公共服务体系建设。积极开展农机化信息宣传，有效提升了农机化社会影响力。全省完成3.5万人阳光培训和农机操作手培训任务。扶持成立全省第一家"农机合作联社"。壮大合作社发展规模，促进了全省农村土地流转和农业的集约化、规模化、产业化经营，涌现出一批100多台大中型农业机械和承租土地667公顷以上的专业合作社。

加大农机科研和农机化技术推广力度。2011年，全省共有11项农机科研成果通过省级科技成果鉴定，其中，6项达到国际先进水平，3项达到国内领先水平。举办各类现场演示会194次，推广各类机具7.2万台，开展技术培训221次，累计推广示范作业面积308.8万公顷。在全省建立了36个玉米机械化生产示范区和15个马铃薯机械化生产示范区，玉米全程机械化生产示范面积4.9万公顷，马铃薯全程机械化生产示范面积1万公顷。成功举办了第二届中国（山西）特色农产品博览会农机展，展示90余个农机生产企业生产的450多种农机产品，农机生产、销售企业共签订合作项目18个，签约资金22亿元。8月召开全国农机化技术推广工作现场会，受到农业部领导和兄弟省农机部门高度评价。

狠抓农机安全监理。2011年，全省新注册登记拖拉机和联合收割机2.5万台，检验各类机动车5.3万台，新训新考农机驾驶员1.1万名，排查农机事故隐患9308项。在全省范围内开展以"安全责任、重在落实"为主题的农机"安全生产月"活动。举办了11期农机执法人员培训班，核发监理证1749个，事故处理员证413个。为全省50多个县免费配备移动式拖拉机监测设备，为全省11个市30多个县免费配备事故处理设备，强化事故处理能力。芮城、襄垣、榆次、侯马、朔城等5个县（市、区）被评为全国"平安农机"示范县。

强化农机质量监管。在全省组织"3·15"农机维权和打假主题活动。对10家卷帘机生产企业的生产条件、质量保障能力以及产品质量进行了现场督导检查，对21家企

业生产的238台玉米收获机进行了质量调查，在认真总结分析的基础上，对企业提出了改进意见，并要求限期整改。组织全省162个补贴机具定点供应企业进行法律法规、补贴纪律、现代经销企业管理等知识培训，全省补贴产品定点供应企业行为得到明显规范。全省共受理各类农机质量投诉案件16起，结案13起，为购机农民挽回经济损失32万元。

（秦永红）

气象事业

【**2011年天气气候基本特征**】 2011年，山西省年降水量较常年偏多，在近40年中位列第四，其中，秋季降水较往年偏多1倍，为近40年第二多降水。气温接近常年略偏高，年平均气温连续15年高于常年值。年日照时数普遍偏少。

2011年山西省十大（主要）天气气候事件：一是降水量比常年明显偏多。二是秋季降水异常偏多。三是2月份降水明显偏多，结束了长达100天左右的秋冬连旱。四是4月底全省大部出现大风扬沙天气。五是春季前中期干旱严重，后期降水偏多。六是5月下旬至6月下旬山西省多冰雹、大风等强对流天气。七是6月山西省南部出现高温天气。八是局地暴雨致部分地区农田受淹、山体滑坡。九是9月中旬山西省北部出现初霜冻。十是深秋初冬山西省多雾霾天气，影响交通、空气质量。

虽然年内出现了阶段性干旱、局地暴雨冰雹、连阴雨、寒潮降温等灾害性天气，并对工农业生产及人民生活造成了一定影响，但总体看2011年的灾害性天气气候事件较往年偏少，对农业生产利多弊少，为山西省农业取得丰收创造了条件。

【**2011年基本气候概况**】 降水。2011年（1～12月）山西省年平均降水量562.8毫米，较常年值偏多84.2毫米（偏多近二成），较最多年1964年偏少151.7毫米，较2010年偏少124毫米。在近10年中的降水量仅次于2003年（646.7毫米），在近40年中位列第四。2011年，山西省降水主要集中在夏、秋季，夏季和秋季分别占全年降水量的47.5%和37.1%。

2011年，全省各地年降水量介于242～904毫米之间。晋城市大部和运城市南部降水较多，基本在700毫米以上；大同市、朔州市大部和忻州市西部是降水最少的区域，在400毫米以下；其余大部分地区年降水量介于400～700毫米之间。与常年相比，山西大部分地区年降水量接近常年。降水偏多的区域主要集中在中南部，运城全市年降水偏多；北部个别县市降水偏少。

冬季（2010年12月～2011年2月），全省平均季降水量为15.2毫米，较常年同期偏多0.6毫米，与2010年接近。从空间分布来看，全省冬季降水量在3～33毫米之间，中南部降水多于北部。除北中部的东部地区降水量不足10毫米外，全省大部地区降水量在10～20毫米之间，局部地区在30毫米以上。与常年同期相比，北部大部地区降水偏多，局部异常偏多。北中部和南部局部地区降水偏少。其余大部地区降水正常。从季内降水分布情况看，降水前、中期偏少，后期偏多。2月平均降水量为14毫米，较累年均值偏多8.3毫米，为自1971年以来同期第四多降水量，是近10年来同期最多降水量。

春季，山西省平均季降水量为71.6毫米，较常年同期偏少4.4毫米，较2010年同期偏少6.3毫米。全省各地降水量介于49～132毫米之间。从空间分布来看，大同北部、太原和阳泉的南部、晋中中部以及吕梁的部分地区降水量少于50毫米，长治、临汾和晋城3个市交界的地区以及永和、石楼降水量在100毫米以上，其余地区降水介于50～100毫米之间。全省大部降水正常，太原南部、吕梁中东部、晋中中北部、阳泉南部以及运城南部地区降水偏少五成以内，长治东南部、永和、石楼以及北部的个别地区降水偏多到显著偏多。从季内降水分布情况看，3月、4月降水偏少，5月降水较常年均值偏多42.9%，在近10年中排第三位。

夏季，全省平均季降水量为266.9毫米，较常年同期偏少16.2毫米，较2010年同期偏多13.7毫米。各地降水量介于128～468毫米之间。北部的大同市大部、朔州市山阴和怀仁、忻州的西部和运城的南部降水量不足200毫米，其余地市降水量大于200毫米，阳泉、晋中市的左权和吕梁的中阳降水量在400毫米以上。与常年同期相比，大同大部、忻州西部和运城南部降水量偏少，阳泉、左权和中阳降水偏多，其余地区降水量正常。从季内分布来看，6月、8月偏少，7月降水偏多明显，为近10年最多。

秋季，全省平均降水量为208.5毫米，较常年同期偏多104毫米（偏多近1倍），较2010年同期偏多112毫米，为1971年以来第二多降水量，略低于2003年秋季降水量（216.8毫米）。各地降水量介于44～512毫米之间。除大同、朔州和忻州局部地区降水量不足150毫米外，其余大部分地区降水量大于150毫米，运城和晋城部分地区降水量达450毫米以上。与常年同期相比，北部的部分地区降水量偏少或正常，其余大部分地区降水量为偏多到异常偏多。从季内分布来看，整个秋季降水量偏多，尤其11月偏多明显，为1971年以来的同期最多降水。

12月，全省平均降水量仅为1毫米，较常年值偏少2.9毫米，在近10年中降水第三少，仅多于2008年和2010年。全省大部分地区月降水量在2毫米以下。月内降水天气主要出现在12月上旬，中、下旬全省以晴间多云天气为主，无明显降水。与常年同期相比，除北部部分县市降水正常或偏多外，全省绝大部分地区降水偏少。

气温。2011年（1～12月），全省年平均气温为9.6℃，略高于常年，已连续15年年平均气温高于常年值，较2010年偏低0.5℃，与1973年和1982年基本相同。年平均气温空间分布为由北向南逐渐升高，且中部盆地高于同纬度东西两侧山区。大同市中西部、朔州市西部、忻州市局部和吕梁局部地区年平均气温较低，基本在7℃以下，右玉最低为4.2℃；运城市大部以及临汾盆地气温较高，在13℃～15℃之间，河津最高为14.0℃；其余大部分地区平均气温基本都在7℃～13℃之间。与常年相比，全省北部大部、中部局部和南部局部地区年平均气温略偏高，其余大部分地区年平均气温略偏低。

2011年，山西省各季节平均气温接近常年略偏高，冬、春季气温略偏低，夏、秋季气温偏高，秋季气温阶段起伏明显。

冬季（2010年12月～2011年2月），全省平均气温为－4.7℃，接近常年同期，较2010年同期偏低0.8℃。全省冬季平均气温－12.3℃～0.9℃之间，呈南高北低分布。北部地区气温大部在－6.0℃以下，局部达－10.0℃以下；南部大部在－4.0℃以上，运城市部分地区在0℃以上，其余地区介于－6.0℃～－4.0℃之间。与常年同期相比，山西省冬季平均气温除部分地区略偏高外，大部地区偏低在1℃以内，局部偏低1℃以上。从季内气温时间分布看，前、后期气温偏高，中期气温偏低。

春季，全省平均气温为10.7℃，较常年值偏低0.2℃，为近15年次低值。2011年春季山西省各地平均气温介于4.6℃～15.6℃之间，运城市、临汾市、晋城市、吕梁局部、晋中西部、太原南部、阳泉大部和忻州局部的平均气温在10.0℃以上，河津最高为15.6℃；朔州局部、忻州局部的平均气温在6℃以下，右玉最低为4.6℃；与常年同期相比，山西省各地区平均气温除运城、晋城大部、临汾南部以及中部的部分地区偏高0℃～1.8℃外，全省大部平均气温偏低0℃～1℃。从季内分布来看，季前、后期气温偏低，中期气温偏高，3月平均气温为近10年同期最低。

夏季，全省平均气温为22.5℃，较常年值偏高0.3℃，较2010年同期偏低0.7℃。各地平均气温在18.5℃～26.3℃之间。朔州西部、忻州中西部以及晋中的和顺和吕梁的交口平均气温在20.0℃以下。临汾中部和运城平均温度在24.0℃以上，运城最高达26.3℃。其余大部地区平均气温在20.0℃～24.0℃之间。与常年同期相比，全省大部气温偏高。其中，大同、天镇和忻州的保德、河曲偏高1.0℃以上。从季内分布来看，前期偏高，中、后期偏低。

秋季，山西省平均气温10.2℃，较常年值偏高0.7℃，较2010年同期偏低0.2℃。全省各地平均气温介于5.4℃～14.3℃之间。北部大部分地区在9.0℃以下，其余大部分地区的气温在9.0℃～13.0℃之间，运城大部和临汾局部地区的气温在13.0℃～14.3℃之间。与常年同期相比，山西省南部和中部局部气温距平均值在±0.5℃范围内，其余大部地区气温偏高0.5℃以上，局部地区偏高1.0℃以上。从季内分布来看，前期偏低，中期和后期偏高。9月全省气温普遍偏低，为1971年以来同期第五低、近10年最低气温。10月全省平均气温略高于常年同期。11月平均气温高于常年，为1971年以来同期第二高平均气温，近10年来同期最高平均气温。

12月，全省月平均气温为－4.2℃，较常年均值偏高0.1℃。各地－11.2℃～1.4℃之间。右玉最低，平陆最高。大同市、朔州西部、忻州西部的月平均气温在－8℃以下，运城市、临汾市南部和晋城市南部的月平均气温在－2℃以上，运城市的大部分地区气温在0℃以上，其余地区的月平均气温在－8℃～－2℃之间。与常年同期相比，全省绝大部分地区月平均气温距平均值在±1℃之间。

日照。2011年（1～12月），山西省日照时数北部多于南部。北部的大同市和朔州市大部、忻州市部分、吕梁市局部年日照时数多于2800小时，最多年日照时数出现在广灵；南部的屯留和河津年日照时数少于2000小时，其余大部地区年日照时数介于2000～2800小时之间。

与常年相比，全省大部分地区日照时数较常年偏少。在统计的108个县（市）中，59个县（市）日照时数偏少，其中5个县（市）偏少300小时以上，29个县市偏少100～300小时。只有24个县（市）日照时数较常年偏多100小时以上。

2011年山西省日照年内分布状况为：春季日照偏多，夏季和冬季日照接近常年略偏少，秋季日照偏少明显。

冬季（2010年12月～2011年2月），山西省各地日照时数在383～645小时之间，全省大部分地区日照时数在500小时以上。与常年同期相比，除中南部部分地区偏多外，全省大部分地区日照时数偏少0～50小时，北中部部分地区偏少50～100小时，局部偏少100小时以上。从季内分布来看，冬季日照时数前期略偏多，中、后期偏少。2月朔州局部、忻州局部、太原大部、吕梁局部、阳泉局部、晋中局部和长治局部等地区的日照时数偏少在50小时以上。

春季，山西省各地日照时数在539～897小时之间，由北向南递减。除潞城日照时数在600小时以下外，全省各地日照时数均超过600小时，59%的地区日照时数超过700小时，30%的地区超过800小时。与常年同期相比，山西省各地日照时数较常年偏多1～168小时，其中，全省62%的地区偏多1～100小时，32%的地区偏多100～200小时以上。从季内分布来看，春季日照时数前、中期略偏多，后期略偏少。5月份仅临汾市局部和长治市局部地区偏少在50小时以上。

夏季，山西省各地日照时数在322～793小时之间，北部多于南部。除南部局部地区日照时数不足500小时外，全省大部分地区日照时数在500小时以上。其中，大同、朔州大部、忻州西部和吕梁西北部日照时数在700小时以上。与常年同期相比，除北部的局部地区偏多外，大部分地区日照时数偏少100小时以内，吕梁东南部、长治南部、临汾和晋城局部、运城大部偏少100小时以上。从季内分布来看，夏季日照时数前期略偏少，中、后期偏少明显。其中，7月和8月长治市部分地区日照时数偏少100小时以上。

秋季，山西省各地日照时数在266～611小时之间，北部多于南部。北部大部地区日照时数在500小时以上，中部大部地区日照时数在400～500小时，南部大部分地区日照时数在400小时以下。与常年同期相比，全省秋季日照时数偏少。除北部局部偏少100小时以下外，其余大部分偏少超过100小时，其中，南部局部偏少超过200小时。

从季内分布来看，秋季前、中期日照时数偏少，后期日照时数偏少明显。11月吕梁的汾阳、长治中南部部分以及运城的平陆偏少100小时以上。

12月，山西省北部大部日照时数在150～200小时之间，中南部盆地的大部分地区日照时数在100～150小时之间，其余地区在150～200小时之间。与常年同期相比，除个别县市外，全省绝大部分地区日照时数较常年偏少50小时以内。

【2011年主要气象灾害、气候事件及其影响】 2011年，山西省主要气象灾害及气候事件有干旱、持续低温、寒潮降温、降雪、暴雨、冰雹、连阴雨、高温、大风沙尘、雾霾、霜冻等，灾害性天气给山西省工农业生产及人民生活造成了一定的影响，其中，干旱、暴雨、冰雹、连阴雨等造成的影响较为严重，受灾面积占气象灾害总受灾面积的比重分别为42%、12%、16%和11%。

干旱。2010年10月以后，山西省因持续降水偏少，旱情持续发展。2011年1月降水较常年同期偏少近八成，全省大部分地区气象干旱持续，2月降水增多，使前期气象干旱基本解除。但随后的3月和4月降水持续偏少，3月降水量偏少七成多，为1971年以来第五少，有51个县市降水异常偏少，52个县市降水显著偏少；4月降水量偏少近四成，为近10年以来同期第三少，至5月上旬初，全省大部分地区发生气象干旱，中部大部分地区为重度及以上等级气象干旱。干旱少雨的天气使得森林火险等级趋高，森林防火形势严峻。2011年6月，山西省降水偏少、气温偏高，降水量为近10年以来同期第三少。旱情的持续发展对春播作物的苗期生长、冬小麦产量形成及复播作物的播种出苗都有一定不利影响。7月和8月，北部的大同市部分地区降水显著偏少，加之气温较高，发生严重气象干旱。

气温偏低。2011年1月，山西省月平均气温比常年均值偏低3.2℃，为1971年以来同期第二低气温。气温持续偏低不利于冬小麦和果树越冬以及设施农业生产，同时持续低温天气对人体也有很大的影响，致使患呼吸道疾病和心脑血管疾病的人群增多。3月，山西省月平均气温较常年偏低0.6℃，为近10年同期最低。与常年同期相比，大部分地区月平均气温偏低，山西省西部地区、大同市的浑源、太原的阳曲、晋中中部和临汾的东北部月平均气温偏低2℃以上。

5月，山西省月平均气温较常年偏低0.5℃，为近10年同期最低。与常年相比，大部分地区月平均气温距平均值在0℃～－2℃之间，北部大部、中部部分地区气温偏低1℃～2℃。7月，山西省月平均气温除南部部分地区偏高0.0℃～1.0℃外，其余绝大部分地区偏低，西部黄河沿岸的大部分地区偏低0.5℃～1.0℃。8月，山西省月平均气温除北部地区偏高0.0℃～1.8℃外，其余绝大部分地区偏低，临汾盆地和运城盆地的大部分地区偏低1.0℃～1.8℃。

寒潮降温。2011年，山西省多次出现寒潮降温天气，强冷天气使得能源消耗量大大增加，较大的温差对人们身体健康不利，容易引发各类疾病。2011年11月18～20日，受强冷空气影响，山西省大部分地区出现寒潮天气。大同市48小时降温幅度10.2℃～15.7℃。忻州市部分县市最低气温达到入冬以来最低。晋中市出现了强降温天气，20日最低气温与18日相比，48小时下降8.5℃～13.4℃之间。长治市全区出现寒潮天气，20日早晨，全市最低气温下降到－6.5℃～－4.4℃，与18日相比，48小时最低气温下降幅度10.4℃～12.8℃，平均降温幅度11.7℃，其中，襄垣、沁县48小时最低气温下降12.8℃，降温幅度最大。晋城市全市出现寒潮天气，48小时全市降温幅度10.5℃～11.3℃。

降雪。2011年2月，山西省多次出现全省范围的雨雪天气过程。

暴雨、冰雹。2011年，山西省出现暴雨的站次较常年偏多。暴雨、冰雹等灾害性天气给山西省的工农业生产及人民生活财产等造成较大损失。

连阴雨。2011年秋季，山西省平均降水量208.5毫米，较常年同期偏多1倍，为1971年以来第二多降水量。季内，全省多地出现大范围连阴雨天气。

高温。2011年，山西省夏季阶段性高温天气仍有出现，但高温出现的站次较常年均值偏少。夏季出现的高温天气区域分布比较明显，前期主要在中南部地区，中后期主要出现在北中部地区。6月，山西省气温偏高，大部分地区出现了高温天气。运城市6月35℃以上高温天气有10天，其中，7日、8日、24日和30日均有12个县(市、区)(除绛县外)日最高气温在35℃以上。月内，平陆、垣曲和稷山县日最高温度分别达到39.1℃、39.3℃和39.3℃。持续出现的高温天气给人们的生活造成了很大的影响，高温热害对人们的身体健康及户外作业等产生直接或间接的危害，高温也使得部分地区用电量大增，电线、变压器等电力器材负载过大。另外，高温也给正在高考的学子带来了不便。

大风、沙尘。2011年，山西省大风、沙尘天气各季均有出现，但主要出现在4月。总体看，2011年大风天气较常年偏少。

雾(霾)天气。2011年，山西各地均出现不同程度的雾霾天气，雾霾天气不仅给交通运营和行人出行带来极大的不便，同时由于空气流通性差，容易引发呼吸系统疾病。大雾天气主要出现在8～12月，尤以11月和12月最多。11月，晋城市频繁出现雾或大雾天气。全月共出现雾天15站次，其中，晋城出现6站次：分别出现在3日(最小能见度900米)、7日(最小能见度300米)、8日(最小能见度700米)、9日夜间(最小能见度600米)、11日(最小能见度70米)和17日(最小能见度600米)。阳城和高平均在11日出现了雾(最小能见度分别为600米、300米)。陵川有7天出现雾：8日最小能见度500米，11日最小能见度50米，17日最小能见度300米，18日最小能见度200米、25日最小能见度500米、26日最小能见度50米、27日最小能见度200米。12月初晋中市雾天较多。1日，太谷、祁县、介休出现强浓雾天气，最小能见度分别为：30米、50米、30米。平遥出现浓雾天气，能见度为200米，寿阳、昔阳出现雾，最小能见度分别为

700 米、900 米。2 日，太谷、介休出现强浓雾、最小能见度小于 50 米，祁县、平遥、灵石、左权、昔阳出现大雾天气，最小能见度都为 500 米。3 日，太谷、介休、平遥出现强浓雾，最小能见度小于 50 米，榆次、祁县、灵石、寿阳出现大雾天气，最小能见度分别为 400 米、200 米、600 米、100 米。月末 31 日，寿阳出现强浓雾，最小能见度为 20 米，介休出现大雾天气，最小能见度为 300 米，左权、榆社出现雾，最小能见度都为 600 米。

霜冻。2011 年秋季前期，平均气温偏低，初霜冻偏早，对未成熟的农作物造成一定不利影响。

【2011 年气候对农作物的影响】 对冬小麦的影响。2011 年，山西省冬小麦生育期内麦区大部出现阶段性干旱，但在产量形成关键期水分比较充足，光、温和水条件基本满足冬小麦生长发育需求，总体气象条件对冬小麦产量形成比较有利。麦播期间降水大部偏多，冬小麦播种出苗顺利，苗期生长良好；冬前降水持续偏少，部分旱地小麦生长受到影响；越冬前期降水严重偏少，返青前后雨雪较多，对小麦安全越冬并为其顺利返青起身提供了良好的墒情条件；拔节前期麦区大部墒情适宜，后期降水严重偏少，对部分旱地小麦有一定影响；抽穗前期降水偏少，后期降水较多，小麦抽穗顺利；乳熟期间麦区大部气温偏低，小麦灌浆时间延长，有利粒重增加；麦收期间多晴好天气，小麦收获晾晒进展顺利。

对玉米的影响。2011 年，玉米生育期内，热量及水分条件较好，光照略显不足，生育期有所延长。其中，玉米适播期间受低温影响，春玉米播种及出苗大部偏晚，出苗后生长缓慢；营养生长期内出现阶段性干旱，生长期内热量及水分条件较好，墒情适宜，光照条件略差，生育期延长，玉米籽粒灌浆充分，总体农业气象条件对玉米生长发育利多弊少，农业气象灾害发生较轻，收晒工作基本顺利，利于产量形成。

对水资源的影响。2011 年，全省年平均降水量为 562.8 毫米，折合降水资源量约为 888.6 亿立方米，较累年值偏多 145.9 亿立方米，较 2010 年偏多 204.1 亿立方米。山西省 2011 年降水资源总量属丰水年份。从各市降水资源总量分布看，2011 年山西省中南部地区降水资源较北部地区丰沛，全省 11 个市绝大部分属正常或丰水年份，运城市属异常丰水年份，北部的大同市为枯水年份。除北部的大同市、朔州市降水资源较 2010 年减少外，其余市均较上年增加。

对植被的影响。根据气象卫星资料，对山西省植被涨势较好的 8 月进行有关分析。从卫星遥感植被指数监测图分析可以看出，山西省大部地区植被在 0.25 以上，长势较好。大同、朔州、忻州西部、太原盆地、临汾、运城的部分地区植被长势较差，植被指数在 0.25 以下。植被长势较好的区域主要分布在恒山、吕梁山、太行山、太岳山等各大山区，植被指数均在 0.5 以上，其他地区植被指数在 0.25～0.5 之间。与 2010 年同期相比，2011 年 8 月山西省大部分地区的植被长势与 2010 年持平，大同南部、朔州、忻州中西部、阳泉及太原的少部分地区植被长势较 2010 年略差，吕梁、临汾、长治、晋城、运城的大部分地区植被长势好于 2010 年。

对人体健康的影响。人体舒适度是从气象角度评价单个人体或一定人群对外界气象环境感受舒适与否及其程度的指标，反映了气温、湿度、风等气象因子对人体的综合作用。舒适感直接影响人群的日常生活、疾病和健康。从季节分布来看，2011 年山西省冬、秋季两个季节舒适度日数偏少，春、夏季偏多。冬季全省舒适度日数有 10 天，较常年偏少 2 天，与 2010 年相近；春季全省舒适度日数为 25 天，接近常年；夏季全省舒适度日数为 77 天，较常年偏多 4 天，为近 10 年来偏多最多年份；秋季全省舒适度日数为 22 天，较常年偏少 3 天，为近 10 年以来偏少最多年份。

对交通运输的影响。2011 年，影响山西省交通的气象因素主要是雨、雪和大雾天气。2 月，山西省出现了 3 次大范围雨雪天气过程，部分地区因降雪道路湿滑结冰，省内晋城、朔州、太旧、晋焦等高速公路封闭。

山西省 2011 年夏季局地暴雨强降水较为频繁，7 月 1～3 日的大范围强降水使山西省部分地区道路桥梁被损，乡村出入道路交通中断，强降雨也造成城市道路积水，部分路段交通堵塞。7 月 2 日 8 时到 7 月 3 日 20 时，晋城市出现了建站以来最大范围的暴雨天气，晋城、高平、陵川 3 个气象观测站以及杜寨水库等 43 个乡镇雨量站出现了大暴雨。由于雨量大、降水时间集中，晋城市泽州县的北义城、柳树口，高平市的北诗、石末、野川，阳城县的驾岭、横河、董封、次营，陵川县的崇文、附城、西河底、平城，沁水县的中村等乡镇遭受暴雨、洪涝灾害，部分道路桥梁被冲断，损失严重。

秋季山西省各地出现的大雾、寒潮天气，对交通运输有不利影响。11 月 28～29 日，山西省迎来第一场大范围降雪。29 日凌晨 6 时许，太原武宿国际机场因降雪导致跑道摩擦系数达不到安全起降标准，同时能见度较差，于 29 日 13 时关闭，机场候机楼内滞留旅客 1200 多人，同时启动太原机场大面积航班延误橙色预警。大运高速雁门关路段封闭。随后，其他路段陆续封闭。截至 29 日 16 时，山西省高速公路除运城、临汾、翼侯和祁临路霍州至临汾段正常通行外，其余全部封闭。

对电力的影响。从山西省电力公司月度电力市场信息中可以看出，山西省 2011 年统调用电负荷在 2011 年夏、秋季和春季季初全省用电负荷比较多，11 月最多，其次为 7 月，4 月、5 月最少。2011 年山西省夏季气温偏高和春季季初天气较为寒冷（春季气温为近 15 年来次低值）以及冬季取暖对用电负荷均造成一定影响。

对空气质量的影响。2011 年，山西中南部和北部局部地区年降水量偏多，北部部分地区降水量偏少。年内雾霾天气南部和中部地区也较多。从山西省空气质量日报监测资料中可以看出，空气质量总体上北部地区好于南部地区，其中，全年空气质量状况为优（级别Ⅰ）的天气大同市有 120 天、太原市为 88 天、长治市为 64 天，空气质量状况为良（级别Ⅱ）的天气大同市、太原市和长治市分别为225天、208天和289天，全年空气质量状况为优的月份3个市均出现在9月。

对林果业的影响。2011年，对林果业影响的主要气象灾害和极端事件是干旱、大风降温等。春季季内前期，山西省降水偏少，空气干燥，森林火险气象等级偏高，森林防火形势严峻。国家和省气象卫星以及森林远程视频监控系统全年监测到热点215个，经核查，发生森林火灾40起、荒火106起。森林火灾过火面积6333公顷，受害森林面积3333公顷。

4月下旬，受冷空气活动影响，太原市连续出现大风沙尘天气，此时正值多数果树开花授粉期，对水果产量的威胁较为严重。风沙不仅严重影响昆虫的活动和传粉，而且使开放了的花的柱头上粘附着大量的尘沙，不能再粘着花粉，因而不能正常受粉和坐果。另外，干燥的风沙天气使花柱头分泌的粘液很快干掉，致使柱头枯焦影响结果。

4月21日、26～27日，吕梁市最低气温下降8℃左右，对部分落花的幼果造成一定的伤害。

夏季季初，山西省气温偏高、降水偏少，植被长势较差，森林火险等级偏高，给森林防火工作带来一定影响。6月24日晚19时至20时，晋城市阳城县的河北、驾岭、次营、董封等乡镇遭受了百年不遇的严重风雹袭击，受灾桑园500多公顷，核桃、花椒等干果经济林受灾40万株。

对旅游业的影响。2011年2月降水过程较多，积雪和结冰给交通运输带来一定不利影响，但2月3日和17日我国传统的春节和元宵佳节期间天气较好，有利人们出行和观灯以及社火表演等。

夏季6月，全省气温偏高，降水偏少，光照充足，紫外线强度很强，给人们的外出旅游带来一定的影响。7月全省气温总体正常、高温天气少，有利于外出旅行，且正值学生暑假期间，夏令营较多，外出旅游人员明显增加。但强对流天气也对外出旅游造成一些不利影响。8月中下旬，山西省降水天气过程较多，雨量大，气温低，对旅游造成不利影响。

"十一"黄金周山西省出现降水天气，但由于并未发生极端天气事件，人们外出旅游未受到明显影响。

【2011年气象服务工作】 防灾减灾气象应急服务工作成绩突出。全省气象部门针对发生的各类重大气象灾害和突发公共事件，应急组织协调有序，气象服务主动周到，各项保障有效到位。针对两次强降雨和一次暴雪天气过程，3次启动了"气象灾害预警应急响应"。全省各级气象部门高度重视、响应迅速、积极主动、有效服务，减轻和避免了暴雨、暴雪造成的灾害损失，确保了交通、电力、设施农业等行业的安全。

2011年年初，山西省降水量较常年同期平均值偏少七成，出现了严重的气象干旱。气象部门及时上报决策服务材料，提出相关建议，组织有效的抗旱保障服务，并开展人工增雪，增水量约4700万立方米。针对4月发生在山西省太行山区晋城、长治、晋中、阳泉等地的森林火灾，山西省气象局第一时间启动应急保障服务，省局领导亲自带领气象应急分队赶赴阳泉郊区和壶关县两个火场，实时监测火场天气，以小时为单位准确预报火场气象动态，参与省领导指挥决策。科学有效的服务保障了几处森林火灾在24小时内得到控制，未造成人员伤亡。7月2日，晋城突降特大暴雨，高平24小时降雨量达210.9毫米，为300年一遇，由于气象预警及时，防范措施得力，全市没有人员伤亡。

"三农"气象服务保障有力。2011年，省政府将农村气象防灾减灾工程列入十大强农工程，山西气象部门根据中国气象局"两个体系"建设要求，结合政府季节性、阶段性农业生产管理的中心工作，对全省春播、夏收、汛期、伏期、秋收秋播等农事关键期进行重点服务。加强专业化的农业气象系统建设，开发建立山西省农业气象灾害保障服务系统、干旱灾害监测系统和主要农作物病虫害气象等级预报系统等，在"三农"服务中发挥重要效益。制作发布各类为农服务产品300余期。在全省范围内有针对性地选择6个重点设施和特色农业县建立农田小气候自动观测。全省共建设乡村气象信息服务站1683个，乡村（社区）显示屏756个，农村大喇叭广播系统2825套；全省共有气象信息员30261人，行政村覆盖率100%。在全省范围内实施飞机人工增雨（雪）117架次，地面作业483次，全省人工增水总量30亿立方米；同时开展了空中火情监测飞行3架次，为农业防灾减灾和森林灭火起到了重要作用。

气象信息传播手段不断扩展，专业气象服务日趋完善。中国气象频道在山西省各市已全部落地，省级电视频道均能及时发布电视天气预报和插播气象预警信息。《突发灾害现场应急气象服务系统》建设进展顺利，高清视频转播车准备投入使用。山西经济频道新开播一档气象访谈类节目《气象今日谈》，每期15分钟。中国天气网山西页面资料上传及时率100%，日点击率最高峰值达22万次。12121、96121声讯平台月平均拨打量近7万次。在腾讯、搜狐、新浪3家大型门户网站正式开通了省、市级气象官方微博，微博听众近20万人。

气象部门已经与水利、国土、民政、旅游、交通、农业、林业、安监等30个部门达成合作协议。重点开展了交通、电力、旅游、供热、设施农业、特色农业、地质灾害等25个方面的专业气象服务系统建设，日常投入业务使用的专业气象服务产品122种，取得了较好的服务效益。开展公路交通行业气象服务效益评估。作为省交通事故预防领导组成员单位，省、市、县三级气象部门认真做好道路交通安全预警信息发布工作，全省共发布道路交通安全预警信息2500多条，接收人次近100万人。2011年，全省气象部门利用多种媒体，及时发布各类气象预警信号2196次，发送手机气象短信信息7100多万人次，向省政府和省直有关部门提供各种气象服务产品1000多期，在防御重大气象灾害中发挥了重要作用，社会公众对气象服务满意率87.6%，比2010年提高6.5个百分点。

气象灾害防御体系架构基本形成。省级、11个市、设有气象局的107个县（市、区）政府全部以专项预案的形式出台了气象灾害应急预案，有32个乡镇出台了气象灾害应急预案。“气象灾害防御”和“道路交通安全预警信息发布”两项工作已纳入省政府对各市、县目标责任考核。省、市、县三级气象灾害防御规划编制全面启动，省级防御规划已通过省发改委组织的专家评审，忻州、长治、晋城、运城4个市和阳高、怀仁、清徐等91个县(市、区)政府已发文颁布实施。临汾、长治、晋城等市共有59个县(市)以政府名义开展气象灾害应急准备认证工作，其中，运城、朔州、晋中等市共有32个乡镇已获得气象灾害应急准备认证。

国家突发事件预警信息发布体系顺利推进。2011年，山西省国家突发事件预警信息发布中心各项建设任务基本完成，承担本省自然灾害、事故灾难、公共卫生等三类突发事件预警信息的授权发布任务。设立了突发事件预警信息发布公益性专线电话(4070121)和统一的突发事件预警信息发布公益性短信代码(10639111)。突发事件预警信息传递专用通信链路已与41个厅局接通。与移动、联通、电信等通信运营商和广播电视台、网站、报社、大型超市、公共场所大屏幕控制等单位之间建立了常态化的绿色预警信息传输通道，所有预警信息都将作为公益性信息免费发布。发布中心自2011年10月15日试运行以来，共发布了19条预警信息，均在5分钟内完成签收、审查、制作和发布等流程，在15分钟内到达接收终端和特定用户。在省级中心建设的带动下，吕梁、临汾、阳泉等7个市先后立项，落实了建设经费，开始建设本市突发事件预警信息发布中心。孝义、汾阳、古县等部分县级中心也已经开始建设。

现代农业综合信息服务全覆盖工作不断深入。2011年4月22日，省气象局召开由全省各级气象局长参加的全省现代农业综合信息服务推进现场会，观摩了寿阳县气象为农综合服务“1+3+1”的发展模式。7月7日，省政府组织召开全省现代农业综合信息全覆盖视频会议。2011年，由气象部门牵头，成立省、市、县三级“现代农业综合信息中心”，积极推进乡、村综合信息工作站和服务站建设，落实机构、编制和经费，整合涉农信息服务平台和涉农信息资源，以政府行为发布各类政策、科技、防灾等涉农信息，确保全省现代农业综合信息服务工作取得实效。省级涉农信息已开始整合，一期投资260万元的省级农业综合信息服务中心开始建设。

【2011年现代气象业务体系建设】

综合气象观测和信息网络能力显著增强。全省区域气象观测站建设成效明显，共建成1128个区域气象观测站，乡镇覆盖率100%。积极推进新一代天气雷达建设，4部新一代天气雷达投入业务运行，2部新一代天气雷达正在建设。覆盖全省的自动土壤水分监测网基本形成，建成自动土壤水分监测站89个，为基层配备土壤水分速测仪25个。出台《山西省市级气象信息与技术保障中心管理办法》，探索实践气象部门和社会化保障相结合的保障模式，增强气象装备技术保障能力。基础气象资料发展与改革专项工作取得阶段性成果，完成全省地面气象观测站基础气象资料检测修正。省级自动气象站资料质量控制系统实现业务试运行。省市两级高清视频会商系统正式投入业务使用，已成为省政府部署全省性工作的重要渠道。完善新一代天气雷达组网拼图系统，实现每6分钟进行一次本省及周边省份14部天气雷达的组网拼图，并在气象业务网实时共享。全省建成极轨气象卫星接收系统1套、静止气象卫星接收系统14套。完成省、市、县三级气象数据卫星广播系统建设，建成接收站115个。省—国家网络带宽达到12兆，省—市传输专线带宽扩充至8～10兆，提升了气象信息传输能力。

天气预报水平不断提高。完成中国气象局中尺度天气分析业务、精细化要素预报业务、预报员团队建设等3项试点工作。省台基于精细化监测资料，初步建立了强对流天气的中尺度天气业务流程，定时制作中尺度分析指导产品。多项科研成果在业务中得到应用。研发了基于雷达、自动站资料的降水估测产品。基于GIS(地理信息系统)的省、市、县三级短期集约化预报产品制作平台在运城投入试用。省、市、县三级天气预报质量考评监控平台得到升级。极端天气气候事件监测业务系统在山西省实现本地化和业务应用。新一代短期气候预测业务平台基本完成。法国动力气象实验室研制的可变网格区域气候模式完成本地化。2011年，全省24小时晴雨和最高、最低气温预报准确率分别达88.9%、72.5%和71.1%，较2010年有明显进步，分别提高0.2个、6.9个和3.7个百分点。

应对气候变化和气候资源开发利用工作扎实有效。主动参与地方应对气候变化政策的制定工作。省政府于2011年7月出台了《山西省应对气候变化办法》，明确了气象部门是应对气候变化主体部门。编写了《华北地区气候变化影响评估报告》，向省政府报送了《气候变化对山西能源消费的影响》和《气候变化对山西省水资源的影响及应对建议》两篇决策专题报告，得到省领导高度重视和批示。作为省发改委建设项目，投资855万元的温室气体观测站网(一期)建设任务已基本完成，省发改委已确定，以省气科所为主成立“山西省温室气体监测控制中心”，并积极筹建“山西省应对气候变化重点实验室”。中国气象局气候业务试点《空冷分析业务平台》开发和《火电空冷技术指南》编写任务已经完成。完成山西省风能资源详查和评价中的风能资源专业观测网建设、风能资源数据库建设、风能资源数值模拟、风能资源综合评价4个专项工作，通过中国气象局验收。制定《山西省风能预报系统运行和营销服务方案》，风电功率预报开始运行，主要向风电企业和监管部门提供7种产品。

科技创新体系建设取得新进展。面向业务服务需求，组织了以领军人才牵头的精细化预报、应对气候变化、公共气象服务等科技创新团队，确立的研究方向涉及强降水落区预报、精细化要素预报、中尺度数值模式研发、特色农业气象服务、环境气象、人工影响天气、气候模式应用、温室气体监测与估算、气候资源开发利用以及气候可行性论证研究等。“山西省气象灾害预报与对策研究”、“山西省、市两级天气预报质量考评监控平台”等39项科研课题得到验收。一项科技成果获省科技进步二等奖。开放合作与科技交流不断深入，组织领军人才赴加拿大考察学习，选派一名博士参加国际合作，4名业务骨干参加国际会议研讨。主持和参与省部级科研课题13项，分别设立了领军人才课题、重点课题、开放基金、青年基金和一般课题共86项，用于科技创新支持经费达541万元。年内核心期刊发表论文35篇。

人才体系建设取得新成效。2011年，认真落实《中国气象局关于加强气象人才体系建设的意见》，重点抓好学科带头人、业务科研人才队伍建设，充分发挥领军人才、骨干人才和一线人才作用。在第五届全国气象行业地面测报职业技能竞赛中，山西省获团体第11名。进一步加大对基层台站预报业务人员的激励，首次评选了13名市级首席预报员，首次建立了晴雨预报、最高最低气温预报优秀质量奖。加大对一线优秀人才的奖励力度，省气象局年内用于各类竞赛、奖励经费90万元。选派1名预报骨干赴美国培训进修一年，1名干部参加中组部“博士服务团”赴贵州省挂职一年，2名业务干部参加援藏、援疆工作。加大人才引进工作力度，2011年全省气象部门共招聘引进本科以上毕业生66名，其中，博士1名，硕士9名，目前全省共有博士和正研级高工13名。

（郭继瑞）

7

工　业

GONGYE

工　业

综　述

【2011年全省工业经济运行概况】 **工业增加值总量屡创新高，增速放缓。**2011年，全省工业增加值总量不断扩大，在6月份达到530亿元高点后，三季度以来，稳定保持530亿元以上的高位，特别是12月当月完成598.6亿元，月度总量再创历史最高。在总量不断扩大的同时，受市场需求及同期基数提高影响，下半年以来，工业增加值月度增幅放缓，从7月最高的22.4%回落到12月的13%，全年工业经济增长呈现明显的“前高后低”的运行态势。分结构看，2011年轻工业完成增加值280.2亿元，比2010年增长22.5%；重工业完成增加值5664.5亿元，增长17.7%。分区域看，2011年忻州(28.8%)、长治(23.8%)、运城(23.7%)、临汾(23.6%)、朔州(22.3%)、晋中(20.3%)、吕梁(18.4%)、大同(18.3%)、晋城(18%)9个市增速高于全省水平，阳泉(16.6%)、太原(12.2%)2个市增速低于全省水平。从各市工业总量看，吕梁(811.4亿元)、长治(791亿元)、临汾(688.4亿元)、太原(687.2亿元)4个市规模以上工业增加值达到600亿元以上。

2011年，全省规模以上工业增加值完成5944.7亿元，比2010年增长17.9%，增幅高于全国水平4个百分点。

主导产品产量保持较快增长，煤炭产量创历史新高。2011年，随着煤炭资源整合工作的深入推进，全省煤炭产量逐月提高，12月完成8327万吨，达到历史最高水平，全年煤炭产量8.7亿吨，比2010年增长17.7%。2011年，全省焦炭产量9048万吨，增长6.4%；粗钢产量3490.4万吨，增长14.5%；钢材产量3371.2万吨，增长17.6%；生铁产量3786.1万吨，增长11.3%；电解铝产量104.7万吨，增长29.9%；氧化铝产量501万吨，增长39.6%；化肥(折纯)产量364万吨，增长9.6%；水泥产量4101.5万吨，增长11.7%。

发用电量、铁路运量稳定增长。2011年，全省发电量2344.3亿千瓦时，比2010年增长9%；用电量1650.4亿千瓦时，增长13%；其中，工业用电量1345.1亿千瓦时，增长13%。分行业情况看，煤炭用电量增长13.1%，黑色冶金用电量增长8.5%，有色金属用电量增长12.1%，化工行业用电量增长13.4%。

2011年，全省铁路货运量7.27亿吨，比2010年增长13.9%。

产销衔接正常，工业产品出口增速回落。2011年，全省规模以上工业产品销售率96.6%，较2010年同期提高0.3个百分点；出口交货值287.3亿元，增长14.8%。

企业经济效益保持较高增速。2011年，全省规模以上工业企业主营业务收入15024.2亿元，比2010年增长36%；利润总额1092.6亿元，增长42.7%；实现利税2054亿元，增长35.2%。全省规模以上3532户企业中，亏损企业1068户，亏损面为30.2%，亏损企业亏损额181.1亿元。

【主要工业行业运行概况】 **煤炭行业。**2011年，煤炭市场总体供需平衡，国内宏观经济形势持续向好，有力拉动了煤炭需求增长，煤炭市场呈现出“淡季不淡、旺季不旺”的运行特点。受市场需求增加影响，煤炭价格保持高位运行态势，四季度以来出现一定回落。从供给看，随着煤炭资源整合工作的稳步推进，煤炭产量快速增长，月度产量不断提高，从3月份后突破7000万吨，11月突破8000万吨，12月达到8327万吨的历史最高水平，全年累计产量8.7亿吨，比2010年增长17.7%。外运出省煤炭5.81亿吨，增长13.3%。全省煤炭行业销售收入8133亿元，实现利税1593亿元。

钢铁行业。截至2011年年底，全省共有钢铁企业35户，铸造用生铁企业78户。粗钢产能200万吨及以上的钢铁联合企业有11户，分别为太钢集团、海鑫集团、首钢长钢、福盛钢铁、中阳钢铁、介休新泰、文水海威、山西中宇、立恒钢铁、山西通才、襄汾星原，产能合计4070万吨，占全省粗钢总产能的65%。不锈钢产量302万吨，位居国内第一位。全省钢铁行业销售收入2884亿元，增长31.8%。钢铁行业销售收入占全省工业的17%，位于煤炭产业之后，是山西省第二大支柱产业。全年实现利润74亿元，增长30.6%；利税152.8亿元,增长34%。

有色金属行业。2011年年底,山西省氧化铝产能980万吨,产量501万吨,比2010年增长39.6%;电解铝产量105万吨,增长29.9%;金属镁产能69万吨,产量31万吨,增长3%,占国内金属镁产量的46.9%。中条山有色金属集团有限公司是华北地区唯一一家大型铜采选、冶炼联合企业,精炼铜产能10万吨,2011年产量5.6万吨,占国内精炼铜总产量的1.1%。晋西集团下属山西春雷铜材有限责任公司是山西省最大的铜材深加工企业,具备5万吨高精度无氧铜带的年生产能力,2011年产量3.1万吨。2011年,全省有色金属行业销售收入524亿元,增长29.4%。

焦化行业。2011年,全省共有焦化企业154家,其中,钢铁企业配套焦化13户,独立焦化企业141户。通过国家焦化行业准入公告企业130户,总产能9436万吨。2011年,焦化行业市场形势有所好转,但上游煤炭供应一直趋紧,成本压力始终存在。下半年下游行业钢铁市场需求萎缩,价格明显回落,二级冶金焦炭价格从年内最高的1900元/吨回落到12月的1750元/吨。焦炭订货需求减少,焦炭行业呈现产量持续增长,价格上涨乏力,全行业亏损的运行特点。2011年,全省焦炭产量9048万吨,比2010年增长6.4%;销售收入1774亿元,增长27%。亏损12.8亿元。实现利税48.4亿元。

电力行业。截至2011年年底,全省现役总装机容量4997.7万千瓦,其中,省调装机容量3745.2万千瓦,厂对网直接外送装机容量922万千瓦,地调装机容量330.5万千瓦。2011年,山西省电煤价格保持高位运行,价格达813.6元/吨,远高于同期电价涨幅,造成省内发电企业大面积亏损,发电积极性受到影响,缺煤停机和非计划停机不断增加,迎峰度夏期间省调统计的日最大缺电负荷254万千瓦,三季度后,电力供应逐渐平稳,保证了全省电力的稳定供应。2011年,全省电力行业销售收入1232亿元,比2010年增长15.5%。亏损23.5亿元。实现利税34.6亿元,增长45%。

装备制造业。2011年,全省装备制造业共有规模以上企业585家,资产总额1706亿元,从业人员31.3万人。太原、晋城、运城3个市的装备制造业销售收入占到全省装备制造业销售收入的57.4%。行业技术装备水平增强,全行业设备新度系数67%,位居全国第9位。2011年,全省装备制造业销售收入1336.6亿元,增长24.4%,超过电力行业,成为全省按销售收入排名仅次于煤炭、冶金、焦炭的第四大工业行业。实现利润46.8亿元,增长8.3%;实现利税82.7亿元,增长14.1%。

煤化工行业。2011年,全省共有规模以上煤化工企业209户,就业人数15万人。煤化工企业装置产能发挥较好,主要产品产量呈现恢复性增长,合成氨产量466.2万吨、尿素产量627.8万吨,分别占国内总产量的9.2%、10.9%,均排名第2位;精甲醇产量128.6万吨,占国内的5.8%,排名第6位;聚乙烯醇、1,4-丁二醇产量,焦化粗苯、煤焦油、煤系针状焦加工量均排名国内第一。全行业销售收入729亿元,增长33.1%,占全省工业销售收入的4.3%;实现利润22.4亿元,增长75.2%。

轻工行业。2011年,全行业拥有规模以上企业479户,资产总值428.8亿元,从业人员12.5万人。全年销售收入587.7亿元,比2010年增长39.2%;实现利润50.7亿元,增长96%;实现利税91.8亿元,增长60.2%。

食品行业。2011年,全省食品行业规模以上企业共248户,直接从业人员7.5万人。全年白酒、食醋、乳制品等主要产品产量分别为14.6万吨、73.5万吨、52.5万吨,比2010年分别增长31.8%、22.5%、11.4%,位居国内第16位、第1位、第13位。培育形成杏花村、双合成、粟海、冠云等18个中国驰名商标,占全省驰名商标总量的36%,汾酒、宁化府、通宝醋业等27个中华老字号。2011年,全省食品工业销售收入531.2亿元,增长42%。

医药行业。2011年,山西省医药工业规模以上企业118家,行业资产总额167亿元,从业人员2.9万人。化学原料药(含医药中间体)、化学药制剂产量5614.5吨、518亿片(支、粒、瓶)。化学药销售收入65.1亿元。中药产品产量9341.8吨,销售收入20.4亿元。生物技术药行业投浆量310吨,销售收入8.3亿元。全行业销售收入100亿元,比2010年增长11.1%;实现利润10亿元,增长5.3%;实现利税16亿元,增长3.7%。

纺织行业。2011年,山西省纺织工业现有规模以上企业64户,资产总值48.3亿元,从业人员3.2万人。全行业销售收入51.6亿元,比2010年增长28.2%;实现利润1.6亿元,增长60.8%;实现利税2.8亿元,增长30.3%。

(张占祥　石　卉)

【中国(太原)煤炭交易中心运营】2007年5月经国务院批准,9月由省内主流煤焦生产企业和国内各大电力消费企业发起共同出资9.4亿元,10月在国家工商总局注册成立了中国(太原)煤炭交易中心有限公司。

2008年8月,省政府为加快推进交易中心建设运营步伐,决定成立省政府直属、正厅级建制、自收自支的事业单位——中国(太原)煤炭交易中心。

中国(太原)煤炭交易中心位于长风商务区北端,长风西大街南侧,是长风商务区占地规模最大的集约性建筑群。2009年6月开工建设,2011年9月建成。占地面积44公顷,总建筑规模21万平方米。全部建筑分为中国煤炭交易中心大楼、山西国际会议中心、山西国际展览中心。建筑内设展厅、煤炭交易大厅、商务办公、2000座大型会议室、800座中型会议室、1200座多功能厅(兼宴会),公寓式商务写字楼等主要功能区。

山西国际展览中心采用古代玉璧与现代飞碟相结合的圆形造型,建筑面积5.2万平方米,使用面积3.6万平方米,展馆直径约260米,可布设1176个标准展位,展位可根据需要随意组合。荣获国家钢结构优质工程金奖。是目前华北地区面积最大、最具现代化的国际性展馆。

围绕煤炭交易的运营,自主建

立了现代网络系统、信息发布系统、安全防范系统、楼宇自控系统，自行设计开发的煤炭现货交易平台和金融服务平台，具有电子自动撮合签订合同、场内交易、远程交易、货款结算、货物交收等全程化多方位服务功能，可为交易商提供纯市场化的交易模式以及与传统订货会、洽谈交易相结合的各种交易模式和场所，实现传统交易与现代交易模式的平滑过渡和衔接，为买卖各方提供安全、快捷、高效的交易通道。

（李仁贵）

煤炭工业

【山西煤炭工业 2011 年发展概况】 实现了“十二五”良好开局。2011年，煤炭产量 8.72 亿吨，比 2010 年增加 1.3 亿吨，增幅为 17.7%。煤炭出省销量 5.81 亿吨，增加 0.7 亿吨，增长 13.3%。其中，铁路出省销量 4.56 亿吨，增长 10.6%。销售收入 8133 亿元，增长 49.5%；其中，非煤收入 3466 亿元。五大集团公司销售收入均超过千亿元，成为推动全省经济增长的重要支撑。实现利税 1593 亿元，增长 40.2%。上缴税费 1211 亿元，增长 48.4%。对全省经济的拉动作用和贡献率进一步增强。

煤炭资源整合煤矿兼并重组。2011 年，煤炭资源整合煤矿兼并重组圆满结束。按照省政府“八不准”要求，全力推进重组整合后续工作。严格过渡期生产矿井管理，组织开展矿井关闭专项行动和省级督查。全省重组整合累计关闭矿井 1505 处，基本完成全省关闭淘汰落后小煤矿任务，淘汰落后产能 2.6 亿吨。完成煤矿重组整合检查验收，全省重组整合煤矿进入现代化矿井建设新阶段，煤炭产业可持续发展能力进一步增强，为全国煤炭资源整合积累了经验，为推动全省转型跨越发展奠定了坚实的基础。

煤炭基本建设。矿井技术改造建设投资力度加大。2011 年，全省煤炭工业固定资产投资完成 1420 亿元，增长 54.3%。其中，矿井建设完成投资 965 亿元，增长 92.4%。召开全省煤炭基本建设暨重组整合矿井建设现场会，全力推进矿井技术改造步伐。完成矿井初步设计审批 689 部，批准开工建设矿井 642 座，累计综合竣工验收矿井 53 座，矿井建设水平进一步提高。

“机械化、信息化两化融合改造提升”工程。启动“两化”融合矿井试点建设，推进以综采为主的机械化、集约化、规模化开采。煤矿安全监管执法与决策系统实现了联网运行，对煤炭专网进行升级改造，编制全省煤炭工业信息化发展“十二五”规划，启动煤炭行业综合信息数据库建设。初步建立了“两化”融合评估指标体系，对试点煤矿进行考核评估。

煤矿安全生产。坚持标本兼治与强基固本相结合，高要求监管煤矿安全，煤矿安全生产取得新成效。2011 年，全省煤矿发生事故 54 起，比 2010 年减少 9 起，下降 14.3%；死亡 74 人，减少 65 人，下降 46.8%；煤矿百万吨死亡率 0.085，减少 0.103，下降 54.8%，比全国的 0.564 低 0.479，比国家年度控制指标低 0.144。全省煤矿安全生产形势明显好转，由全省人民的创痛转变为经济发展的保障，由影响山西形象的负面标签转变为安全发展的新亮点。

安全质量标准化矿井建设。制定安全质量标准化矿井建设达标规划，将标准化建设列为建设矿井竣工验收和取得煤炭生产许可证的前置条件，全力推进“安全质量标准化矿井建设”工程。完善《煤矿安全质量标准化标准及考核评级办法》，出台《山西省露天煤矿安全质量标准化标准及考核评级办法》，全省有 290 座矿井达到省级安全质量标准，有 60 座达到国家级安全质量标准。

“企业安全主体责任落实年”活动。深入开展“企业安全主体责任落实年”活动，全省所有煤矿全部签订安全生产承诺书，实行安全生产挂牌包矿责任制。进一步落实全省 279 个“五人小组”的包保责任，健全“一岗双责、层层负责”的煤矿安全监管责任机制和“业务保安、环环相扣”的煤矿安全共管机制。贯彻落实全国班组安全建设“五落实”要求，班组建设进一步加强。针对元旦和春节期间特点，出台“十五严格、十五严禁”特别规定，对落实情况开展了专项突击检查。

煤矿安全生产专项整治，深化“安全生产年”活动，召开全省瓦斯防治和防治水工作现场会，出台两个“若干规定”，推进了瓦斯、水害防治工作。全省建立地面固定瓦斯抽采泵站 182 个，移动瓦斯抽采泵站 130 个。瓦斯抽采量 48.3 亿立方米，比 2010 年增长 30.1%；利用量 20.7 亿立方米，增长 28.5%。全省建成 140 座瓦斯治理示范矿井。建立防治水专家会诊制度，对全省生产矿井防治水工作进行督查。建设矿井安全监管进一步加强，严格落实建设、施工、监理三方安全主体责任。组织开展煤矿安全生产百日大检查，继续开展煤矿安全生产执法行动和打非治违专项行动，充分发挥纠察执法队伍作用，全省共开展煤矿安全生产执法行动 17810 起，累计排查出安全隐患 33.4 万项，整改率 99.9%。

煤矿安全保障应急救援体系建设。全省生产矿井监测监控、人员定位、通信联络、压风自救、供水施救系统基本建成。生产矿井紧急避险系统加快建设，基建矿井紧急避险系统同步建设。全省生产煤矿已购置救生舱 95 台，开工建设永久性或临时避难硐室 49 个。全国首座可移动式软体救生舱落户同煤塔山矿，首次井下避难设施载人现场验证试验在潞安集团常村煤矿完成。全省已建成反应快速、协调高效、作风过硬的应急救援体系。

煤炭教育培训。从业人员教育培训力度加大。召开全省煤矿从业人员素质提升推进会议，出台《山西省煤矿从业人员“十二五”期间素质提升工作方案》。全年培训煤矿主要负责人和安全生产管理人员 17567 人、特种作业人员 97617 人、班组长 19676 人。培养煤炭主体专业大专学历 1.2 万人、中专学历 1.3 万人。举办第一届山西省煤炭行业（焦煤汾西杯）职工职业技能大赛，参加全国技能大赛，取得优异成绩，一批高技能人才脱颖而出，促进了全省煤矿职工技能的提高。

煤矿用工管理。劳动用工秩序

进一步规范。制订实施方案，推进煤矿从业人员专业学历提升及“变招工为招生”。全面推行煤矿用工“五个统一”、煤矿从业人员年检制度。加大煤矿用工监督检查，清退煤矿井下劳务派遣人员12712人，劳动用工职责进一步理顺，管理力度进一步加强。

煤炭经济运行管理。坚持宏观调控与加强市场监管相结合，煤炭经济运行质量效益取得新成就。深入研判煤炭市场，分析预测经济走势，引导企业科学组织生产经营，完成2012年全省煤炭产运需衔接工作，组织实施向省内9家困难电厂供应1000万吨煤炭任务。及时调整重组整合后集团公司与所属煤矿的销售渠道，强化煤炭经营监管，进一步规范了全省煤炭经营秩序。加强运行监测分析，确保重点行业、重点合同兑现，严格重点电煤合同价格监管。进一步强化煤炭销售票使用管理，全面实施机打票网络在线管理，全省煤炭销售票使用率、回收率接近100%，有效杜绝了非法违法煤炭流入市场。认真做好供应低收入农户冬季取暖用煤工作，发挥煤炭销售票作用，开辟运煤绿色通道，全省共供应684.5万户低收入农户冬季取暖用煤721.6万吨，确保省委、省政府支农惠农政策落到实处。

绿色矿区建设。全面落实环保“三同时”制度，全省煤炭系统造林3160公顷，绿化757.3万平方米。节能减排、矸石无害化处理率、矿井水利用率均达到国家要求。山西省煤炭厅被评为山西省“十一五”蓝天碧水工程先进集体。

幸福矿区建设。棚户区改造取得新成绩，文化建设进一步加强，职工生活环境得到改善。全面推行工资集体协商、安全技能账户工资和安全结构工资分配制度，全面落实井下最低工资制度，全省煤炭企业在岗职工平均收入增长10%以上，企业效益与职工收入同步增长。

安康矿区建设。全行业工伤保险参保人数56.4万人，井下职工意外伤害参保人数22.2万人。进一步健全煤矿井下工亡职工子女就学救助长效机制，累计有2597人次享受就学救助，总金额达1100余万元。理顺了煤矿职业卫生监管职能，加强煤矿职业危害防治。潞安成为全国唯一连续12年蝉联“安康杯”竞赛优胜杯的企业。

【煤炭产业多元循环发展】 *循环经济园区建设深入推进*。国有重点煤炭集团公司循环经济园区加快建设。焦煤集团古交循环经济园区古交电厂二期进入商业运行。阳煤集团煤层气综合利用工业园区5万吨煤层气液化项目开工建设。潞安产出全省第一炉高纯度多晶硅，形成垂直一体化全产业链条。同煤集团以“煤—甲醇—聚甲醛—聚甲醛产品”、“煤—甲醇—烯烃”两条产业链为主的煤化工园区建设加快。

转型标杆项目建设大力推进。坚持以煤为基、循环高端、多元发展，全省非煤项目完成投资455亿元，增长36%。重点煤炭企业现代煤化工、多晶硅、光伏产业等重点工程、重点非煤项目进展顺利。潞安180万吨煤基多联产、同煤40亿立方米煤制天然气项目被列为全省标志性转型标杆项目。

煤机制造基地建设加快推进。以采掘装备成套化为重点，重点煤炭企业与国内外企业加强合作，加快打造煤机产业基地进程。晋煤集团“煤机制造金匠园区项目”开工奠基，国内煤机装备制造业巨头三一重工与太原经济技术开发区签约投资10亿元建设山西煤机工业园，山西煤运集团与美国艾尔吉公司正在合作建设洗煤设备制造项目。山西煤炭进出口集团加强轮对项目研发，自主研发能力进一步提高。

煤炭现代高端服务业有序推进。山西煤炭学院筹建、山西煤炭职业技术学院和雁北煤校示范院校建设、煤炭物流港建设加快，中煤保险正式运营，以教育、物流、金融、保险等为主的现代服务体系正在形成。

（王德善）

煤矿安全监察

【2011年煤矿安全监察工作概况】 *山西省煤炭安全情况综述*。2011年，山西煤矿安全监察机构认真贯彻落实关于安全生产工作的一系列重大决策部署，以贯彻落实《国务院关于进一步加强企业安全生产工作的通知》（国发〔2010〕23号）精神为核心，以强化和落实企业安全生产主体责任为重点，以“三深化、三推进”（深化责任落实、深化专项整治、深化安全监管，推进科技支撑、推进安全达标、推进长效机制建设）为主要抓手，继续深化“安全生产年”活动，明确责任、狠抓落实，强化监察、严格执法，有力地促进全省煤矿安全生产形势持续明显好转。

2011年，全省煤矿共发生伤亡事故54起、死亡74人（一般51起、57人，较大2起、6人，重大1起、11人），比2010年分别下降14.3%、46.8%。煤炭生产百万吨死亡率0.085，实现了“一个杜绝、三个下降”，即杜绝了特别重大伤亡事故，死亡人数下降到100人以下，煤矿百万吨死亡率下降到0.1以下，瓦斯事故死亡人数同比下降幅度超过50%以上。

科学制定执法计划，加大监察执法力度，煤矿安全监察执法工作进一步强化。一是召开全省煤矿安全监察工作会议。根据全省煤矿安全生产实际，对2011年工作作出总体安排，确立监察执法各项工作任务，组织编审2011年度监察执法计划。二是完善行政执法责任制，将全年主要工作目标责任分解到各监察分局（站）、机关各处室、各直属单位，实行每月通报、季度滚动、年中考评、全年考核。适时召开监察执法分析会、半年工作座谈会，研究新情况、解决新问题、把握新机遇，掌控工作大局，着力提高工作执行力。三是认真落实监察执法计划，不断强化安全监察执法工作。2011年共监察3345矿次，查处隐患和问题7674条，行政处罚455次、责令32个矿井停产整顿，下达监察执法文书7292份，其中，向地方政府提出加强和改善煤矿安全管理建议书279份。全年行政罚款11985万元。

深化主体责任落实，严格准入问责监督，企业依法办矿意识进一步增强。一是严格现场检查，认真按程序实施安全许可。全年颁发（换发）83个主体企业、304个煤矿

安全许可证，开展保留煤矿持证情况核对清理，吊注销关闭矿、建设矿安全生产许可证370个。二是严格建设项目安全设施设计审查和竣工验收审批。全年共审查批复480个建设项目安全设施设计、现场检查竣工验收批复58个建设项目安全设施和安全条件。三是适时开展煤矿兼并重组整合主体企业调查摸底。通过召开座谈会、举办安全许可培训等形式，有序推进主体企业安全许可，已有99个主体企业办理了安全许可证。四是坚持“四不放过”和“依法依规、实事求是、注重实效”的原则，严肃查处伤亡事故，严格实行责任追究。共组织调查处理事故54起，已结案50起，处理责任人520人。按照程序规定依法查处举报事故。积极配合省、市检察机关开展煤矿事故查处过程中移送涉嫌犯罪案件的自查和督查工作。

深化安全专项整治，狠抓隐患排查治理，煤矿安全生产条件进一步改善。一是实行隐患约谈制度。对辖区煤矿存在重大安全隐患继续组织生产、未全面正确履行职责导致安全事故、拒不执行煤矿安全监察指令等情况的煤矿企业主要负责人、分管生产、安全、技术负责人及其他有关人员进行问责谈话，实行重处重罚，督促隐患整改。二是对存在违法建设、超能力生产等重大隐患矿井进行跟踪督导，进行专题研究，增强整改实效。定期开展生产矿井安全程度评估、主体企业安全状况评估、辖区安全状况评估，并适时进行通报。三是督促煤矿企业开展重大危险源辨识评估和监控管理，进行定期风险分析，对重大隐患整改治理情况进行效果评价。推广隐患排查治理市场化管理，通过市场化手段及时掌握煤矿隐患死角，提高安全工作执行力。

深化监管监察联合执法，严厉打击非法违法行为，煤矿安全生产法治秩序进一步规范。一是在春节前夕和全国、全省“两会”期间，配合国务院安委办对山西省关键时段和敏感时期的安全生产工作进行调研督导，联合山西省有关部门开展全省煤矿安全生产省级督查。二是始终保持打击非法违法行为的高压态势，与省有关部门及时制订工作方案，进行安排部署，适时开展省级督查。各监察分局根据当地政府的统一安排，随机开展夜间突查、零点行动、明察暗访。三是配合省有关部门组织对兼并重组整合关闭矿井督查，确保1504处关闭矿井关死关实，严防死灰复燃和落后生产能力再次进入生产领域。四是开展全省煤矿安全专项整治、百日安全生产大检查省级督查工作，加强对省政府确立的安全生产挂牌责任制落实情况的监督检查。

推进煤矿科技支撑，完善专业机构监管，煤矿安全保障应急救援能力进一步增强。一是将推进煤矿井下安全避险“六大系统”建设完善列入各监察分局（站）监察执法计划，对生产矿要求限期承诺、对建设矿必须纳入安全设施“三同时”范畴，适时开展专项监察。二是推进煤矿安全培训机构建设，确立全年工作重点，建立教师师资库，推动实操实训建设。开展示范机构创建，促进提高培训质量。三是对26家安全评价、安全检测、职业危害评价检测机构进行监督检查和年度考核。开展专项治理，推进诚信建设，促进提高专业技术服务水平。四是加强矿山救护队队员培训考核、队伍达标建设、应急建设规划。开展资质认证，完善信息平台，提高救援能力。五是积极指导、协调事故抢险救援。开展2010年煤矿伤亡事故应急救援评估分析，修订煤矿事故应急预案，不断完善工作机制，着力提高突发事故的应急响应时效。六是开展全省防治煤与瓦斯突出专项培训，强化防突意识、落实防突措施。

推进兼并重组整合，指导安全文化建设，煤矿安全生产基础进一步夯实。一是积极参与全省兼并重组整合工作的检查验收。对各市正式协议签订、名称预核准、资金补偿到位、采矿许可证换发、实质性接管、矿井关闭、整合建设等方面进行督促检查。二是召开煤矿安全文化建设推进会。组织各监察分局（站）和省内重点煤炭企业有关人员参观同煤集团安全文化建设成果，交流煤矿安全文化建设示范矿创建工作经验。三是在网上开办专题报道，宣传示范矿煤矿安全文化建设成就。四是举办煤矿安全文化建设示范矿创建经验宣讲活动，发挥示范引领作用。严格推荐标准、逐矿现场检查，推荐上报了2011年度全国安全文化建设示范矿8个，配合国家安全监管总局进行了现场抽检。

推进长效机制建设，构建安全防范体系，全省煤矿安全发展水平进一步提升。一是组织开展以“安全责任、重在落实”为主题的第十个“安全生产月”集中宣传教育六项活动。配合开展“三晋安全行”大型记者集体采访、《煤矿安全规程》（动画版）宣贯活动。二是主办以“科技兴安、转型跨越、安全发展”为主题的2011年煤矿安全科技活动周（山西）科普活动。三是以自办网站、信息报送、通报建议、监察动态为手段，以大众传媒为载体，以培训讲堂为阵地，以现场检查和查处事故为途径，大力宣传国家安全监管总局国家煤矿安监局、省委省政府关于煤矿安全生产工作的措施要求，传播安全法制、普及安全知识，加强日常安全宣传。四是严格执行重大处罚备案（1～12月备案273件，罚款额占82%）、自由裁量基准制度。定期开展执法分析，组织30余人对100套行政执法案卷开展大评查活动，举行优秀执法案卷讲评活动，促进了全系统行政执法水平的提高。五是持续深入开展煤矿安全生产相关问题的专题调查研究，提交调研报告28份，不断扩大煤矿安全监察工作的影响力。

（郭凤美）

电力工业

【山西省电力公司经营概况】 已形成强大的供电主网架。山西省电力公司是国家电网公司全资子公司，属国有特大型企业。2011年年底，职工总数30647人，所属单位35个，县级供电企业101个。供电营业区覆盖太原、大同、朔州、忻州、吕梁、晋中、阳泉、临汾、运城、长治、晋城11个市，直接服务客户792万户。拥有110千伏及以上变电站513座，输变电容量9250万千伏安，输电线路26528千米。其中，1000千伏变电站1座，容量600万千伏安，输电线路116千米；500千伏变电站18座，容量2351万千伏安，输电线路5221千米；220千伏变电站119座，容量3588万千伏安，输电线路10079千米；110千伏变电站375座，容量2711万千伏安，输电线路11112千米。山西电网主网架形成了500千伏“两纵四横一环网”、220千伏分区供电、110千伏和35千伏及以下辐射供电的网络格局，建成6通道13回外送线路。全省统调机组容量3595.4万千瓦，净增装机475.1万千瓦，比2010年增长15.2%；省调发电量1712.7亿千瓦时，增长12.1%；高峰平均最大负荷1893.6万千瓦，增加256.7万千瓦，统配用电最大负荷13次创新高，达到2184.6万千瓦，较2010年最大负荷增加265.5万千瓦。2011年售电量1268.4亿千瓦时，外送电量198.15亿千瓦时，在全国能源资源优化配置中继续发挥了重要作用。

电网建设取得新的重大成就。一是1000千伏晋东南—南阳—荆门特高压交流试验示范工程扩建工程正式投运，并实现了双向、全电压、大容量输电，最大输送功率达到572万千瓦，创造了世界交流输电的新纪录，晋电外送再添“高速通道”。二是全力参与特高压扩建工程建设，高效完成施工、试验、调试等多项首创性任务。提前投运500千伏左权电厂送出工程，“一对一”协调电厂发电，全力组织外送电源，配合完成500万千瓦大负荷试验，为特高压扩建工程成功投产、创造高压交流输电的世界纪录再建功勋，公司荣获“国家电网公司特高压扩建工程先进单位”称号。三是加快各级电网协调发展。严格里程碑计划，全年完成固定资产投资101.99亿元，比2010年增长107.72%，其中，电网投资92.71亿元；投产110千伏及以上输电线路1476千米，变电容量912.5万千伏安。一批多年积累的“老大难”工程竣工，一批关键重点工程按期建成。四是落实国家电网公司提高工程质量及工艺水平70项要求，加强工程质量监督管理，开展“三强化三提升”活动，110千伏及以上工程全部达标投产，送变电公司、供电承装公司参建的1000千伏交流试验示范工程和±800千伏向上直流工程，分获中国工业大奖和国家优质工程金奖。五是智能电网建设试点项目全面完成计划。太原长风商务等3座智能化变电站、太原南城中心区和长治潞城配电自动化等一批工程建成投运，忻州五台山等3座充换电站投入使用，智能电表推广应用228万只、电力光纤入户2633户。六是促成特高压项目列入《山西省国民经济和社会发展“十二五”规划纲要》。晋北、晋中特高压交流工程及哈密—郑州特高压直流工程的前期工作取得重大进展。七是借力省国土资源厅、省林业厅政策支持，解决了2010年以前的238座变电站土地手续遗留问题，电网发展环境持续优化。

经营管理水平再上台阶。一是进一步规范省、市公司机构编制，完善薪酬分配体系，推进供电公司定员贯标，优化配置本部管理岗位和供电公司生产技能岗位，结构性缺员明显改善。二是完成“六统一、五集中”，集成应用财务系统与11个专业系统，实现公司“一本账”和报表“一键式”生成，财务集约化应用持续推进。三是创建物资调配、招标营业、供应商接待“三位一体”物资合同服务大厅，推行框架招标等采购模式，开展供应商履约评价，物资管理同业对标4项指标达到100%。被国家电网公司评为2011年同业对标综合管理进步先进单位，物资部的“全面物资计划管理”和审计部的“审计成果转化应用”、长治公司的“畅通职业发展双通道”分别入选入围国家电网公司典型经验库。四是不断加强基础建设。公司新调度综合楼、省级计量中心等项目加快推进。五是借鉴试点经验，编制完成公司“五大”体系建设实施方案，并获得国家电网公司批复，为推进“五大”体系建设奠定了良好基础。

计划管控能力不断提升。一是千方百计增供扩销。全年新增业扩报装容量首次突破千万千伏安，6个市公司售电量超过百亿千瓦时，运城公司突破200亿千瓦时。二是积极转变自备电厂和地方电厂管理方式，市场占有率同比提高1.7个百分点。三是投运营销稽查监控平台，开展营销专项普查，电费增收超亿元。完成发电权交易电量10亿千瓦时，大幅降低了购电费用。四是全额收缴高耗能、高风险企业预付电费，电费回收实现“双结零”(当年和陈欠电费全部结零)。五是实施三年降损计划，完成高损耗配电变压器和低压台区改造，综合线损率下降1.3%。六是深入开展清仓利库，盘点物资总额2.43亿元，利库物资1.2亿元。

经营管理结构逐步改革。一是在主辅分离实施过程中，倾心帮助辅业单位解决实际困难，妥善处理职工持和信公司股权问题。二是与中国能源建设集团有限公司签署无偿划转协议，11个辅业单位实现整体平稳移交，涉及资产43.1亿元、在职职工10177人、离退休职工8217人，确保了改革期间的生产安全和队伍稳定。三是加强集体资产监管。建立集体资产经营平台，完成市、县层面主多分开准备工作，晋能集团公司淘汰落后产能，优化产业链结构，依法规范管理，实现利润1.69亿元。四是坚持以查促改，自觉接受国家电监会“三指定”专项治理检查、国家电网公司财务审计等专项大检查，开展工程建设领域、县供电企业突出矛盾和问题排查治理等6项专项活动，建立领导分课题负责制，集中整改、规范发现的问题，防范经营风险。五是试点建设受电工程招投标服务平台，实施供电服务等专项效能监察94项，开展内部审计309项，促进了公司稳健经营。

安全管理水平显著提高。一是深化“大检修+状态检修”，加强“一停多用”检修计划管理。完成12座220千伏变电站及输电线路“整站整线”大检修，停电时间和现场作业时间同比减少1/3，节奏有控、安排有序、工作有效的安全生产新秩序逐渐形成。二是统筹加强科学调度、网厂协调和需求侧管理，深化电网运行分析和在线安全校核，排查治理设备隐患，确保特高压大电网安全运行。三是积极应对电力供应紧张形势，合理安排运行方式，建立电力电量平衡预警机制，开展网间错峰互助交易，保障电力有序供应。

完成全国“两会”、建党90周年、“中博会”等重大活动保电任务。四是完善1180个高危客户“一户一案”应急预案，供用电安全管理不断增强。五是认真落实《电力安全事故应急处置和调查处理条例》，投运长治智能备调，组建应急基干分队，建成超高压及11个市公司、50个县公司应急指挥中心，开展省、市联合反事故演习，应急处置和安全保障能力明显提升。六是深入开展“三抓一巩固”基建安全主题活动，基建安全连续13年实现“四个零”目标。七是组织“三个一”农村安全用电主题活动，确保农网安全“六个不发生”。

市场营销工作积极主动。一是坚持巩固存量市场，开拓增量市场，培育新兴市场。关注大电力优质客户，推行差异化服务，践行“助推客户成功就是开拓市场”的营销理念，强化业扩提速，促进一批重点负荷早投产、早用电、早见效。2011年完成新增报装接电容量1062.7万千伏安，比2010年增长47.3%。二是积极拓展自助缴费终端、网上银行等新型缴费渠道。2011年非现金方式收取居民电费1840万笔、电费资金28.42亿元，占居民电费总额的53.8%。三是实施电费电价预警预控，主动配合物价部门疏导电网和外送电价。促成6月1日和12月1日两次电价调整，有效化解缺煤停机与节能减排等严峻环境下的电费回收风险，提升了公司效益。太原、运城、阳泉等3个市取得小区配套费物价批文。四是实施三年降损计划。中低压配网增加投入1.2亿元进行高损线路和台区技术改造，高损线路减少543条，高损台区减少1843个。五是完成太原山水庭院、万达广场以及临汾科海等智能小区电力光纤入户2633户。六是加强与政府沟通，落实充换电设施建设用地7.6公顷。组建智能充换电分公司，编制智能充换电服务网络“十二五”发展规划，建成投用忻州五台山、太原迎西、运城盐湖等3座充换电站，开工建设8座充换电站，太原、忻州、临汾等3个市完成第2座充电站选址。七是组建山西晋和利赢节能技术公司，制定节能服务中长期发展规划，节能服务体系初步建成。

继续深入开展“三指定”（为客户工程指定工程设计、施工和设备供货单位）问题专项治理，顺利通过国家电监会及其派出机构前后4个批次的专项检查。制定“两高”（高耗能、高排放）企业业扩准入条件，认真执行差别电价政策，落实政策性关停要求，“两高”企业用电管理得到全面加强。积极应对缺煤停机、节能减排等带来的供需矛盾，启动440万千瓦错避峰预案，组织6719个客户参与有序用电负荷调控，基本做到了限电不拉路。实施以省级95598业务平台为核心的供电服务体系精益化建设，全省电力故障抢修速度提高29.7%，客户投诉下降31%，客户表扬较集中前增长358%，近89%的客户咨询、查询、投诉、报修等业务在省级层面一次性解决。

科技强企与信息化建设取得新成果。2011年共投入科研经费2.07亿元，承担国网公司管理的科研项目31项；申请专利135项（其中，发明专利49项，包括国际专利7项），获得专利授权84项；完成软件著作权登记10项，发表科技论文597篇，出版著作11部；“工程质量监督管理系统”获中国电力科学技术成果二等奖，“空冷系统设计研究与应用”等6项科研成果获国家电网公司科技进步奖，超高压公司“倾斜杆塔扶正装置”获国家电网公司职工技术创新优秀成果展一等奖。特高压施工、智能小区等关键技术研究取得重大进展，首家开发应用全省大集中电能计量一体化检定平台，投入使用全国首台10千伏配网带电作业机器人，上线运行全省电网空间信息服务平台，推广应用碳纤维导线等25项新技术，科技成果转化速度明显加快。梳理规范科技信息项目618个，优化物资付款等五大关键业务流程，信息化系统全部通过国家电网公司实用化评价验收。率先完成集中式信息系统数据级容灾项目，信息系统安全防护能力和运维保障水平显著提升。

【农电工作再上新台阶】 进行新一轮农网改造升级工程。2011年，投资30.05亿元新建和改造35千伏变电站116座，线路374千米，10千伏线路3580千米，配变1716台，低压线路3037千米，户表配套改造87.2万户，有效解决了农网“低电压”、“卡脖子”等问题。农网售电量539.7亿千瓦时，比2010年提高17.9%；农网综合线损率7.5%，下降0.5个百分点；电费回收率100%。建成长治潞城智能化试点项目，新建电气化县5个（灵石、曲沃、襄垣、五台、泽州），电气化乡镇61个，电气化村1200个。供电可靠率99.7%，综合供电电压合格率97.6%。

确保农电网络安全。2011年，积极推进农网“状态检修＋大检修”模式，开展农村用电“三个一”和“走基层查实情促安全”等安全活动，农电安全保持良好局面，全年未发生人身伤亡事故、误操作事故、一般电网及设备事故。

建设农电应急指挥平台。建成50个县公司应急指挥平台，完善应急机制，优化应急物资储备，开展应急演练，县公司应急协同配合能力不断提高，有效应对覆冰、大风等自然灾害侵袭。

开展隐患排查治理。结合农网工程建设、技改、大修，进行变电站双电源建设改造111座，进行开关柜后网门封闭、压力释放通道改造等633面，线路专项治理1001条，安装线路分界断路器530台，35千伏线路跳闸率和10千伏线路跳闸率分别下降6.6%和5.5%。

积极履行服务“三农”社会责任，开展电力扶贫。2011年，投资320.3万元对偏关县13个台区进行改造。支持当地反季节蔬菜基地建设，促进当地农民脱贫致富，获得山西省委“扶贫工作先进单位”称号。针对年初严重旱情，推出“报装绿色通道”、“田间服务小分队”等特色服务，组建642支抗旱保电服务队，出动14000多人次进行抗旱保供电服务。投入资金991万元，解决73万余人的饮水问题和21.5万公顷耕地灌溉配套用电问题。积极筹措资金，多渠道、多方位、针对性开展“低电压”综合治理，当年完成农村“低电压”治理53万户，累计完成治理75万户，农村用户电能质量显著改善。

（陈晓亮）

冶金工业

【山西冶金工业在产业结构调整中奋进】 产业布局和生产规模不断优化，产能进一步有效发挥，经济效益不断提高。2011年，全省粗钢产量3490.4万吨，比2010年增长14.5%，其中，不锈钢产量302万吨，增长11.3%；生铁产量3786.1万吨，增长11.3%；钢材产量3371.2万吨，增长17.6%。销售收入2884亿元，增长31.8%；实现利税152.84亿元，增长34.1%；实现利润74.16亿元，增长30.6%。

努力实施多元发展，联合重组取得一定进展。太钢致力于“做强主业、延伸发展、多元发展、绿色发展、和谐发展”，围绕不锈钢产业，积极开展上下游产业联合，与国外开发镍、铬矿等资源的合作成功实施，与不锈钢深加工企业的合作与协作不断扩大，与省内煤炭企业合资合作开发煤炭资源顺利进行。与此同时，资本运营、国际贸易、房地产开发、酒店服务业等多元产业也得到发展。长钢公司和首钢集团实现了联合重组。中阳钢铁公司与海威钢铁公司注册成立了吕梁钢铁集团。立恒钢铁公司与中宇钢铁公司的联合重组有序进行。

技术进步投入增加，新产品开发取得进展。2011年，山西省钢铁企业加大技术进步投入，积极推广先进的技术工艺，生产的现代化水平进一步提升。同时，各企业紧密结合市场需求，积极开发新产品，产品结构不断优化。太钢围绕国家重点工程、新兴产业和高端用户需求，实施精品战略，强化绿色产品开发，形成以不锈钢为核心，包括冷轧硅钢、高强韧系列钢材在内的高效、节能、长寿型产品集群，有20多个品种在国内市场占有率第一，25个品种替代进口。首钢长钢公司、中阳钢铁公司、新泰钢铁公司等企业也相继开发出H型钢、带钢、棒材、400兆帕和500兆帕高强度带肋钢筋等产品，优化了企业的产品结构。

管理水平上了新台阶，职工队伍素质进一步提升。太钢集团全面建立先进的管理模式和运行机制，以快速适应市场、提高生产效率、提高产品质量、增强综合竞争力为目标，大力构建信息化管理体系，将企业的生产过程、物资移动、事务处理、资金流动、客户交互等业务过程数字化，实现“产销一体，管控衔接，物流、信息流、资金流同步”的信息化管理模式，企业的管理水平上了新的层级。安泰集团聘请北京知为先咨询公司对842名班组长进行了为期两个半月的“能力提升”培训。首钢长钢炼铁厂实施“一专多能”培训，关键岗位职工普遍掌握高炉操作的多种专业技能。

【淘汰落后产能，生产装备进一步配套升级】 2011年，全省钢铁行业认真落实国家产业政策，以装备大型化、生产连续化、工艺现代化、产能配套化为目标，积极实施技术改造，大力推进产业升级，相继淘汰了一大批小高炉、小转炉、小烧结机等落后生产装置，建设了一批较为先进的生产设施，有效提升了钢铁工业的装备水平。近几年，全省淘汰容积在300立方米以下的小高炉200余座，产能约3000万吨；淘汰容量在20吨以下的小转炉和小电炉18座，产能约600万吨，按期完成国家下达山西省淘汰落后产能的任务。尤其是太钢、中阳钢铁公司、首钢长钢公司、新泰钢铁公司、晋城钢铁公司等企业积极与政府有关部门协调，依据山西省相关政策，主动实施产能置换升级的技术改造，企业的装备水平明显提升。全省钢铁企业的主体生产装备基本没有国家产业政策明令淘汰的生产装备。全省1000立方米以上的大型高炉由5年前的4座增加到现在的12座，其产能占全省炼铁总产能的40%以上。与高炉生产配套的炼焦、烧结、炼钢、轧钢等装备和技术工艺水平也有较大幅度的提升。特别是太钢的不锈钢生产线，是目前世界上生产规模最大、装备水平最先进、品种规格最全的现代化生产线。太钢的4350立方米高炉、7.3米焦炉和660平方米烧结机等装备和技术工艺也居世界先进水平。

【循环经济深入发展，节能减排、资源综合利用取得明显成效】 全行业高度重视节能降耗、资源综合利用和环境保护工作，把节能降耗、余热余压回收利用、废水废弃物回收利用作为重点，不断加大资金投入，采用先进的技术工艺，积极实施技术改造，努力发展循环经济，促进了能源、资源以及废弃物的综合利用和生态环境的改善。全行业实施节能减排重点项目40多项，实施烧结烟气脱硫、煤气回收利用、余热余压回收利用、废水废渣回收利用等项目120多项。全省运行的高炉和转炉基本上全部安装了煤气、余压、蒸气等二次能源回收装置，全行业每年可节约能源260万吨标准煤。高炉水渣回收利用率90%以上，钢渣回收利用率70%以上。2011年，重点钢铁企业的万元产值能耗和吨钢综合能耗与5年前相比，均下降24%以上，为山西省经济转型跨越发展发挥了积极的促进作用。特别是太钢的焦炉煤气脱硫制酸、烧结烟气脱硫脱硝、余压余热发电、炉渣综合利用等项目，为我国钢铁工业树立了典范。

（祝锋亮）

机械电子工业

【2011年机械电子工业发展概况】 概述。2011年，山西省机电工业全行业共有规模以上（新标准）企业585家，资产总计1706亿元，从业人员31.3万人。工业总产值1341.1亿元，比2010年增长21.3%；工业增加值321.3亿元，增长25.3%；主营业务收入1336.6亿元，增长24.4%；实现利税82.7亿元，增长14.1%；实现利润46.8亿元，增长8.3%；出口交货值100.5亿元，增长10.2%。

【科研开发成为机械电子工业发展的引擎】 太原通泽重工有限公司技术中心跻身“国家级”。2011年11月4日，该公司技术中心被国家有关部门确定为第18批国家认定企业技术中心，也是山西省民营企业第一家跻身“国家级”的企业技术中心。

该公司技术中心共有专业技术人员200余名，并聘请了2名中国工程院院士担任技术顾问。已累计申报专利200余项，其中，发明专利74项，已获得国家授权的专利100项。参与制定的行业标准10项，实现了从“技术跟随”向“技术领跑”的精彩转身。

“中国驰名商标”再添2件。2011年，山西省机电行业又有2件商标被国家工商总局认定为中国驰名商标。这2件新认定的中国驰名商标是：榆缆线缆集团的榆缆CYC及图、山西吉天利科技实业有限公司的吉天利JTL。

太重获“中国工业大奖表彰奖”。2011年4月28日，第二届“中国工业大奖”表彰大会在北京人民大会堂隆重举行，太重集团荣获“中国工业大奖表彰奖”殊荣。

太重获2011年“国家技术创新示范企业”称号。长期以来，太重高度重视科技创新，随着企业的发展，逐年加大了科技投入，由原先占有销售收入2.2%增加到5.4%。作为全国机械行业最早引进国外先进技术的企业，太重在引进国外先进技术的同时，加快了消化吸收和再创新步伐，先后与多所国内知名科研院所建立了联合实验室和交流合作机制，使太重自主创新能力速度增强，建立起具有太重特色的创新体系和创新文化。2007年，国家认定的太重企业技术中心排名提升至第29位；2008年太重荣获“全国专利先进集团”称号，并进入了全国首批91家创型企业名单；2009年太重企业技术中心排名提升到第13位，荣获国家五部委颁发的“国家认定企业技术中心建设成就奖”。

三项科研成果获2010年国家科技奖。太原理工大学教授寇子明等人合作完成的“基于能量转换的矿用倾斜带式输送机防抱死安全制动关键技术”项目获国家技术发明奖二等奖。太原科技大学、太原重型机械集团有限公司、太钢集团临汾钢铁有限公司等单位完成的“大型宽厚板矫直成套技术装备开发与应用”项目，山西潞安矿业（集团）有限责任公司等单位完成的“特厚煤层安全开采关键装备及自动化技术”项目获国家科技进步奖二等奖。

中煤科工设计制造基地在太原开建。2011年8月31日，中国煤炭科工集团设计制造基地在太原经济技术开发区开工，这是山西省大力发展装备制造业，建设以太原为中心的世界煤机装备产业基地取得的新成果。

中国煤炭科工集团是国内煤炭行业唯一的综合性科研、设计单位，此次该集团授权由其所属太原科学院牵头，联合唐山科研院、常州科研院和西北煤机共同组建的中国煤炭科工集团设计制造基地，将依托太原经济区内完善的产业链条、优良的发展环境，发挥该集团的科技、人才、管理等方面的综合优势，发展煤矿安全、煤炭洗选以及矿井自动化等专业领域技术与装备研究，提升煤机装备水平和矿井自动化水平，填补山西省在这几个专业领域的空白。同时，与德国CFT公司展开国际合作，引进先进的矿用高效除尘系统，实现本地化生产。

基地占地面积10公顷，总投资10亿元。预计2013年年底竣工投产后，将成为我国煤矿安全、洁净能源等高端成套设备研发与制造的重要基地之一。

“千万吨级矿井大采高综采成套设备及关键技术”通过成果鉴定，达到国际领先水平。2011年8月14日，由两位工程院院士等组成的专家组在太原宣布了这一结论。这一成果标志着具有我国自主知识产权的年产千万吨矿井大采高综采成套设备及关键技术，完全可以立足国内自主生产，逐步替代进口，价格约为国外产品的1/2。

“千万吨级矿井大采高综采成套设备及关键技术”科研项目，是国家“十一五”的科技支撑计划，也是我省承担的最大科研项目。项目总投资42250万元，其中，国家拨专项经费3997万元。该项目共有9个子项目，主要由西山煤电集团、太重集团牵头，太矿研制2500千瓦采煤机、平阳重工研制6.2米高支架等产品配套。

【一批新产品相继问世】 世界首台水煤浆水冷壁气化炉研发成功。这项新成果的应用，标志着我国自主研发的水煤浆水冷壁煤气化技术跻身世界先进行列，为大型煤化工企业的煤气化技术提供了新的选型。

水煤浆水冷壁气化炉由山西阳煤丰喜肥业（集团）有限责任公司临猗分公司与清华大学、北京达力科公司共同研发。该气化炉采用的特殊的立式水冷壁，水冷壁产气量仅2吨/时，避免了因水冷壁副产蒸汽而带来的不必要的热量损失；减少了每年更换耐水砖费用300万元，避免因更换炉砖而造成长达两个月气化炉无法使用，彻底解决了现有水煤浆气化炉砖磨损、不能长周期运转的问题。同时，该炉采用独特的组合煤嘴，使系统的点火与投料程序一体化，便于输送，易于操作，更加安全快捷。

该气化炉的设备材料及制造工艺100%国产化，与引进国外技术相比，节约专利实施许可费、软件包费及技术服务费等投资20%以上。

太重山西煤机研制成功国内最大的井下移动救生舱。该救生舱由太重山西煤机公司与河南理工大学机械学院合作开发，是一种先进的逃生避难装备。救生舱由舱体结构、生命保障系统和测控与通讯系统等三部分组成。舱体配有滑靴，方便移动和入位停放。强大的生命保障系统，可消除人体夹带和活动产生的二氧化氮、一氧化碳、氨气等有毒气体，保障至少16名遇险人员在舱内生存不低于96小时，并可通过舱内配备的先进电子检测通讯设备引导外界救援。此外，舱内备有充足的食物、水以及氧气供应设备，可保证舱里的人员至少维持在96小时以上。

国内最大液压复式起重机研发项目启动。2011年8月10日，由中化二建集团有限公司、中科合成油技术有限公司、太原重工股份有限公司联手打造的迄今国内起重能力最大的6400吨液压复式起重机研发项目，在北京怀柔科技开发区启动。

该机单式起重量2100吨，复式起重6400吨。另外，它的最大起升高度达120米，具备可扩展性，可以多工况组合，现场组装简便，转场机动灵活。该设备研发成功后，将大大缩短国家煤化工等施工行业的建设周期，同时在机械装备制造行业实现新的跨越。

*太重研制国内首套80MN快锻机组通过科技成果鉴定。*2011年4月18日，省科技厅组织有关专家对太重集团公司完成的“双柱式快速自由锻造液压机系列与全液压轨道式锻造操作机系列成套设备研制”项目进行了科技成果鉴定。该套设备最高镦粗力达到8000吨，热态精整锻造精度达正负1毫米，锻造频次最高可达每分钟77次，可锻钢锭达11吨以上，整体达到国际先进水平，部分技术性能达到国际领先水平。

*世界最大采煤机滚筒太原问世。*2011年4月27日，由山西海德拉太矿国际采矿刀具设备有限公司研制的一个直径3.2米、重11吨的采煤机滚筒下线。这是迄今为止世界上最大的采煤机滚筒。

该机具有采煤截割强度高、切割性能优越、装煤效果好和清煤彻底等特点，能有效降低粉尘含量，抑制摩擦点火，减少瓦斯事故，可采7米厚的煤层。

*太重煤机公司《煤炭综采成套装备智能系统开发与示范应用》项目获国家批准。*项目总投资4.4亿元，其中，获国家拨款1亿元。该项目主要由采煤机智能控制系统、液压支架围岩智能耦合电液控制系统、刮板运输机智能控制系统、综采工作面集中控制系统等组成。项目完成后，将在用户单位西山煤电(集团)有限责任公司建成智能型千万吨级安全高效示范工作面，实现采煤机、液压支架和运输系统等的智能化控制。

*我国首列矿井运人快速列车阳煤“试跑”。*由中国北车永济电机公司研制的我国煤炭系统第一列运人快速列车“新时速1号”，经过在山西阳煤集团一矿井下的试运行，效果良好，安全可靠。该车的成功运行，是我国矿井运人列车的速度由原来时速10.8千米提高到21.6千米以上，减轻了矿工在路途中的体能消耗，工作时间也从68.8%提高到82.9%。

该车自2010年10月在永济电机公司研制成功并下线，2011年3月在山西阳煤集团一矿原北丈八井北翼大巷开始运行。主要用于煤矿、隧道中工作人员的出进运输。

*山西长城微光公司光学纤维面板升天。*2011年9月29日，天宫一号带着山西长城微光公司生产的光学纤维面板SFOP01和SFOP02飞上了太空。11月3日，神舟八号飞船与天宫一号成功对接，目标标志器作为CCD(电荷耦合元件)光学成像敏感器的合作目标，在交会对接的最后逼近阶段发挥了重大作用。

*潞安集团产出全省第一炉多晶硅。*2011年9月16日，潞安集团1万吨多晶硅项目一期工程一次试车成功，顺利生产出全省第一炉多晶硅棒。潞安多晶硅项目是山西省产业结构调整的重点项目，由潞安集团和德国森特塞姆公司合作，生产采用改良西门子闭环工艺，是目前世界上最为成熟的技术和工艺，可极大地提高各种原料利用率并杜绝污染物排放，真正做到绿色生产。该项目总投资100亿元，建设规模为年产1万吨。其中，电子级多晶硅3000吨，光伏级多晶硅7000吨。

【重点投资项目陆续开工建设】 *万吨级高纯多晶硅项目黎城开工。*2011年8月29日，总投资110亿元的三晋硅业万吨级高纯多晶硅项目在黎城县正式开工建设。这是山西省开工建设的最大光伏产业项目，标志着山西省在全国日益激烈的光伏产业竞争中再添劲旅，并将为山西省的新材料、新能源产业发展起到积极的示范作用。

该园区的主体工程——万吨级高纯多晶硅项目，规划总产能30000吨，总投资110亿元。该工程分三期建设，2012年12月底竣工，2013年正式投产。整个工程在“十二五”期间全面建成投产。

*国内最完整LED前端产业链在长治市正式贯通。*2011年9月21日，山西省长治光电产业园区50亿支外延芯片、500万片蓝宝石拉晶和500万片蓝宝石切磨抛三大重点项目一期工程正式竣工投产，标志着国内最完整的LED前端产业链条正式贯通。

*晋煤集团25亿元煤机制造项目落地晋城。*2011年8月30日，晋煤集团金鼎煤机矿业有限责任公司投资25亿元，规划占地66.7公顷的装备制造园区在晋城市金匠园区开工建设。这是晋煤集团实施“强机”发展战略的重要举措，也是晋城市招商引资转型跨越发展硕果之一。

该项目将于“十二五”末建成投产，成为煤矿采、掘、机、运、通成套装备研发、制造、安装、租赁、维修、技术服务、物流配送于一体的现代化新型工业示范园区。

*太重榆液高端液压基地奠基。*2011年9月30日，太重集团榆次液压高端液压自主化产业基地项目奠基。高端液压产品基地是太重集团“十二五”期间重点建设的五大基地之一，列入省重点工程。该项目总投资20亿元，占地36.3公顷，建成年产各类高端液压元件400万件、高性能液压装置27600台，高压精密液压铸件20000吨生产能力，满足国防、军工、船舶等领域对高性能液压产品的市场需求。

*三一“智”造煤机落户太原经济区。*2011年8月11日，三一太原工业园在太原经济区奠基。该园区占地面积23.3公顷，总投资10亿元，将建设生产车间、维修厂房、研发培训楼及生活配套设施等，预计2013年年底竣工。建成后将成为我国煤炭采掘运成套设备研发与制造的又一重要基地。投产后生产掘进机、液压支架、刮板输送机等煤矿机械。

*原平百万吨短流程铸造循环经济项目奠基。*该项目由原平钢铁有限公司实施，计划总投资34.8亿元。项目的设计、规划、建设坚持“节能、环保、高效”的建设和经营理念，采取国内外先进的节能环保技术，以新工艺、新装备、新技术为支撑，注重资源的循环综合利用，体现建设效益和经营效益的最大化，最终将形成集采矿、选矿、冶炼、铸造、机加工为一体的产、学、研相结合的国际化高端企业。

*晋中启动新能源汽车机械制造项目。*2011年5月30日，山西新能源汽车·机械装备制造区建设项目在晋中启动。该项目规划以山西新能源汽车、中航集团特种车辆为主、零部件生产企业相匹配，力求将晋中建成新能源汽车及零部件生产基

地。包括整车生产区、零部件生产区、仓储物流区、配套服务区、生态休闲区。到2015年，该项目的整车生产能力将形成45万辆规模。

富士康晋城金匠科技工业园项目启动。2011年9月3日，富士康晋城金匠科技工业园项目举行奠基仪式，未来5到10年，富士康将在这里投资千亿，打造世界精密制造之都，其中，精密实体刀具、自动化设备、模具、光学元件等6大世界第一生产基地将在此建成。首期投资300～400亿元资金到位，进入实质性落地建设阶段。

富士康协鑫大同新能源产业集团公司300兆瓦光伏电站项目奠基。2011年9月16日，富士康协鑫大同新能源产业集团公司揭牌，该公司300兆瓦光伏电站项目也同时奠基开工。富士康集团与协鑫集团强强联手，合资设立富士康协鑫大同新能源产业集团公司，入驻大同，投资900亿元，打造垂直一体的光伏发电项目。包括将要实施的多晶硅、太阳能电池模组、智能电网等新能源产业项目，将形成一条完整的太阳能光伏产业链，这也将使大同市成为世界上最先进的重要新能源产业基地。

【合作交流水平进一步提高】 太重煤机迈出国际化步伐。2011年4月29日，太重煤机公司在太原举行并购澳洲威利郎沃国际集团新闻发布会，威利朗沃同时与汾西矿业集团等省内企业签订12台钻机的供货合同和意向，价值达2.1亿元。此举标志着太重煤机国际化发展迈出关键步伐。

威利朗沃国际集团是世界上最大、技术力量最强的煤矿机械及钻井机械运营商之一，也是世界等级产品的服务提供商。其煤层定向钻机、井下柴油运输机、井下皮带运输机等产品在澳大利亚占有的市场份额分别达到90%、70%和80%，其钻井设备绝大部分销往中国。2010年12月15日，在澳大利亚举办的最终谈判中，太重煤机以综合实力强大的优势中标，以1.18亿澳元(折合人民币8.79亿元)整体收购威利朗沃国际集团。2011年4月，双方相继完成交割和股权转让。有关财务分析表明，并购完成后，太重煤机将用6年时间收回投资。

太重煤机与煤炭工业太原设计院战略合作。2011年7月21日，太重煤机公司与煤炭工业太原设计研究院在迎泽宾馆签订战略合作协议。

双方约定，太重煤机将自己的部分土地，按照国家相关政策和程序，转让给煤炭工业太原设计院；设计院则在煤矿设计工程、选煤厂设计工程中，优先向用户推荐太重煤机的产品；在一些煤矿项目总承包方面，双方联合投标，利益共享。

山西纳克太阳能科技有限公司与中国科学院光学精密机械研究所共建光伏实验基地。这是山西省光伏企业与中国科学院的首次全面合作，将为山西省光伏产业快速发展提供强有力的技术支撑。该光伏实验基地占地3000平方米，总投资4000余万元，建成后将成为世界一流、国内领先的光伏材料及技术集成实验平台。

【市场开发成果累累】 四铸企赴德参展拿下2.3亿大单。2011年7月，山西省4家铸造企业赴德国参加了德国杜塞尔多夫国际铸造铸件展览会，收获2540万欧元(约2.32亿元人民币)贸易订单。其中，晋城市兴达铸件有限公司与意大利一家公司签订价值500万欧元的拖拉机变速箱铸件及前桥支架铸件出口合同，太原市中振精密铸造有限公司与荷兰一家公司签订了30万欧元供货合同，展会之后，该公司还与欧洲大力神公司签订了2000万欧元工程支架系统供货合同。

“大运”载重汽车“驶入”美洲。2011年8月，山西大运汽车制造有限公司生产的4辆“大运”载重汽车（样车）成功出口秘鲁，标志着山西载重汽车从此驶入美洲市场。自2010年9月以来，该公司生产的载重汽车已成功出口到埃及、阿尔及利亚、蒙古等多个国家和地区。

此外，2011年11月山西大运汽车制造有限公司首批10辆货值48万美元的自卸汽车成套散件经检验合格，顺利出口加纳。这是山西省首次出口汽车成套散件，标志着山西省汽车出口贸易拓展了新的领域。

山西省直缝焊管成套设备出口开出第一单。太原矿山机器进出口公司与印尼金锋集团公司于2011年11月22日签订了一套年产10万吨直缝焊管成套设备供货合同。设备合同总价580万美元，折合人民币近4000万元。这不仅是太矿集团首套出口的冶金成套项目，而且也实现了该项目在山西省的零突破。

太重挖掘机出口多国。2011年，太重先后有2台4立方米挖掘机出口哈萨克斯坦，2台10立方米挖掘机出口印度，并于2011年12月又与俄罗斯签订了4台35立方米大型挖掘机的出口合同。

交城、襄汾成为中国铸造产业集群试点县。在中国铸协的“2011中国铸造零部件展览会、中国铸造行业第五届高层论坛会”上，交城县荣获“中国铸造产业集群试点县”称号，山西省同时获此殊荣的还有襄汾县。全国共有三地获此称号。

(姚文举)

国防科技工业

【2011年山西国防科技工业经济保持平稳增长】 坚持多业同进，军工经济保持了良好的发展态势。2011年，全省国防科技工业销售收入286.5亿元，比2010年增长8.2%。有29个军工单位销售收入稳定增长，16个单位增幅超过全行业平均水平，有7个单位的增幅达到20%以上。晋西工业集团、北方通用动力集团、淮海工业集团整合重组，形成军工企业新的竞争优势。

坚持科技创新，武器装备科研生产取得新突破。2011年，全省军工承担高新技术武器装备研制生产任务的单位和项目，均高质量按节点顺利进行。大力推进科技进步，企业自主创新能力不断增强。全系统有2项武器装备科研成果获国家科学技术奖国防专项奖，22项荣获年度国防科学技术奖，13项荣获山西省国防科技工业科技创新奖。贯彻军民结合、寓军于民方针，全省民口配套单位积极参加军品科研生产，民口配套单位成为山西军工崛起的又一支充满活力和希望的生力军。

大力发展民品，军民融合取得新进展。2011年，山西军工民品销售收入同比增长20.4%。坚持以提升装备制造业为重点，不断加快产业和产品结构调整，努力提高产品研发和制造水平，着力提升核心竞争力。制定《山西省国防科技工业"十二五"经济发展规划》，明确了民品发展的思路、目标、重点及措施。坚持推行民品工作责任制，加强对民品工作的考核，大项目建设取得新进展。认真贯彻落实国务院、中央军委《关于建立和完善军民结合寓军于民武器装备科研生产体系的若干意见》精神，起草了《山西省人民政府关于加快推进军民结合产业发展的意见》，提出了今后建立和完善军民结合、寓军于民武器装备科研生产体系，进一步做好军转民、民参军，军民互动，共同发展的方向、要求和政策措施。加强中央各军工集团公司与省政府合作，促成省政府与中国航空工业集团、中国航天科技集团签署战略合作框架协议；进一步引申和完善省政府与中国船舶重工集团公司、中国兵器工业集团公司、中国电子科技集团公司战略合作框架协议，积极推动协议项目的落地，协调解决项目实施中遇到的困难和问题，推进重大项目的建设步伐。通用及新能源动力基地、晋中新能源特种装备及车辆科技产业基地、卫星遥感检测应用以及煤矿液压支架和风电产业化等项目已开始实施。一批新开发民品研制成功，新的民品项目陆续建成投产。山西汾西重工有限责任公司的100千伏安变频器、永磁同步风力发电机、核电同步发电机等多种新产品完成研制生产。山西淮海工业集团的人工心脏列入国家优先发展的高技术产业化重点领域指南和产业结构调整指导目录，通过医院人体临床试验，市场前景看好。长治清华机械厂矿用救生舱研制项目已通过96小时真人入舱试验，取得安全标志认证。山西北方机械制造有限公司研制的稀土永磁节能电动机，填补了国内空白，已具备产业化基础。中国电子科技集团公司第三十三所铁路制动阀自动测试产品、钕铁硼磁性材料、环保监测软件及监控工程发展势头良好。中国电子科技集团第二研究所的液晶显示器专用设备板块已具备模块组线和系统集成能力，在国内具有领先地位。一批科技含量高、市场前景好的军工民品项目建成投产，有力地促进了山西工业经济的转型跨越发展。

坚持质量第一，安全生产工作全面加强。针对军工和民爆行业的特殊性，牢固树立以人为本、安全发展的理念，狠抓安全生产工作，不断提升全行业的本质安全度和管理水平。一是定期召开机关安全生产委员会专题会议，每季度召开全系统安全生产工作例会，通报情况，研究部署安全生产工作。二是狠抓安全生产目标责任制的落实。与各单位签订零死亡安全生产目标责任书，认真执行企业法定代表人安全生产承诺制度，加强目标考核管理。三是开展安全生产专项整治、百日大检查和安全生产月活动，认真履行政府部门安全生产监管主体责任。全年排查整改隐患2176项。四是严格责任追究，加大事故处理力度。对2010年发生事故的单位主要领导进行约谈，要求认真汲取事故教训，做好善后工作。调查处理事故1起，政纪处分1人，记过2人，行政警告1人，通报批评1人。2011年，全省军工行业发生死亡事故1起，死亡1人，连续6年完成省政府下达的安全责任考核目标任务。

【加大民品开发力度，一批新的民品项目陆续建成投产】 2011年，晋西机器工业集团有限公司加大民品开发力度，调整产品产业结构，完成1000辆铁路罐车前期方案论证，开发的轻油罐车通过铁道部资质认证，扩大了铁路车辆生产的品种。高速动车组车轴和太阳能光伏焊带研发进入山西省重大科技攻关项目，高速动车组车轴完成所有工艺试验，国产化步伐进一步加快；代表我国铁路货运装备发展水平的"新材质重载货车车轴研制项目"顺利完成。同时，开发了低碳新能源产品太阳能光伏铜带、垃圾焚烧发电及其装备制造产品。2011年，该公司铁路产品销售收入18亿元，比2010年增长14.3%。中国电子科技集团第二研究所发挥装备制造优势，以"重点项目"支持民品产业发展，工业和信息化部2012年产业振兴和技术改造专项"年产100兆瓦太阳能电池硅片及成套装备产业化"、国家科技重大专项、电子发展基金项目、国家发改委平板显示专项、国家发改委彩电专项等重大项目增强了自主创新能力和研发实力。液晶显示器专用设备板块已具备模块组线和系统集成能力，在国内具有领军地位，广泛应用于国内外一流液晶生产企业，销售收入以25%以上的速度快速增长，液晶触摸屏成功应用于苹果iPad（平板电脑）和iPhone（智能手机）的生产和加工，签订合同额超过1亿元。液晶显示器专用生产设备2011年合同额超过2.5亿元。

【加强民爆安全监管，民爆行业保持平稳增长】 开展打击非法违法生产经营专项行动。2011年，结合民爆行业安全生产工作实际，组织各民爆企业签订安全生产责任书，开展大规模的春季安全生产大检查和百日安全生产大检查，对查出的问题进行严格整改。按照《民用爆破器材生产企业报废生产线销爆处理安全管理规程》的规定，监督民爆生产企业完成5条报废生产线的销爆处理，消除了安全隐患。

引导企业及时调整产业结构。2011年，为加快全省民爆企业联合重组，制定印发《关于推进全省民爆企业一体化整合的指导意见》，着力发展生产、销售、爆破服务一体化生产经营模式，促使产业集中度进一步提高。壶化集团、金恒集团、同德化工与销售企业的一体化整合重组有了实质性的进展，省内若干个大型民爆企业集团已见雏形，全省民爆产业结构得到进一步优化。

加快技术进步，产能布局进一步优化。工业炸药产品结构基本形成以环保型、安全性能好的含水炸药和现场混装炸药为主的格局，工业雷管形成以导爆管雷管与电雷管并重的格局，产品结构趋向合理。壶化集团引进美国乳化炸药高温敏化连续化生产工艺技术及设备。金恒集团与北京北方邦杰科技发展公司共同研制的隆芯1号电子雷管及起爆系统，获得第三届中国爆破行业协会科学技术奖一等奖。广灵精华化工公司的强威牌炸药、同德化工股份公司的同声牌炸药被山西省工商局认定为省著名商标。壶化集团、同德化工被认定为AAA级守合同重信用企业。制定了《山西省民用爆炸物品行业“十二五”规划》，提出行业“十二五”发展的目标和措施。2011年，全省民爆行业销售收入比2010年增长18.5%，利润增长325%，工业炸药产量增长24.2%，工业雷管产量同比增长12.4%。

（赵登斌）

化学工业

【2011年化学工业发展概况】 *经济总量较快增长*。2011年，山西省化学工业规模以上（营业收入2000万元及以上）企业209户，资产总计911亿元。全年工业总产值（现价）646亿元，比2010年增长26.5%；利润22.4亿元，增长75.2%；固定资产投资242亿元，增长58.2%。

产品产量稳步提升。全省重点化工产品2011年产量均有不同程度的增加，其中，化学肥料总计（折纯）363.8万吨，比2010年增长9.6%；合成氨466.2万吨，增长11.3%；尿素（折含N100%）288.8万吨，增长15.1%；纯碱18.5万吨，增长5.7%；烧碱59.8万吨，增长23.4%；精甲醇128.6万吨，增长17.4%；纯苯17.3万吨，增长31.9%；聚氯乙烯树脂44.6万吨，增长6.6%；子午线轮胎外胎（条）151万条，增长18.8%；合成橡胶2.9万吨，增长31.1%；碳化钙（电石，折300升/千克）35.3万吨，增长13.2%；涂料3.3万吨，下降37.5%。

重点项目顺利推进。2011年，共有135个化工项目列入全省工业转型发展技术改造重点项目名单，总投资2371亿元。全行业实际完成投资比2010年上升74.9%，高出全国平均增幅50余个百分点；新开工建设项目136个，上升47.8%；在建项目208个，上升33.3%。特别是山西焦煤集团60万吨/年甲醇制烯烃项目、阳煤集团化工新材料工业园区、晋煤集团百万吨煤制油和蓝星集团阳高新材料基地等一批具有示范引领作用的大型现代煤化工项目的开工建设，为山西化工“十二五”转型跨越发展奠定了坚实的基础。

义马煤化工产业集聚区初步规划总投资350亿元，将形成每年20亿标方煤制气、80万吨乙二醇、20万吨甲醇蛋白、20万吨聚乙烯、30万吨聚丙烯、20万吨醋酸乙烯以及20万吨副产品的生产能力，年消耗劣质煤1200万吨。

2011年2月18日，占地33公顷，投资10亿元的山西宏特5000吨煤系沥青基碳纤维项目在交城经济开发区开工建设。这将终结我国煤系沥青基碳纤维长期依靠进口的历史，打破了国外企业对该产品的垄断。

2011年4月26日，孝义经济开发区千万吨级新型煤化工基地暨金岩500万吨焦化项目在梧桐镇工业园区奠基开工。金岩500万吨焦化项目总投资100亿元，占地200余公顷，从产能规划、工艺技术、自动化程度到资源利用效率、节能减排潜力、产业循环程度均处于国内外领先水平。该项目的建设是全省乃至全国开工建设的第一个500万吨现代化焦化项目。

2011年5月15日，孝义市千万吨级新型煤化工基地又一标志性项目——鹏飞220万吨焦化项目正式奠基开工。该项目是继金岩500万吨焦化项目之后，孝义市打造全国一流新型煤化工基地的第二个焦化高端项目。该项目总投资58亿元。

2011年5月30日，国内规模最大的焦炉煤气制合成天然气项目在山西孝义开工。这个项目是由山西省国新能源发展集团和山西楼东俊安公司强强联合建设的省“四气合一”示范工程。总投资4.1亿元，建设周期为两年。采用西南化工研究设计院自主研发的焦炉煤气甲烷化技术，每年可使4亿立方米的焦炉煤气合成1.7亿立方米的天然气。项目建成后将实现焦炉煤气零排放，每年可减排二氧化碳34万吨，二氧化硫1200吨。

2011年7月25日，山西焦化4个煤化工项目相继获批并开工建设，分别是：山西焦化200万吨/年临汾洗煤厂改扩建工程。5号和6号焦炉干熄焦项目启动。20万吨/年甲醇改扩建项目，建成后将形成年产甲醇40万吨能力，为60万吨/年烯烃项目提供原料。60万吨/年甲醇制烯烃项目，是山西焦化赵城精细化工园区1500万吨/年煤焦化循环经济一体化项目的核心部分。

此外，为与4个项目相配套，山西焦化还将建设120万吨/年焦炉煤气制甲醇项目、40万吨/年醋酸项目、6万吨/年聚甲醛项目、15万吨/年苯精制改扩建等14个项目。

2011年，山西省煤炭行业大力推进“全循环、上高端、多联产”项目。同煤120万吨/年甲醇项目，该项目总投资29亿元，是山西省“十一五”规划的重点煤化工项目，也是目前国内外单期最大的甲醇项目之一。焦煤集团古交电厂二期及配套的粉煤灰制超细纤维项目、晋煤集团煤层气开发与液化等64个全循环项目，以及阳煤丰喜肥业年产8万吨环己酮、10万吨已二酸技改等35个高端项目都在加紧建设。

签约项目百花齐放。2011年1月27日，原平市与山西宇丰公司成功签约投资50亿元的新型煤化工产业项目，这也是忻州市签订的第一个大项目。项目工期3年。该项目计划在原平市崞阳循环经济工业园区建设200万吨焦炭及煤化工项目。拟在整合山西云马焦化有限公司现有40万吨焦化产能与原平市石豹沟煤矿未建的60万吨焦化产能指标的基础上，最终形成200万吨焦炭产量并向后延伸，形成15万吨焦油加工、2.6万吨粗苯精制、5万吨顺酐、5万吨1.4-丁二醇、4.2亿立方米焦炉煤气制20万吨甲醇、15吨二甲醚的煤化工循环产业项目。

2011年3月31日，山西阳煤集团与盂县化工公司、盂县兴欲煤业公司在阳泉举行签字仪式，阳煤将兼并重组盂县化工及兴欲煤业，在阳泉市盂县发展煤化工产业。盂县化工项目是阳泉地区第一个绿色煤化工项目，总投资230亿元，计划建设年产100万吨尿素、60万吨烯烃项目。项目分三期建设，预计2015年全部建成。兴欲煤矿90万吨技改工程也将同时实施。

2011年5月23日，临县新民能源有限公司与安徽省皖北煤电集团总投资338.2亿元的新型煤化工产业基地合作协议在太原签署。“十二五”期间，吕梁市煤化工产业总投资将超过1200亿元，将建设11个以煤化工为核心的工业集中区和35个重大煤化工项目，重点培育1户销售收入100亿元以上大型煤化工企业。到“十二五”末，吕梁终端煤化工产品产能将达到1160万吨，天然气达46亿立方米。

2011年5月31日，吕梁市离石区政府与中国大唐集团公司山西分公司、吕梁永宁煤焦集团有限公司就千万吨级高硫劣质煤清洁利用多联产项目成功签约，项目总投资302亿元。此次签约的新型煤化工项目包括200万吨煤基合成能源化学品联产项目，联产2亿立方米天然气项目、250兆瓦清洁煤气发电项目，40万吨煤制乙二醇以及相关产业链延伸项目等。

2011年7月25日，山西省襄垣县成功签约2项煤化工项目。七一煤化集团分别与天津众智科技有限公司、上海盈德投资有限公司合作建设甲醇制烯烃催化剂、煤制气项目。煤制气项目由盈德投资（上海）有限公司出资建设，总投资约10亿元，重点建设一个具有国内一流技术的煤制气装置，将从根本上解决甲醇项目气化工艺难题，提高煤制甲醇项目的经济效益。年产1000吨甲醇制烯烃催化剂项目，总投资4.5亿元，由七一煤化集团和天津众智科技有限公司分别以货币和技术专利形式合作建设。该项目采用甲醇为原料经催化剂反应制成烯烃技术的MTO技术。属于煤化工领域的尖端科技核心技术。

襄垣县虒亭煤化工园区投资10亿元，新建3万吨氯丁橡胶项目，已完成可研编制、环境评价、土地测绘等筹备工作；投资20亿元，准备新建的10万吨烯烃和10万吨橡胶2个甲醇延伸项目，也正在洽谈中。根据虒亭煤化工工业园区“十二五”规划，与以七一能源公司为主体的“煤—甲醇—橡胶”链条产业链共延伸的还有“电—电石—橡胶”链条。全部项目投产后，总体效益预计到“十二五”末，可就地转化原煤920万吨，新增就业岗位5000个。同时，将进一步放大襄垣丰富的煤炭资源优势，并以多联产业为主导、以实现原煤就地转化增值为途径，带动全县经济转型跨越发展。

*首台水冷壁水煤浆气化炉开发成功。*世界第一套可使用水煤浆气化的水冷壁气化炉在山西阳煤丰喜临猗分公司建成投运，截至8月31日，该炉已连续稳定运行10天，合格煤气并入合成氨生产系统。这标志着我国自主研发的水煤浆水冷壁煤气化技术跻身世界先进行列，为大型煤化工企业的技术选型提供了新的选择。

*百万吨煤制油循环项目奠基。*2011年10月25日，山西晋煤集团百万吨煤制油项目在晋城市煤电油化运循环经济工业园开工奠基。这是世界第一个百万吨煤基甲醇合成油项目，也是一个资源循环利用、“煤、电、油、化、运”一体化循环经济建设项目。

该工程是第一期100万吨煤制油项目，是晋煤集团煤电油化运循环经济工业园的核心项目，总投资30亿元。项目采用企业已成功引进并消化吸收的埃克森美孚公司MTG（甲醇制汽油）先进成熟生产工艺，利用晋城矿区储量丰富的“三高”劣质煤为主要原料，生产高标准车用清洁燃料、高品质汽油调和剂，副产品可用于生产高级医用、航天材料的均四甲苯混合液。

晋煤集团煤电油化运循环经济工业园，规划共投资428亿元，将建设2×400兆瓦IGCC（整体煤气化联合循环发电系统）多联产360万吨/年甲醇区、200万吨/年清洁燃料产品区、总量为164万吨/年的12个精细化工产品区、60万吨/年尿素及联醇扩能区、220万吨/年煤灰渣综合利用建材区、物流系统，并配套建设1000万吨/年煤矿。

*西山蓝焰投2亿元开采煤层气。*山西西山煤电集团将与沁水蓝焰煤层气有限责任公司（沁水蓝焰）成立山西西山蓝焰煤层气有限公司（西山蓝焰），共同出资2亿元合作开发西山矿区煤层气。西山蓝焰将经营煤层气勘探、抽采和销售以及煤层气压缩等。西山煤电煤层气抽采利用项目预计单井产能为2000立方米/天。

*阳煤集团143亿元化工新材料园开工。*2011年8月11日，在太原清徐经济开发区，阳泉煤业（集团）有限责任公司化工新材料园区和化机制造基地开工奠基暨太化合成氨分公司（原太原化肥厂）生产线关停（即“两开一停”）仪式举行，标志着阳煤集团建设全国一流煤化工基地的战略布局已经完成。

“两开一停”项目是阳煤集团着力推进发展方式转变和产业结构调整、提高化工产业核心竞争力的具体体现。两大项目是山西省政府确定的重点转型项目，也是阳煤集团打造全国一流煤化工基地的标志性项目，由此，阳煤化工产业发展站在了一个新的更高的起点上。

阳煤集团化工新材料园区将采用国际一流工艺、技术和装备，规划建设年产20万吨己内酰胺、14万吨己二酸、12万吨聚甲醛项目，配套生产24万吨氨醇、20万吨硝酸、24万吨硫酸等产品。项目占地3000亩，总投资143亿元，建设期为3年。项目建成后，对于充分发挥山西煤炭和焦化苯的资源优势，延伸阳煤化工产业链将起到重要作用。

阳煤集团太原化机制造基地是适应现代煤化工和新能源产业发展趋势，做大、做精、做专、做强化工装备制造产业而开工建设的一个重点项目。项目占地30公顷，总投资13.8亿元，建设期为18个月。项目建成后，年制造加工能力将达到6万吨，其中，煤化工专用压力容器4万吨，节能、环保装备1万吨。将成为太原地区领先的现代化煤化工装备和新能源装备制造企业。

太化集团公司已运行53年的合成氨生产线关停，标志着太化集团搬迁改造工程正式启动，太化集团将跨入脱胎换骨的发展新阶段。

山西首套甲醇制烯烃项目奠基。2011年8月1日，山西焦煤集团60万吨/年甲醇制烯烃工程在山西焦化公司举行开工奠基仪式。这是山西省开工建设的第一套甲醇制烯烃项目，标志着山西焦煤与神华集团共同建设3000万吨级煤焦化循环经济一体化项目正式启动。

山西焦煤集团是目前全国最大的优质炼焦煤生产企业。“十二五”期间，山西焦煤将投入2000亿元以上，以新型煤化工为方向，大力发展循环经济和煤基多联产项目。其中，与神华集团共同建设3000万吨级煤焦化循环经济一体化工程，是山西焦煤“十二五”重大骨干支撑项目之一，是企业转型的龙头工程，项目总投资1078亿元。建成后将形成年产1500万吨焦炭、180万吨甲醇、60万吨烯烃、60万吨煤焦油加工、15万吨苯精制、40万吨醋酸、6万吨聚甲醛、10万吨已二酸、8万吨炭黑、10万吨煤系针状焦、2万吨超高功率电极的生产能力。

【技术创新取得新突破】 一批关键技术取得重大突破。尤其是煤气化技术创新，已成为推动全省现代煤化工创新的重要支撑。2011年8月22日，世界第一套可使用水煤浆气化的水冷壁气化炉在山西阳煤丰喜临猗分公司建成投运，标志着我国自主研发的水煤浆水冷壁煤气化技术跻身世界先进行列，为大型煤化工企业提供了新的技术选择。2011年11月13日，由太原理工大学、山西同世达煤化工集团等联合开发的焦炉气中低温换热式甲烷化合成天然气新技术项目通过省科技厅组织的专家鉴定，并在山西同世达煤化工集团成功地进行工业试验。焦炉气中低温换热式甲烷化合成天然气新技术，是焦炉气制合成天然气的新途径，具有显著的创新性，达到国际先进水平。中科院山西煤炭化学研究所研发的煤焦油加氢制备清洁燃料油技术取得突破性进展，已实现中试平稳运转，催化剂性能稳定，制得产品为优质汽油组分和柴油组分，各项数据指标符合国家燃料油相关标准。三维集团特殊品种PVA（聚乙烯醇）0674生产工艺研发等10项技术创新项目获得省经信委等有关部门的重点支持。

山西省创新活动最活跃的领域是煤化工业，其开展研发活动的企业占全省的9.4%；在科技机构建设的重视程度上，煤化工业中有8.8%的企业建立了科技机构。在新产品产值、新产品销售收入、专利数和发明专利数中，全省煤化工产业的产出占全省支柱产业的比重分别达到5.6%、4.7%、5.2%和7.5%。

首家醇醚燃料检测中心落户山西。全国第一家煤基醇醚燃料与醇基生物燃料研发检测中心2011年10月全面落成。它的建成和投入使用，将成为我国集煤基醇醚燃料新品开发、检验检测、技术咨询、产业孵化等多种功能为一体的现代新型醇醚产品生产科技创新基地。由山西华顿实业有限公司投资的醇醚燃料检测中心位于太原高新技术产业开发区煤化工研发基地，项目占地面积5800平方米，总建筑面积14360平方米，项目总投资2992万元。已经建成2幢12层高的科研、办公楼以及1座实验室、中试车间楼。

该中心将承担醇醚燃料和生物燃料共性、关键技术的研究开发及检测任务，制定有关行业标准和国家标准，为行业发展提供技术平台与技术支持。醇醚燃料检测中心有三大任务：一是科研、开发。包括替代汽柴油的醇基生物燃料的研究与开发，主要是基本特性研究、应用技术开发及醇醚燃料行业共性和关键性技术问题攻关，每年重大研究课题不低于10个。二是检验、检测。包括对醇基生物燃料的化学成分进行分析，对醇基生物燃料的实用性能进行检测，进行醇基生物燃料产品鉴定检测和委托质量检验，年检测量不小于1万个。三是中试、生产。包括科研成果产品中试（甲醇燃料试验），为工业化推广积累经验，中试产品（甲醇汽油、柴油）每年2～3个。

全国醇醚燃料标准化技术委员会秘书处和多个检测中心也将在研发大楼正式投入运营。

山西新源甲醇燃料汽车领先。山西新源煤化燃料有限公司（山西新源）从“十五”起致力于清洁能源汽车项目的研究和推广，是太原市定点甲醇燃料调配中心和改装M85、M100甲醇汽车的产业化推广示范企业。拥有3套现代化的醇醚燃料生产装置，年产5万吨M5、M15、M30、M85、M100甲醇汽油的在线自动化调配装置。在不断试验的过程中，山西新源公司还自主研发了汽柴油用的添加剂、助溶剂、动力增强剂、腐蚀抑制剂。这些新产品的研发成功，解决了甲醇作为车用燃料动力不足、夏天气阻、冬天冷启动差、金属腐蚀和橡胶溶胀等一系列技术难题。其中，FS专利解决了甲醇汽油长途运输、长时间储存的技术难题。“晋之源”甲醇汽油系列产品的各种技术指标和技术配方、制备方法在国内同行业中处于领先水平。

优化脱硫再生新工艺降本降耗。2011年9月17日，山西源辉节能科技有限公司完成的低压双射流再生器试验项目通过山西省科技厅组织的鉴定，被认定为达到国内领先水平。这项优化脱硫再生工艺推动了脱硫技术的创新进步，将为化工企业降低能耗提供有力支撑。

新成果有效解决了传统高塔再生设备、自吸式喷射再生器再生工艺存在的投资大、电耗高问题，使气、液两相射流在50～60千帕压力下充分混合，抑制了脱硫液副反应的发生，改善了脱硫液的质量，为煤气脱硫母液再生综合塔一体化奠定基础，节能效果显著，属国内首创。以120万吨/年焦化企业为例，如采用这项专利技术，可比高塔再生装置节电280万元/年以上，减少二氧化碳排放量约4657吨/年；比喷射再生系统节电200万元/年以上，减少二氧化碳排放量约3326吨/年。

该优化脱硫再生工艺新技术已成功运用于多家化肥企业和焦化企业焦炉气脱硫。其中，江苏沙钢集团、广西百色皓海公司、江苏华昌集团等实施了个性化脱硫解决方案。该成果还在太原化学工业集团有限公司焦化厂脱硫再生装置上进行了工业侧线应用试验，经现场检测运行稳定，母液再生压力56千帕，再生空气压力26千帕，大幅度降低了焦化脱硫生产能耗。

首套低温甲烷工艺装置完成连续运行试验。2011年4月13日，山西省化工行业协会发布消息，国内首套焦炉煤气低温甲烷工艺合成天然气工业化试验装置在山西同世达焦化厂完成1000小时全流程连续试验，日处理量5000标准立方米，整体工艺在国内乃至世界范围均属首例，填补了国内低温甲烷工艺焦炉煤气制天然气领域的空白。新技术开辟了焦炉煤气高效利用的新途径，该技术推广后将促进焦化和能源产业的技术进步，有利于我国焦化行业产业结构调整和经济转型发展。

该项目采用了低温甲烷工艺、水冷列管式换热反应器、甲烷化催化剂、“两段两吸”脱硫工艺等多项创新技术。它以山西太原理工煤转化技术工程有限公司申请的“一种利用焦炉气制取合成天然气的方法”专利、杭州林达化工技术工程有限公司申请的“合成气制天然气中甲烷化的方法和设备”专利为技术依托，M-849低中温抗结炭镍系甲烷化催化剂由大连普瑞特化工科技有限公司提供。

与现行的绝热式工艺相比，该技术采用均温式工艺，流程短、投资少、成本低，采用低温反应，避免了催化剂高温失活，省去了补加水蒸气抑制催化剂积炭，显著降低了能耗，有利于反应平衡向产物方向移动，大大提高了甲烷化产率。

南风集团两项发明获国家专利。山西南风集团公司的两项发明获得国家知识产权局专利授权，分别是一水硫酸镁的造粒方法和一种杜氏盐藻二次提取液产品及其在皮肤保健用日用化工产品中的应用。其中，采用一水硫酸镁造粒方法制得的产品不含其他黏结剂所带入的杂质，具有颗粒光滑、均匀、硬度高、纯度高等优点；杜氏盐藻二次提取液产品及其在皮肤保健用日用化工产品中的应用成果提供的产品，是一种有效的肌肤能量促进剂，能为肌肤提供新生能量，使细胞更新加快，全面改善肌肤状态，达到延缓肌肤衰老的目的。

煤与煤层气共采重点实验室启动。依托山西晋煤集团建设的煤与煤层气共采山西省重点实验室项目，通过山西省专家论证。晋煤集团以不同煤种、不同地质条件下煤层气开发利用先进技术为研究方向，逐步构建起煤炭、煤层气、煤化工、电力、煤机制造、新兴产业六大产业板块。在煤层气产业上，该公司突破了国际专家公认的无烟煤不利于地面钻井开发煤层气的“禁区”，探索研制出一整套具有自主知识产权、适合晋城矿区不同地质条件的地面与井下煤层气抽采技术，并积极与省内外大型企业合作，拓展产业发展领域，现已成为全国最大的煤层气抽采利用企业。

煤炭间接液化国家实验室验收。由中国科学院山西煤炭化学研究所承担并同中科合成油技术有限公司共同建设的煤炭间接液化国家工程实验室通过专家验收。这是中科院在建10个国家工程实验室中第一个通过验收的。

该国家工程实验室由国家发展与改革委员会批准建设，其前身是合成油品工程研究中心。作为中国科学院第一批国家工程实验室之一，它是支撑我国自主知识产权煤制油技术工程转化的专业实验室。煤炭间接液化国家工程实验室累计完成投资近1.37亿元，已完成国家批复的研发任务。在实验室建设与试运行期间，共申请中国发明专利23项，获授权专利3项；申请国际专利6项，获授权专利3项；制定国家标准2项、企业标准3项。

该国家工程实验室在基础研究、催化剂工业技术、工艺过程模拟与技术集成、大型反应器与专用设备技术、油品加工与液化产品深加工技术等方面，尤其在工程技术放大方面取得重要突破，形成独特的高温浆态床合成油及其产品加工成套技术，并在16万～20万吨/年合成油示范厂及1500吨/年催化剂厂获得成功应用，核心技术指标处于国际领先水平。示范工程的建设和成功运行为国家百万吨级合成油商业厂的建设奠定了坚实的技术基础，将在我国煤炭间接液化大规模商业装置建设中发挥重要作用。

国产中间体叫响国际原料药市场。头孢类抗生素用中间体作为最市场化的行业之一，市场竞争十分激烈。然而山西高新技术民营企业新天源医药化工有限公司凭借所掌握的核心技术，打破国际巨头的垄断，使其抗生素药物中间体产品HO-EPCP（对哌嗪二酮）占到全球市场60%的份额，成为中国重要的原料药及国内最大的头孢类抗生素中间体生产基地。

该公司已建成多条医药中间体生产线，年生产规模合计800余吨。近三年来承担完成省级以上科研开发项目5个。其主要产品包括HO-EPCP、双氧哌嗪、二苯甲酮腙、三碘异酞酸、三碘异酞酸酰氯等。其中，HO-EPCP、双氧哌嗪生产规模国内第一，生产技术国际领先。产品内销北京、上海及西南地区，主导产品在国内占同类产品市场份额85%以上。与此同时，该公司积极开拓国际市场，HO-EPCP、双氧哌嗪等产品外销意大利、韩国、日本等地，市场份额占亚洲市场40%。此外，新天源化工有限公司新产品比重占到70%以上，其主打产品HO-EPCP医药中间体已占据全球60%的份额。

2011年，山西新天源医药化工有限公司正在实施年产2000吨第三代β-内酰胺头孢抗生素中间体系列产品技术改造项目。

【节能减排深入推进】 《山西省化工行业“十二五”节能规划》编制完成，为全行业“十二五”节能工作指明了方向。《合成氨单位产品能源消耗限额》和《烧碱单位产品能源消耗限额》两部地方标准即将出台，为合成氨、烧碱两个能源消耗重点行业落后产能退出机制的建立、节能目标考核评价及节能相关政策实施提供了强有力的技术依据。在淘汰落后产能方面，根据工信部《关于下达2011年工业行业淘汰落后产能目标任务的通知》要求，磊鑫电力硅镁公司等15家电石企业共计31.1万吨电石落后产能淘汰。

天脊煤化工集团实现了从注重计量器具简单管理到计量数据监控分析的重要转变。在将废水作为资源利用的过程中，该公司实行全程测量监控，及时发现问题及时有效解决，废水处理率100%。2011年，该公司废水回用率提高10个百分点，总排口废水10项污染物指标全部达标排放，废水中化学需氧量排放与2010年相比削减40%，氨氮排放量削减48.8%。

山西合成橡胶集团作为国家级重点耗能企业，不断加大投入，提高能源、工艺、经营计量器具的配备率，计量器具配备率均达到98%以上。该公司所有的能源计量器具，从公司到各分厂都建立了详细的能源计量器具管理台账、档案。还编制了能源计量网络图，以保证计量数据的准确性。

山西安泰集团能源使用由“用了算”变为“算了用”，能源消耗逐年下降。该集团在对能源计量数据分析中发现，制氧车间产出的氮气，除供应各厂使用外，每天还有8万立方米左右的余量得不到使用而放空。该集团实践证明，通过使用氮气向高炉内喷吹煤粉，高炉入炉焦比由440千克/吨铁下降到400千克/吨铁。仅此一项，年可节约焦炭费用2000万元左右，年节约标煤3.5万吨。

随着山西化工企业生产规模日益扩大、产品不断延伸并向高端市场发展，国际市场对山西化工产品认证管理要求日益严格，对计量校准能力的要求不断提高，计量校准的国际互认日益迫切。为适应这一需求，山西化工企业不断加强计量标准能力建设，太化、山西三维集团都新建了光谱仪检定标准、碳硫分析仪检定标准、100吨称重传感器标准装置、四等砝码检定装置等，更新了压力表检定装置、热电偶检定装置等，企业最高计量标准项目增加到27项，比“十一五”前增长41%。计量检定校准项目150余项，年检定校准6万余套，满足了山西化工企业生产经营的需要。

2002年，国务院常务会议就通过了《排污费征收使用管理条例》，并从2003年7月1日开始实施。山西省也欲通过征收排污费的方式来改善污染状况，该省环保局也曾委托省有关部门征收过，但由于没有相应的监管手段，导致不少焦炭企业偷排污、少缴费，收效甚微。山西省政府常务会议决定，从2007年起，在环保部门征收主体地位不变的情况下，委托山西省焦炭集团公司代征焦炭生产排污费。山西率先在全国实施了按吨焦征收排污费的办法，收费标准从吨焦18元到200元不等。高额的排污费对焦炭企业的减排起到了促进作用。山西全省焦炭企业已由2007年年初的377家下降为现在的227户，关闭淘汰的150家焦化企业中绝大多数是因为环保设施不完善或不能正常运转，不能回收化工产品，而又无法承受高额排污费的企业。

“十一五”期间，山西省累计征收排污费总额突破100亿元，居全国前列。其中，焦炭生产排污费总额达到60亿元。

晋城化企被拉闸限电。2011年，山西省政府下达晋城市节能目标是万元地区生产总值综合能耗同比下降3.5%，但前三季度，该市万元地区生产总值综合能耗同比下降2.8%。为确保全年节能目标任务圆满完成，该市节能工作领导组采取多项措施：一是召开全市节能工作会议，在充分分析当前节能工作面临的严峻形势和目标任务后，启动了全市节能预警调控预案。二是对12家高耗能企业实施为期一个月的限产限电措施。从11月下旬开始，晋城地区尿素厂家开工率逐渐降低，到12月5日前后平均开工率已经降至三成左右。虽然12月中旬有企业恢复正常生产、开工率略有恢复，但晋城地区尿素厂家整体开工率仍然严重不足。由于晋城限电，兰花、天脊等尿素企业低负荷生产，整体产量明显减少，市场价格走高。

【煤化兼并重组成效显著】 发展煤化工步伐显著加快。晋煤集团托管天脊高平公司和太原煤气化集团，开工建设百万吨级劣质煤制油项目。阳煤集团在收购三维集团、丰喜集团的基础上，全面托管太化集团，开工建设清徐化工新材料园区和化机制造基地。山西焦煤、同煤集团发挥各自优势，分别建设60万吨/年烯烃项目。潞安矿业集团整合重组天脊煤化工集团，加快推进540万吨/年煤制油项目建设。五大煤业集团形成各具特色的煤化工产业带和布局点。同时，山西煤化工产业的发展也吸引了众多大型中央企业，神华集团、中化集团、中石油、中海油、中煤集团、大唐集团等均计划在山西布局大型新型煤化工项目。

2011年，山西焦煤集团、同煤集团、晋煤集团、阳煤集团、潞安集团向煤化工进军成效显著。山西煤炭行业非煤收入3312亿元，非煤收入比重达到59%，比2010年增长7个百分点，其中，晋煤、阳煤、潞安超过70%。

阳泉煤业“技”高。山西阳泉煤业集团是国家首批规划建设的13个煤炭生产基地之一。进入2011年，阳煤集团全面实施“强煤强化，五年双千亿”战略，煤炭与煤化工产业比翼齐飞，奠定了在省内煤炭化工领域的龙头地位。该集团拥有世界领先的水冷壁水煤浆气化炉技术和具有知识产权的丁辛醇生产技术，是全国唯一掌握炔醛法和顺酐法两种BDO（1，4-二羟基丁烷）生产技术的企业，自主研发、设计、制造的DN2400氨合成系统，使阳煤化机制造跃上国内先进水平。2011年，阳煤集团19个重大项目和30个技改扩能项目全面推进，集团化工实物产量达到910万吨，同比增产288万吨。

晋煤集团“气”足。晋城煤业集团是我国重要的优质无烟煤生产基地。该集团按照“新建、并购、研发”并举的指导方针，煤化工产业不断发展壮大。2011年，晋煤集团非煤收入比重超过70%，煤炭自主转化率达60%以上，成为山西省转型跨越的佼佼者。2011年，晋煤集团抓住山西省资源改革的产业政策机遇，变粗放增长为绿色发展，推动煤层气产业继续领跑全国——建设了国内实力最强的煤层气工程研发中心，其自主研发的井上下联合抽采技术，使煤层气抽采效率提高4倍以上。累计施工地面煤层气井3300余口，煤层气抽采、利用总量分别占到全国的19%和28%，连续4年保持全国第一。同时，充分利用优质无烟煤是化工造气精品原料的资源优势，延伸“煤—气—化”产业链，煤化工总氨产量突破1200万吨，形成1290万吨/年的总氨产能、1120万吨/年的尿素产能、110万吨/年的精细化工产能，化工产业营业收入占到集团公司的半壁江山。

潞安集团“油”强。山西潞安矿业集团与其他竞争对手不同，其发展煤化工产业的战略在于占领煤制油的制高点，在国家的支持下已基本完成煤制油的战略布局。在非煤产业发展方面，潞安集团建成21万吨煤制油项目，光伏产业发展也取得令人瞩目的成绩，在煤化工、新能源、新材料领域走在全省前列。

2011年，潞安集团540万吨/年煤基合成油项目可行性研究报告已上报国家发改委，180万吨/年生产线技术配套方案已经完成，煤基合成油项目建设更是举世瞩目。通过整合重组山西天脊煤化工集团有限公司，潞安集团一举从单一的煤炭生产企业，发展成为煤、电、油、化、硅、肥综合发展的绿色新型能源企业集团。

焦煤集团“焦”大。山西焦煤集团公司是我国目前规模最大、煤种最全、煤质优良的炼焦煤生产企业，焦煤生产能力稳居全国第一、世界第二。2011年，山西焦煤集团以新型煤化工为方向，大力发展循环经济和煤基多联产项目，在转型发展的大路上阔步疾行，已经有一系列转型项目相继上马。山西焦煤3000万吨焦化循环经济一体化洪洞工业园区60万吨/年烯烃项目8月1日开工奠基，该项目将形成1500万吨焦炭、180万吨甲醇、60万吨烯烃、60万吨煤焦油加工、15万吨苯精制、40万吨醋酸、6万吨聚甲醛、10万吨已二酸、8万吨炭黑、10万吨带子煤系针状焦、2万吨超高功率电极的生产能力。古交煤—电—新型材料循环经济园区项目、煤层气抽采综合利用示范项目等6大骨干支撑项目也都正在全面快速推进。

同煤集团“绿”亮。山西同煤集团的主要特点是坚持按照“黑色煤炭、绿色开采、循环经济、吃干榨尽”的发展理念，规划建设首尾相连的煤电、建材和煤化工两条循环经济产业链。与传统煤炭生产方式相比，形成区域经济科技层次高、资源回收率高、废弃物得到充分利用和改善了区域环境质量等4个明显的特点。2011年，全面启动了总投资336亿元的煤化工循环经济园区项目建设，将形成煤—甲醇—聚甲醛—聚甲醛改性产品和煤—甲醇—烯烃两条产业链，成为全省最大、世界一流的循环经济产业链条的煤化工园区。为同煤集团实现“十二五”期间非煤产业收入占到总销售收入的60%以上的目标奠定了基础。

山西焦化兼并重组方案出台。继煤炭行业实施大规模兼并重组以后，占全国焦炭产量40%的山西将以兼并重组、产能转换的方式整合焦化行业。整合分两步走，到2015年，山西省只保留60家骨干焦化企业。在山西煤炭业结构调整取得重大阶段性成果，淘汰年产30万吨以下的小煤矿之后，山西经济三大支柱“煤、焦、铁”中的焦化产业调整也拉开帷幕。规划提出兼并重组目标：(1)通过兼并重组，到2011年年底，独立焦化企业保留150户左右；到2015年年底，独立焦化企业保留60户左右（已通过行业准入的热回收焦炉企业和气源、热源企业除外）。

(2)以《山西省人民政府关于对全省焦化项目实施分类处置的通知》（晋政发〔2005〕13号）保留产能为基准，到2011年年底，淘汰落后产能2000万吨，2012～2015年淘汰落后产能4000万吨。实际产能动态控制在1.2亿吨左右，总产能不再增加。

(3)到2011年年底，独立焦化企业户均产能90万吨以上（热回收焦炉除外）。到2015年年底，独立焦化企业户均产能200万吨以上（热回收焦炉除外）。形成1000万吨级特大型企业2户左右，500万吨级特大型企业5户左右，200万吨级大型企业10户左右。

(4)到2011年年底，开工建设大型焦化产能置换项目2000万吨，全省形成炭化室高度6米以上焦炉（含炭化室高度5.5米以上捣固式焦炉），焦炭产能达到2800万吨以上。到2015年年底，全省形成炭化室高度6米以上焦炉（含炭化室高度5.5米以上的捣固式焦炉），焦炭产能达到5600万吨以上。

(5)到2011年年底，全省形成焦油加工能力300万吨以上，粗苯精制能力100万吨以上，焦炉煤气制甲醇250万吨以上。到2015年，在煤焦油深加工、粗苯深加工及焦炉煤气化工合成三个方面形成规模优势。

(6)到2015年年底，年产60万吨以上甲醇合成稀烃项目建成投产，苯、酚、萘、蒽、咔唑、吲哚、轻油、洗油、沥青等系列产品及延伸产品形成产业体系，初步形成焦化产业以化为主的格局。

晋煤集团化工产业占“半壁江山”。2011年，晋煤集团原煤产量跨上5000万吨平台，营业收入突破1000亿元大关，实现利润突破60亿元，非煤营业收入占总营业收入的70%以上，煤炭自主转化率达60%。成功跻身中国企业千亿军团，标志着晋煤集团迈上了发展新台阶。

晋煤集团加速构建“煤—气—化、煤—焦—化、煤—气—电”三条循环经济产业链，主要经济技术指标全面完成计划任务，企业经济规模和效益再创新高，煤炭主业的核心战略地位进一步巩固，煤化工、煤层气、煤机制造、电力，以及其他新兴非煤产业蓬勃发展。

煤化工产业继续做强做大。充分利用优质无烟煤作为化工造气精品原料的资源优势，不断延伸“煤—气—化”产业链，继续巩固全国最大煤化工企业集团地位，煤化工总氨产量突破1200万吨，形成1290万吨/年的总氨产能、1120万吨/年的尿素产能、110万吨/年的精细化工产能，化工产业营业收入占到集团公司的“半壁江山”。

【质量兴业全面开展】 “质量兴业”活动在行业内全面开展。以天脊硝酸磷肥为代表的一批行业知名产品被推荐为“2011年山西省名牌产品”候选名单。山西晋丰“长平”牌尿素荣获山西省“著名商标”称号。截至2011年年底，山西省共有中国驰名商标54个，其中，化工行业有“天脊”、“奇强”、“丰喜”、“山焦”、“同德”、“黄腾”等10个，初步形成具有产业特色的品牌群体。“天脊”品牌还连续3次入选中国最具价值品牌，品牌价值达29.72亿元。三维牌聚乙烯醇、白乳胶，曾先后被授予山西省优质产品、免检产品、名牌产品和全国用户满意产品称号。白乳胶还荣获山西省标志性名牌产品称号，并通过中国环境标志产品认证。聚乙烯醇产品也获得国家免检产品称号。2011年，“三维”品牌首次进入中国500强，评估价值高达36.17亿元。2011年12月30日，山西丰喜集团和山西晋丰公司获得2011年中国化肥企业100强、2011中国农民喜爱的化肥品牌、2011年山西省化肥企业10强三项殊荣。山西焦化飞虹牌商标在美国注册成功。

（王乐意）

建材工业

【建材工业持续快速发展】 实现利润创历史最高水平。2011年，全省规模以上390户建材工业企业完成工业总产值358.12亿元，比2010年增长35.2%；工业增加值108.8亿元，增长20.1%，增速在全国各省市中位居前列，并高于全省工业17.9%的平均增速2.2个百分点；主营业务收入328.87亿元，增长31.6%；利税总额24.41亿元，增长50.5%；实现利润9.67亿元，增长1.2倍。

产能增长迅猛。2011年的建材工业经济增长，得益于国家4万亿元和全省6000亿元基础设施建设的拉动，又得益于近年来山西省建材工业累计400多亿元固定资产投资的投入效果。高强度的投资建设和良好的发展环境，促进了山西省几个重点建材工业产业结构、技术结构、产品结构和企业组织结构的快速优化调整和经济运行质量的明显好转。尤其是水泥工业，近三年的投资建设规模达170亿元，产业发展势头最为迅猛，2011年水泥行业增加值增幅就超过70%。平板玻璃、技术玻璃、水泥制品、建筑陶瓷、建筑用石加工、新型墙体材料、轻质建材、耐火材料制品等工业也通过近几年大量的资金投入，产能增长迅猛，生产及经营指标完成均出现快速的增长。

【主要建材产品增势强劲】 建材产量发展迅猛。2011年，列入统计的22种主要建材产品产量，有16种增长，6种有所下降，但幅度不大。其中，水泥产量4101.5万吨，比2010年增长11.7%，新型干法水泥总产能占水泥总产能的85.4%，提高5.1个百分点。水泥熟料产量3068.9万吨，增长29.1%，比全国平均增速11%高18.1个百分点；其中，预分解窑（新型干法）水泥熟料2606.4万吨，增长47.2%。平板玻璃产量1847.6万重量箱，同比增长10.4%。钢化及夹层玻璃产量240.6万平方米，增长51.1%。耐火材料制品产量207.9万吨，增长29.6%。商品混凝土产量567.2万立方米，增长6%；新型墙体材料产量160亿标砖，增长0.3%。出现下降的产品主要有建筑陶瓷砖、花岗石板材、水泥电杆等。

产能过剩势头已经显现。近几年，山西建材工业得到快速发展，就全省而言，产品的供给能够满足市场的需求，但企业分布不均，局部地区已出现产能过剩的势头。主要表现在：水泥工业，2010年建成14条生产线，2011年建成8条，分别新增水泥产能2000万吨和1100万吨，在晋北（朔州、大同）、晋西北（吕梁、忻州西部）明显供大于求。平板玻璃工业新建两条浮法生产线，新增产能800万重量箱，总产能达2500万重量箱，而全省仅需600万重量箱左右。新型墙体材料工业利废项目较多，但局部地区产能过剩，产品严重积压，甚至无法正常生产。因此造成2011年水泥产品产销率仅为92.7%，比2010年降低4.3个百分点。平板玻璃两条浮法玻璃生产线相继被迫停产，产销率93.9%，比2010年降低76.5个百分点。建筑陶瓷砖也迫于市场销售的压力，2011年产品产销量均出现大幅度下降，全年产销率85.9%，比2010年下降1.6个百分点。水泥制品以及墙体材料、技术玻璃、防水材料等建材产品均在产能大幅增长的情况下，出现产大于销，产销率完成偏低的状况。2011年全省建材工业产品产销率93.7%，比2010年下降1.9个百分点，是近年来少见的。

固定资产投资理性回归。2011年，山西省建材行业完成投资156.9亿元，比2010年增长13.6%，明显低于全国建材行业31.9%的增速。其中，水泥行业完成投资52.96亿元，下降15.3%。建筑陶瓷、平板玻璃等行业投资完成也呈现较大幅度的下降。这些产能日趋相对过剩的行业其投资显现出回归理性的逐步回落，是宏观调控的成果，也是市场经济资源合理配置，供需不断平衡发展的结果。其他多数建材工业固定资产投资均保持不同程度的增长。新型墙体材料完成投资20.8亿元，增长29.3%；水泥制品制造业完成投资14.4亿元，增长46.9%；石灰和石膏制造业完成投资8.5亿元，增长59.8%。

【2011年的主要工作】 制定发布“十二五”山西建材规划。编制发布《山西省建材工业发展第十二个五年规划》，对全省行业的发展现状、发展环境进行分析总结，提出今后五年行业发展的指导思想、发展目标、各产业的发展重点和保障措施。编制完成全省水泥工业、平板玻璃工业、耐火材料工业、高岭土加工4个产业专项“十二五”发展规划。在行业总体规划的框架下，进一步细化了各重点产业的发展目标、发展重点、发展布局和对策措施。这4个专项规划已于2011年下半年发布实施。编制完成《山西省建筑材料行业“十二五”节能规划》。该规划系统地分析了全省建材工业“十一五”的节能基本情况、存在的主要问题、面临的形势和要求，明确了行业“十二五”节能工作的指导思想、基本原则、主要目标及主要任务，提出建材产业应大力推广的重点节能技术、重点节能项目工程和各项保障措施。协

助省经信委编制了全省“十二五”新型材料工业发展规划。

*大力引进外资，推进建材大项目的顺利建设。*面对山西省建材工业自身投入不足，外行业又不愿介入的实际，省建材行管办把招商引资工作作为重点工作。2010年引资建成8条新型干法生产线，新增产能1500万吨；2011年又建成5条生产线，新增产能800万吨，两年共引进资金约70亿元。年内河北冀东、山东山水又先后共投资7亿多元，控股了太原双良和太原广厦两个水泥企业。新型墙材、耐火材料、高岭土加工、玻璃深加工、建筑陶瓷等产业均通过大量的资金投入，加快技术进步和产业升级，产业结构得到明显的优化调整。

*加强淘汰落后产能工作，优化产业升级。*2011年，面对山西建材淘汰落后工作走在全国之后的局面，省建材行管办积极配合参与省经信委组织的2011年度水泥等行业淘汰落后产能相关企业的预审查等项工作。全年淘汰水泥落后产能共涉及企业81户，淘汰落后水泥产能1315万吨。这些企业均实现关停并拆除了落后生产线。

*积极推进节能减排，提升生产质量水平。*一是在水泥工业方面，主要是推广运用新工艺技术及装备。推广变频技术、纯低温余热发电技术、挤压联合粉磨等技术，节能成效日益显现。为进一步推动山西省水泥行业节能减排工作的深入开展，起草了《山西省水泥单位产品综合能耗限额标准》。二是针对山西省水泥工业能源管理体系仍不健全，管理薄弱的现状，分别在3月和9月份举办了两期水泥企业能源管理培训班。

*积极推进联合重组，实现产业集群化。*水泥工业在省内已基本形成河北冀东、山东山水、华润水泥、中国建材、浙江金圆、北京金隅、湖北吉港等集团在各区域布局，逐步扩张发展的格局。晋中、晋北、晋西北、晋南、晋东南五大产业集群基本形成。玻璃工业的整合基本完成，企业结构得到明显优化，市场竞争实力和控制力显著提高。

*强化产品质量监管。*2011年，省建材行管办继续加强对工信部颁发的《水泥企业质量管理规程》的宣传贯彻力度，制定印发了《山西省水泥企业质量与化验室合格证管理工作细则》、《山西省水泥企业产品质量对比验证检验工作细则》、《山西省水泥强度检验用标准砂管理工作细则》、《山西省水泥质量管理统一表式管理工作细则》和《山西省水泥企业化验室星级评定管理工作细则》。一是继续加强对建材产品的质量监督抽查。省建材质检中心完成178个水泥批次，85个批次预拌混凝土批次，74个墙体材料产品批次的市场监督抽样检测任务，批次合格率均达到100%。对全省208个水泥企业进行对比验证检验，对比验证检验样品851批次，批次合格率98.8%。与209户水泥企业和24户预拌混凝土企业进行了水泥性能检测与化学分析大对比，对比检测结果均有明显的提高。二是加大对水泥强度检验用的重点基准物资标准砂的管理力度，整治不规范购买和使用标准砂现象，建立了标准砂定点经销公司和省内各分销点建立购用标准砂用户台账，并定期向社会公布各单位购用砂的情况，进行社会监督。三是水泥专用设备仪器的检验和校准工作，确保检验设备的可靠性，检测数据的准确性，提高检验水平。四是按照新的《水泥企业质量管理规程》要求，协会于2011年9月举办全省水泥企业化验室质量管理人员培训班，对全省150多名水泥企业化验室主任和质量统计员进行专业培训，同时加强了对水泥企业中央控制室操作员等重要岗位人员的培训工作。

*加强对企业化验室的考核。*山西省建材行管办8月份布置了2011年全省水泥企业化验室合格证的年度考核工作，并对申报星级评定的21户企业化验室进行现场评审。对部分年度考核不合格企业将收回其化验室合格证和检验报告专用章，对一批国家明令关闭淘汰的企业注销其化验室合格证和检验报告专用章，将通过媒体向社会公告。同时通过考评，评选出40名全省水泥企业化验室管理工作优秀工作者，进行表彰。

*抓好职工岗位培训和职业技能鉴定工作。*省建材行管办于5月份制定印发了《山西省水泥企业重要岗位人员培训及职业技术等级鉴定实施办法》的通知。全年通过集中培训和深入企业实地培训的方式，对全省各水泥企业的化验室主任、质量统计员、水泥中控室操作员、化学分析工等检验工种、能源管理人员等重要岗位人员进行了系统的理论知识和实践操作培训，对5个工种52人进行了职业技能鉴定，并获得国家人力资源和社会保障部颁发的相应的职业技能等级证书。

*组织开展行业岗位技能竞赛活动。*7月份，省建材行管办会同省人力资源和社会保障厅、省总工会、共青团省委共同在大同冀东水泥公司举办了全省建材行业“大同冀东杯”水泥企业中央控制室操作岗位职业技能竞赛。太原狮头水泥股份有限公司薛波同志夺得第一名，并荣获“山西省五一劳动奖章”和“山西省三晋技术能手”称号。大同冀东水泥有限责任公司冀炜等4位同志获“山西省青年岗位能手”称号，有1人破格获得技师职业技能资格证书，5人破格获得高级工职业技能等级证书。另外，还进行了中央控制室操作岗位技能竞赛活动。

*推进群众性QC（品质控制）小组质量管理活动。*省建材行管办开展群众性的质量管理交流评比活动。有10个集体和个人分别荣获全国建材行业及山西省优秀QC小组称号，有1个小组因成果特别优异荣获中质协全国优秀QC小组称号。

（樊　宇）

医药工业

【2011年医药工业发展态势良好】2011年，山西省医药工业总产值115亿元，销售收入100亿元，分别比2010年增长10.6%和11.1%。山西省在全国率先启动实施新修订的《药品生产质量管理规范》，鼓励引导医药企业联合、兼并、重

组，提高产业集中度。已有国药集团、华润医药集团、九州通医药集团等国内大的医药集团落户山西，国药山西、亚宝集团、振东制药等一批企业通过兼并重组和资源整合，核心竞争力得到明显提升，发挥了龙头带动作用。2011 年，医药工业销售收入上 10 亿元的有 4 户，分别为威奇达、亚宝、康宝、振东，上亿元的企业有 11 个，分别为仟源、普德、同星、广生、太原、石药银湖、中远威等。全国化学制药行业 100 强中，威奇达药业列第 50 名、亚宝药业列第 73 位；威奇达药业列化学制药行业出口型企业品牌 10 强第 6 名和化学制药行业成长型企业 10 强第 5 名；全国中药行业主营业务收入 100 强振东制药列第 21 名，亚宝药业列 65 名，广誉远列 77 名；中药成长型企业 10 强山西省华辉凯德位列第 9 名。

【《山西省医药产业“十二五”发展规划》制定完成】 “十二五”发展指导思想。深入贯彻落实科学发展观，以转型发展、跨越发展为主题，抓住综改试验区先行先试的政策机遇，立足发挥山西省医药资源、地缘和产业传统比较优势，围绕“发展化学原料药、促进中药现代化、开发非专利药、加快新药研发”4 条发展主线，突出特色，打造品牌，加大重组整合步伐，全面提高药品流通企业集中度，推进企业集团化、产品规模化、品牌国际化，不断提升行业风险控制能力，实现医药产业由潜力产业向新兴支柱产业跨越发展。

发展目标。到 2015 年，医药工业销售收入 400 亿元，商业销售收入完成 300 亿元。打造 1 户 100 亿元以上旗舰企业，2 户 50 亿元龙头企业，10 户 10 亿元以上重点企业。推进大同、太原、晋中、运城、晋东南、侯马六大医药产业集群集聚发展，形成一批具有国际影响力的品牌、市场占有率高的产品和具有核心竞争力的企业集团，打造形成全国最具优势的晋北化学原料药生产基地、华北最大的晋南注射剂生产基地和晋东南生物医药和创新药物基地。形成化学原料药及制剂、经典国药及现代中药和现代医药物流为特色、在全国处于中上游水平的山西医药生产、流通体系。

发展重点。一是做大做强龙头骨干企业。重点培育亚宝、威奇达、振东、康宝、普德、仟源、同星、广生等 8 户产业龙头企业和山西双鹤药业、国药山西公司等 2 户商业龙头企业做强做大，扶持石药银湖、云鹏、太原药业、博康、华康、同达、晋新双鹤、华元、中远威、晋城海斯、津华、曙光、万荣三九、广誉远、华卫、天生、云中、德元堂、三宝、旺龙药业等骨干企业。在全省形成亚宝、振东、太行三大中药材规范化种植、中成药生产及中药科研开发为一体的中药现代化产业龙头，威奇达、博康、同星三大以发酵工艺为主的抗生素、土霉素、半合成抗生素原料药及制剂产业龙头，康宝为主的生物医药和创新药物产业龙头，中国医药集团山西有限责任公司现代医药物流及电子商务配送中心立足山西、面向全国的零售连锁配送体系。依托产业龙头及现代物流体系的辐射带动作用，通过市场化运作，促进一批骨干企业向规模化、集团化方向发展。到 2015 年，龙头骨干企业销售收入比重占到全省的 85%以上。二是发展壮大六大特色产业集群。依托大同、太原、晋中、运城、晋东南、侯马六大医药产业园区，加强公用工程、交通运输、环保治理等公共服务体系建设，聚集医药企业和重点项目，形成六大特色医药产业集群。三是建设晋药道地药材种植基地。发挥山西省中药材资源品种多、道地药材种植和中成药规模化生产的比较优势，培育全国道地药材种植生产基地。建设形成以陵川党参为特色的晋东南种植区，以浑源黄芪为特色的雁北种植区，以安泽连翘、万荣柴胡、新绛远志、临汾地黄、芮城丹参等为特色的晋南种植区。全力支持药材种植基地通过 GAP（《中药材生产质量管理规范（试行）》）种植认证，达到规范化种植。四是建设全省医药物流配送中心。加大药品流通企业整合力度，重点扶持大型药品流通企业发展。鼓励具有条件的药品批发企业优化资源配置，延伸产业链条，建立并完善现代物流配送体系，实现物流配送中心的自动化、标准化、智能化。继续推进农村药品供应网建设，支持大型药品批发企业向农村配送质优价廉的药品，减少流通环节。大力推进大型医药零售连锁、物流配送，技术咨询服务、药品专利事务等服务体系建设，着力增强医药服务企业的市场覆盖能力、物流配送能力、客户服务能力和品种保证能力。重点建设以太原为中心，大同、临汾、运城区域医药物流配送体系为支撑，覆盖全省、辐射周边的现代药品物流配送中心，降低流通成本，提高晋药在全国市场的占有率。五是建设医药公共技术支撑平台。完善山西省医药生产质量、技术标准体系和创新体系，大力度提高山西省新产品研发能力，主动提前介入，加快自主知识产权新药的开发进程。引导企业和社会资金积极参与医药研发，推动重点医药企业与省内外科研院所搭建科技创新平台，建立国家级、省级技术研发中心、重点实验室和产业化试验基地。着力建设以山西大学、山西医科大学、山西中医学院等高等院校，山西中医药研究院、省医药与生命科学研究院、中国辐射防护研究院等科研院所及重点企业技术中心为载体，创建新药研发、临床研究、技术转让相衔接，产、学、研一体化机制，重点推进新药研发、临床研究、安全评价、信息服务和人才培养的公共技术支撑平台建设。

在此基础上，结合全省医药发展环境，规划提出加大资金扶持力度、加大招商重组力度、着力培育企业集团、加大技术创新力度、加强人才引进培育、创优产业发展环境、推进企业诚信建设、发挥行业协会作用等政策措施，确保医药“十二五”规划的顺利实施。

【2011 年山西医药工业大踏步前进】 编制体现山西特色的中药材标准，首批 77 个品种入围。中药材是山西省的特色资源，着力打造符合中药质量控制特点的质量标准体系已刻不容缓。近年来，山西省将《山

西省中药材标准》以及《山西省中药饮片标准》两项标准编制工作提上议事日程，并对拟收载品种及山西省地区性习用药材情况进行了摸查筛选。山西省已将中药材标准的编制列入了省级“十二五”重点规划。为此，省财政将在3年内拨付260万元专项资金。山西省将利用3年左右的时间，对全省地方习惯用中药材及中药饮片，各选100种建立质量标准，并充分借鉴吸收国内外先进分析技术和质量检测方法，制定出先进实用并能充分体现山西省特色的质量标准。2011年首批编制了77个品种，其中，白土苓、荚果厥贯众、狗脊贯众、香棒虫草、还阳参、绞股蓝、雷公藤、黑老虎、牛大力、千斤拔、乌鸡、鬼箭羽等，都是新加入的常用药。

山西振东制药股份有限公司成功上市创业板。2011年1月7日，振东制药（300158）成功上市深圳证券交易所创业板，成为山西省首家在创业板上市的民营企业。振东制药作为山西省首家登陆创业板的上市企业，也是2011年山西上市交易的第一只新股，其上市标志着山西省创业板上市企业终于实现了“零突破”。振东制药作为国内重要的中医药行业生产企业之一，此次公开发行股票将优化公司股本结构，进一步完善法人治理制度，伴随募投项目的达产，其市场竞争力将极大增强，有利于加快打造国内中药行业的先锋企业。

积极实施国家基本药物制度。2011年3月15日，山西省卫生厅下发了《做好2011年实施国家基本药物制度工作的通知》，要求在全省所有政府办基层医疗卫生机构和村卫生室实施国家基本药物制度。从3月31日起，第三批县（市、区）及政府办基层医疗卫生机构开始启动实施国家基本药物制度。通知要求各市卫生局要尽快组织第三批实施国家基本药物制度的基层医疗卫生机构与配送企业签订配送合同，确保基本药物的配备和使用。在2011年度基本药物挂网目录及采购价格出台之前，仍执行2010年国家基本药物挂网采购价格。并对现有各村药品使用、集中招标采购价格和补偿办法进行了详细规定，明确从4月1日起所有政府办基层医疗卫生机构购进的基本药物必须赋有电子监管码。要求各市卫生局要加强基层用药的监督和指导，政府办基层医疗卫生机构全部配备使用307种国家基本药物和我省增补的209种药品，村卫生室在307种国家基本药物范围内选择使用。鼓励有条件的地方将非政府办基层医疗卫生机构纳入实施国家基本药物制度范畴。与此同时要做好县域医药卫生一体化综合改革试点县的县级医疗卫生机构实施国家基本药物制度的准备工作。

山西省食品药品检验所正式挂牌。按照山西省机构编制委员会办公室《关于山西省食品药品监督管理局所属事业单位清理规范意见的通知》（晋编办字〔2010〕18号）的规定，山西省药品检验所更名为“山西省食品药品检验所”，新增食品、保健品、化妆品检验职能，于2011年4月6日上午正式挂牌履职。

从2010年4月开始，省药检所围绕新职能开展了紧张的技术扩项准备工作，并于12月25日至26日由山西省质量技术监督局医药卫生评审组对该所进行了计量认证扩项现场评审。此次申请扩项的5个类别257个参数全部通过了计量认证扩项现场评审。2011年3月19日、20日，省药检所又顺利通过了由中国合格评定国家认可委员会（CNAS）组织的国家实验室认可复评审暨扩项评审，确定实验室的检测能力范围包括药品、生物制品、洁净区室、食品/保健食品、生活饮用水、药品包装材料、化妆品检测共7类219项。

山西与哈萨克斯坦合作开展食药用菌研究。2011年4月下旬，山西省医药与生命科学研究院与哈萨克斯坦植物保护与检疫研究所签署3项国际科技合作协议。本次中哈国际合作项目是科技部的重大国际科技合作专项课题，省医药与生命科学研究院为中方承担单位，科技部为此拨付专项支持科研经费200余万元。主要内容为“开展国际科技合作、学术交流、人才培养、药用真菌研究、药用植物研究、产品开发”、“特殊真菌资源研究、珍稀食药用菌栽培关键技术研究、珍稀食药用菌栽培示范基地建设、生物农药研究”、“植物药效成分提取分离技术及防治植物病虫害药效学研究”3项。山西省医药与生命科学研究院发挥生物发酵、食药用菌选育研究的科研优势，哈萨克斯坦具有丰富的食药用菌资源，引进其特殊的食药用菌菌种进行研究，对我国药物创新、新药和保健食品的研发具有重要意义。

《关于促进医药产业转型跨越发展的意见》出台。2011年7月，山西省制定出台了促进山西医药产业转型跨越发展的30条意见，总体思路是全面树立和落实科学监管理念，统筹把握监管与发展的关系，准确把握医药产业发展的趋势、规律和机遇，充分发挥药品监管职能作用，突出特色，抓住重点，塑造品牌，全面提高晋药的影响力、竞争力。扩大规模，做大做强化学原料药；提升水平，延伸中药产业链；瞄准前沿，着力扶持生物制药；内引外联，推动行业联合、兼并重组，优胜劣汰，全面提高药品企业集中度；实现山西省医药产业由潜力产业向支柱产业的跨越。意见对发展重点和产业布局进行了规划，并提出推动医药产业整合重组、促进医药科技成果转化、大力推进中药产业化、扶持鼓励新药研发创新、支持建设现代医药物流、为企业提供技术人才支持、加强组织领导等具体发展措施。

山西振东集团总裁李安平荣获第六届“中华慈善奖”。2011年7月15日，第六届“中华慈善奖”表彰大会在人民大会堂举行。山西振东集团总裁李安平荣获“中华慈善楷模”奖，这是全国医药行业和山西省唯一获此殊荣者。振东集团自成立至今，每年拿出企业利润的10%用于社会公益和慈善事业。多年来用于家乡科教文卫、慈善等光彩事业累计投人资金8500余万元，受助人数上万人次。在京注册7000万元成立“中华仁爱天使”基金，用于救助全国各类贫困患者。

山西仟源制药在深交所成功上市。2011年8月19日，山西仟源制药股份有限公司在深圳证券交易所成功上市。这是大同市首家在国内成功上市的企业，也是山西省继山西振东制药股份有限公司之后的第二家创业板上市企业。

山西仟源制药股份有限公司是一家以研发、生产和销售抗感染药为主的科技型医药企业。2005年成立，经过6年的创业成长，2010年销售收入已达3.2亿元，在该领域民营内资企业中排名第一。仟源制药此次首次公开发行价格为13元/股，市盈率为43.3倍。本次发行股份总数为3380万股，其中，首次上网定价公开发行的2710万股股票自上市之日起开始上市交易。开盘价为18元/股。

出台加快推进实施药品GMP（《药品生产质量管理规范》）意见。2011年9月，省食品药品监督管理局制定出台了《加快推进实施药品质量管理规范（2010年修订）的意见》。新修订的药品GMP注重药品生产全过程管理，引入国际先进管理理念，更加强化企业是第一责任人的责任意识，强调药品生产企业是质量控制的源头，必须确保持续稳定地生产出符合预订用途和注册要求的药品。该意见提出山西省要通过实施药品GMP，淘汰一批产能、设备以及生产条件落后的药品生产企业或生产线，促进企业间的兼并重组、资源整合，鼓励企业做大做强，提高药品生产企业管理水平。山西省应实施GMP认证的药品生产企业有118家。按照计划，中药注射剂、生物制品生产企业在2012年年底前完成认证工作；除中药注射剂、生物制品外，其他高风险类药品生产企业在2013年7月前完成认证工作；年销售收入亿元以上药品生产企业，在2013年年底前完成认证工作；年销售收入5000万元以上药品生产企业，在2014年年底完成认证工作；其他药品生产企业，在2015年7月底完成认证工作。

省级医药企业技术创新中心增添新成员。2011年11月，经过省经信委、省科技厅、省财政厅、省国税局、省地税局、太原海关等相关部门审核批准，山西旺龙药业集团有限公司、山西振东泰盛制药有限公司、国药集团威奇达药业有限公司、山西诺成制药有限公司技术中心等企业技术中心为山西省第十五批省级企业技术中心。山西省医药行业已拥有国家级企业技术中心1户，省级企业技术中心13户。

修订《定价药品目录》。从2011年3月28日开始，山西调整部分抗微生物类和循环类药品最高零售价，所调整药品种类涉及千余种。根据山西省物价局3月25日下发的关于调整部分抗微生物类和循环类药品的通知，山西将降低部分抗微生物类和循环系统类药最高零售价，其中，涉及单独定价药品256种，统一定价药品1294种，取消单独定价药品20种，同时取消阿斯利康公司生产的单硝酸异山梨酯缓释片的单独定价资格和价格。通知规定，山西省各大医院及药店销售上述药品时，价格不得超过本次公布的最高零售价；集中招标采购药品中标零售价高于通知公布最高零售价的，按本次公布价格执行；如低于公布价的，不得提高中标药品零售价格。

自2011年9月1日起，决定调整激素、调节内分泌类和神经系统类等药品最高零售价格。公布了这次降低的药品价格为部分激素、调节内分泌类和神经系统类等药品最高零售价格。并要求各医疗卫生机构、社会零售药店及其他药品生产经营单位销售相关药品的价格不得超过此次公布的最高零售价格。山西省医疗机构2011年度药品集中网上招标采购药品中标零售价格高于本通知公布最高零售价格的，按本次公布的价格执行；如低于本通知公布价格的，不得提高中标药品零售价格。

12月，省物价局重新调整修订了《山西省物价局定价药品目录》。列入省物价局定价的药品范围包括，列入2009年版《国家基本医疗保险、工伤保险和生育保险药品目录》中属于省定价的非处方药剂型、《国家基本药物山西补充目录》药品调剂进入《山西省基本医疗保险、工伤保险和生育保险药品目录（2010年版）》的药品。西药部分包括阿莫西林、氟氯西林等133种，中成药部分包括正柴胡饮胶囊等118种。与2006年制定的目录相比，西药和中成药的种类都有所增加，总计增加40种。

非营利性医疗机构自配制剂和中药饮片（指目录所列单味或复方均不予支付费用中药饮片及药材除外）实行政府指导价，由省物价局制定价格管理办法。省级医疗机构自配制剂零售价格由省物价局管理，其他授权各市物价部门按照省制定的价格管理办法进行管理。

未列入或退出国家和省定价药品目录的药品，实行市场调节价，由企业自主制定价格。该目录从12月20日起执行。

中国医药工业有限公司与山西瑞福莱药业有限公司合作开发透皮贴剂。2011年12月10日，中国医药工业有限公司与山西瑞福莱药业有限公司合作设立透皮贴剂项目公司的签约仪式在山西太原举行。本次合作是落实山西省政府与中国医药集团战略合作框架协议的又一举措。国药工业以其所拥有的资金、管理、营销、品牌等优势，与瑞福莱先进的透皮贴剂技术相结合，将企业打造成为国内一流的透皮贴剂生产企业，成为国药集团旗下高端麻精制剂的产业基地。

（张晓蕾）

纺织工业

【纺织工业行业发展概况】 2011年，全省44户规模以上纺织企业（不包括纺织机械制造企业和化纤单体企业，下同）主营业务收入51.63亿元，比2010年增长28.2%；实现利润1.64亿元，增长60.8%；利税总额2.84亿元，增长30.3%。

主要产品产量有增有减。2011年，棉纱产量54012吨，比2010年增加0.2%；棉布产量8139万米，增加10.3%。化学纤维产量6446吨，减少35.7%；丝产量64吨，减少5.3%。山西涤纶厂根据国家政策性淘汰落后产能的规定，将涤纶长丝设备全部拆除，只有1户涤纶短纤维企业维持生产，规模也比较小。

原棉价格大幅波动影响传统纺织业。传统纺织业（包括棉、毛、麻、丝、印染、针织等）受原棉价格大幅波动影响最大。该行业的企业约占全行业规模以上企业的3/4，2011年主营业务收入28.66亿元，比2010年增长20.2%。但由于受到原棉价格大幅波动的影响，产销率下降，产成品占用资金和应收账款大幅增加，而经济效益下降。2011年国内外棉花资源上演了几轮"过山车式"的价格轨迹，国产328级棉花从年初的27516元/吨，冲上3月10日的年内高点31288元/吨，又跌到8月16日的年内价格谷底19059元/吨，之后继续振荡调整。同期，涤纶短纤维和粘胶产品的价格也受到棉花价格振荡调整而有所起落，使得企业对原料的价格走势难以把握，成本控制的风险不断加大。2011年，传统纺织业利润只有900万元，实现利税0.59亿元，比2010年分别下降62.5%和24.9%；亏损企业16户，亏损面48.5%，亏损额1.21亿元，占全省亏损企业亏损总额的99.9%以上，亏损企业亏损额比2010年增长2.6倍。本省规模最大的运城华雄纺织有限公司的拳头产品是80～160支高支棉纱，2011年年底库存达到500余吨，被迫降低纱支。翼城县的棉纺企业被迫停工停产。印染企业受政策性淘汰落后产能的影响，拆除了部分设备，并以来料加工为主，产量减少。

服装行业异军突起。2011年，全省规模以上9户服装企业无一亏损，主要经济技术指标创出新高，是全省纺织工业中经济运行质量最好的行业。全年主营业务收入22.32亿元，比2010年增长45.8%；实现利润1.54亿元，占全行业利润的93.9%，增长100%；实现利税2.23亿元，占全行业利税总额的78.5%，增长63.9%。服装行业近年来采取了三大措施：一是加大技术装备改造的力度，提高了劳动生产率。二是加大产品研发投入和技术创新，提高产品档次和利润空间。三是坚持职业服装和大众服装并重的生产方针，在一定程度上降低了原料价格波动的影响。

各种增支减利因素增多。2011年，规模以上纺织企业产成品占用资金7亿元，比2010年增长29.2%；应收账款4.56亿元，增长12%。其中，服装行业的产成品占用资金和应收账款分别增加39.9%和60.6%。除化纤行业外，传统纺织业主营业务成本26.06亿元，利息支出0.81亿元，分别增加20.3%和33.2%；服装业主营业务成本19.53亿元，利息支出0.11亿元，分别增长45.8%和41.9%。

【2011年山西纺织工业成绩非凡】

粗纱职业技能大赛。2011年9月15日至21日，由山西省纺织工业行业管理办公室、山西省财贸轻纺烟草工会委员会、山西省人力资源和社会保障厅举办的2011年全省纺织行业粗纱挡车工职业技能大赛在山西运城华雄纺织有限公司举行。新绛鸿远纺织有限公司李海燕、运城华雄纺织有限公司雷霞、山西绿洲纺织有限责任公司粗纱挡车工赵育芳和崔璐、新绛鸿远纺织有限公司杨红雪、华南纺织有限公司宁慧娟分别获得前六名，授予“全省纺织行业粗纱技术能手”称号，并授予李海燕“五一劳动奖章”和“三晋技术能手”称号，颁发技师职业资格证书；对获得第2至6名的雷霞等5人颁发高级工职业资格证书，由山西省财贸轻纺烟草工会分别记个人“一等功”、“二等功”。教练员张东萍同志被授予“2011年全省纺织行业粗纱职业技能大赛优秀裁判员”称号。11月15日至19日，山西省组团参加了在山东魏桥纺织股份有限公司举行的2011年全国纺织行业“宏源—魏桥杯”粗纱工职业技能大赛，山西省新绛鸿远纺织有限公司李海燕取得第17名的好成绩，并授予“全国棉纺织行业技术能手”称号。临猗恒晟纺织有限公司的荆桂琴和新绛鸿远纺织有限公司的李海荣分别获得2011年全国纺织行业粗纱工职业技能竞赛优秀裁判员和优秀教练员称号。

淘汰落后产能工作。2011年，根据国家关于淘汰落后产能的精神和财政部《淘汰落后产能中央财政奖励资金管理办法》的要求，对山西涤纶厂、山西森鹅服装有限公司、山西一洲纺织印染有限公司、忻州明月织染有限公司、晋城凤凰织品有限公司等企业申请国家淘汰落后产能奖励资金的材料，从项目审批、近三年生产情况、生产规模及设备型号、环保达标情况等进行了严格审核，并按时上报。从2011年7月中旬开始，根据省经信委《关于下达2011年度工业行业淘汰落后产能目标任务的通知》(〔2011〕284号文)，组织专人对列入“山西省2011年工业行业淘汰落后产能企业名单”的5户企业淘汰落后产能工作进展情况进行了现场核查。2011年11月初，根据国家淘汰落后产能奖励条件和相关企业淘汰落后产能工作进展情况，配合省经信委确定了最终享受国家淘汰落后产能政策的5户企业名单。其中：山西涤纶厂淘汰涤纶长丝生产线8条，产能12600吨/年；淘汰聚酯生产线2条，产能14000吨/年；淘汰染整生产线600万米/年。山西一洲纺织印染有限公司、忻州明月织染有限公司、山西森鹅服装有限公司、晋城凤凰织品有限公司淘汰落后染整线的年产能力分别为1500万米、1500万米、80万米和5万米。

直属企事业单位改革。为了贯彻省委、省政府关于印发《山西省省直机关直属企业脱钩改革实施方案》的通知精神和省经信委的部署，对山西省纺织工业供销总公司、山西桃园纺织大厦有限责任公司（国有参股）和山西省纺织科学研究所进行了相应的脱钩改革工作，并做好了划转省国资委管理的移交准备工作。

与此同时，根据省人社厅、省经信委关于行政事业单位岗位设置实施意见的安排，指导审核了山西省纺织工业行业管理办公室所属后勤服务中心、中方森特建筑工程设计研究院、山西省纺织产品质量测试中心、山西省纺织招待所、山西省纺织工业技工学校的岗位设置方案，审核上报了事业单位绩效工资总量核定表，积极稳妥地推进直属事业单位的绩效工资改革。

首届潞绸文化学术论坛。2011年11月16日，由山西吉利尔丝绸股份有限公司承办的中国首届潞绸文化学术论坛在山西晋城启动，来自清华大学、北京大学、南开大学等高校的专家和学者们就潞绸文化的传承发扬、潞绸文明优势、历史资源的深度挖掘以及如何实现传统文化与现代营销、现代科技完美结合等课题进行了深入座谈。

潞绸，即古代山西潞州织造之绸。在明代曾发展到鼎盛时期，山西潞州也因此而成为北方最大织造中心。潞绸文明，是古潞安府范围丝绸文化的代表，有着“三分天下有其一”的辉煌历史和灿烂文明，尤以高平、长治一带最盛，横跨2000余年的历史，长期以皇室贡品、外交礼品而繁荣发达。山西是蚕茧的重要发源地，丝绸的出现极大地改变了人们的生活。

此次潞绸文化学术论坛不仅有助于梳理东西方文化和加强东西方的交流，而且将极大地推动潞绸的发展，促进文化和丝绸产业的结合，并带动山西文化的大发展、大繁荣，加快山西的转型跨越步伐。

开发使用“细纱机销售报价系统”。细纱机是经纬纺织机械股份有限公司榆次分公司具有绝对优势的主导产品，但由于其品种型号规格多、产品配置复杂，导致合同报价一致性差，给销售工作带来了一定的难度。针对这种情况，公司技术中心信息部开发了“细纱机销售报价软件系统”，并投入使用。销售报价系统分为网络版和单机版，网络版在公司ERP（企业资源计划）网络环境下使用，单机版供销售业务人员外出使用，两种版本都具有报价级别维护、机型数据维护、机种配置维护、产品报价等功能，并可通过导入基础数据和导出单机报价两个模块，实现与ERP系统数据集成管理。

自主研发粗细络联纺纱系统。在2011年3月8日开幕的“十一五”国家重大科技成就展上，经纬纺织机械股份有限公司展出了具有国际先进水平的高质、高效、低耗的粗细络联纺纱系统。本套粗细络联纺纱系统由经纬纺机自主研制开发，由JWF1418A型自动落纱粗纱机、JWF1851型细纱机、JWF9561型粗细联输送系统和SMARO-1自络联型自动络筒机等部分联合组成，实现了粗纱、细纱、络筒3个工序的自动化连接。目前，经纬纺机是世界上唯一一家能够提供全套棉纺设备的供应商。经纬纺织机械股份有限公司展出的这套设备拥有完整的电脑控制系统，不仅可以实现对生产过程中每一个细节进行电脑实时监控，而且还可以实现设备的远程控制，实现信息化和工业化的充分融合，并具备了参与物流网的条件。经纬粗细络联纺纱系统的最大优势是节约用工，从企业的使用情况来看，使用细络联设备仅络筒环节可节约用工75%。

【技术创新项目层出不穷】 *“牛奶蛋白纤维规模应用技术开发”项目*。该项目是2009年6月向科技部申报并通过的“科技人员服务企业行动”项目。经过调研，从2011年4月份起决定进行牛奶蛋白纤维内衣的批量生产，并选择“德州华源”生产牛奶蛋白纤维混纺纱线，7月中旬开始批量生产，由山西森鹅制衣有限公司加工生产牛奶蛋白纤维内衣。在此基础上，一是与太原市伦嘉生物工程科技有限公司合作进行市场推广工作，将牛奶蛋白纤维床用三件套配以被罩形成四件套，并用“伦嘉”的方案进行重新包装，由“伦嘉”负责推销。产品加工及包装委托大同经纬服饰有限公司进行。二是开发牛奶蛋白纤维系列高档家纺产品。由山西新新纺织行业技术中心委托山西臣丰食业有限公司加工牛奶蛋白纤维三面保健枕。该产品作为新开发的牛奶蛋白纤维系列高档家纺产品，丰富了产品种类，为省内纺织企业实现由原料到终端产品的跨越发展起到了示范作用。

“数码艺术织物应用技术开发”项目。该项目是产学研联合项目，项目试验平台基本建立。开发的像景画有人物、山水、花虫鸟兽、建筑物风格、晋商风土人情等作品。2011年主要设计开发的像景画有四大类15种。山水类有齐白石的山水画、《听泉》、《松》等，人物类有《祖母》、《毛主席》等，动物类有《猫头鹰》、《老虎》等。

“针刺土工布技术开发”项目。该项目是2011年申报的省级技术创新项目，10月10日通过可行性研究论证。该项目由交城三利巾被有限公司实施。6月初已安装调试成功宽幅针刺土工布生产线和覆膜线。此外，太原京澄化纤公司的三条油毡基布生产线正在安装过程中。这些项目初步形成省内产业用纺织品产业链，从而推动全省产业用纺织品的发展。

【服装行业取得突破性发展】 *山西省纺织服装行业有10件商标被新认定为“山西省著名商标”*。山西百圆裤业有限公司“百圆牌”裤子，太原威马居室用品有限公司“马牌”纺织品遮帘，大同“今日足屋”牌鞋业，山西龙呈工艺绣品有限公司“龙呈牌”织物、手绣，山西东华制衣厂“爱舒雅牌”服装，山西大寨经济发展集团有限责任公司“大寨牌”毛衫，永济市惠畅纺织品有限公司“惠畅牌”棉织品、被子，山西华南纺织有限责任公司“正鑫牌”白布，山西恒晟纺织有限责任公司“恒圣牌”棉线、棉纱，临猗县荣华制衣有限公司“轩姿鸟”针织内衣。

重新被认定的5件“山西省著名商标”是：山西百圆裤业有限公司“百园牌”裤子，山西红萍服饰有限公司“红萍牌”服装，山西芬德制衣有限公司“芬德牌”西服制服，晋中开发区贝斯特机械制造有限公司“bs牌”纺纱机、织机。

际华3534公司自主研发成功煤矿专用系列服装。际华3534公司按照“突出行业特色，实施定向研发”的思路，自主研制成功煤炭行业专用新式系列服装，并与同煤集团标杆企业——塔山煤业公司签订首批夏装（衬衣、女裙、夏裤）合同，从而形成批量生产能力。

“森鹅”内衣顺利出口匈牙利。2011年4月上旬，由山西森鹅服装有限公司生产的一批价值18.6万美元的针织内衣，经长治检验检疫局检验合格，顺利出口匈牙利。

创新服装面料全国获大奖。2011年10月25日，在第26届（2012/2013年秋冬）中国流行面料入围评审活动中，山西吉利尔丝绸股份有限公司的“丝麻牦呢”和山西绿洲纺织有限责任公司参评的“真丝麻牦交织布”以其“天然、环保、保健”的优良特性获得评委的一致好评，

双双入围中国流行面料。

山西彩佳印染有限公司研发的“涤盖棉直贡防酸、防碱易去污整理面料”于2011年4月24日被中国印染行业协会评为“2010年度中国优秀印染面料一等奖”。

2011年10月25日，山西省服装协会和太原理工大学轻纺工程与美术学院荣获2011年中国国际面料设计大赛花样设计分赛的优秀组织奖，梁君威和马丽美荣获优秀指导教师奖，张露的设计作品《放松的灰色》获优秀奖。

首家山西服装企业“百圆裤业”上市。2011年12月8日，太原市民营企业“百圆裤业”登陆深圳证券交易所中小板，以能源为主的山西板块迎来首家服装行业上市公司。“百圆裤业”的股票代码为002640，发行价25.8元，开盘价28元，午后触及30元后回落，收报29元，涨幅12.4%。共发行A股1667万股，募集资金2.95亿元，发行后总股本达6667万股。

山西百圆裤业连锁经营股份有限公司主营业务为裤装的研发设计、外包生产、物流配送与连锁销售，公司成立于1995年，是中国服装界较早走上特许连锁经营的企业，并在裤装行业率先提出“无障碍退换货、终身免费熨烫、缭边”等先进服务理念。该公司通过以特许加盟与直营销售相结合的连锁经营模式，已在全国28个省、市、自治区开设了1600余家百圆裤业特许专卖店，在太原、兰州、郑州、合肥、长沙成立子公司，并在西安、沈阳、武汉、成都、南京、郑州等地设立13个大型物流配送基地，建立起遍布全国的营销网络。2008～2010年公司各类裤装年销售量分别为333万件、472万件、533万件，年均增长27.3%；营业收入从2.12亿元增长至4.03亿元，净利润从2101万元增长至4341万元，复合增长率分别为37.9%和43.7%。

公司多次获得中国特许经营领域的最高奖项——“中国特许奖”，是国内服装行业中唯一获得该奖项的企业。此外，百圆裤业品牌还被认定为中国驰名商标。

（孙宝民）

轻工业

【2011年轻工业运行概况】 *主要指标完成情况*。2011年，山西规模以上轻工企业主营业务收入550亿元，税金及附加20亿元，利润35亿元，工业增加值200亿元，规模以上企业200户。

主要产品产量。饮料酒6亿升，比2010年增长30%，其中，白酒1.4亿升，增长30%；啤酒5亿升，增长36%；软饮料75万吨，增长23%；机制纸及纸板20.5万吨，下降6%；合成洗涤剂9.8万吨，下降17.8%；日用玻璃制品32万吨，增长6.7%；日用陶瓷制品7.4亿件，下降3.4%。

2011年，食品制造业增加值比2010年增长30%以上。食品工业占全省轻工业总值的80%以上，带动了轻工业的大幅度增长。

醋业增长势头良好。2011年，在“醋八条”的精神指导下，“山西老陈醋中华行”系列活动相继走进厦门、福州、哈尔滨，扩大了山西老陈醋在全国的影响。2011年，山西省食醋产量73.5万吨，比2010年增长22.6%；销量64.4万吨，增长7.4%。价格普遍涨幅在20%左右。

造纸、酒精、柠檬酸落后产能的淘汰核查。2011年，淘汰落后产能涉及山西省轻工业的有造纸29.9万吨，涉及29家企业；柠檬酸1.2万吨，涉及1家企业。造纸行业淘汰落后的任务较重。

轻工业“十二五”规划编制完成。2011年，省轻工业行业办公室积极参与了全省轻工业“十二五”规划的编制、审查，确定了食品、造纸、塑料制品、日用玻璃、日用陶瓷、家庭装饰等行业作为“十二五”发展的重点。

评选艺术大师。为提升陶瓷、玻璃行业艺术创作水平，加快新产品开发，提高优秀设计人员的知名度，开展了山西省轻工业首届陶瓷（玻璃）艺术大师评审活动。评选出17名“山西省陶瓷艺术大师”（其中，7人曾为山西省工艺美术大师）、1名“山西省玻璃艺术大师”。

重新审核乳业许可。根据国家统一部署，2011年，山西省对乳制品企业进行了重新审核，近三成乳制品生产企业获得生产许可证。包括山西古城乳业集团有限公司、山西雅士利乳业有限公司、蒙牛乳业（太原）有限公司、阳曲县瑞美乳业有限公司等，山西古城乳业集团有限公司、山西雅士利乳业有限公司同时获得婴幼儿配方乳粉（湿法工艺）生产许可证。

【轻工企业突破传统壁垒羽翼渐丰】 山西汾阳王酒业有限公司在继承传统酿酒工艺基础上，连续引进8条先进的现代化全自动灌装流水线，改造原粮粉碎设施、酿造车间水冷却系统、洗瓶车间等。建立健全十大质量保证体系，推行全过程质量监督检验，产品合格率达到100%。

太原汉波食品工业有限公司是我国最大的真空低温红枣深加工生产企业，形成种植、加工、营销一体发展的产业格局。企业与北京食品营养源研究所、农大食品学院等单位建立了长期合作关系，建立了同行业中最具规模的研发中心，承担并完成了国家星火科技项目“系列果蔬产品产业化项目”，获得国家知识产权局受理的发明专利12项。产品畅销全国150余个大中小城市，形成遍布华南、华北、东北、西北等销售区域，并出口新加坡、加拿大、美国、韩国、日本、英国、香港地区等国家和地区。在全国枣果行业首家通过出口ISO9001质量管理体系认证、ISO14001环境管理体系认证、HACCP食品安全管理体系认证、食品生产企业卫生注册、国家强制企业食品生产许可QS认证体系、GAP良好农业认证、有机食品认证，“汉波”已成为同行业中第一个“中国驰名商标”。

青岛啤酒股份有限公司收购了嘉和啤酒太原公司，投资5300万元对生产系统进行了全面改造，其硬件达到青岛啤酒的标准。

山西华晟果蔬饮品有限公司总资产2.18亿元，占地12公顷，拥有多项“第一”：华北地区最大的果蔬产品加工企业，单厂多品种果蔬加工能力全国第一，首次将酱用番茄引入山西培育成功，山西省首家番茄酱制造企业，省内首家果蔬产品出口企业等。产品出口到欧洲、澳洲、中东、南亚等国家和地区。公司在“十二五”期间规划了新建3个日处理果蔬3000吨的果蔬酱加工厂，日处理果蔬原酱生产能力由现在的1800吨扩大到1万吨。同时，全面延伸产业链条，建设番茄红素、番茄纤维、番茄籽精油、杏仁精油等高档产品生产线，建设一条年产量达20万吨的果蔬渣转化高档饲料生产线。

太原六味斋实业有限公司年产肉制品、豆制品、速冻面米食品、主食、小杂粮、山西老陈醋六大系列产品400多个品种。年销售收入突破4亿元，实现利税2400多万元。除太原外，还拥有北京、大同等6个分公司和300多家直营连锁专卖店。该公司是山西省食品行业唯一一个获得中华老字号、中国驰名商标、农业产业化国家级重点龙头企业、国家级非物质文化遗产的品牌企业。在“十二五”规划期间，将生产搬到清徐县，扩大产能，进一步满足市场需要。

山西来福老陈醋股份有限公司生产的来福酿造食醋成为2011年全省71个山西省名牌产品之一。

长治市金泽生物工程有限公司是一家玉米深加工的大型现代化企业，主要产品有玉米淀粉、高麦芽糖浆、麦芽糊精、食用葡萄糖、玉米蛋白粉、喷浆玉米粉皮、玉米油、胚芽饼、玉米浆、植酸钙等十几个系列产品。产品销往国内20多个省份，并出口到韩国、印度尼西亚、马来西亚、新加坡、香港地区等国家和地区。

山西水塔老陈醋股份有限公司在继承传统工艺基础上不断创新，将传统工艺与现代化工艺相结合，实现了智能化管理、机械化操作、管道化输送。该企业年产食醋10万吨，产品包括老陈醋、陈醋、风味醋、保健醋、礼品醋、醋饮料6大系列200多个品种。以其独特的口感，丰富的营养功效，畅销国内，远销海外。

山西高陶瓷业有限公司是江苏省高淳陶瓷股份有限公司与山西禹王煤炭气化有限公司联合投资的一家企业，所产窑变釉陶瓷餐具拥有自主知识产权，95%的产品销往美国。该公司在国际市场上成为山西对外贸易中一道亮丽的风景线，全年出口日用陶瓷达1300万美元。

【奋力打造县域轻工集群】 太原市抓住机遇，依托水塔、东湖、紫林、王氏、宁化府等品牌优势，初步形成了以老陈醋、陈醋主导，以风味醋、保健醋、醋饮料等补充的产业体系。“十二五”期间，太原市将推广采用高新技术与传统酿造相结合的生产方式，突出老陈醋“香、酸、绵、长”的独特风格，加快开发新一代功能醋等高附加值产品，打造太原醋产业聚集区。力争到2015年，醋产品产能达到100万吨，销售收入60亿元。

朔州市非煤产业快速发展，日用陶瓷成为该市的重点产业，已形成11.5亿件日用瓷、600万平方米墙地砖的产业规模。投资2.5亿元的右玉与深圳金科海沙棘深加工项目有序进行。江苏雨润食品产业集团投资10亿元的“怀仁雨润食品工业园”项目签约，于2011年7月下旬开工。

运城市实施一系列政策措施，全力促进特色产业转型跨越发展。农副产品加工产业形成了以加工芦笋、果品、粮食、油脂、畜肉产品为主的产品格局。芦笋罐头占世界贸易额的30%，果汁生产能力占全国的1/4。形成以果品、油脂、粮食、肉类、蔬菜五大深加工产业链为主的农副产品产业集群。

长治市在“十二五”期间将立足现有产业基础，大力培育食品等新型产业，把食品等7个特色产业打造成新的优势产业。长治县已建成食品快速检测室，对方便面、面包、奶制品等普通食品中残留的农药、二氧化硫、硼砂等45种食品超标指数可以进行快速检测。

晋中市榆次区借助“山西老陈醋生产基地”的招牌，依托金醋生物科技有限公司，建设醋工业园和醋文化产业园，拟打造全国最大的（山西）老陈醋产业集群。总投资30亿元的强伟纸业在寿阳县落户，达产达效后，同类产品居全球第一。祁县形成了玻璃器皿、食品等支柱产业，尤其是玻璃产业已成为全国有一定影响力的特色产业。年出口额1.8亿美元，占到全国玻璃器皿出口额的22%以上。是我国玻璃器皿生产出口基地。

（袁　珊）

【2011年山西城镇集体工业发展概况】 主要经济指标较大幅度增长。2011年，全省城联系统工业总产值156.37亿元，比2010年增长42%；工业增加值77.62亿元，增长57%；产品销售收入140.82亿元，增长28%；实现利税49.67亿元，增长75%。集体资产总额222.75亿元，增长25%。

制订“十二五”发展规划。2011年，山西省城联社草拟了《加快山西省城镇集体企业改革发展的指导意见（草案）》、《山西省城镇集体经济“十二五”规划纲要（草案）》、《振兴山西省手工业发展“十二五”规划（草案）》、《山西省工艺美术“十二五”规划》，提出了全省城联系统在“十二五”期间力求实现10个方面的转型跨越发展：①由单一的集体企业向股份合作制企业转型跨越。②由劳动密集型企业向技能劳动密集型企业转型跨越。③由封闭单一的行业经济向县域经济转型跨越。④由二轻行业管理向集体资产监管运营转型跨越。⑤由传统手工业向低碳产业、为“一村一品”和“三农”服务上转型跨越。⑥工艺美术向文化旅游产业转型跨越。⑦传统二轻优势行业向山西省十大产业链的延伸上转型跨越。⑧招商引资向东南沿海省份产业梯度转移的接续上转型。⑨发挥各级联社机关和成员企业区位优势向现代服务业上转型。⑩发挥联社合作经济优势向服务城镇化建设上转型。

确立城镇集体工业转型发展思路。2011年3月1日，山西省县域经济工业化分会暨山西省经济和信息化工作会议提出，城镇集体工业要着力培育和发展农产品加工业，依托优势，重点扶持粮、果、畜、菜、药材等带动能力强、产业关联度高、有市场竞争力的大中型加工企业，推进产业化经营。大力发展包装储运、贸易营销、农资配套等产业化配套服务企业，力争在全省初步形成服务促生产、配套促加工的格局。围绕大企业、大集团发展配套型工业，支持县域企业与大企业、大集团开展多种形式的经济技术合作，培育和发展一批专业化水平高、配套能力强、产品特色明显的“专、精、特、新”中小企业。支持发展劳动密集型产业，在轻纺工业、手工业等行业重点发展一批专业化水平高、市场竞争力强的劳动密集型企业。鼓励发展为满足个性化和多样化市场需求而采用人工作业的劳动密集型的小型微型企业，并积极挖掘县域老企业、老品牌潜力，加大产品开发和品牌宣传力度，有效增强县域工业化发展活力。积极发展高新技术产业，在电子信息、生物医药、新材料、新能源等高新技术领域培育一批县域科技型企业。

解决未参保集体企业退休人员养老问题。根据人力资源和社会保障部、财政部《关于解决未参保集体企业退休人员基本养老保险遗留问题的意见》（人社部发〔2010〕107号），2011年8月2日，山西省出台《关于解决未参保集体企业退休人员基本养老保险历史遗留问题的实施意见》（晋人社字〔2011〕116号）。涉及全省6.6万名未参保集体企业退休人员，困扰他们多年的养老问题终于得到妥善解决。

太行锯条厂洪洋海鸥废旧家电拆解处理项目生产线启动。2011年1月16日，长治市首条年拆解能力达40万台的废弃家电无害化拆解生产线在山西省太行锯条厂正式投产启动。该项目生产线采用国内先进的设备和技术，对废旧家电进行物理拆解。拆解的家电包括：废弃电视机、电冰箱、电脑、洗衣机等。

该厂在“十二五”期间，计划投资5亿元至10亿元，业务拓展到废旧汽车、废旧轮胎、餐厨废物、电子垃圾等方面。

壶化集团化工产品首次打入国际市场。壶化集团2011年年初与埃塞俄比亚等国签订乳化炸药销售合同，首批产品已运入非洲。这是国内同行业首次打入国际市场，标志着壶化集团开始参与国际民爆产品市场竞争。

【走出去展示山西工艺美术精湛技艺】 *参加第七届中国（深圳）国际文博会*。2011年5月13日，山西省工艺美术协会配合山西省委宣传部，从全省各地62家工艺美术单位推荐的工艺产品中，精选出30多个系列、1000余件工艺精品参加展出。内容涵盖了漆器、金属工艺品、刻花瓷、刺绣、陶瓷、木雕、堆锦、布艺、剪纸、面塑等系列精品，展示了山西历史文化厚重的底蕴。观展、洽谈、交易人数突破30万人次。展会期间，山西省工艺美术协会与广东省工艺美术协会就晋粤两省工艺美术大师交流展签署了意向书。

参加2011年中国国际（义乌）旅游商品博览会。由国家旅游局和浙江省人民政府主办的2011年中国国际旅游商品博览会于2011年6月24～27日在义乌举行。

山西省工艺美术协会协助省旅游局组织选拔8家旅游纪念品企业参展，包括砖雕、布艺、漆器、煤精雕、剪纸、木雕、银器、皮影、葫芦等，并选送12件作品参加了大赛活动。太原市宋健利先生的木雕“晋商鼎”和太原市郭梅花女士的剪纸“蓝花花”2件作品获得本次大赛铜奖。

参加“第46届全国旅交会”。由中国工艺美术协会、中国工艺美术（集团）公司主办的第46届全国工艺品旅游纪念品暨家居用品交易会于2011年3月24～28日在天津国展中心举行。山西省派出20多家企业参展，参展作品种类繁多、琳琅满目。在“金凤凰”创新产品设计大奖赛中，有13件作品获奖，其中，金奖1枚、银奖1枚、铜奖8枚。

参加2011年中国北方文化交易会。2011年9月1～4日，山西省工艺美术协会参加了在山东济南举办的2011年中国北方文化交易会。山西省工艺美术协会组织了平定刻花瓷、平定砂器、广灵剪纸、砖雕、山核桃等具有山西传统特色的手工艺品参展，受到济南老百姓的喜爱，为山西工艺美术产品走进齐鲁大地迈了坚实的一步。

参加北京国际文化创意产业博览会。2011年11月9日，第六届中国北京国际文化创意产业博览会在北京人民大会堂开幕。山西展区以“魅力山西，创意无限”为主题，展示了蓬勃发展的山西文化产业。平遥推光漆器、定襄辰龙木雕、太钢不锈工艺品、太原理工大轻纺学院陶瓷，以创新科技、产业集群形式亮相北博会。芮城永乐宫桃木雕刻大师李艳军、“三晋一刀剪”康冬云、代县面塑艺人岳桂花、张桂英4位工艺美术大师现场秀“绝活”，晋绣坊刺绣、运城十字绣、平定砂岩陶艺、寿阳炭艺、太谷砖雕、太原妙艺堂葫芦、布艺、新绛云雕、广灵剪纸等都在北博会上集聚一堂，技惊四方。

11月10日，山西代表团在北京新闻大厦举行项目签约仪式。山西省城镇集体工业联合社与中国工艺美术集团公司签订了共同组建山西工艺美术有限责任公司，并在太原开设中国工美珍宝馆太原店的意向书，定襄晟龙木雕模型艺术有限公司与香港长宏贸易科技有限公司签订了古建模型文化产业旅游示范点建设项目，隰县民间文化产业专业合作社与中国深圳旅游集团鹏程旅行社签订了年产30万件山核桃工艺品项目，繁峙县晋绣坊文化产业发展中心与深圳一米文化传播有限公司签订了晋绣坊年产万幅绣品项目等12个项目。

组团参加第十二届中国工艺美术大师作品暨国际艺术精品博览会。每年一届的“中国工艺美术大师作品暨国际艺术精品博览会”于2011年10月27～31日在杭州市和平国际会展中心举办。

参加本届展览的40余家山西工艺美术企业、上百件工艺美术精品亮相博览会，尤其是独具山西特色的传统手工艺陈醋酿造技艺表演使山西展位成为会场的亮点。山西省参展的50件作品中，有44件精品获得“2011天工艺苑·百花杯”奖项，其中，金奖2枚、银奖7枚、铜奖7枚。

“手艺山西”亮相第六届中国中部投资贸易博览会和第二届农博

会。2011 年 9 月 26 日，第六届中国中部投资贸易博览会（以下简称“中博会”）在山西省新建的煤炭交易中心隆重开幕。中博会期间，山西省工艺美术协会组织全省数十家手工艺企业及艺人参加了此次盛会。展览期间，代表“手艺山西”的特色展区陈列了山西省著名的传统手工艺精品：青铜器、陶瓷、推光漆器、刺绣、核桃工艺、刻花瓷、木雕、云雕等 30 余件手工艺精品，受到国内外贵宾和客商的一致好评。

2011 年 10 月 20 日，由农业部、山西省人民政府、全国供销合作总社和中国国际贸易促进会联合主办的第二届中国（山西）特色农产品交易博览会在山西太原煤炭交易中心隆重开幕。此次展出的山西民间工艺品分为剪纸、布艺、雕刻、刺绣、漆器、制陶、编织、面塑、玻璃、金属、绘画、综合类等十二大品类。沁县刺绣、孝义皮影、万荣木雕、蒲县麦秆画、和顺刺绣争先亮相，精彩纷呈。本届农博会期间，山西民间工艺品和国内外 24 家企业达成销售合同，签约资金上亿元，38 家阳光工程培训学校与国内外 38 家企业达成用工协议，输出农民工 2.9 万名。

（冯晓东）

中小民营企业

【2011 年全省民营经济发展特点】
*主要经济指标快速增长。*2011 年，全省民营经济单位数（含个体工商户）76.8 万户，从业人员 504 万人；完成增加值 5374 亿元，占全省生产总值的 47.8%；上交税金 840 亿元，占全省财政收入的 37.2%。

2011 年，全省中小企业（法人单位）9.2 万户，占全省企业总数的 99.6%；从业人员 329 万人，占到全省企业从业人员的 73.8%；完成增加值 4438 亿元，占全省生产总值的 39.5%；上缴税金 800 亿元，占到全省财政收入的 35.4%。

*企业个数和从业人员主要集中在第三产业。*从企业数量看，第二产业企业数量占 37.3%，其余集中在第三产业。个体工商户主要集中在批发零售业（56.3%）、交通运输业（14.4%）、居民服务业和其他服务业（11.2%）等第三产业。从从业人员看，第二产业从业人员占总数的 47%，其余从业人员主要集中在第三产业。

*第二产业中传统产业占主导地位。*从营业收入看，山西省民营企业中工业占 67%。在规模以上民营工业中，煤炭洗选业占 26%，黑色金属冶炼及加工业占 21.5%，炼焦业占 20%，煤、焦、铁三大产业占到全省规模以上民营工业总量的 67.5%，是山西省民营经济的主导产业。经过连续几年的关小上大、兼并重组，传统产业的企业数量减少，产业素质得到提升，形成一批煤—焦—化、煤—铁—钢—材、煤—铁—铸件等循环经济产业链。

*新兴产业成长迅速。*近几年，在政府产业政策的引导下，民营资本大量进入新兴产业。全省初步形成了乳制品、小杂粮、粮油、饮料、果蔬、畜禽、醋系列产品、枣系列产品等农产品加工企业集群。在继续发展壮大餐饮服务、商贸流通、集贸市场等传统第三产业的同时，旅游业、文化娱乐业、信息中介服务业等迅速发展起来。高新技术产业发展步伐加快，全省初步形成生物制药、精细化工、磁性材料、新型建材、信息科技等企业群体。

*规模企业群体扩大。*2011 年，全省年营业收入亿元以上的民营企业达到 823 个，10 亿元以上的民营企业 102 家，50 亿元以上的民营企业 11 家，100 亿元以上的 3 家。山西省规模最大的民营企业是山西海鑫钢铁集团。全省纳税在亿元以上的民营企业有 80 家，纳税最多的企业是山西沁新能源有限公司，纳税额 7.4 亿元。

*呈现出一些新的趋势。*在全省经济结构中初步形成了国民共进、多种所有制成分协调发展的新格局，形成规模企业为主导、大中小企业协调发展的新格局，形成“传统产业新型化、新型产业规模化”、从资源性产业向新兴产业和第三产业转移的多元化产业发展的新格局。初步形成集聚发展趋势明显，具有中小企业特色的块状经济、县域产业、产业集群和创业基地的区域发展新格局。初步形成一批企业素质较高、科技含量高、品牌知名度大、市场占有率高的专、精、特、新企业和产品。

*对全省经济社会贡献越来越大。*2011 年，山西省民营经济中主要产品煤炭 1.8 亿吨，占全省煤炭总量的 20%；焦炭 7608 万吨，占全省焦炭总量的 84%；生铁 3004 万吨，占全省生铁总量的 80%；成品钢材 1961 万吨，占全省钢材总量的 58%。山西省民营经济创造的税收占全省财政收入的 37%，增加值占全省生产总值的 48%，投资占全省固定资产投资的 48%，出口占全省的 50%，从业人员占全省二、三产业的 75%以上。民营经济已经成为山西省农村经济和县域经济的主体，成为城乡居民就业和增加收入的主要渠道，成为地方财政收入的主要来源，占据了山西省国民经济的半壁江山。

【2011 年发展民营经济的主要措施】
*深入开展调查研究。*组织人员赴陕西就县域工业园区建设等内容学习考察，赴浙江、上海、江苏、福建等省市就民营经济“十二五”发展规划进行专题考察调研，参与省委、省政府“进一步发挥民间投资在经济社会发展中的作用”等多个重要课题的考察调研。围绕中小企业发展政策环境、中小企业与大企业协作配套情况、与科研院所实施产学研技术合作情况、中小企业外经外贸情况、中小企业融资情况、中小企业重大项目投资情况等多个方面，深入各市开展调查研究，向省政府提出了山西省在进一步创优发展环境上的多项合理化建议。

*积极创优发展环境。*加大对国家和省政府相继出台一系列支持中小企业发展的政策措施、法律法规的宣传贯彻落实力度，着力为中小微企业创造更优良的发展环境，更优惠的扶持政策，更宽松的舆论氛围。“十一五”至今，全省各市出台的关于促进中小微企业、民营经济发展的政策措施 100 余件。同时，通过省人大等权威部门执法检查、执法调研、政策法规落实回头

看、中小微企业维权行动等措施，全省中小企业发展的政策环境、行政环境等有了明显改善。

突出规划引领指导。结合国家《中小企业成长“十二五”规划》和我省《国民经济和社会发展十二个五年规划纲要》、《国家资源型经济转型综合配套改革试验总体方案》，广泛征求意见，编制完成《山西省中小企业和民营经济发展“十二五”规划》。

推进产学研合作。启动企业技术难题、技术需求、技术创新专家库专家征集工作，在山西中小企业网和中小直通车上建立专家工作室，为企业提供技术诊断和咨询服务。举办全省中小企业产学研技术合作推进会，公布了第一批山西省中小企业产学研技术服务专家团队名单，发布了新能源、新材料、机械装备制造、化学工程、生物医药、农副产品加工、现代物流等多个领域的技术合作项目，达成合作意向63个，现场签约36个项目。

加强大小企业协作。联合省国资委首次举办了山西省中小企业与大企业协作配套推进会，发布了中小企业产品推介目录和大企业产品需求目录，邀请50余家中小企业、30余家大企业参会，签订中小企业与大企业合作协议12个，长治市、运城市中小企业局、侯马市政府分别与3户大企业签订战略合作框架协议。

着力加强资金扶持。2011年，储备转产转型新项目1500余个，争取资金1.51亿元，支持各类项目213个。其中，争取国家各项扶持资金5190万元，支持项目61个；安排落实省级扶持中小企业资金9890万元，支持各类项目152个。

扎实开展创业辅导。召开全省中小企业创业工作座谈会。积极协调省财政、人社等有关部门，共同推动中小企业“银河创业”行动计划。依托“山西中小企业创业网”和“创业辅导网”，提供创业信息咨询服务，开展创业辅导，推进了省内重点县（市、区）中小企业创业辅导（孵化）基地建设。全年支持推动市县建设中小企业创业基地12个，新培育小企业1.2万户，新增从业人员40.2万人。

努力缓解融资困难。加强政府、银行、企业、担保四方合作交流和工作协调，完善企业客户推介机制，做好融资指引推荐服务，促进银企合作。2011年，累计为融资机构推荐优质中小企业984户，为435户企业落实贷款212亿元，贷款落实率44%。加强信用担保体系建设，开通山西中小企业融资网，开设网上“融资超市”，实施一站式投融资服务。为省内6家为中小企业提供融资服务的担保公司争取国家风险补偿3320万元，为3家中小企业担保机构申请免征营业税资格，为2317户中小企业提供担保业务108亿元。探索新型融资方式，山西省中小企业基金发展集团有限公司、香港科瑞基金管理有限公司、北京金典银桥国际投资有限公司、山西美锦能源集团有限公司发起成立了“科瑞晋通私募股权投资基金”。帮助晋中亚乐士环保技术股份有限公司等3家企业在天交所挂牌。

加强经济运行监测。健全中小企业经济运行监测制度，完善重点企业生产经营运行监测平台，加强运行监测和预警分析，及时掌握发展动态，努力解决中小企业发展中遇到的困难、矛盾和问题，经济运行监测工作走在全国前列。山西省通过国家审核的重点监测企业320户，位居全国第五。

强化公共服务。认真编制《山西省中小企业公共服务平台网络建设方案》，推进中小企业公共服务示范平台评定工作。省中小企业监测鉴定中心、中小企业服务中心、中小企业信息网络中心成为国家工信部首批公布的“国家中小企业公共服务示范平台”。推进中小企业信息化建设，与中国电信山西分公司实施战略合作，启动“数字企业”建设项目。加强中小企业市场开拓工作，组织优势企业、名优产品参加中国国际中小企业博览会、APEC（亚太经济合作组织）技展会等大型会展活动。组建的山西省非公有制企业工会工作委员会，积极为非公企业培育组建企业工会组织，推动了山西省非公企业和谐劳动关系的发展。组织开展山西省最具社会责任中小企业评价排序活动，114家企业入选。组织实施“银河培训”工程，累计培训企业中高层管理人员2000余人。组织专家向中小企业开展“送管理、送咨询、送服务”活动，开展企业诊断和管理咨询服务近百场次，促进了中小企业管理水平的提高。

（原晋军）

山西经济年鉴

YEARBOOK OF SHANXI ECONOMY

8

交通·邮电

JIAOTONG YOUDIAN

交通·邮电

铁　路

【铁路概况】 2011年，全省铁路营业里程3774千米，比2010年增加22千米。每百平方千米平均铁路里程2.4千米。全省铁路货运量7.27亿吨，增长13.9%；铁路货物周转量2035.58亿吨千米，增长49.4%。铁路客运量6219万人，增长8.2%；旅客周转量195.78亿人千米，增长25.6%。

【太原铁路局经营概况】 形成辐射全国的铁路网络。太原铁路局成立于2005年3月18日，是全国铁路运输管理体制改革中新组建的铁路局。主要担负着国家新型能源工业基地——山西省的客货运输和冀、京、津、内蒙古、陕等省(市、区)的部分货运任务，用户群辐射全国26个省(市、区)、15个国家和地区。在山西省综合交通运输体系中居于骨干地位，为国民经济和区域经济发展发挥了重要作用。

2011年，太原铁路局管内有干线14条，支线12条和5.8千米客运专线。线路总延长8497.3千米(含合资铁路1032.2千米)，其中，正线5554.7千米。配属机车1167台(含控股公司5台)，其中，内燃381台，电力786台(和谐型机车400台)，客车2037辆、CRH5型电力动车组4组。

太原铁路局有35个运输站段。2011年职工总数11.9万人。

坚持把安全作为铁路工作的生命线。2011年，全局消灭了一般A类及以上责任事故，实现安全生产1633天。重抓客车安全，建成22个客车径路高标优质岔区，改造2005辆客车轴温报警器，加装改造270辆客车列尾装置，33辆发电车加装远程视频监控系统。投入专项资金2.48亿元，逐一研究解决139个突出问题。安全高效地完成历时142天、覆盖全局主要干线的10次大型集中修，全局客车通道正线消灭了木枕道岔，设备设施基础明显改善。完善安全奖惩办法，先后对防止事故、发现重大隐患的职工奖励78万元。

千方百计完成运输任务。2011年，充分发挥大秦、侯月等重载通道优势，大力推行装卸“点对点”和跨编组站直达运输模式，增加5500吨以上重载列车开行对数。机务系统采取在侯马北站换乘措施，拉通南同蒲侯西线，在石太线与北京局进行跨局轮乘；车辆系统实施C80型车辆“客车化”管理，完善TFDS(铁路货车运行故障动态图像检测系统)布局，固定配属车辆实行“一次循环作业”，加速机车车辆周转。坚持运输部门总牵头、总协调组织施工，大力推行分区段、分阶段集中整治设备施工模式，有效缓解了施工与运输的突出矛盾。大秦线完成年运量4.4亿吨目标。

初步形成多元化经营格局。按照“多元化经营、一体化管理、全口径核算”的总体要求，大胆探索，推进运输业和非运输业协调发展，初步形成多元化经营格局。强化客货运输核心业务，坚持管内保装车、管外保收入的车流组织原则，逐线测算单车收入，加大“两高一远”货源装车比例。积极发展非运输业，投资建成3个大型装车基地，新增35个煤炭抑尘站点，15个车站、25个营业点开展了“门到门”运输业务。全局9个非运输企业中有6个收入增幅达两位数，多元化经营呈现良好发展态势。

提高旅客服务质量。2011年，坚持以“人民群众满意”为根本评价标准，强化“以服务为宗旨，待旅客如亲人”的理念，深入开展“服务旅客创先争优”活动。全年旅客发送量6次刷新纪录，创下单日发送26.3万人的历史新高。完善管内太中银线客站配套设备，新建繁峙站房，改造23个车站服务设施，全面整修1583辆客车上部服务设施。开发了电话订票、银行卡购票和互联网售票业务，全局窗口最大开启能力达到523个，比2010年增加183个，旅客购票更加方便。先后41次优化客车开行方案，开行临客738列，开发“矿工号”、“学生号”专列等特色产品，千方百计满足旅客需求。

积极改进完善体制机制。2011年，按照有利于运输安全、有利于专业管理的原则，路局成立供电处，增设太原南、秦皇岛西工务段等5个站段，在相关处室、站段增设动车科室、车间、车队和乘务指导组。适应多元化经营发展需要，优化非运输企业设置，所有职工实行统一岗位管理、双向调剂使用，并撤销了路局劳服总公司。检法系统管理体制改革进展顺利。改进经营机制，扩大站段生产经营自主权，推行房建系统和工务机械段的模拟市场化运作。4次修订路局经营业绩考核办法，变年度评定为季度兑现、年度总评，考核时效性更强。创新优化用人机制，在1653个主要生产班组设立专业技术岗位2054个，对1591名动车、重载司机比照享受技师或高级技师待遇，对2645名具有多机型资质的机车司机给予每月60元岗位奖励。

加强教育培训工作。建立数字图书馆、远程教育网、在线考试考核系统三大数字平台，全局51间微机教室、1495台微机统一联网，实现了职工教育培训由传统向现代转型。编写案例教材45种，收集案例4300多个，不断创新"一事一教"案例教育方式，有效防止类似问题重复发生。对机车乘务员、动车组司机及动车运用所检修人员等关键工种，实行跨系统、跨专业、跨区域选拔调剂。优化配置主要行车工种1626人，为新线开通储备主要行车工种1463人。电务、机务、车务、货车车辆等专业在全路职业技能竞赛中取得历史最佳成绩。积极开展科技攻关，TDCS/CTC（列车调度指挥系统/调度集中系统）系统拓展10项安全卡控功能，TDMS4.0（铁路运输调度管理系统）系统新增7项功能，调度信息化全路领先。5项科研成果获铁道部科学技术奖，"大秦线机车互联互通研究"、"重载铁路延长钢轨使用寿命研究"荣获全路一等奖。

铁路建设日新月异。落实"保在建、上必需、重配套"要求，全年完成建设投资472.3亿元。大力实施投入小、见效快、产出大的站场改造、区间扩能"短平快"工程，36个"短平快"项目已完成28个。宁岢瓦线增设4个会让站，延长5个车站到发线，线路输送能力增加3700万吨/年。南同蒲线扩建4个车站，区间通过能力增加13对。石太线扩建3个车站，扩展了运输组织的调整空间。改造南同蒲线8个小半径曲线区段，线路允许速度提高10～20千米/小时。湖东站延长到发线、增设腰岔，提高了1.5万吨列车编组能力。

（孙淑环）

【山西地方铁路集团公司2011年经营概况】 优化路网，经济效益再创佳绩。2011年是山西地方铁路集团公司与能源交通投资公司整合重组后的第一年，集团公司实现货运量3499.5万吨，其中，货物发运量3163.1万吨，比2010年增长15.7%；货物周转量20.19亿吨千米，比2010年增长7%。与太原铁路局联合经营、行业管理的铁路专用线全年实现货运量9902万吨，比2010年增长40.2%。集团全年实现营业收入11.6亿元，比2010年增长23.6%；实现利润6941万元，增长80.9%。全年铁路发运煤炭1.34亿吨，占全省铁路出境煤总量的28%。

内管外调，实现运量持续增长。2011年，面对资源整合后，各煤矿尚未恢复正常运营的状况，集团公司审时度势，组织各运输单位采取对内部强化管理，优化运输组织，加强调度，对外部加强沟通协调工作，发展大客户，积极争取货源等措施，有效破解货源不足问题，全年货运量呈现出持续增长的态势。

孝柳公司围绕全年1500万吨的发运任务，采取对车站作业人员加强装卸车组织，合理调度，提高站台利用率，对吕梁大客户实行对接合作，与太原铁路局加强沟通，保障车辆使用率等措施，运输效率和运量双重提升，全年完成发送量1586.4万吨，并且实现了单日分界口交车22列1077辆，运用车保有量520辆的骄人成绩，创造了该公司历史日交车的最高纪录。

宁静公司面对下半年朔黄方面车皮计划减少的状况，积极与朔黄煤销办事处沟通，增加运输车皮计划，并且针对自身情况，优化煤台资源整合，改进机车牵引模式，确保了运量，提高了效率，取得了全年煤炭发送量678.3万吨的良好业绩。

忻州铁路公司及时组织人员与神朔铁路及货主协调，调整进车计划，优化运输组织，解决机力不足、站场容量小的实际困难，大大缩短车辆的周转时间，提高运输效率及区段通过能力，运量大幅增加，全年完成发送量716万吨。

强化基础，提升企业运作质量。2011年，地铁集团本着"优化地铁路网，强化运输保障"的原则，坚持在基础设施的关键部位和薄弱环节上合理地投入，加强线路设施及配套装备能力的改造提升，满足了与国铁机力的互换，运输生产能力大大增强。

孝柳铁路公司新建离石货场快速装车系统提高货场装车效率；新建孝柳服务中心提升企业服务质量，实施穆村站货场及轨道改造计划满足运量不断加大的要求。

宁静铁路公司为了缓减宁西股道占用严重、调车困难等现象，在宁武西站新铺了6道、9道，并纳入信号连锁。为解除站内装车、调车作业冲突，协商中太公司清理姜庄站牵出线并利用现有安全线修建临时储装煤台以增加发煤点。为解决宁武西站因股道不足引起的拥挤问题，在马营海站安装轨道衡增加列车周转量。前后新购置XG951（Ⅲ）M型加大斗装载机8台，装车效率进一步提高。

注重安全，夯实企业经营基础。全系统各单位修订、完善、出台了包括安全生产管理、"一岗双责"、领导干部现场带班等在内的各类制度109个，建立健全各级安全生产责任制。开展了施工、调车、防溜、供电设备、防洪、道口与路外、消防等15项安全生产专项整治活动，发现并处理各类安全隐患170件（个）。开展5项安全生产大检查，共查出各类问题及安全隐患1086件，已处理1075件，隐患整改率达99%。不断加大各类设施的安全投入力度，全年各项安全投入1.15亿元。组织开展电力机车脱轨起复、机车车辆脱轨起复等七方面的预案演练13次。成立救援队8个。

【围绕主业，拓展经营】 深入调研，完善物流建设规划。山西地方铁路集团积极配合编制煤炭物流发展规划，并在煤炭物流体系建设中，坚持以路为基，拓展优势，积极与山西省煤运集团、阳煤集团等大型煤炭企业沟通，共同深入煤炭基地调研，提出与煤企合作建设煤炭集运体系的发展规划，并开展了部分合作项目的前期研究工作。

不断拓展专用线行业管理范围。大同地铁公司不断拓展业务渠道，扩大专用线代管代运营范围，在2010年将13条专用线纳入行业管理的基础上，2011年又将铁丰、大新、前寨3条新建、在建铁路专用线纳入行业管理范围。2011年10月27日完成小河头专用线黄崖湾道口接轨工作，实现小河头全线贯通，经改造后，该线年运量由原来的60万吨直接上升至400万～600万吨。

做强做大煤炭运销业务。为解决铁路投资大、收益率低的行业特性带来的吸引社会资金投入困难问题，集团公司将通过延伸产业链，提高产业附加值的方法来实现地方铁路的良性发展。2011年，集团煤运公司在宁静铁路成功办理了立户手续。为了使宁武分公司小石家庄站台实现最佳收益，该公司与北方焦化合作，组织汾西昌盛、昌瑞两矿货源，通过京海物流协调神华的计划和车皮，在朔黄铁路成功开展发运业务；8月份，与大同东兴合作购买煤炭，销往大唐山东燃料公司，拉开了煤炭自营业务的帷幕；通过引进外资、招聘人才，成功将河曲分公司改组为晋北公司。煤运公司依托地铁运力优势，通过与静乐县国新能源和宁静铁路公司协商，签订了静乐县机务煤台转由煤运公司经营的协议，顺利取得经营权。

在港口设立煤销业务机构。为扩大业务范围，建立矿路港一体化服务体系，大同地铁公司与内蒙古绿缘能源开发有限公司合作，共同出资在秦皇岛组建成立煤运公司，地铁公司占有该公司股权的90%，公司已开始运营。

【着眼“十二五”目标，稳步推进重点项目前期筹备工作】 围绕山西省资源整合后煤矿布局对地方铁路的需求和构建山西现代交通体系的要求，集团公司“十二五”规划的地方铁路项目为4个，其中，静乐至静游地方铁路和五寨至沙泉地方铁路为2011年的重点筹备项目。

静乐至静游地方铁路是宁静铁路和太兴铁路的联络线。该线的修建，对优化山西省地方铁路路网，发挥既有宁静铁路的效益，解决中南部铁路通道货源分流等具有重要意义。线路全长28千米，总投资近15亿元。2007年静乐至静游铁路项目的各项评估、预审完成，通过省发改委项目核准，由于资金短缺，项目一直没有开工。集团重组后，该项目作为“十二五”重点建设项目重新启动。2011年9月省发改委召开了项目评审会，太原铁路局召开了技术审查会，出具了行业审查意见，已报铁道部进行接轨审核，完成核准、资金到位后，即可开工建设。

五寨至沙泉地方铁路是解决河曲、保德煤炭运输的重要通道。线路全长52千米，全线电气化，计划建设万吨集运站2个，总投资约30亿元（含集运站8亿元），是山西省“十二五”重点工程之一。经过项目筹备组的艰难攻关，太原铁路局明确了由集团大同地铁公司在五沙线建成后实施代管、代运营、代维修，铁道部已于2011年10月7日对该项目给予正式批复，山西省发改委也于11月同意并批复该项目，前期工作进展顺利。

（李保红）

公　路

【山西交通运输业在改革创新中发展】 *公路建设投资再创新高*。2011年，全行业完成投资659亿元，占全省固定资产投资总额的8.9%，在全国同行业名列前茅。其中，高速公路建设完成投资582.6亿元，干线公路36.3亿元，农村公路38.2亿元，运输站场码头2亿元。全省完成公路新改建工程4977千米，新增公路通车里程3164千米，达到13.5万千米，公路密度86千米/百平方千米。

高速公路建设取得新突破。2011年，全省续建、新建高速公路34个项目2124千米，建成1003千米，高速公路里程突破4000千米，在全国的排位由2010年的第11位上升到第7位，82%的县（市、区）通了高速公路，太原、阳泉、运城、晋城4个地级市提前实现了县县通高速。并有1000多千米路基工程基本完工，为2012年高速公路突破5000千米打下了较好基础。工程总合格率94.4%，关键指标合格率95.7%，交通运输部抽检项目合格率97.2%。

公路养护管理取得历史最好成绩。2011年，完成大中修工程803千米，危桥改造200座，安保工程2131千米，灾害防治工程145千米。高速公路继续保持无三类以上桥梁，普通干线公路实现了危桥当年发现、当年治理，优良路率分别达到100%、82.3%。完成高速公路统一命名编号和标志更换。全省公路通行费收入124亿元，增长17%。高速公路通行费收入108亿元，增长17.8%。在五年一次的全国干线公路养护管理检查中，山西省综合评分在全国各省、直辖市、自治区排名第六，在各省、自治区排名第四，在中西部地区排名第一，省交通厅被交通运输部评为“全国干线公路养护管理先进单位”。

治超工作继续保持全国领先。2011年，共检测货运车辆6593万辆，查处违法超限超载车辆446辆，卸载1314吨，货运车辆非法超限超载率稳定控制在0.2%以内。经政府公示的9105户货运源头企业、463户车辆维修企业全部纳入运管机构行业监管。治超信息化取得新进展，全省39万辆营运货车全部安装了具有治超功能的IC卡道路运输证；1135家重点源头企业安装了科技治超系统，63个县建立了源头治超远程视频监控平台，投入运行的155个超限检测站、195个高速公路匝道入口全部实现了不停车检测。张德江副总理再次作出批示，充分肯定山西治超经验，全国治超领导小组再次在全国推广山西经验。

农村街巷硬化“全覆盖”取得重大进展。在交通运输部门介入晚、工程建设启动晚、省级补助资金到位晚的情况下，完成9.2万千米，完成投资166.5亿元，全省69.4%的建制村实现了“户户通”，进一步方便了农民生产生活，受到农民朋友的广泛欢迎。晋中市提前一年实现了具备条件的建制村街巷硬化“全覆盖”。

综合运输体系建设得到加强。建立综合运输厅局联席会议制度。

太原公路主枢纽武宿货运中心主体工程基本完工，侯马运输枢纽货运中心等一批枢纽客货运输站场开工建设，太原客运北站等4个枢纽客运站建成并投入运营。现代物流业发展迅猛，全省物流企业发展到763户，等级物流站场59个，华夏晋商物流公共信息平台投入运行。公交优先发展战略进一步实施，全省新增公交车辆913辆。太原市投资3亿元更新公交车辆600辆。城乡客运一体化积极推进，太原、晋中“同城化”公交运行良好，“上党城市群”公交网络基本形成，侯马、新绛、翼城三市县开通了跨地区县际公交班车，平定县22条具备条件的农村客运线路全部实行了公交化改造。2011年，全省营业性道路运输完成客运量3.29亿人，旅客周转量219.9亿人千米，货运量6.52亿吨，货物周转量1047亿吨千米，比2010年分别增长0.8%、1%、7.2%、8%，城市公交和出租车分别完成旅客输送量12.7亿人、10.4亿人，分别增长8.6%、3.8%。

*安全生产形势稳定。*安全生产整治年、创建平安文明工地活动和客运安全、水上交通安全等专项整治扎实有效，全省所有“两客一危”车辆、近50%的农村客运车辆安装了GPS终端，并纳入省市两级安全平台监管。重点公路关键工程施工实现了视频实时监控。全年交通运输生产发生死亡事故14起，比2010年减少3起；死亡35人，比2010年减少6人。应急体系进一步完善，山西省战略物资道路运输应急保障车队建设的经验被交通运输部转化为全国性指导意见。

【改革完善山西交通运输业管理机制】 *体制机制改革成效明显。*高速公路6种模式建设体制改革的实施，以交通数据中心与政务大厅项目建设为试点的政府投资项目代建制取得积极成果。成品油价格和税费3年改革任务完成，3.6万名改革涉及人员包括厅属单位9970名改革涉及人员均得到妥善安置。厅属事业单位完成清理规范工作，事业单位考试录用制度和干部挂职锻炼制度初步建立，公开招录机关公务员4人、事业单位人员143人，并安排6名厅机关干部下基层挂职锻炼。制定并向省政府上报了高速公路集团公司组建方案。

*法制建设和行业管理深入推进。*省人大颁布实施了《山西省水路交通运输管理条例》，修订了《山西省城市公共客运管理暂行条例》。结合行业实际制定出台《公路工程招标投标管理办法》、《高速公路建设工程勘察设计管理办法》、《高速公路工程造价管理办法》、《城市公共汽电车客运服务规范》、《交通运输行政监督规定》等规范性文件。开展了交通运输执法评议及执法形象建设。

*科技教育发展成绩显著。*进一步提高科研经费，并设立了100万元科技奖励资金。组织开展科技攻关124项，有效支撑了太原西山特长隧道等一批重大工程的建设管理。运煤重载交通沥青路面结构研究等8项科研成果获省部科技进步奖，并有14项成果转化为行业规范或地方标准。《采空区公路设计与施工技术细则》，填补了我国公路建设地质病害处治领域空白，被转化为全国交通运输行业技术规范。13项技术获得国家发明专利。钢纤维混凝土路面、橡胶混凝土路面、LED节能灯具等新材料、新技术在高速公路建设中得到推广应用。“1166”信息化二期工程全面启动，路政及应急指挥管理移动音频系统建成。山西交通学院新校区建设、交通技师学院“全国中等职业教育改革发展示范学校”建设启动。

*节能减排工作扎实有效。*环境影响评价与监测、环境保护“三同时”等制度在公路建设中得到落实。高速公路不停车收费覆盖全省所有地级市、出省口和重要县，专用车道达到88条，用户发展到21779户，年交易额7552万元。服务区“零排放”、雁门关隧道照明节能改造试点工程进展顺利。运输车辆燃油消耗监测与限制制度深入实施，全省15.2%的高耗能营运车辆退出市场，单位运输周转量能耗下降1%。清洁燃料在城市客运行业得到推广，太原市、晋城市新增公交车辆全部使用了天然气、煤层气燃料，大部分出租车进行了双燃料技术改造。

*改善民生与维护稳定继续加强。*严格落实国家鲜活农产品运输“绿色通道”政策，减免通行费3.72亿元。开展收费公路清理规范工作，太榆公路许西收费站于2011年7月1日起正式撤站。建立基于互联网支撑的公众出行服务系统，太原市五个一级汽车站实现了网上联网售票。在工程建设资金十分紧张的情况下，两次下拨资金32亿元，专项用于解决高速公路建设项目农民工工资，保证了近20万农民工队伍基本稳定。

*交通战备实现军民融合发展。*国防交通“1110”工程全面启动，“136”国防工程主体完工，两个战备物资库建成并投入使用，国防高速公路用地指标落实，交通战备保障队伍在多次重要行动中有效发挥了保障作用。省交战办被国家交战办、交通运输部、北京军区评为“先进单位”。

（梁锦华）

【忻州至保德高速公路建成通车】 忻州至保德高速公路是山西省“十一五”重点工程，也是山西省“三纵十一横十一环”高速公路网第四横重要组成部分。2007年11月开工建设，2011年12月建成通车。起于忻州市忻府区，东接忻阜高速公路，与大运高速公路相交，经忻府区、静乐县、宁武县、岢岚县、保德县，终点至保德县，跨黄河与陕西在建的神木—府谷高速公路相连。全长192千米，设计标准双向四车道，时速80千米/时。概算投资105亿元。

忻保高速公路建成通车，将实现环渤海经济圈与我国中西部地区最便捷的连接，是西部省区通向东部沿海和京津地区便捷的快速通道。

【忻州至阜平高速公路全线贯通】 忻阜高速是山西省东出太行、直抵冀中大平原、融入环渤海经济圈的重要通道，是山西省“十一五”重点工程和“三纵十一横十一环”高速公路网规划中第四横的重要组成部分。2009年1月开工建设，2011年12月全线通车。起点位于忻州市忻府区，以枢纽互通形式与大运高速公路相交，与忻州至保德高速公路相接，穿越忻府区、定襄县、五台县共16个乡镇、82个行政村，终于晋冀交界五台山长城岭，出省后与河北保定—阜平高速公路相接，全长124千米，概算投资61.6亿元。

忻阜高速全线贯通后，由太原出发经忻阜高速去往五台山只有200余千米，去北京480余千米，从北京去往五台山仅为280余千米，游客无需再绕行石太高速、京大高速，3个小时就可通过高速公路直达五台山脚下，佛教圣地五台山今后将会迎接更多的四方宾客。此外，五台山周边的徐向前故居、白求恩纪念馆、白求恩医院等景点也将迎来新的发展机遇。

忻阜高速与忻保高速相连接，形成一条贯通东西的交通大通道。从保德境内的晋陕省界到晋冀省界长城岭只需要2个多小时，为晋、陕、内蒙古煤炭运输车辆提供了便利。它的建成，对加快中西部地区政治、经济发展，尤其是对促进晋西北地区的旅游经济发展具有里程碑式的意义。

（李仁贵）

煤炭运销

【主要经济指标全面增长】 2011年，山西煤炭运销集团营业收入1580亿元，比2010年增加270亿元。煤炭产量4100万吨，增加1300万吨。煤炭总运量3.5亿吨，增加5500万吨。其中，铁路发运量6150万吨，增加550万吨；公路运量2.89亿吨，增加4910万吨。焦炭总运量6400万吨。煤炭总经销量2.5亿吨，增加6100万吨。其中，铁路经销4500万吨，增加700万吨；公路经销20850万吨，增加5390万吨。焦炭总经销量890万吨。非煤产业营业收入230亿元，增加60亿元。利税144.8亿元，增加17.6亿元。利润53.1亿元，增加1.8亿元。资产总额达1103.2亿元。

【煤炭产业稳健推进】 2011年，山西煤炭运销集团确立了“办大矿、办安全高效矿、办现代化本质安全型矿”的理念，明确了矿井生产建设的“六大阶段性目标”：一井一面，装备技术现代化，专项治理措施落实，质量标准化动态达标，控制入井人数、提高人员素质，组织正规循环作业、严禁超能力生产。按照厚煤层一次采全高和煤层生产能力以及“六大阶段性目标”的要求，组织对矿井设计进行优化，确保矿井系统合理，并留够充足的安全系数。制定矿井生产建设的准入条件，提高安全门槛。组织对矿井的六大灾害源（雨季三防、一通三防及瓦斯煤尘治理、防治水、小煤窑危害、安全供电、大斜坡运输）进行集中整治。组织实施对标管理，建设示范矿井，推行全员“岗位描述、手指口述、危险源辨识”。全面系统、善始善终完成资源整合后期各项工作。三元、中能、王庄、沙坪、磁窑沟、泰山隆安等一批矿井基本达到“六大阶段性目标”要求，现代化矿井建设初具雏形。严格按照基本建设程序，6座矿井达到生产和联合试运转条件，28座重点建设矿井正在有条不紊地进行建设。

【煤炭物流营销转危为机】 积极应对政策变化。2011年，在陕西、内蒙古入过境煤管理和煤炭收费政策取消的政策变革时期，山西煤炭运销集团以高度的政治责任感和历史使命感，从大局出发，按市场规律办事，有效防控风险，实现平稳过渡。

公路煤炭物流营销体系加快建设。成立晋煤物流总公司，利用现有职能，发挥销售主渠道作用，以驻矿服务为切入点，加大煤源采购，做实煤炭贸易，实现了公路煤炭销售提质增效，量增价涨。组建内蒙古、陕北、陕中南、宁甘青4个煤炭采购中心。开工建设22座煤炭超市和储配中心，11座已投入运营。自购、整合社会车辆1.7万余台，分区域开展三级配送业务。

铁路发运量和经销量创近年最高水平。自有发煤站发运量大幅增长。张台铁路，张礼、孝龙集运站项目按计划推进，忻州五寨胡会集运站投入运营，阴火铁路实现整体接管，大同鹏宇恒达集运站正在加快进行前期工作。以晋华为主体的港口公司整合取得初步成效。

【多元产业聚集落地】 依托主业向多元化发展。2011年，以煤炭生产和煤炭物流营销为主业，多元产业向焦炭化工、电力、装备制造、房地产、文化旅游、后勤服务、金融投资、贵金属等板块聚集。

焦化园区经济效益稳步提高。益达甲醇项目投入试生产，焦化产业链逐步完善。焦炭集团整合2000万吨产能，建设介休、稷山、长治3个焦化园区，做了大量的前期准备工作。

积极推进新项目建设。宁武52万吨/年煤制烯烃项目完成向国家发改委立项核准申报。美佳项目第一台综掘机顺利下线，实现当年建设、当年投产。中航美运兰田特种车辆制造项目、美新通用刮板机项目、向明带式输送机项目、美华电器制造项目都在积极组织实施过程中。

健全完善房地产管理运行组织机构。万景苑、朔州清河湾、晋城兰煜龙湾、阳泉吉祥苑等房地产项目进展顺畅。长治黎源文化创意产业园区在省政府组织的观摩活动中得到一致好评和高度肯定。

推行后勤服务市场化经营、专业化管理、产业化发展。晋城公司酒店服务业探索连锁经营模式和运城公司“煤联社”探索供应链管理模式，取得良好效果。按照省委、省政府的安排部署，积极推进山西能源产业基金工作。晋银公司银冶炼、银制品加工项目正式投入生产，吹响“百亿晋银、百年老店”的进军号角。

（杨　蓓）

民用航空

【山西省民航机场集团公司2011年经营概况】 强化监管、狠抓整改，安全形势基本平稳。2011年，山西省民航集团公司全面落实省内民用机场的安全生产“两个主体责任”，共查出各类安全隐患176项，整改160项，未整改项均已建立防范措施。坚持集团公司周安全讲评会、太原机场安委会和日碰头会议制度，解决了安全方面的问题36项。扎实开展安全生产专项整治，重点对锂电池运输、合约方安全管理、违规运输危险品和机坪外来物防范等工作进行专项治理。针对“7·23”高铁脱轨事故，立即响应国家、山西省政府和民航局的指示精神，第一时间对山西省内各民用机场进行了安全隐患排查。组织“百日安全大检查回头看”行动，全面督查全省各民用机场的安全隐患整改情况。加强机场净空保护工作，积极与相关市政府沟通，就限制燃放烟花爆竹发布政府通告，在重点区域加大净空保护宣传力度。审核净空高度申请46件。整合机场应急资源，成立应急管理部，修订完善各类应急预案21项，组织各类演练25次，有效提升了机场应急能力。在太原机场内设置5个应急避险区域，完善机场应急设施。加强“春运”、“两会”和“七一”等期间机场安全保卫工作。开展计算机保密安全大检查，对发现的安全隐患及时整改。完成太原机场容量评估工作，高峰小时飞行从16架次调整为25架次，有效解决了太原机场发展瓶颈。长治机场加强军民航协调和不停航施工的监管力度。集团公司连续第五年被中华全国总工会、国家安全生产监督管理局授予“安康杯竞赛全国优胜企业”称号，机场管理局荣获省“‘十一五’国防交通应急保障队伍建设先进单位”称号。

强化国内、增开国际，运输生产稳步增长。2011年，山西省民航机场集团公司进一步加大航空市场的营销力度，与16家旅行社签订《航班促销协议》，推出具有针对性的促销合作方案，提高旅行社拉动客源的积极性。与省旅游局合作，开展“2011民航伴我游山西”大型旅游惠民活动，进一步拉动了山西省内航空市场。

国际航线开发取得历史性突破。2011年4月14日开通了太原至台湾台中航线，5月16日首条定期国际航线太原至韩国首尔航线顺利开通，6月24日太原至泰国曼谷航线开通，7月23日太原至澳门航线开通，至此，山西与港澳台地区实现了全面直航。11月初，中国东方航空和台湾远东航空又对太原至台北航线进行加密，达到每周5班。

与长治市政府签署《长治机场航班包机经营管理协议》，整合航线航班开发资源。圆满完成专机、政府包机、春运保障、“两会”和中博会代表运输的服务保障工作。结合太原航空货运市场实际，逐步完善货运服务收费标准。太原机场海关监管场所顺利通过验收并揭牌，国际货物仓储业务不断拓展。

2011年，全省民用机场保障运输起降7.9万架次，旅客吞吐量726万人次，货邮吞吐量4.5万吨，分别比2010年增长11.5%、12.9%、1%。其中，太原机场通航航线85条，通航城市54个（包括地区航线4条，地区城市4个；国际航线2条，国际城市2个），全年保障运输起降5.9万架次，旅客吞吐量588万人次，货邮吞吐量3.9万吨，分别比2010年增长10.6%、11.9%、−3.7%。太原机场公务机业务得到迅猛发展，2011年共保障296架次，比2010年增长270%。长治机场通航航线7条，通航城市8个，全年保障运输起降5555架次，旅客吞吐量41万人次，货邮吞吐量1641.3吨，分别比2010年增长11.5%、5.6%、113.2%。运城机场通航航线12条，通航城市13个，全年保障运输起降8132架次，旅客吞吐量75万人次，货邮吞吐量2192.6吨，分别比2010年增长19.2%、21.3%、30.7%。大同机场通航航线6条，通航城市7个，全年保障运输起降3354架次，旅客吞吐量21.7万人次，货邮吞吐量1799.3吨，分别比2010年增长47.2%、30.4%、50.8%。

强化预算、增收节支，经营管理有效加强。2011年，山西省民航机场集团公司推行预算管理，以《目标责任书》为依据逐月落实绩效考核，各项成本费用得到有效控制。下放了考核部门预算费用内的审批权限，实现财务管理由集权模式向适度分权模式转变。严格执行投资和招标管理规定，进一步规范年度投资计划与管理工作，投资项目全过程闭环管理初见成效。

节能减排工作有效推进。采用合同能源管理模式对航站楼照明进行节能改造，对太原机场滑行道边灯光源进行节能改造，启用400HZ航空地面静态电源，加强中水转化及利用，有效降低了运行成本。

理顺各法人经营单位的投资关系，完善管控机制，非航资源得到较好利用。与首都机场广告公司成功合作，共同出资组建联合传媒公司，集团公司非航业务向专业化、品牌化经营又迈出一步。完成太原机场2号航站楼商业规划、改造和招商工作，商业价值明显提升，收入大幅增加。

强化管理、加大培训，基础管理成效显著。山西省民航机场集团公司完成质量管理体系、环境管理体系和职业健康安全管理体系的一体化管理体系认证工作，为有效提升管理效能和服务质量，实现标准化、规范化管理打下了坚实基础。太原机场公益事业改革取得实质性进展，完成所属职工医院、子弟学校移交地方工作。积极推进省政府与民航局战略合作协议的签订工作。“乘机方便行”项目的技术开发工作基本完成，进入试运行阶段。完成新门户网站的开发和建设工作，服务功能明显增强。启用太原机场货运系统。

强化质量、保证进度，机场建设工作积极推进。2011年，太原机场改扩建收尾工程全部完工，并顺利通过竣工验收和行业验收，总投资17.5亿元。长治机场飞行区扩建工程于2011年5月8日开工建设，总投资3629万元，机坪扩建工程及消防工程通过竣工验收和行业验收，累计完成投资2900多万元。运城机场改扩建工程总投资4.4亿元，航站楼主体工程已全部完成，航站楼内装修、高架桥及停车场工程基本完成，附属工程已投入使用，整体扩建工程在年底完工，工程累计完成投资4.1亿元。大同机场改扩建工程总投资3.37亿元，航站楼主体工程、停车场土方及附属配套用房主体工程已基本完成，已开始航站楼外墙装饰及配套设施工程，累计完成投资2.3亿元。新建吕梁机场工程总概算9.47亿元，已完成地基处理工程1950万立方米，占整个土方工程量的95%，累计完成投资4.2亿元。五台山机场改扩建工程已完成环评报告等工作，可研报告、总体规划、初步设计及概算等均已上报待批，工程总投资预计6亿元，开工前的各项准备工作正在有条不紊地进行中。临汾机场复航改造工程的土地、环评等报告已获得国家有关部门的批准，工程总投资4.76亿元，可研报告已通过评审、航站楼方案设计已完成，正处于可研审批阶段。

强化服务、改善硬件，圆满完成中博会机场服务保障工作。高度重视第六届中博会机场服务保障及前期准备工作，及早准备。成立了"中博会太原机场环境整治专项领导组"和"中博会太原机场服务保障工作领导组"，印发《太原机场迎中博环境专项整治方案》和《中博会太原机场服务保障总体方案》，确保各项工作的顺利推进。

山西省民航机场集团公司实施以打造山西第一窗口形象，对太原机场航站区、贵宾区、进场路、办公区等进行景观美化、亮化、绿化改造。按照开展"迎中博、创环境、争一流"活动的要求，积极开展太原机场辖区范围内的环境卫生治理工作，并摆放10万盆鲜花营造气氛，展示了太原机场良好的窗口形象。

（郝　睿）

【严格落实安全责任，安全态势持续平稳】 继续保持安全运行平稳态势。2011年，中国东方航空股份有限公司山西分公司共安全飞行57760小时、32531架次，比2010年分别增长5.3%和4.9%；QAR（快速存取记录器）数据为4.4%，降低4.1个百分点，远低于东航平均水平，未发生人为原因飞行严重差错，顺利实现了安全飞行19周年。

推进SMS（短信通群发系统）建设，提升运行质量。一是持续改进安全管理程序，编写完成《员工自愿报告安全信息管理程序和奖惩规定》等安全管理章程。二是狠抓安全信息管理，信息收集量逐月提高。三是深入开展系统评价，输出17项各类预防纠正措施。四是开展项目风险管理及新飞机场运行安全风险评估。五是严格落实各项安全控制措施，落实总部预防纠正、风险控制措施。

细化考核管理，营造安全氛围。中国东方航空股份有限公司山西分公司将安全工作目标纳入绩效合约，制定《安全管理量化考核规定》，将T1、T2指标分解，逐月考核。积极开展"安全生产月"和"百日安全竞赛"活动，营造良好安全氛围。

开展安全整顿，强化培训教育。围绕组织管理、作风纪律、现场秩序、业务学习等开展安全整顿，强化自查、自检。召开机长座谈会等分析不安全事件原因，严格飞行前准备、标准程序及非精密进近操作。认真开展安全信息管理等各类安全培训等。

开展专项治理，严格技术把关。继续深化民航局安全专项治理活动，细化活动方案，太原机场FOD（跑道异物）事件同比明显下降。大力实施安全运行质量审计和复审，完成航班换季及除防冰工作检查。改进修订QAR管理程序，开展非精密进近补充训练及检查。严格选拔条件，对聘用机长、二副转一副严格把关。继续强化ICAO（国际民间航空组织）培训，分公司通过率在70%以上。

加强维护管理，提高安全品质。制定"规范维修和维修记录奖惩规定"，提高检查、讲评和考核工作力度。制订6S（整理、整顿、清扫、清洁、素养、安全）建设总体推进计划，完成相关方案制订及培训计划，夯实维修管理基础。认真开展维修系统人员授权资格核查，提升维修人员基础实力。

强化空防管理，落实安保责任。专题开展空防安全兼职教员空防安保手册以及空防安全形势教育培训，组织机组安保协同应急演练。细化考核方案，进一步规范执勤行为、督促体能训练等。

【深挖航线收益品质，经营业绩持续提升】 2011年，机队在册日利用率：波音737-700为9.7小时，波音737-800为10小时。共完成客运贡献收入8.9亿元，比2010年增长28%，完成全年T3指标。平均客座率86.6%，比2010年增长2个百分点。货运收入1016万元，增长20%。东航太原共飞市场占有率39%，市场收益份额41%，市场产投比为1：1.23。

优化航线布局，提升收益品质。在对市场准确预判的基础上，适时开通太原至三亚、海口、福州、浦东等航线，新增太原台北正班地区航线及太原台中不定期地区包机航线。加密太原—南京—福州、太原—杭州—厦门航线，进一步完善枢纽网络覆盖。

合理调配运力，组织加班包机。对太原、长治、大同及运城4个省内机场运力持续补充，丰富航线产品。2011年，东航大同、运城及长治共飞市场运力份额分别为73%、77%和72%。捕捉市场信息，组织加班725班次，增加收入7254万元，包机共计1454班，增加收入1.48亿元。

强化渠道管控，突出服务意识。继续强化渠道管理人员对代理人的服务意识，在采取销售日志的管理方式进行销售监控和督导的同时，对山西地区销售代理人、电子客票大客户进行电话轮访，并对核心层代理人进行全面走访，对市场需求和共飞公司销售政策、销售产品等信息进行及时沟通。继续加强对主要销售平台的监控力度，严密跟踪平台代理费的外放情况，坚决制止异地代理对太原出港航班放高代理费现象。

区分航线类型，调整销售思路。并京航线抓品质、抓收益，提高太原进出港航班的高舱贡献比，该线同比增加贡献收入2741.7万元。上海、杭州、南京、福州、厦门、重庆、昆明航线等重点航线抓市场开拓、产品推广、运价维护，不打价格战，提高分公司在山西地区的市场份额和品牌影响力，同比增加贡献收入3278.3万元。广州、成都航线等劣势航线抓客座率、产品开发、提前预售，引领共飞公司提高价格，增加航班收入。

加强货运管理，提升货运收益。一是明确任务指标。根据市场形势制定销售政策和运价通告，将代理人、大客户进行排名分类，针对运价、生产、数据等进行系统监控。二是加强大客户销售和回访，积极赢得客户。三是细化运价管理。全年快件销售占销售总额的30%。

【对标SkyTrax四星标准，服务质量稳步提升】 完善制度规范建设，强化服务管理能力。一是继续完善乘务员考核体系建设。组织开展考核办法宣贯学习，建立健全与考核结果相挂钩的人力资源优化方案。二是继续完善监督检查体系建设。建立服务检查员考核机制，形成逐级检查、航前检查、航线检查、驻外检查常效化、闭环化管理。三是开展客舱清洁专项整治活动。通过服务督察等手段对所有飞机进行客舱清洁检查，对于不符合项提出整改要求。

注重创新特色服务，提升品牌形象。充分发挥“凌燕”示范组以及服务创新小组的作用，相继在航班中开展“缤纷东航行，春运在进行”、“写祝福语、传递漂流本”、“关爱女性，欢度三八”、“精彩五一”等特色活动。针对西安世园会服务，认真做好西安航线机上广播及致礼服务等特色服务。围绕中博会服务保障相关要求，精心组织调配，优化保障流程，参与上会服务，东航品牌完美展现。

完善高端客户管理，提升高端服务水平。一是进一步完善高端旅客服务流程。继续开展好“走进经典图书赠阅活动”、“生日祝福”等特色服务。二是继续开展“高端常旅客互动”特色活动，不断稳固、发展高端旅客，适时举办形式多样的高端客户群的沟通交流活动。三是配合总部收集和建立高端旅客信息库，已完成第一批200余名高端旅客信息的收集和整理。

保障航班正常，做好延误航班服务。严格执行延误整治措施，深化与空管等上游环节沟通，努力促进航班正常。2011年，东航太原机场航班正常率79.5%，航班放行正常率95.1%；太原出港航班关舱门正常率94.3%，超过T3指标。温州航班放行正常率92.2%，关舱门正常率90.8%，完成T1指标。继续完善大面积航班延误服务应急预案，按照提前介入、提前告知、提前沟通、提前补偿、提前处理原则开展2次不正常航班应急演练，对不正常航班保障工作进行研讨，通过服务案例，认真总结经验教训。

【突出体系建设，夯实基础管理】 扎实开展规范化管理。围绕规范化管理，从管理点项目入手，大力实施航空性业务收费优惠等9个项目，增收719万元。以机构调整为抓手，认真开展程序修订与完善，确保手册完整。以开展质量管理体系建设为目标，组织开展运输服务体系内审和外审，开展质量管理培训，提升内审员业务素质。以财务管理为核心，强化风险管控能力建设，预算管理、可控费用工作严格开展，应收账款回收率100%，无坏账发生，政府航线补贴、纳税返还政策持续。以人力资源管理为保障，优化组织架构，实施人才队伍建设。市场部、企管部机构调整顺利完成，职能划分进一步明确，岗位序列进一步优化。招飞、招乘严格把关，注重协调沟通，分公司人才队伍建设进一步优化。

谋划长远建设，夯实发展基础。从提升国际、地区航线经营服务能力的角度出发，提早筹划，实施新建海关货运监管库区及其配套项目的立项建设工作。经过一年的施工建设及试运行，2011年12月正式通过海关验收。针对机场未来土地规划，着眼于发展实际，就分公司用地规划向总部认真反馈、建议，协调总部加强同市、区政府相关事宜的合作联系。

（顾　骁）

通　信　业

【通信业概况】 截至2011年年底，山西省市话拥有量468万户，比2010年下降4.1%；拥有农话214.3万户，下降7.9%。拥有移动电话2446.9万户，增长10%。发送移动短信249.75亿条，增长14%。

【中国移动山西省分公司经营概况】 加大基础设施建设力度，不断提高网络质量，提升对社会经济的通信及信息服务能力。2011年，中国移动山西公司累计投资超过45亿元，新增无线基站9000余个，基站总数超过3万个，实现对全省100%的行政村及99%以上人口的覆盖。投资1.1亿元实施高铁、普铁及高速公路等区域的网络覆盖，及时保证通信及信息需求。“十一五”期间，中国移动山西公司累计在山西投资超过180亿元。

大力实施TD-SCDMA（时分同步码分多址，以下简称“TD”）建设运营。TD作为我国通信领域唯一一项具有自主知识产权的3G（第三代移动通信技术）移动通信技术，对于提高我国通信信息安全的技术防范水平，增强核心通信网络的控制力、占领经济以及军事主导制高点具有重大的意义。中国移动山西公司不断加大TD网络建设力度，实现了全省所有县级以上城市的良好覆盖。

加大网络基础建设的同时，不断巩固和提升网络质量。以市场需求、客户感知为核心推进网络维护优化，进一步巩固与提高网络质量领先优势。开展网络竞赛活动，努力改善网络质量，积极推进新技术应用，采用分布式基站、MCPA（多载波功率放大器）、多CCCH（公共控制信道）、联合寻呼、网络IP化等新技术进行网络维护优化，网络结构更加合理，网络质量明显提升，高铁、普铁网络覆盖率有效提升，高速公路及省道、国道网络覆盖进一步完善。

不断丰富产品，持续改善质量，努力提升公司对广大百姓的个人生活信息化服务水平。2011年，中国移动山西公司服务的移动用户总数超过2200万户。

着力推动宽带山西建设。中国移动山西公司在全省范围内加快宽带网络布局，快速实施WLAN（高速无线局域网）网络建设，全年共新增WLAN网络接入点19万个，实现了对机场、车站、高校、宾馆、大型会展中心、商场等主要数据业务热点区域的网络覆盖，同时不断优化网络结构，提升WLAN网络质量，改善WLAN网络用户体验。着力推进加大IDC（互联网数据中心）基础设施建设，有效支撑移动互联网及宽带业务发展，同时加快优质内容资源引入，有效提升了山西省互联网用户网站访问速度。探索实施云平台建设，提升移动互联网发展能力。

积极推动数字山西建设，大力实施无线城市建设运营。以民生、政务类应用为重点，不断丰富内容应用。2011年共上线便民、政务、医疗、交通、旅游等9大类800余项应用，访问人次超过300万。2011年9月，山西省政府与中国移动通信集团公司签订战略合作协议，加快“无线城市”建设成为合作内容之一。双方约定打造无线应用平台，加快无线政务、无线民生、无线办公、无线产业综合信息服务应用，宣传报道山西政治经济文化发展，提供政府亲民、便民信息服务支撑，扩大山西省对外影响。中国移动山西公司与11个市政府签订战略合作协议，全面推动无线城市应用，以信息化手段提高社会管理、民生及政务服务效率与水平。

积极推广手机视频、手机电视、手机阅读、手机支付、移动应用商场等3G业务，满足广大客户更加丰富的个性化服务需求。2011年，山西公司手机上网用户超过1200万户。

*立足省情，服务山西转型跨越发展，努力提升公司对社会各行各业的信息化服务水平。*2011年，中国移动山西公司围绕省委、省政府转型跨越发展战略，结合山西省产业特点，利用无线通信和信息化技术，加大在煤炭、环保、交通、旅游等行业的信息化应用推广力度，先后有环保污染源视频监控、省交警总队“交通卡口”、朔州“远程医疗”等一批项目投入使用，有效提升相关行业生产运营效率及服务水平。公司共为全省4.9万家集团及政企客户提供信息化服务，并不断扩展服务内容，提升服务质量。

积极推进物联网发展，在电力、交通、环保等行业实现规模应用，电力抄表、车辆定位、环保监测等终端用户超过20万户。持续探索物联网技术在煤炭开采、煤炭物流、节能减排、气象监测、水文监测、林业防火监控、旅游信息、金融POS(销售终端)和消防监控等方面的应用，着力为山西转型跨越发展提供移动信息化支撑。

*以客户感知为出发点，推动服务模式转型，不断提升客户服务能力和水平。*中国移动山西公司坚持“客户为根、服务为本”的服务理念，狠抓全员服务意识的落实。2011年，客户满意度保持行业领先。

建立产品质量体系，明确业务服务标准，不断促进客户满意度提升。加强投诉一体化运营管理。完善营业厅服务标准、VIP(重要人物贵宾等)服务规范等制度，服务基础管理进一步规范。通过全球通VIP大讲堂、电话经理专属服务等措施，提升VIP客户差异化服务水平。开展热线服务专项提升工作，10086热线客户挂机满意度较2010年提升近3个百分点。创新开展服务工作，实施“全民来优化，业务更便捷”主题活动，聚集员工智慧优化业务流程，有效提升业务质量。着力推进“灵活账期”规模应用，立足客户感知有效缩短营业厅排队时间，实现更均衡的业务和服务分流。全面推广营业无纸化，自办营业厅及专营店终端100%完成改造，业务办理效率显著提高。建立客户信用服务体系，对高信用等级客户推出“紧急不停机”、“担保开机”、“免预存办理国际业务”等差异化服务举措，受到客户欢迎。

*加强内部管理，持续提升企业运营水平。*从流程制度入手，全面提升企业标准化、规范化、集中化管理水平。以客户及市场需求为导向，对影响和制约公司发展的核心制度流程实施全面优化，先后完成7大类100余个子流程的优化并推广落实。全面提升人力资源管理水平，以人为本、注重激励的集中化人力资源管理体系日趋完善。优化人力资源管理制度，先后出台职位、薪酬、绩效、培训、招聘等多项制度办法并认真落实。加强经理人员及专家人才队伍建设，建立员工职业生涯发展通道。注重员工能力素质提升，实施各类培训近两万人次。有效推进班组建设，加强组织领导，实施班组长轮训，基层执行力逐步提升。加强全面预算精细化管理，实施成本标杆管理，有效提高资金使用效率与效益。加大安全生产及保密工作监督检查力度，有效杜绝重特大安全事故及失泄密事件发生。

*积极主动履行社会责任，服务地方经济社会发展。*2011年，中国移动山西公司在省内交纳税费超过12亿元，占到通信行业的80%以上。

中国移动山西公司还通过自身发展，积极创造各种就业机会。通过提供劳务机会、代维、代办等方式，直接及间接提供的就业岗位多达10万余个。

2011年，积极实施“村村通”工程。投资1.2亿元，用无线有线结合的方式，解决了894个行政村通宽带的问题。积极实施应急通信保障，先后完成省“两会”、中部投资贸易博览会、平遥国际摄影大展、晋中和阳泉等地森林大火等突发事件的应急通信保障共94次，出动应急车496车次，应急通信人员4360人次。积极实施基础通信设施共建共享，提高社会资源使用效率。支持平遥国际摄影大展、跤王争霸赛等文化体育活动，助推文化强省战略。建设15个大学生就业见习基地，为超过万名学生提供就业见习机会。继续加大实施手机淫秽色情专项整治及垃圾短信治理，切实保障客户权益。积极参与“红色传递”活动，利用手机媒体积极传播健康向上的文化。落实定点扶贫工作，支援贫困地区经济建设。

（刘晓枫）

【中国联合网络通信有限公司山西省分公司经营概况】 *概述。*2011年，中国联通山西分公司营业收入82.9亿元，比2010年增长15%；其中，主营业务收入75.72亿元，增长8.6%。市场份额较2010年提升0.1个百分点。经营趋势持续向好，销售能力明显提升。

*3G出账用户突破100万户。*2011年，山西联通以开展阶段性促销活动为载体，集中公司全部资源，全力以赴发展3G业务，规模发展效果初显。全公司3G出账用户数超过100万户，3G业务有效发展率、出账率、合约计划销售占比均保持良好。一是坚持推广存费送费合约计划和终端合约计划。尤其将4款千元智能战略终端合约计划作为营销重点，全面提升发展用户中3G终端合约数量和占比。二是提升社会渠道销量及销售占比。通过佣金倾斜、考核导向等手段，引导社会渠道发展3G，充分利用好社会渠道的规模效应。深入开展终端卖场合作，通过卖场人流提升社会大众与3G业务的接触度，促进3G业务发展。三是加大集团用户整体转网工作力度。对全省重点企事业政府客户进行重点营销，以“终端合约＋3G高

速上网”为卖点，以实际应用加良好感知，最终实现集团整体转网。开展标杆化行业应用项目建设，以标杆化的行业应用带动企业应用业务。四是坚持体验式营销。通过沃体验俱乐部活动的深度开展，促进在网3G用户数据特色业务的使用。通过业务黏着用户在网和特色业务的社会化效应推动大众选择联通3G业务。推动营业厅软件加油站的建设，通过软件免费更新的方式，加强用户交流频次，提升客户3G使用感知。五是加大2G(第二代手机通信技术规格)转3G工作力度。省分公司先后两次从终端管理系统提取使用3G终端的2G用户明细，并下发各单位，要求各市分公司对目标客户的客户属性、月消费额度、消费结构提前进行数据挖掘，提出拟推荐使用的3G套餐类型、档次或存费送费合约计划，开展定向营销；对成功转3G的客户在首月、次月进行回访，掌握并解决其在使用3G业务过程中的问题，力争使其成为种子客户，带动其身边客户选择联通3G业务。六是加强管理。在坚持日通报、周督办、月分析制度，每天公布各单位业务发展情况的基础上，组织3G业务发展片区座谈会，及时指导各市分公司发展业务，并推广、复制成功经验做法，确保取得发展实效。

*融合业务用户规模不断扩大。*截至2011年5月底，山西联通深度融合业务套餐数突破106万户，捆绑手机数突破120万户；将近1/5的固话用户和手机用户参与融合捆绑。采取的主要措施有：一是以重点业务百日促销、百日决战、百日跨越为平台，突出融合业务的促销工作。二是“走出去”发展融合业务常态化，完善现场促销规范，不断提升现场销售能力。三是加强业务培训，通过一系列视频培训和现场培训，提升营销效果。四是适时召开融合业务侯马现场会及宽带暨沃家庭经验交流会，为全省经验共享创造条件，起到典型示范作用。

*集团客户3G整体转网成效显著。*截至2011年一季度，山西联通累计完成3G整体转网集团客户975个，完成转网3G用户74644户。其中，中国农业银行山西省分行全省综合语音VPN(虚拟专用网络)项目发展3G用户5000余户、2G用户3000余户，仅入网套餐费一项便可带来年收入700余万元。主要措施有：一是通过“行业应用＋VPN”、“明星终端＋商务应用”及信用担保、分期付款、语音VPN、定向流量优惠等政策，实现了全省集团客户3G整体转网业务的重大突破。二是实施整体转网划片包干制度，由集团客户事业部领导成员对各营销单位转网工作进行重点帮扶。三是采取差异化营销措施，在城区以3G为重点进行推广，乡镇一级以2G为重点，大客户以行业信息化应用为切入点，中小企业客户以IVPN(语音通信业务)优惠为主要推广内容，提高营销的成功率。

*营销服务能力进一步提升。*2011年，山西联通以提高客户满意度为目标，对215个自有营业厅开展体验式销售转型，集中整治六大服务热点问题，实施22项客服应急项目，全省客户满意度稳步提升，被授予政风行风评议先进行业和山西省实施用户满意工程先进单位称号。

*与山西省煤炭工业厅签订山西省煤炭专网通信服务合作协议。*1月26日，山西联通与山西省煤炭工业厅签订山西省煤炭专网通信服务合作协议。此次山西省煤炭专网改造涉及11个市级机构、9大集团公司、省监狱管理局，各县煤炭局及1050个煤矿，电路由原来的SDH〔同步数字体系(2兆)〕网络改造为技术先进的MSTP(基于SDH的多业务传送平台)(10兆/6兆)网络，将租用公司专线电路1000余条。改造后的专线电路传输速度更快，承载业务更多，将为山西省煤炭专网的各类数据、语音、视频业务提供高安全、高可靠的传输服务保障。

*小灵通转网平台建成并开始试运营。*2011年3月，山西联通积极响应市场前台的需要，在短短一个月内建成小灵通转网平台，实现了用户只需在前台办理该业务即可实现语音改号通知、短信通知、按键接续功能。该业务下线后，后续可在该平台上增加实现异网改号通知功能、一卡多号功能，以满足用户的多层次需求。

*网上营业厅移动业务办理功能上线。*2011年3月25日，山西联通在网上营业厅增加了移动业务办理功能，并通过一系列业务测试和评审，广大客户在网上可直接办理来电显示、三方通话、呼叫等待、呼叫保持、炫铃、联通秘书、停机保号/复机、挂失解挂、呼叫转移九大类业务，改变了网上营业厅较简单的缴费充值查询等售后服务功能，向多功能销售服务的目标迈进了一大步。

*完成森林火灾抢险应急通信保障任务。*2011年4月29日晚，山西省晋中、阳泉市交界处发生森林火灾，过火面积1000公顷。国家森林防火指挥部迅速启动应急响应，山西省启动Ⅱ级响应，并组织3000人实施扑救。山西联通迅速组织晋中、阳泉市分公司成立应急通信保障队伍，奔赴火灾抢险现场开展应急通信保障工作，进行线路巡检、紧急接续光缆、开通应急通信基站，为两地的抢险指挥部提供了多种方式的通信保障，确保抢险区域的通信畅通。

*在全国率先实现对大客户采用L2TP(第二层遂道协议)方式的灵活计费支撑。*为实现大客户灵活计费需求，山西联通实现大客户启用L2TP方式支持内容计费、业务标识及功能验证。2011年4月，顺利完成山西省华夏银行L2TP方式的数据制作和业务调测，成功开通L2TP方式的行业用户增加业务计费标识的业务，使山西成为全国第一个对大客户采用L2TP方式灵活计费的分公司，为市场前端新业务需求实现提供了有效的后台技术支撑和业务保障。

*质量管理活动取得可喜成果。*在2011年1月10日举行的中国通信企业协会成立20周年暨通信行业三项表彰活动推进大会上，山西联通荣获“2010年全国通信行业优秀质量管理小组”五项表彰、“2010年全国通信行业开展质量管理小组活动先进单位”两项表彰，一人荣获“2010年通信行业开展QC小组活动优秀推进者”称号。

（黄云霞　吴　强）

【中国电信山西省分公司经营概况】

*概述。*2011年，中国电信山西分公

司围绕“推进规模发展、强化3G经营、抓实渠道建设、拓展行业应用”的发展方针，深入推进聚焦客户的信息化创新战略和差异化发展策略，各项工作不断取得新成绩。2011年，全业务经营收入16.07亿元，比2010年增长23.6%；总资产46亿元，用户总数247万户。

*聚焦客户强化经营，打造信息化新生活。*针对个人客户，以客户需求为依据适配业务产品，注重提升客户感知；针对家庭客户，区隔产品定价，提供分级服务，丰富填充信息应用，满足客户多样化需求；针对政企客户，大力推进行业化应用，烟草e通、配货通、翼机通、警务e通四项重点应用取得新进展；建立中小企业市场标准化营销体系，积极探索创新合作模式，中小企业聚类用户收入同比增长25%。

*坚持差异化创新发展战略。*以移动和宽带业务为核心，加快转型业务发展。向青少年群体、时尚白领、商务人士主推乐享3G套餐、智能手机和数据型增值业务，搭建3G体验环境，开展体验式营销。运用融合、组合手段，实施宽带、移动、固话有机捆绑，开展有线无线一体化宽带账号经营。采取广泛挖掘、集中攻坚的方式拓展项目型行业应用，提升了烟草、警务等行业信息化应用水平。

*积极落实“宽带中国”战略。*坚持“天翼宽带”品牌统领，着力提升网络能力和维护质量，带动家庭信息化应用、互联网内容服务、宽带增值服务等综合业务发展。积极探索差异化营销方式，拓宽电子营销途径，实行“先安装开通后付费”的销售模式，提升客户感知。持续做好“天翼宽带”品牌、资费的宣传，强化“宽带无处不在”的网络感知。组织开展“天翼飞扬首季开门红”、“城中村市场”、“校园宽带”、“续费提速”等一系列劳动竞赛活动，有效促进了宽带业务发展。宽带业务用户累计达到72万户。

*开展天翼“移动互联网”品牌宣传，促进流量经营。*爱音乐、天翼视讯、189邮箱、天翼空间、爱游戏等3G流量型产品发展使用率逐月提高。集团彩信手机报用户数达13.4万户，在全集团排名第三。通过“花好月圆”网站运营和“寸草心”热线服务，拉动移动用户增长。企业移动业务用户累计达到175万户。

*加强渠道建设，实现满足客户需求全覆盖。*提升自有营业厅单厅销售能力，开展体验式营销。提升营业厅的主动营销能力，开展单厅核算。探索自有厅吸收民营机制变革，试点承包经营。强化政企直销渠道，打造一流的顾问式营销团队。加快社会渠道销售拓展，切实做好对社会渠道的支撑和服务，推进社会渠道快销点覆盖延伸。大力推进C(CDMA，即码分多址)网手机进卖场，深化大连锁和引C入G(GMS，即全球移动通信系统)合作。提升电子渠道服务能力，聚焦客户感知，持续优化网厅/掌厅运营性能，使用户感到会用、能用、好用。完善客户查询、交费、业务办理等各项功能。

*强化服务管理，提升客户感知。*加强服务管理体系建设，从组织机构、人员整合、责任分工、考核机制入手，建立纵横双向的服务KPI(关键绩效指标法)考核机制，坚持省、市两级服务质量通报分析制度，服务管理全程参与新产品上线、营销活动上线、系统升级等环节的服务前置审核，全年完成服务审核59项。开展“天翼飞扬”党员走访客户活动，以全体党员为主体，从身边事、身边人做起，通过现场走访、电话访问、互联网形式主动做好客户意见的征集、收集工作。积极推进客户感知热点难点问题的解决，按照突出重点、前后衔接、专项部署、务见实效的原则，开展服务专项优化，优化完善业务规则、提醒服务61项。开展全业务客户服务标准贯标工作，完善前端业务受理流程、提升窗口服务能力、优化IT(信息技术)系统支撑、理顺前后端投诉处理闭环流程等措施，解决服务短板，力争解决好售前、售中、售后服务中的典型问题，全业务服务标准达标率98.9%，越级申诉率从月均8.2笔/百万用户下降到月均7.9笔/百万用户，全业务投诉率从4‰下降到2.5‰。实施宽带服务专项提升工作，做精做细“主动便捷”服务，实现宽带服务指标的“两升一降”，即提升10000号宽带故障预处理率，提升宽带装维履约率，降低宽带客户离网率。宽带业务用户满意度85.7分，较2010年上升1.9分。开通“天翼3G互联网手机专家服务/销售热线”，为客户购买3G手机和使用3G业务提供方便。

*加快网络建设，为社会信息服务提供良好支撑。*中国电信山西分公司持续加强3G网络及光纤宽带网络建设工作，为社会信息服务提供良好的网络覆盖和支撑服务，积极推动国民经济信息化进程，加速全省产业信息化建设。

顺应移动互联网发展规律，重点做好无线网补网建设，树立3G品牌形象，更好地服务于社会信息化发展及行业信息化应用。通过无线网疏忙补盲，提升差异化网络品质。在2G网络覆盖率较大程度提升的同时，3G网络在覆盖广度、深度、连续方面继续保持优势。市区覆盖率99.5%，乡镇覆盖率100%，重要旅游景区覆盖率100%。通过3年的大规模网络建设和优化工作，全省C网网络质量明显提升，在语音质量和3G业务速率方面建立了比较优势。

加快互联网光纤化建设步伐，提升综合信息服务能力，打造光网城市，为山西的信息化建设作出贡献。全面推进FTTH(光纤到户)光纤宽带建设，实现广覆盖战略的新突破。覆盖用户数达到300万户，进一步提升了全省11个市中心城区及一、二类县域中心城区楼宇覆盖率。光纤宽带网络覆盖范围的迅速扩大有力支撑了公司光纤宽带业务的快速发展，提升了公司宽带产品差异化竞争力，为企业参与市场竞争、实现全业务发展转型奠定了坚实的基础。

*加强运行维护，提升网络质量。*中国电信山西分公司坚持把服务客户、支撑前端作为运维各项工作的出发点，增强网络综合竞争实力，切实把网络维护优势转化为市场竞争优势，着力提高客户满意度，打造中国电信运维品牌，为各项业务的发展提供有力的支撑和保障。一是以网络质量为核心，加强主动性维护，消除网络安全隐患，确保核心网络安全。二是优化网络结构，挖掘网络潜力，提升网络质量和功能。开展核心网、城域网IP(网络之间互连

的协议)扁平化优化工作，全面完成一干光缆“T”型改“U”型引接工作，提高网络的综合承载能力。三是紧密围绕业务发展，提高市场响应能力，将网络优势转化为市场竞争优势，主动创新，建立差异化维护服务体系，将维护作为电信产品的一部分，充分体现中国电信的网络品牌优势。四是开展装移修服务对标工作，进一步完善末梢维护体系。稳定骨干队伍，不断提高装维人员技能。加强对装移修回访不符的考核，装移修不符率由年初的7%降到4%。深入开展无线网络优化工作，掉话率下降32.6%，投诉率降低34%。五是讲政治、讲责任，出动应急车辆88辆次，出动应急人员185人次，完成各项通信应急保障任务。

推进企业机制体制创新，提升运营效率。持续优化组织架构，为企业健康发展提供有力支撑。积极应对市场变化，成立政企客户支撑中心和政企客户售前支撑中心，推进前后端协同，优化职责，确保资源能力和客户服务快速响应市场。成立财务共享中心，全省核算标准得到统一，会计核算更加规范。根据行业特征和产品特色进行大胆创新和尝试，成立“花好月圆”、“寸草心”项目管理组，以团队形式进行管理，探索岗位考核、分配和员工培养的人力资源管理新机制。开展省公司机关员工赴基层工作，增强基层工作经验，做好干部梯队建设。完善生产用工岗位体系管理，就岗位分层、薪酬调整、考核管理、业务培训和岗位建设进行调整和完善，适应公司全业务运营需要。

山西省政府与中国电信集团公司签署战略合作协议——共同推进电子政务等领域信息化建设与发展。2011年9月19日，山西省人民政府和中国电信集团公司在太原签署战略合作协议。双方将通过建立长期稳定的战略合作，加快中国电信在山西省电信基础网络的优化升级，共同推进山西省电子政务、两化融合、三网融合、农业农村信息化、数字城市等领域信息化建设与发展。

“十二五”期间，中国电信集团公司将推动山西省经济社会各领域的信息化建设，助力山西省转型跨越发展，将发挥其卫星通信、移动通信和宽带互联网技术、人才和网络资源优势，进一步升级扩展基础网络建设，建设全光宽带网络，推进山西省电子政务、两化融合、三网融合、农业农村信息化、数字城市等领域信息化建设与发展。

根据协议，山西省与中国电信将在以下方面加强合作：加快通信基础网络设施建设，助力电子政务发展，助力信息化与工业化深度融合，助力农业农村信息化发展，助力数字城市及社会公共领域信息化建设，推动云计算、物联网技术的应用与发展。山西省政府将加强统筹规划与组织协调，为中国电信服务山西信息化建设创造有利条件。

为确保战略合作协议的顺利实施，双方将建立共同推进工作机制，信息通报制度及对接机制，全力加快山西省信息化发展。

中国电信山西分公司启动“数字企业”建设项目，助力全省中小企业发展。2011年12月17日，中国电信山西分公司与山西省中小企业局签订战略性合作协议，正式启动“数字企业”建设项目。

“数字企业”建设项目针对山西省中小企业信息化状况和产业特点，借助中国电信的优势网络和信息化建设能力，由浅入深的为山西中小企业提供全方位的信息化综合解决方案。该项目将通过“一条互联网高速接入通道、一个企业数据通信内网、一套自动化办公系统、一个企业内部视频监控平台、一套无线网络应用、一套企业门户”的“六个一”“数字企业”模式建设，着力提高中小企业信息化管理水平，帮助企业节省成本、提高效率、捕捉商机、争取资金，改造运作流程，改进经营理念，推进产品更新换代，带动产业转型升级，不断提升企业经济效益和竞争能力。到2012年10月底，在全省中小企业中重点打造1000家“数字企业”，到2013年年底，重点打造3000家“数字企业”。

在项目建设中，山西分公司将有效发挥3G优势，聚焦中小企业客户，利用基础通信网络奠定中小企业信息化建设基础和平台，以定制化信息应用渗透企业生产、销售等各个环节；以行业应用巡展为契机，重点开发推广移动办公、企信通、一卡通、监测监控、定位服务等特色应用产品；利用网格化营销覆盖中小企业客户，为客户量身定做，提供一揽子信息化解决方案，形成一批可复制的标杆项目，推进山西中小企业信息化进程，实现业务经营规模发展。

立足科技创新，推进网络演进。2011年，中国电信山西分公司积极跟踪国内外先进技术，不断推进网络演进。固定通信网向宽带化迈进，不断拓展应用领域；移动通信网在加强2G网络覆盖的同时，重点做好3G网络，不断提升网络性能；引入光纤通信、软交换、数据及宽带多媒体通信等世界先进技术，加大新技术在通信网络上的应用，通信网络技术实现了与世界先进水平同步。在无线网建设上积极推广采用BBU(室内基带处理单元)＋RU(资源单元)拉远站、简易H杆、飞地压扩无线传输、直流远供、地埋电池等技术手段，降低无线网建设造价，提高投资效益。应用FTTH＋GPON技术(是基于ITU-TG.984×标准的最新一代宽带无源光综合接入标准)，解决了传统LAN(局域网)交换机故障率高、供电不稳定等问题，并实现了城中村、别墅、商业楼宇等难点覆盖场景的有效突破。在IP城域网、IT系统、业务平台等项目中，引入云计算技术进行资源池等相应平台建设，达到降低投资、节能减排的效果。

企业价值与社会价值并重，彰显社会责任。一是中国电信山西分公司关注坚持合作共赢，提升中国电信品牌和社会影响力。进一步积极协调政府关系，成功签署山西省人民政府和中国电信集团公司的战略合作协议；与山西省教育厅举行“中国电信·山西教育信息化”合作签约仪式暨“视频组网”建设项目合作，助推山西教育信息化工作；与太原高新技术开发区管委会联合成立了“太原高新技术产业开发区信息化应用产业联盟”，助力企业信息化进程。二是投资800余万元完成3项保障系统和工程建设，完成“两会”等重要保障任务10余次，实现无中断、无故障、用户“0”申告的佳绩。三是做好抗灾救灾应急通信保障。在历次应急通信保障任务中，第一时间内组织应急人员携带通信工具和通信设备对事故现场进行通信保障。四是积极参与扶贫济困。五是开展网络诈骗专项治理。配合公安等部门做好打击网络诈骗工作，对自营网站、IDC(互联网数据中心)及专线接入网站开展全面排查，并要求ISP(互联网服务提供商)进行自查、自纠，对含有网上银行、网上购物、机票销售、中奖信息等内容的网站资质、主体信息进行重点核查。协助配合当地公安、宣传等相关主管部门加强行业监管，依法查处非法网站，积极做好案件线索的查证工作。

*开放3G互联网手机应用辅导服务热线。*中国电信山西分公司“3G互联网手机应用辅导服务热线”于2011年5月1日正式投入使用，主要服务内容是帮助客户解决3G业务和3G手机应用过程中遇到的问题，是面向公众、全省统一的专业化服务热线，其目标是成为“3G使用辅导的专家、3G手机购买的助手、3G业务办理的通道、3G应用推广的平台”。

2011年，“3G手机服务热线”的在线一次性解决成功率由最初的63.8%达到92.8%，最终解决率一直保持在97.5%～98.4%的水平。服务量逐步递增，从开台时的日呼叫量150次到目前的日均呼叫量700次左右，话务接应总量达到15万余次。

(赵　苇)

邮　政　业

【2011年山西邮政业发展概况】 *邮政业务较快发展。*2011年，山西省有邮政支局所(处)1526个，比2010年增加220个，邮路总条数533条，增加9条；其中，航空邮路40条、铁路邮路6条、汽车邮路354条。邮路总长度(单程)10.7万千米，增长16.3%。全年投递函件6667万件，下降13.8%；投递包件72万件，下降39%；快递2098万件，增长41.9%。

2011年，全省邮政业务总收入23.62亿元，比2010年增长21.1%。其中，函件收入增长8.1%，报刊收入增长15.6%，集邮收入增长30.3%，电子商务收入增长38.7%，分销收入增长22.1%，代理邮储收入增长19.9%，代理保险收入增长19.5%。全年新增代理邮储余额161亿元，余额总规模1008.3亿元，成为山西城乡金融服务的重要力量。代理保险全年实现保费26.93亿元，市场占有率继续位列各大金融机构之首。

*服务能力不断增强。*2011年，新购置邮政营业网点14处，装修改造营业网点165处，新增业务受理台席400余个，更新网点终端机具4937台(套)，邮政窗口形象和服务能力有了实质性的提升。加快建设邮政便民(“三农”)服务站，打造邮政综合服务平台。全省新建城市邮政便民服务站1512个，农村邮政“三农”服务站3752个，为城乡居民就近使用邮政业务，缴纳与日常息息相关的各类费用提供了便利。实施大客户投递机动化、城市投递电动化、农村投递机械化“三化”改造，更新投递用车20辆，配备投递电动自行车798辆，并组建了近200人的商业化投递队伍，在做好普遍服务的同时，着力提升邮政投递服务水平。开展邮政网络流程优化工作，实施进口邮件分拣前置工作，加强邮件运输及内部处理环节时限管理和监控，启动网运KPI评价体系建设应用工作，大大提高了邮政网络运行效率，缩短了邮件传递时限。强化信息技术支撑作用，30余项紧贴生产经营和管理需求的信息系统建设上线，初步建成技术领先、资源共享的技术支撑平台，有力支撑了传统邮政服务向现代邮政服务的转型升级。

*企业管理更为规范。*进一步完善降本增效的政策措施，深入推进全面预算管理和专业损益核算，优化资源配置，加强资产资金管理，有效提升了企业经营效果。完善领导干部年度考评制度，建立问责、质询和事项考核相结合的约束机制，干部管理制度更加健全。加大劳动生产率考核力度，实行工时精细化管理，初步建立减员增效的长效机制，建立健全劳动力储备、流动、退出制度，基本实现人员的动态管理，为员工队伍建设注入了活力。将资金安全摆在突出位置，加强内控制度建设，充实各级内控管理人员，加大业务稽查力度，从严查处违规行为，着力提升从业人员职业操守，有效防范了资金风险。加强审计监督和效能监察，有力促进了企业的依法合规经营。积极推进管理创新，在全国邮政企业管理现代化创新成果评选中，山西邮政获得1个一等奖、2个三等奖。

*服务质量稳步提升。*狠抓营投窗口两个服务规范的落实，制定出台营业旗舰店服务标准和精品窗口服务标准，对照窗口服务标准，通过模拟用邮、疑难咨询等方式，开展服务质量三晋行等活动，先后对11个市局、102个窗口进行了明察暗访，有力地促进了邮政窗口规范服务的达标升级。健全企业内部质量监督检查体系，加大服务质量考核力度，全面落实“迅速、准确、安全、方便”的服务方针。以用户是亲人为主题，以“树立优质服务品牌，创建群众满意窗口，争当优秀服务标兵”为载体，深入开展“为民服务，创先争优”活动，促进了全省邮政行风建设，得到社会各界的广泛好评。山西邮政继2010年在全省16个公共服务行业排名第一后，2011年再次排名第一，成为2012年全省行风建设免评单位。

*和谐企业建设扎实推进。*一是深入开展职工小家建设，改善基层员工的生产生活条件。二是加大职工教育培训力度，全年投入教育培训经费912万元，开展了大规模的员工岗位技能和综合素质培训，参训人员4.7万人次，职业技能鉴定合格率80%。

*社会形象稳步提升。*主动将邮政发展融入党和政府的工作大局中，整合行业资源，努力打造邮政文化传媒、邮政金融、邮政现代物流、邮政电子商务“四大产业链”，助力山西转型跨越发展。省政府与中国邮政集团公司就支持山西邮政基础设施建设、推动邮政与地方经济融合发展，签署了战略合作协议。在创先争优活动中，涌现出王收秋、赵月芳等在社会上有影响、叫得响的

先进典型。王收秋被评为全省“十佳创先争优标兵”,赵月芳入选第三届全国道德模范候选人并获得全国职工职业道德建设标兵、感动山西十大人物称号。山西省邮政公司荣获2011年度山西省安全生产先进单位称号,被山西省精神文明建设指导委员会评为2010～2011年度“文明和谐单位”。

太原仓储中心工程通过竣工验收。2011年1月12日,该工程通过中国邮政集团公司的竣工验收。验收委员会认为:该工程已按批准的设计建成,全面正式投产所需的各种条件已经具备,同意通过竣工验收。该工程是中国邮政集团公司为促进山西邮政物流配送业务发展,增强一体化物流和仓储配送业务的市场竞争力,于2008年11月批复建设的速递物流生产场地重点建设项目,总建筑面积6670平方米。工程于2009年4月开工建设,同年10月完成投入试运行。

山西邮政确定“十二五”时期改革发展目标。到“十二五”末,力争两个翻番:业务收入规模力争翻一番,实现38亿元,奋斗40亿元;员工综合收益总规模力争翻一番。实现三个再造:再造一个营业服务网(城市局(所)营业面积和储蓄台席各增加1倍),再造一个“三化”投递网(实现城市投递电动化、农村投递摩托化、大客户投递机动化,并组建500人的商业化营投队伍),再造一支高素质干部员工队伍(专业领军人物和综合经营管理者达到高级职业经理人的水平,中高级技能员工在2010年基础上增加1倍)。达到一个愿景:运营质量显著改善,劳动生产率稳步增长,综合能力大幅提升,成为服务地方经济社会发展和民生的重要渠道、推动文化产业大发展的重要力量和电子商务领域的领先企业,全力打造中西部邮政强省。

山西省邮政公司在多个领域深化战略合作。2011年4月19日,山西省邮政公司与山西省体育局签署战略合作协议。按照协议,省邮政公司将与省体育局在邮政网点代理销售体育彩票、即开型体育彩票和宣传物资物流配送、体育彩票报纸杂志直接投递到网点及邮政金融代收体育彩票款等方面开展多层次、全方位的合作。

2011年6月30日、7月8日、10月11日,山西省邮政公司分别与中国联通山西省分公司、中国移动山西公司、中国电信山西分公司签署战略合作协议。根据协议,双方将互为大客户,在相互提供优质服务的基础上,在业务代理、服务资源整合、渠道协同和联合营销等领域深化合作,共同为广大客户提供更加方便快捷、优质高效的通信和邮政一体化服务。

2011年8月11日,山西省邮政公司与太原铁路签订战略合作协议。根据协议,邮政将充分利用自身的网络优势,在具备条件的邮政网点开办火车票代售业务,太原铁路将逐步把现有的代售点移设到邮政营业网点。同时,太原铁路将使用邮政渠道为售票网点配送票卷。

2011年9月27日,山西省邮政公司与山西省科学技术协会签署战略合作协议。根据协议,双方将共同达到以下战略合作目标:一是面向农村地区,利用三年时间,在全省建成连接省—市—县—乡—村,覆盖全省的科普惠农经营服务体系。二是面向城镇地区,利用3～5年时间,在全省建成覆盖所有城镇社区的服务站,实现农产品返城销售。三是在科技传媒领域,利用3～5年时间,在全省乃至全国打造一个实力较强、影响力较大的科技传媒集团,面向农村的科普报刊稳定发行量,力争成为全省农村发行量最大的报刊;面向城镇发展会员,仅太原地区突破1万名。

【晋豫邮政签署全面战略协作发展行动纲领】 为进一步加深山西、河南两省邮政的交流与合作,促进两省邮政协作发展,9月22日,两省邮政在太原联合召开首届晋豫邮政协作发展高层交流年会。会上,山西省邮政公司与河南省邮政公司签署了《豫晋全面战略协作发展行动纲领》,标志着晋豫两省邮政合作发展开启了新的纪元,进入到全方位、深层次的合作发展阶段。根据《纲领》内容,双方将共同推进全方位的跨省协作,加强产品创新、服务创新、业务创新、管理创新等方面的双向交流,共同维护邮政品牌,共同促进服务能力水平提升。

(孙久臣)

9 建筑业

JIANZHUYE

建筑业

建筑业

【进一步加强监管，整顿规范建筑市场秩序】 建筑业概况。2011年，全省完成建筑业总产值2324.9亿元，比2010年增长4.8%；增加值674亿元，增长17%。建筑业企业利润总额49.22亿元。全省建筑业从业人员年平均人数92万人，劳动生产率平均保持在24.5万元/人左右。全省共有建筑业资质企业3441家，其中，总承包企业1245家，专业承包企业1947家，劳务分包企业249家。工程勘察设计企业493家。工程监理企业213家。工程招标代理机构167家。

建筑业结构体系建设。坚持以市场需求为导向，积极构建大、中、小等级合理，总承包、专业承包、劳务分包专业配套，以施工为主体，勘察设计、监理、招标代理等中介咨询为辅助的建筑业结构体系。2011年，依法核准升级、增项、延续、换证的建设类企业569家，其中，施工企业251家，勘察设计企业125家，监理企业84家，招标代理机构49家，设计与施工一体化33家。向住房城乡建设部申报升级、延续企业81家，专业涵盖房屋建筑、市政、公路、铁路、钢结构。

建筑业政策法规建设。2011年，编制完成《山西省建筑业“十二五”发展规划》，印发《关于进一步加强监管整顿规范建筑市场秩序的实施意见》、《建筑市场监督执法检查制度》、《房屋建筑和市政基础设施工程施工评标办法》、《房屋建筑和市政基础设施工程施工招标文件》、《房屋建筑和市政基础设施工程施工监理招标评标办法》等文件，指导与服务全省工程建设，保障工程建设依法合规、受控运行，更好地发挥投资效益。

建筑市场监管。加强建筑市场资质资格动态监管，完善企业和人员准入清出制度，以资质资格管理为手段，进一步优化全省建筑业产业结构。开展建筑业、勘察设计、设计施工、监理企业和招标代理机构等6类954家企业的考核工作，对不符合资质标准要求、不遵守法律法规、市场行为不规范的企业，公示其不良行为记录直至吊销资质证书。通过动态考核，依法责令63家企业停业整顿。组织开展全省建筑工程质量安全及建筑市场监督执法检查，共检查在建项目522项，抽查率达到全省在建项目的16.4%，下达执法文书112份，其中，责令改正通知书60份，执法建议书49份，行政处罚陈述、申辩、听证告知书3份。通过资质处罚和市场清出，严肃查处违法违规行为，全省建筑行业结构体系更趋合理，市场秩序更为规范。

建筑市场信息监管系统建设。创新监管方式，积极建设全省统一的建筑市场监管信息平台。一是各市主管部门成立了建筑市场监管信息系统建设管理委员会，明确领导和责任人。二是各市积极组织，强化落实，企业和人员基础数据能及时准确地采集、上报、更新，全年完成上报的企业数量占总数的95%。三是建立企业统计数据上报系统和诚信档案，构建全省统一的建筑勘察设计市场监管信息系统，逐步实现市场监管、企业和人员信用管理一体的现代信息化监管体系，形成诚信奖励、失信惩戒的市场机制，创造公平有序的市场环境。四是根据省工程建设领域突出问题专项治理工作要求，积极推进工程建设领域项目信息公开和诚信体系建设。在山西省建设厅门户网站上开设“山西省住房和城乡建设厅工程建设领域项目信息公开专栏”，建立了建筑业等六类企业基础信息数据库，全年共公布公开各类信息5326条。诚信体系建设取得进步，基本形成行政监管与社会监督相结合的诚信激励、失信惩戒机制，有效规范了企业的市场行为。

工程招标投标监督管理。适应新形势下招投标市场发展需求，建设工程交易中心建设和招投标工作指导监督进一步加强，保证了全省建筑工程招投标市场的平稳健康发展。2011年，全省房屋建筑和市政基础设施工程报建项目2480项，招标工程造价447.1亿元。应公开招标工程公开招标率和入市工程招标率均保持100%。

工程担保和养老保险统筹管理。2011年，全省共培育工程担保机构31个，累计承担担保项目741项，累计担保总额40.86亿元。全省共收缴建设工程养老保险费41.98亿元，向建筑施工企业拨付劳动保险费29.11亿元，向省困难施工企业

盂县龙华口水电站大坝

调剂补贴劳动保险费4.34亿元。

（郭 创）

【大力推广新型节能技术】 建筑节能监管。继续执行建筑节能七项监管制度，即规划阶段建筑节能审查制度、建筑节能设计专用章制度、建筑节能设计认定制度、建筑节能技术（产品）认定制度、建筑节能信息公示制度、专项验收制度、建筑能效评定制度。重点加强规划阶段节能审查工作的执行力度，并于6月中旬对各市进展情况进行中期督查，检查结果在全省通报。全省设计阶段节能标准执行率100%，施工阶段节能标准执行率设区城市100%，县（市）96.1%。

既有居住建筑节能改造。一是对全省有改造价值的既有建筑总体情况进行摸底，在此基础上，确定山西省"十二五"期间节能改造任务为2000万平方米。二是对各市2011年既改工作进展情况进行中期督查，并形成《关于2011年度全省既有居住建筑供热计量及节能改造工作中期督查情况的通报》，2011年共完成改造面积502万平方米。三是争取中央财政"十二五"既改奖励资金，其中，2011年9234万元。四是对全省"十一五"以来为既有居住建筑节能改造等建筑节能工作作出突出贡献的先进集体和先进个人报请省劳动竞赛委员会分别予以一、二、三等功记功表彰，其中，先进集体15个，先进个人45个。

可再生能源建筑应用。2011年，全省新建建筑可再生能源应用比重达28%。出台《关于加快推进太阳能光热建筑应用的通知》，在全省城镇新设计的12层及以下的居住建筑、高层居住建筑的逆12层和有生活热水需求的公共建筑强制推广太阳能光热系统。组织有关专家抓紧编制《山西省"十二五"可再生能源建筑应用规划》。忻州市被列为国家可再生能源示范城市，石楼县被列为国家可再生能源示范县，共获得中央补助资金9800万元。临猗县被列入国家新增示范面积30万平方米，新增中央补助资金1050万元。山西省肿瘤医院、山西医科大学第二医院、长治医学院附属和济医院等3个项目被列为国家太阳能光电建筑一体化示范项目，总装机4735千瓦，获得中央补助资金3571万元。对列为国家可再生能源示范城市（县）的太原、临猗、平定、侯马等地进行现场督查，并召开座谈会，推进实施工作。

（赵 媛）

城市建设

【概述】 2011年，全省共完成城市（含县城）市政公用设施建设固定资产投资370亿元，比2010年增长22.5%。城市市政公用设施各项指标进一步提高，城市综合承载能力进一步加强。

城市供水。2011年，全省城市供水工程建设共完成投资12.9亿元。城市用水普及率97.5%，比2010年提高0.2个百分点。城市供水综合生产能力422.4万立方米/日，全年供水总量8.18亿立方米，其中，生活用水量3.99亿立方米，用水人口986.8万人。全年节约用水1.17亿立方米。

城市燃气。2011年，全省城市燃气工程建设共完成投资13.58亿元。城市燃气普及率94.6%，比2010年提高4.7个百分点。全年人工煤气与天然气供气总量26.99亿立方米，液化石油气供气总量7.5万吨，用气人口957.9万人，比2010年增加87.6万人。

城市集中供热。2011年，全省城市集中供热工程建设共完成投资29.69亿元。城市集中供热普及率86%，比2010年提高4.2个百分点。城市集中供热面积3.28亿平方米。

城市道路。2011年，全省城市道路桥梁建设共完成投资156.76亿元。人均城市道路面积11.2平方米，比2010年增加0.5平方米。城市道路长度6058.9千米，道路面积1.13亿平方米，桥梁数达到502座。

城市污水处理。2011年，全省城市污水处理工程建设共完成投资16.4亿元。城市污水处理率82.2%，比2010年提高1.6个百分点。城市污水处理量5.23亿立方米。

城市垃圾无害化处理。2011年，全省城市市容环境卫生工程建设共完成投资7.44亿元。城市生活垃圾无害化处理率77.5%，比2010年提高3.9个百分点。城市生活垃圾无害化处理量325.5万吨。

城市园林绿化。2011年，全省城市园林绿化建设共完成投资32.9亿元。城市建成区绿化覆盖率38.3%，比2010年提高0.3个百分点。人均公园绿地面积10.2平方米，比2010年提高0.8平方米。

（李延英　李成喜　陈辅强）

【加快推进城镇化已成全省经济社会发展的重大战略】 城镇化进程明显加快。2011年，山西省颁发了《关于加快推进城镇化的建议》，全省城镇化进程明显加快。2011年年底，全省城镇化率49.7%，提高1.6个百分点。

城镇组群规划编制实施力度加大。初步完成“一核一圈三群”6项规划，完成长治、晋城、临汾等市城镇组群规划。完成县域村镇体系规划、小城镇总体规划、重点镇近期规划、名城名镇名村保护规划114项。太原市在全国率先实现了城市总体规划、土地利用规划、产业发展规划“三规合一”，并对城市总体规划进行了环境影响评价。朔州、运城等市开展整治违法建设活动，取得较好效果。太原市跻身国家历史文化名城行列，是1994年以来国务院批复的唯一一个省会城市。

城市扩容提质取得进展。太原市以中博会为契机，引深城乡清洁工程，城市管理水平明显提高，城乡面貌明显改善。大同市按照“一轴双城”发展格局，新城建设与古城修复并重，彰显城市特色。吕梁市投资5亿元，开展环境卫生、街道修饰、交通秩序3项整治，人居环境发生显著变化。晋中市实施“北进、西联、南扩、东延”扩城计划，启动总投资120亿元的6大类56项市政重点工程，2011年完成投资61.6亿元，超过“十一五”投资规模总和。

（孙许阳）

【城镇污水处理实现县级全覆盖】

完成年度减排目标任务。2011年，全省城镇污水处理厂完成生活COD（中央办公区）净减排量0.7万吨，完成生活氨氮减排量870吨，超额完成生活COD、生活氨氮减排量分别下降2.3%、1.8%的年度目标任务。

完善城镇污水配套管网建设。“十一五”末，全省实现了城镇污水处理厂县级全覆盖。进一步完善污水配套管网，住房城乡建设部已将山西省所有县级市、县全部纳入到国家“十二五”黄河、海河流域水污染防治规划补助范围内予以补助，并在原有基础上新增加约600千米的补助长度，增加到2332千米。

加强城镇污水处理设施管理。一是开展城镇污水处理企业年度运行考核工作。组织对全省2010年度运行的124座污水处理厂进行运营考核，加强日常抽查和指导，有效提高污水处理设施的运行管理水平。二是实施污水处理运行“以奖代补”政策。本着奖优罚劣、多处理多补助的原则，结合年度运行考核结果，会同省财政共下达2010年度污水处理以奖代补资金1480万元。三是组织城镇污水处理关键岗位培训工作。建立培训基地，对全省城镇污水处理厂的关键岗位人员进行免费培训，并实行持证上岗制度。四是强化污水处理信息数据填报通报制度。对未进入系统和数据填报存在问题的项目，在全省予以通报批评。

实现污水再生利用和污泥处理处置。结合城镇污水处理和城市节约用水工作，指导各地在城镇污水再生利用方面开展了大量基础性工作。太原、大同等地的城镇污水处理厂实现了中水回用，实际总回用量达到40万吨/日。通过强化检查、指导，着力推进污泥处理处置工作，晋中市100吨/日的污泥低温碳化项目已投入运行，实现了污泥的减量化、无害化、稳定化、资源化。

（梁海荣）

【制定城镇化建设“十二五”蓝图】

推进城镇化的总体要求。1. 总体思路。围绕“十二五”主要经济指标翻番、再造一个新山西的目标，把加快推进城镇化作为国家资源型经济转型综合配套改革试验区建设的重要内容，紧扣“提速、提质”主题，以太原都市区为核心、区域性中心城市为节点、大县城和中心镇为基础，构建“一核一圈三群”城镇体系框架；以城乡规划、土地利用总体规划、产业发展规划为引领，以经济开发区、高新技术产业园区、产业集聚区为支撑，以城镇旧区改造、棚户区改造、城中村改造为抓手，加快城镇化进程。

2. 主要目标。到2015年，全省城镇化率达到55%左右。城镇市政公用设施达到全国中等以上水平，公共设施进一步完善，居民居住水平有较大提高，环境质量明显提高，景观风貌得到改善；太原都市圈基本成型，在全国的地位有较大提升。到2020年，全省城镇化率达到63%左右，形成比较完善的市政公用设施和公共设施体系，城镇生态环境质量根本改善，历史与地域文化特色充分彰显，人居环境与生活质量显著提高；太原都市圈成为全国重要的城市群，其他3个城镇群形成雏形。

构建“一核一圈三群”城镇体系框架。结合山西省自然地理环境、资源禀赋和城镇发展条件，按照“空间集聚、组群推进、城乡统筹、协调发展”的原则，引导人口、产业向发展条件较好的区域相对集中。加快发展太原都市区和都市圈，培育壮大晋北、晋南、晋东南城镇群，构建“一核一圈三群”城镇体系框架，为太原城市群的形成奠定基础。

“一核”即由太原市区、晋中市区、清徐县城、阳曲县城构成的太原都市区，是全省城镇体系的核心，经济转型发展的增长极核。2015年都市区城镇人口达到400万人，2020年达到500万人。

“一圈”即太原都市圈，是以太原都市区为核心，太原盆地城镇密集区为主体，辐射阳泉、忻定原、离柳中城镇组群的都市圈。包括太原、晋中、吕梁、阳泉、忻州5个市的30个县（市、区）。该区域是省域经济与社会事业最为发达的核心区域和最为重要的城镇密集地区。2015年，城镇人口达到830万人；2020年，城镇人口达到1000万人。

“三群”即以大同、朔州为核心的晋北城镇群，以临汾、侯马、运城为核心的晋南城镇群，以长治、晋城为核心的晋东南城镇群。3个城镇群是区域经济发展的核心区域，省域经济持续增长的重要区域。

晋北城镇群，以大同盆地为主体，包括大同市、朔州市的10个县（区）。2015年，城镇人口达到240

万人；2020 年，城镇人口达到 280 万人。

晋南城镇群，以临汾、运城盆地为主体，包括运城市、临汾市的 16 个县(市、区)。2015 年，城镇人口达到 380 万人；2020 年，城镇人口达到 460 万人。

晋东南城镇群，以长治盆地和晋城中部地区为主体，包括长治市、晋城市的 12 个县(市、区)。2015 年，城镇人口达到 250 万人；2020 年，城镇人口达到 290 万人。

推进城镇化的路径。1. 加快构建太原都市圈。把太原都市圈构建作为全省推进城镇化的重中之重。以太原都市区为核心，太原盆地城镇密集区为主体，阳泉、忻定原、离柳中为外围组群，加快建设以高速公路和快速轨道交通为主的都市圈现代交通体系；优化产业结构与布局，积极发展现代物流和服务业；合理组织旅游资源，完善旅游服务体系；统筹协调经济发展与资源环境保护，加强生态建设，形成有机融合的交通圈、经济圈、旅游圈和生态圈。加强太原都市圈向北通过京原线与京津地区的联系，建设京昆大通道；依托青银综合通道强化向东与石家庄及山东半岛城市群、向西与陕北及西北地区的联系，提升都市圈的区域地位。“十二五”期间，都市圈城镇化率、经济增长速度明显高于全省和其他城镇群，经济总量占全省的比重明显提高，努力把太原都市圈打造成为具有全国意义的重点开发区域、中部崛起的重要核心区、全省城镇化快速发展的先行区和资源型经济转型发展的示范区。

2. 着力发展省域和区域性中心城市。全力支持太原率先发展，提升产业结构层次，增强综合承载能力和服务功能，提高城市品位，建设具有国际影响力的区域性现代化大都市。以太原、晋中共建区为切入点，统一规划，协调功能，整合空间，对接基础设施，推进太原、晋中同城化发展，共同构建辐射带动能力强大的省域中心，提升在全国的地位。加快大同、朔州、忻州、阳泉、吕梁、长治、晋城、临汾、运城等区域性中心城市发展，科学确定城市发展定位与目标，积极发展高新技术产业和现代服务业，促进产业结构升级，加大市政公用设施和公共设施建设力度，增强综合承载能力，改善人居环境，为引进资金和项目提供条件。推进以中心城市为依托的城镇组群构建，合理组织城市功能，拓展发展空间，提升综合实力和服务能力，使其成为带动市域经济发展和城镇群构建的核心。

3. 积极实施“大县城”战略。把县城和县级市作为城镇化发展的重要环节，扩大规模、增强实力、完善功能、塑造特色。以产业集聚区为载体，引导产业向县城和县级市中心城区集中。煤矿沉陷区治理、工矿棚户区改造及新建煤矿的生活区要尽量在县城和县级市中心城区安排。普及中等职业教育，推进中小学校和以图书馆、文化馆为重点的县级公共文化服务设施建设和达标，提高县级综合医院服务能力和水平。搞好环境综合整治，彻底改变“脏、乱、差”的形象，提升城镇品位，改善人居环境。通过“大县城”建设，培育一批新的中小城市，带动县域经济快速发展。“十二五”末，23 个县城人口规模达到 10 万人以上，43 个县城人口规模达到 5 万～10 万人；2020 年绝大部分县城人口规模达到 5 万人以上。

4. 大力推进“百镇建设工程”。在全省选择 100 个基础条件较好、发展潜力较大的建制镇，予以重点扶持。以项目为依托建设城镇新区，按照市政标准建设和改造提升道路、供排水、供气、垃圾收集转运等设施和公园绿地，进一步完善中小学校、文体活动场所、卫生院、商贸服务等公共设施，对镇容镇貌进行综合整治，建设现代化新市镇，成为服务“三农”的中心、小城镇建设的样板。对于每个省级重点镇，由省、市、县三级财政给予 2000 万元的资金补助，用于基础设施建设。重点镇建设用地指标实行省级计划单列。省有关部门对重点镇的街巷硬化、供水、供电设施、文体活动场所、中小学、卫生院及绿化建设等在资金和项目上给予倾斜；对部分重点镇赋予一定的县级行政审批、执法、管理等权限和建立镇级财政，增强其自身发展能力。

5. 加大扶持产业园区发展力度。围绕资源型经济转型发展，科学规划，合理布局，加快经济开发区、高新技术产业开发区和产业集聚区等产业园区发展，为城镇化发展提供支撑。支持符合条件的省级开发区升级、具备条件的开发区扩区或者调整区位。按照“一县一业”发展规划，依托现有产业基础，整合和调整零星分散的工业企业，每个县(市)至少形成一个具有特色的产业集聚区。产业园区的布局要与城镇规划和土地利用总体规划相互衔接，做到选址合理，用地落实，实现工业化与城镇化互动发展；产业集聚区可以比照执行省级开发区政策，进入产业集聚区的企业，其原有用地复垦后可以置换。

6. 协调推进城乡统筹发展。按照城乡规划、产业发展、市场体系、基础设施、公共服务和管理体制“六个一体化”的模式，逐步推进城乡一体化发展；引导产业向园区集中、人口向城镇和农村新社区集中、土地向适度规模化经营集中、基础设施和公共服务向农村延伸。大中城市郊区要率先推进城乡一体化，建设城乡一体的市政公用设施和公共设施网络；整合农村居民点，建设新市镇和农村新社区；以农业产业化带动土地规模化经营，走集约、集聚式发展的城郊型城镇化道路。以县域为单元、县城为中心，依据县(市)域城镇体系规划，因地制宜推进城乡统筹发展。理顺村镇规划建设管理职责，规范村庄规划成果审查，提高规划编制水平与质量。以中心村和集镇为重点，集中扶贫移民搬迁、农村街巷硬化、饮水安全、路灯亮化、乡村绿化、沼气建设及农村改厕等农村建设资金，每年重点搞好一批村庄和集镇的建设。结合新的“五个全覆盖”工程，合理规划建设文化体育场所和商业网点等公共设施，形成环境优美的综合性公共活动中心；在街巷硬化的同时，推进供水、排水、路灯等设施标准化建设；提高村庄绿化水平，综合整治村容村貌，建设设施完善、人居良好、富有特色、文明和谐的农村新社区。

建设生态宜居城镇。1. 开展“城镇扩容提质大行动”。按照“一年起步、三年见效、五年大变样”的目标，开展“城镇扩容提质大行动”。

通过3～5年的努力，使城镇面貌、人居环境得到根本性改变。按照“先规划、后建设、先地下、后地上、设施配套、一次到位”的原则实施城镇新区综合开发建设，搭建城镇发展框架，提供新的发展空间。“十二五”期间，建成一批设施完善、环境优美、具有地域文化特色和时代气息的城镇新区。以城中村和棚户区改造为切入点，对城镇旧区进行综合整治，高标准规划设计，成街成坊推进；改造危旧房，完善市政公用设施和公共设施，增加公共绿地和活动空间，清理乱搭滥建，整治广告牌匾，整饰建筑外观，改善人居环境和景观形象；对城镇重要道路及商业中心、广场、主要出入口等进行重点治理，打造标志性地段和节点。结合城镇新区开发和旧区综合整治，完善城镇应急防灾体系，增强抗御自然灾害和应对突发事件的能力。城镇新区建设和旧区改造要突出城镇个性与特色，保护历史文化遗产和自然环境，彰显特色魅力。继续搞好太原西山、大同矿区、阳泉矿区等老工业地区的综合整治，为资源型城镇转型发展提供范例。

2. 完善城镇市政公用设施和公共设施。围绕“绿化山西、气化山西、净化山西、健康山西”目标，按照满足城镇化快速发展需要并适度超前的原则，加大城镇市政公用设施和公共设施建设力度，提升城镇的综合承载和服务能力。“十二五”要重点加强城镇道路、燃气、垃圾无害化处理、集中供热、供水等设施和绿化建设，实现“三个县县有”和“四个达标”，即县县有垃圾无害化处理场、集中供热设施和生态文体公园，城镇燃气、供水、污水处理和道路交通设施建设达到规划目标。在搞好高等院校、省市两级公共文化服务和体育设施建设的同时，以中小学校、幼儿园、社区文体活动场所、卫生机构等为重点，加强城镇教育、文化、卫生、体育等公共服务设施建设，合理配置商业服务网点，提升基本公共服务水平。

3. 推进资源节约型和环境友好型城镇建设。通过“节、减、治、创”等措施，推进资源节约和环境友好型城镇建设。优化土地资源配置，盘活用好城镇闲置和低效利用土地，鼓励开发利用地下空间，促进城镇紧凑集约发展。加快淘汰高能耗、高污染、低效益产业，完成既有建筑供热计量与节能改造，新建建筑严格执行节能标准，实行供热计量收费，加大可再生能源建筑应用和节能型交通运输工具推广力度，优先发展城市公共交通。推广普及节水工艺、技术和器具，加快高耗水行业节水技术改造，降低城镇供水管网漏损率，鼓励雨水收集、中水回用和再生水利用。充分利用城镇既有建筑，推广应用高性能、低能耗、可再生循环利用的建筑材料。高度重视城镇生态环境保护与污染治理，加强城镇生态体系建设，积极利用清洁能源，整治或关闭污染严重的工业企业，有效降低污染物排放总量。保护城镇水源地，建设和完善城镇危险废物、医疗垃圾、废旧电池等收集和处理设施。深入开展生态宜居城镇、环保模范城市、环境优美乡镇、生态文明村创建活动，推进转型发展、绿色发展。

创新城镇化发展体制机制。1. 建立健全规划协调监督机制。以“一核一圈三群”为重点，编制和完善城乡规划、土地利用总体规划和产业发展规划。3个规划在规划目标和空间布局上要做到协调统一，各类专项规划要与城乡规划相互衔接，形成统一的空间框架。强化各级城乡规划委员会的职能，对同级政府审查和审批的各类规划及城乡规划建设的重大问题要经过规划委员会的审议和统筹协调，实现“规划一张图、建设一盘棋、管理一体化”。按照加快推进城镇化的要求，建立城乡一体的规划管理体制，强化对规划制订、修改和实施的监督检查，维护规划的法律权威性和严肃性。

2. 创新投融资体制机制。建立以财政为基础、政府融资平台为主渠道、土地增值收益为补充，引导民间投资、产业资本投入和企业履行社会责任参与城镇建设的投融资服务体系。市、县人民政府设立城镇化专项资金，重点用于城乡规划编制和融资平台的资本金；加大煤炭可持续发展基金、土地出让收益用于城镇市政公用设施投资的比例，增加地方政府债券规模。整合壮大省、市城镇化投融资主体，建立市、县级政府融资平台，实现城镇资源资产化、资产资本化；规范投融资管理，形成规范化的城镇化投融资平台。通过公私合作开发等方式，吸引民间资本参与市政公用设施和公共设施建设；引导大型企业集团参与城镇建设，支持外资投向城镇建设。加强与开发性金融机构合作，推动发行城镇投资建设债券、市政建设债券和股票；设立城镇化建设产业投资基金，充分利用各类社会资金，形成市场化、专业化的投融资模式。

3. 深化户籍制度改革。建立适应城镇化快速发展的户籍管理制度，引导农村人口向城镇集聚。以合法稳定就业和合法稳定住所（含租赁）为落户条件，解决进入城镇的大中专院校及技校毕业生、农民工及其配偶、未成年子女的城镇户籍；引进的人才，招商引资达到一定数额或者投资兴办实业达到一定规模的，农民工获得市级以上劳模、先进工作者荣誉称号或有其他突出贡献的，本人及其直系亲属可以在所在城镇落户。创新暂住人口服务和管理，逐步在全省实行按居住地登记的户籍管理制度。

4. 完善土地管理制度。优化土地利用结构，节约集约用地。通过市、县土地利用总体规划修编，为城镇群和城镇发展预留空间。适当集中国家下达的土地利用计划指标，优先保障“一核一圈三群”重点项目建设用地；以农村“田水路林村矿”综合整治和城乡建设用地增减挂钩试点为平台，解决中小城市和小城镇发展及新农村建设用地，节余的建设用地指标可进行调剂。实行城镇建设用地增加规模与吸纳农村人口进入城镇定居规模挂钩制度，为发展较快的城镇创造发展条件。逐步推进农村集体建设用地以转让、租赁、作价入股等方式进入土地市场流转。

5. 建立和完善社会保障制度。按照“广覆盖、保基本、多层次、可持续”的方针，统筹城乡社会发展，实施社会保障全覆盖工程。基本养老保险、基本医疗保险、最低生活保障3项制度覆盖城乡。建立财政补贴和个人缴费相结合的城镇非就业居民养老保险制度，加快新农保覆盖步伐，逐步实现城镇企业职工和非就业居民养老保险与新农保之间、城镇基本医疗保险与新农合之间、城乡医疗救助制度之间的衔接，保证城乡各类人群社会保险关系转移接续的顺畅进行，促进农村人口向城镇的顺利转移。推进以社会保障“一卡通”建设为核心的信息化建设，力争2012年实现全省覆盖、全国联网、标准统一、功能兼容。以经济适用房、廉租房和公租房为重点，加大城镇保障性住房建设力度，实现住有所居。

6. 创新城中村和棚户区改造政策。加大财政对城中村、城市棚户区、工矿棚户区改造和煤矿沉陷区治理的支持力度，同时要创新政策，引入社会资金参与城中村和棚户区改造，加快改造进度。推进城中村综合转制，解决失地农民的就业和生活保障问题。

【制定城市扩容提质大行动目标】

总体目标。以建设宜居城市、县城为目标，以加快基础设施建设、加强城市管理为主线，实施“一建一改两治理”（即建设城市新区和基础设施，改造城中村、棚户区和老旧基础设施，开展城市容貌和人居环境专项治理，开展市政设施运营提质专项治理），力争使山西省城市和县城在环境质量、聚集能力、承载功能、居住条件、风貌特色、管理服务等方面都有较大提升，创建一批国家园林城市、中国人居环境奖和联合国人居奖城市，逐步构筑一个适宜居住、有利发展的城镇体系。

任务和要求。1. 搞好规划设计，指导城市扩容提质。以城市和县城总体规划为依据，搞好近期建设片区详细规划，指导新区建设；编制城中村和棚户区改造规划，搞好旧城改造；积极推进市政设施专项规划编制工作，加快市政设施建设扩容提质。

2. 加大建设力度，提高综合承载能力。①加快城市新区、产业集聚区和专业园区建设。②加快城市道路和停车设施建设。结合城市新区建设和旧城改造，打通“断头”路，拓宽“瓶颈”路，改造小街巷，配建停车场。统筹各类地下工程管线布局，配套建设地下公共管沟。按照国家养护定额，确保养护经费足额到位，严格执行道路养护规范，提高道路养护质量。③加快供热、供气和供水设施建设。加快热源设施建设和老旧管网改造，加大供热计量改革力度。以“气化山西”为目标，进一步优化用气结构，不断提高燃气普及率和管道天然气气化率。严格水源保护措施，加大自备井关停力度；提高水质监测能力，实施水质督查，确保城市供水水质安全。④不断提高污水、垃圾无害化处理水平。加快污水处理厂升级改造和配套管网建设，确保出水水质和运行负荷率达到国家有关要求；积极推行再生水回用和污泥处理处置。大力推行垃圾处理无害化、减量化、资源化，三年内全省所有市、县都要建成垃圾无害化处理场；进一步完善垃圾渗滤液处理设施，杜绝二次污染。建筑垃圾、粪便收集实行密闭化运输。⑤提高城市照明设施建设和改造水平。加强功能照明设施建设，强化景观照明管理。推广照明节能技术和设备，全面淘汰低效、高耗照明产品。

3. 实施旧城改造，优化城市发展环境。①实施老商业区改造。对城市建成区内功能混杂、环境较差、严重影响城市形象的老商业区实行综合改造，打造一批集休闲、娱乐、商务、旅游、文化等功能为一体的商贸街区。②实施城中村改造。因地制宜研究制定城中村改造配套政策，集中力量加快城中村改造。要严格控制开发强度，妥善解决拆迁安置、就业社保、集体资产处置等问题，保证改造工作顺利平稳推进。③实施棚户区和旧住宅区改造。坚持政府主导、市场运作、统一规划、配套建设的原则，加大棚户区和旧住宅区改造力度。对设施不配套、功能不完善、环境较差的旧住宅小区，实施以整容、拆违、补建、配套等为主要内容的整治工程，提升小区的环境质量和居住条件。太原、大同、阳泉等地还要抓好老工业区的综合整治。

4. 开展环境容貌专项治理，改善人居环境。实施园林绿化增量、城市公园升级工程，大幅提高建成区绿地率、绿化覆盖率、人均公园绿地面积。切实解决市容环卫“脏、乱、差”问题。

5. 开展设施运营提质治理，提高服务质量。通过建立完善市政设施运营考核体系，提供优质安全服务，提高运营服务水平。完善市场准入和清出机制，制定企业运营监管标准和运营考核办法，加强运营考核监管，切实提高“三供”企业的保障能力、“两处理”企业的减排能力、供热计量改革和城市照明的节能效果，确保市政设施安全、稳定、高效运营。

6. 创新管理模式，提高城市管理水平。建立高效有序的城市管理运行模式和管理体制，以点带面深入推进数字化城市管理工作。通过不断提高城市管理水平，推动城市创建工作深入开展，晋城、长治、侯马、孝义等市要建成省级宜居城市，努力争取“中国人居环境奖”。

各市均要建成一批“山西省人居环境范例奖”、“中国人居环境范例奖”和“联合国迪拜改善人居环境最佳范例奖”项目。

【组织实施全省“双百”城镇建设】

工作目标。围绕全省“一核一圈三群”战略布局，把县城作为城镇化发展的重要环节，扩大规模，完善功能，提升城镇品位，改善人居环境，加大基础设施和公共服务设施建设力度，引导生产要素、优势资源向县城集中，通过“大县城”建设，培育一批新的中小城市。

省政府确定100个镇作为重点镇，每年从中选取20个左右重点镇作为示范。用5年时间把全省100个区位和资源优势突出、发展潜力较大、基础设施相对完善、具有一定人口和产业基础的重点镇，打造成为各具特色的工业强镇、商贸重镇、文化名镇和旅游大镇。

重点任务。1. 加大规划编制和实施力度。深化完善县域城镇（村镇）体系规划、县城总体规划，开展县域城乡统筹规划建设试点。2011年要全面完成“十二五”建设规划编制和体系规划、总体规划、控制性详细规划的备案工作。纳入“百镇建设工程”的重点镇，要在深化完善镇总体规划的基础上，按照百镇建设标准和技术指标，因地制宜，抓紧编制近期建设规划。2011年8月底

前，完成 2011 年确定的 21 个示范镇近期建设规划。

2. 加快"大县城"建设。(1)以县为单元推进城乡统筹发展。因地制宜推进城乡规划、产业发展、市场体系、基础设施、公共服务和管理体制等"六个一体化"，做强做大县城。通过大县城促进人口向城镇集中、产业向园区集聚、土地向集约化利用、基础设施和公共服务设施向农村延伸，推动县域经济又好又快发展。

(2)加快县城新区开发建设和旧区综合整治。坚持高起点、高标准、高品位，建设一批具有地域文化特色和时代气息的县城新区，把新区打造成县域经济新的增长极，提升县城的聚焦力和凝聚力。围绕扩容提质大行动搞好县城旧区综合整治。以"城中村"改造为切入点，对其旧区进行综合整治。对县城主干道、广场、主要出入口等重点地段进行重点塑造，形成亮点。

(3)加大市政公用设施和公共设施建设力度。按照满足城镇化快速发展需要并适度超前的原则，加大县城市政公用设施建设力度，提升综合承载能力。"十二五"期间重点加强县城燃气、垃圾无害化处理、集中供热、供水等设施建设，实现"三个县县有"和"四个达标"的目标，即县县有垃圾无害化处理场、集中供热和生态文化公园，城镇燃气、供水、污水处理和道路交通设施建设达到国家目标，力争通过 3～5 年的努力，全面改善基础设施条件，增强县城整体功能，使县城面貌、人居环境得到根本性改变。"十二五"末，建成区人口规模 10 万人以上的县城达到 20 个，5 万～10 万人的县城达到 40 个；绝大部分县城人口集聚能力明显增强。

3. 开展百镇建设。(1)实施五项建设，提高小城镇综合承载能力。一是市政公用设施建设。按照市政标准新建或改造镇区道路、给水、排水、供热、供气等，完善市政公用设施体系，积极推进市政设施向周边村庄延伸，统筹镇村发展。二是公共服务设施建设。加强教育培训、医疗卫生、文化娱乐、体育休闲、农贸市场、商业服务等设施建设，提高服务乡村的能力，提升小城镇功能。三是公园绿地建设。做好环镇绿化带建设，有效隔离工业区和生活区，减少工业污染；结合农村新的"五个全覆盖"，形成镇区小游园，营造良好公共活动空间；做好庭院绿化，实现驻地企业、机关单位、居民小区、居民小院全部绿化。鼓励种植乡土树种，降低维护成本，见缝插绿，体现生态化。四是中心街市建设。通过改造现有商业街市，或在新区结合居民小区建设新的街市，打造适合小城镇小尺度的商业步行街，促进第三产业发展，服务周边人群。五是居住社区建设。结合扶贫移民搬迁和城乡建设用地增减挂钩，统筹镇村居民点布局，鼓励分散居住的居民以其宅基地置换镇区集中的居住用地，建设新市镇和农村新社区，实现土地的集约利用。

(2)开展两项整治，塑造特色小城镇。一是景观风貌整治。研究提炼能反映当地建筑风格的建筑符号，对重点街道或中心街市的建筑外立面进行综合整治。塑造富有特色的城镇小品，形成具有多样性、地方性和观赏性的城镇人文景观，丰富城镇内涵。二是环境卫生整治。全面开展环境卫生整治清洁大行动。通过采取全面整治、分片区整治、重点地段整治等多种推进方式，塑造体现乡土特色、和谐统一的小城镇整体形象。"十二五"末，建成区人口规模 5 万～10 万人的重点镇发展到 5 个，3 万～5 万人的重点镇发展到 11 个，小城镇市政公用设施主要指标达到全国中等偏上水平。

加大政策支持力度。"十二五"期间，对省政府每年确定的 20 个左右示范重点镇，补助每镇 2000 万元，由省、市、县三级财政按比例分担，重点用于小城镇基础设施建设；各有关部门要加大对重点镇的扶持力度，涉及小城镇发展的示范选择、政策试点和资金支持应当优先安排于重点镇。中央预算内补助投资、省煤炭可持续发展基金以及其他专项补助资金要向重点镇倾斜，街巷硬化、供水、供电设施、文体活动场所、中小学、卫生院及绿化建设等资金和项目对重点镇优先予以安排。地方各级政府要逐年加大小城镇规划编制资金投入。按照"一级政府、一级财政"的原则，加强重点镇镇级财政建设；新增地方经常性财政收入及建设用地的出让金除按国家和省有关政策规定的支出外，主要用于重点镇发展。搞好发达乡镇体制改革试点，对重点镇赋予一定的县级行政审批、执法、管理等权限。

【2011 年全省百镇建设示范镇名单】 2011 年全省百镇建设示范镇名单(21 个)：太原市清徐县徐沟镇、古交市马兰镇，大同市天镇县新平堡镇、南郊区口泉乡，阳泉市盂县南娄镇，长治市襄垣县下良镇、长治县苏店镇，晋城市阳城县北留镇、沁水县嘉峰镇，朔州市怀仁县金沙滩镇、平鲁区凤凰城镇，晋中市介休市义安镇、太谷县胡村镇，运城市闻喜县东镇、稷山县翟店镇，忻州市繁峙县砂河镇、宁武县阳方口镇，临汾市乡宁县管头镇、洪洞县广胜寺镇，吕梁市孝义市梧桐镇、汾阳市杏花村镇。

(李仁贵)

村镇建设

【大力改善村镇人居环境】 概况。2011 年，全省共有乡镇 1196 个，其中，建制镇 564 个，乡 632 个；村庄 42192 个，其中，行政村 28110 个。全省村镇现状用地总面积 45.4 万公顷，其中，一般建制镇现状用地面积 5.2 万公顷(不含 85 个县级人民政府所在地镇和已纳入城市统计范围的区域)，乡现状用地面积 2.9 万公顷，村庄现状用地面积 37.4 万公顷。全省村镇总人口 2373 万人，其中，户籍人口 2282 万人，暂住人口 91.7 万人。

村镇基础设施建设。2011 年，全省村镇建设完成投资 175.6 亿元，其中，用于生产性建筑的投资 19.5 亿元，新建生产性建筑面积 283 万平方米。用于村镇公共建筑的投资 19.2 亿元，新建公共建筑面积 254 万平方米，村镇公用基础设施逐步配套，村镇居民生产生活环境进一步改善。公用设施建设投资 44.7 亿元。用于道路和自来水建设的投资 28 亿元，乡镇供水普及率

84%。乡镇道路年末实有长度7992千米,均为宽度在3.5米以上的铺装道路。全省乡镇基本实现了通油路,行政村全部实现了通机动车。实有桥梁1627座,防洪堤长度达1485千米,全部建制镇、乡集镇和95%的村庄通了电。排水管道和暗渠长度达2972千米。

村镇住宅建设。2011年,全省用于村镇住宅建设的投资91.5亿元,新建村镇居民住宅建筑面积1191万平方米。建制镇、乡和村庄新建住宅建筑面积分别是211万平方米、87万平方米、893万平方米。全省实有村镇住宅建筑面积6.3亿平方米,人均住宅建筑面积27.9平方米。村镇住宅建筑形式日渐丰富,功能日趋完善,新型节能环保材料逐渐应用于农房建设中。安全适用、节能环保、特色鲜明、经济美观的住宅建设,农村住房质量安全水平有效提高,村镇居民居住环境得到明显改善。

农村危房改造工作。2011年,全省农村危房改造工作以"为农村经济最贫困、住房最危险的困难家庭解决最基本的住房条件"为原则,严格补助对象认定,狠抓改造质量和进度,完成6万户(含建筑节能示范4000户)改造任务,完成投资15.2亿元,完成任务总量超过前三年的总和。

【小城镇建设纳入科学轨道】 *小城镇规划*。2011年,全省共编制完成各项村镇规划110项,是规划编制任务完成最多的一年。其中,县域村镇体系规划10项,重点镇近期建设规划50项,小城镇总体规划40项,历史文化名镇名村保护规划10项。村镇规划编制水平和质量进一步提高,对小城镇建设的指导调控作用日益加强。严格管理村镇范围内规划"一书一证"、"一书两证"发放,初步建立了以规划研究为前瞻指引,以法定规划编制为落实平台,以县域重大产业项目选址为保障手段的村镇规划体系。合理确定县域城镇的等级规模、职能分工和空间布局,科学配置县域资源,优化生产力布局,实现县域经济可持续发展等方面的指导和引领作用。

百镇建设。2011年是全省实施百镇建设的第一年,山西省出台了《全省"双百"城镇建设实施方案》,提出"五建设两整治"主要内容,制定了《百镇建设实施标准》、《百镇建设考核暂行办法》、《百镇建设资金管理办法》、《百镇建设近期规划编制导则》,百镇建设指标体系初步建立。全省21个示范镇开工建设项目245个,完成投资43.64亿元。其中,基础设施项目169项,完成投资18.2亿元;居住社区项目28项,完成投资19.52亿元;其他类项目48项,完成投资5.92亿元。

特色城镇创建。汾阳市杏花村镇、天镇县新平堡镇、盐湖区解州镇、万荣县荣河镇、阳城县北留镇、平定县娘子关镇、平顺县东寺头乡神龙湾村、沁水县土沃乡西文兴村等六镇两村被住房城乡建设部和国家旅游局命名为全国特色景观旅游名镇名村,数量居全国前列。

古村镇保护。加强历史文化名镇名村保护工作,促进古村镇可持续发展。委托国内知名院校编制名镇名村保护规划,深入挖掘古村镇历史文化价值,编制完成古村镇保护规划10项。开展古村镇历史建筑测绘和修复试点,指导阳城县上庄村和高平市良户村完成历史文化名镇名村修复示范项目,创造了极具特色的"上庄模式"。完成世界银行《山西省古村镇保护利用与减贫方略研究》项目,提出山西省古村镇保护、利用与减贫的模式及政策建议,对山西古村镇保护、建设文化大省将起到极大的推动作用。

(邵丽峰)

房地产业

【进一步加强房地产市场调控,促进房地产市场健康发展】 *进一步强化地方政府责任*。一是落实地方政府责任。各市、县人民政府要高度重视房地产市场调控工作,切实承担起住房保障和稳定住房价格的责任,确保当地保障性住房建设规划和年度目标任务的完成,将住房价格控制在合理水平。二是强化住房保障和稳定住房价格工作的考核评价。考核的主要内容包括:本地区新建住房价格控制目标落实情况、保障性住房建设目标完成情况、廉租住房建设资金筹集情况(含市县财政预算安排廉租住房建设专项、市县财政预算外有关专项、土地出让净收益不得低于20%、住房公积金增值收益、市县行政事业性收费等)和个人住房信息系统建设情况等。三是各市、县人民政府要建立住房保障和稳定住房价格约谈问责机制。

加大住房保障工作力度。1.确保2011年保障性住房建设任务全面完成。2011年全省计划开工建设廉租住房、经济适用住房、公共租赁住房,改造各类棚户区和农村危房共3754万套(含农村危房改造55万套)、2122万平方米。对符合廉租住房保障条件的申请家庭实现应保尽保。

2.实现廉租住房保障全覆盖。尚未完成《2009～2011年山西省廉租住房保障规划》的城市,要采取有力措施,切实加大廉租住房建设力度,到2011年年底实现实物配租率达到80%以上的目标。各市、县要严格执行省人民政府关于在普通商品住房和经济适用住房项目配建廉租住房的规定,对于不配建或不宜配建的项目,要按照该项目商品住房平均销售价格缴纳应配建廉租住房面积部分的建设资金,由各市、县住房保障主管部门统一组织建设廉租住房。积极筹措廉租住房建设资金,从2011年3月起建立廉租住房资金筹集月报制度。

3.稳步推进公共租赁住房建设。太原市和其他流动人口较多的城市要加大公共租赁住房建设规模,加大政府投资力度,增加公共租赁住房供应。政府投资建设的公共租赁住房,建设用地采用行政划拨方式供应。各市、县要健全和完善公共租赁住房建设与供应机制,运用土地供应、投资补助、财政贴息或注入资本金、规费减免等政策措施,推进公共租赁住房建设。同时,要合理确定租金水平,吸引机构投资者参与公共租赁住房建设和运营。积极推动国有企业建设公共租赁住房,引导开发区、工业园区建设公共租赁住房,解决中等偏下收入群体、新就业职工和外来务工人员的住房需求。鼓励金融机构发放公共租赁住房建设运营中长期贷款。

4. 严格执行保障性住房各项优惠政策。各市、县人民政府要切实落实好国家及省有关保障性住房建设用地供应、资金筹集和税费减免等方面的优惠政策，不得在执行优惠政策时增加额外的限定条件。严禁以保障性住房名义取得划拨土地后，以补交土地出让金、行政事业性收费等方式，变相进行商品房开发。在资金筹措中土地出让净收益用于廉租住房建设不得低于20%。不得以任何理由对保障性住房建设项目收取行政事业性收费和政府性基金。

5. 加强保障性住房管理。各市、县要进一步健全和完善保障性住房的准入退出机制，加强保障性住房租(售)后监管。经济适用住房购买后5年之内不得上市交易，实行租售并举的廉租住房和购买5年之后的经济适用住房确需出售的，由政府统一回购，作为保障性住房房源，面向符合保障条件的家庭分配。承租人或产权人不得出售、转租或闲置保障性住房，一经发现一律收回，没收租售收益，并不得再申请保障性住房。

增加住房有效供给。1. 增加住房用地供应。各市、县要按照“十二五”住房建设规划确定住房建设用地总量。保障性住房、棚户区改造住房和中小套型普通商品住房用地不低于住房建设用地供应总量的70%；保障性住房建设用地供应要做到应保尽保，在年度建设用地供应计划中明确保障性住房建设用地供应指标，并落实到具体地块。当年的商品住房用地供应计划总量原则上不得低于前两年年均实际供应量。对未完成年度保障性住房建设用地供应任务，保障性住房、棚户区改造住房、中小套型普通商品住房供应总量未达到住房用地供应总量70%的市、县，下一年度按上年度未建保障性住房建设用地量核减用地指标。

2. 切实改善住房供应。各市、县要组织编制并向社会公布2011年住房建设计划，明确中小套型住房供应面积和套数、占住房供应总量的比例等内容。建立中小套型商品住房建设项目行政审批快速通道，加快项目建设速度。新审批、新开工的商品住房建设项目，要严格控制商品住房的套型比例，确保将国家“城市新审批、新开工的住房建设，套型建筑面积90平方米以下住房面积所占比重，必须达到开发建设总面积的70%以上”的规定落到实处。商品住房价格超出全省平均房价20%的城市，2011年要采取“限房价、竞地价”方式建设一定规模的限价商品住房。

合理引导住房需求。1. 调整相关税收政策，强化税收征管。个人将购买不足5年的住房对外销售的，全额征收营业税；个人将购买超过5年(含5年)的非普通住房对外销售的，按照其销售收入减去购买房屋的价款后的差额征收营业税；个人将购买超过5年(含5年)的普通住房对外销售的，免征营业税。要推广应用房地产评估技术加强存量房交易税收征管工作，堵塞税收漏洞。加强对土地增值税征管情况的监督和检查，重点对商品房销(预)售价格高、涨幅大、群众举报多和社会反映强烈的房地产项目进行土地增值税的清算和稽查。

2. 严格执行差别化住房信贷政策。对贷款购买第二套住房的家庭，首付款比例不低于60%，贷款利率不低于基准利率的1.1倍。各级人民银行可根据当地新建住房价格控制目标和政策要求，在国家统一信贷政策的基础上，提高第二套住房贷款的首付款比例和利率。银监部门要加强对商业银行执行差别化住房信贷政策情况的监督检查，严肃查处违规行为。

3. 培育住房理性消费。住房价格较高、上涨过快的城市，要适时出台住房限购措施。对已拥有1套住房的当地户籍居民家庭、能够提供当地一定年限纳税证明或社会保险缴纳证明的非当地户籍居民家庭，限购1套住房(含新建商品住房和二手住房)；对已拥有2套及以上住房的当地户籍居民家庭、拥有1套及以上住房的非当地户籍居民家庭、无法提供一定年限当地纳税证明或社会保险缴纳证明的非当地户籍居民家庭，要暂停在本行政区域内向其售房。已经公布限购措施的太原市要加强对购房人资格审核工作，确保限购政策措施落实到位。

加强房地产用地管理。1. 严格审查土地市场准入资格和资金来源。参加土地竞买的单位或个人，必须说明资金来源并提供相应证

阳泉恒大花园

明。土地竞买人在受让土地6个月内,未取得房地产开发资格的,收回其土地使用权,重新公开出让。严肃查处擅自改变保障性住房用地性质的行为。各市、县国土资源主管部门要组织开展保障性住房用地利用和已供房地产用地闲置情况排查工作。对由于房地产开发企业自身原因闲置一年以上不满两年的,必须征收闲置费;闲置两年以上的,收回土地使用权。要依法查处非法转让土地使用权的行为,对房地产开发建设投资达不到25%以上的(不含土地价款),不得以任何方式转让土地及合同约定的土地开发项目。

2. 加强国有土地上房屋征收管理。各市、县人民政府要认真贯彻落实《国有土地上房屋征收与补偿条例》(国务院令第590号),按照决策民主、程序正当、结果公开的原则,负责组织实施好房屋征收与补偿工作。要依法、按程序规范国有土地上房屋征收与补偿活动。各级人民政府要统筹兼顾公共利益和被征收人的利益,既要确保公共利益得以实现,又要保障被征收房屋所有权人的合法权益不受侵害。

强化信息交流与舆论引导。1. 加快建设个人住房信息系统。各市、县人民政府要将个人住房信息系统建设列入重要议事日程,在人力、物力、财力上予以保障。太原市要按照国家要求在2011年10月底前完成个人住房信息系统建设并与住房城乡建设部联网,其他市要在2012年6月底前完成数据整合及纸质档案数字化工作,在2013年年底前完成与省级个人住房信息系统的联网工作。

2. 加强房地产市场信息交流。各有关部门要加强沟通,建立房地产相关信息交流机制,搭建信息传递平台,共享房地产信息资源,定期分析房地产市场形势,发布房地产市场运行情况。

3. 强化舆论引导。要进一步完善房地产信息发布制度。各市、县人民政府要及时公布住房建设计划、住房建设用地年度供应计划、住房供求等信息,增加市场透明度。省直各有关部门要及时发布产业发展政策。新闻媒体要加强对政策的解读和宣传,引导居民理性消费,稳定住房消费预期。对制造、散布虚假消息的,要依法追究有关当事人的责任。

(李仁贵)

【切实加快保障性住房建设】 *加大投资力度*。2011年,全省共开工建设各类保障性住房44.6万套,完成投资431.43亿元。

完善政策制度。为贯彻落实党中央、国务院加快保障性住房建设的决策部署,进一步健全保障性住房政策体系,2011年6月,山西省印发了《关于进一步加快保障性住房建设的意见》(晋政发〔2011〕12号),在确保建设用地、加大省级资金支持、严格准入退出机制等方面提出了新的措施要求。明确提出保障房建设用地指标单列、允许企事业单位利用存量土地建设保障房、不配建廉租房的商品房项目缴纳廉租房建设资金、新购经济适用住房只能由政府回购以及从中央代地方发行的债券中解决保障性住房建设省级配套资金等创新政策。制定印发《关于加强保障性住房工程质量管理的通知》(晋建保字〔2011〕275号)等一系列基础性文件,强化长效机制建设,特别是落实工程质量终身责任制,在保障性住房建设项目明显位置设置永久性质量责任标牌。

筹集建设资金。2011年,全省共争取到国家补助资金44.49亿元。安排省级补助资金及债券48.87亿元,其中,财政和发改部门安排补助资金7.87亿元,从中央代发债券51亿元中拿出41亿元作为省级补助资金,用于保障性住房建设,按国家补助标准达到1∶1配套。

召开现场会议推进。2011年4月20日,省政府召开全省保障性住房建设工作会议,对2011年工作进行了动员部署;6月27日,省政府又召开全省保障性安居工程工作会议,总结上半年进展情况,安排部署下半年工作;8月8日、9月2日、10月22日,省保障性安居工程建设领导组办公室3次召开全省保障性住房建设专题工作会,研究并协调解决保障性住房建设项目审批、资金筹集、土地供应等关键环节存在的困难和问题,以及保障性住房分配管理机制,部署安排2012年工作。

(高国芳)

【房地产市场平稳健康发展】 *房地产市场呈"两增一稳一降"的态势*。一是房地产开发投资与商品房施工面积稳步增长。2011年,全省完成房地产开发投资790.2亿元,比2010年增长33.4%。投资增幅在全国排第12位,比全国同期平均增幅高5.5个百分点,在中部六省中排第一位,在周边五省(区)中排第三位。商品房施工面积为9308万平方米,增长22.5%。其中,商品住房施工面积7714.3万平方米,增长23.3%。二是商品房销售规模基本稳定。全省商品房销售面积1284.8万平方米,比2010年增长8.8%。其中,商品住房销售面积1170.9万平方米,增长9.4%。三是商品住房价格稳中有降。2011年年底,全省商品住房平均销售价格保持基本稳定,11个设区城市中,太原、大同、长治、朔州、阳泉、吕梁6个市商品住房价格低于2010年年底价格。其中,太原市下降18.7%,大同市下降13.5%,长治市下降6%,朔州市下降2%,阳泉市下降0.6%,吕梁市下降0.1%;晋城、运城、忻州、临汾、晋中5个市商品住房价格略高于2010年年底价格,其中,晋城市增长5.5%,运城市增长6.9%,忻州市增长4.9%,临汾市增长2.3%,晋中市增长0.9%。

房地产市场监管进一步加强。制定出台《商品房预售资金监管办法》、《山西省房地产经纪人协理从业资格考试实施办法》、《〈房屋登记办法〉实施细则》和《〈商品房屋租赁管理办法〉实施细则》,印发《关于加强房地产经纪机构备案管理的通知》等文件,进一步完善了房地产市场监管政策体系。开展房地产交易秩序专项检查,对全省商品房销(预)售、执行商品房价格申报和明码标价情况、执行限购政策情况、房地产经纪市场、房屋租赁市场5个方面23项内容进行了全面检查。

国有土地上房屋征收与补偿工作扎实推进。组织开展征地拆迁制度规定落实情况的检查工作,重点对《国有土地上房屋征收与补偿条例》各项规定落实情况进行了对照

检查。对近三年城市房屋拆迁上访案件进行深入分析研究，提出防范化解对策。

住房建设品质稳步提升。全省城镇居民人均住房建筑面积32平方米。制定《商品住宅性能认定管理办法(试行)实施细则》，建立商品住宅性能评价体系。全年共有3个项目通过住房城乡建设部国家康居示范工程评审，山西省创建项目总数达到18个，在全国排第四位。

物业服务水平进一步提高。组织开展住宅专项维修资金检查调研活动和庆祝物业管理诞生30周年相关评选、表彰活动的初评与选送工作。建立物业服务质量常态监督和定期考核机制，印发《关于开展物业服务质量监督考核工作的通知》。创建1个国家物业管理示范项目、30个省级物业管理示范项目。

(邓大亮)

【"十二五"保障性住房建设规划】"十二五"总体目标。"十二五"期间，全省开工建设各类保障性住房116.93万套，到"十二五"期末，全省城镇居民住房保障覆盖面达到20%以上。2012年年底前，基本完成3000平方米以上的集中连片的城市和国有工矿棚户区改造；2015年年底前，对房屋整体存在危险的农村困难家庭住房全部实施改造。其中，新建廉租住房21.47万套，新建公共租赁住房15万套，新建经济适用住房16.6万套，新建限价普通商品住房5万套，改造城市棚户区20.57万套，改造国有工矿棚户区9.2万套，改造林区棚户区0.77万套，改造垦区棚户区0.5万套，改造兼并重组的国有重点煤矿棚户区5.49万套，改造农村危房22.33万套。

2011年，全省住房保障工作总任务为37.54万套(含新增廉租住房货币化补贴2万户、农村危房改造5.5万户)。

落实政策支持，加大建设力度。1. 确保建设用地。对廉租住房、经济适用住房、棚户区改造安置住房、政府直接投资建设的公共租赁住房，建设用地以行政划拨方式供应。其他方式投资建设的公共租赁住房，建设用地可以采用出让、租赁或作价入股等方式有偿使用。省政府下达的年度保障住房建设用地指标由省国土资源部门在年度用地计划中单列。各市、县人民政府要建立住房建设用地储备制度，优先落实保障性住房建设用地。在符合城市总体规划和土地利用总体规划的前提下，允许把企事业单位富余存量土地纳入市、县人民政府保障性住房年度建设计划用地，统筹使用，所建保障性住房优先用于解决原单位符合住房保障条件职工的住房问题。为保障民生安全，对现有的焦化、化工、机械加工(含电镀)、农药等工业企业废弃地转为住宅用地的保障性住房项目，应组织开展土壤风险评估及修复工作。修复后经相关部门检测符合住宅用地标准要求的，方可作为居民住宅用地的选址。

2. 落实税费减免政策。保障性住房建设、经营和管理环节涉及的城镇土地使用税、契税、印花税、房产税、营业税、城市维护建设税、教育费附加等税种，按照国家有关规定予以减免；对参与建设、经营和管理保障性住房的企业(单位)，纳税确有困难的，可以按照规定申请延期缴纳税款。廉租住房、经济适用住房、公共租赁住房、棚户区改造安置住房建设免收各种行政事业性收费和政府性基金。

3. 加大省级资金支持力度。省级预算安排对52个国定、省定贫困县和5个插花县建设的廉租住房按国家补助资金标准给予1∶1配套补助；对非贫困县(市、区)建设的廉租住房和所有县(市、区)建设的公共租赁住房给予50元/平方米的资金补助。2011年保障性住房建设省级配套资金，除省财政预算、省发展改革委投资计划安排外，不足部分由市、县从中央代地方发行的债券中解决不少于24亿元配套资金。

4. 多渠道筹集建设资金。市、县人民政府要增加财政一般性预算资金安排，用于直接投资、资本金注入、投资补助、贷款贴息等。按照《山西省人民政府办公厅关于认真贯彻全国保障性安居工程工作会议精神加快保障性安居工程建设的通知》(晋政办发〔2009〕97号)要求，筹集廉租住房建设资金，专款专用，不得截留或挪作他用。金融机构在风险可控的情况下优先向符合贷款条件的保障性住房建设项目提供贷款。鼓励和支持各地人民政府设立保障性住房建设投资公司。

5. 严格执行廉租住房配建政策。各市、县要严格执行《山西省人民政府关于健全和完善住房保障体系切实解决城市低收入家庭住房困难的通知》(晋政发〔2008〕2号)规定，在商品住房项目中按建筑面积配建5%廉租住房，并作为土地出让的前置条件。从2011年起，对于不配建或不宜配建的项目，要按照该项目商品住房平均销售价格向保障性住房建设主管部门缴纳应配建廉租住房面积部分的建设资金，专户管理，作为市、县廉租住房建设资金。

6. 大力发展公共租赁住房。要加大公共租赁住房建设力度，改善城镇中等偏下收入住房困难家庭、新就业无房职工和外来务工人员的居住条件。各市、县人民政府要充分运用土地供应、投资补助、财政贴息或注入资本金、税费优惠等政策措施，吸引机构投资者参与公共租赁住房建设和运营。鼓励大型房地产企业开发、建设和运营公共租赁住房。在外来务工人员集中的开发区、产业园区，公共租赁住房的建设用地要优先保障供应。市、县人民政府要按照集约用地的原则，统筹规划，引导各类投资主体投资建设宿舍型公共租赁住房，面向用工单位或园区就业人员出租。市、县可通过配建、改建、收购、长期租赁等方式，增加公共租赁住房房源。新建公共租赁住房套型建筑面积控制在60平方米以内。公共租赁住房的租金按照低于同地段市场租金水平的原则确定。

7. 加快城市和国有工矿棚户区改造。各市、县人民政府要科学制订2011年和2012年棚户区改造的实施计划，坚持政府主导、市场运作的原则，精心安排改造地段和时序，新建安置小区要选择在交通便利、市政设施完善和公共服务设施配套齐全的地段。

8. 增加中小套型商品住房供应。在进一步扩大保障性住房建设规模的同时，要切实加强房地产市场调控，增加普通商品住房有效供应，特别是中小套型、中低价位普通商品住房供应。要合理确定保障性住房和中小套型、中低价位普通商品住房的建设规模，统筹兼顾，促进房地产市场平稳健康发展。

9. 确保工程质量安全。各级住房城乡建设主管部门要把保障性住房工程质量和安全放在首位，对建设、勘察、设计、施工、监理等单位严格管理，精心设计、精心施工，强化工程质量安全监督，严格施工现场管理，严把工程竣工验收关，确保保障性住房工程质量和安全。

10. 加快工程建设。各有关部门要开辟保障性住房项目审批“绿色通道”，简化办事程序，提高工作效率，加快办理保障性住房项目用地、环评、立项等建设手续，确保城市和国有工矿棚户区改造项目在2011年9月底前开工建设，其他保障性住房建设项目在2011年6月底前开工建设。要在确保工程质量安全的前提下，努力加快工程进度，争取项目早日竣工。

加强分配运营管理，确保公开公平公正。1. 严格准入制度。严格执行住房保障申请、审核、公示、轮候、复核制度，健全住房保障、民政、公安、社保、住房公积金等机构和社区协作配合的保障对象住房和经济状况审核制度，完善准入机制。各有关部门要切实履行职责，主动接受社会和公众监督，确保保障性住房分配过程公开透明，结果公平公正。

2. 落实退出机制。保障性住房不得出租、转借、闲置。已享受住房保障的家庭，再购买商品住房的，必须办理住房保障退出手续。各级各部门要认真执行保障性住房年度复核和日常监管制度，采取经济、行政、司法等综合手段，对不符合住房保障条件家庭严格落实退出工作机制。根据保障对象申报、住房保障管理信息系统检测、举报等途径，对已不符合保障条件的住房保障对象，要按规定退出。对以虚假资料骗购、骗租保障性住房和骗取廉租住房货币补贴的，一经查实，立即责令退还或退出。从2011年起，新购经济适用住房不得自行上市交易，对需出售的，由政府回购作为保障性住房房源，面向符合保障条件的家庭按程序予以安排。

3. 加强运营管理。加强廉租住房、公共租赁住房合同管理，租赁合同应载明承租对象的权利和义务、租金水平、租赁期限、转借或转租的处罚以及其他违反使用规定的责任等事项。住房城乡建设主管部门要会同民政等有关部门定期或不定期对保障性住房使用情况和承租人收入情况进行检查，对违规使用的，按有关规定或者合同约定予以处理。要加强保障性住房新建小区的物业管理，优先安排困难家庭人员从事物业管理和社区服务。

（李仁贵）

重点工程建设

【2011年山西省重点工程建设概况】 全力推进重点工程建设。2011年，全省共确定省、市两级重点工程项目3056项，省、市两级重点工程全年累计完成投资7664.81亿元（按旧统计口径计算），占年度投资计划的123.1%，比2010年增加2597.46亿元，增长51.3%，占全省固定资产投资的95.8%。

2011年，240项省级重点工程完成投资2822.28亿元，占年度投资计划的107.9%，投资完成率比2010年提高2个百分点；投资完成额比2010年增加679.92亿元，增长31.7%。全年有57项重点工程项目竣工投产，2项基本建成，超额完成年初计划投产投运50项重点工程的目标任务。

高速公路项目类44项。年度计划投资500.22亿元，全年实际完成投资583.02亿元，为计划的116.6%。高速公路类在全年建设中强力推进，年内有灵丘至山阴、忻州至保德、河津至运城等十条高速公路建成通车，投运里程1003千米，全省高速公路运营总里程增加到4000千米以上。

铁路项目类19项。年度计划投资579.45亿元，全年实际完成投资580.19亿元，为计划的100.1%。大秦铁路4.5亿吨应急配套改造提前竣工。大同至运城至西安客运专线、山西中南部铁路通道、太原枢纽西南环线等项目均进展顺利，全省完成铁路建设投资居全国首位。

保障性安居工程类7项。年度计划投资285.19亿元，全年实际完成投资431.43亿元，为计划的151.3%。在国家保障性住房政策的积极扶持下，全省保障性住房年内开工建设44.6万套，建设面积3441.2万平方米，大幅超额完成年度计划目标。

产业结构调整项目44项。年度计划投资373.19亿元，全年实际完成投资364.46亿元，为计划的97.7%。建成潞安万吨级多晶硅、中国电科集团年产100兆瓦太阳能电池硅片成套装备产业化等一批重大项目。启动了吉利汽车、榆次液压工业高性能液压产品自主化产业基地项目。太钢集团技改，太重集团高速列车齿轮箱国产化等重大技术装备项目进展顺利。

电力类28项。年度计划投资327.06亿元，全年实际完成投资328.54亿元，为计划的100.5%。年内国电长治热电厂2×300兆瓦工程、山阴煤矸石电厂2×300兆瓦工程、华能左权电厂2×600兆瓦工程等项目顺利投产。风力发电、太阳能发电等新能源项目得到大力发展。1000千伏晋东南特高压输变电扩建工程同时建成并投入使用。

煤炭能源项目37项。年度计划投资267.26亿元，全年实际完成投资268.03亿元，为计划的100.3%。资源整合矿井建设推进良好，顺利完成年度计划。大力实施“气化山西”工程，天然气、煤层气管道运输工程建设全面铺开。

文教、卫生、机场和公益建筑类30项。年度计划投资150.29亿元，全年实际完成投资122.15亿元，为计划的81.3%。山西高校新校区工程全面开工建设，运城机场改扩建、山西体育中心训练基地、省招生考试基地等项目如期完工。

节能减排、生态建设类8项。年度计划投资58.4亿元，全年实际完成投资59.31亿元，为计划的101.6%。生态环境治理工程稳步推进，积极为“绿化山西”添砖加瓦。

水利基础设施类14项。年度计划投资50.06亿元，全年实际完成投资52.31亿元，为计划的104.5%。万家寨引黄工程北干线全线完工，实现通水至大同。一批应急水源建设项目胜利竣工。

省城十大建筑。年度计划投资24.18亿元，全年实际完成投资32.84亿元，为计划的135.8%。全面完成建设任务，实现了年度目标。煤炭交易中心和山西体育馆作为中博会主场馆，为中博会成功举办增光添彩。山西大剧院如期建成，确保了省人代会胜利召开。

【重点工程分市建设情况】 2011年，各市共确定市级重点工程2816项，全年累计完成投资4842.1亿元，投资完成额比2010年增加1917.11亿元，增长65%，完成年度投资计划的134.2%。1. 长治市省、市两级重点工程累计完成投资962.91亿元，其中，省级重点工程完成201.61亿元，为年度投资计划的100.3%。

2. 太原市省、市两级重点工程累计完成投资929.77亿元，其中，省级重点工程完成372.01亿元，为年度投资计划的109.3%。

3. 大同市省、市两级重点工程累计完成投资862.97亿元，其中，省级重点工程完成423.28亿元，为年度投资计划的109.1%。

4. 临汾市省、市两级重点工程累计完成投资856.11亿元，其中，省级重点工程完成281.74亿元，为年度投资计划的106.4%。

5. 运城市省、市两级重点工程累计完成投资853.00亿元，其中，省级重点工程完成201亿元，为年度投资计划的100.5%。

6. 吕梁市省、市两级重点工程累计完成投资712.84亿元，其中，省级重点工程完成317.85亿元，为年度投资计划的109.7%。

7. 晋中市省、市两级重点工程累计完成投资696.39亿元，其中，省级重点工程完成280.39亿元，为年度投资计划的100.7%。

8. 忻州市省、市两级重点工程累计完成投资491.59亿元，其中，省级重点工程完成242.3亿元，为年度投资计划的117%。

9. 朔州市省、市两级重点工程累计完成投资482.7亿元，其中，省级重点工程完成286.65亿元，为年度投资计划的112.2%。

省属大型企业投资项目完成情况

序号	省属大型企业	项目个数	1～12月累计完成投资额（亿元）
1	太原钢铁(集团)有限公司	2	80.49
2	大同煤矿集团有限责任公司	6	74.28
3	山西潞安矿业(集团)有限责任公司	5	51.55
4	山西国际能源集团有限公司	7	44.84
5	山西国际电力集团有限公司	5	31.49
6	太原重型机械集团有限公司	2	30.02
7	山西焦煤集团有限责任公司	6	25.46
8	山西省国新能源发展集团有限公司	3	25.29
9	山西晋城无烟煤矿业集团有限公司	4	21.36
10	山西煤炭进出口集团有限公司	2	12.31
11	阳泉煤业(集团)有限责任公司	4	11.69
12	山西省万家寨引黄工程总公司	2	11.07
13	山西煤炭运销集团有限公司	1	10.40
	合　　计	49	430.25

10. 晋城市省、市两级重点工程累计完成投资466.30亿元，其中，省级重点工程完成115.03亿元，为年度投资计划的112.2%。

11. 阳泉市省、市两级重点工程累计完成投资350.23亿元，其中，省级重点工程完成100.85亿元，为年度投资计划的114.4%。

【大型企业转型项目建设情况】 省属大型企业投资项目完成情况。13家省属大型企业投资的省重点工程项目49个，全年完成投资430.25亿元，占省级重点工程实际完成投资额的15.2%。其中，太钢集团公司、同煤集团公司、潞安矿业集团公司投资完成额分列前三名，太钢集团公司、山西煤炭运销集团公司、同煤集团公司投资完成率分列前三名。

中央企业投资项目情况。13家中央企业投资的省重点工程项目33个，全年完成投资895.93亿元，占省级重点工程实际完成投资额的31.7%。其中，太原铁路局、大西客专公司、晋豫鲁铁路公司投资完成额分列前三名，中国国电集团公司、中国华能集团公司、太原铁路局投资项目的完成率分列前三名。

【重点工程建设管理工作情况】 各级领导高度重视，确保重点工程优质高效建成。2011年3月，山西省委、省政府召开全省重点工程建设总结表彰暨动员大会，在全省上下形成了围着项目转、盯着项目干的浓厚氛围。按照省委常委会关于省领导每人联系一个重点工程的要求，山西省委书记袁纯清对大西客专及省城十大建筑等重点工程进行调研指导，王君省长到长风商务区视察指导省城十大建筑工程，李小鹏常务副省长多次到煤矿、电力、铁路及十大建筑等重点工程现场办公。太原市委书记陈川平到山西大剧院建设工地现场督导，解决问题。省人大组织人大代表对省城十大建筑进行了集中视察。

“四位一体、统筹推进”工作机制高速运转，成为全年最大的工作亮点。山西省委、省政府进一步加大重点工程推进力度，整合各方资源，统筹各界力量，建立了重点项目储备、签约、落地、建设“四位一体、统筹推进”工作机制，明确了各部门职责分工和工作重点，为工程顺利推进提供了制度保障。

严格的考核、奖励和排名机制，极大地调动起各级各部门的积极性和创造性。山西省委、省政府将重点工程建设相关指标纳入对各市的年度目标责任考核指标体系，每月对各市、各大企业重点工程建设情况进行考核排名，并在全省主流媒体公布排名次序，对排名落后的分管领导进行约谈。各市在认真落实目标任务的基础上，科学创新考核体系，严格把握考核程序，适度延伸考核范围，通过鼓励先进，鞭策后进，极大地调动了各方面积极性，项目推进进一步加快。

省重点工程领导组坚持每月一次调度会，每季一次领导组会，半年一次分析会，年终召开表彰会，不定期召开专题会、协调会、现场推进会，重点协调解决工程建设中存在的土地占用、拆迁补偿、资金短缺等困难和问题，保障了重点工程有序推进。

（任　皓）

【2011年度山西省重点工程项目名录】 保障性安居工程类（7项）。全省廉租住房工程、全省经济适用住房工程、全省棚户区改造工程、全省农村危房改造工程、国有重点煤矿采煤沉陷区治理工程（含煤矿棚户区改造基础设施建设工程）、全省公共租赁住房工程、全省限价商品住房工程。

水利基础设施类（14项）。万家寨引黄工程北干线、黄河给水工程大同净化水厂及配水管线、黄河给水工程朔州净化水厂及配水管线、禹门口提水东扩工程、晋中市松塔水电站工程、汾河生态环境治理修复与保护工程、张峰水库工程、泽城西安水电站工程（二期）、柏叶口水库工程、龙华口水电站工程、柏叶口水库龙门供水工程、晋中东山供水工程、汾河清水复流北赵联接段工程、坪上应急引水工程。

铁路项目类（19项）。大同—运城—西安铁路客运专线、山西中南部铁路通道、准格尔至朔州铁路、太原铁路枢纽西南环线、运城至三门峡铁路、太原至兴县铁路、吕梁至临县铁路支线、北同蒲铁路增建四线工程、侯西复线电气化扩能改造、太原铁路南站及相关工程、和顺至邢台铁路、邯长铁路改造、嘉丰至南陈铺铁路、张礼至台头地方铁路、大秦铁路4.5亿吨应急配套改造、太中银铁路代建项目、阳涉铁路电气化改造、阳泉北至阳泉铁路、全省铁路战略装车点。

公路项目类（44项）。太原至佳县高速公路西段、祁临高速公路临汾市北环段、灵丘（晋冀界）至山阴高速公路、临汾至吉县（壶口）高速公路、忻州至保德高速公路、高平至新乡高速公路高平至陵川段、大同至浑源高速公路、京昆与青兰两条国家高速公路山西境临汾联络线、榆次龙白至祁县城赵段高速公路、河津至运城高速公路、天镇至大同高速公路、广灵至浑源高速公路、朔州环线西南段高速公路、太原至古交高速公路、长安高速公路长治至平顺段、汾阳至邢台高速公路平遥—榆社段、汾阳至邢台高速公路榆社—和顺段、运城解州至陌南（黄河桥头）高速公路、荣成至乌海高速公路山阴—平鲁段、平定至阳曲高速公路、浑源王庄堡至繁峙高速公路、繁峙至原平大营高速公路、忻州环城高速公路、阳泉环城高速公路、阳泉至左权高速公路、岢岚至临县高速公路、临县至离石高速公路、吕梁环城高速公路、五台山至盂县高速公路、霍州至永和关高速公路东段、霍州至永和关高速公路西段一期、高平至沁水高速公路、青兰高速公路山西境黎城至长治拓宽改造工程、青兰高速公路长治至临汾段、运城三门峡公路铁路黄河大桥及连接线、太原公路主枢纽武宿货运中心、京新高速公路山西境内段、原平大营至神池高速公路、神池至河曲高速公路、左权至黎城高速公路、吉县至河津高速公路、太佳黄河公路大桥、芮城黄河公路大桥、临猗黄河大桥。

文教、卫生、机场和公益建筑类（30项）。运城学院扩建工程、山西省招生考试基地项目、晋美工商管理专修学院、山西体育中心训练基地、山西省太原航空运动学校尧城机场、国资委监管企业总部基地项目、省农科院迁建项目、吕梁民用机场、运城机场改扩建工程、大同机场扩建工程、山西高校新校区工程、太原电力专科学校朔州校区、山西农业大学信息学院新校区、山西警官高等专科学校迁建工程、太原科技大学晋城校区、山西工商职业学院新校区、山西兴华职业学院新校区、山西出入境检验检疫局综合楼、太原理工大学新建教学楼、山西省戒毒康复基地、禁毒教育基地项目、太原铁路南站站前广场项目、大同市文体中心项目、太原茂业天地项目、晋城豪德光彩贸易广场项目、忻州名嘉广场项目、运城市东郊城镇化建设项目、长治市上党城镇群路网改造项目、五台山旅游服务基地项目、临汾飞机场复航改造工程、军民合用五台山飞机场扩建工程。

产业结构调整类（44项）。同煤60万吨甲醇项目、太钢集团公司调产项目、太钢集团公司袁家村铁矿工程、太原重工股份有限公司重

中央企业在晋投资项目完成情况

序号	项目名称	项目数量	1～12月完成投资额（亿元）
1	太原铁路局	11	211.73
2	大西客专公司	1	208.90
3	晋豫鲁铁路通道公司	1	151.00
4	山西省电力公司	1	83.82
5	中煤能源集团有限公司	5	80.56
6	中国华能集团公司	2	70.72
7	中国电力投资集团公司	3	25.32
8	华润集团有限公司	1	21.85
9	中国国电集团公司	2	16.71
10	中国北车集团公司	1	10.03
11	中国大唐集团公司	2	8.10
12	中国华电集团公司	2	3.69
13	中国电子科技集团公司	1	3.50
	合　计	33	895.93

大技术装备项目、潞安年产240兆瓦太阳能光伏垂直一体化产品项目、太原铁路货车造修基地建设项目、山西能源工业国际分销港、山西杏花村酒业集中发展区项目、大同经济技术开发区医药工业园区项目、吉天利科技实业公司循环经济低碳工业示范园项目、山西同德铝业有限公司年产100万吨氧化铝项目、大同市装备制造业园区项目、大同市南郊区塔山工业园区项目、大同市阳高县龙泉工业园区项目、潞安万吨级多晶硅项目、中国兵器工业集团公司车轴生产线技术改造项目、中国电科集团年产100兆瓦太阳能电池硅片及成套装备产业化项目、山西紫林食品有限公司食醋工业园建设项目、山西中科鸿基生物科技有限公司中科鸿基平遥生物科技产业园项目、山西新天源医药化工有限公司年产5000吨β-内酰胺抗生素中间体产品项目、吉利汽车(一期)、山西大运汽车制造有限公司年产5万辆重卡生产线项目(二期)、山西成功淮海发动机有限公司车用发动机技术升级、扩产技改项目、榆次液压工业有限公司高性能液压产品自主化产业基地项目、山西晶都太阳能电力有限公司太阳能用单晶硅项目、山西日盛达太阳能光伏玻璃及电池组项目、平鲁润百生物质能源项目、高平唐一新能源科技有限公司高容量动力锂离子电池项目、山西阳煤丰喜肥业(集团)有限责任公司年产8万吨环己酮与10万吨己二酸技改项目、孝义市乐百利特LED照明产业项目、洪洞县飞鸿微纳米光电科技有限公司LED芯片制造项目、安泰集团焦炉煤气制液化天然气(LNG)项目、介休市新泰钢铁有限公司120万吨/年H型钢项目、山西鑫升焦化集团有限公司河津10万吨钢帘线一期项目、高平市融高太阳能开发有限公司年产500兆瓦高效晶体硅太阳能电池片生产线项目、富士康精密光机电及配套设施项目、晋煤集团金鼎煤机制造项目、晋煤集团宏圣现代煤炭加工综合利用配送中心、山西华驰物流有限责任公司西水洋物流园区、太原地区货运(物流)中心项目、美特好农产品物流园区、兰花国际物流园区、山西(太原)国际陆港方略保税物流中心、太原六味斋实业有限公司新建熟肉制品、豆制品、速冻食品系列加工产品项目。

电力类(28项)。国电霍州电厂2×600兆瓦工程、国电长治热电厂2×300兆瓦工程、国投晋城热电厂2×300兆瓦工程、中电投临汾热电厂2×300兆瓦工程、山西瑞光热电厂2×300兆瓦工程、平遥热电厂2×200兆瓦工程、山阴煤矸石电厂2×300兆瓦工程、右玉煤矸石电厂2×300兆瓦工程、阳城煤矸石热电厂2×135兆瓦工程、柳林联盛煤矸石电厂2×300兆瓦工程、交城煤矸石电厂2×300兆瓦工程、同煤怀仁煤矸石电厂2×200兆瓦工程、河曲电厂二期2×600兆瓦工程、河坡电厂改扩建2×300兆瓦工程、大唐太原二电厂七期2×300兆瓦工程、大唐集团风力发电项目、山西福光风电公司宁武盘道梁、平鲁二期风电项目、山西云光风电有限责任公司新荣二期、神池三期风电项目、运城风力发电项目、山西电网输变电工程、中电投侯马热电厂2×300兆瓦工程、华电朔州热电厂2×300兆瓦工程、朔州神头发电公司平鲁“上大压小”2×600兆瓦工程、华能左权电厂一期2×600兆瓦工程、山西国际能源集团新荣光伏发电项目、山西国际电力集团太阳能光伏发电项目、华能新能源山西风电分公司风力发电项目、华润新能源控股有限公司广灵月明山、天镇大梁山、阳高长城风电项目。

煤炭能源类(37项)。中煤平朔东露天煤矿、华晋焦煤王家岭煤矿、阳煤集团寺家庄煤矿、阳煤集团新元煤矿、潞安集团高河煤矿、太原煤气化龙泉煤矿、山西兰花科创玉溪煤矿、山西保德王家岭煤矿、同煤集团东周窑煤矿、山西焦煤斜沟煤矿、潞安集团李村矿井、阳泉南煤集团西上庄煤矿、同煤集团麻家梁矿井、山西右玉元堡煤业有限责任公司、鑫磊集团煤电化循环经济示范园项目、山西省天然气有限公司天然气管道建设项目、山西能源煤层气控股有限公司煤层气综合利用项目、中阳荣欣高家庄煤矿、汾西集团中兴选煤厂、焦煤集团三交河矿改造项目、潞安集团常村煤矿改造项目、中煤平朔能源公司刘家口选煤厂、山西浑源百川煤业公司整合改造矿井、山西山阴金海洋五家沟煤业公司整合改造矿井、山西煤炭进出口旧县露天煤业公司整合改造矿井、山西汾西瑞泰正行佳新能源公司整合改造矿井、山西华晋吉宁焦煤公司整合改造矿井、山西左云长春兴煤业公司整合改造矿井、山西省山阴县华夏煤业公司整合改造矿井、山西山阴宝山玉井煤业公司整合改造矿井、山西平鲁区茂华万通源煤业公司整合改造矿井、山西华瑞煤业露天煤矿整合改造矿井、山西煤层气集输有限公司输气管道建设项目、山西省压缩天然气有限公司永济—风陵渡输气管道及全省LNG加气站项目、山西燃气产业集团公司煤层气输气管道及吕梁、太原煤层气加气站项目、山西国际能源气化投资管理有限公司煤层气输气管道及寿阳煤层气压缩母站项目、兰花集团110平方千米煤层气开采项目。

节能减排、生态建设类(8项)。10个市生态环境综合治理项目(大同市以十里河流域、阳泉市以桃河流域、长治市以浊漳河流域、晋城市以丹河流域、朔州市以桑干河上游、忻州市以南云中河流域、吕梁市以三川河流域、晋中市以潇河流域、临汾市以涝巨河流域、运城市以涑水河流域为重点的生态环境综合治理工程)、五台山景区清水河流域综合生态治理项目、大同市文瀛湖和御河两岸景观绿化工程、国能神州年处理20万吨高铝粉煤灰项目、平朔年产20万吨粉煤灰资源化综合利用项目、柳林煤矸石综合利用产业示范园区项目、山晋兴能源有限责任公司循环经济新型建材项目、中煤金海洋循环经济园区。

省城十大建筑(9项)。中国(太原)煤炭交易中心、太原铁路客运南站、山西大医院、山西科技馆、山西图书馆、山西大剧院、山西体育中心、太原美术馆、太原博物馆。

(李仁贵)

引黄工程

【引黄入晋北干线工程竣工通水】

2011年9月16日，引黄入晋北干线工程胜利通水，实现了“2011年国庆前大同、朔州用上黄河水”的既定目标。北干线通水，标志着万家寨引黄工程取得了阶段性的重大胜利，在引黄入晋工程发展史上具有里程碑意义。

引黄入晋一期工程由总干线、南干线、联接段组成，工程于2003年10月建成并正式供水，截至2011年年底，累计向太原市供水6.1亿立方米。2008年和2010年，向汾河输送生态水2亿立方米，实现了工程效益与生态效益、社会效益的统筹兼顾、有机结合，为省城经济社会可持续发展和生态环境改善发挥了重要作用。

北干线工程是引黄入晋的重要组成部分，是面向大同市、朔州市，为晋北能源基地转型跨越发展提供支撑和保障的重大基础设施。

北干线工程2009年2月正式开工建设以来，引黄工程管理局紧紧依靠省直有关部门和地方各级政府，精心组织，科学安排，团结带领施工、设计、监理等参建各方，着力破解工程建设中遇到的地质、气候和土地征用等方面难题，保质量、保安全、保进度，全力推进工程建设。在工程建设过程中，全面推行“一线工作法”，即领导在一线指挥，干部在一线落实，督查在一线跟进，问题在一线解决，成效在一线体现，经验在一线总结。局领导每人联系一个控制性工程，蹲到现场抓重点、攻难点，面对面地解决实际问题。全局干部职工和全体引黄建设者以昂扬向上的干劲和韧劲，苦干实干。经过近3年的奋战，高标准、快速度地建成了优良工程，全长43.7千米的输水隧洞全线贯通，长115千米的PCCP(预应力钢筒混凝土管)压力管道全部生产安装完成，总库容3834万立方米的大梁、耿庄、金沙滩、墙框堡4座调节水库全部完成，总装机容量8500千瓦的平鲁地下泵站顺利建成。创造了TBM(隧道掘进机)单机单向掘进25千米的世界纪录。

省引黄工程管理局认真贯彻“质量第一，安全至上”的方针，从组织领导、制度落实、监督检查、宣传教育、事故查处等方面采取有力措施，狠抓质量、安全管理不放松，确保工程优质、安全。2010年8月初，省引黄入晋工程领导组邀请省内外16位资深专家对在建项目的质量进行了全面检查，结论认为：“北干线工程质量控制及保证措施有力，工程质量处于全面受控状态，满足合同及国家有关规程、规范、标准的要求，资料整编规范、齐全，施工质量良好，总体评价达到优良标准”。

随着北干线的通水，引黄事业迈上了全面发展的道路。北干线开工建设之初，引黄局就未雨绸缪，构建引水与配水一体化经营模式，同步参与主体工程配套的水处理厂、供水主干管网的建设，北干通水的同时，与北干配套的大同口泉水厂、朔州神头水厂也同时投运，为有效发挥工程效益、做大做强引黄事业奠定了坚实基础。

(李佳丽)

环境保护

【环保工作融入转型跨越发展大局】

*完善全省环保信息网络。*2011年，改版《山西环保信息》刊物，扩充版面，增加信息量。全年共编印《山西环保信息》22期，向省委、省政府、环保部报送信息510条，其中，被环保部采用54条(2条专报信息)，被省委、省政府采用82条，名次逐步上升。

2011年，全省环保系统共收到信访案件8045件，接待群众来访320批473人(次)。来访批次比2010年增长31%，来访人次增长18%。结案率95%，反馈率87%。

*加大环保专项资金投入。*2011年，中央和省级环保专项资金投入7亿元，其中，省级环保专项资金投入3.02亿元，用于重点行业污染源治理、集中式饮用水源地保护、重金属污染防治、污染防治新技术新工艺推广等145个环保治理项目。争取中央环保资金投入3.98亿元，其中，2.88亿元用于涑水河综合整治及生态修复工程、重金属污染防治、农村环境连片整治示范等环保治理项目，1.1亿元用于环境监察监测标准化建设、重点地区环境应急监测能力建设、排污权交易试点等环保能力建设项目。

*修改完善环保规划。*在2010年规划编制基础上，2011年山西省环保厅继续组织对《山西省环境保护“十二五”规划》(以下简称《规划》)、环保专项规划的编制审查和修改完善。《规划》先后征求了环保部、省直有关18个部门，各市政府、省环保咨询委专家意见，通过省发改委组织的专家评审，并进行了修改完善。

*实施污染物减排责任制。*2011年，山西省将污染减排责任逐级分解落实到各级政府、16个部门、211个重点企业。突出污染减排重点领域，2011年5月24日，省政府印发《关于下达山西省燃煤电厂烟气脱硝限期治理任务的通知》，对91台共计30185兆瓦燃煤机组下达烟气脱硝限期治理任务。先行先试，试行脱硝电价和排污权贷款抵押政策；全面推进排污权交易试点工作，2011年10月21日，山西省排污权交易中心揭牌成立。完成省政府下达的污染减排六项指标规定的目标任务。

*改进环境影响评价。*2011年，按照山西省转型跨越发展的重大决策部署，紧紧围绕环境保护目标任务，积极推进经济发展方式转变，将煤炭资源、焦化企业兼并重组整合、高校新校区建设等省重点工程和基础设施类建设项目的环境影响评价工作作为重点，不断探索环境管理新模式，创新环境执法机制，采取打破常规、开辟绿色通道、一站式服务、限时办结等措施，全方位推进环境影响评价工作。列入2011年省重点工程的240个项目，其中，包括10所高校新校区项目、14项水利基础设施类项目和省城十大建筑项目等，凡上报省环保厅审批的基础设施和重点工程项目全部按时办结。

*严格执行环境准入制度。*为促进山西省经济发展方式转变，实现“净化山西”的目标，提高环境准入门槛，省环保厅与省发改委联合下发《山西省加强建设项目环境管理暂行规定》(晋环发〔2011〕160号)，对建设项目的环境管理提出“源头—过程—末端”的全过程、全方位

管理规定，明确提出11种不予受理和审批的情形和建设项目实施区域限批、行业限批、企业限批的要求。2011年否决和退回18个、投资近56.32亿元的项目，以严格的环境准入促进产业结构调整和产业升级。

组织开展全省突出环境保护问题专项治理工作。2011年，共排查项目2239个，在查实的246个问题项目中，已有237项完成整改，整改率达96.3%，对9个未完成整改的项目，分别下达了处罚决定或开展了环评工作，工程建设领域突出环境保护问题专项治理工作取得明显成效。

【全面推进污染防治工作】 2011年监测的97个断面中，水质优良的断面44个，与2010年相比，优良断面比例上升10.8个百分点。全省11个省辖城市城区环境空气质量优良天数平均347天，其中，优良天数比2010年增加19天。

全省重点流域考核工作项目完成率超过90%，山西省黄河中上游和海河流域分别以90.4分、89.8分的成绩排全国第16名和17名。2011年地表水跨界断面水质考核共扣缴流域生态补偿金1.9亿元，奖励1.1亿元。完成全省城市集中式饮用水水源环境状况评估工作和22个城市的城考工作。大同、临汾、吉县、芮城、沁源、繁峙2个市、4个县通过山西省环保模范城验收。完成《山西省"十二五"重金属污染防治规划》编制，指导11个市和3个重点区编制各自的重金属规划和专项规划并批准实施。对6家申请上市公司进行环保核查并出具了核查意见。顺利完成机动车氮氧化物年度减排核查任务。

【自然生态保护】 一是工作措施得力，编制完成的《山西生态省建设规划纲要》通过环保部组织的专家论证，已提交省政府审议。二是加强对各地生态县建设规划编制工作的指导和督促，全省80%的县(市、区)编制完成《生态县建设规划》。三是祁县、平陆县被环保部授予"国家级生态示范区"称号，国家级生态示范区数量达到16个。四是组织开展山西省工业废弃场地土壤污染调查和太原化工厂污染场地修复示范项目，召开全省土壤污染状况调查总结大会，对在全省土壤污染状况调查工作中涌现出的先进集体和先进个人进行了表彰。五是对2010年自然保护区执法检查查出的违法项目单位下达限期整改意见通知，在网上公布了8个涉及自然保护区的违法企业名单，并向省政府提交了《关于我省省级自然保护区专项执法检查的报告》。六是坚持"行政审核与技术审核"相分离的原则，严格按规定程序对矿山生态恢复治理方案进行审核。2011年共受理由企业报送的《矿山生态恢复治理方案》申请审核文件159件。确定平朔集团和晋煤集团2个试点单位。七是启动矿区生态环境监测试点工作，并向省发改委申请到矿区生态环境监控项目资金800万元，搭建监测平台。

【启动农村环境连片整治工作】 2011年，山西省被财政部、环境保护部纳入农村环境连片整治示范省。中央财政投入2亿元，省、市、县按照4∶3∶3的比例配套2亿元，开展农村环境连片整治工作。全省确定了24个示范项目，其中，包括21个连片示范项目和3个示范点项目，项目涉及11个市、24个县(市、区)、54个乡(镇)、314个村，惠及人口54.1万人。

省政府成立了以分管省长为组长的农村环境连片整治领导组。省环保厅、省财政厅出台了《山西省农村环境连片整治工作例会制度》、《山西省农村环境连片整治工作督查制度》、《山西省农村环境连片整治工作情况通报制度》、《山西省农村环境连片整治工作责任人约谈制度》、《山西省农村环境连片整治工作信息报送制度》五项制度和《山西省农村环境连片整治示范项目管理办法》、《山西省农村环境连片整治示范专项资金管理办法》、《山西省农村环境连片整治项目验收办法》3个办法，建立了农村环境连片整治工作领导和推进机制。

【辐射与危险废物安全监管万无一失】 2011年，共对132家Ⅲ类以上放射源和Ⅱ类以上射线装置使用单位进行了现场执法检查，对13家存在安全隐患、环保手续不全、不符合辐射安全防护要求的涉源单位下了环境违法行为限期改正通知。核发和补办辐射安全许可证907家。办理放射性同位素转让审批101家，351枚放射源。办理放射性同位素与射线装置异地使用备案33家，监测107枚放射源。举办了3期辐射工作人员上岗培训，经考核共为676人颁发了《辐射工作人员上岗证》。共对50家新产生的106枚废源进行了收贮。2011年3月11日，日本发生核电厂放射性核素泄漏，山西省的应急监测工作启动迅速、响应及时，上报数据连续准确，辐射事故应急监测能力得到考验。完成核技术应用建设项目环保设施三同时验收监测项目56项。完成"十二五"辐射环保规划编制工作。全年共有809家核技术利用单位经审定领取了《辐射安全许可证》。

【环境监察与排污收费日益规范】 深入开展环保专项行动。2011年，强化对重金属排放企业、污染减排重点企业和汾河流域、海河流域和黄河流域沿岸排水企业环境监管，检查工业企业22200余家次，对127件典型环境违法案件实施了挂牌督办，切实解决了一批危害人民群众身体健康的突出环境问题。

积极开展专项环境执法检查。2011年，认真开展医药制造企业、化学品环境管理和危险废物、汽车养护和报废汽车回收拆解业、基础设施及房地产开发项目、煤炭发运站(台)、煤炭开采和洗煤企业、氢氧化铝生产工艺化工企业等专项执法检查，促进了突出环境问题的整改解决，促进了环保法律、法规的贯彻执行，促进了产业结构的优化升级。

认真开展"迎中博"环境综合治理行动。加强对重点道路、重点景区和环境敏感目标周边地区的现场监察，现场检查重点企业3000余家，取缔关停环境违法企业152家，停产治理132家，对89家环境违法企业实施挂牌督办，对156家环境违法企业实施经济处罚，有效保障了"中博会"期间的环境质量。

加强生态环境监察。认真开展畜禽养殖业、自然保护区、森林公园和风景名胜区、矿山资源开采加工生态环境保护等专项执法检查，对忻州峨河流域进行重点督查，促进和规范了全省自然保护区、森林公园和风景名胜区生态环境保护工作，解决了一批矿山资源开采加工对生态环境破坏问题，进一步提高了农村生态环境质量和生态文明建设水平。

规范排污费征收稽查办法。排污费征收认真贯彻执行《排污费征收工作稽查办法》，深入开展排污费稽查月活动，纠正和解决了“过渡户”、“收费局”代收排污费问题，促进和规范了排污收费工作，共追缴排污费2000余万元。对污染物排放不达标的焦化企业，取消了超标时段焦炭排污费优惠政策，追缴排污费51万元。排污申报率和申报质量进一步提高，申报面逐步拓展，全年申报登记企业21871家，比2010年增长29.6%。积极推进排污费全程信息化管理，申请专项资金265万元。排污收费工作稳步推进，从第二季度起，30万千瓦以上电力企业二氧化硫排污费征收使用经有效性审核的污染源连续在线监控数据。2011年，全省共征收排污费18.38亿元，比2010年增长16%。

【创新环境宣传教育理念】 2011年，山西省大胆创新环保宣传教育理念，提出了环保宣传职能论、环保宣传话语权论、环保宣传超前论、环保舆论监督论及环保宣传效应论，为环境宣传提供了理论支撑。组织开展世界环境日大型系列纪念活动，出台了《山西省环境保护新闻发布制度》和《山西省环境保护舆论监督制度》，引起国内媒体广泛关注和热评。开发“绿色生态”大型环保公益网络宣教项目，并上线运行，填补了国内国际大型原创益智网络游戏在环保领域的空白，国内各大媒体给予高度评价。策划组织“十一五”全国环保成就山西展览，提升了山西环境保护的绿色影响力。组织山西省污染减排新闻采访活动，对11个市46个县(市)的160多家现场进行了集中采访报道，形成社会舆论声势和关注环保的氛围。在《中国环境报》发表的“山西环保”系列文章——《山西环保道路》成为山西环保界有史以来第一次获得山西省“五个一工程奖”的作品，标志着山西省环保理论研究在社科领域取得新成就。开展绿色创建活动，创建绿色学校323个，绿色社区39个，推动生态文明理念在全社会树立。

（石振龙）

测绘·地质·防震减灾

CEHUI DIZHI FANGZHENJIANZAI

测绘·地质·防震减灾

测　绘

【测绘工作向数字化、智能化转变】 测绘行政管理职能得到强化。2011年12月6日，经山西省编委批准，山西省测绘局更名为山西省测绘地理信息局。更名不仅是名称的改变，更是职责的强化，顺应了时代发展，具有重要的现实意义和深远的历史意义。

“三五一”工程成效显著。30个项目，实际完成40个，其中，千万元以上项目6个，产值和服务值1.85亿元，比2010年增长16.7%，一线职工收入增长5%。

五大成果深入推广。省级基础地理信息数据库已提供省政府应急办、森林防火指挥部和住建、交通、水利、环保、林业、地震等部门使用，在建设省应急系统、交通信息系统、防洪抗旱指挥系统、环境监测系统、抗震救灾指挥系统和森林防火、太原市经济圈规划等多个方面发挥了重要作用。山西省高精度三维大地基准和似大地水准面精化成果已广泛应用于测量工程、交通建设和航空摄影测量等方面。山西省GPS连续运行参考站系统在2010年100余家用户的基础上，新增用户60家，累计新增入网设备256台。山西省地理信息公共服务平台（公众版）已向社会公开发布提供服务，已为省公共突发事件信息发布系统、山西区划地名网建设等提供了服务。

一件实事落到实处。11个市的基础地理信息数据库全部建成，并逐步开始新一轮数据更新。

重点项目扎实推进。2011年，山西省基础地理信息公共服务平台的政务版和公众版整体通过省测绘地理信息局组织的验收和省科技厅组织的专家鉴定，项目成果达到国际先进水平，将为政府宏观决策、应急管理等提供权威高效的地理信息协同服务，为社会公众提供内容丰富的公开地图与地理信息服务。完成的山西省国土资源生态环境地质灾害卫星遥感动态监测系统项目，将为政府在土地开发、水土流失及地质灾害防治等方面的宏观决策、行政管理提供科学、可靠的支撑平台和现代化的管理手段。完成的山西省信息化航空摄影测量系统项目，将为基础网络标准化改造和建设、全数字摄影测量系统的软硬件升级、改造和航空摄影测量的信息化体系建设提供支撑。完成的山西省高精度数字高程模型项目，可广泛应用于地质灾害监测预报、洪涝灾害预警与评估、生态环境治理与评估，同时可用于交通、水利等工程建设中的工程量计算以及电力选线、通讯网络建设等领域。完成大同、朔州、运城、晋城的市县地图编制和印刷。跨年度项目完成年度建设任务，其中，测绘成果及档案的快速提供项目完成建设方案评审、系统硬件购置和软件开发，正在进行1∶5万存档数据采集录入；专题地图数据库项目，完成省级专题数据和太原市专题数据的收集整理和录入工作。

山西省测绘地理信息局被国家测绘地理信息局评为“全国省级测绘地理信息行政主管部门贯彻落实科学发展观年度测绘地理信息工作考评2011年度优秀单位”。

基础测绘见到实效。2011年，省财政投入2126万元，省发改委投入1200万元，通过省国土厅争取到重点测绘项目经费6137万元。全年省级投入基础测绘和重点测绘项目经费共9463万元，比2010年增长8.3%。

《山西省级基础测绘1∶1万基础地理信息采集与建库项目实施方案》通过专家评审。临汾、吕梁测区1∶1万974幅3D(三维)生产及建库，运城、晋城测区833幅数字正射影像生产等省级基础地理信息更新工作，完成年度任务。指导各市开展“十二五”基础测绘规划编制工作，其中，临汾和晋城已经当地市政府批准印发。

怀仁、山阴、平鲁、阳城、沁水、平顺、陵川等7个县的基础测绘成果通过验收，向右玉、广灵、河曲和吉县4个县移交了成果。汾西、安泽2个贫困县的基础测绘成果通过验收，按照“以奖代补”政策，落实每县奖励资金30万元。投入2011年度中央财政专项补助资金150万元，实施了榆社县基础测绘。山西省测绘地理信息局与省财政厅联合向国家局、财政部申报2012年度革命老区基础测绘专项补助项目(数字昔阳)，争取到中央财政专项补助200万元。

数字城市加快建设。数字太原

完成平台软件升级和全市 1∶2000 正射影像图数据、主城区 1∶2000 和 1∶500 线划图数据更新，成果应用成效突出。在最初 5 个应用示范系统基础上，又有 9 个部门完成应用系统建设、19 个部门提出应用方案。数字太原物联网建设取得阶段性成效。

数字晋城通过国家测绘地理信息局验收。数字阳泉、数字晋中按计划加快推进。数字长治、数字朔州先后启动。山西省已有 6 个地级市开展了数字城市建设，临汾、运城、吕梁、忻州 4 个地级市已申报国家局立项。

数字长治县试点项目启动之后，数字介休、数字孝义、数字古交相继启动。山西省测绘地理信息局和山西日报社在静乐县段家寨乡联合启动山西省首个数字乡镇建设试点。

服务保障能力快速提升。2011 年，编制了《关于创新测绘工作服务全省转型跨越发展的指导意见》，明确了指导思想、工作原则，提出测绘服务山西转型跨越发展的任务目标和具体举措。

山西省地理信息公共服务平台公众版，即“天地图 · 山西”门户网站已接入国家“天地图”网，实现与国家主节点、太原市级节点互联互通，满足 24 小时在线地理信息服务，支持 1000 用户并发访问，远程访问服务等待时间不超过 1 秒，应用服务等待时间不超过 5 秒，自 2010 年 5 月开通以来，访问量已达 6 万多人次。

编制了 2011 版《省领导工作用图》。相继编制完成晋城、晋中、朔州、吕梁《市领导工作用图》以及泽州、沁水《县领导工作用图》，全年为党和国家领导人赴晋视察提供工作用图 2600 余幅，为第六届中国中部投资贸易博览会编制 1.6 万余份中博会系列地图。启动了“省突发公共事件地理信息应急服务系统”项目，项目建设方案通过专家评审，纳入省应急体系建设“十二五”规划重点项目。与省公安厅签订数据资源共享与警用地理信息共建合作协议，提供全省 1∶1 万地理信息数据 6300 余幅。全年共向 128 家用户提供新版纸质地形图 2473 幅，向 181 家用户提供测绘地理信息成果数据 12140 幅(数据总量达 425.6 千兆)。

为庆祝建党 90 周年，编制了《红色山西》、《平型关伏击战》、《百团大战》等红色地图并参加了国家局组织的红色精品地图展。

地理国情监测起步。2011 年，地理国情监测列入山西省“十二五”基础测绘专项规划，制定了《山西省地理国情监测实施方案》，在北京举办了山西省测绘系统地理国情监测、地理信息产业专题培训班。完成的“山西省国土资源生态环境地质灾害遥感动态监测系统”项目，为山西省开展地理省情监测进行了有益探索。申报的“利用机载激光雷达系统采集 DEM(数字高程模型)结合地面变形 GPS 观测网对太原盆地实施沉降监测”列入国土资源部 2012 年科技项目计划，“省重点城市建设用地遥感监测系统”列入省国土资源厅 2012 年国土测绘项目。

地理信息产业方兴未艾。2011 年，研究起草了《关于促进山西省地理信息产业发展的意见》，明确提出了山西省促进地理信息产业发展的指导思想、基本原则、发展目标和具体举措，促进产业发展的政策环境趋于改善。2011 年 11 月 18 日，召开了山西省地理信息系统协会成立大会，研讨山西省地理信息产业的发展战略，听取与会 236 名理事对山西省地理信息产业发展的建议。山西省测绘资质单位已发展到 462 家，其中，民营企业 199 家，所占比例达到 43.1%，地理信息产业初具规模。

电力施工测绘

综合发展实力持续增强。继续加强技术装备特别是应急测绘装备建设，做好传统技术装备的升级换代，力争使山西省的测绘技术装备实力始终保持全国领先水平。在此基础上，大力开展应用技术研究，培养技术能手，充分挖掘和发挥先进技术装备的效能。

参加完成的“测绘基准和空间信息快速获取关键技术及其在灾害应急测绘中的应用”项目获国家科技进步二等奖，完成的“山西省 GPS 连续运行参考站综合服务系统”项目获山西省科技进步二等奖。胡文元被授予第十届夏坚白测绘事业创业与科技创新奖，属全国测绘行业获此殊荣的 4 人之一。杨爱民被选为国家测绘地理信息局青年学术和技术带头人，于颂获省“科技奉献奖”个人一等奖和“十一五”测绘地理信息优秀青年科技贡献奖，陈弘奕获“十一五”测绘地理信息科技贡献奖，王韬获“十一五”测绘地理信息科技管理贡献奖。

引进的无人机航测系统已成功进行2次试飞，实施了试生产项目。今后将依托无人机航测系统这一先进技术，为灾情监测勘察、应对突发事件以及地理国情监测提供更加有力的保障服务。利用IP-S2三维激光扫描系统开展晋城市数字城市三维系统建设。利用ADS(可调式减震系统)航摄系统完成晋城、运城等地区的基础测绘航空摄影任务。发挥山西省连续运行基准站及综合服务系统的设备技术优势，为测绘、电力等行业提供快速、准确的空间定位基准服务。

制定测绘人才队伍建设"十二五"规划，开展专业技术人员学历教育和职工在职教育。山西省测绘地理信息局被列为武汉大学"国家遥感与航空摄影测量重点实验室"研究生实习基地。

【测绘地理信息实施统一监管】 加强测绘地理信息依法行政建设。修订行政执法责任制规定、行政复议和行政应诉办法等规范性文件。制定印发《关于加强测绘地理信息法治建设实施意见》。配合省人大城建环保工委开展测绘一法一条例执法调研，对忻州、阳泉、临汾、运城4个市进行了实地检查，省人大针对检查存在的问题提出了建议和意见，转省政府研究处理。完善行政审批程序，制定超时默认制度、限时办结制度、一次性告知制度、首办负责制度、首问负责制度、AB角岗位责任制度等制度。山西省测绘地理信息局和晋城市、长治县被国家局评为全国测绘系统依法行政先进单位。

加强测绘市场统一监管。完成测绘资质复审换证和年度注册工作。完善测绘成果归档管理办法，强化质量管理。完成甲、乙级测绘单位成果质量抽查，省级基础测绘成果一次验收合格率100%。编制山西省测绘与地理信息标准化工作"十二五"规划，明确了"十二五"期间测绘与地理信息标准化工作主要任务。

开展地理信息市场专项整治"回头看"行动、"问题地图"专项治理、涉密测绘成果保密检查等专项执法检查。2011年，组织各市对440个静态地图图片网站和10个动态地图服务网站进行了检查。开展"问题地图"执法检查133次，查处违法案件3件，查封、收缴违法违规地图产品176件。与省保密局联合组织了全省涉密测绘成果保密检查，组织752家单位进行了成果保密自查，对304家单位进行了保密检查，对125家下达整改通知。通过专项执法检查，全省测绘地理信息市场秩序得到有效规范。

完成运城市249座测量标志警示牌设立工作。依法办理太原市罕山三等三角点等10处测量标志迁建审批。各市建成的测量标志管理数据库通过验收。

（杜永刚）

地质勘查

【山西地质勘查综合实力日益增强】 地勘经济再创新高，综合实力日益增强。2011年，山西地勘局对外经营收入比2010年增长18.3%，局属9个地勘单位经营收入均超过亿元，直属公司全面完成年度经营目标。

地质工作全面加强，保障能力不断提升。一是狠抓地质项目组织实施，地质找矿取得突破。各类地质项目全面完成年度工作任务，列入全国找矿突破战略行动的霍西—河东地区铝土矿和五台—恒山铁矿整装勘查项目起步实施。全年累计完成不同比例尺地质填图4.4万平方千米，钻探进尺33.7万米。上马寨煤炭详查、苏家庄铝土矿普查等19个项目取得较好找矿成果，共计提交资源量煤炭67.6亿吨、铝土矿1.6亿吨、铁矿8882万吨、冶镁白云岩10亿吨。217队和三勘院被国土资源部授予"全国危机矿山接替资源找矿专项工作先进集体"称号。二是着力开展地质项目立项申报工作。获准2011年度省矿业权价款项目48个，项目经费3.52亿元；新立国家地质大调查项目2个，续作项目15个，项目经费3595万元；申报国外矿产资源风险勘查项目4个，项目经费400万元。三是矿权经营和矿业开发工作取得新进展。214队与社会资本合作成立矿业开发企业，取得国土资源部颁发的垣曲县沙宝河—大西沟铜及多金属矿勘查许可证，这是省地勘局2003年以来首次在省内取得探矿权。铺上铁矿通过省安监局安全验收评价，全年生产精矿粉7.3万吨。四是大地质服务功能显著增强。积极为政府决策提供技术支撑，牵头实施了山西省矿产资源利用现状调查项目，编制完成山西省矿产资源总体规划、鄂尔多斯盆地山西部分矿产资源勘查开发区划报告，承担实施山西省重要矿集区矿山开发遥感调查与监测等项目。主动服务矿山企业，承揽实施同煤马道头项目补充勘查、中铝兴县黄辉头铝土矿区地质详查、中联煤层气勘查施工以及矿产资源储量核查等市场项目。开展城市地质工作，山西省六大盆地重点地区浅层地温能调查、太原市浅层地温能潜力调查评价、临汾市和晋南地区地热资源勘查等项目取得明显效果。开展环境地质和灾害治理工作，汾河流域生态地质环境调查评价项目野外工作通过验收，万家寨引黄入晋工程采空区治理、霍永高速公路采空区治理等项目进展顺利。开展农业地质工作，提交山西省黄土高原盆地经济带土地质量地球化学评估与典型地区生态环境评价报告，完成山西省黄土高原盆地经济带生态地球化学调查数据库，山西省黄土高原盆地经济带多目标区域地球化学图集通过有关部门评审，承担完成全省大部分土地规划与整理项目。积极开展水文地质工作，全年共施工水井141眼，完成国土资源系统支援北方抗旱找水打井任务，有效缓解了干旱缺水地区用水困难。山西省地质勘探局及三勘院由于在对口支援四川省茂县灾后恢复重建中表现突出，被省委、省政府授予先进单位称号。受省国土厅委托，承办了第一届山西省地勘钻探职业技能大赛，并选拔优秀选手组队代表山西省参加了第一届全国地勘钻探职业技能大赛，三勘院2名选手取得一金一铜的优异成绩。

境外市场推进有力，经营规模不断壮大。一是召开全局海外工作

太中银铁路征地实地踏勘

专题会议，系统总结了全局实施“走出去”发展战略、开拓海外市场近十年来的成败得失和经验教训，进一步统一了思想，明确了方向，理清了思路，增强了信心。二是加强境外平台的搭建工作。省内地勘单位共同出资在香港注册山西地利工程有限公司，省地勘院和中昊公司合作在肯尼亚成立中昊地利肯尼亚有限公司。二勘院在迪拜组建金华地贸易责任有限公司，省地建总公司在坦桑尼亚办理山西地建公司坦桑尼亚公司的注册和税务登记工作。213队与中地海外公司共同出资组建埃塞俄比亚公司钻探实业二部。三是全力开拓市场，经营规模不断壮大。2011年，省地勘局各单位分别在尼日利亚、肯尼亚、埃塞俄比亚、坦桑尼亚等11个国家实施水井施工、水利工程、工程勘察、桩基工程以及地质勘查等项目，累计签订合同5467.6万美元，完成产值2681.4万美元。省地勘院独资公司首次在坦桑尼亚中标水井和水厂项目，迈出了在海外独立经营的可喜一步。省地勘局与中地海外公司在尼日利亚合作开展的地质勘查项目完成调查面积5341.8平方千米，提出3～5个可进一步工作的区块。物化院在缅甸、马达加斯加开展地质工作，217队在蒙古实施煤矿勘查项目，进一步拓展了工作区域。四是加强境外管理工作。强化对外资质建设，继省地勘院和省地建总公司之后，213队、214队和二勘院也成功取得企业境外投资证书，各有关单位对外承包工程资格证书顺利通过主管部门年检，省地勘院对外承包工程资格证书单位类型从非工程建设类变更为工程建设类，保证了对外经营工作的正常开展。省地建公司、省地勘院积极与中国对外承包工程商会就加入中资企业推荐名录事宜进行联系洽谈。

【基础管理日益夯实，质量效益明显提高】 *加强财务管理工作*。在全局范围开展银行账户、财务印鉴专项检查，对发现的问题限期整改，完善了财务内控体系，降低财务风险。强化预算管理，按计划足额下达各类预算资金，保证全局工作正常进行。强化资产管理，制定《山西省地勘局设备资产购置管理办法》，通过公开招标完成设备采购31宗，进一步规范了设备购置行为，健全了设备管理制度。

强化内部审计工作。严格执行任期经济责任审计制度，向被审计对象下达审计决定，对审计发现的问题提出明确的整改时限和要求，提高了审计工作效果。认真开展“小金库”治理工作，顺利完成各个阶段的工作目标，对全局2009年以来发布的有关规章制度进行全面梳理，建立健全了小金库治理长效机制。

加强人事劳动管理工作。编制上报了局机关“三定”方案和事业单位分类改革方案，岗位设置工作全面推开。健全完善收入分配机制，制定了《关于规范各单位主要领导工资奖金发放的指导意见》，转发了《山西省事业单位实施绩效工资指导意见》。加强临时用工管理，完善合同用工法律手续，降低用工风险。

加强勘察施工和探矿工程管理。开展勘察施工和探矿工程现状调研，制定下发《山西省地勘局关于加强探矿工程管理工作的暂行规定》。开展钻探技术业务培训。

加强项目进度和质量管理。针对地质勘查项目多、任务重的实际，建立项目进展情况通报和快报制度，加大督查力度。狠抓项目质量，各单位普遍实行了三级质量检查制度，多数单位严格按照质量管理体系运行，对项目质量实行全过程监督，质量总体平稳向好。地调院参与的“青藏高原区域地质调查与重大找矿突破”项目申报国家科技进步特等奖已评审公示，全省矿产资源潜力评价项目中已完成的铁矿、铝土矿等10余个子项目和物化院深部立体探测项目银坑、盘古山示范区物探工作被评为优秀。

加强资质建设。在保证已有各项资质顺利年检换证的同时，加大资质升级和新资质申办工作。二勘院等单位取得土地规划和整理资质，地调院新建的有机分析实验室通过国家认监委资质认定现场评审。

加强安全生产工作。以落实安全生产主体责任和规范经营行为为重点，以“三深化”、“三推进”为有效抓手，深入开展“安全生产年”活动。制定省地勘局安全生产“十二五”规划，出台工程发分包与外协队伍临时工用工安全管理规定，下发安全生产标准化建设实施意见，健全完善安全生产规章制度。认真落实生产经营单位主要负责人安全生产承

诺制和安全生产工作目标责任制，有效推进“一岗双责”安全生产责任体系建设。推行项目负责人、驾驶员、特种作业人员内部持证上岗制，收到积极效果。开展以治理隐患、解决突出问题为重点的安全生产专项整治行动，发现并治理事故隐患225项，对8个施工项目和作业现场实施停产整顿。

（曹拥军）

防震减灾

【地震事业稳定健康发展】 进一步推进防震减灾政策的落实。2011年，山西省地震局对《我省进一步加强防震减灾工作的意见》作了进一步修改完善，并于6月11日正式印发各市人民政府、省防震减灾领导组各成员单位。该文件进一步明确了山西防震减灾的各项任务要求，并按照部门分工和轻重缓急原则，把防震减灾工作有计划、有步骤地落实到位。文件对防震减灾工作的组织领导、规划体系、法制规章、科技保障、人员经费、预测预报等7方面26项工作提出了具体措施。

科学规划地震事业发展。一是科学编制防震减灾“十二五”规划，已完成规划编制，并通过了国家地震局、省发改委专家的论证。二是强化事业发展重点项目建设。山西地震安全信息服务工程是2011年的重点项目。截至2011年年底，该项目工程已基本完成。加强市县综合地震观测站环境改造工作。太原、长治地震综合观测站，运城市台网中心环境改造已完成，大同、吕梁、临汾、晋机厂地震观测站，正在积极推进。

积极推进防震减灾法制化建设。一是认真贯彻落实《中华人民共和国防震减灾法》等法律、法规，进一步落实防震减灾法定职责，建立健全防震减灾行政执法、行政监督体制和协调机制，不断提高执法队伍素质，依法推进防震减灾各项工作。二是继续推进《山西省抗震设防管理条例》的立法工作。2011年，根据省人大的意见，在专家讨论的基础上，山西省地震局对《条例》进行了4次修改。在《条例》初稿中，对市县地震部门相应的管理权限以及抗震设防工作的组织领导、规划、抗震设防要求审批、设计、施工及责任追究等各个环节进行了明确。

【大力提升震情监测预报能力】 坚持“震情第一”，做好震情跟踪工作。2011年，省地震局及时印发《山西北部至晋冀蒙交界地区2011年度震情跟踪工作方案》和《山西地区2011年度震情跟踪工作方案》，以方案明确任务，把强化跟踪的措施落到实处。2011年年初，由分管副局长带队到山西省北部忻州、朔州等新增危险区向市政府领导通报震情形势，并检查震情跟踪方案、“三网一员”工作和宏观监测点运行的贯彻落实情况。建党90周年、中博会、国庆等特殊时期，在每月会商基础上，积极加密会商，加强震情形势跟踪。

积极改进会商形式，努力提高会商质量。开展跨区域、跨学科部门会商，邀请国家地震局18个单位专家参加山西省地震局2011年年中地震趋势会商会和华北东北片区2011年年中地震趋势会商会，并召开了全省2012年度地震趋势会商会，对2012年全省地震趋势进行分析预测研究。

加强宏观异常管理，进一步提高观测质量。全省现有48个县制定并出台宏观观测点补助经费政策，占到全省县级行政区域的40%。认真落实全省系列异常，年初确定的18项前兆异常，已排除12项。并组织落实15项宏观异常。

积极开展地震速报竞赛工作。2011年，山西省地震局代表队在第二届全国地震速报新疆赛区竞赛中荣获团体第二名，并进入总决赛。继续推行质量监控工作。2011年，山西省地震局观测质量在全国统评中荣获18项前三名。加强监测系统运行管理。2011年，山西省5个测震台网、11个市县级信息节点、8个市县级流体台站的16个测项全部纳入省级统一管理，全省辖区内地震台网（站）、信息节点运行率达98.8%。加强市县骨干监测点观测环境改造工作。2011年开始对9个市县骨干监测点进行改造。

【努力增强震灾防御能力】 加强管理，稳步推进全省防震减灾工作。一是不断完善防震减灾目标考核机制。在全省防震减灾工作会议上，分管省长连续三年与各市人民政府分管市长签订了年度防震减灾工作目标责任书。目标考核内容逐步细化量化，并进行了动态调整，由三大工作体系建设任务到增加“十二五”规划制定和年度经费预算投入等任务指标，进而指导各市推进防震减灾目标考核和奖惩工作。二是继续加大对学校、医院等人群密集场所的抗震设防管理。各级地震部门积极配合各级政府做好中小学校舍安全工程防震减灾审批和技术服务工作。

重点监视重防区，强化城乡建筑物抗震设防管理。一是强化基础设施抗震设防保障能力，严格对城市市政、交通、水利、输油气管线等基础工程抗震设防要求审批。2011年，对朔州至山阴、运城至三门峡铁路项目，山西沁水煤层气郑庄9亿立方米产能项目，晋煤集团100万吨/年甲醇清洁燃料技术改造项目等重大建设工程开展了地震安全性评价工作。临汾、运城、长治、忻州等市城市活断层探测工作稳步进行。二是为农村危旧房改造提供基础数据。积极推进农村民居抗震性能普查和农村民居地震安全工程建设，数据调查、汇总、数据库建设已经完成。三是加大市县防震减灾示范社区建设。2011年，省财政投入40万元补助资金，在11个市创建11个省级示范社区。

加强防震减灾新闻宣传工作。2011年，印发了《山西省地震应急新闻联动方案》，建立完善了山西省新闻宣传平时协作和震时联动机制。在“5·12”国家防灾减灾日、“7·28”唐山地震纪念日期间，利用新闻媒体、开展专题讲座、联合制作邮寄防震减灾宣传折页等形式开展了内容丰富的防震减灾知识宣传。

【切实提高地震应急救援能力】 健全机制促实施。结合山西省几次地震实际，修订了《山西省地震应急预案》。在新修订的预案中，建立了指挥部成员AB角负责制。A角参加抗震救灾指挥部的决策部署，B角负责落实各分指挥部的应急任务。这种指挥体系有利于提高省抗震救灾指挥部决策、指挥、调度能力。明确地震谣传等其他地震事件的应对机制。单列了9个预案工作组牵头部门职责，并在牵头部门的职责中增加制订本组应急联动方案，建立应急联动机制的内容，以促进并规范省防震减灾各成员单位，真正建立起组对组、点对点的应急联动机制。

切实做好各项应急工作，提高应急处置能力。一是不断建立健全应急物资储备体系和避难场所建设。2011年6月，实地抽查了大同、忻州、太原、临汾和运城5个市的应急物资储备、避难场所和救援队建设情况。据此统计，全省生活必需品共储备6.7万吨，生活救助品共储备14.5万件（套、顶），全省共有骨干应急救援队伍139支4895人，行业应急救援队伍67支4253人，企业应急救援队伍325支1.3余人，其他应急队伍2934支4.8万余人。全省应急避难场所规划了172处，面积982.2万平方米，其中，有设施、有设备功能基本齐全的避难场所有6处。11个市共有应急避险场所930处，面积8685万平方米。二是开展形式多样的地震应急演练。吕梁市开展了以地震为背景的军民联合综合防卫演练，演练规模空前，紧贴实际。运城市、朔州市开展了以地震为背景的规模适度的军警民一体演练。9个县级政府举行了地震综合演练。全省地震监测预报人员开展了以提高快速预判地震形势为背景的应急演练。

（王晶晶）

山西经济年鉴

YEARBOOK OF SHANXI ECONOMY

贸易

MAOYI

贸　易

综　述

【2011年山西贸易进入持续发展时期】 进出口创历史新高。2011年，山西省进出口总额147.6亿美元，比2010年增长17.4%，打破了2008年进出口143.9亿美元的历史纪录，标志着山西省进出口进入了一个新的增长阶段。

社会消费品零售总额快速增长。2011年，山西省社会消费品零售总额3903.4亿元，比2010年增长17.6%。按地域分，城镇3188.5亿元，乡村714.9亿元。按行业分，批发和零售贸易业3393亿元，住宿和餐饮业380.6亿元，其他129.8亿元。

利用外资大幅增长。2011年，新批外资企业62个，比2010年增加10个；投资总额29.2亿美元，增长1.2倍；合同外资15.6亿美元，增长56%；外资到位20.7亿美元，增长1.9倍。

民营企业进出口保持较快增长。2011年，全省民营企业进出口39.9亿美元，增长35.9%，比全省平均增幅高18.5个百分点。外资企业进出口26.5亿美元，增长20.2%，高于全省平均增幅。集体企业进出口5.7亿美元，增长9.6%；国有企业进出口75.4亿美元，增长9.1%。

四大商品出口走势趋稳。2011年，全省不锈钢板材、焦炭、煤炭和金属镁共出口24.15亿美元，占全省出口总值的44.5%，比2010年增长14.4%。四大商品在经历了2010年恢复性高速增长后，呈小幅增长态势。

【建设多样性的消费品零售市场】 万村千乡市场工程暨农村便民连锁店超额完成任务。2011年，全省商务系统建成6242个农村便民连锁店，提前超额完成两年2856个的建设任务。在2.3万个行政村累计建设农村便民连锁店3.3万个，覆盖面达80%，销售额达135亿元，占全省乡村社会消费品零售额的18%。“双三十农产品市场工程”全面完成，总投资达30亿元，年交易额近300亿元，带动社会就业48万人。

家电下乡和以旧换新拉动城乡居民消费。2011年，家电下乡销售74亿元，兑付补贴资金8.58亿元；累计销售额130亿元，兑付补贴资金15.1亿元。销售及售后服务维修网点进一步向乡镇延伸，改善了农村家电消费环境。家电以旧换新销售59.3万台，回收60.3万台，拉动家电消费24.5亿元。

“农超对接”和车载蔬菜市场试点顺利启动。组织全省连锁超市与农民专业合作社参加全国“农超对接进万村”活动，扶持全省大型超市新建一批生鲜农产品配送中心，在太谷县、阳曲县、清徐县等地发展农产品直采基地，“天镇模式”享誉京城。开展车载蔬菜市场试点，先后两次在太原市5个社区组织80辆蔬菜直销车进行销售试点，蔬菜直销价格比一般菜市场低30%左右。

惠民服务成效显著。开展放心早餐工程，连锁早餐网点发展到800多个。实施标准化菜市场（社区菜店）建设改造，太原市40个标准化菜市场试点全部完成。加强家政服务网络体系建设，晋中市、运城市成为商务部试点城市，2011年完成培训家政服务人员6400余人。继续支持太原市和大同市再生资源回收体系试点城市建设，推进太原、大同、长治、晋中、临汾区域性再生资源回收利用基地建设。

特色商品销售效果良好。北京山西商品大集累计销售802.7万元，15家企业与北京35家企业达成签约意向，累计签约金额5092万元。山西老陈醋中华行厦门站、福州站、哈尔滨站等活动，现场销售150万元，签订销售合同36个，合同金额达2260万元。

【流通市场秩序进一步规范】 “双打”行动取得阶段性成果。2011年，各级商业管理部门在全省开展了打击侵犯知识产权和制售假冒伪劣商品专项行动，共立案查处各类假冒侵权案件3508起，移送司法机关176起，捣毁制假售假窝点362个，罚没物品125.4万件。

市场监测和应急调控机制不断完善。2011年，全省市场运行监测样本企业达492家，初步形成“技术先进、反应迅捷、功能完善”的监测体系。特别是在3月份应对食盐抢购事件中，监测准、反应快，有力地保障了食盐市场正常供应。在全国首家修订并公布实施《山西省生活必需品市场供应突发事件应急预案》。落实地方猪肉储备 1.2 万吨，地方食糖储备 5520 吨。

消费环境渐趋好转。开展酒类流通秩序专项整顿，联合工商、质监、公安等部门，打掉制售假酒窝点 230 个，查处酒类违法案件 3700 起，涉案金额 1650 万元。与各市商务局签订《畜禽屠宰监管工作责任书》，与 55 家畜禽定点屠宰企业负责人签订食品安全承诺书。2011 年组织四次大规模执法检查活动，查处私屠滥宰违法行为 211 起，取缔私屠滥宰窝点 73 个，查处私屠滥宰、制售注水肉场所 16 处，没收私宰肉品 1.3 万千克。

【招商引资实现历史性突破】 成功牵头承办第六届中部博览会。来自 45 个国家和地区、2342 个代表团、1.6 万名来宾参加了此次博览会。会上，山西省签约 2.4 万亿元。从本届博览会的主题设计，到整个博览会的总体策划；从各项专题活动的设计，到 73 个重要方案的制订完善，均由山西省商务厅牵头承办，取得了圆满成功。

综改试验区工作稳步推进。牵头承担编制了全省综改试验 12 个专项实施意见之一——《进一步扩大对外开放的实施意见》，并通过专家论证。制定《山西省转型综改试验商务领域专项行动方案》，提出了 5 大任务和 20 项重点工作。牵头承担了全省综改试验标杆项目——申建综合保税区，已经通过海关总署等 7 部委的考察调研。

利用外资结构不断优化。2011 年，新设外商投资企业 62 家，比 2010 年增长 19.2%。装备制造业、现代煤化工、新能源新材料、高新技术产业等战略性产业到位资金 10.3 亿美元，增长 41.1%，占全部到位资金的 49.8%，提高 1.4 个百分点。引进 1 家世界 500 强企业——家乐福，投资山西省的世界 500 强企业达到 20 家。

【开发区发展迈上新台阶】 科学发展基础进一步夯实。制定出台《关于大力推进开发区科学发展的意见》，开发区基础设施建设投资突破 300 亿元。朔州和临汾开发区与法国瓦兹河谷省高新区结为友好开发区，新加坡 3 个公司与山西省有关开发区达成合作意向。全省开发区区内企业突破 1 万家，初步形成医药、汽车、光电、现代物流、煤机装备、食品农产品深加工等产业集群。

升级扩区工作取得进展。2011 年，晋中经济开发区升级工作已履行完全部程序。晋城经济开发区升级工作已上报国务院。运城空港新区升级为省级经济开发区。朔州经济开发区和晋城经济开发区扩区已报省政府审批。阳泉经济开发区被批准为山西省产业转移示范区，引进全省综改试验标杆项目——百度云计算项目。

大项目引进初见成效。积极协调，主动沟通，成功引进富士康项目。太原富士康 4 条 iPhone 手机生产线建成试产，2011 年将全部投入生产。晋城新材料项目、大同光伏产业项目进展顺利，对全省产业升级、发展开放型经济、带动城镇化建设，将发挥重要作用。

【外经贸发展方式加快转变】 外贸转型升级工作不断加强。2011 年，太原经济区铝镁合金基地和祁县玻璃器皿基地成功获批国家级专业型外贸转型升级示范基地。制定山西省转型升级示范基地培育工作实施方案，初步评选了 15 个基地作为省级外贸转型专业型示范基地。进出口商品结构进一步优化，全省机电产品进出口占比提高 1.4 个百分点，高新技术产品进出口占比提高 2.9 个百分点。

加工贸易和服务贸易发展迅速。大力推进运城、晋城申报建设加工贸易承接地。加工贸易进出口额比 2010 年增长 50.4%，占全省外贸总额的 19.7%。初步建立了山西省服务贸易统计体系、联席工作会议制度、重点企业联系制度和服务贸易企业名录库。完成服务贸易总额 14 亿美元，增长 6.3%。

发展环境更加优化。进一步修改完善《山西省对外贸易"十二五"发展规划》。2011 年扩大出口信用保险保费扶持规模，达到 8.7 亿美元，比 2010 年增长 89.1%。山西省区域电子商务平台等项目，为外贸企业开拓国际市场提供了更加有效的途径。积极支持符合条件的出口企业开展跨境贸易人民币结算业务，降低出口企业汇率风险。妥善应对国际贸易摩擦，反倾销、反补贴工作取得新成效。开展 7 项产业损害调查，对 8 家企业采取了贸易救济措施。

稳妥推进对外经济合作。2011

临汾开发区居然之家坤成广场奠基仪式

年，批准对外投资企业33家，涉及美国、德国、澳大利亚等国家和资源开发、机械制造、农业等领域。晋非经济贸易合作区进展顺利，投资1.3亿元，完成园区规划设计和基础设施建设，已初步具备企业入园投资条件。

（陈艳刚）

【开展国家电子商务示范城市创建工作】 总体目标。积极推动电子商务在重点领域和重大示范工程上取得突破性进展。网上信用、电子认证、在线支付和物流配送等支撑体系及相关基础设施基本满足电子商务发展需求。电子商务在拓展国际国内两个市场、促进经济发展方式转变、方便百姓生活、改善民生、提高政府管理与服务能力等方面取得示范成效。到2015年年底，全省50%以上的企业开展电子商务应用，30%以上的中小企业经常性应用第三方电子商务服务。在电子商务服务及相关领域培育第三方综合性服务龙头企业和一批行业专业性服务企业，努力使山西成为全国电子商务服务中等水平地区。

主要任务。一是建立和完善煤炭交易电子商务，提升产业竞争力，降低交易成本，提高交易效率。二是创建现代商贸流通电子商务应用服务新模式。三是抓好电子商务在煤炭、焦炭、冶金、装备制造、农产品加工、现代物流和现代商贸流通等行业示范应用。1. 完善电子商务政策环境。鼓励开展电子商务交易主体、交易客体及交易行为等方面的标准规范试用与推广，探索建立电子凭证应用的基础与环境。研究制定各类优惠政策，鼓励中小企业、农民专业合作组织、农村居民和残障人士的电子商务应用，扶持电子商务服务企业发展，改善电子商务支撑环境和基础设施条件。建立城市电子商务统计制度。同时，要以解决网上虚拟主体和网下实体相对应问题为突破口，规范电子商务市场行为，打击非法经营者和网络诈骗活动，制定在网上开展相关业务及隐私保护的管理办法；推动电子商务的立法工作，建立保障交易秩序的长效机制。将电子商务专业纳入急需引进人才专业目录。

2. 健全电子商务支撑体系。努力克服电子商务支撑体系的瓶颈，完善电子商务信用体系、发展多种形式的安全在线支付、完善现代物流配送体系、推进电子商务安全认证、优化电子商务通信环境等。通过建立权威、公正、真实的公共信用体系，建设多样化的社会支付、结算渠道，建设安全可靠的认证服务平台，优化电子商务发展环境。大力推进电子商务系统（网站）和企业及个人信用信息系统之间的数据交换和共享。进一步完善在线资金清算体系，加强业务监督和风险控制，推进在线支付业务规范化、标准化。鼓励电子商务服务企业建立交易诚信信息共享机制。认真贯彻落实《中华人民共和国电子签名法》，加大电子认证的应用推广力度，积极推动电子认证服务机构证书的互认证，积极推进电子商务认证体系的国际合作。

3. 加强电子商务基础设施和交易保障设施建设。统筹规划城市电子商务基础设施建设，在示范城市率先实现通信、物流等基础设施与电子商务公共信息服务平台、网络交易保障服务平台等应用基础设施的同步推进、协调发展。示范城市要积极推动宽带的接入，加快实施“三网融合”，促进信息网络向宽带移动、融合泛在、安全可靠方向发展。大力发展现代物流，支持物流仓储设施的现代化，搭建面向物流中小企业的公共信息服务平台，为电子商务提供坚实的基础支撑。要着力推进电子商务交易保障基础设施的建设，实现对电子商务交易主体、交易客体以及交易行为真实性的在线监测，探索有效的建设、管理模式，实现交易保障服务的可持续发展。

4. 积极培育电子商务服务。示范城市要把吸引和培育机制强、业务精、守诚信的电子商务服务企业，构建和完善电子商务公共服务体系放在重要位置。大力支持第三方电子商务交易与服务平台的建设，协调解决网络交易与电子认证、在线支付、物流配送等环节的集成应用问题，发展集交易、电子认证、在线支付、物流配送、代理报关、结汇、检验检疫和信用评价于一体的全程电子商务服务。

大力培育电子商务服务骨干龙头企业，积极引进电子商务优秀企业，支持电子商务龙头企业落户山西，扶持电子商务企业建设研发中心。此外，要大力发展第三方电子商务交易服务，整合金融、交通、文化、教育、旅游、医疗保健等服务业资源，重点发展电子商务综合性平台服务。

5. 深化电子商务应用。示范城市应采取有效措施，开拓电子商务应用领域，提高政府、企业和居民的电子商务应用水平，满足不断增长的应用需求。继续支持大型骨干企业以供应链协同为重点发展电子商务，积极引导中小企业利用第三方电子商务服务平台拓展国内外市场并进行在线销售、采购等生产经营活动，加快推动政府采购电子商务平台建设，努力发展移动电子商务、动漫游戏等互联网产业，大力培育远程维护、数据托管等技术服务，积极推进医药卫生、文化旅游等领域的信息化建设，不断拓展和深化电子商务应用领域。

以优化骨干企业供应链和价值链为核心，提升产业链电子商务整体应用水平，加快推进产业高端化；大力推进中小企业电子商务应用，结合我省经济特点和传统行业优势，重点扶持煤炭、冶金、制造业、农业、旅游等行业中小企业积极运用第三方电子商务服务平台改造和提升传统产业，推动专业市场向电子商务应用的深度转型；为中小企业提供在线管理及电子商务服务，改变传统企业的商业运作模式，大幅降低中小企业应用电子商务的门槛与风险；政府带头应用电子商务，推动电子商务服务进社区。

发展重点。针对山西省中小企业在发展电子商务过程中面临技术、资金、人才等方面的困难和瓶颈，要着重从以下三个层面开展工作：1. 选择扶持一批标准高、带动性强的重点商务项目，发展特色电子商务平台。如保税物流、特色制造业、特色产品等电子商务公共服务平台，通过各具特色的专业电子商务平台带动电子商务的发展和壮大。

2. 电子商务的应用可以从多个

行业进行。煤炭行业:以中国(太原)煤炭交易中心为核心,通过交易系统的建设、完善和推广使用,使更多的业务实现网上交易。焦炭等行业:以全国现有的相关交易平台为参考,建设与焦炭相关行业的交易网站,如焦炭网、焦铁网、焦煤网等。旅游及文化传媒产业:作为全国著名的旅游大省和文化资源大省,我省要加快发展旅游电子商务,优化山西旅游电子商务网站,加快文化传媒产业电子商务建设,推进文化大发展、大繁荣。交通行业:探索建立统一的山西省交通物流网络一体化综合服务平台,规范交通物流市场,促进物流活动的规范化和电子化。中小企业应用:利用进入第三方电子市场作为实施电子商务的切入口,降低获得客户的成本,方便并丰富第三方电子商务服务。

3. 大力发展城市电子商务的应用。通过搭建跨行业、跨地区的综合交易平台,提升企业经营效率、拓宽经营渠道,提高城市各类资源的配置效率。

此外,要积极探索移动支付、自动交易为核心的业务,实现技术、商业模式和社会化协作机制的创新,打造全国一流、面向民生的移动电子商务系统。

【成功举办第六届中国中部投资贸易博览会】 第六届中国中部投资贸易博览会于2011年9月26～28日在太原举办。中部博览会是经国务院批准,国家商务部等多部委和中部六省联合举办的大规模、高规格、区域性经贸活动。自2006年9月湖南长沙首届举办以来,对落实中央实施中部崛起战略决策,推动中部六省扩大开放,加强区域合作和国际交流发挥了重大的平台作用。

第六届中部博览会在山西省举办,对山西省转型跨越发展战略的实施产生重大影响。一是促进产业结构转型大跨越。本届中博会作为山西省空前的大开放、大招商、大交流活动,项目签约取得丰硕成果。共签约15个合作框架协议、1200个投资合作项目,涉及国内28个省(市、自治区)和国外18个国家和地区。其中,材料工业、高新技术、装备制造、生物医药、文化旅游等新兴产业和大项目占主导地位,50亿元以上项目总投资约2万亿元,具有项目质量高、涵盖领域广、持续拉动性强等特征。二是会展经济发展方兴未艾。山西省会展业在三届"能博会"等大型展会的推动下得到较快发展,而着眼中部博览会的筹办,新落成的太原煤炭交易中心等具有现代一流水准的十大建筑群拔地而起,众多宾馆酒店的升级改造,城市基础设施的显著改善,以及中部博览会期间数以万计的宾客带来的消费需求,会后省内各主要旅游景点游客暴增促使国庆黄金旅游周的提前到来,都预示着山西省会展经济步入新的发展阶段。三是城市化水平快速提升。中部博览会举办前夕,太原市年初制定的27条城市道路改造工程已大部完工,长风商务区场馆群、汾河公园南延等一大批重点项目建设、拓宽、亮化、绿化工程相继投入使用。同时,省城全面开展了"迎中博、创环境、争一流"活动和文明市民素质提升工程,集中进行了市容市貌、环境卫生、交通秩序、景区景点等10项整治工作等。

第六届中部博览会共签订合同、战略性框架协议、意向引资项目2547个,拟引进外资371.77亿美元,拟引进内资2.34万亿元,外经合作合同总额7867万美元,对外贸易16.5亿美元,国内贸易成交101.5亿元。中部博览会期间,共有来自45个国家和地区的1.6万名嘉宾、2342个代表团参加。

(李仁贵)

国内贸易

【强力推进市场体系建设】 农村市场体系建设成效明显。2011年,积极推进"万村千乡市场工程",全省已完成7010个农村便民连锁商店建设改造任务,其中,纳入商务厅组织实施的"万村千乡市场工程"6242个农家店已全部建成,超额完成原定目标任务,太原、阳泉、晋中、长治提前完成两年全覆盖目标任务。"万村千乡市场工程"自2005年实施以来,全省累计建成农家店3.3万余个,已建有农家店的行政村2万多个,进一步改善了农村消费环境。

大力推进"双三十"农产品市场工程。2011年,"双三十"农产品市场工程项目已全部完成,较好地发挥农产品流通体系集散和辐射功能。"双三十"农产品市场工程总投资30亿元,重点从流通环节扶持企业的检验检测、安全监控、废弃物处理、信息发布、冷链系统和配送中心项目建设和设备购置,大部分承办企业建立了农产品生产基地,与连锁超市、农贸市场、社区菜市场等零售环节建立了更稳定的产销关系,有效提升了农产品流通现代化水平,拓宽了农产品流通渠道。全省年交易额亿元以上的农产品批发市场达到50个。

"家电下乡"成效明显。截至2011年年底,全省累计销售家电下乡产品522万台,销售额130亿元,兑付补贴资金15.1亿元。其中,2011年销售额74亿元,兑付补贴资金8.58亿元。全省核准备案家电下乡销售网点5105个,增加就业2万余人。家电下乡销售及售后服务维修网点进一步向乡镇延伸,改善了农村消费环境,促进了城乡经济协调发展。

重要商品流通和行业健康发展。认真贯彻落实国家《汽车贸易政策》、《汽车品牌销售管理办法》、《二手车流通管理办法》以及山西省加强报废汽车回收拆解市场监管工作的部署,支持报废汽车回收拆解企业和二手车交易市场升级改造,促进汽车市场规范发展。在典当、拍卖、直销等行业管理方面,认真贯彻《典当管理办法》、《拍卖管理办法》、《直销管理条例》及配套管理办法,切实加强监管,确保全省特殊行业依法规范经营。

【提升商贸服务管理水平】 加快推进标准化菜市场建设与改造,开展车载蔬菜市场试点。太原市制定了《太原市建设标准化菜市场工作实施方案》,建立由市政府牵头、区政府负责、市场化运作的模式,将40个标准化菜市场的建设任务分解到各城区,并出台相应的配套政策及措施。凡列入标准化菜市场示范工程的，对验收合格的标准化菜市场，每个市场享受国家扶持资金50万元，市政府配套资金50万元，区政府配套资金20万元。开展车载蔬菜市场试点，实现本地自产蔬菜和市民之间的零距离对接，减少蔬菜流通环节、降低流通成本，蔬菜直销价格比菜市场低30%以上，改善了农民蔬菜卖贱、市民蔬菜买贵的现象。

加强再生资源回收体系建设。2011年，各市积极制定再生资源回收体系建设实施方案，努力争取商务部资金支持。商务部确定晋城市为第三批再生资源回收体系建设试点城市，确定太原、大同、晋中、阳泉、长治、临汾6个再生资源回收基地。

加强家政服务网络体系建设和家政服务人员培训。晋中市、运城市被商务部列为2011年家政服务网络体系建设试点城市。省商务厅会同省财政厅、省总工会下发了《关于家政服务人员培训有关事项的通知》，明确家政服务人员培训任务、培训进度和具体要求。

促进中华老字号发展。2011年，商务部对山西省中华老字号的发展给予1000万元的资金支持。对商务部认定的全省24家"中华老字号"企业开展商标保护、技艺保护、连锁经营发展、企业传统文化挖掘等，采取财政补助的方式予以支持。

整治违法违规建设加油站。由政府牵头，组织纪检、商务、公安、安监、工商、质监、消防等职能部门开展联合执法检查，对发现的问题依法进行严肃查处，取得显著成效。遏制了全省违法违规建设加油站的势头，维护了成品油市场正常的经营秩序。

认真做好家电以旧换新工作。会同省财政厅及时下发《关于切实做好家电以旧换新工作的紧急通知》，督促各县(区)级商务、财政部门增加家电以旧换新工作人员，加大工作推进力度，加快补贴申报材料评审进度和补贴资金兑付进度，做好家电以旧换新工作的监管工作，建立工作进展情况通报制度。会同省财政厅、环境保护厅重点对

山煤集团太行一号货轮

太原市、晋中市、阳泉市、长治市的家电以旧换新工作进展情况进行了检查督导。全省家电以旧换新销售和回收均达到60余万台，拉动家电消费24.5亿元。

推进山西醋产业发展。组织山西老陈醋中华行(厦门站)活动。参展企业与32家餐饮、零售企业达成代理销售意向，正式签订代理销售合同额5944.5万元，达成销售意向协议1.28亿元。支持山西老陈醋省外开设专卖店。鼓励生产和流通企业在外省开设山西老陈醋专卖店。经企业申报并组织有关专家评审，确定了对在省外开设的57个山西老陈醋专卖店给予支持。

【维护市场秩序正常运转】 畜禽屠宰管理法律、法规体系初步形成。淘汰落后产能，提升行业集中度。通过严格审核换证，摸清企业底数，关停并转了一批不符合要求的生猪屠宰场点。生猪定点屠宰场点由换证前的412个减为368个，减幅10.7%。推进牛、羊、鸡定点屠宰工作。组织执法检查活动，净化屠宰肉食市场。2011年，各地商务主管部门查处私屠滥宰违法行为211起，取缔私屠滥宰窝点73个，没收私宰肉品13吨。查处私屠滥宰、制售注水肉场所16处。检查畜禽定点屠宰企业1050次，查处企业违规行为13起。对群众反映的清徐县、盂县、朔城区、大同市等地畜禽屠宰监管方面存在的问题进行督办，有力地遏制了私屠滥宰等不法行为。以省政府办公厅名义下发《关于进一步做好畜禽屠宰管理工作的通知》，明确部门职责。

"双打"专项行动成效明显。"双打"期间，共出动执法人员39万余人次，检查重点地区5114个，检查重点领域(新闻出版业、文化娱乐业、高科技产业、涉农企业和经营户)8443个，检查经营主体23万余户，检查批发零售市场、集贸市场等各类市场6743个。共立案查处各类假冒侵权案件3508起，移送司法机关176起，捣毁制假、售假窝点362个，罚没物品125.4万件。

药品流通行业管理工作稳步开展。2011年6月组织全省5家大型药品流通企业参加商务部召开的医药物流服务延伸示范工程现场会，推动药品流通企业向现代企业发展。组织全省11个市商务部门分管药品流通工作的负责人到江西和武汉学习取经。《全省药品流通"十二五"规划》草拟工作已经完成。与省政府签订《医药卫生体制五项重

点改革2011年度主要工作任务责任书》。

积极开展商业信用建设工作。结合商务部诚信经商宣传月的安排，开通“反商业欺诈网络”，组织媒体对诚信企业进行采访。推荐部分食品企业作为诚信建设先进企业参加由省经信委组织的培训，提高企业的诚信意识。抓好商业信用担保补贴工作。从2009年开始，山西省连续3年成为商务部融资担保费用补贴试点省，2011年获得商务部融资担保补助资金533万元。全省中小商贸企业获得近17亿元的贷款，有效缓解了中小商贸企业贷款难的问题。

城乡市场信息服务体系进一步完善。2011年，市场监测样本企业近500家，形成“技术先进、反应迅捷、功能完善”的市场监测体系。监测成果的开发利用不断扩展，市场公共信息服务水平得到提高，商务预报网站共发布各类市场信息7400余条，比2010年增长60%。

生活必需品市场应急和调控工作取得新进展。修订《山西省生活必需品市场供应突发事件应急预案》，进一步完善应急机制，落实重要商品储备，完成地方猪肉储备1.2万吨。成功举办“2011年北京山西商品大集”活动，共筛选90家企业参展，展销具有山西特色的酒类、饮料、肉制品、服饰等10大类、500多个品种，累计零售额802.7万元，累计签约金额和意向金额达5092万元。

（陈艳刚）

对外贸易

【出口贸易概况】 进出口总额。2011年，山西省进出口总额147.6亿美元，比2010年增长17.4%。

出口总额。2011年，山西省出口总额54.28亿美元，比2010年增长15.3%，占全省生产总值的3.2%，占全国出口额的0.3%。

出口商品品种。2011年，山西省出口商品1327种。其中，出口额在500万美元以上的商品107种，金额48.89亿美元，占出口总额的90.1%。

出口额在1亿美元以上的商品有12种，主要是焦炭及半焦炭，无烟煤，手持式无线电话机的零件（天线除外），含镁量至少为99.8%的未锻轧镁，其他钢铁制法兰，非特种用途的其他类型电视摄像机，冷轧不锈钢板材，热轧不锈钢卷材，其他合金钢热轧卷材，炼焦煤，其他未酸洗热轧不锈钢卷材，未列名陶制品等。出口金额27.31亿美元，占出口总额的50.3%。

出口额在1000万～1亿美元的商品有53种，主要有冷轧不锈钢板材，耐火粘土，热轧不锈钢非卷材，其他未锻轧镁，其他活性炭，其他合金钢热轧非卷材，其他铸铁管及空心异型材，其他酸洗热轧不锈钢卷材，铁道及电车道机车或车辆的轮及上述货品零件，其他碳电极，可锻性铸铁及铸钢管子附件，其他玻璃杯，其他无可锻性铸铁制品，其他玻璃盥洗室、办公室、室内装饰等器皿，镁铿屑、车屑及颗粒，热轧不锈钢卷材，未列名含有其他抗菌素的药品，未列名硝酸盐，马来酐，其他玻璃高脚杯，铁道及电车道机车等车辆的轴，冷轧不锈钢板材，热轧管机，石油或天然气钻机的零件，硝酸铵，不规则盘卷的不锈钢热轧条、杆，碳，光导纤维、光导纤维束或光缆用连接器等。出口金额18.32亿美元，占出口总额的33.8%。

出口额在500万～1000万美元的商品有42种，主要有热轧不锈钢非卷材，其他耐火砖、块、瓦及类似耐火陶瓷建材制品，7氨基头孢烷酸、7氨基脱乙酰氧基头孢烷酸，棉，硝酸钙和硝酸铵的复盐及混合物，未列名化学工业及相关工业化学产品及配制品，初级形状的聚乙烯醇，其他棉，沥青，柴油机的零件，未列名一般体育活动、体操或竞技用品及设备，其他硅，全自动或半自动电阻直缝焊管机，直接从铁矿还原的块、团、团粒等形状铁产品，不锈钢制法兰，镁制品，镀或涂锌的普通钢铁丝，变像管及图像增强管；其他光阴极管，钙，头孢三嗪（头孢曲松）及其盐，未列名的调制胶及其他调制粘合剂，其他电视摄像机的零件，全自动或半自动的螺旋焊管机，滚动轴承的其他零件，棕刚玉，锻轧镁等。出口金额3.26亿美元，占出口总额的6%。

出口额在500万美元以下的商品有1220种，出口金额5.39亿美元，占出口总额的9.9%。

出口商品市场。出口商品销往157个国家和地区。出口额在100

主要出口市场

国别（地区）	出口金额（万美元）	占出口总额比重（%）
韩国	81129	14.9
美国	62985	11.6
日本	41073	7.6
台湾地区	32572	6.0
香港	31868	5.9
印度	31117	5.7
巴西	27837	5.1
比利时	24689	4.6
意大利	17748	3.3
德国	16199	2.9
荷兰	12403	2.3
俄罗斯	10326	1.9
合计	389946	71.8

主要进口市场

国别（地区）	进口金额（万美元）	占进口总额比重（%）
澳大利亚	238902	25.6
巴西	108344	11.6
德国	61621	6.6
日本	46764	5.0
印度尼西亚	41295	4.4
印度	36548	3.9
古巴	33589	3.6
美国	31873	3.4
哈萨克斯坦	29840	3.2
加拿大	29589	3.2
台湾地区	28447	3.1
南非	26400	2.8
意大利	23249	2.5
伊朗	22795	2.4
韩国	19344	2.1
法国	17370	1.9
马其顿	12395	1.3
土耳其	11821	1.3
菲律宾	11815	1.3
合计	832001	89.2

万美元以上的国家和地区92个，出口金额54.1亿美元，占出口总额的99.7%。

出口额在2亿美元以上的国家和地区有8个，主要是韩国、美国、日本、印度、巴西、比利时和台湾地区、香港地区。出口金额33.33亿美元，占出口总额的61.4%。

出口额在1亿～2亿美元的国家和地区有4个，主要是意大利、德国、荷兰、俄罗斯。出口金额5.67亿美元，占出口总额的10.4%。

出口额在1000万～1亿美元的市场30个，主要有加拿大、澳大利亚、印度尼西亚、巴林、阿联酋、沙特阿拉伯、泰国、法国、英国、土耳其、马来西亚、伊朗、西班牙、委内瑞拉、越南、南非等。出口金额12.58亿美元，占出口总额的23.2%。

出口额在500万～1000万美元的市场有25个，主要有芬兰、埃及、以色列、新西兰、乌克兰、阿尔及利亚、爱沙尼亚、莫桑比克、蒙古、厄瓜多尔、柬埔寨、叙利亚、乌兹别克斯坦、挪威等。出口金额1.84亿美元，占出口总额的3.4%。

出口额在100万～500万美元的市场有25个，主要有巴拿马、斯洛伐克、哈萨克斯坦、保加利亚、摩洛哥、伊拉克、葡萄牙、乌拉圭、危地马拉、立陶宛、罗马尼亚、塞浦路斯等。出口金额0.68亿美元，占出口总额的1.3%。

【进口贸易概况】 进口总额。2011年，山西省进口总额93.32亿美元，比2010年增长18.6%。

进口商品品种。2011年，山西省进口商品1765种，其中，进口额在500万美元以上的商品117种，金额87.78亿美元，占进口总额的94.1%。

进口额在1亿美元以上的商品12种，主要有镍湿法冶炼中间产品，铬矿砂及其精矿，其他未锻轧非合金镍、铬铁、镍铁，已烧结的铁矿砂及其精矿，处理器及控制器，其他煤，锰矿砂及其精矿，不锈钢废碎料，褐煤等。金额为66.75亿美元，占进口总额的71.5%。

进口额在1000万～1亿美元的商品57种，主要有其他烟煤，铜矿砂及其精矿，立式加工中心，非自推进的截煤机、凿岩机及隧道掘进机，未列名数控铣床，制造半导体器件或IC的化学气相沉积装置，铁道及电车道机车或车辆的轮及上述货品零件，未列名连续运送货物的升降机及输送机，行星齿轮减速器，冷轧不锈钢平板轧材，卧式加工中心，润滑油基础油，铁道及电车道机车等车辆的轴，多相交流电动机，存储器，未列名具有独立功能的机器及机械器具，其他数控车床，履带式自推进的钻机，数控刃磨机床，其他圆柱形滚子轴承，其他传动轴及曲柄，其他机动叉车，其他装有升降或搬运装置工作车，四层及以下的印刷电路，冶炼钢铁所产生的熔渣、浮渣、氧化皮等废料，未命名或未列名升降、搬运、装卸机械，炼焦煤，其他电动机，用碳电极，用于电压不超过1000伏线路的可编程序控制器，镍矿砂及其精矿，金属轧机用轧辊，制造单晶柱或晶圆用的切割设备等。金额17.24亿美元，占进口总额的18.5%。

进口额在500万～1000万美元的商品48种，主要有未去壳核桃，其他测量或检验用光学仪器及器具，无烟煤，其他金属热轧机或冷热联合轧机，其他电力控制或分配盘、板、台等，链式连续运送货物或材料的升降机及输送机，搅混、轧碎、研磨、筛选、均化或乳化机器，未列名物镜，齿辊式固体矿物质的破碎或磨粉机器，其他金属轧机零件，未列名化学工业及相关工业化学产品及配制品，其他四硼酸钠，其他阀门，其他耐火砖、块、瓦及类似耐火陶瓷建材制品，数控的用放电处理各种材料的加工机床，矿用电铲用零件，铜制绕组电线，木材、软木、骨等硬质材料弯曲或装配机器，冷轧不锈钢平板轧材，固体矿物质模压成型机，热交换装置，带式连续运送货物的升降机及输送机，装有点燃式活塞内燃发动机的发电机组，数控外圆磨床，注塑机，X射线断层检查仪等。金额3.79亿美元，占进口总额的4.1%。

进口额在500万美元以下的商品1648种，金额为5.54亿美元，占进口总额的5.9%。

进口商品市场。进口商品来自69个国家和地区，进口额在100万美元以上的国家和地区有56个，进口额90.96亿美元，占进口总额的97.5%。

进口额在2亿美元以上的国家和地区有14个，分别是澳大利亚、巴西、德国、日本、印度尼西亚、印度、古巴、美国、哈萨克斯坦、加拿大、南非、意大利、伊朗和台湾地区。进口额75.93亿美元，占进口总额的81.4%。

进口额在1亿～2亿美元的市场有5个，分别有韩国、法国、马其顿、土耳其、菲律宾。进口额7.28亿美元，占进口总额的7.8%。

进口额在1000万～1亿美元的市场有20个，主要有乌克兰、墨西哥、多米尼加、哥伦比亚、瑞士、英国、智利、奥地利、西班牙、马来西亚、荷兰、瑞典等。金额为6.93亿美元，占进口总额的7.4%。

进口额在100万～1000万美元的市场有17个，主要有捷克、朝鲜、阿曼、新加坡、加纳、阿尔巴尼亚、罗马尼亚、加蓬等。金额为0.82亿美元，占进口总额的0.9%。

2011年利用外资情况

利用外资方式	批准签订的合同			实际利用外资	
	项目数（个）	外资金额（万美元）	金额比上年增长（%）	金额（万美元）	金额比上年增长（%）
外商直接投资	62	155636	55.2	43450.8	37.3
合资企业	21	7157	−87.3	80482.5	14.1
合作企业	6	11539	55.2	14567.1	170.7
外资企业	35	50325	54.7	25472.1	−66.6
股份有限公司		86615	1992.6	4948.2	
合　　计	62	155636	55.2	43450.8	37.3

【技术进出口】 2011 年,山西技术进出口总额 1.34 亿美元,比 2010 年下降 27.8%。签订引进技术和进口设备合同项目 37 个,减少 4 个,合同金额 1.33 亿美元,下降 28.1%;签订技术出口合同项目 8 个,合同金额 107.4 万美元。

【服务贸易】 2011 年,山西服务贸易进出口总额 14.05 亿美元,比 2010 年增长 6%。其中,出口额 12.7 亿美元,进口额 1.34 亿美元。主要行业有旅游、建筑服务、计算机和信息服务、专有权利使用和特许费等。主要贸易伙伴是奥地利、美国、德国、英国。

【服务外包】 2011 年,山西省外包合同额完成 680 万美元,比 2010 年增长 20%;外包合同执行额 520 万美元,增长 15%。

外商直接投资行业情况

行业	外商直接投资合计		
	项目数(个)	合同外资(万美元)	实际投资(万美元)
农、林、牧、渔业	6	1818	1542.9
采矿业		7925	14038.2
制造业	25	23728	96023.5
炼焦业			926.0
冶金业			7482.4
电力、燃气及水的生产和供应业	7	3082	14039.3
建筑业		86615	376.3
交通运输、仓储和邮政业	3	23680	
信息传输、计算机服务和软件业	1	5	11528.1
批发和零售业	11	3243	2367.9
住宿和餐饮业	1	2	169.5
房地产业		−92	1530.0
租赁和商务服务业	6	4615	
科学研究、技术服务和地质勘查业	2	1015	
其 他			57253.9
合 计	62	155636	207278.0

【举办和参加交易会、洽谈会】 参加第 21 届华东进出口商品交易会。山西交易团组织 9 家企业 13 个展位参展,展品涉及服装、家用纺织、家居用品、装饰礼品等,累计成交 220 万美元,比上届减少 21.1%。

参加第 15 届中国东西部合作与投资贸易洽谈会。山西省代表团由 11 个市的政府部门及 47 家企业共 400 余人组成。共签约 37 个项目,投资总额 201.2 亿元,拟引资额 159.6 亿元。签约项目涉及能源、新材料、旅游、物流、农产品加工、商业、医药、装备制造等领域,新能源、商贸物流、旅游等领域的项目成为本次签约的重点。山西省参展产品涉及精密仪器制造、食品、酒饮、医药保健品、小杂粮、名优土特产品、纺织产品等 50 多种,产品销售合同(协议)金额 3.08 亿元。

举办山西老陈醋中华行(厦门站)活动。全省有 16 家老陈醋骨干企业参展,充分展示了山西老陈醋的酿造过程和独特的酿制技艺,现场销售 32.7 万元。企业对接会上,参展企业与 32 家餐饮、零售企业达成代理销售意向,正式签订代理销售合同额 5944.5 万元,达成销售意向协议 1.28 亿元。

举办山西夏季农产品网上购销对接会。累计成交总金额 394.4 万元。与省外商户达成 34 笔、16 个品种共 1.51 亿元的农产品销售意向。

参加第 22 届中国哈尔滨国际经济贸易洽谈会。山西代表团由太原、晋中、阳泉、运城 4 个市的政府部门及 13 家企业共 100 余人组成。在本届哈洽会上,山西省参展产品涉及机械铸件、剪纸艺术、食品、酒饮、医药保健品、小杂粮、名优土特产品、纺织产品等 50 余种。产品销售合同(协议)金额 150 万元。签约项目 13 个,投资总额 50.4 亿元,拟引资额 46.4 亿元。

举办第六届中国中部投资贸易博览会。本次中博会上,中部六省签订合同、战略性框架协议、意向引资项目共计 2547 个,其中,外资项目 642 个,投资总额 566.27 亿美元,引进外资 371.77 亿美元;内资项目 1905 个,投资总额 2.6 万亿元,引进资金 2.3 万亿元,包括产业梯度转移项目 1063 个,投资总额 1.5 万亿元,转移资金 1.4 万亿元。对外投资项目 36 个,投资总额 6.15 亿美元;外经合作项目 19 个,合同额 7867 万美元。对外贸易额 16.5 亿

外商直接投资来源情况

	项目数(个)	合同外资(万美元)	实际外资(万美元)
香港地区	36	160190	82498.6
英属维尔京群岛	2	−33662	24249.4
新加坡	1	932	3342.1
美 国	2	437	4463.2
韩 国	2	10	7323.0
澳大利亚	3	227	2081.4
开曼群岛	2	2909	2295.0
投资型公司投资	9	24006	4803.0
其 他	5	587	76222.3
合 计	62	155636	207278.0

美元，国内贸易成交101.5亿元。旅游签约项目27个，投资总额121.9亿元。

参加第八届中国东盟博览会。山西代表团由省商务厅负责牵头组织，共有省内的27家企业30个标准展位参展，展品包括煤化工机械设备、发电机、变压器、水处理设备、食品加工机械以及小杂粮、老陈醋、干鲜果品等特色农副产品，尤以运城苹果受到了东盟客商的青睐。

参加第110届广交会。本届广交会，山西省交易团三期累计成交1.98亿美元，比109届减少2023万美元。成交额前五位的国家和地区分别为欧盟、中东、东盟、俄罗斯、香港，成交前五类的商品分别是玻璃器皿、五金工具、陶瓷、建筑及装饰材料、电子电器，成交前五位的企业分别是山西明迈特实业有限公司、山西大华玻璃实业有限公司、山西中瑞天悦贸易有限公司、山西悦诚轻工业品贸易有限公司、山西天利丰瑞贸易有限公司。

【对外经济合作概况】 对外投资。2011年，全省核准非金融类对外直接投资企业33家，协议投资总额6.39亿美元，其中，中方投资额5.69亿美元，对外实际投资额1.5亿美元。主要投资项目：山西明迈特公司在墨西哥投资铁矿开采，太原青云集团公司在德国建立直升机制造，太重煤机集团有限公司在澳大利亚投资收购威利朗沃国际公司等。截至2011年年底，对外投资存量7.86亿美元。

承包工程和劳务合作。2011年，签订对外承包工程和劳务合作合同项目71个，金额4.2亿美元，比2010年下降12.5%；完成营业额7亿美元，下降2.8%。当年派出劳务人员2447人，年末在外人数5934人。派往的主要国家和地区是阿尔及利亚、安哥拉、日本等。承包工程的主要项目是中铁十七局承建安哥拉经济住房项目、中铁十二局与中铁十七局共同承建的阿尔及利亚高速公路项目、山西建筑工程集团总公司承揽的援助斯里兰卡国际会议中心维修项目等。

接受经济援助。2011年，接受国际组织及多双边合作项目3个，金额800万美元。项目名称：中德合作“能源政策和能源效率”、中加“和谐社会中流动农民工公共管理政策研究”、联合国开发计划署“绿色扶贫”项目。

（陈艳刚）

对外经济

【利用外资情况】 外商直接投资行业。2011年，外商直接投资项目中，生产型项目32个，占51.6%；非生产型项目30个，占48.4%。

外商直接投资来源。外商直接投资主要来自香港、英属维尔京群岛、韩国、美国、新加坡等国家和地区。

外商直接投资企业生产经营情况。2011年，参加年检的外商投资企业营业收入1218.31亿元，利润97.04亿元，外商投资企业从业人员20.6万人。

（陈艳刚）

开发区建设

【开发区建设概况】 2011年，山西省有省级以上开发区25个，其中，国家级3个，省级22个。

国家级开发区3个。太原经济技术开发区，2011年科工贸总收入425.58亿元，区内生产总值74.64亿元，工业总产值260.7亿元，财政总收入14.66亿元，进出口12.1亿美元；太原高新技术产业开发区，科工贸总收入1200亿元，区内生产总值353亿元，工业总产值1060亿元，财政总收入10.51亿元，进出口2.9亿美元；大同经济技术开发区，科工贸总收入174.8亿元，区内生产总值29.99亿元，工业总产值83.5亿元，财政总收入5.39亿元，实现进出口0.5亿美元。

省级开发区22个。实现科工贸总收入1757.04亿元，区内生产总值652.16亿元，工业总产值1114.34亿元，税收收入83.82亿元，进出口总额19.5亿美元，引进国内资金844.44亿元，实际引进国内资金334.32亿元。

【保税区建设】 山西方略保税物流中心是全国目前23家保税物流中心之一，以侯马为基地、临汾为节点、太原为重心。其中，侯马基地规划面积223万平方米，其中，海关特殊监管区50万平方米。临汾节点规划占地33.3公顷。太原重心规划占地102.4公顷。业务已辐射全球10多个国家和地区，货物品种30余个。

（陈艳刚）

物资流通

【调整经营结构，拓展业务渠道，经营规模和经济效益大幅增长】 强化供应链管理构建力度，贸易类企业经营规模和经济效益快速发展。2011年，进出口公司继续发挥领军企业作用，从煤炭供应链的每个环节入手，一方面，积极拓展同煤等新的资源基地，增加新的经营品种，培育马钢等新的销售基地，做实向鞍钢供应煤炭业务；另一方面，严把精煤“化验四道关”，确保经营产品质量，千方百计提升发运能力，增加穆村等多个发运点，公司经营业务规模和经营效益实现快速扩张。全年销售煤炭比2010年增长110%。民丰公司针对主要经营产品市场需求变动和价格变化情况，分品种采用不同的经营策略，开发新的经营品种，开展特殊原料和限量料经营，确保经营规模的持续增长。全年销售化工产品增长22.6%。物产金属公司稳步扩大经营品种，开拓供应链业务，新取得长钢H型钢代理资格，开展现货监管业务，确保主营业务的持续增长，全年销售收入增长55.6%。物产再生公司一方面抓报废汽车经营，另一方面抓氧化铝、镍矿等新的业务经营，经营规模持续增长。全年回收报废车数量增长16.8%。

全力以赴推进新物流基地选址工作，努力提升现代物流服务水平。

长治郊区帝景商贸城规划图

集团公司加快新物流基地选址步伐，竞拍到位于太原市经济开发区净地5.3公顷，为集团转型发展项目的落地建设创造了条件。太原火车站南站建设规划占用现代物流公司10.5公顷土地，经过多方协调，拟置换的新的土地基本落实。长风物流公司面对原有经营场所被高速铁路建设占用以及剩余土地合作开发的局面，积极协商拆迁补偿事宜，通过租赁社会闲散库房和场地，承接原有格力、美的等仓储业务和商品车物流配送业务，确保大客户不流失。现代物流公司积极探讨物流一体化服务，加强库房分类管理，提高机械化作业程度，承接了海尔、美的两大客户的全部仓储、装卸业务。继续扩大质押监管规模，增加质押品种，争取质押监管资质，全年共监管6个质押项目，金额20.6亿元。民丰仓储公司在铁路专用线停用的情况下，积极开辟装卸、代运、代发、专用线到达等服务业务，保证了库房出租率和收益的稳步提高。

加快推进战略合作，房地产业务平稳发展。集团公司把推动与万科的战略合作作为重点工作来抓。到2011年年底，一期工程已建至地上8层，12月开盘销售。由宝佳房地产公司组织的胜利西街再生住宅项目和并州路33号项目也取得实质性进展。再生住宅项目前期手续基本办理完毕，地上建筑物基本拆除。并州路33号项目完成土地出让和土地用途变更工作，设计方案正在进一步优化中。

积极争取项目资金，促进主营业务转型发展。集团公司认真组织开展项目申报和跟踪工作，商品车物流配送项目、区域性物流中心三期项目余款和山西塑料物流中心（二期）建设项目资金共计450万元已拨付到账，民生塑料大棚膜项目已批复资金支持95万元，省发改委已决定对山西省物产综合性区域物流配送中心项目（四期）、山西塑料物流中心项目（三期）、山西城市物流中心项目给予资金支持1400万元。山西塑料物流中心项目（二期）工程完成投资建设，维修后的库房全部投入使用。

【推进困难企业关闭破产，进一步深化发展类企业改革】 2011年，针对拟推进破产法律终结的金属、机电、化轻、储运4户企业职工人数多、矛盾相对复杂的实际情况，集团公司坚持以人为本，组织人员加班加点，反复测算，主动向有关部门反映情况，使贸易企业混岗人员全部纳入破产清算范围，有效化解了企业破产推进的阻力。高度重视并认真做好困难企业破产前期基础工作。集团拿出200万元作为抵押保证金，解决破产实施前期的职工医保、社保问题，筹集资金357万元解决提前解除劳动合同人员经济补偿金不平衡问题。积极协调解决破产终结企业因养老和医疗账户没有清理、致使退休职工不能正常报销医药费的问题。2011年12月，省金属、机电、化轻、储运公司经太原市中级人民法院裁定破产。随着先期进入破产法律程序的宇航公司和4户企业关闭破产，集团公司将卸下沉重的包袱，为今后轻装前进创造良好的条件。

进一步深化发展类企业改革。以股权多元和增资扩股为目标，集团公司吸纳鞍钢集团作为进出口公司参股股东的战略合作取得实质性进展，各股东到位全部出资，规范了公司法人治理结构，完成工商变更手续。新一届股东会、董事会按照现代企业制度规范运转。

【进一步改善资产结构，增加资本流动性】 积极回购不良债权，管理风险基本化解。以700万元回购化轻公司和机电公司2.54亿元的不良债权，为这两户企业顺利实施破产创造了条件。剩余7户企业本金4836.4万元的不良债权回购基本达成意向。困扰集团多年的连环债务链彻底破解，为优势企业的发展扫清了障碍。

积极争取资金，为集团业务上规模提供资金保障。集团公司土地开发上交的出让金90%得到财政返还。返还的资金全部用于夯实和增加发展类企业注册资金，企业的实力得到加强，法律地位得到规范。同时，集团公司新增贷款1亿元，有力地支持了主营业务的发展。针对各公司流动资金增加的实际情况，集团公司加强资金监管力度，确保资金使用安全。

理顺产权关系，加强产权管理。按时完成企业重组后的集团产权登记变更工作。积极寻找政策依据，在减免50万元房产过户契税和土地增值税、节约相关费用10万元的前提下，完成期货办公大楼房产过户手续，取得房产证，实现了房产和地产的统一。

（李 隽）

供销合作社

【主要经济指标大幅增长】 2011年，全系统购进总额210.3亿元，比2010年增长28.3%；销售总额226亿元，增长22.8%；实现利润1.02亿元，增长49.2%。

【农村便民连锁商店“两年全覆盖”工程取得重大进展】 2011年，全省供销社把便民连锁商店“两年全覆盖”作为“一号工程”，紧抓不放，狠抓落实。

超前谋划，主动协调；强化管理，规范标准；督查到位，严格考核。2011年，省政府确定的便民连锁商店建设任务是5469个，实际建成7310个，超额完成1841个。全系统现已累计建设便民连锁商店2.3万个，覆盖全省行政村宜建总数的96%。阳泉、太原、长治、晋中、忻州5个市已实现两年任务一年完成。

【“新网工程”建设力度持续加大】 2011年，全省各级供销社系统建设规范日用消费品配送中心41个，建设规范农资配送中心22个，建设改造提升农副产品批发交易市场14个，推进了农村现代流通体系建设迈上标准化、规范化和现代化轨道。一是把配送中心建设的提升改造作为提高品质、优化服务的重要举措，形成“县级区域配送中心＋乡镇超市＋村级便民店”的连锁经营网络，提高了商品配送率和配送覆盖面。阳泉、长治、大同等市已在各县区全部建立连锁配送中心，完善物流配送体系。盐湖区新供销物流配送中心已对全区314个便民店实现配送全覆盖，商品配送率58%以上。二是把有效解决农副产品购销网络和再生资源回收利用网络两大“短板”问题作为“新网工程”建设的工作重点，大力推进农副产品批发市场和农产品流通加工企业的升级改造、功能提升，兴建了一批再生资源回收利用市场和网点。长治市果品公司金鑫瓜果批发市场通过设施改造，改善经营环境，提高服务品质，被全国供销合作社授予农业产业化重点龙头企业称号。太原市新建的东社回收交易市场具有存储、分拣、初级加工、交易、资源分流、信息收集发布等多种功能，全市还新建和收编了200个社区绿色回收站亭。三是把项目拉动作为促进“新网工程”建设又好又快发展的一项重要任务，已落实项目资金1.2亿元，建设项目270多个。四是以信息化促进“新网工程”现代化。省社主办的“山西农村信息化商务平台——山西供销网”项目，共投资700多万元，已全部完成主体建设任务并测试运行，形成上下贯通的省、市、县三级平台，以及横向融合的物流平台、信息交流和在线交易平台，成为全省第一个主要针对“三农”的电子商务大型交易平台。

【鲜活农产品流通体系建设加紧构建】 2011年，省供销社研究制定《关于大力推进鲜活农产品流通体系建设的实施意见》，在工作精力和项目资金上向鲜活农产品流通体系建设倾斜，努力打造一批功能完备、辐射面广、吞吐量大、服务质量优的鲜活农副产品流通大型龙头企业。已与太原市河西农产品有限公司合作，在太原建设以农资、鲜活农产品和日用消费品为主导，集购、销、配送为一体的大型综合物流园——中国太原农产品国际物流园。该项目已完成项目规划、可行性论证等前期准备工作，即将进入实施阶段。2011年，晋中市供销社已与田森集团联手成立了山西田森农副产品加工配送有限公司，成为晋中市域最大的鲜活农产品配送龙头企业。

【传统主营商品供应作出突出贡献】 农资供应满足全省农业生产需要。2011年，以省农资集团为龙头的各级供销社农资经营企业，积极组织货源，合理调度配送，加强质量管理，大力开展送肥到基层、到田间地头和开库直供直销等优惠服务活动，做到“件件有优惠、袋袋给补贴”。全年共销售化肥241万吨，比2010年增长1.6%；农膜1.5万吨，增长34.8%；农药0.5万吨，增长12.4%。同时，不断创新农化服务工作方式和农资科技服务营销理念，在全省开展测土配方施肥等农化服务，提高化肥利用率，促进农民增产增收。

碘盐供应经受严峻市场考验。2011年3月中旬，全省各地发生大范围的食盐抢购事件。省供销社及时成立领导组，制定六大举措，积极协调新闻媒体，正面引导群众。省盐业公司和各级盐业部门反应敏捷，行动迅速，启动应急预案，确保货源供应。省盐务局和各级盐务部门开展24小时巡查和监管，加大市场稽查力度，使抢购风潮很快得到有效控制。2011年，全省碘盐合格率97.8%，碘盐覆盖率98.8%。

烟花爆竹经营管理得到创新发展。不断加强烟花爆竹行业的经营管理，尤其是晋中市供销社，深化企业改革，理顺经营体制，成立供销社控股86%的烟花爆竹有限责任公司，并对县级公司也采取专营化或供销社控股，增强了供销社对烟花爆竹经营的市场控制力。同时，市社还加强了行业经营和专营监管，对域内烟花爆竹经营实行“六统一”：即统一进货、统一批发、统一价格、统一管理、统一经营和重大活动的统一燃放，做到了管理制度化、经营网络化、燃放专业化，为全省烟花爆竹经营管理开辟了新路。

【社有企业改制改革积极推进】 2011年，省供销社对省直企业进行全面摸底调查，研究制定《社有资产监督管理办法》、《直属企事业单位管理办法》、《直属企事业单位经营绩效考核奖励办法》等，强化指导，严格考核。农资集团创新经营思路，拓宽经营领域，由单一经营业态向多种经营业态、多种发展模式转变。省棉麻公司已对下属4个单位着手进行改制安排，运城分公司大部分资产得以有效处置和盘活，职工身份置换基本完成，改制工作正在有序进行。

【农村合作经济组织建设步伐加快】 2011年，经过多方争取，省民政厅同意省供销社筹备成立山西省农村合作组织联合会。全系统新组建各类协会19个，累计达到168个。省供销社农业综合开发项目向专业合作社倾斜，扶持培育了武乡三里湾种植专业合作社、汾阳肖家庄禾盛昌农科贸专业合作社、尧都彩虹果蔬专业合作社、祁县耀华酥梨专业合作社、平遥晋伟中药材综合开发合作社等为农服务典型，全系统已自办和领办各类专业合作社1188个。各级供销社积极推进综合服务社标准化建设，太原市尖草坪区在新建的3个社区综合服务社中，实行了服务内容社会化和系列化，服务项目综合化和多元化，服务设施规范化和标准化。

（李　岩）

粮油购销

【2011年山西粮食购销概况】 2011年，国有粮食企业收购粮食201.8万吨，非国有粮食企业收购粮食460.6万吨。国有粮食企业销售粮食245.5万吨，非国有粮食企业销售粮食458.2万吨。工业用粮185.3万吨，种子用粮26.5万吨，饲料用粮367.8万吨。山西国有粮食企业总仓容860.2万吨，有效仓容733.4万吨。

【进一步增强粮食宏观调控能力】 建立成品粮油应急储备，增强应对突发事件的能力。2011年，在充实地方储备粮油的基础上，各市均按要求建立应急成品粮储备和小包装食油储备，全省建立应急小包装成品粮储备3827万千克，应急小包装食油储备678.5万千克。加上省、市两级原粮和散装油库存，保持了较为雄厚的物质基础和较强的应对突发事件能力。吕梁、阳泉、忻州、太原4个市的应急成品粮油储备规模较大幅度超过省定目标。

完善应急体系，健全应急供应网络。修订《山西省粮食应急预案》，由省政府办公厅印发实施。11个市和109个县也制定或修订了当地粮食应急预案。全省落实应急加工企业107个、应急供应网点366个，超过国家规定的每10万人一个应急网点的标准。

实施粮食定向销售，稳定市场价格。向面粉加工企业定向销售低价小麦4250万千克，安排定向销售面粉6.8万吨、食油近500万千克，低于市价投放市场，稳定价格。

制定《山西省省级储备粮油定向销售方案》。一旦市场价格单月涨幅超过10%，或突发性事件引起粮食供应紧张时，投放省级储备粮油，保供稳价。

发挥市场配置资源的基础性作用。在政策、制度上鼓励各类经营主体开展粮油购销。加强省际间调入粮食工作，量化指标列入考核内容。2011年从省外调入粮食比2010年较大幅度增长，为山西粮食市场提供了粮源支撑。山西省全年粮油市场供应充足，品种齐全。小麦收购价格与2010年基本持平，面粉、大米销售价格基本平稳，豆油价格略低于2010年第四季度水平，实现了保供稳价的预期目标。

【突破发展"瓶颈"，加快粮食行业转型跨越发展】 多措并举狠抓扭亏增盈。山西省国有粮食企业长期亏损，在全国排名后位，严重制约发展。2011年，省粮食局把国有粮食购销企业扭亏增盈作为打基础、谋发展的重中之重紧抓不放，加强跟踪检查，采取与省内外加工企业、用粮单位合资合作，扩大经营规模；盘活闲置资产，增加企业收入；加强经营管理，努力增收节支；与排名后位的单位主要负责人约谈，以及协调落实收购资金、调整省级储备粮油补贴标准等一系列措施，支持企业发展。全省国有粮食购销企业在2010年亏损1685万元的情况下，2011年统算实现盈利1205万元，比当年减亏70%的目标超额完成145%，一举扭亏为盈，实现了全省国有粮食购销企业自粮食市场放开八年来首次盈利的历史性突破。吕梁、长治、朔州市的购销企业盈利分别为省下达目标的368%、331%、292%。

坚定不移抓好招商引资工作。针对粮食部门在长期计划经济下形成的相对封闭保守的突出问题，山西省粮食局把招商引资作为改革开放、转型跨越发展的突破口。精心组织推介124个招商引资项目，通过举办2011年山西粮食交易合作洽谈会搭建平台，签约47个项目。其中，签订合同协议的招商引资合作项目28个，项目总投资13.4亿元，引资金额11.31亿元。这样大规模、大力度的招商引资，是山西省粮食部门前所未有的历史性突破。

积极推进山西粮食物流中心项目建设。该项目与大型超市美特好集团股份制合作，总投资1.9亿元。省粮食局大力推进项目合作和建设进度，完成项目变更、设计和相关手续等工作。2011年完成投资1782万元。

积极扶持粮油产业化龙头企业。粮油产业化程度低是山西省的一个短板，为此，省粮食局把扶持粮油产业化龙头企业列为重点工作，筛选了带动能力强、市场前景好，年销售收入3000万元以上的粮油产业化龙头企业26家。与省农发行联合出台《关于支持粮食产业化经营促进粮食产业化发展的通知》，加大对粮食产业化的政策和信贷支持。召开全省粮油产业化龙头企业座谈会，搭建起政府部门和龙头企业交流平台，为企业提供政策指导和信息服务。与美特好超市股份公司合作，推进龙头企业产品进超市。通过全省粮食交易合作洽谈会，为龙头企业提供产品展示和招商引资平台。应急储备粮油在龙头企业代储代加工，增加企业收入。为龙头企业开展原粮代购代储，争取贴息资金。2011年，全省粮食系统重点扶持的26家粮油产业化龙头企业，年销售收入57.79亿元，比2010年增长15%。

【努力搞活粮食流通，确保区域内粮食供需平衡】 山西粮食产不足需，居民消费的米、面、油大量依靠省外调入。2011年，省粮食局始终把粮食供需总量平衡和主要品种平衡，摆在确保粮食安全的高度，全力抓紧抓好。一是精心组织粮食购销。加强收购市场检查，制定粮食收购政策、纪律，维护收购市场秩序。夏粮收购期间，制定了主动公开收购政策、敞开收购农民余粮、及时兑付售粮款、严格执行质量标准、积极开展品种兑换，切实搞好收购服务，自觉接受社会监督，依法查处违规行为等八项规定。向企业和农民发布收购信息，指导收购工作。2011年，全省各类粮食企业收购粮食662.4万吨，比2010年增长21.2%；销售粮食703.7万吨，增长15.1%。二是深化区域间产销合作。举办2011年山西粮食交易合作洽谈会，达成粮油产销合作协议215份，粮油购销签约总量918.5万吨。2011年，全省通过产销衔接从省外调入粮食226.5万吨，比2010年增长15.6%。

【加强粮食仓储管理，提升粮食仓储规范化管理水平】 一是完善省级储备粮管理相关制度。制定省级储备油库存与轮换管理补充办法，明确了代储省级储备油的相关条件、风险金准备、商品周转油储存、中小包装油建立和适度动态轮换等规定。二是开展全省春秋两季储粮安全大检查。从检查结果看，全省安全储粮“一符六无”平均达标率97.9%。各库点库存粮油账实相符，储存情况稳定，粮油品质基本处于宜存状态。三是组织实施骨干粮库提升改造工程。省粮食局与省财政厅联合安排骨干粮库提升改造以奖代补资金2000万元。全省2011年完工项目13个，在建项目16个，当年完成投资3860.9万元。完成投资2000万元以上，实施骨干粮库提升改造工程的目标任务。四是高度重视安全生产工作。加强监督检查，落实安全责任。2011年未发生一起责任事故。

【采取有力措施，提高军粮供应保障水平】 山西省各级粮食部门和军供单位坚持“以兵为本”的服务宗旨，致力军粮供应管理规范化建设。采取公开招标方式统一筹措军供粮源，军粮质量抽检合格率100%。确保军粮供应数量充足，质量优良，及时供应。各军供站点均配备军粮送货专用车，坚持为部队送货上门服务。军粮送货上门率95.5%，军供服务满意率100%。

【加强依法管粮，维护粮食流通市场秩序】 *组织开展夏、秋粮收购市场专项检查。*严格核查粮食收购资格和收购活动，查处粮食收购违规行为。2011年，查处违法违规案件813起，确保了收购政策的落实，保护了农民利益，维护了正常的粮食流通秩序。

*开展食用植物油库存清查。*2011年，组织开展新中国成立以来首次食用油库存清查工作。根据国家统一部署，省粮食局与省财政厅、省农发行等部门联合组成领导组，制定检查方案，组建4个省级普查组，派出74个督导组、督导人员592人，全国统一时点，按照“有库必到、有油必查、有账必核、查必彻底”的原则，对全省食油库存数量、质量、占用贷款、财政补贴等情况进行了全面清查。共检查各类企业450家，清查油脂8万余吨。检查结果显示，全省食用植物油承储企业库存账实相符，质量总体良好，储存比较安全。并对检查中发现的问题，及时提出整改建议，限期整改。

*健全粮食市场监管制度。*制定山西省粮食经营者最低和最高库存标准，完善收购许可制度，对粮食收购资格进行重新审核登记。

【加强原粮质量监测，维护食品安全】 *加强收获粮食的质量调查。*2011年，在57个主产县(市、区)，对当年新收获的小麦和玉米开展卫生调查和品质测报。抽取小麦样品100个，玉米样品300个。检验结果显示，全省小麦质量良好，玉米质量好于2010年。

*加强粮油储存环节质量监管。*对中央、省、市三级储备粮油进行质量安全检查，抽检97份样品，质量状况总体良好。

(祝志光)

烟草专卖

【2011年经营概况】 2011年，全省烟草商业系统卷烟销售收入255.63亿元，比2010年增长18.6%。实现利税62.17亿元，增长23%，其中，实现利润34.98亿元，增长24.2%。

*卷烟经营。*2011年，全省烟草商业系统销售卷烟740.93亿支(148.2万箱)，比2010年增长2%。其中，销售一类烟82.87亿支(16.6万箱)，二类烟16.75亿支(3.4万箱)，三类烟279.38亿支(55.9万箱)，四类烟245.95亿支(49.2万箱)，五类烟115.94亿支(23.2万箱)。年末卷烟库存41.68亿支(8.3万箱)。2011年9月，召开零售终端新领域开发启动会，全面启动零售终端新领域建设。编制《山西烟草标准化客户服务管理体系操作手册》，提升客户服务体系化、标准化水平。以临汾市公司为试点推广手机订货方式，全省网上订货比例上升至70%，手机订货客户突破1万户。2011年，全省零售客户盈利水平提高，平均实际毛利率达10%；客户满意度83.1%，高于全国平均水平。

*专卖管理。*2011年，省烟草局开展“晋剑二号”、“晋剑三号”卷烟打假专项行动，主动加强与工商、邮政、民航、铁路、高速、运管、社区等部门的合作，建立卷烟打假多警种配合的办案新模式。全省共查处各类涉烟违法案件8477起，其中，查处假烟案件4445起(查获5万元以上假烟案件160起)，查获假冒卷烟1.37亿支，标值5980万元，捣毁生产假烟窝点3个、贩藏假烟窝点188个。全省共查处符合国家局标准的网络案件23起，向公安机关移送案件115起，公安、司法机关依法拘留117人、逮捕80人、判刑87人。

*烟叶生产。*2011年，全省实际移栽烟叶3080公顷，省、市、县三级层层签订烟叶生产收购责任书，有效遏制了烟叶生产过热苗头。全省签订烟叶种植收购合同1910份，比2010年减少22.3%；合同约定和实际移栽面积3080公顷，下降3.6%；实际收购8400吨。全省烟叶均价14.6元/千克，提高2.12元/千克，为地方增加税收2600万元。优化和调整烟田布局，全省烟叶集中连片种植有大幅度提高。2011年，全省烟农户均种烟面积1.6公顷，比2010年增加0.3公顷，为推进基地单元建设、机械化作业奠定了基础。全省机械化起垄面积2666.7公顷，机械化移栽面积240公顷、覆膜面积2466.7公顷、施肥2300公顷、剪叶2300公顷。烟农专业合作组织

建设实现"零"的突破，注册成立烟农专业合作社 7 个。2011 年，国家局批复烟叶生产基础设施建设项目 636 个，当年受益面积 1886.7 公顷，完成密集式烤房 541 座。

【现代物流建设扎实起步】 2011 年，完成《2011～2020 年山西烟草商业企业现代物流发展规划》编制工作，明确卷烟物流配送中心建设全省统一管理、分级负责的管理机制。持续改进物流运营管理，开展配送中心非法人独立核算，组织全省物流系统"头等舱"服务在岗位主题实践活动，对各市公司配送中心实行年度综合绩效评价。临汾市公司卷烟物流配送中心"物联网"系统进入试运行阶段，吕梁市公司新建卷烟物流配送中心进入全面施工阶段，长治市公司初步完成"新物流中心"选址工作，阳泉、运城市公司完成条烟分拣系统升级改造。截至 2011 年年底，全省 11 家市公司均实现异型烟打码到条。2011 年，全省系统单箱物流费用 169.6 元，比 2010 年增加 23.6 元，物流费用率 1%，物流费用利润率 13.9 倍。

【开展"管理年"活动】 持续推动信息化与管理深度融合，全面加快管理升级转型步伐。一是预算管理。引入定额管理办法，加强预算执行的季度分解和年度考核，有效提升预算编制水平和执行力度。全省资金监管系统正式上线运行，实现对资金收支的全过程监管，杜绝无预算、超预算支出行为。二是资产管理。细化管理程序和标准，制定在建项目过程跟踪监管机制、重大项目协同监管联席会议制度和项目建档制度，将信息化建设项目纳入工程投资审批流程。三是安全管理。加大安全基础设施投入力度，完成全省系统车辆 GPS 安全监控项目及相关设施设备的补充更新工作。

进一步加强内部管理监督。构建"工程投资、物资采购、宣传促销"管理委员会的决策、管理和监督机制，把公开招标作为重中之重，形成"需求、实施、监督"三权分立、相互制约的运作机制。坚持"能招尽招、应招尽招"原则，开展集中批量招标采购，不断提高公开招标比重。落实"办事公开、民主管理"工作，把"三项工作"作为公开重点。省、市两级单位健全规章制度，完善公开内容，明确公开形式，规范公开载体，实行阳光运作。加强内部审计监督，制定全面审计工作方案，建立自查工作相关制度。开展吕梁、太原、临汾物流中心建设项目和部分县级局新(改、扩)建经营用房、烟水配套工程全过程跟踪审计，完成吕梁、晋中、朔州、运城等 4 个市局(公司)法人代表任期(离任)经济责任审计。2011 年，全省系统共完成审计项目 1013 项，涉及资产金额 108.39 亿元，通过审计取得直接经济收益 6250.7 万元。

【信息化建设初见成效】 进一步拓展卷烟供应链综合管理，上线运行精准营销系统、"135"工作法系统，开展零售终端系统、物流物联网建设试点工作，全省系统基本实现了"电子商务＋现代物流"的现代流通模式。完成综合专卖管理系统二期升级，实施市场监管移动办公模式。完成行业卷烟生产经营数据统计项目系统二期实施任务，从 2011 年 1 月 1 日起正式启用。正式启动"两项工作"、纪检监察、法律法规信息系统和"12313"客户服务信息平台。推广行业统一的资金监管和审计管理系统，构建完整的核算、预算、资金、资产、审计管理信息化体系。整合全省系统服务管控一体化平台，完成建设规划。在烟草行业中率先启动"云计算"系统集成整合工作。

(陈晓勇)

山西经济年鉴

YEARBOOK OF SHANXI ECONOMY

出入境检验检疫·海关

CHURUJING JIANYAN JIANYI HAIGUAN

出入境检验检疫·海关

出入境检验检疫

【2011年山西出入境检验检疫工作概述】 2011年，山西检验检疫局共检验检疫进出境货物1.6万余批次，货值26.4亿美元，比2010年分别增长2.5%、22.5%。其中，检验检疫出境货物1.4万批，货值14.3亿美元，批次下降0.2%，货值增长5.7%；检验检疫入境货物2805批，货值12.1亿美元，分别增长17.7%、51%。共检出进出境不合格货物79批，不合格金额2981万美元，批次不合格率1%，货值不合格率2%。其中，检出不合格出境货物38批，不合格金额246万美元；检出不合格入境货物41批，不合格金额2735万美元。签发各类产地证书1.3万份，签证金额9.6亿美元，分别增长5.2%、17.9%。检疫查验出入境飞机720架次，增长89.5%；检疫查验出入境人员7.5万人次，增长92.3%；出入境人员健康体检5368人次，下降6.3%。发放国际旅行健康证书4914份，下降13.8%；预防接种5404人次，增长17.5%；检出艾滋病毒携带者2例、性病16例、肝炎45例、澳抗阳性102例。

【多方联合，确保质量安全】 *主动协调，促进地方政府加强质量工作。*进一步完善质量分析报告制度，狠抓质量分析报告质量，及时向各级地方政府报送辖区进出口商品质量状况综合分析报告。继续坚持每季度向省委、省政府报送《检验检疫工作专报》制度，及时通报山西省进出口商品质量情况、国外技术壁垒对山西产业影响情况以及出口产品质量反馈情况，为地方政府领导和相关部门发挥决策指导作用提供有力依据。《受国外技术性贸易措施影响我省企业出口成本增加应予关注》的专题信息，被编入山西省政府《省长专报》。

*加强合作，形成联合抓质量机制。*进一步落实与有关部门建立的合作机制，与各级政府部门形成抓质量保安全的合力。2011年，在继续落实与山西省商务、农业、卫生、质监等部门合作协议的基础上，又先后与山西省民航局就完善口岸把关协作建立合作机制，与山西省环保主管部门就加强口岸核生化有害因子监测、处置放射性超标物质建立合作机制，与传染病防治医疗部门就口岸传染病患者的转接与诊治工作建立合作机制。

*积极推动，促进企业增强质量诚信意识。*广泛开展企业质量安全诚信承诺活动，充分利用企业信用管理系统进行的周期评定结果，引导企业牢固树立“质量第一、诚信至上”的理念，敦促企业严格守法经营，严格履行质量安全责任，企业的诚信意识进一步增强。组织山西汾酒、东湖老陈醋等58家食品企业共同发出“诚信生产，杜绝违法”倡议。经评选推荐，山西杏花国贸公司、山西永济新时速电机公司被评为全国检验检疫信用AA级企业，16家企业获得中国质量诚信企业称号。经评选推荐，山西永济新时速电机公司被国家质检总局评为全国质量工作先进集体，山西杏花国贸公司总工程师被评为全国质量工作先进个人。

*扩大宣传，营造关注质量的良好氛围。*充分利用新闻媒体加强宣传，扩大质量工作的社会影响。广泛开展质量提升、“3·15”质量维权、实验室开放周、“质检邀您看企业、食品安全大家行”等系列活动。广泛开展法律、WTO（世界贸易组织）、良好农业规范、出口煤炭监管、检测技术等多方面的培训。深入市场开展进口食品质量安全大检查。

*持之以恒，努力提高自身工作质量。*坚持以业务稽查、例会点评、证书展评、专项检查等措施为抓手，促进自身工作质量的不断提高。山西检验检疫局的出口煤炭质量分析报告在全系统排名第一。

【出口食品和农产品质量安全检验监管】 2011年，山西检验检疫局加强食品安全的风险管理，对敏感的、高风险的出口食品实施严格的检验监管。狠抓出口食品生产企业“四查、四建、四落实”，做到“四个必须”和“五个不放过”。按计划开展对出口食品企业包括水质、原辅料、添加剂等内容的监测监控，指导和监督企业开展产品自主质量安全监控。召开进出口食品企业监管工作会议，扎实开展严厉打击食品非法添加和滥用食品添加剂专项行动，对山西省101家食品和食品添加剂生产企业进行清查整顿，提出整改要求，与全省所有出口食品、食品添加剂生产企业签订质量安全承诺书。台湾食品“塑化剂”、日本核辐射泄露、国内“瘦肉精”事件发生后，组织力量，积极开展检测监测工作。开展“2011 年食品安全宣传周”活动，加强对食品安全舆情的主动引导和正面宣传。

【进出口商品质量安全检验监管】 2011 年，山西检验检疫局加强对重点区域、重点产品开展检查整治。检查企业 307 家，对服装、小型家电、手机、汽车零部件、印染布、果汁及果蔬制品、高岭土、煤炭、酒类、芦笋等重点产品进行检查，对出口法兰、玻璃器皿集中的晋中、忻州等 3 个重点区域的生产企业进行整治，收集企业信息 310 份。在全年监管的 779 批、318 万吨出口煤炭中，清除雷管 386 枚、铁器类杂物 12 吨、木屑类杂物 125 吨、其他类杂物 1010 吨。加大对输非产品的检查整治。对 47 家输非出口生产企业进行监管抽查，共检验输非产品 1174 批，货值 8254.6 万美元，未检出不合格产品，未发生一起质量事件。加大查处假冒检验检疫证书和原产地证书工作力度。对 20 余家生产企业开展原产地证企业注册、产地证签证和异地调查工作，利用通关单联网核查系统和检验检疫证书信息核查系统，严查假冒检验检疫证书。加强认证后续监管工作。对获得质量许可证和卫生登记备案的出口生产企业以及口岸卫生许可证企业进行全面检查，共检查企业 186 家，查出生产条件不符合要求的企业 32 家，督促整改落实企业 47 家，注销卫生登记备案资格 1 家，确保获证企业能够持续保持认证质量和卫生标准要求。

【国境口岸安全监管保障】 2011 年，山西检验检疫局加强口岸核心能力建设，积极开展风险分析和预警工作，加强对山西口岸的疫情风险预警与研判。开展口岸公共卫生突发事件应对工作总结和评估。对落实《口岸艾滋病防控行动计划》的终期目标和工作指标完成情况进行总结评估。加强卫生监督管理和卫生许可工作，对 23 家口岸食品生产经营、服务企业实施卫生许可。开展“卫生处理质量安全月”活动，进一步完善对卫生处理工作的监管。针对日本核电站放射性物质泄漏开展监测工作，举行口岸核辐射处置演练。开展防控艾滋病和疟疾的宣传活动。

【进出境动植物检验监管】 2011 年，山西检验检疫局加强对供港活动物的疫情监控和药残检测。完成太原市动物园从阿根廷和西班牙引进的两批、25 只麦哲伦企鹅的隔离监管。提高入境截获率。顺利完成 2011 年度外来有害生物监测工作，先后截获有害生物 36 种，其中，截获假高粱、刺苍耳、三裂叶豚等检疫性有害物，在总局通报的截获有害生物排名中由 16 位提前到 12 位。加强进境植物产品质量安全监管。对 31 万吨进口大豆进行严格的检疫监管，检出有害杂草籽 11 种。加强对出境货物木质包装的检疫监管。强化对企业原料采购、生产加工、除害处理、标识加施各环节的质量控制。加强出口食用农产品和饲料安全风险监控工作。组织实施安全风险监控计划，推进出口植物产品疫情疫病监测体系和农药残留监控体系建设。

【服务山西综改试验区建设和山西转型跨越发展】 围绕发展大局，促进外贸发展方式转变。采取登门服务、送法上门等举措，积极为山西省重大招商引资项目富士康集团的转线做好服务保障工作。在出口农产品食品质量安全示范区建设方面取得突破性进展，岢岚、五寨出口红芸豆质量安全示范区，被确定为国家重点推进出口食品农产品质量安全典型示范区。晋南出口苹果通过澳大利亚官方预检。大同、侯马、阳泉等分支局积极与当地和相关口岸局建立合作机制，促进当地特色产业发展。

提高通关效率，促进对外贸易便利化。对外加强与口岸局的合作，对内积极主动创新通关模式，为进出口企业提供方便快捷的服务。继续完善与口岸检验检疫机构协作机制，先后与河北、广西等检验检疫部门签署合作备忘录，在晋、津第一批直通放行企业的基础上，促成第二批 13 家企业享受到直通放行便利措施，享受直通放行企业数量达到 27 家。积极推行电子监管，从出口工业产品分类企业、食品加工企业入手，逐步扩大

侯马方略保税物流园区

上线范围，组织完成2011年进出口电子监管工作的调查摸底、企业推荐、计划拟制、咨询答疑等工作，并着手在4家相关企业推开。继续加大实施分类管理、绿色通道工作力度，在认真考核的基础上，向国家质检总局推荐上报15家大中型出口企业纳入绿色通道，总数已达31家。

加大帮扶力度，促进企业提高竞争力。继续加大认证、检测、信息方面为企业服务的力度，完成30家企业受到国外技术性贸易措施影响的调查工作，及时将调查报告报送国家质检总局以及山西省政府。积极探索地理标志保护产品的示范区建设，对“永济芦笋”和“左云苦荞”的示范区建设进行可行性调研，受理“左云苦荞”专用地理标志的申请并完成初审上报工作。继续落实国家出口食品、农产品减免收费政策，全年减免检验费117.7万元。

【法治质检、科技质检建设】“法治质检”建设取得新进展。制定《山西检验检疫局建设“法治质检”五年规划》，将2011年法治建设7个方面46项具体工作任务进行分解。继续规范执法工作，对1999年以来的33件规范性文件进行清理，保留15件，废止16件，修改2件。开展案卷评查，对各单位办理的行政处罚案卷和行政许可案卷的12项许可项目进行评查。

“科技质检”建设迈出新步伐。规划和部署“十二五”期间的科技工作，投入1250万元购置检测设备，完善检测手段。山西检验检疫局技术中心实验室通过中国合格评定国家认可委员会（CNAS）的三项联合评审，认可检测项目累计达到2100余项。在国家质检总局科研立项7项、山西省科研立项2项，向国家质检总局和山西省申报2012年科研项目13项。对6项国家质检总局科研项目和1项自筹资金科研项目进行成果鉴定，两项达到国际领先水平，两项达到国际先进水平，两项达到国内领先水平，1项达到国内先进水平，1项获得国家专利。

（张建龙）

2011年太原海关主要业务情况

业务类别	指标值	与2010年相比(%)
监管货运量(万吨)	1828	21.6
出口	3	0.0
进口	1825	21.7
进出口报关单(张)	5395	9.9
出口	863	4.7
进口	4532	10.9
进出口报关单记录(条)	11397	25.8
集装箱标准数量(箱次)	12163	−20.2
出口	1205	1.6
进口	10958	−22.0
集装箱载货量(吨)	208443	−27.3
出口	26565	0.7
进口	181878	−30.1
税收入库(万元)	424797	4.0
关税	24799	−14.9
进口环节税	399998	5.4
出口税(万元)	4346	−9.1
实际减免税(万元)	79911	1.68倍
加工贸易合同备案(份)	118	−13.9
其中:金额(万美元)	48283	−43.4
实有加工经营企业(家)	50	11.1
实有加工生产企业(家)	45	2.3
企业注册累计(家)	2058	5.8
其中:合资企业	133	−14.7
合作企业	5	−37.5
独资企业	53	−8.6
国有企业	197	−5.3
私营企业	1610	10.9
实际进出口企业(家)	1150	7.0
监管进出境飞机(架次)	714	83.5
监管进出人员(人次)	74744	87.5
采取强制措施(人次)	2	−86.7
罚没入库(万元)	109	3.4倍

海　关

【大力促进山西外向型经济稳定发展】　2011年，全省进出口总值147.6亿元，比2010年增长17.4%，超过2008年143.97亿美元的历史高点，标志着山西外贸已经走出金融危机的低谷。与海关总署签署署省合作备忘录，建立和完善署省之间多层次、宽领域、常态化的合作机制。切实加强统计预警分析，坚持定期向省、市政府和商务部门提供海关统计数据和进出口贸易重点商品的进出口情况分析，为省、市领导科学决策提供依据。继续落实大客户服务制度，指定专人具体服务重点企业，及时解决通关过程中遇到的问题。加强企业分类管理，认真做好引导扶持工作，经海关总署审核批准，全年共有6家企业被列为AA类管理对象，全省AA类企业总数达到15家。继续与口岸海关加强区域通关合作，共与10个海关建立区域通关合作关系，向省内A类以上的进出口企业提供“一次报关、一次查验、一次放行”

的区域通关服务，在提高通关效率的同时，大大降低了企业贸易成本，有力地支持了外贸企业的快速发展。

【业务运行质量稳步提升】 2011 年，完成税收 42.5 亿元，比 2010 年增长 4%。全年共监管货运量 1827.8 万吨，增长 21.6%，人均监管货运量是全国平均水平的 1.5 倍；实际减免税 7.99 亿元，是 2010 年的 1.7 倍；监管进出境飞机 714 架次，增长 83.5%；监管进出境人员 7.5 万人次，增长 87.5%。风险布控率 82.3%，较海关总署考核要求高出 78.3 个百分点；风险布控有效率 59.1%，较海关总署考核要求高出 44.1 个百分点；稽查有效率 50.9%。进出口查验率 6.3%、查获率 25.9%，均超过全国海关平均水平。

【主动服务山西经济发展】 坚持"有为方能有位"的理念，主动融入省内经济发展环境，取得明显成效。一是积极落实省委、省政府的工作部署。向省委、省政府上报《太原海关服务和支持山西对外开放海关政策指引》，将海关主要优惠政策进行归类说明。二是深入各市开展调查研究。与 68 家企业进行座谈，深入 28 家重点企业实地考察，形成的调研报告受到省委、省政府的高度重视。三是主动跟进综合保税区建设。针对山西将设立太原武宿综合保税区列为综改试验区建设重要工程的实际，及时为省、市相关部门提供政策咨询和最新资讯，协调海关总署邀请国家多部委来晋调研，各部委已原则同意太原综合保税区"边审批、边建设"，此项工作有了突破性进展。

【继续保持打击走私的高压态势】 始终坚持"守法便利、违法惩戒"的原则，充分发挥打击走私的职能作用。开展网上追逃专项督察"清网行动"，先后两次派员赴广东汕头开展追逃工作，说服在逃 8 年的犯罪嫌疑人章某投案自首，完成"清网行动"在逃人员下降 50%的目标任务。2011 年，太原海关缉私局共立案调查行政违法案件 43 起，案值 3908.9 万元，偷逃税款 73.3 万元。办结行政违法案件 37 起，罚款 66.9 万元，没收货物等值价款 32.2 万元，补税 88.2 万元。

（张新年）

山西经济年鉴

YEARBOOK OF SHANXI ECONOMY

旅游业

LÜYOUYE

旅游业

旅游业

【2011年旅游业持续良好发展】 旅游收入快速增长。2011年，山西省旅游总收入1342.59亿元，比2010年增长23.9%。全省累计接待入境旅游者155.3万人次，增长19.2%。其中，外国人98.3万人次，增长19.7%；香港同胞23.3万人次，增长18.1%；澳门同胞12.5万人次，增长17.4%；台湾同胞21.3万人次，增长19.4%。入境旅游创汇5.67亿美元(相当于全省出口贸易总值的10.4%)，增长22.1%。累计接待国内旅游者1.5亿人次，增长19.8%；国内旅游收入1305.1亿元，增长24%。

旅游业要素市场建设方面，门票收入在旅游六要素“吃、住、行、游、购、娱”的总收入中比重下降到第4位，由2010年的24%下降到14.7%；餐饮收入占16.8%，增长3.4个百分点；娱乐收入占7.3%，增长1.7个百分点；购物收入占13.8%，增长6.9个百分点。产业贡献率居第三产业首位。2011年全省旅游业增加值719.23亿元，占全省生产总值的6.5%，占第三产业的18.2%。

在困难中开拓入境旅游市场。2011年，山西省入境旅游市场遇到多重困难，第一大客源国日本发生特大地震，欧美国家陷入经济困境。针对不利因素，山西将海外促销重点放在亚洲国家、传统重要市场和港澳台地区，效果明显，确保入境旅游稳定增长。亚洲市场，日本比较平稳，涨幅最大的是韩国，比2010年增长92%，其次是马来西亚，增长83.1%，新加坡增长76%；日本、韩国、马来西亚、新加坡4个东北亚、东南亚国家的入境旅游人数占到外国人的18.7%，平均增幅为63.4%。欧洲和其他市场，法国最为强劲，美国也表现较好，其次是澳大利亚、英国和德国。2011年，港澳台同胞占全省接待入境旅游者的36.8%，其中，表现最突出的是台湾市场，连续3年保持高速增长，增长19.4%，仅省内旅行社统计就接待了3.3万人次，表现出很大潜力；其次是香港，继续保持10%以上的增长。

国内旅游市场持续走高，旅游产品多样化发展。一是省外游客比重有所增加。2011年，国内旅游抽样调查显示，山西省的1.5亿人次国内旅游者中，有71.5%来自外省，达1.07亿人次，比2010年提高2.5个百分点。二是从省外客源的构成看，周边地区仍是主要客源地。省外客源仍以北京、河北、河南、山东、陕西、内蒙古等周边地区为主，占省外旅游者的32.2%，这6个省(区、市)的旅游者占省外旅游者的比重

雁门关关楼

在4%～7%之间(一级客源地)。涨幅前三的地区为上海(1.5%)、天津(0.9%)、江苏(0.7%),降幅前三的地区为河北(－1.7%)、浙江(－0.8%)、广东(－0.4%)。

2011年,全省共组织赴台游685个团队,1.5万人次,未发生赴台游服务质量投诉、安全事故和滞留不归的情况。

【强力推进旅游业跨越发展】 *高度重视旅游业发展*。省委书记袁纯清在省第十次党代会报告中指出:“按照做大在文化、拓展在旅游的思路,在文化旅游水乳交融、高端嫁接、协同发展的过程中,做好做活山西‘地上’这篇灿烂的大文章”;在省委十届二次全会暨全省经济工作会议上指出:“要加大地上资源的传承和开发力度,实施‘大作品表现、大集团运作、大景点支撑、大服务引领、大会展集聚’战略,打造文化优势企业和品牌。”省长王君在省委十届二次全会暨全省经济工作会议上指出:“要加快发展文化旅游业,以五台山、云冈石窟、平遥古城等为龙头,加大重点景区开发提升力度,完善配套设施,打造精品线路,开发特色产品,组建旅游投资集团,培育旅游龙头企业,促进旅游与文化融合发展。”2011年4月和6月,省委书记袁纯清、省长王君分别带队在瑞士苏黎世和意大利罗马市进行旅游宣传推介。7月,副省长高建民出席太原至澳门直航首航仪式并在澳门进行旅游宣传推介。11月,省长王君主持召开旅游工作会议,确定在中央及省内外的主流媒体集中进行为期3年的旅游形象和城市形象宣传,进一步扩大山西旅游的知名度和美誉度。在全省综改试验区建设中,山西省把五台山的提升建设作为综改试验的头号工程。

编制实施旅游产业发展规划。编制形成符合山西旅游业转型跨越发展实际、可操作性强的“十二五”规划,并通过省发改委评审。编制武乡县砖壁村红色旅游发展规划,指导朔州、吕梁编制旅游发展规划。组织编制新疆农六师五家渠市旅游发展规划、左权南会村旅游规划、壶关桥上村发展规划。

旅游投资规模扩大。旅游业投资主体日益多元化,投资流向进一步合理,投资业态日趋广泛。2011年,共完成旅游投资185.2亿元,项目涉及11个市、49个县(市、区)。一批大型和特大型旅游项目纷纷启动,超过20亿元的有6个,超过10亿元的有10个,超过5亿元的有14个,其中,大同广灵县祥和谷滑雪暨四季度假项目总投资80亿元,晋中石膏山风景区开发项目总投资66亿元,临汾广胜寺景区改造项目总投资48亿元,朔州平鲁门神文化旅游区项目总投资43亿元。

旅游文化节庆活动增加。2011年,大型实景剧《印象五台山》、《印象平遥》和《太行山》落户景区,填补了山西省重点景区品牌演艺缺失的空白。全省文化旅游节庆活动举办80多场次,景区景点的演艺活动有15项。

创新旅游体制机制。长治市大力度对太行山大峡谷旅游资源进行整合,收回各分散景区经营权,成立综合旅游管理区,实行统一规划、统一管理、统一开发、统一经营的发展模式。

【景区及旅游产业发展概况】 截至2011年年底,山西省共有旅游景区543个,其中,国家级A级景区100家(5A级景区3家,4A级景区55家,3A级景区10家,2A级景区25家,1A级景区7家),农业旅游示范点139个(国家级33家,省级106家),工业旅游示范点33个(国家级14家,省级19家),其他类旅游景区271个。旅行社809家(出境组团社39家,其他旅行社770家),星级饭店401家(五星级18家,四星级67家,三星级156家,二星级159家,一星级1家),旅游餐馆2231家,旅游商品生产销售单位1431家,旅游交通单位246家,旅游信息咨询服务机构29家,旅游教育培训单位48家,旅游协会14家。2011年旅游产业带动经济社会发展的作用十分显著,全省旅游业直接就业总人数160万人,新增直接就业人员32万人,间接新增就业人员10万人,为全省增加财政收入250.9亿元,占全省财政总收入的11.1%;为全省城乡居民增加收入344.1亿元,占全省城乡居民总收入的8.2%。

(王海叶)

山西经济年鉴

YEARBOOK OF SHANXI ECONOMY

财政·税收

CAIZHENG SHUISHOU

财政·税收

财　政

【2011年山西财政收入与支出】 财政收入。2011年，山西省财政总收入2260.54亿元，比2010年增长24.9%，增收450.36亿元。其中，一般预算收入1213.43亿元，增长25.1%。

分预算级次收入完成情况：省级一般预算收入322.16亿元，增长24.8%；市级一般预算收入317.27亿元，增长24.1%；县级一般预算收入574亿元，增长25.9%。11个市一般预算收入增幅最高的运城市为35.3%，最低的长治市为11.9%。

财政支出。2011年，山西省一般预算支出2363.85亿元，为年度预算的85.5%，比2010年增长22.3%，增支432.48亿元。分预算级次看，2011年省级、市级、县级一般预算支出分别为629.87亿元、423.65亿元、1310.33亿元，比2010年分别增长16.9%、24.6%、38.5%。

在一般预算支出中，一般公共服务支出251.58亿元，比2010年增长16.6%；国防支出4.41亿元，增长33.4%；公共安全支出130.31亿元，增长6.9%；教育支出421.79亿元，增长28.4%；科学技术支出27.17亿元，增长35.1%；文化体育与传媒支出48.17亿元，增长54.2%；社会保障和就业支出321.6亿元，增长17.2%；医疗卫生支出159.62亿元，增长40.2%；节能环保支出82.18亿元，下降0.2%；城乡社区事务支出142.33亿元；农林水事务支出241.45亿元，增长19.7%；交通运输支出178.93亿元，增长35.9%；资源勘探电力信息等事务支出44.84亿元，增长24.1%；金融监管支出8.57亿元，下降2.7%；国土资源气象等事务支出134.76亿元，增长17.2%；住房保障支出84.85亿元，增长59.2%；粮油物资管理事务支出16.3亿元；储备事务支出1.17亿元；国债还本付息支出3.07亿元，增长2.7%；其他支出37.77亿元，增长9.7%。

全省财政收支平衡情况。2011年，全省财政收入总计2800.21亿元(不含国债转贷资金，下同)。其中，一般预算收入1213.43亿元，上级补助收入1141.49亿元，2010年结余收入362.12亿元，调入资金25.17亿元，财政部代理发行地方政府债券收入51亿元。全省财政支出总计2391.3亿元，其中，一般预算支出2363.85亿元，上解支出9.38亿元，调出资金3.78亿元，安排预算稳定调节基金14.29亿元。收支相抵，全省财政年终滚存结余408.91亿元，剔除结转下年的支出395.58亿元，全省净结余13.33亿元。

【完善财税体制机制，推进转型综改试验区建设】 2011年，山西省财政厅制定出山西省国家资源型经济转型综合配套改革试验区财税体制改革机制创新实施意见和行动方案。向财政部提出有利于山西省资源综合利用的税收政策建议29条，并在国家税收政策中得到充分体现。完善财政奖励补贴办法，支持建立健全淘汰落后产能、合同能源管理、排污权交易试点等生态环境产权制度。建立省级国有资本经营预算制度，健全政府复式预算体系。健全促进县域经济发展的财政体制机制，对市县均衡性转移支付资金增长20.2%，对县级基本财力保障奖补资金增长53.2%；安排资金7.26亿元，对财政总收入3亿元以下的县给予增值税和所得税增量返还优惠，对一般预算收入中税收增收的县给予奖励。成功争取中央将霍州市列入资源枯竭城市转移支付范围。综合应用增资扩股、专项扶持、费用补贴、上市奖励等政策措施，推动地方金融企业发展壮大，支持构建与转型综改相适应的资本市场。省财政拨付国有企业改革资金24亿元，推动国有企业兼并重组、改制搞活、关闭破产和分离办社会职能；调整帮扶中小企业发展财政政策，下达资金3亿元，鼓励、支持和引导非公有制经济发展。支持第六届中博会等一系列招商引资推介活动成功举办。科学确定煤炭可持续发展基金征收标准，扎实开展监督稽查，全年筹集煤炭可持续发展基金185亿元，矿山环境治理恢复保证金50亿元和煤矿转产发展资金26亿元；设立新材料和节能环保两项创业投资基金，总规模达5亿元；新增省本级产业发展资金5亿元，总规模达到8.5亿元，一批传统产业转型升级、新兴产业发展壮大项目得到扶持。

省财政厅副厅长武涛在祁县调研

研发给予财政支持。完善促进企业技术创新的财税政策措施,加快战略性新兴产业和现代服务业发展。下达资金14.5亿元,共扶持企业重大技术创新项目334个和新兴产业项目395个,科技对经济增长的支撑作用更加明显。支持推广高效节能技术和产品,支持实施电力需求侧管理。下达资金5亿元,累计支持钢铁、水泥、铁合金、焦化、火电等重点行业和领域285个淘汰落后产能项目。下达资金2.17亿元,扶持风力发电、光伏发电、金太阳和生物质能等新能源建设项目42个。支持污水处理和水污染防治及林业等生态环境保护工程项目建设。积极争取利用国际金融组织和外国政府贷(赠)款,重点支持煤层气等清洁能源开发利用与城市公共领域节能减排项目建设。继续加大财政生态转移支付力度,对县级生态转移支付补助达1亿元,增长29.9%。

【加强财政宏观调控,促进经济又好又快发展】 多措并举稳定物价。对生猪生产大县、产粮大县、产油大县实施财政奖补,对农产品生产和流通过程中用水、用电、用气、用热等实行支持性价格政策,支持构建农产品运输“绿色通道”,降低农产品生产成本和流通费用。率先建立社会救助和保障标准与物价上涨挂钩联动机制,从2010年11月起,向低收入群体、大中专贫困学生、高校学生食堂连续12个月发放临时价格补贴12亿元。累计下达粮食风险基金、油价补贴资金、粮油储备补贴资金、棉花储备补贴资金、价格调节补助资金14.4亿元。

继续保持政府投资规模合理增长,支持实施项目带动战略。2011年,下达政府投资414亿元,优先保证重点在建、续建项目和重大民生项目资金需求,公路、铁路、引黄北干线、山西“大水网”等一大批重点工程建设得到有力推进,省城太原十大公益建筑全部建成;发行地方政府债券51亿元,所募资金主要用于保障性住房等民生项目建设。

落实结构性减税政策。严格执行提高个人所得税工薪所得减除费用标准及调整税率结构政策,降低中低收入者税负,加强对高收入的调节。按上限确定增值税、营业税起征点,对部分小型微利企业实行所得税优惠政策,取消一批涉企行政事业性收费,减轻企业税费负担;通过保费补贴等方式,支持山西省担保机构提升担保能力,积极缓解中小企业融资难问题。

积极扩大居民消费。深化收入分配制度改革,农民补贴收入增加,公务员津补贴政策进一步规范,事业单位绩效工资改革深入推进,企业退休人员基本养老金增加,城乡居民最低生活保障标准和最低工资标准进一步提高。促进居民即期消费,支持商贸流通企业发展和消费环境改善的财税政策落实到位,家电、汽摩下乡和家电、汽车以旧换新各项补贴足额拨付,仅家电以旧换新政策实施累计带动全省家电消费25亿元。

大力支持对外经贸。统筹使用外经贸发展资金3亿多元,通过贴息、补贴、补助等方式,支持山西省企业开拓国际市场,开展对外经济技术合作,优化对外贸易结构,提高对外贸易质量和水平。

推动科技创新和节能减排。整合资金8000万元,支持实施科技重大专项计划,对新能源、循环经济、装备制造业等七大领域的关键技术

【落实强农惠农政策,支持农业增产、农民增收】 财政支农投入大幅增加。2011年,山西省财政继续加大财政支农投入力度,“三农”支出总计达687亿元,增长27%。

推动农业增产增效。在全面落实国家和山西省已出台的一系列强农惠农政策的基础上,筹集资金40亿元,支持新出台“双十”强农惠农工程。安排水利事业专项资金近22亿元,比2010年增长110%,应急水源工程、病险水库除险加固和中小河流治理等有序推进,中央小型农田水利重点县建设、小型水源灌溉工程建设和中型灌区节水配套改造稳步实施。农业保险保费补贴工作进一步加强,补贴范围由养殖业扩大到玉米、小麦等种植业,农作物病虫害防控和防汛抗旱救灾得到有力支持,有效促进了农业防灾救灾;支持土地复垦开发和基本农田保护,全年改造中低产田46.7万公顷,建设高标准农田1万公顷、玉米丰产方地膜覆盖和秸秆还田46.7万公顷,农田实灌面积达到120万公顷,农业综合生产能力稳步提高。继续支持农业科技创新、农业综合开发、现代农业示范区建设和农产品加工龙头企业“513”工程,对159个农业产业化经营项目给予扶持,大力促

进提高现代农业发展水平。

促进农民稳步增收。认真落实惠农补贴政策，2011年下达各类补贴资金36亿元，保证国家确定的种粮农民直接补贴、农资综合补贴、良种补贴和农机具购置补贴政策足额落实到位，45万大中型水库移民后期扶持资金足额落实到位，同时在本省范围内对大型农机具以旧换新、小麦地膜覆盖、农田深松整地等给予财政补贴，农民政策性收入进一步增加。加大农村劳动力培训力度，山西省转移农村劳动力40万人，努力增加农村劳动力工资性收入。支持“一村一品、一县一业”发展，重点扶持42个示范基地县和660个专业示范村发展具有区域特色的现代特色农业；扶持62个养殖大县和雁门关生态畜牧经济区发展规模养殖，支持发展设施蔬菜，促进农民增加经营性收入。加大农村扶贫工作力度，山西省扶贫投入达到16.73亿元，比2010年增长31.9%，山西省片区开发项目县累计达到32个，移民搬迁5万人，对660个贫困村实施了整村推进；产业扶贫、教育扶贫和科技扶贫成效显著。支持做好干部下乡住村、领导干部包村增收工作，积极帮助农民拓宽增收致富门路。

深化农村综合改革。村级组织运转经费得到保障。高校毕业生到村任职政策得到落实。农村义务教育化解债务工作全面完成。村级公益事业建设“一事一议”财政奖补政策全面实施。首批24个全国农村环境连片整治示范项目进展顺利。2011年，在巩固提升已完成的农村“五个全覆盖”工程的基础上，又投入300亿元支持实施为期两年的农村新的“五个全覆盖”工程，2011年目标任务全部超额完成。

【着力保障和改善民生，支持和谐社会建设】 财政支出继续向民生倾斜。2011年，用于教育、医疗卫生、社会保障和就业、住房保障、文化体育与传媒、城乡社区事务等直接与民生相关的支出达1183亿元，增长30.2%，增支274亿元，民生支出占山西省一般预算支出总量的50%，有力推进了各项社会事业发展。

推动教育优先发展。2011年，山西省教育支出执行423.34亿元，增长29.6%。农村中小学公用经费生均标准提高100元，农村家庭经济困难学生寄宿补助标准提高250元，对农村中小学生冬季取暖给予每人每年50元的财政补助，支持改造农村义务教育薄弱学校，支持解决进城务工人员随迁子女接受义务教育问题。免除职业高中、职业中专学生学费，中等职业教育实训基地以及国家和省级示范性高职院校建设得到加强。高校生均拨款标准提高到每人每年9000元，高校重点学科和特色学科建设进一步加快，大中专院校家庭经济困难学生各项资助政策全部落实到位，积极引导和支持开展高校化债工作。

大力支持实施科技计划。2011年，省财政加大科技投入，预算安排科技计划发展专项资金3.51亿元，比2010年增长5.5%。支持成果推广计划、基础研究计划、攻关计划、星火计划及重点实验室等11类项目837个。积极筹措科技重大专项资金8056万元，集中财力办大事，调整现有计划，将预算安排和追加资金捆绑使用，支持“煤层气抽采关键技术及示范”、“现代煤化工关键技术及示范”、“低碳与循环经济发展技术”、“装备制造关键技术”、“电子信息领域关键技术”、“新能源关键技术”和“新材料关键技术”等7大类科技重大专项，共扶持重点项目61个。

推进医药卫生体制改革。2011年，山西省医疗卫生支出159.52亿元，比2010年增长40.7%。新型农村合作医疗和城镇居民基本医疗保险财政补助标准由每人每年120元提高到200元，妥善解决关闭破产国有企业退休人员和省属特困企业职工基本医疗保险问题，城镇医疗保险参保率96%，新农合参保率98.5%。人均基本公共卫生经费由15元提高到25元。对实施基本药物制度的村卫生室给予每人每年5元的财政补助。国家重大公共卫生服务项目顺利实施，10类基本公共卫生服务全面开展。基层医疗卫生机构综合改革深入推进，公立医院体制机制改革不断深化，基层医疗卫生服务体系进一步健全。财政投入11亿元，支持山西大医院建成投入运营。

支持扩大就业和完善社会保障体系。2011年，山西省社会保障和就业支出执行321.86亿元，增长17.5%。社会保险补贴、公益性岗位补贴、职业技能培训等就业扶持政策落实到位。对小额担保贷款给予财政贴息，以创业带动就业。全年新增城镇就业岗位50万个。城镇社会保险综合覆盖率90%。企业退休人员基本养老金月均提高190元，达到1676元，7万未参保集体企业退休人员全部纳入城镇职工基本养老保险范围；支持97个试点县开展新型农村养老保险和城镇居民养老保险工作，142万多名农村老年人、6万多名城镇老年人领到养老金，新型农村社会养老保险覆盖率84%，城镇居民养老保险覆盖率82%；支持将12万名老工伤人员纳入工伤保险统筹管理。支持提高城乡居民最低生活保障标准，每人每月又分别提高25元、22元。拨付资金6.26亿元，再次为城乡低保对象、农村“五保”对象、优抚对象等发放元旦、春节期间生活补贴。城乡社会救助力度进一步加大，社会福利和慈善事业得到较快发展。

加快实施保障性安居工程。2011年，山西省住房保障支出执行85.2亿元，增长60.4%。支持廉租住房、公共租赁住房建设，推进工矿和城市棚户区及农村危房改造，全年开工建设各类保障性住房44万套，超额完成国家下达任务。认真落实各项税费优惠政策，鼓励引导社会资金参与保障性住房建设。

推动文化事业发展。2011年，山西省文化体育与传媒支出执行49.39亿元，增长56.6%。博物馆、纪念馆等公益性文化设施免费开放。农家书屋工程、农村公益电影放映工程、村通广播电视工程、非“两区”县农村体育健身工程以及农村基层文化站建设惠及人民群众。重点文化遗产保护和文化精品创作加强。支持文化产业示范基地和特色文化产业园区建设，扶持六大文化集团等省属重点文化企业做大做强。公益性文化事业单位内部改革和经营性文化单位转企改制取得初步成效。

维护社会安全稳定。政法经费

保障体制改革稳步实施，基层政法部门建设得到加强。支持健全安全生产体制机制，有力保障安全生产目标考核奖励资金，加快推进安全生产标准化建设，促进提升产品质量和食品药品安全监管水平。

【全面推进科学化精细化管理，进一步提升理财效益和水平】 加快建设法治财政。2011年，财政“六五”普法规划全面展开，新修订的《山西省会计管理条例》颁布实施，税制改革地方配套政策及时出台，行政审批制度改革稳步推进，权力运行不断规范。财政监督力度进一步加大，对淘汰落后产能项目资金等专项资金开展监督检查，对能源交通等重点行业的企业开展会计信息质量检查。煤炭基金稽查取得新成效，确保基金收入任务的圆满完成，促进试点政策的全面贯彻落实。“小金库”专项治理工作取得重要进展，公务用车专项治理取得阶段性成果。对地方金融类企业监管不断强化。在全国率先组织注册会计师对医院、高校等非营利组织的财务报表进行审计，严格会计中介机构监管，积极支持17家会计师事务所合并重组，推动会计师事务所做大做强。

提升预算管理水平。细化预算编制，增强预算编制的完整性。依法组织财政收入，促进各项收入应收尽收。严格控制“三公”经费，严格控制一般性支出，加强财政投资评审，健全决策管理制度，提高财政资金使用效益。加强预算执行管理，完善预算执行动态监控机制，预算执行进度明显加快，预算执行的均衡性和有效性不断增强。国库集中支付改革进一步向县级推进，会计集中核算向国库集中支付转轨步伐不断加快，非税收入收缴管理改革进一步深化，省级近500个预算单位实施了公务卡制度，财政专户清理整顿工作取得阶段性成果，山西省政府采购规模突破130亿元。强化预算绩效管理，绩效考核结果应用逐步扩大。稳步推进预算公开，自觉接受人大、审计部门以及社会的监督。

加强财政监督检查。加大项目资金监管力度。对五大类资金316个申请财政资金项目进行事前审核，审核省级财政资金总量7.43亿元。对其中32个不符合申报财政资金的项目出具不同意上报意见书，共计剔除违规申报省级财政资金2266.9万元；对农业综合开发和农业类资金共15个项目省级财政资金的使用情况进行事中监控和事后检查，对检查发现的问题依法依纪予以处理处罚。继续深入推进党政机关、事业单位、社会团体和国有企业“小金库”专项治理工作，全面复查发现71户单位存在“小金库”问题75个，涉及资金726.5万元；督导抽查发现91户单位存在“小金库”问题109个，涉及资金2969.7万元。

（李晋中　张小三）

国家税收

【2011年全省国税收入突破1200亿元】 2011年，全省国税收入入库1244.74亿元，比2010年增长22.7%，增收230.02亿元。其中，与地方财力挂钩收入1161.18亿元，增长23%，增收217.27亿元。

分税种看，增值税入库964.54亿元，增长21%，增收167.48亿元；消费税入库34.31亿元，增长20%，增收5.73亿元；企业所得税入库189亿元，增长34.9%，增收48.9亿元；车辆购置税入库56.04亿元，增长19.1%，增收9亿元；居民储蓄存款利息个人所得税入库8522万元，下降55.7%，减收1.07亿元。

【税收收入呈现五大特点】 规模实现快速扩张，税收总量再上台阶。全省国税收入继2010年突破千亿元大关后，2011年再次迈上新台阶，达到1244.74亿元，实现收入规模的跨越式增长，增幅保持22.7%的较高水平。2011年税收收入总量比“十一五”开局之年2006年的592.3亿元翻了一番多。

月度增幅波动明显，呈现震荡下行走势。2011年，全省各月国税收入波动较大。增幅最高的1月份达到53.2%，一季度末降到15.7%；4月份回升到39.4%，二季度末又降到16.5%；7月份又回升到33.8%，三季度末又降到28.1%；进入四季度后再没出现回升，10月份降到9.5%，11月份降到1.9%，12月份出现5.9%的负增长，与年初的强劲增势形成明显对比。

税种结构发生变化，增值税所得税贡献率提高。2011年增值税964.54亿元，增长21%，增收167.48亿元，增收贡献率73%，比2010年提高9个百分点；企业所得税189亿元，增长34.9%，增收48.9亿元，增收贡献率21%，比2010年提高6个百分点。增值税和所得税的增收贡献率达到94%，全省国税收入增长主要来自于这两大主体税种。

行业税源过于集中，煤炭比重进一步加大。2011年，煤炭生产行业累计入库增值税553.41亿元，占全部增值税的57.4%，比2010年提高2.7个百分点；煤炭运销行业累计入库54.97亿元，占全部增值税的5.7%，提高0.1个百分点。由此可见，煤炭生产和运销行业增值税占比达到63.1%，全省国税收入对煤炭行业的依存度进一步提高，凸显出山西税源结构单一、产业发展不够均衡的特点。

区域税源重新洗牌，晋西北与晋南增势迥异。2011年，各市间税收规模和增幅有新的变化。晋北的忻州和朔州两市增幅分别高居全省第一位和第三位，分别增长40.1%和35.1%。晋西的吕梁市仍然保持着强劲发展势头，收入规模、增幅均稳居全省第二位，本年度入库178.03亿元，增长39.6%。而晋南的临汾和运城无论是收入规模还是增幅均有所后退。临汾市入库96.48亿元，增长14.9%，规模和增幅由2010年的第6位和第5位退居第7位和第9位。运城市仍旧疲软，入库52.79亿元，增长3.9%，规模继续维持末位，增幅由2010年的第4位降到末位。

【税收增收分析】 全省经济走势良好，促进增值税的稳定增长。从主导行业看，产、销、价呈现良好发展态势，为增值税收入快速增长提供充足的税源。煤炭生产行业2011年入库增值税553.41亿元，比2010

年增长 27.1%，增收 117.81 亿元，占全部增值税增收额的 70%；钢铁行业税收入库 36.24 亿元，增长 26.5%，增收 7.59 亿元；煤炭运销行业累计入库增值税 54.97 亿元，增长 23.5%，增收 10.47 亿元；商业环节增值税入库 89.7 亿元，增长 26.2%，增收 18.6 亿元。

经济、政策、征管等多种因素形成合力，促使企业所得税快速增长。2011 年，全省企业所得税入库 189 亿元，增长 34.9%，增收 48.9 亿元。

消费税增长迅速。受山西杏花村汾酒厂股份有限公司、山西昆明烟草有限责任公司等大型烟酒企业产销旺盛影响，促进了消费税的增长。消费税入库 34.31 亿元，增长 20%，增收 5.73 亿元。

受政策因素和市场因素双重影响，车辆购置税实现较快增长。2011 年，山西车辆购置税入库 56.04 亿元，增长 19.1%，增收 9 亿元。

大同市国税局职工庆祝建党 90 周年文艺演出

【深入推进税收法治建设】 加强制度建设。严格执行规范性文件制定管理办法，对省国税局制定的 1419 件规范性文件进行清理，并按现行有效、全文废止和部分条款失效分类向社会公告。

规范税收执法。制定全省国税系统规范税务行政处罚裁量权实施办法和参照执行标准，优化税收管理程序，积极做好执法过错整改工作，完善执法管理信息系统和申辩调整规程，实行税务案件指导制度。

强化执法监督。加强依法行政考核，完成全省国税系统 2010 年度依法行政考核，开展 2011 年依法治理示范单位和依法行政示范单位创建工作，上线运行执法疑点信息库并实施远程执法督察，落实税收执法责任制，全年共追究干部过错责任 2582 人（次），查补税款 7112 万元。

【加强各税种管理】 增值税管理。会商省财政厅确定山西增值税新的起征点：销售货物和销售应税劳务的增值税起征点为月销售额 2 万元；按次纳税的，为每次（日）销售额 500 元。调整后，将有 13.7 万个体户受益，全年减免增值税 3.1 亿元。做好增值税收入分析、抵扣管理和评估核查工作，核查发现有问题专用发票 2732 份，应补税款 1.2 亿元。完成煤炭企业兼并重组增值税征管情况核查工作，核查煤炭企业 1880 户，涉及增值税应税销售额 64 亿元。

消费税管理。做好卷烟、白酒计税价格信息采集和核定工作，明确成品油企业消费税征免税范围。

车辆购置税管理。做好车价信息采集、汇审、上报，严格审核鉴定车购税减免范围。

企业所得税管理。强化税源税基、汇算清缴和总分支机构管理，对煤炭开采洗选和房地产行业实施重点评估，全年评估 1.3 万户，评估面达 20%，核减亏损 6.99 亿元，调增应纳税所得额 7.37 亿元，查补企业所得税 1.25 亿元，入库 8685 万元。

出口退税管理。做好出口退税预警分析，加强函调管理，实行限时办结，全年办理出口货物退（免）税 20.02 亿元。

【提升纳税服务水平】 一是完成 12366 纳税服务平台建设试运行，开通省级集中模式的 12366 纳税服务热线，通过人工座席和自动语音方式向纳税人和社会公众提供咨询解释、办税指引、投诉受理、意见建议、涉税查询、涉税提醒等。二是举办省第 20 个税收宣传月和全国税收动漫宣传周活动，通过办税服务厅、纳税人学校、飞信、微博税网等平台，为纳税人提供多层次、立体式的税收政策服务。三是以税收法律、法规以及基本办税程序等税收知识为内容，按行业类型或规模有针对性地开展专题辅导或讲座，利用多渠道，为纳税人提供电话咨询、投诉举报、建议评议、诉求收集、争议调解等纳税咨询。四是加强办税服务厅标准化建设。全省共有 100 个办税服务厅在硬件环境上达到标准化要求，占总数的 63%。五是推行多元化办税方式。有 5.9 万户纳税人实行网上申报，4.3 万户实行网上发票认证，13.6 万户实行税库银电子缴税，5880 户使用自助终端办税。六是制定纳税服务投诉管理实施办法，实现对纳税人监督、投诉、举报的快速受理处理。全年受理投诉 13 起，当即调解处理 3 起，转办处理 10 起。开展纳税服务工作检查，征询 7712 户纳税人意见，整改 5 大类 27 个方面纳税服务问题。

【夯实税收征管基础】 在全省推广税务与组织机构代码共享工作，实现全省国税部门与组织机构代码管理中心信息共享。加强与工商、地税、质监等部门信息交换，共清理漏征漏管户1.5万户。开展税收征管7个方面28个管理环节风险巡查工作。免收税务登记证工本费，减轻纳税人办税负担。

积极推进税源专业化管理试点工作，组织39个征收单位开展试点。召开全省税源专业化管理现场会，制订实施方案，确定“一个前提、两个体系、三项重点、四个保障”的基本思路。

实施信息管税。通过第三方涉税信息与纳税人申报情况进行信息比对，补征税款6.04亿元。推进财税库银横向联网电子缴税系统，全省147个征收单位上线运行财税库银系统，25家金融机构实现与国税系统的对接，有13.6万户纳税人完成三方协议签订工作，划转税款617.99亿元。

组织全省优秀纳税评估模型评比，完成农产品初加工服务、铁矿采选、陶瓷制品制造、耐火材料制品制造、煤炭及制品批发等8个主要涉税行业(产品)纳税评估模型。在医药行业开展专项评估，评估医药经销企业2604户，评估税款3013.5万元。

完善税源与征管状况监控分析一体化工作机制。研发税源与征管状况分析平台，全年筛选风险纳税人2.3万户，通过纳税评估增收10.02亿元。

开展普通发票换版工作。2011年1月1日，在全省范围内启用新版普通发票，在2.4万户纳税人中推广机打发票管理信息系统。组织开展全省普通发票使用情况和安全管理专项检查。

【强化国际税收管理】 加强反避税工作，建立案例指导制度，调查并成功征收境外某集团公司股权转让企业所得税4389.5万元。加强非居民企业在华承包工程作业和提供劳务税收以及股息红利所得管理，完成2010年度非居民企业所得税汇算清缴。开展非居民企业税收专项检查。搜集、整理外国居民企业从山西境内取得各类款项及纳税情况，整理制作税收情报，向美、日、韩、加、澳五国税务机关提供电子自动情报37份。

【加强税务稽查整顿税收秩序】 一是开展对资本交易项目、广告业、办理电子和服装类产品出口退(免)税企业、代开及接受代开增值税专用发票的煤焦铁企业税收专项检查工作，全省各级检查企业1757户，查补收入4.93亿元。二是对临汾市尧都区煤焦铁企业，开展重点区域税收专项整治工作，查补收入1722.1万元。三是加大对大要案件查处力度，对19件大要案件进行重点查处，查补收入1.65亿元。四是开展重点税源企业检查工作。对40户省级重点税源企业开展自查、重点检查，查补收入1.11亿元。五是开展打击发票违法犯罪专项行动。查处各类发票违法案件947件，抓获制售假发票犯罪嫌疑人13人，查获涉案发票1423万余份，查补收入4708.3万元。

【稳步推进税收信息化建设】 山西作为税务总局金税三期试点省份，积极参与三期各项目方案规划及实施，并承担三期架构管控安全总集成专题工作。发挥信息化对税收工作的支撑作用，推广使用12366纳税服务热线系统，CTAIS（中国税收征管信息系统）税收票证功能模块、税收执法管理信息系统疑点信息库、纳税人自助缴税终端、通用数据采集软件，完善和拓展综合征管软件、综合数据应用平台、网上办税服务厅及安全三期应用系统。推广使用通用数据采集应用系统，建立数据发布机制，通报数据质量。完善基础设施建设，加强计算机类设备资产管理，优化信息化基础环境。做好50个应用系统的维护和管理，涉及税收管理类系统19个，行政管理类系统5个，安全防护类系统12个，辅助应用软件14个。理顺安全工作思路，加强安全意识教育，严堵信息安全漏洞，提升整体防御能力。山西综合征管系统的健康等级被税务总局评为“五星级”。

(董其文)

地方税收

【2011年山西地方税收概况】 2011年，全省地税系统累计完成各项收入1067.51亿元，比2010年增长29.4%，增收242.29亿元。其中，各项税收完成773.12亿元，增长29.5%，增收175.95亿元；煤炭可持续发展基金完成184.98亿元，增长13.2%，增收21.62亿元；其他各项规费收入完成109.42亿元(不含煤炭可持续发展基金)，增长69.1%，增收44.72亿元。

【收入特点】 收入规模突破千亿。2011年，全省地税系统组织的各项收入累计完成1067.51亿元，提前一个月实现了千亿元的历史性突破。各项税收累计完成773.12亿元，提前3个月超过2010年全年收入，一年内接连突破600亿元、700亿元关口。各项税收比2010年增加175.95亿元，是继2010年增收百亿元基础上的放量增收，增量超过以往各年度。

税收收入增幅在全国处于后位。2011年，全省完成税收收入748.47亿元(包括大秦铁路中央级营业税，不包括耕地占用税、契税)，比2010年增长28.4%，增收165.68亿元。规模在全国地税30个省(市、自治区)中位列第17位，在中部六省中列第4位；税收增幅比全国地税平均增幅(28.5%)低0.1个百分点，在全国地税位列第20位，在中部六省中居第5位。

一般预算收入比重略有提高。2011年，全省财政一般预算收入1213.4亿元，比2010年增长25.1%，增长243.53亿元。全省地税部门组织的一般预算收入603.45亿元，增长27.7%，增收130.83亿元。地税部门组织的一般预算收入占全省财政一般预算收入的49.7%，比重提高1个百分点。地税组织的一般预算收入对全省财政一般预算收入增长的贡献率53.7%，拉动力13.5%，比2010年提高2.5个百分点。

税种结构变化明显。各税种中，比重提高的只有个人所得税、土地增值税、耕地占用税和契税，合计占各项税收的18.2%，比2010年提高1.9个百分点，特别是土地增值税、耕地占用税和契税，比重提高1.3个百分点，逐步从2006年的0.42亿元、1.24亿元、3.89亿元增加到9.71亿元、6.19亿元、18.45亿元，合计增长5倍有余，充分体现了房地产税收一体化管理的积极成果。其他各税的比重均有所下降，特别是资源税、房产税和土地使用税，比重下降1.1个百分点，下降幅度比较明显。

中央级收入增速最快。中央级收入完成205.16亿元，比2010年增长32.7%，分别高于省级和市县级3.6个和4.6个百分点。中央级收入中，大秦铁路中央级营业税完成13亿元，增长63.8%，增收5.07亿元；两个所得税中央级收入完成192.16亿元，增加45.49亿元；省级收入完成138.25亿元，增长29.1%，增收31.14亿元。省级收入中，省级固定金融业营业税完成16.88亿元，占省级收入的12.2%；省级固定重点铁路建筑业营业税完成4.87亿元，占省级收入的3.5%。

税收的企业集中度提高。从重点税源企业实现税收看，省地税局监控的1.6万户重点税源企业实缴税款621.39亿元，比2010年增长29.2%，增收140.45亿元，重点税源企业税收占全省税收收入的83%，监控比重提高4个百分点。2011年实缴税款在1000万元以上的企业916户，增加191户，实缴税款463.15亿元，增长42.75%，增收138.7亿元，5.7%的千万元以上重点税源企业上缴了74.5%的税款，企业集中度明显提高，是拉动全省地方税收增长的主力军。其中，亿元以上的企业80户，主要集中在煤炭和金融行业，增加22户，实缴税款227.09亿元，增长44.6%。

各市、各分局全部完成年初计划，全部实现增长。从进度看，朔州超收9.44亿元，是超收最多的市；运城市超收0.72亿元，体现出税源的相对紧张。从增幅看，吕梁、朔州增幅超过40%，增收38.1亿元，占增收总额的1/5强。

【税源分析】 经济良好运行为税收增长奠定坚实基础。2011年，山西经济总量突破万亿，“投资、消费、进出口”三驾马车保持同步增长。经济良好运行，企业经济效益大幅提升，为税收增长奠定坚实基础。

煤炭行业税收依然是工业经济税收的支撑点。2011年，全省煤炭行业产量增长、价格稳定，确保了煤炭行业税收保持稳定增长。全省煤炭税收完成253.64亿元，拉动各项税收增长8.2个百分点，为各项税收增长贡献了1/4多的拉动力。

投资增长拉动建筑业和房地产业税收大幅增长。2011年，全省固定资产投资完成7373.1亿元，比2010年增长27.3%。在投资增长的带动下，2011年全省建筑业税收完成114.74亿元，增长43.9%，增收35.01亿元。全省地税房地产税收完成82.76亿元，增长54.8%；占各项税收的10.7%，比重提高1.8个百分点。

现代服务业长足发展，确保营业税稳定增长。现代服务业作为山西省经济结构调整的战略突破点，2011年得到稳定快速发展，各项指标呈现稳定增长态势。2011年，全省社会消费品零售总额3903.4亿元，比2010年增长17.6%。全省交通运输业稳健运行，公路货运量6.5亿吨，增长6.6%；铁路货运量7.3亿吨，增长14.1%。2011年，全省服务业营业税（不包括建筑业和房地产业营业税）累计完成135.39亿元，增长22.6%。

【征管机制不断创新】 管理机制不断完善。2011年，税源专业化管理取得新经验，纳税评估软件试点运行，征管状况监控分析和考评工作深入开展，省、市地税局定点联系大企业机制不断健全，中小企业和个体税收管理全面加强，纵向配合、横向联动、综合治税的管理机制进一步健全。以“让纳税更便利、让执法更规范”为原则，全面开展税收业务流程再造，初步实现了“强化管理、规范运行、简化环节、优化服务、提高质效、防控风险”的目标。稽查组织体系实现重大突破，完成一级稽查改革，完善稽查工作制度，强化分级分类稽查，开展税收专项检查和专项整治，加强大要案件查处和重点税源企业自查检查，全年查补收入11.13亿元。打击发票违法犯罪工作取得新进展，检查违法受票企业1410户，配合有关部门查获各类假发票1400多万份，捣毁犯罪窝点3个，抓获涉案人员7名。

征管水平稳步提升。在全国率先建立税源发展指数体系和发布机制。税收预警工作机制逐步完善。强化重点税源监控，监控收入比重达到83%，居全国首位。开展税收会计检查，税收票证和税收资金管理全面加强。健全房地产税收一体化、专业化管理机制，首创以信息化为支撑的“项目管理”和“三级监控平台”，在全国率先推广存量房评估工作，房地产开发交易环节动态管理机制初步形成，房地产税收突破百亿大关。财产行为税税源监控平台在全省上线。规范营业税减免税管理，严格自开票纳税人管理，货物运输业营业税征管全面加强，建筑业、不动产营业税项目管理全面启动。加强土地增值税预征和清算，收入增幅居全国第5位。加强“两税”比对工作，查补税款1.1亿元。车船税管理稳步加强，新车船税法实施准备工作全面就绪。开展国际税收专项检查，国际税收管理持续强化。推出山西地方税费系列业务丛书，编写全国煤炭开采和洗选业企业所得税行业管理操作指南，房地产企业所得税管理和企业所得税汇算清缴取得新成效。新个人所得税法顺利实施，年所得12万元以上个人自行纳税申报工作顺利完成。个人所得税管理系统覆盖面持续扩大，上线企业增长3倍多。开征地方教育附加，代征采矿排水水资源费，出台规费征管业务流程，推进规费征管软件上线试运行，完善基金与税收“同征、同管、同查、同考核”一体化管理模式，煤炭可持续发展基金和规费征管质量稳步提升。

信息管税成效明显。金税三期试点扎实推进，工程建设资金落实到位，省地税局数据中心购置基本完成，广域网改造等重点项目有序开展。信息化日常管理水平不断提高，数据清理回放稳步推进，信息安全与运维体系建设不断加强。改造提升新综合征管系统，应用软件推广取得新成效。财税库银横向联网电子缴税工作被省劳动竞赛委员会荣记集体一等功，所有征收单位、23万户纳税人实现电子缴税。税收收入监控分析系统覆盖面稳步扩大，县局版推广应用全部完成。网上申报系统推广取得重大进展，所有征收单位、11.5万户纳税人开通网上申报缴税。网络发票管理系统推广和发票换版工作进展顺利，1.7万户企业安装了开票软件。发票查询系统推广成效显著，成为地税网站点击率最高的版块之一。管户动态管理全面加强，征管文书上线范围进一步扩大，征管档案电子化成效明显。

【服务水平明显提升】 税收职能作用充分发挥。大力开展转型综改试验区税收政策专项调研，制订地税专项行动方案，5条政策建议被省转型综改试验区方案吸收，4项政策建议获税务总局原则同意。有利于转型跨越和民生改善的政策体系不断完善，从高确定营业税起征点，1.8万户纳税人户均享受到6000元的优惠；调整娱乐业营业税适用税率，娱乐业税负大幅降低；落实新的个人所得税政策，工薪收入者纳税面由28%下降为7.7%，高收入者收入调节力度稳步加大，为153万个人所得税纳税人开具寄送完税证明；调整车船税税额，在总体税负基本不变的前提下，提高大排量乘用车的适用税额；落实各项税收优惠政策，累计减免税19.78亿元。广泛开展税收科研，做好税收政策研究、评价与反馈工作，加强涉税经济社会政策把关审签工作，136条涉税意见建议被省政府及有关部门采纳。

纳税服务开创良好局面。确立“打造纳税服务优质品牌，争创全国一流水平”的奋斗目标。以“大税收、大服务”理念为先导，推进纳税服务理念创新。服务平台建设取得明显进展，投资6930万元完成第二批65个办税服务厅标准化建设任务。完善网站服务功能，加快网上办税服务厅建设步伐，构建了富有特色的地税网站群。建成开通12366纳税服务热线，建立税收业务知识库。加强税收宣传工作，推进法律义务援助活动，开展第20个税收宣传月活动，2个宣传项目获税务总局表彰。在办税服务厅配备个性化服务设施，推进一窗式办税、一站式服务、涉税事项同城通办等，极大地方便了纳税人。注册税务师行业监管进一步加强，涉税咨询服务工作有效推进。

（徐　鸿）

金融业

JINRONGYE

金融业

综 述

【贷款增速回归常态，金融市场运行平稳】 存款稳步增长，贷款增速回归常态。截至2011年末，全省金融机构本外币各项存款余额21003.24亿元，比2010年增长12.7%；本外币各项贷款余额11265.56亿元，首次突破万亿，增长15.8%，贷款增速逐步回归常态。贷款期限结构日趋合理，其中，人民币中长期贷款新增额占全部新增贷款的60.5%，较2010年下降21.7个百分点；流动性贷款（含短期贷款和票据融资）新增额占全部新增贷款的38.9%，提高25.2个百分点。

信贷投向突出"保重点，调结构、保民生"特征。2011年，投向采矿业、制造业和电力、燃气及水的生产供应业等重点行业的贷款较年初增加824.59亿元，占全部新增贷款的56%；中小型企业贷款较年初新增643.11亿元，占全部新增贷款的40.4%，较2010年提高4.8个百分点；金融薄弱环节信贷量不断加强，涉农贷款新增1021亿元，占全部新增贷款的64%，省农村信用社仍是支农主力军；累计发放5.06亿元助学贷款，为9.2万学生解了燃眉之急；房地产贷款新增135.29亿元，其中，保障性住房开发贷款新增55.7亿元，多增56亿元，有效支持了全省保障性住房建设，山西城镇保障性住房开工套数超过全年任务，是全国15个完成全年开工任务的省（自治区、直辖市）之一。

金融市场运行平稳。2011年，全省加入全国银行间同业拆借市场的金融机构22家，加入全国银行间债券市场的金融机构49家，在这两个市场上全年累计成交47910.95亿元，比2010年上升56.6%；全省各金融机构累计签发银行承兑汇票2565.44亿元，增加844.61亿元，增长49.1%；累计办理贴现2866.57亿元，增加405.35亿元，增长16.5%。全省融资结构继续改善，全年增加直接融资880亿元，占比达30.8%，提高9个百分点，多增344亿元；其中，短期融资券新增47.6亿元，中期票据新增403.5亿元，两项合计比2010年多增225.1亿元，融资量创历史新高，在中部地区位于前列，对银行信贷形成有力补充。

证券市场运行平稳，全年新增3家上市公司，实现IPO（首次公开募股）融资22.66亿元；全部34家上市公司A股市场募集资金156.06亿元。第一只私募股权基金正式成立，规模20亿元。

保险市场体系优化，全年新增保险公司省级分公司11家，保险公司总资产达到795.5亿元，全年保费收入364.7亿元。

外汇收支规模进一步扩大。全年进出口总值147.6亿美元，增长17.4%，其中，出口54.3亿美元，进口93.3亿美元，贸易逆差39亿美元。为支持全省对外经济发展，出台《外汇管理支持全省资源型经济转型综合配套改革试验区建设的指导意见》，新批准57家银行机构经营结售汇业务，银行结售汇总额145.3亿美元，增长21.3%；全省银行为涉外经济主体新增贸易融资107.2亿美元，其中，新推出外汇业务产品融资10.5亿美元。

【大力提升金融服务水平与创新能力】 大力支持山西经济转型发展。认真贯彻"区别对待、有扶有控"的货币政策，加大对转型发展项目的投入力度，积极支持民生领域和薄弱环节的信贷需求，严格控制高耗能、高污染和产能过剩行业的贷款。组织制定《山西省深化金融体制改革和金融创新的实施意见》和《金融支持山西省转型综改试验建设专项行动方案（2011～2012年）》，引导金融机构加快金融体制改革和金融创新，建立与山西资源型经济转型发展相适应的现代金融服务体系。

加快推进山西跨境贸易人民币结算试点工作，促进对外贸易便利化。2011年8月，山西省被列入第3批跨境贸易人民币结算地区。截至12月末，辖内银行累计办理跨境人民币结算15.16亿元。共有11家银行开展了跨境人民币业务。

支付体系有序运行。2011年，全省新增62家机构加入支付系统、新增43家机构加入账户管理系统和联网核查系统，多家机构加入同城票据交换、电子商业汇票系统等。大额支付系统全年处理业务笔数和金额分别比2010年增长26.3%和19.6%，小额支付系统处理业务笔数和金额分别增长51.7%和22.5%，支票影像交换系统发生业务笔数和金额分别增长949%和231.5%。截至2011年年底,电子商业汇票承兑业务量和金额分别增长60%和98.4%,融资业务(买入、卖出)量和金额分别增长173.6%和138.6%。全省银行卡发卡量增长30.3%,特约商户、POS、ATM机(自动柜员机)分别增长86.3%、65.6%和24.1%。农村支付服务持续优化,在全国率先实现以"银行卡+转账电话"为业务模式的小额转账电话"村村通"工程村级全覆盖。

征信系统运行平稳。截至2011年年末,全省企业和个人征信系统分别收录20.2万户企业和1357.2万自然人的基本信息,较2010年分别增加5752户和56.4万人。金融机构通过查询征信系统分别批准个人贷款48.5万笔、金额256.2亿元和企业贷款2.4万笔、金额1608.9亿元,分别拒绝有潜在风险的个人贷款申请1.2万笔、金额3.91亿元,企业信贷业务申请1970笔、金额206.25亿元。系统异议解决率和回复率得到保障,全年全省共登记异议申请30笔、回复率和解决率均达100%,协助客户督促商业银行处理各类异议100余笔,未发生任何诉讼案件。

反洗钱工作水平进一步提升。首次在全省范围内对金融机构反洗钱工作进行全方位评估。首次开展对金融资产管理公司、信托公司等六类公司的反洗钱现场检查,探索核查内容和方法,对申报预付卡发行和清算资格的非金融机构进行严格审核。与山西省安全厅签署《关于可疑交易及涉恐资金线索调查合作备忘录》。指导辖内晋中市中心支行与河北省邢台市中心支行建立跨省跨区反洗钱合作机制,拓宽联合打击途径,扩大情报交流。

【金融法制环境进一步优化】 *完善地方金融法制基础建设*。人民银行太原中心支行在全省实施《山西省金融服务与管理指引》、《中国人民银行太原中心支行国家外汇管理局山西省分局综合执法检查管理办法》、《山西省金融机构综合评价办法》,加强金融机构开业管理和营业管理,开展综合执法检查和综合评价,规范人民银行金融服务与管理程序,促进金融机构依法合规经营。

金融执法成效显著。2011年,全省银行卡违法犯罪共立案33起,破案40起,抓获犯罪嫌疑人28名,涉案金额267万元,挽回损失62万元。反假货币工作以金融机构柜面收缴和公安部门破案查获双管齐下,全年累计收缴假币815.9万元、9.9万张,比2010年分别下降22.1%、34.7%。

探索开展金融消费者权益保护工作。在人民银行长治、晋中、临汾3个市中心支行试点基础上,印发《山西省人民银行金融消费者权益保护办法(试行)》,初步形成人民银行主导、金融机构参与、社会公众认同的金融消费者权益保护工作格局。

(马　丽)

中国工商银行山西省分行

【各项指标完成良好,实现市场竞争力和业务发展能力双提升】 2011年,主要经营指标增长,经营结构优化,资产质量保持良好,实现了市场竞争力和业务发展能力的双提升。截至12月末,实现拨备前利润62.7亿元,净利润43.74亿元。人民币各项贷款余额1491亿元,剔除票据贴现余额为1473亿元,较年初新增186亿元,四大行中占比37.3%,排名同业首位。人民币各项存款(不含同业)余额3318亿元,较年初新增306亿元。各项存款余额和增量均居省内四大行首位。实现中间业务收入18.69亿元,增加5.31亿元,是2010年增量的1.8倍;增幅39.7%,提高11个百分点;中间业务收入四大行占比42.4%,稳居同业首位。

【以支持地方经济转型为己任,加快发展方式转变】 *实施信贷结构调整战略,力促地方经济转型*。2011年,紧紧抓住山西省建设"国家资源型经济转型综合配套改革试验区"的机遇,合理优化行业、客户、产品结构,调整信贷资源投入方向,继续巩固和发展传统信贷市场,累计在重点行业投放各类贷款310亿元。坚持以增量结构优化带动存量结构调整,中型企业贷款、小企业贷款、个人贷款分别较年初增加70.8亿元、50.2亿元、27.2亿元,增幅为29%、137%、37%,明显高于平均贷款增速,三项贷款增量占全行贷款增量的79.7%。率先融入战略性新兴产业、先进制造业、现代服务业、文化产业等"四大新市场"发展,积极发掘"低碳信贷"资源,抢占未来市场份额,"四大新市场"贷款余额达到111亿元。坚持小企业、个贷集群化、网络化发展思路,围绕64户核心企业发展贸易链融资客户173户,发放小企业贷款36亿元;通过9大专业市场和行业协会等投放商户联保贷款3.84亿元。优先发展个人经营贷款和个人消费贷款,从源头入手,抢占大型商品交易市场52个,挂牌工银商友俱乐部35家,发展会员7525人,实现个贷业务的规模化、集群式增长,个人贷款余额突破百亿元大关。

实施存款市场稳固战略,大力筹措信贷资金。截至2011年年末,全辖各项存款省内四大行占比34.7%,其中,对公存款占比34.5%,储蓄存款占比34.9%,存款市场份额稳居同业第一。加强对公存款工作的组织领导,重新调整部门分工,明确牵头管理部门,充分发挥直接营销、分层营销优势,建立目标一致、信息畅通、协调联动、推动有力的工作机制。积极发挥大额资金监控平台优势,严密监测存款异动,日监控、周核实、月通报、季分析,有效防堵资金流入他行。抢抓存款业务源头,深入实施"扩户工程",加大个人中高端客户营销,有效占领新增客户存款市场,全年新增个人客户70万户,其中,四星级以上客户新增18.2万户,净增储蓄存款181.9亿元,实现了储蓄存款存量、增量同业双领先的目标。

实施中间业务跨越发展战略,优化收入结构。强化中间业务组织推动,加大费用挂钩考核力度。2011年中间业务收入18.69亿元,增幅创近三年新高。加大产品创新力度,拓展公司金融服务领域,组织

实施“工银安心账户”推广工程。全面拓宽与海外机构合作领域，通过为客户提供全球一站式的金融服务，实现国际结算量45.71亿美元，结售汇量27.02亿美元，直接创收9055万元。持续巩固贵金属业务领先优势，成功开业国内首家贵金属商品库、省内首家贵金属交易中心，贵金属交易大赛和贵金属沙龙活动再掀投资热潮，全年贵金属实物销售12.9吨、递延交易3026吨，中间业务收入1.06亿元，分别比2010年增长156%、70%、654%。积极拓展养老金业务新领域，销售养老金投资理财产品17.4亿元，新增企业年金联名卡4万余张，养老金业务收入2182万元，同业占比高达95%。重点推广逸贷卡、晋通卡等特色类信用卡发行，新增发卡量34.3万张，累计消费215.5亿元，中间业务收入1.96亿元。

【改进服务，提升服务效率】 着力实施业务流程优化改造。以服务基层、服务客户为宗旨，围绕“一年显著变化、三年根本改变”的流程优化目标，深入网点现场诊断、开展课题调研及优化建议有奖征集活动，收集优秀建议175条，全部纳入流程优化内容。建立部门协调配合机制，制定下发业务流程综合改造和优化工作实施意见及工程实施方案，分阶段推进实施5个主题24个优化项目；完成18个总行项目的推广和9个本行项目的系统改造与推广实施，实现了“一年显著变化”的目标。实施网点运营标准化试点，选取不同类型示范网点，开展网点业务流程和岗位梳理工作，为推进网点运营标准化建设和功能转型发挥了示范效应。作为总行首批试点行，全面完成授信审批集中管理改革，建立运作高效的资源集中调配和业务集中审批机制，减少对同一客户的重复审查，提升审批效率，为客户提供更为快捷、便利的融资服务。

着力提升网点服务质量。进一步夯实服务工作基础，陆续出台《服务管理处罚办法》、《星级营业网点管理办法》等制度，提高对服务工作的监督管理能力。利用柜面服务客户评价器、第三方公司测评、神秘人体验、非现场视频检查等多种方式，对453个营业网点、255个贵宾理财中心进行明察暗访，深入挖掘服务工作缺陷和盲点，剖析影响服务品质提升的症结，对问题较多的网点进行现场督导帮助。加强对服务投诉问题的管理，及时回复和处理客户服务投诉，组织投诉绝对数量较多的分行和网点负责人研究解决办法，并加大对投诉数量的统计考核和非现场监督检查力度，形成服务投诉考核的常态化管理，促进服务投诉管理能力显著提升。全行网均客户投诉量较2010年下降42%，投诉处理满意度95%，3个网点被评为中国银行业协会特色银行。

着力打造一流服务渠道。继续系统推进网点结构调整、布局优化和功能提升。2011年，投入网点建设资金1.29亿元，占全部固定资产投资的61.6%，其中，60%的新迁建网点投向县域。完成总行贵金属商品库、贵金属交易中心、财富管理中心、贵宾理财中心等建设工作，打造10个竞争能力强、产出效率高的服务旗舰网点。加大自助设备和自助终端投入力度，完善多渠道业务发展体系，有效延伸服务辐射范围。积极宣传推广工银电子银行服务的安全性和便利性，加快实施“523”工程，持续推进电话银行、网上银行、短信银行等服务渠道营销，全年完成电子银行交易额7.3万亿元，电子银行业务量占比达到60%，提升9个百分点，电子渠道的分流潜能进一步得到利用。

【以深化体制改革为依托，保障持续发展潜力】 继续深化省分行营业部和县支行提升竞争力改革。对营业部改革后续工作进行深化、调整、完善，以市场份额、盈利贡献、风险控制等核心指标为依据，建立“营业部本部、管辖支行、营业网点”三线合一的绩效考核体系，激发各级机构的经营活力。以业务集中处理改革为契机，加快推进县级和城区支行功能转型，突出支行网点小企业金融业务、零售业务的营销服务平台定位，加大向基层行网点资源配置倾斜，新聘柜员合同工主要充实到人员紧缺、人均效率高的城市行和县域支行，进一步优化人员结构。

不断完善考核机制建设。深入挖掘和应用MOVA（绩效考核平台）系统功能，在MOVA系统中定制机构考核方案37个，实现了对机构网点的MOVA考核100%覆盖，进一步提升全行精细化管理能力。按照经营转型需要，合理修订经营绩效考评办法，加大存款业务考核权重，实行存款抵押金制度，增加个人贷款、小企业贷款、供应链融资额指标，促进公司贷款议价能力不断提升。完善中间业务收入各维度考核和计分规则，增加中间业务收入计划完成率指标，进一步促进中间业务快速稳健发展。强化同业竞争优势和客户拓展能力，加大对国际结算、结售汇同业占比的考核力度，增加新增有效对公结算账户、代发工资户数指标，以四星级以上客户数替代个人中高客户占比指标，以信用卡分期付款余额替代信用卡消费额及同业占比指标。

大力推进营销体制改革。进一步完善联动营销管理体制建设，建立营销部门与产品部门、对公部门与对私部门协同营销的制度规范，形成有利于发挥整体竞争优势的一体化营销格局。完善对公客户分层营销体系，对重点大客户实施首席客户经理负责制下的分层直接营销模式，对重点客户实施以部门为龙头的责任营销模式，对特殊客户、特殊项目实施以高层为核心的组合营销模式。启动个人高端客户分层营销机制建设，以私人银行太原分部、省分行财富管理中心、二级分行财富管理中心为平台，开展高端客户名单制管理，提升综合服务能力。

【以确保稳健经营为抓手，持续完善各类风险治理】 突出抓好信用风险防控。按照“把住总量递减、严控新建新增、支持续建在建、逐渐缓释风险”的工作要求，扎实推进平台贷款清理规范工作。所有11户政府融资平台客户中，已全额归还贷款2户，剩余9户平台客户中，风险定性为“全覆盖”的6户，余额占比96.4%。围绕太原市平台改造，设计了“股权注入、地费统筹、职能扩大”的公司运作模式，在全国首家实现省会城市平台公司的成功改制。认真落实总行房地产信贷政策和监管部门有关工作要求，合理安排房地产贷款投放节奏，稳健发展住房信贷市场，防止紧缩政策环境下资产出现劣变。顺利完成授信审批集中和信贷作业监督集中改革工作，完善贷前和贷后工作机制，统一贷款管理标准，进一步增强信用风险控制的独立性和审慎性，提升信用风险管理效能，保障贷款安全。

突出抓好内控案防管理。深入推进"内控文化建设巩固年"和"内控和案防制度执行年"活动，进一步优化内部控制环境，持续提升内控管理水平。组织开展"五大违规行为专项整治月"活动。成立省分行视频检查中心，利用集中视频监控平台的"鹰眼"功能，高效开展全程监测检查，对营业网点的抽查面达到100%。组织对重点机构、重点业务、重点部位开展29次合规检查和常规审计。配合外部单位开展60项较大规模的审计工作，促进业务的规范化运行。针对银行业抢盗案件的高发态势，及时组织开展"三防三保百日专项整治"活动，重点对ATM、营业网点、金库、自助银行等场所的安防设施进行全面细致检查，检查覆盖面达100%。高度重视突发事件应急演练工作。强化集中采购风险控制，创新投标保证金机制。

突出抓好声誉风险控制。加强新闻宣传频度和深度，拓展新闻宣传渠道，建立"全行统一采集信息、统一发布稿件"的工作机制。大力宣传分行支持地方经济转型发展、支持小微企业创业发展、服务民生改善、支持文化产业繁荣、为老百姓提供便利温馨服务等内容。加强敏感时期的舆情管理，全面排查各类舆情风险，有效控制各类舆情扩散，全年无重大声誉事件发生。围绕第六届中国中部(太原)投资贸易博览会，精心策划宣传主题，积极推荐拳头产品。

(李文杰)

中国银行山西省分行

【各项经营指标完成良好】 截至2011年年末，单位结算存量账户较年初增长26.9%，账户新增数和增长率均排名四大行第一。个人有效客户较年初增长26.9%，全国系统内排名第一；中高端客户较年初增长81.3%，占个人有效客户总数的5.1%，排名四大行第一。

人民币各项存款(含表内理财)新增额排名四大行第2位，四大行余额市场份额较年初提高0.7个百分点，市场份额增幅排名四大行第2位。人民币各项贷款较年初增长62.51亿元。

2011年年末，中间业务净收入5.92亿元，比2010年增长29.8%。实现净利润20.81亿元。

【抓客户拓展，实现"短板"突破】

公司客户拓展。深度挖掘客户资源，由单一客户点状营销，延伸为对优质客户上下游产业的链条式营销，以及省内重点扶持行业的网状营销，逐步扩大优质客户数量。同时，适度调整客户偏好，加大对优质中小企业的支持力度，努力建立大、中、小比例相对均衡的公司客户群体。增长量、增长率创该行历史最高水平。

个人客户拓展。通过狠抓源头营销，批量拓展客户规模，社保卡、诊疗卡、院校卡等重点项目营销取得重大突破。顺利成为省内社保卡首发银行，并成功取得大同、临汾、朔州地区发卡权，社保卡发卡57.5万张。成功营销百余所中职院校，累计发行中职卡11.7万张，发放助学金7000余万元。

整体客户服务能力和客户关系管理能力不断提高，基础客户规模快速扩张。企业网银客户、个人网银客户连续两年实现3倍左右增长，新增市场份额分别排名四大行的第一和第二。手机银行客户新增45.3万户，排名四大行第二。电话银行个人签约客户新增32.6万户。

【抓核心存款，提升市场份额】 公司存款以行政事业单位存款为突破口，成功营销山西省财政厅开立社会保障基金财政专户，成功竞标山西省财政厅非税收入改革代理银行资格。累计归集财政社保资金57.4亿元。通过发行中期票据，实现了吸收企业直接融资资金零的突破，扩大了存款来源。2011年，人民币公司存款(含表内理财)四大行余额市场份额较年初提高0.9个百分点，市场份额增幅排名四大行第二。

储蓄存款以各种营销活动为切入点，及早谋划，提前制定各项竞赛活动方案。加强指导，强化竞赛氛围，确保任务落到实处。强化产品创新和交叉销售，首推出国留学贷款批准函产品，开展个金产品"1+N"乐享套餐等活动。截至2011年末，人民币储蓄存款(含表内理财)新增额排名四大行第二位，四大行余额市场份额(含表内理财)较年初提高0.8个百分点，市场份额增幅排名四大行第一。

【抓结构调整，提高贷款质量】 在严格遵守总行和监管部门有关贷存比管理规定的同时，主动把握山西省"十二五"规划启动、"国家级综合配套改革试验区"等契机，持续加大对全省重点基础性行业的信贷支持力度。2011年，成功为优质客户发放贷款近百亿元，不断提高该行贷款在山西主流经济中的占比；中长期贷款占比较2010年提高10.3个百分点，授信行业结构和期限结构日趋合理。同时，努力提高贷款议价能力。

【抓产品创新，带动中间业务发展】 国际结算条线成功推出"代付达"和"银保福费廷"等新业务，成功叙做全省首笔跨境人民币结算业务，继续保持国际结算业务领先优势，海关口径市场份额较年初提升4.3个百分点。公司业务条线通过存款、贷款、理财等产品的联动交叉销售，净收入快速增长。资金业务条线大力拓展企业债券承销业务，债券承销业务市场份额排名省内同业第二位，条线收入完成全年计划的318.1%。个人金融、银行卡条线加强与电子银行条线合作，以"百年中行　再创辉煌"产品交叉销售竞赛等营销活动的开展为抓手，加大联动营销力度，板块收入增长35.7%。

【抓风险管控，保障发展质量】 强化主动风险管理。严格授信客户准入管理，客户选择更加理性。2011

年，新增获批授信中A级以上客户授信占比80.9%。随着新资本协议的落地实施，逐步加强贷款RAROC(考核银行盈利的传统指标)计算工具和信用风险缓释工具在尽责审查及授信评审环节的运用，并结合债项评级、客户信用评级和风险分类等工具，全面分析授信风险，风险识别和把控能力进一步增强，资产质量进一步提高。

加大表内清收力度。截至2011年年末，累计清收化解表内不良资产4.3亿元。对已核销呆账采取账销、案存、权在、继续追索的清收方案，累计清收已核销贷款2800万元。

提升内控工作质效。组织开展“深化内控和案防制度执行年”活动，积极推进案件专项治理，覆盖全辖所有机构。开展案件风险排查、新版“双十禁”执行情况和基层机构负责人内控防案专项检查。统筹制定全辖2011年业务检查计划，针对高风险、重点部位，组织开展贷款新规执行情况、存款风险滚动式检查等项目和各项稽核检查，全年完成各类检查283项，涉及各级机构6579个(次)。建立实施操作风险减值准备管理制度，内控管理从定性向定量管理的转变。落实操作风险管理三大工具的运用，积极推进新资本协议落地实施和“嵌入式”内控管理模式，及时分析评估新增损失事件和风险指标，全辖内控工作质效进一步提高。2011年未发生案件，并成功堵截各类案件110起，涉及金额2229万元。

【抓基础建设，夯实发展后劲】 有效强化绩效考核引导。一是建立以战略业务指标为重点的考核办法。改变业务营销奖励方式，选取重点业务产品设定基准奖励标准。二是完善条块结合的绩效管理体系，加大省行部门与辖内各行的联动考核力度，着力推动机关服务模式转变。三是注重绩效过程管理与结果运用。实施对辖内机构及机关部门责任人关键绩效指标约束机制。

持续推进网点战略转型。制定出台网点等级管理办法，积极推动一、二级网点配套机制建设。全面规范网点绩效指标设置框架，促进网点做大做强。加快推进财富管理体系和自助银行建设。截至2011年年末，新开业理财中心40家、财富管理中心1家，新增离行式自助银行17家，另有3家财富管理中心和1家私人银行正在筹备中。继续开展网点标准化服务销售流程导入工作。制定出台《县域机构发展规划(2011～2013年)》，抢抓县域地区城镇化建设发展机遇。

不断强化财务管理。制定出台贷款规模和贷存比控制管理办法，严格控制贷款规模。实行矩阵式资本管理模式，强化条线资本节约意识。加强贷款定价管理，及时开展指导、分析、检查，利率管理能力明显提高。强化固定资产及采购评审管理，规范固定资产投资行为。加强房产建设项目的立项审批、预算审核、决算送审等环节管理，全年通过财务审核把关节约资金近千万元。

稳步推进架构整合。落地实施运营板块架构整合，有效推动省行业务后台的集约化经营。及时启动大风险板块构建工作，统筹管理市场风险、信用风险、操作风险等各类风险。充实二级行纪检监察队伍力量，进一步强化纪检监察职能。

持续加强信息科技建设。IT蓝图3.0系统成功升级。以蓝图新系统投产为契机，积极推进创新性应用，增强信息科技对经营管理的技术支持力度，已完成财政非税收入收缴、国土资源拍卖、校园一卡通等20余个项目创新。

(王　纲　冯培义)

中国建设银行山西省分行

【各项业务持续发展，主要指标再上新台阶】 *经营效益大幅提升，利润增长持续稳定*。2011年，山西省建行实现税前利润28.94亿元，增盈9.33亿元，比2010年增长47.6%。负债业务稳步增长，系统位次相对稳定。全口径存款余额2128亿元，新增78亿元。其中，企业存款余额987亿元，新增9.9亿元；个人存款余额1097亿元，新增68.6亿元；同业存款余额44亿元，减少0.4亿元。各项贷款有效增长，对公贷款足额投放。各项贷款余额970亿元，新增91亿元。其中，对公类贷款余额891.6亿元，新增69亿元；个人类贷款余额78.7亿元，新增21.5亿元。中间业务持续增长，同业市场份额保持第二。中间业务收入12.6亿元，比2010年增加3.2亿元，同业中继续保持第二。不良贷款继续实现“双降”。不良贷款额12.11亿元，比年初减少2.66亿元；不良率1.3%，较年初下降0.4个百分点。

【服务地方建设，支持发展重点】 与十余家重点客户签署全面战略合作协议，形成一批重点客户、龙头企业带动、促进业务发展的良好局面。2011年，建行山西省分行在铁路、煤炭等重点领域的经营业务继续保持领先地位。铁路行业客户新增长25.8%，在系统内名列前茅，四行中排名第一；日均存款余额长期在同业中排名第一。AA级及以上客户新增79亿元，占全部对公贷款新增的110%。

【狠抓负债，切中发展之本】 个人存款。以“产品创新引领客户增长，促机制到位保障分层经营，用持续营销推进业绩提升”作为总体发展思路，一方面，加强条线基础管理，从渠道建设、产品销售、人员培训、检查辅导等方面制定构建管理架构；另一方面，以客户为基础、以产品为抓手，有节奏、有侧重地进行营销部署，个人存款保持持续增长态势。2011年，建行山西省分行创新推出五台山龙卡，VIP客户保有率69%，个人存款余额四行占比20.8%，排名第三；新增占比16%，排名第四。

企业存款。针对客户基础薄弱的现状，建行山西省分行成立专业营销团队，开展重点行业、重点项目、重点区域专项存款营销工作。通过开展主题营销竞赛活动，全面加强督导，加大激励力度，摆脱大幅波动的被动局面，实现有效增长。

同业存款。开展营销活动，积极联动券商。通过上下沟通，密切

跟踪存款变动情况，加强与客户的全面合作。

【各项业务实现均衡发展】 中间业务收入。2011年市场占比28.7%，比2010年增加3.2亿元，增长33.9%，均排名第二。

电子银行业务。客户规模快速提升。2011年客户总量突破600万户，达到610万户，新增227万户。个人电子银行四行占比大幅提升。个人网银与手机银行新增占比分别达到31.3%和33.7%，个人高级网银总量与增量占比全部超过36%；手机银行高级客户新增占比46.7%，各项指标均居同业第一位。渠道交易明显加快。账务性交易量提高14个百分点。电子银行基金销售占比43%。

机构业务。积极抓住政策机遇，努力拓展行业客户，省级财政非税业务全面铺开，部分地区已取得代理资格。社保一卡通项目4个地区取得发卡资格。高校园区建设项目积极跟进取得有效突破。

国际业务。国际业务发展取得新突破，2011年国际结算量21亿美元，结售汇17亿美元。

投行业务。紧抓市场机遇和政策机遇，重点拓展新型融资业务，大力发展债券承销业务，保持贷款类理财业务快速增长。

信用卡业务。积极推进重点产品和重点业务，中间业务收入、消费交易额、贷款余额新增等业务指标实现翻番，客户新增、消费交易额、贷款余额新增、收单商户新增等多项指标系统排名不同程度上升。累计发卡46万张，比2010年增长30%，同业排名第二；新增客户15万户，消费交易额68亿元，账户活动率58%，收单商户新增272户。

房金业务。持续推进个贷中心规范化建设，多策并举抓业务创新，实现快速发展。2011年，个贷新增21.55亿元，增长38%。其中，个人住房贷款新增20.55亿元，居同业首位。住房资金存款余额156亿元，居同业首位。住房资金存款新增4.5亿元，居同业第二；住房公积金贷款余额47亿元，新增15亿元，余额、新增均居同业首位。

【推进转型，明确发展方向】 坚持抓大不放小。针对小企业贷款和个人贷款两项合计仅占贷款总量的1/10，公司类贷款块头大，小企业和个人贷款业务量小，结构明显不合理的现状，2011年，在发展中注重加快结构调整，全年个人贷款投放21.5亿元，再创历史新高；小企业贷款新增6.88亿元，逐步向大、中、小全面发展的金字塔形的客户结构目标努力。

坚持规模与转型并重。在业务发展的过程中，不仅注重规模扩张，同时着眼于业务的全面转型，把握未来的发展方向。结合总行的转型重点，明确服务渠道从物理网点为主向物理网点与电子渠道、自助渠道并重转变，注重多功能渠道互补，加强协调联动。业务核心从传统的存贷汇向融资融智并重、综合金融解决方案转变，注重投资银行、造价咨询等业务发展。发展模式从经营产品为主向价值创造、经营客户为主转变等。通过规模迅速扩张、业务有效转型，不断提升发展水平，提高核心竞争能力。

【严控信贷资产风险，提升发展质量】 2011年，以持续提高信贷资产质量为核心，建立资产质量考核体系，严格信贷资产风险分类，夯实资产质量基础，不断提升风险管控能力，不良贷款额和不良贷款率明显下降。尤其是经济资本成本得到有效控制，风险回报水平显著提升。在不良资产处置方面，立足现实，主动加压，认真梳理不良贷款项目，按照"一户一策、一户多策"原则，制定并落实处置方案。运用多种处置手段，转变观念和经营方式，拓宽处置渠道，推动不良贷款实现快速处置。2011年，处置不良贷款8.4亿元。其中，公司类不良贷款处置7.7亿元，个人类不良贷款处置6407万元。不良资产现金回收6.5亿元，不良贷款现金回收5.9亿元。

【强化管理，提高发展能力】 狠抓客户经理队伍建设。研究制定对公、对私客户经理管理制度和考核办法，出台《小额无贷客户营销及维护管理暂行办法》、《对公柜面人员考核暂行办法》、《个人客户经理管理办法（试行）》及相应条线个人客户经理考核评价办法。

提高客户信用评级覆盖率。在适应总行信用评级政策变化的基础上，建立客户信用评级关键指标考核体系，2011年评级覆盖率100%，在全国建行系统排名第一，全行因客户评级中断导致的经济资本无效占用情况基本杜绝。

加强内控与贷后管理。配合山西银监局开展新规执行情况检查和整改，不断提高风险管理水平。公司、风险、审批等条线相互配合共同开展业务检查，对检查中发现的问题及时整改。加大政府融资平台贷款清理及已暴露风险客户的跟踪处置，清收久拖不决的一批到期贷款。

加大案件防控力度。在实行案件防控工作"九挂钩"的基础上，推动案件防控责任体系建设，落实案件防控责任制。积极开展"八项突出案件风险"专项治理，清除案防盲点。规范和统一基层主要负责人案防日常工作履职标准，强化基层案防基础管理与考评。

积极落实合规审计整改。深入推进整改工作机制建设，全方位评价考核整改工作，采取有力措施提高整改工作效率和质量。2011年共收到内外部审计及监管检查项目37个，审计检查发现问题475个。审计确认项目33个、问题335个，其中完全整改320个。

提高教育培训质量。依托总行培训资源，成功举办首次境外业务专题培训班。推广"红梅理财"服务方式、营销模式。2011年共举办各类培训班1121期，受训规模达2.8万人次。

（赵建伟）

中国农业银行山西省分行

【经营业绩良好，综合实力提升】 截至2011年12月末，全省农行本外币各项存款余额2459.75亿元，比年初增加146.25亿元；本外币各项贷款余额789.16亿元，增加101.59亿元，取得良好的经营业绩。

全省农行资金实力、核心竞争力、综合实力大幅提升。

【支持山西经济转型跨越发展】 大力支持山西省国家资源型经济转型综合配套改革试验区建设和全省煤炭并购及公路建设。2011 年,积极促成农总行与山西省人民政府签署战略合作协议,向山西省提供涉及 8 大类 211 个项目共 2000 亿元的意向性信用额度支持,是全省第一家就转型综改试验区建设与省政府签订银政合作协议的商业银行。分别与朔州市政府、山西省建设厅、山西省水利厅和大西铁路客运专线有限责任公司、太重集团、山西省煤运集团签订分项合作协议。涉及 300 亿元公路建设贷款、450 亿元煤炭并购贷款。

大力支持全省铁路网、公路网、电网“三网”重点基础设施建设项目。支持大西铁路、中南铁路等铁路建设。支持忻保高速、太佳高速等公路建设。大力支持全省煤炭、电力、钢铁等传统产业中的优良客户发展。

积极支持“民生”项目。支持全省商品房建设,支持山大一院、山西大医院等省级重点医院,太原理工大学、晋中学院等院校,大同恒山风景区等旅游景区的建设和发展。认真落实与省住建厅签署的 50 亿元保障性住房信贷合作协议,积极支持全省保障性住房建设和棚户区改造。

【推进网点转型,全面提高服务品质】 加强服务渠道建设。实施“小改大、租改买、旧改新”网点建设工程,对营业网点进行“统一布局规划、统一选址标准、统一形象设计、统一建设要求、统一设备配置、统一店堂规范”的标准化改造。已开工改造网点 253 个,完工回迁 215 个,分别占网点总数的 51% 和 43%。2011 年,新增 ATM 机 191 台,新增离行式自助银行 35 家,总量分别达到 1066 台和 108 家,ATM 市场占有率跃居同业第一。电子银行渠道分流率 47%。初步形成物理网点与自助银行、电子银行协同配合,多渠道服务客户、多渠道销售产品、多渠道分流业务的格局。

实现优质文明标准服务全覆盖。在全部网点开展文明标准服务导入,在重点网点开展营销技能导入,实施“赢在大堂”策略,选聘 517 人担任大堂经理,全面提升大堂经理服务水平。制定《客户服务业务联动实施细则》,实行各级行和各部门全面联动,及时有效处理 95599 客服中心反馈的关于客户投诉、咨询等事件。

全面加大窗口服务检查力度。2011 年,聘请第三方咨询公司连续开展两期神秘顾客暗访活动,范围覆盖全省所有营业网点。建立长期巡查督导制度,开展以巡回交叉检查、单位自查、专项检查等方式进行的巡查督导活动,制定整改提升方案,全行窗口文明服务进一步规范和完善。在软硬件设施、网点服务品质方面全面提升,增强客户满意度,夯实服务水平。

不断完善产品创新制度和流程。积极开展产品研发,丰富金钥匙、金光道、金穗卡、金 e 顺和金益农等“五金”系列产品体系,满足广大客户多层次、差异化的金融需求。在全省开展 2011 年重点产品推介活动,通过产品推介,让客户更了解、关注和使用农行的金融产品,提升农行产品价值。

全力做好中博会期间金融服务工作。实施在重点区域增开弹性窗口、优化网点服务及业务操作流程、开展服务规范礼仪培训等一系列措施,开辟专门通道,形成全天候、全方位、全过程服务机制。开展服务明察暗访,建立应急协调机制,加强投诉管理,大力提升服务质量和效率,为中博会的成功举办创造了良好的金融服务环境。

【创新服务模式,拓宽深化“三农”服务】 积极支持农业龙头企业发展。认真落实省政府《关于做大做强农产品加工龙头企业的意见》,围绕省政府实施农产品加工“513”工程,重点支持山西汾酒集团、山西水塔老陈醋股份有限公司、平遥牛肉集团等一大批“513”省级梯队企业和国家级农业产业化龙头企业,为 42 户企业授信 13 亿元。发放贷款近 2 亿元,支持晋中、运城两个现代农业示范园区建设,带动当地数千户群众致富。积极推广小企业简式快速贷款、小企业自助可循环贷款等适合中小企业特点的金融产品,重点支持大企业上下游的配套型、特色型、出口导向型和科技型中小企业快速持续发展。

全力推进基础金融服务全覆盖,实现“三到”。即“机到村、卡到户、钱到账”。“机到村”,是指在每个行政村布放农行转账电话,“至少一部,平均三部,根据需要,多则不限”。“卡到户”,是指向每户农民至少发放一张惠农卡,“每户一张卡,惠及全家庭”。“钱到账”,是指代理各项政策性惠农资金的发放,并依托农行金融电子化网络,使农民足不出村就能便捷的转账结算、刷卡消费、汇划资金。到 2011 年 12 月末,已在全省布放转账电话近 5 万部,发放惠农卡 682 万张,基本实现机、卡“两个全覆盖”,使山西 2300 万农民均等化享受到现代金融服务,在全国各省(市)尚属首家。

积极服务国家惠农资金发放和领用,实现“三代”(代理新农保、代理新农合、代理各项政策性惠农资金的归集、管理与发放。)到 2011 年 12 月末,已代理山西 119 个县中 96 个县的新农合项目,45 个县的新农保项目,30 个县的粮食直补、良种补贴等惠农补贴项目。累计归集新农合、新农保和其他惠农资金 95.87 亿元,发放 60.65 亿元。

大力探索发展产业链金融,实现“三通”。一是农业产业化金融链。支持运城苹果产业链、朔州乳业产业链等,合计发放农业产业化龙头企业贷款、农产品收购户生产经营贷款和农户小额贷款 19 亿元。二是农产品进城金融链。支持以山西美特好超市为龙头的农产品进城供应链。向美特好超市提供 3 亿元物流基地建设贷款。第一批向美特好的 10 家农超对接基地企业、农民专业合作社,以及辐射带动的 4000 多农户提供全流程结算服务。从 2011 年 8 月到年底,已经提供结算服务 253 笔,金额 3218 万元。解决农产品购销资金结算难的问题,促进农超对接农产品进城,既提高农民定价权和收入,又降低城市居民消费成本。三是城市商品下乡金融链。与商务部“万村千乡市场工程”、供销社“新网工程”和山西农村便民超市全覆盖等商品下乡相结合，在全省6000多个农家便民店布放转账电话，占到农家店总数的40%，提供方便的金融服务。四是农资配送金融链。支持以山西晋中正林农资连锁超市为中心的农资配送金融链。向正林超市提供1700万元流动资金贷款，为其跨市、跨县的200多个农资经销店提供金融服务。通过支持产业链，探索既有效服务“三农”，又符合商业运作要求的“三农”金融路径。

【有效防范风险，确保安全经营】 发挥科技制约对防控风险的重要作用，在推出新技术中，取得多项全国第一。在全系统率先全面上线柜员指纹认证系统。在国内银行业第一家开发上线行政印章管理联网控制系统。在全系统第一家实现以省为中心全面集中授权。在全国省级金融机构中第一家取得ISO20000IT服务管理体系国际认证，IT领域精细化管理达到同业先进水平。在全系统率先实现重点账户支付密码系统全覆盖。

（贾　峰）

中国农业发展银行山西省分行

【业务稳健发展】 2011年，累计投放各类贷款147.9亿元，较2010年多投放52.7亿元；年末贷款余额324.9亿元，较年初增加30.8亿元，贷款累放额和余额均创历史新高。不良贷款余额较年初下降8.42亿元，不良贷款比例较年初下降3.6个百分点，不良贷款余额和占比大幅下降。各项存款余额111.9亿元，较年初增加39.1亿元，存款总量保持稳定增长势头；实现账面利润5.57亿元，增加1.6亿元。

【坚持重点项目营销策略，信贷支农的层次和水平得到提升】 *以提高农业农村可持续发展能力为目标，支持农业农村基础设施建设。*2011年，组织开展省、市、县三级行“支持全省转型跨越发展”调研活动，了解掌握各级政府发展规划和重点涉农项目。制定《“十二五”信贷业务发展规划》，提出今后五年信贷业务发展政策目标、经营目标和业务发展重点，找准政策性信贷支农和全省转型跨越发展的结合点，为支农项目营销奠定基础。围绕水利建设、农村城镇化建设和农业基础设施建设三大重点，与省水利厅就支持山西大水网建设签署合作协议，与运城市人民政府举行农村城镇化建设贷款签约仪式，与晋中市人民政府签署战略合作协议，在未来五年向晋中市提供总额100亿元的意向性贷款额度，用于支持晋中市农业农村重点项目建设。2011年共审批支持农业、农村建设中长期贷款项目31个，涉及贷款93.69亿元。在分行贷款支持下，大同市23.3亿元的农民集中安置房建设项目、运城市城区东郊35亿元的城镇化建设项目、忻州市8.4亿元的路网改造项目等一大批重点工程顺利实施。2011年，累计投放政策性中长期贷款41.7亿元，到12月末，中长期贷款余额108.3亿元，较年初净增29.4亿元，占全部贷款增量的95.6%。

*以增强政府调控能力和保障农民利益为目标，做好传统粮油收储信贷业务。*一是积极支持各级政府粮食储备和轮换。向中储粮山西分公司投放贷款30.9亿元，支持企业新增储备与轮换粮食165万吨。向省、市储备企业投放贷款4.47亿元，支持企业收购和轮换粮食24万吨。二是全力做好粮食收购工作。与省粮食局联合下发通知，对粮食收购信贷工作进行具体部署，共有90户企业通过省分行夏粮收购贷款资格认定，95户企业通过秋粮收购资格认定，收购网点基本涵盖全省全部夏秋粮生产县（区），保证了不留收购空白点。全年向符合条件的企业累计投放夏粮收购贷款1.4亿元，支持企业收购小麦7.9万吨；累计投放跨年度秋粮收购贷款7.36亿元，支持企业收购玉米40.1万吨。三是继续推动粮食促销还贷工作。建立到期贷款监测和风险提示机制，将贷款收回与贷款审核投放有机结合起来，玉米促销还贷工作成效明显，跨年度玉米收购贷款基本实现本息“双结零”。2011年，粮油贷款累计投放81.8亿元，比2010年增加36.2亿元，增长60%。

*以发展农业产业化经营为目标，支持农副产品加工转化增值。*以维护现有客户为重点，主要对粮油信贷战略性客户和省政府“513”工程中的大型龙头企业进行信贷支持。运城市粟海集团、长治金泽生物有限公司、文水大象禽业等企业的加工能力、技术水平已处于全省、乃至全国同行业领先地位。省分行20个龙头企业的贷款余额27亿元，占全部加工企业贷款的72%。稳步退出经营状况不稳定的企业。截至12月末，省分行产业化龙头和加工企业贷款企业170户，比年初减少28户；贷款余额37.5亿元，比年初增加4.9亿元。

【坚持不良贷款清防并举，信贷资产质量继续优化】 一是在清收处置存量不良贷款方面，按照“四落实、三明确”和三级行领导“145”督导等方法，层层分解任务，与各二级分行行长签订《不良贷款清收管理责任书》，建立不良贷款清收管理卡，及时下发清收工作督办单，动态反馈和序时跟进清控进度，不良贷款清收处置工作取得明显成效。二是在防控增量不良贷款方面，认真落实“八个环节”、“十条底线”和“七个三”的粮油准政策性贷款有关规定。累计清收2010年以前准政策性逾期贷款3.48亿元，收回2011年准政策性贷款7.69亿元，收购贷款风险得到释放。实现2010年度棉花贷款和化肥储备贷款本息“双结零”。狠抓信贷基础管理，建立贷款审批合议制度，使审批人在全面掌握贷款风险的前提下进行科学决策。出台《省分行贷审委工作规则》和《二级分行贷审委工作评价暂行办法》，贷款审议工作的效率和质量明显提高。开展贷款客户风险排查活动，掌握各类贷款客户的经营情况和风险情况，贷款风险控制的针对性和有效性明显提高。在省、市分行设立风险管理委员会，风险管理体系建设进一步健全，风险控制能力明显提升。

【坚持集中推进合规经营，案防和基础管理不断加强】 深入开展“合规管理年”活动。各专业条线分别制定岗位工作标准，下发条线检查考评办法，进行“合规管理”知识培训和考试，全行员工的制度观念和合规意识普遍增强，执行工作标准和操作要求的自觉性有效提高。

继续保持案件防控高压态势。深入落实案防“三不为”机制，制定下发《案件防控评价工作暂行办法》，对员工违规积分管理等11项案防工作的落实情况进行检查评价，以评价办法推动制度落实。发挥内审的监督检查作用，对信贷、财会业务逐笔跟进审计，及时提出整改要求和建议。对新发生不良贷款的二级分行行长进行约谈，内部控制机制不断完善。

切实加强运营管理。加强信贷计划管理，及时向总行申请信贷规模，确保全年各项信贷投放需求。加强存款营销，出台《商业性客户销售回笼货款归行管理办法》，加强对企业销货款归行管理。2011年各项存款日均余额94.6亿元，比2010年增加10.9亿元。积极开展中间业务和国际业务，全年共办理国际结算业务3701万美元，代理保险手续费收入484万元，咨询顾问费收入23万元。加强财务管理，出台《财务资源配置办法》，将管理费用与各行利润、支农项目营销等重点工作挂钩，调动各级行的积极性。加强与各市政府的协调，第三次粮食政策性财务挂账贷款利息到位2.02亿元，其中，当年到位补贴1.03亿元。加强各信息系统的运维管理，实现安全稳定运行。修订完善《二级分行业务经营与管理综合考评挂钩兑现办法》和《省分行机关综合考评办法》，考评的激励导向作用进一步增强。

（牛晓辉）

交通银行山西省分行

【2011年主要经营指标迈上新台阶】 截至2011年12月末，全行资产规模较年初增长21%。人民币各项存款余额较年初增长23%。人民币各项贷款余额较年初增长14%。不良贷款余额占比较年初下降62个基点。经营利润增长23.7%，人均利润实现了新跨越。

【经营管理呈现出的主要特点】 业务发展进一步加快。一是存款业务又稳又快。2011年，交通银行山西省分行始终把存款立行作为全行一项重要工作来抓，全年存款增长一直在本地和系统名列前茅，存款类指标全部超额完成总行任务。截至2011年年底，全行各项存款增量同业排名第四，较2010年前移3位，余额占比提高52个基点；增量系统排名第12，前移6位，余额占比提高13个基点，排名前移两位。各项存款日均与时点之比为93.3%。二是客户基础稳步壮大。全行始终坚持“以客户为中心”的经营理念。着力推进“双千工程”，对公、对私千户工程客户全面增长，全年办理住房公积金联名卡覆盖太原主要优质客户，全面超额完成总行下达的所有客户类指标任务。三是信贷结构得到有效调整。截至2011年年底，量化推进行业贷款占比较2010年提高6.3个百分点，约束类行业贷款占比下降1个百分点。1～8级客户占比提高1.3个百分点。信用贷款占比下降11.4个百分点，抵质押贷款占比提高6.8个百分点。中小企业贷款占比提高1.9个百分点。增量存贷比、余额存贷比，较2010年下降近5个百分点。四是资产质量持续提高。进一步加大信贷资产管理，认真落实贷款新规，强化贷前调查、贷中审查力度，完善贷后跟踪管理和监控手段，推广“贷后管理示范行”先进经验和做法，全年未发生一笔新增不良贷款，受托支付比例90.2%。成功收回久悬未决的3000多万元政府融资平台贷款，现金收回2200万元已核销贷款，全年累计清收处置存量不良贷款1.6亿元。五是盈利能力有所增加。全行网均存款较2010年增加2.2亿元。人均利润增加2万元。

战略转型快速推进。一是渠道建设卓有成效。根据总行及分行“二次腾飞”既定策略，积极加强渠道建设。加强对新建网点的培训、管理、考核，充分调动辖属行的积极性，实现了新设立辖属行业务的快速发展。辖属大同分行2010年12月底开业，其资产规模、综合竞争力在总行系统同年度开业的13家分行中排名第一；2011年9月开业的朔州分行资产规模实现了两位数的提升，同时也有力地支持了当地经济建设。二是发展平台不断拓宽。为支持地方经济发展，努力搭建平台，完善地方服务机制，根据“搭建平台”的发展要求，先后与山西省烟草公司、太原市住房公积金中心等9家企事业单位签署全面战略合作协议，成功中标省财政非税收入收缴代理银行资格，为业务发展搭建平台。三是产品创新接连不断。根据客户需求和“创新产品”发展要求，先后推出融资租赁、资产池、一对一理财等创新业务，既解决了大型公司客户的资金需求，又满足了高端个人客户的财富需求，有效增加了全行的存款沉淀，提高中间业务收入。四是电银业务积极推进。根据全行“三位一体”网点建设要求，积极加强电子渠道建设，全年离行式自助银行、离行单机点进一步增加。对公有效客户网银动户覆盖率、对私有效客户网银动户覆盖率明显提升。手机银行新增客户进一步增加。电子银行业务整体分流率进一步提升。五是零售业务快速发展。根据总行“一次转型”要求，省分行加大对零售业务的管理、考核力度，公私联动，不断强化全行零售业务发展。截至2011年年底，个人AUM(金融资产)快速增长。推出“e贷在线直客式”销售渠道，全省上线“影像传输系统”，全年零售信贷净增6.5亿元，其中，小企业贷款增量和增幅均达到“两个不低于”要求；个人消费贷款市场占比较2010年提高51个基点。六是中间业务快速增长。根据总行“二次转型”要求，围绕十大重点领域，多管齐下推动中间业务发展，全行中间业务净收入进一步增加，对公、零售板块中间业务净收入均超额完成总行任务。七是国际业务迅速推进。根据国际化发展战略要求，大力推进国际业务发展，全行国际结算量快速增加。外汇存款进一步增长。个人结售汇覆盖面进一步扩大，增长140%，市场占比位居本地同业第一。

（阎瑞生）

光大银行太原分行

【各项业务平稳健康发展】 截至2011年12月末，光大银行太原分行共有营业网点17家(含1家二级分行和1家异地支行)，员工700多名，资产总额470亿元。一般性存款余额382亿元，贷款余额275亿元，市场综合占比6%，市场占比居全系统第二，网均储蓄居系统内第一。

【主动调整公司业务，模式化经营进展顺利】 2011年，受稳健的货币政策影响，光大银行太原分行的公司业务发展面临较大压力，主要存在三方面矛盾：一是主要客户资金需求旺盛与信贷资源紧缺的矛盾。二是业务的发展，尤其是中小业务发展与信贷政策、人员不到位的矛盾；三是客户结构、业务结构调整不到位的矛盾。全年经营形势异常严峻。对公业务也经历了波浪式发展，由年初坎坷起伏，到三季度跌至谷底，再到四季度恢复增长。公司条线以模式化为推手，立足现实，做好当务之急的存款工作。着眼未来，对制约公司业务长期发展的“硬伤”和“顽疾”进行大力度改革，及时引导客户经理在投向、利率、期限等方面进行调整，不断优化客户结构，实现了公司业务的稳步发展。

紧紧围绕山西省具有比较优势的煤炭行业，从产业链、供应链和资金链上认真分析，详细论证，先后出台煤电联动、煤焦联动、煤化联动等具有山西区域经济特点的模式化方案。煤电联动业务中，已批复授信额度4亿元，授信余额3亿元，发展了一批围绕核心煤炭企业的基础客户群。除此之外，煤焦、煤化模式化方案也在积极推进，以阳煤、晋煤为核心的26家煤化工企业的煤化工方案已获总行审批，分行还力争做深做透区域主流行业，创新担保方式，不断扩大授信客户范围。2011年，采用煤炭行业民营整合主体采矿权承诺质押加担保模式，对部分民营控股或参股整合主体进行授信，已审批通过授信客户10户，授信敞口额度23亿元，拉动存款25亿元，扩大了分行在煤炭等主流行业的影响力。

资产业务方面，在监管部门实行严格存贷比考核政策下，全行贷款投放只能在规模内自我调节。由于受到存款增长乏力的影响，贷款规模增长平缓，增幅明显低于2010年同期。

【零售负债业务一枝独秀，私人银行顺利开局】 2011年，分行继续坚持对零售业务进行战略性投入和机制优化，按照“整合客户、突出负债、提升效益、加强联动、同业可比”的总体思路，做大做强零售业务，实现零售业务健康可持续发展。零售负债业务一枝独秀，截至2011年12月末，光大银行太原分行对私存款时点余额136亿元，较年初增长21亿元，超额完成总行下达的全年时点计划指标；对私存款日均余额129亿元，较年初增长26亿元，存款规模在系统内排名第4位，在本地同业市场时点余额位居第2位，市场占比较年初提升0.2个百分点。

2011年，光大银行太原分行成为系统内4家私人银行试点行之一，成立了私人银行中心筹备组。根据总行“高端零售”发展战略和私人银行建设方案，积极开展各项筹备工作提前储备私人银行客户，未来私人银行业务将会成为分行未来发展的利润增长点。

【中间业务稳步提升，业务结构调整卓有成效】 一是公私联动取得重大突破，全年信托项目合作13.6亿元。二是实现保险销售模式快速转型。全年代理寿险业务新增保费规模9800万元。三是个人结售汇总量近9亿元，个人购汇量位居系统第一，中间业务收入近500万元，较2010年增长26%。四是出国金融客户2.3万人，客户9项资产余额83亿元，其中，客户储蓄存款余额48亿元。五是票据业务增长明显。成功承销山西焦煤集团中期票据10亿元，代理发行山西省国际电力三期短期票据15亿元。

【风险管理效果明显，实现“零案件”目标】 一是在复杂的经济环境下，通过对市场的准确定位，通过模式化经营，以及审查审批工作的精细化管理，严把客户准入关，在积极落实总行“客户结构下沉”的同时，确保客户风险底线不放松，从源头上积极主动的控制信用风险。二是组织风险排查及整改。全年共组织10余次专项风险排查工作，基本覆盖2011年授信业务的高风险领域与环节，及早排除了风险隐患。三是加强授信后日常监控，覆盖率达100%。注重发挥预警委员会作用，有效防范了潜在风险向现实风险的转化。四是个贷加强逾期催收和重点客户现场平行作业。全年平行作业24次，各项风险指标得以有效控制。五是抓好高度重视操作风险的防范与管理工作，全年实现了“零案件”目标。

(申毅刚)

华夏银行太原分行

【各项业务实现快速、稳健、可持续发展】 截至2011年底，华夏银行太原分行现有同城机构10家，异地机构3家，员工总数492人。不良贷款余额和不良率实现双降，资产质量控制取得重大突破。全年实现平稳安全运营，连续13年保持零案件，实现了快速、稳健、可持续发展。

【业务管理】 客户结构进一步优化。2011年，在公司、个人、国际、中小企业四个条线开展客户倍增活动，客户基础得到扩大。全年新开发中铁三局、中铁十二局等多家省内大中型企业和上市公司，新介入山西焦煤、同煤集团中票发行业务，以信托贷款项目带动晋豫鲁铁路、大西铁路及其下游供应商40多家优质客户在太原分行开户，为与省级重点项目的合作打下坚实的业务基础。首次承做蓝色港湾1亿元信托集合理财业务，成功发行各类对公理财产品83亿元。新增有效客户开发和个人贵宾客户计划均超额完成总行计划。财政业务链式开发取得突破，分行被确立为“省级财政

2011年非税收入收缴改革代理银行”。

产品开发与运用能力增强。成功开发桃南支行财政非税项目、南城支行通联见费出单清算对账项目、北城支行住房公积金贷款批扣项目。成功与中国(太原)煤炭交易中心签约B2B交易平台对接项目,成为交易中心合作银行。成功实现与山西焦煤集团、煤炭进出口集团银企直联对接。以打造区域“国内信用证业务领先者”为引领,国内信用证业务取得长足发展。大力发展供应链金融业务,超额完成全年计划。

小企业业务和个人业务贡献突出。重点支持小企业发展,小企业客户2011年新增977户。在个人业务方面,个人金融资产总量、储蓄存款等指标均完成计划,对全行存款增长和利润增加形成有力支撑。

【基础管理】 *内控建设深入推进*。坚持把内控建设、合规管理与案件防控作为第一要务来抓,以开展“内控执行年”活动为契机,与“案防攻坚年”活动紧密结合,进一步完善联防联控机制。通过加强合规教育、深化内控机制、完善业务流程、狠抓问题整改、严格责任追究等措施,增强全员合规意识、服务意识和责任意识,提升合规水平,提高全行执行力。强化基层会计专业管控力度和前台风险制约措施,全面实施营业室经理及总会计委派制,形成基层柜台相互补充、相互制约的三级风险控制体系。组织开展包括中心机房基础设施、网络设备、应用系统在内的11次信息系统应急演练,确保系统安全运行。深入开展安全排查,增加技防设施,实现全行“零案件”和无重大差错事故目标。

新核心系统圆满上线。经过网络设备改造、数据移植和清理、特色业务改造等技术准备工作和大量的培训测试,实现了技术与业务无缝对接。2011年11月顺利完成新核心系统的“零问题”上线。

机构建设取得积极成效。在从紧的监管环境下,主动争取总行和监管部门的支持,进一步加强机构建设和管理。运城支行、长治分行顺利开业,扩展了金融服务区域,社会形象与服务能力进一步提高。

【风险管控】 实行信贷审批风险把控关口前移,专职审批人参与项目评估,现场指导,提高贷前调查的针对性和有效性。推行新增授信预报机制,严格授信准入,加强新增贷款客户和项目的精细化选择,对新准入信贷项目,坚守风险底线,强化授信关键环节风险管控,从源头把握风险。在充分识别、评估客户风险的基础上,制定全年退出低质客户名单,拟订退出方案,逐月对客户的变化情况、退出情况进行落实,及时研究、及时处理,并适时对退出客户名单及退出方案进行调整、优化,2011年退出低质客户8户。继续强化贷后管理,对全部存量授信客户进行实地风险排查,对排查中发现的问题集体会商处置措施。建立重点监控客户名单并持续跟踪,年内压缩重点监控客户5户,进一步提高了贷后管理工作的针对性。认真落实“三个办法,一个指引”,在有效控制平台贷款和房地产贷款风险的基础上,对拟整改为公司类的贷款稳步推进三方签字、四方备案,对继续按平台管理的贷款,逐户监测、加强管理,促进全行授信业务健康发展。按照“六定”方案,对诉讼贷款加快依法清收进程,增加现金清收比重,加强对核销后资产、以资抵债资产的管理,清收处置取得明显成效。

(韩　雪)

民生银行太原分行

【规模效益持续向好】 2011年,新设3家分支机构,2家同城支行:小店支行和长治路支行,1家县域支行:孝义支行。机构总数达21家。截至12月末,太原分行总资产717亿元,各项贷款余额568亿元,太原市场份额超过10%,连续第九年排名太原股份制同业首位。各项存款余额629亿元,储蓄存款余额203亿元。不良贷款率0.1%,资产质量保持业界优良水平。累计缴纳各类税金近30亿元,扎扎实实走出了“低风险、快增长、高效益”的发展道路,成为支持区域经济发展的重要力量。

【区域民企共同发展】 2011年,中国民生银行太原分行积极践行“做民营企业银行”的战略定位,强化银政企合作,为大型民企注资山西搭建平台。与当地民营企业建立战略合作关系,做企业的主办行、结算行,与占经济主导地位的能源行业上下游客户建立业务合作关系,成为支持区域民企发展的主要银行。围绕山西区域特色行业,加大对民营企业开发和支持力度,组建战略民企金融管家项目团队,全面启动金融管家客户服务。截至2011年末,太原分行对山西省近300户民营企业贷款余额近600亿元,占全行对公贷款客户总数的65%和企业全部银行授信的近60%。其中,中国民营500强企业中重点支持7家,占山西入围企业的100%;山西省民营100强企业中重点支持了58家,占比58%。

【小微业务日臻完善】 2011年,坚持将中小和小微企业业务作为发展规划中重要的战略增长点,认真分析山西中小和小微企业市场,紧密围绕产业链和商圈重新梳理市场开发规划,规模化和批量化发展小微,优化小微业务流程,做到营销管理相分离,成立小微营销、授信评审、售后服务3支团队。升级小微企业金融服务,推出小微金融2.0体系升级版。开展“财富大课堂”活动,对覆盖太原、大同、吕梁的“一圈两链”近9000名目标客户及贵宾客户开展近200次“财富大课堂”活动,并将“财富大课堂”做进“中博会”,从专业金融服务到客户非金融增值服务,全面解决中小企业客户的多方面需求。积极推广小微业务配套结算产品“乐收银”,有效提高商户结算效率,降低商户结算成本。截至2011年年末,中国民生银行太原分行小微企业贷款余额45亿元,累计发放贷款94亿元,小微企业信贷业务的市场份额在太原所有商业银行中排名第一。布设“乐收银”和通联实名支付终端近6000台,扶持近3000户小微企业,创造近10000个工作岗位,与省城小微企业"同成长、共见证",为缓解小微企业融资难,促进小微企业健康发展提供了强有力的金融支持。

【**财富管理突破创新**】 一是大力推进财政机构存款稳存和开发工作。组建财政性开发专业团队,成功取得省财政非税专户代理资格。强化产品研发与运用,通过产品带动存款,重点做好交易融资业务、现金管理、票据业务等产品。推行"金融管家"服务模式,统筹客户综合金融需求,为客户提供一站式、全方位的金融服务。加大中小企业业务管理和开发力度,大力拓展基础客户,做好企业的主办行。二是实施零售作业模式改革。以客户为中心,将支行整合划分为销售、理财、理财助理、运营4个团队。实施以销售团队外部引入、运营团队高效服务、助理团队厅堂营销与理财团队专业提升相结合的闭环式客户营销服务流程。开展针对性宣传、强化厅堂营销,加大对理财、基金、保险等产品组合销售力度,进行售中跟踪、调整以及售后统计和效果反馈,提升产品营销把控能力。启动私银财富风暴,出台成立私银管委会、搭建综合金融产品超市等10项措施,组建队伍,理顺流程,全力拓展私人银行业务。加大小微企业综合开发力度,向企业的上下游延伸,同时借助EPOS(银联支付系统)平台作用,发挥小微企业结算功能,搭建零售业务新的可持续发展平台。

【**管控风险安全运营**】 以提升合规内控建设和全面风险管理水平为目标,继续抓好授信风险全口径管理和操作风险重点防控,抓好新产品、新业务的法律风险防控,强化案件防控,实现全员参与、全方位管控风险。一是建立"大风险"管理体系。将大公司、零售、中小业务风险管理纳入统一风险管理,提升全面风险管理水平。二是建立专业化、科学化的合规管理体系。建立全业务、全流程的合规管理模式,开展"规规矩矩办银行"合规主题教育等活动,发挥稽核内审作用,加强日常检查力度,重点防控操作风险。三是继续落实"三法一指引"。积极化解政府融资平台贷款,成为当地同业平台贷款转化率最高、效果最好的银行。加强产能过剩行业贷款、两高贷款重点信贷领域的风险管控。四是加强员工教育和对异常行为、异常业务监管。提高对柜面风险的敏感性和把控能力,防范操作风险;加强信息科技风险、信贷类理财、表外业务的风险监控。五是做好"三防一保"。重点推进安全评估和平安支行建设,严格落实案防责任制,做到全年安全无事故。

(袁志虹)

山西省农村信用社联合社

【**机构概况**】 山西省农村信用社是由省委、省政府直接领导和管理的地方性金融机构,现已发展成为全省历史悠久、机构员工众多、业务规模巨大、覆盖范围较广、支农力度最强、金融服务方便快捷的银行业机构。

发展历史悠久。以1945年全省第一家农村信用社——屯留罗村信用社成立为标志,山西信合已经走过67年的发展历程,是山西省成立最早的金融机构之一。

机构员工众多。共有正式机构2990个,其中,省级机构1个、市级机构11个、县级机构110个、乡镇级机构1614个,另外有分社792个、储蓄所463个。共有干部职工4.4万人,是全省机构网点和从业人员最多的金融机构。

业务规模巨大。截至2011年年底,全省农村信用社总资产5530亿元,各项存款余额3702.27亿元,各项贷款余额2219.35亿元,三项指标全部位居全省金融机构第一。

覆盖范围较广。农村信用社点多、面广、线长,服务范围覆盖全省各县(市、区)、乡(镇)、村,尤其对实现"农村金融全覆盖"作出重大贡献。

支农力度最强。农村信用社的农业贷款余额始终占全省银行业金融机构农业贷款的98%以上,是名副其实的农村金融服务主力军。

金融服务方便快捷。近几年,全省农村信用社综合业务系统顺利上线,"信合通"银联卡成功发行,与所有金融机构实现通存通兑,服务能力、服务水平有了显著提高。

【**2011年全省农村信用社呈现"十大亮点"**】 ①资产总额突破5000亿元,2011年年底达到5530亿元,比2007年翻了一番,是改革初期的3.4倍,综合实力显著增强。②2011年年底,存款余额超过3700亿元,存量、增量份额继续高居山西银行业金融机构之首,是2007年年底的2.3倍,是改革初期的3.7倍,经营规模稳步提升。③全年经营收入跃升至270亿元,是2007年的2.3倍,是改革初期的5倍,中间业务收入成倍增长,经营能力和盈利水平发生了质的变化。④农信社交由省政府管理时遗留的54亿元历年亏损挂账,经数年努力,到2011年年底全部消化完毕,110家县级法人机构全部告别亏损经营历史,进入跨越发展的崭新阶段。⑤不良贷款余额、占比持续保持"双降"目标,资产质量正在加速向好。⑥资本充足率上升到8%以上,抵御风险能力跃上新台阶。⑦"信合通"卡在发行短短一年多时间内,发卡总数659万张,卡存款余额超过300亿元,农村信用社的自助服务网点和机具大面积进乡入村,为全省"农村金融服务全覆盖"作出重大贡献。⑧全年累计发放支农贷款超过1200亿元,为全省近70%的农户和几乎全部涉农企业提供了金融服务与信贷支持,"支农主力军"的地位得到巩固和提升。⑨全年改制农村商业银行9家,改制后的县级机构以全系统1/5的资产,创造了近七成的利润,引领山西省农村信用社改革发展的新兴团队正在形成。⑩全系统连续第二年保持"零发案",被中国银监会誉为"不可思议的奇迹",风险控制、预警和处置能力达到全新水平。

【**纵深推进体制改革,加快向区域性现代金融企业迈进**】 在进一步巩固改革成果的基础上,加快向区域性现代金融企业迈进。按照深化农信社经营管理体制改革的规划,全省有29家县级联社提出改制农商行申请,其中,获准银监会批复同意

9家，已召开创立大会9家，挂牌开业8家。不断完善法人治理结构，强化“三会一层”建设，按照“形神兼备”和“机构扁平化、管理垂直化”的目标，积极构建“结构简捷、形式灵活、运行科学、治理有效”的分类法人治理模式和法人治理运作机制，加快向区域性现代金融企业迈进。

【引深支农惠民工程，充分发挥好农村金融主力军作用】 着力支持“一村一品”、“一县一业”。加强与地方政府、发改委、农业、畜牧等相关政府部门的沟通，深入了解当地推进“一村一品”、“一县一业”的发展规划、项目建设情况，并在此基础上密切配合政府规划，创新推出“信用社＋信用农户”、“信用社＋农民专业合作社＋农户”、“信用社＋市场商户”、“信用社＋合作社＋供销社”、“信用社＋龙头企业＋农户＋基地”等多种合作共赢发展模式，为“一村一品”、“一县一业”工程的开展，提供了强有力的信贷支持。

着力支持设施农业建设。2011年，支持大同、晋中、运城等市的370个特色优势种（养）基地（园区）发展。充分利用财政贴息政策，发挥财政、金融的支农合力，重点扶持设施蔬菜产业发展，支持设施蔬菜生产的贷款余额30亿元。针对旱情严重的实际，累计发放春耕备耕及抗旱救灾相关贷款37.4亿元，支持14.8万户农户开展春耕生产和夏收工作。

着力扶持龙头企业发展。累计投放支农贷款1200亿元，重点支持了370个优势农畜产品种养基地（园区）、1100个农业龙头企业、850个农民专业合作社、430个农村供销社（流通企业）。把支持“513”农产品加工龙头企业作为实施“龙头带动工程”的重点，通过制定信贷支持计划、划拨专门信贷资金、与优秀企业签订信贷意向等措施，带动农产品加工企业做大做强。共支持“513”农产品加工企业236个，金额19亿元，占到所有“513”企业的一半以上。

着力支持农村青年和大学生村官创业。投放贷款35亿元，支持5.5万名农村青年创业，为240个大学生村官发放创业贷款1950万元。

着力培育良好农村金融生态环境。全省共创建信用户236.6万户、信用村6389个、信用市场556个。通过设立阳光办贷大厅、小额信贷专柜，开辟农贷绿色通道，有效解决了农民贷款难、办贷慢的问题。进一步延伸金融服务触角，拓宽金融服务范围，设立封闭式、开放式、三社联动模式的信合便利店230个，依托基层村两委设立农金服务站145个，更好地为农户提供金融服务。

着力提升金融服务水平。一是创新金融合作。为保障大水网建设顺利进行，省联社与山西水务投资集团接洽商谈达成合作意向，与省水利厅签订《战略合作协议》，与省农机局签订《农机购置补贴政策合作协议》，成为山西省内唯一一家具有农机购置补贴发放代理资格的金融机构，共涉及代发农机购置补贴资金6亿元。二是创新金融产品。根据县域经济特点，推出多种信贷金融产品。如吉县联社立足当地苹果为主导产业、果库较多的实际，为果农创新开办“利商宝”苹果交易仓单质押贷款；新绛县联社立足设施蔬菜产业为主导产业的实际，推出“绛州绿”蔬菜大棚贷款；太谷县联社推出农业产业设施抵押贷款，将农业产业园区内土地、设施的经营权和使用权列入可抵押范围，在解决农民抵押难问题上进行了有益尝试。三是创新服务方式。全面启动“农村金融服务网络建设工程”，2011年累计发行“信合通”卡659.7万张，建设自助银行服务网点640个，安装取款机587台，存取款一体机122台，多媒体终端40台，安装POS机具7704台，满足了不同层次、不同客户的金融服务需求。

【夯实基础，实现全省农村信用社又好又快发展】 进一步健全、完善各项规章制度，强化制度执行力建设，确保各项工作的规范化、制度化。全面搭建省、市、县三级信贷管理体系，积极开展信贷管理工作达标验收活动，不断调整信贷结构，优化贷款服务流程，信贷规范化管理水平进一步提高。加强对会计操作流程及相关制度的培训、落实和执行，开展重点业务风险检查工作，严格费用支出管理，财会管理规范化水平进一步提升。全面摸清风险资产底数，强化风险信贷资产管理，加大不良贷款清收力度，完善不良贷款考核、问责、核销体系，不良贷款管理水平进一步增强。全面完成全省农信社“三定”工作，坚持“业绩推荐、群众推荐、组织推荐”的原则强化领导班子建设，面向社会公开招聘高校毕业生1925名。积极推进养老保险移交工作步伐，参加养老保险系统统筹的3.1万名在职人员养老保险已全部移交。强化全员培训教育，人力资源管理能力进一步提升。

加快业务创新步伐，增强可持续发展能力。全面代理保险业务，代理了全省大中型水库移民直补资金、全省“新农保”、代收交警罚没收入、社保“一卡通”、省级财政非税收入收缴等业务。与中金公司达成战略合作意向，与山西省住房和城乡建设厅就全省“安居工程”建设达成合作意向，与中国电信山西分公司签署框架协议，拓展业务范围，提升中间业务收入水平。全省11个市均研发了理财产品，累计发行理财产品106期，募集资金总额近42亿元，全省代理保险业务手续费收入、银行卡手续费收入大幅增加。

积极防控经营风险，确保安全稳健发展。坚持以“大案防、大联动”为抓手，全面加强风险管理，不断提高内控水平，着力防范各类案件。创造性地推出了“五人联保”、“风险保证金”、“违规积分”等管理办法，研发运行非现场稽核系统，在全省形成上下联动、齐抓共管、群防群治的案防新格局，全省农村信用社连续3年实现了“零发案”目标。

（聂宏伟　雷鹏锋）

信托投资

【信托规模与收入稳步增长，各项业务良好发展】 2011年，山西信托在巩固基础产业、证券投资结构化产品、资产收益权等业务的同时，积极根据市场变化以及监管要求，在加大准入审查以及风险控制力度的前提下，大力开展房地产信托业务，并在业务发展过程中成功引入股权投资机制，公司房地产信托业务规模实现大幅增长。公司信托业务在票据信托业务、结构化参与上市公司定向增发信托业务以及能源、矿产类等创新、特色业务上迈出积极步伐，信托规模与收入获得稳步增长，公司的业务发展呈现良好的发展态势。

截至2011年年末，山西信托固有资产总额15.03亿元。信托资产总额274.18亿元，营业收入3.3亿元，比2010年增长37%，其中，信托业务收入2.16亿元，占比65%，增长45%；固有业务收入1.14亿元，增长24%；利润总额1.17亿元。

【加强内部管理，促进业务发展】
*全面推进人才战略，加大专业培训力度。*一是不断完善内部机构设置。在理顺部门岗位职责的基础上，合理整合和配置人力资源，引导后勤人员流向业务部门，对个别员工进行岗位调整，有效支持了公司业务发展。二是引进与培训并重，引进专业人才，提升员工综合素质。

*夯实内部基础管理，有效支持业务发展。*2011年，山西信托继续坚持向管理要效益，通过完善体制机制，进一步夯实基础管理。召开业务分析研讨会，重点围绕公司房地产、票据资产、结构化证券投资等热点信托业务存在的问题与风控对策以及发展方向进行探讨并达成共识，有效促进各类业务的安全高效开展。审计稽核部牵头，业务部门配合，对2012年3月底前即将到期的所有存续信托项目进行严格的事中检查，力求做到项目风险早排查，运行安全保兑付。修订完善业务与管理流程，加强经营管理的规范性和科学性。针对业务发展中出现的实际问题，及时分析和解决，在制度上予以约束和规范。

【积极开展信托业务，努力提高信托收益】 一是集合信托项目规模大幅增长，房地产信托业务发展迅猛。根据监管导向，及时调整战略，着重发展集合资金信托项目，集合资金信托规模大幅增长。加大对房地产信托业务的准入审查与风险控制力度，在严控风险的前提下，大力开展房地产信托业务，并在业务发展过程中成功引入股权投资机制，公司房地产信托业务规模比2010年增长452%。二是创新业务、特色业务有所突破，信托产品种类更加丰富和完善。在大力开展传统优势业务的同时，大胆探索，积极创新，在参与上市公司定向增发、票据信托业务、能源矿产类等创新、特色信托业务上有所突破。

【积极巩固固有业务，努力提高自有资金收益】 2011年，公司积极巩固自营证券投资、贷款回收等固有传统业务，加强对自有资金的管理和使用。一是开展一级半市场定向增发业务，获得良好收益。2011年，山西信托自营证券投资业务积极改变增长方式，逐步实现由投资二级市场向一级市场和一级半市场的转变。加强与上市企业的沟通与联系，紧紧抓住市场机会，精心选择、大胆参与上市公司股票的非公开定向增发，获得良好收益。二是投资创立创投公司，提高自有资金运作和收益水平。提高公司自有资金的运作能力和收益水平，开辟新的利润增长点。山西信托与其他3家企业共同创立创业投资有限公司，以开展PE业务为主，是公司信托业务的有益延伸和补充。三是积极采取措施，努力减少省财政建设资金清理损失。针对公司财政建设资金返还省财政厅的情况，为保全公司定期存单利息，积极与农信社协商，设立“定期存单投资单一资金信托计划”并成功募集资金，最大限度地减少了公司定期存款的利息损失。

（王　鑫）

保险业

BAOXIANYE

保险业

综　述

【2011年山西保险市场总体运行情况】 各项业务发展平稳。2011年累计实现原保险保费收入(以下简称“保费收入”)364.67亿元，比2010年减少6300万元。其中，财产险公司保费收入113.28亿元，增长21.9%；人身险公司保费收入251.39亿元，下降7.7%。保险深度3.3%，保险密度1020.3元/人。保险公司资产总额795.46亿元，行业实力进一步增强。

市场体系日趋完善。2011年，全省新增保险公司省级分公司11家，其中，财产险公司6家、人身险公司5家。新增地市及以下分支机构117家。截至2011年年末，全省共有保险法人机构1家。保险公司省级分公司41家，其中，财产险公司22家，寿险公司16家，专业健康险公司1家，养老险公司2家。地市级保险机构191家，县支公司、营销服务部1821家。保险中介方面，共有保险代理法人机构67家，保险公估法人机构4家，保险经纪分支机构8家，保险兼业代理机构4834家。全省保险营销员8.8万人。全省保险公司职工1.9万人。初步形成法人机构与分支机构并存，综合经营与专业经营互补，保险公司与中介机构协作的门类齐全、共同发展的市场格局。

赔付支出保持平稳。2011年，全省共发生赔款与给付支出103.53亿元。财产险公司赔款支出53.79亿元，其中，车险业务赔款支出46.7亿元。人身险公司赔款与给付支出49.74亿元，其中，满期给付39.9亿元。

服务经济社会发展的能力稳步提高。一是服务和支持“三农”。在中央财政对种植业保险保费补贴政策的支持下，农业保险高速发展。2011年，农业保险累计实现保费收入2.59亿元，比2010年增长345.3%。农业保险中，种植业保险覆盖面持续扩大，累计承保面积104万公顷，全省主要农作物播种面积覆盖率由2010年的不足5%提高到41.6%，其中，小麦24万公顷、玉米66万公顷、烟叶613公顷、林木10万公顷、收获期作物4万公顷、温室及大棚作物11公顷，合计签单保费2.33亿元，而2010年同期种植业保险保费规模仅2884.9万元。二是出口信用保险覆盖面进一步拓宽。信用保险累计保费收入2646.1万元，比2010年增长76.6%。其中，中国信保保费收入2292.7万元，增长68.9%。短期出口贸易信用保险累计新签保单51份，保额8.82亿美元，增长92%；支持出口企业融资1.28亿美元，增长58.9%；一般贸易渗透率24.3%，提高10.9个百分点。三是重点领域责任保险业务继续保持稳步增长。全省责任保险累计实现保费收入3.17亿元，比2010年增长38.9%。其中，承运人责任险累计保费收入9227万元，增长20.5%，在责任险中的结构占比达29.1%。雇主责任险保费收入6316.7万元，增长26.4%。医疗责任险为全省130多所二甲以上大中型医院提供风险保障，累计保费收入2757.6万元，增长28.6%。校园方责任保险累计保费收入1774.7万元，增长3.2%。2011年8月试点启动的环境污染责任保险累计签单103笔，签单保费2254万元。

【财产险市场运行情况】 业务发展。2011年，全省财产险公司保费收入113.28亿元，比2010年增长21.9%；保费规模居全国第17位，较2010年前进1位；保费增幅居全国第12位，前进2位。与宏观经济关联性较强的非车险业务加快发展，非车险保费收入增长36.9%。非车险占比17.7%，提高近2个百分点。非车险中，农业保险、工程保险、责任保险加快发展，增幅分别为345.3%、27.9%、38.9%。

市场主体。受宏观经济整体向好拉动，多数保险公司保费规模较快增长。2011年保费收入超亿元的公司11家，较2010年增加1家。从集中度指标看，CR3为74.3%，上升1.2个百分点；CR5为88.3%，上升0.6个百分点。

【人身险市场运行情况】 业务发展。2011年，人身险公司保费收入251.39亿元。保费规模居全国第13位，较2010年前进1位。2011年，全省寿险新单业务中，期缴保费收入31.31亿元，在寿险新单总保费中占比25.5%；趸交保费收入91.42亿元，占比74.5%。

市场主体。各人身险公司省级

2011年山西省各市原保险费收入情况

单位:万元

地区名称	财产险	寿险	意外伤害险	健康险
太原市	257826.1	479833.9	16260.6	37033.5
大同市	118694.4	195517.1	4990.3	9396.8
阳泉市	60869.2	130895.3	2850.3	4781.7
长治市	91980.5	184030.4	3618.1	13046.4
晋城市	82928.5	201399.3	3713.2	7885.6
晋中市	102434.5	264613.4	5487.0	10032.4
运城市	105173.5	272392.3	5562.3	14752.3
忻州市	83412.1	122909.2	5211.4	4388.9
临汾市	95817.4	230748.1	5773.3	12021.6
吕梁市	82455.1	178116.2	5088.4	6022.2
朔州市	49828.2	68234.7	1983.3	2628.7
省本级	1401.5		16.0	2629.0
合计	1132821	2328689.9	60554.2	124619.1

分公司中,保费规模超亿元的公司11家。从集中度指标看,CR3为71.4%,下降3.3个百分点;CR5为87.8%,下降1.5个百分点。市场集中度有所降低。

(山西保监局统计研究处)

中国人民财产保险股份有限公司山西省分公司

【保险业务稳健快速发展】 保费规模跃上新台阶。2011年,保费收入58.34亿元,排名全国系统第九,比2010年增长15.1%,高于全国平均增幅2.5个百分点。保险深度5.3%,排名全国第六。农险保费收入2.59亿元,增长345%,创历史最高增速。公司市场份额50.2%,保持山西财产险业"半壁江山",稳居全国系统50亿元规模以上省级分公司第一,保费收入突破亿元的区县支公司2个。

业务质量得到新改善。非车险保费占比21.6%,同比提升3.9个百分点;承保利润贡献度51.9%,提升66.9个百分点。车险D类(高风险)业务下降11.4%。应收保费率3.1%,低于全国平均水平。

服务能力取得新突破。车险理赔周期18.9天,提速16.4%。95518服务水平、有效话务工作率、平均呼入通话时长三项服务指标连续11个月保持满分。

保障功能实现新提升。为166.2万辆机动车辆,8472户企业、60.8万户家庭,近90.2万公顷农作物、140.1万名个人提供风险保障12032.03亿元。处理各类赔案53.8万件,支付赔款27.53亿元。独家为"第六届中国中部投资贸易博览会"、"第二届太原国际马拉松赛"提供累计112亿元风险保障。

【主要工作举措】 强化目标牵引,战略发展格局初步构建。围绕"做人民满意保险公司"愿景,确立"十二五"末"跨入百亿军团、建成精品公司"奋斗目标,完善共同愿景、精品目标、同心家园"三位一体"战略体系,明确"精品部门、精品分公司、精品窗口"共创共建目标,以"县域学泊头"实践活动为契机,以精品窗口创建为突破,培育了以吕梁孝义支公司、阳泉金龙营销服务部为代表的示范典型。

凸显社会责任,市场引领地位有效巩固。在服务地方经济发展大格局中不断拓宽服务领域,巩固重大项目、重点渠道、重要领域的引领优势。跟踪重点工程,上下联动,独家或主承保大西客运专线、中南部铁路通道、新建太原南站、太原铁路枢纽新建西南环线工程等重点工程,市场占比超过50%;与运管、消防、旅游、教育、卫生等政府部门深化合作,承运人责任险、火灾公众责任险、旅行社责任险、校(园)方责任险、医疗责任险承保范围进一步扩大,业务规模稳步提升;4S(销售、零配件、售后服务、信息反馈)店专管专营、车行业务实现市级分公司全覆盖;第一名中标全省政府财政公务用车招标,独家统保全省11个市82家集团企业环境污染责任试点保险,车险电销、网销实现县域全覆盖。

启动一号工程,服务"三农"能力持续增强。2011年,成立"三农"保险部,启动农险一号工程。以网点建设为重点,政策性险种为牵引,推进"网点到镇、人员到村、服务到户"组织体系,推广政策性玉米、小麦种植业保险,为全省11个市86个县66万公顷玉米、18.5万公顷小麦、248.9万农户提供34.04亿元风险保障。全省"三农"保险基层服务体系建设初具规模,服务网络遍及67个县、385个乡镇、1468个行政村,涌现出以"政策性农险全覆盖、涉农险种全接触"的晋城高平、吕梁孝义、临汾安泽、运城平陆、阳泉盂县等一批先行先试典型。

深化管理转型,整体运营效能大幅提升。在集中管控模式下,完善新平台,推广新工具,运用新方法,初步构建理赔垂直管理模式,稳步搭建财务共享中心,完成销售队伍人力资源改革试点,开发引进承保、销售、理赔、客户服务和综合管理先进工具,优化关键流程,手机远程销售、客户自主查询、人身伤害案件集中审核、作业流程标准化深入推进,管理的规范化和精细化水平不断提高。

优化服务界面,客户满意度不断提升。开展"服务年"活动,对接客户需求,不断丰富客户服务体验。细化服务效能考核体系,推进流程标准化服务,启动黄金客户理赔"绿色服务",落实1小时通知赔付、1张纸理赔、全国免费施救、手机自助理赔等服务承诺,实施车险通赔专项考核,理顺代查勘费用支付,实现理赔"优、快、免、好"落地;深化"理赔无忧"工程,开展VIP客户分类评级,实现客户资源、业务、理赔三大系统平滑对接;推进全险种承保理赔信息即时查询,实现客户多维度信息资源自主查询；以“金牌服务明星”、“金牌服务示范窗口”和“金牌服务标兵单位”“三创评”为重点，开展“携手中国人保、共创美好生活”主题客户节活动，跟踪落实全流程服务承诺。

健全合规机制，风险防范体系更加牢靠。以构建风险防范体系为抓手，坚持自查自纠、自我完善、自我整改，全面梳理业务发展、经营管理关键风险点，实施重点领域、重要经营活动实时监控，完善结果运用与过程监督的互动机制。制定重大违规事件管理办法，明确重大诉讼案件报告处理规定，规范案件报告及处理流程，建立重大案件问责机制。接受沈阳稽核中心业务质量现场检查和财监办综合检查，配合山西保监局，完成对朔州市分公司的外部检查，针对问题落实整改，形成严格的自我纠正机制。出台全省首个反洗钱内部审计制度，建立反洗钱审计、评级、日常监控闭环管控机制。制定领导干部离任交接管理规定、任中经理经济责任审计方案、经营亏损主要负责人专项审计方案，建立内部审计惩防并举工作机制。试点推进出单集中管理，市区机构集中出单运营，健全防范出单环节操作风险运行机制，运行层面内控缺陷持续改进。

（茹哲峰）

中国人寿保险股份有限公司山西省分公司

【业务发展总体积极主动】 总体业务比较主动。2011 年，保费总收入 115 亿元。其中，寿险股份公司总保费 111.15 亿元，基本保持平稳的发展态势，与全国系统比没有出现大的落差，与全省寿险行业基本保持同步。

业务总量比较主动。业务总量稳居全国系统前 10 位，各渠道业务总量均排在全国系统靠前的位置。其中，个险首年期交 9.3 亿元，排全国第 12 位；个险首年 10 年期 4.8 亿元，排全国第 15 位；银保首年保费 44.3 亿元，排全国第 10 位；银保首年期交 3.1 亿元，排全国第 14 位。

团体业务增势良好。短期险保费收入 2.2 亿元，超额完成预算目标，比 2010 年增长 20.2%，较全国系统平均值高 15 个百分点。其中，团体意外险保费收入 1.45 亿元，增长 31.6%，增长率创近年来新高。此外，互动产险业务 2.62 亿元，代理企业年金 3.4 亿元，分别完成全年预算的 109.3%和 111.9%，实现了代理业务的持续健康发展。

【经营状况保持良好态势】 创费总量有所增长。2011 年总体业务创费 6.04 亿元，比 2010 年增长 5.3%。

销售成本得到较好控制。个险、银保和团险渠道，直接销售成本均控制在预算范围之内。

短险赔付率有所下降。短期险综合赔付率 36.7%，下降 16 个百分点。短期健康险赔付率 65.7%，下降 15 个百分点。

精算指标执行良好。死亡重疾控制率 0.5%，个险和银保续期收费率分别为 96.5%和 96.2%，精算退保率和综合退保率分别为 2.7%和 1.8%，综合得分处于全国系统前三位。

员工薪酬较快增长。员工薪酬实际支出 2.64 亿元，增长 9.2%。

【市场竞争优势较为明显】 全省的总体市场份额优势明显。总体业务市场份额 45.7%，份额绝对值全国系统领先。其中，个险首年期交 40%，团险短期险 41.4%，银保首年和首年期交分别为 43.9%和 32.9%，牢牢占据寿险市场的主导地位。

各市分公司的市场竞争优势明显。全辖 11 个市分公司，在总体业务、首年业务和首年期交的市场份额上，均占据当地寿险市场第一位，半数以上市公司的总体市场份额在 50%以上。太原分公司的3项份额

2011 年山西省各财产保险公司原保险保费收入情况

单位：万元

公司名称	合计原保险保费收入
中国人民财产保险股份有限公司山西省分公司	583420.5
中国太平洋财产保险股份有限公司山西分公司	109351.3
中国平安财产保险股份有限公司山西分公司	127834.8
永安财产保险股份有限公司山西分公司	31185.4
天安保险股份有限公司山西省分公司	12417.1
中国大地财产保险股份有限公司山西分公司	54380.5
太平财产保险有限公司山西分公司	17104.5
华安财产保险股份有限公司山西分公司	6355.3
安邦财产保险股份有限公司山西分公司	2473.9
永诚财产保险股份有限公司山西分公司	16395.5
阳光财产保险股份有限公司山西省分公司	22636.2
中国人寿财产保险股份有限公司山西分公司	154177.8
渤海财产保险股份有限公司山西分公司	639.0
都邦财产保险股份有限公司山西分公司	4400.9
华泰财产保险股份有限公司山西分公司	12754.2
中国出口信用保险公司山西分公司	2292.7
天平汽车保险股份有限公司山西分公司	3969.5
安诚财产保险股份有限公司山西分公司	1335.7
信达财产保险股份有限公司山西分公司	1897.8
中银保险有限公司山西分公司	90.0
合计	1165112.8

2011年人寿保险公司原保险保费收入情况

单位:万元

公司名称	合计
中国人寿保险股份有限公司山西省分公司	1111509.9
中国人寿存续业务	36845
中国太平洋人寿保险股份有限公司山西分公司	387687.4
中国平安人寿保险股份有限公司山西分公司	154146.6
新华人寿保险股份有限公司山西分公司	252711.6
泰康人寿保险股份有限公司山西分公司	128665.4
中国平安养老保险股份有限公司山西分公司	5432.6
太平人寿保险有限公司山西分公司	56924.0
中国人民人寿保险股份有限公司山西省分公司	273201.1
嘉禾人寿保险股份有限公司山西分公司	14419.4
中国人民健康保险股份有限公司山西省分公司	11113.3
英大泰和人寿保险股份有限公司山西分公司	2724.2
合众人寿保险股份有限公司山西分公司	7237.7
民生人寿保险股份有限公司山西分公司	13291.7
阳光人寿保险股份有限公司山西分公司	16158.0
生命人寿保险股份有限公司山西分公司	5764.3
光大永明人寿保险股份有限公司山西分公司	2071.1
国华人寿保险股份有限公司山西分公司	877.9
幸福人寿保险股份有限公司山西分公司	790.3
合计	2481571.4

分别为28%、25.7%和23.1%,均稳居市场份额第一的位置。

“两乡”市场的先发优势明显。2011年,全辖农村服务部,个险期交收入1.57亿元,比2010年增长8.9%。其中,10年期交0.94亿元,增长13.2%;农村小额保险保费收入3446.8万元,增长10.7%;承保人次180.1万人,增长7.7%;统保村1269个,统保县2个。

【体制改革取得阶段性成果】 2011年,市、县公司高管人员集中时间开展“公开、公平、公正”岗位竞聘。市级分公司领导班子职数由70个减少为47个,市级分公司本部部门职数由238个减少为151个,城区县级分支机构职数由150个减少为40个,高管队伍实现了优化配置。对城区经营单位进行整合,设置城区专业化支公司35个,其中,个险21个、团险2个、银保12个,团险拓展团队9个。同时,调整了市分公司的部分部门,组织架构调整基本到位。强化三大销售渠道的专业化经营,按销售渠道配置资源,实现了对销售资源的统一规划,提高了整体的拓展能力,降低了公司销售和运营成本。积极稳妥推进各管理系统垂直化管理,组织架构、人员配置、职能梳理基本到位,提高了工作效率和服务质量。

【内部控制得到加强】 坚持依法合规。严格执行保监会《商业银行代理保险业务监管指引》规定,进一步规范银保手续费支付行为。完善反洗钱风险等级划分基础工作,省公司和4家市分公司被人民银行评为金融机构“反洗钱A类公司”。

强化内控管理。深入推行内控执行标准及内控承诺制度,连续第五年实现内控遵循合规达标。着力推进营销员信用品质分级管理,全面开展销售风险监测评估工作,举办“品质提升年”、“3A营销员”评比活动,强化销售误导风险管控。

狠抓监督检查。积极配合区域审计中心开展工作,有效落实“先审计、后离任”规定。开展财务业务数据真实性自查、“小金库”专项治理和风险排查专项活动。积极配合税务机关完成发票使用情况检查。深入开展保单借款清理和催还专项工作,保单借款逾期未还率下降12个百分点,有效防范化解了借款风险。

【运营服务能力有所提升】 提升运营层次。持续开展运营条线的“对标考核、升级进位”活动,针对基层的“争创星级柜面,争当星级柜员”活动,进一步提高了运营质量和服务效能。

优化省级集中。全面组织开展业务管理省级集中优化工作,稳步推进包括理赔、保单贷款以及录入外包等在内的省级集中管理。顺利完成17个关键应用系统的全国物理集中任务,降低系统维护的成本及风险。

加强客户服务。实施统一的客户通知管理,持续推进1+N服务品牌建设,成功开展“牵手国寿,绿动中国”中国人寿客户节活动,取得了良好的社会效益和经济效益。

(刘建珍)

中国太平洋财产保险股份有限公司山西省分公司

【2011年主要经营概况】 2011年,太平洋产险山西分公司保费收入10.94亿元,比2010年增长23.2%。其中,机车险保费收入8.35亿元,增长19.1%;非车险保费收入2.58亿元,增长38%。从业务发展看,仍然保持了较快的增长速度,市场规模稳中有升。从理赔服务看,全年简单赔付率保持在40.8%,保持了较低的理赔成本;结案率86.5%,保持了较高的结案速度。未到期责任准备金提取充足,投保人的权益有了更加充分的保障。从经营效益看,继续坚持效益优先的经营理念,成本控制成效明显,年末综合成本率控制在90%以下,报表利润实现新的增长。从人工效能看,平均人

均产能126.9万元，增长6.6%。人力资源优化改革项目落地，员工收入有大幅度提升。

【持续加大业务推动力度】 强化渠道建设。在新渠道拓展上，坚持创新发展。电话销售是保险市场最大的新增变量，也是市场竞争的主战场。借助启用10108888电话新号码东风，针对山西的具体实际，采取了一系列有效措施。一是加强市场宣传攻势，组织开展全方位立体宣传，增强社会对电话销售的认知度。二是加快电话销售系统基础建设，全省43个县支公司开通电话销售业务，初步搭建了覆盖全省的电话销售服务网络。三是强化营销整合，抓好电话销售二期系统切换，增强电话销售的市场竞争力。四是完成太原地区配送外包工作。2011年，电话销售业务保费收入3831万元。强化与寿险的横向协同机构，加快发展交叉销售业务，完成交叉销售5347万元，增长41.8%。

在传统渠道上，坚持优化整合。车商渠道方面，针对新车特别是低端新车销售下滑的局面，重点加大与中高端品牌车商的合作力度，车商渠道业务实现新突破。一是根据不同的车商制定有针对性的销售政策，强化个性服务和增值服务，实施对部分4S店给予上店定损，事故车承诺返修，短信提醒等政策，满足车商及大客户高端的保险需求。二是继续完善车商渠道建设。按城市行政区划，在车商较集中的地方设立保险理赔服务中心，方便客户理赔。三是加强车商渠道队伍建设，实现车商专人对口服务。四是开展"牵手太平洋、龙年行大运"促销活动，提高车商渠道业务规模和品质。五是开展对车商保险B2B(指一个互联网市场领域的一种，是企业对企业之间的营销关系)系统的培训工作，保障系统的顺利切换。2011年车商渠道完成保费收入1.88亿元，比2010年增长122.1%。

银保渠道方面，一是在巩固农行、工行等原有渠道的基础上，拓展了省农信社、晋商银行、金融租赁公司等销售平台。二是开展对各合作银行的拜访活动，加深联系与沟通，挖掘银保资源。三是积极做好各地级市中支与当地银行合作的协调工作，发挥银行机构的辐射作用。四是开展一系列针对银保业务竞赛活动，推动业务发展。全年银保渠道保费收入2920万元。

经纪人渠道方面，充分利用公司的品牌优势，广泛与经纪人公司建立联系与沟通，共与27家经纪公司建立了合作关系，涉及全省所有11个地级市。大力拓展经纪业务。2011年成功承保山西焦煤集团和西山煤电集团，打破人保公司20多年的独家承保现状，签单保费近百万元。2011年经纪人渠道保费收入1.05亿元，增长84.2%。

代理人渠道方面，2011年公司新增申报44家兼业代理资格，并与取得资格的机构确定代理关系，同时建立了面向代理点及第三方保险代理机构的B2B远程出单点129家。2011年，公司渠道业务保费收入7.16亿元，比2010年增长52.7%，占公司业务规模的65.5%，成为公司业务发展的重要来源。

*推动机构业务发展。*一是加强和完善对机构业务发展的考核，奖优罚劣，激发各级机构的业务推动热情。二是不断优化业务发展的财务和业务政策，加大对大项目和优质业务的倾斜力度，为机构业务发展提供大力支持。三是加大对经济环境和市场发展的分析研究，及时向各级机构发布相关信息，为机构业务推动提供指导和帮助。业务发展迈出新步伐。

*积极推动车险业务拓展。*一是坚持成本底线，控制业务风险。二是加强对电话销售、交叉销售、车商等渠道车险业务的技术支持，打通技术瓶颈，充分发挥各渠道车险发展的产能。三是提高核保政策的市场敏感性和适应性，高度关注车险市场发展态势，本着有利业务拓展，提升业务质量和提高工作效率的原则，及时对核保参数进行调整，提升车险的市场竞争能力，拓宽车险销售路径。四是加强数据分析，保持和提高业务品质。明确车险业务重点发展方向，确保车险业务经营品质。五是组织开展一季度、二季度、6月份及续保率等专项车险竞赛活动，激发业务人员销售积极性，带动车险业务发展。

*保持非车险业务拓展的比较优势。*一是以管理架构调整为契机，发挥非车险销售推动作用，管理部门积极主导业务拓展，大力提升公司的获客能力。二是借公司品牌影响力，加大业务公关力度，积极参与业务招标，取得良好效果。三是扎实抓好非车险客户的服务与日常维护，提升对公司的信赖度，不断拓展有效客户的承保资源。

*重大客户拓展成绩显著。*继续推动国内500强企业客户经营发展战略，整合公司的各种资源，逐步将全省最有实力的客户纳入客户群，提升公司在500强企业的影响力和战略地位。加强对大项目支持的倾斜政策，提高大项目拓展竞争力。根据社会经济投资重点，确定大项目拓展方向。开展总公司法人客户回访活动，为实现法人客户的有效分群奠定了基础。2011年，公司承保了省内支柱产业大型企业太钢集团、晋煤集团、同煤集团、阳煤集团、山西焦煤、潞安集团等客户，承保了国内500强企业中电投、中电国际、国家电网、中石油、东方航空、农业银行、中铁建筑、中国大唐、中国华能、国投煤炭等重大客户。承保了包括苛临高速、临离高速、临吉高速、平阳高速、灵河高速、阳五高速等主要工程项目，为支持重点基础建设保驾护航。2011年，重大客户保费收入6250万元，比2010年增长72.2%，占非车险业务的26%。

【提升管理水平，确保效益实现】
*坚持成本底线，保证业务品质。*一是紧紧围绕总公司综合成本指标，制定有原则的务实核保政策，确保整体业务成本底线不动摇。二是细分市场，细化管理，通过参数调整，使核保政策最大限度地贴近市场，提高了车险产品的市场适应力。三是继续推行现场与非现场的核保方式。对非车险重大项目、车险非续保高档车坚持现场核保，有效规避了风险。四是根据数据分析和市场现状，制定恰当的费率条件，提高非车险业务的市场竞争力和保费充足率。五是针对地域条件的不同，结合历史数据，制定差异化的核保条件，既满足业务发展需要，又保证了业务品质。

积极改革创新，优化理赔管理。一是进一步对理赔工作进行全面梳理，针对存在的问题制定和完善理赔工作制度。二是加大理赔队伍建设力度。一方面，加强理赔队伍培训，提升专业技能；另一方面，根据实际补充理赔人员，满足岗位需求。经过一年的整合，公司理赔队伍的业务技能、梯队建设和理赔新方式的适应性得到加强。三是按照总公司的部署，全面推进理赔省级集中，提升专业化、集约化管理水平。制定了详细的理赔省级集中工作计划。四是完成理赔查勘定损"移动视频"上线工作。"移动视频"的顺利上线，实现了在线一次性完成查勘定损，大幅度缩短理赔周期，提升了客户的满意度。五是健全理赔监察机制，加强现场检查。2011 年通过现场、非现场和暗访等多种形式，对各中支理赔工作进行全面检查，各中支理赔工作质量明显提高。六是在公司重大项目竞标中发挥理赔工作的专业技术支持，助力公司业务拓展。

强化预算管理，确保目标实现。一是对照总公司 KPI 指标，适时监控公司的运营状态。二是继续推动财务集中管理。已完成全省业务费用集中审核支付、工资集中审核支付和手续费佣金的集中支付，提高管理效率，降低支付风险。三是加强远程督导。通过信息技术支持，对辖内机构各类财务凭证进行远程审核，统一尺度把关，有效杜绝了非正规凭证的流入。四是组织开展数据真实性、小金库和经营规范性检查，夯实规范经营基础，规避经营风险。五是按照总公司内控风险管理要求，财务系统中员工代码及权限的设定更改由纸质审批切换到无纸化审批，增设人力资源部审核环节，避免了信息不畅的风险。

【进一步夯实合规管理基础】 2011 年，全面实施内控优化项目，完善内控制度和业务流程。根据总公司《内部控制手册》，建立长效运行机制，内部控制体系的规范性和科学性不断提升。通过集团公司审计部对公司车险承保、理赔、财务、印章管理等内控流程的审核和优化，进一步规范公司的控制流程。重点开展中介业务合规性检查，财务数据真实性检查和规范经营行为的自查自纠等工作，合规管理已渗透到管理的各个环节，确保了公司经营健康稳定发展。

【强化技术支持，提升运营管理水平】 不断增强 IT 技术支持，运营效率和精细化管理水平有了新提升。针对公司业务持续扩大、业务数据激增的现状，为满足各部门管理的新要求，通过应用程序的不断优化和硬件设备的有效更新，提供了全新的解决方案，为公司管理提供了积极的技术支持。开展信息技术制度达标活动，推进信息技术制度建设。实施一系列系统上线工作，如理赔询价、移动查勘定损、数据分析平台和车险续保管理系统等，发挥了 IT 技术的专业支持作用。

（柴 煜 陶 莹）

中国太平洋人寿保险股份有限公司山西省分公司

【2011 年主要业务经营概况】 2011 年，太平洋寿险山西分公司保费收入 38.8 亿元，比 2010 年增长 7.8%，增幅在全省三大寿险公司中排名第一；规模保费全省份额占比 15.6%，位居全省第二；营销新保业务保费收入 5.4 亿元，增长 22.9%，增幅在全省三大寿险公司中位居第一；保费份额占比 18.2%，位居全省第二；营销新保期缴率 96.1%，位居全省三大寿险公司第一。续期保费 19.4 亿元，增长 14.2%，续期保费全省份额占比 22.1%，位居全省第二。营销续期 13 个月保费继续率 92.4%，在全省三大寿险公司中排名首位。公司业务发展速度、业务结构、市场份额保持了行业的较高水平。

截至 2011 年 12 月底，在全省共设有 115 家分支机构。其中，11 个地级市已全部设立中心支公司，城区、县域共设立 46 个支公司，58 个营销服务部。

【优化理赔服务】 2011 年，太平洋寿险山西分公司致力于为客户提供全方位、高品质的服务，切实方便有效地保障了投保人、被保险人利益，充分发挥了保险的经济补偿、资金融通和社会管理功能。2011 年，太平洋寿险山西分公司给付 9.4 万件，给付金额 7.87 亿元。全辖结案 7881 件，赔款金额 8080 万元。

2011 年，在客户最关心的理赔服务上创新突破并推出多项新举措：①将理赔调查前置，提高调查时速，缩短客户在报案后的等待时间。②理赔提速。持续优化报案流程，将客户报案受理前置，在保证赔案质量的前提下加快赔案处理进程，提高理赔时效和结案率。③实施"健康处方"工程。针对病重的客户，在邮寄理赔领款通知书的同时，为客户提供保健或康复指导的超值服务。④进一步推广"一站式"服务。以融投保、保单变更、给付、理赔等流程为一体的综合柜员制为客户带来便捷、专业的柜面窗口服务。⑤开通绿色服务通道，鲜花慰问，快速理赔。率先开通对小额简易案件进行现场理赔，对个别赔款金额较大的案件主动上门服务，将赔款送到保户家中。一般理赔案件零现金给付赔款业务的推行，保证了客户资金的安全。⑥提供 95500 热线服务，全天候满足广大客户投保和业务咨询需求，利用公司的短信服务平台，为客户提供短信慰问、短信提醒、短信通知服务。

【提升客户体验】 为落实"以客户需求为导向"的战略转型，关注客户需求，改善客户界面，提升客户体验，太平洋寿险山西分公司在 2011 年推出一系列服务活动。"3·15"期间，推出"与太保共成长"活动。开展"客户大回访"活动。7～9 月，在全省 11 家中心支公司举办"感恩·关爱·20 年太平洋寿险绘画、摄影、作文、故事比赛"。参展"第六届中国中部投资贸易博览会"，并向参展游客推出关爱活动，免费赠送可通过手机短信激活生效的"在你身边·安全出行保障卡"，30 天内乘坐交通工具将拥有累计保额为 8 万元的保险保障。

【实现合规经营】 为进一步健全合

规管理制度，做好合规风险识别和控制工作，促进公司合规经营，公司推出以下举措：一是明确合规管理重点。制定《2011年合规与风险工作重点》及《山西分公司合规经营2011～2013年发展规划》。二是健全合规管理制度。对公司各项规章制度进行全面梳理、补充完善，对新监管政策的执行进行同步分析，提出法律合规要点并对各职能部门实行风险提示。三是赴分支机构向基层员工开展各类形式的合规教育培训，强化专兼职合规人员队伍建设。四是在全省范围开展日常自查自纠工作。针对排查出的风险点、隐患点及矛盾点逐一进行成因分析、原因查找，与责任部门共同研究出整改计划，确定时间限期整改。五是开展干部任职审计。六是高度重视信访诉讼管理工作。提高信访核查质量，确保信访举报、电话举报和邮件投诉事项件件落实。七是组织面向业务人员及客户人群的反洗钱宣传教育活动，做好反洗钱大额交易的审核。八是加大违规问责制。2011年实行惩戒与教育相结合的合规约束机制，对内外部监督检查发现的问题，督促相关部门和分支机构进行整改，注重整改成效。强化对违规行为的惩戒和处理，做到"有责必问、问责必严、问责必果、程序合法"。

（刘志平）

中国平安财产保险股份有限公司山西省分公司

【2011年主要业务经营概况】 2011年，平安财险山西分公司原保险保费收入12.78亿元，比2010年增长45.2%。其中，车险保费收入11.43亿元，增长44.9%；财产险保费收入1.05亿元，增长42.9%。在营业货车拓展、车商代理、电话销售等业务方面均取得快速成长。

2011年，成功承保多个大项目。成功中标2011～2012年山西省级单位公务用车定点保险采购项目。大同中心支公司承保灵丘县金辰矿产品有限责任公司财产基本险项目，保额6202万元。

截至2011年12月底，山西分公司机构总数59个，其中，省级分公司1个，中心支公司10个，支公司9个，营销服务部38个。10家三级机构累计保费收入7.67亿元，保费贡献度60%；四级机构累计保费收入3.43亿元，保费贡献度26.9%。运城、大同、晋中率先突破亿元平台，展现了三级机构发展的巨大潜力。

【完善内控风险防范，确保合规经营】 积极配合行业自律，开展专项和常规合规检视工作，事前规避风险。参与三级机构重要业务活动和项目，监测、评估合规风险，提供合规支持意见。制订"合规100"行动方案，进一步强化了全体干部员工的合规意识和理念。

【承诺升级，服务提升，全面提升客户满意度】 以客户服务需求为出发点，不断创新服务方式，努力提升服务水平。全面落实"快易免"服务策略，展示便捷高效的服务流程。倾心打造新一代旗舰门店，提供关怀贴心的服务平台。车险理赔报案结案率99%，件均赔案时效8.8天，一天赔付服务承诺达成率98%以上。为全省财产险出险客户提供专业服务，积极清理长时效案件，长期未决赔款已由年初1000余万元下降到100万元以内。2011年5月25日，平安产险山西分公司正式向全省车险客户免费推出"一袋式"理赔服务，让平安客户享受理赔不出门、车途更无忧的贴心服务。

【关注民生，服务社会，积极履行平安社会责任】 以创造价值、回馈社会为己任，积极履行平安企业公民的社会责任，为社会发展、民生进步作出贡献。2011年5月，运城中心支公司向平陆西侯平安希望小学捐赠体育用具、生活用品1万余元。2011年11月，在太原市关工委倡导开展捐赠《未成年人安全防范与自我保护》图书活动中，平安产险山西分公司关爱青少年儿童健康成长，向中小学生捐赠1000册安全图书。

（胡　丹）

中国平安人寿保险股份有限公司山西省分公司

【2011年主要业务经营概况】 业务整体提升。2011年，平安人寿山西分公司总保费收入15.41亿元。其中，个人代理保费收入13.04亿元，保费贡献度84.6%；银行代理保费收入2.16亿元，保费贡献度14%。赔款支出524.9万元，给付支出1.42亿元。

险种收入多样化。分险种保费收入中，寿险保费收入13.42亿元，其中，普通寿险保费收入3640.8万元，非传统寿险13.06亿元。此外，意外险保费收入1116.2万元，健康险保费收入1.88亿元。

寿险产品的保费占比高达87.1%。其中，传统寿险保费收入占比2.4%，非传统寿险占比84.7%。分红险"金裕人生"因交费期短、投资保底，万能险因灵活理财、保障全面等特性，受到收入水平较高、保险意识浓厚、理财意愿强烈人士的青睐。分红险保费收入12.01亿元，占比77.9%；万能险保费收入1.02亿元，占比6.6%。

积极转变经营模式。转变业务经营模式，由初期单纯追求保费规模的粗放式经营向重视利润和品质的集约化经营模式转型。2011年大力推动各项营销激励方案，缴费结构日趋健康合理。续期保费占比60.2%，新单保费占比39.8%。

【分支机构增长迅速】 截至2011年12月，平安人寿山西分公司机构总数46个，其中，省级分公司1个，中心支公司7个，支公司13个，营销服务部25个。期末职工人数688人，比2010年增长5.9%。在业绩攀升的同时，分公司狠抓增员质量，重视业务员的消化与留存，12月末营销人员9035人，较年初增长11.1%。

【加强风险防范，确保合规经营】 2011年，平安人寿山西分公司以内控评估项目的全面开展为契机，以建立合规经营文化，有效落实合规经营，实现永续发展为目标，积极推动全员树立合规操作、合规管理、合规经营意识，全面防范风险，提升经营管理水平。开展内控自评项目和制度审计工作，全面覆盖公司各业务条线和工作流程。通过内部的自查和审计，对公司合规经营状况进行全面检视和完善，提升公司合规经营水平。持续开展合规文化宣导工作，全面提升公司及员工个人的合规经营管理水平。

【强化服务意识，推动经济和谐发展】 大力推进E化行销，提升服务质量。平安人寿是国内首家对传统业务员销售渠道的客户提供电子保单服务的保险企业，将无纸化、电子化的低碳环保理念付诸实践。电子保单在2011年以其快速保障、安全保密、易存易查、方便快捷、低碳环保五大特点得到了代理人、客户的信赖，为客户带来快捷、省心、安全的优质保单服务体验。

承担社会责任，丰富企业内涵。2011年，平安人寿山西分公司持续深入地进行低碳运营，继续履行企业对社会和环境的责任，通过业务发展、内部经营管理、日常办公等层次，全方位推进低碳环保措施，开展以“送一份礼物给地球”为主题的低碳活动。2011年1月，平安人寿山西分公司在集团的统一安排下，为新建成的晋中市榆次区张庆乡永康希望小学和左权县羊角乡平安希望小学捐赠了价值4万元的教辅用具。将2011年10月定为公益月，举办了“让爱出发”等系列活动。

（张　倩）

永安财产保险股份有限公司山西省分公司

【主要业务稳健发展】 2011年，永安财产山西分公司保费收入3.12亿元，比2010年增长17.7%。其中，车险保费2.87亿元，交强险占比35%；非车险保费2518.7万元，占比8.1%。综合费用率38.4%，综合赔付率56.2%，综合成本率94.6%，实现利润1607.9万元。

【经营理念全面升级】 2011年，永安财产山西分公司在全省继续贯彻“增强三种意识，围绕一个导向”的经营理念，即“合规意识、核算意识、执行意识、利润导向”。在2010年印发的《合规经营“十八条”禁令》基础上，将“合规”贯穿于对三级机构的全年经营考核中。严格执行责任追究制度并建立从业人员不良信息共享机制，加大违法违规成本，对规范不力、屡查屡犯的机构加大惩处力度，实行一票否决。2011年，全省稽核覆盖面达到58.3%，针对在稽核中发现的问题，严格按照公司的问责制度规定，对相关责任人进行问责处理。

【强化经营管控，促进盈利水平大跃升】 2011年，在业务规模稳步增长的同时，进一步强化经营管控，各项经营指标持续好转，整体竞争实力不断增强。一是着力把好“承保风险控制”闸门，从源头上控制风险。利用核保集中平台，加大对业务数据的挖掘分析，将业务等级、风险要素、价格要素、赔付率等多维要素，纳入到各险种承保管控的范围，实现全过程的质量监控。二是加强理赔关键环节管理。重点关注回勘、定损、报价、人身伤害案件医疗费审核、理算、核赔等理赔的六个环节，制定损余物资处理办法，规范事故车辆损余配件的处理，明确处理方式、流程及标准。三是加强费用管控。每月对费用实际列支情况及预算情况进行对比和分析，从综合成本率、固定费用、变动费用等三大方面逐项与预算额度进行比对，在保证各项成本费用严格与保费收入进度和实收保费进度配比的同时，在预算额度内合理列支各项费用，严格控制费用指标。2011年实现利润1607.9万元，是2010年的6倍之多。全省综合赔付率控制在56%左右。

【加大服务创新力度，推进客户服务体系建设】 完成95502呼叫中心和统一理赔服务平台建设。将3G技术运用引入到理赔服务中，开发客户理赔自主查询系统。积极推行客户关系管理模式，扩大增值服务范围，建立程序化、规范化的管理体系。实行严格的监督管理制度，对服务承诺开展督查工作，接报案的调度时效为90秒，平均通话时长107秒，接通率98%，回访率100%，有效投诉件数比2010年下降70%。

【车商渠道建设初见成效】 积极探索新的车险业务增长渠道，大力推动车险业务渠道建设，将车商渠道业务作为渠道建设的重点，从远程出单、理赔流程、人员配置、直销方式经营等方面入手进行车险业务拓展。2011年，各机构的渠道拓展，尤其是车商渠道取得突破性进展。全省车商数由原有的26家增加到41家。

【内控体系建设逐步完善，风险管控能力显著提升】 2011年，进一步贯彻落实《风险责任人制度》，细化风险责任人的工作内容和职责，监督、指导各机构风险责任人的工作开展，确保《风险责任人制度》的有效落实。加强风险合规培训，通过100余道合规管理应知应会试题，测试参训人员掌握情况，收到良好效果。

反洗钱方面，开展反洗钱内部审计，推进反洗钱风险预警和动态评价工作。建立反洗钱内部控制制度21项，在2011年山西省金融机构反洗钱监管工作会议上，被中国人民银行评为B级。

（王建宇　常　源）

山西经济年鉴

YEARBOOK OF SHANXI ECONOMY

17

证券·期货

ZHENGQUAN QIHUO

证券·期货

证券管理

【概述】 2011年，山西资本市场运行稳定健康，发展质量进一步提升。截至12月末，在全国融资增速下降的情况下，山西辖区资本市场各类融资730.35亿元(核批额度926.45亿元)，比2010年增长108.7%。

截至2011年年末，辖区新增3家上市公司，共有A股上市公司34家，位列全国第20位。其中，主板29家、中小板3家、创业板2家，总市值4590.34亿元，位列全国第10位，中部六省第2位。

辖区共有2家证券公司、3家分公司、111家证券营业部。其中，当年新增营业部11家。截至12月末，2家法人证券公司注册资本25亿元，总资产145.79亿元，净资产65.8亿元，净资本47.73亿元；累计营业收入11亿元，下降30%；净利润2.49亿元。期末证券投资者开户数155.7万户，增长8.9%；客户交易结算资金110.57亿元，增长29.3%；交易量累计7981.66亿元，下降1.6%。

山西辖区具有证券期货从业资格的律师事务所3家，资产评估机构3家，会计师事务所分支机构6家。

【发展和利用资本市场思路有新突破】 2011年，山西省提出《资本市场支持山西"转型综改试验区"建设实施意见》和配套《行动方案》，围绕充分发挥资本市场功能作用，更好地服务经济发展的目标，规划了"六个主攻方向"、"三项基础工作"和28项措施，资本市场在山西经济发展中的作用得到彰显。

【各项业务稳步健康发展】 证券市场融资规模不断加大。2011年，加大宣传推动力度，拓宽直接融资视野和方式方法，多种工具并举。截至12月末，在全国融资比例下降的情况下，山西省资本市场各类融资730.35亿元(核批额度926.45亿元)，较2010年增长108.7%。其中，新增振东制药、仟源药业、百圆裤业3家上市公司，IPO融资21.31亿元。永泰能源、通宝能源、山煤国际3家上市公司顺利进行再融资88.4亿元。大秦铁路、永泰能源2家公司通过发行公司债融资90亿元(核批135亿元)。辖区其他各企业主体通过发行企业债、中期票据、短期融资券等方式融资529.29亿元。

上市公司行业整合与产业升级。2011年，通宝能源、山煤国际、永泰能源3家上市公司完成重大资产重组，涉及再融资金额88.4亿元。漳泽电力通过发行股份购买资

山西证券股份有限公司

产与同煤集团及中电投、山西国际电力进行的重大资产重组已发布公告，相关工作正有序进行，重组金额50亿元。漳泽电力将形成坑口电站、煤电联营和煤电一体化的发展模式，开启山西省“煤电一体化”资源型经济转型发展先河。太工天成正在谋划并购控股股东资产。全年涉及上市公司并购重组金额近120亿元。

私募股权投资基金培育工作取得突破。2011年，举办5场私募股权投资基金专题讲座，9月28日晋中市出台全省首例鼓励私募股权投资政策，11月30日山西第一只规模在20亿元的私募股权投资基金正式成立。

【加强市场监管，促进规范发展】

上市公司日常监管。加大对上市公司信息披露及股价异动、公司治理、并购重组、重大风险、违规及突发事件、年报等方面的监管力度，加强内幕交易综合防控工作，联合山西省发改委、监察厅、国资委、公安厅出台《关于贯彻落实国务院55号文，依法打击和防控资本市场内幕交易的通知》，初步形成辖区内幕信息综合防控体系，全面防范风险。通过加强内部控制规范试点工作，推动上市公司规范运作，建立联席会议制度，有针对性选择10家国有控股大型上市公司与证监会有关领导座谈，解决推进障碍，全面提高了辖区上市公司质量。

证券公司规范发展。完善制度流程，持续做好证券机构行政许可受理、审核和批复全过程公开，有效开展证监会下放首批授权审核部分证券机构行政许可事项的审核工作。加强对证券经纪业务、证券机构负责人及信息技术监管，切实强化证券公司合规管理和风险控制。引导山西证券开展资产管理业务、股指期货套期保值业务，发挥好证券公司在推动资本市场直接融资方面的功能，积极支持证券公司创新发展，不断提高证券公司核心竞争力。

【体制机制建设、改革创新工作有新突破】 2011年，以晋中市为基地，建立资本市场创新发展示范区。指导晋中市出台全省首个鼓励私募股权投资企业发展政策意见。搭建太原高新区面向“新三板”的快捷信息平台。以服务中小企业融资为目的的“五位一体”综合融资平台规划思路已经形成，进入全面论证阶段。同时，规划了若干体制机制性措施。

【金融人才培养和宣传教育工作有新突破】 山西证监局会同省委组织部建立干部交流培训机制。举办15场大型资本市场专题讲座。推行“双千人培训工程”，与省委党校、山西大学等单位联合办学，共同培养山西资本市场后备人才。举办全国首例“企业套保强化培训班”，编辑出版《套期保值理论与实践》。创办《信息专刊》、《资本》等刊物，编写《资本的魅力》，加强与媒体联系，扩大宣传。全省现代金融意识、资本市场意识得到显著提升。

期货管理

【概述】 2011年12月末，辖区共有4家期货公司、26家期货营业部，其中，2011年新增营业部8家。截至12月末，4家公司注册资本金1.92亿元。净资本2.26亿元，比2010年增长5.9%；公司资产总额14.45亿元，下降12.2%。期货经营机构开户数3万户，增长8.3%；客户权益11.63亿元，下降14.8%；代理交易额4.15万亿元，占全国的1.5%，下降54.3%。

【稳步发展期货市场】 不断强化期货公司净资本风险监管和高管人员监管，督促完善法人治理结构和内控制度，提高期货公司控制风险能力。充分发挥“电子眼”功能，做好期货保证金安全存管工作。加强期货营业部监管，提高期货营业部合规经营水平。加强与中金所、大商所等交易所的合作，积极与省直相关部门沟通，充分发挥“五位一体”监管合力，推进期货监管工作再上新台阶。

【维护期货市场正常秩序】 加大稽查工作力度，与省公安厅联合下发《关于建立健全打击和防范证券期货领域违法犯罪协作机制的意见》。利用辖区各类新闻媒体，加强打非和保护投资者宣传。向公安机关移送1起非法证券活动线索。办理立案稽查案件1起、非正式调查案件5起和协查案件5起。提前预判，制定辖区证券期货市场突发事件应急预案和地震应急预案，对证券期货经营机构和上市公司开展防震减灾知识培训。全力做好信访工作，切实保护投资者合法权益。全面推进依法监管，努力提高依法行政水平，维护资本市场正常秩序。

（张　军）

山西经济年鉴

YEARBOOK OF SHANXI ECONOMY

18

科学事业

KEXUE SHIYE

科学事业

科 学 事 业

【2011年山西省科技工作综述】 开展全省科技创新大调研，进一步深化科技管理机制改革和创新，科技支撑产业发展取得新突破。围绕“科技创新跨越工程”的实施，为有效构建科技创新的动力机制，2011年山西省科技厅把科技创新大学习、大调研贯穿全年。涉及11个市35个县(区)140余家科技型企业、园区。在全省科技工作会议上提出了“一年打基础，三年见成效，五年大变样”的“十二五”奋斗目标，并确定2011年为“科技管理创新年”。制定《关于全省科技计划安排的意见》和《山西省科技计划项目绩效评价方案》，组织全省范围的科技计划项目监督检查，通过管理创新促进科技创新。2011年，省级科技计划项目总数减少7%，资金投入强度提高4%。进一步完善《山西省科技发展“十二五”规划》。山西省科技发展指数全国综合排名由第20位上升到第19位。

围绕重点产业和关键领域技术发展需求，集中组织项目攻坚。以优化传统支柱产业、发展战略性新兴产业为中心，围绕各产业需求，继续加强对煤炭清洁生产利用、现代煤化工、装备制造业、新能源新材料、节能减排以及循环经济等领域的科技创新支持，组织一批面向省内行业、重点骨干企业和高新技术企业的重大需求，服务于山西省转型发展的科技项目，其中，包括“年产100兆瓦太阳能电池硅片及成套装备产业化”、“高铁及地铁车辆用钢生产关键技术”等省科技创新计划项目25项，“重型卡车车架关键技术研发”等科技攻关计划项目223项，“‘生贵式’大棚及配套蔬菜栽培技术示范”等产业化项目205项，“粉煤灰制备高比表面硅铝载体”等基础研究计划项目82项。一批重大关键共性技术实现持续突破。仅“煤炭开发利用副产物利用关键技术开发”、“大型煤炭基地高效集约化开采关键装备与技术”、“煤矿全矿井安全生产数字化监测监控及重大灾害预警系统的研究”3个国家科技支撑计划项目的完成，就取得新产品63项，发表论文270篇，获授权专利52项，研制行业标准22项，相关产品和工艺多项填补国内空白，达到同类产品的国际先进水平。“煤间接液化合成油工业示范应用”项目取得重要进展，多项指标达到国际领先水平。“大型宽厚板矫直成套技术装备开发与应用”项目，使大型宽厚板矫直技术与成套装备实现了国产化，每年可为我国大型钢铁企业和机械制造业创造出30多亿元的经济效益。先进不锈钢材料国家重点实验室等单位完成的“超(超)临界电站锅炉用TP347H不锈钢管坯及无缝钢管工艺技术开发”项目，形成企业核心技术秘密22项，打破了我国超(超)临界电站锅炉关键不锈钢材料长期依赖进口的局面。运城市冯树英育成世界独特的F型小麦不育系，并实现三系配套，利用该不育系组配了一批强优势杂交组合，初步试验较普通小麦增产15%以上，有望成为继杂交水稻之后世界又一农业科技的重大突破。“受限空间中光与超冷原子分子量子态的调控及其应用”项目获得国家重大科学研究计划资助，这是山西省第二次主持国家重大科学研究计划。此外，还有高压大容量变频调速设备、MEMS水听器、环锭细纱机、新型太阳能移动电源、高铬铁素体不锈钢等一批极具市场竞争力的产品的研发和投产，成为企业和山西省发展的新的增长点。

*启动组织山西省首批科技重大专项。*山西省科技管理部门把科技重大专项作为全省研发项目的龙头和抓手，2011年首批启动7个，包括煤层气抽采关键技术及示范、现代煤化工关键技术及示范、低碳与循环经济发展技术及示范、装备制造关键技术、电子信息领域关键技术及装备、新能源关键技术、新材料关键技术。在技术目标上，重点攻克一批产业关键共性技术。在资金投入上，省财政投入3000万元专项资金，山西省科技管理部门投入7000万元，带动总投资83亿元。申请国家专利219项，研发新技术128项，建设科技示范工程22个，培养高级人才220人。

*全力推进山西省工业技术研究院、中北国家大学科技园等大型科技创新平台建设。*2011年4月，山西省成立省工研院筹备工作组，力争通过体制机制创新，整合山西省高等院校、科研院所、优势企业的科技资源和生产要素，按照“创业、发

展和提升”三步走发展战略，在较短时间内将工研院逐步建设成山西省转型跨越发展的标志性工程、国家资源型经济转型综改试验区的科技创新特区。山西中北国家大学科技园是经科技部和教育部批准，依托中北大学、山西大学、太原理工大学、太原科技大学4所高校建设的山西省唯一国家级大学科技园。2011年山西中北科技园有限公司承担了科技部高校科技成果转化及大学生创业孵化服务平台项目，科技园新增9家入园企业，园区现有各类企业60家，专业化、规模化的科技企业集群正在初步形成。晋中国家农业科技园区建设、杂交小麦（运城）国家农业科技园筹建工作有突破性进展，晋中国家农业科技园区建设全部启动，杂交小麦（运城）国家农业科技园通过科技部的初评。

加强重大科技创新基地和平台建设，全省科技创新支撑能力和公共服务能力有新提升。2011年，科技工作突出企业主体地位，进一步加强产学研合作，围绕全省科技创新支撑能力和公共服务能力，加快科技成果转化，加强一系列创新基地和平台建设，取得突出效果。完善重点实验室等研究机构在企业的布局，依托企业新建煤与煤层气共采、煤基多联产、乙炔化工3家省级重点实验室。新培育认定4家省级国际科技合作基地。新建山西省交流传动工程技术研究中心、山西省铁路漏斗车工程技术研究中心两家省级工程技术研究中心。新培育国家级创新型企业6家。新认定高新技术企业64家，山西省高企数量达到263家。以四大科技基础条件平台及网络科技环境建设二次开发为重点，组织平台项目26项，覆盖文献资源深度开发、高性能计算平台、云计算及物联网建设等内容，科技文献平台数据总量达到21T，论文2185万篇；科学数据库共享服务平台新增5家参建单位，重点完成山西省煤层气基础数据库的建设；自然科技资源共享服务平台资源信息新入库1.1万余份，总量达6.3万余份；大型科学仪器共享服务平台经2011年更新，现可提供共享服务仪器1309台（套），总值5.61亿元。

以更多良种培育和推广为重心，科技惠农再上新台阶。2011年，农业科技工作以农业增产、科技惠民为目标，扎实开展良种选育和先进适用技术推广工作，实施农作物优种创新工程项目10项，重点开展小麦、玉米、杂粮等粮食作物新品种选育与种质资源创新，同时安排花生、向日葵、脱毒马铃薯等大田经济作物，枣、核桃、番茄、西葫芦等林果菜品种选育项目。以良种培育为核心开展农业科技攻关，可选育农林植物新品种40余个。山西省科技管理部门组织了“谷子新品种大同27号、23号示范基地建设”等15项重大农业技术转化项目，推广示范“油用向日葵567DW新品种”等特色种植技术5项。在全省开展技术试验示范、专家讲座、农民田间学校、惠民服务队等各项活动，有力地推动了农民使用新技术能力的提高和良种的推广。农村技术承包是山西省创立的依托基层科技人员、开展农业科技服务的一种有效组织方式。2011年，山西省科技管理部门组织农村技术承包项目309项，以参加承包的2300余名农业技术人员为主体，在全省农村推广应用新技术50余项，直接培训农民20万人次，培养乡土专家800名，促进了农业增产和农民科技素质的提升。

大力实施知识产权战略，山西省专利年申请量过万件。2011年，山西省专利申请总量10083件，比2010年增长58.7%。其中，标志核心技术的发明专利申请3908件，增长63.5%。知识产权保护进一步加强。2011年共开展执法检查125次，立案10起，结案7起，移送公安机关1起。知识产权服务队伍不断壮大，服务水平不断提高。2011年新增2个专利代理事务所，新增专利代理人8名。知识产权维权援助中心“12330”共接收举报、投诉和维权援助申请案件40多起，案件转交、办结率95%以上。山西省知识产权信息中心重点开发并基本完成“煤化工专利专题数据库”。专利展示交易中心发布专利技术交易项目300余项，促成交易和合作11项，成交金额4100万元。知识产权试点示范工作进一步深入，山西省“国家中小企业知识产权战略推进工程”首批实施单位挂牌，阳泉、长治顺利通过国家知识产权试点城市验收。

以创新机制和扩大交流合作为动力，全省创新环境进一步优化。一是科技金融方面。2011年，山西省创业风险投资引导基金与东方汇融投资管理有限公司、中国电子科技集团合作分别成立规模为1亿元和1.2亿元的子基金，并向山西中电科承担的100兆瓦太阳能电池硅片及成套装备项目进行投资。出资1700万元参与设立规模为5000万元的山西诺亚信投资基金。出资5000万元设立规模为2.5亿元的山西实地新材料创业投资基金。引导基金投资山西信联装备股份有限公司的“铁路转辙机、玉米收割机和喷灌机”项目，合作新设立山西信联机械制造股份有限公司。出资1亿元注册成立“山西省创业风险投资担保有限公司”，公司创新性开展科技融资担保业务以及尝试知识产权抵押贷款担保，为山西省科技成果转化和重大专项实施提供金融保障。与浦发、交通、中信和民生银行开展合作，4家合作银行2011年共为山西省科技型中小企业提供贷款17亿元以上，有力促进了山西省科技型企业的发展。二是科技交流合作方面。积极开展招才引智工作，举办国内外多项科技交流活动，签署多项科技合作协议。国内方面，与山东省科技厅签署科技合作战略框架协议，5个市与山东寿光确定了蔬菜产业发展项目。与中航科工集团、中煤科工集团、北京长城国威科技发展有限公司就省企合作进行对接，省政府与中煤科工集团在中博会期间签订了合作协议。三是科技人才工作方面。认真贯彻落实省人才规划纲要，把牵头和参与的创新型人才建设任务贯穿于科技管理全过程，一批纲要贯彻的措施和政策正在积极制定出台中。积极帮助35名创新、创业人才申报山西省“百人计划”，2011年第一批已入选12人。

积极开展转型综改试验区试点工作，争取国家科技扶持政策和项目投入。制订《山西省国家资源型经济转型综合配套改革试验科技行动方案》、省转型综改区配套政策之一“完善科技、人才支撑体系实施意见”。积极融入国家科技发展战略，大力争取国家有关政策支持和科技投入，积极承接重大科技项目。2011年，山西省有58个重大科技项目入选国家项目库。争取国家科研课题立项360余项，资金超5亿元，达到“十一五”争取国家科技经费的一半。支持长治高新区进行扩区和升级，争取升级为国家级高新区，享受国家高新区的有关政策。2011年，山西省组织承担的“十一五”期间3个重点项目的15个课题全部通过验收，许多技术成果已经得到应用，创造了良好效益。

摘得国家科学技术奖14项，数量为历年之最。2011年度国家科学技术奖评选结果揭晓，由山西省相关单位主持和参与完成的14项科研成果获国家科学技术奖。获奖项目涉及多个领域，获奖数量为历年之最，其中，获国家科学技术进步奖特等奖1项、二等奖13项；主持完成项目4项，参与完成10项。

山西科普惠农绿色通道工程取得新进展。山西省科普惠农绿色通道工程在完善科普惠农服务平台建设，加强科普惠农资源建设，提升科普惠农服务站服务能力，推进科普惠“三老”工作，壮大科普惠农会员队伍，丰富农村实用技术培训手段，创新科普惠农服务模式等方面取得长足的发展。2011年，围绕“搭平台，建队伍，抓示范，强服务”方针，实现建设5个科普惠农优质农产品销售中心店，建设50个省级优质农产品示范基地，建设500个科普惠农服务站(标准店规格以上)，发展5000名农村科技信息员，发展5万名农民会员，通过现代传媒手段培训50万新型农民的“六五”目标。

山西省两项国家科技支撑计划通过验收。由山西省负责组织实施的两项“十一五”国家科技支撑计划2011年在京通过验收。包括“农村卫生适宜技术及产品研究与应用”项目和“煤炭开发利用副产物利用关键技术开发”项目。

企业技术中心撑起山西省工业创新体系。2011年，全省共有18户国家级企业技术中心，数量在中西部省(区)位于前列，提前完成全省“十一五”有关工作目标任务。其中，太钢、太重、天脊煤化工等3户国家级企业技术中心于2009年受到国家发改委等五部委表彰，成为全国近600家技术中心的50强，太钢技术中心位列全国第二位。

《山西省科技重大专项管理办法》发布实施。为保证山西省科技重大专项任务的顺利实施，加强对重大专项的科学、规范、高效管理，2011年12月22日，省科技厅出台《山西省科技重大专项管理办法》。

山西省2011年度国家自然科学基金项目总经费超过1亿元。2011年度国家自然科学基金项目计划任务签订完毕，山西省共有20个单位的248个项目获得资助，总经费超过1.2亿元，立项数和资助经费均创历史新高，国家杰出青年科学基金项目、重点项目、科学仪器专项等重要项目有较大突破。有4个单位总经费超过千万元，各项目单位获资助数量和经费均实现较大跨越。2个单位首次承担国家基金项目，国家基金参与面进一步扩大。

【高新技术产业发展步伐加快，自主创新能力不断提升】 高新技术产业发展步伐加快。截至2011年年底，山西省高新技术企业248家，在煤化工、高端装备制造、新材料等领域培育了一批在全国具有重要影响的高新技术企业。

高新技术成果有效转化。围绕现代煤化工、先进制造等领域，建设潞安21万吨煤基合成油、晋煤10万吨甲醇制汽油产业示范项目等一批重大科技攻关项目。2011年，先后启动和开展了重大产业创新发展工程，筛选109个项目，总投资696亿元。

创新平台和载体建设加快推进。2011年，全省共有工程研究中心6个，工程实验室6个，省级重点实验室28个，省级工程技术研究中心48个，省级企业技术中心140个，国家级企业技术中心20个。太钢、太重、天脊煤化工等3户进入全国技术中心50强。传统产业技术改造力度不断加大，产业结构向高端化、现代化迈进。加快推进信息技术、现代生物技术、循环经济技术及新材料、新能源向传统产业融合、应用和改造，特别是以电子信息技术为代表的高新技术在机械、冶金等行业得到广泛应用。战略性新兴产业布局实施，产业规模和创新能力逐步提升。制定出台山西省关于加快培育和发展战略性新兴产业的意见，确定了重点培育和发展的“7+2”战略性新兴产业，并通过实施“151”工程和相关政策创新，走出一条资源型地区发展战略性新兴产业的新路。

国内最大能力矿井提升机落户同煤。2011年，全球500强企业ABB集团，为同煤集团下属麻家梁煤矿提供了国内提升能力最大的矿井提升机系统，并且在业内首次实现矿井提升机“全载半速”，这一先进技术的应用确保了煤炭生产安全高效。ABB为麻家梁煤矿提供了两套目前我国提升能力最大的提升机系统，包含主机、ACS6000中压传动系统、电机、电控设备、闸控设备、提升容器等全套设备和相关技术服务。ABB提升机设备的滚筒直径达5.7米，有效载荷45吨，具有1520吨/小时的提升能力，居全国首位，有效提高了煤矿的工作效率。

山西率先实现国控企业排放监控全覆盖。2011年12月，山西省提前一年在406家国控重点污染源中安装氨氮自动监控设施291套、氮氧化物自动监控设施454套，在全国率先实现了对国控污染源两项约束性指标自动监控的全覆盖。

山西省煤炭行业依靠科技向“高精尖”转变。2011年，煤炭企业开发出多项具有自主知识产权的科技成果和产品，同煤集团共获发明专利3项，取得14项科技成果，获得7项省部级以上科学技术奖，潞安集团获得相关行业自主知识产权20项，晋煤集团获专利授权12件。山西省各大国有煤矿集团以及各市与国内80多家科研院所、高校等建立了产学研合作关系，仅阳煤集团就与科研院所、高校达成合作项目300多项。煤矿企业技术中心建设发展迅速，同煤集团、潞安集团、晋煤集团、山西焦煤集团及阳煤集团均已建立起国家级企业技术中心。山西煤炭进出口集团等建立了5户省级企业技术中心，市级技术中心已达18户。

世界上首个投运的“基于吸收式换热热电联产集中供热新技术”项目在山西应用成功。“基于吸收式换热热电联产集中供热新技术”

由清华大学建筑节能研究中心于2007年在世界上首次提出，该技术将吸收式换热机组成功大规模应用于热力站中，管网输送能力大大增加，为我国大型热电机组远距离高效供热和对城市既有热网扩容改造开辟了新途径。“华电大同第一热电厂乏汽余热利用示范项目”实现了电厂空冷汽轮机乏汽余热回收130兆瓦，单机余热回收量达到65兆瓦，是目前世界上回收余热量最大的电厂余热回收专用机组。

（宋培贤）

农业科技

【农业科学研究硕果累累】 概况。2011年，山西省农业科学院共开展各类研究课题940项，其中，国家级94项，省级461项，院级385项。在新上的国家级项目中，国家自然科学基金项目1项，国家“863项目”3项，国家星火计划项目2项，国家农业科技成果转化资金项目7项，国家国际合作项目1项，国家支撑计划项目1项，农业部公益性行业项目2项，农业部转基因专项4项，农业部药检所项目9项，其他项目43项；在国家现代农业产业技术体系中，新增岗位专家5人，总数达到12人；新增综合试验站6个，总数达到27个。

2011年全院共鉴定（评审）科研新成果20项，其中，2项达到国际领先水平，14项达到国际先进水平；1项协作科研成果获得2011年度国家科技进步二等奖（参加单位为山西省农业科学院果树研究所），13项科研成果获得2011年度山西省科学技术奖励，其中，一等奖1项，二等奖7项，三等奖5项；2个农作物新品种获植物新品种权，10个农作物新品种通过国家品种审定委员会审（鉴）定，49个农作物新品种通过省级品种审定委员会审（认）定。获国家授权专利23件，其中，发明专利13件，实用新型专利10件。

2011年，全院共发表省级以上科技论文550篇，其中，国家级期刊论文126篇，出版科技著作22部。

一项成果获国家科技进步类二等奖。果树研究所参与完成的“枣育种技术创新及系列新品种选育与应用”，历时26年，开展了大规模枣优异种质发掘、创新和新品种选育。建立起以秋水仙素诱变和花药培养为主要途径、实用高效的枣倍性种质创新体系，探索出胚状体途径免嵌合体纯化一步获得纯多倍体新技术，创造出9个不同倍性枣新种质，培育出世界上第一个四倍体枣品种“辰光”。建立起以“优质、丰产、抗病、熟期配套、用途多样”为目标、分子辅助选择的枣株系选优技术体系，制定出全国迄今唯一的“枣树品种选育技术规程”。从地方主栽和名优品种变异株系中选育出新品种20个，从地方珍稀鲜食枣资源中选育出熟期配套优良品种7个。在不同生态区建立枣种质基因库5个，收集保存种质853份。制定《枣种质资源描述规范和数据标准》，提出枣数量性状概率分级方法，建立了枣功能成分的提取与测定方法。鉴定评价种质405份，筛选优异种质49份。开发出枣种质网络信息平台。选育的系列新品种近3年在冀、豫、晋、陕、京、宁、新等枣主产区推广6.8万公顷，占同期枣新品种推广面积的60%以上，创经济效益14.2亿元，辐射推广到云、浙、湘等地，对推动枣品种换代和农民增收发挥了重要作用。

一项成果获山西省科技进步类一等奖。山西大丰种业有限公司主持完成的“玉米新品种大丰26号选育与推广”，选育出的玉米新品种大丰26号，具有耐密抗倒、高产优质、中秆中穗、多抗广适等特点，籽粒粗蛋白8.7%，粗脂肪4%，粗淀粉71.6%，籽粒容重766克/升。高抗茎腐病，中抗大斑病、粗缩病，抗穗腐病、矮花叶病、感丝黑穗病。山西省早熟组区试，平均亩产689.1千克，比对照增产14.2%。山西省中晚熟高密组区试，平均亩产895.9千克，比对照先玉335增产6.1%。2009年2月通过山西省审定，在全国不同生态、栽培条件下大面积应用，均表现高产稳产。2009～2011年累计推广32.3万公顷，增产41.5万吨，增加社会经济效益6.64亿元。

七项成果获山西省科技进步类二等奖。园艺研究所主持完成的“早熟优质西葫芦新品种晋园六号的选育及应用”，选育出的西葫芦新品种晋园六号，具有早熟性好，长势强，后期不衰，商品性好，产量高，抗病性好等特点。属矮秧型植株，节间短，商品性好，产量高。2008年通过山西省审定。在山西、河南、山东等地大面积推广应用，累计推广3.5万公顷，经济效益45.55亿元。

生物技术研究中心、农业资源与经济研究所主持完成的“农丰4号西瓜新品种的选育与推广应用”，选育出的农丰4号西瓜新品种具有生长势强，田间整齐度好，果皮硬度小，风味好，抗病性、抗逆性强等特点。在全省建立10个示范推广基地，省内外推广4.3万公顷，平均亩增收277.3元，新增产值1.8亿元。

棉花研究所主持完成的“晋棉45号的选育及应用”，选育出的晋棉45号棉花新品种具有生长势强、铃大衣分高、抗逆广适等优势。抗枯萎病、抗黄萎病、抗棉铃虫。2006年3月通过山西省审定，2009年2月通过陕西省引种批准。纤维品质经农业部棉花品质检验中心测定，2.5%跨长27.2毫米，整齐度83.2%，比强度30.6厘牛/特克斯，麦克隆值3.7。2008～2010年在山西运城、陕西关中、新疆哈密棉区累计推广12.2万公顷，取得直接经济效益3.42亿元。

小麦研究所与中国科学院遗传与发育生物学研究所农业资源研究中心主持完成的“抗旱优质专用小麦系列新品种选育与应用”，选育出晋麦78号、晋麦85号抗旱优质专用小麦新品种，具有优质专用、商品价值高，产量因素协调、高产稳产，抗旱节水、抗逆性强等特点，实现了小麦抗旱、高产、优质融为一体的育种目标。参加山西省南部旱地生产试验，晋麦78号、晋麦85号平均亩产277.7千克、306.3千克，比对照分别增产7%、7.9%。分别于2006年、2008年通过省级审定，连续4年被确定为国家及山西省小麦良种补贴主推品种。2007～2010年在省内外推广70.4万公顷，累计增产小麦25万吨，增加社会经济效益4.75亿元。

谷子研究所、高粱研究所和经济作物研究所合作完成的“谷子高异交结实不育系创制及抗除草剂杂交种长杂谷2号选育”，选育出高产抗逆抗除草剂谷子杂交新品种长杂2号，实现了我国中晚熟区谷子杂交种零的突破，是谷子品种改良技术的一次重大突破。选育的其他不育系和恢复系为未来中晚熟区谷子杂交种选育奠定了技术基础。该品种品质优良、商品性好，2009年获二级优质米称号，2009年获中国农博会优秀科技创新产品奖。

蔬菜研究所主持完成的“国鉴优质抗病秋甘蓝早熟品种惠丰4号、惠丰5号的育成与应用”，选育出的惠丰4号和惠丰5号具有早熟性好，品质优，抗病性较强，丰产性好等特点。2009～2011年累计在全国推广7.5万公顷，平均亩增收295元，创经济效益3.35亿元。

果树研究所主持完成的“大樱桃新品种‘红玛瑙’选育及推广应用”，选育出的大樱桃新品种“红玛瑙”，具有品质优，果皮颜色好，果肉酸甜适口，品质上等特点。山西省太原市、晋中市、长治市等地发展“红玛瑙”大樱桃733公顷，山东、河北等地引种试栽。

两项研究成果达到国际领先水平。植物保护研究所和科锋公司主持完成的“农药水基化制剂新技术的研究创制”，通过对靶标表面性质及药液理化性质的研究，深化配方设计与生产工艺，形成微乳剂、水乳剂、悬浮剂等水基化制剂新技术，开发出12个新制剂产品，获农业部农药登记证、工信部生产批准证书及企业生产标准证书。通过对产品进行减量化等使用技术研究，开发出适宜水基化农药使用的新技术。

蔬菜研究所主持完成的“耐抽薹大白菜种质资源创新与新品种选育研究”，针对目前我国耐抽薹大白菜种质资源较少的现状，进行耐抽薹大白菜种质资源创制与新品种选育，获得10份耐抽薹材料。利用耐抽薹优良自交不亲和系选配出8个优势组合，其中，晋春2号春白菜新品种耐抽薹性强、综合农艺性状优良，2011年通过山西省认定。

14项研究成果达到国际先进水平。植物保护研究所主持完成的“山西省黄瓜主要病害抗药性检测及其治理研究”，通过对全省11个市的黄瓜主要种植区进行系统全面的抗药性检测，明确了黄瓜霜霉病、白粉病、灰霉病等主要病害病原菌对甲霜灵、多菌灵、烯酰吗啉等常用杀菌剂的抗性频率和抗性水平，制定了抗药性治理方案。

植物保护研究所主持完成的“山西省生态环境恢复区鼠、兔成灾规律及综合调控技术研究”，首次明确了黄土高原生态环境恢复区鼠、兔群落的消长规律以及各类害鼠与整个生物群落物种间的协同演替及相互抑制关系，创新集成了以抗凝血剂和不育剂为核心的鼠、兔复合群落综合调控技术。整体防治效果达到80%～85%，平均每公顷减少经济损失100元以上，万亩示范区每公顷减少经济损失450元。

农产品加工研究所主持完成的“植物苦参碱络合萃取技术及其应用研究”，利用络合萃取技术，优化了络合萃取剂的组成和萃取工艺参数，得到苦参碱含量70%以上的原药。研究开发植物源苦参碱膏状杀菌剂(苦参碱含量≥0.5%)，完成产品配方、生产工艺、产品技术标准的研究，并依据国家《农药田间药效试验准则》的要求，开展田间药效试验。该产品对苹果、梨树的腐烂病治愈率达到94%以上，防治效果优于目前生产上使用的主要化学药剂。

农产品加工研究所主持完成的“亚麻胶提取工艺研究”，以亚麻籽皮为原料，经冷榨提油、粉碎、水提、胶液分离、浓缩、醇沉、离心分离、脱溶干燥、粉碎得到纯度较高的亚麻胶。研究确定亚麻籽皮粉碎粒度、料液比、提取温度、时间等工艺参数，提高了亚麻胶的提取效率；确定离心分离因数，并采用高速剪切醇沉技术，大幅减少溶剂使用量，降低了能耗。该研究有利于后续工艺对木脂素的提取，提高亚麻籽皮的综合利用，为亚麻籽的综合精深加工开辟了新途径。

农产品加工研究所主持完成的“亚麻籽脱皮分离工艺及设备研究”，确立了亚麻籽脱皮的最佳工艺，研制出亚麻籽脱皮分离系列设备，达到较好的仁皮分离效果。单套设备日加工亚麻籽2吨以上，填补了国内外亚麻籽脱皮工业化设备的空白。

农业环境与资源研究所主持完成的“台党参复合基质栽培功能性食用菌的研究”，以中药材台党参全草为主要原料，筛选出栽培黄伞、灵芝、鸡腿菇、猴头菌的多种配方的培养基，研制出以台党参全草为主料的能够显著提高菌子实体多糖含量的复合基质配方。建立了用台党参复合基质栽培黄伞、灵芝、鸡腿菇、猴头菌的技术工艺，为利用台党参等中药材资源开发生产药用价值更高的功能性食用菌提供了可行的综合配套技术。

园艺研究所主持完成的“北方日光温室观赏凤梨开花调节及产业化关键技术研究”，筛选出观赏凤梨的最佳催花试剂及催花方法，实现了观赏凤梨的花期调控，使凤梨栽培周期由18个月缩短到14个月。研制出适合北方观赏凤梨不同生育时期的专用肥配方。对北方日光温室观赏凤梨的产业化生产具有重要的指导意义。

旱地农业研究中心主持完成的“节水耐旱大花萱草的组培快繁技术研究”，对大花萱4种不同外植体组培方法进行了比较研究，已在全省不同生态区建立种苗繁殖基地，并在省内外推广应用。

畜牧兽医研究所主持完成的“边鸡种质资源保护及遗传特性研究”，通过5个世代的连续家系纯繁，筛选出麻羽单冠青腿、黑羽单冠、白羽单冠、白羽复冠、有色羽复冠等5个具有不同独特表型特征的品系，成功保护了边鸡种质资源。研究提出适合山西省环境资源条件的优质鸡生态养殖综合技术。

畜牧兽医研究所主持完成的“石榴皮提取物对鸡大肠杆菌病疗效的研究”，采用石榴皮提取物可使双黄连对鸡大肠杆菌病的疗效提高17.2%，通过在发生大肠杆菌、沙门氏杆菌病的雏鸡28万只、青年鸡27万只、产蛋鸡18万只、肉仔鸡458万只中应用，取得良好的治疗效果，经济效益达123万元。

畜牧兽医研究所主持完成的“中国西门塔尔牛太行类群选育提高与养殖配套技术研究”，采用开放核心群的选育技术路线，对中国西门塔尔牛太行类群采取级进杂交和导入杂交相结合的育种模式，优化了牛群结构，形成一套中国西门塔尔牛太行类群养殖配套技术。

农产品加工研究所主持完成的“花椒籽油精炼工艺研究”，该工艺提高了精炼花椒籽油的得率，降低了炼耗比，简化了工艺，经济效益和环境效益显著提高。

饲料科技研究中心、山西威科饲料科技公司和山西汇福科技发展有限公司共同主持完成的“奶牛综合营养调控研究与高效饲料的研制开发”，该产品可平均提高产奶量12%，提高乳脂率7.3%，试验牛平均年产7280千克标准乳。

高粱研究所与经纬（集团）通用机械公司合作完成的“高粱单粒精密播种机的研制及配套栽培技术研究”，研制开发了新型机械单粒排种器，较好地解决了舀种、清种和输种等关键问题，研究出适宜单粒精密播种的集耕作整地、宽行密植、肥料运筹、化学除草为一体的综合配套栽培技术，实现了农机农艺的紧密结合，节本增效，经济效益显著。

10个新品种通过国家级审（鉴）定。高粱研究所选育的酿造高粱新品种晋杂104，属半糯型高粱杂交种。平均生育期113天，平均株高169.6厘米，穗长35.2厘米，穗粒重69.4克，千粒重26.8克。籽粒粗蛋白8.5%、粗淀粉74.6%、单宁1.1%、赖氨酸0.3%。在全国区试、生产试验中丝黑穗病自然发病率为零。2009～2010年参加全国区域试验，平均亩产427.4千克，比对照两糯一号增产23.5%。2010年参加全国高粱生产试验，平均亩产408.5千克，比对照两糯一号增产24.8%，居第一位。适宜在四川、重庆、贵州、湖南、湖北等地种植。

高粱研究所选育的糯高粱杂交新品种晋糯2号是我国浓香型、酱香型名酒优质专用原料。平均生育期128天，平均株高169厘米，穗长29.6厘米，穗粒重62.3克，千粒重28.2克，褐壳红粒，纺锤形穗，幼苗绿色。籽粒粗蛋白9.2%、粗淀粉73.1%、单宁1.04%、赖氨酸0.2%。丝黑穗病自然发病率为零。2009～2010年参加全国高粱品种酿造组区域试验，平均亩产406.6千克，比对照“两糯一号”增产17.5%；2010年参加全国高粱品种酿造组生产试验，平均亩产374.3千克，比对照增产14.3%。适宜在四川、贵州等南方高粱区和山西中部以南等北方高粱区种植。

高粱研究所选育的饲草高粱新品种晋草6号，生育期128天，株高230.7厘米，叶病轻，抗紫斑病、抗旱，倾斜率10.5%，倒折率6.3%。茎叶粗蛋白8.3%、粗纤维22.8%、粗脂肪18.0克/千克。茎秆多汁，刈割后植株再生力强，生长速度快，茎叶鲜嫩适口性好，是牛、羊、鱼等的优质饲料。丝黑穗病自然发病率为零。2009年参加国家区域试验，平均亩产鲜草6053.4千克，居第3位，比对照皖草2号增产3.5%。2010年在全国14个试验点中，平均亩产鲜草6189.5千克，居第2位，比对照皖草2号增产7.8%。适宜在活动积温2300℃以上的区域种植。

谷子研究所选育的谷子新品种长农39号，生育期122天，属春播中晚熟品种。株高135.9厘米，穗长23.3厘米，穗重19.2克，穗呈纺锤形，穗松紧度适中，穗粒重15.1克，出谷率78.8%，千粒重3克，白谷黄米。粗蛋白12.7%，粗脂肪3.5%，维生素B1为0.55毫克/100克，直链淀粉15.5%，品质优，商品性好。2009～2010年参加国家区试，两年平均亩产322.9千克，比对照长农35号增产9.5%，居参试品种第2位。2010年参加生产试验，平均亩产331千克，比对照长农35号增产16.9%，居参试品种第2位。

谷子研究所选育的谷子新品种长生08，生育期131天，属中晚熟品种。幼苗、叶鞘绿色，穗为纺锤，株高151厘米，穗长23.7厘米，穗粗2.8厘米，单穗重31.1克，单穗粒重24.9克，出谷率80%，千粒重3.1克，穗松紧中等，刚毛短，籽粒圆，黄谷黄米，抗病、抗倒、抗旱，综合性状优良，熟相好。粗蛋白12.9%，粗脂肪3.8%，直链淀粉（占淀粉重）20.8%。2009～2010年参加国家区试，两年平均亩产317.7千克，比对照长农35号增产7.8%。2010年参加生产试验，平均亩产319.6千克，比对照长农35号增产12.9%。适宜我国北方中晚熟春播区种植。

经济作物研究所选育的大豆新品种汾豆79号，生育期112天，株型收敛。株高82.8厘米，单株有效荚数38.2个，单株粒数80.5粒，单株粒重17.9克，百粒重22.8克，粗蛋白41.3%，粗脂肪21.2%。抗花叶病毒病。2010年参加生产试验，平均亩产195.2千克，比对照邯豆5号增产8.5%。适宜在山西省南部、河南省中部、河北省南部、山东省中部及同类地区夏播种植，尽量避免在大豆重茬地种植。

经济作物研究所选育的芝麻新品种汾芝7号，生育期103天。主茎果轴长度76厘米，单株蒴数72.5个，每蒴粒数92.5粒，千粒重2.6克，籽粒长椭圆形。含油量53.9%，蛋白质含量21.9%。两年区试，平均亩产65.6千克，比对照种冀芝1号增产11.9%。2010年生产试验，平均亩产65.5千克，比对照种冀芝1号增产11.4%。适宜在山西、陕西、河北、河南、辽宁、吉林芝麻主产区种植。

棉花研究所选育的强筋小麦新品种舜麦1718，半冬性中熟，阶段发育表现为前慢、中稳、后快，根系发达抗冬冻，抽穗略晚避春冻，千粒重42±8克，稃粒性好，茎秆弹性较好较抗倒伏，蛋白质14.5%，湿面筋30.7%。2008～2010年黄淮北片水地B组区试，两年平均亩产519.3千克，比对照石4185平均增产3.4%。2010～2011年黄淮北片水地A组生产试验，增产点率100%，平均亩产564.3千克，比对照石4185增产4.3%。适宜在晋豫冀秦鲁徽黄淮北片麦区水地，晋冀北部晚熟冬麦区高水肥地种植。

小麦研究所选育的尧麦16，属半冬性晚熟品种。亩成穗数多，冬季抗寒性好。春季生长稳健，两极分化快。株高83厘米，茎秆蜡质，弹性差，抗倒性较差。耐旱性好，耐后期高温，成熟落黄好。穗层较厚，穗长，穗顶部结实性一般。亩穗数47.2万穗、穗粒数34.1粒、千粒重40克。抗寒性较差，高感叶锈病、白粉病、赤霉病、纹枯病，中抗条锈病。2009年、2010年品质测定：籽粒容重815克/升、800克/升，硬度指数62（2009年），蛋白质含量14.4%、

13.2%；面粉湿面筋含量 31.8%、29.4%。2009～2010 年度续试，平均亩产 546.5 千克，比对照石 4185 增产 11.1%。2010～2011 年参加生产试验，平均亩产 580 千克，比对照石 4185 增产 7.2%。适宜在黄淮冬麦区北片的山东省、河北省中南部、山西省南部高中水肥地块种植。高水肥地注意防倒伏。

作物科学研究所选育的谷子新品种晋谷 51 号，幼苗绿色，苗期长势整齐，茎秆粗壮，穗紧粒饱，耐旱抗倒，高抗红叶病、黑穗病、白发病，后期不早衰。株高 141.2 厘米，穗长 21.1 厘米，穗重 19.9 克，穗粒重 15.6 克，出谷率 78.8%，千粒重 3.2 克，黄谷黄米，蛋白质 11.6%，脂肪 3.8%。太原地区生育期 120 天左右。2009～2010 年参加国家区试，两年平均亩产 339.2 千克，比对照增产 15.1%，居参试品种第 1 位。2010 年生产试验，平均亩产 329.9 千克，比对照增产 16.5%。适合山西省谷子中晚熟区及无霜期 150 天以上的西北春谷中晚熟区种植。

【农业技术推广示范行动取得新成效】 *农业技术推广示范行动纳入省政府重点工作目标责任，同时被省政府列为财政强农惠农十大政策。*2011 年，省农科院按照发展山西特色现代农业的要求，紧紧抓住“一村一品，一县一业”这条主线，围绕核心示范上水平，推广辐射上规模这个中心，做到高产、高效和节本增效相结合、技术创新和技术集成相结合、技术进村入户和农民相结合。500 名科技人员在全省 50 个县实施 50 个农技推广项目，推广新品种 230 个，集成 258 项先进适用技术，配套 30 项高产高效技术模式，累计示范 5867 公顷，累计推广 18 万公顷，粮、棉、油、瓜、果、菜、畜牧、食用菌、药材、贮藏保鲜等示范推广累计增加社会经济效益 12.3 亿元。

*集成配套 30 项高产高效技术模式。*主要示范推广的技术模式有：玉米农机农艺相结合超高产技术，晋南小麦—玉米一年两作高产技术，晋东南玉米秸秆覆盖旱作高产技术，旱作粮菜节水高产高效种植技术，晋中小麦—蔬菜高产高效技术，渗水地膜“VVV 型”覆盖旱作高产技术，晋东南小麦复播大豆一年两作高产高效技术，大同春玉米套种蔬菜立体种植高产高效技术，谷子“112”简约高产栽培技术，甜糯玉米两茬及复播蔬菜高效种植技术，调控施肥技术，玉米深松耕农机农艺配套高产栽培技术，大豆“促控型”高产栽培技术，脱毒马铃薯高垄、宽行种植高产技术，酿造专用高粱高产高效栽培技术，玉米豌豆套种复播荞麦立体高效种植技术，优质抗虫棉高产、抗逆、防早衰技术，露地蔬菜高产高效种植技术，设施蔬菜高产高效种植技术，设施蔬菜水肥一体化高效技术，旱地幼龄果树立体种植技术，苹果高光效树形技术，设施瓜果立体高效栽培技术，鲜食枣套袋防裂果高产高效技术，小型节能冷库及果蔬贮运高效保鲜技术，核桃旱作高产高效栽培技术，新型无公害苹果高效生产技术，枣无公害优质高效生产技术，药粮间作立体高效种植技术，废弃果枝资源化生产香菇技术等。

*创建一批高产示范样板。*包括临汾市优质小麦玉米一年两熟超高产示范，高淀粉玉米品种高产技术集成与示范，晋西丘陵区油料作物简约化技术集成示范，盐碱地青贮专用玉米高产高效技术示范，大豆“促控型”高产栽培技术示范，小杂粮新品种及高产技术示范推广等。

*加强科技服务和培训。*以“农民科技日”活动为载体，强化示范行动项目与地方政府及涉农部门的联系，促进科研与生产良性互动。2011 年，开展“农民科技日”86 次，与 65 个县进行了对接。开设专家服务热线电话，在山西农业科技信息网上构建农业技术推广平台，首席推广专家开设微博，发布实用信息、农时关键时节管理措施、病虫害防治及防灾减灾措施，适时报道最新科研成果，解答全省农民群众在农业生产中遇到的技术难题，全年共解答农民提出的各种问题 2080 余项(次)。

通过《山西日报》和《山西农民报》向社会公布 119 名专家的姓名、职称、专业特长和联系方式，为农民提供农业科技“自助餐”，农民可以有针对性地选择专家进行咨询，解决生产中存在的问题，全年专家累计接听咨询电话 1.6 万个，解答率在 95%以上。

2011 年，全院开展各类培训 1226 次，培训骨干农民技术员 7.5 万余名，培训农民 106 万人次，发放技术资料 126 万余份。

（张敬忠）

社会科学

【深入开展十七届六中全会《决定》和中国特色社会主义理论体系的学习研究】 *关于十七届六中全会《决定》和胡锦涛重要讲话的研究。*高建生撰写的《以高度的文化自觉和文化自信建设社会主义文化强国》(《前进》2011 年第 11 期)，论述了党的十七届六中全会通过的《关于深化文化体制改革 推动社会主义文化大发展大繁荣若干问题的决定》，向全党提出了建设社会主义文化强国的任务。要求我们必须以高度的文化自觉和文化自信，深刻认识文化在中国特色社会主义伟大实践中的重要作用，在推进改革发展的实践中，更好地激发文化的创造活力，促进文化的发展繁荣，不断开创社会主义文化建设新局面。艾斐撰写的《创新是文化发展的动力》(《人民日报》2011 年 12 月 6 日)，论述了党的十七届六中全会在为文化制定发展战略的同时，也赋予文化以创新内涵，要求“把创新精神贯穿文化创作生产的全过程”。实现文化的繁荣与发展是一个重大时代命题，而如何才能真正实现文化的繁荣与发展，创新的意义尤为重大，没有创新就没有文化的生存条件和发展空间，创新不到位，文化就会失去应有的活力与魅力。

*关于中国特色社会主义理论体系的研究。*李少斐撰写的《人类文明成果与中国特色社会主义》(《理论探索》2011 年第 3 期)，论述了建设中国特色社会主义决不能偏离人类文明发展大道。中国特色社会主义以承接人类一切优秀文明成果为必要前提条件。中国特色社会主义是从人类优秀文明成果出发，并在人类优秀文明成果基础上不断推进

的。中国特色社会主义的新境界要在马克思主义指导下，在共享共用人类文明成果的同时不断开辟。袁捷撰写的《建设社会主义核心价值体系——为文化立魂》(《生产力研究》2011 年第 7 期)认为，文化建设的战略地位在当代中国得到前所未有的提升，文化战略地位的提升凸显了社会主义核心价值体系的重要意义，社会主义核心价值体系是社会主义意识形态的本质体现，是社会主义文化的灵魂，建设社会主义核心价值体系就是为文化立魂。李中元的《以改革创新精神推进社会主义核心价值体系建设》(《前进》2011 年第 12 期)，论述了要始终坚持以改革创新的精神推进社会主义核心价值体系建设，推动社会主义文化大发展大繁荣。李青撰写的《中国特色社会主义核心价值的凝练》(《当代世界与社会主义》2011 年第 5 期)认为，凝练中国特色社会主义核心价值应体现三方面要求，即坚持科学社会主义的根本价值追求、反映科学社会主义价值追求不断发展的实践历程和根植于中国实际与中华民族优秀的传统文化并具有现实指导性。按照这样的要求，中国特色社会主义的核心价值可概括为“人本、平等、互助、和谐”。

【突出山西特色问题的研究】 晋文化研究。周子良撰写的《论山西票号的习惯法体系》(《山西大学学报》2011 年第 2 期)采用法律社会学的方法对山西票号习惯法进行体系化和整体化的研究。他认为，在晋商习惯的基础上，山西票号形成了自己的习惯法以及习惯法体系，但是这一体系是不完整的。票号习惯法体系的不完整性阻碍了票号更大规模的联合——组建银行。而票号未能组建银行，是山西票号衰败的主要原因之一。成艳萍、阎晶撰写的《对晋商茶帮贸易战略决策的 SWOT 分析》(《经济问题》2011 年第 6 期)，文章运用 SWOT(态势分析法)原理对晋商茶帮战略决策的依据进行分析。该文为教育部人文社会科学研究基金资助项目阶段性研究成果。王福兰、刘荣明撰写的《传统人际关系对晚清晋商票号发展的制约作用》(《晋阳学刊》2011 年第 5 期)认为，明清晋商商业成就的内在支撑之一是其对传统人际关系的独特理解和应用，但这种传统人际关系发展到晚清时期逐渐表现出难以化解的弊端，使晋商在列强侵略、国势衰败、时局动荡的环境中没有及时转型为现代企业，最终烟消云散。高兴玺撰写的《晋商聚落市居空间环境与店铺民居形态研究》(《科学技术哲学研究》2011 年第 4 期)认为，晋商聚落从市居空间环境的空间形态、景观特色、建筑形式等方面实现了传统民居的变异，将市

山西省第九届精神文明建设“五个一工程”优秀作品奖获奖名单

题　　目	作　　者
《用社会主义核心价值体系引领社会思潮》	长治市委宣传部课题组(执笔:刘旺成、李常宏、李卫东、王慧忠)
《再造一个新山西》	山西日报社(执笔:兰炎平、姚晋平)
《城市转型发展战略的重大抉择——太原建设特色文化名城的宏观背景和重要意义探析》	太原市委宣传部白晋虎
《以转型发展为主线扎实推进临汾经济跨越发展》	临汾市委转型发展跨越发展研究课题组
《用科学性保证公信度——对改革和完善干部选拔任用工作的几点思考》	山西省委党校理论研究中心
《后 WTO 时期山西省农业产业化经营研究》	山西省社科联课题组
《论“大救援精神”》	山西日报编辑部(执笔:赵峻青)
《怎样让青春更闪亮——关于山西省实施大学生村官战略的调查与思考》	山西省社会科学院贾桂梓
《山西提升文化软实力的对策研究》	山西省社科联课题组
《我国居民财产性收入分析及增加对策》	山西省委党校刘兆征
《坚持以城带乡城乡共建创建城乡一体文明城市》	晋城市委宣传部朱莉
《公共行政视野下的我国新医改实施方案》	阳泉市委党校杨建荣
《中国特色社会主义理论体系大众化的路径选择》	太原理工大学李伟杰
《山西环保道路》	山西省环境保护宣传教育中心李景平
《“文化软实力”与山西创意文化经济发展研究》	山西省社会科学院贾克勤
《如何提升我国现代煤化工产业国际竞争力》	山西省商务厅蒋鹏
《转型发展:资源型城市科学发展之路》	孝义市委张旭光
《加强城市形象宣传提升大同软实力》	大同市委宣传部课题组(执笔:郭尚元)
《产业化是我省非物质文化遗产继承的必然途径》	朔州市社科联尚连山
《新闻立台:梦想照耀现实》	山西省广播电影电视局任志宏
《晋中八大文化品牌系列调研报告》	晋中市委讲师团课题组
《农村主导产业科技合作社调查——以运城为例》	运城市委党校课题组

集与民居巧妙地联系起来，合理地解决了市集与居住这两种空间动与静、开放与私密的矛盾，丰富了聚落的空间层次和环境景观，对现代建筑与环境艺术具有理论意义和实践价值。成艳萍、王阿丽撰写的《恰克图茶叶贸易相关的人员流动分析》（《山西大学学报》2011年第3期），文章以清代晋商为主导的恰克图贸易为视角，揭示了恰克图贸易中所隐含的经济早期近代化特征。该文为教育部人文社会科学研究基金资助项目成果。王渊撰写的《刍议山西票号经营管理制度的形成环境》（《经济问题》2011年第11期）提出，称雄中国金融业百年之久的山西票号具有一整套独到的经营管理制度，对现代商业银行具有一定启示和借鉴意义。郝平、董海鹏撰写的《碑刻所见1695年临汾大地震》（《晋阳学刊》2011年第2期），通过对地震碑刻的解读，深刻认识地震与区域社会的生存、发展之间的关联，以期进一步丰富山西地震社会史研究。该文为教育部社科基金“大地震与明清山西乡村社会变迁”研究成果之一。渠桂萍撰写的《儒家思想与中国对西方文明的惰性反映——从徐继畬的〈瀛环志略〉谈起》（同上，第3期），被《新华文摘》2011年第11期以论点摘编形式转载。刘晓峰撰写的《汾河流域古代水资源管理制度研究》（同上，第4期），为国家自然基金项目研究成果。张玉勤、张辉杰撰写的《晋文化是东周时期的主体文化》（《山西师大学报》2011年第3期）指出，东周时期以山西晋南侯马地区为中心发展起来的晋文化，不只是一般意义上的地方文化，它是融合中原文化、北方文化和诸多文化成果形成的，在当时是最先进、最具有时代代表性的历史文化。东周文明，特别是东周时期的中原文明，很大程度上是由它来体现的。由太原市晋祠博物馆、太原傅山研究会编著的《纪念傅山国际学术论文集》（中华书局2011年版），收集了傅山先生诞辰400周年国际学术讨论会论文50余篇，全面论述了傅山先生在书法、医学等方面的成就。为山西晋文化、傅山学的全面研究提供了丰富的文献资料。

文化强省的研究。贾明建、申长平主编的《文化与山西社会经济发展》（经济科学出版社2011年版），该书明晰了文化在山西社会经济发展中的定位，理顺了文化与山西社会经济发展的关系，提出建设山西特色文化强省的思路，构建出山西社会经济发展的新路径，对山西转型跨越发展提供了重大的理论参考，具有重要的现实意义。艾斐撰写的《文化产业的精神规范与价值取向》（《红旗文稿》2011年第22期）认为，文化产业必须顾及文化的特点、符合文化的要求、具有文化的品质，在其产品和服务中鲜明而突出地传达出丰富的思想内蕴、正确的价值导向和积极的精神追求，而决不能把文化产业混同于或等同于其他产业。王青峰、董红琴撰写的《发展山西文化产业的着力点》（《理论探索》2011年第2期）提出，在当前和今后相当长的时期内发展山西文化产业必须做好以下几方面的工作：提升“一把手”的文化自觉性，建立煤焦反哺文化产业发展机制，调整文化产业结构，实施“三步走”文化产业发展战略等。潘勋科撰写的《关于新农村文化建设的几点思考——以山西L市三个试点村为例》（《山西师大学报》2011年第1期），文章通过对L市三个新农村建设试点村微观层面的考察，发现其中一些具有普遍性的特点，由此提出新农村文化建设的一些思考：一要重新审视新农村建设的方向，二要重新审视文化建设的组织、管理，三要重新审视农村文化的价值，四要重新认识农村和农民。贾克勤的《“文化软实力”与山西创意文化经济发展研究》获第九届山西省精神文明建设“五个一工程”优秀作品（理论文章）奖。

转型跨越发展研究。李志强、容和平主编的《山西资源型经济转型发展报告（2011）》（社会科学文献出版社2011年版），该书以“山西省国家资源型经济转型综合配套改革试验区”为研究对象，紧紧围绕“山西资源型经济转型发展”主题，对山西资源型经济转型发展中重大政策和实践问题进行实证分析，致力探索山西资源型经济转型发展的新思维、新动力、新机制、新路径和新模式，提出具有可行性及可操作性的政策建议。丁月华、任媛撰写的《耗散结构理论对山西省转型跨越发展的启示》（《山西高等学校社会科学学报》2011年第11期）指出，耗散结构理论认为，系统处于动态有序必须满足四个条件：系统必须开放，远离平衡态，非线性相互作用，涨落现象。该理论给山西省转型跨越发展的启示是：必须以开放的胸怀、主动的姿态，从外界引入“负熵流”；实施非平衡战略，培育山西省的增长极，带动整个经济的全面可持续发展；树立非线性思维，推动具有战略性的新兴主导产业的多元崛起；利用涨落，切实推动经济的转型。卢建明撰写的《山西转型跨越发展的现实路径——基于山西省与中部及周边省份的比较分析》（《理论探索》2011年第3期）认为，推进国家资源型经济转型综合配套改革试验区建设，更好地实践转型跨越发展，山西必须全面实施多元发展战略，千方百计地增加城乡居民收入，全方位创优民营经济发展环境，坚持走低碳发展之路，建立健全科技教育经费投入机制，着力统筹城乡发展。于晓媛撰写的《山西文化旅游业转型跨越发展战略思考》（《理论探索》2011年第6期）指出，要实施政府主导战略，把文化旅游业作为“一把手”工程来落实；实施精品带动战略，打造一批具有市场竞争力的文化项目和精品旅游区；实施配套工程战略，不断加强旅游基础设施建设，完善旅游配套服务设施，改善旅游发展环境。葛维琦的《战略性新兴产业推进山西转型跨越“加速跑”》（《现代工业经济和信息化》2011年第4期），文章认为战略性新兴产业是引导未来经济社会发展的重要力量。加快培育和发展战略性新兴产业，是我国应对金融危机冲击、着眼长远发展的重大战略选择，同时也为山西推进转型发展、实现跨越发展提供了历史性的机遇。陈新风的《“综改区”助力山西循环经济发展》（《经济师》2011年第8期）指出，山西是全国的第九个综合配套改革实验区。山西作为全国的能源原材料基地，资源型经济转型综合配套改革实验区为循环经济发展提供了新的契机，围绕煤、延伸煤、

拓展煤，实现能源原材料基地向循环经济大省的跨越。

【围绕重大纪念日开展理论研究】 建党90周年的研究。2011年是中国共产党成立90周年。山西各界组织开展了丰富多彩的纪念活动，山西社科理论界积极探索，发表了一批纪念文章。李茂盛撰写的《从革命、建设、改革中看中共之伟大》（《沧桑》2011年第4期）一文，通过回顾这90年的历史，从革命、建设和改革三个方面，来举证党的伟大之处。王志超撰写的《三次成功转型，铸就九十年辉煌——写在中国共产党90华诞之际》（上下）（《学术论丛》2011年第3、4期）认为，回顾中国共产党90年的光辉历程，主要是实现了从成立到真正革命型政党的转变、从革命型政党到执政型政党的转变、在执政条件下把党的工作重心转移到建设社会主义、发展社会主义的发展型政党这样3次成功的转型。田喜荣撰写的《大力弘扬太行精神 推进转型跨越发展》、谢海撰写的《坚定的理想信念是推动科学发展的强大动力》、李高山撰写的《马克思主义中国化与中华民族伟大复兴》、张铁锁撰写的《值得永远铭记和纪念的红色山西》、葛中兴撰写的《始终坚持党管武装原则 巩固发展军政军民团结良好局面》、李中元撰写的《坚定不移地高举中国特色社会主义伟大旗帜》（均载《前进》2011年第7期）等12篇文章都是在山西省纪念中国共产党成立90周年理论研讨会上的交流发言材料。沈乔撰写的《弘扬山西红色文化 拓展党员教育平台》（《沧桑》2011年第4期）指出，重温中国共产党在山西走过的90年历程，梳理山西红色文化，拓宽基层组织党员教育平台，使广大党员干部从蕴意深刻的山西红色文化中汲取奋进力量，对于推动山西转型跨越发展具有重要的现实意义。王岚撰写的《红歌在思想政治教育中的积极作用》（《东方企业文化》2011年第20期）指出，红歌以其特有的魅力既表现了其艺术性，又表现出教育功能的一面。通过传唱红歌对于宣传爱国主义思想和党的优良传统起到了积极的作用。

纪念辛亥革命100周年的研究。出版、发表的成果主要有：由山西省地方志办公室编的《山西辛亥革命史》（山西人民出版社2011年版），全书50万字。收录了山西省政协文史资料委员会已故主任刘存善先生1991年的遗著《山西辛亥革命史》，同时还收录了孙中山先生在太原六次演讲等重要文献；山西辛亥革命领导人阎锡山、南桂馨、张树帜等人的回忆录和日记以及部分较有价值的研究文章。谢克昌主编的《孙中山与山西》（团结出版社2011年版），全书共118万字、300多幅图片，真实地再现了孙中山先生当年莅临山西的情况。陈文秀撰写的《辛亥革命在山西》（《党史文汇》2011年第10期）指出，辛亥革命不仅推翻了媚外、专制、腐败、无能的清朝政府，而且结束了统治中国几千年的封建君主专制制度。在近现代史上，山西是有着光荣革命传统的省份。辛亥革命时期，它是全国举义最早的省份之一。路畅撰写的《论辛亥革命前后的学堂乐歌》（《教育理论与实践》2011年第9期）指出，辛亥革命前后，学堂乐歌从兴起、发展直至产生广泛的影响，经历了一个创作形式和内容上的变化过程，这种变化的背后恰是资产阶级民主革命和剧变时代社会进程的反映。介子平撰写的《辛亥三废》（《名作欣赏》2011年第10期）认为，辛亥革命，推翻帝制，开启民智，主张民生，国人风貌为之一新。张德一撰写的《太原辛亥起义》（《山西社会主义学院学报》2011年第3期），文章认为，太原辛亥起义在整个辛亥革命中，不仅时间较早，而且起了极为重要的作用。

【其他学科方面的研究】 哲学与思维科学方面的研究。杨春权、田辉撰写的《“范式”范畴在马克思主义哲学使用中的几个问题》（《山西师大学报》2011年第3期）指出，“范式”概念在马克思主义哲学中广泛使用。学界甚至有人用这一概念来指称不同学者、不同学派在马克思主义哲学研究上的分歧和差异。这种做法不严谨，也不科学。乔瑞金、师文兵撰写的《从人的解放看马克思主义技术哲学传统的多重意蕴》（《科学技术哲学研究》2011年第3期），为教育部人文社科研究重大项目“后现代文化中的技术解释”、国家社科基金项目“英国新马克思主义社会批判理论研究”成果。殷杰、杨秀菊撰写的《“上帝隐退”之后——科学诠释学的发展历程》（《山西大学学报》2011年第1期），为教育部人文社会科学重点研究基地重大项目、霍英东教育基金会高等院校青年教师基金项目成果。赵斌撰写的《进化论的语境分析》（《科学技术哲学研究》2011年第2期）认为，从进化论解释的多元性不难发现，语境在不同的理论或模型表征中发挥着重要的影响，用语境分析的方法来进行进化论乃至生物学哲学的研究无疑具有重要的实践意义。该文为教育部人文社会科学研究基金项目成果。魏屹东撰写的《怀疑论难题与认识的语境论的解决策略》（《社会科学》2011年第10期）认为，在梳理认识的语境论与怀疑论的争论的基础上，阐明认识的语境论是对我们认识判断的最佳解释。马春茹撰写的《价值观的功利化与中国文化转型的任务》（《山西高等学校社会科学学报》2011年第6期），认为在我国，价值观的功利化不仅从现实、历史和文化三个层面都有鲜明的表现，而且还有其深广的思想渊源。功利化的价值趋向，已经成为我国现代转型的一大障碍，其根源在于长期以来所形成的我国文化中公私不分的传统。我们应当在深入挖掘并融合中西方有关公私关系思想资源的基础上，形成适应中国实际的新的公私关系思想，将我国的现代化转型导向光明的未来。这也是我国文化转型所面临的任务。田辉撰写的《辩证法在东、西方发展的不同命运——兼谈哲学研究中的方法论问题》（《晋阳学刊》2011年第6期）指出，我们在辩证法研究中之所以出现种种困惑，就在于没有从范式的高度去看待东西方的研究成果。东西方学者的研究可以概括为两个范式：“研究马恩辩证法之间关系”的范式和“关注辩证法应用”的范式。耿振东专著的《〈管子〉研究史（战国至宋代）》（学苑出版社2011年版），该书为诸子研究丛书之一种，对宋以前的《管子》研究作了初步探讨。耿振东撰写的《齐桓称霸的历史诠释——以荀卿、韩非、司马迁、苏轼为中心》(《哈尔滨学院学报》2011年第12期),认为“五霸,桓公为盛。”历代学者对齐桓称霸成功的原因多有探讨。高专诚撰写的《从三晋文化视角看待荀子思想和学术成就的历史定位问题》(《山西社会主义学院学报》2011年第4期)认为,荀子的思想和学术成就是多方面的,是整体的先秦文化的一部分,从三晋文化的视角研究荀子思想和学术成就的历史定位问题既是重要的,也是必要的。韩向明、韩燚撰写的《简论社会心理学的知识体系》(《山西大学学报》2011年第2期),文章通过对多种社会心理学教材的研究,认为社会心理学的基本知识应包括四个方面,主张以社会化作为社会心理学的逻辑起点。王姝彦撰写的《心理学解释的层次与衔接问题》(《哲学研究》2011年第8期),该文分析了自主的心灵、功能的心灵、表征的心灵以及神经计算的心灵四种图像对衔接问题给出的不同回应,以语境论的视觉对之进行了重新解读,并在此基础上提出了第五种语境论的心灵图像。该文为国家社科基金项目、教育部人文社科重点研究基地重大项目、中国博士后科学基金项目研究成果。王姝彦撰写的《自然主义命题下意向性问题的理论要旨——基于当代心灵哲学的分析》(《科学技术哲学研究》2011年第1期),为教育部人文社会科学研究基地重大项目、中国博士后科学基金、山西省回国留学人员资助项目研究成果。刘安荣专著的《山西天主教史研究(1620～1949)》(北岳文艺出版社2011年版),全书30万字,对300多年来山西天主教的发展历史等进行了系统的研究。王臻荣撰写的《论宗教在民主政治中的功能》(《山西大学学报》2011年第5期),基于对世界上不同国家宗教与政治的关系考察,发现实行政教合一或者绝大多数公民不信教的国家往往实行的是集权政治,而实行政教分离且一种宗教势力比较强大的国家一般都实行民主政治,这充分说明宗教与国家政治存在一定的关联。刘安荣撰写的《山西地方官与山西天主教》(《沧桑》2011年第2期),文章对天主教自传入山西以来到民国时期地方官对天主教会及教徒的态度、政策进行了较系统的梳理和研究。王国棉撰写的《五台山佛教在唐代的对外交流》(《五台山研究》2011年第1期)认为,五台山佛教在唐代的对外交流影响巨大,成为沟通与其他国家友好交往的中介。崔玉卿撰写的《科技支撑在五台山世界文化景观遗产中的作用》(《五台山研究》2011年第2期)指出,世界遗产的保护与开发是一个新的课题,而科技支撑在世界遗产中的作用不可忽视。在五台山世界文化景观遗产中科技支撑已起了巨大的作用,然而目前存在的问题日益凸显,未来保护与开发任重道远。郭贵春、杨维恒撰写的《基因理论发展过程中的隐喻思维》(《科学技术哲学研究》2011年第5期),该文为教育部人文社会科学研究基金项目成果。

温振兴撰写的《转喻思维与语言生成》(《科学技术哲学研究》2011年第4期)认为,转喻思维是人类的基本认知方式,重在范畴的相关性,其中的“认知框架”和“显著度”是两个重要概念。语言的生成过程,本质上存在转喻的认知机制。语言生成中的转喻认知机制,比较突出的有指称转喻、言语行为转喻和文字转喻。转喻思维具备更强的解释力和预测性。

社会学方面的研究。谭克俭、李小伟撰写的《山西职工收入差别状况调研》(《中共山西省委党校学报》2011年第3期)指出,应通过确定收入分配制度改革的总体思路、深化国有企业产权制度改革、完善工资制度及加强宏观调控,深化收入分配制度改革。吕世辰、李华撰写的《社会医疗保险:新农合的发展取向》(《理论探索》2011年第2期)指出,新农合向社会医疗保险发展是实现城乡居民社会医疗保险一体化的重要举措,它有利于巩固和发展新农合的成果,推动医疗保障事业的发展。该文为国家社会科学基金项目“农村土地流转制度下的农民社会保障研究”成果。安培培撰写的《劳动就业政策对我国人口城镇化障碍性影响研究》(《经济问题》2011年第10期),通过对现行起作用的政策进行深入的分析和评价,从中发现问题的实质和要害,试图说明这些政策对人口城镇化产生何种影响及影响的路径或机制如何,并对其进行政策效果评析。

政治学方面的研究。楚刃主编的《矿难腐败治理的法律制度构建》(中国社会出版社2011年版),该书是国家社科基金项目的最终研究成果。从学术角度探讨了治理矿难中映透出的腐败行为。王瑞娟撰写的《官员财产申报:制度反腐的必然选择》(《理论探索》2011年第2期)认为,目前我国反腐败形势依然严峻,要突出依靠制度创新来推进反腐败斗争,官员财产申报则是预防和惩治腐败的关键制度。该文为国家社会科学基金项目“互联网与廉政监督新途径研究”成果。董江爱撰写的《论资源型农村农民对村委会选举的政治热衷》(《晋阳学刊》2011年第6期)指出,农民的政治热衷在民主政治和社会稳定等方面影响农村发展,需要正确引导和制度规范。该文为国家社科基金项目“煤矿产权制度改革与资源型乡村治理研究”成果。贾桂梓撰写的《怎样让青春更闪亮——关于山西省实施大学生村官战略的调查与思考》,获第九届山西省精神文明建设“五个一工程”优秀作品(理论文章)奖。陈红爱主持的《我国社会影响评价制度建设研究》获2011年省社科联重点课题评审一等奖。唐昌黎、孟海贵撰写的《谋划“改革顶层设计”跨越“中等收入陷阱”》(《中国井冈山干部学院学报》2011年第5期)认为,中国30多年的改革取得了辉煌成就,由低收入国家跃升到中等收入国家,面临着跨越“中等收入陷阱”的考验。在新的历史条件下,不应停留在“摸论思维”上,应当加强理论支撑,并吸取世界各国跨越“中等收入陷阱”的经验。我国在今后一段时期,重点应放在社会体制改革上。

法学方面的研究。王继军、赵大为撰写的《环渤海港口建设与电煤运输法律问题研究》和赵小平、苗荣撰写的《农业现代化视角的欧盟地理标志法律保护研究》(均载《山西大学学报》2011年第4期),前文

为司法部2008年度国家法治与法学理论研究项目成果；后文为教育部人文社会科学规划项目“中国农产品地理标志法律保护研究”成果。黄晓燕撰写的《论国际刑法实践中国际人道法的发展》(《山西大学学报》2011年第5期)认为，国际刑法与国际人道法关系密切，在国际刑法实践的推动下，国际人道法不断发展，但同时也呈现了不成体系的发展趋势。杨在平撰写的《中国法学的转型思路——通过对发展与法律关系的追问》(《理论探索》2011年第5期)指出，改革开放以来中国社会发展和法治建设暴露出的种种问题，是发展逻辑和法治逻辑合力作用的结果。

经济学方面的研究。李中元撰写的《基于全球化视野的高危时代研究》和《“高危时代”根源探析——资本逻辑的统治》(均载《经济问题》2011年第1、7期)，前文在对高危时代中各种危机研究的基础上，深入分析了危机的动因、形式、范围以及影响等新的特点和发展趋势，提出强化危机意识、推动全球化治理，形成政府社会合作机制以及构建超越工业文明的新文明形态等举措，力求人类社会与环境实现可持续发展；后文通过对工业文明的反思发现，“高危时代”的产生在本质上体现为资本对人类实践平衡的根本性破坏，是资本逻辑的演变及其对人类世界统治所导致的必然结果。焦斌龙撰写的《人力资本：调整我国初次分配关系的政策着力点》(《经济学动态》2011年第2期)指出，提高劳动报酬在初次分配的比重在决策层面临的“两难困境”和政策工具选择的困境，促使我们寻找一条实现初次分配公平与效率统一的多方共赢路径。邸敏学、郭志栋撰写的《个人收入分配制度改革与劳动关系调整》(《山西大学学报》2011年第6期)指出，个人收入分配制度改革与劳动关系调整的目的具有一致性，二者存在的主要问题大体是一致的。推进这项改革的路径在于，按照“形成企业和职工利益共享机制”，调整劳动关系，理顺初次分配、再分配关系，逐步达到预期目的。该文为教育部人文社科基金项目研究成果。王云、潘云撰写的《基于转变经济发展方式的“十二五”中部地区发展模式研究》(《当代经济管理》2011年第4期)，从国家经济发展方式转变的宏观要求和中部地区区情出发，提出了构建以内源型为基础、以经济一体化为突破口、以产业集群发展为内在驱动力、以自主创新为中心环节的区域经济发展新模式，并探究了中部地区切实转变经济发展方式的具体路径。该文被人大复印资料(《区域与城市经济》2011年第8期)全文转载。张爱英撰写的《对“中国模式”问题的研究述评》(《生产力研究》2011年第12期)，总结评析“中国模式”的独特内涵，厘清其面临的压力和挑战，探索其未来路径的选择，为我国经济转型和改革做一点有益的借鉴。李玲娥撰写的《略论资源型城市转型及可持续发展的路径——以山西为例》(《经济问题》2011年第12期)认为，山西资源型城市要走出资源衰竭的困境必须以发展接续替代产业、培育新兴产业和新的支柱产业为重要突破口，建设具有山西特色的现代产业体系，加快转变经济发展方式，推进城镇化建设，着力解决人居环境及民生问题，推进经济发展、生态环境、城市功能和社会支撑的全面转型，从而实现经济社会全面、协调、可持续发展和建成相对发达区域的目标。王国惠、韩克勇撰写的《资源型省份服务业发展与城市化进程间关系的实证分析——以山西省为例》(《技术经济》2011年第7期)，文章以资源型省份山西省为例，利用1978～2009年山西省服务业增长及城市化率的时序数据，采用回归系数分析法和相关系数分析法，实证分析了资源型省份的服务业增长与城市化水平之间的相互作用关系，提出促进资源型省份服务业和城市化协调发展的途径。章亚南、晓勇撰写的《虚拟灰色市场中消费者购物意愿影响因素实证研究》(《经济问题》2011年第7期)，研究发现，在虚拟灰色市场中，感知有用性和商品价值正向影响消费者购买意愿，风险则负向影响购买意愿，消费者的价值质量推论会正向影响消费者感知商品价值。李永清、张福生撰写的《资源利用结构调整与主体功能区的建设》(《山西财经大学学报》2011年S3期)指出，进行资源利用结构的调整，农业产业结构的调整，优化农业生产布局，推进农业产业带的开发，是区域性农业主体功能培育的主要内容。王彦明撰写的《资源型城市转型的财政政策：介入机制与方式》(《生产力研究》2011年第1期)认为，资源型城市的经济结构转型是我国经济增长的迫切需要，文章重点研究了在促进资源性城市转型的过程中财政政策在支持资源型城市转型，实现资源型城市可持续发展中的介入方式、机制等内容。张益项、侯雪的《新形势下我国农村土地流转问题再研究》(《经济师》2011年第3期)，文章从健全农村集体土地使用权流转的法律法规，协调建立统一机制，以保障国家发展的战略眼光，重视和加强城乡土地市场平等化，农村土地产权明晰化，加强中央对农村土地流转的宏观有效管理的角度，分析了如何迅捷解决目前我国农村土地流转的混沌局面。赵旭强的《山西“三农”现状及转变农业发展方式的基本思路》(同上，第11期)指出，“三农”问题的发展现状实际上反映了我国现阶段经济社会发展的全局性问题，文章重点对山西“三农”问题的现状作了分析，进而提出“十二五”时期山西农业、农村、农民问题的主要发展思路和对策。武甲斐的《我国农产品物流的发展研究》(《经济问题》2011年第11期)指出，应改善我国农产品物流的落后状况，提高我国农产品物流效率，促进其迈向现代化。李永清撰写的《日本中小企业创业发展促进机制构建》(《山西财经大学学报》2011年S4期)认为，只有建立健全支持中小企业创业发展的政策法规，合理制定有效的促进中小企业创业发展方式，发挥好《中小企业基本法》的指导促进功能，运用好促进中小企业创业发展的融资方式，就可为中小企业创业发展提供一个生存发展空间，进而带动国家的经济保持长期可持续发展。王素莲、杨国玉的《家族控制机制与企业融资效率关系的实证分析——一项基于家族上市公司的经验研究》(《经济问题》2011年第9期)认为，家族股权控制和家族管理权适当控制有利于提高融资效率，由此表明家族化管理模式在我国目前的市场条件、法律环境和文化背景下是有效率的，是一种适应性的制度安排。韩克勇撰写的《股票价格与货币政策调控目标相互影响研究》(《审计与经济研究》2011年第3期)指出，学术界普遍认为股票价格与货币政策调控目标之间会相互影响，但其如何影响或通过哪些渠道影响却存在争议，在实证结果上也存在差异。基于此，对这一理论问题的研究进行综合述评，并指出研究中存在的问题和该研究未来演进的方向，可以进一步深化该理论问题的研究。郭卫东、穆月英撰写的《政府投资与民间投资的相互影响分析——以山西为例》(《经济问题》2011年第1期)认为，为实现转型跨越发展，必须启动民间投资，使民间投资成为经济快速发展的增速器。提升政府投资的引导作用，促进民间投资的发展，是山西实现转型跨越发展的重要手段之一。芦锋、刘维奇撰写的《基于DEA方法的我国商业银行效率研究》(《山西大学学报》2011年第2期)，文章简要回顾了DEA(数据包络分析)方法在商业银行效率评价方面的应用和DEA基本理论，选取我国16家商业银行2005～2009年的运营数据作为样本，运用DEAP2.1软件对其进行效率分析，得出样本的技术效率、纯技术效率以及规模效率都很高，改进的余地很小，相对于股份制银行来说，国有控股银行的整体效率普遍偏低，但是国有控股商业银行的效率在样本期内不断提高超过了股份制商业银行。王书华、杨有振撰写的《供给领先的金融发展与经济增长——理论假说与经验事实》(《山西财经大学学报》2011年第3期)，为2009年度山西省高等学校哲学社会科学研究项目成果。

关于能源经济的研究。周洁主持的《山西新能源产业发展研究》获2011年山西省社科联重点课题评审一等奖。李志强、赵守艳、尤会杰撰写的《煤炭产业市场结构与市场绩效的关联度分析》(《山西大学学报》2011年第4期)，文章首先以集中度和进入壁垒分析煤炭产业的市场结构，以利润率、安全绩效分析煤炭产业的市场绩效，然后将市场结构和市场绩效的指标引入灰色关联分析模型，运用灰色关联分析法对市场结构与市场绩效的关联度进行探索，得到煤炭产业市场集中度与利润率关联度大，而进入壁垒与安全绩效关联度大的结论。在此基础上提出提高煤炭产业集中度以进一步提高利润率，以及提高煤炭产业进入壁垒以进一步提高安全绩效的政策建议。王宏英、葛维奇、曹海霞撰写的《中国生态环境可承载的煤炭产能研究》(《中国煤炭》2011年第3期)，针对13个大型煤炭基地，从土地、水资源两个主因素，对生态环境约束下产能增长区煤炭开采规模进行了评估。王成撰写的《煤炭资源整合的经济学分析——以山西省为例》(《生产力研究》2011年第1期)，文章在系统总结国内外关于自然资源与经济增长相关理论文献的基础上，着重研究了自然资源对经济增长的正、负相关作用，在此基础上，对“资源诅咒”的经济传导机制和非经济传导机制进行了分析研究，并提出了一些包括煤炭资源整合在内的破解“资源诅咒”的应对策略。王云、王云珠撰写的《煤炭企业战略转型问题研究》(《现代工业经济和信息化》2011年第10期)，文章在深入分析当前煤炭企业转型过程中突出性矛盾基础上，运用SWOT方法和企业转型模式对煤炭企业转型的战略、模式和内容进行了研究，并提出相应的对策建议。王云、潘云、张军营撰写的《煤矸石烧结砖的热值利用与节能测算模型研究》(《山东科技大学学报》2011年第6期)，文章根据能源的梯级利用原理，综合考虑煤矸石烧制砖的原料配比、工艺技术以及主要设备情况，系统地构建了煤矸石砖热值利用节能测算模型，以山西煤矸石烧制砖为例进行了测算和分析，结果表明，2010年山西煤矸石烧结砖行业共节能约99.4万吨标准煤。周洁、王云珠撰写的《国外发展低碳经济的启示》(《科技创新与生产力》2011年第5期)，阐述了低碳经济的发展历程，通过美国、欧洲联盟等国应对气候变化、发展低碳经济的案例，介绍了国外低碳经济的发展手段，提出了我国发展低碳经济的建议。李繁荣、戎爱萍撰写的《低碳农业发展的土地规模化问题分析——基于〈资本论〉土地所有权理论视角》(《经济问题》2011年第9期)认为，低碳农业的发展要求土地的大规模经营，在我国的农村土地所有制前提下，只有加快农村土地流转，才可能实现低碳农业的发展。《资本论》中马克思关于土地所有权的论述对于建立新型的农村土地流转模式，发展低碳农业有重要的指导意义。

*教育学方面的研究。*顾绍明、张立华专著的《高校德育原理》(人民邮电出版社2011年版)，探讨了高校德育学科的发展，目标及功能、方针和原则，系统地阐述了高校德育过程及规律、课程及内容，分析了高校德育过程中的方法、环境及评估等。是一部理论与实践紧密结合，具有很强实用性、操作性的德育书籍。李旭、侯怀银撰写的《20世纪我国教育管理学学科建设的本土探索》(《山西大学学报》2011年第6期)，文章在对20世纪教育管理学学科建设回顾和反思的基础上，提出了我国教育管理学的发展必须解决的三个问题。该文为教育部新世纪人才支持计划项目“20世纪中国教育学史”研究成果。刘庆昌撰写的《关于教育理想的几个基本理论问题》(同上，第4期)认为，教育理想是人的教育理想，是美好的教育整体，它在批判教育现实的基础上形成，具有主观性、超越性、完美性和教育性。人们最终构造的教育理想，其核心的内涵是要让教育成为教育，让教育成为好教育。为此，要把关怀性和建设性，要把道德化、专业化和艺术化，写进教育理想。高闰青、刘庆昌撰写的《胡德海教育研究与学术品格述评》(《教育理论与实践》2011年第4期)指出，胡德海先生一生以教师为职业，以教育理论的教学和研究工作为主要的学术事业。他的教育学思想的形成有着独特的历史渊源，他的研究成就涉猎了教育学体系的构建、哲学研究、少数民族教育研究、雷沛鸿教育思想研究等领域，其中渗透的学术品格和人格精神给予人们深刻的启迪。孟旭、樊香兰撰写的《教师教育重心后移：动因与走向》(《教育研究》2011年第7期)，文章提出教师教育理论研究的一个新视角：教师

教育重心的后移即由“职前为重”向“职后为重”的实践化转变。该文为教育部人文社科基金一般项目研究成果。吴文清等撰写的《地方本科院校绩效评价体系研究——以我国中部某省 17 所本科院校为例》(同上,第 4 期)指出,地方本科院校是中国高等教育体系中的重要支撑力量,在区域经济社会发展中承担着重要的使命和任务,而在资源配置上又具有区别于部属院校的特殊性。目前既需要专门针对地方本科院校的评价体系,更需要将绩效管理的理念融入大学评价之中。苗玉宁撰写的《论大学教育质量评估中的争议及其解决方法》(《山西大学学报》2011 年第 1 期),文章在探讨大学教育质量评估中各种争议产生原因的同时,寻求通过大学教育质量评估本源的回归、质量评估合理性的重塑以及多元化评估主体的建构,消融质量评估中的争议和矛盾,使质量评估成为促进大学发展的助推器。韩身智、路强等撰写的《信任儿童:一个可以变革教育的力量——基础教育视野中的信任问题探析》(《社会科学论坛》2011 年第 5 期)认为,充分信任儿童,是现代教育发展的基础。在基础教育的过程中,不仅要充分领悟儿童是人类文明与进步的根本性资源,并且要充分信任儿童自我进化与发展规律,才能够更有效的实现基础教育的目的,乃至于为整个教育发展与变革奠定良好的基础。

语言学方面的研究。由温端政主编的《中国俗语大辞典》、《中国谚语大辞典》、《中国歇后语大词典》和温端政与吴建生主编的《中国惯用语大辞典》(均由上海辞书出版社 2011 年出版),以“汉语俗语语料数据库”为依托,以大量语料为基础,以汉语语汇学为理论指导,在体例和释义上均有许多创新。释义严谨,引例丰赡。于国栋、王亚峰撰写的《话语修正策略的顺应性解释》(《山西大学学报》2011 年第 6 期),在回顾过去有关话语修正研究的成就与不足的基础上,提出了话语修正顺应性解释的思路,并且构建了一个相应的分析模式。王海静撰写的《俗语语料库与语典编纂相关问题的思考》(《辞书研究》2011 年第 4 期),文章首先论述俗语语料库的建立过程,介绍了俗语语料库的特点;其次分析了应用数据库技术建起的俗语语料库;最后提出了如何解决俗语资料提取和语性标注的人工化等需要继续探索的相关问题。乔全生、张洁撰写的《太原方言阴声韵百年来的演变》和张楚、王为民撰写的《百年来兴县方言声母的演变》(均载《山西大学学报》2011 年第 6 期),均为国家社科基金重点项目“晋方言语音百年来的演变研究”成果。李小平、曹瑞芳撰写的《傅山古体诗用韵研究》(《古汉语研究》2011 年第 3 期)认为,傅山古体诗的用韵在一定程度上反映了当时太原方言的一些语音特点。李小平、曹瑞芳、马艳撰写的《傅山古体诗韵字考辨——附论〈傅山全书〉古体诗的误录问题》(《晋中学院学报》2011 年第 5 期),对《傅山全书》中收录的傅山古体诗的部分疑误韵脚字进行考辨,从字音、字形和字义等角度全面分析,探求正确的韵脚用字,并以一则实例附带讨论了《傅山全书》古体诗的误录问题。白平撰写的《上古韵部“旁通转”初探》(《山西大学学报》2011 年第 6 期)指出,对于汉语上古韵部之间的音转情况,学术界提出过“对转、旁转、旁对转、通转”等四种类别,作者通过调查,发现在古韵部类之间其实还存在着另外一种可以称为“旁通转”的音转现象。文章列举出古韵 30 部之间属于这种现象的 30 类音转材料,对这一音转事实进行了证明。安志伟撰写的《现代汉语指人名词的产生途径探析》(《安庆师范学院学报》2011 年第 11 期)认为,从认知语言学角度观察,现代汉语指人名词通过隐喻、转喻、转指和类推等途径产生。这是从不同角度探讨指人名词的产生,不是严格分类。但在现代汉语指人名词中却表现得更丰富、更有特点,值得进行深入的研究和探讨。曹瑞芳撰写的《论汉语成语语形的演变——语义不变背景下的成语应用类型分析》(《语文研究》2011 年第 4 期),文章以语义不变为背景,分析汉语成语语形演变的应用类型。贾秀英、田苗撰写的《汉语无定人称代词与法语人称代词 on 的对比》(《山西大学学报》2011 年第 3 期),文章分两部分,对汉语无定人称代词与法语泛指人称代词 on 进行了较为系统的对比。该文为国家社会科学基金项目“汉法语言句法结构对比研究”成果。王海静撰写的《汉语语汇正名之说 语典编纂指导之作——温端政〈汉语语汇学〉解读》(《名作欣赏》2011 年第 2 期),从语言学术语的厘清和语汇类辞书的编纂两个角度,解析温端政《汉语语汇学》的学术价值和实践指导作用,以期引起人们对汉语语汇更多的关注和深入的研究。刘嵚撰写的《惯用语语义理解的强语境印证作用》(《汉语学报》2011 年第 4 期),以实验方法对汉语作为第二语言的学习者在无、弱、强三种语境条件下对比喻意义惯用语的语义理解进行统计分析,发现强语境在比喻意义惯用语的语义理解过程中有重要作用。

文学方面的研究。柏俊才专著的《竟陵八友考辨》(中国社会科学出版社 2011 年版),全书从整体上第一次对“竟陵八友”进行研究。牛贵琥专著的《金代文学编年史》(上下册)(安徽大学出版社 2011 年版),全面准确地搜集、了解、梳理金代一百多年的历史和文学的资料。既是对金代文学综合性的研究,又是对这一时期的文学进展作脉络清晰的归纳接受。冯志英等撰写的《山西根据地俗文学作家群研究》(《沧桑》2011 年第 3 期)认为,以俗文学形式创作的山西籍作家汲取山西革命根据地的魂灵,写出了众多鼓舞人民进行战斗的文艺作品。这也成为了在中国现当代文学史中占有重要地位的一种特殊的通俗文学现象、文艺理论现象。艾斐撰写的《当代文学在山西的历史书写与经典创造》(入选《革命历史书写与文学经典》论文选集 2011 年版)和《“山药蛋派”的熠世之作——〈咱们的退伍兵〉的创作过程与艺术特色》(入选《银幕记忆》2011 年版)与《柯岩的“人本”思想与文学追求》(入选《蓦然回首:柯岩创作 60 周年座谈会文集》(中国作家出版社 2011 年版)等文均为文学研究的杰作。陈坪撰写的《“新时期文学”与“后新时期文学”分期之我见》(《晋阳学刊》2011 年第 1 期)指出,“新时期文学”是尚有明确社会改造目标引导的文

学，而在“后新时期文学”中，这种理想的目标已经淡出并趋向于无。这是决定两个分期文学现象呈现质的不同的决定性因素。两个分期的文学阶段的所有相异之处，都来源于此。曹飞专著的《敬畏与喧闹》（中国戏剧出版社 2011 年版），全书分上下两编。上编在解读个案的基础上，提出基本结论：民众观念与表演形式是神庙剧场形制发展变化的终极依据。下编在论述的基础上得出结论：神庙剧场及其演剧是中国古代戏剧存在的主流形式。王苏生撰写的《论齐如山戏曲本体研究的创新精神》（《山西师大学报》2011 年第 3 期）认为，齐如山的戏曲本体研究，以舞台为切入点，以中西戏剧比较为观照视域，通过类似田野调查的方法，对鲜活的、原生态的中国戏曲作了方方面面的梳理和把握，最终形成了“有声皆歌，无动不舞”、“不许真物上台，不许写实”的戏曲本体论。这一理论，不仅把王国维“以歌舞演故事”的本体界说引向深入，同时也显示了其与众不同的学术品格和创新精神。

历史学方面的研究。谢耀亭专著的《从出土简帛看思孟学派的内圣外王思想》（科学出版社 2011 年版），是教育部哲学社会科学研究重大课题攻关项目“中国早期文学与文化研究”成果之一。由高璋主编，段智钧、赵娜冬编著的《天下大同：北魏平城辽金西京城市建筑史纲》（中国建筑工业出版社 2011 年），该书以历史文献与实物调查相结合的研究方法，系统梳理了相关建筑遗存、遗迹和历史文献。并结合数十年来的考古发现和深入调查成果，尝试在更加宽广的北魏平城、辽金西京都城视野内进行较为深入细致的探索和推证，力图描绘这两个大的时间段数百年间的城市建筑轮廓。李著鹏专著的《偷窥历史的底牌》（人民日报出版社 2011 年版），全书共 22 万字。该书明确提出的命题和理论有：边境线是 0 力点。近代工业发展和国家第二条国境线的概念。均衡理论的普遍意义与社会的结构。“民主”与“专制”之间的连续以及民主概念的剖析。农业革命及工业革命的产生以及“树形理论”等。耿振东撰写的《轻重学说在汉武帝时的实践和发展——兼论耿寿昌的常平仓制度》（《阴山学刊》2011 年第 5 期）认为，轻重学说旨在增收国家财政，这一性质使其成为封建政府解决财政危机的重要工具。郭永琴撰写的《文明太后、灵太后干政与北魏政局演变》（《重庆科技学院学报》2011 年第 22 期），北魏政权实施“子贵母死”制度，但又多次出现女主干政，看似相互矛盾，实则反映出统治者推进封建化的历程。文明太后和灵太后是北魏历史上最有代表性的女主，两人都对当时北魏封建化进程产生了深刻的影响。张焕君撰写的《礼制与人情的调适——以魏晋时期前母的服丧问题为中心》（《山西师大学报》2011 年第 1 期），为教育部人文社会科学重点研究基地 2009 年度重大研究项目成果。行龙撰写的《何以研究明清以来“以水为中心”的晋水流域？》（《山西大学学报》2011 年第 3 期），对于如何开展晋水流域的社会史研究，文章提出三个设问，即为什么是明清以来，为什么是以水为中心，为什么是晋水流域，并对此逐一加以阐释，意在表明尽管晋水流域的社会历史变迁只是区域社会史研究的个案，却具有重要的理论和方法论意义。李卫民、孙丽萍撰写的《从口述史视角看百团大战后革命根据地的民众动员》（《云梦学刊》2011 年第 2 期）指出，百团大战后，中共领导的抗日事业面临严重困难，亲历者的口述回忆资料表明，当时，中共在根据地推行的多项措施，都促成了根据地农民的精神解放，根据地农民因之而成为中共抗日事业的支持者和参与者，中共当时的困难局面由此得以扭转。王勇红撰写的《论河东盐文化在当代的作用》（《中国名城》2011 年第 8 期），通过研究河东盐文化的内涵、河东盐的开发历史和历史上河东盐的行销地域范围，剖析了河东盐文化在促进晋陕豫黄河“金三角”区域经济文化一体化发展进程中的作用。

另外，张梅梅撰写的《社会科学研究管理创新的实践与思考——以山西省社会科学院为例》（《社会科学管理与评论》2011 年第 4 期），对课题管理中各级各类课题的申报方式、课题完成后鉴定和结项的不同方式等进行了对比研究，认为社会科学管理体制改革和管理制度创新，不仅是繁荣发展社会科学的保障，而且本身就是繁荣发展社会科学的重要组成部分。科研管理的不断改进与创新，既是社会科学研究创新的必要条件，也是社会科学创新体系的重要组成部分。于秀娥编著的《中外管理思想史（上下册）》（中国商业出版社 2011 年版），该书认为，管理理论是人类长期的生产活动及其相伴生的管理活动在不断思索、总结、提炼以及两者之间的相互促进过程中逐渐形成并完善而成的，它是人类最丰富的文化财富。

【2011 年版山西社科著作选介】

《山西省志·社会科学志》简介。李中元、孙丽萍主编，霍春英、雒春普副主编，中华书局 2011 年版。该书以辩证唯物主义与历史唯物主义观点，按照社会科学研究与发展的规律要求，秉承客观记录、存真求实的编撰原则，对收录的著述一般只进行观点提要介绍，而不进行评价，体现志书的科学性、时代性、学术性与资料性。该书较为准确、完整地记录了山西社会科学研究 30 年的发展脉络及其显著成就，反映了省内各高等院校、社科研究单位和相关部门在社会科学领域取得的成绩，展示了全省哲学社会科学界具有一定影响力的成果和人物，表现了社科研究成果对社会发展进步的影响。

《人物·晋商·口述史研究》简介。孙丽萍著，山西人民出版社 2011 年版。该书内容涵盖清代人物、明清晋商、口述史研究及其他三大部分，涉及山西历史上的于成龙、徐继畬、祁寯藻等历史人物，山西晋商家族、官商一体现象、晋商大院文化，以及近些年来山西地方口述史（大寨口述史、抗日口述史）的研究。该书入选最近揭晓的十种“优秀晋版新书”（文化、历史类）书目。

《山西老宅院》简介。孙丽萍著，北岳文艺出版社 2011 年版。该书从政治、经济、文化、宗教等几个方面，对山西现存的几十座具有代表性的老宅院起源、发展、兴衰及建筑特色作了详细的介绍，并配有多幅老宅院的珍贵照片。该书对研究

山西民居建筑具有重要意义。该书入选10种“优秀晋版新书”(文化、历史类)书目。

《民国山西史》简介。李茂盛主编,雒春普、刘晓丽、景占魁撰稿,山西人民出版社2011年版。该书共分18章,62万字。既客观记述了山西国民革命的兴起和民国当政的兴衰,也全面记述了中国共产党领导的新民主主义革命事业的发生、发展及最后胜利的历程。该书获2011年山西出版传媒集团10种年度好书荣誉奖。

《阎锡山传》简介。雒春普著,国际文化出版公司2011年版。该书从政治、军事、经济、思想、文化诸方面对阎锡山进行了立体式扫描,使读者对阎锡山有一个全方位的了解,更对山西近现代历史的发展有一个基本的观照。

《中国中部地区发展报告(2012)》简介。李中元主编,潘云、景世民副主编,社会科学文献出版社2011年版。该书是中部蓝皮书的首轮收官之作,以“加快转变发展方式与中部崛起”为主题,敏锐地抓住当前中部六省经济发展中的热点、难点问题,紧密地结合国家和中部经济社会发展的重大战略转变,对中部地区经济发展的各个领域进行深入、全面的分析研究,并提出具有理论价值和较强可操作性的政策建议。

《山西经济社会蓝皮书(2012)》简介。李中元、潘云主编,景世民副主编,山西经济出版社2011年版。这是省社科院编撰出版的第11本“蓝皮书”,也是该院的精品项目和标志性成果。全书从哲学社会科学研究的角度全面记录、深刻总结、完整揭示了2011年山西经济社会发展取得的成就,同时还对山西未来经济社会发展战略进行了专题探讨。

《中国俗语大辞典》(辞海版)简介。温端政主编,上海辞书出版社2011年版。该书是在国家社科基金项目“汉语俗语语料的计算机处理与相关的语言学问题研究”成果。该书在“汉语俗语语料数据库”的基础上,补充了大量的新语料,收录了包括谚语、惯用语、歇后语在内的汉语俗语1.5万余条。该书释义严谨,书证翔实,是一部大规模的汉语俗语辞典。

《西方教育学在20世纪中国的传播和影响》简介。侯怀银著,东北师范大学出版社2011年版。该书为教育部人文社会科学研究基金项目成果。研究内容以西方教育学在20世纪中国传播启动的背景和原因为基点,具体考察西方教育学在20世纪中国的传播启动时间,全面展现了西方教育学在20世纪中国的传播历程;揭示西方教育学对中国教育学发展的影响,并就西方教育学在20世纪中国的传播和影响进行反思;从个案研究入手,探讨西方教育学主要著作在20世纪中国的传播和影响;在对“教育学中国化”口号进行反思基础上,提出必须以创建中国教育学为目标,解决好西方教育学在中国的传播和影响问题。

《祁寯藻集》简介。任国维总主编,三晋出版社2011年版。该书作为国家清史编撰委员会审定的“文献丛书”之一种,共三卷本270万字,是我国古籍整理工作中的重要工程,是国家清史编撰和清史研究的重要成果,是山西建设文化强省的重要收获。该书曾荣获2010年山西出版传媒集团十大好书奖和全国古籍优秀图书一等奖。

【2011年山西社科界的主要活动】

山西省社科院新农村建设研究基地挂牌。2011年1月13日,山西省社科院新农村建设研究基地在太原举行挂牌仪式。省社科院院长李中元向省农业厅副厅长关建勋授牌并颁发了特约研究员聘书。

山西省召开理论研讨会纪念建党90周年。由省委宣传部、省委组织部、省委党校、省委党史办、省教育厅、省社科院、省社科联共同举办的山西省纪念中国共产党成立90周年理论研讨会于2011年6月在太原召开。这次理论研讨会是我省纪念建党90周年系列活动的重要组成部分。研讨会共推荐参会论文128篇,66篇受到表彰。

山西转型跨越发展暨世界新能源战略高峰论坛。该论坛于2011年8月在太原举办,由北京大学、山西省委办公厅、省政府办公厅主办,省社科院、北京大学国际关系学院承办。本次论坛既是一次集中智慧、共谋发展良策的盛会,也是一次产学研结合的有益探索。北京大学各相关院所与山西省相关单位进行了接洽、沟通和商谈,在谈合作项目66个,达成合作意向22个。论坛还正式启动了“北大新能源产业投资基金”,该基金将积极推动山西新能源与新兴产业的培育和发展。

中部社科院长论坛。2011年9月在太原举行,本次论坛由山西省社科院发起,中部六省社科院联合主办,山西省社科院承办。论坛的主题是:加快转变发展方式,全力推进中部崛起。本次论坛是中博会的先声,是中部经济社会发展的专家峰会。

中国山西道教文化九峰山研讨会。由山西省宗教局、山西省社科院、中国道教协会主办,山西省道教协会、芮城县人民政府承办的“道教文化与和谐社会建设——中国山西道教文化九峰山研讨会”于2011年9月17日至19日在山西芮城县召开。来自新加坡、中国香港、澳门、北京、湖南以及山西各地的60多位专家学者、高道大德参加了会议。与会专家学者、道教人士分别从不同角度和层面,对道教文化与和谐社会建设的关系、道教作为本土宗教对传承中华优秀文化的意义、元代全真教在山西的发展、道教对社会慈善事业的贡献、芮城永乐宫的修复与建设、九峰山道观的分布与道教内经图的内在联系等问题进行了深入探讨和广泛交流。

全国散文诗名家金秋山西笔会。由山西省社科院和中外散文诗协会主办、山西日报文化部协办,于2011年9月在太原举办。来自全国12个省及香港的40余位名家应邀出席。与会代表与山西作家进行了深入交流,并赴忻州拜谒了元好问墓,参观了五台山、悬空寺、云冈石窟、平遥古城等山西名胜古迹。

2011年年底,山西省社科院“思维与教育科学研究基地”、“财税金融研究基地”、吕梁分院分别成立。

(霍春英)

山西经济年鉴

YEARBOOK OF SHANXI ECONOMY

19 教育事业

JIAOYU SHIYE

教育事业

综　述

【制定出台山西省中长期教育改革和发展规划纲要(2010～2020年)】 主要任务。一是深入实施素质教育。构建大中小学有效衔接的德育体系。建立覆盖全省的社会实践基地,到2015年,各市要建设好一批综合性、有特色的素质教育基地,各县(市、区)要建设一批青少年校外活动中心。

二是积极发展学前教育。把学前教育纳入经济社会发展规划和城乡建设规划。建立政府主导、社会参与、公办民办并举的办园体制。到2020年,所有乡、镇建起标准化的乡镇中心幼儿园。

三是高质量普及九年义务教育。总体规划学校布局。加快推进城镇学校建设,改善农村寄宿制学校办学条件。建立健全义务教育质量标准和监测制度。推进义务教育均衡发展。实施义务教育学校标准化建设。鼓励优质中小学校采取多种方式与其他学校协作办学。严格规范义务教育管理。严格规范义务教育阶段学校办学行为。

四是推动普通高中教育优质特色发展。到2015年,全省所有普通高中达到省定办学标准。到2020年,建成一批国内一流名校。积极支持兴办一批以外语、艺术、体育、科技等为特色的高中学校。建立健全促进普通高中多样化发展的督导评价制度。全面实施高中学业水平考试制度和学生综合发展报告制度。

五是大力发展职业教育。逐步推进中等职业教育全免费。从2011年起用两年时间实现中等职业教育免费全覆盖。到2015年,全省中等职业学校办学条件达到国家基本设置标准;到2020年,所有学校达到省级示范职业学校标准。

六是全面提高高等教育质量。适度扩大高等教育规模。加快推进高校新校区建设和老校区改造。优化高等教育布局结构,加快筹建我省急需的煤炭、电力、传媒艺术类本科院校,使每个省辖市至少有1所本科院校和1所高等职业院校。建立学科专业动态调整机制,加快发展煤化工、装备制造、新材料、新能源、生物技术、物联网、生态环境、现代农业、文化产业、体育产业等方面的新兴专业。扩大专业学位研究生教育规模。建立高校分类管理、分类指导体制机制。具有博士授权的高等学校要在各自领域建成一批对我省经济社会发展具有重要支撑作用、在全国同类院校有一定影响力的学科专业。探索实行弹性学制,推进和完善学分制,试行校际学分互认。强化实践教学,重点建设一批省级实验教学示范中心和省级高职实训基地。建立以科学与工程技术研究为主导的导师责任制和导师项目资助制度,推进产学联合培养研究生的"双导师制"。加强重点学科建设,遴选一批对山西经济社会发展具有重大支撑作用的优势学科,加大投入,重点建设,力争有一批进入国家重点学科建设行列。加强重点实验室、工程(技术)研究中心和博士后科研流动站等科研基地和平台建设,建设一批人文社会科学重点研究基地。完善以创新和质量为导向的科研评价机制。建立和完善产学研用紧密结合的工作机制,支持高校与行业、企业共建一批工程(技术)研究中心。重点围绕与改造传统产业和发展新兴产业相关的共性技术、关键技术,加强联合攻关,承担一批研发项目,形成一批应用性成果,加快成果转化。加强大学科技园建设。

七是加快发展继续教育。省政府成立跨部门继续教育协调机构,统筹指导继续教育发展。将继续教育纳入各市县、各行业总体发展规划。推进继续教育与工作考核、岗位聘任(聘用)、职务(职称)评聘、职业注册等人事管理制度的衔接。加强继续教育监管和评估。依托高等学校、科研机构、大型企业现有教育机构,建设一批继续教育和干部培训基地。以广播电视大学为依托,办好开放大学。

八是支持特殊教育发展。将特殊教育纳入教育事业整体发展规划,到2015年,各市建成功能比较完备的特殊教育学校;30万人口以上的县(市、区)建设一所标准化的特殊教育学校。配足、充实教学设施及康复训练设备。制订并落实残疾学生人均公用经费标准。从社会福利彩票公益金和残疾人就业保障金中提取一定比例用于特殊教育。逐步实施残疾学生高中阶段免费教育。实行特殊教育学校教职工特殊教育补贴制度。

九是建设高素质教师队伍。加强师德师风建设。完善师德考核评价体系和监督机制。创新农村教师补充机制，创新教师培训制度和培训模式。对教师实行每五年一周期的全员培训。培养造就一批教育教学名家。实施青年骨干教师国内访问学者项目，培养一批教学名师。实施“三晋学者”支持计划，培育一批在国内外有较高学术声誉、对优秀人才有较强凝聚作用的领军人物。落实教师绩效工资，依法保障中小学教师平均工资水平不低于当地公务员平均工资水平。落实国家规定的农村学校教师津贴补贴政策。完善并落实教师医疗、养老等社会保障政策。建立和完善中小学校、中等职业学校、高等学校教职工编制标准和编制定期调整机制。实施国家统一的中小学、中等职业学校教师职务(职称)制度改革。全面推行教职工聘用制。建立并推行校长聘任制和任期制。

十是加快教育信息化进程。把教育信息化纳入全省信息化发展整体战略。加快山西教育骨干网和山西干部在线学院建设，推进数字化校园建设。重点加强农村学校信息基础建设，实现中小学班班多媒体教学。加强优质教育资源开发与应用。加强各类教育资源库建设。建立开放灵活的教育资源公共服务平台。推进教育管理信息系统建设。建设数据中心和数据采集与技术服务系统。建成教育发展监测、分析、决策支持系统和教育电子政务协同工作系统。建立统一的政务门户，建设全省教育管理公共服务平台。

体制改革。一是深化人才培养体制改革。建立大中小学教育有机衔接，学校、家庭、社会密切配合，普通教育与职业教育互相融通，教学、科研、实践紧密结合的人才培养体制。推进分层教学、走班制、学分制、导师制等教学管理制度改革。改革教育质量评价制度。建立全省中小学教育教学质量标准，完善中小学生综合素质评价的科学方法和基本程序。完善高等学校教学评估和质量年度报告制度。

二是完善考试招生制度改革。坚持小学、初中免试就近入学。改进普通高中考试招生方式，优质普通高中每年招生计划按不少于60%的比例合理分配到初中学校。中等职业学校实行自主招生或注册入学。逐步实施高等学校分类入学考试。普通高等学校本科招生以统一入学考试为基本方式，参考高中学业水平考试和综合素质评价，择优录取。逐步实施高等职业院校单独组织或校际联合组织入学考试。推进研究生入学考试制度改革，加强创新能力考查，发挥和规范导师在选拔录取中的作用。制订我省成人高等学校招生录取办法。

三是推进现代学校制度改革。建设中国特色现代大学制度。坚持和完善公办高等学校党委领导下的校长负责制。健全议事规则与决策程序，完善大学校长选拔任用办法。普通中小学校、中等职业学校实行校长负责制。完善教职工岗位聘用制。

四是深化办学体制改革。深化公办学校办学体制改革。开展公办学校联合办学、委托管理等试验。探索让部分优秀中小学校长、幼儿园园长或管理层管理多所学校。推动公办职业院校依托行业、企业办学。大力支持民办教育发展，制订促进民办教育发展的扶持政策。加强对民办学校的管理和监督。依法明确民办学校变更与退出机制。

五是推进管理体制改革。省政府统筹规划全省各级各类教育发展。落实“以县为主、县乡共管”的学前教育管理体制。健全政府负责、分级管理、以县为主的义务教育管理体制。完善政府统筹、行业参与、社会支持、以市为主的职业教育管理体制。优化以省政府为主管理高等教育的体制。完善教育行政决策制度，成立省教育发展咨询委员会。

六是扩大教育开放。提高教育国际交流与合作水平。设立“来晋留学政府奖学金”，支持学校在海外建立孔子学院(课堂)。理顺公派出国留学体制，创新和完善公派留学机制。设立奖学金，遴选支持优秀大学生和研究生到国外学习。设立海外培训基地，定期开展大中小学校长和骨干教师海外研修培训。开展国际理解教育试点。依法支持我省高校与国外知名大学通过多种方式合作办学，建立教学实习基地。引进境外优秀教材。吸引更多的高层次外国专家学者来晋工作。加强与港澳台地区的教育交流与合作。

重点工程与改革试点。一是组织实施重点工程。①学前教育推进工程。“十二五”期间，在全省城乡新建或改扩建1000所公办标准化幼儿园，学前三年毛入园率达到65%以上。②义务教育学校标准化建设工程。到“十二五”末，80%的县(市、区)达到义务教育学校标准化要求。③职业教育基础能力建设工程。支持建设一批高标准的县级职教中心。支持建设100个省级职业教育实训基地。完成一批“双师型”教师培训。重点支持建成100所中等职业教育改革示范学校和优质特色学校以及10所示范高等职业院校，争取一批学校进入国家建设行列。④高等教育质量和水平提升工程。推进高校新校区建设，加快高校危旧校舍改造，2012年底完成改造建设任务。继续支持山西大学和太原理工大学重点建设。支持建设40个左右对全省经济社会发展具有重大支撑作用的重点学科，支持200个特色专业，新增20个省级重点实验室、30个行业企业共建工程研究中心。深化高校本科教学质量与教学改革工程。实施研究生教育创新计划、产学研合作计划、哲学社会科学繁荣计划和高层次创新人才支持计划。启动“三晋学者”支持计划，引进和培养一批高层次领军人才。⑤农村教师队伍水平提升工程。实施农村义务教育学校教师特设岗位计划和农村学校新任教师学历提升计划。以“国培计划”为示范引领，实施中小学教师培训计划。实施名师、名校长培养计划。落实农村教师待遇倾斜政策。建设农村教师周转宿舍。⑥教育信息化工程。为中小学班级配备多媒体远程教学设备。建设有效共享、覆盖各级各类教育的数字化教育资源库和公共服务平台。基本建成较完备的教育基础信息库。建立办公与文件信息交换、视频会议系统和门户网站，构建教育办公协同与应急指挥体系。建立教育发展动态监测、分析与决策支持系统，构建教育科学决策体系。

二是组织开展改革试点。①推进素质教育改革试点。探索减轻中小学课业负担的有效途径和机制。完善中小学课堂教学模式改革。探索开展研究性学习活动和综合实践活动。加强基础教育课程教材建设,推进开发校本课程。开展普通高中多样化发展改革试点,建设一批特色鲜明的普通高中和普职融通的综合类高中。②职业教育人才培养模式改革试点。深化职业学校工学结合人才培养模式改革,完善“双证书”制度,开展“双师型”教师队伍建设试点。探索部门、行业、企业参与办学的有效机制。探索统筹城乡职业教育发展的新途径,推动城乡中等职业学校通过多种形式合作办学。开展财政支持、校企合作、人员互动的职业教育教师特聘制度试点。③教师培养模式改革试点。探索建立和完善符合基础教育改革发展需求的课程体系和实践教学体系。积极探索高等学校师范生实习支教与农村教师换岗培训联动机制。探索吸收中小学优秀教师和优秀教研人员参与教师培养教育模式。开展师范生免费教育试点工作。④校企联合培养研究生改革试点。支持高校围绕我省新兴产业、支柱产业发展需要,与大型企业联合共建研究生教育创新中心,探索校企合作培养高层次应用型人才的新模式。⑤现代大学制度改革试点。制订和完善学校章程,探索学校理事会或董事会、教授委员会、学术委员会发挥积极性的有效机制。探索行政管理人员聘任制度和专业技术职称评聘制度改革。全面推进高校廉政风险防控工作,建立权力运行监控机制。⑥终身教育体制机制建设试点。健全终身教育管理协调体制,探索区域内全日制与非全日制教育的衔接方式,建立完善终身学习网络和服务平台。逐步建立继续教育学习资源中心。探索建立“学分银行”制度,实施学分互认。⑦办学体制改革试点。探索公办学校联合办学、中外合作办学、委托管理等形式。探索对营利性和非营利性民办学校实行分类管理。建立民办学校财务、会计和资产管理制度。探索独立学院管理和发展的有效方式。⑧地方教育投入保障机制改革试点。完善多渠道筹措教育经费长效机制。制订各级学校学生人均经费基本标准和学生人均财政拨款基本标准。探索建立教育投入分项分担机制。探索建立对长期在农村基层工作的教师实行工资福利倾斜政策制度。

【实施“三晋学者”支持计划】 为提高山西省高等教育竞争实力和科技创新能力,全面提升重点学科建设水平,培养和吸引一批高层次的学术领军人才和创新团队,山西省决定实施“三晋学者”支持计划。

“三晋学者”支持计划的主要内容是:自 2011 年起,利用 10 年左右时间,在全省设立 60 个“三晋学者”特聘教授(专家)岗位。招聘学术造诣深、发展潜力大、具有领导本学科保持或赶超国内外先进水平的“三晋学者”特聘教授(专家),带动一批特色优势学科的发展,提升自主创新能力,研发产业发展需要的关键技术,为推动山西省的转型发展和跨越发展提供高层次拔尖创新人才。

【高校新区开工建设】 2011 年 4 月,山西省高校新区建设项目开工建设。高校新校区位于晋中市北部新城北侧,据太原市中心 25 千米。高校新校区突出“儒雅大学、秀美河湾、拙朴晋韵、时代风景”的规划设计理念。力求通过近 10 年的规划建设,把高校新校区打造成中部地区一流的“智慧谷”。新校区一期规划用地总面积约 660 公顷,规划建设总面积约 400 万平方米,总投资 110 亿元,预计两年后建成,将有约 14.6 万名师生入驻。首批入驻的 10 所高校有:山西医科大学、太原师范学院、晋中学院、太原理工大学、山西传媒学院、山西煤炭学院、山西中医学院、山西职工医学院、山西建筑职业技术学院和山西交通职业技术学院。

(李仁贵)

【教育投入大幅增加】 2011 年,省教育厅会同省财政厅报请省政府出台《关于进一步加大财政教育投入的意见》、《关于全省地方教育附加征收使用管理办法的通知》和《关于加强对我省 2011～2012 年财政教育投入状况分析的通知》,教育厅和财政厅联合下发《关于从土地出让收益中计提教育资金实行省级统筹的意见》,提出一系列增加教育投入的政策措施。明确规定,提高财政教育支出占一般预算支出的比重,2011 年达到 15.8%,2012 年达到 16%。从 2011 年 2 月 1 日起,按增值税、消费税、营业税实际缴纳额的 2%全面开征地方教育附加;从 2011 年 1 月 1 日起,从土地出让净收益中按 10%的比例计提教育资金,并将资金的 20%用于省级统筹。这些投入政策的出台,从制度层面上进一步完善了教育投入的保障机制。全面完成农村义务教育“普九”化债工作。义务教育阶段生均公用经费标准逐年提高,2011 年小学提高到 500 元,初中提高到 700 元。普通本科高校生均拨款 9000 元。

【教育服务能力显著增强】 紧紧围绕转型跨越发展的需要,不断提升高校科技创新能力。2011 年又有 3 项成果获国家科技进步二等奖。高校承担国家自然基金项目 229 项、社科基金项目 36 项,分别比 2010 年增长 57%和 90%。承担各类省级科技计划 538 项,项目数量和经费均大幅增加。加强高校与企业、产业对接,新建 7 个校企合作研究生教育创新中心和 6 个研究生联合培养基地,承担企事业委托科技项目 1600 余项,一批科技成果应用于企业生产,产生了良好经济效益。发挥哲学社会科学优势,加强与政府部门和企事业单位的合作,承担了大量研究项目。山西财经大学积极开展“转型发展与创新社会管理”巡回培训活动,培训各级干部 5.3 万余人,有力地支持了区域经济发展。围绕新农村建设和煤矿安全生产,深入开展职业教育“送教下矿”、“送教下乡”工作,对 1.2 万名煤矿负责人进行学历提升教育和专业技能培训,完成农村劳动力转移和实用技术培训 338 万人次。

【教师队伍建设水平进一步提高】 2011 年,公开招聘 2200 名特岗教师到贫困地区农村中小学校任教,安排300名免费师范生到中小学任教，全省共补充中小学教师4100人。积极推进城镇学校教师向农村学校和薄弱学校流动，有80个县的679名校长和8990名教师进行了交流。认真实施"国培计划"，对3万余名农村中小学骨干教师进行现代教学技能和教学创新能力培训。实施职业学校教师素质提高计划，双师型教师队伍建设进一步加强。继续实施高层次创新人才支持计划，遴选支持一批高校拔尖创新人才和学科带头人，有15人入选教育部新世纪优秀人才支持计划，38人入选省"百人计划"。全面启动非义务教育学校教师绩效工资改革，积极推进教育系统岗位设置工作和绩效考核工作。通过创新考核机制、实行"一票否决"制等办法强化了师德师风建设。

【高校党建和学校思想政治工作进一步加强】 不断加强高校党的建设，全面完成高校党委换届选举工作，进一步配齐配强高校领导班子。高校基层党组织建设更加完善，大学生党员数量、质量不断提高。深入开展"为民服务创先争优"活动和庆祝建党90周年系列纪念活动。大力推进社会主义核心价值体系建设，山西师范大学临汾学院孟佩杰同学荣获"全国道德模范"称号并入选"2011年度感动中国十大人物"。组织近2万名大学生参加"中博会"志愿服务，充分展现了当代大学生的良好素质和精神风貌。加强党风廉政建设，强化对重点岗位和重点环节的监管，加大党务公开力度，太原理工大学党务公开工作在全国教育系统党风廉政建设会议上作了典型发言。启动"六五"普法规划，教育法制工作进一步加强。

【推进教育公平又有新进展】 认真实施高考招生"阳光工程"，促进教育公平，受到社会好评。积极做好高校毕业生就业工作，组织高校举办各类招聘会1500余场，高校毕业生就业率稳步提升。进一步建立完善家庭经济困难学生政策资助体系，切实保障家庭经济困难学生顺利完成学业。进城务工人员子女在流入地受义务教育问题得到较好解决。进一步规范教育收费行为，2011年共查处教育乱收费案件108件，党纪、政纪处分41人，3名校长被撤职。开展中等职业学校办学资质清查和普通高中改制学校清理规范工作，强化成人高等学校管理，促进规范办学，收到良好效果。省政府建立大中专学校食堂饭菜价格物价补贴联动机制，稳定了学校食堂饭菜价格。扎实开展学校安全专项整治，积极化解影响安全稳定的矛盾纠纷，教育系统保持了和谐稳定局面。

基础教育

【基础教育水平进一步提升】 2011年，在全国率先完成中小学校舍安全工程，实现了校舍安全改造全覆盖。学前教育得到前所未有的重视和发展，省人大常委会专题听取并审议了学前教育发展报告，省政府下发了《学前教育三年行动计划》，全年新改扩建公办标准化幼儿园209所，新增建筑面积45万平方米，全省学前三年教育毛入园率70.5%，比2010年提高10个百分点。实施农村义务教育薄弱学校改造计划，推进义务教育学校标准化建设，大力推广晋中市推进义务教育均衡发展的经验，取得明显成效，一批市、县实现初步均衡。高中阶段教育毛入学率88.5%。特殊教育取得新进展。学校艺术教育和"阳光体育"活动广泛开展。

【基础教育基本情况】 *学前教育与特殊教育*。2011年，全省共有幼儿园4908所，比2010年增加556所。在园幼儿82.1万人，增加11万人。其中，民办幼儿园2096所，占全省幼儿园总数的42.7%，提高9个百分点；在园幼儿31.4万人，占全省在园幼儿总数的38.3%，提高3.4个百分点。幼儿园专任教师3.3万人，增加4785人。学前三年毛入园率70.5%，提高9.8个百分点。

全省共有特殊教育学校51所，增加6所。全省共招收特殊教育学生1339人，增加251人；在校生8311人，增加144人；毕业生805人，减少90人；专任教师1300人，增加86人。

小学。2011年，全省共有小学1.1万所(其中，单人校1397所)，比2010年减少1840所；在校生277.2万人，减少13.9万人；招生44.1万人，减少1.1万人；毕业生52.8万人，减少4.5万人。其中，民办小学202所，在校生19.7万人，分别占全省小学校数和在校生数的1.8%和7.1%，均有所增加。小学学龄儿童净入学率99.9%，小学毕业生升学率99.9%。

全省共有小学专任教师18.9万人(其中，小学17.6万人，九年一贯制学校1.1万人，十二年一贯制学校1205人)，比2010年减少1718人；专任教师学历合格率99.8%，提高0.1个百分点。

全省小学共有校舍建筑面积1734.4万平方米，减少27.3万平方米。小学体育运动场(馆)面积达标学校的比重为29.6%，体育器械配备达标学校的比重为29.7%，音乐器械配备达标学校的比重为27.8%，美术器械配备达标学校的比重为27.1%，数学自然实验仪器达标学校的比重为34.1%。

初中。2011年，全省共有初中阶段教育学校2093所(其中，初级中学1625所，九年一贯制学校467所，职业初中1所)，比2010年减少128所；招生50.9万人，减少6.3万人；在校生数164.3万人，减少7.2万人；毕业生数55.6万人，减少2.2万人。初中毕业生升学率82.7%，提高2.8个百分点。

全省有普通初中2092所(其中，九年一贯制学校467所)，比2010年减少121所；招生50.9万人，减少6.3万人；在校生164.3万人，减少7.1万人；毕业生55.5万人，减少2万人。其中，民办普通初中243所，在校生27.1万人，分别占普通初中校数和在校生数的11.6%和16.5%。

全省普通初中共有专任教师11.9万人(其中，初级中学9万人，九年一贯制学校1.3万人，十二年一贯制学校1288人，完全中学1.5万人)，增加72人；专任教师学历合格率98.8%，提高0.3个百分点。

全省有职业初中1所，招生108人，在校生280人，毕业生391人；专任教师21人。

全省初中学校共有校舍建筑面积1368.4万平方米，比2010年增加75.1万平方米。初中学校体育运动场(馆)面积达标学校的比重为47.4%，体育器械配备达标学校的比重为50.4%，音乐器械配备达标学校的比重为44.6%，美术器械配备达标学校的比重为43.8%，理科实验仪器达标学校的比重为58.1%。

普通高中。2011年，全省共有普通高中519所(其中，完全中学237所，高级中学253所，十二年一贯制学校29所)，比2010年减少15所；招生28.7万人，增加5696人；在校生85.3万人，增加3万人；毕业生27万人，增加1.1万人。其中，民办普通高中161所，招生数6万人，在校生18.3万人，毕业生5.4万人，分别占全省普通高中总校数的31%、招生数的20.9%、在校生数的21.4%和毕业生数的20%。

全省普通高中共有专任教师5.6万人(其中，完全中学1.8万人，高级中学3.6万人，十二年一贯制学校1820人)，比2010年增加2578人；专任教师学历合格率94.9%，提高0.9个百分点。

全省普通高中共有校舍建筑面积1437.5万平方米，增加80.7万平方米。普通高中体育运动场(馆)面积达标学校的比重为68.9%，体育器械配备达标学校的比重为73.2%，音乐器械配备达标学校的比重为72.1%，美术器械配备达标学校的比重为71.7%，理科实验仪器达标学校的比重为74.9%。

职业教育

【职业教育发展进一步加快】 2011年，大力推进中等职业教育免学费全覆盖工作，免除职业高中、职业中专在校生学费，惠及30万名学生。晋中、朔州、阳泉等市已提前完成全覆盖任务。17个县级职教中心建设通过省级督导验收，11所职业学校批准立项建设国家中等职业教育改革发展示范校，33所职业院校立项建设国家级、省级实训基地，职业学校办学和实习实训条件进一步改善。不断深化人才培养模式改革，广泛开展订单培养、工学结合，技能型人才培养能力和培养水平不断提升。成功举办全省第五届职业院校技能大赛，组织参加全国大赛取得历史最好成绩。

【职业教育基本情况】 2011年，全省中等职业教育(包括普通中专、成人中专、职业高中、技工学校)共有学校572所，比2010年减少4所。招生21.7万人，减少5.6万人；在校学生61.9万人，减少6.7万人；毕业生23.4万人，减少653人。

普通中专学校。2011年，全省共有普通中专学校93所(其中，中等技术学校89所，中等师范学校4所)，比2010年增加1所。招生5.2万人(其中，普通中专学生5.1万人，职业高中学生938人)，减少3.9万人；在校生18.3万人，减少2.4万人；毕业生6.2万人，增加7375人。全省有民办中等技术学校15所，招生3251人，在校生1.2万人，毕业生6453人，分别占全省普通中专学校总校数的16.1%，招生数的6.2%，在校生数的6.6%，毕业生数的9.7%。

全省普通中专学校共有教职工1.3万人。其中，专任教师7877人，增加440人；副高级以上职称专任教师1876人，占专任教师总数的23.8%；中级职称专任教师2795人，占专任教师总数的35.5%。具有本科及以上学历的专任教师有7001人，占专任教师总数的88.9%，提高1.9个百分点。普通中专学校师生比为1∶23.3。

全省普通中专学校占地面积629.1万平方米，增加109.5万平方米；校舍建筑总面积318.1万平方米，增加46.4万平方米。固定资产总值25.88亿元，增加2.79亿元；教学实习仪器设备资产值5.05亿元，增加5788.2万元；图书457.6万册。

成人中等专业学校。2011年，全省共有成人中等专业学校120所，比2010年减少3所。招生2.2万余人(其中，普通中专学生300人，成人中专学生2.2万人)，减少1.2万人；在校生5万人，减少7054人；毕业生2.7万人，增加4455人；教职工4595人，专任教师3209人。

职业高中。2011年，全省共有职业高中学校248所，比2010年减少3所。招生8.4万人，减少5400人；在校生22.2万人，减少2.3万人；毕业生7.9万人，增加4268人。全省有民办职业高中学校92所，招生1.9万人，在校生4.8万人，毕业生1.3万人，分别占全省职业高中学校总校数的37.1%，招生数的22.6%，在校生数的21.6%，毕业生数的16.5%。

全省职业高中共有专任教师1.3万人，增加663人；专任教师学历合格率81.4%，提高3.7个百分点。共有校舍建筑面积261万平方米。

其他中等职业教育机构。2011年，全省其他中等职业教育机构129所(不计校数)，招生1.7万人(其中，普通中专学生1.5万人，职业高中学生2363人)，减少3081人；在校生5.2万人，减少1.3万人；毕业生2.5万人，减少4025人。

技工学校。2011年，全省有技工学校111所，比2010年增加1所。招生4.1万人，在校生11.1万人，毕业生4万人。

高等教育

【高等教育学科质量进一步提高】 2011年，开工建设占地近万亩、投资百亿元的高校新校区。全省普通高校本专科在校生59.5万人、研究生2.5万人，高等教育毛入学率30%。山西工商职院升格为本科。高校学科专业调整力度进一步加强，新增一批经济社会发展急需的学科专业。教育质量稳步提高，新增一级学科博士点33个，一级学科硕士点78个，新增教育部卓越工程师教育培养计划高校1所、学科专业5个，中央财政支持的高等职业教育实训基地6个，财政部、教育部重点建设的高职专业74个。启动高等学校特色专业建设项目、教学改革项目、大学生创新创业训练项目和省级示范性高等职业院校建设项目。大学生创新教育不断加强，获各种国家级大学生创新竞赛活动一等奖13个。高校对外交流进一步扩大，新建2所孔子学院。

【高等教育师生规模进一步扩大】 2011年，全省共有培养研究生单位12个(其中，普通高校9个，科研机构3个)。共有普通高等学校66所(其中，本科院校19所，高职高专院校47所)，比2010年增加1所。另有独立学院8所(不计校数)。全省有民办普通高等学校7所，其中，本科院校1所，高职(专科)院校6所。有成人高等学校13所(其中，职工高等学校7所，管理干部学院3所，教育学院2所，广播电视大学1所)，减少1所。

全省共招收研究生8745人(其中，博士生452人，硕士生8293人)，比2010年增加671人；在学研究生2.5万人(其中，博士生1981人，硕士生2.3万人)，增加1235人；毕业生7330人(其中，博士生297人，硕士生7033人)，增加1401人。

全省普通高等教育本专科共招生18.5万人，增加203人；其中，本科9.4万人，增加9124人；高职(专科)9万人，减少8921人。在校生59.4万人，增加3.1万人；其中，本科32.2万人，增加3万人；高职(专科)27.2万人，增加1999人。毕业生15.3万人，减少1.3万人；其中，本科6.5万人，增加4601人；高职(专科)8.8万人，减少1.7万人。全省民办普通高等教育本专科共招生8707人，在校生2.5万人，毕业生6694人，分别占全省总数的4.7%、4.1%、4.4%。2011年，全省高等教育毛入学率30%，提高1.9个百分点。

全省普通高等学校校均规模9007人，增加347人；其中，19所本科院校的在校生规模30.2万人(不含独立学院在校生)，校均规模1.6万人。

全省成人高等教育共招生6.6万人(其中，本科2.9万人，专科3.7万人)，比2010年增加1.1万人；在校生16.8万人(其中，本科7.7万人，专科9.1万人)，增加2.4万人；毕业生4.4万人(其中，本科2.1万人，专科2.2万人)，增加5318人。

全省普通高等学校共有教职工5.8万人，比2010年增加940人；其中，专任教师3.8万人，增加1035人。具有高级职称的教师占专任教师总数的33.2%，提高0.3个百分点；具有研究生及以上学历学位教师占专任教师总数的51.3%，提高3个百分点。

普通高校占地面积2803.9万平方米，增加136.2万平方米。校舍建筑面积1584.3万平方米，增加42.9万平方米，生均24.3平方米；教学行政用房面积726.1万平方米，增加22.5万平方米，生均11.1平方米；学生宿舍面积379.2万平方米，增加15.6万平方米，生均5.8平方米。

全省普通高校教学仪器设备资产值43.76亿元，增加4.45亿元，生均教学仪器设备值6365元。学校藏书4699.5万册，增加203.4万册，生均68.4册。

全省成人高等学校共有教职工3071人，比2010年减少259人；其中，专任教师1848人，减少165人。专任教师中副高级以上职称的占专任教师总数的38.7%，提高0.3个百分点；具有研究生及以上学历学位的教师占专任教师总数的23.8%，增加5.3个百分点。

成人高校占地面积89.3万平方米，校舍建筑面积75.5万平方米，教学行政用房建筑面积35.8万平方米，学生宿舍建筑面积16.2万平方米，图书资料211.5万册，固定资产值5.95亿元，教学仪器设备值1.67亿元。

(秦志伟)

山西经济年鉴

YEARBOOK OF SHANXI ECONOMY

文化·新闻·广播·出版事业

WENHUA XINWEN GUANGBO CHUBANSHIYE

文化·新闻广播·出版事业

文化事业

【文化事业概况】 2011年，全省有无线广播电台4个，中短波发射台和转播台15个；有电视台6个，100瓦以上电视发射台148个；广播人口覆盖率93.6%，电视人口覆盖率97.7%。

2011年，全省有文化艺术机构8407个，从业人员57695人。有艺术表演团体162个，文化馆119个，公共图书馆126个，博物馆89个。全省公共图书馆总藏量1320.2万册（件），其中，省级公共图书馆329.7万册（件），市级公共图书馆227.5万册（件），县级公共图书馆763万册（件）。全省博物馆、文物机构文物藏品71.2万件，其中，一级藏品3209件。

2011年，全省制作电视剧2部、67集，制作电影故事片8部。

2011年，全省有出版社7个，从业人员586人；国有书店110个，从业人员3818人，全年出版图书3401种、1.39亿册，出版期刊200种、3428万册，出版报纸77种、20.27亿份。

【推动全省动漫产业发展的目标任务和政策措施】 发展目标。通过政策扶持，打造若干实力雄厚、具有国内国际竞争力的大型动漫龙头企业。培育一批充满活力、专业性强的中小型动漫企业。创造一批既有山西特色、中国风格，又具国际影响的动漫品牌。通过5～10年的努力，全面形成以太原为中心的动漫产业创作、研发、制作、加工、出版、发行、教育培训、播出和衍生产品开发等完整的产业体系，将太原高新区山西动漫游戏产业发展基地建设打造成为国家级动漫产业振兴基地。

财政扶持政策。1. 贴息政策。对企业为发展动漫产业新建投资项目、技术改造项目和出口项目的贷款，适当安排贷款贴息，贴息时间不超过3年，补助额不超过80%。

2. 补助政策。①鼓励和支持动漫企业拥有自主知识产权，进行科技成果和专利技术就地转化，对动漫企业申请专利的有关费用给予一定补贴。②积极组织我省动漫企业参加国际动漫博览会、交易会、展览会。对由省级政府部门组织参加的国家级以上动漫游戏产业展会，省财政给予必要的经费支持，并对参展单位给予展位费50%的补助。③鼓励支持动漫产业实施商标战略，注册自主商标，争创驰名商标、山西省著名商标，对申请立体商标的动漫企业从经费上给予一定支持；鼓励动漫企业实施"走出去"战略，注册国际商标，建立国际商标维权机制，在有关财政扶持政策、税收政策上予以倾斜。④支持我省动漫企业开拓海外市场，对动漫产品出口项目（包括产品、技术和版权）给予适当补助。⑤对我省动漫企业开拓国际市场的各项活动给予支持，具体标准按财政部、商务部《中小企业国际市场开拓资金管理办法》（财企〔2010〕87号）的相关规定执行。⑥将具备条件的中小动漫企业纳入"科技型中小企业技术创新基金"资助范围。⑦对经省文化厅、省财政厅、省国税局、省地税局推荐，文化部、财政部、国家税务总局认定的动漫企业、重点动漫企业进行项目制补助。

3. 奖励政策。①鼓励动漫企业进行合并、重组和上市，对省内上市动漫企业给予一定奖励。②对获省级、国家级原创大奖和国际性重大奖项的动漫原创作品给予一定奖励，多次获奖的按照从高不重复的原则给予奖励。③对经国家出版总署和文化部批准、正式上线运营的原创网络游戏给予适当奖励。④对省内原创动画片播出给予奖励，在中央电视台播出的每分钟奖励1000元，在省级电视台播出的每分钟奖励500元，在多个电视台播出的按照从高不重复的原则给予奖励。每部动画片的奖励资金原则上不超过80万元。

税收扶持政策。1. 经认定的动漫企业自主开发、生产的动漫产品，可申请享受国家现行鼓励软件产业发展的所得税优惠政策。

2. 动漫企业为开发新技术、新产品、新工艺所发生的研究开发费用，未形成无形资产计入当期损益的，在按规定据实扣除的基础上，按照研究开发费用的50%加计扣除；形成无形资产的，按照无形资产成本的150%摊销。

3. 动漫企业自主开发、生产动漫产品确需进口的商品、自用设备及配套件，可按现行税收政策规定享受免征进口关税及进口环节增值税的政策。企业出口动漫产品享受国家统一规定的出口退(免)税政策。源于境外的应税所得已在境外缴纳的所得税税额,可以按规定予以抵免。

4. 对动漫企业缴纳房产税、城镇土地使用税确有困难的,经地方税务机关批准,可酌情减征或免征房产税和城镇土地使用税。

5. 居民企业在一个纳税年度内技术转让所得不超过500万元的部分,依法免征企业所得税;超过500万元的部分,减半征收企业所得税。

信贷扶持政策。1. 鼓励支持动漫企业通过新设(独资、合资、合作等)、收购、兼并、参股、注资、股权置换等方式在境外设立企业,允许企业以自有外汇、人民币购汇或贷款向境外支付与境外投资项目相关的前期费用,允许企业向境内外融资解决后续资金不足问题。

2. 动漫企业生产经营流动资金不足或投资重大项目、新建动漫基地、购置重大生产设备等缺乏资金需要贷款时,银行业金融机构要给予积极支持,并提供利率优惠。各类银行特别是政策性银行对符合条件的动漫企业提供融资支持。

3. 动漫企业贷款需要提供担保时,政府有关部门按市场化原则协调有实力的担保公司担保,以争取银行贷款。经专家组认定的动漫企业无形资产,可作为动漫企业质押信用进行贷款。

4. 动漫企业出口动漫产品时,政府相关部门可协助向中国进出口银行申请为其提供出口信贷支持,积极利用国家出口信用保险,促进动漫企业开拓海外市场。

动漫产业基地建设扶持政策。1. 简化动漫产业园区(基地)、动漫企业和动漫主题公园用地审批程序,有服务外包业务的动漫产业基地,可享受国家及地方对服务外包基地建设的各项优惠政策。

2. 按照政府投资、企业参股、市场化运作原则,支持省动漫游戏产业基地建设和维护动漫产业公共技术和信息服务平台。公共技术平台建设重点是:动漫共性技术开发和共享平台、动漫企业孵化和协作平台、共性技术培训与推广平台、公共技术服务与支撑平台、中小动漫企业的培育与协作网络、数字动漫技术产业化示范工程和动漫实习基地等。

3. 支持地方政府牵头、企业共同参与建设主题动漫游乐园。借鉴国外动漫游乐园区建设的成功经验,突出山西特色,打造集动漫产品展销、衍生产品销售、动漫游戏游乐、演出欣赏、制作体验等为一体的主题游乐园区。

人才培养措施。把动漫人才培养纳入全省文化艺术类人才培养计划并给予适当支持。鼓励高校开设动漫专业或动漫课程,重点培养动漫原创、制片、经营、管理的实用型人才。建立高校和动漫企业人才培训实习基地。积极引进获得省部级以上荣誉称号或省部级以上专业作品奖、科技成果奖的动漫主要制作和研发人员,引进具有突出贡献的中青年专家和技术带头人。做好动漫游戏人才职称评定的申报、评审工作。

市场监管措施。加强动漫产业知识产权保护,依法保障动漫企业各项权益,鼓励引导动漫形象、动漫产品的商标注册申请、著作权登记和专利申请。建立动漫著作权等登记备案制度,依法对注册商标和已经登记备案的动漫产品予以重点保护,查处侵犯注册商标专用权和制作、生产、销售盗版动漫产品的违法行为,查处假冒专利行为。支持动漫企业建立自我管理的行业协会,探索政府引导、社会支持、企业参与的行业管理机制,实现行业自律。

(李仁贵)

【一手抓改革、一手抓发展,重点工作取得五个新突破】 文化体制改革任务全面完成,总体走在全国前列。2011年,认真解决市、县两级"三局"合一中存在的遗留问题和不到位问题,130个市、县全部成立文广新局,文化行政体制改革全面完成。积极协调成立山西省文化市场管理工作领导小组,文化市场综合执法改革工作全部到位。按照"分类改革,区别对待,整体部署,有序推进"的要求,山西省演艺集团挂牌成立,全省163个国有文艺演出院团全部完成改制任务。完善内部人事、收入分配、社会保障三项制度,文化事业单位内部机制改革取得突破性进展。全省实现了"四项改革任务"全部完成的目标。中宣部、文化部等四部门授予山西省"全国文化体制改革工作先进地区"称号。

新一轮艺术精品创作高潮凸显,在全国引起强烈反响。2011年,《千手观音》成为国家大剧院的开年大戏,《武则天与狄仁杰》、《上马街》在太原首演,《山村母亲》、《西沟女儿》双双进京参加"庆祝建党90周年展演",《大红灯笼》、《麦田守望》、《五台圣境》、《爱有多难》与观众见面。《知音》参加了纪念辛亥革命100周年活动演出,并获得第六届中国京剧艺术节银奖;《粉墨春秋》在北京首演,获得空前的轰动效应;《解放》获得"国家舞台艺术精品工程重点资助剧目",《大红灯笼》获"国家舞台艺术精品工程资助剧目"。《立春》完成彩排,电视剧《快乐的万家村》完成制作。《喝彩中部》、《走向辉煌》、《中博记忆》、《幸福山西》等主题晚会,赢得好评;《新山西新辉煌》、《再唱山西好风光》、《国家财富》、《绿色故事》、《幸福全覆盖》等新创作品,在中博会、党代会等重大活动中推出。这些艺术产品的不断涌现,标志着山西艺术精品创作迎来新的高峰期、高产期和超越期。同时,经典作品《立秋》、《一把酸枣》、《解放》等精品剧目持续产生重大的社会效益和经济效益。《立秋》演出600场,《一把酸枣》演出860场,《解放》演出260场,票房收入突破5800万元。

文化产业跨越式突进,开始迈入与全国同步发展的新时期。2011年,不断完善"培育三大支柱,构建八大方阵,打造三张文化名片"的文化产业发展思路,培育市场主体,实施项目带动,形成文化产业发展新格局。命名首批省级文化产业示范基地16个、国家级文化产业示范基地5个,带动形成产值超亿元企业20余个,产值500万元以上企业700多个。深圳文博会和北京国际文化创意产业博览会上,山西展团签约突破70亿元。山西文化产业网注册企业1000余家,文化产业项目库入库项目400余个。编辑出版《山西省文化产业示范基地典型案例精析》一书。出台《山西省文化产业示范基地评选命名管理办法》、《山西省文化产业投资指导目录》、《推动全省动漫产业实施意见》等政策，与省工行签订受信额100亿元的《支持文化产业发展战略合作框架协议》，对接项目40个，融资额度超过30亿元。组织申报文化产业发展专项资金，247家企业申请资金184亿元，全省文化产业呈现出蓬勃发展的良好势头。据中国人民大学文化创意产业研究中心发布，2011年山西省文化产业驱动力指数位居全国第二。

非物质文化遗产保护顺利推进，四级保护体系基本建立。积极开展非物质文化遗产名录申报工作，关公信俗和晋剧成功向联合国教科文组织申报世界文化遗产，全国共申报9个项目，山西省占2个。截至2011年，山西省共有国家级非物质文化遗产名录项目105个，保护单位145个；省级非物质文化遗产名录项目353个，保护单位603个。开展传承人申报评审工作，命名8个省级非物质文化遗产传习所和3个大师工作室。全省共有国家级传承人72人、省级228人、市级1548人、县级3314人。大力推进非物质文化遗产整体性保护工作，国家级晋中文化生态保护实验区总体建设规划编制工作基本完成，山西老陈醋集团有限公司入选首批国家级非物质文化遗产生产性保护示范基地。成功举办中部六省非物质文化遗产论坛，首创六省非遗保护联动机制，山西省的非遗保护工作在全国名列前茅。

文化与旅游、科技融合，发展新型文化业态初显生机。2011年，紧紧抓住山西省综改试验区建设机遇，大力实施文化旅游融合战略，省文化厅与省旅游局在意大利罗马举办"中国文化旅游推介会"。联合向省政府上报《山西省转型综改试验区文化旅游业重大标杆项目提升及实施方案》，"一市一景区一文艺团体一台演艺剧（节）目"项目被确定为文化旅游重大标杆建设项目。省文化厅提出实施人文五台山"五个一工程"建设项目。文化旅游的融合带动文化与科技的融合，动漫游戏、数字电影、数字出版等新兴文化业态迅速崛起，太原高新区动漫游戏产业基地研发的全息影像技术在全国处于领先水平，宇达热着色处理技术、太钢不锈新型创意产品等成为文化科技融合的最新成果。

【一手抓建设、一手抓服务，面上工作取得五个新进展】 公共文化服务体系建设取得新成绩。2011年，省市县乡村五级公共文化体系建设进入快车道，乡村两级文化站、文化室实现全覆盖。实施重点项目带动工程，完成山西大剧院和山西省图书馆新馆主体工程建设。山西省美术馆、山西省群众文化中心、山西省少年儿童图书馆等工程被列入省政府重点工程预备项目。实施市级"两馆"健全工程，吕梁市新建图书馆，长治市新建群众艺术馆，运城市和太原市改造群众艺术馆，临汾、晋城、忻州等市19个图书馆、群艺馆列入国家重点建设计划。实施"百县强基"工程，新建公共图书馆126个，群艺馆131个，在建县级文化设施项目70多个，县级公共文化设施不断得到提升和改善。实施"万村千乡设施建设工程"，新建乡镇文化站1197个，完成村级综合文化活动室建设2.8万余个，农村文化设施全覆盖工程基本完成。长治市被列入全国公共文化服务体系示范区，太原市"文化精品惠民基层行"活动被列为全国公共文化服务示范项目。顺利完成全省第三次文化馆评估工作，国家三级以上文化馆数量57个，较第二次评估大幅增长。

"文化惠民"工程进入新阶段。深入开展送书、送戏下乡活动，2011年共为基层配送图书186万册和价值2191万元的文化活动器材，配送"流动舞台车"44辆，"流动图书车"33辆。组织开展"文化惠民，送戏到村"活动，15个艺术院团1000余名演员，赴全省7个市、17个县、31个乡镇、32个村，为贫困山区、老区演出120余场，观众近60万人次。继续推进文化信息资源共享工程，119个县、1196个乡镇和2.8万多个村资源共享器材设备配备任务全部完成，在全省范围内实现了全覆盖。积极推进"三馆一站"〔美术馆、公共图书馆、文化馆（站）〕免费开放工作，争取中央免费开放补助经费5813万元，为全省所有公共图书馆、文化馆（站）实现无障碍、零门槛、免费开放创造了条件。组织实施数字图书馆推广工程，省图书馆和4个市级数字图书馆被列入国家首批"数字图书馆推广工程"。19个乡镇获评"中国民间文化艺术之乡"。

重大文化活动展示新形象。围绕建党90周年、辛亥革命100周年、第六届中博会、省第十次党代会等重大活动，成功举办"魅力三晋——山西文化艺术精品（上海）展演月"活动、"歌颂新时代放歌新山西"合唱周、"喝彩中部"和"走向辉煌"文艺晚会、第13届杏花奖评比演出等系列文艺活动，展现了山西文化发展新形象，极大提升了山西文化的影响力。

对外文化交流开创新局面。坚持文化"走出去"战略，共有26个团组、301人次赴10多个国家和地区进行文化交流，集中开展了对西欧、北欧、北美及港澳台地区的对外文化交流。先后接待文化来访团7个、170多人。全年有90余人次赴台演出，起到了连接两岸民众心灵的桥梁作用。山西民间手工艺代表团应邀赴纽约参加"中国日"活动。一系列对外文化交流活动，全面开启山西对外文化交流新时代。根据文化部"春雨工程"文化志愿者"边疆行"工作精神，组织开展赴内蒙古自治区送文化活动。

文化市场建设取得新进展。在全省开展"知识产权保护专项行动"、"暑期行动"、"网吧整治"等专项行动，检查经营户1万多家次，对全省3.2万多个文化经营单位进行地毯式检查。立案查处违规接纳未成年人案件446起，责令整改347家次，排除安全隐患710起。对全省3718个网吧、2365个歌舞娱乐场所、30个互联网文化单位、43个演出经纪机构和180家演出团体的信息进行了数据化管理。实现了从事前静态审批向事后动态监管转变、从刚性管理向刚柔相济方式转变、从人工巡查向技术监管转变的新目标。

【一手抓创新、一手抓管理，基础工作取得五个新提升】 精神文明建设迈上新台阶。对照省文明单位考评体系，制订《年度文明和谐单位创建计划》，加强组织领导和制度建设，坚持“一周一计划，一月一交流，一季一督查”的工作机制，广泛开展“文明处室”、“文明示范窗口”、“党员文明号”等争先创优活动。推动精神文明创建活动融入公共文化服务、艺术创作生产、文化惠民工程等文化建设工作中。

文化人才培养迈出新步伐。2011年，山西戏剧职业学院和中国戏曲学院、山西艺术职业学院和山西广播电视干部学院合作提升办学层次，取得重要进展。人才基地建设初具规模，艺术创作、导演人才、管理人才、营销人才等高级专业人才培养300多人，“小梅花”人数143人。在全国首届少儿文华奖评选中，一举获得9项“文华艺术院校奖”。

文化政策法规建设取得新成果。《山西省非物质文化遗产保护条例》完成立法准备工作，《山西省公共图书馆管理办法》完成立法前期程序，出台《山西省文化发展“十二五”规划纲要》，制定完善58项内部规章制度。获文化部“全国文化系统‘五五’普法先进集体”称号。

文化艺术理论研究迈上新台阶。承担并完成省政府重大决策课题《山西文化事业和文化产业协调创新发展对策研究》。《山西戏曲传承与人才培养战略研究》等3项课题获得国家艺术科学规划立项，实现了省直文化单位重大科研项目零的突破。省级软科学课题《我国网络廉政文化建设现状分析》结项成果收入文化部《廉政文化论文集》。完成11项省级艺术规划课题研究。《我省基层公共文化服务和文化社团现状调研及思考》等4篇论文获全省优秀调研论文奖，2篇分获全省社科联重点课题一等奖和优秀奖。

安全生产工作获得新成效。坚持“组织、制度、经费、措施、检查”五到位，成立文化市场、公共文化服务、艺术院团、艺术教育科研、文化产业和厅机关安全生产对口检查组，狠抓工作机制不健全不放过、硬件设施不落实不放过、整改措施不到位不放过、安全教育不扎实不放过，排查整治、应急演练，责任到人，确保了全省32000多个文化经营单位、45个机关处室和厅属单位的安全稳定。

（杨　渊）

【五大文化产业集团组建运营】 2011年4月25日，山西省五大文化企业集团正式揭牌，组建成立。全新组建的山西广电信息网络（集团）有限责任公司、山西日报传媒（集团）有限责任公司、山西广电传媒（集团）有限责任公司、山西演艺（集团）有限责任公司、山西影视（集团）有限责任公司五大文化企业集团，涵盖网络、演艺、传媒、报业、影视等文化产业核心层的多个领域，涉及人员1.5万余人。

山西广电信息网络集团，将分散运营的100多张有线电视局域网进行整合，实现由“看”电视到“用”电视，单一视频业务变综合信息服务的转变，力争“十二五”期间，成为山西省文化产业的龙头和旗舰企业。

山西日报传媒集团，剥离发行、印刷、广告等经营性资产，组建山西日报传媒集团，力争“十二五”末，形成总资产10亿元，总收入8亿元的大型立体化传媒集团。

山西广电传媒集团，在调整、划转省广电局及山西广播电视台部分可经营性国有资产、产权及部分经营性业务基础上组建，力争3～5年上市，成为具有核心竞争力的现代传媒企业。

山西演艺集团，对省歌舞剧院、省晋剧院、省话剧院、省京剧院、省曲艺团进行改革和重组，通过改革促进舞台艺术创作生产，实现演艺与旅游等现代服务业融合发展，力争用5年时间，建成有影响力的大型国有演艺文化企业。

山西影视集团，在山西电影制片厂有限公司、山西省电影公司、山西音像出版有限责任公司、山西广电影视艺术传媒有限公司基础上组建，力争5年内打造年生产电影20部、电视剧500集以上的大型国有影视生产企业。

五大文化企业集团成立后，加上先期转企的山西出版传媒集团，山西省基本形成六大文化企业集团为龙头的文化产业新格局，标志着我省文化产业进入集约化、规模化、专业化发展的新阶段。

【山西大剧院竣工】 山西大剧院位于太原市长风商务区文化岛东西中轴，是统领全岛建筑风格的城市地标。2008年8月奠基，2011年12月竣工。项目占地面积约5.3公顷，总建筑面积7.3万平方米，总投资7.9亿元。主要包括1628座主剧场、1170座音乐厅和458座小剧场及排练厅、琴房、演播室、展台休息厅、化妆间、道具服装间等主要功能用房。可以满足大型歌剧、舞剧（包括芭蕾舞）、戏剧、大型魔术、杂技、大型综艺演出、大型交响乐、民族乐、室内乐演出需要。

山西大剧院由设计过上海大剧院的法国夏邦杰事务所担纲设计。整体设计简明洗练，富有强烈雕塑感，以厚重有力的建筑形象，表达了山西人民纯朴、豪迈的人文气质和地域特征。同时，其大气磅礴的建筑造型，宏大的门式空间，使这一主体建筑“山西之门”的设计构思得以完美体现，并以通透贯穿的方式延续了城市轴线，成为统领文化岛建筑群的城市地标。

【山西省图书馆新馆建成】 山西省图书馆的前身是1919年10月成立的“山西教育图书博物馆”，其后先后使用过“山西公立图书馆（附设博物馆）”、“山西省立民众教育馆”、“太原博物馆”等名称。1950年改名为“山西省图书博物馆”，1953年8月又改为“山西省博物馆（设图书部）”，1957年3月成立了“山西省图书馆筹备处”，与博物馆分离。1960年8月，山西省图书馆新馆落成，正式开馆。1984年又建设东阅览楼一座。1956年，省政府决定筹建新的山西省图书馆，实现与博物馆的分离。新馆址坐落于迎泽公园西畔。1960年8月，山西省图书馆正式对外开放，郭沫若先生亲笔题写了馆名。

进入20世纪80年代后，在全国新一轮图书馆建设热潮中，山西省处于落后状态。主体馆舍建筑年代久远、使用面积狭小、设施设备严重老化，远远不能满足读者和社会发展的需求。

2006年展开了山西省图书馆的

规划、可研报告及方案的论证工作。2007年3月，山西省图书馆新馆项目建议书通过审批，同年11月，山西省图书馆作为省级文化重点工程经过设计、公示、招标后，正式奠基。2008年7月，山西省图书馆新馆开工。

山西省图书馆新馆位于长风文化商务区的中心地带，占地面积4公顷，总建筑面积约5万平方米，总投资3.5亿元，总藏书量可达700万册，各种阅览室15个，同时容纳3000人阅览，还有多功能厅，400坐席报告厅，配套辅助用房等。图书馆的内部功能划分及设施、设备安装，参照国内知名图书馆的标准进行建设，采用借、阅、藏一体化的管理模式、开架图书借阅形式，使读者在馆内拥有自由活动空间。

省图书馆在形态设计中融书籍剪影的堆叠手法、汾河沉积岩的横向肌理、传统石窟的竖向密肋为一体，在精神理念中传承山西古建"街巷"、"庭院"的文化特性，高低错落的生态绿化、丰富变化的下沉庭院和开放式阅览平台共同创造出一个人性化的共享交融空间。

（李仁贵）

文物事业

【稳步推进文物保护工作】 省政府与国家文物局签署合作框架协议。2011年5月，省政府与国家文物局在太原签订合作加强山西文化遗产保护工作框架协议，双方就共同做好山西文化遗产保护、管理、传承和利用等工作达成共识。根据合作协议，省政府和国家文物局将通过省局合作模式，共同推进山西省文化遗产的保护工作，进一步拓展文化遗产的传承、利用、发展途径，全面提升文化遗产事业科学发展的整体水平。国家文物局优先把山西省文化遗产保护重点项目列入全国文物事业发展"十二五"规划及项目库，在项目咨询、指导、实施、经费安排等方面予以重点支持；继续推进山西南部早期木构建筑保护工程，在文物本体修缮、环境整治等方面，优先安排并列专项支持，力争"十二五"末完成全部工程项目。同时，双方将共同指导推进应县木塔保护和申遗工作，积极推进云冈石窟、五台山和平遥古城世界文化遗产地的保护工程，重点推进晋阳古城、曲村—天马、陶寺、蒲津渡与蒲州古城等遗址的保护工作。不断加大山西旧石器、文明起源、晋文化、北朝考古等重点课题研究力度，建立科技成果示范基地，打造具有山西特色的优势学科。

山西省组织召开国保单位保护规划评审会。2011年9月，山西省文物局在太原组织召开全国重点文物保护单位保护规划评审会。评审会是按照国家文物局的批复要求，对全省11处国保单位保护规划进行评审。这是山西省第四批全国重点文物保护单位保护规划，前三批已有36处经省人民政府批准公布实施。

南部早期建筑保护工程全面推进。2011年4月，省文物局组织召开南部工程涉及的4个市34个县文物行政部门负责人会议，专题研究"十一五"期间南部工程在实施过程中存在的问题，提出《关于加快推进"十二五"期间山西南部早期建筑保护工程项目的意见》，在项目储备、立项、方案编制、管理、利用等方面提出了新要求。全年已报请国家文物局批准晋城玉皇庙等41处保护项目的环境整治方案，霍州观音庙等5处保护项目维修设计方案。编制完成平顺龙门寺等12处项目保护规划，平顺龙门寺等4处项目已获国家文物局批准。组织完成襄垣灵泽王庙等5处工程的招投标工作。2011年9月，国家文物局组织南部工程专家组对全省11处完工项目进行了验收。

应县木塔保护工程进展顺利。2011年，省文物局会同朔州市政府、市文物局和应县政府，协调有关方面多次组织召开木塔申遗工作推进会、多次赴京与国家文物局及有关部门沟通，积极推动木塔申遗工作。《应县木塔保护规划》、《应县佛宫寺寺庙遗址考古工作计划》、《应县木塔申遗文本》（初稿）已编制完成，《应县木塔保护管理办法》正在加紧制定。

平遥古城保护工程扎实有效。2011年，省文物局组织开展《平遥城墙安全稳定性监测工程设计方案》的编制，组织中国文化遗产研究院专家对城墙结构加固工程措施进行试验，完成西城墙和南城墙共2423米长散水铺设，封堵西城墙底部80米长的防空洞，消除了威胁城墙安全的重大隐患。组织编制双林寺、镇国寺保护规划大纲，完成双林寺大雄宝殿抢险维修方案和千佛殿彩塑抢险加固方案编制工作。

云冈石窟窟顶考古与窟檐建设齐头并进。为完善监测体系和防水保护工程实施方案，2011年6月、10月，两次组织专家现场勘察石窟保护状况，并召开了论证会。《五华洞洞窟保护性窟檐建设设计方案》已报经国家文物局批准，施工设计方案通过专家评审，窟檐建设工程进入招投标阶段。五华洞岩体加固和泥塑彩绘保护方案编制完成并上报国家文物局审批。云冈石窟窟顶遗址第一阶段5000平方米考古发掘任务已完成。

明长城资源调查工作取得阶段性成果。2011年，明长城调查报告出版工作计划报经国家文物局批准，长城保护规划报经国家文物局批准立项。根据国家文物局统一安排，山西省长城保护规划编制的前期工作已完成，明长城雁门关段和偏关寺沟段保护规划编制工作启动，明长城记录档案建档工作启动。朔州、忻州、晋中、阳泉4个市明长城重点地段保护范围和建设控制地带划定公布，保护标志竖立工作正在进行。明以前早期长城资源田野调查资料通过国家级验收，数据库已提交国家长城项目组。

旧广武城位于朔州市山阴县城南40千米的张家庄乡旧广武村，城墙根为石砌，上为砖砌。整个古城分东、西、南三门，古城内街道建筑布局基本保留原制，是研究辽金以及明代城池的重要实物资料。旧广武城也是中国现存辽代古城中最完整的一座，这里曾经是辽宋各代的前沿阵地，保存了大量古代战场的文化信息。2006年6月，国务院将其公布为第六批"全国重点文物保护单位"。

太原北齐徐显秀墓壁画首次加

固修复。一直备受海内外考古学者与美术界关注的“2002年度全国十大考古新发现”、全国重点文物保护单位——太原北齐时期徐显秀墓(公元550～577年),从2011年8月起,开始实施发掘10年来的首次加固修复。修复工程由敦煌研究院文物保护中心负责,修复工程将持续1年,总投资300余万元。

2000年发掘的北齐徐显秀墓是我国目前发现的同时期墓葬中保存最好的大型壁画墓,墓中壁画代表了当时最高的绘画水平,完整再现了北齐时期达官显贵的奢华生活,为研究这一时期墓葬的营制以及对隋唐墓葬制度的影响、墓葬壁画艺术的发展提供了难得的形象资料。2011年4月7日,太原市徐显秀墓文管所与敦煌研究院文保中心签订徐显秀墓壁画保护维修合同,正式启动徐显秀墓壁画保护修复及墓葬加固工程。被列为太原市政府重点工程项目的徐显秀墓壁画馆也相继动工,整个工程预计2013年完工,千年壁画将风采重现。

对中国现存唯一元代建筑风格的县衙进行修缮。全国重点文物保护单位“临晋县衙”位于山西临猗县城西北20千米的临晋镇,它是目前我国现存唯一元代建筑风格的县衙。经过一年多的时间,临晋县衙修缮的一期工程基本完工,二期工程正在紧张规划中。

【考古发掘工作成果丰硕】 *考古与大遗址保护成果丰硕*。一是大遗址保护进展顺利。晋阳古城遗址保护规划纲要、考古工作计划获得国家文物局批准,遗址本体隐患调查评估、考古文献资料收集整理已经结束,晋阳古城考古已有新成果。曲村—天马遗址、蒲津渡与蒲州故城遗址、应县佛宫寺寺庙遗址的考古工作计划已由国家文物局批准立项,丁村遗址考古工作计划已编制完成。二是课题性考古发掘研究又获新成果。对翼城大河口西周墓地、云冈石窟窟顶遗址、中条山矿冶遗址等进行考古发掘,获得一批珍贵考古资料。大河口西周墓地获得全国十大考古新发现和田野考古一等奖,云冈窟顶遗址发掘获得田野考古三等奖。《丁村遗址群1976～1980年发掘报告》、《绛县横水西周墓地青铜器科技研究》等12部考古研究专著出版,《柿子滩遗址》、《清凉寺史前墓地》等8部考古报告已完成初稿。三是配合基本建设的考古工作全部完成。依法对30项国家和省重点项目进行考古调查、勘探和发掘。完成配合基本建设的考古工作,保证重点工程建设工期,保护工程建设中的濒危文物。

山西晋城和村遗址考古发掘发现大量古文物。2011年12月,泽州县川底乡和村遗址的考古发掘工作进入尾声。这是晋城市境内长河流域首次发掘出土的一处古代遗址。和村遗址位于和村村东南200米处长河西岸台地上,发掘面积近1000平方米,共清理96个灰坑、1座窑炉、2个瓮棺葬和1座墓葬。出土陶器、骨器、石器等古代人类生产、生活用具完整标本80多件,碎陶片200编织袋。从出土遗物来看,和村遗址大体可分为四个时期:距今5000多年的仰韶文化晚期,距今4000～3000年的夏商时期,距今3000～2700年的西周时期,距今2700～2200年的东周时期,反映了上下2800多年晋城古代先民繁衍生息的历史面貌。

山西大同小坊城遗址的调查试掘与收获。2010年10月至2011年9月,山西省考古研究所和暨南大学历史系考古专业联合对山西大同县小坊城遗址进行了考古勘探和试掘,勘探面积16万平方米,试掘面积180平方米。该城址的调查属于晋北古城址考古调查项目,是国家文物局于2006年批准的文物保护项目。小坊城遗址位于山西省大同县西坪镇小坊城村与康店村之间,经过对该城址进行大面积钻探和小范围试掘,已基本确认了城墙宽度、护城河(城壕)、马面和城门位置及规模、城内主要道路与主要建筑的布局,取得了重要的阶段性成果。采集、出土有汉代绳纹瓦、砖等建筑材料和日用陶器残片。

山西目前已经发现的两汉时期各类古城址共计70余座,约占全国已发现的汉代古城址的1/9。此次对小坊城遗址的调查和试掘工作对于探讨和研究汉代地方城址的形制、规模具有重要意义。

绛县周家庄遗址揭秘龙山丧葬制度。2011年8月,绛县横水周家庄遗址龙山时期墓地考古发掘又有重大发现,墓地中成排分布的成人竖穴土坑墓与儿童瓮棺葬混杂共处的现象较为罕见,特别是个体在1米左右的儿童瓮棺与保存较完整的儿童骨架,揭秘了晋南乃至整个中原地区龙山文化时代丧葬制度和社会发展状况。

长治市郊新发现金代墓葬。2011年11月,长治市郊区发现2座古墓。经省考古研究所专家辨认,两座古墓均为金代墓葬,其中,一座为双层楼阁式奢华墓葬,距今已有900多年历史。金代双层楼阁式墓葬在长治地区为首次发现,为研究古代尤其是宋代上党地区丧葬文化,以及社会经济提供了不可多得的实物资料。

山西翼城大河口墓地惊现西周“霸”国。山西翼城县大河口墓地惊现西周“霸”国。这一国名在我国现存文献中从未出现过。所出土的1.5万多件青铜器、漆器、陶器中,一种叫鸟盉的青铜器其器形在我国考古史上系首次发现。该墓地有千余座西周古墓,现已发掘305座,其余正在发掘中。

云冈石窟窟顶发现北魏寺庙遗址。山西省考古人员在山西大同云冈石窟顶部发掘一处北魏寺庙遗址。云冈石窟位于山西大同市西16千米的武周山麓,现存主要洞窟45个,计1100多个小龛,大小造像5.1万余尊,它是中国规模最大的石窟群之一。2001年云冈石窟被联合国教科文组织遗产委员会列入世界文化遗产名录。这次出土的遗物主要是北魏建筑材料,残瓦最多,其中,板瓦块大约18万块,筒瓦块约为3万块。地层共分现代层、明清层、辽金层和北魏文化层四层。此次发现有助于了解北魏云冈寺院的结构、布局和范围。

【山西省第三次全国文物普查圆满完成】 5年来,全省共组建97支普查队,有1700余名普查队员参加普查,累计投入经费7700万元,调查登记不可移动文物5.4万处,其中,新发现3.6万余处。进一步摸清了全省不可移动文物家底,尤其是一批具有重要历史、艺术、科学价值的工业遗产、乡土建筑、20世纪遗产、文化景观等新类型文化遗产，进一步丰富了山西省文物资源内涵。山西省文物普查的经验得到国务院“三普”领导小组的肯定，国家文物局在山西召开了普查报告编制工作现场会。

【博物馆建设】 积极推动市级中心博物馆和专题特色博物馆建设。2011年，太原、大同、运城、朔州4个市级中心馆完成主体工程，进入陈列布展阶段。曲沃晋国博物馆、晋绥边区革命纪念馆、大同市当代雕塑馆、梁思成纪念馆、平城记忆馆、云冈石窟陈列馆、兴县“四八”烈士纪念馆、广灵县中国剪纸艺术博物馆等一批特色博物馆，已建成开放或正在布展。平顺石城镇生态博物馆建设启动。以山西博物院为龙头，以市级中心博物馆为骨干，以县级特色博物馆为支点的博物馆体系正在形成。

博物馆藏品管理不断强化。为确保馆藏文物安全，省文物局对馆藏社会热点文物进行专项核查，以省文物局直属的“一院四馆”和晋祠博物馆为重点延伸到各市文物收藏单位。专项核查的陶瓷类、书画类以及社会各界捐赠的文物均账实相符。

博物馆社会教育服务功能不断提升。2011年，新增免费开放博物馆3个，全省免费开放博物馆达到31个。各级各类博物馆围绕庆祝建党90周年主题活动，举办各类展览400余个，接待观众超过1700万人次。山西博物院引进《明代吴门画派精品展》等展览11个，组织《山西金代砖雕文物展》等4个精品展览，分赴美国、深圳、宁夏等国家和省市展览。八路军太行纪念馆新推出《八路军将领馆》，中共山西省委、省政府在太行馆举办“在太行山上——山西省纪念中国共产党成立90周年群众歌咏演唱会”。

【文物安全工作再上新台阶】 打击文物犯罪专项行动成效显著。2011年，开展打击文物犯罪专项行动，全年共破获文物犯罪案件77起，打掉犯罪团伙35个，抓获嫌疑人168名，追缴各类文物173件。

“一键报警”系统联网试点工作全面展开。为确保重点文物保护单位安全，省文物局组织有关单位对“一键报警”系统，即安全巡查人员位置管理系统的可行性进行研究论证，与中国移动山西有限公司签署战略合作协议，并在太原市进行试点。太原市所属96处市级文物保护单位、5座博物馆实现了文物安全“一键报警”目标，2012年将逐步在全省推开。

行政执法和督察工作得到加强。2011年，联合省市公安、消防部门，针对冬春两季文物消防和田野文物安全进行隐患排查，共检查各类文物单位1500个，发现火灾隐患686条，整改650条。清明节、国庆节、中博会期间，联合相关部门对21个县(区)、94个文物保护单位和博物馆进行重点督察，下发隐患通知书55份并全部得到整改。印发《关于进一步加强文物行政执法工作的通知》，依法查处汾阳杏花村酒业集中发展区破坏古墓葬、永济蒲津渡遗址、五台县佛光寺违法建设等行政违法案件。对晋中市和运城市进行执法效能考核。继续推进文物安全金铠甲达标工程，2011年全省有26处各级文保单位达标。

【广泛开展对外交流与合作】 2011年9月，由英国大使馆文化教育处和国家文物局共同组织的来自英国博物馆的代表团一行到山西博物院参观访问。代表团与山西省内各博物馆的代表在山西博物院艺术中心就政策法规、展览交流、宣教服务、地方特色等方面进行了广泛交流。8月，韩国ICOMOS(国际古迹遗址理事会)参观团在平遥古城参观考察，参观团认为，平遥古城保护利用的经验对促进韩国南汉山城申遗及保护工作的开展具有积极的借鉴意义。2011年，山西博物院举办多项展出，包括“荆楚长歌——九连墩楚墓出土文物展”、“田园·匠心·诗趣——齐白石书画精品展”、“马王堆汉墓文物精华展”、“人性与爱·李自健油画新世纪巡展”等。

出省展出有“山西绛县西周中期古墓文物”在国家博物馆展出，“晋国瑰宝——山西出土两周时期文物精华展”在宁夏开展，“山西介休窑陶瓷特展”在北京举办。

【文物宣传丰富多彩】 “山西最美文化遗产”社会公推活动结果出炉。省文物局与山西新闻网联合举办的“山西最美文化遗产”社会公推活动落下帷幕。为期一个月的公推活动，收到选票104万张，评选结果充分体现了山西最具代表性、观赏性、美誉度和影响力的文化遗产。活动进一步提高了文化遗产保护意识，营造了保护文化遗产的社会氛围。山西最美十大文物景观为：五台山、平遥古城、大同云冈石窟、祁县乔家大院、太原晋祠、灵石王家大院、朔州崇福寺、芮城永乐宫、阳城皇城相府、浑源悬空寺。山西最美十大古代建筑为：五台佛光寺东大殿、应县佛宫释迦塔、朔州崇福寺弥陀殿、太原晋祠圣母殿、榆次城隍庙玄鉴楼、代县边靖楼、万荣东岳庙飞云楼、太原晋祠鱼沼飞梁、平遥镇国寺万佛殿、洪洞广胜寺飞虹塔。

山西各地文化遗产日活动丰富多彩。2011年6月11日是我国第六个文化遗产日，山西各地以“文化遗产与美好生活”为主题，组织了丰富多彩、隆重热烈的系列活动。省文物局与太原市人民政府在山西博物院联合主办“共建美好家园——晋阳城的昨天今天和明天”大型公众讲坛，进一步向社会大众宣传文化遗产保护意义，增强全民的文化遗产保护意识，促进文化遗产事业更好地融入和服务于群众生活，以期形成城市新亮点、市民新家园。省文物局与《山西晚报》联合主办的“探秘山西——文化遗产展示工程”正式启动。

文物事业社会贡献率日益提升。围绕经济建设中心，把文物工作作为推动经济社会发展的重要手段，在有效保护的前提下，深入挖掘、充分展示文物所凝聚的深刻内涵，不断探索文物事业融入经济社会、促进自身发展的新途径，促进文物旅游发展，改善民众生活质量。2011年，全省对外开放文博单位的游客1827万人次，门票收入6.6亿元。文物事业对经济社会发展的拉动力越来越大，在促进发展、惠及民生方面迈出了新步伐。

(谢宾顺)

新闻事业

【以重大主题宣传为抓手，为转型跨越发展提供强有力的舆论支持】

精心组织建党90周年重大宣传报道。庆祝中国共产党成立90周年宣传报道，是2011年新闻宣传工作的重中之重，是贯穿全年的一项重大任务。下发了《山西省庆祝中国共产党成立90周年宣传报道方案》，组织全省新闻单位从4月上旬至7月下旬，分升温、高潮、深化3个阶段，深入开展主题宣传、成就宣传和典型宣传，营造团结奋进、昂扬向上的舆论氛围。

组织《山西日报》、山西广播电视台先后开设"开展创先争优，推动转型跨越"、"永远的旗帜"、"光辉的足迹"、"伟大历程"、"红旗飘飘"、"山西党史100事"等专栏，播出60集人物文献纪录片《足迹·山西90年》，开展"双百人物中的共产党员"系列报道，大力宣传了一大批党员、干部，展现基层党组织的战斗堡垒作用、共产党员先锋模范作用、党员领导干部模范带头作用。山西广播电视台还联合陕西、山西、浙江、江西、贵州、湖南、湖北、河北、北京、上海、江苏、广东12家省级广播电台，推出《红色信念》跨地域大型巡回采访宣传活动。

组织新闻媒体对山西省纪念中国共产党成立90周年理论研讨会、太行精神研讨会、创先争优先进事迹巡回报告、弘扬右玉精神加强作风建设座谈会。"在太行山上"纪念建党90周年群众合唱汇演、"党在我心中"全省大学生庆祝中国共产党成立90周年党史知识竞赛、"心中的歌"群众歌咏活动、"为了新中国"山西革命史大型图片展等重大活动，在重要版面、黄金时段、醒目页面进行了集中报道和大力宣传。对各部门组织开展的主题宣传教育活动、文艺活动、主题展览活动和基层群众性庆祝活动进行了大力宣传。

组织媒体对中共中央庆祝中国共产党成立90周年大会和省委庆祝中国共产党成立90周年暨创先争优表彰大会进行了浓墨重彩的报道。《山西日报》推出"辉煌90年"特刊。组织省内媒体对胡锦涛总书记和袁纯清书记的讲话精神进行了深入宣传。

将支援汶川地震灾区恢复重建、支援新疆建设、西藏和平解放60周年等重要工作的宣传作为庆祝建党90周年宣传的重要组成部分，组织省内媒体，协调中央主要媒体进行了大力宣传。

精心组织中共山西省第十次党代会的宣传报道。起草制定《省十次党代会宣传报道方案》，从省城主要新闻单位抽调骨干力量，组建68人的宣传报道组，对省九届十一次全会、省十次党代会和十届一次全会进行全方位报道。会前报道中，组织主要媒体统一推出"迎接党的十七届六中全会和省十次党代会胜利召开"和"喜看新成就，迎接党代会"等专栏，配发"开栏的话"，在重要版面和重要新闻时段刊播一批深度报道、重头文章，充分宣传党的十七届六中全会精神，充分宣传过去五年山西完成的重大工程、重大项目、重大技术装备和重大科研成果，充分宣传这些重点建设、创新成果对推动经济社会发展、提高群众生产生活水平的重要作用，深入挖掘和宣传建设过程中积累的宝贵精神财富。会中报道中，组织媒体统一推出"十次党代会专报"、"聚焦党代会"、"党代会进行时"、"会里会外"等专栏，分专题、系列化，全面报道了大会盛况，及时准确做好所有大会议程的程序性报道和动态报道。会后宣传中，组织主要媒体统一推出"《报告》解读"专栏，分10期全面讲解《报告》重要内容及相关概念。结合"走转改"活动，深入基层，深度报道基层广大干部群众对第十次党代会精神的理解、反响和学习贯彻情况。

精心组织"转型跨越一年间"重大主题宣传。首先是协调《人民日报》、新华社、《光明日报》、《经济日报》、中央电台、中央电视台、《中国日报》等中央主要媒体，在上半年先后对山西省经济社会发展的亮点和典型经验进行三轮集中报道。其次是7月20日至31日，组织《山西日报》在重要版面推出"转型跨越一年间"专栏，连续刊播10篇重点报道，全面反映山西转型跨越发展一年间的成绩和亮点。山西广播电视台《山西新闻联播》栏目开设"转型跨越新征程"专栏，播发了来自全省各地各行业的系列报道。第三是从8月1日开始组织《山西日报》开设"全省领导干部大会要点解读"专栏，连续刊发10篇大会精神解读文章，同时推出集纳性栏目"贯彻领导干部大会精神，再鼓干劲推动转型跨越"，集中反映全省各地贯彻大会精神的新思路、新举措、新成效。山西广播电视台在《山西新闻联播》栏目中推出"学讲话，再掀转型跨越新高潮"专栏，解读全省领导干部大会精神，并对11个市的市委书记、市长进行系列访谈，营造了全省上下一心一意共谋转型跨越发展的浓厚氛围。

精心组织山西省文化事业主题宣传。为全面展示山西文化体制改革深入推进、文化事业文化产业快速发展的成绩，在全省进一步营造深化文化体制改革、发展文化事业和文化产业，推动社会主义文化大发展大繁荣的良好氛围，组织媒体精心策划，推出系列报道活动。精心选择具有示范意义的清徐县、广灵县、右玉县、五台县、孝义市、平遥县、盂县、沁源县、高平市、吉县、新绛县等11个文化建设先进县作了典型宣传。为进一步营造关于文化领域改革与发展的浓厚氛围，组织《山西日报》在头版显要位置、山西广播电视台在《山西新闻联播》重要时段，统一推出专栏"破冰起航　跨越先行——聚焦山西文化建设"，展开新一轮的集中宣传，密集推出山西文化体制改革与文化事业、文化产业发展的综合性报道、专题报道以及近年来文艺精品创作生产专题报道、公共文化服务体系建设专题报道和"十二五"文化发展蓝图专题报道，每一个专题都配发评论。大力宣传近年来文化建设和文化体制改革采取的一系列重大举措、实现的重点突破和取得的重要成就、主要经验。《人民日报》5月8日在"科学发展转变方式"专栏中，头版头条刊发了题为"资源型经济转型先行先试：山西既挖煤也挖文化"的专题报道。

*精心组织第六届中部博览会宣传报道。*2011年3月召开第一次组委会会议正式启动宣传报道工作，涵盖新闻宣传、形象宣传、社会宣传、文艺演出四个方面。共邀请和组织183家境内外媒体1092名记者，参会人数和媒体数量均创我省重大活动的历史纪录。省城新闻媒体分阶段推出《迎中博创环境争一流》、《转型中部看崛起》、《三晋大招商》、《中博会进行时》、《备战中博会》、《迎中博，省城重点工程进行时》、《迎中博，项目签约进行时》、《中博会给山西带来了什么?》、《中博会亮点早知道》等上百个专栏专题，山西广播电视台制作播出大型直播录播活动9场，进行了浓墨重彩的报道。《人民日报》、新华社等中央主要新闻媒体以及中央电视台《新闻联播》、《晚间新闻》、《朝闻天下》、《中国新闻》等主要新闻栏目均对开幕盛况进行了大篇幅报道。制作了中部博览会形象宣传片、山西形象宣传片和山西省情介绍片，在中央电视台、凤凰卫视以及省城媒体、公共场所和中博会重大活动现场播出，同时在中央和省直主要新闻媒体推出整版广告进一步扩大形象宣传。全力协助指导太原市做好社会氛围营造，协助省文化厅精心组织的文艺晚会《喝彩中部》精彩纷呈，得到了各级领导、广大来宾和社会各界的一致好评。

*精心组织全省各方面重点工作的宣传报道和多项集中采访活动。*宣传活动涵盖了"十二五"规划、综改区建设、煤炭资源整合、新五个全覆盖、大水网建设、江浙沪招商推介活动、各级换届选举、作风建设、煤焦领域反腐败、治理超载超限、医药卫生体制改革、援茂援疆建设、打击侵犯知识产权和制售假冒伪劣商品专项行动、引黄二干线工程等全局性工作，涵盖了全国和我省"两会"、全省经济工作会议、全省农村工作会议、全省安全生产工作会议、全省宣传部长会议、北京央企恳谈会、太行精神研讨会等重要会议，涵盖了中国清明文化节、"我们的节日春节—万家灯火靓平遥"、五台山国际旅游月、深圳文博会、第25届戏曲梅花奖、和顺牛郎织女文化节、长治国际攀岩节、深圳大运会等重要文化体育活动，涵盖了第三届道德模范典型宣传、省公选干部工作、网络文明建设、国防教育、蔬菜进社区、科技活动周、山西省警察张世平参加"我最喜爱的人民警察"全国评选、第二届特色农博会、西洽会、文化惠民、全国水利工作山西现场会等部门重点工作。同时，组织了"新春走基层"集中采访活动、十大重点工程建设采风活动、援茂建设集中采访活动、援疆建设集中采访活动、"三晋环保行"集中采访活动、"三晋安全行"集中采访活动、安全生产月集中采访活动等。

【实现新闻宣传管理与队伍建设的有机结合】 *进一步完善制度建设。*继续强化以新闻通气会、重要事件打招呼等为核心的管理制度。2011年，组织召开新闻通气会近30次，对重要宣传报道任务和领导安排的工作，做到了事前通气部署、事中检查落实、事后总结回顾。特别是对于一些急事、要事，始终坚持特事特办制度，指定专人、明确职责、规定时间、限时办理，切实增强了制度的执行力。

*深入推进"杜绝虚假报道，增强社会责任感，加强新闻职业道德建设"专项教育活动。*2011年，继续在全省新闻媒体中深入推进"杜绝虚假报道，增强社会责任感，加强新闻职业道德建设"专项教育活动。3月，组织召开督导工作部署会，由省委宣传部、省新闻出版局、省广电局、省记协等部门组成5个督导组，深入省、市、县各级广播、电视、党报、都市报、行业报、网站等各类媒体，对全省新闻战线专项教育活动开展情况进行督导检查，对好的经验和做法进行推广，对存在的问题进行严肃整改，切实提升了新闻从业人员的思想认识，增强了政治素质，强化了职业道德。

*深入开展"走基层、转作风、改文风"活动。*组织全省新闻媒体深入开展"走基层、转作风、改文风"活动。实现了全员参与和新闻媒体的全面覆盖，确保不留死角、不走过场，形成声势、取得实效。全省各级各类新闻单位都在重要版面、时段及网站首页主要位置开设专题专栏，大量来自基层一线的鲜活报道，给新闻采访带来清新之风，受到社会各界的欢迎和好评。《山西日报》在头版和二版推出专栏"走基层、转作风、改文风·记者手记"，以记者走基层、访群众所见所闻所思所想的文笔形式，以小见大，反映基层的转型跨越的生动实践。山西广播电视台新闻中心、综合广播在各档新闻节目中，推出"走基层、访民生、看发展"、"走基层、看民生——记者在行动"、"记者走基层—生活大调查"等专题专栏，开办了《一拨就灵到咱村》、《走基层访民生》、《三晋农家》等紧贴基层、鲜活生动的节目。

*积极探索新闻应急处置的有效办法。*一是不断加强与上级单位的联系和沟通，遇有问题及时向中宣部新闻局汇报，争取获得支持。二是进一步做好与兄弟省市的交流工作，多次赴北京和上海开展沟通，及时互通情况，争取理解和帮助。三是进一步加强同网络应对的协作配合，合理整合资源，科学布局，及时互动，争取最大的引导效果。2011年，对近50多个社会热点和突发事件进行了有效引导。

*扎实做好新闻系列职称评审工作。*完成2010年度新闻系列中级职称的评审工作。2011年度新闻系列高级职称和中级职称评审工作按计划完成。

【加强与兄弟省市的交流合作，努力扩大宣传半径】 *进一步扩大中央主流媒体对山西的宣传报道。*加大新闻报道选题策划工作，组织《山西日报》和《山西经济日报》的策划队伍，围绕省委、省政府的中心工作和突出成效，每个季度精心挑选10条重要新闻报道线索报送中宣部，提供给中央主要媒体参考。同时，加强与中宣部新闻局的沟通，主动与中央主要媒体对接，协调中央媒体加大对山西的正面宣传。邀请中央驻晋主要媒体与省直主要厅局召开座谈会，加强沟通，搞好服务，努力发挥桥梁纽带作用。与《光明日报》深度合作，在北京人民大会堂召开资源性地区转型发展专题研讨会。《人民日报》、新华社、中央人民广播电台、中央电视台、《光明日报》、《经济日报》等中央主要媒体对山西省的正面宣传力度不断加大，在重要时间节点，在重要版面、重要位置和重要新闻时段，推出多个重点报道。截至2011年底，《人民日报》刊发稿件880篇。新华社刊发报道5000多条，内参稿300余条，中央领导批示40多条，多数为正面批示。《光明日报》刊发稿件153篇。中央电视台新闻频道、国际频道、外语频道等播发新闻近400条，首发新闻200条，新闻联播12条。

进一步拓展与兄弟省市的交流合作。充分利用援茂、援疆的有利时机，带领新闻媒体记者与四川、新疆的宣传部门建立了良好的合作，在大力报道援茂、援疆工作的同时，在当地积极宣传山西省转型跨越发展的战略部署、重大举措、历史背景和深远意义，进一步提升了山西对外形象。与重庆来晋新闻采访团展开广泛学习和交流。

（杨建乐）

广播电视事业

【山西省广播电视事业发展概况】 2011年，山西省共有广播电视播出机构122座（电台4座、电视台6座、广播电视台112座），开办228套广播电视节目（广播108套，电视120套）。其中，省级广播播出7套节目。省级电视国内播出9套节目，国外播出4个外宣频道。市级广播电台4座，播出21套节目；市级电视台6座，播出29套节目。县级广播开办80套节目，县级电视开办78套节目。

2011年，全省广播每天播出时间1036小时。其中，省级广播机构每天播出158小时，市级广播机构每天播出352小时，县级广播机构每天播出526小时。全省每周电视播出时间9079小时，省级电视机构每周播出时间1099小时，市级电视机构每周播出时间3750小时，县级电视机构每周播出时间4230小时。

2011年，全省广播综合覆盖人数3345.6万人，综合覆盖率93.6%。电视综合覆盖人口3491.8万人，覆盖率97.7%。全省有线网络总长9.6万千米，网络用户462.6万户。

2011年，全省拥有广播电视从业人员2.1万人，省级广播电视从业人员3456人，市级广播电视从业人员6717人，县级广播电视从业人员1.1万人。到2011年底，山西广播电视系统资产总额65.69亿元，其中，省级广电17.93亿元。

【广播电视宣传影响力进一步提升】 发挥喉舌功能，完成新闻宣传任务。2011年，坚持新闻立台和宣传创新，推出《转型新起点跨越新征程》、《科学发展谱新篇》等60多个专栏和《聚焦中博》、《为党旗增辉》等20多个纪录片及特别节目，为全省转型跨越发展营造了良好的舆论氛围。特别是省台关于十次党代会、“十二五”规划、转型综改试验区建设的宣传重点突出、成效显著。建党90周年和中博会的报道丰富生动、浓墨重彩。央视发稿逐年增加，全国“两会”上稿连续7年全国领先。

实施精品战略，完成影视剧和节目生产任务。2011年，制作电影10部、电视剧8部215集，超额完成省委、省政府下达的年度目标任务。获国内外大奖17项，其中，华表奖3项，金鸡奖4项，飞天奖1项。省、市各台共改版创新60余个电视栏目、50余个广播节目，打造出《山西新闻联播》、《黄河新闻》、《新闻快车》、《大同晨光》、《山城论坛》、《忻州故事》等一批深受百姓欢迎的优秀节目。全省广电系统共获国家级奖50项、省级奖200多项。

发挥公共职能，完成村村通和扩大覆盖任务。全省“十二五”村通广播电视规划得到国家发改委和国家广电总局批准。以忻州为试点在全国率先推进20户以下自然村的村村通建设，落实国补资金1500万元、省配套资金1600万元，采购安装直播卫星接收设备1.8万套，完成1100个村的村村通任务。积极争取省财政支持，落实年度维护经费643万元，加强村村通运维体系建设，保证村村通、长期通。全省有线用户达到565万户，无线覆盖继续向县乡延伸，山西卫视和各地面频道频率的覆盖范围进一步扩大，全省广播电视覆盖率有了新提升。

实施惠民工程，完成农村公益电影放映和影院建设任务。2011年，完成33.6万场次农村公益电影放映任务，受到农民群众欢迎。国家向山西省划拨电影流动放映车67辆，全部发放到县乡，显著改善了全省农村公益电影的放映条件。制定全省县级城镇数字影院建设规划及实施方案，召开全省会议进行部署，并列入文化强省建设规划。新增城市影院14个、银幕65块，全年票房收入1.3亿元，比2010年增长40%，高于全国平均增幅10个百分点。

健全防范体系，完成广播电视安全播出任务。针对2011年大事多、任务重的实际，全省上下通过强化调度指挥、业务培训、岗位值守、监督检查等措施，保障安全播出，圆满完成“两会”、建党90周年、中博会、省十次党代会等各个重要保障期的安全播出任务。同时，针对新媒体的不断拓展，把手机电视、IPTV（交互式网络电视）、网络广播电视等新业务纳入安全管理。针对形势任务的发展变化，进一步健全治安、消防制度及责任体系，全省广播电视安全运行管理的制度化、规范化水平得到新提高。

深化改革，推进体制创新。2011年，完成山西广电传媒集团、山西广电信息网络集团、山西影视集团组建，完成全省154个电影单位转企改制任务，完成省属17个事业单位规格、职责、内设机构的清理规范工作。编制了《山西省广播影视“十二五”发展规划》、《山西省“十二五”时期广播影视科技发展规划纲要》。制定了全省下一代广播电视网建设技术规划及建设方案。经广电总局批准成立山西网络广播电视台，获得华北地区首张运营牌照；市县确立三局合一的新体制，局台机制创新取得新进展。

强化依法行政，加强影视发行管理。开展“三项教育”和“杜绝虚假报道，增强社会责任，加强新闻职业道德建设”活动，提升全省广播影视采编播人员的导向意识、职业道德和业务水平。加强收听收看工作，重点对婚恋交友、娱乐新闻、健康保健等6类节目进行检查，处理违规播出事件9起。检审换发115

家播出机构、68家企事业台站、5家付费频道、84家节目制作机构、8家电视剧发行、15家电影发行、58家电影放映许可证，审查颁发6家节目制作经营、1家企事业开办台站、2家境外卫星电视接收许可证，审批开办和调整频率频道4个、广电网站2个，保证了全省广播影视系统的依法、有序运行。组织开展“抵制低俗之风”、“广播电视夜间节目排查”、“互联网视听网站检查”、“打击非法网站及设备产品”、“打击电视购物违法行为”、“整治广播电视广告播出秩序”、“整治境外卫星电视传播秩序”7个专项行动，收缴非法网络设备374件、非法卫星接收设施7474件，取缔非法销售点93个，查处违规广告105条。

（王　珽）

出版事业

【2011年山西出版事业概况】 *制订山西省新闻出版业“十二五”时期发展规划。*2011年，山西省新闻出版局编制出台《山西省新闻出版业“十二五”时期（2011～2015年）发展规划》，并制订了图书出版业、报刊出版业、电子音像与数字出版业、印刷复制业、出版物发行业、版权业、农家书屋工程建设、人才发展8个专项规划，建立内容建设和产业发展2个项目库。以此为支撑，构建了未来5年山西新闻出版业发展的远景规划。按照规划目标，“十二五”时期，山西省新闻出版业发展要保持25%左右的年增长速度，到2015年全行业总产出达到300亿元以上。重点围绕新闻出版工作政治性、文化性和产业性“三重属性”的定位，提出构建先进文化传播体系、公共服务体系、报刊业集约化发展体系、印刷物流现代产业体系、新兴业态全媒体发展体系、信息服务体系、新闻出版市场体系、对外交流与贸易体系等“八大体系”，强化政策保障、体制机制保障、高新技术保障、项目支撑保障、产业结构保障、行政保障、人才队伍保障、其他基础性保障等“八项保障”，奋力实现全省新闻出版业的“加速崛起”。

*新闻出版宣传。*2011年，省内媒体围绕建党90周年、辛亥革命100周年，推出一系列专栏专刊和特刊报道。围绕十七届六中全会、中博会、省十次党代会、转型综改试验区建设、转型跨越发展、文化体制改革等中心工作，集中报道，营造了浓郁的舆论氛围。在打造精品出版物方面，相继推出《从辛亥革命到五四运动》、《八路军的故乡》、《孙中山与中国革命》等红色出版物，《中国红色摄影史录》和《本色人生——申纪兰》两本图书入选庆祝建党90周年重点推荐图书。《玩具论（增订版）》、《戏曲文献学》分获第二届中国出版政府奖图书奖和提名奖。《小学生拼音报》入选2011年新闻出版总署向全国少年儿童推荐优秀少儿报刊名单。《与大学生村干部谈心》入选“第三届优秀通俗理论读物推荐书目”。《八路军文化大系》、《分体中国文学学史》、《中国现代产业经济史》等19种图书入选国家“十二五”国家重点图书出版规划项目。

*推进非时政类报刊出版单位转企改制。*2011年的非时政类报刊改革是文化体制改革的重点工作。按照中央部署要求，结合实际情况，山西省非时政类报刊改革，确定了做大做强一批，培育组建现代报刊传媒集团；做精做特一批，培育专精特新的现代报刊出版企业；畅通报刊退出通道，关停并转一批非时政类报刊出版单位“三个一批”的总体思路，形成《山西省非时政类报刊出版单位体制改革实施方案（讨论稿）》。9月，省文化体制改革和文化产业发展领导组会议专题讨论通过实施方案，并上报中央文化体制改革工作领导小组和新闻出版总署批复。12月底，中央文化体制改革工作领导小组和新闻出版总署批复同意实施方案，山西省非时政类报刊改革进入实质性的操作阶段。

*新闻出版产业发展迅速。*2011年，《英语周报》“天星”数字网络基础教育平台、珂罗版印刷工艺与天然动植物水墨新配置技术2个项目入选全国新闻出版产业发展重点项目库，山西新金鼎文化产业发展有限公司研发的珂罗版印刷工艺与天然动植物水墨新配置技术生产出的产品参展中部博览会和德国法兰克福书展。《中国现代产业经济史》、《中国画像石棺艺术全集》2个项目入围国家出版资金资助项目。引进《男孩皮尔的故事》等版权28种，输出《形意拳谱五纲七言论》、《太极拳讲义》等版权46种，向台湾地区首次输出电子版权23种，开辟了版权输出新领域，版权引进和输出数量创历史新高。

2011年，山西省新闻出版业总产出102.95亿元，资产总额119.94亿元，营业收入100.59亿元，分别比2010年增长18.4%、33.6%和25.6%，利润总额更是大幅增长达49.9%，首次实现“三超”百亿元的历史性突破。

*加快农家书屋工程建设。*2011年，省政府将农家书屋工程建设作为全省农村新的“五个全覆盖”工程中“农村文化体育场所全覆盖”的重要部分。省新闻出版局作为牵头部门，大力推进建设力度，制定了农家书屋工程建设专项规划，全年建成1.4万个农家书屋，全省农家书屋行政村覆盖率75%。阳泉、晋城、忻州3个市率先实现全市域范围内全覆盖，太原迎泽、长治平顺等62个县（市、区）实现全覆盖。全省国定贫困县9285个行政村中有8366个行政村建成农家书屋，占全部国定贫困县行政村的90%。全年分两次组织力量对11个市56个县（市、区）428个农家书屋进行验收检查，合格率100%，优良率97.7%。制定完善《山西省农家书屋管理办法》、《农家书屋管理制度》、《农家书屋借阅制度》等。加强管理员队伍建设，基本建成以大学生村官、退休教师、退休干部为主体的专兼职结合的农家书屋管理员队伍。在书屋的使用方面，各地积极探索，将农家书屋的建设使用纳入精神文明创建考评体系，提升了各地农家书屋建设管理和使用的积极性，激发了广大群众的创新热情。许多地区将农家书屋与文化大院、“三下乡”活动、党员远程教育室、文化信息资源共享工程、农村电影放映工程等共建共享，丰富了内容，提升了影响力。

*继续开展全民阅读活动。*以农家书屋为依托，组织开展丰富多样

的阅读活动。组织开展以第十八届青少年爱国主义读书教育活动，与共青团山西省委联合开展推荐阅读活动，与省委宣传部、省教育厅等7个部门联合开展“营造三晋书香”全民阅读月活动。开展国庆黄金周图书联展、重点出版物联展、“传播书缘·放飞希望”漂流读书活动、读书心得交流活动、“书香满千家”系列活动、“心手相连让爱阅读”公益献书活动、“十大藏书家”及“读者推荐十本好书”评选活动、名家签售及读者报告会等不同形式的读书、品书、评书等活动。

【加强出版管理与行政执法】 “扫黄打非”工作取得预期成效。2011年共查办公安部挂牌督办的“10·09”运储侵权盗版和淫秽色情光盘案，太原市“2·19非法销售、传播有害气功及出版物案”，临汾“8·19假冒网络采编人员敲诈勒索案”等大要案12起，组织两次全省性集中销毁活动，开展整治红色旅游景区非法出版物专项行动和“迎中博，净化文化市场”专项行动，收效明显。修订完善《山西省“扫黄打非”责任制》，制定《山西省“扫黄打非”工作“属地管理”办法》等11项制度。全年检查各类出版物市场、摊点1.3万余个，收缴各类非法出版物130万件，其中，违禁类出版物1.8万件，淫秽色情出版物2.8万件，收缴盗版出版物120.2万件，非法报纸期刊5.3万件。

加大版权保护力度。一是加大宣传力度。开展知识产权“三进两集中”版权宣传活动。销毁各类侵权盗版及非法出版物26.5万余件。二是加大版权执法力度。组织开展打击侵犯知识产权和制售假冒伪劣商品专项行动，收缴盗版图书9.8万册，盗版光盘42万盘，查处侵权盗版网站7家，3个单位获全国2010年度查处侵权盗版案件有功单位一等奖。三是积极推进软件正版化，省、市两级政府软件正版化专项经费全部落实。企业正版化成果持续扩大，又有110家企业实现软件正版化。四是完善版权服务体系。作品版权登记数量306件，增长率100%。

打击侵犯知识产权和制售假冒伪劣商品专项行动。开展打击侵犯知识产权和制售假冒伪劣商品专项行动，检查出版物批销单位2932余家、印刷复制单位1506家，主动监管重点网站258个，查出证照不全印刷企业332家，捣毁窝点70个，收缴盗版图书9.8万册，盗版光盘42万盘，查处侵权盗版网站7家，行政处罚违规印刷企业7家，移送司法机关重大侵权盗版案件4起，成功办结国务院五部委联合督办的重大案件1起。

强化行政管理。2011年，共确定年度重点出版物选题85种(图书选题74种，音像电子出版物选题11种)。重点审读报纸44种、期刊24种，编写《审读快报》49期。引导《英语周报》等3家传统出版单位申请了互联网出版资质。完成全省200种期刊、77种报纸的年度核检工作。核检驻晋记者站155家(其中，中央媒体78家，地方媒体77家)。完成全省1535家印刷企业年度核检工作，对有照无证、有证无照和证照不全的332家企业进行了严肃处理。开展第16轮编校质量检查、报刊记者站专项治理“百日行动”、“3·15”少年儿童读物类出版产品质量监督检测、“杜绝虚假报道、增强社会责任、加强新闻职业道德建设”等专项活动。

中小学教辅材料出版发行管理专项检查。2011年8月，开展首轮中小学教辅材料出版发行管理专项检查。对全省中小学教辅材料在出版、印刷复制、发行、质量、价格、市场6个环节进行检查，对涉及中小学教辅材料的13家出版单位、60家印刷企业、554个发行单位进行全面检查，共收缴盗版教辅材料8692册，罚款4万元，进一步规范了中小学教辅材料出版发行市场。

展会、活动、交流。2011年3月，组织山西省数码印刷与印刷数字化研讨会，为省印刷企业与全国一流企业交流合作创造了平台。7月，组织山西省第四届高校平面设计暨农副产品包装设计作品大赛，并在第二届特色农产品交易博览会期间举办了创新设计主题展示活动。8月，组织省内各图书出版单位参加第十八届北京国际图书博览会。组织参加北京图书订货会和第十九届全国图书交易博览会(哈尔滨)。

向中西部地区贫困中小学生捐赠《新华字典》。根据新闻出版总署倡议，山西省新闻出版系统共向中西部地区捐赠用于购买新华字典的款项共计4.2万元。省新闻出版局为广灵县一斗泉乡贫困地区中小学生捐赠《新华字典》1400册，实现了全乡中小学生《新华字典》人手一册。

新闻出版队伍管理。2011年对800余名从业人员进行鉴定和认证，组织出版、印刷、发行各行业人员进行专项业务培训和岗位调训，组织了两期行政执法培训。有3个集体和2名个人被评为全国新闻出版系统先进集体和先进工作者。制定《山西省新闻出版系统创建文明行业实施办法》，并对首批50家申报单位进行了检查验收。制定《关于加强农家书屋建设等重点工作监督检查办法》，重点对农家书屋建设、办会办班情况和机关工作作风实施全程监控。新聘请349名政风行风监督员，政风行风建设进一步加强。

(郭跃鹏)

卫生·体育

WEISHENG TIYU

卫生·体育

卫生事业

【卫生事业概况】 2011年，全省有卫生机构12004个，比2010年增加115个；其中，医院1216个，增加15个；医学科学研究机构7个，增加1个。

2011年，全省卫生机构床位数15.8万张，比2010年增长1.3%；其中，医院床位数11.1万张，增长2.8%。平均每千人口拥有医院床位数3.1张，增加0.02张。

2011年，全省有卫生技术人员18.9万人，比2010年下降1%；其中，医生8.3万人，下降2.4%；注册护士6.5万人，下降4.8%。平均每千人拥有卫生技术人员5.3人，减少0.2人。

2011年，全省医疗机构总诊疗7546.3万人次，比2010年下降0.2%；出院308.9万人，增长6.3%。

【2011年山西省医药卫生体制改革五项重点任务】 加快推进基本医疗保障制度建设。1. 巩固扩大基本医疗保障覆盖面，基本实现全民医保。①职工基本医疗保险（以下简称“职工医保”）、城镇居民基本医疗保险（以下简称“城镇居民医保”）参保人数达到950万人，参保率均提高到90%以上。妥善解决关闭破产企业退休人员和困难企业职工参保问题。积极推进非公有制经济组织从业人员、灵活就业人员和农民工参加职工医保。推进大学生参保。促进失业人员参保。落实灵活就业人员、未建立劳动关系的农民工等人员选择性参保政策。②新型农村合作医疗（以下简称“新农合”）参合率继续稳定在90%以上。

2. 全面提升基本医疗保障水平，增强保障能力。①进一步提高筹资标准，对新农合和城镇居民医保政府补助标准提高到每人每年200元。②扩大门诊统筹实施范围，普遍开展城镇居民医保、新农合门诊统筹，将基层医疗卫生机构使用的医保目录内药品和收取的一般诊疗费按规定纳入支付范围。积极探索职工医保门诊统筹。③明显提高保障水平。城镇居民医保和新农合政策范围内住院费用支付比例力争达到70%左右。确保所有统筹地区职工医保、城镇居民医保和新农合政策范围内统筹基金最高支付限额分别达到当地职工年平均工资、当地居民可支配收入和全国农民人均纯收入的6倍以上，且不低于5万元。④积极开展提高重大疾病保障水平试点。积极开展儿童白血病、先天性心脏病保障水平试点工作，并在总结评估基础上扩大试点病种和地区范围。⑤全面提高医疗救助水平。按照政策规定资助困难群众参保参合。开展门诊救助。逐步降低、取消医疗救助起付线，政策范围内住院自付费用救助比例原则上不低于50%。探索开展特重大疾病救助试点。鼓励社会力量向医疗救助慈善捐款，拓宽筹资渠道。

3. 提高基本医疗保障经办管理水平，方便群众就医结算。①继续推广就医“一卡通”等办法，基本实现参保人员统筹区域内医疗费用即时结算（或结报，下同）。加强异地就医结算能力建设。开展省内异地就医即时结算，逐步实现以异地安置的退休人员为重点的就地就医、就地即时结算。做好农民工等流动就业人员基本医疗保险关系转移接续工作。②加强医疗保险基金收支预算管理，建立基金运行分析和风险预警制度，控制基金结余，提高使用效率。职工医保和城镇居民医保基金结余过多的地区把结余逐步降到合理水平，新农合统筹基金当年结余率控制在15%以内，累计结余不超过当年统筹基金的25%。基金当期收不抵支的地区要采取切实措施确保基金平稳运行。③发挥医疗保障对医疗服务供需双方的引导和对医药费用的制约作用。对到基层医疗卫生机构就诊的，在医保支付比例上给予倾斜。改革医疗保险支付方式，大力推行按人头付费、按病种付费、按总额预付。积极探索建立医保经办机构与医疗机构、药品供应商的谈判机制。④加强医疗保险对医疗服务的监管。加强定点医疗机构和定点零售药店动态管理，建立完善医疗保险诚信等级评价制度，推行定点医疗机构分级管理，进一步规范定点医疗机构和定点药店的服务行为。研究逐步将医保对医疗机构服务的监管延伸到对医务人员医疗服务行为的监管。依法加大对欺诈骗保行为的处罚力度。⑤职工医保、城镇居民医保基本实现市级统筹。有条件的地方可进一步提

山西大医院

高新农合统筹层次。加快推进基本医疗保障城乡统筹，稳步推进经办管理资源整合。做好各项基本医疗保障制度政策和管理的衔接，实现信息共享，避免重复参保。积极探索委托具有资质的商业保险机构经办各类医疗保障管理服务。⑥支持商业健康保险发展，鼓励企业和个人通过参加商业保险及多种形式的补充保险解决基本医疗保障之外的需求。

初步建立国家基本药物制度。1. 扩大国家基本药物制度实施范围，实现基层全覆盖。扩大基本药物制度实施范围，在所有政府办基层医疗卫生机构和村卫生室实施国家基本药物制度，实行药品零差率销售。同步落实基本药物医保支付政策。落实对村医的补助和扶持政策。

2. 建立规范基本药物采购机制，重塑基层药品供应保障体系。①对实施基本药物制度的政府办基层医疗卫生机构使用的基本药物(包括省增补品种)实行以省为单位的集中采购、统一配送，确保基本药物安全有效、品质良好、价格合理、供应及时。②编制基本药物集中采购计划，确定基本药物采购的具体剂型、规格、质量要求，明确采购数量，实行量价挂钩。暂无法确定采购数量的，通过单一货源承诺的方式进行采购。③坚持质量优先、价格合理，鼓励采用“双信封”的招标制度，只有经济技术标书评审合格的企业才能进入商务标书评审，商务标书评审由价格最低者中标。④省级采购机构受基层医疗卫生机构授权或委托，与药品供货企业签订购销合同并负责合同执行，对各基层医疗卫生机构基本药物货款进行统一支付，原则上从交货验收合格到付款不得超过 30 日。由供货企业自主选择经营企业进行配送或自行配送。⑤建立完善基本药物指导价格动态调整机制，对基本药物零售指导价进行分类管理，对基本药物中的独家品种和经多次集中采购价格已基本稳定且供应充足的品种探索实行国家统一定价。⑥制定完善基本药物基层配备使用政策，确保政府办基层医疗卫生机构全部配备使用基本药物。加强基本药物监管，加快信息化体系建设。

3. 全面推进基层医疗卫生机构综合改革，建立新的运行机制。①调整基层医疗卫生机构收费项目和医保支付政策，将基层医疗卫生机构原挂号费、诊查费、注射费以及药事服务成本合并为一般诊疗费。合理制定调整一般诊疗费收费标准，并在不增加群众现有个人负担的前提下，合理确定医保支付比例。②建立基层医疗卫生机构稳定长效的多渠道补偿机制，落实政府对基层医疗卫生机构的专项补助以及经常性收支差额的补助。③创新机构编制管理方式，以县(市、区)为单位实行人员编制总量控制、动态管理。④深化人事制度改革，推动各地实行定编定岗，全面建立人员聘用制度和岗位管理制度，实行按需设岗、竞聘上岗、按岗聘用、合同管理，建立绩效考核、优胜劣汰、能上能下、能进能出的用人机制。完成基层医务人员竞聘上岗，结合实际妥善分流安置未聘人员，确保社会稳定。⑤健全绩效考核机制，根据工作数量、质量和服务对象满意度、居民健康状况改善等指标，对基层医疗卫生机构及医务人员进行综合量化考核，考核结果与基层医疗卫生机构补助和医务人员收入水平挂钩。⑥完善分配激励机制，全面落实绩效工资，保障基层医务人员合理收入水平不降低。坚持多劳多得、优绩优酬，适当拉开医务人员收入差距，并向关键岗位、业务骨干和作出突出贡献的人员重点倾斜，调动医务人员积极性。⑦鼓励有条件的市、县(市、区)将非政府举办的基层医疗卫生机构纳入基本药物制度实施范围，通过购买服务等方式进行合理补偿。

健全基层医疗卫生服务体系。1. 继续加强基层医疗卫生机构建设，提升基层服务能力。①完成农村三级卫生服务网络和城市社区卫生服务机构建设任务。按照国家发展改革委下达的投资计划，在前两年基础上再建设一批县级医院（含中医院）、中心乡镇卫生院和村卫生室，保证认真组织实施，落实地方配套资金，确保及时足额到位，按时完成项目建设任务，使每个县至少有1所县级医院基本达到二甲水平、并有1～3所达标的中心乡镇卫生院，每个行政村都有卫生室，每个街道都有社区卫生服务机构，并为贫困山区配置流动巡回医疗服务车。②在整合资源的基础上推进基层医疗卫生机构信息化建设，建立涵盖基本药物供应使用、居民健康管理、绩效考核等为基本功能的基层医疗卫生管理信息系统，并与医保信息系统有效衔接，提高基层规范化服务水平。

2. 加强以全科医生为重点的基层医疗卫生队伍建设，大力培养适宜人才。①开展全科医生规范化培训，完善和落实鼓励全科医生长期在基层服务的政策，从体制机制上解决基层医疗卫生人才不足的问题。②为乡镇卫生院招收270名定向免费医学生。安排550名基层医疗卫生机构在岗人员进行全科医生转岗培训。加大乡镇卫生院执业医师招聘力度。为乡镇卫生院培训医疗卫生人员6108人次，为村卫生室培训卫生人员2.2万人次。继续开展城市社区卫生服务机构卫生人员培训。③启动实施全科医生临床培养基地建设方案。严格按照国家发展改革委下达的投资计划，建设全科医生临床培养基地，认真组织实施，确保地方配套资金及时足额到位，按时竣工投入使用。

3. 转变基层医疗卫生机构服务模式，提高服务质量和效率。①鼓励基层医疗卫生机构开展主动服务、上门服务和巡回医疗。鼓励有条件的地方积极建立全科医生团队，推进家庭签约医生服务，为辖区居民提供方便、连续的健康管理服务。鼓励基层医疗卫生机构提供中医药等适宜技术和服务。②大力推行院长（主任）负责制，落实管理责任，提高管理效率。结合基层医疗卫生机构信息化建设，推行规范化、精细化管理，运用基本药物临床应用指南和处方集，规范基层用药和医疗行为，控制基层门诊输液和抗生素、激素使用。③明显提高乡镇卫生院和社区卫生服务机构门诊量占医疗卫生机构门诊总量的比例。

促进基本公共卫生服务逐步均等化。1. 全面开展9类基本公共卫生服务，提高居民健康素质。①拓展和深化基本公共卫生服务内容，扩大服务人群，增加服务内容，提高服务质量，人均基本公共卫生服务经费标准提高到25元。②完善并严格执行9类国家基本公共卫生服务项目服务标准、操作规范和考核办法，提高服务水平。城乡居民健康档案规范化电子建档率达到50%左右。进一步提高儿童保健、孕产妇保健等基本公共卫生服务质量。做好农民工基本公共卫生服务。为65岁及以上老年人每年进行健康危险因素调查和体格检查。高血压、糖尿病管理人数分别提高到113万人、39万人以上，发现的重性精神疾病患者全部纳入管理范围。③开设网络健康宣传教育，采取多种方式宣传普及健康知识。进一步完善基层健康宣传网络。积极倡导健康的生活方式，提高全民健康素质。

2. 完成重大公共卫生服务项目，落实预防为主方针。①继续对15岁以下的人群补种乙肝疫苗，2011年再补种63.3万人左右，全面完成补种任务。②2011年再完成适龄妇女宫颈癌检查15.2万人，乳腺癌检查1.4万人；农村孕产妇住院分娩率达到95%以上，继续开展农村生育妇女免费补服叶酸。③为2.2万例贫困白内障患者免费开展复明手术。④完成6万户无害化卫生厕所建设任务。⑤继续实施艾滋病母婴传播阻断项目。

3. 加强专业公共卫生服务能力建设，提高服务可及性。①启动卫生监督体系建设和发展规划，全面实施精神卫生防治体系建设与发展规划。按照国家发展改革委下达的投资计划，开展精神卫生专业机构、县级卫生监督机构建设，认真组织实施，确保地方资金及时足额到位，按时竣工投入使用。②依托县级医院建立县域内农村院前急救体系，按照国家发展改革委下达的投资计划，为县（市、区）配置必要的救护车和指挥系统，同步建立体现公益性的运行机制，认真组织实施，确保地方资金及时足额到位，按时完成项目任务。③落实传染病医院、鼠防机构、血防机构和其他疾病预防控制机构从事高风险岗位工作人员的待遇政策。

积极稳妥地推进公立医院改革试点。1. 不断深化体制机制改革试点，形成公立医院综合改革经验。在省级试点地区加大力度，加快推进公立医院（含国有企业医院）综合改革。鼓励在政事分开、管办分开、医药分开、营利和非营利分开等重点难点问题上大胆探索。探索建立高效的公立医院管理体制，形成规范化的公立医院法人治理结构，积极推进现代化医院管理制度。深化人事制度改革，健全聘用和岗位管理制度，形成能进能出、能上能下的用人机制，完善以服务质量和效率为核心、能充分调动医务人员积极性的绩效考核和分配机制。改革公立医院补偿机制，落实政府投入政策，完善医药价格机制。

2. 深化公立医院与基层医疗卫生机构的分工协作机制，提高医疗体系整体效率。①探索推进县域医药卫生一体化综合改革，各市选择1～3个县（市、区）进行试点。着力提高县级医院服务能力，积极推进县级医院综合改革。②进一步巩固和深化城市三级医院对口支援县级医院长期合作帮扶机制，安排300名县级医院骨干人员到三级医院进修学习，三级医院与对口的县级医院建立远程医疗系统。③引导有资历的医师到基层医疗卫生机构开展执业活动。逐步形成基层首诊、分级医疗、双向转诊的服务模式。组建医疗小分队，为贫困山区提供巡回医疗服务。

3. 以病人为中心完善公立医院内部运行机制，方便群众就医。①完善预约诊疗制度，所有三级医院实行预约诊疗服务。优化门诊诊疗流程，实行错峰、分时段诊疗，全面推广叫号服务，合并挂号、收费、取药等服务窗口，简化就医手续，缩短就医等候时间。推行双休日和节假日门诊。广泛开展优质护理服务。②制定并落实控制医疗费用过快增长的政策措施。规范公立医院临床检查、诊断、治疗、使用药物和植(介)入类医疗器械行为,对医疗、用药行为全过程追踪监管,鼓励公立医院优先使用基本药物和适宜技术。加强公立医院财务管理和成本核算。完善医用设备和医用耗材管理、采购和价格等政策,政府投资购置的公立医院大型设备按扣除折旧后的成本制定检查价格,降低检查费用。逐步推开植(介)入类医用耗材集中招标采购。加大对开"大处方"行为的查处力度。合理调整医疗技术服务价格,开展按病种等收费方式改革试点。③以公立医院改革试点城市为重点开展临床路径管理。推行电子病历,利用信息化手段加强医疗行为管理。④加强对医疗服务行为和质量的监管。强化行业自律和医德医风建设,坚决治理商业贿赂,加大违法违规行为的惩处力度。健全多方参与的社会监督机制。

4. 加强卫生人才队伍建设,调动医务人员积极性。①加强卫生人才队伍建设。开展住院医师规范化培训。积极开展执业医师多点执业试点。鼓励卫生技术人才在公立和非公立医疗机构间合理流动。保障医疗卫生人员合理待遇。②严格控制公立医院建设规模、标准和贷款行为,新增或调整医疗卫生资源在符合准入标准的条件下优先考虑社会资本。稳妥推进公立医院改制。

5. 鼓励和引导社会资本举办医疗机构,加快形成多元办医格局。制订和完善实施细则和配套文件,落实鼓励和引导社会资本举办医疗机构的政策,促进非公立医疗机构发展。鼓励社会资本举办普通医疗机构,支持社会资本举办高端医疗机构,控制公立医院开展特需服务的比例。

(李仁贵)

【医改重点任务 2011 年推进情况】 *新农合保障水平显著提高。*2011 年,人均筹资标准由 2010 年的 150 元提高到 230.6 元,参合率由 94.3%提高到 98.5%,最高支付限额全部达到或超过 5 万元,政策范围内住院费用支付比例达到 74%,门诊统筹实现全覆盖。代县实现了新农合"一卡通",参合农民在村卫生室就医也能直接刷卡报销。

*国家基本药物制度初步建立。*除按国家要求在所有政府办基层医疗卫生机构实施外,率先在全国实现了基本药物在村卫生室的全覆盖,是全国在村卫生室实施基本药物制度的 4 个省份之一。高平、孝义、古交、平鲁、灵丘、襄垣、古县等县(市、区)将实施范围扩展到县级公立医疗机构。建立基本药物招标采购新机制,在全国第 4 家建成并启用基本药物省级招标采购结算平台。

*基本公共卫生服务均等化稳步推进,预防为主的方针从制度上得到落实。*2011 年,全省人均基本公共卫生服务经费由 2010 年的 15 元提高到 25 元,服务内容由 9 类扩增为 10 类。国家基本公共卫生服务和重大公共卫生服务项目任务全部完成或超额完成。大同县、灵丘县基本公共卫生服务实行定量管理、分类付费,形成有效的激励机制,提升了服务质量。长治市实现基本公共卫生服务信息市县乡村四级网络化管理,电子健康档案建档率 95.3%,居全省第一。

*基层医疗卫生机构综合改革基本完成。*公益性的管理体制、竞争性的用人机制、激励性的分配机制和稳定长效的多渠道补偿机制正在形成,绩效工资改革进一步调动了医务人员积极性。34 所县级公立医院综合改革取得一定成效,所有试点医院全部达到二级甲等水平,公益性日益彰显,医疗质量、服务能力稳步提升。高平市代表山西在全国公立医院改革试点地区工作交流会上介绍了经验。

*县域医药卫生一体化综合改革取得积极进展。*28 个试点县(市、区)县乡村一体化管理的格局逐步形成,医务人员积极性得到提高,基层医疗卫生服务能力明显提升,在县域内就诊人数明显上升。卫生部监测排序的 41 项医改指标,山西省全部完成,其中,16 项排全国第一或并列第一。

【进一步加强疾病预防控制工作】 *艾滋病、结核病、鼠疫等重大传染病得到有效防控。*2011 年,顺利完成艾滋病实验室年度复核验收。及时、妥善处置了古交市立才培训学校肺结核聚集性疫情。在太原、运城推广固定剂量复合制剂,优化抗结核药品疗效。6 月,在太原市开展应急处置演练,强化鼠防队伍应急能力。加强布鲁菌病监测、采样、检测,妥善处置大同和长治市 2 起疫情。继续做好流感、手足口病防控工作,甲流、手足口病病死率分别较 2010 年降低 81%和 59%。

*免疫规划扎实有效。*2011 年,需补种乙肝疫苗 63.3 万人。截至 12 月底,共补种 63.3 万人,补种任务完成率 100%,完成 15 岁以下人群乙肝疫苗补种项目。各地扎实开展基础免疫,含麻疹成分疫苗接种率 98%以上。落实有关监测方案和工作规范,每例麻疹病例或疑似病例均及时报告、调查、采样、检测和信息录入。9 月,与省教育厅联合开展麻疹疫苗查漏补种,接种率 95%。截至 12 月底,全省麻疹发病率降至 0.16/10 万,较 2010 年下降 77%。积极开展脊髓灰质炎防控工作,全省脊灰疫苗基础免疫、强化免疫工作扎实,AFP(急性驰缓性麻痹)监测指标达标。根据卫生部要求,派出各级免疫规划专家赴疆对口支援乌鲁木齐市脊灰疫情防控工作。

【积极促进健康教育工作】 ①慢性病综合防控成效明显,寿阳县成为首批"国家级慢性病综合防控示范区",卫生部在山西召开了全国慢性病防控工作研讨会。在阳泉市、临汾市、阳城县、洪洞县开展食管癌/贲门癌早诊早治项目工作,在临汾市开展大肠癌早诊早治项目,在 7 个市所辖 9 个县(区)开展肿瘤随访登记,开展了儿童口腔疾病综合干预项目。②大同市矿区煤峪口社区卫生服务中心成为山西首个"城市社区健康教育基地"。在全省大力推广吕梁市开展"三项整治"的做法和经验,城乡环境面貌发生巨大变化。晋城市、潞城市被命名为国家卫生城市,黎城县再次被命名为国家卫生县城。③卫生应急工作进一步加强。2011 年,创建了首批 13 个省级卫生应急综合示范县(市、区),襄垣县率先独立设置卫生应急管理机构。截至 12 月底,全省 119 个县全部启动全民健康生活方式行动。

创建“示范单位、示范社区、示范餐厅(食堂)”72个。④加强精神卫生体系建设。利用卫生部专项资金,为9个精神专科医院配备医疗设备2460万元。组织省级专家组深入基层,培训卫生行政管理人员、精神专科医生、社区(乡村)医生5561人次。建设重性精神疾病信息系统,截至12月底,共录入4.9万例重性精神疾病患者基本信息。继续开展重性精神疾病管理治疗项目。结合基本公共卫生服务项目,对发现的重性精神疾病患者建立专档,并根据卫生部要求与公安部门完成患者信息交换工作。⑤在山阴、右玉、左云、阳城、壶关、临猗、介休、屯留、怀仁、绛县等10个县(区)开展农村癫痫防治管理项目。⑥印发全省控烟工作检查方案,省健康教育中心开展控烟督导检查,向基本实现全面禁烟目标迈进。

【加强和改进医疗服务质量工作】 继2010年山医大二院骨科专业、省人民医院临床护理专业后,2011年又有省心血管病医院心内科专业、山医大一院重症医学专业、省肿瘤医院病理专业、省中医院肿瘤专业、省中西医结合医院脑病专业成为国家临床重点专科。全省102所县级综合医院达到二级甲等水平。大力推行医疗便民惠民措施,所有三级医院和部分市、县级医院都开展了预约诊疗服务和双休日、节假日门诊,实施临床路径管理,推广优质护理服务,进一步优化服务流程、提升服务质量、降低医药费用,改善群众就医感受。太原市40所二级以上医疗机构全部加入全国预约诊疗服务平台。创建7个全国综合医院中医药工作示范单位。太原、大同的4个社区卫生服务中心创建成为全国社区卫生示范机构。平遥、阳城等5个县(市)创建成为全国农村中医药先进县,长治市城区创建成为全国社区中医药工作先进区。运城市打破身份限制,从优秀村医中公开选拔乡镇卫生院院长。阳泉市连续三年每年招聘100名大学生村医充实到村卫生室,村医队伍得到充实和优化。

【创新食品和医药安全监管工作】 2011年,省食品药品监管局先后5次在全国会上交流创新监管工作的经验。食品安全综合协调工作受到国务院食安办领导充分肯定,全省没有发生重大食品药品安全事件。晋中市全面实施食品安全网格化监管,在落实部门监管责任、强化责任追究方面探索出新路子。联合省高级人民法院、人民检察院、公安厅、监察厅等部门印发“关于严厉打击非法行医的通告”,联合开展打击非法行医专项整治,在全国卫生监督工作会上介绍了经验。2011年,全省共对2.2万户医疗机构进行监督检查,查处医疗卫生机构违法执业案件565件。

【持续开展医德医风建设】 以“三好一满意”为载体扎实推进创先争优活动,把“服务好、质量好、医德好、群众满意”各项工作任务量化、细化、具体化,把“三好一满意”活动与医院内涵建设相结合、与公立医院改革相结合、与创先争优活动相结合、与落实政府目标责任考核相结合,推动各级医疗机构扎实开展活动,取得初步成效。国家中医药管理局在山西召开全国中医药系统“三好一满意”现场会。山西中医学院附属医院“有钱无钱,救命第一”的经验入选2011年度全国中医药工作“十大新闻”。全省二级以上医院全部建立医德考评、医德查房和出院患者回访等制度。在晋中一院和省肿瘤医院开展廉政风险防控试点工作,卫生部在山西召开了公立医院廉政风险防控工作研讨会。联合《山西日报》继续办好医改宣传栏目。

(刘　翔)

【山西大医院开诊】 全省规模最大,集医疗、教学、科研、防保、急救、康复为一体的公益性现代化综合医院山西大医院,2009年6月开工建设,于2011年11月开诊。

山西大医院是迄今为止山西省历史上唯一一个由政府一次性投资建设的规模最大的医疗卫生项目。山西大医院全称山西医学科学院、山西大医院,位于太原市龙城大街北侧,占地29.2公顷,建筑面积约30万平方米,目前已投资16.7亿元,其接诊能力、设计理念等多个方面均堪称“山西之最”。规划床位2500张,已就位2000张,日门诊量将达6000人次。医院设置专业科室40余个,一级学科28个。同时,下设覆盖各专业学科领域的科研教学机构,可承担年培养1000名博士、硕士等高层次人才和全省医务人员培训及诊疗技术推广等工作。首批科研教学机构有山西省创伤医学研究所、山西省全科医学培训与研究中心、山西省泌尿外科男科研究所。同时,作为医药卫生体制改革试点单位,山西大医院创新管理体制和运行机制*,建立由相关部门、职工代表和服务对象代表等组成的理事会,实行理事会领导下的院长负责制,内部管理实行院长领导下的科主任负责制。此外,还建立了向优秀人才和关键岗位倾斜的岗位责任制、全员聘用制和绩效工资制。

(李仁贵)

人口和计划生育

【2011年山西人口发展特点】 人口数量保持低水平增长。2011年,全省人口出生率10.47‰,比2010年下降0.21‰;人口死亡率5.61‰,上升0.23‰;人口自然增长率4.86‰,下降0.44‰。山西省2011年年底常住人口3593.3万人,比2010年增加19.2万人,增长率0.5%,低生育水平保持稳定。

人口老龄化进程加快。全省人口中0～14岁人口591.8万人,占常住人口的16.5%,比2010年下降0.6%;15～64岁人口2717.2万人,占常住人口的75.6%,上升0.3%,劳动力较为丰富;65岁及65岁以上的人口284.2万人,占常住人口的7.9%,上升0.3%,老龄化进程加快。全省常住人口中,男性1843.8万人,占常住人口的51.3%;女性1749.5万人,占常住人口的48.7%;性别比为105.4。

(张晋军)

人口城镇化水平进一步提高。

2011年，在全省常住人口中，居住在城镇的人口为1785.3万人，占常住人口的49.7%，比2010年增长1.6个百分点，超过“十二五”规划目标年均增长速度0.1个百分点，全省“十二五”加速城镇化发展顺利起步。人口城镇化快速发展主要得益于“十一五”以来，山西工业化进程不断加快，大批农村剩余劳动力进城务工，工业化带动的城镇化以及城镇自身不断扩张形成山西省城镇化“双轮驱动”局面，人口城镇化进入了一个快速发展时期，人口城镇化水平不断提高。

人口文化素质持续提升。2011年，全省15岁及以上人口平均受教育年限9.4年。每10万人中接受小学教育的人数为2.2万人，接受初中教育的4.5万人，接受高中教育的1.7万人，接受大专以上教育的7228人。全省人口接受更高水平教育的比重在逐步增加，人口的文化素质持续提升。

家庭户平均规模保持缩小态势。随着山西省经济社会的不断发展，人口城镇化水平不断提高，人口迁移流动加速，传统的大家庭居住方式已经不适应时代的需求，促使大家庭向小家庭转变，再加上山西省育龄妇女生育模式的根本性改变，家庭户规模向小型化、核心化发展。2011年，全省共有家庭户1233.1万户，家庭户规模（即平均每个家庭的人口）为3.2人。2011年家庭户结构中，3人以下和4人的户分别占所有家庭户的61.1%和22.1%，5人及以上的家庭户占16.8%；一代和两代户家庭占82.9%，三代及以上占17.1%。由此可见，家庭户规模无论是从人口数量还是代际结构都保持缩小的态势。

劳动力资源依然丰富。2011年，山西省15～64岁劳动年龄人口达到2717.2万人，占全省总人口的75.6%，与2010年基本持平。总抚养比为32.2%，比2010年降低0.6个百分点。说明山西省劳动年龄人口增长快于非劳动年龄人口增长，山西仍然处于劳动年龄人口的“黄金”时期。但是必须看到，因为0～14岁非劳动年龄人口的不断下降，劳动力年龄人口增速正在逐步下降，未来劳动年龄人口的减少不可避免，所以山西省必须充分利用“人口红利”这个相对短暂的历史机遇，把人口优势顺利地转化为发展的优势和经济增长的动力，为全省社会经济发展带来更大效益。

（周俊英）

【形成统筹解决人口问题的长效机制】 *切实加强对人口计生工作的领导*。2011年7月，中共山西省委中心组（扩大）举行人口计生工作学习报告会，邀请国家人口和计划生育委员会党组书记、主任李斌作了“全面做好人口工作，促进人口长期均衡发展”的辅导报告。中共山西省委书记袁纯清在主持报告会时指出，要认真学习贯彻胡锦涛总书记重要讲话精神，把思想和行动统一到中央的分析判断和决策部署上来，遵循人口发展规律，创新人口工作思路，不断推进人口工作的理念创新、管理创新、服务创新，增强统筹人口发展与转型跨越发展的能力，不断提高人口工作的科学化水平。报告会对全面做好山西人口计生工作提出新要求。坚持将人口计生工作纳入全省年度目标责任综合考核，实行“一票否决”。

进一步加大投入力度。2011年，市、县人均经费全部达到或超过省定标准，太原、阳泉、长治、晋城、朔州超过50%以上。

加强政策统筹，做到国策惠民。2011年，全省各级财政累计为86.2万人（户）计生群众发放奖励扶助金5.43亿元；发放特别救助金1417.6万元，救助计生家庭大病对象5063人；全省有25.7万户计生家庭在集体林权改革、扶贫移民搬迁、集体收益分配中，多领到1人份补助；37.4万户计生家庭在新农合和新农保中享受优先优惠，2.4万名农村独生子女和双女中考加分被录取。

开展“生育关怀行动”和“保险保障行动”。2011年，为计生困难家庭发放救助金1350多万元，为7.5万余户计生家庭办理了意外伤害保险，广大计生家庭得到更多的实惠。

坚持抓好长效节育措施落实。加强督查，推动工作落实。严格党员干部、评先评优计划生育情况审核，省市县三级共审核单位1.1万个，否决76个，审核个人1.6万人，否决65人，维护了计生国策。

【计划生育工作又取得新成绩】 *出生缺陷和出生人口性别比偏高现象得到有效控制*。印发《山西省降低出生缺陷发生提高出生人口素质实施方案》，积极开展出生缺陷一级预防，运用“山西省孕前优生咨询指导系统”，为育龄群众提供免费优生评估服务41.1万例，建立了预防出生缺陷的重要防线。大力推进免费孕前优生健康检查项目，指导5个国家级试点县和40个省级试点县开展健康检查，共4万余人，出生缺陷干预工作取得明显成效，获得国家人口计生委“优质服务和出生缺陷一级预防一等奖”。制定《山西省“十二五”期间综合治理出生人口性别比偏高工作考核评估办法》和《综合治理出生性别比问题相关部门职责》，着力推进宣传教育、利益导向、全程服务、严惩“两非”、统计监测等五项措施，综合治理出生人口性别比偏高问题。太原、长治和19个县（市、区）被命名为国家和省级婚育新风进万家示范市、县。公安、卫生、计生、药监等部门联合开展打击“两非”专项行动，查处一批典型案例，形成综合治理出生人口性别比工作的良好格局。

公共服务能力进一步增强。始终把服务贯穿工作全过程。加快人口计生公共服务网络能力建设，在11个县（市、区）开展数字化服务站试点，规范村级人口计生服务室建设。创建6个国家级（阳曲、怀仁、中阳、昔阳、屯留、曲沃）和11个省级优质服务先进单位。开展“十旗百佳”创建，优质服务进农村、进社区、进厂矿、进军营活动，启动农村独生女子、双女母亲“第二春”免费生殖健康检查活动，提高群众生殖健康水平。23个县乡服务机构被评为全省“红旗服务中心、站（所）”，125名村级计生服务员被评为“百佳服务标兵”。各地不断拓宽服务领域，延伸服务触角，积极探索服务家庭、服务民生的新模式和新途径。长治市“好娃娃”工程、晋中市“宜人宜家”服务等一大批特色品牌不断做大做强。开展婴幼儿早期发展和

计生家庭养老服务试点，探索提高人口素质和应对人口老龄化的新途径。

工作科学化水平进一步提高。加强人口发展战略研究，开展“人口发展与城镇化建设”、“人口信息化与创新社会管理”等课题研究，为规划决策提供支持和依据。继续改革完善目标管理责任制考核，运用“山西省人口计生系统考核评估上报平台”实行网上考核，对市、县重点工作进展情况实时监控、动态跟踪和量化评分，增强考核效能，在省直责任部门考核工作推进会上介绍了经验。进一步完善手机直报系统，实现人口信息动态管理，实时更新。开展人口基础信息核查、人口计生统计数据质量信得过活动，评选表彰了14个“阳光统计示范单位”和130名“阳光统计之星”，人口基础信息质量和统计水平明显提高。依托全员人口信息平台，开发建成城镇人口管理信息平台，在娄烦县、长治县、介休市开展“城镇人口网格化管理服务”新模式试点，促进了公安、民政、教育、卫生、工商与人口计生等部门的信息互通，工作互融，为加强和创新人口管理探索了新途径。巩固完善流动人口服务管理全省“一盘棋”成果，实施流动人口计划生育优质服务工程，在22个县(市、区)开展服务均等化试点，基本实现技术免费服务和药具发放全覆盖。深化人口计生综合改革，继晋中、长治、朔州之后，2011年阳泉市被命名为全国人口计生综合改革示范市。

行业作风建设进一步加强。修订《山西省独生子女父母光荣证管理办法》、《山西省生育服务证管理办法》等规范性文件，人口计生政策法规体系进一步完善。积极开展基层文明执法、依法行政示范乡镇(街道)创建活动，17个乡镇(街道)被国家命名为依法行政示范乡镇(街道)。全面推进诚信计生和“千村(居)示范”活动，60个村(社区)进入全国基层群众自治示范村(社区)行列，基层群众自治水平明显提高。开展“窗口单位为民服务创先争优”活动，推进阳光计生行动，11个市全部开通“12356阳光计生”服务热线，架起了与群众沟通的桥梁。深入11个市17个县(市、区)开展明察暗访，在全省开展请农民兄弟姐妹评计生、请流动人口评计生、请城镇人口评计生、请党政机关评计生、政风行风下评上“五项评议”活动，接受社会监督，维护群众利益。省、市、县多数人口计生部门在政风行风民主评议中排名前列。全国人口计生行风建设委托第三方调查结果表明，山西省群众满意率94.3%，高于全国平均水平0.5个百分点。全国27个省份人口计生信访统计排名，山西位列第21位。

(张晋军)

体育事业

【体育事业概况】 2011年，全省有体育场地10165个，其中，体育场104个，体育馆34个，游泳馆24个，有固定看台的灯光球场201个，航空运动机场3个，运动场189个，射击场13个。

2011年，全省有等级运动员

2011年山西省运动员参加世界大赛录取名次

比赛名称	姓名	项目	名次
第46届世界锦标赛	方玉婷	个人淘汰赛	
第28届世界蹦床锦标赛	涂潇 董栋	网上同步	1
第28届世界蹦床锦标赛	张雒	单跳团体	1
第11届世界武术世锦赛	赵诗	长拳	1
蹦床世界杯系列赛无锡站	涂潇	网上个人	1
蹦床世界杯系列赛无锡站	涂潇 董栋	网上同步	1
世界杯系列赛无锡站	董栋	网上个人	1
蹦床世界杯系列赛捷克站	董栋	网上个人	1
乒乓球世界职业巡回赛(波兰站)	武杨	女子单打	1
乒乓球世界职业巡回赛(波兰站)	李晓丹	女子双打	1
世界职业巡回赛(斯洛文尼亚站)	武杨	女子单打	1
射箭项目世界杯第二站	方玉婷	混合团体淘汰赛	1
亚洲青少年武术锦标赛	崔泽亮	长拳	1
2011年西班牙公开赛	郑义	+87千克级	1
第26届世界大学生运动会射击比赛	王智伟	50米手枪团体	1
第26届世界大学生运动会射箭比赛	常亮	个人奥林匹克轮淘汰赛	1
蹦床世界杯系列赛俄罗斯站	涂潇	网上个人	2
第28届世界蹦床锦标赛	董栋	网上个人	2
第28届世界蹦床锦标赛	董栋 涂潇	网上团体	2
第28届世界蹦床锦标赛	张雒	单跳个人	2
太原国际马拉松赛	李永强	马拉松	2
射箭项目世界杯第三站	方玉婷	团体淘汰赛	3
世界男子举重锦标赛	伍超	69千克	3
世界杯系列赛丹麦站	张雒	单跳个人	3
亚洲山地自行车锦标赛	白月	越野赛	4
第46届世界射箭锦标赛	方玉婷 祝珊珊	团体淘汰赛	4
蹦床世界杯系列赛捷克站	涂潇 董栋	网上同步	4
亚洲BMX(越野)自行车锦标赛	赵志阳	个人赛	5
亚洲国际式摔跤锦标赛	单栋	60千克	5
世界射箭青年锦标赛	范一帆	团体淘汰赛	7

2011 年山西省运动员参加全国锦标赛和冠军赛冠军名录

比赛名称	姓名	项目
全国 BMX 自行车冠军赛第一站	赵志阳	团体赛
全国 BMX 自行车冠军赛第一站	冯思哲	团体赛
全国 BMX 自行车冠军赛第一站	郜文彬	团体赛
全国 BMX 自行车冠军赛第二站	赵志阳	团体赛
全国 BMX 自行车冠军赛第二站	郜文彬	团体赛
全国 BMX 自行车冠军赛第二站	王宝玉	团体赛
全国 BMX 自行车冠军赛第五站	赵志阳	团体赛
全国 BMX 自行车冠军赛第五站	王宝玉	团体赛
全国 BMX 自行车冠军赛第五站	冯思哲	团体赛
全国 BMX 自行车锦标赛暨青年锦标赛	郝文丽	个人赛
全国 BMX 自行车锦标赛	赵志阳	团体赛
全国 BMX 自行车锦标赛	王宝玉	团体赛
全国 BMX 自行车锦标赛	冯思哲	团体赛
全国 BMX 自行车锦标赛	荆　静	团体赛
全国 BMX 自行车锦标赛	马　越	团体赛
全国 BMX 自行车锦标赛	郝雯丽	团体赛
全国射击个人团体锦标赛	于　炜 王智伟 张　鑫	男子 50 米手枪团体
全国室外射箭团体锦标赛	方玉婷	个人 50 米排名
全国室外射箭团体锦标赛	方玉婷	个人单轮全能排名
全国室外射箭团体锦标赛	方玉婷	个人淘汰赛
全国室外射箭个人锦标赛	方玉婷	个人单轮全能
全国室外射箭个人锦标赛	方玉婷	个人单轮 50 米排名
全国武术套路冠军赛(传统项目)	崔碧晖	42 式太极拳
全国游泳锦标赛	赵　瑾	100 米蛙泳
全国古典式摔跤锦标赛	王路敏	60 千克级
全国古典式摔跤冠军赛	常永祥	74 千克级
全国男子举重锦标赛	张盛国	94 千克级
全国男子举重冠军赛	伍　超	69 千克级
全国男子举重冠军赛	张盛国	94 千克级
全国中西部举重锦标赛	余　莹	69 千克级
全国中西部举重锦标赛	欧　波	62 千克级
全国中西部举重锦标赛	王昌富	69 千克级
全国蹦床锦标赛	董　栋	网上单人
全国蹦床锦标赛系列赛	董　栋	网上个人
全国蹦床冠军赛	董　栋 涂　潇 符　冰 穆　童	男子网上团体
全国蹦床冠军赛	涂　潇	网上个人
全国蹦床冠军赛	涂　潇 董　栋	男子双人同步
全国艺术体操冠军赛	赵雅婷	少年个人球操
全国艺术体操冠军赛	赵雅婷	少年个人球操
全国跆拳道冠军赛	郑　义	＋87 千克级
第 30 届奥运会射击项目选拔赛	王智伟	50 米手枪总积分
射箭项目伦敦奥运选拔赛	方玉婷	总积分
全国蹦床系列赛(第三站)	董　栋	男子网上个人
全国田径大奖赛(第二站)	庚石锁	跳高
全国田径大奖赛(第三站)	庚石锁	跳高
中国速度赛马俱乐部联赛(决赛)	袁　松	1000 米
中国速度赛马俱乐部联赛(决赛)	双　喜	1800 米
全国空手道锦标赛	刘　哲	成年个人组手－84 千克
全国空手道锦标赛	王晓红	成年个人组手－61 千克
全国空手道锦标赛	董明明	成年个人组手－67 千克
全国空手道锦标赛	师建玲	成年个人组手－55 千克
全国滑翔锦标赛	吴向荣	升高

842 人,比 2010 年下降 19.8%。其中,国家级运动健将 208 人,增长 4 倍;一级运动员 67 人,下降 55.3%;二级运动员 567 人,下降 33.8%。

2011 年,全省有等级裁判员 2201 人,比 2010 年下降 15.3%。其中,一级裁判员 97 人,下降 71.6%;二级裁判员 2104 人,下降 6.3%。

【加快发展体育产业的目标任务】

重点任务。到 2015 年,初步建立起符合现代体育发展规律、门类齐全、结构合理、运作规范、具有一定竞争力和影响力的体育产业体系。建立和完善规范有序、繁荣稳健的体育市场和体育市场监管体系。培育 1～2 个具有规模优势的体育产业聚集区、若干体育产业重点企业和具有全国影响力的体育产业品牌。力争使体育产业增加值占全省地区生产总值的 0.5%以上,体育产业就业人数达到10 万人以上。到2020 年,力争使体育产业增加值占全省地区生产总值的 1.35%,体育产业就业人数达到 16 万人。不断促进体育产业与文化、旅游、电子信息等相关产业的复合经营,带动和推进相关产业发展。

培育两个体育产业基地。(1)建设太原综合类国家体育产业基地。努力提高体育场馆经营管理水平,特别要发挥好新建的山西体育中心和改建的山西全民健身中心的作用,积极发展各类体育经营企业;充分发挥体育的行业优势,调动和组织各种体育资源,组建山西体育产业集团;结合太原宜居城市建设,着力推进体育健身服务业旗舰项目和其他项目的实施,努力推进太原东山龙城体育公园建设,重点发展滑雪等冬季体育休闲娱乐项目;利用太原国际马拉松城市名片,提高太原作为区域中心城市的知名度;加强体育中介组织建设,完善体育市场体系;积极举办、承办有影响、有特色、高水平体育赛事、体育会展和体育商贸等大型体育活动,力争用五年时间把太原市建成为综合类国家体育产业基地。

(2)建设长治体育产业示范基地。发挥长治市机械制造业的优势,利用山西澳瑞特健康产业(集团)有限公司和山西新和实业有限公司等优秀体育器材制造企业优势，鼓励原有体育企业通过技术创新和改造，增强科技含量，提高市场竞争力和科技竞争力，进一步做大、做强体育品牌；鼓励其他行业、企业向体育企业转型，开展体育用品的研发和制造；加大科技扶持力度，力争体育企业在低碳、物联网时代，增加产品的科技含量和附加值，力争使企业标准成为国家标准或国际标准；鼓励和带动更多的企业开展体育用品生产，重点在健身器材制造、运动装备和健康营养食品行业中扶持一批新兴企业，培养一批有优势、有潜力、有特色的体育用品品牌企业，逐步形成集体育用品研发、制造、集散为一体的具有较大规模的体育用品产业基地。

发展五个重点领域。(1)大力培育和发展体育市场。发展体育健身市场，积极开展体育健身知识宣传，引导人民群众参加体育健身活动；广泛开展和积极举办群众喜闻乐见的运动项目和体育赛事，因地制宜开发和培育具有地方特色的体育健身项目；鼓励、扶持组织和个人投资兴建各类体育俱乐部和健身场所，提供多样化的体育健身服务。积极发展体育中介组织，培养高素质体育经纪人队伍，发挥体育中介组织和体育经纪人在体育技术、信息咨询、体育保险、赛事推广等方面的作用。开发体育竞赛和体育表演市场，探索省运会等综合性运动会的市场开发和运作模式，逐步提高综合性运动会的市场化含量；鼓励引进国内外知名体育赛事，鼓励各地利用自身自然和人文资源开发做大品牌体育赛事，鼓励企业举办商业性体育比赛。

(2)进一步推进公共体育场地设施建设。各地人民政府要把公共体育场地设施建设列入中长期发展规划，山西体育中心要尽快投入使用，山西省全民健身中心、太原航校新机场要加快建设步伐；按照“市有体育公园、县有全民健身中心、乡镇有文体广场、行政村有体育活动场地”的要求建设公共体育场地设施。坚持“谁投资、谁受益”的原则，积极鼓励和扶持单位、个人投资建设体育场地设施。到2015年，初步形成大型体育中心辐射带动、标准比赛场馆布局合理、文体公园广场深入社区、健身活动场所“遍地开花”的“点面结合”的良好格局。力争到2015年，全省人均体育场地面积达到1.6平方米，2020年达到2平方米，市、县(区)、街道(乡镇)、社区(行政村)四级公共体育健身场地设施建设达到国家规定的标准。切实抓好城乡体育场地设施管理工作，进一步向公众开放，提高综合利用率和运营能力，为广大人民群众提供更多、更好的体育活动场所，杜绝体育场地设施闲置浪费和挪作他用。

2011年山西省运动员参加第七届城市运动会冠军名录

项　目	姓　名	小　项
武术套路	高晓彬	刀术＋棍术
自由式摔跤	史尚勇	74千克级
举重	伍　超	69千克级
	张　甜	63千克级
乒乓球	武　杨	女单
蹦床	贾宇洁　胡译乘	女子团体
自行车	郜文彬	个人赛
田径	叶章轩	标枪

(3)促进职业体育俱乐部发展。大力推进山西省职业体育俱乐部的建设，鼓励和扶持大型企业、企业集团在足球、篮球、乒乓球等项目上，投资组建职业体育俱乐部，签约知名运动员和教练员，培养高水平职业运动员，参加全国有关职业联赛，力争在联赛中取得好成绩，不断提高体育的职业化水平，带动体育广告、赞助、播映权转让、体育专用标志经营开发等相关产业的发展。

(4)扶持壮大航空体育产业。充分利用太原航校迁建的机遇，加快太原、大同、长治3个航空运动基地建设，继续做好飞播造林、飞防灭虫、航拍航测、空中缉毒、人工增雨等通航服务，积极拓展航空培训特别是飞行员资质培训，开发空中旅游等。利用航空资源，做好航空物流业工作，提高航空体育影响力，壮大航空体育产业。

(5)积极拓展体育彩票市场。认真贯彻落实《彩票管理条例》，发挥国家公益彩票作用，拓展体育彩票发展空间。一是继续发挥体育彩票在解决就业、扼制私彩方面的作用，发挥体育彩票在拉动通讯、金融、广告、软件开发、印刷等行业发展的作用，为经济社会发展大局服务。二是进一步规范销售管理，严格操作程序，提高销售人员队伍素质。三是不断创新，拓展经营市场，扩大销售网点规模。

积极推进体育产业与旅游产业、文化产业的融合。(1)推进体育产业与旅游产业的融合。充分利用山西省旅游资源丰富优势，开发体育旅游产业。因地制宜打造体育旅游景区，根据晋北冬季气候寒冷、时间长的特点，发展以滑雪等冬季体育项目为主题的冬季旅游休闲基地。以太行山脉峡谷幽深的特点，打造以登山、攀岩为主题的体育旅游景点。建设具有地域特色的户外体育运动设施。大力开展武术、摔跤、太极拳等地方传统体育赛事。要有意识、有计划地将一些知名赛事放在旅游景区举办。努力开发精品体育旅游景点和体育旅游线路，以体育促旅游，以旅游促体育，推进体育产业和旅游市场的融合。

(2)推进体育产业与文化产业的融合。山西省地处黄河流域，是武术、形意拳、中国跤的发源地之一，流派众多，群众文化基础雄厚，要加强全民健身文化的地方化、乡土化建设，加快在音乐、服装等方面创新步伐，体现山西的文化元素。建设山西体育博物馆，加强体育有形和无形资产的开发。山西省是围棋的发源地，要积极申报非物质文化遗产，利用“申遗”工作大力促进围棋在山西省形成产业业态。要充分依托山西省国家动漫游戏产业基地的优势，开展电子竞技比赛，大力开发以体育为内容的动漫游戏产业。大力发展体育传媒，出版体育报刊、创办体育频道、发展体育网络等。要充分发挥山西省影视艺术创作的优势，拍摄和制作以体育为主题的影视剧、动漫作品等。

【加快发展体育产业的政策措施】

加强财政和金融政策支持力度。 各地人民政府应把体育产业作为财政资金扶持的重点领域，对于体育产业的重大项目财政要予以资金和政策支持，省产业发展资金中用于体育产业的项目，要重点用于支持企业特别是中小企业转型发展，投资体育产业。有条件的市、县（市、区）可先设立体育产业发展引导资金，加快区域体育产业发展。在省级体育彩票公益金中提取一定比例设立体育产业扶持资金，充分发挥财政资金的引导和带动作用。加强对政府资金投入产出效益的评估、监测和考核。

鼓励和引导金融机构对体育产业给予信贷支持，积极推进银行和体育企业的合作，贷款政策和利率在国家允许的范围内给予优惠，探索开发适应体育产业发展需求的金融产品，对于重点发展的体育产业可实行贷款贴息，拓宽市场融资、筹资的渠道。

拓宽资金来源渠道。 鼓励民间资本和其他各类资本投资体育产业领域，建设各类体育场馆设施和健身设施，投资体育用品生产、开展体育健身、组织竞赛表演、体育商贸等经营性活动，坚持“谁投资、谁受益”的原则，在融资服务、财税政策、土地使用、对外贸易和经济技术合作等方面享受国有资本投资同等待遇。鼓励中小体育企业发展，降低准入门槛，在工商登记等方面简化办事程序。

完善税费优惠政策。 从事经营体育产业的企业，在税收上享受有关优惠政策。体育企业发生的符合条件的广告费和业务宣传费支出，可按照税法规定享受企业所得税税前扣除政策。对国家正式公布的体育经营项目按照“文化体育业”适用3%的税率缴纳营业税。对财政部门拨付事业经费的体育场馆、体育学校等单位自用的业务用房和业务用地，免征房产税和城镇土地使用税。体育企业经营确实有困难的，除税法规定减免外，可按减免税有关规定向主管地税机关提出减免申请，逐级上报省地税局减免经营用地和房产的城镇土地使用税、房产税。鼓励社会捐赠体育事业，企业通过公益性社会团体或者县级以上人民政府及其部门、个人通过公益性社会团体或者国家机关，向体育赛事活动、优秀运动队、公益性体育设施等用于公益事业的捐赠支出，可按照税法规定在计算应纳税所得额时扣除。对公共体育学校用水、用电、用气价格按照居民使用标准收取。对排放污染物达到国家标准或地方标准并进入城市污水处理管网的体育企业，缴纳污水处理费后免征排污费。

（李仁贵）

【深化公共服务，全民健身事业展现新活力】 *群众体育活动精彩纷呈。* 2011年，全省各地群众体育活动高潮迭起，省、市两级全年健身活动超过300项次，全民健身理念日益深入人心。“全民健身日”开展的全国棋牌项目万人同赛、全省职工广播体操共同行动、全民健身健康走、社会体育指导员徒步健身行等一系列全民健身活动，直接参与人数近两万人。元旦、春节全民健身系列活动、省农运会、“体育三下乡”、山西跤王争霸赛、中国·晋城棋子山国际围棋文化节、永济五老峰登山节等群众喜闻乐见的群体活动，群众参与热情高涨，为促进社会和谐发挥了积极作用。联合有关部门积极组队参加全国残疾人运动会、少数民族运动会、智力运动会等全国群众体育赛事，以良好的精神风貌和优异的运动成绩宣传和展示了山西省全民健身事业的新成果。

群众体育组织日益完善。 加快建立和完善市、县两级体育总会，鼓励、扶持、指导社会各界兴办体育俱乐部，按照“就近、方便”的原则进一步加大社区、农村全民健身指导站（点）建设力度。成立山西省社会体育指导员协会，推进组建全省各级社会体育指导员协会和志愿者组织，申报山西大学为“国家社会体育指导员培训基地”。全年共培训各级社会体育指导员1.3万余人，全省体育指导员总数近4万人，其中，网上登记注册的超过3万人，有效发挥了体育指导员在群众体育活动中的骨干作用。

健身场地建设成效显著。 2011年，新建成农村体育健身场地4239个，全省行政村累计建成场地2.7万余个，覆盖率96%，为确保2012年实现全省农村体育健身场地“全覆盖”打下坚实基础。积极争取国家体育总局援建资金，引导援建清徐县、沁源县2个全民健身中心及五台县、平陆县、黎城县3个“雪炭工程”（“雪炭工程”是国家体育总局为满足“老、少、边、穷”地区日益增长的体育健身需求，利用彩票公益金在全国范围内援建综合性公共体育设施的活动）。

《全民健身条例》深入贯彻。 2011年，山西省颁发《山西省全民健身实施计划（2011～2015年）》，全省

2011年山西省运动员参加全国协作区青少年比赛冠军名录

比赛名称	姓名	项目
全国BMX自行车锦标赛暨青年锦标赛	赵贵彪	团体赛
全国BMX自行车锦标赛暨青年锦标赛	范学彦	团体赛
全国BMX自行车锦标赛暨青年锦标赛	杨伟青	团体赛
第26届世界大学生运动会射箭比赛	常 亮	团体奥林匹克轮淘汰赛
第26届世界大学生夏季运动会	王智伟	男子50米手枪团体
全国空手道锦标赛	梁 婧	青年个人组手+59千克
全国空手道锦标赛	樊宝宝	青年个人组手−44千克
全国空手道锦标赛	寇 赢	青年个人组手−61千克
全国空手道锦标赛	王然然 王晓红 殷梦韩	成年团体组手

全民健身运动蓬勃开展，取得明显成效，被国家体育总局授予2011年"全民健身工作突出成绩奖"。新建的山西体育中心被国家体育总局命名为"国家全民健身示范基地"。在总局创建"全民健身示范城市"试点工作中，长治市被确定为首批试点城市。认真组织开展第3次国民体质监测，录入全省样本4.7万个，完成监测数据公报编写工作，被国家体育总局评为优秀组织奖。积极发展青少年体育，新创建国家级体育传统项目学校2所、青少年俱乐部13所，省级体育传统项目学校50所、体育传统项目学校师资培训基地4所。大力开展青少年阳光体育活动，启动校园足球项目。

国家级全民健身示范基地和训练基地落户山西。2011年9月4日，国家全民健身示范基地揭牌和国家训练基地授牌仪式在山西体育中心举行。国家体育总局自行车击剑运动管理中心、游泳运动管理中心、武术运动管理中心、举重摔跤柔道运动管理中心、体操运动管理中心授予山西体育中心国家自行车训练基地、国家游泳队训练基地、中国武术基地、国家举重队训练基地、国家蹦床集训队基地牌匾。

【强化奥运备战，运动技术水平有新提高】 奥运备战工作扎实推进。2011年，以备战2012年伦敦奥运会为重点，全面启动新一轮备战工作。研究制定山西省备战工作方案并全力组织实施，共有举重、摔跤、蹦床、射箭、射击、游泳、田径、跆拳道、乒乓球等9个大项、18个小项的24名运动员入选备战奥运会国家集训队。同时，积极着手第十二届全运会备战工作，部分潜优势项目取得明显进步。采取引进、联办等形式，组建了冬季滑冰、7人制橄榄球、马术及全运会18周岁以下篮球、排球、足球备战队伍，扩大了项目布局，增强了整体竞争实力。

运动技术水平有所提高。狠抓运动训练，全力打好年度重点赛事。在世界大赛中山西省共有武术、乒乓球、射箭、蹦床4个项目、6人次获10枚金牌。在全国锦标赛、冠军赛中共获得金牌11枚、银牌18枚、铜牌22枚。奥运重点小项在国内外一系列大赛上表现良好，为奥运参赛奠定了基础。

承办高水平赛事效果显著。成功举办了山西历史上规模最大、参赛人数最多的2011年太原国际马拉松赛，整个赛事安全、顺畅、圆满、精彩，社会反响强烈，被国家体育总局评为"2011年全国马拉松优秀赛事"。在新建成的山西体育中心成功举办中巴国际足球比赛、中澳国际篮球对抗赛，受到广大球迷朋友的热烈欢迎。全国男子篮球（CBA）职业联赛太原赛区比赛精彩激烈，组织有序。

参加城运会取得较好成绩。太原、大同两市组队参加第七届全国城市运动会，共获得8枚金牌，4枚银牌，9枚铜牌，同时获得组委会颁发的体育道德风尚奖。

运动员文化教育和保障工作切实加强。2011年，起草完成山西省《关于进一步加强运动员文化教育和运动员保障工作的实施意见》，已同教育、财政、人力资源和社会保障等部门联合上报省政府，力争尽快印发实施。

【优化产业结构，体育产业和基础设施建设取得新成就】 认真贯彻国务院办公厅《关于加快发展体育产业的指导意见》。2011年，省政府办公厅印发《关于加快发展体育产业的实施意见》，进一步明确山西省体育产业发展的指导思想、奋斗目标、重点任务和保障措施，是今后一个时期山西省体育产业发展的指导性文件，为全省体育产业发展提供了有力的政策支撑。

积极筹备组建体育产业集团。认真贯彻落实国家关于加快发展体育产业的意见和省委、省政府转型跨越发展的战略部署，在深入调研和专家论证的基础上，起草了《山西省体育产业集团组建方案》，已上报省政府，力争为建设文化强省贡献新的力量。

体育彩票销售工作成绩喜人。2011年共实现销售额9.63亿元。太原市销量突破3亿元，临汾市、运城市销量超过1亿元。与省邮政公司签署战略合作协议，进一步拓宽了销售渠道。

航空体育服务业扎实推进。充分发挥山西省3所航空运动学校的资源优势，大力发展通用航空事业，在抓好航空体育项目的同时，积极开展飞播造林、防火灭虫、人工增雨等通航服务，创造了良好的经济和社会效益。太原航空运动学校3817机组被授予"全国工人先锋号"称号。

体育设施建设进展顺利。与相关部门密切配合，积极推进新建山西体育中心、迁建太原航校、改建省全民健身中心三大工程。山西体育中心各项工程已近尾声，主体育馆、主体育场完成工程移交，并已成功举办了中博会文艺演出及多项大型体育赛事，被国家体育总局命名为5个项目的国家训练基地。太原航校迁建工作取得新进展。省全民健身中心改建工作积极推进，体育场内场实现免费向公众开放，全省最大的羽毛球馆投入使用，方便群众健身活动。

【体育比赛组织工作水平提高】 山西省大中学生田径运动会。2011年4月29日～5月3日，2011年山西省第十八届大中学生田径运动会在太原举行。全省11个市中学生代表团和18所本科院校、34所高职高专、6所独立学院的大学生代表团共1200名运动员参赛。太原市、运城市、晋中市分获中学组团体总分前三名，山西大学、中北大学、山西师范大学夺得体育院系组团体总分前三名，太原大学外语师范学院、山西职业技术学院、晋城职业技术学院获得专科组团体总分前三名，太原理工大学、太原科技大学、山西农业大学包揽了本科组团体前三名，独立学院组前三名则被山西师范大学现代文理学院、太原理工大学现代科技学院、山西大学商务学院夺得。

2011年太原国际马拉松赛。2011年9月4日，太原国际马拉松赛在滨河体育中心鸣枪开跑。本次马拉松赛设男女全程、半程以及迷你马拉松5个项目。报名参赛的国内运动员1.4万余名，外籍运动员44人分别来自肯尼亚、埃塞俄比亚、俄罗斯等13个国家和地区。肯尼亚、埃塞俄比亚选手包揽男子全程马拉松前八名。女子全程马拉松前三名分别被埃塞俄比亚、肯尼亚选手获得。

山西省第七届农民运动会。2011年9月22日，山西省“仙堂山杯”第七届农民运动会在襄垣县开幕。本届运动会设田径、篮球、中国象棋、健身秧歌、钓鱼、毽球、跳绳、武术、全健排舞、风筝等10个大项86个小项，于9月24日闭幕。全省11个市组团参赛，参赛人数1300余人，项目设置和参加人数创历史新高。

“红灯笼”主体育场首秀中巴国际足球赛。2011年10月8日，2011年“美特好杯”中巴国际足球比赛在山西体育中心“红灯笼”主体育场举行。本场比赛是“红灯笼”主体育场正式投入使用的揭幕之战，也是山西历史上举办的最高规格、最高水平的国际足球赛事。

第五届中国·忻州摔跤节开幕。2011年11月2日，“山西体彩杯”第五届中国·忻州摔跤节在忻州跤乡体育馆开幕。本届摔跤节重点推出五大摔跤赛事、十项专题活动，内容包括开幕式文艺晚会、“神州行我看行”中部六省跤王争霸赛、全国传统摔跤挠羊赛、山西省第四届跤王争霸赛、山西—内蒙古摔跤挠羊对抗赛、山西小跤王联赛、忻州旅游促销系列活动、摔跤文化高层论坛、历届摔跤节图片展等。

全国武术套路精英赛。2011年12月21～22日，全国武术套路精英赛在晋中市体育馆举行。分别有50余名运动员获得8个项目的前三名。

【山西体育中心建成】 山西省体育中心位于太原市长风文化商务区南侧，总占地面积82.5公顷，总投资16亿元，包括“一场四馆”，即体育场、体育馆、游泳跳水馆、自行车馆、综合训练馆，于2009年开工建设，2011年9月部分场馆投入使用。山西体育中心“红灯笼”主体育场形象取大鼓之形、灯笼之构、剪纸之饰为创意元素，外形如大鼓，浑圆敦厚。其建筑面积9.1万平方米，总体轮廓为圆形，地上共五层。游泳跳水馆、主体育馆、自行车馆3馆和综合训练馆有机结合起来，形似一条腾飞的巨龙。体育馆建筑面积2.7万平方米，比赛场地满足国际单项体操、手球、篮球、排球、乒乓球、羽毛球等项目的比赛要求，设观众席8000个。游泳跳水馆建筑面积2.9万平方米，设观众席300个。自行车馆建筑面积1.7万平方米，设观众席1500个。综合训练馆建筑面积1.7万平方米，可以满足乒乓球、网球、羽毛球的训练需要。

【2011年山西体育十大新闻】 1. 山西体育中心亮相省城。山西体育中心成为国家全民健身示范基地和国家训练基地，并成功举办中博会开幕式文艺演出、“美特好杯”中巴足球赛和中澳篮球赛等一系列文体活动，入选“省城十大地标建筑”。主体育场面向社会征集昵称，“红灯笼”获选。

2. 山西竞技体育成绩喜人。全年获得10个世界冠军、11个全国冠军，其中，男子蹦床独揽5枚世界金牌。全省奥运备战工作扎实推进，2011年，共有9个大项、18个小项共计24名运动员入选备战奥运会国家集训队。

3. 圆满完成农村体育场地“全覆盖”年度目标任务。山西农民体育健身工程成效显著，2011年全省建成农村体育场地4239个，完成省政府下达年度任务的104%，全省行政村累计建成场地2.7万个，覆盖率达96%。

4. 奥运摔跤资格赛落户山西。经过申办和审批之后，2012年伦敦奥运会摔跤资格赛，于2012年4月27～29日，在山西体育中心体育馆举行。此次比赛在60余个国家800余名选手中产生50个奥运会参赛资格。

5. 太原国际马拉松赛参赛人数创新高。2011年“山西体彩杯”太原国际马拉松赛成功举办，共有来自13个国家和地区的1.4万余名运动员参加，参赛人数超越上一届，被国家体育总局和中国田径协会评为“2011年全国马拉松优秀赛事”。

6. 全民健身实施计划颁布。省政府批准《山西省全民健身实施计划(2011～2015年)》，其中提出了一系列构建公共体育服务体系的新举措，对体育场地设施建设、群众体育组织建设、开展群众体育活动等各个环节都提出了明确要求，将有力推动全省公共体育服务体系建设。

7. 体彩销量创历史新高，体彩大奖连破纪录。2011年，山西体育彩票销量9.63亿元，创造了年度销售最高纪录。当年，山西省中出500万元以上大奖8注，其中，包括1000万元巨奖一注，即开型彩票“顶呱刮”也中出一注150万元大奖，大奖数量之多、奖金数额之高均为历年之最。

8. 山西省人民政府《关于加快发展体育产业的实施意见》于2011年8月11日出台。《实施意见》明确了山西省未来10年体育产业发展的指导思想、奋斗目标、重点任务以及采取的保障措施，对开创山西省体育产业工作新局面，推进山西省转型跨越发展和建设健康山西将起到积极作用。

9. 山西中宇男篮获千万赞助。山西中宇职业篮球俱乐部男子篮球队在未来3年内，将获得山西汾酒集团每年1000万元的冠名费用，这是山西历史上运动队获得的单笔最高赞助。

10. 大运会山西双丰收。第26届世界大学生运动会上，山西6名运动员参加5个项目的角逐，王智伟和常亮获得冠军。科研人员张根生、王霆分别撰写的两篇论文被本届大运会学术大会录取，这是本省体育科技论文首次入选世界大运会学术大会。

（李俊温）

山西经济年鉴

YEARBOOK OF SHANXI ECONOMY

人民生活

RENMIN SHENGHUO

人民生活

综　述

【城乡居民收入水平快速增长】 2011年，全省人均地区生产总值31357元，比2010年增长10.4%。

工资性收入依然是城镇居民收入的主体。2011年，山西省城镇居民人均可支配收入18124元，比2010年增长15.8%。城镇居民收入增长的特点是：①工资性收入快速增长是居民收入增长的主要因素。②转移性收入稳定增加有力拉动了居民收入增长。③财产性收入是居民家庭收入的补充。④经营净收入有所下降。

2011年，山西省城镇居民人均工资性收入13146.5元，比2010年增长21.9%，拉动可支配收入增长15.1个百分点，成为城镇居民收入较快增长的主要动因。其中，人均工资及补贴收入12692.4元，人均其他劳动收入454元，分别增长21.4%和39.4%。

农村居民工资性收入和转移性收入保持较快增长。2011年，山西农民人均纯收入5601.4元，比2010年增长18.3%。比2010年增速加快6.7个百分点。收入结构呈现新的特点：①工资性收入大幅增长，增速明显加快。2011年，农民工资性收入增加576元，增长27.3%，增幅比2010年提高8.7个百分点；工资性收入占总收入比重也在增加，提高3.4个百分点。在农民人均纯收入中，工资性收入的增长对全年农民增收的贡献率达到66.6%，成为农民快速增收的有力保障。②家庭经营纯收入稳定增加。2011年，全省农民家庭经营性收入2141元，增长5.5%，占农民人均纯收入的38.2%，仍为农民收入的重要来源。③转移性收入迅猛增长。随着山西省为每户农民家庭供应一吨冬季取暖用煤等强农惠农政策的出台，各种政策性补贴力度的加大，全省农民转移性收入大幅度增长。2011年，全省农民转移性收入人均605.3元，比2010年增长57.2%。转移性收入对农民收入增长的贡献率25.5%，拉动农民人均纯收入上涨4.7个百分点。

农民收入增长的主要原因是农产品价格和农民工工资上涨，特别是惠农政策的落实和一系列惠农工程的实施，对农民收入增长均有不同程度的助推作用：①惠农政策的实施，在落实国家各类补贴政策的基础上，又出台一系列新的惠农政策，促进了农民收入较快增长。②粮食产量的增加和主要农产品价格的上涨，拉动了农民现金收入的增长。③非农就业形势持续向好，工资水平提高，促进了农民收入的增加。

城乡居民收入差距缩小。以农

村村通广播工程

民收入为1,2011年城乡居民收入之比为3.2∶1,与2010年相比有所缩小。

【城乡消费水平进一步提高】 2011年,全省社会消费品零售总额3903.4亿元,比2010年增长17.6%。2011年,全省居民消费水平(人均)9746元,按可比价格计算,增长9.6%。

城乡消费市场稳步发展。从城乡市场发展看,两大市场稳定增长,城镇消费仍为市场主导力量。2011年,全省城镇市场社会消费品零售总额3188.5亿元,比2010年增长19%,占全省社会消费品零售总额的81.7%。乡村市场社会消费品零售总额714.9亿元,增长12%,占全省消费品市场零售额的18.3%。城镇市场增速快于乡村市场7个百分点。

2011年,城镇居民消费支出与居民收入保持同步增长。全年城镇居民人均消费性支出11354.3元,比2010年增长15.9%。消费支出增幅前4位的分别为:家庭设备用品及服务35.9%,其他商品与服务25.5%,衣着21.2%,食品16.6%。消费支出增长的主要原因:一是家电、汽车以及以旧换新政策实施后,家电、汽车成为居民的消费热点和重点,家庭设备用品及服务类消费增长最快。二是受通货膨胀的影响,居民消费更强调“保值”的理念,金银珠宝等保值性商品受青睐,其他商品及服务类消费增势强劲。三是价格因素推动居民在食品、衣着等基本生活消费方面支出增加。

2011年消费的特点是:①城乡消费品市场差距仍然较大。②零售业是拉动零售额增长的主要动力。③基本生活类商品继续保持较快增长。④发展型、享受型商品成为消费亮点。⑤居民收入增长支撑国内消费增加。⑥通胀预期刺激居民对保值性商品消费需求。

农民生活消费支出稳步增长。2011年,全省农民人均消费总支出6936.1元,比2010年增长24.6%。其中,生产费用支出1522.3元,增长3.2%;生活费用支出4587元,增长25.2%。生活费用支出增幅大大高于生产费用支出,且生活费用支出中食品、衣着和居住三项为主要消费对象。①食品消费支出稳步增长。2011年,山西省农村居民人均食品消费支出1730元,比2010年增长26%。恩格尔系数为37.7%,上升0.3个百分点。主要是因为随着收入水平的提高,农民对食品消费量和质量均有提升,另一方面食品价格的上涨也拉高了农民食品支出的增加。②衣着类支出快速增加。2011年,农民衣着消费支出为人均402元,增长27.3%,增幅提高15.8个百分点。农民人均衣着类消费支出的快速增长,一方面是因为农民消费行为在不断高档化和精品化,另一方面是随着互联网电子商务的飞速发展,网购促进了衣着类消费量的增长。③居住消费支出呈现跳跃式增长。2011年,农民居住消费继续呈现不断升温的趋势。随着农民收入的增加,装修和购买新房屋户数不断增多,加上用工、修建成本的上升,居住支出呈现跳跃式增长。2011年,人均居住消费支出825元,比2010年增长34.2%,增幅提高29个百分点。

(刘海滨　韩　亮)

城镇居民生活

【经济、政策双轮驱动,城镇居民收入较快增长】 经济的发展和政策的支撑,为居民收入较快增长提供了坚实的基础和强大的助力。2011年,全省城镇居民人均可支配收入18123.9元,比2010年增长15.8%;扣除价格上涨因素的影响,实际增长10.2%。分季度观察,一季度增长12.8%,二季度为16.6%,三季度为17.4%,四季度为17.3%,全年收入增长呈逐季加快走势。

工资性收入快速增长是居民增收的主要动力。2011年,山西省城镇居民人均工资性收入13146.5元,比2010年增长21.9%,拉动可支配收入增长15.1个百分点,成为城镇居民收入较快增长的主要动因。其中,人均工资及补贴收入12692.4元,人均其他劳动收入454元,分别增长21.4%和39.4%。

事业单位工资改革对居民增收形成强有力支撑。2011年9月,山西省政府办公厅转发了省人力资源和社会保障厅、省财政厅《关于山西省事业单位实施绩效工资的指导意见》(晋政办发〔2011〕74号),决定为列入事业单位收入分配改革实施范围的省属事业单位正式工作人员发放绩效工资,并从2010年1月1日起执行。该文件下发后,太原、晋中、运城等多数市县已陆续落实,强力拉动了城镇居民收入的增长。

煤矿企业职工收入对整体收入的拉动作用显著。煤矿企业整合重组后,生产能力稳步提升,经济效益明显好转,奖金发放标准提高,特别是阳煤、同煤、中煤平朔等企业发放效益奖、安全奖,带动了当地居民收入快速增加。由于阳煤、同煤集团发放效益奖和安全奖,使2011年全市人均收入依次增加1724.3元和1418.6元,拉动可支配收入分别提高10.1个和8.8个百分点。

转移性收入稳定增加有力拉升了收入水平。在调高企业退休人员基本养老金、调整个税起征点、给2000年后取得房屋所有权证且未提取过公积金的缴存职工办理公积金提取业务等一系列政策的综合作用下,2011年,山西省城镇居民人均转移性收入5370.3元,比2010年增长10.4%,拉动可支配收入增长3.2个百分点。与此同时,捐赠赡养收入的影响作用呈明显增大趋势。2011年,山西省城镇居民人均捐赠和赡养收入853.6元,增长24.5%。

财产性收入是居民家庭收入的补充。伴随经济的不断发展,城镇居民投资理财意识的逐步增强,居民家庭通过多种投资方式创造出新的财富,使财产性收入得到较快增加。2011年,山西省城镇居民人均财产性收入274.1元,比2010年增长38%。

经营净收入出现明显下滑。2011年,在房租、雇员成本等明显上升和经营人数减少的双重作用下,城镇居民人均家庭经营净收入875.2元,比2010年下降16.2%,影响人均可支配收入下降1.1个百分点。

2/3的中心城市人均收入超过全省平均水平。在山西省调查的11

个中心城市中，有8个市的城镇居民家庭人均可支配收入高于全省平均水平。其中，太原20149元、大同18915元、阳泉20253元、长治20131元、晋城20127元、朔州20286元、晋中20195元，临汾18924元。从人均可支配收入增速看，最快的阳泉为18.6%，最慢的吕梁为14.1%，二者相差4.5个百分点。

高、低收入户收入差距有所扩大。近年来，尽管山西省为确保低收入群体的基本生活，多次提高了最低生活保障标准，低收入户家庭收入增速明显加快，但受家庭人口、就业结构、收入水平等因素的制约，城镇居民家庭高、低收入差距仍呈扩大之势。2011年，山西省城镇居民家庭中20%的高收入户人均可支配收入37357.9元，比20%的低收入户（人均7551.2元）高29806.8元；高、低收入之比由2010年的4.5∶1扩大到4.9∶1。

增速快于全国，收入水平居第21位。2011年，全国城镇居民人均可支配收入21810元，比2010年增长14.1%；山西省为18124元，增长15.8%，增速快于全国1.7个百分点。在全国31个省、市、区中，山西省排第21位，较2010年后移1位。在中部六省中，仅高于江西（17495元），居第5位。

【各类消费支出全面增长】 2011年，全省城镇居民家庭人均消费性支出11354.3元，比2010年增长15.9%，扣除价格上涨因素的影响，实际增长10.3%。

食品消费质量提高，在外用餐支出大幅增加。2011年，山西城镇居民人均食品类支出3558元，比2010年增长16.6%，拉动消费性支出增长5.2个百分点。其中，粮油、肉禽蛋水产品、蔬菜类、干鲜瓜果，糕点、奶及奶制品支出，分别增长11.1%、17.5%、1.2%、22.2%和23.6%。与此同时，随着生活节奏的加快，在家做饭的传统生活习惯正在悄然发生改变，2011年，城镇居民人均在外饮食支出678.7元，增长28%，占食品支出的19.1%，比2010年上升1.7个百分点。

衣着支出增长明显，消费档次进一步提高。2011年，山西省城镇居民人均衣着支出1461.9元，比2010年增长21.2%，拉动消费性支出增长2.6个百分点。其中，人均购买服装支出1094.6元，增长23%。

健康意识日益增强，医疗保健支出持续攀升。生活质量的提高使城镇居民自我保健意识日渐增强，健身运动蔚然成风，不少市民由被动就医转向积极预防，城镇居民医疗保健支出持续增加。2011年，全省城镇居民人均医疗保健支出851.3元，比2010年增长9.9%，拉动消费性支出增长0.8个百分点。

教育消费不断升温，托幼、家教费支出尤为突出。一方面，家长对子女的教育已远远不再满足于在学校学到的知识，舍得花钱让子女参加各类校外教育培训；另一方面，就业压力的加大，使成人教育越来越重要，学历教育、技能培训等方兴未艾。2011年，山西城镇居民人均文教娱乐服务支出1419.4元，比2010年增长15.4%，拉动消费性支出增长1.9个百分点。其中，居民人均托幼费、家教费和成人教育支出分别增长95.7%、75.3%和66.9%。

精神文化需求趋强，外出旅游支出明显增多。收入的提高、法定节假日的增多及带薪休假制度的推行，使得休闲旅游成为人们享受生活的重要途径之一。2011年，山西省城镇居民人均团体旅游支出202.9元，比2010年增长20.3%。

【城镇居民消费结构进一步优化】 2011年，山西省城镇居民家庭除了吃、穿、住等基本生活必需品消费外，把更多的钱投向家庭设备用品及服务、交通通讯等服务享受型消费，具体表现为：生存型消费（食品、衣着消费）比重下降，享受型消费（设备用品、交通通讯、居住消费）比重上升。生存型消费占消费支出的比重由2006年的45.6%下降到2011年的44.2%，减少1.4个百分点；享受型消费比重则从29.3%上升到32.1%，增加2.8个百分点。这表明城镇家庭居民消费正向享受型方向发展。

家用设备向便捷优质发展，耐用消费品层次提高。“节能家电补贴”、“以旧换新”一系列政府扩大内需政策的实施，有力促进了消费品市场的进一步升温，居民家庭设备用品及服务支出呈高位增长，居民家庭耐用消费品消费层次明显提高。纵向比较，不仅拥有量、拥有结构变化明显，而且高档化、高科技化的需求更加凸显，大屏幕液晶彩电，大容量多开门及环保冰箱，多功能高科技数码相机不断涌入居民家庭，不断更新提升居民家庭耐用消费的档次。2011年，山西省城镇居民家庭人均家庭设备用品及服务支出832.7元，比2010年增长35.9%，增幅列八大类之首。其中，家具支出增长1.5倍。

现代通讯快速发展，私家车拥有量猛增。2011年，全省城镇居民人均交通和通信支出1487.7元，比2010年增长10.9%，拉动消费性支出增长1.5个百分点。随着经济的快速增长，城市规模的不断扩大及国家有关部门采取的一系列促进汽车消费政策，有效刺激机动车消费市场，城镇居民私家车拥有量猛增。截至2011年年末，平均每百户汽车拥有量18.6辆，比2010年末增加7.1辆，增长61.3%。与此同时，居民在家用汽车方面的支出快速上升。2011年，居民人均购买车辆燃料支出增长84.7%，车辆使用税费增长88.6%。此外，网络信息技术的广泛使用以及旺盛的需求带动了通信服务消费的快速增长，成为近年来城镇居民消费的新亮点。截至2011年年末，山西城镇居民每百户家庭家用电脑、移动电话拥有量分别达到69.5台和178.1部，比2010年分别增长28.4%和21.5%；而接入互联网的计算机和移动电话每百户拥有量已达到58.4台和53.2部，通信服务消费仍“大有可为”。

居民更加注重个性化消费，其他商品和服务大幅增长。2011年，全省城镇居民人均其他商品和服务支出415.4元，比2010年增长25.5%。其中，购买金银珠宝饰品增长1.2倍，美容费增长70%，化妆品增长19.7%。

服务性消费支出加大成为居民家庭消费趋势。随着经济社会的快速发展和居民收入水平的不断提高，居民在消费观念和消费需求方面发生较大变化，由重视物质消费向注重精神消费、服务消费转变，蒸汽浴、桑拿浴、足浴理疗、游泳打球、去娱乐场所放松身心等逐渐成为人们新的消费趋势。

【当前生活中存在的主要问题】 城镇居民收入渠道相对狭窄。2011年，山西城镇居民人均工资性收入占家庭总收入的比重为66.8%，比2010年扩大了3个百分点。因央行连续加息和国家调控房价，居民持币观望心理突出，在一定程度上催熟了房屋租赁市场，出租房屋收入增加等使财产性收入所占比重扩大0.2个百分点，占总收入的1.4%。但经营净收入及财产性收入之和仅占家庭总收入的5.9%。城镇居民过分依赖工薪收入的状况有待进一步优化。

物价涨幅较大导致居民消费虚高。2011年，物价水平一直在高位运行，尤其是与居民生活相关的食品、肉禽蛋水产品类价格上涨较大。2011年，居民消费价格结构性上涨，主要表现在全省食品价格大幅上涨，涨幅高达12%，拉动全省居民消费价格上涨3.5个百分点，成为拉动全省居民消费价格上涨的最重要因素。受物价上涨影响，食品、衣着等支出比重上升，对实际扩大消费产生了明显的抑制作用。2011年，全省城镇10%低收入户人均食品类支出1892.7元，增长14.6%；由于价格上涨，城镇低收入户人均比2010年多支出202.8元，生活负担明显增大。

社会保障不健全抑制了居民即期消费。20世纪90年代中期以后，我国对住房、医疗、教育和养老等多项福利保障制度进行了改革，居民未来预期支出骤然增加，加之目前教育体制、医疗体制、养老保障体制等还不够健全，使得居民不敢放手花钱，消费预期下降，储蓄意愿持续增强，直接影响到居民的即期消费。

人情消费水涨船高挤压了居民消费。近年来，以婚丧嫁娶、升学参军、升迁乔迁和添丁庆寿等事由操办的庆典宴席成为普遍存在的社会现象，随之而来的是城镇居民家庭的“人情”礼金的名目越来越多，攀比之风愈演愈烈，隐形负担日益加重。2011年，山西省城镇居民人均捐赠支出2069.8元，比2010年增长36.6%，高于消费支出增幅20.7个百分点。这意味着以“人情”为主的捐赠支出，挤压了城镇居民的消费空间。

（侯宗良）

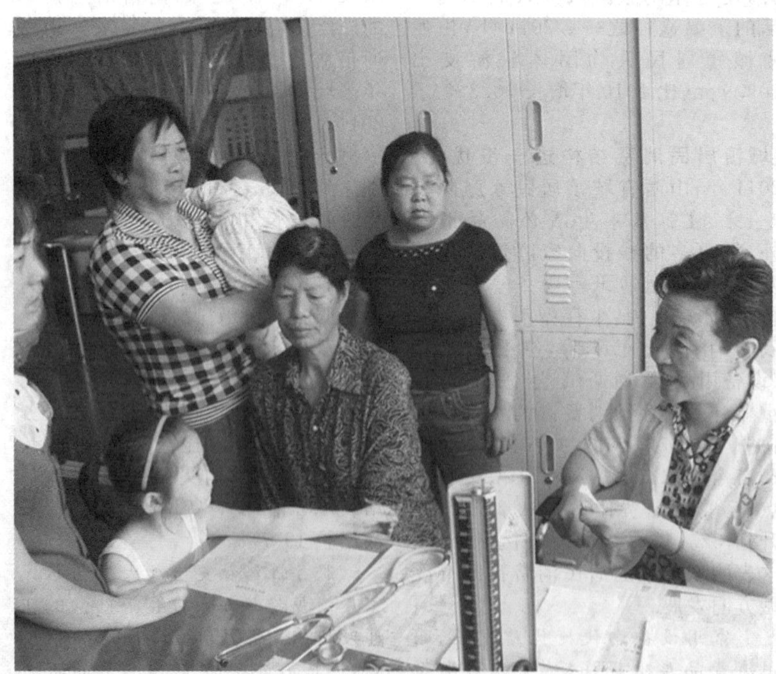

乡村卫生所服务热情

农民生活

【农村居民生活质量明显提高】 农民收入快速增长。2011年，山西农村居民人均纯收入5601.4元，比2010年增长18.3%，剔除物价因素影响，实际增长12.2%，是自1997年以来增速最快的一年。

农民生活消费商品化程度进一步提高。2011年，山西农村居民生活消费现金支出占生活消费总支出的比重由2010年的92.7%提高到95%，商品化程度提高2.3个百分点。农村居民恩格尔系数与2010年基本持平，说明农民在购买各类服务及非食品类商品方面的能力不断增强，在消费质量显著改善的同时，农民消费的商品化程度逐年提高。

农村生活环境明显改善。随着新农村建设的稳步推进，特别是新的农村“五个全覆盖”政策的实施，各级政府不断加大对农村基础设施建设的投入，农民生活也更加方便。不仅越来越多的农民用上了安全洁净的自来水和深井水，而且越来越多的公路、电网等基础设施向农村延伸，发展经济和环境保护有力地结合起来，农民的生活质量随之提高。2011年，山西农村居民饮用自来水和深井水的户数占总户数的83.9%，比2010年提高1.3个百分点；使用水冲式厕所的户数占总户数的3%，提高0.8个百分点；使用清洁能源的户数占总户数的24.2%，提高11.7个百分点；住宅周围水泥或柏油路面的户数占总户数的73.2%，提高11个百分点。

【农村居民收入变化的主要特点】 工资性收入大幅增长。2011年，全省农村居民人均工资性收入2684.9元，比2010年增长27.3%，增速比2010年快8.7个百分点。其中，农民在本乡域内劳动得到的收入为人均1765.5元，增长34.2%；农民外出从业得到的收入为人均711.5元，增长28.9%。工资性收入对农民收入增长的贡献率为66.6%，工资性收入的上涨拉动农民人均纯收入上涨12.2个百分点。

家庭经营纯收入平稳增长。2011年，全省农村居民人均家庭经营收入2140.8元，比2010年增长5.5%。其中，来自第一产业的收入1660.4元，增长8.6%；来自非农产业的收入480.4元，下降3.7%。家庭经营纯收入对农民收入增长的贡献率为13%，家庭经营纯收入的增加拉动农民人均纯收入上涨2.4个百分点。

转移性收入迅猛增长。2011年，山西省加大了对农民的转移支付力度，特别是首次为每户农民家庭供应一吨冬季取暖用煤，加之，新出台了10项强农惠农政策、继续提高粮食直补和农资综合补贴、扩大新农保覆盖面等各种政策性补贴力度的加大，使全省农民转移性收入大幅度增长。2011年，全省农村居民转移性收入人均605.3元，比2010年增长57.2%。转移性收入对农民收入增长的贡献率25.5%，拉动农民人均纯收入上涨4.7个百分点。

财产性收入减少。2011年，全省农村居民人均财产性收入170.4元，比2010年下降20.4%，主要是股息、红利和租金收入减少所致。财产性收入的减少影响农民人均纯收入下降0.9个百分点。

农家书屋里踊跃读书的村民

【农村居民收入增长的主要原因】 惠农政策的实施，支持“三农”力度的加大，是农村居民现金收入快速增长的动力所在。2011年，山西省委、省政府认真贯彻党中央“一号文件”精神，加大强农惠农工作力度，倾力支持“三农”发展，在落实国家各类补贴政策的基础上，又出台了一系列新的惠农政策。①为全省低收入农户每户供应1吨冬季取暖用煤，农民人均可增加收入135元。②2011年全省新实施10项强农惠农政策，直接涉及农户收入的部分，人均可增加农民收入30多元。③粮食直补、生产资料综合直补标准提高、新实施玉米丰产方地膜覆盖项目农资综合补贴、增加棉花良种补贴，以及农村基础养老金覆盖的扩大可使全省农民人均增收20元等。这一系列惠农政策的实施为促进农民收入持续稳定增长创造了良好的环境。因政策性受惠，全省农民人均比2010年增加收入190余元。

非农就业形势持续向好和工资水平的提高，对增加农村居民收入贡献最大。2011年，全省农民工资性收入呈现出逐季加速增长的势头，一季度增长19.7%，上半年增长27.4%，前三季度增长30.9%，全年增长27.3%。在前两年实施村通水泥(油)路、中小学校舍安全改造、村级卫生室、村通广播电视、农村安全饮水“五个全覆盖”工程的基础上，2011年又启动了农村街巷硬化、农村便民连锁商店、农村文化体育场所、中等职业教育免费、新型农村社会养老保险等新的“五个全覆盖”，加之固定资产投资的持续快速增长，基本建设项目的拉动，为农民非农务工提供了大量的就业机会。截至2011年底，全省调查的2100户农民家庭中，非农务工人数占劳动力总数的37.1%，比2010年提高2.6个百分点。在务工环境改善的同时，工资水平也明显提高，劳动力日工资标准由原来的60～70元上升到80～90元。2011年，农民人均外出从业得到的收入比2010年增长30%以上。

农业生产取得丰收，拉动农村居民收入增长。2011年，尽管由于农业生产资料支出的增长和马铃薯及大白菜、萝卜为主的蔬菜价格走低影响了农业收入的增加，但全年农民农业收入仍实现了近7%的增长。畜牧业生产受价格的影响，收入增长21.8%。

【农村居民生活消费变化的主要特点】 2011年，山西农村居民人均生活消费总支出4586.9元，比2010年增长25.2%。

消费水平提高，消费信心增强。2011年，山西农村居民人均生活消费支出4586.9元，比2010年增加923.1元。在农村居民当年新增收入中，全部用于生活消费，直接拉动了农村居民生活消费支出的快速增长和消费水平的提高。

消费观念变化，消费质量提高。1.食品消费结构优化，外出饮食显著增长。2011年，山西省农村居民人均用于食品的消费支出1729.9元，比2010年增长26%。在食品消费中，人均用于主食消费支出的增幅明显低于副食和其他食品消费支出。从食物消费量看，粮食和蔬菜等传统食物消费量略有增加，全年人均消费粮食183.7千克，增长8.9%；蔬菜及菜制品84.9千克，增长 9.3%。水产品、禽肉和奶类等食物消费量明显增加，全年人均消费水产品 1 千克，增长 20.7%；家禽及制品 1.3 千克，增长 38.5%；奶和奶制品 7.5 千克，增长 23.7%。食品消费的另一特点是农村居民在外饮食支出增加较快，人均 265.7 元，增长 39.8%，占食品消费的比重明显上升。

2. 成人教育投资大幅增长。成人教育愈来愈受到重视。2011 年，山西农村居民家庭人均文化教育娱乐用品及服务消费支出 448.4 元，比 2010 年增长 6.7%。其中，农村居民家庭用于成人培训费人均 15.5 元，增长 59.9%；购买书、报、杂志的支出人均 26.5 元，增长 11.7%。

3. 居住条件进一步改善。2011 年，山西省农村居民人均居住消费支出 824.7 元，比 2010 年增长 34.2%。宽敞舒适的住房和良好的居住环境，是农村居民改善生活质量的重要目标。2011 年，山西农村居民新建房屋中楼房面积占到 44.2%，外部装饰和内部装修质量也明显提升。到 2011 年年末，山西农村居民人均居住面积 31.8 平方米，增加 3.1 平方米。

4. 交通通讯仍是农民消费亮点。2011 年，山西农村居民人均用于交通和通讯的支出 458.8 元，比 2010 年增长 28.2%，增速加快 18.1 个百分点。交通通讯支出较快增长的主要原因：一是移动电话迅速增加。到 2011 年年末，每百户农民家庭拥有移动电话由 2010 年的 107.7 部增加到 172.8 部，增长 60.4%。二是交通消费服务支出增加较快。2011 年，山西省农村居民用于交通消费服务的支出人均 89.5 元，增长 55.4%。到 2011 年年末，每百户农民家庭拥有电动自行车 26.3 辆，增长 94.5%；摩托车 56.2 辆，与 2010 年基本持平。2011 年，每百户农民家庭拥有生活用汽车 6 辆，增长 2.2 倍。

5. 中高档耐用家电稳步增加。2011 年，山西省农村居民人均用于购买家庭设备和用品的支出 243.8 元，比 2010 年增长 40.5%，其中，家电设备由于“家电下乡”政策的实施占了很大比重，农户日用家电的普及率明显提高。到 2011 年末，山西省农村居民平均每百户家庭拥有洗衣机 84.2 台、电冰箱 48.4 台、家用计算机 24 台、空调机 6.7 台，分别增加 3.2 台、19.2 台、15.3 台、2.1 台。

6. 衣着消费基本实现成衣化。2011 年，山西农村居民人均衣着消费支出 401.9 元，比 2010 年增长 27.2%。衣着支出增加的主要原因是购买服装类支出增加，人均购买服装类支出比 2010 年增长 28.1%。

（严林英）

县域经济发展概况

XIANYU JINGJI FAZHAN GAIKUANG

县域经济发展概况

太原市

【自然概况】 太原市是山西省的省会，位于山西省中部。东西长144千米，南北宽107千米，总面积6989平方千米，其中，城区面积1460平方千米。

太原是一座历史悠久的古城。古称晋阳，简称并(州)。自春秋晋定公十五年(公元前497年)赵简子筑晋阳城迄今已有2500多年的历史。战国时为赵国早期都城，秦汉置郡，北魏、北齐称“霸府”、“别都”。公元617年，李渊父子从晋阳起兵，推翻隋王朝，建立了唐朝的统治后，晋阳被称为“北都”，与京都长安、东都洛阳齐名。五代十国时的后唐、后晋、后汉、北汉都以晋阳为国都或陪都，因此，太原素有“龙城”之别称。宋太平兴国四年(公元979年)，宋太宗伐汉，将晋阳夷为废墟。宋太平兴国七年(公元982年)改为并州府，移治唐明镇(今太原市城西附近)；宋嘉佑四年(公元1059年)并州改为太原府。明、清两代为府、路所。辛亥革命后废除府制，归属阳曲县管辖。1927年确立太原市的建制。1997年5月，太原市行政区划重新调整，将9个县(市)区调整为6个区1个市3个县，即小店区、迎泽区、杏花岭区、尖草坪区、万柏林区、晋源区6个城区和古交市、清徐县、阳曲县、娄烦县4个市县。2011年总人口423.5万人。

太原属北温带大陆性气候，夏季炎热多雨，冬季寒冷干燥。年平均气温9.5℃，无霜期平均202天，年均降水量456毫米。主要农作物有小麦、水稻、玉米、蔬菜及葡萄、苹果等。

矿藏资源既有铁、锰、铜、铅等金属矿，也有煤、硫磺、矾土、硝石、石膏、粘土、石英、石灰石、白云石、大理石等非金属矿。煤、铁资源尤为丰富，正处在山西“煤海”的中心，含煤面积1282平方千米，约占全市总面积的1/5，已探明储量185亿吨。铁矿初步探明储量1.7亿吨。

太原是一个名胜荟萃的古城。自然景观有“阳曲八景”和天龙山、龙山、蒙山、崛嵋山等多处佳景，人文景观有新旧石器遗址和历代墓葬。位于市西南的晋祠，殿宇栉比，古树参天，山环水绕，景色秀丽，是闻名全国的旅游胜地。

【经济发展概况】 国民经济持续增长。2011年，全市生产总值2080.12亿元，比2010年增长9.9%；其中，第一产业增加值33.85亿元，增长3.5%；第二产业增加值949.19亿元，增长11.6%；第三产业增加值1097.08亿元，增长8.7%。全部工业总产值2653.52亿元，增长20.05%；规模以上工业增加值687.23亿元，增长12.2%。固定资产投资完成1024.14亿元，增长25.1%。社会消费品零售总额985.2亿元，增长17.7%。外贸进出口总额85.34亿美元，增长7.9%。财政总收入393.04亿元，增长22.2%；一般预算收入174.72亿元，增长26.2%。城镇居民人均可支配收入20148.5万元，增长16.7%。农林牧渔业总产值63.16亿元，增长3.5%；粮食总产量3.16亿千克，下降1.9%；农民人均纯收入8888元，增长16.8%。

新兴产业初兴勃发，经济发展方式开始转变。 工业转型步伐加快。2011年，新兴产业增加值增速达到27.7%，高于煤、焦、铁、化、电等传统产业19.3个百分点；占工业比重18.5%，对工业经济增长的贡献率达到40.9%，提高9.2个百分点。工业经济效益综合指数196.17，提高10.59点。第三产业快速发展。服务业增加值1097.1亿元，增长8.7%。国家家政服务体系建设项目试点工作进展顺利，141户家政企业纳入服务网络。全市再生资源回收体系基本建立。旅游总收入276.7亿元，增长20.1%。

都市农业稳步推进。2011年，重点规划建设了娄烦县马铃薯、小店区奶牛和清徐县蔬菜3个“一县一业”特色基地县和64个“一村一品”专业示范村。全市无公害农产品基地面积3.1万公顷。建设节水农业3733.3公顷。大力发展食醋、肉制品、干鲜果、蔬菜和优质粮油五大加工业，农产品加工销售收入91.9亿元，增长31.2%。新发展农民专业合作社338个。实施扶贫项目150个，脱贫1.9万人。

民营经济加快发展。制定出台《关于大力推进民营经济转型跨越发展的意见》，加大政策扶持力度，破解融资难题，为民营经济融资280亿元，其中，通过担保公司和小额贷款公司融资108亿元。

科技创新能力增强，支撑作用提升。科技创新能力增强。全社会研究与开发经费投入59.8亿元，增长16.8%。全市专利申请量6525件、授权量3012件，均增长30%。经省鉴定的科技成果156项，增长20%，其中，68%达到国内领先水平。引进5名国家"千人计划"人才，建设"云计算应用平台及实验室"等15个企业工程实验室（中试车间）和2个国际科技合作基地。269个项目列入国家各类科技计划。荣膺"全国科技进步先进市"称号。科技支撑作用提升。实施战略性新兴产业科技项目194项。150余家中小企业实施信息化改造。国家级企业技术中心达到6户，高新技术产业增加值增长18.7%。科技成果转化加快。新培育4家产学研战略联盟和3个产业集群技术联盟，新发展技术服务机构40家。大力推广应用民生科技成果。科技成果转化率55.2%，比2010年提高4.9个百分点。

城乡面貌明显改善，承载能力有所提高。城市规划作用得到强化。编制完成南部区域发展战略规划、太原都市区规划和重点地段城市设计，城市综合交通规划进一步完善，城中村改造、保障性住房等民生工程规划编制全面展开。实现中心城区589平方千米控规全覆盖。城乡基础建设加快推进。新增建设用地2066.7公顷，增长21%；实现国土收益90亿元。长风商务区等一批新地标相继建成。滨河西路南延19.5千米竣工通车。完成汾河治理美化南延工程，形成纵贯市区长达20.5千米的绿色长廊。城中村改造有序推进，启动拆迁24个村。城镇化建设扎实推进，徐沟镇和马兰镇列入全省"百镇建设"示范镇。城乡管理水平不断提升。深入推进城乡清洁工程，全面开展达标活动，围绕"十纵、十横、十片区"等重点区域和重点地段，集中开展街景立面、市容环卫等10多项整治，市容环境明显改观。大力推进"净化太原"、"气化太原"和"供热全覆盖"建设，集中供热扩网1323万平方米，比2010年增长21%，集中供热普及率达87%。节能减排与环境保护效果显著。加大污染减排力度，实施41项重点减排工程，关停22家工业企业49台（套）生产设施。太化合成氨全面停产，狮头水泥等一批重点污染企业搬迁工作全面启动。万元地区生产总值能耗下降3.5%，万元工业增加值用水量下降5%。六项污染物减排指标均完成省下达的任务。市区环境空气综合污染指数下降3.5%；二级以上天数308天，比2010年增加4天。生态建设成效明显。完成造林3.3万公顷，相当于"十一五"后3年的总和。巩固发展"国家园林城市"成果，实施长风商务区绿化等重点工程31项，新增绿化覆盖面积363公顷，新增绿化面积354公顷，新增公园绿地面积150公顷。治理水土流失面积1.6万公顷。市区水环境功能区水质达标率62.5%，集中式饮用水源地水质达标率保持100%。孟封镇、东高白村分别被确定为国家级生态乡镇、国家级生态村。

政务环境持续优化，发展活力不断增强。编制完成《太原市转型综改试验行动方案》，首批转型综改标杆项目加快推进。清徐、古交被列入全省扩权强县试点县。创新生态绿化机制，引进14家企业建设西山城郊森林公园。加快城市建设投融资体制改革，完成4个融资平台的清理规范工作。农村土地经营权流转面积1.8万公顷。集体林权制度改革确权面积8.1万公顷。历时3年的公安警务运行机制改革圆满完成。城乡建设用地增减挂钩试点初步推开。强化财税管理，优化调整支出结构，民生支出194.8亿元，增长35%，占一般预算支出比重达81.4%。新批设立外商投资企业20户，实际利用外资6.8亿美元，增长16.1%。实际利用境内资金376.3亿元，增长61%。圆满完成第六届中博会综合保障任务，签约项目105个，总投资6617.8亿元，签约项目、总引资额均创历史新高，超过前五届的总和。

全力倾注民生工程，民生改善力度加大。2011年，市政府承诺办好的"十件实事"全部完成，投资59.3亿元，增长4.3倍。新开工建设保障性住房4.6万套，完成省定任务的2.7倍。新建、改扩建"百校兴学"工程项目学校202所、公办幼儿园31所，"百校兴学"工程荣获全国教育改革创新特别奖。在48个乡镇卫生院建立"三位一体"远程诊断系统，在50个社区卫生服务机构设置自助式检测健康小屋。新建成40个标准化菜市场。新建公厕100座。新购置600台公交车，新开通6条公交线路。改善和提高10万农村人口的饮水标准。为2400名贫困残疾人提供康复救助，为118个社区配发残疾人康复训练器材，为260户农村贫困残疾人家庭实施危房改造。为1万名生活困难的空巢老人配发"爱心一键通"。为540个社区文化室配备活动器材。出台农村居民最低生活保障"分类施保"政策。为城乡低保对象、优抚对象、农村"五保"供养对象发放价格补贴3842万元。实现了国家基本药物制度在政府办基层卫生服务机构全覆盖，基本药物实现零差率销售。农村新的"五个全覆盖"加快落实。农村便民连锁店、行政村体育健身场地、职业高中（中专）学生享受免学费政策，已提前实现全覆盖。农村街巷硬化，已开工821个村，完工740个村，竣工5362千米。农家书屋已建成390个。

（张清利）

古交市

【自然概况】 古交市位于山西省吕梁山脉中段东麓，省会太原以西50千米处，是一座典型的资源型工矿城市。1958年设立太原市古交工矿区，1988年撤区建市。市域面积1551平方千米，辖7个乡3个镇4个街道办事处，146个行政村，37个社区居委会。2011年总人口20.7万人。

古交山地占总面积的95%以上，地貌特征为"一河三川"（汾河、大川、原平川、屯兰川）。土地总面积15.3万公顷，其中，农业用地9.5万公顷。

古交境内矿产资源丰富，现已探明51种。其中，以煤炭资源最为丰富，探明储量80.4亿吨，而且种类齐全，有肥煤、焦煤、瘦煤、贫煤和无烟煤。此外，已开发利用的矿产还有铁矿、铝土矿、石英、长石、石膏、石灰岩等。

【经济发展概况】 2011年，古交市生产总值35.38亿元，比2010年增长10.6%。财政总收入15.92亿元，增长15.3%；一般预算收入8.59亿元，增长19.6%。农林牧渔业总产值3.33亿元，增长23.8%；粮食总产量1004万千克，下降2.5%。工业增加值18.14亿元，增长18.8%。固定资产投资39.18亿元，增长19.5%。社会消费品零售总额30.72亿元，增长17.2%。城镇居民人均可支配收入18254元，增长16.5%；农民人均纯收入8737元，增长16.8%。

工业结构进一步优化。2011年，三次产业结构之比为3∶74∶23。工业方面，初步形成以煤炭、焦化、电力、建材等为主的产业体系。原煤生产能力3465万吨，其中，地方煤矿1665万吨。机焦生产能力560万吨。水泥生产能力60万吨。电力装机容量180万千瓦。

农村经济快速发展。2011年，现代农业加速发展，脱毒马铃薯、小杂粮、华阴杏、核桃和牛羊等种养殖基地规模进一步扩大，完成3个农产品无公害基地和18个绿色食品认证，打造了2个省级"一村一品"专业村、3家农产品加工企业、4个农业休闲观光园，河口福福山生态园、温家山华阴杏采摘园被命名为"太原市休闲农业示范点"。2011年，治理水土流失面积3786.7公顷，开发整理土地1266.7公顷。新建配套畜牧兽医站6个。完成饮水安全工程40处。补贴农机具377万元、家电385万元。引进推广农业新技术新品种108项，培训农民实用技术1.8万人次；转移劳动力2300人。完成林改任务6.3万公顷。被评为全省饮水安全先进市、农机综合工作先进单位和林改工作先进市。

【经济大事简介】 ①12座煤矿进入基建阶段。②委托德国国际合作机构编制了全省第一个煤焦化工园区规划《古交新型煤焦化工示范园区规划》。③实施煤层气综合开发利用项目。④与山东青州签订友好城市合作协议。⑤被列入全省首批扩权强县试点市。⑥被列入太原市转型综改试点市。

（古交市人民政府办公室）

太原市迎泽区

【自然概况】 迎泽区地处太原中心腹地、汾河之滨，下辖6个街办和1个镇，总面积117平方千米，2011年总人口59.7万人。

【经济发展概况】 2011年，全区生产总值366.6亿元，比2010年增长8%。社会消费品零售总额224.03亿元，增长17.1%。规模以上工业增加值26.3亿元，增长17.1%。农民人均纯收入11757元，增长18.1%。固定资产投资完成79.2亿元，增长27.2%。财政总收入18.41亿元，增长17%；一般预算收入9.13亿元，增长17.8%。

加快推进10项重点工作。2011年，实施总部经济"510"工程，选树5个有行业影响力的企业为标杆，打造10个地理位置优、基础条件好、服务功能强的商务楼宇为"总部经济发展基地"。推进双塔景区建设设计与规划、双塔北路南延、南内环东延、朝阳片区4条城市主干道和17条小街巷改扩建等工程项目。启动太化集团朝阳小区、化工行业桃南宿舍等一批棚户区和老旧危房改造项目。加快推进2011年确定的5个重点村、城中村改造步伐，启动王家峰、店坡2个城中村改造。大力发展特色农业，加快"一村一品"建设，打造省、市示范社3家。加快东山现代林业示范工程建设，全力推进红山休闲度假区和新沟城郊森林公园建设。

经济发展取得新成绩。2011年，高标准推进朝阳商圈升级改造，实施了众爱、东都、精品等3个商城新改建工程，新增营业面积25万平方米。高起点规划现代科技园区，引入中鲁等优势企业和瑞飞机械、佰源智能等具有自主知识产权的科技型企业。签约落地延长壳牌、家乐福等4个项目，协议金额103亿元。枣园新区、晋商银行总部、湖滨国际广场等10个重点项目完成投资30.3亿元。百圆裤业成功上市，实现全市民营企业中小板领域"零突破"。

宜居城市建设实现新突破。全力抓好铁路三项枢纽、双塔北路、南内环东延等省市重点工程房屋征收工作。实施了5条小街巷拓宽改造和东岗棚户区等改造工程，旧城改造迈出实质性步伐。开展东山生态造林和身边绿化工作，新造林1553.3公顷，新增城市绿化面积1.5万平方米。完成菜园片区集中供热改造和西里片区天然气供热改造试点工作，解决了197户居民的供热问题。对主要街道和重点片区进行综合整治，治理了一批城市环境死角。重点街道和地区实行全天候保洁，乡村道路全部纳入清扫保洁范围，辖区806个无物业院落实现了清扫保洁全覆盖，67个社区(村)完成达标任务。

城乡一体化发展迈出新步伐。积极稳妥推进城中村改造，郝庄等5个重点村集体经济改制全部完成，拆除房屋12.1万平方米，建设回迁楼15万平方米。加快发展"一村一品"，农民专业合作社和各类特色种植养殖基地发展良好。加强农村基础设施建设，完成观枣线（观家峪至新沟段）县乡公路建设和松庄危桥改造工程，对南沙河上游河道进行整治，实施了4个村的水质水源改造和3个村的打井工程，解决了5100人的饮水安全问题。全力提升农村公共服务水平，农村新的"五个全覆盖"工程两年任务一年完成。新型农村合作医疗参合率97.4%。农村低保标准由每人每月215元提高到330元。

（迎泽区人民政府办公室）

太原市杏花岭区

【自然概况】 杏花岭区是1997年经国务院批准组建的城乡一体化新区，位于太原市的东北部，总面积170.2平方千米，其中，建成区面积32.2平方千米。全区现辖2个乡、10个街道办事处，108个社区，38个行政村。2011年总人口64.7万人。

【经济发展概况】 2011年，全区生产总值331.57亿元，比2010年增长15%。财政总收入18.85亿元，增长20.3%；其中，一般预算收入10.07亿元，增长25%。全社会固定资产投资115.6亿元，增长32.5%。社会消费品零售总额102.66亿元，增长18.5%。规模以上工业增加值23.35亿元，增长17.5%。农民人均纯收入10325元，增长17.5%。农林牧渔业总产值1.37亿元，粮食总产量79.8万千克，工业总产值78.88亿元。

现代服务业发展加快。2011年，积极推进太原万达广场、丈子头特色农产品物流园等7个总投资145亿元的现代服务业项目，扶持太原富力城、棕榈家园等12个总投资202亿元的房地产项目，有力拉动了现代服务业的提档升级。注重发展楼宇经济和总部经济，培育建设了一批现代商务楼宇。

现代都市农业发展加快。2011年，完成造林绿化面积1840公顷，其中，重点片区绿化506.7公顷，义务植树1333.3公顷，栽植各类苗木251万株。当年全区绿化面积超过“十一五”时期的绿化总和，省城东部绿色屏障初步形成。大力发展花卉苗木产业，加快高档盆花、种苗研发、苗木培育、花卉交易基地建设，新建现代高档智能温室6万平方米，全区智能温室面积达到8万平方米。推进东山生态基础设施建设，新建3座共1500立方米蓄水池，完成3条8.1千米农村公路。

城乡面貌明显改观。2011年，积极推进保障性住房建设，新开工总套数8517套。迎春街片区、新源里东区、北河湾铁路宿舍、大东关104号院等8个棚户区项目正在建设。城中村改造步伐加快，重点推进和实施剪子湾、杷儿沟城中村改造工程，剪子湾村在全市率先实现旧村“整村拆迁”。全面开展城乡清洁达标活动，达标单元98个，达标率67.6%，在全市综合考评中名列前茅。

社会事业全面进步。2011年，坚持把改善民生作为工作的着力点和立足点，全面完成向全区人民承诺的“十件惠民实事”。注重基层社区建设，高标准建成25个和谐宜居社区，新增社区办公用房6305平方米，受益居民4.7万户13.6万余人。积极推进教育重点工程，新建路小学新建教学楼完工，五一路小学新建教学楼主体完工，建设北路小学新建工程有序启动。大力发展科技事业，投入科技经费2050万元，扶持科技发展项目17个。扎实推进卫生惠民工程。全区17个基层医疗卫生机构和38个村卫生所实行了基本药物制度，药品零差率销售。完善农村卫生服务体系建设，区、乡、村三级医疗机构达标率98%，新型农村合作医疗参合率100%。

（杏花岭区人民政府办公室）

太原市万柏林区

【自然概况】 万柏林区地处汾河西畔，西依龙山山脉，南邻晋源区，北接尖草坪区，与杏花岭区、迎泽区、小店区隔河相望。辖区总面积305平方千米。下辖1个乡、14个街道办事处，69个行政村、83个社区居委会。2011年总人口75.7万人。

境内地形西高东低，西部为山地，东部为带状平川，地质构造属西山向斜盆地，汾河流域陷落区。气候属北温带大陆性季风气候。汾河蜿蜒流过区境东部，玉门河、虎峪河、九院沙河3条边山支河由西向东汇入汾河。

地下蕴藏有丰富的煤炭、石膏、铝矾土等矿产资源，特别是煤炭储量达1.7亿吨。

【经济发展概况】 2011年，全区生产总值334.73亿元，比2010年增长5.7%。农林牧渔业总产值1.48亿元，增长6.3%；粮食总产量1183吨，增长253.4%。工业总产值573亿元，增长20.2%。社会消费品零售总额142.94亿元，增长18.2%。城镇居民人均可支配收入20149元，增长16.8%；农民人均纯收入12435元，增长16.5%。

经济结构调整进一步优化。转型发展势头强劲，一批现代服务业项目落户并形成规模。全年实现服务业增加值81亿元，增速超生产总值增速3.1个百分点，成为区域发展的新动力。非公有制经济健康发展，实现产值11.8亿元，增长22%。系列特色生态文化旅游项目酝酿实施。项目投资拉动有力，完成固定资产投资147.3亿元，增长33%，增速高于太原市平均水平7.9个百分点；年初确定的总投资875亿元、117个重点项目，完成投资70亿元；“中博会”签约20个招商项目，总投资365亿元，项目投资成为驱动全区跨越发展的引擎。

城市建设管理力度进一步加大。基础设施建设加快，动迁31万平方米，高标准完成西矿街拓宽改造及道路两侧整饰工程，大修千峰南路、千峰北路等4条主次干道，连片改造17条小街巷，南内环西街西延、铁路枢纽西南环线动迁工作基本完成；玉门河、虎峪河、九院沙河治理工程全面开工，22.2千米的城区段治理基本完成。城乡清洁深入推进，投入2.3亿元完成兴华南小区综合治理，高标准整治西矿街、新晋祠路等4个片区，106个考核单元通过达标验收，大环卫管理体系基本形成。

城中村改造步伐进一步加快。城中村改造取得重大突破，地处区域核心的下元、小井峪、前北屯、后北屯4个村启动整村改造，旧村拆除面积近85万平方米。采煤沉陷区综合治理有序推进，移民住宅小区一期住房开始分配，二期建设工程基本完成，20个村完成新房分配，旧村拆除试点同步展开。城边村新农村建设提速，枣尖梁旧村整体拆迁完毕，树立了新农村改造的标杆。

生态文明建设进一步深入。生态建设再上新台阶，西部山区实施狼坡生态景区建设等6大造林工程，造林面积3533公顷。建成区实施游园绿地、道路绿化、景区绿化3类25项工程建设，新增绿地面积50.5公顷。节能减排力度不断加大，关停一批洗煤、建材等污染企业，淘汰水泥行业落后产能20万吨，配合太原煤气化等4家企业制定停产、搬迁方案。拆除城中村土小锅炉1539台，完成南上庄、小王村54万平方米集中供热改造，全年地区生产总值综合能耗下降4%。

民生和社会事业全面进步。城

镇新增就业1.98万人，城镇登记失业率2.88%。城镇居民社会养老保险和新型农村社会养老保险全面推行。城乡低保实现应保尽保。低收入农户冬季取暖供煤政策落实到位。开工建设保障性住房62万平方米、7366套。新建10个标准化菜市场。全力推进农村新的“五个全覆盖”工程，超额完成年度任务。解决了4700人的饮水安全问题。社会事业协调发展，新建、改扩建中小学12所、幼儿园3所，启动区青少年活动中心建设。深化医药卫生体制改革，新建的区中心医院和计生指导站投入使用。新建、改造6个标准化社区。

【经济大事简介】 ①居然之家河西店竣工开业。②开工建设保障房7366套。③启动枣尖梁新农村建设项目。④实施兴华南小区片区整治。⑤建设狼坡生态景区。⑥启动南内环西街西延工程。⑦启动下元、前北屯、后北屯、小井峪4个村的城中村改造。⑧启动“三河”治理工程，涉及玉门河、虎峪河、九院沙河3条边山支河。⑨拓宽改造西矿街及道路两侧整饰工程。⑩新建区中心医院和计生指导站。

（万柏林区人民政府办公室）

太原市小店区

【自然概况】 小店区位于太原市区东南部，平均海拔763～780米之间。属北温带大陆性气候，四季分明，年均气温10.9℃，无霜期203天，年均日照时数2144.3小时，年降水量487.6毫米左右。全区辖1个镇、2个乡、7个街道办事处。辖区面积295平方千米。2011年总人口81.2万人。

【经济发展概况】 2011年，小店区生产总值400.89亿元，比2010年增长11.1%。财政总收入28.06亿元，增长52.7%；一般预算收入15.37亿元，增长57.6%。固定资产投资211.2亿元，增长33.7%。社会消费品零售总额294亿元，增长18.2%。农林牧渔业总产值130.17亿元，粮食总产量7.3万吨。规模以上工业增加值97亿元，城镇居民人均可支配收入20149元，农民人均纯收入12022元。

三次产业在结构调优中持续提档升级。三次产业比重2.8∶26.4∶70.8，产业结构持续优化。第三产业稳步发展，品位提升。茂业天地、红星美凯龙等总投资近500亿元的17个重点项目加快推进。世界500强企业——法国家乐福入驻小店，北美新天地开业运营。恒大绿洲、盛高山鼎等4个千亩商住小区建设初具规模。工业规模壮大，增效提速。新增规模工业企业12户，全区规模以上工业企业达到46户。现代都市农业扎实推进，富民增收。提升改造14个奶牛规模养殖园区，奶牛存栏1.1万头。新发展设施蔬菜175.3公顷，无公害蔬菜基地面积扩大到4333公顷。农产品加工“513”工程省、市龙头企业12个，销售收入24.2亿元。专业合作社164个，带动3万余农户。被评为全省增加农民收入先进县（市、区）。

城乡共建在一体化进程中加快推进。城乡建设协调发展。全力保障南客站片区、汾东商务区等重点工程建设，完成转用征用土地384.8公顷，拆迁各类建筑约30万平方米。人民路、大运路、化章街、十号线等顺利实施。真武路建成通车。“四馆五中心”主体基本完工。“城中村”改造取得突破，杨家堡整村拆除基本完成，西攒等5个“城中村”改造步伐加快。29个村完成村改居，17个村完成用地规划编制，15个村完成建设用地手续报批。城乡管理水平继续提升。投入1亿元，高标准平原绿化400公顷。全区林木覆盖率由14.7%增加到19.7%，绿化覆盖率由34.5%增加到35.5%，人均公共绿地7.9平方米。解决小店村集中供热面积近20万平方米，拆除土小锅炉420台。妥善解决了长风小区等小区供热问题，确保全区1740万平方米区域供热。加强对高耗能单位监管，全区万元地区生产总值能耗下降3.2%。积极打造太榆路武宿段、体育南路等亮点片区，全区113个单元达标，达标率72.4%。

社会事业在惠民共享中蓬勃发展。社会保障工程扎实开展。启动城镇居民养老保险工作。城镇居民基本医疗保险18.1万人，参保人数居全市第一。城镇职工基本养老保险参保52096人。新型农村养老保险参保67116人，实现了养老、医疗、失业、工伤、生育五项社会保险全覆盖。创业就业工程继续引深。新增城镇就业人员2.2万人，创业带动就业4803人，下岗失业人员再就业9233人，困难群体就业2346人。城镇登记失业率控制在3.65%以内。住房安居工程有序实施。开工建设保障性住房6285套，完成市下达年任务的120%。审核廉租住房保障对象589户，发放租赁补贴236万元。和谐标准化社区建设深入推进。建成和谐标准化社区52个，打造出标杆社区6个。教育事业均衡发展。投入2.4亿元，52所学校实施了“百校兴学”和校舍安全工程。打造标准化学校6所。全区222名农村幼儿教师享受到养老保险补贴。终身学习活动成效显著，获得全民终身学习活动周全国优秀组织奖。医疗健康工程加快发展。深化医疗卫生体制改革，全区61个村卫生所、社区卫生服务中心实施了基本药物统一购销零差率制度。村卫生所全部达标。创建省、市星级社区卫生服务机构31个。新型农村合作医疗参合率98.6%。区科技三项费达2532万元，科技综合考核指标再次名列全省城区组第一。人口自然增长率控制在6‰以内。2011年，全区对民生工程和社会事业发展投入达10.6亿元，占全区财政支出的76%。

【经济大事简介】 ①2011年10月26日，汾东商务区开发建设启动建设，迈出实质性步伐。②2011年11月15日，长风街千禧世纪广场法国家乐福超市门店开业。③2011年11月21日，位于龙城大街北侧的山西大医院举行开诊仪式。④2011年12月24日，小店区政府与山西华灯投资有限公司就东山五龙森林公园投资开发建设合作框架举行签约仪式。⑤2011年9月26～29日，参加中博会招商活动，引资40多亿元。

（小店区人民政府办公室）

太原市尖草坪区

【自然概况】 尖草坪区位于太原市区北端，东西北三面环山，汾河纵贯南北，是太原市的上风头、水源地。全区总面积285.6平方千米。辖5个乡镇、9个街道办事处、84个行政村、64个社区居委会。2011年总人口41.9万人。

【经济发展概况】 2011年，全区生产总值267.81亿元，财政总收入10.67亿元，一般预算收入5.08亿元，工业总产值871.9亿元，社会消费品零售总额53亿元，农林牧渔业总产值4.74亿元，粮食总产量1358万千克，城镇居民人均可支配收入20149元，农民人均纯收入8496元。

突出项目建设，推动转型跨越，经济发展后劲进一步增强。项目建设强势推进，全年引进各类项目68项，引资到位29.1亿元。工业新型化步伐加快，机械加工业快速发展，机械加工业产值占到规模以上工业总产值的63.5%。园区集聚效应不断增强，太原工具厂、太钢5万吨无缝钢管等项目全面投产。第三产业繁荣发展，城乡物流体系进一步完善，农村社区综合服务中心建设管理工作走在全省前列。

突出发展都市农业，推进农业产业化，农民增收步伐不断加快。农业产业化稳步推进，发放各类农业补贴356万元，新发展设施蔬菜33.6公顷，成为全省第一个国家级生猪标准化生产示范区。现代都市农业优势凸显，众成生态循环农业综合示范区、金滩高效农业生态园、九牛牧业等项目进展顺利，马头水、西焉、柏板等地特色农家乐快速发展。农村街巷硬化完成62个村428千米。

突出规划先行，统筹城乡发展，环境面貌显著改观。重视规划的科学引领，修编完成尖草坪区土地利用总体规划大纲(2006～2020年)，全面对接“六大片区”分层规划，科学构建了全区城乡建设发展新框架。城市建设稳步推进，太兴、新兰路、希望西街等省、市、区重点工程的征地拆迁安置建设工作有序进行，新村等3个重点城中村推进村拆除面积21.2万平方米。

突出保障和改善民生，加快推进民生工程，社会各项事业全面进步。社会保障体系日臻完善，全区各类保险参保人数23.4万人(次)，基金征缴额2.6亿元，城乡低保实现应保尽保。卫生事业不断进步，医药卫生体制改革扎实推进，在省、市率先启动和设立了卫生信息平台和“流动人口爱心定点医院”。科教事业快速发展，下拨科技扶助资金757万元，申报省市科技项目69项。投资9320万元，完成4所公办幼儿园、75所中小学省级义务教育标准化建设和32所百校兴学工程。

【经济大事简介】 ①2011年1月13日，葛洲坝集团海集房地产开发有限公司与该区签订新村整村改造战略合作框架协议。②2011年2月27日，中国工程院与太原冶金机械厂合作建设的院士工作站挂牌成立，太原冶金机械厂成为全省第三家院士工作站。③2011年7月20日，太原太钢大明金属制品有限公司、太原锅炉集团有限公司整体搬迁改造项目奠基仪式在太原不锈钢产业园区举行。④2011年9月26～28日“中博会”期间，全区引资额达170亿元。

(尖草坪区人民政府办公室)

太原市晋源区

【自然概况】 晋源区位于山西省太原市区西南，1998年1月1日正式挂牌成立。辖金胜、晋祠、姚村3个镇，义井、罗城、晋源3个街道办事处，84个行政村，25个社区。区委、区政府驻晋源街道办事处。区域面积287平方千米。2011年总人口22.3万人。

晋源区位于古晋阳城所在地，历史悠久，文化灿烂，有2500多年的建城史，是三晋文明的重要发祥地之一。素有“唐尧故地”、“三晋之源”的美誉。是“王氏”、“张氏”的开姓立祖之地。现存各类文物古迹233处，拥有晋祠、龙山石窟、晋阳古城遗址、天龙山石窟、明秀寺等5处全国重点文物保护单位。建于北齐年间，目前世界上有确切纪年、开凿最早的巨型露天摩崖石刻佛像——蒙山大佛正在成为太原、山西乃至我国吸引世界的新地标。

晋源区西山拥有良好的森林植被，水域面积约5.1平方千米的晋阳湖是华北地区最大的人工湖。交通便利，区位优势明显，是太原市南部区域建设的主战场，有山西大剧院、山西体育中心、省科技馆、省图书馆、太原美术馆、市博物馆等省市重点建筑。

【经济发展概况】 2011年，全区生产总值54.09亿元，财政总收入5.42亿元，一般预算收入2.83亿元，农林牧渔业总产值5.46亿元，粮食总产量2069万千克，社会消费品零售总额17.95亿元，全社会固定资产投资58.89亿元，城镇居民人均可支配收入20149元，农民人均纯收入8291元。

转型发展势头强劲。都市农业稳步推进，农业产业化水平进一步提高。新增设施农业面积154.2公顷。苗木花卉产业蓬勃发展，年产值2.9亿元。工业转型步伐加快，高新技术、装备制造等新兴产业取得突破性进展，6个项目列入省工业转型发展技术改造重点项目，美佳矿业装备制造项目实现了当年建设、当年投产。文化旅游产业实现新突破，蒙山大佛景区配套设施更加完善，顺利通过国家旅游局4A级旅游区验收。晋阳古城遗址保护开发前期考古工作有序进行。服务业快速发展，第三产业增加值22.31亿元，增长13%。

民生得到进一步改善。新改扩建8所学校和3所标准化公办幼儿园，教育教学水平持续提升。基层医疗卫生机构综合改革工作顺利通过省验收，村级卫生场所全部达标。区图书馆、文化馆建设顺利启动。城镇新增就业7168人，城镇登记失业率控制在3.5%。全面启动城镇居民养老保险工作。城市低保累计发放944.2万元，农村低保累计发放680.2万元。7075套保障性住房全部开工。

发展活力明显增强。成功举办

"中部六省省会城区2011年第四届发展项目推介洽谈会"。北京首创晋阳古城遗址保护开发等2个项目作为"中博会"项目进行了专场签约。引进大地春·月星环球商业中心、宝马旗舰店等项目42个。京澄化纤年产2万吨无纺布生产线、山西茂鼎冰露饮品等25个重点项目进展顺利,完成投资13亿元。

生态环境日益改善。累计造林1453.3公顷。全力服务好城郊森林公园建设,植树3.4万株。淘汰落后工业产能18.6万吨。深入开展大气污染防治联防联控,二氧化硫、工业粉尘等约束性指标全部超额完成市下达的减排任务,空气质量进一步好转。

【经济大事简介】 ①投资2.27亿元的美佳矿业装备制造项目首批4台掘进机成功下线,实现了当年建设、当年投产。②山西祺比鸥工贸有限公司新生产线、北方重工年产100套彩钢开卷机、山西博康药业年产1600万支抗生素等项目竣工投产。③成功举办"中部六省省会城区2011年第四届发展项目推介洽谈会",展示了晋源区的良好形象。④北京首创晋阳古城遗址保护开发项目总投资1600亿元,分期分批将晋阳古城遗址保护区建设成为集考古、遗址公园、旅游、观赏、休闲、度假、商业、会展、居住等多元高端现代服务业的复合产业集群。⑤蒙山大佛景区配套设施更加完善,顺利通过国家旅游局4A级旅游区验收。⑥7家城郊森林公园建设进展顺利。

(晋源区人民政府办公室)

清徐县

【自然概况】 清徐县位处山西中部晋中平原,是全省市域城镇化"一核一圈三群"布局中太原都市核心区的重要组成部分。全县总面积609平方千米,辖4个镇5个乡1个街道办事处、188个行政村,24个社区居委会。2011年总人口34.6万人。

清徐年均降水量400毫米,无霜期183天。耕地面积2.9万公顷,森林面积7387.8公顷。有龙林山、中隐山、老爷岭、庙前山等山峰14座,皆为吕梁山脉。有汾河、潇河、象峪河等河流16条,均属汾河水系。有天然湖东湖、人工湖清泉湖、清泉西湖三大湖泊,湖面180公顷。矿产资源有煤、铁、铝土、石膏等。煤炭有无烟煤、贫煤、褐煤等品种,储量31亿吨。

【经济发展概况】 2011年,全县生产总值117.26亿元,较2010年增长16.1%。固定资产投资60.63亿元,增长34.2%。财政总收入17.79亿元,增长23.6%;一般预算收入9.81亿元,增长57.7%。农林牧渔业总产值23.95亿元,增长13.8%;粮食总产量1.17亿千克,下降4.3%。工业总产值228.61亿元,增长34.4%。社会消费品零售总额29.86亿元,增长17.1%。城镇居民人均可支配收入18944元,增长16.6%;农民人均纯收入10251元,增长16.6%。

坚持项目引领,优化产业结构。全年新建项目56个,总投资400亿元。中博会、农博会签约项目26个,总投资突破300亿元。汽配、食醋、湿法炭黑、生物医药等新型产业加快发展,一批现代农业项目初具规模。实施万亩高产创建、万亩中低产田改造等项目。完成9333.3公顷玉米机收、5333.3公顷机械深松和4533.3公顷保护性耕作。新建设施蔬菜406.7公顷。改善灌溉面积4106.7公顷。农民专业合作社442个,全市第一。13家企业入选省级"513"工程,9家入选市级工程。全县农产品加工企业销售收入25.8亿元。运输业实现税收1.1亿元。太中银战略装车点等新增服务业增加值5.9亿元。发展2处国家级、1处省级、7处市级休闲农业旅游示范点,接待游客99万人次,收入7000余万元,被评为全国休闲农业与乡村旅游示范县。三次产业比重调整为12.4∶65.4∶22.2。

坚持基础先行,统筹城乡发展。县域总体规划、绿地系统规划、东于工业园规划、王答产业园规划进入报批阶段。编制徐沟、孟封百镇建设规划、水利发展"十二五"规划、天然林保护二期工程规划等。公路通车总里程1268千米,公路密度205千米/百平方千米。新增城镇人口4830人,城镇化率39.2%,提高1.2个百分点。新扶持21个省级新农村建设推进村,重点村达到104个,覆盖面55.8%。新农保、农村便民连锁商店、中等职业免费教育、农村体育健身设施提前实现全覆盖。125个村完成街巷硬化981千米。县城防洪泵站主体完工,污水处理厂改扩建一期工程通过环保验收。3座变电站建成投运,完成14个村及24个台区低压线路升级改造工程。

坚持环保优先,加快生态建设。以"节水工程覆盖农田灌溉体系"等5个体系建设为重点,扩大循环经济标准覆盖面。工业废水基本实现零排放,工业固废综合利用率97.2%。淘汰落后水泥产能60万吨、洗煤产能420万吨、金属镁产能5.3万吨、干法炭黑产能2×1.2万吨。限期治理34个排污单位、4个乡镇的生活污水,对汾河水域7个断面及东湖、清泉湖4个断面共38个项目进行水质监测,达标率100%。50个井灌区村实行阶梯水价,治理水土流失面积2666.7公顷,年新增节水能力242万立方米,工业用水重复利用率80%,地下水位回升1.6米以上。全年造林2433.3公顷,植树114万株,建成区绿化覆盖率38.8%,一年完成三年任务。城乡清洁工程137个单元通过市级验收。

坚持改善民生,发展社会事业。2011年,全县民生支出8.87亿元,占财政总支出的53.2%。实施百校兴学工程,新改续建学校27所。新增高中招生指标330个,发放各类助学金409万元,办理生源地贷款790万元。启动城镇居民社会养老保险。新农保参保率96.6%,新农合参合率98.7%。基层医疗机构实施国家基本药物制度,执行"零差率"销售,基本药物实际销售价格下降10%,门(急)诊次均费用下降38.1%,住院次均费用下降26.7%。建立城乡居民纸质健康档案28万人、电子档案23万人。新增就业6598人,转移农村劳动力2460人。2580套保障性安居工程全面开工。清华苑二期612套经济适用房、90套廉租房竣工。顺利完成清华苑二期工程廉租房分配、限价房销售,以及600户农村困难住房救助改造、211户困难群众危房改造等工作。提高31个村、8所学校共3.2万人的饮水安全标准。发放支农惠农政策性补贴2452.6万元。落实优抚对象、"五保"户、贫困户等补助救助1197.4万元，完成88236户农村居民冬季取暖供煤工作。313名新增"五保"户实现集中供养。

【经济大事简介】 ①太中银铁路全线通车，3对列车在清徐火车站停靠。②阳煤集团化工新材料园区开工奠基。③2011年9月21日，中国·清徐葡萄采摘月暨休闲农业与乡村旅游活动开幕。④2011年12月22日，中国清徐醋都文化节在北京隆重举行。

（清徐县人民政府办公室）

阳曲县

【自然概况】 阳曲县地处山西中部，忻定盆地与太原盆地之脊梁地带，为太原北大门，属太原市的近郊县，距省城太原17千米。北接忻府区、定襄县，东连盂县、寿阳县，西与静乐县和古交市接壤，南靠尖草坪区、万柏林区、杏花岭区。总面积2081平方千米。辖4个镇6个乡，4个居民委员会、123个村民委员会、424个自然村。2011年总人口12.1万人。

【经济发展概况】 2011年，全县生产总值29.06亿元，比2010年增长14.6%。规模以上工业增加值15.26亿元，增长25.3%。财政总收入4.64亿元，增长31.8%；一般预算收入2.53亿元，增长27.6%。固定资产投资15.82亿元，增长35.3%。社会消费品零售总额6.81亿元，增长17.1%。城镇居民人均可支配收入14104元，增长16.5%；农民人均纯收入4563元，增长17.1%。

加快工业布局，实现产业结构调整，转型步伐扎实迈进。2011年，启动太原市（阳曲）转型发展产业园区建设。超丰工业园、蓝顿旭美、汉波食品、晋汇南白、金圆水泥余热发电等一批续建项目建成投产。太钢哈斯科、横店二期、丰泉镁合金、山水水泥等一批新建项目启动建设。穗华物流、春光轨道、新型电缆、机动车检测线等一批引资项目已经供地。陆地方舟、耐火材料、雨润食品、碳纤维等一批新项目正在深度对接。冶金、焦化、建材等一批老旧企业正在走资源整合、产业升级、节能降耗的转型之路。

夯实"三农"基础，实现农业丰收，农民得到更多实惠。大力实施玉米丰产方和旱平地培肥技术，实施水保治理工程，改善供水条件，实现农业丰收。鼓励旱地蔬菜种植和奖励设施蔬菜大棚建设，旱地蔬菜达到3333.3公顷，设施蔬菜达到284公顷。农民人均政策性增收247.9元。加快新农村建设和"两项制度"衔接，整村推进18个，重点推进27个。获得"山西省粮食生产大县"称号，阳坡水保治理工程区成为国家级示范区。

高起点规划，实现大县城战略，县城面貌发生变化。扎实推进城乡清洁工程，投资3300万元，全面粉刷新阳大街两侧楼宇立面，全面更新商铺门头牌匾，全面铺装便道和补种树木，整治高速阳曲入口环境，点亮县城段路灯，进一步美化亮化了县城环境。重点推动旧城改造，启动4个棚户区改造项目。城市污水处理厂投入运行，城乡清洁工程达标单元91个，达标率70.5%。植树造林4040公顷，绿化覆盖率41.8%，绿地率38.2%，县城人均绿地面积为9.8平方米，被省政府命名为"省级园林县城"。

实施"全覆盖"工程，实现农村面貌改变，社会保障不断完善。街巷硬化617.9千米，完成工程总量的72%。建成农家书屋79个。解决了31个村、12490人的饮水安全问题，满足200公顷农业灌溉需求。农产品质量安全检测中心建成投用。水泉崖地质灾害治理全面完工。黄东线公路达到基本通车条件。建设保障房892套，落实廉租房补贴69户，改造农村危房500户。新建换热站2座，新增供热面积4.4万平方米，供热覆盖率95.2%。县政府承诺的"七件实事"全面完成。城镇新增就业1785人，下岗失业人员再就业367人，创业促进就业372人，"零就业"家庭实现动态清零。发放救济补助金235万元、医疗救助金589万元、城乡低保金2670万元。农村养老参保68973人，参保率78.9%。发放爱心煤4.3万吨，惠及低收入家庭4.3万户、11.4万人。

【经济大事简介】 ①2011年1月7日，县人民医院门诊楼、住院楼启用，县中医院住院楼落成并投入使用。②2011年9月23日，山西晋汇南白水泥年产100万吨生产线投产。③2011年11月7日，阳曲县在新晋商联盟大会上签约358.2亿元。④2011年11月9日，全球技术最先进的太钢钢渣综合利用项目在侯村启动。

（阳曲县人民政府办公室）

娄烦县

【自然概况】 娄烦县地处太原市西北、吕梁山腹地、汾河中上游，距太原市城区97千米，是集山区、老区、库区为一体的国家扶贫开发重点县，是省城水源保护地和生态屏障。全县总面积1289平方千米。辖2个镇5个乡、6个居委会、142个行政村。2011年总人口10.7万人。

【经济发展概况】 2011年，全县生产总值13.21亿元，财政总收入8.05亿元，一般预算收入4.18亿元，农林牧渔业总产值2.3亿元，规模以上工业总产值20.12亿元，粮食总产量1378万千克，社会消费品零售总额2.55亿元，城镇居民人均可支配收入12417元，农民人均纯收入3592元。

注重工业产业优化升级。以太钢、煤运、煤气化、国能、华能五大企业为龙头，整体带动全县工业提质上档。万元地区生产总值能耗、万元工业增加值用水量分别下降3.3%、7.1%。煤炭企业复产步伐加快，6座煤矿领取开工报告，其中，3座煤矿获批开工建设。焦化、选矿企业技改力度加大，引导支持利民、华恒、鲁地、陆海等企业投资2.84

亿元,完成地面除尘、尾矿库治理、洗煤厂扩建等项目。

注重发展特色农业。"一县一业"发展迅速,制定了《娄烦县"一县一业"马铃薯产业发展规划》,并在全省首家通过专家评审论证。马铃薯种植面积达4000公顷,总产值9500万元。农产品"513"龙头企业销售额达1.93亿元。畜牧业总产值1.28亿元。基本农田保护面积1.8万公顷,农田灌溉面积600公顷,新增水浇地140公顷,设施蔬菜33.3公顷。

注重发展旅游经济。花果山风景区列入市旅游局"十二五"规划重点项目。高君宇故居修复工程开工建设。汾河水库被评为省级水利风景区,并成功申报省级风景名胜区。推出"娄烦一日游"红色旅游线路,2011年接待游客2500人次。

注重保障民生。全力实施惠民工程,为低收入群体和住宿学生发放价格补贴530万元。向全县60岁以上公民全部发放了养老金,976名"五保"老人集中供养。补贴农村困难群众冬季取暖用煤3万吨、中小学取暖用煤3000吨。为全县农民每人每年补贴新型农村合作医疗保险金30元,实现了全免费、全覆盖。建成新农合三级信息网络系统,在全省率先实现"一卡通"。为全县义务教育住宿生补贴交通费120余万元。在国家农机具购置补贴30%的基础上,县政府再补贴20%。

【经济大事简介】 ①2011年7月5日,投资520万元的实验二小新建教学楼、加固维修主楼及投资467万元的静游寄宿制小学教学楼工程完工投入使用。②2011年8月30日,山西国际能源有限公司风电项目完成测风工作。③2011年9月1日,投资1.5亿元的农村街巷硬化项目开工建设。④2011年10月15日,投资2988万元的涧河公园提升改造项目开工建设。⑤2011年10月30日,投资1920万元的县城供热管网改造工程完工。⑥2011年12月20日,投资537.7万元的退耕还林基本口粮田建设工程正式开工建设。

(娄烦县人民政府办公室)

大同市

【自然概况】 大同市位于山西北部,地处山西、河北、内蒙古"三角"地带,是国务院1984年批准的全国13个较大城市之一。全市共辖城区、矿区、南郊区、新荣区4个区和大同县、阳高县、天镇县、浑源县、广灵县、灵丘县、左云县7个县。总面积1.4万平方千米。2011年总人口334万人。

大同地处温带大陆性季风气候区,夏季气候温和,冬季寒冷漫长。年平均气温5.5℃,年平均降雨量在370毫米左右,无霜期大约100~156天,年日照时数2973小时,光能利用潜力可观。主要农作物以黍、高粱、玉米、杂粮为主,地方特色植物资源有黄芪、黄花、枸杞、苦荞等。

悠久的历史为大同留下了丰富的文化遗产,现有各级文物保护单位346处,其中,世界文化遗产1处,国家级文物保护单位22处,省级文物保护单位20处,市县级文物保护单位300余处。这些文物保护单位中有古建筑188处,古墓葬38处,古遗址66处,石窟寺9处,近现代重要史迹及代表性建筑23处,石刻及其他22处。建筑于北魏时期的云冈石窟是国内最大的石窟群之一,为1961年3月4日国务院公布的第一批全国重点文物保护单位,2004年被联合国教科文组织列为"世界文化遗产",被誉为人类艺术的宝库,与龙门石窟和敦煌莫高窟齐名,合称为"石窟三圣"。九龙壁是我国建筑最早、规模最大、保存最好的龙壁。悬空寺是我国唯一的高空绝壁建筑。建筑宏伟的上、下华严寺被誉为辽金艺术的博物馆。

大同市目前发现的矿产资源有42种,探明储量的有28种,主要有煤、铜、铁、锰、铝、锌、铅、金、银、石墨、沸石、石棉、花岗岩、大理岩等,其中,以煤炭储量最多,素有"煤海"之称。现已探明煤炭储量380亿吨,且品位高,埋藏浅,易开采。煤炭的生产量、出口量、外销量均居全国煤炭城市之首。依托煤炭优势,大同电力总装机容量770万千瓦,年发电量390.55亿千瓦小时,是华北地区重要的电力生产基地。

【经济发展概况】 2011年,全市生产总值843.57亿元,比2010年增长13.1%。财政总收入162.26亿元,增长17.2%;一般预算收入64.64亿元,增长17.2%。粮食总产量8.59亿千克,增长2.8%。固定资产投资664.91亿元,增长36.2%。规模以上工业增加值351.87亿元,增长18.3%。社会消费品零售总额370.9亿元,增长18.5%。城镇居民人均可支配收入18915元,增长17.5%;农民人均纯收入4936元,增长21.5%。

坚持转型跨越发展,推进重大项目建设。同煤集团东周窑千万吨级矿井首采工作面试产。马道头千万吨级矿井加紧建设。国药威奇达搬迁改造、裕隆金属镁公司年产2万吨镁合金等项目投产。同车集团六轴大功率交流传动电力机车、豪洋铜业5万吨铜精粉、广灵富成水泥公司4000吨/日新型干法水泥、总投资16亿元的云中商贸物流园区、投资40亿元的华润风电(广灵月明山、天镇大梁山、阳高长城)、总投资15亿元的大唐山西新能源公司浑源风电一、二期工程、总投资80亿元的华能新能源天镇风电等项目顺利推进。总投资76.8亿元的同煤24万吨聚甲醛项目、总投资约5亿元的1万吨玄武岩环保材料项目、总投资13亿元的陕汽5万辆新能源汽车等项目启动实施。410万吨工业固体废弃物处理项目奠基开工。万象城市综合体、同煤集团塔山电厂2×60万千瓦煤矸石发电机组、同煤集团热电厂2×30万千瓦热电机组、大同二电厂(四期)2×100万千瓦发电机组、大唐御东电厂2×30万千瓦热电机组等项目,现正加快推进前期各项工作。园区经济已成为转型发展的主要支撑,装备制造园区已有22家企业入驻,医药园区入驻企业13家。全市高新技术产品销售收入60亿元,增长20%。重点扶持了新能源LNG(天然气)专用汽车制造技术产业化开发和多晶硅及光伏产业循环经济综合技术产业化开发项目。

坚持民生工程建设,构建和谐

塞外新古都。大同三中、十六中(北师大附中)、市实验小学迁建,北岳中学扩建工程主体完工。大同五中、九中、十二中、大同师范等学校的迁建、扩建工程顺利推进。市一医院御东新院、市五医院御东新院、市中医院御东新院主体建设完工,市六医院新院、卫生学校御东新校和疾控中心综合楼基本建成。各类保障房、安置房建设快速推进,群众住房条件得到根本改变。全年新增城镇就业51551人,城镇登记失业率控制在3.5%。企业、农村、机关事业单位养老保险参保人数106.9万人,城镇基本医疗保险参保人数128.7万人,失业保险参保人数42.6万人,工伤保险参保人数31.6万人,生育保险参保人数25.9万人。街巷硬化覆盖1155个村,完成4623千米。便民连锁店完成472个,完成年度任务的100.5%。农家书屋、农民体育健身设施均已全部完成,村级文化活动场所完成228个。新型农村社会养老保险有8个涉农县(区)全部列为国家、省新型农村养老保险试点。累计为低收入农户供煤59万吨,解决59万户农民冬季取暖问题。

坚持集群化农业发展,推动农村经济全面进步。农业产业化龙头企业进一步做大做强,以大同夏进乳业有限公司等为龙头的乳制品产业集群、以大同晋宁肉类加工有限公司等为龙头的肉类产业集群、以山西佳鑫食业有限公司等为龙头的优质杂粮产业集群、以阳高神泉生物公司等为龙头的饲草产业集群、以大同县黄花总公司等为龙头的特色农业产业集群、以山西华晟果蔬有限公司等为龙头的果蔬产业集群已初步形成。全市规模以上龙头企业达150户,销售收入33.8亿元。新发展农民专业合作社497个,全年完成各类温棚建设2053.3公顷、2.6万栋,累计达到7580公顷。全市已形成万亩以上的蔬菜生产基地乡镇18个,面积1.4万公顷,蔬菜产量62.4万吨、产值6.97亿元。墙框堡水库、孤山水库蓄水,唐河水库完成工程量的80%。新增节水灌溉面积2853.3公顷,达到7.7万公顷。

坚持开展园林城市建设,推动旅游文化产业发展。加大以十里河流域为重点的生态环境综合治理工程力度,年度完成投资4.66亿元。十里河中游污水处理厂建设顺利推进,口泉河上游污水处理厂建成投运;十里河与御河交汇处人工湿地工程、口泉河与甘河交汇处大路辛庄湿地工程进展顺利。文瀛湖绿化、十里河综合公园、御河东西两岸景观绿化、城市道路和景点建设、同左路通道绿化、马铺山森林公园等重点工程进展良好。新增绿化面积623万平方米,建成区绿化覆盖率、绿地率、人均公共绿地面积分别达到43.4%、38.6%、11.9平方米,并通过省级园林城市验收。全市空气质量二级以上良好天数347天,一级天数123天。华严寺、清真寺、纯阳宫、帝君庙、文庙、法华寺主体、善化寺景区建设基本完工。大力推进古城保护工程,南城墙、东城墙瓮城内装修、美术雕塑馆、4D影院、梁思成纪念馆、城市记忆馆等项目基本建成。大同至西安高速铁路,大呼、荣乌、天大、同源、广源5条高速公路和飞机场改扩建工程进展顺利。在建的60项、89千米道路桥梁工程基本完工。御东污水处理厂建设,东、西郊污水处理厂扩建工程进展顺利;垃圾中转、处理工作顺利推进,城市供水、供暖、供气各项工程基本实现全覆盖。云冈石窟陈列馆、演艺中心建成并向游客开放。加快恒山景区整治步伐,岳门湾、历史街区、神溪湿地建设全面铺开。投资20亿元的庞大汽车文化园林广场进展顺利。大同文化创意产业园基础建设项目完成投资8亿元。投资18亿元的文化创意产业基地落户大同。成功举办第十届云冈文化艺术节、中国大同国际雕塑双年展、云冈石窟建窟1600年庆典等文化盛事。全年接待国内外游客1616万余人次,增长16.3%;旅游总收入136.23亿元,增长15.1%。

坚持深化体制机制改革,加大招商引资力度。全面启动阳高县、灵丘县的"扩权强县"试点。南郊区水泊寺乡17个村庄、3.2万农民整体转为市民,完成投资7亿元,建成住宅小区14个。加强户籍管理,重点解决"人户分离"问题,在全市范围内实行居民户口网上迁移。在30家企业建立首批人才服务站。吸引3家股份制银行入驻大同。充实完善上市企业储备库。仟源制药公司实现创业板上市。全市共签约各类招商项目225个,涉及多晶硅、光伏发电、风电、煤化工、医药、冶金、机械制造、建材、服务业等多个领域,总投资2631.1亿元,拟引资2621.9亿元,资金到位353.8亿元。

(张志坚　杨建功)

大同市城区

【自然概况】　大同市城区位于山西省北部,是大同市的政治、经济、文化中心。东距北京380千米,南离省城太原352千米,京包、同蒲铁路,京大、大运、得大高速公路在此交汇,大秦铁路以此为起点。辖区面积46.1平方千米。设14个街道办事处、109个社区居民委员会。文化旅游资源得天独厚,是国务院首批公布的24座历史文化名城之一,有华严寺、善华寺、九龙壁、法华寺、白塔寺、鼓楼、朝阳寺等众多古建筑。大同市城区是城市经济区,无农业。2011年总人口72.7万人。

【经济发展概况】　2011年,全区生产总值115.46亿元,比2010年增长15.1%。财政总收入25.89亿元,增长23.1%;一般预算收入2.52亿元,增长21.7%。工业总产值125.93亿元,增长26%。社会消费品零售总额141.64亿元,增长16.1。固定资产投资总额200.1亿元,增长2.6%。城镇居民人均可支配收入18915元,增长17.5%。

【经济大事简介】　①全年新引进项目24个,协议引资38.26亿元,实际到位资金34.2亿元。②29项市级重点工程稳步建设,总投资51.29亿元,全年累计投资25.07亿元。③在"中博会"上签约4个项目,签约资金10.2亿元。④全年非公经济税收完成5.79亿元,占全区总税收的23%,比2010年增长26%,继续发挥着支柱作用。⑤城镇新增就业2460人,下岗失业人员再就业1060人,城镇登记失业率控制在4%以内。⑥全年人口出生率为4.06‰,

自然增长率为3.32‰。⑦全年发放低保金1.86亿元,对963人次实施了大病救助,发放救助金350万元。⑧全区城镇居民医疗保险参保17.6万人,职工参保2.9万人。⑨全年为2.9万户发放居民廉租住房补贴。⑩房屋征收与安置顺利完成,全年征收8819户、88.7万平方米,接收安置房11501套,安置11089套。⑪校安工程完成投资2.8亿元,11校等3所学校竣工,13校等5所学校主体完工,25校完成基础施工。

(城区人民政府办公室)

大同市矿区

【自然概况】 大同市矿区于1980年2月正式建区。地处大同市西南城乡结合部,区政府所在地新平旺校北街,距市中心12.5千米。辖区与南郊区相互交叉,无明确区域界限和辖区面积。全区下辖28个街道办事处,104个社区居民委员会。矿区无农业及相关产业,主要涉足第二、第三产业。第二产业以煤炭及为煤炭生产服务的煤机制造业、新型建材业为主,第三产业以煤炭运销、商贸服务业、餐饮业和现代物流业为主,二、三产业的比例为3∶7。2011年总人口50.3万人。

【经济发展概况】 2011年,全区生产总值15.62亿元,比2010年增长15.1%。规模以上工业增加值4174万元,增长22.2%。社会消费品零售总额55.12亿元,增长17.1%。财政总收入13.54亿元,下降5.2%;一般预算收入9648万元,下降3%。

民营经济不断壮大。全区共有民营经济经营户9947户,注册资金7.01亿元,从业人员5万多人。2011年,民营经济上缴税金1.3亿元,占区本级税收的73%。

煤机制造业效益提高。2011年,煤机制造业实现产值1.5亿元,上缴税金近1000万元,分别比2010年提高66%、120%。

商贸服务业发展加快。华亿新天地、名都购物广场、佳家玛超市、华林超市、同和大酒店、北方电器等知名企业相继落户矿区。口泉、恒安商贸中心区也在加快建设。

社会保障力度加大。全年城镇新增就业3456人,城镇登记失业率控制在4%以内。加快关闭企业破产步伐,全年共为近500名关闭破产企业职工解决了提前退休问题,使这一部分人老有所养。完善社会保障体系,全年共征缴各类保险金5437万元,支出12085万元。落实国家低保政策,全年共发放低保金13676万元,低保对象大病医疗救助金380万元,教育资助金25万元,全区共有28190户性、67279人享受最低生活保障待遇。

(矿区人民政府办公室)

大同市南郊区

【自然概况】 南郊区是大同市的近郊区,位于大同盆地北部,东临大同县,西接左云县,南连怀仁县,北靠新荣区。辖3个镇、7个乡、190个村。全区总面积1068平方千米。是全省首批达小康县区,晋北地区最大的商品集散地,全省重点产煤县区之一。2011年总人口40.9万人。

南郊区旅游资源得天独厚,闻名中外的云冈石窟位于本区云冈镇境内。境内还有石窟、寺庙、摩崖刻石、新石器遗址等市级文物景点10余处。

【经济发展概况】 2011年,全区生产总值314.72亿元,比2010年增长14.4%。农林牧渔业总产值9.15亿元,增长8.6%;粮食总产量5673万千克,下降1.4%。工业总产值170.34亿元,增长24.8%。社会消费品零售总额63.17亿元,增长18.3%。财政总收入77.4亿元,增长23.2%;一般预算收入6.03亿元,增长17.8%。城镇居民人均可支配收入18915元,增长17.5%;农民人均纯收入8133元,增长20%。

城郊高效农业全面升级。全年投入资金3.5亿元,新建温室大棚3000栋,设施农业面积达到986.7公顷,投资力度、发展速度位居全市第一,成功进入全国现代农业示范区建设行列。投资2.5亿元,新建了四方高科、新世纪2个高标准奶牛养殖园区;投资3000万元,扩建了和谐、冠鼎等10个奶牛规模养殖园区。全区奶牛存栏2.2万头,位居全省前列。积极扶持夏进乳业、华晟果蔬、百花园花卉等15家龙头企业发展壮大,农业产业化水平进一步提升。

重大项目建设成效明显。围绕转型要求,全年新建、续建各类项目33个,总投资258.39亿元,其中,亿元以上项目26个。投资7.8亿元的居然之家购物中心项目、投资18.55亿元的十里店城中村改造"绿洲西城"一期工程等项目,均已建成运营。投资20亿元的庞大汽车文化广场项目、投资7亿元的凯德世家购物中心项目、投资7000多万美元的工业气体项目等,正在建设当中。投资5亿元的华能集团古店风电项目、投资5亿元的大唐集团风电项目等,正在开展前期工作。

拆迁安置任务圆满完成。2011年,同左路绿化、太阳宫建设、重点项目建设等拆迁任务异常艰巨,经过多方努力,完成各项征地拆迁任务7500多户、89万平方米,安置涉拆户9519户。

城乡环境面貌明显改观。全年累计投资69.83亿元,重点铺开12个"城中村"改造,改造总面积240万平方米;其中,一期工程开工建设120.4万平方米,可安置拆迁户9716户。打造了和汇新泉湾、宏洋美都等一批城中村改造精品工程,改变了"城中村"脏、乱、差面貌,提升了城市品位和整体形象。

生态建设创造历史之最。全年完成国家级林业重点工程1253.3公顷,完成省级六大造林绿化工程1600公顷,完成矿区造林53.3公顷,完成市级林业重点工程同左路云冈至鹊山矿段两侧荒山造林733.3公顷,通道绿化已栽植10万株、挖坑2万个,为完成全年绿化任务打下了坚实基础。完成大运、得大高速公路补植任务7.5千米。完成区级重点工程区乡村道路补植任务258千米,四旁植树75.4万株。

民生幸福指数提升。治理沉陷区工程新建安置楼房130栋,可安置受灾户6168户。校安工程共投资5680万元，新建农村中小学校26所、4.4万平方米，对采煤沉陷区乡镇学校进行了过渡安置。结合医改，进一步完善乡、村两级医疗体制，农村医疗水平和能力有所提高。全年完成农村街巷硬化315.5千米。中等职业教育全部免费就读，实现了全覆盖。新建便民连锁商店10个、村级文化活动室25个、农家书屋43个、体育健身场所55个。

（杨霄鹏）

大同市新荣区

【自然概况】 新荣区建于1970年，辖1个镇6个乡、140个行政村。2011年总人口10.9万人。

全区总面积1018平方千米。黄土丘陵地貌，平均海拔1245米。属温带大陆性季风气候，日照时间长，昼夜温差大，年均无霜期115天，年降水量350毫米左右。

矿产资源主要有煤、石墨、玄武岩等。石墨资源储量大、品位高、易开采，开发潜力巨大。

农业生产以杂粮种植和畜禽养殖为主，主要农产品有小杂粮、马铃薯、瓜菜、羊肉、奶、蛋等。由于独特的地理气候条件，新荣小杂粮营养价值高、糖脂含量少、口感好，已形成知名品牌。

工业生产以煤炭、化工、制造业为主，主要产品有煤、焦炭、化肥、水泥、机械设备等。

旅游资源丰富，现有国家重点保护文物1处，省级文物保护单位13处，市级文物保护单位5处，区级文物保护单位4处。2007年被山西省确定为11个发展循环经济示范区之一。

【经济发展概况】 2011年，全区生产总值21.76亿元，财政总收入5.32亿元，一般预算收入2.01亿元，农林牧渔业总产值5.09亿元，工业总产值26.66亿元，规模以上工业增加值12.2亿元，社会消费品零售总额5.97亿元，全社会固定资产投资19.2亿元，农民人均纯收入5008元，城镇居民人均可支配收入14003元。

“三农”工作全面推进。发放粮食补贴985万元，农作物播种面积达到2.4万公顷，粮食产量4086万千克。新建10个标准化养殖小区，完成棚圈建设面积1.5万平方米，畜牧业收入3.15亿元，畜牧业人均所得1205元，增长8.3%。地膜覆盖、杂交良种、测土施肥等技术得到广泛应用。胡麻、荞麦、燕麦、谷子、马铃薯新品种试验、示范取得良好效果，平均亩产大幅增加。完成水源工程20处，节水工程2处，铺设管道5600米，小流域治理15.3公顷，改造滩涂地107公顷，沟坝地40公顷，旱平地53.3公顷。围绕小杂粮、脱毒马铃薯和肉羊养殖等优势产业，新发展10个专业村，带动农民5000户。全区小杂粮完成注册商标6个，无公害、绿色、有机产品认证15个，形成以马铃薯、小杂粮和肉羊为代表的特色农产品生产、加工、销售产业链，有效带动了种养业的发展。

生态环境持续改善。以打造古都后花园、名城生态区为目标，大力开展规模植树造林。总投资1.78亿元，完成造林总面积2133.3公顷，是建区以来面积最多、标准最高、投资最大的一年。完成大呼高速公路26.9千米通道绿化，栽植各类树木12万株，花灌木2.6万丛，沿线两侧低质低效灌木改造及宜林荒山荒沟造林180公顷，栽植苗木22.9万株，沿线村庄绿化6个。完成得大高速公路19.6千米通道绿化带补植续建工程，补植各类苗木5.8万株；沿线两侧荒山绿化86.7公顷，栽植苗木11.8万株；沿线两侧村庄绿化5个。完成古长城森林公园绿化造林1133.3公顷，通道绿化补植8.5千米，道路修建25千米，2533.3公顷的造林目标提前两年完成，成为全市规模最大的生态公园和全省首批县级森林公园。区址主干道绿化工程，栽植乔木1700株，花灌木240丛，盆花16万株。

社会事业协调发展。2011年，投资2200万元，完成6个学校、13个项目的续建任务，全区中小学校舍安全工程圆满完成，3年累计投资1.5亿元，实现了中小学校舍安全全覆盖目标，全区的校安工程在质量和完成时间上都走在了全市前列。大力推进区、乡、村三级医疗卫生机构建设，投资1490万元，实施了区医院住院楼、医技楼改扩建工程，完成二等乙级评审验收工作。全面实施国家基本药物制度，实行零差价销售。继续巩固新农合制度，共为8.8万人次补偿费用1456万元。投资271万元，解决了5000人、1500头大牲畜饮水安全问题。新建便民超市40个，提前实现农村便民连锁店“全覆盖”。完成41处农民体育健身设施建设。切实做好困难群众的生活保障工作，全年发放大病医疗救助金168.1万元，教育救助金15.8万元，为低保户发放低保金1906万元，一次性生活补助617万元。为1336户农村“五保”户发放“五保”供养金215万元，一次性生活补助28.5万元，为255户优抚对象发放慰问金和抚恤款146万元。

【经济大事简介】 ①全区招商引资工作取得重大突破，签约项目21个，协议资金30.5亿元，到位资金15.4亿元。②唯实机电设备公司带式输送机项目一期工程竣工。③山西经贸集团新能源生物质能热电联产项目成功签约。④大呼高速至新荣连接线公路完成建设任务。⑤法院、检察院办案业务技术用房完成基础工程。⑥迎宾路两侧改造主体工程基本完工。⑦开工滨河南北路道路项目，完成污水处理厂段工程。⑧煤矿企业兼并重组整合工作基本完成，通过省级验收。

（新荣区人民政府办公室）

左云县

【自然概况】 左云县位于山西省北端，大同市西部，北隔长城与内蒙古凉城县接壤，西南与朔州市右玉、山阴、怀仁县毗邻。全县总面积1314.2平方千米。辖3个镇6个乡228个行政村。2011年总人口15.7万人。

左云地处黄土高原东部边缘，地貌特征以黄土丘陵区为主，平均海拔1200米以上。气候类型属温带半干旱大陆性气候，年平均气温5.5℃，多年平均降水量409.7毫米，无霜期121天。

【经济发展概况】 2011年，全县生产总值31.42亿元，比2010年增长15.5%。财政总收入9.08亿元，增长13.5%；一般预算收入3亿元，增长1.4%。农林牧渔业总产值4.24亿元，增长13.7%；粮食总产量3030万千克，增长4.5%。工业总产值15.99亿元，增长44.8%。社会消费品零售总额13.61亿元，增长16.8%。城镇居民人均可支配收入15336元，增长17.9%；农民人均纯收入6507.4元，增长19.9%。

大力发展现代特色农业，扎实推进新农村建设。农村经济社会有了新发展。深入实施马铃薯发展战略，全县马铃薯种植面积达到6667公顷。涌现出马铃薯产业化龙头企业5家、专业合作社10多个。积极推进标准化养殖小区建设，全年共新建标准化养殖小区23个，建设棚圈总面积6万平方米。县、乡、村三级投资780万元，完成19个新农村建设重点推进村建设任务。全面推进农村新的“五个全覆盖”工程建设，对131个行政村的街巷道路进行硬化，共计324.6千米，完成投资4167.7万元。新建、改造农村便民店63家。建成农家书屋106家，为216个村建设了体育场地，为50个村配送了文化活动器材。新型农村社会养老保险完成参保人数54086人，完成基金征缴收入125万元，为11471名60岁以上农村老人足额发放基础养老金712.7万元。

狠抓重大项目的建设与推进，转型跨越发展步伐加快。一是强力推进煤矿改造建设。23座基建技改矿井中，有22座正式开工建设，山煤集团韩家洼煤矿年内实现了主生产系统试运转。同煤集团在左云县建设的2座千万吨矿井进展顺利，东周窑煤矿实现了试生产，马道头矿井主斜井已贯通，副斜井掘进1138米，井下巷道累计完成5444.5米。二是一批重大前期项目取得突破性进展。总投资253亿元的同煤煤制天然气项目、总投资150亿元的马道头煤电一体化发电项目，完成前期工作，上报国家发改委待批。引黄北干线左云供水工程，可行性研究报告通过专家论证，已报省水利厅技术审查。三是招商引资取得新成绩。在广州招商引资推荐会和第六届中博会上，签约项目14个，签约资金2.4亿元。一个多元发展、多极支撑的现代产业体系正在逐步形成。

加大基础设施建设力度，积极改善发展环境。在城市发展上，交通、水利、电力事业有了新发展。全长38.4千米的古长城旅游路，完成总工程量的65%；全长25.3千米的三屯——镇河堡公路，完成水泥路面铺筑13.7千米。投资265万元建成饮水工程11处，解决了5467人、338头大牲畜的饮水安全问题。十里河水库除险加固工程竣工。110千伏小京庄变电站增容工程竣工投用，新农网改造工程完成16个新农村的街巷路灯亮化工程。加速推进生态胜地建设，实施县级造林绿化10项林业重点工程，完成乔木栽植64.5万株，灌木3.3万平方米，在2011年9月召开的山西省造林绿化阳泉现场会上，被省政府评为“全省林业生态县”。

【经济大事简介】 ①县乡两级落实扶持补贴资金424万元，重点实施了2000公顷马铃薯高产创建项目，亩均产量1050.3千克，增产72%。②全年新建标准化养殖小区23个，建设棚圈总面积6万平方米。③在2011年9月召开的山西省造林绿化阳泉现场会上，左云县被省政府评为“全省林业生态县”。④总投资48亿元的东周窑千万吨煤矿工程，2011年9月试生产。⑤总投资51亿元的马道头千万吨煤矿项目，矿井主斜井已贯通，副斜井掘进1138米，井下巷道累计完成5444.5米。⑥山煤集团韩家洼煤矿在2011年实现了主生产系统试运转。⑦完成大呼高速公路互通城市道路拓宽工程，12月初正式通车。

（左云县人民政府办公室）

大同县

【自然概况】 大同县战国时属赵，汉置平城县，辽重熙十七年（公元1048年）从云中县分置大同县，大同县之名自辽始。

大同县地处山西省东北部，大同盆地中间地带，县境平均海拔1157米，平均日照时数2835小时，无霜期132天左右。境内有大小河流13条，年平均降水量390毫米，水资源储量1亿立方米。

全县总面积1503平方千米，耕地面积4.2万公顷。11种矿产资源中，玄武岩储量最大，已探明储量69亿立方米，分布面积211.8平方千米。黄花、绿豆、杏脯等特色农产品通过国家绿色食品认证。

全县现辖3个镇7个乡175个行政村。2011年总人口18.7万人。

【经济发展概况】 2011年，全县生产总值17.78亿元，比2010年增长12%。农林牧渔总产值10.15亿元，增长11%。社会消费品零售总额9.44亿元，增长17.1%。财政总收入2.92亿元，增长3.5%；一般预算收入1.13亿元，与2010年持平。规模以上工业增加值2.81亿元，增长23%。粮食总产量6300万千克，下降31.4%。农民人均纯收入4907元，增长12.5%；城镇居民人均可支配收入11610元，增长17.1%。

招商引资成效显著。华电新能30万千瓦南山风电、山西大唐20万千瓦北山风电、山西大唐国际2×35万千瓦热电联产、国电电力2×100万千瓦电力，已有两个项目报国家发改委审批，两个项目完成前期数据测量。福建隆德集团中国大同论坛会址项目已与大同县达成战略合作意向。山西煤运高端农业循环示范园区建设项目完成前期工作。大同火山群国家级地质公园项目积极推进。玄武岩连续纤维及后制品项目开工建设。

主导农业作用显现。大同县把黄花产业作为“一县一业”的主导产业，筹资1000万元对黄花种植户进行补贴，调动了农民的种植积极性。全县新栽黄花1533.3公顷。加大对黄花产业的精深加工，延伸产业链，提高附加值。完成16个新农村建设重点推进村村级规划。新建改造便民超市36个，配送中心1个。硬化街巷298千米。建成农家书屋91个、农村健身场所106个。新打机井48眼，新增水浇地733.3公顷，

新建现代农业专业示范园区7个。解决了1万人、3000头大牲畜的饮水安全问题。完成造林2966.7公顷，通道绿化100千米、村庄绿化20个。实施改良盐碱地266.7公顷，测土配方施肥3.7万公顷，玉米丰产方和高标准旱作农业地膜覆盖1.1万公顷，巩固退耕还林口粮田666.7公顷。

基础设施建设加快。吸纳社会资金1.23亿元，新开发改造完成住宅11.2万平方米；投资2400万元，建设经济适用住房1.5万平方米。投资5467万元，完成天大高速西互通及县城西环路工程。投资113万元，维修和疏通县城主干道路面、雨水管道和防洪渠。投资1000万元，建设文化图书大楼工程。投资850万元，完成109国道大同机场到县城段的绿化工程。

【经济大事简介】 ①大同县被纳入国家燕山—太行山连片特困地区。②吸纳社会资金1.23亿元，新开发改造住宅11.2万平方米。③投资350万元，续建完成建筑面积4000平方米的文化图书大楼。④投资5467万元，完成天大高速西互通及县城西环路建设，2011年10月正式通车。⑤投资1787万元，建设5所中小学的教学楼和实验楼。⑥投资3036.9万元，实施西坪镇农业园区土地整理项目。⑦投资556万元，解决了1万人、3000头大牲畜饮水安全问题。⑧完成农机补贴980万元。⑨投资400万元，新建改造农村便民超市20个、配送中心1个。

（大同县人民政府办公室）

天镇县

【自然概况】 天镇县位于山西省东北部，地处山西、河北、内蒙古三省（区）交界处。全县辖有11个乡镇、221个行政村。2011年总人口20.7万人。

全县总面积1635.1平方千米。海拔高度在976～2016米之间。地貌特征为山区多、平原少，山区、丘陵、平原分别占总面积的51%、29%和20%。

天镇属大同断陷盆地，为大陆性北温带干旱区季风气候，四季分明，冬季偏长，风多雨雪少，蒸发量大，年均降水量400毫米，常年平均气温6.7℃，昼夜温差平均13.7℃，无霜期120天。

天镇没有煤炭资源，但其他矿产资源比较丰富。已探明的矿产有39种，其中，地热水、铁、石墨、花岗岩、大理石、白云岩、玄武岩、霞石正长岩、泥炭等具有一定的开采价值。

天镇现存文物古迹388处，其中，国家级重点文物保护单位慈云寺、汉墓群和省级文物保护单位盘山石窟、古长城以及玉皇阁、惠庆塔等都具有较高的开发和观赏价值。

【经济发展概况】 2011年，全县生产总值15.34亿元，农林牧渔业总产值9.13亿元，工业总产值5.12亿元，固定资产投资总额26.32亿元，社会消费品零售总额5.62亿元，分别比2010年增长17.4%、17.8%、46.7%、67.7%和17.5%；财政总收入1.01亿元，一般预算收入4580万元，分别比2010年增长21%和24.5%；城镇居民人均可支配收入12611元，农民人均纯收入3673元，分别比2010年增长20.6%和20.1%。

全力推进设施蔬菜大棚和北京东城区农副产品直营店建设。累计建成投入使用各类蔬菜大棚1.1万栋，在建3000多栋，全年生产设施蔬菜4.3万吨。在北京东城区设立农副产品直销店10家、总营业面积3500平方米，日均销售蔬菜50吨、其他农副产品13吨，成为东城区重要的农副产品供应基地。新建规模养殖小区13个，总数达到185个。积极培育和发展农业产业化龙头企业，销售收入3.2亿元。新发展农民专业合作社71家，总数达到495家。确定105个村为“一村一品”专业村重点培育对象，7个村被确定为省级示范村。扎实推进农业基础工程建设，新增有效灌溉面积470公顷，新增节水灌溉面积1270公顷。粮食总产量1.41亿千克，再创历史新高。

大力发展以风力、光伏发电为主的新能源产业。华能武家山风电场一期工程、华润大梁山风电场一期工程并网发电；华能武家山风电场二期工程、大唐环翠山光伏电站开工建设；与国电山西洁能、山西国际电力等6家公司建立风光产业开发协议，新能源产业集群发展态势初显，被确定为全省光伏产业重点县。山西国际能源集团天镇2×350兆瓦热电联供项目被列入省“十二五”电力发展规划。加快改造提升传统工业，新裕隆金属镁公司投资5559万元，完成一期年产1.5万吨镁锭、2万吨镁合金技改扩建工程。

持续推进以新城区、重点镇、生态、交通为重点的基础设施建设。城市基础设施建设不断加强，新建、改造道路3.8千米，铺设污水管网14.5千米，开工建设迎宾大桥，综合档案馆、劳动就业保障服务中心、新城中学四期工程主体完工。扎实推进污染治理，全年二级以上天气343天。全力抓好新平堡省级重点示范镇建设，组织实施了移民搬迁住房建设、旅游公路、生态绿化、电力电讯、供排水等21项工程。南洋河生态建设工程累计投资1.1亿元，生态湿地、园林景观、亲水乐园的靓丽风景初步呈现。完成林业生态建设5800公顷。天大高速公路天镇段除大梁山隧道外全线贯通，黑龙寺旅游路改建工程完工。

各项新农村建设事业统筹发展。农村新的“五个全覆盖”工程加快推进，完成137个行政村、602千米街巷硬化工程，建成农村流动书库221家、农家书屋107家、农村体育场所171个，新建农村便民连锁商店50个，新农保、职业教育免费提前完成覆盖任务。

【经济大事简介】 ①2011年1月18日，天镇县人民政府与北京市东城区人民政府共同签署《关于共同建立无公害蔬菜场地对接，提升东城区蔬菜应急供应保障能力的战略合作协议》，天镇县在北京市东城区设立的第一家无公害蔬菜及农副产品直营网点开业。②2011年1月19日，人力资源社会保障部副部长胡晓义深入天镇调研新农保工作。③2011年8月17日，天镇县人民政府与神华集团国华能源投资有限公司签订新能源项目开发协议。④2011年10月18日，大唐山西新能源有限公司天镇30兆瓦光伏发电站举行开工仪式。⑤2011年11月2日，国电山西洁能有限公司天镇环翠山光伏电站一期(20兆瓦)工程举行开工仪式。⑥2011年11月8日，天镇县边塞文化研究会成立。⑦新平堡镇被列为全省首批21个省级重点示范镇之一，新平堡边塞文化旅游园区项目参展第七届文博会。

(天镇县人民政府办公室)

浑源县

【自然概况】 浑源县位于山西省东北部。全县总面积1966平方千米，耕地4.6万公顷。辖6个镇12个乡315个行政村。2011年总人口34.6万人。属国家级贫困县。

全县煤炭、花岗岩、油母页岩、膨润土等矿产资源丰富。恒山、悬空寺、汤头温泉、神溪湿地等旅游资源得天独厚。“正宗北芪”享有盛名。

【经济发展概况】 2011年，全县生产总值33.88亿元，比2010年增长16%。财政总收入5.27亿元，增长29.9%；一般预算收入1.77亿元，增长17.2%。农林牧渔业总产值13.79亿元，增长8.6%；粮食总产量1.34亿千克，增长3.9%；工业总产值29.6亿元，增长40.4%；规模以上工业增加值13.5亿元，增长24.5%。全社会固定资产投资完成28.4亿元，增长1.8倍。社会消费品零售总额18.32亿元，增长16.5%。城镇居民人均可支配收入12860元，增长14.3%；农民人均纯收入3940元，增长28.6%。

*工业经济迈出新步伐。*2011年，煤矿兼并重组取得重大突破，百川、金岷、东邦煤业联合试运转初战告捷，全年原煤产量1060万吨，实现税费6.7亿元。花岗岩开采加工在环保压力加大、资源赋存锐减、技术亟待创新的形势下，仍完成税费1918万元。大唐350兆瓦、国电新能源200兆瓦、中海油250兆瓦风力发电项目稳步推进，新型产业孵化培育初见成效。园区化发展战略初步确立，“一园多区”规划初具雏形，工业经济发展的基础基本奠定。

*“三农”工作取得新进步。*现代农业的主攻方向基本明确，设施农业项目遍地开花，春润、神农、巨丰、鑫泰荣等一批农业示范园区基本建成，新建温室大棚2000栋。22个重点推进村年度任务圆满完成，集中连片扶贫开发在全省赢得殊荣。农村文化科技活动室、卫生室、健身场所、便民连锁店等公共服务体系进一步健全，农民专业技能培训和转移输出渠道进一步拓宽，新增农民专业合作社51个，农民增收势头强劲。

*旅游产业呈现新亮点。*岳门湾景区修复工程进入收尾阶段，恒山山门的鸿篇巨制基本绘就。停旨岭整村搬迁等8项环境综合整治工程全部完工，核心景区景观品位显著提升。恒荫御带河、环城水系路网和旅游服务区建设工程全面启动，以人为本的设计理念和山水文化的独特内涵得到充分彰显。五集央视电视纪录片《北岳恒山》和电影《恒山月光》顺利开拍，腾讯网北岳恒山微博成功开通，“文化恒山”建设全面提速。2011年接待中外游客75万人次，旅游收入4448万元，综合收入突破3亿元。

*生态建设开创新局面。*以“生态、安全、民生”为矿产资源开发的总标杆，全面打响花岗岩采区环境治理、露天煤矿生态恢复、城乡环境综合整治三大攻坚战役，全年累计完成绿化面积4667公顷，治理水土流失面积5000公顷，按环评要求高质量完成采区生态修复年度任务，依法取缔了11个乡镇土小炉窑187座。

【经济大事简介】 ①与大唐山西分公司就风电、煤电、光电以及生物发电等新能源合作项目进行对接磋商。②与中煤集团合作项目推进会在恒山国际酒店举行。③投资1.16亿元，启动大同忠旺恒达黄芪产业示范区建设工作。④大同华润燃气有限公司浑源分公司天燃气场站奠基仪式举行。⑤电影《恒山月光》开拍仪式在浑源县恒山国际酒店举行。⑥浑源县被授予全省扶贫开发先进县称号。

(李长春)

广灵县

【自然概况】 广灵县地处太行山北端，恒山东麓，为山西省东北门户。东与河北省蔚县毗邻，南同灵丘县接壤，西和浑源县相连，北接阳高县和河北省阳原县。全县辖2个镇7个乡，180个行政村。总面积1283平方千米。2011年总人口18.4万人。

广灵属温带大陆性季风气候，四季分明，年均气温7℃，年均降水量388毫米。平均海拔1650米，最高为西北六棱山顶2375米，最低为壶流河出境处930米左右。

广灵是一个传统农业县，也是国家扶贫开发重点县和山西省“晋西北和太行山革命老区扶贫开发”战略实施重点县，全省首家全国第54家国家级绿色农业示范区建设单位、中国绿色名县、国家首批绿色能源示范县、国家首批有机产品认证示范创建县、山西省文化建设示范县、山西省文化建设先进县。大同市优质杂粮生产基地，农作物品种主要有玉米、谷子、马铃薯、黍子、向日葵、莜麦、胡麻、黄花菜、豆类等。畜牧业以羊、牛、驴、猪、马为主，广灵“画眉驴”、“大尾羊”、“东方亮小米”、“五香瓜子”、“老香豆腐干”、黄花菜、食用菌等名优特产名扬省内外。

矿产资源储量较大的仅有高钙石灰石和富镁白云岩，水泥建材和镁业较发达，为国家级镁及镁合金产业基地。

生态环境良好，绿化覆盖率18.9%。现有湿地2000公顷，2007年设立壶流河湿地省级自然保护区。

旅游资源丰富，有国家重点文物保护单位“塞外江南”水神堂等自然、人文景观157处，旅游资源存量名列全市县(区)第一。历史文化底蕴深厚，享有“中国民间文化艺术之乡”、“国际剪纸艺术之乡”、“中国最佳文化生态旅游名县”等美誉。

【经济发展概况】 2011年，全县生产总值14.74亿元，比2010年增长

17.1%。全社会固定资产投资26.3亿元,增长129%。社会消费品零售总额5.78亿元,增长17.3%。工业总产值10.5亿元,增长36.5%;工业增加值3.81亿元,增长17.8%。财政总收入1.26亿元,增长20.1%;一般预算收入4830.9万元,增长25.3%。农民人均纯收入3854元,增长16.8%;城镇居民人均可支配收入12529元,增长18.6%。

现代农业加快发展。全面落实各项强农惠农政策,粮食总产量1.28亿千克。现代农业示范园区建设强势推进,以食用菌、杂粮、蔬菜、林畜产品为代表的"一村一品"特色产业日益壮大,形成主导产业7大类31个,发展专业村31个,三庄村、西河乡村荣获省级先进村称号。食用菌年产值1.6亿元,带动农户5000户,户均增收1万元。畜牧经济健康发展,大牲畜饲养量和存栏量比2010年分别增长18.9%和19.7%。农业科技推广力度加大,标准化生产取得新突破。农产品无公害、绿色、有机"三品"认证达到20个,"三品"认证面积占总播种面积的69%,培育有机产品认证龙头企业5家,被评为全省唯一一家"国家首批有机产品认证示范创建县"。

招商引资成果丰硕。先后与30多家投资客商进行沟通和考察洽谈,促成投资80亿元的"六棱山滑雪度假项目"、投资5亿元的"白羊峪、圣眷峪、水神堂、湿地旅游开发项目"、投资1.2亿元的"城市燃气项目"和投资2.2亿元的"生物质能热电项目"正式签约,年度项目投资签约额88.4亿元。招商引资项目开工率100%,亿元以上项目到位资金22.12亿元,资金到位率55%。

基础设施日趋完善。完成新区广灵县剪纸文化艺术中心的初步设计。涧东新区路、桥、水、电、热、气、通信等管网建设完成投资过半,木槽涧综合治理工程完成全部工程总量的80%。县城绿化、美化、亮化水平不断提升。城镇开发建设取得新成效,"尚品公寓"项目完成主体工程,"阳光现代商业中心"项目和"聚福园小区"项目顺利竣工。800套廉租住房、769套经济适用住房、500套棚户区改造项目建设顺利推进,1500户农村危房解困工程交付使用。改造中低产田446.7公顷,新增耕地283.3公顷,新增和恢复水浇地1457.3公顷。解决了2万人、3195头大牲畜及3所学校1600名师生的饮水安全问题。完成省市营造林任务3520公顷、村庄绿化10个。

社会事业全面进步。进一步改善办学条件,完成8所项目校校舍安全收尾工程,被确定为"山西省农村学前教育推进工程试点县"。正式启动"学前教育三年行动计划",实施了中职教育全免费覆盖工程。基本医疗保障制度建设顺利实施,新型农村合作医疗参合率99.5%。剪纸产业年增加值4000万元,被中国民协命名为"中国剪纸艺术之乡"。励志影片《我的少女时代》分别在北京、太原成功首映。

【经济大事简介】 ①山西华电广灵风电公司投资4.13亿元,完成甸顶山风力发电项目二期风电场建设。②总投资4.3亿元的广灵县富成水泥有限公司续建"日产4000吨新型干法水泥熟料生产线项目"如期竣工。③广灵秋皓制衣有限公司新建"制衣项目"完成投资800万元,安装国内先进服装流水线12条,年生产能力30万件。④广灵县龙泰商品混凝土有限公司总投资1950万元的新建"混凝土搅拌站"项目竣工投产。⑤2011年12月28日,国家首批有机产品认证示范创建县授牌仪式在并举行,广灵县成为国家首批11个有机产品认证示范创建县之一,为全省首家。⑥广灵县粮食生产、设施蔬菜、农产品加工取得突出成绩,被省委、省政府授予全省"粮食生产先进县"、"设施蔬菜建设先进县"、"农产品加工'513'工程先进县"称号。

(广灵县人民政府办公室)

灵丘县

【自然概况】 灵丘县地处山西省东北边陲,大同市东南端,东、南与河北涞源、蔚县、阜平接壤,西、北与本省繁峙、浑源、广灵毗邻。全县南北长84千米,东西宽66千米,总面积2732平方千米。辖3个镇9个乡254个行政村。2011年总人口23.6万人。

主要河流有唐河、赵北河、三楼河、下关河、华山河。全县地表水2.65亿立方米,地下水1.1亿立方米。年平均气温6.9℃,降水量432.4毫米,无霜期150天左右。

【经济发展概况】 2011年,全县生产总值32.16亿元,比2010年增长18%。财政总收入5.7亿元,增长11.3%;一般预算收入1.84亿元,下降12.4%。农林牧渔业总产值5.67亿元,增长15.8%;粮食总产量7360万千克,增长21%。工业总产值37.32亿元,增长19.4%。社会消费品零售总额17.35亿元,增长16.9%。城镇居民人均可支配收入15407元,增长19.7%;农民人均纯收入4015元,增长14.6%。

重点项目建设强力推进。2011年重点工程项目26项,完成投资32.8亿元。宗银公司白银冶炼及银制品加工、寒风岭风电场、大涧煤站改扩建等7个项目完工,唐河水电站、金地公司富锰渣生产线、大涧生活垃圾处理场、豪洋铜业铜精粉生产线等19个项目进展顺利。组团参加"渝洽会"、"中博会"等各类招商洽谈会6次,利用北京招商中心等各类招商平台推介项目47个,成功签约招商项目6个,拟引资17.46亿元。

"三农"工作成效显著。县财政投入资金2300多万元,实施了20个新农村重点推进村建设。修筑护村护地坝7.9千米,安装路灯200盏,建成休闲广场20个,改造危房268户,新建农村沼气池500座。栽植干果经济林1066.7公顷,干果栽植面积达到1万公顷,新建高效日光节能温室498栋,全县日光温室数量达到1960个。改扩建畜禽标准化小区10处,全县标准化养殖小区达到50多个。杂粮种植面积1.4万公顷。解决了7200人、2352头大牲畜的饮水不安全问题。实施各类农建工程148处。完成各类造林工程3313.3公顷。集体林权制度改革完成确权面积8.7万公顷。农村新的"五个全覆盖"工程全部完成,新农保参保率95%。

基础设施建设日臻完善。道路建设方面，完成唐河大桥修建、曲回寺—禅庵寺四级旅游公路工程和5条总长12千米的村连村四级水泥路改造工程。全县行政村客运班车通达率99.6%。荣乌高速公路灵丘段工程基本完工。振华西街道路续建、武灵王公园绿化及文化墙浮雕、高家庄大桥加宽工程和振华西街、兴民路绿化工程全部完成。迎宾北路、沙河南路棚户区拆迁改造有效推进。县城居民多年企盼的集中供热项目顺利启动并完成一期工程，实现供热面积80多万平方米。城市燃气建设项目完成中压管网18.5千米，民用户安装716户。新配备的现代环卫设施全部投入使用，县城环境卫生状况明显改善。

民生社会事业全面发展。教育事业发展加快，先后实施了城镇二小等7所学校配套工程，完成10所中小学校安工程和上寨镇中心幼儿园建设。新农保参保12.2万人，为2.5万名60岁以上农民发放养老金1668万元，为城乡低保和农村“五保”供养对象等发放补助金4000多万元，为农村灾民发放救灾款222万元，发放大病救助、教育资助、特困救助资金600万元。完成2000套10万平方米的廉租房工程，为1500户农村困难群众进行危房改造，为4300户城镇困难群众发放住房补贴774万元。白崖台、落水河2所乡镇敬老院完工并投入使用，全县养老、敬老院的数量达到15个。全年城镇新增就业人员1082人，下岗失业再就业245人，转移农村剩余劳动力3600人。全县12个乡镇卫生院、7个医疗卫生服务站和237个村卫生所实行了基本药物制度。开工建设县医院住院楼工程，武灵卫生院新建工程完成主体，第二人民医院挂牌成立。积极开展省级计生优质服务县创建工作，全县230个行政村新建、扩建了计生服务室。

【经济大事简介】 ①全县金融系统累计发放贷款6.79亿元。②总投资2.1亿元的唐河集贸市场建设项目完成“三通一平”，完成投资7000万元。③县城集中供热一期工程投入运行，完成投资1.46亿元。④完成县城管道天然气建设一期工程。⑤开展20个新农村重点推进村建设。

（灵丘县人民政府办公室）

阳高县

【自然概况】 阳高县位于山西省东北部，山西、河北、内蒙古三省（区）交界处。总面积1668平方千米。辖7个镇6个乡256个行政村。2011年总人口27.4万人。

全县三面环山，森林覆盖率17%。最高海拔2420.5米，最低海拔980米，是典型的黄土丘陵区。气候属内陆干燥气候区，年平均降水量400毫米左右，无霜期159天。境内水资源居大同市各县（区）前列，河川径流量年平均8194万立方米，地下水资源量1.24亿立方米。

【经济发展概况】 2011年，全县生产总值19.91亿元，比2010年增长16.5%。财政总收入1.79亿元，增长29.6%；一般预算收入7371万元，增长23.6%。农林牧渔业总产值16.81亿元，增长25.7%；粮食总产量1.91亿千克，增长11.1%。工业总产值13.06亿元，增长57.3%。社会消费品零售总额6.58亿元，增长17.4%。城镇居民人均可支配收入12433元，增长16.9%；农民人均纯收入4061元，增长18.9%。

园区工业快速发展。坚持园区基础建设与项目填充并重，全力打造一流循环经济示范园区。全年累计投入资金3200多万元，新修天大高速连接线三、纬十一路东延伸段2条主干道；完成纬十一路扫尾工程和纬十二路、经十二路、经三十一路路基建设，同步完成部分道路绿化。驭龙药业、华润长城风电等重点项目快速推进，当年完成投资11.2亿元。招商引资工作取得新成绩，全年引进大同京元锰业高锰酸钾、华润新能源公司光伏发电、大同御泉饮品公司纯净水等工业项目6个，总投资40.23亿元。

设施农业成绩明显。以设施农业为抓手，加快传统农业转型升级，惠及更多农民群众。全年扶持新建日光温室3062栋、移动大棚5269栋，设施总面积达到2293.3公顷，全县蔬菜总面积达到9400公顷，蔬菜收入占到农民人均纯收入的40%。扶持新建养殖小区12个、改扩建4个，新增棚圈10多万平方米，全县生猪饲养量、奶牛存栏量、羊饲养量分别达到64.1万头、2.1万头、37万只，分别增长6.4%、11.5%、5%。利用项目资金补贴，栽植优质杏树1133.3公顷，打造古城、东小村集中连片万亩杏果基地。加快龙头建设，引资3.42亿元，建成北农阳光万栋全自动大棚育苗和宏泰花卉繁育两个基地，完成鹏程小店种猪繁育项目二期工程，开工建设露露集团绿苑饮品公司杏饮料加工扩建项目，农业产业化进程加快。

县城建设扎实推进。围绕云林寺、县衙两大核心区建设，基本完成政府街、辕门街以及东风旅馆区域的拆迁工作，大北街两侧商铺顺利竣工。8.5万平方米廉租住房后续建设任务全面完成。县城集中供热、供气工程稳步推进，实现了新建住宅小区全覆盖。加强环境保护，改善大气质量，拆除供暖锅炉16台，县城二级以上天数345天，人居环境进一步改善。

农村基础持续夯实。整合农村街巷硬化、新农村建设、土地整理、农业综合开发、整村推进等项目资金，累计投入2.42亿元，圆满完成16个新农村重点推进村建设、大白登镇新农村集中连片示范区建设、6个乡镇8个村的整村推进工程。围绕“扩浇、节水、改地、造林”，完成农建工程182处，新增水浇地813.3公顷，改善恢复水浇地960公顷，解决了1.1万人的饮水问题，完成生态治理和绿化4933.3公顷，农业农村发展基础进一步夯实。

民生事业再创新绩。千方百计筹措资金，倾心倾力推进各项民生事业。新建阳高一中、新建人民医院、校舍安全改造、阳和中心敬老院等民生工程全部完工并投入使用，实验中学、儿童福利院完成主体工程。农村新的“五个全覆盖”工程完成年度任务。扶贫移民、连片开发扎实推进，750户贫困户实现稳定脱贫。认真落实各项保障民生政策措施，为低保户、“五保”户、孤儿等困难群体发放各类救助资金5000多万元。筹资1200多万元，顺利启动新型城乡居民养老保险。

【经济大事简介】 ①阳高县被列入全省首批22个扩权强县试点县。②省市关注、全县期盼的中化集团“双超百亿”化工新材料项目开工奠基。③总投资3.6亿元的露露集团绿苑饮品公司杏饮料加工扩建项目开工建设。④总投资2.5亿元的阳高一中新校以及校舍安全改造工程投入使用。⑤职业培训和劳务输出力度进一步加大，阳高县被评为全省创业就业先进集体。⑥投资1.42亿元，硬化农村街巷900.2千米，完成2011年农村街巷硬化“全覆盖”工程。⑦总投资1亿元的新建县人民医院工程投入使用。

（阳高县人民政府办公室）

阳泉市

【自然概况】 阳泉地处山西省中东部，太行山中段西侧，是中国共产党于1947年创建的第一座城市。全境面积4570平方千米，其中，山地占73.6%，丘陵占13.7%，平原占12.7%。现辖平定县、盂县、郊区、城区和矿区5个县(区)，1个省级经济技术开发区，共有32个乡镇，12个街道办事处，960个行政村。2011年总人口137.4万人。

阳泉是典型的资源型城市。境内矿藏资源丰富，已探明的矿藏多达52种，是全国重要的无烟煤生产基地和四大耐火材料生产基地之一。建市以来，累计生产原煤16亿吨，每平方千米产煤35万吨，是全国单位面积产煤最多的地区。

阳泉现已发现文物古迹432处，其中，国家、省、市级文物保护单位27处。境内有驰名中外的万里长城第九关、唐代平阳公主驻守的娘子关，有风景如画的千古绝唱春秋时期赵氏孤儿藏身之处——藏山旅游景区，有历代文人学者隐居治学的冠山书院，有近代著名女作家石评梅的故居，有比八达岭长城早150年建成的中山国古长城，还有水温达80℃、医疗保健效果神奇的梁家寨温泉等。

阳泉是山西的东大门，位于太原和石家庄两个省会城市中间，是中西部地区连接京津唐、环渤海地区和沿海发达地区的重要通道，具有承东启西、东进西联的区位优势。境内铁路纵横交错，公路四通八达。石太铁路、石太高速铁路客运专线、石太高速公路、太阳高速和307国道横贯东西，阳涉铁路、阳五高速及207国道纵贯南北。

【经济发展概况】 2011年，全市生产总值528.11亿元，比2010年增长12.8%。财政总收入121.43亿元，增长21.3%；一般预算收入46.64亿元，增长23.7%。规模以上工业增加值282.3亿元，增长16.6%。全社会固定资产投资341.9亿元，增长30.2%。社会消费品零售总额196.1亿元，增长17.4%。外贸进出口总额3.33亿美元，增长14.4%。城镇居民人均可支配收入20253元，增长18.6%；农民人均纯收入7677元，增长17%。万元生产总值能耗下降3.5%。

*强力推进项目工程建设，产业转型成效明显。*2011年，阳泉实施重点项目254个，累计完成投资350亿元。有35个竣工，166个项目进展顺利。阳煤、南煤煤层气发电项目基本完工，金隅通达耐火材料、华鑫电气5000台变压器、华越机械牵引机、掘进机、乳化液泵制造项目竣工投产；50万吨电石、吉天利循环经济园等项目扎实推进；百度云计算、河坡电厂垃圾发电等项目前期准备良好。特别是大力发展以文化旅游、商贸物流为重点的现代服务业，启动实施了温泉国际度假区、娘子关景区配套设施建设、翠枫山新建生态工程等文化旅游项目，红星美凯龙商业、宏隆商贸等物流项目加快建设。投资对经济增长的贡献率达到60%。产业结构发生了积极的变化，服务业增加值196亿元，增长12.5%。新兴接替产业增加值增长19%，新型工业化水平39.5%，产业转型迈出坚实的步伐。

*大力提高农业产业化水平，农村经济全面发展。*2011年，按照区域化种植、规模化养殖、系列化加工的思路，不断提高农业产业化水平，大力实施“一乡一品、一县一业”工程，基本形成了盂县以核桃产业为主、平定县以畜牧产业为主、郊区以设施蔬菜和蛋鸡养殖为主的特色农业发展框架。粮食生产喜获丰收，总产量25.5万吨，创历史新高。新建核桃基地6000公顷，新发展设施蔬菜基地109.3公顷。生猪存栏23万头，蛋鸡存栏269万只，畜牧业总收入7.5亿元。大寨核桃露、三来食品、裕盛源醋业、万和油脂、田园乳业、西回小杂粮等农产品加工企业蓬勃发展，全市农产品龙头企业发展到29家，农民专业合作社发展到954家。成功举办了首届特色农产品展销暨现代农业招商引资洽谈会。新农村建设迈出新步伐，70个重点推进村“四化四改”和“五个一”工程基本完成，农村面貌发生了显著变化。

*全面加强城乡基础设施建设，市域城镇化进程加快。*2011年，全市共实施各类基础设施工程163项，累计完成投资126.9亿元。泉东路、赛鱼路、青年路、桃南路、矿山路、大连西路、李荫路、二矿桥、德胜东街、泉中北路等一批新建、改扩建工程完工。漾泉大道一期、广阳路、保晋路等重点工程进展顺利。西外环、阳五二期、阳泉至左权高速、娘子关至水峪一级公路等重点道路工程加紧建设，“两横一纵一循环”高速路网和“四纵五横四循环”市域路网正在形成。全市公路密度117.5千米/百平方千米，位居全省第一。天桥东、平坦垴、上五渡等9个片区的旧城改造有序推进。龙华口水电站、娘子关水源保护工程顺利推进，6个输变电工程以及天然气管道、热源等项目相继完工，燃气普及率92.4%，集中供热普及率91.1%。

*突出抓好环境保护和造林绿化，城乡生态建设成效显著。*2011年，新建了新城森林公园和辅城森林生态园，狮脑山公园一期、城市中心公园、香岛公园、赛鱼公园、煤山公园、北山公园三期等一批城市精品亮点工程顺利完成，阳泉植物园、义井公园建设加快实施。新建和改造小游园10个。全年完成各类造林1.5万公顷，全市森林覆盖率26%，建成区绿化覆盖率40.8%，绿

地率37.1%，人均绿地面积9.6平方米。二级以上天气336天，空气优良率92.1%，综合污染指数2.07，环境空气质量稳定达到国家二级标准。节能减排目标圆满完成。扎实开展市容环境卫生集中整治，实施了桃河蓄水水质净化工程，全市527个村实现了农村垃圾清运和卫生保洁。国家园林城市创建成功，省级环保模范城市顺利通过核查评估。成功举办全省造林绿化现场会，被省政府授予"全省造林绿化先进市"称号。

*继续深化改革扩大开放，发展活力进一步增强。*2011年，开展了声势浩大的"招商引资年"活动，积极组团参加各级各类大型招商活动，共签订各类合作协议202个，项目总投资2897亿元，实际到位资金176亿元。与省属五大集团签订了包括66个项目、总投资1552亿元的"十二五"战略合作框架协议。特别是引进了以百度云计算等为代表的一批高科技项目，为打造华北地区地级城市信息产业高地奠定了基础。

*高标准实施民生工程，人民生活水平不断提高。*国家级创业型城市和全国城镇居民医疗保险试点工作稳步推进。城镇新增就业20850人，全市社会保障综合覆盖率91.8%。城镇登记失业率3.8%。城乡低保实现了应保尽保，低保水平居全省前列。新型农村合作医疗保险参保率98.6%，实现了全民医保目标。60岁以上农村居民的基础养老金发放在全省率先实现了全覆盖。保障性住房完成18096套。为民办的10件实事圆满兑现。

（赵成全）

阳泉市城区

【自然概况】 城区是全市政治、经济、文化中心和商贸、物流、信息的主要集散地，是全市城市化进程的第一平台。位于市境中部偏南，西邻矿区、北接开发区、东南两面与郊区相连。辖区面积16.19平方千米，约占全市总面积的0.4%。下辖上站、下站、北大街、南山、义井、坡底6个街道办事处、44个社区居委会。2011年总人口19.4万人。

【经济发展概况】 2011年，全区生产总值115.06亿元，比2010年增长13.3%。规模以上工业增加值17.35亿元，增长18.1%。全社会固定资产投资73.4亿元，增长49.9%。社会消费品零售总额102.71亿元，增长17.6%。财政总收入4.62亿元，增长9.9%；一般预算收入2.49亿元，增长11.2%。

*致力调整产业结构，转型跨越步伐加快。*以项目建设为载体，通过固定资产投资推动产业结构调整，转型跨越发展迈出坚实步伐。全年共确定固定资产项目79个，其中，16个市级重点项目完成投资13.75亿元。深入推进传统商业发展模式的转型升级，国美电器、苏宁电器（阳泉美隆卖场）、颐高数码、北国商城等一批知名大型商业连锁企业相继落户开业，品牌效应和辐射作用不断增强，三产服务业整体发展水平大幅提升。2011年，全区三产服务业增加值92亿元，增长13.8%，占全区生产总值的79.9%；上缴税金3.34亿元，占区财政总收入的72.3%。

*着力深化改革开放，招商引资成果显著。*2011年，围绕"十二五"规划的实施，特别是全省开展的转型综改试验区建设，成立了八大课题推进组，着力在创新体制机制、促进转型跨越上下功夫、求突破。扎实开展"招商引资年"活动，大力实施"大开放、大招商、大发展"战略，制定出台《招商引资奖励及优惠办法》，积极参加各类招商引资活动，全年共签订各类合作协议19项，协议利用外来投资204.71亿元，实际到位资金17.8亿元。坚持引进外资与激活内资并举，着力推动非公经济加快发展。全区非公经济增加值55.8亿元，占全区生产总值的48.5%；上缴税金3.91亿元，占区财政总收入的84.6%。

*全力推进"三城同创"，环境品质大幅提升。*2011年，投入3000多万元，对13条主要大街进行了集中整饰，完成271个园林示范和达标小区、单位的创建任务，全区绿化覆盖率、绿地率、人均公共绿地面积分别达到36.6%、33.1%和16.4平方米，完成国家园林城市创建任务。大力开展城市环境卫生综合整治，积极创新环卫作业机制，加大对重点街道的卫生整治力度，深入推行区域内全路段、全覆盖的垃圾不落地管理制度，连续16年蝉联省级"卫生城区"称号。加大环保执法力度，区域环境质量进一步改善，辖区二级以上天气336天，空气质量优良率92.1%。

*聚力保障民生民利，社会事业全面进步。*全年用于民生的支出达2.38亿元。投入5100万元用于校舍安全改造，实现了校安工程全覆盖。加快推进义务教育标准化学校和幼儿园标准化建设步伐。深入推进医改工作，22个社区卫生服务机构全部实行国家基本药物制度。大力推进创业就业工程，全年新增就业5062人。深入推进非公经济和灵活就业人员参保扩面工作，城镇基本社会保障覆盖率达94.7%。城市低保实现应保尽保，全年共发放低保金、大病医疗救助金、生活补贴2400.6万元。全面强化社区建设，提高社区办公经费和居委会退职人员生活补贴标准，维护修缮社区办公用房1.3万平方米，创建"四好和谐社区"14个，社区服务能力进一步提高。认真落实廉租住房保障政策，为1480户、4277人发放廉租住房补贴494万元，为127户特别困难家庭解决了住房问题。

【经济大事简介】 ①2011年3月8日，城区区委、区政府隆重举行服务业奖励表彰大会，向城区服务业发展中作出突出贡献的阳泉市华龙超市、新天地商业广场等46家企业和单位颁发了荣誉证书和奖金。②2011年4月26日，阳泉金联置业建设有限公司和石家庄北国人百集团有限公司合作建设的阳泉北国商城正式开业。③2011年4月27日，红花郎盛世隆旗舰店落户城区开业典礼盛大举行。④2011年6月24日，国美电器阳泉凯旋世纪广场店在阳泉凯旋世纪广场隆重开业。⑤2011年9月9日，中共城区区委书记李春泽、区长武雪、副区长赵建军带队参加第六届中博会，签约项目14个，总投资134.8亿元。

⑥2011年12月23日，苏宁电器广场旗舰店在城区美隆国际广场正式开业。

（阳泉市城区人民政府办公室）

阳泉市矿区

【自然概况】 矿区位于阳泉市市区西部和南部，属温带大陆性季风气候。辖区总面积19.2平方千米。辖6个街道办事处，40个社区居委会。2011年总人口24.4万人。

境内煤炭资源蕴藏丰富，是全国最大的无烟煤生产基地。

【经济发展概况】 2011年，全区生产总值148.05亿元，比2010年增长12.5%。财政总收入5.11亿元，增长21.6%；一般预算收入2.52亿元，增长19.5%。工业总产值339.85亿元，增长27.4%；规模以上工业增加值141.6亿元，增长14.8%。社会消费品零售总额14.61亿元，增长16.1%。城镇居民人均可支配收入20693元，增长16.2%。

装备制造业发展势头强劲。加大中小企业科技研发投入，2011年投入科技研发经费410万元。充分利用鑫利信公司担保平台，为11家中小企业提供475万元担保贷款。以华越、华鑫为龙头，以阳煤集团中小企业群为支撑，依托救生舱、永磁电机等自主研发项目，努力打造成套煤机装备制造和煤电设备制造产业基地。2011年，全行业总产值43.3亿元，比2010年翻了一番。

第三产业发展稳中有进。围绕特色文化挖掘优势产品，以“一街一业、一社一品”为发展思路，积极培育富有矿区特色的文化产业。列支50万元专项资金扶持开发旅游文化产品，以煤雕、剪纸、铝箔画、木版画、小杂粮等特色产品为代表的文化产业初具规模。第三产业增加值增幅13.5%，税收比2010年增长1.3倍，全年新增个体工商户566户。

招商引资成绩喜人。2011年，积极实施项目带动，大力推进招商引资。初步建立了“十二五”时期经济转型重点项目库，储备项目217个，为全区经济结构调整和转型综改试验区建设奠定了基础。狠抓项目引进和签约，共包装项目37项，引进新项目36项；协议利用外来资金236.22亿元，实际到位资金17.47亿元。着力推进项目落地，8个列入全市重点的项目完成投资6.19亿元，钕铁硼永磁材料、煤溜刮板机等项目已落地建设。“310”工程10大调产项目和10大重点工程项目扎实推进。

园林城市创建顺利完成。2011年，强化政企共建，累计投入1.03亿元，建成56个国家级、52个省级园林达标小区和达标单位。开工建设二矿矸山“观景园”，新建、改建七尺煤公园、煤山公园等5个公园、游园，建成蒙北游园应急避难场所，完成河神庙游园等20.5万平方米节约型绿地建设和17万平方米绿地生物防治工作。全区新增绿化面积1.9万平方米，更新绿化面积110余万平方米，绿化覆盖率41.2%。国家园林城市创建成功达标。

卫生城市创建卓有成效。坚持“拆建并举、管清并重”。完成桃南路延伸、煤山路拓宽、四矿广场改造、蒙河清淤等工程。持续开展环境卫生集中整治，整饰建筑立面9万余平方米，更新完善20个便民市场设施设备，城管、工商等部门联合执法，对全区早、夜市实行了规范管理。成立城中村环卫管理站，环卫作业延伸到赛鱼、庙上等5个村。市容市貌得到明显改善，获得“省级卫生区”称号。

环保模范城市创建扎实推进。大力开展矸山生态恢复治理，积极协调阳煤集团，完成二矿、三矿矸山治理工程，矸山生态恢复108公顷。改造提升供热系统，集中供热能力增加200万平方米。强化扬尘污染、噪声污染治理，在全市率先征收扬尘排污费。全面完成节能减排目标任务，二级以上天数达336天。

各项惠民政策全面落实。积极落实各项就业政策，2011年新增就业5107人，城镇登记失业率控制在3.8%以内。稳步扩大社会保障覆盖面，城镇职工基本养老保险、基本医疗保险分别净增412人和5702人，失业保险参保4002人，城镇基本社会保障覆盖率95.2%。困难群众低保、医疗、廉租房等各类社会救助政策全面落实，累计为3626户、8070人发放低保金2449.9万元。为40个困难家庭分配廉租住房，为898户、2552人发放廉租房租赁补贴258.4万元。义务教育阶段寄宿生“营养早餐”补贴、资助特困家庭子女上大学累计发放195.4万元，近3万人次从中受益。

【经济大事简介】 ①2011年9月9日，矿区11个重点项目在第六届中国中部投资贸易博览会成功签约，签约项目总投资99.03亿元，拟引资99.03亿元，签约项目、签约总额、拟引资额均创历史新高。②2011年，阳煤集团销售收入1187亿元，一举跃入山西省千亿俱乐部。③2011年7月6日，运行11年的国阳新能股份有限公司正式更名为阳泉煤业（集团）股份有限公司，上市公司名称将由“国阳新能”变更为“阳泉煤业”。④国家园林城市创建成功达标。

（阳泉市矿区人民政府办公室）

阳泉市郊区

【自然概况】 阳泉郊区地处山西省东部，环绕阳泉市区。全区总面积616.9平方千米，耕地7866.7公顷。辖4个镇4个乡183个行政村。2011年总人口28.6万人。

郊区气候属温带大陆性气候，年平均气温11℃，年平均降水量572毫米，无霜期221天。

境内有无烟煤、铝矾土、硫铁矿、粘土、铁矿石、白云石、石灰石等10多种得天独厚的矿产资源，尤其以铝矾土储量大、品位高、易开采而著称，现已探明储量3.4亿吨，是全国四大耐火材料基地之一。

区内人文环境优良，民风淳朴，有全国现存最早的宋代建筑玉泉山关王庙，气势恢宏的清代民居建筑银园山庄，近代女杰、著名女作家石评梅女士故居石家花园等一批人文景观和旅游景点。

【经济发展概况】 2011年，全区生产总值63.32亿元，比2010年增长

13.7%。财政总收入10.02亿元，增长24.9%；一般预算收入4.06亿元，增长25.8%。农林牧渔业总产值4.38亿元，粮食总产量2.2万吨。社会消费品零售总额10.14亿元，增长16.2%。城镇居民人均可支配收入15798元，增长11.1%；农民人均纯收入8073元，增长18.1%。规模以上工业增加值26.5亿元，增长20.5%。

现代农业顺利推进。全区新增温室大棚29.7公顷，果园125.3公顷，核桃556.1公顷。建成健康养殖小区10个，生猪出栏6万头，蛋鸡存栏150万只。桃林沟、北异被评为全省“一村一品”先进村，泊里、东村等5个村被命名为全省首批“一村一品”示范村和专业村。裕盛源农产品开发公司跻身全省“513”农产品深加工龙头企业行列。金凤凰养殖场被农业部授予“蛋鸡标准化示范场”称号。

传统产业改造明显加快。7个整合矿井的产能提升和技术改造全面加快，保安煤矿投产试运行。耐火产业素质明显提升，国家硅铝质耐火质检中心基本完工，金隅通达15万吨高档耐火原料项目竣工投产，丰泽恒业、广鑫源被授予“市级技术中心企业”称号。冀东水泥一期200万吨、泰耀工贸30万吨氧化钙、星火鑫源高档精密铸造等项目为传统产业发展注入新的活力。

新兴产业培植初见成效。北京中机伟林5万千米电力电缆项目和华越机械项目建成投产，华鑫电气、中嘉磨具年产2万吨黑刚玉树脂磨具项目和阳煤集团110万吨氧化铝二期项目顺利推进。石油支撑剂企业15家，产能48万吨，成为全区新的经济增长极。服务业发展继续加快，经济比重占到34.1%。德运昌物流园、融尚装饰市场、庞大汽车城等大型三产项目投入运营。休闲农业和乡村旅游收入近9亿元，比2010年增长28.6%。桃林沟村被命名为“山西省休闲农业与乡村旅游示范点”。

招商引资工作成绩斐然。郊区被列为全市唯一的山西省转型综改先行试点区，全年新引进百万元以上经济技术合作项目57项，到位资金45.6亿元。当年确定的56个投资项目开工50项，15项完工。全年外贸进出口总额1300万美元，增长5.7%。

城乡一体化建设全面加快。李家庄互通建成通车，漾泉大道、南区新城主干道、双营路续建按计划推进，“阳泉新城”建设规划基本完成。区医院病房大楼、国防建设指挥中心、档案馆、荫营城区旧村改造等重点工程顺利实施。河底镇步入全省“百镇建设工程”规划行列，19个新农村重点推进村的“四改四化五个一工程”全部完工。

区域环境质量大幅提升。荫营城区二级以上天气稳定在330天以上。完成通道绿化40千米，植树造林3240公顷，林木覆盖率23%。初步建成新城万亩森林公园和桃林沟生态景区两大景点。投资3000余万元，重点对主要路段和城乡结合部进行集中整治，整修完善绿化带14千米，新增国家重点水保治理面积14平方千米。

民计民生问题进一步改善。郊区被确定为省级首批城镇居民社会养老保险制度试点区，当年参保1.4万人。全年新增城镇就业岗位3124个，转移农村剩余劳动力2644人，城镇登记失业率继续控制在4%以内。投资3.1亿元完成街巷硬化全覆盖工程1084.1千米，投资1325万元实施饮水安全工程46项，48个村3.2万人的饮水安全问题得到有效解决。为全区所有玉米种植农户缴纳农业保险，实现了玉米种植农业保险全覆盖。40个村新建了文化体育场所，86个村新建了农家书屋，实现了农村文化体育场所和农家书屋全覆盖。继续推进“万村千乡市场工程”和“新网工程”，基本实现农村便民连锁商店全覆盖。实现了出口创汇企业出口信用保险资金补贴全覆盖、孕前优生咨询指导免费全覆盖和65岁以上老年人免费体检全覆盖，建立了14万份城乡居民健康档案。

【经济大事简介】 ①2011年9月15日，首家落户郊区的全国500强企业——金隅通达年产15万吨均质合成耐火材料项目竣工投产。②2011年9月，阳泉市丰泽恒业耐火材料有限公司、阳泉市广鑫源耐火材料有限公司两家耐火材料企业被授予“市级技术中心企业”称号，耐火工业的产业素质明显提升。③全区181个行政村完成农村街巷硬化工程1000余千米，率先实现街巷硬化“全覆盖”。④2011年12月1日，总投资11亿余元的郊区煤炭运销集团保安煤业有限公司150万吨矿井兼并重组整合项目及配套洗煤厂工程顺利通过省有关部门的工程质量认证，标志着保安煤业年产150万吨矿井项目工程完成建设任务。⑤2011年，全区石油支撑剂项目发展迅速，企业达到15家，总产能48万吨，实现税收2120万元，已成长为全区新的经济增长极。

（阳泉市郊区人民政府办公室）

盂　县

【自然概况】 盂县位于山西省东部、太行山西麓，隶属阳泉市。北依五台县、定襄县，西接阳曲县、寿阳县，南连阳泉市郊区、平定县，东邻河北省平山县、井陉县。东西长75千米，南北宽70千米，总面积2442平方千米。全县辖8个镇6个乡453个行政村。2011年总人口31.3万人。

境内四面环山，地势西高东低，最高海拔1803.6米，最低海拔500米。属温带大陆性气候，年均气温8.7℃，年平均降水590毫米。

【经济发展概况】 2011年，全县生产总值116.69亿元，比2010年增长13.2%。财政总收入20.61亿元，增长20.8%；一般预算收入7.8亿元，增长21.5%。农林牧渔业总产值6.17亿元，增长28.7%。规模以上工业增加值70.3亿元，增长30%。全社会固定资产投资65亿元，增长29.8%。粮食总产量12.5万吨，增长7.8%。社会消费品零售总额31.25亿元，增长17.5%。城镇居民人均可支配收入18444元，增长14.9%；农民人均纯收入7848元，增长16.7%。

现代农业加快发展，新农村建设扎实推进。2011年，投入各级各类支农资金1.5亿元。新发展核桃树种植2333.3公顷，总面积达到1.1万公顷，成为“中国核桃之乡”、全省“一县一业”先进县和首批省级农业科技示范园。年新增设施蔬菜和传统蔬菜种植133.3公顷，总面积达2000公顷；年新增万寿菊种植333.3公顷，总面积达1000公顷；肉牛、生猪、獭兔和蛋鸡养殖全面提升，总量分别达到5300头、8.9万头、10万只和48万只。市级“一村一品”专业村11个。大寨饮品、欢乐喝彩、佳佳美小杂粮等品牌农产品加工能力稳步提高。农机普及推广深入开展，农业机械化率60%。优质玉米基地县建设进一步加强，粮食总产量12.5万吨。新建农民高标准住房22万平方米，完成140个村300户危房改造和38个村2750户改厕工作，新增沼气、太阳灶等再生能源用户2000户。新建农村安全饮水工程33处，新增水浇地40公顷，治理水土流失面积1800公顷。11个省级新农村建设试点村和131个省级重点推进村建设纵深拓展，辐射带动效应充分显现。农家店、便民店实现全覆盖。全县农村经济总收入90亿元，增长12.8%。

*产业转型有效实施，发展质量明显提升。*全年实施重点工业调产项目30个，累计完成投资30亿元。其中，鲁中耐材、中信焦化煤气综合利用、晋麒麟生物质节能炉具项目建成投产，昕亮木业红木家具生产线建设接近尾声，吉天利10万吨废旧电池处理项目和恒大磁材4A沸石一期项目完成主体，阳煤化工100万吨尿素一期厂房主体工程基本完成，万汇钢铁100万吨特优钢一期项目完成工程总量的20%，鑫磊150万吨冶金灰一期项目顺利开工，西小坪耐材20万吨新型复合材料完成厂房建设和部分设备安装、5万吨特种耐材建成投产，格盟国际2×100万千瓦盂县电厂项目、中岚国际物流园项目和鑫磊2×30万千瓦热电联供项目上报审批工作取得重要进展，中广核一期5万千瓦风电项目前期工作全面展开，龙源风电项目测风塔建成完工。牛村煤电化、西小坪新型耐材、苌池循环经济、西烟煤电化建材和南娄煤焦建材五大产业集聚区建设完成规划和年度工程。以现代服务业和旅游业为重点的三产开发力度加大，梁家寨温泉国际度假区、水神山风景区、滹沱河生态旅游经济带和龙台山风景区规划建设加快实施，第三产业增加值31.6亿元，增长13.2%。

*基础设施建设和生态环境建设力度加大，城镇化进程加快。*全年完成重点工程建设投资38.1亿元。其中，环城绿化“2236”工程、高城山路一期工程、阳五高速牛村出口至县城改扩建工程、龙华口水电站大坝主体建设工程、阳泉北站站前广场建设工程顺利完工，阳石线东坪至乌玉段拓宽改造工程、青少年活动中心基本完工，太阳高速中兰出口至县城连接线开工建设，双阳线天然气公司至藏山游园外环公路建设、藏山景区至阳石线道路建设和文化新闻中心建设完成规划设计等前期工作。全年新增造林面积4667公顷，新增县城绿地200万平方米，建成区绿化覆盖率40%，生态林业村达到20个。成功举办全省造林绿化现场会，成为全省林业生态县。县城二级以上天数354天。

*社会事业协调进步，民生民计进一步改善。*省、市部署的新的“五个全覆盖”全面完成。县里确定的“十件实事”全部兑现。其中，中小学校舍安全加固任务顺利完成，4万平方米廉租房建设基本完工，中医院易地迁建前期工作全面展开，城乡供热“暖心工程”全面实施，城北热源厂建成使用。在为农村低收入家庭每户供应1吨煤的同时，为农民烧煤每人50元补贴发放到位。242个村1259千米农村街巷硬化任务全部完成。农业种植保险面积1.3万公顷。基层医疗卫生机构全部实现基本药物零差率销售。免费孕前优生指导实现全覆盖。农产品质量安全检测站建设完成前期准备工作。新建农村体育活动场地137个，新办农家书屋305个。新型农村合作医疗参合率98.6%，新建县人民医院门诊住院大楼投入使用。新增城镇就业岗位3050人，城镇登记失业率控制在3.8%，培训和转移农村剩余劳动力1.2万人。优生优育水平进一步提高，人口自然增长率控制在4.9‰。

【经济大事简介】 ①2011年，全县生产总值首次突破百亿元大关，财政总收入首次超过20亿元。②盂县被列入山西省扩权强县试点和阳泉市国家资源型经济转型综合配套改革试验区。③盂县荣获山西省“2011年度县域经济发展先进县”称号。④2011年新增造林面积4666.7公顷，新发展核桃树种植2333.3公顷，获全省“林业生态县”称号，被中国经济林协会命名为“中国核桃之乡”。⑤鑫磊循环经济园区被列入省级循环经济试点园区，南娄集团被列入省级循环经济试点企业。⑥盂县被列入城镇居民养老保险全国试点县。⑦动漫电影《赵氏孤儿》拍摄完成。⑧盂县成为省级可持续发展实验区，西小坪耐材、吉天利公司、鑫兴养猪等13家企业成为省级民营科技企业。⑨盂县荣获全国科技进步先进县和全国科普示范县称号。

（盂县人民政府办公室）

平定县

【自然概况】 平定县位于山西省中部东侧，太行山西麓，是山西的东大门。总面积1394平方千米。辖8个镇2个乡318个行政村。2011年总人口33.7万人。

境内群山环绕，沟壑纵横，中部丘陵起伏。最高海拔1438米，最低海拔350米。属温带大陆性气候，区域气候垂直变化显著。境内的娘子关泉水是华北地区最大的岩溶水系统。境内现已探明的矿产资源有30余种，其中，无烟煤、高铝粘土、硫铁矿等为优质矿产。

【经济发展概况】 2011年，全县生产总值61.66亿元，比2010年增长14.2%。工业总产值67.68亿元，增长40.9%。全社会固定资产投资完成65.07亿元，增长51.4%。财政总收入10.09亿元，增长33.9%；一般预算收入4.03亿元，增长35.2%。城镇居民人均可支配收入16944元，增长18.5%；农民人均纯收入7204元，增长17.4%。招商引资成绩斐然，引进项目15个，10亿元以上大项目占到9个，签约资金

643.5亿元，落地资金262.5亿元，到位市外资金31.3亿元。

产业结构得到优化，质量效益明显增强。积极推动三次产业结构调整步伐，三次产业在地区生产总值中的比重达到4.7∶55.1∶40.2。一是农村经济在发展特色农业中稳步增长。2011年农林牧渔业总产值5.95亿元，粮食总产量10.8万吨，比2010年增长40.3%。实施“3+2”农业产业化富民工程，优质杂粮、核桃、设施蔬菜等特色农业种植基地总规模达到1.2万公顷。推进“一村一品”工程建设，8个省“513”工程农产品加工企业销售收入1.72亿元。福润禽业3000万只肉鸡加工项目即将投产，孵化场、种鸡场、养殖场及饲料加工等配套项目全面展开。二是工业经济在推动转型升级中显著增强。35个重点工业项目完成投资23.76亿元，新兴产业项目比重占到60%以上。与中科院合作的全固态高功率激光器生产、与中国矿业大学合作的煤炭地下导控气化等高科技项目顺利签约并奠基开工。煤矿兼并重组效果显现，煤炭产量206.4万吨，比2010年增长82.2%。三是服务业在拉动消费需求中日益活跃。2011年全县服务业增加值24.81亿元，比2010年增长15.1%。社会消费品零售总额21.51亿元，增长18%。外贸进出口总额7262万美元，增长75.3%，其中，出口额6610万美元，增长71%。

基础建设力度加大，城乡面貌大为改观。继续实施旧城改造工程，全年完成开发建设面积30万平方米，新增供热面积20万平方米，县城集中供热面积达到280万平方米。新增煤气用户4500余户，年煤气供应总量达到4000万立方米。全年共完成广阳路、西外环北段、农村街巷硬化等重点公路工程投资5.4亿元，新建城乡道路600多千米。全力加快新农村建设，10个省级试点村和123个重点推进村基础设施进一步完善，环境建设水平整体提升，农村饮水安全工程实施顺利，2万农村居民吃水条件得以改善。生态环境建设成效明显，投资近1.5亿元高标准打造了松树山、北茹山和龙王山等环城绿化和干石山造林典范工程，成功迎接了全省造林绿化现场会的胜利召开。节能减排各项约束性指标全部完成，县城二级以上天气天数349天。

民生事业加快发展，人民生活有所改善。全面落实各项惠民政策，财政用于教育、科技、农业、社保、卫生方面的支出达到7.7亿元，占财政总支出的68.4%。全年新增城镇就业岗位3200个，转移农村剩余劳动力3196人。23万农民参加新型农村合作医疗，参合率93.5%；12.3万农民参加新型农村社会养老保险，发放保费2622.5万元；全县社会保险综合覆盖率95.6%。为全县“五保”对象每人每月新增特殊救助金100元，城乡低保对象每人每月分别提高25元和22元低保金，全年共发放“五保”金和低保金6303.8万元。为全县9万余户低收入农民每户免费供应1吨煤。着力构建县乡村三级医疗卫生服务体系，完成基层医疗卫生体制综合改革，国家免费孕前优生健康检查试点项目全面完成，人口自然增长率控制在3.5‰，被评为山西省农村中医药工作先进县和卫生应急综合示范县。全年新开工廉租房、公租房和经济适用房500套，城镇低收入家庭住房困难群众货币补助资金全额发放到位。

【经济大事简介】 ①平定县被确定为省级扩权强县试点县和市级国家资源型经济转型综合改革试点县。②财政总收入10.09亿元，比2010年增长33.9%，首次突破10亿元大关。③“平定黄瓜干”被国家工商总局认定为中国地理标志商标，瑞盛蔬菜种植公司获得山西省名牌产品称号。娘子关镇被评为“中国特色景观旅游名镇”，被列入全省“10+1”文化产业园区。晋阳风味御菜厂被核准为“中华老字号”企业。④2011年6月，平定县人民政府被山西省劳动竞赛委员会授予“五一劳动奖状”称号。⑤2011年8月，平定县被省政府授予“农村安全饮水全覆盖工程先进县”称号。⑥2011年8月，平定县投资近1.5亿元高标准打造了松树山、北茹山和龙王山等环城绿化和干石山造林典范工程，成功迎接了全省造林绿化阳泉现场会的胜利召开。⑦2011年12月，平定县与中国矿业大学合作的煤炭地下导控气化产业项目在张庄煤化工循环经济工业园顺利签约并奠基开工。

（平定县人民政府办公室）

长 治 市

【自然概况】 长治市位于山西省东南部，与河南省、河北省接壤。由于地处太行山之巅，地势较高，平均海拔1000米，有“与天为党”之说，历史上称这里为“上党”。现辖13个县（市、区）和1个高新技术开发区。总面积13955平方千米。2011年总人口335.4万人。

长治是一座蕴含着古色、红色、绿色、水色、民色、蓝色、金色等显著地域元素的“七彩之城”：

古色：华夏典籍中记载的精卫填海、女娲补天、后羿射日、愚公移山等美丽传说均发端于此，中华典籍记载的神话故事有40%出自长治，长治也因此被誉为“中国神话的故乡”。长治是历史文化古城，自秦置上党郡之后，历朝历代为州为府，已有2200多年的建城历史。元代以前的地面古建筑73.2%在山西，山西的一半在长治。现存法兴寺、观音堂等33处全国重点文物保护单位，41处省级文物保护单位，数量居全省首位，堪称古文化和古建筑博物馆。

红色：抗日战争时期，中共中央北方局和八路军总部长期在长治驻扎，解放战争时期是闻名中外的“上党战役”主战场。现留有八路军总部、黄崖洞兵工厂遗址。

绿色：全市森林覆盖率30.9%，高于全国、全省平均水平，沁源县森林覆盖率更高达62%，为全省之最；市区城市绿化覆盖率45%，位居全省第一。

水色：长治水资源丰富，年均降雨量660毫米以上，境内有浊漳河、沁河，是著名的红旗渠发源地。全省8座大型水库，有3座在长治。全市水资源总量22.96亿立方米，人均占有量是全省的1.6倍。

民色：长治有独特的民族文化，

有大量保存完好的古戏台、古院落、古村落，留有传统、原生态的民俗风情，有潞安大鼓、民间社火等14个国家级非物质保护遗产。

金色：全市现已探明的矿藏有40多种，其中，煤炭探明储量274亿吨，占山西总储量的12%；有漳泽电力、王曲电厂、漳山电厂等现代化电力企业，装机容量600万千瓦，年发电量320亿千瓦小时，位居全省第一，为全国提供着源源不断的金色能源。全市硅矿储量36亿吨以上，二氧化硅含量达到99%，开采价值较高；镁矿探明储量18亿吨，矿藏集中，品质较高，易于开采。

蓝色：长治天蓝水碧、空气清新。2011年市区空气质量二级以上天数357天，连续4年名列华北第一，连续8年名列山西省空气质量最佳的城市，是山西省第一个环保模范城市。

【经济发展概况】 2011年，全市生产总值1218.6亿元，比2010年增长15.4%。财政总收入255.47亿元，增长29.1%；一般预算收入104.41亿元，增长34.0%。农林牧渔业总产值83亿元，增长7.6%。工业总产值1943.9亿元，增长34.7%；规模以上工业增加值791亿元，增长23.8%。全社会固定资产投资686.9亿元，增长36.0%。社会消费品零售总额334.2亿元，增长17.8%。进出口总额7.8亿美元，增长109.9%。城镇居民人均可支配收入20131元，增长17.6%；农民人均纯收入7092元，增长19.0%。

项目建设实现新跨越。全年重点项目建设1324项，其中，新开工项目932项，续建项目392项。全年竣工投产项目474项，累计完成投资968.2亿元。其中，新兴产业投资增长73.2%，快于传统产业投资增速50.6个百分点；民间投资增长52.2%，快于国有投资增速25个百分点。招商引资到位资金397.2亿元。第六届中博会上签约项目241个，名列全省第一；签约项目金额3124亿元，比过去5年总量的3倍还多，名列全省第二。签约项目落地率89.2%，开工率56.8%。

产业结构优化提升取得新成效。巩固加强第一产业。认真落实各项强农惠农富农政策，大力实施五大增收工程，新增设施蔬菜6933.3公顷、干果经济林1.3万公顷，新建扩建健康养殖场121个，转移农村劳动力5.4万人，成立专业合作社1618个。培育形成省级“一县一业”示范基地县4个、“一村一品”专业村400多个。新建农业产业化项目63个，全市农产品加工龙头企业销售收入90亿元，农产品加工转化率45%。全年粮食总产量14.85亿千克，创历史新高。优化提升第二产业。规划建设了20个销售收入百亿元非煤非电项目，已开工17个，完成投资近200亿元。煤炭资源整合煤矿兼并重组工作全面完成。传统产业完成技改投资120亿元，增长33%，65座需改造矿井有53座开工建设。启动了非煤矿山、焦炭、钢铁等行业的整合重组工作。全面推进国家循环经济试点市建设，形成钢材、煤化工、乙炔化工、硅镁工业、LED等产业链，煤炭就地转化率63.9%，硅、镁就地转化率100%。加速发展第三产业。全年服务业增加值完成342.3亿元，占全市生产总值的28.1%。开工建设居然之家、滨河港湾等一批生产生活性服务业项目，建成太行山农产品物流园区一期工程。成功举办长治太行山大峡谷国际攀岩节，武乡八路军“两园一剧”等景区景点成为新的旅游亮点。全年旅游总收入126.2亿元，增长40.2%。华夏银行、交通银行在长治市设立分行，成立了长治农商银行、长子村镇银行和31家小额贷款公司。全市各项贷款增幅高于存款增幅5.5个百分点，金融对地方经济的支持力度进一步加大。全市公路货运量5047万吨，增长1.7%；铁路货运量3807万吨，增长7%。

城镇建设迈出新步伐。制定了推进市域城镇化实施方案，编制了《上党城镇群建设规划》等36个规划。实施“1+6”上党城镇群路网工程，已有4条建成通车。体育中心、客运东站等一批城市标志性工程投入使用，“三河一渠”环城生态水系治理一期工程8个标段全面开工，“九纵九横”18条道路改扩建工程有14条开工、7条完工。积极推进“六变”、“四有”，出台了城中村改造、户籍制度改革、农民创业就业以及进城务工人员入学、就医、养老保险等优惠政策，140个城中村有47个启动改造。全市新增城镇人口20.5万人，城镇化率提高5.8个百分点，达到47.7%。

生态环境得到新改善。大力实施十大节能工程和能源合同管理，累计淘汰落后产能530万吨，万元地区生产总值能耗下降4.1%。深入开展蓝天碧水工程，对全市所有电力、焦化企业进行脱硫治理和生产废水处理，二氧化硫、化学需氧量等6项主要污染物排放量均完成省定任务。强化上党盆地和长治湿地保护，全面实施浊漳河、沁河流域生态环境治理修复与保护工程，水质环保指标持续好转，在重点监测的17个河道断面中，达到三类水质标准以上的占到58.8%。投入造林绿化资金10.76亿元，完成造林2.9万公顷。市区空气质量综合污染指数为1.57，稳定达到国家二级标准，连续8年成为全省空气质量最好的城市，连续4年名列华北第一。

民生福祉又有新提高。大力实施农村新的“五个全覆盖”工程，农村文化体育场所、农村职业教育免费、新型农村社会养老保险和农村便民连锁店4项工作已提前一年实现全覆盖，农村街巷硬化超额完成年度任务。开工建设保障性住房1.7万套、135.7万平方米。完善义务教育经费保障机制，进一步扩大高中阶段教育免学费覆盖面，在全市农村寄宿制小学实施“一颗鸡蛋”工程，新建改扩建幼儿园144所。再次提高企业退休人员养老金标准，医疗保险实现市级统筹，城乡养老保险实现全覆盖，18.4万名城乡低保对象应保尽保。新增城镇就业岗位4.4万个，城镇登记失业率1.8%，低于省控4.2%的目标。加大扶贫开发力度，又有2万农村贫困人口实现脱贫。按时、保质、超额完成农村贫困户吨煤发放工作，为城市2.7万户低保家庭发放供热补贴812万元。加大价格调控监管力度，设立价格调节基金，累计发放节假日重要副食品价格补贴、城乡低收入困难群体价格补贴6144万元。

（李　鹏）

长治市城区

【自然概况】 长治市城区位于山西省东南部，地处太行之巅、漳河之滨的上党盆地，是长治市政治集聚区、产业集聚区和交通商贸集聚区，是“1+6”上党城镇群的核心。1976年2月建区。全区总面积55.6平方千米。辖10个街道办事处、28个行政村、51个社区居委会。2011年总人口48.9万人。有回、满、蒙、朝等30多个少数民族。

城区属温带半湿润气候，年平均日照时间2600个小时，平均降水量620毫米，平均气温9℃，森林覆盖率23%，人均占有公共绿地12平方米，绿化覆盖率48.01%，平均空气湿度59%～60%。冬无严寒、夏无酷暑。区域内有石子河、黑水河两条季节性河流，属海河流域浊漳河水系，境内流长7.8千米。

城区人文底蕴深厚，区内有古遗址4处(新石器时代3处)，古建筑30多处，馆藏文物3万余件，有上党门、城隍庙、塔岭山、碧霞宫等古迹。

【经济发展概况】 2011年，城区生产总值140.13亿元，比2010年增长15.3%。财政总收入18.64亿元，增长24.3%；一般预算收入3.85亿元，增长40%。城镇固定资产投资86亿元，增长29.9%。规模以上工业增加值19.9亿元，增长21.4%。社会消费品零售总额185.48亿元，增长18.2%。城镇居民人均可支配收入20131元，增长17.6%；农民人均纯收入8143元，增长19.6%。在全省县域经济综合考评中，城区位列23个市辖区第二名，成为“全省县域经济发展先进区”。

项目建设实现历史新跨越。坚持把项目建设作为推进经济发展的基石和动力，国内最完整的LED前端产业链等一批重大项目相继投产。全年竣工和在建的亿元以上项目15个、总投资330亿元，待建和储备的亿元以上项目19个、总投资540亿元，区域发展后劲明显增强。坚持把招商引资作为项目建设的源头活水，树立“招商即发展”理念，江苏悦达、红星美凯龙等一批国内知名企业成功入驻，全年签约项目39个，总投资303亿元，签约数量和引进资金均创历史新高，荣获“全省招商引资贡献奖”。坚持把项目建设作为产业结构优化升级的重要途径，以新兴产业为引领、特色工业为支撑、三产服务业为主导的现代产业体系初步形成，三次产业比重调整为0.4∶25.7∶73.9，产业布局渐趋合理。

城市管理服务达到新高度。着力打造城市品牌。充分发挥主战场、主力军作用，完成76个大项、375个小项的文明城市创建工作任务，成功赢得“全国文明城市”桂冠，为长治城市品牌在全国形成核心影响力作出突出贡献。改善市容环卫基础设施，强化城管长效化管理，蝉联省级卫生城区16连冠，顺利通过国家卫生城市复审。大力实施造林绿化八大工程，植树82万株，造林33.3公顷，治理水土流失16公顷。市区空气质量二级以上天数357天，其中，一级天数65天，在环保部和省环保厅组织的城市环境综合整治定量考核中，名列全省第一。国家园林城市品牌日益彰显。

城中村改造取得阶段新成果。2011年，坚持把城中村改造作为推进市域城镇化建设总抓手，成立了城中村改造指挥部，把全区划分为4个片区，形成“指挥部、片区、街道、村”四级责任网络体系，强势推进综合改造。坚持“村民得大利、开发商得微利、政府不谋利”的改造原则，严格执行“四议两公开”和“先建设后拆迁”工作程序，先后分3批启动了14个村的改造工作，建设村民安置楼17幢、建筑面积40万平方米，拆迁面积50万平方米，总投资272亿元的5个改造签约项目有序推进。完成上党“1+6”城镇群路网工程6条道路征地和拆迁任务。

民生事业收到惠民新实效。2011年，财政在民生事业上投入3.3亿元。教育支持力度持续加大。投资1900万元改善学校办学环境，城区一中综合楼等3所校舍改造工程顺利竣工，2所公办幼儿园建设积极推进，教育教学各项设施设备配备到位。科技创新能力不断增强。全年完成专利申请量375件，增加107件，专利申请量继续位列全市第一。卫生计生事业不断加强。积极创建示范社区卫生服务机构，省级卫生示范社区达到9家，居全市之首；强力打造社区中医药服务品牌，荣获“全国社区中医药工作先进单位”称号。就业工作扎实推进，全年新增就业4550人，下岗失业人员再就业2100人。保障性住房建设全面开工。投资450万元开工建设廉租房50套、公共租赁住房30套，按时发放廉租住房租赁补贴330万元。

(城区人民政府办公室)

长治市郊区

【自然概况】 长治市郊区地处山西省东南部，太行山南段西麓，上党盆地东缘，东、西、北三面环绕长治市市区。1976年2月建区。辖5个镇1个乡、1个旅游开发区、2个街道办事处、122个行政村。总面积285平方千米，耕地面积1.1万公顷。2011年总人口28.3万人。

长治市郊区东山西水，景色优美，气候宜人。东有50平方千米的老顶山国家森林公园，群峰叠翠，五龙腾跃，九顶竞秀，被誉为长治“城市之肺”；西有近50平方千米的长治湿地，波光潋滟，草丰林茂，水源充足，被誉为长治“城市之肾”。长治市郊区属温带大陆性季风气候，年平均气温9.1℃，年平均降水量600毫米，四季分明，气候温和。

长治市郊区矿藏资源丰富，现已探明的矿藏有40余种。浊漳河、石子河、岚河流经境内，漳泽水库蓄水量1.9亿立方米，是山西境内的相对富水区。

【经济发展概况】 2011年，全区生产总值143.46亿元，比2010年增长16%。工业总产值427.33亿元，增长32.5%；工业增加值103.4亿元，增长25.6%。固定资产投资90亿元，增长40.4%。财政总收入25.42亿元，增长18.8%；一般预算收入3.97亿元，增长22.5%。社会消费品零售总额26.96亿元，增长17.3%。

城镇居民人均可支配收入22851元，增长17%；农民人均纯收入9467元，增长21.1%。

纵深推进项目建设，经济实力明显增强。2011年，全区新建、续建项目109个，总投资1000多亿元。其中，工业新型化项目51个，农业现代化项目18个，市域城镇化项目36个，城乡生态化项目4个。投资在100亿元以上项目4个，投资在10亿～100亿元的项目5个，投资在1亿～10亿元的项目20个。全年签约重点项目26个，签约资金635.4亿元，到位资金52亿元，签约项目落地21个，落地率80.8%，签约总额、到位资金、项目落地率均名列全市第一。

积极转变发展方式，"四化"建设协调推进。工业新型化方面，培育壮大以潞安太阳能、晨洋太阳能、东明太阳能为引领的新能源产业，以澳瑞特健身器、金地资源井用套管、康维尔输送带等为标志的机械制造加工产业，以海森生物制药、杏林中药为代表的现代医药产业，以长治文化创意传媒产业园、中村申家二十四院为基础的文化旅游产业，以长治物流中心、关村工程机械汽贸园、庞大汽贸城为示范的物流商贸业。农业现代化方面，建成农业园区5个，发展蔬菜面积866.7公顷，日光大棚333.3公顷，苗木花卉200公顷，干果经济林2000公顷，培育壮大农业龙头企业35家，"一村一品"专业村22个。市域城镇化方面，全面启动故县新钢城、漳泽新型工业城、老顶山旅游城"三城"规划建设，把环城环企、新区起步区的40个村全部列入"零村庄"改造范围。郊区承担的上党城镇群路网工程长治—潞城、长治—长子郊区段全线通车，城乡一体化建设扎实推进，城镇化率65%以上。

大力发展社会事业，民生福祉大幅提升。扎实推进新的"五个全覆盖"工程，投资1.2亿元，硬化里程713.6千米，122个行政村街巷硬化实现了全覆盖。所有农村便民连锁商店通过省市有关部门验收并开始营业。新改扩建综合文化站6个、"农家书屋"122家，文化体育活动场所覆盖率100%。区职业高中等4所职业中学全部实现了上学免费。财政出资1400万元，全面启动新型农村社会养老保险。

【经济大事简介】 ①2011年5月18日，在漳泽新型工业园区举行"山西省文化产业示范基地"揭牌暨澳瑞特厂区竣工投产仪式。②2011年6月18日，首钢长钢举行100万吨精品棒材项目竣工投产剪彩暨110万吨精品线材项目开工建设奠基仪式。③2011年9月5～6日，郊区组团参加了第六届中博会签约仪式，成功签约重点项目17个，签约总额594.68亿元，引进资金406.18亿元。

（郊区人民政府办公室）

潞城市

【自然概况】 潞城市位于山西省东南部、太行山脉中麓西侧。总面积615平方千米。现辖4个镇3个乡2个办事处，191个行政村、11个社区。2011年总人口22.9万人。

潞城是绿色之城。境内属温带大陆性季风气候，冬无严寒，夏无酷暑，常年平均气温9.5℃。水资源丰富，出露于西流的辛安泉多年平均流量达12立方米/秒，是长治市区的水源地。人均水资源3652立方米，分别是全国、全省人均占有量的1.4倍和6倍。城市建成区绿地率35.1%，绿化覆盖率39.2%，人均公共绿地9.2平方米，是国家园林城市、国家卫生城市。

潞城是古色之都。早在旧石器时代，境内就有先人集居。殷商时设潞子国，秦置潞县，隋开皇十六年（公元596年）开始称潞城县。1994年4月经国务院批准，潞城撤县设市。悠远的历史，留下了微子、箕子、比干"三仁"的忠烈故事，扁鹊治病救人的美好传说；遗存有唐代原起寺、金代龙王庙等250处古建筑。

潞城是红色圣地。北村八路军总部旧址，是当年八路军东渡黄河之后的第一个长期驻地，朱德、彭德怀、左权等老一辈无产阶级革命家曾在这里驻扎。神头岭伏击战是八路军以少胜多的经典战例。潞宝毛主席纪念馆、纪念园是全国最大的毛主席主题纪念馆。全市共有革命遗址200余处。

潞城是交通要塞。长治飞机场设在潞城市郭村。邯长铁路、太焦铁路贯通东南西北，在潞城市设有7个装车站。长邯高速、长安高速、国道309和207、省道太长线、河潞线穿境而过，加上通乡二级路、通村通户水泥路、构成了立体交叉、四通八达的交通网络，成为山西连通河南、河北、山东的交通枢纽。

潞城是经济重镇。依托周边县区丰富的煤炭资源，发展起以焦、化、电、建材、钢铁为支柱的产业结构，形成800万吨焦炭、100万吨化肥、75亿千瓦小时、300万吨水泥、100万吨钢材的生产能力。

【经济发展概况】 2011年，全市生产总值91.02亿元，比2010年增长16.1%。财政总收入12.3亿元，增长10.9%；一般预算收入4.76亿元，增长12.3%。规模以上工业增加值66.9亿元，增长24.9%。全社会固定资产投资56.7亿元，增长42.6%。城镇居民人均可支配收入16655元，增长17%；农民人均纯收入7381元，增长20.2%。荣获国家卫生城市、科普示范市、科技进步先进市等国家级称号和省文明和谐城市、双拥模范城、安全生产先进市、新农村建设先进市等12项省级称号。

工业新型化强势推进。2011年，聘请相关单位，编制煤化工循环经济集聚区产业发展规划和全市产业发展规划，规划设计翟店高新技术园区和史回建材循环产业园区。全市在建工业新型化项目39个，卓越日产4000吨新型干法水泥熟料生产线等13个项目竣工试产；天脊13万吨苯胺和25万吨硝酸铵钙、华润日产4500吨新型干法水泥熟料生产线等13个项目取得新进展；潞宝6.3米捣固焦炉、60万吨甲醇二期、兴宝钢铁三期、永腾10万吨塑材、大唐余热余压资源综合利用等13个投资额在6000万元以上的新项目开工建设。

农业现代化稳步推进。2011年，新发展核桃林1266.7公顷、设施蔬菜186.7公顷，建成"双千"工程5个、"百千万"工程200个，畜禽养殖总量309万头(只)。重点扶持神农、美味、圣堂、兴弘等一批龙头企业,带动2万农户增收致富。专业合作社317个,实现了"一村一社"全覆盖。基础设施全面加强,完成农田灌溉4333.3公顷、保护性耕作8666.7公顷,新增耕地26.4公顷,万亩纳米碳增效肥示范田节肥20%、亩均增产10%。新的"五个全覆盖"加快实施,便民店、新农保、文体场所、中等职业教育免费全覆盖提前完成;街巷硬化328千米,覆盖率95.6%。

市域城镇化加速推进。修编城市总体规划和控制性详规,编制城南新区概念性规划。长潞城际连接线建成通车。总投资10亿元的一期商住小区奠基开工。投资2000万元新上一台80吨燃煤锅炉,新增供热面积30万平方米。新增煤气管道31千米、煤气用户1500户。店上镇被确定为全省"百镇建设工程"示范镇。城镇化率49%,比2010年提高2.3个百分点。

城乡生态化扎实推进。实施环市区、环水源地、环城高速三大生态绿化工程,建设生态防护林1000公顷,改造低效林666.7公顷,环城高速绿化16.6千米,森林覆盖率23.6%。新增城市绿化面积12.7万平方米,总面积321.5万平方米。大力推进节能减排,淘汰落后产能156万吨,市区二级以上天数352天,增加16天。

【经济大事简介】 ①成功创建国家卫生城市。②卓越日产4000吨水泥熟料项目竣工投产。③天脊13万吨苯胺和25万吨硝酸铵钙项目开工建设。④华润日产4500吨水泥熟料项目开工建设。⑤天脊煤化工项目和潞宝10亿安时锂电池项目列入长治20个百亿元非煤非电项目。

(潞城市人民政府办公室)

长治县

【自然概况】 长治县地处山西省东南部,太行山西麓,上党盆地南缘。东靠壶关,西连长子,北与长治市城区接壤,南和晋城市相邻。东南部系丘陵山区,西北部为盆地平川,全县平均海拔1166米,年均气温9℃,年降水量411毫米,属大陆季风性气候。现辖6个镇5个乡、254个行政村。2011年总人口34.3万人。

县域面积483平方千米,耕地2.5万公顷。是山西省国土面积最小的县,人口密度每平方千米684人。县内煤炭资源丰富,地质储量48.5亿吨,是全国100个重点产煤县之一。

【经济发展概况】 2011年,全县生产总值150.99亿元,比2010年增长16%。财政总收入47.34亿元,增长56%;一般预算收入16.73亿元,增长70.7%。工业总产值183.57亿元,增长43.1%。农林牧渔业总产值8.12亿元,增长62.5%。社会消费品零售总额16.3亿元,增长17.3%。全社会固定资产投资60.4亿元,增长62.3%。城镇居民人均可支配收入19021元,增长17.6%;农民人均纯收入9101元,增长18.3%。粮食总产量1.32亿千克。

产业转型再现新亮点。振东制药、成功汽车、易通集团、日盛达光伏能源等4个"百亿航母"扩规上档,引领产业转型。安太机械、黛威斯建材、惠丰特种车辆、中德管材等13个产值超5亿元的项目陆续上马,建设步伐日益提速。太行山农产品物流园区投入运行,辐射带动作用明显增强。东贾、前土门、申川村、西申家庄等一批设施农业示范村拉开了长治县传统农业向现代农业转变的大幕,全年新建日光大棚3500座,设施蔬菜种植面积840公顷。

城市建设迈出新步伐。"一轴两区"的"一轴"建设提速完成,北部城市区"五纵十横"的基本框架基本形成,南部城镇区建设全面铺开。上党城镇群路网工程长治县连接线竣工通车,完成长治至长子城际连接线长治县境内主道工程。在长陵路两侧安装了路灯,并更名为"英雄南路",使长陵路变成了一条城市道路。黎都街东延线工程扫尾工程全面完工。第二热源厂、辛安泉引水工程、经济适用房、廉租房、公共租赁住房建设进展顺利。207国道改造开工,西火至荫城至南宋旅游环路加紧施工,东外环路延伸建设工程前期勘测、设计等准备工作全部完成。启动工贸产业聚集区拆迁改造工程,山西太行CBD(中央商务区)国际中心、太行养老中心等一批大项目相继奠基开工。黎都公园入口改扩建工程全面完工。

生态建设有了新进展。以陶清河流域生态综合治理、城乡造林绿化为重点的生态建设取得显著成绩。陶清河流域一期工程李坊段完成投资2250万元,建成水域4万平方米,蓄水7万余立方米,绿色生态长廊初步展现。投资2300万元海子河二期工程全面实施,既解决了县城生活污水的处理和排放问题,又改变了县城没有地面水的历史。造林绿化工程快速推进,长安环城高速绿化11.4千米,通道绿化92千米,经济林建设133.3公顷,荒山造林380公顷。节能减排成效明显,淘汰落后产能10万吨,化学需氧量减排603吨,二氧化硫减排273吨。城乡生态环境明显好转,二级以上天数达355天,为田园城市建设奠定了扎实基础。

民生保障实现全覆盖。省政府确定的农村街巷硬化、农村便民连锁商店、农村文化体育场所、中等职业教育免费和新型农村社会养老保险"五个全覆盖"目标全部落实。实行冬暖工程,为全县农民每户免费供应1.5吨煤炭。县城至市区城际快速通道建成通车。新农合住院补偿报销额提高1万元,最高限额达到5万元。解决了30个村3万人的饮水安全问题。全县新增城镇就业岗位4266个,登记失业率控制在1.1%以内。进一步完善城乡养老保险、合作医疗保险、困难群体低保救助、被征地农民生活基本保障等保障体系建设,全县新农合参合率99.1%,新农保参保率96%,为749名困难群众医疗救助,发放救助金266万元。城市低保标准每人每月提高25元,农村低保标准每人每月提高22元,为15366名城乡低保对象发放低保金2421万元。

社会事业实现快发展。全县小学"四率"继续保持100%,初中入学率99.9%,高中入学率93%。投资1.3亿元开工建设教育园区一期工

程和青少年活动中心，完成校舍安全改造扫尾工作。开工建设县中医院，投资2500万元，完成乡镇卫生院、村级卫生所改扩建工程，县、乡、村三级医疗卫生服务网络进一步健全。推进医疗卫生机构改革，在村级卫生室实施国家基本药物制度。建起舞台165个、篮球场143个、村级文体综合活动室177个。成功举办长治县第二届文化旅游节，使这一文化品牌知名度进一步提高。

【经济大事简介】 ①实施农民冬暖工程，为全县农民每户免费供应1.5吨煤炭。②开工建设县城第二热源厂。③县城至市区城际快速通道建成通车。④新农合住院补偿报销额提高1万元，最高限额达到5万元。⑤建设1.5万平方米的经济适用房和廉租房。⑥县城客运中心开工兴建。⑦县大医院开工建设。⑧解决30个村3万人的饮水安全问题。⑨民生大厦开工建设。

（长治县人民政府办公室）

襄垣县

【自然概况】 襄垣县位于长治市北部，太行山西麓。总面积1178平方千米。辖8个镇3个乡、323个行政村。2011年总人口27.2万人。

襄垣矿产资源有煤、铁、铝、锰等30余种，其中，煤炭探明储量75.8亿吨，可开采32亿吨。海河流域浊漳河水系的西、南、北三大干流汇集于此，有大中小型水库14座，其中，宝峰湖总库容1.35亿立方米，是山西省六大水库之一。

襄垣是千年古县。因公元前455年赵襄子筑城得名"襄垣"，西汉初期置县，历代未改，至今2000多年。

襄垣是文化名县。战国中期发行的襄垣"方足布"是当时流行的货币之一。历史上曾涌现出西汉政治家张良、第一个到印度取经的东晋高僧法显、明代监察御史连楹等一批杰出人物，拥有旧石器时期以来的遗存500多处。

【经济发展概况】 2011年，全县生产总值268.77亿元，比2010年增长15.9%。财政总收入35.67亿元，增长18.9%；一般预算收入11.53亿元，增长26.9%。农林牧渔业总产值8.94亿元，增长11%；粮食总产量16.6万吨，增长1.4%。工业总产值431.75亿元，增长37.7%。社会消费品零售总额15.21亿元，增长17%。城镇居民人均可支配收入20600元，增长18.2%。2009年、2010年、2011年连续3年进入"中国中小城市科学发展百强县"、"最具区域带动力中小城市百强县"行列。

扎实推进工业转型。把古韩镇王家庄村等10个行政村和县农牧场整体划归富阳工业园区，理顺了管理体制。完成富阳循环经济、虒亭煤化工、下良煤气电、王桥资源综合利用四大工业园区的规划设计，县财政投入1亿元建设园区"七通一平"等基础设施。完成襄矿集团新庄煤业等4座煤矿的扩能技改任务。新建40万吨聚氯乙烯二期、50万吨合成气制乙二醇、百万米矿用皮带等20多个拉长加粗产业链条的循环经济项目。建设45个非煤非电新兴产业项目，促进了传统产业优化升级。

持续增加农民收入。2011年，全县农民人均纯收入8172元，比2010年增长17.1%。新建设施蔬菜园区80个，总面积达到1000公顷；发展干果经济林1466.6公顷，建成33.3公顷以上示范区6个；建成智能化育苗大棚3座，蔬菜市场2个，冷库3座，规模养殖小区5个；扶持发展壮大晋襄王、东宝薯业、宝达菇业、广发禽业等一批龙头企业。

加快发展第三产业。仙堂山风景区一期工程投资12亿元，完成投资8亿元，建设了4大区域31个景点；后湾温泉度假区完成沿湖绿化，正在进行温泉钻探；襄子文化产业园完成投资1.6亿元，建设了襄子湖、烽火台、民俗购物中心等工程。建成襄子广场、布鑫广场等一批文化主题公园，配套建设了五星级大酒店、华丽港购物中心、襄美商贸城、游泳馆等一批服务项目。

【经济大事简介】 ①2011年2月，荣获"山西老年书画先进县"称号。②2011年4月，连续第六次荣获全省双拥模范县称号。③2011年6月，连续第三次荣获全省治超工作先进县称号。④2011年7月，该县与潞安集团合作的180万吨煤制油及800万吨焦炭项目成功签约。⑤2011年7月，举行大平煤业与德国GBP公司热固性塑脂涂料项目签约仪式，成功引进国外高端防腐技术。⑥2011年8月，与中国至德集团、贵州山力公司合作建设的100亿元安时电力储能电池项目、100万米矿用皮带项目成功签约。⑦2011年12月，襄子老粗布质量标准被确定为全省蓝本。

（李俊杰　李　佳）

屯留县

【自然概况】 屯留县地处山西省东南部，上党盆地西侧，自古有"古韩要地"、"三晋通衢"、"米粮川"之称。全县总面积1142平方千米，耕地面积3.7万公顷。辖11个乡镇、3个开发区、294个行政村。2011年总人口26.6万人。

屯留历史悠久，西汉置县至今。史载有"后羿射日"、"王翦战屯留"、"卞和获璧"、"张良得兵书"等历史传说。革命战争年代，朱德、刘伯承等老一辈无产阶级革命家曾在这里留下了光辉足迹，闻名中外的上党战役主战场就在屯留境内的老爷山。

【经济发展概况】 2011年，全县生产总值92.25亿元，财政总收入15.51亿元，一般预算收入5.01亿元，农林牧渔业总产值9.69亿元，粮食总产量22.9万吨，工业总产值163.77亿元，社会消费品零售总额8.74亿元，城镇居民人均可支配收入16087元，农民人均纯收入8310元。

项目建设如火如荼。2011年，实施重点项目87个，总投资122.4亿元。万吨多晶硅、百万吨HF乳化油、百万套新型矿工防护装备、20万吨结晶葡萄糖等35个项目竣工建成。全年引进项目22个，总投资132.4亿元。

工业新型化成效显现。2011

年，实施工业新型化项目39个，总投资100.9亿元。煤炭产业技改项目建设顺利实施。焦化企业健康发展。2011年9月16日，生产出全省第一炉多晶硅棒。依托康庄高新、金泽玉米深加工、王村煤化工、余吾煤油循环、渔泽煤化工、古城煤电六大工业园区，规划建设了康庄—李高—西贾和渔泽—路村—余吾南北两条工业经济带，初步实现了产业集聚、布局集中、资源节约、结构优化的目标。

农业现代化扎实推进。发展蔬菜3433.3公顷，新增干鲜水果1266.7公顷，发展苗木花卉166.7公顷，新改扩建规模养殖场（小区）38个。全年流转土地面积3800公顷，土地流转农户1.7万户。农民专业合作社达到676家。全县农机总动力24.3万千瓦。新增高标准保护性耕作示范面积1400公顷，新增机井55眼，新增水地2133.3公顷，改善水地1533.3公顷。屯谷水库、绛河河道综合治理前期工作顺利开展，屯绛水库除险加固改造工程全面完工。落实粮补资金2311万元，良种补贴497万元。培训农民4万人次，劳务输出2.6万人次。

市域城镇化步伐加快。全年实施市域城镇化项目24个，总投资12.2亿元。县城热电联供集中供热一期工程全面竣工。浩洋国际酒店、圣源世纪城、巍山体育产业园等现代服务业项目加紧建设。以河神庙为代表的生态农业型，以余吾为代表的工业带动型，以丰宜为代表的商贸旅游型小城镇初具雏形。发展便民连锁店97个，新建农村文化体育场所153个，新增沼气户1690户，建设农村饮水安全工程25处。

城乡生态化稳步实施。以绿化、气化、净化、健康“四个屯留”建设为重点，不断加快城乡生态化建设步伐。完成干果经济林1266.7公顷、生态防护林1000公顷、农田林网666.7公顷、低效林改造666.7公顷、中幼林抚育666.7公顷、提档工程84.1千米，全县森林覆盖率29.1%。县城新增绿化面积2900平方米，绿化覆盖率43.6%，绿地率38.6%。过境天然气主管道已接入县城。万元生产总值污染排放量下降7%，万元生产总值二氧化碳排放量下降3.5%，万元规模工业增加值能耗下降6%。二级以上优良天数359天。县城饮用水水质100%达标。

社会事业持续改善。申报专利91项，荣获科技部“三农科技服务金桥奖”，连续第七次荣获全国科技进步先进县称号，被文化部命名为中国民间文化艺术之乡，山西省文明和谐县城创建成功。新建幼儿园和2所乡镇寄宿制小学改扩建工程加紧建设。新建职业中学实现整体搬迁。2所乡镇中心卫生院改扩建工程抓紧建设，新农合参合率100%。成功创建国家级优质服务先进县。公开招聘160名教师和100名乡镇医护人员。新增就业3100余人，转移农村剩余劳动力4000人，城镇登记失业率控制在2.1%。城镇职工医疗保险实现了“一卡通”。保障性住房建设步伐加快，农村危房改造完成320户。

（屯留县人民政府办公室）

平顺县

【自然概况】 平顺县位于太行山南端，山西省东南部，晋、冀、豫三省交界处。全县总面积1550平方千米。辖5个镇7个乡、262个行政村。2011年总人口15万人。

境内地势东南高西北低，属温带大陆性气候。

平顺矿产资源有铁、硅、大理石、花岗岩等20多个品种，其中，硅矿储量最大，达26亿吨之巨。

平顺盛产潞党参、大红袍花椒、马铃薯等名优农副产品和连翘、柴胡、黄芪等百余种特色中药材。

境内山川秀美、风光旖旎，有太行水乡和天脊山两个国家4A级景区。

平顺是潞党参正宗原产地、中国大红袍花椒之乡，是国家扶贫开发重点县，国家卫生城，国家园林县城。是全国著名劳模、唯一的一至十一届全国人大代表申纪兰的家乡。

【经济发展概况】 2011年，全县生产总值18.56亿元，比2010年增长17.2%。财政总收入1.75亿元，增长25.9%；一般预算收入7646万元，增长34.7%。农林牧渔业总产值4.28亿元，增长14.7%；粮食总产量5.5万吨，下降5.2%。社会消费品零售总额4.93亿元，增长16.7%。城镇居民人均可支配收入13617元，增长18.4%；农民人均纯收入3200元，增长14%。

旅游产业特色彰显。2011年，成功举办了第五届太行水乡全国新闻记者漂流邀请赛暨第二届低碳旅游文化节。成立了平顺县福临门旅游开发管理责任有限公司，聘请冯骥才、魏小安等大师级人物作为平顺县旅游发展顾问。2011年，接待游客152万人次，增长22%；旅游综合收入5.32亿元，增长40%。

生态建设成果丰硕。2011年，新造林4106.6公顷。建成森林公园3个。集体林权制度改革顺利推进。制定了“十二五”林业生态建设规划，完成“太行水乡湿地公园”立项。大力实施“蓝天碧水”工程，全年空气质量二级以上天数360天，被省政府命名为“山西省林业生态县”。

“三农”工作全面进步。2011年，建立马铃薯、玉米、旱地西红柿、花椒芽菜试验示范基地10个。引进标准化松籽油深加工、山桃嫁接扁桃项目。抚育野生连翘基地5333.3公顷。发展农副产品加工龙头企业13家，各类专业合作社达到291家。新认证有机食品21个、绿色食品9个、无公害农产品9个。新确立“一村一品”专业村32个。完成省级重点推进村建设19个。

工业转型推进加快。宏丰铸业10万吨精密铸件项目被列入全市“十二五”工业新型化项目。瑞烽化工4×2.5万千伏安环保电石炉项目设备安装就绪，潞安石材扩建项目、鑫源矿业技改项目全面完工，将全县42家铁矿采选企业整合为23个铁矿生产主体。新型工业迅速崛起，风力发电项目开工建设，光伏发电项目测光顺利，淜头水库和辛安泉扩建项目正式立项。

社会事业持续改善。2011年，全面推进新的“五个全覆盖”工程，农村街巷硬化全覆盖工程完成97%，农村便民连锁商店、农村文化体育场所、中等职业教育免费基本实现全覆盖，平顺县被列入第3批新型农村养老保险国家级试点县，参保率75%。阳光小学、王庄小学投入使用，职教中心、特教学校完成主体工程。县、乡、村三级文化活动网络建立完善。创作《“四特七不”平顺人》、《山村支书》等优秀文艺作品80余个。县医院通过二级甲等医院初评，中医院完成二级乙等评审，新农合参合率99.2%，城镇职工和城镇居民医疗参保率93.2%。

【经济大事简介】 ①2011年4月18日，投资2亿元的山西振东制药1.3万公顷连翘种植产业化项目开工奠基。②2011年8月12日，平顺至长治二级公路工程项目奠基开工。③2011年8月31日，大唐平顺新能源有限公司虹梯关一期4.95兆瓦风电项目奠基开工。④2011年9月5日，在第六届中部博览会长治招商引资签约仪式上，成功签约大唐风力、美特好超市、太行水乡神龙湾红色西沟旅游开发3个项目，签约资金近40亿元。⑤2011年11月14日，天脊山景区获得“国家地质公园”资格认证。

（平顺县人民政府办公室）

黎城县

【自然概况】 黎城，古称黎侯国，是中华文明发祥地之一，是太行革命老区。全县总面积1101平方千米。辖5个镇4个乡251个行政村。2011年总人口15.9万人。

区位优势。黎城地处晋、冀、豫三省交界，素有“三省通衢”之称，是山西的“东大门”。青兰高速（长邯段）、长邯铁路、国道309线横穿东西，国道207线以及在建的黎左、黎霍两条高速纵贯南北。距长治机场仅40千米，交通优势明显。

矿藏优势。境内发现矿产21种，其中，铁矿储量2.03亿吨，硅矿储量20亿吨，钾矿、白云石、石英矿等矿产资源富集，煤炭资源也较为丰富。

生态优势。气候温和，四季分明。年平均气温10.4℃，平均降水量547毫米，无霜期最长年份216天。森林覆盖率40%。水利条件优越，是山西的富水区。清浊两漳河贯穿县境，勇进、漳北、漳南三大灌渠襟南缠北。境内有40多处山泉水源，水量充足，水质优良，有很高的饮用开发价值。

奇山优势。北部、西部山区地形奇特，有着壮丽的红石景观，峰峦叠嶂，壁立千仞，丹霞地貌，是八百里太行雄奇风光最独特的部分，素有“太行画廊”之称。特别是30亿年前的造山运动形成的红山地貌，世界罕见，可与美国科罗拉多大峡谷相媲美。地质专家称，“30亿年遗迹看黎城”。

人文优势。黎城历史悠久，有“炎帝获佳禾之地，秦将定燕卒之乡”的记载，文明史长达5000多年。塔坡西周古墓群发掘证明，黎城是古黎侯国所在地。女娲补天、蚩尤争天、许由洗耳、燕王争雄、西伯戡黎等神话传说和历史故事均产生于此。黎城是革命老区，黄崖洞兵工厂被誉为“新中国兵器工业的摇篮”，冀南银行被誉为“新中国金融的摇篮”。

【经济发展概况】 2011年，全县生产总值27.76亿元，比2010年增长15.2%。财政总收入3.92亿元，增长19.1%；一般预算收入1.55亿元，增长33.6%。农林牧渔业总产值4.55亿元，增长15.6%；粮食总产量6.9万吨，增长9.5%。工业总产值55.86亿元，增长50.3%。社会消费品零售总额7.76亿元，增长16.9%。城镇居民人均可支配收入11193元，增长16.6%；农民人均纯收入4796元，增长12.5%。

工业新型化迈出新步伐。山西（黎城）太阳能科技产业园项目正式开工。潞安工业硅一期工程正式投产，形成2.6万吨工业硅、2.5万吨硅粉生产能力。青春玻璃2条平板玻璃生产线建成投产，形成700万重量箱生产能力。晋道生态酒庄5000吨清香型白酒一期工程正式投产。恒泰精密铸造项目一期5万吨投入试生产。蓝天燃气煤高效洁净转化项目一期工程投入试生产。万瑞达三醋酸甘油酯项目进入设备安装阶段。太行山水业山泉水开发项目落地开工。粉末冶金、青春玻璃和太行钢铁技改项目全部完成。华驰物流500万吨煤炭物流项目被列为省级重点项目，全面开工建设。潞安华信、晋通磁材等项目有序推进。新型工业在县域经济发展中的主导地位更加突出。

农业现代化开启新局面。以建设“原生态精品农业基地县”为目标，大力发展核桃产业，新栽植核桃树1333.3公顷、60万株。设施蔬菜面积266.7公顷。规模健康养殖小区达到9个。发展“一村一品”专业村近30个。三泰科技非油炸休闲核桃仁生产线建成投产。省煤销集团长治公司黎城高效农业示范园区项目（程家山路堡滩高效农业园）正式开工。小型农田水利重点县工程改造支、斗渠286条186千米，改善灌溉面积1866.7公顷。开发整理新增土地100公顷。主要农作物耕、种、收综合机械化水平61%。专业合作社达到493家。农业发展正步入基地示范、公司带动、科技引领、设施保障的良性轨道。

市域城镇化呈现新气象。投资9000万元完成北坊二桥、桥南路拓宽改造、广通路及黎侯大道绿化亮化配套等工程，县城通行条件更加便捷。一品嘉园、宏远广场、火车站棚户区、隆祥名邸一期、广盛苑二期等住宅小区建成主体工程，县城居民的住房条件进一步改善。投资1.77亿元的县城集中供热项目被列为亚行贷款山西节能减排和环境改善项目，前期工作全面完成。投资1700万元的中水回用项目进入设备安装阶段。以县城为重点，编制完成县域城镇化实施方案，西井镇、黄崖洞镇、东阳关镇被列为全市“百镇建设”重点镇，城镇化率由2010年的37%提高到39%。

城乡生态化跃上新台阶。四方山景区完成18千米旅游通道路基工程，杨岐山景区8千米旅游路主干道全线打通，九龙庙观景台、板山接待中心、广志山129师后方医院旧址开发完成主体工程。黄崖洞景区民俗风情园、红色家园、观光火车道、索道、观光电梯、红色广场和兵工文化园等项目全面推进。白岩寺景区一期主体工程基本完工。大力实施造林绿化，完成荒山绿化3000

公顷，县城人均公园绿地面积22.2平方米。严格落实环保措施，全面完成二氧化硫、化学需氧量等6项主要污染物年度减排任务，县城空气质量二级以上天数356天。

社会各项事业取得新成绩。交通工作，投资1.34亿元，对730多千米农村街巷进行硬化，位列长治市第一。教育工作，投资近9000万元，完成县一中综合实验楼、综合办公楼、学生公寓楼等基础设施建设和9个乡镇校舍安全扫尾工程。投资1100万元的青少年活动中心投入使用。全县中小学全部落实“两免一补”优惠政策，在广大农村寄宿制小学实施了“一颗鸡蛋工程”。卫生工作，完成基层医药卫生体制综合改革，减少群众药费支出150万元，发放新型农村合作医疗补偿基金2560万元。社会就业工作，转移消化劳动力2500多人，城镇新增就业岗位1700多个，城镇登记失业率控制在3%以下。住房保障工作，完成6100平方米保障性住房建设，解决152户城镇居民住房困难；投入220多万元对200户农村危房进行改造。社保救助工作，城乡低保覆盖8600多户、1.2万多人，基本实现应保尽保。全面启动城乡居民社会养老保险工作，为全县1.7万名60岁以上老人发放养老金560多万元。饮水安全工程，投资270万元解决了6个乡镇17个村5600多人的用水保障问题。保质保量为4.4万低收入农户发放“过冬煤”。

【经济大事简介】 ①引进北京汇宸投资管理有限公司建设山西太阳能科技产业园项目，重点实施3万吨多晶硅项目，被列为省市转型综改标杆项目、长治市20个百亿元非煤非电转型重点项目，首期6000吨多晶硅项目正式开工。②引进北京投资商，建设占地面积66.7公顷，集农产品种植、养殖、加工、贮存、交易、物流配送于一体的山西黎城生态农业科技产业园区。③引进山西同元文化古镇旅游开发有限公司投资35亿元建设黎侯古城。④投资1.77亿元的县城集中供热项目被列为亚行贷款山西节能减排和环境改善项目，前期工作全面完成。

（郭晓军）

壶关县

【自然概况】 壶关县地处太行山东南端，东与河南省林州、辉县两市接壤，西与长治市郊区、长治县为邻，北与平顺县相连，南与晋城市陵川县毗邻，距长治市区仅9千米，是长治市的“东大门”。全县总面积1013平方千米。辖5个镇7个乡1个办事处、390个行政村。2011年总人口29.3万人。

境内地势东高西低，地质类型以奥陶纪石灰岩为主，是典型的干石山区。平均海拔1252米，山地面积占到全县总面积的74.5%。是国家扶贫开发重点县。

壶关自汉高祖刘邦元年（公元前206年）开始置县，距今已有2200多年的历史。境内有唐代真泽宫、金代三嵕庙、明代白云寺等文物古迹。有石灰石、硅石、大理石、铁矿、煤炭等矿产资源。有党参、陈醋、小米、羊汤等地方特产。有集“雄、奇、险、幽”的太行山大峡谷自然风光旅游区。

【经济发展概况】 2011年，全县生产总值31.76亿元，比2010年增长15.0%。财政总收入3.46亿元，增长20.1%；一般预算收入1.27亿元，增长12.4%。农业总产值5.54亿元，增长21.8%；粮食总产量1.06亿千克，下降1.9%。工业总产值74.69亿元，增长8.7%。社会消费品零售总额10.47亿元，增长17.2%。城镇居民人均可支配收入13347元，增长18.3%；农民人均纯收入3016.3元，增长16.1%。全社会固定资产投资22.83亿元，增长36.9%。

项目建设成效显著。2011年，共投资106亿元，开工建设县乡重点项目105项。常平150万吨高速线材项目竣工试产，壶化集团地震勘探雷管、磁电雷管2个项目如期建成，省煤销集团长治公司赵屋煤矿技改工程投入运行。积极参加中博会、农博会、旅博会等大型招商活动，组团赴内蒙古、黑龙江、广东、深圳、福建、重庆等地招商引资，全县共签约合作项目10个，引资101亿元。

“三农”工作稳步推进。积极推进农业产业化，全县龙头企业达到22家。落实各类惠农补贴1044多万元。优质玉米、小杂粮、旱地西红柿等绿色种植基地面积进一步扩大，其中，旱地西红柿2000公顷。投资1100万元解决了12个乡镇、2.6万余人的安全饮水问题。全县新建成户用沼气池600余个，建立完善农村沼气服务网点33个。紫团公司食用菌产业园，建成大棚620座，日产食用菌2万千克。农村街巷硬化完成294个村、1048千米，农村便民连锁商店建成127个，农民体育健身设施和村级组织文化活动场所完成390个村，新农保参保14.7万人。

旅游开发力度加大。太行山大峡谷旅游循环公路、八泉峡大坝工程正在建设中，国家地质公园博物馆投入使用。配套完善了青龙峡、红豆峡、八泉峡、十八盘等景区基础设施。大峡谷旅游宣传片首次在央视频道黄金时段播放，特别是成功举办了第四届太行山大峡谷国际攀岩赛。2011年大峡谷景区共接待游客90万人次，门票收入1380万元，旅游综合收入12亿元。荣获“山西省旅游十大杰出品牌”称号。

城乡面貌日新月异。2011年，开工建设了神山公园循环路、环山路、树人街、宜景街等工程，特别是完成总投资近4亿元、全长5.3千米、宽50米、双向六车道的上党城镇群路网连接线工程。投资2亿元的集中供热工程，供热面积达到200万平方米，覆盖了县城80%的住户。县城绿化覆盖率42.8%以上，人均公共绿地面积23.5平方米。投资1000万元实施了神山公园、临街建筑物和奋进大街三大亮化工程。

社会事业全面发展。2011年，加快实施27所中小学校舍安全工程。县医院医技楼、中医院病房楼和7个乡镇卫生院改扩建工程投入使用，村级卫生所达到全覆盖。农民体育健身设施、村级文化活动室、农家书屋均完成390个村，中等职业教育免费覆盖率100%。完成数字电影《大峡谷的女人》和八集电视戏曲连续剧《酸枣》的摄制工作。实施有线电视村村通和数字电视整体平移工程。计划生育奖励政策全面兑现，人口自然增长率控制在4.52‰以内。

【经济大事简介】 ①总投资106亿元、105项重点工程大多数项目已胜利竣工。②引进总投资7.5亿元的大象农牧集团肉鸡产业化项目。③成功举办22个国家和地区、50名运动员参加的中国·长治壶关太行山大峡谷第四届国际攀岩精英赛，荣获“山西省旅游十大杰出品牌”称号。④投资2亿元，加快建设集中供热工程，供热面积达到200万平方米。⑤纵贯县城东侧的长安高速公路正式通车。⑥总投资4亿多元的太行山大峡谷旅游循环路开工建设。⑦总投资4500万元建成树人学校。⑧总投资2200万元建设县人民医院门诊医技大楼工程。⑨总投资400余万元的文化活动中心体育场改造工程建成投用。

（壶关县人民政府办公室）

长子县

【自然概况】 长子县位于山西省东南部，上党盆地西侧。全县总面积1029平方千米。辖7个镇5个乡、399个行政村。2011年总人口35.4万人。

【经济发展概况】 2011年，全县生产总值80.49亿元，比2010年增长16.2%。固定资产投资52.3亿元，增长27.3%。社会消费品零售总额10.24亿元，增长18%。财政总收入16.84亿元，增长68.1%；一般预算收入5.02亿元，增长45.7%。粮食总产量23.2万吨，增长9.7%。工业总产值96.97亿元，增长57.1%。农林牧渔业总产值16.06亿元，增长24.1%。城镇居民人均可支配收入16678万元，增长18%；农民人均纯收入7506元，增长20.1%。

转型发展成果辉煌。工业方面，建成霍尔辛赫煤矿和特高压二期等一大批重大转型项目，引进安华汽车、全铝空调、康宝二期等一批新兴项目，以煤电为主，装备制造、医药、化工多元发展的新型工业体系进一步成型。农业方面，大力实施设施蔬菜“双二十”、畜禽养殖两千万和优质烤烟一万亩“三大增收工程”，全县蔬菜播种面积突破1.3万公顷，设施蔬菜面积超过6333公顷；畜禽饲养量1088万只（头），规模养殖场区117个；烤烟种植面积稳定在593.3公顷。农业龙头企业10多家，农民专业合作社696家，农产品加工转化率35%。第三产业方面，鑫威物流配送中心等一批商贸流通项目进展顺利，仙翁山树化石群、天王寺保护开发有序推进，县城古建一条街基本建成。

城镇建设加速推进。以打造上党城镇群示范区为目标，全力加快县域城镇化建设进程。上党城镇群路网工程长子连接线在全市第一家高标准全面建成通车，城东文化广场、西环路改造、村镇银行、县城供水管网改造建成投入使用。潞安花园西区、龙兴小区等住宅区项目全面完工。长子会堂、五星级大酒店进行内装修。民兵训练基地奠基开工。总面积333.3公顷的东湖新区开发正在进行规划建设。

惠民支出大幅增加。全年民生事业支出达3.2亿元。扎实推进农村“五个全覆盖”工程，农村街道硬化完成237个村642.1千米，农村文化体育活动场所、农家书屋和文体活动室分别达到100个、240个和399个，农民便民连锁店达到370个。继续实施八大造林绿化工程，新栽植苗木325万株，新增绿化面积2273.3公顷。县城空气质量二级以上天数连续3年保持在365天。不断深化教育教学改革，普通高考二本B类以上达线人数803人，连续2年名列各县（区）之首。深入推进医药卫生体制改革，23个乡镇卫生院和484个村级卫生室全部实行了基本药物制度。“五大保险”覆盖面不断扩大，城乡低保和农村“五保”供养对象实现了应保尽保。努力扩大就业，新增城镇就业岗位2672个，转移农村劳动力1.7万人。

【经济大事简介】 ①基本完成煤炭兼并重组工作，煤炭产量由1013万吨增加到1232万吨。②签约投资224.6亿元的新兴项目20个。③总投资30多亿元的城东文化广场、西环路改造、村镇银行、县城供水管网改造、潞安花园西区、龙兴小区、长子会堂、五星级大酒店、民兵训练基地、东湖新区十大精品工程进展顺利。④在全市率先全面建成上党城镇群路网工程长子连接线。⑤投资3100万元的八大造林绿化工程顺利实施。

（长子县人民政府办公室）

武乡县

【自然概况】 武乡县位于太行山西麓，山西省东南部，长治市最北端。全县总面积1610平方千米。辖9个乡5个镇、1个农业开发区。2011年总人口18.2万人。

武乡矿产资源主要有煤、铁、白云岩、石灰石、大理石、铝矾土、硅藻土、天然矿泉水等，其中，煤炭储量28.6亿吨，是全国100个重点产煤县之一。

武乡是著名革命老区，境内红、古、绿三色旅游如火如荼。有容太行山之精华的板山、风景秀美的太行龙湖以及华北最大溶洞——太行龙洞等自然景观，有八路军太行纪念馆、“两园一剧”等红色景点。全县城镇绿化覆盖率高，享有国家园林县城、中国绿色名县、国家卫生县城、国家生态文明县城等殊荣。

【经济发展概况】 2011年，全县生产总值56.54亿元，比2010年增长15.9%。财政总收入12.13亿元，增长20.5%；一般预算收入4.17亿元，增长13.8%。全社会固定资产投资31亿元，增长61.7%。农林牧渔业总产值4.72亿元，粮食总产量9.4万吨。社会消费品零售总额7.39亿元，增长17.1%。城镇居民人均可支配收入13819元，增长18.1%；农民人均纯收入3429元，增长14.5%。

特色农业产业化取得突破。2011年，全县以农民收入翻番为核心，以“一县一业”为主导，在稳定传统种植业基础上，突出六大高效特色板块，建成18个种养基地，新增设施蔬菜大棚133.3公顷。重点推进鑫四海百万头生猪生态养殖屠宰

综合加工、山东六和集团年屠宰加工4000万只肉鸡和2250万只肉鸡养殖等项目。不断加大对核桃等经济林产业扶持力度，新发展以核桃为主的干果经济林1600公顷。新发展343个农民专业合作社。

工业新型化迈出坚实步伐。2011年，全面完成煤炭资源整合、煤矿兼并重组，煤矿技改扩建进展顺利，6座120万吨矿井和1座90万吨矿井改扩建项目共完成投资10.2亿元。武乡和信电厂有限公司二期2×1000兆瓦发电项目前期准备立项、备案手续全部完成。按照"新"在镁都，"化"在规模的思路，以建设全国镁合金终端制品基地为目标，成功与中国五矿集团签约镁产业链"两园一平台"项目，高比例甲醇燃料和高压缩比发动机、融聚远3万吨镁铝合金、日产3000吨水泥熟料及6兆瓦纯低温余热发电等新材料、新能源、新型建材、装备制造等新兴产业发展势头日盛。

第三产业规模化强势发展。成功举办全国首届八路军文化旅游节，为全县第三产业强势发展吹响号角。武乡八路军红色文化得到全方位宣传，全国著名的革命老区名牌打响叫亮。全年接待游客165.9万人次，增长27.6%，仅"两园一剧"接待游客15.7万人次，门票收入187.3万元。武乡县被表彰为"山西省文化建设先进县"、"山西省文化产业发展先进单位"。

对外开放取得新成绩。打响"招商引资大会战"和"项目建设攻坚战"，全年签约项目13个，总投资245亿元。年内落地项目9个，落地率70%。

【经济大事简介】 ①2011年2月27日，武乡县与山西国际能源集团签署战略合作框架协议。②2011年3月6日，山西鑫四海百万头生猪生态养殖屠宰综合加工项目及山东六和集团与山西大象禽业有限公司合作的3000万只/年肉鸡屠宰深加工及配套项目正式开工奠基。③2011年7月9日，成功举办首届"权店梅杏"采摘节活动。④2011年8月19日，武乡县首届八路军文化旅游节成功举办。⑤2011年9月5日，武乡县参加第六届中博会长治市招商引资项目签约仪式，成功签约4个项目。

（武乡县人民政府办公室）

沁　县

【自然概况】 沁县地处山西省东南部，上党盆地北部，是有机农业生产的黄金区域。是浊漳河的西源、千里海河的源头，中国名米沁州黄的祖产地。全县总面积1318平方千米。辖6个镇7个乡306个行政村、6个社区。2011年总人口17.3万人。

沁县属于黄土高原丘陵区，气候属温带半湿润大陆性季风气候。平均海拔1000米左右，年平均日照时数2474.7小时，年平均气温8.9℃，年平均降雨量660毫米，全年无霜期170多天。

境内生态良好，资源丰富。水资源尤为富足，均系源头活水，无过境水、无污染。有大小支流126条、633千米，湖泊湿地62处，泉水270多处，形成河流的上升泉有76处，水资源总量1.77亿立方米，地表水域面积1600公顷，地表水年径流量约1.32亿立方米，地下水储量约4500万吨。有"千泉之县"、"北方水城"的美誉。经国家有关权威部门化验，多属优质天然矿泉水。2011年全县二级以上天气365天，一级以上天气188天，排名全省前列。

【经济发展概况】 2011年，全县生产总值13.19亿元，比2010年增长15.4%。工业总产值4.7亿元，增长312.5%。财政总收入1.37亿元，增长22.3%；一般预算收入6462万元，增长28%。社会消费品零售总额5.7亿元，增长17%。农林牧渔业总产值5.9亿元，增长19%；粮食总产量16.1万吨，增长13.4%。城镇居民人均可支配收入11267元，增长19.1%；农民人均纯收入3306元，增长20.4%。

产业转型迈出新步伐。2011年，围绕转型跨越主线，坚持以水为基，多元发展。按照"源头发展水产品加工业、县城周边发展水旅游业、下游发展有机水产养殖业"的水产业发展规划，确定了"六大矿泉水产业重点区域"、"九大矿泉水产业聚集区"，引进了投资15亿元的沁园春百万吨矿泉水生产项目。百万亩私家菜园（生态农庄）推向全国，先后在北京、上海、郑州等大中城市，举行了大型招商新闻发布会，引进投资业主近百个，建设私家菜园133.3公顷。"北方水城"端午民俗文化节成功举办，接待游客30万人次，带动了旅游、餐饮、住宿等现代服务业发展。

产业结构进一步优化。第一产业由种粮转为种菜、种经济作物。全县蔬菜种植面积4666.6公顷，其中，设施蔬菜2000公顷。沁州黄谷子种植面积6666.6公顷。核桃种植面积6000公顷。畜禽养殖饲养量300万只（头）以上。第二产业由传统工业向有机食品加工业转型。沁州黄农业产业示范园区建设初见成效，沁州黄公司婴幼儿米粉加工生产线建成投产，潞宝金和生食品加工项目开工建设。第三产业加快发展。华丽港购物广场、贸易大厦改造工程竣工使用，圪芦湖风景区成为水城旅游开发新亮点。全县服务业增加值7.9亿元，增长12.2%。

基础设施得到新改善。"修路、栽树、治水、兴教"成效明显。着眼"打基础、利长远、增后劲"，坚持不懈推进"四项基础工程"，改善水城发展环境。在"修路"方面，改造段宜线、樊村至交漳、故县至徐村等农村公路40多千米，完成187个村689.5千米的街巷硬化工程，新建了北海码头。在"栽树"方面，持续推进"五年灭荒"工程，重点实施10项造林工程，新增投资3000万元，造林4666.6公顷，栽植苗木800余万株，森林覆盖率42.6%，绿地率60%。在"治水"方面，治理水土流失面积1833.3公顷，水保生态恢复面积2800公顷，新增节水面积333.3公顷，新建农村饮水安全工程18处，成功申报了圪芦河、西湖2个省级水利风景区，实施了浊漳河河道治理和北海等6座水库除险加固工程。

民生水平有了新提高。2011年，为农村低收入农户发放冬季取暖用煤4.3万吨。城镇新增就业1201人，养老、医疗、失业等社会保险覆盖率74.1%。国家基本药物制度全面实施，新农合参合率99.1%，人民群众就医买药更实惠。新开发西湖苑、华安苑、世纪佳园、亲雅苑等商住小区，建设住房2500多套30多万平方米。建成廉租房、公租房、经济适用房等保障性住房438套2.5万平方米，为1136户城镇低收入家庭发放廉租住房补贴147.3万元，为500户农村低收入家庭发放危房改造补助465.6万元，城乡居民居住条件明显改善。

【经济大事简介】 ①2011年3月，沁州黄婴幼儿小米营养粉全面上市。②2011年3月，农业产业化国家重点龙头企业大象禽业入驻。③2011年4月2日，三元煤业10亿元投资王后泉天然矿泉水项目签约。④2011年4月19日，总投资4.12亿元的国内首个焦炉煤气制天然气项目奠基开工。⑤2011年7月6日，潞宝金和生农副产品加工项目开工。⑥2011年9月，被农业部评为"全国农产品加工业示范基地"。⑦2011年11月19日，"千泉湖"湿地公园晋升为国家湿地公园。

（沁县人民政府办公室）

沁 源 县

【自然概况】 沁源县地处太岳山东麓，山西省东南部，长治市西北部。自西汉刘邦元年(公元前206年)置县，初名谷远，后为谷近，北魏建义元年(公元528年)因沁河之源得名沁源。全县总面积2554平方千米。辖5个镇9个乡254个行政村。2011年总人口15.9万人。

沁源生态优美、景色宜人。全县森林面积14万公顷，森林覆盖率62%，是全国的"油松之乡"，全国天然林保护重点县。草地面积9万公顷，是华北南部唯一的亚高山草甸区。境内有沁河、汾河两大水系，年平均径流量2.6亿立方米，是山西相对富水区。气候温和，空气湿润，平均温度8.6℃，年相对湿度65%。境内四季山青水秀、地绿天蓝，处处绿树婆娑、郁郁葱葱。葳蕤的森林，温润的气候，被誉为太岳胜景"天然氧吧"。境内旅游资源丰富，有灵空山、菩提寺、花坡、沁河源等景区，特别是灵空山景区被称为油松之王的"九鼎松"，一树九杆，挺拔参天，已载入大世界基尼斯纪录。

境内矿产资源有煤、铁、铝矾土、石灰岩等。煤炭总储量128亿吨，可开采储量90亿吨(主焦煤60亿吨，动力煤30亿吨)，含煤面积占全县总面积的80%，是全国重点产煤县、全省主焦煤基地县。铁矿总储量5800万吨。铝矾土储量1.5亿吨。

野生资源种类繁多，尤以野生中药材连翘、党参、丹参、黄芩、柴胡、桔梗为多，野生天然食品有黑木耳、蘑菇、黄花菜、蕨菜、山核桃等20余种。

【经济发展概况】 2011年，全县生产总值93.51亿元，比2010年增长15.2%。财政总收入21.9亿元，增长23.7%；一般预算收入8.44亿元，增长25.6%。粮食总产量6.6万吨，下降1.5%；农业总产值3.47亿元，增长8.5%。工业总产值157.24亿元，增长25.1%。城镇居民人均可支配收入19788元，增长17.3%；农民人均纯收入7494元，增长19.9%。社会消费品零售总额13.18亿元，增长17.4%。

工业新型化实现新突破。24个重点煤炭项目完成投资32亿元，太岳煤矿150万吨矿井等3个项目完工，全年生产原煤763万吨，增加103万吨。通洲10万吨甲醇、马军峪煤层气发电、康伟自备变电站等一批循环经济项目和绵上220万千伏安变电站投入运行，老凹沟双40万吨铝镁阻燃剂/阻燃级氢氧化铝、太岳山风力发电、煤层气重卡物流新干线、永和水电站等一批非煤项目顺利推进。国电、华电、大唐3家世界500强企业和中国民企100强锦江集团来沁投资。康伟公司和上市企业永泰控股公司达成增资扩股战略合作协议。

农业现代化迈出新步伐。推广种植优质脱毒马铃薯2000公顷，发展红窑上冰葡萄、官军铁杆大葱等"一村一品"专业村35个，加快建设沁河缘、昶苑、明苑、南石苗圃4大现代农业示范园，建成年产6000吨非油炸苦荞方便面、年产120万袋食用菌等农业产业化龙头企业。新发展农民专业合作社145个、农村经纪人600人。

县域城镇化打造新亮点。2011年，按照"人本为上、山水宜居、沁源特色、欧洲水准"的城镇建设定位，启动老城南片区改造，制定了《沁源县老城改造房屋征收与补偿方案》，开展一期房屋征收，开工建设一期安置房。太岳国际大酒店投入运营，民心农贸市场和125套廉租房建成，公租房和化肥厂棚户区改造开工。黎霍高速过境项目进入初步设计。

城乡生态化取得新进展。2011年，全县造林1526.7公顷，县城绿化覆盖率40%，建成区绿地率35%，人均公共绿地10平方米，超过省级园林县绿化指标。实施沁河源头二期治理，完成鱼儿泉集中供水水源地保护项目。治理锅炉烟尘污染、餐饮油烟污染160多家，建成县城生活垃圾处理场，完善污水处理管网配套，县城集中供热面积扩大到120万平方米。争取到省级农村环境集中连片整治项目。实施红色文化旅游区、佛教文化旅游区、生态休闲文化旅游区"三区同创"，全年旅游综合收入突破亿元大关。

民生事业普惠化提高新水准。2011年，民生事业投入4.1亿元，增长8.9%。扩大就业和社会保障覆盖面，新增就业2628人，下岗再就业432人，转移农村劳动力4500人。全市首家开展城镇居民社会养老保险，全面铺开新型农村社会养老保险，新农保参保率91%。新型农村合作医疗财政代缴范围扩大到60岁以上，新农合参合率99.5%，并为1460名群众二次补偿888万元。颁布实施《沁源县中长期教育改革发展规划纲要》，优化整合沁源一中、太岳中学，完成79所学校校安工程，在全县寄宿制小学实施"一颗鸡蛋"营养餐工程。县人民医院跻身国家二级甲等，分设县中医院，完成130所新型卫生所建设，县乡村基本药物制度实现全覆盖。为4万多农户每户提供1.5吨冬季取暖用煤。

【经济大事简介】 ①投资40亿元，年产40万吨阻燃级氢氧化铝、40万吨铝镁阻燃剂项目开工建设，填补了长治市铝工业发展空白。②沁源县首届"沁新杯"环城自行车邀请赛成功举办。③作为全省35个重点应急水源工程之一，总投资3.6亿元的沁源县永和水电站开工建设。④太岳军区司令部旧址被确定为全国红色旅游经典景区。⑤实施街巷硬化362千米，超额完成年度任务。⑥荣膺"全国科普示范县"、全省"十佳卫生县城"、"省级环保模范县"等称号。⑦被中共山西省委、省政府表彰为"十一五"时期经济社会发展先进县。

（沁源县人民政府办公室）

晋城市

【自然概况】 晋城市位于山西省东南部，东南两面与河南省的焦作、济源、洛阳接壤，西与临汾市、运城市相交，北与长治市毗邻。全市东西宽160千米，南北长约100千米，总面积9490平方千米，其中，市区面积147平方千米。现辖1个市（高平）、1个区（城区）、4个县（泽州、阳城、陵川、沁水），84个乡（镇、街道办事处）。2011年总人口228.6万人。

晋城属暖温带季风气候，四季分明，冬长夏短，雨热同季，温和宜人。全年无霜期165～198天，东部山区较短。年平均降水量一般为624.6～680.8毫米，最大降水1010.4毫米，年平均湿度63%～68%；年平均气温7.9℃～11.7℃，最高气温38.6℃。

境内群山连绵，太行山雄居东部，中条山横卧西南，四周崇山峻岭，峰峦叠嶂。南面山势蜿蜒而下，伸向中州平原；中部丘陵起伏，盆地镶嵌其间；沁丹两河从西北向东南畅流出境，归入黄河。整个地形，状若簸箕。山地占全市总面积的58.6%，丘陵占28.5%，平川占12.9%。

晋城历史悠久，人杰地灵。作为华夏文明的发祥地之一，相传女娲氏、神农氏，以及尧、舜、禹都曾在这里留下了活动的足迹，愚公移山、精卫填海、女娲补天、神农躬耕等诸多美丽的传说也出自这块神奇的土地。晋城自然风光和文化遗存相得益彰。蟒河、历山、王莽岭峻险奇秀，皇城相府、长平古战场、炎帝陵底蕴深厚。全市拥有古文化遗址63处，国家级重点文物保护单位43处。尤其是现存宋、金时期基本保存完好的木结构古建筑46处，占山西的2/3、全国的1/3。

晋城资源丰富，宝藏遍地。煤、煤层气、白云岩、石灰岩、铝土矿等矿产资源储量丰富。特别是煤炭资源储量大，品质优，享誉全国。全市含煤面积占总面积的49%，无烟煤探明储量占全国的1/4多、山西的1/2多，煤炭产量占全国的近5%，煤层气在全国率先实现了规模化商业化开发。

晋城气候温和，雨量充沛，森林覆盖率达35.7%，是华北地区的富水区，也是华北地区最大的蚕桑丝绸基地和山西省重要的畜牧业基地。

【经济发展概况】 2011年，全市生产总值895亿元，比2010年增长13.6%。全社会固定资产投资完成504.1亿元，增长29.5%。财政总收入181.8亿元，增长18.6%；一般预算收入67.92亿元，增长22.4%。外贸进出口总额11.4亿美元，增长115.1%。社会消费品零售总额232.3亿元，增长17.5%。城镇居民人均可支配收入20127元，增长16%；农民人均纯收入7044元，增长19.4%。

结构调整步伐更加坚实。2011年，一批重大项目开工建设。启动实施了169项重点工程和重大项目，当年完成投资466.3亿元，增长48.6%。资源类产业巩固提升。煤矿整合重组基本完成，煤炭产业素质发生了脱胎换骨的变化。煤层气产业，本着"企业得利，地方得税，互利共赢"的原则，与中石油华北油田公司合作，共同推动煤层气开发利用的规模化、产业化发展。国内规模最大、日处理90万立方米的天煜新能源煤层气液化项目进展顺利。电力产业，国投热电一期2×30万千瓦机组开始试运行，晋煤能源公司煤矸石发电和中电明秀瓦斯发电一期工程进展顺利，高平煤电化一体化、华能阳城电厂等项目完成前期工作。煤化工产业，晋煤集团百万吨煤制油项目奠基，金象公司年产18万吨合成氨30万吨尿素项目联动试车。非资源类产业快速成长。全年非煤工业增加值增长22%，高出规模以上工业增加值增速4个百分点，全市新型工业化水平达到47.6%，居全省第二位。高新技术产业快速崛起。投资60亿元的富士康A区精密刀具及工业机器人项目4月开工建设，9月就正式投产。投资30亿元的B区继续提升产能。富士康金匠科技工业园新区项目开工建设。未来5至10年，富士康将投资1000亿元实施金匠中原计划，在晋城打造全球精密制造之都。以精密铸造、煤机成套设备为主的装备制造业规模扩大，增加值增长57.8%。金鼎煤机金匠园区开工奠基，福川制铁项目加快推进。清慧汽车配件及大型专用铸造项目二期工程试生产。纽威信10万吨精密数控机床项目在高平成功落地。商贸物流业发展壮大，豪德贸易广场一期交付使用，二期奠基开工。国贸大厦竣工开业，一批国际国内知名的商贸企业落户晋城。白马寺森林公园太行明珠游乐城项目开工建设，苏宁电器确定了选址，上海新世界、红星美凯龙、丹尼斯、上海锦江酒店等一大批项目正在深度对接。文化旅游业亮点频现，举办了第四届中国（晋城）太行山国际旅游文化月等旅游推介活动。以泽州府城玉皇庙的二十八宿雕塑为原型，与央视动画公司联合制作的大型原创动漫片《大耳朵爷爷历险记》首部52集，在央视少儿频道热播。成功竞标央视一套黄金时段广告，将在2012年播放晋城市形象推介宣传片。

"三农"工作成效更加突出。建立倒推倒逼机制，对农民增收的四个要素层层分解、条块结合、分工负责、逐项落实，农民收入增幅创近年新高。粮食总产量达9.71亿千克。农业综合机械化水平61.1%，高出全国6.6个百分点。畜牧业生产稳定增长，全年生猪存、出栏分别增长8.5%和11.1%。农业产业化发展迅速，新发展农民专业合作社427个，农产品加工转化率达到41%。大力推进水利改革发展，市水务发展有限公司挂牌成立。积极创建国家森林城市,完成造林1.5万公顷,森林覆盖率39.2%,居全省首位。强力推进扶贫攻坚,启动了第三批223个扶贫攻坚重点帮扶村的推进工作。扎实开展新农村建设,新的农村“五个全覆盖”工程中,新型农村社会养老保险、中等职业教育免费和农村文化体育场所三个全覆盖已提前一年完成。

城市基础设施更加完善。积极推进城市形象设计,搞好城市建设用地科学规划、合理利用,统筹推进城市基础设施建设。启动实施5条城市道路工程建设,完成投资近5亿元。凤城南路建成通车,兰花路、红星西街、红星东街开工建设,泽州路、凤台街罩面改造工程全部完成。困扰老城区居民多年的40条背街小巷改造工程竣工,这些地区的居民再也不用担心雨天出行的泥泞。新购置的40辆公交车上线运行。总长35千米的热电联供热网工程主干管网投入使用,新增集中供热能力1227万平方米。豪德贸易广场、金村新区的供水、供热、供气等基础设施配套项目已全部启动实施。市区和各县城全部开通煤层气,主城区气化率90%。14416套保障性住房开工建设。城市水系建设积极推进,任庄水库调水工程白马寺温馨湖竣工,主城区花园头河景观水系、滨河南路建设工程开工奠基。城镇扩容提质大行动和百镇建设工程全面启动。沁河高标准综合治理工程正在设计。2011年荣膺“国家卫生城市”称号。

城乡生态环境更加改善。2011年,继续深入实施“蓝天碧水工程”,环境质量进一步提高。9家煤化工企业生产工艺废水超低排放技改工程全部完成。全市地表水环境质量持续好转,丹河、沁河出境断面水质均达功能类别要求。6个县(市、区)环境空气质量稳定达到国家二级标准。市区二级以上天数354天,其中,一级天数112天。强力推进污染减排,对列入省政府环境污染末位淘汰范围的12家企业或设施实施了关停、淘汰和取缔。重点实施的35个污染减排项目全部完成。白马寺山森林公园绿化上档升级,丹河两岸绿化工程稳步推进,环城、阳翼和高陵3条高速公路的通道绿化基本完成。继续开展生态示范创建活动,完成4个国家级和16个省级生态村镇创建工作。晋城市荣膺全球环境保护最高奖——联合国环境规划署授予的“中国区环境规划优秀示范城市”称号。

改革开放氛围更加浓厚。研究制定了转型综改试验行动方案,加快推进“一市两县”、“一市两园”、“一县一企”试点。国企改革深入推进,民营经济蓬勃发展,医药、卫生、投融资体制改革步伐加快,文化体制改革走在全省、全国前列。进一步扩大对外开放,全力开展招商引资。与上海方面签订战略框架合作协议16个,签署项目合作意向7个,达成项目口头合作意向26个。太行明珠游乐城、上海枫彩集团沁水彩色苗木花卉项目、香港东裕包装纸袋等项目奠基开工。加大与大企业大集团的战略合作,成功与华润签署了1180亿元战略合作框架协议,兰花·华润药业开工建设。加强企地合作,将晋煤集团纳入全市转型跨越的大格局中,1237亿元的投资计划正在逐项落实。第六届中博会晋城市共签约项目68个,拟引资2439亿元,居全省第三位。融入中原战略深入实施,与中原地区的经贸往来日益紧密。招商引资当年签约、当年到位资金是2010年的4倍多。

(陈高晋)

晋城市城区

【自然概况】 晋城城区位于山西省东南部,雄踞太行之巅,扼晋、豫两省之要塞,是山西通往中原的重要门户。城区面积149.6平方千米。下辖1个镇、7个办事处,62个行政村、75个社区。2011年总人口48万人。

城区环境宜人,文脉流长。全区绿化总面积3266.7公顷,绿化覆盖率45.8%,绿地率43.2%,人均公共绿地面积15.5平方米,主要绿化指标均超全省、全国平均水平。空气质量优良,二级以上天数354天。冬无严寒,夏无酷暑。人文景观有白马禅寺、程颢书院、景德桥、景忠桥、怀覃会馆、文峰笔塔等。

【经济发展概况】 2011年,城区生产总值180.73亿元,财政总收入8.42亿元,一般预算收入5.2亿元,社会消费品零售总额117.62亿元,全社会固定资产投资131.2亿元,粮食总产量1.3万吨,城镇居民人均可支配收入20127元,农民人均纯收入7963元。

产业结构转型升级。着力发展现代都市农业,发展了北阎庄等5个“一村一品”专业村、西上庄牧鹤养殖等5个规模养殖基地和66.7公顷设施蔬菜。推进司徒、仕帝等6个农业示范园区建设,特别是司徒现代都市农业园起点高、投资大、进度快,当年完成投资1.2亿元,成为晋城市乃至全省现代农业发展的一个示范。

着力发展新型工业,以园区建设为载体,着力改造提升传统产业,培育壮大新兴产业。争取市政府支持,设立了占地137.8公顷的北石店工业园区。对9户规模以上工业企业给予1000万元贷款贴息支持,完成智宇钢结构板材生产线等4个技改项目。扎实推进白马王啤酒与华润雪花、九州玻璃与汾酒集团的合作。

着力发展商贸物流业,以建设晋冀豫毗邻地区重要的商贸物流中心为目标,加快打造面向中原的购物首选地,积极鼓励和扶持商贸物流业发展。确立商贸物流业为主导产业,委托中国商业规划院编制了商贸物流业发展规划。对19户商贸企业给予2000万元贷款贴息支持。SPAR美特好超市、炬展商城等相继开业,有效拉动了城乡消费。

重点项目捷报频传。大力实施重点工程攻坚战,全力破解项目征地、拆迁等难题,推动了一批重大项目的建设和落地,为用非资源类产业再造两个新城区奠定了基础。豪德一期交付使用。国贸中心建成运营。白马接待中心、凤展新时代广场、海天大酒店、居然之家、天煜新能源一期等项目主体完工。豪德二期、兰花国际购物广场、科威矿用材料、太行明珠游乐城等项目奠基开工。全年共实施重点项目37个,完

成投资39亿元。

招商引资成果丰硕。2011年,签约引进项目22个,达成合作意向14个,拟引资121亿元,到位资金62.3亿元。

城乡建设稳步推进。实施农村新的"五个全覆盖"工程,农村文化体育场所、中等职业教育免费和新型农村社会养老保险三个全覆盖提前一年完成。推进6个新农村建设省级重点推进村、7个相对贫困村的产业发展和基础设施建设。认真落实各项强农惠农政策,财政对"三农"的投入1.37亿元。千方百计拓宽农民增收渠道,农民人均纯收入大幅增加,荣获全省"增加农民收入先进区"称号。统筹推进北石店新区建设和城中村改造。畅安路全线通车,完成10万平方米回迁楼建设。实施10个城中村改造项目,开工面积64.8万平方米,1017户居民顺利回迁。进一步规范古委小区等22个村(社区)采煤沉陷区治理工程。投入资金6133万元、动用人力11万余人次开展城乡环卫大整治,市区新增清扫保洁面积224万平方米,实现了清扫保洁全城覆盖。启用城市生活垃圾无害化综合处理厂,生活垃圾无害化处理率94%。高标准硬化中原街2.8千米破损路段,整修2.3万平方米沿街绿化带,配合市政府完成3条主干道罩面和40条街巷硬化工程。

社会事业蓬勃发展。加强教育基础设施建设,开工建设城区职中和汇仟小学,完成晓庄、回军、七岭店等5所小学的危房改造,更新8所学校的供热管网。加强教师队伍建设,公开招聘了82名教师。全年教育支出2.3亿元,占公共财政预算支出的26.7%,是财政投入教育力度最大的一年。争取上级科技资金450万元,投入科技研发资金633万元,完成26项国家、省、市级科技项目,组织实施46项区级科技项目,再度荣获"全国科技进步先进区"称号。为44个村(社区)配备文化设施、69个村(社区)配备健身器材,建成农家书屋共享服务站49个。完成20个村卫生所搬迁改造达标建设,投入710万元为市二院更新医疗设备,投入195万元对市二院和中医院的供暖设施进行改造。

民生实事成效凸显。2011年,为环卫工人每人每月增资250元。全面完成农村低收入农户和未纳入集中供暖的城镇居民的供煤任务,供应优质煤炭3.9万吨。培训、援助各类重点人群2255人(次),在洞头建立了全市农村劳动力技能培训基地。全年新增就业9870人,转移农村劳动力2680人,下岗失业人员再就业983人,投入就业专项资金1320万元,实现创业带动就业1320人,城镇登记失业率控制在1.8%以内。城镇职工医保、城镇居民医保、新农合参保率95%以上。提高城镇居民基本医保财政补贴标准,人均补贴200元。大幅提升住院最高支付限额,城镇居民、城镇职工住院最高支付限额分别达到16万元和34.5万元,居全省领先水平。城乡低保规范化建设走在全市前列,共保障4538户14134人。发放廉租住房补贴133万元。

【经济大事简介】 ①山西煤销集团晋城华煜物流配送有限公司成立。②晋城市悟能养殖专业合作社成立。③深圳商界考察团来城区考察投资。④人民广场改造暨兰花国际购物广场项目奠基开工。⑤汇仟小学奠基。⑥豪德光彩贸易广场二期工程奠基。⑦城区再次荣膺"全国科技进步先进区"称号。⑧白马寺山森林公园太行明珠游乐城奠基开工。

(城区人民政府办公室)

泽州县

【自然概况】 泽州县位于山西省东南部,太行山南端,是山西通向中原的重要门户。东与陵川县相连,西与阳城、沁水县衔接,北与高平市毗邻,南与河南省济源、博爱、沁阳等县市交接。全县总面积2023平方千米。辖14个镇3个乡、632个行政村。2011年总人口48.5万人。

泽州是华夏文明最早的发源地之一,有三万年前的新石器时代文明遗址,有女娲补天、孔子回车等许多人文历史传说。境内文物古迹众多,历史名人众多。现存国保单位8处,曾哺育和造就了唐代著名佛经注疏家高僧慧远、宋代文学家刘羲叟、首创诸宫调的北宋艺术家孔三传、南宋抗金名将梁兴、民国时期"山西第一才子"郭象升等一批历史文化名人。

境内矿产资源丰富。全县含煤面积420平方千米,占全县总面积的25%,煤炭探明储量48亿吨,是全国重要的无烟煤基地。全县水资源总量3.54亿立方米,是华北地区相对富水区。

【经济发展概况】 2011年,全县生产总值193.74亿元,比2010年增长14.7%。财政总收入34.17亿元,增长16.1%;一般预算收入10.84亿元,增长16%。全社会固定资产投资97.66亿元,增长39.7%。社会消费品零售总额23.01亿元,增长17.1%。城镇居民人均可支配收入18991元,增长17.2%;农民人均纯收入7940元,增长19.5%。县域经济基本竞争力名列中部地区第43位,比2010年上升2位。

经济转型成效明显。巴公工业园区被确定为全省转型综改试点园区。2011年,继续强势推进项目建设,59个省、市重点工程项目完成投资86.6亿元。39个重点调产项目累计完成投资26.87亿元。彤康食品、天溪煤制油等8个项目达产达效,实现利税1.5亿元。硕阳光电、清慧二期、天巨重工等10个项目建成投产。景柏制衣、宝莱瓦斯发电等10个项目主体设备安装完毕。晋煤百万吨甲醇制清洁燃料、兰花国际物流园区、鑫牛养殖等11个项目进展顺利。鼓励支持全民创业,发展实体企业120家,新增就业岗位10800个。2011年,县本级规模工业增加值79.13亿元,增长18%。其中,非煤规模工业增加值30.29亿元,增长43.6%,所占比重为38.3%,提高2.4个百分点。

现代农业快速发展。认真落实各项支农惠农政策,足额发放各类粮食补贴、农机具补贴资金5990万元。2011年,粮食总产量2.39亿千克。加快发展畜牧业,全县规模养殖2300户,生猪出栏65万头,牧业产值突破12亿元,被山西省确定为

"一县一业"生猪养殖基地县。大力推进"一村一品",新建泊南成晔农业园、鑫牛万头奶牛养殖园、绿成333.3公顷核桃种植园、泽地萃万吨食用菌产业园等农业园区,全县蔬菜种植、畜禽养殖、干鲜果、有机农产品、食用菌等特色种养基地规模不断壮大,"一村一品"专业村186个,其中,38个被确定为省级专业示范村,45个被确定为市级专业示范村。培育了10个千亩土地流转示范点。全县农民专业合作社发展到542家,居全市第一。大力扶持农业产业化龙头企业,全县23家重点龙头企业销售收入4.38亿元,增长18.4%,辐射带动农产品基地8000公顷、农户8.5万户。寿山蔬菜、义城红薯、南岭蜂蜜等特色农产品知名度不断提升,鲁村小米被农业部认证为有机转换产品。

城乡建设步伐加快。加快推进金村新区建设,县级行政文化中心修建性详细规划通过市规划部门审查并获批复,金村大道完成前期工作,龙门公园完成规划设计,丹河河道治理稳步推进。加快推进中心城镇和中心村建设,17个乡镇的总体规划完成新一轮修编,359个村庄完成新农村建设规划,12个乡镇90余个村铺开旧村改造工程,新建住宅楼300余栋,全县城镇化率39.3%。巴公、南村、川底3个乡镇被市政府确定为"十二五"期间市级重点镇。加快推进基础设施建设,出台了《小城镇集中供热特许经营管理办法》,集中供热面积达50万平方米,煤层气推广利用发展到55个村、17000余户。大力推进交通道路建设,开工建设7条县乡公路,南牛公路(泽州段)、牛东公路(东庄口至土河段)、南村工业园区道路竣工通车。积极开展城乡建设用地增减挂钩试点工作,被省政府确定为20个试点县之一。全年申报项目8个,巴公、大东沟、北义城、川底4个乡镇城乡用地增减挂钩项目通过省专家组评审,共申请增减挂钩指标57.2公顷,走在全省前列。

生态环境显著改善。全县空气质量二级以上天数361天,空气综合污染指数低于控制指标26个百分点。积极开展生态环境创建。11家企业开展了环境行为评价,申报2个省级生态文明村、2所市级绿色学校。加快创建林业生态县。全年造林3113.3公顷,绿化荒山66.7公顷,绿化道路32.5千米,绿化村庄40个,全县森林覆盖率34.1%,提高1个百分点。

社会事业蓬勃发展。大力实施科教兴县和质量兴县战略。顺利通过第六次国家科技进步先进县验收,福盛钢铁"兴晋钢"商标荣获中国驰名商标称号。大力实施教育"双百"工程。对全县中小学校进行布局调整规划,64所中小学校安工程主体建设全面完成,中小学教学条件和教育质量明显提高。进一步健全卫生服务体系。启动实施国家基本药物制度,26个乡镇卫生院全部完成达标建设,新农合参合率98.5%。社会保障工作始终走在全省、全市前列。全年新增城镇就业岗位4599个,转移输出农村劳动力2.5万人。各类保险覆盖面进一步扩大,城乡低保应保尽保,农村社会养老保险覆盖率达97%。计生家庭奖扶政策全部落实到位。10件惠民实事圆满完成。新的"五个全覆盖"工程扎实推进。硬化农村街巷1141.4千米,新建农村便民连锁商店120个,农村文化体育场所、中等职业教育免费、新型农村社会养老保险提前一年实现全覆盖。大力发展文化事业,大型天文神话动画片《大耳朵爷爷历险记》荣获山西省优质文化产品奖和原创动漫大奖,首期52集在中央电视台少儿频道播出。

【经济大事简介】 ①被中共山西省委、省政府表彰为"全省县域经济推进工作先进县"。②被中共山西省委、省政府确定为城乡建设用地增减挂钩试点县。③巴公工业园区被确定为全省转型综改试点园区。④大型天文神话动画片《大耳朵爷爷历险记》荣获山西省优质文化产品奖和原创动漫大奖,首期52集在中央电视台少儿频道播出。⑤福盛钢铁"兴晋钢"商标荣获中国驰名商标称号。⑥硕阳光电、清慧制造、路宝铝轮毂、天巨重工等一批重大转型项目建成投产。⑦引进建设山水合聚水泥、晋煤百万吨煤基合成油、晋煤煤炭综合物流、兰花国际物流园区、宝莱瓦斯发电、鑫牛养殖等一批重大调产项目。

(泽州县人民政府办公室)

高 平 市

【自然概况】 高平位于山西省东南部。春秋时称泫氏,战国时称长平,北魏至今称高平。1993年5月经国务院批准撤县设市。全市总面积946平方千米。有16个乡(镇、街道办事处),434个村委会、29个社区居委会。2011年总人口48.6万人。

高平是中华民族人文始祖炎帝的故里,是中国历史上著名的长平之战发生地,也是太行太岳革命老区。现整理在册的文物单位达910余处,其中,国家级文物保护单位11处,宋金时期以前的古建筑超过长江以南的总和。

高平是闻名全国的"煤铁之乡"、"黄梨之乡"、"生猪之乡"。境内土地肥沃,四季分明,雨热同季,适宜各类农作物生长,畜牧、蚕桑、蔬菜、小杂粮、干鲜果等农业资源特色鲜明。年均降水量600毫米,年均气温10.2℃,年日照时间2398小时左右,全市林木覆盖率26%。主要矿藏有煤、铁、石灰石、陶土、铝矾土等,尤其是无烟煤占市域面积的85.7%,是著名的优质无烟煤和化工煤生产基地。

【经济发展概况】 2011年,全市生产总值208.42亿元,比2010年增长16%。财政总收入36.46亿元,增长16%;一般预算收入10.26亿元,增长19.6%。粮食总产量2.37亿千克,增长6.3%。工业总产值230.03亿元,增长39.3%。社会消费品零售总额35亿元,增长17.1%。城镇居民人均可支配收入18592元,增长17.3%;农民人均纯收入7596元,增长19.8%。

产业结构加快优化。煤矿企业累计投入1亿多元,以煤补农、以煤换绿、以煤促文。重点项目建设势头强劲。21个重点项目完成投资14.6亿元,唐一新能源、福川制铁、融高太阳能等项目相继建成。

现代农业快速崛起。坚持走品

牌化、循环化、高端化发展之路，粮食产量达2.37亿千克，创历史新高。大力推进“一村一品”，新建蔬菜大棚1665栋，新发展果园134公顷，建设省级无公害水果基地67公顷，规模化势头蒸蒸日上。着力推进“一县一业”，全年生猪出栏135.3万头。大力扶持农业龙头企业，新扩建农产品加工项目8个，神隆氏生物活性肽建成投产，产业链条进一步延伸。生猪产业发展的典型经验得到全省“一县一业”座谈会和农村工作会议的肯定和推广。生态建设成效显著，投入绿化资金1.5亿元，完成荒山造林2240公顷，建设经济林2246公顷，育苗380公顷，建成生态园林村20个，完成高陵高速公路林带建设和七佛山步道工程。大力加快农田水利基本建设，开工建设农村饮水工程37处，确保2.2万人的饮水安全。完成赵庄、陈区水库除险加固和建宁、永录2条小流域治理工程，新增水保初治面积1220公顷。新增农村沼气工程通气户数10720户。

城市面貌日新月异。围绕打造开放尚城、宜居绿城，掀起城市建设的滚滚热潮。全年新增城市集中供热能力140万平方米、集中供气5000余户，开工建设各类住房6004套，完成南湖公园、长平苑和丹河一标段景观建设，新增绿化面积25万平方米，建成区绿化覆盖率40.5%。深入开展环境卫生等五项整治活动，对主干道路的门店招牌进行更新，改善了市容市貌。

招商引资硕果累累。主动对接大上海、融入长三角，成功举办了上海招商引资项目推介会，签订合同、协议、意向15项，架起与上海合作交流的桥梁。先后赴苏州、成都、厦门等地对接洽谈，组团参加中博会、农博会、深交会等大型招商活动，引进华润制药、苏州纽威等一批大集团。全市共签约项目、达成协议31项，投资总额111亿元，拟引资90.3亿元。

惠民实事深得人心。“十件实事”基本完成。新的“五个全覆盖”扎实推进，农村街巷硬化、农村文化体育场所、中等职业教育免费、新型农村养老保险实现全覆盖。着力缓解就业、取暖、上学、看病等难题，全年招聘教师181名、医护人员37名，新增公益岗位200个、城镇就业岗位5237个。让利1.5亿元，为低收入家庭供应“爱心煤”25.4万吨。全面完成校舍安全续建及配套任务。医改五项重点任务全面完成。文化建设有声有色，成功举办全省第七届广场文化艺术节、炎帝农耕文化节，《西沟女儿》晋京展演，受到中宣部、文化部广泛赞誉。

【经济大事简介】 ①荣获全国中小城市科学发展百强、全国最具投资潜力中小城市百强、全国最具区域带动力中小城市百强殊荣。②煤矿兼并重组完成协议签订、名称预核准、进驻接管、证照办理、矿井关闭等工作，煤炭产业开始脱胎换骨。③荣获2011年中国全面小康成长型百佳县市称号，被中共山西省委、省政府表彰为“2011年度县域经济发展先进县”。④实现农村街巷硬化、农村文化体育场所、中等职业教育免费、新型农村养老保险全覆盖，“农村街巷硬化工程”被推选为全国十大民生决策之一。⑤着力推进“一县一业”，全年生猪出栏135.3万头，生猪产业发展的典型经验在全省推广。

（高平市人民政府办公室）

陵川县

【自然概况】 陵川县位于山西省东南端，北靠壶关、长治，西连高平、泽州，东南与河南辉县、修武接壤，为山西省东南之门户。全县总面积1751平方千米。大部分地区海拔在1200～1600米之间，最高海拔达1791.9米，最低海拔628米。石质山区面积占全县总面积的43.9%。全县森林覆盖率52.1%。全年平均气温7℃～9℃，素有“清凉圣境”之美称。

全县共辖7个镇5个乡、378个行政村。2011年总人口23.2万人。

【经济发展概况】 2011年，全县生产总值27.79亿元，比2010年增长13.6%。规模以上工业增加值7.5亿元，增长31.1%。农林牧渔业总产值6.78亿元，增长24%；粮食总产量1.2亿千克，增长2.2%。全社会固定资产投资17.3亿元，增长61.3%。社会消费品零售总额10.62亿元，增长17%。财政总收入3.63亿元，增长30.7%；一般预算收入1.26亿元，增长21.8%。城镇居民人均可支配收入11476元，增长11.2%；农民人均纯收入4780元，增长19%。

特色农业发展迅速，扶贫攻坚成效显著。粮食总产量1.2亿千克，连续8年实现增产增收。特色产业初具规模，特色种植业面积7333.3公顷。规模健康养殖业畜禽总量169万头（只）。新增山地连翘3333.3公顷、大田中药材666.7公顷，总面积1.7万公顷。新增核桃林面积666.7公顷，总面积达2520公顷。新建食用菌大棚500栋，总量达570栋。农业旅游有机结合，农业观光园区达66.7公顷。不断壮大龙头企业，古陵山马铃薯烘焙食品、五色土食用菌休闲即食食品、太行中药材药用植物提取等一批龙头企业新项目基本建成。在第二届中国山西特色农产品交易博览会上，与外地客商签订农产品销售合同2.45亿元。持续推进扶贫攻坚，全年争取各类扶持资金6000余万元，实施市级扶持贫困村、老区村项目105个，帮助农户新建各类家庭调产增收项目1000余个，完成移民搬迁367户1000人。脱贫产业得到巩固，发展能力得到增强。

工业经济平稳运行，产业转型步伐加快。煤炭产业整合提升。苏村煤业正常生产，关岭山、北关等6座煤矿改造稳步推进，全年原煤产量165万吨。非煤产业成长壮大。骏通铸管20万吨球墨铸管、金烽工贸5000吨高压阀门、永明金属10万套不锈钢餐具、兴源河精钙10万吨轻质碳酸钙一期工程等项目建成试产，金隅水泥纯低温余热发电、侨鑫铸造5万吨球墨铸件等项目扎实推进，冶铸、化工、建材等非煤产业生产能力逐步提高。大力开展招商引资。对接上海，融入中原，成功与北京金隅、大唐新能源签订经济合作框架协议，与上海企业家联合会、河南省晋商会签订经济交流合作备忘录，全年签约招商引资项目7个，到位资金10.26亿元。

第三产业稳中趋快，旅游开发势头强劲。以打造"中原地区最具影响的休闲旅游健康度假中心"为目标，按照"大旅游、大开发、大提升"的理念，启动《陵川旅游发展总体规划》、《陵川旅游度假区总体规划》等编制工作，旅游产业发展思路更加清晰。以景区景点建设为先导，王莽岭、黄围山等五大景区完成投资2.9亿元，新增锡崖沟水系瀑布、黄围山水系大坝等一批精品景点，新增王莽岭卧龙山庄、上云台景区餐饮中心等一批接待设施，成功申报了王莽岭国家地质公园、国土资源科普基地，旅游资源开发深度不断加大。以"领秀太行·清凉陵川"为主题，举办了第三届棋子山国际围棋文化节、首届中国王莽岭挂壁公路登山赛、首届导游技能大赛等系列宣传活动，陵川山水美景在中央电视台黄金时段播放，充分展示了陵川县独特山水魅力，提升了旅游知名度。2011年，全县累计接待游客60.5万人次，门票收入1830万元，旅游直接收入4550万元，旅游总收入2.86亿元，旅游产业拉动作用进一步提升。

（陵川县人民政府办公室）

阳 城 县

【自然概况】 阳城县位于山西省东南部，太行山、太岳山、中条山三山交汇处，也是太行山与中原的交接地。全县总面积1968平方千米。辖10个镇7个乡1个办事处。2011年总人口38.9万人。

阳城县气候温和。属于暖温带大陆性气候，平均气温11.7℃，平均日照时数2400小时，无霜期180天左右。多年平均降水量627毫米，年蒸发量在2000毫米以上。

阳城县资源丰富，自然资源种类繁多。地下拥有矿产资源20多种，其中，以煤炭、陶瓷粘土和铝矾土储量最多。地上有动植物资源1100多种，列入国家一、二级保护的有40多种，是我国四大山茱萸产地之一。旅游资源极具特色，有被称为"中国北方第一文化世族巨宅"的国家"5A"级风景区——皇城相府，被誉为"华北小桂林"的国家"4A"级风景区——蟒河以及以华北地区目前保存最好的喀斯特封闭式洼地、亚高山草甸类草地而闻名的析城山等。

阳城县历史悠久。阳城古称获泽，西汉初年置县，已有两千多年的历史。自隋朝科举以来，先后出过2名宰相、4名尚书、123名进士。远在周朝就开始养蚕，金元时代冶铸全国领先，明清时期琉璃工艺品成为贡品，为北京故宫和十三陵等建筑物上使用的上品。

【经济发展概况】 2011年，全县生产总值139.86亿元，财政总收入25.34亿元，一般预算收入7.76亿元，社会消费品零售总额25.32亿元，全社会固定资产投资68.22亿元，农林牧渔业总产值12.08亿元，粮食产量1.78亿千克，工业增加值86.38亿元，城镇居民人均可支配收入16879元，农村居民人均纯收入7078元。

围绕转型跨越发展，三大战略全面启动。"1+4"新型工业稳步推进。煤炭产业安全基础进一步夯实，在确保生产矿井开足马力安全生产的前提下，加快煤矿建设进度。伏岩山、大西、大桥三矿投入试产，新增产能近200万吨，煤炭产业进入产能释放期。四大园区按照分类推进的原则，加快规划建设。北留园区建成园区路，铺开中央大道拓宽改造，金象"1830"项目建成投产；芹池园区在完成土地调整的基础上，与晋煤集团等投资商展开合作洽谈；安阳园区在稳定现有企业正常生产的同时，加快推进二期，并编制了新型建材产业发展规划，步入新一轮发展时期；演礼园区完成产业策划，正在进行园区建设规划。

"1+5"大县城建设启动实施。重新审视并完善了"大县城"各片区功能定位，策划并先后对3条"快速通道"进行相关论证。获泽河秀泽桥至坡底段蓄水治理全面完成，县城面貌焕然一新。北留、润城2个"百镇"示范镇建设加快推进，为城镇化发展起到积极的引领作用。水、电、路等基础设施更加完善，阳城北500千伏输变电工程、马瓜线改造全面竣工，西冶水库、南部联网供水二期、西蟒公路改造进程加快，有力地促进了城乡互动融合。

"3+1"大旅游开发迈出新步。皇城相府景区建成五星级酒店，整合海会寺取得重大突破，景区品质整体提升。蟒河景区二期开工建设。析城山景区以阳泰集团为主体，铺开以道路建设为主的一期开发。宇佳商贸城、环城凯斯顿酒店建成投运。2011年，全国发展休闲农业与乡村旅游工作会议、世界旅游小姐山西赛区冠军选拔赛分别在皇城、蟒河举办，提高了阳城旅游的知名度和影响力。全年接待游客266万人次，门票收入9739万元，旅游综合收入20亿元。

*围绕促进农民增收，新农村建设步伐加快。*特色农业蓬勃发展。蚕桑产业新增桑园133.3公顷，蚕茧总产量355万千克，收入1.3亿元。鸡、猪、羊饲养量稳步增长。干果经济林、中药材、蔬菜面积持续扩大，食用菌生产规模不断扩张。产业化经营成效显著。仙桐制丝、征弘食品等农字号龙头企业不断壮大。新发展农民专业合作社53家，累计达到324家。农业组织化程度和抵御市场风险的能力有效增强。农村环境进一步改善。强力推进新的"五个全覆盖"工程，农村便民连锁商店、中等职业教育免费、新型农村养老保险、文化体育场所提前实现全覆盖，农村街巷硬化超额完成年度任务。实施科学储粮工程，建成农户小粮仓5000个，农村生产生活条件得到改善。

*围绕增强发展动力，项目建设形成良好局面。*推动招商引资力度加大。2011年，先后两次组团赴沪考察招商，诚邀上海企业投资考察。积极参加"中博会"、"上海创意产业博览会"、"晋洽会"、"高交会"等各类招商引资及经贸活动，强化网络招商、小分队招商等实效性强的招商引资方式，全年实际引进利用县外资金54.6亿元。扶持民营经济措施得力。及时下拨非公有制经济发展专项资金190万元，帮助中小企业融资贷款11亿元，有效缓解企业资金困难。积极参加全省中小企业项目发布会和第八届中小企业博览会，组织召开中国名校（院所）成果转化项目发布会，为民营企业引

进转化项目搭建了平台。全年新增各类私营企业252户、个体工商户1159户。山水水泥、郎庄氧化钙等项目建成投产，2×13.5万千瓦煤矸石热电联产、10万吨电力杆塔等项目正在加紧推进。

围绕建设“两型”社会，生态环境日趋优化。造林绿化深入推进。投资1.05亿元，完成造林3126.7公顷、通道绿化补植补造200千米、四旁植树140万株，新建和巩固森林公园12个、生态园林村100个，全县林木绿化率56.7%，被命名为“山西省园林县城”。节能减排全面加强。淘汰300立方米以下高炉2座，实施阳电5～8号机组脱硫改造，大气污染得到有效遏制，空气二级以上天数355天。环境质量整体提升。持续开展沁河、芦苇河流域环境综合治理，沿线煤矿企业实行“一体化废水处理”，出台《“以奖促治”“以奖代补”解决农村突出环境问题实施意见》，设立农村环保专项资金，农村环境极大改观。

围绕增进人民福祉，和谐社会建设取得实效。坚持把教育放在优先发展的战略地位，建成青少年活动中心，改建县一中塑胶运动场，将60%的优质高中统招指标定向分配到各初中。新招聘中小学教师137名。教育教学质量稳步提升，高考二本以上达线1709人，中考成绩继续保持全市领先。坚持把医疗卫生作为满足群众健康需求的实事来抓，人民医院迁建工程正式动工，乡镇卫生院体制改革全面完成，在所有公立医院和村卫生所实行基本药物制度，人民群众就医看病更有保障。社会保障更加完善，认真落实各项就业扶持政策，开发公益性岗位400余个，有效缓解高校毕业生就业压力，全年新增各类就业岗位近4000个。全面实施城镇居民养老保险，实现了真正意义上的全覆盖。城乡低保、农村“五保”集中供养标准进一步提高，保障性住房建设步伐加快，保证了困难群体的基本生活。

【经济大事简介】 ①阳城县被省委、省政府确定为首批扩权强县试点县。②阳城县被省政府命名为“山西省园林县城”。③全国发展休闲农业与乡村旅游工作会议、世界旅游小姐山西赛区冠军选拔赛分别在皇城、蟒河举办。④阳城北500千伏输变电工程全面竣工。⑤金象“1830”项目建成投产。⑥皇城相府五星标准国际休闲娱乐中心——相府庄园开始运营。⑦阳城县人民医院迁建工程正式动工。⑧宇佳商贸城、环城凯斯顿酒店建成投运。⑨伏岩山、大西、大桥3座煤矿投入试产。⑩农村便民连锁商店、中等职业教育免费、新型农村养老保险、文化体育场所提前实现全覆盖。

（阳城县人民政府办公室）

沁水县

【自然概况】 沁水县位于山西省东南部。总面积2676平方千米。辖7个乡7个镇、9个社区、242个行政村。2011年总人口21.3万人。

沁水历史悠久，2.3万年前就有先民创造出灿烂的“下川文化”。沁水文化底蕴深厚，荆浩、常伦、赵树理等历代文人墨客层出不穷。

沁水物产丰富。含煤面积2421.9平方千米，占全县总面积的90.5%，地质储量269.52亿吨。煤层气储量6000亿立方米，是目前国内最大整装煤层气。水资源总量达6.75亿立方米。有林面积12.8万公顷，森林覆盖率达53.4%。天然草地11.6万公顷，载储量53万个羊单位。蜜源面积6.7万公顷。植有冬虫夏草等名贵中药材200余种。历代古堡遗址及自然景观100余处，尤以国家级自然保护区、国家森林公园——历山风景区最负盛名。

【经济发展概况】 2011年，全县生产总值146.06亿元，比2010年增长15.4%。财政总收入26.07亿元，增长17.3%；一般预算收入7.23亿元，增长16.1%。工业总产值85.53亿元，增长44.5%。农林牧渔业总产值7.37亿元，增长8.2%；粮食总产量13.3万吨，增长1.4%。社会消费品零售总额12.93亿元，增长17.5%。城镇居民人均可支配收入15821元，增长18.4%；农民人均纯收入6089元，增长20.4%。在全省2011年度县域经济综合考评中名列第9位，被评为“山西省县域经济发展先进县”。

坚持以促进农民增收为核心，龙头带动、基地拓展，现代农业体系出现新格局。实施十大农业项目和十大惠民项目，集中打造“三艘航母”、“四大基地”、“五大板块”的现代农业产业体系。投资5亿元的大象肉鸡产业化项目、投资20亿元的枫彩彩色苗木产业项目、首期投资1.5亿元的柿庄食用菌工厂化循环生产项目三艘“航母”下海起航。坚持把畜牧、蔬菜、林果、苗木花卉四大产业作为增加农民收入的重要载体，把“一村一品”、“一乡一业”作为发展现代农业的重大举措，“一村一品”专业村达63个，占全县行政村总数的1/4；农民专业合作社387个，带动农户1.7万户。把新农村建设与特色城镇化建设、移民搬迁、新的“五个全覆盖”同步规划、同步实施，推进了城乡均衡协调发展。

坚持以推动工业转型为目标，以煤为基、多元发展，支柱产业得到新优化。初步搭建起以煤炭、煤层气两大产业为支柱，新型建材、瓦斯发电、装备制造等产业为主导的新型工业体系。煤炭企业兼并重组工作基本完成，东大、郑庄、胡底等大型现代化矿井建设进展顺利。以煤层气产业发展规划为引领，煤层气、瓦斯发电等为主的“十大工业转型项目”顺利推进，煤层气抽采量达21.7亿立方米，比2010年增长21.3%；利用14.8亿立方米，增长26.4%；液化17.5万吨，增长75.2%；煤层气产业增加值12.3亿元，增长18.2%。煤层气产业园区、煤化工产业园区总体规划基本完成。

坚持以高层次大手笔谋划为着眼，城乡统筹、空间集聚，城乡面貌发生新变化。确立了建设山水园林县城、打造沁河沿线特色城镇带和历山生态旅游城镇圈“一城一带一圈”的城镇化发展思路，以同济大学修编县城总规为引领，城市绿道、树理文化广场等十大城建工程完成年度任务，城市公交、街景亮化等十大城建惠民项目全部兑现。在“一带一圈”建设上，坚持以中心城镇为依托，精心打造沁河沿线特色城镇带和历山生态旅游城镇圈，嘉峰镇作为全省首批23个示范镇之一，有效带动了沁河廊道的特色城镇带建设。

坚持以大招商推动大发展战略，更新理念、优化环境，招商引资取得新成就。多次赴北京、上海、浙江、江苏等地考察商谈，促成大象肉鸡加工、嘉沁食用菌、枫彩彩色苗木等一大批龙头项目落地开工。全年签约项目13个，引资298.5亿元；落地项目8个，到位资金77.29亿元。资金到位率全省第四，综合考评全市第一。

坚持以民生改善为第一宗旨，资金倾斜、政策普惠，人民生活得到新提升。继续加大对民生和社会事业的投入，从2011年起每年增加专项资金1200万元，对高中阶段学生实行"两免一补"，在全省率先实现"9+3"义务教育。城镇居民养老保险国家级试点工作在全市率先启动。农村新的"五个全覆盖"工程有四项提前一年完成。10件为民办实事项目全部兑现。县财政用于城乡建设、扶贫攻坚、道路交通等基础设施方面的投入3.6亿元，用于教育、医疗、保障、就业等方面的投入3.5亿元。

坚持以生态立县为沁水特色，节能减排、造林绿化，宜居建设迈出新步伐。继续加大对重点领域、重点行业、重点企业的监督检查和环境治理力度，全县主要污染物化学需氧量、二氧化硫排放量、规模以上工业万元增加值能耗完成市下达指标。全年植树50.1万株，造林3900公顷，新增绿化面积1.3万公顷，森林覆盖率达53.4%，荣获"山西省林业生态县"称号。煤层气用户2.2万户，沼气和秸秆气用户1.6万户，气化率57%。县城集中供热面积80万平方米，普及率60%以上。空气质量二级以上天数363天，荣获"中国绿色环保百强县"称号。

【经济大事简介】 ①2011年7月20日，投资1.5亿元的嘉沁食用菌工厂化生态园区项目在柿庄镇应郭村奠基。②2011年8月20日，第十一届中国中部县域经济基本竞争力百强县(市)榜单揭晓，沁水县排名前移8位，由上届的第100位前进到第92位。③2011年9月9日，在第六届中博会上，沁水县成功签约项目8个，引资270.2亿元，涉及煤层气、新能源高新技术、农牧产业开发等行业领域，签约项目和资金在全市名列第二。④2011年9月20日，拟投资4亿元的大象农牧集团肉鸡产业化发展项目在郑村镇侯村奠基。⑤2011年10月22日，在第二届中国(山西)特色农产品交易博览会特色农产品招商贸易签约仪式上，签约项目4个，引资额10亿元。⑥2011年11月3日，总投资20亿元的上海枫彩集团彩色苗木产业发展项目在沁水县郑庄镇石室村奠基。

（沁水县人民政府办公室）

晋城经济开发区

【自然概况】 晋城经济开发区始建于1992年8月，1997年3月经省政府正式批准为省级开发区。2006年1月通过国家发改委审核，成为山西省首批公告的省级开发区之一。开发区批准规划面积4平方千米。辖5个行政村。2011年总人口1.5万人。区内现有各类企业400余户。

开发区始终把完善基础设施、优化投资环境作为开发建设重点，建区十多年来，区内已基本实现通路、通电、通水、通气、通热、通讯、通邮、通网络、通广电和场地平整等"九通一平"要求。开发区服务体系完善，管委会及驻区土地、公安、工商、国税、地税、规划、质监、海关和进出口检验检疫局等办事机构健全，入区投资客商均可享受到便捷、高效的"一站式"服务，专人跟踪保姆式服务和委托办理服务等。晋城经济开发区已成长为投资环境良好、开放型经济健康协调发展、社会各项事业日益繁荣的现代化新城区，是晋城市最理想的工业投资区域。

【经济发展概况】 2011年，开发区地区生产总值31.75亿元，比2010年增长73%。工业总产值76.27亿元，增长102%；工业增加值25亿元，增长95%。财政总收入4.38亿元，增长35%。进出口额7.52亿美元，增长73%。高新技术产业增加值22.5亿元，增长99%。利用外资1.28亿美元，增长38%。固定资产投资完成20亿元，增长73%。

以招商引资为首要任务，推动开放水平再上新台阶。2011年，晋城开发区始终把招商引资作为开发区经济发展的头号工程，积极调整招商策略，坚持内外并举的招商思路，坚定不移主攻产业，紧紧盯住大集团、大项目，大力实施定点、跟进、持续式招商。

以科技创新为抓手，高新技术产业取得新进展。经济开发区作为晋城市"一区六园"产业集聚战略中唯一以发展高新技术产业为主的开发区，坚持以"创新"为灵魂，在资金、人才、政策等方面狠下功夫，努力提高科技贡献率以促进工业新型化，力促晋城市的转型跨越发展。

（郭成宏）

朔 州 市

【自然概况】 朔州市地处山西北部，居内外长城之间，是山西、陕西、内蒙古交界区域的一座新兴城市。1989年1月，朔州从原雁北地区划分出来，成为省辖市。全市辖2个区4个县，总面积1.07万平方千米，2011年总人口172.6万人。

朔州文化底蕴厚重。两万八千多年前，峙峪"猎马人"拉开了史前文化的序幕。长期农耕文明与草原文明的碰撞交融，孕育出无数智勇双全的将帅、聪颖卓越的志士和名垂青史的豪杰。先后出现过5位皇帝和13位宰相。西汉著名女诗人班婕妤、三国曹魏名将张辽和"中华门神"尉迟恭等都是朔州人。朔州境内有与法国埃菲尔铁塔、意大利比萨斜塔并称为世界三大奇塔的应县佛寺释迦塔，有全国罕见的以减柱艺术筑就的朔城区崇福寺，有秦代著名将领蒙恬筑城养马的马邑古城，有见证蒙汉交融、晋商辉煌的著名"西口"杀虎口，以及汉墓群、金沙滩等标志性景区景点，彰显出历史遗存和人文资源交相辉映的文化内涵。

朔州煤电能源产业优势明显。现已探明的煤炭储量约493亿吨，是我国重要的动力煤基地。全市煤炭生产能力、洗选能力、发运能力均达到2亿吨以上，居全省第一，在全国地级市中位居前三。现有电力装机容量604万千瓦，居全省第一。

朔州的陶瓷产业比较发达，乳品业在全省形成一强。全市共有规模以上日用陶瓷企业49个、93条生产线，年可生产日用陶瓷11.66亿件。奶牛存栏占全省总量的半壁江山，鲜奶产量占全省总量的62%。同时，朔州又是全国重要的肉羊养殖基地，每年出栏肉羊100万只左右。

【经济发展概况】 2011年，全市生产总值855.2亿元，比2010年增长15.2%。财政总收入175亿元，增长32.1%；一般预算收入70.92亿元，增长27.2%。工业增加值472亿元，增长22.3%。固定资产投资474.6亿元，增长33.3%。社会消费品零售总额173.7亿元，增长17.3%。城镇居民人均可支配收入20287元，增长15.5%；农民人均纯收入7024元，增长19%。

*转型发展实现新突破。*煤矿兼并重组全面完成。2011年，朔州市在全省率先完成煤矿兼并重组，彻底告别了小煤窑时代，进入现代化大矿时期。整合重组效果进一步显现。2011年，全市煤炭产量1.86亿吨，位居全省第一。电力工业进一步壮大。右玉京玉2×30万千瓦、金海洋昱光2×30万千瓦、同煤怀仁2×20万千瓦3座煤矸石电厂和8座风电场、2座太阳能光伏电站投产运行，应县晶都太阳能二期和应县生物质能电厂等新能源项目开工建设。全市电力装机容量604万千瓦，能源工业基地地位进一步巩固。循环经济发展取得重要进展。固体废弃物综合利用工业园区基础设施建设基本完成，北京大学工业固体废弃物综合利用产学研示范基地和粉煤灰提取氧化铝白炭黑等项目开工建设，工业固体废弃物资源再生产业基地建设走在全国前列。现代服务业加快发展。居然之家建成运营，现代物流业加快扩张。玉龙生态园等26个旅游项目开发建设，旅游业呈现出蓬勃发展的良好势头。

*“三农”工作取得新成效。*大力实施强农惠农富农政策。2011年，全市财政“三农”支出39.95亿元，比2010年增长26.6%。大规模铺开农田水利建设。改善灌溉面积1.2万公顷，改造中低产田1.2万公顷，新增耕地面积753.3公顷，农业综合生产能力明显增强。全年粮食产量9.71亿千克，再创历史新高。加快发展设施农业。新增1946.7公顷温室大棚。继续实施规模健康养殖工程。奶牛小区215个，奶牛存栏14.4万头；肉羊小区162个，羊饲养量242.8万只；生猪饲养量44.5万头。奶牛存栏量、鲜奶产量、人均畜产品占有量、人均牧业纯收入4项指标居全省第一。全力推进“一村一品、一县一业”开发建设。102个村进入省级“一村一品”专业村行列，朔城区被表彰为全国粮食生产先进县，应县被确定为全国蔬菜产业发展重点县，朔城区、怀仁县、山阴县被表彰为全省县域经济发展先进县，右玉县被确定为全省小杂粮基地县。大力推进农业产业化。销售收入超亿元的农产品加工龙头企业达到18家，农产品加工转化率41%。扎实推进新农村建设。新增的113个重点推进村全部按要求完成建设任务。加大扶贫开发力度。开展领导干部住村包村和机关单位定点扶贫活动，加大移民搬迁扶贫力度，6400多人实现脱贫。

*宜居城市建设呈现新气象。*实施总投资24亿元的道路、水源、供热、绿化、亮化、净化六大市政基础设施建设工程，城市功能日臻完善。造林绿化力度加大。2011年，全市投资12亿元，营造林2.2万公顷。节能减排成效明显。全市万元地区生产总值综合能耗下降3.5%，万元工业增加值用水量下降14.9%。市区二级以上天数349天，空气质量持续好转。

*社会事业取得新进步。*更加注重保障和改善民生，全市财政在社会事业和民生领域投入68.6亿元，占到一般预算支出的59.5%。大力发展教育事业。建设公办标准化幼儿园45所，提高中小学校生均公用经费100元。积极推进中小学校标准化建设，开工建设能源学院。深入推进医药卫生事业改革发展。覆盖城乡的基本医疗保障制度全面建立，全民医保体系初步形成。基层医疗卫生机构普遍实行了基本药物制度，县级医院建设得到全面加强，公立医院改革稳步推进，医疗卫生信息化建设工作走在全省前列，县乡村三级医疗机构达标率100%。公共卫生服务水平明显提高，群众“看病难、看病贵”问题得到缓解。积极提升科技创新能力。3家企业被评为省级高新技术企业，25家企业建立了市级技术研发中心。稳定和扩大就业。全年新增城镇就业岗位2.3万个，转移农村劳动力1.8万人。进一步提高社会保障水平。全市社保基金积累达到30.5亿元。企业养老保险支付能力超过45个月，新型农村养老保险覆盖率85%。加大保障性住房建设力度。开工建设各类保障性住房5.6万套，完成投资50.2亿元，建设规模为历年之最。

*改革开放增添新动力。*全面推进各项改革。行政审批制度改革深入推进，取消、调整行政审批项目108项。事业单位分类改革清理规范工作基本结束。文化体制改革加快推进，在全省率先完成文化体制改革各项任务。金融市场体系得到健全。新增交通银行、招商银行、浦发银行、晋商银行等7家银行分支机构，全市小额贷款公司达到82家。

（聂日旺）

朔州市朔城区

【自然概况】 朔城区地处雁门关外，古称马邑、朔州、鄯阳。汉属雁门郡，北齐称朔州，隋唐称鄯阳。1989年朔州建市时由朔县更名为朔城区。是朔州市委、市政府所在地，全市的政治、经济、文化中心。全区总面积1793平方千米。辖9个乡2个镇4个街道办事处、299个行政村、27个居委会。2011年总人口50.9万人。

朔城区地势由西向东倾斜，西、

南、北三面环山，中部和东部是平川。属典型的温带大陆性气候，年均降水量400毫米左右，年均气温6.8℃，全年日照时数2862.6小时，平均无霜期120天左右。地势平坦，土壤肥沃，农业生产条件较好，曾连续8年夺得全省农建“禹王杯”。全区7.1万公顷耕地，50%是水浇地。有天然草场6.7万公顷。为全国粮食生产先进区县。

朔城区历史悠久，文化底蕴浓厚，人文荟萃。汉朝著名女诗人班婕妤、三国时魏国名将张辽等均诞生于此。历史上著名的“马邑之谋”蕴育于此。境内比较著名的自然景观有紫金山保护区和素有“塞上西湖”之称的神头天然湿地以及近年来建设的西山森林公园、金沙植物园、恢河公园。人文景观有“峙峪人”遗址、大型汉墓群和国家级重点文物保护单位、全国现存的三大辽金佛寺之一的崇福寺。

朔城区矿藏富集，种类较多，初步探明的矿藏有35种，其中，煤炭和石灰石两大资源最为突出。煤炭已探明储量195亿吨，占全省煤炭储量的1/10、朔州储量的40%。石灰石储量1600亿吨，且品位极高，含钙高，含镁、碱少，开采价值很高。铝矾土储量7000万吨，粘土储量1500万吨。水资源总量3.54亿立方米。

【经济发展概况】 2011年，全区生产总值243.03亿元，比2010年增长15.4%。财政总收入21.12亿元，增长38%；一般预算收入9.27亿元，增长25.6%。规模以上工业增加值95亿元，增长27.5%。全社会固定资产投资142.8亿元，增长40%。社会消费品零售总额48.2亿元，增长17.5%。农林牧渔业总产值19.22亿元，增长16.8%。城镇居民人均可支配收入19786元，增长16.2%；农民人均纯收入8097元，增长19.1%。继2009年、2010年之后，连续第3年在全省经济社会发展综合考评中位列第一。

*项目建设步伐加快，发展后劲不断增强。*2011年，续建、新建、筹建工业项目30多个，总投资500多亿元。其中，三元炭素搬迁技改、金圆水泥等5个项目已投产，中煤平朔20万吨粉煤灰综合利用、易荣热虹吸管、华源科技塑胶、葫芦堂洗煤厂等15个项目正在建设，准池铁路总部基地、同煤4×30万千瓦矸石发电、平朔120万条子午线轮胎、中煤马营堡千万吨煤炭生产基地等10个项目和富甲、神头固体废弃物综合利用等七大工业园区抓紧推进。新签约项目30个，引资总额511.8亿元，初步形成以煤为基、多元发展的产业格局。

*城市建设力度加大，城乡面貌日新月异。*2011年，投入100多亿元，全面推进老城、西关、城中村、棚户区等36个片区、60多个项目的拆迁改造和保障性住房建设，拆迁面积200多万平方米，连续两年成为全省棚户区改造3个试点区县之一，争取到国家资金5亿多元。投入5.1亿元，加快城市道路、供热、供水、供气和街心广场建设。完成张辽路南段拓宽和恢河二号大桥、建设南路、怡东路、怡西路、金沙路等10条道路的新建和改造，实施城市南出口打通工程，投入运营了居然之家朔州店。同时，投资270多亿元，着力推进金沙国际大酒店、平朔物流园区、北京华联国际城市综合体、北京亿城高档地产、香港豪德和居然之家仓储等10大项目建设。主城区面貌明显改观，现代宜居新城初具雏形。

*农业基础不断夯实，综合效益成绩喜人。*2011年，全区播种面积6.5万公顷，其中，粮食作物面积5.6万公顷，粮食总产量30.7万吨，成为“全国粮食生产先进县区”，受到国务院表彰。积极推进设施蔬菜园区建设，全年新增设施蔬菜面积533.3公顷，设施蔬菜总面积达到1600公顷，连续2年进入全省设施蔬菜建设20强县（区）行列。扶持新建15个标准化养殖小区和10个规模养殖场，畜牧业总体发展水平在全省名列前茅。

*生态治理规模空前，宜居新城亮点纷呈。*2011年，投入2亿多元，完成西山生态治理3333.3公顷的五期工程，铺开5333.3公顷的六期工程和1333.3公顷的林木基地建设，总治理面积达到2.3万公顷，成为市区一道绿色屏障和天然氧吧。总投资6.8亿元、总占地173.3公顷的金沙植物园竣工开园，成为全省规模最大、植物群落最丰富、最具特色的城市公园。投入近1亿元实施恢河综合治理四期工程，治理总长度4.5千米，形成水面66.7公顷。实施总投资5000万元的西山水系建设工程，年调水500万立方米，有效解决了西山生态区的缺水问题。四大生态工程，为宜居新城增添了靓丽风景，《人民日报》于2012年1月6日以《山西朔州朔城区建设绿色宜居新城》为题进行了特别报道。

*社会事业全面发展，民生问题有效改善。*投资5.4亿元，新建、改扩建总建筑面积10万多平方米的城镇9所中小学校，开工建设建筑面积6.6万平方米的神头职中搬迁工程。投资1.6亿元，建成并投入使用了建筑面积3.1万平方米的区人民医院住院楼，建立了远程医疗会诊中心。加快发展文化事业，再次被省政府命名为“全省文化强区”。进一步完善社会保障体系建设，被国务院列为国家级新农保试点区，被省政府确定为城镇居民养老保险试点区。大力推进农村新的“五个全覆盖”工程。在全市率先完成农户“暖心煤”供应工作。投资1600万元，建设11个高标准社区服务中心。投资2.6亿元，建设交警指挥中心、公安技侦大楼、法院审判大楼。

【经济大事简介】 ①2011年6月18日，居然之家朔州店正式开业。②2011年9月6日，隆重举办“大美家园”大型菊花展暨“唱响中国·幸福朔州”大型文艺晚会。③2011年9月10日，南出口贯通工程正式开工。④2011年10月18日，区人民医院建院60周年暨新住院大楼落成庆典隆重举行。

（王怀富）

朔州市平鲁区

【自然概况】 朔州市平鲁区位于山西、陕西、内蒙古三省区交界处，紧邻内蒙古和林格尔县和清水河县，与忻州市的偏关县、神池县和朔州市的右玉县、山阴县、朔城区毗连。

全区总面积2314平方千米。辖2个镇11个乡286个行政村。2011年总人口20.5万人。

历史上平鲁是饱承烽火的战略要地和革命老区。平鲁区古名紫河，明为平虏卫，清雍正三年（公元1725年）改称平鲁县，1989年撤县设区，隶朔州市，素有“朔北雄城、塞外天险”之称。

平鲁历代人才辈出，诞生了大唐名将尉迟敬德、明代大将李良材、清代武官刘诏等一批彪炳史册的军事将领，近代还涌现出著名的抗日民族女英雄、归国华侨李林等一批革命先烈。被中国民间文艺家协会命名为“中国门神文化之乡”，并建立了“中国门神文化研究基地”。

境内资源丰富，已探明的矿产资源主要有煤、高岭土、石墨、石灰石等40余种。其中，煤、高岭土、石灰石等蕴藏量大，开采价值高。已探明煤储量达137亿吨，煤田总面积达336平方千米。

【经济发展概况】 2011年，全区生产总值242.82亿元，比2010年增长14.9%。财政总收入30.17亿元，增长57.1%；一般预算收入14.95亿元，增长76.5%。固定资产投资101.18亿元，增长37.8%。社会商品零售总额22.29亿元，增长17.6%。城镇居民人均可支配收入14684元，增长16.2%；农民人均纯收入5460元，增长21.8%。

*工业新型化迈出历史性步伐，以煤为基、多元发展的产业格局正在形成。*2011年，以产业结构调整为主线，以大企业大集团为依托，以循环经济园区为载体，大力发展新兴产业和高新技术产业，一大批引领产业转型的重大项目取得突破性进展。煤炭工业方面，标准化矿井建设取得重大成果，整合保留的24座矿井，有9座已经建成安全质量标准化矿井，6座正在申请验收，全年生产原煤2015万吨。新兴产业方面，与中煤平朔、山东能源、太钢三大集团联合打造的北坪循环经济园区全面启动，总投资100亿元的劣质煤综合利用、2×60万千瓦矸石发电、特大型轮胎翻新、胶带胶管以及平安化肥四期等6个项目开工建设。与山东能源合作建设的投资10亿元的煤机制造项目已经签约。与华电集团合作建设的总投资100亿元的粉煤灰提取氧化铝项目已经达成合作意向。与中电国际和中煤平朔共同建设的集煤、电、粉煤灰、硅铝、新型建材、物流于一体的东露天循环经济园区初具规模，总投资464亿元的5个循环经济项目陆续开工建设，神电2×60万千瓦一期进展顺利，2×100万千瓦二期、平朔4×30万千瓦和矸石电厂2×35万千瓦项目即将开工。与中电国际合作建设的总投资45亿元的粉煤灰提取氧化铝、电解铝项目已经签约。

*农业现代化建设成功起步，四大农业产业板块成效初现。*2011年，按照区域化布局、规模化经营、标准化生产的思路，以种植园区、养殖园区和加工园区建设为载体，通过政策引导和示范带动，四大农产品基地建设成效初现。以向阳堡为中心的双万亩种苗基地，完成新育苗66.7公顷，总面积达到800公顷；以凤凰城镇为中心的2.7万公顷特色农作物种植基地，粮食总产量达到6000亿千克；以另山集镇为中心的万亩设施蔬菜基地，完成总体规划；以双碾为中心，覆盖西北山区的50万只肉羊养殖基地，标准化养殖园区已达46个。

*市域城镇化建设成绩斐然，城乡统筹发展领跑全省。*2011年，按照打造市域次中心城市的科学定位，紧紧围绕“城市让人民生活更美好”的理念，投资15亿元，完成城乡六大建设工程。一是以完善设施、提质扩容为目的，强力推进城市基础设施建设。城市主要街路框架进一步拓展，市政设施全部更新，城市框架进一步拉大，通达性、功能性显著增强。二是以突出现代、彰显个性为着力点，加快推进新城建设。完成广电大楼、森林防火指挥中心、黄河供水公司等22项工程。三是以传承文化、打造特色为主导，全面实施古城修复及城市景观工程。完成古城南门、溪泉河水街、七里河和南山湖水系二期工程。四是以保障民生、提升水平为出发点，强力推进保障性住房建设工程。完成保障性住房1351套11.4万平方米。五是以环境优美、宜居宜业为目标，大力开展“四城同创”活动。城市管理水平和品位显著提升，市容市貌明显改观。六是以便民利民、全面覆盖为宗旨，强力推进农村新的“五个全覆盖”工程。完成194个村888千米的街巷硬化工程，完成27个便民连锁店建设，完成1600户农村危房改造任务，建成“农家书屋”277家，职业教育免费实现全覆盖，新型农村社会养老保险参保率95%。

*城乡生态化建设规模浩大，环境质量明显改观。*2011年，按照“打造千里绿色长廊，建设200万亩生态屏障”的定位，投资6亿多元，重点实施“一区两路三大现场”造林绿化工程，完成大片造林8000公顷，零星植树60万株，补植造林2000公顷。全区林地面积达到7万公顷，林木绿化率31%，城市绿化覆盖率40%，城乡生态环境进一步改善，被省政府授予“林业生态区”称号。

*民生改善力度空前。*教育方面，完成二中、敬德学校、春芽幼儿园新建改造工程，完成7所乡镇中心幼儿园标准化建设工程，完成推行15年免费教育前期准备工作。医疗卫生方面，在进一步完善区、乡、村三级卫生服务网络、健全内部运行体制机制的基础上，以区综合医院“管办分离”改革为突破口，一体化推进基本医疗保障、基本药物制度、公共服务等方面的综合改革，医保覆盖面、筹资水平和补偿标准在全省领先，医改经验在全省推广。完成城区有线电视网络和6000户农村广播电视数字化改造工程，完善9个乡镇文化站配套建设，建成369个农村文化活动室，成功举办首届非物质文化遗产摄影展和第二届中国门神文化节，拍摄数字胶片电影《尉迟恭》，进一步扩大了门神文化之乡的知名度和影响力。

（王建平）

山阴县

【自然概况】 山阴县因位于恒山余脉翠微山北而得名。全县辖4个镇9个乡，257个行政村。2011年总人口24万人。

全县总面积1651平方千米，其中，耕地面积5.8万公顷，林木覆盖面积5.3万公顷。

山阴地形地貌独特,待开发土地资源较多。境内有山地684平方千米,丘陵111平方千米,平原856平方千米。主要河流有桑干河、黄水河、木瓜河。历年年均气温7.6℃,昼夜温差较大,年无霜期143天左右。有4.6万多公顷盐碱荒滩等土地资源有待开发利用。

山阴矿产资源丰富,水利条件较好。已探明的矿产资源有煤炭、铁矿石、铝矾土、石灰石等19种。煤炭资源最为丰富,全县煤田面积355平方千米,总储量114.5亿吨,可采储量78亿吨,主要是优质动力煤。

山阴文化底蕴深厚,旅游资源丰富。山阴是历史上重要的军事战略要地,经历汉逐匈奴,唐御突厥,宋抗契丹,明击瓦剌等历史战争。在历经两千多年战争的洗礼、民族的交融、南北的扩张和大规模的移民迁徙中,山阴境内留下了丰富的历史文化遗产。有全国最大的298座汉墓群,有现存最完整的辽金始建的广武城,有保存较完整的明长城等。

山阴交通快捷便利,区位优势明显。山阴境内大运、荣乌2条高速公路交汇,4条铁路、5条国省道贯穿全境。全县公路通车里程1440多千米,公路密度每百平方千米87.5千米,万人拥有公路里程65.5千米。

【经济发展概况】 2011年,山阴县生产总值147.72亿元,比2010年增长15.3%。财政总收入24.16亿元,增长20.1%;一般预算收入8.67亿元,增长16%。工业总产值167.36亿元,工业增加值71.3亿元,增长25.1%。农林牧渔业总产值22.04亿元,增长14.7%。固定资产投资61.07亿元,增长31.3%。社会消费品零售总额23.3亿元,增长17.6%。城镇居民人均可支配收入20092元,增长15.6%;农民人均纯收入8905元,增长18.2%。粮食总产量2亿千克,增长11.5%。

经济结构调整迈出坚实步伐。2011年,新建煤矸石烧结砖生产线、新型干法水泥、粉煤灰蒸压砖等项目,同煤风电、明勇粘土深加工陶粒砂等项目落地建设,推进了中煤金海洋昱光二期2×35万千瓦矸石发电、华能2×100万千瓦超超临界发电等项目。煤炭以综采为标志的机械化采煤设备得到全面推广,整合重组效果开始显现。全年煤炭产量1689万吨,比2010年增长19.4%。服务业蓬勃发展,第三产业产值60.01亿元,比2010年增长11%,第三产业比重占到40.6%。

农业农村经济持续健康发展。在设施农业建设方面,累计投入大棚建设资金3亿多元,建成6800多座,规模达到800公顷。在规模健康养殖方面,新建人畜分离奶牛养殖小区30个;奶牛存栏8.3万头,比2010年增长4.5%;年产鲜奶25万吨,增长11.9%。奶牛的品质进一步优化。在农业基础设施建设方面,完成中低产田改造1300多公顷。强农惠农政策得到全面落实。完成新的农村“五个全覆盖”年度建设任务。

城乡环境面貌发生明显变化。城市基础设施日臻完善,完成同太路、南环路改造,完成大忻线西移工程的路基和桥涵部分。顺利回购第二供热站,完成热电联供二期工程。完成生活垃圾处理厂建设和设备安装。近5000套保障性住房建设全面推进。大力实施“两山一河六通道”生态治理工程,完成投资5亿元,造林6700多公顷,植树500多万株,三年生态造林任务一年完成。县城空气质量二级以上天数344天,综合污染指数由2010年的1.9下降为1.4。

民生保障水平得到不断提升。在教育方面,进一步完善教育基础设施,山阴二中改扩建和雁杰学校改造工程竣工并投入使用,完成新建山阴五中和新建第二幼儿园主体工程。在医疗卫生方面,稳步推进医药卫生一体化改革,实现了基本药物制度全覆盖;县、乡、村三级医疗卫生机构全面达标,新建县人民医院项目奠基开工。在城乡就业方面,新增城镇就业2557人,新增农村劳动力转移就业2994人。在社会保障方面,养老、失业、医疗等9项保险参保人数19.7万人次,比2010年增长17%。在社会救助方面,共发放救助金8000多万元,救助各类对象7万多人次。

【经济大事简介】 ①新的山阴一中建成并投入使用。②县城主干道同太路改造竣工通行。③桑干河湿地生态修复项目启动实施。④中煤金海洋昱光2×30万千瓦矸石电厂主体工程竣工。⑤招商引资成功签约项目49个,有11个项目落地建设,到位资金65.7亿元。⑥2011年全国中部县域经济综合竞争力基本评价列第47位。⑦荣获“全省县域经济发展先进县”称号。⑧荣获“全省设施蔬菜建设先进县”称号。⑨荣获“全省‘十一五’实施‘蓝天碧水工程’先进县”称号。⑩荣获“全省农产品加工‘513’工程先进县”称号。

(孙培峰)

应　县

【自然概况】 应县地处山西省北部、朔州市东端,东邻浑源县,西接山阴县,北邻怀仁县,南毗繁峙县、代县。全县总面积1708平方千米。辖3个镇9个乡298个行政村。2011年总人口33万人。

应县历史悠久,人文荟萃,旅游资源丰富。从战国到明清一直设县治,民国元年始称应县。境内名胜古迹众多,全县现存不可移动文物577处,馆藏文物1000余件,其中,国家重点文物保护单位2处,即建于辽清宁二年(公元1056年)的佛宫寺释迦塔,是世界上现存唯一最古老最高大的纯木结构建筑,2001年被评为山西省十大最美古建筑;建于金代的净土寺,是现存国内唯一的精雕藻井。特别是近年,木塔内发现的一双佛牙舍利被佛教界认定为释迦牟尼的真身舍利。以木塔申遗为主的文化旅游产业优势逐步凸显。

【经济发展概况】 2011年,全县生产总值42.84亿元,比2010年增长14.3%。固定资产投资28亿元,增长21.09%。社会消费品零售总额18.72亿元,增长17.6%。工业总产值37.26亿元,增长44.2%;工业增加值11.45亿元,增长24.5%。财政总收入2.81亿元,增长22.4%;一般预算收入1.25亿元,增长22.5%。农村经济总收入31.95亿元,增长10.8%。农民人均纯收入5752元,增长19.6%;城镇居民人均可支配收入14421元,增长15.5%。粮食总产量2.39亿千克。

农业现代化稳步推进。设施农业建设方面,完善、新建日光温室6059个,移动大棚535个,重点推进一批设施农业园区建设。规模健康养殖方面,新建规模养殖小区30个,其中,奶牛小区10个、养羊小区20个,奶牛、肉羊饲养量分别达到3.5万头、60万只。农业基础设施建设方面,重点实施万亩综合开发、2666.7公顷农田水利、2000公顷国土治理项目。农业产业化建设方面,农产品"513"龙头企业销售收入22.36亿元。全县粮、糖、菜产量和奶牛、肉羊饲养量大幅增长,农民人均纯收入增幅高出全省5个百分点,名列全市第二。持续推进市场品牌建设,大力实施村庄绿化、农业科技创新和农业扶贫开发建设。新农村建设方面,围绕"一村一品、一县一业"发展规划,重点培养、壮大蔬菜、甜菜、大蒜、特色经济林、奶牛、肉羊等专业村169个。以南河种、下社、臧寨等乡镇为重点,全面启动小集镇建设工程,其中,全国城乡一体化试验区南河种镇,完成集镇新区框架建设。新建239个农家书屋、197个体育健身场所,建成农村便民连锁店84个,中等职业教育免学费253.4万元,惠及学生2112人。新型农村社会养老保险完成参保任务97748人的104.4%,缴费任务977.5万元的133.5%。完成街巷硬化811千米,农村危房改造完成3200户。

工业新型化势头强劲。2011年,新引进建设8个工业项目,投资规模19.1亿元。突出实施太阳能单晶硅二期、生物质能发电、大唐风电3个项目。高效减水剂项目建成试产,电梯项目完成基础。明禾无铅骨瓷、正东高档日用瓷技改扩建项目全面完成,盛福高档骨瓷一期工程基本完成。雅士利、梨花春、太阳能单晶硅、中粮4个企业上交税金占财政总收入的近1/3,全市非煤电企业上缴税金前三强均在应县。通过持续不断地招商引资和项目建设,初步形成新材料、新化工、新能源以及食品加工新的四大支柱产业。项目签约有新收获,全年签约项目24个,签约总额247.9亿元。

文化旅游发展蓄势待兴。一是木塔申遗工作"理清了申报路径、明确了工作重点,推进了基础工作,取得了阶段成果"。二是着眼文化旅游产业开发,成功举办"中国·应县释迦塔佛教文化研讨会",扩大了木塔的知名度。投资1.5亿元,规划启动集生产加工、休闲体验、大型会展于一体的旅游文化产业园。三是着眼要素配置和环境改善,启动了投资9130万元的木塔周边环境整治工程,启动了投资2.8亿元的两个四星级宾馆建设工程,完成投资4480万元的南部山区景区建设工程,完成投资8000万元的塔北城郊森林公园建设工程,实施投资2764万元的清宁园改造工程。完成总投资1650万元的县城4条道路升级改造任务,实施投资4000多万元的四环路、南出口绿化工程。

社会事业统筹推进。教育振兴全面推进。在全面完成17所校安改造工程基础上,投资近亿元,新建一中实验楼、过街天桥,建设了2个三校合一体育场,4所城镇幼儿园开工建设,改造完成8所乡镇幼儿园。安居工程建设方面,投资2.3亿元,7项保障性住房工程开工,建筑规模18.4万平方米。投资5.1亿元,高标准建设了畅和园小区、清宁小区。社保和救助工作进一步加强。全年发放社保资金1.2亿元,发放城乡低保、农村"五保"保障金4770多万元。低收入农户吨煤发放圆满完成。医疗卫生工作进一步加强。职工、城镇居民和新农合参保率,分别达到100%、95.3%、99.8%。

(方会文)

怀 仁 县

【自然概况】 怀仁县建于辽,因辽太祖与后唐晋王盟会于云州之东城,有怀想仁人之意,故名。全县总面积1230平方千米。有10个乡镇,162个行政村。2011年总人口32.9万人。

【经济发展概况】 2011年,全县生产总值141.08亿元,比2010年增长15%。财政总收入20.08亿元,增长25.1%;一般预算收入6.25亿元,增长22.7%。规模以上工业增加值76.94亿元,增长25.0%。固定资产投资66.24亿元,增长24.6%。社会消费品零售总额41.62亿元,增长17.5%。城镇居民人均可支配收入20111元,增长15.9%;农民人均纯收入8640元,增长18.7%。县域经济综合实力全省排名第八,目标责任考核全市排名第一。获得全国文明县城、全国科技进步先进县、全国国土资源节约集约模范县、全国计生优质服务先进县、全省农田水利基本建设先进县、全省"一县一业"先进县等19项省级以上称号。承办了全市"四化一体东部新区"建设推进会、全市加强和创新社会管理现场会。

大力调整产业结构,转型发展取得新成效。2011年,依托"三区八园",开工建设重点工程41项,为转型跨越发展奠定了坚实基础。煤炭产业集约化发展,全县所有矿井全部推行机械化综采,柴沟、砂石矿达到一级矿井标准,芦子沟、峙峰山达到二级矿井标准。金沙滩煤炭物流园基本建成,入园企业21家。煤电一体化步伐加快,同煤王坪2×20兆瓦煤矸石电厂建成运行。"以煤扶瓷、煤瓷联合"大见成效,4家煤炭企业与4家陶瓷企业联合发展,21家陶瓷企业实施了38个技改项目,成功注册"怀仁陶瓷"地理标志商标,陶瓷产业步入品牌化发展的快车道。新兴产业蓬勃兴起。金沙滩生态旅游区等景点日趋完善。投资5000万元的诺成软袋输液生产线、投资5000万元的中芦制衣生产线竣工投产,山西承泰专用车、山西特威尔煤机、朔州煤电矿用阻燃输送带等项目进展顺利,尤其是总投资16亿元的中国海宁——怀仁皮革城项目落地开工,标志着怀仁县现代服务业进入一个新的发展阶段。

招商引资成效明显。全年签约1000万元以上项目19项,意向引资额202.7亿元,当年到位资金75.38亿元,利用外资1200万美元,到位资金全省第六，全市第一。

加强农业基础设施建设，现代农业迈出新步伐。2011年，积极扩大羔羊养殖规模，年内建成棚圈17万平方米，养殖小区达到208个，羔羊饲养量达到200多万只，农民养羊人均纯收入1700元，被省委、省政府授予“全省一县一业先进县”称号。成功注册“怀仁羔羊肉”地理标志商标，举办羔羊养殖暨羊肉美食文化节，扩大“怀仁羔羊肉”品牌效应。大力发展设施农业，新建各类大棚1100个，云中镇耕德、新家园仁丰2个高科技农业示范园成为全市的样板。建设玉米万亩丰产方5个、绿豆丰产方1个，粮食总产量达到1.34亿千克。

扎实推进大县城战略，县域城镇化实现新跨越。加快扩容提质步伐，投资4.5亿元实施烽火台广场、烽火台森林公园等14项重点工程。加大旧城改造力度，果园路、小河湾和怀义街实现“平安征收、和谐拆迁”。创新城市建管方式，规范公交运营秩序，确定城市主色调，沿街商铺更换大橱窗、电线管网全部入地，再次被命名为“全省卫生县城”。加快“县城森林”步伐，新增城市绿地21万平方米，城市绿化覆盖率39.7%。大力推进“三拆四改五化”工程，7个小集镇建设初具规模。

强化生态修复和环境治理，城乡生态化步入新阶段。加快金沙滩生态经济园林区二期工程建设，新增造林面积4133.3公顷，全县森林覆盖率提高到25%；秋季完成三期工程9万公顷的造林整地挖坑任务，规模之大，全省领先。大力实施兴水战略，磨道河水系一期工程、下米庄水库除险加固工程竣工。扎实推进节能减排，关闭中安化工公司，推广天然气进企入户，县城气化率76%。全年县城大气二级以上天数351天。

【经济大事简介】 ①2011年5月30日，汇永集团顾问叶青一行来怀仁县就煤机维修制造项目进行洽谈。②2011年7月8日，山西省省级重点招商引资项目——总投资16亿元的“中国海宁——怀仁皮革城”正式奠基开工。③2011年9月1日，怀仁陶瓷职业技术学院进入筹建阶段。④2011年9月30日，投资20亿元的同煤国电王坪煤矸石电厂建成投产，两台机组先后完成试运转，并网发电。

（常　智）

右玉县

【自然概况】 右玉县位于晋西北边陲，地处朔州市、大同市、呼和浩特市三角地带，是山西的北大门。全县总面积1969平方千米。辖4个镇6个乡1个旅游区，321个行政村。2011年总人口11.3万人。

全县平均海拔1400米，年均气温4.2℃。境内矿产资源丰富，主要有煤、硅线石、石灰石、铁矿石、黄金、云母、沸石、石墨等。初步探明煤田面积165平方千米，储量达34亿吨。森林覆盖率超过52%，被誉为“塞上绿洲”。

【经济发展概况】 2011年，全县生产总值35.95亿元，比2010年增长17.9%。工业总产值31.03亿元，增长38.9%。财政总收入5.91亿元，增长50.1%；一般预算收入2.16亿元，增长45.1%。农林牧渔业总产值6.5亿元，增长28.7%；粮食总产量3.1万吨，增长2.5%。固定资产投资45.86亿元，增长39.4%。社会消费品零售总额10亿元，增长18.4%。城镇居民人均可支配收入13670元，增长15.9%；农民人均纯收入3810元，增长18.2%。

农业现代化实现新突破。大力实施“双新”工程，全县4.4万公顷的总播面积测土配方施肥占到85%，机械化耕作水平达到60%；推广高产玉米、良种马铃薯等新品种47个。种植优种马铃薯6666.7公顷、优质燕麦666.7公顷。建成玉米、杂粮等规模种植园区3333.3公顷。建设温室大棚266.7公顷。畜牧业稳步发展。改良本地羊6万只，完成黄牛改良和奶牛冷配5300头，全县肉羊、黄牛良种达到50%和80%以上。新建肉羊养殖园区8个。全县羊饲养量70万只，畜牧业收入占到农民人均纯收入的65%。“三农”发展基础进一步夯实。恢复配套水浇地133.3公顷，整理土地200公顷。海子湾水库竣工蓄水。新建水源工程38处、节水工程2处，解决了27个村、1.1万人、2310头大畜的饮水问题。强农惠农政策力度加大，累计发放各类直补资金1548万元，兑现农业奖补资金345万元。

工业新型化实现新突破。东洼北、教场坪和玉龙煤业3座矿井进入联合试运转，元堡煤矿开始试产。铁峰洗煤厂完工调试，元堡煤业洗煤厂主体工程完工。铁丰铁路加紧办理验收开通手续，教场坪铁路专用线完工。京玉2×30万千瓦煤矸石电厂投产运营。老千山、高家堡、牛心堡等6期风电和光伏一期项目并网发电，全县风电、光电装机容量达40万千瓦。神固水泥熟料、泉鑫单晶莫来石、朔玉水泥粉磨站、汇源公司扩建项目、中大科技亚麻系列产品深加工项目建成投产。

城乡生态化实现新突破。全面提升城乡绿化水平。2011年，实施8大类20项绿化工程，完成大片造林6666.7公顷，通道绿化96千米，围栏封育3333.3公顷，村庄整治绿化60个。大力发展林木产业，发展各类苗圃200多家，育苗1333.3公顷。加快推进生态文化旅游业，南山公园总体规划和详细规划编制完成。旅游客服中心完成规划设计。党风廉政建设教育基地基本完工。杀虎口平集堡沿街古建修复工程完工。成功举办第二届西口风情生态旅游文化节、摄影大赛、赛马联赛、婚俗剪纸大赛等系列活动。

市域城镇化实现新突破。2011年，彻底改造了县城四大街和主要街巷路灯，亮灯率100%。实施供热增容工程，县城北环车站周边片区实现统一供热。县城街道和环城路进行全方位绿化美化。建设各类保障性住房2230套20.1万平方米，改造农村危房3000户。“大呼高速”右玉连接线路基完工，新区南北纵向路和县城滨河路竣工通车，农村街巷硬化完成169个村501千米。县城水厂新水源地投入使用。县城铺设天然气主管道8千米。新建排污管网4.8千米。污水处理工程正式运营。新华商贸购物中心完工。

社会事业实现新突破。教育事业，一中新校区一期工程完工，二中图书实验楼投入使用，城乡6所幼儿园建设工程主体完工。科技文化广电事业，申报科技发明专利22件。农村文化体育场所工程提前一年实现全覆盖。数字电视整体平移二期工程基本完工。城乡居民免费收看有线电视。县医院晋升为二级甲等医院，门（急）诊大楼主体工程完工。11所乡镇卫生院和321个村卫生室完成升级改造。新农合参合率99.8%。连续6年被评为省级卫生县城。人口计生工作，首次荣获全市人口计生目标责任状考核综合先进奖。

【经济大事简介】 ①全年完成省市各类重点工程19项，总投资52亿元。②京玉2×30万千瓦煤矸石电厂投产运营。③全省首家光伏发电项目——山西国电光伏一期1万千瓦并网发电。④在第六届中博会、十三届高交会和江苏恳谈会上签约项目28个，引资总额238.5亿元。⑤成功举办第二届西口风情生态旅游文化节、赛马俱乐部联赛等系列活动，全年接待游客83.4万人，旅游收入7.9亿元。⑥推进廉租房、经济适用房、公租房建设和棚户区改造，建设住房2230套20.1万平方米。⑦《西口长歌》荣获第三届新农村电视艺术节优秀作品奖和省第九届精神文明建设“五个一工程”优秀作品奖。⑧启动实施新型城乡居民社会养老保险，3.9万城乡居民实现了老有所养。

（李志国）

朔州经济开发区

【自然概况】 朔州经济开发区成立于1992年，1996年省政府批准为省级开发区，2006年通过国家发改委核准。开发区地处城乡结合部，东临神头电厂，西靠平朔生活区，南邻大新华运编组站，北通大运二级路。全区总面积86.9平方千米，分为东西南三区和西盐池生态园。东区12平方千米为工业区，西区4平方千米属城市副中心区，基础设施日趋完备。南区红旗牧场位于南环路以南5千米处，为朔南能源新区和市生态农业示范园区。开发区目前拥有成片的待开发土地，项目承载能力大，基准地价优惠，投资成本相对较低，发展潜力巨大。

【经济发展概况】 突出招商引资和园区项目建设。2011年，朔州经济开发区紧紧围绕“特色开发区、实力开发区、和谐开发区”建设的总目标，科学制定发展规划，调整产业结构，优化发展环境，创新体制机制，提升服务能力，以转型跨越发展为主线，以建设新基地、新优势、新朔州为主题，抓住全省实施综改试验区和全市推进“四化一体东部新区”的战略机遇期，加快工业新型化、农业现代化、市域城镇化、城乡生态化进程，高起点规划、高质量建设、高水平管理、高效率推进，经济社会各项事业取得了较好成绩。继2009年荣获“中国最具投资价值开发区”称号后，2011年又被评为“2011中国十大特色产业园区”。

经济增长和效益指标评价名列全省之首。2011年，全区生产总值16.45亿元，财政总收入2.17亿元，一般预算收入1.33亿元，粮食总产量644万千克，社会消费品零售总额3.98亿元。工业总产值20.98亿元，比2010年增长56.9%；服务业增加值6.2亿元，增长10.3%；固定资产投资29.42亿元，增长24.2%；海关进出口总额245万美元，增长27.4%。省级重点工程完成投资21.7亿元，重点工程落地指标完成79.8亿元。

以民为本，让利于民，惠民政策迭出。出台并完善了被征地农民基本养老保险制度，城镇居民基本医疗保险制度，大病救助实施办法，建设用地征地补偿办法，孤儿残疾人救助办法，失地农民免费就业培训，义务教育阶段学生“两免”等19项惠民政策。2011年，城镇居民医疗保险共补偿参保居民222人次，发放补偿款135.7万元；农民最低生活保障对象118户、216人，发放保障款26.2万元；享受补助待遇的老年人1135人，发放补助款40.2万元。

（霍锋水）

忻州市

【自然概况】 忻州市位于山西省北中部，东倚太行，西临黄河，南接太原、吕梁，北邻朔州、大同。全市面积2.5万平方千米，占全省总面积的1/6。辖14个县（市、区）、191个乡镇（办事处）、4893个行政村。2011年总人口308.5万人。

忻州是全国18个集中连片贫困地区之一，14个县（市、区）中有11个国家扶贫开发重点县，6个县分别属于吕梁山、太行山连片特困地区，贫困面比较大。2011年，全市有77万农村人口的纯收入不到2300元的扶贫标准线；农民人均纯收入4135元，相当于全省的73.8%、全国的59.3%；城镇居民人均可支配收入1.5万元，相当于全省的87.9%，全国的73%；人均地区生产总值1.8万元，相当于全省的58.5%、全国的51.5%；人均财政收入3961元，相当于全省的63%、全国的51.6%。

忻州资源丰富多样。拥有耕地面积53.3万公顷，其中，水浇地13.2万公顷，林地60.5万公顷，天然牧草地13.3万公顷，人工草地20万公顷，植物200多种，野生动物184种，野生草种400多种，野生中药材300多种。地下矿产资源丰富，具有工业开采价值的50余种。其中，煤炭探明储量207亿吨，保有储量200亿吨。铁矿探明储量15.95亿吨，保有储量15.02亿吨。钼、金、铝土、金红石、高岭岩、白云石、大理石等保有储量在全省均占较大份额。地热田总面积32.3平方千米。

忻州文化底蕴厚重。有全国重点文物保护单位19处、省级重点文物保护单位47处，有三级以上文物藏品2466件，有国家级非物质文化遗产保护名录11项、省级26项。历史孕育了杨家将、元好问、白朴、徐继畬等历史名人。忻州素有摔跤之乡、民歌海洋的美誉，北路梆子、二人台、挠羊赛是忻州文化体育的传统品牌。忻州的佛教文化在世界占有极其重要的地位。

忻州市有97处旅游景区、景点，其中，有五台山、管涔山、禹王洞、赵杲观4个国家级森林公园，有五峰山、岚漪、马营海3个省级森林公园。芦芽山是国家级自然保护区，5.4万公顷原始次生森林，与五台山佛教古建文化旅游区、代县雁门关边塞古战文化旅游区、忻府原平温泉休闲度假旅游区、河曲保德偏关黄河风情旅游区，共同构成忻州五大特色旅游区。五台山是全国5A级景区，在第33届世界遗产大会上，被联合国教科文组织世界遗产委员会以“世界文化景观遗产”列入世界遗产名录。河边民俗馆为国家4A级景区和国家二级博物馆。

【经济发展概况】 2011年，全市生产总值554.55亿元，比2010年增长15%。全社会固定资产投资516亿元，增长35.1%。社会消费品零售总额201.4亿元，增长18.6%。财政总收入122.21亿元，增长35.5%；一般预算收入53.57亿元，增长26.5%。城镇居民人均可支配收入17169元，增长14.9%；农民人均纯收入4135元，增长20%。

*项目建设实现强力突破。*狠抓省市两级重点工程。2011年，完成投资491.6亿元，重点项目落地率301%，省级重点工程年度投资完成率117%。大力推进重大基础设施项目，五台山景区改造提升工程启动，云中河治理一期工程完工，忻保高速竣工通车，灵河高速全线开工，五台山飞机场建设前期工作基本完成。不断加大项目招商力度，中博会签约项目132个，签约资金2644亿元；农博会签约项目18个，协议引资34.4亿元。

*转型发展呈现强劲势头。*加快发展8大产业，煤炭资源整合、煤矿兼并重组基本完成，原煤产量达到4625万吨，煤炭工业增加值完成110.5亿元。河曲电厂二期建成试运行，宁武、偏关、静乐、岢岚等县的7个风电项目开工建设，神池等3个风电项目并网发电。同德铝业100万吨氧化铝项目获批开工，金德成信铜钼矿项目加紧推进。忻州煤化工循环经济园区扩能升级，侨友化工顺酐项目取得新进展，同德化工胶状乳化炸药项目完工达产，静乐“1830”项目开始试生产。蓝天煤粉锅炉扩建项目进展顺利，定襄法兰产业提升步伐加快。绿色农牧产品加工业得以壮大，新建农产品加工项目53个，纪元玉米公司成为国家级重点龙头企业，绿野牧业等12家企业入选省级重点龙头企业，年销售收入100万元以上的龙头企业达到143个。大力推进以五台山、雁门关、芦芽山等重点景区为依托的文化旅游产业，全市旅游总收入127.9亿元，增长20.4%。谋划建设了一批运煤专线、煤炭配送中心、煤炭集运站，煤炭物流业成为五寨等县新的增长点。全力实施60个重点转型技改项目，扎实推进重点园区建设，原平循环经济工业园区等五大园区初具规模，保德王家岭园区等5个园区加快规划。全面提升生态文明水平，淘汰19户企业160万吨落后产能，万元生产总值能耗下降3.6%，完成考核目标。中心城市创建国家环保模范城工作全面启动，繁峙县城成功创建山西省环保模范城。忻州城区大气质量二级以上天数359天，一级天数157天，污染指数比2010年下降1.4%。加大造林绿化力度，完成营造林面积4.3万公顷。

*“三农”工作迈出坚实步伐。*2011年，认真贯彻落实各项强农惠农富农政策，市县财政农业奖补资金突破4亿元。全市粮食总产量14.85亿千克，再创历史新高。加快发展现代农业。发展温室大棚1720公顷，增长88%。发展经济林2.4万公顷，增长80%。畜牧业总产值突破30亿元，增长10%。农产品加工销售收入37.3亿元，增长10%。新认证“三品一标”农产品147个，新发展“一村一品”专业村270个、农民专业合作社648个。加强农业基础设施建设。10座中小型水库除险加固工程完工，滹沱河灌区续建配套工程、忻定原小农水重点县建设、河保偏提黄灌溉工程顺利推进，“一村一井”工程全面启动，全市实灌面积11.4万公顷。进一步改善农村面貌，建成新农村集中连片示范区14个，新发展新农村重点推进村234个。扎实推进扶贫开发，启动7个县的片区开发工程，加快实施138个整村推进项目，完成易地扶贫搬迁3.8万人，全年减贫7.5万人。

*城镇化进程加快。*加大中心城市建设力度，启动忻定原融入太原都市圈工作，初步完成《忻州市城市总体规划》修编，编制了《忻定原城市组群规划》。和平街改造工程如期竣工，市体育场大型人防工程奠基开工。第二热源厂二期工程建成投运，改造老旧供热管网30千米，城区天然气置换人工煤气超过1万户。成功申报国家可再生能源建筑应用示范城市。扎实推进城镇扩容提质行动，忻府区秀容古城系列改造一期工程完工，各县新区标准化建设和旧城综合整治步伐加快，15个省级重点镇建设工作全面铺开，繁峙县砂河镇、宁武县阳方口镇列入全省“百镇建设工程”示范镇。开工建设各类保障性住房1.3万套、89.6万平方米。

*社会事业全面发展，人民生活进一步改善。*大力发展教育事业，制定出台全市教育中长期发展规划纲要，全面完成义务教育标准化县建设任务，新建、改建和扩建标准化幼儿园34所，财政教育投入达到省定目标。加快发展卫生事业，市人民医院新址加快建设，市中医院医技康复大楼主体竣工，2所县级医院建成投运，10所县级医院主体竣工，实现了二甲医院“县县有”。积极发展文化体育事业，大力实施文化信息资源共享工程、乡镇文化综合服务工程、农村电影放映工程。成功举办第五届中国·忻州摔跤节。认真做好人口计生工作，考核指标全部达到省政府要求。进一步稳定和扩大就业，全年城镇新增就业3.5万人，失业人员再就业1.6万人，就业困难人员就业5012人，转移农村劳动力4.4万人，创业就业6800人，城镇登记失业率3.3%。全面加强社会保障，城镇居民社会养老保险试点县覆盖10个县(市)，新型农村社会养老保险试点县覆盖10个县(市)。继续提高企业退休人员基本养老金，人均月增加227元。推进医疗保险市级统筹，进一步提高城镇职工、城镇居民医疗保险统筹基金支付比例，解决了国有破产企业退休人员和特困企业职工参加基本

医疗保险问题，减轻了群众就医负担。扩大失业保险金使用范围，参保人数增加到19.5万人。扩大工伤保险覆盖面，参保人数增加到14.8万人。提高城乡居民最低生活保障标准，城市低保居民人均每月增加25元，农村低保居民人均每月增加22元。

（银培秀　王国良）

忻州市忻府区

【自然概况】 忻府区前身为县级忻州市，2000年撤地设市时改为县级行政区，是忻州市委、市政府所在地，是一座以农业发展为基础，以科技创新带动经济发展的工业旅游城市。

忻府区位于山西省北中部，东连定襄，西邻静乐，南靠阳曲，北依原平，地处晋西北交通枢纽中心，素有“三关总要”、“晋北锁钥”之称。地形西高东低，逐步倾斜，北、西、南三面环山，东部开阔平坦，为忻定盆地的主体部分。境内主要有云中、系舟和五台三大山脉，云中河、牧马河沿淌其间，滹沱河沿境而过，属温带季风大陆性气候。

区域总面积1954平方千米，其中，山地905平方千米，占46.3%；平原693平方千米，占35.5%；丘陵356平方千米，占18.2%。

忻府区现辖11个乡、6个镇、3个街道办事处，394个行政村。2011年总人口54.9万人。

【经济发展概况】 2011年，全区生产总值94.92亿元，比2010年增长16%。财政总收入10.14亿元，增长21.1%；一般预算收入3.11亿元，增长26.7%。全社会固定资产投资60.5亿元，增长55.3%。规模以上工业增加值25亿元，增长22%。社会消费品零售总额53.82亿元，增长17.6%。城镇居民人均可支配收入17169元，增长14.9%；农民人均纯收入5298元，增长18.1%。

2011年，“五个全覆盖工程”全面推进，完成农村街巷硬化644千米，建设农村便民连锁商店81个，建设农家书屋150个，为4252名中等职业学校学生免除了学费。

2011年，政府承诺为民办的十件实事全部兑现。特别是投入拉运费2100万元，及时拉运发放“爱心煤”11.9万吨。

社会保障稳步加强，城乡低保对象待遇进一步提高，全年发放低保资金8441万元。

高度关注残疾人群体，为1953名城市贫困残疾人、3330名农村贫困残疾人及家人办理了低保，为720名农村特困无依无靠残疾人办理了“五保”。

【经济大事简介】 ①项目签约取得新突破，全年签约项目22个，总投资658.93亿元。②项目落地再创新局面，落地项目19项，总投资额301.47亿元，项目落地金额高居全市首位。③全面实施古城系列改造暨奇村旅游集镇基础设施建设项目等五大重点工程。④29个新农村建设重点推进村的街巷硬化、路灯亮化、文化卫生场所等“四化四改五个一工程”建设任务全部完成。⑤特色农产品种植成效突出，全区建成“一村一品”专业村54个，“一乡一业”专业乡镇5个，被授予山西省“一区一业”先进区、山西省粮食基地县称号。⑥新造林3027公顷。⑦全年完成设施农业276公顷，建设万亩玉米丰产方12个，发展标准化养殖小区36个，新植核桃林2667公顷。粮食总产量28.2万吨。

（忻府区政府秘书处）

原　平　市

【自然概况】 原平市地处晋北中部，是山西省较大的县市之一。1993年6月撤县设市。全市辖7个镇、11个乡、3个街道办事处，520个行政村、15个居委会。2011年总人口49.3万人。

市情特点可概括为“地域广阔、资源富集，区位优越、交通便利，特色闻名、百业齐备，人文荟萃、山川秀美”，有“铝电名城、酥梨基地、将军之乡、慧远故里”之美称。经济基础雄厚，铝、电、煤、化、冶、建、机等产业齐备，为全国三大氧化铝生产基地之一、全国最大的替代进口密封件生产基地、全国著名的酥梨生产基地、全国粮食生产先进县（市）。

【经济发展概况】 2011年，全市生产总值95.05亿元，比2010年增长24.1%。财政总收入17.56亿元，增长48.8%；一般预算收入6.91亿元，增长19.2%。工业总产值136.18亿元，增长83.1%。农林牧渔总产值17.8亿元，增长14.5%。社会消费品零售总额34.23亿元，增长17.5%。城镇居民可支配收入17358元，增长16.4%；农民人均纯收入5541元，增长19.7%。

*大项目带动，引领原平跨越发展。*2011年，坚持“工业立市”战略，加速推进新型能源和工业基地建设，实现了产业规模化、投资多元化、项目集群化发展。全年启动实施项目96个，总投资334.9亿元，开工的94个项目累计完成投资174.4亿元。循环经济示范区一期20平方千米规划全部完成，现代煤化工园、钢铁冶炼园、机械装备园开工建设，已入驻企业19户，总投资152亿元，完成投资5.3亿元。同华电厂二期前期工作积极推进，国电、华能风电项目启动实施，华润风电项目正在测风。德金农副产品加工贸易园区基础工程全面铺开，1.2万立方米油库及成品油批发市场、日昇家具建材市场基本完工。泰宝密封、盛大托辊、高龙电力等机械装备制造项目积极推进扩能升级。已基本形成铝业、电力、煤炭、化工、冶金、建材、机械制造以及商贸物流等多元产业格局。

*发展现代农业，加快新农村建设。*2011年，以解村北岗设施农业示范园区为龙头的设施农业完成272公顷，全市累计达到766.7公顷。粮食总产量31.9万吨，再创历史新高，第五次荣获全国粮食生产先进县（市）称号。集体林权制度改革任务全面完成，林地确权面积8.4万公顷，产权明晰率98.3%。新农村建设扎实推进，农村生产生活环境进一步改善。

*加强基础建设，打造魅力城市。*重点实施了20个城市基础建设项目，富民路、体育广场、新华广场、新汽车站、崞五线改造、108国道新郭

下一界河铺段改造等13个项目已完工，天涯山风景区、滹沱河生态经济带、牛卧河公园、范亭广场和新红旗大桥等7个项目积极推进。城区新增绿化面积27万平方米，绿化覆盖率24.2%。

*发展社会事业，谱写和谐篇章。*加强社会保障，全年用于民生领域资金超过12亿元，占一般预算支出总额的79%。就业再就业、优抚安置、移民搬迁、节能减排、保障性住房等任务超额完成。全市低收入农户都领到了“暖心煤”。省新的“五个全覆盖”、“十件实事”和忻州市“二十件实事”得到有效落实，群众“看病难、就学难、住房难”等问题得到进一步解决。农村文化体育场所建设任务超额完成，网吧、棋牌馆专项整治获得社会好评，“山西省文化强县”申报成功。

【经济大事简介】 ①相继列入“山西省资源型经济转型综合配套改革试验区先行试点”和“扩权强县试点”，成为忻州市唯一的“双试点”县。②循环经济示范区被确定为省级工业新型化产业示范（培育）基地。③晋北铝业和原平钢厂列入山西省第二批循环经济试点企业。④荣获“全国粮食生产先进县（市）”称号，受到国务院表彰。⑤荣获“山西省文化强县”称号。⑥在中博会、旅博会、农博会上签约项目24个，总投资455.9亿元。

（赵世伟　张美春）

定 襄 县

【自然概况】 定襄县位于山西省北中部、忻定盆地东部。境域东连五台山，南毗盂县、阳曲，西邻忻州，北接原平。全县辖3个镇6个乡155个行政村。县域总面积865平方千米。2011年总人口21.9万人。

定襄县境北、东、南群山环绕，地势向西呈簸箕形，山地面积占境域总面积的31.3%。境内最高处为丛蒙山柳林尖，海拔2101.9米；最低处为河边镇滹沱河谷地，海拔570米；平川海拔742～830米。公路通车里程524千米。

定襄县气候属大陆性气候。春季暖和，干燥多风；夏季炎热，雨水集中；秋季短暂，天高气爽；冬季寒冷，风多雪少。2011年平均降水量413毫米，平均蒸发量1448.7毫米。平川地区气候温和，无霜期较长。多年平均水资源总量7580万立方米，其中，地下水资源量7369万立方米，河川径流2920万立方米。

定襄县境内平川较多，面积约412.6平方千米，占全境总面积的47.7%；山地面积270.8平方千米，占县境总面积的31.3%；丘陵面积约181.7平方千米，占县境总面积的21%。

【经济发展概况】 2011年，全县生产总值37.82亿元，比2010年增长10.8%。财政总收入3.81亿元，增长22.5%；一般预算收入1.65亿元，增长37.6%。农林牧渔业总产值6.53亿元，增长37.6%；粮食总产量16.3万吨，下降3%。社会消费品零售总额12.03亿元，增长17.2%。城镇居民人均可支配收入17290元，增长16.6%；农民人均纯收入7020元，增长22.4%。

*产业升级步伐加快。*2011年，大力发展下凹式日光温室、移动大棚，设施农业面积达到480公顷，亩均收入2.5万元，成为农民增收的新渠道。加大农业产业化扶持力度，农产品销售收入8.3亿元，增长9.7%。推进农田水利建设，改良水浇地333.3公顷。推广农技作业，完成466.7公顷秸秆还田。推广使用天然气，9户锻造企业已投入使用，有效降低了生产成本，解决了污染问题。众立公司的锚固法兰，获国家3项专利技术，填补国内空白。产能万吨以上企业达到24户，产值超亿元企业10户，规模以上锻造企业产量21.6万吨，产值38.76亿元。锻造业自营出口创汇1.54亿美元，增长57.8%。推进汤头温泉开发区建设，深度开发凤凰山生态植物园，荣获“中国最佳乡村旅游目的地”称号。开发建设一波生态园，维修改造阎锡山故居景区道路，整顿周边旅游环境，提升了景区面貌。文化旅游收入7.14亿元，比2010年增长25.7%。

*社会事业协调发展。*投资2000多万元，新修牧马河大街，改造定东路、西城路，重铺新开路、晋昌大街、解放大街等街道，增设隔离带、安装红绿灯。城区实施集中供暖，覆盖率75%。加大植树造林力度和企业排污监管，全县二级以上天气365天，一级天气82天。加大滹沱河、牧马河流域的环境综合整治力度，名列全市第一、全省第五。林木绿化率21.1%，比2010年提高1.3个百分点。投资1200万元的实验小学、河边初中等15所学校的新校舍投入使用，一波中学全面开工建设。公开选聘43名大学生到农村学校任教。县医院和妇幼院晋升为二级甲等医院。为企业离退休人员每月增加养老金140元。提高新农合补偿标准，最高可报5万元。实施大病救助，为589户城乡困难群众发放救助金159万元。农村新的“五个全覆盖”工程顺利推进，硬化农村街巷252.8千米，新建27个农村便民店，投入1200万元组织实施“一吨煤”工程。投资130万元修建排洪渠，彻底解决了宏道羊头围一带困扰百姓多年的排水问题。

*转型综改稳步推进。*2011年，按照“一县一企”原则，确定山西纪元玉米产业有限公司为循环经济试点企业，开展先行先试工作。围绕四大领域确定了八个重大标杆项目，分别是龙门生态农业循环经济产业园项目，山西中标法兰“三一”重工生产基地建设项目，金瑞5兆瓦风电法兰示范项目，吉隆能源有限公司2×15兆瓦生物质发电项目，凤凰山生态植物园建设项目，一波生态园项目，县城商贸物流街区建设项目，五台山军民合用国内支线机场项目。

【经济大事简介】 ①定襄县成为全市唯一的“整建制玉米高产创建示范县”。②成功举办第五届中国·定襄法兰节，采取“走出去、引进来”的招商思路，先后赴重庆江北、江苏江阴、昆山、河南鹤壁、内蒙古及北京等地进行招商推介，共签约项目247个，签约资金达229亿元。③投资3.8亿元实施县城商贸物流街区北大街打通工程，涉及搬迁户700户，棚户区居民500户，成为建县以来最大的城镇化建设和民生改善工程。④投资9800万元规划开发河边文化产业园。⑤投资2.7亿元的吉隆能源有限公司成功落户芳兰工业园区,成为入驻园区第一企。⑥投资1.2亿元的汤头温泉产业开发一期工程顺利开工。⑦晟龙木雕公司成为全市唯一的省级文化产业发展先进单位。

(定襄县人民政府办公室)

五台县

【自然概况】 五台县位于山西省东北部,总面积2865平方千米。现辖1个区、6个镇、13个乡、573个行政村。2011年总人口30.1万人。

全县耕地面积3.7万公顷,宜林面积10.6万公顷,森林覆盖率31.3%。

矿产资源已探明金属、非金属矿达38种,主要有煤、白云石、铝矾土、铁、硅等,品位较高,极具开发价值。

水资源充足,5条较大河流总长264千米,水资源储量3.4亿立方米,水能理论蕴藏量30412千瓦。

五台县文物古迹众多,现有国家级文物保护单位10处,省级文物保护单位9处,市、县级文物保护单位105处,拥有历代不同风格寺庙113处。驰名中外的佛教圣地五台山,是国务院首批国家级重点风景名胜区,国家森林公园,国家地质公园,国家首批自然文化双遗产,国家对外推出的35张旅游王牌之一,5A级旅游景区,世界文化景观遗产。

【经济发展概况】 2011年,全县生产总值29.95亿元,财政总收入4.12亿元,一般预算收入1.93亿元,农林牧渔业总产值7.88亿元,粮食总产量1.13亿千克,规模以上工业增加值6.58亿元,社会消费品零售总额12.79亿元,城镇居民人均可支配收入14936元,农民人均纯收入3527元。

*项目建设实现新突破。*2011年,实施了总投资108.94亿元的省市重点项目23个,完成投资33.06亿元,开工率100%。新建和续建了总投资109.57亿元的县乡产业化项目82个,完成投资22.9亿元。积极招商引资,全年签约项目13个,签约资金89亿元。

*"三农"工作再上新台阶。*2011年,县政府出台9项强农惠农奖补政策,投入600多万元用于"三农"补贴。大力发展现代农业,建成温室大棚108.4公顷,新发展经济林2333公顷,完成集体林权制度改革勘界确权12.2万公顷。壮大规模养殖业,新建标准化肉牛养殖小区3个、肉驴养殖小区3个、绵羊人工输精站4个,改良羊5600只,畜牧业总产值4.7亿元。扶持农副产品加工业,农产品"513"龙头企业销售收入7700万元。加快推进新农村建设,新发展27个重点推进村,在13个村实施整村推进,移民搬迁2800人,全年减贫1.2万人。

*工业经济迈出新步伐。*2011年,加快发展"煤铁铝镁电"五大支柱产业。煤炭产业,同华、天和煤业建矿工作有序推进,完成投资19.8亿元;铁选产业,生产精铁粉70万吨,金宇矿业50万吨球团烧结项目建成试产;铝土产业,天和铝土矿年产铝土矿178.8万吨;镁产业,云海镁业完成技改,镁合金产量达到3.9万吨;风电产业,华能峨岭风电场完成立项等前期工作;化工产业,五台山化工有限公司技改复产,生产尿素1.5万吨。

*旅游产业得到新提升。*2011年,五台山风景区被确定为全省转型综改试验区旅游领域的第一个重大标杆项目。五台山旅游服务基地14个项目完工,游客服务中心电动汽车充换电站建成。五台山景区改造提升工程启动,中心区道路改造工程全面铺开,五台山国际度假酒店主体建成,清水河流域河道治理及景区生态修复工程完成前期准备工作,"印象五台山"大型情境体验剧项目正式签约启动。五台山上市融资有序推进。隆重举办了五台山第二届国际文化旅游月和纪念徐向前元帅诞辰110周年暨徐帅纪念馆揭牌仪式。完成驼梁风景区、阎锡山西汇别墅花园景区规划编制。2011年,共接待国内外游客432.5万人次,旅游总收入30.1亿元。

*城乡面貌发生新变化。*坚持"大县城"和"小城镇"发展战略,城乡一体化进程扎实推进。完成新城区一期工程和县城集中供热扩容工程,建设县城体育健身广场、新城区文化广场、文昌山森林公园、唐家湾水库湿地公园。建设保障性住房1510套。新铺设污水管网0.9千米,污水处理率96%以上。加快推进垃圾无害化处理场、天然气入户工程。忻阜高速东冶连接线和县城东环线古城至东马段建成通车,五盂高速有序推进。大力实施城市美化绿化亮化工程,城区绿化覆盖率22.3%。完成造林绿化2866.7公顷,忻阜高速通道绿化57.5千米。县城二级以上天数364天,全县人居环境明显改善。

*民生事业得到新改善。*实施农村新的"五个全覆盖"工程。完成2所幼儿园安全改造工程,中考、职校对口升学均名列全市第三,高考二本以上达线335人。医药卫生体制综合改革任务全面完成,19个乡镇卫生院、11所社区卫生服务站、430个村卫生室实施了国家基本药物制度;新型农村合作医疗进一步完善,参合率99.6%;县第一人民医院晋升为二级甲等医院,综合大楼竣工投入使用;乡镇卫生院人员工资全部纳入财政预算并实行绩效工资。完成事业单位绩效工资改革,启动城乡居民社会养老保险工作。城乡居民低保金和企业退休人员基本养老金提标工作全面完成,城镇居民医疗保险覆盖率85%。加强城乡低保动态管理,共发放城乡低保、"五保"户供养、社会救助补贴等各类保障性资金5080万元。及时把"暖心煤"发放到8.6万低收入农户手中,确保了困难农户温暖过冬。狠抓人口和计划生育工作,人口出生率7.97‰,自然增长率2.43‰。

【经济大事简介】 ①五台山风景区被确定为全省转型综改试验区旅游领域的第一个重大标杆项目。②忻州市首家、山西省首批股份制农村商业银行——五台农村商业银行挂牌营业。③隆重举行纪念徐向前元帅诞辰110周年暨徐向前元帅纪念馆揭牌仪式。④建成温室大棚108.4公顷。⑤投资1亿元的金宇矿业50万吨球团烧结项目建成试产。⑥忻阜高速东冶连接线和县城东环线古城至东马段建成通车。⑦五台山游客服务中心和电动汽车充换电站建成。⑧投资4481万元解决了8.5万人、1万头大畜饮水安全问题。

（赵政杰　王振新）

代　县

【自然概况】 代县位于山西省东北部，总面积1696平方千米。全县辖6个镇5个乡377个行政村。2011年总人口21.5万人。

代县矿产资源丰富，已知矿藏24种，其中，铁矿总储量15亿吨，位居全省第一；金红石矿探明储量8650万吨，是全国第二大钛矿。

代县是国家级历史文化名城，拥有历史文化遗址432处，其中，国保文物4处，省保文物8处。

【经济发展概况】 2011年，全县生产总值50.25亿元，比2010年增长16.1%。财政总收入9.99亿元，增长64.8%；一般预算收入3.08亿元，增长63.2%。工业增加值28.2亿元，增长22.3%。固定资产投资15.46亿元，增长53.8%。社会消费品零售总额8.67亿元，增长17.3%。城镇居民人均可支配收入14907元，增长17.5%；农民人均纯收入3055元，增长29.4%。

*农业产业化水平稳步提高。*2011年，完成水果玉米加工、红芸豆精选、肉鸡养殖加工和酱菜加工4家农业产业化重点项目。实施农田水利建设工程103项，培育“一村一品”专业村45个、农业示范园区8个。落实设施农业104.9公顷，新建养殖场11个。发展农民专业合作社49个。实施新农村建设16个村。投资1345万元购置各类农业机械874台（件）。完成58个村1080户3600人的移民搬迁新区总体规划。完成整村推进10个村。片区开发工程发展核桃5866.7公顷、仁用杏5400公顷。粮食总产量7496万千克。

*工业经济稳步增长。*坚持以铁为基、多元发展。积极提升传统产业，加快培育新型产业，初步形成铁矿采选业、球团加工业两大产业集群。2011年，生产铁精矿粉650万吨、球团220万吨。1.1万吨海绵钛项目与陕西有色集团签订了合作协议。阳明堡钢钛联合产业新区概念规划经过专家论证。20万千瓦风电一期工程完成投资3.52亿元。6000吨混炼胶项目一期工程完工并投入试生产。3座矿山、21个尾矿库通过国家安监总局标准化等级评定。

*旅游产业快速发展。*2011年，雁门关旅游开发累计投资3.2亿元，完成文物维修、景点复建、基础设施配套和服务项目建设等68项工程，使具有3000年历史的古关重现昔日雄姿，将雁门关风景区建成国家4A级景区。峨口挠阁、雁门民居营造技艺和黄酒酿造技艺、上阳花社火、代县面塑分别入选国家、省级非遗名录。电影《浴血雁门关》和《山路弯弯》完成拍摄，大型电视连续剧《北宋杨家将》完成剧本创作。成功举办第四届代县民间艺术作品展、“大美雁门关”征文、“雁门杯”国际摄影大赛等活动，雁门文化的影响力进一步扩大。

*城市建设步伐加快。*新城建设方面，投资2.25亿元完成8项市政基础工程。建成“四路一桥”8千米，铺设天然气管网10千米、通信管网12千米、供热管网15千米、高低压电路8千米，完成绿化2万平方米，自来水厂竣工具备供水条件。投资4000万元完成新城医院主体建设。旧城保护方面，编制完成《西大街历史街区规划》，西北城角楼主体完工，省保文物钟楼完成落架大修，东关同心路东段、南段道路改造按期竣工。滹沱河湿地公园投资1.3亿元，完成河岸堤防、景观大道、外围绿化、人工湖等主体工程。

*民生实事扎实推进。*新的“五个全覆盖”顺利推进，累计建成农村便民连锁店545家、文化活动场所294处、体育活动场所332处。892名职业高中学生免除了学费。为2.5万名60岁以上居民发放养老金900万元，城乡居民社会养老保险覆盖率81%。新增城镇就业岗位2806个，下岗失业人员再就业1218人，就业困难对象再就业423人，开发公益性岗位678个。开工建设保障性住房440套，实施农村危房改造290户。补贴运费420万元，发放“暖心煤”5.3万吨。全年落实教育支出20664万元，实施中小学校安工程。落实“两免一补”资金523万元、“济困助学”基金125万元。投资358万元，加强科技工作，开展科技培训1.9万人次。

【经济大事简介】 ①2011年8月，成功举办首届“中国·雁门关国际边塞文化旅游节”。②完成街巷硬化1017.8千米。③投资6000多万元，完成县、乡、村三级医疗机构建设和卫生信息平台建设，全县15万参合农民受益。④投资1.56亿元，完成农网线路改造16条，户表改造1.5万户。⑤实施安全饮水工程19处，1.1万人受益。⑥投资4000万元完成新城医院主体建设。⑦投资1.3亿元，完成滹沱河湿地公园主体工程。

（代县人民政府办公室）

繁　峙　县

【自然概况】 繁峙县位于山西省东北部，总面积2368平方千米。全县辖3个镇、10个乡、1个居民办事处，401个行政村。2011年总人口26.9万人。

繁峙资源丰富，现已探明储量的有金、银、铜、铁、钼等27种，其中，钼矿探明储量17.1万吨，岩金矿纯金储量20吨，均居全省之首。铁矿探明储量9.1亿吨。风力资源充足，大营镇、横涧乡附近风力资源最为充足，高度65米处平均风速达7.42米/秒，风功率密度465.6瓦/平方米，是发展风力发电机组的理想场所。水资源富足，境内有大小河流10余条，滹沱河自东向西流经县境80余千米汇入海河，中小型水库4座，水资源总储量约1.81亿立方米。拥有宜牧草地8万公顷，宜药（主要是正北芪）坡地2万公顷，林地总面积13.1万公顷，森林覆盖率16.9%。

繁峙有古寺名刹、山隘关口、革命遗址等县级以上文物景点45处，其中，国保单位5处，省保单位3处。

【经济发展概况】 2011年,全县生产总值53亿元,比2010年增长24%。规模以上工业增加值31.96亿元,增长54.1%。固定资产总投资37.5亿元,增长38.9%。社会消费品零售总额9.81亿元,增长17.4%。财政总收入6.01亿元,增长70.3%;一般预算收入2.17亿元,增长70.9%。城镇居民人均可支配收入16314元,增长17.9%;农民人均纯收入3997元,增长23.5%。

项目建设深入推进。2011年,实施重点项目99个,完成投资48.6亿元。其中,省重点项目11个,总投资50.97亿元,完成投资21.1亿元;市重点项目15个,总投资69.09亿元,完成投资27.5亿元。特别是在第六届中博会上签约9个项目,总投资额达49亿元;在香港举办的项目专场推介会上签约6个项目,总投资50亿元。

"三农"投入加大。2011年,用于"三农"方面的投入1.4亿元,增长19.3%。投资3220.6万元,实施土地占补平衡项目12个,新增耕地276.8公顷;发展标准化生产基地666.7公顷,实施柠条机械化平茬作业补贴项目666.7公顷。干果经济林建设完成1666.7公顷,林改确权到户面积3.3万公顷。全县粮食播种面积3.9万公顷,粮食总产量6997万千克,创历史新高。培育"一村一品"专业村33个,培育农民专业合作社60个。全县共建起规模健康养殖小区10个,万头猪场2个,畜禽养殖总量118万只(头),畜禽良种覆盖率80%以上,畜牧业总产值1.86亿元,占农业总产值的54.1%。投资436万元完成18处农村人畜饮水安全工程,解决了9000人2653头大畜的饮水问题。涉及4000人的扶贫移民工程完成1000人的分散安置工作,总投资1.9亿元的3000人集中安置移民小区开工建设。

第三产业发展加快。2011年,投资3500多万元的并州物流二期工程建成使用。投资5000万元的鸿生现代物流园区(一期)建设项目顺利开工。平型关旅游景区和毛主席路居纪念馆景区总体规划完成,毛主席路居纪念馆景区开发项目在省旅游博览会上成功签约,实现了繁峙县旅游项目签约零的突破。全年旅游总收入7.13亿元。

人民生活持续改善。2011年,全县用于医疗、教育等各项社会事业的投入5.4亿元。全年共发放城市低保金1004.7万元,农村低保金951万元。企业养老保险参保8571人,机关事业养老保险参保7126人,城镇居民参加基本医疗保险3万人。全年新增城镇就业岗位3103个,开发公益性岗位1569个,城镇失业登记率控制在3.4%以内。县、乡、村三级医疗卫生服务网络不断完善,县第一人民医院顺利通过省卫生厅二级甲等评审。总投资1200万元的医技住院大楼建设顺利完工。全县323个村卫生室建设达标率98%,新型农村合作医疗保险参合率99.1%,累计发放补偿金3308.5万元。投入3018.9万元用于落实义务教育"两免一补"政策和贫困生补助政策,中等职业教育全免费工作全面开展,受益学生1300多人。建成东山乡、横涧乡等7个乡镇文化站,全县村级文化活动场所覆盖率100%。为30个20户以下已通电自然村的708户群众接通了广播电视。

【经济大事简介】 ①投资5000万元建设了集义庄千亩高效生态农业园区,全年共发展设施农业108.8公顷。②投资5000万元的鸿生现代物流园区(一期)建设项目顺利开工。③全县12个农业产业化龙头企业销售收入16亿元,新认证无公害农产品2个。④成功创建山西省环境保护模范城,"创卫"工作顺利通过省爱卫会专家组复检。⑤砂河镇被列入全省21个重点建设示范镇行列。

(程 巍 范君鹏)

宁 武 县

【自然概况】 宁武县地处山西省西北部,属内长城外三关要塞,是汾河与桑干河的发源地。全县总面积1987.7平方千米。平均海拔1600米,是典型的高寒土石山区。年平均气温6.2°C,无霜期90～100天,年降水量550毫米左右。

全县辖4个镇10个乡464个行政村。2011年总人口16.2万人。

境内资源丰富。矿产资源有煤、铝、铁、花岗岩等几十种,其中,煤炭储量最大,储藏面积达1114.5平方千米,占全县总面积的56.1%;资源储量290.94亿吨,可采储量230亿吨,是全国重点产煤县之一。铝矾土为第二大矿产资源,初步探明储量1.2亿吨,占全省储量的1/4。旅游资源得天独厚,芦芽山景区被列入国家级自然保护区和省级风景名胜区,管涔山被列为国家级森林公园,万年冰洞被列为国家地质公园,天池被列为省级湿地公园,暖泉沟被列为省级水利风景区。

【经济发展概况】 2011年,全县生产总值33.9亿元,比2010年增长21.1%。财政总收入12.87亿元,增长58.4%;一般预算收入4.2亿元,增长38.4%;固定资产投资总额31亿元,增长46%。农林牧渔业总产值2.22亿元,增长1.8%;粮食总产量1756万千克,增长2.7%。工业总产值41.12亿元,增长95.7%。社会消费品零售总额5.97亿元,增长17.2%。城镇居民人均可支配收入13617元,增长17.4%;农民人均纯收入2804元,增长24.7%。

项目建设有了新突破。全年新建项目235个,涉及总投资822亿元,在全市年度项目观摩总结表彰会上综合排名第一,被市委、市政府授予一等奖。工业新型化项目健康发展。24座整合矿井的提能改造取得实质性进展。煤电一体化、煤矸石热电联供以及煤制烯烃等项目已上报国家发改委,煤矸石砖厂完成建设工程量的50%。总装机容量100万千瓦的7个风电项目,进展顺利。工业用微波炉项目开工建设,小庄地下煤炭气化项目、生物质能混合燃料项目开始启动。农业现代化项目成效凸显,新建怀道食用菌和化北屯蔬菜双千亩设施农业园区,全县设施农业发展到240公顷。创建农业丰产方4666.7公顷,农业生产基地达到9000公顷。8个农副产品加工龙头企业完成提能改造。现代服务业项目稳步推进,实施十大旅游开发建设工程和4条旅游线路提升改造工程。兼具洗、选、运功能的年吞吐量2000万吨的阳方口煤炭物流园区工程进展顺利。

新农村建设有了新成效。2011年,同步推进“产业扶贫、片区开发、整村搬迁、科教帮扶、定点扶贫”五大工程,整合各类扶贫资金1.4亿元,建设扶贫产业项目60余个,片区开发惠及5000人,培训科技当家人和技能型农民3700人,各级扶贫工作队完成定点扶贫投资9305万元,21个贫困村成功脱贫,减少贫困人口6800人,是近年来扶贫工作力度最大、投入资金最多、减贫幅度最明显的一年。加快移民搬迁,改善农村面貌。投资2.72亿元建设刘家园移民新区二期、三期工程,可容纳1765户8000多人入住。完成土地整理开发400公顷,生态造林1333.3公顷。统筹城乡发展,建设新农村。走出“产业主导、村企共建、移民搬迁、能人带动、村镇互促”等5条引领新农村建设的新模式,巩固52个试点村新农村建设成果,高标准建设8个示范村。

民生福祉有了新水准。全面推进农村新的“五个全覆盖”,大力实施教育、卫生、交通、社保、文化、住房六大民生工程,社会各项事业长足发展。2011年新建校舍6.9万平方米,加固4.8万平方米;新建和扩建乡镇卫生院、社区卫生站和村卫生室26个,新型农村合作医疗参合率98.2%,受益农民3.7万人次;新增城镇就业1785人、创业就业586人、下岗失业再就业879人,争取省级就业专项基金518万元用于帮扶困难群体就业420人,转移农村劳动力2331人,职业技能培训1867人;事业单位绩效工资按时、足额发放,公检法司特殊岗位津贴全部足额兑现,机关事业养老等7项保险全部或超额完成年度任务;完成40个村级体育场所、223个农村文化活动场所、371个农家书屋和两个乡村文化站建设;开工建设120套6000平方米廉租住房,61套9000平方米经济适用房和9000平方米棚户区改造工程。

【经济大事简介】 ①宁武县被列为忻州转型综改实验区试点县。②投资2.72亿元建设刘家园移民新区二期、三期工程,建筑面积9.4万平方米。③暖泉沟被列为省级水利风景区。④在香港成功举办经济合作项目推介会,签约10个项目,总投资100多亿元。⑤阳方口镇被列为全省20个小集镇建设示范镇。

(宁武县人民政府办公室)

静乐县

【自然概况】 静乐地处山西省西北部、忻州市中南隅,东与忻州、阳曲为邻,南沿汾河与娄烦、古交毗连,西连吕梁山与岚县相衔,北靠管涔山与宁武、岢岚接壤,属国家扶贫开发重点县和吕梁山片区开发集中扶持县,是“中国民间艺术之乡”。全县辖4个镇10个乡1个居民办事处,381个行政村。2011年总人口15.7万人。

全县总面积2058平方千米。资源以煤水为最,含煤面积达1300平方千米。汾河由北到南纵贯县境40千米,是全省少有的富水县。

【经济发展概况】 2011年,全县生产总值16.93亿元,比2010年增长20.7%。财政总收入2.89亿元,增长34.8%;一般预算收入1.24亿元,增长38.5%。规模以上工业增加值5亿元,增长24.5%。固定资产投资30.5亿元,增长30.3%。社会消费品零售总额5.5亿元,增长17.3%。城镇居民人均可支配收入12800元,增长17.9%;农民人均纯收入3420元,增长27.5%。

抓项目、保增长,工业经济强势崛起。立足资源优势,承接产业转移,以煤为基,多元发展,煤焦电化产业进一步优化升级。山浪煤矿正式投产,大远煤业开始联合试运转,其余7座煤矿正进行技术改造,煤炭产业机械化、集约化、信息化和安全化水平明显提升。先后引进国电、华能、华电、同煤等一批大企业、大集团。积极参加西洽会、中博会等各类招商活动,全年签约项目6个、总投资43.63亿元,重点工程落地指标完成32.8亿元。1830化工项目即将投入试运行,洁净改性型煤项目、天然气综合利用项目、国电5万千瓦风电项目正在施工,龙源15万千瓦风电项目取得国家发改委批准,前期工作就绪。县电厂生物质能发电项目、3个百万吨配套洗煤项目、2×100万千瓦煤电项目全面推进。

抓产业、促增收,农村经济稳步发展。以“农业增效、农民增收、农村发展”为总目标,立足“三大区域”特点,围绕“四大基地”建设。2011年,新建大棚73.3公顷、600座。发展獭兔专业村28个、规模养殖户162户,全县饲养总量达到38万只。种植核桃333.3公顷、黄花菜200公顷、中药材66.7公顷,试种玫瑰66.7公顷、文冠果200公顷。新建标准化养殖示范小区11个。种草3000公顷。育苗666.7公顷,成为全市育苗大县。巩固和发展特色小杂粮1.3万公顷,汾河川丰产方5333.3公顷。发展小杂粮加工企业14个,销售收入1.3亿元。培育了汾源科技农牧业有限公司、浩正农业开发有限公司、静丰园生态农业综合开发有限公司等一批龙头企业。2011年,全县投入支农资金1.1亿元,县财政直接投入2380万元,有效推动了特色农业规模化、产业化、效益化。

抓投入、强基础,城乡面貌明显改变。全面实施“大县城”战略,大手笔推进城乡基础设施建设。投资7亿元的汾河西区综合开发一期工程全面推进。投资1600万元,改造人民公园。建成全省一流的草坪门球场。投资617万元,实施县城主街道的绿化、亮化和排洪工程。投资1210万元,完成1100户农村危房改造。投资430万元,解决了26个村、3所学校、1.1万人的饮水困难问题。1525套、12.9万平方米的保障性住房工程开工。5500人的移民搬迁任务全部落实。

抓生态、重环保,人居环境不断优化。坚持生态兴县战略,以“三山两河”为重点,深入开展环境综合整治,积极实施各项林业重点工程,全年造林2866.7公顷。启用并改建县城污水处理厂,开工建设垃圾处理厂和杜家村污水处理厂,新建汾河断面监测站,淘汰取缔普鑫电化公司、县电石厂等落后产能。完成9大煤矿废水治理。县城集中供热率95.5%。汾河水质稳定在三类标准以内。城区二级以上天数362天。万元地区生产总值能耗下降5.8%。二氧化硫、化学需氧量、氨氮、氮氧化物、烟尘、粉尘排放量均超额完成任务,生态文明建设取得明显成效。

抓统筹、惠民生,社会事业协调发展。新的"五个全覆盖"扎实推进。201个村、268.7千米的农村街巷硬化任务顺利完成,并通过验收,覆盖率达到60%。农家书屋、职业教育免费提前一年实现了全覆盖。农村体育健身场所、文化活动场所、便民连锁店覆盖率分别达到88.2%、83.9%、74%。新型农村社会养老保险启动实施,全县农村60岁以上老人全部领上了养老金。惠民政策全面落实。高效农业补贴、退耕还林补助、家电下乡补贴、农机具补贴,通过惠农卡及时发放到户。各类保险、低保、"五保"资金按政策提标,增加"五保"指标625个,发放临时价格补贴225万元、两节补助资金322万元、农民用煤3.9万吨。

【经济大事简介】 ①山浪煤矿正式投产。②大远煤业开始联合试运转。③忻保高速公路建成通车。④新建标准化养殖示范小区11个,种草3000公顷。⑤怡汾公园、人民公园落成开园。

(静乐县人民政府办公室)

神池县

【自然概况】 神池县位于山西省西北部,管涔山脉西北麓。东邻朔州,西连五寨,南接宁武,西北靠偏关,东北界平鲁。辖3个镇7个乡1个街道办事处,251个自然村,241个行政村。是全省35个国家级贫困县之一。2011年总人口10.7万人。

全县总面积1472平方千米。地势东高西低,最高海拔2545米,最低海拔1300米。东北部为土石山区,海拔均在1900米以上;西部是黄土丘陵区,海拔在1600米以上。属温带大陆性季风气候,年平均气温4.6℃,最冷极端气温-33.8℃,最热极端气温34.8℃。年均无霜期114天,最短96天,最长165天。年平均降水481毫米。自然特征可以概括为:地多坡广、高寒冷凉、风大沙多、十年九旱,是一个典型的农牧交错区。

【经济发展概况】 2011年,全县生产总值12.45亿元,比2010年增长16%。规模以上工业增加值0.7亿元,增长65%。固定资产投资14.8亿元,增长36.2%。社会消费品零售总额6亿元,增长17.4%。财政总收入3亿元,增长49.2%;一般预算收入1.28亿元,增长29%。城镇居民人均可支配收入13244元,增长17.9%;农民人均纯收入4066元,增长26.9%。

项目建设取得新进展。2011年,共铺开103个重点项目,开工率95%,完工率63%。风电项目完成投资24.7亿元,建成投产的风电场共4期20万千瓦,年发电量6.25亿千瓦小时。煤台建设完成投资2.42亿元,双万吨同煤塘涧煤炭集运站8月建成投产,万吨整列贺职煤运站即将投产运营,其余煤台正在做前期准备工作。干法水泥项目完成投资5.15亿元。其他各类项目完成投资10.03亿元。24个省市重点项目完成投资33.18亿元。

特色农业跨越新高度。2011年,全县粮食产量1.17亿千克,农业总产值7.18亿元。全县设施农业新增133.3公顷,总面积达到146.6公顷。农业机械化水平大幅提升,全年购置农机具863台,农机购置补贴390万元,农机专业合作社发展到11个。羔羊产业健康发展,全县羊发展到53.3万只,规模养殖户发展到5200户。引进"杜泊、道赛特"等优良品种,成立了养羊协会,规范了全县的羔羊肉加工、销售市场。月饼产业发展壮大,成功举办了第六届月饼美食文化节,全县月饼从业人员1万多人,年销售量1.1亿个,销售额2.7亿元,纯利润1.1亿元以上。依托6666.7公顷燕麦、10000公顷胡麻种植基地,采取"公司+农户"的发展模式,大力发展燕麦和胡油产业。万吨燕麦片加工厂开工建设,"老农贡"牌冷榨胡油在山西农博会期间,被评为山西省农产品畅销品牌。

幸福指数有新提升。全年共投入1.2亿元,用于"路、水、医、校、房"等基础设施建设。完成124个村、517.5千米、4190条的农村街巷硬化全覆盖任务。重铺了4.6万平方米的学府街和开发路。硬化县城60条小街小巷。解决了全县30个村、1万人、3000头大畜的饮水安全问题。县医院完工并顺利通过省"二甲"验收。开工新建龙泉镇、义井镇中心幼儿园。开工新建廉租住房、经济适用住房等保障性住房。完成府东街线网入地工程。净化、美化、亮化县城广场,提升了县城品位。为10个乡镇2.4万户农民发放冬季取暖用煤2.4万吨。实现了农村文化体育场所、农民体育健身设施、村级文化活动场所和中等职业教育全覆盖。投入8000余万元,完成就业再就业、养老、优抚、救灾、低保等各项社会保障工作。县财政千方百计挤出1.1亿元,为事业单位人员补发了两年绩效工资。神池道情被列入第三批国家级非物质文化遗产名录。

【经济大事简介】 ①2011年,风电项目完成投资24.7亿元,建成投产的风电场共4期20万千瓦,年发电量达6.25亿千瓦小时。②2011年,神池胡麻、莜麦、羊肉获得农业部地标认证。③2011年8月,投资1.3亿元、年发运量300万吨的同煤塘涧煤炭集运站建成投产。④建成10000公顷油料、1.3万公顷玉米、2666.7公顷南瓜、4000公顷黑豆、6666.7公顷莜麦、1万公顷土豆六大特色种植基地。⑤成功举办第六届月饼美食文化节。⑥完成乡镇卫生院编制核定和人员竞聘,实行绩效工资制度和国家基本药物制度。⑦实现了农村文化体育场所、农民体育健身设施、村级文化活动场所和中等职业教育全覆盖。⑧新增供热面积2万平方米,县城内集中供热面积达71万平方米。⑨投资6500万元新建县人民医院,并顺利通过"二甲"评审。

(神池县人民政府办公室)

五寨县

【自然概况】 五寨县地处晋西北黄

土高原丘陵区，位于忻州市西八县的中心位置。东接神池县，西连岢岚县，南临宁武县，西北与偏关县、河曲县接壤。全县总面积1391平方千米。下辖3个镇9个乡，250个行政村。2011年总人口10.8万人。

五寨是一个典型的农业县，全县耕地面积3.6万公顷，人均耕地0.4公顷，呈现出地广人稀的特点。主要农作物有马铃薯、玉米、小杂粮、蔬菜、中药材等。五寨也是一个传统的畜牧养殖大县，全县羊饲养量38.8万只，以牛为主的大畜8.7万头，畜牧业收入占到农民人均纯收入的60%。

五寨县的生态环境较好，南有芦芽山自然风景区、华北最大的亚高山草甸荷叶坪、生态自然旅游区“五寨沟”。全县共有林地面积5.8万公顷，其中，乔木林1.3万公顷，灌木林4.4万公顷。建成南山以天然林为主的水源涵养林，东西两梁以柠条、杨树为主的防风固沙林，平川以农田林网为主的农田防护林，沟壑区以乔灌混交为主的水土保持林，初步形成“两山两梁”、“两纵两横”、“四条百里绿色屏障”的生态格局。2000年被列为全省退耕还林试点县，2005年被命名为国家生态示范区，2009年被确定为全省集体林权制度改革试点县，2011年获得全国绿化先进县称号。

【经济发展概况】 2011年，全县生产总值17.04亿元，比2010年增长16%。工业总产值4.33亿元，增长31.5%；规模以上工业增加值7901万元，增长32%。财政总收入5.34亿元，增长65%；一般预算收入1.74亿元，增长98%。农林渔牧业总产值5.74亿元，增长5.4%。固定资产投资总额12.6亿元，增长48%。社会消费品零售总额5.86亿元，增长17%。城镇居民人均可支配收入13807元，增长17%；农民人均纯收入3810元，增长19%。

项目建设成果丰硕。全年组织实施84个重点工程项目，总投资近50亿元，包括15个省市重点工程和69个县级项目。其中，保障性住房续建、农村危房改造、饮水安全、街巷道硬化等7个项目年内竣工，其余项目全部开工。69个县级重点项目，完成34个，开工13个，完成投资4.8亿元。农博会、中博会签约8个项目，引进资金33亿元，到位5.41亿元。

“三农”工作稳步推进。全面落实强农惠农政策，加大财政补贴力度。2011年财政支出8705万元，建成日光温室大棚、移动大棚916个，甜糯玉米、马铃薯、小杂粮、中药材、蔬菜种植基地5个，连片玉米丰产方13个、小杂粮丰产方10个、马铃薯丰产方10个。新增“三品”种植基地6667公顷。发展专业示范村19个，农民专业合作社68个，龙头企业12个，申报“三品”农副产品认证8个。建成标准化养猪场3个，改扩建规模养殖场7个，累计发展规模养殖户594户。投入2034万元，实施雁门关水保生态工程、县级山洪灾害防治工程、洪河沟坝地开发工程、县川河团结坝改造工程等9项水利建设工程。投资970万元，完成农村饮水安全工程23处，解决了14个村、7100人、2500头大畜的饮水安全问题。粮食产量1.46亿千克，被省政府评为全省粮食生产先进县和农副产品加工“513工程”先进县。

产业转型高点起步。2011年，着力培育新型工业，生物质能发电项目开工，生物质能清洁型煤项目落地，风力发电项目签约。同业公司15万吨低温煤焦油技改项目、隆泰煤焦化有限公司300万吨洗煤项目建成投产。实施退耕还林、通道绿化、天然林保护等8项林业工程，集体林权制度改革基本完成。完成集中供热续建和污水处理厂二期工程，天然气过境项目顺利实施，垃圾处理场开工建设，各项节能减排全面完成，城区空气质量一级天数达114天。五寨沟旅游开发取得新进展，金瓯集团投资10亿元的清涟溪谷旅游项目启动实施。

基础设施不断改善。灵河高速五寨过境公路项目开工建设。累计投入资金1.1亿元，实施县、乡、村三级路网完善工程。市政建设投资逐步加大，投资1.28亿元，实施街巷硬化、城区绿化、垃圾处理场、污水管网配套、北峰台公园建设、集中供热续建、清荷公园续建等市政建设工程。建成廉租住房、经济适用住房、公共租赁住房等保障性住房282套。

社会事业蓬勃发展。加大县财政对民生事业的投入力度，全年用于农村惠民、文化教育、社会保障、劳动就业、医疗卫生、节能环保等各项民生事业支出达5.15亿元。市政府“二十件惠民实事”全面完成。校安工程全部竣工，西城区幼儿园完成改扩建，“两免一补”和“一颗鸡蛋”工程继续实施，职业高中教育学费全免。财政投入100万元重奖优秀师生，营造了尊师重教的良好氛围。落实国家基本药物制度，基层公办医疗机构实行基本药物零差率销售。县第一人民医院和县中医院通过等级医院达标评审，乡镇卫生院和村卫生室实现了全覆盖。

【经济大事简介】 ①投资10亿元的清涟溪谷旅游开发项目启动实施。②聘请上海同济大学规划设计院专家，对县城进行了高起点规划，完成清涟河以东新区规划。③投资3亿元的生物质能发电项目开工。④投资1.39亿元的北峰台公园开工。⑤投资970万元，实施14个村的农村饮水安全工程。⑥投入资金1.1亿元，实施五阳线大中修工程，建设村村通工程26条、9.2千米，硬化农村街巷131个村、595.1千米，县城街道8条、5千米。

（五寨县人民政府办公室）

岢岚县

【自然概况】 岢岚县位于晋西北黄土高原中部，管涔山西北麓。东与宁武为邻，西与保德、兴县相接，南与静乐、岚县毗连，北与五寨、河曲交界。全县总面积1984平方千米。辖2个镇10个乡202个行政村。2011年总人口8.5万人。

岢岚是中华红芸豆之乡和中国绒山羊之乡。全县耕地面积5.2万公顷，林地面积11.9万公顷，森林覆盖率16%，林木绿化率35.3%。境内以山地和丘陵为主，平均海拔1443米，年平均气温6.2℃，平均无霜期120天，平均降水量约450毫米。

境内有宋代长城、避暑胜地荷叶坪、毛主席路居馆等旅游资源。白云岩矿初步探明储量在10亿吨以上。野生沙棘面积3.5万公顷，居全省第一，原汁含量全国第一。

【经济发展概况】 2011年，全县生产总值12.4亿元，比2010年增长16.2%。固定资产投资17.3亿元，增长29.6%。财政总收入2.76亿元，增长37.2%；一般预算收入8928万元，增长35%。社会消费品零售总额5.28亿元，增长17.3%。规模以上工业增加值2.3亿元，增长42.1%。粮食总产量3925.5万千克，增长8.1%。农林牧渔业总产值4.19亿元，增长10.5%。城镇居民人均可支配收入14836元，增长17.2%；农民人均纯收入3358元，增长16.2%。

农业产业效益不断提升。一是打响“羊、豆”两张区域品牌。历经30余年精心培育的“晋岚绒山羊”顺利通过国家认证，成为全国第3个绒山羊新品种。全年改良高产绒山羊3万余只，饲养量46万只，畜牧业总产值2亿元，被省委、省政府授予“一县一业先进县”称号；红芸豆种植面积8666.7公顷，成为全国“出口红芸豆质量安全示范区”。全县农作物总播种面积3万公顷，粮油总产量5万吨。二是扎实推进基础建设。引进山东寿光技术和模式，组建鲁忻蔬菜公司，形成产加销一体化经营模式。全县投资4500万元建成48.6公顷温室。投资1600万元建设红芸豆、干鲜果、大棚蔬菜等10大科技示范园区560公顷。三是农副产品加工业蓬勃发展。引进建设炜岚工贸6000吨红芸豆精选加工、中仑奥富1.2万吨红芸豆深加工、恒旺颐合20万吨腐植酸、10万吨神农有机肥等项目，山地阳光、暖神绒毛、普利丰、芦峰食品等12户农副产品加工龙头企业销售收入3.5亿元。

工业经济发展势头强劲。一是加快发展煤焦产业。胡家滩煤焦镁化工业园区成为全市重点扶持的十大工业园区之一。全年新开工建设总投资近10亿元的8个万吨煤炭集运项目，煤焦产业继续保持了强劲的发展势头。全年发运煤炭600万吨，入洗原煤77万吨，上缴税金1.9亿元。二是精心培育新兴产业。投资12亿元的晋兴奥隆新型建材项目、投资5亿元的龙源风电一期工程奠基开工。大唐风电一期工程开始安装风机。投资3780万元的1.2亿块空心砖新型建材项目建成投产。吴家庄现代观光农业园区基本建成。

城乡统筹发展稳步推进。文教卫生方面，新岢岚中学教学楼、县医院综合住院楼主体完工。卫生监督所业务综合楼竣工投入使用，县医院二级甲等创建通过省市验收，乡镇卫生院药物零差价制度覆盖率100%，村卫生室达标率98.6%。农田水利建设方面，占补平衡新增耕地153.3公顷，坡改梯1111.3公顷。解决18个村、5133人、3133头大畜的饮水安全问题。生态建设方面，完成封山育林、人工造林、薪炭林2000公顷，退耕还林补植补种2133.3公顷，东川沿线荒山绿化100公顷，南山绿化54.5公顷、补植39.3公顷，通道绿化补植补种156千米，建设干果经济林466.7公顷。公路建设方面，忻保高速岢岚连接线项目开工建设，岢五一级公路完成项目申报工作，岢临高速、二级汽车站开工建设。市政建设方面，投资4000余万元完成以“五路三景一湖四个市场”为主的市政综合工程，县城框架进一步延伸，城市品位显著提升，荣获“省级卫生县城”称号。

社会综合保障日趋完善。启动新型农村社会养老保险试点工作，参保3.5万人，参保率84%。为农村60岁以上、9229人发放养老金315万元。全县新增城镇就业1349人。完成各类就业和创业培训1808人，转移农村劳动力1604人。全年发放“五保”供养金174万元，投入救灾资金210万元，安置城镇退役军人43人，首次荣获“全国双拥模范县”称号。

【经济大事简介】 ①岢岚县培育的“晋岚绒山羊”品种顺利通过国家认证，成为全国第3个绒山羊新品种。②岢岚县被国家质检总局授予“出口红芸豆质量安全示范区”称号。③投资9000万元的新岢岚中学教学楼主体完工。④鑫宇煤气化100万吨焦化、1.2万吨粗苯等化产项目建成投产。⑤投资12亿元的晋兴奥隆新型建材项目奠基开工。⑥投资1.2亿元的山西昊东阳坪煤炭集运站建成竣工。⑦恒旺颐合20万吨腐植酸、10万吨神农有机肥项目开工建设。⑧总投资5050万元的忻保高速岢岚连接线项目开工建设。⑨投资5亿元的龙源风电一期工程奠基开工。

（杨俊廷　李建平）

偏关县

【自然概况】 偏关县地处山西省西北部，位于山西、内蒙古交界地带，素有“三关首镇，晋之屏藩”称誉，是文化底蕴深厚的历史古城。现辖4个镇、6个乡、248个行政村。2011年总人口11.3万人。

境内丘陵起伏，沟壑纵横，总的地势东高西低，平均海拔1380千米。年平均气温变化于3℃～8℃之间，无霜期105～145天，年平均降雨量425毫米。

全县总面积1680平方千米，其中，耕地面积4.9万公顷。是国家扶贫开发工作重点县。

境内长城、古堡、黄河相得益彰，边塞历史文化和黄河风情文化氛围浓郁，旅游资源丰富独特，发展黄河长城文化特色旅游前景广阔。

【经济发展概况】 2011年，全县生产总值20.56亿元，比2010年增长10.7%。财政总收入2.88亿元，增长19.9%；一般预算收入1.37亿元，增长50.3%。农业总产值6.23亿元，增长25.7%；粮食总产量4010万千克，油料产量3948.3吨。工业总产值10.96亿元，增长7.2%；工业增加值6.49亿元，增长35.1%。社会消费品零售总额6.52亿元，增长17.2%。城镇居民人均可支配收入12394元，增长17.9%；农民人均纯收入3564元，增长20.1%。

项目建设凸显新亮点。2011年，全县完成投资8.86亿元，大力推进“468”项目建设。“四路”建设，高速路、外环路建设在全线进展最快，协调推进准朔铁路建设，完成209国道改线前期工作。"六煤"项目，焦煤集团正兴和正仁两公司技改项目顺利实施；万吨级煤台由最初设计的1座变为4座，其中1座被铁道部批准。煤炭项目数量不断扩张，新发展5个洗煤厂、6座储售煤场。"八电"项目，龙口电站顺利运营；2×100万千瓦煤电一体化坑口电厂项目，已列入国家"十二五"电力规划，并进入晋西北能源基地电力规划；华能一期风电，协调并网发电，华能二期有序推进；华能10万千瓦光伏发电，开始测光，龙源一期5万千瓦风电、大唐一期5万千瓦风电项目已获批准；微风发电项目，与大唐新能源公司和太重风电设备公司签订框架协议，规划已上报省发改委。第六届"中博会"6个项目成功签约，签约资金28.1亿元；第二届中国（山西）"农博会"上，益生元有限公司的菊粉产品和尚峪乡马铃薯合作社2个项目成功签约。

"三农"发展再现新作为。小杂粮种植成效突出。"张杂谷子"得到大面积推广，全县种植面积达7066.7公顷，占全县粮食作物播种面积的30.3%；谷子总产量1880万千克，占全县粮食总产量的46.9%。引起国家、省农业部门和农业专家的关注，全省"杂交谷子"现场观摩会在偏关成功举办。全年完成各级农机补贴230万元，受益农户653户。新发展"一村一品"专业合作社41个，入社农户4428户，占全县农户总数的19.7%。加快发展现代农业，设施农业成功走出"三条路子"：一是扩数增量的路子。全县新发展日光温室大棚109座，新增种植村3个。二是调产试验的路子。全县使用各类无公害肥料和新品种种植实验棚31棚，新增西瓜、甜瓜、无刺黄瓜等10多个品种。三是解放劳动力的路子。扩大资金扶持，继续推广使用大棚电动卷帘机，新增配套卷帘机128套，进一步减轻了种植户的劳动强度。养殖业得到规模健康发展，全县各种方式养羊发展到45.6万只，全县农民人均牧业纯收入1931.8元，占农民人均纯收入的一半以上。加强农业基础设施建设，"一村一井"工程，按5年计划强势推进。抢抓全省城乡用地增减挂钩试点县机遇，在楼沟乡实施近年来规模最大、投资最多的土地整理项目，新增耕地面积33.6公顷，新增水浇地35.1公顷。2011年荣获"全省农田水利建设红旗县"称号，被列入"全省农业综合开发实施县"，荣获"全省扶贫开发先进县"称号。

旅游景区再添新经典。在乾坤湾观景处集中力量新建"神牛犁河"大型雕塑，配套建设游步道和观景塔，拓展停车场等5项工程。全力推进偏关古城文物保护规划和城墙修缮与老牛湾保护建设，荣获"全省文物保护先进县"称号。组织举办第41届"龙华盛会"，盛况空前。多方邀请摄影家、知名学者、知名画家、新闻记者前来做客，再次打响写生基地、摄影基地品牌。增挂北京师范大学、太原理工大学2所高校摄影写生实训招牌，进一步扩大黄河风情特色文化影响力，提升旅游业发展的整体水平。

民生事业再上新台阶。大力发展教育事业。2011年，全县城镇新增就业1286人，各类再就业1013人，转移农村劳动力1400人。新型农村合作医疗参合率98.9%以上，失业保险参保人数7000人，工伤保险参保人数5780人。提高企业退休人员基本养老金标准，人均月增140元以上。逐步提高低保、"五保"补助标准，全年发放低保、"五保"生活补助资金955万元。

【经济大事简介】 ①县境内万吨级煤台由最初设计的1座变为4座，其中，1座已获得铁道部批准。②研究出台全县煤炭产业发展优惠政策，新发展5个洗煤厂、6座储售煤场。③华能风电一期项目竣工，华能光伏发电项目测光。④龙源一期5万千瓦风电、大唐一期5万千瓦风电项目拿到"路条"。⑤第六届"中博会"6个项目成功签约，签约资金28.1亿元。⑥"张杂谷子"大面积推广，全省"杂交谷子"现场观摩会在偏关召开。⑦成功举办偏关县第四十一届"龙华盛会"，集中展示偏关发展成果，盛况空前。⑧县人民医院成功晋级为"二级甲等医院"，成为全县第一所"二级甲等医院"。

（贾贵如　秦小龙）

河曲县

【自然概况】 河曲县地处山西省西北黄土高原地区，是山西、陕西、内蒙古三省（区）结合部，明清时有"水旱码头"之称。是国家非物质文化遗产河曲民歌、二人台、西口河灯会的发祥地，是中国北方民歌之乡和中国最具文化风情旅游名县。县域面积1323平方千米，耕地面积4万公顷。辖4个镇9个乡340个村。2011年总人口14.6万人。

境内矿产资源分布较广，储量丰富。初探有相当储量的矿种6类18种，其中，煤储量120亿吨，分布面积355平方千米，是山西、陕西、内蒙古能源"金三角"河东煤田腹地。铁矿储量15.6亿吨，铝矾土储量1.79亿吨。此外，还有高岭土、锰矿、油页岩、工程砂等矿产资源。

【经济发展概况】 2011年，全县生产总值53.63亿元，比2010年增长14%。财政总收入12.89亿元，增长25.9%；一般预算收入4.75亿元，增长20.6%。工业总产值61.68亿元，增长40.9%。社会消费品零售总额8.7亿元，增长17.1%。固定资产投资总额53.9亿元，增长14.1%。城镇居民人均可支配收入15166元，增长15.5%；农民人均纯收入3386元，增长15.1%。

支柱产业转型步伐加快。煤矿企业兼并重组圆满完成，年产能由500万吨提升到1980万吨。11座煤矿中3座投产运营，2座基建完成，6座正在基建和前期推进。鲁能河曲发电二期建成试运行，神东矸电石发电厂征地结束。同德股份胶状乳化炸药、混装炸药车地面制备站稳健运营。山水中天隆水泥建成投产，全县水泥行业由不足10万吨的产能提高到120万吨。2011年，组织实施重点项目34个，其中，省市重点项目21个，完成投资50.23亿元。

现代农业基础更加扎实。2011年，引黄灌溉工程取水口至县城基本贯通，累计完成投资1.3亿元。山西电网旧县110千伏输变电工程、新一轮农网升级改造工程全部完成。35个村4所学校涉及8200余人的农村饮水安全工程投入使用。完成12个省级新农村重点推进村建设。移民搬迁2000人。新增市级“一村一品”示范村8个。新建标准化养殖小区7个。新建日光节能温室13.3公顷和科技智能大棚0.3公顷。全年种植马铃薯0.5万公顷，产量达到15.2万吨，脱毒种薯推广效益显著。全年粮食总产量4357.6万千克。生猪、蛋鸡、绒山羊、肉羊、奶牛的规模饲养比重分别达到58%、93%、75%、72%、95%。全县规模养殖户936户。脱毒种薯、温室大棚和种草养畜正在成为农民稳定脱贫增收的支柱产业。

公共服务功能日益完善。2011年，巡镇中学职教中心实训大楼建成，河曲中学新校区主体完工，学前教育三年行动计划全面启动，营养改善工程继续推进，教育事业进入全新发展时期。医改工作顺利推进，三级卫生服务体系全面建立，县人民医院通过二级甲等医院评审，医疗卫生服务能力进一步提高。新农合参合率99.1%，新农保参保率98%，覆盖城乡的养老保险体系基本建立。城镇新增就业2100人，转移农村劳动力2562人。保障性住房二期102套全部完工，改造农村危旧房300户。发放“暖心煤”4.3万吨。城市空气质量二级以上天数358天。免费为白内障患者实施复明手术120例。

【经济大事简介】 ①2011年4月15日，灵河高速公路神池至河曲段建设管理处正式挂牌，标志该高速公路河曲段正式开工建设。②年产300万吨的河曲旧县露天煤业整合改造矿井项目开工建设。③年产120万吨的河曲县中天隆干法水泥项目投产试运行。④2011年10月，河曲发电厂二期2×600兆瓦工程全部建成。⑤2011年11月，年产120万吨的山西晋神磁窑沟煤矿正式投产。⑥农村街巷硬化604.8千米，覆盖率55.4%。

（河曲县人民政府办公室）

保德县

【自然概况】 保德县地处晋西北黄土高原，背靠巍巍吕梁山，面临滔滔黄河水。东与岢岚县为邻，南与吕梁市的兴县毗连，西隔黄河与陕西省府谷县相望，北与河曲县接壤。全县总面积998平方千米。辖4个镇9个乡341个行政村。2011年总人口16.1万人。属国家扶贫开发工作重点县。

境内梁峁起伏、沟壑纵横、植被稀少、岩石裸露。地势东高西低，平均海拔840米。属典型的温带大陆性气候。年均日照2814小时，气温8.8℃，降水量500毫米，无霜期135天左右。农作物以豆类、薯类、糜谷、玉米为主。保德油枣堪称一绝，系山西八大名枣之一。

全县耕地面积3.7万公顷，林地1.4万公顷，草地5065公顷，宜林荒山1.7万公顷，森林覆盖率8.8%。

保德矿产资源丰富。煤炭总储量127亿吨，煤层气储量初步探明1000亿立方米，铝土矿总储量7600万吨，铁矿总储量37.8亿吨，石灰石可开采量360亿吨，硫磺矿储量11.52亿吨，“天桥泉”地下水可采量14.5立方米/秒。此外，油母页岩、长石、粗砂、红土等资源储量也较为丰富。

【经济发展概况】 2011年，全县生产总值61.41亿元，比2010年增长14%。财政总收入16.91亿元，增长19.7%；一般预算收入5.32亿元，增长17.1%。固定资产投资47.1亿元，增长85.1%。规模以上工业增加值43.2亿元，增长12.9%；工业总产值61.27亿元，增长34.5%。社会消费品零售总额10.31亿元，增长17.1%。城镇居民人均可支配收入16776元，增长15%；农民人均纯收入3815元，增长21.9%。农林牧渔总产值3.54亿元，增长6.1%；粮食总产量2148.6万千克，下降39%。

传统工业转型升级。以项目为依托，以煤为基，多元发展。2011年投资217.18亿元，启动实施123项重点工程项目。吉港冠宇水泥二期、王家寨煤炭集运站、忻保高速保德连接线等项目已完工，杨家湾铝工业园区完成投资6.5亿元，王家岭煤炭工业园区累计完成投资19.7亿元，煤层气开发项目完成投资4.85亿元。

农村经济快速发展。2011年，经济林栽培面积1.3万公顷，新增养殖规模大户100户，温室大棚2329座。培植“一村一品”专业村30个，发展农民专业合作社25个。天桥引黄灌溉工程铺设管道1.2万米，东水西调工程铺设管道8000米，农村饮水工程完工29处，解决了51个村、2万人的饮水安全问题。完成造林3000公顷，荣膺“全国生态文明建设先进县”称号。

人民生活明显改善。新增城镇就业1998人，全县60周岁以上的农村老人每月领到65元基础养老金，各类保障性住房开工562套，新的“五个全覆盖”超额完成年度目标任务，向低收入农户免费供应冬季取暖用煤44300吨。县城空气质量二级以上天数352天，第二次跻身“全省十佳卫生县城”行列。

社会各业协调发展。全面完成35所中小学危房改造。公开选聘13名乡镇卫生院院长，启动实施5所中心卫生院和288个村卫生室的“达标提质”工程，县医院被评为二级甲等医院，县中医院达到二级乙等。

【经济大事简介】 ①县财政出资2000万元成立中小企业信用担保公司。②2011年8月12日，同德铝业保德氧化铝项目奠基。③2011年9月5日，第六届中博会签约16个项目，引资153亿元。④2011年11月22日，成为全省首批22个扩权强县试点县之一。⑤新建日光温室大棚1129座。⑥2011年12月18日，成功签订投资总额近140亿元的11个重点工程项目合作建设协议。⑦2011年12月18日，忻保高速保德一级连接线竣工通车。

（王彦如　韩晋春）

晋中市

【自然概况】 晋中市位于山西省中

部，东依太行，西傍汾河，北与省会太原市毗邻。1999年撤地设市。全市总面积1.6万平方千米。辖1个区、1个市、9个县及1个省级经济技术开发区，有118个乡镇、14个街道办事处、2749个行政村。2011年总人口327万人。

资源禀赋优越。全市探明储量有煤、铁、铝、石膏等17种，其中，煤炭探明储量180亿吨。境内各类不可移动文物5000余处，国保单位44处，居全省第一。43项非物质文化遗产入选国家和省级名录，8个文化品牌得到国家级认证，国家4A级旅游景区景点11处。农林牧资源独特，农业科研力量雄厚，蔬菜和肉、蛋、奶产量多年居全省第一。

区位交通独特。市城区距太原市区25千米。两市同城化发展步伐加快，先后开通城际公交，实现煤气供应互通互补，广播电视节目互相覆盖，城市交通路网逐步延伸对接，人才市场互动交流，股份制银行跨区域发展。同城化启动区——晋中北部新城已完成详细规划并启动建设，新城内占地600公顷，可容纳10万学生的山西高校新校区建设顺利。市内11个县（区、市）全部通铁路，9个县（区、市）通高速公路，公路密度达88.8千米/百平方千米。全市铁路货物年吞吐量1230万吨，2011年物流业增加值占全市生产总值的比重达13.5%。

【经济发展概况】 2011年，全市生产总值890.24亿元，比2010年增长13.1%。规模以上工业增加值431.8亿元，增长20.3%。全社会固定资产投资580.2亿元，增长30.2%。财政总收入178.14亿元，增长21.1%；一般预算收入78.04亿元，增长20.5%。社会消费品零售总额335.3亿元，增长17.2%；外贸进出口总额2.3亿美元，与2010年持平。城镇居民人均可支配收入20195元，增长16.1%；农村居民人均纯收入6912元，增长19%。

项目建设取得新突破。全面落实项目储备、签约、落地、建设推进措施，新增储备项目投资额2200亿元，累计达到1.45万亿元。深入开展大招商、大引资活动，引进新项目197个，资金到位491亿元，到位率全省第一。全市542项重点工程，完成投资590.6亿元，同比增长29.5%。第二、第三产业投资分别比2010年增长32.2%、34.8%，在全部投资中所占比重分别提高0.8个、1.4个百分点；在第二产业中，非煤产业投资增长37.4%，新兴产业投资增长102.4%，非国有投资增长37.7%。全市500万元以上工业项目投产127项。

转型发展迈出新步伐。坚持以煤为基、多元发展，特色现代产业体系建设呈现出许多新亮点。资源型产业巩固提升，煤炭资源整合煤矿兼并重组步伐更加扎实，全年地方煤矿生产原煤5074.6万吨，创历史最高。焦化行业整合重组启动。新增电力装机容量230万千瓦，全省第一。冶金行业素质提升，安泰120万吨H型钢、太谷恒达高碳铬铁投产达效。煤层气开采利用、太阳能发电、风力发电等新能源产业初露头角。甲醇、尿素等一批煤化工项目及电石项目进展顺利。非煤产业加速壮大，装备制造、食品、新材料、高新技术等产业取得新进展。七大示范工业园销售收入增长26.9%。现代服务业增添新活力，太铁货运项目获批，方略保税物流中心功能延伸工程获准，全市物流业增加值占生产总值的13.5%。文化旅游发展出现新气象，大型实景演艺印象团队落地平遥，首开与北方地区合作先河，国家旅游服务业标准化示范城市创建扎实推进，旅游总收入增长19%。《褒尚论道》等一批文化精品力作获得国家级大奖，国家文化生态保护区“大晋中”文化旅游核心区等重大规划启动，全市文化产业增加值占生产总值的4.9%，保持全省领先水平。房地产业投资78.9亿元，增长17%。

“三农”工作取得新进展。全市财政涉农支出46.6亿元，占一般预算支出的30.2%，其中，市本级财政安排“三农”资金4.4亿元，为历年最多。耕地得到有效保护，粮食总产达15.83亿千克，创历史新高，蔬菜、肉蛋奶总产量继续位居全省第一。晋中现代农业示范区30个年度重点项目全部开工，16个省级项目全部完工，完成投资10亿元。主要粮食作物综合机械化水平达到65.6%，比全省高10个百分点。全市建成“一村一品”专业村273个、专业乡镇15个。新发展设施蔬菜4093.3公顷。太谷通宝进入国家级龙头企业行列。新增农村专业合作社869个，率先在全省实现全覆盖。开展农民增收明白卡工作的乡镇新增43个，覆盖率45.8%。扎实开展领导干部下乡住村活动，又有1.5万贫困人口脱贫。集中连片打造新农村建设示范区20个，建设中心村30个。新增23个卫生镇、225个卫生村，80%的乡镇、15%的村创建成市级卫生乡镇、卫生村。寿阳、灵石成为全省县域经济发展先进县。

城乡面貌有了新变化。大力推进市域城镇化进程，太原、晋中同城化发展加速，城镇化率提高1.6个百分点，达到45.7%。突出规划引领，5大类80个重大规划项目编制完成，北部新城、太榆科技创新城、山西高校新校区、现代物流园区、山西新能源汽车·机械装备制造区、潇河生态景区规划加快实施。扩容提质步伐加快，全市铺开各类市政重点工程193项，市城区完成投资61.6亿元，是2010年的7.8倍，超过“十一五”投资总和。市城区启动国家园林城市创建工作，介休市通过国家园林城市初步验收。潇河生态公园等40项重点园林项目进展顺利，人均公园绿地新增1.1平方米，达到10.9平方米，城市品位和承载力不断强化。全市市容环境卫生进一步改善，11个县（区、市）再次全部通过省级卫生城市验收。

民生社会事业实现新发展。财政用于民生支出占全市一般预算支出的70%，总量比2010年增长34.9%。农村新的“五个全覆盖”工程7项任务中，5项提前一年实现全覆盖，2项完成省定年度任务。城镇新增就业4.4万人，年末城镇登记失业率1.8%。实施“社会保障一卡通”，民生社会保障有了便捷途径。城镇社会保险综合覆盖率93%，新型农村养老保险参保率99.1%，新农合参合率97.86%，农民看病难、看病贵问题进一步得到缓解。城乡低保实现应保尽保，低收入群体享受价格性补贴6046万元。“爱心煤”政策得到落实，74.1万户农民家庭受益。晋中市和左权县分别再获

"全国双拥模范城"称号。中小学校舍安全工程全部完工,新改扩建标准化公办幼儿园 60 所。全市开工保障性安居工程 3.3 万套,主体完工 1.2 万套,完成投资 29.51 亿元,全部超额完成省定目标。

(张　静)

晋中市榆次区

【自然概况】 榆次设县制最早始于战国初期。西周时期,部落首领榆罔,乃神农氏后代,率部居涂水之畔立榆州国,榆次因之得名。北魏、北齐曾一度更名中都。隋开皇十一年(公元 591 年),复名榆次,沿袭至今。1999 年晋中撤地设市,榆次遂为晋中市榆次区。现辖 6 个镇、4 个乡、9 个街道办事处、272 个行政村。全区总面积 1328 平方千米。2011 年总人口 64 万人。

境内气候属于温带大陆性季风气候,年平均气温 9.8℃,降雨量 418～483 毫米,年日照时数 2662 小时,无霜期 158 天,四季变化明显,农业气候条件比较优越。

境内已探明的矿产资源有煤、耐火粘土、砖瓦粘土、建筑用砂石等 11 种,其中,煤炭储量 2 亿吨。

【经济发展概况】 2011 年,全区生产总值 176.55 亿元,比 2010 年增长 12.9%。财政总收入 18.14 亿元,增长 6.4%;一般预算收入 6.68 亿元,增长 9.7%。规模工业增加值 59.4 亿元,增长 22.2%。固定资产投资总额 88.2 亿元,增长 41.1%。社会消费品零售总额 103.16 亿元,增长 17.4%。工业总产值 188.05 亿元,增长 36.1%。城镇居民人均可支配收入 20195 元,增长 16.1%;农民人均纯收入 9140 元,增长 19.4%。

强化园区承载,工业经济发展提速。园区集聚能力不断增强,入园企业 184 户,园区工业总产值 128 亿元,增长 34.2%;上缴税金 4 亿元,增长 43.0%。园区经济引领全区规模以上工业实现总产值 183.7 亿元,增长 36.1%。八大行业产值全部实现 13%以上增幅,其中,化工、冶金、煤焦、机械增长突出,分别增长 78.6%、72.4%、52.5%、23.4%。

促进农民增收,农业产业规模扩张。2011 年,把农民增收作为"三农"工作主线,全力实施"一村一品、一乡一业"工程。全区粮食播种面积稳定在 3.3 万公顷,机播面积 97%以上,粮食总产量 19.5 万吨。重点实施丰润泽、东阳 2 个万亩设施蔬菜片区建设和 10 个千亩园区建设工程,设施蔬菜面积突破 600 公顷,全区蔬菜总产量 14.7 亿千克,连续 19 年稳居全省第一。10 大标准化健康养殖园区建成投产,全区肉、蛋、奶总产量 7.3 万吨。干鲜果经济林总面积 1.6 万公顷,新红星苹果打入国际市场。威特、德御、泽榆、得天缘等龙头加工企业销售收入 20.2 亿元,带动农户 2.4 万户,农产品加工率 55%,农民增收渠道进一步拓宽。服务体系有效健全,组建全国首家跨区域联合社,全区新成立各类合作社 114 个,累计达到 768 个,带动农户 3.6 万户,社员出资总额达到 41.5 亿元。开展农资、技术、信息"三下乡"活动,培训农民 1.8 万人,转移农村劳动力 5320 人,科技服务体系有效拓展。成立 10 个乡镇农业信息站、211 个农村信息服务点,基本实现了行政村农网信息全覆盖。扎实开展下乡住村"六个一"活动,全年共落实帮扶资金 708 万元,协调贷款 2300 万元。推进庄园经济。累计引进生态庄园项目 129 个,投入资金 14.4 亿元,当年完成投资 4.9 亿元,发展生态林 2000 公顷、经济林 1266.7 公顷,吸纳农村剩余劳动力 4700 余个。

突出文化引领,现代服务级次提升。全力打造富有榆次特色的文化旅游品牌,第八届榆次文化旅游节暨"十大魅力生态庄园"体验周活动成功举办。形成老城、大院、古村、名山、生态庄园多元发展格局。全年接待游客 330 万人次,旅游综合收入突破 30 亿元。

【经济大事简介】 ①56 项重点工程全部开工,完成投资 74.6 亿元,拉动固定资产投资高速增长。②重大项目库优选储备项目 140 余项,百亿元以上项目 5 项,10 亿元以上项目 25 项。③园区集聚能力不断增强,129 户投产企业总产值、上缴税金分别增长 34.2%、43.0%。④全力培育扶持优势产业发展,全区装备制造业上交税金 3 亿元,增幅提高 4.7 个百分点。⑤设施蔬菜面积达到 600 公顷,3 个万亩设施蔬菜片区建设进展顺利,蔬菜总产量连续 19 年稳居全省第一。⑥按照新农村建设标准,重点启动东阳、永康等 10 个中心村建设,修编完成乌金山、张庆、修文、庄子 4 个乡镇规划。

(榆次区人民政府办公室)

介　休　市

【自然概况】 介休市位于山西中南部,总面积 744 平方千米。辖 7 个镇 3 个乡 5 个街道办事处 231 个行政村。2011 年总人口 40.9 万人。

介休是三贤(介子推、郭林宗、文彦博)故里、寒食之乡、琉璃之城、文化名邦。中国清明寒食文化节成功举办五届,成为全国十大著名节庆品牌。市级以上文物保护单位 86 处,绵山是中国历史文化名山、山西省十大重点风景名胜区和国家 4A 级景区,张壁古堡集全国十大魅力名镇、全国历史文化名村、国家重点文物保护单位 3 张国字号品牌于一身。三晋三大名楼之一祆神楼既是明清木结构建筑的典范,更是国内罕见的祆教文化代表实物。后土庙有"琉璃艺术瑰宝"之称。

介休是以煤为基、多元发展的工业主导型城市。有煤面积占全市总面积的 72%。已发现的地下矿产资源达 27 种。形成了煤炭、焦炭、钢铁、洗煤、煤化工、装备制造、炭素、新材料、发电、建材十大工业体系。

【经济发展概况】 2011 年,全市生产总值 138.82 亿元,比 2010 年增长 8.4%。工业总产值 296.38 亿元,增长 12.5%;规模以上工业增加值 90 亿元,增长 8.6%。农林牧渔总产值 8.58 亿元,增长 26.7%;粮食总产量 1.32 亿千克,增长 8.2%。财政总收入 27.51 亿元,增长 2.6%;一般预算收入 11.23 亿元,增长 12.6%。社会消费品零售总额52亿元,增长17%。城镇居民人均可支配收入19977元,增长15.9%;农民人均纯收入7580元,增长20%。

百亿元产业工程实现新提升。2011年,煤炭产业14个标准化矿井建设完成投资23亿元,煤炭产量498万吨,产值28.7亿元,税金5.7亿元,分别增长32.7%、42.3%、33.2%。焦化产业启动兼并重组,着力打造义安千万吨级焦化园区。洗煤产业产能达到8000万吨,成为全省最大的煤炭洗选配送中心。钢铁产业产能达到300万吨,产值87.2亿元,分别增长10.3%、6.6%。煤化工产业、炭素、新材料产能分别达到60万吨、20万吨、10万吨。发电产业总装机容量23.7万千瓦。装备制造产业形成煤机、管模、水泵、矿用设备等系列,产品辐射全国。建材产业形成新型墙体材料、石料、矿渣粉等产品,石灰岩资源整合全面推开。

重大项目建设取得新进展。2011年,实施了总投资156亿元的60个重点项目,安泰120万吨H型钢、安洪3500万件陶瓷建成投产,博创1.2万吨纳米氧化锌一期、广源10万吨铬铁进入设备安装阶段。

现代农业建设取得新成效。2011年,土地流转面积达到3444公顷,培育规模经营主体50余个。农民专业合作社249个,带动农户2万余户。企业帮村资金超过2亿元,初具规模的"一村一品"专业村达到30个。设施蔬菜面积1066.7公顷,形成百亩精品园区40个。生猪饲养量突破35万头。新发展核桃干果经济林1000公顷。粮食总产量13.2万吨,增长8.2%。

区域中心城市建设迈出新步伐。2011年,投资4.5亿元新建总长15千米的纬二路、经四路等11条新城区道路,全部实现雨污分排,新城构架基本形成。纬二路成为全省水系景观样板路,北坛路成为中小城市道路典范。旧城历史文化街区开工建设祆神楼、后土庙、城隍庙三大文化广场。新增城市绿地面积200万平方米。农村植树200万株,造林1300公顷。实施北辛武汾河大桥、万关线改造等重点交通工程。总投资1.5亿元的东湖龙变电站正式开工。农村新的"五个全覆盖"工程全面完成。推进义安省级重点镇建设,投资4.3亿元完成义安新村一期等12项重点工程。

文化旅游和服务业取得新进展。着力打造绵山、张壁古堡、城区2.4平方千米历史文化街区、张兰古玩市场和天峻山文化旅游5张名片。金色港湾等五星级酒店内部装修加快实施。引进渤海商品交易所、三星物流等商贸流通企业。浦发银行介休支行试运行。全市服务业增加值44亿元,增长32.4%;上交税金5.6亿元,占税收总额的20%。

【经济大事简介】 ①成为省扩权强县试点和晋中市转型综改试点。②启动历史文化名城复兴工程,对旧城实验小学、党校、经贸局及386户居民实施了整体搬迁,完成搬迁面积6.8万平方米。③投资5.5亿元,完成37所学校、77个项目的中小学校舍安全工程,中小学校舍水平迈入全省先进行列。④第六届中博会签约总投资350亿元。⑤总投资159.3亿元的青云超轻直升机项目列入省转型综改标杆项目。⑥投资0.7亿元,实施2000公顷核桃经济林基地建设。⑦获得"省林业生态市"、"省蓝天碧水工程先进市"、"省卫生城市"、"省城乡清洁工程先进市"、"省食品安全示范市"等称号。

(介休市人民政府办公室)

榆社县

【自然概况】 榆社县地处太行山中段西麓、晋中市东南部,东与左权、和顺为邻,北与太谷、榆次接壤,西与祁县相依,南与武乡毗邻,是海河支流漳河的发源地。全县总面积1699平方千米。下辖4个镇、5个乡、1个城区管委会、272个行政村和6个城镇社区。2011年总人口13.6万人。

榆社地形四周高、中间低,属丘陵山区,91%为丘陵山地,河谷、平川仅占9%,平均海拔1100米。气候类型为暖温带大陆性季风气候,年均气温8.8℃,年降水量560毫米,无霜期175天。

榆社有正待开发的柳泉煤田,位于沁水煤田中北部,井田面积64.6平方千米,探明可开采资源量7.45亿吨。

【经济发展概况】 2011年,榆社县生产总值22.65亿元,财政总收入2.91亿元,一般预算收入1.39亿元,农林牧渔总产值3.83亿元,粮食总产量6032万千克,社会消费品零售总额7.01亿元,城镇居民人均可支配收入13533元,农民人均纯收入2934元。

现代农业稳步发展。2011年,大力实施"农业富县"战略,畜牧、蔬菜、林果三大主导产业格局初步形成。笨鸡饲养量126.5万只。新发展设施蔬菜68.2公顷、露地蔬菜593.3公顷,新发展核桃经济林533.3公顷、水果96.7公顷。顺利通过集体林权制度改革检查验收。造林绿化3266.7公顷。实施完成1533.3公顷中低产田改造、1.7万公顷测土配方施肥、533.3公顷保护性耕作等工程,完成国家水保重点项目、农村安全饮水工程,顺利实施840公顷坡耕地水土流失治理和小型水库除险加固工程,农业基础设施进一步改善。认真落实各项支农惠农政策,发放粮食直补和综合补贴资金1075万元。精心培育省、市级"一村一品"专业村25个,"一乡一业"专业乡镇1个。通过整村推进,实现4个村、1211人扶贫移民搬迁,新农村建设扎实推进。

工业经济平稳运行。2011年,全县规模工业总产值、主营业务收入分别完成36.46亿元和35.9亿元,均实现两位数增长。工业增加值降幅逐月收窄,并于10月份开始止降回升,全县工业经济整体运行平稳。重点企业扩能增效,榆化、广生两大龙头企业分别新增产值2.4亿元和3000万元,华能榆社电厂电煤保障能力明显提升。中小企业健康发展,美岳、永泰等中小企业实现扩规上档,分别实现销售收入2696万元、2218万元。

三产发展步伐加快。成功举办第五届云竹湖休闲旅游垂钓节和第三届环云竹湖自行车嘉年华等系列低碳赛事活动，开展云竹湖景区规划论证。实施完成云竹—新岩良4千米环湖旅游路。农家乐服务水平不断提升，游客数量和旅游收入明显增加。认真落实家电农机下乡政策，销售价值1778万元的家电下乡产品7031件，为农民发放补贴203万元。改造"万村千乡"市场工程农村便民店110个，电子商务、物流配送等新型服务业态发展快速。

城乡面貌明显改观。2011年，实施总投资2.9亿元的7大类16项城乡基础设施建设工程，城乡建设稳步推进。投资3750万元的迎春路综合改造一期工程高标准完成，供水、供暖和污水处理保障水平得到加强，城市功能更加完善。丽华苑住宅小区、仪川小区、廉租房二期主体工程建设完成，500户农村危房改造建成投用，安居工程建设取得新进展。大力推进城区绿化、亮化、美化工程，城区二级以上天气351天，山水生态型县城建设初见成效。投资7200万元的469千米农村街巷硬化工程全面完成，全县833千米农村公路养护实现全覆盖，城乡交通条件明显改善。

【经济大事简介】 ①2011年4月8日，晋中市东山供水工程启动大会在榆社召开，标志着山西大水网建设全面启动。②2011年8月12～17日，榆社县成功举办第五届云竹湖休闲旅游垂钓节暨全国垂钓俱乐部挑战赛和第三届环云竹湖自行车嘉年华低碳赛事活动。③2011年9月，总投资1.51亿元的广生公司6条高端植物胶囊生产线建成投产。④2011年11月，投资3750万元的迎春路综合改造一期工程高标准完成。⑤总投资7200万元的469千米农村街巷硬化工程全面完成。

（田永进）

左权县

【自然概况】 左权县位于山西省东南部、太行山主脉西侧。原名辽县，1942年9月为纪念在此殉国的八路军副总参谋长左权将军，易名左权。全县辖5个镇、5个乡、1个城区管委会，201个行政村、8个居委会。2011年总人口16.2万人。

全县总面积2028平方千米，其中，耕地面积1.6万公顷，有"八山一水一分田"之称。年平均气温7.8℃，年均降水量502.6毫米，无霜期110～180天，属大陆性季风半干旱区。

左权是资源富区，属全国100个重点产煤县之一。是颇负盛名的"中国核桃之乡"。左权是文化名区，有"万首民歌千出戏"之称，是"中国民间文化艺术之乡"，特别是"左权开花调"被列为国家首批非物质文化遗产保护名录。左权是旅游景区，境内有龙泉国家森林公园等800余处自然景观、150余处革命遗址以及元代文庙大成殿等多处人文历史景观。

【经济发展概况】 2011年，左权县生产总值29.36亿元，比2010年增长11.5%。财政总收入9.2亿元，增长17.7%；一般预算收入4亿元，增长23.8%。农林牧渔总产值4.28亿元，增长15.7%；粮食产量4981万千克，增长14.6%。规模以上工业增加值9亿元，增长6.3%。全社会固定资产投资47.1亿元，增长47.5%。社会消费品零售总额8.2亿元，增长17.4%。城镇居民人均可支配收入15231元，增长17.8%；农民人均纯收入2771元，增长17%。

农业产业不断壮大。2011年，全县投入各类农业项目资金6645.6万元，兑现种粮补贴资金754.5万元、农机具补贴资金300万元，为农业产业发展提供了资金保障。全年新发展设施蔬菜67公顷，总面积达到191公顷，产量1.3万吨。高标准栽植核桃经济林1460公顷，核桃产量7000吨，销售收入1.4亿元。新开工建设生态庄园31处。新建规模养殖小区30个，肉蛋奶总产量1.1万吨，牧业收入1.3亿元。发展"一村一品"专业村28个。农业龙头企业销售收入2.6亿元。农民专业合作社实现了行政村全覆盖。

工业经济稳步发展。2011年，全力推进煤矿技改，9个煤矿完成技改投资23.5亿元。千方百计促进生产，全年生产原煤380万吨、铁精粉29万吨。一心一意谋划转型，实施重点项目22项。认真规划工业园区，煤电建材循环经济等"五大产业集聚区"初具规模。尽心尽力招商引资，签约招商项目9个，协议总投资228.9亿元，到位资金45.3亿元。

第三产业方兴未艾。桐峪临参会旧址综合开发主体工程全面完工，麻田八路军总部纪念馆、西河头一二九师司令部等景点基础建设得到完善，旅游接待能力进一步提高。全年旅游接待人数突破33万人（次），旅游综合收入2.8亿元。新建"万村千乡市场工程"农家店16个、"新网工程"便民店16个，第三产业占生产总值的40.6%，产业结构日趋优化。

（左权县人民政府办公室）

和顺县

【自然概况】 和顺县地处山西省东陲、太行山中段。全县东西长75千米，南北宽30千米，总面积2250平方千米，为晋中市版图最大的县。全县地形地貌大致为"八山一水一分田"。全县辖5个镇5个乡，294个行政村。2011年总人口14.5万人。

和顺县山大坡广，林丰草茂，宜林宜牧面积10万公顷，占总面积的45%，发展畜牧业具有得天独厚的优势。畜牧业生产以牛为主，是全国黄牛改良基地县。和顺也是全国林业基地县之一，林木覆盖率65%。主要树种有油松、杨树、旱柳、白榆、落叶松及杂木等。

全县矿藏资源丰富，已探明地下矿藏有煤、铁、铝、耐火粘土、铜、磷、硫、水晶石、辉绿岩、白云石等29种之多。尤以煤炭资源为最，在储量、煤种、煤质等方面具有很大的优势，为全国重点产煤县之一。铝矾土储量约为15亿吨，金刚砂储量约为2000万吨。

全县河流较多，分属黄河、海河两大流域。较大的河流有15条，主要河流有潇河、东西清漳河、松溪河等，年平均地表径流量1.99亿立方米，但全县尚无一处骨干性水利控制工程。

和顺平均海拔1300米，年平均气温6.3℃，昼夜温差大，夏无酷暑，清凉宜人。清代一位和顺县令曾生动地描述了和顺的气候特点是："春寒如冬，夏无盛暑，初秋陨霜，将冬霏雪"。确属天然的消夏避暑胜地。

【经济发展概况】 2011年，全县生产总值35.41亿元，比2010年增长15.2%。规模以上工业增加值19.68亿元，增长13.3%。财政总收入9.07亿元，增长28.5%；一般预算收入3.35亿元，增长22.3%。固定资产投资32.53亿元，增长44.7%。社会消费品零售总额8.13亿元，增长17%。城镇居民人均可支配收入13802元，增长15%；农民人均纯收入3334.7元，增长16.5%。

结构调整迈出坚实步伐。一是新型工业投资10.03亿元，实施了9个骨干矿井升级改造工程，全年完成煤炭产量750万吨。加快非煤接续产业培育，阳煤集团百万吨尿素一期"1830项目"完成投资10.9亿元。银圣化工硅钢镁项目竣工投产。二是现代农业投入5.02亿元，增长38%。完成设施蔬菜建设268公顷。发展订单农业2.5万农户，户均增收1150元。"和顺肉牛"被国家质检总局认证为国家地理标志保护产品。新建、改造肉牛标准化养殖园区17个。三是文化旅游投资2.3亿元，八路军石拐会议纪念馆正式对外开放，合山、太行龙口、阳曲山等景区景点建设进展顺利，成功举办首届乡村文化艺术节和第五届牛郎织女文化节。全县旅游综合收入1.4亿元，带动了第三产业蓬勃发展。

项目建设积蓄了发展后劲。2011年，全县35个市级重点项目全部开工建设，完成投资28.89亿元。积极开展招商引资活动，引进煤层气新型工业化利用示范区项目、物流中心建设、煤机维修制造、粮食加工等8个项目，总投资172.5亿元。

民生工程取得新进展。2011年，县财政用于民生的支出3.12亿元，增长22%。县政府向全县人民承诺的"十件实事"全部落实。率先在全市完成农村新的"五个全覆盖"工程建设任务。新增城镇就业人员1683人。开发公益性岗位255个。新型农村合作医疗参合率97%。投资近2亿元，新改扩建24个中小学校，消除危房5.6万平方米。实施中医院新建和4所乡镇卫生院、40所村卫生所标准化建设项目。完成保障性住房1066套，改造农村危房500户。落实城乡居民冬季供暖用煤4万吨。投入各类扶贫资金3276.2万元，受益贫困人口6500人。投资345万元，初步建成社会管理网格化监管网络。

【经济大事简介】 ①2011年1月19日，阳泉—左权高速（和顺境内）开工建设。②2011年7月13日，"和顺肉牛"通过国家质监总局专家审查委员会的技术审查，正式成为国家地理标志保护产品。③2011年7月18日，"中国·和顺乡村国际艺术节"暨第五届牛郎织女文化节在许村隆重开幕，来自英国、美国、韩国、澳大利亚、西班牙、丹麦等国家和我国的著名画家走进许村，采风创作。④2011年11月11日，和顺县隆重举行八路军石拐会议纪念馆开馆仪式。

（和顺县人民政府办公室）

昔阳县

【自然概况】 昔阳县位于晋中市东部，太行山西麓。东临河北赞皇县，西、南分别和本市的寿阳、和顺县毗邻，北面和阳泉市平定县接壤。总面积1954平方千米。辖5个镇7个乡，335个行政村。2011年总人口22.9万人。

昔阳平均海拔1116米。属温带半干旱大陆性气候，年平均气温9.5°C，年降水量624毫米左右，无霜期158天。

昔阳历史源远流长，早在旧石器时代，就有人类在这里耕耘生息。秦时设沾县，东汉设乐平郡，隋初乐平郡降为县，民国初因与江西乐平县重名，故改昔阳县。

境内矿产资源丰富，有煤、铁、铜、铝矾土等各类矿藏40多种，其中，煤炭总储量73.3亿吨，是全国重点产煤县之一。

昔阳河山毓秀，景色宜人。大寨旅游景区是山西省五大特色旅游景区之一。

【经济发展概况】 2011年，全县生产总值43.08亿元，比2010年增长16.8%。财政总收入10.04亿元，增长24.6%；一般预算收入3.36亿元，增长18.4%。农林牧渔总产值6.25亿元，增长15.0%。粮食总产量1.27亿千克，增长7.6%。工业总产值49.59亿元，增长72.3%。社会消费品零售总额14.27亿元，增长17.3%。城镇居民人均可支配收入14710元，增长16.5%；农民人均纯收入4703元，增长16.1%。

农业特色产业优势凸显。2011年，投资3000多万元，集中连片发展核桃干果和绿色蔬菜，免费为5个乡镇种植核桃树1333.3公顷，仅孔氏乡就发展核桃干果经济林666.7公顷，成活率95%以上，实现了全乡核桃全覆盖，全县核桃种植面积达到8333.3公顷。新增蔬菜种植面积1000公顷，蔬菜种植面积达到1866.7公顷。继续扶持规模养猪，全县千头以上规模猪场40个，猪饲养量突破50万头。大力发展双孢菇新型产业，种植面积8.5公顷，成为农民增收的新渠道。

工业转型步伐加快。2011年，全县实施重点工程项目41项，完成投资42.2亿元。投资9.8亿元的阳煤电石厂和投资3亿元的瑞阳煤层气液化项目，是继国投电厂和蓝焰煤层气之后建设的投资大、效益好的地面企业，为昔阳县建设全省最大的电石基地和煤层气输出大县以及产业结构调整奠定了坚实的基础。电力产业重点实施了黄岩汇、白羊岭、丰源3个瓦斯发电项目，瓦斯发电装机容量42.2兆瓦，成为工业经济发展的新亮点。

旅游业效益持续提高。2011年，旅游总收入3.18亿元。围绕红色旅游对大寨虎头山、红旗一条街等景点进行了完善，仅红旗一条街全年接待游客10万余人次。实施昔阳博物馆、全周文化园建设工程，新增红色文化墙124座，红色旅游内涵更加丰富。

【经济大事简介】 ①山西瑞阳5万吨含氧煤层气液化项目落户昔阳

县。②昔阳县人民医院新医院在该院建院70周年时落成。③昔阳县松溪供水工程奠基仪式在水磨头河畔举行。④昔阳县大力度推进城市建设,仅2011年新开工各类楼房面积50万平方米,创历史之最。

(王雪波)

寿阳县

【自然概况】 寿阳县位于山西省东部,太行山西麓。全县总面积2100平方千米。辖7个乡7个镇1个城区管委会、206个行政村。2011年总人口21.2万人。

寿阳人文历史悠久,自西晋太康置县,至今已有2000多年历史。是清"三代帝师"祁隽藻、刘胡兰式女英雄尹灵芝故里和"中国寿星文化之乡"。

寿阳矿产资源丰富。含煤面积1890平方千米,已探明煤炭总储量70亿吨,是全国重点产煤县之一。

【经济发展概况】 2011年,全县生产总值95.01亿元,比2010年增长17.4%。财政总收入25.32亿元,增长26.4%;一般预算收入7.45亿元,增长26%。农林牧渔总产值15.82亿元,增长14%;粮食总产量2.88亿千克,下降5.6%。工业总产值108.82亿元,增长37.8%。社会消费品零售总额15.2亿元,增长17.5%。城镇居民人均可支配收入和农民人均纯收入20038元、7096元,增长18%、21.3%。固定资产投资完成57.3亿元,增长45.4%。外贸进出口总额117万美元,增长3.7倍。

围绕结构调整推动产业提升。新一轮煤矿技改扩规稳步推进,原煤产量2000万吨。强伟纸业正式投产,雨润生猪屠宰加工项目设备到位,松塔水电站大坝封顶蓄水。国新能源煤层气液化、南娄百万吨水泥粉磨站、同力达新型干法水泥生产线、鑫世泰秸秆发电、阳煤低浓度瓦斯发电、华阳生态绿色饲料、博大陶粒沙等一批转型项目落地建设,顺利推进。粮食产量2.88亿千克,蔬菜总产量95万吨,被评为全省"一县一业"先进县。新改扩建标准化健康养殖小区30个,新增养殖大户25个。6个林业基地新发展干果经济林1133公顷。新建农产品加工企业7个,农产品加工转化率提高8个百分点,达到33%。祁氏故居二期、鹿泉山寿星文化休闲度假区主体完工,吉泰物流市场、鼎尚物流商场投入运营,煤炭物流中心开工建设,现代产业发展布局良好。

围绕经济转型狠抓争资上项,转型后劲明显增强。2011年,60个重点工程项目顺利推进,完成投资59亿元。争取到政策性资金和银行贷款6.3亿元。全年引进重点项目23个、资金651亿元,完成额居全市第一。

围绕环境改善加快城乡建设,承载功能全面提升。滨河新区配套建设和商品房开发全面推进,现代宜居新区基本成型。环城绿化景观带、县城一批景观绿地和8个主题公园成为新亮点。平阳路、滨阳路、北大街全面贯通。煤层气、天然气双气源集中供气开始入户,县城供热覆盖率、污水、垃圾处理率分别达到80%、86%、95%。启动6个重点镇、1个省级园林镇建设,建成景尚、上湖等7个典型样板村和22个新农村,城镇化率提高2个百分点。环境卫生达到省级创建标准,被省政府评为城乡清洁工程先进县,获得"省级卫生县城"称号。

围绕民生改善拓展惠民领域,和谐氛围更加浓厚。2011年,投资9.8亿元,落实民生项目79个。14个文化站、24项校安工程全部投入使用。青少年活动中心、体育馆、新建寿阳一中主体完工。医药卫生体制改革顺利完成,第二人民医院全面建成,被命名为全国慢性病综合防控示范县。城镇居民基本保险工作扎实推进,新农保、职工五大保险和保障房建设任务全部超额完成。寿阳县被列为首批省级创业型城市,被评为"全省创业就业先进县"。

【经济大事简介】 ①经济社会继续保持健康快速发展的良好态势,被评为2011年度"全省县域经济发展先进县"。②深入推进综改试验区建设,被列为市级资源型经济转型综改试点县。③松塔水电站工程大坝封顶蓄水。④启动20平方千米的工业园区二期工程规划建设。⑤全面完成长32千米、宽100~500米的环城林带建设,形成环城绿化景观带。

(寿阳县人民政府办公室)

太谷县

【自然概况】 太谷县位于山西省中部,地处晋中盆地东北部。东北与榆次区相依,东南与榆社交界,西南与祁县毗邻,西北与清徐接壤。县域东西长50千米,南北宽约39千米,总面积1049.9平方千米。辖3个镇6个乡198个行政村。2011年总人口30.1万人。

【经济发展概况】 2011年,全县生产总值56.8亿元,比2010年增长11.7%。财政总收入6.01亿元,增长19.5%;一般预算收入2.51亿元,增长20.1%。农林牧渔总产值20.38亿元,增长17.4%;粮食总产量2.04亿千克,下降5.6%。工业总产值47.07亿元,增长19.1%。社会消费品零售总额20.35亿元,增长17.2%。城镇居民人均可支配收入17318元,增长15.4%;农村居民人均纯收入9530元,增长19%。

现代农业特征彰显。2011年,以农业"四个一"工程为抓手,强力推进"一村一品、一县一业"和国家级现代农业示范区建设。全县设施蔬菜、苗木花卉分别达到4666.7公顷、7333.3公顷,猪、鸡年饲养量138万头、2302万只。建成"一村一品"专业村80个,占全县行政村的40%。规模农产品加工龙头企业60家,其中,国家级龙头企业1家。年加工转化农产品5亿千克,年收入突破10亿元。特别是随着以巨鑫现代农业园、美特好农超对接基地为代表的资本农业,以怡园酒庄、通宝醋业等为龙头的公司农业,以山西农大、省果科所实施的20个标准化园区为典型的科技农业迅速发展,农业由低层次、分散式向高标准、园区化方向整体跨越步伐加快,具有太谷特色的现代农业正在形成。

新型工业聚能蓄势。2011年，按照工业发展布局，大力实施“工业强县”战略，规划建设了四大工业园区。其中，新型产业园区入园项目23个，总投资93.17亿元。乾通塑胶、禾宇电力等8个转型升级标杆项目开工建设，成为未来县域经济新的增长极。恒达循环园区投资110亿元的高碳铬铁、余热发电、集中供热、焦油粗苯、电石渣水泥、精密铸造等10个项目全面推进，成为资源型经济的转型循环发展亮点。胡村铸造园区新建23条自动化生产线，110户企业完成冲天炉改造，44户完成退火窑，36户完成热镀锌改造，传统产业升级步伐加快。南山医药养生园区中远威药业成功拓展北京市场，广誉远国药改变销售模式，销售收入增长80%，整个行业上缴税金突破4000万元，为全县工业的发展增添了新活力。

城乡面貌日新月异。2011年，重点开展以县城、胡村、范村为核心，辐射周边乡村的生态农业、新型工贸、人文居住三大功能区建设。实施了《太谷县城总体规划》修编，开展27个新农村规划和2个乡镇总体规划。实施胡村镇近期建设规划，阳邑村历史文化名村规划。完善太谷县水秀工业区规划。启动历史文化名城和历史文化街区规划编制。投资9亿元，实施30项城建工程。改造城区4条主干路、11条小街巷。实施7.6千米的供水管网，12千米的污水管网，20千米的缆化亮化工程，县城规划区面积由15.6平方千米扩展到31.4平方千米。集中供热达到360万平方米，供气1.2万户，普及率分别达到85%、39.3%。胡村省级示范镇、范村市级推进镇建设全面启动，水秀乡北郭、侯城乡南沙河移民并居工程以及4个新农村建设工程顺利实施，新建居住小区10万平方米，城镇化率46.6%。

现代服务业蓬勃发展。物流、房地产、旅游、文化等现代服务业成为经济发展的新生力量。交通物流业成为税收第一大产业，营运车辆6000辆，上缴税金9952万元。房地产迅速发展，全年施工面积22.7万平方米，销售额2.6亿元。旅游产业错位突破。“休闲度假、明清古城、中药养生、丛林狩猎”四大旅游板块建设初见成效。梅苑山庄成为观光、休闲、公务活动区域，官寨狩猎场成为全省手续齐备的两个狩猎场之一。文化产业方兴未艾，彩灯、铜艺产品、民间社火、根雕、砖雕等为主的文化产业正在茁壮成长。

【经济大事简介】 ①2011年4月24日，山西恒达煤气化有限公司年产20万吨高碳铬铁项目一期工程炼出第一炉钢水。②2011年5月，总投资2.9亿元，建设面积400公顷的巨鑫现代农业示范园开工建设。③2011年9月1日，在第六届中国中部投资贸易博览会上，太谷县签约13个项目，总投资118.2亿元。④2011年12月16日，大禾“NAPA橡树谷”项目在太谷县新型产业园奠基。

（太谷县人民政府办公室）

祁　　县

【自然概况】 祁县位于山西省中部，太岳山北麓，太原盆地南部，汾河中游东岸，平面轮廓呈东南至西北长条状，总面积854平方千米。2011年总人口26.6万人。

祁县古称“昭馀”，因“昭馀祁泽薮”而得名。西汉初年正式置县，距今已有2200多年的历史。

【经济发展概况】 2011年，全县生产总值49.19亿元，比2010年增长11.8%。财政总收入4.31亿元，增长19.5%；一般预算收入1.86亿元，增长26.7%。规模以上工业增加值10.1亿元，增长15.9%。固定资产投资24.3亿元，增长25.9%。社会消费品零售总额23.29亿元，增长17.3%。城镇居民人均可支配收入18878元，增长15%；农民人均纯收入8660元，增长20.5%。

项目建设成效显著。2011年，大力推进祁县经济开发区建设，启动了开发区规划调整编制工作；开发区道路、供排水等基础设施建设加快推进，6平方千米内的“七通一平”基本完成；收储土地66.7公顷，制定了项目进园区优惠政策，园区集聚效应开始显现。全年实施重点项目34项，完成投资19.5亿元，比2010年增长33.6%；新签约项目19项，总投资135亿元，其中，开发区新引进项目8个，总投资19亿元。

工业转型步伐加快。新型工业加速推进。大华机制器皿生产线实现规模化生产。丹源新型石墨化阴极生产线投产达效，产品结构进一步优化。红星白酒灌装、远力有色金属冶炼项目进展顺利，食品、材料等新兴产业快速扩张，成为新的经济增长点。

现代农业扎实推进。总投资6784万元的6个现代农业示范区项目全面完成。新发展酥梨533.3公顷，苹果200公顷，设施蔬菜192公顷，粮食总产2.15亿千克，牛饲养量15.2万头。“一村一品”专业村39个。农民专业合作社748个。总投资3.21亿元的36个农业基础设施项目顺利实施。

旅游发展全面提速。乔家堡整村搬迁工程顺利推进，完成乔家大院景区旅游通道、贵宾停车场、绿色通道建设等工程，成立了景区环卫中队，景区环境面貌明显改观。乔家大院5A级景区申报工作积极推进，“三堂一园”复建工程与乔家大院实现一体化管理。集贸工游于一体的红海玻璃文化产业园投入运营。

城乡面貌大为改观。2011年，铺开了总投资近10亿元的八大民生工程。以硬化、绿化、亮化为重点的东观镇区集中整治全面告捷，镇区环境面貌焕然一新。全面加强城乡管理，荣获“省级卫生县城”称号。大力推进生态建设，森林覆盖率23.4%。

民生民利持续改善。农村新的“五个全覆盖”工程全面完成。硬化农村街巷1044.2千米。城乡60岁以上老人全部享受养老保险。进一步完善校安工程，开工建设3所标准化幼儿园，公开招聘教师126人。大力推进医药卫生体制改革，员工实行全员竞聘，所有乡镇卫生院和村卫生室实行了基本药物制度。新农合参合率97.4%。人口出生率控制在9.27‰以内，成为全省计生优质服务先进县。

【经济大事简介】 ①被商务部授予

“国家外贸转型升级专业型示范基地”称号。②被环保部命名为“国家级生态示范区”。③昌源河湿地公园被国家林业局批准为“国家级湿地公园”。④“宏艺”商标被国家工商总局认定为“中国驰名商标”。⑤晋商老街成功入选“中国历史文化名街”。⑥中石油油库、燕京啤酒、今麦郎饮品等一批重点项目建成投产。⑦签约引进正大饲料、恒诚管业SEP管道(由不锈钢作为管道的内表层和外表层,中间为高分子聚合物经过高科技手段制作而成)等新项目19项,总投资135亿元。

(祁县人民政府办公室)

平遥县

【自然概况】 平遥县位于山西省中部,隶属于晋中市,周边与介休、祁县、文水、汾阳、沁源等县(市)接壤。辖5个镇、9个乡、3个街道办事处、273个行政村。2011年总人口50.6万人。

全县总面积1260平方千米。县内有惠济河、柳根河、婴涧河和汾河4条河流。

平遥是全国历史文化名城、世界文化遗产,拥有各级文物保护单位99处。

【经济发展概况】 2011年,全县生产总值83.15亿元,比2010年增长12.4%。财政总收入11.01亿元,增长21.6%;一般预算收入4.23亿元,增长20.1%。规模以上工业增加值28.92亿元,增长15.6%。固定资产投资42亿元,增长32.3%。农林牧渔业总产值19.49亿元,增长13.7%;粮食总产量2.3亿千克,下降3.4%。社会消费品零售总额33.74亿元,增长17.2%。城镇居民人均可支配收入17798元,增长15.5%;农民人均纯收入6710元,增长19.5%。

现代农业稳步推进。设施蔬菜面积402公顷。21个健康规模养殖场(区)开工建设,畜禽饲养量1431万头(只),农民人均牧业纯收入2060元,净增350元。新发展优质水果733.3公顷,良种核桃800公顷;冠云、龙海等农业龙头企业年销售收入20亿元。铺开466.7公顷超山水源涵养地保护工程。治理土地933.3公顷。累计流转土地746.7公顷,位居全市之首。

新型工业高效发展。2011年,铺开的20个重点项目有6个项目基本完工。招商引资新签约项目19个,总投资293.4亿元,引资279.9亿元。原煤产量222.8万吨,纳税3.13亿元。关停取缔搬迁污染企业4户,6项环保指标控制在任务之内,万元生产总值综合能耗降至2.6吨标准煤。纳税超亿元企业2户,超千万元企业6户,超500万元企业7户,工业税收占到财政收入的61.9%,支柱地位更加巩固。

国际型旅游业势头强劲。2011年,成功举办第11届平遥国际摄影大展、第6届平遥中国年和第3届漆文化艺术节,“古城风韵”迎宾仪式成为新的旅游亮点。举办了首届梨花旅游节、采摘节。中央电视台《欢乐中国行》播出了平遥专场。平遥古城跻身全国20大最受关注的景区行列,入选首批中国传统建筑文化旅游目的地,荣获2011年“最中国文化名城”奖。2011年,接待游客130万人,增长12.7%;门票收入1.45亿元,增收4500万元。以旅游业为主导的第三产业总产值37.72亿元,占到生产总值的46%。

城乡建设效果明显。建成曙光东西路、滨河西路、南二环和顺城路延伸段。铺开中都路人行道综合改造。城区新增绿地19万平方米,绿化覆盖率46.5%。污水处理率92%,燃气用户2.3万户。建成垃圾无害化处理填埋场和中转站。城区二级以上天数353天,超任务53天,空气污染综合指数由1.56下降为1.35。25个省级重点推进村完成建设任务。继续保持了“省级卫生县城”称号。

社会事业惠民多多。向群众承诺的六件实事全部兑现。新的农村“五个全覆盖”完成街巷硬化1495.1千米,20.2万居民参加养老保险、5.1万居民享受到基础养老金待遇,为2261名职高生免除学费293.7万元,建成农村便民连锁商店60个,新建农家书屋80个,7个乡镇健身广场配备了健身器材。对80周岁以上高龄老人实行补贴。为7513名高龄老人发放补贴106.2万元。2011年,完工保障性住房2225套、22.3万平方米。城区集中供热面积265万平方米。为12.6万户低收入农户户均提供1吨煤。30余条中小街巷完成亮化改造。促进困难群体就业和农村富余劳动力转移,开发公益性岗位100个,累计890个。新增城镇就业人员4485人,下岗失业人员再就业1614人,城镇登记失业率控制在2.5%以内。农村富余劳动力转移就业8855人。

【经济大事简介】 ①2011年7月16日,煤化集团公司与日韩企业合作建设的“液晶电视用新型光学材料项目”奠基。②2011年9月19日,以瞬间·永恒为主题的2011年平遥国际摄影大展开展仪式在古城迎薰门广场隆重举行。③2011年10月13日,《印象平遥》大型实景演出项目签约暨启动仪式在平遥县麒麟阁酒店隆重举行。

(平遥县人民政府办公室)

灵石县

【自然概况】 灵石县位于山西省中部、晋中市南端。县域面积1206平方千米。辖6个乡6个镇3个城区,291个行政村。2011年总人口26.4万人。

【经济发展概况】 2011年,全县生产总值162.43亿元,财政总收入31.22亿元,一般预算收入9.46亿元,农林牧渔总产值5.89亿元,粮食总产量5238万千克,工业总产值273.24亿元,社会消费品零售总额40.03亿元,城镇居民人均可支配收入22260元,农民人均纯收入9100元。

项目建设成果丰硕。实施了总投资971.8亿元的54项重点工程项目,严格实行“一个项目、一名领导、一套班子、一抓到底”的推进机制,完成投资72.85亿元,35项竣工。全方位开展招商引资,成功引进项目13个,达成引资意向381.3亿元,到位资金182.7亿元,资金到位额全省县级第一。

“三县”建设成效显著。2011年，以建设新型工业强县为目标，持续加快传统产业改造和新兴产业培育，28座煤矿技改完成投资31.3亿元，聚义焦化项目前期工作取得突破性进展。以建设核桃经济大县为目标，新植核桃林2666.7公顷，被评为“中国核桃之乡”。以建设现代旅游名县为目标，红崖峡谷景区、崇宁堡文化产业基地等项目顺利推进，旅游人数245万人次，旅游综合收入19.4亿元。

城乡建设力度空前。2011年，突出规划“龙头”地位，完成城乡规划编制34项，一批涉及“十二五”城镇发展战略的重大规划修编完成。坚持大投入保障、大手笔建设，全力实施总投资30.5亿元的基础设施建设项目39项。

生态环境持续改善。深入开展环境污染整治，万元生产总值综合能耗下降3.8%。全方位推进造林绿化，全县实有林木绿化率57.6%。积极推进园林城市、园林单位和生态村镇创建工作，县城绿化覆盖率42.5%，人均公共绿地面积8.9平方米。区域环境明显好转，空气质量稳定达到国家二级标准。

民生事业协调发展。2011年，县财政投入民本民生事业资金3.7亿元，增长37%。医药卫生体制改革任务全面完成，县、乡、村三级医疗机构达标率98.3%。社会保障体系不断完善，新型农村养老保险参保率99.8%。千方百计扩大就业，城镇新增就业3657人。积极实施安居工程，总投资3.32亿元的保障性住房建设快速推进。

【经济大事简介】 ①石膏山景区、介林景区对外开放。②总投资390亿元的东方希望铝系综合循环经济项目开工建设。③社会福利中心及5个农村敬老院投入使用，农村“五保”对象集中供养率67.1%，年度供养标准提高到每人5000元。④省级文明和谐县城创建名列第一。⑤农村街巷硬化、便民连锁店、文化体育场所、职业教育免费、养老保险等新的“五个全覆盖”工程提前一年完成。⑥被评为“全国绿化先进集体”和“全省林业生态县”。

（灵石县人民政府办公室）

晋中经济技术开发区

【自然概况】 山西晋中经济技术开发区(以下简称晋中开发区)是1996年1月经省政府批准设立的省级开发区。规划控制面积55.8平方千米。地处晋中市西北城乡结合部，与省城太原相邻，是大太原经济圈黄金地段，区位交通优势明显，是省内铁路、公路交汇的枢纽。地势平坦，水电供应充足，发展环境优越。2011年，区内常住人口6.2万人。

【经济发展概况】 2011年，全区生产总值20.61亿元，比2010年增长28%。财政总收入6.02亿元，增长20.1%；一般预算收入2.8亿元，增长24.3%。工业总产值34.2亿元，增长23.3%；规模以上工业增加值10.56亿元，增长34%。进出口总额2028.9万美元，增长67.7%。固定资产投资28.6亿元，增长33.4%。科工贸总收入146亿元，增长32.7%。

农村经济总量大幅增长。全区农作物播种面积1866.7公顷，粮食产量1196万千克，肉蛋奶产量2856吨。农村经济总量29.59亿元，比2010年增长16.7%。农民人均纯收入9972元，增长17.3%。

招商引资形势喜人。2011年，新引进规模以上项目9项，协议总投资142.3亿元。其中，世界500强第315位的中航集团协议总投资60亿元，到2011年年底，已到位资金27.71亿元。

主导产业的支撑作用明显提升。全年规模以上工业完成产值27.95亿元，增长27.5%；医药、纺机、改装车、食品四大主导产业完成工业总产值19.73亿元，增长20.1%，占规模工业产值的70.6%。其中，医药企业完成产值4.86亿元，增长24.2%；纺机企业产值6.37亿元，增长25.3%；改装车企业产值6.44亿元，增长13.7%；食品企业产值2.06亿元，增长16.6%。4大工业主导产业中，纺机、医药行业增长较快，贡献力度大，拉动规模以上工业产值大幅增长。商贸企业中限额以上企业销售70.34亿元，增长14.9%。其中，钢材企业销售29.03亿元，增长21.2%；石化企业销售21.96亿元，增长42.7%；汽贸企业销售14.91亿元，下降8.3%；煤运企业销售1.79亿元，下降29.9%。

惠农政策落实。一是积极落实各种补贴工作。2011年，农民种粮补贴及农资综合直补预补资金114.5万元，补贴面积1773.3公顷；良种补贴23.8万元，补贴面积1586.7公顷。全年共购置各类农机具35台(件)，享受国补资金29.9万元，涉及农户29户。对全区涉及水库移民211人的2010年补助款12万元全部发放到户。二是测土配方惠及全区。化验土样125份，代表面积1773.3公顷。三是举办科普培训班，培训900多人次。四是新型农村社会养老保险参保10981人，征缴保险金533万元，实现了新农保的全覆盖。

（杨成祥　李双喜）

吕梁市

【自然概况】 吕梁市地处山西中部西侧，东接太原市、晋中市，西隔黄河与陕西省榆林市相望，南邻临汾，北衔忻州，因吕梁山脉纵贯全境而得名。1971年5月建区，2003年10月撤区设市。现辖1个区2个市10个县。市域面积2.1万平方千米。2011年总人口375.2万人。

吕梁属黄土丘陵沟壑区，山区、半山区面积占92%。全市耕地面积48.8万公顷，其中，水地面积8.9万公顷，占耕地面积的10.4%。林地面积65.9万公顷，牧草地面积6.7万公顷。无霜期100～165天，正常年景年降雨量400～500毫米，属温带大陆性气候。

吕梁物华天宝，矿藏丰富。已探明矿产资源40余种，尤以煤、铁、铝土矿储量大。全市已探明含煤面积占总面积的54.3%，预测储量达1538亿吨，被誉为“国宝”的4号优质主焦煤储量达62亿吨。铁矿、铝土矿探明储量居山西之首。

吕梁是全国著名的红枣生产基地和核桃生产基地，正常年景红枣产量达15万吨，汾阳市被誉为“核桃之乡”。有“VC之王”之称的野生沙棘面积达10.4万公顷，占到山西沙棘资源总量的50%以上。

吕梁人文荟萃，风景宜人。现存革命遗址和革命纪念建筑物133处，各类自然风景区11处。国家级自然保护区庞泉沟、国家级风景名胜区北武当山以及全国历史文化名镇碛口、全国首批历史文化名村西湾、中华名酒第一村杏花村、武则天庙、晋绥边区政府旧址、刘胡兰烈士陵园、苍儿会生态旅游经济区等众多景区景点组成了一条条旅游热线。“碗碗腔”、木偶戏、秧歌、面塑、剪纸等民间艺术均享誉三晋。

【经济发展概况】 2011年，全市生产总值1130.71亿元，比2010年增长14%。工业总产值1814.7亿元，增长57.8%；规模以上工业增加值790亿元，增长20%。农林牧渔业总产值87.9亿元，增长7.3%；粮食总产量10.61亿千克，创历史新高。财政总收入276.93亿元，增长41.2%；一般预算收入100.51亿元，增长37.8%。固定资产投资完成542亿元，增长37%。社会消费品零售总额271.6亿元，增长17.3%。城镇居民人均可支配收入17428元，增长14.1%；农民人均纯收入4743元，增长21.9%。

重点项目建设取得新成效，转型跨越基础日益牢固。项目投资扩大。全市519个重点工程项目总投资5313.9亿元。其中，煤炭提升项目110个，总投资1232.8亿元；工业转型项目147个，总投资1788.14亿元；农业龙头项目71个，总投资178.31亿元；三产牵动项目40个，总投资155.49亿元；基础设施惠民项目151个，总投资1959.16亿元。

项目审批进展顺利。2011年，核准(备案)项目456个，占项目总数的87.9%。其中，县备案108个，市备案89个，省核准(备案)249个，国家核准10个。不需要新征地或已审批办结土地征用的项目共388个，占项目总数的74.8%。所有项目严格进行环评，已审批办结383个项目的环评工作，占总数的73.8%。

项目建设稳步推进。2011年，累计开工495个，开工率95.4%；完工和部分完工227个，完工率43.7%；累计完成投资1302亿元，投资完成率112.5%。特别是一些特大项目在审批和工程进度上取得了突破性进展，为全市转型跨越发展争取了时间。

结构调整力度不断加大，发展后劲进一步增强。招商引资成果丰硕。2011年，在厦洽会、中博会、江浙沪推介会等招商活动中签约63个项目，项目总投资3570.4亿元，位居全省首位。农博会共落实签约项目96个，其中，招商引资项目37个，总投资41.77亿元，引资23.5亿元；贸易成交项目59个，贸易总额12.86亿元，签约金额创历史新高。

传统产业升级加快。2011年，84个改造矿井开工建设70个，市属保留矿井13个投入生产。原煤产量比2010年增长40%，达到6838万吨，创历史新高。严格控制焦化总量，依托主焦煤资源和大型煤焦企业，加快焦化企业联合重组步伐，提高产业集中度，延长产业链条。集中生产要素，优化布局钢铁产业。积极推进岚县太钢500万吨特种钢项目，支持中钢和海威联合重组，为建设吕梁钢铁基地奠定基础。

“三农”工作全面加强，农业基础地位进一步巩固。强农惠农政策落实到位。2011年，认真落实设施粮食补贴、良种补贴、蔬菜补贴、农村低保以及省委、省政府“双十”强农惠农政策，“三农”投入86.76亿元，比2010年增长41.9%。

农田水利建设成效明显。柏叶口水库主体工程全部完工，离石千年水库大坝基本完成填筑任务，西山引黄灌溉工程5处开工建设，11处完成初步设计。新增灌溉面积2800公顷，实灌面积达到10.7万公顷。

产业化进程不断推进。启动了6个“一县一业”基地县和438个“一村一品”专业村建设。全市农产品加工量110万吨，龙头企业销售收入40.2亿元。成立了吕梁农产品北京直销中心，成功举办了核桃、红枣等一系列农产品推介会，贸易总额12.86亿元。

扶贫攻坚模式进一步创新。实施“六大扶贫工程”，开展机关定点扶贫和领导干部下乡包村活动，完成62个贫困村的整村推进，全市新转移农村劳动力5.3万人。

新农村建设扎实开展。完成221个重点推进村建设任务。“四化四改”、“五个一工程”完成率分别达到100%和93%。持续实施新农村建设“百村行动计划”，11个新农村集中连片示范区成为展示吕梁农村新形象的靓丽窗口。

大力推进节能减排，城乡生态化迈出坚实步伐。淘汰落后产能有力有效。大力推进建筑领域节能，积极推广应用节能材料和节能技术，市、县城区新建建筑竣工验收节能标准执行率100%，新建建筑可再生能源应用面积达到新建居住建筑面积的29%，年内既有建筑节能改造已按任务要求完成7万平方米。减排力度进一步加大，对列入减排计划的42户企业按时实施了关闭，列入减排计划的8个污水处理厂运行稳定，实现了预期减排量。

环境保护力度继续加大。环境空气质量稳中向好。全市有12个县（市、区）环境空气质量全部达到国家二级标准。吕梁市区二级以上天数356天，空气质量优良率97.5%。水环境质量保持稳定。全市城镇集中式饮用水水源地水质达标率100%。

造林绿化成果进一步扩大。完成造林5.1万公顷，其中，完成国家工程2.7万公顷、省级工程5186.7公顷、市县造林1066.7公顷。完成植树1010万株，其中，义务植树510万株。通道绿化980千米，交通沿线荒山绿化8800公顷，村庄绿化320个，城郊森林公园建设366.7公顷。市县建成区绿化覆盖率30.3%。

深入开展“三项整治”，城乡面貌发生深刻变化。“三项整治”卓有成效。大力开展以环境卫生、街道装饰、交通秩序为重点的“三项整治”活动，城乡面貌发生深刻变化。全市城镇化率提高1.5个百分点。

城市建管水平提高。积极开展城市扩容提质大行动，累计投资38.17亿元建设市政基础设施，新增县城规划建设面积80.9平方千米。13个县(市、区)成功创建省级卫生城市，国家级卫生城市和省级园林城市、文明城市创建活动全面启动，城市管理制度体系不断完善。

全面加强社会事业和民生工作，和谐社会建设迈出新步伐。社会事业持续发展。义务教育全面提升，高中阶段毛入学率92.4%，公办职业高中实现免学费入学，高等教育质量稳步提高。办学条件进一步改善，建成城区幼儿园23所，一批新建高中投入使用。医药卫生体制改革成效显著，基本药物制度在基层医疗机构实现全覆盖，新型农村合作医疗参合率97.3%，县级人民医院、中医院技术水平和服务能力进一步提升。文化事业繁荣发展，全市文化馆、艺术馆、图书馆、美术馆全部免费向公众开放，12个省级非遗项目申报成功，一批自创文艺作品获得全国大奖。强化科技、人才支撑，组织实施科技攻关项目33个，消化吸收科技成果近20个，争取国家、省级星火、农业攻关项目14个。

民生工程顺利推进。新一轮"五个全覆盖"年度任务全部或超额完成。为全市低收入农户供煤工作全面完成。全市共开工建设各类保障性住房73.3万平方米、11092套，续建项目27.4万平方米、5168套，新建项目开工面积45.9万平方米、5924套；全市各类保障性住房竣工面积54.9万平方米、8035套。稳定和扩大就业，新增城镇就业5万人，下岗失业人员再就业1.6万人。

（白涿军）

吕梁市离石区

【自然概况】 离石历史悠久，人杰地灵。远在新石器时期就有人类在此繁衍生息，战国属离石邑，西汉始置离石县，一直为州郡治所之地。1914年复称离石县，抗日战争和解放战争期间，为离东县。1971年吕梁地区组建，离石成为行署驻地，1996年撤县设市，2004年撤市设区。现辖2个镇3个乡7个街道办事处，193个行政村，13个居委会。总面积1324平方千米。2011年总人口32.3万人。

离石资源丰富，潜力巨大。全区含煤总面积175平方千米，总储量17.35亿吨，其中，被誉为"国宝"的4号主焦煤探明储量达7.3亿吨，是河东煤田主要分布区，1994年国务院划定的离（石）柳（林）能源开发区的重要组成部分，全国50个重点产煤县（市）之一。经过资源整合，全区现有煤矿14对，产能1350万吨。

离石山川秀美，名胜众多。离石地处暖温带大陆性季风气候区，平均气温8.9℃，年平均降水量250～500毫米，无霜期110～120天。四季气候差异分明，日照充足。市区龙凤虎三山对峙环抱，东北南三川挽手交汇。始建于宋代的凤山道观有600多年的历史。松柏参天的安国寺是一代廉吏于成龙读书之地。白马仙洞是华北地区最大的岩洞。离石汉画像石上承战国绘画古朴之风。西华镇天然草场占地160公顷，素有华北第二大草原之称。彩家庄民居与碛口比肩相望。千年旅游综合开发项目，集自然景观与人文景观于一体，是休闲、娱乐、度假的好去处。

【经济发展概况】 2011年，全区生产总值89.41亿元，比2010年增长11.2%。财政总收入24.81亿元，增长28.9%；一般预算收入7.7亿元，增长18.6%。城镇居民人均可支配收入17428元，增长14.1%；农民人均纯收入3299元，增长36.7%。

坚持发展城郊型农业，现代农业稳步推进。2011年，以吴城农业园区为龙头，建成蔬菜大棚500栋，全区设施蔬菜面积达到66.7公顷，露地蔬菜面积666.7公顷。以农村人口人均2头猪、20只鸡为近期目标，引进大象禽业公司，建成年出栏10万头生猪养殖基地和20万套肉种鸡场。建成投运年出栏4000头的益达利种猪厂。投资2093万元，高标准完成35.1千米的307国道通道绿化工程，完成小东川通道、离临柳公路通道绿化46千米。补植补造核桃经济林3333.3公顷，每个乡镇巩固完善了一个33.3公顷以上的精品园区。

坚持发展循环型工业，区域经济实力增强。一是加快标准化矿井建设。金晖荣泰、王家庄、贾家沟3对矿井投产，环能国鼎、东江2对矿井达效，永聚、锦瑞2对矿井实现联合试运行。二是启动一批转型项目。总投资8.2亿元的超高压电缆集群项目完成立项，正在办理土地手续。千万吨级高硫煤清洁利用项目与中国大唐集团成功签约，正在展开前期工作。总投资8亿元的75兆瓦高倍聚光光伏发电项目与以色列高科技公司MST有限公司签订战略合作协议。500万吨焦化项目正积极整合产能，开展前期工作。总投资20亿元的36万吨环保纸项目，已可开工建设。总投资3亿元的煤机制造一期工程基本建成。2×350兆瓦燃气热电项目正在办理核准手续。

坚持发展辐射型三产，现代商贸形成规模。吕梁天源物流园区完成项目规划和可行性研究报告，进入申报审批阶段。泰化物资城完成投资2.5亿元，一期10万平方米的市场投入运营。聚富汽贸城雪佛兰、一汽丰田、别克等7个4S店新建并投运，累计建成投运4S店16个。总投资3亿元、总面积2万平方米的山西美特好连锁集团超市入驻离石，开业运营。总投资6.5亿元、总面积19万平方米的居然之家落户离石东区，前期工作正在展开。

坚持加快城市化建设，城市形象明显提升。一是按照"三年形成框架，五年初具规模，十年基本建成"的工作思路，"一河两坝六桥"工程基本完工，三路已完成招投标，沿山快速路开工建设，开工植物园建设工程。全面构筑东城新区的总体框架。二是保障性住房591套、廉租房405套、186套公租房主体完工，年内可竣工投用。三是投入10亿余元，全面开展"三项整治"。积极推进环境卫生整治，城乡环境卫生明显改善。

坚持关注社会民生，社会事业全面发展。全面启动投资1.4亿元，建筑面积3.6万平方米的江阴高中二期工程，年内完成主体工程。建成投用一中、三中教学楼和城南幼儿园、实验幼儿园等一批城区学校。投资4995万元，新建总建筑面积3.2万平方米的袁家庄中学、小学。新增就业岗位3277个，发放企业养老保险金5897万元。对城市低保对象1.6万人，发放保障金 3280.5 万元。对农村低保对象 9776 人，发放保障金 862 万余元。

（刘世泽）

孝 义 市

【自然概况】 孝义市位于山西中部，吕梁山下，汾水之滨，太原盆地西南缘。1992 年撤县设市。市域面积 945.8 平方千米。辖 7 个镇、5 个乡、6 个街道办事处、379 个行政村。2011 年总人口 47.2 万人。

【经济发展概况】 2011 年，全市生产总值 330.06 亿元，比 2010 年增长 16.3%。财政总收入 60.02 亿元，增长 20.0%；一般预算收入 20.29 亿元，增长 23.3%。全社会固定资产投资 170.19 亿元，增长 54.2%。社会消费品零售总额 79.81 亿元，增长 19.5%。农业总产值 18.39 亿元，增长 25.7%；粮食总产量 1.26 亿千克，增长 16.2%。城镇居民人均可支配收入 19751 元，增长 18.7%；农民人均纯收入 9308 元，增长 21.1%。在第十一届全国县域经济基本竞争力与县域科学发展评价中，位列中国百强第 66 位。

转型项目建设取得新突破。2011 年，在全省率先成立 8 个专业招商局，新上亿元以上转型项目 19 个。全市形成了新型煤化工园区、现代制造业园区、高新科技产业园区、现代农业园区、现代服务业集中示范区，“五大园区”齐头并进、多元发展的现代产业新格局。

现代农业发展实现新跨越。2011 年，财政投入“三农”3.6 亿元，增长 20.6%。全市“一村一品”专业村 22 个，新发展标准化养殖小区 38 个，畜禽养殖出栏突破 4000 万头（只），肉禽养殖规模居全省前列。新发展日光节能温室、蔬菜大棚 520 栋。新增核桃林 3400 公顷，建成 154 千米核桃林循环公路。农机耕种收综合水平 76.7%，在全省率先基本实现农业机械化。

城市扩容提质达到新水平。2011 年，在全省县级率先编制完成《市域城镇化规划》。胜溪湖森林公园二期建成开园，湿地公园、孝河生态环境综合治理三期开工建设，“一河两岸、沿河环湖”发展格局基本形成。加快推进中心镇、村建设，梧桐新区初具规模，小学、卫生院投入使用，完成 70 万平方米居民新居建设。胜溪新村中小学校、10 栋 300 套居民安置房完工。西部山区整村搬迁进城入镇取得实质性进展。

市域生态环境得到新提升。2011 年，投入 1.36 亿元，新造生态林 8366.7 公顷，全市森林覆盖率 30.7%，城区绿化覆盖率 43.5%，人均公园绿地面积 12.5 平方米。投资 6 亿余元高标准推进城乡环境整治，城乡面貌发生明显变化。城区空气质量二级以上天数 357 天。荣获“国家园林城市”和“山西省宜居城市”称号，国家环保模范城市创建规划通过评审。

民生事业发展迈上新台阶。农村新的“五个全覆盖”工程深入推进，已完成农村街巷硬化 259 个村、1149 千米，完成农村便民连锁商店 47 个、农家书屋 109 个，农村文化场所和农村体育场所分别完成 37 个、211 个，均提前实现全覆盖。新型农村社会养老保险参保率 93.5%。科教文卫等社会事业加快发展，启动名校集团化办学，教育教学质量持续提升。全面实施医药卫生体制改革，399 个医疗机构全部实现药品零差率销售。新型农村合作医疗基本实现全覆盖，城乡低保实现应保尽保。

【经济大事简介】 ①新型煤化工园区成为全省两个焦化集中示范区之一。②在第六届中博会上签订了总投资 1454.3 亿元的 12 个转型项目，有 8 个开工建设。③兴安化工二期建成投产，形成年产 300 万吨生产能力。④乐百利特 LED 一期工程实现试生产。⑤信发集团铝系综合循环项目奠基开工。⑥大象禽业 1 亿只肉鸡养殖加工和铭信禽业二期 2000 万只肉鸡养殖加工项目开工建设。⑦民生银行成功入驻孝义市。⑧吕梁市首家五星级酒店东兴帝豪投入运营。启动沃尔玛连锁超市项目。

（孝义市人民政府办公室）

汾 阳 市

【自然概况】 汾阳市位于山西省腹地，西依吕梁山，东濒汾河水。总面积 1179 平方千米。现辖 9 个镇 2 个乡 5 个街道，262 个行政村，37 个社区居委会。2011 年总人口 41.9 万人。

全境地势西北高、东南低，由西北向东南逐渐倾斜，平均海拔 1414 米。自然地形可分为山地、丘陵、平原，各占 1/3 左右。

历史名城。自春秋初叶（公元前 594 年）置瓜衍县始，历经战国兹氏、西晋之隰城、唐朝之西河、明清之汾州，至今已有 2600 余年历史，期间设郡、州、府治长达 1690 年。

文化强市。境内有杏花村等 3 处新石器遗址，有全国最高古塔“文峰塔”，全国第二大悬塑珍品金代建筑太符观，杏花村汾酒老作坊和北榆苑五岳庙等 726 处不可移动文物，各级文物保护单位 113 处，约占吕梁市重点文物保护单位总数的 1/3。曾孕育出唐代律诗鼻祖宋之问、明代数学巨匠王文素、当代中国油画之父卫天霖、联合国原副秘书长冀朝铸、著名导演贾樟柯等杰出人物。著名作家马烽在此写下了《我们村里的年轻人》等作品。

资源丰富。境内已探明煤炭储量 14.65 亿吨，已占用储量 7.99 亿吨，占探明资源储量的 54.6%。经资源整合，现有煤矿 4 座，汾西集团、煤运集团各拥有 2 座，全部处于待建状态。铁矿估算储量 10 万吨，铝土矿估算储量 1500 万吨。水资源总量 1.6 亿吨。耕地面积 4.5 万公顷，木材林、经济林和天然牧坡 4 万公顷，森林覆盖率 24.6%。

【经济发展概况】 2011 年，全市生产总值 118.21 亿元，比 2010 年增长 18.8%。财政总收入 23.28 亿元，增长 25.5%；一般预算收入 5.66 亿元，增长 19.4%。社会消费品零售总额 36.55 亿元，增长 17.8%。全社会固定资产投资 35.92 亿元，增长 61.6%。规模以上工业增加值 70 亿元，增长 34.7%。农村经济总收入46.98亿元，增长11%；粮食总产量1.88亿千克，增长2.2%。城镇居民人均可支配收入13880元，增长14.7%；农民人均纯收入7558元，增长20.5%。

*白酒产业稳居全省首位。*白酒产业是汾阳市传统的优势产业。2011年，汾酒及地方酒业产量7000万升，增长19.4%，稳居全省首位，纳税15.4亿元，占到全市财政总收入的66.1%。杏花村酒和竹叶青酒被评为国家地理标志保护产品。杏花酒业集中发展区是省重点项目，以中汾酒业10万吨白酒项目为主，有22个群体项目，总投资125.84亿元，已到位资金61.5亿元。杏花村新区建设也全面展开。

*煤焦化产业突飞猛进。*2011年，汾阳市焦炭产量358.8万吨，增长38.5%。三泉焦化工业园区是省政府确定的八大焦化工业园区之一，规划面积20.2平方千米。2011年，三泉焦化工业园区铺开6万吨马来酐等项目，全年工业总产值72亿元，增加值21亿元，上交税金2.05亿元。

*以汾州核桃为重点的特色农产品种植加工业名声远扬。*汾阳市农产品优势产业以国家地理标志保护产品汾州核桃种植、加工和育苗推广为重点。全市核桃经济林面积3.1万公顷，年产量3.5万吨，年出圃优质核桃苗木7000万株。核桃加工企业35个，年加工核桃3.5万吨。产品远销美国、英国、德国、法国、日本、加拿大等10余个国家，年出口创汇2500万美元。裕源、特达、山宝食用菌3个企业被命名为全国食品工业"优秀龙头企业"。

【经济大事简介】 ①杏花村酒业集中发展区快速推进。杏花酒业集中发展区被列为省重点项目，园区入驻企业7家，总投资126亿元，开工项目22个，到位资金61.5亿元，产业格局基本成型。②禹门河生态综合治理工程开工建设。一期工程概算投资1.26亿元，已完成投资7300万元。③先后引进中国西部家具商贸之都、兰天汽贸、黄河物流等8户企业落户，意向投资118亿元。④肖家庄科技工业园区启动运行。引进福蓝农业科技公司、固意特环保装饰公司等4户企业入驻，意向投资1.48亿元。⑤栗家庄食品工业园区巩固升级。在已有10余户企业的基础上，引进天园核桃等3个企业。裕源公司投资1.2亿元新建万吨核桃浆、菜用核桃仁系列产品加工项目，已完成一期工程。⑥积极组团参加产品推介会和洽谈会。先后参加了3次大型招商活动，前往10个省(市)开展名特优产品推介和招商合作洽谈，与多家公司达成合作协议，签约贸易额达4.5亿多元。⑦招商引资工作取得新成绩。先后邀请北京、广东、江苏等12个省(市)商会和经贸考察团前来汾阳市考察投资，与广东省商会签订战略合作协议，成为该商会第一家县级城市合作联盟单位。全年引资301.28亿元，实际利用外资19.32亿元。

(侯利军)

文水县

【自然概况】 文水县位于山西省中部，太原盆地西缘，吕梁山东麓。东隔汾河与祁县、平遥县相望，南与汾阳市接壤，西与离石区交界，北与交城县、清徐县相邻。全县东西长72千米，南北宽30千米，总面积1064.4平方千米。全县辖12个乡镇、1个办事处、1个省级经济开发区、199个行政村。2011年总人口42.4万人。

全县年均日照总时数2551.9小时，气温介于4℃～11℃之间，降水量450～700毫米，无霜冻期183天。

文水资源丰富，已探明矿产资源主要有煤、石灰岩、石英石、石棉、铅、银、石膏等，其中，西山煤田74平方千米，储量约14亿吨。砂储量1.6亿立方米以上。

【经济发展概况】 2011年，全县生产总值55.9亿元，比2010年增长7.1%。财政总收入6.34亿元，增长15.1%；一般预算收入2.23亿元，增长18.6%。固定资产投资23.04亿元，增长9%。社会消费品零售总额11.98亿元，增长14.1%。城镇居民人均可支配收入12901元，增长14.3%；农民人均纯收入5495元，增长21.1%。全县农作物播种面积3.8万公顷，粮食总产量25.7万吨。

*"三农"工作成效显著。*新农村建设再上新台阶。以"四化四改"和"五个一工程"为重点，25个重点推进村的规划编制、产业发展等基本完成。申报实施了农产品质量安全检验检测体系建设项目、整乡整建制玉米高产创建等7个项目，取得显著成效。实施小型农田水利建设项目、磁窑河整治及农村饮水安全工程等，解决了23个村2万人、2960头大畜的饮水安全问题。做好低收入农户冬季取暖用煤工作，完成供煤总量9.6万吨，到户率100%。加快实施全国(特色农业)服务业综合改革试点县项目，累计争取资金6387.1万元。

*工业经济逐步回升。*2011年，向上争取项目资金9480.7万元，协调银行贷款6000万元，涉及农、林、牧、水利、教育、卫生、城建、工业等方面，为文水的经济建设注入了活力。重点项目方面，加快推进31个市重点工程项目建设，完成投资67.34亿元，金地、海威、光华等8个项目视频连线全部开通并高效运转，特别是光华公司离心球墨铸管二期工程顺利投产，金地公司赤峪煤矿项目、海钢新区一期工程等取得突破性进展。主导产业方面，初步形成钢铁、化工、装备制造、农副产品加工、建材等为主的产业格局，主要产品价格呈上升趋势，产业发展形势逐渐好转。招商引资方面，先后引进山西金桃园公司物流项目、山西陆宇物流园区、山东六和集团与大象禽业畜禽产业服务项目、山西则天浆纸有限公司PCCP管项目及中国水电集团25亿元风电项目等，为县域经济发展积蓄了后劲。

*第三产业稳步发展。*一是旅游景点建设，启动了《旅游总体规划》修订工作。苍儿会生态旅游区、世泰湖被农业部、国家旅游局确定为"休闲农业示范点"。二是实施新农村现代流通服务网络工程建设，完成便民店现代流通网络体系建设18个，累计达到119个，农家店182个。三是建成家电下乡销售网点34家。

第六届中博会签约合作协议6个，总投资77.16亿元，引资54.83亿元。

【经济大事简介】 ①2011年3月6日，海威钢铁有限公司与首钢国际正式签订文水海威钢铁有限公司新区年产300万吨钢铁厂项目一期炼铁、炼钢及其公辅工程总承包合同。②2011年3月11日，农业部授予山西仙塔食品公司“全国农产品加工示范企业”称号。③2011年6月，山西则天浆纸有限公司与省水利建筑工程局PCCP管生产线项目正式签约。④2011年6月，文水县文东新区建设项目正式开工。⑤2011年6月，文水县政府与中国水电建设集团新能源开发公司风电项目签约。⑥2011年11月，山西金桃园太铁物流有限公司物流基地通车。⑦实施全国(特色农业)服务业综合改革试点县项目，争取资金6387.1万元。⑧加快推进31个市重点工程项目建设，完成投资67.34亿元，金地、海威、光华等8个项目视频连线全部开通并高效运转。

(文水县人民政府办公室)

交城县

【自然概况】 交城地处山西省中部，吕梁山东麓，晋中盆地西缘，是吕梁的东大门，太原的近郊县。全县辖6个镇4个乡148个行政村。总面积1822.1平方千米。2011年总人口23.2万人。

境内山多川少，山地面积占92.8%，平川面积仅占7.2%。

全县矿产资源富集且资源禀赋较高。已探明的矿产资源有煤炭、铁矿、石英砂、青石、铝矾土等30余种，煤炭储量33.4亿吨，焦煤、肥煤储量18亿吨，低硫低磷铁矿储量1650万吨，石灰岩、石英石、方解石等品位高、储量大。

全县森林面积9.3万公顷，牧坡草地6.7万公顷，林木覆盖率54%。水资源充沛，全县水资源量2.4亿立方米。

【经济发展概况】 2011年，全县生产总值70.96亿元，其中，第一产业增加值2.41亿元，第二产业增加值59.61亿元，第三产业增加值8.93亿元。财政总收入11.49亿元，一般预算收入4.18亿元。粮食总产量4.4万吨。社会消费品零售总额13.45亿元。城镇居民人均可支配收入1.3万元，农民人均纯收入5265元。工业总产值169.55亿元。农林牧渔业总产值4.10亿元。

农业特色有发展。坚持以特色产业带动农民增收，“红枣、核桃富民战略”稳步推进。全年新增核桃经济林733.3公顷，保有面积达到2400公顷。依托天骄、建丰等龙头带动，特色种植业、养殖业健康发展，全年发展设施蔬菜15.3公顷，新建移动大棚4.8公顷、现代化育苗中心4300平方米，养殖业产值1.53亿元。

工业生产上台阶。产业结构调整力度不断加大，产业转型步伐加快。全县煤焦、冶炼、装备制造、建材、化工、电力等传统产业质量提升，煤化工、医药化工、生物工程、新能源、新材料等新兴产业发育壮大。煤炭方面，汾西煤业集团的中兴煤矿和6座整合矿井，煤炭总产能990多万吨。焦化方面，全县有5户焦化企业，产能600多万吨。化工方面，在宏特、新天源、红星化工等骨干企业的带动下，宏特煤化工6万吨超高功率石墨电极、恩泽生物2000吨耐高温乳糖酶等转型项目竞相推进。铸造方面，全县共有铸造和机械加工企业170余户，兴龙铸造16万吨全自动静压造型生产线不断推进，鑫升机械10万吨机械设备制造生产线、国瑞5万根铁路机车车轴等项目竣工投产。玻璃制品方面，山西利虎玻璃(集团)有限公司是华北地区最大、山西唯一一家以生产销售浮法玻璃及其深加工产品的大型民营企业，公司现有浮法玻璃生产线8条，年产能2500万重箱。拥有玻璃钢化、热弯、夹层、中空、防弹等深加工生产线20余条，玻璃深加工能力300万平方米/年，两大主业年产值达18亿元，生产规模居全国同行业前茅。

文化旅游掀高潮。吕梁英雄广场、晋绥八分区革命历史纪念馆、华国锋骨灰安放地正式对外开放，掀起了红色人文旅游热潮。红柳湾漂流项目建成运营，果老峰水上乐园、山水村旅游开发项目开工建设，一改庞泉沟旅游沉闷的局面，开启了交城旅游新面貌。

【经济大事简介】 ①县城全力开展“大拆迁、大建设、大整治、大提升”活动工程，投资15.7亿元完成南环路、新开路南段、龙山大街、迎宾大道等18条道路改造及两侧整治。②总投资1600万元的城市发展规划馆建设工程已基本完成主展馆的硬件建设。③总投资5591.5万元的县城垃圾处理场前期准备工作基本完成，已申报省发改委等待批复。④投资估算2.8亿元、年引水4000万立方米的龙门渠引水工程正式开工建设。⑤总投资8.72亿元的柏叶口水库建设工程已完成大坝封顶，临时导流洞封堵，具备蓄水条件。⑥投资6119万元的职业中学新建校园一期工程主体工程已经完工，正在进行室内外装修，二期工程正在进行前期准备工作。⑦总投资2258万元的中医院门诊住院综合楼工程主体工程已经完工，正在进行室内装修。⑧投资近1000万元完成全县医疗卫生体制改革，基本医疗保障制度实现了全覆盖。

(李　祥)

兴　县

【自然概况】 兴县属吕梁市管辖，位于晋西北吕梁山脉北部西侧。东与岢岚、岚县接壤，南和临县、方山毗连，北与保德为邻，西经兴神黄河大桥与陕西省神木县相通。总面积3168平方千米，是山西省国土面积最大的县份。全县现辖7个镇10个乡、372个行政村、742个自然村。2011年总人口28.1万人。

兴县历史悠久。北齐设县，始称蔚汾；唐贞观元年(公元627年)，易名合河；金兴定二年(公元1218年)，改称兴州，寓意兴盛；明洪武二年(公元1369年)又称兴县至今。

兴县贫困程度较深。2001年位列山西省35个国家扶贫开发工作重点县之首，2011年再度被列为国家"连片特困区区域发展与扶贫攻坚"县。

兴县资源储量丰富。全县境内已发现煤炭、煤层气、铝土矿、含钾岩石等23种矿产资源。其中,煤炭预测资源储量461亿吨,查明资源储量136亿吨;铝土矿预测资源储量8.5亿吨,查明资源储量1.86亿吨;含钾岩石储量4.7亿吨,工业储量3.7亿吨。

【经济发展概况】 2011年,全县生产总值56.12亿元,比2010年增长23.7%。社会消费品零售总额4.35亿元,增长14.7%。固定资产投资完成30亿元,增长28.5%。财政总收入17.19亿元,增长160.5%;一般预算收入4.97亿元,增长175%。城镇居民人均可支配收入12544元,增长12.9%;农民人均纯收入2455元,增长19.8%。

2011年,重点项目建设推进迅速,共有17个项目被列为省、市重点项目,总投资172亿元,位居全市各县、市(区)前列。累计完成投资104亿元。其中,西山晋兴公司斜沟1500万吨矿井建成投产并实现产能。华电锦兴公司肖家洼1000万吨矿井场平完成,主井、副井、回风井、措施井累计掘进1.4万米,工业广场边坡治理完成60%。华润联盛公司关家崖煤矿、车家庄煤矿、峁底煤矿和金地煤业公司南窑煤矿改扩建工程进展顺利。华兴铝业兴县氧化铝项目桥梁、防洪堤坝、临时办公楼、详勘与试桩、临时水电工程全部完工,场地平整、西侧护坡抢险治理、倒班宿舍、综合仓库、厂区防洪、主干道排水、自备热电站、种分槽工程等均开工建设。金龙工贸公司60万吨水泥生产线项目投产。黄河杂粮深加工扩建项目、三星油脂植物油深加工扩建项目开始试生产,清泉醋业36000吨陈醋扩建项目开工建设。2万公顷核桃经济林项目完成3666.7公顷栽植任务。水资源综合开发利用项目开工建设加压泵站、调度中心。友兰中学一期工程建成投入使用。蔚汾河城区段清淤蓄水工程顺利启动。连城大道一期工程完成地下综合管沟3900米,铺油2.8千米。晋绥森林公园完成一期绿化253公顷。康宁220千伏输变电工程架设线路4千米。

(兴县人民政府办公室)

临　县

【自然概况】 临县位于山西、陕西黄河峡谷中部,吕梁山西侧。北靠兴县,东连方山,南接离石、柳林,西濒黄河与陕西佳县、吴堡相望。县域总面积2979平方千米。辖10个乡、13个镇、631个行政村、1027个自然村。2011年总人口58.3万人。

县境地势东北高西北低,最高海拔1924米,最低海拔657米,总体呈现"五山四沟一分平"的地貌特征。境内四季分明,光照充足,年均气温8.8℃,年均降水量518毫米,属典型的暖温带大陆性气候。

【经济发展概况】 2011年,全县生产总值40.58亿元,比2010年增长18.8%。财政总收入13.31亿元,增长102.7%;一般预算收入4.46亿元,增长90.7%。农民人均纯收入2658元,增长29.9%;城镇居民人均可支配收入10261元,增长18.6%。

具有建设大型焦煤基地的特殊优势。临县属河东煤田离柳矿区待开发区,含煤面积占全县总面积的86%,远景储量311.75亿吨,探明储量150.38亿吨,仅河东煤田三交矿区含煤面积就达500平方千米,探明储量72.3亿吨。煤质以焦煤、肥煤、1/3焦煤为主。全县现有矿井总数17对,规划设计产能4000万吨。此外,临县境内铝矾土、钾矿、石灰石储量丰富、品位高,特别是紫金山含钾岩石是全国稀有钾矿,总储量38.48亿吨,工业储量20.7亿吨,含钾9%~15.2%,紫金山区域为全国三大富钾矿之一,极具工业开发价值。

红枣产量大、品质优良。独特的气候条件使临县的红枣高产质优,营养保健价值高。红枣林遍及23个乡镇,总面积5.3万公顷。正常年景产量1.5亿千克,产值4.5亿元。形成天渊、鸿潮、天润等10多户红枣加工龙头企业,年加工转化能力6000万千克。

技能型人力资源充足。全县22万农村劳动力中有14万剩余劳动力,外出务工的在10万人以上。10万临县劳务大军走南闯北,其中70%的劳务人员有一技之长,足迹遍布全国各地。

【经济大事简介】 ①2011年1月10日,"临县2万公顷有机红枣认证启动仪式暨建设培训大会"在白文职业中学隆重召开。②2011年4月3日下午,国务院总理温家宝来临县考察,这是温总理第三次来临县考察。③2011年4月8日,山西大水网建设启动暨西山引黄灌溉工程开工仪式在八堡乡马家湾村举行。④2011年4月26日,临县至临汾天然气项目临县段工程启动。⑤2011年5月23日,临县人民政府、皖北煤电集团、新民能源集团新型煤化工项目合作框架协议签字仪式在太原举行。

(临县人民政府办公室)

柳　林　县

【自然概况】 柳林县1971年组建。全县总面积1288平方千米。辖8个镇7个乡257个行政村。2011年总人口32.2万人。

柳林地处吕梁山西麓,隔河与陕西省相望,为河东煤田腹地,是山西重要的主焦煤生产基地之一,境内储煤面积800多平方千米,探明储量54.3亿吨,远景储量100亿吨以上,其中4号优质主焦煤被誉为"国宝"。铝土矿、石灰石、铁矿石、紫砂陶土、煤层气等资源也很丰富。

柳林属全国五大产枣县之一,全县红枣成林面积1.9万公顷,年产量3000万千克,占山西红枣总产量的15%。主要品种"木枣"名列全国八大名枣之首,1998年农业部命名柳林三交镇为中国红枣(木枣)第一镇。

【经济发展概况】 2011年,全县生产总值232.77亿元,比2010年增长3.8%。财政总收入72.22亿元,增长39.4%;一般预算收入16.68亿元,增长34.2%。规模以上工业增加值 202.7 亿元，增长 13.8%。固定资产投资总额 79.7 亿元，增长 72.6%。社会消费品零售总额 22.44 亿元，增长 14.4%。城镇居民人均可支配收入 17997 元，增长 20%；农民人均纯收入 6399 元，增长 41.4%。县域经济综合实力位居中部百强第 29 位、全国第 191 位。

产业转型步伐加快。2011 年，71 个重点转型项目开工 68 个，完成投资 179 亿元，投资总额位居吕梁第一。涌现出总投资 150 亿元的联盛生态农业文化园区，总投资 300 亿元的高红工业园区，总投资 200 亿元的王家沟煤矸石综合利用示范园区，以及全省最大的煤矸石发电，华北地区最大的水泥生产等一批在全国都有重大影响的转型标杆项目。同时，兼并重组后的 26 对矿井，标准化建设步入全省领先水平，尤其是安全生产系数大幅度提升。以大井沟 480 万吨、凌峰 240 万吨、汇丰 200 万吨等一批骨干洗煤项目建成投产为标志，洗煤行业正在全面向“生产全封闭、污水全处理、厂区全硬化”目标迈进。以森泽 60 万吨阻燃新材料、磐龙 150 万吨建筑碎石及 50 万吨活性石灰一期生产线和润山、恒佳 2 个煤矸石制砖项目建成投产为标志，建材产业正在成为新的经济增长点。黄河旅游项目通过专家论证，昌盛田园宾馆建成投用，煤炭大酒店、汇丰大酒店等星级酒店加快建设，太中银铁路柳林客运站主体竣工，一批货运物流、工程建筑、中介机构等行业的兴起，标志着全县三产服务业发展正在进入全面提速阶段。2011 年，开工建设的大型农业园区 4 个。全年完成核桃林 4666.7 公顷、荒山绿化 2000 公顷、通道绿化 163 千米，并加快了 1.8 万公顷红枣林改良步伐。龙门垣核桃园区被国家林业局评为“三北防护林建设优质工程”。

城乡建设有力推进。2011 年，围绕“一核两区三中心”布局，着手进行县域总体规划的编制。县城建设先后完成贺昌大街一期改造、石家沟南路样板街、高速东出口绿化美化、城区铁路桥墩美化亮化、清河蓄水东延等重点市政工程。启动了毛家庄、锄沟、庙湾、青龙等 6 个“城中村”改造和北大街建设、东山新区建设前期工作。乡村建设重点实施了一批道路、农田水利、电力通信和产业基地等建设工程。以街巷硬化为重头的农村新的“五个全覆盖”目标任务超额完成。新农村建设的 10 个省级试点村和 108 个重点推进村“四化四改”、“七个一工程”建设任务全面完成。新增基本农田 500 公顷，新建农村饮水工程 20 处。

民生事业优先发展。2011 年，县财政直接用于教育资金达 4.56 亿元，总投资 5.28 亿元的新高中、新职中全部完工，总投资 10 亿元的联盛教育园区建设正在快速推进，毛家庄和锄沟 2 所标准化城区幼儿园开工建设，出资 665 万元扶持了 28 所城乡幼儿园建设。用于医疗卫生资金达 1.5 亿元，在县、乡、村三级卫生机构，全面实施基本药物零差率销售制度，全面实现了人员工资和公用经费缺口财政全额负担，全面进行了新一轮的场所维修和设施配备，基层医疗机构门诊费下降 30%，住院费下降 44%。用于城乡低保和各类社保资金达 7781 万元，在继续抓好城乡五大保险扩面提标的基础上，全面启动了孕妇、儿童、老人的医疗健康补助和城乡居民大病医疗统筹救助试点工作，全民意外伤害保险实现了全覆盖，5 万参合农民享受了免费体检，全县“零就业”家庭实现了动态消零。县财政补贴运费 370 万元，完成向低收入农户免费供应过冬用煤的任务。

（李德峰）

石　楼　县

【自然概况】 石楼县位于山西省西部中段，东依吕梁山，西濒黄河水，因境东通天山“石叠如楼”而得名。全县总面积 1808 平方千米。辖 4 个镇 5 个乡 134 个行政村、492 个自然村。2011 年总人口 11.3 万人。

【经济发展概况】 2011 年，全县生产总值 6.45 亿元，比 2010 年增长 20.8%。规模以上工业增加值 1.4 亿元，增长 41.8%。财政总收入 1.13 亿元，增长 88%；一般预算收入 5760 万元，增长 94.8%。全社会固定资产投资 6 亿元，增长 50%。农民人均纯收入 1800 元，增长 27.7%；城镇居民人均可支配收入 8504 元，增长 12.1%。社会消费品零售总额 1.5 亿元，增长 19%。

大力推进矿产资源开发，工业经济跳跃性发展。重点支持山西华润联盛赵家沟、介板沟煤矿基本完成标准化矿井建设，2 座煤矿上缴税费 7000 余万元，占全县财政收入的 62%，一跃成为县域经济的骨干企业。重点支持齐鲁水泥有限责任公司争取到省经信委年产水泥 300 万吨项目的批复。重点支持中石油集团投资 3.6 亿元，在石楼县开展煤层气勘探工作。初步探明煤层气储量 1300 亿立方米。全县资源开发进程加快，发展前景看好。

全力打造林果业、种植业、养殖业三大农产品绿色基地。林果业方面，实施红枣品质改良 666.7 公顷，新发展核桃 3000 公顷，全县红枣、核桃经济林面积分别达到 1.8 万公顷和 1.4 万公顷，形成沿黄乡镇红枣和中东部乡镇核桃两大经济林带。种植业方面，粮食总产量 3611.4 万千克。以谷子为主的小杂粮面积突破 6666.7 公顷。养殖业方面，培育生猪、家鸡、蜜蜂等养殖户 3200 余户。

大力推进林业产业化发展，生态建设成效明显。2011 年，以造林绿化为抓手，以集体林权制度改革为保障，初步构建以林木种苗、工程营林、林下产业和生态旅游为框架的林业产业体系。完成以柳石线通道荒山绿化为重点的造林绿化面积 4333.3 公顷，建成西卫、马村、罗村、东石羊 4 大育苗基地，林木育苗面积 540 公顷。注册二级以上资质造林绿化公司 8 个，组建绿化专业队 32 支。林下发展蚕虫、蜜蜂、土鸡养殖 337 户。全县二级以上空气质量天数首次达到 341 天。

【经济大事简介】 ①石楼华润联盛赵家沟、介板沟 2 座煤矿标准化矿井建设基本完成。②石楼齐鲁水泥厂 300 万吨干法水泥生产项目得到省经信委批复。③引进中煤集团与煜隆煤气化公司签订合作协议，并联合注册了股份制公司，开发煤焦化项目。④引进中石油集团完成投资3.6亿元，对石楼县煤层气资源进行勘探，已初步探明煤层气储量1300亿立方米，可开采储量650亿立方米。⑤第六届中博会上，共签约煤层气开发利用、液化煤层气、压缩煤层气和城市供气供热等4个项目，签约金额46亿元。⑥华润能源投资有限公司与县政府签订风力发电项目合作框架协议，计划投资25亿元，建设25万千瓦风力发电项目。⑦总投资2.5亿元的坪底水库被列为全省35个应急水库之一，由省水务投资有限责任公司出资建设。⑧新发展核桃3000公顷，全县核桃经济林面积达到1.4万公顷。

（石楼县人民政府办公室）

交口县

【自然概况】 交口县位于山西省中部西侧，吕梁山脉中段，全县总面积1258平方千米。辖7个乡镇、93个村委、381个自然村。2011年总人口12.1万人。

境内天然植被赋存较好，森林覆盖率33.8%，林木绿化率56.6%，居全省前列。是全国沙棘、汾州核桃和晋西小杂粮的主产区之一。

矿产资源主要有煤、硫、铁、铝、石灰岩、白云岩、耐火粘土等14种，且分布广、埋藏浅、易开采，尤以铝、镁资源开发潜力较大。

全县文物古迹众多，拥有云梦山、千佛寺、韩极石牌坊、金代大铁钟、红军东征总指挥部旧址、幸福泉、吴家大院等自然人文景观，在发展生态休闲旅游方面极具开发价值。

【经济发展概况】 2011年，全县生产总值33.13亿元，比2010年增长36.3%。财政总收入10.62亿元，增长272.2%；一般预算收入4.3亿元，增长209.2%。农林牧渔业总产值2.48亿元，增长6.9%；粮食总产量2.7万吨，下降2%。工业总产值61.84亿元，增长52%；规模以上工业增加值26.14亿元，增长75.3%。社会消费品零售总额3.14亿元，增长15.8%。城镇居民人均可支配收入12060元，增长15.3%；农民人均纯收入4127元，增长22.1%。

*产业集中度进一步提高。*资源整合中全县共保留8座煤矿，总井田面积59.5平方千米，总保有储量2.5亿吨，年产能510万吨。有机焦企业6户，年产能330万吨。冶炼铸造企业10户，年产能200万吨。利用焦炉、高炉煤气配套发电机组15户，总装机容量12.6万千瓦。农产品加工龙头企业10户，产品有7大类20多个品种，年产能6万吨左右。

*全力实施项目牵动战略。*2011年，省、市23个重点工程项目投资133亿元。信发氧化铝一期项目建成投产，旺庄130万吨二期60万吨焦化技改、兴荣550立方米高炉技改、同兴公司铸造基地等项目取得实质性进展。以资源换资本、换项目，推行煤炭企业新上非煤项目保证金制度。

*不断优化发展环境，扩大招商引资。*先后有北京华瑞世纪集团、山西能源产业集团、华润集团、信发集团、山西煤炭运销集团、浙江六合盛房地产集团、晋铝耐材公司等一批大型企业入驻交口，2011年协议引资约70亿元。

【经济大事简介】 ①全面落实各项惠农政策，投入3000万元对农业进行补贴。②信发氧化铝一期项目建成投产，旺庄130万吨二期60万吨焦化技改、兴荣550立方米高炉技改、同兴公司铸造基地等项目取得实质性进展。③大力开展“三项整治”活动，启动国家级卫生县城、国家园林城市、省级文明和谐城市“三城同创”，累计投入资金近4亿元，城乡面貌明显改观。④完成市政公用设施建设投资6850万元，城镇化率提高2.3个百分点。⑤县一中、二中分别与怀仁一中、太原师院附中签订联合办学协议。

（交口县人民政府办公室）

方山县

【自然概况】 方山县位于吕梁山中段西翼。东临娄烦县、交城县，西靠临县，南和离石区相连，北与兴县、岚县接壤。全县辖5个镇2个乡，169个行政村。总面积1434.1平方千米。2011年总人口14.5万人。

方山县历史悠久，西汉置皋狼县，距今已有2000多年历史，后来几次与离石分合，1971年恢复县置。

境内北川河纵贯南北，七大沟横卧东西。有充足的水资源，横泉水库库容8000万立方米，可为离石、柳林等地提供充足的水源。

矿产资源有煤、铁、铝矾土、稀土等30余种。

境内有国家级风景名胜区北武当山、国家级自然保护区庞泉沟，号称“塞北小西藏”云顶山亚高山草甸和高峡出平湖的南阳天池等24处景观。

【经济发展概况】 2011年，全县生产总值26.26亿元，比2010年增长12.7%。财政总收入7.19亿元，增长41.8%；一般预算收入2.49亿元，增长48.8%。社会消费品零售总额5.69亿元，增长16.1%。全社会固定资产投资17.2亿元，增长27.4%。城镇居民人均可支配收入12894元，增长15.7%；农民人均纯收入2552元，增长27.5%。粮食总产量3079.6万千克，农业总产值2.22亿元。

*农业生产注重特色。*以片区扶贫产业开发为抓手，大力推进以土豆、蔬菜、核桃、养殖等为主的“一村一品”增收工程。发展优质土豆2666.7公顷、设施蔬菜21公顷、核桃1333.3公顷、养牛1.6万头，有效增加了农民收入。大力扶持以广汇、祥农、兰花花等为主的农业龙头企业，发展订单农业1730公顷。

*工业经济开始转型。*列入市重点工程31个项目，完成投资40亿元。加大对煤、焦、铁、水泥等传统产业的技术改造力度，促进产业升级，实现经济转型。霍州煤电吕梁山公司形成采煤—洗煤—煤矸石发电—粉煤灰制砖产业链条，新星冶炼集团以煤为基、多元发展，形成“煤—焦—铁”、“煤—焦—建材”、“煤—焦—化—供气供热发电”产业链，有效提高了产品附加值和资源综合利用率。总投资近11亿元的汇丰新星、金晖瑞隆120万吨项目改扩建工程、金晖凯川90万吨项目

改扩建工程顺利进行。华润集团、国新能源投资15亿元与中盛水泥合作建设年产500万吨水泥熟料项目,正式开工建设。

【经济大事简介】 ①新高中建设于2011年9月1日奠基。②城区商贸大市场建设项目前期规划、设计全面完成。③投资3000万元,实施“两街、两路、一区域”改造工程,完成积翠样板街、积翠公园、国旗广场等工程的综合改造。④北川河综合治理工程全面铺开。⑤天然气进城工程完成投资3802万元,城区管网完成7千米,入户工程已进入施工阶段,完成门站及加气站选址工作。⑥廉租房建设完成2万平方米、400套。⑦总投资1.1亿元的太佳高速出口至城区连接线建设工程前期准备工作就绪。⑧农村街巷硬化完成145个村、1101千米。⑨总投资14.8亿元的秋水潺湲旅游度假村建设项目和总投资25亿元的国电电力山西新能源开发公司20万千瓦风力发电项目成功签约。

(韩建忠)

中 阳 县

【自然概况】 中阳县位于山西省西部、吕梁山脉中段西麓,黄河支流三川河上游的南川河流域,平均海拔1473.4米。是全国著名的剪纸艺术之乡,“三晋百宝”之一的柏籽羊原产地,也是全省重要的煤炭、钢铁、核桃基地。现辖5个镇2个乡100个行政村。总面积1441.4平方千米。2011年总人口14.2万人。

境内生物资源有甘草、茯苓等300多种中草药材和包括国家一类、二类保护动物褐马鸡、金钱豹在内的上百种野生动物。

矿产资源有煤、石英等20多种矿产资源。全县含煤面积450平方千米,探明储量49亿吨。

自然人文景观众多,可供旅游开发的有柏洼山、车鸣峪沟谷、上顶山和黄土公园四大景区。

【经济发展概况】 2011年,全县生产总值78.03亿元,比2010年增长15%。工业总产值173.89亿元,增长38.4%。财政总收入17.94亿元,一般预算收入5.02亿元,分别增长71.6%和58.5%。农林牧渔业总产值1.85亿元,增长17.7%。社会消费品零售总额8.97亿元,增长24.2%。城镇居民人均可支配收入13286元,农民人均纯收入3728元,分别增长13.8%和18%。

*项目建设力度加大,发展后劲增强。*2011年,总投资200亿元的27个工业项目,开工26个,建成6个,完成投资50亿元。其中,梗阳煤矿建成投产,鑫隆、沈家峁两对矿井具备投产条件,全年原煤产量达到905万吨。投资20亿元的中钢一体系升级改造项目,进入钢结构安装阶段。投资25亿元的福裕煤化工项目,洗煤一期225万吨具备投产条件。商贸、物流等服务业加快发展,第三产业产值8.06亿元,增长10.4%。节能降耗和环境保护积极推进,关闭淘汰中钢2×405立方米高炉、4×20吨转炉和桃园公司机立窑生产线,万元生产总值综合能耗下降4.6%,二氧化硫、化学需氧量等污染物减排任务圆满完成,综合污染指数下降18.5%,城区二级以上天数339天。

*“三农”工作全面加强,农业基础地位进一步巩固。*新栽优质核桃2000公顷,核桃面积累计达到1.2万公顷,核桃产量300万千克。实施340省道、西山循环路通道绿化57千米,绿化荒山2666.7公顷,绿化园林村20个,实现了荒山生态林、山地核桃林“两个基本覆盖”。稳定粮食种植面积,粮食产量2158.5万千克。新农村建设扎实推进,12个重点推进村完成“四化四改”、“五个一”工程年度任务。各项惠农政策全部落实到位,兑现粮食、农机具、退耕还林等补贴2100万元。

*基础设施建设稳步推进,发展环境日益优化。*交通方面,关西公路、朱赵公路和暖泉镇街路一体化改造工程建成通车,万年饱—吴家峁、闹泥—韩家山2条运煤专线完成审批手续,道棠—谷罗沟的东山绕城过境公路前期工作迈出实质性步伐。农村街巷硬化964千米,在全市率先实现全覆盖。水利方面,建成饮水安全工程20处、淤地坝6座,新打旱井200眼,新增耕地93.3公顷。电力方面,枝柯、武家庄110千伏变电站二期增容改造工程顺利完工,城南110千伏变电站实现“三通一平”,下枣林110千伏变电站完成环评批复。城建方面,实施城建重点工程15项,其中,滨河西路、中钢大道南延完成一期工程,东岔、南岔道路改造工程竣工通车;一中经济适用房开工建设,惠民小区一期2.3万平方米廉租房基本完工;城区集中供气、排洪排污管网完成铺设;中钢公司投资近2亿元的县城供热工程建成投运。扎实开展环境卫生、交通秩序、街道装饰“三项整治”活动,城乡环境面貌得到改善,顺利通过“省级卫生县城”达标验收。

*社会各项事业全面发展,群众生活水平稳步提高。*大力发展教育事业,“学前教育行动计划”全面启动,星宇幼儿园新建工程开工建设。中小学公用经费增加,1926名农村寄宿制学生享受到县财政50%的食宿补贴,职业中学学生实现免费入学。高考质量稳步提升,中考4项指标综合排名位居全市前列。医疗卫生体制改革深入推进,乡镇卫生院人员工资全额纳入财政预算,基本药物实行零差率销售,单处方平均降价25%。农村合作医疗全年补偿27096人次、1897万元。计生服务水平全面提升,荣获“全国计划生育优质服务先进县”称号。养老、医疗、失业、工伤等保险覆盖面扩大,新型农村、城镇居民社会养老保险顺利启动,参保人数分别达到42391人和11760人。低保对象实现应保尽保,城市和农村低保标准分别达到140元和90元。认真组织低收入农户冬季取暖用煤供应,免费发放3.6万吨。文化体育事业健康发展,新建农家书屋57个,健身场所10个,文化体育场所实现了行政村全覆盖。

【经济大事简介】 ①在第六届中国中部投资贸易博览会上,签约5个项目,拟引资额47.5亿元。②在第二届中国(山西)特色农产品交易博览会吕梁市核桃红枣优质产品推介会上,慧仁食品有限公司与山西太原梗生贸易公司签约投资4000万元的合资项目1个，与青岛春城食品有限公司签约1490万元的购销合同。③荣获国家计生委颁发的“全国计划生育优质服务先进县”称号。④荣获“省级卫生城市”称号。⑤2011年共完成农村街巷硬化964千米，在全市率先实现全覆盖。⑥中钢公司投资近2亿元的县城供热工程建成投运，城区集中供热面积达到80%。

（中阳县人民政府办公室）

岚县

【自然概况】 岚县地处晋西北黄土高原，吕梁山北部，汾河上游。北靠岢岚，西接兴县，东邻静乐，南连娄烦、方山。辖4个镇8个乡1个城区管委会、167个行政村、334个自然村。总面积1512平方千米。2011年总人口17.5万人。

岚县地处高寒山区，平均海拔1500米，年均气温6.8℃，年均降水500毫米，年有效积温2948℃，无霜期120天左右，森林覆盖率28%。

境内土地较为平坦，有耕地4.2万公顷，其中，旱平地1.3万公顷，是吕梁山区最大的一块平地。种植业以马铃薯、玉米、谷子为主，经济林以仁用杏为主，畜牧业以羊、牛为主，是国家生态环境建设重点县、山西省生态建设红旗县、雁门关生态畜牧经济区项目县。

岚县境内矿产资源丰富，已探明具有开采价值的矿产资源有煤、铁、锰、大理石、花岗岩等25种，尤以煤、铁资源为最。铁矿总储量20亿吨，其中，袁家村铁矿探明储量13.6亿吨，为全国最大的单体铁矿，第二大露天铁矿。煤田总面积175平方千米，探明储量41亿吨，属优质动力煤。石灰石储量4.9亿吨。水资源总量8578万立方米。

【经济发展概况】 2011年，全县生产总值12.79亿元，比2010年增长12.1%。财政总收入3.76亿元，增长120.9%；一般预算收入1.81亿元，增长112.7%。全社会固定资产投资47.2亿元，增长144.9%。城镇居民人均可支配收入11959元，增长16.7%；农民人均纯收入2851元，增长28.9%。

大项目建设扎实推进。2011年，依托资源优势，坚持以资源换资本、换项目、换产业、换技术的原则，紧紧围绕总投资205.3亿元的26个重点项目，全力推进，年内完成投资78.6亿元。太钢袁家村铁矿采选项目建设主体完工，即将投产。200万吨球团项目快速推进。金隅日产2500吨干法水泥、正利150万吨煤矿建成。昌恒、龙达、同安3个90万吨煤矿项目进展顺利。

招商引资成果丰硕。2011年，进一步加大招商引资力度，取得前所未有的丰硕成果。特别是与华电集团、澳洲银丰集团和皖北煤电集团等七大企业集团签订了煤化工、装备制造、现代农业、生态旅游、城市开发等方面的战略合作框架协议，实施了资源型企业“五个一工程”一揽子项目计划，签约总投资1128.38亿元，全面铺开了千亿元项目摊子，为“十二五”转型跨越发展奠定了坚实基础。

“三农”工作成效明显。紧紧围绕“强基础、调结构、兴产业、抓龙头、促增收”这一目标，狠抓落实。全县马铃薯种植面积1.7万公顷，总产量35万吨；以马铃薯为主的“一村一品、一县一业”已具雏形，被省政府确定为“全省马铃薯生产示范基地县”。投资1.52亿元完成通道绿化、荒山绿化、村庄绿化等十大造林绿化工程，被省政府授予“全省造林绿化先进单位”称号。新农村建设取得新进展，涌现出兰家舍、西村、上明、吴家沟等一批新农村建设典型。

基础设施日臻完善。2011年，扎实开展环境卫生、街道装饰、交通秩序“三项整治”，成功创建了省级卫生县城，获得“全省城乡清洁工程先进县”、“2011年中国管理创新示范城市”等6项称号。

民生事业持续改善。千方百计筹措资金，集中解决群众最关心、最直接、最现实的民生问题。2011年，总投资2.95亿元的30轨制岚县中学新校区建设项目一期工程主体完工。山西岚县张民觉教育基金会对高考、中考成绩优异的学生和优秀教师给予244万元的奖励。基层医疗卫生机构全部实行了国家基本药物制度。招聘基层医技人员111名。按照二甲医院的标准，开工建设岚县人民医院。拍摄完成专题片《岚之风》。热电联产集中供热项目主管网全部完成，开始对城区32万平方米区域供热。城区天然气开发利用项目完成25.8千米长输管网和18.3千米城网一期工程，部分区域开始供气。

【经济大事简介】 ①2011年4月2日温家宝总理来岚县视察。②省重点项目——年采选铁矿石2200万吨、精矿粉750万吨的太钢袁家村铁矿采选项目建成。③全县马铃薯种植面积1.7万公顷，总产量3.5亿千克，以马铃薯为主的“一村一品、一县一业”已具雏形，被省政府确定为“全省马铃薯生产示范基地县”。④2011年完成生态造林5773.3公顷，被省政府授予“全省造林绿化先进单位”称号。⑤山西岚县张民觉教育基金会成立。⑥岚县被列为吕梁市资源型经济转型综合配套改革试点县。

（张志亮　李茂山）

临汾市

【自然概况】 临汾市位于山西西南部，汾河之滨，为“两山夹一川”地形，属温带大陆性气候，四季分明，雨热同期，土地肥沃，物产丰富。现辖1个区2个市14个县和2个省级经济技术开发区。总面积20275平方千米。2011年总人口434.5万人。

历史悠久、文化灿烂。10万年人类诞生之源在临汾，5000年华夏文明之宗在临汾，600年大槐树移民之根在临汾。据统计，元代以前地上文物资源山西占全国总量的70%，临汾占山西的30%。

自然风光独具风情。临汾有气势磅礴、象征中华民族精神的黄河壶口瀑布，有大自然鬼斧神工、精雕细刻的七里峪、舜王坪等等，置身其中，令人流连忘返。勤劳智慧的临汾人，挟天地灵气，承唐尧古风，把深厚的文化底蕴发扬光大。戏曲梅花蜚声中外，威风锣鼓响彻东方，剪纸工艺传遍四海，天塔狮舞名扬神州。

区位独特，交通便捷。临汾地处晋陕豫黄河“金三角”区域的中心。所辖侯马市是中国四大货运中心之一，拥有保税物流区、海关、商检等直通国外的商贸平台，是华北地区的“旱码头”。

资源丰富，品种多样。临汾已探明矿种38种。煤炭资源最为著名，储藏面积1.5万平方千米，占全市总面积的75%；总储量960亿吨，占全省的23.7%。且煤层厚，埋藏浅，易开采，是全国三大优质主焦煤基地之一。除煤炭之外，铁矿是临汾的第二大矿产资源，储量4.2亿吨，富矿占全省的70%以上，生铁产量占全省的43%。大理石、石膏等资源在全省也占有重要位置。

农业资源异常丰富。临汾素有“棉麦之乡”和“膏腴之地”美誉。盛产小麦、棉花、玉米、谷子、烟叶、西瓜等，粮食总产量占全省的15%左右，其中，小麦占全省的35%以上。东西两山干鲜果品种多、产量大，林牧业相对发达，有115个农产品获得国家绿色认证。

【经济发展概况】 2011年，全市生产总值1136.06亿元，比2010年增长15.3%。规模以上工业增加值688.4亿元，增长23.6%。财政总收入188.41亿元，增长17.5%；一般预算收入89.11亿元，增长18.1%。全社会固定资产投资645亿元，增长35.1%。城镇居民人均可支配收入18924元，增长17.2%；农民人均纯收入6084元，增长15.1%。

转型发展步伐加快。2011年，以“转型”为中心，在区域布局上突出“百里汾河新型经济带”和山西国际陆港园区两大重点，大力扶持板块经济。“百里汾河新型经济带”建设迈出重大步伐。成立了管理机构，编制完成规划方案。汾河城区段生态修复一期工程完成。洪洞赵城煤化工园区、曲沃优特钢循环工业园区和侯马高新技术电子工业园区建设稳步推进。山西国际陆港园区建设全面铺开，落户企业达28家，成为全市开放型经济发展新亮点。在结构调整上，突出抓循环、抓高端、抓延伸，三次产业结构加速优化。

现代高效农业快速发展。2011年，粮食总产量21.46亿千克。建设省级“一村一品”专业村200个，新增设施蔬菜3333.3公顷、水果8866.7公顷、中药材2200公顷，肉蛋产量分别增长11.4%和6.6%。

传统产业改造和新型产业发展取得重大进展。煤矿企业兼并重组基本完成。尧都、古县、安泽等焦化整合顺利推进。翼城舜达新型锻造基地建设初具规模。山焦60万吨烯烃项目开工建设。山西华翔年产35万吨精密铸件项目竣工投产。飞虹微纳米一期顺利完工。20个市级工业园区销售收入880亿元，占全市工业总产值的48%。

以旅游为重点的现代服务业健康发展。成功举办洪洞大槐树祭祖节、安泽荀子文化节等节庆活动。全年旅游综合收入121.4亿元，比2010年增长25%。

城乡面貌明显改观。坚持城乡一体，统筹发展。2011年，市区旧城改造和新城建设步伐加快。五一路立交桥主体完工，五一路道路改造、西关桥西延道路一期竣工通车，汾河公园全面建成并向市民开放。公厕建设荣获“中国人居环境范例奖”，在世界厕所峰会上获国际设计大奖。市区框架进一步拉大，功能更趋完善，城镇绿化覆盖率、生活垃圾无害化处理率、集中供热普及率、燃气使用普及率大幅提升。综合交通运输体系建设成效显著。祁临高速临汾北环段、京昆与青兰高速临汾联络线、临吉高速等基本完成。临汾民航机场，大西、中南、张台铁路进展顺利，霍永高速快速推进，新改建县乡公路1018千米。农村新的“五个全覆盖”方面，改造硬化农村街巷1.3万千米，新建农村便民连锁商店796个，完成农村文化活动室2968个，农家书屋955个，农民休闲健身场所963个。中等职业教育免学费实现全覆盖。新增新型农村社会养老保险试点县7个，总数达到12个。240个新农村建设重点推进村“四化”、“六个一”工程和20个精品示范连片区建设任务全面完成。整村推进87个，移民搬迁5200人。

改革开放深入推进。《资源型经济转型综合配套改革试点行动方案》编制完成。“一市一县”“一市两园”“一县一企”试点工作扎实推进。乡镇机构改革、医疗卫生体制改革、文化体制改革顺利实施。侯马城乡一体化综合配套改革、安泽新农村建设综合改革取得重大进展。集体林权制度改革，完成勘界确权69.8万公顷，明晰产权率98.7%。国企改革取得新进展，顺利完成临纺等5户企业政策性破产。对外开放水平不断提高，参加“中央企业合作发展恳谈会”、“江浙沪”推介会、第六届中博会等大型招商引资活动，引进到位外来资金248亿元，签约资金2851亿元，开放型经济迈出新的步伐。

环境保护成绩显著。深入开展工业污染治理、城市环境综合整治、农村生态环境保护、水环境治理和蓝天碧水扩容提质五大行动，成功创建省级环保模范城市。新建垃圾处理场10个，建成并投入运营污水处理厂19座。三大水系生态治理取得明显成果。新完成营造林4.7万公顷。节能减排任务全面完成。全市城区空气质量全部达到国家二级标准，市区二级以上天数339天。地表水环境质量持续改善，汾河临汾段主要污染物出境浓度持续下降，市区饮用水质达标率100%。洪洞县被评为全国首批资源集约节约模范县。

民生状况持续改善。临汾一中高中部投入使用，农村义务教育经费保障机制全面落实，300所标准化学校建设、27所公办幼儿园和5所特教学校新建、改扩建全面完成。高考二本B类以上人数首次突破万人大关，总达线率29.8%。临汾新医院主体完工，市人民医院重新跨入“三甲”行列，28个卫生国债项目顺利推进，基本药物制度全面实行，全市新农合参合率97.9%。五大社会保障体系进一步完善，新增城镇就业4.6万人，下岗失业人员再就业1.1万人，转移农村劳动力4.8万人。开工建设保障性住房4540套，完成农村危房改造5700户，落实廉租房租赁补贴562户，907户中低收入家庭喜迁新居。建立物价上涨与社会救助和最低生活保障联动机制，为困难群众发放临时价格补贴5206万元。

（临汾市人民政府办公室）

临汾市尧都区

【自然概况】 尧都区位于山西省中南部，因4700多年前帝尧建都于此而得名。现为临汾市政治、经济、文化、商贸中心，是山西省重要的煤化工生产基地。辖区总面积1304平方千米。辖6个乡、10个镇、9个办事处，372个行政村、43个社区居委会。2011年总人口95万人。

【经济发展概况】 2011年，全区生产总值229.84亿元，比2010年增长16.1%。规模以上工业增加值80.4亿元，增长24.6%。财政总收入30.65亿元，增长26.4%；一般预算收入10.7亿元，增长15.2%。全社会固定资产投资131.6亿元，增长25.2%。社会消费品零售总额141.12亿元，增长18.1%。城镇居民人均可支配收入18924元，增长17.2%；农民人均纯收入7707元，增长15.3%。

*狠抓经济结构调整，转型步伐明显加快。*抢抓发展机遇，加快经济结构调整，三次产业比例3.7∶41.2∶55.1。“三农”工作不断加强。2011年，全区粮食总产量2.53亿千克，再创历史新高。投资6000万元，尧王台现代农业示范区12栋、4.2万平方米智能联栋温室建成使用。投资1.2亿元的汩河水库除险加固等9个农业基础设施项目全面完工。投资6100万元新建改建农村公路142千米。投资1200万元完成安全供水工程23处。新农村49个重点村和2个连片区建设扎实推进。新的“五个全覆盖”工程年度任务超额完成。明确提出建设贾得工业、汾河煤电化工两大工业园区。贾得工业园区勘察测量工作全面完成，园区规划编制已经启动。中煤煤化工项目确定落地，300万吨钢铁项目正在洽谈之中，协调光宇公司引进荷兰里奥集团、韩国马太科技公司LED照明项目。煤炭工业稳步发展，全年原煤产量突破550万吨，创10年来最高水平。乡村利益协调、矿区环境整治工作取得明显成效。第三产业日趋繁荣。建军钢材市场扩建工程全面完工，山西美特好商业集团入驻建设，奥特莱斯芭蕾雨、嘉励城市综合体、临汾建材家居博览城、生龙国际商贸城等一批重大项目达成落地协议。

*坚持城乡统筹发展，城乡面貌明显改观。*东城建设扎实推进，东城控规修编工作已经完成。尧都公园、东城医院、东城学校、职业技术学校以及五一东路东延、北外环、二中路拓宽改造前期工作全面完成。还迁房建设步伐加快，筹资1.02亿元，彻底解决了东城还迁小区问题。河西滨西佳园一期工程、漪汾花园还迁工程顺利启动。城乡环境明显改善，全面开展城乡环境综合整治，累计投资1600余万元，清运垃圾49万立方米。大力实施秋冬季大绿化，筹资3600多万元，绿化道路193千米、景点16万平方米，植树造林256万株。节能减排达到预期目标，市区二级以上天数339天。

*招商力度空前加大，项目建设有效推进。*2011年，研究制定优化环境和招商引资“双十条”政策。创新项目推进机制，全区104个重点项目，当年完成投资64亿元。加大招商引资力度，全年招商引资签约资金560多亿元。成功举办上海、日照、青岛三地大型招商推介活动，共推介项目56项，签约48项，签约资金368.6亿元，创尧都招商引资历史之最。

*强化安全隐患整治，安全形势稳定好转。*全年共排查整治隐患12000余条。组织开展打击私挖盗采专项行动，实行举报重奖制度，严厉打击黑老板和幕后组织者，先后抓获非法采矿人员190人，炸毁、封堵私开坑口960余处。

*大力发展社会事业，民生得到有效改善。*投资1500万元并争取中央资金6500万元，启动了新型农村和城镇居民社会养老保险试点工作，率先在全省实现了城乡居民养老保险全覆盖。全区六大社会保险参保26万人，新农合参合率98.7%，2.6万城乡低保对象实现了应保尽保。

（尧都区人民政府办公室）

侯马市

【自然概况】 侯马市位于山西省南部，临汾盆地南端。东与曲沃县毗连，西与新绛县接壤，南依紫金山与闻喜县、绛县为邻，北隔汾河与襄汾县、新绛县相望。东西长17.5千米，南北宽16.5千米，总面积220.1平方千米。辖3个乡、5个街道办事处、77个行政村、27个社区居民委员会。2011年总人口24.2万人。

浍河贯穿市境12千米，河宽30米；汾河纵贯本市15千米，河宽300米。属暖温带大陆性气候，四季分明。土地肥沃，水利、气候条件较好，盛产小麦、棉花、玉米、薯类等。

【经济发展概况】 2011年，全市生产总值83.9亿元，比2010年增长15.5%。财政总收入7.09亿元，增长17.1%；一般预算收入3.41亿元，增长16.1%。规模以上工业增加值35.8亿元，增长24.9%。固定资产投资34.2亿元，增长24.2%。社会消费品零售总额51.71亿元，增长16.4%。城镇居民人均可支配收入16858元，增长14%；农民人均纯收入8360元，增长15.3%。粮食总产量7841.5万千克，与2010年持平。森林面积4420公顷，森林覆盖率20.1%。

*工业结构进一步优化。*重点企业不断壮大，规模以上企业产值过亿元的10户。新型工业化体系正逐步形成，新型工业化水平达到35%。园区建设扎实推进，编制了装备制造、冶金铸造、生态医药等园区规划，并顺利通过省经信委评审。金融机构授信额度38亿元，有效化解了企业融资难问题。工业化、信息化融合和科技创新工作顺利开展，全市有省级行业技术中心1个、省级企业技术中心4个，临汾市级企业技术中心3个。

*重点项目建设力度进一步加大。*2011年，投资在1000万元以上的各类项目45个，总投资139亿元，完成投资26.6亿元。参加西洽会、中博会、广州招商引资项目推介会，发布项目74个，签约项目13

个，总投资185.02亿元。

各项强农惠农政策进一步落实。2011年，财政支持“三农”资金2.64亿元，增长36.6%。现代农业快速发展，“一村一品”各类专业示范村39个，设施蔬菜面积616.7公顷，发展干果经济林393.3公顷，形成特色种养殖基地10个，取得农产品市场准入QS认证8个、著名商标1个、专利产品4个，林亨全鹿酒获第二届中国(山西)特色农产品交易博览会金奖。龙头企业不断壮大，“513”工程重点龙头企业年销售收入3亿元。各类农民专业合作社186个。流转土地1万公顷。农机总动力17.4万千瓦，抗旱灌溉面积7466.7公顷。新农村连片建设全面推进，农村便民连锁商店、农村文化体育场所、农村职业教育免费实现全覆盖。农民技术培训6万人次，新转移农村劳动力3000人。

商贸物流业规模进一步扩大。2011年，方略保税成功并购宝特国际，实现资源整合，优势放大，为陆港园区建设打下坚实基础。完成陆港园区规划设计，搭建高效灵活的融资平台，启动5平方千米起步区部分基础设施建设。通盛医药等一批现代物流企业快速成长，各类物流企业发展到218家。庆丰购物、居然家具一期、酒类批发市场等一批大型商贸企业投入运营，覆盖城乡的现代商贸服务体系正在加快建立。侯马农村商业银行挂牌成立，金融、评估等现代服务业加快发展，产业组织体系逐步形成。商饮企业改制全面完成。海关进出口总额5.66亿美元，增长12.2%。

城市扩容提质进一步深入。海军路北延、方略二期进站北路及合欢街、新田东路翻新等城市道路工程顺利完工。城区天然气管网实现全覆盖，天然气用户新增4000户，总数达到4.4万户。新铺设城市供水主管道21.6千米。新增绿化面积21.4万平方米，森林覆盖率20.1%，城市绿化覆盖率42%。全年空气质量二级以上天数364天，其中，一级天数180天。

社会服务体系进一步完善。2011年列入省级科技项目3项、临汾高级科技项目7项。基层医药卫生体制综合改革工作进展顺利，基本药物零差率销售实现全覆盖，市人民医院易地扩建工程建设顺利，张村社区卫生服务中心建设项目竣工，75个村卫生室达标建设顺利推进。城镇社会保障覆盖率92%。提供就业岗位13500个，城镇新增就业6160人，城镇登记失业率控制在2%以内。分配廉租房229套、经济适用房76套，有效解决了困难群众的住房问题。累计投入2000余万元保障城市集中供热正常运行，投入运费246万元向农村低收入家庭发放冬季取暖用煤2.9万吨，确保人民群众温暖过冬。

【经济大事简介】 ①2011年7月10日，总投资3亿元的山西韵德康精密机械铸造项目奠基，一期投入资金1亿元，进行年产20万吨精密铸件项目建设，二期、三期工程为精密机床整机生产项目。②2011年8月15日，山西方略保税物流中心二期工程暨山西国际陆港综合保税园区的核心功能区工程——山西方略国际陆港园区工程正式开工。③2011年9月21日，总投资9640万元、总建筑面积44195平方米的侯马职业中专学校异地建设项目主体工程全部封顶。④2011年10月12日，彭真生平暨中共太原支部旧址纪念馆侯马分馆彭真故居修缮工程奠基仪式在垤上村举行。⑤2011年11月26日，占地20公顷、设计总投资1.3亿元的侯马公路枢纽货运中心项目奠基，项目建成后将成为山西省南部最大的公路枢纽货运中心。

（侯马市人民政府办公室）

霍州市

【自然概况】 霍州市位于山西中南部，地处晋中、临汾交界，是临汾市的“北大门”。全市总面积765平方千米。辖3个乡4个镇5个街道办事处，199个行政村、34个社区居委会。2011年总人口28.5万人。

境内东北高、西南低，平原、丘陵和山地各占1/3。

霍州资源丰富，工业发达。煤炭保有储量55亿吨，探明储量的还有铁矿、石英砂、铝矾土等20余种。境内有山西兆光发电有限公司、霍州煤电集团、霍州发电厂、中冶焦化公司、湖北宜化霍州化工公司等大型企业20余家，年产煤炭800万吨，电力总装机容量300万千瓦。

霍州水资源较为丰富。汾河自北向南流经全市约30千米。霍山七里峪、陶唐峪、悬泉山的山涧泉水常年涌流不断。

霍州文物旅游资源得天独厚。全市共有重点文物保护单位106处，其中，国保单位4处、省保单位3处。最著名的是国家级重点文物保护单位、全国唯一保存完整的古代州级衙署——霍州署。中镇霍山七里峪被誉为“华北绿肺”、“天然氧吧”和“生物宝库”。

【经济发展概况】 2011年，全市生产总值78.06亿元，比2010年增长15.8%。工业总产值131.29亿元，增长28.9%；工业增加值55.88亿元，增长22.6%。固定资产投资65.45亿元，增长25.3%。社会消费品零售总额19.71亿元，增长17%。财政总收入15.78亿元，下降4.7%；一般预算收入7.29亿元，增长27.6%。城镇居民人均可支配收入17630元，增长15.9%；农民人均纯收入7617元，增长16.7%。农林牧渔业总产值5.81亿元，增长13%；粮食总产量6986.2万千克，增长1.9%。

转型发展步伐加快。坚持以煤为基，多元发展。工业方面，国电“上大压小”项目，完成投资15亿元，2台机组已安装就绪。什林煤矿90万吨技改项目，累计投资2.8亿元，年底竣工投产。力拓煤业90万吨技改项目，累计完成投资1.28亿元。华润集团35万千瓦风能发电项目正在进行风力测试。焦炉煤气提氢·天然气综合液化项目开工建设。中冶、霍化等原有骨干企业均保持了较好发展态势。农业方面，以三大基地为龙头的农业产业化建设扎实推进，西张垣现代农业生态循环示范园区初具规模，已建成高标准示范温室11棚、日光节能温室350余棚，水、电、路等基础设施配套到位。共发展500只羊场19个、千头猪场19个、万只鸡场21个、5组以上兔场42个。巩固提高了333.3

公顷核桃种植标准。强化农田水利基本建设，完成大张、张家楼533.3公顷中低产田改造和北村节水、测土配方施肥等项目。加快推进农村基础设施建设，完成8处农村饮水安全工程，解决了4个乡镇、10个行政村、5026人及358头大牲畜的饮水困难。新的"五个全覆盖"工程，完成街巷硬化671.9千米，建成农家书屋145个、农民体育健身场所110个、村级文化活动室99个，发展农村便民连锁店45家，农村新型养老保险参保率81%，中等职业教育为1330名学生免除学费130余万元。认真落实各项强农惠农政策，累计发放种粮补贴、家电下乡补贴等各类补助资金3200余万元。全面完成林权体制改革。

城乡面貌明显改观。鼓楼东大街开发完成3栋还迁楼和5栋高层商住楼主体工程。霍煤集团开元小区建设项目，12栋高层住宅楼主体封顶。建成劳动保障大楼和开元街道综合办公楼。永康北路建设已近尾声，南路正在加紧施工。霍东大道完成照明工程。中镇广场二期园林建设即将投入使用。热电联产首站建成，管网铺设正在进行。集中供热面积新增8万平方米，天然气、煤气扩户5000余户。龙口至段庄市乡公路改造全面完成。

环境质量大幅改善。全年万元生产总值能耗下降3.9%，二氧化硫、化学需氧量、氨氮化物分别削减2.9万吨、732吨和62.4吨，市区二级以上天数336天，连续3年成功创建省级卫生城市，荣获"中国绿色名市"称号。

民生状况持续改善。创业就业方面，全年新增就业岗位6939个，创业就业540人，下岗失业人员再就业1289人，转移农村劳动力4200人，城镇登记失业率控制在4%以内。社会保障方面，超额完成企保、医保等各类保险扩面征缴任务。成功争取为城镇居民养老保险试点县，60岁以上的城镇居民每月可领到至少55元的基础养老金。全市社会保障覆盖率98%。帮扶救助方面，强化城乡低保动态管理，继续实施四类困难家庭学生和农村80岁以上老人固定救助。完成500套廉租住房建设任务。

社会事业全面进步。2011年，完成校安工程扫尾、标准化学校配套、市一中学生公寓楼建设等工程，新建、改扩建幼儿园5所，撤并中小学校15所。继续加强科学技术普及和示范推广，科技贡献率达到40%。开元社区卫生服务中心全面完工。市人民医院顺利通过二级甲等医院评审验收。新型农村合作医疗参合率95.5%，共补偿减免医疗费用3000余万元，惠及22万余人次。

（霍州市人民政府办公室）

曲沃县

【自然概况】 曲沃县位于山西省南部、临汾盆地南端，同襄汾、翼城、侯马、绛县接壤毗连。县域总面积437.9平方千米。辖5个镇2个乡158个行政村。2011年总人口23.8万人。

境内土壤肥沃，交通发达，电力充沛，水资源丰富。历史上曾是春秋五霸之首晋文公建都之地，素有"桐叶封唐地，三晋发端处"之美誉。

【经济发展概况】 2011年，全县生产总值86.34亿元，比2010年增长16.8%。财政总收入6.4亿元，增长21.7%；一般预算收入2.28亿元，增长38.6%。农林牧渔业总产值17.74亿元，增长3.9%；粮食总产量1.77亿千克，增长3.1%。工业总产值207.04亿元，增长52.5%。社会消费品零售总额12.53亿元，增长16.3%。农民人均纯收入7600元，增长15%；城镇居民人均可支配收入17527元，增长17%。

工业经济实现突破。2011年，大力实施工业发展突破行动，千万吨级钢铁工业园区、马庄装备制造园区、山西国际陆港曲沃项目园区、华电曲沃煤电一体化循环经济产业园区和紫金山黄金开发产业园区等五大园区建设有序推进、梯次发展。特别是千万吨级钢铁工业园区建设成效明显，通才1860立方米高炉、150万吨双高线和立恒300万吨焦化一期等一大批重点工业项目快速推进。中宇钢铁公司与立恒钢铁公司战略合作，新中宇开始全面恢复产能，为打造"全省千万吨钢铁基地"奠定了基础。

现代农业快速发展。2011年，围绕打造全省最大的设施蔬菜基地，着力建设精品高效农业园区。依托曲村设施蔬菜产业建设的晋之源现代农业园区，投入3000万元，完成水、电、路等配套设施建设，园区大棚发展到500栋，面积167公顷，已逐渐成为继磨盘岭之后全省又一集高效农业、生态农业、观光农业为一体的现代农业发展的新典范和新亮点。通过园区引领、示范带动，以设施蔬菜为主导的高效产业得到较快发展，全县蔬菜大棚发展到6000栋，面积2000公顷。大力实施农产品品牌统一打造工程，对特色农产品以"晋沃"牌商标进行统一冠名、统一包装设计、统一对外宣传、统一市场销售。

城乡面貌明显改观。大力实施"城建靓县"战略，加快城乡扩容提质。2011年，城东新区开发进展顺利，贡院街东扩、吉祥路中段等新区主干道路相继竣工通车或开工建设，通涛花园、景泰·吉祥苑住宅小区和新乐昌中学、新职业中学、人民医院门诊楼等新区功能性设施配套工程正加紧建设。农村新的"五个全覆盖"工程全面实施，农村便民连锁商店、文化体育场所、新型农村社会养老保险、中等职业教育免费4项全部完成，提前一年实现了全覆盖。农村街巷硬化工程完成总任务的85%。

文化旅游加快发展。2011年，深入实施"文化立县"战略，推进以晋国博物馆文化旅游区为龙头，包括磨盘岭农业观光区、浍河自然风景区、景明生态旅游区、太子滩休闲度假区等景区在内的"五点一线"精品旅游带建设，平台效应进一步凸显，文化旅游业产值再创新高，达到3.64亿元。积极推行《曲沃县古建筑认领保护暂行办法》，西海龙王庙、神泉黄帝庙等一批濒危古建筑得到社会有识之士的认领保护和修复开发。

【经济大事简介】 ①中宇与立恒两大钢铁公司成功合作，新中宇开始全面恢复产能。②成功引进国内

500强、中国四大黄金生产企业之一的山东招金集团联合进行黄金产业开发。③曲沃县被确定为全省"一县一业"蔬菜示范基地县，全市设施蔬菜推进会在曲沃召开。④曲沃县跨入"省级卫生县城"和"省级文明和谐县城"行列。

（郝顺利　张国荣）

翼城县

【自然概况】 翼城县位于山西省南部，临汾市东南隅。县域总面积1170平方千米。辖4个乡6个镇、211个行政村。2011年总人口31.4万人。

境内平川、丘陵、山区大体各占1/3，地势由东北向西南倾斜。海拔475～2358米。

翼城属暖温带大陆性气候，年均日照时数2408.7小时，年均气温11.8℃，年均降水量510～585毫米，年河川径流量0.87亿立方米。全县水资源总量1.48亿立方米。

翼城有华北地区最大的自然保护区——历山舜王坪风景旅游区。地下资源丰富，尤以煤、铁为最。煤炭已探明储量19.95亿吨，铁矿已探明储量1.5亿吨。工业主导产业为钢铁、铸造、煤炭、纺纱。现有冶炼、铸造企业17家，150万吨炼轧钢生产线一条，年产优质生铁360万吨、钢150万吨、材150万吨、各类铸件25万吨。有煤矿13座，年设计生产能力990万吨。有纺纱企业8家，纺纱年生产能力10万锭。

农业产业以粮、果、菜、畜为主，是全国商品粮基地县、山西省果品生产10强县、全省瘦肉型商品猪基地县和新兴优质奶牛养殖县。现有29家农副产品加工龙头企业，其中，大众公司被列入国家级农业产业化龙头企业。

【经济发展概况】 2011年，全县生产总值78.63亿元，比2010年增长16%。农林牧渔业总产值12.86亿元，增长7.2%。财政总收入10.42亿元，增长18.1%；一般预算收入4.6亿元，增长15.8%。工业总产值182.87亿元，增长36.9%；规模以上工业增加值48.3亿元，增长24%。社会消费品零售总额24.24亿元，增长17.8%。固定资产投资29.3亿元，增长28%。城镇居民人均可支配收入17395元，增长16.5%；农民人均纯收入6175元，增长17.3%。

"三农"工作稳步发展。 粮食生产喜获丰收，总产量1.82亿千克。新发展优质苹果、核桃经济林4466.7公顷，林果产业初具规模。新建规模化养殖场25家，6家企业完成标准化改扩建，翼众公司被列入国家级农业产业化龙头企业。累计投入资金8000余万元，实施了引黄入翼、小型水库除险加固、北卫中低产田改造、农业机械化推广、新一轮农网升级改造等基础设施建设项目，进一步改善了农业生产条件。22个新农村建设重点推进村绿化、硬化、净化等任务全面完成。

工业结构强力转型。 2011年，高端特钢、高端锻造、高端铸造三大工业园区建设全面推进，形成工业转型发展的新格局。翼钢500万吨优特钢项目在省经信委备案，居民搬迁评估等工作取得阶段成果。舜达公司锻造项目"三通一平"基本完成，煤炭企业家联合创业转型的新模式初见成果。7家冶炼企业通过工信部铸造用生铁企业认定，一批新的冶铸联产项目开工建设，为全县铸造产业转型升级注入了强劲动力。有10座煤矿复工建设，大唐安峪热电联产项目获得国家发改委认可，高硫煤清洁高效利用项目核准取得积极进展，煤炭工业转型进入攻坚阶段。

城乡建设统筹推进。 唐霸大道全线贯通，智能交通系统一期工程建成投用，和谐时代广场、生活垃圾处理、县城排污防洪等工程完成年度建设任务。大力开展土地收储和复垦整合，收储土地13.3公顷，新增耕地153.3公顷。涉及500户农村居民的危房改造和2784户职工的棚户区改造项目顺利推进。

生态环境进一步改善。 大力开展环境整治五项工作，节能减排任务圆满完成，城乡环境质量明显提高。新增集中供热面积12万平方米，城区空气质量二级以上天数330天，其中，一级天数147天。地表水环境质量持续好转，浍河翼城段水质稳定达到国家地表水四类标准，县城饮用水水质达标率100%。新增造林面积1866.7公顷，造林绿化工作获省政府表彰。

（翼城县人民政府办公室）

襄汾县

【自然概况】 襄汾县位于临汾市中南部。总面积1034平方千米，其中，耕地面积6万公顷。辖7个镇6个乡348个行政村。2011年总人口44.6万人。

襄汾历史悠久，驰名中外的"丁村人"10万年前就在这里繁衍生息，华夏之祖尧帝5000年前就在这里建国立都，以丁村和陶寺两大遗址形成的丁陶文化享誉三晋，闻名全国。

农业生产基础雄厚，水利条件便利，曾是全国粮棉双基地县，素有"金襄陵，银太平"美誉。

矿产资源丰富。优质主焦煤探明储量27.8亿吨，铜、铁、金、银、石膏等矿种富集，开发前景广阔。

【经济发展概况】 2011年，全县生产总值120.29亿元，比2010年增长15.1%。财政总收入14.84亿元，增长18%；一般预算收入6.16亿元，增长24.2%。规模以上工业企业增加值79.1亿元，增长23.1%。固定资产投资总额44.89亿元，增长28.9%。城镇居民人均可支配收入17398元，增长16.1%；农民人均纯收入7115元，增长16.2%。

以"规模化、产业化、品牌化"为重点，大力发展现代农业。 重点建设丁村白莲、景毛黄瓜、襄陵西红柿、秋喜茶树菇、赵康三樱椒5个设施蔬菜生产基地，全县蔬菜面积发展到1.1万公顷，产值突破8.5亿元。建成标准化养殖场30个，各类规模养殖场突破500个，形成以生猪和蛋鸡为主，牛、羊、兔等家畜全面发展的养殖格局。全县年销售收入100万元以上的农业龙头企业发展到26个，各类农民专业合作社发展到515个。景毛茶树菇、尧禾小麦等6个农产品获得无公害认证，丁村白莲和官滩红枣获得国家地理

标志认证，全县农产品认证总量达到47个，进一步提升了农产品的市场知名度和竞争力。

以“产业链条”为轴心，加大工业企业重组整合步伐。全县现有焦化企业9家，焦炭产能760万吨；钢铁企业9家，生铁产能650万吨，粗钢600万吨；铸造企业27家，产能55万吨。形成焦化、冶金、铸造三大支柱产业，培育了煤—焦—化、矿—铁—钢(铸)—建材—发电等产业链条。确定了“产能转换、技术改造、联合重组”和“企业自主、政府主导、市场推动”的焦化、钢铁产业整合原则，全力实施焦化、钢铁行业的整合重组。宏源和腾达、巨龙与成功的整合方案得到省经信委确认批复，星原与太钢“股权合作协议”正式签订。坚持把招商引资作为经济发展的引擎，积极采取以商招商、以情招商、以资源招商等方式，发动各界力量，吸引外商投资兴业。

以“文化遗址”为核心，加快旅游业发展步伐。襄汾文物旅游资源丰富，共有各级文物保护单位1019处，馆藏文物多达4000余件，其中，丁村文化遗址、陶寺文化遗址、丁村民宅、汾城古建筑群和赵康普净寺等5处为国家级文物保护单位，汾城被确定为国家历史文化名镇。2011年，确定了丁村、陶寺两个国家考古遗址公园的建设方向，景区开发建设步伐加快。

（襄汾县人民政府办公室）

洪洞县

【自然概况】 洪洞位于山西南部，临汾盆地北端。全县辖9个镇7个乡，463个行政村，902个自然村。总面积1494平方千米。2011年总人口73.8万人。

境内拥有煤、铁、石膏、硅石、铝矾土、石灰岩、油页岩等30余种矿产资源，其中，煤炭探明储量44亿吨，具有煤质好、埋藏浅、分布广的特点。

旅游资源丰富，名胜古迹众多。以广胜寺、大槐树寻根祭祖园和苏三监狱为代表的人文名胜及自然景观达252处。

全县水资源充沛。地下水资源1.4亿立方米/年，广胜寺霍泉是县内最大的碳酸盐岩溶泉，流量为8000万立方米/年。

【经济发展概况】 2011年，全县生产总值148.36亿元，比2010年增长15.2%。工业增加值100.1亿元，增长23.2%。财政总收入23.77亿元，增长18.6%；一般预算收入8.67亿元，增长11.4%。固定资产投资80.6亿元，增长26.9%。城镇居民人均可支配收入16693元，增长12%；农民人均纯收入6757元，增长14%。社会消费品零售总额33.46亿元，增长17.3%。

农业产业化程度不断提升。2011年，重点建设了历山农业观光园和大槐树农业生态园，发展蔬菜大棚666.7公顷、池栽莲藕133.3公顷，林下养殖386.7公顷、林下种植533.3公顷、果品采摘20公顷。完成5333.3公顷旱作小麦地膜覆盖任务，成为全省示范样板；粮食生产再获丰收，总产量3.78亿千克，其中小麦最高单产705.9千克，为全省第一。养殖业规模化程度扩大，畜禽存栏牛1.5万头，生猪22.8万头，羊10.9万只，禽类258.7万只。农民专业组织化程度不断提高，专业合作社达到404个。全面落实强农惠农政策，发放粮食直补、农机具补贴等各类支农资金7116万元。

工业经济稳中趋好。2011年，全县69户规模以上工业企业实现总产值322亿元。赵城、甘亭、辛村、秦壁4个工业园区基础设施逐步完善，产业聚集度不断增强。华翔精密制造二期、恒美陶瓷一期、三维焦炉煤气解吸返送、普泰发泡铝等项目建成投产。飞虹微纳米光电一期、亿明LED、虹翔MO源、双银电热膜二期、三维聚四亚甲基醚二醇等项目顺利完工。山西焦煤60万吨烯烃、陆合300万吨焦化、山水200万吨水泥等项目有序推进。项目“储备、签约、落地、建设”四位一体、统筹推进，全年签约项目25个。

第三产业蓬勃发展。2011年，对全县旅游业进行总体规划。成功举办大槐树寻根祭祖节、三月十八庙会等一系列旅游节庆活动。大槐树民俗饭店投入运营，广胜寺景区道路、居民还迁楼等相关配套建设工程进展顺利。全年接待游客130万人次，门票收入2800万元。商贸服务繁荣活跃，闽晋国际四星级酒店、红胜龙家居广场和新银河、京星等大型购物商场相继投入运营，电子商务、网络购物等新型产业蓬勃兴起。金融业运行良好，全县城乡居民储蓄存款余额95.4亿元，贷款余额65.8亿元。

城乡面貌焕然一新。2011年，实施集中供热扩容工程，新增供热面积50万平方米。新增天然气用户1800户。完成古槐南北路整治改造、五一渠路面硬化、城西强排站和赵关公路一期建设工程。滨河东路及飞虹中街还迁工程进展顺利。完成30个推进村的规划编制和“四化四改”、“五个一”工程。完成15个村、1.7万人的饮水提质工程。完成赵城、甘亭变电站扩容和常青变电站建设工程。全县移动用户发展到39万户，互联网用户5万户，城网数字电视全部实现平移。

生态环境明显改观。严格落实国家节能减排政策，对高耗能企业采取强制措施，拆除3户企业的落后产能设施，对重点企业进行节能知识培训，万元地区生产总值综合能耗下降3.8%，削减二氧化硫569.3吨、氮氧化物918.6吨、化学需氧量1270.7吨、氨氮49.2吨、工业粉尘227.2吨、工业烟尘800吨。大力开展绿化造林活动，植树428万株，造林2000公顷，森林覆盖率32.8%。在城区范围栽植乔灌木5万余株，建成区绿化覆盖面积650.3万平方米，绿化覆盖率44.5%。城区环境空气质量二级以上天数345天，一级天数59天。

社会保障工作扎实推进。医疗卫生体系不断完善。县人民医院主体完工。基本药物制度全面实行。新农合参合率96.7%。文化事业持续发展。大槐树文化中心开工建设。广电大楼完成主体工程。社会保障体系进一步完善。失业、养老、工伤、医疗等各类参保人数53万人。全年新增就业3750人，下岗失业人员再就业916人，转移农村劳动力9万人次。社会救助力度不断加大。发放城乡低保和各类救助金8000余万元，为农村低收入家庭发放取暖用煤15.8万吨。广胜寺敬老院建成投入使用。欢颜新区廉租住房进入装修阶段。农村危房改造完成400户，落实住房租赁补贴1246户213万元。完成街巷硬化3800千米，便民连锁店330个，农村文化体育场333个，新型农村社会养老保险参保39.1万人。

（洪洞县人民政府办公室）

古　县

【自然概况】 古县位于临汾市东北部，太岳山南麓，汾河一级支流——涧河中上游。东与安泽毗邻，西与洪洞接壤，南与尧都、浮山相参，北与霍州、沁源交界。境域南北长56.9千米，东西宽20.1千米，总面积1206.4平方千米。辖4个镇3个乡111个行政村。2011年总人口9.2万人。

境内矿产资源已探明的有煤、铁、铝矾土、铜和耐火粘土20余种，其中，以煤炭为最，含煤面积680平方千米，总储量48.96亿吨。

【经济发展概况】 2011年，全县生产总值70.63亿元，比2010年增长17.2%。财政总收入11.84亿元，增长12%；一般预算收入4.62亿元，增长21.7%。农林牧渔业总产值3.77亿元，增长4.7%；粮食总产量5470万千克。工业增加值60.9亿元，增长23.1%。社会消费品零售总额5.71亿元，增长17.4%。城镇居民人均可支配收18052元，增长14.7%；农民人均纯收入5715元，增长15.2%。

“三农”工作再上新水平。农业产业化“121”增收工程全面推进，全年发展核桃经济林示范园866.7公顷，综合管理30万株，完成育苗53.3公顷。通过多形式多举措扶持、巩固了一批养殖大户和养殖基地，培育壮大了桃源核桃制品、旧县华海天宇等农产品加工龙头企业。全年发放各类惠农资金1247万元，贷款贴息220万元，扶持69个专业合作社，扶贫移民、劳动力培训等惠农工作有效推进。林改工作如期完成，完成各类造林绿化1200公顷，土地综合开发、土地复垦开发、“三水合一”水源补充等工程顺利推进。

工业经济注入新活力。煤矿企业兼并重组整合工作按照省、市4个100%的要求全面完成。投资12.8亿元实施煤矿企业基础建设，煤矿产能进一步释放，全年生产原煤484万吨。华康200万吨优质铸造焦项目获批并启动建设。全县焦化企业由6座整合为4座，资源配置得到优化，优势产业实现规模化发展。投资3.2亿元的利达20万吨甲醇一期项目即将投产，正泰集团焦炉煤气制备天然气项目获得批复，泓翔煤业和兰花宝欣煤业的瓦斯发电完成土建工程。

城乡建设发生新变化。2011年，完成岳秀街拓宽改造，启动文昌新区建设，继续实施集中供热和煤气输配扩容工程，县城集中供热普及率80%，煤气覆盖率88%，城市服务功能进一步提升。张家沟小河河道治理、张家沟商贸楼建设完成，司法局业务用房、信用联社大楼以及一批城中村改造工程顺利实施。现代农业观光示范园、伴森缘休闲度假中心一期工程顺利实施。新农村建设稳步推进，筹资5000余万元实施8个重点推进村、5个标兵村和旅游园连片区的基础建设。

文化旅游呈现新亮点。2011年，完成牡丹园东园、张家大院上院、延庆观修复、游客服务中心主体等工程建设，成功举办第四届牡丹文化旅游节，创建国家AAAA级景区获得成功，景区档次明显提升，基础设施更加完善，旅游产业得到快速发展。文化建设亮点纷呈，县文化馆被评为国家一级馆，县图书馆达到国家一级馆标准，建成全省首家总分馆系统，先后迎接了文化部、国家图书馆、省文化厅和省图书馆的检查验收，并得到国家图书馆馆长周和平等领导的高度评价。

民生事业取得新成效。城镇寄宿制学校主体完工，职教中心、二中附属设施工程全部竣工。完成10所学校的义务教育标准化建设，在全市率先实现12年免费教育。招聘特岗教师37名，全部兑现教师的绩效工资和津贴。出资130万元重奖优秀教育工作者。全年发放低保金、救助款、救灾款等各类资金1000余万元。对40户残疾人的危房进行了改造。

（古县人民政府办公室）

浮　山　县

【自然概况】 浮山县位于山西省南部，太岳山南麓，临汾盆地东缘。总面积940平方千米。全县辖2个镇7个乡，185个行政村，2个居民委员会。2011年总人口12.9万人。

【经济发展概况】 2011年，全县生产总值31.43亿元，比2010年增长16.3%。规模以上工业增加值21.75亿元，增长23.5%。财政总收入4.02亿元，增长50.4%；一般预算收入1.46亿元，增长33.9%。社会消费品零售总额5.14亿元，增长17.7%。全社会固定资产投资17亿元，增长27.2%。城镇居民人均可支配收入17046元，增长15.1%；农民人均纯收入4995元，增长15%。

工业经济稳步发展。在产业链条延伸上，鸿丰达铸业有限公司450立方米锰铁合金高炉试产运营。东诚钢铁公司成功申报国家级优质铸造铁生产基地。中强3万吨活性炭项目建设顺利推进。资源型产业链条正在实现从“无”到“有”的转变。在产业改造升级上，非煤矿山二次资源整合进入具体实施阶段，中强福山煤业90万吨煤矿改扩建项目有序推进，传统产业实力正在实现由“弱”到“强”的转变。在产业多元支撑上，明华免烧砖、圣都免烧砖项目试产运营，广和定影膜和满兴硅酸钙板项目先后投产达效，多元产业体系初具雏形。

“三农”工作扎实推进。2011年，按照农业“三二一”工作思路，完善支农机制，大力发展特色农产品，现代农业发展取得新成效。全年财政用于农业支出1.3亿元，增加2000万元。改造中低产田366.7公顷。新建农村饮水安全工程17处，解决了4233人、1133头大牲畜的饮水安全问题。燕凹沟水库除险加固工程全面竣工。全县农田灌溉面积

2200公顷。完成220人的移民搬迁任务。粮食生产全力打造1.4万公顷优质小麦创高产示范区和1.3万公顷绿色谷子生产基地，小麦、谷子标准化生产水平提高。发放各类惠农补贴2582万元。全县粮食总产量9727.1万千克，增长3.2%。现代农业方面，张庄现代农业示范园区初具规模，连片新建128座日光节能温室。新建50座移动式瓜菜大棚。黄花菜种植面积发展到333.3公顷，加工生产线投产运营。把核桃产业作为"一县一业"重点培育，全县发展核桃经济林近6666.7公顷。重点扶持"一村一品"专业村20个。新发展农民专业合作社162个，张庄蔬菜大棚协会被授予"全国科普惠农兴村先进单位"称号。农产品加工方面，中宝脱水蔬菜生产项目全面投产达效，果蔬深加工产品与美国米特萨拉公司成功签约，填补了该县企业产品自主出口的空白。汉中洋核桃露项目正式投产。神山土特产公司产品首次打入首都市场。玉杰食用菌项目投产运营。新农村建设方面，对13个重点推进村进行了规划编制，"四化四改"和"六通六个一"工程全面完成。对4个示范村进行循环扶持和重点打造，对7个村实施以奖代补，有力推动了全县新农村建设。

项目建设力度加大。2011年，确定了75项重点实施和争取项目，总投资概算53.5亿元，其中，55项重点实施项目，总投资28.5亿元。全年开工项目50项，当年完成投资10.3亿元。列入市重点监测的7个项目，当年完成投资5.5亿元。积极组织相关单位和企业参加中博会、农博会、厦洽会、西洽会、乌洽会等招商引资活动，先后赴山东、江苏、广州、北京和欧洲等地进行专题招商，收到明显成效。全年新落地项目67个，到位金额15.1亿元。

基础设施逐步完善。加快推进便民服务网、综合交通网、电力资源综合利用网建设，为经济社会发展提供了有力保障。集中供气工程已覆盖11个居民小区1200户居民，对31户居民实现统一供气。分离式无害化垃圾处理工程投入试运营。县文体活动中心主体工程基本完工。民兵训练基地建设如期竣工。圪蚂河桥新建工程和桥临线改造工程竣工通车。北埝大坝完成主体工程；中南铁路浮山客运站建设项目通过铁道部评审，正在按计划顺利推进。完成智能电网采集户表改造13537户，文昌110千伏变电站输变电工程启动建设。

节能减排和生态建设成效显著。2011年，建成农村户用低碳节能暖炕1000个，推广使用节能灯管28万支。全县万元生产总值综合能耗下降3.5个百分点。污水处理厂正常运营，城市污水处理率85.4%。二氧化硫、氮氧化物、化学需氧量等6项减排指标均完成市下达任务。县城二级以上天数356天，其中，一级天数87天。围绕创建"省级林业生态县"，实施了地方国营圪塔岭金矿环境治理项目，完成植树造林2226.6公顷、乡村通道绿化54千米。林权制度改革有序推进，林地确权率99.5%。全县森林覆盖率26.8%。

社会事业全面进步。教育工作方面，县职业中学、三中餐厅和北王中学教学楼全部建成投入使用。县示范幼儿园工程奠基开工。职业中学顺利通过省级验收，升学率94.3%，位居全市第一。高考达线124人，首次突破百人大关，名列全市山区县第二。医疗卫生方面，乡镇医改工作顺利完成，9个乡镇卫生院共竞聘医务人员135名，选拔院长9名，妥善安置分流人员42名。社会保障方面，新农保覆盖率92.8%，被评为全省新农保工作先进单位。城镇医疗保险参保率90%，新农合参保率99.8%，各类医疗补偿2828.6万元。

（浮山县人民政府办公室）

吉　县

【自然概况】　吉县位于黄河中游，吕梁山南麓。属黄土高原残垣沟壑区。东西最长跨度62千米，南北宽48千米，总面积1777.3平方千米，占全市面积的8.8%。辖3个镇、5个乡、79个村民委员会、567个自然村。2011年总人口10.7万人。属国家扶贫重点开发县。

【经济发展概况】　2011年，全县生产总值16.22亿元，比2010年增长15.3%。规模以上工业增加值9亿元，增长26.8%。固定资产投资11.8亿元，增长26.3%。社会消费品零售总额4.1亿元，增长16.8%。财政总收入1.56亿元，增长53.4%；一般预算收入7944万元，增长18.9%。城镇居民可支配收入11320元，增长12.3%；农村居民人均纯收入2428元，增长15.3%。

"三农"工作稳步推进。完成重点推进村建设工程、新农村片区开发项目、上贴水库除险加固工程、农村公路改造工程、造林绿化工程和农村沼气建设项目等。获得"全省生态县"称号。集体林权制度改革任务基本完成。扶贫移民任务完成。农民专业合作社组织健康发展。实施农村劳动力转移和科技培训工程。新发展苹果666.7公顷，补植补栽666.7公顷。实施苹果标准化生产示范工程。扩大功能保健苹果、有机苹果、会展苹果的发展规模。国家级苹果标准化示范基地项目和全省优势农产品基地项目通过省级验收。苹果储存库容量增加2万吨，储藏能力达到8万吨。2011年全县苹果总产量16万吨，产值达4亿元。吉县苹果荣获"中国果品著名品牌"、山西特色农产品"十大品牌"、第七届中国国际（成都）农业博览会金奖，吉县被评为全省标准化果园建设先进县。

旅游开发重点突破。2011年，全县旅游发展总体规划编制工作如期完成。总投资6亿元的人祖山开发一期工程全面铺开，投资1.8亿元的人祖大厦奠基开工。壶口景区停车场、游览步行道和绿化等基础设施建设工程进展顺利。组织参加中国（山西）2011年旅游博览会、第七届深圳文博会、第二届中国乡村旅游高峰论坛等大型推介活动，荣获"国际著名山水文化旅游名县"、"国际知名乡村旅游目的地"、"中国最值得向世界推荐的旅游县"等称号。全年共接待游客92万人次，旅游综合收入12亿元。

工业崛起势头强劲。盛平煤业安全平稳运行，华晋明珠煤矿年产能90万吨改造项目通过省级验收，全县原煤总产量174万吨，创历史新高。总投资131.9亿元的桑峨500万吨电材一体化项目启动实施，完成“四通一平”工程。总投资5亿元的中石油煤层气开发一期项目全面完成，钻探开发井130口，铺设输气管道11千米，建设集气站1座。节能减排工作不断推进，获得全省环境保护奖。

（强培家）

乡宁县

【自然概况】 乡宁县位于临汾市西隅。东与临汾尧都区、襄汾县接壤，西隔黄河与陕西韩城市相望，南以河津市、稷山县为邻，北接吉县。全县共辖10个乡镇、182个村委、1113个自然村。2011年总人口23.5万人。

乡宁森林覆盖率29%，林木绿化率49%，是临汾市林业资源最为丰富的县份之一。总面积2029平方千米，是山西省面积最大的县份之一。煤田面积1600平方千米，占全县总面积78%，是临汾煤炭资源最丰富的县份。煤炭总储量153亿吨，可采储量107亿吨，其中2号主焦煤是国家三大稀缺煤种之一，是全国三大优质主焦煤基地之一和全国首批100个重点产煤县之一。

乡宁历史悠久，文脉厚重，古迹众多。战国先属韩后属赵，秦属北屈，汉为骐县。之后相继改称平昌、吕香、吉乡、昌宁等，五代后唐改昌宁县为乡宁县沿袭至今，迄今已有2000多年历史。比较著名的历史人物有明代兵部尚书郑崇俭、清代方志大家杨笃等。文物古迹有战国荀息墓、隋唐千佛洞、宋代柏山寺、金代寿圣晨钟、明代结义庙、清代古长城等。

【经济发展概况】 2011年，全县生产总值72.76亿元，比2010年增长16.6%。财政总收入24.79亿元，增长15.8%；一般预算收入10.33亿元，增长13.9%。农林牧渔业总产值4.57亿元，增长10.9%；粮食总产量7.5万吨，增长4.2%。工业总产值82.33亿元，增长26.5%；规模以上工业增加值57.32亿元，增长23.3%。固定资产投资总额27.6亿元，增长32.2%。社会消费品零售总额11.48亿元，增长17.8%。城镇居民人均可支配收入16845元，增长16.4%；农民人均纯收入5524元，增长18.9%。

“三农”工作跃上台阶。坚持“一产做稳做实”思路不动摇，“三农”投入达3.18亿元。核桃产业规模持续扩大，新发展核桃2866.7公顷，总量超6666.7公顷。农业龙头企业不断壮大，琪尔康公司累计发展翅果油树2000公顷，销售收入达2.5亿元。戎子酒庄完成投资近4亿元，建成葡萄种植园206.7公顷，形成5000吨优质葡萄酒生产能力。新农村建设水平稳步提升，管头、西坡、枣岭三个连片区投资1.2亿元，完成工程项目76个。5个省级重点推进村“四化四改、六个一”工程全面完成。建成“一村一品”特色产业专业村38个。农民专业合作社221个。农村新的“五个全覆盖”工程有力推进，940人享受中等职业免费教育，建成休闲健身活动场所24个、农家书屋50个、村级文化活动场所33个，发展农村便民连锁店72家，硬化街巷137个村、378千米。启动实施谭坪提黄灌溉工程，培训引导转移农民1.4万余人次。29个自然村、400余头大牲畜、1万人的饮水安全问题得到解决。认真落实粮食直补、农机具购置补贴等强农惠农政策，改造中低产田386.7公顷，农业基础进一步夯实。

产业转型势头良好。瞄准“二产做大做强、三产做精做优”目标不松劲，加快推进煤矿企业兼并重组整合，大力实施“内留外引”战略。全县所有过渡矿井全部关闭，保留矿井技术改造步伐加快。启动光华工业园区规划和焦化行业整合重组工作。兑现扶持奖励资金4200余万元。积极参加西洽会、渝洽会、中博会和广州推介会等，签约资金超20亿元。

生态治理扎实推进。大力开展造林绿化，完成退耕还林补栽补植1333.3公顷、“三北”防护林1733.3公顷。扎实推进林权制度改革，林改工作走在省、市前列，全市林改现场会在乡宁召开。坚决淘汰落后产能，宏强、九成、永昌源三家焦化企业达到国家能耗标准，洗煤企业和煤矿企业能耗达到控制目标要求，完成节能减排任务。突出治理重点区域地质灾害，县城汽车站、管头麦秸峪、台头后台头村3处地质灾害治理工程全部完成。深入开展环境专项整治“亮剑”行动，全县二级以上天数363天，其中，一级天数152天，城乡生态环境明显好转。

城乡面貌明显改观。年初确定的20项重点工程顺利推进，完成投资23.88亿元。乡宁新高中、县直幼儿园投入使用。迎旭大街东延路基工程、营里大桥等工程顺利完成。建成县城集中供热热源厂、垃圾处理场等一批重点市政工程。西坡、东团变电站二期增容和农网改造升级工程竣工运行。

民生事业谱写新篇。社会事业方面，52所校安工程竣工投用，新城区幼儿园开工建设。招聘教师198名。大力实施科技“十百千”工程，荣获“全国科技进步先进县”称号。成功举办中和文化旅游节，大力开展各类节日文化和主题文化活动，群众精神生活丰富多彩。182个村卫生室实施了国家基本药物制度，县医院通过“二甲”验收，新农合参合率98%以上。人口自然增长率控制在6.19‰，荣获“全省人口计生优质服务县”称号。民生保障方面，新增城镇就业2100人，城镇登记失业率控制在2.8%以内。各类社会保险参保96328人次，发放低保补助3387.7万元，医疗救助844.4万元，为全县70岁以上老年人发放养老补助402.2万元，给群众免费供应取暖用煤9万多吨。建成廉租房4300平方米，完成棚户区改造2.8万平方米，改造农村危房500户，发放廉租住房租金补贴178.7万元。

【经济大事简介】 ①2011年8月22日，云丘山旅游景区试运营。②2011年10月10日，209国道改线工程岭上隧道贯通。③2011年10月19日，山西永昌源集团戎子酒庄在太原召开品鉴会暨产品上市发布会。

（乡宁县人民政府办公室）

蒲县

【自然概况】 蒲县位于吕梁山南端

西麓，临汾西北部。总面积1510.6平方千米，其中，耕地2.3万公顷，林地8.2万公顷。全县辖4个镇5个乡、93个行政村。2011年总人口10.8万人。

境内平均海拔1300米，年平均气温8.7℃，降水量561.9毫米，无霜期171天，平均日照时数2557.2小时。

蒲县历史悠久，远在1.4万年前，就有先民在此繁衍生息。相传尧王在此访贤，拜蒲伊子为师，县名由此而来。

蒲县资源丰富，20余种矿产资源，以煤为最。全县含煤面积1360平方千米，地质储量181亿吨，是全省重点产煤县之一。蒲县风景秀丽，气候宜人。境内五鹿山国家级自然保护区、梅洞山天然林区、峡村峡谷、国家级文物保护单位柏山东岳庙等风景旅游区，享誉中外。

【经济发展概况】 2011年，全县生产总值37.97亿元，比2010年增长36.5%。一般预算收入6.27亿元，增长17.9%；财政总收入14.24亿元，增长23.7%。全社会固定资产投资16.06亿元，增长33.3%。农林牧渔业总产值2.74亿元，增长4.7%；粮食总产量5220万千克，增长16%。工业总产值57.8亿元，增长60.9%。社会消费品零售总额4.5亿元，增长17.8%。城镇居民人均可支配收入16087元，增长16.7%；农民人均纯收入4875元，增长15.3%。

*新型工业大提速，煤炭产业升级破浪前行。*2011年，总投资100亿元的24座整合改造矿井，20座正式开工建设，开工率83.3%，累计完成投资64亿元。全年煤炭产量577万吨，增长38.7%。新兴产业开发亮点频显，宏源500万吨煤炭深加工项目试车生产。龙祥干法水泥二期日产4500吨熟料生产线开工建设，一期60万吨粉磨站生产水泥6万吨。易恒天酒业生产原酒700吨，二期1500吨白酒生产线动工建设。万国全200吨胱氨酸项目建成投产，填补了山西省氨基酸生产的空白。

*现代农业大发展，农业设施化初现雏形。*2011年，投资4235万元的现代马铃薯高新技术示范园一期工程竣工运营。投资1190万元的现代化寿光五代蔬菜大棚累计发展到151个，棚均年收入3万元，成为设施蔬菜片区农民增收的主渠道，被山西省委、省政府授予“扶贫开发先进县”称号。农业基地化初显格局。以6666.7公顷优质核桃、6666.7公顷优质马铃薯为主的特色优势农产品基地面积发展到1万公顷，以优质苹果、优质小杂粮、优质烟叶为主的特色种植基地达到3000公顷。“蒲县马铃薯”、“蒲县核桃”被农业部认定为国家地理标志农产品。农业产业化初具规模。正茂公司建成蜜饯核桃仁、精炼核桃油生产线，年加工核桃400吨。国家级“农”字号扶贫企业昌源公司年消化土豆6万吨，昕源公司年生产糯玉米300万穗，隆丰豆制品公司年生产能力1000吨，龙泉公司建成2万头生猪屠宰生产线，年加工肉制品600吨。

*城乡建设大跨越，城市规划日臻完善。*2011年，启动并完成昌平、锦绣、嘉运、迎宾4个新区的控制性、修建性详规和水、电、暖、气等11个子规划的编制，城区控规覆盖面70%。城市建设日新月异。投资10亿元，启动实施10大城建工程。投资6890万元的城区河道生态修复治理工程竣工投用。投资1.2亿元、全长5.3千米的滨河大道，路基工程基本完成。投资7880万元的奥体中心、投资4100万元的翠屏山森林公园、投资3000万元的蒲怡公园主体完工。投资1亿元的全民健康服务中心辅楼二层封顶。投资9800万元的锦绣大桥开工建设。

*生态建设大重视，造林绿化“一路春色”。*2011年，投资2100万元，实施环城、环村、环企、通道绿化和干鲜果经济林建设工程，造林2866.7公顷，植树50万株。投资2000万元，实施临午线蒲县段“百里绿色长廊”工程，栽植樟河柳、油松、侧柏6.1万株。节能降耗“一路攻坚”，依法关停长鹰建材水泥生产线，淘汰落后产能企业8家，拆除高能耗机电设备300台(件)，万元生产总值综合能耗下降36.2%。环境治理“一路凯歌”。引深“蓝天碧水”工程，购置安装10台监控设备，在线监测监控煤炭、焦化、电力、铸造、建材等重点污染企业。依法关闭无证非法排污企业69家，在东川河流域新建拦污坝7座。集中供热三期工程新增供热面积20万平方米，累计达到100万平方米，基本实现城区集中供热全覆盖。集中供气工程，分输站、增压站、城区管网全面完成，部分居民用上了干净清洁的天然气。设计规模日处理80吨垃圾填埋场建成投用。全年二氧化硫排放量削减427吨，氮氧化物削减206吨，化学需氧量削减89吨。城区二级以上天数达360天。

*设施配套大改善，公路建设异彩纷呈。*2011年，启动实施“三大干线，十二大循环”工程，全长52千米、投资12亿元的蒲汾一级路改造工程，完成项目申报。全长47千米、投资4亿元的临吉高速连接线铺油工程，已经省发改委立项。全长33千米、投资6亿元的霍永高速连接线已经省发改委批复，完成勘探、初步设计。五鹿山旅游公路施工设计图通过市交通局评审，进入招投标程序。投资7300万元的12条、74千米乡村循环公路竣工通车。水利建设风帆正劲，规划启动“一线五库”新水源工程，山西中线引黄工程蒲县段，完成规划设计。薛关四沟、蒲城刁口、化乐宋家沟3座水库列入省级大水网建设规划，山中枣家河、薛关南沟2座水库已上报省水利厅。投资638万元，更新改造62处农村饮水安全工程，全县农村自来水入户覆盖率95%。西后河、川南岭、杜家河坝系治理工程全部完工。电力建设发力前行。投资2.46亿元的西坪垣220千伏输变电站工程，完成前期工作。投资5400万元的新建蒲城110千伏输变电工程已完成90%的工程量。投资1200万元的110千伏农网升级改造工程全部完成。

*民生改善大提升。*农村街巷硬化完成87个行政村、312千米、95.9万平方米的目标任务。农村便民连锁店、农村文化体育场所任务超额完成。新型农村社会养老保险参保41567人，适龄参保率99.7%。中等职业教育免费全部兑现。农村新的“五个全覆盖”两年任务一年完成，全省领先。各项社会保险参保

9.2万人，基金累计滚存3.04亿元，发放4931万元。全年为10281名城乡低保对象发放低保金1918万元，发放农村“五保”供养、医疗救助、优抚资金338万元。为全县8.7万农村居民每人免费提供250千克取暖用煤，让利于民1600万元。为全县城镇居民发放价格补贴460万元。保障性住房工程全面完成，74套经济适用房分配到户。全年新增城镇就业岗位1472个，安置就业2079人，转移农村富余劳动力5878人。

（蒲县人民政府办公室）

大宁县

【自然概况】 大宁位于晋西吕梁山南端，黄河东岸，临汾市西北部。总面积967平方千米。辖2个镇4个乡，84个行政村，309个自然村。2011年总人口6.5万人。

这片土地远在上古时期就有先民居住。北周保定元年（公元561年）始置大宁县。

大宁地貌属黄土高原残垣沟壑区，有“三川十垣沟四千，周围大山包一圈”之说。海拔最高1740米，最低481米。年平均气温10.9℃，昼夜平均温差12.7℃，年平均日照数2466.7小时，无霜期213天，年均降雨量493毫米。

【经济发展概况】 2011年，全县生产总值3.8亿元，比2010年增长15%。财政总收入4136万元，增长24.5%；一般预算收入2400万元，增长18.1%。城镇居民人均可支配收入11567元，增长15.3%；农民人均纯收入1666元，增长21.7%。社会消费品零售总额1.89亿元，增长16.7%。固定资产投资4.3亿元，增长42%。粮食总产量3091.1万千克，增长17.8%。

“三农”工作稳步发展。2011年，紧紧抓住大宁县被确定为全省“一县一业”苹果示范基地县的机遇，大力实施林果富民战略，新增苹果经济林1333.3公顷。利用片区扶贫开发项目，启动“沿川万亩大棚覆盖工程”，新增蔬菜大棚1120座。全年共有38个村被确定为全省“一村一品”专业村和示范村。积极抓好种羊基地建设，新增种羊8411只。完成8个新农村重点推进村的规划编制工作。积极落实亚行贷款项目，发展养殖户51户、肉羊1000余只。努力进行农村科技教育和技能培训，培训农民5000人。

城乡建设成效显著。在城市建设方面，完成城市总体规划修编和控制性详细规划的初步设计。实施昕水河县城段河道综合治理工程，治理河道8千米。建成滨河路长廊公园。新增城市供热面积4万平方米，供气管网安装全面铺开。启动红卫桥加宽改造工程，完成法院审判大楼和司法业务大楼主体工程。金龙食品有限公司、东关小学北侧等旧城改造工程主体全部完工。在乡村建设方面，实施新一轮农村电网升级改造工程。巩固完善农村饮水安全工程27处，解决了27个自然村、5000人、1049头大牲畜的饮水安全问题。完成古镇沿黄提灌、徐家垛乡农业综合开发小流域治理、三多乡市级土地出让金、土地深松平整和测土配方补贴等项目工程，新增农田灌溉面积186.7公顷，划定基本农田保护面积1.3万公顷，改造中低产田240公顷，建成淤地坝11座、生产坝35座，土地深松平整333.3公顷。狠抓生态环境治理，完成人工造林2066.7公顷、封山育林533.3公顷，绿化公路25千米。

工业经济步伐加快。与西山煤电集团签订总投资540亿元的三多循环经济示范园区合作开发协议，煤电化一体项目加快推进。黄河化工公司和山西同德化工公司的重组整合全部完成，新建一条年产1万吨的胶状乳化炸药生产线。山西辰康生物科技有限公司年产100吨麦绿素系列产品生产线进入试生产阶段。佳源煤业有限公司与乡宁焦煤集团兼并重组整合工作进入移交及人员安置阶段。

社会事业全面进步。2011年，完成农村街巷硬化284.4千米，建成农村便民连锁店38个、农家书屋72个，中等职业教育免费覆盖率100%。深化教育内部管理体制改革，取消中心小学管理制度，全县中小学由36所调整为27所。为153名高一新生实行了免费教育。建成大宁一中教学大楼、东关小学综合办公大楼，完成8所中小学标准化学校建设和1所标准化公办幼儿园的改建任务。基层医药卫生体制改革全面完成，全县6个乡镇卫生院和84个村级卫生室全部实行了基本药物制度。建成县医院门诊大楼和县疾控中心综合大楼，公开招聘13名医护人员和3名执业医师。全县农村新农合参合率98.3%，报销医药费599万元，并对参加新农合的60岁以上老人、45岁以上妇女及14岁以下儿童全部进行了免费体检。持续稳定低生育水平，人口自然增长率3.14‰。社会保障水平有所提高，新增城镇就业500人，城镇职工养老保险和城镇基本医疗保险分别净增105人、53人。

【经济大事简介】 ①与西山煤电集团签订总投资540亿元的三多循环经济示范园区合作开发协议，煤电化一体项目加快推进。②黄河化工公司和山西同德化工公司的重组整合全部完成，新建一条年产1万吨的胶状乳化炸药生产线。③佳源煤业有限公司与乡宁焦煤集团兼并重组整合工作进入移交及人员安置阶段。④为153名大宁一中高一新生实行了免费教育。⑤巩固完善农村饮水安全工程27处，解决了27个自然村、5000人、1049头大牲畜的饮水安全问题。⑥2011年，大宁县被确定为全省“一县一业”苹果基地县。

（大宁县人民政府办公室）

永和县

【自然概况】 永和县地处吕梁山脉南端，黄河中游晋陕大峡谷东岸，临汾市西北边缘，是革命老区、省界边区、国家扶贫开发工作重点县。县境东西宽41千米、南北长46千米，总面积1212平方千米。辖2个镇5个乡，79个行政村，306个自然村。2011年总人口6.4万人。

境内山峦起伏，梁峁层叠，3大山系9座大山成“川”字形排列，大小2500多条沟道纵横交错，呈千沟万壑之貌，属典型的黄土高原梁峁残垣沟壑区。地势东北高西南低，最高海拔1521米，最低海拔511.9米。年均气温9.5℃，年降雨量在500毫米左右。

【经济发展概况】 2011年，全县生产总值5.35亿元，比2010年增长15.2%。财政总收入3423万元，增长48%；一般预算收入1663万元，增长53.4%。粮食总产量4418.5万千克，增长15.5%。全社会固定资产投资4.22亿元，增长61.4%。社会消费品零售总额2.8亿元，增长16.7%。城镇居民人均可支配收入12525元，增长14.9%；农民人均纯收入1909元，增长18.1%。

生态农业基础夯实。2011年，完成经济林建设2133.3公顷，全县红枣树1.7万公顷、750余万株，核桃树6666.7公顷、200余万株。按照"红枣抓管护、核桃抓栽植"的发展思路，新发展管护重点村21个，示范户500个，管护水平进一步提高。获临汾市"一县一业先进县"称号。芝河久兴源农产品开发有限公司投资1100万元的一期工程竣工投产，红枣、核桃精深加工水平明显提升。

新型工业蓄势待发。2011年，煤层气勘探开发完成18口井的钻探，2口井开始试采气，探明可采储量900亿～1300亿立方米。

特色旅游健康发展。2011年，投资1660万元，实施黄河蛇曲国家地质公园起步区续建工程。完成博物馆、广场及配套设施建设。实施乾坤湾石质山地造林绿化、乾坤湾流域综合治理项目，起步区周边环境明显改善。以红军东征永和纪念馆、黄河蛇曲国家地质公园、乾坤湾石质山地造林、于家咀黄河渡口为主景点的红色文化、绿色生态、黄河风情精品旅游线路初具雏形。

【经济大事简介】 ①规划150平方千米的芝河源头生态精品农业园区，实施一期工程建设，走出一条贫困山区水土保持、脱贫致富的新路子。②煤层气储量初步探明。可采储量900亿至1300亿立方米，为永和县新型工业发展奠定了基础。③黄河蛇曲国家地质公园博物馆完成主体工程及配套设施建设建设，对促进旅游产业发展具有重要意义。④大宁至永和输电线路项目完成，结束永和无双电源的历史。⑤永和县城成功创建"省级卫生城"。⑥总投资5000万元的永和县第一高级中学投入使用。

（永和县人民政府办公室）

汾西县

【自然概况】 汾西县位于山西省中南部，临汾市北端。总面积880平方千米。辖5个镇3全乡1个社区。2011年总人口14.6万人。

地势西北高东南低，属典型的黄土丘陵沟壑区。年平均气温10.1℃，年均降水量482.5毫米，无霜期170天左右。现有耕地2.6万公顷，以种植玉米、小麦、小杂粮为主，核桃经济林、畜牧养殖业发展初具规模。

矿藏资源丰富。煤炭储量16.6亿吨。铁矿、石膏、铝矾土、耐火粘土等矿产储量较大。

历史文化悠久。东汉置县，隋开皇三年（公元583年）改为现治。师家沟清代民居依山而建，构思精巧，有"晋商文化又一村"之称。姑射山风景区古木参天、景色宜人，为休闲游乐理想之所。威风锣鼓艺术精湛、阵容宏大，享誉省内外。

【经济发展概况】 2011年，全县生产总值16.04亿元，比2010年增长15.3%。财政总收入1.31亿元，增长26.3%；一般预算收入8874万元，增长19.8%。农林牧渔业总产值3.82亿元，增长16.4%。工业总产值16.31亿元，增长177.9%。粮食总产量5356.9万千克，增长4.8%。固定资产投资10.77亿元，增长28.4%。社会消费品零售总额6.69亿元，增长17.7%。农民人均纯收入2101元，增长11%；城镇居民人均可支配收入14749元，增长15.9%。

重点工程成效良好。2011年，确定实施30项重点工程，落实兑现10件利民为民实事，完成投资11.9亿元。嘉阳矿复工复产，煤气化公司2×6兆瓦煤气发电项目开工建设，以工代赈和坝系农业开发项目全面完成，高速引线建设启动实施，城区110千伏变电增容线路投入运行，勍香至佃坪循环公路竣工通车。

"三农"工作扎实推进。围绕"一县一业"，依托洪昌养殖公司，发展肉鸡养殖专业村8个、标准化养殖大棚200个，建成晋南地区最大的规模化、区域化、专业化肉鸡养殖加工基地。围绕"一村一品"，新发展核桃经济林666.7公顷、优质苦荞1666.7公顷，养猪、养羊、中药材、食用菌、栽桑养蚕、有机谷子等特色种养基地建设规模逐步扩大，效益明显提高。

城乡面貌明显改观。2011年，大力开展城乡环境综合整治，健全卫生管理机制，规范交通秩序，亮化城市街道，维护植物公园，整治村容村貌。投资1.1亿元，实施农村新的"五个全覆盖"，中等职业教育实现全免费，农村养老保险完成调查摸底，街巷硬化68个村409千米，建设便民连锁店45个、农家书屋120个和村级活动场所87个。

【经济大事简介】 ①霍永高速公路汾西段和城区引线开工实施。②山西省中部引黄工程将汾西支线纳入规划范围。③嘉阳矿复工复产。④煤气化公司2×6兆瓦煤气发电项目开工建设。⑤城区110千伏变电增容线路投入运行。⑥勍香至佃坪循环公路竣工通车。⑦肉鸡养殖产业被确定为"一县一业"主导产业。⑧洪昌养殖有限公司年产20万吨饲料和屠宰加工1500万只肉鸡生产线建成投产。⑨山西省生物研究所食用菌研发汾西基地开工建设。⑩县人民医院二级甲等医院达标验收。

（汾西县人民政府办公室）

隰 县

【自然概况】 隰县位于晋西吕梁山南麓，临汾市西北边缘，属黄土高原残塬沟壑区。全县总面积1415.3平方千米。辖8个乡镇，97个行政村、351个自然村。2011年总人口10.4万人。

隰县是一方历史悠久的土地。建城已有2600年历史。春秋时期曾是晋文公重耳的封地，后汉时期刘渊迁都于此，隋开皇五年(公元585年)设置隰州，开始以"隰"命名。中华民国元年(公元1912年)，隰州改称隰县，直隶山西省。1946年11月28日，隰县解放。1958年6月27日，隰县与大宁合并为隰宁县。同年又与蒲县、永和、石楼组建吕梁县。1961年复改隰县至今。

隰县是一方神奇美丽的土地。旅游资源丰富，名胜古迹星罗棋布。全县现存古寺庙102座，县内保存的有小西天、大西天遗址、千佛洞、灵隐寺、玉泉寺、大观楼等，佛教文化圣地小西天悬塑艺术精美绝伦，堪称世界一流。绿色生态紫荆山、五鹿山、石马沟风景区形如虎踞，势若龙攀，层峦险嶂，群山染翠，景色宜人。

隰县是一方文化底蕴深厚的土地。灿若星辰的自然与人文、物质与非物质文化遗产，作为现存的文化记忆，传承着厚重的历史和灿烂的文明。"黄河九曲阵"，城城连环、城城相套，复杂多变、规模宏大。民间"八音会"，细腻悠扬、委婉动听。根雕、山核桃加工、酿酒工艺、剪纸、刺绣、镟木等传统手工艺无不令人叫绝。

隰县是一方资源富饶的土地。境内蕴藏着丰富的煤、煤层气、白云岩、石英岩等矿产资源。其中，含煤面积占到全县总面积的80%，煤层深度在1000米以下，总储量超过120亿吨，煤质优良。白云岩储量3亿吨，品位极高。

【经济发展概况】 2011年，全县生产总值8.99亿元，比2010年增长14.8%。财政总收入7036万元，增长27.9%；一般预算收入4270万元，增长18.9%。城镇居民人均可支配收入13494元，增长13.6%；农民人均纯收入2874元，增长15.1%。城乡居民储蓄存款余额12.4亿元。

县域综合实力实现新提升。一产方面，强力实施"梨果富民"工程。新发展玉露香梨1000公顷，全县梨果总面积2万公顷，产量1.3亿千克，产值2.5亿元。其中，玉露香梨由2010年的333.3公顷扩大到1333.3公顷。通过举办"中国·隰县首届梨花节"、国家梨产业体系培训会和建设标准化管理示范园，梨果质量、效益和知名度显著提升，农民人均果品收入2500元，占农民人均纯收入的85%以上，成为实现"十二五"末农民收入翻番目标的重要支撑。坚持以果为基、多元发展，玉米、烤烟、育苗、马铃薯、大棚瓜菜、畜牧养殖等特色产业有了新的发展。二产方面，汾西正佳煤业90万吨矿井建设顺利推进。午城酒厂产量1000吨、产值1亿元。120万吨干法水泥厂生料生产线达产达效。临紫和煜佳合冶炼即将投产。

重点工程建设取得新成效。2011年，深入开展"项目年"活动，启动实施84项重点项目，总投资101亿元，按时完成和达到进度要求的项目占到总项目数的90%以上，带动全社会固定资产投资7.8亿元，增长25.1%。坚持走出去、引进来，积极参加各类博览会、招商会、洽谈会和贸易会，实际签约项目80.7亿元，引回县外资金5.6亿元。已规划年产20万吨的镁合金循环项目，总投资70亿元，拟引资70亿元。形成基础设施完备的下李新型工业园区，可以进行产业集群招商。

城乡环境发生新变化。2011年，深入开展"城市扩容提质大行动"，相继实施了一大批市政建设项目。东大街东扩改造项目取得实质性进展。西大街西延及西城底旧城改造拆迁工作进入尾声。法院审判大楼和护林防火指挥中心投入使用。"两馆"、隰州大酒店、隰州广场主体完工。紫川桥竣工通车。北城中学、公安、联社、劳动、环保、烟草等行政办公楼全面动工。建起紫川河10千米水景生态文化走廊，滨河西路如期竣工。污水处理厂投入运营，垃圾填埋场、汽修美容城基本竣工。投资9465万元，实施城市集中供热工程，集中供热面积17万平方米。投资1116万元，完成县城供水管网改造。堆金山森林公园承志广场、堆金广场、主甬道和水上乐园中园、东园建成。扎实推进新农村建设，10个重点推进村"四化四改"和"六个一"高标准、高质量完工。完成56个行政村、294千米街巷硬化任务，建起便民连锁店41个、农家书屋67个、村级文化活动室51个，体育健身设施覆盖87个行政村。完成造林绿化、农业综合开发、小流域治理、淤地坝建设等一批生态综合治理项目，迎来了全国黄土高原淤地坝安全运用现场会的召开。扎实推进节能减排，大力整治环境污染，全县二级以上天数363天。

人民生活质量提高。新建第三小学投入使用，北城中学动工实施，农村教师周转房启动建设。一次性解决了2000年和2001年38名师范毕业生就业问题。中等职业教育实现免费入学。县医院通过二级甲等医院验收，医改工作稳步推进，基本药物制度全面实行，新农合参合率97%，补助标准由120元提高到200元，完成住院报销3483人、报销金额1035万元。新农保覆盖面86.5%，9801名60周岁以上的城乡老年人领到新农保基础养老金。养老、医疗、工伤、失业、生育五大保险参保70294人，收缴发放社会保险金1.83亿元。全县城镇新增就业805人，争取再就业资金844万元，城镇登记失业率控制在4%以内。城市3190人、农村5910人纳入低保范围，基本实现应保尽保。

【经济大事简介】 ①中国·隰县首届梨花节成功举办。②投资9465万元，实施城市集中供热工程，集中供热面积17万平方米。③隰县被确定为国家新型农村和城镇居民养老保险试点县。④隰县孟佩杰荣获第三届全国道德模范、2011年感动中国人物称号，来虎平获第八届全国见义勇为英雄司机称号。

(隰县人民政府办公室)

安 泽 县

【自然概况】 安泽县位于临汾市东部，太岳山东南麓，处在临汾、晋城、长治3个市的中心地带。总面积1967平方千米。辖4个镇3个乡，104个行政村。2011年总人口10.6万人。

安泽历史悠久，是我国古代伟大的思想家、政论家、教育家荀子的故里。是太岳革命老区，刘少奇、朱德、邓小平、陈赓、薄一波等老一辈革命家曾在这里生活、战斗过，现存“太岳军区司令部”、“太行行署”、邓小平路居地等革命旧址。

安泽生态良好，是国家级生态示范区、省级森林公园，全国连翘生产第一县，也是全国首家以县政府为单位通过ISO14001国际环境管理体系认证的县。全县森林覆盖率67.2%，居山西省第一位。2011年县城空气质量二级以上天数365天，位居全省前列。

【经济发展概况】 2011年，全县生产总值48.9亿元，比2010年增长17.9%。财政总收入10.02亿元，增长21.1%；一般预算收入3.43亿元，增长29.9%。农林牧渔总产值6.12亿元，增长11.1%；粮食总产量1.06亿千克，增长0.2%。规模以上工业增加值40.14亿元，增长23.9%。固定资产投资总额22.45亿元，增长25.4%。社会消费品零售总额5.22亿元，增长17.9%。城镇居民人均可支配收入16078元，增长16.7%；农民人均纯收入5252元，增长16.5%。

项目增强发展后劲。2011年，项目建设总投资61.2亿元，完成投资18.9亿元，涉及结构调整、民生改善、基础建设、公共服务等各个方面的66项重点工程项目。全年争取上级各类资金2.4亿元。成功签约项目24个，签约资金122.5亿元。

狠抓农业基础建设。改造中低产田320公顷，机深耕、秸秆还田5333.3公顷。完成张峰水库库区移民安置区坡改梯等工程。狠抓产业化发展，全年新发展优质核桃1万公顷、有机蔬菜846.7公顷，新发展“惠源科贸”、“荀乡食品”等农副产品加工企业，全县各类农民专业合作社243个，设施农业、品牌农业、规模健康养殖迈出新的步伐。特别是以连翘为重点，积极推进“一县一业”工程。与振东药业达成合作意向，推进了农业产业化进程。

加快整合煤矿提能改造。玉华、玉和泰煤业能力提升工程全部完成，安鑫煤业升级改造工程完成年度目标。不断延伸煤焦产业链条，重点实施的永鑫120万吨焦化配套12万吨甲醇、太岳6万吨乙二醇项目进展顺利。重点完成荀子生平园和黄花岭、青松岭、红叶岭、段峪河瀑布群、望岳楼等景区及配套设施建设，举办了以“文化搭台、经贸唱戏”为主题的第六届荀子文化节。

城乡建设取得突破。在县城建设上，围绕建设“山水园林城”，编制完成《安泽县城总体规划完善(2010～2020年)》。重点实施沁河综合治理二期、湿地公园、城中村改造、还迁安置小区、大油松绿化成景、县城天然气入户等10项城建重点工程，山水园林县城初具雏形。在新农村建设上，围绕新农村建设省市领先的目标，全面推进以21个示范村为核心的第二轮新农村建设，完成21个示范村下水道改造、街巷硬化等城镇化基础设施建设和360个沼气池建设任务。“15个全覆盖”工程成果丰硕，省市确定的新的“五个全覆盖”完成3个，县定“十个全覆盖”完成8个。同时，大力实施“山上治本、身边增绿”工程，完成造林面积2066.7公顷；强力推进节能减排，全面完成节能减排目标任务。

人民生活持续改善。全面完成基层医药卫生体制改革，新建唐城、冀氏中心卫生院投入使用，完成中医院迁建附属配套工程，县医院、中医院分别跨入二甲、二乙行列。成功创建省级卫生县城。文化方面，奥体中心完成“三通一平”，新建县图书馆投入使用，农民文化书屋实现“全覆盖”，全省首家实现数字电视“全覆盖”。社会保障方面，新增就业岗位1226个，转移农村劳动力2898人。全年累计发放低保金1482万元，“五保”供养金239万元，优抚补助金84万元。免费为8552户低收入家庭冬季取暖提供了“一吨煤”。

（安泽县人民政府办公室）

临汾经济开发区

【自然概况】 临汾经济开发区是1997年经山西省人民政府批准，1998年10月正式成立的省级开发区。

开发区位于临汾老城区的西北部，控制面积10.4平方千米，规划面积7.8平方千米，下辖1个办事处，11个社区。2011年总人口5万余人。目前，全区共有各类工商业企业800多家。

为拓展发展空间，实现产业聚集，临汾经济开发区与邻近的洪洞县合作建立临汾开发区(洪洞·甘亭)工业园，该园区是临汾市首个大型高科技生态工业经济示范园，也是首个承接东部沿海产业转移的大型基地。园区位于洪洞县甘亭镇辖区。园区规划面积96.5平方千米，一期面积24.8平方千米。整个工业园规划为“六大产业功能区”，即：装备制造产业区、电子信息产业区、新材料产业区、农业及深加工产业区、生产性服务区、高新技术产业区。2010年被省商务厅批准为“山西省产业转移示范区”，2011年被批准为“国家资源型经济转型综合配套改革山西先行先试试点”。目前园区已入驻的大型工业项目有10余个，已初步建成精密铸件、新型建材、机械加工、消防铸造、精细加工、生物医药、电子信息等产业园区，形成体制多元、产业均衡、经济循环，社会经济可持续发展的新模式。

【经济发展概况】 2011年，区内生产总值21.42亿元，比2010年增长20%；工业总产值16.66亿元，增长185%。科工贸收入140亿元，增长20%。招商引资合同资金45.59亿元，增长298%。固定资产投资18.5亿元，增长69%。进出口总额3780万美元，增长1927%。财政总收入2.62亿元，增长18%。农民人均收入8420元。

全面惠及民生，让区内居民共享经济发展成果。全面落实中央、省、市、区各项惠民政策，着力做好失地居民生活补助发放、“两免一奖”、城市居民最低生活保障和新型农村合作医疗、城市居民医疗保险、廉租房、经济适用房等工作的申报、核查、发放工作，确保各项保障落到实处。

构建和谐社区，营造发展氛围。完善和加强信访接待室、社会治安综合治理及便民服务中心建设，强化服务意识，坚持主要领导定期接访和机关工作人员轮流值班制度，优化发展环境。与各社区签订安全生产、社会治安综合治理目标责任书,加大宣传教育和检查力度,不断增强居民安全意识,筑牢安全防线,确保辖区稳定安全。

*大力开展环境卫生整治,全面改善社区环境。*将建设高标准的办公、文体活动场所纳入社区建设重要内容,着力完善社区功能,全面提升社区品位。农家书屋实现11个社区全覆盖,下樊社区文体活动中心、上樊社区综合楼投入使用,南焦堡社区道路硬化工程接近尾声,大大改善了居民的出行条件和生活环境。

*加强精神文明建设,活跃居民文化生活。*组织社区群众积极参加党工委、管委会组织的各种活动,建立健全社区文化活动场所,开展丰富多彩的文化体育活动,丰富社区群众的精神文化生活,推动和谐社区建设。

(张克新　辛　慧)

运　城　市

【自然概况】　运城古称"河东",位于山西省西南部的晋、陕、豫黄河"金三角"地区。辖1个区2个市10个县5个省级开发区,146个乡镇(办事处)。面积1.4万平方千米。2011年总人口516.7万人。

运城属暖温带大陆季风气候区。平均海拔350～400米。气候温和,土壤肥沃,光照充足,农业生产条件优越。全市年平均总降水量716.6毫米,日照1971.6小时,气温13.3℃,无霜期230天。

运城矿产资源丰富,原材料工业基础较好。发现矿种61种,其中,28种列入《国家储量表》,已经开发利用的34种。芒硝储量在全国占有重要位置。铜、镁储量位居全省前列。2011年,南风化工集团股份有限公司元明粉产量175万吨,占全国产量的25%;硫化碱产量7.2万吨,占全国产量的15%;硫酸钡产量4.2万吨,占全国产量的15%。

运城历史悠久,文化底蕴深厚,是中华民族的重要发祥地之一。古老的运城盐池,面积132平方千米,已有4000多年的开发历史。全市现有各种文物旅游景点1600多处,其中,国保单位44处,省保单位92处。拥有国家级非物质文化遗产19项,省级93项,位列全省第一。设有关公文化旅游节、舜帝德孝文化节、芮城永乐宫国际书画节、全球华人祭后土、世界情侣月等文化活动。

【经济发展概况】　2011年,全市生产总值1016.82亿元,比2010年增长14.1%。其中,第一产业增加值164.5亿元,增长8%;第二产业增加值494.17亿元,增长19.7%;第三产业增加值358.15亿元,增长10.3%。三次产业占生产总值的比重为16.2∶48.6∶35.2。农林牧渔业总产值290.6亿元,增长9.5%。工业总产值1661.7亿元,增长39.0%;工业增加值419.8亿元,增长23.7%。固定资产投资664.2亿元,增长26.5%。社会消费品零售总额428.8亿元,增长17.8%。外贸进出口总额12.5亿美元,增长19.5%。财政总收入87.44亿元,增长8.9%;一般预算收入40.82亿元,增长14.8%。城镇居民人均可支配收入17346元,增长16%;农民人均纯收入5622元,增长20%。

*投资拉动强劲有力。*2011年,共确定重点项目221项,完成投资853亿元。其中,省重点项目33项,完成投资204亿元;市重点项目188项,完成投资649亿元。109个计划新开工项目中有101项开工建设。大西高铁运城段完成投资60.87亿元,侯西铁路扩能改造完成投资4亿元;闻合高速公路东镇至孙吉段建成通车,河运高速公路主体工程完工,运宝高速公路进展顺利。市东郊城镇化、盐湖生态环境修复治理等重点项目顺利推进。总投资285.7亿元的36个标志性产业项目全部开工建设,累计完成投资85.7亿元。盐湖经济发展较快集中区域实施项目100个,总投资900亿元,有40个项目建成或部分建成,32个开工建设。

*"三农"工作成效显著。*2011年,全市粮食总产量26.65亿千克,创历史新高。水果总产量373万吨,其中,苹果产量254万吨,人均果业收入1430元。184个村成为全省"一村一品"示范村,7个县成为全省"一县一业"示范县。全市农产品加工企业1500家,销售收入134.3亿元。完成"双创"增粮田3.4万公顷。新认定无公害产地2万公顷,无公害产品认证30个,绿色有机产品认证26个,地理标志认证5个。新发展农民专业合作社1252个。新建和改扩建各类规模养殖场100个。现代农业物流园区规划编制完成,完成现代农业示范区种植业核心区6400公顷和16个省级现代农业示范园建设任务。编制完成"三引六扩、河库成网"大水网建设规划,引黄引汾电价水价优惠政策减轻农民负担3亿元,实现农民增收10亿元左右。263个新农村建设重点推进村"四化四改"任务全部完成。盐湖等5个县(区)被列入国家农村环境连片整治示范片区。全年转移农村劳动力9.9万人。实施整村推进项目村28个。

*工业新型化稳步推进。*2011年,列入省162个技改重点项目完成投资131亿元,拉动全市新增产值180亿元。汽车和运输设备、铝镁深加工、农产品加工、新型化工、高新技术5个产业集群完成增加值181亿元,增长21.6%,占全市规模以上工业增加值的43.1%。全市工业园区共入驻企业1017家,实现产值520亿元,成为县域经济最具活力的板块。成功举办第七届银保企洽谈会,协议融资437.6亿元,落实投放421.3亿元。西北工业技术研究院运城分院筹建工作全面铺开。新认定高新技术企业6家,累计达到15家。银光华盛镁业等3家企业被认定为国家火炬计划重点高新技术企业。国家级、省级、市级企业技术中心分别达到4家、19家和40家。中国驰名商标和省著名商标分别达到15件和102件。全市万元生产总值综合能耗下降4.2%,降幅居全省第一。万元工业增加值用水量下降8.9%。

*第三产业快速发展。*2011年,晋商、华夏、浦发、交通等股份制银行陆续入驻运城。小额贷款公司发展到37家,累计投放资金17.3亿元。担保机构发展到48家。金融

机构为中小企业贷款181.7亿元，增长74%。文化企业发展到1872家，增加值占全市生产总值的4%。"关公信俗"成功报送联合国教科文组织，申请世界级非物质文化遗产。新增4A景区2家，累计达到9家。旅游总收入126亿元，增长22.3%。运城机场通航城市达到17个，旅客年吞吐量75.7万人次。

市域城镇化步伐加快。2011年，制定了《关于加快推进特色城镇化的意见》，编制完成一批专项规划和详细规划。中心城市重点工程完成投资10.8亿元，新建和改善道路25千米。学苑路立交桥、飞雁桥、黄河文化博物馆一期全面竣工，机场航站区扩建完成主体工程。中心城市绿化覆盖率、供热普及率、天然气气化率、垃圾无害化处理率和污水处理率分别达到36.5%、89%、90%、95%和92.8%。12个县(市)城扩容与提质并举，人口和产业集聚功能明显增强。省首批示范镇闻喜东镇、稷山翟店和71个建制镇基础设施进一步完善。

城乡生态明显改善。2011年，完成各项造林工程2.3万公顷，实现森林覆盖率增长1个百分点目标。2011年跨入省级生态县行列，省级生态乡(镇)和生态村分别达到28个、129个。年输气能力30亿立方米，实现中心城市、12个县城、5个省级开发区天然气管网全覆盖。二氧化硫、化学需氧量等6项主要污染物全面完成年度减排任务。汾河、涑水河环境综合整治与生态恢复工程积极推进。中心城区二级以上优良天数达356天。

社会事业全面发展。2011年，全市财政用于医疗卫生、教育、农林水事务和社会保障方面的支出分别增长56.7%、31.6%、35.3%和27.1%。农村新的"五个全覆盖"超额完成年度任务。申请国家、省科技项目197项，科技合作社发展到224家。高中阶段教育毛入学率96.6%。新农合参合人数402.2万人，参合率99.1%。163个乡镇、社区卫生院全部实施国家基本药物制度。县乡村三级医疗机构达标率98.4%。成功举办运城市第三届运动会。蒲剧《山村母亲》参加全国建党90周年优秀剧目展演，《祝你幸福》获第二届全国戏剧文化原创剧目等7项大奖。城镇新增就业5.6万人，城镇登记失业率控制在2%。城镇基本养老保险人数新增2万人，企业退休人员养老金标准平均提高12%。城乡低保标准每人每月分别提高25元、22元，累计支出4.6亿元。全面完成省下达的低收入农户户均一吨煤发放任务。开工建设各类保障性住房16193套，完成投资26.1亿元。社会管理不断加强，市县两级成立14个综合应急大队，处置突发事件能力明显增强。加强治安防控和信访工作，群众举报案件、涉法涉诉信访案件、刑事案件均大幅度下降。深入开展安全生产专项检查、食品安全百日行动、企业安全生产标准化等活动，全市安全生产形势总体稳定。

招商引资再创佳绩。晋、陕、豫黄河"金三角"区域战略合作步入新的阶段。同天津、西安、济源等市签订经济合作框架协议。与法国马尔芒德市、美国达文波特市签署友好合作协议。通过"绿色通道"，全年引进区域外高层次紧缺人才88名。围绕"两个规划"和"五个产业集群"等重点领域，全年引进项目358项，招商引资到位资金360亿元。

（李　改）

运城市盐湖区

【自然概况】 运城市盐湖区位于山西省西南部，是运城市政府所在地。全区辖22个乡镇、办事处，314个村，33个社区。总面积1237平方千米。2011年总人口68.4万人。

【经济发展概况】 2011年，全区生产总值139.57亿元，比2010年增长13%。规模以上工业增加值20.3亿元，增长20.8%。全社会固定资产投资141.4亿元，增长15.5%。社会消费品零售总额133.84亿元，增长17.8%。财政总收入18.82亿元，增长26.8%；一般预算收入6.41亿元，增长35.2%。城镇居民人均可支配收入17346元，增长16%；农民人均纯收入6469元，增长21.3%。

现代农业建设成效明显。投资2.5亿元，建设设施大棚1866.7公顷。2011年粮食总产量2.39亿千克，棉花总产量923.2万千克。新发展水果面积2000公顷，全区水果种植面积2万公顷，无公害水果产地认证面积8666.7公顷。13个观光农业景点建设有序推进。大力发展"一村一品"，形成大棚蔬菜、林果种植、特色养殖等158个"一村一品"特色村。新发展农民专业合作社85个，总数达到469个。实施林业升级达标"6628"工程，绿化了4个出境口、乡村主要通道，共栽植各类乔木8万余株，双季槐266.7公顷，核桃533.3公顷，造林绿化工作有了明显提升。被授予国家级现代农业示范区、国家级农业科技示范园区和省级休闲农业与乡村旅游示范县等称号。

工业经济稳步前进。2011年，全区规模以上工业总产值116.2亿元，比2010年增长23%。园区入驻生产性企业85家，投资规模56亿元，开发建设面积366.7公顷。招商引资取得新成效，全年签约项目到位资金31.19亿元，被省政府授予"招商引资资金到位重要贡献奖"。项目建设取得新进展，全年重点建设项目50项，其中，生产性项目26项，总投资78.75亿元。

现代服务业势头强劲。加快推进文化产业园建设，运城学院、运城师范已部分迁入。感恩商业文化广场正在加紧建设。大力发展文化旅游业，影剧院、演艺等文化事业、文化产业蓬勃发展，舜帝陵、凤凰谷、九龙山等旅游景点，全年接待游客500余万人次，旅游收入1.95亿元。

小城镇建设步伐加快。解州镇小城镇建设完成总体规划。王范、冯村等乡镇不断完善基础设施，增强城镇功能，辐射和带动周边乡村加快发展。城中村和城郊村改造取得新突破，曹允新村建设工程全面铺开，完成200户居民返迁任务。陶上村改造工程完成各项准备工作。农村危房改造工程进展顺利，完成400户危房改造任务。农村生态连片整治工作扎实推进，农村生态环境明显改善。

社会各项事业协调发展。2011年，民生投入超过15亿元，占一般预算支出的84.9%。新的“五个全覆盖”扎实推进，省、市下达的各项目标任务全部完成。城镇医疗保险参合率90%以上，新农合参合率稳定在97%以上。全年新增城镇就业岗位8359个，转移农村劳动力1.2万人，城镇登记失业率控制在1.5%以内。全面完成上级下达的农村低收入农户户均一吨煤的发放任务。全面落实“两免一补”政策，免除学杂费3757万元，为农村寄宿生发放乘车补助和午餐补助604万元。成功举办第二届德孝文化节，传播德孝文化，提升了盐湖知名度。全区环境质量显著改善，中心城市空气质量二级以上天数356天。

（盐湖区人民政府办公室）

永济市

【自然概况】 永济地处山西省西南端，陕西、山西、河南三省交汇处的黄河“金三角”区域中心。全市总面积1221平方千米。下辖7个镇3个街道办事处265个行政村。2011年总人口44.8万人。

永济历史悠久，古称蒲坂。上古唐虞时代为虞舜建都之地，是中华民族的发祥地之一。1994年1月，撤县设市。

【经济发展概况】 2011年，全市生产总值106.79亿元，比2010年增长17.2%。规模以上工业增加值57.7亿元，增长25.1%。财政总收入6.37亿元，增长5.6%；一般预算收入2.41亿元，增长3%。固定资产投资47.86亿元，增长63%。社会消费品零售总额32.66亿元，增长17.9%。城镇居民人均可支配收入16648元，增长23.5%；农民人均纯收入7121元，增长21%。

工业经济较快发展。2011年共实施重点工业项目18项，总投资27.74亿元。其中，千军铝业汽车缸盖总成项目、新通源果汁加工一期项目等10个项目建成投产。麟龙铝业10万吨高尖端铝合金锭一期项目、晋美油脂2万吨多维营养调和油项目等8个项目正在快速推进。特别是两大标志性项目进展迅速，龙行天下铝业年产5万吨铝合金型材项目当年开工，当年建成，当年投产运行；新时速电机电器年产120列时速160千米轨道车项目完成投资2000万元。在一系列项目建设推动下，全年规模以上工业总产值236.37亿元，增长47.7%。

“三农”工作再上台阶。2011年，紧紧抓住永济市被确定为国家农业产业化示范基地机遇，大力实施基础设施建设，忠民大道、粟海大道提升改造工程基本完工。完成芦笋基地、北梯循环农业综合示范园区、水产鱼种实验场扩建一期工程及各镇街“一镇一业”调产项目等13个重点农业项目建设。深入推进农业产业化进程，全市农业产业化企业220个，农产品加工转换率72%。全面加快农业产业结构调整，全市粮食播种面积7.3万公顷，连续3年荣获“全国粮食生产先进市”称号。完成新的“五个全覆盖”工程年度目标任务，全市新农村建设完成“四化四改”等各类投资1.3亿元，农民群众的生产生活环境进一步改善。

城乡面貌明显改善。积极推进城乡基础设施重点工程建设，机场战备公路、蒲州旅游路绿化提升、沿山沟道防汛治理、中条山前沿绿化、旅游职业技术学校等5项工程全面完工。中山街东延、富强东街改造、东环路铁路立交桥引桥、舜帝山森林公园亮化、涑水河城区段改造提升、客运中心汽车站等工程基本完成年度建设任务。投资2430万元，完成电机大街西延、舜帝山森林公园一期、蒲园后续工程建设。深入推进城市绿化提升工程，新增绿化面积21万平方米，建成区绿化覆盖率39.5%，绿地率33%。进一步完善环境卫生、城市客运、市场秩序、流动摊点等长效管理机制，市容市貌发生了明显改善。

招商引资新突破。2011年共实施招商引资项目47个，项目总投资60亿元，到位资金36亿元，超目标任务70%。特别是在工业方面，珠海共同机械设备公司空气分离项目、三丰机电制造公司标准化厂房建设项目、陕西贝尔特公司机电加工项目、金达棉纺织品公司50万件棉纺织品项目已落地建设，为经济发展注入了新的活力。

第三产业快速发展。完成雪花山景区配套项目、五老峰景区基础设施项目建设，启动了水峪口综合服务区项目。积极开展招商引资，与省国信投资集团就全市旅游景区整合开发达成初步合作意向。以西安及周边市场为重点，进一步加大宣传推介力度，全年接待游客133万人次，比2010年增长26%；旅游收入2207万元，增长24%。加快商贸流通项目建设，百货大楼综合现代化商场、彩虹集团汽车贸易广场项目一期工程、舜都市场四区五金机电市场竣工。蒲津世贸广场、虞乡农民创业园项目顺利启动，群众创业就业平台更加广阔。

社会事业协调发展。2011年，校园安保、农村垃圾车配备、优抚对象抚恤标准提高、大病救助标准提高、城市供热增容、保障性住房建设、市广播电台恢复、老年人免费体检、乡村公路养护、事业单位工作人员招录等10个方面民生实事圆满完成。空气质量二级以上天数361天，超任务61天。城镇新增就业6403人，下岗失业人员再就业829人，转移农村劳动力13800人。扎实推进食品、危险化学品、消防、烟花爆竹等重点行业、重点领域安全专项整治，全年没有发生一起重特大事故。集中开展三级领导联动接访、积案化解、矛盾纠纷排查化解等活动，信访维稳工作得到进一步加强。社会治安综合治理工作深入开展，各类刑事案件发案率明显降低。

【经济大事简介】 ①投资1.3亿元的龙行天下铝加工项目建成投产。②投资1.2亿元的千军铝业汽车缸盖总成项目建成投产。③永济现代农业产业化园区被确定为国家农业产业化示范基地。④投资4515万元的东北腹地排水工程全面启动。⑤投资1亿元的中山街东延拓宽改造工程基本竣工。⑥舜帝山森林公园建成开放。⑦蒲园建成对游人开放。⑧旅游职业技术学校建成开始招生。⑨市广播电台恢复开播。⑩粮食播种面积7.3万公顷，荣获“全国粮食生产先进市”称号。

（永济市人民政府办公室）

河津市

【自然概况】 河津市位于山西省西南部，黄河、汾河交汇处，是山西重要的能源化工基地和全国最大的氧化铝生产基地。全市南北长35千米，东西宽27.5千米，总面积593平方千米。辖2个街道办事处、2个镇、5个乡，148个行政村。2011年总人口39.8万人。

【经济发展概况】 2011年，全市生产总值226.29亿元，工业总产值509.64亿元，规模以上工业增加值140亿元，财政总收入21.25亿元，一般预算收入8.55亿元，固定资产投资107.3亿元，社会消费品零售总额69.91亿元，城镇居民人均可支配收入20131元，农民人均纯收入11347元。

工业转型迈出新步伐。2011年共安排工业重点项目38个，完成投资69亿元。达胜镍铁、飞祥电子、绿拓太阳能、腾升钢帘线等16个项目建成投产。新型产业完成投资18亿元，增长32.4%。高耗能行业完成投资24亿元，下降8个百分点。新型企业增加到45个，纳税由2300万元增加到1.2亿元，增加值增长23%，高出工业平均增幅3个百分点。

"三农"工作取得新成绩。2011年，突出产业推进、四化提升、社保覆盖、村镇改造四大重点，改善灌溉面积8600公顷，改造中低产田900公顷，发展"一村一品"专业村17个，扶持省市级龙头企业9家，引导发展各类专业合作组织252个。粮食总产量1.65亿千克，农林牧渔业总产值12.66亿元。积极落实强农惠农政策。建设电气化村14个、路灯亮化村7个，绿化村庄14个。植树造林1000公顷。实施西窑头、北午芹、固镇住宅楼建设。全力推进农村"五个全覆盖"工程。2011年，市财政用于"三农"方面的支出7.4亿元，占全年财政总支出的56.5%。

基础建设又有新进展。完成建新街改造、工业园西路、龙国路、延平街和张柴路公路、铁路立交桥引道、小梁变电站、僧楼变电站、龙门集中供水等重点工程。开工建设总面积2.4万平方米的法院业务楼、公安业务楼、社会福利中心等基础工程。加快城市垃圾处理场、石庙梁变电站、城南变电站配套电缆隧道等工程建设，城乡基础设施和城市功能不断完善。

第三产业得到新发展。香江国际、东星时代、金马百货开门营业，中兴商贸大楼、海圣物流信息大厅主体完工。农发行河津支行正式挂牌，晋商银行在河津设立代办处。大力实施"万村千乡"、"新农网"、"家电下乡"和"放心粮油"等工程，城乡消费呈现增长态势。

民生保障出台新举措。2011年，市财政拨出9000万元，增加公教人员工资；拨出1000万元承担运费，为全市7.9万户低收入农户发放取暖用煤；拨出400余万元，为下化山区群众人均发放半吨煤；拨出400万元，推进校安工程附属工程。投资8000万元，开工建设经济适用房。统筹1.2亿元，用于城乡养老保险、医疗保险和低保救助。全年民生投入超过4亿元。

各项事业迈上新台阶。完成18所"特色小学"和4所"优质初中"建设，高考二本达线1320人。申报国家、省、市科技项目14个。完成市蒲剧团、电影公司转企改制。新建改造柴家、僧楼卫生院和清涧社区卫生服务中心，17家基层公办医疗机构和148个村级卫生室全部实行基本药物制度。

【经济大事简介】 ①河津市被确定为全省首批扩权强县改革试点县(市)。②投资12.6亿元的中国铝业山西分公司氧化铝挖潜改造项目正式开工。③河津市三大钢铁工业项目——投资6亿元的宏达高炉技改及配套项目、投资4.6亿元的达康铁合金生产线及配套技改项目、投资3.8亿元的华鑫源节能清洁型高炉技改项目开工建设。④投资8000万元的馨苑小区经济适用房一期工程开工建设。⑤投资2.5亿元，完成街巷硬化855千米、便民连锁店74家、农家书屋12个、体育健身场所68个、社会养老保险参保17.1万人。⑥投资674万元的龙国路和延平街两座铁路立交桥引道工程竣工通车。

（河津市人民政府办公室）

临猗县

【自然概况】 临猗县位于山西省西南部，黄河中游，与永济、盐湖、万荣毗邻。全县总面积1339平方千米，耕地10万公顷。辖9个镇5个乡375个行政村。2011年总人口57.6万人。

【经济发展概况】 2011年，全县生产总值97.16亿元，比2010年增长14.4%。工业总产值82.81亿元，增长43%；规模以上工业增加值23亿元，增长28%。财政总收入3.53亿元，增长24.7%；一般预算收入1.39亿元，增长30.3%。固定资产投资48.6亿元，增长37.4%。社会消费品零售总额31.97亿元，增长18%。外贸进出口总额8400万美元，增长15%。城镇居民收入16036元，增长18.6%；农民人均纯收入6815元，增长20%。

项目建设有序推进。2011年，30项重点工程投资18.3亿元，完工和基本完工21项。城乡一体化供水、夹马口北扩配套等工程顺利推进。丰喜环己酮项目竣工投产。翔宇化工投资4.2亿元的"4020项目"完成建设任务。豪钢锻造25万件重型汽车前轴项目投产达效。一洲印染1500万米军工布、永恒机械年产500台装煤机、变压器公司220千伏节能低噪音技术改造、兵娟250组智能制衣吊挂系统生产线、恒晟纺织年产7200吨色纱生产线等一批大项目竣工投产。同时，全县扎实开展"项目大会战、跨越大比赛、发展大评比"活动，签约项目45个，拟投资总额近180亿元，7个项目开工奠基。全年招商引资到位资金28.15亿元，引进项目38个，签约项目之多、投资额度之大、涉及范围之广为近年来少有。

现代农业开创新局。2011年，投资2.18亿元，新建防渗渠道396千米，新增和改善水地面积1.7万公顷。完成1333.3公顷高标准农田建设。争取国家农机购置补贴资金2710万元，农业机械化率达到全国先进水平。强力推进果园阳光工程。全年完成果树间伐1533.3公顷，全省、全市果园间伐现场会在临猗县召开。大力推广枣园搭棚技术，新建设施大棚200公顷，亩效益最高达4万元以上。先后在武汉、北京东城区举办农超对接活动，临猗苹果成功打入武汉中百集团超市，并签订了长期鲜水果供货合同。福运果脆打入南航、东航等航空公司。2011年，全县粮食总产量2.8亿千克，增长3.5%。苹果总产量17.5亿千克，枣总产量2.7亿千克。

强推工业初见成效。在整合临猗工业园区和丰喜工业园区的基础上，布局规划楚侯高科技工业园区。工业总产值和规模以上企业产值双双突破百亿大关，全年新增3家规模以上企业，累计达到35家。兵娟制衣荣获中国驰名商标称号，恒圣、轩姿鸟、新星获省著名商标称号，驰名商标总数占到全市的1/3。新增4家国家高新技术企业，累计达到5家，总数占到全市的1/4。

城乡建设统筹发展。城市建设上，完成县城总体规划修编、县城近期发展规划编制、城区部分地段详规编制和5项市政行业专项规划编制。组建城投公司，通过市场运作，在政府、企业、社会三者之间搭建起城市建设的新平台。峨嵋生态公园一期、东城路北延、大庆路、武家沟路、祥和街、五一立交桥、“两馆”主体、医院综合大楼等工程相继完工，城市功能进一步完善。新农村建设上，完成41个重点推进村建设，持续开展农村环境整治工作，连续3年被表彰为全省新农村建设先进县。

民生民计不断改善。2011年民生方面的支出7.6亿元，占一般预算支出的57%。新的“五个全覆盖”任务超额完成。投资2.2亿元，硬化农村街巷道1111千米，覆盖235个村；投资500万元，完成50个农村便民连锁店，完成率100%；由县财政补助253万元，提前一年完成农村文化体育场所全覆盖任务；对全县在读的2009名中职生全部落实免除学费政策，免费金额达196.4万元；拨出1000余万元，用于新型农村社会养老保险县级配套，全县31万人参保。完成三坊初中、县直一园、北景小学等5所学校的迁建。多方筹资近亿元，完成乡级道路改造158千米，累计改造300千米。争取到国家新型城乡居民养老保险试点县，一次性解决了全县60岁以上城乡居民养老参保问题。投资2.2亿元的城乡一体化供水工程，已供水到县城。拨出1000万元运费，不折不扣地将山西省为农村低收入农户发放一吨煤的惠民政策落到实处。干部津贴再次提高，拨出2900余万元，为机关人员增发津补贴，干部工资水平处于全市前列。“普九”债务化解工作完成。多方筹措资金2600万元，用于9个农村学校改造和“三坊”初中设施配套。改建68所农村幼儿园，学前3年幼儿入园率99.9%。高考达线1719人，再创历史新高。

【经济大事简介】 ①中国临猗舜帝城物流园项目签约落地。总投资46亿元，分6年实施。将建成一个集检测交易、包装存储、配送加工、科技培训、文化观光、生态休闲、商住办公等为一体的综合园区。②投资1650万元，全长27.5米的五一路立交桥正式开通。③投资4000余万元，占地26.7公顷，集人文景观、自然景观、植物景观为一体的综合性生态公园——峨嵋公园投入使用。④临猗苹果成功打入武汉中百集团超市，并签订长期供货合同。⑤被省农村工作领导组表彰为“一县一业”先进县。⑥被确定为全省首家出口果品质量安全示范县。⑦“万保”牌苹果在第九届中国国际农产品交易会上荣获金奖。⑧兵娟制衣荣获中国驰名商标称号，恒圣、轩姿鸟、新星荣获省著名商标称号，驰名商标总数占全市1/3。⑨被确定为国家新型城乡居民养老保险试点县。

（临猗县人民政府办公室）

芮城县

【自然概况】 芮城县地处秦、晋、豫三省交界的黄河“金三角”地带。全县总面积1178.8平方千米，可耕地6万公顷。全县辖7个镇3个乡172个村。2011年总人口39.7万人。

芮城属大陆性半湿润气候，四季分明，气候温和，光照充足。年平均气温12.8℃，无霜期250天左右，年降水量513毫米。

【经济发展概况】 2011年，全县生产总值61.46亿元，比2010年增长14.3%。农林牧渔业总产值32.75亿元，增长21%。工业总产值60.58亿元，增长24.3%；规模以上工业增加值16.64亿元，增长21%。财政总收入2.74亿元，增长22.3%；一般预算收入1.06亿元，增长13.3%。固定资产投资31.74亿元，增长35%。社会消费品零售总额16.14亿元，增长18.3%。城镇居民人均可支配收入16519元，增长18.4%；农民人均纯收入6005元，增长15%。粮食总产量2.8亿千克，下降3.1%。

文化旅游凸显特色。成功举办第四届中国（芮城）永乐宫国际书画艺术节。芮城县被中国美术家协会授予“山西创作中心芮城写生基地”。加快推进九峰山、圣天湖、百梯山三大景区建设步伐。

新型工业稳步推进。2011年，亚宝工业园完成投资9900万元，金丰瑞电子工业园完成投资4400万元。兆益生物兽用原料药项目成功试产。君雅墙纸当年开工，当年投产达效。亚宝药业、蓝星化工、宏光安瓶、新泰纳米、爱尔家纺等一批骨干企业，通过扩能改造、产业提升和产业链延伸，产能和效益明显提高。君雅墙纸和西建混凝土2家公司由中小企业进入规模以上企业行列，全县规模以上工业企业增至17家。

现代农业势头良好。2011年，实施苹果提质增效、设施蔬菜和干果经济林建设三大工程。建成现代苹果标准化示范园267公顷，新增果园1334公顷，被农业部授予“现代苹果标准化生产示范县”称号，2.4万公顷苹果获农业部地理标志登记。全县新增设施蔬菜167公顷，总面积达到547公顷。发展干果经济林800公顷。建成“一村一品”专业村15个。农业基础建设方面，启动了新一轮五大引黄灌区改造、续建和末级渠系配套工程，实施阳城镇98公顷基本农田整理和古魏镇435公顷中低产田改造，全县水浇地面积增加到3.3万公顷。新的农村"五个全覆盖"年度任务完成。全年硬化农村街巷829千米，新建、改造公路57千米。建设农村便民连锁商店35个。实现了农家书屋和农民体育健身设施全覆盖。免除了县第一职业中学全部在校生和芮城福尼斯英语职业中专班学生的学费。新型农村养老保险参保23.1万人，实现了全覆盖。转移农村劳动力9872人，新农合参合33.3万人，参合率99.6%。全年县财政用于民生事业的支出8.74亿元，占财政总支出的72%。

【经济大事简介】 ①2011年招商引资到位资金14.08亿元。②2011年3月18日，君雅墙纸有限公司试车投产。③2011年5月29日，北京化工大学和芮城新泰纳米公司合作建立的纳米材料制备与应用技术"联合实验室"及"产业化基地"在芮城新泰纳米公司正式挂牌。④2011年8月25日，芮城通泰电子有限公司投产运营。2011年11月5日，芮城锦达电子有限公司正式投产。通泰电子和锦达电子2个招商引资项目实现了当年签约、当年建设、当年投产。⑤2011年9月15日至9月19日，成功举办第四届中国（芮城）永乐宫国际书画艺术节。⑥2011年10月11日，总投资3亿元的芮城物流商贸城项目与湖北禾溢置业投资发展有限公司成功签约。⑦2011年10月15日，深圳青牛公司投资2亿元控股山西洞宾酒业有限公司。⑧2011年10月，被确定为全省"一县一业"苹果示范基地，2.4万公顷苹果获农业部地理标志登记。⑨2011年11月11日，总投资3929.4万元，建筑面积8451.9平方米，集图书馆和博物馆于一体的文博馆奠基开工。

（马彦军）

万荣县

【自然概况】 万荣县位于山西省西南部，运城市西北部，黄河东岸。全县总面积1081.5平方千米，其中，耕地面积6.8万公顷。下辖10个乡4个镇，281个行政村。2011年总人口44.2万人。

境内地势东高西低，为峨嵋岭台地西部组成部分。属暖温带季风型半湿润气候。年均气温11.9℃，年降水量550毫米。

【经济发展概况】 2011年，全县生产总值42.5亿元，比2010年增长14.6%。财政总收入2.85亿元，增长16.1%；一般预算收入1.02亿元，增长9.4%。工业总产值33.15亿元，增长43.2%；规模以上工业增加值9.6亿元，增长25.4%。固定资产投资35.2亿元，增长21.7%。农林牧渔总产值24.78亿元，增长20.7%；粮食总产量1.42亿千克，下降2.7%。社会消费品零售总额17.07亿元，增长16%。外贸进出口总额1405万美元，增长19.8%。城镇居民人均可支配收入14186元，增长22.4%；农民人均纯收入4909元，增长21.6%。

农业基础更加稳固。认真落实各项支农惠农政策，对"三农"投入3.1亿元，全年共发放各类补贴6971万元。大力推广苹果生产"三改六配套"技术，完成树形大间伐、大改造6666公顷，创建精品苹果示范园4000个，成立苹果套袋专业服务队500个。全县苹果总产量5.8亿千克，总产值15.8亿元。优质果率36%。果业人均纯收入3045元，占到农民人均纯收入的62%。积极推行"一村一品、一乡一业"农业经济发展模式，新发展露地西红柿133公顷、大棚蔬菜66.6公顷、药材1506公顷、三白瓜1333公顷、大葱1666公顷、芦笋2000公顷，扶持规模养殖基地13个，全县涌现出一批主导产业突出、品牌优势明显、农民增收较快的专业村。

工业规模逐步壮大。招商引资成效显著。全年共引进各类项目252个，到位资金24亿元，超额完成7亿元。已竣工项目有投资3.5亿元的台湾品达原镁生产线、投资5500万元的天之彩包装、投资5000万元的方圆胶业、投资3000万元的百盛化工等。已签约项目有投资100亿元的国电荣达电厂、投资2亿元的朗致集团生产线、投资1亿元的奥瑞特化工、投资8000万元的龙港高纯等。重点企业改扩并进。投资5亿元的汇源集团二期建设项目、投资6500万元的恒磁钕铁硼生产线扩建项目、投资5800万元的黄腾化工生产线扩建项目、投资5000万元的华康公司三期建设项目、投资2190万元的凯迪废水回用处理项目相继实施。融资扶持力度加大。县财政为企业提供短期周转资金7100万元，中小企业担保公司扶持贷款5790万元，金融机构发放贷款1.4亿元。全年新增规模以上企业4家。

第三产业彰显潜力。2011年，旅游产业蓬勃发展。投资225万元，对稷王庙无梁殿古建筑进行了整体维修。投资420万元，对万泉文庙周边环境进行集中整治。李家庄园建成运营，东岳庙总体修缮开工建设。全县旅游景区接待游客100万人次，门票收入1000万元。文化产业再开新篇。成立万荣笑话协会，"中华笑城·欢乐万荣"的知名度不断提高。物流体系初步构建。扎实推进"万村千乡市场工程"，新建便民连锁店110个，实行连锁经营、集中配送。

（万荣县人民政府办公室）

新绛县

【自然概况】 新绛古称"绛州"，是春秋古都，荀子故里，有着1400多年的悠久历史。春秋时与太原、临汾齐名，被誉为"晋国三城"。自古就是商贾云集之地，清末民初的工商业资本总额在山西仅次于太原市，素有"小北京"、"南绛北代，忻州不赖"的美誉。

新绛县位于山西省西南部，运城市北部，临汾盆地南缘，汾河下游。北依吕梁山，西北与乡宁县连界，东北与襄汾县接壤，南靠峨嵋岭与闻喜县毗连，东与侯马市相接，西与稷山县为邻。全县总面积593平方千米，耕地3.5万公顷。辖8个镇1个乡1个区，220个行政村。2011年总人口33.5万人。

【经济发展概况】 2011年,全县生产总值57.57亿元,比2010年增长15.2%。财政总收入4.35亿元,增长23.8%;一般预算收入1.46亿元,增长22%。规模以上工业增加值24.2亿元,增长30.4%。固定资产投资完成36.8亿元,增长30.1%。社会消费品零售总额22.96亿元,增长17.4%。城镇居民人均可支配收入15721元,增长18%;农民人均纯收入6165元,增长17.2%。

扭住项目建设不放松,发展后劲持续增强。年初确定的24项强县惠民工程年度任务圆满完成。投资9亿元的中信焦化150万吨干熄焦生产线、投资5亿元的高义钢铁2×120吨转炉及轧材一期、投资4.8亿元的山西鑫晟高新能源百万吨高铝均化材料一期等重点项目建成投产。全年共实施省、市、县重点工程21项,完成投资31亿元,为年度计划的126%。加大招商引资和项目争取力度,全年招商引资到位资金21亿元,完成全年任务的175%;争取上级各类专项资金7亿元,比2010年增长16.6%,被评为全省招商引资先进县。

做精特色农业不动摇,产业优势明显提升。深入实施蔬菜产业扩规提质工程,新建成中苏村、席村等10余个设施蔬菜生产基地,新发展日光温室3500座,新增面积700公顷。继续加大新品种、新技术的引进和推广力度,全年推广蔬菜优种2300万株,有效提升了蔬菜品质。全县蔬菜年产量12.4亿千克,产值13.5亿元。加快发展规模健康养殖,全县生猪年出栏30.5万头,禽出栏213.6万只。积极发展和推进“一村一品”,省级“一村一品”示范村达到24个,被评为全省“一县一业”先进县。成功举办新绛县首届“一村一品”展示交流会,展示产品7大类1000余种,现场交易额近亿元,达成投资意向5亿元。

做强新型工业不减力,财源建设成效显著。依托煤化园、轻纺园、农民创业园三大发展平台,大力改造提升传统产业,积极发展壮大新型产业。总投资4.2亿元的标志性产业项目——金冠广珠宝首饰加工项目正式投产,新增了中信焦化、祥和机械、汾海铸造、银昌化工、金冠广珠宝等5家规模以上企业,全县规模以上工业企业达到27家。煤化工业园区产值达到70亿元,在“以煤为基,多元发展”上实现了新突破。轻纺工业园区加快改造提升,科技水平不断提高,产品档次节节攀升,发展内涵更加丰富。三泉水西家具园、北张石雕园、万安钻石园等农民创业园集聚产业要素,成为加快县域工业化的支撑板块。全县纳税千万元以上企业达到10家。

完善基础设施不松手,城市建设步伐加快。以提升服务功能、构建宜居城市为重点,加快推进城市建设。完成新城区荀子路、峨嵋路、市府大道、绛州大道等“三纵四横”骨架道路建设,启动冰凌沟大桥建设。实施凤凰岭生态森林(景区)公园一期、琵琶湖公园、龙湖公园等城市水系工程。完成新城输电电缆铺设,启动实施亮化工程。城市供水公司、国土交易大厦等一批工程全面竣工,新绛中学新校区、海泉大酒店主体基本建成,一批住宅新区和景观工程相继落成。下船庄大桥竣工,县城至白台寺旅游公路新开路段建成通车。改造升级污水、垃圾处理设施,污水处理率90%,生活垃圾无害化处理率100%。加快推广天然气,5360家单位和家庭用上了天然气。全年二级以上天数359天。

做大三产服务不懈怠,文化旅游靓点频现。依托深厚的文化底蕴,逐步推进六大产业板块建设。木版年画、文房四宝、仿古青铜、云雕漆器等传统技艺和文化产业实现了新发展。加快推进名城旅游连接线工程,完成“三楼大堂”景区一期工程,城隍庙景区竣工剪彩。积极对全县民居街巷、传统古村落、工业遗迹、民间工艺等物质与非物质文化遗产进行挖掘和保护,大益纺纱厂旧址和阳王北池稷王庙成功入选全国文物普查百大发现。绛州鼓乐《鼓韵龙腾》荣登央视春晚,全国楹联工作会议在新绛县成功召开。

改善民生事业不惜力,幸福指数持续攀升。积极探索教育教学改革,中小学课改叫响全国。2011年全县高考达线1778人,达线率连续7年稳居全市榜首。医疗服务水平不断提升。基本完成基层卫生体制改革任务,全县医疗服务体系进一步健全。新农合补助标准由120元提高到200元,参合率99.1%。强力推进乡镇文化基础设施建设,建成9所乡镇综合文化站。全年城镇新增就业5187人,转移农村劳动力10893人,城镇登记失业率控制在1.1%。农村养老保险、企业养老保险、城镇基本医疗保险等6项保险有序推进,全县参保人数30余万人,城乡低保实现了应保尽保。加强廉租住房建设管理,有条不紊地推进分配工作。“五个全覆盖”工程年度任务圆满完成。全力做好低收入农户冬季取暖用煤供应工作,全县7万余吨取暖用煤及时足量发放到位。

(许 隽)

稷山县

【自然概况】 稷山县地处山西省西南部,运城市北端。全县总面积686平方千米。辖7个乡镇、1个社区、200个行政村。2011年总人口35万人。

稷山历史悠久,古属冀川,春秋属晋,战国时属魏,北魏太和十一年(公元487年)设置高凉县,公元598年改称稷山县至今,是中华民族的发祥地之一。我国农业始祖五谷之神后稷曾在此教民稼穑,数千年的农耕文明在这里开启。境内有全国最大的祭祀后稷的庙宇——稷王庙和稷王山、稷王塔等。

【经济发展概况】 2011年,全县生产总值58.11亿元,比2010年增长14.1%。财政总收入4.71亿元,增长13.9%;一般预算收入1.74亿元,增长16.3%。规模以上工业增加值22.17亿元,增长19.5%。全社会固定资产投资35.2亿元,增长3.8%。外贸进出口总额5517万美元,增长164%。城镇居民人均可支配收入14975元,增长23.2%;农民人均纯收入5911元,增长20.1%。社会消费品零售总额15.4亿元,增长18%。

工业转型迈上新台阶。2011

年，新建项目强势推进。永祥焦化130万吨焦化一期工程基建完工，永恒工贸450立方米二号高炉、永东化工12万吨炭黑一期、唐晋纺织1000万米棉布生产线、东方资源2万吨镁合金、丰喜纯碱氨醇系统优化等9个技改扩建项目建成投产。永东化工上市各项资料完整提交证监会。三大园区壮势凸起，聘请国内一流专家制定了三大园区总体规划和产业规划。西社新型焦化工业园区全长8.5千米的2条主干大道——兴稷大道、振西大街开工建设，地面以下工程全部完工。翟店印刷包装文化产业园区被命名为"全省十大文化产业示范基地"。4.8千米道路硬化、绿化工程按期完工，5个投资在千万元以上的印刷包装技术改造提升项目全面竣工。高新技术园区基础设施加快建设，项目落实在即。招商引资成效显现，全年共引项16个，引资24亿元。省煤销集团年产500万吨的焦化园区建设项目落户西社新型焦化工业园区，并纳入省煤销集团2012年重点建设项目。国家级专利申获24件。

现代农业取得新成就。2011年，粮食总产量2亿千克。板枣面积进一步扩大，知名度进一步提高。稷峰、化峪新栽板枣1666.7公顷，板枣栽植总面积8866.7公顷。城郊万亩板枣观光示范园拓展至南阳、胡家庄一带，面积达到2666.7公顷。"稷山板枣"荣获山西省著名商标称号。稷王山核桃走廊已具雏形，新栽666.7公顷，发展到1466.7公顷。蛋鸡养殖朝着标准化现代化方向发展。晋华畜禽公司60万只标准化蛋鸡健康养殖二期项目建成投产，代表了华北地区蛋鸡养殖现代化最高水准。全县蛋鸡存栏750万只，稳居全省前列。稷王现代农业示范园高标准起步。建成"一村一品"省级新农村示范村10个，专业村20个。2011年组织参加了省特色农博会，荣获大会所设5项大奖的全部奖项。改造防渗末级渠系397千米，恢复新增灌溉面积3086.7公顷，全县农田灌溉面积2.5万公顷。

"双宜"县城呈现新面貌。城市框架拉大。实施"一城两翼四星"大县城战略，积极推进县城东延北扩。向东，"四馆一中心"、富强街、保障性住房、天然气办公商住大楼、晋华焦化总部大楼等一批城市基础设施建设工程开工建设，"四馆一中心"成为城东新区靓丽的名片和地标。向北，以兴稷大道建设为纽带，将县城与高新技术园区和西社工业园区连为一体。2011年，城市建设完成投资2.2亿元，县城建成区面积达到8.2平方千米。生活环境改善，天然气用户新增1300户。新增绿化面积28.3万平方米，绿化覆盖率34%。投资5358万元，启动了500套经济适用房和30套廉租住房建设工程，完成农村危房改造700户。

人民生活得到新改善。2011年，财政用于改善民生方面的资金达4.8亿元，比2010年增长10%。农村基础设施建设新的"六个全覆盖"当年任务全面完成。农村街巷道硬化启动123个村897千米，马家巷汾河大桥和老台运线拓宽改造如期竣工。校安工程全部竣工投入使用。新增就业7182人，城镇登记失业率控制在0.6%以内。各类救助资金发放1205万元。人口自然增长率4.77‰。

（稷山县人民政府办公室）

闻喜县

【自然概况】 闻喜古称桐乡，春秋时属晋国曲沃，曾为晋国之都。秦设郡县，更名"左邑"。西汉元鼎六年（公元前111年），汉武帝刘彻巡幸缑氏（今河南偃师）途经左邑桐乡，欣闻平南越大捷而喜，遂改"桐乡"为"闻喜"。

闻喜县位于山西省南部、运城市北端，运城盆地与临汾盆地的交界处。全县总面积1167平方千米。辖7个镇6个乡，343个行政村。2011年总人口40.7万人。

闻喜地形地貌多样，山、川、沟、岭、垣形态俱全。河谷盆地占总面积的20.5%。丘陵、塬地、山地占总面积的79.5%。矿产资源丰富。

闻喜是一个工业大县，已培育形成钢铁、玻璃、金属镁、建材、装备制造、化工、陶瓷、绿色食品等八大主导产业。

闻喜是一个传统农业县，种植业主要以粮食作物为主，有小麦、玉米、高粱、谷子、豆类、薯类等，经济作物主要有蔬菜、油料、药材、花生等。

闻喜县的主要文物古迹有裴晋公祠和文庙。裴晋公祠位于县城东30千米的裴柏村，建于唐贞观三年（公元629年）。内有"唐平淮西碑"，因碑文由唐代著名文学家韩愈撰写，清朝"三代帝师"、大书法家祁隽藻亲笔书丹，记述唐代名相裴度平淮西叛乱之奇功伟业，故此碑又称"三绝碑"。文庙位于县城内，建于北宋咸平元年（公元998年），现仅存大成殿和五龙影壁。

【经济发展概况】 2011年，全县生产总值106.66亿元，财政总收入7.25亿元，一般预算收入2.95亿元，农林牧渔业总产值15.52亿元，粮食总产量2.03亿千克，工业总产值234.37亿元；社会消费品零售总额23.63亿元，城镇居民人均可支配收入16101元，农民人均纯收入5279元。

招商引资亮点纷呈。2011年，共引进资金24.5亿元，一批大项目、好项目先后落户闻喜开工建设。其中，大唐风电项目，总投资19亿元；金阳光蓄电池项目，总投资2.6亿元；祥丰宇物流项目，总投资1.5亿元；康培苗木项目，总投资1.7亿元；银光板材项目，总投资1亿元；春景有机肥项目，总投资1亿元。同时，还有一批项目已达成意向，主要包括塑料容器项目，总投资5.7亿元；中化油库项目，总投资4.2亿元；垃圾发电项目，总投资2.4亿元。

"三农"工作成效显著。农业生产条件不断改善，河底、郭家庄等基本农田整理项目、龙头堡沟等小流域治理项目相继完工，石门引水、北垣集中供水等工程正在加紧实施。集体林权制度改革工作顺利通过市级验收。农业结构进一步优化，创建万亩小麦示范区4个，新增蔬菜666.7公顷、干鲜果1200公顷、中药材2600公顷，畜牧养殖示范园和规模养殖小区建设取得明显进展。农业产业化步伐不断加快，农民专业合作社发展到387家。新一轮农村“五个全覆盖”共完成农村街巷道硬化852千米，新发展农村便民连锁商店126个，农村文化场所、体育场所和中等职业教育免费实现全覆盖，新农保基本实现全覆盖。

城乡面貌持续改善。县城建设方面，城市发展相关规划正在完善，桃园路拓宽、涑水河治理等重点工程正在加紧实施。小城镇建设方面，对桐城等7个中心城镇的发展进行了明确定位，各乡镇的水、电、路、市场及文化设施工程全面铺开，特别是东镇被确定为全省小城镇建设示范镇，立交桥道路改造、文化站综合楼建设及街道绿化亮化等工程陆续竣工。电力建设方面，下阳、畖底、裴社、七里店等变电站增容改造先后完成。公路建设方面，东镇—后宫二级路改造顺利完工，裴社—汤王山旅游路正在加紧修建。同时，城乡环境整治成效显著，县城二级以上天气358天，一级天气124天，是有监测记录以来，闻喜空气质量最好的一年。

重点工程全面推进。2011年，一批打基础、利长远的重点工程项目先后启动实施。城市亮化、硬化和绿化已全面完成，县城环境进一步改善。银光轮毂项目，总投资18亿元，已开始试生产。象丰肉鸡项目，总投资4.2亿元，正在加紧实施。桃园路拓宽项目，总投资5亿元，排水改造已经完成。涑水河治理项目，总投资2.6亿元，正在进行前期准备。垃圾处理场项目，总投资4200万元，已经完成“三通一平”。宰相村开发项目，已完成凌烟阁主体工程。

【经济大事简介】 ①大唐风电项目开工。②金阳光铅酸蓄电池项目奠基开工。③可容纳1600余户的保障性住房已开工建设。④片区扶贫工程全面竣工。⑤中医院住院楼竣工投用。⑥三河口和小涧河水库加固正在实施。⑦农业开发项目正加紧实施。⑧全县60岁以上人员的基础养老金全部发放。⑨磨盘岭改造等生态绿化工程全面推进。

（谢京琳 吴吉青 温栋杰 李双泰）

夏　县

【自然概况】 夏县位于运城中偏东南部。南接平陆，北临闻喜、垣曲，西连盐湖，东隔黄河与河南渑池县相望。总面积1352.6平方千米。辖6个镇5个乡，257个行政村。2011年总人口35.5万人。

境内山川相连，林茂粮丰，自然风光秀美，生态植被良好，人文景点众多。地形概貌“七山二川一丘陵”。东西长、南北窄，东面高、西面低、中间平。平均海拔510～560米。属大陆性半湿润季风气候，年平均气温12.9℃，年降雨量400～700毫米，年日照时间2218小时，无霜期208天。

【经济发展概况】 2011年，全县生产总值31.98亿元，比2010年增长14.1%。财政总收入1.57亿元，增长19.8%；一般预算收入7647万元，增长16.9%。农业总产值25.33亿元，增长9.8%；粮食总产量2.35亿千克，增长3.1%。工业总产值17.41亿元，增长34.9%。社会消费品零售总额14.29亿元，增长18.9%。城镇居民人均可支配收入14658元，增长18.6%；农民人均纯收入4138元，增长15.3%。

新型工业化发展态势良好。2011年，共引进实施各类生产项目27个，总投资36.9亿元，到位资金10.9亿元。全县规模以上工业企业销售收入16.7亿元，增长30.5%。

新农村建设成效明显。2011年，新发展设施蔬菜333公顷，新发展设施水果133公顷。创建“一村一品”专业村、示范村和推进村50个。争取各类水利资金6000万元，饮水安全、农业水保治理、农田水利建设工程全面完工，温峪引水、病险水库除险加固等工程进展顺利。20个新农村建设重点推进村取得明显成效，完成农村困难户危房改造200户，农村新的“五个全覆盖”顺利完成当年任务，连续五年被省、市评为“新农村建设先进县”。

城镇化建设步伐加快。2011年，制定出台《夏县城市扩容提质实施方案》，启动村镇体系规划、四镇五乡总体规划等一批专业规划和县城控制性详细规划，在新城区搭建了“三纵四横”道路建设框架。城市污水处理率86%以上，城镇化率32.9%，建成区新增绿地面积6.5万平方米，绿化覆盖率28.7%，城市的各项功能日趋完善。

三产规模化势头强劲。宇达集团、东升彩印等一批文化企业发展势头良好，全县非物质文化遗产列入省级8个，列入市级13个。旅游业发展实现新的突破，全年接待游客75万人次，旅游直接收入4.7亿元，比2010年增长22%。深入推进万村千乡市场工程，家电销售量3.9万台，销售额9900万元。全县存款余额36.8亿元，增长24.9%；贷款余额17.2亿元，增长18.7%。

生态建设提档升级。2011年，完成主干路增绿提升工程40千米，荒山造林和封山育林266.7公顷，生态综合治理733.3公顷，天然林保护人工造林200公顷，发展核桃等干果经济林1333.3公顷。新建高标准园林村20个。被省政府评为“全省造林绿化先进单位”。县城空气质量二级以上天数达345天。

社会事业全面发展。全年申请各类专利18项，科技合作社累计发展到11家。全县新建、改建标准化公办幼儿园2所，学前3年毛入园率98%，高中阶段毛入学率86.9%。示范二小投入使用。医疗卫生体制改革任务基本完成，新农合参合率99.5%。全县新增就业5000人，成建制输出劳务8500人，城镇登记失业率控制在1.4%以内。城乡低保标准每人每月分别提高25元、22元，纳保人数1.7万人。安全事故死亡人数下降8.3%。

【经济大事简介】 ①投资15亿元的天润新能风电场建设项目开工建设。②完成投资1500万元的西张南至张付村道路改造和投资4000万元的农村公路翻新改造工程。③投资1300万元的中医院综合楼主体完工。④投资2亿元的翔天钢铁年产30万吨钢线材和6万吨合金钢项目建成投产。⑤投资5000万元的晋新双鹤针剂塑瓶生产线及自动化联动生产线项目建成投产。⑥完成投资1200万元的裴介镇万亩“双创增粮”优质高产示范园建设项目和投资1328万元的国家高标准农田示范区三期工程。

（梁栋峰）

绛 县

【自然概况】 绛县位于山西省南部，运城市东北端。总面积994平方千米。辖8个镇2个乡205个行政村。2011年总人口28.3万人。

绛县自然生态环境良好，全县林木覆盖率31%，超过全国平均水平。大气质量达国家一级标准。水资源丰富，水质优良，富含矿物质。林果、动物等生物及金、银、铜、铁、花岗岩等资源丰富，中草药种类达231种，石灰岩、白云岩等地质储量超过千万吨，有较大发展潜力。

绛县历史悠久，是尧之故乡，晋之故都，西汉大将周勃之封地。公元前541年晋平公设置绛县，使绛县成为古代中国的第一个“县”，也是“天下第一县”。绛县文物资源丰富，现有国家一级文物保护单位太阴寺，省级文物保护单位晋文公墓、晋灵公墓、晋献公墓等，新发掘的横水西周古墓群以揭开古倗国地理谜团而获得两项国家级大奖，其考古价值和发掘规模都引起了全国巨大轰动。同时，绛县还是龙舞文化的发祥地之一，绛县飞龙获得国家专利，曾参加过十一届亚运会开幕式和香港回归庆典，先后出访过日本、马来西亚等国。

【经济发展概况】 2011年，全县生产总值45.81亿元，比2010年增长15.6%。规模以上工业增加值18.5亿元，增长38.9%。全社会固定资产投资44.7亿元，增长49.4%。社会消费品零售总额13.23亿元，增长17.6%。外贸进出口总额3409万美元，增长16.7%。财政总收入1.46亿元，增长0.7%；一般预算收入6532万元，增长17.2%。城镇居民人均可支配收入14552元，增长18.6%；农民人均纯收入5192元，增长14.9%。

“五件大事”推进有新突破。 2011年，总投资4亿元的“引黄入绛”工程规划方案、供水线路、供水指标基本确定。总投资30亿元的大唐安峪热电联产项目立项所需的18个报告，已核准6个。维之王公司上市的净资产调查工作已完成。总投资1.46亿元的安峪220千伏变电站，前期工作全面完成。新型农村养老保险实施方案和办法已制定并上报。

招商引资有新突破。 2011年，到位资金20.58亿元，增长44.9%。引进亿元以上大项目有：总投资7亿元的山西鑫亚10万吨汽车零部件制造及630立方米配套高炉项目，总投资2.9亿元的四川好医生年产1万吨特色中药饮片项目，总投资5亿元的北京大地春明清民居城项目，总投资3亿元的鑫珑纸业年产12万吨高强瓦楞纸项目，总投资1亿元的山西丕康药业项目，总投资1亿元的山西汶鑫宏业绛县四星级大酒店项目。

引进磨里绛北大峡谷旅游区和文化产业园等项目。全县接待旅游人数16.8万人，增长20.8%。第三产业增加值16.76亿元，增长11.1%。一、二、三次产业的比例为15.2∶48.2∶36.6，经济结构进一步优化。

完成卫庄至翼城一级公路招标、磨里街改造、县城中条山路北段和陈村涑源北路建设工程。农村公路“通达通畅”工程完成7条15千米。开发区110千伏智能变电站建成投用。绛县220千伏变电站完成增容。县城污水处理厂正式运行。县城垃圾处理场完成工程量的95%。3G网络覆盖工程基本完成。

工业转型发展有新突破。 扩大优势产业规模，明迈特完成4×25000千伏安矿热炉项目，正在进行年产70万吨镍铁、铬铁合金项目前期工作。亚新科扩建项目的基建主体工程完工。维之王新厂基本建成。中科晶电完成二期扩建项目。恒天镁业镁合金深加工项目试产。加速传统企业转型，恒信公司建成年产10万吨机械加工项目。恒大新建年产5000吨糠醛加工项目。飞龙公司新建年产5兆瓦（200万块）多晶硅太阳能电池片项目。发展新产业，新建鑫泽、森焱、勃泰等8个洗煤企业，现有洗煤能力665万吨。引进好医生和丕康2个医药产业项目。志信工业废水利用工程投入使用。瑞海建材年产120万吨节能型水泥粉磨站项目投产达效。鑫珑纸业一期建成试产。

“一村一品”建设有新突破。 制定《绛县“一村一品”五年发展规划》，首批确定9个示范村和9个专业村。新增山楂面积200公顷，大樱桃66.7公顷，中药材333.33公顷，设施蔬菜148公顷，草莓186.7公顷，池莲20公顷。新建改建规模养殖小区21个。2011年粮食总产量1.47亿千克。实施“双创”增粮工程3466.7公顷，建设小麦示范区1333.3公顷，玉米丰产方2666.7公顷。完成下高、沟西、西荆片基本农田整理和土地开发840公顷。实施总投资1280万元的横水片666.7公顷高标准农田示范工程。紫家峪、里册峪、安峪沟等7座水库除险加固工程加紧实施。补贴农机具1740台（件），补贴资金1132万元。农副产品加工龙头企业发展到10家，农民专业合作社320个，实现了205个行政村农民专业合作社全覆盖。土地流转总量3533.3公顷。新增新农村重点推进村13个。

民生改善有新突破。 涉及民生方面的投资6.8亿元，比2010年增长23%。农村新的“五个全覆盖”完成当年任务。农村街巷硬化833千米。农村便民连锁店新增85家。农村文化体育场所提前一年实现全覆盖，新建体育活动场所170个，农家书屋172家。中等职业教育实现了当年全覆盖，为489名在校生免除学费29.3万元。各类保障性住房开工500套，完成300套，农村危房改造400户。新建政府机关幼儿园。高考达线286人，比2010年增长40.2%。化解义务教育阶段债务3623万元。完成县医院住院大楼主体工程。在乡镇和基层卫生院实施国家基本药物制度。新增就业6398人，城镇登记失业率控制在4%。城镇基本养老保险净增1776人，企业退休人员养老金平均提高200元。城乡低保累计支出2386.6万元，标准分别提高25元、22元。

【经济大事简介】 ①卫庄至翼城一

级公路完成招标。②“引黄入绛”工程规划方案、供水线路、供水指标基本确定。③大唐安峪热电联产项目立项所需的18个报告，已核准6个。④引进山西鑫亚10万吨汽车零部件制造及630立方米配套高炉项目等亿元以上的大项目6个。⑤恒信公司建成年产10万吨机械加工项目。⑥绛县220千伏变电站完成增容。⑦县城污水处理厂通过验收，正式运行。⑧新建鑫泽、森焱、勃泰等8个洗煤企业，现有洗煤能力665万吨。⑨制定《绛县“一村一品”五年发展规划》，首批确定9个示范村和9个专业村。⑩完成下高、沟西、西荆片基本农田整理和土地开发840公顷。

（程　博）

平陆县

【自然概况】 平陆县地处晋、秦、豫黄河“金三角”地带。南临黄河水，北靠中条山，是山西省的南大门。是我国最早见之于文献的圣人傅说故里。辖6个镇4个乡1个区，228个行政村。2011年总人口26万人。

全县总面积1173.5平方千米，其中，耕地面积3.6万公顷。

【经济发展概况】 2011年，全县生产总值24.86亿元，比2010年增长14.2%。财政总收入2.21亿元，增长31.1%；一般预算收入8530万元，增长43.1%。外贸进出口总额3896万美元，增长96.4%。农业总产值12.47亿元，增长8.3%。规模以上工业增加值6.2亿元，增长19.2%。社会消费品零售总额13.72亿元，增长17%。固定资产投资27.1亿元，增长35.5%。城镇居民人均可支配收入13076元，增长18.6%；农民人均纯收入3734元，增长14.9%。

*“三农”工作拓宽新渠道。*2011年，农业基础设施投资2亿元，改善灌溉面积2200公顷，平整土地1600公顷，流转土地4066公顷，改造中低产田267公顷，测土配方施肥1.4万公顷，实施保护性耕作4000公顷，旱地小麦地膜覆盖2267公顷，完成烟叶基础设施建设项目63个、移民后扶项目98个，扶贫移民搬迁1131人。农业综合生产能力稳步提高，粮食总产量8982.5万千克。财政支出300万元支持苹果“双套袋”技术推广，果业增收1亿元。被确定为全省第一批“一县一业”示范县。种植蔬菜3333公顷，产值1亿元。18个新农村重点推进村的“四化四改、五个一工程”全面完成。

*产业转型实现新跨越。*一是资源整合快速推进。全县6个煤矿中，大金禾、乌金、安瑞、晋平煤业等4个煤矿正在基建，累计完成投资2.7亿元，其余2个煤矿正在加紧手续办理。47座非煤矿山企业完成换证42个。二是生产经营性项目建设顺利。凯迪二期5万千瓦风电、昌鸿5万吨镍铁、康乐橡塑1万吨再生胶和500台塑化机、宏益达1万吨PE管材、武圣铝业10万吨复合阻燃剂等5个项目竣工。郑煤80万吨氧化铝项目，已报国家发改委最后核准。三是新能源建设成效显著。凯迪一期5万千瓦风电累计发电1.2亿千瓦小时，二期项目完工。北京天润一期5万千瓦和中广核一期5万千瓦风电项目正在建设。与武汉凯迪签订了总投资111亿元的新能源综合项目框架协议，将在“十二五”期间陆续实施。

*文化旅游迈出新步伐。*依托得天独厚的区位优势和丰富的旅游资源，全力加快物流、酒店和文化旅游项目建设，努力建设大通道和桥头堡。2011年，投资10亿元建设三湾天鹅风情小镇项目，一期主体基础完工。投资10亿元的黄河桥头商贸城项目，正在进行土地报批等前期工作。第六届傅圣文化节成功举办，傅圣文化园、龙陡峡和锥子山景区正在建设，毛山旅游公路建成通车。平陆县荣获“中国大天鹅之乡”称号，打造了一张提升平陆知名度和影响力的靓丽名片。

*城乡面貌发生新变化。*2011年，市政公用设施投资1.2亿元。县城总体规划修编完成，道路、绿地、供排水及条山大街控制性详规编制工作全面启动。周仓路改扩建顺利完工，砥柱广场投入使用，天然气工业支线和分输站建设告竣，汽车客运站快速推进，城市功能不断完善。大力开展城乡环境卫生整治，完成县城主街道景观亮化、照明设施维护、城市垃圾回收、清运车辆配备等工作。各乡（镇、区）、村都建立健全了环境保洁机制，强力清除“五堆登场”现象，城乡环境面貌焕然一新。特别是投资5.2亿元的平曹公路升级改造工程，完成项目要求的全部手续，为工程开工建设奠定了良好基础。

*招商引资开创新局面。*2011年，按照“招大、引强、选优”的思路，狠抓发展环境优化，打造投资兴业平台，不断创新招商方式，积极参加各类招商活动，招商引资到位资金11.8亿元。

*社会事业取得新发展。*一是各项支农惠农资金全部兑现。粮食直补、计生奖扶、退耕还林补助、农机具补贴、水库移民直补等1亿多元支农惠农资金，全部发放到群众手中。二是“五个全覆盖”完成年度计划。农村文化体育活动场所和农家书屋、便民连锁商店、中等职业教育免费、新型农村社会养老保险均提前一年实现全覆盖。农村街巷硬化在142个村全面铺开，完成投资1.5亿元，硬化里程800余千米。三是社会保障落实到位。通过城乡低保、“五保”供养、孤儿救助、大病救助、救灾救济等方式，救济扶助了6.2万名困难群众，发放各类资金6000余万元。748套城市保障性住房全面竣工，为936户廉租住房对象发放货币补贴177.8万元，1500户农村危房改造完成。城镇新增就业3332人，城镇登记失业率控制在1.6%以内。各类社会保险参保19.4万人。四是各项事业全面发展。投资1100万元，完成义务教育学校标准化建设各项任务。

【经济大事简介】 ①2011年6月19日，平陆县首家小额贷款公司——金叶小额贷款有限责任公司正式挂牌营业。②2011年7月8日，总投资5亿元的平陆中广核一期5万千瓦风电项目开工建设。③2011年8月11日，平陆县康乐橡塑复原橡胶技术研发中心及常压塑化法被部级科技成果鉴定会确定为国际先进，获得部级科技进步二等奖。④2011年9月2日，平陆县参加第六届中博会，签约了武汉凯迪绿色新能源产业基地和黄河明珠2个项目，总投资121亿元。⑤2011年，平陆县共引回招商项目21个，到位资金11.8亿元。⑥2011年，平陆县荣获"全国绿色能源示范县"、"全国计划生育优质服务先进单位"、"中国大天鹅之乡"、"一县一业"示范县等称号。

（平陆县人民政府办公室）

垣曲县

【自然概况】 垣曲县位于山西省南部，运城市东端。东北与阳城、沁水两县毗连，北和翼城、绛县接壤，西与闻喜县交界，西南连接夏县，东邻河南省的济源市，南与河南省的渑池、新安隔河相望。总面积1620平方千米，其中，山地面积占97.2%。辖11个乡（镇），188个行政村。2011年总人口23.2万人。

【经济发展概况】 2011年，全县生产总值32.53亿元，比2010年增长14%。财政总收入3.3亿元，增长29.9%；一般预算收入1.1亿元，增长19.2%。农林牧渔业总产值5.96亿元，增长37.4%；粮食总产量6980万千克，增长5.8%。工业总产值45.99亿元，增长18.3%。社会消费品零售总额12.81亿元，增长18%。城镇居民人均可支配收入14867元，增长17.9%；农民人均纯收入3732元，增长18.7%。

全力稳定粮食生产。全县粮食播种面积2.6万公顷，增加2866.7公顷。继续加大调产力度，"果、桑、畜、烟、菌、椒、菜、蜂"八大农业特色产业格局基本形成。

继续加快农业产业化步伐。全县5家企业列入省513农业产业化工程。沐风香菇酱、润茂科牧蛋鸡养殖等龙头企业均实施了技改扩建。

不断引深农业科技推广和应用。大力实施双创增粮计划、小麦高产创建、测土配方施肥、小麦地膜覆盖、农村新能源、保护性耕作等农业新技术。

大力实施农业基础设施建设。2011年，总投资近亿元，实施了多项农业重点工程。新改造中低产田493公顷，新增和改善农田灌溉面积433公顷。

【经济大事简介】 ①总投资12.8亿元的五龙集团110万吨焦化和6万吨镁合金综合利用项目，累计完成投资6.4亿元。②总投资5000余万元，全长40千米的王横线垣曲段道路大修改造工程全面完工。③总投资2.8亿元的220千伏变电站项目开工建设。④总投资9000余万元的县人民医院整体迁建工程正式动工建设。⑤1244户农村困难群众和30户残疾人危房改造工程全面完成。

（垣曲县人民政府办公室）

山西经济年鉴

YEARBOOK OF SHANXI ECONOMY

转型跨越发展专文

ZHUANXINGKUAYUE FAZHANZHUANWEN

密切联系职工群众
坚定不移地走中国特色社会主义工会发展道路

山西省人大常委会副主任、省总工会主席　**郭海亮**

2012年1月8日，中华全国总工会十五届六次执委会通过《关于学习宣传实践中国特色社会主义工会发展道路的决议》。这体现了党中央对工人阶级和工会工作的高度重视，体现了各级工会组织和广大工会干部的共同心声，体现了广大职工群众的共同意愿。认真学习《决议》，我们认为，坚定不移地走中国特色社会主义工会发展道路，密切联系职工群众是重要的着力点、落脚点、结合点，具有牵一发而动全身的作用。我们和职工群众的联系越密切，职工群众就对我们越信任，工会在党和国家大局中的作为和影响就越大，中国特色社会主义工会发展道路就会越走越宽广。

一、全面认识密切联系职工群众的本质内涵和要求

坚持自觉接受党的领导，这是中国工会的根本政治原则。密切联系职工群众从根本上说，就是要坚持党的“一切为了群众，一切依靠群众，从群众中来，到群众中去”的群众路线，做到以下几点：一是坚持工人阶级始终是推动我国先进生产力发展和社会全面进步的根本力量，是实现和发展最广大人民根本利益的坚定力量，是维护社会安定团结的中坚力量。二是坚持把党的群众路线贯彻到工会工作的各个方面，把党关于工人阶级和工会工作的要求，变为各级工会组织和广大工会干部的自觉行动。三是坚持工会工作的根基在职工群众、血脉在职工群众、力量在职工群众，深入基层和职工群众，倾听职工群众的意见、了解职工群众的要求，始终把职工群众的利益作为工会一切工作的出发点和落脚点。四是坚持组织职工群众、引导职工群众、服务职工群众、维护职工群众的合法权益，在职工群众的实践中实现职工群众的根本利益和长远利益。

二、密切联系职工群众是中国特色社会主义工会发展道路的集中体现

（一）密切联系职工群众集中体现了党对工会工作的要求。胡锦涛同志指出：“密切联系职工群众是工会履行职能、做好工作的前提和基础。”工会要全心全意地为职工群众服务，要切实把表达和维护广大职工群众的利益作为工会一切工作的出发点和落脚点，倾听职工群众呼声，反映职工群众愿望，依法维护职工群众权益，满腔热忱地为职工群众做好事、办实事、解难事，特别是要为困难职工排忧解难，引导好、保护好、发挥好广大职工群众的积极性。2012年1月，中央书记处对工会工作的几点意见中，要求“转变工作作风，加强调查研究，深入基层一线，把各级工会建成名副其实的职工之家，不断增强工会组织吸引力和凝聚力。”

（二）密切联系职工群众集中体现了工会开展工作

最基本的要求。《中国工会章程》规定：中国工会是中国共产党领导的职工自愿结合的工人阶级群众组织，是党联系职工群众的桥梁和纽带，是国家政权的重要社会支柱，是会员和职工利益的代表。这一规定明确了工会的性质和职能，它说明：(1)职工群众是工会安身立命的基础，是工会组织的真正主体，工会开展一切活动，都必须从职工群众的愿望和利益出发，失去了职工群众，脱离了职工群众，工会组织就失去了存在的客观基础。(2)工会无论是要发挥好桥梁纽带作用，还是国家政权重要社会支柱作用，或是职工合法权益代表者、维护者作用，其前提和条件集中在一点，就是密切联系职工群众。(3)从当前来说，工会组织只有密切联系职工群众，尊重职工群众意愿，赢得职工群众信任，才能把广大职工组织起来、团结在党的周围；才能不断保持和发展工人阶级的先进性，团结动员广大职工为推进中国特色社会主义伟大事业建功立业；才能使广大职工作为一个阶级，在党的领导下肩负起历史赋予的使命。离开了密切联系职工群众这一条，工会的一切工作必将是盲目的、不正确的。

（三）密切联系职工群众集中体现了当前形势对工会工作的要求。随着我国经济体制深刻变革、社会结构深刻变动、利益格局深刻调整、思想观念深刻变化，一是职工队伍发生了深刻变化，队伍不断发展壮大，新一代青年职工成为工人阶级队伍的主体，工人阶级内部构成进一步复杂化。二是职工思想发生了深刻变化，独立性、选择性、多变性、差异性明显增强，维护自身权益、实现自身价值、要求更多民主的呼声日益强烈。三是劳资矛盾发生了深刻变化。这一矛盾已经发展成为中国社会最主要的矛盾，劳资关系的主体越来越大，劳资矛盾上升的势头日益迅猛，影响了职工队伍的团结统一和社会的和谐稳定。如何及时掌握这一现实状况，并且在当前形势下更加有效地发挥工会作用，要求我们首先必须要密切联系职工群众。

三、密切联系职工群众是经历史检验的中国特色社会主义工会的基本经验

中国工会80多年的发展历程，尤其是改革开放30多年来的实践表明，不论是在改革开放初期，还是在新世纪新阶段，更加密切联系职工群众是党中央对工会工作的核心要求；不论面临怎样的新形势新任务，不论遇到怎样的新情况新问题新挑战，更加密切联系职工群众是工会组织应对一切的最基础工作；不论我们怎样改革创新，怎样探索实践，更加密切联系职工群众是我们的核心追求。

从山西工会工作的实践来看，工会工作要体现价值、展现作为，最核心的就是要做到更加密切联系职工群众。在这方面，我们提出的要求是："人往基层走，钱往基层花，劲往基层使，事往基层办"，并在三个方面下功夫：一是联系职工群众制度化。2008年，建立并实施了省总机关处级干部联系县总工会制度。2011年，省总又把这一制度发展成为"五联系"制度，即省总机关每个处级以上干部联系一个县工会、一个企业、一名劳模、一名困难职工、一个创先争优先进单位。2012年，我们对全省工会提出的要求是："服务转型跨越、服务职工群众。"服务转型跨越，就是服务山西经济社会发展；服务职工群众，就是根据全总《面对面、心贴心、实打实服务职工在基层》活动的要求，出台了实施方案，建立了"六个五"制度，即五联系、五必访、五必知、五必帮、五必促、五个在一线，并要求机关干部每年下基层时间不得少于3个月，使密切联系职工群众制度更加健全和完善。二是联系职工群众常态化。从2008年4月开始，坚持省总机关全体干部每月一次下基层集体劳动。2012年，我们提出要求，凡新参加工作的年轻干部，必须到企业进行为期一年的锻炼，丰富基层经历，增加对工会工作和职工群众的感性认识。三是联系职工群众实效化。2011年，省总机关组织全体处级以上干部开展了一次"全省企业劳动关系大调研活动"，由每个处级干部写一篇分调研报告，然后汇总成总报告呈送省委、省政府，省委书记袁纯清对此高度重视，并作出重要批示。

实践证明，凡是工会工作有作用、有影响的，密切联系职工群众工作必然抓得紧、做得实。近年来，山西省涌现出一批工会工作先进典型，如西山煤电集团公司工会的帮扶工作、阳泉市的"双措并举、二次覆盖"经验以及全国企业工会十面红旗单位潞安矿业集团工会、全国优秀工会工作者标兵范秀林、全国工会"十大维权标兵"曹晓斌等，他们的先进事迹充分说明，密切联系职工群众是工会组织有作为、有价值的前提和条件，是工会工作永恒的生命线。

四、新形势下工会密切联系职工群众的主要任务

一是组织职工群众。根据当前工人阶级队伍不断发展壮大的实际，把包括农民工在内的广大职工组织到党领导的工会中来，切实维护工人阶级队伍和工会组织的高度团结统一，团结带领广大职工坚定不移地跟党走，不断扩大党的群众基础，巩固党的阶级基础。

二是引导职工群众。根据当前工人阶级队伍内部构成进一步复杂化，职工群众价值取向进一步多样化，职工思想独立性、选择性、多变性、差异性明显增强的实际，用中国特色社会主义事业共同理想凝聚职工群众，用社会主义核心价值体系教育职工群众，引导广大职工勤奋劳动、诚实劳动、创新劳动，为夺取全面建设小康社会新胜利建功立业。

三是服务职工群众。根据当前职工群众在就业、工资、社保、住房、就医和子女上学等方面存在的问题，以及困难职工和困难农民工的状况，坚持面对面、心贴心、实打实服务职工制度化、常态化，大力为广大职工办好事、做实事、解难事，推动解决职工群众最关心、最直接、最现实的利益问题，以实际行动赢得职工群众的信任和支持。

四是维护职工合法权益。根据当前劳资矛盾频发、劳动争议案件增多、职工维权的期待较强、职工群体性事件有所抬头等实际，以工资集体协商为龙头，紧紧依靠职代会和平等协商集体合同制度，切实维护职工合法权益，维护社会和谐稳定。

五、以改革创新的精神进一步密切与职工群众的血肉联系

（一）对各级地方工会而言，要在改变活动方式上下功夫。工会的组织结构，越往上离职工群众越远，越需要改变活动方式。这就要充分发挥制度和机制的根本性、稳定性和长期性作用，制定一系列密切联系职工群众制度，作出硬性规定，形成运行机制，使工会组织和工会干部不联系职工群众也得联系职工群众，在下基层调研时不深入也得深入、不认真也得认真。建议把全国工会系统开展的“面对面、心贴心、实打实服务职工在基层活动”上升到制度层面，作为各级工会组织和工会干部今后密切联系职工群众的一个硬性规定，长期坚持实施。

（二）对广大基层工会而言，要在激发自身活力上下功夫。一是依靠职工群众办会。工会的制度、工会的组成、工会的决策，都要坚持从职工群众中来，体现职工群众愿望。二是让职工群众评会。建立健全职工和会员监督评议制度，工会工作怎么样、有没有作用，是不是工人自己的组织，让职工群众去评价。三是适应职工群众，在创新工作机制上下功夫，创新组建形式、创新维权机制、创新服务方式。

（三）对各级工会干部而言，要在提高政治素养上下功夫。多读一些马列经典原著，增强政治意识，深刻认识密切联系职工群众是马克思主义政党最本质的要求，是工会工作的生命线，是工会组织最大优势。多学一些党史和工会历史知识，增强责任意识，深刻认识密切联系职工群众是党的事业和工运事业不断取得胜利的保证。多了解当前国际国内形势，增强大局意识，深刻认识密切联系职工群众是新形势下工会巩固党的执政地位、推进中国特色社会主义事业的夯基工程。多分析分析工会工作现状，增强忧患意识，深刻认识密切联系职工群众是工会工作永葆活力的不竭源泉。

总之，只要我们紧紧抓住了密切联系职工群众这一条，我们的事业就会立于不败之地，中国特色社会主义工会发展道路就会越走越宽广。

转型跨越书壮志　千亿百万谱新篇

阳泉市市长　**李栋梁**

阳泉1947年建市，是中国共产党亲手建立的第一座城市。2011年，阳泉市按照转型跨越发展总体部署，抢抓“资源型经济转型综合配套改革试验区”建设的重大机遇，以在全省率先全面转型、率先全面城镇化为引领，围绕实现“生产总值超千亿、城镇人口过百万”的奋斗目标，着力推进产业转型、城镇化建设、生态环保、民生改善等各项工作，全市呈现出经济平稳较快发展、社会事业不断进步、城乡建设日新月异、人民生活明显改善的良好局面，顺利实现了“十二五”发展的良好开局。

一、大力开展招商引资，项目建设成效显著

（一）深入开展“招商引资年”活动，着力打造山西承接东部产业转移的第一阶梯。一是大力优化投资环境。市财政重奖招商引资中介人。在土地、税收等方面配套实施一系列优惠政策。二是积极打造发展平台。引导产业集聚区建设，3个农业县（区）分别启动建设1个10平方千米的高标准集聚区。三是不断加大招商力度。举办上海推介会、广州推介会等专场招商活动。组团参加“中博会”、江浙沪招商推介会等大型平台活动。全市共签订各类经济合作协议项目202项，总投资2897亿元，完成年度目标的320%。

（二）通过大招商、招大商，切实推动项目工程的大发展，带动固定资产投资大幅增长。2011年，全市共安排重点项目254个，总投资1314亿元，计划投资318.14亿元。累计完成投资350亿元，完成年度任务的110.1%。其中，省级重点工程项目完成投资105亿元，占年度计划的119%。与省属五大集团签订包括66个项目、总投资1552亿元的“十二五”战略合作框架协议，有14个项目开工建设，38个项目正在做前期准备。投资对经济增长的贡献率达到60%。

二、强力推进结构调整，转型步伐不断加快

重点推进新型能源、新型材料和装备制造业、现代服务业“三大基地”建设，突出发展煤炭、电力、铝工业、耐火、建材、节能环保、信息技术、现代服务业等产业，经济质量和效益明显提升。

新型能源基地建设方面，2011年共生产原煤5476万吨，洗选率达到52%。阳煤、南煤的煤层气发电项目基本完工，京德煤层气发电项目已完成工程量的40%，中广核风力发电项目前期进展良好。180万吨甲醇、50万吨电石等项目进展顺利。新型材料和装备制造业基地建设方面，2011年实施新型材料产业重点项目4项，总投资9.6亿元，完成投资4.35亿元。实施的亿元以上重大装备制造业项目有4项，总投资18亿元。现代服务业基地建设方面，重点发展旅游、商贸、物流业，启动实施了温泉国际度假区、娘子关景区配套设施建设以及翠枫山新建生态工程等文化旅游项目,红星美凯龙商业、宏隆商贸等物流项目加快建设。产业结构发生了积极的变化,全市新兴接替产业工业增加值增长19%,高出规模以上工业增加值增幅3个百分点;新型工业化水平39.5%,服务业增加值196亿元,增长12.5%。

三、狠抓现代农业发展,农民收入稳定增长

围绕"一县一业、一村一品"的基本思路,深入开展区域化种植,规模化养殖,系列化加工,大力推进农业产业化、现代化步伐。一是种植区域化稳步推进。在抓好玉米、谷子等传统农作物的同时,加快蔬菜、核桃、小杂粮等特色农产品的区域化种植。二是养殖规模化不断拓展。肉、蛋、奶产量稳步增加,畜牧业总收入达到7.5亿元,为农民提供的人均纯收入达到650元。三是加工系列化成果显著。重点发展平定雨润食品3000万只肉鸡、万和油脂万吨核桃油等农产品加工项目,基本形成果品、粮食、薯类、乳品、畜禽、油脂、蔬菜、蜂蜜等八大产业链,全市农产品加工企业发展到29家。特别是围绕主导产业发展,做大做强大寨核桃露、三来食品、裕盛源醋业、万和油脂、西回小杂粮等农业产业化加工龙头企业。农民专业合作社发展到954家,入社社员2万多人,带动农户5万余户,行政村覆盖率达到80%。举办首届特色农产品展销暨现代农业招商引资洽谈会,签约合作项目8个,签约金额22亿元。

四、加快扩容提质步伐,城镇化水平大幅提升

2011年,按照全省"一核一圈三群"的城镇化建设构架,阳泉市城镇化建设紧紧围绕"太原都市圈"发展布局,结合本地实际,率先实施"经济发展、规划建设、基础设施、社会事业、劳动和社会保障、生态建设、管理体制"等7个一体化,全面推进"一带、两城、十镇、百村"工程,率先实现全面城镇化。一是高起点规划建设生态新城。规划面积57平方千米的生态新城规划和城市形象设计方案基本完成,进入评审论证阶段,行政中心、企业总部等标志性建筑陆续启动。二是大手笔推动"四区融合"发展。连接"四区"的城市干道、供水互通等大部分工程顺利竣工。同时,30平方千米的阳泉辅城建设启动实施。三是加快中心镇建设。阳五高速沿线两侧10个基础条件较好、发展潜力较大的中心镇已完成建设规划,确定了发展方向,将逐步实现人口与产业的集聚。

2011年,全市共实施各类基础设施建设工程163项,太阳高速、漾泉大道一期、泉东路等一批项目胜利竣工。西外环、阳五二期、阳泉至左权高速正在推进,娘子关至水峪一级公路等11项重点道路工程加紧建设,"两横一纵一循环"高速路网和"四纵五横四循环"市域路网正在形成。6个输变电工程以及天然气管道、热源等项目相继开工,龙华口水电站、娘子关提水项目顺利推进。市政公用设施固定资产投资完成10.7亿元,人均城市道路面积8.8平方米,燃气普及率87.9%,集中供热普及率85.5%。城市承载力和辐射带动功能进一步增强,极大地提升了阳泉的城市综合竞争力。

五、强化生态文明建设,努力改善人居环境

(一)造林绿化工作扎实推进。全面实施六大造林工程,建成一批公共绿地和景观大道,创建一批园林达标单位和园林居住区,提升一批森林公园和绿色屏障,生态环境建设实现超常规、跨越式发展。全年集中投入资金13.7亿元,完成各类造林1.7万公顷,栽植各类苗木2800多万株,全市森林覆盖率25.9%,城市绿化覆盖率39.8%,绿地率36.1%,人均绿地面积8.9平方米。被省政府授予"全省造林绿化先进市"称号。

(二)环境保护工程成效明显。深入开展"电厂脱硫、煤矸石山治理、扬尘污染治理、水源地保护、市区污染企业治理搬迁、环境综合整治"六大环保攻坚战。持续实施工程、结构、管理三大减排措施,大力实施热电联产、燃气管网改造、城乡环境卫生清洁等一批环保工程,认真落实资源综合利用政策,以煤矸石、煤层气、粉煤灰等综合利用为重点,积极发展循环经济,取得显著成效。在县区污水处理厂全部建成的基础上,加快乡镇和厂矿生活污水处理设施建设,新增污水处理能力1.6万吨。耐火行业加快清洁能源改造步伐,已有102家耐火矾石企业完成天然气改造。关停淘汰11家污染严重工业企业。节能减排目标完成。市区二级以上天数336天,优良天数比例为92.1%,综合污染指数2.07,环境空气质量稳定达到国家二级标准。各县(区)政府所在地空气质量全部达到国家二级标准。市区地表水全部达到四类以上,娘子关饮用水源地水质达标率100%。城市生活垃圾无害化处理率100%。国家园林城市创建工作通过专家组检查验收,国家卫生城市、省级环保模范城市创建活动积极推进。

六、高度关注民生,发展成果更多惠及人民

不断加大对民生领域的投入,省政府确定的农村新的"五个全覆盖"以及新型农村社会养老保险、农村便民连锁商店、农村文化体育场所、中等职业教育免费四项提前完成,农村街巷硬化2012年上半年全部完成。

(一)实施"就业富民、社保提升、教育升级、文化惠民、医疗健康、食品药品安全"等六大民生工程,社会保障体系进一步健全完善。积极推进国家级创业型城市试点工作。全市城镇新增就业2.1万人,城镇登记失业率3.8%,社会保险综合覆盖率91.8%。城镇基本养老保险、城镇医疗保险、失业保险参保、工伤保险参保、生育保险参保、农村养老保险全面完成省年度目标任务。城乡低保实现了应保尽保。60岁以上农村居民的基础养老金发放在全省率先实现全覆盖。

(二)基础教育稳步向均衡化方向迈进。在全省率先实现义务教育标准化建设整体达标,率先实现基本普及高中阶段教育,提前一年实现中职教育免费全覆盖。启动高等教育和职业教育园区规划建设。不断加大保障性住房建设力度,通过建设廉租住房、经济适用住房、棚户区改造、采煤沉陷区治理和农村危房改造等方式,着力解决全市中低收入家庭住房问题。全市保障性住房累计完成2.1万套,为全年任务的102.6%。新建开工1.8万套,完成投资10.33亿元。为低收入农户免费供应取暖煤工作全部到位,年初承诺为民办的10件实事全部兑现。智能化城市建设全面启动,人民群众的生产生活方式正在逐步改变。严格落实安全生产责任制,全面加强交通道路、非煤矿山、地面企业的安全生产监督管理,安全生产形势持续好转。

推动转型跨越发展
建设全国最宜居、最宜发展城市

长治市市长　张　保

五年来，我们坚持以科学发展观为指导，抢抓机遇、创新举措，齐心协力、狠抓落实，大规模投资、大创新发展、大力度惠民，圆满完成市十二届人大一次会议确定的5年目标任务，经济社会步入快速发展的新阶段，为建设全国最宜居最宜发展城市奠定了坚实基础。

2012年是新一届政府的开局之年，做好2012年的工作，关系到今后5年的发展大局，意义深远，尤为重要。

一、2012年政府工作的总体要求

认真落实省、市十次党代会和全省经济工作会议精神，保增长、保发展、保民生、保稳定，在推动长治快发展、大发展上有新作为，在统筹城乡发展、加快上党城镇群建设上有新进展，在保障和改善民生上有新举措，在社会管理创新上有新成效，保持全市经济平稳较快发展、社会和谐稳定、安全生产形势持续好转，加快建设全国最宜居最宜发展城市步伐，以优异成绩迎接党的"十八大"胜利召开。

二、2012年经济社会发展的主要目标

地区生产总值增长15%左右。固定资产投资增长25%。社会消费品零售总额增长17%。进出口总额增长10%。财政总收入和一般预算收入分别增长16%、15%。城镇居民人均可支配收入和农民人均纯收入分别增长12%以上和15%以上。新增城镇就业岗位3.5万个，城镇登记失业率控制在4.2%以内。居民消费价格总水平涨幅控制在4%左右。

三、2012年政府工作重点

2012年要全力打好保增长、项目落地、现代农业发展、上党城镇群建设、文化产业发展五大攻坚战，深入推进教育优先、全民健康、创业就业、住房安居、社保扩面五大惠民工程，切实强化人才、科技、金融三大支撑，全面加强安全生产、体制机制、民主法制三大保障，扎实搞好政府自身建设，努力开创经济社会发展新局面。

（一）打好保增长攻坚战，着力保持经济平稳较快发展。1. 进一步扩大投资。2012年实施各类重点项目987项，总投资4246亿元，年内完成投资1012亿元。其中，续建项目386项，完成投资488亿元；新建项目601项，完成投资524亿元。基础设施建设方面，重点实施中南部铁路大通道、长安高速公路、长治机场改造等97个项目，完成投资69亿元；产业开发方面，重点实施光电子、多晶硅、现代煤化工等618个项目，完成投资649亿元；社会事业发展和民生改善方面，重点实施教育、文化、卫生、保障性住房等领域的128个项目，完成投资47亿元；推进城镇化方面，重点实施企业总部、科教园区、行政中心等135个项目，完成投资121亿元。同时，要继续加大"三农"、科技创新、资源节约等领域的投资。

2. 千方百计帮扶企业保增长。出台帮扶企业保增长、扶持中小微企业健康发展和金融服务实体经济的实施意见。帮助企业搞好市场营销，积极推进企业联合经销抵御市场风险。扎实做好企业重要生产资料的保障，鼓励企业技术创新。巩固煤炭资源整合重组成果，大力支持煤炭企业发展非煤产业。

3. 推进大中小微企业共同发展。培育一批规模大、效益好、竞争力强的旗舰企业，形成6家年销售收入500亿元以上、10家200亿元以上、15家100亿元以上的三大企业方阵。加大技术创新、结构调整、人才培养等方面的支持力度，壮大一批发展潜力大、市场前景好的中型企业，新增13个销售收入超亿元的"小巨人"企业。认真落实税收优惠政策，扶持一批能带动就业、促进增收的小微企业。

（二）打好项目落地攻坚战，着力积蓄经济发展的强大力量。1. 加快项目建设。切实抓好大项目、好项目建设，以项目结构优化带动产业结构升级。一要加大传统产业技改项目建设，大力发展循环经济，抓好节能降耗，严格落实项目节能评估制度，严禁新上"两高一资"项目。加快65座保留矿井改造步伐。二要加快新兴产业项目建设，以20个销售收入百亿元以上的非煤非电项目为重点，顶层设计、高端对接、园区承载、产业运作。三要抓好现代服务业项目，统筹发展会展经济、电子商务、家政服务、社区养老等各类服务业项目，确保服务业增加值增长16%。

2. 加快项目落地。加大协调跟进力度，继续实施一个项目、一位领导、一套班子、一抓到底的抓办项目机制，创新项目服务办法，强化项目管理，加快落实土地、

资金、环评、能评、水评等手续，加强对投资强度、投资效益的评价考核，确保项目落地资金完成1400亿元。

3. 进一步加强招商引资。重点在新兴产业领域引进一批纵向有关联、横向有市场、适合在长治发展、能支撑长治转型跨越发展的大项目、好项目。每个县市区的招商引资签约项目不少于15个，落地不少于10个，高新区招商引资增速不低于30%，全市签约项目投资总量不少于3000亿元。

（三）打好现代农业发展攻坚战，着力促进农业稳定发展和农民持续增收。1. 加快发展高效特色农业。大力推进六大高效特色产业板块建设，重点抓好300个“一村一品”重点推进村、50个国家级农业标准化示范区、100个现代农业科技示范园、4个省级示范基地县建设。加快推进“一村一品一商标、一县一业一品牌”工程，启动实施100个特色农产品产业支撑项目。

2. 多种渠道增加农民收入。继续实施“五大增收工程”，努力提高农民经营性收入和工资性收入。鼓励农民创业、置业、投资、理财，认真落实各项强农惠农富农政策，促进农民财产性和转移性收入持续增加，确保农民人均纯收入增幅高于城镇居民收入增幅。

3. 不断夯实农业生产基础。加强农业科技创新，健全基层农技推广服务体系和农产品质量安全监管体系。建立优质玉米、设施蔬菜等10个现代农业产业技术体系。实行最严格的耕地保护制度，切实加强农田水利基础设施建设，提高农业综合生产能力，确保粮食总产量稳定在14亿千克左右。

4. 深入推进新农村建设。抓好240个中心村和长治县振兴新区、壶关常平等11个新农村连片示范区建设，引入城市社区物业公司管理模式，为农民提供水电路气、卫生、通信等公共服务。全面完成省政府确定的第二轮“五个全覆盖”工程，同步实施市政府新确定的“五个全覆盖”工程。

5. 加大扶贫开发力度。切实加大扶贫资金投入。实施产业扶贫、科技扶贫和智力扶贫等综合措施，抓好沁县设施蔬菜、平顺花椒芽菜两大扶贫片区开发，实施60个规模特色产业整村推进项目。深入开展领导干部下乡住村包村增收活动，完善富县帮穷县、大企业扶弱县的工作机制。

（四）打好上党城镇群建设攻坚战，着力推进城乡一体化发展。1. 抓好中心城区建设。在新区建设方面，加快以漳泽湖为中心的上党新区建设，大力推进“六大片区”和“十大标志性工程”，完善新区道路管网、园林绿化等基础设施。在旧城改造方面，加快推进“九纵九横”主干道、47条支干道微循环畅通工程，开工世行贷款城市交通项目。所有城中村、城边村、企边村改造全部启动。全面提高城市管理水平。大力推进建筑节能示范市建设。

2. 加快大县城建设。实施大县城扩容提质战略，膨胀城镇人口。上党城镇群“一核双圈”内圈6个大县城，要以6条城市快速连接线为牵引，在沿线规划建设1～2个各具特色的产业园区，着力构建人流、物流、信息流、资金流、文化流大通道、新兴产业集聚带和人群集中居住带，力争把长治县、襄垣县建成10万人以上的大县城。外圈5个大县城，要完善县城基础设施，提高县城承载力，主动对接中心城市的产业转移，以产业带动人口资源集聚，成为吸纳农村人口就近转移的主渠道。

3. 搞好大集镇、中心村建设。首批确定的53个大集镇要大力发展特色产业，不断完善基础设施，提升公共服务、综合承载和集聚辐射能力。按照企业带动型、工矿搬迁型、资源交换型、商贸带动型、塌陷治理型、扶贫搬迁型、旅游带动型七大模式，重点建设240个中心村，推进农村集聚化发展、社区化服务。

4. 完善城乡统筹发展新机制。推进上党城镇群在交通体系、水资源综合利用、市政公用设施建设、城乡公共服务和生态建设等方面一体化发展。设立城镇化专项资金，建立城市建设投资公司，鼓励引导煤炭企业和大型企业集团参与城镇化建设。进一步完善就业、养老、上学、医疗等各项配套政策。扎实做好失地农民的社会保障工作。

5. 深入推进城乡生态建设。加快推进荒山绿化，提升城市绿化品质，森林覆盖率再提高2个百分点。开展漳泽水库清淤综合治理，实施绿色生态工程。加强大气污染物监测预警。加大供热锅炉改造力度，扩大集中供热范围。加快污水处理厂提标升级步伐，推进县城污水处理厂管网配套，确保污水处理率达到95%以上。改造垃圾处理厂。搞好重点区域环境综合整治，深化工业点源治理，控制农业面源污染。

（五）打好文化产业发展攻坚战，着力推进上党文化大发展大繁荣。一是大力构建公共文化服务体系。继续实施文化低保工程，开展文化下乡活动，统筹规划建设基层公共文化服务设施。大力发展新闻出版、广播影视和文化艺术事业，丰富人民群众的精神生活。加快建设中国古建筑文化园和壁头遗址公园，启动浊漳河谷地古建筑申报世界文化遗产工作。二是倾力发展文化产业。构建具有长治特色的创意设计、动漫游戏、数字视听、演艺娱乐、影视制作、新媒体、移动信息等文化产业体系。推进文化与旅游、体育、科技的深度融合和集群发展。形成具有长治特色的文化旅游产品。三是全力推进文化体制改革。加快经营性文化单位转企改制，组建长治报业、广电传媒和演艺三大集团。推进公益性文化事业单位改革，创新公共文化设施运行机制和管理体制，促进文化资源和要素的合理配置。

（六）深入推进五大惠民工程，着力提高长治人民的幸福感。1. 实施教育优先发展工程。进一步加大教育投入，大力发展学前教育，积极推进义务教育学校均衡发展。巩固落实好农村寄宿制小学生“一颗鸡蛋”营养餐工程。全力推进科教园区建设。加快教育资源重组整合。

2. 实施全民健康工程。全面深化医药卫生体制改革，扎实推进县域医药卫生一体化综合改革，完善基本医疗保障制度和基本药物制度，加强全科医生培养和乡村医生队伍建设。加大城乡基层公共卫生服务体系建设力度，稳步推进基本公共卫生服务均等化。巩固城镇居民医疗保险和新农合参保率，政府补助标准在2010年的基础上每人再提高40元，达到240元以上。

3. 实施创业就业工程。深入开展创业型城市创建活动，进一步完善创业政策和服务体系。实施更加积极的就业政策，全面做好农民工、大中专毕业生、城镇就业困难群体和复转军人等重点群体的就业工作。

4. 实施住房安居工程。加快廉租房、公共租赁房、经济适用房、限价商品房建设和农村危房、城市棚户区改造步伐。全面加强工程质量监管。抓紧完善保障性住房建设、分配、管理、退出机制。强化房地产市场监管，巩固调控成果，抑制房价过快上涨。

5. 实施社保扩面工程。进一步扩大社会保险覆盖面，提高统筹层次和保障水平。以非公经济组织、农民工、灵活就业人员为重点，积极开展社会保险扩面征缴专项行动。推进社会保障信息网络建设，年内发放 77 万张社会保障卡，基本实现参保人员人人持卡。健全城乡最低生活保障动态管理机制，切实做到应保尽保、真正保低。

（七）切实强化人才、科技、金融“三大支撑”，着力增强发展的动力活力。一是大力推进人才强市战略。加大人才引进培养力度。加快高层次人才创业园、留学生创业园、企业孵化器、科技创新园等载体建设。建立完善人才评价激励机制。二是大力推进科技创新。加大科技投入，加快培育科技创新型企业，建立产业技术创新联盟。三是大力推进金融创新。积极申报山西金融改革试验区。引进战略合作伙伴，加快长治商业银行改制步伐。鼓励新型金融组织创新发展，争取民生、兴业等股份制银行入驻长治，新发展 10 户小额贷款公司，再组建 1 家村镇银行。建立健全企业信用担保体系，加大金融对实体经济的支持，创新金融产品和服务，不断扩大信贷规模。建立多样化的城镇建设投融资机制。积极推动企业上市直接融资。健全完善农村金融服务体系。

（八）全面加强安全生产保障，着力推动安全生产形势持续稳定好转。一是全面落实政府安全监管责任，全面落实企业安全生产主体责任。二是不折不扣执行各项安全制度。三是不折不扣抓好安全生产专项整治。深入开展煤矿、非煤矿山、危险化学品、尾矿库、道路交通、森林防火、特种设备、建筑施工、食品药品、中小学校等重点行业领域的安全整治。严厉打击非法违法生产建设行为。创新事故隐患排查机制，突出抓好煤矿瓦斯、水患、顶板隐患治理。

（九）全面加强体制机制保障，着力营造转型跨越发展新优势。一是扎实推进综改试验区建设。在项目用地上，用足用活城乡建设用地增减挂钩、矿业存量土地整合利用等政策，创新 12 项造地办法和 6 项土地管理机制，盘活城市土地资源。在资源配置上，解决好重大转型项目资源配置问题，内资、外资同等待遇。在节能减排上，建立污染排放交易制度，开展碳汇交易，推行阶梯、差别水电价。在行政审批上，创新政务服务模式，加快审批速度。在产业转型上，理顺煤炭等资源开发利用体制，建立资源型产业与非资源型产业均衡发展机制，引导资源开发收益主要用于发展接替产业、高新技术产业和服务业。二是扎实推进重点领域改革。深化行政、事业单位体制改革，形成高效、快捷、便民的管理体系。扩大集体林权制度改革成果，做好农民承包地、林地、宅基地“三地”确权工作。积极推进市属国有企业股份制、公司制改革，引进战略投资者，与国内外大型企业集团实行优化重组，盘活国有资产。鼓励民间资本投资新兴产业和社会公益事业。对承担重大转型项目和社会公益事业的民营企业，在资源配置、资金保障、土地供应等方面给予重点支持。三是扎实推进对外开放。不断延伸拓展面向欧美国家的国际经济合作。加强与中原经济区、环渤海地区的交流合作。加快长治海关建设。强化出口信贷支持，努力扩大兔肉、核桃、风力发电机、汽车、硝酸铵等优势产品出口规模，积极建设光伏光电、建材、镁合金压铸件等外贸转型升级示范基地。

坚定不移争当全省转型跨越发展的排头兵

晋城市市长　王清宪

2011 年，晋城市政府团结带领全市人民，坚持以科学发展为主题，以转变经济发展方式为主线，奋力拼搏，扎实工作，圆满完成全年各项目标任务，实现了“十二五”良好开局。

2012 年是实施“十二五”规划承上启下的重要一年，也是进一步推动转型跨越发展的关键之年。做好 2012 年的政府工作，具有十分重要的意义。

一、2012 年政府工作的总体要求

突出转变经济发展方式主线和稳中求进、好中求快总基调，扭住“项目落地年”这个重点，加快以煤为基、多元发展步伐，着力保持先发优势，着力创优人居环境，着力扩大开放引进，着力保障和改善民生，着力创新社会管理，在“四化统筹”中建设转型综改试验先

行区示范区，坚定不移争当全省转型跨越排头兵，坚定不移加快全面建设小康社会步伐。

二、2012年全市经济社会发展的主要预期目标

地区生产总值增长15%。财政总收入增长16%，公共财政预算收入增长16%。规模以上工业增加值增长18%以上。社会消费品零售总额增长17%。全社会固定资产投资增长30%。城镇居民人均可支配收入增长13%，农民人均纯收入增长15%以上。居民消费价格总水平上涨幅度控制在4%左右。

三、2012年政府工作重点

（一）加快经济结构战略性调整，在培育壮大非资源产业上取得新进展。1. 加快推进资源类产业新型化。(1)煤炭产业。继续推进煤炭工业新型化。巩固提升煤矿兼并重组煤炭资源整合成果，加快重组整合矿井复工复产和改造建设进度；进一步规范煤炭行业生产、经营、建设、安全秩序，大力推广先进技术，提升从业人员素质，培育现代煤炭集团，提升规模化、机械化、现代化、多元化发展水平，提高煤炭工业经济增长的质量和效益。(2)煤层气产业。进一步理顺煤层气开发利用机制，加大技术攻关和引进推广力度。加快落实国家煤层气产业发展规划，加强与中石油华北油田的战略合作，实现互利共赢。(3)煤化工产业。加快淘汰落后化肥产能，整合重组上下游产业链。(4)电力产业。加快构建以清洁高效燃煤发电为主体，以煤层气、煤矸石等多元发电为支撑，与智能电网建设相协调的电力产业体系。

2. 壮大非资源类优势产业。(1)高新技术产业。以富士康为重点，充分发挥其在经济发展中的带动、集聚、引领作用，加快壮大高新技术产业的规模和实力，形成扩张和倍增效应。(2)装备制造业。围绕淘汰落后和整合提升，加快集约化发展，努力形成铸造产业集群。(3)现代服务业。密切与上海合作，加快金村现代服务业新区建设。(4)商贸物流业。全力打造区域性商贸物流中心。加强与浙江义乌小商品城的合作，加快推进大型物流园区和商贸市场建设。(5)文化旅游业。编制《晋城与中原区域旅游战略合作规划》，深度融入中原市场。加大重点景区开发提升力度，着力推动陵川休闲旅游健康度假目的地建设。完善旅游配套设施，打造精品旅游线路，开发特色旅游产品，促进旅游与文化的深度融合。

3. 着力推进园区建设。进一步理顺园区管理体制，提升管理水平，提高服务质量，营造良好的外部环境。高起点规划建设园区的水、电、路、气、暖、网等各项基础设施建设。积极拓宽融资渠道，吸引各类主体参与园区基础设施建设。继续抓好“一区六园”建设，积极引进和培育龙头企业，延伸产业链条，带动与之协作配套的中小企业集群化发展。

4. 做大做强本土企业。把晋煤集团等中央、省属驻市企业纳入到全市发展大格局中，提供优质服务，支持多元发展。支持兰花等地方国有大型企业，整合优势资源，做大做优做强。加强国有企业班子建设，建立国企业绩评价制度，强化国有资产监管。加大政策扶持力度，大力实施中小企业成长工程。进一步放宽市场准入，拓宽民间资本投资的领域和范围。大力推进公共服务平台建设。

（二）夯实农业农村发展基础，在农业增效、农民增收上取得新进展。1. 保持农民增收的好势头。继续实行倒推倒逼、分工负责的办法，全面提高农民工资性收入、经营性收入、转移性收入和财产性收入，确保农民收入大幅增长。把协同推进工业新型化、农业现代化、市域城镇化、城乡生态化与农民增收结合起来，建立统筹城乡发展新机制。建立完善以煤补农体制机制，动员资源型企业以多种方式支持“三农”。加大农村劳动力转移就业和技能培训力度，年培训农民不少于10万人。

2. 做大做强特色现代农业优势产业。毫不放松抓好粮食生产，主攻粮食单位面积产量，力争用1/3的粮田拿回1/2的产量。进一步做大做强畜牧、蚕桑、蔬菜、干鲜果、小杂粮、中药材、食用菌等特色现代农业优势产业。建设150个“一村一品”专业村，加快实现户有专业、村有规模、乡有特色、区有龙头的产业新格局。培育壮大农产品加工“513”龙头企业，延长产业链，突出抓好10个亿元龙头企业。注重农业科技创新，完善农技推广体系。

3. 加强农业基础设施建设。按照“十二五”水利发展规划，加快“井”字形骨干大水网、城乡一体化饮水安全网、农田水利灌溉网3个大水网建设。继续实施“一矿一池一园区”战略，充分利用煤矿废水，建设节水灌溉工程。实行最严格的耕地保护制度，合理利用每寸土地。新增农业机械化保护性耕作面积4000公顷，节水灌溉面积达到2.5万公顷，完成中低产田改造6666公顷。

4. 扎实推进扶贫开发和新农村建设。加大政策扶持和社会帮扶力度。每年重点扶持150个贫困村产业发展，到“十二五”末，基本消除人均收入在5000元以下的发展滞后村。以集镇为主要搬迁地，加大贫困地区易地移民搬迁力度。完善扶贫开发帮扶机制，抓好扶贫开发和农村低保制度的有效衔接。新农村建设要重点抓好10个城乡一体化发展示范片区和300个新农村重点推进村建设。高质量推进农村街巷硬化、农村便民连锁店全覆盖，确保农村新的“五个全覆盖”工程全面完成。

（三）统筹城乡和经济社会发展，在市域城镇化上取得新进展。1. 进一步强化城市设计。把城市建设与产业发展结合起来，把城中村、棚户区改造、保障房建设与提升城市品质结合起来，把规范房地产开发秩序与充分提升城市土地资源利用效率结合起来，把建成区的升级改造与塑造“方便、温馨、开放、现代”的城市格调结合起来，在更高层次、更大空间内对城市进行创意策划。统筹推进城市规划、土地利用、产业布局、基础设施建设和生态保护，实现优势互补、经济互动、资源共享。

2. 加大中心城市建设力度。继续加强城市基础设施建设，拓展城市空间、提升城市品位。围绕拉大城市框架，打通断头路，畅通主干道，缓解市内交通压力。加快实施城市供水、污水深度处理、再生水利用管网配套工程。加强水系建设。着力提升城市管理水平。

3. 加快市域城镇化进程。以产业发展为重点,增强城镇和工业园区的辐射力、带动力。积极推进城镇组群发展,形成分工合理、联系紧密的城镇群、经济圈和旅游带。重点推进沁河流域、丹河流域、环城高速周边等片区的特色城镇化建设。加快两个省级重点示范镇和14个市级重点镇建设。抓好“三化协同推进”示范试点工作。2012年全市城镇化水平要提高3个百分点以上。

4. 创新城乡一体化发展的体制机制。加快户籍制度改革,鼓励非农产业和农村人口向城镇转移集中。进一步放宽落户条件,就业、义务教育、社会保障等政策不再与户口性质挂钩。对城市现有人口实行统一管理,推行流动人口“居住证”制度,逐步消除城乡户籍待遇差距,实现基本公共服务均等化。

(四)加强环境治理和节能减排,在城乡生态化上取得新进展。1. 狠抓节能降耗工作。严把高耗能项目准入关和投运关,有效控制高耗能行业过快增长。继续加速淘汰落后产能。注重结构节能,加快推进低耗能、低排放、高附加值的新兴产业和服务业的发展。全面推进工业、交通、建筑和公共机构节能,继续抓好重点行业、重点企业节能工作,完成70万平方米建筑节能改造任务。

2. 加大环保整治力度。继续开展区域环境综合整治,保障空气质量持续改善和提升。强力推进污染减排,建立完善排污权交易机制体制,提高项目准入门槛,切实抓好污染源治理。落实“以奖促治”和“以奖代补”政策,以实施农村环境连片整治示范项目为抓手,全面加强农村环境保护工作。

3. 加强生态林业建设。加快国家森林城市创建步伐,持续推进造林绿化工程。启动申报国家生态园林城市工作。高标准推动村庄绿化工程,2012年先期完成300个村庄。

4. 大力发展循环经济。继续推进煤层气、煤矸石、粉煤灰、工业炉渣、农村沼气、秸秆气化为重点的资源综合利用工作。鼓励开展技术创新和先进适用技术的推广应用,着力发展资源节约和综合利用型产业,最大限度提高资源能源利用率。

(五)加大创新改革与扩大开放力度,在综改试验和项目建设上取得新进展。一要善于在创新中深化改革。善于通过发展目标的科学定位与创新,撬动制度的改革,在发展的创新中深化制度的改革。二要更加增强开放的自觉自信。有信心把上海耕耘成晋城招商引资的一块熟地,把晋城变成上海产业转移的一块飞地。要积极融入中原,利用资源产业优势,增强辐射功能。以主导产业为纽带,和周边城市的产业形成产业链条关系;加深商贸物流融合,积极拓展市场空间,力争建设成为晋豫接壤区域人流、物流、信息流汇集的购物首选地;加强旅游合作,增强旅游休闲产业的覆盖面,共同打造“太行山文化旅游”精品,把晋城打造成晋东南及中原经济区的生态旅游文化中心和休闲娱乐度假中心。三要深入开展“项目落地年”活动。建立招商项目跟踪落实工作机制,提高签约项目落地率。重点抓好“四个千亿”项目对接、233项重点工程和100项工业转型项目建设。四要全面推进转型综改试验区建设。加快推进“一市两县”、“一市两园”、“一县一企”先行试点建设,确定一批影响大、带动性强、示范意义明显的标杆项目、标杆工程、标杆园区、标杆企业、标杆企业家。在以煤补农、以煤补绿、以煤促文,理顺煤层气开发体制等方面先行先试,确保快速启动、高点起步,力争在“综改区”建设上走在全省前列。

(六)提升公共服务水平,在保障和改善民生上取得新进展。1. 进一步扩大社会就业。深入推进国家级创业型城市创建活动,确保全市城镇新增就业2.4万人、下岗失业人员再就业5500人、就业困难人员就业1400人。围绕主导产业和招商落地项目,大规模开展职业技能培训,完成城镇失业人员再就业培训5000人,新成长劳动力培训2000人。

2. 完善社会保障体系。继续扩大社会保险覆盖面,稳步提高社会保险统筹层次和标准。加强城镇居民社会养老保险和新农保工作制度化、规范化管理,提高服务水平。巩固城镇医疗保险和新农合参保率,继续提高企业退休人员基本养老金标准。建立普惠型社会福利和公共服务体系。把保障性住房与园区建设相结合,有效吸收农民进城,推进城镇化。创新资金保障机制,优先满足保障性住房建设需要,让更多的低收入群众住上价廉舒适的新房。继续严格执行房地产调控政策,促进房地产市场健康发展。

3. 坚持优先发展教育。进一步加大教育投入。实施好农村义务教育薄弱学校改造计划,加快推进全市义务教育均衡发展。大力发展职业教育。加强教师队伍建设,做好教师补充和培训工作。继续抓好学前教育、民办教育、继续教育和特殊教育,促进各级各类教育全面协调发展。

4. 大力发展科技、卫生、文化、体育等社会事业。建立以企业为主体的技术创新体系,推进高技能人才队伍建设。健全公共卫生服务网络,推进医疗卫生机构之间的资源共享、协调互动。加强食品安全综合协调和安全监管,积极预防重大传染病发生,提高重大突发公共卫生事件处置能力。有效提升全市医疗服务水平。切实加强人口和计划生育工作,促进人口长期均衡发展。继续深化文化体制改革,加快公共文化基础设施建设,增强公共文化服务能力。继续推进文化低保工程,推进文艺精品创作生产。扶持公益性文化事业,大力发展文化产业。大力开展全民健身活动,促进群众体育和竞技体育协调发展。

(七)积极推进民主法制和精神文明建设,在维护和谐稳定上取得新进展。1. 加强民主法制建设。完善基层民主管理制度,提升基层自治组织的管理能力和水平。深入推进政务公开、村务公开、厂务公开,保障人民群众的知情权、参与权、表达权、监督权。深入实施“六五”普法规划,扎实开展“法制晋城”建设。

2. 加强精神文明建设。深入推进文明城市创建工作。加强社会主义核心价值体系建设,引深公民道德实践活动。积极开展双拥工作,巩固发展军政军民团结的好局面。

3. 加强和创新社会管理。深入推进社会管理综合治理和平安建设。建立社会矛盾综合协调化解的长效机制，及时妥善处理各类矛盾和敏感事件。完善社会治安防控体系，严厉打击各类违法犯罪活动。大力加强食品药品安全整治，保障人民群众饮食用药安全。加快建设社会信用体系。健全完善应急联动、灾情会商和信息共享机制等灾害应急管理体系建设，提高救灾应急处置能力。

4. 加强安全生产工作。严格落实各级政府领导"一岗双责"和部门安全监管责任，加大源头治理力度。强力推进企业安全生产标准化建设。深入持久地抓好煤矿、非煤矿山、道路交通、危险化学品、特种设备、易燃易爆物品、森林防火和公共场所等各行业各领域安全生产专项整治。严格安全目标责任考核，严格追究事故责任，坚决遏制重特大事故发生，确保全市安全生产形势持续稳定。

认真实施"3581"发展战略 稳步推进转型跨越发展

忻州市市长　**郑连生**

2012年是党的"十八大"胜利召开之年，是忻州市的"项目落地年"、"大干城建年"、"走出去年"和"基层组织建设年"，是转型跨越、赶队前行、充满希望、大有可为的一年。做好2012年的工作，具有十分重要的意义。

一、2012年政府工作的指导思想

以中国特色社会主义理论体系为指导，深入贯彻落实科学发展观，认真实施"3581"发展战略，坚持科学发展的主题，紧扣加快转变经济发展方式的主线，把握稳中求进的工作总基调，以转型综改试验区建设为总抓手，全面推进以项目攻坚为重点的产业转型升级，以农民增收为重点的社会主义新农村建设，以特色旅游文化产业发展为重点的文化强市建设，以中心城市和大县城、示范镇建设为重点的城乡一体化发展，以保障和改善民生为重点的和谐社会建设，以干部作风转变为重点的政府自身建设，切实推动各项工作上台阶。

二、2012年经济社会发展的主要预期目标

地区生产总值确保增长13%、力争达到15%左右。固定资产投资增长25%以上。社会消费品零售总额增长16%。进出口总额增长12%。财政总收入增长18%，一般预算收入增长16%。城镇居民人均可支配收入增长13%，农民人均纯收入增长14%。城镇新增就业岗位2.9万个，城镇登记失业率控制在4.2%以内。居民消费价格总水平涨幅控制在4%左右。

三、2012年政府工作主要任务

(一)狠抓项目建设，为转型跨越发展提供有力支撑。1. 进一步扩大项目投资。2012年，安排省市两级重点工程213项，总投资概算2000亿元，年度计划完成553亿元，比2011年增长22.3%，占年度固定资产投资任务的85%以上。

2. 强化基础设施建设。全面推进灵河高速公路、忻州环城高速公路、五台山飞机场、大西客运忻州段、五寨至河曲沙泉地方铁路、108国道繁峙段一级路改造等重大基础设施项目建设，着力破解制约发展的瓶颈问题。

3. 加快八大产业转型升级。煤炭产业要加大现代化矿井建设力度，原煤产量要达到5500万吨，力争突破6000万吨。启动重点煤矿"一矿一业"转型项目建设。电力产业要争取火电，提升水电，积极发展新能源发电，加快实施华能、大唐、国电等大集团在忻州市的风电项目，积极推进重点项目。新材料产业要加快推进原平百万吨短流程铸造循环经济项目、忻府区10万吨煅烧高岭土扩建等18个重点项目。新型煤化工产业要加快推进静乐正联洁净改性型煤等12个重点项目。装备制造业要加快推进繁峙华茂100万吨特种钢升级改造等9个重点项目。绿色农牧产业要致力打造小杂粮和生态畜牧两大特色品牌，加快推进定襄龙门生态农业项目、代县金九州农产品项目、岢岚山地阳光沙棘全果素项目等31个重点项目。文化旅游产业要以五台山景区改造提升工程为龙头，改善基础设施，强化生态修复，规范市场秩序，优化旅游环境，确保把五台山改造提升工程建成全省转型综改试验区建设旅游领域的标杆项目；加快实施雁门关景区完善、芦芽山景区提标、沿黄景区开发、温泉旅游度假区改造等重点工程，促进旅游与文化融合发展。现代物流业要加快建设运输平台、信息平台和储存配送平台，重点推进定襄商贸物流街区项目、宁武豪德汇通商贸物流城项目、五寨数字化配煤基地项目等20个重点项目。

（二）扎实做好“三农”工作，促进农民收入较快增长。1. 加快推进农业产业化。加快发展优特杂粮产业，在环芦芽山、环五台山地区布局红芸豆、马铃薯、甜糯玉米、杂交谷4大特色杂粮基地，打造100平方千米小杂粮产业开发现代农业综合体。稳步发展设施蔬菜产业，重点支持有一定规模、能达产达效的园区。提升畜牧养殖产业水平，突出草食畜发展、养殖示范工程建设、畜产品安全3个重点，建设标准化养殖小区60个、规模养殖场100个，发展规模养殖户500户。大力实施“337”工程，积极培育壮大农产品加工龙头企业，力争农产品加工企业销售收入突破40亿元。大力发展“一村一品”，抓好农产品“三品一标”认证，打造具有忻州特色的自主品牌。加快农产品市场开发，切实解决好农产品产销问题。加快推进农业科技创新，启动“一乡一站、一村一点”科技服务全覆盖工程，切实提高现代农业技术推广普及率。

2. 加强农业基础设施建设。开工建设五寨清涟河、代县峨河河道治理工程，继续抓好滹沱河灌区节水项目和汾北灌区、孤山灌区节水改造工程，全面完成9座中小型病险水库除险加固工程，加快推进西部6个县“一村一井”项目、小农水重点县建设工程、沿黄3个县提黄灌溉工程。启动繁峙、代县、五台、定襄4个县京津风沙源治理水保工程。大力提升农业物质技术装备水平，进一步提高农业生产机械化程度。大力实施农业综合开发，提高土地生产能力。加大耕地开发整理力度，切实做到占补平衡。认真落实土地用途管理规定。

3. 加大扶贫开发力度。在抓好片区开发、教育扶贫、整村推进、产业扶贫工程以及集中连片地区扶贫开发试点工作的同时，坚定不移地把易地扶贫搬迁作为扶贫开发的治本之措来抓，年内完成易地扶贫搬迁3.2万人，实现搬得出、能致富、不反弹，确保全年减贫7万人。

4. 提升新农村建设水平。科学制定、严格落实新农村建设规划，新建500个新农村重点推进村，集中打造10个“村民富、村庄美、村风好”的新农村连片建设示范区。大力发展农村公共事业，进一步提高农村教育、卫生、文化发展水平。高质量完成农村新的“五个全覆盖”工程任务。新解决10万农村居民的饮水安全问题。

5. 不断激发农民主体活力。加强对农民的教育和引导，提高农民综合素质和自我发展能力。全年培训农民13万人，转移农村劳动力3.5万人，努力增加农民工资性收入。新发展农民专业合作社400个，不断提高农民的组织化程度。进一步优化农村金融生态环境，创新金融产品，搞好金融服务。充分发挥村党支部的核心作用，不断完善村民自治制度。

（三）认真落实“大干城建年”工作部署，加快市域城镇化步伐。一要突出规划引领作用。认真执行忻州城市建设总体规划，抓紧制定忻州老城、云中新区的控制性详规，认真做好城市道路、供水、供热等专项规划。严把规划实施关，严审修建性规划，确保规划落到实处。二要全力推进城区重点工程。开工建设“七路四桥”，全面启动“五馆一院”工程。认真做好忻州城区创建省级园林城市工作，绿化覆盖率提高5个百分点。不断改善城区基础设施条件，进一步优化人居环境。三要全面开展扩容提质大行动。抓好各县市新区建设，统筹推进旧城整治和城中村改造，切实提高水、气、热等基础设施保障水平。启动各县市“三馆一院”建设。加快推进各县市户籍制度改革，力争全市城镇化率提高1.5个百分点。切实提高城市管理水平，建立规范有序的城市建设工作秩序。

（四）加大节能减排力度，进一步改善生态环境。一是进一步抓好减排治污。以减排、净空、净水、清洁为重点，大力实施绿色生态工程。加大工业源、农业源、生活源污染治理，严格控制重点区域和主要流域的污染排放。确保16座城镇生活污水处理厂正常运行，抓紧启动重点乡镇污水处理厂建设。加大机动车尾气治理力度，抓好采暖锅炉燃煤污染、建筑工地及道路施工扬尘污染控制工作。重视地下水和饮用水源保护，深化工业废水治理，全面加强重点流域水污染防治。大力开展城乡清洁行动，扎实推进农村环境连片整治。二是进一步推进节能降耗。加快淘汰落后产能，实施40个工业节能改造项目，力争节约标准煤15万吨以上。抓紧制定法兰能耗地方标准，促进法兰产业上档升级。实施国家可再生能源建筑应用示范城市项目，打造忻州城市照明节能样板工程。三是进一步强化生态建设。加大造林绿化力度，重点实施“两山”造林工程、“两网”绿化工程和书记、县长精品林工程，完成营造林4万公顷以上。高标准完成忻阜高速通道绿化，全面完成大运高速忻州段和五台山核心景区绿化提升。推进干果经济林示范工程。加大重点流域和矿山生态环境治理修复力度，完成清水河、南云中河生态综合治理提升工程。

（五）加快建设文化强市，推动文化大发展大繁荣。贯彻落实文化强市实施意见，推进“十大文化工程”，加快文化资源大市向文化强市迈进。推进社会主义核心价值体系建设，提高全社会文明水平。启动省级文明城镇群创建和学习型城市建设。加快公共文化服务体系建设，完善市、县、乡、村四级文化服务网络。组织开展“周末大戏台”、“梨花奖舞台艺术大赛”等独创性文化活动，促进文艺创新，推出新人新作，丰富忻州文化品牌。积极组织开展群众性文化活动，认真实施“文化低保工程”和“文化惠民工程”。健全文化遗产保护体系，促进文化遗产的传承、保护和发展。落实文化产业扶持政策，深化文化体制改革。深入开展“扫黄打非”专项行动，着力繁荣文化市场。

（六）切实保障和改善民生，解决关系群众切身利益的问题。1. 进一步稳定和扩大就业。落实更加积极的就业政策，全面做好各类人员的就业工作。多渠道开发就业岗位，鼓励全民创业。强化就业培训、困难群体就业援助、就业失业管理等服务工作，切实维护劳动者合法权益。

2. 健全和完善社会保障体系。全面落实社会保障政策，进一步扩大各项社会保险覆盖面，努力提高保障水平。加快推进城镇居民社会养老保险和新农保工作，实现城乡养老保险制度全覆盖。积极稳妥地开展事业单位养老保险制度改革试点。巩固城镇居民医疗保险和新农合参保率，做好失业人员参加职工医疗保险工作。推进事业单位工作人员参加工伤保险。高度重视农民工、非公经济组织员工、灵活就业人员参加社会保险工作。不断完善被征地农民社会保障政策，将被征地农民纳入相应的社会保险范围。切实关心低收入群体生活，城乡低保对象保障标准每人每月分别提高30元和22元，农村“五保”对象补助标准每人每年提高500元。加快建设社会养老服务体系。积极发展社会福利和慈善事业。

3. 加快保障性住房建设。开工建设公共租赁住房、廉租住房、经济适用住房等各类保障性住房近2万套，竣工1800套。加快建立保障性住房建设、分配、运营、退出等配套管理制度，确保质量优良、分配公正、管理科学、退出有序。

4. 加强和创新社会管理。加强社会管理整体规划设计，抓好社会管理创新项目建设，提高社会管理科学化水平。完善信访工作和矛盾调处机制，畅通群众诉求渠道，保障人民群众的合法权益。加强城市社区建设，夯实社会管理基层基础。健全突发事件应急体系，有效应对各类突发事件。加强防灾减灾工作。加大公路“三超”治理力度。进一步完善社会治安防控体系，深入推进平安创建活动，依法打击各种违法犯罪活动，维护社会和谐稳定。

（七）大力发展社会事业，促进经济社会协调发展。一要优先发展教育事业。贯彻落实中长期教育改革发展规划纲要，进一步加大教育投入。积极发展学前教育，继续新建、改扩建34所公办标准化幼儿园。加强义务教育学校标准化建设，促进义务教育均衡发展，切实提高教学质量。大力发展职业教育，实现中等职业教育免费全覆盖。加快普及高中阶段教育，毛入学率达到88%以上。做好经济困难家庭学生资助工作。继续实施“一颗鸡蛋学生营养工程”。加强校园安全管理。积极发展继续教育、特殊教育，促进各级各类教育全面协调发展。二要做好科技和人才工作。加大科技投入，完善科技服务体系。鼓励自主创新，全年专利申请量达到620件以上，其中，发明专利申请量占到30%以上。大力培育高新技术企业，力争年内达到10户以上。围绕煤炭清洁生产、现代煤化工、新能源、新材料、现代装备制造、绿色农副产品加工等重点产业，开展技术攻关，加快科技成果转化。加大科普教育力度，进一步提高全民科技素质。深入实施人才强市战略，统筹推进各类人才队伍建设，为转型跨越发展提供人才保障。三要加快发展卫生和体育事业。继续深化医药卫生体制改革，不断完善基本医疗保障制度和基本药物制度，加快推进以县级医院为重点的公立医院改革。稳步推进基本公共卫生服务均等化，强化重大疫病预防控制。完善医疗卫生服务体系，全面推进医疗卫生基础设施项目建设。切实加强卫生服务质量管理。全面做好食品药品安全工作。

（八）加大安全生产工作力度，推动安全生产形势持续稳定好转。严格落实企业安全生产主体责任，继续推行企业法人安全生产承诺制。扎实推进企业标准化和信息化建设，提高企业本质安全度。落实安全生产政府监管责任，实行安全生产挂牌责任制。深化安全生产专项整治，深入开展以煤矿、非煤矿山、道路交通和危险化学品等行业为重点，覆盖所有生产领域的整治行动，始终保持严厉打击非法违法生产经营建设行为的高压态势。健全各项规章制度，提升安监执法水平。加大安全生产事故责任追究力度。

（九）深化改革开放，加快推进转型综改试验区建设。一是继续深化各项改革。认真做好原平市、保德县扩权强县改革试点工作。深入推进行政审批制度改革，切实提高行政效能，创优政务环境。积极推进事业单位改革，全面完成分类工作，继续推进人事管理、收入分配等配套改革。稳妥推进企业改革，鼓励引导民营企业加快建立现代企业制度。深入推进集体林权制度改革，完善公益林补偿等政策。依法规范和促进农村土地承包经营权流转，积极推进适度规模经营。优化金融生态环境，严厉打击非法集资活动。二是全面推进转型综改试验区建设。加强综改规划指导，制订《忻州市转型综改试验区建设实施方案》。真正把现有企业打造成现代化企业，发展现有企业的上下游产品和相关产业，引进新企业，建设新项目。推进试点企业先行先试工作，支持4大领域22个重大标杆项目的建设工作，全力抓好五台山改造提升工程等综改重点项目取得新进展。推进体制机制创新，力争在项目审批、用地保障、资金筹措等方面取得实质性突破。努力建设“三个门户”，打造“三个集散地”，建设以保德、河曲为重点，面向陕蒙的西部门户；以忻府、定襄、原平为重点，面向太原都市圈的中部门户；以五台、繁峙为重点，面向京冀津的东部门户；打造东部的五台山，中部的奇村、顿村、大营、汤头温泉度假区，西部的芦芽山“三个集散地”，加快形成全市一体化大旅游格局。三是不断扩大对外开放。全面落实“走出年”部署，加大招商引资力度。加强对外交流，切实做好第七届中博会、第四届能博会等重大展会的参展工作，精心组织好第三届中国·五台山国际文化旅游月。发展河曲、保德煤电铝化板块，神池、五寨、岢岚、偏关现代农业板块，宁武、静乐煤电化板块，忻府、定襄、原平多元产业板块，繁峙、代县矿业冶炼板块，五台旅游板块等6大特色区域经济板块，推动板块要素优化整合，提升全市经济的整体竞争力。

率先转型　全力跨越

临汾市市长　**岳普煜**

2012年是实施"十二五"规划、加快转型跨越发展的关键之年。国家继续实施中部崛起战略，我省转型综改试验区建设全面推进，为临汾提供了良好的发展条件。我们一定要抢抓机遇，乘势而上，坚定信心，扎实工作，团结带领全市人民努力把2012年的工作做得更好。

一、2012年政府工作的总体思路

以邓小平理论和"三个代表"重要思想为指导，深入贯彻落实科学发展观。按照市委三届二次全会确定的"产业转型、环境提升、城乡统筹、民生改善"的总体要求，以科学发展为主题，以加快转变发展方式为主线，充分运用转型综改试验各项有利政策，牢牢把握"稳中求进、好中求快"的工作基调，突出"主攻项目，加快转型，打造特色，改善民生，推进跨越"的工作重点，进一步优化区域布局、调整经济结构、加强"三农"工作、加快城镇化进程、建设文化强市、保护生态环境、推进改革开放、强化社会管理，不断开创经济社会发展新局面。

二、2012年经济社会发展的指导性指标

地区生产总值增长13%。规模以上工业增加值增长20%。全社会固定资产投资增长25%。社会消费品零售总额增长17%。财政总收入和一般预算收入增长16%。进出口总额增长12%。城镇居民人均可支配收入增长13%，农民人均纯收入增长15%。人口自然增长率控制在6.5‰以内。城镇登记失业率控制在4.2%以内。居民消费价格总水平涨幅控制在4%左右。

三、2012年政府主要工作任务

（一）继续大力推进"百公里汾河生态城镇经济走廊"建设，努力打造经济发展的优势板块。一是完善规划体系。高标准编制完成走廊总体规划以及河道治理、道路建设、城镇建设、新农村建设、生态环保、文化旅游和园区建设等各类专项规划。力争把"百公里汾河生态城镇经济走廊"纳入全省先行先试综改试验区规划，上升为全省乃至国家战略。二是创新体制机制。建立"走廊"内资源统一调配新机制，实现土地、资金、项目、人才等资源的有效利用。建立统一的融资平台，捆绑包装建设项目，加大融资力度，为"走廊"建设提供资金保障。加大统筹城乡、统筹区域发展工作力度。创新农村土地流转制度，加快农村土地规模化经营。制定出台新农村改造实施办法，加快农村城市化、城乡一体化步伐。三是加快基础设施建设。全面启动河道水利工程，启动汾河生态深度治理工程，建设滨河东路贯通工程，启动滨河东路与市级主干道路、各主要产业园区、小城镇连接路及电网配套建设等工程。四是强化园区支撑。全面加快"走廊"内园区建设，把资金、土地等生产要素向园区倾斜和集中，健全服务保障体系，完善园区功能，不断提升园区的项目承载能力、就业吸纳能力和人口容纳能力。

（二）进一步加快传统产业新型化和新兴产业规模化步伐，努力打造特色明显的新型工业大市。一要加快煤矿建设步伐。全力加快煤矿标准化建设。2012年矿井改造完成80%，并建成国家级质量标准化矿井4座，其余生产矿井全部达到省级安全质量标准。加快煤炭生产，原煤产量达到5300万吨以上。二要改造升级传统产业。大力推进传统产业升级改造。焦化行业，抓住整合重组、技术改造和延伸产业链三个环节，积极推进襄汾、洪洞两个焦化生产基地和尧都、古县、安泽、乡宁4个焦化生产集中区建设，大力发展煤制天然气、煤制甲醇、甲醇制烯烃等多联产煤化工。冶金行业，加快推进"环塔儿山、二峰山"钢铁集群建设。电力行业，突出发展绿色煤电，促进霍州国电2×60万千瓦发电项目早日投产。三要培育壮大新兴产业。加快发展装备制造业，重点抓好山西华翔精密铸造、平阳重工高端制造等项目。大力发展新材料、新技术、新能源，重点抓好尧都光宇电源、洪洞飞虹微纳米LED外延片、芯片及薄膜太阳能电池等项目。大力发展生物制药，重点抓好旺龙药业医药产业园等项目。加快科研开发基础建设。

（三）扎实做好"三农"工作，努力打造现代化新型农村。1. 改善农业生产条件。加强农田水利建设，实施西山沿黄提水灌溉、中线引黄灌溉、禹门口东扩骨干配套、农村饮水安全、病险水库除险加固和中小河流治理等水利工程，全年争取完成投资10亿元以上，完成水土流失初步治理2666公顷，实灌面积12.8万公顷。加大农业综合开发力度，力争土地治理总面积达8000公顷以上。大力推广机械化保护性耕作、土地深松以及农作物秸秆还田与综合利用，不断提高农业机械化水平。

2. 推进农业科技创新。进一步完善农业科技服务平台，深入开展农业新技术培训和推广，启动“一乡一站、一村一点”全覆盖工程，培育有文化、懂技术、会经营、善管理的新型农民。组织实施“全民科学素质行动计划纲要”和“百万农民素质提升工程”，完成农民新技术培训100万人次。扎实开展粮食高产创建活动，确保粮食安全。

3. 发展现代特色农业。新增200个省级“一村一品”专业村，进一步做强做大“一县一业”基地县。以建设西山百万亩优质水果基地为重点，促进水果、蔬菜、干果和中药材“四个百万亩”基地规模扩张。大力发展特色养殖，肉蛋奶产量达到37.5万吨。积极稳妥推进规模经营，大力发展设施农业，建设一批高效农业示范区。

4. 培育农业产业化龙头企业。重点实施“393”龙头企业培育工程。加大政策扶持力度，对重点龙头企业实行贷款贴息支持，引导更多的企业家领办、兼办农产品加工企业。整合优势农产品资源，加大名优农产品的包装推介和营销力度，扩大品牌知名度和影响力，不断提高农产品加工转化率和市场占有率。大力发展农民专业合作社，培育农村经纪人，提高农民的组织化程度，加快农业产业化进程。

5. 加快改善农村面貌。以“四化”和“六个一”工程为重点，大力实施“335”新农村建设推进工程。全面抓好新确定的326个重点村“四化”基础设施建设。高标准建设30个新农村示范连片区和158个农村环境连片整治示范村建设。全面完成4405千米农村街巷硬化，532个农村便民连锁店，690个农家书屋，551个健身场地建设等农村新的“五个全覆盖”任务。

6. 扎实推进扶贫开发。以人均收入2300元以下58.6万贫困人口的收入翻番为重点，扎实推进片区开发、移民搬迁、整村推进、产业扶贫、教育扶贫、外资扶贫等项目建设。重点实施大宁—永和特困板块项目，着力打造全省扶贫开发优质果蔬产业示范板块，积极争取将安泽县列为片区开发省级项目县。完成6000人的移民搬迁任务，解决5万人脱贫。

（四）积极培育物流和旅游两大龙头，努力打造中西部现代服务业大市。1. 加快发展以“山西国际陆港园区”为核心的现代物流业。规划面积55平方千米，包括对外贸易集散中心、新兴加工制造业中心、现代物流配送中心，建设陆港物流、工业集群、配套服务3个功能组团，打造成辐射300千米的国际物流陆港、出口加工区和服务业新城，构建晋陕豫黄河“金三角”商贸物流中心。2012年重点推进10平方千米起步区，完成方略卡口、配送中心、交易市场和联检大楼建设。

2. 发展壮大旅游业。按照“一带五区一线十点”的旅游产业发展规划，进一步加快大槐树文化旅游区、尧文化旅游区、中镇霍山旅游区、丁村民俗文化旅游区、晋文化旅游区建设。加大旅游宣传促销力度。积极对接京津客源市场，拓展长三角、珠三角、港澳台客源市场，力争全年旅游总收入达到145亿元，增长20%。

3. 做精其他服务业。扶持发展连锁经营、电子商务，支持优势商贸流通企业做强做大，形成以大型购物中心为骨干，各类超市、专卖店、便利店为支撑，多元化、多层次的城乡商业流通网络。加快发展金融、保险、中介、担保、信息、酒店餐饮等产业，推动各类服务业健康发展。

（五）加快推进市域城镇化进程，努力打造百万人口区域性中心城市。（1）编制完善城镇发展规划。按照“一带两圈多点”的城镇发展格局，完成涝洰河生态治理、河西新城建设等六个专项规划。加大对各县（市、区）各类专项规划、近期建设规划、控制性详细规划、重要地块修建性详细规划的技术审查力度，发挥好规划引领作用，强化规划的科学性和严肃性。（2）推进“一城三区”同城化发展。市区按照“建设新城、疏解老城”的方针，加快旧城区道路拓宽改造，启动防汛排水及污水处理厂改扩建等工程。新城区着眼于完善交通网络，完成交通基础设施和公共服务设施建设。实施21个城中村、城郊村改造。同步推进洪洞、襄汾同城化建设。（3）不断提升特色大县城和小城镇建设水平。发挥侯马交通枢纽的区位优势，依托国际物流陆港园区，加快侯马、侯马开发区和曲沃同城化进程。以工矿型、轻工业型和旅游型为主导，推进12个大县城建设、53个重点中心集镇和特色小城镇建设。全市城镇化率提高2个百分点。（4）着力提升城市管理水平。有效整合城市管理资源，大力推进城市精细化、标准化管理。以开展“环境建设年”活动为契机，重点开展城市交通秩序、市场经营秩序、建筑和路面污染、广告牌匾规范、环境卫生清理大整治，实现城市规模与管理层次同步提高，城市品位与市民素质同步提升。

（六）坚持节能、环保、生态三措并举，努力打造“两型社会”。一要持续推进节能降耗。全面推进工业、交通、建筑和公共机构节能。坚持能耗强度控制。加强对新建、扩建、改建等固定资产投资项目的能评审查，有效控制能源消费增量。强化技术节能。扩大利用风能、太阳能、沼气等可再生能源。二要切实加强环境保护。启动“国家级环保模范城市”创建工作。全力实施建设百公里汾河环保标杆示范区、工业污染治理提效提质、城市环境提质扩容、农村环境连片整治、水环境治理稳中求优五大工程。加快市区及周边工业企业搬迁，治理二次扬尘污染，优先发展低碳公共交通，加快城中村、城郊村集中供热、供气改造步伐，大力推进天然气、煤层气、焦炉煤气、氢气“四气合一”，建设“气化临汾”，市区大气综合污染指数控制在1.8以下，市区饮用水达标率稳定在100%。三要全面加快生态建设。深入开展创建“省级园林城市”活动，加快中心城区绿化；大力实施天然林保护、退耕还林、“三北”防护林、太行山绿化、通道绿化等造林绿化工程。继续抓好水土保持、坝滩联治、淤地坝、坡改梯等水保生态工程。重点推进涝洰河生态环境综合治理。

（七）推动文化繁荣发展，努力打造三晋文化强市。(1)努力建设文明临汾。深入开展创建“文明临汾”主题活动。加强社会公德、职业道德、家庭美德、个人品德教育，拓展精神文明创建活动。(2)健全公共文化服务体系。加快构建布局合理、功能完善、覆盖城乡的公共文化服务体系。继续实施文化惠民工程，实现“农家书屋”、农民体育健身设施、村级文化活动场所“全覆盖”。加快现代传播体系建设，支持网络多媒体、移动多媒体等新兴传播载体快速发展。加强非物质文化遗产保护和传承。广泛开展文化下乡和群众性文体活动。(3)加快发展文化产业。完善文化产业振兴规划，积极推动文化产业结构调整和转型升级。实施文化基础设施提升、文艺精品生产等10大文化产业工程。提升特色文化产业品牌。扶持文化生产经营龙头企业升级改造、做大做强。(4)深化文化体制改革。继续深化公益性文化事业单位制度改革，加快经营性文化单位转企改制步伐，鼓励文化企业兼并重组，培植大型演艺、报刊、传媒、网络集团。

（八）深化改革开放，努力打造充满活力的开放临汾。一是全面推进转型综改试验。抓好侯马、洪洞、尧都“一市两县”试点工作。加快20个省级试点企业和70个市级标杆项目试点工作。同步推进侯马城乡发展一体化综改试点和安泽新农村建设综改试点。二是进一步深化重点领域改革。理顺国有资产监管体制，解决好临纺等5户政策性破产企业遗留问题，稳步推进其他国有企业改革工作。稳步推进事业单位人事管理制度改革。深化财政管理体制改革，优化支出结构，建设公共财政。全面启动公益林补偿、林权转让和资源评估抵押等林权制度配套改革，基本建立现代林业产权制度。巩固基层医疗卫生体制综合改革成果，启动全市公立医院改革工作。支持银行业改革，推进农村信用社改制为农村商业银行工作，积极引进股份制银行在临汾设立分支机构。三是努力破解发展难题。加大项目包装和申报力度，争取更多的项目纳入国家和省级投资计划。健全完善招商机制，加快项目落地建设。创新土地管理机制，力争全年完成造地3666公顷。建立多元化融资体系，整合盘活优质资源，增强融资能力。四是全方位扩大对外开放。坚持以资源换资本、换项目、换技术，突出园区招商、产业招商、以商招商，广泛开展各类招商引资活动。积极发展对外贸易，不断提高对外开放水平。加大企业、学校、医院等领域高新技术人才的培育和引进力度。五是大力发展民营经济。加大对中小企业的扶持力度。鼓励和引导民营企业转变发展方式，调整产业结构，壮大企业规模。建立健全中小企业服务平台，切实解决好中小企业发展难题。大力支持全民创业。

（九）以安全生产为重点不断加强和创新社会管理，努力打造“和谐平安临汾”。一要持之以恒抓好安全生产。强化“两个主体”责任落实。深入开展安全生产专项整治和打非活动，切实加强各行业、各领域安全生产隐患排查治理。严格实行安全生产“一票否决制”。全面加强安全质量标准化建设，创新安全生产监管方式和手段，从根本上提高安全生产保障水平。二要全面加强和创新社会管理。严格落实信访工作责任制，畅通群众诉求渠道，做好矛盾纠纷排查化解。夯实社会管理的基层基础。深化平安临汾创建活动，严厉打击各类违法犯罪。加强舆情监测。健全突发事件应急体系。稳定低生育水平，提高人口素质。

（十）更加重视和保障民生，努力打造人民幸福家园。1. 优先发展教育事业。加大教育投入，确保财政教育支出占一般预算支出的比例不低于16.96%。继续实施中等职业教育免费全覆盖工程。完成5个县（市、区）薄弱学校改造工程和156所义务教育标准化学校创建任务。积极发展学前教育，扩大中等职业教育规模。启动山西师大新校区建设、临汾学院整体迁建工程，完成临汾一中高中部二期、初中部教学楼、市第一小学教学楼等工程。

2. 大力发展卫生事业。加快医疗卫生设施基础建设。全面启动市区医疗资源整合工作。加强疾病预防控制、社区卫生服务和妇幼保健工作。全面规范医疗机构管理。继续做好新农合工作，确保参合率稳定在95%以上。

3. 积极实施创业就业。实施更加积极的就业政策，多渠道开发就业岗位。努力拓展高校毕业生就业渠道。深入开展创业培训和职业技能培训，促进各类人员就业再就业。

4. 全面加强社会保障。进一步扩大社会保险覆盖面，加强社保基金征缴和监管。加快推进城镇居民社会养老保险和新农保工作，确保实现城乡养老保险制度全覆盖。实行新型农村社会养老保险、城镇居民社会养老保险、城镇企业职工养老保险互通互连，实现社会保障“一卡通”。加快经济适用房、廉租房、棚户区改造等保障性住房建设步伐，完善保障性住房分配、运营、退出等管理机制。加强价格调控和监管。

开拓进取　扎实工作
建设山西向东向西开放的大通道和桥头堡

运城市市长　王安庞

2011年，全市上下坚持以科学发展观为指导，以转型跨越为主旋律，以建设大通道、桥头堡和"四基地一中心"为目标，千方百计抓投资、上项目，坚持不懈调结构、促转型，下大力气惠民生、保稳定，经济社会发展取得了新成绩。

2012年是党的"十八大"召开之年，也是实施"十二五"规划承上启下的重要一年，做好2012年的政府工作，意义十分重大。

一、2012年政府工作的总体思路

坚持以科学发展观为指导，立足大通道和桥头堡战略定位，围绕省委、省政府提出的"两件大事"和市委、市政府确定的"四基地一中心"宏伟目标，抢抓全省转型综改试验区先行先试政策机遇，以转型跨越发展为主旋律，以农业现代化和工业新型化为主攻方向，统筹推进三产规模化、城乡生态化和市域城镇化，大力实施工业强市和文化强市战略，在招商引资和项目建设上迈上新台阶，在增加城乡居民收入和改善民生上取得新成效，在文化建设和社会管理上实现新突破，开创运城转型跨越发展新局面。

二、2012年经济社会发展主要预期目标

地区生产总值增长12%，全社会固定资产投资增长23%，规模以上工业增加值增长18%，社会消费品零售总额增长17%，外贸进出口总额完成10.57亿美元，财政总收入增长10%，一般预算收入增长10%，城镇居民人均可支配收入增长14%，农民人均纯收入增长15%。

三、2012年政府工作主要任务

*(一)大力实施工业强市战略，加快推进工业新型化。*一要加强协调，充分发挥现有企业产能。帮助企业加大技术改造力度，确保2011年已经完工的34个和部分完工的24个项目达产达效。抓好2012年新开工的40项技改项目。加强煤、电、油、运等要素协调，确保现有企业满负荷生产。整合钢铁、焦炭、水泥等原材料工业，壮大单体企业规模，提升产业集中度。促进信息化与工业化融合，推动工业优化升级。二要发挥优势，壮大"五个产业集群"。装备制造要加快传统制造向现代制造转变，提高装备制造整体水平和市场竞争力。铝镁深加工要延伸产业链条，增加产品附加值。化工产业要突出精细化工，做精做强日用化工，大力发展医药化工。农产品加工要以强龙头、优基地、重特色、创品牌为目标，提升产业集群带动能力。高新技术产业要加大投入，增加科技含量，使高新技术企业产生集群效应。支持和帮助企业开展多种形式的资产并购和联合重组，加强与国内外大型企业合作对接，培育一批年销售收入达50亿元、100亿元、300亿元以上的旗舰企业。三要深化合作，提高企业自主创新能力。鼓励规模以上企业建立技术研发中心。全年新认定国家级企业技术中心1个、省级2个、市级5个。加强专利申请和保护，申请量增长5%以上。实施品牌战略。全年商标注册申请量达到1000件，力争新增驰名商标2件以上和著名商标30件以上。四要整合资源，加快工业园区建设。抓好省级开发区建设，重点抓好临猗工业园、新绛煤化循环示范园、河津王家岭工业园、永济循环经济园等工业园区建设，力争每个县(市)都有1～2个工业园区。全市力争有1～2个园区入围省新型工业产业示范基地。五要落实政策，大力发展民营经济。落实国家、省各项扶持政策，制订出台扶持民营经济发展的具体实施意见，推进企业改制，优化资源配置，盘活存量资产，加大对民营经济的引导、支持和服务力度，提高民营企业竞争力。全年培育孵化小微企业900户，发展壮大骨干中小企业500户。六要强化服务，优化企业发展环境。加强组织领导。做好银保企洽谈工作。建立健全区域合作人才交流机制。

*(二)加大项目建设力度，促进经济平稳较快增长。*抓紧谋划和推进一批大项目、好项目、转型标杆项目。全年实施重点项目243项，计划投资630亿元。其中，基础设施项目21项，投资88.8亿元；产业发展项目184项，投资436.4亿元，继续实施"标志性产业项目建设"和"中小企业发展"两个规划；民生保障项目38项，投资104.8亿元，重点抓好东郊城镇化、棚户区改造、运城学院二期、高铁运城站等项目，全市新建各类

保障性住房11368套，全面完成农村危房改造任务。

（三）围绕农民增收目标，加快推进农业现代化。一要全力抓好粮食生产。全市粮食播种面积稳定在63万公顷左右，总产量达到22.7亿千克。二要大力发展“一村一品、一县一业”。优化特色产业布局，重点发展高效水果、优质高效蔬菜、优质棉、优质干果、健康养殖、中药材和桑蚕六大产业板块。继续推进368个“一村一品”专业村建设，再争取300个专业村列入省级计划。新增设施蔬菜2000公顷，总面积达到6万公顷。积极推进土地流转，发展适度规模经营。三要加快现代农业示范区建设。各县（市、区）要打造1～2个高标准现代农业示范园。集中扶持永济国家农业产业化示范基地、盐湖城郊现代农业示范园、新绛高效优质设施蔬菜示范园、稷山清河高效生态循环现代农业示范园、临猗现代苹果标准化示范园、万荣精品水果产业园，使之成为运城市现代农业的标杆工程。四要深入实施现代农业“五个计划”。“双创”增粮田完成6万公顷。新发展绿色农产品基地3333公顷，新认证“三品一标”20个。新增农民专业合作社400家。新建、改扩建标准化养殖小区80个。举办农产品展示展销活动，推进与西安、郑州、武汉等地“农超对接”。同时，加快规划建设布局合理、功能齐全、面向国内外市场的农产品物流体系。五要推进龙头企业发展。以粟海、忠民、亿家康等企业为骨干，培育百强龙头企业，带动提升农业产业化水平，形成“基地＋龙头＋物流＋院所＋金融”的产业体系。六要强化农业基础设施。狠抓水利重点工程。完成101项农村电网改造工程。继续落实农机购置补贴政策，农业机械化水平达到80％。七要加强农业科技创新。加强基层农技推广体系建设，加大科技成果转化应用，加快建设山西运城国家农业科技园区。全年培训农民12万人，农业科技入户达到6000户。八要全面完成农村新的“五个全覆盖”工程。加快新农村建设。高标准完成360个重点村建设任务。结合农村环境连片整治，每个县都要打造1～2个10个村以上产业优势强、农民收入高、农村面貌新的集中连片示范样板区。九要加大扶贫开发力度。重视老区扶贫开发。全面启动8个非贫困县扶贫开发工作。易地扶贫搬迁超过5000人。抓好20个少数民族聚居村经济社会发展和5大片区扶贫开发项目建设。完成32个整村推进项目。

（四）大力实施文化强市战略，加快发展现代服务业。注重开发文化资源，挖掘、开发关公文化、盐文化、根祖文化等传统文化资源，打造一批文化内涵深、科技含量高、示范效应大的龙头项目；着力发展文化产业，引导和支持工艺美术、包装印刷、影视制作、新闻出版和演艺娱乐等产业发展壮大；全面推进文化事业，启动市科技馆、图书馆、新闻大厦和广电大楼工程，深入推进文化惠民工程，加强文物古迹、历史文化名城、名镇、名村的保护，重视非物质文化遗产的保护和传承。加速发展旅游产业，加强黄河“金三角”区域旅游合作，努力提高运城的知名度和影响力，全年旅游总收入增长20％以上。加快发展现代服务业，深入实施“万村千乡市场工程”，积极推进中西部加工贸易重点承接基地建设和鑫源西部家居建材商贸物流港、航空物流园等项目建设，积极培育电子信息、家政服务、体育健身等新消费热点，大力发展金融保险、电子商务、科技咨询、信息服务等生产性服务业。加快发展商贸、餐饮、养老、中介、社区等生活性服务业，加强市场监管和信用体系建设，营造良好的市场环境。

（五）发挥中心城市带动作用，加快推进特色城镇化。一是统筹城乡规划。实施“规划工程建设年”。中心城市总体规划及12个县（市）建筑风格规划、交通循环规划等4个规划上半年编制完成。供排水、教育设施、体育设施、人民防空等专项规划和北部新区、空港南区控制性详细规划年内编制完成。完成5个建制镇（乡集镇）总体规划。加快推进盐（湖）临（猗）夏（县）一体化进程。二是实施“大县城”发展战略。加快县城扩容提质步伐。放宽城镇落户条件，积极推进人口向城镇聚集。重视并解决好进城农民工劳动就业、医疗卫生、社会保障、子女上学和保障性住房等实际问题，努力实现城镇居民就业有岗位、居住有条件、生活有保障、文体有设施的“四有”目标。拓宽融资渠道，形成多元化的城市建设格局。三是发展特色小城镇。积极开展示范镇创建活动，打造一批工业强镇、商贸重镇、历史文化名镇和旅游大镇，带动农村二、三产业发展。四是加快中心城市建设。中心城市实施重点工程30项，完成投资24.8亿元。着力抓好5个项目群的20个新建项目和10项在建工程。五是完善城市功能。中心城市和各县（市）城、重点建制镇，着力抓好城市道路、供水、污水处理、中水回用、供热供气和环卫公厕设施建设。加强对排水管网、排水泵站扩容改造。打造生态景观，完善城市水系，提升城市品位。六是加强城市管理。健全城市交通、卫生、市容和市场等各项管理制度，加强城市综合执法检查和管理，加强宣传教育，提升市民城市意识和文明程度。启动数字化城市管理模式，完善长效管理机制，不断提高城市管理水平。

（六）实施生态兴市战略，加快推进城乡生态化。加大节能减排力度，抓好重点行业和企业节能改造，全面推进工业、交通、建筑和公共机构节能，积极发展风能、太阳能、生物质能、地热能等可再生能源，中心城市天然气普及率达到91％；实施绿色生态工程，强化污染源监管和治理，确保15个饮用水源地100％达标，加大流域环境综合整治，促进生态环境明显改观；大力实施“生态兴市”战略，扎实开展生态县创建活动，强力推进山上治本、身边增绿和产业致富等造林绿化工程，大力发展红枣、核桃干果经济林，深入开展农村环境连片整治，中心城市空气质量优良天数稳定在310天左右。

（七）抢抓先行先试机遇，深入推进改革开放。加快推进先行先试工作，抓紧制订转型综改实施方案和行动计划，在重大转型项目上先行先试，在破解土地、人才、技术等发展难题上先行先试，在财税、金融等政策创新上先行先试。继续深化改革。抓好国企改制和企业维稳工作，鼓励市外资本和民间资本参与国企重组改造，加快建立现代企业制度，积极推进事业单位改革。深化医疗卫生体制改革，积极稳妥推进公立医院改革。支持河津、永济开展扩权强县试点改革。加强财税征管，提升财政公共服务保障能力。启动林权制度相关配套改革。扩大对外开放，加大力度做好黄河“金三角”区域协调发展试验区、国家承接产业转移示范区和新能源示范城市争取工作，引深与天津南开区、陕西西安市、河南济源市的战略合作关系，加快推进运城海关设立和北方铜业保税仓库建设，争取国家或省批准设立1～2家外贸转型升级示范基地。

（八）全面推进各项社会事业，切实保障和改善民生。一要全面发展社会事业。优先发展教育事业，大力实施学前教育三年行动计划，促进义务教育均衡发展，推进义务教育学校标准化建设，全面落实困难寄宿生生活费补助政策，建立健全农村教师和校长合理流动机制，推进高中教育特色化发展。大力发展科技事业。加快发展医疗卫生事业，巩固新型农村合作医疗，进一步提高新农合参合率和保障水平，抓好市县乡村四级医疗机构纵向联合救治、县乡村三级预防保健、突发公共卫生事件应急、医疗行业监管和食品药品安全协调五大体系建设，实施“131”卫生惠民工程和基本药物制度，扶持中医药事业发展，广泛开展全民健身活动。二要稳定和扩大就业。建立政策扶持、创业培训、创业孵化、融资服务、专家指导、项目推荐、开业指导和后续服务的“八位一体”工作机制，以创业促进就业。三要健全社会保障体系。努力实现城乡养老、医疗保险全覆盖，失业、工伤、生育保险覆盖规定职业人群，实行社会保障“一卡通”，扩大公积金覆盖面，进一步完善社会救助体系。四要加强和创新社会管理。高度重视网上舆情、信访工作和社会治安综合治理，切实解决好事关人民群众切身利益的问题。强化基层基础，完善城乡社会自治和服务功能。加强民族宗教工作。建立健全防震减灾应急体系。建立应对突发公共事件的预警处置和管理机制。严密防范和依法打击各类违法犯罪活动，全力维护社会和谐稳定。五要高度重视安全生产。严格落实企业安全生产主体责任和政府安全监管主体责任。深入开展煤矿、非煤矿山、尾矿库、危险化学品等重点企业的安全生产集中整治行动。强化高危行业劳动用工管理，坚持不懈抓好重点领域安全工作。强化食品、药品安全工作。

以煤为基　转型跨越
打造亿吨双千亿级煤基多元化企业集团

阳煤集团董事长、党委书记　**赵石平**

近年来，阳煤集团认真贯彻省委、省政府转型跨越战略思想，坚持“稳健经营、转型跨越”的经营理念，按照“强煤强化、五年双千亿”的战略目标，以“走出去、引进来”为基本策略，资本运营与资产重组并行并举，推动企业进入新一轮快速发展期，已形成以煤炭和煤炭化工为主导产业，铝电、建筑地产、装备制造和服务贸易业辅助产业并驾齐驱的产业格局。

一、做大做强主导产业，打造立足之本

（一）坚持储备资源与矿井升级改造并重，建设亿吨煤炭集团。经过60多年的持续开采，阳泉矿区煤炭资源枯竭问题日益严重，阳煤集团在阳泉市区的6个煤矿，10对矿井中，5对矿井资源已经枯竭，原四矿和三矿已经实施破产。如何实现可持续发展，不仅成为一个经济问题，而且成为一个政治问题和社会问题。积极“走出去”储备资源，成为企业面临的战略选择。围绕亿吨基地目标，阳煤集团一方面积极推进现有矿井信息化、机械化和清洁生产、绿色生产，现有生产和建设矿井44座，正在建设和规划建设的矿井有25座，基建和生产矿井产能超过亿吨，其中，寿阳七元800万吨一期500万吨、和顺泊里500万吨、右玉元堡500万吨一期300万吨等矿井建设正在积极推进。另一方面，成立煤炭资源投资委员会，按照项目换资源的战略思路，推进新的煤矿整合重组，并正在积极推进省外资源占有。

（二）坚持兼并重组和项目建设并重，建设“山西最大、中国五强”化工企业。阳煤集团生产的无烟煤是生产尿素、甲醇、烯烃等产品的上好原料。基于这种现实基础，阳煤集团以资源为基础，以资本为纽带，在整合收购三维集团和新建氯碱化工的基础上，2008年以来，大规模实施兼并重组，收购和托管了运城丰喜、石家庄正元、深州化工、齐鲁一化、烟台巨力、青岛恒源、恒通化工、太化集团等省内外有一定行业基础的化工

企业，在短时间内拥有了3个国家级技术中心和数量庞大的化工优秀技术、管理和操作队伍。阳煤集团利用这些企业的技术和人才资源，大规模投资建设化工新材料、新型化工和精细化工项目，初步形成纵向成链的化工产业循环，实现了煤炭的转化升值。目前，化工企业数量13家，化工产品80余种，实物产能1000万吨，产业规模280亿元，奠定了省内煤炭化工行业的龙头地位。未来几年，将围绕精细化工、新型化工和化工新材料三大板块，建设太原清徐新材料园区、寿阳煤电气化多联产、吕梁化工新材料第二基地和煤制乙二醇新型煤化工等一批项目，建设全国最大的化工新材料基地、全国最大的精细化工基地和全国最大的新型煤化工基地。

二、合理布局辅助产业，提高发展质量

（一）坚持扩大规模与延伸产业链条并重，建设山西最大的铝工业基地。坚持“全循环、走高端”，形成煤—电—铝和铝土矿—氧化铝—电解铝—铝品加工两条完整的产业链条，有效利用了产业链条中的各种副产品、废弃物，百万吨级煤电铝化材循环经济园区已经成型。铝电产业将扩大规模和链条延伸并重，2012年将完成与国际电力的合作重组，引进资金46亿元，完成盂县11个铝土矿收购，投产25吨金属镓项目和二期70万吨氧化铝项目。同时，将继续延伸产业链条，完成运城千军铝业整合重组，启动河南天成彩铝的整合重组，推进铝深加工，向航空航天、交通运输用铝产品发展，进一步拉长、加粗铝产业链条。

（二）做大做强建筑建材地产业，建设山西产业链条最完整的第一大地产建筑企业集团。阳煤集团的建筑建材地产业围绕煤矿建设而组建，伴随煤炭产业发展而发展，主要从事矿建、建材、建筑，而且主要依赖内部市场，三年困难时期过后，煤炭市场回暖，以煤炭产业为后盾，阳煤集团涉足地产开发，并在重庆、北京等城市落地。2009年，全球性金融危机爆发，建筑建材地产业也受到严重冲击，集团及时调整经营策略，加强资金回笼，建筑建材地产业发展出现拐点，步入依靠自有资金实现滚动发展的良性发展轨道。2011年，又整合建筑建材地产资源，组建阳煤地产建筑集团，全年销售收入93亿元，比“十一五”末净增80亿元。阳煤集团的建筑建材地产业逐渐由矿建、建材、建筑业务拓展为矿建、建材、建筑、地产、城市土地开发、建材深度加工六业并举，无论是在业务范围上，还是保证规模扩张资金需求上，都实现了重大转型。阳煤集团将坚持六业并举，以绿色建材、绿色建筑、清洁施工为特点，保持年度100万平方米房地产开发规模、300万吨建材制造能力，建设山西产业链条最完整的第一大地产建筑企业集团。

（三）以研发设计为核心，打造山西第一大煤机化机成套制造企业。阳煤集团装备制造产业主要以华越公司、华鑫公司和奥伦公司为核心，华越公司主要满足内部煤炭机械市场需求。近年来，从原四矿多种经营分离出来的华鑫公司，与清华大学合作研发变频设备，节电率80%。由原配件厂发展起来的奥伦公司，专业生产高强力输送带。2008年以来，阳煤集团以这3个公司为核心，以新建和整合重组为手段，发展壮大装备制造产业，产品范围从煤机制造扩大到化机成套制造，装备制造产业步入跨越发展轨道。目前，集团装备制造企业已经达到9家，拥有液压支架、18.30化肥装置等10个系列产品，拥有1个省级煤机技术中心和1个省级化机技术中心，具备煤机和化机成套制造“交钥匙”能力。2011年，产业收入31亿元，迅速成长为研发设计、制造、安装、技术咨询和服务一体化产业集群。到“十二五”末，阳煤集团将建成寿阳、和顺、晋南、晋北四处煤矿设备维修服务中心，建成阳泉、石家庄、运城三大煤机化机制造生产基地，销售规模将达到150亿元，成为山西最大的煤机化机成套制造企业。

（四）发展物流贸易产业，打造以现代服务产业为核心的山西第一大综合商社。贸易物流产业是阳煤集团快速成长的一个新兴产业，主要以2008年新成立的物资经销和国际贸易公司为中心。物资经销公司主要承担集团内部煤炭产业的生产材料供应任务，在此基础上，按照市场法则，逐步拓展外部市场，通过开拓外部市场，实现经济总量的稳步提升。国际贸易公司成立于2008年，主要从事煤炭进出口和综合贸易业务，2011年国贸公司进出口煤炭300万吨，同时，扩大了非煤物资、化工产品和港口下水煤等方面的业务，贸易服务产业收入356亿元。未来将围绕山西第一大综合商社目标，6月开工建设阳煤物流基地，年底建成投运后，将成为立足阳泉，面向山西，辐射晋、陕、内蒙古、冀、鲁地区的大型物流企业。同时，国际贸易公司业务范围已横跨亚洲、欧洲、大洋洲，并正在向单一物资贸易向股权投资、资源控制、资本运作、重组上市方向迈进。

（五）积极介入新兴产业，培育壮大新材料和节能环保制造两大战略新兴产业。今天的项目决定明天的产业，战略新兴产业项目是企业转型的储备项目。2008年以来，阳煤集团积极谋划和介入，培育和壮大永磁节能系列产品和低浓度瓦斯发电新兴产业项目，低浓度瓦斯发电项目为山西规模最大的同类型项目，发展新兴产业具备了一定的基础。随着转型发展成为国家战略，阳煤集团把新兴产业项目作为企业的一项战略性任务，在对现有条件进行准确把握的基础上，正在积极实施战略新兴产业规划：一是延伸发展煤基新材料产业，扩大15种化工新材料生产规模，成为全国最大的化工新材料生产企业。二是利用氧化铝循环母液萃取金属镓项目和现有磁性材料产业基础，大力发展半导体照明材料和手机磁片产品。三是加快发展节能产业，放大节能电器系列产品规模，引进技术、建立销售规模在30亿元以上的LED光源芯片专业公司。四是大力发展环保产业，推广低浓度瓦斯发电和压缩天然气、风排瓦斯供热，建设山西规模最大的低浓度瓦斯发电项目。

三、创新管理体制机制，推动企业内涵转型

（一）实施与企业转型相适应的管理体制调整，建立基数增长制、投资回报制和授权经营制三大制度。阳煤集团积极实施专业管理体制改革，组建了4个区域煤炭管理公司、5个煤炭投资公司，并实行矿管矿管理模式;组建化工产业管理局和化工投资公司,组建地产建筑集团、财务公司、兆丰铝业公司、物资经销公司、煤炭销售公司、国际贸易公司、宾馆旅游中心,集团化体制稳步构建。与此同时,把各分(子)公司领导班子的业绩考核从预算制调整为基数增长制,同时对分子公司的经营管理实行资本投入回报制和授权经营制。基本内容:一是对分(子)公司盈亏指标以上年财务决算为基础,出台采掘关系、人员效率、分配关系、节能减排、质量标准化、质量和销售索赔等6项主要管理性约束指标以及考核计分办法,与领导班子的年度薪酬水平和去留升降挂钩。二是对于建设项目,实行投资回报制度,坚持设计概算为先的原则,执行建设项目概算包干制度,落实月度质量、进度验收制度,执行工程超概算扣除单位月度工资总额,扣除经营集团个人收入并追究行政责任制度和质量保证金预留制度。三大制度的实行,避免了管理惰性,改变了不计收入滥支出和不计效益攀比工资的现象,有效提高了各级、各层的经营管理积极性。

(二)坚持经济与环境协调发展,围绕高耗能产业的清洁生产,统筹推进节能减排,实现环境压力向发展动力的转化。阳煤集团将节能减排工作列入企业规划、决策和部署中,贯穿到生产经营活动的全过程。大力支持华鑫节能系列产品规模化发展,形成永磁电机和变频电控两大节能主打产品;完成氢氧化铝焙烧炉燃用瓦斯气项目,淘汰了两条年产20万吨高耗能小水泥生产线,新建年产10万立方米煤矸石免烧砖等节能减排项目。“十一五”以来,阳煤集团节能减排投资5.9亿元,万元工业总产值综合能耗由0.85吨标煤/万元下降为0.51,下降40%,达到同行业先进水平。

努力打造具有国际竞争力的能源品牌企业
争做全省转型跨越发展排头兵

潞安集团董事长 李晋平

潞安集团抢抓全省综改试验区机遇,全面实施“建设亿吨煤炭新基地,打造产业发展新高地,开创幸福潞安新天地,建设既强又大国际化新潞安”战略,实现了“十二五”强势起步和良好开局,企业核心竞争力和抵御市场风险的能力不断增强。2011年,煤炭产量7718万吨,营业收入1138亿元,实现利润45.36亿元,资产总额1035亿元,继全国500强企业中名列100位后,成功跨入“双千亿企业”行列。

一、以高标准确保高安全、以大安全保障大发展,安全生产稳定健康发展

牢固树立“从零开始、向零奋斗”的零事故理念,“赢在标准、胜在执行”的高标准理念,“超越安全抓安全”的大安全管理理念,突出“三个安全”即高端化的源头安全、高标准的动态安全和高可靠的变化安全,强化“三重建设”即重金高投入、重锤大力度、重心抓关键,建好“两个平台”即透明地质保障平台和透明瓦斯治理平台,狠抓干部下井带班、“三必到三走到”、“三个百分之百”、“三个全覆盖”、红线管理等制度信誉建设,进一步建立健全“快速响应、集体响应、现场响应”的运行机制。特别是对整合矿井完善了“以矿带矿、以专业带专业”、“五人小组”管理机制,实施先探后掘、隔离开采、锁定管理等特殊举措。对新兴产业实施领导包保责任制、外聘专家独立监察制度。全面构建和完善了多产业、跨区域、全方位、立体化的大安全格局。

2011年,在煤炭产量大幅提升,整合矿井现代化改造建设任务艰巨、新兴产业项目建设全面加快的情况下,煤矿百万吨死亡率为零,成为全国唯一一个连续13年荣获全国“安康杯”竞赛优胜杯的企业,实现了以高标准确保高安全,以大安全保障大发展的目标。

二、内生增长与外延整合并举,助推传统产业高新化,努力打造亿吨煤炭新基地

(一)内生增长,持续提升集约高效水平。大力推进《潞安集约高效生产实施纲要》,引进现代物联网技术,建设自动化矿井,打造数字化矿山,构建生态化矿区。所有本部矿井全部建成“装备最好,用人最少,效率最高”的绿色新型数字化矿井,采煤、掘进、供电、运输等主要环节推进计算机程序化控制,部分岗位实现无人值守。全员效率、回采工效、掘进工效继续保持全国领先水平。

（二）外延扩张，发展后劲进一步增强。一是老矿井水平衔接、新矿井筹建工作全面推进。老矿在保持稳产的同时，后劲工程有序推进。二是整合矿井产能陆续释放，资源优势转化为产能优势。以实施《整合矿井现代化改造建设推进纲要》为主线，着力构建集约高效的生产模式、安全高效的建设模式和规范有序的管理模式。34 座整合矿井中 6 座矿井正式生产，22 座矿井技改建设，其余矿井正积极办理开工报告。在整合矿井技改建设中，采用设备融资租赁的方式，解决了整合矿井设备升级问题，形成 20 个综采工作面、66 个综掘工作面。2011 年，整合矿井完成产量 737 万吨。三是煤炭资源扩张取得重大成果。进一步实施"走出去"战略，在省内外积极整合条件好的矿井和资源，共计 390 平方千米、37 亿吨煤炭资源获批，构建了以集团本部为主体的核心区、以整合矿井为主体的增长区、以潞新公司为主体的战略区的格局，资源储备超过 400 亿吨。

三、以项目建设为抓手，以高新产业规模化、规模产业集群化为目标，努力打造产业发展新高地

以全国循环经济试点企业为平台，坚持"抓项目就是抓转型，就是抓跨越，就是抓发展"的理念，将所有新兴产业都按产业链进行布局，所有项目都按循环经济园区运行，以新型煤化工带动传统煤化工升级，以新型煤化工驱动传统煤化工增值。2011 年，潞安非煤销售收入 810.5 亿元，占全年销售收入的 65%，实现了产业的优化升级和经济效益的几何级数增长。垂直一体化硅产业链条基本形成。煤基合成油产业项目全力推进。特色煤化工产业项目进展顺利。

四、以高端创新引领高端发展，以持续创新推动持续发展，着力打造科技创新新平台

围绕改造提升传统产业、培育壮大新兴产业等共性、关键和核心技术，实施重大科技专项，大力推进科技进步和创新。2011 年，潞安 1 项科技成果获得国家科技进步二等奖，25 项科技成果获得省部级科技进步奖，9 项科研课题被列入国家重大科技支撑计划，8 项管理成果荣获全煤系统创新成果奖，集团荣获"煤炭工业科技创新先进企业"称号。继潞安环能被认定为全煤系统唯一的国家级高新技术企业后，集团公司又成为全省煤炭行业唯一一家"国家创新型企业"。创新工作取得重大进展，推进产学研用高端化创新平台建设，集团被工信部确定为"信息化和工业化融合促进安全生产重点项目承担单位"。统筹推进各类人才队伍建设，"八大人才工程"高效推进。

五、强管理，控风险，扩融资，不断完善大经营格局，努力提升集团经营管理质效

（一）"大营销"开创新局面。坚持以客户为中心的营销理念，持续提升产品质量、市场、信息化营销"三大服务"，坚持销售收益最大化，着力优化用户结构，煤炭营销取得新发展。喷吹煤在运力不足、国家保重点合同电煤双重压力下，集团本部销量首次跨越千万吨大关，达到 1082 万吨；公路销售首次突破百亿元大关，出省煤量居全省五大集团之冠。特别是发挥煤炭销售的边际效应，探索潞安煤捆绑焦炭以及太阳能电池、煤基合成油等新兴产业产品的销售模式，全年销售太阳能高效电池片 51 兆瓦，煤基合成油产品销售实现了"零库存"，赢得了边际效益最大化。

（二）"大管控"提升新质效。严格"三优先、三严控"投资原则，全面推行财务预算管理。所有新投运项目实行对标考核，实现了投入产出效益最优化。中小企业营业收入 57 亿元，实现盈利 1.7 亿元。全面建设阳光供应大物流，仅招标采购一项，节约资金 1170 万元。

（三）"大融资"拓展新平台。全年通过银行贷款、发行短期融资券和中期票据、融资租赁等募集资金 42 亿元，集团获得综合授信累计 800 亿元，满足了战略发展对资金的需求。潞安财务公司推出银团贷款业务、电票业务等多种创新服务，为企业成员单位提供了高质量的金融服务，资产达到 178 亿元，全年营业收入 4 亿元，实现利润 1.8 亿元。潞安环能作为全煤系统第一家国家级高新技术企业，享受税收优惠 4.5 亿元，荣获"普氏年度最佳能源企业奖"、亚洲成长最快能源企业、亚洲最佳整体表现奖，被授予第七届中国证券市场年会"金鼎奖"。

当前，潞安集团正全面实施"三地一新"发展战略，着力推进战略引领向价值引领转型、资源依赖型向创新驱动型转型、高碳能源向低碳利用转型的"三大转型"，建设"六个潞安"、打造"六个新"：即建设平安潞安，打造国际化安全发展新水平；建设创新潞安，打造高端发展新优势；建设绿色潞安，打造循环发展新特色；建设开放潞安，打造国际化共赢发展新境界；建设"百年潞安"，打造可持续发展新基石；建设幸福潞安，打造和谐发展新合力。

到 2015 年，完成总投资 1500 亿元，资产总额达到 2500 亿元，营业收入达到 2000 亿元，实现利润 200 亿元，跨入世界 500 强，打造具有国际竞争力的能源品牌企业。

转型中加速崛起 跨越中扬帆远航

山西煤炭运销集团有限公司董事长 刘建中

山西煤炭运销集团有限公司(简称山西煤销集团)是以煤炭生产为基础,以煤炭物流营销为支撑,以焦炭化工、电力、装备制造、房地产、贵金属等多元板块为延伸的现代大型煤炭生产、物流集团,是山西省委、省政府确定的"十二五"期间实现"双千亿"工程的大型企业集团之一。

山西煤销集团拥有11个市级子公司、98个县级子公司,以及山西焦炭集团等27个全资、控股企业、165座煤矿、140多个铁路发运站、300多个储配煤场及煤炭超市,1家上市公司。截至2011年年底,集团资产总额达1103.2亿元,员工11万人。集团位列中国企业500强第72位(按2010年营业收入指标为准),中国服务业企业500强第30位,中国煤炭企业100强第4位,山西省企业100强第2位,多次荣获"中国诚信企业"、"山西省五一劳动奖状"、"山西省功勋企业"称号。

近年来,山西煤销集团紧紧围绕省委、省政府"实施转型跨越,再造一个新山西"的重大战略部署,抓班子,定战略,带队伍,按照"12345"发展思路和"三步走"战略步骤,以"一体两翼"发展为主线,以推进重点项目建设为抓手,以强化内部管理为重点,奋力负重赶超,奋发转型跨越,"十二五"开局之年各项工作取得了令人注目的成绩:营业收入1586亿元,煤炭产量4100万吨,煤炭总运量3.5亿吨,焦炭总运量6400万吨。煤炭总经销量2.5亿吨,焦炭总经销量890万吨,利税144.8亿元。

*煤炭生产业稳健发展。*牢固树立"办大矿、办现代化矿井、办安全高效矿井"的理念,始终坚持一井一面,装备技术现代化,专项治理措施落实,质量标准化动态达标,控制入井人数,提高人员素质,组织正规循环作业、严禁超能力生产等"六大阶段性目标"。优化矿井设计,提高安全准入门槛,加强隐患排查,提升安全管理水平。长治三元、中能、王庄,晋神沙坪、磁窑沟,忻州泰山隆安等一批现代化矿井已基本建成,重点建设矿井正在有条不紊地建设当中。

*煤炭物流业扎实起步。*积极应对煤炭收费政策取消的现实,转变经营理念,积极推进完全市场贸易和代理式贸易,加大市场营销力度和过境煤经营力度,开工建设22座煤炭超市和储配中心,11座已投入运营。自购、整合社会车辆2万台,分区域开展三级配送业务。铁路发运量和经销量创近年最高水平,自有发煤站发运量大幅增长。张台铁路,张礼、孝龙集运站项目按计划推进,忻州五寨胡会集运站投入运营,阴火铁路实现整体接管。以晋华为主体的港口公司整合取得初步成效。

*多元产业聚集落地。*围绕煤炭生产和煤炭物流营销两大主业,多元产业向焦炭化工、电力、装备制造、房地产、文化旅游、后勤服务、金融投资、贵金属等板块聚集。长治、介休、稷山三大焦化园区,宁武52万吨/年煤制烯烃项目,中航美运兰田特种车辆制造项目,万景苑等房地产项目,长治黎源文化创意产业园区,晋银公司银冶炼、银制品加工项目等一大批项目正在加快建设或已投入运营。

在稳步推进企业发展建设的同时,不断深化企业管理,优化"人、财、物、产、供、销、安全、质量、技术、信息"等管理要素配置。加大人才引进力度。加强内部绩效考核。企业法制建设工作不断推进,企业管理的法制化、制度化水平明显提高。

进入转型跨越发展的新阶段,集团进一步加快煤炭生产业现代化、煤炭物流业专业化和多元产业新型化步伐,进一步强化集团体制机制建设。以重点项目为抓手,着力打造企业核心竞争力,重塑企业核心价值观、核心理念,增强企业可持续发展能力,使企业与世界500强全面接轨。

到"十二五"末,山西煤销集团将建成以煤炭生产业为基础,以煤炭物流服务业为支撑,以焦炭化工、电力、装备制造、房地产、文化旅游、后勤服务、金融投资、贵金属等多元板块为延伸,各大产业协调发展的现代大型综合能源集团,实现煤炭产量超亿吨、煤炭贸易量超3亿吨、销售收入超2200亿元、利税超200亿元、利润超100亿元,员工人均收入超10万元的奋斗目标。

加快转型跨越步伐　提前实现百亿汾酒目标

汾酒集团董事长　**李秋喜**

汾酒集团作为山西食品行业的典型代表，担负着传承千年民族品牌——“汾酒”、“竹叶青”、“杏花村”，并将其不断发扬光大的历史使命。长期以来，公司紧扣科学发展主题，以转型跨越为目标，着力实施思想观念、体制机制、人力资源、科技质量、文化营销、市场拓展等方面的改革和创新，快速转入跨越发展、加速发展的快车道，创造了汾酒集团发展史上发展规模最大、发展速度最快、发展质量最优、经济效益最好、职工收入最高的黄金时期。

一、为实现百亿目标提供思想保证

汾酒是中国白酒产业的奠基者，具有“国酒之源、清香之祖、文化之根”的历史定位。汾酒要发展，必须确立并实施“清香汾酒、文化汾酒、绿色汾酒”的经营理念，采取“体制机制支撑、人才支撑、科技质量支撑、文化支撑、市场营销支撑、财务资金支撑和项目支撑”七大支撑措施，逐步实现规模型、效益型、科技型的跨越发展。着重把“九个重点九个新”作为工作的切入点和着力点：一是以战略管理为重点，确立以品质、文化、耐力为竞争力的差异化战略竞争新思维。二是以规模发展为重点，“两区”建设要有新进展。三是以财务管理为重点，全面预算管理要有新突破。四是以文化建设为重点，再塑汾酒新形象。五是以价格管理为重点，市场营销再创新佳绩。六是以强化责任为重点，干部职工队伍整体能力建设要有新提高。七是以资源整合为重点，品牌建设要开创新局面。八是以计量管理和流程再造为重点，基础管理要上新台阶。九是以提高职工生活质量为重点，创造和谐发展、跨越发展新环境。实现“三大历史性任务”，即“实现百亿目标”，就是到2015年实现销售收入150亿元，原酒产能达到8万吨，保健酒成品酒产能达到3万吨，人均年收入达到6万元；到2020年，销售收入达到200亿元。“建立符合现代企业制度的管理秩序”，到2015年把汾酒集团建设成一个体制机制、管理体系和人才结构与资本市场和国际接轨，有较强的市场开拓能力，专业化运作能力，主业突出、效益良好，具备较强核心竞争能力和品牌知名度的现代化大型国有集团公司；到2020年，把汾酒集团打造成为法人治理结构完善，内控制度合规健全，激励约束机制规范有效，企业透明度、竞争力和盈利能力突出，具有国际品牌影响，国内一流的大型企业集团。“带好汾酒这支队伍”，就是把人才战略始终作为推动实现新战略的中心任务，按照“八个能力”的要求，快速提升干部的能力和素质。实践证明，汾酒发展新战略是科学的、是正确的。2011年，汾酒集团实现销售收入78.5亿元，实现利税29.2亿元，实现利润12.7亿元，较2009年翻了一番，相当于用两年的时间再造了一个新汾酒，为提前3年实现百亿目标奠定了坚实基础。

二、明晰汾酒战略地图，为实现百亿目标奠定扎实基础

一是以集团管控模式打造发展航母。编制《“十二五”发展战略与规划战略地图》和《“十二五”发展战略与规划战略地图主要工作分解表》，确定了29项重点工作，确保阶段性目标和战略目标的顺利实现。以财务管理为核心架构，构建集团管控模式。理清资产状况，创新财务管理，强化预算管理，以财务、产权、人力资源和项目管理为主要内容的集团公司新的管控模式初步形成。二是以规模化增强企业前进动力。签订《杏花村酒业集中发展区年产10万吨白酒项目合作框架协议》。保健酒园区奠基开工。产能扩张和技术改造的36个班组新酿酒车间、包装材料库、成品库等主体顺利竣工，保健酒技改及临时酒库改造项目、新能源改造项目等顺利完工。资源整合促进低成本扩张逐步推进，组建神泉涌公司，提出了白酒及相关产业资源整合的框架性思路。三是以体制机制创新激发内部活力。整合生产经营资源，优化组织架构，明确职能机构职责，强化协调和服务，提高各部门对资源的使用效率。推行“劳动、人事、分配”三项制度改革。建立快速反应机制，及时发现和解决生产、销售中出现的问题。四是以责任落实提升基础管理。出台《质量责任追究制度》、《工作督办管理办法》、《生产单位非正常停产管理办法》等，基础管理工作有据可依。强化责任行为，注重责任落实。加快信息化建设步伐,全面提升基础管理水平。五是以队伍建设提高团队整体素质。加强经营管理、工程技术、市场营销三类人才建设。成立了职工教育培训中心,先后培训1.5万余人次。积极构建培训制度和体系,员工整体意识、纪律意识和执行力得到提升。六是以品牌价值引领消费导向。构建涵盖生产安全、质量安全、消防治安安全、市场营销安全的集团大安全体系,建立食品安全"一档二书、十二项制度、十六项纪录、一报告"的管理制度;加强原辅材料基地建设,实施战略化采购,实现了高粱100%基地供应和大麦、豌豆70%以上基地供应,为全产业链实现绿色无公害奠定了基础。通过科研组织结构调整,提升基础研究和产品研发能力。新产酒计算机白酒分级品评系统投入使用,提高了新产酒等级和优劣评价的准确性和科学性。以市场为导向,研发出至尊国藏汾酒,国酿、精酿、特酿竹叶青酒,青花汾酒40年、20年和封坛老白汾酒、醇柔老白汾酒等新品。高度重视汾酒文化的软实力,积极开展文化营销和事件营销,丰富和提升了汾酒的品牌内涵。七是以拓展管控升级营销能力。成立了市场部,对整个集团酒类产品的品牌规划、包装设计、营销策划、市场推广等进行专业化管理,市场营销水平全面升级。省内市场以继续提高市场份额为重点,省外市场以快速扩大市场占有为重点,全国市场拓展的广度、深度和力度显著加快。成立了竹叶青酒营销公司,销售收入和销量增长迅速,形成新的增长点。

三、倍增汾酒战略成果,为实现百亿目标创造充分条件

一是从市场规模来看,2009年汾酒没有一个亿元以上规模的省外市场,到2011年亿元以上规模的省外市场达到5个;2009年千万元以下规模的省外市场19个,2011年减少到3个。竹叶青酒经过品牌独立运作,销售收入预计可超过3亿元,较2009年和2010年分别增长150%和60%。二是从市场结构来看,老白汾酒以上的中高档产品比重从58%上升到74%,省外与省内销售比例由2009年的3:7发展为4:6,为公司渠道管控、价格管控和全国型市场的形成创造了有利条件。三是从品牌价值来看,据2011年《中国500最具价值品牌排行榜》公布,"杏花村"品牌价值达到65.49亿元,较2010年47.83亿元和2009年44.88亿元分别增加17.66亿元和20.61亿元,被国家工商总局确定为"全国商标战略实施示范企业"。四是从企业地位来看,汾酒正引领着清香大回归的趋势,带动上下游产业的发展壮大,倡导并推动着中国白酒核心价值体系的回归和重建,得到了越来越多消费者的认可和喜爱,并屡获殊荣。

四、强化管理素养,提升核心能力,保障百亿目标的顺利实现

2012年是推进质量规模型发展的重要一年,是提前实现百亿目标的关键之年。要紧紧围绕销售收入突破100亿元、利税突破30亿元、员工年平均收入突破6万元3项指标,着重强化6个方面的工作。一是强化战略管理,提升品牌内涵价值。坚定确立"两大基地、三大品牌、四大模块"的大集团发展战略。"两大基地"即要建设名白酒基地和保健酒基地,"三大品牌"即汾酒、竹叶青、杏花村品牌,"四大模块"即酒业模块、贸易服务业模块、产业链模块、资本运营模块,实现集团公司大市场、大品牌、大企业的目标。坚持汾酒高端、杏花村中低端白酒、竹叶青养生酒领袖品牌定位,以"大品牌"思路为指导,扩大市场占有。二是强化营销管理,提升市场核心能力。持续推进重点市场、潜力市场布局,强化渠道建设,推行营销体系信息化建设,实施聚焦营销,加强营销队伍建设,强化价格管控,建立营销安全长效机制。三是强化基础建设,提升企业运营质量。强化基础管理,推进"全产业链企业"战略,着力打造精品包装,继续推进内控体系建设,以消费者需求为导向,建立和完善技术、生产、营销联动的产品研发机制。四是强化队伍建设,提升员工整体素质。建立科学的人才选拔、使用和培育管理体系,创新用人机制和激励机制,加强各级领导服务意识和能力,加大专业技能人才的培养力度,应用公司人力资源管理信息化平台实现信息化管理,完善内部培训体系,挖掘建设企业文化。五是强化财务管理,提升资产经营规模。实施资金集中管控,强化资本运营,规范股权投资,加强项目管理。加快杏花村酒业集中发展区、保健酒园区、太原汾酒文化商务中心建设、省内酒类资源整合、以及其他相关产业发展。六是进一步强化民生意识,提升员工幸福指数。在实现经济效益的同时,更加注重履行社会责任,关注员工生活,关心员工冷暖,让员工共享企业的发展成果,持续改善生活质量,提升幸福指数。

努力开创"又快又好"新局面
切实支持地方经济建设与发展

建设银行山西省分行行长　高　强

2011年，建行山西省分行以支持地方经济建设为己任，紧紧抓住快速发展这一主线，加大客户营销力度，积极推进业务转型，强化风险内控，狠抓制度落实，实现了稳步发展。

一、加快发展，业务再上台阶

截至2011年年底，建行山西省分行全口径存款余额2128亿元，新增78亿元。其中，企业存款余额987亿元，新增9.9亿元；个人存款余额1097亿元，新增68.6亿元。各项贷款余额970亿元，新增91亿元。其中，对公类贷款余额891.6亿元，新增69亿元；个人类贷余额78.7亿元，新增21.5亿元。中间业务收入12.67亿元，同业中保持四行第二。资产质量连续6年继续"双降"，不良贷款余额12.11亿元，比年初减少2.66亿元；不良率为1.3%，较年初下降0.4个百分点。账面利润实现26亿元，增盈16亿元。

二、解放思想，打开发展境界

一是全面树立企业核心理念，增强全行干部员工的使命感、危机感和责任感。确立"以敢为人先的精神，以合规经营的行为，以又快又好的发展，打造服务最好的银行，创造公平公正的环境，让员工享受发展成果"的企业核心理念，在全行唱响，作为建行山西省分行万名员工的行为指南。号召全行员工树立"客户至上，员工为本"的意识，弘扬"敢为人先，敢于超越"的精神，以实际行动"热爱山西，热爱建行，热爱山西分行"。二是积极融入地方经济转型跨越的大发展中，研究制定2012～2015年业务发展规划，紧密结合山西在"十二五"时期"转型跨越发展，再造一个新山西"战略举措和要求，确立了到2015年的各项目标任务。

三、高层营销，抓住发展重点

2011年新一届领导班子组建后，建行山西省分行行领导主动出击，密集拜会重点客户高层领导，行长带队赴京营销重点客户。在充分调查研究的基础上，与诸多重点客户签订了全面战略合作协议，形成一批重点客户、龙头企业带动、促进业务发展的良好局面。2011年，建行山西省分行在铁路、煤炭等重点领域继续保持领先地位。与山西省政府经过充分沟通、多方努力，初步达成全面战略合作意向，并于2012年初由总行与山西省政府签订合作协议。在二级分行层面，与多家市政府签订合作协议，一个建行与地方相互支持、相互促进的发展局面初步形成。

四、狠抓负债，切中发展之本

个人存款方面，以"产品创新引领客户增长，促机制到位保障分层经营，用持续营销推进业绩提升"作为总体发展思路。一方面，加强条线基础管理，从渠道建设、产品销售、人员培训、检查辅导等方面制定构建的管理架构；另一方面，以客户为基础、以产品为抓手，有节奏、有侧重地进行营销部署，个人存款保持了持续增长的态势。企业存款方面，维护好存量客户，从源头抓好新增客户，推动"工商验资通"系统上线使用，组织开展电力系统代收费营销工作。成立专业营销团队，开展重点行业、重点项目、重点区域的专项存款营销工作。通过开展主题营销竞赛活动，全面加强督导，加大激励力度，摆脱大幅波动的被动局面，实现有效增长。同业存款方面，积极联动券商，密切跟踪存款变动情况，加强与证券、财务公司、信达资产公司、信用社、中小银行等客户的全面合作。

五、拓展亮点，实现发展均衡

中间业务收入市场占比28.7%，增量3.2亿元，增幅33.96%，均排名第二。对公条线中间业务收入3.3亿元，增加1亿元，增长46.5%。个金条线收入3.52亿元，增加3449万元。

电子银行业务客户总量突破600万户关口，当年新增227万户；个人网银与手机银行新增占比分别达到31.3%和33.7%，个人高级网银总量与增量占比全部超过36%；手机银行高级客户新增占比达到46.7%，均居同业第一位。机构业务，积极抓住政策机遇，努力拓展行业客户，省级财政非税业务全面铺开，部分地区已取得代理资格。社保一卡通项目在4个地区取得发卡资格。高校园区建设项目积极跟进取得有效突破。国际业务全年完成国际结算量21亿美元，完成结售汇量17亿美元。投行业务，紧抓市场机遇和政策机遇，重点拓展新型融资业务，大力发展债券承销业务，保持贷款类理财业务快速增长。全年共实现收入2.8亿元，增长67%。信用卡业务，积极推进重点产品和重点业务，中间业务收入、消费交易额、贷款余额新增等业务指标实现翻番，客户新增、消费交易额、贷款余额新增、收单商户新增等多项指标系统排名不同程度上升。房金业务，持续推进个贷中心规范化建设，多策并举抓业务创新,实现快速发展。个贷新增21.5亿元,增长38%。住房资金存款余额156亿元,居同业首位。住房资金存款新增4.5亿元,居同业第二;住房公积金贷款新增15亿元,余额、新增均居同业首位。

六、推进转型,明确发展方向

一是坚持抓大不放小。建行山西省分行小企业贷款和个人贷款两项合计仅占贷款总量的1/10,公司类贷款块头大,小企业和个人贷款业务量小,结构明显不合理。2011年,建行山西省分行在加快发展中注重加快结构调整,全年实现个人贷款投放21.5亿元,再创历史新高;小企业贷款新增6.88亿元,逐步向大、中、小全面发展的"金字塔"型的客户结构目标努力。二是坚持规模与转型并重。明确服务渠道从以物理网点为主向物理网点与电子渠道、自助渠道并重转变,注重多功能渠道互补,加强协调联动;业务核心从传统的存贷汇向融资融智并重、综合金融解决方案转变,注重投资银行、造价咨询等业务发展;发展模式从经营产品为主向价值创造、经营客户为主转变等等。继续在全行推广"红梅理财"典型经验,充分发挥品牌作用,以先进促动发展与转型。通过规模迅速扩张、业务有效转型,不断提升发展水平,提高核心竞争能力。

七、不良双降,提升发展质量

以持续提高信贷资产质量为核心,建立资产质量考核体系,严格信贷资产风险分类,夯实资产质量基础,不断提升风险管控能力,不良贷款额和不良贷款率明显下降。经济资本成本得到有效控制,风险回报水平显著提升。在不良资产处置方面,认真梳理不良贷款项目,按照"一户一策、一户多策"原则,制定并落实处置方案。运用多种处置手段,转变观念和经营方式,拓宽处置渠道,推动不良贷款快速处置。2011年共处置不良贷款8.4亿元,比2010年增加1.4亿元,提高74.9个百分点。

八、强化管理,提高发展能力

一是狠抓客户经理队伍建设。研究制定对公、对私客户经理管理制和考核办法,出台《小额无贷客户营销及维护管理暂行办法》、《对公柜面人员考核暂行办法》、《个人客户经理管理办法(试行)》及相应条线个人客户经理考核评价办法。二是提高客户信用评级覆盖率。在适应总行信用评级政策变化的基础上,建立客户信用评级关键指标考核体系,全年评级覆盖率100%,上升6.5个百分点,全行因客户评级中断导致的经济资本无效占用基本杜绝。三是加强内控与贷后管理。配合山西银监局开展新规执行情况检查和整改,不断提高风险管理水平;公司、风险、审批等条线相互配合共同开展业务检查,对检查中发现的问题要求及时进行整改;加大政府融资平台贷款清理及已暴露风险客户的跟踪处置,清收了久拖不决的一批到期贷款。四是加大案件防控力度。在实行案件防控工作"九挂钩"的基础上,推动案件防控责任体系建设,落实案件防控责任制;积极开展"八项突出案件风险"专项治理,清除案防盲点;规范和统一基层主要负责人案防日常工作履职标准,强化基层案防基础管理与考评。五是突出企业文化建设。一方面,通过全面推进创先争优工作、开展系列文化主题活动、积极开展文明创建,弘扬优秀文化,凝聚力量,改进管理,提高执行力;另一方面,着力提升红梅理财示范点创建效果,探讨管理创新、业务创新、文化创新示范作用,进一步营造鼓励先进的创建氛围,使红梅理财示范点成为引领业务发展精品,促进业务又快又好发展。

2012年是实施"十二五"规划承上启下的重要一年,对于建行山西省分行来讲则是开启发展规划的第一年,承前启后,最为关键。2012年,建行山西省分行将继续融入地方经济发展大局,结合山西省委确立"转型跨越发展、再造一个新山西"奋斗目标,在实现建行山西省分行超常规跨越发展的同时,为全面推进山西省地方经济改革与发展贡献力量。

实施战略重组　实现山西医药产业转型跨越发展

山西省医药集团公司董事长　张　侃

2011年4月,由中国医药集团总公司和山西省医药集团有限责任公司共同出资组建的国药集团山西有限公司正式注册成立,标志着山西医药产业进入了转型发展、跨越发展的黄金期。山西医药集团与中国医药集团的强强联手,是推动山西医药产业品牌化、集约化、规模化发展的重大战略举措。

一、山西医药产业发展面临的形势

近年来,我省医药产业得到了长足发展,涌现出山西双鹤药业、国药控股山西公司和威奇达药业、亚宝药业、博康药业等一批优势医药流通企业和制药企业,先后培育出羟氨苄青霉素、清开灵注射液、维脑路通、复方苦参注射液等近30种品牌产品和黄芪、党参、柴胡等30种道地中药材。

虽然医药行业受国际金融危机影响甚微，但长期制约我省医药产业发展的“产业总量不大，企业规模偏小，资金投入不足，创新基础薄弱，新产品开发和现代物流及电子商务推广应用明显滞后”等问题依然突出。特别是随着国家加快转变经济发展方式、调整产业结构和国企改革的不断深入，以及国家新医改政策出台后经济全球化大势下医药行业的新一轮资产重组与整合加剧，新的药品招标采购方式的实施助推了医药产业集中度的提升，行业并购整合将是大趋势，专业化、细分化趋势也将愈发明显。

新形势下，山西医药集团作为省政府首批授权经营的12户省属企业之一、山西省医药行业最大的省属国有企业，如何在推动山西医药产业转型发展、跨越发展中发挥好国有企业的骨干力量？我们深刻认识到，必须抓住这次世界经济转型的历史机遇，借助山西转型跨越发展之大势，围绕实现“工业新型化”的“七条路径”，特别是紧扣国家“深化医药卫生体制改革，完善城镇居民基本医疗保险和新型农村合作医疗制度”等配套政策的实施，着力破解资产质量低下，资本运营水平不高，资金投入和仓储配送能力不足等严重制约集团发展的“瓶颈”，引进战略投资者与“强强联合”相结合，实施跨地域、跨行业、跨所有制的兼并重组，寻求山西医药发展的最佳路径，抢占山西医药发展的制高点，实现山西医药高端化发展。

二、强强联合战略重组实现转型跨越

山西省医药集团公司作为全省唯一的急救医药商品储备定点单位，在应对疫情、灾情和重大突发事件中发挥着国有企业的影响力、控制力和带动力，对山西经济社会的发展担负着重要的经济责任和社会责任。

近年来，山西医药集团通过深化改革和结构调整，综合竞争力不断增强，但体制机制不活、经济总量、企业盈利空间、抵御风险能力等方面面临着许多矛盾与问题，制约着企业的发展。在深入研究山西医药行业发展阶段性特征和内在规律，科学分析经济发展趋向的基础上，以集团公司覆盖全省县(区)级以上医疗机构和遍布城乡社区的营销网络，以及长期合作的医药流通企业与优质客户等资源优势，与以医药分销、医药和生物技术产品科研和生产为主业的我国最大的医药健康产业集团——中国医药集团总公司联合，进行战略重组，在优势互补、相互支持、共同发展的原则下，从优化资产质量，提升资本运营水平，加大资金投入和改善仓储配送能力入手，充分发挥各自资源优势，在医药流通、医药工业、医药研发、中药材种植、中成药生产、综合服务等领域的全面合作，共同出资组建“国药集团山西有限公司”，推动山西医药产业转型跨越发展。2010年8月19日，在山西太原中国医药集团总公司与山西省人民政府签署了《战略合作框架协议》，同时，中国医药集团总公司、山西省国资委和山西省医药集团公司签订了《合作重组意向书》，重组项目正式启动。2011年1月26日，双方正式签订《合资协议》。按照《合资协议》，2011年4月14日完成了国药集团山西有限公司工商注册登记，注册资本10亿元，国药集团山西有限公司正式组建成立，4月18日在太原举行揭牌仪式。实施战略重组，不仅有利于企业规模快速扩张和集约发展，提高产业集中度，而且有利于推进企业体制机制创新，提升企业管理水平和市场竞争力，促进企业又好又快发展。

三、抢占山西医药发展制高点，竭诚为山西人民用药安全服务

企业重组后，将充分发挥双方优势，着力从以下三方面寻求突破：

第一，从做大做强医药流通上寻求突破，构建以太原为中心，大同、临汾、长治等市为支撑，覆盖山西全省城乡的药品供应保障体系。

以品牌为纽带，创新营销模式，大力发展药品现代物流和连锁经营，打破地区和所有制界限，通过兼并、参股、联合等方式进行战略性重组，拓展省内医药零售网络布局。以太原为中心，投资建设年药品吞吐值100亿元以上、覆盖山西全省的省级药品物流中心，做大做强现代医药物流产业。通过强强联合、优势互补，提升药品供应链水平，保证药品质量，降低药品价格，降低运营成本，全方位提升医药流通竞争力。

第二，从发展医药工业上寻求突破，推进科技创新，促进医药工业企业产品升级换代。

以国药集团在山西建立抗生素基地为契机，整合重组优质资源，组建医药工业生产创新平台。以市场为导向，调整产品结构，加速新产品开发，推进科技创新，提高企业自主创新能力，增强企业核心竞争力。新建、并购或联合优势医药工业企业开展国家基本药物目录品种的生产，立足山西、面向全国，建设高标准的国家基本药物目录品种的生产基地。整合我省医疗器械工业优势资源，重新组建新的医疗器械公司，研发生产适合我国国情的医疗器械，振兴我省医疗器械工业。

第三，从中药材种植和中成药生产上寻求突破，推进中医药现代化，做大做强现代化中药产业，使山西由中药材资源大省发展为中成药制药大省。

充分开发我省中药材资源，不断提高中药材种植的规模化、标准化、产业化水平，提升中药材科技水平、精深加工水平和市场竞争力，形成完整的中药材产业链。与此同时，充分利用我省的优势中成药产品，做大做强现代化中药产业，使山西由中药材资源大省发展为中成药制药大省。打造全新的、代表山西医药行业发展水平、集贸科工于一体、拥有现代医药物流，覆盖山西全省、影响华北地区，在国内医药行业有话语权的医药产业集团。实现国有资产保值增值的同时，到“十二五”末实现销售收入翻一番基础上再翻一番。

这次与中国医药集团的战略重组，不仅意味着山西医药产业在转型发展、跨越发展上迈出了坚实的一大步，而且还加快了山西医药企业走向全国、走向世界的步伐。同时也为提高广大职工收入水平、努力改善职工群众生活，最大限度地调动一切力量推动企业科学发展，促进山西医药经济健康发展奠定了扎实的基础。而由两个国有企业出资组建的新公司——中国医药集团山西有限责任公司所承担的重要的经济责任和社会责任，必将对保证药品质量、平抑药品价格，方便山西人民安全用药起到重要的促进作用。

抢抓机遇　乘势而上
在服务地方经济发展中实现转型

中国华融资产管理公司太原办事处总经理　**徐德明**

太原办事处为中国华融资产管理公司驻山西分支机构，成立于2000年4月。成立之初担负着化解金融风险、盘活不良资产、促进国有企业改革脱困的历史重任。十多年来，办事处圆满完成96亿元政策性不良资产的处置任务，有效维护了区域金融秩序稳定，推动了地方经济发展。目前，办事处开展商业化转型，积极向“专业的资产管理者，卓越的金融服务商”目标迈进。初步形成以资产管理为主业，以金融租赁、信托、银行、投资、基金等业务为依托的综合金融服务体系。

一、2011年主要工作

（一）深化“创先争优”活动，经营业绩再上新台阶。不断深化“创先争优”活动，开展“全年任务半年完”百日竞赛，积极推进“有尊严、有价值、有内涵、有实力、有责任”的“五有”现代金融企业创建活动，进一步激发全办员工聚精会神创收入、争先恐后抓利润的斗志，经营业绩再创新高，全年实现利润8973万元，提前超额完成总部下达的目标任务。

（二）推动股权企业发展，实现国有资产保值增值。积极参与12户股权企业的经营管理，维护股东权益，抓住股权企业改制、资产重组、增资扩股、重大投资、上市等业务机会，努力提升股权资产价值。2011年共参加持股企业“三会”20次，审议议案63个，提出9条合理化建议。参与了晋西机器、风雷公司、山西淮海机电、三益华信的重组，并联合中国信达资产管理公司山西分公司积极推动山西焦煤整体上市，取得一定成效，为股权资产打开升值空间奠定了基础。

（三）提供综合金融服务，助推地方经济发展。(1)资产管理业务方面，继续深挖中行包内的亮点资产，将一些经营潜质好的企业作为扶植对象，通过实施债务重组或“债务重组＋投资”，帮助债务企业减轻还款压力，盘活现有资产，补充发展资金，保持正常的生产经营，持续不断地提高发展质量和盈利能力，最终实现办事处和债务企业互利共赢。2011年成功运作长治包项目和山西鑫茂项目，新开发同至人项目，取得良好的经济效益和社会效益。(2)投资业务方面，抓住山西建设综合改革配套试验区的人好机遇，以办事处营运资本金认购华融信托理财产品或推荐公司出资的形式，投资山西省政府、地方政府全力支持的优秀民营企业、地方龙头企业，助力地方经济发展。全年共投资森特煤焦化、山西新北方、鑫源骏达木业、山西建邦、文水振兴等8个项目，实现商业化收入2452.2万元。(3)中间业务方面，不断拓宽业务渠道，丰富客户来源。信托业务认真落实山西省煤炭资源整合政策，致力于为煤炭资源整合主体提供融资服务。全年实施商业化项目8个，涉及资金规模11.95亿元；金融租赁业务坚持抓大不放小的原则，既集中精力抓大项目、大客户，不断提升租赁业务的收益水平，又不放弃成长性好、发展潜力大的中小项目，为办事处可持续发展不断培育客户，积累项目。全年投放项目5个，投放金额3.4亿元。

全面加强风险管控，守好转型发展质量关。一是层层落实风险管理责任制。二是优化风控组织架构。设立专职风险总监岗，延伸风险管控触角，强化风险管理力量。三是梳理岗位职责。明确责任目标，规范工作程序和履职行为。四是加强全过程风险管理。以商业化项目风险审查为重点，强化对风险的排查、监测、分析、提示和预警。五是强化员工风险管理、合规从业意识。

二、2012年工作任务

（一）总的指导思想。以把办事处改制为“自主经营、自负盈亏、自担风险、自我发展”的相对独立核算的经营单元和盈利中心为奋斗目标，以“做强主业，做大利润，做响品牌”为着力点，牢牢把握“稳中求进，紧中求新”的主基调，围绕公司“抓改制、夯基础、控总量、调结构、保重点、促发展”六大中心任务，按照“思想观念新、拓展能力强、经营业绩好、人员素质高”的要求，坚持“贴近总部、贴近平台、贴近银行、贴近市场”的经营方针，采取深化经营、细化管理、优化人员、量化考核的工作措施，不断提升办事处综合实力，努力实现确保商业化利润过亿元，确保业务零风险、经济零案件的经营目标。

（二）全力抓好六项工作。一是进一步完善管理体制和经营机制，激发员工队伍的生机和活力。坚持德才兼备的选人用人机制。继续坚持“不分地域，不分内外，不分一线二线，不分在册临聘”的业务准入机制，调动全办员工创收积极性。更加注重提升办事处的盈利能力、发展质量和风险防范水平。二是明确指标，层层分解，落实到人，促进全年利润目标的实现。实行层层挂钩的业务运作机制，最大限度地保障全年任务目标的顺利实现。三是做强资产管理主业，做大中间业务，做活投资业务，全面增强办事处盈利能力和核心竞争力。资产管理业务，深入推进中行资产包内已挖掘亮点资产的运作，争取早日投放，早日见效。保持与银行等重点金融机构的动态联系，及时发现和介入有价值的不良资产收购业务。加强与国有大型企业的信息互动，探索开展债务重组等业务。调整资产结构，对有价值资产进行沉淀，适度增加阶段性经营资产，由单一的债权资产向债权、股权、物权相匹配的多元化资产结构转变。以创新思路拓宽资产管理主业渠道，探索“收购＋委托清收、收购＋重组、收购＋重组＋投资”等不同模式的业务手段。加强股权经营管理，坚持把股权资产作为公司资产管理的重要资源长期经营，不断提升股权资产价值。中间业务，借助山西建设综合改革配套试验区机遇，着重开发质地好的大型项目，缩小管理半径，提高项目收益。调整行业结构，继续依托山西能源大省的地域优势，积极介入煤炭资源整合、非煤矿产资源整合、焦炭企业整合项目。投资业务，密切关注总部政策变化，加强与公司投资事业部信息沟通，在政策范围内探索开展股权投资业务，以较小的股权投入解决企业在业务发展、融资额度上的瓶颈，取得理想的投资收益。四是落实大客户战略，提高中国华融品牌知名度，扩大大客户利润贡献率。抓住山西作为国家资源型综合配套改革试验区的大好机遇，全力促成公司总部与山西省人民政府签订战略合作协议。把符合公司支持方向、与公司合作深入、贡献大、可持续发展的客户作为营销和维护重点，不断提高为大客户的服务质量，对于大客户的优质项目要协调公司总部及子公司重点给予资金配置，提高审批效率。建立各业务部门之间的客户共享机制，建立项目池，实行项目报备制度，减少营销撞车与内部恶性竞争现象。五是丰富风险管理手段，加强全过程风险管理，提升抵御风险的能力。扩大风险管控覆盖面，全过程跟踪参与，及时识别、发现、化解各种风险隐患。进一步完善规章制度，使风控工作有据可依、有章可循。六是加强党风廉政建设、企业文化建设和队伍建设，打造“五有”员工队伍，构建和谐办事处。

凝心聚力求突破　务实创新再攀高

大同煤矿集团轩岗煤电公司副董事长、总经理　李云江

2011年，轩岗煤电公司紧紧围绕年初确定的目标任务，进一步解放思想，创新举措，抢抓机遇，锐意进取，成功跨入了千万吨级煤炭企业行列，全面实现了“12345”目标。8项指标创出了历史最高水平，获得8个方面的新殊荣，6个方面的工作创出新业绩，企业的综合实力、社会地位和影响力显著提升，实现了“十二五”良好开局，为顺利完成2012年工作目标任务打下了坚实基础。

一、2012年工作的指导思想

紧紧围绕集团公司“建设新同煤，打造新生活”的战略愿景，全面贯彻落实“五个一”的总体要求、“三个三”的总体思路和“双十系统工程”，牢固树立“立足轩岗发展轩煤，走出轩岗壮大轩煤”的发展理念，紧扣公司“二四六八十”奋斗目标，以安全稳定为第一责任，以推进发展为第一要务，以创新提升为第一动力，以惠及民生为第一要义，以矿区和谐为第一追求，以加强党建为第一保障，务实创新，奋力赶超，为全面建设平安和谐高效发展的新轩煤而不懈奋斗！

二、2012年总的工作任务

把握八字要领，突出六大抓手，实现六项目标。八字要领是：继承、完善、拓展、提升。六大抓手是：安全做稳、主业做强、贸易做大、项目做实、管理做精、民生做好。六项目标是：煤炭产量，完成集团公司下达的1050万吨任务；煤炭总量，力争突破1200万吨；营业收入，确保55.57亿元，力争实现70亿元；实现利润

1.39亿元;安全实现低控目标;最大限度提高员工收入,在岗员工年人均收入力争突破6.5万元。

三、2012年重点工作

(一)构建大安全管理格局,在本质安全型矿井建设上实现新突破。1.进一步完善安全体系。一是纵向推行"金字塔"安全系统管理法,从董事长到普通员工,形成联运闭合的考核体系,构成"金字塔"管理模式。二是横向推行"六环五步"安全管理法,形成闭合循环的安全管理体系。三是拓展延伸"人人都是通风员"理念,落实安全生产"一岗双责"制。四是强化"全员、全过程、全方位"的"三全管理",广泛动员员工群众参与安全工作,全时空保证安全。五是强化安全考核。

2.在瓦斯、水患治理上实现新突破。要继续坚持安全先行,从设计源头抓起,超前考虑瓦斯治理和防治水的需要,确保系统配置合理、安全可靠。瓦斯治理方面,严格矿井通风管理,保证矿井通风系统合理、设施完好、风量充足、风流稳定。防治水方面,抓好预测预报和现场"先探后掘、先治后采"的规范化、高效化落实,杜绝水害事故。加强矿井排水系统建设。

3.精品矿井建设上实现新突破。以焦家寨矿作为试点单位,深入开展标准岗位建设,落实生产工序和工艺标准,促进岗位操作达标和生产动态达标;推进系统"十完善"建设,完善标准化设施。按照行业标准,管理和用好监测监控、人员定位等六大系统,集中开展六大系统培训演练,切实提高防灾抗灾能力。加强企业形象管理,进一步改善矿区整体面貌。

(二)加快实施系统提能改造,在建设2000万吨级煤炭基地上实现新突破。抓系统提升。围绕到"十二五"末实现2000万吨的目标,定位四个矿的产能。按照装备一流的原则进行设备选型,整体规划,边生产、边改造、边提升。在提高安全保障能力的前提下,提升生产、供电、运输等八大系统的能力。加大项目推进力度,推进项目实名制考核管理,严把工程质量关、安全关、进度关,推动跨越发展迈出实质性步伐。二是抓整合矿井的技改建设。整合矿要主动融入地方经济。进一步完善组织、制度、人才、资金、措施五个保障,快速有序地推进证件办理与矿井技改建设进度。三是抓生产接替。把提升掘进水平作为2012年的重点工作,力争完成进尺49700米。四是抓高效队伍建设。开展多种形式的劳动竞赛,突出抓好重点采掘队伍建设,加大对关键技术工种人员的培训力度,切实掌握综采综掘核心工艺,各生产矿掘进队的综合单进要达到200米以上,培育200万吨综采队。五是抓新增接替资源。紧盯择善井田、上马铺井田的探矿权不放松,成立专门机构,责任到人,做好此项工作。

(三)强化经营管理,在提升公司创效能力上实现新突破。一是强化营销管理。创新市场信息管理方式,提高市场分析预测能力,保证商品煤合同价格同比提高5%。优化配置营销资源,加强与外部市场的衔接,提高整体竞争力。创新销售方式,力争实现增收2亿元,实现销售效益最大化。规范整合矿井煤炭营销。创新客户管理,构建完善客户网络,进一步巩固战略合作伙伴关系。二是提升煤质创效能力。与各矿建立以质论价的结算机制,加强对各生产矿和相关部门的责任考核,全年煤质创效力争实现2000万元。各生产矿要坚持从生产源头抓起,合理安排煤层配采,防止原煤质量出现大的波动,确保煤炭质量稳定好转。进一步强化现场管理,保证既要多出煤,又要出好煤。三是推行全面预算管理。四是做大贸易。实行跨区域、跨行业贸易经营,加大贸易总量,保证赢利。五是加强内部经营管理。进一步规范各单位的财务管理工作,加大内部市场化推行力度,着力解决制约内部市场机制的新问题,提升内部市场化管理水平。六是强化资金保证。采取灵活的融资方式,保证重点工程的资金需求。实行资金集中管理制度,使有限的资金发挥最大效益。七是强化审计监督。建立审计委员会,进一步强化审计工作。

(四)坚持创新引领,在打造创新型企业上实现新突破。一要创新管理模式。给予非煤辅业单位以充分的经营决策权,提高独立发展能力。理顺与各控股子公司的关系,在保证子公司经营自主的同时,有效提高母公司的管控能力。在整合矿井经营管理上,要做到"三个规范、两个强化"。二要强化科技创新。积极与高等院校、科研院所开展技术合作,打造技术创新平台,努力在瓦斯治理、水害防治、支护工艺、信息化管理等关键技术与综合配套技术上取得实质性进展。三要加快人才创新。创新人才培养开发机制,创新人才评价发现机制,创新人才选拔任用机制,创新人才激励保障机制。

(五)办好惠民实事,在打造幸福轩煤新生活上实现新突破。把保障和改善民生,打造幸福轩煤新生活作为一切工作的出发点和落脚点,承诺为员工办好10件实事,让员工群众最大程度地共享发展成果。提高员工收入水平,着力改善员工住房条件,提高住房公积金标准,提高工程技术人员待遇,多渠道解决员工子女就业,修缮矿区道路,关爱员工健康,加强后勤设施建设,丰富员工文化生活,深入开展"送温暖"活动。同时,提高党群工作科学工作水平,使党建工作有新跨越,文明创建有新成果,文化建设有新进展,群团工作有新作为,在创优发展环境上实现新突破。

创宜居环境　建和谐城区

杏花岭区区长　李　浓

2011 年，区政府深入贯彻落实科学发展观，积极应对复杂经济形势，迎难而上，负重赶超，扎实推进各项重点工作，全面完成年初确定的目标任务，经济社会实现又好又快发展。

2012 年是深入推动转型跨越发展的关键之年。做好 2012 年的工作，具有十分重要的意义。

一、2012 年经济社会发展的指导思想

深入贯彻落实科学发展观，紧紧围绕“创宜居环境，建和谐城区”目标，以转型跨越发展为主题，以保障和改善民生为主线，以稳中求进为工作总基调，以推进“双十工程”为载体，对标一流，全面创新，转变作风，狠抓落实，以优异的成绩迎接党的“十八大”胜利召开。

二、2012 年全区经济社会发展的主要预期目标

地区生产总值增长 10%，达到 379.32 亿元；财政总收入同口径增长 15%，达到 25.06 亿元；一般预算收入同口径增长 15%，达到 11.52 亿元；社会固定资产投资增长 33%，达到 153.75 亿元；社会消费品零售总额增长 16.5%，达到 119.6 亿元；规模以上工业增加值增长 12%，达到 27.33 亿元；农民人均纯收入增长 12.5%，达到 11616 元。

三、2012 年政府要着重做好五个方面的工作

（一）加快转变经济发展方式，在推动产业结构优化升级上见实效。1. 大力发展现代服务业。积极推进万达广场、矿机片区、胜利广场等片区开发建设，打造一批高档次综合商业街区。大力发展楼宇经济和总部经济，鼓励发展新型商贸流通、商务咨询、信息技术、金融保险业等生产性服务业。支持建设大型购物市场、连锁超市等现代商业设施，推动休闲娱乐、教育培训、体育健身、信息通讯等服务型消费。支持规范房地产投资开发，促进房地产市场平稳健康发展。

2. 加快发展现代物流和文化旅游业。大力发展现代物流业，以丈子头为中心，积极推进丈子头特色农产品物流园、长沟现代物流产业园等重点项目，努力打造现代物流园区。支持市百货公司转产，加快百商物流园项目建设。扶持文化旅游业发展。推进红色旅游景区建设。围绕东山生态旅游，发展集观光、旅游、娱乐、度假于一体的农村旅游产业。

3. 深入推进工业转型。支持东山低碳生态产业园建设，打造具有世界领先水平的低碳、生态产业化的综合工业园。推进工信部微小企业创业孵化实验园建设，吸引优秀人才入园创业。大力发展循环经济，鼓励面向大企业的材料供应、加工制造、废料回收利用等相关产业，延伸产业链、精细深加工，提高产品科技含量和附加值。积极推进区属企业改制，促进传统企业转型升级。培育发展新能源、新材料、信息网络等高新技术产业。

4. 着力抓好项目建设。实施项目带动战略，积极引进、储备、建设一批潜力项目。完善项目服务机制，推进项目建设，早日投产达效。大力发展民营经济，扶持民营企业上规模、提档次、增效益。拓宽民间投资领域，推动资本市场运作，盘活存量资产，优化资源配置。加大招商引资力度，带动提升区内经济发展的质量和效益。

（二）全力抓好东山生态建设，在加快城乡统筹发展上求突破。1. 深入推进东山生态建设。持续开展大规模的植树造林，全年完成重点造林绿化 1200 公顷，加快东山生态建设道路配套工程，新建牛驼生态景观绿化园区公路 3.6 千米。推进水利配套设施建设，抓好牛驼片区水利配套等节水灌溉工程。

2. 积极发展现代都市农业。加快“一县一业”、“一村一品”建设步伐，不断扩大花卉苗木种植规模，打造特色农业主导产业。抓好种苗研发基地项目。推进现代设施农业建设。加快苗木培育基地建设。积极支持新型农业社会化服务组织，强化农业实用技术培训和职业技能培训，推进农业科技进村入户。

3. 继续加快新农村建设。进一步完善新农村建设规划，抓好规划审批。加快推进新农村建设，在集中连片上求突破，抓好长沟、东坪、窑头、山庄头等新农村亮点村建设。全面完成农村新的“五个全覆盖”任务，完善路、网、水、电、通信等基础设施建设。发展农村科教文卫各项事业，着力提高农民社会保障水平、收入水平、健康水平和教育水平。深入开展领导干部下乡住村活动，注重办实事、求实效，促进农民增收。

（三）抓好城市建设管理服务，在建设现代宜居城区上谱新篇。1. 着力提升住房保障水平。切实抓好保障性住房建设，新开工各类保障性住房 8100 套。加大棚户区改造力度，继续推进棚户区改造工程，全面启动建设 10 个棚户区改造工程，加快进度，保证质量，打造精品，有效改善区域环境面貌，不断提升城市形象。

2. 积极实施城中村改造。加快推进两个城中村的改造建设，全面启动 3 个城中村整村拆迁改造。配合抓好市城建重点工程。扎实开展早期人防工程专项整治行动，有效提高人防综合防护能力。

3. 深入推进城乡清洁工程。全面开展达标活动，年底前实现达标率 90%以上。精心组织片区整治。继续强化道路综合管理。抓好清洁设施建设。开展垃圾分类试点，实现生活垃圾的减量化处置和资源化利用。切实推进环境保护工作，不断改善城区环境质量。着力抓好城区绿化，广泛开展单位、厂区、社区、庭院绿化，不断提高绿化覆盖率。积极推进北沙河、北涧河河道综合整治，构建绿色新水系。进一步完善清洁工程长效机制，细化管理办法。

(四)着力保障和改善民生，在全面发展各项社会事业上争一流。1. 着力保障和改善民生。实施更加积极的就业政策，重点扶持就业容量大的现代服务业、创新型科技企业和小型微型企业，创造更多就业岗位。城镇失业率控制在 4%以内。全面落实社会保障政策，进一步扩大社会保险覆盖面，提高统筹层次和保障水平。推进城镇居民社会养老保险和新农保工作，实现城乡居民养老保险全覆盖。

2. 继续抓好基层社区建设。扎实推进和谐宜居社区创建工作，打造 10 个标准化社区。不断提高社区干部整体素质和服务水平。丰富社区居民文化活动。

3. 办好人民满意的教育。积极推动教育教学创新。实施学校标准化建设工程。继续推进教育重点工程。大力发展公办幼儿园，改善幼儿园办园条件。

4. 提高人民群众健康水平。继续深化医药卫生体制改革，全面实施国家基本药物制度。加强公共卫生服务体系建设，健全基层卫生服务网络。完善新型农村合作医疗制度，保持新农合参合率达到 99%以上。积极稳妥推进市口腔医院产权制度改革。完善重大疾病防控体系，提高突发公共卫生事件应急处置能力。重视做好人口和计划生育工作，进一步稳定低生育水平，提高出生人口素质。积极开展创建“幸福家庭”活动，提升家庭生活幸福指数。

5. 大力繁荣文化事业。加强文化基础设施建设，完善基层文体活动场所，配备文化专管员。积极开展群众文化活动，进一步丰富群众文化生活。广泛开展全民健身活动，促进城乡体育均衡发展。

(五)加强和创新社会管理，在维护社会和谐稳定上下功夫。1. 加强和创新社会管理。把社会管理放在突出位置，认真抓好 20 个社会管理创新示范项目，全面提高组织社会、管理社会、服务社会的能力。加强信访工作，及时化解各类社会矛盾。扎实推进“访贫问寒送温暖，排查矛盾大接访”活动。引深“平安杏花”建设，完善社会治安防控体系，强化社会治安综合治理，维护社会长治久安。

2. 推进民主法制和精神文明建设。扩大政务公开、村务公开、企务公开的范围和内容，完善民主管理，保障群众合法权益。认真实施“六五”普法，加快建设法治城区。落实民族宗教政策，依法管理民族宗教事务。加强社会主义核心价值体系建设，不断提高居民文明素质。

3. 切实抓好安全工作。建立健全安全监管责任体系。强化安全生产专项整治，加大对煤矿、非煤矿山、危险化学品、消防安全、道路交通、建筑工地、人员密集场所等重点领域的监督整治力度，认真抓好森林防火、防汛抗旱、地质灾害治理、防震减灾、超限超载治理等工作，不断提升重点行业安全生产水平。切实抓好食品安全工作，严厉打击食品药品制假售假行为。加强中小学、幼儿园安保工作，继续深化校园及周边安全专项整治。建立突发公共事件预防预警和应急处置机制，完善应急预案，提升风险防控能力，保持社会大局的和谐稳定。

2012 年，在全面推进各项工作的基础上，要集中力量抓好“双十工程”。

抢抓试点机遇　推进“四化”进程
全力促进古交经济社会低碳可持续发展

古交市市长　韩良会

古交市作为一座典型的资源型工矿城市，面对当前煤焦市场持续疲软等不利因素影响，将紧紧围绕低碳可持续发展这个主题，借助省扩权强县和太原市转型综改“双试点”重大机遇，坚持改造延伸传统产业和培育新兴替代产业并进，立足夯实基础，狠抓产业转型，突出创新驱动，注重统筹兼顾，着力改善民生，全力建设一流新型煤化工和新能源产业基地、一流循环经济示范基地、一流以工补农示范区、一流现代宜居城市的新古交。

一、加快推进工业新型化，努力在促进经济转型上迈出新步伐

瞄准建设新型煤化工基地和新能源产业基地，深入实施项目拉动、园区载动、区域联动，加快构建以煤为基、多元发展的产业转型体系。

一是坚持发展循环经济。以建设低碳循环经济示范市为目标，积极引导地方煤、焦、洗、冶、材等企业以循环利用为途径，推进升级改造，做强做大产业基础，配套发展下游产业，形成循环经济链条，构建企业小循环和产业中循环。全力支持山西华润、西山煤电、煤运能投、太原煤气化等驻地企业实施延伸项目，整合互补利用双方资源，构建古交区域经济大循环。

二是加快提升改造传统产业。改造提升传统产业，强化煤矿企业技术与管理创新，强力推进25座煤矿提升改造，最大限度地促进复工复产。加速西山煤气化化产回收、陆源鑫煤矸石制砖二期、万方精密铸件、纸面石膏板等项目建设进程，切实加快传统产业转型升级步伐。

三是大力培育新兴产业。支持西山蓝焰煤层气开发和古交至太原煤层气输气管道建设，推进中广核风力发电一期上马，先行开展中电投风力发电项目前期工作。加速纳米聚晶金刚石、镁合金深加工等项目达产达效，加快赛隆陶瓷、液态金属芯片散热器、泡沫彩釉玻璃、人体健康信息无线监测系统等项目建设进度，切实推动新材料产业取得实质性进展。

四是积极发展现代服务业。扶持壮大铁磨沟、马兰滩两大商业片区，培育镇城底、马兰、河口等商业片区，启动实施山西桦达台湾商业一条街，加快推进镁业大厦、美特好购物超市等项目建设。加快发展现代物流产业，启动中海能源冷泉物流中心建设。深入挖掘历史文化和人文资源，扶持以“忠”文化为核心的狐爷山文化旅游产业。

五是规范专业园区承载。规划构建新型煤焦化工、煤矸石与粉煤灰综合利用、水泥建材、风能太阳能新能源、精密铸造、新型铝材加工等工业园区，吸纳相关产业集聚集群。重点推进古交煤焦化循环经济、屯兰川水泥建材和科技三大园区扩园提质，全面提升服务功能和承载能力。

六是全力助推民营企业转型。鼓励引导民间资本发展新兴产业、现代服务业和现代农业，参与城乡基础设施和民生建设，吸引退出煤炭领域资本就地转化，形成“二次创业”热潮。全方位优化民营经济发展环境，成立中小企业协会，建立服务平台，切实壮大民营经济的实力和质量。

二、高度重视“三农”工作，努力在建设以工补农示范区上取得新进展

一要加快农业产业化进程。大力实施“一村一品”战略，壮大特色种养殖示范基地。继续扶持科技生态农业园、花卉种植基地，实施生态农业综合开发。新发展示范村30个、专业合作社20个、种养殖示范户100户。继续扶持海粟、源林等农产品加工和营销企业，打造2户以上产值超千万企业，促进农业龙头企业提档升级。

二要加强农业和农村基础设施建设。开展小流域治理，完成山洪灾害防治等续建工程，实施巩固退耕还林成果、河道维护打坝、节水灌溉等水利项目。新建农牧产品质检中心和蔬菜育苗中心，完善脱毒种薯繁育中心和气象灾害防御体系。实施路桥改造工程。推进新农村分类建设提档升级，新打造3个亮点村，建设30个标准农民磨坊。

三要加大支农惠农力度。深入实施家电下乡、化肥农药、农机具等补贴政策。推广机械化免耕收获技术、机械化马铃薯示范项目和深松整地各667公顷，发展农机服务组织30个，购进农机具500台(件)。全面完成新的“五个全覆盖”工程。启动基层农技推广体系建设项目。全年转移农村劳动力1000人。

三、持续加强城市建设与管理，努力在建设宜居城市上打造新亮点

一是加快推进城市扩容提质。完成城市总体规划修编和控规编制，建设城市规划模型展厅，编制十大片区改造详细规划。启动东部新城开发和三岔口片区、凤凰苑小区建设，完成福康苑二期工程。推进当中街、西曲旧城一期等片区旧城改造。加快马兰、河口、镇城底3个建制镇和重点乡村基础设施建设步伐，推进马兰镇示范镇建设。

二是大力提升城市综合承载能力。全面建成无害化生活垃圾处理场和大川河步行桥，启动明扶岭至梁庄二级公路前期工作，推进二级长途汽车客运站建设。开工建设文化大厦、供热指挥中心、汾河景区蓄水美化、第二污水处理厂、垃圾场专用道路等项目。保障太古高速公路建成通车，积极推进太兴铁路古交段复线建设。实施路灯节能改造和景观亮化，进一步打造城市景观。

三是全面强化城市管理。深入实施城乡清洁工程，推进村庄社区全面达标，打击私搭乱建行为。全面实施学府路、铁炉沟等边山防洪工程，改造修复金牛东大街、青年路等人行便道。开展片区环境综合整治，打造14个精品片区、4条太原市保洁示范街道、3座省级三星公厕，实现城乡面貌两年大变样。全方位开展数字古交建设，推进城市综合管理。

四、深入推进环境综合治理，努力在增强可持续发展能力上取得新提升

扎实开展污染治理和环境整治，严把高耗能项目准入关，淘汰落后产能。深入推进煤炭行业矿井废水治理，强化焦化行业污染防治设施运行管理，加快促进电力行业脱硝治理和脱硫除尘改造，完善选矿行业污染防治设施。全力促进洗煤行业提档升级。实现煤场全封闭和煤泥水闭路循环不外排，坚决取缔非法洗配煤厂。大力开展煤矿排矸场生态修复治理。重点实施马兰矿排矸场和镇城底选煤厂排矸场整治。严格查处噪音扰民行为。启动汾河沿线13个行政村环境连片整治，促进区域环境质量持续改善。不断加强生态建设，以创建省级林业生态市和省级园林城市为目标，全面推进“三环生态圈”战略，完成造林5333公顷。继续提升城市园林景观档次与水平，确保进入省级园林城市行列。

五、全面强化监督管理，努力在保障经济健康发展上再有新举措

一是加强安全生产监管。继续实施煤矿企业分类监管，突出抓好“一通三防”及防治水措施落实，全面推进“六大”安全避险系统建设。深入开展安全生产专项整治，严厉打击非法违法采矿行为。加强非煤矿山监管。继续抓好道路交通、消防、民爆物品、危化品、护林防火、防洪防汛、建筑工程、卫生等领域的安全监管。深入开展安全乡村创建活动，创建安全村居100个。持续推进科技治超，健全完善长效监管机制。不断完善应急管理体系，进一步提高应急救援和处置能力，确保安全形势持续稳定。

二是全面强化财税管理。健全完善税源监控、协税护税等工作机制，强化对煤焦铁产品公路外销、个体税收和零散税源管理，严厉打击偷逃税费行为，切实做到应收尽收。积极培植新的税源，充分挖掘潜在税源，确保财政收入稳定增长。严格实行政府集中采购，全面推行国库支付，努力控制各类非办公性支出，切实降低行政成本。

三是严格规范市场管理。倡导文明经商、诚信经营，严厉打击哄抬物价、缺斤短两等不法行为，维护健康的市场秩序。彻底清理整顿无证营业的棋牌馆、网吧等活动场所。不断强化价格监管特别是食品价格监管，稳定居民消费价格水平。注重食品药品和重点产品的质量安全监督，健全完善检验检测体系。

六、深入推进体制机制创新，努力在扩权强市和转型综改试点上打开新局面

一是全面推进扩权强市试点。建立畅通信息渠道和沟通机制，确保涉及计划报送、财政管理、项目申报、数据发布、证照发放、土地利用、环保审批、机构编制核定等经济社会管理权限落实。制订完善推进措施和工作机制。用足用好优惠政策，优化区域资源配置，实施好经济社会发展重点工作，切实增强市域经济实力。

二是加快实施转型综改。推进产业转型、生态修复、城乡统筹、社会民生四大类16个标杆项目建设，加快在项目审批、融资、土地、人才等方面先行先试。积极盘活存量矿业用地和农村宅基地，拓展用地空间。深入推进科技创新。优化金融环境，支持中小微小型发展。

三是切实抓好企业改制。推进耐火材料有限公司、千峰、矾石沟等市属企业改制，启动粮食系统改制。强化国有资产监督管理，规范国有资产产权交易行为，确保国有资产保值增值。

七、更加注重社会发展和民生改善，努力在构建和谐社会上实现新突破

一是全面发展社会事业。新改扩建幼儿园3所，建设标准化中小学校16所，完善教师录用补充机制。深化医药卫生体制改革，建立财政补偿机制，逐步取消以药补医。完成5所卫生院标准化建设。制订中医先进市发展规划。逐步开展卫技人员招考录用工作。培育“忠”文化、撕纸艺术等地方文化品牌，启动古交二轮修志。实施电视采编播系统数字化改造。

二是切实抓好就业和再就业工作。实行灵活就业人员社会保险补贴等政策，鼓励下岗失业人员自谋职业。开展高校毕业生、困难群体、农民工等就业培训，多渠道、多形式解决就业问题。建立公益性岗位递补办法，逐步形成有退有进的良性机制。年内新增城镇就业岗位5500个。

三是健全完善社会保障体系。进一步扩大“五大保险”覆盖面，重点推进民营企业、灵活就业人员参加社会保险。深入实施城镇居民养老保险和新型农保，实现缴费和发放社会化。健全完善减灾救灾、社会救助、社会福利服务体系，深入实行城乡大病救助“一门式”便捷结算制度。健全双拥工作网络，进一步落实在乡老复员军人抚恤补助标准自然增长机制。

四是全力推进地质灾害治理。积极争取国家级矿山地质环境综合治理项目。启动红梁山安置房建设，推进福康苑东区西岭头二期搬迁。全面完成马兰滩和镇城底安置小区房屋分配，科学规划实施整体搬迁农民新村建设，保障群众安居乐业。

五是切实维护社会稳定。全面实施社会管理创新，完善警务机制改革，强化城中村、城乡结合部等重点区域整治，严厉打击“两抢一盗”等犯罪行为。实施“六五”普法规划，全面推进“法治古交”建设。开展矛盾纠纷大排查大调处活动，妥善处理各种社会矛盾，维护社会和谐稳定。

八、坚持实施开放战略，努力在创优发展环境上取得新成就

进一步优化发展环境，加强政务环境建设。狠抓软环境建设，营造“重商、亲商、扶商、安商”的良好氛围。全方位开展招商引资。加大园区招商、项目招商、以商招商、以企引商力度。努力引进一批大项目、好项目。大力度促进项目落地，全面开展“项目落地年”活动，建立招商项目跟踪落实工作机制，提高项目履约率和资金到位率。力争实际到位资金增长30%。

总之，面对转型综改的新形势、新任务，古交市将按照省和太原市要求，以昂扬向上的斗志、先行先试的胆气、攻坚克难的精神、务实创新的举措，坚定信心，攻坚克难，扎实工作，进一步加快古交“四化”建设步伐，在全省转型跨越发展的伟大实践中作出新的更大贡献。

创先争优春潮涌　醋都葡乡党旗红

清徐县县委

清徐有2500多年的历史，古称梗阳，是古典文学大师罗贯中的故乡、全国四大葡萄名产地之一和山西老陈醋的正宗发源地，素有“文化名城、醋都葡乡”之美誉。清徐县域人文社会开明开放，发展政策宽松到位，是山西转型跨越发展的前沿阵地和太原都市核心区的重要组成部分。2007年清徐县人均地区生产总值突破3000美元，进入工业化、城镇化加速发展的阶段。

在党的基层组织和党员中深入开展创先争优活动，是党的“十七大”和十七届四中全会作出的重大部署。自2010年6月以来，清徐分阶段，分不同的主题和载体深入开展创先争优活动，成为推动全县各项工作发展的强大动力。2011年，县域经济总量首次突破百亿元，主要经济指标连续两年排名全市前列。

一、以围绕中心、服务大局为总目标，扎实有序开展创先争优活动

（一）认真谋划，实现良好开局。制订出台《关于在全县各级党组织和党员中深入开展创先争优活动的实施办法》、《关于开展保持党的纯洁性学习教育活动的实施方案》等，成立由县委书记任组长的县创先争优活动领导小组，创先争优活动开局良好，推进扎实。

（二）深入动员，明确目标任务。各基层党组织相继召开动员会，出台具体实施方案，分类制定开展创先争优活动的具体目标和要求，认真开展创先争优活动和对标活动。在“硬实力”上对标，把工作细化、量化到具体指标，把指标明确到具体人员。在“软实力”上对标，坚定了“要干就干最好，要做就做第一”的工作理念。

（三）广泛宣传，营造浓厚氛围。坚持把吸引和发动群众参与贯穿始终，以“五个联动宣传”（思想宣传、新闻宣传、文艺宣传、网络宣传、社会宣传）为主要方式，充分发挥各类信息平台的作用，在《清徐报》和清徐电视台开辟专题栏目，对创先争优活动、永葆党的纯洁性教育活动和下乡住村等专题活动进行了报道。

（四）找准方向，在提高认识、分析检查、狠抓落实中永葆党的纯洁性。把保持党的纯洁性教育活动作为创先争优活动的重要内容，不断拓展保持党的纯洁性教育活动的实践载体，为保持党的纯洁性教育活动注入了鲜活内容，在全县营造了争当先进、永葆纯洁的浓厚氛围。

二、以建立长效机制为关键，基层党建科学化水平有了新提高

（一）建设阵地，提前完成村级组织活动场所建设。完成全县111个村级组织活动场所建设项目。出台《关于进一步加强村级组织活动场所正规化建设和规范化管理的安排意见》、《村级组织场所管理使用暂行办法》，对村级组织活动场所的管理和运行进行了严格规范。

（二）规范操作，“四议两公开”带来农村民主政治新气象。全面加强基层组织建设，把推行“四议两公开”与村级组织活动场所建设同部署、同安排、同检查。制订《清徐县推行“四议两公开”工作法实施意见》、《实施方案》和《实施细则》。全县188个村全面推行“四议两公开”。进一步拓宽党员群众参政议政渠道，解决了一批群众关心的热点、难点问题，推进了基层党组织民主建设。

（三）不留“盲区”，实现非公企业党组织全覆盖。集中开展非公企业集中组建党组织活动，在原有79个非公党组织的基础上，新成立独立非公党组织59个，联合党组织94个，全县非公党组织达到232个，覆盖了全县1245个非公企业，实现了非公党建“两个全覆盖”。同时，向非公党组织选派了党建指导员，同步开展了非公党组织中组建工会工作。

（四）丰富活动，激发党员活力。通过召开全县纪念建党90周年、91周年表彰大会、“庆七一，唱红歌”、党员电教月活动、“我为党旗添光彩”演讲比赛等丰富多彩的活动，充分展示党的建设新成就。

（五）搭建平台，激励大学生村官建功立业。特别注重发挥大学生村官的作用，把大学生村干部纳入全县干部教育培训的总体规划。鼓励和扶持大学生村干部创业富民，设立了大学生村干部创业基金，充分发挥大学生村官创先争优活动中的积极作用。

（六）严格纪律，确保换届风清气正。广泛宣传中央“五个严禁、十七个不准、五个一律”和省委“十二条”、市委“十五条”和县委“十三条”纪律要求。畅通信访渠道，开通举报邮箱，接受社会各界监督。特别是在村级组织换届中，一批政治坚定、年富力强、群众公认、想干事、能干事的优秀村干部被选进村级班子。加强换届后的村级组织建设，切实抓好换届后农村配套组织建设、移交、培训等工作，配套和规范了农村村务监督委员会。

三、以提升执政能力为根本，为转型跨越发展提供良好的智力支持

（一）强化领导，党员干部带头。县四大班子党员领导采取分工包乡（镇、街道）的工作制度，对包点组织进行具体督查和指导。县直单位党组织与村级党组织开展了“双百结对”共创共建活动。各党（工）委层层建立健全机构，创造性地开展创先争优活动，积极把联系点打造成创先争优活动的示范点。

（二）领导点评，确保承诺切实可行。认真开展领导点评工作，重点围绕落实科学发展观、推动本单位业务工作和重点任务完成，履行工作职责、服务人民群众、发挥党组织的战斗堡垒作用，加强班子建设、民主管理、党风廉政建设等方面进行了点评；对党员重点围绕立足本职工作，完成急、难、险、重任务，认真落实公开承诺、为群众办实事做好事、履行党员义务等方面进行了点评。

（三）加强学习，提升工作水平。一是“请进来”讲，讲形势、讲政策。二是“走出去”看，组织县直部门、乡镇、农村“两委”主干及党员干部分期分批去外地考察或挂职学习。三是“坐下来”学，由县、乡、村三级一级带一级培训，由县妇联培训妇女干部、团县委培训青年干部，涉农部门直接对农民培训。四是“下乡村”讲，开展“百人百日大学习大调研”、“百场万人大培训”等活动，培训活动覆盖全县1.5万名党员和干部。举办农村“领头雁”集中培训，共培训村干部、大学生村官和选举骨干4400余人次。

（四）创新考核，确保活动取得实效。强化督导，成立5个督查指导小组，采取轮换检查的办法，保证督查考核结果的准确真实。对县、乡、村、“两新”党组织和党员层层考核，不同类型党组织的分类考核和对创先争优各个阶段各个步骤进行跟踪同步考核，保证创先争优活动取得实效。对全县五大类95个单位，从经济社会发展完成情况、全县年度重点工作完成情况、公共服务水平和服务质量3个方面进行调查测评。

（五）项目推进，加快转型跨越步伐。连续两年开展“项目推进年”活动，每年确保10个报市重点项目、100个县重点项目，一大批大项目、好项目落户清徐。投资143亿元阳煤化工新材料园奠基，组织中博会清徐专场开创省内先河，与雨润集团、国电风力发电等企业达成合作意向。新建项目56个，总投资400多亿元。

四、以服务群众、保障民生为落脚点，在服务领域和服务方式上有了新提高

（一）深入调查，了解群众所想所盼。全县各级党组织把高度关注民生，特别是为困难群众解决生产生活中的难题，作为创先争优活动的落脚点。通过积极开展“访贫问苦送温暖、民生需求调查”活动，深入到低保户、优抚对象、贫困残疾人、困难信教群众等家中，送钱、送物、送温暖，解决好最紧迫的困难和问题，调查了解群众的民生需求，努力帮助解决。农村新的“五个全覆盖”已提前完成4项，城镇基本社会保障覆盖率90.5%，新型农村养老保险参保率96.5%，列入全国新农保试点县，新农合参合率97.3%，“五保”户集中供养率100%。

（二）结合实际，科学作出承诺。科学推进公开承诺，将创先争优活动不断引向深入。按照不同类型党组织和党员特点，明确公开承诺的具体内容和要求，分层次细化承诺内容，坚持按照有什么能力就办什么事、能做到什么就承诺什么。全县各级党组织共作出承诺1786项，党员作出承诺2.4万项，并且以不同方式兑现，取信于民。

（三）接受评议，解决群众关心的实际问题。通过创先争优活动，着力解决群众反映强烈的突出问题，增强党员的服务意识。开展“向人民汇报，请人民评议”活动，活动中群众反馈的问题，90%得到解决，暂时不能解决的，列入政府为民办的实事中。

（四）下乡住村，保持与群众的血肉联系。要求副科级以上领导干部经常深入所住村调查研究，真心实意为群众办实事、解难事。坚持“一村一品”、“一县一业”的产业发展思路，努力帮扶农民增收。开展形式多样的深入基层、服务群众、改进作风主题活动，真正做到联系群众、宣传群众、组织群众、服务群众、团结群众，与群众的血肉关系更加密切。

五、以促进社会和谐为重点，为社会管理创新增添了新亮点

（一）高标准完成“村改居”工作，强化社区党的建设。充分发挥创先争优活动推动作用，在前期完成“城中村”改制的基础上，全力推进“村改居”工作，打破县城内原4个城中村、4个社区区域框架，进行科学区划，重新整合划分为21个社区，在住房、低保、医保、养老保险、计划生育、教育、水电气暖及公共配套设施等

方面村民和城市居民同等对待，在享受城市居民待遇的同时，对“城中村”村民延续3年享受农民待遇。社区居委主任是党员的全部实现了“一肩挑”，社区党组织、居委会换届工作全部完成。

(二)以创建先进县为契机，促进社会管理。积极整合县域资源，强化部门职能职责，探索和建立“1+3”矛盾纠纷联调工作机制。在创先争优活动中，积极宣传和认真执行“1+3”矛盾纠纷联调机制，强化对信访工作的认识与责任，始终把实现好、维护好最广大人民的根本利益作为工作的出发点和落脚点，通过加强党的建设，确保了社会和谐稳定。

(三)树立榜样，强化服务群众、服务基层的工作导向。及时发现和挖掘在创先争优活动中涌现出的先进基层党组织和优秀共产党员，培养选树了一批先进典型，引导各级党组织和广大党员以身边的先进典型为榜样，激发了基层党员和各类优秀人才干事创业争一流、争先进的热情。

(四)学习文建明工作法，不断提高工作效率。全县学习推广文建明工作法，新建县级政务服务大厅、县级社会服务管理中心、乡镇社会服务管理中心，在乡镇所在村试点筹建便民服务中心，加快推进“两集中、两到位”，实现了岗位目标责任的全覆盖。注重借鉴与创新相结合，全力推动“文建明工作法”实现本土化，形成一套行之有效、符合清徐实际的工作方法。

打造“一流都市南部新区、新兴产业基地”，三年再造一个新清徐

清徐县县长　张　强

2012年，不仅是实施“十二五”规划承上启下的一年，也是清徐县融入太原都市核心区、加快转型跨越发展的关键一年，更是党的“十八大”胜利召开之年，做好各项工作至关重要。我们一定要抓住综改试验区先行先试和扩权强县的机遇，抓住现代物流等新兴产业转移、承接、集聚的机遇，抓住太原都市核心区建设的机遇，坚持稳中求进，勇于开拓创新，保持经济社会平稳较快发展的良好势头，全面开创转型跨越发展的新局面。

一、2012年政府工作的指导思想

以邓小平理论和“三个代表”重要思想为指导，深入贯彻落实科学发展观，全面贯彻落实市十次党代会和市委十届二次全委会暨全市经济工作会议精神，全面开展保持党的纯洁性学习教育活动，坚持科学发展为主题，以加快转变经济发展方式为主线，以“项目落地年”为着力点，抓住转型综改试验区和“扩权强县”试点县的发展机遇，突出“项目推进、环境建设、民生改善、社会管理创新”四项工作重点，围绕转型扩投资，稳中求进上项目，好中求快争跨越，文化建设聚民心，改善民生促和谐，加快实现“一流都市南部新区、新兴产业基地，三年再造一个新清徐，五年实现新跨越”的奋斗目标，以一流的成绩迎接党的“十八大”胜利召开。

二、2012年全县经济社会发展的主要预期指标

地区生产总值增长15%，固定资产投资增长40%，社会消费品零售总额增长15%，规模以上工业增加值增长18%，财政总收入和一般预算收入均增长16%，城镇居民人均可支配收入增长10%以上，农民人均纯收入增长12.5%。

三、稳中求进，开拓创新，全力抓好六个方面的工作

(一)狠抓项目落地，增强经济发展后劲。一是加快园区建设。按照“一带四区四园”空间布局，加快清徐经济开发区等园区内村庄搬迁，以及水、电、气、路等基础设施建设。加快编制物流、文化等产业规划，加大土地储备力度，引导现有项目入园集聚，推动金融、物流等现代服务业项目进入园区。二是狠抓招商引资。设立投资促进局，搭建网络招商平台，制定奖励办法。按照有意向、已签约、已落地分类建立项目库，研究产业政策，争取项目资金。抓好“第七届中博会”、“第四届能博会”等节会招商，年内新增3～5个10亿元以上项目，投资增幅不低于40%。三是确保项目落地。重点抓好阳煤集团化工新材料园等8项省重点工程和大禾科技综合示范基地等12项市重点工程，以及县委、县政府确定的其他17项重点工程。建立健全项目联合推进机制，提高服务实效性。重点扶持200家中小企业，确保项目落地和企业正常运行。

(二)围绕转型升级，推进工业新型化。一要改造提升传统产业。继续抓好煤矿企业与淮南、徐州等国

有矿务局合作，美锦钢厂与唐山钢铁合作，提升管理水平和技术装备。突出抓好小回沟、锦富等8座煤矿的新改扩建项目。统筹安排煤矿水、电、路等公共服务设施建设。编制引黄入清工程线型设计和运煤通道规划设计，年内开工建设。提升企业现代化管理水平。加快企业研发中心建设，不断提升企业自主创新能力和核心竞争力。二要发展壮大新型产业。扶持化工新材料、发电、汽配、磁材等新型产业快速发展，重点抓好阳煤化工新材料园、国电山西兴能风力发电、青龙管业管道生产、鸿昌工贸高性能钕铁硼生产等项目建设，培育新型产业集群。三是狠抓节能减排。分行业制定循环经济发展规划。加强环保项目技术推广和应用，淘汰干法炭黑、粉煤等落后产能。推进焦化企业兼并重组。重点查处企业污水排放。开展重点流域河、渠的清淤整治工作，逐步改善地表水环境。组织重点企业安装氮氧化物和氨氮污染物在线监控设施，完成美锦钢铁烧结机头脱硫限期治理工程。

（三）实施科技兴农，推进农业现代化。（1）发展“一村一品”。重点抓好马峪、柳杜为主的葡果产业，集义、孟封为主的蔬菜产业，以及徐沟、孟封为主的养殖业和农产品加工业。全年新改扩建畜禽标准化规模养殖场6个，新发展设施蔬菜2000亩（133公顷）；创建部级蔬菜标准园1个、省市级蔬菜标准园5个，着力发展一批特色农业大项目、大基地，打造一批无公害、绿色、有机农产品品牌。开展农产品质量品牌建设，完成龙眼葡萄、沙金红杏地理标志认证。（2）加快科技兴农。以建立万亩玉米、高粱种植基地、引进新优特品种、推广综合配套技术为抓手，深入开展粮食高产创建活动。加大新技术、新品种、新模式引进和推广力度，力争耕地亩收入突破万元。以大禾科技综合示范园项目为载体，发展高附加值种植业。抓好全国农田高效节水灌溉示范县申报工作。加强农田水利基础设施建设，完成潇河敦化大闸枢纽、水屯营水库除险加固工程。持续推进“513”工程，扶持水塔、六味斋、紫林、良源、菩净、绿源等企业做大做强。（3）加强为农服务体系建设。加大农业招商引资力度，引进外来投资组建农业投资公司。出台《农村土地承包经营权流转创新机制实施方案》和《规范土地流转实施方案》，年内完成土地流转800公顷，推进农业集约发展。新发展农民专业合作社25个，创建省级示范社3个、市级示范社8个、县级示范社12个，建立内部资金互助社1个，联合社1个。加强“农企”、“农超”、“农批”对接，健全农产品市场流通体系。规划建设农村蔬菜产地批发市场、社区零售店，鼓励蔬菜专业合作社发展配送业务。

（四）集聚发展要素，壮大现代服务业。一方面扶持现代物流业发展。组建交通运输协会，筹建全县货运车辆调度中心，降低物流成本，促进运输业规范发展。鼓励工业企业主辅分离，支持有条件的大型工业企业组建物流联合体。整合规范现有物流企业，打造辐射全国的区域性物流中心。依托物流企业建设农村日用消费品配送中心，规范农村日用消费品流通环节，保障农村食品安全。另一方面扶持乡村旅游业发展。成立县游客服务中心，强化“农家乐”餐饮服务、旅游接待、食品安全等培训。继续推荐一批市级以上休闲农业旅游示范点，打造西边山、汾河沿线、208国道沿线观光旅游带。依托“醋文化节”、“葡萄采摘月”、“架火节”等品牌优势，增强文化活力，搭建经贸平台，做大做强节庆经济。

（五）统筹城乡发展，建设生态宜居县。一是加快基础设施建设。编制区域修建性详细规划，重点抓好道路征地拆迁及管网配套建设工程。完成两座桥桥梁改造工程。加快推进武装部和公检法业务用房、机关办公楼建设。新建220千伏、110千伏变电站。实现城区80%楼宇光纤到户，新增互联网用户1万户、3G用户2万户，加快电话网、宽带网、电视网“三网合一”。二是推进城中村改造。完善城中村改造实施意见。通过委托、招拍挂、引进开发商等模式推进城中村改造。整体推进4个片区改造，推进2个旧村改造三期工程。启动北营项目区及西边山地质灾害搬迁工作。三是实施小城镇建设工程。加快编制孟封、王答等重点乡镇控制性详细规划。徐沟镇完成街巷改造等续建工程；抓好城隍庙周边整治、保障房、配套道路、新庄小区二期工程、天然气入户1000户、小学幼儿园建设等项目。以大禾科技综合示范园项目为龙头，带动周边新农村建设，打造小城镇亮点片区。城投公司启动运行，吸引民间投资公司参与城镇建设。做好煤层气管道铺设工程。抓好新确定的17个新农村建设，创建29个一流新农村。扩大东于镇集中连片小区，加快山区村搬迁集聚。继续推进农村集体土地确权登记发证工作，年底前完成农村集体土地所有权登记发证工作。完成农村街巷硬化全覆盖工程，建立完善农村公路养护机制。四是加强生态建设。做好葡峰森林公园、交通沿线造林绿化工作。实施东湖北岸公园建设工程，打造特色文化主题公园。开展林地资源普查，编制“十二五”林地资源保护计划。推进“一矿一企绿化一山一沟”工程。继续开展城乡清洁达标创建，重点对老旧片区进行改造。新建垃圾中转站。开展农村环境连片整治，6月底前完成3个乡镇15个村庄连片示范区整治工作。开展农村饮用水水源地保护、生活污水治理、生活垃圾整治、畜禽粪便污染控制、环保宣传及标志牌设置等工作。

（六）创新社会管理，构建和谐社会。1. 加快推进社会事业发展。推进义务教育均衡发展，认真实施“农村义务教育薄弱学校改造计划”和“百校兴学”工程。完成3所幼儿园新改扩建工程，创建10所校园文化示范学校和10所平安校园示范学校。完善乡镇综合文化站设施，完成农家书屋全覆盖，增加农村公益电影辐射面。启动农民工聚集区文化设施建设。文化馆、图书馆、美术馆、乡镇文化站免费向公众开放。加大投入力度，全面实现广播电视采编播“数字化”。加快徐沟文化产业区、醋文化博览园建设，加快文化产业发展。创新文物维修保护办法，公布第三批县级非物质文化遗产名录。

2. 健全社会保障体系。启动社保大厦建设，强化养老保险、失业保险、基本医疗保险、工伤保险、生育保险基金的征缴和发放工作，保险基金支付率100%。

推进城镇居民基本养老保险试点工作，实现城乡社会养老保险一体化。制定医疗资源流动办法，促进医疗资源下沉。启动村卫生室星级标准化建设。发展社会福利事业，完成老年公寓建设，启动残疾人康复服务中心、社会福利服务中心建设工程。推进公共就业服务体系建设，重点抓好就业援助、高校毕业生帮扶、农村劳动力转移、困难群体和退役士兵就业等。

3. 创新社会管理。制定重大决策、工程和项目社会稳定风险评估办法，维护群众权益和社会稳定。完成煤矿安全员手机信息平台、瓦斯治理中心、应急救援大队、安全培训基地、安全检查标准化等重点工作。加强交通、消防、危化、民爆物品、建筑施工、烟花爆竹等重点领域和高危行业的安全管理。加强耕地保护，研究制定打击违法占地实施方案，完善网格化管理模式。严厉打击"双超"行为。建立健全食品安全数据库。启动运行省级农产品检测中心，开展水产品检测工作。完善防灾减灾体系，健全突发事件应急预案，规划建设三级应急避难场所。

坚持民生为本　推进转型跨越

灵丘县县长　**赵亚雄**

2009年以来，灵丘县开展两轮"五个全覆盖"工程，涉及农村道路建设、中小学校舍安全、村通广播电视、中等职业教育免费、新型农村社会养老保险等10个方面，全方位改善农村、农民的社会生活，不仅使全县19万农民得到了实惠，而且夯实了全县农业发展方式转变和农村经济结构调整的基础，实施两轮"五个全覆盖"的四年，是灵丘农村面貌变化最大的四年，是灵丘农民得实惠最多的四年。同时，紧紧围绕群众普遍关心、关注的热点、难点问题，继续加大投入，实施涉及重大民生的"十大惠民工程"，把民生工程的触角伸得更广、更远，让农民群众更多地享受改革发展的成果，进一步加快了全县转型跨越发展步伐。

一、立足实际，突出重点，认真实施两轮"五个全覆盖"工程

以改善农村基本生产、生活条件为目标，围绕建制村实施第一轮"五个全覆盖"工程。顺利完成村通水泥(油)路全覆盖、村级卫生室全覆盖、中小学校舍安全改造全覆盖、村通广播电视全覆盖、农村安全饮水全覆盖等五项民生工程。"泥水路"变成了"水泥路"。到2009年底，共投入资金1.53亿元，为全县254个建制村修建通村水泥路994千米，提前一年实现村通水泥(油)路的目标。最好的房子是校舍。两年投入资金1.34亿元，新建、改造中小学校84所，面积12.5万平方米，全面消除了中小学校舍危房。小山村有了卫生室。投入260万元，新建、改建村卫生室78个，于2009年底提前一年实现了254个行政村卫生室全覆盖的目标。2010年，在村级卫生室全覆盖的基础上，新建标准化村级卫生所20所，实现了高质量的"全覆盖"。小荧屏播出了大世界。安装卫星直播套站3600个，180个电视"盲村"3600户1.3万余人收听收看到了广播电视，实现了村村通广播电视的目标。农村用上了放心水。总投资4564万元，建成饮水安全工程224处，解决了224个行政村、9.9万人、2.7万头大牲畜的饮水不安全问题，超计划完成了饮水安全工程全覆盖的目标任务。

以提升广大农民的幸福感为目标，全力启动实施第二轮"五个全覆盖"工程。实施农村街巷硬化、农村便民连锁店、农村文化体育场所、中等职业教育免费、新型农村社会养老保险等新的"五个全覆盖"工程，让富裕起来的村民们在精神和文化方面得到满足。新的"五个全覆盖"工程从2011年开始实施，计划到2012年底全部完成，已完成两年总任务的90%以上。农村街巷硬化全覆盖工程，2011年完成160个村街巷硬化700.3千米，剩余95个村735.5千米的街巷硬化将于2012年年底全部完成。农村便民连锁店全覆盖工程，2011年建成65个便民连锁店，超计划完成5个，剩余25个便民连锁店已于2012年6月全部完成。农村文化体育场所全覆盖工程，已累计建成农家书屋的行政村110个，剩余145个农家书屋于2012年6月全部完成。农民体育健身设施和村级文化活动场所实现了全覆盖。中等职业教育免费全覆盖工程，2011年秋季，全县职业高中387名全日制学生全部享受免学费补助。新型农村社会养老保险全覆盖工程，2010年实现了全覆盖。2011年全县应参保12.2万人，实参保11.6万人，参保率95%。发放2011年新农保养老金

1668万元,全部实现了社会化发放。

二、科学谋划,精心部署,大力推进"十大惠民工程"

一是实现了县城集中供热。一期工程供热面积120万平方米。2012年实施二期工程,供热面积将达到220万平方米。二是开工建设城市燃气项目。2011年完成中压管网18千米,居民安装700多户。2012年二期工程完工,正式投入运营。三是进行大规模的棚户区改造。开工建设唐河绿洲小区、沙河南路北段住宅小区和迎宾北路东侧住宅小区,群众的生活条件得到很大改善。四是建设10万平方米、2000套廉租房,2012年将建成5万平方米、1000套廉租房,有效解决3000户低收入群众的住房难问题。五是再出惠农新政策。2012年,新实施15项惠农政策,惠农资金规模超过6亿元。六是完成县人民医院门诊楼和县中医院建设,开工建设县医院住院楼,完成武灵卫生院建设工程。七是启动县域医药卫生一体化综合改革。县医院、中医院、县妇幼保健院、12个乡镇卫生院、7个医疗卫生服务站和237个村卫生所全部实行基本药物制度。八是努力实现农村"两保"全覆盖。参加新农合人数18.8万人,参合率99.1%;参加新农保人数13.2万人,参保率95%。九是启动县城主干道改造工程。投资1亿元对县城一纵一横两条主干道进行高标准的维修改造。十是实施"蓝天碧水"工程。建设污水处理厂和生活垃圾处理厂,进行大规模的通道绿化和荒山绿化,使全县森林覆盖率达到28%,空气质量二级以上天数达到320天。

三、加强领导,强力推进,确保民生工程取得实效

一是思想上高度重视。把两轮"五个全覆盖"作为新农村建设的重要内容,作为统筹城乡发展的根本举措,作为落实"以人为本"方略的具体步骤,作为保稳定、促和谐的民心工程,举全县之力,攻坚克难,打赢这场改善农村面貌的攻坚战。二是组织上统一领导。成立全县农村"五个全覆盖"工作领导组,统一协调和解决工程实施过程中的重大事项,为"全覆盖"的实施提供了有力的组织保证。三是规划上高标起步。把"全覆盖"工程同新农村建设、村级组织活动场所建设、校园标准化建设、县域卫生一体化综合改革和文化兴县战略有机结合起来,坚持高标准规划、高起点建设,提高"全覆盖"工程的设计标准和配套程度,确保"全覆盖"工程真正发挥作用。四是资金上多元投入。积极探索实践"国家、地方、社会、群众"多管齐下的资金筹集模式,有效缓解了资金短缺的困难,为"全覆盖"工程和惠民工程提供了有力的资金支持。五是质量上严格把关。严格资质审验,把好工程准入关;严格质量审核,把好工程验收关,确保每项工程都成为"精品工程"、"民心工程"、"德政工程"。六是方法上因地制宜。按照"一村一张图"的要求,坚持突出重点、协调推进,在资金投入上有所侧重,不仅加快了建设速度,而且提高了覆盖水平,使群众真正得到了实惠。

加快建设塞北魅力水乡、生态宜居广灵

广灵县县委书记、县长 **郭占宝**

全县上下深入贯彻落实科学发展观,抢抓机遇,攻坚克难,锐意进取,扎实工作,圆满完成县十五届人大一次会议确定的各项目标任务,为顺利完成2012年工作任务奠定了坚实基础。

一、2012年政府工作的总体要求

全面贯彻落实党的十七届六中全会精神,以邓小平理论和"三个代表"重要思想为指导,以科学发展观为统领,紧紧围绕建设富裕民主文明和谐新广灵的主题,加快推进经济发展方式转变和经济结构调整,加快推进基础设施建设和发展环境优化,加快推进生态环境治理和资源节约利用,加快推进公共服务体系建设和社会民生改善,保持经济平稳较快发展,保持社会和谐稳定,奋力开创全县经济社会转型跨越发展新局面。

二、2012年全县经济和社会发展的预期目标

地区生产总值17亿元,增长13%。全社会固定资产投资确保27亿元以上。粮食总产量稳定在13万吨左右。规模以上工业增加值5亿元,增长27%。财政总收入14557万元,增长15.86%;一般预算收入5703万元,增长18.05%。农民人均纯收入4470元,增长16%;城镇居民人均可支配收入14300元,增长14%。社会消费品零售总额6.7亿元,增长16%。

三、2012年政府主要工作

*(一)狠抓招商引资和项目建设不放松,夯实县域经济转型跨越发展基础。*一要突出重点抓项目。着力抓好省市重点项目,确保工程质量和进度。二要完善

机制促项目。强化重大项目领导包点责任制，完善项目建设、督查考核、合力推进机制，对省市重点项目实行集中调度和专项督查制度，确保项目落地和顺利实施。三要千方百计争项目。紧紧围绕绿色农业、环保工业、生态旅游和特色文化等重点产业，密切跟踪国家、省、市产业政策调整和资金投向，切实做好项目的筛选、论证、储备、申报和争取工作。四要凝心聚力抓招商。加快工业、农业园区建设步伐，健全招商引资优惠政策，完善园区招商平台。围绕重点产业，不断创新招商方式，积极引进一批带动能力强的大企业、大项目，提高招商引资规模、质量和实效。

（二）狠抓现代农业建设不放松，促进农业提质增效和农民增收。一是壮大特色主导产业。深入贯彻落实各项强农惠农政策，扎实推进“一县一业、一村一品”建设，力争年内培育发展“一村一品”专业村 15 个。强力打造“东方亮”谷子、优质苦荞和食用菌等优势农产品基地，不断壮大以“优质杂粮、食用菌、绿色蔬菜、林畜产品”为代表的特色主导产业。二是加强农业标准化生产。加强农业标准化生产技术推广，引导和鼓励龙头企业发展标准化生产基地，建立健全质量检测检验体系，力争年内申报“三品”认证 4 个以上，新增标准化生产基地 200 公顷。三是提高农业综合生产能力。加大农业投入力度，建立和完善以政府投入为引导，银行信贷、社会资本广泛参与的多元化农业投入机制。强化科技支撑作用，抓好畜禽标准化养殖小区建设、生态治理、农业综合开发和基本农田建设，提高农业机械化装备水平。四是拓宽农民增收渠道。大力发展二、三产业，鼓励发展农业合作组织。加强农民工职业技能培训，带动农村富余劳动力转移就业。五是加快新农村建设步伐。继续完善 85 个重点推进村建设，完成 17 个新增重点推进村建设任务。实施水库除险加固、节水灌溉、小流域治理等水利工程。加大扶贫开发力度，实施以工代赈工程，推进农村土地综合整治，改善农村生产生活条件。六是推进生态广灵建设。重点实施外资造林、文冠果基地种植、千福山荒山造林、太行山绿化示范等绿化工程，不断提升城乡生态化发展水平。

（三）狠抓环保工业发展不放松，提升工业经济总体规模和效益。一是做强做大优势产业。大力发展环保工业，壮大绿色能源、优质建材、有色金属和特色食品加工等支柱产业，实现工业经济总量和效益显著提升。加快在建项目建设进度的同时，重点抓好熟料新型干法水泥生产线、露天开采项目等建成项目达产达效。二是优化工业发展环境。继续抓好工业园区建设，引导企业建立现代企业制度，实现转型跨越发展。认真落实国家支持中小企业发展的各项政策，完善配套扶持体系，不断提高服务水平。三是加强节能减排工作。从严控制高耗能、高污染企业和项目进入。坚持生态文明建设，加强生态保护和环境治理，促进城乡环境持续改善。

（四）狠抓体制改革创新不放松，增强转型跨越发展的保障能力。一是积极稳妥地推进企业改制工作，盘活国有资产，激发经济发展活力。二是加快行政审批制度改革，构建行政审批“高速路”。三是加快推进事业单位人事制度改革，重点做好事业单位岗位设置管理的规范和完善工作，引深教育系统事业单位试点改革，实施乡镇事业单位试点改革。四是完成以明晰产权、承包到户为重点的集体林权制度改革收尾工作，逐步落实公益林补偿、林权抵押等配套改革，建立健全现代林业产权制度，加快林业发展，促进生态改善和农民增收。五是深化国库集中支付、政府采购等财政管理制度改革，优化财政收支结构，建设公共财政体系。六是进一步深化医药卫生体制改革，加快健全全民医保体系，巩固完善基本药物制度和基层运行新机制，积极推进公立医院改革，加快建立现代医院管理制度。

（五）狠抓基础设施建设不放松，加快推进县域城镇化发展步伐。科学拓展城市发展空间，大力改善城乡人居环境。强力推进道路、桥梁及附属设施配套改造工程，推进城市中压管网工程、木槽涧综合治理一期工程和沿河景观绿化工程如期完成。扎实推进保障性住房建设。力争完成污水处理厂扩容升级工程立项，争取开工建设中水回用项目和县城垃圾处理厂二期工程。继续实施县城绿化、净化、亮化、美化工程，规范和完善城市管理。完成 4 条 10 千伏输电线路及 15 个低压台区扩容改造工程建设。建设林区公路，新改建县乡道路。继续实施危桥改造及道路安全保障工程，做好农村公路养护，推进依法治超，全面提升城乡公路畅通能力。

（六）狠抓社会事业进步不放松，全面提升城乡统筹协调发展水平。坚持教育优先发展，巩固校舍安全工程成果，推进义务教育标准化学校建设。积极发展学前教育。继续深化教育教学改革，巩固提高“两基”成果，加快普及高中阶段教育，大力发展职业教育，鼓励支持民办教育。加强师资队伍建设。加快公共卫生体系建设，完善医疗卫生基础设施，促进城乡基本公共卫生服务均等化，落实基本药物全部配备使用和医保支付政策，确保职工基本医疗保险、城镇居民基本医疗保险和新型农村合作医疗参保率稳定在 98%以上。加强疾控和妇幼保健工作，“七苗”接种率达到 95%以上。加大食品安全监管力度，进一步提升食品安全保障水平。继续加强人口计生工作，稳定低生育水平，提高出生人口素质。大力发展文化旅游业，实施“素质提升、文化惠民、产业发展、非遗保护、人才培育、市场净化”六大工程，做大做强剪纸等特色文化产业，扎实推进文化生态旅游强县建设。

（七）狠抓民生保障改善不放松，不断提升人民群众幸福指数。认真落实积极的就业政策。继续完善社会保障体系，扩大社会保险覆盖面，推进新型农村社会养老保险和城镇居民社会养老保险试点工作。进一步完善城乡社会救助体系，规范城乡低保，提高“五保”集中供养率及城乡低保和大病救助水平，做好优抚、孤儿和困难儿童救助工作。深入推进“平安广灵”建设，加强和创新社会管理，健全基层管理服务体系。完善信访工作责任制，建立健全社会矛盾纠纷调处机制。严格落实安全生产责任制，有效防范和遏制各类事故发生。完善突发事件预警、响应和应急处理机制，提高应急保障能力。进一步加强社会治安综合治理，严厉打击各类违法犯罪活动，努力营造安居乐业的良好社会环境。

坚持发展不松劲　狠抓转型不动摇
朔城区步入转型跨越发展快车道

朔城区区长　刘　彪

朔城区地处雁门关外，是朔州市委、市政府所在地，全市的政治经济文化中心。近年来，朔城区紧紧抓住全市"四化一体东部新区"建设的战略机遇，突出经济建设和主城区建设两大任务，坚定不移地推进产业转型、城市功能、社会管理、人文素质"四个升级"，全区经济社会各项事业取得显著成效，各项指标高位运行，步入了发展的快车道和加速期。2009～2011 年连续 3 年在全省经济社会综合实力考核考评中名列第一，高速健康发展的经济引领各项事业突飞猛进，一个自然生态现代宜居的幸福新城正在塞外大地上崛起。

一、以科学发展为主线，全面提升县域经济发展规模

朔城区经济正处在由传统的煤电独大向现代化城区转型大调整、大发展的关键时期，审时度势，着眼长远，我们紧紧扭住科学发展这条主线，立足区情，解放思想，大胆探索，勇于实践，确定"以煤为基，多元发展"的发展思路，围绕壮大支柱产业、培育新型产业、发展循环产业三大主攻方向，大力招商引资，狠抓项目落地，规划建设了富甲、东坡马营堡、神头建材固体废弃物综合利用、梵王寺煤炭等四大工业园区。不断加快产业结构调整，努力转变发展方式、夯实发展后劲，进一步推动经济社会朝着健康、协调、可持续方向发展。同时，朔城区秉承抓项目就是抓发展的理念，积极引进大项目、好项目、高科技项目，围绕循环产业链，针对大集团、大企业定向叩门招商，并以晋商会、能博会、广洽会等大型节会为平台，签约更多优质项目。项目涉及煤炭技改、洗选、物流、现代服务业、现代农业、制造业、高新技术产业等多个种类。现在，朔城区已初步形成"以煤为基、多元发展"的产业格局。

二、以工业新型化为支撑，推进县域经济高端发展

在如何才能实现煤炭工业健康可持续发展的问题上，朔城区坚持走工业新型化道路。积极拓宽与煤相关产业，延长产业链条，发展接续产业，推进产业、产品结构优化升级。朔城区正逐步形成煤炭生产—洗选—发运—煤矸石发电—粉煤灰综合利用产业链。全区 9 座煤矿全部达到综采标准。全部运行后，年煤炭生产、洗选、发运能力将达到 3000 万吨。

围绕工业新型化，坚持项目决定发展的理念，规划五大工业园区，率先重点推进富甲和东坡两大工业园区，并以此为平台，新建 50 多个新项目，总投资 580 亿元，为全区经济转型跨越发展提供了强大引擎。在园区项目的选择上，特别重视高新技术产业项目的引进。园区内的中煤平朔 20 万吨粉煤灰综合利用项目、朔州华源科技塑胶、粉煤灰填充高分子材料制品、塑钢铝合金加工组装项目、易荣热虹吸管项目等高新技术项目的引进，对优化传统产业结构，提升转型项目质量提供了强有力的保障。

朔城区把发展企业总部经济和发展现代物流业、高档服务业作为转型发展、促进县域经济向高端发展的重要突破口，吸引了 60 多个项目落户朔城区，成为全市最大的高档服务、现代物流集散地。40 多家各类企业总部基地在区内落户，全部建成后税收可达 30 多亿元。先后引进的香港豪德、居然之家、北京亿城、杭州绿城等成为全区高档服务业龙头。目前，新区落户项目投资 605 亿元，全区服务业增加值占区内生产总值的比重提高到 55%。

三、以农业现代化为基础，推进县域经济协调发展

以传统农业为主导，大力发展特色农业，"一村一品、一县一业"工程，培植了祝家庄园区、滋润园区、青种园区三大科技种植园区，发展了四类专业村，完善了十大特色基地。朔城区连续 8 年位居全国 200 个产粮大区之一。全区蔬菜大棚发展到 1.6 万个，设施蔬菜总面积达到 1800 公顷，连续两年进入全省蔬菜建设 20 强区(县)行列。全区规模养殖园 100 多个。农业生态园区建设正在成为朔城区发展高效设施农业、增加农民收入的又一亮点产业。加快推进新农苑农业科技生态园区建设，致力打造全国一流的高效农业产业园区，实现规模化种植、标准化管理、产业化经营。2/3 的日光温室生产高档名贵花卉，1/3 的日光温室生产优质绿色蔬菜，达到生产、观光、采摘、休闲、旅游为一体的科技生态农业园区。园区建成后可安置 600 多户农民，年创产值3800万元。

四、以城乡建设为载体，保障县域经济转型跨越

秉承“城市让人民生活更美好”这一理念，坚持“南延、西拓、中改”战略，着力打造城中古城文脉、城西园林生态、城南湿地水系三张城市名片。2012年，朔城区共铺开各类建设项目100多个，概算投资450多亿元，城市中心区面积已由原来的20多平方千米发展到70多平方千米，形成老区和新区建设同步协调的好局面。

坚持生态优先战略，坚持高起点规划，高标准设计，大力度推进，高质量建设，努力做好绿色发展、低碳发展这篇大文章，全力打造生态朔州样板，城市形象得到大幅提升。2012年，铺开了5333公顷的西山生态六期工程和1333公顷的城西林木良种培育基地建设，治理总面积达到2.3万公顷，成为市区的一道绿色屏障。恢河水引上西山工程，年投资5000万元，年调水500万立方米，玉泉湖、雁家湖和双照湖均已蓄水。全省规模最大、植物群落最丰富的金沙植物园已于2011年9月竣工开园。恢河河道综合治理长度达4.5千米，形成水面66公顷。朔城区全区生态治理面积达到8.6万公顷，林草覆盖率45%，人均绿地面积10.6平方米，一座绿色的山水新城正在崛起。

五、以改善民生为重点，促进县域经济和谐发展

一是坚持教育优先发展，加强十大教育集团的创建管理工作。先后建成城区一中敬德校区、八中、九小、迎宾路小学等一批新校园，对城镇学校和24所农村学校进行大规模的改扩建，解决了学生上学难、上学远的问题。十大教育集团的建立有效解决了城乡学校和强弱学校之间的教育差距问题，进一步优化了教育资源。二是不断加快三级医疗卫生基础设施建设，深入实施新农合制度，全区医疗卫生事业较快发展。新建城区一、二医院住院楼，新增床位740张，完成24所乡镇卫生院的标准化建设，完成45个空白村的建设、改造任务，全区301个村卫生室全部完成改建任务，三级医疗网络建设基本实现。建立远程医疗会诊中心，实现了与301医院、武警总医院等国内大型医院的技术咨询和基层医疗单位的业务指导，改善群众就医条件，基本满足了城乡卫生服务需求。三是以强化社会保障作为改善民生的重要抓手，力争让全区50万群众在就业、养老、医疗等方面得到实惠。新型农村合作医疗参合率达到99.3%，各级财政对新农合的补助标准从每人每年120元提高到200元。全区各类参保人数29万人，基金滚存结余2.8亿元，做到了足额发放，应保尽保。

率先走出资源型地区转型跨越步伐
建设自然生态现代宜居幸福新平鲁

朔州市平鲁区区长　**吴晓斌**

2012年是实施“十二五”规划承前启后的关键之年，也是巩固开局成果、全面提升经济社会发展水平的决胜之年。做好2012年的各项工作，对于保持平鲁区经济社会发展良好势头，以优异的成绩迎接党的“十八大”胜利召开具有十分重要的意义。

一、2012年政府工作的总体要求

高举中国特色社会主义伟大旗帜，全面贯彻落实科学发展观，紧紧围绕省委、省政府转型跨越发展和市委、市政府打造新基地新优势新朔州，建设自然生态现代宜居幸福新城的战略部署，坚持稳中求进的工作总基调，以转型综改试点区建设为统揽，以“两个70%”为抓手，通过工业新型化，带动市域城镇化，促进城乡生态化，实现农业现代化，率先走出资源型地区转型跨越发展新路。

二、2012年经济社会发展主要预期目标

地区生产总值276亿元，增长14%；财政总收入36亿元，增长19.3%，一般预算收入16.6亿元，增长11%；城镇居民人均可支配收入16950元，增长15.4%；农民人均纯收入6661元，增长22%；全社会固定资产投资完成125亿元，增长23.5%；社会消费品零售总额26.1亿元，增长17%。

三、2012年政府工作重点

(一)围绕先行先试，强势推进转型综改试验区建设。在产业转型上，不断理顺煤炭资源开发利用体制机制，促进煤炭资源开发收益更多地用于发展非煤产业和高新技术产业。在城乡统筹上，创新矿业存量建设用地整合利用机制和城乡建设用地增减挂钩机制，统筹开发利用工矿废弃用地，积极推动土地流转，提高土地利用效率，拓展转型和民生项目的用地空间。在生态修复上，探索建立生态环境产权制度，完善煤炭开采生态环境综合补偿机制，加快生态修复治理。在民生改善上，积极支持和引导非公经济发展，鼓励民间资本和在外能人发展公共服务、新兴产业和文化产业。同时，创新融资机制，积极探索与资源型经济转型相适应的金融格局，设立政府引导基金，支持致力于产业转型的各类产业发展。积极争取上级在土地、资金方面的倾斜。

（二）围绕产业结构调整，强势推进工业新型化进程。1. 积极推进传统产业优化升级，夯实转型跨越发展的坚实基础。在进一步提升已经建成和正在建设的19座大型矿井智能化、信息化、现代化水平的基础上，加速推进正在办理相关手续的其余5座矿井的机械化升级改造，力争到年底全区所有保留煤矿全部建成安全质量标准化矿井，实现煤炭经济增长方式的根本性转变。同时，全面推进“一矿一企，矿企联动”新兴工业发展战略。

2. 强势推进循环经济园区建设，打造产业集群化发展平台。以大项目、大企业、大园区为支撑，举全区之力抓好园区建设。大力发展地面骨干企业，培育壮大新兴产业，构建以煤、电为主体，新兴产业和高科技产业为支撑，具有平鲁特色的现代工业体系。一是加快北坪循环经济园区建设。二是加快东露天循环经济园区建设，大力发展立体能源。三是加快安太堡工业园区提档升级。

3. 大力发展旅游文化产业，培育壮大转型跨越的增长极。投资10亿元，继续抓好“一园两城五大景区”建设。加大整合开发力度，努力提升文化旅游产业发展水平。4. 着力加快招商引资步伐，拓展转型跨越发展新空间。积极参加各级各类洽谈会、博览会等项目推介活动。创优发展环境，提升服务水平，吸引一批大项目、新项目、好项目尽快落户平鲁。积极争取国家投资项目，深度挖掘本区的民营资本，在引“外资”的同时要大力盘活“内资”，把从资源整合和煤矿兼并重组中退出的巨额资本留在本地、落地生花。

（三）围绕农民增收，强势推进农业现代化进程。一是以种植基地建设为重点，大力提高农业集约化水平。强力推进农业结构调整，着力在园区化、规模化上取得新成效，把农业产业做特做深、做出效益。加快推进万亩设施蔬菜基地和高效农业示范区建设。建立和完善补偿机制，新建一个温室大棚补足1万元，力争两年内达到户均1座大棚，户均增收1万元。集中建设马铃薯、胡麻、荞麦、莜麦四大优势农产品种植基地，提高集中度，增强竞争力，形成规模优势。二是以养殖园区建设为重点，大力提高畜牧业规模化发展水平。稳步推进规模健康养殖工程，高标准建设一批精品养殖园区，带动养殖业快速发展。制定畜牧扶持政策，力争年内新建标准化养殖小区10个、股份制牧场5个，牛饲养量达到3.6万头、羊50万只、猪7万头，逐步把养殖业发展成为农民增收的有效途径。三是以龙头企业建设为重点，大力提高农业产业化经营水平。进一步扩张龙头企业的数量和规模，推进农产品精深加工，提高农业附加值。加快农产品物流销售体系建设，完善配套设施，强化辐射带动能力。加快农民专业合作社建设。重点培育一批省级和国家级知名品牌，整体提升平鲁区农副产品的知名度和竞争力。继续加大农业新技术推广应用力度，深入推进农民素质提升工程。

（四）统筹城乡，强势推进市域城镇化进程。1. 高起点规划城乡空间布局，拉开城市发展框架。按照“大环抱、小分散、组团式”的布局，努力形成分区规划、控制性详细规划和专项规划相互衔接、功能配套、内容完整的城乡规划体系。大力推进旧城改造和北坪新城建设，着力构建现代宜居、历史文化、山水生态“三位一体”的城市发展新格局。

2. 高水准打造精品工程，全方位推进城市建设。围绕中部古城区、南部新城区、北部工业区、环城生态区的总体布局，全面推进井坪城建设。开工建设一处旅游景区建设工程、两大水系建设工程、三条城市主干道建设工程、四个住宅小区建设工程、五项功能性建筑建设工程、六大公共事业建设工程，全面提升城市建设水平。

3. 高规格推进“四城同创”，彰显城市魅力和文明程度。继续深入推进卫生、园林、环保、文明城市的常态化建设，大力实施环境综合整治、违章建筑拆除、交通秩序整治、马路市场清理、广告牌匾整治等集中整治行动，进一步完善市政基础设施，优化人文环境，提高市民素质。

4. 高质量抓好城市景观提升工程，优化生态环境。重点实施好总面积70平方千米的环城生态新区建设工程，高水平推进煤矿生态恢复治理、塌陷区生态修复、水土流失治理、退耕还林、生态旅游景观、水系建设、循环经济园区、双万亩种苗基地八大建设工程，精心塑造“一库两河五湖”城市新景观。

5. 高标准推进镇村改造，全面提升新农村建设水平。对现有新农村进行升级改造，进一步巩固完善镇村建设成果。对煤矿井田范围的村庄实施有计划搬迁，力争年内所有生产矿井完成“一矿一村”改造。对有涉农项目的村庄进行优化整合，土地集中使用。加快推进重点水利工程和乡村路网建设。全面完成农村新的“五个全覆盖”和农村危房改造等建设任务，彻底改善农民的生存条件和生活环境。

（五）打造绿色平鲁，强势推进城乡生态化进程。一要进一步加快造林绿化步伐。重点抓好“一园一圃两大圈，一区三山四条路”造林绿化工程。二要强力推进治污减排和节能降耗。继续在矸电、化工等高耗能行业实施变频节电等节能技术改造。加大对重点企业的节能减排监控力度，确保稳定达标排放。加强河道、地质灾害和煤矿周边村治理。在不同行业完善防风抑尘等环保设施，全面改善环境空气质量。

（六）改善民生，强势推进各项社会事业发展。一是加快发展各项社会事业。教育方面，全面启动振兴平鲁教育三年行动计划。加快推进15年免费教育全覆盖。全面完成校舍改扩建工程，以及城区学校标准化建设和“班班通”配套工程。医疗卫生方面，继续推进全省医疗卫生体制改革试点区建设，进一步完善运行机制,提高运行质量。新农合补助标准达到315元,继续领跑全省。文化方面,依托深厚的文化底蕴,大力弘扬门神文化,精心打造门神品牌。加大文化体育设施建设力度,广泛开展群众性文化体育活动。社会保障方面,进一步完善社会保障体系,不断提高社会公共服务水平。实施更加积极的就业政策,千方百计稳定和扩大就业。建立健全城乡低收入群体保障救助体系,高标准完成农村“五保”老人的集中供养工作。二是加强和创新社会管理,促进公平正义,打造诚信平鲁。健全社会管理体制机制。提高综合防控能力,实现信息产业崛起。深入开展“平安创建”专项行动,提高社会治安综合治理水平。加强救灾应急体系建设,全面提升灾害应急救助和减灾防灾能力。加快完善信访调解长效机制,建立健全矛盾纠纷排查化解机制。三是坚持不懈抓好安全生产,确保社会稳定,打造平安平鲁。全面加强生产安全、社会安全、消防安全、食品药品安全等各级各类、各行各业安全。特别是要突出抓好煤矿安全生产,进一步强化“两个主体”责任,不断引深安全生产专项整治行动,严厉打击私采滥挖和非法违法生产经营行为。切实抓好非煤矿山、交通运输、建筑施工、危险化学品、特种设备、易燃易爆物品和公共场所的安全管理。进一步强化学校安全工作。

构建“三色经济” 推进“四化一体”
加快建设自然、生态、现代、宜居新山阴

山阴县县长 **南志中**

2011年,山阴县坚持以科学发展观统领全局,按照省、市转型跨越发展和“四化一体东部新区”建设的战略部署,攻坚克难、奋发进取、埋头苦干、扎实工作,全县经济社会发展取得新成就。

2012年是实施“十二五”规划承前启后的重要一年,也是山阴加快转型跨越发展、全面推进“四化一体”东部新区建设的关键一年,做好2012年的工作,意义十分重大。

一、2012年政府工作的总体思路

紧紧围绕打造全省多元循环发展第一县目标,全力打好全省扩权强县试点县和循环经济示范园区建设两张牌,创优放大黑色煤炭、白色乳品、绿色生态三色经济循环发展模式效应,着力在大项目支撑、园区化承载、板块式发展、集群化推进上求突破,全面提升工业新型化、农业现代化、县域城镇化、城乡生态化、文化产业化水平,构建“三色经济”与“四化一体”互促互动、同步发展的县域经济新格局,加快建设自然、生态、现代、宜居幸福新城。

二、2012年经济社会发展的主要预期目标

地区生产总值165亿元,增长22.2%。财政总收入突破30亿元,增长24.2%;一般预算收入9.57亿元,增长10.4%。全社会固定资产投资完成80亿元,增长33.3%。社会消费品零售总额27.8亿元,增长18.6%。工业增加值86亿元,增长22.9%。城镇居民人均可支配收入22850元,增长15.9%;农民人均纯收入10580元,增长17.5%。粮食总产量2.5亿千克,增长24.7%。

三、2012年政府重点工作

(一)推动产业结构优化升级,在构建现代产业体系上实现新突破。一是全面推进园区建设。高起点、高标准、高质量规划建设九大园区,集聚各类转型标杆项目。充实提高已形成规模的两大园区,全面建设六大园区,推进西山钙化工工业园区的规划建设。二是加快发展新兴产业。40万吨粘土深加工陶粒砂生产线项目力争年内建成投产,加快河北日新集团玻璃制品生产线扩产项目二期工程开工建设等。三是继续推进品牌战略。完善“一乡一业、一村一品”发展规划,依托乳品加工及优质特色小杂粮等农副产品加工优势,积极推进商标强企、商标兴县战略。四是加快发展服务业。大力发展餐饮、商贸、物流等传统服务业。积极推进商务、会展等现代服务业发展。促进旅游、金融、信息、家政、养老等新兴服务业健康发展,促进服务业发展提速、比重提高、水平提升,使服务业成为稳增长、调结构的重要支撑。

(二)大力发展农业产业化经营,在推进现代农业建设上实现新突破。一要夯实农业农村基础。继续实施京津风沙源、农业综合开发、小型农田水利等农业基础设施工程建设。继续开展以“三拆四改五化”为内容的村容村貌大整治活动,改造农村危房1515户。二要

发展规模健康养殖。在建设大型奶牛标准化养殖示范园区的基础上，新建5个肉羊养殖小区，积极探索发展土鸡林下散养。加强重大动物疫病防控，加大对畜产品的质量安全监管力度，大幅度提高规模养殖效益。三要加快农业科技进步。大力推动农业科技创新。全面推广农业适用技术，继续实施玉米丰产方、测土配方、玉米高产创建等工程项目。强化农民技能培训。加快农业机械化步伐。四要大力推进农业产业化。扶持发展农产品生产加工项目。继续发展设施农业。加强蔬菜市场建设和管理。积极推广“公司＋专业合作社＋基地＋农户”的产业化经营模式，提高农业产业化经营水平。

（三）实施“大县城”发展战略，在城乡统筹发展上实现新突破。一是统筹城乡发展。以桑干河为发端，建设连接东西、贯通南北的主体道路框架，两侧规划建设新的居民住宅区，配套完备的城市公共设施，水电暖、教育、医疗、购物、娱乐等功能全部同步到位，建设新的中心城市，发展大县城。在“十二五”期间，50个左右的村庄进行整体搬迁，年内做好10个紧急避让搬迁村庄的前提准备工作。二是组织实施城市建设大会战。重点实施20项城市建设工程。

（四）全面推进生态修复和节能减排，在增强可持续发展能力上实现新突破。大力实施桑干河湿地生态修复工程，规划建设六大区域，年内完成河阳大道、植物园、沿河通道及绿化、边塞文化区等主体工程，进行整体县城大水网水系规划。大力实施造林绿化工程，继续推进西山、广武两大区域生态工程扩容提质，完成西山36千米的生态路建设，完成七条道路的通道绿化工程，开展重点村庄绿化、园区绿化和矿山绿化。加强林木管护。继续实施蓝天碧水工程，强力推进节能降耗。鼓励企业实施节能改造，积极推进治污减排，集中开展县域环境综合整治，全面完成主要污染物减排任务。

（五）切实加强文化软实力建设，在推动文化大发展大繁荣上实现新突破。着力打造奶牛文化，建成一座山阴奶牛文化展览馆；着力打造旅游文化，培育壮大以广武边塞文化旅游区为核心的旅游文化产业，加快广武边塞文化旅游区开发。深入开展文化下乡活动和全民健身运动，巩固和加强广播电视“村村通”工程，加强文化体育基础设施建设，加强文化遗产保护，加快发展文化产业，深化文化体制改革。

（六）着力保障和改善民生，在提升公共服务水平上实现新突破。一要稳定和扩大就业。实施更加积极的就业政策，鼓励扶持发展小微型企业，多渠道开发就业岗位。全年城镇新增就业2000人，转移农村劳动力2500人。二要完善社会保障体系。全面落实社会保障政策，进一步扩大社会保障覆盖面，提高统筹层次和保障水平。积极发展社会福利和慈善事业，做好社会救助工作。三要加快保障性住房建设。继续推进廉租住房、经济适用住房、城市和工矿棚户区改造、公共租赁住房工程，建设各类保障性住房3450套。制定完善保障性住房建设、分配、管理、退出等制度和办法，让更多的低收入群众住上价廉舒适的新房。四要全面完成农村新的“五个全覆盖”。完成农村街巷硬化1111千米，完成新型农村养老保险扩面2万人，综合职业学校在校学生学杂费全部纳入财政预算，完成便民连锁店和体育健身场地建设的扫尾工程。

（七）大力发展社会事业，在保持社会和谐稳定上实现新突破。1. 坚持优先发展教育。完善教育基础设施。整顿教师队伍，提升教师队伍整体素质，切实提高教育教学水平。深化教育体制改革，优化教育资源配置，推进义务教育均衡发展。积极推进素质教育。加快发展职业教育，实现充分就业。实施学生营养餐计划。

2. 加快发展医疗卫生事业。新建的县人民医院年内完成主体工程。加强乡镇卫生院岗位科室建设，提升服务功能。加强村卫生室升级改造，巩固县乡村三级医疗机构全面达标成果。全力促进十项基本公共卫生服务均等化，保障县乡村医疗卫生单位全面实行基本药物零差率销售。继续充实县乡两级医疗卫生机构技术力量，全面提高服务水平。继续免费为65岁以上老年人进行全面健康体检。完善卫生监督体制，加强医疗机构监督管理，为群众提供优质、高效、安全的医疗服务。

3. 加强和创新社会管理。完善信访工作和矛盾调处机制，正确对待群众的合理诉求，切实解决好征地拆迁、劳资纠纷等事关人民群众切身利益的问题，联动化解各类社会矛盾。进一步健全社会治安防控体系，深入推进平安创建活动。健全突发事件应急机制，加强防灾减灾工作。发展人民防空事业，支持国防和军队建设，做好双拥和优抚安置工作。

4. 切实抓好安全生产。继续深化“安全生产年”活动，推进安全生产标准化建设。进一步抓好以煤矿为重点，覆盖非煤矿山、危险化学品、民爆、道路交通、建筑施工、食品卫生、消防、学校等各行业各领域的安全生产工作，坚决杜绝各类重特大事故，促进全县安全生产形势持续稳定好转。

（八）积极抢抓政策机遇，在深化改革开放上实现新突破。一是继续深化各项改革。扎实推进扩权强县试点工作。积极推进事业单位改革。推进国有企业和集体企业改革，支持引导民营企业成长壮大。积极创新用地保障机制，严守耕地红线。二是大打招商引资攻坚战。加强与国内经济发达地区合作，积极承接东南沿海地区产业梯度转移，主动融入环渤海经济圈。拓展面向全球的经贸交流。年内争取落地项目15个，重点项目引资总额力争突破300亿元。三是拓宽筹资渠道。培植税源，加强征管，努力增加财政收入。推进投融资体制改革。大力支持企业上市直接融资。支持和规范村镇银行和小额贷款公司发展，引入商业银行，发展产业投资资金和风险基金。积极鼓励和引导从煤炭行业退出来的巨额资金进入各经济领域，更好地发挥煤炭工业对全县经济社会发展的支撑和带动作用。四是全面推进转型综改试验工作。制定转型综改总体方案，大力推进以产业升级、生态修复、城乡统筹、民生改善为主的重大转型标杆项目建设。积极推进体制机制创新，力争在项目审批、用地保障、资金筹措等方面取得新进展。充分利用转型综改试验区建设这个大品牌、大平台、大载体，带动全县改革开放进一步深化，增强转型跨越发展的动力和活力。

传承"右玉精神",打造富美和谐新右玉

右玉县县长　**苏斌如**

2012年是全面贯彻落实省、市、县党代会精神,加快转型跨越发展的重要一年,是实施"十二五"规划承上启下的关键一年,是党的"十八大"胜利召开的一年。做好2012年的工作,具有十分重要的意义。

一、2012年政府工作的总体要求

以邓小平理论和"三个代表"重要思想为指导,深入贯彻落实科学发展观,继续解放思想,深化改革开放,大力传承弘扬"右玉精神",围绕"十二五"实现地区生产总值和财政收入"双翻两番"、城镇居民可支配收入和农民人均纯收入大幅提高的总目标,实施"五大"战略,推进"四化"建设,加快转型跨越,着力打造煤电循环和低碳清洁能源基地、特色农产品和生态畜牧产业基地,着力打造晋蒙开放合作的重要通道和物流基地,着力打造全国特色生态旅游名县和全省文化强县,提升社会建设和管理创新水平,加快建设富美和谐的幸福新右玉。

二、2012年经济社会发展的主要预期目标

地区生产总值45亿元,增长25.2%;财政总收入8.3亿元,增长40.4%,一般预算收入3.02亿元,增长39.8%;工业增加值20亿元,增长45.9%;固定资产投资超过65亿元,增长41%以上;农民人均纯收入4875元,增长27.9%;城镇居民人均可支配收入15870元,增长16.1%;社会消费品零售总额12.3亿元,增长23%。居民消费价格总水平涨幅控制在4%左右。城镇登记失业率控制在4%以内。人口自然增长率控制在6‰以内。

三、2012年政府工作重点

(一)以综改试验区建设和招商引资为抓手,全力推进大开放战略,提升转型跨越发展的活力。(1)推进综改试验区建设。编制实施《右玉县国家资源型经济转型综合配套改革试验行动方案》。加速推进省、市确定的"5335"四大类16个标杆项目。确保准池铁路连接线开工建设,力争西纵高速右平线、引黄入右工程和京玉电厂2×66万千瓦项目取得重大进展。(2)深化重点领域改革。完成国库集中支付改革任务,巩固完善乡财县管改革,构建财政资金绩效评价机制。做好住房公积金扩面工作,提高放贷限额。深入推进行政审批制度改革。积极推进事业单位分类改革。依法有序、积极探索农村土地承包经营权流转。健全价格监测和分析预警机制,进一步完善社会救助和保障标准与物价上涨挂钩的联动机制。(3)加大开放引进力度。转变政府职能,完善政策体系,精简行政审批程序,提高依法办事效能,营造宽松、高效、公正、文明的发展环境。引进一批煤化工、新材料、新能源、旅游业、农产品加工项目,促进右玉转型跨越发展。年内签约项目12个,引进县外资金190亿元。

(二)以转变经济发展方式为主线,全力推进大项目战略,提升工业新型化水平。1. 改造提升传统产业。坚持以煤为基、多元发展,改造提升资源类传统产业,积极拓展与煤炭相关的新能源、新材料产业,孵化培育新兴产业。加快煤矿标准化建设进程,全县煤炭产能达到1400万吨,全县煤炭洗选能力达到1000万吨。开工建设煤炭曲线输送系统。启动非煤矿山资源整合和兼并重组,逐步实现规范规模经营。

2. 培育壮大新兴产业。壮大风电新能源产业,打造全省最大的风电基地。年内完成投资15亿元,加快风电项目建设进度,全县风电装机达到50万千瓦。开工建设绿色节能LED产业园项目。完成威远变电站增容工程,新建杀虎口供电所,开工建设东十里铺110千伏变电站。

3. 加快发展农产品加工业。以梁威工业园区为载体,引进建设一批农畜产品深加工企业。加快福润300万只肉羊加工项目建设进度,新建臣丰食业10万吨苦荞饮料加工项目,推进塞上绿洲饮品公司年加工1万吨沙棘果项目和晋西口公司6万吨小杂粮深加工项目建设。做好中大公司亚麻油技改项目申报工作,力争列入国家农业综合开发产业化经营项目。

4. 突出抓好园区建设。坚持大园区承载大项目、大项目推动大发展理念,加大煤电循环、绿色农副产品加工两大工业园区基础设施建设力度。在全县南、中、北部逐步形成煤电循环经济、绿色农副产品加工和清洁能源工业三大核心经济圈。

5. 扶持中小企业发展。落实国家支持中小微型

企业发展政策，制定切实可行的扶持措施，协助解决生产经营中的困难，促进中小企业稳步健康发展，有效增加就业岗位。

（三）以发展“一县一业、一村一品”为方向，全力做好“三农”工作，提升农业现代化水平。1. 调整优化种植业结构。围绕种植业“1234”工程，重点实施七项工程。一是抓好小杂粮基地县工程建设，全力推进以燕麦种植为主的小杂粮基地县建设。二是抓好“一村一品”工程建设，新建“一村一品”示范村 15 个。三是抓好高效种植园区工程建设，新建胡麻、玉米、蔬菜等高效种植园区 15 个。四是抓好马铃薯繁育基地工程建设。五是抓好设施农业工程建设。六是抓好农贸市场建设工程。七是抓好农作物“双新”工程建设，引进农作物新品种 10 个、新技术 6 项。

2. 提高养殖规模和效益。围绕畜牧业“1115”工程，重点做好育肥羔羊、畜种改良、规模健康养殖、养殖园区基地、牧草种植、整村推进等 6 项工作。

3. 加强农业基础建设。加强农田水利基本建设，对水库进行除险加固。完成坡改梯田项目，改造中低产盐碱地。完成土地整理及补耕。实施京津风沙源治理工程，完成小流域治理、建设水源工程和节水灌溉设施工程。

4. 改善农村生活条件。继续推进移民搬迁。完成大中型水库移民后期扶持项目。继续实施农村饮水安全工程。启动农村环境连片整治工程和农村能源建设项目。实施农村电网升级改造工程。

5. 加大强农惠农扶持力度。全面贯彻落实中央一号文件和各项强农惠农政策，加大资金扶持，强化科技支撑，促进种养业大户和农产品加工企业加快发展。继续实施片区开发和农村教育扶贫项目。加强基层农技推广体系建设，力争乡镇农技推广站实现全覆盖。成立农业综合信息服务中心，构建县乡两级信息服务平台。扎实开展农村劳动力技能培训。

6. 加快推进农业产业化。加大对农副产品加工企业的扶持力度，新增一家市级“513”工程龙头企业。建设农产品质量安全检验检测站。启动运营生猪定点屠宰新厂。大力推进商标兴农和品牌建设。继续推广标准化农业生产技术。申报杀虎口四台沟小杂粮种植基地列入国家级农业标准化示范区，并培育成为国家级地理标志产品，将臣丰苦荞茶培育成“山西省名牌产品”，完成“右玉羊肉”地理商标注册。

（四）以建设自然生态绿色右玉为目标，全力推进大生态战略，提升城乡生态化水平。(1)继续提升生态建设水平。重点实施 6 大类 14 项生态绿化工程。全力打造全省最大的苗木基地。因地制宜，发展林下种植、养殖产业。(2)发展生态文化旅游产业。着眼建设“全景右玉”5A 级旅游景区，围绕“一山一水一基地、一城一堡一园区”的规划思路，推进旅游与文化深度融合，提升旅游业发展水平。(3)全力抓好生态和环境保护。全面完成林改工作。启动草原生态保护补偿项目。有序推进封山禁牧，加强森林资源管护，巩固生态建设成果。严格产业准入门槛，推进高耗能行业和重点企业节能技改。加强用电管理，严格控制能耗过快增长。加快淘汰落后产能，积极发展高新技术产业。深入推进省级环保模范县城创建活动，扎实开展农村环境综合整治。

（五）以统筹城乡协调发展为核心，全力推进大县城战略，提升县域城镇化水平。(1)强化规划引领。围绕旧城改造、新区建设、集镇和新农村建设，加快构建规划体系。(2)完善县城功能。以“两沟四园六大工程”为重点，进一步推进县城建设。(3)推进镇村建设。制定城乡一体化总体规划，构建以县城为中心、集镇为重点、中心村为基础的城乡一体化框架。加快集镇建设，构建 4 个特色集镇。推进中心村建设。高标准推进 500 人以上村庄建设，全县建成 50 个环境优美、设施配套、生活便利的中心村。(4)强化城乡管理。将城市管理“六个全覆盖”责任制向集镇延伸。加强社区建设。整治交通秩序，维护公用设施。

（六）以保障改善民生为宗旨，全力推进大惠民战略，提升公共服务均等化水平。1. 着力保障和改善民生。加强再就业和创业培训，扶持自主创业，以创业带动就业。启动事业单位职工工伤保险，全面扩大社会保险覆盖面，提高统筹层次和保障水平。鼓励社会力量参与发展养老服务业，提升养老服务水平。实施残疾人危房改造工程。继续落实好低收入农户免费供应一吨煤政策。

2. 加快发展各项社会事业。一是优先发展教育事业。加强学校基础设施建设，进一步提升办学水平。加强教师和教研队伍建设，全面提升教育队伍素质。加强特色校园文化和星级学校建设，促进教育内涵发展。做好校园安全工作。优化调整幼儿园布局，规范民办学前教育，拓宽招生渠道，发展职业教育，推动教育均衡发展。二是提升公共卫生服务水平。深入推进医药卫生一体化综合改革、公立医院改革，巩固扩大医改成果。提高新农合筹资标准。继续实施人才强卫工程。做好妇幼保健和疾病防控工作。巩固省级卫生应急示范县成果，进一步提高卫生应急水平。加强食品、药品安全监管。稳定低生育水平，优化人口结构。三是做好科技广电工作。推动产业技术升级。继续实施广播电视“村村通”工程。

3. 推动文化大发展大繁荣。推进经营性文化事业单位改革。加强文化队伍建设。积极争取上级公共文化投资。加大文物普查、申报和保护力度，做好“非遗”项目的保护开发工作。加强西口文化研究。

4. 加强和创新社会管理。加强社会管理综合治理，严惩各类违法犯罪行为。强化公安“三基”工程建设。加强路政治超，确保公路安全畅通。提升消防救援能力，开展标准化消防站创建活动。搞好城乡社区服务，推进和谐社区建设。加强国防教育和后备力量建设。进一步完善应急管理机制，提升预防和处置突发事件、公共安全事件的能力。

5. 扎实抓好安全稳定工作。继续深入开展社会矛盾纠纷大排查大调解、清理涉法涉诉信访积案和严打整治 3 个专项活动，实现信访维稳工作“三下降、三提高”。加大劳动执法监察力度。全面落实安全生产责任，加大安全生产投入，遏制一般事故，杜绝重特大事故，促进安全生产形势由明显好转向根本好转转变。

奋力打造“三区” 加速跨越发展

应县县长 边润文

2012年是党的“十八大”胜利召开之年，是实施“十二五”规划承上启下的一年，是全省“综改试验区”和全市“四化一体”东部新区建设关键的一年，也是应县加速推动转型跨越发展、全面提升“五新应县”建设水平重要的一年，做好2012年的工作尤为重要。

一、2012年政府工作总体要求

紧紧抓住全省“综改试验区”和全市“四化一体”东部新区建设的战略机遇，紧扣全面提升“五新”应县建设水平的工作主题，解放思想，先行先试，着力在工业新型化培育、农业现代化成长、县域城镇化拓展、城乡生态化扩张上下功夫，奋力打造新能源产业领先区、现代农业示范区、文化旅游核心区，努力走出一条新兴产业立县、现代农业富民、文化旅游兴贸的转型跨越发展新路子。

二、2012年全县经济社会发展主要预期目标

地区生产总值49.5亿元，增长14%；规模以上工业增加值13.2亿元，增长15%；全社会固定资产投资35.5亿元，增长26.8%；社会消费品零售总额22.5亿元，增长20.3%；财政总收入3.3亿元，增长17.3%；一般预算收入1.38亿元，增长10.2%；城镇居民人均可支配收入16350元，增长15%；农民人均纯收入6670元，增长15.9%。

三、2012年政府重点工作

(一)强力推进项目建设，增强转型跨越发展支撑力。1.以新型产业科技园区为抓手，奋力打造全市新能源产业领先区。一要全力推动新型产业科技园区建设。全面铺开园区基础设施建设，提升园区承载能力，吸引更多企业入驻园区。结合产业布局和项目特点，重点推进两大片区建设。一是城南片区。在城南出口沿线两侧，规划面积666公顷，以晶都太阳能三期项目为依托，发展新能源、新材料、高档陶瓷等产业。二是城西片区。在县城长征路以西，规划面积1000公顷，以总投资60亿元的汽车产业城项目为依托，发展装备制造、新能源、物流等产业。二要全力推动工业项目建设。重点推进总投资300多亿元的6个续建项目、14个新建项目和6个筹建项目。对续建项目要抓投产，确保项目早日见效；对新建项目要抓进度，确保项目早日竣工；对筹建项目要抓前期，确保项目早日落地。三要整合提升传统产业。整合县内炉具生产企业，打造全国知名的节能环保炉具制造基地；加快高端陶瓷产业园建设，吸引高端陶瓷产业项目入驻园区，打造全国一流的日用陶瓷生产基地；以雅士利公司、梨花春集团等食品行业龙头企业为支撑，大力引进资金、技术、人才，推动企业集团化发展，推进品牌战略。

2.以“一村一品”、“一县一业”为抓手，奋力打造全省现代农业示范区。按照工业化理念、产业化运作的思路，实施特色优势农产品的跨区域、大规模、集群式、板块化开发。重点推进2万公顷优质高产玉米、1.3万公顷无公害蔬菜和4万头奶牛、100万只肉羊养殖三大基地，突出构建南部设施农业领先区、北部规模养殖示范区的“南菜北牧”两大产业板块，引领全县现代农业快速发展。一是着力建设城南3333公顷现代农业示范园、城北臧寨万亩养殖示范园两大示范园区。二是加快农业产业化进程。培育壮大农产品加工龙头企业，推进农产品市场建设，加强品牌建设，促进农民增收。三是全面加强农业基础建设。水利建设方面，完成京津风沙源治理、巩固退耕还林成果、马岚峪河道治理、水库除险加固、山洪灾害预警系统建设、农田灌溉渠系配套工程等水利项目。基本农田建设方面，完成万亩(666公顷)农业综合开发高标准农田、10万亩(6666公顷)玉米旱作农业丰产方等土地占补平衡项目。农业机械化方面，落实农机购置补贴500万元，完成2666公顷保护性耕作示范项目，不断提升全县农机装备和农业机械化综合水平。四是大力推进生态林业建设。整合林业项目资金，着力构建“通道绿化、荒山绿化、村镇绿化、环城绿化和城市绿化”的生态林业建设新格局。五是大力推进小集镇、新农村建设。高标准推进五大中心集镇建设，抓好10个中心村改造工程。实施5个乡30个村人畜安全饮水工程。深入推进农村新的“五个全覆盖”和农村危房改造工程，完成街巷硬化任务。全面提升新农村建设水平。六是大力推进农业科技进步。加强农业科技培训，壮大农村科技人才队伍，完善农业科技推广和服务体系，加快培育有文化、懂技术、会经营、善管理的新型农民。七是积极开展扶贫开发工作。认真编制未来5年扶贫攻坚工作规划，做好项目申报，争取国家、省、市的支持。做好扶贫移民、科教扶贫和产业扶贫等工作，切实帮助贫困群众提高自我发展能力。

3. 以木塔申遗为抓手，奋力打造全市文化旅游核心区。一是加快木塔申遗步伐。在完成木塔申遗文本编制的基础上，积极申报，确保应县木塔年内列入世界文化遗产名录预备名单。重点铺开总投资13.8亿元的木塔本体修缮、周边环境整治、遗址挖掘展示三大项目。借助木塔申遗，积极推进“应县木塔”旅游商标的培育和申报工作，统筹推进文化旅游产业的强势发展。二是启动文化产业园建设。积极推进释迦文化产业园建设，铺开释迦塔文化会议中心、释迦佛教文化园、国际佛教文化研究院等项目建设，当年计划完成投资2亿美元。三是深入挖掘地方特色文化。重视发掘、整理、提升非物质文化遗产，充分发挥应县历史文化的市场效应，打造具有浓郁地方特色、中外游客喜闻乐见的文化旅游主题表演，形成品牌带动的良性互动效应，提升应县的知名度和影响力。精心营造县城浓郁的传统文化氛围，恢复传统的老字号、小吃街、手工作坊，保护挖掘传统生产工艺，形成传统文化展示的活标本。

（二）强力推进县城改造建设，增强转型跨越发展承载力。一要加快中心城市建设。启动3条外环路新建工程，完成6条县城主干道升级改造工程。实施好塔北万亩生态园、环城绿化、主街道绿化等生态绿化工程，积极创建省级园林城市。继续推进县城公共亮化、景观工程亮化。加快建设大型物流园区、汽配商贸城和便民超市。继续抓好住房保障工程，重点推进棚户区改造、廉租房建设和商品房建设工程。继续推进集中供热和县城供水扩建工程，促进县城功能整体配套发展。二要加强市容市貌管理。坚持不懈地加强城市管理，继续深入开展县城环境综合整治。大力加强小区物业管理，进一步理顺城市规划、建设、管理体制。

（三）强力推进民生改善，增强转型跨越发展原动力。1. 继续优先发展教育事业。加快教育基础设施建设。积极推进义务教育学校标准化建设。深入推进教育质量提升工程，改善教师队伍结构，争取2012年全县高考达线突破千人大关。积极扶持职业教育发展，努力扩大职业教育招生规模。整合教育资源，推进城乡教育均衡发展。

2. 大力发展医疗卫生和计生事业。继续加强县、乡、村三级医疗服务体系建设，完成县医院迁建。县人民医院要按二甲医院标准投入运行。分年度配备先进医疗设备，推动县医院整体医疗救治水平大幅度提升。完善乡镇卫生院和村卫生室建设。大力实施国家基本药物制度，全面推进基本公共卫生服务覆盖范围，继续推进新农合应参尽参、应保尽保。加快推进公立医院改革，提高服务质量和水平。做好人口和计划生育工作，继续稳定低生育水平，提高出生人口质量。

3. 健全完善社会保障体系。进一步扩大社会保险征缴覆盖面，着重解决高危行业和农民工的参保问题，实现高危行业全部参加工伤保险。抓好创业孵化基地建设，创建创业型城市。健全社会救助体系，重点完善城乡居民最低生活保障制度和“五保”户供养、灾害救助等制度。加大社会福利建设力度，做好对各类优抚对象的优待抚恤工作。

4. 大力发展文体广电事业。加强文化建设，完善公共文化服务体系建设，年内完成“两馆一中心”建设任务，搞好乡镇文化站和村文化活动室建设。继续实施广电网络升级改造，实施数字电视平移工程，确保有线电视网络健康发展。加强公共体育设施建设，县城建好两个高标准的大型文体活动中心，实施县文化活动中心迁建工程。农村实现文化体育场所全覆盖。

5. 认真做好安全生产和环境保护工作。进一步完善大安全工作格局，全面提高安全管理水平，努力推动全县安全形势进一步好转。继续深入推进蓝天碧水工程，努力完成节能减排任务。

6. 着力创新社会管理，切实维护社会和谐稳定。探索加快户籍管理制度改革，认真抓好新开发小区的社区办公及活动场所建设，进一步完善社区服务功能，强化社区在社会管理中的基础作用。加强网络化社会管理。深入开展平安应县创建活动，努力开创全县人民和睦相处、安居乐业的局面。

推进跨越发展　挺进全国百强

原平市市长　**温建军**

2011年，原平市紧紧围绕“扭住跨越发展，挺进全国百强，建设新型工业基地、商贸物流中心、和谐宜居家园”的奋斗目标，全力打好思想大解放、作风大转变、项目大会战、教育大整顿“四大战役”，扎实推进创建园区、治理滹沱、振兴范中、改造化二“四大工程”，全市经济社会持续快速健康发展，各项工作亮点纷呈。

2012年是党的“十八大”胜利召开之年，也是原平市的大上项目年、改革创新年、决战城建年，更是原平实现转型跨越发展的关键之年。

一、2012年政府工作的总体思路

坚持以科学发展观为指导，牢牢把握转型综改先行先试和扩权强县改革两大历史机遇，大力传承和弘扬“原平精神”，实施“短期快速、适者先行”战略，突出“一二三四五”工作重点，继续打好“四大战役”，深入推进“四大工程”，扭住跨越发展，挺进全国百强。

二、2012年经济社会发展的主要预期目标

全市生产总值增长20%，达到113亿元。财政总收入增长19%，达到21亿元；其中，一般预算收入增长16%，达到8亿元。固定资产投资完成86亿元。社会消费品零售总额增长17%，达到40亿元。城镇居民人均可支配收入增长13%，达到19620元；农民人均纯收入增长14%，达到6320元。城镇新增就业岗位3308个，城镇登记失业率控制在4.2%以内。居民消费价格总水平涨幅控制在4%左右。

三、2012年政府工作重点

（一）推进示范园区建设，掀起项目攻坚高潮。一是突出抓好龙头标杆项目，加快工业新型化步伐。加快循环经济示范区供水、供电、污水处理等基础设施建设，促进项目尽快落地开工、早日达产达效。以神达千万吨洗煤、新石新型煤化工项目为龙头的现代煤化工园，太行钢结构项目和佳诚液压、兴胜机械等14家企业为龙头的机械装备园，部分项目可于年内投产；以钢铁公司百万吨短流程铸造项目为龙头的钢铁冶炼园，要加快推进工程进度；以太阳能光电供电设备、秸秆焚烧热电联产等5个签约项目为依托，建设高新技术园、新兴产业园、仓储物流园，最终形成“一区六园”的格局。生态铝工业基地以煤矸石发电为切入点，新建三期电解铝及铝加工项目，延伸煤—电—铝、氧化铝—电解铝—铝型材—铝深加工产业链条，提高产品附加值和综合竞争力。煤电产业集群加快推进同华电厂二期项目前期工作。积极实施国电、华能、华润三大风电项目，以及2×350兆瓦热电联产等项目。二是突出抓好商贸物流项目，建设晋北一流市场。瞄准“建设商贸物流中心”目标，发展大商贸、大物流、大市场，吸引集聚产业和人口，构建新型商贸物流体系。加快推进德金农副产品加工贸易园区项目、豪德汇通文化商贸物流中心项目、1.2万立方米油库及成品油批发市场、大营温泉汽车大观景园等重点项目。与此同时，大力发展信息网络、社区服务、中介服务、金融和房地产等服务业，进一步加快新型服务业发展步伐。三是突出抓好扩能升级项目，提升机械装备制造水平。泰宝公司密封件技改项目争取尽快达产达效，高龙电力公司超高压成套设备和宝丰公司新型皮带机项目争取投产，积极推进天兰锅炉、宇峰输送机、西美100万吨螺纹钢、同利精细化工等民营企业扩能升级项目，不断加大锅炉、煤机设备等优势产品创新力度。四是突出抓好招商引资工作，不断蓄积发展后劲。通过以商招商、会展招商、走出去招商等方式，寻求与大公司、大集团和国内知名企业在产业链接上的合作，努力在重大产业和重大项目的引进上取得突破，争取引资额达到500亿元、项目落地率达到50%以上。五是突出抓好国有企业改革，实现战略性兼并重组。对具备兼并条件的矿机，加快交接工作，完成神达公司兼并事宜；对符合国家产业政策、产品市场前景好的企业，加速推进“退城入园、整体搬迁”工作；对产品有市场、处于半停产状态的鼓风机厂，借鉴矿机经验积极实施兼并重组；对政策性关闭的金矿，落实关闭费用，妥善安置职工。

（二）强化“三农”工作，促进农民增收致富。一是大力发展现代农业。尽快完善《原平市现代农业总体规划》。加强与中国农大、山西农科院等科教院所的合作，积极推进良种培育、无土栽培、日光温室、地膜覆盖、土壤改良等农业科技创新。每个乡镇建立1个科技示范基地，培育2～3个科技创新企业，建设具有竞争优势的专业化、特色化、规模化示范园区。二是打造特色农产品品牌。加大绿色食品、有机农产品、无公害农产品和地理标志“三品一标”认证力度，扩大“同川”、“石鼓”、“双惠”等品牌的影响力和带动力，抓好15个“一村一品”重点村建设，提升现有176个专业村水平，打造一批有规模、上档次的专业乡镇、专业村。发展干鲜水果产业，实施有机生态小杂粮、药材种植基地建设，发展规模养殖业。三是加快农业产业化步伐。积极扶持盛源化工、如亮饲料和黄河养殖等企业做大做强，延伸产业链条，提高产品附加值。发展商贸物流新型业态，带动和促进农业产业化。新发展专业合作社65个，建设示范社12个，不断提高农民组织化程度。引导和组织农产品生产经营企业参加农博会等交易展销活动，多渠道推进农校对接、农企对接、农超对接、场厂对接，促进小生产与大市场的对接，提升农业的比较效益。四是夯实农业增产基础。增加财政专项水利资金，从土地出让收益中提取10%用于农田水利建设。继续落实河坝治理、水库修复、节水灌溉等措施。完成《土地利用总体规划》修编工作。加大土地开发整理力度。实施粮食丰产增粮工程，推进粮食高产创建示范片区建设。五是提升新型农村建设水平。培育打造10个新农村建设示范村，建设1个新农村连片示范区。全面完成农村街巷硬化、农村便民连锁商店、农村文化体育场所、中等职业教育免费、新型农村社会养老保险新“五个全覆盖”工程。对饮水设施老化、建设标准低的供水工程进行改造，解决2.1万人的饮水安全问题。继续实施万村千乡市场工程，完成10个空白乡镇邮政所建设，做好新一轮农村电网改造、农村危旧房改造等工作。认真做好土地确权登记工作，确保年内全面完成。新建高品位移民新村，逐步实施200人以下村的移民搬迁工程。

（三）落实“决战城建年”工作部署，建设和谐宜居家园。一是加快基础设施建设。在保障性住房建设方面，新建廉租房、经济适用房、工矿棚户区改造、城市棚户区住房，共计795套。道路建设方面，畅通市内微循环，重点打通8条尽头路。公共服务设施建设方面，进行供热管网改造，扩大集中供热面积；增设停车场、市场、标准化公厕，实施人行道硬化、路灯安装及管网改造等配套工程；小街小巷和居民小区继续推进硬化、绿化、亮化、净化、美化“五化”工程。二是抓好小城镇建设。精心打造“一核两星”十字形小城镇发展格局，形成集镇效应和规模效益，增强集聚辐射能力。轩岗镇以创建国家级示范小城镇为契机，加快建设垃圾处理厂，确保污水处理厂年内投用；拉大城镇框架，争当山西省50个小城镇建设试点排头兵。崞阳镇以打造国家级历史文化名镇为目标，做好修缮、开发和文物保护工作，建设基础设施完善的特色旅游小城镇。三是提高城市管理水平。强化规划引领，严厉打击违法违章建筑行为。推进城市精细化管理，搞好危旧房改造，积极探索城中村改造新模式。加快推进户籍制度改革。继续实施城乡环境卫生清洁工程，改善市容市貌。四是树立经营城市理念。科学规划城市建设用地，搞好土地集约利用，开发利用闲置土地，彻底整治土地管理秩序，严厉打击非法违法用地行为。拓宽融资渠道，加快城市建设投资公司的启动运营，采用多种模式破解建设资金难题。五是持续改善生态环境。加快天涯山风景区一期、二期工程，完成牛卧河生态公园综合治理，滹沱河生态经济带年内完成一期工程，完善以大运高速原平段为主的通道绿化提升工程，完成3733公顷营造林和干果经济林建设任务，建成区新增绿化面积25万平方米。抓紧落实节能减排责任，严把项目节能审核关，坚决淘汰高耗能、高污染落后产能，抓好建筑节能、照明节能、户表改造等工作；实施蓝天碧水工程，扎实推进环境综合整治，严厉打击非法违法排污，拆除供热区燃煤锅炉，不断提高大气质量。

（四）打造文化新高地，扩大省级文化强市影响力。一是加强阵地建设，实现文化惠民。加快文化基础设施建设，继续加强农村文化体育场所建设，完善乡镇文化站配套设施，文化馆、图书馆、博物馆以及乡镇文化站“三馆一站”免费开放。积极开展农民诗社、农民书画展、文化下乡以及评选原平市十大民间艺术家等活动。加强机关文化、社区文化、村镇文化建设。二是做强文化产业，树立品牌形象。挖掘人文历史资源，打造文化名片，发展名人文化产业。发展旅游休闲文化，现代园区文化产业。培育木雕、刺绣、面塑、剪纸等特色文化，开发具有比较优势的文化产品。三是保护历史遗产，弘扬民族文化。加强文物普查和保护，做好非遗项目及传承人申报工作，助推文化旅游业发展。

（五）保障和改善民生，全面发展社会事业。一是优先发展教育事业。不断加大教育投入，进一步优化中小学布局。狠抓教师队伍建设，提高教育教学质量。大力发展职业教育。二是继续稳定和扩大就业。大力开发公益性岗位，建立完善城乡“零就业家庭”等困难群体的就业援助体系。落实好社会保险、培训补贴等就业援助扶持政策，加强职业技能培训，以创业带动就业。三是健全完善社保体系。扩大各项社会保险的覆盖面，提高城乡居民养老保险参保率、缴费率。继续提高城乡低保、农村“五保”的保障标准，扩大保障范围，促进优抚、救济、社会福利和残疾人事业的发展。四是大力发展卫生事业。健全完善新农合制度，逐步提高报销比例，确保参合率达到99%以上，实现医疗就诊“一卡通”全覆盖。深入实施国家基本药物制度，扶持发展中医药事业，努力探索公立医院改革。继续实施出生缺陷干预工程，实现优生优育。

（六）坚守安全生产底线，创建平安和谐原平。突出抓好煤矿、非煤矿山、危险化学品、道路交通、公共聚集场所等行业和领域的专项整治。深入开展安全生产大检查，建立健全长效机制。加快煤矿、非煤矿山企业复工复产步伐，规范矿业产运销秩序，防止税源流失。扎实抓好超限超载治理。强化校园安全，抓好校车管理。加强食品药品安全监管。加强和创新社会管理，严厉打击和预防各种刑事犯罪行为，扎实抓好信访维稳工作，提高社会管理科学化水平。解决好事关人民群众生产、生活问题，确保水、电、气、暖、通信的供应和畅通。强化应急管理，提升应急救援能力，及时妥善处置突发事件。深入推进社会治安综合治理，完善管理网络体系。

致力加快转型步伐　奋力加速赶队前行

定襄县县长　王志东

2011年，定襄县深入贯彻落实科学发展观，全面落实"3581"发展战略和"156"工作总思路，致力加快转型步伐，奋力加速赶队前行，全县经济社会各项事业取得了新成绩。

2012年是定襄县的"走出去年"和"项目落地年"，也是抓住重点、突破难点、改善民生的"教育、城建和交通提升年"，做好2012年的工作尤为重要。

一、2012年政府工作指导思想

深入贯彻落实科学发展观，坚持稳中求进，兼顾进中求好，突出好中求快，按照"156"工作总思路和加快转型、加速赶队的总体部署，夯实农业农村、实体经济、交通设施三大基础，做强支柱产业、新兴产业、潜力产业三大方阵，打造宜居、文化、生态三大品牌，增强科教、改革、开放三大动力，加强民生、环境、稳定三大保障，强化大局、担当、落实三种意识，提振信心，奋起直追，扎实苦干，主动作为，努力实现强财、富民、兴县三大目标。

二、2012年经济社会发展主要预期目标

地区生产总值增长15%，达到43.5亿元；固定资产投资增长31.5%，达到21.96亿元；规模以上工业增加值增长18%，达到8.6亿元；社会消费品零售总额增长17%，达到14亿元；财政总收入增长18%，达到4.5亿元；一般预算收入增长20%，达到1.98亿元；城镇居民人均可支配收入增长14%，达到19710元；农民人均纯收入增长14%，达到8000元；城镇登记失业率控制在4.2%以内；居民消费价格总水平涨幅控制在4%左右。

三、2012年政府主要工作任务

*（一）坚持以项目建设为抓手，着力扩大投资规模。*一是抓好项目引进。进一步提高专业招商水平，继续抓好招商培训工作，加大项目攻坚力度，强化项目储备工作。二是抓好项目落地。按照储备、招商、落地、开工、服务、考核"六位一体"推进措施，两年内确保50%的签约项目落地。三是抓好项目推进。全力推进20个省市重点工程，认真实施46个县级重点项目。强化责任落实，搞好服务配合，加强项目用地申报和融资工作，为项目建设营造宽松环境。

*（二）坚持以转型升级为核心，着力壮大工业经济实力。*一要做大做强支柱产业。按照扩大规模、增加市场、整合提升的发展趋向，以整机加零部件一体化的发展模式，推动企业联合重组、合作加工和专业化生产，提升产业综合竞争力。帮助引导企业稳定市场份额，争取产品订单，保持正常生产。推进龙头企业与国内、省内大企业、大集团的战略合作，实现锻造企业的可持续发展。二要培育发展新兴工业。积极发展科技含量高、成长潜力大的新能源、节能环保等高新技术产业。利用白云石矿产资源优势发展铝镁合金产业。大力发展风力发电、生物质发电、太阳能光伏发电等新能源产业。扶持壮大利用炉渣灰制砖等项目，发展循环经济。三要优化企业发展环境。加强工业经济运行监测，加大对中小微企业的帮扶力度，强化政银企合作，进一步拓宽企业融资渠道，支持龙头企业积极开展技术创新，打造企业品牌，提升综合竞争实力。

*（三）坚持以示范园区为载体，着力拓展农业发展空间。*一是注重基地联动。重点打造瓜菜走廊和瓜菜产业带，成为示范忻州、辐射山西、引领华北、服务全国的现代农业综合体。新增设施农业面积，大力发展20个万亩玉米丰产方片以及优质杂粮基地和核桃、红枣等干果经济林。推广新技术，应用新品种，培育新产业，实现农业生产技术水平的不断提升。二是注重龙头带动。集中力量扶持一批农产品加工龙头企业，建立规模化、专业化、产业化的玉米种植模式。助推畜牧业向规模养殖、精深加工、订单销售方向发展，力争发展8个标准养殖园区，全面提升农业产业化水平。三是注重项目驱动。提高农口项目资金使用效益，不断改善农业基础设施。加强农村宅基地审批管理，合理保护和利用土地。大力发展"一村一品"专业村，认真抓好新农村集中连片建设，高标准建设移民新村。

*（四）坚持以文化旅游开发为龙头，着力加速第三产业发展。*做精做细旅游业，重点拓展三大景区，开发三大景点。大力发展文化产业，开发文化产品，整合民间艺术，打造地域特色鲜明的文化产业基地。加快发展现代服务业，发展现代物流业、现代金融业，实现传

统商贸业的上档升级。

（五）坚持以城乡一体化发展为目标，着力加快城镇化进程。全面实现创卫目标，切实加大城乡环境综合整治力度，全面提高城乡环境文明卫生水平。健全城乡规划体系，科学编制小城镇及新农村建设规划，加强城乡规划管理，坚决杜绝未批先建、乱批乱建行为。提高县城建设管理水平，着力整治占道经营、乱停乱放、乱搭乱建等行为，切实解决好背街小巷和城乡结合部的“脏乱差”问题，加大房地产市场监管力度，加强社区建设管理。强化生态环境保护工作，推进工业源、农业源、生活源的污染治理，推广使用天然气，推进节能减排，大力实施生态工程。加大基础设施建设力度。重点抓好“15项城建工程”，实施“一道一站两桥六路”畅通工程。

（六）坚持以民生改善为根本，着力加快各项社会事业发展。一要优先发展教育事业。切实加大教育投入，提高义务教育学校标准化达标率。不断优化教育管理。深入推进教育改革，实施教学质量提升工程。二要全面加强文体卫生等社会事业。大力开展群众性文化活动，加强非物质文化遗产传承保护工作，深化文化体制改革。大力开展全民健身体育活动。深化医药卫生体制改革，健全完善基本医疗保障制度和基本药物制度，抓好公立医院改革试点工作。深化人口和计划生育管理。高度重视科技成果的推广应用，大力引进、培养各类实用人才。

（七）坚持以社会管理为重点，着力构建和谐稳定局面。加强安全生产专项整治，完善安全生产长效机制，坚决遏制重特大事故发生。强化食品药品安全监管，保障群众饮食用药安全。化解信访难题，畅通信访渠道，规范信访行为。完善社会治安防控体系，依法打击各类违法犯罪活动。创新社会管理，健全完善突发事件应急体系，有效应对各类突发事件。依法严厉打击制售假冒伪劣商品、侵害消费者权益的行为。积极稳妥推进国有企业改革。

抢抓转型综改机遇　精心实施“三五”战略

五台县县长　**武新亮**

2011年，五台县坚持以科学发展观为指导，精心实施“三五”发展战略，负重赶超，扎实工作，继续保持了经济平稳较快增长、社会和谐稳定、民生事业全面进步的良好局面。

2012年是党的“十八大”胜利召开之年，是五台的“创优环境年”、“项目落地年”、“大干城建年”、“走出去年”，也是加快进位赶超、转型跨越的关键一年。五台县委、县政府将带领全县人民把握当前局势，勇于在逆境中开拓进取，变压力为动力，开拓新的更大的发展空间。

一、2012年政府工作总体思路

深入贯彻落实科学发展观，扎实推进“三五”战略，以构建富裕文明、诚信和谐、面向世界新五台为目标，以打造全省旅游标杆为抓手，抢抓宝贵机遇，大力解放思想，创优发展环境，狠抓项目攻坚，走好旅游国际化、工业新型化、农业现代化、特色城镇化、城乡生态化五条新路子，建设宜居五台、宜业五台，加快进位赶超、转型跨越，全力建设世界佛教文化名县、全国人文大县、山西旅游强县。

二、2012年经济社会发展预期目标

地区生产总值增长13%，全社会固定资产投资增长25%，社会消费品零售总额增长10%，财政总收入增长21%，一般预算收入增长17%，城镇居民人均可支配收入增长13%，农民人均纯收入增长14%，城镇登记失业率控制在4.2%以内。

三、2012年政府工作重点

（一）实施项目带动战略，为转型跨越发展提供有力支撑。1. 进一步加大项目攻坚力度。坚持项目储备、招商、落地、开工、服务、考核“六位一体”，建立县级领导包干责任制，破解项目策划难、落地难和推进难的问题，力争年内项目落地率达到50%以上。

2. 进一步加大招商引资力度。加强招商引资的组织领导，出台新的招商引资优惠奖励政策。建立项目信息平台，从全县推选出的80个招商项目中选择30个具有代表性的项目，精心包装，重点推介。积极参加第七届中博会、首届世界晋商大会等招商引资活动，争取引进投资强度大、科技含量高、发展前景好、真正带动县域经济健康快速发展的亿元大项目落户五台。

3. 进一步加大重点项目工作力度。实施省市重点工程17项，年计划投资35.25亿元。新上县乡产业化项目68个，总投资92.7亿元，年计划投资32.5亿元。重点抓好五台山风景区改造提升、同华和天和煤业露天开采、五盂高速、华能峨岭和黄花梁风电、保障性住房、天然气等项目的建设。

(二)做好"三农"工作，全力打造京津地区蔬菜基地。1. 继续完善强农惠农政策。在不折不扣地落实国家强农惠农政策的基础上，县财政将拨出1000万元用于"三农"补贴，为农业持续发展注入强劲动力。

2. 加快建设"五大产业"。一是全力推进设施农业。按照市政府"一区千园十五万棚行动计划"，大力发展设施农业，集中连片建设高标准设施农业园区10个。二是加快推进特色种植业。大力建设小杂粮、水稻、中药材、糯玉米、大葱、莜麦等优势农产品基地，发展小杂粮6667公顷。三是做大马铃薯种子产业。争取列入全省马铃薯脱毒种薯繁育基地。四是壮大规模养殖业。积极推进以肉牛养殖为主的规模健康养殖业，新建标准化肉牛养殖小区3个，发展肉牛养殖专业村20个，发展养牛专业户1000户，全年肉牛养殖数达到10.9万头。五是大力扶持农副产品加工业。依托台蘑、花椒、小杂粮、核桃等优势农产品，积极培育壮大一批独具地方特色、市场前景广、带动能力强的农业龙头企业，逐步形成"龙头企业＋合作社＋农户"的一条龙生产经营体系。争取五台山台蘑和峪里花椒申请列入国家地理标志产品。

3. 提升新农村建设水平。进一步拓展"一村一品"模式，提升现有11个示范村水平，重点推进22个示范村建设。新发展50个新农村重点推进村，扎实推进"四化四改"和"五个一工程"。完善农业社会化服务体系，新增60个农民专业合作社。全面完成农村新的"五个全覆盖"工程任务。

4. 加强农业基础设施建设。启动京津风沙源治理项目水保工程，完成圈马沟和田家岗2座水库除险加固扫尾工程。解决1.8万人、2700头大畜的饮水安全问题。认真落实土地用途管理规定，确保耕地保有量不少于3.6万公顷，确保基本农田不少于3万公顷。全面完成林改工作任务。

5. 加大扶贫开发力度。完成《五台县连片特困地区区域发展与扶贫攻坚试点规划(2012～2014年)》，实施好高效节能日光温室、核桃种植、养殖等产业扶贫工程。继续实施五大扶贫工程，确保完成移民搬迁2000人，减贫1.2万人。

(三)全力抓好工业新型化，着力打造现代新型工业园区。一是调整振兴煤炭产业。协调同煤、煤运两大集团做好移民安置补偿搬迁工作。推进东冶万吨整装列煤台建设，初步建成白家庄、茹村煤炭工业园区。二是做大做强铁选产业。重点推进金宇集团50万吨球团加工项目投产达效，争取300万吨铁粉物流园区开工建设。延伸产业链条，促进全县铁选企业向规模化、集约化、深加工方向发展。三是发展新型不锈钢产业。积极争取由太钢不锈钢工业园区有限公司在石咀乡建设年产100万件不锈钢制品生产基地。四是整合延伸铝土产业。协调推进鲁能晋北铝业有限公司再建一个采矿区。五是振兴扩张镁产业。重点扶持云海镁业扩大生产规模，初步建成沟南镁工业园区。六是大力发展电力产业。协调推进华能新能源山西风电分公司峨岭风电场一期建设投产，积极推进5个风电场项目。七是巩固壮大化工产业。促成五台山化工有限公司新建年产10万吨复合肥项目。

(四)加快发展旅游国际化，精心打造"五个五台山"。推进改造提升重点项目建设。按照省综改办初步设计的《五台山风景名胜区改造提升工程实施意见》，三年内要完成投资32.75亿元的4大类23项工程。推进忻阜高速公路通道绿化提升工程，境内绿化里程45.5千米。推进清水河流域河道治理及景区生态修复工程，积极推进重点寺庙文物保护、中心区道路改造、展示中心布展、中小学校、索道轻轨、佛学院等项目建设。二是拓宽融资空间。积极争取10亿元银行贷款早日到位，为改造提升工程项目启动提供资金保障。全力推进五台山旅游资产经营有限公司整合上市。三是构建全县大旅游格局。完善国保和省保寺庙的保护和利用。加大红色旅游景区建设力度。加大旅游宣传。

(五)加快推进特色城镇化，全力打造宜居宜业新县城。做好一个规划，高起点、高标准编制县城建设总体规划和新城区控制性详规。启动两个园林景观建设。建设两条街道。办好四件公益事业，推进县城天然气入户工程，实施县城集中供热扩容工程等。实施四项重点工程，完成190套城市棚户区和500户农村危房改造，建设垃圾无害化处理场，启动县城自来水升级改造工程，启动文化馆、体育馆、图书馆、数字影院"三馆一院"的选址设计。推进四项创建，力争完成省级卫生县城、环保模范城和平安县创建。建设特色小城镇，重点推进列入全省百镇建设工程的东冶镇和台怀镇集镇建设。完成七个乡镇规划编制，努力提高全县城镇化建设水平。完善城乡基础设施，完成229个村883千米农村街巷硬化全覆盖及12.9千米的旅游公路沥青路面铺设。协调推进五盂高速公路建设。加快农村水、电、路、讯等农村公共基础设施建设，改善人民群众生产生活条件。

(六)实施绿色生态工程，进一步改善生态环境。一要抓好减排治污。大力实施绿色生态工程。严格控制污染排放，推进工业源、农业源、生活源污染治理，推进县城污水处理厂和垃圾无害化处理建设运营。二要推进节能降耗。加快淘汰落后产能，大力推进可再生能源建筑应用。对新上项目严格节能审核、审批手续，杜绝不符合国家产业政策、能耗高、污染大的项目立项建设；对续建和投产的工业项目严格控制，补办节能评估审查手续，超能耗限额标准建设和投产的项目坚决责令停产整改。三要强化生态建设。大力开展城乡清洁活动，推进农村环境连片整治。加大造林绿化力度。

(七)切实保障和改善民生，努力提升人民群众幸福指数。一要坚持优先发展教育。加大教育投入，推进义务教育学校标准化建设，做好农村义务教育学校学生营养改善计划试点工作。加强校车和学校安全管理。二要完善社会保障体系。推进城镇居民社会养老保险和新农保工作,实现城乡养老保险制度全覆盖。巩固城镇医疗保险和新农合参保率,进一步提高财政补助标准。完善城乡社会救助体系,保障困难群众的基本生活。三要进一步扩大社会就业。实施积极的就业政策,多渠道开发就业岗位,年内城镇新增就业2483人,城镇失业人员再就业1221人,农村劳动力转移2863人,农村劳动力培训1.4万人。四要大力发展文化卫生等社会事业。深化医药卫生体制改革,加快提升卫生服务水平,建立覆盖城乡的基本医疗卫生制度。加强食品药品安全监管,强化重大疫病预防控制。抓好人口和计划生育工作,人口自然增长率控制在5‰以内。继续深化文化体制改革,加强村文化活动室和农家书屋建设。继续扩大广播电视覆盖面,解决偏远山区2000户群众看电视难问题。五要加强和创新社会管理。进一步完善信访工作机制,畅通群众诉求渠道。进一步完善社会管理防控体系,严密防范和依法打击各种违法犯罪活动。加大公路"三超"治理力度。建立健全突发事件应急体系,有效应对各类突发事件。

(八)深入抓好安全生产,保持全县安全生产良好态势。确保完成"一个目标",确保控制在市政府下达的安全生产控制指标以内。认真落实"两个责任",严格落实政府安全监管主体责任和企业安全生产主体责任。继续深化专项治理,深入开展以煤矿、非煤矿山、道路交通和危险化学品等行业为重点,覆盖所有生产领域的整治行动。重点抓好道路交通安全、森林防火安全、非煤矿山和尾矿库安全"三项整治"。

大干快上　加速赶超

代县县长　郝江陵

2011年,代县以转型发展为主线,以项目建设为抓手,全面实施"三大战略",奋力推进"五大突破",实现了"十二五"的良好开局。

2012年是实施"十二五"规划承上启下的重要一年,也是代县大干快上、加速赶超的关键之年。做好今年的各项工作,对于顺利实施"十二五"规划,加快县域经济社会发展,具有十分重要的意义。

一、2012年政府工作的指导思想

坚持科学发展主题和稳中求进总基调,抢抓我省建设转型综改试验区重要历史机遇,以解放思想为先导,以转型发展为主线,全面实施"工业富县、文化强县、科教兴县"三大战略,奋力推进"城市建设、旅游开发、现代农业、矿冶工业、财政保障"五大突破,深入开展"大干城建年"、"项目攻坚年"、"安全生产标准化建设年"活动,全力推进县域经济社会转型跨越发展。

二、2012年经济社会发展的主要预期目标

地区生产总值增长14%,力争达到16%。固定资产投资增长28%。社会消费品零售总额增长16%。财政总收入增长20.2%,一般预算收入增长14.8%。城镇居民人均可支配收入增长14%,农民人均纯收入增长15%。城镇新增就业岗位2608个,城镇登记失业率控制在4.2%以内。居民消费价格总水平涨幅控制在4%左右。

三、2012年重点做好七个方面的工作

(一)保重点,抓大项,推进项目建设全面落实。1.捆绑发展,增加项目总量。2012年,全县实施省市县重点项目62个,总投资301.7亿元,年度投资37.8亿元。出台《关于规模工业企业新上转型项目的实施意见》,制定优惠政策。全县78家规模以上企业"十二五"期间每家至少新上一个转型、延伸项目。

2.跟踪对接,推进项目落地。一是加强与汾酒集团的对接合作,促进黄酒产业做大做强。二是加强与陕西有色集团对接,争取1.1万吨海绵钛项目落地。三是加强与省、市有关部门对接,争取500万吨钢铁项目启动。四是加强与省、市相关单位对接,争取雁门关绿化和旅游循环公路项目立项并增加投资。五是做好前期准备工作,争取大运高速路连接线复线工程5月份开工。

3.创优环境,提升工作水平。实行项目储备、招商、落地、开工、服务、考核"六位一体"工作机制。主动为企业生产经营搞好服务,全力支持现有企业做大做强做优。积极扩大外贸市场,努力争取出口自营权,培育水果玉米、花岗岩、漆器等新的出口产品,促进外贸出口稳定增长。

(二)两手抓,两手硬,推进城乡建设全面提速。1.加速新城建设。严格按照"一带双轴四心五区"的功能布局，在继续完善新城通讯、电力等基础设施配套的同时，重点实施新城建设、供热站建设、天然气建设等八大工程。

2. 加强旧城保护。建设绿化景观带。对毁损严重的道路进行改造。对历史传统民居进行保护修复。加强综合整治。

3. 依法管理城市。尽快完成《新城控制性详细规划》修编工作，出台《新城建设管理办法》，确保新城建设依法依规有序进行。全面做好土地卫片执法工作，继续深入开展打击违法占地、违法建筑行动，全面规范建设市场和土地市场。

（三）谋转型，建园区，推进工业经济跨越发展。一是规范企业，实现标准化生产。继续推进非煤矿山安全生产标准化建设。规范企业管理，加强非煤矿山采掘施工作业安全监管。加快尾矿干排技术的试点推广。多种方式处理尾矿。加强节能减排工作，突出抓好工业企业节能降耗工作。二是做强工业，推进转型跨越发展。按照"一区两带三大方阵"的工业布局，培育大企业，抓好企业的整合、重组，鼓励优势民营企业运用资本扩张和业务合作等手段联合兼并，构建现代工业集团，争取和上马冶炼、铸造、制造等深加工企业，鼓励和引导现有企业通过技术改造和新上项目，提高生产效益，增强发展后劲。建设大平台，启动工业园区建设，推进园区立项，铺开水、电、路等基础设施建设，积极引进钢钛等延伸产业。推进大转型，全面打造矿山配件产业、新材料产业、风电产业、绿色农产品加工产业、文化旅游产业等。

（四）抓调产，促增收，推进农业现代化加速发展。一要做强八大产业。按照"一乡一业、一村一品"的总体要求和"两带四园八大产业"的总体规划，统筹加快种养基地和龙头企业建设。包括黄酒产业、水果玉米产业、辣椒产业、小杂粮产业、干鲜果产业、蔬菜产业、稻米产业和畜牧产业。二要统筹农村发展。高度重视"三农"工作，全面完成新的"五个全覆盖"工程。依法规范和促进农村土地承包经营权流转。推进集体林权制度改革。稳定粮食生产。保障"菜篮子"产品供给。严格水资源管理。加强农田水利基础设施建设。加快扶贫开发，全面抓好整村推进、移民搬迁、转移培训、产业扶贫、教育扶贫等五大扶贫工程。搞好新农村建设，继续推进村企结对，统筹抓好新高乡片区推进和2012年新增的40个新农村重点推进村建设。

（五）举龙头，拓市场，推进文化旅游产业繁荣发展。1. 开发景区，推动旅游产业化发展。围绕"一心四线"总体布局，统筹抓好各景区旅游开发，打造以"名关、名城、名将"为核心的旅游强县。

2. 完善要素，提升管理服务水平。挖掘地方特色，统筹抓好旅游产品开发，培育壮大一批文化产业龙头企业，创作一批具有边塞特色的文娱节目。实施旅游环境整治。加强文物保护和非物质文化遗产保护。

3. 加强营销，提升市场竞争力。广泛宣传，加强文化造势，增强雁门文化的感染力。

（六）强基础，惠民生，推进社会事业全面进步。一是高度关注和重视教育。继续加大教育投入，确保财政教育支出占一般预算支出的19.9%以上。加强队伍建设。抓好基础设施建设。优化教育资源配置，稳步提升教育教学质量，促进各类教育均衡发展。二是切实加强人口计生工作。抓好基层基础工作，全面推进网络管理信息化、硬件建设标准化、软件技术规范化、计生队伍职业化、重点工作常态化，争先进位，确保跨入省市先进行列。三是加快发展卫生事业。全面深化医药卫生体制改革。不断完善基本医疗保障制度和基本药物制度。对新农合的补助标准从每人每年200元提高到240元。同时，提高门诊统筹和住院统筹基金保障水平。稳步推进基本公共卫生服务均等化，强化重大疫病预防控制。完善医疗卫生服务体系，加强全科医生培养和乡村卫生队伍建设。提高医疗卫生服务质量，全面做好食品药品安全工作。四是健全和完善社会保障体系。全面落实社会保障制度，进一步扩大覆盖面，努力提高保障水平。加快推进城乡居民社会养老保险工作，实现全覆盖。提高城镇医疗保险和新农合参保率。关心低收入群体生活，提高城乡低保对象保障标准和集中、分散供养的农村"五保"对象补助标准。五是进一步稳定和扩大就业。全面落实就业政策，争取国家再就业项目资金，多渠道开发就业岗位，全面做好高校毕业生、农村转移劳动力、城镇就业困难群体等各类人员的就业工作。鼓励全民创业，强化就业培训。维护劳动者合法权益，进一步提高服务水平。六是加快保障性住房建设。加快建立保障性住房建设、分配、运营、退出等管理制度。七是加强和创新社会管理。完善信访工作和矛盾调处机制，畅通群众诉求渠道。加强对流动人口、防灾减灾和公路"三超"的管理、治理。进一步完善社会治安防控体系，深入推进平安创建活动，严厉打击各种违法犯罪活动，维护社会和谐稳定。建立健全应急体系，有效应对各类突发事件。

（七）抓改革，增活力，推进转型综改试验区建设。围绕产业转型、生态修复、城乡统筹、民生改善四大任务，全面推进产业转型、财政税收、用地保障、科技人才、投资融资、生态保护、城乡统筹、社会管理、行政管理、对外开放等10个方面的综合配套改革。探索和形成一些在全市乃至全省综改试验格局中具有较大影响和带动作用的优势板块和工作亮点，努力走出一条资源型地区加快转变经济发展方式、实现科学发展的成功之路。

实施转型发展战略　打造富裕、和谐新繁峙

繁峙县县长　孔保宝

2012年是全面实施"十二五"规划的关键之年，也是繁峙转型、跨越的重要一年。做好2012年的工作，意义重大而深远。

一、2012年政府工作指导思想

全面贯彻落实"十七大"及"十七大"以来中央历次全会精神和中央经济工作会议精神，认真贯彻落实省十次党代会、省委十届二次全会暨全省经济工作会议精神和市三次党代会、市委三届二次全会暨全市经济工作会议精神，按照县十二次党代会的战略部署，坚持主题主线，把握稳中求进的总基调，全面落实市委"3581"发展战略，进一步强化"有限资源、无限发展，绿色经济、循环发展"的理念，以"一区一带十大产业园区"为承载平台，以环境建设为保障，大力实施"六大战略"，突出抓好项目建设、产业升级转型、"三农"工作、城乡建设、文化发展、民生幸福、民主法制等工作，以优异成绩迎接党的"十八大"胜利召开。

二、2012年经济社会发展主要预期目标

地区生产总值完成61亿元，增长13%；固定资产投资45.75亿元，增长22%；社会消费品零售总额11.6亿元，增长18%；财政总收入7.4亿元，增长23%；一般预算收入2.56亿元，增长18%；居民消费价格指数控制在4%左右；城镇居民可支配收入18598元，增长14%；农民人均纯收入4637元，增长16%；城镇新增就业岗位2618个；城镇失业登记率控制在4.2%以内。

三、2012年政府工作重点

（一）加快推进以扩大投资为首要任务的项目建设，做大经济总量，调优经济结构。一是抓项目落地。用足用活增减挂钩、闲置土地盘活、矿业废弃用地利用等政策，在实施好33公顷土地增减挂钩项目的同时，争取更多的用地指标，为项目建设创造条件。加大资源整合和淘汰落后产能的力度，为新上转型转产项目腾出产能容量和环境容量。对第六届中博会和香港招商推介会上签约的项目实行重大项目协同办、绿色通道快速办、专人负责全程办等措施，以优质服务提高签约项目落地率。积极破解五台山风景名胜区、臭冷杉保护区等对繁峙矿山企业发展的制约，力争项目落地率达到50%以上，项目建设开工率达到80%以上。二是抓招商引资。积极参加国家、省、市组织的各种投资贸易洽谈会，适时在重点招商区域组织招商专题推介活动，把招商引资重点放在大企业、大集团上，强化产业链招商、园区招商，真正引进一批循环经济项目、绿色发展项目。三是抓项目的储备。加大项目储备工作力度，围绕做强主导产业、壮大现代旅游服务业、加快发展新兴产业策划、论证、包装一批项目，实现项目数量和质量的同步提升。最大限度释放民间资本的能量和潜力，使其成为项目建设和经济发展的有力支撑。四要千方百计争投资。重点围绕农业、林业、水利、土地开发、交通、教育、卫生、环保、文化等领域组织申报项目。完善跑项目争投资的扶持机制和考核奖励机制，力争项目数量和资金总量有明显增长。五是抓园区建设。按照企业集中、产业集群、土地集约、资本集聚、利于发展的原则，高起点，高标准编制园区发展规划，重点抓好列入全市十大产业园区的砂河机械制造和冶金工业园区的规划和启动。

（二）加快推进以矿产业为重点的新型工业化，构建多元工业体系、推进工业新型化进程。一是抓好企业的运行监测。加大对优势产业和骨干企业的运行监控，确保重点行业和骨干企业增产增效。建立和完善现代企业制度，大力扶持民营企业发展。推行企业精细化管理，注重企业家队伍建设。二是大力提升传统产业。改造提升铁选、铸造等传统产业，重点扶持华茂100万吨特种钢升级改造项目、后峪铜钼矿开发项目、中兴耐磨铸件项目等产业延伸项目的建设。制定企业规范化建设标准，在全县工矿企业铺开规范化建设工作，督促企业按照标准建设生产。逐步淘汰小、乱、散矿山企业，整合资源，扶优扶强龙头企业，推动企业规模经营。促使大型矿山企业实施转型，投资一产和三产。三是积极发展新能源和新型材料产业。要按照市委、市政府"加快建设以新能源新材料产业为龙头的新型工业基地"的要求和部署，立足我县丰富的风力资源，推动华能上浪涧风电场、小庄风电场等风电项目的建设，力争年内建成投产。全力支持中国风电集团20

万千瓦风力发电场和太阳能光伏项目的前期工作，要积极论证微风发电的可行性，进一步提高风能资源的有效利用率，确保全县风力发电量稳步提升。加快发展以微晶纤维、矿渣综合开发等为重点的新材料产业。围绕清洁能源、新型材料等新兴产业，加大服务力度，帮助中小企业破解发展瓶颈。

（三）加快推进以特色种植和规模养殖业为重点的农业现代化，提升农业产业化水平。一是稳定粮食生产。认真落实农资综合直补、良种补贴和农机具购置补贴等强农惠农政策；切实搞好新品种、新技术的推广和应用，建设农业科技示范园区6个，实施粮食高产创建工程1万亩（666公顷），实施旱作农业科技推广8万亩（5333公顷），培育一村一品专业村5个，力争粮食总产量突破7500万千克。加大小杂粮推广力度、优化品种结构、培育龙头企业、建设生产基地、整合打造品牌，建设小杂粮丰产方7个，高产示范基地1个，培育小杂粮加工龙头企业4个，使全县小杂粮种植面积稳定在1.5万公顷左右。同时，不断完善农产品市场流通体系，建设农产品产地批发市场1个，培育农产品购销组织8个、营销经济人40户。二是积极培育龙头企业。重点打造以宝山鼎盛科技有限公司为核心的农副产品加工园区、以万亩高效生态农业示范园区为核心的集义庄高效设施农业园区等五大农业产业化园区。积极推动整合胡麻油产业，加大保健品研发和“健”字号产品申请力度。加快建设雨润集团5万头育肥猪项目。力争年内新增农民专业合作社38家。进一步提高土地集约化经营水平，引导群众发展适度规模经营。三是大力发展现代农业。积极扶持宏德养殖专业合作社万头猪场等15个畜禽养殖项目的建设。新发展健康规模养殖小区12个，规模养殖户1500户，畜禽饲养总量突破200万头。农民畜牧业收入占到纯收入的50%以上，实现从畜牧养殖大县到畜牧养殖强县的转变。在不断完善已建成设施农业的基础上，加强引导与指导，新增设施农业1000亩（66公顷）。四是继续加强农业基础设施建设。积极改善农业用水条件，加大土地整理开发力度，加大农机投入，全县农业机械化作业水平力争达到40%，实施农村电网改造工程，建设安全可靠、规范实用的农村用电网络。五是全面做好新一轮扶贫开发。完成5个扶贫整村推进任务。实施农村劳动力转移就业技能培训工程，全年新增转移就业农村劳动力4.3万人，完成引导性培训1.7万人。

（四）加快推进以城镇基础设施建设为重点的新型城镇化，统筹城乡发展。（1）突出抓好县城建设。全面加强县城的基础设施建设，继续实施滹沱河综合改造工程，实施东环路桥、平型关街东西延伸、集中供暖扩容等工程，完善供水、排水、供气等管网的建设。加大城区综合执法管理力度，建立健全环境卫生管理长效机制，持续深入开展城区环境卫生综合整治。创新监管方式，严厉打击各类违法违规建设行为，进一步规范建筑市场秩序，提升县城管理水平。扎实开展创建“省级园林城市”、“省级生态县”、“省级平安县”、“省级文明县”和“省级双拥模范县”的各项工作。（2）突出抓好小城镇建设。重点建设砂河、大营两镇，进一步完善镇区总规，严格控制管理好镇区土地，严厉打击非法建设。加快镇区人畜用水、排污等基础设施的配套建设，实施镇区改造提升工程，推进小城镇建设提档升级。（3）突出抓好中心村建设。中心村建设要与新农村建设统筹规划，以改变村容村貌、改善人居环境、提升文明程度为重点，搞好规划和建设。引深城乡清洁工程，加快农村绿化、亮化、美化步伐，积极推进体育、娱乐、图书等文娱场所的建设。2012年要高标准完成45个新农村建设任务。

（五）加快发展以文化旅游业为重点的现代服务业，增强第三产业活力和综合发展能力。一是做大做强文化旅游产业。依托紧邻五台山、恒山以及地理区位等优势，深入挖掘历史、文化和自然资源，推动繁峙由文化旅游资源大县向文化旅游强县转变。突出抓好重点旅游景点项目建设，努力打造一批优质旅游景点，融入五台山旅游圈，带动全县旅游业的发展。深入挖掘滹源文化、佛教文化，积极扶持发展金石雕刻、刺绣、金银器制作等特色产业，壮大文化创意产业规模。加强旅游市场开发、营销和监管，力争全年文化旅游产业产值突破8.5亿元。二是加快发展现代物流产业。推进鸿生物流公司农副产品批发市场建设项目。推进山西煤炭运销集团忻州繁峙煤炭物流有限公司储售煤场建设项目，吸引更多煤炭运销企业营销晋、陕、蒙等地优质煤炭，把煤炭物流业发展为繁峙又一新兴产业。三是提升培育金融、中介等新型服务业。加快金融、保险等服务业的发展，引导和规范小额贷款公司的经营。积极扶持下岗职工、就业困难大学生从事家政、养老、信息咨询、法律援助等中介服务。

（六）加强以生态建设为重点的绿色繁峙建设，转变经济发展方式、促进人居环境改善。一是大力提升生态文明水平。继续实施城郊绿化工程和通道绿化工程，完成省级绿化造林工程453公顷。砂河镇要启动北山绿化工程，实施好雁门关生态保护工程，启动京津风沙源治理二期工程。开展生态乡村创建活动，创建生态村2个。二是加大生态环境保护与修复。继续抓好滹沱河、峨河、大沙河等重点流域的整治，加大水质监控，确保流域内水功能安全达标。继续开展矿区生态植被恢复工程，不断完善矿区生态治理的长效机制；注重引导和组织资源型企业参与造林绿化，反哺生态建设；继续推进城乡清洁工程，开展农村环境连片综合整治，实施好砂河污水处理厂建设，有效控制和治理污染源。三是实行严格的环境评价制度。提高项目和企业准入门槛，坚决淘汰落后产能，引导支持重点领域、重点行业、重点企业节能技术改造，严格控制高耗能、高污染和低水平项目重复建设，积极推进合同能源管理，落实差别电价、征收排污费、福利节能环保产品消费等政策。

（七）加强以隐患排查为重点的安全生产工作，强化经济发展安全保障。一是确保生产安全。严格落实企业安全生产主体责任和政府安全生产监管主体责任，深入开展安全生产专项治理，不断完善各项安全生产保障措施，加大隐患排查力度。严厉打击非法违法采矿行为，全面开展企业安全生产标准化建设，强化尾矿库、危化企业、消防、交通、特种设备等重点领域的安全监管。二是确保食品安全。深入开展食品安全专项整治，加大对食品生产、经营等环节的监管力度，严厉打击非法生产加工假冒伪劣食品行为。全面提升餐饮服务业安全服务水平，积极创建食品安全示范县。三是确保社会安全。加强社会治安综合治理，夯实基层基础工作。组织开展以“打黑除恶”为重点的严打专项斗争，着力提高公共安全和突发事件应急处置能力，深入开展以“三项战役”为重点的社会治安重点地区排查整治活动。

（八）加强以民生为重点的社会建设和管理，创新社会管理、提高公共服务水平。(1)全面提高教育质量。进一步加大教育投入力度。实施素质提升工程，加大改革力度，切实加强中小学校管理，充分调动教师的积极性，全面提高教育教学质量。实施学前教育三年行动，高度重视高中教育，大力发展职业教育，实现农村中等职业教育学生全免费。(2)做好卫生和计划生育工作。加强医疗卫生基础设施建设，提升、巩固县医院等级创建成果。继续强化农村卫生院（所）建设，完善县乡村三级医疗卫生服务体系。切实加快妇幼保健、医疗救助和疾病防控体系建设，努力提升公共卫生服务保障水平。提高计生工作服务水平，稳定低生育水平。(3)不断完善社会保障体系。贯彻落实国家和省、市税费减免、贴息贷款等惠民政策，重点做好高校毕业生、农村转移劳动力、城镇就业困难人员等重点人群的创业就业指导工作，力争新增城镇就业 2618 人、再就业 1059 人。建立健全退休人员基本养老金、城乡低保及农村“五保”供养标准的正常调整机制。大力发展社会救济、优抚安置、扶残助残等项事业，构筑更加科学、公平、合理的社会保障体系。(4)加快文化惠民工程建设。抓好重大文化项目和文化惠民工程建设，实现文化馆、图书馆、乡镇文化站等公益性文化设施免费开放，做好“三馆一院”文化园区的规划和设计工作。做好“三网融合”前期准备工作，完成好广播电视“户户通”工程；实施好公益电影放映工程。(5)加强和创新社会管理。强化社会管理创新。认真落实信访剖析制、首问办结制等制度；认真对待土地承包、医患纠纷、农民工工资拖欠等群众反映强烈的矛盾纠纷，加快构建人民调解、行政调解、司法调解相互联动的矛盾纠纷“大调解”格局。加大社会治安重点地区的排查整治力度，深入开展基层平安创建活动。扎实开展“六五”普法工作，积极营造法治氛围。

全面推进综改试点县建设
走宁武特色发展之路

宁武县县长　**边东圣**

2011 年是“十二五”的开局之年，也是宁武县被确定为综改试点县，先行先试，转型跨越发展的起步之年。一年来，宁武县狠抓落实、强化执行，在经济总量、项目推进、新农村建设、扩大开放、环境创优和民生事业等方面都取得了新的进展。

2012 年是“十二五”承前启后的重要一年，也是全面推进综改试验工作的关键之年。我们要恪尽职守、敢于担当，善抓机遇、先行先试，交出一份人民满意的答卷。

一、2012 年政府工作的总体要求

深入贯彻落实中央和省市经济工作会议精神，以项目建设为抓手，以改善民生为宗旨，以创新环境为砝码，以全面推进综改试点县建设为载体，深化改革开放，强抓贯彻执行，促进创新创业，在项目建设、煤炭转换、农民增收、生态旅游、统筹城乡、民生保障、安全维稳、创优环境等八个方面取得实质性进展，以敢于担当、敢为人先的精神，加快综改先行先试步伐，推动宁武赶队前行，从资源型贫困山区实际出发，走宁武特色科学发展之路。

二、2012 年主要经济指标预期目标

2012 年，地区生产总值增幅确保 25%、力争 35%。固定资产投资增幅确保 30%、力争 40%。社会消费品零售总额增幅确保 25%、力争 30%。财政总收入增幅确保 26%、力争 35%。一般预算收入增幅确保 19%、力争 25%。城镇居民人均可支配收入增幅确保 15%、力争 25%。农民人均纯收入增幅确保 25%、力争 30%。城镇新增就业岗位 1550 个，城镇登记失业

率控制在4%以内。居民消费价格总水平涨幅控制在4%左右。

三、2012年政府主要工作任务

（一）抓项目、上水平，转型跨越要有新突破。2012年，着力抓好总投资10.5亿元的16项重大基础项目，完成年度投资5.29亿元；抓好总投资132.9亿元的23项重点工业产业项目，完成年度投资30.3亿元；抓好总投资2.5亿元的1项现代农业产业项目，完成年度投资0.5亿元；抓好总投资16.1亿元的8项现代服务业项目，完成年度投资3.95亿元。力争这48个项目2012年全部开工，取得成效。

（二）以煤为基、多元发展，工业新型化要有新突破。一是巩固提升煤炭资源整合成果，打造现代化煤炭生产基地。2012年新建、技改煤矿27座，总投资130亿元，要完成34亿元。全县原煤产量要达到1500万吨，努力建成晋西北最大的现代化煤炭生产基地。二是着力抓好两个工业园区建设，打造循环经济产业基地。抓好以煤制烯烃和两个煤电项目为龙头的阳方口煤炭洁净化综合利用循环经济工业园区建设，发展"煤—电—化"循环产业链；抓好以小庄煤炭地下气化项目为龙头的循环经济工业园区建设，发展"煤—气—建"循环产业链条。三是着力推进重大转型项目建设，打造新型能源和工业基地。以发展煤炭深加工、配套产业为延伸，构建集煤炭生产、发电、输电为一体的现代化新型能源基地。重点抓好总投资90亿元的7个风电项目。积极做好投资14亿元的光伏发电项目前期工作。积极推进宁煤集团投资7800万元的煤机修配项目，在发展现代制造业上有重大突破。

（三）农民增收、农业增效，新农村建设要有新突破。一是抓好农业增效这个支撑，不断优化"四大农业产业"，着力解决农民吃饭问题。精心建设一批生产基地，提高农业规模化程度。按照"区域化布局、规模化种养、标准化生产"的发展思路和"市场带龙头、龙头带基地、基地连农户"的经营格局，围绕"一乡一品"，做大做强一批有示范效应的农业产业基地。精心打造一批科技示范园区，提升农业综合生产能力。精心扶持一批龙头企业和经营大户，发挥对农业生产和农户的带动作用，重点扶持发展6个龙头加工企业和一批经营大户。精心培育一批特色优势农产品，增强农业市场竞争力。对具有地理标志的莜麦、蚕豆、银盘蘑菇等特色有机农产品深度开发、精细加工，对反季节蔬菜、食用菌深加工，逐步形成产供销一条龙、农工贸一体化、种养加相结合的产业化格局。要加大对地域性产品的开发，申请一批原产地认定产品。二是抓好农民增收这个核心，继续推进"五大富民增收工程"，解决农民花钱问题。包括现代设施农业富民增收工程、特色有机养殖富民增收工程、煤矿劳务用工富民增收工程、"农家乐"旅游富民增收工程、煤炭地销运输富民增收工程。三是抓好农村繁荣这个基础，着力打好扶贫开发攻坚战，解决农民生活问题。新农村建设方面，要与移民搬迁工程结合起来，年内完成3000人的搬迁任务。高度重视移民新区的后续产业开发和农民增收问题。农田水利基本建设方面，重点实施河坝联合整治、淤地坝系工程、自来水入户工程，改造中低产田。

（四）做强旅游、做大物流，现代服务业要有新突破。一是加大旅游开发力度，打造优势特色品牌。以创建国家5A级景区为目标，全力打造原始生态旅游品牌、源头文化旅游品牌和休闲度假旅游品牌。二是创新旅游开发体制，扩大知名度和影响力。三是发展现代物流业，建设物流园区。抓好两个煤炭物流园区、开工建设1个大型商贸物流园区、启动建设1个蔬菜物流园区。

（五）完善功能、提升品位，市域城镇化要有新突破。一是强势推进"4442"工程，彻底改变城镇面貌。第一个"4"，是加快四个片区开发建设；第二个"4"，是加快四个广场建设；第三个"4"，是加快体育馆、图书馆、档案馆、博物馆四馆建设；"2"就是要打造两个特色集镇。二是着力抓好"四大工程"，加快城乡生态化。实施街道提升改造工程，完成主要街道硬化和补修工程。实施管网改扩建工程，铺设输水管网30千米，配水管网18千米。实施城市提质扩容工程，建设大型停车场、推进恢河水上公园续建工程、对城区街道及公园进行绿化等。实施生态绿化修复工程，完成精品生态林新建任务、退耕还林补植补种和荒山造林任务、生态修复治理工程造林任务、国家"三北"防护林和"天保工程"建设任务和四个乡镇的干果经济林建设任务，继续推进"一矿一企治理一山一沟"工作，强化矿区生态建设。三是加强城市管理，完善公共服务功能。创新现代城市管理体制，提高经营城市能力。加大执法力度，创建市容新貌。加强监督考核，形成齐抓共建的良好氛围。

（六）保障民生、惠及民生，社会事业要有新突破。一是教育惠民。加强教育基础设施建设，深化教育体制改革，加大教育补贴。二是安居惠民。建设2.5万平方米廉租房和7120平方米经济适用房，完成42个村500户农村危房改造和200套棚户区改造任务。三是交通惠民。完成10大工程，包括开工建设8千米外环路，实施30.6千米拓宽改造工程等。四是卫生惠民。新建县医院年内建成投入使用，完成5个乡镇卫生院改扩建工程。继续落实基本药物制度，实现全覆盖。试行公立医院改革。继续扩大新农合医疗覆盖面，力争农民参合率达99%以上。五是文化惠民。继续开展"文化下乡、图书下乡、影戏下乡"活动。六是社保惠民。年内实现就业再就业1330人，培训转移城乡劳动力3400人，年内城镇登记失业率控制在4.2%以内。扩大机关事业养老保险等七大类保险覆盖面。加强劳动维权工作。

（七）安全维稳、促进和谐，社会管理要有新突破。严格落实政府的安全监管和企业生产的主体责任。深入开展安全生产专项整治，继续加大安全隐患排查力度，坚决遏制重特大安全事故发生。继续保持高压严打态势，确保非法采矿不反弹、不回潮。加强重点路段安全监管，杜绝重特大交通事故发生，特别要确保校车安全运营。确保不发生一起重特大火灾。同时，要抓好矿山、危险化学品、公共场所、食品药品等行业领域的安全生产，保障人民群众的生命财产安全。

转型跨越　赶队前行
以优异成绩迎接党的“十八大”胜利召开

静乐县县长　**张文斌**

2011年，静乐县以科学发展观为统领，抢抓机遇，拼搏进取，扎实工作，圆满完成十五届人大一次会议确定的各项目标任务，全县经济社会发展和各项工作都取得了新的成绩。

2012年是党的“十八大”胜利召开之年，也是静乐实施大开放、大投入、大调整，实现转型跨越、赶队前行、大有作为的关键一年。静乐被国务院列为吕梁山片区集中扶持县，将获得更多更大的扶持。煤矿复工复产全面加速，近年来新上的重点项目陆续开工建设、达产达效，多年积聚的潜能蓄势待发，新的竞争优势正在形成。

一、2012年政府工作的总体思路

坚持科学发展主题，加快转变经济发展方式，紧紧抓住综改试验区建设和新一轮扶贫开发的重要历史机遇，围绕市委、市政府“3581”发展战略，立足“五新静乐”建设目标，以“项目落地年”、“走出去年”、“大干城建年”、“基层组织建设年”为抓手，大力推进工业新型化、农业现代化、县域城镇化、城乡生态化、社会和谐化，坚定不移地实施项目攻坚，加快扶贫开发，统筹城乡发展，保障和改善民生，创新社会管理，推进文化繁荣，加强党的执政能力建设，稳中求进，转型跨越，赶队前行。

二、2012年经济社会发展的主要目标

全县生产总值增长18%，达到20亿元；规模以上工业增加值增长20%，达到6亿元；财政总收入增长22%，达到3.53亿元，力争增长40%，突破4亿元；一般预算收入增长16%，达到1.44亿元；固定资产投资增长25%，达到38.2亿元；社会消费品零售总额增长17%，达到6.44亿元；城镇居民人均可支配收入增长14%，达到1.46万元；农民人均纯收入增长20%，达到4100元；城镇登记失业率控制在4.2%以内，居民消费价格总水平涨幅控制在4%左右。

三、2012年重点工作

（一）以工业新型化为重点，以煤为基、多元发展，努力推动工业产业优化升级。立足资源优势，承接产业转移，做强做大煤焦电化产业，纵向延伸产业链条，横向发展产业集群，加快工业经济跨越发展。重点抓好十大工业项目：完善煤炭资源整合后续工作，督促9大煤矿加快建设进度，霍州煤电文明煤矿、潞宁前文明煤矿完成主体建设，大远煤业120万吨煤矿达产达效、100万吨配套洗煤厂投入运行，全县原煤产量力争达到300万吨以上。“1830”化工项目全面投产，双路洁净改性工业型煤项目、国电5万千瓦风电项目、县电厂生物质能发电项目建成投产，龙源15万千瓦风电项目力争投产。新上杜家村惠恒服装工业园区项目、精密铸钢生产线项目和汾河西线露天煤矿。坚持储备、招商、落地、开工、服务、考核“六位一体”推进项目建设，集中精力，集中力量，狠抓29个省、市重点项目和82个考核项目，在提高项目落地率上见成效，在项目达产达效上下功夫，以项目建设的大力度推动经济社会大发展。

（二）以农业现代化为引擎，政策扶持、产业带动，努力增加农民收入。培育特色产业，发展农村合作经济组织，扩大“一村一品”、“一乡一业”。启动实施单位企业百村包扶工程，三年内打造100个样板村，努力实现全县农民人均1亩水浇地、1亩藜麦、1分大棚、1亩经济林和1亩小杂粮的“五个一”目标，带动全县农村发展。继续加大财政补贴力度，成立特色产业协会，采取“公司＋协会＋企业＋农户”的方式，大力发展以“大棚蔬菜、獭兔、羊、玫瑰”为主的特色现代农业。重点发展十大农业产业：新建大棚800座。獭兔发展到45万只。大力发展养羊产业，三年内实现人均5只羊的目标，全县达到50万只。大力发展玫瑰、核桃、药材、藜麦和小杂粮等经济作物。新建非晶硅太阳能光伏农业大棚养殖基地和淀粉加工基地，加快发展现代农业。

（三）以县域城镇化为主线，规划引领、分步实施，努力推动城乡发展。修编完善《城乡建设总体规划及控制性详规》，结合《土地利用规划》、《产业发展规划》，“三规合一”实施大县城战略。按照“统筹城乡、夯实基础，开发新区、拉大框架，完善功能、提升品位”的思路，以汾河西区综合开发为重点，以城带乡，以点带面，不断加快城镇化进程。重点抓好十大工程:汾河西区综合开发一期工程全部竣工,二期工程全面启动。搬迁县医院。实施岑山景区道路建设及绿化工程。开工建设百团大战首战纪念馆。完成县城污水处理厂扩建工程以及垃圾处理厂、杜家村污水处理厂建设工程。完成忻保高速静乐连接线和100个村的广播电视"村村通"建设任务。天然气综合开发项目力争入户。同时,要办好10件实事:一是改造县城供水主干线。二是实施滨河东路北段延伸改造工程,建设汾河东岸4.7公顷景观绿化带。三是实施县城主要街道绿化、美化、亮化、净化工程。四是实施县城小街小巷改造工程。五是架设汾河管道桥,解决汾河西区水、暖、气、电供应问题。六是开工建设太佳高速静乐连接线。七是移民搬迁1500人。八是实施30个村、1万人的饮水安全工程。九是新建廉租房300套1.5万平方米、经济适用房108套7600平方米。十是实施单位企业包扶百村工程。

(四)以城乡生态化为方向,美化山川、改善环境,努力构建太原后花园。大力实施造林绿化工程,积极开展环境综合治理,大力发展干果经济和育苗产业。重点实施十大工程:完成"两线两点两片一园区"的绿化任务,实施太佳高速、忻保高速绿化工程,打造两个万亩精品林业示范片。引导规模种植,拓宽销售市场,努力打造全市苗木生产示范基地。改造汾河西干渠,加快"五小"水利设施建设。实施城市扩容提质工程、生态环保工程和3个乡镇19个村的集中连片环境整治工程。确保节能减排指标按省市下达任务圆满完成。

(五)以社会和谐化为目标,以人为本、执政为民,努力保障和改善民生。一是全面完成新的"五个全覆盖"工程。二是落实各项强农惠农政策,确保各项补贴资金足额到户。三是继续优先发展教育,调整布局,整合资源。加强教师队伍建设。启动实施农村中小学伙房、餐厅改造工程。实施农村闲置校舍改建幼儿园工程。四是加强社会保障,继续扩大社会保险覆盖面,规范城乡低保管理,不断提高社会保障水平。五是推进就业创业。发展劳动密集型产业。抓好高校毕业生、农村转移劳动力、城镇就业困难群体的就业工作。六是深化医疗卫生改革。整顿医药市场,规范就医秩序,加强医疗服务机构建设。建立健全食品安全监管长效机制。七是继续稳定低生育水平。严格落实长效措施。加大社会扶养费征管力度。八是加快文化体制改革和文化产业开发,实施文化惠民工程。九是深入开展隐患排查治理,抓好煤矿、非煤矿山等重点领域的安全整治,落实监管责任,加快安全标准化建设。十是持续推进社会管理创新。深入开展"六打六整治"行动,高度重视群众来信来访,健全突发事件应急管理机制,抓试点出经验,为转型跨越发展营造良好的社会氛围。

构建四大基地　发展八大产业
谱写神池转型跨越发展新篇章

神池县县长　**冯晓雷**

2011年,在市委、市政府和县委的正确领导下,深入贯彻落实科学发展观,认真实施"十二五"规划,圆满完成年度目标任务,政府各项工作取得新成绩,为2012年完成转型跨越、强县富民目标任务奠定了扎实基础。

一、2012年政府工作的指导思想

以邓小平理论和"三个代表"重要思想为指导,深入贯彻落实科学发展观,紧紧围绕市委"3581"发展战略,牢牢把握"创先争优、奋发崛起、转型跨越、强县富民"主旋律,充分发挥资源比较优势,做大做强风电光电产业、新型建材产业、胡油产业、燕麦产业、月饼产业、羔羊产业、煤炭集运产业和休闲养生旅游产业,着力构建清洁能源示范基地、绿色食品生产基地、现代物流枢纽基地、生态旅游服务基地,以项目夯实产业,以产业支撑基地,以基地带动发展,合力打造开放和谐、风光无限、绿色宜居、文明富裕的新神池。

二、主要经济指标预期目标

地区生产总值确保增长24.5%,达到15.6亿元以上;社会消费品零售总额确保增长18%,达到7.08亿元以上;全社会固定资产投资确保增长32%,达到19.5亿元以上;财政总收入确保增长25%,达到3.75亿元以上;一般预算收入确保增长20%,达到1.56亿元以上;城镇居民人均可支配收入确保增长12.4%,

达到 14886 元以上；农民人均纯收入确保增长15.2%，达到 4684 元以上；城镇职工登记失业率控制在 4%以内。

三、主要工作任务

（一）加大招商引资力度，进一步壮大县域经济总量。(1)科学规划，为招商引资做好基础性工作。一是立足转型跨越规划综改。制定完善《神池县转型综改试验区试行方案》。优化投资发展环境，建立健全符合科学发展观要求的体制机制。二是立足农民增收规划一产。编制完成《神池县域经济发展规划》和《设施农业发展规划》，打造东湖设施农业示范区，在全县 1.3 万余公顷坡梁耕地重点发展以果树和食用菌种植为主的日光温室大棚，力争全县日光温室大棚 2012 年发展到 3000 个。编制完成《健康养殖发展规划》，在全县 2 万余公顷山区、半山区土地重点发展羔羊产业。做好绿色食品工业园区的筹备和前期工作，力争在 133.3 公顷核心区内完成"五通一平"和网络管线配套工程，通过园区建设，促进项目落地生根。三是立足兴工强财规划二产。编制完成《绿色能源示范县规划》，争取年内把神池县列入国家第二批绿色能源县。编制完成《风电产业发展规划》，规划总占地 580 平方千米总装机 30 期 150 万千瓦的风电场。编制完成《光电产业发展规划》，规划占地 246 平方千米的温家山、南高山等 13 个太阳能开发利用项目区。四是立足商贸旅游活县规划三产。编制完成《旅游产业规划》，加快旅游基础设施建设，完善配套服务体系，加大乡村旅游休闲度假、旅游产品等开发。编制完成《煤炭物流园区规划》，全力推进有落户基础的十家煤台的建设，使之成为强财富民的新引擎。科学合理开发利用县内优势资源，打牢产业基础，做大一产，做强二产，做活三产。(2)落实"三三制"招商引资工作机制，为招商引资提供动力。1/3 的工作人员坐办公处理机关日常工作，1/3 的工作人员走出去招商引资，1/3 的工作人员到基层驻点服务。2012 年全县的招商引资成果要突破 60 亿元。

（二）做大做强"八大产业"，不断提升"四大基地"建设水平。"八大产业"是：(1)风电光电产业。加强对风电企业的监管，加快风电项目落地，尽快形成产能，通过项目的推进落实，带动战略性新兴产业的快速发展。(2)新型建材产业。与市农村信用合作联社合作，争取 2.5 亿元的建设贷款，力争 200 万吨干法水泥项目 6 月底建成投产。开发无磁性铁矿，为全市的转型发展、资源型综改试验起到示范带头作用。(3)煤炭集运产业。延伸煤炭产运销链条，打造晋西北最大的煤炭集散基地。(4)月饼产业。坚持把月饼产业作为"一县一业"来抓，筹建绿色食品工业园区，力争取得月饼地标认证，不断增加神池月饼的文化内涵，全力打造"中国北方月饼第一县"。(5)羔羊肉产业。新增人工种草、配套种植饲草玉米面积，加快良种繁育，做好动物重大疫情防控和畜产品质量安全工作，新建 10 个肉羊标准化养殖小区，培育 20 个养殖示范村、400 个科技养殖示范户，年内羊要发展到 65 万只，农民人均 8 只。(6)燕麦产业。建设 1 万公顷燕麦基地，高标准建设万吨燕麦片加工厂。(7)胡油产业。稳定 1 万公顷胡麻种植面积，改造 35 个中小油料加工厂，扩大现有冷榨胡油企业生产规模，力争全县胡油产量达到 5000 吨。(8)休闲保健旅游产业。将旅游资源开发向全社会开放，鼓励县内外投资者进入旅游开发领域，开发风电旅游观光资源，主打休闲农业观光游和避暑健康美食游品牌，使神池旅游产业全面融入忻州市"大旅游产业"当中。

（三）放大比较优势，精心打造全省知名的特色农业标杆县。一是打造标杆项目。继续开展与北京农大的县校高端合作，放大高寒冷凉优势，引进高科技、引入新品种，大力发展设施农业。重点发展草莓、葡萄等新鲜果蔬，建设休闲采摘观光农业园区。种植油桃、红枣等耐储运水果干果，配套育苗、花卉种植等相关产业。完成"一村一井"灌溉项目。重点打造"一核两线"标杆示范带。"一核"就是以东湖设施农业园区为核心，"两线"就是西长线和阳河线两条公路线。逐步在全县 3.1 万公顷平川耕地实现机械化，大面积种植适宜机械化作业的特色高效农作物。二是争创全国"地标认证示范县"。再争取月饼、南瓜两个认证，使神池县的地标认证达到 6 个，成为全国取得地标认证最多的县份。积极申报国家级"地标认证示范县"。三是加快新农村建设。全面兴起村镇建设热潮，争取在年内建成几个布局合理、示范带动作用强的新农村建设示范村。完成 6 个乡镇、19 个村、590 户、2000 人的移民任务和 10 个村的整村推进任务。扎实推进农村劳动力转移，大力发展劳务经济，深入实施"阳光工程"和"农民工培训工程"。巩固新的"五个全覆盖"成果，完善长效管理机制，不断提高人民群众的生活水平，扎实推进新农村建设。

（四）加快基础设施建设步伐，进一步改善人居环境。一是"建"，就是要实施"5763"工程。"5"就是新修利民北路至西海路等四条主要街道和县城南外环线，"7"就是升级改造大南关街等七条街道，"6"就是规划并完成七道街北侧等五大块 11 公顷的旧城改造任务和府东街 93 万平方米的移民小区、廉租住房和经济适用住房的新建任务，"3"就是实施好西海子四期工程、体育场提质和垃圾处理场等三项基本公共服务设施建设任务。二是"管"，就是要加强管理。要严格城市规划，切实维护城市管理的连续性、权威性和严肃性。明确责任，坚决清理拆除各类违章建筑，杜绝乱建乱搭、乱摆摊位行为，重点打击黑出租、黑客车以及无证无牌车辆，保证客运市场的规范有序运营。美化人居环境，建设靓丽县城。不断提高城市管理效能，提升县城品位。三是"创"，就是四城联创。全面创建"省级环保县城"、"省级卫生县城"、"省级文明县城"和"国家级平安县城"。四是加快城乡基础建设。继续完善公共设施。加快天然气入县工程进度。完成村级公路建设任务。解决好 20 个村、8000 人、3000 头大畜的安全饮水问题。完成 10 千伏马烈线路、10 千伏联网线路、胡麻原种场、义井林场大赵庄苗圃、山丛林林场的线路改造和农网通信完善工程。五是加强生态文明建设。做好绿化造林工作，加快通道绿化，确保建成 1333 公顷以上的书记、县长林和 667 公顷以上的精品林。做好管地和造地工作，严肃查处和严厉打击违法违规占地和土地私下交易等行为。做好流域治理工作，投资1107万元完成巩固退耕还林成果水利项目、龙泉镇山后和流域治理任务、基本农田建设任务以及农田水利工程。做好节能减排工作，健全长效机制，严格环境准入，严格控制“两高一资”项目，推行污染物排放量置换，做到增产不增污或增产减污，确保完成城市污水处理厂二期工程。

（五）着力改善民生，加快发展各项社会事业，共建共享和谐。一要优先发展教育事业。巩固基础教育，扩大高中教育，发展职业教育，不断提高教育质量。投入1778万元，大力实施教育基础设施项目。依法逐步均衡配置公共义务教育资源，力争高考达线人数突破100人。要全力做好全县农村义务教育阶段学生营养改善工作，大力开发人才资源。二要健全医疗卫生体系。巩固县人民医院创建“二甲”成果，在全省范围内招收一批大学一本以上医技人员，不断提高医院的综合服务水平。完成卫生监督业务用房、中医院改扩建、妇幼保健站能力设备和农村卫生急救体系建设项目。扎实推进全民健康工程，在全县10个乡镇建立健全疾病预防控制体系和突发公共卫生事件应急体系。三要繁荣文化体育事业。加快重点公共文化基础设施建设，丰富群众文化生活。发挥农家书屋便民服务功能，满足人民群众日益增长的文体活动需求。四要完善社会保障。全力做好就业再就业工作，多渠道开发公益性岗位，大力提倡和鼓励自谋职业、自主就业，切实做好大中专毕业生、复转军人、农村剩余劳动力的就业指导和服务工作。不断完善社会保障体系，认真做好城乡居民最低生活保障工作，继续完善城镇职工基本医疗保险和养老保险制度，全面实施农民工“平安行动计划”，启动新型农村社会养老保险工作。广泛开展社会福利、社会救济和社会救助，切实关爱弱势群体，不断提高全社会的福利服务水平。五要维护安全稳定。深入开展“六五”普法，强化社会治安综合治理。严格落实信访责任制，及时有效地处理和化解各类社会矛盾。强化市场监管，确保人民群众饮食用药安全。严格落实安全生产责任制，突出抓好煤矿、非煤矿山等重点行业和人群密集场所的安全工作，确保不发生安全事故。继续保持对非法盗采国家矿产资源犯罪行为的严打高压态势。建立健全全县的公安“天眼工程”，加大对“种毒、吸毒、贩毒”等违法行为的打击力度。完善应急救援联动机制，提高处置突发事件和应对自然灾害的能力。

走好五条路子　加快推进五寨转型跨越

五寨县县长　张宇光

五寨县地处晋西北黄土高原丘陵区，位于忻州市西部八县的中部，历史上曾是积粮屯兵的地方，因有五所兵寨而得名。曾有雄锁“三关”（宁武关、雁门关、偏头关）之称，县东部与神池相邻，西、北部接河曲、保德、偏关县，南部是海拔2783米的管涔山脉，与宁武、岢岚毗连。全县总面积1391.3平方千米，下辖3个镇9个乡250个行政村，总人口11.6万人，其中，农业人口9.2万人。境内土地广阔，生态优良，区位优越，交通便利，是一个传统的农业县、国家扶贫开发重点县、国家级生态示范区。

一、县域经济发展现状

（一）县域经济综合实力明显增强。2011年，全县生产总值17.04亿元，较2005年翻了4倍；财政总收入5.34亿元，较2005年翻了近10倍；固定资产投资总额完成12.6亿元，较2005年翻了9倍；社会消费品零售总额完成5.86亿元，较2005年翻了3倍；城镇居民人均可支配收入和农民人均纯收入分别达到13807元、3810元，均较2005年翻了2倍多。

（二）项目建设力度逐年加大。2005年到2011年，全县累计新上各类项目547个，总投资达83亿元，其中，2011年84个，总投资近50亿元。2012年，全县又筛选确定重点项目232个，总投资达110亿元，较2011年翻了一番多。万头生猪养殖、马铃薯精淀粉加工、脱水蔬菜加工、煤炭运销加工、花岗岩园区等一大批重点项目建成投产。生物质能发电、生物质能清洁型煤、风力发电等一批新型工业项目相继落户，为县域经济总量扩张、全县经济快速发展起到了巨大的推动作用。

（三）农业产业化步伐加快。种植业方面，以马铃薯、甜糯玉米、中药材、小杂粮、蔬菜为主的五大特色种植，逐渐取代传统作物，成为主流，形成了“一村一品”、“一乡一业”的规模化、集约化种植格局。日光温室大棚、移动大棚等设施农业建设加快。全县粮食产量达到1.8亿千克。畜牧养殖方面，以牛、羊、猪、鸡为主的规模养殖户发展到594户，畜牧收入占农民人均纯收入的45%左右。农副产品加工方面，以汇丰、双喜、佳宇、雪龙、富民、力达、芪参等为代表的农副产品加工企业和以绿野、春野为代表的肉羊、生猪养殖加工企业，不断发展壮大，全县农业龙头企业发展到12家。在龙头企业的带动下，马铃薯精淀粉、粉皮、甜糯玉米、脱水蔬菜等一大批农副产品以全新的包装打入国内外市场，有13个农产品通过"三品"认证，创出了品牌。

（四）新型工业开始起步。生物质能发电项目、生物质能清洁型煤项目、风力发电项目先后落户五寨。低温煤焦油项目和洗煤项目陆续完成技改、投产运营。花岗岩开发逐步走上正轨，建成了花岗岩工业园区，5户企业搬迁入驻。红芸豆、小杂粮、糯玉米、淀粉、蔬菜等农副产品加工业项目数量增多。

（五）第三产业迅猛发展。第三产业增加值占全县生产总值的份额逐年增长，由2005年的40%提高到2011年的65%，对全县经济增长的带动作用不断增强。特别是煤炭运销产业，年发运能力达到2450万吨，上缴税金4亿元，占全县财政总收入的75%。同时，上百家五寨特色饭店进入大中城市，闯出了五寨品牌。

（六）基础设施建设不断加强。灵河高速开工建设，忻保高速建成通车，修建了南、北环路，实施了旅游路改造和209国道过境路改线，县城主要街道全部进行了路面改造和排水网管配套，所有建制村修通了水泥（油）路，130个村完成街巷硬化，91个村完成饮水安全改造，46所中小学完成校舍安全改造，乡镇卫生院、村卫生室、农村文化体育场所、农家书屋达到全覆盖，城区广播电视数字化覆盖率和农村广播电视覆盖率分别达75%和90%以上。清荷公园、集中供热、天然气、污水处理、垃圾处理等市政建设工程全面实施。廉租住房、经济适用住房、公共租赁住房等保障性住房以及扶贫移民小区拔地而起，县城环境和面貌明显改善，城区空气质量二级以上天数持续保持全省领先位次。

二、当前存在的主要问题

（一）经济总量小。2011年全县地区生产总值完成17亿元，仅占全市的3%，绝对值仅比静乐、岢岚和神池多一点，全市排名倒数第三。而人均地区生产总值仅占全省平均水平的53%，人均财政收入占全省平均水平的76%，差距还非常明显。

（二）工业化水平低。2011年全县一、二、三产业占地区生产总值的比例为17∶18∶65，三产份额较重，而能拉动县域经济大幅增长的二产所占比例非常小。规模以上工业增加值仅7901万元，与周边市县相比，差距非常大。

（三）农业产业化程度低。基地建设速度比较慢，规模效益不明显，主要以家庭为单位进行生产经营，产业规模小而分散，没有形成"一村一品"、"一乡一业"的种养规模和产业基地。缺乏带动力强的龙头企业。农民经济组织和中介组织少。农副产品的精细化加工和品牌化包装动作水平低。

（四）煤炭运销产业发展形势严峻。市场和资源"两头"在外的煤炭运销产业逐步弱化。一旦市场出现波动、煤源供应不足，煤炭运销产业将面临生存危机，财政持续增收也将面临巨大考验。

（五）旅游资源没有得到很好的开发利用。没有对旅游资源进行很好的整合开发和宣传包装，缺乏对相关基础设施的配套更新，管理服务水平落后，没有形成五寨旅游的品牌影响力和吸引力，造成现有旅游资源的闲置、浪费。

（六）干部群众思想观念保守。工作上创新精神、争先意识不足，开拓进取、大胆实践的思路不宽、方法不多，还不能完全适应当前转型跨越发展的要求。

三、县域经济未来发展战略

（一）培育龙头企业，推进农业产业化。努力培育一批新的农业龙头加工企业，促进农产品加工企业上规模、上水平。扶持3家马铃薯加工企业发展成为全市的农副产品加工龙头企业。继续做大做强畜产品加工业。继续推进黄芪加工的规模发展，扶持甜菊糖种植加工正常运营。全面实施"马铃薯、玉米、小杂粮"三大优势产业，突出马铃薯种植，抓好脱毒种薯繁育基地建设。大力发展以蔬菜、中药材、小杂粮、甜糯玉米、花卉等高品质、高技术含量的特色种植1.6万公顷。以优种猪、羊为主的规模健康养殖业，大力推进无公害、绿色、有机食品认证，并转向基地建设，使绿色农产品生产基地达到1.3万公顷，无公害农产品生产基地达到2.6万公顷。力争把五寨建设成"全省马铃薯生产基地县"、"全省最大的中药材种植加工基地县"、"全省养羊大县"、"中国甜糯玉米之乡"、"中国红芸豆之乡"。

（二）实施项目攻坚，推进工业新型化。制定优惠政策，创优发展环境，狠抓招商引资，引进、上马一批能带动县域经济转型跨越的大项目、好项目。推进煤炭运销企业转型。一方面，将煤炭运销转向新型煤化工产业，进行煤炭的深度开发利用；另一方面，鼓励和引导煤炭运销企业将富余资金投向第一产业，增加农业产业化发展后劲。推进花岗岩产业整合提升，将现有花岗岩加工企业扩能改技，提升花岗岩产业的可持续发展能力。推进工业园区建设，为项目引进搭建发展平台，利用园区引投资、引项目。推进工业新型化进程，以农副产品加工、新型能源、煤炭精深加工为重点，上马生物质能发电、风力发电、火力发电、太阳能发电等新型能源项目，引领工业向绿色、环保、可持续的发展方向迈进。

（三）突出区位优势，推进三产现代化。依托交通枢纽优势，规划建设一批农副产品批发、汽车修配、新型建材等现代物流市场，发展商贸物流业。完善物流运输网络，引进和培育一批有实力、有影响的现代物流企业，加快发展"第三方物流"，把五寨建成晋西北的现代物流集散基地。发展生态旅游业。做好景区景点基础设施建设、宣传包装促销和环境整治等工作，逐步将五寨打造成晋西北生态旅游名县。以旅游业和商贸物流业的发展，带动全县餐饮服务业发展，促进经济增长，扩大就业。

（四）统筹城乡发展，推进特色城镇化。全面加强市政建管。高起点完成县城总体规划和新城区规划，并通过实施旧城改造、新城东移，逐步完善城市道路交通网络、供水排水、供暖供气、环境卫生、园林绿化等基础设施。建设高标准工业园区、商业园区、住宅园区，开展城中村改造、棚户区改造、危旧房改造，将五寨建设成为对内有宜居性，对外有吸引力的晋西北绿色宜居中心城市。同时，将三岔、韩家楼、小河头列入重点小集镇建设，规划完善基础设施，实施移民搬迁，发展马路经济，达到城乡统筹发展、和谐发展。

（五）着力环境治理，推进城乡生态化。继续巩固和加强生态建设。抓好以退耕还林、荒山绿化、“天保”工程、“三北”防护林为重点的生态绿化工程，提高森林覆盖面积。抓好通道绿化、环城绿化、村镇绿化等市政绿化工程，并对城市主次干道、公园、街区增植常青草种和绿化带，提高县城绿化率，使全县林木绿化率平均每年提高1.3个百分点。抓好环境卫生综合治理，彻底改变县城“脏、乱、差”的面貌，不断巩固国家级生态示范区品牌，把五寨打造成为黄土高原上的一颗绿色明珠。

精心打造区域特色品牌
全力建设中国绒山羊第一县

岢岚县县长　**刘　亮**

岢岚县位于山西省西北，黄土高原中部，总面积1984平方千米，2011年总人口8.4万人，其中，农业人口6.7万人。耕地3万公顷，天然牧坡9.3万公顷。岢岚地域广阔，环境优美，水草丰盛，气候冷凉，日照充足，发展畜牧业具有得天独厚的优势，是山西省较为典型的农牧业大县。近年来，岢岚县坚持因地制宜，发挥比较优势，以晋岚绒山羊良种培育为“一县一业”的主导产业，积极探索无矿产资源贫困县转型跨越发展之路。

一、持之以恒抓改良，三十年培育新品牌

岢岚养羊业历史悠久，柏籽羊声名远播，因其肉质鲜美、益气滋补、养生保健而曾为清宫御膳房贡品。改革开放后，7任书记11任县长，持之以恒，一任接着一任干，把以养羊为主的畜牧业作为岢岚脱贫致富的突破口。20世纪80年代初，时任县委书记郝文山提出要抓住“两个蛋蛋（山药蛋、胡麻）四条腿腿”（养羊），实现勤劳致富，开始引进辽宁盖县绒山羊进行杂交改良，取得初步成效；20世纪90年代提出“种草植树多养羊，赶着羊群奔小康”的口号，完成了养羊业量的扩张，全县羊群饲养量突破40万只，“骑在羊背上的岢岚”从此闻名省内外。

为了让岢岚绒山羊走出山西走向全国，2005年县委、县政府提出稳定数量、提高质量，培育一流种羊、建设中国绒山羊第一县的宏伟目标。在专家组主持下，“晋岚”绒山羊新品种认证工作全面启动。2012年，县委、县政府将晋岚绒山羊良种繁育确立为“一县一业”的主导产业，规划在今后五年每年培育种羊2万只，每只增收5000元，列为“十二五”农民收入翻番的第一工程。

二、产学研结晶晋岚羊，绒肉兼用效益高

2011年10月，“晋岚绒山羊”新品种顺利通过国家认证，成为继柴达木盆地绒山羊、陕北白绒山羊之后全国第三个人工培育的绒山羊新品种，也是山西省牛羊业唯一的国家级品牌。该项目是在省市农业畜牧部门的组织指导下，以山西农大、内蒙古农大等科研院校为技术支持，以岢岚为基地进行培育的。改良阶段先后引进辽宁盖县3万只种羊为父本，山西吕梁黑山羊为母本，通过杂交改良、横交固定、选育提高三个阶段培育而成。

晋岚绒山羊是以绒为主、绒肉兼用型的绒山羊新品种，具有遗传稳定、适应性强、产绒量高、绒细度好、肉质鲜美、营养价值高等特点。绒山羊是我国特有的优势品种资源，是国家明令禁止出口的家畜品种，山羊绒是世界名贵稀有的特种动物纤维，是纺织工业的高档原料，享有“纤维宝石”、“软黄金”等美誉。晋岚绒山羊只均产绒1千克，细度仅为14～16微米。

凭借雄厚的养羊基础，岢岚先后扶持发展起暖神绒毛、芦峰食品、佑铭皮革等龙头企业，逐渐形成集皮毛绒肉于一体的绒山羊系列化加工生产体系，年加工柏籽羊肉3000吨、皮张20万张、绒毛300余吨，创建了“暖神”、“柏籽羊肉”等山西著名品牌。养羊只均增收至少500元以上，养羊业成为山区农民脱贫致富的优势产业，晋岚绒山羊成为绒山羊养殖区域的首选品种。2011 年，全县绒山羊饲养量 46 万只，出栏羊 17 万只，畜牧业总产值 3 亿元；农民人均畜牧业纯收入近 2000 元，占人均纯收入的 50%以上。

三、以品牌效应为突破口，建设良种繁育基地

全面贯彻落实省委、省政府发展"一县一业"的重要战略举措，紧紧抓住"晋岚绒山羊"通过国家认证的契机，投资 1.2 亿元，加快建设品种优良、设施一流、技术先进、国内领先的"晋岚绒山羊"良种繁育基地，预计育种中心年可实现利润 1000 余万元，50 个规模养殖场年可实现利润 1500 万元，500 户重点养殖户年可实现利润 2400 万元，每年可向社会提供种公羊 1 万余只，可改良母羊 50 余万只；冻精生产线建成后，每年向社会提供冷冻精液 40 万支(头份)，可改良母羊 20 万只。项目建成后可解决当前绒山羊舍饲养殖过程中出现的良种缺乏、改良成本过高、饲料营养不平衡三大制约产业化发展的瓶颈问题，有效促进绒山羊放牧饲养向舍饲养殖方式转变，减轻草地压力，巩固和提高生态建设成果，促进经济社会的全面协调可持续发展。

转型跨越发展　建设新型工业旅游城市

河曲县县长　**李旭清**

2011 年是"十二五"开局之年。一年来，河曲县以科学发展观为指导，积极实施"3581"发展战略，围绕"十大工程"，着力推动县域经济转型跨越，全县经济社会发展和各项工作都取得新成绩。

2012 年是党的"十八大"胜利召开之年，是河曲县实施"项目落地年"、"大干城建年"、"走出去年"、"基层组织建设年"、"创优环境年"的决战之年，也是河曲县以更大的力度、更快的速度建设新型工业旅游城市，实现赶队前行、进位争先目标的关键之年。

一、2012 年政府工作的总体思路

深入贯彻落实科学发展观，坚持科学发展主题，紧扣加快转变经济发展方式主线，把握稳中求进工作总基调，以转型综改试验区建设为总抓手，以转型跨越发展、建设新型工业旅游城市为总目标，要在产业转型升级和经济结构调整上有新进展，在统筹城乡发展上有新举措，在保障和改善民生上有新成效，在社会管理创新上有新突破，在政府自身建设上有新作为，切实推动各项工作上台阶。

二、2012 年经济社会发展主要预期目标

地区生产总值增长 13%以上，固定资产投资增长 25%，社会消费品零售总额增长 17%，外贸进出口总额增长 13%，财政总收入增长 18%，一般预算收入增长 15%，规模以上工业增加值增长 21%，城镇居民人均可支配收入增长 13%，农民人均纯收入增长 14%，城镇登记失业率控制在 4.1%以内，居民消费价格总水平涨幅控制在 4%左右。

三、2012 年政府主要工作任务

（一）先行先试深化改革开放。一是全面推进综改试验。着力推进一批重大转型标杆项目、标杆工程建设。积极推进体制机制创新，力争在循环经济、项目审批、用地保障、资金筹措等方面取得新进展。加快推进"一县一企"、"一园六企"的标杆园区、标杆企业建设。二是继续深化各项改革。认真完成事业单位分类改革，实施事业单位收入分配制度绩效工资改革、岗位设置管理改革，完善公益林木补偿等政策，建立城乡农技推广体系。进一步创新投融资平台建设。全面规范和加强矿山环境恢复治理保证金和煤矿转产发展资金的提取、使用和管理，落实涉煤涉矿等资源的税、费和基金征收政策。依法规范和促进农村土地承包经营权流转，积极推进适度规模经营。三是继续扩大对外开放。着力构建"政府引导，市场主导"的运作模式，优化发展环境，提升服务质量，吸引各类市场主体参与对外开放，促进经济社会协调发展。

（二）坚定不移推动项目建设。一是以储备为基础，狠抓项目招商。争取在长城大街、娘娘滩开发、四星级酒店、开元路北线等项目的招商上取得重大突破。二是以开工为标志，狠抓项目落地。2012 年安排实施省、市、县重点工程 49 项，其中，产业项目 24 项，基础设施项目 17 项，民生项目 8 项。全面落实"项目落地年"各项措施，全面加快速度，力促开工落地。三是以服务为目标，狠抓项目考核。建立项目建设"六个一"工作机制，落实领导包保负责制，切实提高项目开工率和投产率。

（三）提质重效转变发展方式。1. 立足增收富农夯实一产。基础设施强农方面，加强以引黄灌溉为重点的农田水利建设，年内发展设施农业 53 公顷；完成山区节水灌溉任务、提蓄水工程，解决1万人的饮水安全问题；完成县川河淤地坝续建任务，除险加固病险水库；完成山洪灾害预警体系等一大批农业基础设施建设工程。补贴政策惠农方面，继续出台一批财政杠杆支农政策。重点扶持农业产业化龙头企业、农业合作社和农民经纪人。突出做大“一村一品”块状经济。加强农民工技能培训，促进农民工输出就业，增强科技惠农力度。着力推行标准化养殖模式，重点发展规模养殖户。科技增收富农方面，加快农业科技创新步伐，增强基层农技推广服务，大力发展绿色有机食品、地理标志产品、无公害农产品，进一步壮大土豆、杂粮、蔬菜、养殖四大特色产业，不断提升科技增产效果，实现农民稳定增收。

2. 立足兴工强财壮大二产。加强大型企业的跟踪服务。整合优势资源，大力支持和鼓励企业进行技术革新，改造提升传统产业，提高煤炭集中度和现代化水平，加快形成新的增长点。加强小型微型企业扶持服务。认真落实针对小型微型企业发展的财税、金融政策“大礼包”，帮助企业开展融资服务对接，扶持小型微型企业稳健经营，增强盈利能力和发展后劲。加强中型企业引导服务。加强市场动态分析研究，积极引导各类中型企业抓住政策机遇，加大开发新产品、开拓新市场的力度，扩大投资，壮大规模，快速成长。

3. 立足文化旅游丰富三产。高品位开发娘娘滩景区。高起点造势民歌二人台。多元化发展现代服务业。巩固发展商贸、餐饮等传统服务业，加快发展房地产、金融租赁等现代服务业，大力发展信息、中介等生产性服务业，创新发展连锁、配送等生活性服务业，重点推动新型文化旅游业态与教育、娱乐、农业等行业的深度融合，着力开发新兴消费市场。

（四）统筹兼顾抓好城乡建设。一是以双模联创为龙头，推动城市建设和管理上水平。突出规划为先，突出大干城建，力争完工12项、启动10项城市建设工程。突出管理为重，理顺管理体制，强化习惯培养，引领城市居民文明意识、卫生意识上水平。二是以城乡一体化为目标，推动特色城镇化和新农村建设见成效。加快形成以县城为中心，沿黄公路、韩河公路为主脉，13个小城镇遥相呼应的城乡一体化建设新格局。率先打造旧县、巡镇、楼子营3个工贸互动型精品小城镇。建成1个新农村连片示范区、3个新农村建设明星村、35个省定重点推进村和北元移民新村。深入推进农村改厕和农村电网改造升级，加强街巷道路硬化和农村道路养护，提高农村道路交通的通达深度和通行能力。通过对“两增三建”、农村危旧房改造、生态移民等政策调整，积极引导农民自愿向主城区、小城镇、中心村集聚，实现200人以下村庄逐步搬迁，农民跨区域发展。

（五）全力以赴保障民生事业。一是千方百计暖民心。落实更加积极的就业政策，突出抓好就业帮扶，重点做好高校毕业生、农村转移劳动力、城镇就业困难群体的就业工作。全面落实社会保障政策，扩大“五险一金”覆盖面，实现城乡居民养老保险全覆盖。继续加大教育投入，强化教师激励机制。全面深化医药卫生体制改革，积极推进公立医院改革试点，实行新农合“一卡通”。加强医卫技术骨干人才培养和乡村医卫队伍建设。全面加强食品安全监管。广泛开展全民健身活动。继续对贫困残疾人康复救助，加快推进老龄事业发展。稳定低生育水平，提高出生人口素质。完成保障性住房建设和农村危旧房改造。二是千方百计解民忧。加强城乡生态建设，重点绿化县城街道、城郊森林公园、重点项目景区等，全面提高城区绿化率。完成水土流失治理面积2667公顷。加强地下水资源保护。加快淘汰落后产能。高度重视节能工作。扎实抓好工业源、农业源、生活源减排治污工作。做好城市空气质量和污水处理监管工作，完成约束性指标减排任务。三是千方百计惠民生。2012年继续扎实兴办十件惠民实事。

（六）一以贯之构建和谐环境。一要强化安全生产监管。加强企业安全生产管理，突出抓好煤矿、非煤矿山、道路交通、建筑施工、危化品和消防等六大高危行业的专项整治。扎实开展安全领域“打非治违”工作，严厉打击私挖滥采和非法违法生产经营活动。二要营造良好治安环境。要始终保持高压态势，严厉打击违法犯罪，切实加强道路交通秩序专项整治。加大对干扰、破坏、阻拦重点项目建设、重点企业生产行为的整治力度，打击强买强卖等违法行为，切实为项目建设和工业运行营造良好环境。三要关注群众利益诉求，努力把人民内部矛盾化解在萌芽状态。

瞄准一个目标　推进六大转型
打响三大攻坚　办好十件实事

保德县县长　郭新生

2011年全县紧紧围绕科学发展主题，全面打造四大基地，奋力打赢九场硬仗，经济社会呈现出发展更快、后劲更足、环境更好、活力更强、惠民更多的良好态势，圆满完成年度目标任务，在全市竞相发展的大格局中，迈出了转型跨越的新步伐。

2012年是全面实施"十二五"规划承上启下的一年，是以优异成绩迎接党的"十八大"胜利召开的一年，也是新一届县委、政府的起步之年。做好2012年工作，具有重要意义。

一、2012年经济工作的指导思想

坚持以邓小平理论和"三个代表"重要思想为指导，以科学发展观统领全局，全面贯彻落实中央、省市一系列重要会议精神，紧紧围绕"建设三晋新型工业强县、中西部物流集散地、优秀宜居宜业城市"的总体目标，以全省扩权强县试点县为契机，以经济发展方式转变和经济结构调整为主线，以"项目落地年、农民增收年、城市建设年、作风转变年"四大举措为抓手，更加注重发展的质量和效益，更加注重安全生产、文化建设、社会管理和民生改善，切实维护社会和谐稳定，实现经济社会又好又快发展。

二、2012年经济社会发展主要预期目标

地区生产总值完成85亿元，增长18%；财政总收入22亿元，增长30.1%；一般预算收入6.3亿元，增长18.4%；固定资产投资57亿元，增长26.7%；规模以上工业增加值60亿元，增长18%；社会消费品零售总额11.9亿元，增长16%；城镇居民人均可支配收入18956元，增长13%；农民人均纯收入4960元，增长30%。

三、2012年政府工作主要任务

（一）推进六大转型。1.以项目建设为重点，加快推进传统工业向新型工业转型。(1)立足当前"挖好煤"，着力提升传统产业，重点抓好七大兼并重组煤矿的技改扩能项目。倾力打造循环产业，努力培育一批"产业集中、发展强劲、特色明显、优势突出"的产业集群。致力培植新兴产业，充分利用铝矾土、高岭土、石灰石等资源优势，推进冠宇水泥、顺泰镁业等企业的质量提升，加快石料企业的整合重组步伐，着力推动非煤产业发展。(2)2012年年初步确定省市重点工程24项，总投资273.31亿元，年度计划投资46亿元。规模以下项目新开工29个，总投资31.66亿元，计划完成投资11亿元。全力以赴抓好"五个一批"重点项目，即开工建设一批、竣工投产一批、加快推进一批、前期运作一批、认真谋划一批。

2.以农民增收为重点，加快推进传统农业向现代农业转型。(1)建设五大基地。加快建设五大特色产业基地，即"两红一核"基地、优质小杂粮基地、优质马铃薯和优质玉米基地、生态养殖基地、设施蔬菜基地。(2)培育四大产业。一是培育"两红一核"产业。扩大红枣、海红、核桃树种植面积，打造1～2个省市级龙头企业，保德油枣、保德海红要申请"原产地"保护品牌，进行重点扶持，走精加工之路，形成产、供、销一体化的经营格局。二是培育两杂产业。主要指以杂粮和杂豆为主的小杂粮产业。着眼于将小杂粮做成大产业，进行特色潜力产业培育，创办小杂粮科技示范园，确保特色小杂粮丰产方增产增收。三是培育畜牧产业。新建3个养殖小区，发展规模养殖50户。四是培育蔬菜产业。发展日光温室大棚1500座，完成1～2个"绿色有机食品"和"地理标志产品"认证，调整蔬菜品种，丰富群众菜篮子。(3)强化三大支撑。一是政策支撑。加大强农惠农富农政策支持力度，坚持县财政对"三农"的投入增长20%。对被列入省市县龙头企业在企业所得税和增值税方面实行以奖代补，并给予用水用电用地优惠。县财政年度列支500万元作为农业产业化发展基金，对县级加工企业改扩建贷款贴息。用足用活国家和省、市扶贫开发政策，大力推进片区开发、整村推进、易地搬迁、对口帮扶等扶贫项目。二是基础设施支撑。进一步加强农业基础设施建设，完成小型农村饮水工程44处，解决55个村1.9万人的饮水安全问题。继续完善引黄灌溉工程。完成5个村的农田灌溉渠系配套工程。搞好农业综合开发、土地开发整理、中低产田改造、机械化保护性耕作和配方施肥项目等农田基本建设，进一步夯实现代农业发展基础。三是科技支撑。大力推广农业科技，不断提高农民科学种田和创业能力。

3. 以西城建设为重点，加快推进传统城乡向宜居城乡转型。(1)大手笔打造大县城。一是基础设施建设上，西城区要率先完成主干线框架道路，水、电、暖、气、网、通讯等综合基础设施要配套跟进，一次性建设到位；继续完善黄河护堤工程，完成河道治理工程、东水西调工程，率先解决水的问题，确保县城居民防洪安全、饮水不愁、用水方便。二是城市重点工程上，奋力打造黄河岸边的山水型生态园林城市。完成县城污水处理、垃圾处理工程的环保验收，确保安全稳定运行；加快推进集中供热全覆盖，新增供热面积 70 万平方米；对城区进行集中供气，气化率达到 45%；完成供水扩改二期工程，逐步完善城市功能。全面推进安居工程，建设经济适用房 144 套、廉租房 162 套、公租房 108 套、限价商品房 36 套。三是城市管理上，以城中村和城乡结合部为重点，集中开展环境卫生、交通秩序、违章建筑三项整治，启动公共卫生间、街巷硬化、地下排水三大改造工程，集中治理沿街设摊、车辆乱停乱放、垃圾乱倒等现象。(2)大力度构筑大生态。所有新建项目都要严格执行环评制度，所有工业企业都要实现达标排放，所有达标排放企业都要保证环保设施正常运行，确保污水处理厂、垃圾处理厂安全稳定运行，确保城区二级以上天数达到 350 天，确保各项减排指标完成年度任务。加强水源地保护，开展农村环境综合整治。不断加强矿区环境恢复治理，狠抓环境恢复治理和土地复垦任务的落实。大力实施“三北”防护林、环城绿化等 10 项林业工程。(3)大思路开辟大物流。围绕煤炭、农副产品、建材等形成的巨大运力，打造“一个物流体系、两大物流通道、三大物流中心”。(4)大气魄建设新农村。完成新申报的 13 个新农村建设重点推进村的总体规划，规范 8 个沼气村级服务网点和 1 个乡镇区域服务站，发展“一村一品”专业村 15 个、农民专业合作社 30 个。全面完成新的“五个全覆盖”。做好移民搬迁，打造两个新农村建设的样板村、示范村。继续加强农村环境综合整治。

4. 以体制改革为重点，加快推进资源大县向文化强县转型。一要大力发扬先进文化。深入推进社会主义核心价值体系建设。坚持正确的舆论导向，逐步整合重组五大新闻媒体，健全新闻发言人制度，做好重大突发事件新闻应对工作，加强对互联网等新兴媒体的管理。二要保护传承传统文化。抓好文物修缮和建设工作，抓好乡土文化的传承和开发，传统艺术的宣传和开发力度。三要繁荣发展现代文化。启动“三馆一院”(文化馆、体育馆、图书馆、多功能数字影院)的前期工作。不断扩大有线电视和数字电视的覆盖率。支持各类文化团体、学会、协会工作。四要探索开发旅游文化。以观光旅游为突破口，打响独具特色的黄河风情旅游品牌。整合主要景点，建设有特色的沿黄旅游区。

5. 以落实责任为重点，加快推进事后问责向事前负责转型。一是围绕一个目标。就是继续控制一般事故，有效遏制较大事故，坚决杜绝重特大事故。二是抓好两大重点。即排查隐患、宣传教育。三是完善三大机制。即完善责任机制，严格落实政府的安全监管主体责任和企业的安全生产主体责任，强化专业技术人才培养和职工安全技能培训，从根本上提高安全生产保障水平；完善考核机制，严格实行“一票否决制”，定期对煤矿“六大员”、非煤矿山“五大员”、安全监管“五人小组”的履职情况进行考核；完善长效机制，完善安全生产制度和规程，形成保障安全生产的长效机制。

6. 以改善提高为重点，加快推进解困民生向幸福民生转型。一要千方百计解民忧。实施更加积极的就业政策，开辟多种渠道，安排一批大中专毕业生就业。加快保障性住房建设。做好信息服务、培训服务和跟踪服务，确保农民工工资兑现和其他权益不受损害。二要千方百计保民安。严厉打击“两抢一盗”和吸毒贩毒为主的犯罪活动，加强源头防治，始终保持高压态势，确保人民群众的生命财产安全。全面加强政法队伍建设。不断完善城市监控网络体系。不断加强各类灾害防御工作。三要千方百计促民和。继续完善信访工作和矛盾调处机制，把信访问题解决在萌芽状态。继续深化医药卫生体制改革，着力抓好卫生基础建设和人才队伍建设。坚持计划生育基本国策不动摇，进一步稳定低生育水平，提高人口素质。

(二)打响三大攻坚。1. 教育提质攻坚。一是继续加大对教育投入。加大对教育基础设施、教学仪器设备投入力度，切实改善办学条件。加大对优秀教师的奖励力度。合理调整学校布局，集中利用教育资源，教育质量全面提升。二是完善对校长的选拔任用机制。三是加强教师队伍建设，优化教师队伍结构。四是统筹教育整体协调发展。将教育资源向农村倾斜，完善城乡教育规划布局，促进城乡教育均衡发展。大力发展小学教育，着力提升初中整体教育质量，狠抓高中教育，注重发展职业教育，促进学前教育、义务教育、高中教育良性衔接循环发展。

2. 民企振兴攻坚。全面落实省、市、县关于加快民营经济发展的有关政策，建立中小企业创业基地，关爱民营企业纳税大户。鼓励民营经济向工业园区集中，引导和规范民营经济从“田野经济”走向“园区经济”，从“沿路经济”走向“板块经济”。在上项立项、用地、资金等方面对民营企业给予大力扶持、促进和推动。

3. 改革创新攻坚。一要扎实开展“扩权强县”试点工作。大力推进一批重大转型项目，努力打造 1～2 家标杆企业和标杆园区，加快“一县一企”、“一乡一业”、“一村一品”等试点工作，力争在项目审批、用地保障、资金筹措等方面取得新进展。二要成立投资评审中心。建立“先评审后审批、先评审后拨款、先评审后验收”的投资管理体制，确保花好钱、办好事。三要加快体制机制改革创新。全面完成事业单位分类改革，继续推进财政管理体制改革、集体林权制度改革、医药卫生一体化改革，继续深化煤炭资源税费改革，逐步完善资源性产品价格形成机制。大力推进金融体制改革，发展资本市场，不断加大金融对城乡建设的支持力度。

与此同时，2012 年继续全力为群众办好 10 件实事。

因地制宜抓扶贫　转型跨越促发展

偏关县县长　王　源

偏关县位于黄河入晋第一县，是一个山区县、革命老区县和国家扶贫开发工作重点县。全县总人口11.8万人，其中，农业人口8.8万人，贫困人口4.7万人。近年来，县政府坚持以科学发展观为指导，因地制宜抓扶贫，转型跨越促发展，落实扶贫政策，以增加农民收入、减少贫困人口为目标，以“移民搬迁、整村推进、产业扶贫、机关定点扶贫”为重点，统筹规划，整合资金，突出优势，产业带动，全县农村扶贫工作取得突破性进展，获得全省“扶贫工作先进县”称号。

一、整合资金，部门联动，实施整村推进

加大统管力度，以整村推进为平台，以扶贫资金为“粘合剂”，围绕以小杂粮、设施农业、经济林、舍饲养羊、农产品加工等为主的特色现代农业，捆绑农业、林业、水利、退耕还林、雁门关生态畜牧、以工代赈等各类涉农资金，形成叠加效应，切实做到帮扶一村，推进一村，实现农民增产增收。2007～2011年，累计扶持131个村，有3.5万人直接受益。全县养羊发展到45.6万只，发展日光节能温室大棚1109座，新发展5大片区千亩白水杏经济林带。同时，大力加强基础设施建设，改善了推进村的水、电、路、通讯等基础设施，通过项目扶持，农村面貌明显改善。围绕整村推进、整体脱贫的目标，以发展现代农业为基础，以基础设施建设为突破口，以“四改四化”为立足点，全面掀起建设高潮，实现了“经济强村、美丽新村、和谐乡村”的目标。一是特色养殖业蓬勃发展。以发展现代舍饲养羊为主，新建科技示范户36户，带动了“一村一品”的发展，扶贫资金投入36.4万元。二是外向型输出为主的劳务业迅速兴起。大力发展劳务经济，向外输出从事建筑、餐饮、运输业的务工人数占农村总人口的30%，拓宽了村民致富渠道。三是完善基础，改变村貌。大力开展环境整治，投入大量资金用于村级基础设施建设，重点落实“四改四化”。结合移民搬迁，依照村庄规划，推进村庄居民点的布局改造。借助新的“五个全覆盖”工程的实施，农村基础设施建设由行政村逐步向自然村延伸，特别是街巷硬化工程，已完成130个村、820千米的建设任务，2012年继续完成115个村598.7千米的任务。新建文化大院600多平方米，新农村建设投资配套20万元。四是以人为本，创建和谐。积极倡导健康文明新风尚，开展“平安村庄”、“文明家庭”、“婚育新风进万家”等创建活动。提高农民素质，大力培养有文化、懂技术、会经营的新型农民。广泛开展健康文化体育活动。五是建章立制，规范管理。进一步健全“村务公开”、“一事一议”、“民主监督”等制度，努力提高村级自治水平，成立了新农村建设理事会、计划生育理事会、村组财务理事会。加强基层党风廉政建设。

二、更新观念，创新机制，做好移民搬迁工作

以脱贫为目标，以200人以下村庄移民搬迁为重点，2007～2011年累计完成移民搬迁81个村1992户6800人。在县城建设移民新区12.4万平方米，在集镇建设移民新村8个，实行自然村并中心大村安置。

加强扶贫移民项目和资金管理，严格执行扶贫资金报账制，完善扶贫移民资金运行和项目管理机制，加强对扶贫移民资金和项目的监督、管理、检查。整合项目、捆绑资金，拓宽致富门路，在移民新村实施整村推进种草养畜项目，配套人畜饮水工程、沼气池建设，村村通道路建设，同时加强对移民人口培训，提高素质，确保移民户移得出，稳得住，能致富。顺利推进移民重点工程——马家坡扶贫移民新区建设工程。新区内规划总用地面积12.4万平方米，住宅用地面积4.7万平方米，共建配套设施用地面积2.6万平方米。一、二期规划建设扶贫移民住宅楼6层11栋、326套。规划三期工程建设扶贫移民住宅楼10栋、400套，可安置26个村767户3000人居住。新区内配套幼儿园、小学、社区综合服务小区、商业网点等设施，打造了一个以“产业发展、农民致富、节能减排、综合配套、功能齐全、生活宜居”的现代化居民生活新区。2012年，进一步加大移民开发建设力度，力争两年内在本小区安置移民4000人以上。

三、瞄准重点，转型跨越，积极推进产业化扶贫

大力发展现代农业，加快实施“一村一品”工程，以羊肉、玉米、菊粉、豆制品为主的农产品加工业，以羊、牛、猪、鸡为主的畜牧业，以谷子、土豆、白水杏、大棚蔬菜为主的种植业，形成三大产业体系，形成市场带龙头企业、企业带基地、基地带农户的产业化格局。扶持壮大山西益生元、凯风食业、章远食品、鸟饲料加工、青羊岭种羊等一批企业。同时,农民专业合作社日益壮大,不断为“一村一品”工程增添活力。

加快构建农业产业化经营体系,提升市场化水平,把农产品优势转化为经济优势。坚持用工业化的理想谋划农业,大力引进、培育、建设与农产品基地关联度高、市场前景好、自我发展能力强、与农户利益联结紧密、对农民增收拉动作用明显的龙头企业和各类新型专业合作经济组织,力求农业专业化水平高于全市其他县(区)。通过龙头企业牵引、中介组织搭桥,形成联结关系紧密、推进机制完善、竞争能力突出、带动能力强大的产业化经营体系,不断提高农民进入市场的组织化程度和抵御市场的风险能力。大力实施品牌战略,实施品牌培育,加强品牌保护,搞好品牌经营,力争使更多的好产品、新产品有自己的身份证明,并尽快加入省级著名商标和国家知名商标行列,早日实现品牌引领下的产业优化升级。

四、抓住机遇,赢得各级扶贫工作队的扶持

紧紧抓住省干部下乡定点扶贫这一契机,积极争取项目资金,认真实施扶贫工程。依托省政协、省引黄管理局、省电力公司、太原理工大学扶贫工作队,全面推进偏关的扶贫工作。按照省委关于领导干部包村增收工作的意见,重点抓好所包贫困村农民的增收工作,深入所包贫困村调查研究,真正与贫困村农民同谋划、同落实、同发展。扎实推进经济林项目,先后完成5个白水大杏示范基地近千亩的建设任务。围绕黄河沿线和209国道沿线形成经济林带,逐步将偏关培育成地域特色大杏基地。大力实施土地整理。在5个村新修梯田140公顷,新建温室大棚40座。同时,完成“两镇三乡七村”的节水灌溉工程和按五年计划推进“一村一井”扶贫项目。大力实施生态建设,继续推进园林村庄绿化为主的林业生态建设,2011年新增人工造林3400公顷,封山育林1200公顷,育苗200公顷,实现林业生态建设的新跨越。

未来几年,将继续强势推进偏关实施“双五”发展战略,按照“十二五”规划的扶贫开发攻坚任务,以卓有成效的工作推进新时期扶贫攻坚工作,不断做大、做强产业富民这篇大文章,确保“十二五”期间,农民人均纯收入翻番。

推进大项建设　促进转型跨越

忻州经济开发区管委会主任　付　剑

2011年是实施“十二五”规划的开局之年,是忻州经济开发区推进大项建设、促进转型跨越的关键之年。一年来,忻州经济开发区党工委、管委会坚持以“三个代表”重要思想为统领,深入贯彻落实科学发展观,以转型跨越发展为主旋律,以培育壮大新兴产业、强力推进大项建设为主阵地,以创优发展环境、提高行政效能为主抓手,大项建设、经济发展和各项工作都取得了较为显著的成效。

一、经济指标较快增长

2011年,忻州经济开发区科工贸总收入41.74亿元,比2010年增长29.2%;区内生产总值12.52亿元,增长29.2%;工业总产值26.74亿元,增长51.2%;实现税收2.29亿元,增长58.5%;招商引资到位资金5.41亿元,一般预算收入5000万元,可用财力1.24亿元。2011年忻州开发区还实现了历史上的几个第一:第一次向社会融资5000万元,有力保证了大项推进;第一次向兄弟县市购买造地指标33公顷,花费500万元,保证了项目用地需求;第一次实现国税地税收入双双过亿,可用财力首次过亿元,达1.24亿元。

二、大项建设扎实推进

一是以大项带动为突破口,全面推进开发区重点项目落地。已有省煤销集团忻州煤机装备制造项目、忻州长城钨钼重组扩建项目、忻州香江国际大酒店项目先后开工,名嘉广场项目的替补项目厦门泛华忻州城市广场项目已经签约,正在全力推进。4个项目协议总投资50多亿元,已落实到位资金5.41亿元,完成投资2.9亿元,实现了项目建设的重大突破。二是大力加强项目建设,努力促进项目孵化。2011年,开发区孵化器(创业园)内企业的产值达到2000万元,尤其是山西辉洋电气设备制造有限公司的年产值从2009年初入园时的150余万元,发展到2010年的500万元,又发展到2011年的1000万元,实现了三年三大步的跨越发展。三是加大对区内骨干企业的扶持力度。为山西润民环保工程设备有限公司、忻州开发区康宝淀粉有限公司、山西丰园食品公司、山西瑞科绿得建材装饰有限公司等企业，申请了2011年市级环保治理项目专项补助资金、2011年煤炭可持续发展基金共计745万元。

三、招商引资成效显著

2011年，忻州开发区共引进入区项目15个，协议总投资49.43亿元。这批项目的签约，为开发区发展储备了一批质地优良的项目。

四、积极谋划开发区的长远发展

提出了扩区计划并上报市政府，提请市政府尽快落实开发区行政管辖区域，以便于“十二五”期间统一规划，合理布局，整体开发。同时，积极争取和多方协调，忻州市新的城建规划为开发区规划了14平方千米的新的扩区规划，已报省政府。省政府批准后，即可实质性推动开发区扩区工作。

五、干部队伍建设进一步加强

在组建成立开发区党工委的基础上，争取市委组织部批准了开发区干部管理体制实施办法，制定出台《忻州经济开发区领导干部公开选聘竞争上岗实施方案》。公开选聘9名副处级领导干部、14名正科级领导干部。

六、安全生产隐患排查治理取得阶段性成果

开展隐患排查治理专项治理行动。明确排查对象、范围、排查内容及整治期限，对所在辖区的生产经营单位进行过筛排查，共排查出各类安全生产隐患78处，整改隐患77处。

七、基础设施建设和环境整治工作成绩突出

一是继续加强开发区基础设施建设。年内完成五台山北路西巷、米洋街道路延伸、翻修工程路面及人行道铺设工程。二是继续引深环境整治工作。以忻州市创建省级环保模范城市为契机，按照市大气治理指挥部全面排查、不留死角、限期治理的总要求，开展多次大气治理集中行动，开发区空气质量有了极大改善。不断加强环卫工作，增强环卫能力，区内机械化清洗、清扫、降尘等工作实现全覆盖，开发区整体环境面貌发生显著改善。开发区建设环保局荣获忻州市劳动竞赛委员会“忻州市集体一等功”和忻州市人民政府“2010年度全市城市管理先进单位”称号。

实施“四大突破”　推动“四化进程”

离石区区长　**薄宇新**

2011年，区政府团结带领全区人民，科学发展，奋起赶超，经济和社会发展取得明显成效，为2012年顺利实施项目攻坚、扭转被动局面奠定了良好基础。

一、2012年政府工作的总体思路

深入贯彻落实科学发展观，坚持“解放思想、扩大开放”工作主线，坚定“发展、服务”工作主题，实现四大突破，推动四化进程，努力开创经济社会转型跨越发展新局面。

二、2012年经济社会发展主要预期目标

地区生产总值105亿元，增长17.4%；财政总收入30亿元，增长20.9%，力争完成31亿元；一般预算收入9.6亿元，增长24.6%；社会消费品零售总额51亿元，增长18.3%；固定资产投资50亿元，增长10.6%；城镇居民人均可支配收入20000元，增长14.8%；农民人均纯收入4000元，增长21.3%。全面完成各项约束性指标。

三、2012年政府重点工作

（一）以服务居民生活需求为目标，发展城郊型农业，保障市场供给，促进农民增收。一是大力发展蔬菜种植业。落实现有大棚主体，全力提高种植率，继续扩大种植面积，努力提高经济效益。大力种植附加值高、经济效益好的蔬菜品种，努力实现经济效益最大化。二是全力扩大养殖覆盖面。支持大象集团启动集孵化、养殖、屠宰、加工为一体的肉鸡产业化项目。采取“公司＋农户”运作机制和“统一技术、统一收购”办法，带动发展一大批养殖散户，形成一批养鸡村、养猪村。继续落实规模养殖补贴政策，出台散户养殖补贴办法，设立生猪养殖风险保障基金。三是着力强化经济林管护。将现有经济林向林业大户、爱林农户集中。按照“谁造林、谁管护、谁受益”的机制，吸引能人和大户发展经济林。继续完善精品园区。2012年，每个乡镇、街道办必须高标准打造1个20公顷以上的区级示范精品园区。四是努力改善农村基础设施。捆绑使用涉农资金，选择基础条件好、发展空间大的4～5个村，继续实施整村推进，逐步将2/3以上农村人口向中心集镇、宜居新村聚集。

（二）以服务项目落地开工为核心，发展循环型工业，增强发展后劲，加快转型跨越。1. 推进以“两大园区”为重点的载体建设。加快推进吕梁市高新技术开发区设立工作，在完善总体规划的同时，积极开展可行性研究、土地利用规划、环境影响评价等工作。积极筹划坪头工业区，着手开展选址、规划等前期工作。

2. 推进以煤矿改造为重点的基础产业。强力推进矿井升级改造。年内完成投资20亿元，力保贾家沟、王家庄、金晖荣泰、永聚、担炭沟5对矿井进入联合试运转，力争贾家沟、王家庄和金晖荣泰3对矿井通过验收。通过改造，力争煤炭产量达到1000万吨以上。

3. 推进以转型项目为重点的多元工业。一是发展高新技术项目。着力打造智能电池管理系统研发生产、大功率激光熔覆再制造技术生产服务、高科技低碳经济产业孵化三大基地。二是推进煤炭资源转化项目。500万吨焦化、400万吨煤化工项目争取开工建设，2×300兆瓦热电项目抓紧完成管网设计等前期工作。三是抓好现有非煤项目。电缆集群项目年内开工建设，环保造纸项目一期工程竣工，亿龙水泥实现试产。四是实施煤矿"1+1"工程。即一个煤矿再建一个非煤企业或延伸项目。

4. 推进以引资引项为重点的项目储备。一是政府搭台招商。出台《离石区项目投资优惠政策》。积极组织参加各种洽谈会、博览会，吸纳引进更多的项目。二是企业主动招商。实行以商招商、以企引企，积极引进好技术、新项目。三是资源换取项目。以一定的资源为资本，换非煤项目，使煤炭资源转化为项目资源，吸引一批大项目、好项目在离石落地。

（三）以服务商贸上档升级为方向，发展辐射型三产，优化经济结构，构建区域中心。一要努力提升传统商贸业。强化商贸业发展的规划引导，超前规划，高标准建设。政府组织，部门牵头，对大型市场进行规范整顿。放宽思路，扩大视野，积极引进大超市、大卖场，争取有更多的知名商贸企业落户离石。二要积极推进新型商贸业。对已签约的居然之家、同至人等项目要强力推进，加快建设步伐，力争早日开业运营。积极推进"农超对接"，保证商品质量，减少流通环节，降低消费成本。三要大力发展现代物流业。努力把天源物流园区打造成为服务市区、辐射周边、全市一流、全省领先的现代物流园区。继续跟进铁路货场项目，力争与吕临支线同步推进。四要继续完善便捷交通网。围绕大商贸、大流通，着力构建大交通循环网络。尽快完成6条公路的规划设计。打通信义园区工业大道。继续做好离临高速、环城高速的协调工作。

（四）以服务中心城市建设为取向，发展宜居城市，改善城市面貌，实现扩容提质。1. 以构筑新区骨架为目标，扎实推进东城开发建设。一要推进重点工程。全面完善"一河两坝六桥"工程，加快沿山快速路建设进度，积极铺开滨河南北两路和连接六桥的道路工程，适时启动景观绿化工程，力争城市主干道内供热、供气、供水、供电等配套设施一次性到位。二要积极创造条件。多渠道筹措资金，为开发建设提供资金保障。积极营造良好的建设环境。三要发展总部经济。通过无偿提供一定土地，配偶就业、职工住房、子女就学等方面享受优先待遇等优惠政策，吸引企业集团总部或二级总部入驻东城新区，努力发展总部经济。

2. 以提升城市化水平为目标，积极实施城中村改造。2012年有6个街道办的17个村实施改造工程。

3. 以打造宜居城市为目标，努力提升城市品位。继续推进以东城、南城、玉林山、王老婆山森林公园为重点的环城绿化，发展碳汇林，增加积蓄量，构筑市区生态屏障。积极开展国省干道、旅游公路通道绿化。

（五）以服务群众公共需求为重点，发展社会事业，强化经济支撑，促进社会和谐。一要大力推进教育振兴工程，打造人民满意教育。完成中、小学校舍建设、改造工程，启动"一乡一所"幼儿园工程。切实加强校长及教师队伍管理，继续实施"名师"工程。推广江阴经验，实行精细化管理，努力创办人民群众满意的优质教育。二要大力实施文化兴区战略，提升经济发展软实力。开展群众性精神文明创建活动，提高全社会文明水平。大力弘扬"离石精神"。继续推进乡镇文化站、农村文化室、农家书屋建设。加大"石州锣鼓"、"离石弹唱"等文化艺术形式的创作保护，积极推进文化旅游资源的开发建设。三要大力发展医疗卫生事业，满足群众就医需求。推进医疗综合改革，巩固完善基本药物制度，推进区人民医院试点综合改革，落实公立医院医务人员绩效工资。加强基层医疗服务体系建设，完善2个社区卫生服务中心和9个社区卫生服务站，配套医疗器械，配备医护人员，为人民群众创造一个良好的就医环境。全面提升医疗服务水平，积极开展技术培训，深入开展医德医风教育，真正让群众看上病、看起病、看好病。四要大力加强社会综合管理，营造和谐社会环境。全面启动社区建设，努力提升社区管理水平。开展交通整治，改善交通秩序。加强社会治安管理，提高处置公共突发事件和应急管理能力。

（六）以服务大局和谐稳定为根本，发展民生工程，共享发展成果，构建幸福家园。一是坚持不懈推进民生工程。启动消除城镇"零就业"家庭工程，确保"零就业"家庭至少有一人就业，新增城镇就业岗位3000人，再就业1000人。新农保参保率85%以上，城镇居民养老保险率达到60%以上。巩固提升新农合参合率。继续加强城市低保、农村低保，实现动态管理下的应保尽保。不折不扣完成"五个全覆盖"任务。结合土地增减挂钩，完成10个自然村、605户、1548人的异地搬迁工作。做好8个村30万平方米的经济适用房建设。二是千方百计实施扶贫攻坚。扎实开展产业发展和劳动技能培训。引导支持低收入人员利用社会资源，积极开展自主创业。实施"一村一品"发展战略，力争到2015年，50%以上的行政村发展成为核桃经济林、规模养殖、三产服务、设施蔬菜、特色种植专业村。全面兑现保障、救助、扶持政策。三是积极推进企业改制工作。完成7家企业的改制工作，改制过程中，资产变现、土地置换和其他收益，优先用于解决欠发工资、欠缴养老金和身份补偿，切实维护好职工利益。四是高度重视社会安全稳定。落实安全生产"两个主体"责任，加强煤矿、交通、消防、非煤矿山、人员密集场所、地质灾害、危险化学品等各行各业的安全生产工作。加强食品安全监管，健全监管体系。扎实开展"大排查、大接访、大化解"活动，解决群众合理诉求，维护群众合法权益。

区域化布局　标准化生产　产业化开发
大力推进小杂粮基地建设

汾阳市市长　吕文平

汾阳以清香型白酒生产基地、中国小米之乡、中国核桃之乡驰名中外。近年来，我们紧紧围绕“立足优势、突出特色、农业增效、农民增收”这一核心目标，以市场需求为导向，以农业标准化建设为手段，以农业产业化经营为途径，以绿色无公害农产品开发为切入点，走变资源优势为产业优势和品牌优势的经济发展之路，努力打造全省一流“一县一业”优势农产品小杂粮生产示范基地。规划到2015年，产业目标为酿酒高粱1.3万公顷，优质谷子6667公顷以上，主导产业产值20亿元，主导产业人均收入6400元，农民人均纯收入1.3万元，良种覆盖率85%，商品率80%，加工转化率80%，品牌占有率80%。逐步形成区域布局合理、主导产业突出、效益显著的农村经济发展态势。

一、突出优势，科学规划

汾阳市地处太原盆地西南边缘，吕梁山东麓，汾河之西。全市辖9个镇2个乡5个街道，262个行政村，37个社区居委会。2011年总人口42.3万人，其中，农业人口32.5万人。全市总面积1179平方千米，耕地面积4.1万公顷。属暖温带大陆性气候，四季分明，光照充足，年日照时数2637小时，平均气温9.7℃，年降雨量467.2毫米，雨热同步，温差较大，无霜期150～177天。自然条件复杂多样，垣地、坡地、梁地、沟地交错，形成了适宜于各种杂粮不同生理要求的独特气候，生态类型。以峪道河镇、杨家庄镇、栗家庄镇等为中心的边山丘陵区形成了谷子优生区，以肖家庄镇、杏花村镇等为中心的大河区形成了酿酒高粱优生区。现有耕地2.7万公顷，占全市耕地面积的58%，人均占有耕地0.2公顷。

近年来，实施优势农产品区域布局规划，由盲目跟风转到科学、理性调整，因地制宜，发挥优势，板块开发，规模发展，大力推进优质小杂粮产品向优势产区集中。2004年制定《汾阳市建设优质小杂粮产业区的实施意见》，2007年制定《汾阳市2008～2015年优势农产品（谷子）区域布局方案》，基本形成以峪道河镇为中心，以三泉、栗家庄、杨家庄、贾家庄、杏花等乡镇为基础的优质谷子生产基地带。全市优质谷子总面积扩大到4000公顷，建成以坡头、宋家庄、马家社、向阳为中心的峪道河片示范区和以南垣底、石塔为中心的栗家庄示范区，以色头、裴家庄、南偏城为中心的杨家庄示范区，示范面积700公顷，初步形成“一村一品、一县一业”的格局。

二、抓住关键，确保质量

（一）抓源头，确保产品质量。抓生产源头和终端产品。2005年开始着手进行绿色无公害产地认证，到2006年，包括峪道河、杨家庄、栗家庄、贾家庄、杏花、三泉在内的6个乡镇2000公顷基地，获得省绿色产品办公室颁发的绿色产品产地质量认证，绿源米业开发有限公司通过ISO9001：2000质量管理体系认证和QS认证，获得“绿色食品”证书，公司生产的“回楼黄”、“汾州香”小米系列产品获得“山西名牌产品”和“山西省著名商标”称号，为汾阳优质小米的产业化开发打下坚实的基础。投资6.2万元配备土壤监测仪和农药残留速测仪，完善土壤肥料、农药等检验检测制度，制定全面普查、随机抽查和定点监控工作规程，强化源头监测。正在筹备汾阳市农产品质量监测站，起草《汾阳市绿色食品市场准入管理办法》，逐步实行优质农产品市场准入制度。

（二）抓标准，实行标准化生产。2004年起着手农产品基地生产、加工、销售各个环节的标准引进和制定，到2012年共采纳国家标准21项，行业标准11项。制定了《无公害谷子标准化生产技术标准》、《晋谷21号优质谷子收购标准》、《晋谷21号优质谷子贮存标准》、《回楼黄小米加工标准》、《回楼黄小米包装标准》等5项地方标准。核心示范区从耕作整地、播种、施肥、田间管理到收获的全过程，实行标准化生产，为全市优质谷子生产提供典型和样板，推动全市优质谷子标准化生产。

（三）抓管理，打造新亮点。项目实施以来，成立市、镇（乡）、村三结合的项目建设协调领导组，全面负责项目组织协调和实施。按照“十统一”生产管理模式，组织项目实施。积极引进新品种、新技术，大力开展试验、示范和展示，为项目实施提供技术储备。几年来，共计引进谷子新品种18个，高粱新品种19个，推广试验示范新技术20项。

三、培育龙头，形成产业化

以加工企业为依托，实施贸工农联动强龙头，公司制农业拓市场，规模化基地增效益等措施，引导企业和社会力量积极参与优质谷子生产基地建设。整合“汾州香”品牌，买断晋谷40号所有权、经营权，汾州香米业开发有限公司已形成年加工能力5000吨的生产规模，被吕梁市首批命名为“农业产业化龙头企业”，被中国农学会确定为优质杂粮精品加工企业，公司生产的“汾州香”小米系列产品连续两届被山西省名牌产品推荐委员会认定为“山西省名牌产品”，被山西省消费者协会推荐为“可信商品”，在全国(重庆)食品博览会上获得“最受欢迎产品”称号，产品远销日本、韩国、新加坡、加拿大等国际市场。公司采取公司加农户、农户连基地的运作模式，在边山的峪道河、杏花、贾家庄等乡镇的18个村，建立原料生产基地667公顷，签订订单2100份，并在产前、产中、产后积极为农民服务，逐步走出一条产、加、销一条龙的产业发展之路。

四、提高认识，创新思路

提高认识，营造氛围。多次邀请有关领导进行指导，省市配套资金1300万元，为小杂粮基地建设提供保障。多次召开省市现场会，展示优质谷子基地建设成果，在各级干部、龙头企业和广大农村形成了建设优势农产品基地的浓厚氛围。

强化服务，创新思路。积极探索推进优势农产品基地建设新路子，开展优质谷子基地建设调查和市场考察，逐步走出一条通过品牌整合，订单生产，政府推动，企业主动，市场、科技、基地、农户四联动促发展的路子，走出了外地市场与本地主产区之间、主产区与龙头企业之间、龙头企业与农户之间三个层次的销、供、产联合，发展优质谷子产业的路子；为下一步做大做强做优“一村一品”，走出了有效整合资金、技术、劳动力以及品种、自然资源，扩大优势小杂粮生产规模，提升产业集中度和产品竞争力的路子。

创先争优　推动转型跨越发展
先行先试　建设民生幸福孝义

孝义市市委书记　**张旭光**

孝义市位于山西中部，太原盆地西南缘。辖7个镇5个乡6个街道办事处，379个行政村，963个基层党组织，1.8万余名党员。2010年4月创先争优活动开展以来，孝义市坚持把创先争优和转型跨越结合起来，紧紧围绕资源型城市经济转型和建设民生幸福型区域中心城市“两大战略”，突出“服务转型跨越发展创先进，推动民生幸福孝义建设争优秀”主题，引导鼓励全市广大党员干部放胆先行先试，加快转型跨越，取得了转型跨越的初步成效。2011年，全市生产总值330.06亿元，财政总收入60.02亿元，城镇居民人均可支配收入19751元，农民人均纯收入9308元。组织工作满意度连续两年位列全省第一。县域综合实力继续位居全省前茅，在中国百强中连续五年进位赶超，位列第66位。先后获得全国生态文明先进市、全国文明城市、国家园林城市等10余项国家级荣誉和山西省文明城市、环保模范城市、省级园林城市、省级村级组织活动场所建设先进市等数十项省级荣誉。

一、围绕“先行先试”解放思想，唱响“愿行愿试”、“敢行敢试”、“会行会试”、“快行快试”主旋律

始终把解放思想作为创先争优的突破口，作为综改试验的先导工程，提升广大党员干部先行先试的能力。一是借智高端解放思想。开办“孝义大讲坛”，精选经济转型、社会管理、招商引资等前沿专题，先后邀请22名国内外知名专家学者开办专题讲座，培训干部2万余人次。引导广大干部在先行先试上解放思想。二是对标先进学习经验。与北京大学签订战略合作框架协议，依托北京大学吴中教学研究实习基地，建立孝义市干部教育培训“长三角”实践基地，先后三次组织百名干部“下江南”，举办“招商干部苏锡常培训班”等专题培训班，引导干部对标先进解放思想。三是登高望远引进人才。每年设立不少于1000万元人才工作专项经费。建立百名高端专家师资库。成立“孝义市招才引智苏州工作总站”。聘请22名中组部“千人计划”高端人才为“孝义市经济转型专家”。引进美国斯坦福大学博士、中组部“千人计划”专家伍永安博士，建设具有世界先进水平的乐百利特LED照明产业项目。四是专业培训提升素质。依托各级党校组织开展党员干部集中轮训。通过市财政、党费补助，支持农村“两委”干部和农村党员特色人才开展学历教育。组织1000名干部到250个村下乡包村住村工作。组织全市的660余名农村党支部书记、村委会主任定期分批到信访部门挂职锻炼。

二、突出“项目攻坚”转型跨越，打好新型工业化、特色城镇化、农业产业化、市域生态化“四化”攻坚战

坚持把“转型项目大攻坚”作为基层党组织发挥战斗堡垒作用、党员发挥先锋模范作用的重要载体，掀起大上项目、上大项目、上好项目、上亿元项目的新高潮。一是强化招商大上项目。在全省率先成立8个专业招商局，2010年7月以来新上亿元以上转型项目44个，概算投资1148.97亿元。第六届中博会上签订的总投资1454.3亿元的12个转型标杆项目，9个已开工建设，呈现出“以煤为基、多元发展”的产业扩张新态势。二是破解难题服务项目。实行“一个重点项目、一名市级领导、一名乡级领导、一个联系部门”的市乡包联服务项目制度。在农村基层党组织中开展“项目书记”、“产业书记”竞赛活动。先后引进晋商、汇通、民生等股份制商业银行，批准融资授信额度6亿元。积极开展城乡土地增减挂钩，置换土地477公顷。三是突出园区集聚项目。规划建设1500万吨新型煤化工园区、“铝电化”综合循环产业园区、高新科技产业园区、现代农业园区以及现代服务业集中示范区“五大园区”。目前，“五大园区”已吸引投资1500亿元。

三、全心全意改善民生，集中力量大办实事，跨入全国百强居民满意度前十强

坚持把保障和改善民生作为基层党组织和党员创先争优的核心任务，把每年新增财力的20%以上投向民生领域，集中力量大办民生实事。一是发展社会事业惠民生。市、乡、村医疗卫生院（所）标准化建设实现全覆盖，399个医疗机构全部实现药品零差率销售。年均新增城镇就业岗位3000个以上，城乡低保实现应保尽保。完成2200套保障性住房建设。二是全员深入群众访民情。组织5000名领导干部深入全市379个行政村，开展“大排查、大接访、大化解”活动。全市科级以上领导干部每人走访群众100户以上。筹资10.6亿元，实施20项惠民工程，确保群众诉求全部得到妥善解决。三是构建长效机制促和谐。建立“四联系四服务四评议四创优”工作机制，开展“千名干部进百村（社区）入万户”送政策、送文化、送技术、送温暖活动。设立市、乡、村三级党情民意联络中心（站、室）。建立党情民意联系卡、党务知识宣传卡、党建要求明白卡“三卡”定期发放制度。

四、夯实“基层基础”创先争优，打造推动发展、服务群众、凝聚人心、促进和谐的坚强堡垒

坚持以创先争优活动为契机，着力加强基层组织建设，夯实转型跨越的组织基础。一是建立公开承诺制度。要求全市各基层党组织和党员围绕各自单位中心工作、重点任务、岗位职责作出公开承诺。对工作实绩开展党员自评、党员互评、领导点评、群众评议，并对承诺、践诺和评议情况全部进行公开。二是实施党建创新工程。实施党建工作项目化管理，推出一批党建创新项目。开展“十佳党员创业先锋”评选活动。举办“创新项目大家谈”、“闪光智慧畅谈”等活动。为非公企业党组织选派党建指导员、管理员、人才联络员，实现非公企业党建“一企三员”全覆盖。三是打造党建工作品牌。兴建孝义党建馆，开通孝义党建网，创办孝义组工报、《忠诚》党建期刊。实施基层党建“一乡一品”计划，选树“一村一品”党建品牌示范村。深入开展大学生村干部“创业富民行动，争当创业富民标兵”活动。四是典型引领带动。实行星级目标管理，深入开展百强支部、百佳书记、百优党员“三百先锋”评选活动，设立党员关爱基金，慰问、帮扶老党员、困难党员，表彰奖励优秀党员，支持党员创业。在市电视台开辟《旗帜·楷模》专栏宣传先进典型，充分发挥典型的示范带动作用。

孝义市将以创先争优为载体，全力以赴做好转型综改试点工作，力争在全省率先走出资源型地区转型跨越发展新路，率先实现全面建设小康社会目标。

先行先试　创新路径
努力打造转型综改新范式

孝义市市长　**郭保平**

2011年8月31日，孝义市被列为省级资源型经济转型综合配套改革试点市以来，不断解放思想，放胆先行先试，注重创新路径，全力破解难题，扎实推进转型综改试点建设，形成了抓综改、谋转型、促跨越的浓厚氛围。

一、围绕“思想转型”，建设转型综改创优区

（一）全面创新观念。思想是行动的先导。孝义市明确提出转型综改工作要坚持“五不五有”，即：不等、不靠、不推、不拖、不怕，有温度、有力度、有速度、有亮度、有大度。组织百名干部“下江南”学习考察，开设“孝义大讲坛”高端讲座，教育引导广大干部登高望远，在更高层次、更高境界上推进思想解放，有效激发了全市干部干事创业的热情。组织搜集整理三套约20万字的全国综改试验区建设相关资料，赴浙江义乌、广东顺德等地考察调研，学习借鉴先进地区的成功经验。同时，通过竞争性选拔，将一批先行先试有胆识、转型跨越有实绩的干部选拔到市乡领导班子，为全面推进转型综改提供了有力的思想保障。

（二）坚持规划引领。在全省率先编制完成《孝义市转型综改试验先行试点行动方案（2011～2012）》，2011年2月9日获省综改办正式批复，成为全省首个获批的市、县两级综改试验先行先试行动方案，并作为范本印发到11个市及其他试点县推荐参考。围绕"推进孝义市绿色转型示范区建设重大战略与实施计划"，《孝义市绿色转型试点三年行动方案》等6项成果在全省首家通过专家论证，率先在孝义市启动实施。

（三）优化政务环境。大力倡导"五加二"、"白加黑"工作作风，实行党政机关全员签到制度，建立领导干部工作动态日报制、乡镇党委书记工作实绩月报制。引导广大干部在转型综改建设主战场上创先争优、先行先试，要求各级主要领导把重大事项、重要工作、重点项目紧紧抓在手上，推行一线工作法，变会场为现场，高标准、高质量推进。同时，将转变政府职能与转型综改、扩权强县相统一，已争取到省政府下放政策权限85项，并进一步调整理顺政府部门的工作体制、运行机制，使机构设置、职能配备更加科学合理。实行"一站式"和链条式、基地式、园区式审批，强化事项办结全过程跟踪服务，建立了政务环境双向考核机制，对企业、群众不满意的职能部门，年终考核"一票否决"。

二、围绕四大领域，建设转型综改示范区

（一）突出产业转型。加快1500万吨新型煤化工园区、现代制造业园区、高新科技产业园区、现代农业园区、中心城区现代服务业集中示范区"五大园区"建设。建成乐百利特LED新光源项目一期工程、兴安化工300万吨4A沸石及多品种氢氧化铝二期工程、五星级帝豪酒店等一批转型标杆项目；开工建设投资总额1143.97亿元的43个亿元以上转型项目，投资额相当于"十一五"项目投资总额的两倍；引进总投资1454.3亿元的12个高端产业项目，其中，中冶科工4万吨多晶硅、信发集团铝系综合循环、晋越峰纳米超级电容电池、山西华夏电动农用车电机及电池生产等标志性项目正在加快推进。目前，1500万吨新型煤化工园区已成为全省两个焦化集中发展区之一。

（二）突出城乡统筹。围绕全省"一核一圈三群"城镇化布局，明确提出"背靠吕梁山，融入太原圈，面向环渤海"的发展定位，坚持城乡空间布局、产业发展、土地利用、生态环境"四规合一"，在全省率先编制完成《孝义市市域城乡一体化规划》，启动实施以主城区为龙头、4个中心镇为支点、20个社区化中心村为辐射的"1420"特色城镇化工程。一是加快以"一河两岸"为重点的中心城区建设。启动了规划面积6.3平方千米的"一河一湖"两岸城市设计，围绕构建北方城市难得一见的"一河两岸、沿河环湖"的滨水园林景观格局。正在启动实施孝义大医院、博物馆、图书馆、马烽文学艺术院、孝义大剧院等一大批公益设施建设。二是加快以扩容提质为重点的基础设施建设。着眼于对接太原都市圈城际交通和介孝汾同城发展，优化城市路网骨架。近年来，累计实施市政道路、桥梁新建改造工程40余项，城市道路里程达到148千米。投资近20亿元大办公路，公路里程达到1712千米，初步搭建起区域性中心城市的基础框架。累计发展各类燃气用户4.3万余户，燃气普及率达到95.7%以上，发展城市热源厂4个，集中供热面积达到680万平方米。三是加快以"1420"工程为重点的中心镇村建设。坚持试点先行、典型带动，按照工业向园区集中、农民向城镇集中、土地向适度规模经营集中的原则，加快推进大孝堡、高阳、兑镇、下堡等中心集镇建设。涉及20个村、3万人的省级扩权强镇试点梧桐新区集中搬迁居住工程，已完成建筑面积68万平方米，年内6000户居民搬迁入住。涉及7个村、1.5万人的省级集中连片新农村建设试点胜溪新村建设工程，已完成胜溪新村中小学校、10栋300套居民安置房建设。依托地质灾害治理和压煤村庄搬迁，规划了3个安置性新区，启动了8个乡镇84个村庄的压煤村庄搬迁工作，5年内将有8万农民搬迁进城，现已铺开2万人的南湖安置新区建设。同时，大力实施城中村改造，相继有18个村启动改造，建成封家峪、留义、贾家庄等9个城市化农民居住社区，3个集中连片城市棚户区改造项目稳步推进。全市城镇化率达到58.8%。

（三）突出生态修复。坚持节能优先、生态优先、环境优先，坚定不移推进节能减排。2011年，39户企业完成达标治理，城市污水处理达标排放。开展淘汰取缔搬迁城市规划区及敏感区范围内污染企业专项整治行动。铺开城南污水处理厂建设工程，启动经济开发区污水处理厂、现代农业园区污水处理厂建设工程，提高工业废水综合利用率。坚定不移推进生态治理，启动实施总投资8.9亿元、全长12.9千米的孝河生态环境综合整治工程一、二期工程已全面完工；开工建设总投资6.7亿元、规划面积5.2平方千米的国家级胜溪湖湿地公园。2011年，完成各类造林8367公顷，新增城市绿地40公顷，人均公园绿地面积12.5平方米。全市森林覆盖率30.7%，城市建成区绿化覆盖率43.5%。坚定不移推进环境整治，投资6亿元扎实开展环境卫生、交通秩序、街道装饰整治活动，启动实施府前街、新义街、大众路街道装饰整治工程和10条城区小街小巷硬化、亮化、洁化工程。2011年，城区空气质量二级以上天数357天，一级天数109天，荣膺全国园林城市、山西省宜居城市、山西省生态市称号。

（四）突出民生改善。以提高群众幸福感为目标，坚持公共服务均等化，确保民生投入与财政收入同增长，加快"解困民生"、"基本民生"向"普惠民生"、"幸福民生"转型。实施"大办教育"、"大办卫生"、"大办公路"、"大办文化"、"大办社会保障"等重大民生工程。总投资13亿元的吕梁职业技术学院正在加快建设，铺开孝义大医院、博物馆、会展中心、科技馆等公共服务设施项目。2012年，将完成15万平方米廉租房、公租房项目并分配到户，新建10万平方米保障性住房，全面完成农村新"五个全覆盖"工程，努力让发展成果更多地惠及广大群众。

三、围绕破解难题，建设转型综改先行区

在招商引资上，坚持以诚招商，以信安商，以利惠商，以法护商，积极营造亲商的人文环境、安商的法制环境和诚信的政务环境。在全省率先成立8个专业招商局，实行定点式、跟进式、持续式招商引资，不断拓展招商引资新路径。坚持"一企一策、一项一策"的引资引项原则，将优质资源优先配置给对经济转型有引领作用的重大项目，先后吸引20余家世界500强、中国100强和省内特大型企业来孝投资。对引进的重大项目，实行"一项一组、一事一议"的办法，各有关部门配合提供服务。

在项目用地上，在全省实现了"四个率先"。一是在全省率先推开城乡建设用地增减挂钩工作，争取挂钩用地周转指标366.7公顷，重点转型项目用地得到保障。二是在全国率先启动创建国土资源节约集约模范县活动，名列全国首批表彰的100个县之一，获国家33.3公顷的用地指标奖励。三是在全省率先开展矿业用地整合工作，实施矿业用地整合试点工作，为孝义市煤炭资源整合项目提供用地保障，争取到用地周转指标132公顷。四是在全省率先开展集体建设用地使用权流转工作，办理流转项目34.7公顷。特别是启动实施总投资35亿元的梧桐新区建设工程，置换工业园区用地477.3公顷，有效解决了项目建设的土地制约"瓶颈"。

在金融服务上，启动以市场化运作为重点的经营城市战略，组建城市建设投资公司，运用BT(建设－转让)、BOT(建设－经营－转让)模式，先后为14个城建项目融资5.9亿元。成立金融办，引进了晋商、汇通、晋城、民生等一批股份制商业银行。正在积极争取"资源型城市转型专项贷款"试点工作，努力吸引中信、招商、兴业等更多的股份制银行在孝义市设立分支机构。积极创新城市建设、中小微企业贷款及融资路径，努力争取金融新业务、新品种的先行先试权。大力发展中小企业贷款担保公司，建立中小微企业融资推进机制，有效破解了项目发展融资难问题。

在人才引进上，大力实施"十百千万"人才工程，制定并实施《关于进一步加强招商引资、招才引智的优惠政策》，在苏州建立首个招才引智工作站，聘请22位"千人计划"专家为"孝义经济转型特聘专家"，借梯登高，借智发展。金岩集团与中组部"千人计划"人才伍永安博士合作LED项目，技术股权占到51%。以建立国家级实验室、博士后流动站为重点，坚持给予优厚待遇与提供发展平台相结合，吸引更多的高层次人才来孝工作。

打基础　利长远　惠民生

兴县县长　梁志锋

2011年是"十二五"的开局之年。一年来，在县委的坚强领导下，在县人大、县政协的监督支持下，深入贯彻落实科学发展观，着力推动转型跨越发展，经济社会各项工作都取得新的成绩，为顺利实现"十二五"目标和2012年预期目标奠定了坚实的基础。

一、2012年政府工作的总体思路

坚持科学发展主题、加快转变经济发展方式主线和稳中求进工作总基调，按照"打基础、利长远、惠民生"的总体要求，坚定不移地推进"五五兴县"战略，突出抓好资源转化和扶贫攻坚，更加注重夯实农业、农村基础，更加注重维护社会和谐稳定，更加注重保障和改善民生，推动经济社会全面协调可持续发展。

二、2012年经济社会发展的主要预期目标

地区生产总值增长15.5%，达到75亿元。财政总收入增长33.8%，达到23亿元；其中，一般预算收入增长36.8%，达到6.8亿元。固定资产投资增长20%，达到36亿元。社会消费品零售总额增长15%，达到5亿元。城镇居民人均可支配收入增长12%，达到14050元；农民人均纯收入增长16%，达到2848元。

三、做好"两篇文章"，推进"八项工作"，办好"十件实事"

(一)做好"两篇文章"。1.做好资源转化文章。(1)抓产品转化。一是煤转电。依托大型煤矿配套建设大型坑口电厂。采用超临界发电技术和先进的劣质煤燃烧技术，建设煤矸石、中煤、煤泥等低热值煤电厂，将煤矸石、中煤和劣质煤炭就地转化为电力和热能，为基地生产提供电力，富余电力外输，产生的蒸汽供应企业生产用气和居民区集中供热。二是铝转材。围绕氧化铝—电解铝、镁—铝镁合金深加工产业链，建设以深加工产品企业为龙头，具有核心竞争力的铝工业生产体系，开发铝合金、铝型材、镁合金、镁合金板材等高附加值产品。三是废转用。利用煤矸石生产煤矸石砖和煤矸石集料砌块，利用粉煤灰生产粉煤灰砖、粉煤灰加气混凝土、粉煤灰轻质墙砖、粉煤灰复合水泥等产品。(2)抓园区建设。建设三大循环型产业集聚区:一是西川产业集聚区。依托煤炭、铝土矿等资源,建设煤炭、电力、铝镁材料、煤化工、建材等项目,构建以煤矸石、粉煤灰、赤泥资源转化为特征的循环产业链,扩展资源的循环利用渠道,促进煤电铝一体化,形成“煤—电—铝—化—材”循环经济产业链。二是华润产业集聚区。依托资源整合煤矿,配套建设洗煤厂、低热值煤电厂、新型干法水泥厂、煤层气综合开发利用等项目,充分利用上游产业的废弃物,形成“煤—电—气—材”循环经济产业链。三是康宁产业集聚区。依托肖家洼煤矿,配套建设洗煤厂、低热值煤坑口电厂、新型干法水泥厂及烧结砖厂,适时启动粉煤灰提取氧化铝、白炭黑等项目,谋划煤基甲醇制烯烃项目、钾肥项目和煤层气 LNG 项目,形成“煤—电—气—化—材”循环经济产业链。(3)抓产业联合。产业联合的基本思路就是坚持以大带小,以强带弱,以国有带民营。鼓励和要求入驻的大企业为本地中小企业发展提供市场机会,扶持中小企业与大企业联合、企业间相互联合。出台鼓励政策,营造发展环境,积极扶持为大企业服务的中小项目建设,积极扶持有利于延伸产业链的现代加工业发展,积极扶持现代物流、现代商贸、餐饮娱乐、中介服务等产业发展。

2. 做好扶贫攻坚文章。(1)积极开展扶贫移民。2012 年要完成 1079 人的扶贫移民任务,移民补助标准由每人 4200 元提高到 5000 元,力争年底 80%以上移民房主体完工。(2)大力实施整村推进。全面完成 22 个村整村推进建设任务,每个村投资规模不低于 200 万元。(3)继续抓好片区开发。完成 200 公顷低产核桃林改造任务,新建和整修田间道路 12.2 千米,新筑小型蓄水池 11 个,扶持专业合作组织 5 个和龙头企业 1 个,新建批发市场 1 个。(4)着力提高农民素质。以提高科技素质、就业技能、经营能力为核心,突出抓好“阳光工程”培训和退耕区劳动力技能培训,培养一批留得住、用得上、懂技术、会管理的新型农民,着力打造建筑装潢、交通运输、家政服务、民间工艺等有兴县特色的劳务品牌。(5)引导劳动力转移就业。坚持就地转移、返乡创业和异地输出相结合,大力推动农村富余劳动力转移就业,切实增加农民工资性收入。

(二)推进“八项工作”。(1)全力推进项目建设工作。要做到“四个力争”、“四个确保”。“四个力争”。即:力争华兴铝业兴县氧化铝项目完成矿山工程量的 60%以上,自备热电站一台锅炉投产,主体工程全面完成,并实现无负荷联动试车。力争山西国际电力兴县电厂一期 2×35 万千瓦工程开工建设。力争西山晋兴公司斜沟 1500 万吨矿井及配套选煤厂项目国家核准,并完成续建任务,全面达产达效。力争华电锦兴肖家洼 1000 万吨矿井及配套选煤厂项目国家准,矿井地面建设具备使用条件,完成机电设备安装,达到试生产条件。“四个确保”即:确保华润联盛公司车家庄、关家崖、峁底煤矿、金地煤业南窑煤矿等 4 个资源整合矿井全部完成技改,达产达效。(2)全力推进农业、农村工作。一是认真兑现粮食直补、农机具购置补贴、农资综合补贴、良种补贴、退耕还林等各项强农惠农政策。二是大力发展设施蔬菜。三是着力培育主导产业。认真实施 21 个“一村一品”专业村工程。积极争取“一县一业”小杂粮基地县项目。引导形成三大农业发展板块。同时,建立 10 个试验示范基地和 1 个试验示范展示区。四是鼓励发展健康养殖。五是切实加强农业基础建设。解决 58 所农村学校 1 万名师生和 68 个自然村 2 万人、695 头大畜饮水安全问题。完成坡耕地水土流失综合治理试点工程 833.3 公顷。实施“一村一井”工程,新打灌溉水井 40 眼。开工建设罗峪口、裴家湾提黄泵站,新建堤防 1 万米。六是不断壮大生态林果产业。完成晋绥森林公园二期工程 166.7 公顷,完成交通沿线荒山绿化 333.3 公顷。实施国家林业重点工程 2993 公顷。新增核桃经济林 4000 公顷。七是积极扶持龙头企业。采取贷款贴息、以奖代补等形式,积极支持农产品加工企业提高产品质量,壮大发展规模。通过土地租赁、减免税费等优惠政策,鼓励发展禽畜屠宰、豆类加工、红枣系列产品等新型龙头企业。(3)全力推进城乡建设工作。一是全面推进新区建设步伐。启动新区基础设施建设工程,完成 4.2 千米的连城大道建设任务。二是努力提高旧城服务功能。三是努力提升城市形象。四是有计划推进旧区整体改造步伐。五是按要求完成新农村建设任务。完成 48 个新农村建设重点推进村的规划编制工作和“四化四改”、“五个一工程”建设任务,集中打造 8 个新农村建设“百村行动”示范村。(4)全力推进交通运输工作。加快推进高速交通、省道改造、农村街巷硬化等工程,进一步提高城市交通运输能力。(5)全力推进文化教育工作。文化方面:一是要全面落实乡镇综合文化站和行政村文化活动场所人员、经费、设备。二是继续推进文化体制改革。三是积极扶持民间文化艺术发展。教育方面:一是加强教育基础设施建设。二是加强教师队伍管理。三是完善兴县教研网,丰富教学资源,真正实现优质资源共享。四是培养市级示范学校 2 所,课改示范学校 7 所,读写工程成果展示示范学校 4 所,精细化管理示范学校 2 所。五是继续实施教师素质提升工程。六是大力实施“阳光雨露”计划。积极为入驻大企业培养本土专业技术人才。(6)全力推进环境创优工作。一是努力营造有利于发展的生态环境。继续推进环保攻坚,严格控制高污染、高耗能产业发展,努力削减污染物排放总量,确保城区二级以上天数稳定达到 300 天。继续加大环境综合治理力度,确保蔚汾河、岚漪河出境断面水质达到地表水三级标准。通过集中供热和生活燃气工程,从根本上改善城区环境状况。二是努力营造有利于发展的社会环境。严厉打击违法犯罪,维护社会和谐稳定。完善领导接访和包案制度。对群众合理诉求,妥善予以解决。加强社会公德、职业道德、家庭美德和个人品德建设。三是努力营造有利于发展的政务环境。构建法制型政府、服务型政府、廉洁型政府。(7)全力推进普惠民生工作。一是全面完成农村街巷硬化、农村便民连锁店、农村文化体育场所、农村职业教育免费、新型农村社会养老保险全覆盖新的“五个全覆盖”任务。二是建立健全社会保障制度,切实提高社会保障 Z 能力和水平,努力实现养老保险和医疗保险全覆盖。三是不断扩大就业。城镇登记失业率控制在4.2%以内。四是逐步提升城乡低保管理水平。在应保尽保的基础上,不断提高保障标准。新建社会福利服务中心,逐步实现"五保户"集中供养。积极筹划市政府提出的便民五件实事。五是要抓好救灾应急体系建设,进一步完善救灾应急预案。六是继续深化医疗制度改革。进一步提高新农合报销比例、住院补偿最高支付限额,确保参合率稳定达到98%以上。进一步提高疾病防控能力,有效遏制传染病的爆发流行,确保疫苗接种率巩固在95%以上。建立健全乡村卫生机构应急体制机制,加强卫生应急管理和应急队伍建设。(8)全力推进安全生产工作。扎实开展"安全生产年"活动。不断完善安全生产目标责任考核评价体系。继续抓好煤矿、非煤矿山、地质灾害、道路交通、食品卫生、公共消防、建筑施工、特种设备、民爆物品、烟花爆竹、人畜饮水、森林防火、畜禽防疫等各行业、各领域的安全隐患排查专项治理。严厉打击无照无证和证照不全等违法行为,继续保持打非治违高压态势。继续强化安全生产基层基础建设,加快安全保障型乡村、企业创建步伐。进一步加强应急管理机构建设,健全完善应急物资储备管理制度,加快建立重大危险源动态数据库和分级监管系统。

在全力抓好各项工作的同时,重点办好事关全局、群众关注、普惠民生的10件实事。

创新思路　大胆探索
全力推进岚县综改试点工作

岚县县长　**油晓峰**

岚县区位优越,交通便利,矿产资源丰富,已探明煤炭储量41亿吨,铁矿储量20亿吨,水资源总量8578万立方米。2011年,岚县紧紧把握山西省被确定为国家资源型经济转型综合配套改革试验区这一政策机遇,本着"先行先试、快行快试、敢行敢试、能行能试"的原则,创新工作思路,着力将资源优势转化为经济发展和产业发展优势,创新探索"五个一"工程新机制,攻难点,出亮点,依托现有太钢、皖煤等资源型项目建设主体,铺开项目总投资1000亿元以上的摊子,产业结构明显优化,生态建设成效显著,城乡面貌进一步改观,社会民生进一步加强,全面铺开综改先行试点工作,有力推动了县域经济社会转型跨越发展。

一、抢抓机遇,积极申报设立试点县

国务院批准设立"山西省国家资源型经济转型综合配套改革试验区",给岚县带来了千载难逢的历史机遇。县四大班子反复研究,确定了改革主题,组织编制了《岚县资源型经济转型综合配套改革试验点规划》,邀请省、市专家进行评审论证。市委、市政府批复将岚县设立为"吕梁市资源型经济转型综合配套改革试点县"后,按照总体推进、分步实施的原则,制定了《2011～2012年两年综改专项行动方案》,全面启动了综改工作。

二、先行先试,扎实推进试点县建设

一是规划先行。按照《岚县资源型经济转型综合配套改革试点县》的思路和要求,坚持"全域规划、城乡同步、区域共建"的规划理念,先后编制完成《岚县国民经济和社会发展第十二个五年规划纲要》、《岚县资源型经济转型综合配套改革试点县规划》等总体规划,开展了城乡一体的城乡建设、产业发展、土地利用、矿产资源利用和环境保护等专项规划编制,资源开发、城乡统筹、有序衔接的规划体系初步建立,为改革发展、经济转型奠定了坚实的规划基础。二是产业结构明显优化。树立"今天的投资速度就是明天的发展速度,今天的投资结构就是明天的产业结构"的理念,实施工业新型化战略,着力提升资源转化率,延伸产业链,发展循环经济。煤焦、冶炼、铸造、建材等传统产业实现改造升级,规模效益日显。太钢750万吨精矿粉项目已具备生产条件,200万吨球团项目年内投产,新型线材和钢铁项目正在加紧筹划。金隅日产2500吨熟料干法水泥项目建成投产。以佳昌、继亨、盛华为标志的生铁冶炼、炉前铸造、装备制造项目效益明显。煤矿兼并重组取得重大成果,焦煤150万吨矿井进入试生产,昌恒90万吨矿井年内投入生产,龙达和同安2座90万吨煤矿项目正在进行矿井建设。初步形成采掘、选矿、冶金铸造、钢材、装备制造为主的产业链。以煤为基,皖北"3052"联产项目、3×10亿立方米煤制天然气、省煤运和华运180万吨甲醇一期60万吨项目前期工作即将完成,2×100万千瓦坑口发电项目已上报国家发改委,转型发展迈出可喜的一步。依托资源和区位两大优势，以资源换项目，变招商引资为招产业引项目，利用中博会和农博会与皖北煤电、澳洲银丰、继亨、华电等大型集团签订了资源开发、煤电一体化、煤化工、新材料等战略合作框架协议。农业产业化以“一县一业”、“一村一品”为特色的产业培育成效初现，马铃薯种薯、育苗产业等主导产业实现规模扩张。服务业发展提速，商贸流通业态不断创新，房地产、保险业、金融、通讯、旅游业较快发展，第三产业发展方兴未艾，呈现一、二、三产业协调发展的良好态势，资源型经济转型步伐明显加快。三是城乡面貌日新月异，社会事业不断加强。以“环境整治、街景装饰、交通秩序”为重点的“三项整治”活动为契机，顺利通过省级卫生县城验收，城区供水、供电、供气、供热得到有效解决，天然气顺利入户，城中村改造和新区建设初见成效。群众生产生活条件明显改善。农村街巷硬化、农村便民连锁店、农村文化体育场所、中等职业教育免费、新型农村社会养老保险等新的“五个全覆盖”全面展开，扎实推进。社会医疗卫生体制改革，国家基本药物制度得到落实。率先启动国家级新型农村养老保险试点工作，建立了医疗保险、养老保险、城乡最低生活保障、企业保险、社会保险和政府救助为主的多层次、广覆盖的社会保障体系。加大教育投入力度，全方位推进教育教学改革，教育水平和质量稳步提升。四是生态岚县建设迈出可喜步伐。以建设省级林业生态县为目标，全面铺开十大造林绿化工程。2011 年造林 5733 公顷，连续两年森林覆盖率提高 3 个百分点，被省政府评为“全省造林绿化先进单位”。严格落实节能减排政策，计划内 6 个减排项目已全部完成。全年完成水土保持治理面积 4733 公顷，启动汾河流域生态治理工程、污水处理厂提质改造工程和岚河流域涉水企业分类处置工作，狠抓城区烟尘、扬尘整治，城区空气质量二级以上天气达到 348 天。五是社会管理不断创新。推进农村产权制度改革，在深化林权制度改革的基础上，集中开展城乡“违规用地、违规建设、违规经营”的“新三项整治”活动。建立健全投入保障机制，责任落实机制，考核奖惩机制，落实招商经费，兑现奖励标准，严格惩罚措施，激发了招商活力。建立企业绩效考核制度，政企联席会议制度。充分发挥企业在转型跨越发展中的主体作用和政府在创优发展环境中的主体作用，成功探索实践了产业发展协调机制、生态环境补偿机制、社会事业投入机制、新农村帮扶机制、生产安全机制和劳动用工保障机制，有效推动了全县“五大建设”。

下一步，岚县将按照山西国家转型综改试验区建设的总体要求，全面贯彻落实科学发展观，围绕转型综改试验优化经济结构、转变发展方式和深化配套改革，创新体制机制。以改善民生为目标，全力实施大项目、大生态、大教育、大民生、大环境“五大建设”，促进产业转型、生态转型、社会转型、管理转型、体制机制转型。针对制约岚县经济社会发展的关键环节，在四大领域抓重点，体制机制上求创新，在统筹产业协调发展上出亮点，努力将岚县建设成资源型经济可持续发展的产业发展示范区，生态环境综合治理的样板区，城乡建设用地“增减挂钩”试点工作的先行区，创新社会管理模式的先导区。力争到 2012 年年底，产业转型、生态修复、城乡统筹、民生改善实现整体推进、重点突破，“5335”标杆项目启动实施，传统产业新型化率达到 60%以上，非煤产业占地区生产总值 50%以上，万元地区生产总值能耗年下降 4 个百分点，森林覆盖率年提高 3 个百分点、达到 30%，城镇化率达到 42%以上。在资源转化、创新土地管理利用、金融服务、环境容量调节、扩大县级经济社会管理权限等体制机制方面取得明显突破。

创新四项机制　加快转型跨越
全面推动县域经济发展再上新台阶

临县县长　张建国

临县作为全省最大的贫困县，作为典型的资源型贫困地区，如何紧紧抓住并利用好综改试验区建设的机遇，加快转型发展，实现稳定脱贫达小康，既对全省完成综改目标有重大的影响，也是“十二五”临县跨越发展的关键所在。临县新一届县委、县政府按照科学发展观要求，紧紧围绕转型跨越主线，着力实施六大战略，到“十二五”期末，全县力争地区生产总值达到 120 亿元，固定资产投资 100 亿元，财政总收入 30 亿元，城镇居民人均可支配收入 20000 元，农民人均纯收入 6000 元，经济总量翻两番，实现“四大跨越、两个转变、三大基地”转型跨越总目标。

一、创新产业开发机制，实现主导产业骨干项目支撑转型

大力推进骨干项目建设，培育和发展主导产业，靠产业增收，靠项目致富。作为资源型贫困地区，临县要紧紧依托煤炭资源，以煤为基，多元发展，高碳产业低碳发展。在现有10座煤矿完成整合、改造、扩建、达产达效的基础上，加快霍煤集团吕临能化公司1000万吨、美锦集团锦源煤矿600万吨、太钢集团晋能公司600万吨、潞安集团姚家山矿300万吨和大土河集团光明矿240万吨现代化矿井建设，力争在“十二五”期末形成3000万吨原煤产能。全面加快沿黄新型煤化工基地建设和煤层气商业化开发，加快中电国际集团与新民焦煤全面合作，尽快铺开三交煤化工园区建设，在“十二五”期末形成生产能力，使非煤产值占到煤炭工业总产值的一半以上。作为农业大县，按照“龙头(企业)带基地联农户”产业化发展的要求，大力推进红枣、核桃、小杂粮产业化发展，“十二五”期间全县优质有机红枣、核桃栽植面积分别达到5万公顷和2.3万公顷，基本实现经济林全覆盖，农产品加工业产值突破5亿元大关，农产品加工率达到50%以上。农业全部总产值达到20亿元，农民人均纯收入6000元，实现稳定脱贫。

二、创新政策扶持机制，实现政策推动转型

(一)探索设立临县转型发展基金(会)，对农业基础设施和重点产业项目进行扶持。基金来源主要有六方面：一是煤炭可持续发展基金和资源价款，争取省市提高返回比例，力争达到70%左右。二是财政增收返回。三是提高税收中县级分成比例，增加地方可用财力。四是向各资源型企业征收支农金。五是从国有土地出让金中提取10%～20%作为试验区发展基金。六是从国有资源、资产处置中提取一定比例的费用，作为试验区发展基金。争取在“十二五”期间全县筹集到转型发展资金到4亿～5亿元。转型发展基金(会)重点扶持4个方面：一是实施重大公益性基础设施，重点解决农村水、电、路、讯和教育、卫生等基础条件。二是解决因资源开发造成的地质灾害治理，实施移民搬迁工程。三是支持发展农业产业化项目，延伸产业链条。四是支持农村人力资源开发、实用技术培训、劳动力转移等。基金(会)实行政事分开，进行市场化、资本化运作。

(二)提高扶贫资金的拨付比例。临县作为全省最大的贫困县，要比照综改试验区争取省市给予临县特殊政策，特别是在扶贫资金的分配上，以贫困人口为基数下达，并给临县提高5%～10%的拨付比例，给予临县实质性的支持。同时，提高对临县一般性转移支付的规模，增加地方可用财力。

(三)加大金融机构对地方经济的支持力度。提高信贷资金投入比例，力争存贷比例达70%，增加地方资本约20亿元，拉动社会投资，有效解决产业发展的融资难题。

(四)加大产业政策扶持力度。争取省政府将临县资源型贫困地区转型发展列为省级示范园区，比照太原市国家高新技术开发区享受的扶持优惠政策。对进入临县的大型骨干项目手续审批上给予倾斜，帮助办理有关国家和省核准手续。同时，争取被列为全省“一县一业”有机红枣示范基地县。

(五)出台土地扶持政策。争取省市对临县资源型贫困地区转型发展的重点产业项目用地给予支持，指标审批上予以倾斜。争取省市土地利用计划按贫困人口基数划定开发用地计划，下放到县，由县自主分配使用。同时要用好土地占补平衡、增减挂钩奖补示范政策，对闲置、废弃的土地进行集中整理和生态治理，置换出的用地指标由县使用并用于产业项目和基础设施项目。鼓励和推进土地有序流转。

(六)放宽户籍政策限制。加快实施城中村改造，对整村搬迁到城镇的农民和有意愿由农村到城镇定居生活的村民，给予城镇户籍待遇，享受与城镇居民同样的权利与义务，变农村为社区，变农民为市民，从制度上加快推进城镇化，加快农村人口向城镇转移，最终实现共同富裕，和谐发展。

(七)鼓励优秀人才到贫困地区发展。争取省市放宽临县对专业技术人才录用的限制，下放县里人才选用自主权，给县里更多的人才使用主动权；切实提高素质人才队伍补贴，给予贫困地区特殊津贴。

三、创新社会管理机制，实现市场导引转型

一是农村城镇化。用经营城市的理念创新农村管理模式。实行城中村改造，农村转社区，农民变居民。结合地质灾害治理和移民搬迁、整村推进，加快农民向城镇转移，让更多的农民融入城市。大力实施城镇开发，加快城中村改造、小城镇建设等工程项目的实施，有效提升和扩展城镇功能，让更多的山区农民向城镇和城镇带聚集，带动形成新的生产要素和生产力向城镇转移。二是农业产业化。按照“一县一业、一村一品”和“龙头(企业)带基地联农户”产业化发展的要求，扶持社会能人、资源型企业领办、创办种植、养殖、加工企业，创办三产服务业，承接从土地上转移出来的农民，有效增加农民收入。三是农民股民化。鼓励村集体或农民用占有的土地、林木、劳动力等资源，利用其他闲置的资产，作为投资，参与、参股外来企业或实体经济，实现投资市场化、资源资本化、农民股民化、收入固定化。同时，以承包经营权为载体，将原村集体土地、资产等改造成具有法人资格的专业合作社、有限责任公司等多种经营实体，并通过与其他煤矿企业、经营实体的参股、入股、委托经营、租赁经营等合作，有效盘活农村资源，让全体村民(居民)享有相对固定的收益，使过去传统的农民转型为持有一定资本份额的新型股民。四是农民居民化。打破户籍限制，将原城区乡镇改为办事处，将城中村改为街道、社区，将农民改为城镇居民，并在户口、教育、医疗、就业、养老及住房保障等方面享有城镇居民同等的权利义务，从制度层面上推进农村和农民尽快融入城市。

四、创新社会扶贫机制，实现干部带领转型

一是企业帮扶和干部下乡包村蹲点制度化。继续推进“一企一事一业”社会化帮扶机制，完善机关下乡干部包村制度。通过企业帮扶和干部下乡蹲点包村，整合利用和发挥好各种社会资源，帮助农民，服务农村，引领农村走上小康发展道路，实现农民收入翻番目标。二是扶贫工作长效化。整合现有行政资源，在现有涉农管理机构、队伍的基础上，进行职能、职责及专业技术人员的整合重组，设立“资源型贫困地区转型建设协调领导组及办公室”。三是社会保障全覆盖、网络化。率先在全省实行新型农村养老保险和城镇居民社会养老保险全覆盖，对收入在2500元以下的农民的个人缴费给予固定补贴并纳入财政预算，由省市县在转移支付中专项解决。扩大农村低保和城市低保范围，提高保障标准，争取在现有保障面的基础上再提高50%。四是奖惩考核具体化。要将试验区的各项任务进行具体化，特别是将扶贫开发和农民增收两大目标按项目、分年度，按乡村和包村蹲点的县直机关两条线进行分解落实。

拼搏实干　跨越赶超
以优异成绩迎接党的“十八大”胜利召开

方山县县长　田安平

2011年是“十二五”开局之年。一年来，在县委的坚强领导下，深入贯彻落实科学发展观，以加快发展为主线，狠抓转型跨越两个关键，紧紧围绕财政增长、农民增收、企业增效三个目标，全面实施“四四战略”，倾力打造“五大基地”，全县经济社会发展和各项工作都取得了新成绩。

2012年是实施“十二五”规划承上启下的关键之年，也是推进转型跨越发展的重要一年。特别是党的“十八大”将要召开，这是全党全国人民政治生活中的一件大事、喜事、盛事。做好2012年的工作，意义十分重大。

一、2012年政府工作的指导思想

坚持以科学发展观为指导，围绕“一个基调”(加快发展)，狠抓“两个关键”(转型、跨越)，把握“三个基本要求”(打基础、利长远、惠民生)，继续推进“四四战略”，强力打造“五大基地”，在扶贫攻坚、项目建设、城镇建设、民生事业、安全稳定、政府建设等六个方面实现新突破，保持全县经济平稳较快发展和社会和谐稳定。

二、2012年经济社会发展主要预期目标

地区生产总值31亿元，比2011年增长17.8%；财政总收入8亿元(力争8.9亿元)，增长11.4%；社会消费品零售总额6.8亿元，增长17.2%；全社会固定资产投资完成22亿元，增长29.4%；城镇居民人均可支配收入14500元，增长11.5%；农民人均纯收入3100元，增长21.5%。

三、2012年重点工作

(一)狠抓扶贫攻坚，开创“三农”工作新局面。2012年，方山县“三农”工作可以概括为“4455”：第一个“4”就是设施蔬菜、千井灌溉、造林绿化和扶贫移民四大工程。以大武镇、峪口镇、麻地会乡为重点，新发展无公害设施蔬菜96.7公顷，打造吕梁的“菜篮子”基地，解决农民冬闲无收入问题和居民吃菜远距离调运问题。以“打得出、用得起、能浇灌”为着力点，新打机井10眼，建立地面引水灌溉配套工程。完成造林和封育面积3900公顷，其中，新发展核桃经济林2000公顷、新育苗533.3公顷。重点对旅游区、工矿区、矿产压覆区及户籍人口在300人、常住人口在150人以下的贫困村，共1210户、4090人进行移民搬迁，以集中安置为主、分散安置为辅，集中在开府、峪口、大武等地建立移民新村予以安置。要把扶贫移民与土地整理项目、新农村建设相结合，整合资金，捆绑使用，确保农民移得出、稳得住、能致富。

第二个“4”就是小杂粮、养殖业、加工业和新农村建设四项工作。重点在麻地会以培育土豆、红芸豆为主，东西两山以谷子、豆类为主的小杂粮种植基地1.3万公顷，使小杂粮产业成为农民增收致富的一条重要渠道。全面盘活现有养殖场(小区)，新发展高标准、现代化养殖场(小区)4个以上，扩大生猪、肉牛、蛋鸡等畜禽养殖规模，形成畜牧养殖聚集区，着力提高养殖小区畜群良种覆盖率。大力发展以土豆、小杂粮、甜玉米、万寿菊等为主的农产品深加工企业。加大土地流转力度。力争发展订单农业2000公顷。重点扶持农业龙头企业由粗加工向精深加工转变，积极推进万寿菊产业循环利用深加工项目、果蔬及精品小杂粮系列产品加工项目、养殖合作项目、马铃薯脱毒种薯繁殖基地建设项目尽快投产达效、形成规模，带动更多的农民增收。继续推进“四化四改”和“五个一工程”，高标准建设新农村16个。大力改善农村供电、供水、排水、通讯等基础设施条件，增加农业科技投入，健全基层农技推广体系，加快农业机械化步伐，逐步实现农业机械化、科技化。

第一个“5”就是农村新的“五个全覆盖”。进一步完善并全面完成新的"五个全覆盖"任务;即街巷硬化、便民连锁店、文化体育场所、新型农村社会养老保险以及中等职业教育免费全覆盖。

第二个"5"就是"方便农民的五件实事",即每村办一所幼儿园,并配备幼儿教师。每村建一个洗澡、理发室。每村主街道安装太阳能路灯。每村建设一座设备齐全的磨面、碾米、豆腐坊。每村建设一个红白理事厅。力争到"十二五"末全部完成。

(二)狠抓项目建设,推动经济转型新跨越。2012年,共确定重点项目33个,计划投资约212亿元。一要紧紧咬住骨干项目。加快5座矿井建设进度,使全县煤炭年产量达到600万吨以上。大力抓好洗煤项目建设,确保洗煤能力稳定在1000万吨以上。加快水泥熟料综合节能项目建设。积极引导大企业、大集团走煤炭与洗选、焦化、冶炼、发电、建材等一体化的路子,打造煤电材、煤焦化、煤气化等循环产业链条,着力提高煤炭资源就地转化率,巩固提升市场竞争优势。要积极推进铝矾土深加工项目。二要努力突破转型项目。重点做好"一县一企"综改试点工作。以项目建设为根本,全力推进新星集团热电联产开发项目、北川河流域生态综合治理项目、全县景区绿化项目、北武当山基础设施建设项目、大武商贸物流园区及铁路专用线建设项目、绿色蔬菜种植基地建设项目等"综改"标杆项目建设。大力发展天然气、太阳能、风力发电等转型项目。把新星集团作为试点企业,率先在峪口村修建集水果采摘、花卉苗木观赏、餐饮、娱乐为一体的千亩现代农业科技示范园区。三要大力培育三产项目。加快推进横泉水库旅游开发、北武当山后山景点开发等旅游度假村项目建设,引导旅游公司新建一批拓展外延、提升内涵的旅游项目,逐步形成集"吃、住、行、游、购、娱"为一体的旅游格局。大力发展现代物流业,加快发展大武物流园区、物流配送中心和第三方物流。大力发展劳务产业,积极配合吕梁新城建设,以建筑装潢、交通运输、家政服务等为重点,加大转移培训力度,打响打亮"方山劳务"品牌,增强方山县劳务输出的竞争力和收入水平,增加农民工资性收入。四要招商引资做大项目。进一步创优发展环境,强化招商引资措施,加大招商引资力度。

(三)狠抓城镇建设,加快提质扩容新步伐。(1)全力配合吕梁新城建设。严格按照吕梁新城建设总体规划,做好新城建设推进过程中涉及的征地拆迁、安置补偿、协调配合等工作,坚决制止和严厉打击抢占、抢建行为。大力做好太中银铁路吕临支线、环城高速、临离高速、吕梁机场等省、市重点项目的协调配合工作,确保这些工程项目按期完工。提前做好209国道方山峪口—离石交口段改线工程、大武—交城高速路建设的配合工作,保证工程顺利开工。及早谋划商贸流通、交通运输、住宿餐饮、通信等服务业发展,增强"新城"的服务功能。(2)大力促进县城提质扩容。以"大县城"建设为目标,以新高中建设、商贸综合大市场、方正南北街延伸以及方山城南新区开发建设为推手,大力促进县城提质扩容。力争到2015年,县城城镇人口规模达到5.5万人。(3)加强重点集镇建设。继续抓好大武、北武当、峪口、马坊等重点集镇建设,把大武镇作为市级重点集镇建设的示范镇,突出资源优势和产业特色,大力做好提升改造工作。以机场为核心,规划建立"空港新区",强力推进星级酒店、特色商业街等重大服务业项目建设。(4)基础设施全面跟进。实施县城水源地圈网保护治理,逐步更新水质净化系统,提升城乡饮用水标准。完成农网升级改造工程。完成15千米旅游路硬化工程,开工建设15千米旅游循环路。开工建设县城方正北街改造工程。强力推进城区集中供热工程,力争全县集中供热面积达到60万平方米。新建通讯基站25个,全面覆盖吕梁机场、环城高速、旅游景点。全面启动北川河生态综合治理工程,突出打造县城西山景点。(5)加强城乡建设管理。进一步完善城乡建设管理长效机制,大力实施绿化、亮化、美化工程。加强交通秩序和市场秩序监管整治。加强土地违法整治。城乡建设用地增减挂钩,搞好耕地补充,努力实现占补平衡。

(四)狠抓民生事业,共享改革发展新成果。一是抓好重点民生工程。继续办好事关方山未来发展和人民群众幸福生活的"十件实事"。二是坚持优先发展教育。新建标准化幼儿园4所,改建9所。全面完成贺龙中学改扩建工程。加快新高中建设进程,扩大高中招生规模,高中阶段毛入学率达到80%。加快职教中心建设。进一步加大民办教育的扶持力度,实施品牌战略、特色战略和整体优化战略,努力建成1~2所市级示范学校,引领民办教育健康发展。三是加快发展卫生事业。对县医院进行改扩建,启动卫生监督所办公楼建设项目。继续深化医药卫生体制改革,健全完善基本医疗保障制度和基本药物制度,全县7个乡镇卫生院、2个分院、169个行政村卫生所全部实行基本药物零差率销售。健全完善县乡村三级医疗卫生服务网络,稳步推进基本公共卫生服务均等化。落实基金风险管理制度和预警制度,扩大受益覆盖面。扎实做好疾病防控、妇幼卫生和爱国卫生工作。四是促进文化大发展大繁荣。大力实施"文化兴县"战略,不断加强公共文化基础设施建设,大力推进乡镇文化站、农家书屋、广播电视村村通、全民健身中心等文化体育工程的全覆盖,力争在2015年前,完成"三馆一院"(图书馆、文化馆、体育馆和多功能厅数字影院)建设。实施重大文化产业项目带动战略,重点打造于成龙廉政文化和北武当山道教文化两张品牌,努力创建"全国廉政教育示范基地"、"中国北方道教文化圣地"。继续推进文化体制改革,加强文化人才队伍建设。五是完善社会保障体系。巩固扩大社会保险覆盖面,稳步提高社会保险统筹层次和待遇水平,大力推进城镇居民社会养老保险和新农保工作,加快实现城乡养老、医疗保险"全覆盖"以及失业、工伤、生育保险覆盖到规定的职业人群。城镇居民医保提高到每人每年240元(县财政补32.5元),新农合筹资标准由2011年的230元提高到290元,重大疾病保障由8项扩大到20项。完善社会救助体系,努力做好民政救灾福利工作,统筹抓好社会福利、城乡社会救助、农村"五保户"集中供养等。积极筹措资金增加民生投入,继续提高干部职工工资。加大财政惠农、扶农、强农投入力度,千方百计拓宽农民增收渠道，努力减轻农民负担。

（五）狠抓安全稳定，构建和谐发展新格局。切实加强安全生产，严格落实安全生产责任制，不断强化安全生产基层基础工作，加大责任追究力度，严格实行“一票否决制”。重点抓好煤矿安全生产，切实加强企业主体责任、政府监管主体责任以及基建矿监管工作。做好非煤矿山（硐采企业、尾矿库）、地质灾害、森林防火、道路交通、食品药品、建筑施工、消防、学校、电力、危险化学品、特种设备等方面的安全隐患排查治理工作，坚决杜绝重大事故发生，确保全县安全生产形势持续稳定好转。全力维护社会稳定，做好涉及群众利益重大事项决策信访稳定风险评估工作，进一步健全完善信访工作机制。认真解决村委换届遗留问题、征地拆迁以及村矿矛盾等事关人民群众切身利益的敏感问题。完善社会治安防控体系，扎实抓好流动人口、重点人群以及信息网络管理，始终保持对犯罪分子的严打态势。建立健全突发事件应急管理和救援体系，正确引导和依法控制舆情。

全力推进交城经济社会跨越发展、绿色发展、和谐发展

交城县县长　乔晓峰

2012年是实施“十二五”规划承上启下的关键之年，做好2012年政府工作，保持交城县经济社会发展良好势头，意义重大，任务艰巨。

一、2012年政府工作的总体思路

坚持科学发展主题，围绕转型跨越总体战略，把握“打基础、利长远、惠民生”的总体要求，以综改试验为抓手，大力实施“1359振兴工程”，强势推动“二次创业”，全力抓好产业建设、城乡统筹、生态建设、安全稳定、民生改善等重点工作，抢抓机遇、锐意进取，努力实现全县经济社会跨越发展、绿色发展、和谐发展。

二、2012年经济社会发展的预期目标

地区生产总值76.1亿元，增长4%；财政总收入13亿元，增长13.1%；一般预算收入4.9亿元，增长17.22%；全社会固定资产投资30.29亿元，增长20%；城镇居民人均可支配收入14731元，增长12%；农民人均纯收入6054元，增长15%。二氧化硫、化学需氧量、氮氧化物、氨氮排放量分别削减2%，工业烟尘和工业粉尘分别削减3%，城市空气优良率达90%以上。

三、2012年政府工作重点

（一）以转型综改为核心，激发县域经济发展活力。1. 抓好先行先试这一要义。紧紧围绕产业转型、生态修复、城乡统筹、民生改善等四大领域，完善总体方案和行动计划，科学选择好转型综改的路径，着力解决好“转什么”、“改什么”、“试什么”和“往哪转”、“怎么转”的问题。以先行先试的胆识，破除用地、融资、人才、技术等机制的障碍，尽快形成新的模式，走出新的路子，推动经济发展由粗放型增长向集约型发展转变，由资源依赖向创新驱动转变。

2. 抓好项目建设这一关键。一是加大招商引资力度。放开眼目，拓宽招商渠道，以企引企，以商招商，以会招商，寻求投资规模大、技术含量高、带动作用强、市场前景好的大项目、好项目落户交城，为县域经济发展储备实力、积蓄后劲。出台招商引资激励办法，充分调动社会、部门和企业的积极性，合力攻坚，共促发展。二是加快项目落地。以“项目落地年”为契机，强化包联制度，严格责任考核，探索破解立项、环评、土地“三大难”的新路径，扎实推进项目尽快落地、投产达效。注重项目前期工作，避免本不成熟的项目盲目上马，避免高能耗、高污染、高用地、低产出的“三高一低”项目落地。实行项目动态管理，确保项目落地并开工建设。三是狠抓标杆项目。坚持转型项目优先、循环经济项目优先、新型产业项目优先和民生项目优先，加快国锦煤电2×30万千瓦热电联产项目、古特金20万吨铸造项目等5个省级标杆项目建设，力争年内完成投资27亿元，以典型示范、标杆引领，推动全县经济转型跨越发展。

3. 抓好园区建设这一载体。按照“一园五区”的产业布局，完善生物科技、装备制造、煤化工、新材料和精细化工等五大产业功能区规划，促进园区走特色化、个性化发展路子。加快园区水、电、路等基础设施建设，全面提升园区承载能力。积极推动建立健全与省级开发区相匹配的体制机制，完善机构设置，明确管理

职能，着力提高园区服务企业、服务发展的能力和水平。

（二）以产业建设为中心，倾力打造新型产业交城。1. 推进农业现代化。按照"一村一品"、"一县一业"的发展路径，重点抓好种植、养殖和农牧产品加工。种植上，大力发展设施蔬菜，认真实施片区扶贫开发设施蔬菜项目。大力发展红枣、核桃产业，打造红枣加工龙头企业。扩大发展核桃经济林。发展"一村一品"专业村12个。养殖上，加快推进以肉牛为主的"一县一业"基地县建设，重点发展万通高档肉牛养殖，充分利用山区优质资源，采取"基地带农户"的发展模式，新发展雪龙黑牛2000头。加工上，扶持培育一批农产品深加工和畜禽屠宰加工企业，延长农牧产业链条，增加农牧产品附加值，提高农业整体效益，促进农民稳步增收。

2. 推进工业新型化。一是巩固以采煤业为主的基础产业。2012年在煤矿开工建设、投产达效上重点突破，全面完成香源沟煤矿改扩建项目，大力推进正源、神宇两座基建矿井建设，加快4个煤矿审批进度，确保年内开工建设。推动实施"1+1"工程，一个煤矿必须建一个非煤企业或延伸项目，推进多元发展，加快产业转型。二是提升以煤焦化、煤化工为主的支柱产业。加快焦化产业升级步伐，确保全县焦炭产能达到650万吨，占全市产能的1/5。依托煤焦优势，延伸焦油加工、焦炉气利用等产业链，着力打造现代煤化工产业基地。三是做大做强以现代装备制造业为主的主导产业。大力推进铸造及机加工企业有效整合、规模扩张、组团发展、提档升级，加快建设特种机电产品生产线、全自动静压造型生产线等重点项目，形成更多的龙头企业和品牌产品，打造全市乃至全省现代装备制造业发展的标杆。四是培育以生物医药、新能源、新材料为主的潜力产业。大力扶持化学制药、生物制品等朝阳产业，抓好重点项目。支持发展新能源、新材料等新兴产业，积极推进太阳能聚光热发电反射镜、不定型耐火材料等重点项目，着力构筑完备的现代工业产业体系，力争形成新的经济增长点。

3. 推进文化旅游产业化。一是完善旅游规划体系。科学编制旅游发展总体规划，与省、市旅游规划相衔接，主动融入全省旅游发展大格局。强化旅游开发管理，确保总体开发、集中连片开发的可控性。二是加大旅游开发力度。继续完善吕梁英雄广场、晋绥八分区革命历史纪念馆配套设施，加大卦山天宁寺、玄中寺保护开发力度，建成人文旅游区；推进山水村旅游开发，形成以庞泉沟风景区为核心的生态旅游区。逐步完善景区基础设施配套工程，提升旅游服务接待能力。三是大力实施文化兴县战略。继续做好非物质文化遗产的保护、传承、开发，重点推进玉雕、堆锦、毛皮画等一批体现交城元素的文化产业，精心策划包装，扩大宣传推介，打造集红色文化、佛教文化和晋商文化为一体的特色文化旅游，促进文化与旅游的深度融合，努力建设全省中西部特色文化生态旅游区。

（三）以城乡统筹为依托，增强区域协调发展能力。一要坚持规划先行。完善《县城总体规划》，修编完成《县域城镇体系规划》、《县城水系总体规划》、《南环路控制性详细规划》以及绿化、景观、文物保护等专项规划和详细规划。二要完善城市功能。适时启动对条件成熟的断头路的贯通和旧城区的改造，完成坡底道改造工程，整治火车站站前广场。实施天然气入户工程。加快垃圾处理场建设。重点抓好南环路后续工程建设，严格按照城市规划，全面完善配套设施。加强城市综合管理，巩固"三项整治"成果，提升城市品位。三要加快基础建设。路网方面，筹划启动进山大通道建设，完成后火山—义望改造工程、洪相—玄中寺改造工程，不断优化城乡路网结构。电网方面，加快三角110千伏、天宁110千伏变电站工程建设，加快推进水电站建设，全面增强电力保障能力。水网方面，加快推进龙门渠供水工程，完成水库蓄水和除险加固工程，提高防洪能力，解决好工农业用水问题。四要改善农村条件。完成新农村推进村建设10个、扶贫开发整村推进8个，完善88个新农村建设试点村、重点村"四化四改"和"五个一工程"。启动实施移民搬迁工作，开工建设3个村的移民搬迁工程。加强"雨露计划"培训。启动实施农村"十村万户"数字电视普及工程。加大农村公共服务资源配置力度，把更多的优质资源向乡村延伸，推进城乡公共服务均等化。

（四）以生态建设为重点，提高可持续发展水平。一是节能减排方面，加大实施节能技改，继续淘汰落后产能，对列入省、市淘汰计划的企业和生产工艺，实行挂牌督办，限期关停。严格落实二氧化硫、化学需氧量、氮氧化物等污染物减排措施，突出抓好城区、园区及庞泉沟旅游景区沿线环境综合治理，加大流域生态环境治理修复力度，全面提高区域环境质量。二是造林绿化方面，继续推进造林绿化工程，高标准实施增绿、添绿绿化工程，逐步形成点上成景、线上成荫、面上成林的生态园林格局。

（五）以安全稳定为底线，夯实转型跨越发展基石。一要强化安全监管。加强煤矿基建矿井监管，继续保持严厉打击私挖滥采的强硬态势。引深煤矿、非煤矿山、森林防火、食品药品、道路交通等重点领域、重点行业安全生产专项整治，全力抓好安全保障型乡村和企业创建工作。强化政府和企业"两个主体"责任，严格落实安全生产各项规定，严格责任追究，实行"一票否决"，确保全县安全生产形势持续稳定。二要强化综治维稳。认真开展信访"大排查、大接访、大化解"活动。建立健全突发事件应急体系，有效应对各类突发事件。完善社会治安防控体系，深入开展"平安交城"创建活动，严密防范和依法打击违法犯罪行为。

（六）以民生改善为目的，推进社会事业全面发展。统筹发展社会各项事业。合理配置教育资源，完成4所幼儿园新建工程。加快推进职业中学新校园工程，做好中小学校舍安全工程配套项目。深化医药卫生体制改革，逐步实现基本药物城乡全覆盖。加快推进区域卫生一体化管理，稳步实现基本公共卫生服务均等化。积极开展计划生育优质服务活动，稳定低生育水平。全力推进龙门渠供水工程建设、进山大通道建设、区域性中心医院建设、保障性住房建设、垃圾处理场建设等五大民生工程。

做好两篇文章　办好四件大事
争创“三晋一流，全国百强”

柳林县县长　武跃飞

2011年，柳林经济社会发展取得新成绩，巩固和发展了柳林在全市、全省经济领先的位置，为2012年加快转型跨越发展，实现争创“三晋一流，全国百强”目标奠定了扎实基础。

一、2012年政府工作的总体思路

以科学发展观为统领，紧紧围绕争创“三晋一流，全国百强”的目标，致力于“早转型、大跨越”，致力于“打基础、利长远、惠民生”，致力于建设人民满意的“富裕家园、绿色家园、幸福家园”，坚持人民利益为先，唱响干事创业主调，强化狠抓落实作风，全力推动经济社会又好又快发展，让人民得到更多实惠。

二、2012年经济社会发展预期目标

地区生产总值达到360亿元。财政总收入100亿元，一般预算收入在财政总收入中占比30%。全社会固定资产投资120亿元。城镇居民人均可支配收入24115元，农民人均纯收入8500元以上。全面完成省、市下达的居民消费价格指数、城镇登记失业率、人口自然增长率、万元地区生产总值能耗、主要污染物排放等各项控制性指标。

三、2012年政府工作重点

（一）做好两篇文章。一是做好“以煤为基”的文章。把安全抓好，严格落实企业主体责任和政府监管主体责任制。把标准定好，解决好发展问题。全县26对整合矿井，都要按照现代化矿井要求，高标准建设。把矛盾处理好，解决好和谐问题，对煤炭开采中造成的土地塌陷、房屋裂缝、地下水渗漏等一系列问题，要高度重视，认真解决。二是做好“多元发展”的文章。明确多元发展的路径，发展非煤产业，特别是大农业、第三产业、铝加工业和轻工业，发展高新技术产业，发展煤炭延伸产业，包括煤焦化、煤电铝、煤制气、煤制油等。建设多元发展的载体，全县所有的煤炭主体企业和各驻柳林大企业都必须建设一个真正意义上的转型项目，同时领办或者扶持一个农业园区，并且要有规模和科技含量，农业园区同时也要成为生态园区。加强对多元发展的支持，调动全县上下投身转型、参与产业多元发展，设立专项扶持资金，对转型项目、多元化产业要给予重点扶持和奖励。

（二）办好四件大事。1. 上大项目。一要支持大企业。大企业是经济社会发展的主要支撑力量，也是转型跨越的主力军。要重点支持大企业、大集团，想方设法、千方百计为大企业集团的发展创造便利条件，确保项目和资金集中在柳林。二要建设大园区。高红循环经济示范园区方面，要确保2×30万千瓦煤矸石发电项目8月份投产运行，加快推进联山400万吨煤矿、汇丰240万吨特级铸造焦项目审批手续办理，金山300万吨洗煤项目力争年内投产运营。煤矸石综合利用示范园区方面，要尽快完成工业化中试，年内完成一期征地及“五通一平”，力争400万吨煤矸石提取氧化铝、白炭黑及余热发电项目前半年开工，60万吨阻燃新材料项目年内达产达效。雅沟建材产业园区方面，150万吨建筑碎石及50万吨活性石灰生产二期工程年内建成，100万吨活性氧化钙项目开工建设。加快推进穆村科技产业示范园区、金家庄装备制造加工园区、留誉焦化产业园区的前期准备工作。农业园区方面，联盛生态农业文化园区继续强力推进核桃林、钙果栽植、设施农业建设、引水工程、白酒酿造、肉牛肉鸡养殖加工和农民新集镇建设等一批项目。汇丰昌盛农业科技示范园区要进一步扩展规模，年内完成特色农产品加工、生态餐厅建设、休闲观光农业发展等一批项目。凌志农业生态园区重点发展设施蔬菜、节约化育苗等种植、养殖项目。大庄农业示范园区要围绕纯天然、无公害的理念，发展种、养、加项目，基本完成园区的基础设施配套工程。三产园区上，要加快推进龙门会、孟门、留誉、上白霜4个铁路货物集运站建设，打造4个中心物流园区。同时搞好旅游园区、文化园区、教育园区、城建园区的建设。三要实施大联合。就是政企联合、大小联合、全社会互动。政府、企业都要成立自己的项目储备和技术研发中心，积极与中科院等科研院所、大专院校联合，搞好项目储备、技术攻关。成立中小企业发展投融资中心，通过整合政府资金、争取上级资金和撬动民间资金，鼓励和扶持中小企业大上项目。鼓励全县大型企业带动扶持一至几个中小企业，扩展队伍，延伸产业链，针对性解决中小企业发展困难。

2. 举大龙头。一是举龙头。紧抓9个农业园区龙头，到“十二五”期末，全县农业园区力争覆盖耕地面积的50%以上,解决农村一半左右人口生产、生活、生计问题。大力整合全县现在的农副产品加工企业和经纪人队伍,有选择性地扶植龙头。尤其要以"柳林红枣"一统全县,集中力量创品牌、增效益。二是建基地。下大力气搞好农田水利基本建设,不断改善农业生产条件,尤其要做足做好"水"的文章。积极筹集1.9万公顷红枣林管护、2万公顷核桃林发展和133公顷设施蔬菜建设所需的扶持资金。全额承担对农民进行实用技术培训的经费。出台扶持种植、养殖业规模发展的新政策。

3. 搞大建设。(1)生态建设要办好3件事:一是造林绿化。重点是完善163千米通道绿化、2000公顷荒山绿化和4000公顷核桃林栽植工程。二是封山禁牧。制订圈养管理监督办法。三是环境治理。巩固"三项整治"成果,做好环境卫生治理工作,进一步加强对企业排污、车辆抛洒的治理工作,加大城区燃煤锅炉改造力度,加快三川河流域生态修复治理。(2)城市建设要办好10件事:一是前半年完成县城总体规划。二是尽快完成东山新区总体规划、征地等前期工作。三是加快推进青龙、锄沟城中村改造,以及片区开发建设。四是做好县医院旧址、外贸院、煤炭局等拆迁准备工作。五是加快劳保税务大楼、司法大楼、寨东安置楼等工程的建设。六是协调争取太中银铁路柳林客运站早日投用。七是启动庙湾至杜家湾段清河西路工程,争取年内竣工。八是完成贺昌大街二期改造。九是加快推进城区集中供热供气工程建设。十是完成贺昌烈士陵园的选址、规划等前期准备工作。启动县城殡仪馆建设。(3)城乡基础建设办好9件事:一是307国道城区段改线工程开工。二是聚雅公路完成投资3亿元以上,兴康公路、八石公路、康家沟大桥建成通车。三是开工建设扶贫路大庄隧道改建工程。四是完成18个村78.6千米农村街巷硬化工程。五是3个变电站二期增容改造投入运营,38千米10千伏线路农网升级改造工程。六是启动横泉水库引水、黄河提水、中部引黄三大重点水源工程。七是实施13处市级"千井富民"小型灌溉工程,完成小型农田水利建设重点县所涉项目。八是启动李家湾乡、石西乡两处集中供水工程和全县28处农村饮水工程,解决3.5万人的安全饮水问题。九是全面完成33个土地开发整理项目,新铺开30个土地开发整理项目。

4. 惠大民生。(1)增加公共民生事业投入。财政预算用于民生资金占到可用财力的73%。全年教育累计投入要达到5亿元以上。全面实行"健康柳林"计划。大幅度增加城乡大病救助额度,新农合报销封顶线由6万元提高至10万元。全年医疗卫生累计投入资金达到2亿元以上。大力支持文化事业和文化产业发展,重点加强文物古迹保护、文化基础设施建设和文化活动场所完善提高。(2)个人民生部分应保尽保。财政安排个人和家庭补助资金1.26亿元,医疗保障资金3270万元,社会保险基金补助1670万元。进一步提高政府聘用临时工、县用代教工资待遇和保险金缴纳水平。强化对弱势群体救助。启动500套经济适用房、500套廉租房、100套公租房建设,切实解决城乡中低收入家庭住房难问题。全力确保各项民生问题,加快建设富裕、绿色、幸福新柳林。

抢抓转型综改历史机遇　谋求经济社会跨越发展

中阳县县长　**王建国**

中阳县作为转型综改的试点县之一,积极响应省市号召,强抓全省转型综改试验区建设的历史机遇,扎实抓好试点工作,努力在产业转型、生态修复、城乡统筹、民生改善、机制创新等5个重点领域取得新突破,推动全县经济社会转型跨越发展。

一、以加快转变经济发展方式为主线,在产业转型上实现新突破

1. 提升传统产业。一是推进煤炭产业开发,重点抓好4对矿井的手续完善,完成2对矿井三期工程建设,完成3对矿井二期工程建设,争取6对矿井投入联合试运转,全年煤炭产量达到1000万吨。二是坚持立足煤、延伸煤、超越煤,鼓励煤炭企业发展下游产品,向高端化延伸,向循环经济发展。扩大洗煤焦化产能,抓好4个洗煤项目和180万吨焦化、20万吨甲醇项目建设,启动煤矿"1+1工程",提高煤炭加工转化率。三是做强钢铁产业,加快投资20亿元的中钢一期升级改造工程建设步伐,形成500万吨钢铁产能,推进中钢与文水海威联合,形成钢铁航母。同时,支持桃园水泥有限公司日产4000吨熟料及余热发电项目建设,力争年内投产。加快推进大唐桃园2×30万千瓦煤矸石综合利用发电项目,年内开工建设。

2. 发展新型产业。重点扶持腾飞石油钻具公司钻杆深加工、金州铸造有限公司铸件扩建、吕梁精工机械厂拔丝和丝网建设等项目。支持慧仁核桃食品公司开发核桃糊等系列产品，形成特色生物保健产业。启动大唐风力发电项目建设。发展物流和旅游业，新建金罗镇物流园区。

3. 抓好园区建设。进一步完善尚家峪工业园区的空间布局和功能定位，加强水、电、气、路等基础设施建设，增强园区的产业承载能力。组建功能完备、运行高效的园区管理机构，健全合理职能，以良好的服务吸引更多企业入驻园区。

二、以提高可持续发展能力为目标，在生态修复和节能减排上实现新突破

1. 壮大核桃产业。进一步加大涉农资金整合和政府补贴力度，加大核桃栽植区水利、道路等基础设施配套力度，改造低产低效林，建立核桃丰产示范园。创新经营模式，通过采取委托大户集中管理、龙头企业规模发展、煤炭企业在煤田范围内买断经营等办法，确保核桃树栽起来、管得好、早见效。2012 年要实现全县宜林地核桃林全覆盖，农民人均核桃收入达到 2000 元以上。

2. 实施生态修复。一是重点推进矿区生态环境修复工作，明确煤炭企业为矿界范围内绿化的实施主体，采取一次规划、分年实施的办法，力争 3～5 年内使全县煤炭开发区全部高质量绿化。二是启动二郎坪生态公园建设，人均公共绿地面积增加 1 平方米，城市绿化覆盖率达到 30％以上。三是搞好村庄绿化工作，争取行政村全部园林化。四是新建淤地坝 7 座，生产坝 13 座，新增旱井 204 眼；争取项目资金，补充耕地 200 公顷；实施高家沟骨干坝除险加固和陈家湾水库区防护整治项目。

3. 落实节能减排措施。以煤炭、电力、化工、冶金、建材等行业的重点企业为突破口，以规划环评、循环经济准入标准为手段，限制和改造“两高一资”项目。实施脱硫、脱硝“双脱工程”，实施火电行业废水“零排放”工程，重点抓好东川河、南川河流域企业污水治理工程。

三、以推进城乡一体化发展为统领，在县域城镇化上实现新突破

一是实施城区扩容提质工程。新城开发方面：完成滨河西路南延、二郎坪片区东西向 3 条道路、宋家沟道路综合改造工程。中阳一中经济适用住房建设、中钢公司公租房建设。搬迁新城变电站，新建文体活动中心。完成县人民医院新建项目规划、选址等前期准备工作，年内开工建设。旧城改造方面：铺开粮贸市场片区改造工程。新建廉租房 432 套 2.2 万平方米。启动城中村改造工程，确定 1～2 个村先行试点。市政设施配套方面：新增供热面积 10 万平方米，供热普及率达到 80％；敷设供气管道 20 千米，供气普及率达到 30％以上；完成城区污水排放系统、旧城区供水管网改造、雷家沟排洪渠改建等工程，打造布局有序、功能完善、环境舒适的和谐家园。二是建设金罗、宁乡、枝柯城镇带和中心集镇。结合煤炭开采区移民和扶贫移民，有序引导居民向城镇带集中。完善乡镇水、电、路、校、医等基础设施，提高产业和人口吸纳承载力，扩大对农村的辐射力。年内争取张子山乡移民工程三期和下枣林、武家庄首批 1700 人的移民工程完工，枝柯镇申报全省小城镇建设重点镇。三是推进基础设施建设。交通方面，万年饱—吴家峁、车鸣峪—韩家山运煤专线开工建设，完成国道 209 线道棠至城区段街路一体改造工程，力争 209 国道改线东山过境公路开工建设。电力方面，城南 110 千伏变电站建成投运，开工建设下枣林 110 千伏变电站。

四、以保障和改善民生为目标，在社会各项事业协调发展上实现新突破

1. 优先发展教育事业。优化教育布局结构，新建、改建、扩建、装修 34 所幼儿园，在原钢源铁厂旧址新建 1 所九年一贯制公办学校，缓解城区入学难问题。新建宁乡、金罗、枝柯 3 个中心幼儿园，改扩建暖泉、武家庄两个中心幼儿园，争取每个乡镇有 1 所标准化幼儿园。

2. 深入推进医药卫生体制改革。搞好公立医院试点县综合改革，以破除“以药补医”机制为关键环节，统筹推进管理体制、补偿机制、人事分配、价格机制、医保支付制度、采购机制等综合改革，建立起维护公益性、调动积极性、保障可持续的运行机制，力争使居民县域内就诊率 90％。在抓好新建县人民医院的同时，完成苏村、吴家峁两个分院的维修改造，争取卫生监督所、急救站等项目立项开工。到 2012 年底，达到每个乡镇 1 所规范化的卫生院，每个行政村 1 个标准的卫生室，县、乡、村三级医疗机构基础设施达标率 100％的目标。新建水质检验监测中心，确保群众喝上放心水。

3. 抓好扶贫开发。围绕干果、蔬菜、畜牧、小杂粮，完善“一村一品”规划，把“一村一品”落实到种养加工项目上。核桃面积达到 1667 公顷，粮食种植面积 9333 公顷，设施蔬菜达到 33 公顷，畜禽总量突破 50 万头（只）。

4. 健全完善社会保障体系。认真落实就业创业的各类优惠政策，多渠道开发就业岗位，城镇新增就业 2300 人。完善基本养老、医疗保险、失业保险、生育保险等为主的保障体系，做好新型农村养老保险的管理工作，参保人数达到 5 万人，发放养老金 1 万余人。完善城乡居民最低生活保障、农村“五保”户供养制度，健全大病医疗、住房、伤残、临时救助等社会救助体系，有效保障困难群众生活。省政府新的“五个全覆盖”工程全部完成，让全县人民享受更多发展成果。

五、以体制机制创新为核心，在重点领域和关键环节上实现实质性突破

一是创新人才工作机制。建立外来人才引进和使用机制，县财政每年预算安排人才工作专项经费，引进高端、优秀人才。建立本土人才素质提升机制，实施人才培养工程，加强与高等院校合作，形成党政企干部年度外出培训长效机制。对敢闯敢试、先行先试成绩突出的干部、企业家和各类人才，给予褒奖和重用。二是逐步建立土地集约利用制度。结合城乡建设用地增减挂钩试点政策，通过县域内土地整理复垦开发，积极争取跨区域土地利用指标综合调节政策，探索耕地“占补平衡”路径，有效破解“用地难”问题。探索废弃资源安全合理有效利用和地质灾害综合治理新途径，加快县域废弃工矿地治理并向建设用地置换。三是探索建立环境容量调节机制。完善节能减排投入机制和市场化机制，探索建立生态环境补偿机制和排污交易制度。积极争取跨区域环境总量、容量调节置换政策，淘汰取缔落后产能，为标杆项目提供环境容量，形成产业转型发展和环境容量和谐协调机制。四是探索建立现代金融服务机制。支持新设中阳县村镇银行。集中社会资金，引导建立小额信贷公司。积极与股份制商业银行沟通，争取进驻中阳设立分支机构，确保项目资金保障。加大财政对重点项目的担保、贴息力度，撬动、激活民间资本。

打基础　促转型　惠民生
加快推进交口经济转型跨越发展

交口县县长　徐宇平

2011年，交口县委、县政府坚持以科学发展观为指导，深入调查研究，正确分析形势，准确把握县情，立足资源优势、生态优势和人文优势，坚持生态立县、产业兴县、项目强县、文化活县“四轮驱动”和“五步赶超”发展战略，在全县干部群众的共同努力下，县域经济呈现出企稳向好、平稳较快、增势强劲的发展势头，顺利实现了“十二五”的良好开局。

2012年是实施“十二五”规划承前启后的关键之年，也是交口转型跨越攻坚之年。加快推进交口经济转型跨越发展要牢牢把握稳中求进这一总基调，做好扶贫攻坚和资源转化两篇文章，突出打基础、促转型、惠民生三项重点，正确处理好强县与富民、煤与非煤、资源与环境、当前与长远四大关系，在扶贫攻坚、项目落地、基础建设、城镇建设、生态建设、民生改善、社会管理、环境创优八个方面实现新突破。

一、加快扶贫攻坚

（一）加大“三农”投入。一是持续加大财政投入，全面落实各项惠农政策。投入6000万元，从种植、养殖、加工、经济林、农技推广、新农村建设等17个方面进行补贴，促进农村发展、农业增效、农民增收。二是加大金融扶持力度。以农村信用社为主体，通过财政贴息、专业合作社、龙头企业等形式，进一步简化程序，降低门槛，加大信贷支农力度。启动种植业保险，实现旱涝保收。三是全面引深“一企一事一业”。继续推行企业帮建、领导干部驻村、机关单位包村等扶贫开发措施，适时开征“以煤补农”发展基金。四是争取和用好项目资金。积极争取亚行贷款、“板块扶贫”试点、移民搬迁、整村推进、以工代赈等项目资金，科学规划、捆绑实施，发挥项目资金的最大效益。

（二）推进农业产业化。在种植方面，稳定粮食播种面积1.3万公顷，产量保持在2600万千克，巩固小杂粮2000公顷，推广农作物地膜覆盖2666公顷，发展设施蔬菜20公顷。在“一县一业”方面，新发展核桃林1333公顷，综合管护667公顷，嫁接改优15万株，扶持发展育苗、栽植、管护、技术服务、深加工一条龙产业。在养殖方面，巩固发展以山养猪为重点的特色养殖，高标准完善一批规模养殖示范园区，扶持做大养殖企业及合作社。在加工方面，扶持农产品深加工企业扩大规模、开发产品、拓展市场。

（三）实施充分就业工程。2012年，完成农民素质提升培训2万人，技能培训1000人，劳动力转移培训3000人，再就业培训500人。设置公益性岗位500～800个，依托本县企业和新上项目安置就业2000～3000人，劳务输出和向第三产业转移1000人。制定出台《扶持小微型企业创业发展的实施意见》，鼓励自主创业，以创业带动就业。

（四）改善农村生产生活条件。一是加大扶贫及移民力度。实现3000人稳定脱贫，逐步消除绝对贫困户。实施6个村2095人的移民工程，逐步将山庄窝铺群众迁移出来。二是扎实推进新农村建设。巩固55个新农村建设成果，新推开7个重点推进村建设，高标准打造8个新农村建设重点示范村。三是加强农田水利基本建设。完成水土流失治理面积1600公顷，新建基本农田160公顷。以设施蔬菜为重点适度发展水浇地。完成中低产田改造333公顷、测土配方肥1万公顷。

二、抓好项目落地

（一）着力规范以资源采掘为重点的基础产业。力争8座兼并重组煤矿全面达产达效，原煤产量实现

1000万吨。推进矿山企业规范化、标准化、现代化建设。

(二)改造提升以煤焦、冶炼为重点的支柱产业。推进洗煤、焦化、冶炼行业产能整合、技术改造和链条延伸,逐步实现原煤原矿不直接销售出境。整合技改10户200万吨以上洗煤企业,加快建设焦化技改项目。

(三)做大做强以铝镁、铸造为重点的主导产业。扶优扶强,扩容提质,将交口丰富的铝镁资源优势尽快转化为产业优势,培育新的经济增长极。加快建设氧化铝项目、氢氧化铝深加工项目和镁合金项目。

(四)积极开发以旅游、高新技术为重点的潜力产业。全面推行煤炭企业新上非煤产业保证金制度,加快项目论证、对接和前期审批,推动项目落地。积极争取新型干法水泥项目、低热值煤发电项目完成前期审批手续。启动开发云梦山旅游项目,实施农副产品交易市场等服务业重点项目。

(五)加快推进以东南工业园区为重点的产业集群。编制完成《东南工业园区规划》,完善园区管理机构和配套设施。进一步扩大对外宣传和招商引资,吸引更多的企业、项目和资金落户园区。

三、大办基础设施

交通方面,投资30亿元的省道桃临线(孝义西泉—交口石口段)一级公路改造完成审批手续并开工建设。阳双铁路项目完成行政许可。配合做好西纵高速、汾阳—交口高速公路立项建设。

水利方面,积极配合省市做好中部引黄工程项目。建设东南工业园区集中供水中心,实现联网供水。实施农村安全饮水解困工程33处,解决43个村、1所学校、1.5万人的饮水困难。

电力方面,新建两个35千伏变电站,争取立项2个110千伏变电站。

供气方面,实施国兴煤层气公司天然气进城入户工程,并覆盖到沿线主要集镇人口集中居住区。

通信方面,建设通讯基站60个,实现2G基站全县境内广覆盖和3G基站城区和主要交通路段全覆盖,扩大农村互联网覆盖面。

四、推进城镇化

一是坚持规划引领。进一步完善城市建设总规、控规、详规的编制和修订。制定出台《交口县加快城镇化建设的实施意见》及配套文件,改革户籍制度,集聚城镇人口,完善保障体系,多措并举,稳步提高县域城镇化水平。二是推进扩容提质。大力实施旧城改造,加快完善交口新区建设,加快小城镇建设步伐,优化城镇布局和功能定位,集聚生产要素,提高辐射带动作用。三是加强市政建设。完善城市功能,提升城市品位,进一步增强吸附力和承载力。集中供热面积扩大到80万平方米,垃圾处理场建成并投入运营,提高城市污水收集处理率,完善公检法技术服务中心等建设工程,新建公共卫生综合检测中心、司法服务大楼等项目工程。

五、注重普惠民生

1. 继续集中力量大办教育。加快发展学前教育,实施义务教育均衡化建设,内涵发展高中教育,加强教师队伍建设。

2. 大力发展卫生事业。完善基层医药卫生体制改革,着力构建覆盖城乡的基本公共卫生服务体系。县医院新建住院楼投入使用。完成30所农村卫生室的标准化建设。加强疾病预防控制、妇幼保健、爱国卫生和计划生育工作。

3. 积极发展文化事业。规划建设县文化广电综合大楼、县体育场(馆)等八大标志性建筑。实施“五项文化惠民工程”,年内完成乡镇数字电视整体平移工程,新建改造10个农村文化大院、11个农民体育健身场所,加强乡镇文化站和社区文化活动中心建设。积极开发文化产业,开展非物质文化遗产保护和申报工作。

4. 健全完善社会保障体系。新型农村养老保险和城镇居民基本养老保险实现全覆盖。民营企业职工基本社会保险扩面提质,煤矿、非煤矿山及建筑企业职工参保率达到100%。城市低保对象应保尽保,农村低保再新增1000人。新建200套廉租房、100套公租房,实施农村危房改造500户。全面落实“五保户”、残疾人等各类特殊群体的保障政策,确保城乡群众“两不愁、五保障”(不愁吃、不愁穿,就业、教育、医疗、养老、住房有保障)。

5. 积极实施“三个五”重点民生工程。一是完成好省市下达的“新五个全覆盖”任务。二是“十二五”时期要集中办好“方便农民的五件实事”。三是加大财政投入,推行“普惠农民的五项政策”。

六、坚持生态立县

1. 大力实施造林绿化。在全面完成“三北”防护林、天然林保护、中幼林抚育等绿化任务的基础上,高标准完善国、省道通道绿化工程。力争全年造林面积达到3333公顷,森林覆盖率增加1个百分点。

2. 强化矿山生态环境恢复治理。督促露天开采企业完善相关手续,搞好矿区绿化、硬化、净化、亮化,完善污水及垃圾处理设施。逐企逐矿明确治理任务和时间表,新增治理173公顷并严格组织验收,确保面积不减、标准不降。

3. 开展环保集中整治。严格执行“三同时”制度,做到增量一步到位、存量逐步削减。加强城乡水源地保护,加强重点区域违法排污、固废物、烟尘、粉尘专项整治,确保区域空气和环境质量明显好转。深入开展环境优美乡镇、生态文明村创建工作,实施好22个村的农村环境连片整治示范项目。

七、创新社会管理

1. 深入推进“三大活动”。倾听群众呼声,畅通诉求渠道,夯实基层基础,创新工作机制,切实解决好事关群众切身利益、社会反映强烈的突出问题。

2. 切实加强安全生产。严格落实各项安全生产措施和安全生产责任制,持续不断开展煤矿、非煤矿山、道路交通、森林防火等17个重点行业和领域的安全隐患排查治理。严格安全生产管理和考核,坚决杜绝重特大事故发生。

3. 严厉打击非法违法生产。全面遏制和严厉打击开采浅层矿、浪费破坏矿产资源和严重污染环境的非法违法行为。始终保持高压态势，多措并举，综合治理，促进交口县矿业秩序持续稳定好转。

4. 加强社会治安综合治理。完善“打、防、控”相结合的管理体系，严厉打击刑事犯罪、经济犯罪、流动人口犯罪等各类违法犯罪活动。加强政法、综治、司法、信访等基层基础建设。

为建设绿色秀美、跨越发展、文明和谐的新石楼而努力奋斗

石楼县县长 **刘应刚**

2011年，石楼县以科学发展观为统领，紧紧围绕“五位一体”发展战略，艰苦奋斗，锐意进取，全县经济社会发展和各项事业都取得新成绩。特别是全县财政收入在“十二五”开局之年突破亿元，在石楼县发展史上具有里程碑意义，标志着石楼县的经济社会发展跃上了新的历史起点。

2012年是实施“十二五”规划承前启后的关键之年，是实施“五位一体”发展战略的重要之年。我们将认真贯彻落实科学发展观，紧紧围绕转型跨越总体部署，牢牢把握打基础、利长远、惠民生的总体要求，以扶贫攻坚和资源开发转化为总抓手，坚持“五位一体”发展战略，在农民增收、工业发展、生态绿化、城乡建设、基础设施、文化旅游、社会事业和安全稳定工作上实现新突破，努力开创经济社会发展新局面。

一、2012年经济社会发展的主要预期目标

地区生产总值6.98亿元，增长9%；财政总收入1.3亿元，增长15%；固定资产投资7亿元，增长18%；社会消费品零售总额1.7亿元，增长15%；城镇居民人均可支配收入9500元，增长11%；农民人均纯收入2070元，增长15%；人口自然增长率控制在6‰以内。

二、2012年重点做好八个方面的工作

（一）*以扶贫攻坚为统揽，大力发展农村经济*。1. 加大产业开发力度，增加农民收入。一是发展设施蔬菜。新建设施蔬菜28公顷。成立设施蔬菜办，指导温室大棚建设以及生产技术培训，有效提高反季节蔬菜供给能力，丰富城乡居民的“菜篮子”，切实增加农民收入。二是做大做优干果经济林。从栽植、改良、加工三个方面做大做优红枣、核桃干果主导产业。新栽核桃4000公顷，实现核桃、红枣经济林全覆盖。指导培植两个红枣示范园、两个核桃示范园。以四个示范园为基地，带动全县红枣、核桃嫁接改良，实现干果经济林品种优化。建立10个以上的红枣集中加工园区，扶持发展红枣烘干加工，延长产业链，提高附加值。三是发展养殖业。争取全国实力最强的大型养殖企业新希望集团进驻石楼，以大型龙头企业带动养鸡产业的规模化发展。成立养鸡协会，引导养鸡产业健康发展。全年要新发展千只养鸡专业户100户以上。四是发展劳务经济。提高外出务工组织化服务能力，打造劳务输出的“石楼军团”。抓好设施蔬菜、养鸡、养蜂等实用技术培训和劳动就业技能培训。五是培育有机农业基地。建立一个千亩谷子有机生产示范基地、一个千亩红枣示范基地，新建的20公顷温室大棚也要高起点发展，走有机生产的路径。

2. 改善生产生活条件，增强农业农村发展后劲。一是实施扶贫移民。以逐步消除150人以下的偏远自然村为目标，投资950万元，新建10个移民新村，移民1900人。整合教育、医疗、水利、交通、文化等资源，改善移民新村生产生活条件，确保扶贫移民“搬得出、留得住、过得好”。二是实施整村推进和新农村建设。投资1200万元，完成12个村的整村推进任务。完成15个新农村重点推进村“四化四改”和“五个一”工程，切实改善村民的生产生活环境。三是加强农田水利基本建设。在6个村集中实施833公顷坡耕地改造工程，在一个村实施400公顷土地整治工程。大力实施“一村一井”农业灌溉工程，打井40眼。继续推进饮水安全工程，完成涉及30个村1万人的饮水安全建设任务。加强田间路建设。四是建设农业循环经济示范村。不断完善建设规划，按照规模养猪—沼气—设施蔬菜—特色农业、优质经济林的模式，探索旱作农业及有机高效现代农业发展的新路子，力争把薛家垣打造成晋西黄土高原上具有典型示范作用的现代循环农业示范村。

（二）*以资源开发转化为核心，强力加快工业启动*。加快推进两座煤矿标准化建设，争取正式投产达效，力

争煤电一体化工业园区取得实质性进展。支持年产300万吨干法水泥生产项目尽快获得省环保厅核准污染物排放总量，加快项目环境影响报告的审批进度，力争上半年开工。加快煤层气开发进度，年内启动井田和煤层气综合利用园区建设。全力以赴争取大电厂项目，争取大唐2×300兆瓦低热值发电项目，千方百计推动已申报的2×60万千瓦热电厂项目。

（三）以造林绿化为载体，全力推进林业产业化经营。造林绿化方面，“十二五”期末，全县要形成“一区二带三园四廊”整体布局的生态绿化框架。一要抓好通道荒山绿化工程。重点实施533公顷的通道荒山绿化工程，优化树种配置，全力打造一流的精品工程，全年完成1666公顷乔木和2333公顷灌木的绿化任务。二要抓好城市绿化建设。配套建设环城绿化带，不断提高城市公共绿化水平。林业产业化方面，坚持“生态建设产业化”的思路，促进林业产业健康发展，在省内外造林绿化市场上打响打亮“石楼品牌”。同时，严抓禁牧工作，保护好退耕还林成果。林下产业要重点发展养蜂这一“空中农业”，引导群众扩大养殖规模，大力培育蜂蜜加工企业。

（四）以“大县城”建设为引擎，着力统筹城乡发展。一是实施“大集镇”建设。要分档次逐步完成新型集镇建设。启动特色农业型3个中心集镇建设，其他5个乡镇也要开工建设1个标志性工程，整体提升中心集镇、中心村的集聚辐射能力。二是实施“大县城”战略。以旧城改造和城市配套设施完善为重点，加快县城扩容提质建设步伐。在县城扩容上，县城区域要在“品”字形布局结构的基础上进一步扩展，县城面积从3.5平方千米扩展到25平方千米。在县城提质上，抓好城中村改造，支持3个城中村实施房地产改造项目。实现县城“三场三园”建设目标（“三场”即沁园春广场、东征广场、火车站站前广场，“三园”即薛家垣森林公园、荣林生态园、王村湿地公园）。抓好“一河一岛”建设。在“大县城”建设过程中，要进一步强化城市管理工作。尽快完成城市建设详细规划编制工作，加强市政管网建设，认真落实城市管理的长效机制，切实解决城市“脏、乱、差”的问题，建设卫生、整洁、文明新县城。

（五）以水电路讯为重点，努力改善县域基础设施。水利建设方面，加紧运作坪底水库近期开工建设，确保曹家垣提黄灌溉工程年内投入使用。电力建设方面，新建罗村110千伏变电站和义牒35千伏变电站，实施涉及22个自然村496户的农网线路和131千米10千伏线路的农网改造升级工程，进一步强化电力保障。交通建设方面，继续为山西中南铁路建设提供良好的环境，加快铁路石楼专用线的前期工作。全面完成农村街巷硬化目标任务。完成出境中阳的万辛线道路改造工程。积极融资启动县城汽车站建设工程。通讯建设方面，完成城区光纤入户工程，新建41座通信基站，实施“一村一店”移动网点建设工程；实施有线电视网络改造工程，为20户以下的自然村共7262户居民提供直播卫星接收设备。

（六）以文化旅游开发为突破口，鼎力促进文化产业大发展。文化事业建设上，尽快完成《石楼县文化产业发展规划》，指导文化产业健康发展；借助《红军东征》在央视的热播，不断提高石楼的知名度；深入开展向吕梁英雄梁宝学习的活动，进一步丰富“石楼精神”；积极争取“三馆一院”（图书馆、文化馆、体育馆和多功能数字影院）的立项工作，在城区规划建设一处集文化体育于一体的多功能活动区。旅游资源开发上，一是突出红色，形成配套的红色旅游项目。二是突出古色，以姜太公生态文化园为依托，开发仰韶文化遗址、东岳庙等国家级重点文物保护单位，筹建青铜馆，形成别具特色的姜太公故里游。三是突出绿色。围绕黄河石楼湾，开发田园风光游、新农村游、农家院风俗文化游、农事活动体验游等，形成以黄河石楼湾为龙头的特色旅游。

（七）以保障和改善民生为根本，倾力发展社会事业。一要坚持优先发展教育。保证教育投入，进一步巩固中小学布局调整成果，切实改善寄宿制学校的办学条件和学生的食宿条件，促进城乡义务教育均衡发展。大力发展学前教育。加大石楼中学建设力度，深入推进教育教学改革，全力打造“区域性中心名校”。大力发展职业教育，千方百计筹集资金，推进新建职业中学建设，争取早日建成使用。二要大力发展卫生计生事业。进一步规范农村合作医疗机构的布点工作，落实乡村基本药物零差价制度，进一步提高乡村卫生室的公共卫生服务水平。扩大城镇医疗保险和新农合参保率。大力加强医疗卫生队伍建设。扎实做好医疗应急、疾病防控、妇幼保健等爱国卫生工作。稳定低生育水平，落实计划生育各项奖励政策，开展好“双服务”活动。三要切实保障和改善民生。积极争取救助资金，不断扩大社会救助面；加强城乡低保动态管理，做到应保尽保。加快推进城乡居民社会养老保险工作，关注农村留守老人，以村为单位积极探索建立“老年互助组”。

（八）以安全生产为重任，合力维护经济安全和社会稳定。抓好安全生产。进一步加强对煤矿安全的监管，建立健全驻矿安全监管体系，进一步落实煤矿企业主体责任制，加大煤矿专项整治。确保森林防火、非煤矿山、交通运输、地质灾害、防洪防汛、疫情防治、危险化学品、特种设备、食品药品、易燃易爆、民爆物品、消防安全、学校、建筑施工等各行业、各领域都不发生重大安全事故，确保全县人民生命财产安全。抓好社会稳定。完善突发性公共事件应急预案，建立健全应对各类突发公共事件的工作机制，提高公共安全应急处置能力。大力推进社会治安防控体系建设，依法打击各类违法犯罪活动。高度重视信访工作，完善信访工作机制，尤其要深入开展“大排查、大接访、大化解”活动，努力把问题解决在基层，把矛盾化解在萌芽状态。

推进社会管理　构建和谐社会

交城经济开发区管委会主任　**张乐年**

推进社会管理创新发展，必须用法律和制度规范、引导和促进社会管理。推进社会管理创新，重点在于解决好流动人口服务管理、特殊人群帮教管理、社会治安重点地区综合治理、网络虚拟社会建设管理、社会组织管理服务等问题。

一、社会管理创新的内容与路径

（一）加强社会管理体系建设，增强社会管理合力。正确处理政府与社会组织以及各相关主体之间的关系，明确各方主体在社会管理中的定位。强调党和政府在社会建设中的中心位置，强调政府公共财政的更多投入，同时要健全和完善社会自治、自律和自我发展的新机制，充分发挥各种社会组织和公民个人在社会管理上的主体性及其对政府社会管理的监督制约作用。

建构和实施以权利为导向的社会政策体系，尊重和保障社会组织和个人的权利和自由，加强社会服务体制建设，提升社会管理和服务水平，消除社会排斥，推动社会融合。

加强民生制度建设，确立以政府为主导、社会各方共同参与的民生社会管理发展新机制。改善和保障民生问题不仅是政府履行社会管理职能的必然要求，而且是政府行政必须优先实现的基本职能，也是需要社会和个人共同努力才能解决的问题。政府既要承担起直接提供各类服务的职责，又要善于借助其所掌握的权力、权威和信息、资源，调动社会各界的积极性，使其参与解决民生问题。

增强全社会参与社会管理的活力，进一步完善社会管理的运行机制。要建立不同社会主体之间平等、民主的社会合作机制，倡导参与型行政理念，形成兼顾各方各类利益、维护全体人民的发展利益与环境生态利益相结合的可持续发展管理机制，努力实现生态系统良性循环。

（二）社会管理创新须重点解决的问题。推进社会管理创新，进一步完善社会管理体系，既要全面展开工作，又要抓住源头性、根本性和基础性问题，重点在于解决好流动人口服务管理、特殊人群帮教管理、社会治安重点地区综合治理、网络虚拟社会建设管理、社会组织管理服务等问题。

推进流动人口服务管理创新，要公平对待，切实保护流动人口的合法权益，从就业、居住、就医、子女教育等基本民生入手，不断创新统一有效管理新机制。结合城镇化建设，积极稳妥地推进户籍管理制度改革，实现城乡一体化和服务全覆盖的人口互动管理模式。疏堵有机结合，使流动人口能够全面参与并真正融入当地社会生活，变流动为活力，从根本上解决流动人口不稳定和不和谐等问题。

推进特殊人群帮教管理创新，要建立健全对服刑在教人员、刑满释放解教人员、社会闲散人员，特别是青少年以及吸毒人员等高危人群的常态化帮教管控机制。充分发挥基层组织和社会组织的积极作用，推动教育改造与安置帮教工作双延伸。对特殊人群的帮教管理，要有措施、有方法、有体系，应在有利于解决他们的实际困难、促进他们的发展上下功夫，尤其是应当致力于建构和完善帮助其更好地融入社会的机制制度，从根本上化解社会矛盾。

推进虚拟社会建设管理创新，要提高对互联网的认识，注重研究互联网的内在规律和规则，充分运用法律、行政、经济等手段，加强互联网的建设与有效管理，特别是要认真研究和充分利用法律手段，依法保证互联网健康有序发展。既要把网络舆情作为听民声、察民意的重要渠道，又要高度重视和评估舆情影响，主动回应社会关切，有效制订互联网管理建设政策，正确引导网上舆论，维护网上秩序，营造有利于社会稳定的舆论环境。

推进社会组织管理服务创新，要致力于对社会组织的研究，承认社会组织在国家发展与建设中尤其是社会管理创新中的重要地位和积极作用，并按照社会组织发展规律施以有效监管，健全和完善相关法规。

（三）社会管理创新的路径选择。推进社会管理创新，首要的是搞好制度建设，完善社会管理的一系列政策和法规，建立与构建和谐社会相适应的社会管理新格局。

社会管理创新要确立正确方向和科学路径，要促进社会活力而不是要限制社会活力，要对利益调整进行结构性改革，强调要尊重不同的价值观念，倡导不同的行为模式，倾听不同的利益诉求，重视沟通与协调。

社会管理创新要对利益调整进行结构性改革，同时要尽可能地兼顾各方各类利益。但是，强调兼顾各方各类利益绝不是不能损害任何利益，绝不意味着不能采取任何强制性手段。问题的关键在于改革中的利益调整要着眼于整个社会发展进步，要引入行政过程论，对各方各类利益进行综合的全面衡量，依法作出科学合理的裁量判断。

社会管理创新是一种具有高度自主性的创造性活动，依赖于不同思想、意见和利益诉求的相互交流和撞击，依赖于开放性、自由交流、容忍不同观点的环境，更依赖于相关各方全方位参与管理、决策或者提出合理化建议。这是社会管理创新的重要规律性特征，在推进社会管理创新中要予以最大限度地尊重。

二、创新管理理念，整合社会资源

(一)坚持以人为本，创新社会管理。以人为本是科学发展观的本质和核心，也是社会管理必须坚持的根本原则。在加强和改进社会管理中坚持以人为本，就是必须把维护人民群众合法权益作为促进社会和谐的出发点和落脚点，着力解决好群众反映的热点、难点问题，解决好就业、就学、就医、社会保障、社会治安、安全生产、环境保护等人民群众最关心、最直接、最现实的利益问题，真正从根本上减少和化解各种社会矛盾，从源头上减少因利益冲突引发的社会矛盾。必须实现成果共享，使构成我们社会的各个阶层，参与社会发展的不同群体，都能够实现各尽其能、各得其所、共同发展，使不同阶层、不同群体共享经济社会发展的成果。必须整合社会资源，充分借助各种社会力量，培育发展各类社会组织，最大程度地整合各种社会资源，共同参与社会治理。必须着力减少社会发展的成本，通过制订和实施科学有效的社会政策，维护社会公平，实现社会公正，努力降低社会发展的成本，在更高层次上促进经济发展和社会进步，实现人的全面发展。

(二)加快推进政府职能的转变，更加注重履行社会管理职能。在新的社会管理格局中，政府要切实担负起社会管理的职能，按照建设服务型政府的要求，深化行政管理体制改革，优化机构设置，在继续抓好经济调节、市场监管的同时，更加注重履行社会管理和公共服务职能，扩大公共财政对社会发展和社会事业的投入，把人力、物力、财力等公共资源更多地向社会管理和公共服务倾斜，把工作着力点更多地放在解决社会矛盾和社会问题上。要以发展社会事业和解决民生问题为重点，优化公共资源配置，注重向公共服务薄弱的农村、基层、欠发达地区倾斜，逐步形成惠及全民的基本公共服务体系。要不断改进公共服务方式，简化办事程序，减少和规范行政审批事项，创新管理制度，为群众和基层提供方便快捷优质服务。要严格按照法定权限和程序履行职责、行使职权，全面推进依法行政，善于运用法律手段处理各种社会矛盾和社会问题，既不能失职不作为，又不能越权乱作为。

(三)积极推进城乡社区建设，健全新型社区管理和服务体制。社区是城乡居民生活的基层单位，是政府社会管理与社区自治组织、民间组织自我管理的结合点，建设和谐社区是构建和谐社会的重要载体。创新社区管理，构建和谐社区，要从解决矛盾和问题入手，积极探索新的社区发展和管理模式，健全社区管理组织体系，建立政府与非营利组织、企业在社区建设中的伙伴关系，把一部分政府可以不直接承担和企事业单位剥离的社会职能、服务职能交由社区承担。发挥驻区单位、社区民间组织、物业管理机构、专业合作经济组织在社区管理中的积极作用，努力实现政府行政管理和社区自我管理有效衔接、政府依法行政和居民依法自治良性互动。大力推进社区服务的产业化、市场化、规模化、多元化，完善社区就业、社区保障、社区救助、社区卫生、社区文化、社区教育、社区体育、社区安全等各项公共服务。积极开展面向老年人、儿童、残疾人、社会贫困户、优抚对象等困难群体和特殊对象的社会救助和社会福利服务，强化社区服务保障功能，探索建立以服务群众为重点的网络化的社会管理机制，把为民服务的工作渗透到社区各个领域。农村社区建设则要把构建社区救助体系作为一项基本任务，建立健全农村最低生活保障制度，大力发展农村新型合作医疗制度，发展各类新型农村经济合作组织，帮助农民增加收入。要加强城乡社区自治组织自身的能力建设，通过提高居(村)民的自治程度，培养民主素质，提高社会责任感、合作精神和自我管理能力，使城乡居民自治组织成为协调民众利益、化解民众矛盾、保障人民群众安居乐业的有效载体。

(四)培育发展社会组织，吸纳社会组织参与社会治理。社会管理体制创新，要有利于调动市场和社会组织的参与力量，有利于实现公共资源、公共信息整合共享，有利于形成政府、市场、社会三者间的良性互动。只有科学整合各种社会资源，充分调动全社会的力量，探索多元化的社会治理机制，才能有效解决复杂的社会矛盾和社会问题，实现加强社会管理和降低社会管理成本的目的。因此，创新社会管理需要充分发挥政府、社会组织、市民等多方面的积极性，形成政府调控、社会组织和市民协同参与的社会管理新机制。要大力培育、发展各种社会组织、中介组织，包括律师、公证、会计、审计、资产评估等机构和行业协会、学会、商会、基金会等社会团体，引导更多的社会力量参与城市社会管理。同时，要边“放水”边“筑堤”，坚持培育发展和管理监督并重，完善培育扶持和依法管理社会组织的政策，发挥各类社会组织提供服务、反映诉求、规范行为的作用。社会组织的健康发展有助于政府与社会形成良性互动。针对目前社会组织发展中存在的主要问题，需要进一步创新管理体制：一是降低准入的门槛，因地制宜地确定准入条件，不搞“一刀切”。二是逐步实现社会组织与政府的彻底“脱钩”。政府过多或不适当的干预，往往会削弱社会组织的自治性，同时也不利于社会组织自身能力的发展。三是引导社会组织进行公开、透明化的运作，促进各类社会组织加强自身建设，严格行业自律，规范从业行为，承担社会责任，提高自律性和诚信度，增强透明度和公信力。四是加强立法。通过法律的手段，明确社会组织的法律地位、工作范围、经费来源、管理手段、管理程序等。依法管理和监督各类社会组织，是经济社会发展的必然要求，对于构建和谐社会具有重要意义。

加快“五区”建设步伐
实现赶超跨越发展

榆次区区长　贡　琦

2011年是榆次区抢抓机遇谋赶超、攻坚克难求跨越的一年。全区上下坚持以科学发展为主题，以加快转变经济发展方式为主线，紧紧围绕“工业强区”战略，扎实推进“五区建设”进程，千方百计调结构、上项目、促转型，全力以赴强基础、保稳定、惠民生，圆满完成全年各项目标任务，实现了“十二五”良好开局。

2012年是榆次区加快转变发展方式、经济社会赶超跨越的关键之年。面临严峻挑战和重大机遇，我们将坚定首位发展的信心，加快进位争先的步伐，努力实现经济社会发展各项预期目标。

一、2012年政府工作的总体要求

以科学发展为主题，以加快转型跨越为主线，抢抓转型综改区、太原晋中同城化、太榆科技创新城等重大机遇，把握“稳中求进”工作总基调，全力实施“工业强区”战略，着力在项目建设、结构调整上有新进展，在同城推进、改革创新上有新举措，在安全稳定、改善民生上有新提高，不断加快“五区”建设步伐，努力实现经济社会赶超跨越发展。

二、2012年经济社会发展主要预期目标

地区生产总值增长22%，达到215亿元；财政总收入增长20.2%，达到21.8亿元；全社会固定资产投资增长60%，达到141亿元；规模以上工业增加值增长24%，达到74亿元；社会消费品零售总额增长19%，达到123亿元；外贸进出口总额增长20%，达到5000万美元；城镇居民人均可支配收入增长15%，达到23200元；农民人均纯收入增长15%，达到10500元。

三、2012年政府工作重点

（一）以项目建设、园区承载为抓手，进一步壮大区域经济总量。一是强化项目支撑。加速推进重点项目建设。围绕总投资388亿元的56项重点工程，确保年内完成投资130.7亿元。全力推进正在安装调试和试生产的项目，尽快达产达效；全力推进49个已开工项目，确保按时间节点完成进度；全力推进7个未开工项目，千方百计落实建设条件，确保如期开工。在城乡统筹、生态修复、产业转型、民生改善四个方面，突出抓好省、市、区标杆项目建设，实现综改试验先行先试。着力抓好项目储备，加强重大项目的策划、包装、申报等前期工作，谋划储备一批市场前景好，投资回报率高、带动作用强的新项目，增强发展后劲，力争新储备亿元以上项目20个，投资额达到200亿元。二是强化园区承载。完善园区二期31平方千米扩区规划，加快园区道路、供水供电增容、污水管网配套等基础设施建设。规划整合行业技术和科研平台，搭建金融、法律、人力资源等配套服务平台，整体提升园区综合服务能力。实施项目整合、布局优化，规划建设民营纺机园、液压产业园、不锈钢新材料园、老陈醋文化园、现代物流园等一批特色产业园。三是强化要素保障。破解融资难题，吸引首创华夏基金等投资机构，创建太榆科技创新发展建设基金，积极发展私募基金，争取国有商业银行和地方金融机构信贷支持，积极引导煤焦领域退出的闲置资金投向实体经济，就地进行再投资、再创业；破解用地瓶颈，全力争取更多项目列入省、市重点工程，用足用活城乡建设用地增减挂钩、矿业存量建设用地整合和集体土地先征后转等政策，盘活闲置低效用地资源；破解供电制约，全力推进占全省电力投资1/4的变电站、电网建设，重点抓好高校新校区、北部新城、工业园区变电站建设。四是强化招商引资。创新招商方式，落实招商奖励办法，争取一批产业链条长、集聚度高、带动性强的大项目、大企业落户榆次。在工业新型化方面，围绕优势产业、旗舰企业上下游配套，积极对接长三角、珠三角企业资本转移，主动承接装备制造、不锈钢加工、模具制造等产业转移；在城市化建设方面，吸引国内知名品牌企业与当地企业合作，共同参与城市建设；在都市农业建设方面，依托生态庄园发展，提升农业产业发展水平。

（二）以结构调整、产业优化为重点，进一步提升三次产业级次。（1）发展新型工业。做大做强优势产业，坚定不移推进“五大百亿产业集群”建设。纺机产业加快调产转型，不断研发新产品，规划建设民营纺机园。液压产业围绕建设“一园区、两中心、四基地”，推动液压制造纵深发展。铬铁产业加快国电二期、修文货站等前期工作。新能源汽车产业全力保障机械加工、改装车辆等配套产业改造升级。老陈醋产业加快推进产业规模扩张。改造提升传统产业。煤炭行业要加快管理创新、基建技改进度。建材行业积极培育新型建材,充分利用工业废渣废料,发展循环经济。金属制品行业重点推进铬铁、不锈钢板材、螺旋焊管技术改造,扩大生产规模。食品行业重点扶持娃哈哈、可口可乐等与本土企业合作共赢,不断发展壮大。培育发展骨干企业。鼓励重点骨干企业依托技术、资本、品牌等优势,实施兼并重组,拓宽经营渠道,扩张生产规模。(2)发展都市农业。扎实推进国家级农业示范园区建设工作。强龙头带产业,新建10个万亩玉米丰产方,启动10个万头生猪、金粮农科5000万只肉鸡养殖基地建设,促进3个万亩设施蔬菜片区建设,打造10个干鲜果标准示范园,完善升级现有3个花卉种植销售基地。广泛推广新品种、新技术,发展订单农业,构建粮、菜、果、牧、花五大产业竞相发展的现代农业产业体系。引庄园促增收,区财政继续安排1000万元生态庄园开发扶持资金,在政策、项目上给予倾斜,引进新建50个,完善提升50个,进一步促进都市农业、现代农业和休闲农业发展,拓宽农民增收和就业渠道。建设施固基础,推动设施蔬菜园区水利配套工程建设,实施小流域治理工程,实施万亩基本农田整理、万亩国家级农业综合开发项目,提高农业综合效益。(3)发展三产服务业。大力发展文化产业,实施文化产业发展规划,扶持发展动漫演艺、影视出版、节庆会展、休闲娱乐等行业,推进晋中文化生态保护核心区建设。加大榆次文化旅游宣传促销。积极发展物流业,全力保障总投资百亿元的太铁物流、中储物流、经纬物流等项目建设。加快发展金融证券、科技服务、信息咨询和创意设计等生产性服务业,建设全国物流重要节点城市和华北交通枢纽中心。

(三)以加快城市化、统筹城乡为平台,进一步提升城乡承载能力。一是加快城乡融合进程。积极推进市区共建工程,全力配合和保障高校新校区、迎宾街东延、东升路建设等7大类76项市政重点工程建设,完成征地拆迁任务。有序实施城中村改造,实施小南庄、直隶庄、北关、大东关160万平方米的城中村改造。积极启动太榆科技创新城规划建设,开辟新型融资渠道,结合高校周边村改造,配套建设融居住、商业、服务、休闲、娱乐、科研成果转化、文化创意、企业孵化、大学生创业于一体的城市新区。二是推进特色集镇建设。实施"一城百个中心村"总体规划,年内重点打造10个中心村。加快乡镇镇区、旅游景区规划。积极启动榆次工业园区、修文工业基地周边园中村规划,建设综合配套区,强化服务园区功能。三是打造宜居生态环境。集中开展农村环境连片整治,继续加大环城沿线、城乡结合部等重点路段、重点部位整治力度,建立环境卫生整治长效机制。推广节能环保新技术、新工艺,强化企业排污达标工作,完成国电脱硝等节能减排工程。实施30千米龙城高速绿化、466公顷北部山地综合绿化、666公顷生态公益林、35个园林村创建等工程,不断优化人居环境。

(四)以推动改革、深化创新为支撑,进一步增强科学发展动力。一要搭建科研孵化平台。推进纺机、液压等国家级企业技术中心积极与上海交大、国家模具计算机仿真中心合作,共建产学研联盟。积极培育自主知识产权、自主品牌和创新型企业,新增市级以上创新型企业10家。二要大力扶持中小企业。大力实施中小企业成长工程,对重点民营企业和成长型中小企业,在土地、资金、技术上给予重点支持。积极发展小额贷款业务,推进中小企业公共服务平台、政银企担保合作平台和创业基地建设,打造"小巨人"企业。实施企业家素质提升工程,增强中小企业竞争力。三要深化推进各项改革。全力推进国有企业改制。实施新一轮医药卫生体制改革,提高新农合筹资标准和门诊统筹补偿比例,完善基本药物制度。深入推进经营性文化事业单位转企改制工作,激发文化市场主体活力。

(五)以安全建设、创新管理为途径,进一步营造和谐发展环境。夯实安全发展基础,强化安全生产"三责"教育,深入开展煤矿企业、非煤矿山、危险化学品等11个重点行业领域"打非治违"专项行动,有效防范和遏制各类安全生产事故;落实安全生产网格化责任,提升森林防火、防汛、防疫、地质灾害突发事件应急处置能力;强化食品安全责任监管,切实解决影响人民群众食品安全的突出问题。创新社会管理方式,深入实施以"三网一教育"为主要内容的网格化管理工作,加强居民自治,建立健全情况发现、处置、反馈、监督的长效运行机制,打造全省创新社会管理示范区。构建平安和谐榆次,完善大信访工作格局,建立健全权益保障、利益协调、诉求表达等机制;完善社会治安防控体系,深入开展"打黑除恶"和"清障护航"专项行动,严厉打击各类违法犯罪行为;加强社会治安综合治理,加大不稳定因素排查力度,促进社会治安持续稳定。

(六)以惠民利民、改善民生为宗旨,进一步促进公共服务均等化。一要优先发展教育事业。继续加大教育投入力度,实施学前教育三年行动计划,推进义务教育学校标准化建设。抓好中小学、幼儿园安全管理。积极发展职业教育和成人教育,大力培养高素质的技能人才。实施"名校名师名校长"工程,继续引进省级学科带头人、教学能手,公开招聘优秀大学毕业生充实教师队伍。深化"阳光体育运动"和"体育、艺术2+1项目"内涵,实现全区教育均衡优质发展。二要完善医疗服务体系。积极稳妥推进医改工作,加快医疗卫生标准化建设。完善全区医疗卫生健康信息系统,实现全区优质医疗资源共享。进一步提高医疗保障能力,提升公共卫生服务质量,逐步提高乡村医生服务水平,大力发展中医药事业。三要提高社会保障水平。着力解决零就业家庭、下岗失业人员再就业问题。全面落实社保扩面和补助提标政策,提高统筹层次和保障水平。开展失地农民职业技能培训,探索失地农民保障机制。完善社会救助、保障标准与物价上涨挂钩联动机制,保障困难群众基本生活。积极推行以社区、居家养老为重点的服务体系建设。同时,大力实施文化惠民工程,加强文物和"非遗"保护,完善配套城乡体育设施,全面落实全民健身计划,进一步提升公共文化服务体系建设水平。

紧抓“三个试点”机遇 奋力实现转型跨越

介休市市长 王怀民

2011年，介休市紧抓省扩权强县试点、晋中转型综改试点、义安全国经济发达镇行政管理体制改革试点三大机遇，先行先试，敢行敢试，快行快试，善行善试，在产业转型、城乡统筹、生态修复、民生改善四大领域戮力攻坚，展开大刀阔斧的实践。

一、以工业新型化、农业现代化、服务产业化为目标，以重点企业、重大项目、特色园区为支撑，加速推进产业转型

（一）做强做大工业百亿产业转型文章。煤炭产业加速扩能增值，新增10座煤矿进入联合试运转，产量达到700万吨以上。焦炭产业全面推进联合重组，打造义安1000万吨焦化产业园区。洗煤产业继续放大配煤技术、市场、销售优势，产量保持在2000万吨以上。钢铁产业努力达产达效，打造全国独具特色的精品特种钢基地。煤化工重点延伸发展“油、醇、苯、酚、醚、萘、气”等产品，打造介休煤化工品牌。碳素、装备制造、新材料、发电、建材产业提素质、抓扩张、增份额。发电产业构建低热值煤、余热余压、生物质等多元发电产业体系。

突出园区承载和重点项目带动，加速建设义安循环经济、装备制造、新材料、青云超轻直升机四个工业园区，义安循环经济园区建成全省一流的焦化、钢铁循环示范园区，争取成为省级经济开发区，青云超轻直升机园区要建成国内重要通用航空基地。实施好总投资421.3亿元的30个工业重点项目建设。

（二）做优做特农业产业发展基础文章。全力推进“十强百村万亩”工程，实现农业扩规模、创品牌、增效益。培育十大农业产业化龙头企业，100个“一村一品”示范村，2个万亩蔬菜基地和2000公顷核桃基地，打造5个休闲观光生态园。实施好兴地引水工程和“东山调水”、中部引黄配套工程，开工新建汾河五坝，全力构筑介休大水网。实施好中低产田改造、5座病险水库除险加固和涉及37个村、3.1万人的32处饮水安全工程，积极争取国家小型农田水利重点县建设项目。开展水土保护治理，全面完成山洪灾害防治非工程措施项目建设。

（三）做活做实服务业发展潜力文章。加快打造绵山、张壁古堡、历史文化街区、张兰古玩市场、天峻山五张文化旅游名片，放大效应，旅游综合收入增长20%以上。加速打造现代服务业集中示范区。到2012年年底，项目签约突破190亿元以上，重点项目落地115亿元，固定资产投资完成75.8亿元，传统产业新型化率达到60%以上，非煤产业占地区生产总值比重较2011年提高3个百分点，万元地区生产总值能耗下降3.5个百分点。

二、以国家园林城市、国家卫生城市、省级环保模范城市创建为载体，以植树种绿、治污治水、环境整治为手段，加速实现生态修复

围绕成功创建国家园林城市，提升省林业生态市水平。2012年将投资1.3亿元重点实施好村庄绿化、通道绿化、矿区绿化等工程，规划建设绿色屏障工程和4个森林公园，规划实施汾河景观水系。围绕创建省级环保模范城，加强对48户重点企业的节能监测和污染减排治理。全面完成10项水污染治理工程。提高城市垃圾焚烧电厂、污水处理厂运行水平。提升汾河流域生态修复治理水平，确保义安循环经济工业园区污水处理厂投入运行，开工新建汾河五坝工程，争取河道治理工程开工。围绕创建国家卫生城市，开展综合整治。到2012年年底，完成造林2667公顷、植树200万株，新增城市绿地60万平方米，人均公园绿地面积达到10.5平方米以上，森林覆盖率提高1个百分点，达到23.9%以上。

三、以城乡统筹、区域共建、一体发展为目标，以新区扩容、旧城改造、重点镇建设为核心，加速构建区域性中心城市

突出规划顶层设计，构建城区、园区一体的规划体系。通过高速连接线道路等基础设施建设，推动介休与孝义、汾阳、灵石、平遥等周边县市实现规划、基础设施、产业、文化旅游和生态环保“五个一体化”进程。加快7个城郊、城边乡镇融入城区，打造重点城镇。实施好变电站新建、增容等工程。加速推进新区扩容。完善提升供热、供气、供排水、道路等配套基础设施，开工建设文化艺术中心等重点标志性工程，支持大集团在新城区规划建设总部。加快精品小区建设。全面复兴历史文化名城。实施文物景观修复修缮和三大文化广场建设工程，建设介休博物馆。加速推进电影院、城区集中连片棚户区改造，启动3个“城中村”改造。到2012年底，城市建成区面积达到20平方千米，规划区面积达到50平方千米，城镇化率达到60%。

四、以社会保障全覆盖、城乡基本公共服务均等化为目标，以实施五大民生工程为重点，加速推进民生改善

一是实施教育均衡工程。在高标准完成校舍安全工程，增加投资用于义务教育薄弱学校建设项目，争取年内建成教育标准化达标市。二是实施全民健康工程。完成人民医院新建、7个乡镇卫生院建设，改造北关等4个社区卫生服务中心，规划建设公共卫生服务综合大楼。三是实施就业和保障工程。动态消除“零就业”家庭，新增就业5400人以上。规划建设集老年公寓、救灾储备仓库、儿童福利院、流浪乞讨人员救助站“四位一体”的社会福利中心。四是实施安居暖心工程。新开工一批保障房。重点实施总投资4亿元的连福4个村整体迁移，改造危房农户1232户。规范9个村农民地质灾害搬迁住宅用地。解决8个村搬迁项目供地。五是实施社会管理创新工程。扎实推进7大类64个社会管理创新项目，完善社会管理网格化平台建设。加强应急、信访、治安防控体系建设，提高应对能力。

为保障试点成效，重点在七个方面进行体制机制创新尝试：一是创新产业转型促进机制。设立5000万元项目建设发展基金用于重大转型和循环经济项目建设，采取财政贴息、税收优惠、差别电价、阶梯水价等措施，支持接续替代产业、高新技术产业、现代农业和现代服务业发展。二是创新土地利用机制。充分利用城乡建设用地增减挂钩、矿业存量用地改革政策，推进义棠镇4个村、张兰镇6个村地质灾害搬迁村66.7公顷土地复垦。加快市域废弃工矿地治理并向建设用地置换。推动重大项目列入省重点工程、标杆项目争取用地指标单列。政府主导，充分利用洗煤、焦化等停产、破产企业占地，盘活存量用地，增加可利用土地指标。启动农民宅基地换房试点，启动义安循环经济工业园区“迁村腾地”，置换工业用地。实行建设用地“先行征收”办法，以集中供地促进项目集中布局。三是创新产能和环境容量调节机制。争取成为省、市绿色综改试验区，推行碳汇交易和排污权交易制度。通过试点示范，典型引路，在城区照明、企业节电等领域推广合同能源管理模式，运用市场手段促进节能降耗。四是创新投资融资机制。带动社会资金投入社会事业和基础设施建设项目，提高财政资金使用效率。引导聚集退出煤炭领域和其他社会领域的资金发展私募基金、担保公司、改制小额贷款公司，组建村镇银行，推动信用联社改制商业银行，继续引进兴业、中信、民生等各类民营、商业银行，保障项目建设的资金需求。引导具备实力的企业通过直接上市、发行企业债券等方式，扩大融资渠道。五是创新招商引资、招才引智机制。鼓励8个专业招商分局完成5亿元以上的招商任务，大乡镇完成5亿元、小乡镇3亿元的招商引资任务。2012年，拿出500万元专项资金，引进“两院”院士、中组部“千人计划”、博士级专家等优秀人才。实行事业单位研究生人才准入制度。加强与多所高等院校合作交流，形成人才培养长效机制。六是创新科技投入机制。支持企业组建研发中心和技术推广机构，创建国家、省级和晋中市级研发中心。七是创新行政审批管理制度。规划建设新政务大厅，压缩行政审批事项，推进义安经济发达镇试点建设，打造全国经济发达镇亮点。

围绕重点领域先行先试
抓住关键环节率先突破

灵石县县长　**吴文胜**

近年来，灵石依托境内丰富的矿产资源，经济社会发展一年迈上一个新台阶，综合实力不断攀升。但同时也陷入了“因煤而兴、为煤所困”的怪圈，“一煤独大”、产业结构单一、资源依赖性强，新兴产业和接续产业发展相对滞后，不利于经济社会的协调可持续发展，经济转型势在必行。2011年9月，灵石被确定为省级转型综改试点县，为加快转型提供了前所未有的政策机遇。面对机遇，我们不等不靠，迅速行动，以产业转型、生态修复、城乡统筹、民生改善为重点，以标杆项目建设为抓手，坚持“敢”字当头，大胆探索，先行先试，全力推动综合配套改革，取得了积极成效，有力助推了县域经济社会的健康快速发展。

一、围绕项目建设推进综改

(一)创新项目用地机制。通过全面落实城乡建设用地增减挂钩、露天采矿用地改革试点政策,解决项目用地66.7公顷。加强对闲置土地资源的开发利用,积极实施“占补平衡”,投资1600万元高标准造地133公顷。实施农民宅基地换房试点,开展货币安置、集体建设用地使用权入股、以土地换社保等多种安置模式,加大“迁村腾地”力度,破解项目用地“瓶颈”。

(二)创新金融服务机制。成立全县首个村镇银行,组建全省首个县级私募股权投资基金。积极搭建金融平台,将中小企业信用担保公司从财政局分离,在确保县政府控股的前提下,采取股份制形式扩大县财信担保公司规模,有序吸收社会资金,积极开展担保业务,解决了中小企业项目建设融资担保难的问题。

(三)创新产能和环境容量调节机制。大力度关停、取缔、淘汰落后产能,最大限度地腾出产能和环境容量指标配置给大项目、好项目。积极实行县内产能和环境容量指标有偿获得制度,逐步制定、完善有偿使用的管理办法、操作流程和交易价格,除省、市配置外,新上项目可通过交易方式获取现有企业的指标,或出资购买县政府淘汰落后产能腾出的指标。

二、围绕产业转型推进综改

(一)加快发展新型工业。充分利用资源优势,着力构建“以煤为基、多元发展”循环经济体系。以传统产业改造升级为抓手,进一步推进煤炭资源整合重组,打造千万吨级的煤炭“旗舰”企业。推进焦化行业兼并重组,建设全省一流的大型焦化循环园区。鼓励、引导煤炭、洗煤、焦化企业相互参股,保证煤—焦—化产业有机结合、有效衔接,打造集煤炭开采、洗选、发运于一体的煤炭生产经营企业。同时,按照地下与地上捆绑、以地下促地上的原则,要求煤矿主体企业拿出不低于税后利润1/3的资金建设地面转型项目。

(二)加快发展特色农业。坚持走特色农业发展之路,积极引导和组织煤炭企业,以出资或承包荒山的方式参与核桃产业建设。健全农村土地承包经营权流转市场,探索承包经营权合理退出机制,大力推进土地向企业、专业合作社、协会、生产大户流转,促进核桃产业规模经营。目前,全县核桃总面积达到1.6万公顷,产量达到1000万千克,被命名为“中国核桃之乡”。

(三)加快发展现代旅游业。积极引导煤炭行业资金投入旅游资源开发,高品位建设旅游服务设施,提升品牌影响力,全力做强“文化旅游月”品牌。

三、围绕生态修复推进综改

持续加快生态建设步伐。一方面,积极探索“以煤补林”的新机制,足额提取、利用好吨煤10元的矿山环境恢复治理保证金,50%由县政府统一调控、集中使用,重点用于造林绿化,有效解决了造林绿化的资金来源问题;另一方面,创新造林模式,采取“政府主导、企业出资、乡镇实施、部门监管、协会造林、板块式推进”的办法开展造林绿化,打破行政和林地权属界限,根据煤矿主体企业所属42个煤矿采区范围,划定了15个造林基地,实行统一规划、统一造林,实施“山水林田路村”综合治理。2011年,完成厂矿绿化7120公顷,村庄绿化116个,通道绿化119.4千米,县域实有林木覆盖率达到57.6%,县城绿化覆盖率达到42.5%,被评为“全国绿化先进集体”、“省级林业生态县”,4个乡镇和12个村获得省级生态乡镇和生态村称号。

四、围绕城乡统筹推进综改

(一)实施“大县城”战略。把“大县城”建设作为构建经济发展中心、形成县域经济发展集聚地的重要举措强力推进,在原有6平方千米旧城区的基础上,规划建设12平方千米的新城区,形成“两区一线”组团式城市格局。全面铺开新区路网建设工程,实质性拉开新区总体“骨架”。

(二)市场化推进城市建设。改善旧城区人居环境,全力打造宜居城市,铺开贸易中心区域改造、房地产开发项目、保障性住房小区等一批城市改造项目,努力打造城市建设新亮点。

(三)统筹推进中心村建设。按照“撤小并大、就近搬迁、优化布局”的思路,将采煤沉陷区治理、地质灾害治理、工业企业避让搬迁与新农村建设项目“捆绑”,铺开一批中心村建设工程。

(四)积极推进“村改居”改革。对县域内的搬迁村、城中村、城郊村等有步骤、分批次地实施“村改居”工作,集体资产量化到户,配套户籍制度改革,为总投资50亿元的旧城改造和城中村改造项目创造条件。

五、围绕民生改善推进综改

不断加大改善民生力度,始终将财力优先倾斜社会事业和重大民生工程。2011年,县财政投入民本民生事业资金3.7亿元,比2010年增长37%,解决了一大批事关民生的突出问题。进一步深化医药卫生体制改革,积极开展县人民医院改革试点,全面落实基本药物“零差价”销售制度,全力提升医疗保障水平,县、乡、村三级医疗机构达标率98.3%,新农合参合率98%。建立安全生产监管、信访稳定管理、市政和城乡环境管理、社会治安综合治理管理、食品安全管理、应急管理等“六网”体系,实行“资源整合、平台共享、多级联动、网格化管理”的社会管理新模式,社会管理水平大幅提升。

六、围绕效能提升推进综改

(一)推进“大部门”改革。围绕“三县”建设目标,将工业、农业、旅游业3个领域的22个部门整合为3个“大部门”,积聚力量,合力共抓,形成强化招商引资、推进项目建设的合力。

(二)创新招商引资工作格局。在原有县招商局的基础上,成立了工业、农业、旅游、煤炭4个专业招商局,全方位“对口”招商。为招商引资提供资金保障,招商引资取得显著成效。2011年成功引进招商项目13项,达成引资意向381.3亿元,到位资金182.7亿元,资金到位额位居全省县级第一。

(三)深化行政审批制度改革。打造全省“审批事项最少、程序最简、办理最快、费用最低、服务最优”的一流政务服务品牌,对重大项目“一门受理,并联审批,限时办结”,整顿规范涉及行政审批的收费项目,创新监督方式。

(四)创新人才培养机制。加强县、乡、村三级干部和企业家、技术人才培训,提高全县各级干部的执政能力、执法能力和把握现代经济发展规律的能力。

（五）创新责任考核机制。建立健全考核项目少、重点突出的工作和干部考核机制，使年度考核真正发挥"指挥棒"的作用。对企业的表彰除考虑纳税情况外，还综合考虑社会贡献、产业转型示范作用等方面因素，形成导向，推动转型发展。

转型综改是一次全新实践，需要持续不断地探索创新。今后的工作中，我们将坚定不移地按照全省综改试点的总体部署，以高标准要求、快发展定位，以标杆项目为重点，坚持先行先试，大胆探索，敢于实践，试出经验，试出成果，努力把灵石建成全省综改试验的样板县、资源型经济转型跨越发展的标杆县。

奋力赶超　争先进位

太谷县县长　郝向明

2012年是党的"十八大"胜利召开之年，也是"十二五"承前启后的关键之年。纵观发展形势，既有挑战和压力，更有机遇和动力。我们一定要准确把握关键时期的历史机遇，把发展的压力转化为发展的动力，抢占发展的制高点，争当发展的排头兵，谱写赶超发展的新篇章！

一、2012年政府工作的总体思路

以"十二五"规划为纲领，全面实施工业强县战略。以项目建设为主线，持续开展"大招商、大引资"活动，全面打响"解放思想年、项目建设年"的攻坚战，奋力赶超、争先进位，为再造经济总量两个新太谷而努力奋斗！

二、2012年奋斗目标

全县生产总值66亿元，增长18%，力争达到70亿元；工业增加值17亿元，增长28%，力争达到17.5亿元；财政收入7.2亿元，增长20%，力争达到7.5亿元；固定资产投资35亿元，增长37%，力争达到40亿元；社会消费品零售总额23.8亿元，增长17%，力争达到24.2亿元；城镇居民人均可支配收入19915元，增长15%，力争达到20780元；农民人均纯收入11270元，增长18%，力争达到12000元。万元生产总值综合能耗下降3.5%。二级以上天数达到300天。二氧化硫、化学需氧量分别控制在5780吨、8000吨以内。

三、2012年政府重点工作

（一）突出强农惠民，加快发展现代农业。1. 扩大产业规模。继续实施"四个一"工程，2012年完成投资7亿元。新增设施蔬菜、苗木花卉、干果经济林各1万亩（666公顷），新建标准化养殖园区10个，总量分别达到5333公顷、8000公顷、1.1万公顷，猪、鸡年饲养量达到146万头、2600万只。

2. 建好示范园区。大力发展资本农业、公司农业、科技农业，提升示范园区的现代化水平。发展壮大资本农业，争取更多的非农资本集中进入农业领域；规范公司农业的订单机制，争取更多的加工企业、合作社与农民建立利益共享机制；抓好科技农业发展，建立县校、县所合作机制，争取更多的新技术、新品种在县内优先示范、推广。通过多元化投入、集约式开发，建立农产为基、多产相融的园区，打造引领现代农业发展的样板工程。

3. 增强承载能力。投资3.2亿元，加快农业基础建设。重点抓好道路绿化、灌区改造、水库除险加固、万亩枣林双调双盖、25个自然村安全饮水以及2万亩（1333公顷）标准农田建设。抓住国家新一轮扶贫开发机遇，积极开展干部下乡驻村和包村增收活动。继续推进乡镇农技推广站改革，完善村级农科员队伍。加强农业技术推广、动植物疫病防控、农产品质量安全体系建设。

4. 提升产业龙头。制定优惠政策，扶持龙头企业发展，力争有更多农产品加工企业入选全省"513"工程。以"农超对接"、"农贸对接"为重点，鼓励、支持龙头企业和专业合作组织在各类市场建立销售专柜，加强农产品流通。积极发展土地股份合作社、农村资金互助社和跨区域联合社，加快形成"龙头企业＋基地＋中介组织＋农户＋标准化"、"龙头企业＋商标（地理标志）＋农户"等产业化经营格局，促进农业结构调整和发展方式转变。

（二）突出产业集聚，加快壮大工业经济。1. 加快园区建设。一是水秀新型产业园，实施110万千伏变电站建设项目。重点抓好21个签约项目的落地、开工、建设。二是恒达循环经济园，抓好现有项目扩规扩产，完善资源循环利用产业链，打造全省一流的循环经济示范基地。三是胡村铸造工业园，启动建设可容纳20家企业入驻的中心区，力争有1～2个项目落地、入驻并开工建设。四是南山医药食品园，加大研发力度，扩大生产规模，全面提升园区效益。同时，认真落实企业入园优惠政策，严把投资强度关、项目准入关，确保园区高点起步、高位推进。

2. 提升产业级次。实施18个技改项目，总投资100.5亿元。焦化产业以发展循环经济为基础，实施高碳铬铁、精密铸造、电石渣水泥3个项目。铸造产业以提升产业级次为目的，实施新和公司数控机床、机械铸造项目。食品产业以延长产业链条为途径，实施果蔬加工、农副产品加工、酿酒葡萄加工3个项目。制造产业以发展新型产业为重点，实施塑胶产品、矿用管件、输变电设备、风电设备、玉米收割机、生态科技产品项目等。

3. 扶持企业发展。实施中小企业"成长工程"，提高企业技术人员、管理人员素质，开展创建名牌企业、名牌产品活动。完成太谷纺织厂破产工作，启动县棉织厂改制，有序推进剩余集体企业改制，为工业发展增添新的活力。

4. 狠抓项目建设。对2012年选定的50个重点项目，建立"一个项目一个领导、一个项目一个部门、一个项目一个责任人"的工作机制。继续开展大招商、大引资活动，争取引进亿元以上项目10个，20亿元以上项目1～2个，百亿元以上的项目取得突破，当年招商引资总额达到150亿元。

（三）突出旅游发展，加快繁荣第三产业。一是做大旅游业。实施8项旅游工程，总投资20亿元。加强基础建设，加强景点建设，当年完成投资2.5亿元。二是发展物流业。实施3个物流项目，总投资9亿元。加快物流园建设，当年完成投资2.4亿元。同时扶持4个运输骨干企业发展，规范运输市场，完善服务体系。三是繁荣商贸业。实施3个商贸项目，总投资104亿元。完善批发市场和其他专业市场建设。抓好万村千乡市场、新农村现代服务网络、社区便民服务工程建设，开展服务业标准化试点工作，提高服务业的规模和档次。四是发展其他服务。积极发展会计审计、资产评估、产权交易、法律咨询、环境评价等中介服务业。重点拓展节庆会展、商务会议、休闲度假等新型服务业。加快发展家庭医疗、家庭教育、清洁卫生、拍卖典当等家政服务业。

（四）突出统筹发展，加快构筑精品县城。一要强化规划管控。坚持县城向北发展战略，抓好城市规划设计，完善集镇规划。确保城市规划编制科学、执行有力、监督有效、落实到位。二要完善市政功能。重点实施3大类40项城建工程。打造城市景观，完善城市功能，提升通行能力。三要推进集镇建设。抓好胡村、范村、水秀3个新农村示范片，15个中心村、31个推进村、10个精品村建设。四要美化城乡环境。开展国家卫生城市创建活动，引深城乡环境综合整治活动。建立健全"以路为带、条块结合"的管理模式，推进环卫管理由重点村向一般村、由主干路向乡村路延伸。

（五）突出要素保障，加快培育发展优势。1. 加强财税管理。强化预算管理，严格投资评审，推行国库直付，完善政府采购，逐步建立事前参与预警、事中跟踪防范、事后审核问效的监督机制。抓好非税收入和各项基金征管，提高政府调控经济的能力。加强纳税评估，加强重点税种、重点行业和重点企业的税收征管。

2. 搞好环境治理。大力实施绿色生态工程，加大工业源、农业源、生活源污染治理。积极推进节能减排，开展碳素、玛钢、化工等行业深度治理，提高项目环评准入标准，关闭排放不达标企业。深入实施土地增减挂钩项目，最大限度满足重点建设项目用地需求。加强耕地保护共同责任机制，严厉打击私挖乱采、违法占地行为。实行严格的水资源审批制度，提高水资源利用率和可持续发展能力。扎实开展环境优美村镇创建工作。

3. 狠抓安全生产。加强企业安全生产主体责任。强化安全生产基层基础工作，推进企业安全生产标准化建设，完善安全监管、应急、预警体系建设。加强食品药品监管，开展超限超载治理，抓好地质灾害监控，坚决杜绝各类安全事故的发生。

4. 推进金融发展。鼓励境内各金融机构支持重点项目建设和重点企业发展。积极吸引各类金融机构来太谷设立分支机构，促进村镇银行组建开业。加快信用体系建设，努力营造良好的金融环境。

（六）突出民生保障，加快建设和谐社会。1. 强化社会保障。认真落实积极的就业政策，做好高校毕业生、"零就业"家庭和困难群众等重点人群的就业工作，完善重点建设项目和招商引资企业用工服务。稳步提高社会保障水平，扩大养老、医疗、失业、工伤、生育保险覆盖面。推进保障性住房、农村困难户危房改造，加快被征地农民社会保障制度建设，最大限度地解决群众的实际困难和问题。积极发展社会福利，完善城乡低保、"五保"供养、医疗救助、救灾救济等工作，逐步建立覆盖城乡、制度完善、相互衔接的新型社会救助体系。

2. 促进文化繁荣。推动中华母亲节暨太谷孟母文化节深入发展，打造《孟母三迁》秧歌精品剧，大力推动文化产业发展。加强县乡村三级公共文化服务体系建设，推进图书馆、文化馆免费开放，实施农民健身工程，发展休闲体育，让群众广泛享有基本公共文化服务。

3. 发展社会事业。坚持教育优先发展，加强学前教育，完善六大盟区，鼓励普通高中特色化发展和多样化办学，大力发展职业教育，促进各类教育协调发展。推进医疗卫生体制改革，启动两个中心卫生院、20个村卫生室建设，健全基本医疗保障、基本药物制度，提升群众就医水平。加快科技进步，开展科研攻关，争取项目支持。强化人口和计划生育管理，提高出生人口素质，稳定低生育水平。分类推进事业单位改革，积极开展普法教育。

4. 创新社会管理。完善县、乡、村网格化管理机制，进一步提高社会管理科学化水平。认真落实信访工作目标管理、接访下访责任制，解决群众合理诉求，切实维护群众利益。深入推进平安太谷建设，严厉打击各类违法犯罪活动，提高社会治安防控能力。整顿和规范市场秩序，落实稳定物价的政策措施，严厉打击价格欺诈、哄抬物价、假冒伪劣等不法行为，优化市场环境。

深入推进"三区一基地"建设
开创转型跨越发展新局面

祁县县长　张　鹏

2012年是实施"十二五"规划承上启下的重要一年,也是"三区一基地"建设深入推进的关键一年。转型综改试验区、循环经济试点、省和市"四化"率先发展区建设不断加快,108综合发展廊带建设全面推进,大晋中文化旅游核心区规划建设全面启动,太原、晋中同城化的实质性推进,给祁县带来前所未有的发展机遇。我们一定要抓住难得机遇,解放思想,创新方法,先行先试,掀起"三化一体"发展新高潮,努力开创转型跨越发展新局面。

一、2012年政府工作的总体思路

紧紧抓住综改试验区建设和太原、晋中同城化发展机遇,以"四化"率先发展区建设为统领,以转型跨越为主线,以项目建设、民生改善为重点,扎实推进现代农业示范区、祁县经济开发区、晋商文化旅游区、玻璃器皿生产出口基地——"三区一基地"建设,实现经济社会发展新跨越。

二、2012年经济社会发展主要预期目标

地区生产总值60.2亿元,增长22.4%;规模以上工业增加值14.5亿元,增长23%;财政总收入5.07亿元,增长17.7%;固定资产投资33亿元,增长36%;社会消费品零售总额27.3亿元,增长17.4%;城镇居民人均可支配收入21899元,增长16%;农民人均纯收入10046元,增长16%。

三、2012年政府重点工作

(一)强力推进招商引资和项目建设。1.大力招商引资。瞄准"国字号"、"中字头"和世界500强及行业优势企业,加强跟踪、主动出击,全力抓好大块头、大品牌标杆项目引进。领导干部带头外出招商,抓好专题招商、点对点招商、节庆会展招商,组织参加好首届世界晋商大会、中博会等活动,挖掘人脉资源,积极招商引资,确保全年招商引资突破150亿元。深入研究转型综改试验区、大太原都市圈建设的一系列政策措施,强化项目储备,主动搞好对接,争取引进一批带动力强的好项目、大项目。注重发挥企业主体作用,鼓励企业以商招商,实施产业链招商,有针对性地引进食品、机电、新材料、高新技术和物流仓储等项目,推进产业转型升级。

2.推进项目建设。突出抓好总投资213亿元的十大生产经营性工程和十大基础设施民生工程,抓好湿地公园等十大续建工程。大力推进总投资24.8亿元的11个标杆项目建设。

3.优化项目服务。严格落实领导包项目责任制,继续实行项目法人负责制,为项目建设提供全程服务。严格执行项目调度例会制度,加快推进项目建设。努力破解土地、资金等难题,大力推进城乡建设用地增减挂钩试点工作,盘活存量用地,确保项目用地。引深创优环境,最大限度拓展政策空间,开辟项目建设"绿色通道"。

(二)大力推进产业转型升级。1.加快工业转型升级。玻璃器皿业围绕国家外贸转型升级专业型示范基地、国家玻璃器皿产品质量监督检验中心、全国知名品牌创建示范区、中国玻璃器皿之都四大国字号工程建设,提升品牌效益,加快产业整合,推进产业转型;充分发挥祁县玻璃器皿产业发展中心职能,发展高档玻璃器皿生产,建立美国、中东等展销基地,拓展国内市场,建设全国玻璃器皿物流销售中心。提高酒类饮品业的市场占有率。机械制造业重点扶持水泵产业发展,加快磁悬浮水泵项目建设,促进技术改造和产能提升。材料加工业支持碳素业扩张产业规模。加快包装、磁性材料等产业发展。推进氟橡胶制品、SEP管道等重点项目建设,提升产业竞争力。

2.扶持企业健康发展。突出抓好15户产值亿元以上龙头企业的发展,引导企业走内涵式发展之路。推进龙头企业加强挖潜改造,抓好潜力企业规模生产和市场开拓,引导小微企业走"专精特新"发展之路。创新金融服务,推进政银企融资对接,缓解企业融资难题。严格落实领导和职能部门包扶企业责任制,扶持微小型、潜力型中小企业尽快做大做强。

3.提升园区集聚效应。加快"大园区"建设,将玻璃器皿产业园、食品工业园纳入经济开发区范畴,推进开发区"扩区、移位、升级"。完成开发区总体规划和扩区可行性研究、110千伏变电站建设、道路建设后续工程和排水系统建设。拓宽融资渠道，加大土地收储力度，用好土地增减挂钩政策，确保开发区项目用地。进一步完善基础设施，理顺管理体制，引导企业向园区集中、产业向园区集聚。

（三）加快推进现代农业示范区建设。1. 大力发展现代特色农业。围绕农民人均“一头牛、一亩菜和一亩半果”目标，制定详细规划，完成年度任务。出台进一步加快现代农业发展的政策措施，鼓励引导民间资本投入现代农业，大力推进水果、设施蔬菜、规模养殖、林下经济“四个十”工程，夯实农民增收基础。建设10个水果标准化示范园区、10个设施蔬菜标准化园区、10个标准化规模养殖园区、10个林下经济示范园区。抓好晓义生态农业园和乔家堡旅游农业示范园区建设，打造全省一流园区。

2. 加强科技服务与创新。扩大与省农科院、省果树研究所等院校的合作，加快与山西农大校县共建。推进“一县一业”省级酥梨基地县建设。加强农业科技体系建设，大力实施农民素质提升工程，积极创建国家农业技术推广体系改革与建设示范县。大力推广新技术和新品种，加强农产品质量监督管理，全面提升农产品质量安全水平。

3. 千方百计促进农民增收。强化基础设施建设，完成好10项水利重点工程和土地整理、中低产田改造、农业综合开发现代农业项目等工程。推进农业部保护性耕作示范县建设。推进人工影响天气和气象灾害防御基础设施建设，增强农业抗风险能力。推进“513”工程，重点建设华祁食品辣椒和青山绿色玫瑰精油深加工项目，力争全县市级以上农业产业化龙头企业达到33个。规范化合作社达到220个，农户入社率30%以上。继续深入开展机关定点扶贫和领导干部包村增收活动，确保农民收入突破一万元。

4. 加快推进新农村建设。按照新农村建设产业集聚、设施共享、人口集中、功能完善的基本要求，开展布局美、产业美、家园美、生活美、人文美、乡风美“六美”乡村创建活动，重点打造10个新农村建设典型。巩固完善农村新的“五个全覆盖”成果。加强农村生态建设，打造精品园林村10个。以规模养殖为重点，推进农业源污染防治，实施好农村环境连片整治项目。深入推进农村“创三优”和卫生乡、村创建活动，进一步完善农村环境卫生长效管理机制，有效改善农村人居环境。

（四）大力发展文化旅游业。把文化旅游产业作为县域经济支柱产业加以培育，抓住大晋中文化旅游核心区规划建设机遇，以乔家大院5A景区创建为统领，发挥资源优势，深挖文化内涵，全面实施“文化旅游强县”战略，推动文化旅游产业融合发展。一是构建“大旅游”格局。制定祁县“大旅游”发展规划，构建“一城（昭馀古城）一河（昌源河）一院（乔家大院）一园（玻璃文化艺术园）”产业发展布局。二是加快景区开发建设。积极推进乔家大院5A景区创建，加快乔家堡整村搬迁工程。坚持保护与开发并重，进一步加大招商引资力度，引进大集团、大资金，推进古城整体开发，建设晋商文化名城。全面完成昌源河国家湿地公园一期工程和旅游公路建设，加快沿线农业生态旅游项目开发。三是推进文化产业发展。围绕晋商文化、古城文化、民俗文化、生态文化、玻璃文化、红色文化“六大文化产业板块”的构建，加快产业基础夯实和产业内核的融合。强化文化品牌传承利用，发展一批特色明显的休闲度假旅游项目。推进民营文化企业健康发展，抓好队伍建设，创建文化精品。加快文化体制改革，推进公共文化基础设施建设，加快图书馆改扩建，抓好文化站、农家书屋建设和信息资源共享工程，丰富群众文化生活，促进文化产业大发展。

（五）扎实推进“大县城”建设。按照“扩大规模、增强实力、完善功能、形成特色”的原则，推进“大县城”规划与建设，加快构建以昌源河为生态轴，县城区和东观镇区为两翼的“一轴两区”城镇化发展新格局。一要强化规划管理。确立“大县城”发展格局，高标准完成《祁县城乡一体化发展规划》编制，拉大城市框架，提高城镇化率。加快控制性详细规划编制，强化和完善规划监管体系。加强城乡管理，深入开展以“四城联创”、“城乡环境清洁工程”为主要内容的环境综合整治。二要推进城乡建设。重点推进县城区和东观镇区建设，辐射带动中心集镇，提升城市承载能力。实施好10项市政重点工程，全面提升县城品位。推进污水处理、垃圾处理等市政基础设施建设，进一步完善城市功能。加快东观镇区建设，搞好环境整治，提升管理水平，争创省级百强示范镇。加快中心集镇和中心村建设，发挥产业、人口集聚和辐射带动作用，推进城乡一体化发展。三要抓好生态建设。全面开展违法排污排查整治专项行动，彻底排查取缔土小企业，严格控制二氧化硫、化学需氧量、烟尘等6项主要污染物排放总量，空气质量稳定达到国家二级标准。严格落实环境影响评价和“三同时”制度，强化水污染治理，推进节能降耗，推广清洁能源。大搞造林绿化，实施好通道绿化、退耕还林等八大生态建设工程，积极创建全国造林绿化模范县。

（六）倾力保障和改善民生。1. 加强就业和社会保障工作。促进充分就业，落实各项优惠政策，大力实施创业培训，优化公共就业服务平台，积极开发公益性岗位，城镇登记失业率控制在4%以内，动态消除“零就业”家庭。进一步扩大社保覆盖范围，继续推进新型城乡居民养老保险，稳步提高参保率。进一步加强农村和城镇居民最低生活保障工作，实现动态管理下的应保尽保。

2. 推动社会事业协调发展。加大教育投入，全面完成中小学校舍安全工程，建设5所标准化幼儿园，加快祁中新校区建设。推进教育均衡发展，实施教育布局调整、学前教育3年行动计划、义务教育标准化学校建设、质量提升4项工程，推动县域教育由初步均衡向基本均衡、优质均衡发展。加快医疗机构基础设施建设，启动中医院迁建工程，推进数字化医院建设。巩固医药卫生体制改革成果，强化基本药物制度管理，严格实行零差率销售。新农合参合率达到98%以上。加强食品药品安全监管，严厉打击违法违规行为，保障人民群众饮食安全。进一步落实人口与计生奖励优惠政策，稳定低生育水平。

3. 加强和创新社会管理。强化“一格三员一支部”网格化社会管理体系建设，大力提升硬件设施和平台运行水平，推进“平安祁县”建设。严格落实政府安全监管主体责任和企业安全生产主体责任，深入开展“打非治违”专项行动，突出抓好交通、建筑、消防等重点领域隐患排查治理，确保安全生产良好局面。高度重视信访工作，推进矛盾纠纷化解机制建设，畅通群众信访渠道。加强应急体系建设，完善应急管理机制，加强预案完善和应急演练，全面提升应急处置能力。

坚定信心　对标一流　后发快进

和顺县县长　马海军

2011年，和顺县坚持以科学发展观为统领，紧紧围绕“打造五地两区、建设山西东大门、实现百亿和顺”战略目标，坚定发展信心，创新发展思路，强化发展举措，经济社会保持了平稳较快发展的良好态势。

2012年是实施“十二五”规划关键之年，也是迎接党的“十八大”胜利召开的重要一年，做好2012年工作意义重大、责任重大。

一、2012年政府工作的总体要求

以邓小平理论和“三个代表”重要思想为指导，深入贯彻落实科学发展观，牢固树立“和民心、顺民意”的理念，抢抓转型综改试验区和各级扶持贫困地区发展两大机遇，突出“干部作风提升年”、“项目落地年”两个抓手，抓好七项工作，办好十件实事，努力在东山争一流、全市站前列。

二、2012年主要经济指标预期目标

2012年，地区生产总值完成45亿元，比2011年增长28.6%；规模以上工业增加值完成27亿元，增长37%；固定资产投资总额完成45亿元，增长38%；社会消费品零售总额完成9.7亿元，增长19%；财政总收入完成11.3亿元，增长25%；城镇居民人均可支配收入完成15800元，增长15%；农民人均纯收入完成3860元，增长16%。约束性指标达到市控目标。

三、2012年政府重点工作

（一）坚定不移主攻项目，增强发展后劲。一是主抓十大标杆项目。主要是煤层气新型工业化利用示范区项目、阳煤集团百万吨尿素一期18·30项目、阳煤集团晋东煤机维修制造项目、佰裕东粮食加工项目、煤炭产业链延伸项目、南山森林公园项目、泰和湿地公园及207国道生态绿化项目、文化旅游项目、文体中心和城市规划馆项目、天凯集团马连曲现代观光农业科技示范区项目。二是狠抓项目落地。抓责任，抓推进，抓储备。三是大张旗鼓抓招商。强化责任抓招商，全民动员大招商，提升作风促招商。

（二）建设大平台大产业大企业，推动工业经济转型升级。坚持以煤为基、多元发展，做好煤炭产业大文章。重点抓好4个90万吨和1个30万吨矿井整合改造工程。加快2×300兆瓦低热值煤发电项目相关手续办理。逐步形成煤—化工、煤—电、煤—建材、煤—物流、煤—煤机维修制造等多条产业链条。加快培育壮大非煤产业。积极支持和引导中小企业发展，促其尽快做大做强。坚持以园区拓展发展空间，建设两大工业园区。加快温源和邢村—白泉两个工业园区建设，积极申报省产业振兴基地，着力打造沿国道、省道两大工业走廊。加快园区水、电、路等基础设施建设，把转型项目、新兴产业项目向园区集中。

（三）突出增产增效，推动现代农业快速发展。1. 加快发展特色农业。打造“一村一品”专业村30个。粮食作物面积稳定在1.5万公顷。新增设施蔬菜267公顷。大力推进“十企百区千户”现代养牛工程。推广“养牛—沼气—双孢菇—有机肥”生态循环经济示范模式，做大双孢菇产业。新增核桃经济林333公顷，发展林下经济133公顷。加快发展猪、鸡、兔特色养殖业。

2. 提升农业产业化水平。着力培育农业产业化龙头企业，重点扶持大友牧业、德牧公司等10大龙头企业延长产业链条。推动肉牛、小杂粮等特色产业规模化发展，新培育4个市级农业龙头企业。壮大农村专业合作经济组织和经济人队伍，不断提高市场化和组织化程度。大力推进农业机械化，加强农机化公共服务体系建设。不断提升农业生产标准化水平。

3. 加大扶贫攻坚力度。实施片区开发、整村推进、产业化扶贫、贫困劳动力转移培训等各类扶贫项目，加快贫困群众脱贫增收步伐。扎实推进定点扶贫和领导干部包村增收活动。制订“十二五”农民增收规划，促进农民稳步增收。

4. 夯实现代农业发展基础。加强农村水利设施、中低产田改造、土地开发整理等基础设施建设，为产业培育发展打好基础。

（四）大力发展现代服务业，扩大以文化旅游业为主的第三产业规模。一是加快发展文化旅游业。继续抓好重点旅游景区景点建设，打造精品旅游线路。大力开发特色旅游工艺品，延伸旅游产业链条。加大宣传推介力度。创新旅游产业发展机制。深入挖掘地域民俗文化和生态文化，做精文化产品。二是快速提升商贸物流业。以煤炭、建材、农畜产品为重点，制定全县物流业发展规划，形成布局合理、流转快捷、信息畅通的发展格局。加快推进300万吨煤炭"超市"建设。积极推进矿山配件、建材、农产品物流园区前期工作。结合大县城建设合理布局商业网点，培育大型专业市场，全面提升传统商贸业。

（五）持续推进城乡大建设，实现城乡面貌新变化。强力推进大县城建设，重点抓好12项城建重点工程。加快小城镇建设，围绕"一城三镇三十个中心村"，加快东部以文化旅游、观光农业为主导经济的松烟镇，西部以农业为主导经济的横岭镇，北部以工业为主导经济的李阳镇三个小城镇建设步伐，同步打造30个产业基础好、区域位置优的中心村。继续推进新农村建设，打造1个新农村连片示范区和20个"六美"乡村。加快村庄整治步伐，绿化村庄35个。完善配套设施建设，努力突破交通、水利、电力瓶颈。提升城乡管理水平，加强城镇交通、商贸、环卫三大秩序整治，建立城乡环境整治长效机制，扩大城镇绿化面积，加强封山禁牧、森林防火和生态公益林管护工作，巩固生态建设成果。

（六）深化机制体制改革，激发经济社会发展活力。一要不断创新行政服务机制。深化行政审批制度改革，建立重点工作快速推进机制，健全监督评议制度。二要积极引导农民进城。启动村改居试点，逐步完善户籍制度改革配套政策，解决好进城农民就业、住房、社保、子女教育等问题。三要积极推进土地制度改革。以城乡土地增减挂钩、土地占补平衡、矿业权置换"三项改革"为重点，按照土地利用总体规划，增加土地储备。加快矿业存量土地整合利用，先行开展露天煤矿采矿用地改革试点工作，为项目落地提供用地保障。稳步推进农村土地流转，发展适度规模经营。四要加快金融创新。积极发展村镇银行、小额贷款公司、担保和投融资公司等地方金融机构，大力改善金融生态环境。

（七）不断加强和创新社会管理，促进社会和谐稳定。一要扎实推进民生工程。加大资金配套力度，实现城乡养老保险、医疗保险全覆盖，工伤、失业、生育保险覆盖规定职业人群，扩大城乡低保覆盖面。继续做好农村小额人身保险工作。巩固农村"五个全覆盖"成果。加快保障性住房建设。继续实施好冬季温暖工程。二要加快发展社会事业。抓好薄弱学校综合改造工程，实现农村学校班班通，改善办学条件。不断完善公共卫生服务体系，深化医药卫生体制改革。巩固和完善新型农村合作医疗制度。持续稳定低生育水平。开展丰富多彩的文化体育活动，丰富群众文化生活。高度重视节能减排工作，加快淘汰落后产能步伐，保护生态环境。三要确保社会和谐稳定。创新信访工作机制，拓宽群众信访渠道，切实维护群众的合法权益。深入推进"平安和顺"创建活动，严厉打击各类犯罪行为。强化安全生产监管，继续抓好各行业、各领域安全隐患排查专项治理，保持打非治违高压态势，坚决遏制重特大事故发生。完善应急体系，提高突发事件联动反应能力。强化食品药品监管，加强农产品质量检测。

咬定十强　乘胜前进

寿阳县县委书记　**王继堂**

2011年，面对复杂多变的发展形势和快速调整的发展格局，县委、政府团结带领全县人民，紧紧咬定建设全省十强县目标，全力实施新型工业化推进战略，认真落实"四区"建设任务，牢牢把握经济发展走势，千方百计破解发展难题，敢于善于战胜各种困难，铆足劲头争先争上，殚精竭虑强县升位，实现了"十二五"精彩开局。

2012年是党的"十八大"召开之年，是实施"十二五"规划的关键之年，是转型跨越发展的攻坚之年。在胜利开局的大好形势下，我们必须励精图治，勇往直前，开拓创新，求真务实，清楚2012年经济工作需要明确什么，调整什么，突出什么，强化什么，做到什么，才能确保各项目标任务如期实现。

一、从县域经济振兴上明确什么

2012年工作的总体要求就是"坚持'新型工业强县'不动摇，加快'四区'建设不懈怠，咬定'十强目标'不松劲"。这"三个不"就是要我们进一步认识到，全力实施新型工业化推进战略作为强县主战略，是集中全县创新实践的思想成果，符合寿阳县情，是指导今后一个时期全县工作的总纲领；打造山西最具活力的"转型发展先试区、生态农业示范区、新型服务特色区和城乡一体推进区"作为发展定位，是实现寿阳又好又快发展的重大任务；建设全省十强县作为"十二五"期间的奋斗目标，是体现寿阳综合实力增强的重要标志，是全县人民求发展、求富裕的福祉所在。全县广大干部群众必须做到思想上同心、目标上同向、工作上同步，坚定不移朝着既定的目标方向奋勇前进。

二、从产业优化升级上调整什么

推进新型工业化。突出工业的首要位置，把工业作为强县之本。加快构建新型工业核心体系，以煤炭产业为主导，以煤为基集中发展四个新型产业。加快整合矿井的机械化改造，提升矿井规模化、集约化、现代化、安全化水平；通过产业链延伸，全力推进中煤化工园区、中电投、盛唐、博大煤电一体化项目落地，发展新煤电化工产业；对煤渣、煤矸石、粉煤灰进行综合利用和深度开发，发展新材料产业；对煤层气、风能、生物质能源等开发利用，发展新能源产业；依托金牛、奥泰和恒特煤机的产业基础，推进北方重工、阳煤集团煤机制造等项目建设，发展新装备制造业。同时注重发展食品加工业和高新技术产业。高度重视园区建设，将园区建成资源集聚、管理集成、人才集优的新型工业发展平台。发挥实体经济的支撑作用，建立县委、政府领导联系企业制度，促进企业健康运行，加快提升质量效益。大力支持各类中小企业发展壮大。

调优提升现代农业。重视农业的基础地位，以农民增收为核心，加大对粮菜果牧四大主导产业的区域布局和结构调整力度。围绕农业增效，着力在特色发展上下功夫、求突破，打造优质玉米和杂粮生产基地，打造设施蔬菜和优质旱垣蔬菜示范基地，打造核桃和仁用杏干果经济园区，大力发展苗木、花卉、药材产业，有效利用移民搬迁后的"空壳村"等地理载体，大力发展生态庄园经济。着力在规模经营上下功夫、求突破，充分发挥大户引领、项目带动和合作组织的作用，大力发展"一村一品，一县一业"，推动建设千亩万亩种植园区、千头万头养殖园区，切实提高农业生产能力。着力在产业链拉长上下功夫、求突破，依托雨润食品、晋荞米业、华阳饲料、健民豆腐干等企业，内联外引扶持农产品加工企业发展，不断提升农产品附加值，实现原粮原菜输出大县向有机食品、终端商品、生态品牌输出大县的转变。全面落实各项强农惠农富农政策，加快提升农业科技化、机械化、产业化、市场化水平，提高农业综合实力和市场竞争力。

提升第三产业的发展级次。放大寿文化品牌优势，注重引进文化名人、文化项目和文化产业，加快培育文化创意、网络文化等新型业态，推动文化产业大发展。做好方山国家森林公园、祁氏故居、鹿泉山、五峰山、尹灵芝烈士公园旅游五篇文章，完善景点景区建设，提升服务水平，推进"吃、住、行、游、购、娱"一体化建设，使旅游资源尽快转变为旅游经济。大力推动松塔水库、蔡庄水库景区规划开发建设，加速推进生产和生活服务业发展，突出抓好现代物流业、金融业、房地产业，不断提高第三产业在全县生产总值中的比重。

三、从增强发展后劲上突出什么

突出抓好转型综改试验区建设。认真编制好《转型综改行动方案》，并争取尽快批复，同时抓紧完善配套方案，确保2012年全面实施。强化试点企业、标杆项目的示范引领作用，推动产业转型、生态修复、城乡统筹、民生改善四大领域项目建设取得突破。深入推进重点领域和关键环节的改革，努力创新转型体制机制。

突出抓好项目建设。项目是发展的支撑。力保项目落地100亿元、重点项目投资完成80亿元是2012年工作的重中之重。一要提升项目建设的质量。突出抓好产业关联度高、带动能力强、发展前景广阔的转型项目的引进和建设，加强与大企业、大集团的联系沟通，促进"国"字号、"省"字号项目落户寿阳。加大对好项目、大项目的支持力度。二要强化项目建设的措施。强化招商力量和投入，设立工业、农业、城建、文化旅游行业招商局和工业园区招商局，实行重大项目一对一攻坚，努力破解土地、环境容量、水资源等项目落地瓶颈，确保各类项目引得来、留得住、发展得好。三要落实项目建设的责任。硬化领导包项目责任，细化项目服务、协调、对接、推进制度，切实将各级干部的精力和智力集中到项目建设上来，使寿阳真正成为投资者的沃土、创业者的乐园。

突出抓好城镇化建设。把大县城建设摆在突出位置，拓展县城发展空间，启动县城中心片区和城中村、城边村改造工程，改善城市基础条件，加大水、电、路、暖、气等基础设施配套，加快学校、幼儿园、医院、体育馆、公园、广场、绿地的建设力度，全面提升承载能力和城市品位。加快小城镇和新农村建设，认真做好村镇规划，加大公共财政和社会资金对农村的支持力度，特别是把小城镇、中心村作为支持重点。加强农村基础设施建设，进一步完善基层公共服务体系，加快发展农村各项事业，大力整治农村环境卫生，不断改善农村生产生活条件。切实提升镇村城镇化水平，加速全县城市化进程。

四、从和谐社会建设上强化什么

切实加强和创新社会管理。一是有效整合各种资源，高标准建成"三网一教育"公共管理体系，大胆探索具有寿阳特色的社会管理模式，实现好便民利民的管理目标。二是抓住重点领域，突出关键环节，在解决影响社会和谐稳定的突出问题上取得新成效，促进社会管理由应急性向常态化转变，由点的控制向面的治理转变。三是完善维护群众利益协调机制、诉求表达机制、矛盾调处机制和权益保障机制，增强做好新形势下群众工作的能力。

切实牢固树立"民生为本"理念。一要抓好"基本民生”。完善创业带动就业、培训促进就业、帮扶援助就业体系，努力实现城乡居民的充分就业，特别是解决好“零就业”家庭和困难家庭的就业问题；扩大社会保障覆盖面，提高各项社会保险统筹层次和待遇水平，努力实现新农合、新农保、城镇居民医疗和养老保险“四个全覆盖”；加快发展教育、医疗卫生、科技等社会事业，继续建设好各类保障性住房，实施“万村千乡市场工程”，努力建立覆盖城乡的基本公共服务体系。二要抓好“发展民生”。积极鼓励发展就业容量大的劳动密集型产业，大力发展微小型企业，营造有利于全民创业的良好环境。三要抓好“底线民生”。强化救助体系建设和社会福利事业，做好扶残助残工作，完善城乡最低生活保障制度，确保农村“五保”对象应保尽保。四要抓好“热点民生”。妥善化解涉及群众切身利益的热点、难点、焦点问题，让全县人民共享改革发展成果。

切实增强安全责任和维稳意识。严格落实政府和企业“两个主体”责任，从严执行各项安全生产制度，深化各行各业安全生产专项整治，确保安全形势持续好转。多措并举维护社会稳定，完善社会治安防控体系，严打黑恶势力和刑事犯罪活动。全力抓好信访工作，解决好涉及群众切身利益的问题，确保全县大局和谐稳定。

五、从确保工作落实上做到什么

一要提振发展信心。煤炭产业将长期保持有利地位，对全县经济具有持久的基础作用、拉动作用和稳定作用。转型综改试验使寿阳在政策、资金、项目等方面将获得更多支持。转型平台与项目建设初见成效，承接产业转移和培育新型业态的能力不断增强。促转型、谋跨越已成为普遍共识，再翻番、争十强的氛围空前浓厚。只要坚定信心决心，充分把握机遇，就一定能够推动寿阳进入全面建设小康社会的黄金期。二要推动思想解放。破除保守思想、陈旧观念和狭隘思维，拓宽视野，勇于高位突破，力求精益求精，掀起比学赶超的新高潮，以思想的大解放、观念的大转变推动经济社会大发展。三要大力创优环境。集中开展专项整治，围绕重点项目全程清理规范部门服务内容，畅通“绿色通道”，为企业和投资者创造最优环境，确保项目早签约、早审批、早落地、早开工、早见效。四要切实改进作风。开展好工作作风集中教育整顿，有效强化各级干部的宗旨意识、团结意识、大局意识、服务意识、效率意识。五要全面提升能力。包括学习能力、领导能力、沟通能力、创新能力和攻坚能力。六要狠抓责任落实。完善工作推进机制，建立跟踪问效机制，健全考核评价机制。

2012年，我们将更加紧密地团结起来，直面挑战，抢抓机遇，攻坚克难，拼搏进取，与全县人民共同开创转型跨越发展的新局面，为建设全省十强县、争当县域经济社会发展排头兵作出新贡献。

加快“五区”建设
倾力打造全省现代物流基地和晋中新型工业基地

晋中开发区管委会主任　**温毓诚**

2012年是实施“十二五”规划承上启下的一年，是党的“十八大”召开的重要之年，也是全面贯彻落实省、市党代会精神，进一步推动转型跨越发展的关键之年，做好2012年的经济工作，保持开发区经济社会良好发展势头，具有十分重要的意义。

一、2012年开发区经济社会发展的总思路

坚持以科学发展观为统领，转型跨越发展为主旨，按照“保稳求进，好中求快”的总基调，高举项目建设这一龙头，振兴高新技术和现代物流这两翼，做强五大工业集群，做大六大物流板块，做优四大支柱产业，加快构建现代新型产业体系，努力打造全省现代物流基地和晋中新型工业基地，不断优化发展环境，倾力改善民生，进一步加快“五区”建设步伐。

二、2012年开发区经济建设的目标任务

地区生产总值完成24.3亿元，增长18%；工业总产值42亿元，增长23%；规模以上工业增加值11.9亿元，增长22%；科工贸总收入168亿元，增长23%；财政总收入7.3亿元，增长22%；进出口总额2238万美元，增长23%；固定资产投资40亿元，增长40%。

三、2012年政府工作重点

（一）以发展壮大工业经济为着眼点，不断夯实经济发展基础。一是继续做好骨干企业帮扶工作。以现有骨干企业为重点，努力做好占全区工业总产值70%

以上的规模以上工业企业的帮扶服务，保证其平稳运行。尤其是对产品有市场、创新有潜能、发展有空间的企业给予强有力的支持。二是突出抓好工业项目有效推进。首先，对已投产运营的10个项目进行重点扶持；其次，着力抓好12项在建工业项目的建设进度；再次，突出抓好待建项目的有效推进，切实解决好项目落地难题。三是倾力推进项目落地。扎实做好2011年引进项目的落地跟踪服务工作。严格执行行政并联审批制度，加快各项手续办理。重点推进2012年列入市考核范围的28个项目。继续实施领导包项蹲点制、跟踪服务制，及时协调解决项目推进中的各种难题，为项目快速推进创造优良的环境。

（二）以扩大招商引资为着力点，打牢转型跨越的支撑。一要继续瞄准大项目、大集团进行重点攻坚。以世界或国内500强以及规模大、品牌好、带动力强的项目为主攻方向，力求实现引进一个带动一群。根据已经形成的产业，吸引同业及关联项目聚集，将项目引进与产业结构优化同步推进。二要重视人才资源和新技术的引进。形成招商引资与招才引智联动机制，吸引各类优秀人才到开发区发展创业。支持、鼓励优势企业在引进人才的同时引进新技术、新发明、新设备，提升企业核心竞争力。三要以盘活土地资源、提高土地产出效率为主攻点。开动脑筋激活土地市场。加大兼并、转让、出租、回购等力度，积极引导优势企业与停产、半停产企业嫁接重组，通过"腾笼换鸟"，最大限度发挥土地产出效应。大力发展总部经济，加快升级扩区步伐。

（三）以抓好现代物流项目为新支点，充分发挥新型业态在转型跨越中的重要作用。一是尽力做大做强现已建成的物流项目。帮扶已建成的物流项目，强化诚信体系建设，打造著名品牌，强化综合服务功能。加快企业信息化平台技术的建设，推广电子商务，提高效率和现代管理水平。二是吸引更多更好的物流项目入区组团发展。在重点抓好中航国际汽车展销中心项目的开工建设，煤机物流项目推进步伐的同时，着力抓好太原地区货运中心项目和方略物流项目的落地。三是发挥好扶持与协调作用。充分利用和整合现有物流资源，完善服务功能，拓展业务，满足区内及周边更多中小企业发展需求。继续加大各产业园区的基础设施建设力度，为物流企业不断壮大创造更加良好的发展环境。

（四）以科技创新为聚焦点，不断强化开发区核心竞争力。一要发挥科技企业和品牌企业的示范带动作用。以加强技术创新、增创效益和节能减排为转型跨越的重要目标，积极发挥开发区现有5户高新技术企业、10余家品牌企业的科技示范和品牌效应，扶持振东、鸿基等高新技术企业的优化、升级，扶持双合成、福润家俱等品牌企业尽快做大做强。鼓励具备条件的中小企业走高端嫁接、借梯上楼的健康发展道路，提升自身生存能力。积极推动高新技术企业和品牌企业的认定工作。二要充分调动企业科技投入的积极性。发挥好科技三项费用的引导作用，调动企业投资研发与创新的积极性。继续扩大企业与高等院校、科研机构技术联盟，推动企业产品不断升级和产业链延伸。三要充分发挥政策引导和扶持作用。落实国家对企业自主创新投入税费减免返还的优惠政策，并在融资、担保等方面继续给予倾斜。进一步加大科技成果转化的政策支持力度，引导企业成为科技创新的主体。大力实施争创名牌战略。建立健全信用担保体系，引导金融机构加大对科技创新的支持力度。

（五）以优良的发展环境为基点，做好筑巢引凤工作。更新思想观念，在体制机制上大胆创新，勇于在综改区政策范围内先行、先试，克服一切保守僵化的观念，树立主动服务、甘于奉献的工作观，狠刹"三股"歪风邪气，营造真抓实干的良好氛围。坚持高效务实，继续完善电子政务建设，全面推行政务公开，进一步完善重大项目审批绿色通道，强化服务意识，一以贯之地全程服务、优质服务。坚持阳光作业，加强队伍建设，树立大局意识、服务意识、创新意识和效率意识，进一步优化发展环境。

（六）以办实事惠民生为落脚点，让经济发展成果惠及广大人民群众。加快保障性住房开工建设进度。抓好设计、招投标、建材、施工、验收的全程监督，保质保量，保证进度。发挥好财政投入的杠杆作用，多方面、多渠道从社会上融资，确保开工率、完工率达到100%。大力推进新农村建设。对农村"十个有十个一"和"四化四改"建设进行补助，促进全区新农村建设健康发展。有序推进龙田等7个村的土地增减挂钩试点工作。继续加强农村文化事业发展，合理安排农家书屋开放时间，丰富农民文化生活，不断完善巩固新的"五个全覆盖"成果。切实抓好惠民政策的落实。继续落实种粮直补、农机购置补助等各项支农惠农政策，积极开展各种技能培训，拓宽就业渠道，做好农村剩余劳动力转移工作。扶持专业合作社的发展，发挥组织示范带头作用，进一步增加农民收入。高度负责地解决好征地拆迁过程中遇到的各种问题，做到及时发现及时化解。抓好社会管理网格化的启动运行，建立科学的管理体系和制度，妥善解决群众合理诉求，坚决纠正损害群众利益的行为。进一步加强食品药品、生产安全监管，有效防范和坚决遏制重大事故发生，促进社会和谐稳定。

加快林业建设步伐　努力打造生态平定

平定县县委书记　王银旺

平定县地处山西东部，太行山西麓中段。全县辖10个乡镇、318个行政村，31.7万人。全县总面积13.9万公顷，其中，林业用地8.9万公顷，有林地3万公顷，森林覆盖率21.6%。"十一五"以来，平定县紧紧抓住国家对林业工作高度重视的历史机遇，解放思想，更新观念，创新机制，以建设"绿色平定"为目标，按照"山上治本，身边增绿"的总体要求，大力实施"生态林业"和"富民产业"工程，打响了一场持之以恒的林业生态建设攻坚战，生态状况明显改善，走出了一条造林富民宜居的新路子。

一、以工程造林为重点，全面推进生态林业建设

通道绿化提档升级。从优化县域生态环境入手，主要实施了207国道、平定路、307国道改扩建和新建公路的通道绿化工程，共完成绿化300余千米。为突出"增绿"效果，采取补植补种消灭空档措施，对有临建、垃圾、煤场地段进行清理，提档升级，形成流畅通连的绿色带。加大沿路布景点力度，修建绿化景点，丰富了通道林带的内涵。

环城绿化成效明显。为进一步提升环县城周围整体景观效应，2006年以来，以冠山、嘉山、大林山、松树山、花果山、蔡家山、秦王山、龙王山为中心，实施绿化档次提升工程，增加人文景观和园林景观，凸显生态文化功能，同时增加农家乐生态旅游内容和游乐场建设，构建起了西有冠山、嘉山，中有大林山，东有秦王山，北有花果山、蔡家山，南有松树山、龙王山的生态屏障闭合圈。通过环城绿化工程的实施，环县城林地面积稳步增长，形成"百花迎春、绿荫护夏、秋果富民、松柏扮冬"的新景观。

荒山绿化强势推进。依托太行山绿化示范工程、退耕还林配套荒山绿化、封山育林、交通沿线两侧荒山绿化、桃河流域治理等工程，大力实施精品战略。打造了青龙山、凤凰垴、斧歌峪、龙头梁等一批荒山绿化精品工程。以途经沿线两侧荒山绿化为重点，大力实施荒山造林。大力开展龙王山万亩生态经济林工程和北茹双万亩生态林工程，建成高标准的绿化景区。对治西北川沟，实施生态修复综合治理示范工程，成为全县干石山上建生态、封山禁牧保成果的示范工程。

村庄绿化示范引领。按照"村内有景，村外有林，村在林中，林在村中"的模式，在"增景"上下功夫，对村镇四旁、田边地埂、庭院等进行重点绿化美化。2006年以来，全县160个村实施村庄绿化工程。在2007年全国"创绿色家园，建富裕新村"评选中，冠山镇杨家沟村被授予"全国绿色小康村"称号。

二、以农民增收为目标，促进产业结构调整

核桃基地初具规模。近年来，平定县把核桃基地建设作为调整农业结构、增加农民收入的一项支撑产业来抓，并将其打造成为平定最具特色、最具发展潜力、最能持续增收的一种经济发展模式。2006年以来，全县新栽植核桃5333公顷，建设总规模达到8000公顷，建成了东回镇一个双万亩乡镇，石门口、柏井、巨城、岔口、张庄5个万亩乡镇，千亩村达到20余个。为促进核桃产业稳步推进，县政府出台了一系列扶持政策。积极培育发展龙头企业，依托山西大寨核桃露饮品有限公司和阳泉万和油脂有限公司，积极走"市场＋基地＋农户"的办法，确保了核桃就地转化增值。2011年底全县核桃树结果面积2400公顷，核桃总产量55.5万千克，总收入1665万元。

相关产业逐步兴起。林业的发展促进了农村经济结构的调整，林业收入在农村经济中呈现逐年上升的趋势。林业工程建设吸引了大量的农村剩余劳动力，增加了农民的收入，带动了育苗的发展，50亩(3.3公顷)以上的优秀育苗户已达20多个，涌现出一批育苗基地。民营林业逐步壮大，扶持发展了一批民营林业大户，新发展民营造林266公顷，民营林业经济取得长足发展。

三、以强化措施为保障，努力建设生态平定

一是领导重视，投入到位。平定县把生态林业建设摆上县域经济发展的战略位置，作为全县经济和社会可持续发展的一项基础工作来抓。成立生态林业建设领导组，成立"全省造林绿化阳泉现场会平定观摩点建设指挥部"、"平定县全省林业现场会招投标工作组及监督组"，加强对整个工程建设的组织领导和协调指挥，大大加快了工程建设进度。为给环境整治"增色"，县林业、城管、公安、水务等部门齐心协力，密切配合，积极协助乡镇进行河道清理疏导、拆除违章临建、清污刷白盖绿等工作，为生态建设和人居改善提供了环境的保障和支撑。为推进生态建设步伐，县政府每年都拨出大量资金用于林业建设，从而达到“远看有规模，近看是精品”的良好效果。二是强化宣传，营造氛围。为加快“三城同创”步伐，启动创建“国家园林城市”和“国家森林城市”活动。利用各种形式进行广泛宣传生态建设带来的好处，营造了良好的造林绿化氛围。积极稳妥推进集体林权制度改革，明确林木、林地经营者的责、权、利，理顺林业生产关系，进一步激发了社会力量参与造林绿化的积极性。三是科技支撑，精心指导。针对如何提高造林成活率，提高绿化成效，研究出干石山造林技术流程，确保林业技术应用率达到100%。科学规划集通道绿化、村庄绿化、矿区绿化、丘陵经济林、渣山治理、荒山绿化为一体的“城乡生态化”精品工程循环圈。根据平定春旱严重的特点，合理安排不同树种的造林时间，各项造林成活率达到90%以上，全面提高了干石山造林绿化成效。四是加强管理，确保成效。通过招投标，全部采用专业队进行施工，对施工队进行跟踪监理，加强管护措施。严格实行封禁，形成“拉网管护、封山禁牧、专人管理、整体增绿”机制。积极开展护林防火、病虫害防治等工作，对巩固造林绿化成果起到了积极作用。

率先全市发展　建设全省强县

盂县县长　苏秀瑞

2011年，盂县人民紧紧围绕“率先全市发展、建设全省强县”的奋斗目标，发挥区位优势，同心攻坚克难，致力转型跨越，经济社会发展取得显著成就。

2012年是实施“十二五”规划承上启下的重要一年，是推进转型跨越的攻坚之年，做好2012年的各项工作意义重大，影响深远。

一、2012年政府工作的总体要求

深入落实科学发展观，紧紧围绕“率先全市发展、建设全省强县”的奋斗目标，突出“富民强县、和谐安康”两大主题，把握“稳中求进”的工作总基调，抢抓扩权强县试点、转型综改试验两大机遇，按照“四依托、四推进、四集中”和“打好五张牌，走好强县路”的总体布局，以“410”工程为引擎，扭住企业产业转型、体制机制转换两条主线，实施大招商、大项目、大工程三大战略，抓好“七大载体”，实现“七个跨越”，致力在工业新型化上有新作为，农业现代化上有新进展，城镇化建设上有新面貌，改革开放上有新成果，文化建设上有新成效，改善民生上有新提升，工作作风上有新转变。

二、2012年经济社会发展的主要预期目标

全县生产总值增长21%，达到141亿元；财政总收入增长20%，达到24.8亿元；一般预算收入增长15.8%，达到9亿元；规模企业工业增加值增长18%，达到83亿元；全社会固定资产投资增长38%，达到90亿元；社会消费品零售总额增长16%，达到36.2亿元。粮食总产量稳定在1亿千克以上。农民人均纯收入增长11%，达到8710元；城镇居民人均可支配收入增长12%，达到20650元。

三、2012年政府重点工作

（一）以实施“双加双培”工程为载体，在发展实体经济、致力兴工强县上实现新跨越。1. 做好煤炭产业文章，壮大煤炭母体经济。一是加快煤矿升级改造步伐。完成6座煤矿的机械化升级改造，加快8座煤矿升级改造步伐。二是推进煤炭产业提质增效和综合利用。完成3个洗煤、配煤项目建设，新增洗配煤能力860万吨。在有条件的煤矿积极发展煤层气发电，实现煤炭二次增值。三是强化煤矿整合后科学管控和规范化运行。加强生产经营、矿井安全的指挥调度和日常监管，确保安全高效、规范运行。

2. 大力发展非煤产业，构建多元化产业群体。把发展八大非煤替代产业作为转型跨越的重中之重来抓。大力推进化工产业、冶金制造及耐火材料和新型材料产业、节能环保产业、电力产业以及现代物流业和服务业发展，谋划推进装备制造业发展。

3. 抓好产业集聚区建设，拓展经济转型平台。境内的晋盂、南娄、阳煤、煤运、玉泉五大煤炭主体要承担起打造园区的主体责任、招商引资的主体责任和大上项目、上大项目的主体责任。通过五大煤炭主体，打造五大工业园区，培植五大工业“航母”，进而辐射带动产业集聚。统筹抓好五大产业集聚区建设，进一步提升交通、给水、供电、通讯等基础服务功能。

（二）以实施“一体两翼”战略为载体，在发展现代特色农业、增加农民收入上实现新跨越。1. 推进“五大基地”建设，提高农业规模化产业化水平。一是核桃基地建设上，新增种植面积3333公顷，总面积达到1.4万公顷。二是畜牧基地建设上，进一步拓展延伸肉牛、生猪、獭兔、蛋鸡4大畜牧产业链，新增肉牛饲养1000头，生猪饲养5000头，獭兔饲养1.5万只，蛋鸡饲养5万只。三是蔬菜基地建设上，对规模种植设施蔬菜10亩（0.6公顷）以上的，县财政每亩补助1万元。重点抓好3个设施蔬菜基地建设。四是粮食基地建设上，重点抓好“两川、三坪、四沟”优质玉米带建设，确保粮食总产达到1亿千克以上。积极推进万寿菊规模种植。五是农产品加工基地建设上，进一步提升加工能力，积极发展核桃油、核桃粉、核桃仁和万寿菊叶黄素及畜禽产品加工项目。

2. 加大强农惠农富农扶持力度，促进农民持续增收。加大财政扶持力度。捆绑使用支农资金，重点向规模种植、养殖大户和品牌加工发展项目倾斜。加大工业反哺力度。进一步搞好结对帮扶，打好新一轮扶贫开发攻坚战。加大富余劳动力转移培训力度。

3. 坚持“三个结合”，加快新农村建设步伐。一是坚持示范带动和全面推进相结合。11个省级试点村和131个重点推进村进一步加大创建力度，增强示范效应。全年新建农民住房15万平方米，新增沼气、秸秆气化和太阳灶再生能源用户2500户。二是坚持提高农业综合生产能力与改善农业生产条件相结合。进一步加强农田水利基本建设、水库除险加固工作。三是进一步引深农机推广普及工作。坚持基础设施建设与改善生态环境相结合。高标准完成211个村1051千米街巷硬化任务，实现农村街巷硬化全覆盖。完成206个村垃圾清运及卫生保洁工程和4个镇农村环境连片示范区建设。完成村庄绿化达标村50个，荒山造林3333公顷。推进北庄等村地质灾害治理避让搬迁安置房建设。

（三）以“四城联创、五举并进”为载体，在推进县城扩容提质、打造现代化区域城市上实现新跨越。(1)拉大框架，加快县城路网建设。重点安排建设11项重点工程。(2)优化功能，抓好分区域建设改造和标志性工程建设。分区域建设改造上，重点抓好四大片区规划建设。标志性工程建设上，高标准完成、推进和启动五大工程建设。进一步强化市政基础功能建设，启动县城二期供水扩容工程。抓好城西热源厂扩容和城东热源厂新建工作，完成阳泉汽车客运北站建设前期工作。进一步创新城市建设和“城中村”改造市场化融资机制。(3)绿化提升，引深县城绿化美化亮化。完成环城绿化333公顷，新增县城绿地166公顷。抓好万亩生态农业综合开发项目，着手抓好秀水河绿化美化综合治理前期工作，完成连接线通道亮化工程。(4)文化融入，提高县城文明程度。深入开展文明创建活动，建设“百米一小品，千米一景观”文化长廊，加强文化宣传，提升群众文化素养。(5)创新管理，规范县城秩序。严格执行城市管理办法和城市建设总体规划。全面推行市政、园林、环卫等公开招标、市场化运作的体制机制，把城市管理推向市场。推进节能、低碳、方便、价廉的城市公交。不断引深县城环境综合整治，提升县城环境质量和宜居水平。全面推进中心镇规划建设。

（四）以招商引资和重点领域改革为载体，在引进项目落地、加快体制机制转换上实现新跨越。1.“五位一体”抓好招商引资，下大力推进项目落地。一要定向定位招商，做到贴身跟进。二要激活民资招商，做到外引内启。制订完善激励内资启动的政策措施，对发展转型项目的民企大户、投资大户给予重点扶持。通过外引，着力发展旗舰式大型骨干企业。通过内启，着力发展中小微型和劳动密集型企业，使之形成铺天盖地之势，全方位提升工业发展水平。三要亲情友情招商，做到全民参与。四要创优环境招商，做到亲商爱商。畅通项目审批“绿色通道”，规范行政执法，创造诚实守信的信用环境。五要量化指标招商，做到严格考核。健全完善严格过硬的招商引资考核奖惩机制，促进招商引资深入开展。全年协议利用外资230亿元，招商引资到位资金54亿元。

2. 抓好扩权强县试点和转型综改试验区建设，加快体制机制转换步伐。一是在扩权强县试点上，制订出台《盂县扩权强县试点实施办法》和《盂县创优发展环境、提高行政效能、服务扩权强县试点责任追究办法》。认真抓好转型项目的储备、筛选和包装等基础性工作。二是在转型综改试验区建设上，制订出台《盂县转型综改试验先行先试行动方案》。抓好先行先试的重点，在其他产业转型、生态修复治理、统筹城乡发展、改善民生、创新用地机制和融资办法等方面抓好改革试验。三是在各项改革上，进一步推进县交通实业公司、食品公司、农机公司、饮食服务公司的改制工作。启动二轻系统地面企业改制工作。深化农村改革，有序推进土地合理流转。进一步完善林权制度改革。积极推进户籍制度改革和“村改居”试点。深化行政审批制度改革，完成审批项目的再清理和再调整工作，进一步拓展集中审批服务的层面和领域。深化财政管理体制改革，推行国库集中支付和公务卡结算制度。深化事业单位分类改革。

（五）以拓展“五条路径”、建设文化强县为载体，在促进文化大发展大繁荣上实现新跨越。一要拓展精神引领路径，构建以热爱盂县、建设盂县为主题的社会主义核心价值体系。深入开展爱党、爱国、爱人民、爱盂县“四爱”教育和社会公德、职业道德、家庭美德、个人品德“四德”教育，努力形成良好社会风尚。二要拓展革新推动路径，深化文化体制改革，推进文化创新。搞好公益性文化事业单位内部改革和经营性文化单位转企改制。加大财政对文化特别是公益性文化事业的扶持力度。加大对历史遗迹、文化遗产和特色民间艺术的保护、开发、抢救、传承力度。三要拓展体系健全路径，加快县、乡、村三级公共文化体系建设。进一步加强乡镇文化站、村文化室和企业文化、机关文化、校园文化、社区文化等基础设施建设。提升县文化馆、图书馆等公益性文化设施和内涵构成，向社会免费开放。组织开展群众文化体育活动。四要拓展精品打造路径，促进带动文化繁荣。实施文化创作精品工程。全面提高舆论引导和文艺创作水平，多形式打造文化精品。五要拓展产业支撑路径，大力发展文化旅游产业。统筹抓好藏山、温泉等旅游资源的开发建设。构建与五台山、西柏坡、大寨、晋中紧密互动的“忠义”文化旅游集散地。积极引导扶持大企业、大集团投资文化旅游产业发展，走出企业文化转型的新路子。深度挖掘民间文化资源，努力发展文化旅游产业上的“一村一品”，全方位、多层次推进文化旅游产业发展。

（六）以实施“六大惠民工程”为载体，在发展社会事业、保障改善民生、促进社会和谐上实现新跨越。一要实施科教兴县工程，优先发展教育科技事业。完成111所义务教育阶段标准化学校建设及27所标准化幼儿园建设。启动实施学前教育三年行动计划。加大科技引进推广和创新力度，积极开展科技下乡和科技创新企业试点，新发展国家级高新技术企业1家、省级民营科技企业6家。二要实施社会保障工程，健全完善城乡社会保障体系。全面落实养老、医疗、工伤、失业、生育等各项保险政策，扩大社会保险覆盖面。进一步搞好新型农村合作医疗，参合率达到99%以上。巩固新型农村养老保险成果，继续推进城镇居民社会养老保险全国试点工作，城镇基本社会保障覆盖率达到98%以上。三要实施医疗健康工程，大力发展卫生、计生事业。完成县中医院迁建工程主体建设。进一步改善县、乡、村医疗机构装备条件，三级医疗机构达标率达到98%以上。健全重大疾病防控体系和卫生监督体系，抓好卫生监督所建设。认真落实计划生育各项政策，稳定人口低生育水平，提高人口素质。四要实施就业创业工程，努力扩大就业和再就业。开展省级创业型城市创建工作，多渠道开发就业岗位，尽力解决好困难群体、零就业家庭、退役军人、“4050”人员和大学生的就业和再就业工作。全年新增城镇就业岗位3000人，城镇职工登记失业率控制在4.2%以内。五要实施住房安居工程，多渠道解决困难群众住房难。大力推进廉租房、公租房、经济适用住房建设。完善4.8万平方米经济适用房建设，抓好6000平方米公租房和5000平方米廉租房建设。推进农村解困住房计划，完成解困任务300户。六要实施社会管理创新工程，维护社会和谐稳定。认真落实政府和企业“两个主体”责任，切实搞好以煤矿为重点，覆盖非煤矿山、道路交通、建筑施工、学校机关、大型商场、食品药品、危险化学品等各行业、各领域的安全综合整治工作，遏制重特大事故发生。严厉打击私挖滥采等不法行为，维护正常的矿业秩序。积极推进社会管理理念、制度、机制和方式创新，健全重大工程项目和重大决策社会稳定风险评估机制，全方位强化社会治安综合管理，依法防范和严厉打击各种犯罪。高度重视信访工作，努力把各种矛盾纠纷化解在基层，解决在萌芽状态。抓好应急管理体制机制创新，提高应急处置突发事件的能力和水平。

实施“四大战略” 全力推动开发区跨越发展新突破

阳泉经济技术开发区管委会主任 马 骥

2012年是实施“十二五”规划承上启下的一年。全区上下将全力推进先行先试，全面实施创新引领、扩容提质、产城融合和三区共建的“四大战略”，以新理念、新思路、新举措带动开发区新发展。

一、2012年工作的指导思想

深入贯彻落实科学发展观，树立新观念，开拓新思路，强化新举措，抢抓综改试验和区域拓展“两大历史机遇”，突出“五个着力”（着力在推动项目攻坚上下功夫，着力在提升城市管理上下功夫，着力在保障民生发展民生上下功夫，着力在依法理财规范理财上下功夫，着力在干部队伍建设和作风建设上下功夫），抓好“六大重点”（抓好云计算项目开工建设，树立省、市“标杆项目”；抓好保晋路这一惠民工程和形象工程，再造城市精品；抓好“村改居”试点，加快城中村改造和城乡统筹发展步伐；抓好社会管理创新，努力构建和谐新区；抓好体制机制创新和制度建设，提高服务效能，规范服务行为；抓好目标责任制的建立健全和考核，强化工作落实），抬高标杆、自我加压，攻坚克难、勇争一流。

二、2012年全区经济发展主要预期目标和奋斗目标

地区生产总值增长15%，力争20%。固定资产投资增长30%。财政总收入增长17%,力争21%。一般预算收入增长16%,力争20%。社会消费品零售总额增长18%,力争20%。外贸进出口总额增长8%,力争10%。工业总产值增长15%,力争20%。科工贸总收入增长22%,力争24%。

三、2012年全区工作重点和主要措施

(一)着力在推动项目攻坚上下功夫,突出项目对新型工业园区的带动作用。大力开展“项目攻坚年”和“项目落地年”活动,实现项目提速,增强发展后劲。2012年,计划开工项目49项,投资71亿元。一要全力抓好“标杆”项目。百度云计算是省、市确定的“重点工程”,是开发区的“龙头工程”、“标杆工程”。要加快道路、平台等基础设施配套建设,并开工建设110千伏配套变电站。二要倾力服务“拳头”项目。红星美凯龙和高档陶粒砂等都是投资亿元以上的重点项目,确保红星美凯龙一期工程完工。同时继续做好居然之家二期、美特好、华越刮板机、救生舱等项目的跟踪服务和方大添加剂异地扩建前期工作。三要大力培育“潜力”项目。瞄准国内外知名企业和世界500强以及中央和省属国有大型企业及上市公司,依托大企业、大集团和大的科研院所,力争“招大商”,引进亿元以上项目5个,引进资金183亿元。强化招商机制,充实人员、完善政策、健全奖惩、开展竞赛,通过以商招商、以企引企和“点对点”、“面对面”方式,主动出击,进行“大招商”。四要不断提升“入驻”项目。对已落地和已建成项目,实行服务“常态化”,及时解决企业生产经营中遇到的困难。对重点工程、重点项目和重点企业,实行领导包点联系制度,建立“绿色通道”。对个别因各种原因已建成但未能投产的企业,通过合资、合作等方式加以盘活。对中小企业和困难企业,加大帮扶力度,解决好筹融资等问题。继续实施名牌产品和名牌商标战略,强化开发区品牌竞争优势。

(二)着力在城市建设与管理上下功夫,突出宜居宜业新城对产业园区的支撑作用。继续深化“三城同创”,加快国家森林城市建设步伐,全力打造“智能化、生态化、现代化、宜居化”城市,为产业园区发展提供强有力支撑。

1.提升西区,实现城市环境“提档升级”。完成保晋路建设及沿线改造,强化泉中北路管理力度,将保晋路和泉中北路建成高标准的城市景观大道。设计并开工建设北山公园西大门,再造城市“标志性工程”。高标准实施大连路和虹桥路两侧亮化美化工程。完成宁波北路延伸段和福州路延伸段建设任务。完成五渡转盘、虹桥路与天津路十字路口、大连路与宁波路丁字路口交通信号灯建设。加大环卫投入力度,完成环卫基地改造建设。积极申请省、市环境监察执法能力建设资金,配备环境监察设备。完成国家卫生城市和国家环保城市创建各项任务。以创建国家森林城市为契机,加大绿化工作力度,提升绿化档次。建立城市管理监控通讯网络,初步构建城市“网格化”管理体系,向“数字开发区”和“智能开发区”迈进。

2.完善东区,为企业营造优质环境。按照进区项目和企业要求,完善基础设施配套工程建设,确保项目建设和企业生产所需。积极协调市有关部门,解决日本润滑油公司面临的危桥问题,并为该企业新建500米出厂道路。尽快恢复奥伦胶带公司职工候车棚建设。完成王珑、河坡两村集体土地的征收转用工作。

3.加快城乡统筹建设步伐。完成上五渡旧村改造并启动“村改居”试点。加快平坦垴、下五渡改造步伐,推进河坡、王珑改造工程,力争3年内全部完成五村城镇化建设。在旧村改造过程中,把社区、幼儿园、公共活动场所、公厕等便民场所和设施一并纳入规划建设范围,严格把关,做到同设计、同建设、同验收、同使用。

(三)着力在保障和改善民生上下功夫,突出和谐社会对跨越发展的基础性作用。1.全面振兴教育事业。制定《开发区教育振兴2012～2015年规划纲要》,用3～5年时间,使全区教育工作上一个新台阶。完成平坦垴小学建设,做好平坦垴初中规划和巨兴小学筹建工作,完成两所幼儿园建设。加大财政投入,完成中小学校标准化建设。为王珑、河坡村配备标准校车。完善教师学习培训制度,建设高标准师资队伍。

2.强化社区建设,提升服务水平。新建意大利花园社区和新澳城社区,按照硬件、软件“双达标”要求,完成大华、康达、桃源等社区标准化建设。启动公立社区卫生服务中心建设,全面推行基本药物零差价销售制度。

3.进一步完善社会公共服务和保障体系。大力实施创业就业工程,建立覆盖全区的公共就业服务体系。扩大社会保障覆盖面,把农民工、灵活就业人员、非公经济组织等作为参保扩面重点,实现养老和医疗保险全覆盖。进一步推进最低生活保障、优抚、抚恤救济和残疾人保障等工作。继续搞好保障性住房建设,建成优质安全的民心工程、德政工程。

4.强化“平安开发区”创建。开工建设公安分局办公大楼。完善“天网”工程建设。筹建东区消防站。深入开展“企业主体责任落实年”活动,完善安全生产监督体制和责任体系。继续加强社会治安综合治理,构建“纵向到边、横向到底”的治安防范网络。继续做好质量安全、食品安全、医疗卫生安全、交通安全、消防安全等整治工作。

5.加强和创新社会管理。推进社会管理由应急性向常态化转变,由“点的控制”向“面的治理”转变,由分割管理向系统管理转变。完善矛盾排查和矛盾纠纷化解机制,坚持用群众观点统领信访工作,以领导干部大接访为载体,扎实推进信访积案攻坚、源头预防、基层基础夯实、体制创新推广等活动。

(四)着力在依法理财规范理财上下功夫,突出财政对跨越发展的保障作用。强化征管与涵养税源相结合、深化改革与完善机制相结合、强化监管与依法理财相结合,注重服务大局,推动科学发展。全面推行国库集中支付改革,规范财政资金运作和监督机制。建立开发区政府采购中心,规范采购流程。建立审计监督机构,加强对财政性资金规范使用的监督检查。加强企业养老保险基金扩面征缴工作。把规模以上民营企业和个体经营户从业人员作为扩面工作重点,搞好排查、强化措施,确保养老保险基金的全面征缴。

加快转型跨越发展　全力推动“四宜”新城建设

长治市城区区长　胡　坚

2011年是本届政府起步之年。全区人民围绕建设“四宜”城区目标，认真履职，牢记使命，奋发工作，经济和社会事业稳步推进，实现了“十二五”良好开局。

2012年是党的“十八大”胜利召开之年，也是全区加快转型跨越发展的关键之年，更是全力推动“四宜”新城区建设的重要之年。做好今年的工作，责任重大，意义深远。

一、2012年政府工作的总体要求

紧紧抓住全省建设“转型综改试验区”的重大机遇，围绕全市“建设全国最宜居最宜发展城市”目标，以转型跨越为主题，以经营、管理和服务城市为主线，以开展“五个年”活动为载体，大力实施“双擎四驱”发展战略，着力构筑“一园一带一区一城”发展格局，解放思想，先行先试，全面开创建设“四宜”城区新局面。

二、2012年经济社会发展的主要预期指标

地区生产总值增长13%。财政总收入增长13%，一般预算收入增长12%。社会消费品零售总额增长16%。固定资产投资增长25%。规模以上工业增加值增长12%。城镇居民人均可支配收入增长12%以上，农民人均纯收入增长15%以上。节能减排、环境保护等约束性指标全部控制在市控范围内。

三、2012年政府工作重点

（一）突出重点项目建设，夯实转型跨越的支撑力。1. 全力以赴推进项目建设。安排重点项目100个，总投资416亿元，年内计划完成投资42.5亿元。服务业方面，围绕提升产业层次和城市生活品位，加快发展现代物流、总部经济、商业旅游等现代服务业。新型工业方面，做大做强LED光电、新材料、先进装备制造等产业。统筹抓好生态保护、基础建设、社会事业和民生改善等各个领域的投资项目，年内竣工项目达到27个。

2. 多措并举提高招商实效。努力实现招商引资总额、到位资金、落地率三个突破。围绕支柱产业，积极开展产业链招商，大力引进上下游产品和上下游配套项目，提高产业集中度和规模效益。积极做好第七届中博会、首届世界晋商大会等洽谈会的筹备工作，力争引进投资5亿元以上的项目不少于15个，签约项目资金不少于100亿元。提高土地利用效率，提升区域经济发展质量。完善招商引资考核办法和奖励机制。

3. 先行先试破解要素制约。在项目用地方面，坚持集约节约用地，严格管控新建项目投资强度和财税贡献率。在金融信贷方面，积极搭建企银政合作平台，鼓励金融机构参与地方经济建设。在企业扶持方面，出台中小企业扶持办法，设立企业发展专项资金，加强信贷扶持和创业辅导等公共服务，年内新增1个销售收入超亿元的“小巨人”企业，创办小微企业100户以上。在人才和科技方面，强化关键领域和核心技术人才引进。在项目服务方面，简化审批程序，减少审批环节，营造最优质的企业投资发展环境。

（二）推进城市环境优化，增强转型跨越的助推力。优化城乡生态环境，着力加强和改善生态环境。推进林权制度改革。进一步优化水务发展环境。全面启动“减排、净空、净水、清洁、提质、创建”六大工程。提升城管工作水平，扎实推进市容环境卫生一体化网格管理。深入开展城乡环境卫生清洁工程，加快环卫设施提档升级。完善城市服务功能，实施“便民服务进社区”工程，加大对集贸市场、早餐点、早晚集市和澡堂公厕等便民服务场所的规划和建设力度。抓好城东南路、府后东街、延安南路延伸段等道路的征迁工作，做好市区背街小巷硬化修缮工作。

（三）加速城中村改造进程，提升转型跨越的承载力。一要坚持规划与建设并重。力争完成13个村修建性详细规划编制工作，5个村方案通过审批。加快城中村改造展示中心建设。加快安置小区建设，新开工建设村民安置楼90万平方米。加快推进各村整体改造方案编制、人口界定、股份制改革、撤村建居、社会保障等无形改造。二要坚持依法依规改造。严格执行国家法律法规，坚持“四议两公开”程序，最大限度地维护村民的合法权益。严格执行报审机制，切实做到依法拆迁、阳光拆迁、和谐拆迁，确保完成拆迁面积40万平方米。三要坚持典型示范带动。突出“招大引强”，拓宽融资渠道，解决资金瓶颈。突出产业项目建设，严格责任落实，确保取得实效。

（四）加快旅游产业开发，积蓄转型跨越的竞争力。依托中心城区优势，加快发展旅游产业，带动现代服务业实现新突破。着力构建“城游一体化”大格局，积极引进商务集聚区和城市综合体项目，推动旅游与商务会展、现代物流、金融服务、总部经济等业态互动发展。积极完善文化旅游配套服务业。加强东山文化旅游观光园区规划建设。持续加大文化旅游形象对外推介力度。扶持开发独具上党特色的旅游工艺品和纪念品，不断提升区域旅游品牌知名度。

（五）强化民生事业发展，凝聚转型跨越的向心力。1. 优先发展教育事业。大力实施科教兴区战略，教育支出占财政支出的比重达到16%以上。强化学校标准化建设，提高基础教育办学条件。完善学校硬件设施装备，加快教育数字化进程。提升薄弱学校教学质量，形成优质教育辐射圈。扎实推进素质教育，扶持职业教育专业建设，整合民办教育资源，促进区域教育优质均衡发展。

2. 加快发展医疗卫生事业。继续推动基本公共卫生服务均等化，健全基层医疗卫生服务体系。争取资金加快建设长治市精神卫生中心住院楼、疾病预防控制中心和计划生育服务中心等基础设施项目。深化医药卫生体制改革，建立完善基本药物制度运行新机制。扎实推进新型农村合作医疗，开展重大疾病医疗保障试点，人均筹资标准提高到290元。积极创建省级计划生育优质服务区，健全人口计生优质服务体系，完善全员人口信息管理系统，健全利益导向机制，人口自然增长率控制在5.6‰以内。

3. 积极提高创业就业水平。全面落实各项就业扶持政策，统筹做好各类群体就业工作。加强培训、减免税费，帮助更多有创业愿望和能力的人自主创业。建立就业困难人员、“零就业”家庭动态管理和针对性帮扶工作机制，城镇登记失业率控制在3%以内。

4. 着力完善社会保障体系。继续扩大社会保险覆盖面，实现非公有制经济单位、个体工商户和灵活就业人员养老、医疗、失业、工伤保险参保率达到98%以上。全面实施劳动合同制度和劳动用工备案制度，劳动合同签订率达到95%以上。完善职工工资正常增长调节机制和支付保障机制。加大劳动保障监察执法力度，努力构建和谐劳动关系。

5. 全面提升安全发展水平。严格落实政府的安全监管主体责任和企业的安全生产主体责任。继续深化安全生产专项整治，深入开展以危化品、特种设备、易燃易爆品以及消防、建筑施工等行业和领域为重点，覆盖全区各行业的安全生产专项整治和“打非治违”专项行动，坚决遏制和杜绝重特大事故。积极推进企业安全标准化建设。深入开展国家安全社区、全省安全乡村和本质安全社区创建活动。

（六）注重先进文化引领，提高转型跨越的软实力。深化全国文明城市创建成果。着力健全公共文化服务体系，加大公共文化事业投入，继续实施“城市社区文体活动中心建设工程”，丰富群众性文化活动内涵。持续推进文化产业健康发展，打造休闲文化演艺精品，努力把文化资源优势转化为产业优势，加强文化人才队伍建设。

（七）加强社会管理创新，提供转型跨越的保障力。提高社会管理科学化水平，逐步推进社会网格化管理。引导群众按法律程序合理表达利益诉求。深化人民调解工作，构建“大调解”工作格局。建立完善应急救援体系，不断提高应对和处置突发事件的能力。狠抓社会治安综合治理，严厉打击各类违法犯罪活动。切实加强食品药品、农产品质量安全等监管工作，进一步规范市场秩序。增强基层管理和服务能力。

以项目建设为带动　以招商引资为重点
全力推动国家高新区建设新步伐

长治市郊区区委书记、高新区管委会主任　**王辅刚**

2011年，长治高新区全面贯彻落实科学发展观，紧紧围绕实施“一二三五五”总体工作思路，围绕创建国家高新区目标，抢抓机遇，奋力拼搏，各项工作取得了新成效，实现了新突破。主要经济指标高位增长，经济总量快速提升，为创建国家高新区打下了扎实基础。

2012年是“十二五”规划承上启下的重要一年，是喜迎党的“十八大”胜利召开之年，也是贯彻落实省委、市委转型跨越发展、纵深推进“一二三五五”战略、创建国家高新区的关键之年。做好2012年工作，对加快“三区”建设，推动建设国家高新区迈出新步伐具有重要意义。

一、2012年工作的总体要求

坚持以科学发展观为统领，深入贯彻落实党的“十七大”和中央、省、市经济工作会议精神，全面贯彻落实省、市十次党代会精神，把握稳中求进总基调，唱响转型跨越主旋律，以项目建设为带动，以招商引资为重点，纵深推进“一二三五五”战略，强势推进经济总量有新提升，产业结构有新体系，发展环境有新气象，园区面貌有新改善，建设国家高新区各项工作有新进展。

2012年全区经济社会发展主要预期目标：

科工贸总收入增长15%，生产总值增长15.3%，工业总产值增长15%，工业增加值增长15.2%，财政总收入增长10%，固定资产投资增长40%。

二、围绕两个重点，抓好六个环节，扎实落实目标任务

（一）抓住项目建设和招商引资两个重点，全面提升发展水平。1. 加快项目建设速度，经济总量要有新提升。2012年，高新区固定资产投资增长40%，计划完成投资21.5亿元。确定了49个项目，续建31个，新建18个。其中，工业项目23个，城中村改造项目3个，房地产项目5个，公共设施项目3个，各类服务业项目15个。要用项目提升总量，创造优势，落实任务，检验工作，推动发展。一要全面加快续建项目建设速度。具体任务是，建成10个项目，包括6个工业新型化项目、3个三产服务业项目和1个房地产项目。投产或投入运营或使用13个项目，包括7个工业新型化项目、2个三产服务项目、3个公共服务项目和1个房地产项目。新引进的18个项目中，投资上亿元项目9个。特别要抓好西门子大型特种电机生产基地项目。二要加大项目跟踪服务力度。一个项目一个领导、一个班子、一个部门、一个方案、一个工作室，为项目落地、建设提供全方位、“保姆”式服务。按照“一事一议，一企一策，特事特办，急事急办”的原则，及时解决各环节存在的各种问题。要按照顶层设计、高端对接的方式，朝着产业垂直一体化和集群化的方向发展，尽快在矿用电机、光电子、生物医药、先进制造、新材料等领域，培育新的经济增长极，成为增长强劲、规模强大、竞争强势的新兴产业集群。

2. 加大招商引资力度，产业集聚要有新增长。集中精力突破招商引资，迅速掀起招大商、大招商，全党招商、全员招商的热潮，力争招商引资在2011年的基础上实现翻番的目标。引进新兴产业项目30个，签约项目资金80亿元，到位资金20亿元。

（二）围绕重点，着力扩区升级、机制创新、社会建设、人才强区、城中村改造和党的建设等六方面工作。一是加快升级扩区，增强发展实力。分三步解决高新区扩区问题：第一步，把郊区大辛庄镇长北干线以东、北外环路以北近20平方千米划给高新区；第二步，把高新区和郊区合并；第三步，把老顶山开发区以东包括潞城、平顺、壶关等县市几十平方千米作为高新区的预留区，或者重新设立开发区后划给高新区。同时，通过内部挖潜，实现原有产业空间的重构与优化，腾出有限空间，用于发展新兴产业和高新产业，用优质企业盘活现有土地资源，提高土地收益。积极申报国家高新区，要做好前期各项准备工作，尽快使长治市高新区在“十二五”期间升级为国家高新区。二是创新体制机制，激活内部动力。在招商引资机制上，进一步完善招商引资实施方案、奖励措施和考核办法，采取灵活的招商政策、完善高效的招商机制，鼓励企业以及社会力量参与高新区的招商工作。在项目推进机制上，进一步完善项目和企业包保责任制，倒排工期，严明奖惩。成立高新区企业服务中心，对需要审批的工程项目一条龙服务、一站式办结。在城中村管理体制改革上，加快拆迁改造的同时，尽快在4个城中村建立与城市发展相配套的城市社区居委会管理模式，为实施“零村庄计划”从体制上和管理上做好准备。在加强内部管理上，按照“公开招聘、竞争上岗、年度考评、优胜劣汰”的原则，实行全员聘任聘用制和岗位目标责任制。三是加强社会建设和管理，汇聚多方合力。千方百计保障民生幸福，通过大上项目、上大项目，开发更多的就业岗位，重点解决失地居民、困难群众的就业问题。促进教育均衡发展，提高办学水平。提高居民医疗、养老等社会保障水平，确保市民享受的待遇，全部落实给辖区居民。特别要完善失地居民的参保政策。千方百计维护社会稳定，注重从源头上防范化解突出矛盾和风险隐患，建立有效的稳定隐患评估和预防机制。用群众工作统揽信访工作，妥善解决群众合理合法诉求，切实维护群众合法权益，努力实现赴省进京“零上访”的目标。千方百计加强安全监管，狠抓安全监管，完善应急管理、社会治安等社会管理体系，解决安全生产、医疗卫生、教育教学、质量监督、消防管理、食品行业、流动人口管理等方面存在的安全问题，力求实现安全事故“零死亡”的目标。严打黑恶势力和严重刑事犯罪活动，尤其是严厉打击阻拦重点工程强买强卖的不法行为，为广大人民群众和外来投资者打造安全和谐的社会环境。千方百计提高城管水平，适应建设现代化城市的需要，提高经营城市、服务城市和管理城市的能力。依法依规抓好常规工作，建立科学化、制度化、长效化的管理机制。以提高城市文明水平、提高市民文明素质为目标，加强社会主义精神文明建设。千方百计完善园区基础设施，优化投资环境，提升园区产业承载能力，开工建设与郊区工业园衔接的园区道路，包括4000米的园区道路工程，3000米的电缆铺设工程，1000米的供暖管网工程和变电站扩容工程。四是推动人才强区，提升创新实力。树立人才至上观念，进一步优化人才整体开发的社会环境。创新人才引进模式，吸引和支持省外国家级科研院所、工程技术研究中心等研发机构在区域内设立分支机构，构筑科技人才创新基地。通过多种形式吸引海内外高新技术人才、工程技术人才、外向型经济人才、中青年拔尖人才为高新区经济发展服务。加快建设文化强区，构建公共文化服务体系，加快发展文化产业，推动文化大发展大繁荣，加快建设文化强区，彰显高新区的文化魅力。五是加快市域城镇化建设，展现城市魅力。以城中村改造为重点，促进产城融合，提升城市发展水平。2012年，完成拆迁200户，建设安置房60万平方米。坚决推进城中村改造工程，全力以赴，把这项民生工程好事办好、实事办实。六是加强党的建设，提高保障能力。

实施“三四四五”发展战略 加快建设全国百强县区

长治市郊区区长 金所军

2012年是实施“十二五”规划承上启下的重要一年，是党的“十八大”胜利召开之年，是长治市郊区深入实施“三四四五”发展战略、加快建设全国百强县(区)的关键之年。做好2012年的工作，意义重大，影响深远。

一、2012年政府工作的总体要求

抢抓全省建设国家级综改试验区和上党新区建设的发展机遇，唱响转型跨越主旋律，把握稳中求进总基调，深入实施“三四四五”发展战略，在工业新型化上有新突破，在农业现代化上有新进展，在市域城镇化上有新范式，在城乡生态化上有新面貌，在保障和改善民生上有新作为，在社会管理创新上有新成效，促进全区经济平稳较快发展、社会和谐稳定，加快建设全国百强县(区)步伐。

二、2012年全区经济社会发展的主要目标

地区生产总值166.4亿元，比2011年增长16%。固定资产投资117亿元，增长30%。财政总收入30亿元，增长18%；一般预算收入4.9亿元，增长23.4%。社会消费品零售总额31.8亿元，增长18%。城镇居民人均可支配收入27421元，增长20%；农民人均纯收入12307元，增长30%。计划生育、节能降耗、环境保护、安全生产等约束性指标全部控制在市控目标范围之内。

三、切实抓好八个方面的工作

(一)以项目建设为抓手，保投资，促落地，推进经济平稳较快发展。1. 努力扩大投资规模。2012年，全区确定各类项目166个，总投资700多亿元。列入市重点项目60个，总投资432.36亿元，其中，续建项目32个，新建项目28个，年内计划完成投资117亿元。在建项目要力争按时或提前完成投资建设任务，新建项目要加快项目建设进程，确保全年固定资产投资任务圆满完成。

2. 加快推进项目落地。继续实行领导包项目责任制和“一个项目、一位领导、一套班子、一抓到底”的工作机制，创新服务，强化管理，加快项目建设的落地、开工和推进工作，确保全区项目落地率不低于70%。

3. 全力抓好招商引资。创优发展环境，搭建招商引资平台，创新招商引资方式，力争引进一批纵向有关联、横向有市场、支撑郊区转型跨越发展的大项目、好项目。全面落实招商引资优惠政策，掀起招商引资热潮。2012年，全区招商引资签约项目不少于20个，签约资金不少于580亿元，到位资金不少于68亿元。

4. 实现大中小微企业协同发展。实施大企业带动战略，鼓励骨干企业推进整合重组，优化内部结构。加大民营企业扶持力度，打造一批销售收入超亿元的“小巨人”企业。积极扶持一批能带动就业、增加收入的小微企业，促进小微企业总量上规模、结构上档次、质量上水平。

(二)以新兴产业为引领，建基地，谋转型，进一步优化产业结构。1. 改造提升传统产业。进一步加大对煤炭、焦炭、冶金、电力、化工、建材六大传统产业的改造提升、优化组合力度，推动传统产业实现循环发展、清洁发展、绿色发展、低碳发展。重点抓好两座矿井的建设进度。延伸煤焦化、煤气化、煤电化等产业链条，发展下游产品，实现以“焦”为主向以“化”为主转变。建设两个2×1000兆瓦超超临界发电、1个2×300兆瓦煤矸石发电等项目，努力打造全省最大的钢铁生产基地和全国发电装机容量第一县(区)。

2. 积极培育新兴产业。立足新型钢铁和电力、新能源和新材料、现代农业和特色旅游“三大基地”建设，加快引进和培育一批新兴产业，建立具有郊区特色的现代产业体系。重点抓好潞安太阳能二期、晨洋太阳能二期、东明太阳能等一批新兴产业项目，促进项目早日投产达效。

3. 大力发展第三产业。大力发展商贸业、交通运输和现代物流业、金融服务业、商务服务业、房地产业、休闲旅游业、科技和信息服务业、文化创意产业、社区服务业、农村服务业等“十大产业”，全面提升第三产业发展水平。要突出抓好郊区现代商贸物流园规划，全力抓好一批三产服务业重点项目建设。各乡镇(办、区)都要引进一个投资在3000万元以上的三产服务业项目。

4. 切实加快产业园区建设。一是现有园区抓提升。对长钢冶金工业园、长北电力工业园、漳泽新型工业园等初具规模的园区进行升级改造、提升档次。二是新建园区抓规模。加快漳泽转型工业试验区、老顶山镇汽贸园等新建园区的规划建设步伐，吸引优势企业、优势项目落地入驻，实现集聚发展、集群发展、带动发展。三是重点园区抓推进。全力做好市文化传媒园区、科教园区和物流中心等园区的保障服务工作，确保各项重点工程项目顺利实施、顺利推进、顺利达效。

（三）以农业产业化为方向，调结构，促增收，推进“三农”工作取得新进展。1. 落实强农惠农富农政策。认真落实10项强农惠农富农补贴政策，助推农民增收。围绕主导产业开发，完善帮扶措施，扩大补贴范围，提高补贴标准，提高农民发展现代农业的积极性。

2. 加快发展特色高效农业。尽快完成全区现代农业发展规划，以“一村一品”为抓手，加快建设一批特色明显、规模集中、市场广阔的农业产业化基地。调整种植结构，加大设施农业建设力度，扩大蔬菜、苗木、花卉等经济作物的种植面积。加快培育农民专业合作社，构建“公司＋基地＋农户＋合作社”经营模式，提高农民进入市场的组织化程度，培育一批年销售收入超亿元的农业龙头企业，推动现代特色农业规模化、专业化、标准化、品牌化。

3. 夯实现代农业发展基础。加强基层农业科技服务体系建设，稳定增加农业科技投入。抓好农业科技培训工作，培养一批农业科技带头人和高素质农民。全力抓好农田水利、农村道路、电网改造等基础设施建设。

4. 多渠道促进农民增收。以“五大农民增收工程”为重点，加快推进农业产业化经营，提高农业附加值和综合效益，实现提质增收。全力构建农村资源市场化体系。完善征地补偿制度，做好失地农民补偿工作。加大农民就业转移力度，积极鼓励农民以转包、出租、互换、转让、股份合作形式流转土地承包经营权，增加农民各项收入。强化帮扶措施，促进农业增效、农民增收、农村发展。

（四）以“3420”工程建设为龙头，重规划，强推进，打造市域城镇化和城乡一体化发展新范式。1. 加快推进“3420”工程建设。一是坚持规划引领，强化产业支撑。进一步完善“三城四镇二十村”总体规划，科学布局城乡一体化发展新格局。加快建设故县新钢城和漳泽新型工业城。着力打造商贸物流、文化旅游为支撑的老顶山旅游城。加大力度推进集镇建设改造力度，推进20个大村和万人以上大型社区建设。二是围绕科学推进，力求实际效果。积极推行企业带动型、工矿搬迁型、塌陷治理型、资源交换型、商贸带动型、旅游带动型等城乡一体化建设模式，配套公共服务设施，全面提升城镇化建设水平。三是立足重点项目，打造亮点工程。扎实推进开工的城镇化项目，每个乡镇都要建成1～2个样板工程，重点工程年内要取得突破性进展。

2. 全力抓好一批城镇化项目。上党城镇群路网工程长治—潞城、长治—长子郊区段建设，配套工程5月底要全面完工。加快推进公路规划建设。全力抓好政府公益性项目建设，切实提高区域内公共服务能力。

3. 完善城乡统筹发展新机制。积极探索农村整村搬迁货币补偿等方式，启动上党新区内北寨等村整体搬迁工作。构建城乡一体的一元化户籍管理模式，完善就业、养老、上学、医疗等配套政策。积极引导农民向城市和中心集镇集中，扎实推进“农转非”工作。

（五）以“生态文明建设百村竞赛活动”为重点，抓整治，优环境，展示城乡生态化建设新面貌。(1)全面引深“生态文明建设百村竞赛活动”。以硬化、绿化、净化、白化、美化、亮化等“六化”为重点，引深“生态文明建设百村竞赛活动”，改善农村面貌。发展生态经济，建设生态家园，全面提升郊区对外形象。(2)切实搞好造林绿化工作。突出抓好干果经济林、上党城镇群路网工程郊区段绿化、农田林网建设、村庄绿化提档、乡村道路绿化等“五大造林绿化”工程。(3)扎实推进节能减排工作。进一步加大对钢铁、焦化、电力、水泥、电石等行业的淘汰力度，全面加强企业污染治理，大力推广新技术、新工艺，确保废气、废水、烟尘、粉尘等达标排放，促进全区经济社会与资源环境的协调发展。

（六）以文化强区为目标，建机制，壮产业，推动文化大发展大繁荣。(1)深化文化体制改革。创新文化馆、图书馆等公益性文化单位运行机制和管理体制，促进文化资源和要素的合理流动，提高公共服务水平。加快经营性单位转企改制步伐，加强文化市场综合执法队伍建设。(2)加快发展文化产业。尽快完成全区旅游发展总体规划，重点发展新兴文化产业、炎帝文化和山水文化产业、红色文化产业、民俗文化产业，初步形成具有郊区特色的文化产业新格局。加快文化产业与旅游、科技、体育的深度融合和集群发展，打造一批精品旅游景区。深入挖掘炎帝文化，叫响炎帝品牌。推进申报国家级文化遗产工作，发展壮大民间手工艺术品生产。(3)完善公共文化服务体系。加大对公共文化设施的投入力度。积极参与全国全民健身示范市创建活动。继续实施农村“文化低保”工程和农家书屋工程，开展文化科技卫生“三下乡”、科技文化法律卫生“四进社区”等活动。

（七）以改革开放为动力，抓机遇，激活力，破解转型跨越发展瓶颈。1. 抓住综改机遇先行先试。资金方面，进一步加大招商引资力度，积极争取上级配套资金，充分挖掘民营企业和民间资本的潜力；土地方面，坚持盘活存量与争取政策相结合，采用矿业用地置换和城乡用地增减挂钩、土地流转等方法，全面盘活存量土地；人才方面，积极引进创新型人才，为转型跨越发展提供智力支持；财税分配体制和城建规划、节能环保等管理体制方面，积极争取上级支持，合理调整，更加有利于郊区转型跨越发展。

2. 继续深化各项改革。积极推进事业单位人事、收入分配等配套改革。扩大集体林权制度改革成果，做好农村集体土地所有权、集体建设用地使用权、宅基地使用权的确权工作。建立完善农村金融服务体系，着力解决好农村融资问题，加大金融对“三农”工作的支持力度。

3. 大力推进科技创新。推进科技富民强区专项行动计划，实施科技示范推广、科技服务平台建设、科技服务体系创新、科技创新引领、科学普及提升等“五大工程”。

（八）以保障和改善民生为根本，办实事，求实效，提升人民幸福指数。1. 深入实施“五大惠民工程”。

一是实施教育均衡工程。逐步加大教育投入，完成薄弱学校标准化建设，加快农村学校撤并工作，促进义务教育均衡发展。着力构建学前教育公共服务体系。切实加强校舍安全、接送学生车辆安全和学校安保工作。二是实施创业就业工程。充分发挥民营企业、第三产业在转移城乡剩余劳动力方面的主渠道作用，以发展促进就业，以创业带动就业。大力开展农民技能培训，重点帮助下岗失业人员、农村贫困家庭、被征地农民等群体创业就业。三是实施社会保障工程。健全和完善社会保障体系，不断扩大覆盖面。进一步做好优抚安置、防灾减灾和残疾人、困难户、“五保”户救助工作，继续抓好农村低收入农户每户一吨煤“温暖工程”，广泛开展扶贫济困活动。四是实施全民健康工程。完善城乡基本医疗保障体系，提高覆盖率和保障水平。不断提高城乡医疗卫生服务水平。全面推进优生促进工程，千方百计稳定低生育水平，确保人口自然增长率控制在5.6‰以内。五是实施城乡安居工程。加快经济适用房建设进度，确保在年底前完成920套保障性住房主体工程以及60套廉租房、1200套棚户区和城中村住房改造任务，有效解决人民群众的住房难问题。

2. 巩固提升农村“全覆盖”工程。积极完善和推进市政府确定的两轮“五个全覆盖”工程，千方百计为农民兴办各种公益事业，积极实施各项民生工程。

3. 切实抓好安全生产。严格落实政府和企业安全生产两个主体责任，深入开展安全生产专项整治和“打非治违”专项行动，坚决杜绝重特大事故的发生。强化煤矿、非煤矿山、危险化学品、建筑施工、护林防火、学校安全等重点行业领域和涉及人民健康的食品、药品等重点产品的监管，完善应急管理机制，提高应急管理的组织协调能力，努力构建安全生产和食品质量安全的长效工作机制。

4. 加强和改进社会管理。深化社会管理创新，健全矛盾排查调处和权益保障等机制，有效预防和妥善处置群体性事件。切实做好信访和社会稳定工作，强化综合治理，开展社会治安重点区域集中整治，严厉打击各类刑事犯罪，引深“平安郊区”建设。

实施“三三”战略　推进“六化”建设
奋力冲刺全省二十强

潞城市市委书记　**唐立浩**

2012年，潞城市坚持科学发展主题、转型跨越主线和稳中求进、好中求快工作总基调，以长治市次中心城市为定位，以综改试验区建设为统揽，进一步解放思想、勇于先行先试，全面实施“三三”发展战略，即突出抓好招商引资引智、项目建设和党的建设“三项重点工作”，在建设省级资源型经济转型综改试点市、全国一流的煤化工循环经济集聚区和长治一流的现代服务业集聚区“三个方面取得重大突破”，强力推进工业新型化、农业现代化、市域城镇化、城乡生态化、文化特色化、社会和谐化“六化”建设，奋力冲刺全省二十强。

一、解放思想放胆实践，在综改试点市建设上实现新突破

不断引深解放思想大讨论，在广大干群中树立起“只要有利于经济社会全面协调可持续发展、只要有利于综合经济实力提高、只要有利于老百姓过上好日子，就要大胆地试、大胆地闯”的思想理念。积极搭建园区承载、技术支撑、企业孵化、信息共享、金融服务、土地收储等平台，重点在产业转型、生态修复、城乡统筹、民生改善四大领域突破，做到政策优先倾斜、要素优先供给、服务优先保障、难题优先解决，确保标杆项目快开工、快建设、快投产、快达效。用好综改试点市这个大平台、大政策、大机遇，积极争取更多的“先导”权利和“先行”政策，大力推行政策“孰优制”，重点推进产业转型、财政税收、用地保障、引进人才、融资创新、生态环保、城乡统筹、社会管理、行政管理、对外开放等方面的体制机制创新，为全市乃至全省提供机制创新的模式和经验。树立“顶层设计、高端对接”的新理念，进一步健全以资产为纽带、以高新技术为依托、以现代企业制度为规范的产学研联合体系，积极推行“企业家＋科学家＋金融家”的企业创新发展模式，让优势企业借助资本市场做大做强。

二、突出抓好招商引资引智，在推进项目落地上实现新突破

把招商引资引智和项目建设作为全市工作的第一抓手，真正确立“投资者是恩人、引资者是亲人、破坏发展环境者是罪人”的新理念，一切工作围绕项目建设来谋划、来推进。按照项目研制、储备、招商、签约、落地、建设“六位一体”的要求，不断提高招商引资项目的签约率、资金到位率和落地率，力争完成100亿元的项目投资总额，重点推进总投资370多亿元的110个项目建设。继续实行处级领导和各乡镇、各部门招商引资和争取上级资金的目标责任制，通过上门推介、以商招商、会展招商、规划招商、小分队招商、产业链招商等多种形式，不断掀起招商引资新高潮。把招商引资与招才引智结合起来，支持企业与高等院校、科研院所联姻合作，建立高效使用人才和持久留住人才的激励保障机制。

三、强力推进工业新型化，在建设全国一流的煤化工循环经济集聚区上实现新突破

以潞宝、天脊、史回、翟店四大园区为承载，以循环经济为路径，推动传统产业循环发展，新兴产业加快发展，非煤产业多元发展。

一是焦化并举上下联产，做大做强煤化工循环经济产业。依托潞宝和天脊两大集团，着力延伸产业链，不断提高产品附加值，打造全国一流的煤化工循环经济集聚区。加快潞宝6.3米大型捣固焦炉、60万吨甲醇二期、20万吨甲醇制汽油、20万吨甲醇尾气制合成氨、30万吨有机合成材料等煤化工产业链项目，推进潞宝综改试点企业建设，把潞宝打造成年销售收入超500亿元的大型现代焦化企业集团。特别是潞宝与新加坡RH能源有限公司合作，5年内投资100亿元建设20万吨己内酰胺、20万吨粗苯精制、26万吨双氧水、20万吨环己酮、10万吨橡胶等项目，对于延伸煤化工产品链条、推进煤化工循环经济发展有着积极意义。加快建设天脊25万吨硝酸铵钙、13万吨苯胺、20万吨合成氨等项目，把天脊打造成年销售收入超200亿元的大型煤化工集团，建成资源型企业转型发展的典范。

二是改造提升传统产业，精心打造电力和建材两大基地。加快推进王曲电厂二期2×66万千瓦发电机组和华能5万千瓦风力发电等项目建设，鼓励企业新建余热余气发电项目，推动电力产业优化升级，精心打造装机容量超250万千瓦的新型电力基地。积极推进卓越300万吨水泥项目提质达效，加快华润300万吨水泥项目建设，争取晋水300万吨水泥技改立项开工，加快建设兴宝2×550立方米锰铁高炉三期、泰山3000万立方米石膏板等项目，力争形成800万吨水泥、120万吨钢材、5000万立方米石膏板、200万吨石膏、100万吨石灰溶剂的产能。充分利用水泥产业优势，将周边电厂粉煤灰、钢厂废渣吃干榨净，实现生态化、清洁化、循环化发展，建设千万吨级新型建材基地。

三是培育壮大新兴产业，精心打造翟店高新技术园区。加快建设潞宝10亿安时锂电池、首钢长钢锻压长治重型机械装备制造基地、华农万吨纳米炭、万吨非晶材料、盈德2.1万立方米制氧、圣堂5万吨食醋等项目，积极推进航空航天高科技产业园项目落地，大力发展新能源、新材料、装备制造、食品加工等新兴产业和高科技产业。

四、强力推进农业现代化，在发展“一县一业、一村一品”上实现新突破

以农民增收为核心，以科技创新为引领，以“一县一业、一村一品”为方向，加快形成城乡经济社会一体化发展的新格局。

一是加快发展三大特色农业。新发展设施蔬菜266.7公顷。发展核桃经济林1333公顷、全市达到4667公顷，建设全省优质核桃基地县(市)。稳步壮大规模健康养殖，全市畜禽饲养总量达到330万头(只)以上，打造一批高效生态农业示范企业。

二是培育壮大农业龙头企业。组建农业现代化投资公司，推进“公司＋专业合作社＋基地＋农户”等产业化经营模式，大力培育核桃深加工、蔬菜储运加工、畜产品加工等龙头企业，加快建设美味万吨食品生产线、森龙真空冷冻干燥技术生产线、金谷子小米快餐加工、凤栖桥酿业白酒检测中心、兴弘10万头无公害瘦肉型商品猪基地等项目，增强龙头企业带动能力，力争农产品加工转化率达到53%。

三是加快农业科技创新。认真落实强农惠农政策，切实抓好以水利为重点的农业基础设施建设，规划实施省级辛安泉土地开发整理项目，大力推进10万亩(6667公顷)玉米丰产方及玉米高产创建示范项目、国家水土保持、保护性耕作、中低产田改造等工程，不断提高农业综合生产能力。加快推进农业科技创新和推广应用，支持良种培育、节本降耗、节水灌溉、农机装备、新型肥药、疾病防控等方面的科技研究，成立省农科院果树研究所潞城试验站，抓好纳米炭增效肥试验示范成果推广，着力提高农业生产科技贡献率、成果转化率。

四是持续推进新农村建设。大力推进新农村集中连片建设，力争10%的村进入省、市新农村建设重点推进村行列。率先在全省实现新的农村“五个全覆盖”，积极推进长治市“每县一个农业推广博士工作站、农村街巷亮化、一村一井、农村科技信息服务网络和专业合作社”五个全覆盖。

五、强力推进市域城镇化，在建设长治一流的现代服务业集聚区上实现新突破

高起点规划建设城南新区，加快推进长潞商务区、汽车大世界、家电大世界等项目落地，重点发展总部经济、现代物流、金融服务、商贸会展、高端地产、餐饮娱乐、学校教育、文化创意、绿色休闲等现代服务业，配套完成燃气、供热、给排水、照明、绿化、道路等专项规划编制，用经营城市的理念和办法，同步推进招商引资和新区建设，努力把城南新区建成长治一流的现代服务业集聚区，将现代服务业培育成经济增长新的一翼。高标准建设城西住宅小区，加快建设39层120米高的长治一流的地标性建筑以及金威商务酒店等项目，着力打造全省乃至全国住宅小区的典范。大力度推进城镇化建设，加快城中村和城边村改造以及店上镇、翟店镇、辛安泉镇、微子镇等4个中心集镇、20个中心村建设，进一步完善就业、养老、上学、医疗等配套政策，力争城镇化率每年新增2个百分点。

六、强力推进城乡生态化，在建设生态潞城上实现新突破

围绕资源节约型和环境友好型社会建设，坚持绿色、低碳、洁净、健康的发展理念，加快推进城乡生态化建设进程。

一是狠抓生态建设。以建设省级生态县(市)为目标,争取卢医山省级森林公园、辛安泉省级湿地公园立项,抓好环市区和环水源地绿化,加快路网和水网绿化,高标准完成长潞城际连接线绿化,确保完成营造林2000公顷以上,全市森林覆盖率提高2个百分点。

二是狠抓节能降耗。在煤炭、焦炭、冶金、化工、电力、建材等六大高耗能行业,继续实施十大节能工程,加大工业源、农业源、生活源污染治理,抓好重点用煤行业的脱硫脱硝监管和节能监测,真正从源头上杜绝污染。

三是狠抓治污减排。深入开展蓝天碧水工程,加快辛安泉水源地生态修复和浊漳河流域综合治理。启动天然气管网置换和城市集中供热扩容改造工程,推进污水处理厂提标升级、脱氮除磷工作,确保市区空气质量稳定达到国家二级以上标准。

七、强力推进文化特色化,在建设文化强市上实现新突破

立足悠久的历史文脉、厚重的文化底蕴,充分挖掘"潞水"文化、"三仁"文化、微子文化、戏曲文化、赛社文化等优秀文化资源,创新开发草编、布艺、铜器、潞城甩饼、唐宫悦酒、圣堂醋业等特色文化产品,扶持做大水系民俗园、北村八路军总部旧址和潞宝毛主席纪念馆纪念园等文化园区,积极推动卢医山中医养生文化旅游项目开发,引领民营资本和资源型企业投资文化产业,创作一批文化精品,建设一批城市文化新地标,发展一批新兴文化业态,让文化产业成为新的经济增长极。

八、强力推进社会和谐化,在增进民生福祉上实现新突破

顺应全市人民过上更加幸福生活的新期盼,把更多财力投向民生领域,让广大人民群众生活得更幸福、更美好、更有尊严。

一是优先发展教育卫生事业。加快义务教育标准化建设,年内20所农村寄宿制中小学达到省定标准。不断提升群众医疗保障水平,城镇医保和新农合财政补助标准由每人每年200元提高到240元,建立覆盖城乡的医疗卫生服务、医疗保障、公共卫生、药品供应、疾病预防体系,实现人人享有基本医疗卫生服务的目标。

二是不断提升社会保障水平。完善创业就业政策,扩大社会保障覆盖面,提高各项社会保险统筹层次和待遇水平。推进社会保障信息网络建设,全面推行"社会保障一卡通",健全城乡最低生活保障动态管理机制,实现应保尽保、真正保低。

三是切实加强社会管理创新。完善社会稳定风险评估机制和社会矛盾"大调解"工作体系,畅通民意诉求渠道,妥善解决群众合理诉求。严密防范依法打击各种违法犯罪活动,建立健全应急救援体系,全力推进本质安全型城市建设,率先在全省进入社会治安秩序和安全生产根本好转阶段。

九、全面加强党的建设,在提升党建科学化水平上实现新突破

以改革创新精神全面推进党的思想、组织、作风、制度和反腐倡廉建设,为冲刺全省二十强提供坚强的政治和组织保证。深入推进解放思想大讨论,建设学习型党组织;进一步匡正选人用人风气,努力营造想干事的有机会、能干事的有舞台、干成事的有地位的用人导向;鼓励广大干部大胆试大胆闯,努力营造以先行先试、招商引资引智和项目建设论英雄的工作导向;切实加大干部培训力度,拓宽干部视野,提高整体素质;大力开展保持党的纯洁性学习教育活动和"基层组织建设年"活动,把干部队伍打造成一支素质高、纪律严、作风硬的铁军;加强党风廉政建设,以党风廉政建设和反腐败斗争的实际成效取信于民。

学习武昌两型社会经验　加快推进综改试点建设

潞城市市长　**张志刚**

2011年3月,我经山西省委组织部的统一安排,到武汉市武昌区进行为期半年的挂职锻炼。挂职以来,主动融入武昌生活,认真学习武昌"真经",旨在对接潞城实际,借鉴发展思路,探寻发展方法,破解发展难题,谋划资源型经济转型发展推进路径。

该区在推进综改试验中的主要做法有:一是运用软科学理论,借智借力研究具有国际水准的实施方案,由国内外权威机构,制订了"两型"发展规划。二是组织"两型社会"建设高峰论坛、专题报告,引入低碳经济、生态补偿机制等理论体系,在全社会培植了"两型"发展理念。三是聚焦重点领域和关键环节,着力先行先试,创新经济社会发展与生态环境保护综合决策、土地整理储备、再生资源回收等八大机制,健全了"两型"体制机制。

一、武昌“两型社会”建设的成功实践

（一）转变经济发展方式，“两型”产业转型升级。武昌区在产业发展上，坚持立足现有基础，充分发挥中部都市、滨江滨湖的比较优势，以“两型”产业为目标，以科技进步为支撑，以现代服务业为主体，以总部经济为龙头，重点发展金融保险、文化创意、高新科技、商贸旅游业四大支柱产业，形成了“1＋4”的都市产业格局。

（二）转变社会管理方式，“两型”管理优化升级。武昌区牢固树立“发展是生产力，社会管理也是生产力”、“经济发展越快，越要重视社会管理”等新理念，把解决热点难点问题、提供优质公共服务、提高社会保障水平作为政府义不容辞的责任，不断加强政府自身建设，全面创新社会管理。社会热点问题有效解决，公共服务均等化加快推进，社会保障水平不断提高。

（三）转变生活方式，“两型”生活跨越升级。公众参与、全民践行是“两型”社会建设的最高价值。武昌区大力提升社区硬件装备水平，开展各类创建活动，引导社会各行业、各个领域从加工、建筑、生活等各个方面践行“两型”生活。

二、武昌“两型社会”建设对潞城资源型经济转型的启示

武昌“两型社会”建设的示范作用和借鉴价值，对潞城资源型经济转型综合配套改革试验具有重要的指导意义和实践启示。置身山西背景，结合潞城实际，借鉴武昌经验，必须把握武昌“两型社会”建设的精神实质。该区“两型”社会建设的成功经验启示我们：要推进资源型经济综改试验，必须解放思想，敢于创新，以转型综改来谋划各项工作、推进经济发展，形成一切围绕转型来谋划、一切围绕转型来部署、一切围绕转型来推进的工作思路。特别是需要引进软科学理论资源，构筑科学决策支撑体系，完善顶层设计，细化行动路线，切实解决好资源型经济转型“转什么”、“往哪转”、“怎么转”等关键问题，让规划成为指导潞城未来10年乃至20年发展的行动纲领。

（一）围绕转型跨越谋划产业发展。一是改造提升传统产业。做足循环文章，通过拉长产业链、提升循环率两条路径加以推进。依托潞宝煤焦化、天脊煤气化的产业发展基础，推进焦炉煤气、煤焦油、粗苯、甲醇等深加工，延伸基础化工、硝酸下游加工、焦化及副产品加工、甲醇下游加工、有机合成材料等产业链条，实现“以焦为主”向“焦化并举、上下联产”的转变，提高优势原材料加工能力，在煤化工原材料深加工上延伸产业链，催生新产品，追求高效益。在拉长产业链的基础上，完成传统产业循环化改造，激发废弃物资源化的潜能，将一种资源优势放大、扩展成几种资源优势，实现废物交换利用、废水循环利用、能量梯级利用，重点推进煤矸石、工业固废和废气余热、城市污水垃圾等综合回收利用，通过吃干榨净、变废为宝实现资源的接续利用和大幅增值。同时，积极推进兼并重组，培育潞宝焦化、潞安亚晋、金通焦化3个焦化产业主体，打造千万吨级的焦化工业园区。通过提高产业集中度和关联度，实现原料互供循环、产品交替利用，形成企业、园区、产业、社会的大循环发展格局，努力打造全国一流煤化工循环经济集聚区。

二是加快培育新兴产业。做足关联文章，依托以新兴产业和非煤非电项目为方向的翟店高新技术园区，形成集群规模。加快引进、培育一批和煤化工产业关联度大的节能环保、高端装备制造、新能源、新材料等战略性新兴产业，扶持发展潜力大、市场前景好、销售收入超亿元的“科技小巨人”企业，使其成为全市最具活力的经济增长点。

三是鼓励发展现代服务业。做足聚集文章，尽快修编城南新区规划，启动企业总部大厦建设，重点发展总部经济、现代物流、金融服务、商贸会展、高端地产、餐饮娱乐、学校教育、文化创意、绿色休闲等现代服务业，完善燃气、供热、给排水、照明、绿化、道路等基础设施配套建设，加快推进传统服务业改造升级，发展面向生产的服务业，促进现代制造业与服务业有机融合、互动发展，开拓新的服务运营方式和服务品种，使服务产业组织形式向专业化、连锁化、联盟化转变，产品向自助化、网络化发展，吸引国内外知名服务企业在潞城设立地区总部或分支机构，形成现代服务业产业集群，进入抱团发展的快车道，把城南新区建成长治一流的现代服务业集聚区，将现代服务业培育成经济增长新的一翼。

（二）围绕转型跨越创新社会管理。一是深化行政改革。从严规范政府投资行为，加快推行政府投资项目代理制，在出台政府投融资项目管理办法的基础上，建立健全政府投资项目评价体系，提高政府投资效益。不断规范财政行政行为，实行有利于科技进步、资源节约的财政制度，推进公共财政体系建设。发挥公共财政作用，严格控制“三公”经费，加大教育、卫生、保障性住房等民生事业投入力度，让公共财政向民生倾斜，公共服务向民生覆盖，社会事业向民生延伸，全力打造百姓叫好的民生财政品牌。二是提升服务水平。加强社会管理整体规划设计，抓好创新社会管理项目建设。着力构建社会矛盾化解体系、实有人口服务管理体系等八大体系，建立起横向到边、纵向到底的社会管理格局。按照“广覆盖、多层次、保基本、可持续”的基本方针，建立以医疗设施、劳动就业、社会救助等为基础的覆盖城乡的社会保障体系。搭建市、乡、村三级联动公共服务平台，提供维权、就业、文化等综合服务，形成功能复合、形式多样、管理规范的服务体系，大力发展民生项目，助推公共服务均等化。三是探索开展试点。理顺社区管理体制，启动社区自治试点，建立社区服务站所，推行城市社区“一委一居一站”管理模式，形成社区党委、社区居民委员会、社区管理服务站“三位一体”的社区工作格局。完善目标管理体系，加强绩效评估，在住建、人社、教育、卫生等重点行业启动“第三方评估”试点，调动广大干部职工的工作热情。

（三）围绕转型跨越倡导低碳生活方式。一是推进节约型机关创建。切实发挥政府机关的表率作用，引导、动员社会各界力量，启动商业、民用、建筑、交通等各个领域的节能工作，在全社会营造崇尚节俭、厉行节约的氛围。深入开展以推行节能降耗、降低运行成本为重点的节约型机关创建活动。二是推进节能型企业创建。以创建节能型企业为突破口，实施企业节能行

动，强化重点能耗企业监管。鼓励引导资源型企业进一步加强与高校战略合作，通过技术改造，扩大节能技术应用领域，提高科技含量，完成科技成果的孵化、转化和产业化，达到低能耗、低污染、低排放、能量流有序化的低碳焦化过程，降低物耗能耗水平。三是推进低碳型家庭创建。围绕低碳照明、低碳建筑、低碳庭院、低碳生产、低碳设施和低碳能源等六个方面尽快出台创建标准，建立激励机制，谋求示范效应，在全市范围内开展低碳家庭示范创建活动。积极践行"家庭低碳消费15件事"，让公众树立低碳生活理念、推广低碳生活技能、践行低碳生活方式，形成节约、环保的家庭消费新模式，享受绿色、简约的时尚新生活。

抓项目　强落实
开创武乡转型跨越发展新局面

武乡县县长　阎新平

2012年是全面实施"十二五"规划、加快"三个建设"的关键之年，是喜迎党的"十八大"胜利召开的重要一年。我们将牢牢把握发展机遇，应对困难挑战，以更大的气魄、更新的理念、更有力的举措，在继承中发展，在发展中创新，实现经济社会更好更快发展。

一、2012年全县经济社会发展的总体要求

以科学发展为主题，以加快转变经济发展方式为主线，以实现农民收入翻番为核心，深入实施"一三三"发展战略，以"三个建设"引领、"五项措施"保障，严明铁纪律，锻造硬作风，抓项目、强落实，奋力开创武乡转型跨越发展新局面。

二、2012年全县经济社会发展的主要预期目标

地区生产总值增长15%，达到65亿元；财政总收入增长20%，达到14.5亿元；一般预算收入增长27.5%，达到5.3亿元；固定资产投资增长25%，达到39亿元；规模以上工业增加值增长20%，达到46亿元；社会消费品零售总额增长18%，达到8.7亿元；城镇居民人均可支配收入增长18%，达到16306元；农民人均纯收入增长20%，达到4115元。

三、2012年政府工作重点

（一）促进农民增收，在发展现代农业上实现新突破。1. 拓宽农民增收渠道。继续加大农业补贴力度，全面落实各项强农惠农政策，增加农民政策性收入。积极引导农民以转包、出租、互换、转让、股份合作等形式流转土地承包经营权，鼓励各乡村对农村集体资产量化确权到户，让农民享有按股分红的权益，增加农民财产性收入。积极探索以煤补农、以工助农机制，完善出台以煤造林政策，加大贷款贴息、资金互助等金融支农力度，增加农民转移性收入。深度挖掘农业内部增收潜力，继续实施设施蔬菜等"五大增收工程"，优化种养结构，发展适度规模经营，积极发展农产品加工、交通运输、乡村旅游等二、三产业，增加农民生产经营性收入。合理引导农村剩余劳动力有序转移，积极扶持鼓励农民创业，增加农民工资性收入。

2. 发展现代特色农业。抓住省政府将武乡确定为全省蔬菜百万棚行动计划70个核心县之一的机遇，以8个乡镇为重点，建设蔬菜温室大棚等蔬菜基地。在5个乡镇，建设10万亩(6666公顷)以绿色谷子为主的优质小杂粮标准化种植基地。在8个乡镇，新发展4万亩(2666公顷)以核桃为主的干果经济林。加快百万头生猪生态养殖屠宰加工项目一期工程建设。广泛组织吸纳农民参与专业合作社，力争全县40%以上的农户进入各类专业合作社。探索组建农民专业合作联合社和行业协会，提高专业合作社的组织化水平，扩大产品市场占有率。

3. 搞好农田水利等基础设施建设。加强水利建设，完成11个乡镇、34个行政村饮水安全工程建设任务。完成3座水库除险加固工程。加强农田基本建设，重点抓好粮食高产创建示范片、中低产田改造、保护性耕作等农田基本项目。大力发展农业机械化，加快实施现代农机装备提升工程和机械化保护性耕作工程。大力开展国土整治，完成故城镇市级土地整理项目，实施14个土地开发项目，全县新增耕地200公顷。大力推广秸秆还田等培肥技术，提高土地质量，不断提高农业综合生产能力，努力使全县粮食产量稳定在1亿千克左右。

4. 深入推进新农村建设。在抓好46个省级新农村重点推进村建设的基础上，认真做好农村基础设施建设、社会事业发展、民生改善、生态保护等各项工作。全面完成新的"五个全覆盖"工程，搞好"四改四化"，实施新一轮农村电网改造升级工程和"一村一井"工程。建立涉农专家工作站，建立生猪养殖博士工作站。

5. 加大扶贫攻坚力度。认真贯彻落实国家新十年扶贫开发纲要，突出抓好片区开发、移民搬迁等工作。加大财政和金融扶持力度，加快实施整村推进项目。

（二）推动项目落地，在项目建设上实现新突破。一要持续扩大投资规模。2012年，全县初步确定实施项目71个，总投资280亿元，年内完成投资39亿元。继续按照项目储备、签约、落地、建设“四位一体”的要求，统筹抓好各个领域的投资。二要全力抓好招商引资。不断创新招商引资方式，设立长三角、珠三角、环渤海经济区三个招商联络处，引进大项目、好项目。全县招商引资签约项目不少于15个，签约资金不少于253亿元。三要大力促进项目落地。把项目落地率作为一票否决的考核指标，加大对签约项目的协调跟进力度，创新项目服务方法，强化项目管理，建立项目办理绿色通道，提高规划、立项、土地、环评等手续办理速度，对重点项目进行跟踪督办，确保项目落地率不低于70%，项目落地资金不少于20亿元。

（三）加快转型发展，在调整产业结构上实现新突破。1. 改造提升传统产业。煤炭产业要发挥其在县域经济中的基础性作用，加快6座120万吨矿井技改扩建进度，2012年力争完成工程总量的70%以上，确保2013年所有技改矿井全部达产达效。煤炭企业非煤产业产值比重达到25%以上。电力产业要加快和信发电有限公司二期2×1000兆瓦项目前期准备工作，完成“三通一平”，创造开工条件。焦化产业要加大焦化企业整合力度，积极推进现代焦化园区建设，完成200万吨焦化及煤化工基地项目规划和具体项目立项审批，落实投资主体。

2. 大力发展新兴产业。加快发展具有比较优势、带动能力强的镁合金新材料、工业废弃物综合利用和清洁能源、节能环保产业。创新央企与民企合作模式，推动王家峪煤业集团与中国五矿集团合作的“两园一平台”镁产业链项目建设。启动镁原材料及深加工产业园项目。力争重庆大学镁合金新材料工程研究院武乡分院在年内落地。加大原有金属镁及镁合金生产企业的技术升级改造和兼并重组力度，稳定和巩固镁及镁合金生产能力。加快水泥产业战略性重组。规划实施风能开发利用项目。尽快推进高比例甲醇燃料和高压缩比发动机项目落地。推进“红色武乡·多彩家园”山西首席养生特区项目尽快落地。

3. 提升工业园区承载力。蟠洪园区要加快基础设施建设，强化园区配套能力，全面实施园区“三通一平”及绿化、亮化、美化工程。和信工业园区上半年完成产业规划编制和评审，根据规划推进园区基础设施建设，重点依托山西鑫四海和山东六和集团推进食品加工业的发展。

（四）推进城镇化建设，在城乡一体化发展上实现新突破。(1)实施大县城扩容提质战略。按照新一轮《县城总体规划》确定的“一城两心、一带三区”规划结构，推进县城扩容提质。新区开发建设要完成新区城市设计和龙湖区修建性规划方案编制工作。启动实施新区大道、滨河道路排水等工程。旧城改造要重点推进棚户区改造，实施市政道路改造工程，加快城建重点工程建设。(2)加快重点镇和中心村建设。完成4个镇《镇区近期建设规划》编制工作，制定推进城镇化具体实施方案，规划完善镇区功能，实施街道改造、绿化、亮化、住宅小区等基础设施项目，提升人口吸纳能力和为农业产业化提供服务的能力。(3)完善城乡统筹机制。加快建立城乡统一的一元化户籍管理制度，进一步完善就业、养老、上学、医疗等各项配套政策，打破农民进城的条件限制，引导农村居民向城镇集聚。统筹推进公共交通、水资源综合利用、市政公用设施建设、城乡公共服务、生态建设，使在城镇有稳定职业和住所的农民工有序转为城镇居民，城镇化率达到38%。

（五）坚持生态立县，在城乡生态化上实现新突破。一要着力推进节能降耗。全面推进能源合同管理，引进专业化节能服务公司，大力实施电力、焦化、洗煤、金属镁等行业节能技术改造项目，全面降低能源消耗。加大落后产能淘汰力度。积极争取国家、省、市的淘汰落后产能资金，对符合产能置换条件的及时进行置换。二要全力推进治污减排。推进主要污染物减排重点工程建设。加快推进3个污水集中处理厂建设，实现年内全部投用。大力推进生态建设。深入开展国家森林城市创建工作，全面完成1666公顷国家和省级重点造林等绿化工程。推进蓝天碧水工程拓展提质，全面实施“减排、净空、净水、清洁、提质、创建”六大工程，加快城乡生态化建设步伐。

（六）建设文化强县，在推动文化大发展大繁荣上实现新突破。(1)加快发展文化产业。构建推动文化产业发展的支撑体系。积极申报全省综改试验区标杆项目，做大做强八路军文化产业。加快推进八路军文化园、《太行山》大型实景剧续建工程。加快建设砖壁村“一村一山一沟”项目工程，力争年内有突破性进展。(2)大力发展公共文化事业。抓好武乡秧歌、顶灯等各类非物质文化遗产的传承与创新，打造特色文化精品。规划建设县文化艺术中心大楼、新闻演播大楼标志性文化设施。开工建设图书馆，完成文化馆扩建改造工程，加快体育馆（场）标准化建设。推动广播电视由“村村通”向“户户通”延伸，年内实现1.5万户有线电视覆盖。完善乡镇综合文化站功能，农村文体活动室年内全部实现达标。(3)推进文化体制改革。加快推进经营性文化单位转企改制，推进公益性文化事业单位改革，创新公共文化设施运行机制和管理机制，促进文化资源和要素的合理流动。有序推动电影公司、剧团转企改制。完成文化市场综合执法改革和有线电视网络整合工作。

（七）推进旅游兴县，在旅游产业发展上实现新突破。一是强势推动宣传促销。多角度、广覆盖进行宣传推介，全面提升武乡老区对外影响力。二是抓好景区完善提高。重点抓好八路军太行纪念馆、八路军文化园等“红色”景区建设，搞好板山、太行龙洞等“绿色”景点开发，完善景区景点硬件设施。加大旅游行业从业人员培训力度，促进旅游行业服务质量和水平全面提升。三是加强配套设施建设。围绕提高旅游“八大要素”水平，进一步完善重点景区配套服务功能。加大政策资金扶持力度，年内新建100个风情浓郁、风格独特的星级“农家乐”，全面提升旅游接待能力。

（八）发展社会事业，在保障民生上实现新突破。1. 全力推进“五个全覆盖”工程。全面完成省新的“五个全覆盖”工程任务，特别是农村街巷硬化工程要力争在8月底前完成，同时全面实施市“五个全覆盖”工程，确保全年目标任务顺利完成。

2. 大力发展科技教育。继续推进学前三年教育计划。稳定普通高中教育规模，巩固职业教育成果。完善农村义务教育学生营养改善计划，启动实施校车接送制度。不断优化全县中小学教师队伍结构，提高各类专业教师综合素质。加大科技创新，科技投入达到县级财政支出的1%以上，全社会科技研发投入占生产总值比重达到1.2%以上。

3. 加快医疗卫生事业改革发展。加强卫生基础设施建设，大力推进县人民医院"提级上等"工程。加快推进公立医院改革步伐，引进和培养一批医疗卫生人才。巩固新型农村合作医疗成果，推行单病种定额付费和门诊总额预付的新农合支付方式改革，使参合农民政策范围内的补偿比达到70%。抓好病媒生物防制和疾病预防控制、妇幼保健和卫生监督工作。全力做好人口计生工作，促进人口长期均衡发展。

4. 进一步扩大就业和再就业。充分发挥红色旅游、商贸物流吸纳劳动力的作用，引导更多的劳动力从事餐饮、住宿、商贸等第三产业。进一步完善创业政策和服务体系，扶持更多有创业愿望和创业能力的人自主创业，以创业带动就业。全面做好农民工、大中专毕业生、城镇就业困难群体和复转军人等重点群体的就业工作。

5. 不断完善社会保障体系。进一步提高城乡居民养老保险参保率，医疗、失业、工伤、生育保险，全部实现市级统筹。以农民工、灵活就业人员、非公经济组织为重点，积极开展社会保险扩面征缴专项行动。推进社会保障信息网络建设，健全城乡最低生活保障动态管理机制，建立完善覆盖城乡居民的公共卫生服务体系，巩固城镇居民医疗保险参保率。

6. 加快保障性住房建设。加快廉租住房、公共租赁房、经济适用房、限价商品房建设及农村危房改造步伐，城镇低收入家庭住房补贴发放做到应保尽保。积极推进普通商品住房建设，进一步完善住房分类供应体系。

（九）加强和创新社会管理，保持社会和谐稳定。(1)加强和创新社会管理。一是继续开展县、乡、村三级领导大接访活动，从源头化解矛盾。二是强化社区自治能力，完成丰州镇4个社区换届工作，逐步推行居住证制度和社区网格化管理，加强流动人口和特殊人群管理和服务。三是抓好信息网络管理，确保信息公开透明。(2)大力实施安全发展战略。强化政府和企业"两个主体"责任，严格执行安全生产8项制度和12个行业安全生产118条规定，全面开展各行业安全专项整治行动，狠抓煤矿瓦斯、水患、顶板隐患防治，保障食品药品、非煤矿山、道路交通、消防、危险化学品、建筑施工、易燃易爆物品安全，加强对人员密集公共场所的监管排查。进一步完善安全生产的制度和规程，形成保障安全生产的长效机制。

（十）推进综改试验区建设，增强发展动力和活力。(1)全面推进转型综改试验区建设。完善《武乡县国家资源型经济转型综合配套改革试验（2011～2015年）行动方案》，抓好23个转型综改标杆性项目建设。(2)统筹推进各项改革。全面完成事业单位分类工作。加大国有企业、城镇集体企业、商贸企业改制工作力度。推动金融机构创新金融产品、增加信贷投入、提升服务水平。创新城建项目融资方法。探索成立土地信托流转服务中心，试点推进土地流转，通过调整和改革农村生产关系，提高土地集约化程度和使用效益。(3)大力发展民营经济。培育一批发展潜力巨大的小微企业，吸引民营经济向蟠洪、和信工业园区、八路军文化旅游产业、现代商贸物流业等产业集聚，推动民营经济产业集群发展。提升企业自主创新能力。加快民营企业信用体系建设，扶持小微型企业发展壮大。

扎实推进"一村一品、一县一业"
打造"全国有机食品生产加工供应基地"

沁县县长　张　斌

沁县属于纯农业县、无煤矿县，全县辖6个镇7个乡306个行政村。总面积1318平方千米，耕地面积4万公顷。2011年总人口18万人，其中，农业人口14万人。是国家优势农产品示范基地县、无公害农产品生产区域、优势小杂粮生产基地县。

近年来，沁县按照全省转型跨越发展的总体部署，围绕打造"全国有机食品生产加工供应基地"的战略定位，扎实推进"一村一品、一县一业"，规模发展沁州黄谷子、设施蔬菜、核桃经济林三大产业，着力创建全国有机农业第一县。

一、基本情况

（一）沁州黄产业加快发展。2011年，全县沁州黄谷子种植面积达到6667公顷，其中，标准化种植面积3334公顷，总产量2500万千克，市场销售产值1.5亿元，带动全县农民人均收入1000元，成为促进农民增收致富的重要产业。

（二）蔬菜产业蓬勃发展。2011年，全县设施蔬菜面积达到2667公顷，大田蔬菜2000公顷。每亩日光温室大棚蔬菜纯收入3万多元，每亩春秋大棚蔬菜纯收入1万多元，每亩大田蔬菜纯收入2000多元。

（三）核桃产业快速发展。2011年，全县新发展核桃经济林2000公顷，优质核桃种植面积达到6000公顷。每亩种植33株，五年进入盛果期后，亩产核桃300千克，每500克收购价25元，每亩可收入1.5万元。

二、主要做法

（一）规划牵动。根据沁县气候、区位以及产业基础情况，确立了山上种核桃、丘陵种沁州黄、平地种蔬菜的产业规划，规划建设以千亩村、万亩乡为片区的"一村一品"、"一县一业"生产基地。各乡镇也因地制宜，制定了具有本地特色的优势产业发展规划。定昌镇立足人多地少的实际，发挥地处城郊的优势，大力发展高效农业，确立了"山上经济林、山下蔬菜棚"的发展思路，3年连片发展万亩经济林，5年发展万亩蔬菜棚，形成了村有特色产业、户有致富项目的新格局。

（二）政策拉动。在发展设施蔬菜方面，县政府制定出台《关于扶持发展规模设施蔬菜产业的意见》，对规模发展3.3公顷以上的连片设施蔬菜基地，每亩日光温室大棚以奖代补1.2万元，每亩春秋大棚以奖代补3000元，对日光温室大棚予以3万元一年的贴息；对发展好的乡镇和农户，优先申报国家、省、市相关扶持项目和政策性扶持，优先享受有关部门的项目资金和标准化技术培训，优先被评为年度产业标兵和模范。

在发展核桃产业方面，县委、县政府出台《核桃产业发展以奖代补办法》，苗木以奖代补，各乡（镇）按照年度计划完成种植和示范样板任务的，县人民政府按每亩22株优种核桃苗木补助乡镇；栽植奖励，县政府安排30万元资金，用于对各乡镇政府示范样板任务进行奖励。

（三）龙头带动。把龙头企业带动、培育市场主体作为推进"一村一品"、"一县一业"的重要内容，积极推行"龙头＋基地＋合作社＋农户"的产、加、销一体化经营机制。

在发展沁州黄产业方面，沁州黄公司实行"统一规划地块、统一品种、统一供肥、统一技术规程、统一收购价格"的"五统一生产模式"，把基地变成小米产业的生产车间，进行企业化管理。制定并实施耕作标准、良种繁育标准、轮作倒茬标准、播种标准、田间管理标准"五个标准化生产体系"，建立了沁州黄基地标准体系。积极推进"订单"农业，保证了沁州黄生产质量和农户利益。

在发展设施蔬菜产业方面，葆源蔬菜公司对种植农户实行"五包"服务，即包大棚规划建设、包种植品种选定、包农事全过程技术跟踪服务、包销农户全部产品、包农户亩大棚年纯收入最低5000元，让蔬菜种植农户零风险经营，实现了公司与农户的合作双赢。

（四）服务推动。围绕发展"一村一品"、"一县一业"，加强科技服务，强化科技支撑，积极推广运用新技术、新品种，健全农业科技信息服务体系。一是组建机构。县委、县政府组建了蔬菜产业办公室，专门负责做好全县蔬菜种植的技术指导、培训和蔬菜销售等工作。成立核桃产业协会。二是开展培训。聘请知名专家担任蔬菜产业发展顾问。组织农业系统干部、乡镇书记和技术人员到外地参观学习。三是强化服务。大力实施科技入户工程，开展送科技下乡活动。邀请专家深入田间地头对农户进行现场指导。组织农业技术推广中心工作人员，对全县核桃、蔬菜、沁州黄三项产业进行产前、产中、产后全程跟踪指导，帮助农民找信息、找市场、找销路。

真抓实干、奋力拼搏，把黎城建设成为中国硅都、世界红山、宜居古城

黎城县县长　**郝献民**

2011年是"十二五"开局之年。一年来，县政府团结带领全县人民，以科学发展观为指导，以转型跨越发展为主线，同心同德，奋力拼搏，全力实施"中国硅都、世界红山、宜居古城"发展战略，圆满完成了县十五届人大一次会议确定的各项目标任务。为2012年加快推进转型跨越发展，迎接"十八大"胜利召开奠定了坚实基础。

一、2012年政府工作的总体要求

深入贯彻十七届六中全会和省市党代会、全县三干会精神，认真落实省委袁纯清书记"4·13"黎城调研重要讲话精神，紧紧围绕打造"中国硅都、世界红山、宜居古城"战略目标，以科学发展观为统领，以转型综改

试验区建设为契机，以项目落地为重点，以招商引资为抓手，以改善和保障民生为根本，真抓实干、拼搏奋进，全力推动经济社会转型跨越发展，以优异的成绩迎接党的“十八大”胜利召开。

二、2012 年经济社会发展预期目标

较 2011 年，地区生产总值增长 15%，规模以上工业增加值增长 20%，财政总收入和一般预算收入分别增长 15%，全社会固定资产投资增长 25%，社会消费品零售总额增长 15%，城镇居民人均可支配收入和农民人均纯收入分别增长 12%，居民消费价格总水平涨幅控制在 4%左右，城镇登记失业率控制在 3%以内。各项环保约束性指标完成市定目标任务。

三、政府工作主要任务

（一）加快工业发展步伐，夯实转型跨越发展的支撑力。一是加快光伏产业建设进度。全面推进山西太阳能科技产业园项目。实施多晶硅、铸锭切片和“金太阳”示范工程 3 个项目，加快建设基础配套工程。园区引水工程完成基础建设，煤炭资源详勘、低热值煤发电、变电站等配套项目完成前期工作。二是扩大新型产业发展规模。积极扩大中空玻璃深加工、清香型白酒、燃气煤高效洁净转化等产业的发展规模，同时，努力推进水泥玻璃纤维板、阔码科技、激光医疗器械等项目尽早落地，进一步提高新型产业对全县工业经济发展的贡献率。三是提高传统产业的质量效益。全面完成粉末冶金和黄崖洞纯铁精矿整合重组。太行钢铁、金元钢铁实施烧结炉烟气脱硫、高低压变频节能改造以及矿渣综合回收利用项目，提高企业节能降耗水平和循环发展能力。引导钢铁、焦化企业优化组合、联手发展，靠效益提升市场竞争力。加快发展物流运输产业，扶持壮大运输企业，组建运输集团，壮大物流运输产业。四是打造特色工业体系。分步推进光伏产业、玻璃产业、粉末冶金产业和精密铸造产业等 9 条产业链延伸工程。围绕 9 条产业链，狠抓项目建设，加大山西太阳能科技产业园申报省级科技园区力度，规划建设轻工业园区、物流运输园区、高科技产业园区，致力打造以光伏产业为龙头、新型产业为主导、传统产业为基础、园区集聚为特色的工业体系，促进全县工业经济的转型升级。

（二）大力发展现代农业，提高转型跨越发展的拉动力。1. 拓宽农民增收渠道。一是壮大主导产业。新发展核桃干果经济林 2 万亩（1333 公顷），全面加强核桃树管护技术水平，向管理要收入、要效益。新发展设施蔬菜 2000 亩（133 公顷），新建和扩建规模健康养殖小区 15 个，加快生物优生菌示范推广，绿色农作物种植面积达到 1 万亩（667 公顷），发展 30 个原生态农业村和“一村一品”专业村。以西北部山区为重点，结合生态旅游开发，大力发展生态庄园经济。二是扩大务工收入。深入开展实用性、针对性的技能培训，提高劳动力素质和就业能力，新增劳务输出 6000 人，实现劳务输出由“传统型”向“技能型”、“体力型”向“智力型”转变。三是加大扶持力度。针对核桃树栽植管护、设施蔬菜种植、规模健康养殖、原生态农业村建设、“一村一品”专业村建设、农业龙头企业发展、农副产品认证、组建农民专业合作社等方面，出台扶持政策，安排专门资金，予以补贴支持，多渠道增加农民收入。

2. 提高农业产业化水平。首先是园区建设，重点建设两大农业园区，省煤销集团长治公司黎城高效农业示范园区一期工程建设 6 栋连栋温室、205 栋日光温室，基本完成农产品生产核心区建设；禾川生态农业有限公司建设的生态农业科技产业园项目，完成规划及整体设计方案编制，年内开工建设全省首家农业全产业链示范园区，实现农户与超市、农户与餐桌的直线对接。其次是龙头带动，培育壮大山西飞鹤、三泰科技、奥利种业等农产品加工销售龙头企业，提高农产品就地加工转化率，提高产品附加值。第三是组织化经营，大力发展农户公司和农民专业合作社，新发展 50 个农民专业合作社，进一步推广“公司＋基地＋合作社＋农户”的产业化经营模式，引导农户进行土地流转，提高农民进入市场的组织化程度。

3. 改善农业生产条件。进一步开发利用浊漳河、清漳河和源泉河水资源，建设黄崖洞和源泉供水工程，完成3个水库除险加固工程；继续实施小型农田水利重点县项目，改善灌溉面积 5 万亩（3333 公顷）。实施保护性耕作，对中低产田进行高质量改造。实施林业生态建设十大工程，进一步提高全县生态绿化水平。

4. 加快推进新农村建设和扶贫开发。以 26 个省级重点村为主，大力改善农村基础设施条件。落实省市关于农业县全部开展扶贫开发的部署，成立扶贫开发办公室；实施农村低保制度和扶贫开发政策的有效衔接，争取政策支持，村村兴产业，户户上项目，一村一产业，一户一项目，加快低收入农民脱贫进程。

（三）发展文化旅游产业，打造转型跨越发展的软实力。（1）开发太行红山景区。完成景区总体规划编制工作，完成旅游公路标准化建设，积极申报国家 4A 级景区和国家级风景名胜区。切实做好革命遗址发掘保护工作，加大民俗文化村和传统村落保护力度，做好宣传推介工作。（2）发展特色文化产业。整合资源，公司化运作，加大对黎侯布虎、上党落子脸谱浮雕彩绘、麦秆画、手工刺绣、剪纸等文化产品的开发力度，扶持文化龙头企业发展，实现民俗文化由资源优势向品牌优势、经济优势的转变。（3）健全公共文化服务体系。切实加强城乡文化基础设施建设，继续实施文化惠民工程。做好农村文化、体育活动场所的管理运营，丰富群众文化体育生活。深入推进文化体制改革，推动文化大发展大繁荣。

（四）统筹城乡一体化发展，积蓄转型跨越发展的承载力。一是加快新区建设。加快完成县城总体规划和各个专项规划的评审、报批工作。开工建设法院大楼、国防动员应急指挥中心、基层就业和社会保障用房以及新区学校、医院，力争年内完成主体工程。加快新区交通路网建设。以新区建设拉大县城框架，提高县城品位。二是建设黎侯古城。黎侯古城是在太原中博会上签约引进的文化旅游开发重点项目，以三晋明清古民居建筑风格为主，充分展示山西数千年的建筑文化、人文文化，建成适合当代人居住、工作、经商和旅游的仿古建筑群。一期工程将全面开工，全部项目完成后可提供就业岗位1万个，增加城镇人口2万多人。三是推进县域城镇化。完善县城基础设施，207国道改线工程年内建成通车，加快推进县城集中供热工程。加快建设中水回用项目，年底投入试运行。实施北坊村城中村改造工程，全面启动国家园林县城创建工作。抓好中心镇、重点村建设，按照“一城三镇二十个重点村”的空间布局，以西井镇、黄崖洞镇、东阳关镇3个中心集镇为重点，完善学校、卫生院、客运站、文化中心等基础设施；推进上遥镇等西部山区基础设施建设，改善群众生产生活条件。加快户籍制度改革，放宽落户条件，对城镇现有人口统一管理，消除城乡户籍待遇差别，在城镇有合法稳定住所和稳定职业人员，在自愿的基础上转为城镇户口，在医疗卫生、社会保障、就业、子女上学等方面与城镇居民享受同等待遇，力争到“十二五”末，全县城镇化率达到45%。四是规范城乡管理。严格按照规划推进城乡建设，规范各类建设审批管理，严厉查处违法、违规建设行为。严格城乡环境卫生管理，巩固国家卫生县城创建成果。强化县城秩序管理。依法规范居民小区物业管理。

（五）注重保障和改善民生，凝聚转型跨越发展的向心力。一要优先发展教育事业。积极发展城乡学前教育，新建3所、扩建4所幼儿园，新建1所寄宿制初中，高标准完成职教中心建设。实施“一两肉”工程，提高学生生活水平。二要做好卫生计生工作。继续深化医药卫生体制改革，健全基层医疗卫生服务体系，完善基本医疗保障制度。进一步扩大新型农村合作医疗保障范围。提高基本公共卫生服务均等化管理和服务水平。加强疾病预防控制体系建设和食品药品监督管理。认真实施上党人口“好娃娃”工程，继续稳定低生育水平。三要千方百计增加就业。认真落实就业再就业政策，进一步完善创业政策和服务体系，采取技能培训、税费减免、贷款支持等各项措施，鼓励和引导劳动者自主创业、自谋职业。开发就业岗位，扩大就业总量，全年新增城镇就业岗位1650个。四要加强社会保障体系。全面落实社会保障政策，完善各类从业人员养老、医疗、工伤等各项保险制度。积极开展社会保险扩面征缴工作。扩大城乡居民社会养老保险覆盖面，提高社会养老统筹保障水平。规范社保基金管理，确保按时足额发放。强化城乡居民最低生活保障动态管理，切实做到应保尽保。针对流浪儿、残疾人等社会特殊群体，切实做好救助工作。完成20套廉租房、40套公租房、430套城中村改造等保障性住房建设，构建多层次的住房保障体系。五要提高环保治理水平。加强环保队伍建设，加大对钢铁、冶金、焦化等重点行业、重点企业的环保执法检查力度，严厉打击超标排放行为。积极开展环境治理工作，保障群众健康水平。六要全面完成农村新的“五个全覆盖”。扎实完成新的“五个全覆盖”工程，做好扫尾工作，进一步提高覆盖率。七要切实抓好安全生产。严格落实“两个主体责任”，深入开展非煤矿山、危险化学品、道路交通、建筑施工、特种设备等重点行业和领域的安全专项整治。八要全面创新社会管理。加强社会管理整体规划，健全完善社会管理工作格局。探索建立网格化管理格局。完善信访处置机制，维护群众合法利益。完善各类应急预案，提高突发公共事件的应急处置能力。严厉打击各种违法犯罪活动，维护社会安全稳定。切实加强国防动员建设。进一步加强审计、统计、档案、史志、宗教、气象、地震工作，关心支持老龄、妇女儿童、慈善救助等社会事业。

（六）抢抓机遇先行先试，增添转型跨越发展的新活力。一是全力做好转型综改工作。成立转型综改试验区工作领导组，编制转型综改行动方案，以多晶硅、黎侯古城等项目为重点，选树一批重大转型标杆项目，在产业升级、生态修复、城乡统筹、民生改善等方面协调把握、整体推进。二是着力破解发展难题。项目用地方面，认真落实城乡用地增减挂钩、占补平衡和矿业存量土地综合利用政策，积极向上争取用地指标，解决项目建设用地问题。项目审批方面，推行方便快捷的审批服务模式，对重大项目和重点工程实行全程绿色通道，提高效率。项目融资方面，加大金融部门对地方企业的支持力度，采用各种融资模式吸引社会资金，打破项目建设的资金制约。人才支持方面，与高等院校、科研院所联姻结对，建立博士工作站、院士工作站，引进人才，为我所用。项目服务方面，继续实行领导包项目责任制，跟踪服务，一抓到底。三是大力推进招商引资。强化招商机构，设立8个招商联络办和10个招商中心，强化招商机构。加大招商力度，班子领导带头招商，落实招商指标，形成干部群众齐招商的强大合力。拓展招商形式，面向高端招商，着力引进一批高科技、高税收、低能耗、见效快、带动力强的大项目、好项目，培育形成经济社会发展新的增长极。

实施“五大推进” 实现“两个确保”
为早日跻身中部百强县努力奋斗

屯留县县长 段树新

2012年是“十二五”承前启后的重要一年，也是推动转型跨越发展的关键之年。做好今年的政府工作，责任更加重大，意义更加深远。

一、2012年政府工作的总体思路

深入贯彻落实科学发展观，紧紧围绕省市转型跨越发展的战略部署，按照县委“二四六”发展战略的总体要求，突出主题主线，坚持稳中求进，全面实施“五大推进”，努力实现“两个确保”，加快转型跨越发展，为早日跻身中部百强县打下坚实基础。

二、2012年经济社会发展的主要预期目标

地区生产总值106亿元，增长15%；财政总收入18.8亿元，增长21.2%；一般预算收入5.5亿元，增长9.73%；全社会固定资产投资75亿元，增长25%；社会消费品零售总额10.3亿元，增长18%；城镇居民人均可支配收入18017元，增长12%；农民人均纯收入9556元，增长15%。

三、2012年政府着力抓好七个方面工作

（一）以项目建设为支撑，培育跨越发展新优势。1. 坚定不移抓招商。开展大规模、宽领域、全方位的招商引资活动。实行最优惠的招商政策，对推动产业优化升级、财政增收明显的重大项目、优质项目，一事一议，特事特办。加强同潞矿、长钢、清华等企业集团的战略合作。力争全年引进重点项目20个以上。

2. 全力以赴建项目。2012年，全县共确定重点项目106个，总投资406.3亿元，其中，续建项目40个，新建项目62个，前期项目4个。按照“续建项目抓投产、新建项目抓进度、前期项目抓开工”的要求，加快重大项目建设进度，全力抓好签约项目的落地率、开工率，确保全县项目落地率不低于70%。

3. 创优环境搭平台。继续抓好“两带六园”建设，形成产品在园区延伸、产业在园区提升、资本向园区流动的集聚效应。出台更加优惠的政策，创造更加优良的环境，不断完善园区基础设施。多措并举破解土地、资金、环评等制约因素，确保重大项目引得来、留得下。加大中小微企业扶持力度，建立政银企对接和协调机制，搭建银企合作平台，有效解决企业融资困难。切实做好项目储备工作，抓紧储备一批能够增加财政收入的生产性项目、促进产业升级的龙头项目、完善功能的基础设施建设项目，为县域经济发展积蓄后劲。

（二）以新兴产业为引领，打造经济发展新引擎。1. 做优做强支柱产业。煤炭产业方面，加快推进矿井建设，全力做好技改项目，尽快把煤炭产业做大做强，形成规模优势和总量优势。焦化产业方面，抓住全省焦化行业兼并重组机遇，采取资产重组、联合“嫁接”、股份合作等多种形式，推进6家大型焦化企业强强联合，率先建设全省最大优质焦炭生产基地。电力产业方面，认真做好古城2×1000兆瓦电厂前期准备工作，全面推进110千伏变电站建设。

2. 培育壮大新兴产业。力争在新能源、新材料领域有重大突破。一是新材料产业，抓好40万吨聚氯乙烯、万吨多晶硅等项目。二是新能源产业，抓好HF乳化油、清洁能源综合服务中心等项目。三是医药产业，抓好振东开元扶正固本颗粒、三宝药业青霉素原料及制剂等项目。四是装备制造业，抓好高压电瓶、清华高端液压支架生产线技改等项目。五是农产品加工，抓好赖氨酸、苏氨酸和专用面粉、速冻调理食品等项目。培育形成高新技术产业集群，实现县域经济由数量增长型向质量效益型的新跨越。

3. 加快发展现代服务业。大力发展各类服务业，促进商贸、餐饮、住宿等传统服务业提档升级，扶持现代物流、休闲娱乐、信息技术等新型服务业发展壮大。重点抓好浩洋国际大酒店、金海升物流园区等项目建设，打造县城现代商贸聚集区和综合物流集散地。深入推进“万村千乡市场工程”和“新网工程”，加快构建以农资、农产品、农村日用品销售为主体的农村流通服务体系。努力促进三产发展提速、比重提高、层次提升。

（三）以现代农业为重点，夯实“三农”工作新基础。1. 围绕特色搞调产。继续巩固五大基地，壮大五大产业。新建万亩玉米丰产田5个，大力支持潞安集团的本源蔬菜生产基地建设，集中连片建设100亩(6.7公顷)以上设施蔬菜基地15个。新发展优质核桃2万亩(1333公顷),改造提升干果经济林8万亩(5333公顷),推动生态林向生态经济林转变。新建工厂化养殖企业4个,全县规模养殖场(小区)达到150个。建设千亩苗木花卉基地1个,加快农业园区建设,推动主导产业向区域化、规模化发展。扶持屯玉种业、金泽玉米、亨德谊食品、胖妞豆制品等龙头企业做强做大。力争引进核桃、屠宰、饲料等深加工企业,延伸产业链,提高附加值。

2. 创新机制激活力。一是完善政策组合配套扶持机制。认真落实各项惠民政策,扎实推进"农民增收五大工程"。整合涉农部门项目资金,捆绑使用,确保发挥资金最佳效益。二是完善土地流转常态机制。成立土地信托流转服务机构,设立土地信托流转资金,鼓励农民以入股、租赁、置换等形式进行承包经营流转,建设一批生态农业庄园,培育一批新时期农场主。三是完善农民协会工作机制。成立各种涉农协会,壮大经纪人队伍。四是完善专业户跨村租地开发机制。大力发展各种专业合作社,鼓励专业户跨村租地发展。五是完善农村劳动力转移机制。力争全年培训农民3万人次,劳务输出2.6万人。

3. 夯实基础促增效。切实加大农业科技创新力度,加快基层农技推广服务体系建设。扎实推进全国小型农田水利重点县项目,完成屯谷水库前期各项工作。除险加固小型水库12座,新增水地1万亩(666公顷)、节水面积1万亩(666公顷),水保初步治理2.6万亩(1733公顷),改造中低产田1万亩(666公顷)。新增农机具2000台(件),新增保护性耕作3万亩(2000公顷),力争农业机械化水平提高到80%,巩固"全国农机百强县"领先地位。

(四)以"一城五镇"为带动,探索统筹发展新途径。1. 全方位打造"大县城"。一是构筑城市大框架。以"1+6"上党城镇群建设为契机,制定完善大县城建设总体规划,力争"十二五"末县城规划重点控制区面积拓展至30平方千米,常住人口达到7万人。加快城市道路建设,形成"七纵七横一环"城市道路框架,进一步拓展城市规模。二是搭建城市新骨架。全面开工建设生态植物园,重点推进住宅小区建设,开工建设财税服务中心、教育培训中心、国防动员指挥中心等工程。启动绛河三期治理工程,推进新城水系建设。抓好县城四大公园的绿化补植、功能完善,提升城市新品位。三是完善城市硬支架。开工建设第二水厂,实施县城供水管网、污水管网改造工程,加快推进集中供热二期和"天然气入城"工程。完成道路改造工程。切实加快旧城改造步伐,创新城市管理机制,加强环境卫生整治。

2. 大力度培育"重点镇"。加强城镇规划、建设和管理,构建城镇发展新格局。东部乡镇(区)要加快建设步伐,完善公共设施,提升服务功能。西部乡镇(区)要突出地方特色,开展环境整治,改善镇区面貌。全力推进5个集镇建设,重点实施好上村镇压煤村搬迁工程。

3. 高标准建设"新农村"。继续抓好农村新的"五个全覆盖"工程,大力推进农村"四化四改"建设。解决6个乡镇、20个行政村、1万人的饮水安全问题。完成20千米村通公路改造、729千米街巷硬化任务。抓好33个省级推进村和20个市级整治村建设。鼓励有条件的村进行城中村、空心村、旧村改造和居住小区开发,积极推进71个压煤村搬迁工作,重点以企业带动型、资源交换型、塌陷治理型、商贸带动型、扶贫搬迁型、工矿搬迁型为主,规划建设20个3000人以上的中心村。

(五)以绿色发展为重点,提升生态文明新水平。一要加强生态建设。扎实推进荒山造林、农田林网、通道绿化等九大造林绿化工程,力争全县森林覆盖率提高1个百分点。二要狠抓节能减排。认真执行环境影响评价和"三同时"制度,严格控制新上"三高一低"项目。加大高耗能企业技改力度,加快污水处理厂脱氮工程建设,全天候监控煤焦企业。严厉打击重大环境污染和生态破坏违法犯罪行为。加强环境监测,改善环境质量,确保全年空气质量二级以上天数超过350天。三要倡导低碳生活。推广高效节能设施,做好公共机构节能工作。引导城乡居民低碳消费。建立健全城乡环境一体化长效管理机制,不断改善人居环境质量。

(六)以文化强县为目标,谋求文化繁荣新业绩。1. 全力实施七大文化工程。重点打造"一歌一书一片一厅两馆两中心",即征集一首赞美屯留的歌曲,筹备出版《抗大一分校在屯留》一书,精心筹拍《上党明珠——老爷山》大型文献风光片,规划建设广播电视演播厅,启动实施新的图书馆、文物馆,完善提高宣传文化活动中心、青少年活动中心的服务功能。加强机关、企业、校园、家庭文化建设,培育一批高水平的文艺人才,创作一批高质量的文艺作品。深入实施文化低保、文化惠民工程,组织开展好节庆文化、书画、摄影等展览活动,努力满足人民群众的精神文化需求。

2. 精心打造三大文化园区。深入挖掘羿神文化,征集提炼"屯留精神",加快文化产业基地建设,培育壮大县域特色文化产业群。重点打造"三大文化园区",即老爷山文化旅游产业园区、巍山体育文化产业园区、康庄印刷包装产业园区。积极推进文化体制改革。鼓励民间资本参与文化建设。

3. 多元促进三色文化发展。一是打好古色旅游牌。修复古色景观,整合古色旅游资源。二是打好红色旅游牌。开工建设上党战役纪念馆,修缮抗日军政大学一分校女生队北岗旧址等,开发红色旅游资源。三是打好绿色旅游牌。开发"三山三水",建设东环、西环林带工程,叫响集绿色生态、观光农业和田园风光于一体的生态旅游品牌。同时扶持发展一批"农家乐"服务项目,真正把屯留打造成上党地区的后花园。

(七)以保障民生为核心,推动和谐屯留新发展。1. 强化社会保障促和谐。进一步加大投入、巩固成果,组织实施好续建和新建的民生工程。积极开展新型农民培训、职业技能培训和创业培训,扎实做好就业再就业工作,力争全年实现新增就业岗位3500个,创业带动就业520人,转移农村劳动力5000人。进一步扩大养老、失业、医疗、工伤和生育保险覆盖面,建立健全城乡低保、医疗救助、“五保”供养等社会救助体系，加强残疾人社会保障和社会服务体系建设，加快发展社会福利事业和慈善事业。规划建设老年人高品质社区，推进敬老院建设。落实稳定市场价格的各项政策措施，坚决打击制假、售假和商业欺诈行为。

2. 发展社会事业惠民生。切实推进科技创新，力争申报专利121项，争创国家、省、市科技项目20项，逐步提高科技进步对经济增长的贡献率。有序推进中小学、幼儿园设施建设，突出抓好高中教育，稳步推进职业教育。不断提高新型农村合作医疗保障水平，巩固完善基本药物制度，加快公立医院改革，推进村级卫生所“双千工程”，建立健全覆盖城乡居民的公共卫生服务体系。进一步夯实人口与计生工作，提高人口素质，稳定低生育水平。扎实开展全民健身活动。深入开展精神文明创建活动。提高居民综合素质和社会文明程度。

3. 加强社会管理保稳定。创新社会管理理念和方式，全力打造“平安屯留”。推进“六五”普法工作，增强全民法制意识。健全社会防控体系，依法防范和打击各类刑事犯罪。完善各类应急预案，提高处置突发事件和应急实战能力。认真抓好安全生产责任制落实，扎实开展煤矿、消防、道路交通、食品药品、建筑工地、危险化学品、公共集聚场所等重点行业和领域的安全生产专项整治和“打非治违”专项行动，坚决杜绝重特大安全事故。切实加强校园安全管理。加大治理超限超载力度，确保道路安全畅通。加快气象灾害监测预警预报和信息发布系统建设，抓好护林防火、防洪防汛工作。认真做好群众工作，拓展群众利益诉求渠道，加大社会矛盾纠纷排查力度，积极化解不稳定因素，确保社会和谐稳定。

加快推进“六化”建设　奋力冲刺中部百强

长子县县长　**卢展明**

2011年是“十二五”的起步之年，也是长子县新一届政府认真履职的第一年。一年来，全县上下紧紧围绕五大目标，奋力打造两大基地，抢抓综改机遇，力推转型跨越，圆满完成各项目标任务，实现了“十二五”的良好开局，为2012年扎实推进转型跨越发展，在中部地区率先崛起奠定了坚实基础。

一、2012年政府工作的总体思路

以科学发展观为统领，紧紧围绕五大目标，奋力打造两大基地，全力推进“六化”建设，为加快转型跨越，跻身中部百强，再造一个新长子而努力奋斗！

二、2012年全县经济社会发展的主要预期目标

地区生产总值92.58亿元，增长15%；固定资产投资65.38亿元，增长25%；财政总收入22亿元，增长30.7%；城镇居民人均可支配收入19180元，增长15%；农民人均纯收入8707元，增长16%；社会消费品零售总额11.73亿元，增长15%；粮食总产量2.3亿千克，与2011年持平。人口自然增长率控制在5.6‰以内。节能环保、安全生产等各项指标严格控制在限定范围之内。

三、2012年政府工作主要任务

（一）以综改试验为契机，着力增强发展的动力和活力。(1)在用地保障上，扎实开展城乡建设用地增减挂钩试点工作，大力整合矿山存量土地，积极开展造地活动，深入挖掘内在潜力，通过科学置换，实现占补平衡。尽快完善造地办法和土地管理机制，探索建立土地“地票”制度。严格实行用地申报，切实提高土地利用效率。(2)在融资机制上，全面加强与各金融机构的沟通和对接，积极搭建政银企合作平台，争取更多的信贷资金支持。建立健全小微企业融资推进机制，切实加大对小微企业的扶持力度。认真落实煤炭企业发展非煤产业、兴办公益事业的办法，全力推进煤炭企业兴办引领长子转型跨越发展的标杆项目。充分发挥村镇银行和小额贷款公司的作用，进一步激活民间资本，探索建立多样化的投融资机制。(3)在人才引进上，不断加强与各高等院校的联系，建立灵活多样的人才引进机制，有计划地引进高学历、高层次、高科技人才。打破户籍限制，制订人才引进优惠政策，确保人才引得进、留得住、发展得好。(4)在行政审批上，进一步清理和取消行政审批事项，减少审批环节，简化办事程序。加快推进公共资源交易平台建设，着力创新服务模式，全面提高工作效率。构建科技成果转化和推广平台，不断提高科技对经济的贡献率。

（二）以项目建设为抓手，着力夯实转型跨越基石。

一要加快推进招商引资。加快组建招商引资专业队伍，打造善交际、懂业务、会操作的招商人才。增加招商引资经费投入，保证招商引资工作的高效开展。二要全力抓好项目落地。创新项目服务机制，强化项目跟踪管理，全力保障项目的落地开工。继续实施一个项目、一班人马、一套措施、一本台账、一抓到底的“五个一”和“三个三分之一”工作法，把项目落地率作为一票否决的考核指标，确保全县项目落地率不低于70%。三要切实扩大项目投资。2012年全县共安排重点建设项目124个，总投资755.59亿元，计划完成投资80.32亿元。统筹抓好各个领域的投资，确保固定资产投资在基数过大的情况下稳步增长。

（三）以循环经济为引领，着力推进发展方式转变。一是围绕产业发展，打造循环经济。在煤电产业上，重点抓好投产煤矿的达产达效和在建煤矿的建设进度，力争年内新增煤炭产量500万吨，总产量达到1800万吨。加快推进洗精煤、煤建材、煤化工以及天然气（煤层气）等涉煤涉气项目，努力打造煤—洗精煤—煤化工—煤建材、煤—气—油（电）、天然气（煤层气）—化工3条循环产业链条。在农畜产业上，深入推进设施蔬菜“双二十”工程，大力推进畜禽规模健康养殖两千万工程，扶持发展一批农产品加工龙头企业，不断延伸种植—养殖—沼气、种养—深加工的“农”字号循环发展链条。力争全年农业龙头企业销售收入10亿元以上，农副产品加工转化率40%以上。二是围绕园区建设，推动产业集聚。工业园区方面，扎实抓好宋村高新工业园区和慈林煤电工业园区建设。突出抓好宋村园区的产业布局规划、土地储备和水、电、路、气、通讯等基础设施建设。农业园区方面，重点抓好龙城农产品物流园区和方兴、生贵、潞汇、惠民等一批农业科技示范园区建设。龙城园区年内要投入使用，方兴园区要继续实施体验式农业，年内新建农产品检验检测配送中心。充分发挥园区的辐射带动作用，培育壮大长子大青椒、反季节蔬菜等特色农产品，全力打造产业板块。三是围绕旅游开发，加快三产发展。文物保护方面，重点抓好法兴寺、崇庆寺、天王寺三处国保单位的保护与开发工作，积极争取现有文物，特别是37处金元古建筑列入省级以上文物保护单位。旅游开发方面，重点抓好木化石自然保护区二期工程和发鸠山旅游景区的开发。充分整合优势旅游资源和项目，规划打造“长子一日游”精品线路。三产服务方面，围绕特色旅游，同步推进“吃、住、行、游、购、娱”一体化，规划建设大型购物中心和星级宾馆，积极开发文化旅游产品，带动三产服务业快速增长。抓好三个集运站建设，打造全市乃至全省煤炭外运、货运物流枢纽，年内完成7个空白基层邮政所和互联网光纤移动全覆盖工程。

（四）以宜居宜业为要求，着力加快城乡一体化进程。一是开发建设“两区一带”。在城东新区建设上，重点抓好住宅区建设，加快推进五星级大酒店等精品工程，规划建设金融大厦、行政中心等亮点工程，着力打造城市新地标。在东湖新区开发上，重点抓好规划设计，努力建成融人居、商贸、文化、科技于一体的示范新区。在一级路产业集聚带上，制订出台优惠政策，积极推进大型企业、商贸流通业等在沿路两旁有序发展，尽快形成产业规模，带动新增城镇人口3万～5万人。二是加快建设“五镇二十村”。全力推进大堡头省级重点集镇和慈林、宋村、石哲、鲍店四大市级中心集镇建设，通过小区集聚、企业带动、工矿搬迁、资源交换、商贸带动、煤矿塌陷区治理、山庄窝铺移民等7种渠道和模式，加快膨胀城镇人口，城镇化率达到25.9%。积极推进农村集聚化发展，力争2～3年内建成20个3000人以上的中心村，同时做好农民变市民的各项工作。三是稳步推进旧城改造。积极探索政府主导、社会参与、市场运作的途径与模式，有序推进旧城改造。切实规范城乡规划和建设管理，逐步形成科学有效的城乡建设管理长效机制。理性推进城中村改造，科学编制城中村改造规划。积极开展空壳村的调查摸底，加大闲置土地收储力度，为城市建设预留空间。四是切实改善生态环境。重点抓好八大造林绿化工程，全面完成林改任务。深入推进环保执法专项行动，突出抓好工业、交通、建筑和公共机构节能，不断降低能耗物耗水平，全面加强工业源、农业源、生活源污染治理和河道、地质灾害、煤矿周边村环境治理，确保稳定达标排放。持续深化城乡环境卫生整洁行动，提高城乡环卫一体化管理水平，努力建设宜居长子，提升全民幸福指数。

（五）以文化强县为目标，着力促进文化大发展大繁荣。（1）不断完善公共文化体系。进一步引深“五型”文化和“七进村”等文化惠民活动。加大城乡公共文化基础设施建设力度，努力构建和完善覆盖城乡、统筹发展的公共文化服务体系。积极创作一批反映时代风貌、体现长子特色、群众喜闻乐见的优秀文艺作品。（2）加快发展特色文化产业。编制尧王文化园区规划，积极筹集文化产业发展资金，支持传统文化产业，组建六大文化产业集团，尽快生产出独具长子特色的文化产品，让长子文化产业形成气候，形成规模。（3）大力弘扬长子人文精神。筹备全国首届“长子”文化节，弘扬勤奋务实、坚忍不拔、锐意进取、敢于超越的新时代长子精神。

（六）以普惠民生为根本，着力提高人民群众幸福指数。（1）均衡发展教育事业。在完善教学设施和提高教师待遇等方面加大投入力度。积极发展学前教育，巩固提高义务教育，全面提升普通高中教育。加大校车整治力度，强化校园安全管理。稳步推进职业教育、继续教育和特殊教育，促进各级各类教育全面均衡协调发展。（2）全面加强公共卫生。继续深化医药卫生体制改革，加快推进县域医药卫生一体化综合改革和县医院公立医院改革两项省级试点工作。加强全科医生培育和乡村医生队伍建设，不断完善传染病、重大疾病预防控制体系建设，巩固提高新农合工作，有序推进基本公共卫生服务均等化。加大食品药品监管力度，规范食品药品市场秩序。继续对贫困残疾人实施康复救助。广泛开展各种形式的全民健身活动，着力提高全民健康水平。（3）千方百计扩大就业。大力开展全民创业活动，以创业带动就业，多渠道开发就业岗位，统筹做好大中专毕业生、农民工、城镇失业人员、失地农民和复转军人等重点群体的就业工作，全年新增城镇就业岗位1700个，城镇登记失业率控制在4%以内。(4)着力完善保障体系。进一步扩大养老、失业、医疗、工伤、生育“五大保险”覆盖面,扎实做好城镇居民养老保险试点工作。大力推进社会保障信息网络建设,全面推行“社会保障一卡通”。切实加快保障性住房建设。积极发展社会福利和慈善事业。建立健全城乡最低生活保障动态管理机制,切实做到应保尽保。认真落实社会救助和保障标准与物价上涨挂钩的联动机制,避免物价上涨影响低收入群体的基本生活。(5)全力抓好安全生产。严格落实“一岗双责”和“两个主体责任”。扎实推进本质安全型县和安全乡村创建工作。进一步完善保障安全的长效机制。继续完善安全生产三级网络建设。着力强化专业技术人才培育和职工安全技能培训。高标准建设县级煤矿安全调度中心,提前建成煤矿“六大系统”,推进企业标准化和安全生产信息化。开展“打非治违”专项行动,重点抓好煤矿、道路交通、建筑施工、危险化学品、食品药品、特种设备、消防、民爆物品、森林防火等行业领域的专项整治,突出抓好煤矿瓦斯、水患和顶板三大隐患治理,严厉打击私挖滥采,切实消除安全隐患,努力促进安全形势持续稳定好转。(6)不断创新社会管理。抓好社会管理创新项目建设,提高社会管理科学化水平。完善信访维稳机制,健全突发事件应急体系,提高应急处置能力。加强社会治安综合治理和公路“三超”治理,依法严厉打击各类违法犯罪活动,努力维护社会大局的和谐稳定。(7)统筹抓好各项工作。加快发展水利事业,大力发展交通事业,着力完善城市功能。严格落实人口计生目标责任制,全面稳定低生育水平。积极开展“双拥”工作,不断加强民兵预备役建设。全面完成农村街巷硬化、文化体育场所和便民连锁店三个全覆盖工程。

引深“六化建设” 加速“五大赶超”
建设富裕沁源 文化沁源 宜居沁源

沁源县县委书记 李丁夫

2011年是“十二五”的开局之年。一年来,县委、县政府团结带领全县干部群众,着力推动转型跨越和“六化”建设,沁源经济社会发展取得了新进展、新成就,各项经济指标圆满完成,县域综合实力大幅跃升,实现了“十二五”良好开局。

2012年是沁源抢抓全省综改试验区发展机遇,率先走出资源型地区转型跨越发展新路,全面建设宜居和谐幸福新沁源的关键之年、加速之年、赶超之年。我们将围绕加速转型跨越、优先富民惠民、全面建设宜居和谐幸福新沁源的工作思路,以三步并作两步走、五年任务三年完的坚强决心,着力引深工业新型化、农业现代化、县域城镇化、城乡生态化、安全生产本质化、民生事业普惠化“六化建设”,强力推进项目集群、现代农业、文化强县、宜居家园、民生改善“五大赶超”,在全省全市县域经济社会综合考核中争先进位,奋力实现全县经济社会发展的目标任务。

一、以打造多品种优质煤生产供应基地为平台,突出以煤为基、多元发展,在项目集群建设上加速赶超

*一是加快建设煤焦电循环项目集群。*巩固提升煤矿兼并重组整合成果,加快煤炭产业规模化、集约化、机械化、信息化、标准化步伐。重点抓好17个90万吨以上煤矿、1个60万吨煤矿和2个30万吨煤矿的技改扩建,推进3个大型煤炭资源开发项目。全县原煤产量超过1000万吨。推进四大工业园区建设,延伸煤焦化、煤气化、煤电化循环产业链,抓好和大型焦化企业的市场对接,实施沁新集团2×135兆瓦综合利用热电联产等项目,不断提升煤矸石、煤层气、粉煤灰等综合循环利用水平。

*二是加快推进非煤非电产业项目集群。*力保年内完成老凹沟铝业双40万吨铝镁阻燃剂一期工程,并在“十二五”期间滚动投资300亿元,打造华北地区最大的铝镁新材料生产基地。顺利完成太岳山风电二期工程,开工建设三期工程,在全市率先实现风电新能源并网发电。加快推进晋煤物流新干线项目、永和水电站项目、沁新50万吨精密铸造及机加工等一批大项目,培育形成具有市场竞争优势、科技含量高、成长潜力大、带动能力强的新兴接续产业。

*三是加快打造招商引资项目集群。*坚持以市场为导向,提升产业竞争力,建立完善招商引资项目库,扎实做好项目的前期准备、包装策划和市场推介工作。瞄准大企业、大集团,引进一批支撑沁源转型跨越发展的大项目、好项目。在培育壮大沁新、康伟、通洲、马军峪、黄土坡等旗舰型企业的基础上,集中力量新增1～

2个销售收入超亿元的“小巨人”企业，各乡镇兴办创办2个以上能带动就业、促进增收的小型、微型企业。优化项目服务环境，提高项目审批效率，严格项目动态管理，解决好项目用地、资金、环评等问题，提高项目落地率和投资完成率。2012年力争再引进开工10个亿元以上的非煤产业和新兴产业项目，确保招商签约项目落地率不低于80%。

二、以持续增加农民收入为核心，突出“一村一品”和庄园经济，在现代农业发展上加速赶超

一要扎实推进农业产业化。围绕发展有机农业、绿色农业，以沁丰薯业有限公司为龙头，做强做大“一县一业”，全县发展脱毒马铃薯基地2666公顷。续建四大农业示范园区，新建健康畜禽养殖、食用菌白灵菇科技种植、特色农产品现代仓储物流三大园区。依托各乡镇资源禀赋，实施优质玉米、小杂粮、设施蔬菜、反季节蔬菜、食用菌、干鲜果、生态畜禽养殖、中药材种植等板块布局，发展“一村一品”专业村60个。健全农业社会化服务体系，培育农业产业化龙头企业、农民专业合作社、农村经纪人，建设农产品物流集散中心和物流配送体系，促进沁源农业与广阔市场的紧密对接。

二要大力发展庄园经济。健全以煤补农机制，搞活土地使用权集中流转，利用移民搬迁后的“空壳村”和耕地、荒山、水、电、路等资源，因地制宜发展度假型、开发型、养殖型、游娱型等多种生态庄园经济。2012年重点打造20个精品庄园，使特色庄园成为惠及百姓的“便民银行”，带动5000多农村剩余劳动力人均年收入突破1万元，实现经济效益、社会效益和生态效益的有机结合。

三要认真落实强农惠农富农政策。健全现代农业科技创新推广体系，抓好农业科技推广服务，大力培养各类农村实用人才，促进粮食增产、农业增效、农民增收。新出台12项惠农补贴政策，支持发展脱毒马铃薯、食用菌、蔬菜大棚、反季节蔬菜、干果经济林、规模舍饲养殖、山区吊炕等项目；对省、市“一村一品”示范村和重点推进村，对作出突出贡献的产业化龙头企业和农业示范园区，对获得精品庄园称号的生态庄园以及获得无公害食品、绿色食品、有机食品资格认证和省级以上知名、著名、驰名品牌的单位，要给予奖励扶持。

四要强力推进扶贫开发。落实国家新十年扶贫开发纲要，综合实施科技扶贫、专项扶贫、行业扶贫、社会扶贫，2012年力争减少贫困人口1万人。完成9个乡镇21个村的片区开发和整村推进工程，移民搬迁1000人。扎实开展干部下乡住村包村增收活动，帮助农村找项目、引项目、建项目，解决资金、技术、管理等问题，确保每个包扶村都要发展1～2个能够有效带动农民增收的好项目。实施农业阳光工程和扶贫雨露计划，培养有文化、懂技术、会经营的新型农民。

三、以深入贯彻落实十七届六中全会精神为动力，全面实施文化强县战略，在建设文化沁源上加速赶超

进一步传承和弘扬太岳精神，加快构建社会主义核心价值体系。以争创省级文明和谐县城为目标，广泛持久地开展群众性精神文明创建活动，让太岳精神内化为激励沁源人民与时俱进、开拓创新的强大动力源泉。大力发展特色文化产业，发挥沁源“三晋生态第一县”的资源优势，推进红色文化旅游区、佛教文化旅游区、生态休闲文化旅游区“三区同创”，打造沁源特色文化旅游品牌。积极搭建沁源文化与生态旅游、庄园经济互动发展的平台，让文化软实力真正成为沁源转型跨越发展的竞争力。大力提升公共文化服务水平，规划筹建一批标志性公共文化设施，继续推进户户通广播电视、文化信息资源共享、乡镇综合文化站、农村电影放映、数字图书馆推广、电子阅览室建设等重点工程，巩固农村文化体育活动场所全覆盖成果。抓好沁源秧歌等非物质文化遗产保护工作，扎实开展文化下乡活动，让基层群众共享文化改革发展的丰硕成果。

四、以城乡一体化发展为重点，切实加快特色城镇化进程，在建设宜居家园上加速赶超

一是高标准推进老城改造，全面提升县城品质。全面完成县城总体规划修编和城市设计。规范落实好《沁源县老城改造房屋征收与补偿方案》，完成老城改造一期1665套安置房小区建设。把山水特色和文化内涵融入到县城建设之中，建成安置区防洪景观等工程。加快制订村改居、农改非优惠政策，将城中村农转非人员全部纳入城镇社会保障体系，着力解决老城改造搬迁人员和进城农民的就业问题，制订鼓励农民进城的优惠政策，推进居住、医疗、子女入学等基本公共服务均等化，进一步膨胀县城人口。

二是高标准完善市政配套，全面提升县城功能。围绕创建国家卫生县城和省级园林县城的目标任务，重点推进天然气管道铺设、集中供热主管网铺设、生活垃圾处理场运行、污水处理厂配套安装氨氮处理设备等八大工程。

三是高标准推进小城镇和中心村建设，全面提升城乡统筹水平。坚持经济社会发展规划、产业布局规划和土地利用规划有机衔接，以郭道、李元、王和、灵空山为重点，在人口集聚、产业发展、公用设施等方面取得突破性进展，打造特色各异、充满活力的商贸大镇、工业重镇、能源新镇、旅游强镇。加快新农村建设，完成农村危房改造500户，每个乡镇发展2～3个中心村。全面完成中低压电网改造和农村街巷硬化全覆盖，实施5条县乡道路改造和永和水库淹没区交通复建工程，实施26处饮水安全工程。

五、以提高人民群众幸福指数为根本，突出抓好各项惠民工程，在民生福祉改善上加速赶超

一是实施就业惠民工程。开辟创业“绿色通道”，完善创业政策和服务体系，采取加强培训、减免税费、提供小额贷款等措施，引导鼓励更多有创业愿望和创业能力的人自主创业。扶持中小企业发展，支持劳动密集型产业和服务业发展，壮大民营经济，多渠道开发就业岗位，力争年内新增城镇就业和实现农村劳动力转移就业5000人。

二是实施保障惠民工程。完成125套廉租房分配工作，新建50套公租房，结合老城改造配套建设192套廉租房，让更多低收入群众住上新房。进一步扩大养老、失业、工伤、医疗、生育保险覆盖面。城镇居民医保和新农合财政补助标准提高到每人每年240元，确保全县新农合参合率达到100%。城乡低保标准分别提高30元、22元,农村集中供养、分散供养的“五保”对象补助分别提高500元、100元。落实好军烈属和伤残退伍军人优抚政策,积极发展社会福利和慈善事业。继续为全县农户每户提供1.5吨冬季取暖用煤。

三是实施教育惠民工程。贯彻落实《沁源县中长期教育改革发展规划纲要》,加快发展学前教育,年内新建改扩建15所幼儿园;推进义务教育阶段学校标准化建设,落实好寄宿制小学“一颗鸡蛋和一两肉”营养餐工程;突出发展优质高中教育,按照“规范+特色”、“合格+特长”的要求,力争高考成绩取得较大突破;多元发展职业教育,拓展“校企联办”模式,加快培养技能型实用人才。

四是实施健康惠民工程。县中医院、卫生监督所年底完成土建工程,妇幼保健院力争达到二级乙等标准。深化医药卫生一体化综合改革,巩固新型卫生所建设和基本药物制度全覆盖成果。强化疫病预防综合监控,规范卫生执法监督,加强食品药品监管。加快卫生信息化建设和医疗卫生队伍建设,提升基本公共卫生服务水平。全面落实计生政策,不断优化计生服务,大力实施“好娃娃工程”,人口自然增长率控制在5.6‰以内。

五是实施生态惠民工程。巩固省级环保模范县成果,推进节能减排、蓝天碧水、绿色生态工程,落实“净空、净水”计划,加大沁河流域和重点企业污染治理力度,确保沁河地表水稳定达到国家III类水质标准。实施沁河、法中、中峪3个乡6个村生态农业小流域治理,开展沁河、李元2个镇20个村环境集中连片整治,加强矿山开采及花坡等保护区的生态修复与保护。完成营造林2.5万亩(1666公顷)以上。县城空气质量二级以上天数超过360天。

六是实施社会管理惠民工程。完善党委领导、政府负责、社会协同、公众参与的社会管理格局,推行社区网格化管理和农村联网式管理,重点加强流动人口、新经济组织、新社会组织和虚拟社会的管理服务。广泛开展平安创建活动,严厉打击违法犯罪。健全利益协调、诉求表达、矛盾调处、权益保障等机制,妥善应对处置突发公共事件。严格落实政府安全监管和企业安全生产两个主体责任,持续深入开展煤矿、非煤矿山、森林、交通、建筑、危化等各行业各领域的安全生产专项整治,严厉打击私挖滥采等非法违法行为,严格实行安全生产事故一票否决制,减少一般事故,遏制重特大事故,让沁源人民生活得更安心、更舒适、更幸福。

引深“六化建设”　推进“五大赶超”
建设宜居、和谐、幸福新沁源

沁源县县长　**杨红旗**

2012年是党的“十八大”胜利召开之年,是全省综改试验区建设关键之年,也是全面建设宜居和谐幸福新沁源的加速赶超之年。沁源处于重要战略机遇期,我们要牢牢抓住难得的历史机遇,趋利避害、坚定信心,扎实做好2012年的各项工作。

一、2012年政府工作的总体思路

以邓小平理论和“三个代表”重要思想为指导,深入贯彻落实科学发展观,把握稳中求进总基调,围绕加速转型跨越、优先富民惠民、全面建设宜居和谐幸福新沁源的工作思路,突出产业结构的转型升级、资源优势的品牌特色、城乡建设的统筹推进、民生事业的普惠实效和安全稳定的本质提升,着力引深“六化建设”,强力推进“五大赶超”,确保全县经济平稳较快发展、社会和谐稳定。

二、2012年经济社会发展的预期目标

地区生产总值107.5亿元,增长15%;财政总收入26.3亿元,增长20%;一般预算收入9.7亿元,增长15%;规模以上工业增加值84.65亿元,增长20%;全社会固定资产投资57亿元,增长25%;社会消费品零售总额15.55亿元,增长18%;农民人均纯收入8618元,增长15%;城镇居民人均可支配收入22163元,增长12%;空气质量二级以上天数超过360天。

三、2012年政府工作重点

(一)在经济结构调整上,突出转型升级与招商引资,增强经济社会发展的支撑力。1.优化工业结构。以四大工业园区建设为载体,加快煤焦电循环和非煤非电产业项目集群建设。改造提升煤炭产业,深度延伸产业链条,大力发展与煤炭紧密相关的煤机械、煤物流、煤环保、煤安全等产业,特别要抓好煤电气综合开发,提升煤矸石、煤层气、粉煤灰、矿井水等综合循环利用水平。培育壮大铝镁冶炼、新型材料、精密铸造等非

煤优势产业，高端发展风能、太阳能、水力等清洁能源产业。集中力量新增1～2个销售收入超亿元的“小巨人”企业，各乡镇兴办创办2个以上能带动就业、促进增收的小型微型加工企业。

2. 提速项目建设。围绕省市“项目落地年”要求，重点抓好17个90万吨以上煤矿、1个60万吨煤矿和2个30万吨煤矿的技改扩建。推进3个大型煤炭资源开发项目。全县原煤产量超过1000万吨。实施筹备2×300兆瓦综合利用热电联产项目、2×1000兆瓦超临界空冷坑口电厂项目等。完成晋煤物流新干线项目、永和水电站一期工程、太岳山风电二期工程，以及双40万吨铝镁阻燃剂项目一期工程，打造华北地区最大的铝镁新材料生产基地。

3. 大力招商引资。建好招商引资项目库，做好项目的前期准备、包装策划和市场推介，积极参加各类项目商洽会，重点做好参加首届世界晋商大会的筹备和洽谈工作。引进大企业大集团，上好项目，上大项目。认真落实领导干部分包项目、联系企业制度，关注项目动态，服务项目推进，解决好土地、资金、环评等问题，提高项目落地率和投资完成率。

（二）在夯实“三农”基础上，突出品牌特色与庄园经济，增强经济社会发展的内生力。1. 壮大特色农业。在巩固粮食生产的同时，继续实行马铃薯种植补贴机制，抓好万亩种薯繁育基地和2666公顷商品薯基地建设，扶持建设马铃薯深加工项目，打造沁源“一县一业”品牌。引导壮大野猪养殖、食用菌生产和夏季草莓种植，形成新的特色产业。

2. 发展庄园经济。制订出台庄园经济发展规划，盘活农村闲置土地，用活现行土地政策，鼓励支持社会力量投资，因地制宜开发建设种、养、加、旅游、观光、休闲、度假等各类型农家庄园，年内重点打造20个精品庄园，带动5000多农村剩余劳动力人均年收入突破1万元，实现经济效益、社会效益和生态效益的有机结合。

3. 提高组织化水平。继续扶持发展农民专业合作社，重点扶持一批示范标准社。扶持一批农业龙头企业发展壮大。推进四大农业生态示范园区建设，打造全省一流的特色农业示范区。积极培育各类专业生产协会，构建起“农户＋合作社＋专业协会＋示范园区＋龙头企业”的农业发展组织体系。

4. 优先富民惠民。突出产业富民，粮食抓丰产，种养抓特色，年内“一村一品”专业村达到60个以上。坚持政策惠民，完善财政支农投入稳定增长机制，认真落实国家粮食直补、农资综合补贴、良种补贴、能繁母猪补贴、农机购置补贴等强农惠农政策，进一步完善食用菌、蔬菜大棚、规模养殖、山区吊炕、干果经济林等县财政补贴政策。注重就业利民，规范农村劳动力市场，引导农民有序外出就业，鼓励农民就近转移就业，力争年内实现农村劳动力转移就业3000人。综合实施科技扶贫、专项扶贫、行业扶贫、社会扶贫，力争减少贫困人口1万人。

（三）在推进大县城建设上，突出互补融合与稳步提升，增强经济社会发展的承载力。1. 完善城镇规划。坚持“先规划、后建设，长远规划、逐步建设，综合规划、有序建设”的原则，全面完成县城总体规划修编和县城老城北片区、河西行政文化中心控制性详细规划，搞好供热、供气、给水、排水、照明、防震减灾、环境卫生、综合交通体系等8个市政设施专项规划编制，抓紧郭道、灵空山、李元、王和4个建制镇的总体规划修编，构成城乡一体、配套衔接的规划体系。

2. 提升城市品位。实施老城改造工程，完成1665套安置房建设，完成50套3000平方米公租房主体工程；做好125套廉租住房分配，完成老城改造安置区192套廉租住房配套建设。实施城市景观建设工程。实施“打卡口，接断路”工程。实施市政基础设施提升工程，完成天然气连接管道、分输站以及市政燃气连接配套设施建设，启动集中供热扩建，建成县城粪便集中处理厂，完成污水处理厂配套安装氨氮处理设备。

3. 统筹城乡发展。加快新农村建设，完成农村危房改造500户，每个乡镇发展2至3个中心村。全面完成中低压电网改造和农村街巷硬化全覆盖。实施5条县乡道路改造和永和水库淹没区交通复建工程，抓紧6条道路改造前期工作，完成危桥改造工程。实施26处饮水安全工程。加快农田水利基本建设，抓好水库除险加固、农业综合开发小流域治理。加强农资、日用消费品配送中心和再生资源回收利用网络体系建设。加快制定村改居、农改非优惠政策，将城中村农转非人员全部纳入城镇社会保障体系，解决老城改造搬迁人员和进城农民的就业问题，加快实现居住、医疗、子女入学等基本公共服务均等化，有力推进县城扩容。

4. 加强生态建设。全面启动天然林保护二期工程，完成荒山绿化1000公顷，发展干果经济林1333公顷，公路提档绿化30千米等项目。开展“净空、净水”行动，实行大气污染联防联治和沁河流域治理，完成2个乡镇20个村环境连片整治，加大矿山生态保护与恢复治理，县城环境空气质量优良天数达360天以上，沁河地表水稳定达到国家III类水质标准，力争各项环保指标达到宜居水准。

（四）在文化产业开发上，突出创意发展与内涵提升，增强经济社会发展的软实力。一是实施三大融入行动，推进社会主义核心价值体系建设。把社会主义核心价值体系融入国民教育、精神文明建设和党的建设全过程，深入开展马克思主义指导思想和中国特色社会主义理想信念教育，开展文明县城、单位、社区、村镇、家庭等精神文明创建活动。二是实施三区同创共赢，推进特色文化产业体系建设。坚持以项目建设构建文化产业体系，以创意发展推动文化产业发展。建设太岳红色文化旅游区、宗教文化旅游区、生态休闲文化旅游区。扶持一批新的文化产业项目，重点抓紧山地自行车生态旅游项目建设。全力打造本土文化旅游品牌，培育新的文化消费增长点。三是实施三大公共文化工程，推进公共文化服务体系建设。启动县城文化艺术活动中心建设，改造提升县文化馆和图书馆，抓紧完善县体育馆后续工程并投入使用，加强社区文化设施和村文化室建设，建成国家级公共文化服务体系示范区。积极实施公共文化惠民工程，推进文化信息资源共享、数字图书馆推广、电子阅览室建设等重点文化惠民工程，搞好沁源非物质文化遗产保护工作。积极实施公共文化雨露工程。

（五）在民生事业发展上，突出普惠共享与实效实在，增强经济社会发展的向心力。一是全面发展科教事业。加大教育投入，实施学前教育三年行动计划，提升职业教育水平，全面启动教育质量提升工程，在全市率先实行小学生“一袋奶”营养工程。持续加大科技投入，积极引进推广工农业实用技术10项以上，职业技能培训2.6万人次。二是不断改善医疗卫生。继续深化卫生改革，推进实施基本医疗保障、基本药物制度、公立医院改革。投资4000余万元，加快基础设施建设。提高参合人员医疗保障水平，完善门诊统筹补偿和大病住院补偿制度。加强重大疾病防控，加大打击非法经营食品、药品力度，保障人民群众饮食和用药安全。深入开展爱国卫生运动和健康教育，持续整治城乡环境卫生。三是认真落实计生国策。着力提高人口素质，坚决控制低生育水平反弹，人口自增率控制在5.6‰以内。四是扩大社会保障覆盖面。加强公共就业服务体系建设。进一步扩大失业、工伤、生育保险覆盖面，城镇居民医保和新农合财政补助标准提高到每人每年240元。继续推进新农保和城镇居民养老保险工作，力争实现城乡居民养老保险全覆盖。建立临时救助机制。

（六）在体制机制建设上，突出创新完善与先行先试，增强经济社会发展的驱动力。一是创新土地管理机制。提高土地配置和利用效率，合理开发荒山、荒坡等非耕地和未利用地，规范土地流转，通过政策驱动、租赁经营、股份合作等方式，促进农村土地流转和规模经营向高层次、高水平发展。积极报备审批矿业用地整合利用，解决煤炭企业升级改造用地瓶颈。将矿山企业闲置建设用地进行复垦，盘活闲置土地，推动土地利用增减挂钩，优先供应重大产业项目、重大基础设施项目和重大民生工程项目。二是创新财政投入机制。完善财政预算管理，扩大预算公开范围，强化预算管理和监督。优化财政支出结构，加大农村、义务教育、社会保障和公共领域投入，在财政资金分配上向民生工程、重大项目倾斜。加大资金整合捆绑力度，完善政府项目投融资管理体系。三是创新项目推进机制。构建全方位、多层次、立体化的项目推进格局。进一步规范行政服务审批流程，畅通行政审批绿色通道。完善统分结合的项目责任落实机制。实行项目绩效考评机制。

（七）在加强社会管理上，突出和谐稳定与应急管理，增强经济社会发展的保障力。1. 狠抓安全生产。全面落实政府安全监管和企业安全生产主体责任，严格安全生产目标考核和责任追究，推进安全生产标准化建设。努力提高管理人员和务工人员安全素质。持续深入开展煤矿、非煤矿山、森林、交通、建筑、危化行业、领域的安全生产专项整治，减少一般事故，遏制较大以上事故。加强安全监管队伍建设。严厉打击私挖滥采、超层越界开采等非法违法行为，维护正常的矿业生产秩序。

2. 加强综合治理。妥善解决土地征用、房屋拆迁、企业改制、农民工工资等群众反映强烈的问题，坚决纠正损害群众利益的行为。建立重大工程项目建设和重要政策制定的社会稳定风险评估机制，健全矛盾纠纷排查化解网络，强化社会矛盾源头治理。

3. 完善社会管理。加强应急管理工作，提高保障公共安全和处置突发公共事件的能力，预防和减少各类自然灾害、事故灾难、公共卫生和公共安全事件的发生及其造成的损失。加强民族宗教事务管理，巩固和谐的民族关系。完善社会治安防控体系，推行社区网格化管理和农村网联式管理，重点加强流动人口、新经济组织、新社会组织和虚拟社会的管理服务，严密防范和依法打击各类违法犯罪活动。

坚持“四个发展”战略　冲刺全国百强县

长治县县长　李文兵

2011年，长治县紧紧围绕“四个发展”战略，抓细化、抓落实、抓成效，以坚定的信心和勇气，攻坚克难，砥砺奋进，圆满完成县十五届人大一次会议确定的各项任务，实现了“十二五”的良好开局。

2012年是党的“十八大”召开之年，是长治县经济社会发展的蓄势起跳年，是全面实施“十二五”规划承上启下的重要一年，也是全力冲刺进百强、加快转型跨越的关键一年。我们必须鼓足干劲，锐意创新，进一步抓细化、抓落实、抓成效，努力把2012年的工作做得更好。

一、2012年政府工作总体要求

以冲刺全国百强县为目标，坚持“四个发展”战略，坚持好中求快发展，大力推动产业转型、城乡统筹、综改扩权、民生保障事业和政府系统自身建设，努力实现全县经济社会更好更快发展，为2013年进入全国百强县奠定坚实基础。

二、2012年经济社会发展主要预期目标

地区生产总值260亿元。财政总收入在全面完成市下达任务55.41亿元的基础上，确保70亿元，力争达到80亿元，其中，一般预算收入23亿元。全社会固定资产投资104亿元。城镇居民人均可支配收入2.2万元，农民人均纯收入突破万元，增长15%以上。

三、2012年政府重点工作

（一）加快转型发展步伐，推动全县经济快速发展。1.改造提升传统产业。加快17个煤矿扩能改造项目建设，支持六大煤炭集团通过兼并重组、合资合作、改造上市等多种途径做大做强，大力支持煤炭企业发展非煤产业。2012年完成非煤项目投资12亿元以上。

2.大力发展新兴产业。加快发展机械制造、医药健康、光伏能源、文化旅游、现代贸易农业等新兴优势产业。加快推进成功集团30万辆微车、易通年产6000吨钕铁硼、惠丰特车、潞安安太、捷成数控等项目建设，形成机械制造整体优势。医药健康产业要充分发挥振东医药物流的区域辐射优势，提升医药产业核心竞争力。光伏产业要以产业链的延伸加快推进新兴优势产业的集群发展。文化旅游产业要加快五大景区开发。现代贸易农业要以农产品物流园区为依托，整合农产品供应链，壮大贸易农业。培育和发展现代金融业。

3.加快建设四大园区。完善园区产业协作配套，促进园区项目集聚、产业集群形成特色。全力打造全省转型标杆示范园区。农产品物流园区要加快蔬菜水果、粮油花卉等功能区建设进度，建立电子商务现代物流系统，提升农产品现代物流水平。医药健康产业园要重点建设医药科技、保健食品两大基地。新型工业创业园要重点推进新型制造业、新材料产业和新能源产业基地建设。

4.壮大“三大企业方阵”。培育壮大六大煤炭集团、振东、成功、易通、日盛达等优势企业，力争有更多的企业进入全省“双百亿”行列。加快发展设施农业、商贸物流、新型建材等100个产值在5000万元以上的中小企业。大力支持高科技、高就业的“两高”型中小微企业。

5.加快项目建设。进一步扩大投资规模，确保年内上马投资千万元以上项目100个，千万元以下项目100个，完成投资80亿元以上。进一步加快项目落地速度，加大协调跟进力度，着力解决土地、资金、环评等问题，确保项目落地率达到70%以上。

（二）加快推进城镇化进程，打造城乡一体化新范式。一是在大县城建设方面，启动实施县城及县城以北“城市区”的建设工作，加快产业聚集区24个村的迁村并区工程，力争年内完成67万平方米的农民安居房建设任务。加快“五纵十横”道路改造进度。加快实施全省百镇示范镇苏店镇的改造工作。重点城建项目要确保建设质量，确保工程进度，确保按时完工。在小城镇建设方面，坚持整体规划、梯次推进，先行将荫城镇打造成型。在大村整合方面，综合考虑产业布局、经济实力、行政区划等因素，规划整合50个重点大村。二是加强基础设施和公共服务体系建设。加快县城第二热源厂供热二期工程建设，优化供热布局。加快实施35项农村公路改造项目。投资2.98亿元实施新一轮农村电网改造。农村宽带普及率达30%以上。合理布局教育、医疗、文化等公共服务设施和环保、商业服务设施，不断提高小城镇综合承载力和竞争力。设立城镇化专项资金，加快推进城乡一体化。开展“省级园林县城”创建活动，建设宜居县城。推进户籍制度改革。三是强化城市管理，提升城市现代化水平。坚持建管并重、综合治理，构建人性化、标准化、精细化的管理大格局。积极探索建立“数字城市”、“智慧城市”，推进数字化城市管理，提高城市管理水平。

（三）做好“三农”工作，巩固农业农村好形势。坚持把“三农”工作作为各项工作的重中之重，全年县本级财政新增“三农”投入7000万元。一要切实抓好农业发展。确保粮食产量稳定在1.2亿千克以上。积极发展设施农业。巩固传统生猪养殖优势。加快水利设施建设。重点支持一批现代农业科技示范园区建设。强化农产品全程质量安全管理。开展争创品牌活动，力争新增国家级和省级名牌农产品3个以上。提高农业科技支撑能力，抓好2个科技示范基地建设。全力创建国家现代农业示范区，打造农业技术示范和推广平台。深入推进新农村建设。建立健全农村环境整治机制，抓好环境连片整治工作，着力改善农村生态环境和村容村貌。加快农村住房改造建设，优化农村土地资源配置，提升农村建设空间和水平。完善农业社会化服务体系，提高农民专业合作社发展水平。三要多渠道增加农民收入。认真落实强农惠农富农政策，确保种植业补贴、养殖业补贴等六大项补贴落实到位，增加农民转移性收入。大力发展农村二、三产业，加强农民职业技术培训，扩大农民转移就业规模，增加农民工资性收入。积极稳妥地推进土地承包经营权流转，使农民的财产性收入超过全市平均水平。

（四）切实加强环境保护，努力建设山川秀美“生态黎都”。一是持续推进节能降耗。加强对重点企业的节能监测鉴定，坚决淘汰落后产能，抓好重点行业和企业节能工作。二是切实加强环境保护。继续推进城乡清洁工程，加快垃圾处理中心建设进度，深入开展违法排污排查整治专项行动，加快推进陶清河生态经济带建设，大力实施造林绿化工程。三是努力搞好生态修复。改善矿区、农村生产生活条件和生态环境，重点做好煤矿塌陷区生态修复治理和非煤矿山采后的生态修复，抓好地质灾害治理工作。

（五）加快文化事业和文化产业建设，大力推动文化大发展大繁荣。加快发展文化事业，健全文化惠民工程长效机制，实现村村文体活动场所全覆盖。加大对文化提升、艺术创作的支持力度，提升全县公共文化服务水平。大力发展文化产业，设立文化产业发展专项资金，制定实施文化产业发展规划，落实好文化产业扶持政策，策划实施一批重大文化产业项目，加快重点文化产业项目和区域文化产业群建设，推进文化产业与旅游开发深度融合。完善文物保护机制，加强对非物质文化遗产的保护、挖掘、传承和利用。

（六）努力保障和改善民生，推进社会事业全面发展。一要全力做好就业工作。确保全年实现新增就业人员 2915 人的目标。加快发展制造业、现代服务业等吸纳就业能力强的产业。加强职业培训和创业扶持，为创业者提供更加优惠的政策扶持力度。二要进一步提高社会保障水平。做好小城镇及城中村农民转城镇居民的参保工作，重点推进规模以上企业全员参加社会保险工作。支持社会养老机构建设运营，不断提升养老服务水平。适度提高城乡居民医疗保险报销比例和最高支付额。继续提高城乡低保保障水平。三要加快发展教育、卫生事业。优先安排教育投入，优化城乡教育布局。加快义务教育薄弱学校改造工程，实现义务教育标准化。完成 13 所农村小学校的撤并工作，改扩建 4 所寄宿制小学，促进义务教育均衡发展。加快教育园区建设进度。深化医药卫生体制改革，全面推进公立医疗改革。加快县医院、中医院改造建设，逐步改善基层医疗卫生基础设施，全面提高县乡医疗服务水平。适度稳定低生育水平，提高人口素质。四要完成农村新的“五个全覆盖”任务。巩固新型农村社会养老保险、中等职业教育免费、便民连锁商店全覆盖成果，加快实施农村街巷硬化、文化体育场所全覆盖工程，确保年内实现农村新的“五个全覆盖”目标。五要推进保障性安居工程。继续实施农村危房改造工程。

（七）全力抓好安全稳定工作，努力保持社会和谐稳定。严格落实政府安全监管责任和企业安全生产主体责任。建立安全生产隐患查报整改和动态监管信息系统。深入开展安全专项整治行动，严厉打击非法违法生产建设行为，加强煤矿、非煤矿山、危险化学品、道路交通、消防、建筑施工、民爆物品等重点行业领域的安全监管，坚决遏制较大以上事故发生。多措并举维护社会和谐稳定，构建多元化的社会矛盾纠纷排查调处体系，加强信访和行政复议，畅通群众利益诉求表达渠道，加强社会管理综合治理，依法打击各类违法犯罪活动。健全公共安全应急体制，提高突发事件应急处置能力。

（八）做好综改试点和扩权强县工作，打造发展新优势。推动综改试验区建设深入开展。继续深化各项改革，加快推进扩权强县工作。提高对外开放水平，加大招商力度。

以思想的新解放
迎接发展的新机遇　促进工作的新跃升

晋城市城区区委书记　**张玉宏**

解放思想是发展中国特色社会主义的一大法宝，是制度创新的前提，是创造性实践的先导，更是迎接挑战、推动工作的关键和核心。对此，晋城市城区以“思想解放”为先导，以“求真务实”为基础，以“开拓创新”为依托，以发展城市型经济为要务，以推进和谐发展为目标，不断转变观念，扎实埋头苦干，逐步迎来了快速发展的新纪元。

一、思想解放不断深入，转型发展硕果累累

（一）冲破五重压力，经济逆势增长。冲破蓝天碧水工程带来的沉重压力，产业结构调整带来的压力，煤炭资源整合带来的压力，国际金融危机带来的压力，取消地税过渡户带来的压力，在挑战中谋发展，在逆境中保增长，圆满完成“十一五”的各项目标任务。一、二、三次产业比例从“十五”末的 3.9∶35.6∶60.4 调整为“十一五”末的 3.3∶22.7∶74.0。

（二）形成五大区域，发展整体推进。坚定不移地实施重点工程带动、招商引资拉动、“三杯”竞赛驱动战略，开创了“东西南北中，城区在前进”全面发展的新格局。东有北石店区域城市化改造，掀起一个 8.6 平方千米、10 万人口的现代化新区建设高潮；西有豪德商贸物流园区，两期总投资 12 亿元，总建筑面积 43 万平方米，山西省东南部最大的商贸物流集散地正在形成；南有洞头生态旅游区的开发，以洞头为龙头、以乡村旅游为主体、以连南路为主线，联动推进了南部山区 10 个村、近 20 平方千米、4700 多人全面脱贫致富；北有白马寺山森林公园的整体提升，成为镶嵌在晋城这座新兴城市的生态绿心、天然氧吧和中心花园；中间有正在积极推进的 15 个城中村改造和 20 个商贸中心建设，为主城区的核心商业发展注入了强大的生机和活力。

（三）狠抓五个覆盖，保障改善民生。实现了教育基础工程全覆盖，新改扩建星河学校、凤鸣小学等一批中小学校，全面完成校舍危房改造等“五大教育基础工程”。想方设法筹资5000多万元新建城区职业中学，积极创造条件支持华洋职业中学建设，各类教育实现全面均衡发展。实现公共卫生全覆盖、医疗保险全覆盖、城乡低保全覆盖，成为全省第一个实现农家书屋全覆盖的县（区）。

（四）推进党的建设，社会全面进步。扎实推进“三级联创”活动，夯实基层党组织建设，探索建立起街道“大党工委”体制。党风廉政建设取得明显成效。精神文明建设成果丰硕，跨入“创建全国文明城市先进市”行列。城区制作的动漫片《白马少年》被国家广电总局评为优秀国产动画片。

二、凝聚强大合力，“十二五”扬帆起航

（一）狠抓项目建设，打造跨越城区。围绕打造全市商贸物流、现代服务、旅游文化、休闲娱乐四大中心的功能定位，重点发展好现代物流、现代服务、新型工业、文化旅游、以城中村改造为基础的社区服务业、现代都市农业等六大优势产业，全力开展“项目落地年”活动。一要抓大品牌。力争引进沃尔玛、家乐福、王府井、上海新世界、锦江国际广场等项目，打造品牌城区，建设购物天堂。二要抓大项目。重点抓好总投资236亿元的30项重点工程。三要抓大园区。豪德商贸物流园要在一期开业、二期开工建设的基础上，积极引进红星美凯龙，建设一批大型物流中心、专业市场和农副产品批发市场，促进物流业规范化、现代化发展。北石店新型工业园要加快手续办理，年内确保至少两项大型工业项目落地。晋城现代都市农业生态园要积极引进农业先进技术，发展休闲生态游项目，不断提高园区的经济效应、社会效应和生态效应。上海晟峰软件园要加快项目的土地、规划、环评等手续办理，正式开工建设，积极引进一批高新技术企业，提高转型发展“含金量”。钟家庄装备制造工业园要加快推进前期工作，主动融入富士康“金匠中原计划”。四要抓大集团。在对接上海、对接华润的基础上，全面对接富士康集团、豪德集团、晋煤集团、汾酒集团和兰花集团。

（二）狠抓开放引进，打造品牌城区。坚持把招商引资作为转型跨越的重要支撑，紧紧抓住综改试验区建设和“对接上海、融入中原”战略实施的重大机遇，在更大的空间、更高的层次、更广的范围内扩大对外开放。进一步制定完善和落实好招商引资的各项优惠政策，营造人人都是软环境、个个都是好公民的社会氛围，营造亲商、爱商、重商的发展环境。进一步加强与以上海为核心的长三角地区和富士康、华润、晋煤以及各行业领域的龙头企业的联系对接，实打实、点对点、一对一跟进招商，加大力度，取得实效。重点抓好沃尔玛、家乐福、王府井、红星美凯龙等项目的落地工作。

（三）狠抓城市管理，打造魅力城区。在城中村改造上，立足“方便、温馨、开放、现代”的主格调，加快城中村改造步伐。通过高起点规划、高标准设计、高水平建设，引进知名品牌，建设一批功能完善的城市综合体。在文明创建上，深入开展文化卫生年活动，把文化卫生建设提到新的战略高度。大力宣传社会主义核心价值体系，广泛宣传“自强不息、百折不挠、坚持不懈、决不放弃”的城区精神。坚持文化强区和文化惠民，大力实施“文化低保”，推进城区文化的大发展大繁荣。深入开展创建全国文明城市活动，确保早日创建成功。在城市管理上，要巩固创建国家卫生城市的成果，完成第二轮环卫作业经营权的拍卖工作，使这种成果向城乡结合部及周边农村延伸，不断强化居民的卫生意识和健康观念，抓好造林绿化、城市景观绿化和城市亮化等工程，为全国文明城市的创建奠定基础。

（四）狠抓民生改善，打造和谐城区。把保障和改善民生放在更加突出和更加优先的位置。在提升群众幸福感上：一是做好教育优先发展工程，不断加大投入力度，完成中小学校标准化建设。二是做好医疗提质工程，着力推进市二院住院大楼建设工程，加快推进晋城大医院拆迁进度，确保开工建设，同时还要全面完成农村新的“五个全覆盖”工作。在增强群众安全感上：一是抓好安全生产工作，坚决杜绝重大安全生产事故发生。二是提升信访工作水平，坚决做到“六个强化”，坚决杜绝群体性事件发生。三是创新社会管理。深入推进平安创建活动，扎实推进社会治安综合治理，依法严厉打击各类违法犯罪活动，维护社会和谐稳定。

（五）狠抓全民创业，打造创业城区。转变职能，推动部门创业。牢固树立“小政府、大服务”的理念，推动部门职能由管理向服务的根本转变。创优环境，推动企业创业。通过实施帮扶计划和各项政策措施，做大企业规模，壮大总体税源。搞好服务，推动全民创业。搞好创业培训，为创业者提供创业资金、项目指导等各项服务，成立行业协会，使创业者在起步阶段就能得到指导和支持。扩大创业领域，形成创业氛围。动员和引导百姓创家业、能人创企业、干部创事业、全民创大业。

创先争优开新局　为民服务促发展

高平市市委书记　谢克敏

开展创先争优活动以来，高平市委按照省委和晋城市委统一安排部署，高度重视，精心组织，带领全市基层党组织和全体党员积极投身转型跨越发展的主战场，在推动科学发展、促进社会和谐、服务人民群众、加强基层组织的实践中建功立业，有力地促进了全市经济社会转型跨越发展。

一、以“六个抓手”为龙头，活动推进有了新局面

（一）抓组织领导，促进市乡村三级联动、整体推进。及时组建领导机构，制订实施方案，建立市四大班子党员领导及创先争优活动领导小组成员联系点、定期召开领导小组会议、定期汇报活动情况、深入基层调查研究、集中宣传先进典型等一系列制度。各基层党组织也成立了相应的领导机构和办事机构，通过制作宣传版面、设置公开栏、悬挂横幅、刷写标语、印发简报等多种有效形式开展宣传动员，营造了良好的活动氛围，实行“三级联动”，推进了创先争优活动在全市范围内广泛深入地开展。

（二）抓学习提高，促进党员干部认识有新提高、素质有新提升。先后举办“高平大讲堂”20期，邀请省内外专家学者讲课，受训党员干部5000余人次；组织市四大班子领导、各基层党（工）委负责人赴江苏、上海、山东等地参观考察、挂职锻炼、举办学习班，全市副科级以上干部普遍进行了轮训，进一步解放了思想、开阔了视野。对全市730名新任农村“两委”主干进行集中培训，提升了加快转型发展、推进新农村建设的能力和水平。

（三）抓主题载体，促进创先争优活动有方向、工作有引领。结合高平实际，确立“发挥两个作用，争创一流业绩，推动科学发展”的活动主题，要求各级党组织和广大党员要努力当好“四个先锋”，即：在转型发展上当先锋，在改善民生上当先锋，在基层组织建设中当先锋，在狠抓落实上当先锋。同时，区别不同领域、不同行业党组织和党员特点，指导基层党组织紧紧围绕本地本部门的中心任务，在活动主题和载体上努力创新，进一步引领广大党员干部在转型跨越发展的主战场创先争优。在农村，围绕开展争做“新农村建设先锋”活动，以推行“四议两公开”工作法、推进场所建设为载体，努力使党组织成为推动科学发展、维护农村稳定的领导核心。在街道社区，围绕开展争做“文明和谐先锋”活动，以创建平安和谐社区为载体，提高社区党建“四有一化”水平。在国有企业，围绕开展争做“创新发展先锋”活动，通过建设“四强”党组织（推动发展能力强、服务群众能力强、凝聚人心能力强、促进和谐能力强），开展比安全、赛和谐，比管理、赛绩效，比效益、赛贡献，比学习、赛创新，比廉洁、赛形象，比转型、赛发展活动，不断增强国有企业党建工作活力。在机关和事业单位，围绕开展争做“爱岗敬业先锋”活动，以开展“讲党性、重品行、作表率”活动和党员示范岗活动为载体，加强党员干部作风和本领建设，加快政府职能转变；非公企业党组织围绕争做“创业奉献先锋”，提高非公企业党建水平。

（四）抓公开承诺，促进组织设岗定责、群众得到实惠。按照不同岗位的职责要求，对全市党组织和党员的公开承诺进行细化分解。乡镇以“促增长、促民生、促稳定，争创桥头堡、争创排头兵”的“三促两争创”作出承诺，并结合本地实际细化承诺内容。农村以“抓产业、抓整治、抓党建，促进农业生产发展、促进农村和谐稳定”的“三抓两促进”作出承诺，推动本村新农村建设的各项工作再上新台阶。社区以“重管理、重服务、重联建，打造文明社区、打造和谐家园”的“三重两打造”作出承诺，不断提高社区党组织建设水平和为居民服务的能力。机关以“高标准、高质量、高效率，争创和谐单位、争创满意机关”的“三高两争创”作出承诺，扎实开展学习弘扬右玉精神，开展五治五督，加强作风建设活动，不断提高行政管理能力。学校以“比教风、比学风、比校风，创办和谐校园、创办满意教育”的“三比两创办”作出承诺，不断提高教学水平。医院以“改革医疗体制、改善医疗条件、改进医德医风，保障医疗卫生安全、保障基本医疗服务”的“三改两保障”作出承诺，推动医疗体制改革的顺利进行，为全市群众提供优质的医疗服务。非公有制经济组织以“讲政治、讲发展、讲责任，提升凝聚力、提升竞争力”的“三讲两提升”作出承诺，不断提高非公有制经济组织党建工作水平，为企业发展创造和谐的内部环境。并对承诺活动提出“贴近民意，认真提诺；把好环节，严格审诺；创新形式，公开示诺；完善制度，保障践诺”的承诺要求，各级基层党组织在承诺过程中，采取了“一件事承诺”、设岗定责、挂牌上岗等措施，有效促进了承诺活动的开展。全市各级党组织和广大党员在践诺实践中，解决群众出行难、吃水难、上学难、就医难等各类民生问题1622件，为群众办实事好事2855件，受惠群众达30余万人。

（五）抓典型带动，促进基层党组织比学赶超、立足岗位作贡献。在全市范围内广泛宣传基层党组织开展创先争优活动的好做法、好经验，大力宣传不同类型先进基层党组织和优秀共产党员的事迹。先后拍摄电视专题片22期、印发简报45期、在《太行日报·高平版》出版创先争优专刊1期，在三晋红E网、晋城在线等市级以上新闻媒体编发新闻稿件20余篇。通过典型带动，充分调动了基层党组织和广大党员参与的积极性，形成以点带面、成片联动、整体推进、全面覆盖的格局。

二、以“两个转移”为引领，转型跨越有了新成效

（一）煤炭产业进一步夯实巩固。完成煤炭资源整合企业兼并重组工作，成功组建高平科兴能源集团。在晋城市率先完成协议签订、名称预核准、进驻接管、采矿许可证办理工作，全市保留煤矿29座，产能达到2700万吨。全面加快现有矿井的技术改造升级，矿井规模化、集约化、现代化水平显著提升。

（二）产业结构进一步优化。大力实施“两个转移”战略，要求境内所有煤炭企业都要带头实施“两个转移”，围绕新能源、新材料、煤电化工、装备制造、轻工食品、特色农业、文化旅游、现代服务等八大战略新兴产业，科学规划产业发展方向和链条延伸，大上非煤项目。规划建设了四大工业园区、三大农业示范园区、两大物流园区、文化产业园区七大经济区块，全力打造以坪曲线、207国道为轴线的两条“高速经济走廊”；积极组建煤炭、焦电、冶铸、服饰、饮料、生猪加工等六大企业集团，扶持鼓励企业走规模化、品牌化、集团化道路，煤炭产值在地区生产总值中的比重显著下降，经济结构从原来的“一煤独大”，转变为煤焦产业、非煤工业、第三产业、现代农业为核心的“多元并举”。

（三）招商引资成效明显。坚持招商引资与招才引智相结合、引进外资与盘活内资相结合，积极组团参加港洽会、深交会、中博会、煤博会等招商引资活动，在上海举办了招商项目推介及洽谈会，组织专门招商团赴深圳、厦门、杭州以及山东诸城、寿光、青州等地参观考察和招商引资，成功引进中国大唐集团、华润医药集团、纽威国际集团等一批中国500强和外资企业。“十一五”以来，共签约项目、达成协议60余项，投资总额178亿元，拟引资111亿元，进一步增强了经济发展的内在动力和活力。

（四）项目建设和新兴产业发展成效显著。“十一五”期间，全市项目建设投资达150亿元以上，其中，重点工业技改项目52项，投资亿元以上的项目10余项。先后建起以唐一新能源、融高太阳能、福川制铁、雨润集团新胜肉类、上海杰隆生物活性肽等一批新能源、新材料、装备制造、轻工食品企业，为“十二五”转型跨越发展奠定了坚实基础。2011年，全市生产总值208.4亿元，财政总收入36.5亿元，一般预算收入10.3亿元，城镇居民人均可支配收入18592元，农民人均纯收入7596元。全市综合经济实力位列中部百强31位，被评为2011年中国全面小康成长型百佳县市，位列中西部50强第七位；在全省119个县（市）综合考评中，发展指数名列第二位，发展水平名列第五位，被省委、省政府表彰为全省“十一五”时期经济社会发展先进县（市、区）。

三、以“民生改善”为主线，统筹城乡有了新进展

（一）新农村建设迈上新台阶。强势推进富民、健康、希望、户通、生态、创建、平安、强基等新农村建设“八大工程”。五年来，“八大工程”累计投资15亿元以上，率先在全省实现了校舍安全、甲级卫生所、生态园林村、饮水安全、平安创建、村级组织活动场所以及农村街巷硬化、农村文化体育场所、中等职业教育免费、新型农村社会养老保险“十个全覆盖”，有效改善了农民群众生产生活条件。(1)富民工程。全面加快现代农业发展，三大龙型产业链初步形成；建成设施蔬菜大棚上万栋，带动农民就业1.3万人，农民人均纯收入年均增长11.6%。(2)健康工程。市政府每年投入1000万元作为卫生事业发展基金，新改建乡镇卫生院13所，实现了村村有卫生所的目标。(3)希望工程。每年投入教育事业1亿多元，全面实施了标准化中小学建设、校舍危房改造和农村中小学、幼儿园建设工程，城乡教育得到均衡发展。(4)户通工程。全面实施户户通水泥路、通自来水、通沼气工程，农村基础设施得到明显改善。(5)生态工程。全力实施六大林业工程，林木覆盖率每年提高1个百分点以上。(6)创建工程。大力加强农村文化基础设施建设，全市200个新农村示范村和达标村全部达到“五有”标准，形成了市有文化中心、乡有文化站、村有文化大院、户有文化室的“四级联创”文化阵地全覆盖格局。(7)平安工程。全面实施“天网工程”，构建了城乡一体化的社会治安防控体系，被确立为全省加强和创新社会管理试点市。(8)强基工程。大力加强支村两委活动阵地建设，所有行政村全部达到“三室八有”标准，彻底解决了村级组织两委办公无阵地、党员活动无场所问题。

（二）深入开展“六村联创”活动。把新农村建设“八大工程”与“创先争优”活动有机结合起来，大力开展经济强村、文明卫生村、生态园林村、平安和谐村、文体模范村、党建先进村等“六村联创”活动，鼓励农民群众积极开展形式多样的文化体育活动以及平安和谐、文明卫生等创建活动，进一步巩固提升新农村建设“八大工程”成果，努力提高农民群众的生产生活水平。2011年，全市共建成经济强村23个、文明卫生村88个、平安和谐村80个、生态园林村62个、文体模范村91个、党建先进村89个，进一步提升了全市新农村建设的层次和水平。

（三）全力办好为民实事。坚持每年为民办好若干件实事，有效解决了群众“增收难、行路难、上学难、看病难、吃水难”等问题。针对烧煤难问题，每年拨出上亿元为全市农民群众和弱势群体供应煤炭20万吨，全面铺开集中供暖供气工程，实现集中供暖140万平方米，集中供气6000户；针对住房难问题，新建经济适用住房1306套、廉租住房120套；针对吃水难问题，组织实施饮水安全工程，累计解决275个村、14.6万人的饮水安全问题；针对上学难问题，率先在全省完成校舍安全工程，实验中学、中专、河西二职、王报三职、高平六中建设稳步推进，中小学办学条件明显改善；针对就业难问题，累计新增城镇就业岗位2.4万个，农村剩余劳动力输出与就地转移9.3万人次，城镇登记失业率1.7%；针对弱势群体生活困难问题，不断健全社会保障体系，征缴各类社会保险费7.1亿元，发放社会保险金4.2亿元；针对养老难问题，农村养老保险实现村村全覆盖，实现了乡乡都有敬老院的目标。针对农民群众洗澡难问题，在全市广大城乡建设大众太阳能浴室工程180个。

四、以“固本强基”为核心，干部队伍和基层组织建设有了新提升

（一）作风建设成效明显。大力推行“三考两推两评两票决”的干部选拔任用机制，进一步匡正选人用人风气，促进干部综合素质全面提升；结合保持党的纯洁性教育、纪律作风整顿活动，广泛开展讲党性、重品行、作表率和“政府转职能、干部转作风”活动，着力在“减少审批事项、减少审批环节、提高办事效率”上下功夫，有效促进了“干部转风、部门转能、经济转型”。

（二）基层组织进一步加强。在广大农村，狠抓基层组织活动阵地建设，在全省率先实现了较高层次的活动场所全覆盖，被省委表彰为“村级组织活动场所建设先进县委”。大力推行“四议两公开”工作法，进一步完善了村级民主自治机制。在街道社区，改设三个街道党工委，建立街道社区“大党工委”体制。成立非农社区党支部18个，全面落实“三有一化”任务，实现了有人管事、有钱办事、有场所议事。在窗口单位，开展“爱岗敬业先锋”主题实践活动，提升了窗口单位行业服务水平和质量。在非公领域，成立中共高平市非公有制经济组织工作委员会，创新了非公有制经济组织党建的领导体制；积极探索和改进“两新”组织中党组织活动的内容、方式和方法，增强了党组织在非公有制经济领域的影响力。

（三）主题实践活动扎实有效。大力开展干部下乡住村、领导包村增收、“进百村入千户帮万人”、“党员志愿者”、“爱岗敬业先锋”等主题实践活动，积极开展“党员承诺制”、“党员责任区”、“无职党员设岗定责”等活动。600余名科级干部与1500余个党员贫困户和群众困难户结对帮扶；帮助137个村制定和完善了发展规划，为13个后进村理清了发展思路，为农民群众提供致富信息231条，组织6000余名群众参加了蚕桑、果蔬、生猪、农技等培训班，帮助2936名困难家庭成员实现了就业。集中清理化解重访缠访案件36件。为12余万群众解决了一批实际问题。

在争先转型跨越发展中实现翻番强县目标

泽州县县委书记　**崔守安**

泽州雄踞太行、俯瞰中原，资源丰富、人文荟萃，是全省“十一五”时期经济社会发展先进县。站在“十二五”新的历史起点上，顺应省市发展潮流，泽州明确提出未来五年，要以争先转型跨越发展为主线，以建设城乡一体化先行县、打造中部地区经济强县为目标，确保全县各项主要经济指标翻一番，力争一番半，使泽州在中部地区县域经济百强县的位次大幅度前移，向二十强迈进，实现翻番强县。经过开局之年的大胆实践，2011年全县生产总值、财政总收入、一般预算收入、农民人均纯收入等主要经济指标增幅达到15%以上，特别是农民人均纯收入同比增长19.5%，实现了“十二五”发展的精彩开局。面对新形势，迎接新挑战，认真做好2012年的各项工作，大力推进翻番强县进程，对于泽州来说，就是要做到“六个坚持不懈”：

一、坚持不懈解放思想，在转型综改先行试点县建设上大胆实践

转型综改先行试点县建设的过程，就是不断解放思想、探索创新的过程。按照全省转型综改“一市两县”行动方案，泽州被确定为市级转型综改先行试点县，这是省市赋予泽州的重大机遇和改革授权，必须以更大的决心和勇气，坚定不移地举转型旗，走综改路。

一是解放思想。大胆破除小富即安、小进即满的小农观念，破除画地为牢、固步自封的保守思维，破除四平八稳、按部就班的消极思想，大力弘扬"不甘人后、勇争第一"的泽州精神，通过解放思想来统一思想、统一认识、统一意志、统一步调、统一行动，朝着预定的目标迎难而上，奋勇前行。二是选准路径。在发展形态上实现由采掘文明向制造文明转变，在发展方式上实现粗放高耗增长向集约绿色发展转变，在发展定位上实现煤炭基地向现代产业基地转变，在发展战略上实现资源大县向经济文化强县转变，在发展动力上实现资源依赖向创新驱动转变。三是抓住关键。继续巩固转型发展的成果，进一步扩大非煤产业投资比重，从项目、用地、政策等方面形成对新兴产业的支撑倾斜导向，加快建设一批见效快的大项目、好项目和强项目，依托重大项目开展政策先行先试。四是深化改革。改革行政审批，提高办事效能。扎实推进财税、土地、科技和金融等领域的改革创新。逐步建立产业转型风险补偿机制。进一步完善以工补农、以煤补绿、以企带村机制。只要政策法律没有明文禁止，都积极大胆尝试。

二、坚持不懈推进项目建设和招商引资，在经济转型发展上快马加鞭

实现以煤为基、多元发展，必须大招商、招大商，大上项目、上大项目。一是举全县之力加快煤矿复产复工。针对在煤炭资源整合推进中存在的难点和焦点问题，进行细化梳理，制定出时间表，一矿一策，责任到人，确保年内所有的煤矿实现复产复工，切实做大做强天安、天泰、煤运、王坡 4 个煤炭整合主体。二是突出抓好标杆性项目建设。重点抓好太阳能光电建筑一体化、晋煤百万吨合成油、山水合聚水泥、富士康机器人配套铸件、北汽重卡、镇康医疗用品、兰花国际物流园、雨润 10 万头养猪场等一批重量级项目，力争所有的项目都能够如期落地和开工建设。三是强化园区承载功能。全面提升巴公装备制造园区，加快建设周村煤化工园区，整合建设南村新兴产业园区，规划建设金村科技文化和现代物流园区，优化园区环境，理顺园区管理体制，力争使 2012 年 90%以上的新项目都集中在园区。四是加大招商引资力度。放宽招商领域，以会招商、以企招商，进行定点式、跟进式、持续式招商，2012 年重点是紧盯上海、富士康、华润、晋煤"四大重点"，针对每一个洽谈项目，落实一个牵头县级领导，组建一套人马，确保成效，使招商引资工作的成果更多地体现在全省观摩检查的效果上。五是大力推进节能减排。提升改造传统产业，倡导全社会节水、节电、节材。切实加强对重点耗能企业的监管，严格抑制高耗能、高排放产业项目，完成重点污染企业的环保设施建设，确保万元生产总值综合能耗下降 3.5%。

三、坚持不懈统筹城乡一体化发展，在特色城镇化和新农村建设上领跑先行

总体思路是围绕"一心一环两轴三区四片五个一体"的布局架构，按照"规划先行、环城引领、五化推进、制度创新"的总体思路，努力开创"产业主导、功能完备、环境优美、文明共享"的城乡一体化发展新格局。一是加快县行政文化中心建设。进一步做好项目审批、土地征用等各项前期工作，开工建设金村大道以及其他各类基础设施，积极引进一批文化科技项目工程。二是大力实施"三新示范"行动。建设巴公、南村、金村、高都 4 个典型示范新城镇，切实抓好巴公巴原新城建设。环城沿线各乡镇和长河流域各乡镇 2012 年将要建设 1～2 个典型示范新社区。加快推进新农村连片建设步伐，建设 100 个典型示范新农村中心村。三是开展"六个一流"创建活动。全年力争创建 100 个道路硬化亮化一流村，创建 100 个生态园林建设一流村，创建 100 个集中供水排水一流村，创建 100 个集中供暖供气一流村，创建 100 个公共服务一流村，创建 100 个科技文化一流村。四是全力推进农业现代化。以"一村一品、一县一业"为方向，切实抓好龙头项目、龙头企业和龙头园区建设，进一步巩固和提升无公害蔬菜、干鲜果经济林、优质农产品、食用菌基地、畜禽养殖"五大特色种养"基地，为"十二五"实现农民收入翻番奠定坚实的基础。五是加快城乡生态化建设。实施丹河流域和长河流域生态环境综合治理工程，全年完成乡村道路绿化 1000 千米，绿化村庄 400 个，继续加大植树造林力度，使全县森林覆盖率提高 1 个百分点，积极创建"省级林业生态县"。六是加快体制机制创新。加大事权范围内的改革，在籍制度改革、投融资、宅基地换房、新型农村社区建设、社会管理等方面制定具体的政策措施，为实现城乡一体化建设先行县目标提供强大的保障。

四、坚持不懈保障和改善民生，在和谐社会创建上不遗余力

公共财政大力向民生财政倾斜，在改善民生、促进民和、确保民安上取得明显成效。一是以发展社会事业促和谐。兴建泽州一中教学楼、县高级职业中学宿舍楼和餐厅。完成巴马公路(大阳至巴公段)建设任务，开工建设大周公路(下村段)、南高线(南村至西阎庄段)等道路。切实抓好县医院住院楼、残疾人康复托养中心等项目建设。二是以文化产业促和谐。积极促进文化与旅游产业的深度融合，不断提升珏山、山里泉、聚寿山、乾明寺等一批文化品牌的知名度。重点是加强与央视动画公司联合开发 500 集二十八宿动漫及衍生产品的战略合作，打造全省乃至全国重要的动漫基地。三是以完善保障体系促和谐。完善就业服务体系。逐步巩固和扩大养老、医疗、工伤、失业、生育"五大保险"的覆盖面。使全县新型农村合作医疗参合率达到 99%，新型农村社会养老保险覆盖率达到 97.5%。开工建设社会救助福利项目和社会养老服务项目工程。完成杨洼、牛匠、晋普山等 370 套城市棚户区改造任务。四是以惠民工程促和谐。全面完成新的"五个全覆盖"。认真完成 10 件惠民实事，把每件惠民实事的任务落实到相关责任领导和有关部门，制订详细方案，强化督促检查，加快推进落实。五是以安全稳定促和谐。进一步强化信访稳定和安全生产工作，总的目标是坚决实现"五个不发生"，即坚决不发生影响社会稳定的重大群体性事件，坚决不发生严重危害人民群众生命财产安全的重大恶性刑事治安案件，坚决不发生重特大安全生产事故，坚决不发生赴省进京越级上访和非访事件，坚决不发生暴力恐怖事件和个人极端事件。

五、坚持不懈创优发展环境，在提升泽州对外形象上务求实效

抓发展就要抓环境，比环境就是比发展。推进新一轮争先转型跨越发展，必须以更加坚定的决心和勇气，进一步创优发展环境。一是在政策环境方面，发挥好政府这只“有形的手”的作用，对土地、税收、财政等方面政策适时调控，栽好“梧桐树”，引来“金凤凰”。二是在政务环境方面，进一步清理、减少和调整审批事项，推进服务型政府建设。在投资环境上，要切实强化互利共赢、共同发展的理念，营造招商、亲商、安商的氛围，使泽州成为创业的宝地和投资的福地。三是在法制环境方面，加大整治“三乱”力度，狠刹扰乱企业正常经营的各种检查、达标、评比活动，让所有投资者、经营者在泽州放心干事、安居兴业。四是在人文环境上，牢固树立正确的世界观、人生观、价值观和政绩观，少说不能办，多说怎么办，引导广大干部群众在翻番强县的伟大实践中建功立业。

六、坚持不懈加强和改进党的建设，在增强执政能力上狠下功夫

翻番强县，关键在党，成败在干。一是强化思想政治建设。把开展保持党的纯洁性学习教育活动，与创先争优活动、创建学习型党组织和基层组织建设年活动结合起来，加强党性修养，提升思想境界，增强能力素质，引领转型跨越。二是树立正确的用人导向。坚持德才兼备、以德为先，大力倡导敢于担当、勇于负责、勤于理政、严于律己的为政操守，把想干事、能干事、会干事、干成事的优秀干部选拔到重要岗位上来，实现人才队伍建设与争先转型跨越发展的有效结合，更好地满足翻番强县对人才的需求。三是健全完善工作机制。从规范党员干部的行为入手，逐步建立健全政治激励机制、典型引导机制、生活关怀机制等，有效增强党员干部干事创业的动力。四是狠抓作风建设。认真贯彻落实好党风廉政建设责任制，更加注重农村基层党风廉政建设，着力构建教育、制度、监督、改革、纠风、惩治并重的惩治和预防腐败体系。引深开展以“正风肃纪、创优环境”为主题的纪律作风集中教育整顿活动，巩固“五治五督”“六倡六戒”和学习弘扬“右玉精神”活动成果，深入开展领导干部下乡住村包增收活动，着力营造风清气正、干事创业的浓厚氛围，为实现翻番强县提供坚强有力的组织和作风保障。

建设城乡一体化先行县
打造中部地区经济强县

泽州县县长　常广智

2011 年，泽州县以科学发展观为指导，紧紧围绕“建设城乡一体化先行县、打造中部地区经济强县”的奋斗目标，开拓创新，务实工作，扎实推进工业新型化、农业现代化、特色城镇化、城乡生态化、民生普惠化，全县经济社会呈现出平稳较快的发展态势，实现了“十二五”的良好开局，为 2012 年加快推进转型综改试点县建设奠定了坚实基础。

一、2012 年政府工作的总体要求

以邓小平理论和“三个代表”重要思想为指导，深入贯彻落实科学发展观，牢牢把握稳中求进、好中求快的总基调，围绕“建设城乡一体化先行县、打造中部地区经济强县”奋斗目标，抢抓转型综改试点县建设机遇，以争先转型跨越发展为主线，以体制机制创新为动力，突出城郊型特色，全力实施“1163”发展战略和“1153”年度工作重点，深入开展“项目建设年”活动，创造性地推进产业转型、生态修复、城乡统筹、民生改善四大任务，着力提升工业新型化、农业现代化、特色城镇化、城乡生态化、民生普惠化水平，加快建设“活力、秀美、幸福、和谐”新泽州。

二、2012 年经济社会发展的主要预期目标

地区生产总值增长 15%，规模以上工业增加值增长 18%，财政总收入增长 15%，一般预算收入增长 15%，全社会固定资产投资增长 30%，社会消费品零售总额增长 17%，农民人均纯收入增长 15%，粮食产量稳定在 2.5 亿千克左右。

三、2012 年政府工作主要任务

（一）更加重视项目建设，加快推进产业转型升级。（1）深入开展项目建设年活动。狠抓重点项目建设。全年实施省、市、县重点项目 73 个，总投资 663 亿元，年度计划投资 119 亿元。完善项目推进机制。加强项目谋划储备，以壮大装备制造、新能源、新材料等新兴产业为重点，积极谋划筛选一批优质大项目、好项目，

充实项目库。加强项目争取力度，力争全年争取上级资金增长50%以上。(2)着力构建多元发展产业体系。做实煤炭，加快推进重组整合矿井复工复产和改造建设。做精煤化工，加快推进现有煤化工企业延伸产业链，开发新产品，提高附加值，重点推进晋煤百万吨甲醇制清洁燃料、兰花科创己内酰胺等项目建设。做强冶铸，积极推进铸造产业集散地项目建设。做专机械加工，大力支持路宝、金工、清慧、兴达、天巨重工等企业围绕核心技术和强优产品，扩大专业化生产规模，提升市场竞争力，加快推进泽州铸造向泽州制造转变。做大文化旅游，加快开发500集二十八宿动漫及衍生产品，规划建设特色文化产业创意园，深度挖掘和有效整合历史人文资源，促进文化旅游深度融合。做好商贸物流，加快发展大型商贸物流、家居建材、休闲商务区等现代服务业，全力打造区域性商贸物流中心。做优新兴产业，积极承接富士康金匠科技工业园配套项目，加快推进硕阳光电、太阳能光伏产业一体化等项目建设，提高新兴产业占比率。(3)全方位开展招商引资。强化招商引资，努力实现招商规模和质量“双提升”，确保全年招商引资额达到300亿元。完善招商引资政策，创新招商引资方式，拓宽招商引资渠道，注重招商引资成效，加大招才引智力度。(4)全力扶持本土企业做大做强。给予本土企业更加优质的服务和更大力度的支持，加快推进企业转型升级、做大做优做强。放手发展民营经济，深入推动全民创业，全年新发展创业实体100个，新增就业岗位5000个。扶持中小企业发展，营造良好发展环境。(5)加快推进园区建设。加快推进巴公装备制造工业园区转型综改试点建设，提升园区功能，增强项目承载力。科学整合南村新兴产业和铸造工业园区铸造资源，积极培育铸造产品“网上交易、实物交易”两个市场。加快推进周村煤化工园区水、暖、电、气、路等基础设施建设。加快推进金村新区科技文化和现代物流园区建设，积极引进大企业、大集团总部到金村新区落户。规划建设高都绿色生态农业旅游园区，打造全省一流的高科技现代农业示范园区。

（二）更加重视“三农”工作，进一步促进农业增效、农民增收。一要大力发展现代农业。加快推进现代农业示范园建设，重点抓好高都农业科技示范园、鑫牛万头奶牛养殖园等园区建设。加快推进特色种养基地建设，全年新增无公害蔬菜5000亩(333公顷)、优质无公害小杂粮1万亩(666公顷)、干鲜果经济林2.5万亩(1666公顷)、食用菌1万吨。加快推进农业产业化，完善“龙头企业＋合作社＋基地＋农户”的经营模式，着力培育一批农业产业化龙头企业。加快推进“一县一业”生猪养殖基地县建设。加快推进“一村一品”，进一步提升现有专业村水平，培塑100个“一村一品”示范村。加大农业科技推广力度，促进农业发展方式转变。加强农业标准化生产，无公害农产品、绿色食品、有机食品和农产品地理标志“三品一标”覆盖率达到70%以上。二要不断夯实农业基础。实行严格的耕地保护制度，加强基本农田建设，推进“五小水利”建设，加快新水源工程建设，实施病险水库除险加固工程，大力推广机械化保护性耕作技术，组织实施国家新增粮食产能和高产创建项目，进一步提高农业综合生产能力。三要努力增加农民收入。完善促进农民增收的政策措施，全面提高农民工资性收入、经营性收入、转移性收入和财产性收入。不断创新以工补农、以城带乡、以工业化和城镇化促进农民增收新机制。加快发展和规范农民专业合作社，实现行政村合作社全覆盖。加强农民技能培训，加快培育有文化、懂技术、会经营、善管理的新型农民。

（三）更加重视城乡统筹，加快推进城乡一体化建设。一是统筹城乡发展规划。统筹考虑产业发展、土地利用、生态环境保护，修编完善各乡镇总体规划和控制性详细规划，完成中心村和省级重点推进村的新农村建设规划。二是统筹城乡基础设施建设。实施县乡道路升级改造工程，进一步优化电网结构，推进区域水网建设，加快“气化泽州”建设。鼓励民间资金进入公共设施领域，加快推进中心城镇和中心村基础设施建设。三是统筹特色城镇和新农村建设。加快推进巴公、南村、金村、高都等环城高速沿线乡镇产业集聚、人口集中、功能集成、要素集约，促进工业化、城镇化、农业现代化、城乡生态化“四化”同步推进，成为全县城乡一体化发展的示范区。加快推进长河沿线乡镇做大中心镇，基础设施向农村延伸，建设各具特色的经济强镇、商贸重镇、文化名镇。加快推进南部山区乡镇完善中心镇功能，提升新农村建设标准，发展规模健康畜禽养殖和特色农产品生产、加工，开发旅游资源，建设特色农业集镇。加快推进金村新区县级行政文化中心、区域性金融中心、科技教育中心和文化创意中心建设，完成县城迁址前期准备及金村大道建设。进一步改善农村生产生活环境。统筹推进全县工业区、煤炭资源压覆区沉陷区、边远山区村庄移民搬迁。进一步规范城乡建设秩序，严肃查处违法用地违法建设行为。加快户籍制度改革，促进农村人口向城镇集中集聚。

（四）更加重视生态治理，加快推进“两型”社会建设。(1)强力推进节能降耗。严把高耗能项目准入关和投运关，加快淘汰落后产能，有效控制高耗能行业过快增长。引进先进技术和设备，改造提升工艺水平，降低能耗水平。大力发展循环经济，培育一批清洁示范企业和循环发展典型。统筹抓好工业、交通、建筑和公共机构节能，推进全社会节能。(2)坚决整治环境污染。严格执行环境影响评价和排污总量控制制度，全力做好污染减排工作。加大环保执法力度，严厉打击违法非法排污行为。加强农村环境保护，突出抓好规模化畜禽养殖污染防治。加大水环境整治力度，统筹做好水资源的保护、开发、利用、节约工作，确保饮用水源100%达标。(3)切实加强生态建设。大力开展丹河、长河流域环境综合整治，统筹抓好河道治理、沿河绿化和特色景观工程建设。加快煤矿沉陷区治理。加强小流域综合治理。全力创建省级林业生态县，大力开展植树造林。全面加强乡村环境卫生综合整治。

（五）更加重视民生改善，加快推进全面小康社会建设。(1)着力提升社会保障。实施更加积极的就业政策，认真落实就业扶持政策，多渠道开发就业岗位，重点做好高校毕业生、农村转移劳动力和城镇失业人员的就业工作。加强就业技能培训、就业信息服务和就业援助。统筹推进五大社会保险提标扩面。重点抓好非公有制企业和事业单位的社会保险扩面征缴工作。进一步健全城乡医疗大病救助制度，扩大城乡最低生活保障范围。(2)大力繁荣文化事业。深化文化体制改革。深入开展群众性精神文明创建活动。完善乡村公共文化服务设施，广泛开展群众性文化体育活动。加强文物资源保护与开发。(3)协调发展社会事业。坚持教育优先发展，优化中小学布局，全面完成中小学校舍改造后续工程；大力发展学前教育，加快发展高中教育和职业教育，完成特殊教育学校建设；加强教师队伍建设，提升教师业务素质和职业道德水平。加快发展卫生事业，大力改善县乡医院和农村卫生所医疗条件，提高公共卫生服务水平。全面落实计生家庭奖扶政策和计划生育基本免费服务。(4)加强和创新社会管理。加强基层组织、社区管理和服务设施建设，增强基层自我管理和服务能力。建立健全重大社会决策、重大工程项目社会稳定风险评估机制和群众诉求表达机制、社会矛盾调处机制。严格落实信访工作责任制，妥善处理群众信访突出问题。加强突发事件应急演练，提高有效应对突发事件的能力。高度重视公路治超工作。强化社会治安综合治理，切实维护社会稳定。积极开展双拥工作。(5)切实抓好安全生产。严格落实政府安全监管责任、部门安全管理责任、企业生产主体责任，严格事故责任追究，切实增强安全管理能力。全面推进企业标准化建设。加强校车安全管理和食品药品安全监管。全面加强煤矿、非煤矿山、危险化学品、道路交通、建筑施工、森林防火和公共场所等各行业各领域的隐患排查治理，有效防范和坚决遏制重特大事故发生。(6)全力实施十大惠民工程。

(六)更加重视改革创新，为转型综改先行先试提供强劲动力。一是深化体制改革。深入推进行政审批制度改革。加快推进人事制度改革。严格落实资源税改革政策，进一步完善财政管理机制。深化水务一体化体制改革，积极筹建水利投资公司。深化农村集体林权制度改革，全面完成配套改革任务。二是创优发展环境。转变政府职能，强化效能建设，不断提升服务意识和工作效率。发挥泽州丰富的文化内涵，提高全民文化素养。整顿和规范市场经济秩序，营造竞争有序的市场环境。三是强化政策扶持。积极争取国家和省市在政策、资金和项目上给予支持。制订出台支持新兴产业发展的税收奖励政策。四是创新土地管理。修编完善县乡两级土地利用总体规划。加快土地储备。深化城乡建设用地增减挂钩试点，逐步探索建立跨区域耕地占补平衡市场化机制。加快推进废弃工矿地整治复垦开发，努力盘活存量用地，缓解项目建设用地瓶颈制约。

抢抓机遇谋转型　建设幸福新阳城

阳城县县长　**王晋峰**

2012年是实施“十二五”规划的关键之年，是党的“十八大”胜利召开之年。做好2012年的工作，必须牢牢把握“稳中求进”、“好中求快”的主基调，必须以改革创新精神激发转型跨越的动力和活力，必须把项目建设作为投资驱动经济的具体抓手，必须把安全稳定作为一切工作的前提和基础，必须把改善民生作为执政之本和为政之要，正确处理好总量增长与质量提升、经济发展与民生改善、改革发展与维护稳定的关系，才能在转型跨越激烈的竞争中抢占先机、掌握主动。

一、2012年政府工作指导思想

坚持以科学发展观为统领，以转型跨越为主线，紧紧抓住综改试验和扩权强县两大政策机遇，以招商引资和项目建设为抓手，精心实施“三大”战略，全力推进“四化”进程，突出五个注重(注重非资源类产业引导、注重民营经济扶持、注重农民增收、注重城乡统筹、注重民生改善)，构筑“四园实体经济区、芦苇河工业走廊、南部生态旅游带”三大经济增长极，建设以大县城为核心的幸福家园，各项工作争创全省一流。

二、2012年全县经济社会发展的主要预期目标

地区生产总值增长15%，规模以上工业增加值增长19%以上，全社会固定资产投资增长30%，社会消费品零售总额增长17%，财政总收入增长25%，一般预算收入增长16%，城镇居民人均可支配收入增长13%，农民人均纯收入增长15%以上。

三、2012年政府要着力抓好七个方面的工作

(一)突出投资驱动，以项目建设引领经济社会发展。(1)围绕四大领域上项目。在产业发展领域，开工建设一批促转型、增后劲的项目；在城乡及基础建设领域，铺开一批强承载、利统筹的项目；在旅游文化领域，实施一批带三产、促繁荣的项目；在社会事业领域，抓好一批惠民生、促和谐的项目。2012年安排实施各类重点工程项目129项、总投资900多亿元，当年完成投资要达到100亿元以上。(2)破解两个瓶颈保项目。积极探索土地储备管理新机制，加快推进城乡建设用地增减挂钩工作，加大闲置土地复垦整理力度，进一步盘活存量；坚定不移实施工业园区化发展战略，促进土地集约节约利用，保证项目用地需求。积极争取上级资金支持，创新融资方式，整合利用各类财政资金，引导县外资金、民营资本投入项目建设，保证项目资金需求。(3)实行三项制度推项目。大力推行"一个项目、一套班子、一抓到底"项目工作机制，强化"月检查、季调度、年考核"项目督导机制，落实重点项目"绿色通道"服务机制，切实解决项目推进过程中遇到的困难和问题，促进项目尽快见效。

（二）突出提速转型，以产业升级夯实工业强县基础。一是巩固延伸煤炭产业。立足巩固煤，全力抓好现有生产矿井的安全生产，加快整合建设矿井推进速度，大力发展煤炭深加工，提高煤炭附加值。立足拓展煤，加快煤层气的开发利用，提高煤炭综合效益。立足延伸煤，加快煤转电、煤转化步伐，发展重量级新型煤化工项目，拉长煤炭产业链。二是发展壮大非煤产业。着力提升陶瓷产业，提升产品档次，扩大生产规模，加快"北方陶瓷基地"建设步伐。着力发展制造产业，用先进技术和工艺提升冶铸，全力抓好530立方米高炉项目建设。着力培育高新技术产业，选择新能源、新材料等领域中的关键产业作为主攻方向，加大培育发展力度，促进新兴产业快速成长。三是加快建设园区。北留园区突出"上项目"，加强各项基础设施建设，加紧对接美国低碳环保设备制造项目，促进早日落地。芹池园区突出"招大商"，加强与晋煤集团等意向投资者的沟通对接，加快360万吨甲醇项目推进步伐。演礼园区突出"打基础"，做好"七通一平"、厂房建设等基础工作。安阳园区突出"抓提升"，加快建瓷二期建设，强化阳泰和皇城相府两大集团在园区基础设施建设和项目引进推动上的承接和担当作用。

（三）突出培优树特，以现代农业促进农民持续增收。(1)加强基础建设保根本。加大农田水利建设力度，实施农田灌溉末级渠系配套工程和水库除险加固工程，增强农业节水及抗旱保收能力。加大流域治理力度，推进国家农业综合开发水土保持润河流域治理项目建设，实施坡耕地水土流失治理工程，改善农业生产条件。加大科技兴农力度，实施保护性耕作、测土配方施肥、旱作节水农业和口粮田等科技兴农项目，进一步提高科技对农业的贡献率。确保粮食产量正常年景稳定在1.4亿千克以上。(2)发展特色农业创品牌。全力实施"一村一品、一县一业"发展规划，做强蚕桑产业、畜牧产业、干果经济林、食用菌、设施蔬菜、中药材等六大特色种养基地。积极培育壮大一批专业乡镇和专业村。坚持"公司＋合作社＋基地＋农户"产业化经营模式，整合规范各类专业合作社，扶持农业产业化龙头企业发展壮大。(3)强化农民培训提技能。创新人才孵化机制，重点加强大学生村官团队、乡土科技人才、农产品经纪人队伍建设，有针对性地对煤炭、陶瓷、蚕桑、旅游等产业工人进行培训，切实提高农民就业增收能力。

（四）突出三产兴县，以旅游文化拉动城乡经济繁荣。一是大力度推进旅游开发。培育壮大旅游产业，全年接待游客突破300万人次。皇城相府完成整合郭峪古城工作，蟒河景区加快推进卧龙湾度假区等工程，析城山景区要加大道路建设力度。县城改造按照"改旧城、保古建、建新区"的总体思路，遵循保护与开发并重的原则，做好濩泽古城复兴改造前期工作。加大旅游宣传促销力度，申报全省重点旅游县，提高阳城旅游知名度。二是深层次挖掘文化内涵。结合析城山景区开发，深刻挖掘上古昆仑文化和商汤雩祭文化；结合濩泽古城复兴，深入研究县内明清文化、宗教文化、古建文化、名人文化、红色文化，以文化支撑旅游；结合非物质文化遗产保护开发，把阳城犁镜、焙面娃娃等富有阳城特色的文化产品打造成为旅游纪念品，促进旅游文化互动发展。三是宽领域发展现代服务业。大力发展商贸流通业，促进商业网点布局更加合理；加快发展现代物流业，以大型物流基础设施建设和大型物流企业培育为重点，进一步健全体系、完善网络；积极发展新型服务业，围绕生产生活需求，鼓励科技信息、财会金融、商务咨询、市场中介等服务业发展。

（五）突出城乡统筹，以大县城建设带动县域城镇化。(1)大县城建设坚持四位一体。以道路建设搭框架，推动"1＋5"路网骨架尽快形成。以功能配套强承载，完成文化会展中心一期会议中心、县体育中心改扩建、城市集中供热管网、县城生活垃圾处理、小街小巷硬化改造等工程建设任务，建成2038套保障性住房，全面提升城市功能。以景观建设提品位，完成城市核心景观轴提升工程，完善六大公园四季花卉主题定位等，营造园林城市风光。以城市经营添活力，吸纳社会资金参与城市建设，推行城中村改造。(2)小城镇建设实行梯次推进。将列入全省"百镇"建设的北留、润城两镇打造成型；以芦苇河景观廊道建设为引领，完善沿线乡镇基础设施，增强承载能力；在南部山区乡镇，结合蟒河、析城山旅游开发，以保护生态为重点，建设山区特色风情小镇。(3)新农村建设力求重点突破。加强农村设施建设，加快完成全县农村建设规划，科学指导新农村建设。突出抓好新的"五个全覆盖"工程，确保全部完成任务；新建农村安全饮水工程31处，解决2万人饮水安全问题。加强农村环境整治，大力推进村庄绿化和"四化四改、五个一"工程建设，鼓励有条件的乡村实施空心村、旧村改造和居住小区开发，探索农村垃圾集中收集清理长效机制，保持农村环境整洁。加强扶贫攻坚，坚持产业扶贫与移民搬迁相结合，继续实施机关厂矿结对帮扶和领导干部驻村入户行动，广泛引导社会力量支持偏远山区贫困农村建设，进一步缩小贫困面。(4)基础设施建设做到先导先行。交通方面，全力推进晋阳一级公路建设，完成山水水泥专用线、西蟒旅游公路泥河段改造和大宁铁路延长线主干线等工程。电力方面，全面完成町店35千伏变电站升压改造和农网改造升级工程，新建演礼110千伏变电站和横河35千伏变电站。水利方面，完成南部联网供水、西冶水电站建设工程，铺开芦苇河义城矿区段河道治理。

（六）突出低碳绿色，以生态建设助推发展环境优化。一是毫不动摇抓节能减排。严格高耗能产业市场准入门槛，从源头上控制污染排放；加强对重点污染行业、企业的环保执法和监管整治，加快淘汰落后产能；大力推广先进节能技术和产品，倡导绿色消费理念。二是坚持不懈抓造林绿化。深入推进天然林保护、退耕还林工程，做好森林防火工作。全力抓好以阳翼高速、阳济公路、八芹公路为重点的通道绿化；以沁河、芦苇河、洞河为重点，发展苗木基地1000公顷；新建生态园林村80个。三是持之以恒抓环境治理。完成下芹水源地提升保护工程，启动望川水源地保护工程，确保群众饮用水质100%达标；强化烟气、扬尘治理，保证全年空气质量二级以上天数330天以上；实施以沁河、芦苇河流域为重点的环境保护和综合治理，确保全流域废水100%达标排放；建立集监督检查、奖励惩处于一体的环境综合治理和保护长效机制。四是下大力气抓循环发展。引进发展循环产业，提高废物利用率；在煤炭、电力等高耗能行业推广节能新技术，提高资源利用率；在煤层气利用、生物质发电等领域，提高清洁能源使用率。

（七）突出民生为本，以民生改善主导社会和谐。一是进一步提升教育均等化水平。坚持基础教育、职业教育、幼儿教育、特殊教育齐抓，加快教育设施建设，全面实施义务教育薄弱学校改造，开工县实验小学迁建工程，促进义务教育标准化，普通高中2012年起一律免收学费。二是进一步强化医疗卫生体系建设。推进基层医药卫生体制和县公立医院改革。规范基本药物制度，实行药品零差率销售。巩固提升新型农村合作医疗，提高住院病人政策内支付比例75%以上。加强食品药品安全监管，强化重大传染病防控，提高人民群众健康水平。三是进一步做好社会保障工作。以高校毕业生和就业困难群体为重点，开展各类创业服务活动和就业培训，拓宽就业渠道。巩固全民基本养老和医疗保险体系，建成基层就业和社会保障服务中心。加强城乡低保和农村“五保户”供养工作。设立农业生产救灾专项资金。加快社会福利设施建设。四是进一步推动文化大繁荣大发展。深入开展社会公德、职业道德、家庭美德和个人品德教育，提高全民文明素养。免费开放文化馆、图书馆，继续开展“送戏下乡”、“电影下乡”，恢复开通无线广播，发展高清数字电视，开展形式多样的文体活动，丰富群众文化生活。加强文物保护和非物质文化遗产传承，大力发展文化产业。五是进一步加强社会安全管理。认真落实安全生产“一岗双责”制度，强化企业安全主体责任，深入开展重点行业和领域隐患排查治理，抓好校车安全监督管理，加强安全预警和应急处置。认真做好信访工作，开展矛盾纠纷排查调处。强化社会治安综合治理，严厉打击各类违法犯罪活动，保持社会秩序井然。

创新赢先机　科技促发展

晋城经济开发区管委会主任　程　琳

近年来，开发区按照市委、市政府要求，坚持以建设全市高新技术产业集聚区为目标，积极创新体制机制，努力创优服务环境，着力打造以富士康为龙头的高新产业集群，有力促进了全区产业转型升级和经济跨越发展。

一、选准方向定好位，高新产业蓬勃发展

对于地处内陆地区的晋城经济开发区来说，选择什么样的工业化道路，是一个关系全局的问题。我们在充分调查研究的基础上提出，开发区要实现跨越发展的目标，就必须转变经济发展方式，从高端产业、新兴产业切入，走一条创新驱动的新型工业化道路。所谓高端切入，就是不做落后产业梯度转移的承接者，而是直接进入新能源、新材料、新医药、新型装备制造等“四新”产业，力争在这些领域领先起跑。经过几年的努力，通过大力引进、培育高新技术产业项目，开发区现已形成以精密光电制造、高端装备制造、新材料、医药等为特色的高新产业集中区。2011年，全区高新技术产业总产值68.25亿元，是“十五”期末的22倍，占全区工业总产值的90%。特别是以富士康为代表，开发区已建成全球最大的光通讯连接器、光学镜头模组和精密刀具等3个世界第一生产基地，晋城园区已经成为富士康集团最核心产品的制造基地。

二、创新服务方式，优化发展环境

随着政策优势差异化的缩小，区域之间的发展竞

争主要取决于软环境建设的优劣。几年来，开发区在大力加强基础设施硬环境建设的同时，不断创新工作方式，努力构建服务型政务环境。一是从权力本位到客商导向，强化“一切为了投资者”的理念，致力以“无缝隙”的方式满足投资者多样化、个性化的需求，构建符合国际惯例的投资服务环境。二是从管制文化到服务文化，强调“一切服务投资者”的理念，破除管制文化的舆论和心理基础，将服务评估引入对干部和部门的工作考核，从根本上塑造政府的服务理念。三是从低效行政到高效行政，建立“一个窗口服务”的制度，积极推行政务公开、首问负责、一次告知、限时办结、服务承诺、超时默认等服务制度，简化办事环节，提高行政效率。

三、招才引智见成效，人才支撑效应凸显

坚持“招商”与“引智”并举，大力引进科技领军人才，2009年被省委组织部授予首批省级“海外高层次人才创新创业基地”称号。2011年1月出台《关于鼓励和扶持高新技术企业发展的优惠政策》，着力为科技人才创业和高新企业发展提供优良的环境。共引进“千人计划”人才1名、“百人计划”人才3名、正在申报1人。区内企业现拥有硕士以上学历人才370多人(其中，博士70多人)。这些优秀的科技领军人才支撑了开发区高新技术产业的跨越发展。全球最亮最节能LED光源、全球最高的矿用液压支架、全球最精细的纳米介孔ZSM－5分子筛在开发区研发成功，兰花汉斯煤矿瓦斯抑爆装备、江淮重工高温高压核级阀门、富基氧化镁质泡沫陶瓷过滤器等产品填补国内空白，全省第一家在天交所挂牌的高新技术企业也来自开发区。以人才集聚促进高新企业的集聚，为开发区高新产业发展提供了不竭动力。

四、创新体系不断完善，产业发展后劲增强

走以创新驱动的新型工业化道路，必须大力推动各类企业的自主创新。开发区在打造现代产业体系的进程中，不断推动科技创新，培育企业的核心竞争力。一是在政策扶持方面，出台了扶持高新技术产业的优惠政策，为高新技术企业发展壮大创造良好的政策环境。二是在资金投入方面，切实加大财政对公共应用性和基础性创新的支持力度，建立高新技术产业扶持资金，区财政拨出1000万元的科技扶持专项资金，对高新项目采取投资补助、贷款贴息、资本金注入等方式给予倾力支持；推进银企合作，破解中小微企业融资难题，管委会与银行联手，在全区中小微企业推广“助保金”业务，区财政注资1000万元建立贷款风险补偿金，企业互助担保，帮助中小微企业解决资金困难。二是在研发平台建设方面，开发区内已拥有省级企业技术中心和工程技术研究中心4家，批准认定高新技术企业4家，依托重点企业，建成了洁净煤、特种陶瓷、半导体照明、煤化工、水暖节能、棉纺加工、针织服装等7家工程技术研究中心。乐百利特公司建成全市首家“国家地方联合工程实验室”，索福拉药业集中18位博士团队建立天然药物化学实验室，华美瑞泽公司建立新材料实验室。区内企业共承担国家级“863计划”、“火炬计划”、“星火计划”、“科技成果推广计划”、“国际科技合作计划”、“科技型中小企业创新基金”项目10多项，取得了一大批国内乃至国际领先的技术成果。四是在推动产学研合作方面，开发区积极鼓励入区企业通过与科研机构、高校签订合作协议或聘请技术顾问等多种方式，充实企业技术研发力量和人才队伍。

今后，开发区将继续以建设高新技术产业集聚区为目标，着力抓好以下4个方面工作：第一，编制区域产业发展规划，对标“国家级开发区”的建设标准和要求，开发区将围绕光机电制造、先进煤机装备制造、新能源、新材料等主导产业，重点扶持和培育一批龙头企业和骨干项目，力争到“十二五”期末全区高新技术产业总产值突破200亿元。第二，坚持开放带动战略，变“招商”为“选商”，提高项目落地门槛，紧盯高新产业引项目。按照定点、跟进、持续招商的思路，狠抓与富士康集团的对接工作，推动富士康金匠园区项目尽快落地。同时，积极围绕富士康产业转移项目布局，发挥富士康产业带动和招商辐射效应，抓好协力企业的引进和配套产业发展工作，努力建成以富士康为龙头的精密制造产业集群。第三，坚持人才是第一资源的理念，大力引进科技领军人才，规划建设开发区科技创业服务中心和孵化、中试基地，切实优化科技创业环境，重点扶持半导体照明、分子筛新材料、特种陶瓷等一批海归创业项目做大做强，力争建成国家级海外高层次人才创新创业基地。第四，坚持以打造创新型开发区为目标，完善鼓励科技创新和扶持高新产业发展的优惠政策，加大资金投入，区级科技研发预算经费不低于本级公共财政预算支出的2%。组建开发区科技管理与服务机构，为科技人才创业和高新技术企业项目建设提供种子资金支持和全程“保姆式”服务。到2015年，开发区专利申请数量、科技研发机构、技术中心及高新技术企业数量要比“十一五”期末翻一番。

转型跨越　先行发展

临汾市尧都区区长　王　震

2012年是实施"十二五"规划、推进转型跨越发展的关键之年。尧都区作为市委、市政府所在地、"一城三区"建设的核心区，拥有的各种优势和政策聚焦叠加效应将会不断释放。我们一定抢抓机遇，乘势而上，咬定目标，真抓实干，努力把2012年各项工作做得更好。

一、2012年政府工作的总体思路

坚持以科学发展观为统领，以转型综改试点区建设为总抓手，围绕"六化"目标，推进六大战略，突出抓好工业转型、"三农"工作、城乡建设、第三产业、项目建设、改革开放、民生改善、社会管理八项工作，努力建设富裕、现代、宜居、文明、和谐的新尧都。

二、2012年经济社会发展的主要预期目标

生产总值262亿元，增长14%；规模以上工业增加值98亿元，增长22%；全社会固定资产投资完成175亿元，增长33%；财政总收入35.6亿元，增长16%，力争达到36.2亿元，增长18%；社会消费品零售总额166.5亿元，增长18%；城镇居民人均可支配收入21380元，增长13%；农民人均纯收入8863元，增长15%。

三、2012年重点做好八个方面的工作

（一）坚持多元发展，以园区为承载，加快工业经济转型。一是建设大园区，重筑尧都工业体系。加快建设两大工业园区，重点布设"投资强度高、科技含量高、产出效益高"的工业项目。汾河煤电化工园区重点发展煤化工、热电、焦化等产业，贾得工业园区重点发展冶炼、装备制造和高新技术等产业。二是加快发展煤炭工业，全力抓好煤炭生产。加快矿井技改步伐，重点抓好10座煤矿基建改造，争取年内2座竣工进入试运转，全年完成基建投资15亿元以上。加快煤矿复产步伐，年内11座煤矿全面复产。制定优惠政策，鼓励煤矿主体企业大力发展非煤产业，逐步形成以煤为基的新型产业体系。三是加大扶持力度，支持中小微型企业发展。进一步加大对小型微型企业帮扶力度，落实税收优惠政策，加大信贷支持，激发小型微型企业发展活力，支持企业做大做强。加强对45家规模以上企业的运行监测，有效解决企业原料、运力、电力、信贷、营销等方面的困难和问题，促进规模以上企业达产达效。四是发挥区位优势，培育发展总部经济。积极与中煤、同煤、煤运等中央、省属企业协调，加强与移动、联通、烟草以及各大金融机构沟通，主动与国内大中型企业加强对接，鼓励他们在尧都投资注册，设立分支机构，逐步把尧都区打造成区域总部中心。

（二）坚持龙头带动，加快产业化进程，扎实推进"三农"工作。一是以增加农民收入为主线，实施农业产业化"1310"工程。加快尧王台现代农业示范园区基础设施建设和产业发展，完成园区节水工程、道路建设和绿化工程。打造优质核桃基地、设施蔬菜基地、特色水果基地。实行"公司＋专业合作社＋基地＋农户"的产业化经营模式，大力发展农村专业合作社和农产品加工企业，重点培育十大龙头企业。二是以科教兴农为核心，加快推进农业科技创新。进一步完善农业科技服务平台，组织实施"全民科学素质行动计划纲要"和新型农民培育工程。加快推进农产品质量安全体系建设。加强基本农田保护。认真落实各项强农惠农政策。扎实开展粮食高产创建活动。三是以改善基础条件为重点，加强农业农村基础设施建设。突出抓好农田水利基本建设工程，启动实施两大节水园区，3座水库加固。抓好农村安全饮水工程，新建改建农村供水工程45处，解决3万人饮水安全问题。抓好农村道路建设工程，完成33.5千米区、乡、村三级联网公路改造。抓好农村电网改造工程，实施新一轮农网升级改造。抓好清洁能源工程，大力推广沼气等清洁能源，继续推进"五镇百村"天然气使用工程。四是以提升水平为目标，扎实推进新农村建设。启动"两区"同步建设试点，抓好试点村、重点村和连片区建设，加快培育新农村建设标杆村。

（三）坚持城乡统筹，加快城镇化进程，提升城乡建设水平。1. 以涝洰河生态治理为重点，全面加快东城建设。编制完成涝洰河综合治理规划，启动10.1平方千米河道治理工程。全面实施东城道路建设工程。全面实施东城基础配套工程，以完善功能为重点，加快"两园两校一院"建设。

2. 围绕汾河生态城镇经济走廊，抓好西城重点工程建设。抓好“百公里汾河生态城镇经济走廊”基础设施建设，加快推进西城五项重点工程。

3. 坚持稳步推进，实施城中村改造。启动实施5个村联片改造、7个村联片改造和20个试点村改造工程。

4. 以净化、亮化、绿化为重点，全面开展城乡环境大整治。实施东城环境综合整治，在东城范围内全面实施“绿化、美化、硬化、亮化、净化”五化工程。深入推进农村环境卫生整治，探索建立农村环境卫生管理长效机制，确保农村环境长期整洁。大力开展春秋大绿化，高标准完成60千米通道绿化和3.2万平方米景点绿化，建设生态园林村10个。加强节能减排和环境治理工作，加强企业污染治理，大力推广节能技术，抓好重点行业和企业的节能工作，推进矿区生态修复治理，强化重点流域、饮用水源地和地下水保护，确保二级以上天数稳定在330天以上。

（四）坚持提档升级，优化整合资源，大力发展现代服务业。一是发展大商贸，启动十大商贸工程。二是发展大物流，建设城南生活性物流园区、城北生产性物流园区、乔李空港物流园区等三大物流园区。三是发展大旅游，打造东、中、西部三条精品线路。

（五）坚持项目带动，加大招商力度，增强经济发展后劲。一是强化落地抓招商。力争全年项目储备保持在1000亿元以上，招商引资签约资金突破600亿元，落地项目资金达到150亿元。二是强化投资抓项目。突出抓好196个重点项目，当年完成投资151.8亿元。三是强化管理抓推进。加强项目资金和工程建设过程监督管理，全力保障项目建设投资到位、资金管理到位、项目进度到位、工程质量到位。建立健全项目考核机制，确保项目顺利实施。

（六）坚持改革开放，破解发展瓶颈，助推转型跨越发展。1. 全面推进综改试点工作。突出抓好3个标杆园区、10个试点标杆企业、20个试点标杆项目，统筹推进产业转型、生态修复、城乡统筹、民生改善各项工作，力争在转型综改试验区建设方面走在全市前列。

2. 继续深化重点领域改革，积极稳妥推进事业单位分类改革。深入推进集体林权制度改革。依法推进土地承包经营权合理流转。继续深化财税体制改革。加强煤炭统一经销和税费征收管理，确保应收尽收。统筹抓好医药卫生体制、文化体制、投融资体制等方面的改革。加强技术交流与合作。积极开放投资领域，鼓励外资、民间资金参与公共事业建设。

3. 全力破解发展瓶颈。破解土地制约瓶颈，创新土地管理机制，探索跨区域置换用地，加快推进土地开发整理复垦，抓好11个土地开发和33个建设用地复垦项目。破解资金制约瓶颈，进一步推动银企合作，加大政府融资力度，整合盘活优质资源，加快资本市场建设，引导民间资本特别是煤炭资源整合后退出的资金投入新兴产业和城乡基础设施建设。破解科技人才瓶颈，继续加大学校、医院、企业等领域高新技术人才的培育和引进力度，完善科技创新体系，启动科技信息“村村通”工程。

4. 加强宏观政策研究。及时把握政策投资导向，争取更多政策性项目和资金落户尧都区。鼓励各级各部门和社会各界研究政策，争取资金。

5. 全面创优发展环境。认真落实《关于进一步优化发展环境的实施意见》，下决心解决行政不作为、乱作为的问题，努力营造开明宽松的政务环境、优质高效的服务环境、和谐稳定的社会环境。

（七）坚持以人为本，大力发展社会事业，切实保障和改善民生。一是推动文化大发展大繁荣。大力发展公益性文化事业，加紧实施图书馆、群艺馆升级改造，抓好16个乡镇、9个办事处综合文化站配套设施建设。实施文化惠民工程，实现农家书屋、农民体育健身设施、村级文化活动场所“全覆盖”。加强非物质遗产保护和传承。加快发展文化产业，进一步做优传统文化产业，加快发展旅游文化、节庆文化等现代文化产业。加快文化产业聚集区建设。二是大力发展教育事业。加大教育投入力度，改善教育教学条件。积极发展学前教育。大力发展职业教育，全面实现中等职业教育免费全覆盖。关注特殊群体教育。大力发展民办教育，促进各类教育协调发展。三是加快发展医药卫生事业。继续巩固新型农村合作医疗制度，确保参合率稳定在98%以上。全面实施国家基本药物制度。加强药品食品监管，提高卫生监督执法水平。全面做好人口和计划生育工作，继续稳定低生育水平。四是进一步扩大就业。认真落实积极的就业政策，大力发展劳动密集型产业，多渠道开发就业岗位。积极做好退役士兵安置工作。抓好“零就业”家庭、新增长劳动力和弱势群体的就业工作。启动就业和社会保障服务中心项目和区技工学校项目建设。五是健全社会保障体系。积极做好社会保险扩面工作，力争六大社会保险参保人数达到35.6万人。继续做好新型农村和城镇居民社会养老保险工作，扩大城乡居民参保覆盖面，确保实现应保尽保。进一步完善社会救助体系，规范城乡低保管理，提升城乡低保标准和水平。加大医疗救助力度。大力发展社会养老服务。加快经济适用房、廉租住房、棚户区改造等保障性住房建设步伐。完成农村危房改造200户。

（八）坚持安全为上，加强社会管理，确保社会和谐稳定。一要全力抓好安全稳定。严格落实政府部门和企业“两个主体”责任，全面落实各项安全生产制度，不断提高安全生产管理水平。继续深化安全生产专项整治，切实抓好煤矿、非煤矿山、民爆物品、道路交通、食品药品、危险化学品、建筑施工以及人员聚集场所等各行业各领域的安全生产工作。巩固“打非”成果，严厉打击私挖盗采行为。加强社会治安综合治理，坚决打击各类犯罪，高度重视和做好信访维稳工作，确保社会和谐稳定。二要加强和创新社会管理。突出抓好农村公共设施和公益事业管理。加强城市社区管理，健全社区管理机构，完善各项管理制度，整合各类服务资源，全面提升社区管理水平。重点抓好实有人口、实有房屋“两实”覆盖工程，建立具有尧都特色的社区管理新机制。加快实施社会管理10大体系36个项目建设，全面提升社会管理水平。三要加强民主法制建设。

先行先试 转型跨越
勇当山西转型综改试验排头兵

侯马市市长 李建国

侯马市地处临汾的最南端，是一座重要的交通枢纽和区域性中心城市。全市总面积220平方千米，2011年总人口30万人。具有区位优越、交通便捷、历史人文悠久和商贸物流繁荣等诸多显著优势。2011年9月，侯马被省政府确定为省级转型综改试点县；11月，被确定为扩权强县试点县。我们紧紧抓住这个机遇，围绕转型跨越这个根本，不断解放思想，先行先试，创新实践，全力推进以统筹城乡发展为主要内容的侯马转型综改试点工作，进展顺利，成效显著。

一、先行先试，大胆探索转型综改新路径

（一）强化领导，精心部署综改工作。市委对转型综改工作进行专题研究和全面部署，四大班子领导逐项审定标杆项目。成立了由市政府主要领导任组长的转型综改领导组，全面负责组织、领导、协调推进综改试点工作。2012年1月，邀请行政管理、城市规划、产业布局等方面的专家学者对侯马市转型综改工作进行考察调研，提出了宝贵建议，并归纳整理了调研报告。省转型综改工作考核组对侯马的转型综改工作进行了现场督察和指导。

（二）迅速行动，科学编制行动方案。根据《山西国家资源型经济转型综合配套改革试验总体方案》，结合《侯马城乡发展一体化综合配套改革试验区总体方案》和以统筹城乡发展为主要内容的综合配套改革工作实际，编制完成《侯马转型综改行动方案（2011～2012年）》。行动方案以统筹城乡为重点，以体制机制创新为亮点，实施产业升级、绿色转型、统筹城乡、普惠民生"四大工程"，推进行政管理、土地保障、金融管理、人才引进"四大创新"，对精心筛选的16个转型标杆项目进行精心安排和部署，力争在一些重要领域和关键环节取得新突破，争取为全省转型综改试验趟出新路子。行动方案和标杆项目已通过专家组评审，报省转型综改办。

（三）突出重点，强力推进转型综改。一是扎实推进标杆项目建设。根据省转型综改办提出的"5335"标杆项目建设要求，提出25个符合转型要求、带动性强、惠及民生的标杆项目。召开党政班子联席会议、四大班子联席会进一步筛选审核，确定了16个规模块头大、示范带动性强的标杆项目，对标杆项目进行实时监测和重点推进。及时启动转型项目储备库建设，为后续标杆项目建设工作打好了基础。目前，16个标杆项目中5个标杆项目开工建设，进展顺利；6个标杆项目手续正在办理，即将开工建设；其他5个标杆项目正在加紧落实前期工作，有望在2012年启动实施。二是不断深化体制机制创新。在"侯马行动方案中"确定了行政管理、土地保障、金融管理、人才引进"四大创新"，对"乡改办、村改居"、"扩权强县"、"计划单列"、户籍制度改革、农村产权改革、农村土地流转、金融创新、人事制度改革等工作都进行了积极探索和广泛的调查研究。在体制机制创新方面，主要开展了"市区合一"、"乡改办、村改居"、户籍制度和人事制度改革等几方面的工作。在行政审批改革工作方面，充分发挥被列为省"扩权强县"试点的机遇，将此项改革纳入转型综改工作中，统筹谋划，用好用活现有下放权力，积极争取更多管理权限，切实提升市域经济、社会管理水平。三是区域合作不断加强。"市区合一"、"侯（马）曲（沃）同城"，已经进行了一定探索，正在寻求突破。侯马、曲沃、新绛在广电、交通和产业等方面的同城化快速推进，近期正在协商与绛县签署区域经济合作框架协议，谋划互补互促、共同发展。区域交通同城化实现率先突破，与曲沃、新绛、闻喜实现了公交互通，2012年将加大与翼城、绛县协调力度，尽早开通运营。

二、认真研究，不断摸索综合配套改革新思路

（一）统一思想，形成共识，是推进综改工作的重要前提。近年来，侯马始终把推进综合配套改革工作放在全局工作的重中之重，周密安排部署。通过报刊、电视、广播和网络等多种媒体和形式向广大干部群众广泛宣传。全市上下思想统一、形成共识，积极支持和主动参与转型综改试验工作的自觉性、坚定性明显增强，形成了解放思想、勇于担当、放胆前行的良好氛围。

（二）领导支持，群众拥护，是推进综改工作的关键所在。省、市领导对侯马转型综改工作高度重视，安排调研、科学指导、作出重要指示，在体制、政策、资金等方面予以强力支持；相关部门实行部门协调联动制度，及时协调沟通、密切配合推进；广大群众积极参与转型综改工作的积极性、主动性和创造性得到了充分的调动和发挥，真心拥护、热情参与转型综改试验。这些支持是综合配套改革在较短的时间内取得成绩的关键所在。

（三）重点突破，分步实施，是推进综改工作的有效途径。侯马始终坚持统筹兼顾、突出重点、分步实施，将转型综改试验这项系统工程，逐条细化为产业转型、生态修复、统筹城乡、改善民生和体制机制创新等五大项，以及提速陆港区建设、工业升级、节能减排、浍河治理、土地创新、金融支持、人才引进、“乡改办”、“村改居”、户籍改革、行政体制改革等若干项，抓住切入点、突破口，成熟一个做一个，突破一个带一片，以点带面，逐步向纵深推进。

三、激流勇进，勇当转型综改试验排头兵

（一）狠抓标杆项目建设，促进产业转型升级。以标杆项目作为助推转型综改工作的重要抓手，以山西国际陆港区建设为引领，做大传统产业，做强新兴产业，培育潜力产业。继续加紧落实标杆项目建设，扎实推进，加快完善前期工作，加紧建立转型综改项目储备库，重点做好方略保税物流中心扩建、“双百亿平阳”装备制造、浍河生态修复和侯马“1＋4”城乡一体化等投资大、带动强、效益好的标杆项目建设，有效推动全市转型发展进程，促进产业结构的优化升级，努力打造区域经济核心区。在现有标杆项目顺利推进的基础上，进一步深入调研、论证、确定一批后备项目，不断补充和充实标杆项目建设，实现标杆项目阶梯式推进。

（二）强化城乡生态修复，扩大绿色宜居优势。以建设绿色侯马为目标，以创建国家环保模范城市为契机，以推进浍河生态修复治理工程、紫金山森林植被恢复项目和城市污水处理扩建项目等关乎生态环境的标杆项目建设为抓手，加大生态修复和植树造林力度，积极发展循环经济，推进节能减排，改善环境质量，提高侯马可持续发展能力。完善城乡生态修复系统，创优绿色宜居环境，为侯马构筑绿色景观保护带，改善区域环境质量，实现生态水平上台阶。

（三）重点推进统筹城乡，构建民生普惠型社会。通过侯马城乡发展一体化综合配套改革试验区建设，继续完善提升城市功能，加快侯马“1＋4”城镇群建设，构筑层次清晰、功能明确、布局合理、发展联动、设施共享的城乡发展空间形态，努力打造统筹城乡示范区。农村社会事业不断发展，城乡要素资源配置得到优化，城乡发展一体化水平显著提高。在确保社会稳定发展的前提下，继续探索“乡改办”，推进符合条件的行政村“村改居”工作。深化户籍制度改革，稳妥做好集体资产确权流转、户籍转换、就业与社会保障、安居等民生工作，努力保障居民合法权益，扩大城乡社会保障覆盖面，提升群众生活质量。

（四）创新管理体制机制，建设公共服务型政府。优化组合生产力布局，合理配置有限资源。继续探索和推进“市区合一”、“侯曲同城”、“扩权强县”等重大改革，建立优势互补、高效运行、科学发展的体制机制。

建设三晋经济强市　实现整体率先发展

霍州市市长　崔山原

2012年是全面实施“十二五”规划的关键一年，也是霍州市进一步转型跨越、负重赶超的重要一年。做好今年的政府工作，对于保持经济社会发展的良好势头，鼓舞全市人民的拼搏斗志，增强加快发展的坚定信心具有十分重要的意义。

一、2012年政府工作的总体要求

坚持以邓小平理论和“三个代表”重要思想为指导，深入贯彻落实科学发展观，紧紧围绕“建设三晋经济强市，实现整体率先发展”的奋斗目标，按照市委六届二次全委会“一个目标、两个重点、三项工作、四大战役、五市建设”的总体部署，以科学发展为主题，以转型发展为主线，以建设“百里汾河新型经济带”为统领，以实施“百亿工程”为抓手，全力推进工业转型、农业增效、三产提升、城市提质、民生改善、社会管理六项工作，奋力夺取全年经济社会发展新胜利。

二、2012年经济社会发展的预期目标

地区生产总值增长8%。工业增加值增长5%。固定资产投资完成63亿元。社会消费品零售总额增长16%。财政总收入增长16%，一般预算收入增长16%。城镇居民人均可支配收入和农民人均纯收入分别增长10%。居民消费价格涨幅控制在4%左右。

三、2012年政府要全力抓好六个方面的工作

（一）打造经济发展新引擎，在工业转型上实现大突破。1. 打造建设工业园区。按照“基地化生产、协作化经营、循环化发展”的理念，河西循环工业园区要围绕霍煤、国电、兆光、中冶、霍化、力拓等骨干企业，延伸产业链条，扩大规模效应，在粉煤灰、煤矸石等下游资源的开发利用上做好文章。城东新产业园区要尽快完成规划、征地和“三通一平”等前期工作，积极吸引低耗、绿色、产品附加值高、符合国家产业政策的高新技术项目尽快落地生根，打造“百里汾河新型经济带”的新亮点。

2. 强力实施招商引资。出台招商引资鼓励政策。进一步优化发展环境，简化办事程序，提高服务质量，确保有一批大项目、好项目引进落地。

3. 全力推动工业项目建设。重点联系、促进、服务好5大项目建设。一是投资47亿元的国电“上大压小”项目，二是投资5.8亿元的焦炉煤气提氢、天然气综合液化项目，三是力拓煤业90万吨技改项目，四是风能发电项目，五是把霍煤集团投资50亿元的非煤产业项目全部落地霍州。

4. 大力发展民营经济。认真落实促进民营经济发展的各项政策，加大对中小企业的扶持力度。建立健全创业辅导、人才培训、技术支持等中小企业服务平台，切实解决好中小企业贷款担保、人才、技术等发展难题。加快实施企业家素质提升工程。重点扶持建设一批以传统加工为主的微型企业。

（二）提升农民生活新水平，在“三农”工作上实现大突破。1. 改善农业生产条件。加强农田水利基本建设，加快实施中低产田改造项目，完成涉及5个乡镇耕地灌溉的末级渠系建设工程。加大坡耕地治理、土地复垦改造、测土配方施肥等工作力度。大力推广机械化保护性耕作、土地深松以及农作物秸秆还田与综合利用，不断提高农业机械化水平。

2. 发展壮大园区农业。重点推进西张垣现代农业生态循环示范园区建设，打造在临汾市乃至全省有较大影响力的现代农业园区。特色经济林基地要达到万亩规模。新发展规模养殖场（户）80余个。按照“一村一品”“一乡一业”的要求，积极扶持壮大小米、大葱、芦笋、苹果、核桃等传统特色产业，促进规模生产，形成产业优势。

3. 推动农村基础建设。加大公共财政向农村倾斜、公共服务向农村辐射、公共资源向农村配置力度。抓好新规划的22个重点推进村和2个连片建设区的新农村建设。积极支持和服务好农村危房改造、旧村改造、沉陷区治理、移民搬迁等工作。完成涉及10个乡镇、33个行政村、41个自然村的饮水安全和全市所有行政村新的“五个全覆盖”工程。切实抓好农村环境卫生治理。

4. 落实强农惠农政策。把粮食直补、农机具补贴等各项政策不折不扣地落实到位。强化农村劳动力技能培训，拓宽劳务输出门路，解决农村剩余劳动力就业问题。继续巩固林权体制改革成果，保护农民的土地等合法权益。

（三）构建文旅促进新格局，在三产发展上实现大突破。1. 发展壮大旅游产业。坚持市场运作，多元投入，加快打造精品景点。一是七里峪景区。重点实施4项工程。实施山门广场建设项目，完成红色教育基地建设工程，启动酒店建设工程，启动客运站建设项目。二是霍州署景区。继续抓好保护修缮一期工程的配套完善，完成廉政教育基地建设工程，打造全省最具影响力的干部廉政教育基地。有序推进文物古迹保护性开发。加大宣传推介力度，扩大旅游影响，提升旅游综合收入。

2. 推动文化发展繁荣。挖掘传统文化内涵，形成旅游文化体系，积极打造特色旅游业。引进艺术创新、文化创意、影视创作等新兴文化产业，培育和打造新的经济增长点。健全公共文化服务体系，完善提高农村文化体育场所全覆盖标准和7个乡镇文化站的设施配套。加强非物质文化遗产保护和传承。广泛开展文化下乡和群众性文体活动，努力满足广大群众的精神文化需求。

3. 做精做强商贸服务业。壮大现有商贸流通企业规模。扶持发展连锁经营、电子商务，支持优势商贸流通企业做强做大，形成以大型购物中心为骨干，各类超市、专卖店、便利店为支撑，多元化、多层次的城乡商业流通网络。加快发展金融、保险、中介、担保、信息、酒店餐饮等产业，推动各类服务业健康发展。

（四）谱写扩容提质新篇章，在城乡建设上实现大突破。（1）加强规划管理。统筹抓好城市总体规划、近期规划、生态系统规划、控制性详规、小城镇建设规划等规划的修编。在建设中，严格规划审批，发挥好规划引领作用。（2）推动扩容提质。一是旧城改造方面。重点实施十大项目，包括城中村改造项目、街道开发建设项目、小区开发建设项目、公园二期工程、园林游乐区建设、排水治理工程、广场开发项目等。二是新区开发方面，重点实施四大项目，主要是街道绿化等配套工程、采煤沉陷区治理建设工程、市职教中心建设工程、新医院建设工程等。三是城乡交通建设方面。重点实施五大项目，主要包括道路改造、道路建设、道路养护改造等工程。（3）提升城管水平。有效整合城市管理资源，大力推进城市精细化、标准化管理。重点开展城市交通秩序、市场经营秩序、建筑和路面污染、广告牌匾规范、环境卫生清理大整治，争创国家级卫生城市。规范市民言行，提升市民素质，营造文明和谐的城市环境。

（五）推动社会事业新发展，在改善民生上实现大突破。1. 优先发展教育事业。加强教育基础设施建设。积极推进教育资源布局调整，促进城乡教育均衡发展。继续实施中等职业教育免费全覆盖工程。加快教育教学制度改革，全面加强教师队伍管理，力争在短期内实现教育质量的实质性突破。

2. 全面加强卫生计生工作。进一步优化市区医疗机构布局。不断提高乡镇卫生院和村级卫生所服务标准。强化公共卫生体系和卫生执法体系建设，加强疾病预防控制、社区卫生服务和妇幼保健工作。全面规范医疗机构管理，切实加强医德医风建设。继续做好新农合工作，确保参合率稳定在95%以上。全面加强人口与计生工作，稳定低生育水平，提高出生人口素质。

3. 积极实施创业就业。实施更加积极的就业政策，多渠道开发就业岗位。努力拓展高校毕业生就业渠道。坚持以创业带动就业，深入开展创业培训和职业技能培训，搭建多种形式就业服务平台，促进各类人员就业再就业。

4. 全面加强社会保障。进一步扩大社会保险覆盖面，加强社保基金征缴和监管。加快推进城镇居民社会养老保险和新农保工作，确保实现城乡养老保险制度全覆盖。大力实施经济适用房、廉租房、棚户区改造等保障性住房建设工程，完善保障性住房分配、运营、退出等管理机制。做好社会帮扶救助工作，继续实施"四类"困难家庭学生和农村80岁以上老人固定救助，全面推进以大病救助、集中供养、住房安居、残疾人服务为重点的社会救助系统工程。切实加强价格调控和监管，建立健全社会救助和保障标准与物价上涨挂钩的联动机制，切实保障困难群体的基本生活。

(六)强化社会管理新举措，在和谐创建上实现大突破。一要高度重视安全工作。进一步强化"两个主体"责任落实。深入开展安全生产专项整治和打非活动，切实加强煤矿、非煤矿山、危险化学品、道路交通、人员密集场所等重点行业、领域安全生产隐患排查治理。加强安全工作考核，严格实行安全生产"一票否决制"。全面加强安全质量标准化建设，强化安全培训，创新安全生产监管方式和手段，提高安全生产保障水平。二要切实加强环境保护。严格落实节能目标责任制，全面强化企业排污监管，确保顺利完成节能减排任务。加强环保基础设施建设，强力实施热电联产、集中供热和天然气扩户等工程，进一步落实环保设施运行机制，所有企业环保设施全部投入使用，污水处理厂、垃圾处理场保证正常运转，最大限度地减少大气环境污染。坚持环境影响评价和"三同时"制度，严格项目准入评审，坚决杜绝新污染源产生。积极做好饮用水源地保护工作。切实加强生态建设，大力实施汾河城区段生态治理、南涧河河道治理、南涧河生态治理、矸石山治理等工程。全面推进沿河、沿路、沿线和环城、环企、环村等部位的绿化造林工作。改善群众生存环境，争创省级环保模范城。三要进一步强化土地执法监管。实行最严格的耕地保护和节约集约用地制度。积极协调重点工程用地，帮助广大群众依法获得宅基地等土地使用权。促进城乡建设有序开展。四要继续深化民主法制建设。进一步完善村民自治组织和企事业单位民主管理制度，依法推进政务、村务、企务公开。五要扎实推进精神文明建设。加强精神文明建设，提高公民素质和社会文明程度。弘扬以改革创新为核心的时代精神，以爱国主义为核心的民族精神和以见义勇为、公而忘私为核心的奉献精神，营造良好的社会风尚。六要全面加强综合治理。深化平安霍州创建活动，实施社会管理综合治理项目化管理。完善社会治安防控体系。深入开展打击"两抢一盗"专项行动，严厉打击各类违法犯罪。严格落实信访工作责任制，畅通群众诉求渠道，做好矛盾纠纷排查化解。加强社区建设和管理水平。健全突发事件应急体系，有效预防和妥善处置各类突发事件。

组织筑堡垒　党员舞大旗
在服务项目建设中转型跨越发展

洪洞县县委书记　**王黎明**

近年来，随着经济社会转型跨越发展的深入推进，项目建设已经成为提升区域综合实力、赢得竞争优势的根本之策，成为保持经济发展稳中求快、快中求好的重要支撑，成为促进经济社会加速转型、实现可持续发展的长远保障。洪洞县紧紧围绕发展这一中心，按照省、市委关于开展"项目建设年"活动的部署要求，积极组织引导全县各级党组织和党员干部投身项目建设，在服务项目建设、推动科学发展中充分发挥战斗堡垒和先锋模范作用，引深创先争优活动。

一、转变观念，凝心聚力，增强基层党组织和党员干部在项目建设上的责任心和使命感

(一)外出考察变观念，注重宣传造氛围。先后组织各级领导干部赴湖南攸县、四川大邑县等先进县市实地学习考察，并组织直接参与项目建设的分管领导和党员干部赴南昌、广州等地参加高端培训。举办以"思想大解放促进社会大发展"为主题的座谈会和"解放思想大家谈"论坛等开放式、互动式的讨论活动，使各级领导干部的思想观念有了新突破，工作理念有了新提高。在具体工作中，广大党员干部带头学习政策、熟悉政策、把握政策，通过包片联户、下乡住村等形式，主动上门到户，面对面地宣传项目建设的重要意义，讲解土地征用、房屋拆迁、安置补偿等方面的政策法规，充分利用宣传栏、广播、标语、登门走访等形式，做项目建设的宣传员、讲解员，让项目建设家喻户晓、人人皆知，努力营造了一个全县上下理解、支持、参与项目建设的良好氛围。

（二）创先争优当先锋，优化环境塑形象。形象就是品牌，形象就是竞争力。围绕项目建设，在广大党员干部中深入开展承诺评议、设岗定责、“五亮”等活动，通过亮身份、亮岗位、亮承诺、亮笔记、亮业绩，充分发挥模范带头作用。尤其是身处项目建设一线的党员干部，能够时刻牢记宗旨，忠于职守，带头承担急、难、险、重任务，以自已的模范行动，影响和带动社会各界。2010年以来，洪洞县根据形势发展和新时期提档晋位的需要，作出了“六城同创”，即创建全国卫生城、国家园林城市、国家平安县、全国文明县城、国家优秀旅游城、省级环保模范县城的决定。围绕这一中心工作，召开“抓党的建设、促六城同创”万人动员大会，大力实行县四套班子包联乡镇和包街治理工作机制，大力宣传“人人都是投资环境，个个事关洪洞发展”的发展理念，努力营造了“以情感商、以诚待商、以富留商、以商招商”的良好发展氛围，在全县上下形成全党创先进、全民争优秀、全力推进“六城同创”的新高潮，为招商引资、项目落地提供了良好的软环境。

（三）搭建载体优服务，助推项目快生根。在项目建设中，实行党组织主要负责同志亲自抓、分管负责同志具体抓的工作机制，建立了党员领导干部项目建设联系点。通过强化服务理念、优化服务方式、提高服务效率，在全县窗口服务单位党员中，广泛开展“比服务态度、比服务效率、比服务质量和评选服务标兵”的“三比一评”活动，积极搭建党建活动载体，进一步增强了广大党员的服务意识和责任意识，充分发挥每一名党员的积极性和创造性，引导和激励广大党员在项目建设中建功立业，成为重大项目、重点工程建设的“排头兵”和“顶梁柱”。各职能部门党组织更是对项目建设全程跟踪、靠前服务，严格实行“一站式”办理、重点企业挂牌保护、督查考评等制度，在重点项目行政审批、证照办理、税费减免、贷款融资等方面给予方便，为全县项目建设打开了“绿色通道”。

二、勇于担当，率先垂范，发挥基层党组织和党员干部在项目建设上的先进性作用

（一）发挥党组织的火车头作用，把党支部建立在项目工地上。在抓项目建设的同时，按照“示范引领、规范提升、突出实效”的原则，把党组织建在项目建设一线上。要求所有重点工程项目都必须成立临时党组织或挂靠在相关单位党组织，坚持把党的建设与项目建设同步抓好，一并落实，形成合力。在园区建设上，及时挂牌成立了园区党组织，对入驻企业党支部进行管理，党员活动室严格按照“六有”标准建设；在重点工程项目上，坚持县四套班子领导包点包项目，对每个项目都实行“一个项目、一个方案、一名领导、一套班子、一抓到底”的“五个一”领导包建项目责任制。同时，不断增强职能部门党员干部和领导干部抓党建、促质量意识，落实目标任务倒逼机制，以项目倒逼责任、以时间倒逼落实，为项目建设的顺利开展提供了制度保障，推动了目标任务全面实现。

（二）发挥党员骨干的先锋队作用，把先进性体现在本职岗位上。开展富有特色的项目党建工作，充分发挥党员骨干的先锋队作用，是项目顺利引进和有效落地的着力点。根据洪洞县“一三五”工作总思路，全力搭建承接环渤海、对接综改区、联接汾河带这“三大平台”，坚决打赢大园区、大招商、大农业、大城建、大民生这“五场硬仗”，努力建设富裕文明、生态宜居、开放和谐的新型工业旅游城。号召广大党员干部“在项目建设中创先进、在本职岗位上争优秀”。负责项目的工作人员实行挂牌上岗，并成立党员示范岗，要求党员做到“六个好”，即“积极进取，个人修养好；以身作则，遵章守纪好；勤奋好学，业务素质好；开拓创新，爱岗敬业好；乐于奉献，服务大局好；公道正派，廉洁自律好”。通过工作牌把项目建设中党员的身份宣示出来，目的就是要增加党员的压力和动力，做群众的榜样，接受群众监督。同时，积极帮助参建单位开展形式多样的岗位建功活动，积极引导、帮助、推动各参建单位广泛开展“党员示范工程”、“党员先锋突击队”、“党员先锋岗”、“创优质工程、做优秀党员”、“党员身边无事故”、“一个党员一面旗、我为党旗添光彩”等多种形式的活动，使党的建设渗透、融入到项目建设的各个层面、各个阶段、各个领域，促进了项目党建工作的不断加强和不断创新，党员带头遵守操作规范，带头创建优质工程，努力成为完成任务的模范、安全生产的标兵、质量创优的榜样。影响和带动广大参建人员牢固树立紧迫意识、安全意识、质量意识、成本意识和效益意识，推动工程建设安全、优质、高效、快速发展。

（三）发挥典型示范的排头兵作用，把参建单位引导到良性竞争上。在项目建设中，通过树立典型，放大典型效应，增强引导效果，把各个参建单位引领到良性竞争的轨道上，营造一个崇尚先进、学习先进、争当先进的浓厚氛围。及时发现、培养和选树一批典型，起到以点带面的作用。项目引进后，更加注重项目的落地和后期效应，始终把项目建设助推经济发展作为衡量标准。在施工过程中，通过宏观指导、不定期抽查和平时检查，及时发现问题、解决问题，发现好的经验、好的做法、好的成果，及时组织观摩学习，有力推动了重点工程建设的快速推进和质量保证。

（四）发挥制度规范的红绿灯作用，把关卡前移到有效的预防上。抓党风廉政建设，打造“阳光示范项目”，实现“工程优质、干部优秀”目标。在坚决落实“项目建设年”的各项要求，实施阳光操作，接受社会监督的基础上，建立落实统一领导、统一指挥、各司其职、各负其责、相互配合、合力攻坚的领导机制、工作机制和目标管理责任制，确保重点项目工程目标任务落实。在规范内部管理、强化内部控制的基础上，建立阳光运行、预防腐败的内外两道防火墙，把关卡前移到有效预防上，重点解决党员干部和职工什么可行、什么不可行的问题，把不好的苗头消灭在萌芽状态，达到事前预防、有效预防的目的，充分保证了项目建设进展顺利和有效实施。

三、依托平台，一线引领，确保项目建设各项目标任务顺利完成

（一）把项目建设作为各级党组织和党员干部创先争优的实践平台。通过承诺践诺、党员示范带头等形式，积极开展“党员先锋岗”、“党员责任区”、“项目一线党旗红”、“我为项目建设作贡献”等主题活动，基层党组织和党员在项目建设中勇挑重担，争当能战斗、敢攻坚、善服务的表率，使百公里汾河带、洪洞旅游景区改扩建、综改试验区、七大园区等一大批重点项目得到顺利实施。先后引进和启动了山西飞虹微纳米光伏电、山西华翔美的精密铸造、山西双银电热膜、山西普泰发泡铝、山西鑫华金属网业等牵动力强、投资额大、贡献率高的大项目，构建起支撑经济快速发展的产业集群，形成项目聚集产业、产业承载发展的新格局。

（二）把项目建设作为检验各级党组织和党员干部工作实绩的标尺。科学确定项目建设目标管理考评办法。坚持项目建设“一线工作法”，实行领导包建项目责任制，20多名县四大班子领导带头深入项目建设一线，随时掌握项目进展情况，协调解决用工、用水、用电、征地和融资等实际困难和问题，确保项目快速推进。全县共有党员干部2000多人直接参与到工业经济、招商引资、城镇建设等工作。深化“三个三分之一”招商法，将相关部门人员大致一分为三，三分之一的干部“走出去”，找外商，招项目，引资金；三分之一的干部“走下去”，到基层，搞服务，办实事，保稳定；三分之一的干部“留下来”，履本职，搞业务，抓项目。

（三）把项目一线作为发现、培养、选拔党员干部的重要基地。通过开展“服务项目建设，争当创业先锋”主题活动，积极引导和鼓励党员干部到项目一线大舞台充分展现自己的能力和实绩。先后选派30多名年轻科级和科级后备干部到工业园区一线挂职锻炼。全县各级党组织加大在项目建设一线考察识别干部的力度，把领导干部服务项目建设、推动项目建设的表现作为奖惩和使用的一个重要依据。对项目建设中表现突出的，给予表彰；对工作不力的，及时调整；对于擅离职守、失职渎职的，追究责任。激励广大党员干部振奋精神、团结一心、顽强拼搏、无私奉献，以优异成绩迎接党的“十八大”胜利召开。

开拓进取　负重赶超
努力建设富裕文明、生态宜居、
开放和谐的新型工业旅游城

洪洞县县长　孙京民

2012年是实施“十二五”规划承上启下的关键之年，是喜迎党的“十八大”胜利召开之年，是全面推进“扩权强县”的起步之年。我们必须牢牢把握机遇，以更大的气魄、更新的观念、更有力的举措，团结带领全县广大干部群众朝着更高目标迈进，努力把洪洞经济社会发展推向一个新的更高的平台。

一、2012年政府工作总体思路

以邓小平理论和“三个代表”重要思想为指导，深入贯彻落实科学发展观，牢牢把握“扩权强县”试点县的重大机遇，紧紧围绕“一三五”工作总思路，强力推进“六城同创”活动，突出抓好社会管理、产业发展、民生改善、文化繁荣、作风建设五个重点，着力打造全省发展速度、人气、人才、人和、人居、开放六个“第一大县”，实现经济社会更好更快发展，为建设富裕文明、生态宜居、开放和谐的新型工业旅游城而努力奋斗。

二、2012年经济社会发展预期目标

全县生产总值170.2亿元，比2011年增长15%；限额以上工业增加值121.3亿元，增长23%；财政收入28.8亿元，增长20%；固定资产投资100亿元，增长25%；城镇居民人均可支配收入18363元，增长10%；农民人均纯收入7431元，增长10%；社会消费品零售总额40.1亿元，增长18.6%。

三、2012年政府重点工作

（一）扎实推进“六城同创”活动，在加强和创新社会管理上取得新进展。在国家卫生县城创建方面，集中开展环境卫生、广告牌匾、交通秩序、食品安全等专项整治活动，重点抓好主次干道、广场、公园等公共场所和集贸市场、背街小巷、城乡结合部的卫生整治，积极开展“城乡共创”活动。在省级环保模范城创建方面，大力整治结构性污染，突出抓好工业、交通和公共机构节能，坚决淘汰落后产能，严格项目审批，从源头上把好关。在国家园林城市创建方面，全力实施“大城建”战略，着眼完善交通网络，进一步拉大城市发展框架，打造一批城市建设标志性工程。大规模开展植树造林。在国家平安县创建方面，继续引深“社会矛盾化

解、社会管理创新、公正廉洁执法”三项重点工作。在国家优秀旅游城市创建方面，坚持整合旅游资源、配套硬件设施、改善服务环境，不断提升旅游基础设施功能。在国家文明县城创建方面，开展节能环保全民健身运动，大力开展基层文明创建活动。

（二）加快转变经济发展方式，在推进产业发展上取得新进展。一要扎实做好“三农”工作。全力实施“大农业”战略，打造“产业优势突出、基础设施完备、服务体系完善”的效益农业集聚区。大力推进特色农业现代化进程，重点发展两个农业园区。积极做好两个省级蔬菜标准园创建及两个万亩核桃基地建设工作。加强耕地保护，确保粮食面积稳定在7.3万公顷。抓好规模健康养殖项目，培育壮大龙头企业。不断加强农业基础设施建设力度。不断改善农业基础条件。二要加快推进工业项目建设。煤炭行业方面，全力加快煤矿基建步伐，确保年底6座矿井投产运营；焦化行业方面，要重点抓整合重组、技术改造和延长产业链三个环节。新能源行业方面，把非煤、非资源型产业作为结构调整的重点，加快实施微纳米光电项目、LED项目、生物柴油生产线建设工程等。装备制造业方面，完成精密机械加工项目、三一重工机械再制造项目等。建材行业方面，加快完成200万吨水泥生产线主体工程、陶瓷项目扩建工程等。加快四大园区建设。三要积极培育现代服务业。进一步延伸服务范围和领域，统筹发展各类服务业，形成以商贸、餐饮等传统服务业为骨干，超市、专卖店、便利店为支撑，多元化、多层次的城乡商业流通网络。加快发展金融、保险、中介、信息等产业。四要加大招商引资力度。坚持“四位一体”抓好项目的储备、签约、落地、建设，吸引更多有利于转型的生产要素进入高新技术、新型能源、现代物流、旅游开发等领域。积极推行产业链招商、以商招商、网络招商等多种招商方式。积极发展对外贸易，不断提高对外开放水平。继续加大在工业、农业、旅游服务业等领域高新技术人才培训和引进力度。

（三）努力打造三晋文化强县，在文化繁荣发展上取得新进展。大力发展旅游产业。进一步完善景区功能，突出“根祖文化”特色。深入推进景区拓展改造工程，加快实施景区配套工程。全面挖掘洪洞各类文化资源，加强非物质文化遗产传承、保护和利用。继续推进综合文化站和农家书屋配套建设，积极培育文化旅游业、文化演出和娱乐业、艺术品交易业等特色文化产业。

（四）加快各项社会事业发展，在保障民生改善上取得新进展。一要坚持优先发展教育。优化提升教育资源布局，扎实推进义务教育均衡发展。加强教育基础设施建设，提升教育装备水平和教学质量，实施义务教育标准化学校建设，大力发展职业教育，继续抓好学前教育、民办教育、继续教育和特殊教育，促进各级各类教育全面协调发展。二要大力发展医疗事业。加强医疗服务机构基础设施建设，完成县急救中心、卫生监督所和4个乡镇卫生院配套设施建设工程。深化医药卫生体制改革，抓好公立医院改革，全面推广基本药物制度，巩固完善新型农村合作医疗制度，促进公共卫生服务均等化。加强食品药品安全监管，健全疾病预防控制体系，提高重大突发公共卫生事件处置能力。加快推进城镇人口信息网格化管理，努力稳定低生育水平，促进人口均衡发展。三要全面统筹社会事业。加快城乡社会保障体系建设，进一步扩大社会保险覆盖面。做好民政社会福利服务工作，建立普惠型社会福利和公共服务体系。进一步扩大社会就业，深入推进更加积极的就业政策。拓宽农民工就业渠道，建立健全农村劳动力转移就业机制。扩大职业培训规模。不断改善群众生活条件，加快建设廉租房、公共租赁住房、经济适用房，加快城市棚户区改造。深化财税体制改革，增强财政保障能力。

全面建设“生态安泽、富裕安泽、幸福安泽”

安泽县县长　郑步电

2012年是党的“十八大”胜利召开之年，也是加快推进“十二五”规划，稳步发展、稳中求进的攻坚之年。做好2012年的工作，具有十分重要的意义。

一、2012年政府工作的总体要求

以科学发展观统领经济社会发展全局，紧扣转型跨越发展主题，突出稳中求进、好中求快总基调，坚持以项目建设年活动为总抓手，强化项目落地，推动经济转型，改善城乡环境，创新社会管理，正确处理好发展速度与发展质量的关系、生态保护与资源开发的关系、经济建设与民生保障的关系，努力保持经济社会平稳较快发展，让人民群众共享改革发展成果，为争创“中部百强县”奠定坚实的基础。

二、2012 年经济社会发展的主要预期目标

地区生产总值 55.26 亿元，增长 13%；规模以上工业增加值 48.17 亿元，增长 20%；财政总收入 11.62 亿元，增长 16%；固定资产投资 30 亿元，增长 33%；社会消费品零售总额 6.11 亿元，增长 17%；城镇居民人均可支配收入 18972 元，增长 18%；农民人均纯收入 6040 元，增长 15%。人口自然增长率控制在 6‰以内。城镇登记失业率控制在 4%以内。居民消费价格总水平涨幅控制在 4%左右。

三、2012 年政府工作主要任务

（一）实施生态立县战略，增强转型跨越发展的承载力。大力实施太行山绿化、封山育林、退耕还林、通道绿化等造林绿化工程，逐步实现“极目之处完全森林化”的目标。深化集体林权制度改革，创新造林绿化经营机制，强化林木管护。坚持节能减排并重、治山治水并举，发展循环经济，推行清洁生产，降低资源消耗，减少污染排放，尤其要严格执行新上项目“环评”、“三同时”制度和三个“一律不批”。突出抓好省级农村环境连片整治示范区项目，改善村容村貌，建设生态农村。严厉打击毁林开荒、沁河采沙、违规排污等破坏生态的非法行为，保护好沁河水、保护好大生态。发挥生态优势，为安泽县优质玉米、核桃、蔬菜、畜产品贴“生态标签”，开发出更多的生态食品、无公害食品和绿色食品。积极开发人文、生态资源，加快黄花岭、红叶岭、青松岭、段峪河瀑布群等配套建设，大力发展生态旅游。

（二）实施农业固县战略，夯实转型跨越发展的支撑力。1. 着力壮大四大主导产业。2012 年起，县财政将设立现代农业发展专项资金 2000 万元，通过以奖代补，向现代农业项目区倾斜，向农业四大主导产业倾斜，并整合捆绑涉农部门项目资金，加速推进四大主导产业的规模品牌发展。重点实施有机玉米产业化项目。年内新发展优质核桃 1333 公顷。建设道地药材基地县，推动连翘野生资源向“一县一业”转变。畜牧业推进规模化养殖、产业化经营，推动畜牧零星养殖向规模健康养殖转变。

2. 扎实推动四大基础工程。一是实施品牌建设工程。加快无公害、绿色、有机产品的认证和原产地认证工作，3 年内取得有机玉米、道地连翘等 2 个以上的品牌认证，提高市场竞争力和产品知名度。二是实施招商引资工程。放大绿色、生态优势，引进更多的农副产品加工企业落户安泽。扩大招商引资成果，年内力争振东药业、虹合圆有机农业等农副产品加工企业落地，培育一批有潜力、有市场、前景好的农产品加工项目。巩固发展“龙头＋基地＋合作社＋农户”的模式，确保各类合作社达到 280 个，加快建设农副产品加工地。三是实施设施装备工程。重点推进中低产田改造、保护性耕作、农业有害生物预警和控制区域站建设、泗河流域水土保持、西里水电站等工程，不断提高农业的设施化、标准化、机械化水平，提高农业综合生产能力。四是实施科技强农工程。加快基层农技推广服务体系建设，促进生产技术、管理体制、科技装备创新，尤其要利用“三网合一”服务平台，大力实施“信息入村”工程，培育有文化、懂技术、会经营、善管理的新型农民。加快推进和川库区移民和扶贫移民，年内完成 300 人的扶贫移民搬迁，逐步实现农业特、农民富、农村美。

（三）实施工业强县战略，强化转型跨越发展的牵引力。1. 加快推进园区建设。重点做好 3 项工作：一是加快园区前期工作，成立工业园区管理办公室，并完成园区总体规划、产业规划、详规、环评等工作，向省、市等相关部门报批。二是抢抓全省实施城乡用地增减挂钩试点、最严格水资源管理制度试点的机遇，积极争取园区建设用地、用水指标，着力解决园区建设土地、水资源瓶颈制约。三是加快园区基础设施建设，重点推进太岳厂区路、上庄矿区路、安泽南湾 110 千伏输变电、唐城压缩天然气加气站等工程建设，为园区产业发展提供保障。

2. 改造提升煤焦产业。重点要突出改造提升，推动新型工业化进程。原煤生产上，巩固提升煤炭资源整合煤矿兼并重组成果，规范煤炭行业建设、生产、经营、安全秩序，加快整合后主体矿井技改步伐，实现全县煤炭产业生产机械化、监控智能化、操作规范化、管理科学化、责任具体化。焦化生产上，围绕“醇、烃、醚、酯、苯、油、气”7 条主线，大力发展煤焦油深加工、焦炉煤气制甲醇、碳酸二甲酯、乙二醇等下游化学产品，进一步延伸产业链条，推动焦化行业由“以焦为主”向“焦化并举”转变。

3. 培育发展新型产业。以资源换项目、换技术、换人才，大力引进战略投资者，加快发展具有比较优势、带动能力强的新材料、新能源、节能环保等新型产业，纵深推进工业新型化。抓好签约项目对接，加快煤焦化电一体化发展，突出抓好永鑫 2×20 万千瓦发电项目、安泽煤电一体化项目和同世达 200 万吨二甲醚煤化工项目，力争年内实现质的突破。

（四）实施城镇塑县战略，提高转型跨越发展的竞争力。1. 下功夫建设宜居县城。围绕建设“山水园林城”，突出抓好四方面工作。一是维护规划的刚性。加快编制沿河控制性及修建性详规，并严格规划执法，严肃规划的法律性和权威性。尤其要坚决打击未批先建、少批多建、乱搭乱建，特别是无序开发等违法行为。二是加强旧城改造。推进道路整修改造，实施一批旧城改造项目，打造“一纵一横”的县城精品街道，畅通城市“动脉”，拓展城市空间，力争“一年初见成效、两年重点突破、三年较大改观”。三是完善城区功能。重点完成沁河县城段综合治理三期、垃圾处理厂续建、奥体中心等一批基础设施工程；继续推进县城天然气入户工程，力争在年内实现县城气化率 80%的目标。继续完善县城污水管网和城区路灯照明、夜景工程建设，推进中心城区“五网”下地；切实抓好荀子文化园和沁河两岸美化、亮化工程，最大限度地完善城区功能、提升城市品位。四是强化县城管理。加快县城网格化管理系统建设，推进城市管理法制化、规范化、标准化。着力解决县城出入口、街巷、沟河和居民小区等地段的脏、乱、差问题，严厉打击破坏公益设施行为，使县城“天更蓝、水更清、地更绿”，“环境更洁净、城市更文明、居住更舒心”。

2. 高标准建设亮点农村。打造生态完善、现代农业、宜居新村为一体的沁河走廊，309国道、326省道集绿化、硬化、净化为一体的新农村建设精品带以及各具特色、带动性强的7个连片区，形成“一廊两道七区”的新农村建设格局。

3. 大力度建设交通路网。重点抓好5项工程，积极争取临长高速、309国道县城段改线和草峪岭隧道等路政工程，打破瓶颈制约，为融入临汾、长治、晋城1小时“经济圈”夯实基础。在全县形成以国省道、马唐公路为骨架，乡镇与乡镇之间连通循环的腹地成网、外延顺畅、纵横交错、四通八达的大交通格局。

（五）实施文化兴县战略，催生转型跨越发展的推动力。一是加速文明素质提升。以提升全社会文明程度为目标，全力创建省级文明和谐县城。不断优化城乡文化资源，深入开展文化进农村、进机关、进社区、进企业、进学校活动。大力实施“农业科技入户工程、新型农民科技培训工程、科普惠农工程”，深化院县、院企合作，加快科技成果引进、推广和转化，提升农业科技应用水平。二是加大文化惠民力度。完善县、乡、村三级公共文化设施网络，做好文化馆、图书馆、乡镇综合文化站、农民书屋免费开放服务工作。全面实施数字电视免费工作。启动“送戏下乡”工程。扎实推进文化信息资源共享、农村电影放映等工作。广泛开展群体性文体活动和以文化、卫生、科技为内容的“三下乡”等活动。加强唐城秧歌、和川道情等非物质文化遗产的传承、保护和利用。三是加快文化产业培育。大力弘扬荀子文化、红色文化、生态文化，加快荀子文化园等景点和太岳革命旧址省级爱国主义教育基地建设，启动安泽展览馆建设。努力推出富有安泽特色的文化系列产品。加大文化产业财政支持力度。

（六）实施民生和县战略，凝聚转型跨越发展的向心力。一要大力发展教育事业。加快建设“教育强县”步伐，全面提升教育整体发展水平。学前教育抓普及，义务教育抓均衡，高中教育抓提高，职业教育抓特色。加大教育管理力度，完善教育教学质量评价体系，不断加强校长和教师队伍建设。强化学校安全监管，整治校园周边环境，着力提升人民群众对全县教育的满意度。二要提升医疗服务水平。加强医疗服务体系建设。巩固基层医药卫生体制综合改革成果，严格执行国家基本药物制度。加大人才、技术引进步伐，继续开展好“对口援医”等活动，并为卫生系统补充医护人员。强化公共卫生服务，抓好重大传染病防控工作。加强食品药品监督管理，推进食品安全监管责任网格化管理。统筹解决人口问题，稳定低生育水平，努力创建国家级计划生育优质服务先进县。三要加强创新社会管理。深入推进“三网合一、三级联动”社会管理服务机制。继续深入开展“大排查、大接访、大调解、大防控”活动，加大接访、下访力度，妥善化解矛盾纠纷。深化“平安安泽”建设，加强社会治安综合治理，严厉打击各类刑事犯罪。完善突发群体性事件应急处置机制，提高快速反应处置能力。严格落实安全生产“一岗双责”和企业主体责任，坚持预防为主，加强监管，继续深化安全生产专项整治，特别要抓好煤矿、森林防火、防汛、道路交通、学校、建筑施工、动物防疫、天然气等行业和领域安全工作，切实消除安全隐患，有效防范和坚决遏制重大安全责任事故。四要协调发展其他事业。完成新型农村社会养老保险全覆盖，完善覆盖城乡居民的社会保障体系，实现养老、医疗、失业、工伤和生育等社会保险“应保尽保、按标施保”。认真落实促进就业的各项措施，加大职业技能培训力度，千方百计创造就业岗位。积极开展社会救助，完善城乡救助制度，逐步建立覆盖全县城乡居民的社会保障体系。

转型跨越迈大步　进军中部百强县

襄汾县县长　**程明温**

2011年，襄汾县坚持以科学发展观为统领，以加快转变经济发展方式为主线，深入推进产业结构调整，集中解决各种突出问题，确保了经济社会平稳较快发展，实现了“十二五”良好开局。

2012年是党的“十八大”胜利召开之年，也是实施“十二五”规划承上启下的一年，做好2012年的工作尤其重要。

一、2012年政府工作总体思路

全面贯彻落实科学发展观，以“转型跨越迈大步，进军中部百强县”为赶超目标，强化招商引资一个引擎，夯实现代农业基地、新型工业强县、宜居宜业新区、帝尧文化之都四个基础，提升安全生产、环境保护、社会管理三个水平，着力抓好以经济发展、民生改善为重点的工程项目建设，以新的理念、新的举措、新的作风开创各项事业新局面，推动经济社会持续、快速、协调发展。

二、2012 年经济社会发展预期目标

地区生产总值 138.34 亿元，比 2011 年增长 15%；规模以上工业企业增加值 94.92 亿元，增长 20%；全社会固定资产投资 63.3 亿元，增长 42.2%；社会消费品零售总额 28.96 亿元，增长 17%；外贸进出口总额 321 万美元，增长 15%；财政收入 17.2 亿元，增长 16%；城镇居民人均可支配收入 20008 元，增长 15%；农民人均纯收入 8317 元，增长 16.9%。城镇登记失业率控制在 4.2%以内。居民消费价格总水平涨幅控制在 4%左右。

三、2012 年重点工作

（一）加大招商引资力度，增强经济社会发展后劲。坚持项目储备、签约、落地、建设“四位一体”，全方位开展招商引资，为转型跨越、先行发展注入强大动力。一是强化项目储备。围绕国家产业政策，依托丰富的资源、产业、区位和园区优势，策划包装一批投资规模大、带动能力强、经济效益好的项目，充实招商引资项目库。二是创新招商方式。瞄准全国 500 强大企业、大集团上门招商，专业化对接，点对点攻关。有针对性地参加各类经贸洽谈活动。利用自身的土地、设备、产能和产业链条等生产要素吸引合作伙伴。依托在外人士这一优势资源，发动大家提供信息、引进项目、融集资金、帮办手续，服务家乡建设。三是支持二次创业。鼓励现有企业追加投资，延伸产业链条；鼓励焦炭、钢铁、洗煤、建材等资源型企业，进军种植加工、旅游开发、基础设施、公用事业等领域；鼓励在整合重组、产业升级过程中退出的民营资本投向新兴产业。对于二次创业的企业家，在土地、税费、金融等方面提供全方位支持。2012 年要重点落实好十大招商引资项目。

（二）大力发展现代农业，促进农民持续稳定增收。突出农民增收这个核心任务，围绕“一村一品、一县一业”主攻方向，加快规模化、产业化、品牌化“三化”进程，大力发展现代农业。一是改善农业生产条件。实施农业综合开发，搞好全国小型农田水利重点县建设，加大农机推广应用力度，推广先进适用技术，稳定粮食种植面积。二是推进规模连片经营。继续强化五个设施蔬菜基地建设，积极支持果药产业发展，切实发挥两个生猪养殖示范园区的辐射带动作用，推动全县特色种养规模发展。三是提升产业发展水平。落实十项强农惠农政策，对省、市级重点农业龙头企业和进入省农业产业化“513”工程序列的农产品加工企业，提供财政贴息扶持；对通过省级、国家级龙头企业或品牌认证的给予资金奖励。四是实施品牌营销战略。积极培育无公害、绿色、有机和地理标志品牌认证。重点实施好十大农业产业化项目。

（三）推进产业转型升级，提升工业经济的质量和效益。牢牢把握综改试验区战略机遇，突出产业整合、园区建设、调产项目三个重点，促进工业经济上档提质。以整合重组促产业升级，延长煤化工链条，打造千万吨焦化生产基地，提升钢铁企业的装备水平及核心竞争力，打造千万吨钢铁生产基地，全省重要的建材基地。以园区建设促循环发展，加紧做好园区规划工作，启动基础设施建设。以重点项目促结构调整，加大信贷支持力度，落实税收优惠政策，全力扶持中型、小型、微型企业发展。深入开展项目落地年活动。重点推进十大工业转型升级项目。

（四）实施城镇扩张战略，加速城乡一体化进程。紧紧围绕全市“一城三区”总体规划和“百里汾河新型经济带”建设部署，坚持扩容与提质并重，兼顾汾河经济带、县城、乡镇、农村四个层面，统筹推进城乡一体化进程。一是着力建设“百里汾河新型经济带”。二是深入实施“大县城”战略。加快东城区棚户区改造和危旧民房征收，严格控制人口增长和住户增加；拉大西城区框架，提升公共服务水平和文化内涵，提高产业和人口的吸纳承载力。三是全力打造特色小城镇。着力打造工业乡镇、商贸乡镇、旅游乡镇、生态农业乡镇和历史文化乡镇。四是加快建设新农村。认真做好 33 个省级重点推进村的规划和建设，完成 170 个村 1080 千米街巷道路硬化，抓好 10 个便民连锁店、24 个文体休闲广场、126 个农家书屋及 143 个村级文化活动场所建设。重点实施启动十大业务办公用房建设项目和十大城市建设项目。

（五）开发文化旅游资源，带动第三产业发展。按照“挖掘内涵、打造载体、着力宣传、产业兴县”四条路径，加快全县文化旅游业发展。挖掘内涵，确立“帝尧文化”主打品牌，弘扬“丁村文化”和襄汾传统民俗文化两大特色。打造载体，建设丁村、陶寺两个国家遗址公园和双龙湖国家湿地公园，打造四大景区，吸引民营资本进入文化旅游行业，提升文化旅游硬件设施水平。着力宣传，强力宣传，提高襄汾文化旅游的关注度。产业兴县，培育战略性支柱产业，深入推进文化体制改革，大力整合非物质文化遗产资源，培育传统文化演艺产业、传统手工技艺展演产业和传统文化工艺品营销产业。重点启动实施十大文化旅游及基础设施建设项目。

（六）引深安全生产整治，推动安全生产形势稳定好转。一要强化安全理念。二要落实安全责任。实行安全生产挂牌责任制，做到分工明确、责任到人。三要加大安全投入。推行安全质量标准化建设，狠抓安全培训。四要严格安全执法。持续开展非煤矿山、危险化学品、道路交通、民爆物品、人员聚集场所等重点行业和领域的安全生产专项治理，严厉打击非法违法生产经营行为，杜绝安全隐患。

（七）抓好节能减排工作，改善生态环境质量。一要全力推进节能降耗。严格控制高耗能、高耗电行业过快增长，坚决抑制不合理能源消耗。加快重点节能工程项目建设，挖掘节能潜力。严把行业准入门槛，大力淘汰落后产能。二要强力推进减排治污。提升县城污水处理厂工艺水平，实现企业主要污染物排放全天候监控。三要大力推进生态建设。完成五大造林绿化工程，全年空气优良率达到 90%以上。

（八）加强和创新社会管理，提高人民群众幸福指数。实施创业就业工程，全年新增城镇就业3800人，创业就业450人，下岗失业人员再就业800人，转移农村劳动力4400人。实施社会保障工程，养老、医疗保险实现全覆盖，失业、工伤、生育保险覆盖城乡所有从业人员，城乡居民最低生活保障做到动态管理、应保尽保。实施科教强县工程，推进学校布局调整，强化教师队伍建设，提高教育教学质量。实施全民健康工程，稳步推进公立医院改革试点，落实国家基本药物制度，加强医疗队伍建设，狠抓人口和计划生育工作。实施和谐稳定工程，切实加强基层基础建设，深入推进“两普查、两落地”试点工作，畅通群众诉求渠道，严厉打击违法犯罪活动。重点组织好十大民生工程项目。

围绕“四化”兴县战略　加快转型跨越发展

古县县长　加天山

2012年是党的“十八大”召开之年，也是贯彻省第十届党代会、市第三届党代会、县第九届党代会精神的重要一年。做好2012年的工作，对于实现“再造一个新古县，争当全市发展排头兵”的宏伟目标至关重要。

一、2012年政府工作的指导思想

以邓小平理论和“三个代表”重要思想为指导，深入贯彻落实科学发展观，紧紧围绕“四化”兴县战略，以党的建设为统领，建设思想作风过硬、道德品质优良、争创一流业绩的干部队伍；以项目建设为抓手，打造煤、焦、化转型发展的旗舰企业；以园区建设为依托，提速农业产业化的发展进程；以文化强县为载体，打响文化旅游产业的知名品牌；以创建国家园林城为契机，提升城乡共同发展的整体水平；以改善民生为目标，构建宜居宜业、平安和谐的社会保障体系；全面推进转型跨越、领先发展，建设富裕古县、优美古县、文明古县。

二、2012年经济社会发展预期目标

全县生产总值80亿元，增长13%；规模以上工业增加值73亿元，增长20%；固定资产投资27.25亿元，增长25%；社会消费品零售总额6.7亿元，增长17%；财政总收入13.69亿元，增长16%；城镇居民人均可支配收入20399元，增长13%；农民人均纯收入6572元，增长15%。

三、2012年政府工作主要任务

（一）始终坚持发展为要，着力推进产业优化调整，科学构建现代产业体系。1. 全力加快农业产业化。积极发展“一乡一企一园”建设，大力推进农业园区建设，形成具有特色的农业主导经济。突出抓好一批产业化示范园区、一批核桃示范基地、一批带动性强的龙头企业等“三个一批”产业化工程。扩大发展核桃产业，扶持农产品企业或农业合作社发展，努力壮大全县畜牧业发展；扶持特色种植、养殖、加工等10～15个科技含量高、经济效益好、示范带动性强的规模化科技项目，逐步建成一批在全市甚至全省具有一定影响力和带动力的龙头企业。认真落实各项强农惠农富农政策，抓好粮食生产，确保粮食总产量稳定在5000万千克以上。

2. 全力推进工业新型化。以建设大项目、发展大企业、培育大产业为主攻方向，紧紧围绕调整工业产业结构、提升企业核心竞争力，发挥现有产业基础和资源优势，推动县域工业向产业化、规模化、集群化方向发展。重点抓好利达20万吨甲醇一期工程投产达效，华康200万吨铸造焦一期工程、正泰焦炉煤气制备天然气项目和15万吨煤焦油加工技术改造项目的顺利开工实施。加快推进煤矿基础设施建设，投资8.3亿元对14座煤矿实施煤矿技改和扩建工程，完成4座瓦斯治理示范矿井和2座煤矿瓦斯发电工程。通过大项目带动，打造优势旗舰煤焦企业。

3. 全力发展第三产业。加速旅游开发，加快发展现代服务业。重点开发牡丹景区，启动蝴蝶花园开发建设，推动霍山景区建设。以“万村千乡”市场工程为抓手，推进农村市场建设，加快构建覆盖城乡、区域联动的商贸流通体系。

4. 着力破解发展难题。积极争取政策性项目，加大项目包装和申报力度，争取更多的项目纳入国家和省市投资计划，增强发展后劲。投资2亿元完成323线拓宽改造的前期准备工作。创新土地管理机制，积极争取上级用地指标，加快土地开发整理复垦，用足用活城乡建设用地政策，确保重点项目和民生工程及时落地。制定扶持、奖励、优惠政策和措施，鼓励民营资本在本地投资兴业，加强银企合作，采取多种形式，解决发展资金不足的问题。健全创业辅导、人才培训、技术支持等服务平台，切实解决发展存在的人才和技术难题。树立抓发展环境就是抓发展的理念，为项目引入创造宽松环境，为企业发展创造和谐环境，为经济发展提供良好的政务环境。

（二）始终坚持统筹为重，完善基础设施建设，不断加强城乡承载能力。1. 高标准规划引领城镇发展。加快县城各类专项规划和区域性详细规划编制，全面完成近期城市建设规划，补充完善供电、供水、供气等基础设施专项规划，完成城中村、各乡镇所在地及重点小城镇的规划修编，扩大城镇规划覆盖面。加大城乡规划执行力度，严肃查处违法占地、违规建设等违反规划的行为。

2. 大手笔建设打造城镇精品。全力实施城市建设10大类26项工程，开辟以文昌新区为载体的城区扩张建设，以岳秀街档案馆为代表的业务用房建设和以东山公园为辐射的传统教育、休闲健身场地建设等"三大城建主战场"。在农村建设方面，采取财政投入、社会帮扶和农民自筹结合的办法，继续巩固提升5个标兵村，11个重点推进村和2个连片示范区建设。不断改善农业生产条件和城乡生态环境，实施洪安涧河治理、麦沟河生态旅游区节水灌溉、"三合一"补充水源、农村饮水安全、土地整理开发等农田水利工程，全面完成新的"五个全覆盖"工程。实施生态林业工程，完成天保工程、封山育林、退耕还林等工程600公顷。努力研究探索农村公路养护机制，加强公路管理养护，保持建设成果。

3. 强有力举措规范城镇管理。大力推进城镇精细化管理。全力推进城乡环境卫生综合整治。进一步完善常态化的清洁保洁管理机制，突出抓好城乡结合部、农贸市场、城中村、公路沿线村等环境卫生治理，集中"治脏、治乱、治差"，实现城乡环境卫生清洁、城乡管理规范有序。注重环境保护，治理低空烟尘、水环境、噪音污染，实施龙母沟矸石山治理、煤矿矿井水及生活水处理等环境保护治理工程，抓好重点行业和重点企业的节能减排工作，积极倡导低碳绿色的生活方式和消费模式，实行对环境的城乡同治和社会企业同治。

（三）始终坚持文化为源，促进文化事业发展繁荣，切实增强发展的软实力。一要加快公共文化设施建设。加快发展公益性文化事业，深入实施文化惠民工程和基层文化设施提升改造工程，继续免费开放县图书馆和县文化馆等公共设施，新建10个图书分馆，加快完成农村文化体育场所建设，配齐配好乡、村两级的文化体育设施设备，发挥农村文化阵地作用，逐步建立覆盖城乡的公共文化服务体系。二要深入挖掘全县文化资源。深入挖掘开发古县特色文化、民俗文化、老区精神、相如精神等文化资源，支持"俏春姑"民间文化艺术品牌的打造。加大文物和非物质文化遗产保护力度，对朱德路居和热留关帝庙等一批文物进行修缮维护，整理挖掘全县11个"非遗"项目。完成新编《古县志》出版工作，办好第五届牡丹文化旅游节，大力联姻国家、省、市文艺团体及艺术家、作家等知名人士到古县创作采风，认识古县、宣传古县、推介古县，扩大古县知名度。三要不断提升全社会文明程度。以建设"文明古县"为目标，继续提升省级文明和谐县城标准，以文明单位、文明村镇、文明校园的创建活动为载体，着力抓好全社会思想道德建设、文明礼仪教育、社会秩序建设；广泛开展"文化下乡"、"广场文化"等活动，提升古县全民素质。

（四）始终坚持民生为本，全力推动各项社会事业，确保发展成果惠及民众。1. 扎实推进民生重点工程。大力抓好教育、卫生、住房、水务等重点工程建设，抓紧完成新建县医院、新建城镇寄宿制学校的附属工程和设施设备配套，确保年底前正式投入使用。加快启动城北幼儿园、二中体育场和古县体育中心体育场建设。继续实施保障性住房工程，新建经济适用房、廉租房和城市棚户区改造房各100套，逐步解决城镇低收入者等弱势群体的住房困难。实施供气、供暖增容续建工程，继续扩大覆盖面。实施分质供水项目，在全市率先实现健康水务工程。

2. 着力提升人民幸福指数。全面提升教育教学质量，均衡发展各类教育，加强师资队伍建设。继续推进医药卫生一体化改革，落实好各项制度和措施，优化公共卫生服务体系，加强医德医风建设，切实减轻群众医药费用负担。全面落实各项惠民政策，做好全县城乡居民的养老、医疗等社会保障工作。按照"移得出、稳得住、可发展、能致富"的要求，对采空区、山庄窝铺等地农民进行移民安置。实施有线电视惠农工程，财政补贴300万元，对1万户农村家庭进行数字电视改造，并免除全县农村有线电视收视费。

3. 突出抓好安全生产工作。进一步强化安全生产监督和管理，严格落实安全生产责任制，持续开展隐患排查治理工作，加强对煤矿、非煤矿山、公共场所、道路交通、森林防火、危险化学品、学校、食品药品、施工工地等重点行业和部位的监管和专项整治，特别是要出重拳打击非法违法生产行为，确保不出现重大安全事故。

4. 全力推动社会管理创新。加强基层社会管理服务平台建设，加快构建政府、企业、乡镇、社会联动协作的社会管理机制。在全县7个乡镇设立便民服务中心，形成以县审批中心为中心、带动乡镇便民服务中心的便民利民体系；创新信访工作机制，健全县、乡、村三级矛盾纠纷联动化解平台，加强社会矛盾隐患排查和风险评估，努力从源头上预防和减少社会矛盾。深入开展平安创建活动，加强社会管理综合治理，完善社会管理防控体系，严厉打击违法犯罪行为，增强人民群众幸福感、安全感。

促党建工作水平全面提升 为转型跨越发展保驾护航

翼城县县委书记　**李朝旗**

2011年，翼城党建工作围绕发展大局，狠抓任务落实，为转型跨越发展提供了强有力的政治保障，实现了"五个显著增强"。

2012年，翼城县进入转型跨越发展的关键期，首要大事就是加速发展，这一历史使命赋予了党建工作新的内涵。党建工作只有更好地适应发展、服务发展、推动发展，才能迸发出生机和活力。因此，2012年党建工作的出发点和着力点，就是要把广大党员干部的思想统一到"加速发展"上来，把智慧和力量凝聚到"加速发展"的实践中，突出重点、抓住关键，真抓实干、再创佳绩，以党的建设促进各项目标任务加速推进、圆满完成。

一、要以能力提升为重点，切实加强各级领导班子和干部队伍建设

一是加强领导班子建设。以管理的加强促进班子战斗力的提升，要深入发展一线抓管理，围绕重点工程建设抓管理，立足年度目标任务完成抓管理。特别是对于农村"两委"班子，要加强监督管理，不间断地进行培训，引导他们真正成为农民发家致富的领头人。二是加强干部队伍建设。干部的选拔标准，就是要政治坚定、实绩突出、作风过硬、群众公认，就是能引来项目、推动发展、克难攻坚。要让想干事的有机会、能干事的有舞台、干成事的有地位。三是加强基层组织建设。全面提升基层党建工作水平。在创先争优活动上，建立党员干部特别是领导干部直接联系和服务群众制度；在下乡住村活动上，要细化量化各级领导干部住村包村任务，促使活动走向制度化、常态化，真正取得实效。同时，要认真做好"两新"组织党建工作，不断扩大组织建设覆盖面。

二、要以文化强县建设为重点，切实加强宣传思想文化工作

一要突出抓好争当文明翼城人活动，增强精神支撑力。继续大力弘扬"自信坚韧、爱拼敢赢"的翼城精神，广泛开展社会公德、职业道德、家庭美德和个人品德教育，发现培育文明典型，提高公民思想健康水平。同时，做好理论武装工作，把学习贯彻"十八大"精神作为重要任务，开展富有针对性的理论宣讲，打造转型跨越发展的坚强精神支撑。二要突出抓好文化产业发展，增强文化软实力。依托唐霸文化，主动与国际、国内市场进行接轨，完善文化产业发展激励奖助机制，整合各种资源，打造以翼城花鼓、浑身板等为代表的一批既具有翼城特色、又具有市场竞争力的文化精品，促进文化产业做大规模、优化结构、提升品牌、增强实力。加强公益性文化设施，启动文化馆、图书馆、博物馆建设，加快构建覆盖城乡、实用高效的公共文化体系。开展多渠道、多形式、多层次的对外文化交流，不断提升翼城文化知名度和美誉度。三要突出抓好舆论引导工作，增强思想共识。加大对内对外宣传力度，适时组织宣传战役，在县内统一思想，在县外扩大影响。稳妥处理新闻事件，加强舆情分析研判，增强应急反应能力，依法惩处制造和传播谣言的行为，牢牢掌握话语权和主动权。

三、要以保持党的纯洁性为重点，切实加强党风廉政建设

一要强化对重大决策部署贯彻执行情况的监督检查。把"三件大事、五项工作"年度目标任务，把40项重点工程作为监督检查的重中之重，及时解决影响和干扰发展的突出问题，坚决做到县委、县政府的工作部署到哪里，纪检监察工作就跟进到哪里；县委、县政府工作要求到什么程度，纪检监察工作就全力保障到什么程度，确保县委、县政府各项重大决策部署得到全面落实。二要进一步加强党员干部作风建设。深入开展"治懒、治软、治散、治贪"为主要内容的集中整治活动。认真解决教育医疗、环境保护、安全生产、食品药品安全、企业改制、征地拆迁、涉法涉诉等涉及群众切身利益的突出问题。三要大力规范党员领导干部廉洁从政行为。重点加强党性党风党纪教育，不断提高广大党员干部拒腐防变和抵御风险的能力。

四、要以创新社会管理为重点，切实加强健康和谐翼城建设

一是围绕群众反映强烈的问题，在重拳出击上做文章。组织政法系统，包括卫生、药监等职能部门联合行动，以解决影响人民群众幸福指数突出问题为重点，在治安安全、医疗安全、食品安全等方面开展大行动，集中打击一批，规范一批，整治一批，打造健康和谐新翼城。二是围绕维护社会稳定，在化解矛盾上做文章。把解决社会矛盾作为工作的切入点，把预防和化解矛盾纠纷贯穿于"平安翼城"建设中，坚持标本兼治、综合治理，努力构建以调解为基础、稳控为手段的工作机制，畅通诉求通道，确保社会和谐稳定。三是围绕健全防控体系，在重点整治上做文章。以城中村、城乡结合部、工矿区为重点，以娱乐场所、公共聚集场所、学校医院为重点，以流动人口、刑满释放人员为重点，开展重点监控、重点巡查、重点整治，确保社会稳定。

五、要以汇聚合力为重点，切实加强统一战线建设

一是要围绕加速发展抓统战工作。对翼城籍在外人士的基本情况进行全面调查，摸清底子，加强联系和联络，吸引他们返乡投资发展，报效故里。发挥联系非公有制经济界人士的优势，鼓励他们走转型跨越发展之路，在三大工业园区果断投资、大胆创业。二是要围绕和谐稳定抓统战工作。切实加强民族宗教工作，解决好少数民族群众生产、生活困难等问题，引导宗教界人士和信教群众自觉遵守国家法律、法规和方针政策。三是围绕民生改善抓统战工作。关注弱势群体，继续开展工商界人士回报社会主题活动，鼓励非公有制经济以及其他社会各界成功人士出资帮助解决生活困难群众的实际问题。组织各方面的专家、学者和各界别人士，围绕民生改善和社会建设，深入调研，提出意见和建议，在打造健康和谐翼城中发挥"智囊团"和"人才库"的作用。

2012年，全县党建工作的目标任务已经明确，各级党组织要切实按照"党要管党、从严治党"的要求，不断加强对党建工作的领导，确保各项任务落实到位。一要明确责任，进一步健全党建领导体制和工作机制。二要建好队伍，进一步夯实党建工作基础。三要树立典型，进一步营造党建工作氛围。全县各级党组织和广大党务工作者，要紧紧围绕经济社会加速发展这一中心任务，认清形势，振奋精神，再鼓干劲，以卓有成效的工作促进党建工作水平的全面提升，为全县经济社会转型跨越发展作出新的更大的贡献。

壮大四大主导产业
建设富裕、繁荣、美丽、和谐新翼城

翼城县县长　**杨春权**

2011年，翼城人民坚持以科学发展观为统领，紧紧围绕"强力壮大钢铁、煤电、制造、林果四大主导产业，奋力建设富裕、繁荣、美丽、和谐新翼城"的发展战略，认真抓好"三件大事"，扎实推进"五项工作"，全县转型发展、跨越发展迈出坚实步伐，经济和社会各项事业取得了新成绩，实现了"十二五"良好开局。

2012年是实施"十二五"规划承上启下的重要一年，也是迎接党的"十八大"，推动翼城加快转型、跨越赶超的关键一年，做好2012年的政府工作，具有十分重要的意义。

一、2012年政府工作的总体要求

以科学发展观为统领，紧紧围绕"强力壮大钢铁、煤电、制造、林果四大主导产业，奋力建设富裕、繁荣、美丽、和谐新翼城"这一目标，认真抓好加速发展、安全稳定、作风建设三件大事，大力推进工业园区建设、农业产业化发展、城乡基础设施改善、文化强县建设、社会管理创新五项工作，全力抓好农村经济、工业经济、城市经济、惠民实事等40项重点工程和10个监测项目建设，加速推进全县经济社会转型发展、跨越发展。

二、2012年全县经济发展预期目标

全县生产总值增长15%，达到90亿元；规模以上工业增加值增长22%，达到60亿元；全社会固定资产投资增长26%，达到37亿元；社会消费品零售总额增长19%，达到29亿元；财政总收入增长16%，达到12亿元；城镇居民人均可支配收入增长15%，达到2万元；农民人均纯收入增长20%以上，达到7500元；居民消费价格总水平涨幅控制在4%左右，城镇登记失业率控制在4.2%以内。

三、2012年政府工作重点

（一）夯实农业农村发展基础，在农业增效和农民增收上取得新进展。(1)大力发展现代特色农业。稳定粮食生产，确保全年粮食总产量1.3亿千克以上。壮大林果产业，以"一县一业"、"一村一品"为主攻方

向，新发展2000公顷水果、1333公顷干果经济林，建设3个林果专业乡镇、80个专业村，形成40个千亩连片园区、100个500亩(33.3公顷)连片园区；实施“双十”配套技术工程，建成50个以上标准化示范园区。做强畜牧产业，抓好7家养殖场改扩建工程。大力发展设施蔬菜，推广建设第五代日光温室，加快“十大精品蔬菜园区”提档升级。扶持一批具有一定基础的小杂粮、红枣、大葱、鲜桃、草莓、西瓜、中药材、食用菌等专业村发展。逐步建立“一乡一站、一村一点”农技推广服务网络，加大农业标准化和“三品一标”认证力度。提升农业龙头企业带动作用，培育各类专业协会、合作社以及农民经纪人等中介组织。(2)加强农业基础设施建设。大兴农田水利建设。全面推进农村饮水安全标准提升，解决1万人的饮水安全问题。加强以中低产田改造和土地开发整理为重点的基本农田建设。加快实施现代农机装备提升工程和机械化保护性耕作工程。继续推进新一轮农网改造工程，提高农村供电保障能力。(3)加快推进新农村建设。深入推进新农村连片示范区和30个重点推进村建设。实施农村新的“五个全覆盖”工程，实现所有行政村街巷硬化、便民连锁店、文化体育场所、免费职业教育、新型农村社会养老保险全覆盖，进一步完善农村基本公共服务体系。落实国家新的扶贫标准，安排39个贫困村扶贫开发整体推进。落实各项强农惠农政策，增加农民转移性收入。引导农民规范有序进行土地流转，提高农村土地使用效益。完善金融支农、“以工补农”配套政策，扶持发展农村集体经济，积极发展资金互助合作社，大力开展农村劳动力转移培训，多渠道促进农民增收。

(二)加快工业结构转型升级，在实现“双百双千”目标上取得新进展。以“十二五”时期实现百万吨铸造、百万吨锻件及机加工、千万吨钢铁、千万吨煤炭的“双百双千工程”为目标，全力推进高端特钢、高端锻造、高端铸造三大工业园区和煤炭基地建设。一是积极完善园区配套功能。科学制订高端铸造工业园区总体发展规划，完善道路建设，完成燃气管道铺设和供水工程，加快推进11万千伏变电站建设，启动园区高速连接线建设工程，为园区企业提供可靠的生产、生活条件。二是加速推进园区项目落地。争取500万吨优特钢项目开工建设，争取7月底前8000吨热模锻压生产线建成投产，尽快完成高端铸造园区新上项目的前期工作等。加快煤炭产业扩张延伸，切实做好煤炭企业产运销衔接，下大力气完成煤炭资源整合后续工作。加大原煤洗选比例，加紧高硫煤清洁高效利用项目核准，鼓励首旺、阳煤、晋煤等整合主体投资发展非煤产业，支持煤炭运销公司拓展加气站、矿渣微粉项目等多种经营。

(三)坚持城乡统筹协调发展，在县域城镇化上取得新进展。一是推进县城有序开发。完善“两轴三环”路网结构。坚持“县城西进”战略，全力实施中心医院、文化体育场馆、综合服务中心、公安业务技术综合用房等重点工程，大力推进唐霸文化生态园中轴线建筑群及周边水系建设。提升县城综合承载功能，垃圾处理工程年内竣工投用，县城集中供热工程完成管网和支管网建设，新增供热面积40万平方米。二是加强城市经营管理。拓宽城市建设筹资渠道，加大对供水、供热、供气的投入。加强土地收储管理，盘活土地存量。规范建筑市场秩序，严肃查处乱搭乱建行为。突出抓好市容市貌、环境卫生、交通秩序整治，提升重点区域的绿化、美化、亮化水平。加强物业公司管理，规范居民小区物业服务。三是统筹推进城镇建设。加快实施小城镇建设工程，积极推进县城周边新型农村社区建设。推进沿线乡镇天然气进村入户，完成路段改造工程，加快客运班线公交化改造。注重农村危旧房改造、居民搬迁、棚户区改造与新农村建设相结合，加强农村宅基地管理，引导农民向乡镇所在地和中心村集中。继续巩固城乡环境综合整治成果，改善居民生活环境条件。

(四)发挥文化旅游带动作用，在发展壮大服务产业上取得新进展。一是深度发展文化旅游产业。实施“文化强县”发展战略，抓紧制订文化产业发展规划，推动“唐霸文化”传承发扬与旅游开发、产业培育融合发展。充分挖掘文化资源，引导更多社会资本进入文化产业。实施文化精品工程，加强文艺人才队伍建设，繁荣文学艺术创作。加快历山、佛爷山、绵山等旅游景点开发，加大旅游推介力度。二是培育壮大商贸物流产业。统筹发展各类专业市场、综合超市和社区连锁店，鼓励支持各类企业、个体经营户创建服务业品牌。继续开展“家电下乡”，实施“万村千乡”市场工程，加强鲜活农产品流通体系建设，繁荣农村市场。完善物流信息平台。实施铁路集运站台改造增容，建设煤炭物流市场，配套工业园区发展物流产业和物流企业，逐步构建“大物流”发展格局。三是大力发展新兴服务产业。科学规划和引导房地产市场健康发展。大力发展银行、证券、保险等金融服务业，积极推进农村信用联社改制组建农村商业银行。积极发展中介、信息和科技等现代服务业，大力推进生活性服务业发展，培育新的消费热点。

(五)继续加大节能减排力度，在改善人居环境上取得新进展。一要狠抓节能降耗工作。抓好重点用能企业动态监管，加强节能执法，完善节能预警调控机制。完成节能技改投资5亿元。大力发展循环经济。严把高耗能项目准入关，加快淘汰“三高一低”落后产能。推进建筑、交通运输、公共机构等行业节能工作，扩大利用太阳能、沼气等可再生能源。二要加大环保整治力度。强化减排指标约束，实现冶金等重点行业“全脱硫”。积极推进清洁生产，改善周边环境。抓好空气质量控制治理。依法实施饮用水源地强制性保护，饮用水质达标率稳定在100%。加强污水处理设施运行监管，确保污染物达标排放。三要加强生态林业建设。持续推进造林绿化工程，突出抓好通道绿化、荒山绿化、村庄绿化、矿区绿化，巩固退耕还林成果，进一步提高森林覆盖率。

(六)强化财政增收节支，在提高发展保障能力上取得新进展。一要抓好财源建设。切实加大财政扶持力度，挖掘培植后续财源，发挥财政杠杆作用，盘活土地、闲置资产和社会资源，千方百计争取上级转移支付资金和项目建设资金，加快建立结构合理、保障可靠、后劲充足的公共财政体系。二要加强税费征管。加强重点税源动态管理，强化个体零散税收清理整顿，努力实现应收尽收。狠抓非税统征，最大限度增加地方可用财力。三要确保收支平衡。深化财政改革，整合财政资金，加大对“三农”、社会事业、民生实事和重点项目的投入。规范政府采购和招投标管理，加大审计监督力度，切实提高财政资金使用效益。

（七）深化重点领域改革创新，在招商引资和项目建设上取得新进展。强力推进新兴工业、城市建设、文化旅游、农产品加工等重点领域招商。全面落实工业园区招商引资优惠政策，突出引进产业配套项目入驻园区，提高投资密度和投入产出率。深入开展“环境优化年”活动，强化重点项目储备、签约、落地、建设“四位一体”工作机制，建设务实高效的政务环境和便捷的商务环境。同时，破解项目建设的瓶颈制约。抓紧编制转型综改行动方案，全面推进重点领域、重点项目先行先试，争取更多的配套政策支持。积极保障发展用地需求，优先保障新上项目环境容量，引导金融机构加大对重点项目建设、中小企业发展和“三农”的支持力度。

（八）围绕打造“健康和谐”翼城，在提升公共服务和社会管理水平上取得新进展。(1)大力发展社会事业。坚持“教育优先发展”战略，保障教育经费投入，加快完成教学楼改扩建及中小学校舍安全改造工程；加强教师队伍建设，巩固提升教育水平。鼓励和引导骨干企业深化产学研合作，提高科技贡献率，探索完善与产业发展紧密结合的高技能人才引进和培养制度。深化医药卫生体制改革，加强公共卫生服务和人才队伍建设，抓好妇幼保健和疾病防控工作。优化医疗卫生机构布局，加快中心医院门诊大楼建设。积极发展广电事业，实现全县数字电视信号全覆盖。加强人口和计划生育工作，切实稳定低生育水平，提高人口发展质量。(2)努力完善社保体系。提高产业吸纳就业能力，促进创业带动就业。继续扩大各类社会保险覆盖范围，全面推进城乡居民社会养老保险全覆盖工作。健全社会救助体系，提高城乡居民最低生活保障、大病医疗救助水平，落实好失地农民保障政策。巩固新农合和城镇医疗保险参保率，继续提高企业退休人员基本养老金标准。努力改善农村困难群众和城镇中低收入家庭住房条件。做好稳定市场物价工作。(3)全力抓好安全生产。严格落实企业安全生产主体责任和安全生产“一岗双责”制。加强安全生产法规宣传。深入开展覆盖各领域的安全生产隐患排查治理。扎实推动“安全乡村”创建工作。构建安全生产工作长效机制，推进全县安全生产形势持续稳定好转。(4)着力推进平安建设。健全社会治安防控体系，加强对流动人口、特殊人群的管理，严密防范和依法打击各类违法犯罪活动。强化社区功能，提升社会服务管理水平。加大食品药品市场监管力度，规范食品药品经营行为。整顿和规范市场经济秩序，严厉打击制假售假行为，维护消费者合法权益。(5)强力维护社会稳定。畅通社情民意反映渠道，加强人民调解、行政调解、司法调解工作。完善公共安全应急体系，有效预防和处置突发公共事件。加强舆情监测，建立互联网舆情应对处置工作机制。认真落实民族宗教政策，依法管理宗教事务，巩固和发展团结和谐的良好局面。

推进“四个发展” 做好“五篇文章”
加快建设繁荣、和谐新吉县

吉县县长 刘 浩

2011年，吉县紧紧围绕推进“四个发展”、做好“五篇文章”的发展思路和工作重点，坚持打基础、管长远，顺民意、解民忧，符合实际、利于发展的工作原则，抢抓机遇，真抓实干，全县经济社会事业保持了持续快速发展的强劲势头，圆满完成年初预定的目标任务，实现了“十二五”的良好开局。

2012年是“十二五”承上启下的重要一年，是深入贯彻落实科学发展观，加快转变经济发展方式，全面推进小康社会进程的关键一年，也是吉县立足新起点，把握新机遇，加快“转型跨越”发展的黄金之年。做好2012年的各项工作，责任重大，意义深远。

一、2012年政府工作总体要求

以邓小平理论和“三个代表”重要思想为指导，深入贯彻落实科学发展观，紧紧抓住全省“综改试验区”的政策机遇，牢牢把握“稳中求进、好中求快”的工作基

调,以项目建设为支撑,以安全稳定为保障,以转型跨越快速争先发展为主旋律,以建设“幸福吉县、和谐家园”为目标,坚持依法行政,大力开展“招商引资年、城市建设年、环境优化年、作风转变年、爱心集结年、基层组织建设年”活动,深入推进“四个发展”,扎实做好“五篇文章”,为“再造一个新吉县”而努力奋斗。

二、2012 年经济社会发展主要预期目标

地区生产总值 19 亿元,增长 13%;规模以上工业增加值 12.1 亿元,增长 20%;固定资产投资 14.7 亿元,增长 25%;社会消费品零售总额 4.8 亿元,增长 17%;财政总收入 1.81 亿元,增长 16%;其中,一般预算收入 7999 万元;城镇居民人均可支配收入 12800 元,增长 13%;农民人均纯收入 2800 元,增长 15%。

三、2012 年政府工作主要任务

(一)扎实做好“三农”工作,促进农民增收。一是推进苹果转型。紧抓“一县一业”发展机遇,加快推进苹果产业优化升级。新栽补植苹果 667 公顷,建设标准化生产示范果园 667 公顷,发展绿色苹果 667 公顷,开发富硒、富锌、SOD(超氧化物歧化酶)功能保健苹果和有机苹果 667 公顷。加大果业科技投入,加快苹果生产新技术研发和推广。加大“吉县苹果”品牌创建和宣传推介力度。启动建设占地 33 公顷,具有辐射作用的苹果交易物流中心。二是推进新农村建设。实施新农村重点推进村建设,土地开发复垦,新村片区开发,整村推进扶贫开发,移民搬迁,农村危房改造,农村连片综合整治,永固至东石泉公路改造等工程项目。大力发展设施蔬菜种植,发展林下特色种植、养殖产业。落实好农机具、农资和良种补贴等强农惠农政策,稳定粮食生产。进一步加大农业科技投入力度,深入开展农业新技术培训和推广。三是推进生态建设。实施“三北”防护林、退耕还林成果巩固、天然林保护、国家公益林等造林绿化工程,实施环城绿化和乡村公路绿化工程,5 处流域综合治理项目。加强生态保护工作,继续抓好封山禁牧工作。强化环境监测和污染治理,进一步巩固和扩大生态建设成果。

(二)全力推进工业崛起,壮大县域经济。以深度开发利用煤炭、煤层气等资源为重点,全面提升工业发展水平。抓好煤矿的安全运营,支持煤矿扩充资源、提升产能,启动煤层气压缩液化项目,完成 110 千伏输变电建设项目。

(三)注重旅游开发建设,拉动第三产业。大力度推进景点开发建设,完善综合配套设施,推动全县旅游产业快速健康发展。依托苹果特色产业,开发农业观光旅游项目和“农家乐”项目。突出黄河文化、人祖文化特点,加快特色旅游纪念品开发。加大对外宣传力度,举办第二届中国(山西)黄河壶口文化旅游节。

加快发展现代服务业。依托高速公路,发展连锁经营、物流配送等现代流通业。培育发展各类中介组织,严格市场管理,规范市场行为。发展金融、保险、邮电、通讯等服务业。提升吃、住、行、游、购、娱的服务档次和水平,适应不同层次消费者的需求。

(四)加快城市建设步伐,打造特色县城。实施“大县城”战略,加快扩容提质步伐,建设旅游主导型县城。完成城市控制性详细规划、重点区域修建性详细规划的编制工作。加快新城开发建设。启动实施劳动保障服务中心、残疾人服务中心、人口计生服务中心、公检法业务用房等工程项目。积极推进旧城改造。启动实施文化广场扩容配套、道路拓宽改造、棚户区改造、县城集中供热等工程项目。规范城市交通秩序。加强市容环卫管理。

(五)统筹发展社会事业,保障改善民生。一是实施教育提质工程。加强幼儿园、九年制学校基地设施建设。启动新城中学建设项目。二是实施医疗健康工程。进一步完善县、乡、村三级医疗基础设施,不断加强基层医疗卫生队伍建设,提高医护人员素质。规范医疗机构管理,推进基本公共卫生服务均等化。完成卫生监督所建设工程。启动实施疾控中心和新城医院建设项目。三是实施文化强县工程。大力倡导文明新风,扩大精神文明建设成果。完成“农家书屋”、农民体育健身设施、村级文化活动场所“全覆盖”工程。继续开展广场文化活动和文化下乡活动。四是实施扩大就业工程。进一步完善就业机制,扩大就业规模,做好大学毕业生就业工作。实施人才强县战略。加强职业教育培训和农村富余劳动力转移就业培训,及时帮助“零就业”家庭解决就业困难。五是实施社会保障工程。加快完善社会保障体系,进一步扩大城乡低保、新型农村养老保险、城镇居民养老保险覆盖面。做好地震监测、气象预警和防灾减灾工作。健全突发事件应急处置体系。全面落实计划生育政策,稳定低生育水平。继续加大对残疾人、特困家庭等特殊人群的救助力度。进一步抓好统计监测、民族宗教、全民健身、“双拥”等工作。

(六)着力加强项目建设,增强发展后劲。加强招商引资,千方百计捕捉信息、想方设法争取项目,充实项目库,形成项目开发、储备、落地、建设的良好机制。进一步优化招商引资环境,做好项目用地、规划、环评等服务工作。引进一批投资额度大的战略项目、成长性好的集群配套项目、竞争力强的优势产业项目,力争科技含量高、投资规模大、经济效益好的重点项目“落户”吉县。加强项目建设,2012 年全县确定实施项目工程 90 项,总投资 60 亿元,年内计划完成投资 20 亿元。

(七)切实抓好安全稳定,创新社会管理。扎实开展安全生产专项整治,深入开展煤矿、非煤矿山、地质灾害、森林防火、道路交通、食品药品、烟花爆竹、供气供热、危险化学品等高危行业的排查整治,完善食品安全监管体制机制,及时消除安全隐患。加大对安全监管人员、从业人员的培训力度,提高全员的安全意识和业务技能。严格实行安全生产“一票否决”制和责任追究制,维护全县良好的安全生产工作大局。深入开展“平安吉县”创建活动,依法防范和打击违法犯罪活动。健全突发事件应急体系,有效预防、妥善处置各类突发事件。加强信访维稳工作,完善矛盾纠纷排查调处机制,妥善处理人民内部矛盾。

转型跨越　先行发展
奋力开创开发区美好未来

临汾经济开发区管委会主任　**尚日红**

2011年，临汾开发区按照“争当排头兵、再造新临汾”的要求，严格按照年初工作安排，以“招商引资年”活动为突破口和切入点，紧扣招商引资、项目建设、园区开发、社会稳定和民生建设等重点工作，狠抓工作落实，严格实行目标责任考核制，加快转型跨越、先行发展的步伐，促进了全区经济社会健康快速发展。

一、临汾开发区老区概况

临汾开发区的老区紧贴临汾市区，规划面积7.8平方千米，辖区共5万余人，其中，农业人口1万余人。目前，老区共有各类工商企业610余家，财政收入由建区之初的234万元，增长到2亿多元。根据临汾市“十二五”规划，老区主要发展行政办公、商业金融、居住、物流和“城中村”改造等项目，工业项目逐渐向工业园区转移。

二、临汾开发区新区概况

临汾开发区(洪洞·甘亭)工业园区位于洪洞县甘亭镇辖区，处于临汾市百公里经济带区域范围之内。2010年8月正式挂牌成立。总规划面积96.5平方千米，一期面积24.8平方千米。

三、开发区经济社会健康快速发展

(一)市年度责任目标任务圆满完成。截至2011年年底，开发区各项目标任务圆满完成，部分目标任务超额完成。财政总收入2.617亿元，一般预算收入1亿元。重点工程年度计划投资完成11.73亿元，其中，列入临汾市重点项目年度计划投资的重点工程完成9.75亿元，列入开发区重点项目年度计划投资的重点工程完成1.98亿元；重点工程落地指标完成30.8亿元，新型工业化水平达到33.8%。外贸进出口总额3900万美元。学前三年毛入园率98%。城镇化率68%。人口自然增长率3.5‰。生产安全事故死亡总人数为零。

(二)主要经济指标仍在稳步增长区间。2011年年底，区内生产总值21.42亿元，比2010年增长20%；工业总产值18.5亿元，增长137%；工业增加值5.75亿元，增长105%；科工贸收入140亿元，增长20%；招商引资合同资金49.36亿元，增长331%；固定资产投资完成18.5亿元，增长62%。进出口总额3900万美元。财政总收入26170万元，增长18%。

(三)项目管理及建设扎实有序开展。加强项目管理，提高项目建设力度。对历年来审批项目进行梳理汇总，确定信息公开的内容、形式和责任主体，对项目信息进行公开。实行按月走访调研制度，了解重点项目的准确进展情况，并对年初确定的45项固定资产投资重点项目进行监测，尤其是对列入临汾市2011年重点项目监测范围的9个重点项目进行重点监测，确保重点项目的顺利实施。

(四)基础设施建设积极稳妥推进。加大基础设施建设力度，优化规划管理、强推项目建设，大力实施道路建设及维护管理、绿化、建筑节能、防汛清淤、交通信号设施等工程，完成大型公建项目深国投商业中心的主体工程、8条道路工程、4幢廉租房、5处公厕、1个小区节能改造和4个房地产开发项目。新增绿化面积7000余平方米。实施《开发区控制性详细规划》、《甘亭工业园区总体规划》、《甘亭工业园区起步区控制详细规划》、中大街以西片行政商务中心的城市设计等编制工作。协助市规划局完结15个规划审批事项。完成临汾市城北变电站入线及九北线线路改造工程、滨河变电站配套电力线路土建工程等其他配套工程。

(五)招商引资工作保持良好态势。狠抓项目库建设和招商基础工作，采用会议招商、外出小分队招商、以商招商、互访招商等“走出去”和“引进来”的方式，加快招商步伐，推动一批投资规模大、科技含量高项目来区考察洽谈，签订项目合同11个。

(六)工业园建设取得卓著成绩。编制完成产业用地、功能结构、道路交通3个规划。入驻9个项目，三一重工已与园区签订协议，即将入驻。入驻项目的共同特点是科技含量高、带动能力强、环保效用好，对全市的经济发展拉动大。工业园区建成后，将成为全市转型跨越、先行发展新的产业聚集地和经济增长点。

(七)安全生产形势持续平稳。完善安全生产责任体系，积极开展“安全生产月”活动，推进安全生产专项整治、百日安全生产大检查等工作，做到安全生产"五个到位"，即确保安全责任到位、基础管理到位、重点整治到位、部门配合到位、队伍建设到位。

（八）机关行政效能大幅有效提高。开展土地、工商、质监各类专项活动，有力地打击了违法经营行为。对全区的食品安全和特种设备进行专项整治。2011年，累计受理各类行政服务事项1460件，办结1454件，办结率90%。

（九）社会安全形势持续稳定向好。深入开展"两打"专项行动和"春季攻势"及"夏季严打"百日行动，遏制各类刑事案件的高发势头。2011年，共破获各类刑事案件100起，查处行政案件148起，确保了社会稳定，为经济社会发展提供了坚强保障。

（十）和谐社区建设取得新进展。高度关注和改善民生，提升居民幸福指数。全面落实中央、省、市、区各项惠民政策，着力做好失地居民生活补助发放、"两免一奖"、城市居民最低生活保障和新型农村合作医疗、城市居民医疗保险、廉租房、经济适用房等工作的申报、核查、发放工作，确保各项保障落到实处。加大对弱势群体的扶助力度，启动农村最低生活保障工作。以城中村改造为契机，将建设高标准的办公、文体活动场所纳入城中村改造的重要内容，着力完善社区功能，全面提升社区品位。建立健全社区文化活动场所，开展丰富多彩的文化体育活动，推动和谐社区建设。

开拓创新　扎实工作
谱写永济转型跨越发展新篇章

永济市市长　朱晓东

2011年，永济市抢抓机遇，加快发展，着力推动转型跨越，较好地完成了市五届人大一次会议确定的各项目标任务，为顺利完成2012年目标任务，迎接党的"十八大"胜利召开奠定了坚实基础。

一、2012年政府工作指导思想

围绕"打造五个永济，建设明星城市"战略目标，深入开展"狠抓落实年"、"党建民生年"、"文明创建年"、"招商引资年"活动，抢抓"扩权强县"机遇，扎实推进"四十加双五"项目建设，着力办好10件民生实事，努力在非煤县市转型跨越发展路子上再取新突破，进一步壮大县域经济实力，促进社会和谐。

二、2012年经济社会发展主要预期目标

生产总值120.7亿元，比2011年增长13%；规模以上工业增加值69.24亿元，增长20%；财政总收入确保完成6.69亿元，增长5%，力争完成7亿元，增长10%；固定资产投资58亿元，增长23%；社会消费品零售总额38.2亿元，增长17%；城镇居民人均可支配收入20284元，增长14%；农民人均纯收入8188元，增长15%。城镇登记失业率控制在4%以内。居民消费价格总水平涨幅控制在4%左右。

三、2012年全力以赴抓好六个方面的工作

（一）做大做强工业，提升转型跨越发展支撑力。一是倾心扶持大项目。围绕五大支柱产业，重点扶持以总投资15亿元的广银集团铝加工园建设项目为首的十大工业项目建设。全程做好服务工作，加快项目推进，确保尚未开工的项目尽快落地，已开工的项目尽快建设，建成的项目尽快投产。二是倾情服务大企业。着力解决好企业生产经营中存在的实际困难，确保企业正常运行。三是倾力发展中小企业。大力引导中小企业与大型企业协作配套，不断延伸产业链条。积极帮助有基础、有规模的中小企业加大科技投入，引进专业技术人才，打造知名品牌，不断壮大中小企业群体规模。

（二）统筹农业农村，蓄积转型跨越发展原动力。1. 加大产业结构调整力度。坚持市场导向、效益优先和科技支撑原则，重点抓好肉鸡养殖工程、绿色蔬菜基地建设工程、高效干鲜果基地建设工程和沿山、沿滩双万亩生态林带建设工程四大产业结构调整提升项目。加大引导扶持力度，加快"一村一品"建设，重点抓好11个省级示范村、12个省级专业村的提档升级，进一步提升现代农业发展水平。深入开展技术服务，大力推进土地合理流转，加大项目支持、扶持力度，努力形成优势突出和特色鲜明的产业带，进一步夯实农民增收基础。

2. 加速农业产业化进程。全力加快三大农业园区建设，进一步完善农业产业化园区基础设施，加大对农产品加工龙头企业的扶持力度，重点扶持现有30个

国家、省、市级农业产业化龙头企业上规模、上档次。继续做好无公害农产品、绿色食品申报认证工作，培育农产品知名品牌，提升农产品市场竞争力。深入推进农民专业合作社标准化建设工程。大力培育农村致富带头人和农村经纪人队伍。

3. 加强农业基础设施建设。重点实施五项农业基础设施建设工程。力争启动舜帝防洪工程下延1千米项目建设，保护滩区群众生命财产安全。

4. 加快新农村建设提档升级。完成农村街巷硬化、农村便民连锁店、农村文化体育场所、中等职业教育免费、新型农村养老保险五个“全覆盖”工作任务，进一步改善农村生产生活环境。大力推进新农村集中连片示范区建设。逐步完善新农村建设管理长效机制，全面提升村容村貌整治水平。

（三）致力城市建管，提高转型跨越发展承载力。一是以重点工程建设为抓手，着力完善基础设施。多渠道融资，重点实施十项重点工程建设，进一步拓展城市空间，完善城市功能。二是以“文明创建年”活动为抓手，着力加强城市管理。深入开展“文明创建年”活动，努力促进城市软硬环境的全面改善。深入推进十大市容环境整治工程。

（四）狠抓招商引资，激发转型跨越发展后续力。一是动员各方力量，多渠道壮大招商主体。大力发动全民招商，大力推行以商招商，大力实施专业招商，招大商、招大项目。二是突出招商重点，全方位提升招商实效。抓好三个重点，即抓重点地区，以长三角、珠三角以及沿海发达地区为重点，组织专门人员，进行长期蹲点招商；抓重点产业，围绕铝深加工、机电加工制造和现代农产品加工三大优势产业，招引一批关联产业快速聚集，打造优势产业集群；抓重点项目，就是抓好2012年确定的十大招商引资项目。三是优化发展环境，大力度提高招商效率。进一步完善优化招商引资政策，营造安全公正的经营环境，规范高效的政务环境。

（五）繁荣第三产业，强化转型跨越发展驱动力。一要推动文化大发展大繁荣。大力实施文化强市战略，全面提升永济文化综合实力。继续完善公共文化服务体系，积极开展群众性广场文化活动，加强非物质文化遗产保护和传承，继续推进市蒲剧团、电影发行放映公司的体制改革，大力实施文化精品战略。二要推动旅游产业大提升大拓展。完善旅游发展规划，提升永济旅游整体品位，形成“大旅游”发展格局。继续加快旅游开发，加大旅游招商力度，加快推进国有景区改制步伐，加强旅游市场的整体营销，不断提高永济旅游的知名度。三要推动商贸流通业上规模上档次。重点推进四大商贸流通项目建设，提升城市商业品质，增强城市集聚辐射功能。

（六）促进社会和谐，凝聚转型跨越发展向心力。一是把强化民生保障作为基本目标，着力办好10件民生实事。二是把维护和谐稳定作为第一责任，不断提升社会管理水平。高度重视安全生产，建立严格的责任体系。进一步强化重点行业、重点领域、重点场所的安全监管，突出抓好食品安全、道路交通安全、消防安全、校车安全、非煤矿山安全等工作。严格落实信访工作责任制，深入做好矛盾纠纷排查调处工作。继续做好农村“三资”管理工作，加大农村合作基金会依法清欠力度。深入开展平安创建活动，切实维护社会稳定。加强应急管理，不断提高应对各类突发事件和保障公共安全的能力。三是把完善公共服务作为重要任务，统筹推进社会事业发展。坚持优先发展教育，全面落实义务教育各项优惠政策，努力推进城乡教育均衡发展，统筹发展各类教育。进一步深化医药卫生体制改革。继续规范公共卫生服务项目，加强传染病防治和免疫规划工作，加强食品安全风险监测，深入推进社区卫生服务中心、镇卫生院和村卫生室基本药物配送工作。继续稳定低生育水平。大力实施“绿色生态工程”，积极推进污染物减排，不断强化环境综合整治。加大农村配电改造力度。继续做好城乡低保、农村“五保”供养和优抚、救灾、救济工作，切实保障城乡困难人员的基本生活。全面推进城乡居民养老保险工作。高度重视新增就业和创业扶持工作。加大农村劳动力转移力度，多渠道增加农民收入。逐步完善事业单位分配制度。

转型跨越　先行先试
建设绿色富裕、繁荣和谐的现代化工贸城市

河津市市长　**杜中伟**

2011年，河津市政府团结带领全市人民，以转型跨越为主线，以“三创两提升”为核心，大力实施十大战略工程，狠抓10项重点工作，全市经济和社会各项事业都取得了新的成绩，顺利实现了“十二五”规划良好开局，为完成2012年的工作奠定了良好基础。

一、2012年政府工作指导思想

全面贯彻中央、省、市经济工作会议精神，按照中央提出的加快转变经济发展方式“五个坚持”、省委推进工业新型化“七条路径”和全市经济工作会议要求的“五大重点”，紧紧围绕市第五次党代会提出的奋斗目标，抢抓转型综改和扩权强县试点机遇，凝心聚力，转型跨越，先行先试，大胆突破，努力在项目建设上有新进展，在招商引资上有新作为，在改善民生上有新举措，在社会管理上有新成效，全面加快绿色富裕、繁荣和谐的现代化工贸城市建设步伐。

二、2012年全市经济社会发展的预期目标

地区生产总值272亿元，增长14%；财政总收入23.38亿元，增长10%；工业增加值179亿元，增长20%；社会消费品零售总额82亿元，增长17%；固定资产投资128亿元，增长19%；城镇居民人均可支配收入23983元，增长14%；农民人均纯收入13038元，增长14.9%。

三、2012年政府工作主要任务

（一）加快推进结构调整，全力抓好项目建设。加快推进工业基地建设工程。一是铝工业基地。加快编制实施晋南铝工业资源综合利用示范区规划，大力发展铝加工产业，提高氧化铝、电解铝就地转化率和深加工率，力争全年工业总产值达到180亿元，增加值达到50亿元。二是清洁能源基地。积极开发煤层气、焦炉煤气合成天然气、风力发电和太阳能光伏，力争全年工业总产值达到190亿元，增加值达到60亿元。三是精细化工基地。围绕链条延伸和技术创新两条路径，以多品种氧化铝、煤焦油深加工和生物制药为重点，打造煤化工、石油化工产业集群，力争全年工业总产值达到60亿元，增加值达到15亿元。四是钢铁铸造基地。加大技术改造，推进兼并重组，谋划组建大型集团公司，提高产业集中度和竞争力，力争全年工业总产值达到110亿元，增加值达到30亿元。五是资源综合利用基地。以循环发展和清洁生产为重点，大力发展新型建材、高档耐材，力争全年工业总产值达到20亿元，增加值达到5亿元。

全力推进20个工业重点项目，确保年内完成投资35亿元。创新服务企业理念，在继续抓好煤、电、油、运等生产要素配置的基础上，加强金融协调，深化银企合作，努力增加信贷总量；引导企业灵活运用金融工具，拓宽融资渠道。鼓励有实力的企业进入期货市场。支持成长创新型企业上市，提高融资能力。推进深层次、宽领域股份经营，提高市场竞争力。创新企业人才引进机制，提升管理水平和资本运营能力。稳定企业员工队伍，加快农村劳动力转移，就地消化本地劳动力，走出去吸引外地劳动力，积极解决企业用工难问题。继续推行四大班子领导包点联系企业制度，切实解决企业生产经营遇到的困难和问题，确保新建项目顺利推进，建成项目尽快投产，现有企业正常生产。

（二）加快煤矿复工复产，强化能源保障基础。集中解决影响煤矿复工复产的补偿款拨付、证照办理等瓶颈问题，为加快煤矿复工复产扫清障碍。加强矿井生产硬件建设，加快实施矿区集中供水、运煤通道、变电站等工程建设，积极推进整合矿井投产运营。加强企业内部管理，加快煤矿复工复产，原煤产量全年力争达到350万吨，产值35亿元。

（三）扎实推进“三农”工作，努力改善农民生活。围绕产业推进、四化提升、社保覆盖、村镇改造四大重点，加快农业科技转化，发展现代高效农业，扎实推进农业产业化推进工程。（1）加快农业产业化进程。重点抓好特色农业示范区建设。认证无公害农产品，增加无公害面积。发展专业村10个、专业合作社30个，新建改建规模养殖场10个。购买种植业保险，提高农业抗风险能力。农产品加工率提高到65%。（2）加强农业科技推广。完善乡镇科技服务网络，完成农民科技培训1万人次。落实农机购置补贴政策。（3）加快农村劳动力转移。积极扶持中小企业发展，为劳动力就地转移增加更多的就业岗位。加强农民实用技术和就业培训。（4）加强农村基础设施建设，抓好10项重

点工程。(5)扎实推进新农村建设。选择有条件的农村作为试点,利用增减挂钩政策,实行指标化管理,解决宅基地矛盾突出问题。实施4个乡镇邮政所建设,完善乡镇所在地服务功能。抓好新农村连片示范区试点工程。坚持每年为农民群众办好几件实事。继续把公共财政向农村倾斜,补贴农村公用电费,推进农村亮化、硬化、绿化工程。

(四)积极发展第三产业,培育经济增长亮点。扎实推进三产亮点培育工程。(1)大力发展商贸物流业,加快物流和煤炭超市项目建设,吸引知名物流商贸企业落户河津。推进"万村千乡"和"新农网"工程,新增示范便利店20个。(2)大力发展金融服务业,引导民间资本进入实体经济。加强5家小额贷款公司、1家担保公司的运营管理,拓宽中小企业融资渠道。加大金融机构扶持力度。吸引商业银行到河津设立分支机构,争取晋商银行河津支行挂牌成立。(3)大力发展文化产业。加快推进文体公园建设,完成图书馆、文化馆后续工程。加强文物和非物质文化遗产保护,宣传特色文化,促进广播电视、新闻出版、文学艺术等文化事业繁荣发展,丰富人民群众的精神文化生活。

(五)努力扩大对外开放,狠抓招商引资工作。全力推进招商引资兴市工程。积极推进型材加工、精细化工、加工制造等项目,力争尽快落地开工。强化落地项目跟踪服务,切实解决好项目用地、用水等实际问题。坚持招外商与留内资相结合,不论外地客商,还是本地企业,一律享受同样优惠政策,鼓励民间资本特别是煤矿整合退出资金投入实体经济,力争全年招商引资达到38亿元。重点在10个方面先行先试,大胆突破。即:建设一批标杆工业项目,打造一批百亿元企业。加快推进煤矿、焦化、发电、氧化铝、电解铝等五大行业整合发展。完善人才激励机制,引进资本运作和科技人才。积极发展"一村一品"特色农业。加快实施一批水利工程,强化水资源保障。完善交通、电力、供气、通信等设施,推进城乡一体化发展。发展循环经济,推进节能减排,提高环境承载能力。创新林木栽植管护机制,加强生态建设。盘活土地存量,整合闲散用地,推进土地管理创新。强化公共服务和社会管理职能,加快转变政府职能。

(六)加强基础设施建设,推进城乡统筹发展。按照城乡一体化要求,加强城建、交通、电力等基础建设,扎实推进城市扩容提质工程。创新机制,多元投入,特别要加大跑项目、争资金力度,全力抓好2012年安排的30项重点基础工程。

(七)全面提升城市管理,努力打造宜居家园。加强城市精细化管理,大力实施三城联创工程。一是深入开展卫生城市创建活动。深入开展绿化、亮化、美化、净化工程,推进城乡同治。坚持建管并重,完善市区主干街道环卫设施,开展环境卫生清洁行动。大力开展卫生乡村创建活动,新增58个市级卫生村。二是深入开展园林城市创建活动。完善城市主要街道绿化,搞好补植补栽,城市建成区绿化覆盖率提高1个百分点。三是深入开展文明和谐城市创建活动。加强社会主义核心价值体系建设。广泛开展群众性文体活动。不断提升市民素质和城市吸引力。

(八)加强城乡生态建设,提升可持续发展能力。(1)加大环保治理力度,制定出台《绿色生态工程实施方案》,划定市区燃煤禁烧区,三年内取缔不达标的小锅炉。加强城市污水处理厂、垃圾处理厂运营管理。加强环保设施运行监管,完成年度减排任务。开展环保执法专项行动,着力解决饮水卫生、空气污染、土地污染等损害群众健康的突出问题,确保市区二级以上天数稳定在300天以上。(2)大力推进生态建设,完成经济林建设400公顷,加快国道绿化提档升级,实施新农村绿化连片示范区建设,创建1个生态乡镇、5个生态村。巩固提升全市绿化水平。

(九)积极发展社会事业,着力保障和改善民生。1. 大力发展教育事业。实施乡镇中心幼儿园新建改扩建工程,建设23所特色小学,启动特教学校和实验中学2号教学楼建设,促进各类教育均衡发展。加强教师队伍建设,提高教育教学质量。

2. 加强科技人才工作。开展蓝领创新活动,培养高技术、高素质专业人才,提高河津加工制造技术水平。推进职业教育免费全覆盖,开展农民实用技能培训,加强农村劳动力就地转化。围绕重点领域,引进各类专业人才、技术人才和创新人才,为转型跨越发展提供智力支撑。

3. 加大医疗卫生投入。实施卫生监督所建设工程。全面推行基本药物制度,实现乡村两级医疗机构基本药物零差率销售。提高新农合补贴标准,个人补贴部分再提高40元,人均筹资标准达到290元,切实减轻群众就医负担。

4. 千方百计扩大就业。鼓励高校毕业生到本地民营企业打工就业创业。实施"创业孵化基地"建设工程,对普通高校毕业生、复转军人、下岗职工自主创业进行补贴。做好事业单位公开招聘工作。

5. 完善社会保障体系。加强各类社会保险扩面征缴,力争城镇居民养老保险、医疗保险参保率分别达到32%和95%,农村养老保险、医疗保险参保率稳定在98%以上,城镇职工养老保险、医疗保险参保率稳定在96%以上。加大社会救助力度,继续提高城乡低保和"五保"救助标准,全面落实优抚安置政策。提高住房公积金补贴标准,提升住房公积金保障能力。

6. 努力改善山区群众生产生活条件。引导群众调整农业产业结构,发展山区特色养殖和花椒、核桃种植等"一村一品"。依托煤矿发展运输、劳务等产业,多渠道增加农民收入。启动下化乡生态治理修复,加快推进危房改造和整体搬迁工程,切实解决好农民增收、饮水行路、教育医疗等现实问题。

(十)切实加强社会管理,全力维护安全稳定。切实加强安全生产,严格落实"一岗双责",重点抓好非煤矿山、危化企业、道路交通、建筑施工、学校安全、民爆物品等行业领域的安全监管,加大隐患排查整改。开展安全乡村创建活动。严厉打击私挖乱采。加大食品药品监管力度,开展牛羊屠宰、肉制品加工等重点环节专项整治,全力保障食品药品安全。加强计划生育服务管理,人口出生率控制在11‰以内,人口自然增长率控制在6‰以内。加强市场物价监管，维护市场物价基本稳定。加强阳光农廉工作，推进农村三务公开。畅通群众诉求渠道，及时化解矛盾纠纷。完善社会治安防控体系，深入推进平安河津创建活动。加强司法行政、信访稳定、民族宗教、防灾减灾和应急管理，及时妥善处置各类突发事件。

谋发展　惠民生　促和谐　树新风

闻喜县县长　张建元

2011年，全县广大干部群众坚持以转型跨越发展为主题，大力实施四大战略，积极推进"五化"进程，实现了"十二五"发展的良好开局。

2012年是党的"十八大"召开之年，是深入实施"十二五"规划的重要一年，也是立足新起点、谋划新跨越的关键之年。做好2012年的各项工作，意义至关重要。

一、2012年全县工作的总体要求

以科学发展观为统领，以转型跨越发展为主线，牢牢把握"稳中求进"总基调，紧紧围绕"谋发展、惠民生、促和谐、树新风"四项任务，深入开展"作风建设年、项目建设年"活动，加强和改进党的建设，全面推进改革开放，努力在结构调整、强农惠农、城市建设、民生改善、社会管理以及招商引资等方面取得新突破，加快建设"工强农富、生态宜居、文明和谐、公正开放"新闻喜。

二、2012年经济社会发展的主要预期目标

地区生产总值增长8%，规模以上工业增加值增长10%，财政总收入增长5%，一般预算收入增长5%，全社会固定资产投资增长16%，社会消费品零售总额增长17%，城镇居民人均可支配收入增长14%，农民人均纯收入增长15%，居民消费价格总水平涨幅控制在4%左右，完成省、市核定下达的节能减排等约束性指标。

三、2012年政府工作重点

（一）工业转型抓园区，在招商引资上实现大跨越。一是建设工业园区。尽快启动建设新的工业园，选好地点，做好规划，实行政策大优惠，资金大支持，用地指标大倾斜，鼓励支持大企业、好项目和物流三产进驻园区。二是加快招商引资。加大招商引资考核力度，确保招商引资取得实效。在抓好塑料容器、中化油库、垃圾发电等在谈项目落地的同时，继续引进一批大项目、好项目，努力完成招商引资20亿元以上。三是抓好项目建设。大力开展"项目建设年"活动，着力解决土地瓶颈等制约项目建设的突出问题，扶持引导海鑫、银光、森特等优势企业加快技改上项步伐，抓好海鑫板卷、银光轮毂、森特技改、宏业池炉等重点项目，用循环化的生产模式改造提升传统产业，发展现代装备制造、镁深加工、生物医药、精细化工、农产品加工、新能源材料等新兴产业，延伸产业链条，提高产品附加值和市场竞争力。四是壮大优势企业。鼓励支持企业开展多种形式的资产并购和跨区域联合重组，培育一批在同行业中具有较强竞争力的大企业、大集团。拓宽企业融资渠道，促进银光等具备条件的企业加快上市步伐。支持和帮助企业加强与高等院校和科研院所的产学研合作，加强科技攻关和技术创新，提高产品科技含量，增强企业核心竞争力。加快中小企业和微型企业发展，加快培育一批经济增长的新亮点。

（二）农业转型抓科技，在"一村一品"上实现大跨越。1. 大力发展新农业。着眼于现代化、规模化、产业化、优质化，创新农业发展模式，按照"一县一业"、"一村一品"的思路，深入推进现代农业示范区建设，大力发展设施农业、观光农业、有机农业、循环农业等新型农业，实施"特色基地工程"，打造全国优质小麦基地、杂粮基地、干果经济林基地和中药材基地。尝试发展"闻喜花馍"产业。加快推进农业机械化，全面提升农业装备水平。继续推进畜牧产业化，加强技术服务、疫病防治和畜产品质量安全监管。积极创建林业生态县，不断深化集体林权制度改革，大力发展林业产业，推进干果经济林建设、荒山治理、通道绿化和园林单位创建。着力推进农副产品深加工，扶持培育一批辐射面广、带动力强的龙头企业。实施农产品品牌战略，打造具有闻喜特色的农产品产业链。进一步健全社会化服务体系，实现农民和市场的有效对接。

2. 加快建设新农村。坚持"多予少取放活"的方针，建立健全财政支农资金增长机制。推进农村集体土地确权登记发证，做好农村土地承包经营权登记和永久基本农田划定工作。积极探索以工补农、以城带乡的具体途径，引导资金、技术、人才向农村聚集。切实加强以农田水利为重点的农业基础设施建设，抓好小浪底调水、西范东扩、北赵东扩三大引黄工程和北垣集中供水、石门引水、农业综合开发、基本农田整理、磨盘岭治理、小流域治理。大力推进公共设施向农村延伸、公共服务向农村覆盖，加快实施新的“五个全覆盖”工程，提升“四化四改”建设标准，确保村容整洁、环境卫生。抓好新农村连片建设梯次推进，通过交通连线、产业连片、公共服务共享、文明社区共建，打造精品示范连片区。以片区扶贫开发为重点，继续实施整村推进、移民搬迁、产业开发和教育扶贫，促进贫困地区尽快脱贫致富。

3. 着力培育新农民。以提高农民科技致富能力、市场竞争能力和自主发展能力为重点，加大科学技术、市场知识及闻喜花馍等特色技艺的教育培训力度，不断提高农民就业创业能力。深入开展科技下乡活动。建设农村劳动力转移培训基地，鼓励农民外出务工，引导农村劳动力向二、三产业转移。

（三）城市转型抓新区，在县城品位上实现大跨越。一是科学规划新区。高标准、高起点制订城市新区规划，突出发展功能和闻喜特色，全力打造闻喜转型跨越发展的引领区和示范区。二是加快城市发展。强化城市功能，形成人口集聚、产业提升、城市拓展“三位一体”发展格局。推进靓化城区大行动，解决城市集中供暖问题，加快实施桃园路开发、涑水河公园建设等重点工程，启动城郊村改造试点。加快交通、电力等基础设施建设。三是强化城市管理。创新城市管理体制机制，健全市场运行机制，大力开展“三城联创”活动。四是推进小城镇建设。通过现代交通、通信、供排水等基础设施一体化建设，促进东镇等小城镇共同发展。积极稳妥推进户籍管理制度改革，促使在城镇稳定就业和居住的农民有序转变为城镇居民。

（四）文化转型抓精品，在打造品牌上实现大跨越。一是推进社会主义核心价值体系建设，增强文化凝聚力。抓好舆论宣传，加强对互联网等新兴媒体的监管，搞好对外宣传，营造良好的舆论环境。二是实施文化共享工程，增强文化服务力。深化文化体制改革。加快公共文化设施建设，广泛开展群众性文化活动。推进全民健身，发展竞技体育事业。做好文物、非物质文化遗产保护与开发。三是大力发展文化产业，增强文化支撑力。打造文化品牌，做大做强文化旅游、民间工艺品加工等重点产业。大力实施文化发展“五个一”工程。

（五）民生转型抓实事，在社会和谐上实现大跨越。一要坚持教育优先发展。进一步加大教育投入，合理配置公共教育资源。不断深化教育教学体制改革，全面实施素质教育，提高教育质量。二要积极扩大社会就业。多渠道开发就业岗位，鼓励自主创业。健全统一规范灵活的人力资源市场，抓好农民科技培训和劳务输出。全力推进大学生就业工作。三要完善社会保障体系。健全社会救助体系和社会保险体系，实现城镇居民社会养老保险和新农保全覆盖，失业、工伤、生育保险和城乡居民最低生活保障应保尽保。四要深化医药卫生改革。健全完善新型农村合作医疗制度，推进全民医保，巩固基本药物制度。进一步加大医疗卫生投入。五要推进住房安居工程。推进保障性住房建设，解决城乡低收入家庭住房困难。进一步增加保障性住房、住房公积金、农村危房改造方面的投入。六要切实抓好安全生产。认真落实安全生产责任，严格责任追究，不断提高安全生产管理水平，健全完善管理体制和机制，深入开展安全生产专项整治活动，促进安全生产形势稳定好转，打造安全生产模范区。积极开展食品药品安全示范县创建活动，确保人民群众饮食用药安全。七要全力维护社会稳定。深入推进“平安闻喜”建设，落实维稳责任，加强社会治安防控体系建设，深入开展打黑除恶专项整治，确保人民群众生命财产安全。八要认真做好信访工作。完善信访制度，畅通民意诉求渠道，积极预防和妥善处置群体性事件，推动信访形势稳定好转。

走出一条具有万荣特色的转型跨越之路

万荣县县长　**廉广锋**

2011年是“十二五”规划的开局之年，也是全县经济社会新一轮跨越发展的起步之年。一年来，县政府团结带领全县人民，坚定不移促转型，千方百计谋跨越，竭尽全力惠民生，经济社会保持了平稳较快发展。

2012年是全面落实“十二五”规划的关键之年，是加快万荣转型跨越的重要之年。做好2012年的工作，关系发展大局，关系万荣未来。

一、2012年政府工作的指导思想

坚持以科学发展观为统领，以招商引资为抓手，以项目建设为载体，以改善民生为重点，继续实施“四大战略”，做强“六大产业”，加快推进工业新型化和农业现代化,统筹推进三产规模化、县域城镇化和城乡生态化,全面提升"欢乐万荣"品牌,走出一条具有万荣特色的转型跨越之路。

二、2012年全县经济社会发展的主要预期目标

地区生产总值49.7亿元,增长13%;规模以上工业增加值12亿元,增长20%;固定资产投资43亿元,增长22%;财政总收入完成市下达任务2.97亿元,增长4.1%,力争达到3.14亿元,增长10%;社会消费品零售总额20亿元,增长17%;城镇居民人均可支配收入16922元,增长15%;农民人均纯收入5645元,增长15%。城镇新增就业6050人,城镇登记失业率控制在4%以内。居民消费价格总水平涨幅控制在4%左右。

三、2012年政府工作重点

(一)全力实施"双十工程"。一是实施十大重点工程。即汇源公司生产线扩建工程,朗致集团万荣药业改扩建工程,荣河化工园扩建和奥瑞特化工建材建设工程,联丰公司建设工程,北环路建设工程,城市道路建设工程,乡村道路改造工程,技师学院建设工程、城镇二中和体育场建设工程,汽修建材市场建设工程。二是实施十大为民工程。包括苹果提档升级工程,造林绿化工程,北赵引黄末级渠系建设和西范灌区更新改造工程,县东集中供水二期建设工程,土地整理开发工程,保障住房建设工程,县医院门诊大楼建设工程,110千伏城南变电站建设工程,乡镇幼儿园改扩建工程,旅游景区完善工程。

(二)认真做好10项重点工作。1. 以项目建设为重点,加大招商引资力度。(1)加快推进项目建设。对在建项目抓进度,从用地、资金、立项、审批等方面提供全程服务,早日开工建设。洽谈项目要抓落户,对正在洽谈的重大项目,要加强跟踪联系,及时掌握信息,搞好协调对接,使其早日落户万荣。(2)加大招商引资力度。进一步提升招商理念,放宽视野抓招商,全力以赴争资金,一心一意谋发展。进一步改进招商方式,要量化指标招商、组建团队招商,进行企业招商、情感招商、全民招商。确保完成全县20亿元的招商引资任务。进一步优化招商环境,真正让企业家放心投资、安心发展。

2. 以农民增收为重点,大力发展特色农业。一是抓好苹果生产。大力推广"大改形、强拉枝、减密度、增肥水"4项关键技术,强力实施"政府推动、宣传发动、政策调动、参观促动、示范带动"5轮驱动战略。加快推进以果树大改型、大间伐为主要手段的果园精细化管理。二是发展干果经济林。以薄皮核桃、两季槐米等新品种为主,发展干果经济林2000公顷。三是壮大特色农业。大力推广新品种、新技术、新管理模式,提高万红宝桃、蔬菜、药材、三白瓜、小杂粮、芦笋、养殖等特色农业质量和水平,新发展"一村一品"专业村30个。重点抓好万泉蔬菜生产基地建设,扶持健康规模养殖。

3. 以设施建设为重点,夯实农村发展基础。搞好三个方面的建设:一是生产性的。加快北赵引黄末级渠系建设和西范灌区更新改造。加快推进农业机械化,加大中低产田改造。二是生活性的。重点推进水、电、路、气、房建设。加快推进县东集中供水工程。开工建设城南变电站。严格农村街巷硬化标准,确保工程建设好。逐步普及沼气用户。三是生态性的。重点抓好天然林保护、村庄绿化等生态工程,搞好农村污水、垃圾治理,对5个乡镇18个村进行农村环境连片整治。

4. 以工业扩张为重点,培育六大产业集群。一是发展磁材产业集群。抓紧落实恒磁投资5000万元的技改项目,引进磁材产业上下游企业,打造新兴产业的"航母"。二是发展化工建材集群。狠抓化工企业的专项整治,关闭取缔不达标的小企业。扶持做大龙头企业。通过整合重组,抓大放小,规范市场秩序,打响企业品牌。三是发展金属镁深加工集群。抓好扩建项目,增加新特品种,提高产量质量,实现生产水平大提高、品牌建设大突破和产业带动能力大提升。四是发展中药制药集群。抓好华康、朗致、万辉药业的扩建项目,增加新特品种,提高产品质量。五是发展农副产品加工集群。重点抓好汇源果汁无菌灌装线扩建项目,形成完整的果汁生产链条,提高产品附加值。突出抓好粮油加工、果品加工、蔬菜加工、畜制品加工和特色农产品加工五大板块,大幅度提高农产品加工转化率。六是发展煤焦产业集群。立足鑫峰煤化现有产能,在保证新城区供热供气的基础上,尽快着手搬迁扩产的前期工作。

5. 以文化旅游为重点,加快发展第三产业。大力发展信息、商务、金融服务等生产性服务业和现代商贸流通等消费性服务业。一是充分挖掘底蕴深厚的文化"富矿",大力发展文化创意产业,培育文化龙头企业。进一步健全公共文化服务体系,完善乡镇文化站、农村文化室、文体广场等建设,丰富群众文化生活。二是充分发挥旅游资源丰富、品位较高的优势,不断完善景点配套设施,加快开发旅游项目,整合精品线路,使旅游消费向吃、住、行、游、购、娱多层次延伸,使旅游产品向系列化、多元化延伸。三是充分发挥两条高速路、两条一级路穿境而过的立体化交通优势,大力发展商贸物流业,在此基础上规划建设一个集仓储、货运、营销、服务为一体的综合性物流园区,使万荣成为全市重要的物流集散中心。

6. 以完善功能为重点,不断提升城市品位。一要高起点规划城市。尽快编制城市交通、管网、绿地、环城水系、供气供暖、商业网点、公益设施布局等专项规划。继续做好小城镇和乡村规划编制工作。二要高标准建设城市。全力实施城市框架系列工程、基础设施系列工程和公共服务系列工程。三要高水平管理城市。大力实施城市绿化、亮化、净化、美化和畅通工程,加大城市环境整治力度,着力解决城市"脏、乱、差"的突出问题。认真抓好街景综合改造和夜景亮化,不断提升城市品位。加强社区环境和小区物业管理,推进和谐社区创建。

7. 以改善民生为重点,提高公共服务能力。一要优先发展教育事业。认真实施"义务教育均衡发展、农村薄弱学校改造、城镇二中建设、乡镇中心幼儿园建设、教师周转宿舍建设"五大工程,切实抓好"师德师风建设、学习习惯养成、办学行为规范、课堂教学改革”4项工作，统筹发展各级各类教育。二要稳定和扩大就业。通过小额担保贷款、技能培训、公开招录、公益岗位安置等措施，做好就业困难大学生、下岗失业人员、农村富余劳动力的就业工作。全面开展“创业型城市”建设，抓好“阳光工程”和“雨露计划”，加大劳务输出和培训力度。三要着力发展卫生事业。稳步推进医药卫生一体化改革。全面落实公共卫生服务项目，强化食品药品安全监管，完善突发公共卫生事件应急机制。全面推行基本药物“零差率”销售制度，逐步提高新农合筹资标准，扩大报销比例和范围。四要完善社会保障体系。进一步扩大五大社会保险覆盖面，继续完善城乡养老保险制度，继续实施城乡低保提标扩面项目，高度重视困难群体和弱势群体的权益保障，基本实现动态管理下的应保尽保。深入开展领导干部下乡住村包村增收活动。五要加快保障性住房建设。大力推进经济适用房和廉租住房建设，完善经济适用房管理办法。完成农村危房改造700户。六要实现新的“五个全覆盖”。在新型农村社会养老保险和农村文化体育设施提前实现全覆盖的基础上，完成农村街巷硬化94个村634千米，新建便民连锁店24家，新发展农家书屋250个，对2012年入学的职业教育学生全部实行免费，让广大人民群众共享改革发展成果。

8. 以社会管理为重点，努力构建和谐万荣。(1)高度重视安全生产。以道路交通、非煤矿山、危险化学品、学校、人员密集场所、建筑施工等行业和领域为重点，继续开展隐患排查和专项整治。实行安全生产挂牌责任制，深入推进企业安全标准化工作，扎实开展安全乡村创建活动，严厉打击非法违法生产经营行为，进一步完善安全生产制度和措施。(2)加强和创新社会管理。抓好社会管理项目，提高社会管理科学化水平。完善信访工作和矛盾调处机制，对矛盾纠纷早发现、早处置。继续落实领导干部接访制和包案责任制，切实解决好征地拆迁、劳资纠纷等事关人民群众切身利益的问题。认真开展校园周边环境整治，规范网吧经营管理。加强应急救援演练，抓好突发事件应急工作。严厉打击刑事犯罪，完成“天眼”工程升级改造任务，维护社会和谐稳定。

9. 以改革创新为重点，探索破解发展难题。一是农村改革。支持和引导农民通过转包、出租、互换、转让、股份合作等多种形式，流转土地承包经营权，激活耕地资源。进一步深化集体林权制度配套改革，完善基层农技推广和服务体系，健全农产品质量安全监管体系，大力发展农民专业合作组织。二是金融创新。积极发挥政府引导作用，拓展金融服务，创新信贷模式，搭建担保平台，采取“银行贷、上市融、民间投”等多种方式，多管齐下缓解资金瓶颈。三是科技创新。加快推进农业科技创新。加快构建以企业为主体、市场为导向、产学研相结合的技术创新体系，使企业产品向高端靠近，产业链向终端延伸。四是人才创新。完善人才激励政策体系，畅通人才引进“绿色通道”。五是环境创新。加强监管，形成公平有序、诚实守信的市场环境；优化服务，形成公开透明、廉洁高效的政务环境；开放兼容，创造取人之长、海纳百川的人文环境。

10. 以优化作风为重点，切实加强政府自身建设。坚持先行先试，以创新的思维做好工作；坚持依法行政，以完善的制度强化责任；坚持务实高效，以过硬的作风推进落实；坚持廉洁从政，以严格的要求树立形象。

坚持不懈促转型　全力以赴惠民生

临猗县县长　史　凯

2012年是党的“十八大”召开之年，也是实施“十二五”规划承上启下的重要一年，做好2012年的政府工作意义深远，责任重大。

一、2012年政府工作的总体思路

以项目领先、稳中求进、重点突破为总基调，一心一意谋发展，千方百计上项目，全力以赴抓招商，尽心竭力惠民生，从严要求变作风，毫不松懈保稳定，全力打造转型跨越发展的先行区和城乡一体化发展的示范区，保持全县经济平稳较快发展，保持全县大局稳定。

二、2012年经济社会发展主要预期目标

全县生产总值108亿元，增长10%；规模以上工业增加值28.5亿元，增长16%；财政总收入3.8亿元，增长7.68%；固定资产投资60亿元，增长23%；城镇居民人均可支配收入18281元，增长14%；农民人均纯收入7497元，增长10%。

三、突出“六个重点”，实现“六大突破”，加速转型跨越步伐

（一）以扩大投资为重点，在项目建设上求突破。(1)重点实施好产业升级、基础设施、民生改善三大领域的项目，预计总投资85.9亿元，力争当年完成投资26.3亿元。一是产业升级方面。加快推进以年产2000万件高速铁路弹条扣件项目、年产24万吨石油压裂支撑剂生产项目、年产1000吨石油裂解催化剂项目、年产30万块蓄电池生产项目等为重点的高新工业项目；积极实施以年产2000万米全棉数码喷墨印花布项目、6万吨发动机缸体项目、25万件重型汽车前轴二期工程等为重点的产能扩建项目，力争新增产值56.4亿元，新增利税8.75亿元。二是基础设施方面。启动南城新区、县城集中供热、老年公寓护理楼、西环路北延、东环路改造等为重点的城建扩容提质工程。开工建设西夹线、嵋石线等为重点的交通建设工程。三是民生改善方面。重点抓好“新五个全覆盖”、县直二园迁建、保障房建设等工程。(2)为扎实推进项目建设，在项目争取、项目建设、项目服务上有新作为。一是做好项目争取。狠抓项目谋划和前期工作，增加项目储备数量，积极争取更多项目列入省、市重点。争取蒙西铁路在临猗过境设站，力争黄河大桥及配套的互通和服务区开工建设，并结合项目建设做好黄河湿地公园的规划。二是抓好项目建设。完善重点项目推进工作机制，做到签约项目抓落地、落地项目抓开工、开工项目抓达效。三是搞好项目服务。及时协调解决项目建设过程中遇到的土地、资金、环保、税收等问题，为项目建设提供优质服务。

（二）以四个倾力为重点，在工业扩张上求突破。(1)倾力大招商。创新招商引资方式，瞄准大企业、大财团，招大、引强、选优。继续加大与吴江、张家港对接力度，力争建立承接吴江、张家港产业转移的工业园。全年完成26亿元的招商引资任务，为全县经济发展注入新的活力。(2)倾力上项目。以现有五大产业集群为基础，新上一批具有比较优势、带动力强、节能环保、高科技、高效益、高附加值的先进装备制造、新型材料、精细化工、特色食品加工、电子科技等项目。除加快铁路弹条扣件、灵芝加工、石油裂解剂等十大工程的建设外，继续实施新的标志性项目，新增5个规模企业。鼓励企业坚定不移上项目，以项目的大发展推动工业的大跨越。(3)倾力建园区。强力推动临猗工业园和楚侯高科技工业园的建设，打造临猗经济发展的航母。楚侯高科技工业园区规划已经完成，要进一步理顺园区管理体制，尽快启动园区主干道和水、电、通讯等基础设施建设，统筹规划学校、居住等公共设施建设。积极争取用地指标，引进3～5家企业落户园区，力争年底前有1～2家企业建成投产。(4)倾力聚要素。继续开展政银企对接活动，支持小微型企业健康发展，争取股份制银行入驻临猗，支持企业通过上市融资、外资入股、合作经营等方式解决资金问题；积极争取土地指标，为重点工程建设和项目落地提供用地保障；加强协调推动，力争22万伏变电站年内开工建设，规划布局好临猗工业园、楚侯高科技工业园和农产品物流园的电力设施，满足项目建设和企业发展用电；提高自主创新能力，研究开发具有临猗品牌的新技术、新产品；加强企业家队伍培训，引进一批高新技术和管理人才。

（三）以“三环一区”为重点，在现代农业发展上求突破。一是建设高标准无公害苹果示范循环。重点打造以西里无公害示范园为中心，沿临卓路、三赵线，建设覆盖北景、闫家庄两个乡镇13个行政村2000公顷果树的高标准示范园。县财政将拨出500万元专项资金，重点对循环圈内实施间伐的果园进行补贴。二是建设高标准设施枣示范循环。大面积推广枣园搭棚技术，力争全年完成1万亩(666公顷)设施大棚枣建设任务。发展休闲观光农业，提升临猗鲜枣的知名度。引进鲜枣深加工企业，积极开发鲜枣制品，建设全国最大的鲜食枣生产基地和集散地。三是建设高标准农业综合开发循环。改善农业基础条件，建设旱涝保收、稳产高产、节水高效的高标准粮棉生产基地，提高粮棉生产效益，进一步巩固粮棉大县地位，重点打造楚侯高标准农业综合开发循环。通过水、电、路、林、田等综合治理，水利、农业、林业、科技等措施综合配套，与牛杜农业综合开发区形成2000公顷“田成方、林成网、路相通、机耕作”的高标准连片农业综合开发循环。四是建设楚侯农产品物流园区。由深圳银东集团投资在楚侯建设农产品物流园区，该项目总投资46亿元，占地200公顷，将建成一个集检测交易、包装存储、配送加工、科技培训、文化观光、生态休闲、商住办公等为一体的综合园区，实现临猗果品生产的产业化、科技化、信息化、国际化。

与此同时，加快雨润集团、大象集团等规模养殖项目建设，探索以养促种、以种带养、种养结合的新路子，变一个产业优势为两个产业优势。围绕酥梨、葡萄、江石榴、油桃、核桃等产业，打造精品小循环。探索发展蔬菜大棚。争取资金扶持，重点打造10个“一村一品”精品村。积极争取全国小型农田水利建设重点县，加快城乡一体化供水工程进村入户步伐，早日实现“三个所有”的用水目标。

（四）以提升品位为重点，在城乡建设上求突破。一要加快南区开发。完成南区设计规划，做好土地统征的前期工作，启动建设大剧院、水系等工程，配套建设绿地等公共设施，推动城乡之间公共资源均衡分配和生产要素自由流动，提高县城的辐射带动力和承载力。二要加快旧城改造。以市场化运作为手段，以吉祥小区、军转院为试点，争取国家棚户区改造资金，分类推进企事业单位、城中村、棚户区和旧住宅区的旧城改造工作。加快重点区域旧城改造，打造一个旧城改造样板工程。实施县城出入口提质工程、城市绿化工程、街景整治和亮化工程等，不断完善城市功能，创新城市管理，提升临猗对外形象。三要加快小城镇建设。科学定位乡镇区所在地发展方向，以沿209国道、临风线、临万线等主要干道乡镇为重点，增加小城镇建设的投入，加快乡镇所在地建设，完善镇区功能，加强集市管理，加大环境卫生整治，加快城镇化步伐，吸引更多的农民离土进城。四要加快新农村建设。抓好新农村重点推进村建设，结合猗氏、临晋等乡镇22个村的农村环境连片整治和“一村一品”规划，打造两个产业优势强、农民收入高、农村面貌新的集中连片新农村建设示范样板区。

(五)以改善民生为重点，在增进百姓福祉上求突破。一是全面完成新的“五个全覆盖”任务。完成750千米农村街巷道硬化任务，新建15个便民连锁店，提高农村文化体育活动场所标准，落实职业中学在校生学费全免政策，力争新农保参保率达到95%。二是积极解决就业问题。认真落实和完善促进就业的有关政策，扶持自主创业，积极开展就业洽谈会、用工推介会、劳动力转移等活动，新增城镇就业4000人，转移农村劳动力4650人，城镇登记失业率控制在4%以内。三是大力发展教育、卫生事业。建设一批农村集体幼儿园。继续加大教育投入，重点做好义务教育阶段标准化学校建设，切实加强学生接送车辆管理，依法整治违规运营车辆，净化校园周边治安环境。深入推进内涵发展和特色办学，不断提升高中教育质量。全面推进职业教育办学模式改革。稳定和加强教师队伍建设，促进教育质量稳步提升。继续推进医改试点工作，深化医药卫生体制改革，进一步健全县、乡、村三级医疗卫生服务体系，做好公共卫生服务工作。严格落实计生政策，确保全年人口自然增长率控制在6.5‰以下。四是着力繁荣文化事业。完成文化活动中心配套项目建设，做好“三馆”布展工作。大力发展文化产业，着力培育1～2家有规模的文化产业企业。深入开展“文化下乡”、“文化进社区”等文化惠民活动。打造一批体现核心价值观、群众喜闻乐见、积极健康向上的文化精品。抓好重点文物修复和临晋县衙工程建设。五是完善社会保障体系。扩大社会保障覆盖面，提高各项社会保险统筹层次和待遇水平。妥善做好重点工程、市政建设失地农民社会保障工作。加快保障性住房建设，新建350套经济适用房，逐步改善低收入人群和困难家庭的居住条件。

(六)以社会管理为重点，在构建和谐上求突破。(1)加强和创新社会管理。建立人口服务管理新模式，扎实推进基层社会管理，着力解决社区管理中的困难和问题。创新群众工作方法，妥善处理好不同利益群体的关系，促进社会和谐。(2)加强社会治安综合治理。进一步完善社会治安防控体系。健全社会矛盾“大调解”工作体系，切实解决征地拆迁、食品药品安全、劳资纠纷等问题。完善信访工作机制，畅通民意诉求渠道，把矛盾化解在萌芽，消化在基层。(3)加强社会公共安全。严格落实政府和企业“两个主体”责任，严厉查处各类安全生产非法违法行为，减少一般事故，遏制重特大事故。加大公共卫生安全和食品药品安全监督管理力度。加强基层应急机构建设，提高对突发事件的应急处置能力。(4)加强资源环境工作。坚守耕地红线，落实基本农田保护责任制，加强土地资源节约集约利用。采取锅炉为主，天然气、地热为辅的供暖方式，解决150万平方米的集中供热问题。巩固林权制度改革成果，切实做好209国道、临风线等主要通道绿化工作，大力发展干果经济林。积极开展节能减排工作，创新天然气推广方式，加大入户力度。加强环境保护和生态建设，推进涑水河环境综合整治和农村环境连片整治工程，进一步改善环境质量，构建生态、宜居、优美的城乡环境。

用文化产业引领县域经济转型跨越

芮城县县长　**董旭光**

文化产业是当代经济社会发展中最具活力的新兴产业，更应该是矿产资源缺乏地区转型跨越的主攻产业。近年来，芮城县委、县政府结合当地矿产资源缺乏、生态环境良好、工业结构合理、文化资源丰富的基本县情，创新思路，扬长避短，在加速推进工业化的同时，注重发挥丰富的文化资源优势，聚合各种生产要素，大力发展文化旅游产业，努力使文化产业成为县域经济发展的先导产业。

一、科学规划，整合县域特色文化资源

芮城是中华民族的重要发祥地之一。180万年前，华夏先祖西侯度人在这里燃起了人类文明的第一把圣火；60万年前，匼河先民在此谱写了旧石器时代灿烂的黄河文明。境内有各类重点文物保护单位238处，唐、宋、元、明、清五朝古建不断代，堪称黄河文明的遗址公园。其中，国家级文物保护单位5处(永乐宫、西侯度遗址、广仁王庙、城隍庙和清凉寺)，省级文物保护单位5处(寿圣寺、匼河遗址、坡头遗址、金圣庄遗址和古魏城遗址)。特别是为纪念吕洞宾而修建的永乐宫，是我国现存最早、最大和保存最完整的道教宫观，其壁画艺术代表着中国寺观壁画的最高成就，被誉为“东方艺术画廊”，其规模庞大的原貌搬迁，更是创造了世界文物保护的一大奇迹；清凉寺新石器时代古墓群被评为2004年度中国十大考古新发现之一。这些丰富的文化资源，有许多是唯一的、不可复制的文化遗存，底蕴深厚、特色鲜明、影响深远。但长期以来由于缺乏系统策划、统筹规划，这些宝贵的资源并没有发挥出应有的作用，更没有转化成经济发展优势。为此，我们按照整合资源、突出特色、适度开发、分步推进的思路，委托苏州空间规划设计院编制了《芮城县文化旅游总体规划（2012～2020年）》，从旅游资源开发、旅游线路设计、旅游商品设计、配套和保障设施、旅游环境保护等方面，对全县文化旅游资源进行了详细分析和全面规划。按照设计路线图和推进时间表，相继开工了圣天湖、百梯山、九峰山等景区景点的开发配套建设项目，在全县形成“一带两区七景”（“一带”是黄河风情带，“两区”是遗址文化区和休闲养生区，“七景”是圣天湖、大禹渡、永乐宫、百梯山、九峰山、洞宾故里、凤凰咀七大重点景区）的旅游布局特点，叫响“黄河第一游、永乐道芮城”文化旅游品牌。

二、创新经营，全力推进文化产业发展

（一）创建龙头企业，引领文化产业发展。2008年以来，依托永乐宫壁画艺术，成功举办了4届“中国（芮城）永乐宫国际书画艺术节”，叫响永乐宫书画艺术节这一品牌，扩大了芮城的知名度和影响力，先后被中国书协授予“中国书法之乡”、被中国美协授予“山西创作中心芮城写生基地”称号。县政府与亚宝集团、西建集团和两位文化界人士共同出资1000万元，注册成立“永乐宫文化传媒有限公司”，负责运作书画艺术节和文化产品开发，力争3年内把“永乐宫国际书画艺术节”打造成为国内知名的节庆文化品牌，把永乐宫文化传媒有限公司打造成全县文化领域的龙头企业。从而吸引带动更多的民间资本投入文化领域，创办文化企业，用文化企业的繁荣带动文化旅游产业大发展。

（二）开发特色产品，展示地域文化魅力。围绕黄河根祖文化、洞宾道教文化和生态观光文化，大力开发特色文化产品，初步形成以永乐宫壁画复制品、桃木剑及桃木系列雕刻品为主的工艺品，以布艺、剪纸、花馍等为代表的晋南民间文化产品，以芮城蒲剧团、县腔研究所为代表的特色演艺和纯阳桃木剑、雅琴布艺、朝元图等特色文化品牌，延伸了文化产业链条。

（三）规划发展文化园区，搭建产业发展平台。利用民间资本先后建立民俗博物馆和永乐书画院，推动桃木雕刻、书画交易等产业发展。以此为依托，正在规划建设文化产业园区，引导县内文化产品生产、销售企业及民间文化活动团体等向园区集聚，形成规模效应。同时，扶持发展广告制作、文化娱乐、影视传媒、动漫游戏等现代文化创意产业。在县城建设书画楹联一条街，集中展销各种特色文化产品，形成具有一定规模和影响力的文化市场。

三、推动融合，引领县域经济社会发展

推动文化与旅游的融合。始终坚持以特色文化元素为内涵，突出道教文化、黄河文化、根祖文化三大特色资源，不断推动文化与旅游的融合，加快重点景区建设。在基础设施上，先后投资5200万元建成通往永乐宫、大禹渡、圣天湖、九峰山、百梯山五大景区的二级旅游公路。招商引资8000万元建起四星级的芮城大酒店，招商引资500万元装修改造三星级的丽都大酒店，投资300余万元装修改造大禹渡黄河风景区舒悦庄园。积极发展乡村旅游，建成农家乐、渔家乐等多处特色餐饮，旅游接待能力明显提升。在景区建设上，永乐宫、大禹渡两个景区已基本成熟，并进一步提升标准，先后投资1000余万元，实施了大禹渡景区圣水观音、水上乐园、吊桥、回廊等景点工程。通过招商引资，成功签约总投资1.67亿元的圣天湖景区开发项目、总投资2亿元的百梯山景区开发项目、总投资2.27亿元的九峰山景区开发项目，目前均已开工建设。今后将重点依托永乐宫、九峰山、洞宾故里三大景区，深入挖掘洞宾道教文化，把九峰山建成全国最大的道教活动场所，打造成集朝谒拜祖、文化观光、休闲养生、参与体验为一体的道教文化圣地和休闲养生旅游目的地。并以此为起点，选择性地恢复重建芮城“天人合一内经图”上的其他主要元代道观，打造芮城以道教文化为特色的传统文化教育基地和休闲养生旅游胜地品牌，把芮城建成道教圣城和天下道教中心。

推动文化与工、农业产品的融合。积极引导、鼓励、支持企业通过技术创新、品牌塑造、创意设计、形象包装等，把芮城特色文化元素融入产品研发、设计、生产、营销各个环节，进一步丰富产品文化内涵，提高文化品位和附加值，全县涌现出“亚宝制药”、“洞宾酒业”、“宏光安瓶”、“芮城兽药”、“芮城苹果”、“阳城红枣”等一大批工、农业知名品牌，增强了产品的市场竞争力，提升了企业的文化品位，扩大了芮城特色文化的知名度和影响力。

推动文化与城镇品牌塑造的融合。以特色文化为“底色”，不断融入芮城文化元素和文化符号。在县城建设上，全力突出厚重的历史文化，充分展示城区3处国家级文物保护单位、两处省级文物保护单位的资源优势，古今结合，努力打造历史名城、文化名城和宜居县城。体育场、会展中心已建成投入使用，文博馆正在加紧建设中，县城核心区已成为芮城的一大亮点。在风陵渡镇和陌南镇建设上，针对不同的文化特色，作出不同的发展定位。风陵渡镇以黄河风情和现代文明为核心，正在加快建设工贸、旅游、物流大镇；陌南镇则突出深厚的文化底蕴和历史战略要塞地位，正在逐步恢复建设汉唐重镇和旅游强镇。

推动文化与群众生活的融合。始终把满足人民群众日益增长的文化需求作为建设文化强县的出发点和落脚点，用文化提升群众素质、凝聚社会力量、塑造芮城精神，为全县经济社会的转型跨越发展提供强大的精神动力和智力支持。2007～2011年，完成第一轮“政府出钱，百姓看戏”的送戏下乡活动，累计送戏下乡527场次。2012年又启动新一轮“送戏下乡，电影惠民”活动，在50个行政村送戏下乡150场，在全县农村放映公益电影2000场，每周在县城会展中心免费放映电影两场，切实让人民群众共享文化发展成果。

加快工业经济转型步伐
推动经济社会跨越发展

平陆县县长　李　旸

“十二五”时期是全面建设小康社会的关键时期，是深化改革开放、加快转变经济发展方式的攻坚时期，也是实现转型跨越发展的重要时期。省委、省政府明确提出“十二五”再建一个新山西的目标，而平陆作为国家级扶贫工作重点县，如何在全省转型发展和跨越发展中争取主动，占得一席之地，加快经济转型步伐，实现经济社会转型跨越发展是唯一的出路，而经济转型的支撑在工业，突破点在工业，只有加快工业经济发展方式的转变，才能快速推动整个经济的转型。

一、平陆工业经济为什么要“转”

（一）加快工业转型升级是适应国内外形势的必然要求。“十二五”是工业发展的关键期，也是重大变革期。从国际形势看，一是世界经济增长模式正在发生重大变化，来自发达国家“再工业化”和新兴经济体的同质化竞争压力加大，对工业发展提出了新要求。二是全球产业结构在科技创新推动下正在进行深度调整，围绕以绿色、低碳、高端为特征的新兴产业的国际竞争将更加激烈。三是工业生产方式加快变革，全球化生产和组织模式成为控制全球价值链的关键。从国内形势看，中央把加快转变发展方式作为贯穿“十二五”发展的主线，继续实施扩大内需、改善民生、推进城镇化等一系列重大措施，为经济社会发展带来了巨大的发展空间。“国家资源型经济转型综合配套改革试验区”的设立，使山西省成为全国第一个全省域、全方位、系统性的国家级“综改区”，黄河“金三角”地区示范区已获得国家发改委的批复，为先行先试提供了新的发展契机。对于平陆这个山区贫困县而言，工业经济要想在新一轮竞争中占得先机，不加快发展就没有出路，不加快转型就没有前途，不提升质量就没有希望，不解放思想就没有未来。

（二）加快工业转型升级是解决工业长期积累深层次矛盾的必然选择。一是企业规模小。平陆县现有各类工业企业 1000 家，规模以上企业只有 24 家，占 0.2%。产值上亿元的只有 3 家。二是科技含量低。企业大多还处于原料粗加工阶段，以采矿、矿产加工、化工建材为主，产业链条不长、附加值不高、科技含量低。三是工业结构偏重。高耗能、高污染和资源型工业比重偏大，新兴产业和高新技术产业发展不足。四是辐射带动作用小。既没有一个市属、省属企业，更没有一个中央直属企业，工业经济完全靠自我积累、自我发展来支撑。全县没有一个大的产业体系，没有大企业，面临转型跨越发展的大形势，在大力实施工业强市战略的大背景下，平陆的工业经济已经到了不转不行、非转不可的拐点。

（三）加快工业转型升级是实现跨越发展的必由之路。工业是实体经济的重要组成部分，只有推进工业化，才能真正达到“工业反哺农业”、实现农业现代化的目标，才能使农村剩余劳动力向城市转移，城市化才能得以实现，最始实现社会经济的现代化。平陆由于受地理位置、发展理念、人力资源、科学技术等因素束缚，工业化进程仍然处于原始起步阶段。要改变这种情况，就必须将推进经济发展方式转变贯穿于经济社会发展全过程，用转型突破自身劣势，用转型提升发展质量，用转型增强发展后劲，实现工业发展动力从资源消耗向创新驱动转变，产业结构从低附加值的一般加工向高附加值的先进制造业和高新技术转变，企业经营方式从粗放经营向集约经营转变，产业组织形态从传统块状经济向现代产业群体转变，提高资源就地转化率、传统产业循环率、新兴产业占比率、工业企业节能减排率和科技贡献率，促进经济社会转型跨越发展，实现建设“经济繁荣、社会和谐、生态优美、民生殷实”新平陆的战略目标。

二、平陆工业经济“转”什么

一是产业转型。制定完善平陆工业经济发展规划，更加注重三次产业膨胀、三次产业质量和三次产业快速协调发展，进一步优化工业空间布局，促进产业集聚发展，不断增强产业发展的科学性、连续性和关联性。

二是项目转型。主要是致力 3 个主攻方向：(1)主攻以新能源为支撑的低碳经济项目，加快风力发电、生物质发电和太阳能发电项目建设。(2)主攻以环保节能为主的促进传统产业改造升级项目，加快煤炭和非煤矿山资源整合及节能改造项目建设。(3)主攻以拉伸产业链条、加快区域循环为主的循环经济项目，加快不锈钢带及80万吨氧化铝、铝型材加工、煤矸石发电、低温余热发电、低热值燃料发电等项目建设。

三是企业转型。依托铝工业、煤化工、装备制造、煤炭、电力、农产品加工六大主导产业和煤电铝低碳产业园区、装备制造创业园区、铬铁合金创业园区三大循环经济园区建设，不断延伸产业链条，在形成企业内部小循环的基础上，促进企业间上下游产品关联度，形成全县范围内的产业大循环。

四是绿色转型。围绕设计开发生态化、生产过程清洁化、资源利用高效化、环境影响最小化，大力推进工业节能降耗、减排治污、清洁生产，发展循环经济和再制造产业，积极推广低碳技术，加快淘汰落后产能，构建资源节约、环境友好、本质安全型产业体系。坚决落实节能减排措施，增加绿化覆盖率，巩固国家生态示范县和新能源基地示范县成果。

三、平陆工业经济怎么“转”

(一)构建六大产业集群，增强经济发展竞争力。一是做大铝工业产业集群。以郑煤武圣80万吨氧化铝等骨干项目为载体，构建“铝矿—氧化铝—电解铝—铝型材”产业集群，打造铝工业园区。二是做深煤化工产业集群。以阳煤丰喜平陆公司和山西普大煤业为重点，构建“煤—煤气化—低碳能源—精细化工”产业集群，打造煤化工园区。三是做精机械加工产业集群。以昌盛不锈钢炉料公司为基地，构建“铬铁、镍铁—铁合金—不锈钢加工”产业集群以及“生铁联铸—机械配件—装备制造”产业集群，打造铬铁合金产业园区和中小企业创业园区。四是做强电力产业集群。依托普大煤业公司资源整合优势，发展煤电一体化；以武汉凯迪为龙头，积极发展风能、生物质能、风光互补等新能源产业项目。五是做优煤炭产业集群。依托普大集团和晋煤集团晋平煤业有限公司，通过资源整合、兼并重组、技术改造等途径，扩能增效，提高煤炭生产机械化、信息化、安全化水平。六是做活农产品加工产业集群。依托田园蜂业、晴岚面粉加工等企业，延伸农产品加工，开拓市场，创立品牌。力争到2015年年底，市级农产品加工龙头企业达到10家。通过产业集群化发展和工业园区建设，力争培育两个上交税金超亿元的企业，两个超5000万元的企业，两个超1000万元的企业，4个超500万元的企业等一批规模较大、技术先进、管理规范、核心竞争力强的大企业、大集团。

(二)突出四大重点，集聚经济发展动力。一是突出重大项目建设。重点推进投资42亿元的郑煤80万吨氧化铝、投资49亿元的2×30万千瓦低热值发电、投资20亿元的大正水泥400万吨生产线等一批大项目筹备建设。二是突出新能源项目建设。平陆风力资源非常丰富，已吸引了武汉凯迪、北京天润、中广核等3家企业落户平陆，正在实施以风电为主的新能源项目建设。已形成5万千瓦产能、15万千瓦在建的规模。到年底，全县风电装机容量将达到20万千瓦。三是突出高新技术项目。把加快中小企业创业园区作为工业未来发展的主攻方向全力实施，努力为项目落地搭建载体、创造条件，吸引一批科技含量高、附加值高的项目入驻园区。2012年，重点推进投资1.35亿元的博纳科技2万吨新型电子粉体材料项目和投资1亿元的新环橡塑120万套汽车上支架总成项目建设。四是突出传统产业升级改造。加快5万吨镍铁、30万吨镍矿烧结、10万吨铝矿石粉、10万吨铬铁精炼炉、10万吨陶瓷粉体材料等项目的升级改造步伐，推动产业结构优化升级，构建循环型产业体系。

(三)狠抓招商引资，夯实经济发展持续力。招商引资是加快发展的第一抓手。要在全县上下形成“领导带动、部门联动、企业主动、全民行动”的工作格局，组建最强的招商队伍，积极加强商会招商、网络招商、会展招商、活动招商，继续引导干部直接投身招商。实行最优招商引资激励政策。创新招商引资方式，把工业企业作为招商活动的主体，把工业项目作为招商活动的主题，重点引进一批附加值高、科技含量高、生态效益好、符合国家产业政策的大项目、好项目。

四、如何确保平陆工业经济“转”得好“转”得快

(一)解放思想，营造发展氛围。一方面，要解放干部层面的思想。破除安于现状、小富即安的思想，强化奋发有为、干事创业的意识，努力保持追求一流、永不满足的良好精神状态。破除固步自封、因循守旧的思想，强化改革创新、与时俱进的意识，努力在加快工业转型体制机制创新、工作思路创新、工作方式创新和政策措施创新等方面取得突破。破除畏难却步、怕担风险的思想，强化敢闯敢试、先行先试的意识，及时破解工业经济转型发展中遇到的各类难题，推动平陆工业经济再上一个新台阶。另一方面，要解放企业家的思想。激发企业家创业热情，通过产品、技术、管理、制度等各领域各层面的创新，在竞争激烈的市场中站稳脚跟，稳步发展。

(二)建好园区，打造承接平台。进一步加快中小企业创业园区的规划、环评手续和土地预审报批，尽快实现“七通一平”等配套设施。壮大产业集群，延伸产业链条，扩大规模效应，按照产业定位，加快主导产业的集聚和培育，形成以大企业为龙头、以专业化协作企业为基础的产业集群，使工业园区成为品牌企业、规模企业、配套企业密集，产业竞争力强的经济板块。

(三)搞好服务，创造宽松环境。加强城建、交通、电力、水利、通信等基础设施建设，为工业发展和转型提供优质基础条件。大力整治经济发展软环境，制定优化措施，规范收费、检查、审批、监督行为，为工业经济转型提供优质服务。建立工业发展联席会议制度，及时解决企业在原料供应、产品销售、运力、电力、土地、资金等方面遇到的难题，帮助企业加快发展，做大做强。

倾力打造山西开放发展大通道

风陵渡经济开发区管委会

2011年以来，风陵渡开发区党工委、管委会认真贯彻落实省、市经济工作会议精神，紧抓"综改区"建设和大力推进开发区科学发展等重大机遇，围绕"融入西安经济圈"的发展思路，以项目建设和环境建设为抓手，以转型跨越发展为目标，从制约开发区发展的热点、难点问题入手，努力优化发展环境，着力培育优势产业，使开发区的经济社会保持了平稳较快发展的态势。

一、2011年发展概况

（一）奋力拼搏，主要经济指标平稳增长。2011年，开发区经济发展面临严峻考验，开发区党工委、管委会同心协力，认真贯彻落实中央、省、市经济工作会议精神，采取积极有效措施，以调整经济结构和转变发展方式为着力点，本着堤内损失堤外补的原则，按照"洽谈项目抓签约，签约项目抓开工，开工项目抓投产"的思路，狠抓招商引资和项目建设，努力提高抵御风险能力，积极培育新的经济增长点，保持经济平稳、健康发展。全区科工贸总收入46.74亿元，区内生产总值13.6亿元，工业总产值34.67亿元，工业增加值11.56亿元，财政总收入2.38亿元，出口总额920万美元。

（二）千方百计，加快基础设施建设。2011年，铺开和即将实施17项基础设施建设工程，其中，8项已经完成，4项正在建设，5项正在开展前期工作，基础设施共完成投资3.5亿元。(1)道路方面：投资1.5亿元的西南外环路6千米建成通车，其余路段路基基本完成。投资510万元的高速南道西侧辅道改造工程300米道路已经完成。黄河南路改造工程正在酝酿制订方案，开发区路网结构不断优化，交通条件正在改善。(2)排水方面：投资5000万元铺设了风陵西街、高速辅道和西南外环路8千米排水管网工程，解决了开发区多年来排水不畅的问题。(3)供电方面：立项建设投资3000万元的11万伏变电站扩容和东西工业园两条12千米输电线路，基本可满足"十二五"期间入区企业的用电需求。(4)环境保护和民生改善方面：投资6500万元日处理污水2万吨的污水处理厂准备试水运行。投资1.5亿元的天然气工程分输站建成，永济—风陵渡40千米主管网及风陵东街、西街、工业南道6.2千米城网铺设完成。投资4000万元的集中供气供热工程土建正在进行。生活垃圾无害化处理工程正在开展前期准备工作。(5)其他方面：投资3500万元的混凝土搅拌站建成投入运营。投资1000万元的客运汽车站主体已经完工。风陵渡开发区人民医院运营建设方案已经敲定，多年来困扰医院发展的资金难题基本解决。投资9000万元的建材家居市场即将开业试营，标志着浙商聚集区开始启动建设。

（三）负重赶超，加强招商引资及项目建设。坚持把招商引资作为开发建设的重中之重来抓，紧紧扭住项目建设这个龙头，按照"争取一批，引进一批、建设一批、储备一批"的总体思路，不断创新招商思路，拓宽招商渠道，以项目为载体，抓项目带产业，突出带动性强的项目招商、重点区域招商、园区招商、专业队伍招商，"锁定西安，瞄准长三角，面向珠三角"，实现招商引资大突破。先后组团参加了西洽会、深交会、煤博会、东盟博览会等各类洽谈活动，利用一切机会，宣传、推介风陵渡经济开发区，签订了一批协议（合同）。2011年，共签约项目17个，意向投资150亿元，其中，落户项目11个，到位资金15亿元。

（四）优化结构，不断培育优势产业。按照"龙头带动，规模膨胀，产业链聚集，集约化生产，高效能运行"的发展模式，强力实施大企业、大集团战略，不断调整经济结构，转变发展方式，壮大产业集群，拉长产业链条，提升产业档次，扩充经济总量，积极走新型工业化发展之路，孕育了一批规模以上企业，增加了一批纳税大户，打造了一批企业品牌，初步形成绿色食品、新型材料、医药化工、电子材料等骨干支柱产业，推动风陵渡经济开发区快速崛起。

（五）创优环境，着力解决影响和损害开发区经济发展环境的突出问题。出台《关于进一步优化投资环境的若干规定》和《关于对重点企业实行封闭式管理的通知》，向辖区规模以上企业颁发封闭式管理企业牌匾，向重点企业（工程）单位颁发车辆绿色通行证，聘请重点企业（工程）负责人担任优化环境监督员，对入区项目建立"绿色审批通道"，严厉打击干扰破坏企业发展环境的不法行为，深入开展纪律作风大整顿活动，积极营造政策最优、服务最优、环境最优的低成本投资区域，为跨越发展创造良好环境、提供有力保障。

二、2012年主要任务

（一）2012年开发区工作的总体思路。紧紧抓住"综改区"建设和大力推进开发区科学发展等政策机遇，继续围绕"融入西安经济圈"的发展思路，以科学发展为主题，以转型跨越发展为主线，提升发展理念，创优发展环境，突出招商引资和项目建设，努力把风陵渡开发区建设成为山西向东向西开放的大通道和桥头堡。

（二）预期目标。科工贸总收入56亿元，区内生产总值16.5亿元，工业总产值48亿元，财政总收入3.18亿元，出口总额1104万美元，各项指标增速在20%左右，为“十二五”末“翻两番”打下坚实基础。

（三）发展举措。一要狠抓基础设施建设。2012年，西南外环路、黄河南路、工业大道等3项市政工程启动建设。东、西工业园12千米两条输电线路架设完成。垃圾处理、天然气、集中供热供气等三项民生工程投入使用。二要狠抓项目建设。2012年，欧亚多伦铁马新能源汽车项目、德山化工复合肥项目、祖源工贸苯二酚和碳酸锰项目、嘉生药化双乙烯酮项目、亚宝药业集团药用塑料瓶项目等达产达效。升嘉药化4氯苯胺项目、泰意德生化乙二胺项目、森泉创投中小企业创业园项目动工建设。“十二五”期间，将重点培育、发展和壮大医药化工、新型材料、新能源汽车等战略性支柱产业及黄河“金三角”浙商聚集区建设，倾力打造晋陕豫黄河“金三角”产业转移示范区，初步形成“三业一区”的发展格局。三要狠抓招商引资。加大招商力度，以企招商，以商招商，以情招商，实行定点式、跟进式、持续式的精细化招商引资方式，做到突出带动性强的项目招商、突出重点区域招商、突出园区招商、突出专业队伍招商，实现招商引资大突破，到位资金同比增速30%。四要狠抓环境优化。严厉查处吃拿卡要、强买强卖、欺行霸市及乱摊派、乱检查、乱罚款等典型案件，努力廓清经济发展环境。

坚持科学发展　力促转型跨越
全力打造行业领先国内一流数字化矿井感知化矿山

漳村煤矿矿长　韩玉明

漳村煤矿是潞安集团下属的一座以采矿、洗选为主的大型矿井，全国首批现代化矿井、国家环保先进企业、部特级质量标准化矿井、行业特级高产高效矿井。2006～2011年，连续六年被评为“国家特级安全高效矿井”，连续七年蝉联全国“安康杯”竞赛优胜企业，2007年、2010年两次荣获“全国五一劳动奖状”。

漳村煤矿始建于1958年，经过50多年的发展，从一个年产不足10万吨的小煤窑，逐步成长为一座年产原煤400万吨、年产喷吹煤300万吨的特大型矿井。上世纪80年代，该矿依靠自学成才，跻身全国首批“现代化矿井”行列；90年代，依靠自我探索，建成全国首座“四一型”矿井，全员工效连续八年蝉联全煤井工矿井之首，被命名为全国首批“高产高效矿井”；“十一五”期间，依靠自主创新，建成全国首座数字化矿山，并率先构建起“一井、一面、一条运输线、日产万吨、日洗万吨、生产人员一千人”的“六一型”煤炭行业集约高效生产新模式。

2011年，漳村煤矿抢抓机遇推进村庄搬迁，克服困难加快采区接续，创新思维规范整合矿井管理，对标先进培育优势发展亮点，矿井本部生产原煤首次突破410万吨，生产喷吹煤246万吨，销售收入28亿元，完成利润11.74亿元，多经生产经营收入突破16亿元，为“十二五”战略快速推进赢得精彩开局。主要工作呈现出“八个新”特点：

坚持村庄搬迁和精细部署两手抓，采掘衔接打开新局面。按照“自建搬迁”的形式，整体搬迁了温家湾，对地面“五厂”进行了评估，对西回辕借住户进行妥善安置。井下坚持精细部署，正规循环，截至2011年年底，累计圈定可采储量515万吨，为水平延伸赢得了时间和空间。

坚持井上准备与井下筹备两手抓，采区衔接取得新进展。水平延伸区采矿许可证省、市有关手续全部办结，相关设计和专篇全部完成，地面工程占地全部落实，专用道路建设基本完工。井下更换了新风井风机，新建二水平外仓，四部架空人车全线通车，为西扩区首采面开采和大巷西进创造了条件。

坚持矿井本部与整合矿井两手抓，安全生产实现新突破。通风系统进一步优化，安全可靠的地质平台全面建立，“三大六超前”管理运行体系不断完善，矿井本部和整合矿井均实现安全生产无事故。

坚持品种增效与经营贸易两手抓，经营管理创出新水平。全年外运喷吹煤250万吨，超额完成公司下达的收入和利润指标。进一步完善内部市场化改革，对社区进行模拟市场化运行，实现内部收支网络化管理。积极拓展多经及经营贸易功能，全年销售收入16亿元，超计划2亿元。

坚持升级改造与系统延伸两手抓，数字矿山迈出新步伐。重点调研并组织建设井下污水处理系统、井下临时排水点自动排水监控系统、井下3G无线通信系统等。井下人员定位系统升级改造，实现了双向呼叫；完善"监测监控、人员定位、通讯联络"三大系统，实现了井下采掘点全覆盖。地面建设完成瓦斯预警平台、视频会议系统等数字化系统。

坚持加快技改和规范经营两手抓，整合矿井创造新成果。根据集团"以矿带矿"要求，矿领导"分片包点、挂牌管理"，定期深入整合矿井"传、帮、带、培"，整合矿井安全管理水平明显提升，三座矿井均实现安全生产无事故。

坚持绩效管理与创先争优两手抓，党建工作呈现出新气象。全面优化"一机制四载体"党建工作新模式，圆满完成创先争优第一阶段各项活动。创新"三个三"管理模式，国际安全社区建设蒸蒸日上。深入开展"六型"特色小区创建，一流文明矿区创建稳步推进。企业文化建设坚持高标准、上品位、创特色、求突破，被评为"企业文化建设百强单位"。

坚持企业发展与保障民生两手抓，文明和谐展现新风貌。开办营养餐厅，为全矿女职工进行免费体检。增加矿区通勤电瓶车，矸石山覆土整形已全面完成，生活区污水站完工并投入使用。进一步丰富职工文化生活。做好非主体专业本科毕业职工子女的转型培养和考核录用工作，继续盘活矿区临时性岗位，最大限度为矿区待业青年创造就业机会。

在潞安大转型、大跨越、大发展的历史征程中，漳村煤矿紧跟集团"三地一新"的战略部署，准确研判行业发展趋势，结合矿井实际，确立了"一地两区、千万产能"的"十二五"战略目标。"一地两区、千万产能"就是通过科学布局，以本部为战略发展的核心基地，以整合矿为产能增长区，以岳山矿为战略发展区，到"十二五"末，本部产能上500万吨，整合矿产能上500万吨，岳山矿全面开工建设，形成"一地两区、千万产能"战略发展新格局。

落地生根打造安全文化
聚合效应推动安全发展

太原铁路局湖东车辆段党委书记　**栗维佳**

湖东车辆段是我国重载铁路——大秦线上唯一的货车车辆段。管辖范围西起黄河边，东到渤海湾，横贯京、津、晋、冀"两省两市"，主要承担着C80等4万多辆专用配属车的维护和检修任务。近年来，我们始终把打造落地生根的安全文化作为加强安全风险管理、推动全段安全发展、服务重载运输增量的不竭能源和动力引擎，积极在实践、创新、发展中构建了"内化于心、外化于行、固化于制、显化于物"的安全文化建设运作模式，有力地催生了人人讲安全，事事话安全，文化保安全的聚合效应和自我管理、自我约束、自我加压，高标准建设全路一流货车车辆段的生动局面。

一、理念导航，价值引领，着力促进安全文化"内化于心"

安全理念是安全文化的核心，安全文化是否落地生根，关键看核心理念是否得到干部职工的广泛认同。一是唱响核心价值理念。围绕部党组提出的"三点共识"和"三个重中之重"新要求新理念，融合安全风险管理要素，采取理念灌输、座谈讨论、集中宣讲等方式，组织专题学习，编印学习资料，在认同、认可、认知中形成安全是核心理念的思想共识。二是提炼自身价值理念。充分发挥职工首创精神，集中开展13场安全文化理念、安全风险管理专题研讨、高端讲座、互动交流会，自下而上征集了独具特色的1000条安全理念、安全谚语和岗位格言。提炼了"我的安全我负责、我的收入我做主"、"提前预想、超前防范"、"用设备保质量，以装备保安全"等一系列安全价值理念，潜移默化增强了全员安全风险意识和"要我作业标准化"向"我要作业标准化"的转变。三是宣传贯彻核心价值理念。通过开展安全演讲、评选安全标兵、星级班组、征集合理化建议、安全漫画、建设安全文化长廊等丰富多彩、职工喜闻乐见的活动，营造了浓厚的安全氛围。

二、创新方法，规范行为，着力促进安全文化“外化于行”

安全理念能否具有生命力，关键要外化于行，实实在在体现到日常安全行为中。大力开展以安全行为文化为核心的标准化建设活动，全面规范职工作业行为。一是规范标准抓统一。分检修、运用、设备系统实施“一列一辆”、“一书一卡”、“一机一档”、“一品一区”标准化。制作人检和机检《安全风险控制流程图》，制定图文并茂的“作业指导书”和配件检测工艺图、“岗位安全风险控制卡”，增加了设备维修保养、性能校验、使用评价三大类指标信息。紧扣人身安全、作业环节、职工两纪等方面存在的问题，推进职工安全教育“一事一例”案例化，职工逐步养成了“上标准岗、干标准活”的良好习惯。二是岗位提素抓培训。把岗位提素作为提升职工防控安全风险，规范安全行为的首要任务。以“创建学习型企业，争做学习型职工”活动为载体，相继实施大学生早期培养等六大工程，建立《自学成才奖励制度》等5项管理机制和关键岗位，探伤作业岗位风险抵押等8项奖惩制度。围绕安全与质量主题，通过创建湖东重载安全培训基地等“一个中心五个基地”模式，职工岗位业务技能得到大幅提升。三是安全立功抓竞赛。把安全标准化建设和安全行为文化导向全员，通过开展“万安赛”、“千优赛”、“零缺陷交检”赛、“主人翁保安全竞赛”和“青工提素”竞赛，激发职工保安全积极性。“我的安全我负责，我的收入我做主”成为全员践行“本职就是天职、岗位就是事业”核心价值理念的行为标尺和最高追求。四是示范引领抓党员。把发挥党员先锋模范作用作为推动全员规范安全行为的有效抓手，以“创四岗、灭两违、攻难关、树品牌”为实践载体，集中开展班子示范、党员带头、全员参与的各项竞赛，消除了一大批安全风险隐患。同时，紧扣“三无”目标，开展争创党员金牌检车员、检修工和维修师活动，建立了等级、五率、积分三级考评管理体系和党员“四控”考评机制。全段党员“两违”数占职工“两违”数的比率由年初的3.5%下降到0.8%，党员与职工的发现重点故障比率由71.9%提高到92%。在党员的带动示范下，职工“两违”率下降23.7%。

三、统章建制，长效运作，着力促进安全文化“固化于制”

2011年，清理整顿规章制度和办法措施190多项，建立健全安全管理基本制度36项，重点完善建立了三大类机制。一是建立安全风险管理机制。确定行车、人身、设备等10大类、49个风险项目、215个风险点和400条卡控措施，逐岗设置了“岗位安全风险控制卡”和安全风险控制表、流程图，形成安全风险闭环管理体系。特别是对《人身安全风险管理细则》进行修订完善，明确了人身安全“十禁止”规定。二是修订重载货车标准体系。修订和建立了集138项管理标准、280项工作标准、196项技术标准于一体的重载货车标准管理体系。全段消灭了定检过期车、轮缘过限车、运行品质不良车，确保了大秦线安全畅通无阻。三是完善干部逐级考评机制。修订了12项108条干部岗位职责标准和“干部岗位说明书”，全段318名管理和专业技术干部建立了“一人一档”安全风险管理业绩档案，进一步完善了干部安全管理激励机制。

四、以人为本，优化环境，着力促进安全文化“显化于物”

坚持以人为本，推进望之于形、闻之于声、见之于物的安全文化环境建设。一是用“氛围”熏陶人。将安全价值理念、安全指导思想、安全管理思路、安全事故案例、安全先进典型，通过横幅、漫画、书法、标语等各种形式，出现在工作和生活环境中，形成了整体联动的文化氛围，让职工在不知不觉中接受安全文化的洗礼。二是用“环境”教育人。打造春见花、夏见绿、秋见果、冬见青的塞北“园林式厂区”，构建起集安全文化路、安全文艺回廊、安全文化广场为一体的安全文化主阵地。以提升检修能力为需求，大规模实施厂段修扩能改造，不断优化作业工作环境，重新调整轮对、转向架、钩缓、制动等8条检修工艺线，顺畅了作业程序，消除了风险隐患。三是用“关怀”激励人。坚持以人为本，关爱职工，建成一大批标准化待检室、伙食团和小菜园，奖励政策向一线倾斜，职工平均工资增长21.1%，对职工诉求和实际困难积极督办解决，职工归属感明显增强，调动了保安全积极性。四是用“亲情”温暖人。充分发挥二道防线作用，推行作业前亲情叮嘱、作业中温馨提示、作业后关心询问的亲情化教育模式，组织职工家属到岗位观摩，进现场体验，形成了同频共振保安全的良好氛围。

凝聚之力坚无摧　同舟共济扬远帆

山西中煤杨涧煤业公司董事长、总经理　郭　池

近年来，随着市场经济的不断完善，职工利益与企业的发展更加紧密地联系在一起，职工的主人翁意识得到增强，民主参与企业管理、决策和监督的要求也进一步提高。我们积极响应党和政府的号召，认真贯彻“依靠方针”，坚持以人为本，尊重职工的民主权利，注重调动发挥职工群众参与企业管理和生产建设的积极性，共谋企业发展大计，取得了职工利益和企业效益“互促、双赢”的效果，为实现全省转型跨越发展，建设“国家资源型经济转型综合配套改革试验区”作出了应有的贡献。

一、提升素质，“学习之家”活力竞发

全面贯彻落实胡锦涛总书记关于要充分发挥工会“大学校”的作用，把提高职工队伍整体素质作为一项战略任务抓紧抓好的重要指示精神，努力培养和造就一支适应时代要求的高素质职工队伍。通过积极引进和自主培养，切实抓好经营管理、专业技术和技能人才队伍建设，建立适应企业需求和发展的人才梯队。在职工素质建设工程中，制定科学严谨的培训计划，分层次、分步骤、分时段，不间断地强化员工的教育培训，做到人员培训制度化、规范化。加强技术中心、研发中心、教育培训中心的投入和管理，形成技术创新、科学研究、职业技能三个支撑体系，为企业的跨越发展提供了技术和人力支持。持续开展“创建学习型企业，争做知识型职工”活动，最大程度地激发和调动广大职工学技术、搞创新、促发展的热情，有力地促进了企业生产经营的蓬勃发展。

（一）融入中心，突出重点，让“职工之家”走上品牌塑造标准化建设之路。把“创建学习型企业，争做知识型职工”作为建家工作的重要内容，着力打造企业文化，彰显文化品牌。投资340万元装修改造“职工活动中心”，开设文体活动室、多媒体活动室，配备了电脑、电视机、DVD（数字多功能光盘）机、KTV（卡拉OK）点歌机、LED显示屏，斯诺克台球桌、棋牌桌、乒乓球台等；购置了图书、阅览台，建成职工书屋。职工活动中心的建设，为职工学习知识、获取信息、提高素质、丰富精神文化生活提供了方便条件。2011年被中华全国总工会和山西省总工会树为职工素质工程建设省级示范点，颁授了“职工书屋”牌匾。

（二）推优激励，典型引路，让劳模竞争、创新、持续改进的思维火花点燃蓬勃的生产力。积极组织开展丰富多彩的安全知识、技能知识、法律知识等竞赛活动，强化职工的安全意识、法律意识。通过一系列的培训、讲座、知识竞赛、技术比武等活动，增强了职工爱岗敬业、遵纪守法的意识，推动职工积极参加技术革新、先进操作法、合理化建议等经济技术活动，实现了安全生产效益增、节能降耗有成效。

二、畅通渠道，“民主之家”魅力勃发

（一）主动维权，积极拓宽企业民主管理渠道。始终立足于源头维护，以职代会为基本形式的企业民主建设呈现出制度化、规范化、常态化的可喜局面。公司工会通过健全制度、规范运作，不断建立完善新形势下的职工民主参与机制、民主决策机制、民主管理机制、民主监督机制，有效发挥了职代会作用。坚持平等协商签订集体合同制度，严格执行集体合同条款中有关工资福利待遇、劳动保护、生活后勤等方面的规定，依法参加养老、医疗、失业、工伤、生育等社会保险，并组织职工参加奖励性休假疗养活动。

（二）延伸手臂，拓展工会维权覆盖面，信访渠道进一步畅通。2009年8月，面对企业兼并重组、职工安置等现实问题，做到了工会重建与企业重组同步，找准企业改制和职工利益的最佳结合点，搭起企业与职工的连心桥，维护了职工的权益，构建了和谐的劳动关系。

（三）丰富载体，打造具有杨涧特色的舆论宣传阵地。利用宣传栏、黑板报、广播、会议等阵地和形式，广泛开展安全生产形势教育和法律法规教育，增强了职工队伍的凝聚力。践行“以人为本”理念，深化企务公开、扩宽民主管理渠道已成为企业发展的“助推器”、劳动关系的“稳压器”，成为激发广大职工积极性、创造性，增强企业凝聚力、向心力的“催化剂”。

三、倾心打造，“温暖之家”合力焕发

（一）发展与环保同步，经济与“绿色”提升。以煤为基，以煤兴业，一业为主，多元并举。坚持井上井下

一起抓，开采治理一体化的原则，致力发展循环经济，向绿化环保节能型企业迈进。一是大力开展造林绿化活动。绿化面积由20公顷增加到33公顷，投资500万元建成绿树成荫、花香鸟语的绿色矿区，达到绿化、美化、净化、亮化、硬化的“五化”目标。二是实施节能减排战略。矿井污水经处理后用于煤炭洗选及井下洒水灭尘，达到循环利用。生活污水经处理达标后排放。生产及生活锅炉全部安装脱硫除尘装置，煤场周围安置抑尘网，并定期进行洒水灭尘。尤其是洗选煤泥烘干车间的投入使用，克服了传统露天晒晾的办法，有效地抑制了煤尘飞扬。三是大力发展循环经济。启动了停产两年之久的年生产能力6000万块的环保矸石烧结砖厂，转型循环发展迈出了新步伐。

（二）民生连着民心，民心凝聚民力。改善民生是企业发展的出发点和落脚点。坚持“安全发展，造福员工”的思路，一次性投资500万元，新建1200多平方米职工宿舍，实行集中供暖，开设两所职工食堂，为职工解决吃、住头等大事。购置了接送车、健身器材，新建了篮球场、职工影院以及图书阅览室，成立了困难员工救助中心和金秋助学中心。投资300万元安装两部猴车。购置高质量防尘口罩，定期为职工检查身体。投资200万元修建了职工俱乐部，增添乒乓球室、台球室和多媒体室，为职工提供了一个温暖、舒心的休闲场所。

（三）加强企业民主管理、党建管理。大力支持工会工作，完善职工代表大会制度，积极听取基层班组织、基层工会组织及职工的建议和意见。积极举办丰富多彩的知识竞赛活动，强化职工安全意识，真正让职工出谋划策参与公司管理。近年来，公司被省煤炭厅评为“安全生产先进企业”，被省林业厅命名为“植树造林先进单位”，被中华全国总工会评为“模范职工之家”，被省总工会评为“山西省模范劳动关系和谐企业”，荣获省劳动竞赛委员会“五一劳动奖状”。公司董事长、总经理郭池被评为“全心全意依靠职工办企业优秀企业家”，荣获“山西省五一劳动奖章”。

山西经济年鉴

YEARBOOK OF SHANXI ECONOMY

国民经济统计资料

GUOMINJINGJI TONGJIZILIAO

2011年国民经济统计资料

行政区划（2011年）

市名	城市			市辖区	县	镇	乡	村民委员会
	合计	地级市	县级市					
	22	11	11	23	85	564	632	28110
太原市	小店区　迎泽区　杏花岭区　尖草坪区　万柏林区　晋源区　清徐县　阳曲县　娄烦县　古交市							
大同市	城　区　矿　区　南郊区　新荣区　阳高县　天镇县　广灵县　灵丘县　浑源县　左云县　大同县							
阳泉市	城　区　矿　区　郊　区　平定县　盂　县							
长治市	城　区　郊　区　长治县　襄垣县　屯留县　平顺县　黎城县　壶关县　长子县　武乡县　沁　县　沁源县　潞城市							
晋城市	城　区　沁水县　阳城县　陵川县　泽州县　高平市							
朔州市	朔城区　平鲁区　山阴县　应　县　右玉县　怀仁县							
晋中市	榆次区　榆社县　左权县　和顺县　昔阳县　寿阳县　太谷县　祁　县　平遥县　灵石县　介休市							
运城市	盐湖区　临猗县　万荣县　闻喜县　稷山县　新绛县　绛　县　垣曲县　夏　县　平陆县　芮城县　永济市　河津市							
忻州市	忻府区　定襄县　五台县　代　县　繁峙县　宁武县　静乐县　神池县　五寨县　岢岚县　河曲县　保德县　偏关县　原平市							
临汾市	尧都区　曲沃县　翼城县　襄汾县　洪洞县　古　县　安泽县　浮山县　吉　县　乡宁县　大宁县　隰　县　永和县　蒲　县　汾西县　侯马市　霍州市							
吕梁市	离石区　文水县　交城县　兴　县　临　县　柳林县　石楼县　岚　县　方山县　中阳县　交口县　孝义市　汾阳市							

国民经济主要指标

指　　标	单位	1978年	1980年	1985年	1990年	1995年	2000年	2005年	2010年	2011年
一、年末总人口	万人	2424	2476	2673.5	2899	3077	3247.8	3355.2	3574.1	3593.3
二、全社会从业人员	万人	965	1003	1154.1	1304	1424.5	1392.4	1500.2	1685.9	1738.9
职工人数	万人	268	299	377.1	438.7	463.5	370.2	352.1	384.5	398.6
三、地区生产总值	亿元	88.0	108.8	219.0	429.3	1034.5	1643.8	4179.5	9200.9	11237.6
四、农业生产										
1. 农林牧渔业总产值	亿元	29.0	38.2	62.9	124.8	299.7	322.4	483.8	1047.8	1207.6
2. 主要农产品产量										
粮　食	万吨	706.96	685.7	822.7	969	917.1	853.4	978.0	1085.1	1193.0
棉　花	万吨	6.94	7.8	7.3	11.2	9.1	4.5	10.3	6.9	6.3
油　料	万吨	4.23	13.4	44.4	39.4	22.3	44.8	21.3	17.6	18.7
猪牛羊肉	万吨	18.23	17.3	20.9	29.3	56.1	59.2	81.0	63.6	62.3
3. 大牲畜年末数	万头	223.64	224	260.4	293.2	358.6	309.3	312.7	127.6	121.2
猪年末数	万头	578.5	531.2	372.1	363.1	561	519.5	627.1	474.8	446.1
羊年末数	万只	872.04	909.9	414.3	709.6	915	1058.4	1196.4	734.7	778.7
五、工业生产										
1. 工业总产值	亿元						1216.9	4850.9	12471.3	16013.8
轻工业	亿元						175.2	295.4	671.3	883.7
重工业	亿元						1041.7	4555.5	11800.1	15130.1
2. 主要工业产品产量										
原　煤	万吨	9825	12103	21418	28597	34731	25152	55426	74096	87228
发电量	亿千瓦小时	106.63	120.2	184.6	314.2	506	624.7	1316.5	2150.6	2344.0
钢	万吨	119.99	149.4	183.7	238.6	339.8	472.7	1654.7	3048.8	3490.4
成品钢材	万吨	74.04	86.4	110.8	128.8	217.1	392.6	1368.6	2866.4	3371.2
水　泥	万吨	255.87	287.9	458.7	612.5	1169.9	1434.0	2310.7	3670.3	4101.5
金属切削机床	台	3131	1706	1288	1678	688	832	1813	1822	1937
布	万米	32756	38652	37555	42948	35593	33253	36256	7381	8139
机制纸及纸板	万吨	9.35	11.55	18.75	35.44	59.69	27.00	40.49	21.8	20.5
六、运输邮电										
1. 货物运输量	万吨	15620	18080	29181	50111	65962	86624	125367	124677	137940
铁　路	万吨	9166	11067	16110	23332	26095	28779	49067	63836	72694
2. 货物周转量	百万吨千米	18964	22538	36101	59493	71805	86808	136312	233242.1	308275
铁　路	百万吨千米	17848	20965	30869	47955	53638	59797	96970	136247.1	203558
3. 旅客发送量	万人	4498	5865	10564	15960	21337	31818	40209	39059	39932
铁　路	万人	2124	2523	3391	3226	3308	2953	3433	5746	6219

注：本表工业统计口径为年主营业务收入500万元及以上工业法人企业，工业总产值按现价计算。

续表

指　　标	单 位	1978 年	1980 年	1985 年	1990 年	1995 年	2000 年	2005 年	2010 年	2011 年
4. 旅客周转量	百万人千米	3874	4979	9318	12604	17510	22458	32954	37157	41581
铁　路	百万人千米	2710	3564	6214	6681	8066	8336	10564	15582	19578
5. 邮电业务总量	亿元	1.1	1.2	1.6	2.5	13.8	75.90	280.6	260.0	304.6
七、固定资产投资										
全社会固定资产投资	亿元	21.5	28.2	91.7	123.4	295.6	625.2	1859.4	6352.6	7373.1
第一产业	亿元	0.2	1.8	1.1	5.2	7.6	12.0	50.1	281.3	271.2
第二产业	亿元	13.2	16.2	55.5	25.6	140.2	289.6	1130.4	2628.1	3348.6
第三产业	亿元	8.1	10.2	35.1	42.6	147.7	323.6	678.9	3443.2	3753.3
八、商　　业										
社会消费品零售总额	亿元	32.38	42.7	89.4	158.0	376.0	722.7	1401.2	3318.2	3903.4
九、财　　政										
财政总收入	亿元	19.6	21.0	25.0	51.7	129.4	194.6	757.8	1810.2	2260.5
地方财政收入	亿元	19.6	21.0	25.0	51.7	72.2	114.5	368.3	969.7	1213.4
地方财政支出	亿元	21.1	19.6	35.5	54.9	112.9	225.1	668.8	1931.4	2363.8
十、物价指数(以 1950 年为 100)										
商品零售价格总指数	%	143.1	148.8	174.5	290.6	510.2	500.5	506.8	580.8	609.3
城镇居民消费价格总指数	%	141.3	150.6	181.1	301.4	595.6	690.0	718.8	832.6	875.1
十一、工　　资										
全部职工工资总额	亿元	16.7	21.9	41.0	90.7	215.5	256.1	548.1	1268.8	1580.6
全部职工平均工资	元	632	754	1122	2111	4721	6918	15645	33544	39903
国有单位职工工资总额	亿元	14.6	19.0	33.9	75.9	186.2	200.9	394.4	760.3	876.2
国有单位职工平均工资	元	655	795	1200	2263	5094	7249	16027	33119	37164
十二、教育、文化										
高等学校在校学生数	人	20940	33104	41946	5.1	67420	125674	407036	562924	594469
中等专业学校在校学生数	万人	2.9	4.6	5.1	8.7	10.7	19.7	20.2	20.7	18.3
普通中学在校学生数	万人	194.3	179.6	157.0	145.1	151.0	199.8	261.2	253.7	249.6
小学在校学生数	万人	377.4	384.2	335.2	297.4	327.0	343.6	350.3	291.1	277.2
报纸出版数量	万份	1.79	1.76	5.52	5.44	5.93	5.88	329713	206698	202664
杂志出版数量	万份	598	1905	7981	2815	3586	2657	5914	4000	3428
图书出版数量	万册	6422	9055	9991	12166	13919	10105	10081	13183	13887

注:1995 年以后的财政收入与以前年份不可比,1997 年以后的财政收支为一般预算收支。

国民经济主要比例关系

单位:%

指标	1978年	1980年	1985年	1990年	1995年	2000年	2005年	2010年	2011年
一、国内生产总值中三次产业比例									
第一产业	20.7	19.0	19.3	18.8	15.7	9.7	6.2	6.0	5.7
第二产业	58.5	58.4	54.8	48.9	46.0	46.5	55.7	56.9	59.0
第三产业	20.8	22.6	25.9	32.3	38.3	43.8	38.1	37.1	35.2
二、工业总产值中轻重工业比例									
轻工业						14.4	6.1	5.4	5.5
重工业						85.6	93.9	94.6	94.5
三、农林牧渔业总产值内部比例									
农业产值	78.3	73.7	74.4	72.2	62.2	65.3	58.2	63.8	63.5
林业产值	7.0	8.4	7.4	4.9	5.9	4.4	3.4	6.2	6.1
牧业产值	14.6	17.8	18.1	22.6	31.5	29.7	30.7	23.9	24.5
渔业产值	0.1	0.1	0.1	0.3	0.4	0.6	0.6	0.6	0.6
农林牧渔服务业							7.1	5.4	5.3
四、全社会固定资产投资中三次产业的比例									
第一产业	0.8	6.2	1.2	4.2	2.6	1.9	2.7	4.4	3.7
第二产业	61.5	57.5	60.5	61.3	47.4	46.3	60.8	41.4	45.4
第三产业	37.8	36.3	38.3	34.5	50.0	51.8	36.5	54.2	50.9
五、固定资产投资额占国内生产总值的比重		25.9	41.9	28.7	27.5	33.9	44.5	69.0	65.6
六、文教卫生科学事业费占财政支出的比重		20.4	23.0	28.4	30.2	25.0	22.4	24.6	27.8

注:工业口径为国有企业、大中型企业和年产品销售收入500万元及以上非国有企业。

人口和自然资源

指　　标		2011年	指　　标		2011年
全省总户数	（万户）	1233.1	工业劳动者	（万人）	468.0
全省总人口	（万人）	3593.3	农业劳动者	（万人）	649.4
城镇人口	（万人）	1785.3	土地面积	（万平方千米）	15.67
乡村人口	（万人）	1808.0	平原	（万平方千米）	3.12
人口出生率	（‰）	10.47	丘陵	（万平方千米）	6.96
人口死亡率	（‰）	5.61	山地	（万平方千米）	5.58
人口自然增长率	（‰）	4.86	森林覆盖率	（%）	18.03
人口密度	（人/平方千米）	230	水资源总量	（亿立方米）	91.55
社会从业人员	（万人）	1738.9	地下水资源量	（亿立方米）	77.44

注：本表水资源总量和地下水资源量为2010年数据。

地区生产总值及构成

（按当年价格计算）

年　份	绝　对　数　（万元）				构　　成　（%）		
	总　　计	第一产业	第二产业	第三产业	第一产业	第二产业	第三产业
1957	291594	115415	93994	82185	39.6	32.2	28.2
1962	324083	110666	121848	91569	34.1	37.6	28.3
1965	439158	127041	205199	106918	28.9	46.7	24.4
1975	698101	208009	346700	143392	29.8	49.7	20.5
1978	879946	182040	514685	183221	20.7	58.5	20.8
1980	1087619	206348	635098	246173	19.0	58.4	22.6
1984	1974231	462487	1031178	480566	23.4	52.3	24.3
1985	2189896	422629	1200573	566694	19.3	54.8	25.9
1986	2351114	379020	1282495	689599	16.1	54.5	29.4
1987	2572290	390647	1379696	801947	15.2	53.6	31.2
1988	3166851	485368	1632920	1048563	15.3	51.6	33.1
1989	3762551	637472	1887453	1237626	16.9	50.2	32.9
1990	4292736	808080	2100746	1383910	18.8	48.9	32.3
1991	4685131	687729	2362793	1634609	14.7	50.4	34.9
1992	5511228	829433	2702838	1978957	15.1	49.0	35.9
1993	6804100	972700	3350300	2481100	14.3	49.2	36.5
1994	8266600	1238400	3965700	3062500	15.0	48.0	37.0
1995	10760300	1686900	4944500	4128900	15.7	46.0	38.3
1996	12921100	1982800	6002100	4936200	15.3	46.5	38.2
1997	14760000	1918400	7075700	5765900	13.0	47.9	39.1
1998	16110800	2072500	7612500	6425800	12.9	47.3	39.8
1999	16671000	1599600	7854700	7216700	9.6	47.1	43.3
2000	18457200	1798600	8583700	8074900	9.7	46.5	43.8
2001	20295300	1710900	9560100	9024300	8.4	47.1	44.5
2002	23248000	1978000	11343100	9926900	8.5	48.8	42.7
2003	28552200	2151900	14633800	11766500	7.5	51.3	41.2
2004	35713700	2763000	19194000	13756700	7.7	53.8	38.5
2005	42305300	2624200	23570400	16110700	6.2	55.7	38.1
2006	48786100	2767700	27556600	18461800	5.7	56.5	37.8
2007	60244500	3119700	34544900	22579900	5.2	57.3	37.5
2008	73154000	3135800	42423600	27594600	4.3	58.0	37.7
2009	73583100	4775900	39938000	28869200	6.5	54.3	39.2
2010	92008600	5544800	52340000	34123800	6.0	56.9	37.1
2011	112375500	6414200	66352600	39608700	5.7	59.0	35.2

全社会固定资产投资

单位：万元

年份	总计	房地产开发	农户	住宅	第一产业	第二产业	第三产业
1978	214935		11313	15006	1645	132080	81210
1979	232713		14940	38261	10752	131838	90123
1980	281960		21173	59117	17560	162157	102243
1981	254719		38452	76511	13723	129473	111523
1982	345486		38244	95144	20698	186438	138350
1983	448347		57569	96277	26159	257200	164988
1984	688991		63475	114800	15352	384594	289045
1985	916918		87387	158060	11443	554744	350731
1986	970247		106473	176525	22578	600777	346892
1987	1062371	6207	136987	193745	25621	597032	439718
1988	1076779	5421	141201	169236	33359	662277	381143
1989	1079587	2370	136709	184680	28614	668424	382549
1990	1234137	28486	164556	220354	51962	756324	425851
1991	1495206	32642	202269	238231	56159	934621	504426
1992	1727858	51869	119330	240328	48795	1079071	599992
1993	2512628	129685	191765	415095	84534	1424294	1003800
1994	2909041	116512	201153	464303	63897	1427878	1417266
1995	2955570	150886	188798	456871	76160	1401945	1477465
1996	3334714	147893	302383	666374	90324	1587144	1657246
1997	3983959	181736	317673	708704	104368	2008130	1871461
1998	5346852	278653	331200	920980	83706	2135036	3128110
1999	5753507	350458	245781	1083149	103046	2261965	3388496
2000	6251628	394556	344392	1113447	119648	2896273	3235707
2001	7083468	466464	399594	1021534	205239	3090533	3787696
2002	8382683	674331	462572	1173468	334467	3793232	4254984
2003	11163486	950740	533216	1210898	359529	6127825	4676132
2004	14776985	1449898	621851	1551521	362856	8697815	5716314
2005	18593969	1779937	757098	2245567	501034	11304223	6788712
2006	23214735	2086231	933279	3503467	651894	13463726	9099115
2007	29271653	2589251	1157947	4619967	838947	16171517	12261189
2008	36351396	3279807	1443268	5651842	1119701	18688907	16542788
2009	50335333	4772748	1785790	7600820	2203844	21636020	26495469
2010	63526011	5922376	2179375	9003350	2812813	26281280	34431918
2011	73730582	7901982	2353725	11877169	2712048	33485814	37532720

人民物质文化生活提高情况

指标	单位	1978年	1980年	1985年	1990年	1995年	2000年	2005年	2010年	2011年
一、城乡居民收入										
城镇居民人均可支配收入	元	301.4	379.9	595.3	1290.9	3306.0	4724.1	8913.9	15647.7	18123.9
农民人均纯收入	元	101.6	155.8	358.3	603.5	1208.3	1905.6	2890.7	4736.3	5601.4
职工平均工资	元	632	754	1122	2111	4721	6918	15645	33544	39903
二、平均每人住房面积										
城镇居民建筑面积	平方米					14.2	17.9	25.6	28.0	30.2
农村居民居住面积	平方米	9.4	11.1	13.7	16.5	17.1	21.6	24.2	28.7	31.8
三、交通、文化、教育、卫生										
每百户拥有(抽样)										
电视机(彩电)										
城镇居民	台			18.8	60.1	86.2	107.2	113.7	111.8	110.0
农　民	台			1.3	6.7	20.6	63.5	82.3	109.0	106.9
洗衣机										
城镇居民	台		1.6	57.5	81.7	91.2	93.4	99.8	100.7	101.6
农　民	台			2.8	13.8	19.8	51.7	69.3	81.0	84.2
移动电话										
城镇居民	台							109.7	146.6	178.1
农　民	台							27.5	107.7	172.8
每百人每天拥有报纸	份	2.0	2.0	5.8	5.3	5.3	5.0	27.0	16.2	15.5
每人每年拥有杂志	册	0.8	1.2	1.9	1.5	1.2	0.8	1.8	1.1	1.0
每万人拥有在校大学生	人	8.6	13.4	16.0	17.7	21.9	38.7	121.3	157.5	165.4
每千人拥有医院床位	张	2.7	2.9	3.3	3.5	3.4	2.4	2.4	3.1	3.1
每千人拥有卫生技术人员	人	3.2	3.5	4.2	4.6	5.7	4.2	3.9	5.5	5.3
四、储　蓄										
城乡居民储蓄存款年末余额	亿元	7.2	12.9	52.9	231.3	844.5	1748.4	4119.7	9223.0	10455.5
平均每人储蓄存款余额	元	30	52	198	798	2744	5383	12278	25805	29097

注:1997年以后每千人拥有医院床位数及卫生技术人员数与以前年份不可比。

2011年全国各省市区国民经济主要指标排序

省市区	常住人口(万人)			地区生产总值(亿元)			农林牧渔业总产值(亿元)			粮食总产量(万吨)		
	指标值	位次	比重(%)	指标值	位次	比重(%)	指标值	位次	比重(%)	指标值	位次	比重(%)
全国总计	**134735**			**471564**			**81303.9**			**57120.8**		
北　京	2019	26	1.50	16011	13	3.40	363.1	26	0.45	121.8	29	0.21
天　津	1355	27	1.01	11191	20	2.37	349.5	28	0.43	161.8	27	0.28
河　北	7241	6	5.37	24228	6	5.14	4895.9	5	6.02	3172.6	6	5.55
山　西	3593	18	2.67	11100	21	2.35	1207.6	22	1.49	1193.0	19	2.09
内蒙古	2482	23	1.84	14246	15	3.02	2204.5	18	2.71	2387.5	11	4.18
辽　宁	4383	14	3.25	22026	7	4.67	3633.6	9	4.47	2035.5	13	3.56
吉　林	2749	21	2.04	10531	22	2.23	2275.1	16	2.80	3171.0	7	5.55
黑龙江	3834	15	2.85	12504	16	2.65	3223.5	12	3.96	5570.6	1	9.75
上　海	2347	24	1.74	19196	11	4.07	314.6	29	0.39	122.0	28	0.21
江　苏	7899	5	5.86	48604	2	10.31	5237.4	3	6.44	3307.8	4	5.79
浙　江	5463	10	4.05	32000	4	6.79	2534.9	14	3.12	781.6	23	1.37
安　徽	5968	8	4.43	15110	14	3.20	3459.7	10	4.26	3135.5	8	5.49
福　建	3720	17	2.76	17410	12	3.69	2730.9	13	3.36	672.8	24	1.18
江　西	4488	13	3.33	11584	19	2.46	2207.3	17	2.71	2052.8	12	3.59
山　东	9637	2	7.15	45429	3	9.63	7409.7	1	9.11	4426.3	3	7.75
河　南	9388	3	6.97	27232	5	5.77	6218.6	2	7.65	5542.5	2	9.70
湖　北	5758	9	4.27	19594	10	4.16	4252.9	8	5.23	2388.5	10	4.18
湖　南	6596	7	4.90	19635	9	4.16	4508.2	6	5.54	2939.4	9	5.15
广　东	10505	1	7.80	52674	1	11.17	4384.4	7	5.39	1361.0	16	2.38
广　西	4645	11	3.45	11714	18	2.48	3323.4	11	4.09	1429.9	15	2.50
海　南	877	28	0.65	2515	28	0.53	1002.4	25	1.23	188.0	26	0.33
重　庆	2919	20	2.17	10011	23	2.12	1265.3	21	1.56	1126.9	20	1.97
四　川	8050	4	5.97	21027	8	4.46	4932.7	4	6.07	3291.6	5	5.76
贵　州	3469	19	2.57	5702	26	1.21	1165.5	24	1.43	876.9	22	1.54
云　南	4631	12	3.44	8751	24	1.86	2306.5	15	2.84	1673.6	14	2.93
西　藏	303	31	0.23	606	31		109.4	31	0.13	93.7	31	0.16
陕　西	3743	16	2.78	12391	17	2.63	2058.6	19	2.53	1194.7	18	2.09
甘　肃	2564	22	1.90	5000	27	1.06	1187.8	23	1.46	1014.6	21	1.78
青　海	568	30	0.42	1635	30	0.35	230.8	30	0.28	103.4	30	0.18
宁　夏	639	29	0.47	2061	29	0.44	354.7	27	0.44	359.0	25	0.63
新　疆	2209	25	1.64	6475	25	1.37	1955.4	20	2.41	1224.7	17	2.14

注:本表数据为统计快报数。

续表 1

省市区	规模以上工业主营业务收入(亿元)			规模以上工业利润总额(亿元)			发电量(亿千瓦小时)			粗钢产量(万吨)		
	指标值	位次	比重(%)	指标值	位次	比重(%)	指标值	位次	比重(%)	指标值	位次	比重(%)
全国总计	**843315.4**			**54544.4**			**47000.7**			**68388.3**		
北京	15504.1	19	1.84	1119.9	20	2.05	263.0	29	0.56	2.9	29	
天津	20711.9	14	2.46	1669.3	12	3.06	619.1	26	1.32	2295.7	8	3.36
河北	40726.3	7	4.83	2255.5	6	4.14	2310.2	8	4.92	16450.7	1	24.05
山西	16893.4	17	2.00	1200.6	18	2.20	2344.0	7	4.99	3490.4	5	5.10
内蒙古	17632.8	16	2.09	1835.2	11	3.36	2972.8	4	6.33	1669.7	14	2.44
辽宁	44065.9	6	5.23	1862.0	10	3.41	1368.1	15	2.91	5389.2	4	7.88
吉林	16485.8	18	1.95	1121.3	19	2.06	709.9	25	1.51	925.2	20	1.35
黑龙江	11492.7	23	1.36	1270.5	16	2.33	828.7	23	1.76	667.5	24	0.98
上海	34466.3	8	4.09	2176.1	7	3.99	947.0	20	2.01	2225.5	9	3.25
江苏	106816.1	1	12.67	6850.4	2	12.56	3755.8	1	7.99	6838.8	2	10.00
浙江	53071.0	4	6.29	3080.1	5	5.65	2774.2	5	5.90	1329.9	15	1.94
安徽	23895.5	13	2.83	1306.9	15	2.40	1632.8	11	3.47	1968.6	11	2.88
福建	26305.7	11	3.12	1578.9	13	2.89	1578.9	12	3.36	1166.9	19	1.71
江西	18466.8	15	2.19	1113.9	21	2.04	729.9	24	1.55	2067.8	10	3.02
山东	102470.2	2	12.15	6998.3	1	12.83	3162.3	3	6.73	5655.2	3	8.27
河南	47759.8	5	5.66	4066.1	4	7.45	2583.2	6	5.50	2370.8	7	3.47
湖北	26934.8	10	3.19	1497.2	14	2.74	2077.2	9	4.42	2753.3	6	4.03
湖南	25395.6	12	3.01	1252.2	17	2.30	1343.5	16	2.86	1819.8	12	2.66
广东	95614.1	3	11.34	4609.3	3	8.45	3735.5	2	7.95	1324.3	16	1.94
广西	11973.5	21	1.42	717.3	23	1.32	1039.0	18	2.21	1212.2	18	1.77
海南	1580.9	30	0.19	133.7	30	0.25	172.9	30	0.37	0.0	30	
重庆	11566.1	22	1.37	558.4	24	1.02	582.2	27	1.24	630.6	25	0.92
四川	30138.7	9	3.57	1961.3	8	3.60	1980.7	10	4.21	1729.2	13	2.53
贵州	4799.2	27	0.57	330.8	26	0.61	1379.3	14	2.93	434.0	26	0.63
云南	7505.8	24	0.89	523.6	25	0.96	1555.7	13	3.31	1323.2	17	1.93
西藏	74.5	31	0.01	13.0	31	0.02	27.2	31	0.06	0.0	31	
陕西	13666.7	20	1.62	1946.2	9	3.57	1222.5	17	2.60	766.0	23	1.12
甘肃	6515.4	26	0.77	241.2	27	0.44	1027.9	19	2.19	819.8	22	1.20
青海	1690.6	29	0.20	202.9	28	0.37	463.1	28	0.99	139.5	27	0.20
宁夏	2408.5	28	0.29	142.0	29	0.26	939.3	21	2.00	28.8	28	
新疆	6686.7	25	0.79	910.4	22	1.67	875.2	22	1.86	893.0	21	1.31

注:规模以上工业主营业务收入、规模以上工业利润总额为快报数据。

续表2

省市区	社会消费品零售总额（亿元）			全社会固定资产投资额（亿元）			海关进出口总额（亿美元）			旅游外汇收入（亿美元）		
	指标值	位次	比重(%)	指标值	位次	比重(%)	指标值	位次	比重(%)	指标值	位次	比重(%)
全国总计	**183918.6**			**311021.9**			**36420.6**			**484.6**		
北京	6900.3	10	3.75	5578.9	23	1.79	3894.9	4	10.69	54.2	4	11.18
天津	3395.1	23	1.85	7067.5	21	2.27	1033.9	8	2.84	17.6	9	3.62
河北	8035.5	9	4.37	16404.3	6	5.27	536.0	10	1.47	4.5	23	0.92
山西	3903.4	19	2.12	7072.8	20	2.27	147.6	23	0.41	5.7	20	1.17
内蒙古	3991.7	17	2.17	10403.9	12	3.35	119.4	26	0.33	6.7	18	1.38
辽宁	8095.3	7	4.40	17726.3	4	5.70	959.6	9	2.63	27.1	7	5.60
吉林	4119.8	16	2.24	7436.7	19	2.39	220.5	20	0.61	3.9	25	0.80
黑龙江	4750.1	15	2.58	7523.8	17	2.42	385.1	12	1.06	9.2	17	1.89
上海	6814.8	12	3.71	4879.2	24	1.57	4373.1	3	12.01	57.5	2	11.87
江苏	15988.4	3	8.69	26678.6	2	8.58	5397.6	2	14.82	56.5	3	11.67
浙江	12028.0	4	6.54	14185.1	8	4.56	3094.0	5	8.50	45.4	5	9.37
安徽	4955.1	14	2.69	12433.8	10	4.00	313.4	16	0.86	11.8	12	2.43
福建	6276.2	13	3.41	9926.4	13	3.19	1435.6	7	3.94	36.3	6	7.50
江西	3485.1	22	1.89	9089.8	15	2.92	315.6	15	0.87	4.2	24	0.86
山东	17155.5	2	9.33	26770.7	1	8.61	2359.9	6	6.48	25.5	8	5.26
河南	9453.6	5	5.14	17766.8	3	5.71	326.4	14	0.90	5.5	21	1.13
湖北	8275.2	6	4.50	12585.7	9	4.05	335.2	13	0.92	9.4	16	1.94
湖南	6884.7	11	3.74	11833.7	11	3.80	190.0	21	0.52	10.1	14	2.09
广东	20297.5	1	11.04	17158.5	5	5.52	9134.8	1	25.08	139.1	1	28.70
广西	3908.2	18	2.12	7973.6	16	2.56	233.5	18	0.64	10.5	13	2.17
海南	759.5	28	0.41	1669.5	28	0.54	127.6	25	0.35	3.8	26	0.78
重庆	3487.8	21	1.90	7472.6	18	2.40	292.2	17	0.80	9.7	15	2.00
四川	8044.6	8	4.37	14239.8	7	4.58	477.8	11	1.31	5.9	19	1.23
贵州	1751.6	25	0.95	3943.5	27	1.27	48.8	28	0.13	1.4	27	0.28
云南	3000.1	24	1.63	6185.3	22	1.99	160.5	22	0.44	16.1	10	3.32
西藏	219.0	31	0.12	516.3	31	0.17	13.6	30	0.04	1.3	28	
陕西	3790.0	20	2.06	9445.8	14	3.04	146.2	24	0.40	13.0	11	2.67
甘肃	1648.0	26	0.90	3961.7	26	1.27	87.4	27	0.24	0.2	30	0.04
青海	410.5	30	0.22	1435.7	30	0.46	9.2	31	0.03	0.3	29	0.05
宁夏	477.6	29	0.26	1639.1	29	0.53	22.9	29	0.06	0.1	31	0.01
新疆	1616.3	27	0.88	4632.1	25	1.49	228.2	19	0.63	4.7	22	0.96

注：本表全社会固定资产投资额不包括跨省项目投资。海关进出口总额口径为按经营单位所在地分。

续表 3

省市区	房地产开发投资额（亿元）			商品房销售额（亿元）			人均地区生产总值（元）			地区生产总值比上年增长%		
	指标值	位次	比重（%）	指标值	位次	比重（%）	指标值	位次	比重（%）	指标值	位次	比全国高低%
地方总计	**61739.8**			**59119.1**			**35083**			**9.2**		
北京	3036.3	7	4.92	2425.8	8	4.10	80394	3	229.2	8.1	31	—1.1
天津	1080.0	22	1.75	1473.1	17	2.49	84337	1	240.4	16.4	1	7.2
河北	3069.6	6	4.97	2350.0	9	3.98	33571	14	95.7	11.3	25	2.1
山西	789.9	25	1.28	434.7	27	0.74	30974	18	88.3	13.0	12	3.8
内蒙古	1650.0	16	2.67	1360.8	18	2.30	57515	6	163.9	14.3	5	5.1
辽宁	4487.6	3	7.27	3576.3	5	6.05	50299	7	143.4	12.1	20	2.9
吉林	1165.4	21	1.89	1040.1	22	1.76	38321	11	109.2	13.7	8	4.5
黑龙江	1219.4	20	1.98	1357.5	19	2.30	32615	16	93.0	12.2	18	3.0
上海	2170.3	12	3.52	2568.9	7	4.35	82560	2	235.3	8.2	30	—1.0
江苏	5552.7	1	8.99	5186.0	2	8.77	61649	4	175.7	11.0	26	1.8
浙江	4137.3	4	6.70	3728.2	4	6.31	58665	5	167.2	9.0	29	—0.2
安徽	2590.1	10	4.20	2183.1	11	3.69	25340	26	72.2	13.5	10	4.3
福建	2402.6	11	3.89	2070.9	13	3.50	46972	10	133.9	12.2	18	3.0
江西	852.7	24	1.38	953.6	23	1.61	25884	25	73.8	12.5	15	3.3
山东	4108.1	5	6.65	4259.2	3	7.20	47260	9	134.7	10.9	27	1.7
河南	2620.0	9	4.24	2201.2	10	3.72	28981	21	82.6	11.6	24	2.4
湖北	2063.2	13	3.34	1873.0	14	3.17	34131	13	97.3	13.8	7	4.6
湖南	1896.7	15	3.07	1852.2	15	3.13	29828	19	85.0	12.8	13	3.6
广东	4899.2	2	7.94	6199.2	1	10.49	50295	8	143.4	10.0	28	0.8
广西	1500.5	17	2.43	1111.7	21	1.88	25315	27	72.2	12.3	17	3.1
海南	663.0	26	1.07	790.4	24	1.34	28797	23	82.1	12.0	21	2.8
重庆	2015.1	14	3.26	2146.1	12	3.63	34500	12	98.3	16.4	1	7.2
四川	2836.7	8	4.59	3270.9	6	5.53	26133	24	74.5	15.0	3	5.8
贵州	878.7	23	1.42	734.7	25	1.24	16413	31	46.8	15.0	3	5.8
云南	1272.7	19	2.06	1133.6	20	1.92	18957	30	54.0	13.7	8	4.5
西藏	5.1	31	0.01	6.7	31	0.01	20077	28	57.2	12.7	14	3.5
陕西	1420.5	18	2.30	1517.2	16	2.57	33142	15	94.5	13.9	6	4.7
甘肃	362.9	28	0.59	276.9	29	0.47	19517	29	55.6	12.5	15	3.3
青海	144.8	30	0.23	114.2	30	0.19	28891	22	82.3	13.5	10	4.3
宁夏	330.6	29	0.54	314.5	28	0.53	32392	17	92.3	12.0	21	2.8
新疆	518.3	27	0.84	608.4	26	1.03	29496	20	84.1	12.0	21	2.8

续表 4

省市区	城镇居民人均可支配收入(元)			城镇居民人均消费性支出(元)			农村居民人均纯收入(元)			农村居民人均生活消费支出(元)		
	指标值	位次	比重(%)	指标值	位次	比重(%)	指标值	位次	比重(%)	指标值	位次	比重(%)
全国平均	**21809.8**			**15160.9**			**6977.3**			**5221.1**		
北　京	32903.0	2	150.86	21984.4	2	145.01	14735.7	2	211.19	11077.7	1	212.17
天　津	26920.9	4	123.43	18424.1	5	121.52	12321.2	4	176.59	6725.4	6	128.81
河　北	18292.2	18	83.87	11609.3	26	76.57	7119.7	12	102.04	4711.2	17	90.23
山　西	18123.9	21	83.10	11354.3	27	74.89	5601.4	22	80.28	4587.0	20	87.85
内蒙古	20407.6	10	93.57	15878.1	8	104.73	6641.6	15	95.19	5507.7	9	105.49
辽　宁	20466.8	9	93.84	14789.6	10	97.55	8296.5	9	118.91	5406.4	10	103.55
吉　林	17796.6	23	81.60	13010.6	17	85.82	7510.0	11	107.63	5305.8	12	101.62
黑龙江	15696.2	28	71.97	12054.2	23	79.51	7590.7	10	108.79	5333.6	11	102.15
上　海	36230.5	1	166.12	25102.1	1	165.57	16053.8	1	230.09	11049.3	2	211.63
江　苏	26340.7	6	120.77	16781.7	6	110.69	10805.0	5	154.86	8094.6	4	155.03
浙　江	30970.7	3	142.00	20437.5	3	134.80	13070.7	3	187.33	9965.1	3	190.86
安　徽	18606.1	14	85.31	13181.5	15	86.94	6232.2	20	89.32	4957.3	15	94.95
福　建	24907.4	7	114.20	16661.1	7	109.89	8778.6	7	125.82	6540.9	7	125.28
江　西	17494.9	25	80.22	11747.2	25	77.48	6891.6	14	98.77	4659.9	19	89.25
山　东	22791.8	8	104.50	14560.7	11	96.04	8342.1	8	119.56	5900.6	8	113.01
河　南	18194.8	20	83.42	12336.5	21	81.37	6604.0	16	94.65	4320.0	25	82.74
湖　北	18373.9	16	84.25	13163.8	16	86.83	6897.9	13	98.86	5010.7	14	95.97
湖　南	18844.1	13	86.40	13402.9	14	88.40	6567.1	17	94.12	5179.4	13	99.20
广　东	26897.5	5	123.33	20251.8	4	133.58	9371.7	6	134.32	6725.6	5	128.81
广　西	18854.1	12	86.45	12848.4	19	84.75	5231.3	25	74.98	4210.9	26	80.65
海　南	18369.0	17	84.22	12642.8	20	83.39	6446.0	19	92.39	4166.1	27	79.79
重　庆	20249.7	11	92.85	14974.5	9	98.77	6480.4	18	92.88	4502.1	22	86.23
四　川	17899.1	22	82.07	13696.3	13	90.34	6128.6	21	87.84	4675.5	18	89.55
贵　州	16495.0	26	75.63	11352.9	28	74.88	4145.4	30	59.41	3455.8	30	66.19
云　南	18575.6	15	85.17	12248.0	22	80.79	4722.0	28	67.68	3999.9	28	76.61
西　藏	16195.6	27	74.26	10398.9	31	68.59	4904.3	27	70.29	2741.6	31	52.51
陕　西	18245.2	19	83.66	13782.8	12	90.91	5027.9	26	72.06	4491.7	23	86.03
甘　肃	14988.7	31	68.72	11188.6	29	73.80	3909.4	31	56.03	3664.9	29	70.19
青　海	15603.3	29	71.54	10955.5	30	72.26	4608.5	29	66.05	4536.8	21	86.89
宁　夏	17578.9	24	80.60	12896.0	18	85.06	5410.0	24	77.54	4726.6	16	90.53
新　疆	15513.6	30	71.13	11839.4	24	78.09	5442.2	23	78.0	4397.8	24	84.2

省市区	居民消费品价格指数(%)			农产品生产价格指数(%)			城镇居民恩格尔系数(%)		农村居民恩格尔系数(%)	
	指标值	位次	比全国高低%	指标值	位次	比全国高低%	指标值	位次	指标值	位次
全国平均	**105.4**			**116.5**			**36.3**		**40.4**	
北　京	105.6	11	0.24	110.7	27	−5.74	31.4	29	32.4	30
天　津	104.9	31	−0.54	105.0	29	−11.43	36.2	18	35.3	26
河　北	105.7	10	0.30	110.9	25	−5.59	33.8	26	33.5	29
山　西	105.2	24	−0.18	111.0	24	−5.49	31.3	30	37.7	19
内蒙古	105.6	13	0.19	112.8	17	−3.67	31.3	31	37.5	20
辽　宁	105.2	26	−0.23	114.2	12	−2.29	35.5	21	39.1	15
吉　林	105.2	23	−0.15	116.8	8	0.39	32.7	28	35.3	27
黑龙江	105.8	7	0.44	116.5	9	0.01	36.1	20	38.9	17
上　海	105.2	25	−0.22	110.9	26	−5.60	35.5	22	40.9	14
江　苏	105.3	18	−0.06	112.1	19	−4.34	36.1	19	35.1	28
浙　江	105.4	16	−0.01	113.6	14	−2.82	34.6	24	37.3	22
安　徽	105.6	14	0.17	112.8	16	−3.62	39.8	6	41.5	13
福　建	105.3	21	−0.13	113.3	15	−3.20	39.2	9	46.4	7
江　西	105.2	22	−0.14	114.3	11	−2.13	39.8	7	45.2	10
山　东	105.0	28	−0.37	109.7	28	−6.79	33.2	27	35.7	25
河　南	105.6	12	0.23	111.5	21	−4.97	34.1	25	36.1	24
湖　北	105.8	8	0.37	111.7	20	−4.75	40.7	3	39.0	16
湖　南	105.5	15	0.13	121.9	2	5.49	36.9	16	45.2	9
广　东	105.3	19	−0.07	112.4	18	−4.04	36.9	15	49.1	3
广　西	105.9	5	0.51	124.5	1	8.09	39.5	8	43.8	11
海　南	106.1	3	0.67	115.3	10	−1.19	44.9	2	51.3	1
重　庆	105.3	20	−0.09	120.2	4	3.71	39.1	11	46.8	6
四　川	105.3	17	−0.05	117.8	6	1.37	40.7	4	46.2	8
贵　州	105.1	27	−0.25	120.3	3	3.84	40.2	5	47.6	4
云　南	104.9	30	−0.54	117.9	5	1.40	39.2	10	47.1	5
西　藏	105.0	29	−0.40				49.9	1	50.5	2
陕　西	105.7	9	0.31	113.8	13	−2.64	36.6	17	29.9	31
甘　肃	105.9	6	0.47	111.3	23	−5.13	37.4	14	42.2	12
青　海	106.1	2	0.74	117.3	7	0.80	38.9	12	37.8	18
宁　夏	106.3	1	0.94	111.3	22	−5.11	34.8	23	37.3	21
新　疆	105.9	4	0.56	103.7	30	−12.75	38.3	13	36.1	23

2011年各市基本情况排序

名称	常住人口（万人）		地区生产总值（亿元）		人均地区生产总值（元）		财政总收入（万元）		一般预算收入（万元）		农林牧渔业总产值（亿元）	
	指标值	位次	指标值	位次	指标值	位次	指标值	位次	指标值	位次	指标值	位次
太原市	423.5	3	2080.1	1	49292	2	3930441	1	1747179	1	63.2	10
大同市	334.0	6	843.6	9	25341	9	1622559	8	646407	8	84.5	7
阳泉市	137.4	11	528.1	11	38500	4	1214338	10	466357	10	16.5	11
长治市	335.4	5	1218.6	2	34625	5	2554675	3	1044071	2	83.0	8
晋城市	228.6	9	895.0	6	39205	3	1818009	5	679222	7	67.0	9
朔州市	172.6	10	855.2	8	49692	1	1750000	7	709189	6	88.4	5
晋中市	327.0	7	890.2	7	27300	7	1781427	6	780355	5	127.1	3
运城市	516.7	1	1016.8	5	19733	10	874396	11	408156	11	290.6	1
忻州市	308.5	8	554.5	10	18020	11	1222070	9	535728	9	92.7	4
临汾市	434.5	2	1136.1	3	26220	8	1884053	4	891054	4	138.6	2
吕梁市	375.2	4	1130.7	4	30224	6	2769335	2	1005058	3	87.9	6

名称	粮食总产量（万吨）		工业总产值（当年价，亿元）		社会消费品零售总额（亿元）		城镇居民人均可支配收入（元）		农民人均纯收入（元）	
	指标值	位次	指标值	位次	指标值	位次	指标值	位次	指标值	位次
太原市	31.6	10	2427.3	1	985.2	1	20148.5	4	8887.8	1
大同市	85.9	9	974.2	9	370.9	4	18914.9	8	4936.4	9
阳泉市	25.5	11	659.1	10	196.1	10	20253.4	2	7677.1	2
长治市	148.5	5	1943.9	2	334.2	6	20131.1	5	7091.5	3
晋城市	92.0	8	1085.8	8	232.3	8	20127.3	6	7043.5	4
朔州市	97.1	7	1169.9	7	173.7	11	20286.7	1	7023.6	5
晋中市	158.3	3	1185.0	6	335.3	5	20194.7	3	6912.5	6
运城市	266.5	1	1661.7	5	428.8	2	17345.7	10	5622.1	8
忻州市	148.5	4	619.5	11	201.4	9	17168.8	11	4135.0	11
临汾市	214.6	2	1842.6	3	374.0	3	18924.1	7	6084.1	7
吕梁市	106.1	6	1814.7	4	271.6	7	17427.7	9	4743.2	10

2011年全省各市、县、区主要经济指标

市、县、区名称	常住人口(人)		地区生产总值(万元)		财政总收入(万元)		一般预算收入(万元)		农林牧渔业总产值(万元)	
	指标值	位次	指标值	位次	指标值	位次	指标值	位次	指标值	位次
太原市										
小店区	811856	2	4008866	1	280604	11	153659	4	130166	35
迎泽区	596691	9	3666016	2	184114	31	91326	16	7867	115
杏花岭区	647442	7	3315737	4	188506	28	100738	12	13730	113
尖草坪区	418887	27	2678065	8	106721	54	50761	39	47392	79
万柏林区	757061	3	3347294	3	130356	46	70328	28	14759	112
晋源区	223010	74	540865	66	54167	78	28337	68	54622	75
清徐县	345957	38	1172622	32	177939	34	98142	13	239507	6
阳曲县	120740	103	290596	93	46443	84	25267	69	67329	54
娄烦县	106683	113	132054	111	80497	67	41841	52	23014	106
古交市	207025	80	353806	81	159232	39	85942	19	33347	100
大同市										
城　区	727341	5	1154589	34	258962	14	25217	70		
矿　区	503054	15	156247	108	135430	44	9648	104		
南郊区	408673	29	3147166	6	774035	1	60260	35	91453	43
新荣区	109160	108	217631	99	53180	80	20120	80	50880	77
阳高县	274337	56	199083	101	17898	107	7371	111	168147	25
天镇县	207435	79	153382	109	10145	116	4580	116	91337	44
广灵县	183814	84	147379	110	12564	114	4831	115	82189	48
灵丘县	235567	67	321536	86	56976	77	18399	83	56698	72
浑源县	346023	37	338814	83	52700	81	17692	85	137861	31
左云县	157258	94	314204	90	90841	64	30021	66	42427	87

市、县、区名称	粮食总产量(吨)		工业总产值(当年价,万元)		社会消费品零售总额(万元)		城镇居民人均可支配收入(元)		农民人均纯收入(元)	
	指标值	位次	指标值	位次	指标值	位次	指标值	位次	指标值	位次
太原市										
小店区	72947	66	3730040	9	2939904	1	20149	7	12022	2
迎泽区	376	115	512254	74	2240338	2	20149	8	11757	3
杏花岭区	798	114	788804	55	1026636	11	20149	9	10325	5
尖草坪区	13576	109	8719042	1	530013	17	20149	10	8496	17
万柏林区	1183	113	6100379	2	1429397	4	20149	11	12435	1
晋源区	20688	105	773417	56	179452	51	20149	12	8291	20
清徐县	117043	51	2286055	20	298630	33	18944	25	10251	6
阳曲县	65613	73	635367	63	68025	92	14104	83	4563	74
娄烦县	13777	108	201220	97	25489	117	12417	108	3592	90
古交市	10043	111	526345	73	307245	32	18254	33	8737	14
大同市										
城　区			1259282	41	1416405	5	18915	27		
矿　区			13732	116	551188	15	18915	28		
南郊区	56734	78	1703365	29	631735	14	18915	29	8133	23
新荣区	40862	90	266604	93	59660	99	14003	84	5008	66
阳高县	191051	27	130576	103	65831	94	12433	107	4061	78
天镇县	141147	39	51166	111	56194	106	12611	103	3673	89
广灵县	127912	45	105037	108	57832	101	12529	105	3854	82
灵丘县	73603	65	373160	83	173548	52	15407	67	4015	79
浑源县	134351	41	295978	92	183162	50	12860	101	3940	81
左云县	30299	99	159932	102	136071	63	15336	68	6507	47

续表1

市、县、区名称	常住人口(人)		地区生产总值(万元)		财政总收入(万元)		一般预算收入(万元)		农林牧渔业总产值(万元)	
	指标值	位次	指标值	位次	指标值	位次	指标值	位次	指标值	位次
大同县	187071	83	177844	103	29229	98	11328	100	101532	41
阳泉市										
城　区	193910	82	1150632	35	46190	85	24899	74		
矿　区	244285	63	1480480	21	51108	82	25208	71		
郊　区	286367	51	633218	56	100246	60	40570	55	43774	84
平定县	336788	40	616575	57	100958	58	40272	56	59472	65
盂　县	312892	47	1166888	33	206065	26	77959	22	61697	61
长治市										
城　区	489896	17	1401331	26	186395	30	38508	59	10036	114
郊　区	282671	54	1434566	24	254198	15	39655	58	48302	78
长治县	343478	39	1509850	19	473386	4	167314	2	81163	49
襄垣县	272369	57	2687678	7	356686	6	115261	6	89386	45
屯留县	266010	60	922504	43	155145	41	50120	42	96898	42
平顺县	150262	95	185570	102	17518	108	7646	110	42788	86
黎城县	159318	91	277642	95	39150	90	15497	89	45508	83
壶关县	292753	50	317608	88	34588	95	12658	96	55364	73
长子县	354328	35	804877	49	168385	38	50238	40	160588	26
武乡县	182060	85	565371	63	121349	50	41709	54	47192	80
沁　县	172613	87	131858	112	13729	112	6462	113	58754	68
沁源县	158960	92	935128	42	219025	23	84434	21	34692	97
潞城市	228914	72	910237	44	123000	49	47579	44	59277	66

市、县、区名称	粮食总产量(吨)		工业总产值(当年价,万元)		社会消费品零售总额(万元)		城镇居民人均可支配收入(元)		农民人均纯收入(元)	
	指标值	位次	指标值	位次	指标值	位次	指标值	位次	指标值	位次
大同县	63042	74	82720	109	94446	81	11610	112	4907	69
阳泉市										
城　区			327237	90	1027120	10	20273	5		
矿　区			3398467	10	146111	59	20693	3		
郊　区	22021	103	577170	71	101400	78	15798	65	8073	25
平定县	107502	55	676780	61	215066	46	16944	48	7204	38
盂　县	125033	48	1482846	37	312521	31	18444	32	7848	28
长治市										
城　区	2613	112	754248	58	1854827	3	20131	14	8143	22
郊　区	52908	82	4273345	7	269613	34	22851	1	9467	8
长治县	131664	43	1835726	26	162716	54	19021	23	9101	11
襄垣县	166186	32	4317547	5	152089	57	20600	4	8172	21
屯留县	229549	19	1637726	33	87430	83	16087	61	8310	19
平顺县	54726	79	223774	96	49257	111	13617	90	3200	100
黎城县	68604	71	558641	72	77598	89	11193	117	4796	71
壶关县	105938	56	746909	59	104657	75	13347	94	3016	102
长子县	232069	17	969653	47	102414	77	16678	54	7506	35
武乡县	94098	59	660116	62	73913	90	13819	86	3429	93
沁　县	160590	35	46958	112	56860	104	11267	116	3306	98
沁源县	66421	72	1572405	35	131800	66	19788	20	7494	36
潞城市	119621	50	1841423	25	87065	84	16655	55	7381	37

续表2

市、县、区名称	常住人口（人）		地区生产总值（万元）		财政总收入（万元）		一般预算收入（万元）		农林牧渔业总产值（万元）	
	指标值	位次	指标值	位次	指标值	位次	指标值	位次	指标值	位次
晋城市										
城　区	480170	20	1807159	16	84186	66	52001	38	18013	111
沁水县	213329	77	1460588	23	260651	13	72302	27	73651	51
阳城县	388504	33	1398562	27	253438	16	77585	23	120801	40
陵川县	232188	70	277878	94	36256	93	12596	97	67765	53
泽州县	485205	19	1937395	15	341725	7	108388	8	189505	16
高平市	486130	18	2084216	14	364588	5	102639	11	200741	12
朔州市										
朔城区	508661	13	2430256	9	211168	25	92749	15	192158	15
平鲁区	205052	81	2428240	10	301688	10	149538	5	83927	47
山阴县	240302	65	1477174	22	241589	20	86731	17	220389	8
应　县	329761	42	428382	74	28136	103	12505	98	188228	17
右玉县	112782	105	359465	79	59116	76	21596	79	65019	58
怀仁县	329059	43	1410791	25	200833	27	62537	33	134177	33
晋中市										
榆次区	640282	8	1765456	17	181373	32	66849	30	215370	9
榆社县	135701	101	226520	98	29127	99	13905	92	38338	93
左权县	162271	88	293553	92	92029	63	39993	57	42810	85
和顺县	144879	98	354071	80	90668	65	33534	63	32131	102
昔阳县	228831	73	430822	73	100352	59	33615	62	62488	59
寿阳县	211581	78	950068	40	253168	17	74479	25	158237	27
太谷县	300892	48	568002	62	60088	75	25079	72	203808	10

市、县、区名称	粮食总产量（吨）		工业总产值（当年价，万元）		社会消费品零售总额（万元）		城镇居民人均可支配收入（元）		农民人均纯收入（元）	
	指标值	位次	指标值	位次	指标值	位次	指标值	位次	指标值	位次
晋城市										
城　区	12763	110	344532	88	1176152	8	20127	15	7963	26
沁水县	133292	42	855318	49	129329	67	15821	64	6089	52
阳城县	177991	30	1543853	36	253228	35	16879	49	7078	42
陵川县	119808	49	167078	100	106187	74	11476	114	4780	72
泽州县	239303	12	2459804	14	230134	42	18991	24	7940	27
高平市	237230	15	2300281	18	350001	25	18592	31	7596	32
朔州市										
朔城区	306768	5	2459584	15	482025	20	19786	21	8097	24
平鲁区	60521	75	4892805	4	222865	45	14684	78	5460	60
山阴县	200431	24	1673562	31	233018	40	20092	17	8905	13
应　县	238536	14	372636	84	187228	49	14421	81	5752	55
右玉县	30515	98	310260	91	100009	79	13670	89	3810	84
怀仁县	134440	40	1932301	23	416240	22	20111	16	8640	16
晋中市										
榆次区	194796	26	1880505	24	1031602	9	20195	6	9140	10
榆社县	60319	76	364563	85	70150	91	13533	92	2934	103
左权县	49811	85	237150	95	82285	87	15231	69	2771	107
和顺县	29714	100	346596	86	81261	88	13802	88	3335	97
昔阳县	127199	46	496020	75	142733	61	14710	77	4703	73
寿阳县	288346	6	1088180	46	152048	58	20038	18	7096	41
太谷县	203668	21	470718	76	203486	47	17318	44	9530	7

续表3

市、县、区名称	常住人口（人）		地区生产总值（万元）		财政总收入（万元）		一般预算收入（万元）		农林牧渔业总产值（万元）	
	指标值	位次	指标值	位次	指标值	位次	指标值	位次	指标值	位次
祁　县	266473	59	491917	70	43074	87	18637	82	178032	20
平遥县	506085	14	831479	48	110087	53	42279	50	194893	13
灵石县	263704	61	1624279	18	312213	8	94595	14	58864	67
介休市	409326	28	1388174	29	275058	12	112298	7	85810	46
运城市										
盐湖区	684220	6	1395678	28	188169	29	64055	31	182707	19
临猗县	576214	11	971644	38	35300	94	13874	93	609357	1
万荣县	442002	24	424996	75	28517	102	10243	103	247775	5
闻喜县	406676	30	1066592	37	72534	68	29526	67	155255	29
稷山县	349511	36	581149	60	47124	83	17447	86	173042	23
新绛县	334635	41	575676	61	43530	86	14615	91	233230	7
绛　县	283296	53	458087	72	14646	111	6532	112	123458	39
垣曲县	232460	69	325314	85	32983	96	10966	101	59591	64
夏　县	354975	34	319751	87	15698	109	7647	109	253329	4
平陆县	259855	62	248585	97	22127	106	8530	107	124669	38
芮城县	397273	32	614582	58	27370	105	10621	102	327473	2
永济市	447577	22	1067904	36	63710	72	24137	75	308577	3
河津市	398073	31	2262939	13	212518	24	85542	20	126575	37
忻州市										
忻府区	548609	12	949211	41	101441	57	31076	64	130205	34
定襄县	218877	75	378191	78	38118	91	16453	88	65260	57
五台县	300608	49	299502	91	41211	88	19330	81	78826	50

市、县、区名称	粮食总产量（吨）		工业总产值（当年价，万元）		社会消费品零售总额（万元）		城镇居民人均可支配收入（元）		农民人均纯收入（元）	
	指标值	位次	指标值	位次	指标值	位次	指标值	位次	指标值	位次
祁　县	215405	20	345875	87	232852	41	18878	30	8660	15
平遥县	230163	18	924271	48	337399	27	17798	36	6710	46
灵石县	52382	83	2732357	13	400288	23	22260	2	9100	12
介休市	131502	44	2963775	12	520066	18	19977	19	7580	33
运城市										
盐湖区	239183	13	1612821	34	1338352	7	17346	43	6469	48
临猗县	279851	9	828136	51	319656	30	16036	63	6815	44
万荣县	142283	38	331459	89	170746	53	14186	82	4909	68
闻喜县	202828	22	2343740	17	236264	39	16101	59	5279	62
稷山县	200448	23	744667	60	154009	56	14975	71	5911	54
新绛县	198900	25	1202738	44	229619	43	15721	66	6165	51
绛　县	146531	36	610047	67	132288	65	14552	80	5192	65
垣曲县	69800	70	459939	78	128067	68	14867	74	3732	87
夏　县	235058	16	174093	99	142858	60	14658	79	4138	75
平陆县	89825	60	243844	94	137237	62	13076	98	3734	86
芮城县	280449	8	605804	68	161362	55	16519	57	6005	53
永济市	414667	1	2363679	16	326556	29	16648	56	7121	39
河津市	165200	33	5096400	3	699125	13	20131	13	11347	4
忻州市										
忻府区	282343	7	835639	50	538234	16	17169	46	5298	61
定襄县	162885	34	399970	81	120272	71	17290	45	7020	43
五台县	112752	54	193259	98	127941	69	14936	72	3527	92

续表 4

市、县、区名称	常住人口（人）		地区生产总值（万元）		财政总收入（万元）		一般预算收入（万元）		农林牧渔业总产值（万元）	
	指标值	位次	指标值	位次	指标值	位次	指标值	位次	指标值	位次
代　县	215469	76	502508	69	99851	62	30791	65	41869	89
繁峙县	268549	58	530000	68	60118	74	21663	78	57771	70
宁武县	162089	89	338975	82	128682	48	42044	51	22181	108
静乐县	157473	93	169318	105	28888	100	12414	99	33110	101
神池县	106962	112	124520	114	29997	97	12836	95	71821	52
五寨县	108345	109	170354	104	53405	79	17429	87	57431	71
岢岚县	84741	116	123996	115	27580	104	8928	105	41940	88
河曲县	146055	96	536259	67	128929	47	47546	45	51409	76
保德县	161079	90	614055	59	169063	37	53215	37	35386	96
偏关县	112728	106	205645	100	28779	101	13695	94	62333	60
原平市	493455	16	950466	39	175588	35	69110	29	178025	21
临汾市										
尧都区	949642	1	2298376	12	306511	9	107037	9	157503	28
曲沃县	238480	66	863420	46	63998	71	22764	76	177422	22
翼城县	313689	46	786306	50	104158	56	46007	47	128623	36
襄汾县	445818	23	1202850	30	148395	42	61590	34	201634	11
洪洞县	738116	4	1483607	20	237657	21	86662	18	193002	14
古　县	92409	115	706318	55	118387	51	46157	46	37654	95
安泽县	82553	117	488968	71	100189	61	34259	60	61206	62
浮山县	128663	102	314311	89	40236	89	14619	90	60006	63
吉　县	107141	111	162156	106	15605	110	7944	108	65352	56
乡宁县	234889	68	727583	53	247907	19	103281	10	45688	82

市、县、区名称	粮食总产量（吨）		工业总产值（当年价，万元）		社会消费品零售总额（万元）		城镇居民人均可支配收入（元）		农民人均纯收入（元）	
	指标值	位次	指标值	位次	指标值	位次	指标值	位次	指标值	位次
代　县	74957	63	601321	69	86698	86	14907	73	3055	101
繁峙县	69969	68	812027	54	98128	80	16314	58	3997	80
宁武县	17558	107	411204	80	59712	98	13617	91	2804	106
静乐县	38366	93	105899	107	55039	107	12800	102	3420	94
神池县	116535	52	13996	115	60072	97	13244	96	4066	77
五寨县	146268	37	43346	113	58575	100	13807	87	3810	84
岢岚县	39255	92	77546	110	52847	108	14836	75	3358	96
河曲县	43576	89	616785	65	87048	85	15166	70	3386	95
保德县	21486	104	612700	66	103107	76	16776	52	3815	83
偏关县	40100	91	109554	106	65197	95	12394	109	3564	91
原平市	319340	4	1361788	38	342286	26	17358	42	5541	57
临汾市										
尧都区	252860	11	2294435	19	1411249	6	18924	26	7707	29
曲沃县	176917	31	2070411	22	125292	70	17527	38	7600	31
翼城县	181980	29	1828670	27	242355	37	17395	41	6175	50
襄汾县	386627	2	2285050	21	247500	36	17398	40	7115	40
洪洞县	377617	3	3266998	11	334551	28	16693	53	6757	45
古　县	54697	80	1189733	45	57077	102	18052	34	5715	56
安泽县	105802	57	771512	57	52176	109	16078	62	5252	64
浮山县	97271	58	416860	79	51411	110	17046	47	4995	67
吉　县	48180	86	125825	105	40996	114	11320	115	2428	111
乡宁县	74860	64	823336	53	114760	73	16845	51	5524	58

续表 5

市、县、区名称	常住人口（人）		地区生产总值（万元）		财政总收入（万元）		一般预算收入（万元）		农林牧渔业总产值（万元）	
	指标值	位次	指标值	位次	指标值	位次	指标值	位次	指标值	位次
大宁县	64955	118	37952	119	4136	118	2400	118	20218	109
隰　县	104360	114	89903	116	7036	117	4270	117	40454	92
永和县	64097	119	53506	118	3423	119	1663	119	45899	81
蒲　县	108129	110	379743	77	142418	43	62702	32	27409	104
汾西县	145799	97	160411	107	13094	113	8874	106	38190	94
侯马市	241566	64	838988	47	70929	70	34060	61	54905	74
霍州市	284680	52	780555	51	157832	40	72908	26	58101	69
吕梁市										
离石区	322986	44	894061	45	248073	18	77033	24	28532	103
文水县	424028	25	559014	65	63382	73	22347	77	168530	24
交城县	231926	71	709640	54	114946	52	41801	53	41015	91
兴　县	281230	55	561202	64	171858	36	49735	43	65884	55
临　县	583191	10	405807	76	133124	45	44609	48	138963	30
柳林县	322365	45	2327672	11	722208	2	166773	3	34314	98
石楼县	112548	107	64464	117	11336	115	5760	114	33701	99
岚　县	175273	86	127935	113	37597	92	18069	84	41121	90
方山县	144844	99	262617	96	71865	69	24948	73	22208	107
中阳县	142346	100	780333	52	179411	33	50209	41	18529	110
交口县	120617	104	331289	84	106194	55	43028	49	24760	105
孝义市	471519	21	3300588	5	600244	3	202921	1	183916	18
汾阳市	418973	26	1182095	31	232805	22	56572	36	137477	32

市、县、区名称	粮食总产量（吨）		工业总产值（当年价，万元）		社会消费品零售总额（万元）		城镇居民人均可支配收入（元）		农民人均纯收入（元）	
	指标值	位次	指标值	位次	指标值	位次	指标值	位次	指标值	位次
大宁县	30911	96	3788	117	18866	118	11567	113	1666	115
隰　县	60088	77			56604	105	13494	93	2874	104
永和县	44185	87			28014		12525	106	1909	113
蒲　县	52200	84	578049	70	45033	112	16087	60	4875	70
汾西县	53569	81	163093	101	66856	93	14749	76	2101	112
侯马市	78415	62	1295103	40	517070	19	16858	50	8360	18
霍州市	69862	69	1312869	39	197091	48	17630	37	7617	30
吕梁市										
离石区	24435	102	1216420	42	431207	21	17428	39	3299	99
文水县	256851	10	1213062	43	119775	72	12901	99	5495	59
交城县	44117	88	1702042	30	132500	64	13162	97	5265	63
兴　县	87164	61	827664	52	43531	113	12544	104	2455	110
临　县	114316	53	394436	82	237772	38	10261	118	2658	108
柳林县	34300	95	3830291	8	224403	44	17997	35	6399	49
石楼县	36114	94	29544	114	14950	119	8504	119	1800	114
岚　县	72273	67	127792	104	64861	96	11959	111	2851	105
方山县	30796	97	464966	77	56865	103	12894	100	2552	109
中阳县	19597	106	1738857	28	89732	82	13286	95	3728	88
交口县	27355	101	618355	64	31360	115	12060	110	4127	76
孝义市	125508	47	4310508	6	798050	12	19751	22	9308	9
汾阳市	188213	28	1672971	32	365533	24	13880	85	7558	34

山西经济年鉴

YEARBOOK OF SHANXI ECONOMY

地方经济法规·规章

DIFANGJINGJI FAGUI GUIZHANG

法　规

山西省建筑工程质量和建筑安全生产管理条例

（1999 年 11 月 30 日山西省第九届人民代表大会常务委员会第十三次会议通过
2011 年 3 月 30 日山西省第十一届人民代表大会常务委员会第二十二次会议修订）

第一章　总　　则

第一条　为了加强建筑工程质量和建筑安全生产管理，保障人民生命和财产安全，根据建筑法、安全生产法等法律、法规，结合本省实际，制定本条例。

第二条　在本省行政区域内，从事房屋建筑工程和市政基础设施工程（以下简称建筑工程）的新建、扩建和改建等有关活动以及对其实施监督管理，适用本条例。

第三条　建筑工程质量和建筑安全生产管理实行政府监管、属地管理、行业自律、企业负责、群众监督的原则。

第四条　各级人民政府应当加强对建筑工程质量和建筑安全生产管理工作的领导，建立和完善协调机制，研究解决建筑工程质量和建筑安全生产监督管理中的重大问题。

第五条　县级以上人民政府住房和城乡建设行政主管部门负责本行政区域内建筑工程质量和建筑安全生产的监督管理。具体监督管理工作可以依法委托其所属的建筑工程质量、安全、稽查、施工图审查、工程担保、标准定额、城建档案等监督管理机构负责实施。

除本条例第二条规定之外的其他专业建筑工程的质量和建筑安全生产由开工批准机关负责监督管理。

第六条　建筑工程建设、勘察、设计、施工、工程监理单位及其他与建筑工程质量和建筑安全生产有关的单位和机构，应当建立健全建筑工程质量和建筑安全生产管理制度，依法承担相应的建筑工程质量和建筑安全生产责任。

第七条　提倡采用先进的管理方法和符合建筑工程质量、安全、环保、节能要求的新材料、新工艺、新设备、新技术。

第八条　县级以上人民政府及其有关行政主管部门应当建立优质工程和安全文明施工激励机制，对提高工程质量和安全生产水平作出突出贡献的单位和个人给予奖励。

第九条　任何单位或者个人对违反建筑工程质量和建筑安全生产法律、法规的行为，有权向住房和城乡建设行政主管部门和其他有关部门举报。

第二章　建设单位的责任

第十条　建设单位应当按照合同约定与勘察、设计、施工图审查、施工、工程监理、检测及其他与工程建设有关的单位和机构签订工程质量和安全生产责任书。

建设单位应当按照工程质量和安全生产责任书的约定，对勘察、设计、施工图审查、施工、工程监理、检测等单位和机构实施检查，并组织协调解决工程质量和安全生产管理中的有关重大问题。

建设单位应当依法向施工单位提供工程款支付担保，保证按期支付工程款。

第十一条　建设单位应当依法将建筑工程施工图设计文件委托具有相应资质的施工图审查机构进行审查；未经审查或者审查不合格的，不得使用。

任何单位或者个人不得擅自修改经审查合格的施工图。确需修改的，由原勘察设计单位进行修改，并由建设单位将修改后的施工图送原施工图审查机构审查。

第十二条　建设单位应当将安全防护文明施工措施费计入工程造价。安全防护文明施工措施费应当在开工前一次性足额支付施工单位，施工单位不得挪作他用。

建设单位不得随意改变工程造价或者合理工期。

第十三条　建设单位应当根据建筑工程的特点和技术要求，组织勘察、设计、施工、工程监理等与工程建设有关的单位和机构进行设计图纸会审；未经会审的，不得开工建设。

第十四条　投资额在30万元以上或者建筑面积在300平方米以上的建筑工程，建设单位应当在领取施工许可证前，向工程项目所在地设区的市或者县(市、区)住房和城乡建设行政主管部门提出建筑工程质量、安全生产监督申请，住房和城乡建设行政主管部门应当自受理之日起10日内办结建筑工程质量、安全监督手续。

建设单位办理建筑工程质量、安全监督手续，应当提交建筑工程质量监督注册申报书、建筑工程安全监督注册申报书，并提供注册申报书中所要求的相关资料。

第十五条　建设单位按照合同约定提供的建筑材料、建筑构配件和设备应当符合技术标准、设计文件和合同要求，并依法承担相应的质量和安全责任。

第十六条　建设单位收到建筑工程竣工报告之日起20日内，应当组织勘察、设计、施工、工程监理、工程担保等单位进行验收和安全生产总结。

建设单位应当在组织竣工验收前，向县级以上城建档案监督管理机构申请工程档案预验收；预验收合格的，由县级以上城建档案监督管理机构出具认可文件。

建筑工程经验收合格的，方可交付使用。

住宅工程在竣工验收前，建设单位应当组织施工、工程监理单位对其进行分户验收。

建设单位交付的住宅工程应当向购买人提供住宅使用说明书、住宅质量保证书和分户验收证明书。

第十七条　建设单位应当在建筑工程竣工验收合格之日起15日内，依法办理竣工验收备案手续，并及时将竣工决算和结算情况报工程项目所在地设区的市住房和城乡建设行政主管部门备案。

第十八条　建设单位应当按照与县级以上城建档案监督管理机构签订的工程档案报送责任书，在建筑工程竣工验收合格之日起3个月内，向工程项目所在地城建档案监督管理机构报送工程档案。

第三章　勘察、设计、工程监理及其他单位的责任

第十九条　勘察单位应当按照法律、法规和工程建设强制性标准进行勘察，遵守操作规程，采取有效安全防范措施，保证各类管线、设施和周边建筑物、构筑物的安全，并对其勘察质量负责。

第二十条　设计单位应当按照法律、法规和工程建设强制性标准进行设计，达到抗震设防等要求，防止因设计不合理导致建筑工程质量和生产安全事故发生。

设计文件应当符合国家颁布的设计文件编制深度规定。

除有特殊要求的建筑材料、专用设备、工艺生产线等外，设计单位不得指定生产企业、供应商。

第二十一条　施工图审查机构应当依法按照相关技术标准和规定对施工图进行技术性审查，并将审查结果报工程项目所在地住房和城乡建设行政主管部门备案。

第二十二条　工程监理单位应当选派具备相应资格的总监理工程师和监理工程师进驻施工现场。总监理工程师的变更应当经建设单位同意，报工程项目所在地住房和城乡建设行政主管部门备案。

第二十三条　工程监理单位和监理工程师应当按照法律、法规和工程建设强制性标准实施监理，并对建筑工程质量和建筑安全生产承担监理责任，履行下列职责：

(一)制定质量、安全监理规划和质量、安全监理实施细则；

(二)审查施工单位的安全生产许可证、质量和安全生产责任体系及预防控制体系；

(三)审查施工单位的主要负责人、项目负责人、专职工程质量管理人员、专职安全生产管理人员的考核合格证及特种作业人员的建筑施工特种作业操作资格证；

(四)审查施工单位的应急救援预案和安全防护文明施工措施费使用情况；

(五)督促施工单位对建筑工程质量和安全生产隐患进行整改；情况严重的，责令暂时停止施工，并及时通报建设单位；对拒不整改或者不停止施工的，及时报告有关行政主管部门；

(六)对建筑工程拟使用的建筑材料、构配件、设备验收认可，对建设单位拨付工程款审核签字；

(七)按照国家有关规定及时进行隐蔽工程验收和工程阶段性验收；

(八)监督审查施工档案管理情况，并将监理档案移交建设单位；

(九)法律、法规规定的其他职责。

第二十四条　工程质量检测机构应当依法取得资质证书，在资质许可范围内进行检测，保证检测报告和数据的全面、真实、准确、可靠。

工程质量检测机构应当建立检测结果不合格项目台账，将检测结果不合格情况，及时报告工程项目所在地住房和城乡建设行政主管部门。

第四章　施工单位的责任

第二十五条　施工单位应当建立健全质量和安全生产责任体系、预防控制体系和档案管理体系，按照设计文件和技术标准组织施工，对建筑工程的施工质量和安全生产负责。

施工单位与建设单位签订施工合同，应当依法提

供履约担保。

第二十六条　施工单位应当设立质量、安全生产管理机构，按照国家有关规定配备相应的专职质量、安全生产管理人员。

施工单位的工程项目部应当配备相应数量的专职工程质量检查员、专职安全生产管理人员和档案资料管理员。

施工单位主要负责人、项目负责人、专职工程质量管理人员、专职安全生产管理人员，应当取得考核合格证后方可任职，并在证书有效期延期前接受相关培训。

第二十七条　施工单位项目负责人对工程项目的质量和安全生产负责，项目负责人的变更应当经建设单位书面同意，报工程项目所在地住房和城乡建设行政主管部门备案。

项目负责人不得同时承担两个以上的建筑工程项目，不得委托他人代行职责。

第二十八条　施工单位负责项目管理的技术人员在建筑工程施工前，对安全施工的有关技术要求、重大危险源和应急处置措施，应当向施工作业人员作出书面详细说明，双方签字确认。

第二十九条　施工单位应当按照国家和省有关规定，建立健全企业内部教育培训制度，对管理人员和作业人员每年进行不少于两次的工程质量和安全培训。

第三十条　施工单位应当按照工程设计要求、工程建设技术标准和合同约定，对进场的建筑材料、建筑构配件、设备、防护用品和预拌混凝土等进行检查验收；未经检查验收或者检查验收不合格的，不得使用。

施工单位应当建立健全施工质量检查评价制度，按照有关工程技术标准规范、程序，对隐蔽工程、分项分部工程进行检查、评价、报验。

工程设计、合同约定中明确由施工单位承担的检测内容，由施工单位委托有资质的检测机构进行检测。

第三十一条　安全防护用具、机械设备、施工机具及配件有下列情形之一的，施工单位不得使用：

（一）国家明令淘汰或者禁止使用的；

（二）超过制造厂家规定的使用年限的；

（三）经检验达不到安全技术标准规定的；

（四）没有完整安全技术档案的；

（五）没有齐全有效的安全保护装置的。

第三十二条　建筑起重机械和建筑施工现场专用机动车辆首次安装和使用前，产权单位应当到工商注册所在地设区的市住房和城乡建设行政主管部门备案。

施工现场内的建筑起重机械或者专用机动车辆的使用单位，应当自建筑起重机械安装验收合格和专用机动车辆验收合格之日起30日内，到工程项目所在地住房和城乡建设行政主管部门办理使用登记。

第三十三条　下列建筑施工特种作业人员上岗作业，应当按照国家有关规定经过安全培训考核并取得资格证：

（一）建筑电工；

（二）建筑焊工；

（三）建筑施工现场内专用机动车辆司机；

（四）建筑架子工；

（五）建筑起重信号司索工；

（六）建筑起重机械司机；

（七）建筑起重机械安装拆卸工；

（八）高处作业吊篮安装拆卸工。

第三十四条　施工单位在工程竣工验收前，应当将工程档案移交建设单位。

施工单位向建设单位交付建筑工程，应当提供建筑工程使用说明书和质量保修书。质量保修书中应当明确建筑工程的保修范围、保修期限和保修责任等。保修期限和范围，不得低于国家标准。

第五章　监督检查

第三十五条　县级以上人民政府住房和城乡建设行政主管部门在建筑工程质量和建筑安全生产管理工作中应当履行下列职责：

（一）监督检查国家、省有关建筑工程质量和建筑安全生产的法律、法规、技术标准、规范的执行情况；

（二）监督检查建筑工程各方责任主体的质量、安全行为和质量、安全生产保证体系；

（三）受理建筑工程质量、建筑安全生产方面的举报和投诉；

（四）查处违反建筑工程质量、建筑安全生产法律、法规、技术标准、规范的行为；

（五）法律、法规规定的其他职责。

第三十六条　县级以上人民政府住房和城乡建设行政主管部门履行监督检查职责，可以采取下列措施：

（一）进入施工现场进行检查；

（二）要求被检查单位提供建筑工程质量、建筑安全生产的文件和资料；

（三）纠正违反建筑工程质量和建筑安全生产规定的行为；

（四）责令被检查单位立即排除建筑工程质量、建筑安全生产事故隐患；隐患排除前或者排除过程中无法保证安全的，责令从危险区域内撤出作业人员或者暂停施工；

（五）法律、法规规定采取的其他措施。

第三十七条　工程基本完工、大型机具和作业人员撤场后，建设单位应当向工程项目所在地住房和城乡建设行政主管部门提出申请，由住房和城乡建设行政主管部门进行安全生产评价。

第三十八条　住房和城乡建设行政主管部门应当在收到建设单位竣工验收备案文件之日起15日内予以审查，发现建设单位在竣工验收过程中有违反国家有关建筑工程质量管理规定行为的，责令停止使用，并重新组织竣工验收。

第六章　法律责任

第三十九条　本条例规定的行政处罚，由住房和城乡建设行政主管部门或者依法委托其所属的监督管理机构实施。

违反本条例规定，法律、行政法规已有处罚规定的，从其规定。

第四十条　县级以上人民政府住房和城乡建设行政主管部门及其所委托的监督管理机构工作人员，在建筑工程质量和建筑安全生产监督管理工作中，有下列行为之一的，依法给予处分；构成犯罪的，依法追究刑事责任：

(一)对不具备条件的单位和个人颁发资质、资格证书的；

(二)对企业未依法取得安全生产许可证从事生产活动，不依法处理的；

(三)对企业不再具备安全生产许可条件从事生产活动，不依法处理的；

(四)受理违反本条例规定行为的举报后，不及时处理的；

(五)索取、接受他人财物，或者谋取其他利益的；

(六)其他不依法履行监督管理职责的行为。

第四十一条　违反本条例规定，有下列行为之一的，对直接负责的主管人员和其他直接责任人员依法给予处分；构成犯罪的，依法追究刑事责任：

(一)施工单位、监理单位未向建设单位移交工程档案的；

(二)建筑工程竣工验收前，建设单位未向城建档案机构申请工程档案预验收的。

违反本条例规定，建设单位未按照规定报送工程档案的，处5万元以上10万元以下罚款；涂改、伪造工程档案，造成损失的，依法赔偿损失；构成犯罪的，依法追究刑事责任。

第四十二条　违反本条例规定，建设单位未将安全防护文明施工措施费在开工前一次性足额支付施工单位的，责令限期改正；逾期未改正的，责令停止施工，并处工程安全防护文明施工措施费3倍以上5倍以下罚款。

第四十三条　违反本条例规定，设计单位因设计不合理导致建筑工程质量和建筑安全生产事故发生的，责令限期改正，并处10万元以上30万元以下罚款；造成损失的，依法承担赔偿责任；情节严重的，责令停业整顿，降低资质等级，直至吊销资质证书；构成犯罪的，依法追究刑事责任。

第四十四条　违反本条例规定，工程质量安全检测机构未依法取得资质或者超越资质范围进行检测的，或者出具虚假检测报告的，责令限期改正，并处5万元以上10万元以下罚款；造成损失的，依法承担赔偿责任；构成犯罪的，依法追究刑事责任。

第四十五条　违反本条例规定，施工单位有下列行为之一的，责令限期改正；逾期未改正的，处10万元以上20万元以下罚款；造成损失的，依法承担赔偿责任；情节严重的，责令停业整顿，降低资质等级：

(一)未按照工程技术标准规范、程序对涉及结构安全的隐蔽工程、分项分部工程进行验收的；

(二)未按照建筑工程标准规范、设计及合同约定进行检测的；

(三)委托未取得检测资质的单位检测的。

第四十六条　违反本条例规定，施工单位特种作业人员未取得建筑施工特种作业操作资格上岗的，对施工单位责令限期改正；逾期未改正的，责令停止施工，并处2万元罚款；构成犯罪的，依法追究刑事责任。

第四十七条　违反本条例规定，施工单位未履行建筑工程质量保修义务，有下列行为之一的，责令限期改正；逾期未改正的，处10万元以上20万元以下罚款：

(一)未提供建筑工程使用说明书的；

(二)未出具质量保修书或者保修范围、保修期限、保修责任不明确的；

(三)保修期限和范围低于国家标准的。

第七章　附　　则

第四十八条　军事建设工程、抢险救灾工程、农民自建低层住宅以及其他临时性建筑，不适用本条例。

第四十九条　本条例自2011年7月1日起施行。

山西省抗旱条例

(2011年5月27日山西省第十一届人民代表大会常务委员会第二十三次会议通过)

第一章　总　　则

第一条　根据《中华人民共和国水法》和《中华人民共和国抗旱条例》等法律、行政法规，结合本省实际，制定本条例。

第二条　本条例所称抗旱，是指动员组织社会力量，采取工程措施或者其他措施，预防和减轻因干旱灾害引起的对生活、生产和生态造成影响的活动。

第三条　抗旱工作应当坚持民生优先、统筹兼顾、预防为主、防抗结合的原则，保障城乡居民生活用水，合理安排农业、工业生产用水和生态用水。

第四条　抗旱工作实行各级人民政府行政首长负责制。

县级以上人民政府应当将旱灾预防和抗旱减灾工作纳入本级国民经济和社会发展规划，加强旱灾预防和抗旱减灾基础设施建设，完善抗旱工程体系、指挥调度体系和服务体系，推进抗旱减灾先进技术的研究应用。

乡(镇)人民政府负责本行政区域内旱灾预防、抗旱减灾先进技术的推广应用和抗旱减灾的组织工作，承担统计、核实、上报旱情、灾情和发放抗灾、救灾物资等具体工作。

第五条　县级以上人民政府防汛抗旱指挥机构在上级防汛抗旱指挥机构和本级人民政府的领导下，负责组织、指挥本行政区域内的旱灾预防和抗旱减灾工作。

县级以上人民政府水行政主管部门负责本行政区域内旱灾预防和抗旱减灾的指导、监督、管理工作，承担本级人民政府防汛抗旱指挥机构的具体工作。

县级以上人民政府防汛抗旱指挥机构的其他成员单位和有关部门在各自职责范围内，依法做好有关旱灾预防和抗旱减灾工作。

第六条　公民、法人和其他组织有保护抗旱设施和参加抗旱的义务，并依法享有知情权、求助权和获得救济权。

第七条　县级以上人民政府应当对在旱灾预防和抗旱减灾工作中作出显著成绩的单位和个人予以表彰、奖励。

第二章　旱灾预防

第八条　县级以上人民政府水行政主管部门应当会同本级有关部门，按照《中华人民共和国抗旱条例》第十四条的规定，编制本行政区域的抗旱规划，报本级人民政府批准后实施，并抄送上一级人民政府水行政主管部门。

抗旱规划主要包括下列内容：

(一)干旱灾害发生、发展规律和现状；

(二)抗旱原则和目标；

(三)重点易旱区域和易发时段；

(四)抗旱组织体系建设；

(五)抗旱应急水源、应急设施和基础设施建设；

(六)抗旱水资源配置和水量调度；

(七)抗旱服务体系建设；

(八)旱情监测系统建设；

(九)抗旱物资的储备和调度；

(十)其他抗旱保障措施。

第九条　县级以上人民政府防汛抗旱指挥机构应当组织成员单位编制本地区抗旱预案，经上一级人民政府防汛抗旱指挥机构审查同意，报本级人民政府批准后实施。

抗旱预案主要包括下列内容：

(一)防汛抗旱指挥机构和成员单位的职责；

(二)干旱等级划分；

(三)旱情的监测和预警；

(四)旱情、旱灾信息的收集、分析、报告、通报；

(五)抗旱预案的启动程序；

(六)应急响应和保障措施；

(七)善后处理措施。

县级以上人民政府有关部门应当根据本地区抗旱预案，编制本部门抗旱预案，经本级人民政府防汛抗旱指挥机构审查同意，报本级人民政府批准后实施。

第十条　县级以上人民政府水行政主管部门应当根据本地区抗旱预案，编制水量调度预案。

水量调度预案应当包括调度水量、水质控制指标、调度线路和相关部门的职责等。跨行政区域的水量调度预案，应当包括区域水量控制指标、区界流量、水质控制指标及其控制措施、保障措施等内容。

第十一条　城市人民政府防汛抗旱指挥机构应当组织有关部门，编制城区应急供水预案，经上一级人民政府防汛抗旱指挥机构审查同意，报本级人民政府批准后实施。

第十二条　县级以上人民政府应当统筹规划，充分利用、合理开发水资源，加强控制性水源和其他蓄水、引水、提水、节水工程与设施的建设、改造，实施水库除险和加固清淤，扩大引黄等地表水利用工程的供水量。

第十三条　县级以上人民政府应当采取植树造林、退耕还林、退耕还草等措施，改善植被、涵养水源。

鼓励、支持单位和个人因地制宜兴建雨水蓄集、利用工程。

第十四条　各级人民政府应当采取政策、资金等措施，推进全社会节约用水，提高水的利用效率。

农业生产应当推广应用耐旱品种、抗旱耕作技术和节水灌溉技术。工业、服务业、城乡居民生活和生态用水应当采用先进节水技术和设备，按照国家和省有关规定建设中水设施，推行污水再生利用。城乡供水管网应当加强维护、管理和技术改造，降低水的漏失率。

第十五条　各级人民政府应当采取以奖代补等措施支持单位和个人研发、使用抗旱节水设备，建设、经营中小型抗旱工程。

第十六条　县级以上人民政府水行政主管部门应当组织做好下列水源工程及其配套设施的建设、管理和维护，保障严重干旱期间辖区居民基本生活用水和重点生产用水需求：

(一)人口相对集中区、成片饮用浅层井水区和季节性缺水区的城镇抗旱应急备用水源工程；

(二)农村饮用水抗旱应急备用水源工程；

(三)粮食主产区、商品粮基地、经济作物商品基地、畜牧业生产基地的抗旱应急水源工程。

抗旱应急水源由县级以上人民政府防汛抗旱指挥机构负责启用和调度。

第十七条　县级以上人民政府防汛抗旱指挥机构及其有关成员单位应当根据当地实际情况，按照抗旱规划要求安排储备费用，设立储备库并储备必要的抗旱设备和抗旱减灾物资。

第十八条　县级以上人民政府防汛抗旱指挥机构应当组织建设旱情监测网络和抗旱信息系统，加强干旱灾害监测，实现成员单位之间信息共享。县级以上人民政府应当安排专项资金，保障旱情监测网络和抗旱信息系统的建设和运行。

县级以上人民政府水行政主管部门和其他有关部门，应当及时向本级人民政府防汛抗旱指挥机构提供水情、雨情、墒情、农情和供水用水等信息。

第十九条　县级人民政府应当建立健全以县级抗旱服务组织为主体的抗旱服务体系。

县级抗旱服务组织主要承担下列公益性抗旱任务：

(一)为临时性饮水困难地区送水；

(二)流动抗旱灌溉；

(三)受水行政主管部门委托，负责农村供水工程的管理和维护；

(四)抗旱设施、设备的维护；

(五)抗旱先进技术的咨询和示范推广。

县级人民政府应当将县级抗旱服务组织承担公益性抗旱任务的人员和工作经费纳入本级财政预算。

鼓励乡(镇)、村、企业和个人建立抗旱服务组织，县级抗旱服务组织应当对其给予业务指导。

第二十条　任何单位和个人不得随意占用抗旱工程设施；确需占用的，须经有管理权限的水行政主管部门批准。

因工程建设占用抗旱工程设施或者直接影响抗旱工程设施功能的，建设单位应当及时采取补救措施或者建设替代工程，并按照国家和省有关规定给予补偿。

第二十一条　任何单位和个人不得非法引水、截水、凿井，不得破坏、损毁旱灾预防和抗旱减灾设施、设备。

第三章　抗旱减灾和灾后恢复

第二十二条　县级以上人民政府防汛抗旱指挥机构在干旱灾害发生或者发展可能性增大时，应当及时发布相应级别的预警，启动抗旱预案，采取相应等级的应急响应措施，同时向上一级人民政府防汛抗旱指挥机构报告；在旱情缓解或者解除后，应当及时发布降低预警级别或者解除预警的信息。其他任何部门、单位和个人不得发布旱情预警和预警的降级、解除信息。

干旱灾害分为轻度干旱、中度干旱、严重干旱、特大干旱，分别用蓝色、黄色、橙色、红色标示预警和Ⅳ（四）级、Ⅲ（三）级、Ⅱ（二）级、Ⅰ（一）级标示应急响应措施。

第二十三条　县级以上人民政府防汛抗旱指挥机构应当在发布轻度干旱或者中度干旱预警后，按照抗旱预案规定，采取下列措施：

(一)调度行政区域内水库、闸坝等所蓄的水量；

(二)启用应急备用水源或者开发新的应急水源；

(三)设置临时抽水泵站，开挖输水渠道；

(四)临时在河流沟渠内截水；

(五)使用再生水、微咸水等非常规水源；

(六)组织实施人工增雨；

(七)组织向人畜饮水困难地区送水；

(八)其他措施。

采取前款规定措施，涉及其他行政区域的，应当报其共同的上一级人民政府防汛抗旱指挥机构批准；涉及其他有关部门的，应当提前通知有关部门。旱情解除后，县级以上人民政府防汛抗旱指挥机构应当及时组织拆除临时取水和截水设施，并通报有关部门。

第二十四条　发布严重干旱或者特大干旱预警后，县级以上人民政府防汛抗旱指挥机构除采取本条例第二十三条第一款规定的措施外，还应当向本级人民政府申请采取下列措施：

(一)压减供水指标；

(二)限制或者暂停高耗水的工业、服务业等行业用水；

(三)限制或者暂停排放工业污水；

(四)缩小农业供水范围或者减少农业供水量；

(五)限时或者限量供应城镇居民生活用水；

(六)其他措施。

有关部门和单位应当在采取前款规定的措施 3 日前发布公告，告知有关单位和个人。

第二十五条　发生严重干旱或者特大干旱灾害时，县级以上人民政府防汛抗旱指挥机构应当按照先生活、后生产，先地表、后地下，先节水、后调水的原则统一调度抗旱应急水量。其他任何单位和个人不得调度抗旱应急水量。

抗旱应急水量调度指令发布后，水库、水电站、塘坝、蓄水池、闸坝、湖泊的管理单位和建有自备水源的企业、集体、个人，必须服从统一调度，严格执行调度指令。

第二十六条　发生特大干旱灾害，严重危及城乡居民生活、生产用水安全时，省人民政府防汛抗旱指挥机构经本级人民政府批准，可以宣布进入紧急抗旱期，并按照省抗旱预案的规定采取相应的抗旱措施，同时报告国家防汛抗旱总指挥部。

旱情缓解后，省人民政府防汛抗旱指挥机构应当及时宣布结束紧急抗旱期，并报告国家防汛抗旱总指挥部。

第二十七条　各级人民政府应当在财政预算中安排必要的抗旱资金，并建立和完善与抗旱减灾要求相适应的政府投入、受益者合理承担和社会资助相结合的资金投入机制。

第二十八条　县级以上人民政府防汛抗旱指挥机构应当根据旱情，会同水利、财政等有关部门编制并及时下达抗旱经费使用计划。

县级以上人民政府防汛抗旱指挥机构和民政等部门对捐赠的抗旱减灾、救灾资金和物资，应当按照国家有关规定管理、分配和使用。

第二十九条　县级以上人民政府应当对兴建应急抗旱设施或者添置提水、运水设备的单位和个人给予适当补助。

发生严重干旱或者特大干旱灾害时，县级以上人民政府应当对使用抗旱减灾农业生产资料的单位和个人给予补贴。

第三十条　抗旱经费、补贴、物资和设备必须专项使用，任何单位和个人不得截留、挪用或者私分。

各级财政和审计部门应当加强对抗旱经费、补贴、物资、设备管理和使用情况的监督、检查。

第三十一条　县级以上人民政府防汛抗旱指挥机构应当在旱情解除后，及时组织有关部门对干旱灾害影响、损失情况和抗旱减灾效益进行分析和评估，根据抗旱减灾实际情况，修订完善相关抗旱预案和水量调度预案，组织有关部门做好抗旱应急水源工程管理和维护以及抗旱物资、设备的储备、补充等工作。

县级以上人民政府水行政主管部门应当在旱情解除后，将损坏的水利工程优先列入年度修复计划。

第四章　法律责任

第三十二条　违反本条例规定，有下列行为之一的，由所在单位或者上级主管机关、监察机关责令改正，对直接负责的主管人员和其他直接责任人员依法给予处分；构成犯罪的，依法追究刑事责任：

（一）拒不承担抗旱减灾、救灾任务的；

（二）擅自向社会发布旱情预警和抗旱信息的；

（三）擅自调度抗旱应急水量的；

（四）拒不执行抗旱预案、应急供水预案、水量调度预案和抗旱应急水量统一调度指令的；

（五）旱情解除后，拒不拆除临时取水和截水设施的；

（六）其他滥用职权、徇私舞弊、玩忽职守的。

第三十三条　违反本条例规定，截留、挪用、私分抗旱经费、补贴、物资、设备的，依照有关财政违法行为处罚处分等法律、法规的规定予以处罚；构成犯罪的，依法追究刑事责任。

第三十四条　违反本条例规定，水库、水电站、塘坝、蓄水池、闸坝、湖泊的管理单位以及建有自备水源的企业、集体、个人拒不服从统一调度的，由县级以上人民政府水行政主管部门责令改正，给予警告；拒不改正的，强制执行，并处1万元以上5万元以下的罚款。

第三十五条　违反本条例规定，抗旱应急水源工程管理单位和抗旱物资储备单位拒不服从统一调度的，由县级以上人民政府水行政主管部门责令改正，给予警告；拒不改正的，强制执行，并处1万元以上5万元以下的罚款。

第三十六条　违反本条例规定，破坏、损毁、侵占旱灾预防和抗旱减灾设施的，由县级以上人民政府水行政主管部门责令停止违法行为，采取补救措施，并处1万元以上5万元以下的罚款；造成损坏的，依法承担民事责任；构成违反治安管理行为的，依照《中华人民共和国治安管理处罚法》的规定处罚；构成犯罪的，依法追究刑事责任。

第三十七条　违反本条例规定，非法引水、截水、凿井的，由县级以上人民政府水行政主管部门责令停止违法行为，予以警告；构成违反治安管理行为的，依照《中华人民共和国治安管理处罚法》的规定处罚；构成犯罪的，依法追究刑事责任。

第五章　附　　则

第三十八条　本条例自2011年7月1日起施行。

山西省水路交通管理条例

（2011年7月28日山西省第十一届人民代表大会常务委员会第二十四次会议通过）

第一章　总　　则

第一条　为加强水路交通管理，维护水路交通秩序，保障水路运输安全，促进水路交通事业发展，根据有关法律、法规，结合本省实际，制定本条例。

第二条　本条例适用于本省行政区域内水路交通及其管理活动。

第三条　各级人民政府应当加强对水路交通管理工作的领导，建立健全水上交通安全管理制度，落实水上交通安全管理责任。

第四条　省、设区的市及有关县（市、区）人民政府应当将水路交通事业纳入国民经济和社会发展规划，将水路交通管理经费列入本级财政预算。

第五条　县级以上人民政府交通运输主管部门主管本行政区域内水路交通工作，其所属的航运管理机构具体负责港口、渡口、航道、水路运输管理工作；海事管理机构具体负责船舶、浮动设施的检验与水上交通安全监督管理工作。

县级以上人民政府其他有关部门应当按照各自职责，做好水路交通管理相关工作。

第二章　水路运输

第六条　水路运输经营实行行政许可制度。任何单位和个人未经许可不得从事水路运输经营活动。

第七条　单船载客12人以下的客船运输经营，应当取得企业法人资格并具备下列条件：

（一）有与经营活动相适应的组织机构、生产经营管理制度、安全生产制度和应急救援预案；

（二）安全生产管理人员应当持有船员适任证书，并与企业签订一年以上全日制劳动合同；

（三）总运力达到24客位以上；

（四）办理旅客意外伤害强制险等国家规定的险种；

（五）有船舶停靠、乘客上下船所必需的安全设施；

（六）国家和省规定的其他条件。

单船载客超过12人的客船运输经营，应当符合国家有关规定。

第八条　申请单船载客12人以下水路运输经营许可的企业，应当向设区的市航运管理机构提交下列材料：

（一）申请书；

（二）可行性研究报告；

（三）企业法人、营业执照副本及其复印件；

（四）船舶检验证书、船舶所有权登记证书、船舶国籍证书；

（五）安全生产管理人员身份证、船员适任证书、劳动合同；

（六）组织机构设置、生产经营管理制度、安全生产制度和应急救援预案；

（七）旅客意外伤害强制险证明文件；

（八）船舶停靠、旅客上下船所必需的安全设施的证明文件。

设区的市航运管理机构应当自受理申请之日起20日内进行审核，对符合本条例第七条规定条件的，作出许可决定并且颁发水路运输许可证、船舶营业运输证；不符合条件的，书面向申请人说明理由。

第九条　水路运输经营者应当按照经营资质条件开展经营活动，并保持经营资质条件。

船舶营运时，应当随船携带船舶营业运输证。

第十条　水路运输经营者要求停业或者歇业的，应当向许可机关提出申请，并办理相关手续。

第三章　船舶、浮动设施与船员

第十一条　船舶、浮动设施所有人应当持所有权的证明文件和技术资料，到设区的市海事管理机构依法进行登记，但长度小于5米的非机动船除外。

船舶、浮动设施登记事项发生变更时，其所有人应当持登记的有关证明文件和变更证明文件，到登记机构办理变更登记。

船舶、浮动设施灭失、失踪的，其所有人应当到登记机构办理注销登记。

第十二条　依法登记或者即将登记的船舶、浮动设施的当事人应当按照国家和省有关规定向海事管理机构申请检验。

第十三条　长度小于5米的机动船和电瓶船申请检验的，应当向海事管理机构提出申请，并提交下列材料：

（一）检验申请书；

（二）船舶出厂合格证或者质量证明书。

海事管理机构应当自受理申请之日起20日内进行检验，检验合格的，向申请人颁发船舶检验证书；经检验不合格的，书面向申请人说明理由。

第十四条　长度小于5米的非机动船舶、水上摩托艇所有人应当持购船发票和合格证到经营地县（市、区）海事管理机构备案。

备案船舶发生转籍、注销、租赁和抵押的，应当到备案机关重新办理备案手续。

第十五条　水上摩托艇应当在海事管理机构划定的专门水域进行活动。

第十六条　船员、水上摩托艇驾驶人员应当经有资质的培训机构进行安全和技能培训，依法取得有效证书，方可驾驶签注范围内的船舶或者水上摩托艇。

禁止未取得适任证书或者其他适任证件的船员上岗。

第四章　港口、渡口与航道

第十七条　港口、航道及其设施的建设应当依法办理有关审批手续。用于环境保护和安全生产的设施应当与主体工程同时设计、施工和投入使用。

第十八条　公益性渡口和经营性渡口的设置、撤销，分别由渡口所在地乡（镇）人民政府或者渡口经营者向县（市、区）人民政府交通运输主管部门提出申请，由渡口所在地县（市、区）人民政府审批。

禁止任何单位和个人擅自设置、撤销渡口。

第十九条　公益性渡口的建设、养护和管理由渡口所在地县（市、区）人民政府负责；经营性渡口的建设、养护和管理由经营者负责。

渡口的管理者或者经营者应当在渡口设置明显标志并保持标志完好。

禁止任何单位和个人擅自移动、损毁渡口安全设施及其标志。

第二十条　禁止在港口、渡口、航道水域内从事下列活动：

（一）养殖、种植；

（二）排放超过国家标准的有毒、有害物质；

（三）倾倒泥土、砂石、废弃物；

（四）法律、法规禁止的其他活动。

第二十一条　未经批准，任何单位和个人不得擅自在通航水域内挖砂、取石、堆存材料、设置永久性固定设施。

第二十二条　航运管理机构应当加强航道及其设施的监测、养护，保障航道的安全、畅通。

航运管理机构组织实施勘测、疏浚、抛泥、吹填、清障以及维修航道和设置航标等施工作业，任何单位和个人不得非法阻挠、干涉或者索取费用。

第五章　应急与安全

第二十三条　省、设区的市、有关县（市、区）人民政府应当加强水上应急救援工作的领导，根据本地实际，建立应急救援体系，组织制定水上应急救援预案，保障应急救援经费。

第二十四条　省人民政府应当建立水上应急救援指挥机构。

重点水域所在地设区的市人民政府应当建立水上应急救援队伍，并配备相应的装备、器材，提高水上应急救援能力。

重点水域的范围由省人民政府确定。

第二十五条　水上应急救援预案应当包括下列内容：

（一）应急救援组织指挥机构与职责；

（二）预防与预警机制；

（三）应急救援响应；

（四）后期处置；

（五）应急救援保障。

水上应急救援预案应当抄送上一级人民政府交通运输主管部门、安全生产监督管理部门。

第二十六条　乡（镇）人民政府负责本辖区内农村生产、生活使用船舶及渡口的安全管理工作，明确水上交通安全管理人员，落实安全管理责任，接受县级以上海事管理机构的监督检查和业务指导。

乡（镇）人民政府与村民委员会、村民委员会与船舶所有人应当分别签订安全管理责任书，明确各自的安全责任。

第二十七条　在河流、湖泊、水库等通航水域从事水上旅游、经营性漂流、水上体育运动以及群众性活动，其组织者、经营者应当依法办理审批手续，落实安全责任。

第二十八条　船舶和浮动设施的所有人或者经营人对其水路运输或者其他经营活动承担安全生产责任，建立安全生产责任制和安全应急救援预案，保证必需的安全投入，配备必要的安全救护、救生设备，并对其所属的管理人员、船员、水手及其他从业人员进行安全培训。

第二十九条　有下列情形之一的，禁止船舶航行：

（一）超载运输旅客或者超载、超限运输货物的；

（二）跨航线作业的；

（三）遇洪水、冰雪或者大风、大雨、大雾等恶劣天气不适航的；

（四）乘客与大牲畜、危险货物混载以及装载不当影响安全的；

（五）酒后驾船的；

（六）船舶的救生设备不齐全的；

（七）法律、法规禁止的其他情形。

第三十条　船舶、浮动设施遇险时，船员及其他工作人员应当采取有效措施实施自救，并及时报告当地人民政府及海事管理机构。

县级以上人民政府接到报告后，应当根据预案响应级别启动应急救援预案，并对救助工作进行领导和协调。海事管理机构接到报告后，应当立即组织实施救援。

遇险现场和附近的船舶、船员，应当服从当地人民政府以及海事管理机构的统一调度指挥。

第三十一条　海事管理机构调查处理水上交通事故，当事人应当积极配合，未经海事管理机构同意，肇事船舶不得驶离指定的停泊地点。

水上交通事故的报告、调查和处理，按照国家和省有关规定执行。

第三十二条　用于海事、航运监督管理的执法车辆、船舶应当使用统一的标志、标识，配备示警灯。

第六章　法律责任

第三十三条　违反本条例规定，未经许可擅自从事水路运输经营活动的，由航运管理机构没收其违法所得，并处违法所得1倍以上2倍以下罚款；没有违法所得的，处3万元罚款。

第三十四条　违反本条例规定，船舶、浮动设施未经登记、检验航行或者作业的，由海事管理机构责令停止航行或者作业，限期登记、检验；拒不停止航行或者作业的，暂扣船舶、浮动设施；情节严重的，处500元以上2000元以下罚款。

第三十五条　违反本条例规定，船员未取得适任证书或者其他适任证件上岗的，由海事管理机构责令其立即离岗，对直接责任人员处22000元以上5000元以下罚款，并对聘用单位处1万元以上2万元以下罚款。

第三十六条　违反本条例规定，擅自移动、损毁渡口安全设施或者标志的，由海事管理机构责令改正，并处500元以上2000元以下罚款。

第三十七条　违反本条例规定，未经批准擅自在通航水域内挖砂、取石、堆存材料、设置永久性固定设施的，由海事管理机构责令改正；逾期不改正的，可以申请人民法院强制执行。

第三十八条　违反本条例规定，乡（镇）人民政府不履行船舶及渡口管理职责，造成安全事故的，对直接负责的主管人员和其他直接责任人员依法给予行政处分；构成犯罪的，依法追究刑事责任。

第三十九条　违反本条例规定，未经海事管理机构同意，肇事船舶驶离指定停泊地点的，由海事管理机构责令改正；拒不改正的，海事管理机构可以暂扣船舶及其相关器具，并处2000元以上5000元以下罚款。

第四十条　违反本条例规定，交通运输主管部门、海事、航运管理机构工作人员以及其他行政机关工作人员玩忽职守、滥用职权、徇私舞弊的，依法给予行政处分；构成犯罪的，依法追究刑事责任。

第七章　附　　则

第四十一条　本条例自2011年10月1日起施行。

山西省农民专业合作社条例

（2011年9月23日山西省第十一届人民代表大会常务委员会第二十五次会议通过）

第一章　总　　则

第一条　根据《中华人民共和国农民专业合作社法》等有关法律、行政法规，结合本省实际，制定本条例。

第二条 本省行政区域内农民专业合作社的登记、运行以及对农民专业合作社的指导、扶持、服务等相关活动，适用本条例。

第三条 县级以上人民政府应当将农民专业合作社的发展纳入国民经济和社会发展计划，将扶持农民专业合作社的资金列入本级财政预算，并随着本级财政收入的增长逐步增加。

乡（镇）人民政府、街道办事处应当支持农民专业合作社的发展，为其提供指导和服务。

村（居）民委员会应当为农民专业合作社的生产经营提供相应的便利和服务。

第四条 省人民政府农业行政主管部门负责本省行政区域内农民专业合作社的指导、扶持、服务等工作。

设区的市、县（市、区）人民政府农业行政主管部门或者农村经济经营管理部门负责本行政区域内农民专业合作社的指导、扶持、服务等工作。

县级以上人民政府其他有关部门按照各自的职责，做好对农民专业合作社的扶持、服务工作。

第五条 农民专业合作社及其成员的合法权益受法律保护。

任何单位和个人不得违反法律、法规向农民专业合作社收取任何费用，不得以其他形式增加农民专业合作社负担或者通过农民专业合作社变相增加农民负担。

第二章 设立与运行

第六条 农民专业合作社成员中，农民至少应当占成员总数的80%。

国有农场、牧场、林场、渔场等企业、事业单位中实行承包经营从事农业生产经营服务的职工，依法取得农村土地承包经营权直接从事农业生产经营服务的城镇居民，以及到农村任职的高等院校毕业生，创办或者加入农民专业合作社，可以农民成员计算比例。

鼓励从事与农民专业合作社业务直接有关的生产经营活动的企业、事业单位或者社会团体和个人，创办或者加入农民专业合作社。

第七条 农民专业合作社成员可以用货币出资，也可以用实物、知识产权、土地承包经营权或者其预期收益以及其他能够用货币估价并可以依法转让的非货币财产作价出资；用非货币财产出资的，由全体成员评估作价，但是不得用劳务、信用、自然人姓名、商誉、特许经营权或者设定担保的财产等作价出资。

第八条 设立农民专业合作社，应当按照《中华人民共和国农民专业合作社法》和《农民专业合作社登记管理条例》的规定，向所在地县级工商行政管理部门申请设立登记，领取农民专业合作社法人营业执照。

农民专业合作社法定登记事项变更或者解散、破产的，应当依法向原登记机关申请变更或者注销登记。

第九条 农民专业合作社应当按照国家有关规定，向县级农业行政主管部门或者农村经济经营管理部门提供相应资料。

第十条 农民专业合作社应当建立健全农产品生产、销售质量安全管理制度，实行标准化生产。

第十一条 鼓励农民专业合作社统一采购和供应农业生产资料，统一加工、运输、贮藏，统一技术指导和培训，统一提供信息，统一销售价格或者出售成员产品，降低成本，提高市场竞争力。

第十二条 农民专业合作社应当建立健全财务管理制度，设置会计账簿，按照国家规定的农民专业合作社财务会计制度进行会计核算。

农民专业合作社应当建立成员账户，依法向本社成员分配盈余。

第十三条 农民专业合作社可以在本社内开展信用合作和资金互助，为本社成员从事农业生产经营提供资金支持，但不得对外吸纳储蓄、发放贷款。

第十四条 农民专业合作社及其管理人员不得弄虚作假套取财政扶持项目资金，不得侵占、挪用、私分农民专业合作社财产。

第十五条 农民专业合作社与其成员之间发生纠纷时，应当依照章程和有关约定协商解决；协商不成的，可以向当地农业行政主管部门或者农村经济经营管理部门申请调解，也可以直接向人民法院起诉。

第三章 扶持与服务

第十六条 县级以上农业行政主管部门或者农村经济经营管理部门，应当为农民专业合作社提供以下指导、扶持和服务：

（一）制定指导、扶持农民专业合作社发展的具体政策；

（二）提供有关政策咨询和市场、技术等相关信息；

（三）指导农民专业合作社制定章程；

（四）指导农民专业合作社建立健全财务会计制度；

（五）指导农民专业合作社申报有关扶持项目；

（六）开展农民专业合作社典型示范和经验交流活动；

（七）培训农民专业合作社管理和财务人员；

（八）其他指导、扶持和服务的工作。

第十七条 支持农业生产、农业基础设施建设、农业装备保障能力建设和农村社会事业发展的有关财政资金项目和中央预算内投资项目，可以委托和安排有条件的农民专业合作社实施。

第十八条 县级以上人民政府应当安排资金，扶持农民专业合作社开展信息、培训、农产品质量标准与认证、农业生产基础设施建设、市场营销和技术推广等服务。

第十九条 农民专业合作社用于经营性养殖的畜禽舍、工厂化作物栽培、水产养殖等生产设施用地及其附属设施用地，农村宅基地以外的晾晒场等农业设施用地，按照国家设施农用地管理的有关规定办理。

第二十条 农民专业合作社新建、改建、扩建养殖场(区)达到国家规定规模的,依法进行项目环境影响评价。

农民专业合作社成员在其家庭院落养殖的,不进行项目环境影响评价。

第二十一条　农民专业合作社运输鲜活农产品的车辆及跨区作业的农业机械,免缴车辆通行费。

第二十二条　农民专业合作社从事种植、养殖、农产品初加工以及仓储、冷藏农畜产品的,执行农业生产用水、用电价格。

第二十三条　县级以上人民政府应当支持农民专业合作社建立农产品销售市场。

商务、工商等有关部门应当为农民专业合作社生产的农产品进入市场提供便利。

第二十四条　农民专业合作社享受国家支持农民专业合作社发展和对农业生产、加工、流通、服务以及其他涉农经济活动的税收优惠。

税务机关应当公布并落实国家对农民专业合作社的相关税收优惠政策,为农民专业合作社办理税务手续提供便利。

第二十五条　农村合作金融机构应当把农民专业合作社纳入信用评定范围,在授信额度内为其提供信贷便利和优惠。

鼓励其他金融机构为农民专业合作社提供金融支持和保障。

鼓励担保机构为农民专业合作社贷款提供担保服务。

第二十六条　鼓励商业保险机构在农产品生产、加工、贮藏、运输、销售和农业机械作业等方面,为农民专业合作社提供保险服务。

第二十七条　鼓励科研院所、高等院校和职业学校采取多种方式与农民专业合作社开展技术合作。

第四章　法律责任

第二十八条　违反本条例规定,向农民专业合作社收取费用的,对直接负责的主管人员和其他直接责任人员,依法给予处分。

第二十九条　违反本条例规定,农民专业合作社未设置会计账簿进行会计核算,未建立成员账户,未向本社成员分配盈余的,由县级以上人民政府农业行政主管部门或者农村经济经营管理部门责令限期改正;逾期未改正的,不列入财政扶持范围。

第三十条　违反本条例规定,农民专业合作社及其管理人员弄虚作假套取财政扶持项目资金的,由有关部门追缴其套取的财政扶持项目资金,并依法追究相关人员的法律责任。

第五章　附　　则

第三十一条　两个以上农民专业合作社可以设立农民专业合作社联合社,领取农民专业合作社法人营业执照。农民专业合作社联合社的登记、生产经营以及对其指导、扶持、服务等活动,参照本条例的有关规定执行。

第三十二条　本条例自2011年12月1日起施行。

山西省节约能源条例

(2000年5月28日山西省第九届人民代表大会常务委员会第十六次会议通过
2011年9月23日山西省第十一届人民代表大会常务委员会第二十五次会议修订)

第一章　总　　则

第一条　根据《中华人民共和国节约能源法》和有关法律、行政法规,结合本省实际,制定本条例。

第二条　在本省行政区域内从事能源开发、加工、转换、利用、管理等活动,适用本条例。

第三条　本条例所称能源,是指煤炭、石油、天然气、煤层气、生物质能和焦炭、电力、热力以及其他直接或者通过加工、转换而取得有用能的各种资源。

本条例所称节约能源(以下简称节能),是指加强用能管理,采取技术上可行、经济上合理以及环境和社会可以承受的措施,从能源生产到消费的各个环节,降低消耗、减少损失和污染物排放、制止浪费,有效、合理地利用能源。

本条例所称重点用能单位,是指年综合能源消费总量5000吨标准煤以上的用能单位。

第四条　县级以上人民政府应当加强对节能工作的领导,将节能工作纳入国民经济和社会发展规划、年度计划;引导发展低能耗、低排放、高附加值和节能环保型产业;支持开发和利用新能源、可再生能源;发展循环经济、推行清洁生产,淘汰落后生产能力,提高能源利用效率。

第五条　县级以上人民政府经济和信息化行政管理部门是节能主管部门,负责本行政区域内的节能监督管理工作。

县级以上人民政府发展和改革、住房和城乡建设、交通运输等行政管理部门以及管理机关事务工作的机构应当在各自的职责范围内,负责相关领域节能监督管理工作,并接受同级节能主管部门的指导。

县级以上人民政府科技、财政、统计、质监等行政管理部门应当在各自的职责范围内做好相关节能管理工作。

第六条　本省建立统一的节能统计、监测和考核体系,实行节能目标责任制和节能考核评价制度,将节能目标完成情况纳入各地经济社会发展综合评价体系,并将其作为对县级以上人民政府及其负责人考核评价的内容。

第七条　县级以上人民政府及其相关部门以及学校、社区应当加强节能宣传教育，普及节能科学知识，倡导节能环保的消费模式和生活方式。

新闻媒体应当宣传节能法律、法规和政策，刊播节能公益广告，宣传节能先进经验和重要举措。

第二章　节能管理

第八条　县级以上人民政府应当组织编制和实施节能中长期专项规划和年度节能计划，并报上一级人民政府节能主管部门备案。

县级以上人民政府有关部门应当按照各自的职责分工，根据本行政区域节能中长期专项规划和年度节能计划，会同同级节能主管部门编制本领域的节能规划和年度节能计划。

第九条　省人民政府应当根据省节能中长期专项规划，确定全省年度节能目标，并向设区的市人民政府和重点用能单位下达年度节能目标。设区的市人民政府应当根据省人民政府下达的年度节能目标，向县级人民政府下达年度节能目标。

重点用能单位的名单由省人民政府节能主管部门定期公布。

第十条　省、设区的市人民政府应当对其下达的节能目标完成情况进行考核评价，县级以上人民政府应当每年向上一级人民政府报告节能目标责任的履行情况。

县级以上人民政府、重点用能单位未完成节能目标的，省、设区的市人民政府投资主管部门应当按照项目管理权限对其新建高耗能行业项目实行限批。

第十一条　固定资产投资项目实行节能评估和审查制度。

县级以上人民政府发展和改革行政管理部门审批、核准、备案或者核报本级人民政府审批、核准的项目，其节能审查由具有管理权限的发展和改革行政管理部门负责。其中，属于工业和信息化领域的项目，应当经具有管理权限的经济和信息化行政管理部门预审并提出意见；属于建筑领域的项目，应当经具有管理权限的住房和城乡建设行政管理部门预审并提出意见。县级以上人民政府发展和改革行政管理部门审查意见与预审意见不一致时，应当报同级人民政府决定。

县级以上人民政府经济和信息化行政管理部门审批、核准、备案或者核报本级人民政府审批、核准的工业和信息化企业技术改造类项目，其节能审查由具有管理权限的经济和信息化行政管理部门负责。

未经节能评估和审查或者经审查不符合强制性节能标准的固定资产投资项目，负责项目审批或者核准的机关不得批准或者核准建设，建设单位不得开工建设；已经建成的，不得投入生产、使用。

第十二条　省节能主管部门应当会同有关部门根据国家明令淘汰的用能产品、设备、生产工艺的目录和本省经济发展水平，制定本省明令淘汰的用能产品、设备、生产工艺的目录，并向社会公布。

禁止生产、进口、销售国家和本省明令淘汰或者不符合强制性能源效率标准的用能产品、设备。禁止使用国家和本省明令淘汰的用能设备、生产工艺。

第十三条　省节能主管部门应当会同有关部门推行合同能源管理，规范节能服务行业的发展，落实资金支持、税收优惠、金融服务和会计管理等政策。

第十四条　省节能主管部门应当会同有关部门建立节能信息服务平台，完善能源利用状况、节能政策、节能标准等专业基础数据库，定期发布节能新技术、新产品信息。

第十五条　县级以上人民政府发展和改革行政管理部门负责第一产业、第三产业（不含房地产业）的节能监督管理工作。

第十六条　县级以上人民政府住房和城乡建设行政管理部门负责建筑节能的监督管理工作，推进新建民用建筑节能、既有民用建筑节能改造、民用建筑用能系统运行节能、可再生能源民用建筑应用管理等工作。

第十七条　县级以上人民政府交通运输行政管理部门负责公路、水路交通运输的节能监督管理工作，引导运输企业加强车船用油定额管理、提高运输组织化程度和集约化水平，组织开展重点运输企业油耗统计、监测和考核工作。

第十八条　县级以上人民政府管理机关事务工作的机构负责公共机构节能监督管理工作，会同有关部门制定本级公共机构能源消耗定额和公共机构既有建筑节能改造计划，并组织实施。

第十九条　县级以上人民政府质量技术监督行政管理部门应当加强对用能单位的能源计量器具和能源消费计量的检测与监督管理，建立健全能源计量数据的监督核查制度。

省人民政府质量技术监督行政管理部门可以根据本省实际，会同省节能主管部门和其他有关部门建立节能标准体系，制定严于强制性国家标准、行业标准的地方节能标准，并按规定程序报经国务院批准后执行；法律另有规定的除外。

第二十条　县级以上人民政府统计行政管理部门应当按照有关规定，开展相关能耗调查与统计工作，定期向同级人民政府报告统计情况，并对用能单位能源统计人员开展业务培训。

省人民政府统计行政管理部门应当会同省节能主管部门定期向社会公布设区的市以及主要耗能行业的能源消费和节能情况等信息。

第二十一条　县级以上人民政府节能主管部门负责本行政区域的节能监察工作，可以依法委托节能监察机构开展下列工作：

（一）监察能源生产、经营、使用单位和节能服务机构执行节能法律、法规、规章情况；

（二）监察重点用能单位的能源利用状况；

（三）受理节能违法行为的举报和投诉，查处违法用能案件；

（四）开展节能宣传、教育和培训，推广先进节能技术，指导用能单位合理使用能源；

（五）法律、法规规定的其他节能监察职责。

用能单位和其他组织应当配合节能监察机构依法开展节能监察工作，不得阻碍节能监察。

第三章　合理使用和节约能源

第二十二条　用能单位应当完善节能管理和考核奖惩制度，建立能源管理体系，执行节能标准，控制新增能耗，加强能源消耗定额管理，分解落实节能目标和责任。

用能单位应当开展能效水平对标活动，通过管理和技术措施，提高能效水平。

第二十三条　用能单位应当建立健全能源计量、检测管理制度，配备和使用经依法检定合格的能源计量器具。

用能单位应当加强能源统计工作，建立健全原始记录和统计台账，并对统计数据的真实性负责。

第二十四条　重点用能单位应当每年安排资金用于节能技术改造和节能新技术、新工艺、新设备的研究开发及推广应用，淘汰高耗能落后工艺、技术和设备，调整企业产品结构和能源消费结构。

第二十五条　重点用能单位应当每5年开展一次能源审计并编制节能规划，制订年度节能计划，完成节能目标。

第二十六条　重点用能单位应当每年向相应的节能主管部门和节能监察机构报送上一年度的能源利用状况报告。

县级以上人民政府节能主管部门应当对重点用能单位报送的能源利用状况报告进行审查。

第二十七条　重点用能单位应当设立能源管理岗位，聘请具有节能专业知识、实际经验以及中级以上技术职称的人员担任能源管理负责人，并报县级以上人民政府节能主管部门和有关部门备案。

第二十八条　工业企业应当执行单位产品能耗限额标准，对产品生产过程中的能源消耗实行限额管理。

第二十九条　电网企业应当加强电网建设和改造，优化资源配置，降低网损，提高输供电效率。

电网企业应当按照节能发电调度管理的有关规定，优先安排清洁、高效和符合规定的热电联产、利用余热余压发电的机组以及煤矸石、低热值燃料等符合资源综合利用规定的发电机组与电网并网发电运行。

第三十条　服务行业应当在保证服务功能的前提下，选用能源利用效率高、能耗低的产品或者服务方式、服务项目，并加强对耗能设备使用和维修的管理。

第三十一条　建筑工程的建设、设计、施工、监理和施工图审查等单位应当执行国家和省有关建筑节能标准。

禁止在建筑活动中使用列入国家和省禁止使用目录的技术、工艺、材料和设备。

第三十二条　营运机动车辆、船舶的能耗应当符合国家规定的能耗标准，超出标准的不得用于营运。

第三十三条　鼓励用能单位采用合同能源管理方式，委托节能服务机构为本单位的节能改造提供用能状况诊断，以及节能项目设计、融资、改造和运行管理等服务。

第三十四条　鼓励企业开展节能产品认证。

政府采购监督管理部门应当优先将取得节能产品认证证书的产品、设备列入政府采购名录。

公共机构应当优先采购列入政府采购名录中的节能产品、设备，加强用能系统和设备的运行管理，提高运行效率。

第三十五条　加强农业和农村节能工作，发展新型高效的沼气池、农作物秸秆气化等集中供气系统，推广省柴节煤炉灶炕，开发利用生物质能和风能、太阳能等可再生能源。

鼓励农村建筑采用节能设计，使用节能材料，采取节能措施。

第三十六条　能源生产经营单位不得向本单位职工无偿或者低于市场价格提供能源。

第三十七条　本省行政区域内禁止新建和扩建实心粘土砖生产企业和生产线。城市建筑工程禁止使用实心粘土砖。

第四章　节能技术进步和激励措施

第三十八条　县级以上人民政府应当将节能技术创新与成果转化作为扶持的重点领域，鼓励、支持科研机构、高等院校、企业和个人研究开发节能新技术、新能源和可再生能源。

提倡多渠道开展国际、国内节能信息、技术交流与合作。

第三十九条　省节能主管部门应当会同有关部门，定期公布本省推荐使用的节能产品和技术目录，组织实施重大节能科研项目、节能示范项目和重点节能工程。

第四十条　省、设区的市人民政府应当设立节能专项资金，县级人民政府可以根据财力状况设立节能专项资金，用于节能改造工程项目、节能技术和产品的示范与推广、节能宣传培训和信息服务等。

节能专项资金的使用和管理办法由省人民政府制定。

第四十一条　县级以上人民政府应当按照有关规定，通过财政补贴、价格调控、落实税收优惠政策等方式，鼓励和支持下列节能活动：

（一）生产、使用高效节能的电动机、锅炉、窑炉、风机、泵类等用能设备和生产工艺；

（二）采用煤矸石发电等综合利用技术；

（三）采用余热余压、地热、煤泥、洗中煤、矿井瓦斯等发电或供热，以及热电联产、洁净煤技术等综合利用技术；

（四）开发利用生物质能、风能、太阳能、水能、地热能等可再生能源；

（五）在新建、改建、扩建建筑工程和既有建筑节能改造中，使用新型墙体材料等节能建筑材料、节能设备、节能技术和产品；

（六）综合利用生产、生活中产生的废弃物；

（七）采用先进的能源管理、监测和控制等技术；

（八）推广、使用节能照明器具等节能产品；

（九）开发生产使用低能耗、低污染的节能环保车和清洁能源车；

（十）国家和省确定的其他节能活动。

第四十二条　省人民政府应当设立淘汰落后产能补偿资金，设区的市、县级人民政府应当安排一定的配套资金，用于淘汰落后产能企业的经济补偿等。

第四十三条　引导金融机构为符合条件的节能技术研究开发、节能产品生产以及节能技术改造等项目优先给予信贷支持。

鼓励民间资金对节能行业的投入。

第四十四条　本省实行峰谷分时电价、季节性电价、可中断负荷电价制度，鼓励电力用户合理调整用电负荷；对钢铁、有色金属、建材、化工和其他主要耗能行业的企业，分类实施差别电价政策。

第四十五条　县级以上人民政府每年应当对节能工作成绩显著的单位和个人给予表彰、奖励。

第五章　法律责任

第四十六条　国家工作人员在节能监督管理工作中有下列行为之一的，依法给予处分；构成犯罪的，依法追究刑事责任：

（一）审批或者核准未经节能评估和审查或者经审查不符合强制性节能标准的项目的；

（二）拒不受理举报、投诉或者受理后不查处的；

（三）违法收取相关费用或者罚款的；

（四）其他滥用职权、玩忽职守、徇私舞弊的。

第四十七条　违反本条例规定，建设单位开工建设的固定资产投资项目，未经节能评估和审查或者经审查不符合强制性节能标准的，由负责节能审查的县级以上人民政府有关部门责令停止建设，限期整改；已经建成的，责令停止生产、使用，限期改造；不能改造或者逾期不改造的项目，由负责节能审查的县级以上人民政府有关部门报请本级人民政府按照规定的权限责令关闭。

第四十八条　违反本条例规定，使用国家和本省明令淘汰的用能设备或者生产工艺的，由节能主管部门责令停止使用，没收明令淘汰的用能设备；情节严重的，由节能主管部门提出意见，报请本级人民政府按照规定的权限责令停业整顿或者关闭。

第四十九条　违反本条例规定，阻碍节能监察，违反治安管理处罚法的，依法给予治安管理处罚；构成犯罪的，依法追究刑事责任。

第五十条　违反本条例规定，重点用能单位未开展节能审计或者不按规定编制节能规划、节能计划的，由节能主管部门予以警告，并责令限期整改；逾期未改正的，予以通报，并对未开展能源审计的实施强制能源审计。

第五十一条　违反本条例规定，工业企业超过单位产品能耗限额标准用能的，由节能主管部门会同物价、电监等部门，对超限额产品生产用电实施惩罚性电价并责令限期治理；逾期不治理或者未达到治理要求的，由节能主管部门提出意见，报请本级人民政府按照规定的权限责令停业整顿或者关闭。

第六章　附　　则

第五十二条　本条例自 2011 年 12 月 1 日起施行。

山西省农产品质量安全条例

（2011 年 12 月 1 日山西省第十一届人民代表大会常务委员会第二十六次会议通过）

第一章　总　　则

第一条　根据《中华人民共和国农产品质量安全法》等法律和有关行政法规的规定，结合本省实际，制定本条例。

第二条　本省行政区域内从事农产品的生产及其监督管理等活动，适用本条例。

第三条　各级人民政府应当对本行政区域内的农产品质量安全工作负总责，建立农产品质量安全监督管理协调机制，协调本行政区域内的农产品质量安全监督管理工作，研究解决农产品质量安全监督管理工作中的重大问题。

县级以上人民政府应当按照国家规定，明确各部门的农产品质量安全监督管理职责，建立农产品质量安全监督管理责任追究制度，按期健全农产品质量安全监督管理和检验检测机构、队伍，将农产品质量安全经费列入本级财政预算并予以保障。

乡（镇）人民政府应当逐步建立农产品质量安全监督管理公共服务体系，配备农产品质量安全监督管理专（兼）职工作人员和必要的检验检测设备，落实农产品质量安全监督管理责任，加强对本行政区域内农产品生产的指导、监督。

村民委员会应当协助人民政府做好农产品质量安全工作，组织开展农产品质量安全宣传、教育活动。

第四条　县级以上农业（畜牧）行政主管部门负责本行政区域内农产品质量安全的监督管理工作；水行政主管部门负责本行政区域内水产品质量安全的监督管理工作；林业行政主管部门负责本行政区域内食用林产品质量安全的监督管理工作。农业（畜牧）、水、林业行政主管部门，以下统称农产品质量安全监督管理部门。

县级以上工商、质量技术监督、卫生、环境保护等行政主管部门按照各自职责，做好本行政区域内农产品质量安全的有关工作。

第五条　农产品行业协会、农民专业合作经济组织和农产品生产企业，应当加强自律管理和诚信建设，为所属的农产品生产者提供农产品质量安全管理、生产技术等服务，指导其依法从事农产品生产活动。

第六条　省农产品质量安全监督管理部门应当设立农产品质量安全风险评估专家委员会，对可能影响本省农产品质量安全的潜在危害进行风险分析和评估，并根据风险评估结果采取相应措施。风险评估结果应当及时报送省人民政府，并通报有关部门。

省农产品质量安全监督管理部门应当按照职责权限，及时向社会发布农产品质量安全状况信息，同时通报有关部门。

第七条　县级以上人民政府应当采取政策、资金等措施，扶持农产品质量安全科学技术的研究、推广和农产品标准化生产。

鼓励、支持符合国家规定条件的农产品生产者申请无公害产地认定，无公害农产品、绿色食品、有机农产品认证，以及农产品地理标志登记。

第八条　各级人民政府、有关部门和新闻媒体应当加强农产品质量安全知识的宣传，提高公众的农产品质量安全意识。

任何单位和个人都有权对农产品质量安全进行监督。

第九条　县级以上人民政府应当对在农产品质量安全工作中作出显著成绩的单位和个人给予表彰、奖励。

第二章　农产品产地

第十条　县级以上人民政府应当采取措施，加强农业生态环境保护，改善农产品生产条件。

县级以上环境保护行政主管部门和农产品质量安全监督管理部门，应当对农产品产地周边环境进行监测，及时处理农产品产地环境污染事故与纠纷。

第十一条　县级以上农产品质量安全监督管理部门应当在下列区域设置农产品产地安全监测点：

（一）工矿企业周边的农产品生产区；

（二）污水灌溉区；

（三）城市郊区的农产品生产区；

（四）农产品主产区；

（五）其他需要监测的区域。

第十二条　县级以上农产品质量安全监督管理部门应当对农产品产地环境质量和土壤质量进行动态监测、评价，及时公布农业环境质量状况和农田土壤状况，认为不适宜特定农产品生产的，提出禁止生产的区域，报本级人民政府批准后公布。

划定为禁止特定农产品生产的区域，不得改变耕地、基本农田的性质，不得降低农用地补偿标准。

因划定禁止特定农产品生产的区域给农产品生产者造成损失的，由造成污染的责任者依法予以赔偿；责任者无法确定的，由县级人民政府给予适当补偿。

禁止特定农产品生产的区域需要调整的，按照第一款规定的程序办理。

第十三条　农产品生产者应当科学、合理使用农业投入品，及时清除、回收农用薄膜和其他农业投入品包装物，对规模化生产中产生的废水和畜禽粪便等及时清运或者进行无害化处理，防止造成污染。

第十四条　禁止向农产品生产区排放、倾倒、填埋不符合国家和省规定标准的废水、废气、固体废弃物和其他有毒有害物质。

禁止使用不符合农业生产用水标准的污水进行灌溉或者从事水产养殖。禁止使用生活垃圾从事畜禽养殖。

第十五条　发生农产品产地污染事故或者突发事件时，责任单位或者个人应当立即采取措施防止事态扩大，通报可能受到危害的单位和个人，并报告所在地环境保护行政主管部门和农产品质量安全监督管理部门。有关部门接到报告后，应当立即赶赴现场调查处理，同时报告同级人民政府。

第十六条　实行无公害农产品产地认定制度。

省农产品质量安全监督管理部门负责无公害农产品产地的认定工作。无公害农产品产地的认定应当按照国家和省有关规定进行。

经认定的无公害农产品产地，应当设立明显标识牌，标明产地名称、范围、面积、产品种类等内容。无公害农产品产地的标识内容不得擅自变更；确需变更的，应当按照国家和省有关规定办理。

第三章　农业投入品

第十七条　县级以上农产品质量安全监督管理部门和有关部门应当依法加强农业投入品生产、经营、使用的监督管理和指导，建立健全农业投入品安全使用制度，引导、鼓励农产品生产者使用生物农药、有机肥、微生物肥料、可降解农用薄膜等高效、低残留的农业投入品，并提供相关信息和技术服务。

第十八条　县级以上农产品质量安全监督管理部门应当将国家明令禁止、淘汰和限制使用的农业投入品目录等信息向社会公布。

任何单位和个人不得生产、销售或者使用国家明令禁止使用、淘汰的农业投入品。

销售国家限制使用的农业投入品的，销售者应当向购买者提供关于该产品用法、用量、使用范围等注意事项的书面说明，并进行口头提示。

第十九条　农业投入品批发市场开办者应当对入场经营者的从业资格进行审查，并与具备法定资格的经营者签订农业投入品质量安全责任协议。批发市场开办者发现经营者销售国家明令禁止使用、淘汰的农业投入品时，应当要求其立即停止销售，并及时报告所在地农产品质量安全监督管理部门。

第二十条　农业投入品的生产者、经营者应当建立进货检查验收、索证索票制度和进销货记录。

进销货记录应当包括下列内容：

(一)购进产品的名称、生产企业、生产日期和保质期限；

(二)购进产品的生产、经营许可证号，登记证号和批准文号等；

(三)购进产品的来源、数量和日期；

(四)销售的产品名称、对象、数量和日期等。

农业投入品进销货记录应当保存两年。禁止伪造、涂改农业投入品进销货记录。

第四章　农产品生产

第二十一条　省农产品质量安全监督管理部门应当根据国家农产品质量安全标准和保障农产品质量安全的需要，制定全省的农产品质量安全生产技术要求和操作规程并组织实施。

第二十二条　县级以上农产品质量安全监督管理部门应当指导农产品生产者进行农产品标准化生产，监督其执行农产品质量安全标准、生产技术要求和操作规程，推进农业标准化生产综合示范区、示范基地、示范场(小区)和无规定动植物疫病区的建设。

第二十三条　农产品生产者应当严格遵守农产品质量安全法律、法规的规定，依照农产品质量安全生产技术要求和操作规程从事生产活动，保证其生产的农产品符合农产品质量安全标准。

农产品生产中不得有下列行为：

(一)使用国家明令禁止使用、淘汰的农业投入品；

(二)超范围、超标准使用国家限制使用的农业投入品；

(三)违反国家关于农业投入品使用安全间隔期或者休药期的规定，收获、捕捞、屠宰农产品；

(四)使用危害人体健康的物质对农产品进行清洗、整理、保鲜、包装、储存；

(五)法律、法规禁止的其他行为。

第二十四条　农产品生产企业和农民专业合作经济组织，应当配备符合国家规定的检测设备、检验人员或者委托具备资质的检验检测机构，对其生产的农产品进行质量安全检测。检测合格的，应当附具检测合格证明，并标注农产品的名称、产地、生产单位和生产日期；未经检测或者检测不合格的，不得销售。

获得无公害农产品、绿色食品、有机农产品认证证书和农产品地理标志登记证书的生产单位应当配备质量安全检查员，对农产品的生产过程进行监督、检查。

第二十五条　农产品生产企业和农民专业合作经济组织应当建立农产品生产记录。

农产品生产记录应当包括下列内容：

(一)使用农业投入品的名称、来源、用法、用量和使用、停用的日期；

(二)动物疫病、植物病虫草害的发生和防治情况；

(三)收获、屠宰或者捕捞的日期；

(四)出售农产品的品种、数量、时间、流向。

农产品生产记录应当保存两年。禁止伪造、涂改农产品生产记录。

第二十六条　推行农产品产地准出制度。

农产品产地准出名录由省农产品质量安全监督管理部门提出，报省人民政府批准后公布。

农产品产地准出名录应当包括农产品种类和农产品生产者、收购者类型以及实施时间等内容。

列入农产品产地准出名录的农产品生产者、收购者，应当在列入产地准出名录的农产品上附具产地证明、质量认证标识或者产地检测合格证明，方可将其运出产地。依法需要实施检疫的动植物及其产品，还应当附具检疫合格标志或者检疫合格证明。

第二十七条　农产品的储存、运输应当符合国家有关规定。

禁止将农产品与有毒有害物品混放储存、混装运输。禁止使用不符合国家规定的设施储存、运输需要冷藏保鲜的农产品。

第二十八条　农产品生产者发现其生产的农产品不符合农产品质量安全标准，可能危害人体健康和生命安全的，应当立即通知销售者停止销售，并报告当地农产品质量安全监督管理部门和卫生部门。

第五章　农产品包装和标识

第二十九条　县级以上农产品质量安全监督管理部门应当根据法律、行政法规和国务院农业行政主管部门的规定，建立农产品包装、标识管理制度，推行科学包装方法，推广先进标识技术。

第三十条　农产品生产企业、农民专业合作经济组织以及从事农产品收购的单位和个人，应当对其销售的下列农产品进行包装：

(一)获得无公害农产品、绿色食品、有机农产品认证证书和农产品地理标志登记证书的农产品，但鲜活畜、禽、水产品除外；

(二)国家和省农产品质量安全监督管理部门规定应当进行包装的农产品。

符合规定包装的农产品拆包后直接向消费者销售的，可以不再包装。

农产品包装应当符合农产品储存、运输、销售和保障安全的要求，便于拆卸和搬运。

农产品包装材料和使用的保鲜剂、防腐剂、添加剂等物质必须符合国家强制性技术规范要求。

第三十一条　农产品生产企业、农民专业合作经济组织以及从事农产品收购的单位和个人对不需要包装的农产品，应当采取附加标签、标识牌(带)、说明书等形式予以标识。

第三十二条　农产品的包装或者标识应当标明农产品的品名、生产地、生产者(销售者)名称、生产日期、保质期等内容。

农产品的包装、标识文字应当使用规范的中文，内容应当准确、清晰。

第三十三条　获得无公害农产品、绿色食品、有机农产品认证证书和农产品地理标志登记证书的农产品，应当标注相应标志和发证机构。

有分级标准或者使用添加剂的农产品，还应当标明农产品质量等级或者添加剂名称。畜禽及其产品、属于农业转基因生物的农产品，还应当按照有关规定进行标识。

第六章　监督检查

第三十四条　县级以上农产品质量安全监督管理部门在农产品质量安全监督检查中，行使下列职权：

（一）对生产、销售的农产品和农业投入品进行现场检查；

（二）调查、了解农产品质量安全的有关情况；

（三）查阅、复制与农产品质量安全有关的记录和其他资料；

（四）查封、扣押经检测不符合农产品质量安全标准的农产品；

（五）法律、行政法规规定的其他职权。

第三十五条　县级以上农产品质量安全监督管理部门应当建立农产品质量安全监测制度，制定并组织实施农产品质量安全监测计划，可以对生产、销售的农产品进行监督抽查。农产品生产者、经营者应当予以配合，不得拒绝和阻挠。

监督抽查检测农产品，应当委托经省级以上农产品质量安全监督管理部门或者其授权的部门考核合格的农产品质量安全检测机构进行，不得收取费用。上级农产品质量安全监督管理部门已抽查的农产品，下级农产品质量安全监督管理部门不得重复抽查。

监督抽查检测结果由省农产品质量安全监督管理部门按照农产品质量安全法的规定公布。

第三十六条　农产品生产者、经营者对监督抽查检测结果有异议的，可以依法向组织实施农产品质量安全监督抽查的农产品质量安全监督管理部门或者其上级部门申请复检。受理部门应当自受理之时起24小时内安排复检，并及时将复检结果书面通知被抽查人。

因检测结果错误给当事人造成损害的，依法承担赔偿责任。

县级以上农产品质量安全监督管理部门应当对农产品生产者、经营者的违法行为予以记录、公布。

第三十七条　县级以上农产品质量安全监督管理部门应当建立农产品质量安全投诉举报制度，公开单位的专用电话、通信地址或者电子信箱，受理有关农产品质量安全的投诉和举报，并依法及时调查处理。

第七章　法律责任

第三十八条　县级以上人民政府在农产品质量安全监督管理工作中未履行领导、协调职责，致使本行政区域内发生重大农产品质量安全事故、造成严重社会影响的，对其直接负责的主管人员和其他直接责任人员依法给予处分。

第三十九条　县级以上农产品质量安全监督管理部门、其他有关部门、农产品质量安全检验检测机构在农产品质量安全监督管理、检验检测工作中有下列行为之一的，对其直接负责的主管人员和其他直接责任人员依法给予处分：

（一）不履行农产品质量安全监督管理职责，造成严重后果的；

（二）在农产品质量安全检验检测工作中出具虚假检测报告的；

（三）超越权限发布农产品质量安全信息的；

（四）迟报、漏报、谎报或者瞒报重大农产品质量安全突发事件的；

（五）其他滥用职权、玩忽职守、徇私舞弊的。

第四十条　违反本条例第十九条规定，农业投入品批发市场开办者未对经营者从业资格进行审查的，处2000元以上2万元以下罚款；发现经营者销售国家明令禁止使用、淘汰的农业投入品而未报告的，处2万元以上5万元以下罚款。

第四十一条　违反本条例第二十条、第二十五条规定，伪造、涂改或者未按照规定建立、保存农业投入品进销货记录、农产品生产记录的，处500元以上2000元以下罚款。

第四十二条　违反本条例第二十三条第二款规定，有该款所列违法行为之一的，责令停止使用，依照有关法律、行政法规的规定予以处罚，并对被污染的农产品进行无害化处理；不能进行无害化处理的，监督其予以销毁。

第四十三条　违反本条例第二十六条第四款规定，列入农产品产地准出名录的农产品生产者、收购者，未在列入农产品产地准出名录的农产品上附具产地证明、质量认证标识或者产地检测合格证明将其运出产地的，处200元以上2000元以下罚款。

第四十四条　违反本条例第三十条、第三十一条规定，未按照规定对农产品进行包装或者标识的，责令限期改正；逾期不改正的，处500元以上2000元以下罚款。

第四十五条　本条例第四十条至第四十四条规定的处罚，由县级以上农产品质量安全监督管理部门依照各自职责实施。

第四十六条　违反本条例规定构成犯罪的，依法追究刑事责任。

第八章　附　　则

第四十七条　本条例所称农产品，是指来源于农业的初级产品，即在种植、养殖、采摘、捕捞等农业活动中直接获得的植物、动物、微生物及其产品。

本条例所称农业投入品，是指在农产品生产过程中使用或者添加的物质，包括农药、兽药、饲料、种子、种苗和饲料添加剂、肥料等农用生产资料产品。

本条例所称无规定动植物疫病区，是指出口国划定的没有某一种或者某几种特定有害生物或者疫病发生，并能通过建设和管理保持其无疫情状态的特定生产区域。

本条例所称农产品包装，是指对农产品实施装箱、装盒、装袋、包裹、捆扎等活动。

第四十八条　本条例自2012年3月1日起施行。

山西省会计管理条例

（1998年11月30日山西省第九届人民代表
大会常务委员会第六次会议通过；
根据2006年8月4日山西省第十届人民代表
大会常务委员会第二十五次会议关于修改
《山西省会计管理条例》的决定修正
2011年12月1日山西省第十一届人民代表
大会常务委员会第二十六次会议修订）

第一章　总　　则

第一条　根据《中华人民共和国会计法》和有关法律、行政法规的规定，结合本省实际，制定本条例。

第二条　本省行政区域内的国家机关、社会团体、企业、事业单位和其他组织（以下统称单位）办理会计事务，实施会计管理和监督，适用本条例。

第三条　县级以上人民政府财政部门主管本行政区域内的会计工作，依法履行下列职责：

（一）组织实施有关会计工作的法律、法规和国家统一的会计制度；

（二）按照职责权限，负责组织实施会计类考试等工作；

（三）管理会计人员的从业资格和继续教育工作；

（四）受理会计人员申诉；

（五）监督管理会计工作，查处违法会计行为；

（六）法律、法规规定的其他职责。

第四条　单位应当依法规范会计基础工作，加强会计信息化建设，建立健全会计工作管理制度。

单位负责人应当对本单位的会计工作和财务会计报告及其他会计资料的真实性、完整性负责，支持并保障会计机构、会计人员依法履行职责，不得授意、指使、强令其违法办理会计事项。

第五条　会计人员依法履行职责受法律保护，任何单位和个人不得打击报复。

第六条　县级以上人民政府及其有关部门，对忠于职守，坚持原则，作出显著成绩的会计机构、会计人员，应当给予表彰或者奖励。

第二章　会计机构和会计人员

第七条　单位应当根据会计业务的需要设置会计机构，或者在有关机构中配备专职会计人员并指定会计主管人员，明确岗位职责；设置多个会计工作岗位的，可以实行岗位轮换。

不具备设置会计机构和配备专职会计人员条件的单位，应当委托经批准设立的从事会计代理记账业务的中介机构代理记账。

单位根据需要，可以向其下属单位委派会计人员。

第八条　国有的和国有资产占控股地位或者主导地位的大中型企业应当设置总会计师。其他大中型企业、事业单位和业务主管部门根据需要，可以按照国家和本省有关规定设置总会计师。

第九条　从事会计工作的人员，应当依法取得会计从业资格证书。

单位不得任用（聘用）未取得会计从业资格证书的人员从事会计工作。

第十条　会计人员通过考试或者考试与评审相结合的方式取得会计专业技术资格。

单位根据会计业务需要任用（聘用）具有会计专业技术资格的会计人员担任相应的会计专业技术职务。

第十一条　不具备会计师以上专业技术资格或者从事会计工作不满3年的会计人员，不得担任单位的会计机构负责人（会计主管人员）。

第十二条　会计人员应当遵守法律、法规和国家统一的会计制度，依法办理会计事务，履行会计监督职责，遵守会计职业道德。

第十三条　会计人员应当按照国家规定参加继续教育。单位应当保障会计人员参加继续教育培训的时间和必要的费用。

县级以上人民政府财政部门应当加强对从事会计人员继续教育培训机构的监督和管理。

第十四条　会计人员调动或者离职，应当按照国家规定办理交接手续；未办清交接手续的，单位不得为其办理调动或者离职手续。

会计人员擅自离职、丧失民事行为能力或者失踪、死亡无法办理移交手续的，由单位负责人、会计机构负责人（会计主管人员）组织清理有关会计工作事项，编制会计移交工作清册，办理会计工作移交手续。主管单位可以派人监督会计工作的移交。

第十五条　国家机关、社会团体、国家出资企业、事业单位任用（聘用）会计人员，应当实行回避制度。

前款规定的单位负责人的配偶、直系血亲和三代以内的旁系血亲及近姻亲不得担任本单位的总会计师、会计机构负责人（会计主管人员）；总会计师、会计机构负责人（会计主管人员）的上述范围亲属不得担任本单位的出纳。其他法律、法规有回避规定的，从其规定。

其他单位可以参照执行。

第三章 会计核算

第十六条 单位应当根据有关会计工作的法律、法规和国家统一的会计制度设置会计账簿，进行会计核算，形成真实、完整的会计资料。

第十七条 单位应当根据实际发生的经济业务事项，审核原始凭证，编制记账凭证，登记会计账簿，编制财务会计报告，不得有下列行为：

(一)使用未经审核的原始凭证；

(二)伪造、变造会计凭证、会计账簿，编制虚假财务会计报告，隐匿或者故意销毁依法应当保存的会计凭证、会计账簿、财务会计报告；

(三)擅自改变会计要素的确认和计量标准；

(四)擅自改变财务会计报告编制基础、编制依据、编制原则和方法；

(五)设置账外账或者保留账外资金、资产；

(六)法律、法规禁止的其他行为。

任何单位和个人不得出具和使用不真实、不合法的原始凭证。

第十八条 使用计算机进行会计核算的单位，应当按照会计信息化工作规范的要求，建立健全操作管理和数据管理等内部管理制度，确保会计数据安全。

第十九条 单位应当依法建立会计凭证、会计账簿、财务会计报告、其他会计资料等会计档案及会计档案管理制度。

会计档案包括记录会计业务事项的纸质资料、会计软件及其生成的电子数据。

会计档案管理制度包括立卷、归档、保管、查阅和销毁等内容。

第二十条 申请设立除会计师事务所以外的从事会计代理记账业务的中介机构，应当经县级以上人民政府财政部门审查批准。

委托代理记账的，应当订立书面委托合同，明确双方的权利、义务和责任。

第四章 会计监督

第二十一条 县级以上人民政府财政部门应当建立健全会计监督制度，依法实施会计监督。

第二十二条 财政、审计、税务等有关部门依法对单位会计资料实施监督检查后，应当出具检查结论。已经作出的检查结论，能够满足其他监督检查部门履行本部门职责需要的，其他监督检查部门应当加以利用，避免重复查账。

依法对单位会计资料实施监督检查的有关部门及其工作人员，应当遵守国家保密法律、法规的规定，不得泄露国家秘密和商业秘密。

第二十三条 单位应当接受财政及有关部门依法实施的监督检查，如实提供会计资料，反映有关情况，不得拒绝、隐匿、谎报。

第二十四条 单位委托有相应资质的会计师事务所进行审计的，不得以任何方式要求注册会计师及其所在会计师事务所出具不实的审计报告；受委托进行审计的会计师事务所不得出具虚假的审计报告。

财政部门依照法定权限和职责对会计师事务所出具审计报告的程序和内容进行监督。

第二十五条 单位应当按照有关会计工作的法律、法规和国家统一的会计制度，健全会计机构，规范会计业务处理流程，加强内部审计，建立内部会计控制制度：

(一)会计、出纳应当分设，出纳不得兼管稽核、会计档案保管、债权债务和收入、支出等账目的登记工作；

(二)单位财务专用章和法人代表印鉴、重要空白票据和支付密码，应当由不同人员分别保管；

(三)重大对外投资、资产处置、资金筹措和调度、对外担保、大额资金支出及其他重要经济业务事项，应当履行内部审批程序。设置总会计师的，还应当由单位负责人与总会计师联签；

(四)其他应当依法建立的内部会计控制制度。

第二十六条 会计机构、会计人员依法对本单位的经济活动进行会计监督。

会计机构、会计人员有权不予受理不真实、不合法的原始凭证，有权制止和纠正违反国家规定的财务收支，有权拒绝伪造、变造会计凭证、会计账簿及其他会计资料。

第二十七条 任何单位和个人有权检举违法会计行为。收到检举的部门应当依法及时处理或者移送有关部门处理，不得泄露检举人的姓名等信息和检举材料的内容。

第二十八条 会计从业资格证书实行注册登记制度。

县级以上人民政府财政部门应当建立会计人员信息系统，记载会计人员接受继续教育、从业、注册和调转登记、奖惩等情况，作为会计人员任用(聘用)、晋升的依据。

会计人员未按规定接受继续教育、办理注册和调转登记等手续的，由县级以上人民政府财政部门依照国家有关规定处理。

第五章 法律责任

第二十九条 违反本条例规定的行为，《中华人民共和国会计法》和其他法律、法规有法律责任规定的，从其规定。

第三十条 对依法履行职责的会计人员打击报复的，依法承担责任；给会计人员造成经济损失的，还应当承担赔偿责任。

第三十一条 任用会计人员未按本条例规定实行回避的，由县级以上人民政府财政部门责令限期改正，并建议有关主管单位对单位负责人给予处分。

第三十二条 违反本条例规定，未经批准擅自从事会计代理记账的，由县级以上人民政府财政部门责令停止代理记账，并予以公告。

第三十三条　财政及有关部门的工作人员在会计监督管理工作中滥用职权、玩忽职守、徇私舞弊的，依法给予处分；构成犯罪的，依法追究刑事责任。

第六章　附　　则

第三十四条　个体工商户的会计管理，依照国务院财政部门的有关规定执行。

第三十五条　本条例自2012年1月1日起施行。

山西省地质灾害防治条例

（2000年9月27日山西省第九届人民代表大会常务委员会第十八次会议通过
根据2007年6月1日山西省第十届人民代表大会常务委员会第三十次会议关于修改《山西省地质灾害防治条例》的决定修正；
2011年12月1日山西省第十一届人民代表大会常务委员会第二十六次会议修订）

第一章　总　　则

第一条　根据《中华人民共和国突发事件应对法》、《地质灾害防治条例》等有关法律、行政法规，结合本省实际，制定本条例。

第二条　本省行政区域内地质灾害的防治规划、预防、应急、治理和避让搬迁等活动适用本条例。

第三条　县级以上人民政府应当加强对地质灾害防治工作的领导，将地质灾害防治工作纳入国民经济和社会发展计划，建立健全防治工作责任制，组织有关部门开展地质灾害防治宣传教育，做好地质灾害防治工作。

乡（镇）人民政府、街道办事处应当按照相应职责做好本辖区内地质灾害防治工作。

第四条　县级以上人民政府国土资源主管部门负责本行政区域内地质灾害防治的组织协调和指导监督工作。

发展和改革、经济和信息化、住房和城乡建设（含规划，下同）、交通运输、教育、民政、环保、水利、林业、农业、卫生、煤炭、安全监管、旅游、文物、气象、电力监管、铁路等部门应当按照职责分工，做好相关领域地质灾害防治的组织实施工作。

第五条　因自然因素造成的地质灾害，由县级以上人民政府或者有关部门组织防治，其经费列入本级财政预算。

因采矿、工程建设等人为活动引发的地质灾害，由责任单位负责治理，承担治理费用；给他人造成损失的，依法予以赔偿。

第二章　地质灾害防治规划

第六条　本省实行地质灾害调查制度。

县级以上人民政府国土资源主管部门应当会同有关部门开展本行政区域内地质灾害调查，确定地质灾害隐患点，划定地质灾害易发区和地质灾害危险区，提出分类处置和分级管理的意见。

第七条　县级以上人民政府国土资源主管部门应当会同有关部门根据地质环境状况、区域地质灾害调查、地质灾害隐患点排查巡查结果，每5年组织编制一次地质灾害防治规划，向社会公示，经专家论证后报本级人民政府批准公布实施，并报上一级国土资源主管部门备案。

第八条　县级以上人民政府应当将城镇、人口集中居住区、自然保护区、风景名胜区、文物保护区、地质公园、大中型工矿企业所在地、交通干线、重点水利电力工程、输电输油（气）设施等作为地质灾害防护重点。

第九条　编制地质灾害易发区的城市和镇总体规划、乡规划、村庄规划，应当对规划区进行地质灾害危险性评估。

第三章　地质灾害预防

第十条　县级以上人民政府应当建立地质灾害监测预警体系，配备必要的技术装备，加强地质灾害监测、巡查、预警预报工作。

县级以上人民政府有关部门应当在各自领域开展地质灾害隐患排查巡查和地质灾害险情动态监测，实现信息共享。

第十一条　县级以上人民政府应当建设应急救援队伍，储备抢险救灾物资和装备，确定或者建设避灾安置场所，并定期检查和维护。

第十二条　县级人民政府应当建立县、乡（镇）、村地质灾害群测群防体系，明确地质灾害防治责任人和监测人，组织开展地质灾害隐患排查巡查和应急演练。

地质灾害易发区的乡（镇）人民政府、街道办事处应当制作、发放防灾工作明白卡和防灾避险明白卡。

地质灾害防护重点单位应当加强地质灾害监测，发现险情及时处理、报告。

第十三条　县级以上人民政府国土资源主管部门应当会同气象部门及时发布地质灾害气象预警预报。

其他单位或者个人不得擅自向社会发布地质灾害气象预警预报。

第十四条　在地质灾害易发区内进行工程建设，应当在可行性研究阶段进行地质灾害危险性评估，并将评估结果作为可行性研究报告的组成部分。可行性研究报告未包含地质灾害危险性评估结果，或者经评估认为不宜进行工程建设的，有关部门不得批准该工程建设的可行性研究报告。

对地质灾害易发区内已有的建(构)筑物，应当采取预防和保护措施。

第十五条　矿山企业或者建设单位应当根据地质灾害危险性评估结果，配套建设地质灾害治理工程。

配套建设的地质灾害治理工程，应当与主体工程同时设计、同时施工、同时验收。配套建设的地质灾害治理工程未经验收或者经验收不合格的，主体工程不得投入生产或者使用。

第十六条　除建设地质灾害防治工程外，在地质灾害危险区内禁止下列行为：

(一)新建居民点；

(二)新建、改建、扩建建设项目和矿山企业；

(三)爆破、削坡以及其他可能引发或者加重地质灾害的活动。

第四章　地质灾害应急

第十七条　县级以上人民政府以及地质灾害易发区的乡(镇)人民政府、街道办事处，应当按照国家规定组织编制突发性地质灾害应急预案，并向社会公布。

县级以上人民政府有关部门和地质灾害防护重点单位，应当编制专项突发性地质灾害应急预案。

第十八条　发生特大型、大型地质灾害险情或者灾情时，由省人民政府启动应急预案；发生中型地质灾害险情或者灾情时，由设区的市人民政府启动应急预案；发生小型地质灾害险情或者灾情时，由县级人民政府启动应急预案。

第十九条　发生地质灾害险情或者灾情后，当地人民政府、基层群众自治组织应当及时组织受到地质灾害威胁的居民以及其他人员开展自救、互救，转移到安全地带。情况紧急时，可以强行组织避灾疏散。

第二十条　县级以上人民政府应当根据地质灾害应急处置的需要，紧急调集人员，调用物资、交通工具和相关设施、设备，并妥善安排灾民生活。必要时，可以在抢险救灾区域范围内采取交通管制等措施。

第二十一条　地质灾害险情、灾情得到控制或者消除后，县级以上人民政府应当及时组织有关部门和专家分析地质灾害发生的原因，评估地质灾害的处置情况，提出地质灾害治理和灾后重建措施，并向社会公布。

第五章　地质灾害治理

第二十二条　实施露天开采的，矿山企业应当及时清除废弃矿渣，治理崩塌、滑坡等隐患，恢复植被、土地使用功能和生态环境。

实施地下开采的，矿山企业应当采取回填等措施，对采空区进行治理；造成地面塌陷的，应当平整、复垦土地，改良土壤，保护耕地。

第二十三条　采矿权人应当缴存矿山地质灾害防治保证金。

矿山地质灾害防治保证金是为促使采矿权人履行地质灾害防治义务缴存的担保性资金。

矿山地质灾害防治保证金的缴存、返还与使用，应当遵循企业所有、政府监管、专户储存、专款专用的原则。缴存标准、返还期限与使用的具体办法由省人民政府制定。

第二十四条　地质灾害治理工程应当按照国家规定实行项目法人制、招标投标制和工程监理制。因抢险救灾紧急实施的工程，可以由地质灾害发生地的县级以上人民政府有关部门报本级人民政府批准后，委托具有地质灾害治理工程资质的单位施工。

第六章　地质灾害避让搬迁

第二十五条　发生地质灾害险情或者灾情，不宜采取工程治理措施的，当地人民政府应当组织受地质灾害威胁的村(居)民避让搬迁。

因采矿造成地质灾害，需要实施避让搬迁的，其费用由该采矿企业承担。

第二十六条　组织村(居)民实施避让搬迁时，县级人民政府应当征求村(居)民的意见，编制搬迁安置方案，明确搬迁范围、安置地点、扶持政策、补助标准等事项，并向社会公布，接受社会监督。

第二十七条　县级人民政府或者其委托的乡(镇)人民政府、街道办事处应当事先与避让搬迁的村(居)民签订搬迁安置协议，就搬迁安置补助金额、安置用房面积、搬迁过渡方式和过渡期限、村民原有宅基地的处置、解决争议的方法等作出明确约定。

第二十八条　县级以上人民政府应当对搬迁安置用地予以保障。

搬迁安置用地应当符合地质灾害防治要求，节约集约用地。

第七章　法律责任

第二十九条　违反本条例规定的行为，法律、法规已有法律责任规定的，从其规定。

第三十条　违反本条例规定，除建设地质灾害防治工程外，在地质灾害危险区内新建居民点，新建、改建、扩建建设项目和矿山企业，从事爆破、削坡以及其他可能引发或者加重地质灾害活动的，由县级以上人民政府国土资源主管部门责令停止违法行为，对单位处5万元以上20万元以下的罚款，对个人处1万元以上5万元以下的罚款；构成犯罪的，依法追究刑事责任；给他人造成损失的，依法承担赔偿责任。

第三十一条　违反本条例规定，采矿权人不缴存矿山地质灾害防治保证金的，由县级以上人民政府国土资源主管部门责令其限期缴存；逾期不缴存的，不予办理采矿权转让、变更登记、延续登记等有关手续。

第三十二条　违反本条例规定，采矿企业不支付避让搬迁费用的，由县级人民政府责令其限期支付。

第三十三条　违反本条例规定，从事地质灾害防治工作的国家工作人员滥用职权、徇私舞弊、玩忽职守的，依法给予处分；构成犯罪的，依法追究刑事责任。

第八章　附　　则

第三十四条　本条例自2012年3月1日起施行。

山西省农作物种子条例

（2003年11月30日山西省第十届人民代表大会常务委员会第七次会议通过　根据2011年12月1日山西省第十一届人民代表大会常务委员会第二十六次会议关于修改部分地方性法规的决定修正）

第一条　为了保护和合理利用种质资源，规范农作物品种选育和农作物种子生产、经营、使用行为，维护农作物品种选育者和农作物种子生产者、经营者、使用者的合法权益，提高农作物种子质量，推动农作物种子产业化，促进种植业发展，根据《中华人民共和国种子法》，结合本省实际，制定本条例。

第二条　在本省行政区域内从事农作物品种选育、种质资源保护和农作物种子生产、经营、使用、管理等活动，适用本条例。

本条例所称农作物种子，是指农作物的种植材料或者繁殖材料，包括籽粒、果实和根、茎、苗、芽、叶等。

第三条　县级以上农业行政主管部门主管本行政区域内农作物种子工作，主要职责是：

（一）贯彻执行有关农作物种子的法律、法规和规章；

（二）编制农作物种子发展规划，组织实施农作物品种引进、区域试验、示范、繁育、推广计划，发布信息；

（三）负责农作物品种管理；

（四）核发、管理农作物种子生产、经营许可证，监督农作物种子生产、经营活动和种子质量；

（五）培训农作物种子专业技术人员和管理人员；

（六）依法查处生产、经营农作物种子的违法行为；

（七）法律、法规规定的其他职责。

县级以上农业行政主管部门所属的农作物种子管理机构负责农作物种子管理的具体工作。

第四条　县级以上人民政府应当将农作物种子管理工作经费列入同级财政预算。

省人民政府应当把种质资源保护及良种选育、引进、区域试验、生产和推广列入农业生产发展计划，并设立专项资金予以支持。

第五条　省人民政府、设区的市人民政府和地区行政公署应当建立农作物种子贮备制度，同级农业行政主管部门负责农作物种子贮备工作。

第六条　省农业行政主管部门应当加强种质资源库、种质资源保护区或者种质资源保护地的建设，保护和开发名、特、优种质资源和野生种质资源。

第七条　县级以上人民政府应当鼓励和支持单位和个人依法从事良种选育和开发，保护农作物新品种权所有人的合法权益。

第八条　主要农作物品种在推广应用前应当依照法定程序通过国家级或者省级审定。具体审定办法按照国家和本省有关规定执行。

选育和引进其他农作物品种实行认定制度。具体办法由省农业行政主管部门制定。

第九条　省农作物品种审定委员会承担本省农作物品种的审定和认定工作。申请审定或者认定农作物品种的，应当提供样品并承担成本费用。

通过省级审定的农作物品种，由省农作物品种审定委员会颁发审定证书，并由省农业行政主管部门公告。

第十条　从省外引进经引种地审定通过的主要农作物品种，应当由省农作物种子管理机构组织试验，并经省农业行政主管部门同意，方可在本省推广。

第十一条　从事农作物种子生产、经营活动的单位和个人，应当按照国家有关规定办理种子生产许可证和经营许可证。

第十二条　取得农作物种子生产许可证的单位和个人可以委托乡村集体经济组织、其他经济组织或者个人生产商品种子。委托方和受托方应当签订书面合同，履行合同约定。

委托生产商品种子的单位和个人有义务提供合格的亲本或者原种，负责技术指导，按照合同约定收购，承担因亲本或者原种质量和技术指导失误造成的损失；有权拒绝收购未按照种子生产技术规程或者合同约定的技术要求生产的不合格商品种子；有权获得因受托方责任造成的损失赔偿。

受委托生产商品种子的组织或者个人有义务按照种子生产技术规程或者合同约定的技术要求生产，接受技术指导，不得违反合同约定拒绝交售生产的商品种子或者销售给他人；有权按照合同约订获得商品种子生产的收益，有权获得因委托方责任造成的损失赔偿。

第十三条　从事农作物杂交制种、亲本繁殖和异花授粉作物（含常异交作物）种子繁殖的，应当按照农作物种子生产技术规程的要求建立隔离区。

第十四条　农作物种子经营者应当遵守有关法律、法规的规定，向种子使用者提供种子的特征特性、主要栽培措施、使用条件的说明与有关咨询服务，并对种子质量负责。

第十五条　农作物种子经营者可以在种子经营许可证的有效区域内委托有关单位和个人代销种子。代销种子的单位和个人不得再次委托代销种子。

任何单位和个人不得接受无种子经营许可证的单位或者个人的委托代销种子。

第十六条　生产、经营、贮藏、使用农作物种子应当进行质量检验。

农业行政主管部门可以委托农作物种子质量检验机构对种子质量进行检验。农作物种子质量检验机构应当具备国家规定的检测条件和能力，并经省级以上质量技术监督部门计量认证和省级以上农业行政主管部门考核合格。检验农作物种子质量应当按照国家规定的检验规程进行。

未经检验或者检验不合格的农作物种子，不得调出、调入和使用。

第十七条　从事农作物品种选育和农作物种子生产、经营以及管理的单位和个人应当遵守有关植物检疫法律、行政法规的规定，防止植物危险性病、虫、杂草及其他有害生物的传播和蔓延。

第十八条　因农作物种子质量发生纠纷的，当事人可以向所在地农作物种子质量检验机构提出检验申请。当事人对检验结果有异议的，可以在收到检验报告之日起15日内，向上一级农作物种子质量检验机构提出复检申请。

申请检验的，应当按照国家和省有关规定交纳费用。

第十九条　农作物种子使用者有权按照自己的意愿购买种子，任何单位和个人不得非法干预。

第二十条　农作物种子使用者因种子质量问题遭受损失的，出售种子的经营者应当予以赔偿，赔偿额包括购种价款、有关费用和可得利益损失。

有关费用包括因索赔形成的交通费、误工费、鉴定费等。

可得利益损失按照该作物实际产量与当地前三年平均产量的减产损失部分计算。

第二十一条　县级以上农业行政主管部门应当建立举报制度，接受农作物种子生产、经营违法行为的举报，并及时查处。

第二十二条　农作物种子执法人员依法执行公务时，应当出示行政执法证件。查处农作物种子生产、经营违法行为时，可以对农作物种子生产、经营、贮运场所实施现场检查；查阅、复制当事人证照、合同、发票等有关资料。

第二十三条　农作物种子生产者和经营者不得拒绝、阻挠、妨碍种子执法人员依法进行检查。

第二十四条　违反本条例第十条规定，未经试验和同意，擅自引种、推广省外主要农作物品种的，由县级以上农业行政主管部门责令停止引种、推广。造成严重后果的，可处以1万元以上5万元以下罚款。

第二十五条　违反本条例规定，有下列情形之一的，由县级以上农业行政主管部门责令改正，没收种子和违法所得，处以1000元以上1万元以下罚款；可以吊销种子经营许可证：

（一）农作物种子经营者超出种子经营许可证的有效区域委托代销农作物种子，给种子使用者造成损失的；

（二）接受无种子经营许可证的单位或者个人的委托代销种子的。

第二十六条　县级以上农业行政主管部门和种子管理机构及其工作人员，有下列行为之一的，对直接负责的主管人员和直接责任人员，由所在单位或者上级主管部门依法给予行政处分；构成犯罪的，依法追究刑事责任：

（一）参与和从事农作物种子生产、经营活动的；

（二）违反规定条件发放或者无正当理由拒绝发放农作物种子生产、经营许可证的；

（三）核发许可证和检验种子质量工作中乱收费的；

（四）侵犯农作物种子生产者、经营者、使用者合法权益的。

第二十七条　县级以上农业行政主管部门可以委托符合法定条件的农作物种子管理机构或者其他组织行使本条例规定的行政处罚权。

第二十八条　本条例自2004年1月1日起施行。1987年7月15日山西省第六届人民代表大会常务委员会第二十五次会议通过、1997年7月30日山西省第八届人民代表大会常务委员会第二十九次会议修改的《山西省农作物种子管理条例》同时废止。

山西省林木种子条例

（2003年11月30日山西省第十届人民代表大会常务委员会第七次会议通过
根据2011年12月1日山西省第十一届人民代表大会常务委员会第二十次会议关于修改部分地方性法规的决定修正）

第一条　为了保护和合理利用林木种质资源，规范林木品种选育和林木种子生产、经营、使用行为，维护林木品种选育者和林木种子生产者、经营者、使用者的合法权益，提高林木种子质量，促进林业的发展，根据《中华人民共和国种子法》，结合本省实际，制定本条例。

第二条　在本省行政区域内从事林木品种选育和林木种子生产、经营、使用、管理等活动，适用本条例。

本条例所称林木种子，是指林木的种植材料或者繁殖材料，包括籽粒、果实和苗木、根、茎、芽、叶等。

第三条　县级以上林业行政主管部门主管本行政区域内林木种子工作，主要职责是：

（一）贯彻执行有关林木种子的法律、法规和规章；

（二）编制并组织实施林木种子发展规划和年度计划，发布信息；

（三）负责林木种质资源的保护和管理，组织林木良种的研究、选育、开发和推广；

（四）核发、管理林木种子生产、经营许可证，监督林木种子生产、经营活动和林木种子质量；

（五）依法查处生产、经营林木种子的违法行为；

（六）法律、法规规定的其他职责。

县级以上林业行政主管部门所属的林木种子管理机构负责林木种子管理的具体工作。

第四条 县级以上人民政府应当将林木种子管理工作经费纳入同级财政预算。

第五条 各级人民政府应当鼓励选育、引进、使用良种，推广先进技术和开展技术指导、技术服务，奖励在林木良种选育、推广等工作中成绩显著的单位和个人。

省人民政府应当设立专项资金，用于扶持林木良种选育和推广。

第六条 省人民政府、设区的市人民政府和地区行政公署应当建立林木种子贮备制度，主要用于发生灾害和林木种子结实欠年时的生产需要。

第七条 国家林业重点工程造林应当优先选用当地的良种壮苗，并实行合同管理。

第八条 县级以上林业行政主管部门应当根据需要对下列种质资源确定保护范围，设立保护标志，加强保护和管理：

（一）优树、良种采穗圃、种子园、母树林、科学实验林、省级采种基地；

（二）优良林分和珍稀、濒危树种的林木种质资源。

第九条 县级以上林业行政主管部门应当定期组织林木种质资源调查，建立林木种质资源档案。

第十条 任何单位和个人不得侵占林木种子生产基地、良种基地和科研基地或者擅自变更其用途。

第十一条 主要林木品种在推广使用前应当依照法定程序通过国家级或者省级审定，申请者可以直接向省林木品种审定委员会或者国家林木品种审定委员会申请审定。

应当审定而未审定或者经审定未通过的，不得作为林木良种经营、推广。因生产确需使用，应当经省林业行政主管部门审核，报省林木品种审定委员会认定。

选育和引种非主要林木品种实行登记管理制度，具体办法由省林业行政主管部门制定。

第十二条 省林木品种审定委员会承担林木品种的审定、认定工作。申请审定或者认定林木品种的，应当提供样品并按规定支付成本费用。

通过审定的林木品种，由省林木品种审定委员会颁发良种证书，并由省林业行政主管部门公告。

第十三条 主要林木的商品种子生产实行许可制度。单位和个人申请领取林木种子生产许可证，应当按照《中华人民共和国种子法》的有关规定办理，并提供以下材料：

（一）主要林木商品种子生产许可证申请表；

（二）生产用地使用证明、采种林分证明；

（三）单位主要负责人或者个人身份证明；

（四）林木生产地点检疫证明；

（五）林木种子检验人员和生产技术人员资格证明；

（六）生产主要林木的商品种子目录。

生产林木良种的，还应当提供林木品种审定委员会颁发的林木良种证书复印件。

第十四条 林木种子经营实行许可制度。单位和个人申请领取林木种子经营许可证，应当按照《中华人民共和国种子法》的有关规定办理，并提供以下材料：

（一）林木种子经营许可证申请表；

（二）经营场所使用证明；

（三）林木种子加工、包装、贮藏设施设备和林木种子检验仪器权属证明；

（四）林木种子检验、加工和保管等技术人员资格证明或者培训合格证明；

（五）具有与经营林木种子种类和数量相适应的注册资金；

（六）单位主要负责人和个人身份证明；

（七）经营林木种子目录。

经营林木良种的，还应当提供省林木品种审定委员会颁发的林木良种审定证书复印件。

第十五条 省直森林经营局的林木种了生产、经营许可证由省林业行政主管部门核发。

第十六条 县级以上林业行政主管部门应当在收到林木种子生产、经营许可证的申请和有关材料之日起15个工作日内办理完毕。对符合条件的签署审核意见或者核发许可证；不符合条件的应当书面说明理由，退还有关材料。

第十七条 在国有、集体林内采集林木种子的，由当地林业行政主管部门或者省直森林经营局统一组织；在国家或者省林木种子生产基地采集种子的，由基地经营者组织。

禁止抢采掠青、毁坏母树，禁止在劣质林内、劣质母树上采集种子。

第十八条 生产、经营、贮藏、使用林木种子应当进行质量检验。林业行政主管部门可以委托林木种子质量检验机构对林木种子质量进行检验。林木种子质量检验机构应当具备国家规定的检测条件和能力，并经省质量技术监督部门计量认证和省林业行政主管部门考核合格。检验林木种子质量应当按照国家规定的检验规程进行。

未经检验或者检验不合格的林木种子，不得调出、调入和使用。

飞播造林使用的林木种子应当经省林木种子质量检验机构检验。

第十九条 从事林木品种选育和林木种子生产、经营以及管理的单位和个人应当遵守有关植物检疫法律、行政法规的规定，防止植物危险性病、虫害及其他有害生物的传播和蔓延。

第二十条 跨县以上行政区域调运林木种子应当附有林木种子植物检疫证书、质量检验合格证书、林木种子经营许可证副本或者复印件，同时应当附有标签。

第二十一条 林木种子经营者应当遵守有关法律、法规的规定，经营的林木种子必须符合国家或者省级质量标准，对种子质量负责。

第二十二条 因林木种子质量发生纠纷的，当事人可以向林木种子质量检验机构提出检验申请。当事人对检验结果有异议的，可在收到检验报告之日起15日内，向上一级林木种子质量检验机构提出复检申请。

申请检验的，应当按照国家和省有关规定交纳费用。

第二十三条　林木种子使用者因种子质量问题遭受损失的，出售种子的经营者应当予以赔偿，赔偿额包括购种价款、有关费用和可得利益损失。

有关费用包括因索赔形成的交通费、误工费、鉴定费等。可得利益损失按照购种价款和有关费用的3倍以上5倍以下计算。

第二十四条　县级以上林业行政主管部门应当建立举报制度，接受林木种子生产、经营违法行为的举报，并及时查处。

第二十五条　林木种子执法人员依法执行公务时，应当出示行政执法证件。查处林木种子生产、经营违法行为时，可以对林木种子生产、经营、贮运场所实施现场检查，查阅、复制当事人证照、合同、发票等有关资料。

第二十六条　违反本条例第十一条第二款规定，经营、推广应当审定而未经审定通过的林木种子的，由县级以上林业行政主管部门责令停止经营、推广，没收种子和违法所得，并处以1万元以上5万元以下罚款。

第二十七条　县级以上林业行政主管部门和种子管理机构及其工作人员，有下列行为之一的，对直接负责的主管人员和直接责任人员，由所在单位或者上级主管部门依法给予行政处分，构成犯罪的，依法追究刑事责任：

(一)参与和从事林木种子生产、经营活动的；

(二)违反规定条件核发或者无正当理由拒绝核发林木种子生产、经营许可证的；

(三)核发许可证和检验种子质量工作中乱收费的；

(四)侵犯林木种子生产者、经营者、使用者合法权益的。

第二十八条　县级以上林业行政主管部门可以委托符合法定条件的林木种子管理机构或者其他组织行使本条例规定的行政处罚权。

第二十九条　本条例自2004年1月1日起施行。1995年5月18日山西省第八届人民代表大会常务委员会第十五次会议通过的《山西省林木种子管理条例》同时废止。

山西省重点工业污染监督条例

(2007年9月26日山西省第十届人民代表大会常务委员会第三十三次会议通过
根据2011年12月1日山西省第十一届人民代表大会常务委员会第二十六次会议关于修改部分地方性法规的决定修正)

第一条　为加强重点工业污染监督，保护和改善生活与生态环境，促进经济和社会可持续发展，根据有关法律、法规，结合本省实际，制定本条例。

第二条　本条例所称重点工业污染是指本省行政区域内煤炭、火电、冶金、化工、焦化、建材、制药等行业的工业污染。

第三条　县级以上人民政府应当加强对重点工业污染监督工作的领导，制定任期内重点工业污染防治目标和年度实施计划，保证资金投入，采取有效措施，确保防治目标的实现和年度计划的完成。

各级人民政府对本行政区域的环境质量负责，其行政首长是重点工业污染监督工作的第一责任人。对重点工业污染防治工作各项指标完成情况进行定期考核，具体考核办法由省人民政府制定。

各级人民政府应当每年向同级人民代表大会或者其常务委员会报告重点工业污染防治工作以及任期内的重点工业污染防治工作目标实现情况。

第四条　县级以上人民政府环境保护行政主管部门对本行政区域内重点工业污染防治工作实施统一监督管理，有关部门在各自职责范围内对重点工业污染防治工作实施监督管理。

环境保护管理工作实行分级管理和属地管理相结合的原则。

省人民政府环境保护行政主管部门对设区的市、环保治理重点县(市、区)人民政府，设区的市环境保护行政主管部门对县(市、区)人民政府执行环保法律、法规情况进行监督。

第五条　公众对重点工业污染监督工作享有知情权、参与权和监督权。

排污企业应当依照有关规定公开相关信息，听取公众意见，接受公众监督。

环境保护行政主管部门对公众提出的意见，应当研究处理，给予答复并说明理由。

第六条　各级人民政府应当对在重点工业污染防治工作中作出显著成绩的单位和个人，给予表彰或者奖励。

第七条　任何单位和个人都有权对污染环境的行为及环境保护行政主管部门的违法违纪行为进行检举和控告。

任何组织和个人不得打击报复检举人、控告人。

检举人、控告人反映的情况，经查证属实后，有关行政机关和单位应当给予奖励。

第八条　县级以上人民政府及其有关部门对其组织编制的有关规划，应当组织进行环境影响评价，并报送规划审批机关。

县级以上人民政府及有关部门应当按照有关规划和节约能源、减少污染物排放总量的要求，组织开发建设。

第九条　实行主要污染物排放总量控制制度。

各级人民政府及有关部门应当制定污染物减排计划，并逐级分解排污总量。

排污企业应当采取有效措施，确保主要污染物排放总量控制在核定指标内。

环境保护行政主管部门应当将主要污染物排放总

量完成情况定期向社会公布。

第十条 禁止在生活饮用水水源一级保护区内设置排污口和建设与供水设施和保护水源无关的项目；禁止在自然保护区的核心区和缓冲区建设任何生产设施。

禁止在城镇规划区、自然保护区的实验区、湿地保护区、风景名胜区、人文遗迹区和其他需要特别保护的区域内建设污染环境的生产及流通设施。

第十一条 建设项目应当进行环境影响评价，环境影响评价文件报经有审批权的环境保护行政主管部门审批。

环境影响评价文件经批准后，建设项目的性质、规模、地点或者采用的生产工艺发生重大变化的，应当重新报批环境影响评价文件；环境影响评价文件自批准之日超过3年方开工建设的，其环境影响评价文件应当报原审批机关重新审核。

建设项目环境影响评价文件未经批准或者重新审核同意的，项目审批部门不得办理相关手续。

在项目建设、运行过程中不符合经审批的环境影响评价文件要求的，建设单位应当组织环境影响的后评价，采取改进措施，并报原环境影响评价文件审批部门和建设项目审批部门备案；原环境影响评价文件审批部门应当责成并监督建设单位采取改进措施。

第十二条 建设项目环境影响评价文件审批实行区域、流域限批制度。对超过污染物总量控制指标或者对生态破坏严重、尚未完成生态恢复任务的区域、流域区段，暂停对污染防治设施和循环经济类以外所有建设项目环境影响评价文件的审批。

第十三条 排污企业已投产项目未完成排污总量削减任务、排放污染物超过国家和地方规定的污染物排放标准或者总量控制指标的，环境保护行政主管部门不得审批其新增污染环境的建设项目环境影响评价文件。

第十四条 环境保护行政主管部门应当在当地主要媒体上对建设单位报批的环境影响评价文件进行公示，广泛征求有关单位、专家和公众的意见。

环境保护行政主管部门应当按照法律、法规、规章和相关环境影响评价技术规范的规定，对环境影响评价文件进行审查。法律、法规、规章和相关环境影响评价技术规范对环境影响评价文件中的有关内容尚未作规定的，环境保护行政主管部门应当组织专家进行论证。

环境保护行政主管部门应当在规定的期限内作出审批决定。

第十五条 环境影响评价机构应当按照有关规定，从事建设项目环境影响评价服务，并对其评价结论负责。

第十六条 建设单位应当按照项目环境影响评价文件审批决定的要求，采取污染物减排措施，配套建设环境保护设施。

本条例所称的环境保护设施包括：

(一)废水、废气、固体废物、粉尘、烟尘、恶臭气体、放射性物质、噪声、振动、电磁辐射等污染的防治设施；

(二)污染物排放计量仪器和监测采样装置；

(三)污染源在线监测装置和污染防治设施运行监控装置；

(四)各类环境保护标识；

(五)环境风险防范和应急设施；

(六)法律、法规和规章规定的其他环境保护装置、设备和设施。

第十七条 重点工业污染防治设施建设实行环境工程监理制度。建设单位应当委托具有相应专业监理资质的机构，对污染防治设施建设施工进行现场监理。

第十八条 建设项目确需试生产或者试运行的，建设单位应当向原审批环境影响评价文件的环境保护行政主管部门申请建设项目试生产或者试运行。环境保护行政主管部门应当根据环境影响评价文件审批决定提出的环境保护措施落实情况，在受理建设项目试生产或者试运行申请之日起20日内作出审批决定，并书面通知申请人；不予批准的，应当说明理由。

建设项目经批准试生产或者试运行后，主体工程方可带负荷运行。

建设项目试生产或者试运行期间，配套建设的环境保护设施应当与主体工程同时投入试运行，排放的污染物应当符合环境保护行政主管部门对试生产、试运行审批决定规定的要求。

第十九条 建设项目竣工后，建设单位应当向环保部门申请环境保护设施竣工验收。需要进行试生产的建设项目，建设单位应当自建设项目投入试生产之日起3个月内，向原审批环境影响评价文件的环境保护行政主管部门申请建设项目环境保护设施竣工验收。环境保护设施未经验收或者验收不合格的，主体工程不得正式投入生产或者使用。

建设项目在试生产或者试运行期满时生产负荷达不到验收要求的，经审批该建设项目环境影响评价文件的环境保护行政主管部门同意，可以先按实际生产负荷，进行环境保护设施阶段性竣工验收。待建设项目生产达到规定负荷后，建设单位应当申请环境保护设施正式验收。

环境保护设施竣工验收按照国家和本省有关规定执行。环境保护行政主管部门在建设项目竣工验收阶段，应当对建设项目污染物的排放情况进行监测，监测不合格的，不予通过验收。

第二十条 排污企业应当实施清洁生产，使用清洁能源和原料，采用先进工艺技术与设备，改善管理，提高资源利用率，减少或者避免生产过程中污染物的产生和排放。

排污企业应当实施清洁生产审核，作为评价企业环境行为等级的依据。

第二十一条 排污企业应当依法向县级以上人民政府环境保护行政主管部门进行排污申报登记。

需要领取排污许可证的，依照国家有关规定领取。建设项目试生产或者限期治理期间，领取临时排污许可证；试生产期满或者完成限期治理任务后，换领排污许可证。

禁止无排污许可证排放污染物。

第二十二条　排污企业应当按照有关规定缴纳排污费。

排污费必须专款专用，任何单位和个人不得挪作他用。

第二十三条　排污企业应当保证防治污染设施正常运行，不得擅自拆除、闲置或者故意不正常使用；确有必要拆除或者闲置的，必须事先报县级以上人民政府环境保护行政主管部门批准。

第二十四条　市、县（市、区）人民政府应当根据省人民政府的要求，建立全省统一的重点工业污染自动监控系统。排污企业应当在规定期限内安装污染自动监测设施，并与全省统一的污染自动监控系统联网，确保正常运行。

县级以上人民政府环境保护行政主管部门应当通过污染自动监控系统依法对排污企业采取监控措施。

第二十五条　排污企业超过国家和地方规定的污染物排放标准或者总量控制指标排放污染物的，由省、设区的市人民政府环境保护行政主管部门或者县级人民政府作出限期治理决定。

限期治理的期限最长不得超过一年。因不可抗力情形需要延长的，应当经原作出限期治理决定的省、设区的市人民政府环境保护行政主管部门或者县级人民政府批准，延长期限最长不得超过6个月。

第二十六条　限期治理的排污企业应当制定治理计划，定期报送治理情况，完成治理的，由环境保护行政主管部门验收。

限期治理期间，应当采取限制生产、限制排放、停止生产等措施，使其污染物排放符合限期治理决定规定的排放要求。

逾期未完成限期治理任务的，由县级以上人民政府责令停业、并闭，并予以公告。

第二十七条　县级以上人民政府应当组织编制突发环境事件应急预案，有关部门应当制定本系统突发环境事件应急预案，做好处置突发环境事件的各项准备工作。

可能发生重大环境污染事故的排污企业，应当制定环境污染事故应急方案，并报当地环境保护行政主管部门备案。环境保护行政主管部门应当对应急方案进行检查。

第二十八条　因发生事故或者其他突发性事件，造成或者可能造成污染事故的单位，必须立即采取措施处理，及时通报可能受到污染危害的单位和居民，并向当地人民政府或者环境保护行政主管部门报告。

接到事故报告后，当地人民政府及其有关部门必须启动应急预案，采取强制性应急措施，减轻或者消除污染。

第二十九条　重点工业污染监督管理实行政府组织、环保部门牵头、有关部门配合的联合执法制度，建立环境违法违纪案件移送机制。

第三十条　排污企业执行环境保护法律、法规的情况，应当纳入全省统一的企业信用信息体系。污染物超标排放或者污染物排放超过总量控制指标的污染严重的企业名单，环境保护行政主管部门应当在当地主要媒体上定期公布，接受公众监督。

第三十一条　县级以上人民政府对环境保护行政主管部门，环境保护行政主管部门对所属执法人员的行政执法情况，应当定期考核。

各级人民政府及环境保护行政主管部门从事环境保护执法活动，应当依照法律、法规的规定，接受同级人民代表大会及其常务委员会的监督。

监察机关依法对下一级人民政府、环境保护行政主管部门及其人员遵守和执行法律、法规情况实施监察。

第三十二条　违反本条例第十条规定的在建项目，由县级以上人民政府环境保护行政主管部门责令停止建设，恢复原貌；已投入生产的，由县级以上人民政府责令限期搬迁。

逾期不停止建设、恢复原貌或者未搬迁的，由县级以上人民政府强制拆除。强制拆除的费用由排污企业承担。

上述区域划定前已经批准的建设项目停止建设或者搬迁的，由县级以上人民政府予以补偿。

第三十三条　违反本条例第十一条规定，有下列行为之一的，由有权审批该建设项目环境影响评价文件的环境保护行政主管部门按照以下规定处理：

（一）建设单位未依法报批或者重新报批环境影响评价文件，擅自开工建设的，责令停止建设，限期补办手续；逾期不停止建设、不补办手续的，可处以5万元以上20万元以下的罚款；

（二）建设项目环境影响评价文件未经批准或者重新审核同意，擅自开工建设的，责令停止建设，可处以5万元以上20万元以下的罚款。

第三十四条　违反本条例第十五条规定，环境影响评价机构在环境影响评价工作中不负责任或者弄虚作假，致使环境影响评价文件失实的，依法由授予环境影响评价资质的环境保护行政主管部门降低其资质等级或者吊销其资质证书，并处所收费用1倍以上3倍以下的罚款；构成犯罪的，依法追究刑事责任。

第三十五条　违反本条例第十八条第二款规定，建设项目未经批准试生产或者试运行，主体工程擅自带负荷运行的，由审批该项目环境影响评价文件的环境保护行政主管部门责令停止试生产或者试运行，并处1万元以上10万元以下的罚款。

违反本条例第十八条第三款规定，建设单位在试生产或者试运行期间，污染物排放不符合试生产、试运行审批决定规定的排放要求的，由审批该项目环境影响评价文件的环境保护行政主管部门责令停止试生产或者试运行，可以并处1万元以上10万元以下的罚款。

第三十六条　违反本条例第十六条、第十九条的规定，建设项目配套建设的环境保护设施未建成、未经验收或者经验收不合格，擅自投入生产或者使用的，由审批该建设项目环境影响评价文件的环境保护行政主管部门责令停止生产或者使用，处10万元以下的罚款。

第三十七条　违反本条例第二十一条规定，未取得排污许可证排放主要污染物的，由环境保护行政主管部门责令改正；未按照排污许可证的规定排放主要污染物的，由颁发许可证的环境保护行政主管部门按照有关法律、法规的规定处理。

第三十八条　对列入淘汰名录，造成严重环境污染的工业生产设施，由县级以上人民政府环境保护行政主管部门责令拆除。逾期不拆除，可能使当事人转移财物或者逃避法定义务的，采取查封、扣押或者没收生产设施、设备、运输工具、物品等措施。

第三十九条　排污企业不履行县级以上人民政府及其环境保护行政主管部门作出的责令停业、关闭、停止建设、停止试生产、停止生产或者使用等决定的，可以依法及时采取有效的行政措施。具体办法由省人民政府制定。

第四十条　县级以上人民政府及其环境保护等有关行政主管部门的工作人员违反本条例规定，有下列行为之一的，由所在单位或者上级主管部门给予行政处分；构成犯罪的，依法追究刑事责任。

（一）违反环境保护法律、法规，出现重大决策失误，造成环境严重污染的；

（二）违法审批、包庇、纵容违法排污企业的；

（三）对环境违法行为查处不力，造成严重后果的；

（四）其他玩忽职守、滥用职权、徇私舞弊的。

第四十一条　违反本条例规定，法律、法规有处罚规定的，从其规定。

第四十二条　本条例自 2007 年 11 月 1 日起施行。

山西省反不正当竞争条例

（1996 年 9 月 23 日山西省第八届人民代表大会常务委员会第二十四次会议通过
根据 2011 年 12 月 1 日山西省第十一届人民代表大会常务委员会第二十六次会议关于修改部分地方性法规的决定修正）

第一章　总　　则

第一条　为保障社会主义市场经济健康发展，鼓励和保护公平竞争，制止不正当竞争行为，保护经营者和消费者的合法权益，根据《中华人民共和国反不正当竞争法》和其他有关法律、行政法规的规定，结合本省实际，制定本条例。

第二条　凡在本省行政区域内从事商品经营或者营利性服务（以下所称商品包括服务）的法人、其他经济组织和个人（以下简称经营者），均须遵守本条例。

第三条　县级以上人民政府工商行政管理部门对不正当竞争行为进行监督检查；法律、行政法规规定由其他部门监督检查的，依照其规定执行。

第四条　各级国家机关应当鼓励、支持和保护一切组织和个人对不正当竞争行为进行监督。

国家机关工作人员不得支持、包庇不正当竞争行为。

对举报、协助查处不正当竞争行为的组织和个人，监督检查部门应当为其保密，并按有关规定给予奖励。

第二章　不正当竞争行为

第五条　经营者不得有下列假冒他人注册商标的行为：

（一）未经注册商标所有人许可，在同一种商品或者类似商品上使用与其注册商标相同或者近似的商标；

（二）伪造、擅自制造他人注册商标标识；

（三）销售明知是假冒注册商标的商品或者销售伪造、擅自制造的注册商标标识。

任何单位或者个人不得与假冒他人注册商标行为人通谋，为其提供制造、销售、使用、仓储、运输、邮寄、隐匿等便利条件。

第六条　经营者不得擅自使用知名商品特有的或者使用与知名商品近似的名称、包装、装潢，造成与他人的知名商品相混淆，使购买者误认为是该知名商品。

第七条　经营者不得擅自使用他人的企业名称或者姓名及其标志、文字、图形、代号，引人误认为是他人的商品。

第八条　经营者不得采用下列手段对商品质量作引人误解的虚假表示：

（一）伪造或者冒用认证标志、名优标志等质量标志，使用被取消的或者已失效的质量标志；

（二）使用的质量标志与实际获得的质量标志不符；

（三）伪造或者冒用质量检验合格证明、许可证标志和编号、条形码或者监制、研制单位；

（四）伪造或者冒用他人厂名（含商号）、厂址、产地（含农副产品的生长地、养殖地等）；

（五）对商品的性能、用途、数量、规格、等级、制作成分及其含量作不真实标注；

（六）伪造商品生产日期、安全使用期和失效日期或者对日期作模糊标注；

（七）不标明商品厂名、厂址、产地或者作模糊标注。

第九条　经营者不得利用广告或者下列方法，对商品的质量、制作成分、性能、用途、生产者、有效期限、产地等作引人误解的虚假宣传：

（一）对商品作虚假的现场演示或者说明；

（二）在经营场所对商品作虚假的文字标注或者说明；

（三）伙同或者指使他人冒充顾客进行欺骗性销售诱导；

（四）张贴、散发、邮寄虚假的商品说明书和其他宣传品；

（五）通过大众传播媒介作虚假的宣传报道；

（六）其他虚假宣传行为。

广告的经营者、发布者不得制作、发布虚假广告。

大众传播媒介不得对商品作虚假宣传报道。

第十条　经营者不得采用给予财物或者提供旅游度假、房屋装修、学习费用、住房使用权等使对方受益的手段进行贿赂以销售或者购买商品。

第十一条　经营者不得采用下列手段侵犯他人商业秘密：

（一）以盗窃、利诱、胁迫或者其他不正当手段获取权利人的商业秘密；

（二）披露、使用或者允许他人使用以前项手段获取的权利人的商业秘密；

（三）违反约定或者违反权利人有关保守商业秘密的要求，披露、使用或者允许他人使用其所掌握的商业秘密。

第三人明知或者应知前款所列违法行为，获取、使用或者披露他人的商业秘密，视为侵犯商业秘密。

第十二条　经营者从事有奖销售活动，不得对所设奖的内容和提供方法作虚假表示，也不得利用有奖销售手段推销质次价高的商品。

第十三条　抽奖式有奖销售，最高奖的金额不得超过 5000 元。以实物或者其他形式作奖励的，按照同期市场价格折算金额，不得超过 5000 元。

经营者举办抽奖式的有奖销售活动，应当在举办 10 日前，到举办地的工商行政管理机关备案。

第十四条　广告的经营者、发布者不得代理、设计、制作、发布违反本条例规定的有奖销售广告。

第十五条　公用企业或者其他依法具有独占地位的经营者，不得实施下列限制公平竞争的行为：

（一）限定用户只能购买、使用其提供或者指定经营者生产、销售的商品；

（二）以检验商品质量、性能等为借口，阻碍用户购买、使用其他经营者生产、销售的符合技术标准要求的商品；

（三）其他限制竞争行为。

公用企业或者其他依法具有独占地位经营者不得对抵制其限制竞争行为的用户，拒绝、中断、拖延、削减提供必要的商品或者加收费用。

第十六条　各级人民政府及其所属部门以及依法行使行政管理职能的单位不得滥用行政权力实施下列限制公平竞争的行为：

（一）限定经营者销售商品的范围、方式、对象、数量；

（二）限定他人购买其指定的经营者的商品；

（三）限制和排挤经营者正当的经营活动；

（四）与经营者联手推行限制其他经营者的某种认证标志、质量标志、保险标志；

（五）采用设立关卡、另立检验标准、增加审批手续等手段，限制外地商品进入本地市场或者本地商品流向外地市场。

第十七条　投标者不得采用下列手段串通投标：

（一）相互约定抬高或者压低投标报价；

（二）相互约定在招标项目中轮流中标；

（三）其他损害招标者利益或者社会公共利益的手段。

第十八条　投标者和招标者不得联手进行下列排挤竞争对手的行为：

（一）擅自开启标书，获取其他投标者的报价或者其他投标条件；

（二）在公开招标时抬高或者压低标价；

（三）非法获取或者泄露招标底价等暂不公开的信息；

（四）在审查、评选标书时同样的标书差别对待；

（五）在招标过程中的其他舞弊行为。

第三章　监督检查

第十九条　县级以上监督检查部门必须按照行政程序的有关规定对不正当竞争行为进行查处。

上级监督检查部门可以直接查处下级监督检查部门管辖的案件。

对公用企业或者其他依法具有独占地位的经营者的不正当竞争行为，由省、设区的市和地区行政公署的监督检查部门查处。

第二十条　监督检查部门工作人员在执行公务时，应当出示统一制发的检查证件。对不出示证件的，被检查者有权拒绝检查。

第二十一条　监督检查部门在监督检查不正当竞争行为时，被检查的经营者、利害关系人和证明人应当如实提供有关资料或者情况。

监督检查部门在监督检查不正当竞争行为的过程中，对经营者的商业秘密，应当予以保密。

监督检查部门在查处不正当竞争行为活动中，不得对同一违法行为给予两次以上罚款，不得因经营者申辩而加重处罚。

第二十二条　经营者的合法权益受到不正当竞争行为侵害时，可以向监督检查部门申诉。监督检查部门自收到申诉之日起 15 日内作出是否受理的决定，监督检查部门应当自决定受理之日起 3 个月内作出处理决定；案情复杂的，经上一级监督检查部门批准，可以适当延长处理时限，最多不超过 2 个月。

第四章　法律责任

第二十三条　经营者违反本条例第五条、第八条规定的，依照《中华人民共和国商标法实施细则》和《中华人民共和国产品质量法》的规定处罚。

第二十四条　经营者违反本条例第六条、第九条第一款、第十条和第十五条规定的，依照《中华人民共和国反不正当竞争法》第二十一条第二款、第二十四条、第二十二条、第二十三条予以处罚。

广告的经营者、发布者违反本条例第九条第二款规定的，责令停止违法行为，没收广告费用，并处广告费用1倍以上5倍以下罚款。

第二十五条　经营者违反本条例第七条规定的，没收违法所得，可以根据情节处以违法所得1倍以上3倍以下的罚款。

第二十六条　经营者违反本条例第十一条、第十七条、第十八条规定的，责令停止违法行为，可以根据情节处以1万元以上20万元以下的罚款。

经营者违反本条例第十七条、第十八条规定的，其中标无效。

第二十七条　经营者违反本条例第十二条、第十三条第一款规定的，责令停止违法行为，可以根据情节处以1万元以上10万元以下的罚款。

第二十八条　政府及其所属部门以及依法行使行政管理职能的单位违反本条例第十六条规定的，由监督检查部门建议其上级机关责令其改正；情节严重的，由有管辖权的机关对其负责人和直接责任人员给予行政处分。

被指定的经营者借此销售质次价高商品或者滥收费用的，由监督检查部门没收违法所得，可以根据情节处以违法所得1倍以上3倍以下的罚款。

第二十九条　不正当竞争行为的当事人到期不缴纳罚款的，监督检查部门可以每日按罚款数额的3‰加处罚款，或者根据法律规定将查封、扣押的财物拍卖抵缴罚款，也可以申请人民法院强制执行。

第三十条　拒绝、阻碍监督检查部门工作人员依法执行职务，违反治安管理规定的，依照治安管理处罚条例的规定处罚；构成犯罪的，依法追究刑事责任。

第三十一条　当事人对监督检查部门作出的具体行政行为不服的，可以依法申请行政复议或者提起行政诉讼。

第三十二条　监督检查部门的工作人员滥用职权、玩忽职守、徇私舞弊，支持、包庇不正当竞争行为的，由主管部门或者上级部门对直接负责的主管人员或其他直接责任人员给予行政处分；构成犯罪的，依法追究刑事责任。

第五章　附　　则

第三十三条　本条例所称的商业秘密，是指不为公众所知悉，能为权利人带来经济利益，具有实用性并经权利人采取保密措施的技术信息、经营信息，包括设计、程序、产品配方、制作工艺、制作方法、客户名单、货源情报、经营策略、招投标中的标底及标书内容等信息。

第三十四条　本条例具体应用中的问题，由省人民政府负责解释。

第三十五条　本条例自公布之日起施行。

山西省合同监督管理条例

（2002年9月28日山西省第九届人民代表大会常务委员会第三十一次会议通过　根据2011年12月1日山西省第十一届人民代表大会常务委员会第二十六次会议关于修改部分地方性法规的决定修正）

第一条　为了维护市场经济秩序，保护国家利益，社会公共利益和合同当事人的合法权益，根据《中华人民共和国合同法》和其他有关法律、法规的规定，结合本省实际，制定本条例。

第二条　本条例适用于工商行政管理部门和其他有关行政主管部门查处利用合同危害国家利益和社会公共利益的违法行为，监督合同格式条款，开展合同指导服务。

第三条　工商行政管理部门和其他有关行政主管部门履行服务和监督职责时，应当尊重和保护合同当事人依法享有的权利。

第四条　法人和其他组织应当加强本单位合同的管理，建立健全合同管理制度。

第五条　鼓励合同当事人在订立书面合同时，使用国家合同示范文本。

国家合同示范文本，由省工商行政管理部门监制，但国家发布机关另有规定的除外。任何单位和个人不得擅自印制和销售合同示范文本。

合同示范文本不适用本行业、本单位的特殊情况，当事人确需自行印制合同文本的，应当报省工商行政管理部门备案，印制的合同文本，只限本单位使用。

第六条　县级以上人民政府应当加强和推进合同信用制度建设，引导合同当事人自觉遵循公平和诚实信用原则。

工商行政管理部门和其他有关行政主管部门应当根据各自的职责，逐步建立、完善信用信息公开查询系统和信用评价社会体系，向社会提供查询、指导服务。

工商行政管理部门应当组织开展“守合同、重信用”活动，建立企业信用档案，对违反诚实信用原则的，可以向社会公告。

第七条　工商行政管理部门对合同模式条款进行监督；其他有关行政主管部门在各自职责范围内，做好合同模式条款监督工作。

本条例所称格式条款，是指当事人为了重复使用而预先拟定，并在订立合同时未与对方协商的条款。

商业广告、通知、声明、店堂告示、凭证、单据等内容符合要约规定和前款规定的，视为格式条款。

第八条　提供格式条款的一方应当遵循公平原则，不得以优势地位作出侵害对方合法权益的不公平、不合理规定。

第九条　格式条款含有免除或者限制自身责任内

容的，提供方应当在合同订立前，用清晰、明白的语言或者文字提请对方注意。

通知、声明、店堂告示等还应当设在醒目位置。

格式条款不得含有免除提供方下列责任的内容：

（一）造成对方人身伤害的责任；

（二）因故意或者重大过失造成对方财产损失的责任；

（三）对提供的商品或者服务依法应当承担的保证责任；

（四）依法应当承担的其他责任。

第十条　下列合同采用格式条款的，提供方应当在格式条款制定后30日内报其所在市（地）工商行政管理部门备案：

（一）旅游合同；

（二）供电、供水、供气、供热合同；

（三）运输合同；

（四）有线电视、邮政、电信合同；

（五）消费贷款、人身财产保险合同。经备案的格式条款内容需要变更的，提供方应当将变更后的格式条款重新备案。

第十一条　合同当事人在抵押合同订立后应当依法到有关部门办理抵押物登记；当事人延长债务履行期限的，应当到原登记部门办理抵押物变更登记；抵押物产权变更的，抵押人应当通知抵押权人，当事人应当到原登记部门办理变更或者注销登记；合同履行完毕，当事人应当办理注销登记。

当事人不得提交虚假证明文件或者采取其他欺骗手段，骗取抵押物登记。

第十二条　工商行政管理部门可以根据合同当事人的申请，对合同争议进行调解。

调解成立的，双方当事人应当签署调解协议或者订立新的合同；调解不成立或者当事人不履行调解协议的，可以根据仲裁协议向仲裁机构申请仲裁，或者向人民法院起诉。

第十三条　合同当事人不得有下列危害国家利益、社会公共利益的行为；

（一）利用合同倒卖国家禁止或者限制流通的物品；

（二）利用合同恶意串通侵占国家财产；

（三）采取贿赂、欺诈、胁迫的手段订立、履行合同，侵占国家财产；

（四）利用合同低价折股或者无偿、低价转让国家财产；

（五）擅自变更或者解除国家订货合同；

（六）利用发包、分包、转包等合同牟取非法利益；

（七）利用拍卖、政府采购、招标投标等合同牟取非法利益；

（八）其他利用合同危害国家利益、社会公共利益的行为。

第十四条　合同当事人不得实施下列欺诈行为，扰乱社会经济秩序；

（一）虚构合同主体或者盗用、冒用其他组织或者个人名义签订合同；

（二）伪造合同，虚构货源、合同标的物、质量标准；

（三）故意交付部分货物（货款）骗取全部货款（货物），或者骗取货款（货物），拒不交付货物（货款）；

（四）定作方无正当理由终止履行合同，不退还所收定金、质量保证金、履约保证金、预付款、材料款等费用，或者拒不支付加工费的；

（五）利用虚假广告的信息，诱人签订合同，骗取中介费、立项费、培训费、质量保证金等费用；

（六）非法为他人提供盖有公章的空白合同文本、证件和银行账号；

（七）其他利用合同的欺诈行为。

第十五条　工商行政管理部门和其他有关行政主管部门在监督检查利用合同实施的违法行为时，当事人应当如实提供与合同有关的情况和资料。涉及商业、技术秘密的，监督检查人员应当为其保守秘密。

第十六条　工商行政管理部门和其他行政主管部门在各自职责范围内，对违反本条例规定的行为进行查处时，依法行使下列职权；

（一）对当事人的经营场所或者违法物品存放的场所实施现场检查，根据情况可以先行登记、抽样取证或者责令暂停销售；

（二）查阅、复制或者暂扣当事人与违法合同有关的发票、账册、凭证、业务函电和其他有关资料，涉及国家秘密的，依照有关法律、法规的规定执行；

工商行政管理部门和其他行政主管部门行使前款规定的职权时，当事人应当予以协助和配合，不得拒绝、阻挠。

第十七条　任何单位和个人不得为他人实施本条例第十三条、第十四条所列的违法行为提供证明、营业执照、印章、账户、凭证以及其他便利条件。

第十八条　对利用合同实施的违法行为，任何单位和个人都有权举报。有关部门对举报者应当予以保护和鼓励。

第十九条　违反本条例第五条第二款、第十一条、第十七条规定的，由工商行政管理部门或者其他行政主管部门按照国家有关规定处理。

第二十条　违反本条例第九条第一款、第十条规定的，由工商行政管理部门责令格式条款提供方限期改正；逾期不改的，给予警告，可并处500元以上5000元以下罚款。

第二十一条　违反本条例第十三条、第十四条规定的，由工商行政管理部门或者其他有关行政主管部门视情节轻重，给予警告，没收违法所得，处以3000元以上5万元以下罚款；构成犯罪的，依法移送司法机关处理。

第二十二条　工商行政管理部门和其他有关行政主管部门的工作人员滥用职权、玩忽职守、徇私舞弊的，由其所在单位或者上级主管机关给予行政处分；构成犯罪的，依法追究刑事责任。

第二十三条　本条例自2002年12月1日起施行。1995年9月21的山西省第八届人民代表大会常务委员会第十七次会议通过的《山西省经济合同监督管理条例》同时废止。

山西省高速公路管理条例

（2005年12月2日山西省第十届人民代表大会常务委员会第二十一次会议通过 根据2011年12月1日山西省第十一届人民代表大会常务委员会第二十六次会议关于修改部分地方性法规的决定修正）

第一章 总　则

第一条　为了加强高速公路管理，保障高速公路完好、安全和畅通，维护高速公路投资者、经营者和使用者的合法权益，根据有关法律、法规，结合本省实际，制定本条例。

第二条　本条例适用于本省行政区域内高速公路的养护、经营、使用和管理。

第三条　高速公路的管理应当遵循集中、统一、安全、高效、便民的原则。

第四条　省交通主管部门主管全省高速公路工作，其所属的省高速公路管理机构负责高速公路管理的具体工作。

省人民政府其他有关部门和高速公路沿线各级人民政府应当协助做好高速公路的管理工作。

第五条　取得高速公路收费权或者利用贷款、集资建设高速公路经批准收取车辆通行费的单位（以下统称高速公路经营单位），应当依法从事高速公路养护、收费、经营、服务等活动。

第六条　省公安机关负责全省高速公路的交通安全管理工作。

省公安机关交通管理部门具体负责高速公路的交通秩序、交通事故处理和治安管理工作。

第二章 养护管理

第七条　高速公路经营单位应当按照高速公路的技术规范和操作规程，做好高速公路养护工作，保证高速公路经常处于良好的技术状态。

高速公路经营单位应当对高速公路及其附属设施进行巡查和检测。发现危及高速公路安全运行状况的，应当及时组织修复或者采取措施排除险情。

第八条　省高速公路管理机构应当对高速公路的养护质量及其附属设施的状况进行检查。对达不到高速公路养护技术规范的，应当责成高速公路经营单位限期采取相应措施。

第九条　在高速公路上从事养护作业，施工路段工作面超过2公里且相邻工作面的间距少于10公里的，高速公路经营单位应当编制施工路段现场管理预案，报省高速公路管理机构和省公安机关交通管理部门备案，并在施工前7日通过新闻媒体和高速公路可变信息板发布施工地点、起止时间等有关信息。

第三章 服务与收费

第十条　高速公路经营单位应当健全制度，加强管理，公开办事程序，接受社会监督，保障服务设施完好，为通行车辆及人员提供安全、快捷、文明的服务。

第十一条　高速公路服务区应当根据实际需要，提供住宿、餐饮、车辆维修、加油等经营性服务和停车、洗手间等公益性服务。

第十二条　高速公路经营单位应当建立快速清障、救援机制，保障救援电话畅通。接到清障、救援信息后，应当立即通知有关单位和人员赶赴现场处理，并及时清障。

实施清障、救援可以按照国家和省有关规定收取费用。

第十三条　省高速公路管理机构和高速公路经营单位应当及时通过新闻媒体和可变信息板，向社会发布高速公路交通状况、施工作业、气象变化等有关信息。

第十四条　经省人民政府批准，高速公路经营单位有权收取车辆通行费。

进入高速公路的货运车辆，其通行费可以采用计重收费的方式收取。具体办法由省人民政府规定。

第十五条　进入高速公路的车辆应当在收费站入口处领取通行凭证，驶出时在收费站出口处交回通行凭证，不得冲卡和中途更换通行凭证。

对无通行凭证、行驶时间超出最低时速所需时间且无正当理由或者U型转弯的车辆，高速公路经营单位可以按照其可能行驶的最长里程计收车辆通行费。

第十六条　收费站应当根据车流量开启足够的收费道口，保证车辆畅通。

收费站工作人员的配备，应当与收费道口的数量、车流量相适应。

任何单位和个人不得在收费站区从事与高速公路收费及交通安全无关的活动。特殊情况须经省人民政府批准，但不得影响高速公路收费及交通安全。

第十七条　高速公路经营单位及其工作人员不得有下列行为：

（一）在车辆通行费标准之外加收或者代收其他费用；

（二）强行提供商业性服务；

（三）擅自放行未经批准的超限运输车辆；

（四）违规操作收费系统。

第十八条　全省高速公路实行统一的联网收费。

省高速公路管理机构负责管理全省高速公路联网收费和拆分账结算工作。

第十九条　省高速公路管理机构应当对高速公路经

营服务质量进行监督检查。对达不到管理规范要求的，应当责成高速公路经营单位采取相应措施，限期改正。

高速公路经营单位应当加强对收费人员的业务培训和职业道德教育。收费人员应当做到文明礼貌，规范服务。

第四章　路政管理

第二十条　省高速公路管理机构依法管理和保护高速公路及其附属设施，依照本条例规定检查、制止破坏高速公路及其附属设施的行为。

第二十一条　高速公路经营单位应当按照规定设置明显的公路标志、标线。

未经省交通主管部门批准，任何单位和个人不得在高速公路用地范围内设置宣传牌等非公路标志。

第二十二条　除高速公路防护、养护需要的以外，禁止在高速公路边沟外缘50米，匝道、高速公路连接线外缘20米，收费站周围50米范围内，修建建筑物和地面构筑物。

第二十三条　超限运输车辆不得在高速公路上行驶。超过高速公路限载标准确需行驶的，应当经省交通主管部门批准，并按照要求采取有效的防护措施。承运人不能采取防护措施的，由省交通主管部门帮助其采取防护措施，所需费用由承运人承担。

除发生故障、交通事故等情况外，进入高速公路的车辆，中途不得装卸货物。

省高速公路管理机构可以在高速公路入口处设置超限运输检测装置，对货运车辆进行检查。

第二十四条　禁止下列危及高速公路及其附属设施安全的行为：

（一）占用、污染、损毁高速公路；

（二）损坏、擅自移动、涂改高速公路设施；

（三）在高速公路用地范围内堆放杂物、挖沟引水；

（四）在高速公路大中型桥梁周围200米，隧道上方和洞口外100米范围内，以及在高速公路两侧50米内，从事挖砂、采石、取土、爆破、倾倒废弃物等活动；

（五）在高速公路下掘进采矿；

（六）运输易抛洒物品未采取有效封闭措施；

（七）危及高速公路及其附属设施安全的其他行为。

第二十五条　在高速公路上维修车辆时，应当使用垫木板、支轮三角木、修车漏油垫等辅助工具，并按照规定设置警示标志。

第二十六条　高速公路路政管理人员执行公务时，应当按照规定统一着装，佩戴标志，持证上岗。

执行路政管理任务的专用车辆，应当设置统一的标志和示警灯。

第五章　交通安全管理

第二十七条　省公安机关交通管理部门应当依法加强高速公路治安管理，维护高速公路及其服务区、收费站、超限运输检测站（点）的治安秩序，保护司乘人员、高速公路管理人员的人身、财产安全。

第二十八条　机动车在高速公路上行驶，不得超过限速标志标明的速度。

禁止行人、非机动车、拖拉机、轮式专用机械车、铰接式客车、全挂拖斗车以及其他设计最高时速低于70公里的机动车进入高速公路。

第二十九条　运输危险化学、易燃易爆物品的，应当执行国家有关规定。

第三十条　进入高速公路的车辆不得随意停车。因发生故障或者其他紧急情况确需临时停车的，应当停在紧急停车带或者右侧路肩内。

第三十一条　养护人员进行养护作业时，应当穿着统一的安全标志服。

养护车辆、工程作业车应当设置统一的标志和示警灯。进行作业时，应当开启示警灯，在不影响过往车辆通行的前提下，其行驶路线和方向不受交通标志、标线限制。但是，洒水车、清扫车不得逆向行驶。

养护单位应当在施工现场采取安全防护措施，并在距离施工现场不少于500米处设置明显的警示标志。

省公安机关交通管理部门应当加强施工现场的交通安全监督检查。发生交通堵塞时，应当及时分流、疏导，维护交通秩序。

第三十二条　除高速公路路政、交通安全管理和养护人员外，任何人不得在高速公路隔离栅以内行走、作业和逗留。

第三十三条　遇有自然灾害、恶劣气象条件或者重大交通事故等严重影响交通安全的情形，采取其他措施难以保证交通安全时，省公安机关交通管理部门可以实行交通管制。高速公路经营单位应当积极配合，在高速公路入口处设置明显的警示标志。确需封闭高速公路的，省公安机关交通管理部门应当会同省高速公路管理机构及时向社会公告。

第三十四条　省公安机关交通管理部门和省高速公路管理机构接到交通事故报警后，应当立即赶赴现场，先组织抢救受伤人员，并按照各自职责，采取措施，尽快处理事故，恢复交通。

省公安机关交通管理部门处理交通事故时，涉及高速公路路产损失的，应当通知省高速公路管理机构，并配合省高速公路管理机构处理路产损失的赔偿。

第三十五条　省公安机关交通管理部门应当加强巡查，对事故多发点段加强管理，采取有效措施预防事故发生。发现路况存在安全隐患的，应当及时通知高速公路经营单位。确需改进、完善的，高速公路经营单位应当及时采取措施。

第六章　法律责任

第三十六条　违反本条例第七条第一款规定的，由省交通主管部门依照《收费公路管理条例》第五十四条的规定予以处罚。

第三十七条　违反本条例第十六条第一款规定

的，由省交通主管部门对高速公路经营单位处1万元以上5万元以下罚款；对直接负责的主管人员和其他直接责任人员依法给予处分。

第三十八条　违反本条例第十七条第(一)、(二)、(四)项规定的，由县级以上工商、价格等行政主管部门依法予以处罚。

违反本条例第十七条第(三)项规定的，由省交通主管部门对高速公路经营单位按放行车辆数每辆处1000元罚款；责令承运人或者驾驶员纠正超限行为，可处2000元以上3万元以下罚款。

第三十九条　违反本条例第二十一条第二款规定的，由省交通主管部门责令限期拆除，可处5000元以上2万元以下罚款；逾期不拆除的，由省交通主管部门拆除，所需费用由设置者承担。

第四十条　违反本条例第二十三条第二款规定的，由省交通主管部门责令停止违法行为，可处500元以上3000元以下罚款。

第四十一条　违反本条例第二十四条第(一)、(二)、(三)、(四)、(六)、(七)项规定的，由省交通主管部门依照《中华人民共和国公路法》第七十六条、第七十七条的规定予以处罚。

违反本条例第二十四条第(五)项规定的，由省交通主管部门责令停止违法行为、采取补救措施，可处3万元以上5万元以下罚款。

第四十二条　违反本条例第二十五条规定，在高速公路上维修车辆，未使用垫木板、支轮三角木、修车漏油垫等辅助工具的，由省交通主管部门责令改正，可处100元以上300元以下罚款。

第四十三条　违反本条例规定，在高速公路上进行养护作业施工，未采取安全防护措施、设置明显的警示标志，致使通行的车辆、人员及其他财产遭受损失的，负有相关职责的单位应当依法承担赔偿责任。

第四十四条　违反本条例规定，对高速公路造成损害的，依法承担赔偿责任。

第四十五条　省交通主管部门可以委托省高速公路管理机构行使本章规定由其行使的行政处罚权。

第四十六条　违反本条例交通安全管理规定的，由省公安机关交通管理部门依法予以处罚。

第四十七条　省交通主管部门、省高速公路管理机构、省公安机关交通管理部门及其工作人员有下列行为之一的，对直接负责的主管人员和其他直接责任人员依法给予处分；构成犯罪的，依法追究刑事责任：

(一)违反规定在高速公路上拦截车辆的；

(二)违法扣留车辆及其他有效证件的；

(三)非法收取他人财物的；

(四)未履行法定职责的。

第七章　附　　则

第四十八条　本条例自2006年3月1日起施行。2003年9月17日山西省人民政府发布的《山西省高速公路管理暂行办法》同时废止。

山西省道路运输条例

(2010年9月29日山西省第十一届人民代表大会常务委员会第十九次会议通过　根据2011年12月1日山西省第十一届人民代表大会常务委员会第二十六次会议关于修改部分地方性法规的决定修正)

第一章　总　　则

第一条　为保障道路运输和人民生命财产安全，保护道路运输各方当事人的合法权益，维护道路运输市场秩序，根据《中华人民共和国道路运输条例》和有关法律、法规，结合本省实际，制定本条例。

第二条　在本省行政区域内从事道路运输经营、道路运输相关业务和道路运输管理活动，适用本条例。

本条例所称道路运输经营包括道路旅客运输经营(以下简称客运经营)和道路货物运输经营(以下简称货运经营)。道路运输相关业务包括道路运输站(场)、机动车维修、机动车综合性能检测、机动车驾驶员培训、汽车租赁、物流服务等业务。

第三条　县级以上人民政府应当坚持统筹城乡道路运输一体化原则，发展道路运输事业。

道路运输管理应当坚持依法、公开、公平、公正、高效、便民的原则。

从事道路运输经营和道路运输相关业务的，应当依法经营、诚实信用、公平竞争、安全便捷、环保节能。

第四条　县级以上人民政府应当根据当地经济和社会发展的需要，制定本行政区域道路运输发展规划，并组织实施。

县级以上人民政府应当采取措施，扶持农村客运和物流发展。

第五条　县级以上人民政府交通运输主管部门负责组织领导本行政区域内的道路运输管理工作。

县级以上道路运输管理机构负责具体实施道路运输管理工作。

县级以上人民政府发展和改革、公安、财政、国土、住房和城乡建设、规划、工商、环保、安监、质监、旅游、价格等部门，应当按照各自的法定职责，做好道路运输管理的相关工作。

第六条　省人民政府应当将道路运输管理经费列入财政预算，统一预算、统一管理、专款专用。

县级以上人民政府应当将超限超载源头治理工作经费列入本级财政预算。

第七条　鼓励道路运输经营者实行规模化、集约化经营。

鼓励发展货物甩挂运输，鼓励采用集装箱、封闭厢式车运输等方式从事道路货物运输。

第二章　道路运输经营

第一节　一般规定

第八条　道路运输经营实行许可制度。

任何单位和个人不得伪造、涂改、转让、出租道路运输经营许可证件。

第九条　设区的市人民政府应当组建道路运输应急保障队伍，执行抢险、救灾、战备等紧急道路运输任务；对承担紧急道路运输任务的道路运输经营者，应当给予合理的经济补偿。

第二节　客运经营

第十条　县级以上道路运输管理机构应当每半年公布一次客运市场供求状况，供求状况有重大变化时应当及时公布。

县级以上道路运输管理机构可以采取干线、支线统筹招标的方式，开行偏远地区农村客运班线。

第十一条　客运经营者自取得经营许可之日起，超过180日不投入运营的，或者运营后连续180日以上停运的，视为自动终止经营，原许可机关应当注销其经营许可。

班线客运经营者取得经营许可后，应当提供连续运输服务，不得擅自暂停、终止或者转让。

第十二条　符合安全运行要求的班线客运，经原许可机关同意，可以实行公交化模式运营，享受与城市公共客运相同的优惠政策。

第十三条　包车客运经营者应当与包车人签订包车合同并随车携带，不得定线定点运营，不得招揽包车合同以外的旅客乘车。

第十四条　旅游客运经营者应当与旅游包车人签订旅游包车合同，并随车携带。

第三节　货运经营

第十五条　货运经营者不得运输法律、行政法规禁止运输的货物。

货运经营者在承接法律、行政法规规定限运、凭证运输的货物时，应当查验并确认有关手续齐全有效后方可运输。

第十六条　货运经营者应当采取有效措施，防止货物脱撒、扬尘、泄漏。

第十七条　货运经营者运输大型物件应当制定道路运输方案，超限运输的，应当按照国家有关规定办理相关手续。

从事大型物件运输的车辆，应当按照规定装置统一的标志和悬挂标志旗；夜间行驶和停车休息时应当设置标志灯。

第十八条　设区的市交通运输主管部门可以委托设区的市道路运输管理机构具体组织从事危险货物运输的驾驶员、装卸管理人员、押运人员的从业资格考试和从业资格证的发放与管理。

第三章　道路运输相关业务

第一节　道路运输站(场)

第十九条　县级以上人民政府应当将道路运输站(场)、物流园区的建设纳入当地城乡规划和土地利用总体规划，并在土地、资金等方面给予支持。

鼓励多元化投资建设道路运输站(场)、物流园区。

第二十条　道路运输站(场)的建设应当与公路、城市道路和城市公共客运以及其他运输方式统筹规划、相互衔接和协调。

新建、改建、扩建县乡公路的，应当将农村客运站、候车亭、招呼站等设施统一规划，同步设计、同步建设、同步验收。

第二十一条　县级以上道路运输管理机构应当根据旅客流向和道路客运站(场)等级、建设规模、停车面积、候车面积等指标，核定道路客运站(场)进站车辆的范围和可容纳车辆(班次)的数量。

第二十二条　道路客运站经营者应当遵守下列规定：

(一)公平、合理地安排发车时间；

(二)在经营场所公示收费项目和标准；

(三)按月与客运经营者结算票款；

(四)建立健全安全生产责任制，保障安全生产经费投入。

第二十三条　道路货运站(场)经营者应当遵守下列规定：

(一)按照货物的性质、保管要求进行分类存放、堆放整齐，保证货物完好无损；

(二)危险货物单独存放；

(三)搬运货物时轻装、轻卸，防止混杂、撒漏、破损；

(四)仓储等经营场所符合消防安全条件，各种消防器材、设施配备齐全有效。

第二节　机动车维修和综合性能检测

第二十四条　鼓励机动车维修企业实行专业化和连锁经营，为社会提供快修、救援等服务。

第二十五条　机动车维修技术负责人员、质量检验人员和机修、电器维修、钣金(车身修复)、涂漆(车身涂装)、车辆技术评估(含检测)人员，应当经过设区的市道路运输管理机构按照国家规定组织实施的从业资格考试，考试合格后上岗。

第二十六条　机动车维修经营者不得有下列行为：

(一)采取非法或者不正当手段招揽业务；

(二)使用送修车辆；

(三)占道或者占用公共场所进行维修作业；

(四)擅自改装、拼装机动车；

(五)承修报废机动车；

(六)非法打刻发动机号或者车架号；

(七)使用报废或者其他质量不符合标准的车辆总成、配件修理车辆。

第二十七条　机动车综合性能检测实行社会化经营。从事机动车综合性能检测经营的，应当到省道路运输管理机构备案。

机动车综合性能检测机构应当按照国家和省规定的程序和标准进行检测，及时出具检测报告，建立车辆检测档案。

机动车综合性能检测机构不得出具虚假车辆检测报告。

第二十八条　机动车维修经营者、机动车综合性能检测机构应当对检测、计量仪器设备进行日常维护和校正，并按照国家和省的规定进行强制周期检定。

第三节　机动车驾驶员培训

第二十九条　机动车驾驶员培训机构应当按照国家规定的培训标准、教学大纲进行培训，如实填写培训记录，保证培训质量。

机动车驾驶员培训机构不得擅自设立分支机构、培训点，不得将学员转入其他培训机构牟取利益。

第三十条　机动车驾驶员培训机构应当在核定的教学场地进行培训；在道路上培训的，应当按照公安机关交通管理部门指定的路线、时间进行。

机动车驾驶员培训机构不得利用非教练车辆从事驾驶培训。

第三十一条　机动车驾驶培训教练员应当按照国家规定取得教练员资格。

机动车驾驶培训教练员变更服务单位后，机动车驾驶员培训机构应当到县级道路运输管理机构进行备案。

第四节　汽车租赁

第三十二条　从事汽车租赁经营的，应当符合下列条件：

(一)有10辆以上符合国家标准，并经检测合格的自有车辆；

(二)有与其经营业务相适应的办公场所、停车场地；

(三)有相应的业务、管理人员；

(四)有健全的安全管理制度；

(五)客运车辆应当为12座以下小型客车。

第三十三条　从事汽车租赁经营的，应当在取得工商营业执照后，向设区的市道路运输管理机构提出申请。道路运输管理机构应当自受理申请之日起15日内审查完毕，作出许可或者不予许可的决定。

汽车租赁经营许可证件不得转让。

第三十四条　汽车租赁经营者应当与承租人签订车辆租赁合同，提供检测合格和证件齐全有效的车辆，但不得提供驾驶劳务。

第五节　物流服务

第三十五条　从事搬运装卸、货运代理、货物配载、仓储理货和信息服务等物流服务业务的，应当自取得工商营业执照之日起30日内到注册登记所在地县级道路运输管理机构备案。

第三十六条　搬运装卸从业人员应当遵守国家规定的安全操作规程，不得造成货物灭失、损坏。

货物托运人不得瞒报、错报货物性质或者在货物中夹带危险品。

第三十七条　道路货物运输代理经营者受理运输危险货物和依法限制运输货物业务的，应当了解运输货物的品名、性质、数量和应急处置方法，并查验有关凭证；与承运人签订货物运输合同时，应当查验其相应资质。

第三十八条　货物配载和信息服务经营者应当为承托双方提供准确的车源、货源信息。

第三十九条　城市人民政府应当采取措施，对从事城市物流配送的车辆在市区道路通行提供便利。

第四章　道路运输安全

第四十条　各级人民政府对本行政区域内道路运输安全监督管理负领导责任。

第四十一条　县级以上人民政府交通运输主管部门负责对道路运输管理机构实施道路运输安全管理工作进行指导监督。

道路运输管理机构负责道路运输市场准入条件的审查，依法实施道路运输站(场)、营运车辆技术状况、营运驾驶员从业资格的安全监督管理。

第四十二条　县级以上公安机关交通管理部门负责道路运输车辆运行安全的管理工作。

县级以上公安机关交通管理部门应当根据道路旅客运输和危险货物运输驾驶员的申请，为其提供3年内无重大以上交通责任事故的证明。

第四十三条　设区的市公安机关交通管理部门应当建立健全机动车驾驶证考试制度，配备与机动车驾驶证考试相适应的考试设施设备，并按照规定及时组织考试。

报考机动车驾驶证的人员，应当接受机动车驾驶员培训机构的培训。公安机关交通管理部门应当根据驾驶员培训机构出具的培训记录受理驾驶证考试申请。

第四十四条　道路运输经营者是道路运输安全的责任主体，其法定代表人是本企业道路运输安全的第一责任人。

第四十五条　道路运输经营者应当建立和完善安全生产责任制度，从业人员安全生产教育、培训和考核上岗制度，安全生产事故隐患排查治理制度，营运车辆安全检查制度。

第四十六条　道路运输经营者应当执行国家行车安全档案和安全生产事故统计报告制度，按照规定向道路运输管理机构报告道路运输安全情况。

第四十七条　客运站经营者应当建立行包安全检查制度，按照规定配备安全检测仪器，对进入客运站的行包进行安全检查。

第四十八条　道路运输经营者应当为客运车辆、危险货物运输车辆安装符合国家标准的卫星定位终端设备,并实时监控,与道路运输监控平台实时连通。

鼓励道路运输经营者为其他营运车辆安装符合国家标准的卫星定位终端设备。

第四十九条　道路运输以及相关业务经营者不得有下列违反安全规定的行为:

(一)使用未经年审或者年审不合格的车辆从事道路运输;

(二)使用未经安全例检或者经安全例检不符合要求的车辆从事道路运输;

(三)使用非法改装的车辆或者报废车辆从事道路运输;

(四)使用未取得从业资格证的人员、与所驾车型不符的从业人员驾驶营运车辆,或者使用未经安全生产培训合格的从业人员上岗作业;

(五)对营运车辆的检测项目缺检、漏检。

第五章　超限超载源头治理

第五十条　县级以上人民政府负责本行政区域的超限超载源头治理工作,其主要负责人是超限超载源头治理工作的第一责任人。

县级人民政府应当向社会公示依法经许可、注册登记的道路货物运输源头单位的名单。

第五十一条　道路货物运输源头单位应当履行下列义务:

(一)明确工作人员职责,建立责任追究制度;

(二)对货物装载、开票、计重等相关人员进行培训;

(三)对装载货物车辆驾驶员出示的车辆营运证和从业资格证进行登记;

(四)建立健全车辆装载、配载的登记、统计制度和档案,并按规定向道路运输管理机构报送相关信息。

第五十二条　道路货物运输源头单位不得有下列行为:

(一)为车辆超标准装载、配载;

(二)为无牌无证、证照不全、非法改装的车辆装载、配载;

(三)为超限超载的车辆提供虚假装载证明。

第五十三条　县级以上道路运输管理机构可以通过进驻、巡查等方式,对政府公示的道路货物运输源头单位超限超载源头治理工作实施监督管理。监督检查中发现违法行为不属于本部门职权范围的,及时移送有关行政机关,有关行政机关应当及时查处。

第六章　监督检查

第五十四条　县级以上人民政府交通运输主管部门应当加强对道路运输管理机构实施道路运输管理工作的监督。

道路运输管理机构应当加强对道路运输经营活动和执法活动的监督检查,公开办事制度,简化工作程序,规范执法行为。

第五十五条　道路运输管理机构执法人员可以在道路运输以及相关业务经营场所、客货集散地、公路路口、高速公路服务区和道路货物运输源头单位进行监督检查,但不得影响道路畅通。

道路运输管理机构执法人员在执行监督检查任务时,应当统一着装,佩戴标志,出示合法有效的行政执法证件。

道路运输监督检查专用车辆,应当配备专用的标志和示警灯。

第五十六条　有下列情形之一的,道路运输管理机构可以暂扣运输车辆、维修机具设备或者驾驶培训教学车辆,并责令当事人在10日内到指定的地点接受处理:

(一)无车辆营运证又无法当场提供道路运输管理机构出具的其他营运证明的车辆从事道路运输经营活动的;

(二)未取得经营许可,擅自从事机动车维修经营、机动车驾驶员培训、汽车租赁经营活动的。

对依法暂扣的车辆或者设备应当妥善保管,不得使用、损坏或者遗失,不得收取或者变相收取保管费用。

第五十七条　道路运输管理机构在实施监督检查过程中,对不能当场处理的违法行为,可以暂扣车辆营运证、营运标志牌或者从业资格证,并责令其在十日内接受处理。

暂扣车辆营运证的,应当签发待理证,并通知车籍地道路运输管理机构。

第五十八条　道路运输管理机构对从事道路客货运输、道路运输站(场)、机动车驾驶员培训、机动车维修、综合性能检测、汽车租赁和物流服务的经营者实行质量信誉考核制度。

道路运输管理机构应当定期将经营者的经营行为、服务质量、安全生产等方面的考核结果向社会公布。

第五十九条　道路运输管理机构以及公安、工商、质监、环保、价格等相关部门应当按照各自职责,向社会公布道路运输和相关业务经营者、从业人员的业绩和警示等信息,建立信息共享机制。

第六十条　道路运输管理机构应当建立投诉举报制度,公开投诉举报电话、通信地址和电子信箱,对当事人的投诉举报在受理之日起15日内作出处理。

第六十一条　道路运输以及相关业务经营者应当按照规定向道路运输管理机构提供道路运输统计资料,接受道路运输管理机构的监督检查。

第七章　法律责任

第六十二条　违反本条例规定,法律、行政法规有处罚规定的，从其规定。

第六十三条　违反本条例规定，转让或者出租经营许可证、车辆营运证、营运标志牌的，由县级以上道路运输管理机构责令停止违法行为，收缴有关证件；有违法所得的，没收违法所得，并处2000元以上1万元以下罚款。

第六十四条　违反本条例规定，有下列情形之一的，由县级以上道路运输管理机构责令改正；拒不改正的，处500元以上3000元以下罚款：

(一)客运站经营者未公平、合理地安排发车时间的；

(二)客运站经营者未按月结算票款的；

(三)机动车维修经营者使用送修车辆的；

(四)旅游客运经营者和包车客运经营者未按规定携带包车合同的；

(五)机动车驾驶员培训机构未如实填写培训记录的；

(六)道路运输以及相关业务经营者未按规定报送统计资料和有关情况的。

第六十五条　违反本条例规定，未经许可擅自从事汽车租赁经营的，由县级以上道路运输管理机构责令停止经营；有违法所得的，没收违法所得，并处违法所得2倍以上10倍以下罚款；没有违法所得或者违法所得不足1万元的，处2万元以上5万元以下罚款；构成犯罪的，依法追究刑事责任。

第六十六条　违反本条例规定，机动车综合性能检测、搬运装卸、货运代理、货物配载、仓储理货和信息服务等道路运输相关业务经营者未按规定备案的，由县级以上道路运输管理机构责令限期改正；逾期不改正的，处1000元以上3000元以下罚款。

第六十七条　道路运输经营者发生较大以上行车安全事故并负同等以上责任的，由原许可机关吊销该事故车辆营运证和该车辆驾驶员的从业资格证，并责令该经营者进行整改，整改期间不得新增运力；事故车辆为客运车辆的，还应当吊销其班线客运经营许可。

营运驾驶员因发生较大行车安全事故被依法吊销从业资格证的，自吊销之日起3年内不得重新申请从业资格证；因发生重大以上行车安全事故被依法吊销从业资格证的，终生不得重新申请从业资格证。

第六十八条　违反本条例规定，道路货物运输源头单位不履行义务的，由县级以上道路运输管理机构责令改正；拒不改正的，处1000元罚款。

第六十九条　违反本条例第五十二条规定的，由县级以上道路运输管理机构给予每辆次1万元罚款；情节严重的，由县级以上道路运输管理机构报告本级人民政府，并移送工商、质监等部门，由工商、质监等部门责令限期改正；逾期不改正的，由工商、质监等部门依法查封经营场所，由相关部门对货物运输源头单位法定代表人依法予以查处。

第七十条　道路运输管理机构对超载车辆应当在违章驾驶人员的从业资格证违章记录栏内记载，6个月内超载记录累计3次的，由原发证机关吊销其从业资格证。

第七十一条　违反本条例规定，有下列情形之一的，由县级以上道路运输管理机构责令改正，并处1000元以上5000元以下罚款；情节严重的，暂扣道路运输经营许可证、车辆营运证或者从业资格证：

(一)班线客运经营者擅自暂停、终止班线运输或者转让经营许可的；

(二)机动车综合性能检测机构对营运车辆的检测项目缺检、漏检的；

(三)机动车驾驶员培训机构在未经核定的教学场地或者利用非教练车辆从事驾驶培训经营活动的；

(四)机动车驾驶员培训机构擅自设立分支机构、培训点或者将学员转入其他培训机构牟取利益的；

(五)汽车租赁经营者使用非自有车辆或者未取得车辆营运证的车辆用于租赁的；

(六)道路运输经营者未按规定安装卫星定位终端设备、未实时监控或者未与道路运输监控平台实时连通的；

(七)道路运输经营者使用未经年审或者年审不合格的车辆从事道路运输的；

(八)道路运输经营者使用未经安全例检或者经安全例检不符合要求的车辆从事道路运输的；

(九)道路运输经营者使用未取得从业资格证的人员或者与所驾车型不符的从业人员驾驶营运车辆的。

第七十二条　违反本条例规定，道路运输管理机构及其他行政机关的工作人员有下列情形之一的，对直接负责的主管人员及其他直接责任人员依法给予处分；构成犯罪的，依法追究刑事责任：

(一)擅自设立检查站拦截、检查正常行驶的道路运输车辆的；

(二)乱收费、乱罚款、乱扣车的；

(三)未按规定如实报告较大以上道路运输事故情况的；

(四)无正当理由对投诉举报超过规定期限未作出处理、答复的；

(五)不按照规定的条件、程序和期限实施行政许可的；

(六)参与或者变相参与道路运输经营以及道路运输相关业务的；

(七)发现违法行为不及时查处或者不履行超限超载源头治理职责的；

(八)违法扣留运输车辆、车辆营运证的；

(九)上路执法造成道路堵塞的；

(十)索取、收受他人财物，或者谋取其他利益的；

(十一)其他滥用职权、玩忽职守、徇私舞弊的。

第八章　附　则

第七十三条　道路运输管理机构依照本条例发放道路运输经营许可证、车辆营运证、营运标志牌、从业资格证可以收取工本费。具体收费标准由省财政、价格主管部门会同省交通运输主管部门核定。

第七十四条　城市公共客运和出租汽车客运的经

营和管理按照有关规定执行。

第七十五条　本条例自2011年1月1日起施行。1995年7月20日山西省第八届人民代表大会常务委员会第十六次会议通过的《山西省道路运输管理暂行条例》同时废止。

规　章

山西省公共机构节能办法

（山西省人民政府令第233号）

第一章　总　则

第一条　为了推动和规范公共机构节能，提高公共机构能源利用效率，发挥公共机构在全社会节能中的表率作用，根据《中华人民共和国节约能源法》和《公共机构节能条例》等法律、法规，结合本省实际，制定本办法。

第二条　本省行政区域内的公共机构和本省驻外省的公共机构节能活动，适用本办法。

本办法所称公共机构，是指全部或者部分使用财政性资金的国家机关、事业单位和团体组织。

第三条　县级以上人民政府负责公共机构节能工作的组织领导，推动和促进公共机构节能工作。

第四条　省人民政府管理机关事务工作的机构在省管理节能工作部门的指导下，负责推进、指导、协调、监督管理全省的公共机构节能工作。

设区的市和县级人民政府管理机关事务工作的机构在同级管理节能工作部门的指导下，负责本级公共机构节能监督管理工作，指导和监督下级公共机构节能工作。

第五条　县级以上人民政府发展和改革、经济和信息化、财政、住房和城乡建设、统计等部门，依照有关规定履行公共机构节能的相关职责。

县级以上人民政府教育、科技、文化、卫生、体育、交通等系统各级主管部门在同级人民政府管理机关事务工作机构的指导下，负责本级系统内公共机构节能工作。

省以下垂直管理的部门在省人民政府管理机关事务工作机构的指导下，组织开展本系统内的公共机构节能工作。

第六条　各级人民政府应当推进公共机构采用合同能源管理方式，实施节能改造，促进节能服务产业发展。

第七条　县级以上人民政府管理机关事务工作的机构应当会同有关部门，开展公共机构节能宣传、教育和培训，普及节能科学知识，增强节能意识，提高节能管理水平。

第八条　公共机构的节能工作实行目标责任制和考核评价制度，纳入全省节能目标责任制考核评价体系。

第九条　公共机构负责人是本单位节能工作的第一责任人。节能目标、措施执行情况应当作为对公共机构及其负责人考核评价内容。考核评价办法由省人民政府管理机关事务工作的机构会同有关部门制定。

第十条　县级以上人民政府应当对在公共机构节能管理、节能科学技术研究和推广应用中，作出显著成绩以及检举浪费能源行为的单位和个人，予以表彰。具体办法由省人民政府管理机关事务工作的机构会同有关部门制定。

第十一条　县级以上人民政府应当将公共机构节能经费列入本级财政预算，用于支持公共机构节能监督管理体系建设、先进技术及产品的推广应用、宣传培训、信息服务等。

公共机构在申报节能改造、合同能源管理等节能项目经费时应当先报本级人民政府管理机关事务工作的机构进行备案。县级以上人民政府管理机关事务工作的机构应当制定年度节能项目方案，并报本级财政、节能主管等部门作为审核安排节能改造、合同能源管理经费的依据。

第二章　节能规划和管理

第十二条　省人民政府管理机关事务工作的机构应当会同省管理节能工作的部门，根据全省节能中长期专项规划，制定全省公共机构节能中长期规划和本级公共机构节能规划。

设区的市和县级人民政府管理机关事务工作的机构应当根据全省公共机构节能中长期规划，会同有关部门制定本级公共机构节能规划，并按年度将规划确定的节能目标和指标分解到本级公共机构。

县级公共机构节能规划应当包括所辖乡镇、街道公共机构节能的内容。

第十三条　公共机构节能规划应当包括指导思想和原则、用能现状和问题、节能目标和指标、节能重点环节、实施主体、保障措施等方面的内容。

第十四条　公共机构应当根据本级公共机构节能规划确定的节能目标和指标，结合本单位用能特点和上一年度用能状况，制定年度节能目标和实施方案，采取节能管理或者节能改造措施，保证节能目标的完成。

第十五条　县级以上公共机构应当将年度节能目标和实施方案，于每年3月底前，报本级人民政府管理机关事务工作的机构备案。

乡镇一级公共机构应当将年度节能目标和实施方案，于每年3月底前，报县级人民政府管理机关事务工作的机构备案。

教育、科技、文化、卫生、体育、交通等系统各级主管部门应当汇总本级系统内年度节能目标和实施方案，于每年3月底前，报本级人民政府管理机关事务工作的机构备案。

省以下垂直管理的公共机构应当汇总本系统年度节能目标和实施方案，于每年3月底前，报省人民政府管理机关事务工作的机构备案。

第十六条　公共机构应当实行能源消费计量制度，实行能源消费分户、分类、分项计量，并对能源消耗状况进行实时监测，及时发现、纠正用能浪费现象。

公共机构应当按照规定配备和使用经依法检定合格的能源计量器具。

第十七条　公共机构应当指定专人负责电、气、煤、油等能源消费统计工作，如实记录能源消费原始数据，建立统计台账，按照国家有关规定及时报送能源消费统计情况。

公共机构应当每年结合本单位、本系统建筑面积、用能人数、用能设备运行情况等，对电、气、煤、油等能源消费状况进行分析评价，分析评价报告与统计数据同步报送。

第十八条　省人民政府管理机关事务工作的机构应当会同省统计部门，建立健全公共机构能源消费统计报表制度。

县级以上人民政府管理机关事务工作的机构负责组织本级公共机构能源消费统计工作，对同级公共机构上报的统计数据进行复核后，报上一级人民政府管理机关事务工作的机构。

县级以上人民政府管理机关事务工作的机构应当定期对本级公共机构能源消费状况进行分析评价，分析评价报告与统计数据同步报上一级人民政府管理机关事务工作的机构。

第十九条　县级以上人民政府管理机关事务工作的机构应当于每年3月底前在媒体上公布经本级统计部门审定的公共机构上一年度能源消费状况。

省人民政府管理机关事务工作的机构应当会同省统计部门于每年4月底前在省级媒体上联合发布全省公共机构能源消费状况。

第二十条　县级以上管理机关事务工作的机构应当会同有关部门，根据不同行业、不同系统公共机构能源消耗综合水平和特点，制定能源消耗定额。财政部门根据能源消耗定额，制定能源消耗支出标准。

县级以上人民政府教育、科技、文化、卫生、体育、交通等系统主管部门，在本级人民政府管理机关事务工作的机构指导下，根据本系统能源消耗需求和特点，制定能源消耗定额。

第二十一条　公共机构应当在能源消耗定额范围内使用能源，超过能源消耗定额的，应当向本级人民政府管理机关事务工作的机构作出说明。

第二十二条　公共机构应当依照国家有关规定进行能源审计，对本单位用能系统、设备的运行及使用能源情况进行技术和经济性评价，根据审计和评价结果采取提高能源利用效率的措施。

第二十三条　公共机构应当按照国家和省有关强制采购或者优先采购的规定，采购下列节能产品、设备：

（一）列入节能产品、设备政府采购名录的；

（二）列入环境标志产品政府采购名录的；

（三）使用新能源、可再生能源的。

公共机构不得采购国家和省明令淘汰的用能产品、设备。

第二十四条　公共机构建设项目应当进行节能评估和审查，不符合强制性节能标准的项目，依法负责项目审批或者核准的机关不得批准或者核准建设。

县级以上人民政府管理机关事务工作的机构应当会同有关部门严格控制公共机构新建项目的建设规模和标准，集约利用土地，统筹兼顾节能投资和效益。

第二十五条　县级以上人民政府管理机关事务工作的机构在同级建设主管部门的指导下，对本级公共机构既有建筑的建设年代、结构形式、用能系统、能耗指标、寿命周期等进行调查统计和分析，制定本级公共机构既有建筑节能改造计划，并负责组织实施。

第二十六条　公共机构对既有建筑进行改建、扩建、维修、装修、加固时，应当同时进行节能改造，并同步对项目拟采取的节能措施、应当执行的节能标准等进行节能评估和审查。

第二十七条　公共机构的新建建筑竣工或者既有建筑节能改造完成后，其投资全部或者部分使用财政性资金的，由作为所有权人的政府、管理机关事务工作的机构或者其他有关部门按照国家和省建筑能效测评与标识有关规定进行测评和标识，并予以公示，接受社会监督。

第二十八条　公共机构进行新建建筑的建设和既有建筑维修改造，应当严格执行国家和省有关建筑节能设计、施工、调试、竣工验收等方面的规定和标准，优先采用节能效果显著的太阳能、地热能、空气源热能等可再生能源利用系统。县级以上人民政府建设主管部门应当对执行情况加强监督检查。

第三章　节能措施

第二十九条　县级以上人民政府管理机关事务工作的机构应当明确内设机构、人员，具体负责公共机构节能的监督管理和指导工作。

公共机构应当设置能源管理岗位，实行能源管理岗位责任制。重点用能系统、设备的操作岗位应当配备专业技术人员。

公共机构应当建立节能联络员工作制度，确定人员担任节能联络员。节能联络员负责节能工作信息的收集、整理、传递等工作。

第三十条　公共机构应当加强本单位用能系统和设备的运行调节、维护保养、巡视检查，推行低成本、无成本节能措施，加强下列用能管理：

（一）加强办公用电的管理，减少空调、计算机、复印机等用电设备的待机能耗，及时关闭用电设备，建立用电巡视检查制度；

（二）严格执行国家有关空调室内温度控制的规定，除特定用途外，夏季室内空调温度设置不得低于26摄氏度，冬季室内空调温度设置不得高于20摄氏度；

（三）集中供热和规模化区域供热的新建建筑应当实行供热分户计量收费，既有建筑应当分步骤实行供热分户计量收费；

（四）电梯系统应当实行智能化控制，合理设置电梯开启数量和时间，加强运行调节和维护保养；

（五）照明系统应当充分利用自然采光，使用高效节能照明灯具，优化照明系统设计，改进电路控制方式，推广应用智能调控装置，严格控制建筑物外部泛光照明以及外部装饰用照明；

（六）网络机房、食堂、开水间、锅炉房等部位的用能情况应当实行重点监测，在保障系统正常运行的基础上采取有效措施降低能耗。

第三十一条　公共机构可以采用合同能源管理方式，委托有资质的节能服务公司进行节能诊断、设计、融资、改造和运行管理。实施合同能源管理的，报同级管理机关事务工作的机构备案。

采用合同能源管理方式实施节能改造，按照合同支付给节能服务公司的支出视同能源费用进行列支。

第三十二条　鼓励节能服务公司拓宽服务领域。通过国家和省审核备案的节能服务公司，申报公共机构合同能源管理项目中的财政奖励资金项目，应当由省人民政府管理机关事务工作的机构统一向省节能主管部门报送。

第三十三条　公共机构应当推广应用节能新产品、新技术，淘汰高能耗用能产品、设备。

第三十四条　公共机构选择物业服务企业，应当考察其节能管理能力。公共机构与物业服务企业订立物业服务合同，应当载明节能管理的目标和要求。

第三十五条　对实行集中供热的公共机构既有建筑进行节能改造，应当安装供热系统调控装置、用热计量装置、室内温度调控装置和用电分项计量装置。

第三十六条　公共机构应当加强办公用房、办公设施和设备等资源的集中整合，减少能源消耗。

第三十七条　公共机构应当加强内部和各机构之间的信息化、网络化建设，推行电子政务，合理控制会议数量和规模，健全完善电视电话会议、视频会议系统等措施，降低能源消耗。

第三十八条　公共机构应当按照规定用途使用公务用车，采取下列措施，加强车辆节能管理：

（一）对公务用车实行编制管理，严格控制车辆保有数量；

（二）按照规定的标准配备公务用车，优先选用低能耗、低污染、使用清洁能源的车辆，严格执行车辆报废制度；

（三）制定公务用车节能驾驶规范，禁止非公务用途使用车辆，严格执行公务用车节假日封存停驶、定车定点加油、定点维修等制度；

（四）严格执行车辆百公里耗油分类控制标准，定期公布单车行驶里程和耗油量状况，推行单车能耗核算和节油奖励制度；

（五）积极推进公务用车服务社会化，加快机关班车、接待用车和公务用车使用制度改革，鼓励工作人员利用公共交通工具、非机动交通工具出行。

第三十九条　县级以上人民政府管理机关事务工作的机构应当在每年全国节能宣传周、山西省能源紧缺体验日期间，组织开展能源紧缺体验活动和形式多样的主题宣传教育活动。各级人民政府及各部门负责人每年应当参加一次能源紧缺体验活动。

新闻媒体应当加强公共机构节能宣传，发挥舆论引导和监督作用。

第四章　节能监督

第四十条　县级以上人民政府管理机关事务工作的机构应当建立对公共机构节能的监督检查制度，依法实施节能监督检查工作。

第四十一条　县级以上人民政府管理机关事务工作的机构应当会同有关部门加强对本级公共机构节能的监督检查。监督检查的内容包括：

（一）节能管理规章制度建立和落实情况；

（二）年度节能目标和实施方案制定、落实情况；

（三）能源消费计量、监测、统计和报告情况；

（四）能源消耗定额执行情况；

（五）开展能源审计情况；

（六）能源管理岗位设置及能源管理岗位责任制落实情况；

（七）用能系统、设备的节能运行情况；

（八）新建建筑节能设施、设备的使用情况，以及既有建筑在进行改造、扩建、维修、装修、加固时的节能改造情况；

（九）公务用车的节能管理情况；

（十）法律、法规和规章规定的其他节能监督检查事项。

第四十二条　县级以上人民政府管理机关事务工作的机构应当会同有关部门，建立本级公共机构能源消耗信息化管理监测体系，对公共机构能源消耗状况进行实时监测，发现异常情况时，有权要求公共机构作出说明。

第四十三条　县级以上人民政府管理机关事务工作的机构应当对节能规章制度不健全、超过能源消耗定额情况严重的公共机构进行重点能源审计和监督检查。

公共机构应当接受和配合节能监督检查，如实说明有关情况，提供相关资料和数据，不得拒绝、阻碍和隐瞒事实真相。

第四十四条　公共机构的节能工作应当接受社会监督。任何组织和个人有权举报公共机构浪费能源的行为。

第四十五条　县级以上人民政府管理机关事务工作的机构应当通过开设举报电话、网站等多种方式，接受社会公众对公共机构浪费能源行为的举报，会同有关部门对举报事项及时调查处理，并将调查处理结果反馈举报人。

第五章　法律责任

第四十六条　公共机构有下列行为之一的，由本级人民政府管理机关事务工作的机构会同有关部门责令限期改正；逾期未改正的，予以通报，由有关机关对其主要负责人依法给予处分：

(一)未制定年度节能目标和实施方案，或者未按照规定将年度节能目标和实施方案备案的；

(二)未实行能源消费计量制度，或者未实行能源消费分户、分类、分项计量，并对能源消耗状况进行实时监测的；

(三)未建立、健全能源消费统计、报表制度的；

(四)未按照要求报送上一年度能源消费状况报告，或者未按时公布能源消费状况的；

(五)未按照规定进行能源审计，或者未根据审计结果采取提高能源利用效率措施的；

(六)未设置能源管理岗位，或者未确定节能联络员的；

(七)开工建设未通过节能评估和审查的公共机构建设项目，或者以节能改造的名义改建、扩建办公用房和进行超标准维修、装修的；

(八)未按照有关规定和标准进行节能改造的；

(九)拒绝、阻碍节能监督检查的。

第四十七条　公共机构违反本办法第二十一条规定的，由本级人民政府管理机关事务工作的机构会同有关部门责令限期改正；逾期不改正的，予以通报；造成能源严重浪费的，经管理机关事务工作的机构核查，由财政部门相应核减该单位下一年度的公用经费。

第四十八条　公共机构违反本办法第二十三条规定的，由政府采购监督管理部门按照《公共机构节能条例》第三十八条的规定予以处罚。

第四十九条　公共机构违反本办法第三十八条规定的，由本级人民政府管理机关事务工作的机构予以通报，依照有关规定对车辆采取收回、拍卖、责令退还等方式处理，并由有关机关对其直接负责的主管人员和其他直接责任人员依法给予处分。

第五十条　县级以上人民政府管理机关事务工作的机构的工作人员在公共机构节能监督管理中滥用职权、玩忽职守、徇私舞弊，依法给予处分；构成犯罪的，依法追究刑事责任。

第六章　附　　则

第五十一条　本办法自2011年9月1日起施行。

山西经济年鉴

YEARBOOK OF SHANXI ECONOMY

山西经济大事记

SHANXI JINGJI DASHIJI

2011年山西经济大事记

1月

7日

○省委书记袁纯清在北京会见银行界负责人，就深化交流合作、共促转型发展，与中国银行董事长肖钢、交通银行董事长胡怀邦、国家开发银行监事长姚中民、中国工商银行行长杨凯生、中国农业银行行长张云、中国建设银行行长张建国等进行了友好会商。

10日

○省委书记袁纯清会见来晋投资的法国液化空气集团在华全资子公司“液空中国”总裁兼首席执行官夏华雄一行。

11日

○连接晋陕宁三地、贯通中西部的铁路大动脉——太中银铁路正式通车。该线路东起太原南站，西达包兰线中卫站、银川站，全长942千米，其中，山西境内223千米。

13日

○省委常委、常务副省长李小鹏会见来晋签约投资的荷兰皇家飞利浦电子公司照明事业部大中华区首席执行官林良琦一行。

14日

○在国家科学技术奖励大会上，山西省共获得国家科学技术奖10项，其中，山西主持完成4项，包括国家技术发明奖二等奖、国家科技进步奖二等奖各两项。两项国家技术发明奖二等奖为：太原理工大学教授寇子明等人合作完成的“基于能量转换的矿用倾斜带式输送机防抱死安全制动关键技术”项目以及太原理工大学校长张文栋教授的一项科研成果。两项国家科技进步奖二等奖为：太原科技大学、太原重型机械集团有限公司、太钢集团临汾钢铁有限公司等单位完成的“大型宽厚板矫直成套技术装备开发与应用”项目，山西潞安矿业（集团）有限责任公司等单位完成的“特厚煤层安全开采关键装备及自动化技术”项目。

21日

○省委书记袁纯清会见中美可持续发展中心美方理事长威廉·麦克唐纳一行。

22日

○省委副书记、省纪委书记金道铭会见以中央纪委驻新华社纪检组组长、新华社党组成员刘越为组长的全国新闻战线专项教育活动督导组一行。

24日

○副省长牛仁亮会见以中华全国总工会副主席、书记处书记王炯为组长的国务院部级联合督查组一行。

27日

○省农科院农业环境与资源研究所和中国农业发展集团国际农业合作开发有限公司就“援阿尔及利亚盐碱土壤改良技术示范项目”举行合作签约仪式，标志着山西省盐碱地改良技术达到国内领先、国际先进水平。

28日

○省委书记袁纯清会见来晋慰问的共青团中央书记处第一书记陆昊，共青团中央书记处常务书记、中华全国青年联合会主席王晓等一行。

2月

15日

○13日至15日，中共中央政治局委员、国务院副总理回良玉在山西省考察指导农业生产和抗旱工作。

20日

○18日至20日，全国政协副主席、民革中央常务副主席厉无畏在朔州、大同等地就资源型城市与企业转型发展进行调研。

22日

○山西省民主建设促进会在太原成立。

23日

○交城县“十二五”重大招商引资项目、年产2000吨6000U-8000U型耐高温乳糖酶生产线在交城经济开发区动工建设。该项目建成投产后，将使高效生物催化剂——乳糖酶首次在国内实现工业化生产，填补国内乳制品等行业开发应用国产乳糖酶的空白。

24日

○省委副书记、省纪委书记金道铭会见来晋调研的全国政协副秘书长、全国工商联副主席宋北杉一行。

○山西省—中央企业合作发展

恳谈会在北京人民大会堂举行。此次恳谈会旨在进一步加强山西与中央企业的交流和合作，抓住并用好山西作为国家资源型经济转型综合配套改革试验区的重大机遇，加快促进山西省转型跨越发展，实现双方互利共赢、共同发展。

25 日

○省委书记袁纯清、省长王君会见来晋参加 2011 年全国政策咨询工作会议的国务院发展研究中心主任张玉台、党组书记李伟等一行。

○山西焦煤集团博士后科研工作站挂牌成立。来自中国矿业大学、辽宁工程技术大学、河南理工大学的 5 名博士成为首批入站研究人员。

3月

4 日

○省委书记袁纯清在北京会见中国农业银行董事长项俊波、行长张云一行。

○省委常委、常务副省长李小鹏在北京会见澳大利亚驻华大使芮捷锐。

7 日

○省委书记袁纯清在北京会见首钢总公司董事长朱继民、总经理王青海。

8 日

○省长王君带领省有关部门负责人考察中国华能集团公司总部。

9 日

○省委常委、常务副省长李小鹏在北京会见民生银行行长洪崎，华夏银行董事长吴建、行长樊大志，中信银行行长陈小宪。参加会见的股份制银行负责人表示，各银行将进一步加强与山西的合作，加大金融创新力度，拓宽双方合作领域，促进山西转型跨越发展。

12 日

○省委书记袁纯清、省长王君在北京与铁道部部长盛光祖就推进山西铁路建设发展进行会谈。

○省委书记袁纯清在北京与国家电网公司总经理刘振亚会谈，双方就进一步拓宽和深化合作、加快山西电力产业重大项目建设、促进转型跨越发展深入交换了意见。

○山西省人民医院护理专业荣膺国家临床重点专科称号，这是山西省护理专业首次获此殊荣。

14 日

○省委常委、常务副省长李小鹏在北京会见中国工商银行董事长姜建清。

○国务院下发《关于同意将山西省太原市列为国家历史文化名城的批复》，太原市正式被列为国家历史文化名城。

17 日

○省委常委、常务副省长李小鹏会见来晋考察工作的全国人大常委、中国残联副主席、中国残疾人福利基金会理事长汤小泉一行。

18 日

○17 日至 18 日，省委书记袁纯清深入忻州市，重点就贯彻落实全省县域经济暨农村工作会议精神、加快发展县域经济进行调研。

21 日

○省长王君会见国家统计局局长马建堂一行。

22 日

○全国中小学校舍安全工程现场会在太原召开，中共中央政治局委员、国务委员刘延东出席并作了重要讲话。

○中共中央政治局委员、国务委员刘延东在左权县等地考察调研。她强调，要以建党 90 周年为契机，大力宣传党的光辉历程，开展革命传统教育，推动革命老区教育科技文化事业发展，让老区人民共享改革发展成就。

○省委常委、常务副省长李小鹏会见汇丰环球投资管理行政总裁范宁一行。

26 日

○25 日至 26 日，内蒙古自治区党政考察团在山西考察参观。考察期间，举行了山西—内蒙古自治区经济社会发展合作座谈会，并签署了两省区合作协议。

27 日

○省委书记袁纯清、省长王君与水利部部长陈雷座谈。座谈会后，省政府就加快山西水利改革发展和水生态修复保护、促进山西资源型经济转型发展与水利部签订了省部合作备忘录。

○省委书记袁纯清会见来山西参访的台湾亲民党主席宋楚瑜和夫人一行。

28 日

○全国工商联副主席孙安民来晋就中小企业发展有关情况进行调研。

30 日

○省委书记袁纯清会见德国北威州经济部长翰瑞·库伊特·弗伊格茨伯格先生率领的政府、企业高级代表团一行，双方就能源高效利用等事宜进行了会谈。

31 日

○省委书记袁纯清深入吕梁市岚县、方山县进行调研。他强调，要发挥当地资源优势，加快推进农业产业化进程。

○省长王君会见来晋参加晋城市经济开发区富士康（晋城）科技工业园区奠基仪式的台湾富士康集团董事长郭台铭一行。

4月

4 日

○2 日至 4 日，中共中央政治局常委、国务院总理温家宝在吕梁市对 3 个国家扶贫开发工作重点县——岚县、兴县、临县进行考察调研。

○2 日至 4 日，全国人大常委会副委员长、民进中央主席严隽琪就传统文化的传承与发展在晋中调研，并出席了在绵山举行的第九届海峡两岸中华传统文化与现代化研讨会闭幕式。

7 日

○省长王君会见来晋访问的台湾亲民党主席宋楚瑜和夫人一行。

○省委副书记、政法委书记金道铭会见交通银行纪委书记寿梅生一行。

8 日

○山西大水网建设全面启动，东山供水、西山引黄两项工程正式开工。

12 日

○10 日至 12 日，省委书记袁纯

清率山西省代表团对丹麦进行友好访问，出席了第六届中博会哥本哈根推介会，并会见丹麦中国商业协会和丹麦企业负责人。

〇省长王君会见由省督齐·乌卡什奇克率领的波兰西里西亚省政府代表团一行。

15 日

〇省长王君会见北京军区司令员房峰辉、北京军区参谋长王宁、北京军区副参谋长武燕生一行。

17 日

〇山西宏特煤化工公司建成全球最大的 10 万吨煤系针状焦生产装置。该企业是我国唯一能实现工业化生产煤系针状焦、唯一拥有此项高端技术自主知识产权的企业。

18 日

〇省长王君会见来晋调研并出席国药集团山西有限公司揭牌仪式的中国医药集团董事长宋志平和总经理鲁林一行。

〇国药集团山西有限公司正式成立。国药集团山西有限公司是由中国医药集团总公司投资 8 亿元与山西省医药集团有限责任公司共同出资组建的特大型国有控股医药健康企业。

〇太重集团研制的国内首套 80MN 快锻机组通过科技成果鉴定，整体达到国际先进水平，部分技术性能达到国际领先水平。

19 日

〇国内首家焦炉煤气制液化天然气项目在沁县启动，利用沁县华安焦化公司的焦炉煤气生产天然气。项目总投资 4.12 亿元，年处理焦炉煤气 2.4 亿立方米，生产液化天然气 6.8 万吨，焦炉煤气实现“零”排放。

20 日

〇17 日至 20 日，省委书记袁纯清率山西省代表团在瑞士进行访问交流，会见瑞中协会主席、世界旅游组织高级官员，举办旅游推介会，并赴苏黎世、伯尔尼、日内瓦等城市，对城市建设和旅游业进行考察。

23 日

〇晋城市发布《国家循环经济标准化考核评估方案》和《晋城市国家循环经济标准化试点工作实施方案》，正式启动国家级循环经济标准化试点城市建设工作。

25 日

〇省属五大文化企业集团——山西广电信息网络集团、山西演艺集团、山西日报传媒集团、山西广播电视传媒集团、山西影视集团正式挂牌成立。

27 日

〇25 日至 27 日，新疆维吾尔自治区党委常委、宣传部长胡伟率领的新疆维吾尔自治区党政代表团莅晋访问。

28 日

〇第二届“中国工业大奖”表彰大会在京举行，太钢集团的“不锈钢开发与应用项目”、同煤集团的“塔山循环经济示范项目”和太重集团荣获“中国工业大奖表彰奖”称号。

29 日

〇28 日至 29 日，省长王君深入长治市沁县、沁源县，临汾市安泽县、吉县、洪洞县等地调研。他强调，要按照省委、省政府的总体安排，突出重点，全面落实转型跨越发展的各项部署。

5 月

1 日

〇省委书记袁纯清、省长王君会见解放军总后勤部政委刘源带领的北京知青返乡慰问团一行。

8 日

〇6 日至 8 日，中央党校第 49 期中国特色社会主义理论高级研修班学员在晋考察。

10 日

〇中共中央政治局常委李长春在山西调研。他强调，要进一步深化文化体制改革，推动文化大发展大繁荣，不断开创中国特色社会主义文化发展新局面。

12 日

〇全国最大富锰渣生产项目——总投资 3 亿元的山西金地矿业有限公司 2×320 立方米的富锰渣生产线技改项目在灵丘奠基。

13 日

〇省委副书记、政法委书记金道铭会见武警部队副司令员薛国强中将一行。

14 日

〇省委常委、常务副省长李小鹏会见中国光大集团副总经理、执行董事，光大永明人寿保险公司董事长解植春一行。

16 日

〇省委书记袁纯清深入长治市就市县乡换届工作进行调研指导。他强调，各级党委要高度重视换届工作，确保换届工作健康顺利推进，为转型跨越发展提供组织保证、增添新的活力。

〇在第七届文博会上，山西省签约 17 个项目，融资金额 61 亿元，比上届增长 52.5%。

17 日

〇省长王君赴四川检查指导对口援建茂县灾后恢复重建工作。四川省委书记刘奇葆、省长蒋巨峰在成都会见王君一行。

〇科技部副部长张来武率队的国务院粮食稳定增产行动督导组莅晋督导粮食工作。

18 日

〇省委副书记、政法委书记金道铭会见全国“扫黄打非”工作小组专职副组长李长江率领的“扫黄打非”工作考察调研组一行。

19 日

〇太原经济开发区获批建设国家生态工业示范园区，这是中部地区第一家获批建设国家生态工业示范园区的国家级经济技术开发区。

20 日

〇省委书记袁纯清会见杨善洲同志先进事迹报告团一行。

〇18 日至 20 日，省委书记袁纯清深入临汾市乡宁、吉县、大宁、永和调研。他强调，要切实加强农村党组织建设，加大扶贫攻坚和新农村建设力度，确保实现“十二五”农民收入翻番目标。

23 日

〇省长王君会见中国农业银行董事长项俊波一行。

〇省委常委、常务副省长李小鹏会见华润集团有限公司董事长宋林一行。

〇省政府与中国农业银行签署推进山西省国家资源型经济转型综改区建设战略合作协议，中国农业银行把山西省作为重要战略合作伙伴和业务发展的重点支持区域，“十二五”将向山西提供2000亿元意向信用额度支持。

26日

○省委书记袁纯清深入太原市一批重点工程工地和阳曲县调研。他强调，要抓好转型项目和民生工程，提升城市品位和人民生活。

27日

○总投资17.5亿元、涵盖98个县（市、区）的《山西省2011年农村电网改造升级工程可行性研究报告》通过省发改委审查，拉开全省农村电网改造升级大幕。

31日

○山西省在国家社科基金重大招标项目的立项上取得重大突破，共有2项课题获得立项：一项是山西大学乔全生教授为首席专家承担的《近代汉语方言文献集成》，另一项是以刘毓庆教授为首席专家承担的《中日韩〈诗经〉百家汇注》。两项课题共获得国家项目资助120万元。

6月

9日

○省政协主席薛延忠会见以朝鲜民主女性同盟中央委员会副委员长蔡春姬为团长的朝鲜妇女代表团一行。

○山西省考古研究所、临汾市文物局、翼城县文物旅游局共同申报的“翼城县大河口西周墓地考古新发现”项目入选2010年度全国十大考古新发现。

10日

○9日至10日，省长王君率山西省党政代表团赴浙江省学习考察。重点学习考察浙江省扶持民营经济，加快城市建设，发展装备制造业、电子商务和现代农业等方面的经验和做法。

○继在全国率先完成所有燃煤电厂烟气脱硫工程建设后，山西省又全面启动火电行业“脱硝”工作。全省91台重点燃气机组将于2014年6月底前全部建成烟气“脱硝”设施，综合“脱硝”率不低于70%，污染物排放量达到环保要求的排放标准。

11日

○中共中央政治局常委、国务院副总理李克强在山西考察调研。他强调，要按照加快转变经济发展方式的要求，依靠改革创新，推动转型发展。

○中共中央政治局委员、国务院副总理张德江在山西调研安全生产工作。他强调，要坚持以人为本、安全第一、预防为主、综合治理，狠抓安全生产责任落实。

○省委书记袁纯清、省长王君看望莅晋出席民革十一届十五次中常会的全国人大常委会副委员长、民革中央主席周铁农，全国政协副主席、民革中央常务副主席厉无畏。

12日

○11日至12日，省委书记袁纯清、省长王君率山西省党政代表团赴上海市学习考察。重点学习考察上海工业园区建设、高科技产业、节能环保、城市建设管理等方面的经验和做法。

14日

○13日至14日，省委书记袁纯清、省长王君率山西省党政代表团赴江苏省考察高新技术、科教文化、基础设施、现代服务业和城市规划建设等情况，学习江苏改革发展经验，探讨深化晋苏两省合作的新途径。

16日

○省委书记袁纯清、省长王君会见海关总署署长于广洲、副署长邹志武一行。

○省委书记袁纯清、省长王君会见来晋开展“推动资源大省产业转型、跨越发展”专题调研的全国政协副主席、民盟中央第一副主席张梅颖和全国政协常委、人口资源环境委员会主任张维庆等。

○省政府和海关总署签署合作备忘录，将通过省署合作，建立紧密合作机制，进一步发挥海关优势，共同推进山西国家资源型经济转型综合配改革试验区建设。

23日

○21日至23日，省委书记袁纯清深入忻州市，就加快转型发展、增加农民收入进行调研。他强调，要以换届工作为动力，加快工业转型步伐，加速农民增收致富。

26日

○中国·五台山第二届国际文化旅游月开幕。

○代县新高乡白峪里村小东沟发生山体滑坡事故，造成9人死亡，4人受伤。

29日

○20日至29日，省长王君率山西省资源型经济转型考察团赴意大利、法国、荷兰访问。考察团先后考察了三国的部分企业和商会，并与三个国家政府界、企业界等人士就加强经济转型、产业发展、城市建设、贸易往来、文化交流等方面的合作进行了深入交流。考察期间，还举办了文化旅游推介会、招商引资推介会，签署了合作协议。

7月

5日

○省委副书记、政法委书记金道铭会见交通运输部副部长冯正霖一行。

○在2011年国家社科基金项目评审中，山西省申报课题立项数量获得历史性突破。全省共有38项课题获得立项，其中，重点项目1项，一般项目8项，青年项目19项，立项数比2010年增长72%，项目资助总额达580万元。

6日

○省长王君会见澳大利亚驻华大使芮捷锐一行，双方就进一步增进了解、加深友谊、扩大合作进行了深入交流。

8日

○省委书记袁纯清会见铁道部部长盛光祖，副部长彭开宙、胡亚东一行。

12日

○11日至12日，省委书记袁纯清深入晋中市调研。他强调，要认真学习贯彻落实胡锦涛总书记“七五”重要讲话精神，继续聚精会神搞建设、一心一意谋发展。

14日

○省委副书记、政法委书记金

道铭会见由澳门特区终审法院院长岑浩辉率领的澳门特区法院代表团一行。

16日

〇省委常委、常务副省长李小鹏会见莅晋参加全国土地勘测规划院系统业务工作会议的国土资源部副部长王世元一行。

20日

〇省委书记袁纯清会见武警部队政治委员许耀元和政治部副主任赵北臣一行。

21日

〇省委书记袁纯清会见来晋参访的日本驻华大使丹羽宇一郎一行。

23日

〇省委常委、常务副省长李小鹏会见中国保监会副主席周延礼一行。

〇省委常委、常务副省长李小鹏会见国家煤监局副局长彭建勋一行。

〇山西省第一家全国性金融保险法人机构、中国第一家瞄准高风险行业的专业保险公司——中煤财产保险股份有限公司成立。

24日

〇21日至24日,最高人民法院副院长熊选国带队到山西调研,征求社会各界对人民法院基层基础工作的意见和建议。

28日

〇省委书记袁纯清会见以全国政协机关党组书记、副秘书长孙怀山为组长的全国政协调研组一行。

29日

〇省委常委、常务副省长李小鹏会见来山西就投资环境等问题进行考察的西门子(中国)有限公司执行副总裁、东北亚区工业业务领域总裁吴和乐一行。

30日

〇山西省省属大企业集团经济技术合作考察团结束在浙、沪、苏的考察签约活动。山西省企业与浙、沪、苏企业共签约83个项目,总投资630.6亿元,项目资本金引资2873.58亿元,引资332.29亿元,贸易额150亿元。2/3的项目集中在装备制造、煤化工、新能源、新材料、现代物流等新兴产业领域。

8月

3日

〇省委书记袁纯清会见全国第四届"我最喜爱的人民警察"先进事迹巡回报告团一行。

4日

〇7月26日至8月4日,应俄罗斯圣彼得堡市政府、冰岛工业能源与旅游部及芬兰诺基亚西门子通信公司邀请,副省长牛仁亮率山西省能源、生态经济转型考察团赴俄罗斯、冰岛、芬兰进行学习考察。

5日

〇省长王君会见来晋参加光伏产业合作项目签约仪式的台湾富士康集团董事长郭台铭、保利协鑫集团董事长朱共山一行。

〇省委常委、副省长高建民会见全国人大常委、香港前立法会主席、"2011健康快车山西光明行"贵宾团成员范徐丽泰女士一行。

6日

〇全国政协副主席李金华就新能源产业和民营企业发展情况,在大同市进行调研。

7日

〇省委书记袁纯清会见来晋参加北方九省(区、市)政协民族宗教工作交流会的全国政协副主席阿不来提·阿不都热西提一行。

10日

〇8日至10日,省委书记袁纯清深入大同市调研。他强调,要坚持把富民放在首位,加快发展壮大县域经济。

〇中化二建集团有限公司与中科合成油技术有限公司、太原重工股份有限公司联手打造的国内起重能力最大的6400吨液压复式起重机研发项目,在北京怀柔科技开发区启动。

11日

〇省长王君会见中国联通集团有限公司董事长常小兵一行,双方就加快山西信息产业发展进行了广泛交流。

16日

〇12日至16日,中共中央政治局常委、中央纪委书记贺国强先后在山西晋中、长治、忻州、太原等地调研。

〇省委书记袁纯清会见世界华商联合促进会会长、全国政协委员、全国工商联副主席、香港世茂集团董事局主席许荣茂率领的香港商界高层投资考察团一行。

〇省长王君会见来山西进行投资考察的美国中华总商会主席陈清泉一行。

18日

〇山西省与国家人力资源和社会保障部《共同推进山西省国家资源型经济转型综合配套改革试验区人力资源和社会保障事业发展与改革备忘录》签约仪式在并举行。

〇山西中华文化促进会成立大会在并举行。

19日

〇省政府与新希望集团签署战略发展框架协议。未来5年新希望集团将投资50亿元,在山西实施肉鸡产业化项目。

21日

〇山西省和浙江省在并签署经济社会发展战略合作、能源战略合作和产业合作三项协议,旨在加强两省产业互动和经济互利,改变单纯的能源供需关系,谋求多层次、宽领域、全方位的合作共赢。

〇经工信部和财政部联合评定,太钢被认定为"国家技术创新示范企业"。

25日

〇23日至25日,省委书记袁纯清率团赴新疆考察山西省对口援建工作。

〇第四届京、津、冀、内蒙古政协区域经济论坛在并举办。论坛以科学发展为主题、加快转变经济发展方式为主线,就深化"十二五"期间区域交流合作、促进华北区域协调发展建言献策。

26日

〇2011中国·山西旅游博览会在中国(太原)煤炭交易中心开幕。

29日

〇省委书记袁纯清会见越南富寿省省委书记、省人民议会主席阮尹庆一行。

〇总投资110亿元的三晋硅业万吨级高纯多晶硅项目在黎城县开

工建设，这是山西开工建设的最大光伏产业项目。

30日

〇以科技部副部长王志刚为组长的中央分类推进事业单位改革工作调研组在晋调研。

9月

1日

〇省长王君会见国务院台湾事务办公室常务副主任郑立中一行。

5日

〇晋台两地媒体交流盛会——台湾·山西2011新闻交流精英论坛在台湾高雄举办。

6日

〇省委书记袁纯清深入晋城市调研。他强调，要进一步深化医药卫生等改革，加快转型跨越发展，千方百计保障和改善民生。

7日

〇山西—四川经济社会发展交流座谈会在并举行。

8日

〇省长王君会见中国保利集团董事长陈洪生一行，双方就进一步加强交流合作、促进互利共赢发展进行了沟通。

9日

〇5日至9日，全国政协副主席、民建中央第一副主席张榕明一行莅晋就民建工作进行调研，省委书记袁纯清看望了张榕明一行。

16日

〇引黄入晋北干线工程正式通水。北干线是万家寨引黄入晋工程的重要组成部分，工程线路总长156.5千米，设计年引水5.6亿立方米。

〇省政府和中国航空工业集团公司签署战略合作框架协议，双方将围绕山西省"十二五"规划和中国航空工业集团的发展规划，积极构筑山西航空及相关产业基地。

19日

〇省委书记袁纯清会见来晋访问的哈萨克斯坦前总理、总统全球大使、执政党主席、哈萨克斯坦国际一体化基金会理事会主席谢尔盖·亚历山大维奇·捷列先科一行。

〇2011平遥国际摄影大展开幕。

〇省政府与中国国际旅行社总社有限公司、中青旅控股股份有限公司分别签署战略合作协议，旨在进一步拓展旅游产业合作开发的广度和深度，促进山西旅游产业转型升级，提升旅游产业素质和竞争力。

〇省政府和中国电信集团公司签署战略合作协议。双方将通过建立长期稳定的战略合作，加快中国电信在山西省电信基础网络的优化升级，共同推进山西省电子商务、两化融合、三网融合、农业农村信息化、数字城市等领域信息化建设与发展。

20日

〇省政府和中国邮政集团公司签署战略合作框架协议，旨在加快山西邮政基础设施建设和网络布局，提升邮政服务地方经济发展能力。

〇省政府和中国煤炭科工集团有限公司签署战略合作框架协议，双方将在安全技术、煤炭清洁高效利用等方面加强合作。

21日

〇省委书记袁纯清会见莅晋调研的民政部部长李立国一行。

〇省政府和中国移动通信集团公司签署战略合作协议，旨在全面升级山西省通信网络基础设施，加快经济社会各领域信息化。

22日

〇省政府和中国国际工程咨询公司签署战略合作框架协议，旨在通过中咨公司为山西提供高端工程咨询服务，有力提升山西经济和社会发展规划、生产力布局、重大项目决策的科学性。

23日

〇省政协主席薛延忠率驻晋全国政协委员赴湖南省就长株潭（长沙、株洲、湘潭）城市群资源节约型和环境友好型社会综合配套改革试验区建设情况进行考察。

〇省政府和中国航天科技集团公司签署战略合作框架协议，将促进山西省和中国航天科技集团公司产业结构优化升级与整体提升，加快经济发展方式转变。

〇省政府与中国联合网络通信集团公司签署战略合作框架协议，中国联通将在山西投资150亿元，实施信息化提升项目。

25日

〇23日至25日，莅晋出席第六届中国中部投资贸易博览会开幕式的中共中央政治局委员、国务院副总理王岐山深入山西大同、朔州、忻州、太原等地考察调研。

27日

〇省委书记袁纯清会见以中央纪委驻新闻出版总署纪检组组长宋明昌为组长的中央加快转变经济发展方式监督检查工作领导小组第二检查组一行。

〇省长王君会见来晋出席第六届中部博览会的国家发改委副主任彭森一行。

28日

〇26日至28日，第六届中国中部投资贸易博览会在中国（太原）煤炭交易中心举办。本届博览会共有来自45个国家和地区的1.6万名嘉宾、2342个代表团参加。中部六省共签订合同、战略性框架协议、意向引资项目2547个，拟引进外资371.77亿美元，引进内资2.34万亿元。外经合作合同总额7867万美元，对外贸易16.5亿美元，国内贸易成交101.5亿元。

29日

〇25日至29日，十届全国人大常委会副委员长成思危、全国人大常委会副秘书长张少琴在山西调研考察。

10月

11日

〇省长王君会见国家电网公司副总经理舒印彪一行。

〇省委常委、常务副省长李小鹏会见三一集团执行总裁向文波一行。

〇副省长牛仁亮会见交通运输部副部长冯正霖一行。

〇太重山西煤机公司研制成功国内最大的超重型刮板输送机——SGZ1400/3×1600超重型刮板输送机。

14 日

○教育规划纲要贯彻落实情况专项检查工作汇报会在并举行。省长王君会见中央编办副主任张崇和、教育部副部长李卫红率领的检查组一行。

18 日

○北京、天津、河北、山西、内蒙古五省(区、市)党委宣传部在京共同签署《华北五省(区、市)文化发展战略合作框架协议》。

19 日

○省委常委、常务副省长李小鹏会见中国电力投资集团公司总经理陆启洲一行。

20 日

○第二届中国(山西)特色农产品交易博览会在并开幕。本届博览会达成投资签约项目 145 个,总投资 412 亿元,签约额 346 亿元;达成贸易签约项目 527 亿元,贸易额 292.07 亿元。

24 日

○省委常委、常务副省长李小鹏会见日本电源开发株式会社社长北村雅良一行。

25 日

○省委副书记金道铭会见莫桑比克解放阵线党中央党校代表团一行。

○中央电视台山西记者站在并成立。

29 日

○中铁六局承建的国内铁路双线拱桥跨度最大的准朔铁路黄河特大桥钢管拱成功合龙。

30 日

○太矿集团研制成功功率 3000 千瓦电牵引的世界最大采煤机。

11月

1 日

○省长王君会见前来山西访问并参加第九届中韩地方政府交流研讨会的韩国驻华大使李揆亨一行。

○省长王君会见百度公司董事长李彦宏一行。

4 日

○副省长牛仁亮会见来晋参加 2011 中国中部发展论坛的国家发展和改革委员会地区经济司司长范恒山一行。

7 日

○省长王君会见来晋考察的三一集团有限公司董事长梁稳根一行。

8 日

○省长王君会见抵晋访问并出席"太钢·哈斯科合作项目"奠基仪式的美国驻华大使洛家辉一行。

14 日

○省政府与亚美尼亚共和国洛里州签订《山西省与亚美尼亚洛里州建立友好关系备忘录》和《山西省与亚美尼亚洛里州经贸合作纪要》。

15 日

○省长王君会见交通银行行长牛锡明一行。

16 日

○省委常委、常务副省长李小鹏会见民政部常务副部长罗平飞一行。

○省委常委、宣传部长胡苏平会见由副主席、执行书记阿里·阿赫梅多夫率领的阿塞拜疆新阿塞拜疆党干部考察团一行。

18 日

○17 日至 18 日,省委书记袁纯清、省长王君率山西省党政代表团赴北京学习考察科技创新、电子信息、物流会展、文化创意和文化体制改革等情况。

20 日

○省长王君会见中国铝业公司总经理熊维平一行,双方就进一步加强合作、促进共赢发展进行了沟通磋商。

○省政协主席薛延忠会见法国参议院前参议员米歇尔·盖雷率领的法中友协代表团一行。

21 日

○山西医学科学院、山西大医院正式建成开业。

24 日

○省长王君会见中国电力国际有限责任公司董事长李小琳一行,就加强能源合作进一步交换了意见。

30 日

○省政协主席薛延忠会见澳大利亚资金股本有限公司首席执行官施莱恩率领的参访团一行。

○在山西注册的第一只规模达 20 亿元的大型私募股权投资基金——山西同仁股权投资合伙企业正式挂牌成立。

12月

1 日

○11 月 20 日至 12 月 1 日,省委常委、省委秘书长李政文率领山西省经贸考察团,对巴西、阿根廷、南非三国进行了经贸考察和友好访问。此次访问的主要目的是开拓山西省重型机械在南美洲和南非的销售市场,加强山西省同以上三国的经贸往来和友好交流。

○省委常委、宣传部长胡苏平会见以柬埔寨人民党中央宣传教育委员会副主席、中央青年工作组组长盖本兴为团长的柬埔寨人民党干部考察团一行。

4 日

○在山西省第三次全国文物普查中,大河口墓群、西顿济渎庙、北池稷王庙、大益成纺纱厂旧址等 4 项新发现入选"第三次全国文物普查百大新发现"。

8 日

○省委书记袁纯清会见以中央联席会议办公室副主任王石奇为组长的中央信访工作督导组一行。

18 日

○省长王君会见台湾富士康集团董事长郭台铭一行,就加快推进富士康集团在晋投资项目建设有关事项进行了洽谈。

20 日

○长治市被命名为第三批全国文明城市。

○晋城市荣膺"国家卫生城市"称号。

21 日

○省委书记袁纯清深入运城市平陆县调研。他强调,要扎实搞好第九届村委会换届工作和村党组织换届工作,筑牢党的执政基础,加快农村发展、促进农村和谐。

○15 日至 21 日,应美国西弗吉尼亚州州长和加拿大安大略省省长的邀请,省委副书记金道铭率山西省代表团对美国、加拿大进行了友好访问。访问期间同两位州(省)长进行了友好会谈,对其社会管理方面的做法和经济进行了考察。

○中北大学刘亚青和太钢技术中心李国平获第十二届"中国青年科技奖"。

29 日

○省委书记袁纯清深入阳煤集团、平定县,就保持经济平稳较快发展、加强安全生产进行调研检查。他强调,要坚持稳中求进抓发展,坚持严格管理保安全。

○省委书记袁纯清会见最高人民检察院常务副检察长胡泽君一行。

30 日

○全长 192 千米的忻州—保德高速公路全线通车。至此,山西省高速公路 2011 年建成 1000 千米,总里程突破 4000 千米。

(马天天　整理)

山西经济年鉴

YEARBOOK OF SHANXI ECONOMY

光荣榜

GUANGRONGBANG

光荣榜

山西省2011年度工业企业30强

序号	单位名称	序号	单位名称
1	山西煤炭运销集团有限公司	16	山西安泰控股有限公司
2	太原钢铁(集团)有限公司	17	首钢长治钢铁有限公司
3	山西焦煤集团有限责任公司	18	山西中阳钢铁有限公司
4	大同煤矿集团有限责任公司	19	山西国际电力集团有限公司
5	潞安矿业(集团)有限责任公司	20	山西立恒钢铁股份有限公司
6	晋城无烟煤矿业集团有限责任公司	21	杏花村汾酒集团有限责任公司
7	阳泉煤业(集团)有限责任公司	22	晋城福盛钢铁有限公司
8	山西煤炭进出口集团有限公司	23	北车集团大同电力机车有限责任公司
9	山西省电力公司	24	山西国际能源集团有限公司
10	中煤平朔煤业有限责任公司	25	山西省潞宝集团中电投
11	山西省国新能源发展集团有限公司	26	山西铝业有限公司
12	太原重型机械集团有限公司	27	国电电力大同第二发电厂
13	酒钢集团翼城钢铁有限责任公司	28	山西沁新能源集团股份有限公司
14	山西兰花煤炭实业集团有限公司	29	晋西工业集团有限责任公司
15	美锦能源集团有限公司	30	山西宏达钢铁集团有限公司

2011年度山西省功勋企业

太原钢铁(集团)有限公司
山西焦煤集团有限责任公司
山西煤炭运销集团有限公司
山西大昌汽车集团有限公司
太原市第一建筑工程集团有限公司
中绿环保科技股份有限公司
山西华宇集团有限公司
中国民生银行股份有限公司太原分行
中国农业银行股份有限公司山西省分行
招商银行股份有限公司太原分行
晋商银行股份有限公司
山西天然气股份有限公司
山西省外国企业服务总公司
山西华顿实业有限公司
山西天能科技股份有限公司
太原市亿利泰糖业烟酒有限公司
山西钢铁建设(集团)有限公司
山西雁丰兴商贸有限公司
山西会馆餐饮文化有限公司
大同煤矿集团有限责任公司
大同晋能工业硅有限公司
中国北车集团大同电力机车有限责任公司
山煤国际能源集团大同有限公司
大同鹊山精煤有限责任公司
国营东华机械厂
大同煤矿集团有限责任公司煤峪口矿
山西中煤平朔宇辰有限公司
山西怀仁峙峰山煤业有限责任公司

山西雅士利乳业有限公司
朔州市润臻新技术开发有限公司
山西新时代房地产开发集团有限公司
山西忻州通用机械有限责任公司
大同煤矿集团轩岗煤电有限责任公司
大同煤矿集团煤炭运销总公司忻州有限公司
山西省晋神能源有限公司
山西金瑞高压环件有限公司
繁峙县中兴实业有限公司
山西寿阳段王煤业集团有限公司
山西昔阳安顺北坪煤业有限公司
山西太谷恒达煤气化有限公司
山西煤炭运销集团晋中昔阳有限公司
山西太谷通宝醋业有限公司
山西省平遥减速器有限责任公司
山西汾西矿业(集团)有限责任公司
山西省平遥煤化(集团)有限责任公司
榆缆线缆集团有限公司
山西天凯集团有限公司
山西凯嘉能源集团有限公司
阳泉煤业(集团)股份有限公司
山西煤炭运销集团阳泉有限公司
山西阳泉盂县东坪煤业有限公司
平定莹玉陶瓷有限公司
阳泉市煤气公司
山西潞安矿业(集团)有限责任公司
山西潞宝集团
山西沁新能源集团股份有限公司
山西康宝生物制品股份有限公司
山西中德塑钢型材有限公司
山西振东实业集团有限公司
长治金威商贸集团
山西三元煤业股份有限公司
长治市公共交通总公司
山西晋城无烟煤矿业集团有限责任公司
山西泽州天泰锦辰煤业有限公司
山西陵川崇安苏村煤业有限公司
山西天泽煤化工集团股份公司
山西鑫马房地产开发有限公司
山西鑫宇豪食品开发有限公司
山西荣坤投资有限公司
山西万方服饰有限公司
山西金宝圣房地产开发有限公司
山西安民木业集团有限公司
山西晋正建设工程项目管理有限公司
山西焦化集团有限公司
山西煤炭运销集团临汾有限公司
临汾红楼酒店管理有限公司
酒钢集团翼城钢铁有限责任公司
山西海姿焦化有限公司
山西路桥第二工程有限公司
临汾市唐尧花园酒店有限公司
临汾京铁国际旅行社有限公司
山西省临汾健民制药厂
大同证券经纪有限责任公司临汾平阳南街证券营业部
北京房庆新戎房地产开发有限责任公司侯马分公司
山西离柳焦煤集团有限公司
文水海威钢铁有限公司
霍州煤电集团吕梁山煤电有限公司
孝义市盛大煤焦有限公司
孝义市金达煤焦有限公司
山西煤炭运销集团吕梁孝义有限公司
山西省电力公司孝义供电支公司

2011年度山西省优秀企业

山西焦煤集团国际贸易有限责任公司
山西煤炭运销集团装备产业有限公司
太原服装城(集团)有限公司
中钢集团山西有限公司
太原市中小企业信用担保有限公司
兴业银行股份有限公司太原分行
太原石化工贸有限公司
山西宏盛能源开发投资集团有限公司
山西宇田盛合工贸有限公司
太原市宁化府益源庆醋业有限公司
太原罗克佳华工业有限公司
太原经济技术开发区滨西工业园有限公司
太原工具厂
山西中正房地产开发有限公司
山西环宇矿业有限公司
山西晨雨科技开发连锁经营有限公司
山西问天科技股份有限公司
大连万达物业管理有限公司太原分公司
山西钢新实业有限公司
太原市佳帝涂料有限公司
山西金龟投资控股集团有限公司
山西长城电气股份有限公司
山西太钢不锈钢股份有限公司炼铁厂
山西迎泽物流有限公司
山西喜跃发道路建设养护有限公司
山西创奇实业有限公司
山西尚宁健康体检中心有限公司
山西柴油机工业有限责任公司
大同机车实业公司
大同煤矿集团大同地煤青磁窑煤矿
大同煤矿集团有限责任公司同家梁矿
大同市春毅发展有限责任公司
大同煤矿集团大同地煤姜家湾煤矿
大同煤矿集团有限责任公司供水分公司
大同煤矿集团有限责任公司云冈矿

大同煤矿集团大同地方煤炭有限责任公司
大同煤矿集团建材有限责任公司
大同煤矿集团有限责任公司化工厂
大同煤矿集团有限责任公司煤气厂
大同煤矿集团大斗沟煤业有限公司
大同煤矿集团有限责任公司马脊梁矿
大同煤矿集团公司晋华宫矿
大同煤矿集团挖金湾煤业有限责任公司
大同煤矿集团有限责任公司四老沟矿
同煤国电同忻煤矿有限公司
大同煤矿集团鹏程物业管理有限责任公司
大同煤矿集团设计研究有限责任公司
大同煤矿集团同生煤矿生产管理有限公司
大同煤矿集团煤炭运销总公司大同有限公司
中国石油天然气股份有限公司山西朔州销售分公司
中国煤矿机械装备有限责任公司平朔维修租赁中心
中国银行股份有限公司朔州市分行
山西瑞启煤炭运销有限公司
山西省山阴县石星化工有限责任公司
山西天鹏农牧有限公司
怀仁县天丰商贸有限公司
怀仁恒源瓷业有限公司
山西晶都太阳能电力有限公司
应县锦华科技实业有限责任公司
山西全盛化工有限责任公司
右玉县图远实业有限责任公司
山西汇源食品饮料有限责任公司
山西晋西口农副产品有限公司
山西朔州平鲁区后安煤炭有限公司
山西忻州神达能源集团有限公司
忻州药业(集团)有限公司
宁武能源投资有限责任公司
宁武县焱安热力有限公司
忻州五台山风景名胜区五峰宾馆
忻州市鑫宇煤炭气化有限公司
山西蓝天环保设备有限公司
忻州市三源煤矿机械有限公司
定襄县宝源高合金铸造有限公司
山西管家营法兰锻造有限公司
山西鲁能河曲发电有限公司
山西三晋碳素股份有限公司
山西太谷荣欣堂食品有限公司
山西省平遥县龙海实业有限公司
山西亮宇炭素有限公司
山西省平遥县国青同盈禽业有限公司
山西省平遥县巨隆福利铸造有限公司
山西平遥华兴电机铸造有限公司
中油销售平遥有限公司
平遥县永隆漆艺有限公司
祁县光华玻璃有限公司
山西祁县会龙玻璃器皿有限公司
祁县承旺货运有限公司
山西阳煤寺家庄煤业有限责任公司
介休市集中供热有限责任公司
山西介休大佛寺煤业有限公司
山西寿阳农村商业银行股份有限公司
寿阳县奥泰实业有限责任公司
寿阳县同力供热有限公司
榆社县鑫达建材装饰有限公司
榆社县五福农产品开发有限公司
寿阳县新特鑫养殖专业合作社
太谷县巨鑫煤焦运输队
山西圣火炉料有限公司
中国石油化工股份有限公司山西阳泉石油分公司
中国人民财产保险股份有限公司阳泉市分公司
山西省阳泉荫营煤矿
阳泉市燕龛煤炭有限责任公司
阳泉市热力公司
平定县农村信用合作联社
阳泉市长青石油压裂支撑剂有限公司
山西鑫磊电石集团有限公司
阳泉煤业(集团)有限责任公司三矿
山西新景矿煤业有限责任公司
阳泉煤业集团华越机械有限公司
阳泉华联商厦有限公司
山西常平集团实业有限公司
山西通洲煤焦集团
山西潞安矿业(集团)有限责任公司王庄煤矿
山西南耀集团
黎城太行钢铁有限公司
山西潞安集团余吾煤业有限责任公司
长治市紫坊经贸开发有限公司
山西潞安环保能源开发股份有限公司漳村煤矿
山西鲁晋王曲发电有限责任公司
山西潞安华亿实业有限公司
长治市长宁钢铁集团有限公司
长治市明华煤业有限公司
山西潞安环保能源开发股份有限公司五阳煤矿
山西康伟集团有限公司
襄垣县金鑫投资管理集团有限公司
山西潞安矿业集团慈林山煤业有限公司夏店煤矿
长治市霍家工业有限公司
山西潞安郭庄煤业有限责任公司
山西壶关化工集团有限公司
山西潞安机械有限责任公司
山西惠丰型材有限公司
中国人民财产保险股份有限公司长治市分公司
山西澳瑞特健康产业股份有限公司
山西华宝焦化集团有限公司
山西博源超市有限公司
长治市宏达针纺有限公司
山西凌志达煤业有限公司
山西易通环能科技集团有限公司
山西东明投资管理集团有限公司

山西中池联华科技开发有限公司
长治市义合源商贸有限公司
山西潞安集团司马煤业有限公司
国营长治面粉厂
山西潞安祥瑞焦化有限公司
山西潞安环能五阳弘峰焦化有限公司
长治市佳威商城有限公司
山西玉港装饰装潢工程有限公司
山西襄垣七一煤化集团山力投资管理有限公司
长治县振兴集团
山西黄土坡煤业集团有限公司
山西省电力公司晋城城郊供电公司
晋城市明泰建设监理有限公司
晋城市景天商贸有限公司
山西高平科兴申家庄煤业有限公司
沁和能源集团有限公司
山西天石建材有限公司
山西国强科技发展有限责任公司
运城市广厦房地产开发有限公司
山西省运城益鑫泰物资有限公司
山西中昊安环科技有限公司
运城市鑫马物业管理有限公司
山西双龙泵业有限公司
运城经济技术开发区中兴物资有限公司
运城市迎太鑫鸿安装工程有限公司
山西远嘉世纪科贸有限公司
运城市四方科技有限公司
运城市美家建筑工程有限公司
运城市华强交通设备有限公司
运城市兰亭文化艺术品有限公司
运城市太运建材有限公司
山西舜帝塑业有限公司
芮城县东娃卤肉食品有限公司
运城市风陵渡东风食品厂
山西红冠涂料有限公司
山西省平陆县正圆活塞环厂
运城市蒲津奥圣塑钢制品有限公司
山西华丽服饰科技发展有限公司
运城市麦香斯餐饮有限公司
山西鑫华通贸易有限公司
山西运城绿康实业有限公司
垣曲县舜皇菖蒲酒业有限公司
永济市卿头皇龙面粉厂
山西力信酒业有限公司
山西神农氏肥业有限公司
临猗县香汇食品有限公司
山西绿叶钙茶制品有限公司
运城市崇济妇产专科医院
夏县恒达混凝土有限公司
山西恺元建筑工程有限公司
山西鸿盛德建筑安装有限公司
山西鸿德房地产开发有限公司
山西省运城市龙飞有色金属有限公司

运城市泰森房地产开发有限公司
运城市空港华雄纺织有限公司
山西安顺生物科技有限公司
运城市晶鑫装饰工程有限公司
山西南洋包装材料有限公司
山西中条山新型建材有限公司
山西睿博服饰有限公司
临汾中国国际旅行社有限责任公司
翼城县北关建筑安装有限责任公司
临汾市尧都区聚众汇投资服务有限公司
山西金雨电力工程有限公司
临汾晋德金泰书荣大酒店有限公司
临汾市电联通信器材有限公司
临汾市双来福饭庄
翼城县华尧商贸有限责任公司
山西兴华税务师事务所有限公司
临汾市尧都区辅仁教育书店
临汾利亚江农机工程机械有限公司
临汾市百路通物流有限公司
山西新星冶炼集团有限公司
临县裕民焦煤有限公司
柳林县华亿新型建材有限公司
孝义市金佳煤业有限公司
山西省孝义市新禹煤焦有限责任公司
孝义市红塔煤焦有限公司
山西奥凯达化工有限公司
孝义市焦炭运销公司
孝义市万泽煤业有限公司
孝义市金汇达煤业有限公司
山西庆华物流有限公司
山西杏乡世家酿酒有限公司

2011 年度山西省功勋企业家

马力农　孝义市金达煤焦有限公司
马玉禄　山西天凯集团有限公司
马法成　太原钢铁(集团)有限公司矿业分公司
孔繁丽　山西尧都农村商业银行股份有限公司辛寺街支行
王　伸　山西东升煤业集团有限公司
王山虎　山西省长治经坊煤业有限公司
王中华　太原并州饭店
王天明　太原服装城(集团)有限公司
王文刚　山西太谷通宝醋业有限公司
王月光　招商银行股份有限公司太原分行
王光彪　山西天脊煤化工集团有限公司
王红斌　山西太钢不锈钢股份有限公司炼铁厂
王良彦　太原煤炭气化(集团)有限责任公司
王贵聪　太原市第一建筑工程集团有限公司
王鲜义　阳泉市煤气公司

代全民　山西大昌汽车集团有限公司
包政礼　山西朔州大恒煤业有限公司
卢　伟　垣曲历山旅游开发有限公司
卢辉生　山西三维集团股份有限公司
古　平　山西宝乡矿业有限公司
白惠峰　中绿环保科技股份有限公司
石兴堂　大同煤矿集团有限责任公司煤气厂
任国庆　宁武能源投资有限责任公司
任福耀　山西焦煤集团有限责任公司
关占胜　大同煤矿集团王村煤业有限责任公司
刘　晋　淮海工业集团有限公司
刘凤英　太原市亿利泰糖业烟酒有限公司
刘建中　山西煤炭运销集团有限公司
刘燕芳　山西雁丰兴商贸有限公司
吕家忠　大同煤矿集团铁峰煤业有限公司
孙运福　运城市宏盛源食品有限公司
朱晓鹏　中国民生银行股份有限公司太原分行
米如中　山西襄矿能源投资管理集团有限公司
邢岩峰　太原工具厂
闫　翔　繁峙县中兴实业有限公司
闫银旺　山西银焱能源发展集团有限公司
何保国　山西忻州神达能源集团有限公司
宋德明　山西博大集团有限责任公司
张天江　运城市天秀生态农业开发有限公司
张月胜　山西玉龙投资集团有限公司
张庆军　娄烦县华恒矿业有限公司
张有喜　大同煤矿集团有限责任公司
张竹林　霍州市华怡房地产开发有限责任公司
张志平　长治清华机械厂
张志德　太原重型机械集团有限公司
张良海　大同煤矿集团轩岗煤电有限责任公司
张建牛　晋城市金建集团投资有限公司
张明智　太原市热力公司
张胜云　山西焦煤霍州煤电集团吕梁山煤电有限公司木瓜煤矿
张鸿恩　太原东山煤矿有限责任公司
张满荣　山西钢铁建设(集团)有限公司
张瑞吉　山西太谷恒达煤气化有限公司
时一春　中国化工供销太原贵金属有限公司
李　逸　山西中条山新型建材有限公司
李　禄　山西中强煤化有限公司
李毛俊　阳泉市热力公司
李世奎　沁水县顺世达铸业有限公司
李东明　山煤国际能源集团大同有限公司
李永奇　文水海威钢铁有限公司
李安学　运城市安青农资销售有限公司
李忠群　国营东华机械厂
李贵生　山西汾西矿业(集团)有限责任公司
李晋平　山西潞安矿业(集团)有限责任公司
李晓波　太原钢铁(集团)有限公司
李爱和　山西中煤平朔宇辰有限公司
杜红奎　山西海姿焦化有限公司
杨　扬　太原钢铁(集团)电气设备修造有限公司
杨云山　大同晋能工业硅有限公司
杨春青　山西恒丰实业有限公司
杨爱萍　山西省烟草公司吕梁市公司孝义营销部
杨新建　山西潞安集团潞宁煤业有限责任公司
谷中和　山西漳山发电有限责任公司
陈　洁　山西省外国企业服务总公司
陈美善　晋中华晟集团有限公司
周满祥　山西康宝生物制品股份有限公司
尚志峰　灵石红杏能源有限公司
范　益　山西省电力公司孝义供电支公司
郑　鹏　孝义市盛大煤焦有限公司
段　瑛　临汾市家福乐连锁超市有限公司
胡东明　山西昔阳安顺北坪煤业有限公司
荆夏敏　山西金宝圣房地产开发有限公司
贺仰兴　大同煤矿集团有限责任公司煤峪口矿
赵小红　阳泉市燕龛煤炭有限责任公司
赵东权　山西梨花春酿酒集团有限公司
赵华山　山西华宇集团有限公司
赵成书　山西楼东俊安煤气化有限公司
赵青春　山西煤炭运销集团晋中昔阳有限公司
赵晨德　大同煤矿集团有限责任公司同家梁矿
剧通达　大同煤矿集团有限责任公司四台矿
秦伟泽　山西卓里集团有限公司
耿建斌　翼城县建筑安装工程有限责任公司
聂建民　阳泉煤业(集团)有限责任公司
贾根柱　山西天泽煤化工集团股份公司
郭士强　首钢长治钢铁有限公司
郭汉刚　山西晋正建设工程项目管理有限公司
郭兴银　山西省平遥煤化(集团)有限责任公司
郭尚文　山西智诚房地产开发有限公司
郭金刚　大同煤矿集团有限责任公司
郭晓辉　山西宇田盛合工贸有限公司
郭继平　山西离柳焦煤集团有限公司
都玉青　国营长治面粉厂
高绍军　山西会馆餐饮文化有限公司
高晋喜　太原市水产公司
曹少雄　中国农业银行股份有限公司山西省分行
曹耀丰　山西煤炭运销集团有限公司
梁新文　山西省平遥减速器有限责任公司
黄　健　山西新华化工有限责任公司
程福兴　山西南娄集团股份有限公司
路斗恒　山西凯嘉能源集团有限公司
薛　刚　孝义市万泽煤业有限公司
薛振海　山西民生天然气有限公司

2011 年度山西省优秀企业家

马　胜　大同煤矿集团电业有限责任公司
马志强　山西省焦炭集团长治焦炭有限责任公司
马志鹏　中国移动通信集团山西有限公司长治分

公司
丰新兰　朔州市跃胜实业公司
尹书锡　山西忻州神达栖凤煤业有限公司
尹玉峰　太原市蔬菜公司下元蔬菜副食品贸易市场
毛建新　山西钢新实业有限公司
牛扎根　长治县振兴集团
王　华　山西臣丰食业有限责任公司
王　亮　右玉县兴隆石料厂
王　涛　北京中环晋荣防水材料开发有限公司
王　强　山西潞安环保能源开发股份有限公司五阳煤矿
王丰录　永济市晋丰棉纺有限公司
王文广　山西煤炭运销集团晋中寿阳有限公司
王文生　山西长城微光器材股份有限公司
王玉山　阳泉煤业集团华越机械有限公司
王玉锦　大同煤矿集团设计研究有限责任公司
王全红　大同煤矿集团挖金湾煤业有限责任公司
王创林　山西远嘉世纪科贸有限公司
王安芹　山西潞安矿业(集团)有限责任公司中小企业改革发展部
王庆水　大同煤矿集团大同地煤姜家湾煤矿
王佐军　临汾思麦尔酒店有限公司
王作平　长治市运东汽运有限公司
王利刚　山西骏通铸管有限公司
王志刚　孝义市金佳煤业有限公司
王志敏　山西华元医药集团有限公司
王志强　晋城市硕阳光电有限公司
王怀宝　山西阳泉盂县跃进煤业有限公司
王秀林　忻州市三源煤矿机械有限公司
王财宝　山西孝义华庆铝业有限公司
王建敏　平陆县弘蕊生物化工厂
王建强　山西潞安集团司马煤业有限公司
王承旺　祁县承旺货运有限公司
王俊峰　山西黄土坡煤业集团有限公司
王恒学　山西安顺生物科技有限公司
王春雨　山西煤炭运销集团阳泉盂县有限公司
王洪庆　大同煤矿集团机电装备制造有限公司
王晓林　山西省平遥县龙海实业有限公司
王海滨　山西东鹤家具有限公司
王爱华　运城华爱微创医院
王培亮　忻州药业(集团)有限公司
邓国强　山西国强科技发展有限责任公司
仝　效　大同煤矿集团大地选煤工程有限责任公司
仝占国　芮城县阳城镇杜庄战国砖厂
令狐俊锋　运城市华强交通设备有限公司
兰鹏光　山西金瑞高压环件有限公司
冯礼正　山西煤炭运销集团吕梁孝义有限公司
冯勋奎　中国石油天然气股份有限公司山西朔州销售分公司
卢孙明　河津市华晋选煤有限公司
史通昭　山西圣火炉料有限公司
田新虎　太原煤气化龙泉能源发展有限公司
申贵喜　山西黎城粉末冶金有限责任公司
申跃文　山西南耀集团
白有厚　忻州市鑫宇煤炭气化有限公司
白艳平　太谷县巨鑫煤焦运输队
乔　伟　山西鲁能河曲发电有限公司
乔　颖　山西高平科兴平泉煤业有限公司
买淑芳　鄂尔多斯服饰晋城地区总代理
任成斌　孝义市红塔煤焦有限公司
任建峰　山西西山晋兴能源有限责任公司斜沟煤矿
任晓飞　山西介休大佛寺煤业有限公司
任晓波　孝义市焦炭运销公司
康建福　山西汾西正安煤业有限责任公司
任爱莲　运城市麦香斯餐饮有限公司
任铁柱　山西通洲煤焦集团
刘　刚　山西金通焦化集团有限公司
刘　捷　山西捷成文化传播有限公司
刘小梅　长治市宏达针纺有限公司
刘云虎　山西焦煤集团正兴煤业有限公司
刘文荣　晋中黄彩苑农业食品科技有限公司
刘长柏　临汾经济技术开发区九尊酒业有限公司
刘立文　霍州煤电集团吕梁山煤电有限公司洗煤厂
刘红卫　芮城县大王镇大阳建材厂
刘进权　大同煤矿集团大同地煤马口煤矿
刘连明　大同煤矿集团煤炭运销总公司大同有限公司
刘国忠　山西潞安矿业(集团)有限责任公司铁路运营公司
刘宝军　阳泉华联商厦有限公司
刘建国　运城市物通天下物流有限公司
刘俊明　运城市蒲津奥圣塑钢制品有限公司
刘晓春　介休市集中供热有限责任公司
刘晓晖　霍州煤电集团吕梁山煤电有限公司
刘海林　山西潞安祥瑞焦化有限公司
刘爱国　山西省太原市外贸(集团)有限责任公司
刘富荣　榆社县芙蓉商贸有限责任公司
刘聪颖　大同煤矿集团建材有限责任公司
吕维赟　阳泉煤业(集团)有限责任公司三矿
孙充政　山西潞安华亿实业有限公司
孙雁卿　太原合创自动化有限公司
师玉琦　河津市玉鑫工贸有限公司
朱云平　大同煤矿集团同地益晟煤业有限公司
朱世军　朔州中粮糖业有限公司
江志义　山西灵石红杏鑫东煤业有限公司
许双宝　运城市盐湖区大长江管理咨询有限公司
许全平　大同煤矿集团同生煤矿生产管理有限公司
许贵琴　平定县华美购物中心
邢建民　山西中正房地产开发有限公司
闫卫平　临汾利亚江农机工程机械有限公司
闫长锁　山西煤炭运销集团长治市长治县有限公司
闫财旺　山西新星冶炼集团有限公司
何　晶　山西众鑫电子有限公司
何培德　山西柴油机工业有限责任公司
余艳平　山西省永济市惠畅纺织品有限公司
吴有增　山西潞安集团余吾煤业有限责任公司

吴建光　山西三通天然气有限公司
吴建华　山西华丽服饰科技发展有限公司
宋拴虎　山西丰田食品有限责任公司
张　敏　山西汇镪磁性材料制作有限公司
张　港　山西新鑫食品有限公司
张　鹏　太原市四鲜贸易有限公司
张　毅　山西安东矿山支护设备有限公司
张　鑫　山西金雨电力工程有限公司
张丁海　山西金绛食品有限公司
张三虎　阳泉市广鑫源耐火材料有限公司
张久儒　大同煤业股份有限公司燕子山矿
张卫国　运城市鑫洲玻璃制品有限公司
张天安　太原常春超市
张玉军　大同煤矿集团大唐热电有限公司
张吉亮　太原外贸集团农副产品进出口有限公司
张有权　中油销售平遥有限公司
张红亮　山西亮宇炭素有限公司
张志生　山西阳泉盂县石店煤业有限公司
张建生　山西鲁晋王曲发电有限责任公司
张建国　定襄县山田园食品加工有限公司
张保华　洪洞县华昌煤化有限公司
张春生　山西省国新能源发展集团岢岚煤炭有限公司
张春荣　山西高平科兴申家庄煤业有限公司
张贵平　大同煤矿集团大同地煤青磁窑煤矿
张效富　山西滨科高新技术有限公司
张晓明　山西阳煤寺家庄煤业有限责任公司
张海平　柳林县华亿新型建材有限公司
张祥喜　平遥县永隆漆艺有限公司
张培华　山西平朔煤矸石发电有限责任公司
张理中　山西东明投资管理集团有限公司
张菊花　晋城市景天商贸有限公司
张景坤　山西寿阳段王煤业集团有限公司
张锦生　山西兰花集团东峰煤矿有限公司
李　平　大同煤矿集团同生煤矿生产管理有限公司
李　明　太原钢城企业公司第一橡胶厂
李中秀　襄垣县金鑫投资管理集团有限公司
李云江　大同煤矿集团轩岗煤电有限责任公司
李文平　山西潞安环能五阳弘峰焦化有限公司
李文利　太原市小店区综合开发公司
李永雷　山西晋城无烟煤矿业集团有限责任公司赵庄二号井
李玉政　长治市长宁钢铁集团有限公司
李亚奇　山西创奇实业有限公司
李建国　太原塑料模具机械厂
李建斌　山西常平钢铁有限公司
李俊伟　山西祁县会龙玻璃器皿有限公司
李树民　山西省阳泉荫营煤矿
李贵宝　山西平遥华兴电机铸造有限公司
李贵昌　山西潞安机械有限责任公司
李哲军　长治市中天汽车实业有限公司
李振攀　娟子摄影化妆培训机构
李晋文　山西兰花煤炭实业集团有限公司
李晋生　山西省长治汽车运输有限责任公司
李晓斌　山西天然气股份有限公司
李晓鹏　运城市泰森房地产开发有限公司
李艳丽　运城市贝贝饮料有限公司
李鹏飞　山西渝煤科安运风机有限公司
李慧文　忻州五台山风景名胜区五峰宾馆
杜兆喜　大同煤矿集团宏远工程建设有限责任公司
杨万宏　山西中强煤化有限公司
杨书旗　中油华北长治市港泰石油销售有限公司
杨世龙　山西忻州通用机械有限责任公司
杨世钦　山西惠丰型材有限公司
杨红星　临汾市尧都区唯真水处理设备有限公司
杨怀文　智奇铁路设备有限公司
杨良杰　运城市中农乐果业专业合作联合社
杨杰明　大同煤矿集团轩岗煤电有限责任公司
杨树茂　山西省孝义市新禹煤焦有限责任公司
杨晓林　中钢集团山西有限公司
杨晓辉　山西辰康生物科技有限公司
杨银奎　山西虹通酒业有限公司
杨敬典　山西金地房地产开发建设集团有限公司
杨锦华　山西襄垣七一新发煤业有限公司
杨旗平　同煤集团大唐塔山发电有限责任公司
汪有刚　山西天地王坡煤业有限公司
沈建林　山西省长治市第一汽车运输有限公司
沙国华　山西潞安集团华润煤业有限公司
肖　鹏　大同煤矿集团有限责任公司供水分公司
谷晓瑞　大同机车煤化有限责任公司
邵登锋　孝义市物资总公司
酉振国　古县利达焦化有限公司
闵江宁　潞城市卓越水泥有限公司
陆廷阁　太原市冶金机械厂
陈　鼎　山西晋能集团山阴冶金有限公司
陈　鹏　山西宏和华唐贸易有限公司
陈记莲　山西田森集团
陈光华　山西长城电气股份有限公司
陈志国　运城市鑫誉钢结构有限公司
陈金鹏　大连万达物业管理有限公司太原分公司
陈朝文　山西省平遥县巨隆福利铸造有限公司
周先锋　山西精诚拍卖有限公司
周晓宁　大同煤矿集团煤炭运销总公司忻州有限公司
屈全大　山西宏盛能源开发投资集团有限公司
林占峰　山西鑫福鼎工贸有限公司
武安祥　临汾市金盛豪装饰有限公司
武建国　山西三元炭素有限责任公司
武英志　山西尚宁健康体检中心有限公司
苗　鑫　永济市永鑫房地产开发有限公司
范红星　山西荣坤投资有限公司
范晓丽　临汾市尧都区丽捷窗业有限公司
郎凤娥　山西蓝天环保设备有限公司
侯小屯　晋城市明泰建设监理有限公司
侯树红　太原市小店区红都美容会所
姚祥祥　大同煤矿集团有限责任公司四老沟矿
宣宏斌　大同煤矿集团有限责任公司晋华宫矿

施志光　山西庆峰科技有限责任公司
段成群　山西省电力公司晋城城郊供电公司
段明峰　山西煤炭运销集团装备产业有限公司
胡全喜　山西天宝风电法兰有限公司
胡建伟　山西焦煤集团国际贸易有限责任公司
胡耀飞　大同煤矿集团同华发电有限公司
赵　强　山西煤炭运销集团太原有限公司
赵庆枝　山西凌志达煤业有限公司
赵国林　临汾桂莆木业有限公司
赵国豪　山西平定汇能煤业有限公司
赵泽华　山西迎泽物流有限公司
赵洪月　山西省晋神能源有限公司
赵海莲　太原市旭海水产有限公司
赵跃进　运城市德鑫建材城有限公司
赵晶晶　山西鑫宇豪食品开发有限公司
赵德福　临汾经济技术开发区金裕鑫钢材有限公司
郝　琴　临汾亚龙制衣有限责任公司
郝文宏　大同机车实业公司
郝建国　太原市宁化府益源庆醋业有限公司
唐光亮　晋中市太塑房地产开发有限公司
唐军华　山西潞安环保能源开发股份有限公司常村煤矿
夏改芬　临汾市尧都区国珍健康中心
席玉虎　《英语周报》社有限公司
席栓玉　长治市建筑工程总公司
徐振荣　长治市义合源商贸有限公司
柴志刚　运城市国宾旅游汽车有限公司
海春庆　中国煤矿机械装备有限责任公司平朔维修租赁中心
秦世芝　临县裕民焦煤有限公司
袁文斌　太原市恒山机电设备有限公司
贾双春　山西潞安矿业(集团)有限责任公司王庄煤矿
郭万才　大同煤矿集团朔州煤炭运销山阴有限公司
郭伟亚　山西恺元建筑工程有限公司
郭向文　山西康伟集团有限公司
郭彦生　山西三晋碳素股份有限公司
郭胜清　中国北车集团大同电力机车有限责任公司
郭瑞平　山西澳瑞特健康产业股份有限公司
郭增军　大同煤矿集团同生煤矿生产管理有限公司
高　岚　大同煤矿集团有限责任公司化工厂
高仕东　榆缆线缆集团有限公司
高玉武　大同煤矿集团鹏程物业管理有限责任公司
高安平　山西晋城无烟煤矿业集团有限责任公司铁路运输分公司
高耀星　太原经济技术开发区滨西工业园有限公司
崔俊林　山西电机制造有限公司
崔春泰　山西煤炭运销集团临汾尧都有限公司
常润德　山西省长治市农业机械总公司
曹　政　太原市中小企业信用担保有限公司
曹东玉　原平吉祥花园物业管理有限公司
渠贵君　大同市焦煤矿有限责任公司
续德朴　山西金雨电力工程有限公司
曾建新　山西玉港装饰装潢工程有限公司
程剑新　大同煤矿集团有限责任公司云冈矿
董经存　山西潞安矿业集团慈林山煤业有限公司夏店煤矿
谢斌杰　山西中昊安环科技有限公司
韩玉明　山西潞安环保能源开发股份有限公司漳村煤矿
韩刘玉　中国石油化工股份有限公司山西阳泉石油分公司
韩宝鸿　山西新景矿煤业有限责任公司
韩春毅　大同市春毅发展有限责任公司
路振国　长治市佳威商城有限公司
路新学　运城市美家建筑工程有限公司
雷银厚　宁武县德盛商务大酒店
靳志尚　山西潞安郭庄煤业有限责任公司
靳泽康　运城市鑫瑞华雕塑有限公司
靳联虎　中国人寿保险股份有限公司长治分公司
蔡民红　山西鸿盛德建筑安装有限公司
蔡显忠　山西金龟投资控股集团有限公司
樊三星　兴业银行股份有限公司太原分行
樊安久　山西三源电梯销售有限公司
樊跃红　运城市耀华服饰销售有限公司
潘路彪　山西长信工业有限公司
冀国青　山西省平遥县国青同盈禽业有限公司
燕争上　山西省电力公司忻州供电公司
薄成仕　应县锦华科技实业有限责任公司
薛　朝　祁县光华玻璃有限公司
薛　锋　长治市潞安漳村恒达工贸有限公司
薛安民　山西安民木业集团有限公司
薛有平　怀仁县万澳富牧业有限责任公司
薛季平　山西省吕梁中药厂
薛朝晖　山西杏乡世家酿酒有限公司总经理

2011年山西省人口和计划生育工作先进单位

一、2011年人口和计划生育工作目标管理责任制考核综合先进奖

A类：阳泉市、太原市、长治市

B类：朔州市、运城市、吕梁市

二、2011年人口和计划生育工作目标管理责任制考核先进奖

晋中市、晋城市、临汾市、忻州市、大同市

三、2011年人口和计划生育工作目标管理责任制考核单项奖和创新奖

(一)人口计生工作服务体系建设奖：晋城市

(二)人口计生工作依法行政奖：大同市

(三)人口计生工作“宜人宜家工程”奖：晋中市

(四)人口计生工作“好娃娃工程”奖：长治市

四、2011年人口和计划生育工作目标管理责任制考核先进县(市、区)

长治县、阳泉市矿区、平陆县、长治市城区、高平市、娄烦县、孝义市、晋中市榆次区、侯马市、朔州市平鲁区、广灵县、岢岚县

五、全省计划生育优质服务先进单位

清徐县、灵丘县、静乐县、交城县、沁水县、祁县、长子县、永和县、乡宁县、万荣县、临猗县

2011年度重点工程建设先进市和先进企业

一、2011年度重点工程建设先进市

（一）省市重点工程建设投资完成总额前三名

第1名：长治市

第2名：太原市

第3名：大同市

（二）省级重点工程年度投资计划完成率前三名

第1名：忻州市

第2名：阳泉市

第3名：晋城市、朔州市

（三）年固定资产投资同比增长率前三名

第1名：吕梁市

第2名：大同市

第3名：长治市

二、2011年度重点工程建设先进企业

（一）省属企业投资完成总额前三名

第1名：太原钢铁（集团）有限公司

第2名：大同煤矿集团有限责任公司

第3名：山西潞安矿业（集团）有限责任公司

（二）省属企业投资计划完成率前三名

第1名：太原钢铁（集团）有限公司

第2名：山西煤炭运销集团有限公司

第3名：大同煤矿集团有限责任公司

（三）中央及外省企业投资完成总额前三名

第1名：太原铁路局

第2名：大西铁路客运专线有限责任公司

第3名：晋豫鲁铁路通道公司

（四）中央及外省企业投资计划完成率前三名

第1名：中国国电集团公司

第2名：中国华能集团公司

第3名：太原铁路局

2011年全省造林绿化先进集体

一、全省造林绿化先进市

大同市、朔州市

二、山西省林业生态县

大同县、怀仁县、中阳县、左权县、沁源县、泽州县、蒲县、乡宁县、临猗县、垣曲县

三、山西省林业生态乡（镇）

娄烦县娄烦镇

大同县聚乐乡

朔州市平鲁区向阳堡乡

右玉县威远镇

五台县台怀镇

繁峙县繁城镇

柳林县薛村镇

晋中市榆次区庄子乡

平遥县段村镇

平定县冠山镇

壶关县店上镇

屯留县张店镇

高平市马村镇

安泽县府城镇

古县石壁乡

绛县么里镇

平陆县三门镇

夏县裴介镇

四、全省林业“六大工程”建设先进单位

（一）全省“两山”造林工程建设先进单位

古交市、浑源县、应县、柳林县、太谷县

阳泉市郊区、平顺县、陵川县、忻州市林业局

（二）全省“两网”绿化工程建设先进单位

山阴县、原平市、永济市、长治市林业局

（三）全省“两林”富民工程建设先进单位

保德县、临县、昔阳县、武乡县、洪洞县

新绛县、运城市林业局

（四）全省“两区”增绿工程建设先进单位

太原市小店区、大同市南郊区、盂县、高平市

（五）全省“双百”精品工程建设先进单位

山西省太岳山国有林管理局、山西省吕梁山国有林管理局

（六）全省“双保”管护工程建设先进单位

岚县、和顺县、临汾市林业局、山西省管涔山国有林管理局

2011年山西省兴水战略先进集体和先进个人

一、山西省五一劳动奖状获得单位

山西省张峰水库建设管理局

山西省滹沱河坪上水利工程管理局

山西省引沁入汾和川引水枢纽工程建设管理局

山西省柏叶口水库建设管理局

山西泽城西安水电有限公司

山西省汾河中下游水务管理局

吕梁市横泉水库建设管理局

运城市夹马口引黄管理局

山西省运城市北赵引黄工程建设管理局

晋城市水利局

临汾市水利局

洪洞县人民政府
运城市水务局
山西水务投资集团有限公司
山西省水利水电勘测设计研究院
山西省水利建筑工程局
山西省水利水电工程建设监理公司

二、山西省五一劳动奖章获得者

范世平　省柏叶口水库建设管理局
侯建国　省张峰水库建设管理局
高福平　省引沁入汾和川引水枢纽工程建设管理局
尹荔生　省滹沱河坪上水利工程管理局
宋建庆　山西泽城西安水电有限公司
王宏图　省汾河中下游水务管理局
任永发　省禹门口引黄工程建设管理局
侯保俊　省吴家庄水库建设管理局
曹　池　山西唐河水电有限责任公司
张　华　大同市万泉孤山水库工程有限公司
郭艳成　右玉县海子湾水库工程有限公司
穆天亮　吕梁市横泉水库建设管理局
卫灶林　晋中市松塔水利水电有限公司
李俊林　盂县龙华口水电有限责任公司
杨国效　晋城市东焦河水力发电有限公司
闫晓俊　国投晋城围滩水电有限公司
张学会　运城市夹马口引黄管理局
赵运革　省运城市北赵引黄工程建设管理局
车建华　清徐县县委
郑卫民　太原市晋源区水务局
张国胜　太原市小店区水务局
张小立　灵丘县县委
李奇婧　浑源县水务局农水站
张　杰　大同县水务局农水站
陈小洪　右玉县县委
何国伟　应县水务局
任建华　偏关县县委
张保有　原平市水利局
王　荣　宁武县治汾指挥部
冯林春　吕梁市水利局
王彤宇　吕梁市离石区
王义平　柳林县政府
郝枝峰　临县水利水保局
毕继东　交城县水利水保局
王　兵　左权县县委
李非忠　平遥县县委
王慧忠　平定县水务局规划监管股
许　霞　长治市政府
杨四清　武乡县水利局
孙团进　沁源县水利局
张宝贵　晋城市水利局
李国强　高平市水利水保局
张新富　泽州县水利水电局
苏佩军　陵川县抗旱服务队
贾自胜　临汾市水利局
廉海平　永和县水务局
陈玉士　洪洞县县委
刘向东　安泽县水利水保局
张发槐　翼城县水利水保局
冯进喜　运城市水务局
赵　晶　盐湖区水务局供水管理总站
吕　林　河津市水利局
孙建国　临猗县水务局
李福龙　省物价局
陈永奇　省政府办公厅
王　亚　省农村信用社联合社
王野彬　省发展和改革委员会
李世山　省财政厅农业处
霍转业　省林业厅省绿委常务
王亦兵　省政府发展研究中心
赵海祥　黄河水利委员会山西黄河河务局
马占勇　省地方税务局规费管理处
孙西欢　太原理工大学水利学院
胡　坚　省水利厅人事处
张建中　省水利厅规划计划处
陈志平　省水利厅财务处
王争平　省水利厅财务处
武福玉　省水利厅农村水利处
朱　佳　省水利厅供水排水处
张　鹏　省水利厅水土保持局
白小丹　山西水务投资集团有限公司
王　琳　山西水务投资集团有限公司
李乾太　省政府防汛抗旱指挥部办公室
肖　干　省移民办公室
薛凤海　省水资源管理中心
宋晋华　省水文水资源勘测局
渠性英　山西水利发展研究中心
家有才　省水利水电科学研究院
张金凯　省水利水电勘测设计研究院
孙万功　省水利水电勘测设计研究院
王新年　省水利水电勘测设计研究院
郝文怀　省水利建筑工程局
闫国成　省水利建筑工程局柏叶口项目部
郝志亮　省水利建筑工程局泽城项目部
钟瑞喜　省水利建筑工程局龙华口项目部
杜向润　省水利建设开发中心
马存信　省水利水电工程建设监理公司
王采元　运城市物价局